# סידור
# תפלת שלמה
# השלם

**לעי״נ מו״ה שלמה זאב ב״ר יחיאל ז״ל**
נפ׳ כ׳ ניסן תשמ״ו
**ואשתו מנב״ת רודא ביילא בת ר׳ דניאל ע״ה**
נפ׳ י״ט אייר תשל״ד

**כולל כל התפילות של כל השנה, לימות החול לשבתות וימים טובים, יוצרות, סליחות לבה״ב, תענית ציבור ויום כיפור קטן, הקריאות לשני וחמישי ולמנחה של שבת, לתעניות ולמועדים עם ההפטרות, עניני שמחות ולימוד משניות לנפטרים, תהלים, והלכות נחוצות. גם סומנו כל שוא נע, וכל תיבה הנקראת מלעיל, ומקורות כל הפסוקים. כל התפילות והקדישים נמצאים כסדרם, ולתועלת המתפלל ולמניעת חזרות מיותרות ימצאו הקוראים גם הפניות ממקום אחד בסידור למשנהו. סדרנו הכל מחדש באותיות גדולות ובהירות אשר עיני כל המתפלל בו תחזינה מישרים.**

**נוסח ספרד**

הוצאת **ארטסקרול – מסורה**
ברוקלין, נוא יארק
תשנ״ה

PREVIEW EDITION
*First Impression ... March 1992*

FIRST EDITION
*First Impression ... May 1992*

SECOND EDITION
*First Impression ... December 1994*
*Second Impression ... February 1996*

THIRD EDITION
*First Impression ... December 1997*
*Second Impression ... December 1999*

FOURTH EDITION
*Nineteen Impressions ... February 2001 — January 2021*
*Twentieth Impression ... July 2021*

**THE ARTSCROLL® MESORAH SERIES**
**"SIDDUR TEFILLAS SHLOMO HASHALEM"**
**Nusach Sefard**
© *Copyright 1992, 2001 by* ARTSCROLL/MESORAH PUBLICATIONS, Ltd.
*313 Regina Avenue / Rahway, N.J. 07065 / (718) 921-9000 / www.artscroll.com*

ITEM CODE: SHSD
ISBN 10: 0-89906-651-8 / ISBN 13: 978-0-89906-651-6

*Typography by CompuScribe at ArtScroll Studios, Ltd.*
*Printed in the U.S.A by* Noble Book Press, NYC
*Bound by* Sefercraft Quality Bookbinders and Bookgilders, Inc., Rahway, NJ, (718) 833-3800

# התוכן

## ﴾ תפילות לימות החול ﴿

## ﴾ תפילות לשבת ﴿

# ﴾ תפילות לראש חודש ולימים טובים ﴿

# ﴾ יוצרות, סליחות, עניני שמחות, הקריאות, תהלים והלכות ﴿

## מבטא שם הוי״ה

כשהשם מנוקד **יְ־הֹ־וָ־ה** מבטאים אותו **אֲ־ד־נָ־י**
(ובכמה סידורים – וגם בסידור שלנו – השם הזה נכתב בלי ניקוד)
וטעם הנגינה הוא תמיד מלרע על אות נו״ן,
בין עם אות השימוש בין בלי אות השימוש.

עם אות השימוש **בַּ** מבטאים אותו **בַּא־ד־נָ־י** (שמות יד:לא)
עם אות השימוש **דַ** מבטאים אותו **דַא־ד־נָ־י** (קדושה דסידרא)
עם אות השימוש **וַ** מבטאים אותו **וַא־ד־נָ־י** (בראשית כד:א)
עם אות השימוש **כַּ** מבטאים אותו **כַּא־ד־נָ־י** (שמואל א ב:ב)
עם אות השימוש **לַ** מבטאים אותו **לַא־ד־נָ־י** (שמות טו:א)
עם אות השימוש **מֵ** מבטאים אותו **מֵאֲ־ד־נָ־י** (במדבר לב:כב)
עם אות השימוש **שֶׁ** מבטאים אותו **שֶׁאֲ־ד־נָ־י** (תהלים קמד:טו)

כשהשם מנוקד **יֱ־הֹ־וִ־ה** מבטאים אותו **אֱ־ל־הִ־י־ם** (דברים ג:כד)
עם אות השימוש **לֵ** מבטאים אותו **לֵא־ל־הִ־י־ם** (תהלים סח:כא)

## כוונות השם

(שלחן ערוך אורח חיים סי׳ ה׳)

כשיזכיר השם [הוי״ה]:
יכוין פירוש קריאתו באדנות שהוא ,,**אֲדוֹן הַכֹּל**״,
ויכוין פירוש כתיבתו ביו״ד ה״א שהוא ,,**הָיָה וְהֹוֶה וְיִהְיֶה**״.
[לפי ביאור הגר״א זה רק בשני שמות שבפסוק ראשון של קריאת שמע, ובכל פעם אחרת שמזכיר שם המיוחד יחשבו בו פירוש קריאתו שהוא ,,**אֲדוֹן הַכֹּל**״.]

כשנכתב השם אֲ־ד־נָ־י יכוין בהזכרתו שהוא ,,**אֲדוֹן הַכֹּל**״.

כשיזכיר השם א־להים:
יכוין שהוא ,,**תַּקִּיף וּבַעַל הַיְכֹלֶת וּבַעַל הַכֹּחוֹת כֻּלָּם**״.

כל שוא שבתחילת התיבה – שוא נע.
כל שוא נע שבתוך התיבה מסומן בקו מעל לאות (עַמְּךָ).
כל תיבה הנקראת מלעיל מסומנת בקו מתחת לאות (בֶּגֶד).
וכן מסומן לחזן איפה להתחיל לומר בקול בסוף כל תפלה (✣).

| | | | | |
|---|---|---|---|---|
| ד | ג | ב | בּ | א |
| ט | ח | ז | ו | ה |
| ך | כ | ךּ | כּ | י |
| ן | נ | ם | מ | ל |
| ף | פ | פּ | ע | ס |
| שׁ | ר | ק | ץ | צ |
| | ת | תּ | שׂ | |

| | | | | | | | | | | | | |
|---|---|---|---|---|---|---|---|---|---|---|---|---|
| ◌ֱ | ◌ֳ | ◌ֲ | ◌ְ | וּ | ◌ֻ | וֹ | ◌ֹ | ◌ִ | ◌ֶ | ◌ֵ | ◌ַ | ◌ָ |

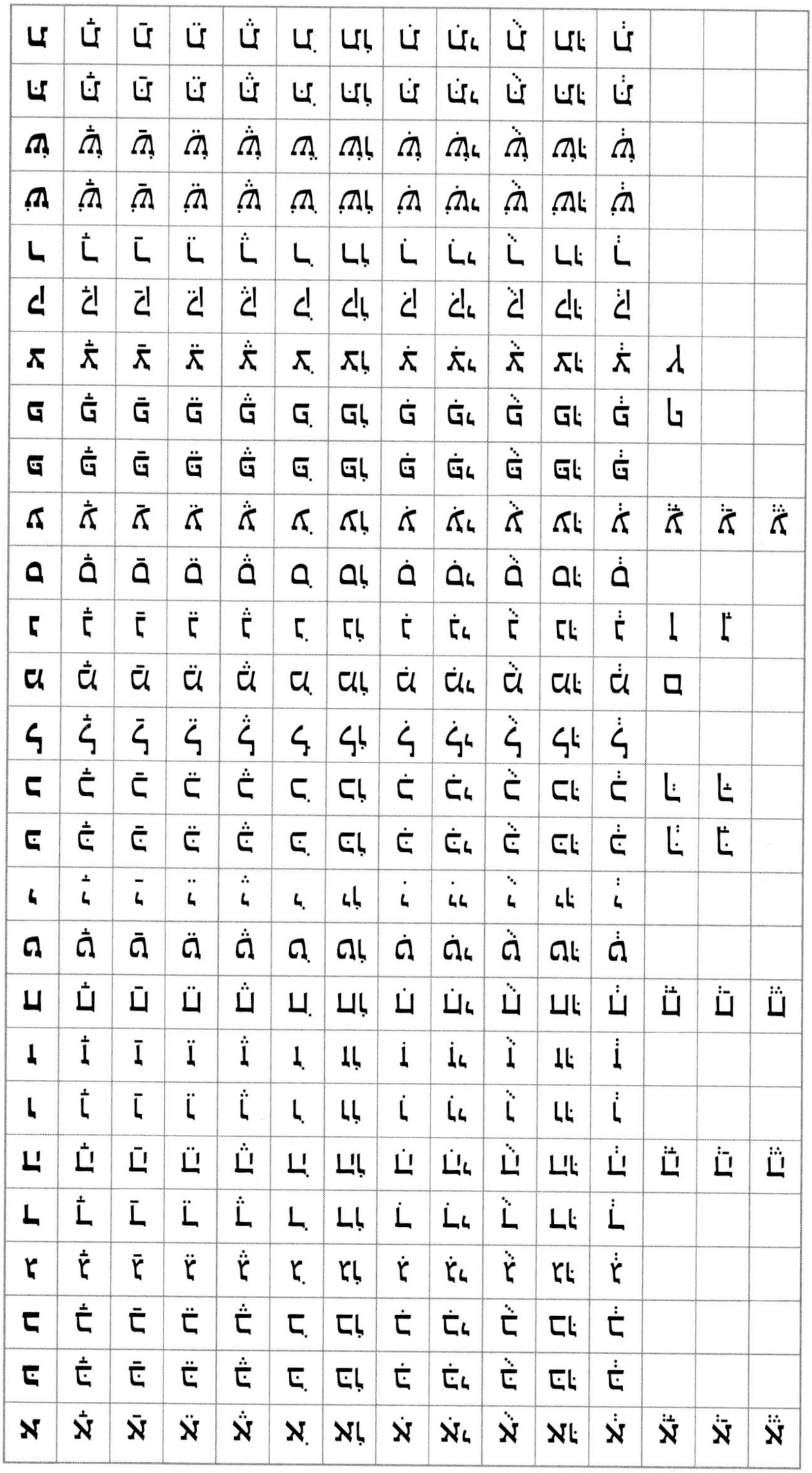

| | | | | | | | | | | | | | | |
|---|---|---|---|---|---|---|---|---|---|---|---|---|---|---|
| אֶֻ | אֶ | אַֻ | אָֹ | אוֹ | אֶ | אִי | אַ | אוֹ | א | אֶֻ | אֵ | אַ | אָ | א |
| | | | בֻ | בוֹ | בְ | בִי | בְ | בוֹ | בֹ | בֻ | בֶ | בַ | בָ | בּ |
| | | | כֻ | כוֹ | כְ | כִי | כְ | כוֹ | כֹ | כֻ | כֶ | כַ | כָ | בְ |
| | | | גֻ | גוֹ | גְ | גִי | גְ | גוֹ | גֹ | גֻ | גֶ | גַ | גָ | ג |
| | | | דֻ | דוֹ | דְ | דִי | דְ | דוֹ | דֹ | דֻ | דֶ | דַ | דָ | ד |
| הֶֻ | הָ | הַֻ | הָ | הוֹ | הְ | הִי | הְ | הוֹ | הֹ | הֻ | הֶ | הַ | הָ | ה |
| | | | וֻ | ווֹ | וְ | וִי | וְ | ווֹ | וֹ | וֻ | וֶ | וַ | וָ | ו |
| | | | זֻ | זוֹ | זְ | זִי | זְ | זוֹ | זֹ | זֻ | זֶ | זַ | זָ | ז |
| חֶֻ | חָ | חַֻ | חָ | חוֹ | חְ | חִי | חְ | חוֹ | חֹ | חֻ | חֶ | חַ | חָ | ח |
| | | | טֻ | טוֹ | טְ | טִי | טְ | טוֹ | טֹ | טֻ | טֶ | טַ | טָ | ט |
| | | | יֻ | יוֹ | יְ | יִי | יְ | יוֹ | יֹ | יֻ | יֶ | יַ | יָ | י |
| | בֶ | כֻ | כֻ | כוֹ | כְ | כִי | כְ | כוֹ | כֹ | כֻ | כֶ | כַ | כָ | כ |
| | ךְ | ךֻ | כֻ | כוֹ | כְ | כִי | כְ | כוֹ | כֹ | כֻ | כֶ | כַ | כָ | כ |
| | | | לֻ | לוֹ | לְ | לִי | לְ | לוֹ | לֹ | לֻ | לֶ | לַ | לָ | ל |
| | | ם | מֻ | מוֹ | מְ | מִי | מְ | מוֹ | מֹ | מֻ | מֶ | מַ | מָ | מ |
| | זֶ | ן | נֻ | נוֹ | נְ | נִי | נְ | נוֹ | נֹ | נֻ | נֶ | נַ | נָ | נ |
| | | | סֻ | סוֹ | סְ | סִי | סְ | סוֹ | סֹ | סֻ | סֶ | סַ | סָ | ס |
| עֶֻ | עָ | עַֻ | עָ | עוֹ | עְ | עִי | עְ | עוֹ | עֹ | עֻ | עֶ | עַ | עָ | ע |
| | | | פֻ | פוֹ | פְ | פִי | פְ | פוֹ | פֹ | פֻ | פֶ | פַ | פָ | פ |
| | | ף | פֻ | פוֹ | פְ | פִי | פְ | פוֹ | פֹ | פֻ | פֶ | פַ | פָ | פ |
| | | ץ | צֻ | צוֹ | צְ | צִי | צְ | צוֹ | צֹ | צֻ | צֶ | צַ | צָ | צ |
| | | | קֻ | קוֹ | קְ | קִי | קְ | קוֹ | קֹ | קֻ | קֶ | קַ | קָ | ק |
| | | | רֻ | רוֹ | רְ | רִי | רְ | רוֹ | רֹ | רֻ | רֶ | רַ | רָ | ר |
| | | שֻׁ | שׁוֹ | שְׁ | שִׁי | שְׁ | שׁוֹ | שֹׁ | שֻׁ | שֶׁ | שַׁ | שָׁ | שׁ |
| | | שֻׂ | שׂוֹ | שְׂ | שִׂי | שְׂ | שׂוֹ | שֹׂ | שֻׂ | שֶׂ | שַׂ | שָׂ | שׂ |
| | | | תֻ | תוֹ | תְ | תִי | תְ | תוֹ | תֹ | תֻ | תֶ | תַ | תָ | ת |
| | | | תֻ | תוֹ | תְ | תִי | תְ | תוֹ | תֹ | תֻ | תֶ | תַ | תָ | ת |

## השכמת הבוקר

מיד כשיתעורר משנתו יודה להשי״ת על רוב חסדיו שהחזיר לו נשמתו, ויתגבר כארי לעבודת בוראו ויאמר „מוֹדֶה אֲנִי״. מותר לומר „מוֹדֶה אֲנִי״ אפילו לפני שנוטל ידיו כיון שאין בו הזכרת השם.

**מוֹדֶה אֲנִי** לְפָנֶיךָ, מֶלֶךְ חַי וְקַיָּם, שֶׁהֶחֱזַרְתָּ בִּי נִשְׁמָתִי בְּחֶמְלָה – רַבָּה אֱמוּנָתֶךָ.

כשיתעורר משנתו יטול ידיו, ולא ילך ד׳ אמות בלא נטילת ידים (מ״ב סי׳ א ס״ק ב). טוב להקפיד בנטילת ידים שחרית בכל הדברים המעכבים לסעודה, אמנם אינו מעכב (או״ח סי׳ ד ס״ז). יטול ידיו ג׳ פעמים בסירוגין: דהיינו, שיקח כלי מלא מים ביד ימינו, וימסרנו לשמאלו, ויטול ימינו; וימסרנו לימינו, ויטול שמאלו. כן יעשה ג׳ או ד׳ פעמים. ויטלם עד פרק הזרוע [וביום כיפור וט׳ באב רק עד סוף קשרי אצבעותיו (או״ח סי׳ תריג ס״ב וסי׳ תקנד ס״י)], וצריך לפשוט כפיו כדי לקבל הטהרה כמי שרוצה לקבל דבר, ויגביהם כנגד הראש (מ״ב סי׳ ד ס״ק ט-י). ואח״כ יאמר:

**רֵאשִׁית חָכְמָה** יִרְאַת יהוה, שֵׂכֶל טוֹב לְכָל עֹשֵׂיהֶם, תְּהִלָּתוֹ עֹמֶדֶת לָעַד.[1] בָּרוּךְ שֵׁם כְּבוֹד מַלְכוּתוֹ לְעוֹלָם וָעֶד.[2] תּוֹרָה צִוָּה לָנוּ מֹשֶׁה, מוֹרָשָׁה קְהִלַּת יַעֲקֹב.[3] שְׁמַע בְּנִי מוּסַר אָבִיךָ, וְאַל תִּטֹּשׁ תּוֹרַת אִמֶּךָ.[4] תּוֹרָה תְהֵא אֱמוּנָתִי,[5] וְאֵל שַׁדַּי בְּעֶזְרָתִי. וְאַתֶּם הַדְּבֵקִים בַּיהוה אֱלֹהֵיכֶם, חַיִּים כֻּלְּכֶם הַיּוֹם.[6] לִישׁוּעָתְךָ קִוִּיתִי יהוה.[7]

## לבישת ציצית

אם לובש הטלית קטן כשעדיין אין ידיו נקיות ילבשנו בלא ברכה ואחר שיטול ידיו ימשמש בציצית ויברך עליו (או״ח סי׳ ח ס״י). אין מברכים על הציצית כשלובש הטלית קטן בלילה עד שיאיר היום ויכיר בין תכלת ללבן, והוא זמן מה אחר עלות השחר ושוה זמנו לתחילת זמן קריאת שמע והנחת תפילין (או״ח סי׳ י״ח ס״ג, מ״ב שם ס״ק ט). יבדוק הציצית והקשרים ובפרט קשר העליון אם הם כשרים ויפריד החוטים (ובשבת אין להפריד החוטים). יברך בעמידה ומיד לאחר שבירך ילבש הטלית קטן וינשק הציצית. מי שלובש טלית גדול בשעת התפילה ילבש הטלית קטן בלא ברכה, ויכוון לפוטרו עם הברכה שיברך על הטלית גדול.

**בָּרוּךְ** אַתָּה יהוה אֱלֹהֵינוּ מֶלֶךְ הָעוֹלָם, אֲשֶׁר קִדְּשָׁנוּ בְּמִצְוֹתָיו, וְצִוָּנוּ עַל מִצְוַת צִיצִת.

**יְהִי רָצוֹן** מִלְּפָנֶיךָ, יהוה אֱלֹהַי וֵאלֹהֵי אֲבוֹתַי, שֶׁתְּהֵא חֲשׁוּבָה מִצְוַת צִיצִת לְפָנֶיךָ, כְּאִלּוּ קִיַּמְתִּיהָ בְּכָל פְּרָטֶיהָ וְדִקְדּוּקֶיהָ וְכַוָּנוֹתֶיהָ, וְתַרְיַ״ג מִצְוֹת הַתְּלוּיִם בָּהּ. אָמֵן סֶלָה.

---

(1) תהלים קיא:י (2) ע״פ פסחים נו. (3) דברים לג:ד (4) משלי א:ח
(5) נ״א אֻמָּנוּתִי; ע״פ תפילת ר׳ חייא, ברכות טז: (6) דברים ד:ד (7) בראשית מט:יח

## עטיפת טלית

לפני לבישת הטלית יבדוק החוטים והקשרים, ויפריד החוטים זה מזה (חוץ מבשבת). בשעת הבדיקה יאמר:

**בָּרְכִי נַפְשִׁי** אֶת יהוה, יהוה אֱלֹהַי גָּדַלְתָּ מְּאֹד, הוֹד וְהָדָר לָבָשְׁתָּ. עֹטֶה אוֹר כַּשַּׂלְמָה, נוֹטֶה שָׁמַיִם כַּיְרִיעָה.[1]

לפני שמתעטף בטלית גדול יאמר תפילה זו:

**לְשֵׁם יִחוּד** קֻדְשָׁא בְּרִיךְ הוּא וּשְׁכִינְתֵּהּ, בִּדְחִילוּ וּרְחִימוּ לְיַחֵד שֵׁם י״ה בְּו״ה בְּיִחוּדָא שְׁלִים, בְּשֵׁם כָּל יִשְׂרָאֵל.

**הֲרֵינִי** מִתְעַטֵּף גּוּפִי בַּצִּיצִת, כֵּן תִּתְעַטֵּף נִשְׁמָתִי וּרְמַ״ח אֵבָרַי וּשְׁסַ״ה גִידַי בְּאוֹר הַצִּיצִת הָעוֹלֶה תַּרְיַ״ג. וּכְשֵׁם שֶׁאֲנִי מִתְכַּסֶּה בְּטַלִּית בָּעוֹלָם הַזֶּה, כַּךְ אֶזְכֶּה לַחֲלוּקָא דְרַבָּנָן וּלְטַלִּית נָאָה לָעוֹלָם הַבָּא בְּגַן עֵדֶן. וְעַל יְדֵי מִצְוַת צִיצִת תִּנָּצֵל נַפְשִׁי וְרוּחִי וְנִשְׁמָתִי וּתְפִלָּתִי מִן הַחִיצוֹנִים. וְהַטַּלִּית יִפְרוֹשׂ כְּנָפָיו עֲלֵיהֶם וְיַצִּילֵם כְּנֶשֶׁר יָעִיר קִנּוֹ, עַל גּוֹזָלָיו יְרַחֵף.[2] וּתְהֵא חֲשׁוּבָה מִצְוַת צִיצִת לִפְנֵי הַקָּדוֹשׁ בָּרוּךְ הוּא כְּאִלּוּ קִיַּמְתִּיהָ בְּכָל פְּרָטֶיהָ וְדִקְדּוּקֶיהָ וְכַוָּנוֹתֶיהָ וְתַרְיַ״ג מִצְוֹת הַתְּלוּיִם בָּהּ. אָמֵן סֶלָה.

צריך לעמוד בשעת עטיפת הטלית ואמירת הברכה. יפשוט קפלי הטלית שיהיה מוכן להתעטף בו, ויכוין שצונו הקב״ה להתעטף בציצית כדי שנזכור כל מצותיו לעשותם (או״ח סי׳ ח ס״ח), ויברך:

**בָּרוּךְ** אַתָּה יהוה אֱלֹהֵינוּ מֶלֶךְ הָעוֹלָם, אֲשֶׁר קִדְּשָׁנוּ בְּמִצְוֹתָיו, וְצִוָּנוּ לְהִתְעַטֵּף בַּצִּיצִת.[3]

יעטוף ראשו וגופו בטלית, וישהה כך כדי הילוך ד׳ אמות, ויאמר:

**מַה יָּקָר** חַסְדְּךָ אֱלֹהִים, וּבְנֵי אָדָם בְּצֵל כְּנָפֶיךָ יֶחֱסָיוּן. יִרְוְיֻן מִדֶּשֶׁן בֵּיתֶךָ, וְנַחַל עֲדָנֶיךָ תַשְׁקֵם. כִּי עִמְּךָ מְקוֹר חַיִּים, בְּאוֹרְךָ נִרְאֶה אוֹר. מְשֹׁךְ חַסְדְּךָ לְיֹדְעֶיךָ, וְצִדְקָתְךָ לְיִשְׁרֵי לֵב.[4]

## סדר הנחת תפילין

קודם הנחת תפילין יאמר תפילה זו, בה מפורשת כוונת מצות תפילין.

**לְשֵׁם יִחוּד** קֻדְשָׁא בְּרִיךְ הוּא וּשְׁכִינְתֵּהּ, בִּדְחִילוּ וּרְחִימוּ לְיַחֵד שֵׁם י״ה בְּו״ה בְּיִחוּדָא שְׁלִים, בְּשֵׁם כָּל יִשְׂרָאֵל.

**הִנְנִי מְכַוֵּן** בַּהֲנָחַת תְּפִלִּין לְקַיֵּם מִצְוַת בּוֹרְאִי, שֶׁצִּוָּנוּ לְהָנִיחַ תְּפִלִּין, כַּכָּתוּב בְּתוֹרָתוֹ: וּקְשַׁרְתָּם לְאוֹת עַל יָדֶךָ, וְהָיוּ לְטֹטָפֹת בֵּין עֵינֶיךָ.[5] וְהֵם אַרְבַּע פַּרְשִׁיּוֹת אֵלּוּ — שְׁמַע, וְהָיָה אִם שָׁמֹעַ,

(1) תהלים קד:א-ב (2) דברים לב:יא (3) נ״א בְּצִיצִת (4) תהלים לו:ח-יא (5) דברים ו:ח

קֹדֶשׁ, וְהָיָה כִּי יְבִאֲךָ – שֶׁיֵּשׁ בָּהֶם יִחוּדוֹ וְאַחְדוּתוֹ יִתְבָּרַךְ שְׁמוֹ בָּעוֹלָם; וְשֶׁנִּזְכּוֹר נִסִּים וְנִפְלָאוֹת שֶׁעָשָׂה עִמָּנוּ בְּהוֹצִיאָנוּ מִמִּצְרָיִם; וַאֲשֶׁר לוֹ הַכֹּחַ וְהַמֶּמְשָׁלָה בָּעֶלְיוֹנִים וּבַתַּחְתּוֹנִים לַעֲשׂוֹת בָּהֶם כִּרְצוֹנוֹ. וְצִוָּנוּ לְהָנִיחַ עַל הַיָּד, לְזִכְרוֹן זְרוֹעַ הַנְּטוּיָה, וְשֶׁהִיא נֶגֶד הַלֵּב, לְשַׁעְבֵּד בָּזֶה תַּאֲוַת וּמַחְשְׁבוֹת לִבֵּנוּ לַעֲבוֹדָתוֹ, יִתְבָּרַךְ שְׁמוֹ. וְעַל הָרֹאשׁ נֶגֶד הַמּוֹחַ, שֶׁהַנְּשָׁמָה שֶׁבְּמוֹחִי, עִם שְׁאָר חוּשַׁי וְכֹחוֹתַי, כֻּלָּם יִהְיוּ מְשֻׁעְבָּדִים לַעֲבוֹדָתוֹ, יִתְבָּרַךְ שְׁמוֹ. וּמִשֶּׁפַע מִצְוַת תְּפִלִּין יִתְמַשֵּׁךְ עָלַי לִהְיוֹת לִי חַיִּים אֲרוּכִים, וְשֶׁפַע קֹדֶשׁ, וּמַחֲשָׁבוֹת קְדוֹשׁוֹת בְּלִי הִרְהוּר חֵטְא וְעָוֹן כְּלָל; וְשֶׁלֹּא יְפַתֵּנוּ וְלֹא יִתְגָּרֶה בָּנוּ יֵצֶר הָרָע, וְיַנִּיחֵנוּ לַעֲבֹד אֶת יהוה כַּאֲשֶׁר עִם לְבָבֵנוּ. וִיהִי רָצוֹן מִלְּפָנֶיךָ, יהוה אֱלֹהֵינוּ וֵאלֹהֵי אֲבוֹתֵינוּ, שֶׁתְּהֵא חֲשׁוּבָה מִצְוַת הַנָּחַת תְּפִלִּין לִפְנֵי הַקָּדוֹשׁ בָּרוּךְ הוּא כְּאִלּוּ קִיַּמְתִּיהָ בְּכָל פְּרָטֶיהָ וְדִקְדּוּקֶיהָ וְכַוָּנוֹתֶיהָ, וְתַרְיַ״ג מִצְוֹת הַתְּלוּיִם בָּהּ. אָמֵן סֶלָה.

צריך לעמוד בשעת הנחת תפילין ואמירת הברכות. יניח תפילה של יד על זרועו השמאלית במקום הבשר הגבוה (אם הוא אטר יד יעשה שאלת חכם כי יש בזה כמה חילוקים) ויברך:

**בָּרוּךְ** אַתָּה יהוה אֱלֹהֵינוּ מֶלֶךְ הָעוֹלָם, אֲשֶׁר קִדְּשָׁנוּ בְּמִצְוֹתָיו, וְצִוָּנוּ לְהָנִיחַ תְּפִלִּין.

אחרי שבירך יהדק התפילה על זרועו, ויכרוך הרצועה סביב זרועו ז׳ פעמים. ומיד ישים התפילה של ראש על מקומה, וקודם ההידוק יברך „עַל מִצְוַת תְּפִלִּין״, ויש נוהגים לברך „עַל מִצְוַת תְּפִלִּין״ רק אם הפסיק בדיבור בין תפילה של יד לשל ראש (הגר״א).

**בָּרוּךְ** אַתָּה יהוה אֱלֹהֵינוּ מֶלֶךְ הָעוֹלָם, אֲשֶׁר קִדְּשָׁנוּ בְּמִצְוֹתָיו, וְצִוָּנוּ עַל מִצְוַת תְּפִלִּין.

ימהר להדק השל ראש, ויאמר „בָּרוּךְ שֵׁם . . .״, ויזהר שלא לאמרו עד לאחר שגמר ההידוק כראוי.

בָּרוּךְ שֵׁם כְּבוֹד מַלְכוּתוֹ לְעוֹלָם וָעֶד.[1]

נוהגים לומר תפילה זו:

**וּמֵחָכְמָתְךָ** אֵל עֶלְיוֹן, תַּאֲצִיל עָלַי; וּמִבִּינָתְךָ תְּבִינֵנִי; וּבְחַסְדְּךָ תַּגְדִּיל עָלַי; וּבִגְבוּרָתְךָ תַּצְמִית אֹיְבַי וְקָמַי. וְשֶׁמֶן הַטּוֹב תָּרִיק עַל שִׁבְעָה קְנֵי הַמְּנוֹרָה, לְהַשְׁפִּיעַ טוּבְךָ לִבְרִיּוֹתֶיךָ. פּוֹתֵחַ אֶת יָדֶךָ, וּמַשְׂבִּיעַ לְכָל חַי רָצוֹן.[2]

יכרוך הרצועה על אצבע האמצעית ג׳ פעמים, כל אחד כמנהגו. בשעת הכריכה יאמר:

**וְאֵרַשְׂתִּיךְ** לִי לְעוֹלָם, וְאֵרַשְׂתִּיךְ לִי בְּצֶדֶק וּבְמִשְׁפָּט וּבְחֶסֶד וּבְרַחֲמִים. וְאֵרַשְׂתִּיךְ לִי בֶּאֱמוּנָה, וְיָדַעַתְּ אֶת יהוה.[3]

(1) ע״פ פסחים נו. (2) תהלים קמה:טז (3) הושע ב:כא-כב

נכון לומר ד׳ הפרשיות שבתפילין בעודו לבוש בהם. פרשיות „שְׁמַע" „וְהָיָה אִם שָׁמֹעַ" נאמרות בקריאת שמע; פרשיות „קַדֶּשׁ" „וְהָיָה כִּי יְבִאֲךָ" נוהגים לאמרן אחר הנחת תפילין.

**וַיְדַבֵּר** יהוה אֶל מֹשֶׁה לֵּאמֹר: קַדֶּשׁ לִי כָל בְּכוֹר, פֶּטֶר כָּל רֶחֶם בִּבְנֵי יִשְׂרָאֵל בָּאָדָם וּבַבְּהֵמָה, לִי הוּא. וַיֹּאמֶר מֹשֶׁה אֶל הָעָם: זָכוֹר אֶת הַיּוֹם הַזֶּה אֲשֶׁר יְצָאתֶם מִמִּצְרַיִם, מִבֵּית עֲבָדִים, כִּי בְּחֹזֶק יָד הוֹצִיא יהוה אֶתְכֶם מִזֶּה, וְלֹא יֵאָכֵל חָמֵץ. הַיּוֹם אַתֶּם יֹצְאִים, בְּחֹדֶשׁ הָאָבִיב. וְהָיָה כִי יְבִיאֲךָ יהוה אֶל אֶרֶץ הַכְּנַעֲנִי וְהַחִתִּי וְהָאֱמֹרִי וְהַחִוִּי וְהַיְבוּסִי אֲשֶׁר נִשְׁבַּע לַאֲבֹתֶיךָ לָתֶת לָךְ, אֶרֶץ זָבַת חָלָב וּדְבָשׁ, וְעָבַדְתָּ אֶת הָעֲבֹדָה הַזֹּאת בַּחֹדֶשׁ הַזֶּה. שִׁבְעַת יָמִים תֹּאכַל מַצֹּת, וּבַיּוֹם הַשְּׁבִיעִי חַג לַיהוה. מַצּוֹת יֵאָכֵל אֵת שִׁבְעַת הַיָּמִים, וְלֹא יֵרָאֶה לְךָ חָמֵץ, וְלֹא יֵרָאֶה לְךָ שְׂאֹר בְּכָל גְּבֻלֶךָ. וְהִגַּדְתָּ לְבִנְךָ בַּיּוֹם הַהוּא לֵאמֹר: בַּעֲבוּר זֶה עָשָׂה יהוה לִי בְּצֵאתִי מִמִּצְרָיִם. וְהָיָה לְךָ לְאוֹת עַל יָדְךָ, וּלְזִכָּרוֹן בֵּין עֵינֶיךָ, לְמַעַן תִּהְיֶה תּוֹרַת יהוה בְּפִיךָ, כִּי בְּיָד חֲזָקָה הוֹצִאֲךָ יהוה מִמִּצְרָיִם. וְשָׁמַרְתָּ אֶת הַחֻקָּה הַזֹּאת לְמוֹעֲדָהּ, מִיָּמִים יָמִֽימָה.[1]

כשאומר „וְהָיָה לְךָ . . ." ימשמש בתפילה של יד וינשק, וכן יעשה בתפילה של ראש כשאומר „וּלְזִכָּרוֹן . . ."

**וְהָיָה** כִּי יְבִאֲךָ יהוה אֶל אֶרֶץ הַכְּנַעֲנִי, כַּאֲשֶׁר נִשְׁבַּע לְךָ וְלַאֲבֹתֶיךָ, וּנְתָנָהּ לָךְ. וְהַעֲבַרְתָּ כָל פֶּטֶר רֶחֶם לַיהוה, וְכָל פֶּטֶר שֶׁגֶר בְּהֵמָה אֲשֶׁר יִהְיֶה לְךָ הַזְּכָרִים לַיהוה. וְכָל פֶּטֶר חֲמֹר תִּפְדֶּה בְשֶׂה, וְאִם לֹא תִפְדֶּה וַעֲרַפְתּוֹ, וְכֹל בְּכוֹר אָדָם בְּבָנֶיךָ תִּפְדֶּה. וְהָיָה כִּי יִשְׁאָלְךָ בִנְךָ מָחָר לֵאמֹר: מַה זֹּאת, וְאָמַרְתָּ אֵלָיו: בְּחֹזֶק יָד הוֹצִיאָנוּ יהוה מִמִּצְרַיִם מִבֵּית עֲבָדִים. וַיְהִי כִּי הִקְשָׁה פַרְעֹה לְשַׁלְּחֵנוּ, וַיַּהֲרֹג יהוה כָּל בְּכוֹר בְּאֶרֶץ מִצְרַיִם, מִבְּכֹר אָדָם וְעַד בְּכוֹר בְּהֵמָה, עַל כֵּן אֲנִי זֹבֵחַ לַיהוה כָּל פֶּטֶר רֶחֶם הַזְּכָרִים, וְכָל בְּכוֹר בָּנַי אֶפְדֶּה. וְהָיָה לְאוֹת עַל יָדְכָה וּלְטוֹטָפֹת בֵּין עֵינֶיךָ, כִּי בְּחֹזֶק יָד הוֹצִיאָנוּ יהוה מִמִּצְרָיִם.[2]

כשאומר „וְהָיָה לְאוֹת . . ." ימשמש בתפילה של יד וינשק, וכן יעשה בתפילה של ראש כשאומר „וּלְטוֹטָפֹת . . ."

(1) שמות יג:א-י (2) יג:יא-טז

## ﴾ תפילות קודם התפלה ﴿

(תקוני זוהר)

**פָּתַח אֵלִיָּהוּ** וְאָמַר: רִבּוֹן עָלְמִין, אַנְתְּ הוּא חַד, וְלָא בְחֻשְׁבָּן. אַנְתְּ הוּא עִלָּאָה עַל כָּל עִלָּאִין, סְתִימָא עַל כָּל סְתִימִין. לֵית מַחֲשָׁבָה תְּפִיסָא בָךְ כְּלָל. אַנְתְּ הוּא דְאַפֵּיקַת עֲשַׂר תִּקּוּנִין, וְקָרֵינָן לְהוֹן עֲשַׂר סְפִירָן, לְאַנְהָגָא בְהוֹן עָלְמִין סְתִימִין דְּלָא אִתְגַּלְיָן, וְעָלְמִין דְּאִתְגַּלְיָן. וּבְהוֹן אִתְכְּסִיאַת מִבְּנֵי נָשָׁא, וְאַנְתְּ הוּא דְקָשִׁיר לוֹן, וּמְיַחֵד לוֹן, וּבְגִין דְּאַנְתְּ מִלְּגָאו, כָּל מַאן דְּאַפְרֵישׁ חַד מִן חַבְרֵיהּ, מֵאִלֵּין עֲשַׂר סְפִירָן, אִתְחַשֵּׁב לֵיהּ כְּאִלּוּ אַפְרֵישׁ בָּךְ. וְאִלֵּין עֲשַׂר סְפִירָן אִנּוּן אָזְלִין כְּסִדְרָן, חַד אֲרִיךְ וְחַד קְצִיר וְחַד בֵּינוֹנִי. וְאַנְתְּ הוּא דְאַנְהִיג לוֹן, וְלֵית מַאן דְּאַנְהִיג לָךְ, לָא לְעֵלָּא וְלָא לְתַתָּא וְלָא מִכָּל סִטְרָא. לְבוּשִׁין תְּקִינַת לוֹן דְּמִנַּיְהוּ פָּרְחִין נִשְׁמָתִין לִבְנֵי נָשָׁא. וְכַמָּה גוּפִין תְּקִינַת לוֹן, דְּאִתְקְרִיאוּ גוּפִין לְגַבֵּי לְבוּשִׁין דִּמְכַסְיָן עֲלֵיהוֹן. וְאִתְקְרִיאוּ בְּתִקּוּנָא דָא. חֶסֶד דְּרוֹעָא יְמִינָא, גְּבוּרָה דְּרוֹעָא שְׂמָאלָא, תִּפְאֶרֶת גּוּפָא, נֶצַח וְהוֹד תְּרֵין שׁוֹקִין, יְסוֹד סִיּוּמָא דְגוּפָא אוֹת בְּרִית קֹדֶשׁ, מַלְכוּת פֶּה תּוֹרָה שֶׁבְּעַל פֶּה קָרֵינָן לָהּ. חָכְמָה מוֹחָא אִיהִי מַחֲשָׁבָה מִלְּגָאו, בִּינָה לִבָּא וּבָהּ הַלֵּב מֵבִין — וְעַל אִלֵּין תְּרֵין כְּתִיב: הַנִּסְתָּרֹת לַיהוה אֱלֹהֵינוּ,[1] — כֶּתֶר עֶלְיוֹן אִיהוּ כֶּתֶר מַלְכוּת, וַעֲלֵהּ אִתְּמַר: מַגִּיד מֵרֵאשִׁית אַחֲרִית,[2] וְאִיהוּ קַרְקַפְתָּא דִתְפִלֵּי מִלְּגָאו אִיהוּ יו״ד ה״א וא״ו ה״א דְּאִיהוּ אֹרַח אֲצִילוּת. אִיהוּ שַׁקְיוּ דְּאִילָנָא בִּדְרוֹעוֹי וְעַנְפּוֹי, כְּמַיָּא דְּאַשְׁקֵי לְאִילָנָא וְאִתְרַבֵּי בְּהַהוּא שַׁקְיוּ. רִבּוֹן הָעוֹלָמִים, אַנְתְּ הוּא עִלַּת הָעִלּוֹת, וְסִבַּת הַסִּבּוֹת, דְּאַשְׁקֵי לְאִילָנָא בְּהַהוּא נְבִיעוּ. וְהַהוּא נְבִיעוּ אִיהוּ כְּנִשְׁמְתָא לְגוּפָא, דְּאִיהוּ חַיִּים לְגוּפָא. וּבָךְ לֵית דִּמְיוֹן וְלֵית דְּיוֹקְנָא מִכָּל מַה דִּלְגָאו וּלְבַר. וּבְרָאת שְׁמַיָּא וְאַרְעָא, וְאַפֵּיקַת מִנְּהוֹן שִׁמְשָׁא וְסִיהֲרָא וְכוֹכְבַיָּא וּמַזָּלַיָּא. וּבְאַרְעָא, אִילָנִין וּדְשָׁאִין, וְגִנְתָא דְעֵדֶן וְעִשְׂבִּין וְחֵיוָן וּבְעִירִין וְעוֹפִין וְנוּנִין, וּבְנֵי נָשָׁא, לְאִשְׁתְּמוֹדָע בְּהוֹן עִלָּאִין, וְאֵיךְ יִתְנַהֲגוּן בְּהוֹן עִלָּאִין וְתַתָּאִין, וְאֵיךְ אִשְׁתְּמוֹדְעָן מֵעִלָּאֵי וְתַתָּאֵי, וְלֵית דְּיָדַע בָּךְ כְּלָל. וּבַר מִנָּךְ לֵית יְחוּדָא בְּעִלָּאֵי וְתַתָּאֵי, וְאַנְתְּ אִשְׁתְּמוֹדַע עִלַּת עַל כֹּלָּא, וְאָדוֹן עַל כֹּלָּא. וְכָל סְפִירָן, כָּל חַד אִית לֵיהּ שֵׁם יְדִיעַ וּבְהוֹן אִתְקְרִיאוּ מַלְאָכַיָּא. וְאַנְתְּ לֵית לָךְ שֵׁם יְדִיעַ, דְּאַנְתְּ הוּא מְמַלֵּא כָל שְׁמָהָן. וְאַנְתְּ הוּא שְׁלִימוּ דְכֻלְּהוּ. וְכַד אַנְתְּ תִּסְתַּלֵּק מִנְּהוֹן, אִשְׁתָּאֲרוּ כֻּלְּהוּ שְׁמָהָן, כְּגוּפָא בְּלָא נִשְׁמְתָא. אַנְתְּ חַכִּים, וְלָא בְחָכְמָה יְדִיעָא. אַנְתְּ הוּא מֵבִין, וְלָא מִבִּינָה יְדִיעָא. לֵית לָךְ אֲתַר יְדִיעָא. אֶלָּא לְאִשְׁתְּמוֹדְעָא תּוּקְפָךְ וְחֵילָךְ לִבְנֵי נָשָׁא, וּלְאַחֲזָאָה לוֹן אֵיךְ אִתְנַהֵג עָלְמָא בְּדִינָא וּבְרַחֲמֵי, דְּאִינוּן צֶדֶק וּמִשְׁפָּט, כְּפוּם עוֹבָדֵיהוֹן דִּבְנֵי נָשָׁא. דִּין אִיהוּ גְּבוּרָה, מִשְׁפָּט עַמּוּדָא דְאֶמְצָעִיתָא, צֶדֶק מַלְכוּתָא קַדִּישָׁא, מֹאזְנֵי צֶדֶק תְּרֵין סַמְכֵי קְשׁוֹט, הִין צֶדֶק אוֹת בְּרִית קֹדֶשׁ. כֹּלָּא לְאַחֲזָאָה אֵיךְ אִתְנַהֵג עָלְמָא, אֲבָל לָאו דְּאִית לָךְ צֶדֶק יְדִיעָא דְּאִיהוּ דִּין, וְלָאו מִשְׁפָּט יְדִיעָא דְּאִיהוּ רַחֲמֵי, וְלָא מִכָּל אִלֵּין מִדּוֹת כְּלָל. בָּרוּךְ יהוה לְעוֹלָם, אָמֵן וְאָמֵן.[3]

(1) דברים כט:כח (2) ישעיה מו:י (3) תהלים פט:נג

תחנה מהאר"י זלל"ה

**אֵל** אֱלֹהֵי הָרוּחוֹת,[1] שַׁלִּיט בָּעֶלְיוֹנִים וּבַתַּחְתּוֹנִים, תֵּן בִּי כֹּחַ לַעֲבוֹדָתֶךָ וּלְיִרְאָתֶךָ וּלְתוֹרָתֶךָ, שֶׁיְּקֻיַּם בִּי מִקְרָא שֶׁכָּתוּב, בְּכָל עֵת יִהְיוּ בְגָדֶיךָ לְבָנִים, וְשֶׁמֶן עַל רֹאשְׁךָ אַל יֶחְסָר.[2] וְאֶהְיֶה כְּלִי מוּכָן לְקַבֵּל נֶפֶשׁ רוּחַ וּנְשָׁמָה אֲשֶׁר נָפַחְתָּ בִּי, כְּדֵי שֶׁאֶחֱזוֹר לֶעָתִיד לַמָּקוֹר שֶׁחָצַבְתָּ נַפְשִׁי וְרוּחִי וְנִשְׁמָתִי מִשָּׁם. שֶׁלֹּא אֶכָּלֵם בָּעוֹלָם הַזֶּה, וְלֹא אֵבוֹשׁ לָעוֹלָם הַבָּא, וְלִהְיוֹת מוּכָן וּמְזֻמָּן, מֵאוֹתָם הַנּוֹחֲלִים לַחֲזוֹת בְּנֹעַם יהוה וּלְבַקֵּר בְּהֵיכָלוֹ,[3] כֻּלּוֹ אוֹמֵר כָּבוֹד,[4] אָמֵן.

תפלה נוראה שתיקן הרה"ק אי"א רבי אלימלך מליזענסק זצ"ל

**יְהִי רָצוֹן** מִלְּפָנֶיךָ, יהוה אֱלֹהֵינוּ וֵאלֹהֵי אֲבוֹתֵינוּ, שׁוֹמֵעַ קוֹל שַׁוְעַת עֲתִירָה, וּמַאֲזִין לְקוֹל תְּפִלַּת עַמּוֹ יִשְׂרָאֵל בְּרַחֲמָיו, שֶׁתָּכִין לִבֵּנוּ וּתְכוֹנֵן מַחְשְׁבוֹתֵינוּ, וּתְשַׁגֵּר תְּפִלָּתֵנוּ בְּפִינוּ, וְתַקְשִׁיב אָזְנְךָ לִשְׁמֹעַ בְּקוֹל תְּפִלַּת עֲבָדֶיךָ הַמִּתְחַנְּנִים אֵלֶיךָ בְּקוֹל שַׁוְעָה וְרוּחַ נִשְׁבָּרָה. וְאַתָּה אֵל רַחוּם, בְּרַחֲמֶיךָ הָרַבִּים וּבַחֲסָדֶיךָ הַגְּדוֹלִים תִּמְחוֹל וְתִסְלַח וּתְכַפֵּר לָנוּ וּלְכָל עַמְּךָ בֵּית יִשְׂרָאֵל, אֶת כָּל מַה שֶּׁחָטָאנוּ וְהֶעֱוִינוּ וְהִרְשַׁעְנוּ וּפָשַׁעְנוּ לְפָנֶיךָ. כִּי גָלוּי וְיָדוּעַ לְפָנֶיךָ, כִּי לֹא בְמֶרֶד וּבְמַעַל חָלִילָה וְחָלִילָה מָרִינוּ אֶת פִּיךָ וְדִבְרֵי תוֹרָתְךָ וּמִצְוֹתֶיךָ, כִּי אִם מֵרֹב הַיֵּצֶר הַבּוֹעֵר בְּקִרְבֵּנוּ תָּמִיד, לֹא יָנוּחַ וְלֹא יִשְׁקֹט עַד אֲשֶׁר מְבִיאֵנוּ אֶל תַּאֲוַת הָעוֹלָם הַשָּׁפָל הַזֶּה וְאֶל הֲבָלָיו, וּמְבַלְבֵּל אֶת מַחְשְׁבוֹתֵינוּ תָּמִיד. אֲפִילוּ בְּשָׁעָה שֶׁאֲנַחְנוּ עוֹמְדִים לְהִתְפַּלֵּל לְפָנֶיךָ וּלְבַקֵּשׁ עַל נַפְשֵׁנוּ, הוּא מְבַלְבֵּל אֶת מַחְשְׁבוֹתֵינוּ תָּמִיד בְּתַחְבּוּלוֹתָיו, וְאֵין אָנוּ יְכוֹלִים לַעֲמֹד נֶגְדּוֹ כִּי נֶחֱלַשׁ שִׂכְלֵנוּ וּמֹחֵנוּ עַד מְאֹד, וְכָשַׁל כֹּחַ הַסַּבָּל[5] מֵרֹב הַצָּרוֹת וְהַתְּלָאוֹת וְטִרְדַּת הַזְּמָן. לָכֵן אַתָּה אֵל רַחוּם וְחַנּוּן, עֲשֵׂה עִמָּנוּ כְּמוֹ שֶׁהִבְטַחְתָּנוּ עַל יְדֵי נֶאֱמַן בֵּיתֶךָ, וְחַנֹּתִי אֶת אֲשֶׁר אָחֹן, וְרִחַמְתִּי אֶת אֲשֶׁר אֲרַחֵם.[6] וְאָמְרוּ חֲכָמֵינוּ זִכְרוֹנָם לִבְרָכָה, אַף עַל פִּי שֶׁאֵינוֹ הָגוּן וְאֵינוֹ כְדַאי,[7] כִּי כֵן דַּרְכְּךָ לְהֵטִיב לָרָעִים וְלַטּוֹבִים. כִּי גָלוּי וְיָדוּעַ לְפָנֶיךָ אֶנְקָתֵנוּ וְצַעֲרֵנוּ וְשִׂיחֵנוּ, עַל אֲשֶׁר אֵין אָנוּ יְכוֹלִים לְקָרֵב עַצְמֵנוּ לַעֲבוֹדָתֶךָ, וּלְדַבֵּק לִבֵּנוּ בְּךָ בֶּאֱמֶת וּבְתָמִים. אֲהָהּ עַל נַפְשֵׁנוּ, אוֹי עָלֵינוּ מְאֹד, אָבִינוּ שֶׁבַּשָּׁמַיִם. וְאַתָּה תְּעוֹרֵר נָא רַחֲמֶיךָ וַחֲסָדֶיךָ הַגְּדוֹלִים וְהַמְּרֻבִּים עָלֵינוּ, לְגָרֵשׁ וּלְבַעֵר אֶת יִצְרֵנוּ הָרָע מִקִּרְבֵּנוּ, וְתִגְעַר בּוֹ שֶׁיָּסוּר וְיֵלֵךְ מֵאִתָּנוּ, וְאַל יַסִּית אוֹתָנוּ לְהַדִּיחֵנוּ מֵעֲבוֹדָתֶךָ חָלִילָה, וְאַל יַעֲלֶה בְּלִבֵּנוּ שׁוּם מַחֲשָׁבָה רָעָה הֵן בְּהָקִיץ הֵן בַּחֲלוֹם חָלִילָה, בִּפְרָט בְּעֵת שֶׁאֲנַחְנוּ עוֹמְדִים בִּתְפִלָּה לְפָנֶיךָ, אוֹ בְּשָׁעָה שֶׁאֲנַחְנוּ לוֹמְדִים תּוֹרָתֶךָ. וּבְשָׁעָה שֶׁאֲנַחְנוּ עוֹסְקִים בְּמִצְוֹתֶיךָ, תְּהֵא מַחֲשַׁבְתֵּנוּ זַכָּה, צְלוּלָה וּבְרוּרָה וַחֲזָקָה בֶּאֱמֶת וּבְלֵבָב שָׁלֵם כִּרְצוֹנְךָ הַטּוֹב עִמָּנוּ. וּתְעוֹרֵר לְבָבֵנוּ וּלְבַב כָּל יִשְׂרָאֵל עַמְּךָ לְיַחֶדְךָ בֶּאֱמֶת וּבְאַהֲבָה, לְעָבְדְּךָ עֲבוֹדָה הַיְשָׁרָה, הַמְּקֻבֶּלֶת לִפְנֵי כִסֵּא כְבוֹדֶךָ. וְתִקְבַּע אֱמוּנָתְךָ בְּלִבֵּנוּ תָּמִיד בְּלִי הֶפְסֵק, וּתְהֵא אֱמוּנָתְךָ קְשׁוּרָה בְלִבֵּנוּ כְּיָתֵד שֶׁלֹּא תָמוּט, וְתַעֲבִיר מֵעָלֵינוּ כָּל הַמָּסַכִים הַמַּבְדִּילִים בֵּינֵינוּ לְבֵינֶךָ, אָבִינוּ שֶׁבַּשָּׁמַיִם. וְתַצִּילֵנוּ מִכָּל הַמִּכְשׁוֹלוֹת וְטָעֻיּוֹת, אַל תַּעַזְבֵנוּ וְאַל תִּטְּשֵׁנוּ וְאַל תַּכְלִימֵנוּ. וּתְהֵא עִם פִּינוּ בְּעֵת הַטִּיפֵנוּ, וְעִם יָדֵינוּ בְּעֵת מַעְבָּדֵינוּ, וְעִם לִבֵּנוּ בְּעֵת מַחְשְׁבוֹתֵינוּ, וּתְזַכֵּנוּ אָבִינוּ שֶׁבַּשָּׁמַיִם

(1) במדבר טז:כב (2) קהלת ט:ח (3) תהלים כז:ד (4) כט:ט (5) ע"פ נחמיה ד:ד (6) שמות לג:יט (7) מסכת ברכות ז.

אֵל מָלֵא רַחֲמִים, שֶׁנְּיַחֵד אֶת לְבָבֵנוּ וּמַחְשְׁבוֹתֵינוּ וְדִבּוּרֵינוּ וּמַעֲשֵׂינוּ וְכָל תְּנוּעוֹתֵינוּ וְהַרְגָּשׁוֹתֵינוּ, הַיְּדוּעוֹת לָנוּ, וְשֶׁאֵינָן יְדוּעוֹת לָנוּ, הַנִּגְלוֹת וְהַנִּסְתָּרוֹת, שֶׁיְּהֵא הַכֹּל בְּיִחוּד אֵלֶיךָ בֶּאֱמֶת וּבְתָמִים בְּלִי שׁוּם מַחֲשֶׁבֶת פְּסוּל חָלִילָה. וְטַהֵר לִבֵּנוּ וְקַדְּשֵׁנוּ, וּזְרוֹק עָלֵינוּ מַיִם טְהוֹרִים וְטַהֲרֵנוּ[1] בְּאַהֲבָתְךָ וּבְחֶמְלָתְךָ. וְתִטַּע אַהֲבָתְךָ וְיִרְאָתְךָ בְּלִבֵּנוּ תָּמִיד בְּלִי הֶפְסֵק בְּכָל עֵת וּבְכָל זְמַן וּבְכָל מָקוֹם, בְּלֶכְתֵּנוּ בְּשָׁכְבֵנוּ וּבְקוּמֵנוּ. תִּבְעַר תָּמִיד רוּחַ קָדְשְׁךָ בְּקִרְבֵּנוּ, וְנִשְׁעָנִים תָּמִיד בְּךָ וּבִגְדֻלָּתְךָ וּבְאַהֲבָתְךָ וּבְיִרְאָתְךָ וּבְתוֹרָתְךָ שֶׁבִּכְתָב וְשֶׁבְּעַל פֶּה, הַנִּגְלֶה וְהַנִּסְתָּר, וּבְמִצְוֹתֶיךָ, לְיַחֵד שִׁמְךָ הַגִּבּוֹר וְהַנּוֹרָא. וְתִשְׁמְרֵנוּ מִן הַפְּנִיּוֹת וְהַגֵּאוּת, וּמִן הַכַּעַס וְהַקַּפְּדָנוּת וְהָעַצְבוּת וְהָרְכִילוּת וּשְׁאָר מִדּוֹת רָעוֹת, וּמִכָּל דָּבָר הַמַּפְסִיד עֲבוֹדָתְךָ הַקְּדוֹשָׁה וְהַטְּהוֹרָה הַחֲבִיבָה עָלֵינוּ. וְתַשְׁפִּיעַ רוּחַ קָדְשְׁךָ עָלֵינוּ שֶׁנִּהְיֶה דְבֵקִים בְּךָ וְשֶׁנִּשְׁתּוֹקֵק תָּמִיד אֵלֶיךָ יוֹתֵר וְיוֹתֵר. וּמִמַּדְרֵגָה לְמַדְרֵגָה תַּעֲלֵנוּ, שֶׁנִּזְכֶּה לָבֹא לְמַעֲלַת אֲבוֹתֵינוּ הַקְּדוֹשִׁים אַבְרָהָם יִצְחָק וְיַעֲקֹב, וּזְכוּתָם תַּעֲמוֹד לָנוּ שֶׁתִּשְׁמַע בְּקוֹל תְּפִלָּתֵנוּ, שֶׁנִּהְיֶה תָמִיד נַעֲנִים בְּעֵת שֶׁנִּתְפַּלֵּל אֵלֶיךָ, עָלֵינוּ אוֹ עַל שׁוּם אֶחָד מֵעַמְּךָ יִשְׂרָאֵל, עַל יָחִיד אוֹ עַל רַבִּים. וְתִשְׂמַח וְתִתְפָּאֵר בָּנוּ, וְנַעֲשֶׂה פְּרִי לְמַעְלָה וְשֹׁרֶשׁ לְמָטָּה. וְאַל תִּזְכָּר לָנוּ חַטֹּאתֵינוּ וּבִפְרַט חַטֹּאת נְעוּרֵינוּ, כְּמַאֲמַר דָּוִד הַמֶּלֶךְ עָלָיו הַשָּׁלוֹם: חַטֹּאת נְעוּרַי וּפְשָׁעַי אַל תִּזְכֹּר.[2] וְתַהֲפֹךְ עֲוֹנוֹתֵינוּ וּפְשָׁעֵינוּ לִזְכוּת. וְתַשְׁפִּיעַ עָלֵינוּ מֵעוֹלַם הַתְּשׁוּבָה תָּמִיד הִרְהוּר לָשׁוּב אֵלֶיךָ בְּלֵב שָׁלֵם, וּלְתַקֵּן אֶת אֲשֶׁר פָּגַמְנוּ בִּשְׁמוֹתֶיךָ הַקְּדוֹשִׁים וְהַטְּהוֹרִים. וְתַצִּילֵנוּ מִקִּנְאַת אִישׁ מֵרֵעֵהוּ, וְלֹא יַעֲלֶה קִנְאַת אָדָם עַל לִבֵּנוּ, וְלֹא קִנְאָתֵנוּ עַל אֲחֵרִים, אַדְּרַבָּה תֵּן בְּלִבֵּנוּ שֶׁנִּרְאֶה כָּל אֶחָד מַעֲלוֹת חֲבֵרֵינוּ וְלֹא חֶסְרוֹנָם, וְשֶׁנְּדַבֵּר כָּל אֶחָד אֶת חֲבֵרוֹ בַּדֶּרֶךְ הַיָּשָׁר וְהָרָצוּי לְפָנֶיךָ, וְאַל יַעֲלֶה שׁוּם שִׂנְאָה מֵאֶחָד עַל חֲבֵרוֹ חָלִילָה. וּתְחַזֵּק הִתְקַשְּׁרוּתֵנוּ בְּאַהֲבָה אֵלֶיךָ, כַּאֲשֶׁר גָּלוּי וְיָדוּעַ לְפָנֶיךָ שֶׁיְּהֵא הַכֹּל נַחַת רוּחַ אֵלֶיךָ, וְזֶה עִקַּר כַּוָּנָתֵנוּ. וְאִם אֵין לָנוּ שֵׂכֶל לְכַוֵּן אֶת לְבָבֵנוּ אֵלֶיךָ, אַתָּה תְלַמְּדֵנוּ אֲשֶׁר נֵדַע בֶּאֱמֶת כַּוָּנַת רְצוֹנְךָ הַטּוֹב, וְעַל כָּל זֹאת מִתְחַנְּנִים אֲנַחְנוּ לְפָנֶיךָ, אֵל מָלֵא רַחֲמִים, שֶׁתְּקַבֵּל אֶת תְּפִלָּתֵנוּ בְּרַחֲמִים וּבְרָצוֹן. אָמֵן, כֵּן יְהִי רָצוֹן.

**יְדִיד נֶפֶשׁ** אָב הָרַחֲמָן, מְשׁוֹךְ עַבְדְּךָ אֶל רְצוֹנֶךָ, יָרוּץ עַבְדְּךָ כְּמוֹ אַיָּל, יִשְׁתַּחֲוֶה אֶל מוּל הֲדָרֶךָ, יֶעֱרַב לוֹ יְדִידוּתֶיךָ, מִנֹּפֶת צוּף וְכָל טָעַם.

הָדוּר נָאֶה זִיו הָעוֹלָם, נַפְשִׁי חוֹלַת אַהֲבָתֶךָ, אָנָּא אֵל נָא רְפָא נָא לָהּ,[3] בְּהַרְאוֹת לָהּ נֹעַם זִיוֶךָ, אָז תִּתְחַזֵּק וְתִתְרַפֵּא, וְהָיְתָה לָהּ שִׂמְחַת עוֹלָם.

וָתִיק, יֶהֱמוּ נָא רַחֲמֶיךָ, וְחוּסָה נָּא עַל בֵּן אֲהוּבֶךָ, כִּי זֶה כַּמָּה נִכְסֹף נִכְסַפְתִּי, לִרְאוֹת מְהֵרָה בְּתִפְאֶרֶת עֻזֶּךָ, אֵלֶּה חָמְדָה לִבִּי, וְחוּסָה נָּא וְאַל תִּתְעַלָּם.

הִגָּלֶה נָא וּפְרוֹשׂ חֲבִיבִי עָלַי, אֶת סֻכַּת שְׁלוֹמֶךָ, תָּאִיר אֶרֶץ מִכְּבוֹדֶךָ, נָגִילָה וְנִשְׂמְחָה בָּךְ, מַהֵר אֱהֹב כִּי בָא מוֹעֵד, וְחָנֵּנוּ כִּימֵי עוֹלָם.

(1) ע"פ יחזקאל לו:כה (2) תהלים כה:ז (3) במדבר יב:יג

כשיכנס לבית הכנסת יאמר:

**מַה טֹּבוּ** אֹהָלֶיךָ יַעֲקֹב, מִשְׁכְּנֹתֶיךָ יִשְׂרָאֵל.[1] וַאֲנִי בְּרֹב חַסְדְּךָ אָבוֹא בֵיתֶךָ, אֶשְׁתַּחֲוֶה אֶל הֵיכַל קָדְשְׁךָ בְּיִרְאָתֶךָ.[2] יהוה, אָהַבְתִּי מְעוֹן בֵּיתֶךָ, וּמְקוֹם מִשְׁכַּן כְּבוֹדֶךָ.[3] וַאֲנִי אֶשְׁתַּחֲוֶה וְאֶכְרָעָה, אֶבְרְכָה לִפְנֵי יהוה עֹשִׂי.[4] וַאֲנִי, תְפִלָּתִי לְךָ יהוה, עֵת רָצוֹן; אֱלֹהִים, בְּרָב חַסְדֶּךָ, עֲנֵנִי בֶּאֱמֶת יִשְׁעֶךָ.[5]

**אֲדוֹן עוֹלָם** אֲשֶׁר מָלַךְ, בְּטֶרֶם כָּל־יְצִיר נִבְרָא.
לְעֵת נַעֲשָׂה בְחֶפְצוֹ כֹּל, אֲזַי מֶלֶךְ שְׁמוֹ נִקְרָא.
וְאַחֲרֵי כִּכְלוֹת הַכֹּל, לְבַדּוֹ יִמְלוֹךְ נוֹרָא.
וְהוּא הָיָה וְהוּא הֹוֶה, וְהוּא יִהְיֶה בְּתִפְאָרָה.
וְהוּא אֶחָד וְאֵין שֵׁנִי לְהַמְשִׁיל לוֹ לְהַחְבִּירָה.
בְּלִי רֵאשִׁית בְּלִי תַכְלִית, וְלוֹ הָעֹז וְהַמִּשְׂרָה.
וְהוּא אֵלִי וְחַי גֹּאֲלִי, וְצוּר חֶבְלִי בְּעֵת צָרָה.
וְהוּא נִסִּי וּמָנוֹס לִי, מְנָת כּוֹסִי בְּיוֹם אֶקְרָא.
בְּיָדוֹ אַפְקִיד רוּחִי בְּעֵת אִישַׁן וְאָעִירָה.
וְעִם רוּחִי גְּוִיָּתִי, יהוה לִי וְלֹא אִירָא.

האריז"ל הקפיד שלא לומר פיוט „יִגְדַּל", אמנם השל"ה שיבחהו והיה אומרו.

**יִגְדַּל** אֱלֹהִים חַי וְיִשְׁתַּבַּח, נִמְצָא וְאֵין עֵת אֶל מְצִיאוּתוֹ.
אֶחָד וְאֵין יָחִיד כְּיִחוּדוֹ, נֶעְלָם וְגַם אֵין סוֹף לְאַחְדּוּתוֹ.
אֵין לוֹ דְמוּת הַגּוּף וְאֵינוֹ גוּף, לֹא נַעֲרוֹךְ אֵלָיו קְדֻשָּׁתוֹ.
קַדְמוֹן לְכָל דָּבָר אֲשֶׁר נִבְרָא, רִאשׁוֹן וְאֵין רֵאשִׁית לְרֵאשִׁיתוֹ.
הִנּוֹ אֲדוֹן עוֹלָם לְכָל נוֹצָר, יוֹרֶה גְדֻלָּתוֹ וּמַלְכוּתוֹ.
שֶׁפַע נְבוּאָתוֹ נְתָנוֹ, אֶל אַנְשֵׁי סְגֻלָּתוֹ וְתִפְאַרְתּוֹ.
לֹא קָם בְּיִשְׂרָאֵל כְּמֹשֶׁה עוֹד,[6] נָבִיא וּמַבִּיט אֶת תְּמוּנָתוֹ.[7]
תּוֹרַת אֱמֶת נָתַן לְעַמּוֹ אֵל, עַל יַד נְבִיאוֹ נֶאֱמַן בֵּיתוֹ.[8]
לֹא יַחֲלִיף הָאֵל וְלֹא יָמִיר דָּתוֹ, לְעוֹלָמִים לְזוּלָתוֹ.
צוֹפֶה וְיוֹדֵעַ סְתָרֵינוּ, מַבִּיט לְסוֹף דָּבָר בְּקַדְמָתוֹ.
גּוֹמֵל לְאִישׁ חֶסֶד כְּמִפְעָלוֹ, נוֹתֵן לְרָשָׁע רָע כְּרִשְׁעָתוֹ.
יִשְׁלַח לְקֵץ הַיָּמִין מְשִׁיחֵנוּ, לִפְדּוֹת מְחַכֵּי קֵץ יְשׁוּעָתוֹ.
מֵתִים יְחַיֶּה אֵל בְּרֹב חַסְדּוֹ, בָּרוּךְ עֲדֵי עַד שֵׁם תְּהִלָּתוֹ.

(1) במדבר כד:ה (2) תהלים ה:ח (3) כו:ח (4) ע"פ צה:ו (5) סט:יד (6) ע"פ דברים לד:י (7) ע"פ במדבר יב:ח (8) ע"פ יב:ז

## ברכות השחר

יזהר לכוין פירוש המלות של הברכות. כשיזכיר השם, יכוין פירוש קריאתו באדנות, שהוא אדון הכל; ויכוין גם כן על פי כתיבתו ביו"ד ה"א, שהוא היה הוה ויהיה. ובהזכירו אלקים, יכוין שהוא תקיף בעל היכולת ובעל הכחות כולם (או"ח סי' ה). כתבו האחרונים שנכון לברך „עַל נְטִילַת יָדָיִם" ו„אֲשֶׁר יָצַר" תיכף אחר קומו משנתו, אחר שעשה צרכיו ורחץ ידיו, ויש שנוהגים לברך ברכות אלו בבית הכנסת.

**בָּרוּךְ** אַתָּה יהוה אֱלֹהֵינוּ מֶלֶךְ הָעוֹלָם, אֲשֶׁר קִדְּשָׁנוּ בְּמִצְוֹתָיו, וְצִוָּנוּ עַל נְטִילַת יָדָיִם.

**בָּרוּךְ** אַתָּה יהוה אֱלֹהֵינוּ מֶלֶךְ הָעוֹלָם, אֲשֶׁר יָצַר אֶת הָאָדָם בְּחָכְמָה, וּבָרָא בוֹ נְקָבִים נְקָבִים, חֲלוּלִים חֲלוּלִים. גָּלוּי וְיָדוּעַ לִפְנֵי כִסֵּא כְבוֹדֶךָ, שֶׁאִם יִפָּתֵחַ אֶחָד מֵהֶם, אוֹ יִסָּתֵם אֶחָד מֵהֶם, אִי אֶפְשַׁר לְהִתְקַיֵּם וְלַעֲמוֹד לְפָנֶיךָ אֲפִילוּ שָׁעָה אֶחָת. בָּרוּךְ אַתָּה יהוה, רוֹפֵא כָל בָּשָׂר וּמַפְלִיא לַעֲשׂוֹת.

יש נוהגין לומר ברכת „אֱלֹקַי, נְשָׁמָה" (עמ' 11) כאן.

### ברכות התורה

אסור ללמוד או לומר פסוקי מקרא (בדרך קריאה) קודם שיברך ברכת התורה, וצריך ליזהר בזה מאוד. יברך בשמחה גדולה ויתן הודאה על שבחר בנו השי"ת ונתן לנו כלי חמדתו (שו"ע או"ח סי' מז, ומ"ב ס"ק ב). אין צריך לברך בכל פעם שלומד אלא יוצא בברכה שבירך בבוקר. לפי דעת רוב הפוסקים אין הברכה הראשונה מסתיימת עם המילים „לַעֲסוֹק בְּדִבְרֵי תוֹרָה", רק היא ברכה ארוכה, וסופה הוא „הַמְלַמֵּד תּוֹרָה לְעַמּוֹ יִשְׂרָאֵל". על כן אין לענות אמן אחר „לַעֲסוֹק בְּדִבְרֵי תוֹרָה".

**בָּרוּךְ** אַתָּה יהוה אֱלֹהֵינוּ מֶלֶךְ הָעוֹלָם, אֲשֶׁר קִדְּשָׁנוּ בְּמִצְוֹתָיו, וְצִוָּנוּ לַעֲסוֹק בְּדִבְרֵי תוֹרָה. וְהַעֲרֶב נָא יהוה אֱלֹהֵינוּ אֶת דִּבְרֵי תוֹרָתְךָ בְּפִינוּ וּבְפִיּוֹת עַמְּךָ בֵּית יִשְׂרָאֵל. וְנִהְיֶה אֲנַחְנוּ וְצֶאֱצָאֵינוּ (וְצֶאֱצָאֵי צֶאֱצָאֵינוּ) וְצֶאֱצָאֵי עַמְּךָ בֵּית יִשְׂרָאֵל, כֻּלָּנוּ יוֹדְעֵי שְׁמֶךָ וְלוֹמְדֵי תוֹרָתֶךָ לִשְׁמָהּ. בָּרוּךְ אַתָּה יהוה, הַמְלַמֵּד תּוֹרָה לְעַמּוֹ יִשְׂרָאֵל.

**בָּרוּךְ** אַתָּה יהוה אֱלֹהֵינוּ מֶלֶךְ הָעוֹלָם, אֲשֶׁר בָּחַר בָּנוּ מִכָּל הָעַמִּים וְנָתַן לָנוּ אֶת תּוֹרָתוֹ. בָּרוּךְ אַתָּה יהוה, נוֹתֵן הַתּוֹרָה.

**וַיְדַבֵּר** יהוה אֶל מֹשֶׁה לֵּאמֹר. דַּבֵּר אֶל אַהֲרֹן וְאֶל בָּנָיו לֵאמֹר, כֹּה תְבָרְכוּ אֶת בְּנֵי יִשְׂרָאֵל, אָמוֹר לָהֶם. יְבָרֶכְךָ יהוה וְיִשְׁמְרֶךָ. יָאֵר יהוה פָּנָיו אֵלֶיךָ וִיחֻנֶּךָּ. יִשָּׂא יהוה

פָּנָיו אֵלֶיךָ, וְיָשֵׂם לְךָ שָׁלוֹם. וְשָׂמוּ אֶת שְׁמִי עַל בְּנֵי יִשְׂרָאֵל, וַאֲנִי אֲבָרְכֵם.[1]

**אֵלּוּ** דְבָרִים שֶׁאֵין לָהֶם שִׁעוּר: הַפֵּאָה וְהַבִּכּוּרִים וְהָרַאְיוֹן וּגְמִילוּת חֲסָדִים וְתַלְמוּד תּוֹרָה.[2]

**אֵלּוּ** דְבָרִים שֶׁאָדָם אוֹכֵל פֵּרוֹתֵיהֶם בָּעוֹלָם הַזֶּה וְהַקֶּרֶן קַיֶּמֶת לוֹ לָעוֹלָם הַבָּא. וְאֵלּוּ הֵן: כִּבּוּד אָב וָאֵם, וּגְמִילוּת חֲסָדִים, וְהַשְׁכָּמַת בֵּית הַמִּדְרָשׁ שַׁחֲרִית וְעַרְבִית, וְהַכְנָסַת אוֹרְחִים, וּבִקּוּר חוֹלִים, וְהַכְנָסַת כַּלָּה, וּלְוָיַת הַמֵּת, וְעִיּוּן תְּפִלָּה, וַהֲבָאַת שָׁלוֹם בֵּין אָדָם לַחֲבֵרוֹ וּבֵין אִישׁ לְאִשְׁתּוֹ – וְתַלְמוּד תּוֹרָה כְּנֶגֶד כֻּלָּם.[3]

**אֱלֹהַי,** נְשָׁמָה שֶׁנָּתַתָּ בִּי טְהוֹרָה הִיא. אַתָּה בְרָאתָהּ, אַתָּה יְצַרְתָּהּ, אַתָּה נְפַחְתָּהּ בִּי, וְאַתָּה מְשַׁמְּרָהּ בְּקִרְבִּי, וְאַתָּה עָתִיד לִטְּלָהּ מִמֶּנִּי, וּלְהַחֲזִירָהּ בִּי לֶעָתִיד לָבֹא. כָּל זְמַן שֶׁהַנְּשָׁמָה בְקִרְבִּי, מוֹדֶה אֲנִי לְפָנֶיךָ, יהוה אֱלֹהַי וֵאלֹהֵי אֲבוֹתַי, רִבּוֹן כָּל הַמַּעֲשִׂים, אֲדוֹן כָּל הַנְּשָׁמוֹת. בָּרוּךְ אַתָּה יהוה, הַמַּחֲזִיר נְשָׁמוֹת לִפְגָרִים מֵתִים.[4]

החזן אומר כל הברכות, והקהל עונה אמן על כל ברכה. נוהגים שכל אחד מברך לעצמו ואינו יוצא בברכות החזן (מ"ב סי' מו ס"ק יג). יש נוהגים לומר הברכות בקול, כדי לזכות את חבריהם בעניית אמן (שו"ע או"ח סי' ו ס"ד, ובמ"ב שם).

**בָּרוּךְ** אַתָּה יהוה אֱלֹהֵינוּ מֶלֶךְ הָעוֹלָם, אֲשֶׁר נָתַן לַשֶּׂכְוִי בִינָה[5] לְהַבְחִין בֵּין יוֹם וּבֵין לָיְלָה.

בָּרוּךְ אַתָּה יהוה אֱלֹהֵינוּ מֶלֶךְ הָעוֹלָם, שֶׁלֹּא עָשַׂנִי גּוֹי.

(1) במדבר ו:כב-כז (2) משנה, פאה א:א (3) ע"פ שבת קכז. (4) ע"פ ברכות ס: (5) ע"פ איוב לח:לו

בָּרוּךְ אַתָּה יהוה אֱלֹהֵינוּ מֶלֶךְ הָעוֹלָם,
שֶׁלֹּא עָשַׂנִי עָבֶד.

בָּרוּךְ אַתָּה יהוה אֱלֹהֵינוּ מֶלֶךְ הָעוֹלָם,

איש אומר:
שֶׁלֹּא עָשַׂנִי אִשָּׁה.     |     אשה אומרת:
                                  שֶׁעָשַׂנִי כִּרְצוֹנוֹ.

בָּרוּךְ אַתָּה יהוה אֱלֹהֵינוּ מֶלֶךְ הָעוֹלָם,
פּוֹקֵחַ עִוְרִים.[1]

בָּרוּךְ אַתָּה יהוה אֱלֹהֵינוּ מֶלֶךְ הָעוֹלָם,
מַלְבִּישׁ עֲרֻמִּים.[2]

בָּרוּךְ אַתָּה יהוה אֱלֹהֵינוּ מֶלֶךְ הָעוֹלָם,
מַתִּיר אֲסוּרִים.

בָּרוּךְ אַתָּה יהוה אֱלֹהֵינוּ מֶלֶךְ הָעוֹלָם,
זוֹקֵף כְּפוּפִים.[1]

בָּרוּךְ אַתָּה יהוה אֱלֹהֵינוּ מֶלֶךְ הָעוֹלָם,
רוֹקַע הָאָרֶץ עַל הַמָּיִם.[3]

בָּרוּךְ אַתָּה יהוה אֱלֹהֵינוּ מֶלֶךְ הָעוֹלָם,
הַמֵּכִין[4] מִצְעֲדֵי גָבֶר.[5]

בָּרוּךְ אַתָּה יהוה אֱלֹהֵינוּ מֶלֶךְ הָעוֹלָם,
שֶׁעָשָׂה לִי כָּל צָרְכִּי.

בָּרוּךְ אַתָּה יהוה אֱלֹהֵינוּ מֶלֶךְ הָעוֹלָם,
אוֹזֵר יִשְׂרָאֵל בִּגְבוּרָה.

(1) תהלים קמו:ח (2) קמו:ז (3) ע״פ תהלים קלו:ו (4) נ״א אֲשֶׁר הֵכִין (5) ע״פ לז:כג

יש נוהגין למשמש בתפילין כשאומרים „עוֹטֵר . . .״ (מ״ב סי׳ כ״ה ס״ק י״ג).

בָּרוּךְ אַתָּה יהוה אֱלֹהֵינוּ מֶלֶךְ הָעוֹלָם, עוֹטֵר יִשְׂרָאֵל בְּתִפְאָרָה.

בָּרוּךְ אַתָּה יהוה אֱלֹהֵינוּ מֶלֶךְ הָעוֹלָם, הַנּוֹתֵן לַיָּעֵף כֹּחַ.[1]

ברכת „הַמַּעֲבִיר שֵׁנָה״ ברכה ארוכה היא, וסיומה „הַגּוֹמֵל חֲסָדִים טוֹבִים לְעַמּוֹ יִשְׂרָאֵל.״ על כן אין לענות אמן אחר מילות „וּתְנוּמָה מֵעַפְעַפָּי״, אף שברוב סידורים יש שם הפסק (שו״ע או״ח סי׳ מו ס״א).

**בָּרוּךְ** אַתָּה יהוה אֱלֹהֵינוּ מֶלֶךְ הָעוֹלָם, הַמַּעֲבִיר שֵׁנָה מֵעֵינָי וּתְנוּמָה מֵעַפְעַפָּי. וִיהִי רָצוֹן מִלְּפָנֶיךָ, יהוה אֱלֹהֵינוּ וֵאלֹהֵי אֲבוֹתֵינוּ, שֶׁתַּרְגִּילֵנוּ בְּתוֹרָתֶךָ וְדַבְּקֵנוּ בְּמִצְוֹתֶיךָ, וְאַל תְּבִיאֵנוּ לֹא לִידֵי חֵטְא, וְלֹא לִידֵי עֲבֵרָה וְעָוֹן, וְלֹא לִידֵי נִסָּיוֹן, וְלֹא לִידֵי בִזָּיוֹן, וְאַל יִשְׁלוֹט בָּנוּ יֵצֶר הָרָע. וְהַרְחִיקֵנוּ מֵאָדָם רָע וּמֵחָבֵר רָע. וְדַבְּקֵנוּ בְּיֵצֶר הַטּוֹב וּבְמַעֲשִׂים טוֹבִים, וְכוֹף אֶת יִצְרֵנוּ לְהִשְׁתַּעְבֶּד לָךְ. וּתְנֵנוּ הַיּוֹם וּבְכָל יוֹם לְחֵן וּלְחֶסֶד וּלְרַחֲמִים בְּעֵינֶיךָ, וּבְעֵינֵי כָל רוֹאֵינוּ, ✧ וְתִגְמְלֵנוּ חֲסָדִים טוֹבִים. בָּרוּךְ אַתָּה יהוה, הַגּוֹמֵל חֲסָדִים טוֹבִים לְעַמּוֹ יִשְׂרָאֵל.[2]

**יְהִי רָצוֹן** מִלְּפָנֶיךָ, יהוה אֱלֹהַי וֵאלֹהֵי אֲבוֹתַי, שֶׁתַּצִּילֵנִי הַיּוֹם וּבְכָל יוֹם מֵעַזֵּי פָנִים וּמֵעַזּוּת פָּנִים, מֵאָדָם רָע, מִיֵּצֶר רָע, וּמֵחָבֵר רָע, וּמִשָּׁכֵן רָע, וּמִפֶּגַע רָע, מֵעַיִן הָרָע, מִלָּשׁוֹן הָרָע, מִמַּלְשִׁינוּת, מֵעֵדוּת שֶׁקֶר, מִשִּׂנְאַת הַבְּרִיּוֹת, מֵעֲלִילָה, מִמִּיתָה מְשׁוּנָה, מֵחֳלָיִים רָעִים, מִמִּקְרִים רָעִים, וּמִשָּׂטָן הַמַּשְׁחִית, מִדִּין קָשֶׁה וּמִבַּעַל דִּין קָשֶׁה, בֵּין שֶׁהוּא בֶן בְּרִית, וּבֵין שֶׁאֵינוֹ בֶן בְּרִית, וּמִדִּינָהּ שֶׁל גֵּיהִנֹּם.[3]

(1) ישעיה מ:כט (2) ע״פ ברכות ס: (3) ע״פ תפלת רבי, ברכות טז:

## עקידה

בשבת וביום טוב אין אומרים תפילה זו ומתחילים „וַיְהִי אַחַר הַדְּבָרִים”.

**אֱלֹהֵינוּ** וֵאלֹהֵי אֲבוֹתֵינוּ, זָכְרֵנוּ בְּזִכָּרוֹן טוֹב לְפָנֶיךָ, וּפָקְדֵנוּ בִּפְקֻדַּת יְשׁוּעָה וְרַחֲמִים מִשְּׁמֵי שְׁמֵי קֶדֶם. וּזְכָר לָנוּ יהוה אֱלֹהֵינוּ אַהֲבַת הַקַּדְמוֹנִים אַבְרָהָם יִצְחָק וְיִשְׂרָאֵל עֲבָדֶיךָ, אֶת הַבְּרִית וְאֶת הַחֶסֶד וְאֶת הַשְּׁבוּעָה שֶׁנִּשְׁבַּעְתָּ לְאַבְרָהָם אָבִינוּ בְּהַר הַמּוֹרִיָּה, וְאֶת הָעֲקֵדָה שֶׁעָקַד אֶת יִצְחָק בְּנוֹ עַל גַּבֵּי הַמִּזְבֵּחַ, כַּכָּתוּב בְּתוֹרָתֶךָ:

בראשית כב:א-יט

**וַיְהִי** אַחַר הַדְּבָרִים הָאֵלֶּה, וְהָאֱלֹהִים נִסָּה אֶת אַבְרָהָם, וַיֹּאמֶר אֵלָיו: אַבְרָהָם, וַיֹּאמֶר: הִנֵּנִי. וַיֹּאמֶר: קַח נָא אֶת בִּנְךָ, אֶת יְחִידְךָ, אֲשֶׁר אָהַבְתָּ, אֶת יִצְחָק, וְלֶךְ לְךָ אֶל אֶרֶץ הַמֹּרִיָּה, וְהַעֲלֵהוּ שָׁם לְעֹלָה עַל אַחַד הֶהָרִים אֲשֶׁר אֹמַר אֵלֶיךָ. וַיַּשְׁכֵּם אַבְרָהָם בַּבֹּקֶר, וַיַּחֲבֹשׁ אֶת חֲמֹרוֹ, וַיִּקַּח אֶת שְׁנֵי נְעָרָיו אִתּוֹ, וְאֵת יִצְחָק בְּנוֹ, וַיְבַקַּע עֲצֵי עֹלָה, וַיָּקָם וַיֵּלֶךְ אֶל הַמָּקוֹם אֲשֶׁר אָמַר לוֹ הָאֱלֹהִים. בַּיּוֹם הַשְּׁלִישִׁי, וַיִּשָּׂא אַבְרָהָם אֶת עֵינָיו, וַיַּרְא אֶת הַמָּקוֹם מֵרָחֹק. וַיֹּאמֶר אַבְרָהָם אֶל נְעָרָיו: שְׁבוּ לָכֶם פֹּה עִם הַחֲמוֹר, וַאֲנִי וְהַנַּעַר נֵלְכָה עַד כֹּה, וְנִשְׁתַּחֲוֶה וְנָשׁוּבָה אֲלֵיכֶם. וַיִּקַּח אַבְרָהָם אֶת עֲצֵי הָעֹלָה, וַיָּשֶׂם עַל יִצְחָק בְּנוֹ, וַיִּקַּח בְּיָדוֹ אֶת הָאֵשׁ וְאֶת הַמַּאֲכֶלֶת, וַיֵּלְכוּ שְׁנֵיהֶם יַחְדָּו. וַיֹּאמֶר יִצְחָק אֶל אַבְרָהָם אָבִיו, וַיֹּאמֶר: אָבִי, וַיֹּאמֶר: הִנֶּנִּי בְנִי, וַיֹּאמֶר: הִנֵּה הָאֵשׁ וְהָעֵצִים, וְאַיֵּה הַשֶּׂה לְעֹלָה. וַיֹּאמֶר אַבְרָהָם: אֱלֹהִים יִרְאֶה לּוֹ הַשֶּׂה לְעֹלָה, בְּנִי, וַיֵּלְכוּ שְׁנֵיהֶם יַחְדָּו. וַיָּבֹאוּ אֶל הַמָּקוֹם אֲשֶׁר אָמַר לוֹ הָאֱלֹהִים, וַיִּבֶן שָׁם אַבְרָהָם אֶת הַמִּזְבֵּחַ, וַיַּעֲרֹךְ אֶת הָעֵצִים, וַיַּעֲקֹד אֶת יִצְחָק בְּנוֹ, וַיָּשֶׂם אֹתוֹ עַל הַמִּזְבֵּחַ מִמַּעַל לָעֵצִים. וַיִּשְׁלַח אַבְרָהָם אֶת יָדוֹ, וַיִּקַּח אֶת הַמַּאֲכֶלֶת לִשְׁחֹט אֶת בְּנוֹ. וַיִּקְרָא אֵלָיו מַלְאַךְ יהוה מִן הַשָּׁמַיִם, וַיֹּאמֶר: אַבְרָהָם, אַבְרָהָם, וַיֹּאמֶר: הִנֵּנִי.

וַיֹּאמֶר: אַל תִּשְׁלַח יָדְךָ אֶל הַנַּעַר, וְאַל תַּעַשׂ לוֹ מְאוּמָה, כִּי עַתָּה יָדַעְתִּי כִּי יְרֵא אֱלֹהִים אַתָּה, וְלֹא חָשַׂכְתָּ אֶת בִּנְךָ אֶת יְחִידְךָ מִמֶּנִּי. וַיִּשָּׂא אַבְרָהָם אֶת עֵינָיו וַיַּרְא, וְהִנֵּה אַיִל, אַחַר, נֶאֱחַז בַּסְּבַךְ בְּקַרְנָיו, וַיֵּלֶךְ אַבְרָהָם וַיִּקַּח אֶת הָאַיִל, וַיַּעֲלֵהוּ לְעֹלָה תַּחַת בְּנוֹ. וַיִּקְרָא אַבְרָהָם שֵׁם הַמָּקוֹם הַהוּא יהוה יִרְאֶה, אֲשֶׁר יֵאָמֵר הַיּוֹם, בְּהַר יהוה יֵרָאֶה. וַיִּקְרָא מַלְאַךְ יהוה אֶל אַבְרָהָם, שֵׁנִית מִן הַשָּׁמָיִם. וַיֹּאמֶר: בִּי נִשְׁבַּעְתִּי נְאֻם יהוה, כִּי יַעַן אֲשֶׁר עָשִׂיתָ אֶת הַדָּבָר הַזֶּה, וְלֹא חָשַׂכְתָּ אֶת בִּנְךָ אֶת יְחִידֶךָ. כִּי בָרֵךְ אֲבָרֶכְךָ, וְהַרְבָּה אַרְבֶּה אֶת זַרְעֲךָ כְּכוֹכְבֵי הַשָּׁמַיִם, וְכַחוֹל אֲשֶׁר עַל שְׂפַת הַיָּם, וְיִרַשׁ זַרְעֲךָ אֵת שַׁעַר אֹיְבָיו. וְהִתְבָּרְכוּ בְזַרְעֲךָ כֹּל גּוֹיֵי הָאָרֶץ, עֵקֶב אֲשֶׁר שָׁמַעְתָּ בְּקֹלִי. וַיָּשָׁב אַבְרָהָם אֶל נְעָרָיו, וַיָּקֻמוּ וַיֵּלְכוּ יַחְדָּו אֶל בְּאֵר שָׁבַע, וַיֵּשֶׁב אַבְרָהָם בִּבְאֵר שָׁבַע.

בשבת וביום טוב אין אומרים תפילה זו:

**רִבּוֹנוֹ שֶׁל עוֹלָם,** כְּמוֹ שֶׁכָּבַשׁ אַבְרָהָם אָבִינוּ אֶת רַחֲמָיו מֵעַל בֶּן יְחִידוֹ לַעֲשׂוֹת רְצוֹנְךָ בְּלֵבָב שָׁלֵם, כֵּן יִכְבְּשׁוּ רַחֲמֶיךָ אֶת כַּעַסְךָ מֵעָלֵינוּ, וְיָגֹלּוּ רַחֲמֶיךָ עַל מִדּוֹתֶיךָ (וְתִכָּנֵס אִתָּנוּ לִפְנִים מִשּׁוּרַת דִּינֶךָ), וְתִתְנַהֵג עִמָּנוּ, יהוה אֱלֹהֵינוּ, בְּמִדַּת הַחֶסֶד וּבְמִדַּת הָרַחֲמִים. וּבְטוּבְךָ הַגָּדוֹל, יָשׁוּב חֲרוֹן אַפְּךָ מֵעַמְּךָ וּמֵעִירְךָ וּמֵאַרְצְךָ וּמִנַּחֲלָתֶךָ. וְקַיֶּם לָנוּ, יהוה אֱלֹהֵינוּ, אֶת הַדָּבָר שֶׁהִבְטַחְתָּנוּ בְּתוֹרָתֶךָ, עַל יְדֵי מֹשֶׁה עַבְדֶּךָ, כָּאָמוּר: וְזָכַרְתִּי אֶת בְּרִיתִי יַעֲקוֹב, וְאַף אֶת בְּרִיתִי יִצְחָק, וְאַף אֶת בְּרִיתִי אַבְרָהָם אֶזְכֹּר, וְהָאָרֶץ אֶזְכֹּר.[1] וְנֶאֱמַר: וְאַף גַּם זֹאת, בִּהְיוֹתָם בְּאֶרֶץ אֹיְבֵיהֶם, לֹא מְאַסְתִּים וְלֹא גְעַלְתִּים לְכַלּוֹתָם, לְהָפֵר בְּרִיתִי אִתָּם, כִּי אֲנִי יהוה אֱלֹהֵיהֶם.[2] וְנֶאֱמַר: וְזָכַרְתִּי לָהֶם בְּרִית רִאשׁוֹנִים, אֲשֶׁר הוֹצֵאתִי אֹתָם מֵאֶרֶץ מִצְרַיִם, לְעֵינֵי הַגּוֹיִם, לִהְיוֹת לָהֶם לֵאלֹהִים, אֲנִי יהוה.[3] וְנֶאֱמַר: וְשָׁב יהוה אֱלֹהֶיךָ אֶת שְׁבוּתְךָ וְרִחֲמֶךָ, וְשָׁב וְקִבֶּצְךָ מִכָּל הָעַמִּים, אֲשֶׁר הֱפִיצְךָ יהוה אֱלֹהֶיךָ שָׁמָּה. אִם יִהְיֶה נִדַּחֲךָ בִּקְצֵה הַשָּׁמָיִם, מִשָּׁם יְקַבֶּצְךָ יהוה אֱלֹהֶיךָ וּמִשָּׁם יִקָּחֶךָ.[4] וְנֶאֱמַר: וֶהֱבִיאֲךָ יהוה אֱלֹהֶיךָ אֶל הָאָרֶץ אֲשֶׁר יָרְשׁוּ אֲבוֹתֶיךָ, וִירִשְׁתָּהּ, וְהֵיטִבְךָ וְהִרְבְּךָ מֵאֲבוֹתֶיךָ.[5] וְנֶאֱמַר עַל יְדֵי נְבִיאֶךָ: יהוה חָנֵּנוּ, לְךָ קִוִּינוּ, הֱיֵה זְרֹעָם לַבְּקָרִים, אַף יְשׁוּעָתֵנוּ בְּעֵת צָרָה.[6] וְנֶאֱמַר: וְעֵת צָרָה הִיא לְיַעֲקֹב, וּמִמֶּנָּה

(1) ויקרא כו:מב (2) כו:מד (3) כו:מה (4) דברים ל:ג-ד (5) ל:ה (6) ישעיה לג:ב

יִוָּשֵׁעַ.[1] וְנֶאֱמַר: בְּכָל צָרָתָם לוֹ צָר, וּמַלְאַךְ פָּנָיו הוֹשִׁיעָם, בְּאַהֲבָתוֹ וּבְחֶמְלָתוֹ הוּא גְאָלָם, וַיְנַטְּלֵם וַיְנַשְּׂאֵם כָּל יְמֵי עוֹלָם.[2] וְנֶאֱמַר: מִי אֵל כָּמוֹךָ, נֹשֵׂא עָוֹן וְעֹבֵר עַל פֶּשַׁע, לִשְׁאֵרִית נַחֲלָתוֹ, לֹא הֶחֱזִיק לָעַד אַפּוֹ, כִּי חָפֵץ חֶסֶד הוּא. יָשׁוּב יְרַחֲמֵנוּ, יִכְבֹּשׁ עֲוֹנֹתֵינוּ, וְתַשְׁלִיךְ בִּמְצֻלוֹת יָם, כָּל חַטֹּאתָם. תִּתֵּן אֱמֶת לְיַעֲקֹב, חֶסֶד לְאַבְרָהָם, אֲשֶׁר נִשְׁבַּעְתָּ לַאֲבֹתֵינוּ, מִימֵי קֶדֶם.[3] וְנֶאֱמַר: וַהֲבִיאוֹתִים אֶל הַר קָדְשִׁי, וְשִׂמַּחְתִּים בְּבֵית תְּפִלָּתִי, עוֹלֹתֵיהֶם וְזִבְחֵיהֶם לְרָצוֹן עַל מִזְבְּחִי, כִּי בֵיתִי בֵּית תְּפִלָּה, יִקָּרֵא לְכָל הָעַמִּים.[4]

**לְעוֹלָם** יְהֵא אָדָם יְרֵא שָׁמַיִם בְּסֵתֶר וּבַגָּלוּי, וּמוֹדֶה עַל הָאֱמֶת, וְדוֹבֵר אֱמֶת בִּלְבָבוֹ, וְיַשְׁכֵּם וְיֹאמַר:

רִבּוֹן כָּל הָעוֹלָמִים וַאֲדוֹנֵי הָאֲדוֹנִים, לֹא עַל צִדְקוֹתֵינוּ אֲנַחְנוּ מַפִּילִים תַּחֲנוּנֵינוּ לְפָנֶיךָ, כִּי עַל רַחֲמֶיךָ הָרַבִּים. מָה אָנוּ, מֶה חַיֵּינוּ, מֶה חַסְדֵּנוּ, מַה צִּדְקוֹתֵינוּ, מַה יְּשׁוּעָתֵנוּ, מַה כֹּחֵנוּ, מַה גְּבוּרָתֵנוּ. מַה נֹּאמַר לְפָנֶיךָ, יהוה אֱלֹהֵינוּ וֵאלֹהֵי אֲבוֹתֵינוּ, הֲלֹא כָּל הַגִּבּוֹרִים כְּאַיִן לְפָנֶיךָ, וְאַנְשֵׁי הַשֵּׁם כְּלֹא הָיוּ, וַחֲכָמִים כִּבְלִי מַדָּע, וּנְבוֹנִים כִּבְלִי הַשְׂכֵּל. כִּי רוֹב מַעֲשֵׂיהֶם תֹּהוּ, וִימֵי חַיֵּיהֶם הֶבֶל לְפָנֶיךָ, וּמוֹתַר הָאָדָם מִן הַבְּהֵמָה אָיִן, כִּי הַכֹּל הָבֶל.[5] – לְבַד הַנְּשָׁמָה הַטְּהוֹרָה, שֶׁהִיא עֲתִידָה לִתֵּן דִּין וְחֶשְׁבּוֹן לִפְנֵי כִסֵּא כְבוֹדֶךָ. וְכָל הַגּוֹיִם כְּאַיִן נֶגְדֶּךָ, שֶׁנֶּאֱמַר: הֵן גּוֹיִם כְּמַר מִדְּלִי, וּכְשַׁחַק מֹאזְנַיִם נֶחְשָׁבוּ, הֵן אִיִּים כַּדַּק יִטּוֹל.[6]

אֲבָל אֲנַחְנוּ עַמְּךָ, בְּנֵי בְרִיתֶךָ, בְּנֵי אַבְרָהָם אֹהַבְךָ שֶׁנִּשְׁבַּעְתָּ לּוֹ בְּהַר הַמּוֹרִיָּה, זֶרַע יִצְחָק יְחִידוֹ שֶׁנֶּעֱקַד עַל גַּבֵּי הַמִּזְבֵּחַ, עֲדַת יַעֲקֹב בִּנְךָ בְּכוֹרֶךָ, שֶׁמֵּאַהֲבָתְךָ שֶׁאָהַבְתָּ אוֹתוֹ וּמִשִּׂמְחָתְךָ שֶׁשָּׂמַחְתָּ בּוֹ, קָרָאתָ אֶת שְׁמוֹ יִשְׂרָאֵל וִישֻׁרוּן.

**לְפִיכָךְ** אֲנַחְנוּ חַיָּבִים לְהוֹדוֹת לְךָ, וּלְשַׁבֵּחֲךָ, וּלְפָאֶרְךָ, וּלְבָרֵךְ וּלְקַדֵּשׁ וְלִתֵּן שֶׁבַח וְהוֹדָיָה לִשְׁמֶךָ. אַשְׁרֵינוּ, מַה טּוֹב חֶלְקֵנוּ, וּמַה נָּעִים גּוֹרָלֵנוּ, וּמַה יָּפָה יְרֻשָּׁתֵנוּ. ❖ אַשְׁרֵינוּ, כְּשֶׁאָנוּ מַשְׁכִּימִים וּמַעֲרִיבִים, בְּבָתֵּי כְנֵסִיּוֹת וּבְבָתֵּי מִדְרָשׁוֹת, וּמְיַחֲדִים שִׁמְךָ בְּכָל יוֹם תָּמִיד, וְאוֹמְרִים פַּעֲמַיִם בְּאַהֲבָה:

(1) ירמיה ל:ז (2) ישעיה סג:ט (3) מיכה ז:יח-כ (4) ישעיה נו:ז (5) קהלת ג:יט (6) ישעיה מ:טו

כשהצבור מתאחרים, וירא שיקראו קריאת שמע וברכותיה אחר זמנה, יכוון לצאת ידי חובתו בקריאה שקורא עכשיו, ויקרא ג׳ פרשיות של קריאת שמע (עמ׳ 42) כאן. אך כשמתפללים בשעה מוקדמת אדרבה יכוון שלא לצאת, כי מוטב לצאת ק״ש דאורייתא כשקוראה בצבור עם ברכותיה, כתקון חז״ל (או״ח סי׳ מ״ו ס״ט, מ״ב ס״ק לא).

**שְׁמַע | יִשְׂרָאֵל, יהוה | אֱלֹהֵינוּ, יהוה | אֶחָד:**[1]

בלחש: בָּרוּךְ שֵׁם כְּבוֹד מַלְכוּתוֹ לְעוֹלָם וָעֶד.[2]

**וְאָהַבְתָּ** אֵת | יהוה | אֱלֹהֶיךָ, בְּכָל־לְבָבְךָ, וּבְכָל־נַפְשְׁךָ, וּבְכָל־מְאֹדֶךָ: וְהָיוּ הַדְּבָרִים הָאֵלֶּה, אֲשֶׁר | אָנֹכִי מְצַוְּךָ הַיּוֹם, עַל־לְבָבֶךָ: וְשִׁנַּנְתָּם לְבָנֶיךָ, וְדִבַּרְתָּ בָּם, בְּשִׁבְתְּךָ בְּבֵיתֶךָ, וּבְלֶכְתְּךָ בַדֶּרֶךְ, וּבְשָׁכְבְּךָ וּבְקוּמֶךָ: וּקְשַׁרְתָּם לְאוֹת עַל־יָדֶךָ, וְהָיוּ לְטֹטָפֹת בֵּין | עֵינֶיךָ: וּכְתַבְתָּם | עַל־מְזֻזוֹת בֵּיתֶךָ, וּבִשְׁעָרֶיךָ:[3]

**אַתָּה** הוּא עַד שֶׁלֹּא נִבְרָא הָעוֹלָם, אַתָּה הוּא מִשֶּׁנִּבְרָא הָעוֹלָם, אַתָּה הוּא בָּעוֹלָם הַזֶּה, וְאַתָּה הוּא לָעוֹלָם הַבָּא. ❖ קַדֵּשׁ אֶת שִׁמְךָ עַל מַקְדִּישֵׁי שְׁמֶךָ, וְקַדֵּשׁ אֶת שִׁמְךָ בְּעוֹלָמֶךָ. וּבִישׁוּעָתְךָ תָּרִים וְתַגְבִּיהַּ קַרְנֵנוּ לְמַעְלָה, וְהוֹשִׁיעֵנוּ בְּקָרוֹב לְמַעַן שְׁמֶךָ. בָּרוּךְ הַמְקַדֵּשׁ שְׁמוֹ בָּרַבִּים.

**אַתָּה** הוּא יהוה אֱלֹהֵינוּ,[4] בַּשָּׁמַיִם וּבָאָרֶץ וּבִשְׁמֵי הַשָּׁמַיִם הָעֶלְיוֹנִים. אֱמֶת, אַתָּה הוּא רִאשׁוֹן, וְאַתָּה הוּא אַחֲרוֹן, וּמִבַּלְעָדֶיךָ אֵין אֱלֹהִים.[5] קַבֵּץ נְפוּצוֹת קֹוֶיךָ מֵאַרְבַּע כַּנְפוֹת הָאָרֶץ.[6] יַכִּירוּ וְיֵדְעוּ כָּל בָּאֵי עוֹלָם כִּי אַתָּה הוּא הָאֱלֹהִים לְבַדְּךָ, עֶלְיוֹן לְכֹל מַמְלְכוֹת הָאָרֶץ. אַתָּה עָשִׂיתָ אֶת הַשָּׁמַיִם וְאֶת הָאָרֶץ,[7] אֶת הַיָּם, וְאֶת כָּל אֲשֶׁר בָּם.[8] וּמִי בְּכָל מַעֲשֵׂה יָדֶיךָ בָּעֶלְיוֹנִים אוֹ בַתַּחְתּוֹנִים שֶׁיֹּאמַר לְךָ, מַה תַּעֲשֶׂה וּמַה תִּפְעָל. אָבִינוּ שֶׁבַּשָּׁמַיִם, חַי וְקַיָּם, עֲשֵׂה עִמָּנוּ צְדָקָה וָחֶסֶד בַּעֲבוּר שִׁמְךָ הַגָּדוֹל הַגִּבּוֹר וְהַנּוֹרָא שֶׁנִּקְרָא עָלֵינוּ,[9] וְקַיֶּם לָנוּ יהוה אֱלֹהֵינוּ אֶת הַדָּבָר שֶׁהִבְטַחְתָּנוּ עַל יְדֵי צְפַנְיָה חוֹזָךְ, כָּאָמוּר: בָּעֵת הַהִיא אָבִיא אֶתְכֶם, וּבָעֵת קַבְּצִי אֶתְכֶם, כִּי אֶתֵּן אֶתְכֶם לְשֵׁם וְלִתְהִלָּה בְּכֹל עַמֵּי הָאָרֶץ, בְּשׁוּבִי אֶת שְׁבוּתֵיכֶם לְעֵינֵיכֶם, אָמַר יהוה.[10]

(1) דברים ו:ד (2) ע״פ פסחים נו. (3) דברים ו:ה-ט (4) ירמיה יד:כב (5) ע״פ ישעיה מד:ו (6) ע״פ יא:יב (7) מלכים ב יט:טו (8) ע״פ נחמיה ט:ו (9) ע״פ ירמיה יד:ט (10) צפניה ג:כ

## קרבנות

הכיור

**וַיְדַבֵּר** יהוה אֶל מֹשֶׁה לֵּאמֹר. וְעָשִׂיתָ כִּיּוֹר נְחֹשֶׁת, וְכַנּוֹ נְחֹשֶׁת, לְרָחְצָה, וְנָתַתָּ אֹתוֹ בֵּין אֹהֶל מוֹעֵד וּבֵין הַמִּזְבֵּחַ, וְנָתַתָּ שָׁמָּה מָיִם. וְרָחֲצוּ אַהֲרֹן וּבָנָיו מִמֶּנּוּ, אֶת יְדֵיהֶם וְאֶת רַגְלֵיהֶם. בְּבֹאָם אֶל אֹהֶל מוֹעֵד יִרְחֲצוּ מַיִם וְלֹא יָמֻתוּ, אוֹ בְגִשְׁתָּם אֶל הַמִּזְבֵּחַ לְשָׁרֵת לְהַקְטִיר אִשֶּׁה לַיהוה. וְרָחֲצוּ יְדֵיהֶם וְרַגְלֵיהֶם וְלֹא יָמֻתוּ, וְהָיְתָה לָהֶם חָק עוֹלָם, לוֹ וּלְזַרְעוֹ לְדֹרֹתָם.[1]

תרומת הדשן

**וַיְדַבֵּר** יהוה אֶל מֹשֶׁה לֵּאמֹר. צַו אֶת אַהֲרֹן וְאֶת בָּנָיו לֵאמֹר, זֹאת תּוֹרַת הָעֹלָה, הִוא הָעֹלָה עַל מוֹקְדָה עַל הַמִּזְבֵּחַ כָּל הַלַּיְלָה עַד הַבֹּקֶר, וְאֵשׁ הַמִּזְבֵּחַ תּוּקַד בּוֹ. וְלָבַשׁ הַכֹּהֵן מִדּוֹ בַד, וּמִכְנְסֵי בַד יִלְבַּשׁ עַל בְּשָׂרוֹ, וְהֵרִים אֶת הַדֶּשֶׁן אֲשֶׁר תֹּאכַל הָאֵשׁ אֶת הָעֹלָה עַל הַמִּזְבֵּחַ, וְשָׂמוֹ אֵצֶל הַמִּזְבֵּחַ. וּפָשַׁט אֶת בְּגָדָיו, וְלָבַשׁ בְּגָדִים אֲחֵרִים, וְהוֹצִיא אֶת הַדֶּשֶׁן אֶל מִחוּץ לַמַּחֲנֶה, אֶל מָקוֹם טָהוֹר. וְהָאֵשׁ עַל הַמִּזְבֵּחַ תּוּקַד בּוֹ, לֹא תִכְבֶּה, וּבִעֵר עָלֶיהָ הַכֹּהֵן עֵצִים בַּבֹּקֶר בַּבֹּקֶר, וְעָרַךְ עָלֶיהָ הָעֹלָה, וְהִקְטִיר עָלֶיהָ חֶלְבֵי הַשְּׁלָמִים. אֵשׁ תָּמִיד תּוּקַד עַל הַמִּזְבֵּחַ, לֹא תִכְבֶּה.[2]

קרבן התמיד

יש מדלגים תפילה זו (יה"ר) בשבת וביום טוב:

**יְהִי רָצוֹן** מִלְּפָנֶיךָ, יהוה אֱלֹהֵינוּ וֵאלֹהֵי אֲבוֹתֵינוּ, שֶׁתְּרַחֵם עָלֵינוּ וְתִמְחָל לָנוּ עַל כָּל חַטֹּאתֵינוּ, וּתְכַפֵּר לָנוּ עַל כָּל עֲוֹנוֹתֵינוּ, וְתִסְלַח לָנוּ עַל כָּל פְּשָׁעֵינוּ, וְשֶׁיִּבָּנֶה בֵּית הַמִּקְדָּשׁ בִּמְהֵרָה בְיָמֵינוּ, וְנַקְרִיב לְפָנֶיךָ קָרְבַּן הַתָּמִיד שֶׁיְּכַפֵּר בַּעֲדֵנוּ, כְּמוֹ שֶׁכָּתַבְתָּ עָלֵינוּ בְּתוֹרָתֶךָ עַל יְדֵי מֹשֶׁה עַבְדֶּךָ, מִפִּי כְבוֹדֶךָ, כָּאָמוּר:

כתב המ"א (סי' מח) שיש לומר פרשת הקרבנות בעמידה דוגמת הקרבן, וי"א שיכול לאמרם בישיבה (שע"ת שם).

**וַיְדַבֵּר** יהוה אֶל מֹשֶׁה לֵּאמֹר. צַו אֶת בְּנֵי יִשְׂרָאֵל וְאָמַרְתָּ אֲלֵהֶם, אֶת קָרְבָּנִי לַחְמִי לְאִשַּׁי, רֵיחַ נִיחֹחִי, תִּשְׁמְרוּ לְהַקְרִיב לִי בְּמוֹעֲדוֹ. וְאָמַרְתָּ לָהֶם, זֶה הָאִשֶּׁה אֲשֶׁר

(1) שמות ל:יז-כא (2) ויקרא ו:א-ו

תַּקְרִיבוּ לַיהוה, כְּבָשִׂים בְּנֵי שָׁנָה תְמִימִם, שְׁנַיִם לַיּוֹם, עֹלָה תָמִיד. אֶת הַכֶּבֶשׂ אֶחָד תַּעֲשֶׂה בַבֹּקֶר, וְאֵת הַכֶּבֶשׂ הַשֵּׁנִי תַּעֲשֶׂה בֵּין הָעַרְבָּיִם. וַעֲשִׂירִית הָאֵיפָה סֹלֶת לְמִנְחָה, בְּלוּלָה בְּשֶׁמֶן כָּתִית רְבִיעִת הַהִין. עֹלַת תָּמִיד, הָעֲשֻׂיָה בְּהַר סִינַי, לְרֵיחַ נִיחֹחַ, אִשֶּׁה לַיהוה. וְנִסְכּוֹ רְבִיעִת הַהִין לַכֶּבֶשׂ הָאֶחָד, בַּקֹּדֶשׁ הַסֵּךְ נֶסֶךְ שֵׁכָר לַיהוה. וְאֵת הַכֶּבֶשׂ הַשֵּׁנִי תַּעֲשֶׂה בֵּין הָעַרְבָּיִם, כְּמִנְחַת הַבֹּקֶר וּכְנִסְכּוֹ תַּעֲשֶׂה, אִשֵּׁה רֵיחַ נִיחֹחַ לַיהוה.[1]

וְשָׁחַט אֹתוֹ עַל יֶרֶךְ הַמִּזְבֵּחַ צָפֹנָה לִפְנֵי יהוה, וְזָרְקוּ בְּנֵי אַהֲרֹן הַכֹּהֲנִים אֶת דָּמוֹ עַל הַמִּזְבֵּחַ סָבִיב.[2]

יש מדלגים תפילה זו בשבת וביום טוב:

**יְהִי רָצוֹן** מִלְּפָנֶיךָ, יהוה אֱלֹהֵינוּ וֵאלֹהֵי אֲבוֹתֵינוּ, שֶׁתְּהֵא אֲמִירָה זוּ חֲשׁוּבָה וּמְקֻבֶּלֶת וּמְרֻצָּה לְפָנֶיךָ כְּאִלּוּ הִקְרַבְנוּ קָרְבַּן הַתָּמִיד בְּמוֹעֲדוֹ וּבִמְקוֹמוֹ וּכְהִלְכָתוֹ.

## קטורת

**אַתָּה** הוּא יהוה אֱלֹהֵינוּ שֶׁהִקְטִירוּ אֲבוֹתֵינוּ לְפָנֶיךָ אֶת קְטֹרֶת הַסַּמִּים בִּזְמַן שֶׁבֵּית הַמִּקְדָּשׁ הָיָה קַיָּם, כַּאֲשֶׁר צִוִּיתָ אוֹתָם עַל יְדֵי מֹשֶׁה נְבִיאֶךָ, כַּכָּתוּב בְּתוֹרָתֶךָ:

**וַיֹּאמֶר** יהוה אֶל מֹשֶׁה, קַח לְךָ סַמִּים, נָטָף וּשְׁחֵלֶת וְחֶלְבְּנָה, סַמִּים וּלְבֹנָה זַכָּה, בַּד בְּבַד יִהְיֶה. וְעָשִׂיתָ אֹתָהּ קְטֹרֶת, רֹקַח, מַעֲשֵׂה רוֹקֵחַ, מְמֻלָּח, טָהוֹר, קֹדֶשׁ. וְשָׁחַקְתָּ מִמֶּנָּה הָדֵק, וְנָתַתָּה מִמֶּנָּה לִפְנֵי הָעֵדֻת בְּאֹהֶל מוֹעֵד אֲשֶׁר אִוָּעֵד לְךָ שָׁמָּה, קֹדֶשׁ קָדָשִׁים תִּהְיֶה לָכֶם.[3]

וְנֶאֱמַר: וְהִקְטִיר עָלָיו אַהֲרֹן קְטֹרֶת סַמִּים, בַּבֹּקֶר בַּבֹּקֶר, בְּהֵיטִיבוֹ אֶת הַנֵּרֹת יַקְטִירֶנָּה. וּבְהַעֲלֹת אַהֲרֹן אֶת הַנֵּרֹת בֵּין הָעַרְבַּיִם, יַקְטִירֶנָּה, קְטֹרֶת תָּמִיד לִפְנֵי יהוה לְדֹרֹתֵיכֶם.[4]

מסכת כריתות ו.; ירושלמי יומא ד:ה

**תָּנוּ רַבָּנָן,** פִּטּוּם הַקְּטֹרֶת כֵּיצַד. שְׁלֹשׁ מֵאוֹת וְשִׁשִּׁים וּשְׁמוֹנָה מָנִים הָיוּ בָהּ. שְׁלֹשׁ מֵאוֹת וְשִׁשִּׁים וַחֲמִשָּׁה כְּמִנְיַן יְמוֹת הַחַמָּה – מָנֶה לְכָל יוֹם, פְּרַס בְּשַׁחֲרִית

(1) במדבר כח:א-ח (2) ויקרא א:יא (3) שמות ל:לד-לו (4) ל:ז-ח

וּפְרַס בֵּין הָעַרְבָּיִם; וּשְׁלֹשָׁה מָנִים יְתֵרִים, שֶׁמֵּהֶם מַכְנִיס כֹּהֵן גָּדוֹל מְלֹא חָפְנָיו בְּיוֹם הַכִּפֻּרִים. וּמַחֲזִירָן לְמַכְתֶּשֶׁת בְּעֶרֶב יוֹם הַכִּפֻּרִים, וְשׁוֹחֲקָן יָפֶה יָפֶה כְּדֵי שֶׁתְּהֵא דַקָּה מִן הַדַּקָּה. וְאַחַד עָשָׂר סַמָּנִים הָיוּ בָהּ, וְאֵלּוּ הֵן: (א) הַצֳּרִי, (ב) וְהַצִּפֹּרֶן, (ג) הַחֶלְבְּנָה, (ד) וְהַלְּבוֹנָה, מִשְׁקַל שִׁבְעִים שִׁבְעִים מָנֶה; (ה) מוֹר, (ו) וּקְצִיעָה, (ז) שִׁבֹּלֶת נֵרְדְּ, (ח) וְכַרְכֹּם, מִשְׁקַל שִׁשָּׁה עָשָׂר שִׁשָּׁה עָשָׂר מָנֶה; (ט) הַקֹּשְׁטְ,[1] שְׁנֵים עָשָׂר, (י) וְקִלּוּפָה, שְׁלֹשָׁה, (יא) וְקִנָּמוֹן, תִּשְׁעָה. בֹּרִית כַּרְשִׁינָה, תִּשְׁעָה קַבִּין; יֵין קַפְרִיסִין, סְאִין תְּלָתָא וְקַבִּין תְּלָתָא, וְאִם אֵין לוֹ יֵין קַפְרִיסִין, מֵבִיא חֲמַר חִוַּרְיָן עַתִּיק; מֶלַח סְדוֹמִית, רֹבַע; מַעֲלֶה עָשָׁן, כָּל שֶׁהוּא. רַבִּי נָתָן הַבַּבְלִי אוֹמֵר: אַף כִּפַּת הַיַּרְדֵּן כָּל שֶׁהוּא. וְאִם נָתַן בָּהּ דְּבַשׁ, פְּסָלָהּ. וְאִם חִסַּר אַחַת מִכָּל סַמָּנֶיהָ, חַיָּב מִיתָה.

**רַבָּן** שִׁמְעוֹן בֶּן גַּמְלִיאֵל אוֹמֵר: הַצֳּרִי אֵינוֹ אֶלָּא שְׂרָף הַנּוֹטֵף מֵעֲצֵי הַקְּטָף. בֹּרִית כַּרְשִׁינָה לָמָה הִיא בָאָה, כְּדֵי לְיַפּוֹת בָּהּ אֶת הַצִּפֹּרֶן, כְּדֵי שֶׁתְּהֵא נָאָה. יֵין קַפְרִיסִין לָמָה הוּא בָא, כְּדֵי לִשְׁרוֹת בּוֹ אֶת הַצִּפֹּרֶן, כְּדֵי שֶׁתְּהֵא עַזָּה. וַהֲלֹא מֵי רַגְלַיִם יָפִין לָהּ, אֶלָּא שֶׁאֵין מַכְנִיסִין מֵי רַגְלַיִם בַּמִּקְדָּשׁ[2] מִפְּנֵי הַכָּבוֹד.

**תַּנְיָא,** רַבִּי נָתָן אוֹמֵר: כְּשֶׁהוּא שׁוֹחֵק, אוֹמֵר: הָדֵק הֵיטֵב, הֵיטֵב הָדֵק, מִפְּנֵי שֶׁהַקּוֹל יָפֶה לַבְּשָׂמִים. פִּטְּמָהּ לַחֲצָאִין, כְּשֵׁרָה; לִשְׁלִישׁ וְלִרְבִיעַ, לֹא שָׁמָעְנוּ. אָמַר רַבִּי יְהוּדָה: זֶה הַכְּלָל – אִם כְּמִדָּתָהּ, כְּשֵׁרָה לַחֲצָאִין; וְאִם חִסַּר אַחַת מִכָּל סַמָּנֶיהָ, חַיָּב מִיתָה.

**תַּנְיָא,** בַּר קַפָּרָא אוֹמֵר: אַחַת לְשִׁשִּׁים אוֹ לְשִׁבְעִים שָׁנָה הָיְתָה בָאָה שֶׁל שִׁירַיִם לַחֲצָאִין. וְעוֹד תָּנֵי בַּר קַפָּרָא: אִלּוּ הָיָה נוֹתֵן בָּהּ קוֹרְטוֹב שֶׁל דְּבַשׁ, אֵין אָדָם יָכוֹל לַעֲמֹד מִפְּנֵי רֵיחָהּ. וְלָמָּה אֵין מְעָרְבִין בָּהּ דְּבַשׁ, מִפְּנֵי שֶׁהַתּוֹרָה אָמְרָה: כִּי כָל שְׂאֹר וְכָל דְּבַשׁ לֹא תַקְטִירוּ מִמֶּנּוּ אִשֶּׁה לַיהוה.[3]

(1) נ״א הַקֹּסְטְ (2) נ״א בָּעֲזָרָה (3) ויקרא ב:יא

איתא בירושלמי ברכות (ה,א): פסוקים אלו לא יהיו זזים מפיך.

ג׳ פעמים – יהוה צְבָאוֹת עִמָּנוּ, מִשְׂגָּב לָנוּ אֱלֹהֵי יַעֲקֹב, סֶלָה.[1]

ג׳ פעמים – יהוה צְבָאוֹת, אַשְׁרֵי אָדָם בֹּטֵחַ בָּךְ.[2]

ג׳ פעמים – יהוה הוֹשִׁיעָה, הַמֶּלֶךְ יַעֲנֵנוּ בְיוֹם קָרְאֵנוּ.[3]

אַתָּה סֵתֶר לִי, מִצַּר תִּצְּרֵנִי, רָנֵּי פַלֵּט תְּסוֹבְבֵנִי, סֶלָה.[4] וְעָרְבָה לַיהוה מִנְחַת יְהוּדָה וִירוּשָׁלָיִם, כִּימֵי עוֹלָם וּכְשָׁנִים קַדְמֹנִיּוֹת.[5]

יומא לג.

**אַבַּיֵי** הֲוָה מְסַדֵּר סֵדֶר הַמַּעֲרָכָה מִשְּׁמָא דִגְמָרָא וְאַלִּבָּא דְאַבָּא שָׁאוּל: מַעֲרָכָה גְדוֹלָה קוֹדֶמֶת לְמַעֲרָכָה שְׁנִיָּה שֶׁל קְטֹרֶת; וּמַעֲרָכָה שְׁנִיָּה שֶׁל קְטֹרֶת קוֹדֶמֶת לְסִדּוּר שְׁנֵי גִזְרֵי עֵצִים; וְסִדּוּר שְׁנֵי גִזְרֵי עֵצִים קוֹדֵם לְדִשּׁוּן מִזְבֵּחַ הַפְּנִימִי; וְדִשּׁוּן מִזְבֵּחַ הַפְּנִימִי קוֹדֵם לַהֲטָבַת חָמֵשׁ נֵרוֹת; וַהֲטָבַת חָמֵשׁ נֵרוֹת קוֹדֶמֶת לְדַם הַתָּמִיד; וְדַם הַתָּמִיד קוֹדֵם לַהֲטָבַת שְׁתֵּי נֵרוֹת; וַהֲטָבַת שְׁתֵּי נֵרוֹת קוֹדֶמֶת לִקְטֹרֶת; וּקְטֹרֶת קוֹדֶמֶת לְאֵבָרִים; וְאֵבָרִים לְמִנְחָה; וּמִנְחָה לַחֲבִתִּין; וַחֲבִתִּין לִנְסָכִין; וּנְסָכִין לְמוּסָפִין; וּמוּסָפִין לְבָזִיכִין; וּבָזִיכִין קוֹדְמִין לְתָמִיד שֶׁל בֵּין הָעַרְבָּיִם, שֶׁנֶּאֱמַר: וְעָרַךְ עָלֶיהָ הָעֹלָה, וְהִקְטִיר עָלֶיהָ חֶלְבֵי הַשְּׁלָמִים.[6] עָלֶיהָ הַשְׁלֵם כָּל הַקָּרְבָּנוֹת כֻּלָּם.

**אָנָּא בְּכֹחַ** גְּדֻלַּת יְמִינְךָ תַּתִּיר צְרוּרָה. אב״ג ית״ץ

קַבֵּל רִנַּת עַמְּךָ שַׂגְּבֵנוּ טַהֲרֵנוּ נוֹרָא. קר״ע שט״ן

נָא גִבּוֹר דּוֹרְשֵׁי יִחוּדְךָ כְּבָבַת שָׁמְרֵם. נג״ד יכ״ש

בָּרְכֵם טַהֲרֵם רַחֲמֵם[7] צִדְקָתְךָ תָּמִיד גָּמְלֵם. בט״ר צת״ג

חֲסִין קָדוֹשׁ בְּרוֹב טוּבְךָ נַהֵל עֲדָתֶךָ. חק״ב טנ״ע

יָחִיד גֵּאֶה לְעַמְּךָ פְּנֵה זוֹכְרֵי קְדֻשָּׁתֶךָ. יג״ל פז״ק

שַׁוְעָתֵנוּ קַבֵּל וּשְׁמַע צַעֲקָתֵנוּ יוֹדֵעַ תַּעֲלֻמוֹת. שק״ו צי״ת

בָּרוּךְ שֵׁם כְּבוֹד מַלְכוּתוֹ לְעוֹלָם וָעֶד.

יש מדלגים תפילה זו בשבת וביום טוב:

**רִבּוֹן הָעוֹלָמִים,** אַתָּה צִוִּיתָנוּ לְהַקְרִיב קָרְבַּן הַתָּמִיד בְּמוֹעֲדוֹ, וְלִהְיוֹת כֹּהֲנִים בַּעֲבוֹדָתָם, וּלְוִיִּם בְּדוּכָנָם, וְיִשְׂרָאֵל בְּמַעֲמָדָם. וְעַתָּה בַּעֲוֹנוֹתֵינוּ חָרַב בֵּית הַמִּקְדָּשׁ וּבֻטַּל הַתָּמִיד, וְאֵין לָנוּ לֹא כֹהֵן בַּעֲבוֹדָתוֹ, וְלֹא לֵוִי בְּדוּכָנוֹ, וְלֹא יִשְׂרָאֵל בְּמַעֲמָדוֹ.

(1) תהלים מו:ח (2) פד:יג (3) כ:י (4) לב:ז (5) מלאכי ג:ד (6) ויקרא ו:ה (7) נ״א רַחֲמֵי

וְאַתָּה אָמַרְתָּ: וּנְשַׁלְּמָה פָרִים שְׂפָתֵינוּ.[1] לָכֵן יְהִי רָצוֹן מִלְּפָנֶיךָ, יהוה אֱלֹהֵינוּ וֵאלֹהֵי אֲבוֹתֵינוּ, שֶׁיְּהֵא שִׂיחַ שִׂפְתוֹתֵינוּ חָשׁוּב וּמְקֻבָּל וּמְרֻצֶּה לְפָנֶיךָ, כְּאִלּוּ הִקְרַבְנוּ קָרְבַּן הַתָּמִיד בְּמוֹעֲדוֹ, וְעָמַדְנוּ עַל מַעֲמָדוֹ.

בכמה קהילות נוהגין להוסיף פסוקים אלו בשבת:

**וּבְיוֹם** הַשַּׁבָּת שְׁנֵי כְבָשִׂים בְּנֵי שָׁנָה תְּמִימִם, וּשְׁנֵי עֶשְׂרֹנִים סֹלֶת מִנְחָה בְּלוּלָה בַשֶּׁמֶן, וְנִסְכּוֹ. עֹלַת שַׁבַּת בְּשַׁבַּתּוֹ, עַל עֹלַת הַתָּמִיד וְנִסְכָּהּ.[2]

בכמה קהילות נוהגין להוסיף פסוקים אלו בראש חדש:

**וּבְרָאשֵׁי** חָדְשֵׁיכֶם תַּקְרִיבוּ עֹלָה לַיהוה, פָּרִים בְּנֵי בָקָר שְׁנַיִם, וְאַיִל אֶחָד, כְּבָשִׂים בְּנֵי שָׁנָה שִׁבְעָה, תְּמִימִם. וּשְׁלֹשָׁה עֶשְׂרֹנִים סֹלֶת מִנְחָה בְּלוּלָה בַשֶּׁמֶן לַפָּר הָאֶחָד, וּשְׁנֵי עֶשְׂרֹנִים סֹלֶת מִנְחָה בְּלוּלָה בַשֶּׁמֶן לָאַיִל הָאֶחָד. וְעִשָּׂרֹן עִשָּׂרוֹן, סֹלֶת מִנְחָה בְּלוּלָה בַשֶּׁמֶן לַכֶּבֶשׂ הָאֶחָד, עֹלָה רֵיחַ נִיחֹחַ, אִשֶּׁה לַיהוה. וְנִסְכֵּיהֶם – חֲצִי הַהִין יִהְיֶה לַפָּר, וּשְׁלִישִׁת הַהִין לָאַיִל, וּרְבִיעִת הַהִין לַכֶּבֶשׂ – יָיִן; זֹאת עֹלַת חֹדֶשׁ בְּחָדְשׁוֹ לְחָדְשֵׁי הַשָּׁנָה. וּשְׂעִיר עִזִּים אֶחָד לְחַטָּאת לַיהוה, עַל עֹלַת הַתָּמִיד יֵעָשֶׂה, וְנִסְכּוֹ.[3]

קבעו לשנות אחר פרשת התמיד פרק איזהו מקומן ובריי<br>תא דר' ישמעאל כדי שילמוד כל אדם בכל יום מקרא משנה וגמרא, דברייתא דר' ישמעאל הוי במקום גמרא שהמדרש כגמרא (או"ח סי' נ). ואין קריאת משנה או גמרא עולה ללימוד אלא למי שמבין, ע"כ צריך שיבין פירוש המשנה והברייתא כדי שיצא בזה ידי לימוד משנה וגמרא (מ"ב ס"ק ב).

משנה, זבחים פרק ה

[א] **אֵיזֶהוּ** מְקוֹמָן שֶׁל זְבָחִים. קָדְשֵׁי קָדָשִׁים שְׁחִיטָתָן בַּצָּפוֹן. פַּר וְשָׂעִיר שֶׁל יוֹם הַכִּפּוּרִים שְׁחִיטָתָן בַּצָּפוֹן, וְקִבּוּל דָּמָן בִּכְלֵי שָׁרֵת בַּצָּפוֹן. וְדָמָן טָעוּן הַזָּיָה עַל בֵּין הַבַּדִּים, וְעַל הַפָּרֹכֶת, וְעַל מִזְבַּח הַזָּהָב. מַתָּנָה אַחַת מֵהֶן מְעַכָּבֶת. שְׁיָרֵי הַדָּם הָיָה שׁוֹפֵךְ עַל יְסוֹד מַעֲרָבִי שֶׁל מִזְבֵּחַ הַחִיצוֹן; אִם לֹא נָתַן, לֹא עִכֵּב.

[ב] **פָּרִים** הַנִּשְׂרָפִים וּשְׂעִירִים הַנִּשְׂרָפִים שְׁחִיטָתָן בַּצָּפוֹן, וְקִבּוּל דָּמָן בִּכְלֵי שָׁרֵת בַּצָּפוֹן. וְדָמָן טָעוּן הַזָּיָה עַל הַפָּרֹכֶת וְעַל מִזְבַּח הַזָּהָב. מַתָּנָה אַחַת מֵהֶן מְעַכָּבֶת. שְׁיָרֵי הַדָּם הָיָה שׁוֹפֵךְ עַל יְסוֹד מַעֲרָבִי שֶׁל מִזְבֵּחַ הַחִיצוֹן; אִם לֹא נָתַן, לֹא עִכֵּב. אֵלּוּ וָאֵלּוּ נִשְׂרָפִין בְּבֵית הַדָּשֶׁן.

(1) הושע יד:ג (2) במדבר כח:ט-י (3) כח:יא-טו

[ג] **חַטֹּאת** הַצִּבּוּר וְהַיָּחִיד – אֵלּוּ הֵן חַטֹּאת הַצִּבּוּר: שְׂעִירֵי רָאשֵׁי חֳדָשִׁים וְשֶׁל מוֹעֲדוֹת – שְׁחִיטָתָן בַּצָּפוֹן, וְקִבּוּל דָּמָן בִּכְלִי שָׁרֵת בַּצָּפוֹן. וְדָמָן טָעוּן אַרְבַּע מַתָּנוֹת עַל אַרְבַּע קְרָנוֹת. כֵּיצַד, עָלָה בַכֶּבֶשׁ, וּפָנָה לַסּוֹבֵב, וּבָא לוֹ לְקֶרֶן דְּרוֹמִית מִזְרָחִית, מִזְרָחִית צְפוֹנִית, צְפוֹנִית מַעֲרָבִית, מַעֲרָבִית דְּרוֹמִית. שְׁיָרֵי הַדָּם הָיָה שׁוֹפֵךְ עַל יְסוֹד דְּרוֹמִי. וְנֶאֱכָלִין לִפְנִים מִן הַקְּלָעִים, לְזִכְרֵי כְהֻנָּה, בְּכָל מַאֲכָל, לְיוֹם וָלַיְלָה, עַד חֲצוֹת.

יש נוהגים לומר „יְהִי רָצוֹן" (אמנם בשבת וביום טוב אין אומרים אותו):

יְהִי רָצוֹן מִלְּפָנֶיךָ, יהוה אֱלֹהֵינוּ וֵאלֹהֵי אֲבוֹתֵינוּ, אִם נִתְחַיַּבְתִּי חַטָּאת שֶׁתְּהֵא אֲמִירָה זוּ מְרוּצָה לְפָנֶיךָ כְּאִלּוּ הִקְרַבְתִּי חַטָּאת.

[ד] **הָעוֹלָה,** קֹדֶשׁ קָדָשִׁים. שְׁחִיטָתָהּ בַּצָּפוֹן, וְקִבּוּל דָּמָהּ בִּכְלִי שָׁרֵת בַּצָּפוֹן. וְדָמָהּ טָעוּן שְׁתֵּי מַתָּנוֹת שֶׁהֵן אַרְבַּע; וּטְעוּנָה הַפְשֵׁט וְנִתּוּחַ, וְכָלִיל לָאִשִּׁים.

יש נוהגים לומר „יְהִי רָצוֹן" (אמנם בשבת וביום טוב אין אומרים אותו):

יְהִי רָצוֹן, כְּאִלּוּ הִקְרַבְתִּי עוֹלָה.

[ה] **זִבְחֵי** שַׁלְמֵי צִבּוּר וַאֲשָׁמוֹת – אֵלּוּ הֵן אֲשָׁמוֹת: אֲשַׁם גְּזֵלוֹת, אֲשַׁם מְעִילוֹת, אֲשַׁם שִׁפְחָה חֲרוּפָה, אֲשַׁם נָזִיר, אֲשַׁם מְצוֹרָע, אָשָׁם תָּלוּי – שְׁחִיטָתָן בַּצָּפוֹן, וְקִבּוּל דָּמָן בִּכְלִי שָׁרֵת בַּצָּפוֹן, וְדָמָן טָעוּן שְׁתֵּי מַתָּנוֹת שֶׁהֵן אַרְבַּע. וְנֶאֱכָלִין לִפְנִים מִן הַקְּלָעִים לְזִכְרֵי כְהֻנָּה, בְּכָל מַאֲכָל, לְיוֹם וָלַיְלָה, עַד חֲצוֹת.

יש נוהגים לומר „יְהִי רָצוֹן" (אמנם בשבת וביום טוב אין אומרים אותו):

יְהִי רָצוֹן מִלְּפָנֶיךָ, יהוה אֱלֹהֵינוּ וֵאלֹהֵי אֲבוֹתֵינוּ, אִם נִתְחַיַּבְתִּי אָשָׁם שֶׁתְּהֵא אֲמִירָה זוּ מְרוּצָה לְפָנֶיךָ כְּאִלּוּ הִקְרַבְתִּי אָשָׁם.

[ו] **הַתּוֹדָה** וְאֵיל נָזִיר, קָדָשִׁים קַלִּים. שְׁחִיטָתָן בְּכָל מָקוֹם בָּעֲזָרָה, וְדָמָן טָעוּן שְׁתֵּי מַתָּנוֹת שֶׁהֵן אַרְבַּע. וְנֶאֱכָלִין בְּכָל הָעִיר, לְכָל אָדָם, בְּכָל מַאֲכָל, לְיוֹם וָלַיְלָה, עַד חֲצוֹת. הַמּוּרָם מֵהֶם כַּיּוֹצֵא בָהֶם, אֶלָּא שֶׁהַמּוּרָם נֶאֱכָל לַכֹּהֲנִים, לִנְשֵׁיהֶם וְלִבְנֵיהֶם וּלְעַבְדֵיהֶם.

יש נוהגים לומר „יְהִי רָצוֹן" (אמנם בשבת, ביום טוב, בערב פסח, בפסח, ובערב יום כפור אין אומרים אותו):

יְהִי רָצוֹן, כְּאִלּוּ הִקְרַבְתִּי תוֹדָה.

[ז] **שְׁלָמִים,** קָדָשִׁים קַלִּים. שְׁחִיטָתָן בְּכָל מָקוֹם בָּעֲזָרָה, וְדָמָן טָעוּן שְׁתֵּי מַתָּנוֹת שֶׁהֵן אַרְבַּע. וְנֶאֱכָלִין בְּכָל הָעִיר, לְכָל אָדָם, בְּכָל מַאֲכָל, לִשְׁנֵי יָמִים וְלַיְלָה אֶחָד. הַמּוּרָם מֵהֶם כַּיּוֹצֵא בָהֶם, אֶלָּא שֶׁהַמּוּרָם נֶאֱכָל לַכֹּהֲנִים, לִנְשֵׁיהֶם וְלִבְנֵיהֶם וּלְעַבְדֵיהֶם.

יש נוהגים לומר „יְהִי רָצוֹן" (אמנם בשבת וביום טוב אין אומרים אותו):

יְהִי רָצוֹן, כְּאִלּוּ הִקְרַבְתִּי שְׁלָמִים.

[ח] **הַבְּכוֹר** וְהַמַּעֲשֵׂר וְהַפֶּסַח, קָדָשִׁים קַלִּים. שְׁחִיטָתָן בְּכָל מָקוֹם בָּעֲזָרָה, וְדָמָן טָעוּן מַתָּנָה אֶחָת, וּבִלְבָד שֶׁיִּתֵּן כְּנֶגֶד הַיְסוֹד. שִׁנָּה בַאֲכִילָתָן: הַבְּכוֹר נֶאֱכָל לַכֹּהֲנִים, וְהַמַּעֲשֵׂר לְכָל אָדָם. וְנֶאֱכָלִין בְּכָל הָעִיר, בְּכָל מַאֲכָל, לִשְׁנֵי יָמִים וְלַיְלָה אֶחָד. הַפֶּסַח אֵינוֹ נֶאֱכָל אֶלָּא בַלַּיְלָה, וְאֵינוֹ נֶאֱכָל אֶלָּא עַד חֲצוֹת, וְאֵינוֹ נֶאֱכָל אֶלָּא לִמְנוּיָו, וְאֵינוֹ נֶאֱכָל אֶלָּא צָלִי.

ברייתא דרבי ישמעאל – ספרא, פתיחה

**רַבִּי יִשְׁמָעֵאל** אוֹמֵר: בִּשְׁלֹשׁ עֶשְׂרֵה מִדּוֹת הַתּוֹרָה נִדְרֶשֶׁת בָּהֵן. (א) מִקַּל וָחֹמֶר; (ב) וּמִגְּזֵרָה שָׁוָה; (ג) מִבִּנְיַן אָב מִכָּתוּב אֶחָד, וּמִבִּנְיַן אָב מִשְּׁנֵי כְתוּבִים; (ד) מִכְּלָל וּפְרָט; (ה) וּמִפְּרָט וּכְלָל; (ו) כְּלָל וּפְרָט וּכְלָל, אִי אַתָּה דָן אֶלָּא כְּעֵין הַפְּרָט; (ז) מִכְּלָל שֶׁהוּא צָרִיךְ לִפְרָט, וּמִפְּרָט שֶׁהוּא צָרִיךְ לִכְלָל; (ח) כָּל דָּבָר שֶׁהָיָה בִּכְלָל וְיָצָא מִן הַכְּלָל לְלַמֵּד, לֹא לְלַמֵּד עַל עַצְמוֹ יָצָא, אֶלָּא לְלַמֵּד עַל הַכְּלָל כֻּלּוֹ יָצָא; (ט) כָּל דָּבָר שֶׁהָיָה בִּכְלָל וְיָצָא לִטְעוֹן טוֹעַן אֶחָד שֶׁהוּא כְעִנְיָנוֹ, יָצָא לְהָקֵל וְלֹא לְהַחֲמִיר; (י) כָּל דָּבָר שֶׁהָיָה בִּכְלָל וְיָצָא לִטְעוֹן טֹעַן אַחֵר שֶׁלֹּא כְעִנְיָנוֹ, יָצָא לְהָקֵל וּלְהַחֲמִיר;

(יא) כָּל דָּבָר שֶׁהָיָה בִּכְלָל וְיָצָא לִדּוֹן בַּדָּבָר הֶחָדָשׁ, אִי אַתָּה יָכוֹל לְהַחֲזִירוֹ לִכְלָלוֹ, עַד שֶׁיַּחֲזִירֶנּוּ הַכָּתוּב לִכְלָלוֹ בְּפֵרוּשׁ; (יב) דָּבָר הַלָּמֵד מֵעִנְיָנוֹ, וְדָבָר הַלָּמֵד מִסּוֹפוֹ; (יג) וְכֵן שְׁנֵי כְתוּבִים הַמַּכְחִישִׁים זֶה אֶת זֶה, עַד שֶׁיָּבוֹא הַכָּתוּב הַשְּׁלִישִׁי וְיַכְרִיעַ בֵּינֵיהֶם.

**יְהִי רָצוֹן** מִלְּפָנֶיךָ, יהוה אֱלֹהֵינוּ וֵאלֹהֵי אֲבוֹתֵינוּ, שֶׁיִּבָּנֶה בֵּית הַמִּקְדָּשׁ בִּמְהֵרָה בְיָמֵינוּ, וְתֵן חֶלְקֵנוּ בְּתוֹרָתֶךָ.[1] וְשָׁם נַעֲבָדְךָ בְּיִרְאָה כִּימֵי עוֹלָם וּכְשָׁנִים קַדְמוֹנִיּוֹת.[2]

## קדיש דרבנן

**יִתְגַּדַּל** וְיִתְקַדַּשׁ[3] שְׁמֵהּ רַבָּא. בְּעָלְמָא דִּי בְרָא כִרְעוּתֵהּ. וְיַמְלִיךְ מַלְכוּתֵהּ, וְיַצְמַח פֻּרְקָנֵהּ וִיקָרֵב מְשִׁיחֵהּ. בְּחַיֵּיכוֹן וּבְיוֹמֵיכוֹן וּבְחַיֵּי דְכָל בֵּית יִשְׂרָאֵל, בַּעֲגָלָא וּבִזְמַן קָרִיב. וְאִמְרוּ: אָמֵן.

קהל וחזן – **יְהֵא שְׁמֵהּ רַבָּא מְבָרַךְ לְעָלַם וּלְעָלְמֵי עָלְמַיָּא. יִתְבָּרַךְ** וְיִשְׁתַּבַּח וְיִתְפָּאַר[4] וְיִתְרוֹמַם וְיִתְנַשֵּׂא וְיִתְהַדָּר וְיִתְעַלֶּה וְיִתְהַלָּל שְׁמֵהּ דְּקֻדְשָׁא בְּרִיךְ הוּא – °לְעֵלָּא מִן כָּל (°בעשרת ימי תשובה–לְעֵלָּא [וּ]לְעֵלָּא מִכָּל) בִּרְכָתָא וְשִׁירָתָא תֻּשְׁבְּחָתָא וְנֶחֱמָתָא דַּאֲמִירָן בְּעָלְמָא. וְאִמְרוּ: אָמֵן.

עַל יִשְׂרָאֵל וְעַל רַבָּנָן, וְעַל תַּלְמִידֵיהוֹן וְעַל כָּל תַּלְמִידֵי תַלְמִידֵיהוֹן, וְעַל כָּל מָאן דְּעָסְקִין בְּאוֹרַיְתָא, דִּי בְאַתְרָא[5] הָדֵין וְדִי בְכָל אֲתַר וַאֲתַר. יְהֵא לְהוֹן וּלְכוֹן שְׁלָמָא רַבָּא, חִנָּא וְחִסְדָּא וְרַחֲמִין, וְחַיִּין אֲרִיכִין, וּמְזוֹנֵי רְוִיחֵי, וּפֻרְקָנָא, מִן קֳדָם אֲבוּהוֹן דִּי בִשְׁמַיָּא וְאַרְעָא. וְאִמְרוּ: אָמֵן.

יְהֵא שְׁלָמָא רַבָּא מִן שְׁמַיָּא, וְחַיִּים טוֹבִים עָלֵינוּ וְעַל כָּל יִשְׂרָאֵל. וְאִמְרוּ: אָמֵן.

עֹשֶׂה °שָׁלוֹם (°יש אומרים בעשרת ימי תשובה – הַשָּׁלוֹם) בִּמְרוֹמָיו, הוּא בְּרַחֲמָיו יַעֲשֶׂה שָׁלוֹם עָלֵינוּ, וְעַל כָּל יִשְׂרָאֵל. וְאִמְרוּ: אָמֵן.

(1) ע"פ אבות ה:כד (2) מלאכי ג:ד (3) נ"א: יִתְגַּדֵּל וְיִתְקַדֵּשׁ (4) נ"א: וְיִתְפָּאֵר (5) בארץ ישראל מוסיפים: קַדִּישָׁא

בכמה קהילות אומרים כאן „מִזְמוֹר לְדָוִד" (תהלים טו) או „יְדִיד נֶפֶשׁ".

**מִזְמוֹר לְדָוִד;** יהוה, מִי יָגוּר בְּאָהֳלֶךָ, מִי יִשְׁכֹּן בְּהַר קָדְשֶׁךָ. הוֹלֵךְ תָּמִים וּפֹעֵל צֶדֶק, וְדֹבֵר אֱמֶת בִּלְבָבוֹ. לֹא רָגַל עַל לְשֹׁנוֹ, לֹא עָשָׂה לְרֵעֵהוּ רָעָה, וְחֶרְפָּה לֹא נָשָׂא עַל קְרֹבוֹ. נִבְזֶה בְּעֵינָיו נִמְאָס, וְאֶת יִרְאֵי יהוה יְכַבֵּד, נִשְׁבַּע לְהָרַע וְלֹא יָמִר. כַּסְפּוֹ לֹא נָתַן בְּנֶשֶׁךְ, וְשֹׁחַד עַל נָקִי לֹא לָקָח, עֹשֵׂה אֵלֶּה לֹא יִמּוֹט לְעוֹלָם.

**יְדִיד** נֶפֶשׁ אָב הָרַחֲמָן, מְשֹׁךְ עַבְדְּךָ אֶל רְצוֹנֶךָ, יָרוּץ עַבְדְּךָ כְּמוֹ אַיָּל, יִשְׁתַּחֲוֶה אֶל מוּל הֲדָרֶךָ, יֶעֱרַב לוֹ יְדִידוֹתֶיךָ, מִנֹּפֶת צוּף וְכָל טָעַם.

**הָ**דוּר נָאֶה זִיו הָעוֹלָם, נַפְשִׁי חוֹלַת אַהֲבָתֶךָ, אָנָּא אֵל נָא רְפָא נָא לָהּ,[1] בְּהַרְאוֹת לָהּ נֹעַם זִיוֶךָ, אָז תִּתְחַזֵּק וְתִתְרַפֵּא, וְהָיְתָה לָהּ שִׂמְחַת עוֹלָם.

**וָ**תִיק, יֶהֱמוּ נָא רַחֲמֶיךָ, וְחוּסָה נָּא עַל בֵּן אֲהוּבֶךָ, כִּי זֶה כַּמָּה נִכְסֹף נִכְסַפְתִּי, לִרְאוֹת מְהֵרָה בְּתִפְאֶרֶת עֻזֶּךָ, אֵלֶּה חָמְדָה לִבִּי, וְחוּסָה נָּא וְאַל תִּתְעַלָּם.

**הִ**גָּלֶה נָא וּפְרֹשׂ חֲבִיבִי עָלַי, אֶת סֻכַּת שְׁלוֹמֶךָ, תָּאִיר אֶרֶץ מִכְּבוֹדֶךָ, נָגִילָה וְנִשְׂמְחָה בָּךְ, מַהֵר אֱהֹב כִּי בָא מוֹעֵד, וְחָנֵּנוּ כִּימֵי עוֹלָם.

## פסוקי דזמרה לחול

**פסוקי דזמרה לשבת, יום טוב, והושענא רבה תמצא להלן, עמ' 184.**

אין אומרים הזמירות במרוצה כי אם בנחת (או"ח סי' נא ס"ח) שלא ידלג שום תיבה ולא יבליעם אלא יוציא מפיו כאילו מונה מעות (מ"ב ס"ק כ). [אם איחר לבית הכנסת וצריך לדלג כדי להתחיל שמונה עשרה עם הציבור, עיין הלכות בסוף הסידור סע' מא-מג.]

דברי הימים א טז:ח-לו

**הוֹדוּ** לַיהוה קִרְאוּ בִשְׁמוֹ, הוֹדִיעוּ בָעַמִּים עֲלִילֹתָיו. שִׁירוּ לוֹ, זַמְּרוּ לוֹ, שִׂיחוּ בְּכָל נִפְלְאֹתָיו. הִתְהַלְּלוּ בְּשֵׁם קָדְשׁוֹ, יִשְׂמַח לֵב מְבַקְשֵׁי יהוה. דִּרְשׁוּ יהוה וְעֻזּוֹ, בַּקְּשׁוּ פָנָיו תָּמִיד. זִכְרוּ נִפְלְאֹתָיו אֲשֶׁר עָשָׂה, מֹפְתָיו וּמִשְׁפְּטֵי פִיהוּ. זֶרַע יִשְׂרָאֵל עַבְדּוֹ, בְּנֵי יַעֲקֹב בְּחִירָיו. הוּא יהוה אֱלֹהֵינוּ, בְּכָל הָאָרֶץ מִשְׁפָּטָיו. זִכְרוּ לְעוֹלָם בְּרִיתוֹ, דָּבָר צִוָּה לְאֶלֶף דּוֹר. אֲשֶׁר כָּרַת אֶת אַבְרָהָם, וּשְׁבוּעָתוֹ לְיִצְחָק. וַיַּעֲמִידֶהָ לְיַעֲקֹב לְחֹק, לְיִשְׂרָאֵל בְּרִית עוֹלָם. לֵאמֹר, לְךָ אֶתֵּן אֶרֶץ כְּנָעַן,

(1) במדבר יב:יג

חֶבֶל נַחֲלַתְכֶם. בִּהְיוֹתְכֶם מְתֵי מִסְפָּר, כִּמְעַט וְגָרִים בָּהּ. וַיִּתְהַלְּכוּ מִגּוֹי אֶל גּוֹי, וּמִמַּמְלָכָה אֶל עַם אַחֵר. לֹא הִנִּיחַ לְאִישׁ לְעָשְׁקָם, וַיּוֹכַח עֲלֵיהֶם מְלָכִים. אַל תִּגְּעוּ בִּמְשִׁיחָי, וּבִנְבִיאַי אַל תָּרֵעוּ. שִׁירוּ לַיהוה כָּל הָאָרֶץ, בַּשְּׂרוּ מִיּוֹם אֶל יוֹם יְשׁוּעָתוֹ. סַפְּרוּ בַגּוֹיִם אֶת כְּבוֹדוֹ, בְּכָל הָעַמִּים נִפְלְאוֹתָיו. כִּי גָדוֹל יהוה וּמְהֻלָּל מְאֹד, וְנוֹרָא הוּא עַל כָּל אֱלֹהִים. ❖ כִּי כָּל אֱלֹהֵי הָעַמִּים אֱלִילִים, (יפסיק מעט) וַיהוה שָׁמַיִם עָשָׂה.

הוֹד וְהָדָר לְפָנָיו, עֹז וְחֶדְוָה בִּמְקֹמוֹ. הָבוּ לַיהוה מִשְׁפְּחוֹת עַמִּים, הָבוּ לַיהוה כָּבוֹד וָעֹז. הָבוּ לַיהוה כְּבוֹד שְׁמוֹ, שְׂאוּ מִנְחָה וּבֹאוּ לְפָנָיו, הִשְׁתַּחֲווּ לַיהוה בְּהַדְרַת קֹדֶשׁ. חִילוּ מִלְּפָנָיו כָּל הָאָרֶץ, אַף תִּכּוֹן תֵּבֵל בַּל תִּמּוֹט. יִשְׂמְחוּ הַשָּׁמַיִם וְתָגֵל הָאָרֶץ, וְיֹאמְרוּ בַגּוֹיִם, יהוה מָלָךְ. יִרְעַם הַיָּם וּמְלוֹאוֹ, יַעֲלֹץ הַשָּׂדֶה וְכָל אֲשֶׁר בּוֹ. אָז יְרַנְּנוּ עֲצֵי הַיָּעַר, מִלִּפְנֵי יהוה, כִּי בָא לִשְׁפּוֹט אֶת הָאָרֶץ. הוֹדוּ לַיהוה כִּי טוֹב, כִּי לְעוֹלָם חַסְדּוֹ. וְאִמְרוּ: הוֹשִׁיעֵנוּ אֱלֹהֵי יִשְׁעֵנוּ, וְקַבְּצֵנוּ וְהַצִּילֵנוּ מִן הַגּוֹיִם, לְהֹדוֹת לְשֵׁם קָדְשֶׁךָ, לְהִשְׁתַּבֵּחַ בִּתְהִלָּתֶךָ. בָּרוּךְ יהוה אֱלֹהֵי יִשְׂרָאֵל מִן הָעוֹלָם וְעַד הָעֹלָם, וַיֹּאמְרוּ כָל הָעָם: אָמֵן, וְהַלֵּל לַיהוה. ❖ רוֹמְמוּ יהוה אֱלֹהֵינוּ, וְהִשְׁתַּחֲווּ לַהֲדֹם רַגְלָיו, קָדוֹשׁ הוּא.[1] רוֹמְמוּ יהוה אֱלֹהֵינוּ, וְהִשְׁתַּחֲווּ לְהַר קָדְשׁוֹ, כִּי קָדוֹשׁ יהוה אֱלֹהֵינוּ.[2]

וְהוּא רַחוּם יְכַפֵּר עָוֹן וְלֹא יַשְׁחִית, וְהִרְבָּה לְהָשִׁיב אַפּוֹ, וְלֹא יָעִיר כָּל חֲמָתוֹ.[3] אַתָּה יהוה, לֹא תִכְלָא רַחֲמֶיךָ מִמֶּנִּי, חַסְדְּךָ וַאֲמִתְּךָ תָּמִיד יִצְּרוּנִי.[4] זְכֹר

(1) תהלים צט:ה (2) צט:ט (3) עח:לח (4) מ:יב

רַחֲמֶיךָ יהוה וַחֲסָדֶיךָ, כִּי מֵעוֹלָם הֵמָּה.[1] תְּנוּ עֹז
לֵאלֹהִים, עַל יִשְׂרָאֵל גַּאֲוָתוֹ, וְעֻזּוֹ בַּשְּׁחָקִים. נוֹרָא
אֱלֹהִים מִמִּקְדָּשֶׁיךָ, אֵל יִשְׂרָאֵל הוּא נֹתֵן עֹז וְתַעֲצֻמוֹת
לָעָם, בָּרוּךְ אֱלֹהִים.[2] אֵל נְקָמוֹת יהוה, אֵל נְקָמוֹת הוֹפִיעַ.
הִנָּשֵׂא שֹׁפֵט הָאָרֶץ, הָשֵׁב גְּמוּל עַל גֵּאִים.[3] לַיהוה
הַיְשׁוּעָה, עַל עַמְּךָ בִרְכָתֶךָ סֶּלָה.[4] ❖ יהוה צְבָאוֹת עִמָּנוּ,
מִשְׂגָּב לָנוּ אֱלֹהֵי יַעֲקֹב סֶלָה.[5] יהוה צְבָאוֹת, אַשְׁרֵי אָדָם
בֹּטֵחַ בָּךְ.[6] יהוה הוֹשִׁיעָה, הַמֶּלֶךְ יַעֲנֵנוּ בְיוֹם קָרְאֵנוּ.[7]
הוֹשִׁיעָה אֶת עַמֶּךָ, וּבָרֵךְ אֶת נַחֲלָתֶךָ, וּרְעֵם וְנַשְּׂאֵם
עַד הָעוֹלָם.[8] נַפְשֵׁנוּ חִכְּתָה לַיהוה, עֶזְרֵנוּ וּמָגִנֵּנוּ הוּא. כִּי
בוֹ יִשְׂמַח לִבֵּנוּ, כִּי בְשֵׁם קָדְשׁוֹ בָטָחְנוּ. יְהִי חַסְדְּךָ יהוה
עָלֵינוּ, כַּאֲשֶׁר יִחַלְנוּ לָךְ.[9] הַרְאֵנוּ יהוה חַסְדֶּךָ, וְיֶשְׁעֲךָ
תִּתֶּן לָנוּ.[10] קוּמָה עֶזְרָתָה לָּנוּ, וּפְדֵנוּ לְמַעַן חַסְדֶּךָ.[11] אָנֹכִי
יהוה אֱלֹהֶיךָ הַמַּעַלְךָ מֵאֶרֶץ מִצְרָיִם, הַרְחֶב פִּיךָ
וַאֲמַלְאֵהוּ.[12] אַשְׁרֵי הָעָם שֶׁכָּכָה לּוֹ, אַשְׁרֵי הָעָם שֶׁיהוה
אֱלֹהָיו.[13] ❖ וַאֲנִי בְּחַסְדְּךָ בָטַחְתִּי, יָגֵל לִבִּי בִּישׁוּעָתֶךָ,
אָשִׁירָה לַיהוה, כִּי גָמַל עָלָי.[14]

תהלים ל

**מִזְמוֹר שִׁיר** חֲנֻכַּת הַבַּיִת לְדָוִד. אֲרוֹמִמְךָ יהוה כִּי
דִלִּיתָנִי, וְלֹא שִׂמַּחְתָּ אֹיְבַי לִי. יהוה
אֱלֹהָי, שִׁוַּעְתִּי אֵלֶיךָ וַתִּרְפָּאֵנִי. יהוה, הֶעֱלִיתָ מִן שְׁאוֹל נַפְשִׁי,
חִיִּיתַנִי מִיָּרְדִי בוֹר. זַמְּרוּ לַיהוה חֲסִידָיו, וְהוֹדוּ לְזֵכֶר קָדְשׁוֹ.
כִּי רֶגַע בְּאַפּוֹ, חַיִּים בִּרְצוֹנוֹ, בָּעֶרֶב יָלִין בֶּכִי וְלַבֹּקֶר רִנָּה. וַאֲנִי
אָמַרְתִּי בְשַׁלְוִי, בַּל אֶמּוֹט לְעוֹלָם. יהוה, בִּרְצוֹנְךָ הֶעֱמַדְתָּה
לְהַרְרִי עֹז, הִסְתַּרְתָּ פָנֶיךָ הָיִיתִי נִבְהָל. אֵלֶיךָ יהוה אֶקְרָא,

(1) תהלים כה:ו (2) סח:לה-לו (3) צד:א-ב (4) ג:ט (5) מו:ח (6) פד:יג (7) כ:י
(8) כח:ט (9) לג:כ-כב (10) פה:ח (11) מד:כז (12) פא:יא (13) קמד:טו (14) יג:ו

וְאֶל אֲדֹנָי אֶתְחַנָּן. מַה בֶּצַע בְּדָמִי, בְּרִדְתִּי אֶל שָׁחַת, הֲיוֹדְךָ עָפָר, הֲיַגִּיד אֲמִתֶּךָ. שְׁמַע יהוה וְחָנֵּנִי, יהוה הֱיֵה עֹזֵר לִי. ❖ הָפַכְתָּ מִסְפְּדִי לְמָחוֹל לִי, פִּתַּחְתָּ שַׂקִּי, וַתְּאַזְּרֵנִי שִׂמְחָה. לְמַעַן יְזַמֶּרְךָ כָבוֹד וְלֹא יִדֹּם, יהוה אֱלֹהַי לְעוֹלָם אוֹדֶךָּ.

פסוקים אלו (עד „וּשְׁמוֹ אֶחָד") אומרים בעמידה:

**יהוה** מֶלֶךְ,[1] יהוה מָלָךְ,[2] יהוה יִמְלֹךְ לְעֹלָם וָעֶד.[3] יהוה מֶלֶךְ, יהוה מָלָךְ, יהוה יִמְלֹךְ לְעֹלָם וָעֶד. וְהָיָה יהוה לְמֶלֶךְ עַל כָּל הָאָרֶץ, בַּיּוֹם הַהוּא יִהְיֶה יהוה אֶחָד וּשְׁמוֹ אֶחָד.[4]

**הוֹשִׁיעֵנוּ** יהוה אֱלֹהֵינוּ, וְקַבְּצֵנוּ מִן הַגּוֹיִם, לְהוֹדוֹת לְשֵׁם קָדְשֶׁךָ, לְהִשְׁתַּבֵּחַ בִּתְהִלָּתֶךָ. ❖ בָּרוּךְ יהוה אֱלֹהֵי יִשְׂרָאֵל מִן הָעוֹלָם וְעַד הָעוֹלָם, וְאָמַר כָּל הָעָם: אָמֵן, הַלְלוּיָהּ.[5] כֹּל הַנְּשָׁמָה תְּהַלֵּל יָהּ, הַלְלוּיָהּ.[6]

תהלים סז

**לַמְנַצֵּחַ** בִּנְגִינֹת מִזְמוֹר שִׁיר. אֱלֹהִים יְחָנֵּנוּ וִיבָרְכֵנוּ, יָאֵר פָּנָיו אִתָּנוּ סֶלָה. לָדַעַת בָּאָרֶץ דַּרְכֶּךָ, בְּכָל גּוֹיִם יְשׁוּעָתֶךָ. יוֹדוּךָ עַמִּים, אֱלֹהִים, יוֹדוּךָ עַמִּים כֻּלָּם. יִשְׂמְחוּ וִירַנְּנוּ לְאֻמִּים, כִּי תִשְׁפֹּט עַמִּים מִישֹׁר, וּלְאֻמִּים בָּאָרֶץ תַּנְחֵם סֶלָה. יוֹדוּךָ עַמִּים, אֱלֹהִים, יוֹדוּךָ עַמִּים כֻּלָּם. אֶרֶץ נָתְנָה יְבוּלָהּ, יְבָרְכֵנוּ אֱלֹהִים אֱלֹהֵינוּ. ❖ יְבָרְכֵנוּ אֱלֹהִים, וְיִירְאוּ אוֹתוֹ כָּל אַפְסֵי אָרֶץ.

(1) תהלים י:טז (2) צג:א ועוד (3) שמות טו:יח (4) זכריה יד:ט (5) תהלים קו:מז-מח (6) קנ:ו

### דיני הפסק בין „בָּרוּךְ שֶׁאָמַר" ו„יִשְׁתַּבַּח"

משהתחיל „בָּרוּךְ שֶׁאָמַר" עד שיסיים „יִשְׁתַּבַּח" אסור להפסיק אפילו לדבר מצוה ואפילו בלשון הקודש. באמצע פסוקי דזמרה (אחרי שחתם ברכת „בָּרוּךְ שֶׁאָמַר" ולפני שהתחיל „יִשְׁתַּבַּח") יש דברים שבקדושה שעונים עליהם, ויש דברים שאסור להפסיק להם. יענה אמן על כל ברכה ששומע, כל העניות שבקדיש, ברכו, כל נוסח הקדושה, ומודים דרבנן, אבל לא יענה „בָּרוּךְ הוּא וּבָרוּךְ שְׁמוֹ". אם הצבור קורין שמע יש לו לקרוא עמהם פסוק „שְׁמַע יִשְׂרָאֵל" ו„בָּרוּךְ שֵׁם . . ." ולא יותר. אם עשה צרכיו מותר לו לברך ברכת „אֲשֶׁר יָצַר".

הגבאי לא יקרא את מי שעומד באמצע פסוקי דזמרה לעלות לתורה. אם אין שם כהן או לוי זולתו, קוראים אותו אף לכתחילה. בכל אופן, אם קראו אותו, יעלה ויברך הברכות ויקרא בתורה בלחש עם הקורא, אבל לא יפסיק לדבר אחר (כמו לומר לגבאי שיאמר „מִי שֶׁבֵּרַךְ").

אם נזכר שעדיין לא בירך ברכת התורה, מותר לו להפסיק ולברך, ולומר הפסוקים שנהגו לומר, אבל לא המשנה „אֵלּוּ דְבָרִים" וכו'. וכן מי שירא שיעבור זמן קריאת שמע, מותר לו לקרוא ג' פרשיות של קריאת שמע (או"ח סי' נא ס"ד ובמ"ב שם).

הגיע הקהל לקריאת ההלל, בימים שאומרים רק חצי הלל (ראש חדש, חול המועד של פסח, וימים האחרונים של פסח) יקרא ההלל עמהם בלא ברכה לפניה ולאחריה. ובימים שגומרים את ההלל, נכון שיקרא את ההלל ביחידות עם ברכותיה אחרי שיגמור שמונה עשרה (מ"ב סי' תכב ס"ק טז).

אף כשמותר להפסיק, נכון שיגמור המזמור ועכ"פ יגמור הפסוק או הענין, אבל באמצע ענין נכון יותר שלא להפסיק כי אם לדברים שמפסיקין בהם אף בקריאת שמע (ראה עמ' 39).

בברכות עצמן (דהיינו בברכת „בָּרוּךְ שֶׁאָמַר" מן „בָּרוּךְ אַתָּה ה'" הראשון עד החתימה, ובברכת „יִשְׁתַּבַּח" מן „יִשְׁתַּבַּח" עד „בָּרוּךְ אַתָּה ה'") מותר לענות כל מה שעונה באמצע פסוקי דזמרה חוץ מ„אָמֵן" של „בָּרוּךְ שֶׁאָמַר" ו„יִשְׁתַּבַּח".

בחתימת הברכות של „בָּרוּךְ שֶׁאָמַר" (דהיינו „בָּרוּךְ אַתָּה ה' מֶלֶךְ מְהֻלָּל בַּתִּשְׁבָּחוֹת") ושל „יִשְׁתַּבַּח" (מהמילים „בָּרוּךְ אַתָּה ה'" והלאה) אסור להפסיק לשום דבר.

הֲרֵינִי מְזַמֵּן אֶת פִּי לְהוֹדוֹת וּלְהַלֵּל וּלְשַׁבֵּחַ אֶת בּוֹרְאִי. לְשֵׁם יִחוּד קֻדְשָׁא בְּרִיךְ הוּא וּשְׁכִינְתֵּיהּ עַל יְדֵי הַהוּא טָמִיר וְנֶעְלָם, בְּשֵׁם כָּל יִשְׂרָאֵל.

יש לעמוד בשעת אמירת „בָּרוּךְ שֶׁאָמַר". בשעת אמירתו יחזיק ביד ימינו את ב׳ הציציות שלפניו וכשגומר הברכה ינשקם ויסירם מידו. משעה שהתחיל „בָּרוּךְ שֶׁאָמַר" עד אחרי תפילת שמונה עשרה אסור לדבר שום דיבור (אפילו בלשון הקודש) חוץ מלענות אמן על ברכות הש"ץ וכדומה (ראה „דיני הפסק" עמ׳ 29 ועמ׳ 39).

**בָּרוּךְ שֶׁאָמַר** וְהָיָה הָעוֹלָם, בָּרוּךְ הוּא. בָּרוּךְ אוֹמֵר וְעוֹשֶׂה, בָּרוּךְ גּוֹזֵר וּמְקַיֵּם, בָּרוּךְ עֹשֶׂה בְרֵאשִׁית, בָּרוּךְ מְרַחֵם עַל הָאָרֶץ, בָּרוּךְ מְרַחֵם עַל הַבְּרִיּוֹת, בָּרוּךְ מְשַׁלֵּם שָׂכָר טוֹב לִירֵאָיו, בָּרוּךְ חַי לָעַד וְקַיָּם לָנֶצַח, בָּרוּךְ פּוֹדֶה וּמַצִּיל, בָּרוּךְ שְׁמוֹ. בָּרוּךְ אַתָּה יהוה אֱלֹהֵינוּ מֶלֶךְ הָעוֹלָם, הָאֵל אָב הָרַחֲמָן הַמְּהֻלָּל בְּפֶה עַמּוֹ, מְשֻׁבָּח וּמְפֹאָר בִּלְשׁוֹן חֲסִידָיו וַעֲבָדָיו, וּבְשִׁירֵי דָוִד עַבְדֶּךָ. נְהַלֶּלְךָ יהוה אֱלֹהֵינוּ בִּשְׁבָחוֹת וּבִזְמִרוֹת, וּנְגַדֶּלְךָ וּנְשַׁבֵּחֲךָ וּנְפָאֶרְךָ וְנַמְלִיכְךָ, וְנַזְכִּיר שִׁמְךָ מַלְכֵּנוּ אֱלֹהֵינוּ. ❖ יָחִיד, חֵי הָעוֹלָמִים, מֶלֶךְ מְשֻׁבָּח וּמְפֹאָר עֲדֵי עַד שְׁמוֹ הַגָּדוֹל. בָּרוּךְ אַתָּה יהוה, מֶלֶךְ מְהֻלָּל בַּתִּשְׁבָּחוֹת.

יש לעמוד בשעת אמירת „מִזְמוֹר לְתוֹדָה", ויש שכתבו לאמרו מיושב (שע"ת). אין אומרים אותו בערב יום הכפורים, ולא בערב פסח, ולא בחול המועד פסח.

תהלים ק

**מִזְמוֹר לְתוֹדָה,** הָרִיעוּ לַיהוה כָּל הָאָרֶץ. עִבְדוּ אֶת יהוה בְּשִׂמְחָה, בֹּאוּ לְפָנָיו בִּרְנָנָה. דְּעוּ כִּי יהוה הוּא אֱלֹהִים, הוּא עָשָׂנוּ, וְלוֹ אֲנַחְנוּ, עַמּוֹ וְצֹאן מַרְעִיתוֹ. בֹּאוּ שְׁעָרָיו בְּתוֹדָה, חֲצֵרֹתָיו בִּתְהִלָּה, הוֹדוּ לוֹ, בָּרְכוּ שְׁמוֹ. ❖ כִּי טוֹב יהוה, לְעוֹלָם חַסְדּוֹ, וְעַד דֹּר וָדֹר אֱמוּנָתוֹ.

י"ח פסוקים של „יְהִי כְבוֹד" והשמות שבתוכם יש בהם סודות נשגבים. לכן יש לאומרם בכוונה עצומה.

**יְהִי כְבוֹד** יהוה לְעוֹלָם, יִשְׂמַח יהוה בְּמַעֲשָׂיו.[1] יְהִי שֵׁם יהוה מְבֹרָךְ מֵעַתָּה וְעַד עוֹלָם. מִמִּזְרַח שֶׁמֶשׁ עַד מְבוֹאוֹ, מְהֻלָּל שֵׁם יהוה. רָם עַל כָּל גּוֹיִם יהוה, עַל הַשָּׁמַיִם כְּבוֹדוֹ.[2] יהוה, שִׁמְךָ לְעוֹלָם; יהוה, זִכְרְךָ לְדֹר וָדֹר.[3] יהוה בַּשָּׁמַיִם הֵכִין כִּסְאוֹ, וּמַלְכוּתוֹ בַּכֹּל מָשָׁלָה.[4] יִשְׂמְחוּ הַשָּׁמַיִם וְתָגֵל הָאָרֶץ, וְיֹאמְרוּ בַגּוֹיִם יהוה מָלָךְ.[5] יהוה מֶלֶךְ,[6] יהוה מָלָךְ,[7] יהוה יִמְלֹךְ לְעֹלָם וָעֶד.[8] יהוה מֶלֶךְ עוֹלָם וָעֶד, אָבְדוּ גוֹיִם מֵאַרְצוֹ.[9] יהוה הֵפִיר עֲצַת גּוֹיִם, הֵנִיא מַחְשְׁבוֹת עַמִּים.[10] רַבּוֹת מַחֲשָׁבוֹת בְּלֶב אִישׁ, וַעֲצַת יהוה הִיא תָקוּם.[11] עֲצַת יהוה לְעוֹלָם תַּעֲמֹד, מַחְשְׁבוֹת לִבּוֹ לְדֹר וָדֹר.[12] כִּי הוּא אָמַר וַיֶּהִי, הוּא צִוָּה וַיַּעֲמֹד.[13] כִּי בָחַר יהוה בְּצִיּוֹן, אִוָּהּ לְמוֹשָׁב לוֹ.[14] כִּי יַעֲקֹב בָּחַר לוֹ יָהּ, יִשְׂרָאֵל לִסְגֻלָּתוֹ.[15] כִּי לֹא יִטֹּשׁ יהוה עַמּוֹ, וְנַחֲלָתוֹ לֹא יַעֲזֹב.[16] ❖ וְהוּא רַחוּם יְכַפֵּר עָוֹן וְלֹא יַשְׁחִית, וְהִרְבָּה לְהָשִׁיב אַפּוֹ, וְלֹא יָעִיר כָּל חֲמָתוֹ.[17] יהוה הוֹשִׁיעָה, הַמֶּלֶךְ יַעֲנֵנוּ בְיוֹם קָרְאֵנוּ.[18]

**אַשְׁרֵי** יוֹשְׁבֵי בֵיתֶךָ, עוֹד יְהַלְלוּךָ סֶּלָה.[19] אַשְׁרֵי הָעָם שֶׁכָּכָה לּוֹ, אַשְׁרֵי הָעָם שֶׁיהוה אֱלֹהָיו.[20]

תהלים קמה — תְּהִלָּה לְדָוִד, אֲרוֹמִמְךָ אֱלוֹהַי הַמֶּלֶךְ, וַאֲבָרְכָה שִׁמְךָ לְעוֹלָם וָעֶד. בְּכָל יוֹם אֲבָרְכֶךָּ, וַאֲהַלְלָה שִׁמְךָ לְעוֹלָם וָעֶד. גָּדוֹל יהוה וּמְהֻלָּל מְאֹד, וְלִגְדֻלָּתוֹ אֵין חֵקֶר. דּוֹר לְדוֹר יְשַׁבַּח מַעֲשֶׂיךָ, וּגְבוּרֹתֶיךָ יַגִּידוּ.

(1) תהלים קד:לא (2) קיג:ב-ד (3) קלה:יג (4) קג:יט (5) דברי הימים א טז:לא (6) תהלים י:טז
(7) צג:א ועוד (8) שמות טו:יח (9) תהלים י:טז (10) לג:י (11) משלי יט:כא (12) תהלים לג:יא
(13) לג:ט (14) קלב:יג (15) קלה:ד (16) צד:יד (17) עח:לח (18) כ:י (19) פד:ה (20) קמד:טו

הֲדַר כְּבוֹד הוֹדֶךָ וְדִבְרֵי נִפְלְאֹתֶיךָ אָשִׂיחָה. **וֶ**עֱזוּז נוֹרְאֹתֶיךָ יֹאמֵרוּ, וּגְדוּלָּתְךָ אֲסַפְּרֶנָּה. **זֵ**כֶר רַב טוּבְךָ יַבִּיעוּ, וְצִדְקָתְךָ יְרַנֵּנוּ. **חַ**נּוּן וְרַחוּם יהוה, אֶרֶךְ אַפַּיִם וּגְדָל חָסֶד. **טוֹ**ב יהוה לַכֹּל, וְרַחֲמָיו עַל כָּל מַעֲשָׂיו. **יוֹ**דוּךָ יהוה כָּל מַעֲשֶׂיךָ, וַחֲסִידֶיךָ יְבָרְכוּכָה. **כְּ**בוֹד מַלְכוּתְךָ יֹאמֵרוּ, וּגְבוּרָתְךָ יְדַבֵּרוּ. **לְ**הוֹדִיעַ לִבְנֵי הָאָדָם גְּבוּרֹתָיו, וּכְבוֹד הֲדַר מַלְכוּתוֹ. **מַ**לְכוּתְךָ מַלְכוּת כָּל עֹלָמִים, וּמֶמְשַׁלְתְּךָ בְּכָל דּוֹר וָדֹר. **סוֹ**מֵךְ יהוה לְכָל הַנֹּפְלִים, וְזוֹקֵף לְכָל הַכְּפוּפִים. **עֵ**ינֵי כֹל אֵלֶיךָ יְשַׂבֵּרוּ, וְאַתָּה נוֹתֵן לָהֶם אֶת אָכְלָם בְּעִתּוֹ. **פּוֹ**תֵחַ אֶת יָדֶךָ, וּמַשְׂבִּיעַ לְכָל חַי רָצוֹן. **צַ**דִּיק יהוה בְּכָל דְּרָכָיו, וְחָסִיד בְּכָל מַעֲשָׂיו. **קָ**רוֹב יהוה לְכָל קֹרְאָיו, לְכֹל אֲשֶׁר יִקְרָאֻהוּ בֶאֱמֶת. **רְ**צוֹן יְרֵאָיו יַעֲשֶׂה, וְאֶת שַׁוְעָתָם יִשְׁמַע וְיוֹשִׁיעֵם. **שׁוֹ**מֵר יהוה אֶת כָּל אֹהֲבָיו, וְאֵת כָּל הָרְשָׁעִים יַשְׁמִיד. ❖ **תְּ**הִלַּת יהוה יְדַבֶּר פִּי, וִיבָרֵךְ כָּל בָּשָׂר שֵׁם קָדְשׁוֹ לְעוֹלָם וָעֶד. וַאֲנַחְנוּ נְבָרֵךְ יָהּ מֵעַתָּה וְעַד עוֹלָם, הַלְלוּיָהּ.[1]

צריך לכוון באמירת פסוק „פּוֹתֵחַ אֶת יָדֶךָ". ואם לא כיוון צריך לחזור ולאומרו בכוונה (או"ח סי' נא ס"ז). ואם כבר סיים „אַשְׁרֵי" צריך לחזור מ„פּוֹתֵחַ" עד סוף המזמור (מ"ב ס"ק טז).

תהלים קמו

**הַלְלוּיָהּ;** הַלְלִי נַפְשִׁי אֶת יהוה. אֲהַלְלָה יהוה בְּחַיָּי, אֲזַמְּרָה לֵאלֹהַי בְּעוֹדִי. אַל תִּבְטְחוּ בִנְדִיבִים, בְּבֶן אָדָם שֶׁאֵין לוֹ תְשׁוּעָה. תֵּצֵא רוּחוֹ, יָשֻׁב לְאַדְמָתוֹ, בַּיּוֹם הַהוּא אָבְדוּ עֶשְׁתֹּנֹתָיו. אַשְׁרֵי שֶׁאֵל יַעֲקֹב בְּעֶזְרוֹ, שִׂבְרוֹ עַל יהוה אֱלֹהָיו. עֹשֶׂה שָׁמַיִם וָאָרֶץ,

(1) תהלים קטו:יח

אֶת הַיָּם וְאֶת כָּל אֲשֶׁר בָּם; הַשֹּׁמֵר אֱמֶת לְעוֹלָם. עֹשֶׂה מִשְׁפָּט לַעֲשׁוּקִים, נֹתֵן לֶחֶם לָרְעֵבִים; יהוה מַתִּיר אֲסוּרִים. יהוה פֹּקֵחַ עִוְרִים, יהוה זֹקֵף כְּפוּפִים; יהוה אֹהֵב צַדִּיקִים. יהוה שֹׁמֵר אֶת גֵּרִים, יָתוֹם וְאַלְמָנָה יְעוֹדֵד; וְדֶרֶךְ רְשָׁעִים יְעַוֵּת. ❖ יִמְלֹךְ יהוה לְעוֹלָם, אֱלֹהַיִךְ צִיּוֹן, לְדֹר וָדֹר; הַלְלוּיָהּ.

תהלים קמז

**הַלְלוּיָהּ;** כִּי טוֹב זַמְּרָה אֱלֹהֵינוּ, כִּי נָעִים נָאוָה תְהִלָּה. בּוֹנֵה יְרוּשָׁלַיִם יהוה, נִדְחֵי יִשְׂרָאֵל יְכַנֵּס. הָרוֹפֵא לִשְׁבוּרֵי לֵב, וּמְחַבֵּשׁ לְעַצְּבוֹתָם. מוֹנֶה מִסְפָּר לַכּוֹכָבִים, לְכֻלָּם שֵׁמוֹת יִקְרָא. גָּדוֹל אֲדוֹנֵינוּ וְרַב כֹּחַ, לִתְבוּנָתוֹ אֵין מִסְפָּר. מְעוֹדֵד עֲנָוִים יהוה, מַשְׁפִּיל רְשָׁעִים עֲדֵי אָרֶץ. עֱנוּ לַיהוה בְּתוֹדָה, זַמְּרוּ לֵאלֹהֵינוּ בְכִנּוֹר. הַמְכַסֶּה שָׁמַיִם בְּעָבִים, הַמֵּכִין לָאָרֶץ מָטָר, הַמַּצְמִיחַ הָרִים חָצִיר. נוֹתֵן לִבְהֵמָה לַחְמָהּ, לִבְנֵי עֹרֵב אֲשֶׁר יִקְרָאוּ. לֹא בִגְבוּרַת הַסּוּס יֶחְפָּץ, לֹא בְשׁוֹקֵי הָאִישׁ יִרְצֶה. רוֹצֶה יהוה אֶת יְרֵאָיו, אֶת הַמְיַחֲלִים לְחַסְדּוֹ. שַׁבְּחִי יְרוּשָׁלַיִם אֶת יהוה, הַלְלִי אֱלֹהַיִךְ צִיּוֹן. כִּי חִזַּק בְּרִיחֵי שְׁעָרָיִךְ, בֵּרַךְ בָּנַיִךְ בְּקִרְבֵּךְ. הַשָּׂם גְּבוּלֵךְ שָׁלוֹם, חֵלֶב חִטִּים יַשְׂבִּיעֵךְ. הַשֹּׁלֵחַ אִמְרָתוֹ אָרֶץ, עַד מְהֵרָה יָרוּץ דְּבָרוֹ. הַנֹּתֵן שֶׁלֶג כַּצָּמֶר, כְּפוֹר כָּאֵפֶר יְפַזֵּר. מַשְׁלִיךְ קַרְחוֹ כְפִתִּים, לִפְנֵי קָרָתוֹ מִי יַעֲמֹד. יִשְׁלַח דְּבָרוֹ וְיַמְסֵם, יַשֵּׁב רוּחוֹ יִזְּלוּ מָיִם. ❖ מַגִּיד דְּבָרָיו לְיַעֲקֹב, חֻקָּיו וּמִשְׁפָּטָיו לְיִשְׂרָאֵל. לֹא עָשָׂה כֵן לְכָל גּוֹי, וּמִשְׁפָּטִים בַּל יְדָעוּם; הַלְלוּיָהּ.

תהלים קמח

**הַלְלוּיָהּ;** הַלְלוּ אֶת יהוה מִן הַשָּׁמַיִם, הַלְלוּהוּ בַּמְּרוֹמִים. הַלְלוּהוּ כָל מַלְאָכָיו, הַלְלוּהוּ

כָּל צְבָאָיו. הַלְלוּהוּ שֶׁמֶשׁ וְיָרֵחַ, הַלְלוּהוּ כָּל כּוֹכְבֵי אוֹר.
הַלְלוּהוּ שְׁמֵי הַשָּׁמָיִם, וְהַמַּיִם אֲשֶׁר מֵעַל הַשָּׁמָיִם. יְהַלְלוּ
אֶת שֵׁם יהוה, כִּי הוּא צִוָּה וְנִבְרָאוּ. וַיַּעֲמִידֵם לָעַד
לְעוֹלָם, חָק נָתַן וְלֹא יַעֲבוֹר. הַלְלוּ אֶת יהוה מִן הָאָרֶץ,
תַּנִּינִים וְכָל תְּהֹמוֹת. אֵשׁ וּבָרָד, שֶׁלֶג וְקִיטוֹר, רוּחַ סְעָרָה
עֹשָׂה דְבָרוֹ. הֶהָרִים וְכָל גְּבָעוֹת, עֵץ פְּרִי וְכָל אֲרָזִים.
הַחַיָּה וְכָל בְּהֵמָה, רֶמֶשׂ וְצִפּוֹר כָּנָף. מַלְכֵי אֶרֶץ וְכָל
לְאֻמִּים, שָׂרִים וְכָל שֹׁפְטֵי אָרֶץ. בַּחוּרִים וְגַם בְּתוּלוֹת,
זְקֵנִים עִם נְעָרִים. ❖ יְהַלְלוּ אֶת שֵׁם יהוה, כִּי נִשְׂגָּב שְׁמוֹ
לְבַדּוֹ; הוֹדוֹ עַל אֶרֶץ וְשָׁמָיִם. וַיָּרֶם קֶרֶן לְעַמּוֹ, תְּהִלָּה
לְכָל חֲסִידָיו, לִבְנֵי יִשְׂרָאֵל עַם קְרֹבוֹ, הַלְלוּיָהּ.

תהלים קמט

**הַלְלוּיָהּ;** שִׁירוּ לַיהוה שִׁיר חָדָשׁ, תְּהִלָּתוֹ בִּקְהַל
חֲסִידִים. יִשְׂמַח יִשְׂרָאֵל בְּעֹשָׂיו, בְּנֵי צִיּוֹן
יָגִילוּ בְמַלְכָּם. יְהַלְלוּ שְׁמוֹ בְמָחוֹל, בְּתֹף וְכִנּוֹר יְזַמְּרוּ לוֹ.
כִּי רוֹצֶה יהוה בְּעַמּוֹ, יְפָאֵר עֲנָוִים בִּישׁוּעָה. יַעְלְזוּ
חֲסִידִים בְּכָבוֹד, יְרַנְּנוּ עַל מִשְׁכְּבוֹתָם. רוֹמְמוֹת אֵל
בִּגְרוֹנָם, וְחֶרֶב פִּיפִיּוֹת בְּיָדָם. לַעֲשׂוֹת נְקָמָה בַּגּוֹיִם,
תּוֹכֵחוֹת בַּלְאֻמִּים. ❖ לֶאְסֹר מַלְכֵיהֶם בְּזִקִּים, וְנִכְבְּדֵיהֶם
בְּכַבְלֵי בַרְזֶל. לַעֲשׂוֹת בָּהֶם מִשְׁפָּט כָּתוּב, הָדָר הוּא לְכָל
חֲסִידָיו, הַלְלוּיָהּ.

תהלים קנ

**הַלְלוּיָהּ;** הַלְלוּ אֵל בְּקָדְשׁוֹ, הַלְלוּהוּ בִּרְקִיעַ עֻזּוֹ.
הַלְלוּהוּ בִגְבוּרֹתָיו, הַלְלוּהוּ כְּרֹב גֻּדְלוֹ.
הַלְלוּהוּ בְּתֵקַע שׁוֹפָר, הַלְלוּהוּ בְּנֵבֶל וְכִנּוֹר. הַלְלוּהוּ
בְּתֹף וּמָחוֹל, הַלְלוּהוּ בְּמִנִּים וְעֻגָב. הַלְלוּהוּ בְצִלְצְלֵי
שָׁמַע, הַלְלוּהוּ בְּצִלְצְלֵי תְרוּעָה. ❖ כֹּל הַנְּשָׁמָה תְּהַלֵּל
יָהּ; הַלְלוּיָהּ. כֹּל הַנְּשָׁמָה תְּהַלֵּל יָהּ; הַלְלוּיָהּ.

**בָּרוּךְ** יהוה לְעוֹלָם, אָמֵן וְאָמֵן.[1] בָּרוּךְ יהוה מִצִּיּוֹן, שֹׁכֵן יְרוּשָׁלָיִם, הַלְלוּיָהּ.[2] בָּרוּךְ יהוה אֱלֹהִים אֱלֹהֵי יִשְׂרָאֵל, עֹשֵׂה נִפְלָאוֹת לְבַדּוֹ. ❖ וּבָרוּךְ שֵׁם כְּבוֹדוֹ לְעוֹלָם, וְיִמָּלֵא כְבוֹדוֹ אֶת כָּל הָאָרֶץ, אָמֵן וְאָמֵן.[3]

יש לעמוד מתחילת „וַיְבָרֶךְ דָּוִיד" עד אחרי „אַתָּה הוּא ה' הָאֱלֹהִים . . .", (או"ח סי' נא ס"ז; מג"א סק"ט; כה"ח סקמ"ג). ומנהג העולם לעמוד עד אחר אמירת „בָּרְכוּ".

**וַיְבָרֶךְ** דָּוִיד אֶת יהוה לְעֵינֵי כָּל הַקָּהָל, וַיֹּאמֶר דָּוִיד: בָּרוּךְ אַתָּה יהוה, אֱלֹהֵי יִשְׂרָאֵל אָבִינוּ, מֵעוֹלָם וְעַד עוֹלָם. לְךָ יהוה הַגְּדֻלָּה וְהַגְּבוּרָה וְהַתִּפְאֶרֶת וְהַנֵּצַח וְהַהוֹד, כִּי כֹל בַּשָּׁמַיִם וּבָאָרֶץ; לְךָ יהוה הַמַּמְלָכָה וְהַמִּתְנַשֵּׂא לְכֹל לְרֹאשׁ. וְהָעֹשֶׁר וְהַכָּבוֹד מִלְּפָנֶיךָ, וְאַתָּה מוֹשֵׁל בַּכֹּל, וּבְיָדְךָ כֹּחַ וּגְבוּרָה, וּבְיָדְךָ לְגַדֵּל וּלְחַזֵּק לַכֹּל. וְעַתָּה אֱלֹהֵינוּ מוֹדִים אֲנַחְנוּ לָךְ, וּמְהַלְלִים לְשֵׁם תִּפְאַרְתֶּךָ.[4]

האריז"ל היה נוהג להפריש ג' פרוטות לצדקה כשאמר „וְאַתָּה מוֹשֵׁל בַּכֹּל".

וִיבָרְכוּ שֵׁם כְּבֹדֶךָ, וּמְרוֹמַם עַל כָּל בְּרָכָה וּתְהִלָּה. אַתָּה הוּא יהוה לְבַדֶּךָ, אַתָּה עָשִׂיתָ אֶת הַשָּׁמַיִם, שְׁמֵי הַשָּׁמַיִם וְכָל צְבָאָם, הָאָרֶץ וְכָל אֲשֶׁר עָלֶיהָ, הַיַּמִּים וְכָל אֲשֶׁר בָּהֶם, וְאַתָּה מְחַיֶּה אֶת כֻּלָּם, וּצְבָא הַשָּׁמַיִם לְךָ מִשְׁתַּחֲוִים. ❖ אַתָּה הוּא יהוה הָאֱלֹהִים אֲשֶׁר בָּחַרְתָּ בְּאַבְרָם, וְהוֹצֵאתוֹ מֵאוּר כַּשְׂדִּים, וְשַׂמְתָּ שְׁמוֹ אַבְרָהָם. וּמָצָאתָ אֶת לְבָבוֹ נֶאֱמָן לְפָנֶיךָ[5] —

(1) תהלים פט:נג (2) קלה:כא (3) עב:יח-יט (4) דברי הימים א כט:י-יג (5) נחמיה ט:ה-ח

יש נוהגים ביום שיש בו ברית מילה, שכל פסוק מ,,וְכָרוֹת" עד סוף השירה אומר המוהל בנעימה והקהל עונה אחריו.

**וְכָרוֹת** עִמּוֹ הַבְּרִית לָתֵת אֶת אֶרֶץ הַכְּנַעֲנִי הַחִתִּי הָאֱמֹרִי וְהַפְּרִזִּי וְהַיְבוּסִי וְהַגִּרְגָּשִׁי, לָתֵת לְזַרְעוֹ, וַתָּקֶם אֶת דְּבָרֶיךָ, כִּי צַדִּיק אָתָּה. וַתֵּרֶא אֶת עֳנִי אֲבֹתֵינוּ בְּמִצְרָיִם, וְאֶת זַעֲקָתָם שָׁמַעְתָּ עַל יַם סוּף. וַתִּתֵּן אֹתֹת וּמֹפְתִים בְּפַרְעֹה וּבְכָל עֲבָדָיו וּבְכָל עַם אַרְצוֹ, כִּי יָדַעְתָּ כִּי הֵזִידוּ עֲלֵיהֶם, וַתַּעַשׂ לְךָ שֵׁם כְּהַיּוֹם הַזֶּה. ❖ וְהַיָּם בָּקַעְתָּ לִפְנֵיהֶם, וַיַּעַבְרוּ בְתוֹךְ הַיָּם בַּיַּבָּשָׁה, וְאֶת רֹדְפֵיהֶם הִשְׁלַכְתָּ בִמְצוֹלֹת, כְּמוֹ אֶבֶן בְּמַיִם עַזִּים.[1]

שירת הים

יש לעמוד כשאומר שירת הים ו,,יִשְׁתַּבַּח", ונכון לומר השירה בכוונה ובטעמיה (דה"ח). יאמר שירת הים בשמחה וידמה בדעתו כאילו באותו היום עבר בים, והאומרה בשמחה מוחלין לו עוונותיו (מ"ב סי' נא ס"ק יז בשם הזוה"ק).

שמות יד:ל-טו:יט

**וַיּוֹשַׁע** יְהוָה בַּיּוֹם הַהוּא אֶת־יִשְׂרָאֵל מִיַּד מִצְרָיִם, וַיַּרְא יִשְׂרָאֵל אֶת־מִצְרַיִם מֵת עַל־שְׂפַת הַיָּם: ❖ וַיַּרְא יִשְׂרָאֵל אֶת־הַיָּד הַגְּדֹלָה אֲשֶׁר עָשָׂה יְהוָה בְּמִצְרַיִם, וַיִּירְאוּ הָעָם אֶת־יְהוָה, וַיַּאֲמִינוּ בַּיהוָה וּבְמֹשֶׁה עַבְדּוֹ:

**אָז יָשִׁיר־** מֹשֶׁה וּבְנֵי יִשְׂרָאֵל אֶת־הַשִּׁירָה הַזֹּאת לַיהוָה, וַיֹּאמְרוּ לֵאמֹר, אָשִׁירָה לַיהוָה כִּי־גָאֹה גָּאָה, סוּס וְרֹכְבוֹ רָמָה בַיָּם: עָזִּי וְזִמְרָת יָהּ וַיְהִי־לִי לִישׁוּעָה, זֶה אֵלִי וְאַנְוֵהוּ, אֱלֹהֵי אָבִי וַאֲרֹמְמֶנְהוּ: יְהוָה אִישׁ מִלְחָמָה, יְהוָה שְׁמוֹ: מַרְכְּבֹת פַּרְעֹה וְחֵילוֹ יָרָה בַיָּם, וּמִבְחַר שָׁלִשָׁיו טֻבְּעוּ בְיַם־

(1) נחמיה ט:ח-יא

סוּף: תְּהֹמֹת יְכַסְיֻמוּ, יָרְדוּ בִמְצוֹלֹת כְּמוֹ־אָבֶן: יְמִינְךָ

יהוה נֶאְדָּרִי בַּכֹּחַ, יְמִינְךָ יהוה תִּרְעַץ אוֹיֵב: וּבְרֹב

גְּאוֹנְךָ תַּהֲרֹס קָמֶיךָ, תְּשַׁלַּח חֲרֹנְךָ יֹאכְלֵמוֹ כַּקַּשׁ:

וּבְרוּחַ אַפֶּיךָ נֶעֶרְמוּ מַיִם, נִצְּבוּ כְמוֹ־נֵד נֹזְלִים, קָפְאוּ

תְהֹמֹת בְּלֶב־יָם: אָמַר אוֹיֵב, אֶרְדֹּף אַשִּׂיג אֲחַלֵּק

שָׁלָל, תִּמְלָאֵמוֹ נַפְשִׁי, אָרִיק חַרְבִּי, תּוֹרִישֵׁמוֹ יָדִי:

נָשַׁפְתָּ בְרוּחֲךָ כִּסָּמוֹ יָם, צָלְלוּ כַּעוֹפֶרֶת בְּמַיִם,

אַדִּירִים: מִי־כָמֹכָה בָּאֵלִם יהוה, מִי כָּמֹכָה נֶאְדָּר

בַּקֹּדֶשׁ, נוֹרָא תְהִלֹּת עֹשֵׂה פֶלֶא: נָטִיתָ יְמִינְךָ,

תִּבְלָעֵמוֹ אָרֶץ: נָחִיתָ בְחַסְדְּךָ עַם־זוּ גָּאָלְתָּ, נֵהַלְתָּ

בְעָזְּךָ אֶל־נְוֵה קָדְשֶׁךָ: שָׁמְעוּ עַמִּים יִרְגָּזוּן, חִיל אָחַז

יֹשְׁבֵי פְּלָשֶׁת: אָז נִבְהֲלוּ אַלּוּפֵי אֱדוֹם, אֵילֵי מוֹאָב

יֹאחֲזֵמוֹ רָעַד, נָמֹגוּ כֹּל יֹשְׁבֵי כְנָעַן: תִּפֹּל עֲלֵיהֶם

אֵימָתָה וָפַחַד, בִּגְדֹל זְרוֹעֲךָ יִדְּמוּ כָּאָבֶן, עַד־יַעֲבֹר

עַמְּךָ יהוה, עַד־יַעֲבֹר עַם־זוּ קָנִיתָ: תְּבִאֵמוֹ וְתִטָּעֵמוֹ

בְּהַר נַחֲלָתְךָ, מָכוֹן לְשִׁבְתְּךָ פָּעַלְתָּ יהוה, מִקְּדָשׁ,

אֲדֹנָי, כּוֹנְנוּ יָדֶיךָ: יהוה ׀ יִמְלֹךְ לְעֹלָם וָעֶד: יהוה ׀

יִמְלֹךְ לְעֹלָם וָעֶד: (יהוה מַלְכוּתֵהּ קָאֵם, לְעָלַם

וּלְעָלְמֵי עָלְמַיָּא.) כִּי בָא סוּס פַּרְעֹה בְּרִכְבּוֹ וּבְפָרָשָׁיו

בַּיָּם וַיָּשֶׁב יהוה עֲלֵהֶם אֶת־מֵי הַיָּם וּבְנֵי יִשְׂרָאֵל הָלְכוּ

בַיַּבָּשָׁה בְּתוֹךְ הַיָּם: ❖ כִּי לַיהוה הַמְּלוּכָה, וּמֹשֵׁל

בַּגּוֹיִם.¹ וְעָלוּ מוֹשִׁעִים בְּהַר צִיּוֹן, לִשְׁפֹּט אֶת הַר עֵשָׂו,

וְהָיְתָה לַיהוה הַמְּלוּכָה.² וְהָיָה יהוה לְמֶלֶךְ עַל כָּל

הָאָרֶץ, בַּיּוֹם הַהוּא יִהְיֶה יהוה אֶחָד וּשְׁמוֹ אֶחָד.³

(וּבְתוֹרָתְךָ כָּתוּב לֵאמֹר: שְׁמַע יִשְׂרָאֵל, יהוה אֱלֹהֵינוּ, יהוה אֶחָד.⁴)

---

(1) תהלים כב:כט (2) עובדיה א:כא (3) זכריה יד:ט (4) דברים ו:ד

יזהר לומר ט"ו לשונות של שבח („שִׁיר וּשְׁבָחָה . . . בְּרָכוֹת וְהוֹדָאוֹת") בלי הפסק, אבל אין צריך לאומרם בנשימה אחת (מ"ב סי' נג ס"ק א).

**יִשְׁתַּבַּח** שִׁמְךָ לָעַד, מַלְכֵּנוּ, הָאֵל הַמֶּלֶךְ הַגָּדוֹל וְהַקָּדוֹשׁ, בַּשָּׁמַיִם וּבָאָרֶץ. כִּי לְךָ נָאֶה, יהוה אֱלֹהֵינוּ וֵאלֹהֵי אֲבוֹתֵינוּ, שִׁיר וּשְׁבָחָה, הַלֵּל וְזִמְרָה, עֹז וּמֶמְשָׁלָה, נֶצַח גְּדֻלָּה וּגְבוּרָה, תְּהִלָּה וְתִפְאֶרֶת, קְדֻשָּׁה וּמַלְכוּת, בְּרָכוֹת וְהוֹדָאוֹת לְשִׁמְךָ הַגָּדוֹל וְהַקָּדוֹשׁ, וּמֵעוֹלָם וְעַד עוֹלָם אַתָּה אֵל. ❖ בָּרוּךְ אַתָּה יהוה, אֵל מֶלֶךְ גָּדוֹל וּמְהֻלָּל בַּתִּשְׁבָּחוֹת, אֵל הַהוֹדָאוֹת, אֲדוֹן הַנִּפְלָאוֹת, בּוֹרֵא כָּל הַנְּשָׁמוֹת, רִבּוֹן כָּל הַמַּעֲשִׂים, הַבּוֹחֵר בְּשִׁירֵי זִמְרָה, מֶלֶךְ יָחִיד אֵל חֵי הָעוֹלָמִים.

אומרים „שִׁיר הַמַּעֲלוֹת" בעשי"ת והושענא רבה. החזן קורא פסוק פסוק בקול רם, והקהל עונים אחריו.

תהלים קל

**שִׁיר הַמַּעֲלוֹת;** מִמַּעֲמַקִּים קְרָאתִיךָ, יהוה. אֲדֹנָי, שִׁמְעָה בְקוֹלִי, תִּהְיֶינָה אָזְנֶיךָ קַשֻּׁבוֹת לְקוֹל תַּחֲנוּנָי. אִם עֲוֹנוֹת תִּשְׁמָר יָהּ, אֲדֹנָי, מִי יַעֲמֹד. כִּי עִמְּךָ הַסְּלִיחָה, לְמַעַן תִּוָּרֵא. קִוִּיתִי יהוה, קִוְּתָה נַפְשִׁי, וְלִדְבָרוֹ הוֹחָלְתִּי. נַפְשִׁי לַאדֹנָי, מִשֹּׁמְרִים לַבֹּקֶר, שֹׁמְרִים לַבֹּקֶר. יַחֵל יִשְׂרָאֵל אֶל יהוה, כִּי עִם יהוה הַחֶסֶד, וְהַרְבֵּה עִמּוֹ פְדוּת. וְהוּא יִפְדֶּה אֶת יִשְׂרָאֵל, מִכֹּל עֲוֹנוֹתָיו.

החזן אומר חצי קדיש ו„בָּרְכוּ".

**יִתְגַּדַּל** וְיִתְקַדַּשׁ שְׁמֵהּ רַבָּא. בְּעָלְמָא דִּי בְרָא כִרְעוּתֵהּ. וְיַמְלִיךְ מַלְכוּתֵהּ, וְיַצְמַח פֻּרְקָנֵהּ וִיקָרֵב מְשִׁיחֵהּ. בְּחַיֵּיכוֹן וּבְיוֹמֵיכוֹן וּבְחַיֵּי דְכָל בֵּית יִשְׂרָאֵל, בַּעֲגָלָא וּבִזְמַן קָרִיב. וְאִמְרוּ: אָמֵן.

קהל וחזן – **יְהֵא שְׁמֵהּ רַבָּא מְבָרַךְ לְעָלַם וּלְעָלְמֵי עָלְמַיָּא. יִתְבָּרַךְ** וְיִשְׁתַּבַּח וְיִתְפָּאַר וְיִתְרוֹמַם וְיִתְנַשֵּׂא וְיִתְהַדָּר וְיִתְעַלֶּה וְיִתְהַלָּל שְׁמֵהּ דְּקֻדְשָׁא בְּרִיךְ הוּא – °לְעֵלָּא מִן כָּל (°בעשי"ת – לְעֵלָּא [וּ]לְעֵלָּא מִכָּל) בִּרְכָתָא וְשִׁירָתָא תֻּשְׁבְּחָתָא וְנֶחֱמָתָא דַּאֲמִירָן בְּעָלְמָא. וְאִמְרוּ: אָמֵן.

בקצת קהילות אומרים הקהל „יִתְבָּרַךְ" כשהחזן מאריך ב„בָּרְכוּ". כ' הכלבו (סי' ז) כשאומר החזן „בָּרְכוּ" כורע, וזוקף בשם, וכן נהגו העולם (דעת תורה או"ח סי' נו).

# בָּרְכוּ אֶת יהוה הַמְּבֹרָךְ.

הקהל עונים „בָּרוּךְ . . ." והחזן חוזר ואומר „בָּרוּךְ . . .". כורעים (או מרכינים הראש) באמירת „בָּרוּךְ", וזוקפים באמירת „ה'".

**בָּרוּךְ יהוה הַמְּבֹרָךְ לְעוֹלָם וָעֶד.**

יִתְבָּרַךְ וְיִשְׁתַּבַּח וְיִתְפָּאַר וְיִתְרוֹמַם וְיִתְנַשֵּׂא שְׁמוֹ שֶׁל מֶלֶךְ מַלְכֵי הַמְּלָכִים, הַקָּדוֹשׁ בָּרוּךְ הוּא. שֶׁהוּא רִאשׁוֹן וְהוּא אַחֲרוֹן, וּמִבַּלְעָדָיו אֵין אֱלֹהִים.[1] סֹלּוּ, לָרֹכֵב בָּעֲרָבוֹת, בְּיָהּ שְׁמוֹ, וְעִלְזוּ לְפָנָיו.[2] וּשְׁמוֹ מְרוֹמַם עַל כָּל בְּרָכָה וּתְהִלָּה.[3] בָּרוּךְ שֵׁם כְּבוֹד מַלְכוּתוֹ לְעוֹלָם וָעֶד.[4] יְהִי שֵׁם יהוה מְבֹרָךְ מֵעַתָּה וְעַד עוֹלָם.[5]

(1) ע"פ ישעיה מד:ו (2) תהלים סח:ה (3) ע"פ נחמיה ט:ה (4) ע"פ פסחים נו. (5) תהלים קיג:ב

## ברכות קריאת שמע

על פי הקבלה נכון לישב בשעת ברכות קריאת שמע, ובפרט כשאומרים פסוקי הקדושה שבברכה הראשונה.

ימשמש בתפילה של יד כשאומר „יוֹצֵר אוֹר", ובתפילה של ראש כשאומר „וּבוֹרֵא חֹשֶׁךְ".

**בָּרוּךְ** אַתָּה יהוה אֱלֹהֵינוּ מֶלֶךְ הָעוֹלָם, יוֹצֵר אוֹר וּבוֹרֵא חֹשֶׁךְ, עֹשֶׂה שָׁלוֹם וּבוֹרֵא אֶת הַכֹּל.[1]

**הַמֵּאִיר** לָאָרֶץ וְלַדָּרִים עָלֶיהָ בְּרַחֲמִים, וּבְטוּבוֹ מְחַדֵּשׁ בְּכָל יוֹם תָּמִיד מַעֲשֵׂה בְרֵאשִׁית. מָה רַבּוּ מַעֲשֶׂיךָ יהוה, כֻּלָּם בְּחָכְמָה עָשִׂיתָ, מָלְאָה הָאָרֶץ קִנְיָנֶךָ.[2] הַמֶּלֶךְ הַמְּרוֹמָם לְבַדּוֹ מֵאָז, הַמְּשֻׁבָּח וְהַמְּפֹאָר וְהַמִּתְנַשֵּׂא מִימוֹת עוֹלָם. אֱלֹהֵי עוֹלָם, בְּרַחֲמֶיךָ הָרַבִּים רַחֵם עָלֵינוּ, אֲדוֹן עֻזֵּנוּ, צוּר מִשְׂגַּבֵּנוּ, מָגֵן יִשְׁעֵנוּ, מִשְׂגָּב בַּעֲדֵנוּ. אֵל בָּרוּךְ גְּדוֹל דֵּעָה, הֵכִין וּפָעַל זָהֳרֵי חַמָּה, טוֹב יָצַר כָּבוֹד לִשְׁמוֹ, מְאוֹרוֹת נָתַן סְבִיבוֹת עֻזּוֹ, פִּנּוֹת צְבָאָיו קְדוֹשִׁים רוֹמְמֵי שַׁדַּי, תָּמִיד מְסַפְּרִים כְּבוֹד אֵל וּקְדֻשָּׁתוֹ. תִּתְבָּרַךְ יהוה אֱלֹהֵינוּ בַּשָּׁמַיִם מִמַּעַל וְעַל הָאָרֶץ מִתָּחַת, עַל כָּל שֶׁבַח מַעֲשֵׂה יָדֶיךָ, וְעַל מְאוֹרֵי אוֹר שֶׁיָּצַרְתָּ, הֵמָּה יְפָאֲרוּךָ, סֶּלָה.

**תִּתְבָּרַךְ** לָנֶצַח צוּרֵנוּ מַלְכֵּנוּ וְגֹאֲלֵנוּ, בּוֹרֵא קְדוֹשִׁים. יִשְׁתַּבַּח שִׁמְךָ לָעַד מַלְכֵּנוּ, יוֹצֵר

(1) ע"פ ישעיה מה:ז (2) תהלים קד:כד

**דיני הפסק בברכות קריאת שמע**

אסור להפסיק בקריאת שמע ובאמירת ברכותיה לשום דבר ואפילו לענות „אָמֵן" אסור. אך מותר לענות „אָמֵן יְהֵא שְׁמֵהּ רַבָּא . . ." ו„אָמֵן" של „דַּאֲמִירָן בְּעָלְמָא", „אָמֵן" של „הָאֵ־ל הַקָּדוֹשׁ" ושל „שׁוֹמֵעַ תְּפִלָּה", וכן כששומע "בָּרְכוּ . . ." מן החזן או מן העולה לתורה מותר לענות "בָּרוּךְ ה' הַמְבֹרָךְ לְעוֹלָם וָעֶד", הפסוקים „קָדוֹשׁ . . ." ו„בָּרוּךְ . . ." בקדושה, וכשמגיע החזן ל„מוֹדִים" יאמר „מוֹדִים אֲנַחְנוּ לָךְ" ותו לא. אך משהתחיל „שְׁמַע" עד שיסיים „בָּרוּךְ שֵׁם . . ." וכן בין "ה' אֱלֹהֵיכֶם" ל"אֱמֶת" לא יפסיק לשום דבר.

בין הפרקים מותר לענות „אָמֵן" על כל ברכה. ואלו הם בין הפרקים: בין „בָּרוּךְ . . . יוֹצֵר הַמְּאוֹרוֹת" לתחילת ברכת „אַהֲבַת עוֹלָם", בין פרשה ראשונה של קריאת שמע לשניה, ובין פרשה שניה לפרשת ציצית.

בין „בָּרוּךְ . . . הַבּוֹחֵר . . ." ל„שְׁמַע" לא יפסיק לענות „אָמֵן" על שאר ברכות. ויש מחלוקת בין הפוסקים אם מותר לענות „אָמֵן" אחר ברכת „הַבּוֹחֵר" עצמה. הרמ"א (סי' סא ס"ג) כתב שהמנהג לענות „אָמֵן". אכן כמה פוסקים כתבו שיראה לסיים בשוה עם החזן ולא יענה „אָמֵן" אחריו (מ"ב סי' נט ס"ק כה וסי' סא ס"ק טז).

גם לגבי „אָמֵן" של „גָּאַל יִשְׂרָאֵל" נחלקו הפוסקים. וכתב הרמ"א שהמנהג לענות „אָמֵן". אכן כתבו הפוסקים שיש עצה להינצל מהמחלוקת, שיסיים בשוה עם החזן, או שיתחיל שמונה עשרה מעט קודם החזן, דהיינו שיתחיל הפסוק „ה' שְׂפָתַי תִּפְתָּח" קודם שמסיים החזן „גָּאַל יִשְׂרָאֵל" (מ"ב סי' סו ס"ק לה).

מְשָׁרְתִים, וַאֲשֶׁר מְשָׁרְתָיו כֻּלָּם עוֹמְדִים בְּרוּם עוֹלָם, וּמַשְׁמִיעִים בְּיִרְאָה יַחַד בְּקוֹל דִּבְרֵי אֱלֹהִים חַיִּים וּמֶלֶךְ עוֹלָם.[1] כֻּלָּם אֲהוּבִים, כֻּלָּם בְּרוּרִים, כֻּלָּם גִּבּוֹרִים, כֻּלָּם קְדוֹשִׁים, וְכֻלָּם עֹשִׂים בְּאֵימָה וּבְיִרְאָה רְצוֹן קוֹנֵיהֶם.[2] ❖ וְכֻלָּם פּוֹתְחִים אֶת פִּיהֶם בִּקְדֻשָּׁה וּבְטָהֳרָה, בְּשִׁירָה וּבְזִמְרָה, וּמְבָרְכִין וּמְשַׁבְּחִין וּמְפָאֲרִין וּמַעֲרִיצִין וּמַקְדִּישִׁין וּמַמְלִיכִין —

**אֶת שֵׁם** הָאֵל הַמֶּלֶךְ הַגָּדוֹל הַגִּבּוֹר וְהַנּוֹרָא קָדוֹשׁ הוּא.[3] ❖ וְכֻלָּם מְקַבְּלִים עֲלֵיהֶם עֹל מַלְכוּת שָׁמַיִם זֶה מִזֶּה, וְנוֹתְנִים בְּאַהֲבָה רְשׁוּת זֶה לָזֶה, לְהַקְדִּישׁ לְיוֹצְרָם, בְּנַחַת רוּחַ בְּשָׂפָה בְרוּרָה וּבִנְעִימָה. קְדֻשָּׁה כֻּלָּם כְּאֶחָד עוֹנִים בְּאֵימָה, וְאוֹמְרִים בְּיִרְאָה:

הקהל עונים בקול רם עם החזן:

**קָדוֹשׁ קָדוֹשׁ קָדוֹשׁ יהוה צְבָאוֹת,**
**מְלֹא כָל הָאָרֶץ כְּבוֹדוֹ.**[4]

❖ וְהָאוֹפַנִּים וְחַיּוֹת הַקֹּדֶשׁ בְּרַעַשׁ גָּדוֹל מִתְנַשְּׂאִים לְעֻמַּת שְׂרָפִים, לְעֻמָּתָם מְשַׁבְּחִים וְאוֹמְרִים:

הקהל עונים בקול רם עם החזן:

**בָּרוּךְ כְּבוֹד יהוה מִמְּקוֹמוֹ.**[5]

**לָאֵל** בָּרוּךְ, נְעִימוֹת יִתֵּנוּ. לַמֶּלֶךְ אֵל חַי וְקַיָּם, זְמִרוֹת יֹאמֵרוּ וְתִשְׁבָּחוֹת יַשְׁמִיעוּ. כִּי הוּא לְבַדּוֹ מָרוֹם וְקָדוֹשׁ פּוֹעֵל גְּבוּרוֹת, עֹשֶׂה חֲדָשׁוֹת, בַּעַל מִלְחָמוֹת, זוֹרֵעַ צְדָקוֹת, מַצְמִיחַ יְשׁוּעוֹת, בּוֹרֵא רְפוּאוֹת, נוֹרָא תְהִלּוֹת, אֲדוֹן הַנִּפְלָאוֹת. הַמְּחַדֵּשׁ בְּטוּבוֹ בְּכָל יוֹם תָּמִיד מַעֲשֵׂה בְרֵאשִׁית. כָּאָמוּר: לְעֹשֵׂה

(1) ע״פ ירמיה י:י (2) נ״א: קוֹנָם (3) ע״פ דברים י:יז; תהלים צט:ג (4) ישעיה ו:ג (5) יחזקאל ג:יב

אוֹרִים גְּדֹלִים, כִּי לְעוֹלָם חַסְדּוֹ.[1] (וְהִתְקִין מְאוֹרוֹת מְשַׂמֵּחַ עוֹלָמוֹ אֲשֶׁר בָּרָא.) ❖ אוֹר חָדָשׁ עַל צִיּוֹן תָּאִיר, וְנִזְכֶּה כֻלָּנוּ בִּמְהֵרָה לְאוֹרוֹ. בָּרוּךְ אַתָּה יהוה, יוֹצֵר הַמְּאוֹרוֹת.

**אַהֲבַת עוֹלָם** אֲהַבְתָּנוּ יהוה אֱלֹהֵינוּ, חֶמְלָה גְדוֹלָה וִיתֵרָה חָמַלְתָּ עָלֵינוּ. אָבִינוּ מַלְכֵּנוּ, בַּעֲבוּר שִׁמְךָ הַגָּדוֹל, וּבַעֲבוּר אֲבוֹתֵינוּ שֶׁבָּטְחוּ בְךָ, וַתְּלַמְּדֵם חֻקֵּי חַיִּים, לַעֲשׂוֹת רְצוֹנְךָ בְּלֵבָב שָׁלֵם, כֵּן תְּחָנֵּנוּ וּתְלַמְּדֵנוּ. אָבִינוּ אָב הָרַחֲמָן הַמְּרַחֵם, רַחֵם עָלֵינוּ, וְתֵן בְּלִבֵּנוּ בִּינָה, לְהָבִין וּלְהַשְׂכִּיל, לִשְׁמוֹעַ לִלְמוֹד וּלְלַמֵּד, לִשְׁמֹר וְלַעֲשׂוֹת וּלְקַיֵּם אֶת כָּל דִּבְרֵי תַלְמוּד תּוֹרָתֶךָ בְּאַהֲבָה. וְהָאֵר עֵינֵינוּ בְּתוֹרָתֶךָ, וְדַבֵּק לִבֵּנוּ בְּמִצְוֹתֶיךָ, וְיַחֵד לְבָבֵנוּ לְאַהֲבָה וּלְיִרְאָה אֶת שְׁמֶךָ,[2] לְמַעַן לֹא נֵבוֹשׁ וְלֹא נִכָּלֵם וְלֹא נִכָּשֵׁל לְעוֹלָם וָעֶד. כִּי בְשֵׁם קָדְשְׁךָ הַגָּדוֹל הַגִּבּוֹר וְהַנּוֹרָא בָּטָחְנוּ, נָגִילָה וְנִשְׂמְחָה בִּישׁוּעָתֶךָ. וְרַחֲמֶיךָ, יהוה אֱלֹהֵינוּ, וַחֲסָדֶיךָ הָרַבִּים, אַל יַעַזְבוּנוּ נֶצַח סֶלָה וָעֶד. מַהֵר וְהָבֵא עָלֵינוּ בְּרָכָה וְשָׁלוֹם מְהֵרָה מֵאַרְבַּע כַּנְפוֹת (כָּל) הָאָרֶץ, וּשְׁבוֹר עוֹל הַגּוֹיִם מֵעַל צַוָּארֵנוּ, וְתוֹלִיכֵנוּ מְהֵרָה קוֹמְמִיּוּת לְאַרְצֵנוּ. כִּי אֵל פּוֹעֵל יְשׁוּעוֹת אָתָּה, וּבָנוּ בָחַרְתָּ מִכָּל עַם וְלָשׁוֹן. ❖ וְקֵרַבְתָּנוּ מַלְכֵּנוּ לְשִׁמְךָ הַגָּדוֹל סֶלָה בֶּאֱמֶת בְּאַהֲבָה. לְהוֹדוֹת לְךָ וּלְיַחֶדְךָ בְּאַהֲבָה, וּלְאַהֲבָה אֶת שְׁמֶךָ. בָּרוּךְ אַתָּה יהוה, הַבּוֹחֵר בְּעַמּוֹ יִשְׂרָאֵל בְּאַהֲבָה.

כשמגיע ל„מֵאַרְבַּע כַּנְפוֹת הָאָרֶץ" יקבץ ד' ציציות הטלית, וישים אותם בידו השמאלית בין קמיצה לזרת (האצבע הקטנה והאצבע הרביעית) ויחזיקם כנגד לבו עד הפרשה הג' של קריאת שמע.

(1) תהלים קלו:ז (2) ע"פ פו:יא

## קריאת שמע

יכוון לקיים מצות עשה דאורייתא של קריאת שמע ויקרא במתינות ובכוונה באימה ויראה ברתת וזיע. וידקדק מאוד לבטא כל תיבה ואות באופן ברור, ולהפסיק בין מלה למלה, ויתן ריוח לפני תיבה שתחילתה כסוף תיבה שלפניה. נהגו המדקדקים לקרות קריאת שמע בטעמיה (דה״ח). (ועיין הלכות בסוף הסידור סע׳ נה-נז וסע׳ סב-עד.)

יחיד אומר: אֵל מֶלֶךְ נֶאֱמָן.

יכסה עיניו ביד ימין ויאמר פסוק „שְׁמַע" בקול רם ובכוונה עצומה, ויתבונן שהוא יתברך שמו מלך בשמים ובארץ, ויקבל עליו עול מלכותו ומצותיו. צריך להאריך בחי״ת של „אֶחָד" שימליך הקב״ה בשמים ובארץ, שלזה רומז החטוטרת שבאמצע גג החי״ת. ויאריך בדלי״ת של „אֶחָד" שיעור שיחשוב שהקב״ה יחיד בעולמו ומושל בד׳ רוחות העולם (או״ח סי׳ סא סע׳ ד-ו).

**שְׁמַ֤ע ׀ יִשְׂרָאֵ֑ל, יְהוָ֥ה ׀ אֱלֹהֵ֖ינוּ, יְהוָ֥ה ׀ אֶחָֽד׃**[1]

בלחש: בָּרוּךְ שֵׁם כְּבוֹד מַלְכוּתוֹ לְעוֹלָם וָעֶד.[2]

כשאומר „וְאָהַבְתָּ . . ." (דברים ו:ה-ט) יכוון לקבל עליו המצוה של אהבת השי״ת.

**וְאָֽהַבְתָּ֗** אֵ֚ת ׀ יְהוָ֣ה ׀ אֱלֹהֶ֔יךָ, בְּכָל־לְבָבְךָ֥, וּבְכָל־נַפְשְׁךָ֖, וּבְכָל־מְאֹדֶֽךָ׃ וְהָי֞וּ הַדְּבָרִ֣ים הָאֵ֗לֶּה, אֲשֶׁ֨ר ׀ אָנֹכִ֧י מְצַוְּךָ֛ הַיּ֖וֹם, עַל־לְבָבֶֽךָ׃ וְשִׁנַּנְתָּ֣ם לְבָנֶ֔יךָ, וְדִבַּרְתָּ֖ בָּ֑ם, בְּשִׁבְתְּךָ֤ בְּבֵיתֶ֙ךָ֙, וּבְלֶכְתְּךָ֣ בַדֶּ֔רֶךְ, וּֽבְשָׁכְבְּךָ֖ וּבְקוּמֶֽךָ׃ וּקְשַׁרְתָּ֥ם לְא֖וֹת ׀ עַל־יָדֶ֑ךָ, וְהָי֥וּ לְטֹטָפֹ֖ת בֵּ֥ין ׀ עֵינֶֽיךָ׃ וּכְתַבְתָּ֛ם ׀ עַל־מְזֻז֥וֹת בֵּיתֶ֖ךָ, וּבִשְׁעָרֶֽיךָ׃

כשאומר „וּקְשַׁרְתָּם ..." ימשמש בתפילה של יד
וכשאומר „וְהָיוּ לְטֹטָפֹת ..." ימשמש בתפילה של ראש.

בעת אמירת הפרשה השניה (דברים יא:יג-כא) יכוון לקבל עליו עול מצוות,
ויתבונן שהבורא יתברך משלם גמול טוב למקיימי מצותיו ומעניש העוברים עליהן.

**וְהָיָ֗ה,** אִם־שָׁמֹ֤עַ תִּשְׁמְעוּ֙ אֶל־מִצְוֺתַ֔י, אֲשֶׁ֧ר ׀ אָנֹכִ֛י מְצַוֶּ֥ה ׀ אֶתְכֶ֖ם הַיּ֑וֹם, לְאַהֲבָ֞ה אֶת־יְהוָ֤ה ׀ אֱלֹהֵיכֶם֙ וּלְעָבְד֔וֹ, בְּכָל־לְבַבְכֶ֖ם, וּבְכָל־נַפְשְׁכֶֽם׃ וְנָתַתִּ֧י מְטַֽר־אַרְצְכֶ֛ם בְּעִתּ֖וֹ, יוֹרֶ֣ה וּמַלְק֑וֹשׁ, וְאָסַפְתָּ֣ דְגָנֶ֔ךָ וְתִירֹשְׁךָ֖ וְיִצְהָרֶֽךָ׃ וְנָתַתִּ֛י ׀ עֵ֥שֶׂב ׀ בְּשָׂדְךָ֖ לִבְהֶמְתֶּ֑ךָ, וְאָכַלְתָּ֖ וְשָׂבָֽעְתָּ׃ הִשָּֽׁמְר֣וּ לָכֶ֔ם, פֶּ֥ן־יִפְתֶּ֖ה לְבַבְכֶ֑ם, וְסַרְתֶּ֗ם וַעֲבַדְתֶּם֙ ׀ אֱלֹהִ֣ים ׀ אֲחֵרִ֔ים, וְהִשְׁתַּחֲוִיתֶ֖ם לָהֶֽם׃ וְחָרָ֨ה ׀ אַף־יְהוָ֜ה בָּכֶ֗ם, וְעָצַ֤ר ׀ אֶת־הַשָּׁמַ֙יִם֙, וְלֹא־יִהְיֶ֣ה מָטָ֔ר, וְהָ֣אֲדָמָ֔ה לֹ֥א תִתֵּ֖ן אֶת־יְבוּלָ֑הּ, וַאֲבַדְתֶּ֣ם ׀ מְהֵרָ֗ה מֵעַל֙ הָאָ֣רֶץ הַטֹּבָ֔ה ׀ אֲשֶׁ֥ר ׀ יְהוָ֖ה נֹתֵ֥ן לָכֶֽם׃ וְשַׂמְתֶּם֙ ׀ אֶת־דְּבָרַ֣י ׀

(1) דברים ו:ד (2) ע״פ פסחים נו.

כשאומר „וּקְשַׁרְתֶּם ...” ימשמש בתפילה של יד וכשאומר „וְהָיוּ לְטֹטָפֹת ...” ימשמש בשל ראש.

אֵלֶּה, עַל־לְבַבְכֶם וְעַל־נַפְשְׁכֶם,
וּקְשַׁרְתֶּם | אֹתָם לְאוֹת | עַל־יֶדְכֶם, וְהָיוּ
לְטוֹטָפֹת בֵּין | עֵינֵיכֶם: וְלִמַּדְתֶּם | אֹתָם | אֶת־בְּנֵיכֶם, לְדַבֵּר
בָּם, בְּשִׁבְתְּךָ בְּבֵיתֶךָ, וּבְלֶכְתְּךָ בַדֶּרֶךְ, וּבְשָׁכְבְּךָ וּבְקוּמֶךָ:
וּכְתַבְתָּם | עַל־מְזוּזוֹת בֵּיתֶךָ, וּבִשְׁעָרֶיךָ: לְמַעַן | יִרְבּוּ |
יְמֵיכֶם וִימֵי בְנֵיכֶם, עַל הָאֲדָמָה | אֲשֶׁר נִשְׁבַּע | יְהוָה
לַאֲבֹתֵיכֶם לָתֵת לָהֶם, כִּימֵי הַשָּׁמַיִם | עַל־הָאָרֶץ:

כשמגיע לפרשה השלישית (במדבר טו:לז־מא) יחזיק הציצית גם ביד ימינו, ויש נוהגים לנשקם כל פעם שאומר המלה „צִיצִת” וגם כשאומר „אֱמֶת”. וכשאומר „וּרְאִיתֶם אֹתוֹ” יסתכל בציצית ויעבירן על עיניו.

**וַיֹּאמֶר** | יְהוָה | אֶל־מֹשֶׁה לֵּאמֹר: דַּבֵּר | אֶל־בְּנֵי
יִשְׂרָאֵל, וְאָמַרְתָּ אֲלֵהֶם, וְעָשׂוּ לָהֶם צִיצִת,
עַל־כַּנְפֵי בִגְדֵיהֶם לְדֹרֹתָם, וְנָתְנוּ | עַל־צִיצִת הַכָּנָף, פְּתִיל
תְּכֵלֶת: וְהָיָה לָכֶם לְצִיצִת, וּרְאִיתֶם | אֹתוֹ, וּזְכַרְתֶּם | אֶת־
כָּל־מִצְוֹת | יְהוָה, וַעֲשִׂיתֶם | אֹתָם, וְלֹא־תָתוּרוּ | אַחֲרֵי
לְבַבְכֶם וְאַחֲרֵי | עֵינֵיכֶם, אֲשֶׁר־אַתֶּם זֹנִים | אַחֲרֵיהֶם:
לְמַעַן תִּזְכְּרוּ, וַעֲשִׂיתֶם | אֶת־כָּל־מִצְוֹתָי, וִהְיִיתֶם קְדֹשִׁים

יכוון לקיים מצות עשה של זכירת יציאת מצרים.

לֵאלֹהֵיכֶם: אֲנִי יְהוָה | אֱלֹהֵיכֶם, אֲשֶׁר
הוֹצֵאתִי | אֶתְכֶם | מֵאֶרֶץ מִצְרַיִם, לִהְיוֹת לָכֶם לֵאלֹהִים,
אֲנִי | יְהוָה | אֱלֹהֵיכֶם: אֱמֶת —

החזן חוזר ואומר בקול רם: **יְהוָה אֱלֹהֵיכֶם אֱמֶת,**

**וְיַצִּיב** וְנָכוֹן וְקַיָּם וְיָשָׁר וְנֶאֱמָן וְאָהוּב וְחָבִיב וְנֶחְמָד
וְנָעִים וְנוֹרָא וְאַדִּיר וּמְתֻקָּן וּמְקֻבָּל וְטוֹב וְיָפֶה
הַדָּבָר הַזֶּה עָלֵינוּ לְעוֹלָם וָעֶד. אֱמֶת אֱלֹהֵי עוֹלָם מַלְכֵּנוּ,
צוּר יַעֲקֹב, מָגֵן יִשְׁעֵנוּ, לְדֹר וָדֹר הוּא קַיָּם, וּשְׁמוֹ קַיָּם,
וְכִסְאוֹ נָכוֹן, וּמַלְכוּתוֹ וֶאֱמוּנָתוֹ לָעַד קַיֶּמֶת. וּדְבָרָיו חָיִים
וְקַיָּמִים, נֶאֱמָנִים וְנֶחֱמָדִים לָעַד (ינשק הציצית ויסירם מידיו) וּלְעוֹלְמֵי
עוֹלָמִים. ❖ עַל אֲבוֹתֵינוּ וְעָלֵינוּ, עַל בָּנֵינוּ וְעַל דּוֹרוֹתֵינוּ,
וְעַל כָּל דּוֹרוֹת זֶרַע יִשְׂרָאֵל עֲבָדֶיךָ.

**עַל הָרִאשׁוֹנִים** וְעַל הָאַחֲרוֹנִים, דָּבָר טוֹב וְקַיָּם לְעוֹלָם וָעֶד, אֱמֶת וֶאֱמוּנָה חֹק וְלֹא יַעֲבֹר. אֱמֶת שָׁאַתָּה הוּא יהוה אֱלֹהֵינוּ וֵאלֹהֵי אֲבוֹתֵינוּ, ❖ מַלְכֵּנוּ מֶלֶךְ אֲבוֹתֵינוּ, גֹּאֲלֵנוּ גֹּאֵל אֲבוֹתֵינוּ, יוֹצְרֵנוּ צוּר יְשׁוּעָתֵנוּ, פּוֹדֵנוּ וּמַצִּילֵנוּ מֵעוֹלָם הוּא שְׁמֶךָ, וְאֵין לָנוּ עוֹד אֱלֹהִים זוּלָתֶךָ, סֶלָה.

**עֶזְרַת** אֲבוֹתֵינוּ אַתָּה הוּא מֵעוֹלָם, מָגֵן וּמוֹשִׁיעַ לָהֶם וְלִבְנֵיהֶם אַחֲרֵיהֶם בְּכָל דּוֹר וָדוֹר. בְּרוּם עוֹלָם מוֹשָׁבֶךָ, וּמִשְׁפָּטֶיךָ וְצִדְקָתְךָ עַד אַפְסֵי אָרֶץ. אֱמֶת אַשְׁרֵי אִישׁ שֶׁיִּשְׁמַע לְמִצְוֹתֶיךָ, וְתוֹרָתְךָ וּדְבָרְךָ יָשִׂים עַל לִבּוֹ. אֱמֶת אַתָּה הוּא אָדוֹן לְעַמֶּךָ, וּמֶלֶךְ גִּבּוֹר לָרִיב רִיבָם לְאָבוֹת וּבָנִים. אֱמֶת אַתָּה הוּא רִאשׁוֹן וְאַתָּה הוּא אַחֲרוֹן, וּמִבַּלְעָדֶיךָ אֵין לָנוּ מֶלֶךְ[1] גּוֹאֵל וּמוֹשִׁיעַ. אֱמֶת מִמִּצְרַיִם גְּאַלְתָּנוּ יהוה אֱלֹהֵינוּ, וּמִבֵּית עֲבָדִים פְּדִיתָנוּ. כָּל בְּכוֹרֵיהֶם הָרָגְתָּ, וּבְכוֹרְךָ יִשְׂרָאֵל גָּאָלְתָּ, וְיַם סוּף לָהֶם בָּקַעְתָּ, וְזֵדִים טִבַּעְתָּ, וִידִידִים הֶעֱבַרְתָּ, וַיְכַסּוּ מַיִם צָרֵיהֶם, אֶחָד מֵהֶם לֹא נוֹתָר.[2] עַל זֹאת שִׁבְּחוּ אֲהוּבִים וְרוֹמְמוּ לָאֵל, וְנָתְּנוּ יְדִידִים זְמִרוֹת שִׁירוֹת וְתִשְׁבָּחוֹת, בְּרָכוֹת וְהוֹדָאוֹת, לְמֶלֶךְ אֵל חַי וְקַיָּם, רָם וְנִשָּׂא, גָּדוֹל וְנוֹרָא, מַשְׁפִּיל גֵּאִים עֲדֵי אָרֶץ, וּמַגְבִּיהַּ שְׁפָלִים עַד מָרוֹם. מוֹצִיא אֲסִירִים, וּפוֹדֶה עֲנָוִים, וְעוֹזֵר דַּלִּים, וְעוֹנֶה לְעַמּוֹ יִשְׂרָאֵל בְּעֵת שַׁוְּעָם אֵלָיו.

יקום ויכין עצמו לתפילת שמונה עשרה.

❖ תְּהִלּוֹת לְאֵל עֶלְיוֹן גּוֹאֲלָם, בָּרוּךְ הוּא וּמְבֹרָךְ. מֹשֶׁה וּבְנֵי יִשְׂרָאֵל לְךָ עָנוּ שִׁירָה בְּשִׂמְחָה רַבָּה, וְאָמְרוּ כֻלָּם:

**מִי כָמֹכָה בָּאֵלִם יהוה, מִי כָּמֹכָה נֶאְדָּר בַּקֹּדֶשׁ, נוֹרָא תְהִלֹּת עֹשֵׂה פֶלֶא.**[3]

❖ שִׁירָה חֲדָשָׁה שִׁבְּחוּ גְאוּלִים לְשִׁמְךָ הַגָּדוֹל עַל שְׂפַת הַיָּם, יַחַד כֻּלָּם הוֹדוּ וְהִמְלִיכוּ וְאָמְרוּ:

---

(1) ע״פ ישעיה מד:ו (2) תהלים קו:יא (3) שמות טו:יא

**יהוה יִמְלֹךְ לְעֹלָם וָעֶד.**[1]

יסמיך „גָּאַל יִשְׂרָאֵל" לתפילת שמונה עשרה כל מה דאפשר, ולא יפסיק אפילו לקדיש, קדושה, ברכו, ולעניית אמן. יש מחלוקת הפוסקים אם לענות „אָמֵן" על ברכת „גָּאַל יִשְׂרָאֵל" עצמה. רוב קהילות מתפללי נוסח ספרד נהגו שלא לענות אמן, ולכן פשט המנהג שאין החזן מסיים הברכה בקול רם. כדי לצאת מידי ספק יסיים הברכה בשוה עם החזן, ואז אינו עונה אמן אף אם החזן מסיים בקול רם.

✣ **צוּר** יִשְׂרָאֵל, קוּמָה בְּעֶזְרַת יִשְׂרָאֵל, וּפְדֵה כִנְאֻמֶךָ יְהוּדָה וְיִשְׂרָאֵל. וְנֶאֱמַר: גֹּאֲלֵנוּ יהוה צְבָאוֹת שְׁמוֹ, קְדוֹשׁ יִשְׂרָאֵל.[2] בָּרוּךְ אַתָּה יהוה, גָּאַל יִשְׂרָאֵל.

## שמונה עשרה

קודם שמתחילין שמונה עשרה צריך להפסיע לאחוריו ג' פסיעות כדי שיפסיע לפניו ג' פסיעות. והטעם, שנכנס משה רבינו ע"ה לתוך ג' מחיצות של קדושה – חשך, ענן, וערפל. וזהו גם כן הטעם לפסוע ג' פסיעות לאחר תפלת שמונה עשרה – לחזור מתוך אותן מחיצות (רוקח).

יכוון רגליו זו אצל זו בשוה כאלו הן רגל אחת כדי להדמות למלאכים. יתפלל במתינות ובכוונת הלב ויבין פירוש המילות ולא יפסיק לשום דבר. לכתחילה צריך להשמיע לאזניו מה שמוציא מפיו אבל לא ירים קולו עד שישמעו אחרים תפילתו. בברכת אבות ובברכת הודאה שוחה בתחילת הברכה ובסיומה, דהיינו כשאומר „בָּרוּךְ" יכרע בברכיו מעט וכשאומר „אַתָּה" ישתחוה עד שיתפקקו כל חוליות שבשדרה וגם ראשו יכוף כאגמון, ולא ישתחוה כ"כ עד שיגיע ראשו נגד חגור של מתנים. ויכרע במהירות ב„בָּרוּךְ אַתָּה" וב„ה'" יזקוף בנחת, ראשו תחילה ואח"כ גופו דרך הכנעה. זקן או חולה שאינו יכול לשחות עד שיתפקקו כל חוליות שבשדרה, כיון שהרכין ראשו דיו (דה"ח).

אֲדֹנָי שְׂפָתַי תִּפְתָּח, וּפִי יַגִּיד תְּהִלָּתֶךָ.[3]

אבות

**בָּרוּךְ** אַתָּה יהוה אֱלֹהֵינוּ וֵאלֹהֵי אֲבוֹתֵינוּ, אֱלֹהֵי אַבְרָהָם, אֱלֹהֵי יִצְחָק, וֵאלֹהֵי יַעֲקֹב, הָאֵל הַגָּדוֹל הַגִּבּוֹר וְהַנּוֹרָא, אֵל עֶלְיוֹן, גּוֹמֵל חֲסָדִים טוֹבִים, וְקוֹנֵה הַכֹּל, וְזוֹכֵר חַסְדֵי אָבוֹת, וּמֵבִיא גוֹאֵל לִבְנֵי בְנֵיהֶם, לְמַעַן שְׁמוֹ בְּאַהֲבָה.

בעשרת ימי תשובה מוסיפים [ואם שכח אינו חוזר; עיין הלכות בסוף הסידור סע' עה]:

זָכְרֵנוּ לְחַיִּים, מֶלֶךְ חָפֵץ בַּחַיִּים,
וְכָתְבֵנוּ בְּסֵפֶר הַחַיִּים, לְמַעַנְךָ אֱלֹהִים חַיִּים.

מֶלֶךְ עוֹזֵר וּמוֹשִׁיעַ וּמָגֵן. בָּרוּךְ אַתָּה יהוה, מָגֵן אַבְרָהָם.

גבורות

**אַתָּה** גִּבּוֹר לְעוֹלָם אֲדֹנָי, מְחַיֵּה מֵתִים אַתָּה, רַב לְהוֹשִׁיעַ.

מחוה"מ פסח עד שמיני עצרת: מוֹרִיד הַטָּל.

בין שמיני עצרת לפסח: מַשִּׁיב הָרוּחַ וּמוֹרִיד הַגֶּשֶׁם [נ"א: הַגָּשֶׁם].

[אם שכח או טעה, עיין הלכות בסוף הסידור סע' פד-צא.]

(1) שמות טו:יח (2) ישעיה מז:ד (3) תהלים נא:יז

מְכַלְכֵּל חַיִּים בְּחֶסֶד, מְחַיֵּה מֵתִים בְּרַחֲמִים רַבִּים, סוֹמֵךְ נוֹפְלִים, וְרוֹפֵא חוֹלִים, וּמַתִּיר אֲסוּרִים, וּמְקַיֵּם אֱמוּנָתוֹ לִישֵׁנֵי עָפָר. מִי כָמוֹךָ בַּעַל גְּבוּרוֹת, וּמִי דּוֹמֶה לָּךְ, מֶלֶךְ מֵמִית וּמְחַיֶּה וּמַצְמִיחַ יְשׁוּעָה.

בעשרת ימי תשובה מוסיפים [ואם שכח אינו חוזר; עיין הלכות בסוף הסידור סע' עה]:

מִי כָמוֹךָ אַב הָרַחֲמָן, זוֹכֵר יְצוּרָיו לְחַיִּים בְּרַחֲמִים.

וְנֶאֱמָן אַתָּה לְהַחֲיוֹת מֵתִים. בָּרוּךְ אַתָּה יהוה, מְחַיֵּה הַמֵּתִים.

בחזרת הש"ץ אומרים כאן קדושה (למטה).

קדושת השם

בקצת קהילות אומר החזן „לְדוֹר וָדוֹר" בחזרת הש"ץ במקום „אַתָּה קָדוֹשׁ".

**אַתָּה** קָדוֹשׁ וְשִׁמְךָ קָדוֹשׁ, וּקְדוֹשִׁים בְּכָל יוֹם יְהַלְּלוּךָ סֶּלָה, כִּי אֵל מֶלֶךְ גָּדוֹל וְקָדוֹשׁ אָתָּה. בָּרוּךְ אַתָּה יהוה, °הָאֵל [°בעשי"ת–הַמֶּלֶךְ] הַקָּדוֹשׁ.

**לְדוֹר** וָדוֹר נַגִּיד גָּדְלֶךָ וּלְנֵצַח נְצָחִים קְדֻשָּׁתְךָ נַקְדִּישׁ, וְשִׁבְחֲךָ אֱלֹהֵינוּ מִפִּינוּ לֹא יָמוּשׁ לְעוֹלָם וָעֶד, כִּי אֵל מֶלֶךְ גָּדוֹל וְקָדוֹשׁ אָתָּה. בָּרוּךְ אַתָּה יהוה, °הָאֵל [°בעשי"ת–הַמֶּלֶךְ] הַקָּדוֹשׁ.

[אם שכח לומר „הַמֶּלֶךְ" בעשי"ת חוזר לראש התפילה, עיין הלכות בסוף הסידור סע' עו-עז.]

בינה

**אַתָּה** חוֹנֵן לְאָדָם דַּעַת, וּמְלַמֵּד לֶאֱנוֹשׁ בִּינָה. חָנֵּנוּ מֵאִתְּךָ חָכְמָה בִּינָה וָדָעַת. בָּרוּךְ אַתָּה יהוה, חוֹנֵן הַדָּעַת.

---

קדושה

יכוון רגליו ויעמידן זו אצל זו בשוה כמו בתפילת שמונה עשרה. אסור להפסיק לשום דבר בעת אמירת קדושה.

קהל ואח"כ חזן– **נַקְדִּישָׁךְ** וְנַעֲרִיצָךְ, כְּנֹעַם שִׂיחַ סוֹד שַׂרְפֵי קֹדֶשׁ, הַמְּשַׁלְּשִׁים לְךָ קְדֻשָּׁה, כַּכָּתוּב עַל יַד נְבִיאֶךָ, וְקָרָא זֶה אֶל זֶה וְאָמַר:

קהל וחזן ביחד–קָדוֹשׁ קָדוֹשׁ קָדוֹשׁ יהוה צְבָאוֹת, מְלֹא כָל הָאָרֶץ כְּבוֹדוֹ.[1]

❖ לְעֻמָּתָם מְשַׁבְּחִים וְאוֹמְרִים:

קהל וחזן ביחד–בָּרוּךְ כְּבוֹד יהוה, מִמְּקוֹמוֹ.[2] ❖ וּבְדִבְרֵי קָדְשְׁךָ כָּתוּב לֵאמֹר:

קהל וחזן ביחד–יִמְלֹךְ יהוה לְעוֹלָם, אֱלֹהַיִךְ צִיּוֹן לְדֹר וָדֹר, הַלְלוּיָהּ.[3]

החזן אומר „אַתָּה קָדוֹשׁ . . ." [או „לְדוֹר וָדוֹר . . ."] (למעלה).

(1) ישעיה ו:ג (2) יחזקאל ג:יב (3) תהלים קמו:י

תשובה

**הֲשִׁיבֵנוּ** אָבִינוּ לְתוֹרָתֶךָ, וְקָרְבֵנוּ מַלְכֵּנוּ לַעֲבוֹדָתֶךָ, וְהַחֲזִירֵנוּ בִּתְשׁוּבָה שְׁלֵמָה לְפָנֶיךָ. בָּרוּךְ אַתָּה יהוה, הָרוֹצֶה בִּתְשׁוּבָה.

סליחה

מכים על החזה באגרוף הימני כשאומרים המילים ,,חָטָאנוּ'' ו,,פָשָׁעְנוּ''.

**סְלַח** לָנוּ אָבִינוּ כִּי חָטָאנוּ, מְחַל לָנוּ מַלְכֵּנוּ כִּי פָשָׁעְנוּ, כִּי אֵל טוֹב וְסַלָּח אָתָּה. בָּרוּךְ אַתָּה יהוה, חַנּוּן הַמַּרְבֶּה לִסְלוֹחַ.

גאולה

**רְאֵה** נָא בְעָנְיֵנוּ, וְרִיבָה רִיבֵנוּ, וּגְאָלֵנוּ¹ גְּאֻלָּה שְׁלֵמָה מְהֵרָה לְמַעַן שְׁמֶךָ, כִּי אֵל גּוֹאֵל חָזָק אָתָּה. בָּרוּךְ אַתָּה יהוה, גּוֹאֵל יִשְׂרָאֵל.

בתעניות אומר החזן כאן ,,עֲנֵנוּ'' בחזרתו. [אם שכח החזן לומר ,,עֲנֵנוּ'' ונזכר אחר שאמר ,,בָּרוּךְ אַתָּה ה''' של ברכת ,,רְפָאֵנוּ'', אומר אותו ב,,שׁוֹמֵעַ תְּפִלָּה'' בלי חתימה (עמ' 50).]

**עֲנֵנוּ** יהוה עֲנֵנוּ, בְּיוֹם צוֹם תַּעֲנִיתֵנוּ, כִּי בְצָרָה גְדוֹלָה אֲנָחְנוּ. אַל תֵּפֶן אֶל רִשְׁעֵנוּ, וְאַל תַּסְתֵּר פָּנֶיךָ מִמֶּנּוּ, וְאַל תִּתְעַלַּם מִתְּחִנָּתֵנוּ. הֱיֵה נָא קָרוֹב לְשַׁוְעָתֵנוּ, יְהִי נָא חַסְדְּךָ לְנַחֲמֵנוּ, טֶרֶם נִקְרָא אֵלֶיךָ עֲנֵנוּ, כַּדָּבָר שֶׁנֶּאֱמַר: וְהָיָה טֶרֶם יִקְרָאוּ וַאֲנִי אֶעֱנֶה, עוֹד הֵם מְדַבְּרִים וַאֲנִי אֶשְׁמָע.² כִּי אַתָּה יהוה הָעוֹנֶה בְּעֵת צָרָה, פּוֹדֶה וּמַצִּיל בְּכָל עֵת צָרָה וְצוּקָה. בָּרוּךְ אַתָּה יהוה, הָעוֹנֶה לְעַמּוֹ יִשְׂרָאֵל בְּעֵת צָרָה.

רפואה

בקצת קהילות אומרים הנוסח הקצר שבימין הקו, ובקצתם אומרים הנוסח הארוך שבשמאל הקו.

**רְפָאֵנוּ** יהוה וְנֵרָפֵא, הוֹשִׁיעֵנוּ וְנִוָּשֵׁעָה, כִּי תְהִלָּתֵנוּ אָתָּה,³ וְהַעֲלֵה

| רְפוּאָה שְׁלֵמָה | אֲרוּכָה וּמַרְפֵּא לְכָל תַּחֲלוּאֵינוּ |
| לְכָל מַכּוֹתֵינוּ, | וּלְכָל מַכְאוֹבֵינוּ וּלְכָל מַכּוֹתֵינוּ, |

---

(1) ע''פ תהלים קיט:קנג-קנד (2) ישעיה סה:כד (3) ע''פ ירמיה יז:יד

°°כִּי אֵל מֶלֶךְ רוֹפֵא נֶאֱמָן וְרַחֲמָן אָתָּה. בָּרוּךְ אַתָּה יהוה, רוֹפֵא חוֹלֵי עַמּוֹ יִשְׂרָאֵל.

ברכת השנים

בחוץ לארץ מתחילים לומר „וְתֵן טַל וּמָטָר לִבְרָכָה" בתפילת ערבית של דצמבר 4 למספרם (או דצמבר 5 כשיש יום נוסף בחודש פברואר הבא לפי חשבונם) ובארץ ישראל מתחילים במעריב של ז' חשון. ואומרים אותו בכל מקום עד הפסח. בשאר ימות השנה אומרים רק „וְתֵן בְּרָכָה". [אם טעה, עיין הלכות בסוף הסידור סע' צב-ק.]

**בָּרֵךְ** עָלֵינוּ יהוה אֱלֹהֵינוּ אֶת הַשָּׁנָה הַזֹּאת וְאֶת כָּל מִינֵי תְבוּאָתָהּ לְטוֹבָה,
בקיץ: וְתֵן בְּרָכָה
בחורף: וְתֵן טַל וּמָטָר לִבְרָכָה
עַל פְּנֵי הָאֲדָמָה, וְשַׂבְּעֵנוּ מִטּוּבָהּ, וּבָרֵךְ שְׁנָתֵנוּ כַּשָּׁנִים הַטּוֹבוֹת לִבְרָכָה, כִּי אֵל טוֹב וּמֵטִיב אָתָּה, וּמְבָרֵךְ הַשָּׁנִים. בָּרוּךְ אַתָּה יהוה, מְבָרֵךְ הַשָּׁנִים.

בקצת קהילות אומרים „בָּרְכֵנוּ" בקיץ.

**בָּרְכֵנוּ**, יהוה אֱלֹהֵינוּ, בְּכָל מַעֲשֵׂה יָדֵינוּ, וּבָרֵךְ שְׁנָתֵנוּ בְּטַלְלֵי רָצוֹן בְּרָכָה וּנְדָבָה. וּתְהִי אַחֲרִיתָהּ חַיִּים וְשָׂבָע וְשָׁלוֹם, כַּשָּׁנִים הַטּוֹבוֹת לִבְרָכָה. כִּי אֵל טוֹב וּמֵטִיב אָתָּה וּמְבָרֵךְ הַשָּׁנִים. בָּרוּךְ אַתָּה יהוה, מְבָרֵךְ הַשָּׁנִים.

קיבוץ גליות

**תְּקַע** בְּשׁוֹפָר גָּדוֹל לְחֵרוּתֵנוּ,[1] וְשָׂא נֵס לְקַבֵּץ גָּלֻיּוֹתֵינוּ, וְקַבְּצֵנוּ יַחַד מְהֵרָה מֵאַרְבַּע כַּנְפוֹת הָאָרֶץ לְאַרְצֵנוּ.[2] בָּרוּךְ אַתָּה יהוה, מְקַבֵּץ נִדְחֵי עַמּוֹ יִשְׂרָאֵל.

°°כאן אפשר להוסיף תפילה על חולה:

יְהִי רָצוֹן מִלְּפָנֶיךָ, יהוה אֱלֹהַי וֵאלֹהֵי אֲבוֹתַי, שֶׁתִּשְׁלַח מְהֵרָה רְפוּאָה שְׁלֵמָה מִן הַשָּׁמַיִם, רְפוּאַת הַנֶּפֶשׁ וּרְפוּאַת הַגּוּף
לזכר – לַחוֹלֶה (שם החולה) בֶּן (שם אמו) בְּתוֹךְ שְׁאָר חוֹלֵי יִשְׂרָאֵל.
לנקבה – לַחוֹלָה (שם החולה) בַּת (שם אמה) בְּתוֹךְ שְׁאָר חוֹלֵי יִשְׂרָאֵל.
ומסיים „כִּי אֵ-ל . . ."

(1) ע"פ ישעיה כז:יג (2) ע"פ יא:יב

דין

**הָשִֽׁיבָה** שׁוֹפְּטֵֽינוּ כְּבָרִאשׁוֹנָה, וְיוֹעֲצֵֽינוּ כְּבַתְּחִלָּה,¹ וְהָסֵר מִמֶּֽנּוּ יָגוֹן וַאֲנָחָה, וּמְלוֹךְ עָלֵֽינוּ מְהֵרָה אַתָּה יהוה לְבַדְּךָ בְּחֶֽסֶד וּבְרַחֲמִים, וְצַדְּקֵֽנוּ בְּצֶֽדֶק וּבְמִשְׁפָּט. בָּרוּךְ אַתָּה יהוה, °מֶֽלֶךְ אוֹהֵב צְדָקָה וּמִשְׁפָּט.

°בעשי"ת מסיים – **הַמֶּֽלֶךְ הַמִּשְׁפָּט.** [ואם שכח אינו חוזר; עיין הלכות בסוף הסידור סע' עח.]

ברכת המינים

**וְלַמַּלְשִׁינִים** אַל תְּהִי תִקְוָה, וְכָל הַמִּינִים כְּרֶֽגַע יֹאבֵֽדוּ, וְכָל אוֹיְבֵי עַמְּךָ מְהֵרָה יִכָּרֵֽתוּ, וְהַזֵּדִים מְהֵרָה תְעַקֵּר וּתְשַׁבֵּר וּתְמַגֵּר וּתְכַלֵּם וְתַשְׁפִּילֵם וְתַכְנִיעֵם בִּמְהֵרָה בְיָמֵֽינוּ. בָּרוּךְ אַתָּה יהוה, שׁוֹבֵר אֹיְבִים וּמַכְנִֽיעַ זֵדִים.

צדיקים

**עַל הַצַּדִּיקִים** וְעַל הַחֲסִידִים, וְעַל זִקְנֵי שְׁאֵרִית עַמְּךָ בֵּית יִשְׂרָאֵל, וְעַל פְּלֵיטַת בֵּית סוֹפְרֵיהֶם, וְעַל גֵּרֵי הַצֶּֽדֶק וְעָלֵֽינוּ, יֶהֱמוּ נָא רַחֲמֶֽיךָ יהוה אֱלֹהֵֽינוּ. וְתֵן שָׂכָר טוֹב לְכָל הַבּוֹטְחִים בְּשִׁמְךָ בֶּאֱמֶת, וְשִׂים חֶלְקֵֽנוּ עִמָּהֶם, וּלְעוֹלָם לֹא נֵבוֹשׁ כִּי בְךָ בָּטָֽחְנוּ,² וְעַל חַסְדְּךָ הַגָּדוֹל בֶּאֱמֶת (וּבְתָמִים) נִשְׁעָֽנְנוּ. בָּרוּךְ אַתָּה יהוה, מִשְׁעָן וּמִבְטָח לַצַּדִּיקִים.

בנין ירושלים

**וְלִירוּשָׁלַֽיִם** עִירְךָ בְּרַחֲמִים תָּשׁוּב, וְתִשְׁכּוֹן בְּתוֹכָהּ כַּאֲשֶׁר דִּבַּֽרְתָּ, וּבְנֵה אוֹתָהּ בְּקָרוֹב בְּיָמֵֽינוּ בִּנְיַן עוֹלָם, וְכִסֵּא דָוִד עַבְדְּךָ מְהֵרָה לְתוֹכָהּ תָּכִין. בָּרוּךְ אַתָּה יהוה, בּוֹנֵה יְרוּשָׁלָֽיִם.

(1) ע"פ ישעיה א:כו (2) ע"פ תהלים כה:ב; עא:א

מלכות בית דוד

**אֶת צֶמַח** דָּוִד עַבְדְּךָ מְהֵרָה תַצְמִיחַ, וְקַרְנוֹ תָּרוּם בִּישׁוּעָתֶךָ, כִּי לִישׁוּעָתְךָ קִוִּינוּ כָּל הַיּוֹם (וּמְצַפִּים לִישׁוּעָה). בָּרוּךְ אַתָּה יהוה, מַצְמִיחַ קֶרֶן יְשׁוּעָה.

קבלת תפלה

**אָב הָרַחֲמָן,** שְׁמַע קוֹלֵנוּ, יהוה אֱלֹהֵינוּ, חוּס וְרַחֵם עָלֵינוּ, וְקַבֵּל בְּרַחֲמִים וּבְרָצוֹן אֶת תְּפִלָּתֵנוּ, כִּי אֵל שׁוֹמֵעַ תְּפִלּוֹת וְתַחֲנוּנִים אָתָּה. וּמִלְּפָנֶיךָ מַלְכֵּנוּ, רֵיקָם אַל תְּשִׁיבֵנוּ. חָנֵּנוּ וַעֲנֵנוּ וּשְׁמַע תְּפִלָּתֵנוּ, °° כִּי אַתָּה שׁוֹמֵעַ תְּפִלַּת כָּל פֶּה עַמְּךָ יִשְׂרָאֵל בְּרַחֲמִים. בָּרוּךְ אַתָּה יהוה, שׁוֹמֵעַ תְּפִלָּה.

עבודה

**רְצֵה** יהוה אֱלֹהֵינוּ בְּעַמְּךָ יִשְׂרָאֵל וְלִתְפִלָּתָם שְׁעֵה, וְהָשֵׁב אֶת הָעֲבוֹדָה לִדְבִיר בֵּיתֶךָ. וְאִשֵּׁי יִשְׂרָאֵל וּתְפִלָּתָם מְהֵרָה בְּאַהֲבָה תְקַבֵּל בְּרָצוֹן, וּתְהִי לְרָצוֹן תָּמִיד עֲבוֹדַת יִשְׂרָאֵל עַמֶּךָ.

°° אם ביום תענית שכח החזן לומר ברכת „עֲנֵנוּ" במקום הראוי (עמ' 47), יוסיפנה כאן וישמיט החתימה „בָּרוּךְ . . . בְּעֵת צָרָה."

°° יש מוסיפים כאן אחת מתפילות אלו או שתיהן (חיי אדם):

על כפרת העוונות:

**אָנָּא** יהוה, חָטָאתִי עָוִיתִי וּפָשַׁעְתִּי לְפָנֶיךָ, מִיּוֹם הֱיוֹתִי עַל הָאֲדָמָה עַד הַיּוֹם הַזֶּה (וּבִפְרַט בְּחֵטְא .......). אָנָּא יהוה, עֲשֵׂה לְמַעַן שִׁמְךָ הַגָּדוֹל, וּתְכַפֶּר לִי עַל עֲוֹנַי וַחֲטָאַי וּפְשָׁעַי שֶׁחָטָאתִי וְשֶׁעָוִיתִי וְשֶׁפָּשַׁעְתִּי לְפָנֶיךָ, מִנְּעוּרַי עַד הַיּוֹם הַזֶּה. וּתְמַלֵּא כָּל הַשֵּׁמוֹת שֶׁפָּגַמְתִּי בְּשִׁמְךָ הַגָּדוֹל.

על פרנסה:

**אַתָּה** הוּא יהוה הָאֱלֹהִים, הַזָּן וּמְפַרְנֵס וּמְכַלְכֵּל מִקַּרְנֵי רְאֵמִים עַד בֵּיצֵי כִנִּים. הַטְרִיפֵנִי לֶחֶם חֻקִּי,[1] וְהַמְצֵא לִי וּלְכָל בְּנֵי בֵיתִי מְזוֹנוֹתַי קוֹדֶם שֶׁאֶצְטָרֵךְ לָהֶם, בְּנַחַת וְלֹא בְצַעַר, בְּהֶתֵּר וְלֹא בְאִסּוּר, בְּכָבוֹד וְלֹא בְבִזָּיוֹן, לְחַיִּים וּלְשָׁלוֹם, מִשֶּׁפַע בְּרָכָה וְהַצְלָחָה, וּמִשֶּׁפַע בְּרֵכָה עֶלְיוֹנָה, כְּדֵי שֶׁאוּכַל לַעֲשׂוֹת רְצוֹנֶךָ וְלַעֲסוֹק בְּתוֹרָתֶךָ וּלְקַיֵּם מִצְוֹתֶיךָ. וְאַל תַּצְרִיכֵנִי לִידֵי מַתְּנַת בָּשָׂר וָדָם. וִיקֻיַּם בִּי מִקְרָא שֶׁכָּתוּב: פּוֹתֵחַ אֶת יָדֶךָ, וּמַשְׂבִּיעַ לְכָל חַי רָצוֹן.[2] וְכָתוּב: הַשְׁלֵךְ עַל יהוה יְהָבְךָ וְהוּא יְכַלְכְּלֶךָ.[3]

ומסיים – „כִּי אַתָּה . . ."

(1) משלי ל:ח (2) תהלים קמה:טז (3) נה:כג

בראש חודש ובחול המועד מוסיפים [אם שכח לומר „יעלה ויבא" עיין הלכות בסוף הסידור סע' קה-קז]:

**אֱלֹהֵינוּ** וֵאלֹהֵי אֲבוֹתֵינוּ, יַעֲלֶה, וְיָבֹא, וְיַגִּיעַ, וְיֵרָאֶה, וְיֵרָצֶה, וְיִשָּׁמַע, וְיִפָּקֵד, וְיִזָּכֵר זִכְרוֹנֵנוּ וּפִקְדוֹנֵנוּ, וְזִכְרוֹן אֲבוֹתֵינוּ, וְזִכְרוֹן מָשִׁיחַ בֶּן דָּוִד עַבְדֶּךָ, וְזִכְרוֹן יְרוּשָׁלַיִם עִיר קָדְשֶׁךָ, וְזִכְרוֹן כָּל עַמְּךָ בֵּית יִשְׂרָאֵל לְפָנֶיךָ, לִפְלֵיטָה לְטוֹבָה, לְחֵן וּלְחֶסֶד וּלְרַחֲמִים, לְחַיִּים (טוֹבִים) וּלְשָׁלוֹם, בְּיוֹם

| בראש חודש | בחוה"מ פסח | בחוה"מ סוכות |
|---|---|---|
| רֹאשׁ הַחֹדֶשׁ | חַג הַמַּצּוֹת | חַג הַסֻּכּוֹת |

הַזֶּה. זָכְרֵנוּ יהוה אֱלֹהֵינוּ בּוֹ לְטוֹבָה, וּפָקְדֵנוּ בוֹ לִבְרָכָה, וְהוֹשִׁיעֵנוּ בוֹ לְחַיִּים טוֹבִים. וּבִדְבַר יְשׁוּעָה וְרַחֲמִים, חוּס וְחָנֵּנוּ וְרַחֵם עָלֵינוּ וְהוֹשִׁיעֵנוּ, כִּי אֵלֶיךָ עֵינֵינוּ, כִּי אֵל מֶלֶךְ חַנּוּן וְרַחוּם אָתָּה.[1]

**וְתֶחֱזֶינָה** עֵינֵינוּ בְּשׁוּבְךָ לְצִיּוֹן בְּרַחֲמִים. בָּרוּךְ אַתָּה יהוה, הַמַּחֲזִיר שְׁכִינָתוֹ לְצִיּוֹן.

הודאה

בחזרת הש"ץ אומר החזן „מודים" בקול רם (ראה או"ח סי' קכד מ"ב ס"ק מא), והקהל אומרים „מודים דרבנן" בלחש (ירושלמי ברכות פרק א). כשאומר „מודים" יכוף ראשו וגופו כאגמון, וכשזוקף יזקוף בנחת, ראשו תחלה (דה"ח).

**מוֹדִים** אֲנַחְנוּ לָךְ, שָׁאַתָּה הוּא יהוה אֱלֹהֵינוּ וֵאלֹהֵי אֲבוֹתֵינוּ לְעוֹלָם וָעֶד. צוּרֵנוּ, צוּר חַיֵּינוּ, מָגֵן יִשְׁעֵנוּ, אַתָּה הוּא לְדוֹר וָדוֹר. נוֹדֶה לְּךָ וּנְסַפֵּר תְּהִלָּתֶךָ,[2] עַל חַיֵּינוּ הַמְּסוּרִים בְּיָדֶךָ, וְעַל נִשְׁמוֹתֵינוּ הַפְּקוּדוֹת לָךְ, וְעַל נִסֶּיךָ שֶׁבְּכָל יוֹם עִמָּנוּ, וְעַל נִפְלְאוֹתֶיךָ וְטוֹבוֹתֶיךָ שֶׁבְּכָל עֵת, עֶרֶב וָבֹקֶר וְצָהֳרָיִם. הַטּוֹב כִּי לֹא כָלוּ רַחֲמֶיךָ, וְהַמְּרַחֵם כִּי לֹא תַמּוּ חֲסָדֶיךָ,[3] כִּי מֵעוֹלָם קִוִּינוּ לָךְ.

מודים דרבנן

**מוֹדִים** אֲנַחְנוּ לָךְ, שָׁאַתָּה הוּא יהוה אֱלֹהֵינוּ וֵאלֹהֵי אֲבוֹתֵינוּ, אֱלֹהֵי כָל בָּשָׂר, יוֹצְרֵנוּ, יוֹצֵר בְּרֵאשִׁית. בְּרָכוֹת וְהוֹדָאוֹת לְשִׁמְךָ הַגָּדוֹל וְהַקָּדוֹשׁ, עַל שֶׁהֶחֱיִיתָנוּ וְקִיַּמְתָּנוּ. כֵּן תְּחַיֵּנוּ וּתְקַיְּמֵנוּ, וְתֶאֱסוֹף גָּלֻיּוֹתֵינוּ לְחַצְרוֹת קָדְשֶׁךָ, לִשְׁמוֹר חֻקֶּיךָ וְלַעֲשׂוֹת רְצוֹנֶךָ, וּלְעָבְדְּךָ בְּלֵבָב שָׁלֵם, עַל שֶׁאֲנַחְנוּ[4] מוֹדִים לָךְ. בָּרוּךְ אֵל הַהוֹדָאוֹת.

(1) ע"פ נחמיה ט:לא (2) ע"פ תהלים עט:יג (3) ע"פ איכה ג:כב (4) נ"א שֶׁאָנוּ

בחנוכה ופורים מוסיפים [ואם שכח אינו חוזר; עיין הלכות בסוף הסידור סע' קח]:

**וְעַל הַנִּסִּים,** וְעַל הַפֻּרְקָן, וְעַל הַגְּבוּרוֹת, וְעַל הַתְּשׁוּעוֹת, וְעַל הַנִּפְלָאוֹת, וְעַל הַנֶּחָמוֹת, וְעַל הַמִּלְחָמוֹת, שֶׁעָשִׂיתָ לַאֲבוֹתֵינוּ בַּיָּמִים הָהֵם בַּזְּמַן הַזֶּה.

בחנוכה:

**בִּימֵי** מַתִּתְיָהוּ בֶּן יוֹחָנָן כֹּהֵן גָּדוֹל חַשְׁמוֹנָאִי וּבָנָיו, כְּשֶׁעָמְדָה מַלְכוּת יָוָן הָרְשָׁעָה עַל עַמְּךָ יִשְׂרָאֵל, לְהַשְׁכִּיחָם תּוֹרָתֶךָ, וּלְהַעֲבִירָם מֵחֻקֵּי רְצוֹנֶךָ. וְאַתָּה בְּרַחֲמֶיךָ הָרַבִּים, עָמַדְתָּ לָהֶם בְּעֵת צָרָתָם, רַבְתָּ אֶת רִיבָם, דַּנְתָּ אֶת דִּינָם, נָקַמְתָּ אֶת נִקְמָתָם.[1] מָסַרְתָּ גִבּוֹרִים בְּיַד חַלָּשִׁים, וְרַבִּים בְּיַד מְעַטִּים, וּטְמֵאִים בְּיַד טְהוֹרִים, וּרְשָׁעִים בְּיַד צַדִּיקִים, וְזֵדִים בְּיַד עוֹסְקֵי תוֹרָתֶךָ. וּלְךָ עָשִׂיתָ שֵׁם גָּדוֹל וְקָדוֹשׁ בְּעוֹלָמֶךָ, וּלְעַמְּךָ יִשְׂרָאֵל עָשִׂיתָ תְּשׁוּעָה גְדוֹלָה[2] וּפֻרְקָן כְּהַיּוֹם הַזֶּה. וְאַחַר כֵּן בָּאוּ בָנֶיךָ לִדְבִיר בֵּיתֶךָ, וּפִנּוּ אֶת הֵיכָלֶךָ, וְטִהֲרוּ אֶת מִקְדָּשֶׁךָ, וְהִדְלִיקוּ נֵרוֹת בְּחַצְרוֹת קָדְשֶׁךָ, וְקָבְעוּ שְׁמוֹנַת יְמֵי חֲנֻכָּה אֵלּוּ, לְהוֹדוֹת וּלְהַלֵּל לְשִׁמְךָ הַגָּדוֹל.

בפורים:

**בִּימֵי** מָרְדְּכַי וְאֶסְתֵּר בְּשׁוּשַׁן הַבִּירָה, כְּשֶׁעָמַד עֲלֵיהֶם הָמָן הָרָשָׁע, בִּקֵּשׁ לְהַשְׁמִיד לַהֲרֹג וּלְאַבֵּד אֶת כָּל הַיְּהוּדִים, מִנַּעַר וְעַד זָקֵן, טַף וְנָשִׁים בְּיוֹם אֶחָד, בִּשְׁלוֹשָׁה עָשָׂר לְחֹדֶשׁ שְׁנֵים עָשָׂר, הוּא חֹדֶשׁ אֲדָר, וּשְׁלָלָם לָבוֹז.[3] וְאַתָּה בְּרַחֲמֶיךָ הָרַבִּים הֵפַרְתָּ אֶת עֲצָתוֹ, וְקִלְקַלְתָּ אֶת מַחֲשַׁבְתּוֹ, וַהֲשֵׁבוֹתָ לּוֹ גְּמוּלוֹ בְּרֹאשׁוֹ, וְתָלוּ אוֹתוֹ וְאֶת בָּנָיו עַל הָעֵץ.

וְעַל כֻּלָּם יִתְבָּרַךְ וְיִתְרוֹמַם וְיִתְנַשֵּׂא שִׁמְךָ מַלְכֵּנוּ תָּמִיד לְעוֹלָם וָעֶד.

בעשרת ימי תשובה מוסיפים [ואם שכח אינו חוזר; עיין הלכות בסוף הסידור סע' עה]:

וּכְתוֹב לְחַיִּים טוֹבִים כָּל בְּנֵי בְרִיתֶךָ.

וְכֹל הַחַיִּים יוֹדוּךָ סֶּלָה, וִיהַלְלוּ וִיבָרְכוּ אֶת שִׁמְךָ הַגָּדוֹל בֶּאֱמֶת, לְעוֹלָם כִּי טוֹב. הָאֵל יְשׁוּעָתֵנוּ וְעֶזְרָתֵנוּ סֶלָה, הָאֵל הַטּוֹב. בָּרוּךְ אַתָּה יהוה, הַטּוֹב שִׁמְךָ וּלְךָ נָאֶה לְהוֹדוֹת.

(1) ע"פ ירמיה נא:לו (2) ע"פ שמואל א יט:ה (3) אסתר ג:יג

ברכת כהנים

[בארץ ישראל יש מקומות שהכהנים נושאים כפים אף בחול.] אין אומרים ברכת כהנים בבית האבל.
כשאומר החזן „יְבָרֶכְךָ ה׳" יהיו פניו לצד ארון הקודש, וכשאומר „וְיִשְׁמְרֶךָ" לצד ימינו.
כשאומר „יָאֵר ה׳" יהיו פניו לצד ארון הקודש, וכשאומר „פָּנָיו אֵלֶיךָ וִיחֻנֶּךָּ" לצד שמאלו
(מ"א סי׳ קכז בשם זהר חדש).

**אֱלֹהֵינוּ** וֵאלֹהֵי אֲבוֹתֵינוּ, בָּרְכֵנוּ בַבְּרָכָה הַמְשֻׁלֶּשֶׁת בַּתּוֹרָה,
הַכְּתוּבָה עַל יְדֵי מֹשֶׁה עַבְדֶּךָ, הָאֲמוּרָה מִפִּי אַהֲרֹן וּבָנָיו,
כֹּהֲנִים עַם קְדוֹשֶׁךָ, כָּאָמוּר:

יְבָרֶכְךָ יהוה, וְיִשְׁמְרֶךָ. (קהל – כֵּן יְהִי רָצוֹן.)
יָאֵר יהוה פָּנָיו אֵלֶיךָ, וִיחֻנֶּךָּ. (קהל – כֵּן יְהִי רָצוֹן.)
יִשָּׂא יהוה פָּנָיו אֵלֶיךָ, וְיָשֵׂם לְךָ שָׁלוֹם.[1] (קהל – כֵּן יְהִי רָצוֹן.)

יש נוהגים לומר „אַדִּיר בַּמָּרוֹם" כשהחזן אומר „שִׂים שָׁלוֹם".

אַדִּיר בַּמָּרוֹם, שׁוֹכֵן בִּגְבוּרָה, אַתָּה שָׁלוֹם וְשִׁמְךָ שָׁלוֹם,
יְהִי רָצוֹן שֶׁתָּשִׂים עָלֵינוּ וְעַל כָּל עַמְּךָ בֵּית יִשְׂרָאֵל
חַיִּים וּבְרָכָה לְמִשְׁמֶרֶת שָׁלוֹם.

שלום

**שִׂים שָׁלוֹם,** טוֹבָה וּבְרָכָה, חַיִּים, חֵן וָחֶסֶד וְרַחֲמִים עָלֵינוּ וְעַל כָּל יִשְׂרָאֵל עַמֶּךָ. בָּרְכֵנוּ אָבִינוּ, כֻּלָּנוּ כְּאֶחָד בְּאוֹר פָּנֶיךָ, כִּי בְאוֹר פָּנֶיךָ נָתַתָּ לָּנוּ, יהוה אֱלֹהֵינוּ, תּוֹרַת חַיִּים וְאַהֲבַת חֶסֶד, וּצְדָקָה, וּבְרָכָה, וְרַחֲמִים, וְחַיִּים, וְשָׁלוֹם. וְטוֹב יִהְיֶה בְעֵינֶיךָ לְבָרְכֵנוּ וּלְבָרֵךְ אֶת כָּל עַמְּךָ יִשְׂרָאֵל בְּכָל עֵת וּבְכָל שָׁעָה בִּשְׁלוֹמֶךָ (בְּרוֹב עוֹז וְשָׁלוֹם).

בעשרת ימי תשובה מוסיפים [ואם שכח אינו חוזר; עיין הלכות בסוף הסידור סע׳ עה]:

בְּסֵפֶר חַיִּים בְּרָכָה וְשָׁלוֹם, וּפַרְנָסָה טוֹבָה, וּגְזֵרוֹת טוֹבוֹת, יְשׁוּעוֹת וְנֶחָמוֹת, נִזָּכֵר וְנִכָּתֵב לְפָנֶיךָ, אֲנַחְנוּ וְכָל עַמְּךָ בֵּית יִשְׂרָאֵל, לְחַיִּים טוֹבִים וּלְשָׁלוֹם.

בָּרוּךְ אַתָּה יהוה, הַמְבָרֵךְ אֶת עַמּוֹ יִשְׂרָאֵל בַּשָּׁלוֹם.

טוב לומר „יִהְיוּ לְרָצוֹן . . ." גם קודם התחנונים [של „אֱלֹקַי, נְצוֹר"] (מ"ב סי׳ קכב ס"ק ג)
[ואז יוכל להפסיק לקדיש וקדושה וכו׳, ראה פרטי ההלכה בעמ׳ 54].

יִהְיוּ לְרָצוֹן אִמְרֵי פִי וְהֶגְיוֹן לִבִּי לְפָנֶיךָ, יהוה צוּרִי וְגֹאֲלִי.[2]

(1) במדבר ו:כד-כו (2) תהלים יט:טו

**אֱלֹהַי,** נְצוֹר לְשׁוֹנִי מֵרָע, וּשְׂפָתַי מִדַּבֵּר מִרְמָה,[1] וְלִמְקַלְלַי נַפְשִׁי תִדּוֹם, וְנַפְשִׁי כֶּעָפָר לַכֹּל תִּהְיֶה. פְּתַח לִבִּי בְּתוֹרָתֶךָ, וְאַחֲרֵי מִצְוֹתֶיךָ תִּרְדּוֹף נַפְשִׁי. וְכָל הַקָּמִים וְהַחוֹשְׁבִים עָלַי לְרָעָה, מְהֵרָה הָפֵר עֲצָתָם וְקַלְקֵל מַחֲשַׁבְתָּם.[2] יְהִי רָצוֹן מִלְּפָנֶיךָ יהוה אֱלֹהַי וֵאלֹהֵי אֲבוֹתַי, שֶׁלֹּא תַעֲלֶה קִנְאַת אָדָם עָלַי, וְלֹא קִנְאָתִי עַל אֲחֵרִים, וְשֶׁלֹּא אֶכְעֹס הַיּוֹם, וְשֶׁלֹּא אַכְעִיסֶךָ, וְתַצִּילֵנִי מִיֵּצֶר הָרָע, וְתֵן בְּלִבִּי הַכְנָעָה וַעֲנָוָה. מַלְכֵּנוּ וֵאלֹהֵינוּ, יַחֵד שִׁמְךָ בְּעוֹלָמֶךָ, בְּנֵה עִירָךְ, יַסֵּד בֵּיתֶךָ, וְשַׁכְלֵל הֵיכָלֶךָ, וְקַבֵּץ קִבּוּץ גָּלֻיּוֹת, וּפְדֵה צֹאנֶךָ, וְשַׂמַּח עֲדָתֶךָ. עֲשֵׂה לְמַעַן שְׁמֶךָ, עֲשֵׂה לְמַעַן יְמִינֶךָ, עֲשֵׂה לְמַעַן תּוֹרָתֶךָ, עֲשֵׂה לְמַעַן קְדֻשָּׁתֶךָ. לְמַעַן יֵחָלְצוּן יְדִידֶיךָ, הוֹשִׁיעָה יְמִינְךָ וַעֲנֵנִי.[3] (כתב בס' אליה רבה שנכון לומר כאן פסוק ששייך אל שמו; ראה עמ' 443.) יִהְיוּ לְרָצוֹן אִמְרֵי פִי וְהֶגְיוֹן לִבִּי לְפָנֶיךָ, יהוה צוּרִי וְגֹאֲלִי.[4] עֹשֶׂה °שָׁלוֹם (°יש אומרים בעשרת ימי תשובה – הַשָּׁלוֹם) בִּמְרוֹמָיו, הוּא יַעֲשֶׂה שָׁלוֹם עָלֵינוּ, וְעַל כָּל יִשְׂרָאֵל. וְאִמְרוּ: אָמֵן.

כשמגיע ל„עֹשֶׂה שָׁלוֹם" כורע ופוסע ג' פסיעות לאחוריו, ובעודו כורע הופך פניו לצד שמאלו ואומר „עֹשֶׂה . . .", והופך פניו לצד ימינו ואומר „הוּא . . .", ומשתחוה לפניו כעבד הנפטר מרבו ואומר „וְעַל כָּל . . .". ויהיו רגליו מכוונות זו אצל זו כמו שעומד בתפלה, מפני שמשתחוה מול השכינה. כשפוסע עוקר רגל שמאל תחילה. ושיעור פסיעות אלו לכל הפחות כדי ליתן גודל בצד עקב (או"ח סי' קכג ס"א עם נו"כ).

**יְהִי רָצוֹן** מִלְּפָנֶיךָ, יהוה אֱלֹהֵינוּ וֵאלֹהֵי אֲבוֹתֵינוּ, שֶׁיִּבָּנֶה בֵּית הַמִּקְדָּשׁ בִּמְהֵרָה בְיָמֵינוּ, וְתֵן חֶלְקֵנוּ בְּתוֹרָתֶךָ. וְשָׁם נַעֲבָדְךָ בְּיִרְאָה, כִּימֵי עוֹלָם וּכְשָׁנִים קַדְמוֹנִיּוֹת. וְעָרְבָה לַיהוה מִנְחַת יְהוּדָה וִירוּשָׁלָיִם, כִּימֵי עוֹלָם וּכְשָׁנִים קַדְמוֹנִיּוֹת.[5]

היחיד עומד במקום שכלו ג' הפסיעות עד שיגיע החזן לקדושה או לפחות עד שמתחיל חזרת הש"ץ, ואז פוסע ג' פסיעות לפניו וחוזר למקומו. החזן או מי שמתפלל ביחידות, יעמוד במקום שכלו הפסיעות כדי הילוך ד' אמות.

---

(1) ע"פ תהלים לד:יד (2) ע"פ תפלת מר בריה דרבינא, ברכות יז. (3) תהלים ס:ז; קח:ז (4) יט:טו (5) מלאכי ג:ד

**הפסקות בשעת „אֱלֹקַי, נְצוֹר"**

מותר להפסיק רק לדברים שמפסיקים להם בברכות קריאת שמע, דהיינו: הפסוקים „קָדוֹשׁ. . ." ו„בָּרוּךְ. . ." של קדושה, „בָּרְכוּ", „אָמֵן יְהֵא שְׁמֵהּ רַבָּא," „אָמֵן" של „דַּאֲמִירָן בְּעָלְמָא", אמנים של „הָאֵ-ל הַקָּדוֹשׁ" ו„שׁוֹמֵעַ תְּפִלָּה", והמלים „מוֹדִים אֲנַחְנוּ לָךְ" של מודים דרבנן. ע"כ, כדי שלא יצטרך להפסיק באמצע, אם התחיל החזן חזרת הש"ץ יקצר בתפילת „אֱלֹקַי נְצוֹר", דהיינו שיאמר פסוק „יִהְיוּ לְרָצוֹן" השני ויפסע לאחוריו. נחלקו הפוסקים אם מותר להפסיק לקדושה וכו' לפני שאמר פסוק „יִהְיוּ לְרָצוֹן" הראשון, ע"כ אם אפשר ימהר לאומרו לפני שמפסיק (או"ח סי' קכב ס"א עם נו"כ).

בתעניות צבור (חוץ מתשעה באב) אומרים סליחות (עמ' 416) לפני תחנון או תיכף אחרי נפילת אפים.
בראש חודש, חנוכה, וחול המועד קוראים ההלל (עמ' 298).
בשאר ימים שאין אומרים בהם תחנון (ראה למטה), אומר החזן חצי קדיש (עמ' 63).

## תחנון

אומרים הוידוי (עד „וַיֹּאמֶר דָּוִד") מעומד.

וידוי

**אֱלֹהֵינוּ** וֵאלֹהֵי אֲבוֹתֵינוּ, תָּבֹא לְפָנֶיךָ תְּפִלָּתֵנוּ,[1] וְאַל תִּתְעַלַּם מִתְּחִנָּתֵנוּ,[2] שֶׁאֵין אֲנוּ עַזֵּי פָנִים וּקְשֵׁי עֹרֶף, לוֹמַר לְפָנֶיךָ יהוה אֱלֹהֵינוּ וֵאלֹהֵי אֲבוֹתֵינוּ, צַדִּיקִים אֲנַחְנוּ וְלֹא חָטָאנוּ, אֲבָל אֲנַחְנוּ וַאֲבוֹתֵינוּ חָטָאנוּ.[3]

מכה על החזה באגרוף הימיני בכל מלה מהוידוי.

**אָשַׁמְנוּ,** בָּגַדְנוּ, גָּזַלְנוּ, דִּבַּרְנוּ דֹפִי. הֶעֱוִינוּ, וְהִרְשַׁעְנוּ, זַדְנוּ, חָמַסְנוּ, טָפַלְנוּ שֶׁקֶר. יָעַצְנוּ רָע, כִּזַּבְנוּ, לַצְנוּ, מָרַדְנוּ, נִאַצְנוּ, סָרַרְנוּ, עָוִינוּ, פָּשַׁעְנוּ, צָרַרְנוּ, קִשִּׁינוּ עֹרֶף. רָשַׁעְנוּ, שִׁחַתְנוּ, תִּעַבְנוּ, תָּעִינוּ, תִּעְתָּעְנוּ.

**סַרְנוּ** מִמִּצְוֹתֶיךָ וּמִמִּשְׁפָּטֶיךָ הַטּוֹבִים, וְלֹא שָׁוָה לָנוּ.[4] וְאַתָּה צַדִּיק עַל כָּל הַבָּא עָלֵינוּ, כִּי אֱמֶת עָשִׂיתָ וַאֲנַחְנוּ הִרְשָׁעְנוּ.[5]

**אֵל** אֶרֶךְ אַפַּיִם אַתָּה, וּבַעַל הָרַחֲמִים נִקְרֵאתָ, וְדֶרֶךְ תְּשׁוּבָה הוֹרֵיתָ. גְּדֻלַּת רַחֲמֶיךָ וַחֲסָדֶיךָ, תִּזְכּוֹר הַיּוֹם וּבְכָל יוֹם לְזֶרַע יְדִידֶיךָ. תֵּפֶן אֵלֵינוּ בְּרַחֲמִים, כִּי אַתָּה הוּא

(1) ע"פ תהלים פח:ג (2) ע"פ נה:ב (3) ע"פ קו:ו (4) ע"פ איוב לג:כז (5) נחמיה ט:לג

**הימים והמאורעות שאין אומרים בהם תחנון, והמתפלל יחידי**

אין אומרים תחנון:

בְּעַל הָרַחֲמִים. בְּתַחֲנוּן וּבִתְפִלָּה פָּנֶיךָ נְקַדֵּם, כְּהוֹדַעְתָּ לֶעָנָיו מִקֶּדֶם. מֵחֲרוֹן אַפְּךָ שׁוּב, כְּמוֹ בְּתוֹרָתְךָ כָּתוּב. וּבְצֵל כְּנָפֶיךָ נֶחֱסֶה וְנִתְלוֹנָן, כְּיוֹם וַיֵּרֶד יהוה בֶּעָנָן. ❖ תַּעֲבוֹר עַל פֶּשַׁע וְתִמְחֶה אָשָׁם, כְּיוֹם וַיִּתְיַצֵּב עִמּוֹ שָׁם. תַּאֲזִין שַׁוְעָתֵנוּ וְתַקְשִׁיב מֶנּוּ מַאֲמַר, כְּיוֹם וַיִּקְרָא בְשֵׁם יהוה,[1] וְשָׁם נֶאֱמַר:

וַיַּעֲבֹר יהוה עַל פָּנָיו וַיִּקְרָא:

**יהוה,** יהוה, אֵל, רַחוּם, וְחַנּוּן, אֶרֶךְ אַפַּיִם, וְרַב חֶסֶד, וֶאֱמֶת, נֹצֵר חֶסֶד לָאֲלָפִים, נֹשֵׂא עָוֹן, וָפֶשַׁע, וְחַטָּאָה, וְנַקֵּה.[2] וְסָלַחְתָּ לַעֲוֹנֵנוּ וּלְחַטָּאתֵנוּ וּנְחַלְתָּנוּ.[3] סְלַח לָנוּ אָבִינוּ כִּי חָטָאנוּ, מְחַל לָנוּ מַלְכֵּנוּ כִּי פָשָׁעְנוּ. כִּי אַתָּה אֲדֹנָי טוֹב וְסַלָּח, וְרַב חֶסֶד לְכָל קֹרְאֶיךָ.[4]

נפילת אפים

צריך להטות ראשו על הזרוע הימנית [כשאין התפילין בזרועו יטה על שמאלו].
לכתחילה צריך לישב בשעת נפילת אפים. במקום שאין ספר תורה אין נופלים.

וַיֹּאמֶר דָּוִד אֶל גָּד, צַר לִי מְאֹד, נִפְּלָה נָּא בְיַד יהוה,
כִּי רַבִּים רַחֲמָיו, וּבְיַד אָדָם אַל אֶפֹּלָה.[5]

**רַחוּם וְחַנּוּן,** חָטָאתִי לְפָנֶיךָ. יהוה מָלֵא רַחֲמִים, רַחֵם עָלַי וְקַבֵּל תַּחֲנוּנָי.

תהלים ו:ב-יא

יהוה, אַל בְּאַפְּךָ תוֹכִיחֵנִי, וְאַל בַּחֲמָתְךָ תְיַסְּרֵנִי. חָנֵּנִי יהוה, כִּי אֻמְלַל אָנִי, רְפָאֵנִי יהוה, כִּי נִבְהֲלוּ עֲצָמָי. וְנַפְשִׁי נִבְהֲלָה מְאֹד, וְאַתָּה יהוה, עַד מָתָי. שׁוּבָה יהוה, חַלְּצָה נַפְשִׁי, הוֹשִׁיעֵנִי לְמַעַן חַסְדֶּךָ. כִּי אֵין בַּמָּוֶת זִכְרֶךָ, בִּשְׁאוֹל מִי יוֹדֶה לָּךְ. יָגַעְתִּי בְּאַנְחָתִי, אַשְׂחֶה בְכָל לַיְלָה מִטָּתִי, בְּדִמְעָתִי עַרְשִׂי אַמְסֶה. עָשְׁשָׁה מִכַּעַס עֵינִי, עָתְקָה בְּכָל צוֹרְרָי. סוּרוּ מִמֶּנִּי כָּל פֹּעֲלֵי אָוֶן, כִּי שָׁמַע יהוה קוֹל בִּכְיִי. שָׁמַע יהוה תְּחִנָּתִי, יהוה תְּפִלָּתִי יִקָּח. יֵבֹשׁוּ וְיִבָּהֲלוּ מְאֹד כָּל אֹיְבָי, יָשֻׁבוּ יֵבֹשׁוּ רָגַע.

בשני וחמישי אומרים כאן „וְהוּא רַחוּם" (עמ' 59) ובשאר הימים אומרים „שׁוֹמֵר יִשְׂרָאֵל" (עמ' 62).

(1) שמות לד:ה (2) לד:ו-ז (3) לד:ט (4) תהלים פו:ה (5) שמואל ב כד:יד

## ﴾ אבינו מלכנו ﴿

בעשרת ימי תשובה אומרים כאן „אָבִינוּ מַלְכֵּנוּ" בין בתפילת שחרית ובין בתפילת מנחה. בערב שבת (מנחה)
ובערב יום כפור (שחרית ומנחה) שאין אומרים תחנון אין אומרים „אָבִינוּ מַלְכֵּנוּ". [אך כשחל יוה"כ בשבת שאז
אומרים „אָבִינוּ מַלְכֵּנוּ" רק בתפילת נעילה, אומרים „אָבִינוּ מַלְכֵּנוּ" בתפילת שחרית של ערב יום הכפורים.]
וכשיש ברית מילה, אף שאין אומרים תחנון – אומרים „אָבִינוּ מַלְכֵּנוּ".

בקצת קהילות אומרים „אָבִינוּ מַלְכֵּנוּ" גם בכל תענית צבור (חוץ מתשעה באב),
אך רוב קהילות מתפללי נוסח ספרד אין אומרים אותו (רק כשגוזרים תענית צבור בעת צרה ר"ל).

ברוב הקהילות נהגו לפתוח ארון הקודש בשעת אמירת „אָבִינוּ מַלְכֵּנוּ",
ויש שאומרים תחינה קצרה, „פְּתַח שַׁעֲרֵי שָׁמַיִם לִתְפִלָּתֵנוּ", כשפותחים הארון.

# אָבִינוּ מַלְכֵּנוּ, חָטָאנוּ לְפָנֶיךָ.

אָבִינוּ מַלְכֵּנוּ, אֵין לָנוּ מֶלֶךְ אֶלָּא אָתָּה.

אָבִינוּ מַלְכֵּנוּ, עֲשֵׂה עִמָּנוּ לְמַעַן שְׁמֶךָ.

אָבִינוּ מַלְכֵּנוּ, (בעשי"ת – חַדֵּשׁ) (בתענית צבור – בָּרֵךְ) עָלֵינוּ שָׁנָה טוֹבָה.

אָבִינוּ מַלְכֵּנוּ, בַּטֵּל מֵעָלֵינוּ כָּל גְּזֵרוֹת קָשׁוֹת.

אָבִינוּ מַלְכֵּנוּ, בַּטֵּל מַחְשְׁבוֹת שׂוֹנְאֵינוּ.

אָבִינוּ מַלְכֵּנוּ, הָפֵר עֲצַת אוֹיְבֵינוּ.

אָבִינוּ מַלְכֵּנוּ, כַּלֵּה כָּל צַר וּמַשְׂטִין מֵעָלֵינוּ.

אָבִינוּ מַלְכֵּנוּ, סְתוֹם פִּיּוֹת מַשְׂטִינֵינוּ וּמְקַטְרִיגֵנוּ.

אָבִינוּ מַלְכֵּנוּ, כַּלֵּה דֶּבֶר וְחֶרֶב וְרָעָב וּשְׁבִי וּמַשְׁחִית וְעָוֹן וּשְׁמַד
מִבְּנֵי בְרִיתֶךָ.

אָבִינוּ מַלְכֵּנוּ, מְנַע מַגֵּפָה מִנַּחֲלָתֶךָ.

אָבִינוּ מַלְכֵּנוּ, סְלַח וּמְחַל לְכָל עֲוֹנוֹתֵינוּ.

אָבִינוּ מַלְכֵּנוּ, מְחֵה וְהַעֲבֵר פְּשָׁעֵינוּ וְחַטֹּאתֵינוּ מִנֶּגֶד עֵינֶיךָ.

אָבִינוּ מַלְכֵּנוּ, מְחוֹק בְּרַחֲמֶיךָ הָרַבִּים כָּל שִׁטְרֵי חוֹבוֹתֵינוּ.

מ„אָבִינוּ מַלְכֵּנוּ הַחֲזִירֵנוּ . . ." עַד „ . . . סְלִיחָה וּמְחִילָה" אומר החזן והקהל עונה אחריו פסוק פסוק.

אָבִינוּ מַלְכֵּנוּ, הַחֲזִירֵנוּ בִּתְשׁוּבָה שְׁלֵמָה לְפָנֶיךָ.

אָבִינוּ מַלְכֵּנוּ, שְׁלַח רְפוּאָה שְׁלֵמָה לְחוֹלֵי עַמֶּךָ.

אָבִינוּ מַלְכֵּנוּ, קְרַע רוֹעַ גְּזַר דִּינֵנוּ.

אָבִינוּ מַלְכֵּנוּ, זָכְרֵנוּ בְּזִכָּרוֹן טוֹב לְפָנֶיךָ.

| לעשרת ימי תשובה: | | לתענית צבור: |
|---|---|---|
| אָבִינוּ מַלְכֵּנוּ, כָּתְבֵנוּ בְּסֵפֶר חַיִּים טוֹבִים. | | אָבִינוּ מַלְכֵּנוּ, זָכְרֵנוּ לְחַיִּים טוֹבִים. |
| אָבִינוּ מַלְכֵּנוּ, כָּתְבֵנוּ בְּסֵפֶר גְּאֻלָּה וִישׁוּעָה. | | אָבִינוּ מַלְכֵּנוּ, זָכְרֵנוּ לִגְאֻלָּה וִישׁוּעָה. |

לעשרת ימי תשובה:

אָבִינוּ מַלְכֵּנוּ, כָּתְבֵנוּ בְּסֵפֶר פַּרְנָסָה וְכַלְכָּלָה.°°

אָבִינוּ מַלְכֵּנוּ, כָּתְבֵנוּ בְּסֵפֶר זְכֻיּוֹת.

אָבִינוּ מַלְכֵּנוּ, כָּתְבֵנוּ בְּסֵפֶר סְלִיחָה וּמְחִילָה.

לתענית צבור:

אָבִינוּ מַלְכֵּנוּ, זָכְרֵנוּ לְפַרְנָסָה וְכַלְכָּלָה.°°

אָבִינוּ מַלְכֵּנוּ, זָכְרֵנוּ לִזְכֻיּוֹת.

אָבִינוּ מַלְכֵּנוּ, זָכְרֵנוּ לִסְלִיחָה וּמְחִילָה.

אָבִינוּ מַלְכֵּנוּ, הַצְמַח לָנוּ יְשׁוּעָה בְּקָרוֹב.
אָבִינוּ מַלְכֵּנוּ, הָרֵם קֶרֶן יִשְׂרָאֵל עַמֶּךָ.
אָבִינוּ מַלְכֵּנוּ, הָרֵם קֶרֶן מְשִׁיחֶךָ.
אָבִינוּ מַלְכֵּנוּ, מַלֵּא יָדֵינוּ מִבִּרְכוֹתֶיךָ.
אָבִינוּ מַלְכֵּנוּ, מַלֵּא אֲסָמֵינוּ שָׂבָע.
אָבִינוּ מַלְכֵּנוּ, שְׁמַע קוֹלֵנוּ, חוּס וְרַחֵם עָלֵינוּ.
אָבִינוּ מַלְכֵּנוּ, קַבֵּל בְּרַחֲמִים וּבְרָצוֹן אֶת תְּפִלָּתֵנוּ.
אָבִינוּ מַלְכֵּנוּ, פְּתַח שַׁעֲרֵי שָׁמַיִם לִתְפִלָּתֵנוּ.
אָבִינוּ מַלְכֵּנוּ, זָכוֹר כִּי עָפָר אֲנָחְנוּ.
אָבִינוּ מַלְכֵּנוּ, נָא אַל תְּשִׁיבֵנוּ רֵיקָם מִלְּפָנֶיךָ.
אָבִינוּ מַלְכֵּנוּ, תְּהֵא הַשָּׁעָה הַזֹּאת שְׁעַת רַחֲמִים
וְעֵת רָצוֹן מִלְּפָנֶיךָ.
אָבִינוּ מַלְכֵּנוּ, חֲמוֹל עָלֵינוּ וְעַל עוֹלָלֵינוּ וְטַפֵּנוּ.
אָבִינוּ מַלְכֵּנוּ, עֲשֵׂה לְמַעַן הֲרוּגִים עַל שֵׁם קָדְשֶׁךָ.
אָבִינוּ מַלְכֵּנוּ, עֲשֵׂה לְמַעַן טְבוּחִים עַל יִחוּדֶךָ.
אָבִינוּ מַלְכֵּנוּ, עֲשֵׂה לְמַעַן בָּאֵי בָאֵשׁ וּבַמַּיִם עַל קִדּוּשׁ שְׁמֶךָ.
אָבִינוּ מַלְכֵּנוּ, נְקוֹם לְעֵינֵינוּ נִקְמַת דַּם עֲבָדֶיךָ הַשָּׁפוּךְ.
אָבִינוּ מַלְכֵּנוּ, עֲשֵׂה לְמַעַנְךָ אִם לֹא לְמַעֲנֵנוּ.
אָבִינוּ מַלְכֵּנוּ, עֲשֵׂה לְמַעַנְךָ וְהוֹשִׁיעֵנוּ.
אָבִינוּ מַלְכֵּנוּ, עֲשֵׂה לְמַעַן רַחֲמֶיךָ הָרַבִּים.
אָבִינוּ מַלְכֵּנוּ, עֲשֵׂה לְמַעַן שִׁמְךָ הַגָּדוֹל הַגִּבּוֹר וְהַנּוֹרָא,
שֶׁנִּקְרָא עָלֵינוּ.
❖ אָבִינוּ מַלְכֵּנוּ, חָנֵּנוּ וַעֲנֵנוּ, כִּי אֵין בָּנוּ מַעֲשִׂים,
עֲשֵׂה עִמָּנוּ צְדָקָה וָחֶסֶד וְהוֹשִׁיעֵנוּ.

---

לא יבטא השם (המוקף בסוגריים) בשפתים רק יכוון עליו.

°°יְהִי רָצוֹן מִלְּפָנֶיךָ, יהוה אֱלֹהֵינוּ וֵאלֹהֵי אֲבוֹתֵינוּ, שֶׁתִּתֵּן לִי, וְלִבְנֵי בֵיתִי, וּלְכָל הַסְּמוּכִים עַל שׁוּלְחָנִי, הַיּוֹם וּבְכָל יוֹם, מְזוֹנוֹתַי בְּכָבוֹד, בִּזְכוּת שִׁמְךָ הַגָּדוֹל [**דִּיקָרְנוּסָא**] הַמְּמוּנֶּה עַל הַפַּרְנָסָה.

## ת חנון לשני וחמישי

יש לעמוד באמירת „וְהוּא רַחוּם . . .” וי”א שאם לא עמד נקרא פורץ גדר (עי' או”ח סי' קלד ובמ”ב שם).

**וְהוּא רַחוּם** יְכַפֵּר עָוֹן וְלֹא יַשְׁחִית, וְהִרְבָּה לְהָשִׁיב אַפּוֹ וְלֹא יָעִיר כָּל חֲמָתוֹ.[1] אַתָּה יהוה, לֹא תִכְלָא רַחֲמֶיךָ מִמֶּנּוּ, חַסְדְּךָ וַאֲמִתְּךָ תָּמִיד יִצְּרוּנוּ.[2] הוֹשִׁיעֵנוּ יהוה אֱלֹהֵינוּ וְקַבְּצֵנוּ מִן הַגּוֹיִם, לְהוֹדוֹת לְשֵׁם קָדְשֶׁךָ, לְהִשְׁתַּבֵּחַ בִּתְהִלָּתֶךָ.[3] אִם עֲוֹנוֹת תִּשְׁמָר יָהּ, אֲדֹנָי מִי יַעֲמֹד. כִּי עִמְּךָ הַסְּלִיחָה, לְמַעַן תִּוָּרֵא.[4] לֹא כַחֲטָאֵינוּ תַּעֲשֶׂה לָּנוּ, וְלֹא כַעֲוֹנוֹתֵינוּ תִּגְמֹל עָלֵינוּ.[5] אִם עֲוֹנֵינוּ עָנוּ בָנוּ, יהוה עֲשֵׂה לְמַעַן שְׁמֶךָ.[6] זְכֹר רַחֲמֶיךָ יהוה וַחֲסָדֶיךָ, כִּי מֵעוֹלָם הֵמָּה.[7] יַעֲנֵנוּ יהוה בְּיוֹם צָרָה, יְשַׂגְּבֵנוּ שֵׁם אֱלֹהֵי יַעֲקֹב.[8] יהוה הוֹשִׁיעָה, הַמֶּלֶךְ יַעֲנֵנוּ בְיוֹם קָרְאֵנוּ.[9] אָבִינוּ מַלְכֵּנוּ חָנֵּנוּ וַעֲנֵנוּ, כִּי אֵין בָּנוּ מַעֲשִׂים, עֲשֵׂה עִמָּנוּ צְדָקָה כְּרֹב רַחֲמֶיךָ, וְהוֹשִׁיעֵנוּ לְמַעַן שְׁמֶךָ. אֲדוֹנֵינוּ אֱלֹהֵינוּ, שְׁמַע קוֹל תַּחֲנוּנֵינוּ, וּזְכָר לָנוּ אֶת בְּרִית אֲבוֹתֵינוּ וְהוֹשִׁיעֵנוּ לְמַעַן שְׁמֶךָ.

וְעַתָּה אֲדֹנָי אֱלֹהֵינוּ, אֲשֶׁר הוֹצֵאתָ אֶת עַמְּךָ מֵאֶרֶץ מִצְרַיִם בְּיָד חֲזָקָה וַתַּעַשׂ לְךָ שֵׁם כַּיּוֹם הַזֶּה, חָטָאנוּ רָשָׁעְנוּ. אֲדֹנָי, כְּכָל צִדְקֹתֶיךָ יָשָׁב נָא אַפְּךָ וַחֲמָתְךָ מֵעִירְךָ יְרוּשָׁלַיִם הַר קָדְשֶׁךָ, כִּי בַחֲטָאֵינוּ וּבַעֲוֹנוֹת אֲבֹתֵינוּ, יְרוּשָׁלַיִם וְעַמְּךָ לְחֶרְפָּה לְכָל סְבִיבֹתֵינוּ. וְעַתָּה שְׁמַע אֱלֹהֵינוּ אֶל תְּפִלַּת עַבְדְּךָ וְאֶל תַּחֲנוּנָיו, וְהָאֵר פָּנֶיךָ עַל מִקְדָּשְׁךָ הַשָּׁמֵם, לְמַעַן אֲדֹנָי.[10]

**הַטֵּה** אֱלֹהַי אָזְנְךָ וּשְׁמָע, פְּקַח עֵינֶיךָ וּרְאֵה שֹׁמְמֹתֵינוּ, וְהָעִיר אֲשֶׁר נִקְרָא שִׁמְךָ עָלֶיהָ, כִּי לֹא עַל צִדְקֹתֵינוּ אֲנַחְנוּ מַפִּילִים תַּחֲנוּנֵינוּ לְפָנֶיךָ, כִּי עַל רַחֲמֶיךָ הָרַבִּים. אֲדֹנָי שְׁמָעָה, אֲדֹנָי סְלָחָה, אֲדֹנָי הַקְשִׁיבָה, וַעֲשֵׂה, אַל תְּאַחַר, לְמַעַנְךָ אֱלֹהַי, כִּי שִׁמְךָ נִקְרָא עַל עִירְךָ וְעַל עַמֶּךָ.[11] אָבִינוּ הָאָב הָרַחֲמָן, הַרְאֵנוּ אוֹת לְטוֹבָה וְקַבֵּץ נְפוּצוֹתֵינוּ מֵאַרְבַּע כַּנְפוֹת הָאָרֶץ, יַכִּירוּ וְיֵדְעוּ כָּל הַגּוֹיִם, כִּי אַתָּה יהוה אֱלֹהֵינוּ. וְעַתָּה

(1) תהלים עח:לח (2) ע”פ מ:יב (3) קו:מז (4) קל:ג-ד (5) ע”פ קג:י (6) ירמיה יד:ז
(7) תהלים כה:ו (8) ע”פ כ:ב (9) כ:י (10) דניאל ט:טו-יז (11) ט:יח-יט

יהוה אָבִינוּ אָתָּה, אֲנַחְנוּ הַחֹמֶר וְאַתָּה יֹצְרֵנוּ, וּמַעֲשֵׂה יָדְךָ כֻּלָּנוּ.[1] הוֹשִׁיעֵנוּ לְמַעַן שְׁמֶךָ, אָבִינוּ מַלְכֵּנוּ צוּרֵנוּ וְגוֹאֲלֵנוּ. חוּסָה יהוה עַל עַמֶּךָ וְאַל תִּתֵּן נַחֲלָתְךָ לְחֶרְפָּה לִמְשָׁל בָּם גּוֹיִם. לָמָּה יֹאמְרוּ בָעַמִּים, אַיֵּה נָא אֱלֹהֵיהֶם.[2] יָדַעְנוּ יהוה כִּי חָטָאנוּ, וְאֵין מִי יַעֲמֹד בַּעֲדֵנוּ, אֶלָּא שִׁמְךָ הַגָּדוֹל יַעֲמָד לָנוּ בְּעֵת צָרָה. יָדַעְנוּ כִּי אֵין בָּנוּ מַעֲשִׂים, צְדָקָה עֲשֵׂה עִמָּנוּ לְמַעַן שְׁמֶךָ. כְּרַחֵם אָב עַל בָּנִים, כֵּן תְּרַחֵם יהוה עָלֵינוּ,[3] וְהוֹשִׁיעֵנוּ לְמַעַן שְׁמֶךָ. חֲמֹל עַל עַמֶּךָ, רַחֵם עַל נַחֲלָתֶךָ, חוּסָה נָּא כְּרֹב רַחֲמֶיךָ. חָנֵּנוּ מַלְכֵּנוּ וַעֲנֵנוּ, כִּי לְךָ יהוה הַצְּדָקָה, עֹשֵׂה נִפְלָאוֹת בְּכָל עֵת.

**הַבֶּט** נָא, רַחֶם נָא, וְהוֹשִׁיעָה נָא צֹאן מַרְעִיתֶךָ, וְאַל יִמְשָׁל בָּנוּ קֶצֶף, כִּי לְךָ יהוה הַיְשׁוּעָה. בְּךָ תוֹחַלְתֵּנוּ, אֱלוֹהַּ סְלִיחוֹת, אָנָּא סְלַח נָא, כִּי אֵל טוֹב וְסַלָּח אָתָּה.

**אָנָּא** מֶלֶךְ חַנּוּן וְרַחוּם, זְכֹר וְהַבֵּט לִבְרִית בֵּין הַבְּתָרִים, וְתֵרָאֶה לְפָנֶיךָ עֲקֵדַת יָחִיד. וּלְמַעַן יִשְׂרָאֵל אָבִינוּ, אַל תַּעַזְבֵנוּ אָבִינוּ, וְאַל תִּטְּשֵׁנוּ מַלְכֵּנוּ, וְאַל תִּשְׁכָּחֵנוּ יוֹצְרֵנוּ, וְאַל תַּעַשׂ עִמָּנוּ כָּלָה בְּגָלוּתֵינוּ, כִּי אֵל מֶלֶךְ חַנּוּן וְרַחוּם אָתָּה.[4]

**אֵין** כָּמוֹךָ חַנּוּן וְרַחוּם יהוה אֱלֹהֵינוּ, אֵין כָּמוֹךָ אֵל אֶרֶךְ אַפַּיִם וְרַב חֶסֶד וֶאֱמֶת. הוֹשִׁיעֵנוּ וְרַחֲמֵנוּ בְּרַחֲמֶיךָ הָרַבִּים, מֵרַעַשׁ וּמֵרֹגֶז הַצִּילֵנוּ. זְכֹר לַעֲבָדֶיךָ לְאַבְרָהָם לְיִצְחָק וּלְיַעֲקֹב, אַל תֵּפֶן אֶל קְשִׁי הָעָם הַזֶּה, וְאֶל רִשְׁעוֹ וְאֶל חַטָּאתוֹ.[5] שׁוּב מֵחֲרוֹן אַפֶּךָ וְהִנָּחֵם עַל הָרָעָה לְעַמֶּךָ.[6] וְהָסֵר מִמֶּנּוּ מַכַּת הַמָּוֶת כִּי רַחוּם אָתָּה, כִּי כֵן דַּרְכֶּךָ, לַעֲשׂוֹת חֶסֶד חִנָּם בְּכָל דּוֹר וָדוֹר. חוּסָה יהוה עַל עַמֶּךָ וְהַצִּילֵנוּ מִזַּעְמֶךָ, וְהָסֵר מִמֶּנּוּ מַכַּת הַמַּגֵּפָה וּגְזֵרָה קָשָׁה, כִּי אַתָּה שׁוֹמֵר יִשְׂרָאֵל. לְךָ אֲדֹנָי הַצְּדָקָה וְלָנוּ בֹּשֶׁת הַפָּנִים.[7] מַה נִּתְאוֹנֵן, וּמַה נֹּאמַר, מַה נְּדַבֵּר, וּמַה נִּצְטַדָּק. נַחְפְּשָׂה דְרָכֵינוּ וְנַחְקֹרָה, וְנָשׁוּבָה אֵלֶיךָ,[8] כִּי יְמִינְךָ פְשׁוּטָה לְקַבֵּל שָׁבִים. אָנָּא יהוה הוֹשִׁיעָה נָּא, אָנָּא יהוה

---

(1) ישעיה סד:ז (2) ע"פ יואל ב:יז; תהלים קטו:ב (3) ע"פ תהלים קג:יג (4) ע"פ נחמיה ט:לא
(5) דברים ט:כז (6) שמות לב:יב (7) דניאל ט:ז (8) ע"פ איכה ג:מ

הַצְלִיחָה נָא.[1] אָנָּא יהוה עֲנֵנוּ בְּיוֹם קָרְאֵנוּ.[2] לְךָ יהוה חִכִּינוּ, לְךָ יהוה קִוִּינוּ, לְךָ יהוה נְיַחֵל. אַל תֶּחֱשֶׁה וּתְעַנֵּנוּ, כִּי נָאֲמוּ גוֹיִם, אָבְדָה תִקְוָתָם. כָּל בֶּרֶךְ לְךָ תִכְרַע, וְכָל קוֹמָה לְפָנֶיךָ לְבַד תִּשְׁתַּחֲוֶה.

**הַפּוֹתֵחַ** יָד בִּתְשׁוּבָה לְקַבֵּל פּוֹשְׁעִים וְחַטָּאִים, נִבְהֲלָה נַפְשֵׁנוּ מֵרֹב עִצְּבוֹנֵנוּ, אַל תִּשְׁכָּחֵנוּ נֶצַח, קוּמָה וְהוֹשִׁיעֵנוּ. אַל תִּשְׁפֹּךְ חֲרוֹנְךָ עָלֵינוּ, כִּי אֲנַחְנוּ עַמְּךָ בְּנֵי בְרִיתֶךָ. אֵל, הַבִּיטָה דַּל כְּבוֹדֵנוּ בַּגּוֹיִם, וְשִׁקְּצוּנוּ כְּטֻמְאַת הַנִּדָּה. עַד מָתַי עֻזְּךָ בַּשְּׁבִי, וְתִפְאַרְתְּךָ בְּיַד צָר.[3] עוֹרְרָה גְבוּרָתְךָ וְהוֹשִׁיעֵנוּ לְמַעַן שְׁמֶךָ. אַל יִמְעֲטוּ לְפָנֶיךָ תְּלָאוֹתֵינוּ. מַהֵר יְקַדְּמוּנוּ רַחֲמֶיךָ בְּעֵת צָרָתֵנוּ, לֹא לְמַעֲנֵנוּ, אֶלָּא לְמַעַנְךָ פְּעַל, וְאַל תַּשְׁחִית אֶת זֵכֶר שְׁאֵרִיתֵנוּ. כִּי לְךָ מְיַחֲלוֹת עֵינֵינוּ, כִּי אֵל מֶלֶךְ חַנּוּן וְרַחוּם אָתָּה. וּזְכוֹר עֵדוּתֵינוּ, בְּכָל יוֹם תָּמִיד אוֹמְרִים פַּעֲמַיִם בְּאַהֲבָה: שְׁמַע יִשְׂרָאֵל, יהוה אֱלֹהֵינוּ, יהוה אֶחָד.[4]

**יהוה אֱלֹהֵי יִשְׂרָאֵל, שׁוּב מֵחֲרוֹן אַפֶּךָ וְהִנָּחֵם עַל הָרָעָה לְעַמֶּךָ.[5]**

**הַבֵּט** מִשָּׁמַיִם וּרְאֵה, כִּי הָיִינוּ לַעַג וָקֶלֶס בַּגּוֹיִם, נֶחְשַׁבְנוּ כְּצֹאן לַטֶּבַח יוּבָל, לַהֲרֹג וּלְאַבֵּד וּלְמַכָּה וּלְחֶרְפָּה.[6] וּבְכָל זֹאת שִׁמְךָ לֹא שָׁכָחְנוּ, נָא אַל תִּשְׁכָּחֵנוּ.

יהוה אֱלֹהֵי יִשְׂרָאֵל, שׁוּב מֵחֲרוֹן אַפֶּךָ וְהִנָּחֵם עַל הָרָעָה לְעַמֶּךָ.

**זָרִים** אוֹמְרִים אֵין תּוֹחֶלֶת וְתִקְוָה, חֹן אֹם לְשִׁמְךָ מְקַוָּה, טָהוֹר יְשׁוּעָתֵנוּ קָרְבָה, יָגַעְנוּ וְלֹא הוּנַח לָנוּ,[7] רַחֲמֶיךָ יִכְבְּשׁוּ אֶת כַּעַסְךָ מֵעָלֵינוּ. אָנָּא שׁוּב מֵחֲרוֹנְךָ, וְרַחֵם סְגֻלָּה אֲשֶׁר בָּחָרְתָּ.[8]

יהוה אֱלֹהֵי יִשְׂרָאֵל, שׁוּב מֵחֲרוֹן אַפֶּךָ וְהִנָּחֵם עַל הָרָעָה לְעַמֶּךָ.

**חוּסָה** יהוה עָלֵינוּ בְּרַחֲמֶיךָ, וְאַל תִּתְּנֵנוּ בִּידֵי אַכְזָרִים. לָמָּה יֹאמְרוּ הַגּוֹיִם אַיֵּה נָא אֱלֹהֵיהֶם,[9] לְמַעַנְךָ עֲשֵׂה

(1) תהלים קיח:כה (2) ע״פ כ:י (3) ע״פ עח:סא (4) דברים ו:ד (5) שמות לב:יב
(6) ע״פ תהלים מד:יד,כג; ישעיה נג:ז (7) איכה ה:ה (8) ע״פ דברים ז:ו (9) תהלים קטו:ב

עִמָּנוּ חֶסֶד וְאַל תְּאַחַר.[1] אָנָּא שׁוּב מֵחֲרוֹנְךָ, וְרַחֵם סְגֻלָּה אֲשֶׁר בָּחָרְתָּ.

יהוה אֱלֹהֵי יִשְׂרָאֵל, שׁוּב מֵחֲרוֹן אַפֶּךָ וְהִנָּחֵם עַל הָרָעָה לְעַמֶּךָ.

**קוֹלֵנוּ** תִּשְׁמַע וְתָחֹן, וְאַל תִּטְּשֵׁנוּ בְּיַד אוֹיְבֵינוּ לִמְחוֹת אֶת שְׁמֵנוּ. זְכֹר אֲשֶׁר נִשְׁבַּעְתָּ לַאֲבוֹתֵינוּ כְּכוֹכְבֵי הַשָּׁמַיִם אַרְבֶּה אֶת זַרְעֲכֶם,[2] וְעַתָּה נִשְׁאַרְנוּ מְעַט מֵהַרְבֵּה.[3] וּבְכָל זֹאת שִׁמְךָ לֹא שָׁכָחְנוּ, נָא אַל תִּשְׁכָּחֵנוּ.

יהוה אֱלֹהֵי יִשְׂרָאֵל, שׁוּב מֵחֲרוֹן אַפֶּךָ וְהִנָּחֵם עַל הָרָעָה לְעַמֶּךָ.

**עָזְרֵנוּ** אֱלֹהֵי יִשְׁעֵנוּ עַל דְּבַר כְּבוֹד שְׁמֶךָ, וְהַצִּילֵנוּ וְכַפֵּר עַל חַטֹּאתֵינוּ לְמַעַן שְׁמֶךָ.[4]

יהוה אֱלֹהֵי יִשְׂרָאֵל, שׁוּב מֵחֲרוֹן אַפֶּךָ וְהִנָּחֵם עַל הָרָעָה לְעַמֶּךָ.

כאן ממשיכים בכל יום שאומרים תחנון.

**שׁוֹמֵר** יִשְׂרָאֵל, שְׁמוֹר שְׁאֵרִית יִשְׂרָאֵל, וְאַל יֹאבַד יִשְׂרָאֵל, הָאֹמְרִים, שְׁמַע יִשְׂרָאֵל.

שׁוֹמֵר גּוֹי אֶחָד, שְׁמוֹר שְׁאֵרִית עַם אֶחָד, וְאַל יֹאבַד גּוֹי אֶחָד, הַמְיַחֲדִים שִׁמְךָ, יהוה אֱלֹהֵינוּ יהוה אֶחָד.

שׁוֹמֵר גּוֹי קָדוֹשׁ, שְׁמוֹר שְׁאֵרִית עַם קָדוֹשׁ, וְאַל יֹאבַד גּוֹי קָדוֹשׁ, הַמְשַׁלְּשִׁים בְּשָׁלֹשׁ קְדֻשּׁוֹת לְקָדוֹשׁ.

מִתְרַצֶּה בְּרַחֲמִים וּמִתְפַּיֵּס בְּתַחֲנוּנִים, הִתְרַצֶּה וְהִתְפַּיֵּס לְדוֹר עָנִי, כִּי אֵין עוֹזֵר. אָבִינוּ מַלְכֵּנוּ, חָנֵּנוּ וַעֲנֵנוּ, כִּי אֵין בָּנוּ מַעֲשִׂים, עֲשֵׂה עִמָּנוּ צְדָקָה וָחֶסֶד וְהוֹשִׁיעֵנוּ.

ראוי לומר „וַאֲנַחְנוּ לֹא נֵדַע" בישיבה
ומ„מַה נַּעֲשֶׂה" ואילך בעמידה (דה"ח בשם מ"א סי' קלא).

**וַאֲנַחְנוּ** לֹא נֵדַע מַה נַּעֲשֶׂה, כִּי עָלֶיךָ עֵינֵינוּ.[5] זְכֹר רַחֲמֶיךָ יהוה וַחֲסָדֶיךָ, כִּי מֵעוֹלָם הֵמָּה.[6] יְהִי חַסְדְּךָ יהוה עָלֵינוּ, כַּאֲשֶׁר יִחַלְנוּ לָךְ.[7] אַל תִּזְכָּר לָנוּ עֲוֹנוֹת רִאשׁוֹנִים, מַהֵר יְקַדְּמוּנוּ רַחֲמֶיךָ, כִּי דַלּוֹנוּ מְאֹד.[8] עֶזְרֵנוּ בְּשֵׁם יהוה, עֹשֵׂה שָׁמַיִם וָאָרֶץ.[9] חָנֵּנוּ יהוה חָנֵּנוּ, כִּי רַב שָׂבַעְנוּ בוּז.[10] בְּרֹגֶז רַחֵם תִּזְכּוֹר.[11]

---

(1) ע"פ דניאל ט:יט (2) ע"פ שמות לב:יג (3) ע"פ ירמיה מב:ב (4) תהלים עט:ט
(5) דברי הימים ב כ:יב (6) תהלים כה:ו (7) לג:כב (8) עט:ח (9) קכא:ב (10) קכג:ג (11) חבקוק ג:ב

בְּרֹגֶז עֲקֵדָה תִּזְכּוֹר. בְּרֹגֶז תְּמִימוּת תִּזְכּוֹר. יהוה הוֹשִׁיעָה, הַמֶּלֶךְ יַעֲנֵנוּ בְיוֹם קָרְאֵנוּ.[1] כִּי הוּא יָדַע יִצְרֵנוּ, זָכוּר כִּי עָפָר אֲנָחְנוּ.[2] ❖ עָזְרֵנוּ אֱלֹהֵי יִשְׁעֵנוּ עַל דְּבַר כְּבוֹד שְׁמֶךָ, וְהַצִּילֵנוּ וְכַפֵּר עַל חַטֹּאתֵינוּ לְמַעַן שְׁמֶךָ.[3]

חצי קדיש

**יִתְגַּדַּל** וְיִתְקַדַּשׁ שְׁמֵהּ רַבָּא. בְּעָלְמָא דִּי בְרָא כִרְעוּתֵהּ, וְיַמְלִיךְ מַלְכוּתֵהּ, וְיַצְמַח פֻּרְקָנֵהּ וִיקָרֵב מְשִׁיחֵהּ. בְּחַיֵּיכוֹן וּבְיוֹמֵיכוֹן וּבְחַיֵּי דְכָל בֵּית יִשְׂרָאֵל, בַּעֲגָלָא וּבִזְמַן קָרִיב. וְאִמְרוּ: אָמֵן.

קהל וחזן – **יְהֵא שְׁמֵהּ רַבָּא מְבָרַךְ לְעָלַם וּלְעָלְמֵי עָלְמַיָּא. יִתְבָּרַךְ** וְיִשְׁתַּבַּח וְיִתְפָּאַר וְיִתְרוֹמַם וְיִתְנַשֵּׂא וְיִתְהַדָּר וְיִתְעַלֶּה וְיִתְהַלָּל שְׁמֵהּ דְּקֻדְשָׁא בְּרִיךְ הוּא – °לְעֵלָּא מִן כָּל (בעשי"ת – °לְעֵלָּא [וּ]לְעֵלָּא מִכָּל) בִּרְכָתָא וְשִׁירָתָא תֻּשְׁבְּחָתָא וְנֶחֱמָתָא דַּאֲמִירָן בְּעָלְמָא. וְאִמְרוּ: אָמֵן.

## הוצאת ספר תורה

בשני וחמישי אומרים „אֵל אֶרֶךְ אַפַּיִם" מעומד. אין אומרים אותה בראש חודש, ערב פסח, חול המועד, חנוכה, פורים ושושן פורים, י"ד וט"ו אדר ראשון, ובבית האבל (ולגבי תשעה באב יש מנהגים שונים).

יש נוהגים לומר שני הנוסחאות זא"ז.

נוסח אשכנז פיהם ופולין קטן:

**אֵל** אֶרֶךְ אַפַּיִם וְרַב חֶסֶד וֶאֱמֶת,[4] אַל בְּאַפְּךָ תוֹכִיחֵנוּ.[5] חוּסָה יהוה עַל עַמֶּךָ,[6] וְהוֹשִׁיעֵנוּ מִכָּל רָע. חָטָאנוּ לְךָ, אָדוֹן; סְלַח נָא כְּרֹב רַחֲמֶיךָ, אֵל.

נוסח פולין גדול וליטא:

**אֵל** אֶרֶךְ אַפַּיִם וְרַב חֶסֶד וֶאֱמֶת,[4] אַל תַּסְתֵּר פָּנֶיךָ מִמֶּנּוּ.[7] חוּסָה יהוה עַל יִשְׂרָאֵל עַמֶּךָ,[8] וְהַצִּילֵנוּ מִכָּל רָע. חָטָאנוּ לְךָ, אָדוֹן; סְלַח נָא כְּרֹב רַחֲמֶיךָ, אֵל.

יש לעמוד משעת פתיחת הארון עד שמניחים ספר התורה על הבימה.
כשפותחים הארון אומרים:

**וַיְהִי בִּנְסֹעַ** הָאָרֹן, וַיֹּאמֶר מֹשֶׁה, קוּמָה יהוה וְיָפֻצוּ אֹיְבֶיךָ, וְיָנֻסוּ מְשַׂנְאֶיךָ מִפָּנֶיךָ.[9] כִּי מִצִּיּוֹן תֵּצֵא תוֹרָה, וּדְבַר יהוה מִירוּשָׁלָיִם.[10] בָּרוּךְ שֶׁנָּתַן תּוֹרָה לְעַמּוֹ יִשְׂרָאֵל בִּקְדֻשָּׁתוֹ.

בכמה קהילות מוסיפים בעשרת ימי תשובה ובהושענא רבה תפילות נוספות (ע' 219).

(1) תהלים כ:י (2) קג:יד (3) עט:ט (4) ע"פ שמות לד:ו (5) תהלים ו:ב (6) יואל ב:יז
(7) ע"פ תהלים כז:ט (8) ע"פ יואל ב:יז (9) במדבר י:לה (10) ישעיה ב:ג

זוהר ויקהל רו:א

**בְּרִיךְ שְׁמֵהּ** דְּמָרֵא עָלְמָא, בְּרִיךְ כִּתְרָךְ וְאַתְרָךְ. יְהֵא רְעוּתָךְ עִם עַמָּךְ יִשְׂרָאֵל לְעָלַם, וּפֻרְקַן יְמִינָךְ אַחֲזֵי לְעַמָּךְ בְּבֵית מַקְדְּשָׁךְ, וּלְאַמְטוֹיֵי לָנָא מִטּוּב נְהוֹרָךְ, וּלְקַבֵּל צְלוֹתָנָא בְּרַחֲמִין. יְהֵא רַעֲוָא קֳדָמָךְ, דְּתוֹרִיךְ לָן חַיִּין בְּטִיבוּתָא, וְלֶהֱוֵי אֲנָא פְקִידָא בְּגוֹ צַדִּיקַיָּא, לְמִרְחַם עָלַי וּלְמִנְטַר יָתִי וְיַת כָּל דִּי לִי וְדִי לְעַמָּךְ יִשְׂרָאֵל. אַנְתְּ הוּא זָן לְכֹלָּא, וּמְפַרְנֵס לְכֹלָּא, אַנְתְּ הוּא שַׁלִּיט עַל כֹּלָּא. אַנְתְּ הוּא דְּשַׁלִּיט עַל מַלְכַיָּא, וּמַלְכוּתָא דִּילָךְ הִיא. אֲנָא עַבְדָּא דְקֻדְשָׁא בְּרִיךְ הוּא, דְּסָגִידְנָא קַמֵּהּ וּמִקַּמָּא דִּיקַר אוֹרַיְתֵהּ בְּכָל עִדָּן וְעִדָּן. לָא עַל אֱנָשׁ רָחִיצְנָא, וְלָא עַל בַּר אֱלָהִין סָמִיכְנָא, אֶלָּא בֶּאֱלָהָא דִשְׁמַיָּא, דְּהוּא אֱלָהָא קְשׁוֹט, וְאוֹרַיְתֵהּ קְשׁוֹט, וּנְבִיאוֹהִי קְשׁוֹט, וּמַסְגֵּא לְמֶעְבַּד טַבְוָן וּקְשׁוֹט. בֵּהּ אֲנָא רָחִיץ, וְלִשְׁמֵהּ קַדִּישָׁא יַקִּירָא אֲנָא אֵמַר תֻּשְׁבְּחָן. יְהֵא רַעֲוָא קֳדָמָךְ, דְּתִפְתַּח לִבָּאִי בְּאוֹרַיְתָא, (וְתֵיהַב לִי בְּנִין דִּכְרִין דְּעָבְדִין רְעוּתָךְ,) וְתַשְׁלִים מִשְׁאֲלִין דְּלִבָּאִי, וְלִבָּא דְכָל עַמָּךְ יִשְׂרָאֵל, לְטַב וּלְחַיִּין וְלִשְׁלָם. (אָמֵן.)

החזן נוטל ספר התורה בזרועו הימנית ושוחה קצת לצד ארון הקודש, מגביה ספר התורה קצת ואומר:

**גַּדְּלוּ לַיהוה אִתִּי, וּנְרוֹמְמָה שְׁמוֹ יַחְדָּו.**[1]

בשעה שנושא ספר התורה לבימה אומרים:

**לְךָ** יהוה הַגְּדֻלָּה וְהַגְּבוּרָה וְהַתִּפְאֶרֶת וְהַנֵּצַח וְהַהוֹד, כִּי כֹל בַּשָּׁמַיִם וּבָאָרֶץ, לְךָ יהוה הַמַּמְלָכָה וְהַמִּתְנַשֵּׂא לְכֹל לְרֹאשׁ.[2] רוֹמְמוּ יהוה אֱלֹהֵינוּ וְהִשְׁתַּחֲווּ לַהֲדֹם רַגְלָיו, קָדוֹשׁ הוּא. רוֹמְמוּ יהוה אֱלֹהֵינוּ וְהִשְׁתַּחֲווּ לְהַר קָדְשׁוֹ, כִּי קָדוֹשׁ יהוה אֱלֹהֵינוּ.[3]

**אַב הָרַחֲמִים** הוּא יְרַחֵם עַם עֲמוּסִים, וְיִזְכֹּר בְּרִית אֵיתָנִים, וְיַצִּיל נַפְשׁוֹתֵינוּ מִן הַשָּׁעוֹת הָרָעוֹת, וְיִגְעַר בְּיֵצֶר הָרָע מִן הַנְּשׂוּאִים, וְיָחֹן אוֹתָנוּ לִפְלֵיטַת עוֹלָמִים, וִימַלֵּא מִשְׁאֲלוֹתֵינוּ בְּמִדָּה טוֹבָה יְשׁוּעָה וְרַחֲמִים.

---

(1) תהלים לד:ד (2) דברי הימים א כט:יא (3) תהלים צט:ה,ט

גבאי: **וְתִגָּלֶה** וְתֵרָאֶה מַלְכוּתוֹ עָלֵינוּ בִּזְמַן קָרוֹב, וְיָחֹן פְּלֵיטָתֵנוּ וּפְלֵיטַת עַמּוֹ בֵּית יִשְׂרָאֵל לְחֵן וּלְחֶסֶד וּלְרַחֲמִים וּלְרָצוֹן. וְנֹאמַר אָמֵן. הַכֹּל הָבוּ גֹדֶל לֵאלֹהֵינוּ וּתְנוּ כָבוֹד לַתּוֹרָה. כֹּהֵן° קְרָב, יַעֲמֹד (ר׳ פלוני) בֶּן (ר׳ פלוני) הַכֹּהֵן. בָּרוּךְ שֶׁנָּתַן תּוֹרָה לְעַמּוֹ יִשְׂרָאֵל בִּקְדֻשָּׁתוֹ.

°אם אין שם כהן אומר: אֵין כָּאן כֹּהֵן יַעֲמֹד (ר׳ פלוני בֶּן ר׳ פלוני) יִשְׂרָאֵל (לֵוִי) בִּמְקוֹם כֹּהֵן.

(תּוֹרַת יהוה תְּמִימָה מְשִׁיבַת נָפֶשׁ, עֵדוּת יהוה נֶאֱמָנָה מַחְכִּימַת פֶּתִי. פִּקּוּדֵי יהוה יְשָׁרִים מְשַׂמְּחֵי לֵב, מִצְוַת יהוה בָּרָה מְאִירַת עֵינָיִם.[1] יהוה עֹז לְעַמּוֹ יִתֵּן, יהוה יְבָרֵךְ אֶת עַמּוֹ בַשָּׁלוֹם.[2] הָאֵל תָּמִים דַּרְכּוֹ, אִמְרַת יהוה צְרוּפָה, מָגֵן הוּא לְכֹל הַחֹסִים בּוֹ.[3])

קהל ואח״כ גבאי:

**וְאַתֶּם הַדְּבֵקִים בַּיהוה אֱלֹהֵיכֶם, חַיִּים כֻּלְּכֶם הַיּוֹם.**[4]

הקריאות תמצא להלן עמ׳ 445.

## קריאת התורה

העולה לתורה רואה פסוק שמתחילים לקרות בו, שוחה, ואח״כ אומר „בָּרְכוּ" והברכות בקול. ונוהגים לנשק את ספר התורה ע״י שפת טליתו (או דבר אחר) קודם שיברך. ולענין אם צריך לעצום עיניו או להפוך פניו או לגלול את ספר התורה בשעת הברכה, יש בזה מנהגים שונים (או״ח סי׳ קלט ס״ד ובמ״ב ובב״ה שם).

**בָּרְכוּ אֶת יהוה הַמְּבֹרָךְ.**

הקהל עונים „בָּרוּךְ . . ." והעולה חוזר אחריהם:

בָּרוּךְ יהוה הַמְּבֹרָךְ לְעוֹלָם וָעֶד.

**בָּרוּךְ** אַתָּה יהוה אֱלֹהֵינוּ מֶלֶךְ הָעוֹלָם, אֲשֶׁר בָּחַר בָּנוּ מִכָּל הָעַמִּים, וְנָתַן לָנוּ אֶת תּוֹרָתוֹ. בָּרוּךְ אַתָּה יהוה, נוֹתֵן הַתּוֹרָה.

אחר הקריאה גולל הספר ומברך:

**בָּרוּךְ** אַתָּה יהוה אֱלֹהֵינוּ מֶלֶךְ הָעוֹלָם, אֲשֶׁר נָתַן לָנוּ תּוֹרַת אֱמֶת, וְחַיֵּי עוֹלָם נָטַע בְּתוֹכֵנוּ. בָּרוּךְ אַתָּה יהוה, נוֹתֵן הַתּוֹרָה.

### ברכת הגומל

מי שהיה חולה ונתרפא או יצא מבית האסורים או נסע בים (וי״א גם באוירון) או הלך במדבר וכן מי שניצול מסכנה, יברך ברכה זו (כדאי לשאול לחכם אם המאורע מחיבו בברכה):

**בָּרוּךְ** אַתָּה יהוה אֱלֹהֵינוּ מֶלֶךְ הָעוֹלָם, הַגּוֹמֵל לְחַיָּבִים טוֹבוֹת, שֶׁגְּמָלַנִי כָּל טוֹב.

הקהל עונים: אָמֵן. מִי שֶׁגְּמָלְךָ כָּל טוֹב, הוּא יִגְמָלְךָ כָּל טוֹב, סֶלָה.

(1) תהלים יט:ח-ט (2) כט:יא (3) יח:לא (4) דברים ד:ד

ברוך שפטרני

לאחר עליתו הראשונה של בן בר מצוה, האב אומר:

**בָּרוּךְ** שֶׁפְּטָרַנִי מֵעָנְשׁוֹ שֶׁלָּזֶה.

מי שברך להולה

**מִי שֶׁבֵּרַךְ** אֲבוֹתֵינוּ אַבְרָהָם יִצְחָק וְיַעֲקֹב, מֹשֶׁה אַהֲרֹן דָּוִד וּשְׁלֹמֹה, הוּא יְבָרֵךְ וִירַפֵּא אֶת

לזכר: הַחוֹלֶה (פלוני) בֶּן (פלונית) בַּעֲבוּר שֶׁ(פלוני בן פלוני) יִתֵּן לִצְדָקָה בַּעֲבוּרוֹ.[1] בִּשְׂכַר זֶה, הַקָּדוֹשׁ בָּרוּךְ הוּא יִמָּלֵא רַחֲמִים עָלָיו, לְהַחֲלִימוֹ וּלְרַפֹּאתוֹ וּלְהַחֲזִיקוֹ וּלְהַחֲיוֹתוֹ, וְיִשְׁלַח לוֹ מְהֵרָה רְפוּאָה שְׁלֵמָה מִן הַשָּׁמַיִם, לִרְמַ״ח אֵבָרָיו, וּשְׁסָ״ה גִּידָיו,

לנקבה: הַחוֹלָה (פלונית) בַּת (פלונית) בַּעֲבוּר שֶׁ(פלוני בן פלוני) יִתֵּן לִצְדָקָה בַּעֲבוּרָהּ.[1] בִּשְׂכַר זֶה, הַקָּדוֹשׁ בָּרוּךְ הוּא יִמָּלֵא רַחֲמִים עָלֶיהָ, לְהַחֲלִימָהּ וּלְרַפֹּאתָהּ וּלְהַחֲזִיקָהּ וּלְהַחֲיוֹתָהּ, וְיִשְׁלַח לָהּ מְהֵרָה רְפוּאָה שְׁלֵמָה מִן הַשָּׁמַיִם, לְכָל אֵבָרֶיהָ, וּלְכָל גִּידֶיהָ,

בְּתוֹךְ שְׁאָר חוֹלֵי יִשְׂרָאֵל, רְפוּאַת הַנֶּפֶשׁ, וּרְפוּאַת הַגּוּף, הַשְׁתָּא בַּעֲגָלָא וּבִזְמַן קָרִיב. וְנֹאמַר: אָמֵן.

מי שברך ליולדת (וקריאת שם)

**מִי שֶׁבֵּרַךְ** אֲבוֹתֵינוּ אַבְרָהָם יִצְחָק וְיַעֲקֹב, הוּא יְבָרֵךְ אֶת הָאִשָּׁה הַיּוֹלֶדֶת (פלונית) בַּת (פלוני) וְאֶת

לזכר: בְּנָהּ הַנּוֹלָד לָהּ בְּמַזָּל טוֹב, בַּעֲבוּר שֶׁבַּעְלָהּ וְאָבִיו יִתֵּן לִצְדָקָה. בִּשְׂכַר זֶה, יְגַדְּלוּ לְתוֹרָה, וּלְחֻפָּה, וּלְמַעֲשִׂים טוֹבִים. (וְיַכְנִיסוּ בִּבְרִיתוֹ שֶׁל אַבְרָהָם אָבִינוּ בִּזְמַנּוֹ.) וְנֹאמַר: אָמֵן.

לנקבה: בִּתָּהּ הַנּוֹלְדָה לָהּ בְּמַזָּל טוֹב, [וְיִקָּרֵא שְׁמָהּ בְּיִשְׂרָאֵל (פלונית) בַּת (פלוני)] בַּעֲבוּר שֶׁבַּעְלָהּ וְאָבִיהָ יִתֵּן לִצְדָקָה. בִּשְׂכַר זֶה יְגַדְּלָהּ (לְתוֹרָה) לְחֻפָּה וּלְמַעֲשִׂים טוֹבִים. וְנֹאמַר: אָמֵן.

בכמה קהילות אומרים „אֵל מָלֵא” ביום היאהרצייט או בקריאה הסמוכה לפני יום היאהרצייט.

**אֵל** מָלֵא רַחֲמִים, שׁוֹכֵן בַּמְּרוֹמִים, הַמְצֵא מְנוּחָה נְכוֹנָה, עַל כַּנְפֵי הַשְּׁכִינָה, בְּמַעֲלוֹת קְדוֹשִׁים וּטְהוֹרִים, כְּזֹהַר הָרָקִיעַ מַזְהִירִים,

לזכר: אֶת נִשְׁמַת (פלוני) בֶּן (פלוני) שֶׁהָלַךְ לְעוֹלָמוֹ, בַּעֲבוּר שֶׁ(פלוני בן פלוני) יִתֵּן צְדָקָה בְּעַד הַזְכָּרַת נִשְׁמָתוֹ, בְּגַן עֵדֶן תְּהֵא מְנוּחָתוֹ, לָכֵן בַּעַל הָרַחֲמִים יַסְתִּירֵהוּ בְּסֵתֶר כְּנָפָיו לְעוֹלָמִים, וְיִצְרוֹר בִּצְרוֹר הַחַיִּים אֶת נִשְׁמָתוֹ, יהוה הוּא נַחֲלָתוֹ, וְיָנוּחַ בְּשָׁלוֹם עַל מִשְׁכָּבוֹ, וְנֹאמַר: אָמֵן.

לנקבה: אֶת נִשְׁמַת (פלונית) בַּת (פלוני) שֶׁהָלְכָה לְעוֹלָמָהּ, בַּעֲבוּר שֶׁ(פלוני בן פלוני) יִתֵּן צְדָקָה בְּעַד הַזְכָּרַת נִשְׁמָתָהּ, בְּגַן עֵדֶן תְּהֵא מְנוּחָתָהּ, לָכֵן בַּעַל הָרַחֲמִים יַסְתִּירֶהָ בְּסֵתֶר כְּנָפָיו לְעוֹלָמִים, וְיִצְרוֹר בִּצְרוֹר הַחַיִּים אֶת נִשְׁמָתָהּ, יהוה הוּא נַחֲלָתָהּ, וְתָנוּחַ בְּשָׁלוֹם עַל מִשְׁכָּבָהּ, וְנֹאמַר: אָמֵן.

(1) בהרבה קהילות אומרים: בַּעֲבוּר שֶׁכָּל הַקָּהָל מִתְפַּלְּלִים בַּעֲבוּרוֹ/בַּעֲבוּרָהּ.

אחר שגמר הקריאה אומר הקורא, או יתום, חצי קדיש.

**יִתְגַּדַּל** וְיִתְקַדַּשׁ שְׁמֵהּ רַבָּא. בְּעָלְמָא דִּי בְרָא כִרְעוּתֵהּ. וְיַמְלִיךְ מַלְכוּתֵהּ, וְיַצְמַח פֻּרְקָנֵהּ וִיקָרֵב מְשִׁיחֵהּ. בְּחַיֵּיכוֹן וּבְיוֹמֵיכוֹן וּבְחַיֵּי דְכָל בֵּית יִשְׂרָאֵל, בַּעֲגָלָא וּבִזְמַן קָרִיב. וְאִמְרוּ: אָמֵן.

קהל וחזן – **יְהֵא שְׁמֵהּ רַבָּא מְבָרַךְ לְעָלַם וּלְעָלְמֵי עָלְמַיָּא. יִתְבָּרַךְ** וְיִשְׁתַּבַּח וְיִתְפָּאַר וְיִתְרוֹמַם וְיִתְנַשֵּׂא וְיִתְהַדָּר וְיִתְעַלֶּה וְיִתְהַלָּל שְׁמֵהּ דְּקֻדְשָׁא בְּרִיךְ הוּא – °לְעֵלָּא מִן כָּל (°בעשי"ת – לְעֵלָּא [וּ]לְעֵלָּא מִכָּל) בִּרְכָתָא וְשִׁירָתָא תֻּשְׁבְּחָתָא וְנֶחֱמָתָא דַּאֲמִירָן בְּעָלְמָא. וְאִמְרוּ: אָמֵן.

הגבהה וגלילה

איתא בשו"ע (או"ח סי' קלד ס"ב) מצוה על כל הקהל – אנשים ונשים – לראות הכתב כשמגביהים את ספר התורה, לכרוע ולומר:

**[יהוה אֱלֹהֵינוּ אֱמֶת, מֹשֶׁה אֱמֶת, וְתוֹרָתוֹ אֱמֶת.] וְזֹאת הַתּוֹרָה אֲשֶׁר שָׂם מֹשֶׁה לִפְנֵי בְּנֵי יִשְׂרָאֵל,[1] עַל פִּי יהוה בְּיַד מֹשֶׁה.[2]**

עֵץ חַיִּים הִיא לַמַּחֲזִיקִים בָּהּ, וְתֹמְכֶיהָ מְאֻשָּׁר.[3] דְּרָכֶיהָ דַרְכֵי נֹעַם, וְכָל נְתִיבוֹתֶיהָ שָׁלוֹם.[4] אֹרֶךְ יָמִים בִּימִינָהּ, בִּשְׂמֹאלָהּ עֹשֶׁר וְכָבוֹד.[5] יהוה חָפֵץ לְמַעַן צִדְקוֹ, יַגְדִּיל תּוֹרָה וְיַאְדִּיר.[6]

בשני וחמישי (בימים שאומרים בהם תחנון) נוהגים שהחזן אומר בקול רם:

**יְהִי רָצוֹן** מִלִּפְנֵי אָבִינוּ שֶׁבַּשָּׁמַיִם, לְכוֹנֵן אֶת בֵּית חַיֵּינוּ, וּלְהָשִׁיב אֶת שְׁכִינָתוֹ בְּתוֹכֵנוּ, בִּמְהֵרָה בְיָמֵינוּ. וְנֹאמַר: אָמֵן.

**יְהִי רָצוֹן** מִלִּפְנֵי אָבִינוּ שֶׁבַּשָּׁמַיִם, לְרַחֵם עָלֵינוּ וְעַל פְּלֵיטָתֵנוּ, וְלִמְנֹעַ מַשְׁחִית וּמַגֵּפָה מֵעָלֵינוּ וּמֵעַל כָּל עַמּוֹ בֵּית יִשְׂרָאֵל. וְנֹאמַר: אָמֵן.

**יְהִי רָצוֹן** מִלִּפְנֵי אָבִינוּ שֶׁבַּשָּׁמַיִם, לְקַיֵּם בָּנוּ חַכְמֵי יִשְׂרָאֵל, הֵם וּנְשֵׁיהֶם וּבְנֵיהֶם וּבְנוֹתֵיהֶם וְתַלְמִידֵיהֶם וְתַלְמִידֵי תַלְמִידֵיהֶם, בְּכָל מְקוֹמוֹת מוֹשְׁבוֹתֵיהֶם. וְנֹאמַר: אָמֵן.

**יְהִי רָצוֹן** מִלִּפְנֵי אָבִינוּ שֶׁבַּשָּׁמַיִם, שֶׁנִּשְׁמַע וְנִתְבַּשֵּׂר בְּשׂוֹרוֹת טוֹבוֹת, יְשׁוּעוֹת וְנֶחָמוֹת, וִיקַבֵּץ נִדָּחֵינוּ מֵאַרְבַּע כַּנְפוֹת הָאָרֶץ. וְנֹאמַר: אָמֵן.

נוהגים שהחזן והקהל אומרים בקול רם:

**אַחֵינוּ** כָּל בֵּית יִשְׂרָאֵל, הַנְּתוּנִים בְּצָרָה וּבְשִׁבְיָה, הָעוֹמְדִים בֵּין בַּיָּם וּבֵין בַּיַּבָּשָׁה, הַמָּקוֹם יְרַחֵם עֲלֵיהֶם וְיוֹצִיאֵם מִצָּרָה לִרְוָחָה, וּמֵאֲפֵלָה לְאוֹרָה, וּמִשִּׁעְבּוּד לִגְאֻלָּה, הַשְׁתָּא בַּעֲגָלָא וּבִזְמַן קָרִיב. וְנֹאמַר: אָמֵן.

(1) דברים ד:מד (2) במדבר ט:כג (3) משלי ג:יח (4) ג:יז (5) ג:טז (6) ישעיה מב:כא

## אשרי – ובא לציון

**אַשְׁרֵי** יוֹשְׁבֵי בֵיתֶךָ, עוֹד יְהַלְּלְוּךָ סֶּלָה.[1] אַשְׁרֵי הָעָם שֶׁכָּכָה לּוֹ, אַשְׁרֵי הָעָם שֶׁיהוה אֱלֹהָיו.[2]

תהלים קמה – תְּהִלָּה לְדָוִד, אֲרוֹמִמְךָ אֱלוֹהַי הַמֶּלֶךְ, וַאֲבָרְכָה שִׁמְךָ לְעוֹלָם וָעֶד. בְּכָל יוֹם אֲבָרְכֶךָּ, וַאֲהַלְּלָה שִׁמְךָ לְעוֹלָם וָעֶד. גָּדוֹל יהוה וּמְהֻלָּל מְאֹד, וְלִגְדֻלָּתוֹ אֵין חֵקֶר. דּוֹר לְדוֹר יְשַׁבַּח מַעֲשֶׂיךָ, וּגְבוּרֹתֶיךָ יַגִּידוּ. הֲדַר כְּבוֹד הוֹדֶךָ וְדִבְרֵי נִפְלְאֹתֶיךָ אָשִׂיחָה. וֶעֱזוּז נוֹרְאוֹתֶיךָ יֹאמֵרוּ, וּגְדוּלָּתְךָ אֲסַפְּרֶנָּה. זֵכֶר רַב טוּבְךָ יַבִּיעוּ, וְצִדְקָתְךָ יְרַנֵּנוּ. חַנּוּן וְרַחוּם יהוה, אֶרֶךְ אַפַּיִם וּגְדָל חָסֶד. טוֹב יהוה לַכֹּל, וְרַחֲמָיו עַל כָּל מַעֲשָׂיו. יוֹדְוּךָ יהוה כָּל מַעֲשֶׂיךָ, וַחֲסִידֶיךָ יְבָרְכוּכָה. כְּבוֹד מַלְכוּתְךָ יֹאמֵרוּ, וּגְבוּרָתְךָ יְדַבֵּרוּ. לְהוֹדִיעַ לִבְנֵי הָאָדָם גְּבוּרֹתָיו, וּכְבוֹד הֲדַר מַלְכוּתוֹ. מַלְכוּתְךָ מַלְכוּת כָּל עֹלָמִים, וּמֶמְשַׁלְתְּךָ בְּכָל דּוֹר וָדֹר. סוֹמֵךְ יהוה לְכָל הַנֹּפְלִים, וְזוֹקֵף לְכָל הַכְּפוּפִים. עֵינֵי כֹל אֵלֶיךָ יְשַׂבֵּרוּ, וְאַתָּה נוֹתֵן לָהֶם אֶת אָכְלָם בְּעִתּוֹ. פּוֹתֵחַ אֶת יָדֶךָ, וּמַשְׂבִּיעַ לְכָל חַי רָצוֹן. צַדִּיק יהוה בְּכָל דְּרָכָיו, וְחָסִיד בְּכָל מַעֲשָׂיו. קָרוֹב יהוה לְכָל קֹרְאָיו, לְכֹל אֲשֶׁר יִקְרָאֻהוּ בֶאֱמֶת. רְצוֹן יְרֵאָיו יַעֲשֶׂה, וְאֶת שַׁוְעָתָם יִשְׁמַע וְיוֹשִׁיעֵם. שׁוֹמֵר יהוה אֶת כָּל אֹהֲבָיו, וְאֵת כָּל הָרְשָׁעִים יַשְׁמִיד. ❖ תְּהִלַּת יהוה יְדַבֶּר פִּי, וִיבָרֵךְ כָּל בָּשָׂר שֵׁם קָדְשׁוֹ לְעוֹלָם וָעֶד. וַאֲנַחְנוּ נְבָרֵךְ יָהּ מֵעַתָּה וְעַד עוֹלָם, הַלְלוּיָהּ.[3]

צריך לכוון באמירת פסוק „פּוֹתֵחַ אֶת יָדֶךָ". ואם לא כיוון צריך לחזור ולאומרו בכוונה (או"ח סי' נא ס"ז). ואם כבר סיים „אַשְׁרֵי" צריך לחזור מ„פּוֹתֵחַ" עד סוף המזמור (מ"ב שם).

אין אומרים „לַמְנַצֵּחַ" (תהלים כ) בראש חודש, ערב פסח, חול המועד, תשעה באב, ערב יום כפור, חנוכה, פורים ושושן פורים, י"ד וט"ו אדר ראשון, וגם לא בבית האבל. [באסרו חג ובערב שאר רגלים יש מנהגים שונים.]

**לַמְנַצֵּחַ** מִזְמוֹר לְדָוִד. יַעַנְךָ יהוה בְּיוֹם צָרָה, יְשַׂגֶּבְךָ שֵׁם אֱלֹהֵי יַעֲקֹב. יִשְׁלַח עֶזְרְךָ מִקֹּדֶשׁ, וּמִצִּיּוֹן יִסְעָדֶךָּ. יִזְכֹּר כָּל מִנְחֹתֶיךָ, וְעוֹלָתְךָ יְדַשְּׁנֶה סֶלָה. יִתֶּן לְךָ כִלְבָבֶךָ וְכָל עֲצָתְךָ יְמַלֵּא. נְרַנְּנָה בִּישׁוּעָתֶךָ, וּבְשֵׁם אֱלֹהֵינוּ נִדְגֹּל, יְמַלֵּא יהוה כָּל מִשְׁאֲלוֹתֶיךָ. עַתָּה יָדַעְתִּי כִּי הוֹשִׁיעַ יהוה מְשִׁיחוֹ, יַעֲנֵהוּ מִשְּׁמֵי קָדְשׁוֹ, בִּגְבוּרוֹת

(1) תהלים פד:ה (2) קמד:טו (3) קטו:יח

יֵשַׁע יְמִינוֹ. אֵלֶּה בָרֶכֶב, וְאֵלֶּה בַסּוּסִים, וַאֲנַחְנוּ בְּשֵׁם יהוה אֱלֹהֵינוּ נַזְכִּיר. הֵמָּה כָּרְעוּ וְנָפָלוּ וַאֲנַחְנוּ קַמְנוּ וַנִּתְעוֹדָד. ❖ יהוה הוֹשִׁיעָה, הַמֶּלֶךְ יַעֲנֵנוּ בְיוֹם קָרְאֵנוּ.

לכתחילה נכון לומר „קדושה דסידרא" (היינו הפסוקים „קָדוֹשׁ . . .", „בָּרוּךְ . . ." וי"א גם „ה' יִמְלֹךְ") בצבור. אמנם התרגום אומרים בלחש (או"ח סי' קלב ובמ"ב שם).

בתשעה באב מדלגים על „וַאֲנִי זֹאת בְּרִיתִי . . . וְעַד עוֹלָם", ולפי הרבה פוסקים מדלגים גם בבית האבל.

**וּבָא** לְצִיּוֹן גּוֹאֵל, וּלְשָׁבֵי פֶשַׁע בְּיַעֲקֹב, נְאֻם יהוה. וַאֲנִי, זֹאת בְּרִיתִי אוֹתָם, אָמַר יהוה, רוּחִי אֲשֶׁר עָלֶיךָ, וּדְבָרַי אֲשֶׁר שַׂמְתִּי בְּפִיךָ, לֹא יָמוּשׁוּ מִפִּיךָ וּמִפִּי זַרְעֲךָ וּמִפִּי זֶרַע זַרְעֲךָ, אָמַר יהוה, מֵעַתָּה וְעַד עוֹלָם.[1] ❖ וְאַתָּה קָדוֹשׁ יוֹשֵׁב תְּהִלּוֹת יִשְׂרָאֵל.[2] וְקָרָא זֶה אֶל זֶה וְאָמַר: **קָדוֹשׁ, קָדוֹשׁ, קָדוֹשׁ, יהוה צְבָאוֹת, מְלֹא כָל הָאָרֶץ כְּבוֹדוֹ.**[3] וּמְקַבְּלִין דֵּין מִן דֵּין וְאָמְרִין: קַדִּישׁ בִּשְׁמֵי מְרוֹמָא עִלָּאָה בֵּית שְׁכִינְתֵּהּ, קַדִּישׁ עַל אַרְעָא עוֹבַד גְּבוּרְתֵּהּ, קַדִּישׁ לְעָלַם וּלְעָלְמֵי עָלְמַיָּא, יהוה צְבָאוֹת, מַלְיָא כָל אַרְעָא זִיו יְקָרֵהּ.[4] ❖ וַתִּשָּׂאֵנִי רוּחַ, וָאֶשְׁמַע אַחֲרַי קוֹל רַעַשׁ גָּדוֹל: **בָּרוּךְ כְּבוֹד יהוה מִמְּקוֹמוֹ.**[5] וּנְטָלַתְנִי רוּחָא, וְשִׁמְעֵת בַּתְרַי קָל זִיעַ סַגִּיא דִּמְשַׁבְּחִין וְאָמְרִין: בְּרִיךְ יְקָרָא דַיהוה מֵאֲתַר בֵּית שְׁכִינְתֵּהּ.[6] **יהוה יִמְלֹךְ לְעֹלָם וָעֶד.**[7] יהוה מַלְכוּתֵהּ קָאֵם לְעָלַם וּלְעָלְמֵי עָלְמַיָּא.[8]

יהוה אֱלֹהֵי אַבְרָהָם יִצְחָק וְיִשְׂרָאֵל אֲבֹתֵינוּ, שָׁמְרָה זֹּאת לְעוֹלָם, לְיֵצֶר מַחְשְׁבוֹת לְבַב עַמֶּךָ, וְהָכֵן לְבָבָם אֵלֶיךָ.[9] וְהוּא רַחוּם, יְכַפֵּר עָוֹן וְלֹא יַשְׁחִית, וְהִרְבָּה לְהָשִׁיב אַפּוֹ, וְלֹא יָעִיר כָּל חֲמָתוֹ.[10] כִּי אַתָּה אֲדֹנָי טוֹב וְסַלָּח, וְרַב חֶסֶד לְכָל קֹרְאֶיךָ.[11] צִדְקָתְךָ צֶדֶק לְעוֹלָם, וְתוֹרָתְךָ אֱמֶת.[12] תִּתֵּן אֱמֶת לְיַעֲקֹב, חֶסֶד לְאַבְרָהָם, אֲשֶׁר נִשְׁבַּעְתָּ לַאֲבֹתֵינוּ מִימֵי קֶדֶם.[13] בָּרוּךְ אֲדֹנָי, יוֹם יוֹם יַעֲמָס לָנוּ, הָאֵל יְשׁוּעָתֵנוּ סֶלָה.[14] יהוה צְבָאוֹת עִמָּנוּ, מִשְׂגָּב לָנוּ אֱלֹהֵי יַעֲקֹב סֶלָה.[15] יהוה צְבָאוֹת, אַשְׁרֵי אָדָם בֹּטֵחַ בָּךְ.[16] יהוה הוֹשִׁיעָה, הַמֶּלֶךְ יַעֲנֵנוּ בְיוֹם קָרְאֵנוּ.[17] בָּרוּךְ הוּא אֱלֹהֵינוּ שֶׁבְּרָאָנוּ לִכְבוֹדוֹ, וְהִבְדִּילָנוּ מִן הַתּוֹעִים, וְנָתַן לָנוּ תּוֹרַת אֱמֶת,

(1) ישעיה נט:כ-כא (2) תהלים כב:ד (3) ישעיה ו:ג (4) תרגום יונתן שם (5) יחזקאל ג:יב
(6) תרגום יונתן שם (7) שמות טו:יח (8) תרגום אונקלוס שם (9) דברי הימים א כט:יח
(10) תהלים עח:לח (11) פו:ה (12) קיט:קמב (13) מיכה ז:כ (14) תהלים סח:כ (15) מו:ח (16) פד:יג (17) כ:י

וְחַיֵּי עוֹלָם נָטַע בְּתוֹכֵנוּ. הוּא יִפְתַּח לִבֵּנוּ בְּתוֹרָתוֹ, וְיָשֵׂם בְּלִבֵּנוּ אַהֲבָתוֹ וְיִרְאָתוֹ וְלַעֲשׂוֹת רְצוֹנוֹ וּלְעָבְדוֹ בְּלֵבָב שָׁלֵם, לְמַעַן לֹא נִיגַע לָרִיק, וְלֹא נֵלֵד לַבֶּהָלָה.[1]

יְהִי רָצוֹן מִלְּפָנֶיךָ, יהוה אֱלֹהֵינוּ וֵאלֹהֵי אֲבוֹתֵינוּ, שֶׁנִּשְׁמֹר חֻקֶּיךָ בָּעוֹלָם הַזֶּה, וְנִזְכֶּה וְנִחְיֶה וְנִרְאֶה וְנִירַשׁ טוֹבָה וּבְרָכָה לִשְׁנֵי יְמוֹת הַמָּשִׁיחַ וּלְחַיֵּי הָעוֹלָם הַבָּא. לְמַעַן יְזַמֶּרְךָ כָבוֹד וְלֹא יִדֹּם, יהוה אֱלֹהַי לְעוֹלָם אוֹדֶךָּ.[2] בָּרוּךְ הַגֶּבֶר אֲשֶׁר יִבְטַח בַּיהוה, וְהָיָה יהוה מִבְטַחוֹ.[3] בִּטְחוּ בַיהוה עֲדֵי עַד, כִּי בְּיָהּ יהוה צוּר עוֹלָמִים.[4] ❖ וְיִבְטְחוּ בְךָ יוֹדְעֵי שְׁמֶךָ, כִּי לֹא עָזַבְתָּ דֹרְשֶׁיךָ, יהוה.[5] יהוה חָפֵץ לְמַעַן צִדְקוֹ, יַגְדִּיל תּוֹרָה וְיַאְדִּיר.[6]

בקצת קהילות מוסיפים:

יהוה אֲדֹנֵינוּ, מָה אַדִּיר שִׁמְךָ בְּכָל הָאָרֶץ.[7]
חִזְקוּ וְיַאֲמֵץ לְבַבְכֶם, כָּל הַמְיַחֲלִים לַיהוה.[8]

בימות החול (וגם בימי חנוכה חוץ מראש חודש) אומר החזן קדיש שלם [ואח"כ מכניסים ספר התורה]. בראש חודש וחולו של מועד שכבר אמר קדיש שלם אחר הלל, אינו אומר כאן קדיש אלא אומר „יְהַלְלוּ . . ." מיד, ומכניסים את ספר התורה, ואומר החזן חצי קדיש ומתפללים תפילת מוסף.

קדיש שלם

**יִתְגַּדַּל** וְיִתְקַדַּשׁ שְׁמֵהּ רַבָּא. בְּעָלְמָא דִּי בְרָא כִרְעוּתֵהּ. וְיַמְלִיךְ מַלְכוּתֵהּ, וְיַצְמַח פֻּרְקָנֵהּ וִיקָרֵב מְשִׁיחֵהּ. בְּחַיֵּיכוֹן וּבְיוֹמֵיכוֹן וּבְחַיֵּי דְכָל בֵּית יִשְׂרָאֵל, בַּעֲגָלָא וּבִזְמַן קָרִיב. וְאִמְרוּ: אָמֵן.

קהל וחזן– **יְהֵא שְׁמֵהּ רַבָּא מְבָרַךְ לְעָלַם וּלְעָלְמֵי עָלְמַיָּא. יִתְבָּרַךְ** וְיִשְׁתַּבַּח וְיִתְפָּאַר וְיִתְרוֹמַם וְיִתְנַשֵּׂא וְיִתְהַדָּר וְיִתְעַלֶּה וְיִתְהַלָּל שְׁמֵהּ דְּקֻדְשָׁא בְּרִיךְ הוּא – °לְעֵלָּא מִן כָּל (°בעשרת ימי תשובה – לְעֵלָּא [וּ]לְעֵלָּא מִכָּל) בִּרְכָתָא וְשִׁירָתָא תֻּשְׁבְּחָתָא וְנֶחֱמָתָא דַּאֲמִירָן בְּעָלְמָא. וְאִמְרוּ: אָמֵן.

(קהל– קַבֵּל בְּרַחֲמִים וּבְרָצוֹן אֶת תְּפִלָּתֵנוּ.)

תִּתְקַבֵּל צְלוֹתְהוֹן וּבָעוּתְהוֹן דְּכָל בֵּית יִשְׂרָאֵל קֳדָם אֲבוּהוֹן דִּי בִשְׁמַיָּא. וְאִמְרוּ: אָמֵן.

(קהל– יְהִי שֵׁם יהוה מְבֹרָךְ מֵעַתָּה וְעַד עוֹלָם.[9])

יְהֵא שְׁלָמָא רַבָּא מִן שְׁמַיָּא, וְחַיִּים טוֹבִים עָלֵינוּ וְעַל כָּל יִשְׂרָאֵל. וְאִמְרוּ: אָמֵן.

(קהל– עֶזְרִי מֵעִם יהוה, עֹשֵׂה שָׁמַיִם וָאָרֶץ.[10])

עֹשֶׂה °שָׁלוֹם (°יש אומרים בעשרת ימי תשובה – הַשָּׁלוֹם) בִּמְרוֹמָיו, הוּא יַעֲשֶׂה שָׁלוֹם עָלֵינוּ, וְעַל כָּל יִשְׂרָאֵל. וְאִמְרוּ: אָמֵן.

(1) ע"פ ישעיה סה:כג (2) תהלים ל:יג (3) ירמיה יז:ז (4) ישעיה כו:ד (5) תהלים ט:יא (6) ישעיה מב:כא (7) תהלים ח:ב (8) לא:כה (9) קיג:ב (10) קכא:ב

## הכנסת ספר תורה

החזן לוקח ספר התורה בזרועו הימנית ואומר:

**יְהַלְּלוּ אֶת שֵׁם יהוה, כִּי נִשְׂגָּב שְׁמוֹ לְבַדּוֹ –**

הקהל עונה – **הוֹדוֹ** עַל אֶרֶץ וְשָׁמָיִם. וַיָּרֶם קֶרֶן לְעַמּוֹ, תְּהִלָּה לְכָל חֲסִידָיו, לִבְנֵי יִשְׂרָאֵל עַם קְרֹבוֹ, הַלְלוּיָהּ.[1]

תהלים כד

**לְדָוִד** מִזְמוֹר, לַיהוה הָאָרֶץ וּמְלוֹאָהּ, תֵּבֵל וְיֹשְׁבֵי בָהּ. כִּי הוּא עַל יַמִּים יְסָדָהּ, וְעַל נְהָרוֹת יְכוֹנְנֶהָ. מִי יַעֲלֶה בְהַר יהוה, וּמִי יָקוּם בִּמְקוֹם קָדְשׁוֹ. נְקִי כַפַּיִם וּבַר לֵבָב, אֲשֶׁר לֹא נָשָׂא לַשָּׁוְא נַפְשִׁי וְלֹא נִשְׁבַּע לְמִרְמָה. יִשָּׂא בְרָכָה מֵאֵת יהוה, וּצְדָקָה מֵאֱלֹהֵי יִשְׁעוֹ. זֶה דּוֹר דֹּרְשָׁיו, מְבַקְשֵׁי פָנֶיךָ, יַעֲקֹב, סֶלָה. שְׂאוּ שְׁעָרִים רָאשֵׁיכֶם, וְהִנָּשְׂאוּ פִּתְחֵי עוֹלָם, וְיָבוֹא מֶלֶךְ הַכָּבוֹד. מִי זֶה מֶלֶךְ הַכָּבוֹד, יהוה עִזּוּז וְגִבּוֹר, יהוה גִּבּוֹר מִלְחָמָה. שְׂאוּ שְׁעָרִים רָאשֵׁיכֶם, וּשְׂאוּ פִּתְחֵי עוֹלָם, וְיָבֹא מֶלֶךְ הַכָּבוֹד. מִי הוּא זֶה מֶלֶךְ הַכָּבוֹד, יהוה צְבָאוֹת הוּא מֶלֶךְ הַכָּבוֹד, סֶלָה.

כשמכניסים ספר התורה לארון הקודש אומרים:

**וּבְנֻחֹה** יֹאמַר, שׁוּבָה יהוה רִבְבוֹת אַלְפֵי יִשְׂרָאֵל.[2] קוּמָה יהוה לִמְנוּחָתֶךָ, אַתָּה וַאֲרוֹן עֻזֶּךָ. כֹּהֲנֶיךָ יִלְבְּשׁוּ צֶדֶק, וַחֲסִידֶיךָ יְרַנֵּנוּ. בַּעֲבוּר דָּוִד עַבְדֶּךָ אַל תָּשֵׁב פְּנֵי מְשִׁיחֶךָ.[3] כִּי לֶקַח טוֹב נָתַתִּי לָכֶם, תּוֹרָתִי אַל תַּעֲזֹבוּ.[4] ❖ עֵץ חַיִּים הִיא לַמַּחֲזִיקִים בָּהּ, וְתֹמְכֶיהָ מְאֻשָּׁר.[5] דְּרָכֶיהָ דַרְכֵי נֹעַם, וְכָל נְתִיבֹתֶיהָ שָׁלוֹם.[6] הֲשִׁיבֵנוּ יהוה אֵלֶיךָ וְנָשׁוּבָה, חַדֵּשׁ יָמֵינוּ כְּקֶדֶם.[7]

בראש חודש וחול המועד אומר החזן חצי קדיש ומתפללים תפילת מוסף (ר״ח עמ׳ 301, חוה״מ עמ׳ 317).

בכמה קהילות אומרים המזמור „תְּפִלָּה לְדָוִד", פסוקי „בֵּית יַעֲקֹב" ומזמור „שִׁיר הַמַּעֲלוֹת" לפני השיר של יום. בכל יום שאין אומרים בו תחנון מדלגים על „תְּפִלָּה לְדָוִד" ומתחילים „בֵּית יַעֲקֹב". כשאין אומרים גם „לַמְנַצֵּחַ" מדלגים גם על „בֵּית יַעֲקֹב" ו„שִׁיר הַמַּעֲלוֹת" ואומרים שיר של יום (עמ׳ 72).

תהלים פו

**תְּפִלָּה לְדָוִד,** הַטֵּה יהוה אָזְנְךָ, עֲנֵנִי, כִּי עָנִי וְאֶבְיוֹן אָנִי. שָׁמְרָה נַפְשִׁי כִּי חָסִיד אָנִי, הוֹשַׁע עַבְדְּךָ, אַתָּה אֱלֹהַי, הַבּוֹטֵחַ אֵלֶיךָ. חָנֵּנִי אֲדֹנָי, כִּי אֵלֶיךָ אֶקְרָא כָּל הַיּוֹם. שַׂמֵּחַ נֶפֶשׁ עַבְדֶּךָ, כִּי אֵלֶיךָ אֲדֹנָי נַפְשִׁי אֶשָּׂא. כִּי אַתָּה אֲדֹנָי טוֹב וְסַלָּח, וְרַב חֶסֶד לְכָל קֹרְאֶיךָ. הַאֲזִינָה יהוה תְּפִלָּתִי, וְהַקְשִׁיבָה בְּקוֹל תַּחֲנוּנוֹתָי. בְּיוֹם צָרָתִי אֶקְרָאֶךָּ, כִּי תַעֲנֵנִי. אֵין כָּמוֹךָ בָאֱלֹהִים,

(1) תהלים קמח:יג-יד (2) במדבר י:לו (3) תהלים קלב:ח-י (4) משלי ד:ב (5) ג:יח (6) ג:יז (7) איכה ה:כא

אֲדֹנָי, וְאֵין כְּמַעֲשֶׂיךָ. כָּל גּוֹיִם אֲשֶׁר עָשִׂיתָ, יָבֹאוּ וְיִשְׁתַּחֲווּ לְפָנֶיךָ, אֲדֹנָי, וִיכַבְּדוּ לִשְׁמֶךָ. כִּי גָדוֹל אַתָּה וְעֹשֵׂה נִפְלָאוֹת, אַתָּה אֱלֹהִים לְבַדֶּךָ. הוֹרֵנִי יהוה דַּרְכֶּךָ, אֲהַלֵּךְ בַּאֲמִתֶּךָ, יַחֵד לְבָבִי לְיִרְאָה שְׁמֶךָ. אוֹדְךָ אֲדֹנָי אֱלֹהַי בְּכָל לְבָבִי, וַאֲכַבְּדָה שִׁמְךָ לְעוֹלָם. כִּי חַסְדְּךָ גָּדוֹל עָלָי, וְהִצַּלְתָּ נַפְשִׁי מִשְּׁאוֹל תַּחְתִּיָּה. אֱלֹהִים, זֵדִים קָמוּ עָלַי, וַעֲדַת עָרִיצִים בִּקְשׁוּ נַפְשִׁי, וְלֹא שָׂמוּךָ לְנֶגְדָּם. וְאַתָּה אֲדֹנָי, אֵל רַחוּם וְחַנּוּן, אֶרֶךְ אַפַּיִם וְרַב חֶסֶד וֶאֱמֶת. פְּנֵה אֵלַי וְחָנֵּנִי, תְּנָה עֻזְּךָ לְעַבְדֶּךָ, וְהוֹשִׁיעָה לְבֶן אֲמָתֶךָ. עֲשֵׂה עִמִּי אוֹת לְטוֹבָה, וְיִרְאוּ שֹׂנְאַי וְיֵבֹשׁוּ, כִּי אַתָּה יהוה עֲזַרְתַּנִי וְנִחַמְתָּנִי.

**בֵּית יַעֲקֹב,** לְכוּ וְנֵלְכָה בְּאוֹר יהוה.[1] כִּי כָּל הָעַמִּים יֵלְכוּ אִישׁ בְּשֵׁם אֱלֹהָיו, וַאֲנַחְנוּ נֵלֵךְ בְּשֵׁם יהוה אֱלֹהֵינוּ לְעוֹלָם וָעֶד.[2] יְהִי יהוה אֱלֹהֵינוּ עִמָּנוּ, כַּאֲשֶׁר הָיָה עִם אֲבֹתֵינוּ, אַל יַעַזְבֵנוּ וְאַל יִטְּשֵׁנוּ. לְהַטּוֹת לְבָבֵנוּ אֵלָיו, לָלֶכֶת בְּכָל דְּרָכָיו, וְלִשְׁמֹר מִצְוֹתָיו וְחֻקָּיו וּמִשְׁפָּטָיו, אֲשֶׁר צִוָּה אֶת אֲבֹתֵינוּ. וְיִהְיוּ דְבָרַי אֵלֶּה, אֲשֶׁר הִתְחַנַּנְתִּי לִפְנֵי יהוה, קְרֹבִים אֶל יהוה אֱלֹהֵינוּ יוֹמָם וָלָיְלָה, לַעֲשׂוֹת מִשְׁפַּט עַבְדּוֹ, וּמִשְׁפַּט עַמּוֹ יִשְׂרָאֵל, דְּבַר יוֹם בְּיוֹמוֹ. לְמַעַן דַּעַת כָּל עַמֵּי הָאָרֶץ, כִּי יהוה הוּא הָאֱלֹהִים, אֵין עוֹד.[3]

תהלים קכד

**שִׁיר הַמַּעֲלוֹת** לְדָוִד, לוּלֵי יהוה שֶׁהָיָה לָנוּ, יֹאמַר נָא יִשְׂרָאֵל. לוּלֵי יהוה שֶׁהָיָה לָנוּ, בְּקוּם עָלֵינוּ אָדָם. אֲזַי חַיִּים בְּלָעוּנוּ, בַּחֲרוֹת אַפָּם בָּנוּ. אֲזַי הַמַּיִם שְׁטָפוּנוּ, נַחְלָה עָבַר עַל נַפְשֵׁנוּ. אֲזַי עָבַר עַל נַפְשֵׁנוּ, הַמַּיִם הַזֵּידוֹנִים. בָּרוּךְ יהוה, שֶׁלֹּא נְתָנָנוּ טֶרֶף לְשִׁנֵּיהֶם. נַפְשֵׁנוּ כְּצִפּוֹר נִמְלְטָה מִפַּח יוֹקְשִׁים, הַפַּח נִשְׁבָּר וַאֲנַחְנוּ נִמְלָטְנוּ. עֶזְרֵנוּ בְּשֵׁם יהוה, עֹשֵׂה שָׁמַיִם וָאָרֶץ.

## שִׁיר שֶׁל יוֹם

### ליום ראשון

הַיּוֹם יוֹם רִאשׁוֹן בַּשַּׁבָּת, שֶׁבּוֹ הָיוּ הַלְוִיִּם אוֹמְרִים בְּבֵית הַמִּקְדָּשׁ:

תהלים כד

**לְדָוִד** מִזְמוֹר, לַיהוה הָאָרֶץ וּמְלוֹאָהּ, תֵּבֵל וְיֹשְׁבֵי בָהּ. כִּי הוּא עַל יַמִּים יְסָדָהּ, וְעַל נְהָרוֹת יְכוֹנְנֶהָ. מִי יַעֲלֶה בְהַר יהוה, וּמִי יָקוּם בִּמְקוֹם קָדְשׁוֹ. נְקִי כַפַּיִם וּבַר לֵבָב, אֲשֶׁר לֹא נָשָׂא לַשָּׁוְא

(1) ישעיה ב:ה (2) מיכה ד:ה (3) מלכים א ח:נז-ס

נַפְשִׁי, וְלֹא נִשְׁבַּע לְמִרְמָה. יִשָּׂא בְרָכָה מֵאֵת יְהוָה, וּצְדָקָה מֵאֱלֹהֵי יִשְׁעוֹ. זֶה דּוֹר דֹּרְשָׁיו, מְבַקְשֵׁי פָנֶיךָ יַעֲקֹב סֶלָה. שְׂאוּ שְׁעָרִים רָאשֵׁיכֶם, וְהִנָּשְׂאוּ פִּתְחֵי עוֹלָם, וְיָבוֹא מֶלֶךְ הַכָּבוֹד. מִי זֶה מֶלֶךְ הַכָּבוֹד, יְהוָה עִזּוּז וְגִבּוֹר, יְהוָה גִּבּוֹר מִלְחָמָה. ❖ שְׂאוּ שְׁעָרִים רָאשֵׁיכֶם, וּשְׂאוּ פִּתְחֵי עוֹלָם, וְיָבֹא מֶלֶךְ הַכָּבוֹד. מִי הוּא זֶה מֶלֶךְ הַכָּבוֹד, יְהוָה צְבָאוֹת, הוּא מֶלֶךְ הַכָּבוֹד סֶלָה.

בכמה קהילות אומרים „הוֹשִׁיעֵנוּ" (עמ' 75). אח"כ אומרים האבלים קדיש יתום (שם).

---

### ליום שני

הַיּוֹם יוֹם שֵׁנִי בַּשַּׁבָּת, שֶׁבּוֹ הָיוּ הַלְוִיִּם אוֹמְרִים בְּבֵית הַמִּקְדָּשׁ:

תהלים מח

**שִׁיר מִזְמוֹר** לִבְנֵי קֹרַח. גָּדוֹל יְהוָה וּמְהֻלָּל מְאֹד, בְּעִיר אֱלֹהֵינוּ, הַר קָדְשׁוֹ. יְפֵה נוֹף, מְשׂוֹשׂ כָּל הָאָרֶץ, הַר צִיּוֹן יַרְכְּתֵי צָפוֹן, קִרְיַת מֶלֶךְ רָב. אֱלֹהִים בְּאַרְמְנוֹתֶיהָ נוֹדַע לְמִשְׂגָּב. כִּי הִנֵּה הַמְּלָכִים נוֹעֲדוּ, עָבְרוּ יַחְדָּו. הֵמָּה רָאוּ כֵּן תָּמָהוּ, נִבְהֲלוּ נֶחְפָּזוּ. רְעָדָה אֲחָזָתַם שָׁם, חִיל כַּיּוֹלֵדָה. בְּרוּחַ קָדִים תְּשַׁבֵּר אֳנִיּוֹת תַּרְשִׁישׁ. כַּאֲשֶׁר שָׁמַעְנוּ כֵּן רָאִינוּ בְּעִיר יְהוָה צְבָאוֹת, בְּעִיר אֱלֹהֵינוּ, אֱלֹהִים יְכוֹנְנֶהָ עַד עוֹלָם סֶלָה. דִּמִּינוּ אֱלֹהִים חַסְדֶּךָ, בְּקֶרֶב הֵיכָלֶךָ. כְּשִׁמְךָ אֱלֹהִים, כֵּן תְּהִלָּתְךָ עַל קַצְוֵי אֶרֶץ; צֶדֶק מָלְאָה יְמִינֶךָ. יִשְׂמַח הַר צִיּוֹן, תָּגֵלְנָה בְּנוֹת יְהוּדָה, לְמַעַן מִשְׁפָּטֶיךָ. סֹבּוּ צִיּוֹן וְהַקִּיפוּהָ, סִפְרוּ מִגְדָּלֶיהָ. ❖ שִׁיתוּ לִבְּכֶם לְחֵילָה, פַּסְּגוּ אַרְמְנוֹתֶיהָ, לְמַעַן תְּסַפְּרוּ לְדוֹר אַחֲרוֹן. כִּי זֶה אֱלֹהִים אֱלֹהֵינוּ עוֹלָם וָעֶד, הוּא יְנַהֲגֵנוּ עַל-מוּת.

בכמה קהילות אומרים „הוֹשִׁיעֵנוּ" (עמ' 75). אח"כ אומרים האבלים קדיש יתום (שם).

---

### ליום שלישי

הַיּוֹם יוֹם שְׁלִישִׁי בַּשַּׁבָּת, שֶׁבּוֹ הָיוּ הַלְוִיִּם אוֹמְרִים בְּבֵית הַמִּקְדָּשׁ:

תהלים פב

**מִזְמוֹר** לְאָסָף, אֱלֹהִים נִצָּב בַּעֲדַת אֵל, בְּקֶרֶב אֱלֹהִים יִשְׁפֹּט. עַד מָתַי תִּשְׁפְּטוּ עָוֶל, וּפְנֵי רְשָׁעִים תִּשְׂאוּ סֶלָה. שִׁפְטוּ דָל וְיָתוֹם, עָנִי וָרָשׁ הַצְדִּיקוּ. פַּלְּטוּ דַל וְאֶבְיוֹן, מִיַּד רְשָׁעִים הַצִּילוּ. לֹא יָדְעוּ וְלֹא יָבִינוּ, בַּחֲשֵׁכָה יִתְהַלָּכוּ; יִמּוֹטוּ כָּל מוֹסְדֵי אָרֶץ. אֲנִי אָמַרְתִּי אֱלֹהִים אַתֶּם, וּבְנֵי עֶלְיוֹן כֻּלְּכֶם. אָכֵן כְּאָדָם תְּמוּתוּן, וּכְאַחַד הַשָּׂרִים תִּפֹּלוּ. ❖ קוּמָה אֱלֹהִים שָׁפְטָה הָאָרֶץ, כִּי אַתָּה תִנְחַל בְּכָל הַגּוֹיִם.

בכמה קהילות אומרים „הוֹשִׁיעֵנוּ" (עמ' 75). אח"כ אומרים האבלים קדיש יתום (שם).

ליום רביעי

הַיּוֹם יוֹם רְבִיעִי בַּשַּׁבָּת, שֶׁבּוֹ הָיוּ הַלְוִיִּם אוֹמְרִים בְּבֵית הַמִּקְדָּשׁ:

תהלים צד:א-צה:ג

**אֵל** נְקָמוֹת יהוה, אֵל נְקָמוֹת הוֹפִיעַ. הִנָּשֵׂא שֹׁפֵט הָאָרֶץ, הָשֵׁב גְּמוּל עַל גֵּאִים. עַד מָתַי רְשָׁעִים, יהוה, עַד מָתַי רְשָׁעִים יַעֲלֹזוּ. יַבִּיעוּ יְדַבְּרוּ עָתָק, יִתְאַמְּרוּ כָּל פֹּעֲלֵי אָוֶן. עַמְּךָ, יהוה, יְדַכְּאוּ, וְנַחֲלָתְךָ יְעַנּוּ. אַלְמָנָה וְגֵר יַהֲרֹגוּ, וִיתוֹמִים יְרַצֵּחוּ. וַיֹּאמְרוּ: לֹא יִרְאֶה יָּהּ, וְלֹא יָבִין אֱלֹהֵי יַעֲקֹב. בִּינוּ בֹּעֲרִים בָּעָם, וּכְסִילִים מָתַי תַּשְׂכִּילוּ. הֲנֹטַע אֹזֶן הֲלֹא יִשְׁמָע, אִם יֹצֵר עַיִן הֲלֹא יַבִּיט. הֲיֹסֵר גּוֹיִם הֲלֹא יוֹכִיחַ, הַמְּלַמֵּד אָדָם דָּעַת. יהוה יֹדֵעַ מַחְשְׁבוֹת אָדָם, כִּי הֵמָּה הָבֶל. אַשְׁרֵי הַגֶּבֶר אֲשֶׁר תְּיַסְּרֶנּוּ יָּהּ, וּמִתּוֹרָתְךָ תְלַמְּדֶנּוּ. לְהַשְׁקִיט לוֹ מִימֵי רָע, עַד יִכָּרֶה לָרָשָׁע שָׁחַת. כִּי לֹא יִטֹּשׁ יהוה עַמּוֹ, וְנַחֲלָתוֹ לֹא יַעֲזֹב. כִּי עַד צֶדֶק יָשׁוּב מִשְׁפָּט, וְאַחֲרָיו כָּל יִשְׁרֵי לֵב. מִי יָקוּם לִי עִם מְרֵעִים, מִי יִתְיַצֵּב לִי עִם פֹּעֲלֵי אָוֶן. לוּלֵי יהוה עֶזְרָתָה לִּי, כִּמְעַט שָׁכְנָה דוּמָה נַפְשִׁי. אִם אָמַרְתִּי מָטָה רַגְלִי, חַסְדְּךָ יהוה יִסְעָדֵנִי. בְּרֹב שַׂרְעַפַּי בְּקִרְבִּי, תַּנְחוּמֶיךָ יְשַׁעַשְׁעוּ נַפְשִׁי. הַיְחָבְרְךָ כִּסֵּא הַוּוֹת, יֹצֵר עָמָל עֲלֵי חֹק. יָגוֹדּוּ עַל נֶפֶשׁ צַדִּיק, וְדָם נָקִי יַרְשִׁיעוּ. וַיְהִי יהוה לִי לְמִשְׂגָּב, וֵאלֹהַי לְצוּר מַחְסִי. וַיָּשֶׁב עֲלֵיהֶם אֶת אוֹנָם, וּבְרָעָתָם יַצְמִיתֵם, יַצְמִיתֵם יהוה אֱלֹהֵינוּ. ❖ לְכוּ נְרַנְּנָה לַיהוה, נָרִיעָה לְצוּר יִשְׁעֵנוּ. נְקַדְּמָה פָנָיו בְּתוֹדָה, בִּזְמִרוֹת נָרִיעַ לוֹ. כִּי אֵל גָּדוֹל יהוה, וּמֶלֶךְ גָּדוֹל עַל כָּל אֱלֹהִים.

בכמה קהילות אומרים „הוֹשִׁיעֵנוּ" (עמ' 75). אח"כ אומרים האבלים קדיש יתום (שם).

ליום חמישי

הַיּוֹם יוֹם חֲמִישִׁי בַּשַּׁבָּת, שֶׁבּוֹ הָיוּ הַלְוִיִּם אוֹמְרִים בְּבֵית הַמִּקְדָּשׁ:

תהלים פא

**לַמְנַצֵּחַ** עַל הַגִּתִּית לְאָסָף. הַרְנִינוּ לֵאלֹהִים עוּזֵּנוּ, הָרִיעוּ לֵאלֹהֵי יַעֲקֹב. שְׂאוּ זִמְרָה וּתְנוּ תֹף, כִּנּוֹר נָעִים עִם נָבֶל. תִּקְעוּ בַחֹדֶשׁ שׁוֹפָר, בַּכֶּסֶה לְיוֹם חַגֵּנוּ. כִּי חֹק לְיִשְׂרָאֵל הוּא, מִשְׁפָּט לֵאלֹהֵי יַעֲקֹב. עֵדוּת בִּיהוֹסֵף שָׂמוֹ, בְּצֵאתוֹ עַל אֶרֶץ מִצְרָיִם, שְׂפַת לֹא יָדַעְתִּי אֶשְׁמָע. הֲסִירוֹתִי מִסֵּבֶל שִׁכְמוֹ, כַּפָּיו מִדּוּד תַּעֲבֹרְנָה. בַּצָּרָה קָרָאתָ, וָאֲחַלְּצֶךָּ; אֶעֶנְךָ בְּסֵתֶר רַעַם, אֶבְחָנְךָ עַל מֵי מְרִיבָה, סֶלָה. שְׁמַע עַמִּי וְאָעִידָה בָּךְ, יִשְׂרָאֵל אִם תִּשְׁמַע לִי. לֹא יִהְיֶה בְךָ אֵל זָר, וְלֹא תִשְׁתַּחֲוֶה לְאֵל נֵכָר. אָנֹכִי יהוה אֱלֹהֶיךָ הַמַּעַלְךָ מֵאֶרֶץ מִצְרָיִם, הַרְחֶב פִּיךָ וַאֲמַלְאֵהוּ. וְלֹא שָׁמַע עַמִּי

לְקוֹלִי, וְיִשְׂרָאֵל לֹא אָבָה לִי. וָאֲשַׁלְּחֵהוּ בִּשְׁרִירוּת לִבָּם, יֵלְכוּ בְּמוֹעֲצוֹתֵיהֶם. לוּ עַמִּי שֹׁמֵעַ לִי, יִשְׂרָאֵל בִּדְרָכַי יְהַלֵּכוּ. כִּמְעַט אוֹיְבֵיהֶם אַכְנִיעַ, וְעַל צָרֵיהֶם אָשִׁיב יָדִי. מְשַׂנְאֵי יהוה יְכַחֲשׁוּ לוֹ, וִיהִי עִתָּם לְעוֹלָם. ❖ וַיַּאֲכִילֵהוּ מֵחֵלֶב חִטָּה; וּמִצּוּר, דְּבַשׁ אַשְׂבִּיעֶךָ.

בכמה קהילות אומרים „הוֹשִׁיעֵנוּ" (למטה). אח"כ אומרים האבלים קדיש יתום.

---

ליום ששי

---

הַיּוֹם יוֹם שִׁשִּׁי בְּשַׁבָּת, שֶׁבּוֹ הָיוּ הַלְוִיִּם אוֹמְרִים בְּבֵית הַמִּקְדָּשׁ:

תהלים צג

**יהוה מָלָךְ,** גֵּאוּת לָבֵשׁ, לָבֵשׁ יהוה עֹז הִתְאַזָּר, אַף תִּכּוֹן תֵּבֵל בַּל תִּמּוֹט. נָכוֹן כִּסְאֲךָ מֵאָז, מֵעוֹלָם אָתָּה. נָשְׂאוּ נְהָרוֹת, יהוה, נָשְׂאוּ נְהָרוֹת קוֹלָם, יִשְׂאוּ נְהָרוֹת דָּכְיָם. מִקֹּלוֹת מַיִם רַבִּים, אַדִּירִים מִשְׁבְּרֵי יָם, אַדִּיר בַּמָּרוֹם יהוה. ❖ עֵדֹתֶיךָ נֶאֶמְנוּ מְאֹד לְבֵיתְךָ נַאֲוָה קֹדֶשׁ, יהוה, לְאֹרֶךְ יָמִים.

בכמה קהילות אומרים „הוֹשִׁיעֵנוּ". אח"כ אומרים האבלים קדיש יתום.

**הוֹשִׁיעֵנוּ** יהוה אֱלֹהֵינוּ, וְקַבְּצֵנוּ מִן הַגּוֹיִם, לְהֹדוֹת לְשֵׁם קָדְשֶׁךָ, לְהִשְׁתַּבֵּחַ בִּתְהִלָּתֶךָ. בָּרוּךְ יהוה אֱלֹהֵי יִשְׂרָאֵל, מִן הָעוֹלָם וְעַד הָעוֹלָם, וְאָמַר כָּל הָעָם: אָמֵן, הַלְלוּיָהּ.[1] בָּרוּךְ יהוה מִצִּיּוֹן, שֹׁכֵן יְרוּשָׁלָיִם, הַלְלוּיָהּ.[2] בָּרוּךְ יהוה אֱלֹהִים אֱלֹהֵי יִשְׂרָאֵל, עֹשֵׂה נִפְלָאוֹת לְבַדּוֹ. ❖ וּבָרוּךְ שֵׁם כְּבוֹדוֹ לְעוֹלָם, וְיִמָּלֵא כְבוֹדוֹ אֶת כָּל הָאָרֶץ, אָמֵן וְאָמֵן.[3]

קדיש יתום

**יִתְגַּדַּל** וְיִתְקַדַּשׁ שְׁמֵהּ רַבָּא. בְּעָלְמָא דִּי בְרָא כִרְעוּתֵהּ. וְיַמְלִיךְ מַלְכוּתֵהּ, וְיַצְמַח פֻּרְקָנֵהּ וִיקָרֵב מְשִׁיחֵהּ. בְּחַיֵּיכוֹן וּבְיוֹמֵיכוֹן וּבְחַיֵּי דְכָל בֵּית יִשְׂרָאֵל, בַּעֲגָלָא וּבִזְמַן קָרִיב. וְאִמְרוּ: אָמֵן.

קהל וחזן – **יְהֵא שְׁמֵהּ רַבָּא מְבָרַךְ לְעָלַם וּלְעָלְמֵי עָלְמַיָּא. יִתְבָּרַךְ** וְיִשְׁתַּבַּח וְיִתְפָּאַר וְיִתְרוֹמַם וְיִתְנַשֵּׂא וְיִתְהַדָּר וְיִתְעַלֶּה וְיִתְהַלָּל שְׁמֵהּ דְּקֻדְשָׁא בְּרִיךְ הוּא – °לְעֵלָּא מִן כָּל (°בעשרת ימי תשובה – לְעֵלָּא [וּ]לְעֵלָּא מִכָּל) בִּרְכָתָא וְשִׁירָתָא תֻּשְׁבְּחָתָא וְנֶחֱמָתָא דַּאֲמִירָן בְּעָלְמָא. וְאִמְרוּ: אָמֵן.

יְהֵא שְׁלָמָא רַבָּא מִן שְׁמַיָּא, וְחַיִּים טוֹבִים עָלֵינוּ וְעַל כָּל יִשְׂרָאֵל. וְאִמְרוּ: אָמֵן.

עֹשֶׂה °שָׁלוֹם (°יש אומרים בעשרת ימי תשובה – הַשָּׁלוֹם) בִּמְרוֹמָיו, הוּא יַעֲשֶׂה שָׁלוֹם עָלֵינוּ, וְעַל כָּל יִשְׂרָאֵל. וְאִמְרוּ: אָמֵן.

(1) תהלים קו:מז-מח (2) קלה:כא (3) עב:יח-יט

בראש חודש אומרים „בָּרְכִי נַפְשִׁי", קדיש יתום, ואח"כ מוציאים ספר תורה (עמ' 63).
בחול המועד מוציאים ספר תורה (עמ' 63), ביו"ט מוציאים ספר תורה (עמ' 218).

תהלים קד

**בָּרְכִי נַפְשִׁי** אֶת יהוה, יהוה אֱלֹהַי גָּדַלְתָּ מְּאֹד, הוֹד וְהָדָר לָבָשְׁתָּ. עֹטֶה אוֹר כַּשַּׂלְמָה, נוֹטֶה שָׁמַיִם כַּיְרִיעָה. הַמְּקָרֶה בַמַּיִם עֲלִיּוֹתָיו, הַשָּׂם עָבִים רְכוּבוֹ, הַמְּהַלֵּךְ עַל כַּנְפֵי רוּחַ. עֹשֶׂה מַלְאָכָיו רוּחוֹת, מְשָׁרְתָיו אֵשׁ לֹהֵט. יָסַד אֶרֶץ עַל מְכוֹנֶיהָ, בַּל תִּמּוֹט עוֹלָם וָעֶד.

תְּהוֹם כַּלְּבוּשׁ כִּסִּיתוֹ, עַל הָרִים יַעַמְדוּ מָיִם. מִן גַּעֲרָתְךָ יְנוּסוּן, מִן קוֹל רַעַמְךָ יֵחָפֵזוּן. יַעֲלוּ הָרִים, יֵרְדוּ בְקָעוֹת, אֶל מְקוֹם זֶה יָסַדְתָּ לָהֶם. גְּבוּל שַׂמְתָּ בַּל יַעֲבֹרוּן, בַּל יְשׁוּבוּן לְכַסּוֹת הָאָרֶץ.

הַמְּשַׁלֵּחַ מַעְיָנִים בַּנְּחָלִים, בֵּין הָרִים יְהַלֵּכוּן. יַשְׁקוּ כָּל חַיְתוֹ שָׂדָי, יִשְׁבְּרוּ פְרָאִים צְמָאָם. עֲלֵיהֶם עוֹף הַשָּׁמַיִם יִשְׁכּוֹן, מִבֵּין עֳפָאיִם יִתְּנוּ קוֹל. מַשְׁקֶה הָרִים מֵעֲלִיּוֹתָיו, מִפְּרִי מַעֲשֶׂיךָ תִּשְׂבַּע הָאָרֶץ.

מַצְמִיחַ חָצִיר לַבְּהֵמָה, וְעֵשֶׂב לַעֲבֹדַת הָאָדָם, לְהוֹצִיא לֶחֶם מִן הָאָרֶץ. וְיַיִן יְשַׂמַּח לְבַב אֱנוֹשׁ, לְהַצְהִיל פָּנִים מִשָּׁמֶן, וְלֶחֶם לְבַב אֱנוֹשׁ יִסְעָד. יִשְׂבְּעוּ עֲצֵי יהוה, אַרְזֵי לְבָנוֹן אֲשֶׁר נָטָע. אֲשֶׁר שָׁם צִפֳּרִים יְקַנֵּנוּ, חֲסִידָה בְּרוֹשִׁים בֵּיתָהּ. הָרִים הַגְּבֹהִים לַיְּעֵלִים, סְלָעִים מַחְסֶה לַשְׁפַנִּים.

עָשָׂה יָרֵחַ לְמוֹעֲדִים, שֶׁמֶשׁ יָדַע מְבוֹאוֹ. תָּשֶׁת חֹשֶׁךְ וִיהִי לָיְלָה, בּוֹ תִרְמֹשׂ כָּל חַיְתוֹ יָעַר. הַכְּפִירִים שֹׁאֲגִים לַטָּרֶף, וּלְבַקֵּשׁ מֵאֵל אָכְלָם. תִּזְרַח הַשֶּׁמֶשׁ יֵאָסֵפוּן, וְאֶל מְעוֹנֹתָם יִרְבָּצוּן. יֵצֵא אָדָם לְפָעֳלוֹ, וְלַעֲבֹדָתוֹ עֲדֵי עָרֶב.

מָה רַבּוּ מַעֲשֶׂיךָ יהוה, כֻּלָּם בְּחָכְמָה עָשִׂיתָ, מָלְאָה הָאָרֶץ קִנְיָנֶךָ. זֶה הַיָּם, גָּדוֹל וּרְחַב יָדָיִם, שָׁם רֶמֶשׂ וְאֵין מִסְפָּר, חַיּוֹת קְטַנּוֹת עִם גְּדֹלוֹת. שָׁם אֳנִיּוֹת יְהַלֵּכוּן, לִוְיָתָן זֶה יָצַרְתָּ לְשַׂחֶק בּוֹ. כֻּלָּם אֵלֶיךָ יְשַׂבֵּרוּן, לָתֵת אָכְלָם בְּעִתּוֹ. תִּתֵּן לָהֶם, יִלְקֹטוּן, תִּפְתַּח יָדְךָ, יִשְׂבְּעוּן טוֹב. תַּסְתִּיר פָּנֶיךָ יִבָּהֵלוּן, תֹּסֵף רוּחָם יִגְוָעוּן, וְאֶל עֲפָרָם יְשׁוּבוּן. תְּשַׁלַּח רוּחֲךָ יִבָּרֵאוּן, וּתְחַדֵּשׁ פְּנֵי אֲדָמָה.

יְהִי כְבוֹד יהוה לְעוֹלָם, יִשְׂמַח יהוה בְּמַעֲשָׂיו. הַמַּבִּיט לָאָרֶץ וַתִּרְעָד, יִגַּע בֶּהָרִים וְיֶעֱשָׁנוּ. אָשִׁירָה לַיהוה בְּחַיָּי, אֲזַמְּרָה לֵאלֹהַי בְּעוֹדִי. ❖ יֶעֱרַב עָלָיו שִׂיחִי, אָנֹכִי אֶשְׂמַח בַּיהוה. יִתַּמּוּ חַטָּאִים מִן הָאָרֶץ, וּרְשָׁעִים עוֹד אֵינָם, בָּרְכִי נַפְשִׁי אֶת יהוה, הַלְלוּיָהּ.

**קַוֵּה** אֶל יהוה, חֲזַק וְיַאֲמֵץ לִבֶּךָ, וְקַוֵּה אֶל יהוה.[1] אֵין קָדוֹשׁ כַּיהוה, כִּי אֵין בִּלְתֶּךָ, וְאֵין צוּר כֵּאלֹהֵינוּ.[2] כִּי מִי אֱלוֹהַּ מִבַּלְעֲדֵי יהוה, וּמִי צוּר זוּלָתִי אֱלֹהֵינוּ.[3]

**אֵין כֵּאלֹהֵינוּ,** אֵין כַּאדוֹנֵינוּ, אֵין כְּמַלְכֵּנוּ, אֵין כְּמוֹשִׁיעֵנוּ. מִי כֵאלֹהֵינוּ, מִי כַאדוֹנֵינוּ, מִי כְמַלְכֵּנוּ, מִי כְמוֹשִׁיעֵנוּ. נוֹדֶה לֵאלֹהֵינוּ, נוֹדֶה לַאדוֹנֵינוּ, נוֹדֶה לְמַלְכֵּנוּ, נוֹדֶה לְמוֹשִׁיעֵנוּ. בָּרוּךְ אֱלֹהֵינוּ, בָּרוּךְ אֲדוֹנֵינוּ, בָּרוּךְ מַלְכֵּנוּ, בָּרוּךְ מוֹשִׁיעֵנוּ. אַתָּה הוּא אֱלֹהֵינוּ, אַתָּה הוּא אֲדוֹנֵינוּ, אַתָּה הוּא מַלְכֵּנוּ, אַתָּה הוּא מוֹשִׁיעֵנוּ. אַתָּה תוֹשִׁיעֵנוּ. אַתָּה תָקוּם תְּרַחֵם צִיּוֹן, כִּי עֵת לְחֶנְנָהּ, כִּי בָא מוֹעֵד.[4]

כריתות ו.

**פִּטּוּם הַקְּטֹרֶת:** (א) הַצֳּרִי, (ב) וְהַצִּפֹּרֶן, (ג) הַחֶלְבְּנָה, (ד) וְהַלְּבוֹנָה, מִשְׁקַל שִׁבְעִים שִׁבְעִים מָנֶה; (ה) מוֹר, (ו) וּקְצִיעָה, (ז) שִׁבֹּלֶת נֵרְדְּ, (ח) וְכַרְכֹּם, מִשְׁקַל שִׁשָּׁה עָשָׂר שִׁשָּׁה עָשָׂר מָנֶה; (ט) הַקֹּשְׁטְ,[5] שְׁנֵים עָשָׂר, (י) וְקִלּוּפָה , שְׁלֹשָׁה, (יא) וְקִנָּמוֹן, תִּשְׁעָה. בֹּרִית כַּרְשִׁינָה, תִּשְׁעָה קַבִּין; יֵין קַפְרִיסִין, סְאִין תְּלָתָא וְקַבִּין תְּלָתָא; וְאִם אֵין לוֹ יֵין קַפְרִיסִין, מֵבִיא חֲמַר חִוַּרְיָן עַתִּיק; מֶלַח סְדוֹמִית, רֹבַע הַקָּב; מַעֲלֶה עָשָׁן, כָּל שֶׁהוּא. רַבִּי נָתָן הַבַּבְלִי אוֹמֵר: אַף כִּפַּת הַיַּרְדֵּן כָּל שֶׁהוּא. וְאִם נָתַן בָּהּ דְּבַשׁ, פְּסָלָהּ. וְאִם חִסַּר אַחַת מִכָּל סַמָּנֶיהָ, חַיָּב מִיתָה.

**רַבָּן שִׁמְעוֹן** בֶּן גַּמְלִיאֵל אוֹמֵר: הַצֳּרִי אֵינוֹ אֶלָּא שְׂרָף הַנּוֹטֵף מֵעֲצֵי הַקְּטָף. בֹּרִית כַּרְשִׁינָה שֶׁשָּׁפִין בָּהּ אֶת הַצִּפֹּרֶן כְּדֵי שֶׁתְּהֵא נָאָה; יֵין קַפְרִיסִין שֶׁשּׁוֹרִין בּוֹ אֶת הַצִּפֹּרֶן כְּדֵי שֶׁתְּהֵא עַזָּה; וַהֲלֹא מֵי רַגְלַיִם יָפִין לָהּ, אֶלָּא שֶׁאֵין מַכְנִיסִין מֵי רַגְלַיִם בַּמִּקְדָּשׁ[6] מִפְּנֵי הַכָּבוֹד.

---

(1) תהלים כז:יד (2) שמואל א ב:ב (3) תהלים יח:לב (4) קב:יד (5) נ"א הַקֹּסְטְ (6) נ"א בָּעֲזָרָה

**תַּנְיָא,** רַבִּי נָתָן אוֹמֵר: כְּשֶׁהוּא שׁוֹחֵק, אוֹמֵר: הָדֵק הֵיטֵב, הֵיטֵב הָדֵק, מִפְּנֵי שֶׁהַקּוֹל יָפֶה לַבְּשָׂמִים. פִּטְּמָהּ לַחֲצָאִין, כְּשֵׁרָה; לִשְׁלִישׁ וְלִרְבִיעַ, לֹא שָׁמָֽעְנוּ. אָמַר רַבִּי יְהוּדָה: זֶה הַכְּלָל – אִם כְּמִדָּתָהּ, כְּשֵׁרָה לַחֲצָאִין; וְאִם חִסַּר אַחַת מִכָּל סַמָּנֶיהָ, חַיָּב מִיתָה.

**תַּנְיָא,** בַּר קַפָּרָא אוֹמֵר: אַחַת לְשִׁשִּׁים אוֹ לְשִׁבְעִים שָׁנָה הָיְתָה בָאָה שֶׁל שִׁירַיִם לַחֲצָאִין. וְעוֹד תָּנֵי בַּר קַפָּרָא: אִלּוּ הָיָה נוֹתֵן בָּהּ קָרְטוֹב שֶׁל דְּבַשׁ, אֵין אָדָם יָכוֹל לַעֲמֹד מִפְּנֵי רֵיחָהּ. וְלָמָּה אֵין מְעָרְבִין בָּהּ דְּבַשׁ, מִפְּנֵי שֶׁהַתּוֹרָה אָמְרָה: כִּי כָל שְׂאֹר וְכָל דְּבַשׁ לֹא תַקְטִירוּ מִמֶּנּוּ אִשֶּׁה לַיהוה.[1]

ג׳ פעמים – יהוה צְבָאוֹת עִמָּנוּ, מִשְׂגָּב לָנוּ אֱלֹהֵי יַעֲקֹב, סֶלָה.[2]

ג׳ פעמים – יהוה צְבָאוֹת, אַשְׁרֵי אָדָם בֹּטֵחַ בָּךְ.[3]

ג׳ פעמים – יהוה הוֹשִׁיעָה, הַמֶּלֶךְ יַעֲנֵנוּ בְיוֹם קָרְאֵנוּ.[4]

אַתָּה סֵתֶר לִי, מִצַּר תִּצְּרֵנִי, רָנֵּי פַלֵּט תְּסוֹבְבֵנִי, סֶלָה.[5] וְעָרְבָה לַיהוה מִנְחַת יְהוּדָה וִירוּשָׁלָיִם, כִּימֵי עוֹלָם וּכְשָׁנִים קַדְמֹנִיּוֹת.[6]

מגילה כח:

**תָּנָא** דְבֵי אֵלִיָּהוּ: כָּל הַשּׁוֹנֶה הֲלָכוֹת בְּכָל יוֹם, מֻבְטָח לוֹ שֶׁהוּא בֶּן עוֹלָם הַבָּא, שֶׁנֶּאֱמַר: הֲלִיכוֹת עוֹלָם לוֹ,[7] אַל תִּקְרֵי הֲלִיכוֹת, אֶלָּא הֲלָכוֹת.

ברכות סד.

**אָמַר** רַבִּי אֶלְעָזָר אָמַר רַבִּי חֲנִינָא: תַּלְמִידֵי חֲכָמִים מַרְבִּים שָׁלוֹם בָּעוֹלָם, שֶׁנֶּאֱמַר: וְכָל בָּנַיִךְ לִמּוּדֵי יהוה, וְרַב שְׁלוֹם בָּנָיִךְ,[8] אַל תִּקְרֵי בָּנָיִךְ אֶלָּא בּוֹנָיִךְ. ❖ שָׁלוֹם רָב לְאֹהֲבֵי תוֹרָתֶךָ, וְאֵין לָמוֹ מִכְשׁוֹל.[9] יְהִי שָׁלוֹם בְּחֵילֵךְ, שַׁלְוָה בְּאַרְמְנוֹתָיִךְ. לְמַעַן אַחַי וְרֵעָי, אֲדַבְּרָה נָּא שָׁלוֹם בָּךְ. לְמַעַן בֵּית יהוה אֱלֹהֵינוּ, אֲבַקְשָׁה טוֹב לָךְ.[10] יהוה עֹז לְעַמּוֹ יִתֵּן, יהוה יְבָרֵךְ אֶת עַמּוֹ בַשָּׁלוֹם.[11]

---

(1) ויקרא ב:יא (2) תהלים מו:ח (3) פד:יג (4) כ:י (5) לב:ז (6) מלאכי ג:ד
(7) חבקוק ג:ו (8) ישעיה נד:יג (9) תהלים קיט:קסה (10) קכב:ז-ט (11) כט:יא

קדיש דרבנן

**יִתְגַּדַּל** וְיִתְקַדַּשׁ שְׁמֵהּ רַבָּא. בְּעָלְמָא דִּי בְרָא כִרְעוּתֵהּ. וְיַמְלִיךְ מַלְכוּתֵהּ, וְיַצְמַח פֻּרְקָנֵהּ וִיקָרֵב מְשִׁיחֵהּ. בְּחַיֵּיכוֹן וּבְיוֹמֵיכוֹן וּבְחַיֵּי דְכָל בֵּית יִשְׂרָאֵל, בַּעֲגָלָא וּבִזְמַן קָרִיב. וְאִמְרוּ: אָמֵן.

קהל וחזן – **יְהֵא שְׁמֵהּ רַבָּא מְבָרַךְ לְעָלַם וּלְעָלְמֵי עָלְמַיָּא. יִתְבָּרַךְ** וְיִשְׁתַּבַּח וְיִתְפָּאַר וְיִתְרוֹמַם וְיִתְנַשֵּׂא וְיִתְהַדָּר וְיִתְעַלֶּה וְיִתְהַלָּל שְׁמֵהּ דְּקֻדְשָׁא בְּרִיךְ הוּא – °לְעֵלָּא מִן כָּל (°בעשרת ימי תשובה – לְעֵלָּא [וּ]לְעֵלָּא מִכָּל) בִּרְכָתָא וְשִׁירָתָא תֻּשְׁבְּחָתָא וְנֶחֱמָתָא דַּאֲמִירָן בְּעָלְמָא. וְאִמְרוּ: אָמֵן.

עַל יִשְׂרָאֵל וְעַל רַבָּנָן, וְעַל תַּלְמִידֵיהוֹן וְעַל כָּל תַּלְמִידֵי תַלְמִידֵיהוֹן, וְעַל כָּל מָאן דְּעָסְקִין בְּאוֹרַיְתָא, דִּי בְאַתְרָא הָדֵין וְדִי בְכָל אֲתַר וַאֲתַר. יְהֵא לְהוֹן וּלְכוֹן שְׁלָמָא רַבָּא, חִנָּא וְחִסְדָּא וְרַחֲמִין, וְחַיִּין אֲרִיכִין, וּמְזוֹנֵי רְוִיחֵי, וּפֻרְקָנָא, מִן קֳדָם אֲבוּהוֹן דִּי בִשְׁמַיָּא וְאַרְעָא. וְאִמְרוּ: אָמֵן.

יְהֵא שְׁלָמָא רַבָּא מִן שְׁמַיָּא, וְחַיִּים טוֹבִים עָלֵינוּ וְעַל כָּל יִשְׂרָאֵל. וְאִמְרוּ: אָמֵן.

עֹשֶׂה °שָׁלוֹם (°יש אומרים בעשרת ימי תשובה – הַשָּׁלוֹם) בִּמְרוֹמָיו, הוּא בְּרַחֲמָיו יַעֲשֶׂה שָׁלוֹם עָלֵינוּ, וְעַל כָּל יִשְׂרָאֵל. וְאִמְרוּ: אָמֵן.

אומר „עָלֵינוּ" מעומד ויזהר לאומרו בכוונה (או"ח סי' קלב ס"ב). ויש לאומרו באימה וביראה כי כל צבא השמים שומעים והקב"ה עומד עם פמליא של מעלה וכולם עונים ואומרים „אשרי העם שככה לו אשרי העם שה' אלקיו".
כשאומר „וַאֲנַחְנוּ כּוֹרְעִים" יכרע שלא יהיה נראה ככופר (מ"ב שם ס"ק ח-ט).

**עָלֵינוּ** לְשַׁבֵּחַ לַאֲדוֹן הַכֹּל, לָתֵת גְּדֻלָּה לְיוֹצֵר בְּרֵאשִׁית, שֶׁלֹּא עָשָׂנוּ כְּגוֹיֵי הָאֲרָצוֹת, וְלֹא שָׂמָנוּ כְּמִשְׁפְּחוֹת הָאֲדָמָה. שֶׁלֹּא שָׂם חֶלְקֵנוּ כָּהֶם, וְגוֹרָלֵנוּ כְּכָל הֲמוֹנָם. (שֶׁהֵם מִשְׁתַּחֲוִים לְהֶבֶל וָרִיק, וּמִתְפַּלְּלִים אֶל אֵל לֹא יוֹשִׁיעַ.[1]) וַאֲנַחְנוּ כּוֹרְעִים וּמִשְׁתַּחֲוִים וּמוֹדִים, לִפְנֵי מֶלֶךְ מַלְכֵי הַמְּלָכִים הַקָּדוֹשׁ בָּרוּךְ הוּא. שֶׁהוּא נוֹטֶה שָׁמַיִם וְיֹסֵד אָרֶץ,[2] וּמוֹשַׁב יְקָרוֹ בַּשָּׁמַיִם מִמַּעַל, וּשְׁכִינַת עֻזּוֹ בְּגָבְהֵי מְרוֹמִים. הוּא אֱלֹהֵינוּ, אֵין עוֹד. אֱמֶת מַלְכֵּנוּ, אֶפֶס זוּלָתוֹ, כַּכָּתוּב בְּתוֹרָתוֹ: וְיָדַעְתָּ הַיּוֹם וַהֲשֵׁבֹתָ אֶל לְבָבֶךָ, כִּי יהוה הוּא הָאֱלֹהִים בַּשָּׁמַיִם מִמַּעַל וְעַל הָאָרֶץ מִתָּחַת, אֵין עוֹד.[3]

(1) ישעיה מה:כ (2) נא:יג (3) דברים ד:לט

**וְעַל כֵּן** נְקַוֶּה לְּךָ יהוה אֱלֹהֵינוּ לִרְאוֹת מְהֵרָה בְּתִפְאֶרֶת עֻזֶּךָ, לְהַעֲבִיר גִּלּוּלִים מִן הָאָרֶץ, וְהָאֱלִילִים כָּרוֹת יִכָּרֵתוּן, לְתַקֵּן עוֹלָם בְּמַלְכוּת שַׁדַּי. וְכָל בְּנֵי בָשָׂר יִקְרְאוּ בִשְׁמֶךָ, לְהַפְנוֹת אֵלֶיךָ כָּל רִשְׁעֵי אָרֶץ. יַכִּירוּ וְיֵדְעוּ כָּל יוֹשְׁבֵי תֵבֵל, כִּי לְךָ תִּכְרַע כָּל בֶּרֶךְ, תִּשָּׁבַע כָּל לָשׁוֹן.[1] לְפָנֶיךָ יהוה אֱלֹהֵינוּ יִכְרְעוּ וְיִפֹּלוּ, וְלִכְבוֹד שִׁמְךָ יְקָר יִתֵּנוּ. וִיקַבְּלוּ כֻלָּם אֶת עוֹל מַלְכוּתֶךָ, וְתִמְלֹךְ עֲלֵיהֶם מְהֵרָה לְעוֹלָם וָעֶד. כִּי הַמַּלְכוּת שֶׁלְּךָ הִיא וּלְעוֹלְמֵי עַד תִּמְלוֹךְ בְּכָבוֹד, כַּכָּתוּב בְּתוֹרָתֶךָ: יהוה יִמְלֹךְ לְעֹלָם וָעֶד.[2] ❖ וְנֶאֱמַר: וְהָיָה יהוה לְמֶלֶךְ עַל כָּל הָאָרֶץ, בַּיּוֹם הַהוּא יִהְיֶה יהוה אֶחָד וּשְׁמוֹ אֶחָד.[3]

**אַל תִּירָא** מִפַּחַד פִּתְאֹם, וּמִשֹּׁאַת רְשָׁעִים כִּי תָבֹא.[4] עֻצוּ עֵצָה וְתֻפָר, דַּבְּרוּ דָבָר וְלֹא יָקוּם, כִּי עִמָּנוּ אֵל.[5] וְעַד זִקְנָה אֲנִי הוּא, וְעַד שֵׂיבָה אֲנִי אֶסְבֹּל, אֲנִי עָשִׂיתִי וַאֲנִי אֶשָּׂא, וַאֲנִי אֶסְבֹּל וַאֲמַלֵּט.[6]

### קדיש יתום

אחר „עָלֵינוּ" אומרים קדיש יתום אפילו אם אין שם אבל או חיוב; ויאמרנו מי שאין לו הורים או מי שאין הוריו מקפידים בכך (ויש שאין אומרים אותו אלא כשיש שם חיוב).

**יִתְגַּדַּל** וְיִתְקַדַּשׁ שְׁמֵהּ רַבָּא. בְּעָלְמָא דִּי בְרָא כִרְעוּתֵהּ. וְיַמְלִיךְ מַלְכוּתֵהּ, וְיַצְמַח פֻּרְקָנֵהּ וִיקָרֵב מְשִׁיחֵהּ. בְּחַיֵּיכוֹן וּבְיוֹמֵיכוֹן וּבְחַיֵּי דְכָל בֵּית יִשְׂרָאֵל, בַּעֲגָלָא וּבִזְמַן קָרִיב. וְאִמְרוּ: אָמֵן.

קהל וחזן – **יְהֵא שְׁמֵהּ רַבָּא מְבָרַךְ לְעָלַם וּלְעָלְמֵי עָלְמַיָּא. יִתְבָּרַךְ** וְיִשְׁתַּבַּח וְיִתְפָּאַר וְיִתְרוֹמַם וְיִתְנַשֵּׂא וְיִתְהַדָּר וְיִתְעַלֶּה וְיִתְהַלָּל שְׁמֵהּ דְּקֻדְשָׁא בְּרִיךְ הוּא – °לְעֵלָּא מִן כָּל (°בעשרת ימי תשובה– לְעֵלָּא [וּ]לְעֵלָּא מִכָּל) בִּרְכָתָא וְשִׁירָתָא תֻּשְׁבְּחָתָא וְנֶחֱמָתָא דַּאֲמִירָן בְּעָלְמָא. וְאִמְרוּ: אָמֵן.

יְהֵא שְׁלָמָא רַבָּא מִן שְׁמַיָּא, וְחַיִּים טוֹבִים עָלֵינוּ וְעַל כָּל יִשְׂרָאֵל. וְאִמְרוּ: אָמֵן.

עֹשֶׂה °שָׁלוֹם (°יש אומרים בעשרת ימי תשובה – הַשָּׁלוֹם) בִּמְרוֹמָיו, הוּא יַעֲשֶׂה שָׁלוֹם עָלֵינוּ, וְעַל כָּל יִשְׂרָאֵל. וְאִמְרוּ: אָמֵן.

(1) ע"פ ישעיה מה:כג (2) שמות טו:יח (3) זכריה יד:ט (4) משלי ג:כה (5) ישעיה ח:י (6) מו:ד

נוהגים לתקוע בשופר מר"ח אלול עד לפני ערב ראש השנה, ואח"כ אומרים „לְדָוִד" (תהלים כז) וקדיש יתום (עמ' 80). ממשיכים לומר „לְדָוִד" עד לאחר שמיני עצרת.

**לְדָוִד;** יהוה אוֹרִי וְיִשְׁעִי, מִמִּי אִירָא; יהוה מָעוֹז חַיַּי, מִמִּי אֶפְחָד. בִּקְרֹב עָלַי מְרֵעִים לֶאֱכֹל אֶת בְּשָׂרִי, צָרַי וְאֹיְבַי לִי, הֵמָּה כָשְׁלוּ וְנָפָלוּ. אִם תַּחֲנֶה עָלַי מַחֲנֶה, לֹא יִירָא לִבִּי; אִם תָּקוּם עָלַי מִלְחָמָה, בְּזֹאת אֲנִי בוֹטֵחַ. אַחַת שָׁאַלְתִּי מֵאֵת יהוה, אוֹתָהּ אֲבַקֵּשׁ: שִׁבְתִּי בְּבֵית יהוה כָּל יְמֵי חַיַּי, לַחֲזוֹת בְּנֹעַם יהוה, וּלְבַקֵּר בְּהֵיכָלוֹ. כִּי יִצְפְּנֵנִי בְּסֻכֹּה בְּיוֹם רָעָה, יַסְתִּירֵנִי בְּסֵתֶר אָהֳלוֹ, בְּצוּר יְרוֹמְמֵנִי. וְעַתָּה יָרוּם רֹאשִׁי עַל אֹיְבַי סְבִיבוֹתַי, וְאֶזְבְּחָה בְאָהֳלוֹ זִבְחֵי תְרוּעָה, אָשִׁירָה וַאֲזַמְּרָה לַיהוה. שְׁמַע יהוה קוֹלִי אֶקְרָא, וְחָנֵּנִי וַעֲנֵנִי. לְךָ אָמַר לִבִּי: בַּקְּשׁוּ פָנָי, אֶת פָּנֶיךָ יהוה אֲבַקֵּשׁ. אַל תַּסְתֵּר פָּנֶיךָ מִמֶּנִּי, אַל תַּט בְּאַף עַבְדֶּךָ; עֶזְרָתִי הָיִיתָ, אַל תִּטְּשֵׁנִי וְאַל תַּעַזְבֵנִי, אֱלֹהֵי יִשְׁעִי. כִּי אָבִי וְאִמִּי עֲזָבוּנִי, וַיהוה יַאַסְפֵנִי. הוֹרֵנִי יהוה דַּרְכֶּךָ, וּנְחֵנִי בְּאֹרַח מִישׁוֹר, לְמַעַן שׁוֹרְרָי. אַל תִּתְּנֵנִי בְּנֶפֶשׁ צָרָי, כִּי קָמוּ בִי עֵדֵי שֶׁקֶר, וִיפֵחַ חָמָס. ❖ לוּלֵא הֶאֱמַנְתִּי לִרְאוֹת בְּטוּב יהוה בְּאֶרֶץ חַיִּים. קַוֵּה אֶל יהוה, חֲזַק וְיַאֲמֵץ לִבֶּךָ, וְקַוֵּה אֶל יהוה.

בבית האבל אומרים „לַמְנַצֵּחַ" (תהלים מט) ואח"כ קדיש יתום (עמ' 80) אחרי שחרית ואחרי מנחה.
יש נוהגים לומר „מִכְתָּם לְדָוִד" (תהלים טז) בבית האבל במקום „לַמְנַצֵּחַ" בימים שאין אומרים תחנון.

**לַמְנַצֵּחַ** לִבְנֵי קֹרַח מִזְמוֹר. שִׁמְעוּ זֹאת כָּל הָעַמִּים, הַאֲזִינוּ כָּל יֹשְׁבֵי חָלֶד. גַּם בְּנֵי אָדָם, גַּם בְּנֵי אִישׁ, יַחַד עָשִׁיר וְאֶבְיוֹן. פִּי יְדַבֵּר חָכְמוֹת, וְהָגוּת לִבִּי תְבוּנוֹת. אַטֶּה לְמָשָׁל אָזְנִי, אֶפְתַּח בְּכִנּוֹר חִידָתִי. לָמָּה אִירָא בִּימֵי רָע, עֲוֹן עֲקֵבַי יְסֻבֵּנִי. הַבֹּטְחִים עַל חֵילָם, וּבְרֹב עָשְׁרָם יִתְהַלָּלוּ. אָח לֹא פָדֹה יִפְדֶּה אִישׁ, לֹא יִתֵּן לֵאלֹהִים כָּפְרוֹ. וְיֵקַר פִּדְיוֹן נַפְשָׁם, וְחָדַל לְעוֹלָם. וִיחִי עוֹד לָנֶצַח, לֹא יִרְאֶה הַשָּׁחַת. כִּי יִרְאֶה חֲכָמִים יָמוּתוּ, יַחַד כְּסִיל וָבַעַר יֹאבֵדוּ, וְעָזְבוּ לַאֲחֵרִים חֵילָם. קִרְבָּם בָּתֵּימוֹ לְעוֹלָם, מִשְׁכְּנֹתָם לְדֹר וָדֹר, קָרְאוּ בִשְׁמוֹתָם עֲלֵי אֲדָמוֹת. וְאָדָם בִּיקָר בַּל יָלִין, נִמְשַׁל כַּבְּהֵמוֹת נִדְמוּ. זֶה דַרְכָּם, כֵּסֶל לָמוֹ, וְאַחֲרֵיהֶם בְּפִיהֶם יִרְצוּ, סֶלָה. כַּצֹּאן לִשְׁאוֹל שַׁתּוּ, מָוֶת יִרְעֵם, וַיִּרְדּוּ בָם יְשָׁרִים לַבֹּקֶר, וְצוּרָם לְבַלּוֹת שְׁאוֹל, מִזְּבֻל לוֹ. אַךְ אֱלֹהִים יִפְדֶּה נַפְשִׁי מִיַּד שְׁאוֹל, כִּי יִקָּחֵנִי סֶלָה. אַל תִּירָא כִּי יַעֲשִׁר אִישׁ, כִּי יִרְבֶּה כְּבוֹד בֵּיתוֹ. כִּי לֹא בְמוֹתוֹ יִקַּח הַכֹּל, לֹא יֵרֵד אַחֲרָיו כְּבוֹדוֹ. כִּי נַפְשׁוֹ בְּחַיָּיו יְבָרֵךְ, וְיוֹדֻךָ כִּי תֵיטִיב לָךְ. תָּבוֹא עַד דּוֹר אֲבוֹתָיו, עַד נֵצַח לֹא יִרְאוּ אוֹר. ❖ אָדָם בִּיקָר וְלֹא יָבִין, נִמְשַׁל כַּבְּהֵמוֹת נִדְמוּ.

## שש זכירות

נכון לומר שש זכירות בכל יום

זְכִירַת יְצִיאַת מִצְרָיִם (דברים טז:ג)

**לְמַעַן** תִּזְכֹּר אֶת יוֹם צֵאתְךָ מֵאֶרֶץ מִצְרַיִם כֹּל יְמֵי חַיֶּיךָ.

זְכִירַת מַעֲמַד הַר סִינַי (דברים ד:ט-י)

**רַק** הִשָּׁמֶר לְךָ וּשְׁמֹר נַפְשְׁךָ מְאֹד, פֶּן תִּשְׁכַּח אֶת הַדְּבָרִים אֲשֶׁר רָאוּ עֵינֶיךָ, וּפֶן יָסוּרוּ מִלְּבָבְךָ כֹּל יְמֵי חַיֶּיךָ, וְהוֹדַעְתָּם לְבָנֶיךָ וְלִבְנֵי בָנֶיךָ. יוֹם אֲשֶׁר עָמַדְתָּ לִפְנֵי יהוה אֱלֹהֶיךָ בְּחֹרֵב.

זְכִירַת מַעֲשֵׂה עֲמָלֵק (דברים כה:יז-יט)

**זָכוֹר** אֵת אֲשֶׁר עָשָׂה לְךָ עֲמָלֵק, בַּדֶּרֶךְ בְּצֵאתְכֶם מִמִּצְרָיִם. אֲשֶׁר קָרְךָ בַּדֶּרֶךְ, וַיְזַנֵּב בְּךָ כָּל הַנֶּחֱשָׁלִים אַחֲרֶיךָ, וְאַתָּה עָיֵף וְיָגֵעַ, וְלֹא יָרֵא אֱלֹהִים. וְהָיָה בְּהָנִיחַ יהוה אֱלֹהֶיךָ לְךָ מִכָּל אֹיְבֶיךָ מִסָּבִיב, בָּאָרֶץ אֲשֶׁר יהוה אֱלֹהֶיךָ נֹתֵן לְךָ נַחֲלָה לְרִשְׁתָּהּ, תִּמְחֶה אֶת זֵכֶר עֲמָלֵק מִתַּחַת הַשָּׁמָיִם, לֹא תִּשְׁכָּח.

זְכִירַת מַעֲשֵׂה הָעֵגֶל (דברים ט:ז)

**זְכֹר,** אַל תִּשְׁכַּח, אֵת אֲשֶׁר הִקְצַפְתָּ אֶת יהוה אֱלֹהֶיךָ, בַּמִּדְבָּר.

זְכִירַת מִרְיָם (דברים כד:ט)

**זָכוֹר** אֵת אֲשֶׁר עָשָׂה יהוה אֱלֹהֶיךָ לְמִרְיָם, בַּדֶּרֶךְ בְּצֵאתְכֶם מִמִּצְרָיִם.

זְכִירַת הַשַּׁבָּת (שמות כ:ח)

**זָכוֹר** אֶת יוֹם הַשַּׁבָּת לְקַדְּשׁוֹ.

## שלשה עשר עקרים

א **אֲנִי מַאֲמִין** בֶּאֱמוּנָה שְׁלֵמָה, שֶׁהַבּוֹרֵא יִתְבָּרַךְ שְׁמוֹ הוּא בּוֹרֵא וּמַנְהִיג לְכָל הַבְּרוּאִים, וְהוּא לְבַדּוֹ עָשָׂה וְעוֹשֶׂה וְיַעֲשֶׂה לְכָל הַמַּעֲשִׂים.

ב **אֲנִי מַאֲמִין** בֶּאֱמוּנָה שְׁלֵמָה, שֶׁהַבּוֹרֵא יִתְבָּרַךְ שְׁמוֹ הוּא יָחִיד וְאֵין יְחִידוּת כָּמוֹהוּ בְּשׁוּם פָּנִים, וְהוּא לְבַדּוֹ אֱלֹהֵינוּ, הָיָה הֹוֶה וְיִהְיֶה.

ג **אֲנִי מַאֲמִין** בֶּאֱמוּנָה שְׁלֵמָה, שֶׁהַבּוֹרֵא יִתְבָּרַךְ שְׁמוֹ אֵינוֹ גוּף, וְלֹא יַשִּׂיגוּהוּ מַשִּׂיגֵי הַגּוּף, וְאֵין לוֹ שׁוּם דִּמְיוֹן כְּלָל.

ד **אֲנִי מַאֲמִין** בֶּאֱמוּנָה שְׁלֵמָה, שֶׁהַבּוֹרֵא יִתְבָּרַךְ שְׁמוֹ הוּא רִאשׁוֹן וְהוּא אַחֲרוֹן.

ה **אֲנִי מַאֲמִין** בֶּאֱמוּנָה שְׁלֵמָה, שֶׁהַבּוֹרֵא יִתְבָּרַךְ שְׁמוֹ לוֹ לְבַדּוֹ רָאוּי לְהִתְפַּלֵּל, וְאֵין לְזוּלָתוֹ רָאוּי לְהִתְפַּלֵּל.

ו **אֲנִי מַאֲמִין** בֶּאֱמוּנָה שְׁלֵמָה, שֶׁכָּל דִּבְרֵי נְבִיאִים אֱמֶת.

ז **אֲנִי מַאֲמִין** בֶּאֱמוּנָה שְׁלֵמָה, שֶׁנְּבוּאַת מֹשֶׁה רַבֵּנוּ עָלָיו הַשָּׁלוֹם הָיְתָה אֲמִתִּית, וְשֶׁהוּא הָיָה אָב לַנְּבִיאִים, לַקּוֹדְמִים לְפָנָיו וְלַבָּאִים אַחֲרָיו.

ח **אֲנִי מַאֲמִין** בֶּאֱמוּנָה שְׁלֵמָה, שֶׁכָּל הַתּוֹרָה הַמְּצוּיָה עַתָּה בְיָדֵינוּ הִיא הַנְּתוּנָה לְמֹשֶׁה רַבֵּנוּ עָלָיו הַשָּׁלוֹם.

ט **אֲנִי מַאֲמִין** בֶּאֱמוּנָה שְׁלֵמָה, שֶׁזֹּאת הַתּוֹרָה לֹא תְהֵא מֻחְלֶפֶת וְלֹא תְהֵא תּוֹרָה אַחֶרֶת מֵאֵת הַבּוֹרֵא יִתְבָּרַךְ שְׁמוֹ.

י **אֲנִי מַאֲמִין** בֶּאֱמוּנָה שְׁלֵמָה, שֶׁהַבּוֹרֵא יִתְבָּרַךְ שְׁמוֹ יוֹדֵעַ כָּל מַעֲשֵׂה בְנֵי אָדָם וְכָל מַחְשְׁבוֹתָם, שֶׁנֶּאֱמַר: הַיֹּצֵר יַחַד לִבָּם, הַמֵּבִין אֶל כָּל מַעֲשֵׂיהֶם.[1]

יא **אֲנִי מַאֲמִין** בֶּאֱמוּנָה שְׁלֵמָה, שֶׁהַבּוֹרֵא יִתְבָּרַךְ שְׁמוֹ גּוֹמֵל טוֹב לְשׁוֹמְרֵי מִצְוֹתָיו וּמַעֲנִישׁ לְעוֹבְרֵי מִצְוֹתָיו.

יב **אֲנִי מַאֲמִין** בֶּאֱמוּנָה שְׁלֵמָה, בְּבִיאַת הַמָּשִׁיחַ, וְאַף עַל פִּי שֶׁיִּתְמַהְמֵהַּ, עִם כָּל זֶה אֲחַכֶּה לּוֹ בְּכָל יוֹם שֶׁיָּבוֹא.[2]

יג **אֲנִי מַאֲמִין** בֶּאֱמוּנָה שְׁלֵמָה, שֶׁתִּהְיֶה תְּחִיַּת הַמֵּתִים בְּעֵת שֶׁיַּעֲלֶה רָצוֹן מֵאֵת הַבּוֹרֵא יִתְבָּרַךְ שְׁמוֹ וְיִתְעַלֶּה זִכְרוֹ לָעַד וּלְנֵצַח נְצָחִים.

לִישׁוּעָתְךָ קִוִּיתִי יהוה.[3] קִוִּיתִי יהוה לִישׁוּעָתְךָ. יהוה לִישׁוּעָתְךָ קִוִּיתִי.
לְפוּרְקָנָךְ סַבְּרִית יהוה.[4] סַבְּרִית יהוה לְפוּרְקָנָךְ. יהוה לְפוּרְקָנָךְ סַבְּרִית.

(1) תהלים לג:טו (2) ע״פ חבקוק ב:ג (3) בראשית מט:יח (4) תרגום אונקלוס שם

## עשרת הדברות

שמות כ:א-יד

**וַיְדַבֵּר** אֱלֹהִים אֵת כָּל הַדְּבָרִים הָאֵלֶּה לֵאמֹר. [א] אָנֹכִי יהוה אֱלֹהֶיךָ, אֲשֶׁר הוֹצֵאתִיךָ מֵאֶרֶץ מִצְרַיִם מִבֵּית עֲבָדִים. [ב] לֹא יִהְיֶה לְךָ אֱלֹהִים אֲחֵרִים עַל פָּנָי. לֹא תַעֲשֶׂה לְךָ פֶסֶל וְכָל תְּמוּנָה אֲשֶׁר בַּשָּׁמַיִם מִמַּעַל, וַאֲשֶׁר בָּאָרֶץ מִתָּחַת, וַאֲשֶׁר בַּמַּיִם מִתַּחַת לָאָרֶץ. לֹא תִשְׁתַּחֲוֶה לָהֶם וְלֹא תָעָבְדֵם, כִּי אָנֹכִי יהוה אֱלֹהֶיךָ, אֵל קַנָּא, פֹּקֵד עֲוֺן אָבֹת עַל בָּנִים, עַל שִׁלֵּשִׁים, וְעַל רִבֵּעִים לְשֹׂנְאָי. וְעֹשֶׂה חֶסֶד לַאֲלָפִים, לְאֹהֲבַי, וּלְשֹׁמְרֵי מִצְוֺתָי. [ג] לֹא תִשָּׂא אֶת שֵׁם יהוה אֱלֹהֶיךָ לַשָּׁוְא, כִּי לֹא יְנַקֶּה יהוה, אֵת אֲשֶׁר יִשָּׂא אֶת שְׁמוֹ לַשָּׁוְא. [ד] זָכוֹר אֶת יוֹם הַשַּׁבָּת לְקַדְּשׁוֹ. שֵׁשֶׁת יָמִים תַּעֲבֹד וְעָשִׂיתָ כָּל מְלַאכְתֶּךָ. וְיוֹם הַשְּׁבִיעִי שַׁבָּת לַיהוה אֱלֹהֶיךָ, לֹא תַעֲשֶׂה כָל מְלָאכָה, אַתָּה וּבִנְךָ וּבִתֶּךָ, עַבְדְּךָ וַאֲמָתְךָ וּבְהֶמְתֶּךָ, וְגֵרְךָ אֲשֶׁר בִּשְׁעָרֶיךָ. כִּי שֵׁשֶׁת יָמִים עָשָׂה יהוה אֶת הַשָּׁמַיִם וְאֶת הָאָרֶץ, אֶת הַיָּם וְאֶת כָּל אֲשֶׁר בָּם, וַיָּנַח בַּיּוֹם הַשְּׁבִיעִי, עַל כֵּן בֵּרַךְ יהוה אֶת יוֹם הַשַּׁבָּת וַיְקַדְּשֵׁהוּ. [ה] כַּבֵּד אֶת אָבִיךָ וְאֶת אִמֶּךָ, לְמַעַן יַאֲרִכוּן יָמֶיךָ עַל הָאֲדָמָה אֲשֶׁר יהוה אֱלֹהֶיךָ נֹתֵן לָךְ. [ו] לֹא תִרְצָח, [ז] לֹא תִנְאָף, [ח] לֹא תִגְנֹב, [ט] לֹא תַעֲנֶה בְרֵעֲךָ עֵד שָׁקֶר. [י] לֹא תַחְמֹד בֵּית רֵעֶךָ, לֹא תַחְמֹד אֵשֶׁת רֵעֶךָ, וְעַבְדּוֹ וַאֲמָתוֹ וְשׁוֹרוֹ וַחֲמֹרוֹ, וְכֹל אֲשֶׁר לְרֵעֶךָ.

## פרשת התשובה

כתוב בספרי יראים שנכון לומר פרשת התשובה ופרשת היראה בכל יום.

דברים ל:א-י

**וְהָיָה** כִּי יָבֹאוּ עָלֶיךָ כָּל הַדְּבָרִים הָאֵלֶּה, הַבְּרָכָה וְהַקְּלָלָה אֲשֶׁר נָתַתִּי לְפָנֶיךָ, וַהֲשֵׁבֹתָ אֶל לְבָבֶךָ, בְּכָל הַגּוֹיִם אֲשֶׁר הִדִּיחֲךָ יהוה אֱלֹהֶיךָ שָׁמָּה. וְשַׁבְתָּ עַד יהוה אֱלֹהֶיךָ, וְשָׁמַעְתָּ בְקֹלוֹ, כְּכֹל אֲשֶׁר אָנֹכִי מְצַוְּךָ הַיּוֹם, אַתָּה וּבָנֶיךָ בְּכָל לְבָבְךָ וּבְכָל נַפְשֶׁךָ. וְשָׁב יהוה אֱלֹהֶיךָ אֶת שְׁבוּתְךָ וְרִחֲמֶךָ, וְשָׁב וְקִבֶּצְךָ מִכָּל הָעַמִּים, אֲשֶׁר הֱפִיצְךָ יהוה אֱלֹהֶיךָ שָׁמָּה. אִם יִהְיֶה נִדַּחֲךָ בִּקְצֵה הַשָּׁמָיִם, מִשָּׁם יְקַבֶּצְךָ יהוה אֱלֹהֶיךָ וּמִשָּׁם יִקָּחֶךָ. וֶהֱבִיאֲךָ יהוה אֱלֹהֶיךָ אֶל הָאָרֶץ אֲשֶׁר יָרְשׁוּ אֲבֹתֶיךָ וִירִשְׁתָּהּ, וְהֵיטִבְךָ וְהִרְבְּךָ מֵאֲבֹתֶיךָ. וּמָל יהוה אֱלֹהֶיךָ אֶת לְבָבְךָ וְאֶת לְבַב זַרְעֶךָ, לְאַהֲבָה אֶת יהוה אֱלֹהֶיךָ בְּכָל לְבָבְךָ וּבְכָל נַפְשְׁךָ, לְמַעַן חַיֶּיךָ. וְנָתַן יהוה אֱלֹהֶיךָ אֵת כָּל הָאָלוֹת הָאֵלֶּה, עַל אֹיְבֶיךָ וְעַל שֹׂנְאֶיךָ אֲשֶׁר רְדָפוּךָ. וְאַתָּה תָשׁוּב, וְשָׁמַעְתָּ בְּקוֹל יהוה, וְעָשִׂיתָ אֶת כָּל מִצְוֺתָיו אֲשֶׁר אָנֹכִי מְצַוְּךָ הַיּוֹם. וְהוֹתִירְךָ יהוה אֱלֹהֶיךָ בְּכֹל מַעֲשֵׂה יָדֶךָ, בִּפְרִי בִטְנְךָ וּבִפְרִי בְהֶמְתְּךָ וּבִפְרִי אַדְמָתְךָ לְטֹבָה, כִּי יָשׁוּב יהוה לָשׂוּשׂ עָלֶיךָ לְטוֹב, כַּאֲשֶׁר שָׂשׂ עַל אֲבֹתֶיךָ. כִּי תִשְׁמַע בְּקוֹל יהוה אֱלֹהֶיךָ, לִשְׁמֹר מִצְוֺתָיו וְחֻקֹּתָיו הַכְּתוּבָה בְּסֵפֶר הַתּוֹרָה הַזֶּה, כִּי תָשׁוּב אֶל יהוה אֱלֹהֶיךָ בְּכָל לְבָבְךָ וּבְכָל נַפְשֶׁךָ.

אין אומרים „יְהִי רָצוֹן" בשבת ויו"ט

**יְהִי רָצוֹן** מִלְּפָנֶיךָ, יהוה אֱלֹהַי וֵאלֹהֵי אֲבוֹתַי, שֶׁתַּחְתּוֹר חֲתִירָה מִתַּחַת כִּסֵּא כְבוֹדֶךָ, לְהַחֲזִיר בִּתְשׁוּבָה שְׁלֵמָה לְכָל פּוֹשְׁעֵי עַמְּךָ בֵּית יִשְׂרָאֵל.

וּבִכְלָלָם תַּחֲזִירֵנִי בִּתְשׁוּבָה שְׁלֵמָה לְפָנֶיךָ, כִּי יְמִינְךָ פְּשׁוּטָה לְקַבֵּל שָׁבִים, וְרוֹצֶה אַתָּה בִּתְשׁוּבָה. אָמֵן, סֶלָה.

## פרשת היראה

דברים י:יב-יא:ט

**וְעַתָּה** יִשְׂרָאֵל, מָה יהוה אֱלֹהֶיךָ שֹׁאֵל מֵעִמָּךְ, כִּי אִם לְיִרְאָה אֶת יהוה אֱלֹהֶיךָ, לָלֶכֶת בְּכָל דְּרָכָיו, וּלְאַהֲבָה אֹתוֹ, וְלַעֲבֹד אֶת יהוה אֱלֹהֶיךָ בְּכָל לְבָבְךָ וּבְכָל נַפְשֶׁךָ. לִשְׁמֹר אֶת מִצְוֹת יהוה וְאֶת חֻקֹּתָיו, אֲשֶׁר אָנֹכִי מְצַוְּךָ הַיּוֹם, לְטוֹב לָךְ. הֵן לַיהוה אֱלֹהֶיךָ הַשָּׁמַיִם וּשְׁמֵי הַשָּׁמָיִם, הָאָרֶץ וְכָל אֲשֶׁר בָּהּ. רַק בַּאֲבֹתֶיךָ חָשַׁק יהוה לְאַהֲבָה אוֹתָם, וַיִּבְחַר בְּזַרְעָם אַחֲרֵיהֶם, בָּכֶם, מִכָּל הָעַמִּים כַּיּוֹם הַזֶּה. וּמַלְתֶּם אֵת עָרְלַת לְבַבְכֶם, וְעָרְפְּכֶם לֹא תַקְשׁוּ עוֹד. כִּי יהוה אֱלֹהֵיכֶם הוּא אֱלֹהֵי הָאֱלֹהִים, וַאֲדֹנֵי הָאֲדֹנִים, הָאֵל הַגָּדֹל הַגִּבֹּר וְהַנּוֹרָא, אֲשֶׁר לֹא יִשָּׂא פָנִים, וְלֹא יִקַּח שֹׁחַד. עֹשֶׂה מִשְׁפַּט יָתוֹם וְאַלְמָנָה, וְאֹהֵב גֵּר לָתֶת לוֹ לֶחֶם וְשִׂמְלָה. וַאֲהַבְתֶּם אֶת הַגֵּר, כִּי גֵרִים הֱיִיתֶם בְּאֶרֶץ מִצְרָיִם. אֶת יהוה אֱלֹהֶיךָ תִּירָא, אֹתוֹ תַעֲבֹד, וּבוֹ תִדְבָּק, וּבִשְׁמוֹ תִּשָּׁבֵעַ. הוּא תְהִלָּתְךָ וְהוּא אֱלֹהֶיךָ, אֲשֶׁר עָשָׂה אִתְּךָ אֶת הַגְּדֹלֹת וְאֶת הַנּוֹרָאֹת הָאֵלֶּה, אֲשֶׁר רָאוּ עֵינֶיךָ. בְּשִׁבְעִים נֶפֶשׁ יָרְדוּ אֲבֹתֶיךָ מִצְרָיְמָה, וְעַתָּה שָׂמְךָ יהוה אֱלֹהֶיךָ כְּכוֹכְבֵי הַשָּׁמַיִם לָרֹב. וְאָהַבְתָּ אֵת יהוה אֱלֹהֶיךָ, וְשָׁמַרְתָּ מִשְׁמַרְתּוֹ וְחֻקֹּתָיו וּמִשְׁפָּטָיו וּמִצְוֹתָיו כָּל הַיָּמִים. וִידַעְתֶּם הַיּוֹם, כִּי לֹא אֶת בְּנֵיכֶם אֲשֶׁר לֹא יָדְעוּ וַאֲשֶׁר לֹא רָאוּ אֶת מוּסַר יהוה אֱלֹהֵיכֶם, אֶת גָּדְלוֹ, אֶת יָדוֹ הַחֲזָקָה, וּזְרֹעוֹ הַנְּטוּיָה. וְאֶת אֹתֹתָיו, וְאֶת מַעֲשָׂיו אֲשֶׁר עָשָׂה בְּתוֹךְ מִצְרָיִם, לְפַרְעֹה מֶלֶךְ מִצְרַיִם וּלְכָל אַרְצוֹ. וַאֲשֶׁר עָשָׂה לְחֵיל מִצְרַיִם לְסוּסָיו וּלְרִכְבּוֹ, אֲשֶׁר הֵצִיף אֶת מֵי יַם סוּף עַל פְּנֵיהֶם בְּרָדְפָם אַחֲרֵיכֶם, וַיְאַבְּדֵם יהוה עַד הַיּוֹם הַזֶּה. וַאֲשֶׁר עָשָׂה לָכֶם בַּמִּדְבָּר, עַד בֹּאֲכֶם עַד הַמָּקוֹם הַזֶּה. וַאֲשֶׁר עָשָׂה לְדָתָן וְלַאֲבִירָם בְּנֵי אֱלִיאָב בֶּן רְאוּבֵן, אֲשֶׁר פָּצְתָה הָאָרֶץ אֶת פִּיהָ, וַתִּבְלָעֵם וְאֶת בָּתֵּיהֶם וְאֶת אָהֳלֵיהֶם, וְאֵת כָּל הַיְקוּם אֲשֶׁר בְּרַגְלֵיהֶם, בְּקֶרֶב כָּל יִשְׂרָאֵל. כִּי עֵינֵיכֶם הָרֹאֹת אֶת כָּל מַעֲשֵׂה יהוה הַגָּדֹל, אֲשֶׁר עָשָׂה. וּשְׁמַרְתֶּם אֶת כָּל הַמִּצְוָה אֲשֶׁר אָנֹכִי מְצַוְּךָ הַיּוֹם, לְמַעַן תֶּחֶזְקוּ וּבָאתֶם וִירִשְׁתֶּם אֶת הָאָרֶץ אֲשֶׁר אַתֶּם עֹבְרִים שָׁמָּה לְרִשְׁתָּהּ. וּלְמַעַן תַּאֲרִיכוּ יָמִים עַל הָאֲדָמָה אֲשֶׁר נִשְׁבַּע יהוה לַאֲבֹתֵיכֶם לָתֵת לָהֶם וּלְזַרְעָם, אֶרֶץ זָבַת חָלָב וּדְבָשׁ.

אין אומרים „יְהִי רָצוֹן" בשבת ויו"ט

**יְהִי רָצוֹן** מִלְּפָנֶיךָ, יהוה אֱלֹהַי וֵאלֹהֵי אֲבוֹתַי, שֶׁתִּטַּע אַהֲבָתְךָ וְיִרְאָתְךָ בְּלִבִּי וּבְלֵב כָּל יִשְׂרָאֵל עַמֶּךָ, לְיִרְאָה אֶת שִׁמְךָ הַגָּדוֹל הַגִּבּוֹר וְהַנּוֹרָא, בְּכָל לְבָבֵנוּ וּבְכָל נַפְשֵׁנוּ, יִרְאַת הָרוֹמְמוּת שֶׁל אֵין סוֹף, בָּרוּךְ וְיִתְעַלֶּה שִׁמְךָ, כִּי גָדוֹל אַתָּה וְנוֹרָא שְׁמֶךָ. אָמֵן, סֶלָה.

## פרשת המן

איתא בספר המנהיג בשם הירושלמי שכל מי שיאמר פרשת המן בכל יום לא תחסר לו פרנסה. ויכול לומר פרשת המן גם בשבת, אבל אין אומרים „יְהִי רָצוֹן" בשבת ויו"ט.

**יְהִי רָצוֹן** מִלְּפָנֶיךָ, יהוה אֱלֹהֵינוּ וֵאלֹהֵי אֲבוֹתֵינוּ, שֶׁתַּזְמִין פַּרְנָסָה לְכָל עַמְּךָ בֵּית יִשְׂרָאֵל, וּפַרְנָסָתִי וּפַרְנָסַת אַנְשֵׁי בֵיתִי בִּכְלָלָם, בְּנַחַת וְלֹא

בְּצַעַר, בְּכָבוֹד וְלֹא בְבִזּוּי, בְּהֶתֵּר וְלֹא בְאִסּוּר – כְּדֵי שֶׁנּוּכַל לַעֲבֹד עֲבֹדָתֶךָ וְלִלְמוֹד תּוֹרָתֶךָ – כְּמוֹ שֶׁזַּנְתָּ לַאֲבוֹתֵינוּ מָן בַּמִּדְבָּר, בְּאֶרֶץ צִיָּה וַעֲרָבָה.

שמות טז:ד-לו

**וַיֹּאמֶר** יְהוָה אֶל מֹשֶׁה, הִנְנִי מַמְטִיר לָכֶם לֶחֶם מִן הַשָּׁמַיִם, וְיָצָא הָעָם וְלָקְטוּ דְּבַר יוֹם בְּיוֹמוֹ, לְמַעַן אֲנַסֶּנּוּ הֲיֵלֵךְ בְּתוֹרָתִי אִם לֹא. וְהָיָה בַּיּוֹם הַשִּׁשִּׁי, וְהֵכִינוּ אֵת אֲשֶׁר יָבִיאוּ, וְהָיָה מִשְׁנֶה עַל אֲשֶׁר יִלְקְטוּ יוֹם יוֹם. וַיֹּאמֶר מֹשֶׁה וְאַהֲרֹן אֶל כָּל בְּנֵי יִשְׂרָאֵל, עֶרֶב וִידַעְתֶּם כִּי יְהוָה הוֹצִיא אֶתְכֶם מֵאֶרֶץ מִצְרָיִם. וּבֹקֶר וּרְאִיתֶם אֶת כְּבוֹד יְהוָה, בְּשָׁמְעוֹ אֶת תְּלֻנֹּתֵיכֶם עַל יְהוָה, וְנַחְנוּ מָה, כִּי תַלִּינוּ עָלֵינוּ. וַיֹּאמֶר מֹשֶׁה, בְּתֵת יְהוָה לָכֶם בָּעֶרֶב בָּשָׂר לֶאֱכֹל וְלֶחֶם בַּבֹּקֶר לִשְׂבֹּעַ, בִּשְׁמֹעַ יְהוָה אֶת תְּלֻנֹּתֵיכֶם אֲשֶׁר אַתֶּם מַלִּינִם עָלָיו, וְנַחְנוּ מָה, לֹא עָלֵינוּ תְלֻנֹּתֵיכֶם, כִּי עַל יְהוָה. וַיֹּאמֶר מֹשֶׁה אֶל אַהֲרֹן, אֱמֹר אֶל כָּל עֲדַת בְּנֵי יִשְׂרָאֵל, קִרְבוּ לִפְנֵי יְהוָה, כִּי שָׁמַע אֵת תְּלֻנֹּתֵיכֶם. וַיְהִי כְּדַבֵּר אַהֲרֹן אֶל כָּל עֲדַת בְּנֵי יִשְׂרָאֵל, וַיִּפְנוּ אֶל הַמִּדְבָּר, וְהִנֵּה כְּבוֹד יְהוָה נִרְאָה בֶּעָנָן.

וַיְדַבֵּר יְהוָה אֶל מֹשֶׁה לֵּאמֹר. שָׁמַעְתִּי אֶת תְּלוּנֹת בְּנֵי יִשְׂרָאֵל, דַּבֵּר אֲלֵהֶם לֵאמֹר, בֵּין הָעַרְבַּיִם תֹּאכְלוּ בָשָׂר, וּבַבֹּקֶר תִּשְׂבְּעוּ לָחֶם, וִידַעְתֶּם כִּי אֲנִי יְהוָה אֱלֹהֵיכֶם. וַיְהִי בָעֶרֶב, וַתַּעַל הַשְּׂלָו וַתְּכַס אֶת הַמַּחֲנֶה, וּבַבֹּקֶר הָיְתָה שִׁכְבַת הַטַּל סָבִיב לַמַּחֲנֶה. וַתַּעַל שִׁכְבַת הַטָּל, וְהִנֵּה עַל פְּנֵי הַמִּדְבָּר דַּק מְחֻסְפָּס, דַּק כַּכְּפֹר עַל הָאָרֶץ. וַיִּרְאוּ בְנֵי יִשְׂרָאֵל, וַיֹּאמְרוּ אִישׁ אֶל אָחִיו, מָן הוּא, כִּי לֹא יָדְעוּ מַה הוּא, וַיֹּאמֶר מֹשֶׁה אֲלֵהֶם, הוּא הַלֶּחֶם אֲשֶׁר נָתַן יְהוָה לָכֶם לְאָכְלָה. זֶה הַדָּבָר אֲשֶׁר צִוָּה יְהוָה, לִקְטוּ מִמֶּנּוּ אִישׁ לְפִי אָכְלוֹ, עֹמֶר לַגֻּלְגֹּלֶת, מִסְפַּר נַפְשֹׁתֵיכֶם, אִישׁ לַאֲשֶׁר בְּאָהֳלוֹ תִּקָּחוּ. וַיַּעֲשׂוּ כֵן בְּנֵי יִשְׂרָאֵל, וַיִּלְקְטוּ הַמַּרְבֶּה וְהַמַּמְעִיט. וַיָּמֹדּוּ בָעֹמֶר, וְלֹא הֶעְדִּיף הַמַּרְבֶּה, וְהַמַּמְעִיט לֹא הֶחְסִיר, אִישׁ לְפִי אָכְלוֹ לָקָטוּ. וַיֹּאמֶר מֹשֶׁה אֲלֵהֶם, אִישׁ אַל יוֹתֵר מִמֶּנּוּ עַד בֹּקֶר. וְלֹא שָׁמְעוּ אֶל מֹשֶׁה, וַיּוֹתִרוּ אֲנָשִׁים מִמֶּנּוּ עַד בֹּקֶר, וַיָּרֻם תּוֹלָעִים וַיִּבְאַשׁ, וַיִּקְצֹף עֲלֵהֶם מֹשֶׁה. וַיִּלְקְטוּ אֹתוֹ בַּבֹּקֶר בַּבֹּקֶר, אִישׁ כְּפִי אָכְלוֹ, וְחַם הַשֶּׁמֶשׁ וְנָמָס. וַיְהִי בַּיּוֹם הַשִּׁשִּׁי, לָקְטוּ לֶחֶם מִשְׁנֶה, שְׁנֵי הָעֹמֶר לָאֶחָד, וַיָּבֹאוּ כָּל נְשִׂיאֵי הָעֵדָה, וַיַּגִּידוּ לְמֹשֶׁה. וַיֹּאמֶר אֲלֵהֶם, הוּא אֲשֶׁר דִּבֶּר יְהוָה, שַׁבָּתוֹן שַׁבַּת קֹדֶשׁ לַיהוָה מָחָר, אֵת אֲשֶׁר תֹּאפוּ אֵפוּ, וְאֵת אֲשֶׁר תְּבַשְּׁלוּ בַּשֵּׁלוּ, וְאֵת כָּל הָעֹדֵף הַנִּיחוּ לָכֶם לְמִשְׁמֶרֶת עַד הַבֹּקֶר. וַיַּנִּיחוּ אֹתוֹ עַד הַבֹּקֶר כַּאֲשֶׁר צִוָּה מֹשֶׁה, וְלֹא הִבְאִישׁ, וְרִמָּה לֹא הָיְתָה בּוֹ. וַיֹּאמֶר מֹשֶׁה, אִכְלֻהוּ הַיּוֹם, כִּי שַׁבָּת הַיּוֹם לַיהוָה, הַיּוֹם לֹא תִמְצָאֻהוּ בַּשָּׂדֶה. שֵׁשֶׁת יָמִים תִּלְקְטֻהוּ, וּבַיּוֹם הַשְּׁבִיעִי שַׁבָּת, לֹא יִהְיֶה בּוֹ. וַיְהִי בַּיּוֹם הַשְּׁבִיעִי, יָצְאוּ מִן הָעָם לִלְקֹט, וְלֹא מָצָאוּ. וַיֹּאמֶר יְהוָה אֶל מֹשֶׁה, עַד אָנָה מֵאַנְתֶּם לִשְׁמֹר מִצְוֹתַי וְתוֹרֹתָי. רְאוּ כִּי יְהוָה נָתַן לָכֶם הַשַּׁבָּת, עַל כֵּן הוּא נֹתֵן לָכֶם בַּיּוֹם הַשִּׁשִּׁי לֶחֶם יוֹמָיִם, שְׁבוּ אִישׁ תַּחְתָּיו, אַל יֵצֵא אִישׁ מִמְּקֹמוֹ בַּיּוֹם הַשְּׁבִיעִי. וַיִּשְׁבְּתוּ הָעָם בַּיּוֹם הַשְּׁבִעִי. וַיִּקְרְאוּ בֵית יִשְׂרָאֵל אֶת שְׁמוֹ מָן, וְהוּא כְּזֶרַע גַּד לָבָן, וְטַעְמוֹ כְּצַפִּיחִת בִּדְבָשׁ. וַיֹּאמֶר מֹשֶׁה, זֶה הַדָּבָר אֲשֶׁר צִוָּה יְהוָה, מְלֹא הָעֹמֶר מִמֶּנּוּ לְמִשְׁמֶרֶת

לְדֹרֹתֵיכֶם, לְמַעַן יִרְאוּ אֶת הַלֶּחֶם אֲשֶׁר הֶאֱכַלְתִּי אֶתְכֶם בַּמִּדְבָּר בְּהוֹצִיאִי אֶתְכֶם מֵאֶרֶץ מִצְרָיִם. וַיֹּאמֶר מֹשֶׁה אֶל אַהֲרֹן, קַח צִנְצֶנֶת אַחַת וְתֶן שָׁמָּה מְלֹא הָעֹמֶר מָן, וְהַנַּח אֹתוֹ לִפְנֵי יהוה, לְמִשְׁמֶרֶת לְדֹרֹתֵיכֶם. כַּאֲשֶׁר צִוָּה יהוה אֶל מֹשֶׁה, וַיַּנִּיחֵהוּ אַהֲרֹן לִפְנֵי הָעֵדֻת לְמִשְׁמָרֶת. וּבְנֵי יִשְׂרָאֵל אָכְלוּ אֶת הַמָּן אַרְבָּעִים שָׁנָה, עַד בֹּאָם אֶל אֶרֶץ נוֹשָׁבֶת, אֶת הַמָּן אָכְלוּ עַד בֹּאָם אֶל קְצֵה אֶרֶץ כְּנָעַן. וְהָעֹמֶר עֲשִׂרִית הָאֵיפָה הוּא.

תפלה על פרנסה

אין אומרים תפלה זו בשבת ויו"ט.

**אַתָּה** הוּא יהוה לְבַדֶּךָ, אַתָּה עָשִׂיתָ אֶת הַשָּׁמַיִם וּשְׁמֵי הַשָּׁמַיִם, הָאָרֶץ וְכָל אֲשֶׁר עָלֶיהָ, הַיַּמִּים וְכָל אֲשֶׁר בָּהֶם, וְאַתָּה מְחַיֶּה אֶת כֻּלָּם.[1] וְאַתָּה הוּא שֶׁעָשִׂיתָ נִסִּים וְנִפְלָאוֹת גְּדוֹלוֹת תָּמִיד עִם אֲבוֹתֵינוּ. גַּם בַּמִּדְבָּר הִמְטַרְתָּ לָהֶם לֶחֶם מִן הַשָּׁמַיִם,[2] וּמִצּוּר הַחַלָּמִישׁ, הוֹצֵאתָ לָהֶם מָיִם,[3] וְגַם נָתַתָּ לָהֶם כָּל צָרְכֵיהֶם, וְשִׂמְלָתָם לֹא בָלְתָה מֵעֲלֵיהֶם.[4] כֵּן בְּרַחֲמֶיךָ הָרַבִּים וּבַחֲסָדֶיךָ הָעֲצוּמִים, תְּזוּנֵנוּ וּתְפַרְנְסֵנוּ וּתְכַלְכְּלֵנוּ וְתַסְפִּיק כָּל צָרְכֵנוּ, וְצָרְכֵי עַמְּךָ בֵּית יִשְׂרָאֵל הַמְרֻבִּים, בְּמִלּוּי וּבְרֶוַח, בְּלִי טֹרַח וְעָמָל גָּדוֹל, מִתַּחַת יָדְךָ הַנְּקִיָּה, וְלֹא מִתַּחַת יְדֵי בָשָׂר וָדָם.

**יְהִי רָצוֹן** מִלְּפָנֶיךָ, יהוה אֱלֹהַי וֵאלֹהֵי אֲבוֹתַי, שֶׁתָּכִין לִי וּלְאַנְשֵׁי בֵיתִי כָּל מַחְסוֹרֵנוּ, וְתַזְמִין לָנוּ כָּל צָרְכֵנוּ, לְכָל יוֹם וָיוֹם מֵחַיֵּינוּ דֵּי מַחְסוֹרֵנוּ, וּלְכָל שָׁעָה וְשָׁעָה מִשְּׁעוֹתֵינוּ דֵּי סִפּוּקֵנוּ, וּלְכָל עֶצֶם מֵעֲצָמֵינוּ דֵּי מִחְיָתֵנוּ, כְּיָדְךָ הַטּוֹבָה וְהָרְחָבָה, וְלֹא כְּמִעוּט מִפְעָלֵינוּ, וְקֹצֶר חֲסָדֵינוּ, וּמִזְּעֵיר גְּמוּלוֹתֵינוּ. וְיִהְיוּ מְזוֹנוֹתַי, וּמְזוֹנוֹת אַנְשֵׁי בֵיתִי וְזַרְעִי וְזֶרַע זַרְעִי, מְסוּרִים בְּיָדְךָ, וְלֹא בְּיַד בָּשָׂר וָדָם.

## תפלה אחר התפלה – בקר וערב

**יְהִי** יהוה אֱלֹהֵינוּ עִמָּנוּ, כַּאֲשֶׁר הָיָה עִם אֲבֹתֵינוּ, אַל יַעַזְבֵנוּ וְאַל יִטְּשֵׁנוּ. לְהַטּוֹת לְבָבֵנוּ אֵלָיו, לָלֶכֶת בְּכָל דְּרָכָיו, וְלִשְׁמֹר מִצְוֹתָיו וְחֻקָּיו וּמִשְׁפָּטָיו, אֲשֶׁר צִוָּה אֶת אֲבֹתֵינוּ. וְיִהְיוּ דְבָרַי אֵלֶּה, אֲשֶׁר הִתְחַנַּנְתִּי לִפְנֵי יהוה, קְרֹבִים אֶל יהוה אֱלֹהֵינוּ יוֹמָם וָלָיְלָה, לַעֲשׂוֹת מִשְׁפַּט עַבְדּוֹ, וּמִשְׁפַּט עַמּוֹ יִשְׂרָאֵל, דְּבַר יוֹם בְּיוֹמוֹ. לְמַעַן דַּעַת כָּל עַמֵּי הָאָרֶץ, כִּי יהוה הוּא הָאֱלֹהִים, אֵין עוֹד.[5] יהוה, נְחֵנִי בְצִדְקָתֶךָ לְמַעַן שׁוֹרְרָי, הַיְשַׁר לְפָנַי דַּרְכֶּךָ.[6] וַאֲנִי בְּתֻמִּי אֵלֵךְ, פְּדֵנִי וְחָנֵּנִי.[7] פְּנֵה אֵלַי וְחָנֵּנִי, כִּי יָחִיד וְעָנִי אָנִי.[8] רַגְלִי עָמְדָה בְמִישׁוֹר, בְּמַקְהֵלִים אֲבָרֵךְ יהוה.[9] יהוה שֹׁמְרִי, יהוה צִלִּי עַל יַד יְמִינִי.[10] עֶזְרִי מֵעִם יהוה, עֹשֵׂה שָׁמַיִם וָאָרֶץ.[11] יהוה יִשְׁמָר צֵאתִי וּבוֹאִי, לְחַיִּים וּלְשָׁלוֹם, מֵעַתָּה וְעַד עוֹלָם.[12] הַשְׁקִיפָה מִמְּעוֹן קָדְשְׁךָ, מִן הַשָּׁמַיִם, וּבָרֵךְ אֶת עַמְּךָ אֶת יִשְׂרָאֵל, וְאֵת הָאֲדָמָה אֲשֶׁר נָתַתָּה לָנוּ, כַּאֲשֶׁר נִשְׁבַּעְתָּ לַאֲבֹתֵינוּ, אֶרֶץ זָבַת חָלָב וּדְבָשׁ.[13]

---

(1) ע"פ נחמיה ט:ו (2) ע"פ שמות טז:ד (3) ע"פ דברים ח:טו (4) ע"פ ח:ד (5) מלכים א ח:נז-ס

(6) תהלים ה:ט (7) כו:יא (8) כה:טז (9) כו:יב (10) ע"פ קכא:ה (11) קכא:ב (12) ע"פ קכא:ח (13) דברים כו:טו

**אֵל הַכָּבוֹד,** אֶתֵּן לְךָ שִׁיר וְהַלֵּל, וְאֶעֱבוֹד לְךָ יוֹם וָלֵיל. בָּרוּךְ יָחִיד וּמְיוּחָד, הָיָה הֹוֶה וְיִהְיֶה, יהוה אֱלֹהִים אֱלֹהֵי יִשְׂרָאֵל, מֶלֶךְ מַלְכֵי הַמְּלָכִים הַקָּדוֹשׁ בָּרוּךְ הוּא. הוּא אֱלֹהִים חַיִּים, מֶלֶךְ חַי וְקַיָּם לָעַד וּלְעוֹלְמֵי עַד. בָּרוּךְ שֵׁם כְּבוֹד מַלְכוּתוֹ לְעוֹלָם וָעֶד. לִישׁוּעָתְךָ קִוִּיתִי יהוה.[1] כִּי כָּל הָעַמִּים יֵלְכוּ אִישׁ בְּשֵׁם אֱלֹהָיו, וַאֲנִי אֵלֵךְ בְּשֵׁם יהוה אֱלֹהִים חַיִּים וּמֶלֶךְ עוֹלָם.[2] עֶזְרִי מֵעִם יהוה, עֹשֵׂה שָׁמַיִם וָאָרֶץ.[3] יהוה יִמְלֹךְ לְעֹלָם וָעֶד.[4]

תהלים סז

**לַמְנַצֵּחַ** בִּנְגִינֹת מִזְמוֹר שִׁיר. אֱלֹהִים יְחָנֵּנוּ וִיבָרְכֵנוּ, יָאֵר פָּנָיו אִתָּנוּ סֶלָה. לָדַעַת בָּאָרֶץ דַּרְכֶּךָ, בְּכָל גּוֹיִם יְשׁוּעָתֶךָ. יוֹדוּךָ עַמִּים, אֱלֹהִים, יוֹדוּךָ עַמִּים כֻּלָּם. יִשְׂמְחוּ וִירַנְּנוּ לְאֻמִּים, כִּי תִשְׁפֹּט עַמִּים מִישֹׁר, וּלְאֻמִּים בָּאָרֶץ תַּנְחֵם סֶלָה. יוֹדוּךָ עַמִּים, אֱלֹהִים, יוֹדוּךָ עַמִּים כֻּלָּם. אֶרֶץ נָתְנָה יְבוּלָהּ, יְבָרְכֵנוּ אֱלֹהִים אֱלֹהֵינוּ. יְבָרְכֵנוּ אֱלֹהִים, וְיִירְאוּ אוֹתוֹ כָּל אַפְסֵי אָרֶץ.

## תפלה כשיוצא מבית הכנסת

ישב מעט ויאמר:

**אַךְ** צַדִּיקִים יוֹדוּ לִשְׁמֶךָ, יֵשְׁבוּ יְשָׁרִים אֶת פָּנֶיךָ.[5]

ואח"כ יעמוד ויאמר:

**כִּי** כָּל הָעַמִּים יֵלְכוּ אִישׁ בְּשֵׁם אֱלֹהָיו, וַאֲנִי אֵלֵךְ בְּשֵׁם יהוה אֱלֹהִים חַיִּים וּמֶלֶךְ עוֹלָם.[2] עֶזְרִי מֵעִם יהוה, עֹשֵׂה שָׁמַיִם וָאָרֶץ.[3] יהוה יִמְלֹךְ לְעֹלָם וָעֶד.[4]

אח"כ ילך אל הפתח לאחוריו או יצדד, וישתחוה אל הארון ויאמר:

**יהוה,** נְחֵנִי בְצִדְקָתֶךָ לְמַעַן שׁוֹרְרָי; הַיְשַׁר לְפָנַי דַּרְכֶּךָ.[6]

ואח"כ כשהולך יאמר:

**גָּד** גְּדוּד יְגוּדֶנּוּ, וְהוּא יָגֻד עָקֵב.[7] וַיְהִי דָוִד לְכָל דְּרָכָיו מַשְׂכִּיל, וַיהוה עִמּוֹ.[8] וְנֹחַ מָצָא חֵן בְּעֵינֵי יהוה.[9]

אם בדעתו לעסוק באותו היום במשא ומתן יאמר:

**עֶזְרִי** מֵעִם יהוה, עֹשֵׂה שָׁמַיִם וָאָרֶץ.[3] הַשְׁלֵךְ עַל יהוה יְהָבְךָ וְהוּא יְכַלְכְּלֶךָ.[10] שְׁמָר תָּם וּרְאֵה יָשָׁר, כִּי אַחֲרִית לְאִישׁ שָׁלוֹם.[11] בְּטַח בַּיהוה וַעֲשֵׂה טוֹב, שְׁכָן אֶרֶץ וּרְעֵה אֱמוּנָה.[12] הִנֵּה אֵל יְשׁוּעָתִי, אֶבְטַח וְלֹא אֶפְחָד, כִּי עָזִּי וְזִמְרָת יָהּ יהוה, וַיְהִי לִי לִישׁוּעָה.[13] אֲנִי רוֹצֶה לֵילֵךְ הַיּוֹם לַעֲשׂוֹת מַשָּׂא וּמַתָּן בִּרְשׁוּת הַשֵּׁם יִתְבָּרֵךְ וּלְמַעַן שְׁמוֹ, וְלִשָּׂא וְלִתֵּן בֶּאֱמוּנָה. רִבּוֹנוֹ שֶׁל עוֹלָם, בְּדִבְרֵי קָדְשְׁךָ כָּתוּב לֵאמֹר: וְהַבּוֹטֵחַ בַּיהוה חֶסֶד יְסוֹבְבֶנּוּ.[14] וּכְתִיב: וְאַתָּה מְחַיֶּה אֶת כֻּלָּם.[15] יהוה אֱלֹהִים אֱמֶת,[16] תֵּן בְּרָכָה וְהַצְלָחָה בְּכָל מַעֲשֵׂה יָדַי, כִּי בָטַחְתִּי בְךָ, שֶׁעַל יְדֵי מַשָּׂא וּמַתָּן וַעֲסָקִים שֶׁלִּי, תִּשְׁלַח לִי בְּרָכָה, כְּדֵי שֶׁאוּכַל לְפַרְנֵס אֶת עַצְמִי וּבְנֵי בֵיתִי, בְּנַחַת וְלֹא בְצַעַר, בְּהֶתֵּר וְלֹא בְאִסּוּר, לְחַיִּים וּלְשָׁלוֹם. וִיקֻיַּם בִּי מִקְרָא שֶׁכָּתוּב: הַשְׁלֵךְ עַל יהוה יְהָבְךָ, וְהוּא יְכַלְכְּלֶךָ.[10] אָמֵן.

(1) בראשית מט:יח (2) ע"פ מיכה ד:ה (3) תהלים קכא:ב (4) שמות טו:יח (5) תהלים קמ:יד (6) תהלים ה:ט (7) בראשית מט:יט (8) שמואל א יח:יד (9) בראשית ו:ח (10) תהלים נה:כג (11) לז:לז (12) לז:ג (13) ישעיה יב:ב (14) תהלים לב:י (15) נחמיה ט:ו (16) ע"פ ירמיה י:י

# ברכת המזון

כתב השל"ה הק' בשם הזוהר שיש להזכיר חורבן בית המקדש בתוך הסעודה, וע"כ נהגו לומר בסוף הסעודה מזמור אחד שמדבר בענין החורבן. יש בזה מנהגים שונים. יש אומרים „שִׁיר הַמַּעֲלוֹת" בשבת ויו"ט ובכל יום שאין אומרים בו תחנון, וגם בסעודת חתונה, ברית, פדיון הבן, וכדומה; ובשאר הימים אומרים „עַל נַהֲרוֹת בָּבֶל". ויש נוהגין לומר „שִׁיר הַמַּעֲלוֹת" תמיד (חוץ מסעודה המפסקת של ערב תשעה באב).

תהלים קכו

**שִׁיר הַמַּעֲלוֹת,** בְּשׁוּב יהוה אֶת שִׁיבַת צִיּוֹן, הָיִינוּ כְּחֹלְמִים. אָז יִמָּלֵא שְׂחוֹק פִּינוּ וּלְשׁוֹנֵנוּ רִנָּה, אָז יֹאמְרוּ בַגּוֹיִם, הִגְדִּיל יהוה לַעֲשׂוֹת עִם אֵלֶּה. הִגְדִּיל יהוה לַעֲשׂוֹת עִמָּנוּ, הָיִינוּ שְׂמֵחִים. שׁוּבָה יהוה אֶת שְׁבִיתֵנוּ, כַּאֲפִיקִים בַּנֶּגֶב. הַזֹּרְעִים בְּדִמְעָה בְּרִנָּה יִקְצֹרוּ. הָלוֹךְ יֵלֵךְ וּבָכֹה נֹשֵׂא מֶשֶׁךְ הַזָּרַע, בֹּא יָבֹא בְרִנָּה, נֹשֵׂא אֲלֻמֹּתָיו.

תהלים קלז

**עַל נַהֲרוֹת** בָּבֶל, שָׁם יָשַׁבְנוּ גַּם בָּכִינוּ, בְּזָכְרֵנוּ אֶת צִיּוֹן. עַל עֲרָבִים בְּתוֹכָהּ תָּלִינוּ כִּנֹּרוֹתֵינוּ. כִּי שָׁם שְׁאֵלוּנוּ שׁוֹבֵינוּ דִּבְרֵי שִׁיר וְתוֹלָלֵינוּ שִׂמְחָה, שִׁירוּ לָנוּ מִשִּׁיר צִיּוֹן. אֵיךְ נָשִׁיר אֶת שִׁיר יהוה, עַל אַדְמַת נֵכָר. אִם אֶשְׁכָּחֵךְ יְרוּשָׁלָיִם, תִּשְׁכַּח יְמִינִי. תִּדְבַּק לְשׁוֹנִי לְחִכִּי, אִם לֹא אֶזְכְּרֵכִי, אִם לֹא אַעֲלֶה אֶת יְרוּשָׁלַיִם עַל רֹאשׁ שִׂמְחָתִי. זְכֹר יהוה לִבְנֵי אֱדוֹם אֵת יוֹם יְרוּשָׁלָיִם, הָאֹמְרִים עָרוּ עָרוּ, עַד הַיְסוֹד בָּהּ. בַּת בָּבֶל הַשְּׁדוּדָה, אַשְׁרֵי שֶׁיְּשַׁלֶּם לָךְ אֶת גְּמוּלֵךְ שֶׁגָּמַלְתְּ לָנוּ. אַשְׁרֵי שֶׁיֹּאחֵז וְנִפֵּץ אֶת עֹלָלַיִךְ אֶל הַסָּלַע.

**הִנְנִי** מוּכָן וּמְזֻמָּן לְקַיֵּם מִצְוַת עֲשֵׂה שֶׁל בִּרְכַּת הַמָּזוֹן, שֶׁנֶּאֱמַר: וְאָכַלְתָּ וְשָׂבָעְתָּ, וּבֵרַכְתָּ אֶת יהוה אֱלֹהֶיךָ, עַל הָאָרֶץ הַטֹּבָה אֲשֶׁר נָתַן לָךְ.[1]

## זימון

שלשה זכרים גדולים שאכלו ביחד מצוה עליהם שיברכו ברכת המזון יחד ע"י זימון, דהיינו שיכבדו אחד מהחבורה שיזמינם לברך ע"י הנוסח שלמטה. מצוה על בני החבורה להמתין על המזמן בסוף כל ברכה, ולענות אמן על ברכתו. ועכ"פ יעשו כן בסוף ברכה ראשונה. המדקדקים מקפידים לומר עכ"פ ברכה ראשונה עם המזמן מלה במלה, רק מקדימים לחתום כדי לענות אמן על ברכת המזון.

[במאורעות שונים נהגו לשלב פיוטים תוך נוסח הזימון; לברית מילה, עמ' 101; לשבע ברכות, עמ' 97.]

המזמן– רַבּוֹתַי מִיר וֶועלֶען בֶּענְטְשֶׁען [רַבּוֹתַי נְבָרֵךְ].

המסובין– יְהִי שֵׁם יהוה מְבֹרָךְ מֵעַתָּה וְעַד עוֹלָם.[2]

כשיש עשרה מסובין שמתוכם יש שבעה שאכלו פת מוסיפים „אֱלֹקֵינוּ".

המזמן– יְהִי שֵׁם יהוה מְבֹרָךְ מֵעַתָּה וְעַד עוֹלָם.[2] בִּרְשׁוּת מָרָנָן וְרַבָּנָן וְרַבּוֹתַי, נְבָרֵךְ (אֱלֹהֵינוּ) שֶׁאָכַלְנוּ מִשֶּׁלּוֹ.

המסובין– בָּרוּךְ (אֱלֹהֵינוּ) שֶׁאָכַלְנוּ מִשֶּׁלּוֹ וּבְטוּבוֹ חָיִינוּ.

מי שלא אכל עונה:
בָּרוּךְ (אֱלֹהֵינוּ) וּמְבֹרָךְ שְׁמוֹ תָּמִיד לְעוֹלָם וָעֶד.

המזמן– בָּרוּךְ (אֱלֹהֵינוּ) שֶׁאָכַלְנוּ מִשֶּׁלּוֹ וּבְטוּבוֹ חָיִינוּ.
בָּרוּךְ הוּא וּבָרוּךְ שְׁמוֹ.

(1) דברים ח:י (2) תהלים קיג:ב

הברכה הראשונה – ברכת הזן

**בָּרוּךְ** אַתָּה יהוה אֱלֹהֵינוּ מֶלֶךְ הָעוֹלָם, הַזָּן אֶת הָעוֹלָם כֻּלּוֹ, בְּטוּבוֹ, בְּחֵן בְּחֶסֶד וּבְרַחֲמִים, הוּא נֹתֵן לֶחֶם לְכָל בָּשָׂר, כִּי לְעוֹלָם חַסְדּוֹ.[1] וּבְטוּבוֹ הַגָּדוֹל, תָּמִיד לֹא חָסַר לָנוּ, וְאַל יֶחְסַר לָנוּ מָזוֹן לְעוֹלָם וָעֶד. בַּעֲבוּר שְׁמוֹ הַגָּדוֹל, כִּי הוּא אֵל זָן וּמְפַרְנֵס לַכֹּל, וּמֵטִיב לַכֹּל, וּמֵכִין מָזוֹן לְכָל בְּרִיּוֹתָיו אֲשֶׁר בָּרָא. כָּאָמוּר: פּוֹתֵחַ אֶת יָדֶךָ, וּמַשְׂבִּיעַ לְכָל חַי רָצוֹן.[2] ❖ בָּרוּךְ אַתָּה יהוה, הַזָּן אֶת הַכֹּל.

הברכה השניה – ברכת הארץ

**נוֹדֶה** לְּךָ יהוה אֱלֹהֵינוּ, עַל שֶׁהִנְחַלְתָּ לַאֲבוֹתֵינוּ אֶרֶץ חֶמְדָּה טוֹבָה וּרְחָבָה. וְעַל שֶׁהוֹצֵאתָנוּ יהוה אֱלֹהֵינוּ מֵאֶרֶץ מִצְרַיִם, וּפְדִיתָנוּ מִבֵּית עֲבָדִים, וְעַל בְּרִיתְךָ שֶׁחָתַמְתָּ בִּבְשָׂרֵנוּ, וְעַל תּוֹרָתְךָ שֶׁלִּמַּדְתָּנוּ, וְעַל חֻקֶּיךָ שֶׁהוֹדַעְתָּנוּ, וְעַל חַיִּים חֵן וָחֶסֶד שֶׁחוֹנַנְתָּנוּ, וְעַל אֲכִילַת מָזוֹן שָׁאַתָּה זָן וּמְפַרְנֵס אוֹתָנוּ תָּמִיד, בְּכָל יוֹם וּבְכָל עֵת וּבְכָל שָׁעָה.

בחנוכה ובפורים מוסיפים [ואם שכח, ראה עמ' 92]:

**וְעַל** הַנִּסִּים וְעַל הַפֻּרְקָן וְעַל הַגְּבוּרוֹת וְעַל הַתְּשׁוּעוֹת וְעַל הַנִּפְלָאוֹת וְעַל הַנֶּחָמוֹת וְעַל הַמִּלְחָמוֹת שֶׁעָשִׂיתָ לַאֲבוֹתֵינוּ בַּיָּמִים הָהֵם בַּזְּמַן הַזֶּה.

בחנוכה:

**בִּימֵי** מַתִּתְיָהוּ בֶּן יוֹחָנָן כֹּהֵן גָּדוֹל חַשְׁמוֹנָאִי וּבָנָיו, כְּשֶׁעָמְדָה מַלְכוּת יָוָן הָרְשָׁעָה עַל עַמְּךָ יִשְׂרָאֵל, לְהַשְׁכִּיחָם תּוֹרָתֶךָ, וּלְהַעֲבִירָם מֵחֻקֵּי רְצוֹנֶךָ. וְאַתָּה בְּרַחֲמֶיךָ הָרַבִּים, עָמַדְתָּ לָהֶם בְּעֵת צָרָתָם, רַבְתָּ אֶת רִיבָם, דַּנְתָּ אֶת דִּינָם, נָקַמְתָּ אֶת נִקְמָתָם.[3] מָסַרְתָּ גִבּוֹרִים בְּיַד חַלָּשִׁים, וְרַבִּים בְּיַד מְעַטִּים, וּטְמֵאִים בְּיַד טְהוֹרִים, וּרְשָׁעִים בְּיַד צַדִּיקִים, וְזֵדִים בְּיַד עוֹסְקֵי תוֹרָתֶךָ, וּלְךָ עָשִׂיתָ שֵׁם גָּדוֹל וְקָדוֹשׁ בְּעוֹלָמֶךָ, וּלְעַמְּךָ

בפורים:

**בִּימֵי** מָרְדְּכַי וְאֶסְתֵּר בְּשׁוּשַׁן הַבִּירָה, כְּשֶׁעָמַד עֲלֵיהֶם הָמָן הָרָשָׁע, בִּקֵּשׁ לְהַשְׁמִיד לַהֲרֹג וּלְאַבֵּד אֶת כָּל הַיְּהוּדִים, מִנַּעַר וְעַד זָקֵן, טַף וְנָשִׁים בְּיוֹם אֶחָד, בִּשְׁלוֹשָׁה עָשָׂר לְחֹדֶשׁ שְׁנֵים עָשָׂר, הוּא חֹדֶשׁ אֲדָר, וּשְׁלָלָם לָבוֹז.[4] וְאַתָּה

(1) תהלים קלו:כה (2) קמה:טז (3) ע"פ ירמיה נא:לו (4) אסתר ג:יג

בחנוכה:

יִשְׂרָאֵל עָשִׂיתָ תְּשׁוּעָה גְדוֹלָה[1] וּפֻרְקָן כְּהַיּוֹם הַזֶּה. וְאַחַר כֵּן בָּאוּ בָנֶיךָ לִדְבִיר בֵּיתֶךָ, וּפִנּוּ אֶת הֵיכָלֶךָ, וְטִהֲרוּ אֶת מִקְדָּשֶׁךָ, וְהִדְלִיקוּ נֵרוֹת בְּחַצְרוֹת קָדְשֶׁךָ, וְקָבְעוּ שְׁמוֹנַת יְמֵי חֲנֻכָּה אֵלּוּ, לְהוֹדוֹת וּלְהַלֵּל לְשִׁמְךָ הַגָּדוֹל.

בפורים:

בְּרַחֲמֶיךָ הָרַבִּים הֵפַרְתָּ אֶת עֲצָתוֹ, וְקִלְקַלְתָּ אֶת מַחֲשַׁבְתּוֹ, וַהֲשֵׁבוֹתָ לּוֹ גְּמוּלוֹ בְּרֹאשׁוֹ, וְתָלוּ אוֹתוֹ וְאֶת בָּנָיו עַל הָעֵץ.

**וְעַל הַכֹּל,** יהוה אֱלֹהֵינוּ, אֲנַחְנוּ מוֹדִים לָךְ וּמְבָרְכִים אוֹתָךְ, יִתְבָּרַךְ שִׁמְךָ בְּפִי כָּל חַי תָּמִיד לְעוֹלָם וָעֶד. כַּכָּתוּב: וְאָכַלְתָּ וְשָׂבָעְתָּ, וּבֵרַכְתָּ אֶת יהוה אֱלֹהֶיךָ, עַל הָאָרֶץ הַטֹּבָה אֲשֶׁר נָתַן לָךְ.[2] ❖ בָּרוּךְ אַתָּה יהוה, עַל הָאָרֶץ וְעַל הַמָּזוֹן.

הברכה השלישית – בנין ירושלים

**רַחֵם** נָא יהוה אֱלֹהֵינוּ עַל יִשְׂרָאֵל עַמֶּךָ, וְעַל יְרוּשָׁלַיִם עִירֶךָ, וְעַל צִיּוֹן מִשְׁכַּן כְּבוֹדֶךָ, וְעַל מַלְכוּת בֵּית דָּוִד מְשִׁיחֶךָ, וְעַל הַבַּיִת הַגָּדוֹל וְהַקָּדוֹשׁ שֶׁנִּקְרָא שִׁמְךָ עָלָיו. אֱלֹהֵינוּ אָבִינוּ, רְעֵנוּ זוּנֵנוּ פַּרְנְסֵנוּ וְכַלְכְּלֵנוּ וְהַרְוִיחֵנוּ, וְהַרְוַח לָנוּ יהוה אֱלֹהֵינוּ מְהֵרָה מִכָּל צָרוֹתֵינוּ. וְנָא אַל תַּצְרִיכֵנוּ, יהוה אֱלֹהֵינוּ, לֹא לִידֵי מַתְּנַת בָּשָׂר וָדָם, וְלֹא לִידֵי הַלְוָאָתָם, כִּי אִם לְיָדְךָ הַמְּלֵאָה הַפְּתוּחָה הַקְּדוֹשָׁה וְהָרְחָבָה, שֶׁלֹּא נֵבוֹשׁ וְלֹא נִכָּלֵם לְעוֹלָם וָעֶד.

בשבת מוסיפים [ואם שכח, ראה עמ' 92]:

**רְצֵה** וְהַחֲלִיצֵנוּ יהוה אֱלֹהֵינוּ בְּמִצְוֹתֶיךָ, וּבְמִצְוַת יוֹם הַשְּׁבִיעִי הַשַּׁבָּת הַגָּדוֹל וְהַקָּדוֹשׁ הַזֶּה, כִּי יוֹם זֶה גָּדוֹל וְקָדוֹשׁ הוּא לְפָנֶיךָ, לִשְׁבָּת בּוֹ וְלָנוּחַ בּוֹ בְּאַהֲבָה כְּמִצְוַת רְצוֹנֶךָ, וּבִרְצוֹנְךָ הָנִיחַ לָנוּ, יהוה אֱלֹהֵינוּ, שֶׁלֹּא תְהֵא צָרָה וְיָגוֹן וַאֲנָחָה בְּיוֹם מְנוּחָתֵנוּ, וְהַרְאֵנוּ יהוה אֱלֹהֵינוּ בְּנֶחָמַת צִיּוֹן עִירֶךָ, וּבְבִנְיַן יְרוּשָׁלַיִם עִיר קָדְשֶׁךָ, כִּי אַתָּה הוּא בַּעַל הַיְשׁוּעוֹת וּבַעַל הַנֶּחָמוֹת.

(1) ע"פ שמואל א יט:ה (2) דברים ח:י

בראש חדש, יום טוב, וחול המועד:

**אֱלֹהֵינוּ** וֵאלֹהֵי אֲבוֹתֵינוּ, יַעֲלֶה, וְיָבֹא, וְיַגִּיעַ, וְיֵרָאֶה, וְיֵרָצֶה, וְיִשָּׁמַע, וְיִפָּקֵד, וְיִזָּכֵר זִכְרוֹנֵנוּ וּפִקְדּוֹנֵנוּ, וְזִכְרוֹן אֲבוֹתֵינוּ, וְזִכְרוֹן מָשִׁיחַ בֶּן דָּוִד עַבְדֶּךָ, וְזִכְרוֹן יְרוּשָׁלַיִם עִיר קָדְשֶׁךָ, וְזִכְרוֹן כָּל עַמְּךָ בֵּית יִשְׂרָאֵל לְפָנֶיךָ, לִפְלֵיטָה לְטוֹבָה לְחֵן וּלְחֶסֶד וּלְרַחֲמִים, לְחַיִּים (טוֹבִים) וּלְשָׁלוֹם, בְּיוֹם

| | | |
|---|---|---|
| לראש חדש<br>רֹאשׁ הַחֹדֶשׁ | לפסח<br>חַג הַמַּצּוֹת | לשבועות<br>חַג הַשָּׁבֻעוֹת |
| לראש השנה<br>הַזִּכָּרוֹן | לסוכות<br>חַג הַסֻּכּוֹת | לשמיני עצרת/שמחת תורה<br>שְׁמִינִי עֲצֶרֶת הַחַג |

הַזֶּה. זָכְרֵנוּ יהוה אֱלֹהֵינוּ בּוֹ לְטוֹבָה, וּפָקְדֵנוּ בוֹ לִבְרָכָה, וְהוֹשִׁיעֵנוּ בוֹ לְחַיִּים טוֹבִים. וּבִדְבַר יְשׁוּעָה וְרַחֲמִים, חוּס וְחָנֵּנוּ וְרַחֵם עָלֵינוּ וְהוֹשִׁיעֵנוּ, כִּי אֵלֶיךָ עֵינֵינוּ, כִּי אֵל מֶלֶךְ חַנּוּן וְרַחוּם אָתָּה.[1]

❖ **וּבְנֵה** יְרוּשָׁלַיִם עִיר הַקֹּדֶשׁ בִּמְהֵרָה בְיָמֵינוּ. בָּרוּךְ אַתָּה יהוה, בּוֹנֵה בְרַחֲמָיו יְרוּשָׁלָיִם. אָמֵן.

הברכה הרביעית – הטוב והמטיב

**בָּרוּךְ** אַתָּה יהוה אֱלֹהֵינוּ מֶלֶךְ הָעוֹלָם, הָאֵל אָבִינוּ מַלְכֵּנוּ אַדִּירֵנוּ בּוֹרְאֵנוּ גּוֹאֲלֵנוּ יוֹצְרֵנוּ, קְדוֹשֵׁנוּ קְדוֹשׁ

(1) ע״פ נחמיה ט:לא

**אם שכח לומר ,,וְעַל הַנִּסִּים״**

א) אם נזכר לפני שאמר השם בחתימת הברכה [„בָּרוּךְ . . . עַל הָאָרֶץ וְעַל הַמָּזוֹן”], יחזור לומר „וְעַל הַנִּסִּים” ואח”כ יאמר „וְעַל הַכֹּל”.

ב) אם כבר אמר השם, ימשיך על הסדר עד „בְּעֵינֵי אֱ-לֹהִים וְאָדָם” (עמ' 94) ויאמר שם „הָרַחֲמָן הוּא יַעֲשֶׂה”.

**אם שכח לומר ,,רְצֵה״ או ,,יַעֲלֶה וְיָבֹא״**

א) אם נזכר לפני שאמר השם בחתימת הברכה „בָּרוּךְ . . . בּוֹנֵה בְּרַחֲמָיו יְרוּשָׁלָיִם”, חוזר ל„רְצֵה” או ל„יַעֲלֶה וְיָבוֹא” ויאמר משם והלאה על הסדר.

ב) אם כבר אמר ברכת „בּוֹנֵה”, גומר את הברכה ואומר (לפני הברכה הרביעית) ברכה מיוחדת לתשלום „רְצֵה” ו„יַעֲלֶה וְיָבוֹא” כנזכר בע' 95.

ג) גם אם כבר התחיל הברכה הרביעית, כל זמן שלא אמר „הָאֵ-ל” בתחילת הברכה, יכול לתקן שכחתו ויגמור את הברכה בנוסח המיוחד לתשלום, ואח”כ יתחיל עוד הפעם את הברכה הרביעית, כי עד המלה „הָעוֹלָם” שוות שתי הברכות בנוסחתם.

ד) אם הוא כבר לילה או אפילו בין השמשות כשהוא מברך, לא יאמר הברכה המיוחדת לתשלום, כי יש דעות בפוסקים שאם כבר עבר היום אינו מזכיר המאורע בברכת המזון אף שאכל סעודתו ביום המאורע, וספק ברכות להקל.

ה) אם כבר אמר „הָאֵ-ל” בברכה הרביעית, שוב אינו יכול לתקן שכחתו. ולענין אם צריך לחזור ולברך יש חילוקי דינים:

1) בשתי סעודות הראשונות של שבת ויום טוב חוזר ומברך, ובסעודה שלישית אינו מברך שנית.

2) בראש חודש וחול המועד אינו חוזר ומברך. כשחל שבת בראש חודש או בחול המועד, חוזר בשביל „רְצֵה” ואינו חוזר אם אמר „רְצֵה” ושכח „יַעֲלֶה וְיָבֹא”.

יַעֲקֹב, רוֹעֵנוּ רוֹעֵה יִשְׂרָאֵל, הַמֶּלֶךְ הַטּוֹב וְהַמֵּטִיב לַכֹּל, שֶׁבְּכָל יוֹם וָיוֹם הוּא הֵטִיב, הוּא מֵטִיב, הוּא יֵיטִיב לָנוּ. הוּא גְמָלָנוּ, הוּא גוֹמְלֵנוּ, הוּא יִגְמְלֵנוּ לָעַד, לְחֵן וּלְחֶסֶד וּלְרַחֲמִים וּלְרֶוַח הַצָּלָה וְהַצְלָחָה, בְּרָכָה וִישׁוּעָה נֶחָמָה פַּרְנָסָה וְכַלְכָּלָה ❖ וְרַחֲמִים וְחַיִּים וְשָׁלוֹם וְכָל טוֹב, וּמִכָּל טוּב לְעוֹלָם אַל יְחַסְּרֵנוּ.

**הָרַחֲמָן** הוּא יִמְלוֹךְ עָלֵינוּ לְעוֹלָם וָעֶד. הָרַחֲמָן הוּא יִתְבָּרַךְ בַּשָּׁמַיִם וּבָאָרֶץ. הָרַחֲמָן הוּא יִשְׁתַּבַּח לְדוֹר דּוֹרִים, וְיִתְפָּאַר בָּנוּ לָעַד וּלְנֵצַח נְצָחִים, וְיִתְהַדַּר בָּנוּ לָעַד וּלְעוֹלְמֵי עוֹלָמִים. הָרַחֲמָן הוּא יְפַרְנְסֵנוּ בְּכָבוֹד. הָרַחֲמָן הוּא יִשְׁבּוֹר עֻלֵּנוּ מֵעַל צַוָּארֵנוּ, וְהוּא יוֹלִיכֵנוּ קוֹמְמִיּוּת לְאַרְצֵנוּ. הָרַחֲמָן הוּא יִשְׁלַח לָנוּ בְּרָכָה מְרֻבָּה בַּבַּיִת הַזֶּה, וְעַל שֻׁלְחָן זֶה שֶׁאָכַלְנוּ עָלָיו. הָרַחֲמָן הוּא יִשְׁלַח לָנוּ אֶת אֵלִיָּהוּ הַנָּבִיא זָכוּר לַטּוֹב, וִיבַשֶּׂר לָנוּ בְּשׂוֹרוֹת טוֹבוֹת יְשׁוּעוֹת וְנֶחָמוֹת.

בגמרא (ברכות מו) יש תפלה ארוכה שיתפלל האורח לכבוד בעל הבית והועתקה בשנוי לשון קצת בשולחן ערוך (או"ח רא ס"א). וכבר תמה הגאון ר' יעקב עמדין זצ"ל בסידורו על מנהגינו שאין אומרים אותה. הצגנו את התפילה כאן לפי הנוסח הנמצא בשולחן ערוך (עיי"ש מ"ב סק"ה):

**יְהִי רָצוֹן** שֶׁלֹּא יֵבוֹשׁ וְלֹא יִכָּלֵם בַּעַל הַבַּיִת הַזֶּה, לֹא בָעוֹלָם הַזֶּה וְלֹא בָעוֹלָם הַבָּא, וְיַצְלִיחַ בְּכָל נְכָסָיו, וְיִהְיוּ נְכָסָיו מֻצְלָחִים וּקְרוֹבִים לָעִיר, וְאַל יִשְׁלוֹט שָׂטָן בְּמַעֲשֵׂה יָדָיו, וְאַל יִזְדַּקֵּק לְפָנָיו שׁוּם דְּבַר חֵטְא וְהִרְהוּר עָוֹן, מֵעַתָּה וְעַד עוֹלָם.

האוכל על שולחן עצמו אומר (כל אחד מוסיף מה ששייך לו מהמלות שהוקפו בסוגריים):

הָרַחֲמָן הוּא יְבָרֵךְ אוֹתִי (וְאֶת אִשְׁתִּי / וְאֶת בַּעְלִי, וְאֶת זַרְעִי) וְאֶת כָּל אֲשֶׁר לִי.

אורח אומר (בנים האוכלים על שלחן הוריהם מוסיפים המלות שהוקפו בסוגריים):

הָרַחֲמָן הוּא יְבָרֵךְ אֶת (אָבִי מוֹרִי) בַּעַל הַבַּיִת הַזֶּה, וְאֶת (אִמִּי מוֹרָתִי) בַּעֲלַת הַבַּיִת הַזֶּה, אוֹתָם וְאֶת בֵּיתָם וְאֶת זַרְעָם וְאֶת כָּל אֲשֶׁר לָהֶם.

אוֹתָנוּ וְאֶת כָּל אֲשֶׁר לָנוּ, כְּמוֹ שֶׁנִּתְבָּרְכוּ אֲבוֹתֵינוּ אַבְרָהָם יִצְחָק וְיַעֲקֹב בַּכֹּל מִכֹּל כֹּל,[1] כֵּן יְבָרֵךְ אוֹתָנוּ כֻּלָּנוּ יַחַד בִּבְרָכָה שְׁלֵמָה. וְנֹאמַר: אָמֵן.

(1) ע"פ בראשית כד:א; כז:לג; לג:יא

**בַּמָּרוֹם** יְלַמְּדוּ עֲלֵיהֶם וְעָלֵינוּ זְכוּת, שֶׁתְּהֵא לְמִשְׁמֶרֶת שָׁלוֹם. וְנִשָּׂא בְרָכָה מֵאֵת יהוה, וּצְדָקָה מֵאֱלֹהֵי יִשְׁעֵנוּ, וְנִמְצָא חֵן וְשֵׂכֶל טוֹב בְּעֵינֵי אֱלֹהִים וְאָדָם.[1]

לשבת

הָרַחֲמָן הוּא יַנְחִילֵנוּ יוֹם שֶׁכֻּלּוֹ שַׁבָּת וּמְנוּחָה לְחַיֵּי הָעוֹלָמִים.

לראש חודש

הָרַחֲמָן הוּא יְחַדֵּשׁ עָלֵינוּ אֶת הַחֹדֶשׁ הַזֶּה לְטוֹבָה וְלִבְרָכָה.

ליום טוב

הָרַחֲמָן הוּא יַנְחִילֵנוּ יוֹם שֶׁכֻּלּוֹ טוֹב.

לראש השנה (יש אומרים תפילה זו עד יום הכפורים)

הָרַחֲמָן הוּא יְחַדֵּשׁ עָלֵינוּ אֶת הַשָּׁנָה הַזֹּאת לְטוֹבָה וְלִבְרָכָה.

לסוכות

הָרַחֲמָן הוּא יָקִים לָנוּ אֶת סֻכַּת דָּוִיד הַנֹּפֶלֶת.[2]

אם בחנוכה ופורים שכח לומר „עַל הַנִּסִּים" במקומו הראוי, יאמר:

הָרַחֲמָן הוּא יַעֲשֶׂה לָנוּ נִסִּים וְנִפְלָאוֹת
כַּאֲשֶׁר עָשָׂה לַאֲבוֹתֵינוּ בַּיָּמִים הָהֵם בַּזְּמַן הַזֶּה.

וממשיך „בִּימֵי מָרְדְּכַי" או „בִּימֵי מַתִּתְיָהוּ" בעמ' 90. לאחר שסיים ימשיך לומר „הָרַחֲמָן הוּא יְזַכֵּנוּ".

נוסח „הָרַחֲמָן" לברית מילה בעמ' 102.

מי ששכח ודלג על אחת מתפילות הרחמן שמוסיפין בשבת וימים טובים, אינו חוזר ומברך.

**הָרַחֲמָן** הוּא יְזַכֵּנוּ לִימוֹת הַמָּשִׁיחַ וּלְחַיֵּי הָעוֹלָם הַבָּא. [בחול – מַגְדִּל] [בשבת, יו"ט, חוה"מ, ור"ח – מִגְדּוֹל] יְשׁוּעוֹת מַלְכּוֹ וְעֹשֶׂה חֶסֶד לִמְשִׁיחוֹ לְדָוִד וּלְזַרְעוֹ עַד עוֹלָם.[3] עֹשֶׂה שָׁלוֹם בִּמְרוֹמָיו, הוּא יַעֲשֶׂה שָׁלוֹם עָלֵינוּ וְעַל כָּל יִשְׂרָאֵל. וְאִמְרוּ, אָמֵן.

**יְראוּ** אֶת יהוה קְדֹשָׁיו, כִּי אֵין מַחְסוֹר לִירֵאָיו. כְּפִירִים
רָשׁוּ וְרָעֵבוּ, וְדֹרְשֵׁי יהוה לֹא יַחְסְרוּ כָל טוֹב.[4] הוֹדוּ
לַיהוה כִּי טוֹב, כִּי לְעוֹלָם חַסְדּוֹ.[5] פּוֹתֵחַ אֶת יָדֶךָ, וּמַשְׂבִּיעַ לְכָל
חַי רָצוֹן.[6] בָּרוּךְ הַגֶּבֶר אֲשֶׁר יִבְטַח בַּיהוה, וְהָיָה יהוה מִבְטַחוֹ.[7]
נַעַר הָיִיתִי גַּם זָקַנְתִּי, וְלֹא רָאִיתִי צַדִּיק נֶעֱזָב, וְזַרְעוֹ מְבַקֶּשׁ
לָחֶם.[8] יהוה עֹז לְעַמּוֹ יִתֵּן, יהוה יְבָרֵךְ אֶת עַמּוֹ בַשָּׁלוֹם.[9]

---

(1) ע"פ משלי ג:ד (2) ע"פ עמוס ט:יא (3) תהלים יח:נא; שמואל ב כב:נא (4) תהלים לד:י-יא
(5) קלו:א ועוד (6) קמה:טז (7) ירמיה יז:ז (8) תהלים לז:כה (9) כט:יא

## ﴾ ברכות למי ששכח ﴿

מי ששכח לומר „רצה" או „יעלה ויבא", יכול לתקן שכחתו ע״י אמירת הברכה הראויה
לפני הברכה הרביעית של ברכת המזון. ראה עמ' 92.

אם שכח „רצה" בשבת, אומר (וחותם רק בב' סעודות הראשונות):

**בָּרוּךְ** אַתָּה יהוה אֱלֹהֵינוּ מֶלֶךְ הָעוֹלָם, אֲשֶׁר נָתַן שַׁבָּתוֹת לִמְנוּחָה לְעַמּוֹ
יִשְׂרָאֵל בְּאַהֲבָה, לְאוֹת וְלִבְרִית. בָּרוּךְ אַתָּה יהוה, מְקַדֵּשׁ הַשַּׁבָּת.

אם שכח „יעלה ויבא" בראש חודש, אומר:

**בָּרוּךְ** אַתָּה יהוה אֱלֹהֵינוּ מֶלֶךְ הָעוֹלָם, אֲשֶׁר נָתַן רָאשֵׁי חֳדָשִׁים לְעַמּוֹ
יִשְׂרָאֵל לְזִכָּרוֹן.

אם שכח „רצה" ו„יעלה ויבא" בראש חדש שחל בשבת, אומר (וחותם רק בב' סעודות הראשונות):

**בָּרוּךְ** אַתָּה יהוה אֱלֹהֵינוּ מֶלֶךְ הָעוֹלָם, אֲשֶׁר נָתַן שַׁבָּתוֹת לִמְנוּחָה לְעַמּוֹ
יִשְׂרָאֵל בְּאַהֲבָה, לְאוֹת וְלִבְרִית, וְרָאשֵׁי חֳדָשִׁים לְזִכָּרוֹן. בָּרוּךְ אַתָּה
יהוה, מְקַדֵּשׁ הַשַּׁבָּת וְיִשְׂרָאֵל וְרָאשֵׁי חֳדָשִׁים.

אם שכח „יעלה ויבא" ביום טוב, אומר (וחותם רק בב' סעודות הראשונות):

**בָּרוּךְ** אַתָּה יהוה אֱלֹהֵינוּ מֶלֶךְ הָעוֹלָם, אֲשֶׁר נָתַן יָמִים טוֹבִים לְעַמּוֹ
יִשְׂרָאֵל לְשָׂשׂוֹן וּלְשִׂמְחָה, אֶת יוֹם

| בפסח | בשבועות | בסוכות | בשמיני עצרת ושמחת תורה |
|---|---|---|---|
| חַג הַמַּצּוֹת | חַג הַשָּׁבֻעוֹת | חַג הַסֻּכּוֹת | שְׁמִינִי עֲצֶרֶת הַחַג |

הַזֶּה. בָּרוּךְ אַתָּה יהוה, מְקַדֵּשׁ יִשְׂרָאֵל וְהַזְּמַנִּים.

אם שכח „רצה" ו„יעלה ויבא" ביום טוב שחל בשבת, אומר (וחותם רק בב' סעודות הראשונות):

**בָּרוּךְ** אַתָּה יהוה אֱלֹהֵינוּ מֶלֶךְ הָעוֹלָם, אֲשֶׁר נָתַן שַׁבָּתוֹת לִמְנוּחָה לְעַמּוֹ
יִשְׂרָאֵל בְּאַהֲבָה, לְאוֹת וְלִבְרִית, וְיָמִים טוֹבִים לְשָׂשׂוֹן וּלְשִׂמְחָה, אֶת

| בפסח | בשבועות | בסוכות | בשמיני עצרת ושמחת תורה |
|---|---|---|---|
| יוֹם חַג הַמַּצּוֹת | יוֹם חַג הַשָּׁבֻעוֹת | יוֹם חַג הַסֻּכּוֹת | יוֹם שְׁמִינִי עֲצֶרֶת הַחַג |

הַזֶּה. בָּרוּךְ אַתָּה יהוה, מְקַדֵּשׁ הַשַּׁבָּת וְיִשְׂרָאֵל וְהַזְּמַנִּים.

אם שכח „יעלה ויבא" בחול המועד, אומר:

**בָּרוּךְ** אַתָּה יהוה אֱלֹהֵינוּ מֶלֶךְ הָעוֹלָם, אֲשֶׁר נָתַן מוֹעֲדִים לְעַמּוֹ יִשְׂרָאֵל
לְשָׂשׂוֹן וּלְשִׂמְחָה, אֶת יוֹם חַג [בפסח: הַמַּצּוֹת / בסוכות: הַסֻּכּוֹת] הַזֶּה.

אם שכח „רצה" ו„יעלה ויבא" בחול המועד שחל בשבת, אומר (וחותם רק בב' סעודות הראשונות):

**בָּרוּךְ** אַתָּה יהוה אֱלֹהֵינוּ מֶלֶךְ הָעוֹלָם, אֲשֶׁר נָתַן שַׁבָּתוֹת לִמְנוּחָה לְעַמּוֹ
יִשְׂרָאֵל בְּאַהֲבָה, לְאוֹת וְלִבְרִית, וּמוֹעֲדִים לְשָׂשׂוֹן וּלְשִׂמְחָה, אֶת יוֹם
חַג [בפסח: הַמַּצּוֹת / בסוכות: הַסֻּכּוֹת] הַזֶּה. בָּרוּךְ אַתָּה יהוה, מְקַדֵּשׁ הַשַּׁבָּת
וְיִשְׂרָאֵל וְהַזְּמַנִּים.

אם שכח „יעלה ויבא" בראש השנה, אומר (וחותם רק בב' סעודות הראשונות):

**בָּרוּךְ** אַתָּה יהוה אֱלֹהֵינוּ מֶלֶךְ הָעוֹלָם, אֲשֶׁר נָתַן יָמִים טוֹבִים לְעַמּוֹ
יִשְׂרָאֵל, אֶת יוֹם הַזִּכָּרוֹן הַזֶּה. בָּרוּךְ אַתָּה יהוה, מְקַדֵּשׁ יִשְׂרָאֵל וְיוֹם
הַזִּכָּרוֹן.

אם שכח „רצה" ו„יעלה ויבא" בראש השנה שחל בשבת, אומר (וחותם רק בב' סעודות הראשונות):

**בָּרוּךְ** אַתָּה יהוה אֱלֹהֵינוּ מֶלֶךְ הָעוֹלָם, אֲשֶׁר נָתַן שַׁבָּתוֹת לִמְנוּחָה לְעַמּוֹ
יִשְׂרָאֵל בְּאַהֲבָה, לְאוֹת וְלִבְרִית, וְיָמִים טוֹבִים לְיִשְׂרָאֵל, אֶת יוֹם
הַזִּכָּרוֹן הַזֶּה. בָּרוּךְ אַתָּה יהוה, מְקַדֵּשׁ הַשַּׁבָּת וְיִשְׂרָאֵל וְיוֹם הַזִּכָּרוֹן.

# ברכות אחרונות

## מעין שלש

ברכת מעין שלש אומרים אחר (א) אכילת תבשיל או מעשה אופה (חוץ מלחם ומצה) שנעשה מחמשת מיני דגן שהם חטה (wheat), שעורה (barley), כוסמין (spelt), שבולת שועל (oats), ושיפון (rye); (ב) שתיית יין או מיץ ענבים; (ג) אכילת אחד מהמינים שנשתבחה בהם ארץ ישראל: ענבים, תאנים, רמונים, זיתים, ותמרים.

אכל מחמשת מיני דגן ושתה יין, אומר: עַל הַמִּחְיָה וְעַל הַכַּלְכָּלָה וְעַל הַגֶּפֶן וְעַל פְּרִי הַגֶּפֶן . . .
אכל מחמשת מיני דגן וגם פירות משבעת המינים, אומר: עַל הַמִּחְיָה וְעַל הַכַּלְכָּלָה וְעַל הָעֵץ וְעַל פְּרִי הָעֵץ . . .
שתה יין ואכל פירות, אומר: עַל הַגֶּפֶן וְעַל פְּרִי הַגֶּפֶן וְעַל הָעֵץ וְעַל פְּרִי הָעֵץ . . .
אכל מחמשת מיני דגן ומשבעת המינים ושתה יין, אומר:
עַל הַמִּחְיָה וְעַל הַכַּלְכָּלָה וְעַל הַגֶּפֶן וְעַל פְּרִי הַגֶּפֶן וְעַל הָעֵץ וְעַל פְּרִי הָעֵץ . . .
וכן יאמר על זה הסדר בסוף הברכה ובחתימתה.

**בָּרוּךְ** אַתָּה יהוה אֱלֹהֵינוּ מֶלֶךְ הָעוֹלָם,

| אחר א׳ מחמשת מיני דגן | אחר יין או מיץ ענבים | אחר א׳ מז׳ המינים חוץ מדגן |
|---|---|---|
| עַל הַמִּחְיָה | [וְ]עַל הַגֶּפֶן | [וְ]עַל הָעֵץ |
| וְעַל הַכַּלְכָּלָה, | וְעַל פְּרִי הַגֶּפֶן, | וְעַל פְּרִי הָעֵץ, |

וְעַל תְּנוּבַת הַשָּׂדֶה, וְעַל אֶרֶץ חֶמְדָּה טוֹבָה וּרְחָבָה, שֶׁרָצִיתָ וְהִנְחַלְתָּ לַאֲבוֹתֵינוּ, לֶאֱכוֹל מִפִּרְיָהּ וְלִשְׂבּוֹעַ מִטּוּבָהּ. רַחֵם נָא יהוה אֱלֹהֵינוּ עַל יִשְׂרָאֵל עַמֶּךָ, וְעַל יְרוּשָׁלַיִם עִירֶךָ, וְעַל צִיּוֹן מִשְׁכַּן כְּבוֹדֶךָ, וְעַל מִזְבְּחֶךָ וְעַל הֵיכָלֶךָ. וּבְנֵה יְרוּשָׁלַיִם עִיר הַקֹּדֶשׁ בִּמְהֵרָה בְיָמֵינוּ, וְהַעֲלֵנוּ לְתוֹכָהּ, וְשַׂמְּחֵנוּ בְּבִנְיָנָהּ, וְנֹאכַל מִפִּרְיָהּ, וְנִשְׂבַּע מִטּוּבָהּ, וּנְבָרֶכְךָ עָלֶיהָ בִּקְדֻשָּׁה וּבְטָהֳרָה.

בשבת – וּרְצֵה וְהַחֲלִיצֵנוּ בְּיוֹם הַשַּׁבָּת הַזֶּה.
בראש חודש – וְזָכְרֵנוּ לְטוֹבָה בְּיוֹם רֹאשׁ הַחֹדֶשׁ הַזֶּה.
בפסח – וְשַׂמְּחֵנוּ בְּיוֹם חַג הַמַּצּוֹת הַזֶּה.
בשבועות – וְשַׂמְּחֵנוּ בְּיוֹם חַג הַשָּׁבֻעוֹת הַזֶּה.
בסוכות – וְשַׂמְּחֵנוּ בְּיוֹם חַג הַסֻּכּוֹת הַזֶּה.
בשמיני עצרת ושמחת תורה – וְשַׂמְּחֵנוּ בְּיוֹם שְׁמִינִי עֲצֶרֶת הַחַג הַזֶּה.
בראש השנה – וְזָכְרֵנוּ לְטוֹבָה בְּיוֹם הַזִּכָּרוֹן הַזֶּה.

כִּי אַתָּה יהוה טוֹב וּמֵטִיב לַכֹּל, וְנוֹדֶה לְּךָ עַל הָאָרֶץ וְעַל

| אחר א׳ מחמשת מיני דגן | אחר יין או מיץ ענבים | אחר א׳ מז׳ המינים חוץ מדגן |
|---|---|---|
| הַמִּחְיָה (וְעַל הַכַּלְכָּלָה). | [וְעַל] פְּרִי הַגָּפֶן.° | [וְעַל] הַפֵּרוֹת.°° |

בָּרוּךְ אַתָּה יהוה, עַל הָאָרֶץ וְעַל

| | | |
|---|---|---|
| הַמִּחְיָה (וְעַל הַכַּלְכָּלָה). | [וְעַל] פְּרִי הַגָּפֶן.° | [וְעַל] הַפֵּרוֹת.°° |

°אם היין מארץ ישראל, אומר: וְעַל פְּרִי גַפְנָהּ. °°אם הפרי גדל בארץ ישראל, אומר: וְעַל פֵּרוֹתֶיהָ.

## בורא נפשות

אם אכל מאכל או שתה משקה שאין מברכין אחריו ברכת המזון או ברכה אחת מעין שלש, מברך:

**בָּרוּךְ** אַתָּה יהוה אֱלֹהֵינוּ מֶלֶךְ הָעוֹלָם, בּוֹרֵא נְפָשׁוֹת רַבּוֹת וְחֶסְרוֹנָן, עַל כָּל מַה שֶּׁבָּרָא(תָ) לְהַחֲיוֹת בָּהֶם נֶפֶשׁ כָּל חָי. בָּרוּךְ חֵי הָעוֹלָמִים.

## סדר ברכות אירוסין ונישואין

כשהחתן מגיע לחופה, מנגן החזן:

**בָּרוּךְ הַבָּא.** מִי אַדִּיר עַל הַכֹּל, מִי בָּרוּךְ עַל הַכֹּל, מִי גָּדוֹל עַל הַכֹּל, מִי דָּגוּל עַל הַכֹּל, הוּא יְבָרֵךְ אֶת הֶחָתָן וְאֶת הַכַּלָּה.

כשהכלה מגיעה סמוך לחופה, פוסע החתן לקראתה פסיעה אחת או שתים.
הכלה מקיפה סביב החתן כנהוג, והחזן מנגן:

**בְּרוּכָה הַבָּאָה.** מִי בָּן שִׂיחַ שׁוֹשַׁן חוֹחִים, אַהֲבַת כַּלָּה מְשׂוֹשׂ דּוֹדִים, הוּא יְבָרֵךְ אֶת הֶחָתָן וְאֶת הַכַּלָּה.

מסדר הקדושין אוחז כוס מלא יין בידו הימנית ומברך (החתן והכלה צריכים לכוון לצאת בברכת הגפן):

**בָּרוּךְ** אַתָּה יהוה אֱלֹהֵינוּ מֶלֶךְ הָעוֹלָם, בּוֹרֵא פְּרִי הַגָּפֶן.

החתן צריך לכוון לצאת בברכת אירוסין.

**בָּרוּךְ** אַתָּה יהוה אֱלֹהֵינוּ מֶלֶךְ הָעוֹלָם, אֲשֶׁר קִדְּשָׁנוּ בְּמִצְוֹתָיו, וְצִוָּנוּ עַל הָעֲרָיוֹת, וְאָסַר לָנוּ אֶת הָאֲרוּסוֹת, וְהִתִּיר לָנוּ אֶת הַנְּשׂוּאוֹת לָנוּ עַל יְדֵי חֻפָּה וְקִדּוּשִׁין. בָּרוּךְ אַתָּה יהוה, מְקַדֵּשׁ עַמּוֹ יִשְׂרָאֵל עַל יְדֵי חֻפָּה וְקִדּוּשִׁין.

החתן והכלה שותים מהכוס בלי ברכה.

החתן אוחז את טבעת הקדושין בידו הימנית, ואומר לכלה:

**הֲרֵי אַתְּ מְקֻדֶּשֶׁת לִי, בְּטַבַּעַת זוּ, כְּדַת מֹשֶׁה וְיִשְׂרָאֵל.**

ותיכף שם החתן את הטבעת על אצבעה הימנית של הכלה.

מכבדים איש מכובד מהנוכחים לקרוא הכתובה. ממלאים כוס שני, ואומרים שבע ברכות על הכוס.
בתחילה מברכים „בּוֹרֵא פְּרִי הַגָּפֶן" ואח"כ שש הברכות האחרות [עמ' 98] החל
מ„שֶׁהַכֹּל בָּרָא לִכְבוֹדוֹ" עד „מְשַׂמֵּחַ חָתָן עִם הַכַּלָּה", ונותנים לחתן ולכלה לשתות מן היין.
החתן שובר כוס זכוכית ברגלו הימנית להעלות את זכר ירושלים על ראש שמחתו.
אחר החופה מייחדים את החתן והכלה זמן קצר בחדר מיוחד.

## ברכת המזון לשבע ברכות

ממלאים שני כוסות יין, אחד לברך עליו ברכת המזון ואחד לשבע ברכות [לדעת כמה פוסקים אין למלאות כוס של שבע ברכות עד אחר ברכת המזון]. בכל סעודה שמברכים שבע ברכות, אומרים נוסח הזימון דלהלן.
יש נוהגים לדלג על פיוט „דְּוַי הָסֵר . . . אַהֲרֹן" בשבת ויום טוב, ויש שאומרים אותו.

המזמן– רַבּוֹתַי מִיר וֶועלֶען בֶּענְטְשֶׁען [רַבּוֹתַי נְבָרֵךְ].

המסובין– יְהִי שֵׁם יהוה מְבֹרָךְ מֵעַתָּה וְעַד עוֹלָם.[1]

המזמן– יְהִי שֵׁם יהוה מְבֹרָךְ מֵעַתָּה וְעַד עוֹלָם.[1]

דְּוַי הָסֵר וְגַם חָרוֹן, וְאָז אִלֵּם בְּשִׁיר יָרוֹן, נְחֵנוּ בְּמַעְגְּלֵי צֶדֶק,[2] שְׁעֵה בִּרְכַּת בְּנֵי אַהֲרֹן. בִּרְשׁוּת מָרָנָן וְרַבָּנָן וְרַבּוֹתַי, נְבָרֵךְ אֱלֹהֵינוּ שֶׁהַשִּׂמְחָה בִּמְעוֹנוֹ, (וְ)שֶׁאָכַלְנוּ מִשֶּׁלּוֹ.

המסובין– בָּרוּךְ אֱלֹהֵינוּ שֶׁהַשִּׂמְחָה בִּמְעוֹנוֹ, (וְ)שֶׁאָכַלְנוּ מִשֶּׁלּוֹ, וּבְטוּבוֹ חָיִינוּ.

המזמן– בָּרוּךְ אֱלֹהֵינוּ שֶׁהַשִּׂמְחָה בִּמְעוֹנוֹ, (וְ)שֶׁאָכַלְנוּ מִשֶּׁלּוֹ, וּבְטוּבוֹ חָיִינוּ. בָּרוּךְ הוּא וּבָרוּךְ שְׁמוֹ.

(1) תהלים קיג:ב (2) ע"פ כג:ג

מברכים ברכת המזון (עמ' 90), ואחר ברכת המזון מברכים שבע ברכות אלו.
כל מי שנתכבד לומר ברכה, יאחז הכוס המיוחד לז' ברכות בידו הימנית.

1. **בָּרוּךְ** אַתָּה יהוה אֱלֹהֵינוּ מֶלֶךְ הָעוֹלָם, שֶׁהַכֹּל בָּרָא לִכְבוֹדוֹ.

2. **בָּרוּךְ** אַתָּה יהוה אֱלֹהֵינוּ מֶלֶךְ הָעוֹלָם, יוֹצֵר הָאָדָם.

3. **בָּרוּךְ** אַתָּה יהוה אֱלֹהֵינוּ מֶלֶךְ הָעוֹלָם, אֲשֶׁר יָצַר אֶת הָאָדָם בְּצַלְמוֹ, בְּצֶלֶם דְּמוּת תַּבְנִיתוֹ, וְהִתְקִין לוֹ מִמֶּנּוּ בִּנְיַן עֲדֵי עַד. בָּרוּךְ אַתָּה יהוה, יוֹצֵר הָאָדָם.

4. **שׂוֹשׂ** תָּשִׂישׂ וְתָגֵל הָעֲקָרָה, בְּקִבּוּץ בָּנֶיהָ לְתוֹכָהּ בְּשִׂמְחָה. בָּרוּךְ אַתָּה יהוה, מְשַׂמֵּחַ צִיּוֹן בְּבָנֶיהָ.

5. **שַׂמֵּחַ** תְּשַׂמַּח רֵעִים הָאֲהוּבִים, כְּשַׂמֵּחֲךָ יְצִירְךָ בְּגַן עֵדֶן מִקֶּדֶם. בָּרוּךְ אַתָּה יהוה, מְשַׂמֵּחַ חָתָן וְכַלָּה.

6. **בָּרוּךְ** אַתָּה יהוה אֱלֹהֵינוּ מֶלֶךְ הָעוֹלָם, אֲשֶׁר בָּרָא שָׂשׂוֹן וְשִׂמְחָה, חָתָן וְכַלָּה, גִּילָה רִנָּה, דִּיצָה וְחֶדְוָה, אַהֲבָה וְאַחֲוָה, וְשָׁלוֹם וְרֵעוּת. מְהֵרָה, יהוה אֱלֹהֵינוּ, יִשָּׁמַע בְּעָרֵי יְהוּדָה וּבְחֻצוֹת יְרוּשָׁלָיִם, קוֹל שָׂשׂוֹן וְקוֹל שִׂמְחָה, קוֹל חָתָן וְקוֹל כַּלָּה,[1] קוֹל מִצְהֲלוֹת חֲתָנִים מֵחֻפָּתָם, וּנְעָרִים מִמִּשְׁתֵּה נְגִינָתָם. בָּרוּךְ אַתָּה יהוה, מְשַׂמֵּחַ חָתָן עִם הַכַּלָּה.

המזמן מברך הברכה השביעית על כוס של ברכת המזון.

7. **בָּרוּךְ** אַתָּה יהוה אֱלֹהֵינוּ מֶלֶךְ הָעוֹלָם, בּוֹרֵא פְּרִי הַגָּפֶן.

המזמן שותה מכוסו (ויש נוהגים שגם המברך ברכה אחריתא שותה מכוסו). אח"כ מערבין היין של שתי הכוסות ונותנים כוס אחד לחתן וכוס אחד לכלה. מצוה גם על המסובין לטעום מכוס של ברכה.

## ברית מילה

כשמכניסים התינוק קורא המוהל בקול והקהל עונים:

## בָּרוּךְ הַבָּא!

המוהל אומר [ובקצת קהילות גם הקהל]:

**וַיְדַבֵּר** יהוה אֶל מֹשֶׁה לֵּאמֹר. פִּינְחָס בֶּן אֶלְעָזָר בֶּן אַהֲרֹן הַכֹּהֵן הֵשִׁיב אֶת חֲמָתִי מֵעַל בְּנֵי יִשְׂרָאֵל, בְּקַנְאוֹ אֶת קִנְאָתִי בְּתוֹכָם, וְלֹא כִלִּיתִי אֶת בְּנֵי יִשְׂרָאֵל בְּקִנְאָתִי. לָכֵן אֱמֹר, הִנְנִי נֹתֵן לוֹ אֶת בְּרִיתִי שָׁלוֹם.[2]

מכינים שני כסאות, אחד שעליו ישב הסנדק בשעת המילה והשני הוא כסא של אליהו הנביא.
מכבדים האב או אחד מהנוכחים להניח התינוק על הכסא של אליהו, והמוהל אומר:

**זֶה** הַכִּסֵּא שֶׁל אֵלִיָּהוּ הַנָּבִיא, זָכוּר לַטּוֹב. לִישׁוּעָתְךָ קִוִּיתִי יהוה.[3] שִׂבַּרְתִּי לִישׁוּעָתְךָ יהוה, וּמִצְוֹתֶיךָ עָשִׂיתִי.[4] אֵלִיָּהוּ מַלְאַךְ הַבְּרִית,

(1) ע"פ ירמיה לג:י-יא (2) במדבר כה:י-יב (3) בראשית מט:יח (4) תהלים קיט:קסו

הִנֵּה שֶׁלְּךָ לְפָנֶיךָ, עֲמוֹד עַל יְמִינִי וְסָמְכֵנִי. שִׂבַּרְתִּי לִישׁוּעָתְךָ יהוה. שָׂשׂ אָנֹכִי עַל אִמְרָתֶךָ, כְּמוֹצֵא שָׁלָל רָב.[1] שָׁלוֹם רָב לְאֹהֲבֵי תוֹרָתֶךָ, וְאֵין לָמוֹ מִכְשׁוֹל.[2] אַשְׁרֵי תִּבְחַר וּתְקָרֵב, יִשְׁכֹּן חֲצֵרֶיךָ —

הנאספים עונים:

— נִשְׂבְּעָה בְּטוּב בֵּיתֶךָ, קְדֹשׁ הֵיכָלֶךָ.[3]

האב אומר:

הִנְנִי מוּכָן וּמְזֻמָּן לְקַיֵּם מִצְוַת עֲשֵׂה שֶׁצִּוַּנִי הַבּוֹרֵא יִתְבָּרַךְ,
לָמוּל אֶת בְּנִי.

יש נוהגים שהאב ממנה את המוהל בפה מלא להיות שלוחו למול את בנו.
המוהל אומר:

**אָמַר** הַקָּדוֹשׁ בָּרוּךְ הוּא לְאַבְרָהָם אָבִינוּ, הִתְהַלֵּךְ לְפָנַי וֶהְיֵה תָמִים.[4] הִנְנִי מוּכָן וּמְזֻמָּן לְקַיֵּם מִצְוַת עֲשֵׂה °שֶׁצִּוָּנוּ הַבּוֹרֵא יִתְבָּרַךְ, לָמוּל [°כשהאב מל את בנו, אומר: שֶׁצִּוַּנִי הַבּוֹרֵא יִתְבָּרַךְ, לָמוּל אֶת בְּנִי].

טרם עשיית החיתוך אומר המוהל הברכה:

**בָּרוּךְ** אַתָּה יהוה אֱלֹהֵינוּ מֶלֶךְ הָעוֹלָם, אֲשֶׁר קִדְּשָׁנוּ בְּמִצְוֹתָיו, וְצִוָּנוּ עַל הַמִּילָה.

בין מילה לפריעה, אומר אבי הבן הברכה (ובמקום שאין אב אומר הסנדק):

**בָּרוּךְ** אַתָּה יהוה אֱלֹהֵינוּ מֶלֶךְ הָעוֹלָם, אֲשֶׁר קִדְּשָׁנוּ בְּמִצְוֹתָיו, וְצִוָּנוּ לְהַכְנִיסוֹ בִּבְרִיתוֹ שֶׁל אַבְרָהָם אָבִינוּ.

והנאספים עונים „אָמֵן" על הברכה ומוסיפים:

**כְּשֵׁם שֶׁנִּכְנַס לַבְּרִית,**
**כֵּן יִכָּנֵס לְתוֹרָה וּלְחֻפָּה וּלְמַעֲשִׂים טוֹבִים.**

לאחר גמר המילה מכבדים אחד מהנוכחים לברך הברכות והתפילה של קריאת השם, ומכבדים אחר להחזיק את הילד מעומד בשעת הברכות וקריאת השם. אפשר לכבד אחד לברכות ואחד לקריאת השם.

**בָּרוּךְ** אַתָּה יהוה אֱלֹהֵינוּ מֶלֶךְ הָעוֹלָם, בּוֹרֵא פְּרִי הַגָּפֶן.

**בָּרוּךְ** אַתָּה יהוה אֱלֹהֵינוּ מֶלֶךְ הָעוֹלָם, אֲשֶׁר קִדַּשׁ יְדִיד מִבֶּטֶן, וְחֹק בִּשְׁאֵרוֹ שָׂם, וְצֶאֱצָאָיו חָתַם בְּאוֹת בְּרִית קֹדֶשׁ. עַל כֵּן בִּשְׂכַר זֹאת, אֵל חַי, חֶלְקֵנוּ צוּרֵנוּ, צַוֵּה לְהַצִּיל יְדִידוּת שְׁאֵרֵנוּ מִשַּׁחַת, לְמַעַן בְּרִיתוֹ אֲשֶׁר שָׂם בִּבְשָׂרֵנוּ. בָּרוּךְ אַתָּה יהוה, כּוֹרֵת הַבְּרִית.

### קריאת השם

הפסוקים שנדפסו באותיות עבות, אומרים הנאספים בקול רם ואחריהם המברך.

**אֱלֹהֵינוּ** וֵאלֹהֵי אֲבוֹתֵינוּ, קַיֵּם אֶת הַיֶּלֶד הַזֶּה לְאָבִיו וּלְאִמּוֹ, וְיִקָּרֵא שְׁמוֹ בְּיִשְׂרָאֵל (שם הילד) בֶּן (שם האב). יִשְׂמַח הָאָב בְּיוֹצֵא חֲלָצָיו, וְתָגֵל אִמּוֹ בִּפְרִי בִטְנָהּ. כַּכָּתוּב: יִשְׂמַח אָבִיךָ וְאִמֶּךָ,

(1) תהלים קיט:קסב (2) קיט:קסה (3) סה:ה (4) בראשית יז:א

וְתָגֵל יוֹלַדְתֶּךָ.[1] וְנֶאֱמַר: וָאֶעֱבֹר עָלַיִךְ וָאֶרְאֵךְ מִתְבּוֹסֶסֶת בְּדָמָיִךְ, **וָאֹמַר לָךְ בְּדָמַיִךְ חֲיִי, וָאֹמַר לָךְ בְּדָמַיִךְ חֲיִי.**[2] וְנֶאֱמַר: זָכַר לְעוֹלָם בְּרִיתוֹ, דָּבָר צִוָּה לְאֶלֶף דּוֹר. אֲשֶׁר כָּרַת אֶת אַבְרָהָם, וּשְׁבוּעָתוֹ לְיִשְׂחָק. וַיַּעֲמִידֶהָ לְיַעֲקֹב לְחֹק, לְיִשְׂרָאֵל בְּרִית עוֹלָם.[3] וְנֶאֱמַר. וַיָּמָל אַבְרָהָם אֶת יִצְחָק בְּנוֹ, בֶּן שְׁמֹנַת יָמִים, כַּאֲשֶׁר צִוָּה אֹתוֹ אֱלֹהִים.[4] **הוֹדוּ לַיהוה כִּי טוֹב, כִּי לְעוֹלָם חַסְדּוֹ. הוֹדוּ לַיהוה כִּי טוֹב, כִּי לְעוֹלָם חַסְדּוֹ.**[5] (שם הילד) בֶּן (שם האב) זֶה הַקָּטָן גָּדוֹל יִהְיֶה. **כְּשֵׁם שֶׁנִּכְנַס לַבְּרִית, כֵּן יִכָּנֵס לְתוֹרָה, וּלְחֻפָּה, וּלְמַעֲשִׂים טוֹבִים.**

המברך (או אחד מהנאספים ואפילו תינוק שהגיע לחינוך) שותה מהיין. אח"כ אומר המוהל ברכה לילד:

**מִי שֶׁבֵּרַךְ** אֲבוֹתֵינוּ אַבְרָהָם יִצְחָק וְיַעֲקֹב, הוּא יְבָרֵךְ אֶת הַיֶּלֶד הָרַךְ הַנִּמּוֹל (שם הילד) בֶּן (שם האב), וְיִשְׁלַח לוֹ רְפוּאָה שְׁלֵמָה, בַּעֲבוּר שֶׁנִּכְנַס לַבְּרִית. וּכְשֵׁם שֶׁנִּכְנַס לַבְּרִית כֵּן יִכָּנֵס לְתוֹרָה, וּלְחֻפָּה, וּלְמַעֲשִׂים טוֹבִים. וְנֹאמַר: אָמֵן.

תפלה למוהל ולאב

**רִבּוֹנוֹ** שֶׁל עוֹלָם, יְהִי רָצוֹן מִלְּפָנֶיךָ, שֶׁיְּהֵא חָשׁוּב וּמְרֻצֶּה וּמְקֻבָּל לְפָנֶיךָ, כְּאִלּוּ הִקְרַבְתִּיהוּ לִפְנֵי כִּסֵּא כְבוֹדֶךָ. וְאַתָּה, בְּרַחֲמֶיךָ הָרַבִּים, שְׁלַח עַל יְדֵי מַלְאָכֶיךָ הַקְּדוֹשִׁים נְשָׁמָה קְדוֹשָׁה וּטְהוֹרָה

המוהל אומר: לְ(שם הילד) בֶּן (שם האב) — האב אומר: לִבְנִי (שם הילד)

הַנִּמּוֹל עַתָּה לְשִׁמְךָ הַגָּדוֹל, וְשֶׁיִּהְיֶה לִבּוֹ פָּתוּחַ כְּפִתְחוֹ שֶׁל אוּלָם, בְּתוֹרָתְךָ הַקְּדוֹשָׁה, לִלְמֹד וּלְלַמֵּד, לִשְׁמֹר וְלַעֲשׂוֹת. וְתֶן לוֹ אֲרִיכוּת יָמִים וְשָׁנִים, חַיִּים שֶׁל יִרְאַת חֵטְא, חַיִּים שֶׁל עֹשֶׁר וְכָבוֹד, חַיִּים שֶׁתְּמַלֵּא מִשְׁאֲלוֹת לִבּוֹ לְטוֹבָה. אָמֵן, וְכֵן יְהִי רָצוֹן.

אומרים „עָלֵינוּ" (ע' 79) ואחריו קדיש יתום.

נוהגים לזמר בתוך סעודת הברית פיוט „יוֹם לְיַבָּשָׁה".
המחבר חתם שמו – יהודה הלוי – בראשי החרוזים והוא רבינו יהודה הלוי בעל הכוזרי.

**יוֹם לְיַבָּשָׁה** נֶהֶפְכוּ מְצוּלִים, שִׁירָה חֲדָשָׁה שִׁבְּחוּ גְאוּלִים.

הִטְבַּעְתָּ בְתַרְמִית, רַגְלֵי בַת עֲנָמִית,
וּפַעֲמֵי שׁוּלַמִּית, יָפוּ בַנְּעָלִים. שִׁירָה חֲדָשָׁה שִׁבְּחוּ גְאוּלִים.

וְכָל רוֹאֵי יְשׁוּרוּן, בְּבֵית הוֹדִי יְשׁוֹרְרוּן,
אֵין כָּאֵל יְשׁוּרוּן, וְאוֹיְבֵינוּ פְּלִילִים. שִׁירָה חֲדָשָׁה שִׁבְּחוּ גְאוּלִים.

דְּגָלַי כֵּן תָּרִים, עַל הַנִּשְׁאָרִים,
וּתְלַקֵּט נִפְזָרִים, כִּמְלַקֵּט שִׁבֳּלִים. שִׁירָה חֲדָשָׁה שִׁבְּחוּ גְאוּלִים.

הַבָּאִים עִמְּךָ, בִּבְרִית חוֹתָמְךָ,
וּמִבֶּטֶן לִשְׁמְךָ, הֵמָּה נִמּוֹלִים. שִׁירָה חֲדָשָׁה שִׁבְּחוּ גְאוּלִים.

(1) משלי כג:כה (2) יחזקאל טז:ו (3) תהלים קה:ח-י (4) בראשית כא:ד (5) תהלים קיח:א ועוד

הַרְאֵה אוֹתוֹתָם, לְכָל רוֹאֵי אוֹתָם,
וְעַל כַּנְפֵי כְסוּתָם, יַעֲשׂוּ גְדִילִים. שִׁירָה חֲדָשָׁה שִׁבְּחוּ גְאוּלִים.

לְמִי זֹאת נִרְשֶׁמֶת, הַכֶּר נָא דְּבַר אֱמֶת,
לְמִי הַחוֹתֶמֶת, וּלְמִי הַפְּתִילִים. שִׁירָה חֲדָשָׁה שִׁבְּחוּ גְאוּלִים.

וְשׁוּב שֵׁנִית לְקַדְּשָׁהּ, וְאַל תּוֹסִיף לְגָרְשָׁהּ,
וְהַעֲלֵה אוֹר שִׁמְשָׁהּ, וְנָסוּ הַצְּלָלִים. שִׁירָה חֲדָשָׁה שִׁבְּחוּ גְאוּלִים.

יְדִידִים רוֹמְמוּךָ, בְּשִׁירָה קִדְּמוּךָ,
מִי כָמֹכָה, יהוה, בָּאֵלִים. שִׁירָה חֲדָשָׁה שִׁבְּחוּ גְאוּלִים.

בִּגְלַל אָבוֹת תּוֹשִׁיעַ בָּנִים, וְתָבִיא גְאוּלָה לִבְנֵי בְנֵיהֶם.

זימון לסעודת הברית

המזמן– רַבּוֹתַי מִיר וֶועלֶען בֶּענְטְשֶׁען [רַבּוֹתַי נְבָרֵךְ].
המסובין– יְהִי שֵׁם יהוה מְבֹרָךְ מֵעַתָּה וְעַד עוֹלָם.[1]
המזמן– יְהִי שֵׁם יהוה מְבֹרָךְ מֵעַתָּה וְעַד עוֹלָם.[1]
נוֹדֶה לְשִׁמְךָ בְּתוֹךְ אֱמוּנַי, בְּרוּכִים אַתֶּם לַיהוה.
המסובין– נוֹדֶה לְשִׁמְךָ בְּתוֹךְ אֱמוּנַי, בְּרוּכִים אַתֶּם לַיהוה.
המזמן– בִּרְשׁוּת אֵל אָיוֹם וְנוֹרָא, מִשְׂגָּב לְעִתּוֹת בַּצָּרָה,
אֵל נֶאְזָר בִּגְבוּרָה, אַדִּיר בַּמָּרוֹם יהוה.
המסובין– נוֹדֶה לְשִׁמְךָ בְּתוֹךְ אֱמוּנַי, בְּרוּכִים אַתֶּם לַיהוה.
המזמן– בִּרְשׁוּת הַתּוֹרָה הַקְּדוֹשָׁה, טְהוֹרָה הִיא וְגַם פְּרוּשָׁה,
צִוָּה לָנוּ מוֹרָשָׁה, מֹשֶׁה עֶבֶד יהוה.
המסובין– נוֹדֶה לְשִׁמְךָ בְּתוֹךְ אֱמוּנַי, בְּרוּכִים אַתֶּם לַיהוה.
המזמן– בִּרְשׁוּת הַכֹּהֲנִים הַלְּוִיִּם, אֶקְרָא לֵאלֹהֵי הָעִבְרִיִּים,
אֲהוֹדֶנּוּ בְּכָל אִיִּים, אֲבָרְכָה אֶת יהוה.
המסובין– נוֹדֶה לְשִׁמְךָ בְּתוֹךְ אֱמוּנַי, בְּרוּכִים אַתֶּם לַיהוה.
המזמן– בִּרְשׁוּת מָרָנָן וְרַבָּנָן וְרַבּוֹתַי, אֶפְתְּחָה בְּשִׁיר פִּי וּשְׂפָתַי,
וְתֹאמַרְנָה עַצְמוֹתַי, בָּרוּךְ הַבָּא בְּשֵׁם יהוה.
המסובין– נוֹדֶה לְשִׁמְךָ בְּתוֹךְ אֱמוּנַי, בְּרוּכִים אַתֶּם לַיהוה.
המזמן– בִּרְשׁוּת מָרָנָן וְרַבָּנָן וְרַבּוֹתַי, נְבָרֵךְ [אֱלֹהֵינוּ] שֶׁאָכַלְנוּ מִשֶּׁלּוֹ.
המסובין– בָּרוּךְ [אֱלֹהֵינוּ] שֶׁאָכַלְנוּ מִשֶּׁלּוֹ, וּבְטוּבוֹ חָיִינוּ.
המזמן– בָּרוּךְ [אֱלֹהֵינוּ] שֶׁאָכַלְנוּ מִשֶּׁלּוֹ, וּבְטוּבוֹ חָיִינוּ.
בָּרוּךְ הוּא וּבָרוּךְ שְׁמוֹ.

ממשיכים ברכת המזון (עמ׳ 90) עד „ . . . בְּעֵינֵי אֱלֹהִים וְאָדָם" (עמ׳ 94).

(1) תהלים קיג:ב

מכבדים איש אחד (או כמה אנשים) לומר התפילות הבאות בקול רם, והנאספים עונים „אָמֵן" אחרי כל פסקא.
יכבדו איש זולת האב לומר פסקא ראשונה זו:

**הָרַחֲמָן** הוּא יְבָרֵךְ אֲבִי הַיֶּלֶד וְאִמּוֹ, וְיִזְכּוּ לְגַדְּלוֹ וּלְחַנְּכוֹ וּלְחַכְּמוֹ, מִיּוֹם הַשְּׁמִינִי וָהָלְאָה יֵרָצֶה דָמוֹ, וִיהִי יהוה אֱלֹהָיו עִמּוֹ.

יכבדו איש זולת הסנדק לומר פסקא זו:

**הָרַחֲמָן** הוּא יְבָרֵךְ בַּעַל בְּרִית הַמִּילָה, אֲשֶׁר שָׂשׂ לַעֲשׂוֹת צֶדֶק בְּגִילָה, וִישַׁלֵּם פָּעֳלוֹ וּמַשְׂכֻּרְתּוֹ כְּפוּלָה, וְיִתְּנֵהוּ לְמַעְלָה לְמָעְלָה.

**הָרַחֲמָן** הוּא יְבָרֵךְ רַךְ הַנִּמּוֹל לִשְׁמוֹנָה, וְיִהְיוּ יָדָיו וְלִבּוֹ לְאֵל[1] אֱמוּנָה, וְיִזְכֶּה לִרְאוֹת פְּנֵי הַשְּׁכִינָה, שָׁלֹשׁ פְּעָמִים בַּשָּׁנָה.

יכבדו איש זולת המוהל לומר פסקא זו:

**הָרַחֲמָן** הוּא יְבָרֵךְ הַמָּל בְּשַׂר הָעָרְלָה, וּפָרַע וּמָצַץ דְּמֵי הַמִּילָה, אִישׁ הַיָּרֵא וְרַךְ הַלֵּבָב עֲבוֹדָתוֹ פְּסוּלָה, וְאִם[2] שְׁלָשׁ אֵלֶּה לֹא יַעֲשֶׂה לָהּ.

**הָרַחֲמָן** הוּא יִשְׁלַח לָנוּ מְשִׁיחוֹ הוֹלֵךְ תָּמִים, בִּזְכוּת חֲתַן לַמּוּלוֹת דָּמִים, לְבַשֵּׂר בְּשׂוֹרוֹת טוֹבוֹת וְנִחוּמִים, לְעַם אֶחָד מְפֻזָּר וּמְפֹרָד בֵּין הָעַמִּים.

**הָרַחֲמָן** הוּא יִשְׁלַח לָנוּ כֹּהֵן צֶדֶק אֲשֶׁר לֻקַּח לְעֵילוֹם, עַד הוּכַן כִּסְאוֹ כַּשֶּׁמֶשׁ וְיָהֲלוֹם, וַיָּלֶט פָּנָיו בְּאַדַּרְתּוֹ וַיִּגְלוֹם, בְּרִיתִי הָיְתָה אִתּוֹ הַחַיִּים וְהַשָּׁלוֹם.

ממשיכים בעמ' 94: בחול „הָרַחֲמָן הוּא יְזַכֵּנוּ"; בשבת, יו"ט, חוה"מ וראש חדש אומרים תפלת „הָרַחֲמָן" הראויה.

## פדיון הבן

המסובין נוטלים ידיהם ומברכים על הפת. האב מביא את הילד, מניחו לפני הכהן, ואומר:

**זֶה,** בְּנִי בְּכוֹרִי, הוּא פֶּטֶר רֶחֶם לְאִמּוֹ. וְהַקָּדוֹשׁ בָּרוּךְ הוּא צִוָּה לִפְדּוֹתוֹ.
שֶׁנֶּאֱמַר: וּפְדוּיָו מִבֶּן חֹדֶשׁ תִּפְדֶּה, בְּעֶרְכְּךָ, כֶּסֶף חֲמֵשֶׁת שְׁקָלִים, בְּשֶׁקֶל הַקֹּדֶשׁ, עֶשְׂרִים גֵּרָה הוּא.[3] וְנֶאֱמַר: קַדֶּשׁ לִי כָל בְּכוֹר, פֶּטֶר כָּל רֶחֶם בִּבְנֵי יִשְׂרָאֵל, בָּאָדָם וּבַבְּהֵמָה, לִי הוּא.[4]

הכהן שואל:

**מַאי** בָּעֵית טְפֵי, לִיתֵּן לִי בִּנְךָ בְּכוֹרְךָ שֶׁהוּא פֶּטֶר רֶחֶם לְאִמּוֹ, אוֹ בָּעֵית לִפְדּוֹתוֹ בְּעַד חָמֵשׁ סְלָעִים כְּדִמְחֻיַּבְתְּ מִדְּאוֹרַיְתָא?

והאב עונה:

**חָפֵץ** אֲנִי לִפְדּוֹת אֶת בְּנִי, וְהֵילָךְ דְּמֵי פִדְיוֹנוֹ כְּדִמְחֻיַּבְנָא מִדְּאוֹרַיְתָא.

האב אוחז כסף הפדיון בידו הימנית ומברך:

**בָּרוּךְ** אַתָּה יהוה אֱלֹהֵינוּ מֶלֶךְ הָעוֹלָם, אֲשֶׁר קִדְּשָׁנוּ בְּמִצְוֹתָיו, וְצִוָּנוּ עַל פִּדְיוֹן הַבֵּן.

**בָּרוּךְ** אַתָּה יהוה אֱלֹהֵינוּ מֶלֶךְ הָעוֹלָם, שֶׁהֶחֱיָנוּ וְקִיְּמָנוּ וְהִגִּיעָנוּ לַזְּמַן הַזֶּה.

(1) נ"א לָאֵל (2) נ"א אִם (3) במדבר יח:טז (4) שמות יג:ב

האב מוסר הכסף לכהן. הכהן מסבב הכסף מעל ראש הילד ואומר:

**זֶה** תַּחַת זֶה. זֶה חִלּוּף זֶה. זֶה מָחוּל עַל זֶה. וְיִכָּנֵס זֶה הַבֵּן לְחַיִּים, לְתוֹרָה וּלְיִרְאַת שָׁמַיִם. יְהִי רָצוֹן שֶׁכְּשֵׁם שֶׁנִּכְנַס לְפִדְיוֹן כֵּן יִכָּנֵס לְתוֹרָה וּלְחֻפָּה וּלְמַעֲשִׂים טוֹבִים. אָמֵן.

הכהן שם יד ימינו על ראש הילד ומברכו:

**יְשִׂמְךָ** אֱלֹהִים כְּאֶפְרַיִם וְכִמְנַשֶּׁה.[1] יְבָרֶכְךָ יהוה וְיִשְׁמְרֶךָ. יָאֵר יהוה פָּנָיו אֵלֶיךָ וִיחֻנֶּךָּ. יִשָּׂא יהוה פָּנָיו אֵלֶיךָ, וְיָשֵׂם לְךָ שָׁלוֹם.[2] כִּי אֹרֶךְ יָמִים וּשְׁנוֹת חַיִּים וְשָׁלוֹם יוֹסִיפוּ לָךְ.[3] יהוה יִשְׁמָרְךָ מִכָּל רָע, יִשְׁמֹר אֶת נַפְשֶׁךָ.[4]

הכהן מוסר הילד לאב. נוטל כוס מלא יין, ואומר:

**בָּרוּךְ** אַתָּה יהוה אֱלֹהֵינוּ מֶלֶךְ הָעוֹלָם, בּוֹרֵא פְּרִי הַגָּפֶן.

ממשיכים בסעודת מצוה ואח"כ מברכים ברכת המזון (עמ' 89).

# תפלת הדרך

היוצא לדרך יאמר „תפלת הדרך" כשיוצא מעיבורה של עיר, דהיינו ק"מ אמה אחר הבית האחרון שבעירו. אם שכח לברך בתחילת נסיעתו, יכול לברך אחר כן כל זמן שיש לפניו עדיין דרך של פרסה (בערך ג' מייל אמריקאים), ולכתחילה יברך בפרסה הראשונה של נסיעתו. עיקר חיוב התפילה הוא דוקא אם כל הדרך שנוסע ביום זה הוא לפחות פרסה, אבל אם הנסיעה פחותה מפרסה לא יאמר החתימה (בָּרוּךְ . . . שׁוֹמֵעַ תְּפִלָּה). אכן אם הולך במקום סכנה, יכול לאמרה עם חתימתה אף כשהדרך פחות מפרסה. כשנוסע בדרך כמה ימים, יברך ברכה זו פעם אחת בכל יום. מי שהפסיק נסיעתו כדי לנוח קצת, לא יברך שנית. אבל אם היה בדעתו להשאר במקום, ואח"כ נמלך לנסוע הלאה, מברך שנית. לכתחילה יסמוך איזה ברכה לפני „תפלת הדרך", דהיינו שיאכל איזה דבר ויברך ברכה אחרונה, ואח"כ יאמר „תפלת הדרך". אם אפשר לו, יעמוד במקום אחד בשעה שאומר „תפלת הדרך".

**יְהִי** רָצוֹן מִלְּפָנֶיךָ, יהוה אֱלֹהֵינוּ וֵאלֹהֵי אֲבוֹתֵינוּ, שֶׁתּוֹלִיכֵנוּ לְשָׁלוֹם, וְתַצְעִידֵנוּ לְשָׁלוֹם, וְתַדְרִיכֵנוּ לְשָׁלוֹם. וְתַגִּיעֵנוּ לִמְחוֹז חֶפְצֵנוּ לְחַיִּים וּלְשִׂמְחָה וּלְשָׁלוֹם, [אם דעתו לחזור באותו היום, מוסיף: וְתַחֲזִירֵנוּ לְבֵיתֵנוּ לְשָׁלוֹם,] וְתַצִּילֵנוּ מִכַּף כָּל אוֹיֵב וְאוֹרֵב (וְלִסְטִים וְחַיּוֹת רָעוֹת) בַּדֶּרֶךְ, וּמִכָּל מִינֵי פֻּרְעָנֻיּוֹת הַמִּתְרַגְּשׁוֹת לָבוֹא[5] לָעוֹלָם. וְתִשְׁלַח בְּרָכָה בְּ(כָל) מַעֲשֵׂה יָדֵינוּ, וְתִתְּנֵנוּ[6] לְחֵן וּלְחֶסֶד וּלְרַחֲמִים בְּעֵינֶיךָ וּבְעֵינֵי כָל רוֹאֵינוּ, וְתִשְׁמַע קוֹל תַּחֲנוּנֵינוּ, כִּי אֵל שׁוֹמֵעַ תְּפִלָּה וְתַחֲנוּן אָתָּה. בָּרוּךְ אַתָּה יהוה, שׁוֹמֵעַ תְּפִלָּה.

ג' פעמים:

**וְיַעֲקֹב** הָלַךְ לְדַרְכּוֹ, וַיִּפְגְּעוּ בוֹ מַלְאֲכֵי אֱלֹהִים. וַיֹּאמֶר יַעֲקֹב כַּאֲשֶׁר רָאָם, מַחֲנֵה אֱלֹהִים זֶה, וַיִּקְרָא שֵׁם הַמָּקוֹם הַהוּא מַחֲנָיִם.[7]

יש מוסיפים פסוקים בסדר דלהלן. [ובסדור שער השמים (של"ה) יש סדר אחר: ל' פעמים – „לִישׁוּעָתְךָ . . ."; ו' פעמים – „וַיְהִי בִּנְסֹעַ . . ."; י' פעמים – „יְבָרֶכְךָ . . ."; ה' פעמים – „הַמַּלְאָךְ . . ." (ר"ת **לוי"ה**); ואח"כ ז' פעמים – „וִיהִי נֹעַם . . ."]

ג' פעמים – הַמַּלְאָךְ הַגֹּאֵל אֹתִי מִכָּל רָע יְבָרֵךְ אֶת הַנְּעָרִים, וְיִקָּרֵא בָהֶם שְׁמִי, וְשֵׁם אֲבֹתַי אַבְרָהָם וְיִצְחָק, וְיִדְגּוּ לָרֹב בְּקֶרֶב הָאָרֶץ.[8]

ג' פעמים – לִישׁוּעָתְךָ קִוִּיתִי יהוה.[9] (קִוִּיתִי יהוה לִישׁוּעָתְךָ. יהוה לִישׁוּעָתְךָ קִוִּיתִי.)

ג' פעמים – הִנֵּה אָנֹכִי שֹׁלֵחַ מַלְאָךְ לְפָנֶיךָ לִשְׁמָרְךָ בַּדָּרֶךְ, וְלַהֲבִיאֲךָ אֶל הַמָּקוֹם אֲשֶׁר הֲכִנֹתִי.[10]

(1) בראשית מח:כ (2) במדבר ו:כד-כו (3) משלי ג:ב (4) תהלים קכא:ז (5) נ"א וּבָאוֹת (6) נ"א וְתִתְּנֵנִי – מ"א
(7) בראשית לב:ב-ג (8) מח:טז (9) מט:יח (10) שמות כג:כ

ג׳ פעמים – יְבָרֶכְךָ יהוה וְיִשְׁמְרֶךָ. יָאֵר יהוה פָּנָיו אֵלֶיךָ וִיחֻנֶּךָּ. יִשָּׂא יהוה פָּנָיו אֵלֶיךָ, וְיָשֵׂם לְךָ שָׁלוֹם.[1]

ואומר „וִיהִי נֹעַם . . . יֹשֵׁב בְּסֵתֶר . . . ” ז׳ פעמים.
[יכוין בסופי תיבות של כִּ״י מַלְאָכָי״ו יְצַוֶּ״ה לָ״ךְ (שם **יוה״ך**) שהוא מסוגל לשמירה.]

**וִיהִי נֹעַם** אֲדֹנָי אֱלֹהֵינוּ עָלֵינוּ, וּמַעֲשֵׂה יָדֵינוּ כּוֹנְנָה עָלֵינוּ, וּמַעֲשֵׂה יָדֵינוּ כּוֹנְנֵהוּ.[2]

תהלים צא

**יֹשֵׁב** בְּסֵתֶר עֶלְיוֹן, בְּצֵל שַׁדַּי יִתְלוֹנָן. אֹמַר לַיהוה מַחְסִי וּמְצוּדָתִי, אֱלֹהַי אֶבְטַח בּוֹ. כִּי הוּא יַצִּילְךָ מִפַּח יָקוּשׁ, מִדֶּבֶר הַוּוֹת. בְּאֶבְרָתוֹ יָסֶךְ לָךְ, וְתַחַת כְּנָפָיו תֶּחְסֶה, צִנָּה וְסֹחֵרָה אֲמִתּוֹ. לֹא תִירָא מִפַּחַד לָיְלָה, מֵחֵץ יָעוּף יוֹמָם. מִדֶּבֶר בָּאֹפֶל יַהֲלֹךְ, מִקֶּטֶב יָשׁוּד צָהֳרָיִם. יִפֹּל מִצִּדְּךָ אֶלֶף, וּרְבָבָה מִימִינֶךָ, אֵלֶיךָ לֹא יִגָּשׁ. רַק בְּעֵינֶיךָ תַבִּיט, וְשִׁלֻּמַת רְשָׁעִים תִּרְאֶה. כִּי אַתָּה יהוה מַחְסִי, עֶלְיוֹן שַׂמְתָּ מְעוֹנֶךָ. לֹא תְאֻנֶּה אֵלֶיךָ רָעָה, וְנֶגַע לֹא יִקְרַב בְּאָהֳלֶךָ. כִּי מַלְאָכָיו יְצַוֶּה לָּךְ, לִשְׁמָרְךָ בְּכָל דְּרָכֶיךָ. עַל כַּפַּיִם יִשָּׂאוּנְךָ, פֶּן תִּגֹּף בָּאֶבֶן רַגְלֶךָ. עַל שַׁחַל וָפֶתֶן תִּדְרֹךְ, תִּרְמֹס כְּפִיר וְתַנִּין. כִּי בִי חָשַׁק וַאֲפַלְּטֵהוּ, אֲשַׂגְּבֵהוּ כִּי יָדַע שְׁמִי. יִקְרָאֵנִי וְאֶעֱנֵהוּ, עִמּוֹ אָנֹכִי בְצָרָה, אֲחַלְּצֵהוּ וַאֲכַבְּדֵהוּ. אֹרֶךְ יָמִים אַשְׂבִּיעֵהוּ, וְאַרְאֵהוּ בִּישׁוּעָתִי. אֹרֶךְ יָמִים אַשְׂבִּיעֵהוּ, וְאַרְאֵהוּ בִּישׁוּעָתִי.

ג׳ פעמים – וַיִּסָּעוּ, וַיְהִי חִתַּת אֱלֹהִים עַל הֶעָרִים אֲשֶׁר סְבִיבוֹתֵיהֶם, וְלֹא רָדְפוּ אַחֲרֵי בְּנֵי יַעֲקֹב.[3]

**אַתָּה** סֵתֶר לִי, מִצַּר תִּצְּרֵנִי, רָנֵּי פַלֵּט תְּסוֹבְבֵנִי, סֶלָה.[4] בִּטְחוּ בַיהוה עֲדֵי עַד, כִּי בְּיָהּ יהוה צוּר עוֹלָמִים.[5] יהוה עֹז לְעַמּוֹ יִתֵּן, יהוה יְבָרֵךְ אֶת עַמּוֹ בַשָּׁלוֹם.[6] יהוה צְבָאוֹת עִמָּנוּ, מִשְׂגָּב לָנוּ אֱלֹהֵי יַעֲקֹב סֶלָה.[7] יהוה צְבָאוֹת, אַשְׁרֵי אָדָם בֹּטֵחַ בָּךְ.[8]

ג׳ פעמים– יהוה הוֹשִׁיעָה, הַמֶּלֶךְ יַעֲנֵנוּ בְיוֹם קָרְאֵנוּ.[9]

תהלים קכא

**שִׁיר לַמַּעֲלוֹת,** אֶשָּׂא עֵינַי אֶל הֶהָרִים, מֵאַיִן יָבֹא עֶזְרִי. עֶזְרִי מֵעִם יהוה, עֹשֵׂה שָׁמַיִם וָאָרֶץ. אַל יִתֵּן לַמּוֹט רַגְלֶךָ, אַל יָנוּם שֹׁמְרֶךָ. הִנֵּה לֹא יָנוּם וְלֹא יִישָׁן, שׁוֹמֵר יִשְׂרָאֵל. יהוה שֹׁמְרֶךָ, יהוה צִלְּךָ עַל יַד יְמִינֶךָ. יוֹמָם הַשֶּׁמֶשׁ לֹא יַכֶּכָּה וְיָרֵחַ בַּלָּיְלָה. יהוה יִשְׁמָרְךָ מִכָּל רָע, יִשְׁמֹר אֶת נַפְשֶׁךָ. יהוה יִשְׁמָר צֵאתְךָ וּבוֹאֶךָ, מֵעַתָּה וְעַד עוֹלָם.

**מִגְדַּל** עֹז שֵׁם יהוה בּוֹ יָרוּץ צַדִּיק וְנִשְׂגָּב.[10] בְּשֵׁם יהוה אֱלֹהֵי יִשְׂרָאֵל, מִימִינִי מִיכָאֵל, וּמִשְּׂמֹאלִי גַּבְרִיאֵל, וּמִלְּפָנַי אוּרִיאֵל, וּמֵאֲחוֹרַי רְפָאֵל, וְעַל רֹאשִׁי שְׁכִינַת אֵל.

(1) במדבר ו:כד-כו (2) תהלים צ:יז (3) בראשית לה:ה (4) תהלים לב:ז
(5) ישעיה כו:ד (6) תהלים כט:יא (7) מו:ח (8) פד:יג (9) כ:י (10) משלי יח:י

## ברכות הנהנין

### ברכות קודם אכילה ושתיה

אחר שנטל ידיו לאכול לחם, ישפשפן ביחד ויגביהן נגד ראשו ויאמר:

שְׂאוּ יְדֵכֶם קֹדֶשׁ וּבָרְכוּ אֶת יהוה.[1] וְאֶשָּׂא כַפַּי אֶל מִצְוֹתֶיךָ אֲשֶׁר אָהָבְתִּי, וְאָשִׂיחָה בְחֻקֶּיךָ.[2]

**בָּרוּךְ** אַתָּה יהוה אֱלֹהֵינוּ מֶלֶךְ הָעוֹלָם, אֲשֶׁר קִדְּשָׁנוּ בְּמִצְוֹתָיו, וְצִוָּנוּ עַל נְטִילַת יָדָיִם.

לפני אכילת לחם, מברך:

**בָּרוּךְ** אַתָּה יהוה אֱלֹהֵינוּ מֶלֶךְ הָעוֹלָם, הַמּוֹצִיא לֶחֶם מִן הָאָרֶץ.

לפני אכילת מעשה אופה או תבשיל מה' מיני דגן
(חטה, שעורה, כוסמין, שבולת שועל, ושיפון; ולכמה פוסקים גם על אורז [rice]):

**בָּרוּךְ** אַתָּה יהוה אֱלֹהֵינוּ מֶלֶךְ הָעוֹלָם, בּוֹרֵא מִינֵי מְזוֹנוֹת.

לפני שתיית יין או מיץ ענבים, מברך:

**בָּרוּךְ** אַתָּה יהוה אֱלֹהֵינוּ מֶלֶךְ הָעוֹלָם, בּוֹרֵא פְּרִי הַגָּפֶן.

לפני אכילת פרי עץ, מברך:

**בָּרוּךְ** אַתָּה יהוה אֱלֹהֵינוּ מֶלֶךְ הָעוֹלָם, בּוֹרֵא פְּרִי הָעֵץ.

לפני אכילת ירקות, פרי האדמה וכדומה, מברך:

**בָּרוּךְ** אַתָּה יהוה אֱלֹהֵינוּ מֶלֶךְ הָעוֹלָם, בּוֹרֵא פְּרִי הָאֲדָמָה.

לפני אכילת או שתיית דברים שאין גדולם מן הארץ ושאר דברים שאין להם ברכה מיוחדת, מברך:

**בָּרוּךְ** אַתָּה יהוה אֱלֹהֵינוּ מֶלֶךְ הָעוֹלָם, שֶׁהַכֹּל נִהְיֶה בִּדְבָרוֹ.

### ברכות הריח

המריח ריח טוב (א) שאינו יוצא ממין עץ או עשב הארץ (כגון הַמּוּסְק);
(ב) שאין מקורו ידוע; (ג) או תערובת של מיני בשמים שבברכתם שונים זה מזה, מברך:

**בָּרוּךְ** אַתָּה יהוה אֱלֹהֵינוּ מֶלֶךְ הָעוֹלָם, בּוֹרֵא מִינֵי בְשָׂמִים.

על פרחים, עלים, או קנים של מיני עץ (למשל ורדים, קנמון [cinnamon] וכדומה), מברך:

**בָּרוּךְ** אַתָּה יהוה אֱלֹהֵינוּ מֶלֶךְ הָעוֹלָם, בּוֹרֵא עֲצֵי בְשָׂמִים.

על עשבי הארץ או פרחים, מברך:

**בָּרוּךְ** אַתָּה יהוה אֱלֹהֵינוּ מֶלֶךְ הָעוֹלָם, בּוֹרֵא עִשְׂבֵי בְשָׂמִים.

על ריח טוב של פירות, מברך:

**בָּרוּךְ** אַתָּה יהוה אֱלֹהֵינוּ מֶלֶךְ הָעוֹלָם, הַנּוֹתֵן[3] רֵיחַ טוֹב בַּפֵּרוֹת.

## ברכות המצוות

לפני קביעת המזוזה, מברך:

**בָּרוּךְ** אַתָּה יהוה אֱלֹהֵינוּ מֶלֶךְ הָעוֹלָם, אֲשֶׁר קִדְּשָׁנוּ בְּמִצְוֹתָיו, וְצִוָּנוּ לִקְבֹּעַ מְזוּזָה.

בשעה שגומר בנין המעקה סביב גג ביתו, מברך (וי"א שלא לברך ברכה זו כלל – עי' ערוך השלחן חו"מ סי' תכז ס"ג וס"י.):

**בָּרוּךְ** אַתָּה יהוה אֱלֹהֵינוּ מֶלֶךְ הָעוֹלָם, אֲשֶׁר קִדְּשָׁנוּ בְּמִצְוֹתָיו, וְצִוָּנוּ לַעֲשׂוֹת מַעֲקֶה.

(1) תהלים קלד:ב (2) קיט:מח (3) נ"א אֲשֶׁר נָתַן (עי' או"ח סי' רטז ומ"ב סק"ט)

כלי מתכת וזכוכית שהם כלי סעודה (דהיינו שמשתמשים בהם להכנת מאכל או שאוכלים מתוכם) שקנה מנכרי, צריכין טבילה במקוה. לפני טבילת הכלי מברך (ואם אינו ברור אם הכלי היה שייך לנכרי, יטבילו בלא ברכה. וכן כלי של אלומיניום יטביל בלא ברכה):

**בָּרוּךְ** אַתָּה יהוה אֱלֹהֵינוּ מֶלֶךְ הָעוֹלָם, אֲשֶׁר קִדְּשָׁנוּ בְּמִצְוֹתָיו, וְצִוָּנוּ עַל טְבִילַת כֵּלִים (אם מטביל רק כלי אחד – כֶּלִי).

## הפרשת חלה

כשעושה עיסה שיש בה שיעור מ"ג ביצים וחומש, חייב להפריש ממנה חלה. שעור החלה שמפריש הוא כזית, ואין נהנים ממנה, אלא שורפין אותה. יש ספק בענין גודל הביצים שמשערים בהם, לפיכך יש להחמיר ולהפריש חלה בלא ברכה גם מהשיעור הקטן ולברך על ההפרשה רק כשיש שיעור גדול. נוהגים ע"פ פסק מורי הוראות מובהקים להפריש חלה כשיש בעיסה לכל הפחות 2 פונט 10 אונצעס קמח. ולענין הברכה, יש שמברכין כשיש בעיסה 3 פונט 10.7 אונצעס קמח, ויש שמברכין רק אם יש בעיסה לכה"פ 4 פונט 15.2 אונצעס.

**בָּרוּךְ** אַתָּה יהוה אֱלֹהֵינוּ מֶלֶךְ הָעוֹלָם, אֲשֶׁר קִדְּשָׁנוּ בְּמִצְוֹתָיו, וְצִוָּנוּ לְהַפְרִישׁ חַלָּה (מִן הָעִסָּה).

## הפרשת תרומות ומעשרות

פרי עץ, ירקות, קטניות, ומיני דגן שגדלו בארץ ישראל יש עליהם שם טבל ואסורים באכילה עד שיפרישו מהם: (א) תרומה גדולה; (ב) מעשר ראשון; (ג) מעשר שני או מעשר עני (זה תלוי בשנת הגידול או הליקוט). מעשר ראשון אסור באכילה עד שיפרישו ממנו תרומת מעשר. מפריש קצת יותר מאחוז אחד (1%) של כל הכמות ואומר הברכה. אם הוא ספק טבל אינו מברך אלא אומר רק נוסח ההפרשה („מַה שֶׁהוּא . . . מַעֲשַׂר עָנִי").

**בָּרוּךְ** אַתָּה יהוה אֱלֹהֵינוּ מֶלֶךְ הָעוֹלָם, אֲשֶׁר קִדְּשָׁנוּ בְּמִצְוֹתָיו, וְצִוָּנוּ לְהַפְרִישׁ תְּרוּמוֹת וּמַעַשְׂרוֹת.

**מַה** שֶּׁהוּא יוֹתֵר מֵאֶחָד מִמֵּאָה מִן הַכֹּל שֶׁיֵּשׁ כַּאן, הֲרֵי הוּא תְּרוּמָה גְדוֹלָה בִּצְפוֹנוֹ, וְהָאֶחָד מִמֵּאָה שֶׁנִּשְׁאַר כַּאן עִם תִּשְׁעָה חֲלָקִים כָּמוֹהוּ, בַּצַּד הָעֶלְיוֹן שֶׁל הַפֵּרוֹת הַלָּלוּ, הֲרֵי הֵם מַעֲשֵׂר רִאשׁוֹן. אוֹתוֹ הָאֶחָד מִמֵּאָה שֶׁעֲשִׂיתִיו מַעֲשֵׂר רִאשׁוֹן, הֲרֵי הוּא תְּרוּמַת מַעֲשֵׂר. עוֹד תִּשְׁעָה חֲלָקִים כָּאֵלֶּה בַּצַּד הַתַּחְתּוֹן שֶׁל הַפֵּרוֹת, הֲרֵי הֵם מַעֲשֵׂר שֵׁנִי, וְאִם הֵם חַיָּבִים בְּמַעֲשַׂר עָנִי – הֲרֵי הֵם מַעֲשַׂר עָנִי.

מעשר שני אסור באכילה עד שיפדה. אמנם אם המעשר שני הופרש מספק טבל, אינו מברך על הפדיון אלא אומר נוסח הפדיון („מַעֲשֵׂר שֵׁנִי . . . שֵׁנִי"). צריך שיהיה לו מטבע מיוחדת שעליה הוא פודה, ויכול לפדות רק כפי מספר הפרוטות שיש במטבע. שיעור הפרוטה לא נקבע כפי ערך המטבע הקטנה של המדינה רק לפי ערך פרוטה של תורה שהוא חצי שעורה כסף, והשיעור משתנה לפי ערך הכסף בעת הפדיון.

**בָּרוּךְ** אַתָּה יהוה אֱלֹהֵינוּ מֶלֶךְ הָעוֹלָם, אֲשֶׁר קִדְּשָׁנוּ בְּמִצְוֹתָיו, וְצִוָּנוּ לִפְדּוֹת מַעֲשֵׂר שֵׁנִי.

**מַעֲשֵׂר שֵׁנִי** זֶה, הוּא וְחֻמְשׁוֹ, הֲרֵי הוּא מְחֻלָּל עַל פְּרוּטָה אַחַת מִן הַמַּטְבֵּעַ שֶׁיִּחַדְתִּי לְפִדְיוֹן מַעֲשֵׂר שֵׁנִי.

# ❦ ברכות הודאה ❦

## ברכות הראיה והשמיעה

ג' הברכות הראשונות נאמרות על תופעות הטבע המתרחשות בעקבות הגשם. בירך פעם אחת באותו יום – אין חוזר ומברך, אלא אם נתפזרו העבים ונטהר הרקיע ושוב נתקשרו העבים. למחרת – מברך שוב, אף אם לא נטהר הרקיע בינתיים. שאר ברכות הראיה מברכים שוב אם עברו שלשים יום משראה אותה ראיה (ישנן יוצאות מן הכלל, כגון ברכת החמה וברכת האילנות ועוד, וצויינו במקומן). כשיש ספק אם לברך ברכה כלשהי, יש לאומרה בלא שם ומלכות.

הרואה ברקים מברך:

**בָּרוּךְ** אַתָּה יהוה אֱלֹהֵינוּ מֶלֶךְ הָעוֹלָם, עֹשֶׂה מַעֲשֵׂה בְרֵאשִׁית.

השומע קול רעמים מברך:

**בָּרוּךְ** אַתָּה יהוה אֱלֹהֵינוּ מֶלֶךְ הָעוֹלָם, שֶׁכֹּחוֹ וּגְבוּרָתוֹ מָלֵא עוֹלָם.

הרואה קשת מברך:

**בָּרוּךְ** אַתָּה יהוה אֱלֹהֵינוּ מֶלֶךְ הָעוֹלָם, זוֹכֵר הַבְּרִית, וְנֶאֱמָן בִּבְרִיתוֹ, וְקַיָּם בְּמַאֲמָרוֹ.

על רעידת אדמה, ראית כוכב היורה כחץ, הרים גבוהים, נהרות גדולים, מדברות וימים, וכן הרואה חמה בתקופתה (אחת לעשרים ושמונה שנים, כשתקופת ניסן חלה בתחילת ליל ד), מברך:

**בָּרוּךְ** אַתָּה יהוה אֱלֹהֵינוּ מֶלֶךְ הָעוֹלָם, עֹשֶׂה מַעֲשֵׂה בְרֵאשִׁית.

הרואה ים אוקינוס (Atlantic or Pacific Ocean) מברך; לדעת השולחן ערוך מברכים ברכה זו גם על הים שבחוף ארץ ישראל (Mediterranean Sea), אבל כמה אחרונים חולקים ע"ז (או"ח סי' רכח ס"א, מ"ב ס"ק ב).

**בָּרוּךְ** אַתָּה יהוה אֱלֹהֵינוּ מֶלֶךְ הָעוֹלָם, שֶׁעָשָׂה אֶת הַיָּם הַגָּדוֹל.

הרואה בריות נאות, בין אדם, בין בהמה וחיה, או אילנות טובים, מברך [על אותה בריה עצמה מברך רק בפעם הראשונה שרואה אותה, ועל אחרת מאותו סוג מברך לאחר ל' יום (עי' או"ח סי' רכה ס"ט-י, מ"ב ושעה"צ שם)]:

**בָּרוּךְ** (אַתָּה יהוה אֱלֹהֵינוּ מֶלֶךְ הָעוֹלָם,) שֶׁכָּכָה לּוֹ בְּעוֹלָמוֹ.

בפעם הראשונה שרואה בריות משונות, בין אדם בין בהמה וחיה, מברך [אם רואה לאחר ל' יום בריה משונה אחרת מאותו סוג – מברך בלא שם ומלכות. אם השינוי קרה לאחר שנולדו, ומצטער עליהם, מברך „דַּיַּן הָאֱמֶת", ראה להלן (עי' או"ח סי' רכה ס"ט, ומ"ב שם)]:

**בָּרוּךְ** אַתָּה יהוה אֱלֹהֵינוּ מֶלֶךְ הָעוֹלָם, מְשַׁנֶּה הַבְּרִיּוֹת.

הרואה אילנות של פרי מאכל כשמוציאים פרח באביב, מברך (רק פעם אחת בשנה):

**בָּרוּךְ** אַתָּה יהוה אֱלֹהֵינוּ מֶלֶךְ הָעוֹלָם, שֶׁלֹּא חִסַּר בְּעוֹלָמוֹ דָּבָר, וּבָרָא בוֹ בְּרִיּוֹת טוֹבוֹת וְאִילָנוֹת טוֹבִים, לְהַנּוֹת בָּהֶם בְּנֵי אָדָם.

הרואה חכם מחכמי ישראל, מברך:

**בָּרוּךְ** אַתָּה יהוה אֱלֹהֵינוּ מֶלֶךְ הָעוֹלָם, שֶׁחָלַק מֵחָכְמָתוֹ לִירֵאָיו.

הרואה חכם מחכמי אומות העולם, מברך:

**בָּרוּךְ** אַתָּה יהוה אֱלֹהֵינוּ מֶלֶךְ הָעוֹלָם, שֶׁנָּתַן מֵחָכְמָתוֹ לְבָשָׂר וָדָם.

הרואה מלך ממלכי אומות העולם (שאין עליו שליט לשנות גזירתו ויש בידו להמית במשפט), מברך:

**בָּרוּךְ** אַתָּה יהוה אֱלֹהֵינוּ מֶלֶךְ הָעוֹלָם, שֶׁנָּתַן מִכְּבוֹדוֹ לְבָשָׂר וָדָם.

הרואה ששים רבוא מישראל ביחד, מברך:

**בָּרוּךְ** אַתָּה יהוה אֱלֹהֵינוּ מֶלֶךְ הָעוֹלָם, חֲכַם הָרָזִים.

הרואה בית כנסת בחורבנו, מברך:

**בָּרוּךְ** אַתָּה יהוה אֱלֹהֵינוּ מֶלֶךְ הָעוֹלָם, דַּיַּן הָאֱמֶת.

הרואה בתי כנסיות שהיו חרבים ושוב נבנו ונתקנו ביופי והדר (הפמ"ג מצדד שיברך בלא שם ומלכות), מברך:

**בָּרוּךְ** (אַתָּה יהוה אֱלֹהֵינוּ מֶלֶךְ הָעוֹלָם,) מַצִּיב גְּבוּל אַלְמָנָה.

הרואה מקום שנעשה לו שם נס, מברך
(אם אירעו לו ניסים הרבה במקומות הרבה, מוסיף בסוף ברכתו גם שמות המקומות האחרים):

**בָּרוּךְ** אַתָּה יהוה אֱלֹהֵינוּ מֶלֶךְ הָעוֹלָם, שֶׁעָשָׂה לִי נֵס בַּמָּקוֹם הַזֶּה (וּבְ...).

הרואה מקום שנעשה שם נס להוריו, לזקיניו (אפילו לפני כמה דורות), לרבו, או לאומה כולה, מברך:

**בָּרוּךְ** אַתָּה יהוה אֱלֹהֵינוּ מֶלֶךְ הָעוֹלָם, שֶׁעָשָׂה לְאָבִי/לְאִמִּי/לַאֲבוֹתַי/לְרַבִּי/לַאֲבוֹתֵינוּ/ נֵס בַּמָּקוֹם הַזֶּה.

ברכות שונות

(א) האוכל פרי הבא מזמן לזמן, או (ב) לובש בגד חשוב חדש ששמח בלבישתו, או (ג) עושה מצוה שבאה מזמן לזמן, או (ד) רואה חבירו החביב עליו אחר שלשים יום, וכן בתו שנולדה לו ורואה אותה בפעם הראשונה (או״ח סי׳ רכג במ״ב ס״ק ב), מברך:

**בָּרוּךְ** אַתָּה יהוה אֱלֹהֵינוּ מֶלֶךְ הָעוֹלָם, שֶׁהֶחֱיָנוּ וְקִיְּמָנוּ וְהִגִּיעָנוּ לַזְּמַן הַזֶּה.

הרואה חבירו אחר י״ב חודש, מברך (ולא יברך „שֶׁהֶחֱיָנוּ״):

**בָּרוּךְ** אַתָּה יהוה אֱלֹהֵינוּ מֶלֶךְ הָעוֹלָם, מְחַיֵּה הַמֵּתִים.

הרואה חבירו אחר שנתרפא מחולי קשה, מברך:

**בְּרִיךְ** רַחֲמָנָא מַלְכָּא דְעָלְמָא, דִּי יְהַבָךְ לָן וְלָא יְהַבָךְ לְעַפְרָא.

השומע שמועה שהיא טובה לו ולאחרים כגון ששמע שנולד לו בן זכר, מברך:

**בָּרוּךְ** אַתָּה יהוה אֱלֹהֵינוּ מֶלֶךְ הָעוֹלָם, הַטּוֹב וְהַמֵּטִיב.

השומע שמועות רעות ר״ל, מברך:

**בָּרוּךְ** אַתָּה יהוה אֱלֹהֵינוּ מֶלֶךְ הָעוֹלָם, דַּיַּן הָאֱמֶת.

הלובש בפעם ראשונה בגד חשוב, מברך:

**בָּרוּךְ** אַתָּה יהוה אֱלֹהֵינוּ מֶלֶךְ הָעוֹלָם, מַלְבִּישׁ עֲרֻמִּים.

# מנחה לימות החול

מנחה לערב שבת תמצא בעמ׳ 154

## קרבנות

**וַיְדַבֵּר** יהוה אֶל משֶׁה לֵּאמֹר. וְעָשִׂיתָ כִּיּוֹר נְחשֶׁת, וְכַנּוֹ נְחשֶׁת, לְרָחְצָה, וְנָתַתָּ אֹתוֹ בֵּין אֹהֶל מוֹעֵד וּבֵין הַמִּזְבֵּחַ, וְנָתַתָּ שָׁמָּה מָיִם. וְרָחֲצוּ אַהֲרֹן וּבָנָיו מִמֶּנּוּ, אֶת יְדֵיהֶם וְאֶת רַגְלֵיהֶם. בְּבֹאָם אֶל אֹהֶל מוֹעֵד יִרְחֲצוּ מַיִם וְלֹא יָמֻתוּ, אוֹ בְגִשְׁתָּם אֶל הַמִּזְבֵּחַ לְשָׁרֵת לְהַקְטִיר אִשֶּׁה לַיהוה. וְרָחֲצוּ יְדֵיהֶם וְרַגְלֵיהֶם וְלֹא יָמֻתוּ, וְהָיְתָה לָהֶם חָק עוֹלָם, לוֹ וּלְזַרְעוֹ לְדֹרֹתָם.[1]

**יְהִי רָצוֹן** מִלְּפָנֶיךָ, יהוה אֱלֹהֵינוּ וֵאלֹהֵי אֲבוֹתֵינוּ, שֶׁתְּרַחֵם עָלֵינוּ וְתִמְחָל לָנוּ עַל כָּל חַטֹּאתֵינוּ, וּתְכַפֶּר לָנוּ עַל כָּל עֲוֹנוֹתֵינוּ, וְתִסְלַח לָנוּ עַל כָּל פְּשָׁעֵינוּ, וְשֶׁיִּבָּנֶה בֵּית הַמִּקְדָּשׁ בִּמְהֵרָה בְיָמֵינוּ, וְנַקְרִיב לְפָנֶיךָ קָרְבַּן הַתָּמִיד שֶׁיְּכַפֵּר בַּעֲדֵנוּ, כְּמוֹ שֶׁכָּתַבְתָּ עָלֵינוּ בְּתוֹרָתֶךָ עַל יְדֵי משֶׁה עַבְדֶּךָ, מִפִּי כְבוֹדֶךָ, כָּאָמוּר:

כתב המ״א (סי׳ מח) שיש לומר פרשת הקרבנות בעמידה דוגמת הקרבן, וי״א שיכול לאמרם בישיבה (ע״פ שע״ת שם).

**וַיְדַבֵּר** יהוה אֶל משֶׁה לֵּאמֹר. צַו אֶת בְּנֵי יִשְׂרָאֵל וְאָמַרְתָּ אֲלֵהֶם, אֶת קָרְבָּנִי לַחְמִי לְאִשַּׁי, רֵיחַ נִיחֹחִי, תִּשְׁמְרוּ לְהַקְרִיב לִי בְּמוֹעֲדוֹ. וְאָמַרְתָּ לָהֶם, זֶה הָאִשֶּׁה אֲשֶׁר תַּקְרִיבוּ לַיהוה, כְּבָשִׂים בְּנֵי שָׁנָה תְמִימִם, שְׁנַיִם לַיּוֹם, עֹלָה תָמִיד. אֶת הַכֶּבֶשׂ אֶחָד תַּעֲשֶׂה בַבֹּקֶר, וְאֵת הַכֶּבֶשׂ הַשֵּׁנִי תַּעֲשֶׂה בֵּין הָעַרְבָּיִם. וַעֲשִׂירִית הָאֵיפָה סֹלֶת לְמִנְחָה, בְּלוּלָה בְּשֶׁמֶן כָּתִית רְבִיעִת הַהִין. עֹלַת תָּמִיד, הָעֲשֻׂיָה בְּהַר סִינַי, לְרֵיחַ נִיחֹחַ, אִשֶּׁה לַיהוה. וְנִסְכּוֹ רְבִיעִת הַהִין לַכֶּבֶשׂ הָאֶחָד, בַּקֹּדֶשׁ הַסֵּךְ נֶסֶךְ שֵׁכָר לַיהוה. וְאֵת הַכֶּבֶשׂ הַשֵּׁנִי תַּעֲשֶׂה בֵּין הָעַרְבָּיִם, כְּמִנְחַת הַבֹּקֶר וּכְנִסְכּוֹ תַּעֲשֶׂה, אִשֵּׁה רֵיחַ נִיחֹחַ לַיהוה.[2]

(1) שמות ל:יז-כא (2) במדבר כח:א-ח

וְשָׁחַט אֹתוֹ עַל יֶרֶךְ הַמִּזְבֵּחַ צָפֹנָה לִפְנֵי יהוה, וְזָרְקוּ בְּנֵי אַהֲרֹן הַכֹּהֲנִים אֶת דָּמוֹ עַל הַמִּזְבֵּחַ סָבִיב.[1]

**יְהִי רָצוֹן** מִלְּפָנֶיךָ, יהוה אֱלֹהֵינוּ וֵאלֹהֵי אֲבוֹתֵינוּ, שֶׁתְּהֵא אֲמִירָה זוּ חֲשׁוּבָה וּמְקֻבֶּלֶת וּמְרֻצָּה לְפָנֶיךָ כְּאִלּוּ הִקְרַבְנוּ קָרְבַּן הַתָּמִיד בְּמוֹעֲדוֹ וּבִמְקוֹמוֹ וּכְהִלְכָתוֹ.

## קטורת

**אַתָּה** הוּא יהוה אֱלֹהֵינוּ שֶׁהִקְטִירוּ אֲבוֹתֵינוּ לְפָנֶיךָ אֶת קְטֹרֶת הַסַּמִּים בִּזְמַן שֶׁבֵּית הַמִּקְדָּשׁ הָיָה קַיָּם, כַּאֲשֶׁר צִוִּיתָ אוֹתָם עַל יְדֵי מֹשֶׁה נְבִיאֶךָ, כַּכָּתוּב בְּתוֹרָתֶךָ:

**וַיֹּאמֶר** יהוה אֶל מֹשֶׁה, קַח לְךָ סַמִּים, נָטָף וּשְׁחֵלֶת וְחֶלְבְּנָה, סַמִּים וּלְבֹנָה זַכָּה, בַּד בְּבַד יִהְיֶה. וְעָשִׂיתָ אֹתָהּ קְטֹרֶת, רֹקַח, מַעֲשֵׂה רוֹקֵחַ, מְמֻלָּח, טָהוֹר, קֹדֶשׁ. וְשָׁחַקְתָּ מִמֶּנָּה הָדֵק, וְנָתַתָּה מִמֶּנָּה לִפְנֵי הָעֵדֻת בְּאֹהֶל מוֹעֵד אֲשֶׁר אִוָּעֵד לְךָ שָׁמָּה, קֹדֶשׁ קָדָשִׁים תִּהְיֶה לָכֶם.[2]

וְנֶאֱמַר: וְהִקְטִיר עָלָיו אַהֲרֹן קְטֹרֶת סַמִּים, בַּבֹּקֶר בַּבֹּקֶר, בְּהֵיטִיבוֹ אֶת הַנֵּרֹת יַקְטִירֶנָּה. וּבְהַעֲלֹת אַהֲרֹן אֶת הַנֵּרֹת בֵּין הָעַרְבַּיִם, יַקְטִירֶנָּה, קְטֹרֶת תָּמִיד לִפְנֵי יהוה לְדֹרֹתֵיכֶם.[3]

כריתות ו., ירושלמי יומא ד:ה

**תָּנוּ רַבָּנָן,** פִּטּוּם הַקְּטֹרֶת כֵּיצַד. שְׁלֹשׁ מֵאוֹת וְשִׁשִּׁים וּשְׁמוֹנָה מָנִים הָיוּ בָהּ. שְׁלֹשׁ מֵאוֹת וְשִׁשִּׁים וַחֲמִשָּׁה כְּמִנְיַן יְמוֹת הַחַמָּה — מָנֶה לְכָל יוֹם, פְּרַס בְּשַׁחֲרִית וּפְרַס בֵּין הָעַרְבָּיִם; וּשְׁלֹשָׁה מָנִים יְתֵרִים, שֶׁמֵּהֶם מַכְנִיס כֹּהֵן גָּדוֹל מְלֹא חָפְנָיו בְּיוֹם הַכִּפֻּרִים. וּמַחֲזִירָן לְמַכְתֶּשֶׁת בְּעֶרֶב יוֹם הַכִּפֻּרִים, וְשׁוֹחֲקָן יָפֶה יָפֶה כְּדֵי שֶׁתְּהֵא דַקָּה מִן הַדַּקָּה. וְאַחַד עָשָׂר סַמָּנִים הָיוּ בָהּ, וְאֵלּוּ הֵן: (א) הַצֳּרִי, (ב) וְהַצִּפֹּרֶן, (ג) הַחֶלְבְּנָה, (ד) וְהַלְּבוֹנָה, מִשְׁקַל שִׁבְעִים שִׁבְעִים מָנֶה; (ה) מוֹר, (ו) וּקְצִיעָה, (ז) שִׁבֹּלֶת נֵרְדְּ, (ח) וְכַרְכֹּם, מִשְׁקַל שִׁשָּׁה עָשָׂר שִׁשָּׁה עָשָׂר מָנֶה; (ט) הַקֹּשְׁטְ,[4] שְׁנֵים עָשָׂר, (י) וְקִלּוּפָה, שְׁלֹשָׁה, (יא) וְקִנָּמוֹן, תִּשְׁעָה. בֹּרִית כַּרְשִׁינָה, תִּשְׁעָה קַבִּין; יֵין קַפְרִיסִין, סְאִין תְּלָתָא וְקַבִּין תְּלָתָא, וְאִם אֵין לוֹ יֵין קַפְרִיסִין, מֵבִיא חֲמַר חִוַּרְיָן עַתִּיק; מֶלַח סְדוֹמִית, רֹבַע; מַעֲלֶה עָשָׁן, כָּל שֶׁהוּא. רַבִּי נָתָן הַבַּבְלִי אוֹמֵר: אַף כִּפַּת הַיַּרְדֵּן כָּל שֶׁהוּא. וְאִם נָתַן בָּהּ דְּבַשׁ, פְּסָלָהּ. וְאִם חִסַּר אַחַת מִכָּל סַמָּנֶיהָ, חַיָּב מִיתָה.

**רַבָּן** שִׁמְעוֹן בֶּן גַּמְלִיאֵל אוֹמֵר: הַצֳּרִי אֵינוֹ אֶלָּא שְׂרָף הַנּוֹטֵף מֵעֲצֵי הַקְּטָף. בֹּרִית כַּרְשִׁינָה לָמָּה הִיא בָאָה, כְּדֵי לְיַפּוֹת בָּהּ אֶת הַצִּפֹּרֶן, כְּדֵי שֶׁתְּהֵא נָאָה. יֵין קַפְרִיסִין לָמָּה הוּא בָא, כְּדֵי לִשְׁרוֹת בּוֹ אֶת הַצִּפֹּרֶן, כְּדֵי שֶׁתְּהֵא עַזָּה. וַהֲלֹא מֵי רַגְלַיִם יָפִין לָהּ, אֶלָּא שֶׁאֵין מַכְנִיסִין מֵי רַגְלַיִם בַּמִּקְדָּשׁ[5] מִפְּנֵי הַכָּבוֹד.

**תַּנְיָא,** רַבִּי נָתָן אוֹמֵר: כְּשֶׁהוּא שׁוֹחֵק, אוֹמֵר: הָדֵק הֵיטֵב, הֵיטֵב הָדֵק, מִפְּנֵי שֶׁהַקּוֹל יָפֶה לַבְּשָׂמִים. פִּטְּמָהּ לַחֲצָאִין, כְּשֵׁרָה; לִשְׁלִישׁ

(1) ויקרא א:יא (2) שמות ל:לד-לו (3) ל:ז-ח (4) נ"א הַקֹּסְטְ (5) נ"א בָּעֲזָרָה

וְלִרְבִיעַ, לֹא שָׁמָֽעְנוּ. אָמַר רַבִּי יְהוּדָה: זֶה הַכְּלָל – אִם כְּמִדָּתָהּ, כְּשֵׁרָה לַחֲצָאִין; וְאִם חִסַּר אַחַת מִכָּל סַמָּנֶֽיהָ, חַיָּב מִיתָה.

**תַּנְיָא,** בַּר קַפָּרָא אוֹמֵר: אַחַת לְשִׁשִּׁים אוֹ לְשִׁבְעִים שָׁנָה הָיְתָה בָאָה שֶׁל שִׁירַיִם לַחֲצָאִין. וְעוֹד תָּנֵי בַּר קַפָּרָא: אִלּוּ הָיָה נוֹתֵן בָּהּ קוֹרְטוֹב שֶׁל דְּבַשׁ, אֵין אָדָם יָכוֹל לַעֲמֹד מִפְּנֵי רֵיחָהּ. וְלָמָּה אֵין מְעָרְבִין בָּהּ דְּבַשׁ, מִפְּנֵי שֶׁהַתּוֹרָה אָמְרָה: כִּי כָל שְׂאֹר וְכָל דְּבַשׁ לֹא תַקְטִֽירוּ מִמֶּנּוּ אִשֶּׁה לַיהוה.[1]

ג׳ פעמים – יהוה צְבָאוֹת עִמָּֽנוּ, מִשְׂגָּב לָֽנוּ אֱלֹהֵי יַעֲקֹב, סֶֽלָה.[2]

ג׳ פעמים – יהוה צְבָאוֹת, אַשְׁרֵי אָדָם בֹּטֵֽחַ בָּךְ.[3]

ג׳ פעמים – יהוה הוֹשִֽׁיעָה, הַמֶּֽלֶךְ יַעֲנֵֽנוּ בְיוֹם קָרְאֵֽנוּ.[4]

אַתָּה סֵֽתֶר לִי, מִצַּר תִּצְּרֵֽנִי, רָנֵּי פַלֵּט תְּסוֹבְבֵֽנִי, סֶֽלָה.[5] וְעָרְבָה לַיהוה מִנְחַת יְהוּדָה וִירוּשָׁלָֽיִם, כִּימֵי עוֹלָם וּכְשָׁנִים קַדְמֹנִיּוֹת.[6]

**אָנָּא בְּכֹֽחַ** גְּדֻלַּת יְמִינְךָ תַּתִּיר צְרוּרָה. — אב״ג ית״ץ

קַבֵּל רִנַּת עַמְּךָ שַׂגְּבֵֽנוּ טַהֲרֵֽנוּ נוֹרָא. — קר״ע שט״ן

נָא גִבּוֹר דּוֹרְשֵׁי יִחוּדְךָ כְּבָבַת שָׁמְרֵם. — נג״ד יכ״ש

בָּרְכֵם טַהֲרֵם רַחֲמֵם[7] צִדְקָתְךָ תָּמִיד גָּמְלֵם. — בט״ר צת״ג

חֲסִין קָדוֹשׁ בְּרוֹב טוּבְךָ נַהֵל עֲדָתֶֽךָ. — חק״ב טנ״ע

יָחִיד גֵּאֶה לְעַמְּךָ פְּנֵה זוֹכְרֵי קְדֻשָּׁתֶֽךָ. — יג״ל פז״ק

שַׁוְעָתֵֽנוּ קַבֵּל וּשְׁמַע צַעֲקָתֵֽנוּ יוֹדֵֽעַ תַּעֲלֻמוֹת. — שק״ו צי״ת

בָּרוּךְ שֵׁם כְּבוֹד מַלְכוּתוֹ לְעוֹלָם וָעֶד.

**אַשְׁרֵי** יוֹשְׁבֵי בֵיתֶֽךָ, עוֹד יְהַלְלֽוּךָ סֶּֽלָה.[8] אַשְׁרֵי הָעָם שֶׁכָּֽכָה לּוֹ, אַשְׁרֵי הָעָם שֶׁיהוה אֱלֹהָיו.[9]

תהלים קמה – תְּהִלָּה לְדָוִד, אֲרוֹמִמְךָ אֱלוֹהַי הַמֶּֽלֶךְ, וַאֲבָרְכָה שִׁמְךָ לְעוֹלָם וָעֶד. בְּכָל יוֹם אֲבָרְכֶֽךָּ, וַאֲהַלְלָה שִׁמְךָ לְעוֹלָם וָעֶד. גָּדוֹל יהוה וּמְהֻלָּל מְאֹד, וְלִגְדֻלָּתוֹ אֵין חֵֽקֶר. דּוֹר לְדוֹר יְשַׁבַּח מַעֲשֶֽׂיךָ, וּגְבוּרֹתֶֽיךָ יַגִּֽידוּ. הֲדַר כְּבוֹד הוֹדֶֽךָ וְדִבְרֵי נִפְלְאֹתֶֽיךָ אָשִֽׂיחָה. וֶעֱזוּז נוֹרְאֹתֶֽיךָ יֹאמֵֽרוּ, וּגְדוּלָּתְךָ אֲסַפְּרֶֽנָּה. זֵֽכֶר רַב טוּבְךָ יַבִּֽיעוּ, וְצִדְקָתְךָ יְרַנֵּֽנוּ. חַנּוּן וְרַחוּם יהוה, אֶֽרֶךְ אַפַּֽיִם וּגְדָל חָֽסֶד. טוֹב יהוה לַכֹּל, וְרַחֲמָיו עַל כָּל מַעֲשָׂיו. יוֹדֽוּךָ יהוה כָּל מַעֲשֶֽׂיךָ, וַחֲסִידֶֽיךָ יְבָרְכֽוּכָה. כְּבוֹד מַלְכוּתְךָ יֹאמֵֽרוּ, וּגְבוּרָתְךָ יְדַבֵּֽרוּ. לְהוֹדִֽיעַ לִבְנֵי הָאָדָם גְּבוּרֹתָיו, וּכְבוֹד הֲדַר מַלְכוּתוֹ. מַלְכוּתְךָ מַלְכוּת כָּל עֹלָמִים, וּמֶמְשַׁלְתְּךָ בְּכָל דּוֹר וָדֹר. סוֹמֵךְ יהוה לְכָל הַנֹּפְלִים, וְזוֹקֵף לְכָל הַכְּפוּפִים.

(1) ויקרא ב:יא (2) תהלים מו:ח (3) פד:יג (4) כ:י (5) לב:ז (6) מלאכי ג:ד (7) נ״א רַחֲמֵי (8) תהלים פד:ה (9) קמד:טו

**עֵ**ינֵי כֹל אֵלֶיךָ יְשַׂבֵּרוּ, וְאַתָּה נוֹתֵן לָהֶם אֶת אָכְלָם בְּעִתּוֹ. **פּוֹ**תֵחַ אֶת יָדֶךָ, וּמַשְׂבִּיעַ לְכָל חַי רָצוֹן. **צַ**דִּיק יהוה בְּכָל דְּרָכָיו, וְחָסִיד בְּכָל מַעֲשָׂיו. **קָ**רוֹב יהוה לְכָל קֹרְאָיו, לְכֹל אֲשֶׁר יִקְרָאֻהוּ בֶאֱמֶת. **רְ**צוֹן יְרֵאָיו יַעֲשֶׂה, וְאֶת שַׁוְעָתָם יִשְׁמַע וְיוֹשִׁיעֵם. **שׁוֹ**מֵר יהוה אֶת כָּל אֹהֲבָיו, וְאֵת כָּל הָרְשָׁעִים יַשְׁמִיד. ❖ **תְּ**הִלַּת יהוה יְדַבֶּר פִּי, וִיבָרֵךְ כָּל בָּשָׂר שֵׁם קָדְשׁוֹ לְעוֹלָם וָעֶד. וַאֲנַחְנוּ נְבָרֵךְ יָהּ מֵעַתָּה וְעַד עוֹלָם, הַלְלוּיָהּ.[1]

צריך לכוון באמירת פסוק „פּוֹתֵחַ אֶת יָדֶךָ"

**יִתְגַּדַּל** וְיִתְקַדַּשׁ שְׁמֵהּ רַבָּא. בְּעָלְמָא דִּי בְרָא כִרְעוּתֵהּ. וְיַמְלִיךְ מַלְכוּתֵהּ, וְיַצְמַח פֻּרְקָנֵהּ וִיקָרֵב מְשִׁיחֵהּ. בְּחַיֵּיכוֹן וּבְיוֹמֵיכוֹן וּבְחַיֵּי דְכָל בֵּית יִשְׂרָאֵל, בַּעֲגָלָא וּבִזְמַן קָרִיב. וְאִמְרוּ: אָמֵן.

קהל וחזן – **יְהֵא שְׁמֵהּ רַבָּא מְבָרַךְ לְעָלַם וּלְעָלְמֵי עָלְמַיָּא. יִתְבָּרַךְ** וְיִשְׁתַּבַּח וְיִתְפָּאַר וְיִתְרוֹמַם וְיִתְנַשֵּׂא וְיִתְהַדָּר וְיִתְעַלֶּה וְיִתְהַלָּל שְׁמֵהּ דְּקֻדְשָׁא בְּרִיךְ הוּא – °לְעֵלָּא מִן כָּל (°בעשי"ת – לְעֵלָּא [וּ]לְעֵלָּא מִכָּל) בִּרְכָתָא וְשִׁירָתָא תֻּשְׁבְּחָתָא וְנֶחֱמָתָא דַּאֲמִירָן בְּעָלְמָא. וְאִמְרוּ: אָמֵן.

בתענית צבור במנחה מוציאין ספר תורה (עמ' 63) וקורין „וַיְחַל" (עמ' 467), אם יש לפחות ז' אנשים שמתענין. ואין אומרים קדיש אחר הקריאה, אלא קודם שמונה עשרה אומר החזן חצי קדיש.

## שמונה עשרה

יפסע ג' פסיעות לאחוריו ואח"כ ג' פסיעות לפניו דרך קירוב והגשה. יכוון רגליו ויעמידן זו אצל זו בשוה כאלו הן רגל אחת כדי להדמות למלאכים. יתפלל במתינות ובכוונת הלב ויבין פירוש המילות ולא יפסיק לשום דבר. לכתחילה צריך להשמיע לאזניו מה שמוציא מפיו אבל לא ירים קולו עד שישמעו אחרים תפילתו.

כִּי שֵׁם יהוה אֶקְרָא, הָבוּ גֹדֶל לֵאלֹהֵינוּ.[2]
אֲדֹנָי שְׂפָתַי תִּפְתָּח, וּפִי יַגִּיד תְּהִלָּתֶךָ.[3]

אבות

**בָּרוּךְ** אַתָּה יהוה אֱלֹהֵינוּ וֵאלֹהֵי אֲבוֹתֵינוּ, אֱלֹהֵי אַבְרָהָם, אֱלֹהֵי יִצְחָק, וֵאלֹהֵי יַעֲקֹב, הָאֵל הַגָּדוֹל הַגִּבּוֹר וְהַנּוֹרָא, אֵל עֶלְיוֹן, גּוֹמֵל חֲסָדִים טוֹבִים, וְקוֹנֵה הַכֹּל, וְזוֹכֵר חַסְדֵי אָבוֹת, וּמֵבִיא גוֹאֵל לִבְנֵי בְנֵיהֶם, לְמַעַן שְׁמוֹ בְּאַהֲבָה.

בעשרת ימי תשובה מוסיפים [ואם שכח אינו חוזר; עיין הלכות בסוף הסידור סע' עה]:
זָכְרֵנוּ לְחַיִּים, מֶלֶךְ חָפֵץ בַּחַיִּים,
וְכָתְבֵנוּ בְּסֵפֶר הַחַיִּים, לְמַעַנְךָ אֱלֹהִים חַיִּים.

מֶלֶךְ עוֹזֵר וּמוֹשִׁיעַ וּמָגֵן. בָּרוּךְ אַתָּה יהוה, מָגֵן אַבְרָהָם.

גבורות

**אַתָּה** גִּבּוֹר לְעוֹלָם אֲדֹנָי, מְחַיֵּה מֵתִים אַתָּה, רַב לְהוֹשִׁיעַ.

(1) תהלים קמה:יח (2) דברים לב:ג (3) תהלים נא:יז

מחוה"מ פסח עד שמיני עצרת:
**מוֹרִיד הַטָּל.**

בין שמיני עצרת לפסח:
**מַשִּׁיב הָרְוּחַ וּמוֹרִיד הַגֶּשֶׁם** [נ"א: הַגָּשֶׁם].

[אם שכח או טעה, עיין הלכות בסוף הסידור סע' פד-צא.]

מְכַלְכֵּל חַיִּים בְּחֶסֶד, מְחַיֵּה מֵתִים בְּרַחֲמִים רַבִּים, סוֹמֵךְ נוֹפְלִים, וְרוֹפֵא חוֹלִים, וּמַתִּיר אֲסוּרִים, וּמְקַיֵּם אֱמוּנָתוֹ לִישֵׁנֵי עָפָר. מִי כָמְוֹךָ בַּעַל גְּבוּרוֹת, וּמִי דּוֹמֶה לָּךְ, מֶלֶךְ מֵמִית וּמְחַיֶּה וּמַצְמִיחַ יְשׁוּעָה.

בעשרת ימי תשובה מוסיפים [ואם שכח אינו חוזר; עיין הלכות בסוף הסידור סע' עה]:

מִי כָמְוֹךָ אָב הָרַחֲמָן, זוֹכֵר יְצוּרָיו לְחַיִּים בְּרַחֲמִים.

וְנֶאֱמָן אַתָּה לְהַחֲיוֹת מֵתִים. בָּרוּךְ אַתָּה יהוה, מְחַיֵּה הַמֵּתִים.

בחזרת הש"ץ אומרים כאן קדושה (למטה).

קדושת השם

בקצת קהילות אומר החזן „לְדוֹר וָדוֹר" בחזרת הש"ץ במקום „אַתָּה קָדוֹשׁ".

**אַתָּה** קָדוֹשׁ וְשִׁמְךָ קָדוֹשׁ, וּקְדוֹשִׁים בְּכָל יוֹם יְהַלְלְוּךָ סֶּלָה, כִּי אֵל מֶלֶךְ גָּדוֹל וְקָדוֹשׁ אָתָּה. בָּרוּךְ אַתָּה יהוה, °הָאֵל [°בעשי"ת–הַמֶּלֶךְ] הַקָּדוֹשׁ.

**לְדוֹר** וָדוֹר נַגִּיד גָּדְלֶךָ וּלְנֵצַח נְצָחִים קְדֻשָּׁתְךָ נַקְדִּישׁ. וְשִׁבְחֲךָ אֱלֹהֵינוּ מִפִּינוּ לֹא יָמוּשׁ לְעוֹלָם וָעֶד, כִּי אֵל מֶלֶךְ גָּדוֹל וְקָדוֹשׁ אָתָּה. בָּרוּךְ אַתָּה יהוה, °הָאֵל [°בעשי"ת–הַמֶּלֶךְ] הַקָּדוֹשׁ.

[אם שכח לומר „הַמֶּלֶךְ" בעשי"ת חוזר לראש התפלה, עיין הלכות בסוף הסידור סע' עו-עז.]

בינה

**אַתָּה** חוֹנֵן לְאָדָם דַּעַת, וּמְלַמֵּד לֶאֱנוֹשׁ בִּינָה. חָנֵּנוּ מֵאִתְּךָ חָכְמָה בִּינָה וָדָעַת. בָּרוּךְ אַתָּה יהוה, חוֹנֵן הַדָּעַת.

---

קדושה

יכוון רגליו ויעמידן זו אצל זו בשוה כמו בתפילת שמונה עשרה. אסור להפסיק לשום דבר בעת אמירת קדושה.

קהל ואח"כ חזן– **נְקַדֵּשׁ** וְנַעֲרִיצָךְ, כְּנְעַם שִׂיחַ סוֹד שַׂרְפֵי קֹדֶשׁ, הַמְּשַׁלְּשִׁים לְךָ קְדֻשָּׁה, כַּכָּתוּב עַל יַד נְבִיאֶךָ, וְקָרָא זֶה אֶל זֶה וְאָמַר:

קהל וחזן ביחד– קָדוֹשׁ קָדוֹשׁ קָדוֹשׁ יהוה צְבָאוֹת, מְלֹא כָל הָאָרֶץ כְּבוֹדוֹ.[1] ❖ לְעֻמָּתָם מְשַׁבְּחִים וְאוֹמְרִים:

קהל וחזן ביחד– בָּרוּךְ כְּבוֹד יהוה, מִמְּקוֹמוֹ.[2] ❖ וּבְדִבְרֵי קָדְשְׁךָ כָּתוּב לֵאמֹר:

קהל וחזן ביחד– יִמְלֹךְ יהוה לְעוֹלָם, אֱלֹהַיִךְ צִיּוֹן לְדֹר וָדֹר, הַלְלוּיָהּ.[3]

החזן אומר „אַתָּה קָדוֹשׁ . . ." [או „לְדוֹר וָדוֹר . . ."] (למעלה).

---

(1) ישעיה ו:ג (2) יחזקאל ג:יב (3) תהלים קמו:י

תשובה

**הֲשִׁיבֵנוּ** אָבִינוּ לְתוֹרָתֶךָ, וְקָרְבֵנוּ מַלְכֵּנוּ לַעֲבוֹדָתֶךָ, וְהַחֲזִירֵנוּ בִּתְשׁוּבָה שְׁלֵמָה לְפָנֶיךָ. בָּרוּךְ אַתָּה יהוה, הָרוֹצֶה בִּתְשׁוּבָה.

סליחה

מכים על החזה באגרוף הימני כשאומרים המילים „חָטָאנוּ" ו„פָשָׁעְנוּ".

**סְלַח** לָנוּ אָבִינוּ כִּי חָטָאנוּ, מְחַל לָנוּ מַלְכֵּנוּ כִּי פָשָׁעְנוּ, כִּי אֵל טוֹב וְסַלָּח אָתָּה. בָּרוּךְ אַתָּה יהוה, חַנּוּן הַמַּרְבֶּה לִסְלוֹחַ.

גאולה

**רְאֵה** נָא בְעָנְיֵנוּ, וְרִיבָה רִיבֵנוּ, וּגְאָלֵנוּ[1] גְּאֻלָּה שְׁלֵמָה מְהֵרָה לְמַעַן שְׁמֶךָ, כִּי אֵל גּוֹאֵל חָזָק אָתָּה. בָּרוּךְ אַתָּה יהוה, גּוֹאֵל יִשְׂרָאֵל.

בתענית צבור אומר החזן כאן „עֲנֵנוּ" בחזרת הש"ץ.
[ואם שכח החזן לומר „עֲנֵנוּ", אומרו ב„שׁוֹמֵעַ תְּפִלָּה" (עמ' 116) בלי חתימה.]

**עֲנֵנוּ** יהוה עֲנֵנוּ, בְּיוֹם צוֹם תַּעֲנִיתֵנוּ, כִּי בְצָרָה גְדוֹלָה אֲנָחְנוּ. אַל תֵּפֶן אֶל רִשְׁעֵנוּ, וְאַל תַּסְתֵּר פָּנֶיךָ מִמֶּנּוּ, וְאַל תִּתְעַלַּם מִתְּחִנָּתֵנוּ. הֱיֵה נָא קָרוֹב לְשַׁוְעָתֵנוּ, יְהִי נָא חַסְדְּךָ לְנַחֲמֵנוּ, טֶרֶם נִקְרָא אֵלֶיךָ עֲנֵנוּ, כַּדָּבָר שֶׁנֶּאֱמַר: וְהָיָה טֶרֶם יִקְרָאוּ וַאֲנִי אֶעֱנֶה, עוֹד הֵם מְדַבְּרִים וַאֲנִי אֶשְׁמָע.[2] כִּי אַתָּה יהוה הָעוֹנֶה בְּעֵת צָרָה, פּוֹדֶה וּמַצִּיל בְּכָל עֵת צָרָה וְצוּקָה. בָּרוּךְ אַתָּה יהוה, הָעוֹנֶה לְעַמּוֹ יִשְׂרָאֵל בְּעֵת צָרָה.

רפואה

בקצת קהילות אומרים הנוסח הקצר שבימין הקו ובקצתם אומרים הנוסח הארוך שבשמאל הקו.

**רְפָאֵנוּ** יהוה וְנֵרָפֵא, הוֹשִׁיעֵנוּ וְנִוָּשֵׁעָה, כִּי תְהִלָּתֵנוּ אָתָּה,[3]
וְהַעֲלֵה אֲרוּכָה וּמַרְפֵּא לְכָל | וְהַעֲלֵה רְפוּאָה
תַּחֲלוּאֵינוּ וּלְכָל מַכְאוֹבֵינוּ וּלְכָל | לְכָל שְׁלֵמָה
מַכּוֹתֵינוּ, °°כִּי אֵל מֶלֶךְ רוֹפֵא נֶאֱמָן וְרַחֲמָן אָתָּה. בָּרוּךְ אַתָּה יהוה, רוֹפֵא חוֹלֵי עַמּוֹ יִשְׂרָאֵל.

(1) ע"פ תהלים קיט:קנג-קנד (2) ישעיה סה:כד (3) ע"פ ירמיה יז:יד

°°כאן אפשר להוסיף תפילה על חולה:

יְהִי רָצוֹן מִלְּפָנֶיךָ, יהוה אֱלֹהַי וֵאלֹהֵי אֲבוֹתַי, שֶׁתִּשְׁלַח מְהֵרָה רְפוּאָה שְׁלֵמָה מִן הַשָּׁמַיִם, רְפוּאַת הַנֶּפֶשׁ וּרְפוּאַת הַגּוּף לזכר – לַחוֹלֶה / לנקבה – לַחוֹלָה (שם החולה) בֶּן/בַּת (שם אם החולה) בְּתוֹךְ שְׁאָר חוֹלֵי יִשְׂרָאֵל.

ואומר „כִּי אֵ-ל..."

ברכת השנים

בחוץ לארץ מתחילים לומר „וְתֵן טַל וּמָטָר לִבְרָכָה" בתפילת ערבית של דצמבר 4 למספרם (או דצמבר 5 כשיש יום נוסף בחודש פברואר הבא לפי חשבונם) ובארץ ישראל מתחילים במעריב של ז' חשון. ואומרים אותו בכל מקום עד הפסח. בשאר ימות השנה אומרים רק „וְתֵן בְּרָכָה". [אם טעה, עיין הלכות בסוף הסידור סע' צב-ק.]

**בָּרֵךְ עָלֵינוּ** יהוה אֱלֹהֵינוּ אֶת הַשָּׁנָה הַזֹּאת וְאֶת כָּל מִינֵי תְבוּאָתָהּ לְטוֹבָה, וְתֵן [בקיץ: בְּרָכָה / בחורף: טַל וּמָטָר לִבְרָכָה] עַל פְּנֵי הָאֲדָמָה, וְשַׂבְּעֵנוּ מִטּוּבָהּ, וּבָרֵךְ שְׁנָתֵנוּ כַּשָּׁנִים הַטּוֹבוֹת לִבְרָכָה, כִּי אֵל טוֹב וּמֵטִיב אָתָּה, וּמְבָרֵךְ הַשָּׁנִים. בָּרוּךְ אַתָּה יהוה, מְבָרֵךְ הַשָּׁנִים.

בקצת קהילות אומרים „בָּרְכֵנוּ" בקיץ.

**בָּרְכֵנוּ,** יהוה אֱלֹהֵינוּ, בְּכָל מַעֲשֵׂה יָדֵינוּ, וּבָרֵךְ שְׁנָתֵנוּ בְּטַלְלֵי רָצוֹן בְּרָכָה וּנְדָבָה. וּתְהִי אַחֲרִיתָהּ חַיִּים וְשָׂבָע וְשָׁלוֹם, כַּשָּׁנִים הַטּוֹבוֹת לִבְרָכָה. כִּי אֵל טוֹב וּמֵטִיב אָתָּה וּמְבָרֵךְ הַשָּׁנִים. בָּרוּךְ אַתָּה יהוה, מְבָרֵךְ הַשָּׁנִים.

קיבוץ גליות

**תְּקַע** בְּשׁוֹפָר גָּדוֹל לְחֵרוּתֵנוּ, וְשָׂא נֵס לְקַבֵּץ גָּלֻיּוֹתֵינוּ, וְקַבְּצֵנוּ יַחַד מְהֵרָה מֵאַרְבַּע כַּנְפוֹת הָאָרֶץ לְאַרְצֵנוּ.[1] בָּרוּךְ אַתָּה יהוה, מְקַבֵּץ נִדְחֵי עַמּוֹ יִשְׂרָאֵל.

דין

**הָשִׁיבָה** שׁוֹפְטֵינוּ כְּבָרִאשׁוֹנָה, וְיוֹעֲצֵינוּ כְּבַתְּחִלָּה,[2] וְהָסֵר מִמֶּנּוּ יָגוֹן וַאֲנָחָה, וּמְלוֹךְ עָלֵינוּ מְהֵרָה אַתָּה יהוה לְבַדְּךָ בְּחֶסֶד וּבְרַחֲמִים, וְצַדְּקֵנוּ בְּצֶדֶק וּבְמִשְׁפָּט. בָּרוּךְ אַתָּה יהוה, °מֶלֶךְ אוֹהֵב צְדָקָה וּמִשְׁפָּט.

בעשי"ת מסיים – °הַמֶּלֶךְ הַמִּשְׁפָּט. [ואם שכח אינו חוזר; עיין הלכות בסוף הסידור סע' עח.]

ברכת המינים

**וְלַמַּלְשִׁינִים** אַל תְּהִי תִקְוָה, וְכָל הַמִּינִים כְּרֶגַע יֹאבֵדוּ, וְכָל אֹיְבֵי עַמְּךָ מְהֵרָה יִכָּרֵתוּ, וְהַזֵּדִים מְהֵרָה תְעַקֵּר וּתְשַׁבֵּר וּתְמַגֵּר וּתְכַלֵּם וְתַשְׁפִּילֵם וְתַכְנִיעֵם בִּמְהֵרָה בְיָמֵינוּ. בָּרוּךְ אַתָּה יהוה, שׁוֹבֵר אֹיְבִים וּמַכְנִיעַ זֵדִים.

(1) ע"פ ישעיה יא:יב (2) ע"פ א:כו

צדיקים

**עַל הַצַּדִּיקִים** וְעַל הַחֲסִידִים, וְעַל זִקְנֵי שְׁאֵרִית עַמְּךָ בֵּית יִשְׂרָאֵל, וְעַל פְּלֵיטַת בֵּית סוֹפְרֵיהֶם, וְעַל גֵּרֵי הַצֶּדֶק וְעָלֵינוּ, יֶהֱמוּ נָא רַחֲמֶיךָ יהוה אֱלֹהֵינוּ. וְתֵן שָׂכָר טוֹב לְכָל הַבּוֹטְחִים בְּשִׁמְךָ בֶּאֱמֶת וְשִׂים חֶלְקֵנוּ עִמָּהֶם, וּלְעוֹלָם לֹא נֵבוֹשׁ כִּי בְךָ בָּטָחְנוּ,[1] וְעַל חַסְדְּךָ הַגָּדוֹל בֶּאֱמֶת (וּבְתָמִים) נִשְׁעָנְנוּ. בָּרוּךְ אַתָּה יהוה, מִשְׁעָן וּמִבְטָח לַצַּדִּיקִים.

בנין ירושלים

**וְלִירוּשָׁלַיִם** עִירְךָ בְּרַחֲמִים תָּשׁוּב, וְתִשְׁכּוֹן בְּתוֹכָהּ כַּאֲשֶׁר דִּבַּרְתָּ, וּבְנֵה אוֹתָהּ בְּקָרוֹב בְּיָמֵינוּ בִּנְיַן עוֹלָם, וְכִסֵּא דָוִד עַבְדְּךָ מְהֵרָה לְתוֹכָהּ תָּכִין. °°בָּרוּךְ אַתָּה יהוה, בּוֹנֵה יְרוּשָׁלָיִם.

מלכות בית דוד

**אֶת צֶמַח** דָּוִד עַבְדְּךָ מְהֵרָה תַצְמִיחַ, וְקַרְנוֹ תָּרוּם בִּישׁוּעָתֶךָ, כִּי לִישׁוּעָתְךָ קִוִּינוּ כָּל הַיּוֹם (וּמְצַפִּים לִישׁוּעָה). בָּרוּךְ אַתָּה יהוה, מַצְמִיחַ קֶרֶן יְשׁוּעָה.

קבלת תפלה

**אָב הָרַחֲמָן,** שְׁמַע קוֹלֵנוּ יהוה אֱלֹהֵינוּ, חוּס וְרַחֵם עָלֵינוּ, וְקַבֵּל בְּרַחֲמִים וּבְרָצוֹן אֶת תְּפִלָּתֵנוּ, כִּי אֵל שׁוֹמֵעַ תְּפִלּוֹת וְתַחֲנוּנִים אָתָּה. וּמִלְּפָנֶיךָ מַלְכֵּנוּ רֵיקָם אַל תְּשִׁיבֵנוּ. חָנֵּנוּ וַעֲנֵנוּ וּשְׁמַע תְּפִלָּתֵנוּ,

°°בתשעה באב במנחה אומרים „נַחֵם" בתפילת הלחש ובחזרת הש"ץ ומשנה נוסח החתימה. אם שכח, יאמרה לפני „וְתֶחֱזֶינָה" בהשמטת החתימה, ואם לא נזכר עד שחתם „הַמַּחֲזִיר שְׁכִינָתוֹ לְצִיּוֹן" אינו חוזר.

**נַחֵם** יהוה אֱלֹהֵינוּ אֶת אֲבֵלֵי צִיּוֹן, וְאֶת אֲבֵלֵי יְרוּשָׁלָיִם, וְאֶת הָעִיר הָאֲבֵלָה וְהַחֲרֵבָה וְהַבְּזוּיָה וְהַשּׁוֹמֵמָה. הָאֲבֵלָה מִבְּלִי בָנֶיהָ, וְהַחֲרֵבָה מִמְּעוֹנוֹתֶיהָ, וְהַבְּזוּיָה מִכְּבוֹדָהּ, וְהַשּׁוֹמֵמָה מֵאֵין יוֹשֵׁב. וְהִיא יוֹשֶׁבֶת וְרֹאשָׁהּ חָפוּי כְּאִשָּׁה עֲקָרָה שֶׁלֹּא יָלָדָה. וַיְבַלְּעוּהָ לִגְיוֹנוֹת, וַיִּירָשׁוּהָ עוֹבְדֵי זָרִים, וַיָּטִילוּ אֶת עַמְּךָ יִשְׂרָאֵל לֶחָרֶב, וַיַּהַרְגוּ בְזָדוֹן חֲסִידֵי עֶלְיוֹן. עַל כֵּן צִיּוֹן בְּמַר תִּבְכֶּה, וִירוּשָׁלַיִם תִּתֵּן קוֹלָהּ. לִבִּי לִבִּי עַל חַלְלֵיהֶם, מֵעַי מֵעַי עַל חַלְלֵיהֶם, כִּי אַתָּה יהוה בָּאֵשׁ הִצַּתָּהּ, וּבָאֵשׁ אַתָּה עָתִיד לִבְנוֹתָהּ, כָּאָמוּר: וַאֲנִי אֶהְיֶה לָּהּ, נְאֻם יהוה, חוֹמַת אֵשׁ סָבִיב וּלְכָבוֹד אֶהְיֶה בְתוֹכָהּ.[2] בָּרוּךְ אַתָּה יהוה, מְנַחֵם צִיּוֹן וּבוֹנֵה יְרוּשָׁלָיִם.

ואומר „אֶת צֶמַח. . ."

(1) ע"פ תהלים כה:ב; עא:א (2) זכריה ב:ט

°°כִּי אַתָּה שׁוֹמֵעַ תְּפִלַּת כָּל פֶּה עַמְּךָ יִשְׂרָאֵל בְּרַחֲמִים. בָּרוּךְ אַתָּה יהוה, שׁוֹמֵעַ תְּפִלָּה.

עבודה

**רְצֵה** יהוה אֱלֹהֵינוּ בְּעַמְּךָ יִשְׂרָאֵל וְלִתְפִלָּתָם שְׁעֵה, וְהָשֵׁב אֶת הָעֲבוֹדָה לִדְבִיר בֵּיתֶךָ. וְאִשֵּׁי יִשְׂרָאֵל, וּתְפִלָּתָם מְהֵרָה בְּאַהֲבָה תְקַבֵּל בְּרָצוֹן, וּתְהִי לְרָצוֹן תָּמִיד עֲבוֹדַת יִשְׂרָאֵל עַמֶּךָ.

בראש חודש ובחול המועד מוסיפים [אם שכח לומר „יַעֲלֶה וְיָבוֹא" עיין הלכות סע' קה־קז]:

**אֱלֹהֵינוּ** וֵאלֹהֵי אֲבוֹתֵינוּ, יַעֲלֶה, וְיָבֹא, וְיַגִּיעַ, וְיֵרָאֶה, וְיֵרָצֶה, וְיִשָּׁמַע, וְיִפָּקֵד, וְיִזָּכֵר זִכְרוֹנֵנוּ וּפִקְדוֹנֵנוּ, וְזִכְרוֹן אֲבוֹתֵינוּ, וְזִכְרוֹן מָשִׁיחַ בֶּן דָּוִד עַבְדֶּךָ, וְזִכְרוֹן יְרוּשָׁלַיִם עִיר קָדְשֶׁךָ, וְזִכְרוֹן כָּל עַמְּךָ בֵּית יִשְׂרָאֵל לְפָנֶיךָ, לִפְלֵיטָה לְטוֹבָה, לְחֵן וּלְחֶסֶד וּלְרַחֲמִים, לְחַיִּים (טוֹבִים) וּלְשָׁלוֹם, בְּיוֹם

בראש חודש – רֹאשׁ הַחֹדֶשׁ  בחוה"מ פסח – חַג הַמַּצּוֹת  בחוה"מ סוכות – חַג הַסֻּכּוֹת

הַזֶּה. זָכְרֵנוּ יהוה אֱלֹהֵינוּ בּוֹ לְטוֹבָה, וּפָקְדֵנוּ בוֹ לִבְרָכָה, וְהוֹשִׁיעֵנוּ בוֹ לְחַיִּים טוֹבִים. וּבִדְבַר יְשׁוּעָה וְרַחֲמִים, חוּס וְחָנֵּנוּ וְרַחֵם עָלֵינוּ וְהוֹשִׁיעֵנוּ, כִּי אֵלֶיךָ עֵינֵינוּ, כִּי אֵל מֶלֶךְ חַנּוּן וְרַחוּם אָתָּה.[1]

°° בתענית צבור יחיד המתענה אומר כאן „עֲנֵנוּ" [אם שכח אינו חוזר.], וכן חזן ששכחה במקומה אומרה כאן.

**עֲנֵנוּ** יהוה עֲנֵנוּ, בְּיוֹם צוֹם תַּעֲנִיתֵנוּ, כִּי בְצָרָה גְדוֹלָה אֲנָחְנוּ. אַל תֵּפֶן אֶל רִשְׁעֵנוּ, וְאַל תַּסְתֵּר פָּנֶיךָ מִמֶּנּוּ, וְאַל תִּתְעַלַּם מִתְּחִנָּתֵנוּ. הֱיֵה נָא קָרוֹב לְשַׁוְעָתֵנוּ, יְהִי נָא חַסְדְּךָ לְנַחֲמֵנוּ, טֶרֶם נִקְרָא אֵלֶיךָ עֲנֵנוּ, כַּדָּבָר שֶׁנֶּאֱמַר: וְהָיָה טֶרֶם יִקְרָאוּ וַאֲנִי אֶעֱנֶה, עוֹד הֵם מְדַבְּרִים וַאֲנִי אֶשְׁמָע.[2] כִּי אַתָּה יהוה הָעוֹנֶה בְּעֵת צָרָה, פּוֹדֶה וּמַצִּיל בְּכָל עֵת צָרָה וְצוּקָה. וממשיך – „כִּי אַתָּה..."

°° יש מוסיפים כאן תפילה אחת מתפילות אלו או שתיהן.

על כפרת העוונות:

**אָנָּא** יהוה, חָטָאתִי עָוִיתִי וּפָשַׁעְתִּי לְפָנֶיךָ, מִיּוֹם הֱיוֹתִי עַל הָאֲדָמָה עַד הַיּוֹם הַזֶּה (וּבִפְרַט בַּחֵטְא .......). אָנָּא יהוה, עֲשֵׂה לְמַעַן שִׁמְךָ הַגָּדוֹל, וּתְכַפֶּר לִי עַל עֲוֹנַי וַחֲטָאַי וּפְשָׁעַי שֶׁחָטָאתִי וְשֶׁעָוִיתִי וְשֶׁפָּשַׁעְתִּי לְפָנֶיךָ, מִנְּעוּרַי עַד הַיּוֹם הַזֶּה. וּתְמַלֵּא כָּל הַשֵּׁמוֹת שֶׁפָּגַמְתִּי בְּשִׁמְךָ הַגָּדוֹל.

על פרנסה:

**אַתָּה** הוּא יהוה הָאֱלֹהִים, הַזָּן וּמְפַרְנֵס וּמְכַלְכֵּל מִקַּרְנֵי רְאֵמִים עַד בֵּיצֵי כִנִּים. הַטְרִיפֵנִי לֶחֶם חֻקִּי, וְהַמְצֵא לִי וּלְכָל בְּנֵי בֵיתִי מְזוֹנוֹתַי קוֹדֶם שֶׁאֶצְטָרֵךְ לָהֶם, בְּנַחַת וְלֹא בְצַעַר, בְּהֶתֵּר וְלֹא בְאִסּוּר, בְּכָבוֹד וְלֹא בְבִזָּיוֹן, לְחַיִּים וּלְשָׁלוֹם, מִשֶּׁפַע בְּרָכָה וְהַצְלָחָה, וּמִשֶּׁפַע בְּרֵכָה עֶלְיוֹנָה, כְּדֵי שֶׁאוּכַל לַעֲשׂוֹת רְצוֹנֶךָ וְלַעֲסוֹק בְּתוֹרָתֶךָ וּלְקַיֵּם מִצְוֹתֶיךָ. וְאַל תַּצְרִיכֵנִי לִידֵי מַתְּנַת בָּשָׂר וָדָם. וִיקֻיַּם בִּי מִקְרָא שֶׁכָּתוּב: פּוֹתֵחַ אֶת יָדֶךָ, וּמַשְׂבִּיעַ לְכָל חַי רָצוֹן.[3] וְכָתוּב: הַשְׁלֵךְ עַל יהוה יְהָבְךָ וְהוּא יְכַלְכְּלֶךָ.[4]

וממשיך – „כִּי אַתָּה..."

(1) ע"פ נחמיה ט:לא (2) ישעיה סה:כד (3) תהלים קמה:טז (4) נה:כג

**וְתֶחֱזֶינָה** עֵינֵינוּ בְּשׁוּבְךָ לְצִיּוֹן בְּרַחֲמִים. בָּרוּךְ אַתָּה יהוה, הַמַּחֲזִיר שְׁכִינָתוֹ לְצִיּוֹן.

הודאה

בחזרת הש"ץ אומר החזן „מודים" בקול רם (ראה או"ח סי' קכד מ"ב ס"ק מא), והקהל אומרים „מודים דרבנן" בלחש (ירושלמי ברכות פרק א). כשאומר „מודים" יכוף ראשו וגופו כאגמון, וכשזוקף יזקוף בנחת, ראשו תחלה (דה"ח).

**מוֹדִים** אֲנַחְנוּ לָךְ, שָׁאַתָּה הוּא יהוה אֱלֹהֵינוּ וֵאלֹהֵי אֲבוֹתֵינוּ לְעוֹלָם וָעֶד. צוּרֵנוּ, צוּר חַיֵּינוּ, מָגֵן יִשְׁעֵנוּ אַתָּה הוּא לְדוֹר וָדוֹר. נוֹדֶה לְּךָ וּנְסַפֵּר תְּהִלָּתֶךָ[1] עַל חַיֵּינוּ הַמְּסוּרִים בְּיָדֶךָ, וְעַל נִשְׁמוֹתֵינוּ הַפְּקוּדוֹת לָךְ, וְעַל נִסֶּיךָ שֶׁבְּכָל יוֹם עִמָּנוּ, וְעַל נִפְלְאוֹתֶיךָ וְטוֹבוֹתֶיךָ שֶׁבְּכָל עֵת, עֶרֶב וָבֹקֶר וְצָהֳרָיִם. הַטּוֹב כִּי לֹא כָלוּ רַחֲמֶיךָ, וְהַמְרַחֵם כִּי לֹא תַמּוּ חֲסָדֶיךָ,[2] כִּי מֵעוֹלָם קִוִּינוּ לָךְ.

מודים דרבנן

**מוֹדִים** אֲנַחְנוּ לָךְ, שָׁאַתָּה הוּא יהוה אֱלֹהֵינוּ וֵאלֹהֵי אֲבוֹתֵינוּ, אֱלֹהֵי כָל בָּשָׂר, יוֹצְרֵנוּ, יוֹצֵר בְּרֵאשִׁית. בְּרָכוֹת וְהוֹדָאוֹת לְשִׁמְךָ הַגָּדוֹל וְהַקָּדוֹשׁ, עַל שֶׁהֶחֱיִיתָנוּ וְקִיַּמְתָּנוּ. כֵּן תְּחַיֵּנוּ וּתְקַיְּמֵנוּ, וְתֶאֱסוֹף גָּלֻיּוֹתֵינוּ לְחַצְרוֹת קָדְשֶׁךָ, לִשְׁמוֹר חֻקֶּיךָ וְלַעֲשׂוֹת רְצוֹנֶךָ, וּלְעָבְדְּךָ בְּלֵבָב שָׁלֵם, עַל שֶׁאֲנַחְנוּ מוֹדִים לָךְ. בָּרוּךְ אֵל הַהוֹדָאוֹת.

בחנוכה ופורים מוסיפים [ואם שכח אינו חוזר; ראה ההלכות שבסוף הסידור סע' קח.]:

**וְעַל** הַנִּסִּים, וְעַל הַפֻּרְקָן, וְעַל הַגְּבוּרוֹת, וְעַל הַתְּשׁוּעוֹת, וְעַל הַנִּפְלָאוֹת, וְעַל הַנֶּחָמוֹת, וְעַל הַמִּלְחָמוֹת, שֶׁעָשִׂיתָ לַאֲבוֹתֵינוּ בַּיָּמִים הָהֵם בַּזְּמַן הַזֶּה.

בחנוכה:

**בִּימֵי** מַתִּתְיָהוּ בֶּן יוֹחָנָן כֹּהֵן גָּדוֹל חַשְׁמוֹנָאִי וּבָנָיו, כְּשֶׁעָמְדָה מַלְכוּת יָוָן הָרְשָׁעָה עַל עַמְּךָ יִשְׂרָאֵל, לְהַשְׁכִּיחָם תּוֹרָתֶךָ, וּלְהַעֲבִירָם מֵחֻקֵּי רְצוֹנֶךָ. וְאַתָּה בְּרַחֲמֶיךָ הָרַבִּים, עָמַדְתָּ לָהֶם בְּעֵת צָרָתָם, רַבְתָּ אֶת רִיבָם, דַּנְתָּ אֶת דִּינָם, נָקַמְתָּ אֶת נִקְמָתָם.[3] מָסַרְתָּ גִבּוֹרִים בְּיַד חַלָּשִׁים, וְרַבִּים בְּיַד מְעַטִּים, וּטְמֵאִים בְּיַד טְהוֹרִים, וּרְשָׁעִים בְּיַד צַדִּיקִים, וְזֵדִים בְּיַד עוֹסְקֵי תוֹרָתֶךָ. וּלְךָ עָשִׂיתָ שֵׁם גָּדוֹל וְקָדוֹשׁ בְּעוֹלָמֶךָ, וּלְעַמְּךָ יִשְׂרָאֵל עָשִׂיתָ תְּשׁוּעָה גְדוֹלָה[4] וּפֻרְקָן כְּהַיּוֹם הַזֶּה. וְאַחַר כֵּן בָּאוּ בָנֶיךָ לִדְבִיר בֵּיתֶךָ, וּפִנּוּ אֶת הֵיכָלֶךָ, וְטִהֲרוּ אֶת מִקְדָּשֶׁךָ, וְהִדְלִיקוּ נֵרוֹת בְּחַצְרוֹת קָדְשֶׁךָ, וְקָבְעוּ שְׁמוֹנַת יְמֵי חֲנֻכָּה אֵלּוּ, לְהוֹדוֹת וּלְהַלֵּל לְשִׁמְךָ הַגָּדוֹל.

בפורים:

**בִּימֵי** מָרְדְּכַי וְאֶסְתֵּר בְּשׁוּשַׁן הַבִּירָה, כְּשֶׁעָמַד עֲלֵיהֶם הָמָן הָרָשָׁע, בִּקֵּשׁ לְהַשְׁמִיד לַהֲרֹג וּלְאַבֵּד אֶת כָּל הַיְּהוּדִים, מִנַּעַר וְעַד זָקֵן, טַף וְנָשִׁים בְּיוֹם אֶחָד, בִּשְׁלוֹשָׁה עָשָׂר לְחֹדֶשׁ שְׁנֵים עָשָׂר, הוּא חֹדֶשׁ אֲדָר, וּשְׁלָלָם לָבוֹז.[5] וְאַתָּה בְּרַחֲמֶיךָ הָרַבִּים הֵפַרְתָּ אֶת עֲצָתוֹ, וְקִלְקַלְתָּ אֶת מַחֲשַׁבְתּוֹ, וַהֲשֵׁבוֹתָ לּוֹ גְּמוּלוֹ בְּרֹאשׁוֹ, וְתָלוּ אוֹתוֹ וְאֶת בָּנָיו עַל הָעֵץ.

(1) ע"פ תהלים עט:יג (2) ע"פ איכה ג:כב (3) ע"פ ירמיה נא:לו (4) ע"פ שמואל א יט:ה (5) אסתר ג:יג

וְעַל כֻּלָּם יִתְבָּרַךְ וְיִתְרוֹמַם וְיִתְנַשֵּׂא שִׁמְךָ מַלְכֵּנוּ תָּמִיד לְעוֹלָם וָעֶד.

בעשרת ימי תשובה מוסיפים [ואם שכח אינו חוזר; עיין הלכות בסוף הסידור סע' עה]:

וּכְתוֹב לְחַיִּים טוֹבִים כָּל בְּנֵי בְרִיתֶךָ.

וְכֹל הַחַיִּים יוֹדְוּךָ סֶּלָה, וִיהַלְלוּ וִיבָרְכוּ אֶת שִׁמְךָ הַגָּדוֹל בֶּאֱמֶת, לְעוֹלָם כִּי טוֹב. הָאֵל יְשׁוּעָתֵנוּ וְעֶזְרָתֵנוּ סֶלָה, הָאֵל הַטּוֹב. בָּרוּךְ אַתָּה יהוה, הַטּוֹב שִׁמְךָ וּלְךָ נָאֶה לְהוֹדוֹת.

ברכת כהנים לתענית צבור

בתענית צבור במנחה אומר החזן ברכת כהנים. (אין אומרים ברכת כהנים בבית האבל.) כשאומר החזן „יְבָרֶכְךָ ה'" יהיו פניו לצד ארון הקודש, וכשאומר „וְיִשְׁמְרֶךָ" יהיו פניו לצד ימינו. כשאומר „יָאֵר ה'" יהיו פניו לצד ארון הקודש וכשאומר „פָּנָיו אֵלֶיךָ וִיחֻנֶּךָּ" יהיו פניו לצד שמאלו (מ"א סי' קכז בשם זהר חדש).

**אֱלֹהֵינוּ** וֵאלֹהֵי אֲבוֹתֵינוּ, בָּרְכֵנוּ בַבְּרָכָה הַמְּשֻׁלֶּשֶׁת בַּתּוֹרָה, הַכְּתוּבָה עַל יְדֵי מֹשֶׁה עַבְדֶּךָ, הָאֲמוּרָה מִפִּי אַהֲרֹן וּבָנָיו, כֹּהֲנִים עַם קְדוֹשֶׁךָ, כָּאָמוּר: יְבָרֶכְךָ יהוה, וְיִשְׁמְרֶךָ. (קהל – כֵּן יְהִי רָצוֹן.)
יָאֵר יהוה פָּנָיו אֵלֶיךָ, וִיחֻנֶּךָּ. (קהל – כֵּן יְהִי רָצוֹן.)
יִשָּׂא יהוה פָּנָיו אֵלֶיךָ, וְיָשֵׂם לְךָ שָׁלוֹם.[1] (קהל – כֵּן יְהִי רָצוֹן.)

יש נוהגים לומר „אַדִּיר בַּמָּרוֹם" כשהחזן אומר „שִׂים שָׁלוֹם".

אַדִּיר בַּמָּרוֹם, שׁוֹכֵן בִּגְבוּרָה, אַתָּה שָׁלוֹם וְשִׁמְךָ שָׁלוֹם, יְהִי רָצוֹן שֶׁתָּשִׂים עָלֵינוּ וְעַל כָּל עַמְּךָ בֵּית יִשְׂרָאֵל חַיִּים וּבְרָכָה לְמִשְׁמֶרֶת שָׁלוֹם.

שלום

**שִׂים שָׁלוֹם,** טוֹבָה וּבְרָכָה, חַיִּים, חֵן וָחֶסֶד וְרַחֲמִים עָלֵינוּ וְעַל כָּל יִשְׂרָאֵל עַמֶּךָ. בָּרְכֵנוּ אָבִינוּ, כֻּלָּנוּ כְּאֶחָד בְּאוֹר פָּנֶיךָ, כִּי בְאוֹר פָּנֶיךָ נָתַתָּ לָּנוּ, יהוה אֱלֹהֵינוּ, תּוֹרַת חַיִּים וְאַהֲבַת חֶסֶד, וּצְדָקָה, וּבְרָכָה, וְרַחֲמִים, וְחַיִּים, וְשָׁלוֹם. וְטוֹב יִהְיֶה בְעֵינֶיךָ לְבָרְכֵנוּ וּלְבָרֵךְ אֶת כָּל עַמְּךָ יִשְׂרָאֵל בְּכָל עֵת וּבְכָל שָׁעָה בִּשְׁלוֹמֶךָ (בְּרוֹב עוֹז וְשָׁלוֹם).

בעשרת ימי תשובה מוסיפים [ואם שכח אינו חוזר; ראה ההלכות שבסוף הסידור סע' עה]:

בְּסֵפֶר חַיִּים בְּרָכָה וְשָׁלוֹם, וּפַרְנָסָה טוֹבָה, וּגְזֵרוֹת טוֹבוֹת, יְשׁוּעוֹת וְנֶחָמוֹת, נִזָּכֵר וְנִכָּתֵב לְפָנֶיךָ, אֲנַחְנוּ וְכָל עַמְּךָ בֵּית יִשְׂרָאֵל, לְחַיִּים טוֹבִים וּלְשָׁלוֹם.

בָּרוּךְ אַתָּה יהוה, הַמְּבָרֵךְ אֶת עַמּוֹ יִשְׂרָאֵל בַּשָּׁלוֹם.

טוב לומר „יִהְיוּ לְרָצוֹן..." גם קודם התחנונים [של „אֱלֹהַי, נְצוֹר"] (מ"ב סי' קכב ס"ק ג)
[ואז יוכל להפסיק לקדיש ולקדושה וכו', ראה פרטי ההלכה בעמ' 54].

יִהְיוּ לְרָצוֹן אִמְרֵי פִי וְהֶגְיוֹן לִבִּי לְפָנֶיךָ, יהוה צוּרִי וְגֹאֲלִי.[2]

---

בערב יום הכיפורים וגם חתן ביום חופתו אומרים כאן וידוי (עמ' 359) בתפילת הלחש.

---

(1) במדבר ו:כד-כו (2) תהלים יט:טו

**אֱלֹהַי,** נְצוֹר לְשׁוֹנִי מֵרָע, וּשְׂפָתַי מִדַּבֵּר מִרְמָה,[1] וְלִמְקַלְלַי נַפְשִׁי תִדּוֹם, וְנַפְשִׁי כֶּעָפָר לַכֹּל תִּהְיֶה. פְּתַח לִבִּי בְּתוֹרָתֶךָ, וְאַחֲרֵי מִצְוֹתֶיךָ תִּרְדּוֹף נַפְשִׁי. וְכָל הַקָּמִים וְהַחוֹשְׁבִים עָלַי לְרָעָה, מְהֵרָה הָפֵר עֲצָתָם וְקַלְקֵל מַחֲשַׁבְתָּם.[2] יְהִי רָצוֹן מִלְּפָנֶיךָ, יהוה אֱלֹהַי וֵאלֹהֵי אֲבוֹתַי, שֶׁלֹּא תַעֲלֶה קִנְאַת אָדָם עָלַי, וְלֹא קִנְאָתִי עַל אֲחֵרִים, וְשֶׁלֹּא אֶכְעֹס הַיּוֹם, וְשֶׁלֹּא אַכְעִיסֶךָ, וְתַצִּילֵנִי מִיֵּצֶר הָרָע, וְתֵן בְּלִבִּי הַכְנָעָה וַעֲנָוָה. מַלְכֵּנוּ וֵאלֹהֵינוּ, יַחֵד שִׁמְךָ בְּעוֹלָמֶךָ, בְּנֵה עִירָךְ, יַסֵּד בֵּיתֶךָ, וְשַׁכְלֵל הֵיכָלֶךָ, וְקַבֵּץ קִבּוּץ גָּלֻיּוֹת, וּפְדֵה צֹאנֶךָ וְשַׂמַּח עֲדָתֶךָ. עֲשֵׂה לְמַעַן שְׁמֶךָ, עֲשֵׂה לְמַעַן יְמִינֶךָ, עֲשֵׂה לְמַעַן תּוֹרָתֶךָ, עֲשֵׂה לְמַעַן קְדֻשָּׁתֶךָ. לְמַעַן יֵחָלְצוּן יְדִידֶיךָ, הוֹשִׁיעָה יְמִינְךָ וַעֲנֵנִי.[3] (כתב בס' אליה רבה שטוב לומר כאן פסוק ששייך אל שמו; ראה עמ' 443.) °°יִהְיוּ לְרָצוֹן אִמְרֵי פִי וְהֶגְיוֹן לִבִּי לְפָנֶיךָ, יהוה צוּרִי וְגֹאֲלִי.[4] עֹשֶׂה °שָׁלוֹם (°יש אומרים בעשי"ת – הַשָּׁלוֹם) בִּמְרוֹמָיו, הוּא יַעֲשֶׂה שָׁלוֹם עָלֵינוּ, וְעַל כָּל יִשְׂרָאֵל. וְאִמְרוּ: אָמֵן.

**יְהִי רָצוֹן** מִלְּפָנֶיךָ, יהוה אֱלֹהֵינוּ וֵאלֹהֵי אֲבוֹתֵינוּ, שֶׁיִּבָּנֶה בֵּית הַמִּקְדָּשׁ בִּמְהֵרָה בְיָמֵינוּ, וְתֵן חֶלְקֵנוּ בְּתוֹרָתֶךָ. וְשָׁם נַעֲבָדְךָ בְּיִרְאָה, כִּימֵי עוֹלָם וּכְשָׁנִים קַדְמוֹנִיּוֹת. וְעָרְבָה לַיהוה מִנְחַת יְהוּדָה וִירוּשָׁלָיִם, כִּימֵי עוֹלָם וּכְשָׁנִים קַדְמוֹנִיּוֹת.[5]

היחיד עומד במקום שכלו ג' הפסיעות עד שיגיע החזן לקדושה או לפחות עד שמתחיל חזרת הש"ץ ואז פוסע ג' פסיעות לפניו וחוזר למקומו. החזן או מי שמתפלל ביחידות יעמוד במקום שכלו הפסיעות כדי הילוך ד' אמות.

°°יחיד הרוצה להתענות מקבל תעניתו במנחה של יום שלפני תעניתו, ובדיעבד יכול לקבל תעניתו אחר התפלה כל זמן שעדיין יום. נכון שיהרהר ג"כ בברכת „שְׁמַע קוֹלֵנוּ" שמקבל עליו להתענות (או"ח סי' תקסב, מ"ב ס"ק לד).

**רִבּוֹן** כָּל הָעוֹלָמִים, הֲרֵי אֲנִי לְפָנֶיךָ בְּתַעֲנִית נְדָבָה לְמָחָר. יְהִי רָצוֹן מִלְּפָנֶיךָ, יהוה אֱלֹהַי וֵאלֹהֵי אֲבוֹתַי, שֶׁתְּקַבְּלֵנִי בְּאַהֲבָה וּבְרָצוֹן, וְתָבֹא לְפָנֶיךָ תְּפִלָּתִי, וְתַעֲנֶה עֲתִירָתִי בְּרַחֲמֶיךָ הָרַבִּים. כִּי אַתָּה שׁוֹמֵעַ תְּפִלַּת כָּל פֶּה.

בתפילת המנחה של התענית אומר:

**רִבּוֹן** כָּל הָעוֹלָמִים, גָּלוּי וְיָדוּעַ לְפָנֶיךָ, בִּזְמַן שֶׁבֵּית הַמִּקְדָּשׁ קַיָּם אָדָם חוֹטֵא וּמֵבִיא קָרְבָּן, וְאֵין מַקְרִיבִים מִמֶּנּוּ אֶלָּא חֶלְבּוֹ וְדָמוֹ, וְאַתָּה בְּרַחֲמֶיךָ הָרַבִּים מְכַפֵּר. וְעַכְשָׁו יָשַׁבְתִּי בְּתַעֲנִית, וְנִתְמַעֵט חֶלְבִּי וְדָמִי. יְהִי רָצוֹן מִלְּפָנֶיךָ, שֶׁיְּהֵא מִעוּט חֶלְבִּי וְדָמִי שֶׁנִּתְמַעֵט הַיּוֹם, כְּאִלּוּ הִקְרַבְתִּיו לְפָנֶיךָ עַל גַּב הַמִּזְבֵּחַ, וְתִרְצֵנִי.[6]

(1) ע"פ תהלים לד:יד (2) ע"פ תפלת מר בריה דרבינא, ברכות יז. (3) תהלים ס:ז; קח:ז
(4) יט:טו (5) מלאכי ג:ד (6) תפלת רב ששת, ברכות יז.

## תחנון

רוב קהילות מתפללי ספרד אינם אומרים תחנון בתפילת המנחה ואומר החזן מיד קדיש שלם (עמ' 123), אך בכמה קהילות אומרים תחנון אם לא איחרו עד בין השמשות. בעשרת ימי תשובה (ובכמה קהילות גם בתעניות) אומרים כאן „אָבִינוּ מַלְכֵּנוּ", וכשאומרים תחנון אומרים „אָבִינוּ מַלְכֵּנוּ" לפני „שׁוֹמֵר יִשְׂרָאֵל".

**אֱלֹהֵינוּ** וֵאלֹהֵי אֲבוֹתֵינוּ, תָּבֹא לְפָנֶיךָ תְּפִלָּתֵנוּ,[1] וְאַל תִּתְעַלַּם מִתְּחִנָּתֵנוּ,[2] שֶׁאֵין אֲנוּ עַזֵּי פָנִים וּקְשֵׁי עֹרֶף, לוֹמַר לְפָנֶיךָ יהוה אֱלֹהֵינוּ וֵאלֹהֵי אֲבוֹתֵינוּ, צַדִּיקִים אֲנַחְנוּ וְלֹא חָטָאנוּ, אֲבָל אֲנַחְנוּ וַאֲבוֹתֵינוּ חָטָאנוּ.[3]

מכה על החזה באגרוף הימני בכל מלה מהוידוי.

**אָשַׁמְנוּ,** **בָּ**גַדְנוּ, **גָּ**זַלְנוּ, **דִּ**בַּרְנוּ דֹפִי. **הֶ**עֱוִינוּ, **וְ**הִרְשַׁעְנוּ, **זַ**דְנוּ, **חָ**מַסְנוּ, **טָ**פַלְנוּ שֶׁקֶר. **יָ**עַצְנוּ רָע, **כִּ**זַּבְנוּ, **לַ**צְנוּ, **מָ**רַדְנוּ, **נִ**אַצְנוּ, **סָ**רַרְנוּ, **עָ**וִינוּ, **פָּ**שַׁעְנוּ, **צָ**רַרְנוּ, **קִ**שִּׁינוּ עֹרֶף. **רָ**שַׁעְנוּ, **שִׁ**חַתְנוּ, **תִּ**עַבְנוּ, **תָּ**עִינוּ, **תִּ**עְתָּעְנוּ.

**סַרְנוּ** מִמִּצְוֹתֶיךָ וּמִמִּשְׁפָּטֶיךָ הַטּוֹבִים, וְלֹא שָׁוָה לָנוּ.[4] וְאַתָּה צַדִּיק עַל כָּל הַבָּא עָלֵינוּ, כִּי אֱמֶת עָשִׂיתָ וַאֲנַחְנוּ הִרְשָׁעְנוּ.[5]

**אֵל** אֶרֶךְ אַפַּיִם אַתָּה, וּבַעַל הָרַחֲמִים נִקְרֵאתָ, וְדֶרֶךְ תְּשׁוּבָה הוֹרֵיתָ. גְּדֻלַּת רַחֲמֶיךָ וַחֲסָדֶיךָ, תִּזְכּוֹר הַיּוֹם וּבְכָל יוֹם לְזֶרַע יְדִידֶיךָ. תֵּפֶן אֵלֵינוּ בְּרַחֲמִים, כִּי אַתָּה הוּא בַּעַל הָרַחֲמִים. בְּתַחֲנוּן וּבִתְפִלָּה פָּנֶיךָ נְקַדֵּם, כְּהוֹדַעְתָּ לֶעָנָיו מִקֶּדֶם. מֵחֲרוֹן אַפְּךָ שׁוּב, כְּמוֹ בְּתוֹרָתְךָ כָּתוּב. וּבְצֵל כְּנָפֶיךָ נֶחֱסֶה וְנִתְלוֹנָן, כְּיוֹם וַיֵּרֶד יהוה בֶּעָנָן. ❖ תַּעֲבוֹר עַל פֶּשַׁע וְתִמְחֶה אָשָׁם, כְּיוֹם וַיִּתְיַצֵּב עִמּוֹ שָׁם. תַּאֲזִין שַׁוְעָתֵנוּ וְתַקְשִׁיב מֶנּוּ מַאֲמַר, כְּיוֹם וַיִּקְרָא בְשֵׁם יהוה,[6] וְשָׁם נֶאֱמַר:

וַיַּעֲבֹר יהוה עַל פָּנָיו וַיִּקְרָא:

**יהוה,** יהוה, אֵל, רַחוּם, וְחַנּוּן, אֶרֶךְ אַפַּיִם, וְרַב חֶסֶד, וֶאֱמֶת, נֹצֵר חֶסֶד לָאֲלָפִים, נֹשֵׂא עָוֹן, וָפֶשַׁע, וְחַטָּאָה, וְנַקֵּה.[7] וְסָלַחְתָּ לַעֲוֹנֵנוּ וּלְחַטָּאתֵנוּ וּנְחַלְתָּנוּ.[8] סְלַח לָנוּ אָבִינוּ כִּי חָטָאנוּ, מְחַל לָנוּ מַלְכֵּנוּ כִּי פָשָׁעְנוּ. כִּי אַתָּה אֲדֹנָי טוֹב וְסַלָּח, וְרַב חֶסֶד לְכָל קֹרְאֶיךָ.[9]

צריך להטות ראשו על הזרוע השמאלית, ולכתחילה צריך לישב בשעת נפילת אפים.

וַיֹּאמֶר דָּוִד אֶל גָּד, צַר לִי מְאֹד, נִפְּלָה נָּא בְיַד יהוה,
כִּי רַבִּים רַחֲמָיו, וּבְיַד אָדָם אַל אֶפֹּלָה.[10]

**רַחוּם וְחַנּוּן,** חָטָאתִי לְפָנֶיךָ. יהוה מָלֵא רַחֲמִים, רַחֵם עָלַי וְקַבֵּל תַּחֲנוּנָי.

תהלים ו:ב-יא – יהוה, אַל בְּאַפְּךָ תוֹכִיחֵנִי, וְאַל בַּחֲמָתְךָ תְיַסְּרֵנִי. חָנֵּנִי יהוה, כִּי אֻמְלַל אָנִי, רְפָאֵנִי יהוה, כִּי נִבְהֲלוּ עֲצָמָי. וְנַפְשִׁי נִבְהֲלָה מְאֹד, וְאַתָּה יהוה, עַד מָתָי. שׁוּבָה יהוה, חַלְּצָה נַפְשִׁי, הוֹשִׁיעֵנִי לְמַעַן חַסְדֶּךָ. כִּי אֵין בַּמָּוֶת זִכְרֶךָ, בִּשְׁאוֹל מִי יוֹדֶה לָּךְ. יָגַעְתִּי בְּאַנְחָתִי, אַשְׂחֶה בְכָל לַיְלָה מִטָּתִי, בְּדִמְעָתִי עַרְשִׂי אַמְסֶה. עָשְׁשָׁה מִכַּעַס עֵינִי, עָתְקָה בְּכָל צוֹרְרָי. סוּרוּ מִמֶּנִּי כָּל פֹּעֲלֵי אָוֶן, כִּי שָׁמַע יהוה קוֹל בִּכְיִי. שָׁמַע יהוה תְּחִנָּתִי, יהוה תְּפִלָּתִי יִקָּח. יֵבֹשׁוּ וְיִבָּהֲלוּ מְאֹד כָּל אֹיְבָי, יָשֻׁבוּ יֵבֹשׁוּ רָגַע.

(1) ע"פ תהלים פח:ג (2) ע"פ נה:ב (3) ע"פ קו:ו (4) ע"פ איוב לג:כז (5) נחמיה ט:לג
(6) שמות לד:ה (7) לד:ו-ז (8) לד:ט (9) תהלים פו:ה (10) שמואל ב כד:יד

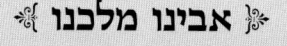

# אבינו מלכנו

בעשרת ימי תשובה ובכמה קהילות גם בתענית צבור אומרים כאן „אָבִינוּ מַלְכֵּנוּ".

**אָבִינוּ מַלְכֵּנוּ,** חָטָאנוּ לְפָנֶיךָ.
אָבִינוּ מַלְכֵּנוּ, אֵין לָנוּ מֶלֶךְ אֶלָּא אָתָּה.
אָבִינוּ מַלְכֵּנוּ, עֲשֵׂה עִמָּנוּ לְמַעַן שְׁמֶךָ.
אָבִינוּ מַלְכֵּנוּ, (בעשי"ת – חַדֵּשׁ) (בתענית צבור – בָּרֵךְ) עָלֵינוּ שָׁנָה טוֹבָה.
אָבִינוּ מַלְכֵּנוּ, בַּטֵּל מֵעָלֵינוּ כָּל גְּזֵרוֹת קָשׁוֹת.
אָבִינוּ מַלְכֵּנוּ, בַּטֵּל מַחְשְׁבוֹת שׂוֹנְאֵינוּ.
אָבִינוּ מַלְכֵּנוּ, הָפֵר עֲצַת אוֹיְבֵינוּ.
אָבִינוּ מַלְכֵּנוּ, כַּלֵּה כָּל צַר וּמַשְׂטִין מֵעָלֵינוּ.
אָבִינוּ מַלְכֵּנוּ, סְתוֹם פִּיּוֹת מַשְׂטִינֵנוּ וּמְקַטְרִיגֵנוּ.
אָבִינוּ מַלְכֵּנוּ, כַּלֵּה דֶּבֶר וְחֶרֶב וְרָעָב וּשְׁבִי וּמַשְׁחִית וְעָוֹן וּשְׁמַד מִבְּנֵי בְרִיתֶךָ.
אָבִינוּ מַלְכֵּנוּ, מְנַע מַגֵּפָה מִנַּחֲלָתֶךָ.
אָבִינוּ מַלְכֵּנוּ, סְלַח וּמְחַל לְכָל עֲוֹנוֹתֵינוּ.
אָבִינוּ מַלְכֵּנוּ, מְחֵה וְהַעֲבֵר פְּשָׁעֵינוּ וְחַטֹּאתֵינוּ מִנֶּגֶד עֵינֶיךָ.
אָבִינוּ מַלְכֵּנוּ, מְחוֹק בְּרַחֲמֶיךָ הָרַבִּים כָּל שִׁטְרֵי חוֹבוֹתֵינוּ.

תשע הפסקאות הבאות (עד אחר... „וּמְחִילָה") אומרים אותן חזן וקהל פסוק פסוק.

אָבִינוּ מַלְכֵּנוּ, הַחֲזִירֵנוּ בִּתְשׁוּבָה שְׁלֵמָה לְפָנֶיךָ.
אָבִינוּ מַלְכֵּנוּ, שְׁלַח רְפוּאָה שְׁלֵמָה לְחוֹלֵי עַמֶּךָ.
אָבִינוּ מַלְכֵּנוּ, קְרַע רוֹעַ גְּזַר דִּינֵנוּ.
אָבִינוּ מַלְכֵּנוּ, זָכְרֵנוּ בְּזִכָּרוֹן טוֹב לְפָנֶיךָ.

לעשרת ימי תשובה:

אָבִינוּ מַלְכֵּנוּ, כָּתְבֵנוּ בְּסֵפֶר חַיִּים טוֹבִים.
אָבִינוּ מַלְכֵּנוּ, כָּתְבֵנוּ בְּסֵפֶר גְּאֻלָּה וִישׁוּעָה.
אָבִינוּ מַלְכֵּנוּ, כָּתְבֵנוּ בְּסֵפֶר פַּרְנָסָה וְכַלְכָּלָה.°°
אָבִינוּ מַלְכֵּנוּ, כָּתְבֵנוּ בְּסֵפֶר זְכֻיּוֹת.
אָבִינוּ מַלְכֵּנוּ, כָּתְבֵנוּ בְּסֵפֶר סְלִיחָה וּמְחִילָה.

לתענית צבור:

אָבִינוּ מַלְכֵּנוּ, זָכְרֵנוּ לְחַיִּים טוֹבִים.
אָבִינוּ מַלְכֵּנוּ, זָכְרֵנוּ לִגְאֻלָּה וִישׁוּעָה.
אָבִינוּ מַלְכֵּנוּ, זָכְרֵנוּ לְפַרְנָסָה וְכַלְכָּלָה.°°
אָבִינוּ מַלְכֵּנוּ, זָכְרֵנוּ לִזְכֻיּוֹת.
אָבִינוּ מַלְכֵּנוּ, זָכְרֵנוּ לִסְלִיחָה וּמְחִילָה.

אָבִינוּ מַלְכֵּנוּ, הַצְמַח לָנוּ יְשׁוּעָה בְּקָרוֹב.
אָבִינוּ מַלְכֵּנוּ, הָרֵם קֶרֶן יִשְׂרָאֵל עַמֶּךָ.
אָבִינוּ מַלְכֵּנוּ, הָרֵם קֶרֶן מְשִׁיחֶךָ.

---

לא יבטא השם [המוקף בסוגריים] בשפתים רק יכוון עליו.

°°יְהִי רָצוֹן מִלְּפָנֶיךָ, יהוה אֱלֹהֵינוּ וֵאלֹהֵי אֲבוֹתֵינוּ, שֶׁתִּתֵּן לִי, וְלִבְנֵי בֵיתִי, וּלְכָל הַסְּמוּכִים עַל שֻׁלְחָנִי, הַיּוֹם וּבְכָל יוֹם, מְזוֹנוֹתַי בְּכָבוֹד, בִּזְכוּת שִׁמְךָ הַגָּדוֹל [**דִּיקַרְנוּסָא**] הַמְּמֻנֶּה עַל הַפַּרְנָסָה.

אָבִינוּ מַלְכֵּנוּ, מַלֵּא יָדֵינוּ מִבִּרְכוֹתֶיךָ.
אָבִינוּ מַלְכֵּנוּ, מַלֵּא אֲסָמֵינוּ שָׂבָע.
אָבִינוּ מַלְכֵּנוּ, שְׁמַע קוֹלֵנוּ, חוּס וְרַחֵם עָלֵינוּ.
אָבִינוּ מַלְכֵּנוּ, קַבֵּל בְּרַחֲמִים וּבְרָצוֹן אֶת תְּפִלָּתֵנוּ.
אָבִינוּ מַלְכֵּנוּ, פְּתַח שַׁעֲרֵי שָׁמַיִם לִתְפִלָּתֵנוּ.
אָבִינוּ מַלְכֵּנוּ, זָכוֹר כִּי עָפָר אֲנָחְנוּ.
אָבִינוּ מַלְכֵּנוּ, נָא אַל תְּשִׁיבֵנוּ רֵיקָם מִלְּפָנֶיךָ.
אָבִינוּ מַלְכֵּנוּ, תְּהֵא הַשָּׁעָה הַזֹּאת שְׁעַת רַחֲמִים וְעֵת רָצוֹן מִלְּפָנֶיךָ.
אָבִינוּ מַלְכֵּנוּ, חֲמוֹל עָלֵינוּ וְעַל עוֹלָלֵינוּ וְטַפֵּנוּ.
אָבִינוּ מַלְכֵּנוּ, עֲשֵׂה לְמַעַן הֲרוּגִים עַל שֵׁם קָדְשֶׁךָ.
אָבִינוּ מַלְכֵּנוּ, עֲשֵׂה לְמַעַן טְבוּחִים עַל יִחוּדֶךָ.
אָבִינוּ מַלְכֵּנוּ, עֲשֵׂה לְמַעַן בָּאֵי בָאֵשׁ וּבַמַּיִם עַל קִדּוּשׁ שְׁמֶךָ.
אָבִינוּ מַלְכֵּנוּ, נְקוֹם לְעֵינֵינוּ נִקְמַת דַּם עֲבָדֶיךָ הַשָּׁפוּךְ.
אָבִינוּ מַלְכֵּנוּ, עֲשֵׂה לְמַעַנְךָ אִם לֹא לְמַעֲנֵנוּ.
אָבִינוּ מַלְכֵּנוּ, עֲשֵׂה לְמַעַנְךָ וְהוֹשִׁיעֵנוּ.
אָבִינוּ מַלְכֵּנוּ, עֲשֵׂה לְמַעַן רַחֲמֶיךָ הָרַבִּים.
אָבִינוּ מַלְכֵּנוּ, עֲשֵׂה לְמַעַן שִׁמְךָ הַגָּדוֹל הַגִּבּוֹר וְהַנּוֹרָא, שֶׁנִּקְרָא עָלֵינוּ.
❖ אָבִינוּ מַלְכֵּנוּ, חָנֵּנוּ וַעֲנֵנוּ, כִּי אֵין בָּנוּ מַעֲשִׂים,
עֲשֵׂה עִמָּנוּ צְדָקָה וָחֶסֶד וְהוֹשִׁיעֵנוּ.

אם אמרו תחנון ממשיכים כאן:

**שׁוֹמֵר** יִשְׂרָאֵל, שְׁמוֹר שְׁאֵרִית יִשְׂרָאֵל, וְאַל יֹאבַד יִשְׂרָאֵל, הָאֹמְרִים, שְׁמַע יִשְׂרָאֵל.

שׁוֹמֵר גּוֹי אֶחָד, שְׁמוֹר שְׁאֵרִית עַם אֶחָד, וְאַל יֹאבַד גּוֹי אֶחָד, הַמְּיַחֲדִים שִׁמְךָ, יהוה אֱלֹהֵינוּ יהוה אֶחָד.

שׁוֹמֵר גּוֹי קָדוֹשׁ, שְׁמוֹר שְׁאֵרִית עַם קָדוֹשׁ, וְאַל יֹאבַד גּוֹי קָדוֹשׁ, הַמְשַׁלְּשִׁים בְּשָׁלֹשׁ קְדֻשּׁוֹת לְקָדוֹשׁ.

מִתְרַצֶּה בְּרַחֲמִים וּמִתְפַּיֵּס בְּתַחֲנוּנִים, הִתְרַצֶּה וְהִתְפַּיֵּס לְדוֹר עָנִי, כִּי אֵין עוֹזֵר. אָבִינוּ מַלְכֵּנוּ, חָנֵּנוּ וַעֲנֵנוּ, כִּי אֵין בָּנוּ מַעֲשִׂים, עֲשֵׂה עִמָּנוּ צְדָקָה וָחֶסֶד וְהוֹשִׁיעֵנוּ.

ראוי לומר „וַאֲנַחְנוּ לֹא נֵדַע" בישיבה ומ„מַה נַּעֲשֶׂה" ואילך בעמידה (דה"ח בשם מ"א סי' קלא).

**וַאֲנַחְנוּ** לֹא נֵדַע מַה נַּעֲשֶׂה, כִּי עָלֶיךָ עֵינֵינוּ.[1] זְכֹר רַחֲמֶיךָ יהוה וַחֲסָדֶיךָ, כִּי מֵעוֹלָם הֵמָּה.[2] יְהִי חַסְדְּךָ יהוה עָלֵינוּ, כַּאֲשֶׁר יִחַלְנוּ לָךְ.[3] אַל תִּזְכָּר לָנוּ עֲוֹנוֹת רִאשׁוֹנִים, מַהֵר יְקַדְּמוּנוּ רַחֲמֶיךָ, כִּי דַלּוֹנוּ מְאֹד.[4] עֶזְרֵנוּ בְּשֵׁם יהוה, עֹשֵׂה שָׁמַיִם וָאָרֶץ.[5] חָנֵּנוּ יהוה חָנֵּנוּ, כִּי רַב שָׂבַעְנוּ בוּז.[6] בְּרֹגֶז רַחֵם תִּזְכּוֹר.[7] בְּרֹגֶז עֲקֵדָה תִּזְכּוֹר. בְּרֹגֶז תְּמִימוּת תִּזְכּוֹר. יהוה הוֹשִׁיעָה, הַמֶּלֶךְ יַעֲנֵנוּ בְיוֹם קָרְאֵנוּ.[8] כִּי הוּא יָדַע יִצְרֵנוּ, זָכוּר כִּי עָפָר אֲנָחְנוּ.[9] ❖ עָזְרֵנוּ אֱלֹהֵי יִשְׁעֵנוּ עַל דְּבַר כְּבוֹד שְׁמֶךָ, וְהַצִּילֵנוּ וְכַפֵּר עַל חַטֹּאתֵינוּ לְמַעַן שְׁמֶךָ.[10]

(1) דברי הימים ב כ:יב (2) תהלים כה:ו (3) לג:כב (4) עט:ח (5) קכא:ב (6) קכג:ג (7) חבקוק ג:ב (8) תהלים כ:י (9) קג:יד (10) עט:ט

### קדיש שלם

**יִתְגַּדַּל** וְיִתְקַדַּשׁ שְׁמֵהּ רַבָּא. בְּעָלְמָא דִּי בְרָא כִרְעוּתֵהּ. וְיַמְלִיךְ מַלְכוּתֵהּ, וְיַצְמַח פֻּרְקָנֵהּ וִיקָרֵב מְשִׁיחֵהּ. בְּחַיֵּיכוֹן וּבְיוֹמֵיכוֹן וּבְחַיֵּי דְכָל בֵּית יִשְׂרָאֵל, בַּעֲגָלָא וּבִזְמַן קָרִיב. וְאִמְרוּ: אָמֵן.

קהל וחזן– **יְהֵא שְׁמֵהּ רַבָּא מְבָרַךְ לְעָלַם וּלְעָלְמֵי עָלְמַיָּא. יִתְבָּרַךְ** וְיִשְׁתַּבַּח וְיִתְפָּאַר וְיִתְרוֹמַם וְיִתְנַשֵּׂא וְיִתְהַדָּר וְיִתְעַלֶּה וְיִתְהַלָּל שְׁמֵהּ דְּקֻדְשָׁא בְּרִיךְ הוּא – °לְעֵלָּא מִן כָּל (°בעשרת ימי תשובה – לְעֵלָּא [וּ]לְעֵלָּא מִכָּל) בִּרְכָתָא וְשִׁירָתָא תֻּשְׁבְּחָתָא וְנֶחֱמָתָא דַּאֲמִירָן בְּעָלְמָא. וְאִמְרוּ: אָמֵן.

(קהל– קַבֵּל בְּרַחֲמִים וּבְרָצוֹן אֶת תְּפִלָּתֵנוּ.)

תִּתְקַבֵּל צְלוֹתְהוֹן וּבָעוּתְהוֹן דְּכָל בֵּית יִשְׂרָאֵל קֳדָם אֲבוּהוֹן דִּי בִשְׁמַיָּא. וְאִמְרוּ: אָמֵן.

(קהל– יְהִי שֵׁם יהוה מְבֹרָךְ מֵעַתָּה וְעַד עוֹלָם.[1])

יְהֵא שְׁלָמָא רַבָּא מִן שְׁמַיָּא, וְחַיִּים טוֹבִים עָלֵינוּ וְעַל כָּל יִשְׂרָאֵל. וְאִמְרוּ: אָמֵן.

(קהל– עֶזְרִי מֵעִם יהוה, עֹשֵׂה שָׁמַיִם וָאָרֶץ.[2])

עֹשֶׂה °שָׁלוֹם (°יש אומרים בעשרת ימי תשובה – הַשָּׁלוֹם) בִּמְרוֹמָיו, הוּא יַעֲשֶׂה שָׁלוֹם עָלֵינוּ, וְעַל כָּל יִשְׂרָאֵל. וְאִמְרוּ: אָמֵן.

**עָלֵינוּ** לְשַׁבֵּחַ לַאֲדוֹן הַכֹּל, לָתֵת גְּדֻלָּה לְיוֹצֵר בְּרֵאשִׁית, שֶׁלֹּא עָשָׂנוּ כְּגוֹיֵי הָאֲרָצוֹת, וְלֹא שָׂמָנוּ כְּמִשְׁפְּחוֹת הָאֲדָמָה. שֶׁלֹּא שָׂם חֶלְקֵנוּ כָּהֶם, וְגוֹרָלֵנוּ כְּכָל הֲמוֹנָם. (שֶׁהֵם מִשְׁתַּחֲוִים לְהֶבֶל וָרִיק, וּמִתְפַּלְּלִים אֶל אֵל לֹא יוֹשִׁיעַ.[3]) וַאֲנַחְנוּ כּוֹרְעִים וּמִשְׁתַּחֲוִים וּמוֹדִים, לִפְנֵי מֶלֶךְ מַלְכֵי הַמְּלָכִים הַקָּדוֹשׁ בָּרוּךְ הוּא. שֶׁהוּא נוֹטֶה שָׁמַיִם וְיֹסֵד אָרֶץ,[4] וּמוֹשַׁב יְקָרוֹ בַּשָּׁמַיִם מִמַּעַל, וּשְׁכִינַת עֻזּוֹ בְּגָבְהֵי מְרוֹמִים. הוּא אֱלֹהֵינוּ, אֵין עוֹד. אֱמֶת מַלְכֵּנוּ, אֶפֶס זוּלָתוֹ, כַּכָּתוּב בְּתוֹרָתוֹ: וְיָדַעְתָּ הַיּוֹם וַהֲשֵׁבֹתָ אֶל לְבָבֶךָ, כִּי יהוה הוּא הָאֱלֹהִים בַּשָּׁמַיִם מִמַּעַל וְעַל הָאָרֶץ מִתָּחַת, אֵין עוֹד.[5]

**וְעַל כֵּן** נְקַוֶּה לְּךָ יהוה אֱלֹהֵינוּ לִרְאוֹת מְהֵרָה בְּתִפְאֶרֶת עֻזֶּךָ, לְהַעֲבִיר גִּלּוּלִים מִן הָאָרֶץ, וְהָאֱלִילִים כָּרוֹת יִכָּרֵתוּן, לְתַקֵּן עוֹלָם בְּמַלְכוּת שַׁדַּי. וְכָל בְּנֵי בָשָׂר יִקְרְאוּ בִשְׁמֶךָ, לְהַפְנוֹת אֵלֶיךָ כָּל רִשְׁעֵי אָרֶץ. יַכִּירוּ וְיֵדְעוּ כָּל יוֹשְׁבֵי תֵבֵל, כִּי לְךָ תִּכְרַע כָּל בֶּרֶךְ, תִּשָּׁבַע כָּל לָשׁוֹן.[6] לְפָנֶיךָ יהוה

(1) תהלים קיג:ב (2) קכא:ב (3) ישעיה מה:כ (4) נא:יג (5) דברים ד:לט (6) ע״פ ישעיה מה:כג

אֱלֹהֵינוּ יִכְרְעוּ וְיִפֹּלוּ, וְלִכְבוֹד שִׁמְךָ יְקָר יִתֵּנוּ. וִיקַבְּלוּ כֻלָּם אֶת עוֹל מַלְכוּתֶךָ, וְתִמְלֹךְ עֲלֵיהֶם מְהֵרָה לְעוֹלָם וָעֶד. כִּי הַמַּלְכוּת שֶׁלְּךָ הִיא וּלְעוֹלְמֵי עַד תִּמְלוֹךְ בְּכָבוֹד, כַּכָּתוּב בְּתוֹרָתֶךָ: יהוה יִמְלֹךְ לְעֹלָם וָעֶד.[1] ❖ וְנֶאֱמַר: וְהָיָה יהוה לְמֶלֶךְ עַל כָּל הָאָרֶץ, בַּיּוֹם הַהוּא יִהְיֶה יהוה אֶחָד וּשְׁמוֹ אֶחָד.[2]

**אַל תִּירָא** מִפַּחַד פִּתְאֹם, וּמִשֹּׁאַת רְשָׁעִים כִּי תָבֹא.[3] עֻצוּ עֵצָה וְתֻפָר, דַּבְּרוּ דָבָר וְלֹא יָקוּם, כִּי עִמָּנוּ אֵל.[4] וְעַד זִקְנָה אֲנִי הוּא, וְעַד שֵׂיבָה אֲנִי אֶסְבֹּל, אֲנִי עָשִׂיתִי וַאֲנִי אֶשָּׂא, וַאֲנִי אֶסְבֹּל וַאֲמַלֵּט.[5]

קדיש יתום

אחר „עָלֵינוּ" אומרים קדיש יתום אפילו אם אין שם אבל או חיוב; ויאמרנו מי שאין לו הורים או מי שאין הוריו מקפידים בכך (ויש שאין אומרים אותו אלא כשיש שם חיוב).

**יִתְגַּדַּל** וְיִתְקַדַּשׁ שְׁמֵהּ רַבָּא. בְּעָלְמָא דִּי בְרָא כִרְעוּתֵהּ. וְיַמְלִיךְ מַלְכוּתֵהּ, וְיַצְמַח פֻּרְקָנֵהּ וִיקָרֵב מְשִׁיחֵהּ. בְּחַיֵּיכוֹן וּבְיוֹמֵיכוֹן וּבְחַיֵּי דְכָל בֵּית יִשְׂרָאֵל, בַּעֲגָלָא וּבִזְמַן קָרִיב. וְאִמְרוּ: אָמֵן.

קהל וחזן– **יְהֵא שְׁמֵהּ רַבָּא מְבָרַךְ לְעָלַם וּלְעָלְמֵי עָלְמַיָּא. יִתְבָּרַךְ** וְיִשְׁתַּבַּח וְיִתְפָּאַר וְיִתְרוֹמַם וְיִתְנַשֵּׂא וְיִתְהַדָּר וְיִתְעַלֶּה וְיִתְהַלָּל שְׁמֵהּ דְּקֻדְשָׁא בְּרִיךְ הוּא – °לְעֵלָּא מִן כָּל (°בעשי"ת – לְעֵלָּא [וּ]לְעֵלָּא מִכָּל) בִּרְכָתָא וְשִׁירָתָא תֻּשְׁבְּחָתָא וְנֶחֱמָתָא דַּאֲמִירָן בְּעָלְמָא. וְאִמְרוּ: אָמֵן.

יְהֵא שְׁלָמָא רַבָּא מִן שְׁמַיָּא, וְחַיִּים טוֹבִים עָלֵינוּ וְעַל כָּל יִשְׂרָאֵל. וְאִמְרוּ: אָמֵן.

עֹשֶׂה °שָׁלוֹם (°יש אומרים בעשי"ת – הַשָּׁלוֹם) בִּמְרוֹמָיו, הוּא יַעֲשֶׂה שָׁלוֹם עָלֵינוּ, וְעַל כָּל יִשְׂרָאֵל. וְאִמְרוּ: אָמֵן.

מר"ח אלול עד שמיני עצרת אומרים „לְדָוִד" (תהלים כז) ואח"כ קדיש יתום.

**לְדָוִד;** יהוה אוֹרִי וְיִשְׁעִי, מִמִּי אִירָא; יהוה מָעוֹז חַיַּי, מִמִּי אֶפְחָד. בִּקְרֹב עָלַי מְרֵעִים לֶאֱכֹל אֶת בְּשָׂרִי, צָרַי וְאֹיְבַי לִי, הֵמָּה כָשְׁלוּ וְנָפָלוּ. אִם תַּחֲנֶה עָלַי מַחֲנֶה, לֹא יִירָא לִבִּי; אִם תָּקוּם עָלַי מִלְחָמָה, בְּזֹאת אֲנִי בוֹטֵחַ. אַחַת שָׁאַלְתִּי מֵאֵת יהוה, אוֹתָהּ אֲבַקֵּשׁ: שִׁבְתִּי בְּבֵית יהוה כָּל יְמֵי חַיַּי, לַחֲזוֹת בְּנֹעַם יהוה, וּלְבַקֵּר בְּהֵיכָלוֹ. כִּי יִצְפְּנֵנִי בְּסֻכֹּה בְּיוֹם רָעָה; יַסְתִּירֵנִי בְּסֵתֶר אָהֳלוֹ, בְּצוּר יְרוֹמְמֵנִי. וְעַתָּה יָרוּם רֹאשִׁי עַל אֹיְבַי סְבִיבוֹתַי, וְאֶזְבְּחָה בְאָהֳלוֹ זִבְחֵי תְרוּעָה; אָשִׁירָה וַאֲזַמְּרָה לַיהוה. שְׁמַע יהוה קוֹלִי אֶקְרָא, וְחָנֵּנִי וַעֲנֵנִי. לְךָ אָמַר לִבִּי: בַּקְּשׁוּ פָנָי, אֶת פָּנֶיךָ יהוה אֲבַקֵּשׁ. אַל תַּסְתֵּר פָּנֶיךָ מִמֶּנִּי, אַל תַּט בְּאַף עַבְדֶּךָ; עֶזְרָתִי הָיִיתָ, אַל תִּטְּשֵׁנִי וְאַל תַּעַזְבֵנִי, אֱלֹהֵי יִשְׁעִי. כִּי אָבִי וְאִמִּי עֲזָבוּנִי, וַיהוה יַאַסְפֵנִי. הוֹרֵנִי יהוה דַּרְכֶּךָ, וּנְחֵנִי בְּאֹרַח מִישׁוֹר, לְמַעַן שׁוֹרְרָי. אַל תִּתְּנֵנִי בְּנֶפֶשׁ צָרָי, כִּי קָמוּ בִי עֵדֵי שֶׁקֶר, וִיפֵחַ חָמָס. ❖ לוּלֵא הֶאֱמַנְתִּי לִרְאוֹת בְּטוּב יהוה בְּאֶרֶץ חַיִּים. קַוֵּה אֶל יהוה, חֲזַק וְיַאֲמֵץ לִבֶּךָ, וְקַוֵּה אֶל יהוה.

**בבית האבל אומרים כאן „לַמְנַצֵּחַ" (עמ' 81).**

**בחנוכה מדליקין את המנורה בבית הכנסת לפני מעריב [חוץ ממוצאי שבת שמדליקין קודם „עָלֵינוּ"].**

(1) שמות טו:יח (2) זכריה יד:ט (3) משלי ג:כה (4) ישעיה ח:י (5) מו:ד

## מעריב לחול ולמוצאי שבת ויו״ט

[במוצאי שבת מתחילים „וְהוּא רַחוּם" ואומרים בנעימה.]

**שִׁיר הַמַּעֲלוֹת,** הִנֵּה בָּרְכוּ אֶת יהוה כָּל עַבְדֵי יהוה, הָעֹמְדִים בְּבֵית יהוה בַּלֵּילוֹת. שְׂאוּ יְדֵכֶם קֹדֶשׁ, וּבָרְכוּ אֶת יהוה. יְבָרֶכְךָ יהוה מִצִּיּוֹן, עֹשֵׂה שָׁמַיִם וָאָרֶץ.[1]

ג׳ פעמים – יהוה צְבָאוֹת עִמָּנוּ, מִשְׂגָּב לָנוּ אֱלֹהֵי יַעֲקֹב, סֶלָה.[2]

ג׳ פעמים – יהוה צְבָאוֹת, אַשְׁרֵי אָדָם בֹּטֵחַ בָּךְ.[3]

ג׳ פעמים – יהוה הוֹשִׁיעָה, הַמֶּלֶךְ יַעֲנֵנוּ בְיוֹם קָרְאֵנוּ.[4]

הוֹשִׁיעָה אֶת עַמֶּךָ, וּבָרֵךְ אֶת נַחֲלָתֶךָ, וּרְעֵם וְנַשְּׂאֵם עַד הָעוֹלָם.[5] מִי יִתֵּן מִצִּיּוֹן יְשׁוּעַת יִשְׂרָאֵל, בְּשׁוּב יהוה שְׁבוּת עַמּוֹ, יָגֵל יַעֲקֹב יִשְׂמַח יִשְׂרָאֵל.[6] בְּשָׁלוֹם יַחְדָּו אֶשְׁכְּבָה וְאִישָׁן, כִּי אַתָּה יהוה לְבָדָד, לָבֶטַח תּוֹשִׁיבֵנִי.[7] יוֹמָם יְצַוֶּה יהוה חַסְדּוֹ, וּבַלַּיְלָה שִׁירֹה עִמִּי, תְּפִלָּה לְאֵל חַיָּי.[8] ❖ וּתְשׁוּעַת צַדִּיקִים מֵיהוה, מָעוּזָּם בְּעֵת צָרָה. וַיַּעְזְרֵם יהוה וַיְפַלְּטֵם, יְפַלְּטֵם מֵרְשָׁעִים וְיוֹשִׁיעֵם, כִּי חָסוּ בוֹ.[9]

החזן אומר חצי קדיש ו„בָּרְכוּ".

**יִתְגַּדַּל** וְיִתְקַדַּשׁ שְׁמֵהּ רַבָּא. בְּעָלְמָא דִּי בְרָא כִרְעוּתֵהּ. וְיַמְלִיךְ מַלְכוּתֵהּ, וְיַצְמַח פֻּרְקָנֵהּ וִיקָרֵב מְשִׁיחֵהּ. בְּחַיֵּיכוֹן וּבְיוֹמֵיכוֹן וּבְחַיֵּי דְכָל בֵּית יִשְׂרָאֵל, בַּעֲגָלָא וּבִזְמַן קָרִיב. וְאִמְרוּ: אָמֵן.

קהל וחזן – **יְהֵא שְׁמֵהּ רַבָּא מְבָרַךְ לְעָלַם וּלְעָלְמֵי עָלְמַיָּא. יִתְבָּרַךְ** וְיִשְׁתַּבַּח וְיִתְפָּאַר וְיִתְרוֹמַם וְיִתְנַשֵּׂא וְיִתְהַדָּר וְיִתְעַלֶּה וְיִתְהַלָּל שְׁמֵהּ דְּקֻדְשָׁא בְּרִיךְ הוּא – °לְעֵלָּא מִן כָּל (°בעשי״ת – לְעֵלָּא [וּ]לְעֵלָּא מִכָּל) בִּרְכָתָא וְשִׁירָתָא תֻּשְׁבְּחָתָא וְנֶחֱמָתָא דַּאֲמִירָן בְּעָלְמָא. וְאִמְרוּ: אָמֵן.

**וְהוּא רַחוּם** יְכַפֵּר עָוֹן וְלֹא יַשְׁחִית, וְהִרְבָּה לְהָשִׁיב אַפּוֹ, וְלֹא יָעִיר כָּל חֲמָתוֹ.[10] ❖ יהוה הוֹשִׁיעָה, הַמֶּלֶךְ יַעֲנֵנוּ בְיוֹם קָרְאֵנוּ.[11]

(1) תהלים קלד (2) מו:ח (3) פד:יג (4) כ:י (5) כח:ט (6) יד:ז (7) ד:ט (8) מב:ט (9) לז:לט-מ (10) עח:לח (11) כ:י

### דיני מעריב

לכתחילה יתפלל ערבית אחר צאת הכוכבים, אך אם הצבור מקדימים להתפלל ערבית מבעוד יום יתפלל עמהם ויחזור ויקרא קריאת שמע אחר צאת הכוכבים בלא ברכות. אבל לא יקדים להתפלל ערבית קודם פלג המנחה שהוא שעה ורבע (משעות זמניות) לפני הלילה.

בשעת אמירת הפסוקים „שְׁמַע" ו„בָּרוּךְ שֵׁם" אסור להפסיק לשום דבר, וכן הדין לגבי חתימת כל הברכות (למשל „בָּרוּךְ . . . אוֹהֵב עַמּוֹ יִשְׂרָאֵל") אם כבר אמר השם. באמצע קריאת שמע וברכותיה מפסיק לענות „אָמֵן יְהֵא שְׁמֵהּ רַבָּא. . ." ואמן של „דַּאֲמִירָן בְּעָלְמָא" ו„בָּרְכוּ". [ואם מתפלל ערבית מוקדם ושומע מנין אחר מתפלל עדיין מנחה, עונה אמן אחר „הָאֵ־ל הַקָּדוֹשׁ", „שׁוֹמֵעַ תְּפִלָּה", הפסוקים „קָדוֹשׁ . . ." ו„בָּרוּךְ . . ." בקדושה, והמלים „מוֹדִים אֲנַחְנוּ לָךְ" במודים דרבנן.] בין הפרקים מותר לענות אמן לכל ברכה ששומע. בין הפרקים הם, (א) בין ברכו לתחילת הברכה הראשונה, (ב) בין ברכה לחבירתה, (ג) בין הפרשיות של קריאת שמע. אבל בין סוף הפרשה השלישית לתחילת הברכה שאחריה („אֱמֶת וֶאֱמוּנָה") אסור להפסיק, רק צריך לחבר המלה „אֱמֶת" לסוף קריאת שמע. ובתפלת „בָּרוּךְ ה׳ לְעוֹלָם. . ." יש דעות שונות – עיין אורח חיים סי׳ קלו בלבוש ובדעת תורה סעיף ב. ובערוך השלחן סי״ב כתב שבין הפסוקים שעד „יִרְאוּ עֵינֵינוּ" דינו כבין הפרקים, ומשם דינו כאמצע הפרק.

בקצת קהילות אומרים הקהל „יִתְבָּרַךְ״ כשהחזן מאריך ב„בָּרְכוּ״. כ׳ הכלבו (סי׳ ז) כשאומר החזן „בָּרְכוּ״ כורע, וזוקף בשם, וכן נהגו העולם (דעת תורה או״ח סי׳ נו).

# בָּרְכוּ אֶת יהוה הַמְּבֹרָךְ.

הקהל עונים „בָּרוּךְ...״ והחזן חוזר ואומר „בָּרוּךְ...״. כורעים (או מרכינים הראש) כשאומרים „בָּרוּךְ״, וזוקפים כשאומרים „ה׳״.

# בָּרוּךְ יהוה הַמְּבֹרָךְ לְעוֹלָם וָעֶד.

יִתְבָּרַךְ וְיִשְׁתַּבַּח וְיִתְפָּאַר וְיִתְרוֹמַם וְיִתְנַשֵּׂא שְׁמוֹ שֶׁל מֶלֶךְ מַלְכֵי הַמְּלָכִים, הַקָּדוֹשׁ בָּרוּךְ הוּא. שֶׁהוּא רִאשׁוֹן וְהוּא אַחֲרוֹן, וּמִבַּלְעָדָיו אֵין אֱלֹהִים.[1] סֹלּוּ, לָרֹכֵב בָּעֲרָבוֹת, בְּיָהּ שְׁמוֹ, וְעִלְזוּ לְפָנָיו.[2] וּשְׁמוֹ מְרוֹמָם עַל כָּל בְּרָכָה וּתְהִלָּה.[3] בָּרוּךְ שֵׁם כְּבוֹד מַלְכוּתוֹ לְעוֹלָם וָעֶד.[4] יְהִי שֵׁם יהוה מְבֹרָךְ מֵעַתָּה וְעַד עוֹלָם.[5]

ברכות קריאת שמע

**בָּרוּךְ** אַתָּה יהוה אֱלֹהֵינוּ מֶלֶךְ הָעוֹלָם, אֲשֶׁר בִּדְבָרוֹ מַעֲרִיב עֲרָבִים, בְּחָכְמָה פּוֹתֵחַ שְׁעָרִים, וּבִתְבוּנָה מְשַׁנֶּה עִתִּים, וּמַחֲלִיף אֶת הַזְּמַנִּים, וּמְסַדֵּר אֶת הַכּוֹכָבִים בְּמִשְׁמְרוֹתֵיהֶם בָּרָקִיעַ כִּרְצוֹנוֹ. בּוֹרֵא יוֹם וָלָיְלָה, גּוֹלֵל אוֹר מִפְּנֵי חֹשֶׁךְ וְחֹשֶׁךְ מִפְּנֵי אוֹר. וּמַעֲבִיר יוֹם וּמֵבִיא לָיְלָה, וּמַבְדִּיל בֵּין יוֹם וּבֵין לָיְלָה, יהוה צְבָאוֹת שְׁמוֹ. ❖ אֵל חַי וְקַיָּם, תָּמִיד יִמְלוֹךְ עָלֵינוּ, לְעוֹלָם וָעֶד. בָּרוּךְ אַתָּה יהוה, הַמַּעֲרִיב עֲרָבִים.

**אַהֲבַת** עוֹלָם בֵּית יִשְׂרָאֵל עַמְּךָ אָהָבְתָּ. תּוֹרָה וּמִצְוֹת, חֻקִּים וּמִשְׁפָּטִים, אוֹתָנוּ לִמַּדְתָּ. עַל כֵּן, יהוה אֱלֹהֵינוּ, בְּשָׁכְבֵנוּ וּבְקוּמֵנוּ נָשִׂיחַ בְּחֻקֶּיךָ, וְנִשְׂמַח בְּדִבְרֵי תַלְמוּד תּוֹרָתֶךָ וּבְמִצְוֹתֶיךָ לְעוֹלָם וָעֶד. ❖ כִּי הֵם חַיֵּינוּ, וְאֹרֶךְ יָמֵינוּ, וּבָהֶם נֶהְגֶּה יוֹמָם וָלָיְלָה. וְאַהֲבָתְךָ, אַל תָּסִיר מִמֶּנּוּ לְעוֹלָמִים. בָּרוּךְ אַתָּה יהוה, אוֹהֵב עַמּוֹ יִשְׂרָאֵל.

קריאת שמע

יכוון לקיים מצות עשה דאורייתא של קריאת שמע ויקרא במתינות ובכוונה באימה ויראה ברתת וזיע. וידקדק מאוד לבטא כל תיבה ואות באופן ברור, ולהפסיק בין מלה למלה, ויתן ריוח לפני תיבה שתחילתה כסוף תיבה שלפניה. נהגו המדקדקים לקרות קריאת שמע בטעמיה (דה״ח). (ועיין הלכות בסוף הסידור סע׳ נה-נז וסע׳ סב-עד.)

יחיד אומר: אֵל מֶלֶךְ נֶאֱמָן.

יכסה עיניו ביד ימין ויאמר פסוק „שְׁמַע״ בקול רם ובכוונה עצומה, ויתבונן שהוא יתברך שמו מלך בשמים ובארץ, ויקבל עליו עול מלכותו ומצותיו. צריך להאריך בחי״ת של „אֶחָד״ שימליך הקב״ה בשמים ובארץ, שלזה רומז החטוטרת שבאמצע גג החי״ת. ויאריך בדלי״ת של „אֶחָד״ שיעור שיחשוב שהקב״ה יחיד בעולמו ומושל בד׳ רוחות העולם (או״ח סי׳ סא סע׳ ד-ו).

# שְׁמַע | יִשְׂרָאֵל, יהוה | אֱלֹהֵינוּ, יהוה | אֶחָד:

בלחש: בָּרוּךְ שֵׁם כְּבוֹד מַלְכוּתוֹ לְעוֹלָם וָעֶד.[4]

כשאומר „וְאָהַבְתָּ...״ יכוון לקבל עליו המצוה של אהבת השי״ת.

**וְאָהַבְתָּ** אֵת | יהוה | אֱלֹהֶיךָ, בְּכָל־לְבָבְךָ, וּבְכָל־נַפְשְׁךָ, וּבְכָל־מְאֹדֶךָ: וְהָיוּ הַדְּבָרִים הָאֵלֶּה, אֲשֶׁר | אָנֹכִי מְצַוְּךָ

(1) ע״פ ישעיה מד:ו (2) תהלים סח:ה (3) ע״פ נחמיה ט:ה (4) ע״פ פסחים נו. (5) תהלים קיג:ב

הַיּוֹם, עַל־לְבָבֶךָ: וְשִׁנַּנְתָּם לְבָנֶיךָ, וְדִבַּרְתָּ בָּם, בְּשִׁבְתְּךָ בְּבֵיתֶךָ, וּבְלֶכְתְּךָ בַדֶּרֶךְ, וּבְשָׁכְבְּךָ וּבְקוּמֶךָ: וּקְשַׁרְתָּם לְאוֹת | עַל־יָדֶךָ, וְהָיוּ לְטֹטָפֹת בֵּין | עֵינֶיךָ: וּכְתַבְתָּם | עַל־מְזֻזוֹת בֵּיתֶךָ, וּבִשְׁעָרֶיךָ:

כשאומר הפרשה השניה (דברים יא:יג-כא) יכוון לקבל עליו עול מצות, ויתבונן שהבורא יתברך משלם גמול טוב למקיימי מצותיו ומעניש העוברים עליהן.

**וְהָיָה,** אִם־שָׁמֹעַ תִּשְׁמְעוּ אֶל־מִצְוֹתַי, אֲשֶׁר | אָנֹכִי מְצַוֶּה | אֶתְכֶם הַיּוֹם, לְאַהֲבָה אֶת־יהוה | אֱלֹהֵיכֶם וּלְעָבְדוֹ, בְּכָל־לְבַבְכֶם, וּבְכָל־נַפְשְׁכֶם: וְנָתַתִּי מְטַר־אַרְצְכֶם בְּעִתּוֹ, יוֹרֶה וּמַלְקוֹשׁ, וְאָסַפְתָּ דְגָנֶךָ וְתִירֹשְׁךָ וְיִצְהָרֶךָ: וְנָתַתִּי | עֵשֶׂב | בְּשָׂדְךָ לִבְהֶמְתֶּךָ, וְאָכַלְתָּ וְשָׂבָעְתָּ: הִשָּׁמְרוּ לָכֶם, פֶּן־יִפְתֶּה לְבַבְכֶם, וְסַרְתֶּם וַעֲבַדְתֶּם | אֱלֹהִים | אֲחֵרִים, וְהִשְׁתַּחֲוִיתֶם לָהֶם: וְחָרָה | אַף־יהוה בָּכֶם, וְעָצַר | אֶת־הַשָּׁמַיִם, וְלֹא־יִהְיֶה מָטָר, וְהָאֲדָמָה לֹא תִתֵּן אֶת־יְבוּלָהּ, וַאֲבַדְתֶּם | מְהֵרָה | מֵעַל הָאָרֶץ הַטֹּבָה | אֲשֶׁר | יהוה נֹתֵן לָכֶם: וְשַׂמְתֶּם | אֶת־דְּבָרַי | אֵלֶּה, עַל־לְבַבְכֶם וְעַל־נַפְשְׁכֶם, וּקְשַׁרְתֶּם | אֹתָם לְאוֹת | עַל־יֶדְכֶם, וְהָיוּ לְטוֹטָפֹת בֵּין | עֵינֵיכֶם: וְלִמַּדְתֶּם | אֹתָם | אֶת־בְּנֵיכֶם, לְדַבֵּר בָּם, בְּשִׁבְתְּךָ בְּבֵיתֶךָ, וּבְלֶכְתְּךָ בַדֶּרֶךְ, וּבְשָׁכְבְּךָ וּבְקוּמֶךָ: וּכְתַבְתָּם | עַל־מְזוּזוֹת בֵּיתֶךָ, וּבִשְׁעָרֶיךָ: לְמַעַן | יִרְבּוּ | יְמֵיכֶם וִימֵי בְנֵיכֶם, עַל הָאֲדָמָה | אֲשֶׁר נִשְׁבַּע | יהוה לַאֲבֹתֵיכֶם לָתֵת לָהֶם, כִּימֵי הַשָּׁמַיִם | עַל־הָאָרֶץ:

במדבר טו:לז-מא

**וַיֹּאמֶר** | יהוה | אֶל־מֹשֶׁה לֵּאמֹר: דַּבֵּר | אֶל־בְּנֵי | יִשְׂרָאֵל, וְאָמַרְתָּ אֲלֵהֶם, וְעָשׂוּ לָהֶם צִיצִת, עַל־כַּנְפֵי בִגְדֵיהֶם לְדֹרֹתָם, וְנָתְנוּ | עַל־צִיצִת הַכָּנָף, פְּתִיל תְּכֵלֶת: וְהָיָה לָכֶם לְצִיצִת, וּרְאִיתֶם | אֹתוֹ, וּזְכַרְתֶּם | אֶת־כָּל־מִצְוֹת | יהוה, וַעֲשִׂיתֶם | אֹתָם, וְלֹא־תָתוּרוּ | אַחֲרֵי לְבַבְכֶם וְאַחֲרֵי | עֵינֵיכֶם, אֲשֶׁר־אַתֶּם זֹנִים | אַחֲרֵיהֶם: לְמַעַן תִּזְכְּרוּ, וַעֲשִׂיתֶם | אֶת־כָּל־מִצְוֹתָי, וִהְיִיתֶם קְדֹשִׁים לֵאלֹהֵיכֶם: אֲנִי יהוה | אֱלֹהֵיכֶם, אֲשֶׁר הוֹצֵאתִי | אֶתְכֶם | מֵאֶרֶץ מִצְרַיִם, לִהְיוֹת לָכֶם לֵאלֹהִים, אֲנִי | יהוה | אֱלֹהֵיכֶם: אֱמֶת —

יכוון לקיים מצות עשה של זכירת יציאת מצרים.

החזן חוזר ואומר בקול רם: **יהוה אֱלֹהֵיכֶם אֱמֶת,**

**וֶאֱמוּנָה** כָּל זֹאת, וְקַיָּם עָלֵינוּ, כִּי הוּא יהוה אֱלֹהֵינוּ וְאֵין זוּלָתוֹ, וַאֲנַחְנוּ יִשְׂרָאֵל עַמּוֹ. הַפּוֹדֵנוּ מִיַּד מְלָכִים, מַלְכֵּנוּ הַגּוֹאֲלֵנוּ מִכַּף כָּל הֶעָרִיצִים. הָאֵל הַנִּפְרָע לָנוּ מִצָּרֵינוּ, וְהַמְשַׁלֵּם גְּמוּל לְכָל אֹיְבֵי נַפְשֵׁנוּ. הָעֹשֶׂה גְדֹלוֹת עַד אֵין חֵקֶר, נִסִּים וְנִפְלָאוֹת עַד אֵין מִסְפָּר.[1] הַשָּׂם נַפְשֵׁנוּ בַּחַיִּים, וְלֹא נָתַן לַמּוֹט רַגְלֵנוּ.[2] הַמַּדְרִיכֵנוּ עַל בָּמוֹת אוֹיְבֵינוּ, וַיָּרֶם קַרְנֵנוּ עַל כָּל שֹׂנְאֵינוּ. הָעֹשֶׂה לָּנוּ נִסִּים וּנְקָמָה בְּפַרְעֹה, אוֹתוֹת וּמוֹפְתִים בְּאַדְמַת בְּנֵי חָם. הַמַּכֶּה בְעֶבְרָתוֹ כָּל בְּכוֹרֵי מִצְרָיִם, וַיּוֹצֵא אֶת עַמּוֹ יִשְׂרָאֵל מִתּוֹכָם לְחֵרוּת עוֹלָם. הַמַּעֲבִיר בָּנָיו בֵּין גִּזְרֵי יַם סוּף, אֶת רוֹדְפֵיהֶם וְאֶת שׂוֹנְאֵיהֶם בִּתְהוֹמוֹת טִבַּע. וְרָאוּ בָנָיו גְּבוּרָתוֹ, שִׁבְּחוּ וְהוֹדוּ לִשְׁמוֹ. ❖ וּמַלְכוּתוֹ בְּרָצוֹן קִבְּלוּ עֲלֵיהֶם. מֹשֶׁה וּבְנֵי יִשְׂרָאֵל לְךָ עָנוּ שִׁירָה, בְּשִׂמְחָה רַבָּה, וְאָמְרוּ כֻלָּם:

**מִי כָמֹכָה בָּאֵלִם יהוה, מִי כָּמֹכָה נֶאְדָּר בַּקֹּדֶשׁ, נוֹרָא תְהִלֹּת, עֹשֵׂה פֶלֶא.[3]**

❖ מַלְכוּתְךָ רָאוּ בָנֶיךָ בּוֹקֵעַ יָם לִפְנֵי מֹשֶׁה, זֶה אֵלִי[4] עָנוּ וְאָמְרוּ:

**יהוה יִמְלֹךְ לְעֹלָם וָעֶד.[5]**

❖ וְנֶאֱמַר: כִּי פָדָה יהוה אֶת יַעֲקֹב, וּגְאָלוֹ מִיַּד חָזָק מִמֶּנּוּ.[6] בָּרוּךְ אַתָּה יהוה, גָּאַל יִשְׂרָאֵל.

**הַשְׁכִּיבֵנוּ** יהוה אֱלֹהֵינוּ לְשָׁלוֹם, וְהַעֲמִידֵנוּ מַלְכֵּנוּ לְחַיִּים טוֹבִים וּלְשָׁלוֹם, וּפְרוֹשׂ עָלֵינוּ סֻכַּת שְׁלוֹמֶךָ, וְתַקְּנֵנוּ בְּעֵצָה טוֹבָה מִלְּפָנֶיךָ, וְהוֹשִׁיעֵנוּ מְהֵרָה לְמַעַן שְׁמֶךָ. וְהָגֵן בַּעֲדֵנוּ, וְהָסֵר מֵעָלֵינוּ אוֹיֵב, דֶּבֶר, וְחֶרֶב, וְרָעָב, וְיָגוֹן, וְהָסֵר שָׂטָן מִלְּפָנֵינוּ וּמֵאַחֲרֵינוּ, וּבְצֵל כְּנָפֶיךָ תַּסְתִּירֵנוּ,[7] כִּי אֵל שׁוֹמְרֵנוּ וּמַצִּילֵנוּ אָתָּה, כִּי אֵל מֶלֶךְ חַנּוּן וְרַחוּם אָתָּה.[8] ❖ וּשְׁמוֹר צֵאתֵנוּ וּבוֹאֵנוּ, לְחַיִּים וּלְשָׁלוֹם מֵעַתָּה וְעַד עוֹלָם.[9] בָּרוּךְ אַתָּה יהוה, שׁוֹמֵר עַמּוֹ יִשְׂרָאֵל לָעַד.

בכמה קהילות מדלגים על ברכה זו במוצאי שבת ובמוצאי יום טוב (ובכמה קהילות אף בחול המועד).

**בָּרוּךְ** יהוה לְעוֹלָם, אָמֵן וְאָמֵן.[10] בָּרוּךְ יהוה מִצִּיּוֹן, שֹׁכֵן יְרוּשָׁלָיִם, הַלְלוּיָהּ.[11] בָּרוּךְ יהוה אֱלֹהִים אֱלֹהֵי יִשְׂרָאֵל,

(1) ע״פ איוב ט:י (2) תהלים סו:ט (3) שמות טו:יא (4) טו:ב (5) טו:יח (6) ירמיה לא:י
(7) ע״פ תהלים יז:ח (8) ע״פ נחמיה ט:לא (9) ע״פ תהלים קכא:ח (10) פט:נג (11) קלה:כא

עֹשֵׂה נִפְלָאוֹת לְבַדּוֹ. וּבָרוּךְ שֵׁם כְּבוֹדוֹ לְעוֹלָם, וְיִמָּלֵא כְבוֹדוֹ אֶת כָּל הָאָרֶץ, אָמֵן וְאָמֵן.[1] יְהִי כְבוֹד יהוה לְעוֹלָם, יִשְׂמַח יהוה בְּמַעֲשָׂיו.[2] יְהִי שֵׁם יהוה מְבֹרָךְ מֵעַתָּה וְעַד עוֹלָם.[3] כִּי לֹא יִטֹּשׁ יהוה אֶת עַמּוֹ בַּעֲבוּר שְׁמוֹ הַגָּדוֹל, כִּי הוֹאִיל יהוה לַעֲשׂוֹת אֶתְכֶם לוֹ לְעָם.[4] וַיַּרְא כָּל הָעָם וַיִּפְּלוּ עַל פְּנֵיהֶם, וַיֹּאמְרוּ, יהוה הוּא הָאֱלֹהִים, יהוה הוּא הָאֱלֹהִים.[5] וְהָיָה יהוה לְמֶלֶךְ עַל כָּל הָאָרֶץ, בַּיּוֹם הַהוּא יִהְיֶה יהוה אֶחָד וּשְׁמוֹ אֶחָד.[6] יְהִי חַסְדְּךָ יהוה עָלֵינוּ, כַּאֲשֶׁר יִחַלְנוּ לָךְ.[7] הוֹשִׁיעֵנוּ יהוה אֱלֹהֵינוּ, וְקַבְּצֵנוּ מִן הַגּוֹיִם, לְהוֹדוֹת לְשֵׁם קָדְשֶׁךָ, לְהִשְׁתַּבֵּחַ בִּתְהִלָּתֶךָ.[8] כָּל גּוֹיִם אֲשֶׁר עָשִׂיתָ יָבוֹאוּ וְיִשְׁתַּחֲווּ לְפָנֶיךָ אֲדֹנָי, וִיכַבְּדוּ לִשְׁמֶךָ. כִּי גָדוֹל אַתָּה וְעֹשֵׂה נִפְלָאוֹת, אַתָּה אֱלֹהִים לְבַדֶּךָ.[9] וַאֲנַחְנוּ עַמְּךָ וְצֹאן מַרְעִיתֶךָ, נוֹדֶה לְּךָ לְעוֹלָם, לְדוֹר וָדֹר נְסַפֵּר תְּהִלָּתֶךָ.[10] בָּרוּךְ יהוה בַּיּוֹם. בָּרוּךְ יהוה בַּלָּיְלָה. בָּרוּךְ יהוה בְּשָׁכְבֵנוּ. בָּרוּךְ יהוה בְּקוּמֵנוּ. כִּי בְיָדְךָ נַפְשׁוֹת הַחַיִּים וְהַמֵּתִים. אֲשֶׁר בְּיָדוֹ נֶפֶשׁ כָּל חָי, וְרוּחַ כָּל בְּשַׂר אִישׁ.[11] בְּיָדְךָ אַפְקִיד רוּחִי, פָּדִיתָה אוֹתִי, יהוה אֵל אֱמֶת.[12] אֱלֹהֵינוּ שֶׁבַּשָּׁמַיִם, יַחֵד שִׁמְךָ, וְקַיֵּם מַלְכוּתְךָ תָּמִיד, וּמְלוֹךְ עָלֵינוּ לְעוֹלָם וָעֶד.

**יִרְאוּ** עֵינֵינוּ וְיִשְׂמַח לִבֵּנוּ וְתָגֵל נַפְשֵׁנוּ בִּישׁוּעָתְךָ בֶּאֱמֶת, בֶּאֱמֹר לְצִיּוֹן מָלַךְ אֱלֹהָיִךְ.[13] יהוה מֶלֶךְ,[14] יהוה מָלָךְ,[15] יהוה יִמְלֹךְ לְעֹלָם וָעֶד.[16] ❖ כִּי הַמַּלְכוּת שֶׁלְּךָ הִיא, וּלְעוֹלְמֵי עַד תִּמְלוֹךְ בְּכָבוֹד, כִּי אֵין לָנוּ מֶלֶךְ אֶלָּא אָתָּה. בָּרוּךְ אַתָּה יהוה, הַמֶּלֶךְ בִּכְבוֹדוֹ תָּמִיד יִמְלוֹךְ עָלֵינוּ לְעוֹלָם וָעֶד, וְעַל כָּל מַעֲשָׂיו.

חצי קדיש

**יִתְגַּדַּל** וְיִתְקַדַּשׁ שְׁמֵהּ רַבָּא. בְּעָלְמָא דִּי בְרָא כִרְעוּתֵהּ. וְיַמְלִיךְ מַלְכוּתֵהּ, וְיַצְמַח פֻּרְקָנֵהּ וִיקָרֵב מְשִׁיחֵהּ. בְּחַיֵּיכוֹן וּבְיוֹמֵיכוֹן וּבְחַיֵּי דְכָל בֵּית יִשְׂרָאֵל, בַּעֲגָלָא וּבִזְמַן קָרִיב. וְאִמְרוּ: אָמֵן.

קהל וחזן – **יְהֵא שְׁמֵהּ רַבָּא מְבָרַךְ לְעָלַם וּלְעָלְמֵי עָלְמַיָּא. יִתְבָּרַךְ** וְיִשְׁתַּבַּח וְיִתְפָּאַר וְיִתְרוֹמַם וְיִתְנַשֵּׂא וְיִתְהַדָּר וְיִתְעַלֶּה וְיִתְהַלָּל שְׁמֵהּ דְּקֻדְשָׁא בְּרִיךְ הוּא – °לְעֵלָּא מִן כָּל (°בעשי״ת – לְעֵלָּא [וּ]לְעֵלָּא מִכָּל) בִּרְכָתָא וְשִׁירָתָא תֻּשְׁבְּחָתָא וְנֶחֱמָתָא דַּאֲמִירָן בְּעָלְמָא. וְאִמְרוּ: אָמֵן.

(1) תהלים עב:יח-יט (2) קד:לא (3) קיג:ב (4) שמואל א יב:כב (5) מלכים א יח:לט (6) זכריה יד:ט (7) תהלים לג:כב (8) קו:מז (9) פו:ט-י (10) עט:יג (11) איוב יב:י (12) תהלים לא:ו (13) ע״פ ישעיה נב:ז (14) תהלים י:טז (15) צג:א ועוד (16) שמות טו:יח

# שמונה עשרה

יפסע ג׳ פסיעות לאחוריו ואח״כ ג׳ פסיעות לפניו דרך קירוב והגשה. יכוון רגליו ויעמידן זו אצל זו בשוה כאלו הן רגל אחת כדי להדמות למלאכים. יתפלל במתינות ובכוונת הלב ויבין פירוש המילות ולא יפסיק לשום דבר. לכתחילה צריך להשמיע לאזניו מה שמוציא מפיו אבל לא ירים קולו עד שישמעו אחרים תפילתו.

אֲדֹנָי שְׂפָתַי תִּפְתָּח, וּפִי יַגִּיד תְּהִלָּתֶךָ.[1]

אבות

**בָּרוּךְ** אַתָּה יהוה אֱלֹהֵינוּ וֵאלֹהֵי אֲבוֹתֵינוּ, אֱלֹהֵי אַבְרָהָם, אֱלֹהֵי יִצְחָק, וֵאלֹהֵי יַעֲקֹב, הָאֵל הַגָּדוֹל הַגִּבּוֹר וְהַנּוֹרָא, אֵל עֶלְיוֹן, גּוֹמֵל חֲסָדִים טוֹבִים, וְקוֹנֵה הַכֹּל, וְזוֹכֵר חַסְדֵי אָבוֹת, וּמֵבִיא גוֹאֵל לִבְנֵי בְנֵיהֶם, לְמַעַן שְׁמוֹ בְּאַהֲבָה.

בעשרת ימי תשובה מוסיפים [ואם שכח אינו חוזר; עיין הלכות בסוף הסידור סע׳ עה]:

זָכְרֵנוּ לְחַיִּים, מֶלֶךְ חָפֵץ בַּחַיִּים,
וְכָתְבֵנוּ בְּסֵפֶר הַחַיִּים, לְמַעַנְךָ אֱלֹהִים חַיִּים.

מֶלֶךְ עוֹזֵר וּמוֹשִׁיעַ וּמָגֵן. בָּרוּךְ אַתָּה יהוה, מָגֵן אַבְרָהָם.

גבורות

**אַתָּה** גִּבּוֹר לְעוֹלָם אֲדֹנָי, מְחַיֵּה מֵתִים אַתָּה, רַב לְהוֹשִׁיעַ.

מחוה״מ פסח עד שמיני עצרת: מוֹרִיד הַטָּל.    בין שמיני עצרת לפסח: מַשִּׁיב הָרוּחַ וּמוֹרִיד הַגֶּשֶׁם [נ״א: הַגָּשֶׁם].

[אם שכח או טעה, עיין הלכות בסוף הסידור סע׳ פד-צא.]

מְכַלְכֵּל חַיִּים בְּחֶסֶד, מְחַיֵּה מֵתִים בְּרַחֲמִים רַבִּים, סוֹמֵךְ נוֹפְלִים, וְרוֹפֵא חוֹלִים, וּמַתִּיר אֲסוּרִים, וּמְקַיֵּם אֱמוּנָתוֹ לִישֵׁנֵי עָפָר. מִי כָמוֹךָ בַּעַל גְּבוּרוֹת, וּמִי דּוֹמֶה לָּךְ, מֶלֶךְ מֵמִית וּמְחַיֶּה וּמַצְמִיחַ יְשׁוּעָה.

בעשרת ימי תשובה מוסיפים [ואם שכח אינו חוזר; עיין הלכות בסוף הסידור סע׳ עה]:

מִי כָמוֹךָ אַב הָרַחֲמָן, זוֹכֵר יְצוּרָיו לְחַיִּים בְּרַחֲמִים.

וְנֶאֱמָן אַתָּה לְהַחֲיוֹת מֵתִים. בָּרוּךְ אַתָּה יהוה, מְחַיֵּה הַמֵּתִים.

קדושת השם

**אַתָּה** קָדוֹשׁ וְשִׁמְךָ קָדוֹשׁ, וּקְדוֹשִׁים בְּכָל יוֹם יְהַלְלוּךָ סֶּלָה, כִּי אֵל מֶלֶךְ גָּדוֹל וְקָדוֹשׁ אָתָּה. בָּרוּךְ אַתָּה יהוה, הָאֵל° [°בעשי״ת–הַמֶּלֶךְ] הַקָּדוֹשׁ.

[אם שכח לומר „הַמֶּלֶךְ" בעשי״ת, חוזר לראש התפלה, עיין הלכות בסוף הסידור סע׳ ער-עז.]

(1) תהלים נא:יז

בינה

**אַתָּה** חוֹנֵן לְאָדָם דַּעַת, וּמְלַמֵּד לֶאֱנוֹשׁ בִּינָה.

במוצאי שבת ויום טוב (ואפילו מיום טוב לחול המועד) מוסיפים [ואם שכח אינו חוזר]:

**אַתָּה** חוֹנַנְתָּנוּ לְמַדַּע תּוֹרָתֶךָ, וַתְּלַמְּדֵנוּ לַעֲשׂוֹת חֻקֵּי רְצוֹנֶךָ, וַתַּבְדֵּל יהוה אֱלֹהֵינוּ בֵּין קֹדֶשׁ לְחוֹל, בֵּין אוֹר לְחוֹשֶׁךְ, בֵּין יִשְׂרָאֵל לָעַמִּים, בֵּין יוֹם הַשְּׁבִיעִי לְשֵׁשֶׁת יְמֵי הַמַּעֲשֶׂה. אָבִינוּ מַלְכֵּנוּ, הָחֵל עָלֵינוּ הַיָּמִים הַבָּאִים לִקְרָאתֵנוּ לְשָׁלוֹם, חֲשׂוּכִים מִכָּל חֵטְא, וּמְנֻקִּים מִכָּל עָוֹן, וּמְדֻבָּקִים בְּיִרְאָתֶךָ. וְ. . .

חָנֵּנוּ מֵאִתְּךָ חָכְמָה בִּינָה וָדָעַת. בָּרוּךְ אַתָּה יהוה, חוֹנֵן הַדָּעַת.

תשובה

**הֲשִׁיבֵנוּ** אָבִינוּ לְתוֹרָתֶךָ, וְקָרְבֵנוּ מַלְכֵּנוּ לַעֲבוֹדָתֶךָ, וְהַחֲזִירֵנוּ בִּתְשׁוּבָה שְׁלֵמָה לְפָנֶיךָ. בָּרוּךְ אַתָּה יהוה, הָרוֹצֶה בִּתְשׁוּבָה.

סליחה

מכים על החזה באגרוף הימני כשאומרים המילים „חָטָאנוּ" ו„פָשָׁעְנוּ".

**סְלַח** לָנוּ אָבִינוּ כִּי חָטָאנוּ, מְחַל לָנוּ מַלְכֵּנוּ כִּי פָשָׁעְנוּ, כִּי אֵל טוֹב וְסַלָּח אָתָּה. בָּרוּךְ אַתָּה יהוה, חַנּוּן הַמַּרְבֶּה לִסְלוֹחַ.

גאולה

**רְאֵה** נָא בְעָנְיֵנוּ, וְרִיבָה רִיבֵנוּ, וּגְאָלֵנוּ[1] גְּאֻלָּה שְׁלֵמָה מְהֵרָה לְמַעַן שְׁמֶךָ, כִּי אֵל גּוֹאֵל חָזָק אָתָּה. בָּרוּךְ אַתָּה יהוה, גּוֹאֵל יִשְׂרָאֵל.

רפואה

בקצת קהילות אומרים הנוסח הקצר שבימין הקו ובקצתם אומרים הנוסח הארוך שבשמאל הקו.

**רְפָאֵנוּ** יהוה וְנֵרָפֵא, הוֹשִׁיעֵנוּ וְנִוָּשֵׁעָה, כִּי תְהִלָּתֵנוּ אָתָּה,[2]

| | |
|---|---|
| וְהַעֲלֵה רְפוּאָה שְׁלֵמָה לְכָל | וְהַעֲלֵה אֲרוּכָה וּמַרְפֵּא לְכָל תַּחֲלוּאֵינוּ וּלְכָל מַכְאוֹבֵינוּ וּלְכָל |

מַכּוֹתֵינוּ, °°כִּי אֵל מֶלֶךְ רוֹפֵא נֶאֱמָן וְרַחֲמָן אָתָּה. בָּרוּךְ אַתָּה יהוה, רוֹפֵא חוֹלֵי עַמּוֹ יִשְׂרָאֵל.

(1) ע״פ תהלים קיט:קנג-קנד (2) ע״פ ירמיה יז:יד

°°כאן אפשר להוסיף תפלה על חולה:

יְהִי רָצוֹן מִלְּפָנֶיךָ, יהוה אֱלֹהַי וֵאלֹהֵי אֲבוֹתַי, שֶׁתִּשְׁלַח מְהֵרָה רְפוּאָה שְׁלֵמָה מִן הַשָּׁמַיִם, רְפוּאַת הַנֶּפֶשׁ וּרְפוּאַת הַגּוּף לזכר–לַחוֹלֶה/לנקבה–לַחוֹלָה (שם החולה) בֶּן/בַּת (שם אם החולה) בְּתוֹךְ שְׁאָר חוֹלֵי יִשְׂרָאֵל. וממשיך „כִּי אֵ־ל . . ."

ברכת השנים

בחוץ לארץ מתחילים לומר „וְתֵן טַל וּמָטָר לִבְרָכָה" בתפילת ערבית של דצמבר 4 למספרם (או דצמבר 5 כשיש יום נוסף בחודש פברואר הבא לפי חשבונם) ובארץ ישראל מתחילים במעריב של ז׳ חשון. ואומרים אותו בכל מקום עד הפסח. בשאר ימות השנה אומרים רק „וְתֵן בְּרָכָה". [אם טעה, עיין הלכות בסוף הסידור סע׳ צב-ק.]

**בָּרֵךְ עָלֵינוּ** יהוה אֱלֹהֵינוּ אֶת הַשָּׁנָה הַזֹּאת וְאֶת כָּל מִינֵי תְבוּאָתָהּ לְטוֹבָה, וְתֵן [בקיץ: בְּרָכָה/בחורף: טַל וּמָטָר לִבְרָכָה] עַל פְּנֵי הָאֲדָמָה, וְשַׂבְּעֵנוּ מִטּוּבָהּ, וּבָרֵךְ שְׁנָתֵנוּ כַּשָּׁנִים הַטּוֹבוֹת לִבְרָכָה, כִּי אֵל טוֹב וּמֵטִיב אָתָּה, וּמְבָרֵךְ הַשָּׁנִים. בָּרוּךְ אַתָּה יהוה, מְבָרֵךְ הַשָּׁנִים.

בקצת קהילות אומרים „בָּרְכֵנוּ" בקיץ.

**בָּרְכֵנוּ**, יהוה אֱלֹהֵינוּ, בְּכָל מַעֲשֵׂה יָדֵינוּ, וּבָרֵךְ שְׁנָתֵנוּ בְּטַלְלֵי רָצוֹן בְּרָכָה וּנְדָבָה. וּתְהִי אַחֲרִיתָהּ חַיִּים וְשָׂבָע וְשָׁלוֹם, כַּשָּׁנִים הַטּוֹבוֹת לִבְרָכָה. כִּי אֵל טוֹב וּמֵטִיב אָתָּה וּמְבָרֵךְ הַשָּׁנִים. בָּרוּךְ אַתָּה יהוה, מְבָרֵךְ הַשָּׁנִים.

קיבוץ גליות

**תְּקַע** בְּשׁוֹפָר גָּדוֹל לְחֵרוּתֵנוּ, וְשָׂא נֵס לְקַבֵּץ גָּלֻיּוֹתֵינוּ, וְקַבְּצֵנוּ יַחַד מְהֵרָה מֵאַרְבַּע כַּנְפוֹת הָאָרֶץ לְאַרְצֵנוּ.[1] בָּרוּךְ אַתָּה יהוה, מְקַבֵּץ נִדְחֵי עַמּוֹ יִשְׂרָאֵל.

דין

**הָשִׁיבָה** שׁוֹפְטֵינוּ כְּבָרִאשׁוֹנָה, וְיוֹעֲצֵינוּ כְּבַתְּחִלָּה,[2] וְהָסֵר מִמֶּנּוּ יָגוֹן וַאֲנָחָה, וּמְלוֹךְ עָלֵינוּ מְהֵרָה אַתָּה יהוה לְבַדְּךָ בְּחֶסֶד וּבְרַחֲמִים, וְצַדְּקֵנוּ בְּצֶדֶק וּבְמִשְׁפָּט. בָּרוּךְ אַתָּה יהוה, °מֶלֶךְ אוֹהֵב צְדָקָה וּמִשְׁפָּט.

°בעשי״ת מסיים – **הַמֶּלֶךְ הַמִּשְׁפָּט.** [ואם שכח אינו חוזר; עיין הלכות בסוף הסידור סע׳ עח.]

ברכת המינים

**וְלַמַּלְשִׁינִים** אַל תְּהִי תִקְוָה, וְכָל הַמִּינִים כְּרֶגַע יֹאבֵדוּ, וְכָל אֹיְבֵי עַמְּךָ מְהֵרָה יִכָּרֵתוּ, וְהַזֵּדִים מְהֵרָה תְעַקֵּר וּתְשַׁבֵּר וּתְמַגֵּר וּתְכַלֵּם וְתַשְׁפִּילֵם וְתַכְנִיעֵם בִּמְהֵרָה בְיָמֵינוּ. בָּרוּךְ אַתָּה יהוה, שׁוֹבֵר אֹיְבִים וּמַכְנִיעַ זֵדִים.

צדיקים

**עַל הַצַּדִּיקִים** וְעַל הַחֲסִידִים, וְעַל זִקְנֵי שְׁאֵרִית עַמְּךָ בֵּית יִשְׂרָאֵל, וְעַל פְּלֵיטַת בֵּית סוֹפְרֵיהֶם,

(1) ע״פ ישעיה יא:יב (2) ע״פ א:כו

וְעַל גֵּרֵי הַצֶּדֶק וְעָלֵינוּ, יֶהֱמוּ נָא רַחֲמֶיךָ יהוה אֱלֹהֵינוּ. וְתֵן שָׂכָר טוֹב לְכָל הַבּוֹטְחִים בְּשִׁמְךָ בֶּאֱמֶת וְשִׂים חֶלְקֵנוּ עִמָּהֶם, וּלְעוֹלָם לֹא נֵבוֹשׁ כִּי בְךָ בָּטָחְנוּ,[1] וְעַל חַסְדְּךָ הַגָּדוֹל בֶּאֱמֶת (וּבְתָמִים) נִשְׁעָנְנוּ. בָּרוּךְ אַתָּה יהוה, מִשְׁעָן וּמִבְטָח לַצַּדִּיקִים.

בנין ירושלים

**וְלִירוּשָׁלַיִם** עִירְךָ בְּרַחֲמִים תָּשׁוּב, וְתִשְׁכּוֹן בְּתוֹכָהּ כַּאֲשֶׁר דִּבַּרְתָּ, וּבְנֵה אוֹתָהּ בְּקָרוֹב בְּיָמֵינוּ בִּנְיַן עוֹלָם, וְכִסֵּא דָוִד עַבְדְּךָ מְהֵרָה לְתוֹכָהּ תָּכִין. בָּרוּךְ אַתָּה יהוה, בּוֹנֵה יְרוּשָׁלָיִם.

מלכות בית דוד

**אֶת צֶמַח** דָּוִד עַבְדְּךָ מְהֵרָה תַצְמִיחַ, וְקַרְנוֹ תָּרוּם בִּישׁוּעָתֶךָ, כִּי לִישׁוּעָתְךָ קִוִּינוּ כָּל הַיּוֹם (וּמְצַפִּים לִישׁוּעָה). בָּרוּךְ אַתָּה יהוה, מַצְמִיחַ קֶרֶן יְשׁוּעָה.

קבלת תפלה

**אָב הָרַחֲמָן,** שְׁמַע קוֹלֵנוּ יהוה אֱלֹהֵינוּ, חוּס וְרַחֵם עָלֵינוּ, וְקַבֵּל בְּרַחֲמִים וּבְרָצוֹן אֶת תְּפִלָּתֵנוּ, כִּי אֵל שׁוֹמֵעַ תְּפִלּוֹת וְתַחֲנוּנִים אָתָּה. וּמִלְּפָנֶיךָ מַלְכֵּנוּ, רֵיקָם אַל תְּשִׁיבֵנוּ. חָנֵּנוּ וַעֲנֵנוּ וּשְׁמַע תְּפִלָּתֵנוּ,°° כִּי אַתָּה שׁוֹמֵעַ תְּפִלַּת כָּל פֶּה עַמְּךָ יִשְׂרָאֵל בְּרַחֲמִים. בָּרוּךְ אַתָּה יהוה, שׁוֹמֵעַ תְּפִלָּה.

°° יש מוסיפים כאן תפלה אחת מתפילות אלו או שתיהן.

על כפרת העוונות:

**אָנָּא** יהוה, חָטָאתִי עָוִיתִי וּפָשַׁעְתִּי לְפָנֶיךָ, מִיּוֹם הֱיוֹתִי עַל הָאֲדָמָה עַד הַיּוֹם הַזֶּה (וּבִפְרַט בַּחֵטְא ...). אָנָּא יהוה, עֲשֵׂה לְמַעַן שִׁמְךָ הַגָּדוֹל, וּתְכַפֶּר לִי עַל עֲוֹנַי וַחֲטָאַי וּפְשָׁעַי שֶׁחָטָאתִי וְשֶׁעָוִיתִי וְשֶׁפָּשַׁעְתִּי לְפָנֶיךָ, מִנְּעוּרַי עַד הַיּוֹם הַזֶּה. וּתְמַלֵּא כָּל הַשֵּׁמוֹת שֶׁפָּגַמְתִּי בְּשִׁמְךָ הַגָּדוֹל.

על פרנסה:

**אַתָּה** הוּא יהוה הָאֱלֹהִים, הַזָּן וּמְפַרְנֵס וּמְכַלְכֵּל מִקַּרְנֵי רְאֵמִים עַד בֵּיצֵי כִנִּים. הַטְרִיפֵנִי לֶחֶם חֻקִּי, וְהַמְצֵא לִי וּלְכָל בְּנֵי בֵיתִי מְזוֹנוֹתַי קוֹדֶם שֶׁאֶצְטָרֵךְ לָהֶם, בְּנַחַת וְלֹא בְצַעַר, בְּהֶתֵּר וְלֹא בְאִסּוּר, בְּכָבוֹד וְלֹא בְבִזָּיוֹן, לְחַיִּים וּלְשָׁלוֹם, מִשֶּׁפַע בְּרָכָה וְהַצְלָחָה, וּמִשֶּׁפַע בְּרֵכָה עֶלְיוֹנָה, כְּדֵי שֶׁאוּכַל לַעֲשׂוֹת רְצוֹנֶךָ וְלַעֲסוֹק בְּתוֹרָתֶךָ וּלְקַיֵּם מִצְוֹתֶיךָ. וְאַל תַּצְרִיכֵנִי לִידֵי מַתְּנַת בָּשָׂר וָדָם. וִיקֻיַּם בִּי מִקְרָא שֶׁכָּתוּב: פּוֹתֵחַ אֶת יָדֶךָ, וּמַשְׂבִּיעַ לְכָל חַי רָצוֹן.[2] וְכָתוּב: הַשְׁלֵךְ עַל יהוה יְהָבְךָ וְהוּא יְכַלְכְּלֶךָ.[3]

וממשיך – „כִּי אַתָּה. . .”

(1) ע״פ תהלים כה:ב; עא:א (2) תהלים קמה:טז (3) נה:כג

עבודה

**רְצֵה** יהוה אֱלֹהֵינוּ בְּעַמְּךָ יִשְׂרָאֵל וְלִתְפִלָּתָם שְׁעֵה, וְהָשֵׁב אֶת הָעֲבוֹדָה לִדְבִיר בֵּיתֶךָ. וְאִשֵּׁי יִשְׂרָאֵל, וּתְפִלָּתָם מְהֵרָה בְּאַהֲבָה תְקַבֵּל בְּרָצוֹן, וּתְהִי לְרָצוֹן תָּמִיד עֲבוֹדַת יִשְׂרָאֵל עַמֶּךָ.

בראש חודש ובחול המועד מוסיפים [אם שכח לומר „יעלה ויבא״ עיין הלכות בסוף הסידור סע׳ קה-קז]:

**אֱלֹהֵינוּ** וֵאלֹהֵי אֲבוֹתֵינוּ, יַעֲלֶה, וְיָבֹא, וְיַגִּיעַ, וְיֵרָאֶה, וְיֵרָצֶה, וְיִשָּׁמַע, וְיִפָּקֵד, וְיִזָּכֵר זִכְרוֹנֵנוּ וּפִקְדוֹנֵנוּ, וְזִכְרוֹן אֲבוֹתֵינוּ, וְזִכְרוֹן מָשִׁיחַ בֶּן דָּוִד עַבְדֶּךָ, וְזִכְרוֹן יְרוּשָׁלַיִם עִיר קָדְשֶׁךָ, וְזִכְרוֹן כָּל עַמְּךָ בֵּית יִשְׂרָאֵל לְפָנֶיךָ, לִפְלֵיטָה לְטוֹבָה, לְחֵן וּלְחֶסֶד וּלְרַחֲמִים, לְחַיִּים (טוֹבִים) וּלְשָׁלוֹם, בְּיוֹם

| בראש חודש | בחוה״מ פסח | בחוה״מ סוכות |
|---|---|---|
| רֹאשׁ הַחֹדֶשׁ | חַג הַמַּצּוֹת | חַג הַסֻּכּוֹת |

הַזֶּה. זָכְרֵנוּ יהוה אֱלֹהֵינוּ בּוֹ לְטוֹבָה, וּפָקְדֵנוּ בוֹ לִבְרָכָה, וְהוֹשִׁיעֵנוּ בוֹ לְחַיִּים טוֹבִים. וּבִדְבַר יְשׁוּעָה וְרַחֲמִים, חוּס וְחָנֵּנוּ וְרַחֵם עָלֵינוּ וְהוֹשִׁיעֵנוּ, כִּי אֵלֶיךָ עֵינֵינוּ, כִּי אֵל מֶלֶךְ חַנּוּן וְרַחוּם אָתָּה.[1]

**וְתֶחֱזֶינָה** עֵינֵינוּ בְּשׁוּבְךָ לְצִיּוֹן בְּרַחֲמִים. בָּרוּךְ אַתָּה יהוה, הַמַּחֲזִיר שְׁכִינָתוֹ לְצִיּוֹן.

הודאה

כשאומר „מודים״ יכוף ראשו וגופו כאגמון, וכשזוקף יזקוף בנחת, ראשו תחלה.

**מוֹדִים** אֲנַחְנוּ לָךְ, שָׁאַתָּה הוּא יהוה אֱלֹהֵינוּ וֵאלֹהֵי אֲבוֹתֵינוּ לְעוֹלָם וָעֶד. צוּרֵנוּ, צוּר חַיֵּינוּ, מָגֵן יִשְׁעֵנוּ אַתָּה הוּא לְדוֹר וָדוֹר. נוֹדֶה לְּךָ וּנְסַפֵּר תְּהִלָּתֶךָ[2] עַל חַיֵּינוּ הַמְּסוּרִים בְּיָדֶךָ, וְעַל נִשְׁמוֹתֵינוּ הַפְּקוּדוֹת לָךְ, וְעַל נִסֶּיךָ שֶׁבְּכָל יוֹם עִמָּנוּ, וְעַל נִפְלְאוֹתֶיךָ וְטוֹבוֹתֶיךָ שֶׁבְּכָל עֵת, עֶרֶב וָבֹקֶר וְצָהֳרָיִם. הַטּוֹב כִּי לֹא כָלוּ רַחֲמֶיךָ, וְהַמְרַחֵם כִּי לֹא תַמּוּ חֲסָדֶיךָ,[3] כִּי מֵעוֹלָם קִוִּינוּ לָךְ.

בחנוכה ופורים מוסיפים [אם שכח אינו חוזר; עיין הלכות בסוף הסידור סע׳ קח]:

**וְעַל הַנִּסִּים,** וְעַל הַפֻּרְקָן, וְעַל הַגְּבוּרוֹת, וְעַל הַתְּשׁוּעוֹת, וְעַל הַנִּפְלָאוֹת, וְעַל הַנֶּחָמוֹת, וְעַל הַמִּלְחָמוֹת, שֶׁעָשִׂיתָ לַאֲבוֹתֵינוּ בַּיָּמִים הָהֵם בַּזְּמַן הַזֶּה.

(1) ע״פ נחמיה ט:לא (2) ע״פ תהלים עט:יג (3) ע״פ איכה ג:כב

בחנוכה:

**בִּימֵי** מַתִּתְיָהוּ בֶּן יוֹחָנָן כֹּהֵן גָּדוֹל חַשְׁמוֹנָאִי וּבָנָיו, כְּשֶׁעָמְדָה מַלְכוּת יָוָן הָרְשָׁעָה עַל עַמְּךָ יִשְׂרָאֵל, לְהַשְׁכִּיחָם תּוֹרָתֶךָ, וּלְהַעֲבִירָם מֵחֻקֵּי רְצוֹנֶךָ. וְאַתָּה בְּרַחֲמֶיךָ הָרַבִּים, עָמַדְתָּ לָהֶם בְּעֵת צָרָתָם, רַבְתָּ אֶת רִיבָם, דַּנְתָּ אֶת דִּינָם, נָקַמְתָּ אֶת נִקְמָתָם.[1] מָסַרְתָּ גִבּוֹרִים בְּיַד חַלָּשִׁים, וְרַבִּים בְּיַד מְעַטִּים, וּטְמֵאִים בְּיַד טְהוֹרִים, וּרְשָׁעִים בְּיַד צַדִּיקִים, וְזֵדִים בְּיַד עוֹסְקֵי תוֹרָתֶךָ. וּלְךָ עָשִׂיתָ שֵׁם גָּדוֹל וְקָדוֹשׁ בְּעוֹלָמֶךָ, וּלְעַמְּךָ יִשְׂרָאֵל עָשִׂיתָ תְּשׁוּעָה גְדוֹלָה[2] וּפֻרְקָן כְּהַיּוֹם הַזֶּה. וְאַחַר כֵּן בָּאוּ בָנֶיךָ לִדְבִיר בֵּיתֶךָ, וּפִנּוּ אֶת הֵיכָלֶךָ, וְטִהֲרוּ אֶת מִקְדָּשֶׁךָ, וְהִדְלִיקוּ נֵרוֹת בְּחַצְרוֹת קָדְשֶׁךָ, וְקָבְעוּ שְׁמוֹנַת יְמֵי חֲנֻכָּה אֵלּוּ, לְהוֹדוֹת וּלְהַלֵּל לְשִׁמְךָ הַגָּדוֹל.

בפורים:

**בִּימֵי** מָרְדְּכַי וְאֶסְתֵּר בְּשׁוּשַׁן הַבִּירָה, כְּשֶׁעָמַד עֲלֵיהֶם הָמָן הָרָשָׁע, בִּקֵּשׁ לְהַשְׁמִיד לַהֲרֹג וּלְאַבֵּד אֶת כָּל הַיְּהוּדִים, מִנַּעַר וְעַד זָקֵן, טַף וְנָשִׁים בְּיוֹם אֶחָד, בִּשְׁלוֹשָׁה עָשָׂר לְחֹדֶשׁ שְׁנֵים עָשָׂר, הוּא חֹדֶשׁ אֲדָר, וּשְׁלָלָם לָבוֹז.[3] וְאַתָּה בְּרַחֲמֶיךָ הָרַבִּים הֵפַרְתָּ אֶת עֲצָתוֹ, וְקִלְקַלְתָּ אֶת מַחֲשַׁבְתּוֹ, וַהֲשֵׁבוֹתָ לּוֹ גְּמוּלוֹ בְּרֹאשׁוֹ, וְתָלוּ אוֹתוֹ וְאֶת בָּנָיו עַל הָעֵץ.

וְעַל כֻּלָּם יִתְבָּרַךְ וְיִתְרוֹמַם וְיִתְנַשֵּׂא שִׁמְךָ מַלְכֵּנוּ תָּמִיד לְעוֹלָם וָעֶד.

בעשרת ימי תשובה מוסיפים [ואם שכח אינו חוזר; עיין הלכות בסוף הסידור סע׳ עה]:

וּכְתוֹב לְחַיִּים טוֹבִים כָּל בְּנֵי בְרִיתֶךָ.

וְכֹל הַחַיִּים יוֹדוּךָ סֶּלָה, וִיהַלְלוּ וִיבָרְכוּ אֶת שִׁמְךָ הַגָּדוֹל בֶּאֱמֶת, לְעוֹלָם כִּי טוֹב. הָאֵל יְשׁוּעָתֵנוּ וְעֶזְרָתֵנוּ סֶלָה, הָאֵל הַטּוֹב. בָּרוּךְ אַתָּה יהוה, הַטּוֹב שִׁמְךָ וּלְךָ נָאֶה לְהוֹדוֹת.

שלום

יש קהילות שאומרים „שִׂים שָׁלוֹם" ויש שאומרים „שָׁלוֹם רָב".

**שִׂים** שָׁלוֹם, טוֹבָה וּבְרָכָה, חַיִּים, חֵן וָחֶסֶד וְרַחֲמִים עָלֵינוּ וְעַל כָּל יִשְׂרָאֵל עַמֶּךָ. בָּרְכֵנוּ אָבִינוּ, כֻּלָּנוּ כְּאֶחָד בְּאוֹר פָּנֶיךָ, כִּי בְאוֹר פָּנֶיךָ נָתַתָּ לָּנוּ, יהוה אֱלֹהֵינוּ, תּוֹרַת חַיִּים וְאַהֲבַת חֶסֶד, וּצְדָקָה, וּבְרָכָה, וְרַחֲמִים, וְחַיִּים, וְשָׁלוֹם. וְטוֹב יִהְיֶה בְעֵינֶיךָ לְבָרְכֵנוּ וּלְבָרֵךְ אֶת כָּל עַמְּךָ יִשְׂרָאֵל בְּכָל עֵת וּבְכָל שָׁעָה בִּשְׁלוֹמֶךָ (בְּרוֹב עוֹז וְשָׁלוֹם).

# שָׁלוֹם רָב

עַל יִשְׂרָאֵל עַמְּךָ תָּשִׂים לְעוֹלָם, כִּי אַתָּה הוּא מֶלֶךְ אָדוֹן לְכָל הַשָּׁלוֹם. וְטוֹב יִהְיֶה בְעֵינֶיךָ לְבָרְכֵנוּ וּלְבָרֵךְ אֶת כָּל עַמְּךָ יִשְׂרָאֵל בְּכָל עֵת וּבְכָל שָׁעָה בִּשְׁלוֹמֶךָ.

(1) ע״פ ירמיה נא:לו (2) ע״פ שמואל א יט:ה (3) אסתר ג:יג

בעשרת ימי תשובה מוסיפים [ואם שכח אינו חוזר; עיין הלכות בסוף הסידור סע׳ עה]:

בְּסֵפֶר חַיִּים בְּרָכָה וְשָׁלוֹם, וּפַרְנָסָה טוֹבָה, וּגְזֵרוֹת טוֹבוֹת, יְשׁוּעוֹת וְנֶחָמוֹת, נִזָּכֵר וְנִכָּתֵב לְפָנֶיךָ, אֲנַחְנוּ וְכָל עַמְּךָ בֵּית יִשְׂרָאֵל, לְחַיִּים טוֹבִים וּלְשָׁלוֹם.

בָּרוּךְ אַתָּה יהוה, הַמְבָרֵךְ אֶת עַמּוֹ יִשְׂרָאֵל בַּשָּׁלוֹם.

טוב לומר „יִהְיוּ לְרָצוֹן . . .” גם קודם התחנונים [של „אֱלֹהַי נְצוֹר”] (מ״ב סי׳ קכב ס״ק ג)
[ואז יוכל להפסיק לקדיש וקדושה וכו׳, ראה פרטי ההלכה בעמ׳ 54].

יִהְיוּ לְרָצוֹן אִמְרֵי פִי וְהֶגְיוֹן לִבִּי לְפָנֶיךָ, יהוה צוּרִי וְגֹאֲלִי.[1]

**אֱלֹהַי,** נְצוֹר לְשׁוֹנִי מֵרָע, וּשְׂפָתַי מִדַּבֵּר מִרְמָה,[2] וְלִמְקַלְלַי נַפְשִׁי תִדּוֹם, וְנַפְשִׁי כֶּעָפָר לַכֹּל תִּהְיֶה. פְּתַח לִבִּי בְּתוֹרָתֶךָ, וְאַחֲרֵי מִצְוֹתֶיךָ תִּרְדּוֹף נַפְשִׁי. וְכָל הַקָּמִים וְהַחוֹשְׁבִים עָלַי לְרָעָה, מְהֵרָה הָפֵר עֲצָתָם וְקַלְקֵל מַחֲשַׁבְתָּם.[3] יְהִי רָצוֹן מִלְּפָנֶיךָ, יהוה אֱלֹהַי וֵאלֹהֵי אֲבוֹתַי, שֶׁלֹּא תַעֲלֶה קִנְאַת אָדָם עָלַי, וְלֹא קִנְאָתִי עַל אֲחֵרִים, וְשֶׁלֹּא אֶכְעֹס הַיּוֹם, וְשֶׁלֹּא אַכְעִיסֶךָ, וְתַצִּילֵנִי מִיֵּצֶר הָרָע, וְתֵן בְּלִבִּי הַכְנָעָה וַעֲנָוָה. מַלְכֵּנוּ וֵאלֹהֵינוּ, יַחֵד שִׁמְךָ בְּעוֹלָמֶךָ, בְּנֵה עִירָךְ, יַסֵּד בֵּיתֶךָ, וְשַׁכְלֵל הֵיכָלֶךָ, וְקַבֵּץ קִבּוּץ גָּלֻיּוֹת, וּפְדֵה צֹאנֶךָ וְשַׂמַּח עֲדָתֶךָ. עֲשֵׂה לְמַעַן שְׁמֶךָ, עֲשֵׂה לְמַעַן יְמִינֶךָ, עֲשֵׂה לְמַעַן תּוֹרָתֶךָ, עֲשֵׂה לְמַעַן קְדֻשָּׁתֶךָ. לְמַעַן יֵחָלְצוּן יְדִידֶיךָ, הוֹשִׁיעָה יְמִינְךָ וַעֲנֵנִי.[4] (כתב בס׳ אליה רבה שטוב לומר כאן פסוק ששייך אל שמו; ראה עמ׳ 443.) יִהְיוּ לְרָצוֹן אִמְרֵי פִי וְהֶגְיוֹן לִבִּי לְפָנֶיךָ, יהוה צוּרִי וְגֹאֲלִי.[1] עֹשֶׂה °שָׁלוֹם (°יש אומרים בעשי״ת– הַשָּׁלוֹם) בִּמְרוֹמָיו, הוּא יַעֲשֶׂה שָׁלוֹם עָלֵינוּ, וְעַל כָּל יִשְׂרָאֵל. וְאִמְרוּ: אָמֵן.

**יְהִי רָצוֹן** מִלְּפָנֶיךָ, יהוה אֱלֹהֵינוּ וֵאלֹהֵי אֲבוֹתֵינוּ, שֶׁיִּבָּנֶה בֵּית הַמִּקְדָּשׁ בִּמְהֵרָה בְיָמֵינוּ, וְתֵן חֶלְקֵנוּ בְּתוֹרָתֶךָ. וְשָׁם נַעֲבָדְךָ בְּיִרְאָה, כִּימֵי עוֹלָם וּכְשָׁנִים קַדְמוֹנִיּוֹת. וְעָרְבָה לַיהוה מִנְחַת יְהוּדָה וִירוּשָׁלָיִם, כִּימֵי עוֹלָם וּכְשָׁנִים קַדְמוֹנִיּוֹת.[5]

עומד במקום שכלו ג׳ הפסיעות כדי הילוך ד׳ אמות ואז פוסע ג׳ פסיעות לפניו וחוזר למקומו.

☐ **בימות החול, בחול המועד, במוצאי יום טוב,** וכן במוצאי שבת אם חל יו״ט [וי״א אף ערב פסח] בששת ימי המעשה הבאים, אומר החזן קדיש שלם (עמ׳ 138) ואומרים „עָלֵינוּ”.

☐ **במוצאי שבת** [אם לא חל יו״ט בששת ימי המעשה הבאים] אומר החזן חצי קדיש (עמ׳ 137) ואומרים „וִיהִי נֹעַם”.

☐ **בפורים** אומר החזן קדיש שלם וקורין המגילה. אחרי „שׁוֹשַׁנַּת יַעֲקֹב” אומרים [במוצאי שבת – „וִיהִי נֹעַם”,] „וְאַתָּה קָדוֹשׁ”, קדיש שלם בלא תתקבל, „עָלֵינוּ”, קדיש יתום.

☐ **בתשעה באב** אומר החזן קדיש שלם וקורין מגילת איכה. אח״כ אומרים „וְאַתָּה קָדוֹשׁ”, קדיש שלם בלא תתקבל, „עָלֵינוּ”, קדיש יתום.

(1) תהלים יט:טו (2) ע״פ לד:יד (3) ע״פ תפלת מר בריה דרבינא, ברכות יז. (4) תהלים ס:ז; קח:ז (5) מלאכי ג:ד

## למוצאי שבת

### חצי קדיש

**יִתְגַּדַּל** וְיִתְקַדַּשׁ שְׁמֵהּ רַבָּא. בְּעָלְמָא דִּי בְרָא כִרְעוּתֵהּ. וְיַמְלִיךְ מַלְכוּתֵהּ, וְיַצְמַח פֻּרְקָנֵהּ וִיקָרֵב מְשִׁיחֵהּ. בְּחַיֵּיכוֹן וּבְיוֹמֵיכוֹן וּבְחַיֵּי דְכָל בֵּית יִשְׂרָאֵל, בַּעֲגָלָא וּבִזְמַן קָרִיב. וְאִמְרוּ: אָמֵן.

קהל וחזן – **יְהֵא שְׁמֵהּ רַבָּא מְבָרַךְ לְעָלַם וּלְעָלְמֵי עָלְמַיָּא. יִתְבָּרַךְ** וְיִשְׁתַּבַּח וְיִתְפָּאַר וְיִתְרוֹמַם וְיִתְנַשֵּׂא וְיִתְהַדָּר וְיִתְעַלֶּה וְיִתְהַלָּל שְׁמֵהּ דְּקֻדְשָׁא בְּרִיךְ הוּא – °לְעֵלָּא מִן כָּל (°בעשי״ת – לְעֵלָּא [וּ]לְעֵלָּא מִכָּל) בִּרְכָתָא וְשִׁירָתָא תֻּשְׁבְּחָתָא וְנֶחֱמָתָא דַּאֲמִירָן בְּעָלְמָא. וְאִמְרוּ: אָמֵן.

**וִיהִי נֹעַם** אֲדֹנָי אֱלֹהֵינוּ עָלֵינוּ, וּמַעֲשֵׂה יָדֵינוּ כּוֹנְנָה עָלֵינוּ, וּמַעֲשֵׂה יָדֵינוּ כּוֹנְנֵהוּ.[1]

תהלים צא

**יֹשֵׁב** בְּסֵתֶר עֶלְיוֹן, בְּצֵל שַׁדַּי יִתְלוֹנָן. אֹמַר לַיהוה, מַחְסִי וּמְצוּדָתִי, אֱלֹהַי אֶבְטַח בּוֹ. כִּי הוּא יַצִּילְךָ מִפַּח יָקוּשׁ, מִדֶּבֶר הַוּוֹת. בְּאֶבְרָתוֹ יָסֶךְ לָךְ, וְתַחַת כְּנָפָיו תֶּחְסֶה, צִנָּה וְסֹחֵרָה אֲמִתּוֹ. לֹא תִירָא מִפַּחַד לָיְלָה, מֵחֵץ יָעוּף יוֹמָם. מִדֶּבֶר בָּאֹפֶל יַהֲלֹךְ, מִקֶּטֶב יָשׁוּד צָהֳרָיִם. יִפֹּל מִצִּדְּךָ אֶלֶף, וּרְבָבָה מִימִינֶךָ, אֵלֶיךָ לֹא יִגָּשׁ. רַק בְּעֵינֶיךָ תַבִּיט, וְשִׁלֻּמַת רְשָׁעִים תִּרְאֶה. כִּי אַתָּה יהוה מַחְסִי, עֶלְיוֹן שַׂמְתָּ מְעוֹנֶךָ. לֹא תְאֻנֶּה אֵלֶיךָ רָעָה, וְנֶגַע לֹא יִקְרַב בְּאָהֳלֶךָ. כִּי מַלְאָכָיו יְצַוֶּה לָּךְ, לִשְׁמָרְךָ בְּכָל דְּרָכֶיךָ. עַל כַּפַּיִם יִשָּׂאוּנְךָ, פֶּן תִּגֹּף בָּאֶבֶן רַגְלֶךָ. עַל שַׁחַל וָפֶתֶן תִּדְרֹךְ, תִּרְמֹס כְּפִיר וְתַנִּין. כִּי בִי חָשַׁק וַאֲפַלְּטֵהוּ, אֲשַׂגְּבֵהוּ כִּי יָדַע שְׁמִי. יִקְרָאֵנִי וְאֶעֱנֵהוּ, עִמּוֹ אָנֹכִי בְצָרָה, אֲחַלְּצֵהוּ וַאֲכַבְּדֵהוּ. ❖ אֹרֶךְ יָמִים אַשְׂבִּיעֵהוּ, וְאַרְאֵהוּ בִּישׁוּעָתִי. אֹרֶךְ יָמִים אַשְׂבִּיעֵהוּ, וְאַרְאֵהוּ בִּישׁוּעָתִי.

מדקדקים בכמה קהילות שיאמר החזן פסוקי הקדושה
בקול רם ושיאמרו הצבור עמו. אמנם תרגום פסוקי הקדושה יש לאמרם בלחש דוקא.

❖ **וְאַתָּה קָדוֹשׁ** יוֹשֵׁב תְּהִלּוֹת יִשְׂרָאֵל.[2] וְקָרָא זֶה אֶל זֶה וְאָמַר: **קָדוֹשׁ, קָדוֹשׁ, קָדוֹשׁ, יהוה צְבָאוֹת, מְלֹא כָל הָאָרֶץ כְּבוֹדוֹ.**[3] וּמְקַבְּלִין דֵּין מִן דֵּין וְאָמְרִין: קַדִּישׁ בִּשְׁמֵי מְרוֹמָא עִלָּאָה בֵּית שְׁכִינְתֵּהּ, קַדִּישׁ עַל אַרְעָא עוֹבַד גְּבוּרְתֵּהּ, קַדִּישׁ לְעָלַם וּלְעָלְמֵי עָלְמַיָּא, יהוה צְבָאוֹת, מַלְיָא כָל אַרְעָא זִיו יְקָרֵהּ.[4] ❖ וַתִּשָּׂאֵנִי רוּחַ, וָאֶשְׁמַע אַחֲרַי קוֹל רַעַשׁ גָּדוֹל: **בָּרוּךְ כְּבוֹד יהוה מִמְּקוֹמוֹ.**[5] וּנְטָלַתְנִי רוּחָא, וְשִׁמְעֵת בַּתְרַי קָל זִיעַ סַגִּיא דִּמְשַׁבְּחִין וְאָמְרִין: בְּרִיךְ יְקָרָא דַיהוה מֵאֲתַר בֵּית שְׁכִינְתֵּהּ.[6] **יהוה יִמְלֹךְ לְעֹלָם**

---

(1) תהלים צ:יז (2) כב:ד (3) ישעיה ו:ג (4) תרגום יונתן שם (5) יחזקאל ג:יב (6) תרגום יונתן שם

**וָעֶד.**[1] יהוה מַלְכוּתֵהּ קָאֵם לְעָלַם וּלְעָלְמֵי עָלְמַיָּא.[2]
יהוה אֱלֹהֵי אַבְרָהָם יִצְחָק וְיִשְׂרָאֵל אֲבֹתֵינוּ, שָׁמְרָה זֹּאת לְעוֹלָם, לְיֵצֶר מַחְשְׁבוֹת לְבַב עַמֶּךָ, וְהָכֵן לְבָבָם אֵלֶיךָ.[3] וְהוּא רַחוּם, יְכַפֵּר עָוֹן וְלֹא יַשְׁחִית, וְהִרְבָּה לְהָשִׁיב אַפּוֹ, וְלֹא יָעִיר כָּל חֲמָתוֹ.[4] כִּי אַתָּה אֲדֹנָי טוֹב וְסַלָּח, וְרַב חֶסֶד לְכָל קֹרְאֶיךָ.[5] צִדְקָתְךָ צֶדֶק לְעוֹלָם, וְתוֹרָתְךָ אֱמֶת.[6] תִּתֵּן אֱמֶת לְיַעֲקֹב, חֶסֶד לְאַבְרָהָם, אֲשֶׁר נִשְׁבַּעְתָּ לַאֲבֹתֵינוּ מִימֵי קֶדֶם.[7] בָּרוּךְ אֲדֹנָי, יוֹם יוֹם יַעֲמָס לָנוּ, הָאֵל יְשׁוּעָתֵנוּ סֶלָה.[8] יהוה צְבָאוֹת עִמָּנוּ, מִשְׂגָּב לָנוּ אֱלֹהֵי יַעֲקֹב סֶלָה.[9] יהוה צְבָאוֹת, אַשְׁרֵי אָדָם בֹּטֵחַ בָּךְ.[10] יהוה הוֹשִׁיעָה, הַמֶּלֶךְ יַעֲנֵנוּ בְיוֹם קָרְאֵנוּ.[11] בָּרוּךְ הוּא אֱלֹהֵינוּ שֶׁבְּרָאָנוּ לִכְבוֹדוֹ, וְהִבְדִּילָנוּ מִן הַתּוֹעִים, וְנָתַן לָנוּ תּוֹרַת אֱמֶת, וְחַיֵּי עוֹלָם נָטַע בְּתוֹכֵנוּ. הוּא יִפְתַּח לִבֵּנוּ בְּתוֹרָתוֹ, וְיָשֵׂם בְּלִבֵּנוּ אַהֲבָתוֹ וְיִרְאָתוֹ וְלַעֲשׂוֹת רְצוֹנוֹ וּלְעָבְדוֹ בְּלֵבָב שָׁלֵם, לְמַעַן לֹא נִיגַע לָרִיק, וְלֹא נֵלֵד לַבֶּהָלָה.[12]
יְהִי רָצוֹן מִלְּפָנֶיךָ, יהוה אֱלֹהֵינוּ וֵאלֹהֵי אֲבוֹתֵינוּ, שֶׁנִּשְׁמֹר חֻקֶּיךָ בָּעוֹלָם הַזֶּה, וְנִזְכֶּה וְנִחְיֶה וְנִרְאֶה וְנִירַשׁ טוֹבָה וּבְרָכָה לִשְׁנֵי יְמוֹת הַמָּשִׁיחַ וּלְחַיֵּי הָעוֹלָם הַבָּא. לְמַעַן יְזַמֶּרְךָ כָבוֹד וְלֹא יִדֹּם, יהוה אֱלֹהַי לְעוֹלָם אוֹדֶךָּ.[13] בָּרוּךְ הַגֶּבֶר אֲשֶׁר יִבְטַח בַּיהוה, וְהָיָה יהוה מִבְטַחוֹ.[14] בִּטְחוּ בַיהוה עֲדֵי עַד, כִּי בְּיָהּ יהוה צוּר עוֹלָמִים.[15] ❖ וְיִבְטְחוּ בְךָ יוֹדְעֵי שְׁמֶךָ, כִּי לֹא עָזַבְתָּ דֹרְשֶׁיךָ, יהוה.[16] יהוה חָפֵץ לְמַעַן צִדְקוֹ, יַגְדִּיל תּוֹרָה וְיַאְדִּיר.[17]
יהוה אֲדֹנֵינוּ, מָה אַדִּיר שִׁמְךָ בְּכָל הָאָרֶץ.[18]
חִזְקוּ וְיַאֲמֵץ לְבַבְכֶם, כָּל הַמְיַחֲלִים לַיהוה.[19]

קדיש שלם

**יִתְגַּדַּל** וְיִתְקַדַּשׁ שְׁמֵהּ רַבָּא. בְּעָלְמָא דִּי בְרָא כִרְעוּתֵהּ. וְיַמְלִיךְ מַלְכוּתֵהּ, וְיַצְמַח פֻּרְקָנֵהּ וִיקָרֵב מְשִׁיחֵהּ. בְּחַיֵּיכוֹן וּבְיוֹמֵיכוֹן וּבְחַיֵּי דְכָל בֵּית יִשְׂרָאֵל, בַּעֲגָלָא וּבִזְמַן קָרִיב. וְאִמְרוּ: אָמֵן.
קהל וחזן– **יְהֵא שְׁמֵהּ רַבָּא מְבָרַךְ לְעָלַם וּלְעָלְמֵי עָלְמַיָּא. יִתְבָּרַךְ** וְיִשְׁתַּבַּח וְיִתְפָּאַר וְיִתְרוֹמַם וְיִתְנַשֵּׂא וְיִתְהַדָּר וְיִתְעַלֶּה וְיִתְהַלָּל שְׁמֵהּ דְּקֻדְשָׁא בְּרִיךְ הוּא – °לְעֵלָּא מִן כָּל (°בעשרת ימי תשובה – לְעֵלָּא [וּ]לְעֵלָּא מִכָּל) בִּרְכָתָא וְשִׁירָתָא תֻּשְׁבְּחָתָא וְנֶחֱמָתָא דַּאֲמִירָן בְּעָלְמָא. וְאִמְרוּ: אָמֵן.
(קהל– קַבֵּל בְּרַחֲמִים וּבְרָצוֹן אֶת תְּפִלָּתֵנוּ.)
תִּתְקַבֵּל צְלוֹתְהוֹן וּבָעוּתְהוֹן דְּכָל בֵּית יִשְׂרָאֵל קֳדָם אֲבוּהוֹן דִּי בִשְׁמַיָּא. וְאִמְרוּ: אָמֵן.

(1) שמות טו:יח (2) תרגום אונקלוס שם (3) דברי הימים א כט:יח (4) תהלים עח:לח (5) פו:ה (6) קיט:קמב (7) מיכה ז:כ (8) תהלים סח:כ (9) מו:ח (10) פד:יג (11) כ:י (12) ע״פ ישעיה סה:כג (13) תהלים ל:יג (14) ירמיה יז:ז (15) ישעיה כו:ד (16) תהלים ט:יא (17) ישעיה מב:כא (18) תהלים ח:ב (19) לא:כה

(קהל – יְהִי שֵׁם יהוה מְבֹרָךְ מֵעַתָּה וְעַד עוֹלָם.[1])

יְהֵא שְׁלָמָא רַבָּא מִן שְׁמַיָּא, וְחַיִּים טוֹבִים עָלֵינוּ וְעַל כָּל יִשְׂרָאֵל. וְאִמְרוּ: אָמֵן.

(קהל – עֶזְרִי מֵעִם יהוה, עֹשֵׂה שָׁמַיִם וָאָרֶץ.[2])

עֹשֶׂה °שָׁלוֹם (°יש אומרים בעשרת ימי תשובה – הַשָּׁלוֹם) בִּמְרוֹמָיו, הוּא יַעֲשֶׂה שָׁלוֹם עָלֵינוּ, וְעַל כָּל יִשְׂרָאֵל. וְאִמְרוּ: אָמֵן.

**מליל ב׳ דפסח עד ליל ערב שבועות סופרים כאן ספירת העומר (עמ׳ 140) [ויש סופרים אחר „עָלֵינוּ" וקדיש]. במוצאי שבת חנוכה מדליקין כאן את המנורה.**

**עָלֵינוּ** לְשַׁבֵּחַ לַאֲדוֹן הַכֹּל, לָתֵת גְּדֻלָּה לְיוֹצֵר בְּרֵאשִׁית, שֶׁלֹּא עָשָׂנוּ כְּגוֹיֵי הָאֲרָצוֹת, וְלֹא שָׂמָנוּ כְּמִשְׁפְּחוֹת הָאֲדָמָה. שֶׁלֹּא שָׂם חֶלְקֵנוּ כָּהֶם, וְגוֹרָלֵנוּ כְּכָל הֲמוֹנָם. (שֶׁהֵם מִשְׁתַּחֲוִים לְהֶבֶל וָרִיק, וּמִתְפַּלְּלִים אֶל אֵל לֹא יוֹשִׁיעַ.[3]) וַאֲנַחְנוּ כּוֹרְעִים וּמִשְׁתַּחֲוִים וּמוֹדִים, לִפְנֵי מֶלֶךְ מַלְכֵי הַמְּלָכִים הַקָּדוֹשׁ בָּרוּךְ הוּא. שֶׁהוּא נוֹטֶה שָׁמַיִם וְיֹסֵד אָרֶץ,[4] וּמוֹשַׁב יְקָרוֹ בַּשָּׁמַיִם מִמַּעַל, וּשְׁכִינַת עֻזּוֹ בְּגָבְהֵי מְרוֹמִים. הוּא אֱלֹהֵינוּ, אֵין עוֹד. אֱמֶת מַלְכֵּנוּ, אֶפֶס זוּלָתוֹ, כַּכָּתוּב בְּתוֹרָתוֹ: וְיָדַעְתָּ הַיּוֹם וַהֲשֵׁבֹתָ אֶל לְבָבֶךָ, כִּי יהוה הוּא הָאֱלֹהִים בַּשָּׁמַיִם מִמַּעַל וְעַל הָאָרֶץ מִתָּחַת, אֵין עוֹד.[5]

**וְעַל כֵּן** נְקַוֶּה לְּךָ יהוה אֱלֹהֵינוּ לִרְאוֹת מְהֵרָה בְּתִפְאֶרֶת עֻזֶּךָ, לְהַעֲבִיר גִּלּוּלִים מִן הָאָרֶץ, וְהָאֱלִילִים כָּרוֹת יִכָּרֵתוּן, לְתַקֵּן עוֹלָם בְּמַלְכוּת שַׁדַּי. וְכָל בְּנֵי בָשָׂר יִקְרְאוּ בִשְׁמֶךָ, לְהַפְנוֹת אֵלֶיךָ כָּל רִשְׁעֵי אָרֶץ. יַכִּירוּ וְיֵדְעוּ כָּל יוֹשְׁבֵי תֵבֵל, כִּי לְךָ תִּכְרַע כָּל בֶּרֶךְ, תִּשָּׁבַע כָּל לָשׁוֹן.[6] לְפָנֶיךָ יהוה אֱלֹהֵינוּ יִכְרְעוּ וְיִפֹּלוּ, וְלִכְבוֹד שִׁמְךָ יְקָר יִתֵּנוּ. וִיקַבְּלוּ כֻלָּם אֶת עוֹל מַלְכוּתֶךָ, וְתִמְלֹךְ עֲלֵיהֶם מְהֵרָה לְעוֹלָם וָעֶד. כִּי הַמַּלְכוּת שֶׁלְּךָ הִיא וּלְעוֹלְמֵי עַד תִּמְלוֹךְ בְּכָבוֹד, כַּכָּתוּב בְּתוֹרָתֶךָ: יהוה יִמְלֹךְ לְעֹלָם וָעֶד.[7] ❖ וְנֶאֱמַר: וְהָיָה יהוה לְמֶלֶךְ עַל כָּל הָאָרֶץ, בַּיּוֹם הַהוּא יִהְיֶה יהוה אֶחָד וּשְׁמוֹ אֶחָד.[8]

**אַל תִּירָא** מִפַּחַד פִּתְאֹם, וּמִשֹּׁאַת רְשָׁעִים כִּי תָבֹא.[9] עֻצוּ עֵצָה וְתֻפָר, דַּבְּרוּ דָבָר וְלֹא יָקוּם, כִּי עִמָּנוּ אֵל.[10] וְעַד זִקְנָה אֲנִי הוּא, וְעַד שֵׂיבָה אֲנִי אֶסְבֹּל, אֲנִי עָשִׂיתִי וַאֲנִי אֶשָּׂא, וַאֲנִי אֶסְבֹּל וַאֲמַלֵּט.[11]

(1) תהלים קיג:ב (2) קכא:ב (3) ישעיה מה:כ (4) נא:יג (5) דברים ד:לט (6) ע״פ ישעיה מה:כג (7) שמות טו:יח (8) זכריה יד:ט (9) משלי ג:כה (10) ישעיה ח:י (11) מו:ד

אחר „עָלֵינוּ" אומרים קדיש יתום אפילו אם אין שם אבל או חיוב; ויאמרנו מי שאין לו הורים או מי שאין הוריו מקפידים בכך (ויש שאין אומרים אותו אלא כשיש שם חיוב).

**יִתְגַּדַּל** וְיִתְקַדַּשׁ שְׁמֵהּ רַבָּא. בְּעָלְמָא דִּי בְרָא כִרְעוּתֵהּ. וְיַמְלִיךְ מַלְכוּתֵהּ, וְיַצְמַח פֻּרְקָנֵהּ וִיקָרֵב מְשִׁיחֵהּ. בְּחַיֵּיכוֹן וּבְיוֹמֵיכוֹן וּבְחַיֵּי דְכָל בֵּית יִשְׂרָאֵל, בַּעֲגָלָא וּבִזְמַן קָרִיב. וְאִמְרוּ: אָמֵן.

קהל וחזן– **יְהֵא שְׁמֵהּ רַבָּא מְבָרַךְ לְעָלַם וּלְעָלְמֵי עָלְמַיָּא. יִתְבָּרַךְ** וְיִשְׁתַּבַּח וְיִתְפָּאַר וְיִתְרוֹמַם וְיִתְנַשֵּׂא וְיִתְהַדָּר וְיִתְעַלֶּה וְיִתְהַלָּל שְׁמֵהּ דְּקֻדְשָׁא בְּרִיךְ הוּא °לְעֵלָּא מִן כָּל (°בעשרת ימי תשובה – לְעֵלָּא [וּ]לְעֵלָּא מִכָּל) בִּרְכָתָא וְשִׁירָתָא תֻּשְׁבְּחָתָא וְנֶחֱמָתָא דַּאֲמִירָן בְּעָלְמָא. וְאִמְרוּ: אָמֵן.

יְהֵא שְׁלָמָא רַבָּא מִן שְׁמַיָּא, וְחַיִּים טוֹבִים עָלֵינוּ וְעַל כָּל יִשְׂרָאֵל. וְאִמְרוּ: אָמֵן.

עֹשֶׂה °שָׁלוֹם (°יש אומרים בעשרת ימי תשובה – הַשָּׁלוֹם) בִּמְרוֹמָיו, הוּא יַעֲשֶׂה שָׁלוֹם עָלֵינוּ, וְעַל כָּל יִשְׂרָאֵל. וְאִמְרוּ: אָמֵן.

הבדלה למוצאי שבת ויום טוב תמצא בעמ׳ 287.

## ספירת העומר

**לְשֵׁם** יִחוּד קֻדְשָׁא בְּרִיךְ הוּא וּשְׁכִינְתֵּיהּ, בִּדְחִילוּ וּרְחִימוּ, לְיַחֵד שֵׁם יו״ד הֵ״א בְּוָא״ו הֵ״א בְּיִחוּדָא שְׁלִים, בְּשֵׁם כָּל יִשְׂרָאֵל. הִנְנִי מוּכָן וּמְזֻמָּן לְקַיֵּם מִצְוַת עֲשֵׂה שֶׁל סְפִירַת הָעוֹמֶר, כְּמוֹ שֶׁכָּתוּב בַּתּוֹרָה: וּסְפַרְתֶּם לָכֶם מִמָּחֳרַת הַשַּׁבָּת, מִיּוֹם הֲבִיאֲכֶם אֶת עֹמֶר הַתְּנוּפָה, שֶׁבַע שַׁבָּתוֹת תְּמִימֹת תִּהְיֶינָה. עַד מִמָּחֳרַת הַשַּׁבָּת הַשְּׁבִיעִת תִּסְפְּרוּ חֲמִשִּׁים יוֹם, וְהִקְרַבְתֶּם מִנְחָה חֲדָשָׁה לַיהוה.[1] וִיהִי נֹעַם אֲדֹנָי אֱלֹהֵינוּ עָלֵינוּ, וּמַעֲשֵׂה יָדֵינוּ כּוֹנְנָה עָלֵינוּ, וּמַעֲשֵׂה יָדֵינוּ כּוֹנְנֵהוּ.[2]

**בָּרוּךְ** אַתָּה יהוה אֱלֹהֵינוּ מֶלֶךְ הָעוֹלָם, אֲשֶׁר קִדְּשָׁנוּ בְּמִצְוֹתָיו וְצִוָּנוּ עַל סְפִירַת הָעוֹמֶר.

ואומר „הַיּוֹם . . ." ראה הטבלאות עמ׳ 141-142.

(1) ויקרא כג:טו (2) תהלים צ:יז

**דיני ספירת העומר**

יש לעמוד בשעת אמירת הברכה וספירת העומר. לכתחילה צריך לדעת מספר היום לפני שיברך.

יזהר לא להזכיר מנין היום לפני הספירה ואם אחד שואלו על מספר היום, יאמר: „אתמול היה כך וכך".

אם שכח ואמר מנין היום („הַיּוֹם . . ." אף שלא אמר המלה „לָעוֹמֶר") אפילו בלע״ז, יש ספק אם כבר יצא ידי חובתו, ולכן יספור בלי ברכה ויכוון לשם מצוה, ולמחרת ממשיך לספור בברכה. אם הזכיר המנין בלא „היום" – סופר בברכה. וכן מיום השביעי והלאה אם לא הזכיר מנין השבוע, סופר בברכה.

אם שכח לספור בלילה יספור ביום בלא ברכה, ובלילות הבאים ממשיך לספור בברכה. אבל אם שכח גם כל היום, שוב אינו סופר בברכה רק ימשיך לספור בלא ברכה.

לכתחילה יספור אחר צאת הכוכבים, אך בדיעבד יצא אם ספר בין השמשות. אך אם ספר מבעוד יום לפני פלג המנחה לכו״ע לא יצא וצריך לחזור לספור בלילה בברכה. ואם ספר אחר פלג המנחה, יש פוסקים דס״ל שיצא, ויחזור לספור בלילה בלי ברכה.

| | | | | |
|---|---|---|---|---|
| טז ניסן | הַיּוֹם יוֹם אֶחָד לָעוֹמֶר<br>חֶסֶד שֶׁבְּחֶסֶד | אלהים | אנא | י |
| יז ניסן | הַיּוֹם שְׁנֵי יָמִים לָעוֹמֶר<br>גְּבוּרָה שֶׁבְּחֶסֶד | יחננו | בכח | ש |
| יח ניסן | הַיּוֹם שְׁלֹשָׁה יָמִים לָעוֹמֶר<br>תִּפְאֶרֶת שֶׁבְּחֶסֶד | ויברכנו | גדולת | מ |
| יט ניסן | הַיּוֹם אַרְבָּעָה יָמִים לָעוֹמֶר<br>נֶצַח שֶׁבְּחֶסֶד | יאר | ימינך | ח |
| כ ניסן | הַיּוֹם חֲמִשָּׁה יָמִים לָעוֹמֶר<br>הוֹד שֶׁבְּחֶסֶד | פניו | תתיר | ו |
| כא ניסן | הַיּוֹם שִׁשָּׁה יָמִים לָעוֹמֶר<br>יְסוֹד שֶׁבְּחֶסֶד | אתנו | צרורה | ו |
| כב ניסן | הַיּוֹם שִׁבְעָה יָמִים, שֶׁהֵם שָׁבוּעַ אֶחָד, לָעוֹמֶר<br>מַלְכוּת שֶׁבְּחֶסֶד | סלה | אב״ג ית״ץ | י |
| כג ניסן | הַיּוֹם שְׁמוֹנָה יָמִים, שֶׁהֵם שָׁבוּעַ אֶחָד וְיוֹם אֶחָד, לָעוֹמֶר<br>חֶסֶד שֶׁבִּגְבוּרָה | לדעת | קבל | ר |
| כד ניסן | הַיּוֹם תִּשְׁעָה יָמִים, שֶׁהֵם שָׁבוּעַ אֶחָד וּשְׁנֵי יָמִים, לָעוֹמֶר<br>גְּבוּרָה שֶׁבִּגְבוּרָה | בארץ | רנת | נ |
| כה ניסן | הַיּוֹם עֲשָׂרָה יָמִים, שֶׁהֵם שָׁבוּעַ אֶחָד וּשְׁלֹשָׁה יָמִים, לָעוֹמֶר<br>תִּפְאֶרֶת שֶׁבִּגְבוּרָה | דרכך | עמך | נ |
| כו ניסן | הַיּוֹם אַחַד עָשָׂר יוֹם, שֶׁהֵם שָׁבוּעַ אֶחָד וְאַרְבָּעָה יָמִים, לָעוֹמֶר<br>נֶצַח שֶׁבִּגְבוּרָה | בכל | שגבנו | ו |
| כז ניסן | הַיּוֹם שְׁנֵים עָשָׂר יוֹם, שֶׁהֵם שָׁבוּעַ אֶחָד וַחֲמִשָּׁה יָמִים, לָעוֹמֶר<br>הוֹד שֶׁבִּגְבוּרָה | גוים | טהרנו | ל |
| כח ניסן | הַיּוֹם שְׁלֹשָׁה עָשָׂר יוֹם, שֶׁהֵם שָׁבוּעַ אֶחָד וְשִׁשָּׁה יָמִים, לָעוֹמֶר<br>יְסוֹד שֶׁבִּגְבוּרָה | ישועתך | נורא | א |
| כט ניסן | הַיּוֹם אַרְבָּעָה עָשָׂר יוֹם, שֶׁהֵם שְׁנֵי שָׁבוּעוֹת, לָעוֹמֶר<br>מַלְכוּת שֶׁבִּגְבוּרָה | יודוך | קר״ע שט״ן | מ |
| ל ניסן | הַיּוֹם חֲמִשָּׁה עָשָׂר יוֹם, שֶׁהֵם שְׁנֵי שָׁבוּעוֹת וְיוֹם אֶחָד, לָעוֹמֶר<br>חֶסֶד שֶׁבְּתִפְאֶרֶת | עמים | נא | י |
| א אייר | הַיּוֹם שִׁשָּׁה עָשָׂר יוֹם, שֶׁהֵם שְׁנֵי שָׁבוּעוֹת וּשְׁנֵי יָמִים, לָעוֹמֶר<br>גְּבוּרָה שֶׁבְּתִפְאֶרֶת | אלהים | גבור | ם |
| ב אייר | הַיּוֹם שִׁבְעָה עָשָׂר יוֹם, שֶׁהֵם שְׁנֵי שָׁבוּעוֹת וּשְׁלֹשָׁה יָמִים, לָעוֹמֶר<br>תִּפְאֶרֶת שֶׁבְּתִפְאֶרֶת | יודוך | דורשי | כ |
| ג אייר | הַיּוֹם שְׁמוֹנָה עָשָׂר יוֹם, שֶׁהֵם שְׁנֵי שָׁבוּעוֹת וְאַרְבָּעָה יָמִים, לָעוֹמֶר<br>נֶצַח שֶׁבְּתִפְאֶרֶת | עמים | יחודך | י |
| ד אייר | הַיּוֹם תִּשְׁעָה עָשָׂר יוֹם, שֶׁהֵם שְׁנֵי שָׁבוּעוֹת וַחֲמִשָּׁה יָמִים, לָעוֹמֶר<br>הוֹד שֶׁבְּתִפְאֶרֶת | כולם | כבבת | ת |
| ה אייר | הַיּוֹם עֶשְׂרִים יוֹם, שֶׁהֵם שְׁנֵי שָׁבוּעוֹת וְשִׁשָּׁה יָמִים, לָעוֹמֶר<br>יְסוֹד שֶׁבְּתִפְאֶרֶת | ישמחו | שמרם | ש |
| ו אייר | הַיּוֹם אֶחָד וְעֶשְׂרִים יוֹם, שֶׁהֵם שְׁלֹשָׁה שָׁבוּעוֹת, לָעוֹמֶר<br>מַלְכוּת שֶׁבְּתִפְאֶרֶת | וירננו | נג״ד יכ״ש | פ |
| ז אייר | הַיּוֹם שְׁנַיִם וְעֶשְׂרִים יוֹם, שֶׁהֵם שְׁלֹשָׁה שָׁבוּעוֹת וְיוֹם אֶחָד, לָעוֹמֶר<br>חֶסֶד שֶׁבְּנֶצַח | לאמים | ברכם | ו |
| ח אייר | הַיּוֹם שְׁלֹשָׁה וְעֶשְׂרִים יוֹם, שֶׁהֵם שְׁלֹשָׁה שָׁבוּעוֹת וּשְׁנֵי יָמִים, לָעוֹמֶר<br>גְּבוּרָה שֶׁבְּנֶצַח | כי | טהרם | ט |
| ט אייר | הַיּוֹם אַרְבָּעָה וְעֶשְׂרִים יוֹם, שֶׁהֵם שְׁלֹשָׁה שָׁבוּעוֹת וּשְׁלֹשָׁה יָמִים, לָעוֹמֶר<br>תִּפְאֶרֶת שֶׁבְּנֶצַח | תשפוט | רחמם | ע |
| י אייר | הַיּוֹם חֲמִשָּׁה וְעֶשְׂרִים יוֹם, שֶׁהֵם שְׁלֹשָׁה שָׁבוּעוֹת וְאַרְבָּעָה יָמִים, לָעוֹמֶר<br>נֶצַח שֶׁבְּנֶצַח | עמים | צדקתך | מ |

| | | | | | |
|---|---|---|---|---|---|
| יא אייר | הַיּוֹם שִׁשָּׁה וְעֶשְׂרִים יוֹם, שֶׁהֵם שְׁלֹשָׁה שָׁבוּעוֹת וַחֲמִשָּׁה יָמִים, לָעֽוֹמֶר | הוֹד שֶׁבְּנֶֽצַח | מישור | תמיד | י |
| יב אייר | הַיּוֹם שִׁבְעָה וְעֶשְׂרִים יוֹם, שֶׁהֵם שְׁלֹשָׁה שָׁבוּעוֹת וְשִׁשָּׁה יָמִים, לָעֽוֹמֶר | יְסוֹד שֶׁבְּנֶֽצַח | ולאמים | גמלם | ם |
| יג אייר | הַיּוֹם שְׁמוֹנָה וְעֶשְׂרִים יוֹם, שֶׁהֵם אַרְבָּעָה שָׁבוּעוֹת, לָעֽוֹמֶר | מַלְכוּת שֶׁבְּנֶֽצַח | בארץ | בט״ר צת״ג | מ |
| יד אייר | הַיּוֹם תִּשְׁעָה וְעֶשְׂרִים יוֹם, שֶׁהֵם אַרְבָּעָה שָׁבוּעוֹת וְיוֹם אֶחָד, לָעֽוֹמֶר | חֶֽסֶד שֶׁבְּהוֹד | תנחם | חסין | י |
| טו אייר | הַיּוֹם שְׁלֹשִׁים יוֹם, שֶׁהֵם אַרְבָּעָה שָׁבוּעוֹת וּשְׁנֵי יָמִים, לָעֽוֹמֶר | גְּבוּרָה שֶׁבְּהוֹד | סלה | קדוש | ש |
| טז אייר | הַיּוֹם אֶחָד וּשְׁלֹשִׁים יוֹם, שֶׁהֵם אַרְבָּעָה שָׁבוּעוֹת וּשְׁלֹשָׁה יָמִים, לָעֽוֹמֶר | תִּפְאֶֽרֶת שֶׁבְּהוֹד | יודוך | ברוב | ו |
| יז אייר | הַיּוֹם שְׁנַיִם וּשְׁלֹשִׁים יוֹם, שֶׁהֵם אַרְבָּעָה שָׁבוּעוֹת וְאַרְבָּעָה יָמִים, לָעֽוֹמֶר | נֶֽצַח שֶׁבְּהוֹד | עמים | טובך | ר |
| יח אייר | הַיּוֹם שְׁלֹשָׁה וּשְׁלֹשִׁים יוֹם, שֶׁהֵם אַרְבָּעָה שָׁבוּעוֹת וַחֲמִשָּׁה יָמִים, לָעֽוֹמֶר | הוֹד שֶׁבְּהוֹד | אלהים | נהל | ו |
| יט אייר | הַיּוֹם אַרְבָּעָה וּשְׁלֹשִׁים יוֹם, שֶׁהֵם אַרְבָּעָה שָׁבוּעוֹת וְשִׁשָּׁה יָמִים, לָעֽוֹמֶר | יְסוֹד שֶׁבְּהוֹד | יודוך | עדתך | ל |
| כ אייר | הַיּוֹם חֲמִשָּׁה וּשְׁלֹשִׁים יוֹם, שֶׁהֵם חֲמִשָּׁה שָׁבוּעוֹת, לָעֽוֹמֶר | מַלְכוּת שֶׁבְּהוֹד | עמים | חק״ב טנ״ע | א |
| כא אייר | הַיּוֹם שִׁשָּׁה וּשְׁלֹשִׁים יוֹם, שֶׁהֵם חֲמִשָּׁה שָׁבוּעוֹת וְיוֹם אֶחָד, לָעֽוֹמֶר | חֶֽסֶד שֶׁבִּיסוֹד | כולם | יחיד | מ |
| כב אייר | הַיּוֹם שִׁבְעָה וּשְׁלֹשִׁים יוֹם, שֶׁהֵם חֲמִשָּׁה שָׁבוּעוֹת וּשְׁנֵי יָמִים, לָעֽוֹמֶר | גְּבוּרָה שֶׁבִּיסוֹד | ארץ | גאה | י |
| כג אייר | הַיּוֹם שְׁמוֹנָה וּשְׁלֹשִׁים יוֹם, שֶׁהֵם חֲמִשָּׁה שָׁבוּעוֹת וּשְׁלֹשָׁה יָמִים, לָעֽוֹמֶר | תִּפְאֶֽרֶת שֶׁבִּיסוֹד | נתנה | לעמך | ם |
| כד אייר | הַיּוֹם תִּשְׁעָה וּשְׁלֹשִׁים יוֹם, שֶׁהֵם חֲמִשָּׁה שָׁבוּעוֹת וְאַרְבָּעָה יָמִים, לָעֽוֹמֶר | נֶֽצַח שֶׁבִּיסוֹד | יבולה | פנה | ב |
| כה אייר | הַיּוֹם אַרְבָּעִים יוֹם, שֶׁהֵם חֲמִשָּׁה שָׁבוּעוֹת וַחֲמִשָּׁה יָמִים, לָעֽוֹמֶר | הוֹד שֶׁבִּיסוֹד | יברכנו | זוכרי | א |
| כו אייר | הַיּוֹם אֶחָד וְאַרְבָּעִים יוֹם, שֶׁהֵם חֲמִשָּׁה שָׁבוּעוֹת וְשִׁשָּׁה יָמִים, לָעֽוֹמֶר | יְסוֹד שֶׁבִּיסוֹד | אלהים | קדשתך | ר |
| כז אייר | הַיּוֹם שְׁנַיִם וְאַרְבָּעִים יוֹם, שֶׁהֵם שִׁשָּׁה שָׁבוּעוֹת, לָעֽוֹמֶר | מַלְכוּת שֶׁבִּיסוֹד | אלהינו | יג״ל פז״ק | ץ |
| כח אייר | הַיּוֹם שְׁלֹשָׁה וְאַרְבָּעִים יוֹם, שֶׁהֵם שִׁשָּׁה שָׁבוּעוֹת וְיוֹם אֶחָד, לָעֽוֹמֶר | חֶֽסֶד שֶׁבְּמַלְכוּת | יברכנו | שועתנו | ת |
| כט אייר | הַיּוֹם אַרְבָּעָה וְאַרְבָּעִים יוֹם, שֶׁהֵם שִׁשָּׁה שָׁבוּעוֹת וּשְׁנֵי יָמִים, לָעֽוֹמֶר | גְּבוּרָה שֶׁבְּמַלְכוּת | אלהים | קבל | נ |
| א סיון | הַיּוֹם חֲמִשָּׁה וְאַרְבָּעִים יוֹם, שֶׁהֵם שִׁשָּׁה שָׁבוּעוֹת וּשְׁלֹשָׁה יָמִים, לָעֽוֹמֶר | תִּפְאֶֽרֶת שֶׁבְּמַלְכוּת | וייראו | ושמע | ח |
| ב סיון | הַיּוֹם שִׁשָּׁה וְאַרְבָּעִים יוֹם, שֶׁהֵם שִׁשָּׁה שָׁבוּעוֹת וְאַרְבָּעָה יָמִים, לָעֽוֹמֶר | נֶֽצַח שֶׁבְּמַלְכוּת | אותו | צעקתנו | ם |
| ג סיון | הַיּוֹם שִׁבְעָה וְאַרְבָּעִים יוֹם, שֶׁהֵם שִׁשָּׁה שָׁבוּעוֹת וַחֲמִשָּׁה יָמִים, לָעֽוֹמֶר | הוֹד שֶׁבְּמַלְכוּת | כל | יודע | ס |
| ד סיון | הַיּוֹם שְׁמוֹנָה וְאַרְבָּעִים יוֹם, שֶׁהֵם שִׁשָּׁה שָׁבוּעוֹת וְשִׁשָּׁה יָמִים, לָעֽוֹמֶר | יְסוֹד שֶׁבְּמַלְכוּת | אפסי | תעלמות | ל |
| ה סיון | הַיּוֹם תִּשְׁעָה וְאַרְבָּעִים יוֹם, שֶׁהֵם שִׁבְעָה שָׁבוּעוֹת, לָעֽוֹמֶר. | מַלְכוּת שֶׁבְּמַלְכוּת | ארץ | שק״ו צי״ת | ה |

**הָרַחֲמָן** הוּא יַחֲזִיר לָנוּ עֲבוֹדַת בֵּית הַמִּקְדָּשׁ לִמְקוֹמָהּ, בִּמְהֵרָה בְיָמֵינוּ. אָמֵן סֶלָה.

תהלים סז

**לַמְנַצֵּחַ** בִּנְגִינֹת מִזְמוֹר שִׁיר. אֱלֹהִים יְחָנֵּנוּ וִיבָרְכֵנוּ, יָאֵר פָּנָיו אִתָּנוּ סֶלָה. לָדַעַת בָּאָרֶץ דַּרְכֶּךָ, בְּכָל גּוֹיִם יְשׁוּעָתֶךָ. יוֹדוּךָ עַמִּים אֱלֹהִים, יוֹדוּךָ עַמִּים כֻּלָּם. יִשְׂמְחוּ וִירַנְּנוּ לְאֻמִּים, כִּי תִשְׁפֹּט עַמִּים מִישׁוֹר, וּלְאֻמִּים בָּאָרֶץ תַּנְחֵם סֶלָה. יוֹדוּךָ עַמִּים אֱלֹהִים, יוֹדוּךָ עַמִּים כֻּלָּם. אֶרֶץ נָתְנָה יְבוּלָהּ, יְבָרְכֵנוּ אֱלֹהִים אֱלֹהֵינוּ. יְבָרְכֵנוּ אֱלֹהִים, וְיִירְאוּ אוֹתוֹ כָּל אַפְסֵי אָרֶץ.

**אָנָּא** בְּכֹחַ גְּדֻלַּת יְמִינְךָ תַּתִּיר צְרוּרָה. אב״ג ית״ץ
קַבֵּל רִנַּת עַמְּךָ שַׂגְּבֵנוּ טַהֲרֵנוּ נוֹרָא. קר״ע שט״ן
נָא גִבּוֹר דּוֹרְשֵׁי יִחוּדְךָ כְּבָבַת שָׁמְרֵם. נג״ד יכ״ש
בָּרְכֵם טַהֲרֵם רַחֲמֵם[1] צִדְקָתְךָ תָּמִיד גָּמְלֵם. בט״ר צת״ג
חֲסִין קָדוֹשׁ בְּרוֹב טוּבְךָ נַהֵל עֲדָתֶךָ. חק״ב טנ״ע
יָחִיד גֵּאֶה לְעַמְּךָ פְּנֵה זוֹכְרֵי קְדֻשָּׁתֶךָ. יג״ל פז״ק
שַׁוְעָתֵנוּ קַבֵּל וּשְׁמַע צַעֲקָתֵנוּ יוֹדֵעַ תַּעֲלֻמוֹת. שק״ו צי״ת
בָּרוּךְ שֵׁם כְּבוֹד מַלְכוּתוֹ לְעוֹלָם וָעֶד.

**רִבּוֹנוֹ שֶׁל עוֹלָם,** אַתָּה צִוִּיתָנוּ עַל יְדֵי מֹשֶׁה עַבְדֶּךָ לִסְפּוֹר סְפִירַת הָעֹמֶר, כְּדֵי לְטַהֲרֵנוּ מִקְּלִפּוֹתֵינוּ וּמִטֻּמְאוֹתֵינוּ, כְּמוֹ שֶׁכָּתַבְתָּ בְּתוֹרָתֶךָ: וּסְפַרְתֶּם לָכֶם מִמָּחֳרַת הַשַּׁבָּת מִיּוֹם הֲבִיאֲכֶם אֶת עֹמֶר הַתְּנוּפָה, שֶׁבַע שַׁבָּתוֹת תְּמִימֹת תִּהְיֶינָה. עַד מִמָּחֳרַת הַשַּׁבָּת הַשְּׁבִיעִית תִּסְפְּרוּ חֲמִשִּׁים יוֹם.[2] כְּדֵי שֶׁיִּטָּהֲרוּ נַפְשׁוֹת עַמְּךָ יִשְׂרָאֵל מִזֻּהֲמָתָם. וּבְכֵן יְהִי רָצוֹן מִלְּפָנֶיךָ, יהוה אֱלֹהֵינוּ וֵאלֹהֵי אֲבוֹתֵינוּ, שֶׁבִּזְכוּת סְפִירַת הָעֹמֶר שֶׁסָּפַרְתִּי הַיּוֹם, יְתֻקַּן מַה שֶּׁפָּגַמְתִּי בִּסְפִירָה . . . (ספירה השייכת לאותו הלילה), וְאֶטָּהֵר וְאֶתְקַדֵּשׁ בִּקְדֻשָּׁה שֶׁל מַעְלָה, וְעַל יְדֵי זֶה יֻשְׁפַּע שֶׁפַע רַב בְּכָל הָעוֹלָמוֹת. וּלְתַקֵּן אֶת נַפְשׁוֹתֵינוּ, וְרוּחוֹתֵינוּ, וְנִשְׁמוֹתֵינוּ, מִכָּל סִיג וּפְגָם, וּלְטַהֲרֵנוּ וּלְקַדְּשֵׁנוּ בִּקְדֻשָּׁתְךָ הָעֶלְיוֹנָה. אָמֵן סֶלָה.

בקצת קהילות אומרים „עָלֵינוּ" ואח"כ קדיש יתום, ובקצתם אומרים קדיש יתום גם לפני „עָלֵינוּ".

(1) נ"א רַחֲמֵי (2) ויקרא כג:טו-טז

## קידוש לבנה

**הַלְלוּיָהּ,** הַלְלוּ אֶת יהוה מִן הַשָּׁמַיִם, הַלְלוּהוּ בַּמְּרוֹמִים. הַלְלוּהוּ כָל מַלְאָכָיו, הַלְלוּהוּ כָּל צְבָאָיו. הַלְלוּהוּ שֶׁמֶשׁ וְיָרֵחַ, הַלְלוּהוּ כָּל כּוֹכְבֵי אוֹר. הַלְלוּהוּ שְׁמֵי הַשָּׁמָיִם, וְהַמַּיִם אֲשֶׁר מֵעַל הַשָּׁמָיִם. יְהַלְלוּ אֶת שֵׁם יהוה, כִּי הוּא צִוָּה וְנִבְרָאוּ. וַיַּעֲמִידֵם לָעַד לְעוֹלָם, חָק נָתַן וְלֹא יַעֲבוֹר.[1]

הֲרֵינִי מוּכָן וּמְזֻמָּן לְקַיֵּם הַמִּצְוָה לְקַדֵּשׁ הַלְּבָנָה. לְשֵׁם יִחוּד קֻדְשָׁא בְּרִיךְ הוּא וּשְׁכִינְתֵּיהּ עַל יְדֵי הַהוּא טָמִיר וְנֶעְלָם, בְּשֵׁם כָּל יִשְׂרָאֵל.

יסתכל בלבנה לפני שמברך ויברך מעומד:

**בָּרוּךְ** אַתָּה יהוה אֱלֹהֵינוּ מֶלֶךְ הָעוֹלָם, אֲשֶׁר בְּמַאֲמָרוֹ בָּרָא שְׁחָקִים, וּבְרוּחַ פִּיו כָּל צְבָאָם. חֹק וּזְמַן נָתַן לָהֶם שֶׁלֹּא יְשַׁנּוּ אֶת תַּפְקִידָם. שָׂשִׂים וּשְׂמֵחִים לַעֲשׂוֹת רְצוֹן קוֹנָם, פּוֹעֵל אֱמֶת שֶׁפְּעֻלָּתוֹ אֱמֶת. וְלַלְּבָנָה אָמַר שֶׁתִּתְחַדֵּשׁ, עֲטֶרֶת תִּפְאֶרֶת לַעֲמוּסֵי בָטֶן, שֶׁהֵם עֲתִידִים לְהִתְחַדֵּשׁ כְּמוֹתָהּ, וּלְפָאֵר לְיוֹצְרָם עַל שֵׁם כְּבוֹד מַלְכוּתוֹ. בָּרוּךְ אַתָּה יהוה, מְחַדֵּשׁ חֳדָשִׁים.

ג"פ – בָּרוּךְ יוֹצְרֵךְ, בָּרוּךְ עוֹשֵׂךְ, בָּרוּךְ קוֹנֵךְ, בָּרוּךְ בּוֹרְאֵךְ.

יגביה גופו כאלו רוקד בכל פעם שאומר „כְּשֵׁם שֶׁאֲנִי רוֹקֵד".

ג"פ – כְּשֵׁם שֶׁאֲנִי רוֹקֵד כְּנֶגְדֵּךְ וְאֵינִי יָכוֹל לִנְגּוֹעַ בָּךְ, כַּךְ לֹא יוּכְלוּ כָּל אוֹיְבַי לִנְגּוֹעַ בִּי לְרָעָה.

ג"פ – תִּפֹּל עֲלֵיהֶם אֵימָתָה וָפַחַד, בִּגְדֹל זְרוֹעֲךָ יִדְּמוּ כָּאָבֶן.[2]

ג"פ – כָּאָבֶן יִדְּמוּ זְרוֹעֲךָ בִּגְדֹל וָפַחַד אֵימָתָה עֲלֵיהֶם תִּפֹּל.

ג"פ – דָּוִד מֶלֶךְ יִשְׂרָאֵל חַי וְקַיָּם.

אומר לחברו ג' פעמים – שָׁלוֹם עֲלֵיכֶם — והוא משיב לו – עֲלֵיכֶם שָׁלוֹם.

ג"פ – סִמָּן טוֹב וּמַזָּל טוֹב יְהֵא לָנוּ וּלְכָל יִשְׂרָאֵל. אָמֵן.

**קוֹל** דּוֹדִי הִנֵּה זֶה בָּא מְדַלֵּג עַל הֶהָרִים מְקַפֵּץ עַל הַגְּבָעוֹת. דּוֹמֶה דוֹדִי לִצְבִי אוֹ לְעֹפֶר הָאַיָּלִים, הִנֵּה זֶה עוֹמֵד אַחַר כָּתְלֵנוּ, מַשְׁגִּיחַ מִן הַחַלֹּנוֹת, מֵצִיץ מִן הַחֲרַכִּים.[3]

(1) תהלים קמח:א-ו (2) שמות טו:טז (3) שיר השירים ב:ח-ט

**שִׁיר** לַמַּעֲלוֹת, אֶשָּׂא עֵינַי אֶל הֶהָרִים, מֵאַיִן יָבֹא עֶזְרִי. עֶזְרִי מֵעִם יהוה, עֹשֵׂה שָׁמַיִם וָאָרֶץ. אַל יִתֵּן לַמּוֹט רַגְלֶךָ, אַל יָנוּם שֹׁמְרֶךָ. הִנֵּה לֹא יָנוּם וְלֹא יִישָׁן, שׁוֹמֵר יִשְׂרָאֵל. יהוה שֹׁמְרֶךָ, יהוה צִלְּךָ עַל יַד יְמִינֶךָ. יוֹמָם הַשֶּׁמֶשׁ לֹא יַכֶּכָּה וְיָרֵחַ בַּלָּיְלָה. יהוה יִשְׁמָרְךָ מִכָּל רָע, יִשְׁמֹר אֶת נַפְשֶׁךָ. יהוה יִשְׁמָר צֵאתְךָ וּבוֹאֶךָ, מֵעַתָּה וְעַד עוֹלָם.[1]

**הַלְלוּיָהּ,** הַלְלוּ אֵל בְּקָדְשׁוֹ, הַלְלוּהוּ בִּרְקִיעַ עֻזּוֹ. הַלְלוּהוּ בִגְבוּרֹתָיו, הַלְלוּהוּ כְּרֹב גֻּדְלוֹ. הַלְלוּהוּ בְּתֵקַע שׁוֹפָר, הַלְלוּהוּ בְּנֵבֶל וְכִנּוֹר. הַלְלוּהוּ בְתֹף וּמָחוֹל, הַלְלוּהוּ בְּמִנִּים וְעֻגָב. הַלְלוּהוּ בְצִלְצְלֵי שָׁמַע, הַלְלוּהוּ בְּצִלְצְלֵי תְרוּעָה. כֹּל הַנְּשָׁמָה תְּהַלֵּל יָהּ, הַלְלוּיָהּ.[2]

**תָּנָא** דְבֵי רַבִּי יִשְׁמָעֵאל: אִלְמָלֵי לֹא זָכוּ יִשְׂרָאֵל אֶלָּא לְהַקְבִּיל פְּנֵי אֲבִיהֶם שֶׁבַּשָּׁמַיִם פַּעַם אַחַת בַּחֹדֶשׁ, דַּיָּם. אָמַר אַבַּיֵי: הִלְכָּךְ צָרִיךְ לְמֵימְרָא מְעֻמָּד.[3] מִי זֹאת עֹלָה מִן הַמִּדְבָּר, מִתְרַפֶּקֶת עַל דּוֹדָהּ.[4]

**וִיהִי** רָצוֹן מִלְּפָנֶיךָ, יהוה אֱלֹהַי וֵאלֹהֵי אֲבוֹתַי, לְמַלֹּאת פְּגִימַת הַלְּבָנָה, וְלֹא יִהְיֶה בָּהּ שׁוּם מִעוּט, וִיהִי אוֹר הַלְּבָנָה כְּאוֹר הַחַמָּה, וּכְאוֹר שִׁבְעַת יְמֵי בְרֵאשִׁית[5] כְּמוֹ שֶׁהָיְתָה קוֹדֶם מִעוּטָהּ, שֶׁנֶּאֱמַר: אֶת שְׁנֵי הַמְּאֹרֹת הַגְּדֹלִים.[6] וְיִתְקַיֵּם בָּנוּ מִקְרָא שֶׁכָּתוּב: וּבִקְשׁוּ אֶת יהוה אֱלֹהֵיהֶם, וְאֵת דָּוִיד מַלְכָּם.[7] אָמֵן.

**לַמְנַצֵּחַ** בִּנְגִינֹת מִזְמוֹר שִׁיר. אֱלֹהִים יְחָנֵּנוּ וִיבָרְכֵנוּ, יָאֵר פָּנָיו אִתָּנוּ סֶלָה. לָדַעַת בָּאָרֶץ דַּרְכֶּךָ, בְּכָל גּוֹיִם יְשׁוּעָתֶךָ. יוֹדוּךָ עַמִּים אֱלֹהִים, יוֹדוּךָ עַמִּים כֻּלָּם. יִשְׂמְחוּ וִירַנְּנוּ לְאֻמִּים, כִּי תִשְׁפֹּט עַמִּים מִישֹׁר, וּלְאֻמִּים בָּאָרֶץ תַּנְחֵם סֶלָה. יוֹדוּךָ עַמִּים אֱלֹהִים, יוֹדוּךָ עַמִּים כֻּלָּם. אֶרֶץ נָתְנָה יְבוּלָהּ, יְבָרְכֵנוּ אֱלֹהִים אֱלֹהֵינוּ. יְבָרְכֵנוּ אֱלֹהִים, וְיִירְאוּ אוֹתוֹ כָּל אַפְסֵי אָרֶץ.[8]

אומרים „עָלֵינוּ" (עמ' 139) וקדיש יתום (עמ' 140).
הבדלה למוצאי שבת ולמוצאי יום טוב תמצא בעמ' 287.

(1) תהלים קכא (2) קנ (3) סנהדרין מב. (4) שיר השירים ח:ה (5) ע"פ ישעיה ל:כו (6) בראשית א:טז (7) הושע ג:ה (8) תהלים סז

אין מקדשים את הלבנה בליל שבת ויום טוב אם לא שהוא הלילה האחרון שמברכים עליה.

## קריאת שמע על המטה

יקרא קריאת שמע סמוך למטתו ואין אוכלים ושותים ולא מדברים אחר קריאת שמע שעל מטתו אלא יישן מיד (או"ח סי' רלט ס"א). אם התפלל ערבית מבעוד יום צריך לקרות כל ג' פרשיות של קריאת שמע, ויכוין לצאת בהן מצות עשה של ק"ש וגם המצוה של זכירת יציאת מצרים. וטוב לומר תמיד כל קריאת שמע, שהיא רמ"ח תיבות (בצירוף „אֵל מֶלֶךְ נֶאֱמָן", לשמור רמ"ח איבריו (מ"ב שם). אם לברך ברכת „הַמַּפִּיל" לפני פרשת „שְׁמַע" ופסוקי דרחמי, או לאחריהם — עיין מ"ב סי' רלט ס"ק ב, שמביא מחלוקת האחרונים בזה, ומסיק, דאם טבעו להירדם באמצע קריאת שמע, יקדים ברכת „הַמַּפִּיל", ואם לאו, יברכנה בסוף, כדי שלא יפסיק בין הברכה לשינה.

**רִבּוֹנוֹ** שֶׁל עוֹלָם, הֲרֵינִי מוֹחֵל לְכָל מִי שֶׁהִכְעִיס וְהִקְנִיט אוֹתִי, אוֹ שֶׁחָטָא כְּנֶגְדִּי — בֵּין בְּגוּפִי, בֵּין בְּמָמוֹנִי, בֵּין בִּכְבוֹדִי, בֵּין בְּכָל אֲשֶׁר לִי; בֵּין בְּאוֹנֶס, בֵּין בְּרָצוֹן, בֵּין בְּשׁוֹגֵג, בֵּין בְּמֵזִיד; בֵּין בְּדִבּוּר, בֵּין בְּמַעֲשֶׂה, בֵּין בְּמַחֲשָׁבָה, בֵּין בְּהִרְהוּר; בֵּין בְּגִלְגּוּל זֶה, בֵּין בְּגִלְגּוּל אַחֵר — לְכָל בַּר יִשְׂרָאֵל, וְלֹא יֵעָנֵשׁ שׁוּם אָדָם בְּסִבָּתִי. יְהִי רָצוֹן מִלְּפָנֶיךָ, יהוה אֱלֹהַי וֵאלֹהֵי אֲבוֹתַי, שֶׁלֹּא אֶחֱטָא עוֹד, וְלֹא אֶחֱזוֹר בָּהֶם, וְלֹא אָשׁוּב עוֹד לְהַכְעִיסְךָ, וְלֹא אֶעֱשֶׂה הָרַע בְּעֵינֶיךָ. וּמַה שֶּׁחָטָאתִי לְפָנֶיךָ מְחוֹק בְּרַחֲמֶיךָ הָרַבִּים, אֲבָל לֹא עַל יְדֵי יִסּוּרִים וָחֳלָיִים רָעִים. יִהְיוּ לְרָצוֹן אִמְרֵי פִי וְהֶגְיוֹן לִבִּי לְפָנֶיךָ, יהוה צוּרִי וְגֹאֲלִי.[1]

ברכת המפיל

**בָּרוּךְ** אַתָּה יהוה אֱלֹהֵינוּ מֶלֶךְ הָעוֹלָם, הַמַּפִּיל חֶבְלֵי שֵׁנָה עַל עֵינָי, וּתְנוּמָה עַל עַפְעַפָּי, וּמֵאִיר לְאִישׁוֹן בַּת עָיִן. וִיהִי רָצוֹן מִלְּפָנֶיךָ, יהוה אֱלֹהַי וֵאלֹהֵי אֲבוֹתַי, שֶׁתַּשְׁכִּיבֵנִי לְשָׁלוֹם וְתַעֲמִידֵנִי לְחַיִּים טוֹבִים וּלְשָׁלוֹם. וְתֵן חֶלְקִי בְּתוֹרָתֶךָ, וְתַרְגִּילֵנִי לִדְבַר מִצְוָה, וְאַל תַּרְגִּילֵנִי לִדְבַר עֲבֵרָה, וְאַל תְּבִיאֵנִי לֹא לִידֵי חֵטְא, וְלֹא לִידֵי נִסָּיוֹן, וְלֹא לִידֵי בִזָּיוֹן, וְיִשְׁלוֹט בִּי יֵצֶר טוֹב, וְאַל יִשְׁלוֹט בִּי יֵצֶר הָרָע, וְתַצִּילֵנִי מִשָּׂטָן וּמִפֶּגַע רָע וּמֵחֳלָיִים רָעִים. וְאַל יְבַהֲלוּנִי רַעְיוֹנַי, וַחֲלוֹמוֹת רָעִים, וְהַרְהוֹרִים רָעִים. וּתְהֵא מִטָּתִי שְׁלֵמָה לְפָנֶיךָ. וְהָאֵר עֵינַי פֶּן אִישַׁן הַמָּוֶת.[2] בָּרוּךְ אַתָּה יהוה, הַמֵּאִיר לָעוֹלָם כֻּלּוֹ בִּכְבוֹדוֹ.

מי שאומר כל ג' פרשיות של קריאת שמע יאמר תיבות אלו: **אֵל מֶלֶךְ נֶאֱמָן.**

יכסה עיניו ביד ימין ויאמר פסוק שמע בקול רם ובכוונה עצומה,
ויתבונן שהוא יתברך שמו מלך בשמים ובארץ, ויקבל עליו עול מלכותו ומצותיו.

**שְׁמַע ׀ יִשְׂרָאֵל, יהוָה ׀ אֱלֹהֵינוּ, יהוָה ׀ אֶחָד:**[3]

בלחש: בָּרוּךְ שֵׁם כְּבוֹד מַלְכוּתוֹ לְעוֹלָם וָעֶד.[4]

**וְאָהַבְתָּ** אֵת ׀ יהוָה ׀ אֱלֹהֶיךָ, בְּכָל־לְבָבְךָ, וּבְכָל־נַפְשְׁךָ, וּבְכָל־מְאֹדֶךָ: וְהָיוּ הַדְּבָרִים הָאֵלֶּה, אֲשֶׁר ׀ אָנֹכִי מְצַוְּךָ הַיּוֹם, עַל־לְבָבֶךָ: וְשִׁנַּנְתָּם לְבָנֶיךָ, וְדִבַּרְתָּ בָּם, בְּשִׁבְתְּךָ בְּבֵיתֶךָ, וּבְלֶכְתְּךָ בַדֶּרֶךְ, וּבְשָׁכְבְּךָ וּבְקוּמֶךָ: וּקְשַׁרְתָּם לְאוֹת ׀ עַל־יָדֶךָ, וְהָיוּ לְטֹטָפֹת בֵּין ׀ עֵינֶיךָ: וּכְתַבְתָּם ׀ עַל־מְזֻזוֹת בֵּיתֶךָ, וּבִשְׁעָרֶיךָ:[5]

(1) תהלים יט:טו (2) ע"פ יג:ד (3) דברים ו:ד (4) ע"פ פסחים נו. (5) דברים ו:ה-ט

**וִיהִי נֹעַם** אֲדֹנָי אֱלֹהֵינוּ עָלֵינוּ, וּמַעֲשֵׂה יָדֵינוּ כּוֹנְנָה עָלֵינוּ, וּמַעֲשֵׂה יָדֵינוּ כּוֹנְנֵהוּ.[1]

**יֹשֵׁב** בְּסֵתֶר עֶלְיוֹן, בְּצֵל שַׁדַּי יִתְלוֹנָן. אֹמַר לַיהוה, מַחְסִי וּמְצוּדָתִי, אֱלֹהַי אֶבְטַח בּוֹ. כִּי הוּא יַצִּילְךָ מִפַּח יָקוּשׁ, מִדֶּבֶר הַוּוֹת. בְּאֶבְרָתוֹ יָסֶךְ לָךְ, וְתַחַת כְּנָפָיו תֶּחְסֶה, צִנָּה וְסֹחֵרָה אֲמִתּוֹ. לֹא תִירָא מִפַּחַד לָיְלָה, מֵחֵץ יָעוּף יוֹמָם. מִדֶּבֶר בָּאֹפֶל יַהֲלֹךְ, מִקֶּטֶב יָשׁוּד צָהֳרָיִם. יִפֹּל מִצִּדְּךָ אֶלֶף, וּרְבָבָה מִימִינֶךָ, אֵלֶיךָ לֹא יִגָּשׁ. רַק בְּעֵינֶיךָ תַבִּיט, וְשִׁלֻּמַת רְשָׁעִים תִּרְאֶה. כִּי אַתָּה יהוה מַחְסִי, עֶלְיוֹן שַׂמְתָּ מְעוֹנֶךָ. לֹא תְאֻנֶּה אֵלֶיךָ רָעָה, וְנֶגַע לֹא יִקְרַב בְּאָהֳלֶךָ. כִּי מַלְאָכָיו יְצַוֶּה לָּךְ, לִשְׁמָרְךָ בְּכָל דְּרָכֶיךָ. עַל כַּפַּיִם יִשָּׂאוּנְךָ, פֶּן תִּגֹּף בָּאֶבֶן רַגְלֶךָ. עַל שַׁחַל וָפֶתֶן תִּדְרֹךְ, תִּרְמֹס כְּפִיר וְתַנִּין. כִּי בִי חָשַׁק וַאֲפַלְּטֵהוּ, אֲשַׂגְּבֵהוּ, כִּי יָדַע שְׁמִי. יִקְרָאֵנִי וְאֶעֱנֵהוּ, עִמּוֹ אָנֹכִי בְצָרָה, אֲחַלְּצֵהוּ וַאֲכַבְּדֵהוּ. אֹרֶךְ יָמִים אַשְׂבִּיעֵהוּ, וְאַרְאֵהוּ בִּישׁוּעָתִי. אֹרֶךְ יָמִים אַשְׂבִּיעֵהוּ, וְאַרְאֵהוּ בִּישׁוּעָתִי.[2]

**יהוה,** מָה רַבּוּ צָרָי, רַבִּים קָמִים עָלָי. רַבִּים אֹמְרִים לְנַפְשִׁי, אֵין יְשׁוּעָתָה לּוֹ בֵאלֹהִים סֶלָה. וְאַתָּה יהוה מָגֵן בַּעֲדִי, כְּבוֹדִי וּמֵרִים רֹאשִׁי. קוֹלִי אֶל יהוה אֶקְרָא, וַיַּעֲנֵנִי מֵהַר קָדְשׁוֹ סֶלָה. אֲנִי שָׁכַבְתִּי וָאִישָׁנָה, הֱקִיצוֹתִי, כִּי יהוה יִסְמְכֵנִי. לֹא אִירָא מֵרִבְבוֹת עָם, אֲשֶׁר סָבִיב שָׁתוּ עָלָי. קוּמָה יהוה, הוֹשִׁיעֵנִי אֱלֹהַי, כִּי הִכִּיתָ אֶת כָּל אֹיְבַי לֶחִי, שִׁנֵּי רְשָׁעִים שִׁבַּרְתָּ. לַיהוה הַיְשׁוּעָה, עַל עַמְּךָ בִרְכָתֶךָ סֶּלָה.[3]

**הַשְׁכִּיבֵנוּ** יהוה אֱלֹהֵינוּ לְשָׁלוֹם, וְהַעֲמִידֵנוּ מַלְכֵּנוּ לְחַיִּים טוֹבִים וּלְשָׁלוֹם. וּפְרוֹשׂ עָלֵינוּ סֻכַּת שְׁלוֹמֶךָ. וְתַקְּנֵנוּ בְּעֵצָה טוֹבָה מִלְּפָנֶיךָ. וְהוֹשִׁיעֵנוּ מְהֵרָה לְמַעַן שְׁמֶךָ. וְהָגֵן בַּעֲדֵנוּ, וְהָסֵר מֵעָלֵינוּ אוֹיֵב דֶּבֶר וְחֶרֶב וְרָעָב וְיָגוֹן. וְהָסֵר שָׂטָן מִלְּפָנֵינוּ וּמֵאַחֲרֵינוּ. וּבְצֵל כְּנָפֶיךָ תַּסְתִּירֵנוּ.[4] כִּי אֵל שׁוֹמְרֵנוּ וּמַצִּילֵנוּ אָתָּה, כִּי אֵל מֶלֶךְ חַנּוּן וְרַחוּם אָתָּה.[5] וּשְׁמוֹר צֵאתֵנוּ וּבוֹאֵנוּ לְחַיִּים וּלְשָׁלוֹם, מֵעַתָּה וְעַד עוֹלָם.[6]

**בָּרוּךְ** יהוה בַּיּוֹם, בָּרוּךְ יהוה בַּלָּיְלָה, בָּרוּךְ יהוה בְּשָׁכְבֵנוּ, בָּרוּךְ יהוה בְּקוּמֵנוּ. כִּי בְיָדְךָ נַפְשׁוֹת הַחַיִּים וְהַמֵּתִים. אֲשֶׁר בְּיָדוֹ נֶפֶשׁ כָּל חָי, וְרוּחַ כָּל בְּשַׂר אִישׁ.[7] בְּיָדְךָ אַפְקִיד רוּחִי, פָּדִיתָה אוֹתִי, יהוה אֵל אֱמֶת.[8] אֱלֹהֵינוּ שֶׁבַּשָּׁמַיִם, יַחֵד שִׁמְךָ וְקַיֵּם מַלְכוּתְךָ תָּמִיד, וּמְלוֹךְ עָלֵינוּ לְעוֹלָם וָעֶד.

(1) תהלים צ:יז (2) צא (3) ג:ב-ט (4) ע״פ יז:ח (5) ע״פ נחמיה ט:לא (6) ע״פ תהלים קכא:ח (7) איוב יב:י (8) תהלים לא:ו

**יִרְאוּ** עֵינֵינוּ, וְיִשְׂמַח לִבֵּנוּ, וְתָגֵל נַפְשֵׁנוּ, בִּישׁוּעָתְךָ בֶּאֱמֶת, בֶּאֱמֹר לְצִיּוֹן מָלַךְ אֱלֹהָיִךְ.[1] יהוה מֶלֶךְ,[2] יהוה מָלָךְ,[3] יהוה יִמְלֹךְ לְעֹלָם וָעֶד.[4] כִּי הַמַּלְכוּת שֶׁלְּךָ הִיא, וּלְעוֹלְמֵי עַד תִּמְלוֹךְ בְּכָבוֹד, כִּי אֵין לָנוּ מֶלֶךְ אֶלָּא אָתָּה.

**הַמַּלְאָךְ** הַגֹּאֵל אֹתִי מִכָּל רָע יְבָרֵךְ אֶת הַנְּעָרִים, וְיִקָּרֵא בָהֶם שְׁמִי, וְשֵׁם אֲבֹתַי אַבְרָהָם וְיִצְחָק, וְיִדְגּוּ לָרֹב בְּקֶרֶב הָאָרֶץ.[5] וַיֹּאמֶר, אִם שָׁמוֹעַ תִּשְׁמַע לְקוֹל יהוה אֱלֹהֶיךָ, וְהַיָּשָׁר בְּעֵינָיו תַּעֲשֶׂה, וְהַאֲזַנְתָּ לְמִצְוֹתָיו, וְשָׁמַרְתָּ כָּל חֻקָּיו, כָּל הַמַּחֲלָה אֲשֶׁר שַׂמְתִּי בְמִצְרַיִם לֹא אָשִׂים עָלֶיךָ, כִּי אֲנִי יהוה רֹפְאֶךָ.[6] וַיֹּאמֶר יהוה אֶל הַשָּׂטָן, יִגְעַר יהוה בְּךָ הַשָּׂטָן, וְיִגְעַר יהוה בְּךָ הַבֹּחֵר בִּירוּשָׁלָיִם, הֲלוֹא זֶה אוּד מֻצָּל מֵאֵשׁ.[7] הִנֵּה מִטָּתוֹ שֶׁלִּשְׁלֹמֹה, שִׁשִּׁים גִּבֹּרִים סָבִיב לָהּ, מִגִּבֹּרֵי יִשְׂרָאֵל. כֻּלָּם אֲחֻזֵי חֶרֶב, מְלֻמְּדֵי מִלְחָמָה, אִישׁ חַרְבּוֹ עַל יְרֵכוֹ מִפַּחַד בַּלֵּילוֹת.[8]
ג׳ פעמים – יְבָרֶכְךָ יהוה וְיִשְׁמְרֶךָ. יָאֵר יהוה פָּנָיו אֵלֶיךָ, וִיחֻנֶּךָּ. יִשָּׂא יהוה פָּנָיו אֵלֶיךָ, וְיָשֵׂם לְךָ שָׁלוֹם.[9] ג׳ פעמים – הִנֵּה לֹא יָנוּם וְלֹא יִישָׁן, שׁוֹמֵר יִשְׂרָאֵל.[10] ג׳ פעמים – לִישׁוּעָתְךָ קִוִּיתִי יהוה.[11] קִוִּיתִי יהוה לִישׁוּעָתְךָ. יהוה לִישׁוּעָתְךָ קִוִּיתִי. ג׳ פעמים – בְּשֵׁם יהוה אֱלֹהֵי יִשְׂרָאֵל, מִימִינִי מִיכָאֵל, וּמִשְּׂמֹאלִי גַּבְרִיאֵל, וּמִלְּפָנַי אוּרִיאֵל, וּמֵאֲחוֹרַי רְפָאֵל, וְעַל רֹאשִׁי שְׁכִינַת אֵל.

**שִׁיר** הַמַּעֲלוֹת, אַשְׁרֵי כָּל יְרֵא יהוה, הַהֹלֵךְ בִּדְרָכָיו. יְגִיעַ כַּפֶּיךָ כִּי תֹאכֵל, אַשְׁרֶיךָ וְטוֹב לָךְ. אֶשְׁתְּךָ כְּגֶפֶן פֹּרִיָּה בְּיַרְכְּתֵי בֵיתֶךָ, בָּנֶיךָ כִּשְׁתִלֵי זֵיתִים, סָבִיב לְשֻׁלְחָנֶךָ. הִנֵּה כִי כֵן יְבֹרַךְ גָּבֶר, יְרֵא יהוה. יְבָרֶכְךָ יהוה מִצִּיּוֹן, וּרְאֵה בְּטוּב יְרוּשָׁלָיִם כֹּל יְמֵי חַיֶּיךָ. וּרְאֵה בָנִים לְבָנֶיךָ, שָׁלוֹם עַל יִשְׂרָאֵל.[12]
ג׳ פעמים – רִגְזוּ וְאַל תֶּחֱטָאוּ, אִמְרוּ בִלְבַבְכֶם עַל מִשְׁכַּבְכֶם, וְדֹמּוּ סֶלָה.[13]

**אֲדוֹן עוֹלָם** אֲשֶׁר מָלַךְ, בְּטֶרֶם כָּל יְצִיר נִבְרָא. לְעֵת נַעֲשָׂה בְחֶפְצוֹ כֹּל, אֲזַי מֶלֶךְ שְׁמוֹ נִקְרָא. וְאַחֲרֵי כִּכְלוֹת הַכֹּל, לְבַדּוֹ יִמְלוֹךְ נוֹרָא. וְהוּא הָיָה וְהוּא הֹוֶה, וְהוּא יִהְיֶה בְּתִפְאָרָה. וְהוּא אֶחָד וְאֵין שֵׁנִי, לְהַמְשִׁיל לוֹ לְהַחְבִּירָה. בְּלִי רֵאשִׁית בְּלִי תַכְלִית, וְלוֹ הָעֹז וְהַמִּשְׂרָה. וְהוּא אֵלִי וְחַי גֹּאֲלִי, וְצוּר חֶבְלִי בְּעֵת צָרָה. וְהוּא נִסִּי וּמָנוֹס לִי, מְנָת כּוֹסִי בְּיוֹם אֶקְרָא. בְּיָדוֹ אַפְקִיד רוּחִי, בְּעֵת אִישַׁן וְאָעִירָה. וְעִם רוּחִי גְּוִיָּתִי, יהוה לִי וְלֹא אִירָא.

(1) ע״פ ישעיה נב:ז (2) תהלים י:טז (3) צג:א ועוד (4) שמות טו:יח (5) בראשית מח:טז (6) שמות טו:כו (7) זכריה ג:ב (8) שיר השירים ג:ז-ח (9) במדבר ו:כד-כו (10) תהלים קכא:ד (11) בראשית מט:יח (12) תהלים קכח (13) ד:ה

## הדלקת הנרות לשבת וליום טוב

האשה מדלקת את הנרות, ואח"כ משימה את ידיה כנגד הנרות כדי שלא תהנה מאורם, ומברכת, וזה מיקרי עובר לעשייתן. ותעשה כן בין בנרות שבת בין בנרות יום טוב. ויש סוברים שביום טוב תברך ואח"כ תדליק (או"ח סי' רסג ס"ה ובמ"ב שם). אחר ההדלקה לא תעשה שום מלאכה, שכבר קיבלה את השבת בהדלקה (שם ס"י). אם אין אשה בבית, ידליק איש את הנרות, ויכול לברך לפני ההדלקה (ע"פ באור הלכה שם ס"ה ד"ה אחר).

לשבת:

**בָּרוּךְ** אַתָּה יהוה אֱלֹהֵינוּ מֶלֶךְ הָעוֹלָם, אֲשֶׁר קִדְּשָׁנוּ בְּמִצְוֹתָיו, וְצִוָּנוּ לְהַדְלִיק נֵר שֶׁל שַׁבָּת.

ליום טוב ויום הכיפורים:

בערב יום טוב שחל בחול נהגו שאומרת הברכה לפני שמדלקת הנרות.
ויש נוהגות שלא לחלק ומדלקת לפני הברכה כבערב שבת.

**בָּרוּךְ** אַתָּה יהוה אֱלֹהֵינוּ מֶלֶךְ הָעוֹלָם, אֲשֶׁר קִדְּשָׁנוּ בְּמִצְוֹתָיו, וְצִוָּנוּ לְהַדְלִיק נֵר שֶׁל [שַׁבָּת וְשֶׁל]
ליום טוב – **יוֹם טוֹב.** ליום הכיפורים – **יוֹם הַכִּפּוּרִים.**

מברכים „שֶׁהֶחֱיָנוּ" בערב יום הכפורים ובכל ליל יום טוב חוץ מלילות שביעי ואחרון של פסח.

**בָּרוּךְ** אַתָּה יהוה אֱלֹהֵינוּ מֶלֶךְ הָעוֹלָם, שֶׁהֶחֱיָנוּ וְקִיְּמָנוּ וְהִגִּיעָנוּ לַזְּמַן הַזֶּה.

**יְהִי רָצוֹן** לְפָנֶיךָ, יהוה אֱלֹהַי וֵאלֹהֵי אֲבוֹתַי, שֶׁתְּחוֹנֵן אוֹתִי [וְאֶת אִישִׁי, וְאֶת בָּנַי, וְאֶת בְּנוֹתַי, וְאֶת אָבִי, וְאֶת אִמִּי] וְאֶת כָּל קְרוֹבַי; וְתִתֶּן לָנוּ וּלְכָל יִשְׂרָאֵל חַיִּים טוֹבִים וַאֲרוּכִים; וְתִזְכְּרֵנוּ בְּזִכְרוֹן טוֹבָה וּבְרָכָה; וְתִפְקְדֵנוּ בִּפְקֻדַּת יְשׁוּעָה וְרַחֲמִים; וּתְבָרְכֵנוּ בְּרָכוֹת גְּדוֹלוֹת; וְתַשְׁלִים בָּתֵּינוּ; וְתַשְׁכֵּן שְׁכִינָתְךָ בֵּינֵינוּ. וְזַכֵּנִי לְגַדֵּל בָּנִים וּבְנֵי בָנִים חֲכָמִים וּנְבוֹנִים, אוֹהֲבֵי יהוה, יִרְאֵי אֱלֹהִים, אַנְשֵׁי אֱמֶת, זֶרַע קֹדֶשׁ, בַּיהוה דְּבֵקִים, וּמְאִירִים אֶת הָעוֹלָם בַּתּוֹרָה וּבְמַעֲשִׂים טוֹבִים, וּבְכָל מְלֶאכֶת עֲבוֹדַת הַבּוֹרֵא. אָנָּא שְׁמַע אֶת תְּחִנָּתִי בָּעֵת הַזֹּאת, בִּזְכוּת שָׂרָה וְרִבְקָה וְרָחֵל וְלֵאָה אִמּוֹתֵינוּ, וְהָאֵר נֵרֵנוּ שֶׁלֹּא יִכְבֶּה לְעוֹלָם וָעֶד, וְהָאֵר פָּנֶיךָ וְנִוָּשֵׁעָה. אָמֵן.

## שיר השירים

יש נוהגים לומר שיר השירים בערב שבת לפני מנחה.

פרק א

א שִׁיר הַשִּׁירִים אֲשֶׁר לִשְׁלֹמֹה: ב יִשָּׁקֵנִי מִנְּשִׁיקוֹת פִּיהוּ כִּי־טוֹבִים דֹּדֶיךָ
מִיָּיִן: ג לְרֵיחַ שְׁמָנֶיךָ טוֹבִים שֶׁמֶן תּוּרַק שְׁמֶךָ עַל־כֵּן עֲלָמוֹת אֲהֵבוּךָ:
ד מָשְׁכֵנִי אַחֲרֶיךָ נָּרוּצָה הֱבִיאַנִי הַמֶּלֶךְ חֲדָרָיו נָגִילָה וְנִשְׂמְחָה בָּךְ

נַזְכִּירָה דֹדֶיךָ מִיַּיִן מֵישָׁרִים אֲהֵבוּךָ׃ ה שְׁחוֹרָה אֲנִי וְנָאוָה בְּנוֹת יְרוּשָׁלָםִ
כְּאָהֳלֵי קֵדָר כִּירִיעוֹת שְׁלֹמֹה׃ ו אַל־תִּרְאוּנִי שֶׁאֲנִי שְׁחַרְחֹרֶת שֶׁשְּׁזָפַתְנִי
הַשָּׁמֶשׁ בְּנֵי אִמִּי נִחֲרוּ־בִי שָׂמֻנִי נֹטֵרָה אֶת־הַכְּרָמִים כַּרְמִי שֶׁלִּי לֹא
נָטָרְתִּי׃ ז הַגִּידָה לִּי שֶׁאָהֲבָה נַפְשִׁי אֵיכָה תִרְעֶה אֵיכָה תַּרְבִּיץ בַּצָּהֳרָיִם
שַׁלָּמָה אֶהְיֶה כְּעֹטְיָה עַל עֶדְרֵי חֲבֵרֶיךָ׃ ח אִם־לֹא תֵדְעִי לָךְ הַיָּפָה
בַּנָּשִׁים צְאִי־לָךְ בְּעִקְבֵי הַצֹּאן וּרְעִי אֶת־גְּדִיֹּתַיִךְ עַל מִשְׁכְּנוֹת הָרֹעִים׃
ט לְסֻסָתִי בְּרִכְבֵי פַרְעֹה דִּמִּיתִיךְ רַעְיָתִי׃ י נָאווּ לְחָיַיִךְ בַּתֹּרִים צַוָּארֵךְ
בַּחֲרוּזִים׃ יא תּוֹרֵי זָהָב נַעֲשֶׂה־לָּךְ עִם נְקֻדּוֹת הַכָּסֶף׃ יב עַד־שֶׁהַמֶּלֶךְ
בִּמְסִבּוֹ נִרְדִּי נָתַן רֵיחוֹ׃ יג צְרוֹר הַמֹּר ׀ דּוֹדִי לִי בֵּין שָׁדַי יָלִין׃ יד אֶשְׁכֹּל
הַכֹּפֶר ׀ דּוֹדִי לִי בְּכַרְמֵי עֵין גֶּדִי׃ טו הִנָּךְ יָפָה רַעְיָתִי הִנָּךְ יָפָה עֵינַיִךְ יוֹנִים׃
טז הִנְּךָ יָפֶה דוֹדִי אַף נָעִים אַף־עַרְשֵׂנוּ רַעֲנָנָה׃ יז קֹרוֹת בָּתֵּינוּ אֲרָזִים
רָהִיטֵנוּ בְּרוֹתִים׃

פרק ב

א אֲנִי חֲבַצֶּלֶת הַשָּׁרוֹן שׁוֹשַׁנַּת הָעֲמָקִים׃ ב כְּשׁוֹשַׁנָּה בֵּין הַחוֹחִים כֵּן
רַעְיָתִי בֵּין הַבָּנוֹת׃ ג כְּתַפּוּחַ בַּעֲצֵי הַיַּעַר כֵּן דּוֹדִי בֵּין הַבָּנִים בְּצִלּוֹ
חִמַּדְתִּי וְיָשַׁבְתִּי וּפִרְיוֹ מָתוֹק לְחִכִּי׃ ד הֱבִיאַנִי אֶל־בֵּית הַיָּיִן וְדִגְלוֹ עָלַי
אַהֲבָה׃ ה סַמְּכוּנִי בָּאֲשִׁישׁוֹת רַפְּדוּנִי בַּתַּפּוּחִים כִּי־חוֹלַת אַהֲבָה אָנִי׃
ו שְׂמֹאלוֹ תַּחַת לְרֹאשִׁי וִימִינוֹ תְּחַבְּקֵנִי׃ ז הִשְׁבַּעְתִּי אֶתְכֶם בְּנוֹת
יְרוּשָׁלַםִ בִּצְבָאוֹת אוֹ בְּאַיְלוֹת הַשָּׂדֶה אִם־תָּעִירוּ ׀ וְאִם־תְּעוֹרְרוּ
אֶת־הָאַהֲבָה עַד שֶׁתֶּחְפָּץ׃ ח קוֹל דּוֹדִי הִנֵּה־זֶה בָּא מְדַלֵּג עַל־הֶהָרִים
מְקַפֵּץ עַל־הַגְּבָעוֹת׃ ט דּוֹמֶה דוֹדִי לִצְבִי אוֹ לְעֹפֶר הָאַיָּלִים הִנֵּה־זֶה
עוֹמֵד אַחַר כָּתְלֵנוּ מַשְׁגִּיחַ מִן־הַחַלֹּנוֹת מֵצִיץ מִן־הַחֲרַכִּים׃ י עָנָה דוֹדִי
וְאָמַר לִי קוּמִי לָךְ רַעְיָתִי יָפָתִי וּלְכִי־לָךְ׃ יא כִּי־הִנֵּה הַסְּתָו עָבָר הַגֶּשֶׁם
חָלַף הָלַךְ לוֹ׃ יב הַנִּצָּנִים נִרְאוּ בָאָרֶץ עֵת הַזָּמִיר הִגִּיעַ וְקוֹל הַתּוֹר נִשְׁמַע
בְּאַרְצֵנוּ׃ יג הַתְּאֵנָה חָנְטָה פַגֶּיהָ וְהַגְּפָנִים ׀ סְמָדַר נָתְנוּ רֵיחַ קוּמִי לָךְ
רַעְיָתִי יָפָתִי וּלְכִי־לָךְ׃ יד יוֹנָתִי בְּחַגְוֵי הַסֶּלַע בְּסֵתֶר הַמַּדְרֵגָה הַרְאִינִי
אֶת־מַרְאַיִךְ הַשְׁמִיעִנִי אֶת־קוֹלֵךְ כִּי־קוֹלֵךְ עָרֵב וּמַרְאֵיךְ נָאוֶה׃ טו אֶחֱזוּ־
לָנוּ שֻׁעָלִים קְטַנִּים מְחַבְּלִים כְּרָמִים וּכְרָמֵינוּ סְמָדַר׃ טז דּוֹדִי לִי
וַאֲנִי לוֹ הָרֹעֶה בַּשּׁוֹשַׁנִּים׃ יז עַד שֶׁיָּפוּחַ הַיּוֹם וְנָסוּ הַצְּלָלִים סֹב דְּמֵה־לְךָ
דוֹדִי לִצְבִי אוֹ לְעֹפֶר הָאַיָּלִים עַל־הָרֵי בָתֶר׃

פרק ג

א עַל־מִשְׁכָּבִי בַּלֵּילוֹת בִּקַּשְׁתִּי אֵת שֶׁאָהֲבָה נַפְשִׁי בִּקַּשְׁתִּיו וְלֹא
מְצָאתִיו׃ ב אָקוּמָה נָּא וַאֲסוֹבְבָה בָעִיר בַּשְּׁוָקִים וּבָרְחֹבוֹת אֲבַקְשָׁה אֵת
שֶׁאָהֲבָה נַפְשִׁי בִּקַּשְׁתִּיו וְלֹא מְצָאתִיו׃ ג מְצָאוּנִי הַשֹּׁמְרִים הַסֹּבְבִים

בָּעִיר אֶת שֶׁאָהֲבָה נַפְשִׁי רְאִיתֶם: ד כִּמְעַט שֶׁעָבַרְתִּי מֵהֶם עַד שֶׁמָּצָאתִי
אֵת שֶׁאָהֲבָה נַפְשִׁי אֲחַזְתִּיו וְלֹא אַרְפֶּנּוּ עַד־שֶׁהֲבֵיאתִיו אֶל־בֵּית אִמִּי
וְאֶל־חֶדֶר הוֹרָתִי: ה הִשְׁבַּעְתִּי אֶתְכֶם בְּנוֹת יְרוּשָׁלִַם בִּצְבָאוֹת אוֹ
בְּאַיְלוֹת הַשָּׂדֶה אִם־תָּעִירוּ ׀ וְאִם־תְּעוֹרְרוּ אֶת־הָאַהֲבָה עַד שֶׁתֶּחְפָּץ:
ו מִי זֹאת עֹלָה מִן־הַמִּדְבָּר כְּתִימֲרוֹת עָשָׁן מְקֻטֶּרֶת מוֹר וּלְבוֹנָה מִכֹּל
אַבְקַת רוֹכֵל: ז הִנֵּה מִטָּתוֹ שֶׁלִּשְׁלֹמֹה שִׁשִּׁים גִּבֹּרִים סָבִיב לָהּ מִגִּבֹּרֵי
יִשְׂרָאֵל: ח כֻּלָּם אֲחֻזֵי חֶרֶב מְלֻמְּדֵי מִלְחָמָה אִישׁ חַרְבּוֹ עַל־יְרֵכוֹ מִפַּחַד
בַּלֵּילוֹת: ט אַפִּרְיוֹן עָשָׂה לוֹ הַמֶּלֶךְ שְׁלֹמֹה מֵעֲצֵי הַלְּבָנוֹן: י עַמּוּדָיו עָשָׂה
כֶסֶף רְפִידָתוֹ זָהָב מֶרְכָּבוֹ אַרְגָּמָן תּוֹכוֹ רָצוּף אַהֲבָה מִבְּנוֹת יְרוּשָׁלִָם:
יא צְאֶינָה ׀ וּרְאֶינָה בְּנוֹת צִיּוֹן בַּמֶּלֶךְ שְׁלֹמֹה בָּעֲטָרָה שֶׁעִטְּרָה־לּוֹ אִמּוֹ
בְּיוֹם חֲתֻנָּתוֹ וּבְיוֹם שִׂמְחַת לִבּוֹ:

פרק ד

א הִנָּךְ יָפָה רַעְיָתִי הִנָּךְ יָפָה עֵינַיִךְ יוֹנִים מִבַּעַד לְצַמָּתֵךְ שַׂעְרֵךְ כְּעֵדֶר
הָעִזִּים שֶׁגָּלְשׁוּ מֵהַר גִּלְעָד: ב שִׁנַּיִךְ כְּעֵדֶר הַקְּצוּבוֹת שֶׁעָלוּ מִן־הָרַחְצָה
שֶׁכֻּלָּם מַתְאִימוֹת וְשַׁכֻּלָה אֵין בָּהֶם: ג כְּחוּט הַשָּׁנִי שִׂפְתוֹתַיִךְ וּמִדְבָּרֵךְ
נָאוֶה כְּפֶלַח הָרִמּוֹן רַקָּתֵךְ מִבַּעַד לְצַמָּתֵךְ: ד כְּמִגְדַּל דָּוִיד צַוָּארֵךְ בָּנוּי
לְתַלְפִּיּוֹת אֶלֶף הַמָּגֵן תָּלוּי עָלָיו כֹּל שִׁלְטֵי הַגִּבֹּרִים: ה שְׁנֵי שָׁדַיִךְ כִּשְׁנֵי
עֳפָרִים תְּאוֹמֵי צְבִיָּה הָרוֹעִים בַּשּׁוֹשַׁנִּים: ו עַד שֶׁיָּפוּחַ הַיּוֹם וְנָסוּ הַצְּלָלִים
אֵלֶךְ לִי אֶל־הַר הַמּוֹר וְאֶל־גִּבְעַת הַלְּבוֹנָה: ז כֻּלָּךְ יָפָה רַעְיָתִי וּמוּם אֵין
בָּךְ: ח אִתִּי מִלְּבָנוֹן כַּלָּה אִתִּי מִלְּבָנוֹן תָּבוֹאִי תָּשׁוּרִי ׀ מֵרֹאשׁ אֲמָנָה
מֵרֹאשׁ שְׂנִיר וְחֶרְמוֹן מִמְּעֹנוֹת אֲרָיוֹת מֵהַרְרֵי נְמֵרִים: ט לִבַּבְתִּנִי אֲחֹתִי
כַלָּה לִבַּבְתִּנִי בְּאַחַת מֵעֵינַיִךְ בְּאַחַד עֲנָק מִצַּוְּרֹנָיִךְ: י מַה־יָּפוּ דֹדַיִךְ
אֲחֹתִי כַלָּה מַה־טֹּבוּ דֹדַיִךְ מִיַּיִן וְרֵיחַ שְׁמָנַיִךְ מִכָּל־בְּשָׂמִים: יא נֹפֶת
תִּטֹּפְנָה שִׂפְתוֹתַיִךְ כַּלָּה דְּבַשׁ וְחָלָב תַּחַת לְשׁוֹנֵךְ וְרֵיחַ שַׂלְמֹתַיִךְ כְּרֵיחַ
לְבָנוֹן: יב גַּן ׀ נָעוּל אֲחֹתִי כַלָּה גַּל נָעוּל מַעְיָן חָתוּם: יג שְׁלָחַיִךְ פַּרְדֵּס
רִמּוֹנִים עִם פְּרִי מְגָדִים כְּפָרִים עִם־נְרָדִים: יד נֵרְדְּ ׀ וְכַרְכֹּם קָנֶה וְקִנָּמוֹן
עִם כָּל־עֲצֵי לְבוֹנָה מֹר וַאֲהָלוֹת עִם כָּל־רָאשֵׁי בְשָׂמִים: טו מַעְיַן גַּנִּים
בְּאֵר מַיִם חַיִּים וְנֹזְלִים מִן־לְבָנוֹן: טז עוּרִי צָפוֹן וּבוֹאִי תֵימָן הָפִיחִי גַנִּי
יִזְּלוּ בְשָׂמָיו יָבֹא דוֹדִי לְגַנּוֹ וְיֹאכַל פְּרִי מְגָדָיו:

פרק ה

א בָּאתִי לְגַנִּי אֲחֹתִי כַלָּה אָרִיתִי מוֹרִי עִם־בְּשָׂמִי אָכַלְתִּי יַעְרִי עִם־
דִּבְשִׁי שָׁתִיתִי יֵינִי עִם־חֲלָבִי אִכְלוּ רֵעִים שְׁתוּ וְשִׁכְרוּ דּוֹדִים: ב אֲנִי יְשֵׁנָה
וְלִבִּי עֵר קוֹל ׀ דּוֹדִי דוֹפֵק פִּתְחִי־לִי אֲחֹתִי רַעְיָתִי יוֹנָתִי תַמָּתִי שֶׁרֹּאשִׁי
נִמְלָא־טָל קְוֻצּוֹתַי רְסִיסֵי לָיְלָה: ג פָּשַׁטְתִּי אֶת־כֻּתָּנְתִּי אֵיכָכָה אֶלְבָּשֶׁנָּה

רָחַצְתִּי אֶת־רַגְלַי אֵיכָכָה אֲטַנְּפֵם׃ ד דּוֹדִי שָׁלַח יָדוֹ מִן־הַחוֹר וּמֵעַי הָמוּ
עָלָיו׃ ה קַמְתִּי אֲנִי לִפְתֹּחַ לְדוֹדִי וְיָדַי נָטְפוּ־מוֹר וְאֶצְבְּעֹתַי מוֹר עֹבֵר עַל
כַּפּוֹת הַמַּנְעוּל׃ ו פָּתַחְתִּי אֲנִי לְדוֹדִי וְדוֹדִי חָמַק עָבָר נַפְשִׁי יָצְאָה בְדַבְּרוֹ
בִּקַּשְׁתִּיהוּ וְלֹא מְצָאתִיהוּ קְרָאתִיו וְלֹא עָנָנִי׃ ז מְצָאֻנִי הַשֹּׁמְרִים
הַסֹּבְבִים בָּעִיר הִכּוּנִי פְצָעוּנִי נָשְׂאוּ אֶת־רְדִידִי מֵעָלַי שֹׁמְרֵי הַחֹמוֹת׃
ח הִשְׁבַּעְתִּי אֶתְכֶם בְּנוֹת יְרוּשָׁלָםִ אִם־תִּמְצְאוּ אֶת־דּוֹדִי מַה־תַּגִּידוּ לוֹ
שֶׁחוֹלַת אַהֲבָה אָנִי׃ ט מַה־דּוֹדֵךְ מִדּוֹד הַיָּפָה בַּנָּשִׁים מַה־דּוֹדֵךְ מִדּוֹד
שֶׁכָּכָה הִשְׁבַּעְתָּנוּ׃ י דּוֹדִי צַח וְאָדוֹם דָּגוּל מֵרְבָבָה׃ יא רֹאשׁוֹ כֶּתֶם פָּז
קְוּצּוֹתָיו תַּלְתַּלִּים שְׁחֹרוֹת כָּעוֹרֵב׃ יב עֵינָיו כְּיוֹנִים עַל־אֲפִיקֵי מָיִם
רֹחֲצוֹת בֶּחָלָב יֹשְׁבוֹת עַל־מִלֵּאת׃ יג לְחָיָו כַּעֲרוּגַת הַבֹּשֶׂם מִגְדְּלוֹת
מֶרְקָחִים שִׂפְתוֹתָיו שׁוֹשַׁנִּים נֹטְפוֹת מוֹר עֹבֵר׃ יד יָדָיו גְּלִילֵי זָהָב
מְמֻלָּאִים בַּתַּרְשִׁישׁ מֵעָיו עֶשֶׁת שֵׁן מְעֻלֶּפֶת סַפִּירִים׃ טו שׁוֹקָיו עַמּוּדֵי
שֵׁשׁ מְיֻסָּדִים עַל־אַדְנֵי־פָז מַרְאֵהוּ כַּלְּבָנוֹן בָּחוּר כָּאֲרָזִים׃ טז חִכּוֹ
מַמְתַקִּים וְכֻלּוֹ מַחֲמַדִּים זֶה דוֹדִי וְזֶה רֵעִי בְּנוֹת יְרוּשָׁלָםִ׃

פרק ו

א אָנָה הָלַךְ דּוֹדֵךְ הַיָּפָה בַּנָּשִׁים אָנָה פָּנָה דוֹדֵךְ וּנְבַקְשֶׁנּוּ עִמָּךְ׃ ב דּוֹדִי
יָרַד לְגַנּוֹ לַעֲרֻגוֹת הַבֹּשֶׂם לִרְעוֹת בַּגַּנִּים וְלִלְקֹט שׁוֹשַׁנִּים׃ ג אֲנִי לְדוֹדִי
וְדוֹדִי לִי הָרֹעֶה בַּשּׁוֹשַׁנִּים׃ ד יָפָה אַתְּ רַעְיָתִי כְּתִרְצָה נָאוָה כִּירוּשָׁלָםִ
אֲיֻמָּה כַּנִּדְגָּלוֹת׃ ה הָסֵבִּי עֵינַיִךְ מִנֶּגְדִּי שֶׁהֵם הִרְהִיבֻנִי שַׂעְרֵךְ כְּעֵדֶר
הָעִזִּים שֶׁגָּלְשׁוּ מִן־הַגִּלְעָד׃ ו שִׁנַּיִךְ כְּעֵדֶר הָרְחֵלִים שֶׁעָלוּ מִן־הָרַחְצָה
שֶׁכֻּלָּם מַתְאִימוֹת וְשַׁכֻּלָה אֵין בָּהֶם׃ ז כְּפֶלַח הָרִמּוֹן רַקָּתֵךְ מִבַּעַד
לְצַמָּתֵךְ׃ ח שִׁשִּׁים הֵמָּה מְלָכוֹת וּשְׁמֹנִים פִּילַגְשִׁים וַעֲלָמוֹת אֵין מִסְפָּר׃
ט אַחַת הִיא יוֹנָתִי תַמָּתִי אַחַת הִיא לְאִמָּהּ בָּרָה הִיא לְיוֹלַדְתָּהּ רָאוּהָ
בָנוֹת וַיְאַשְּׁרוּהָ מְלָכוֹת וּפִילַגְשִׁים וַיְהַלְלוּהָ׃ י מִי־זֹאת הַנִּשְׁקָפָה כְּמוֹ־
שָׁחַר יָפָה כַלְּבָנָה בָּרָה כַּחַמָּה אֲיֻמָּה כַּנִּדְגָּלוֹת׃ יא אֶל־גִּנַּת אֱגוֹז יָרַדְתִּי
לִרְאוֹת בְּאִבֵּי הַנָּחַל לִרְאוֹת הֲפָרְחָה הַגֶּפֶן הֵנֵצוּ הָרִמֹּנִים׃ יב לֹא יָדַעְתִּי
נַפְשִׁי שָׂמַתְנִי מַרְכְּבוֹת עַמִּי נָדִיב׃

פרק ז

א שׁוּבִי שׁוּבִי הַשּׁוּלַמִּית שׁוּבִי שׁוּבִי וְנֶחֱזֶה־בָּךְ מַה־תֶּחֱזוּ בַּשּׁוּלַמִּית
כִּמְחֹלַת הַמַּחֲנָיִם׃ ב מַה־יָּפוּ פְעָמַיִךְ בַּנְּעָלִים בַּת־נָדִיב חַמּוּקֵי יְרֵכַיִךְ
כְּמוֹ חֲלָאִים מַעֲשֵׂה יְדֵי אָמָּן׃ ג שָׁרְרֵךְ אַגַּן הַסַּהַר אַל־יֶחְסַר הַמָּזֶג בִּטְנֵךְ
עֲרֵמַת חִטִּים סוּגָה בַּשּׁוֹשַׁנִּים׃ ד שְׁנֵי שָׁדַיִךְ כִּשְׁנֵי עֳפָרִים תָּאֳמֵי צְבִיָּה׃
ה צַוָּארֵךְ כְּמִגְדַּל הַשֵּׁן עֵינַיִךְ בְּרֵכוֹת בְּחֶשְׁבּוֹן עַל־שַׁעַר בַּת־רַבִּים אַפֵּךְ
כְּמִגְדַּל הַלְּבָנוֹן צוֹפֶה פְּנֵי דַמָּשֶׂק׃ ו רֹאשֵׁךְ עָלַיִךְ כַּכַּרְמֶל וְדַלַּת רֹאשֵׁךְ

בְּאַרְגָּמָן מֶלֶךְ אָסוּר בָּרְהָטִים: ז מַה־יָּפִית וּמַה־נָּעַמְתְּ אַהֲבָה בַּתַּעֲנוּגִים:
ח זֹאת קוֹמָתֵךְ דָּמְתָה לְתָמָר וְשָׁדַיִךְ לְאַשְׁכֹּלוֹת: ט אָמַרְתִּי אֶעֱלֶה בְתָמָר
אֹחֲזָה בְּסַנְסִנָּיו וְיִהְיוּ־נָא שָׁדַיִךְ כְּאֶשְׁכְּלוֹת הַגֶּפֶן וְרֵיחַ אַפֵּךְ כַּתַּפּוּחִים:
י וְחִכֵּךְ כְּיֵין הַטּוֹב הוֹלֵךְ לְדוֹדִי לְמֵישָׁרִים דּוֹבֵב שִׂפְתֵי יְשֵׁנִים: יא אֲנִי
לְדוֹדִי וְעָלַי תְּשׁוּקָתוֹ: יב לְכָה דוֹדִי נֵצֵא הַשָּׂדֶה נָלִינָה בַּכְּפָרִים:
יג נַשְׁכִּימָה לַכְּרָמִים נִרְאֶה אִם־פָּרְחָה הַגֶּפֶן פִּתַּח הַסְּמָדַר הֵנֵצוּ
הָרִמּוֹנִים שָׁם אֶתֵּן אֶת־דֹּדַי לָךְ: יד הַדּוּדָאִים נָתְנוּ־רֵיחַ וְעַל־פְּתָחֵינוּ
כָּל־מְגָדִים חֲדָשִׁים גַּם־יְשָׁנִים דּוֹדִי צָפַנְתִּי לָךְ:

פרק ח

א מִי יִתֶּנְךָ כְּאָח לִי יוֹנֵק שְׁדֵי אִמִּי אֶמְצָאֲךָ בַחוּץ אֶשָּׁקְךָ גַּם לֹא־יָבֻזוּ
לִי: ב אֶנְהָגֲךָ אֲבִיאֲךָ אֶל־בֵּית אִמִּי תְּלַמְּדֵנִי אַשְׁקְךָ מִיַּיִן הָרֶקַח מֵעֲסִיס
רִמֹּנִי: ג שְׂמֹאלוֹ תַּחַת רֹאשִׁי וִימִינוֹ תְּחַבְּקֵנִי: ד הִשְׁבַּעְתִּי אֶתְכֶם בְּנוֹת
יְרוּשָׁלָםִ מַה־תָּעִירוּ | וּמַה־תְּעֹרְרוּ אֶת־הָאַהֲבָה עַד שֶׁתֶּחְפָּץ: ה מִי זֹאת
עֹלָה מִן־הַמִּדְבָּר מִתְרַפֶּקֶת עַל־דּוֹדָהּ תַּחַת הַתַּפּוּחַ עוֹרַרְתִּיךָ שָׁמָּה
חִבְּלַתְךָ אִמֶּךָ שָׁמָּה חִבְּלָה יְלָדַתְךָ: ו שִׂימֵנִי כַחוֹתָם עַל־לִבֶּךָ כַּחוֹתָם
עַל־זְרוֹעֶךָ כִּי־עַזָּה כַמָּוֶת אַהֲבָה קָשָׁה כִשְׁאוֹל קִנְאָה רְשָׁפֶיהָ רִשְׁפֵּי אֵשׁ
שַׁלְהֶבֶתְיָה: ז מַיִם רַבִּים לֹא יוּכְלוּ לְכַבּוֹת אֶת־הָאַהֲבָה וּנְהָרוֹת לֹא
יִשְׁטְפוּהָ אִם יִתֵּן אִישׁ אֶת כָּל־הוֹן בֵּיתוֹ בָּאַהֲבָה בּוֹז יָבוּזוּ לוֹ: ח אָחוֹת
לָנוּ קְטַנָּה וְשָׁדַיִם אֵין לָהּ מַה־נַּעֲשֶׂה לַאֲחֹתֵנוּ בַּיּוֹם שֶׁיְּדֻבַּר־בָּהּ:
ט אִם־חוֹמָה הִיא נִבְנֶה עָלֶיהָ טִירַת כָּסֶף וְאִם־דֶּלֶת הִיא נָצוּר עָלֶיהָ
לוּחַ אָרֶז: י אֲנִי חוֹמָה וְשָׁדַי כַּמִּגְדָּלוֹת אָז הָיִיתִי בְעֵינָיו כְּמוֹצְאֵת שָׁלוֹם:
יא כֶּרֶם הָיָה לִשְׁלֹמֹה בְּבַעַל הָמוֹן נָתַן אֶת הַכֶּרֶם לַנֹּטְרִים אִישׁ יָבִא
בְּפִרְיוֹ אֶלֶף כָּסֶף: יב כַּרְמִי שֶׁלִּי לְפָנָי הָאֶלֶף לְךָ שְׁלֹמֹה וּמָאתַיִם לְנֹטְרִים
אֶת־פִּרְיוֹ: יג הַיּוֹשֶׁבֶת בַּגַּנִּים חֲבֵרִים מַקְשִׁיבִים לְקוֹלֵךְ הַשְׁמִיעִנִי:
יד בְּרַח דּוֹדִי וּדְמֵה־לְךָ לִצְבִי אוֹ לְעֹפֶר הָאַיָּלִים עַל הָרֵי בְשָׂמִים:

**רִבּוֹן כָּל הָעוֹלָמִים,** יְהִי רָצוֹן מִלְּפָנֶיךָ, יהוה אֱלֹהַי וֵאלֹהֵי אֲבוֹתַי, שֶׁבִּזְכוּת שִׁיר הַשִּׁירִים אֲשֶׁר קָרִיתִי וְלָמַדְתִּי, שֶׁהוּא קֹדֶשׁ קָדָשִׁים, בִּזְכוּת פְּסוּקָיו, וּבִזְכוּת תֵּבוֹתָיו, וּבִזְכוּת אוֹתִיּוֹתָיו, וּבִזְכוּת נְקֻדּוֹתָיו, וּבִזְכוּת טְעָמָיו, וּבִזְכוּת שְׁמוֹתָיו וְצֵרוּפָיו וּרְמָזָיו וְסוֹדוֹתָיו הַקְּדוֹשִׁים וְהַטְּהוֹרִים הַנּוֹרָאִים הַיּוֹצְאִים מִמֶּנּוּ. שֶׁתְּהֵא שָׁעָה זוּ שְׁעַת רַחֲמִים, שְׁעַת הַקְשָׁבָה, שְׁעַת הַאֲזָנָה, וְנִקְרָאֲךָ וְתַעֲנֵנוּ. נַעְתִּיר לְךָ וְהֵעָתֶר לָנוּ, שֶׁיִּהְיֶה עוֹלֶה לְפָנֶיךָ קְרִיאַת וְלִמּוּד שִׁיר הַשִּׁירִים, כְּאִלּוּ הִשַּׂגְנוּ כָּל הַסּוֹדוֹת הַנִּפְלָאוֹת וְהַנּוֹרָאוֹת אֲשֶׁר הֵם חֲתוּמִים בּוֹ, בְּכָל תְּנָאָיו. וְנִזְכֶּה לְמָקוֹם שֶׁהָרוּחוֹת וְהַנְּשָׁמוֹת נֶחֱצָבוֹת מִשָּׁם. וּכְאִלּוּ עָשִׂינוּ כָּל מַה שֶּׁמּוּטָל עָלֵינוּ לְהַשִּׂיג, בֵּין בְּגִלְגּוּל זֶה בֵּין בְּגִלְגּוּל אַחֵר. וְלִהְיוֹת מִן הָעוֹלִים וְהַזּוֹכִים לָעוֹלָם הַבָּא עִם

שְׁאָר צַדִּיקִים וַחֲסִידִים. וּמַלֵּא כָּל מִשְׁאֲלוֹת לִבֵּנוּ לְטוֹבָה, וְתִהְיֶה עִם לְבָבֵנוּ וְאִמְרֵי פִינוּ בְּעֵת מַחְשְׁבוֹתֵינוּ, וְעִם יָדֵינוּ בְּעֵת מַעְבָּדֵינוּ. וְתִשְׁלַח בְּרָכָה וְהַצְלָחָה וְהַרְוָחָה, בְּכָל מַעֲשֵׂה יָדֵינוּ. וּמֵעָפָר תְּקִימֵנוּ, וּמֵאַשְׁפּוֹת דַּלּוּתֵנוּ תְּרוֹמְמֵנוּ, וְתָשִׁיב שְׁכִינָתְךָ לְעִיר קָדְשֶׁךָ, בִּמְהֵרָה בְיָמֵינוּ. אָמֵן.

מי שאינו יכול לומר שיר השירים כולו, יאמר ד' פסוקים אלו:

**יִ**שָּׁקֵנִי מִנְּשִׁיקוֹת פִּיהוּ, כִּי טוֹבִים דֹּדֶיךָ מִיָּיִן.[1]

**ע**וּרִי צָפוֹן, וּבוֹאִי תֵימָן, הָפִיחִי גַנִּי, יִזְּלוּ בְשָׂמָיו, יָבֹא דוֹדִי לְגַנּוֹ, וְיֹאכַל פְּרִי מְגָדָיו.[2]

**ק**וֹל דּוֹדִי הִנֵּה זֶה בָּא, מְדַלֵּג עַל הֶהָרִים, מְקַפֵּץ עַל הַגְּבָעוֹת.[3]

**בָּ**אתִי לְגַנִּי, אֲחֹתִי כַלָּה, אָרִיתִי מוֹרִי עִם בְּשָׂמִי, אָכַלְתִּי יַעְרִי עִם דִּבְשִׁי, שָׁתִיתִי יֵינִי עִם חֲלָבִי, אִכְלוּ רֵעִים, שְׁתוּ וְשִׁכְרוּ דּוֹדִים.[4]

## מנחה לערב שבת

תהלים קז

**הֹדוּ** לַיהוה כִּי טוֹב, כִּי לְעוֹלָם חַסְדּוֹ. יֹאמְרוּ גְּאוּלֵי יהוה, אֲשֶׁר גְּאָלָם מִיַּד צָר. וּמֵאֲרָצוֹת קִבְּצָם, מִמִּזְרָח וּמִמַּעֲרָב, מִצָּפוֹן וּמִיָּם. תָּעוּ בַמִּדְבָּר בִּישִׁימוֹן דָּרֶךְ, עִיר מוֹשָׁב לֹא מָצָאוּ. רְעֵבִים גַּם צְמֵאִים, נַפְשָׁם בָּהֶם תִּתְעַטָּף. וַיִּצְעֲקוּ אֶל יהוה בַּצַּר לָהֶם, מִמְּצוּקוֹתֵיהֶם יַצִּילֵם. וַיַּדְרִיכֵם בְּדֶרֶךְ יְשָׁרָה, לָלֶכֶת אֶל עִיר מוֹשָׁב. יוֹדוּ לַיהוה חַסְדּוֹ, וְנִפְלְאוֹתָיו לִבְנֵי אָדָם. כִּי הִשְׂבִּיעַ נֶפֶשׁ שֹׁקֵקָה, וְנֶפֶשׁ רְעֵבָה מִלֵּא טוֹב. יֹשְׁבֵי חֹשֶׁךְ וְצַלְמָוֶת, אֲסִירֵי עֳנִי וּבַרְזֶל. כִּי הִמְרוּ אִמְרֵי אֵל, וַעֲצַת עֶלְיוֹן נָאָצוּ. וַיַּכְנַע בֶּעָמָל לִבָּם, כָּשְׁלוּ וְאֵין עֹזֵר. וַיִּזְעֲקוּ אֶל יהוה בַּצַּר לָהֶם, מִמְּצֻקוֹתֵיהֶם יוֹשִׁיעֵם. יוֹצִיאֵם מֵחֹשֶׁךְ וְצַלְמָוֶת, וּמוֹסְרוֹתֵיהֶם יְנַתֵּק. יוֹדוּ לַיהוה חַסְדּוֹ, וְנִפְלְאוֹתָיו לִבְנֵי אָדָם. כִּי שִׁבַּר דַּלְתוֹת נְחֹשֶׁת, וּבְרִיחֵי בַרְזֶל גִּדֵּעַ. אֱוִלִים מִדֶּרֶךְ פִּשְׁעָם, וּמֵעֲוֹנֹתֵיהֶם יִתְעַנּוּ. כָּל אֹכֶל תְּתַעֵב נַפְשָׁם, וַיַּגִּיעוּ עַד שַׁעֲרֵי מָוֶת. וַיִּזְעֲקוּ אֶל יהוה בַּצַּר לָהֶם, מִמְּצֻקוֹתֵיהֶם יוֹשִׁיעֵם. יִשְׁלַח דְּבָרוֹ וְיִרְפָּאֵם, וִימַלֵּט מִשְּׁחִיתוֹתָם. יוֹדוּ לַיהוה חַסְדּוֹ, וְנִפְלְאוֹתָיו לִבְנֵי אָדָם. וְיִזְבְּחוּ זִבְחֵי תוֹדָה, וִיסַפְּרוּ מַעֲשָׂיו בְּרִנָּה. יוֹרְדֵי

(1) שיר השירים א:ב (2) ד:טז (3) ב:ח (4) ה:א

הַיָּם בָּאֳנִיּוֹת, עֹשֵׂי מְלָאכָה בְּמַיִם רַבִּים. הֵמָּה רָאוּ מַעֲשֵׂי יהוה, וְנִפְלְאוֹתָיו בִּמְצוּלָה. וַיֹּאמֶר וַיַּעֲמֵד רוּחַ סְעָרָה, וַתְּרוֹמֵם גַּלָּיו. יַעֲלוּ שָׁמַיִם, יֵרְדוּ תְהוֹמוֹת, נַפְשָׁם בְּרָעָה תִתְמוֹגָג. יָחוֹגּוּ וְיָנוּעוּ כַּשִּׁכּוֹר, וְכָל חָכְמָתָם תִּתְבַּלָּע. וַיִּצְעֲקוּ אֶל יהוה בַּצַּר לָהֶם, וּמִמְּצוּקֹתֵיהֶם יוֹצִיאֵם. יָקֵם סְעָרָה לִדְמָמָה, וַיֶּחֱשׁוּ גַּלֵּיהֶם. וַיִּשְׂמְחוּ כִי יִשְׁתֹּקוּ, וַיַּנְחֵם אֶל מְחוֹז חֶפְצָם. יוֹדוּ לַיהוה חַסְדּוֹ, וְנִפְלְאוֹתָיו לִבְנֵי אָדָם. וִירוֹמְמוּהוּ בִּקְהַל עָם, וּבְמוֹשַׁב זְקֵנִים יְהַלְלוּהוּ. יָשֵׂם נְהָרוֹת לְמִדְבָּר, וּמֹצָאֵי מַיִם לְצִמָּאוֹן. אֶרֶץ פְּרִי לִמְלֵחָה, מֵרָעַת יוֹשְׁבֵי בָהּ. יָשֵׂם מִדְבָּר לַאֲגַם מַיִם, וְאֶרֶץ צִיָּה לְמֹצָאֵי מָיִם. וַיּוֹשֶׁב שָׁם רְעֵבִים, וַיְכוֹנְנוּ עִיר מוֹשָׁב. וַיִּזְרְעוּ שָׂדוֹת, וַיִּטְּעוּ כְרָמִים, וַיַּעֲשׂוּ פְּרִי תְבוּאָה. וַיְבָרְכֵם וַיִּרְבּוּ מְאֹד, וּבְהֶמְתָּם לֹא יַמְעִיט. וַיִּמְעֲטוּ וַיָּשֹׁחוּ, מֵעֹצֶר רָעָה וְיָגוֹן. שֹׁפֵךְ בּוּז עַל נְדִיבִים, וַיַּתְעֵם בְּתֹהוּ לֹא דָרֶךְ. ❖ וַיְשַׂגֵּב אֶבְיוֹן מֵעוֹנִי, וַיָּשֶׂם כַּצֹּאן מִשְׁפָּחוֹת. יִרְאוּ יְשָׁרִים וְיִשְׂמָחוּ, וְכָל עַוְלָה קָפְצָה פִּיהָ. מִי חָכָם וְיִשְׁמָר אֵלֶּה, וְיִתְבּוֹנְנוּ חַסְדֵי יהוה.

בקצת קהילות אומרים כאן „פָּתַח אֵלִיָּהוּ" (עמ׳ 6).

**יְדִיד נֶפֶשׁ** אָב הָרַחֲמָן, מְשׁוֹךְ עַבְדְּךָ אֶל רְצוֹנֶךָ, יָרוּץ עַבְדְּךָ כְּמוֹ אַיָּל, יִשְׁתַּחֲוֶה אֶל מוּל הֲדָרֶךָ, יֶעֱרַב לוֹ יְדִידוּתֶיךָ, מִנֹּפֶת צוּף וְכָל טָעַם.

**הָדוּר** נָאֶה זִיו הָעוֹלָם, נַפְשִׁי חוֹלַת אַהֲבָתֶךָ, אָנָּא אֵל נָא רְפָא נָא לָהּ, בְּהַרְאוֹת לָהּ נֹעַם זִיוֶךָ, אָז תִּתְחַזֵּק וְתִתְרַפֵּא, וְהָיְתָה לָהּ שִׂמְחַת עוֹלָם.

**וָתִיק** יֶהֱמוּ נָא רַחֲמֶיךָ, וְחוּסָה נָּא עַל בֵּן אֲהוּבֶךָ, כִּי זֶה כַּמָּה נִכְסֹף נִכְסַפְתִּי, לִרְאוֹת מְהֵרָה בְּתִפְאֶרֶת עֻזֶּךָ, אֵלֶּה חָמְדָה לִבִּי, וְחוּסָה נָּא וְאַל תִּתְעַלָּם.

**הִגָּלֶה** נָא וּפְרֹשׂ חֲבִיבִי עָלַי, אֶת סֻכַּת שְׁלוֹמֶךָ, תָּאִיר אֶרֶץ מִכְּבוֹדֶךָ, נָגִילָה וְנִשְׂמְחָה בָּךְ, ❖ מַהֵר אֱהֹב כִּי בָא מוֹעֵד, וְחָנֵּנוּ כִּימֵי עוֹלָם.

ומתפללים תפילת המנחה כבימות החול (עמ׳ 108).

# ❀ קבלת שבת ❀

**כשחל יו״ט בשבת או בערב שבת, ובשבת חול המועד, מתחילים „מִזְמוֹר לְדָוִד״ (עמ׳ 158)**

תהלים צה

**לְכוּ נְרַנְּנָה** לַיהוה, נָרִיעָה לְצוּר יִשְׁעֵנוּ. נְקַדְּמָה פָנָיו
בְּתוֹדָה, בִּזְמִרוֹת נָרִיעַ לוֹ. כִּי אֵל גָּדוֹל יהוה,
וּמֶלֶךְ גָּדוֹל עַל כָּל אֱלֹהִים. אֲשֶׁר בְּיָדוֹ מֶחְקְרֵי אָרֶץ,
וְתוֹעֲפוֹת הָרִים לוֹ. אֲשֶׁר לוֹ הַיָּם וְהוּא עָשָׂהוּ, וְיַבֶּשֶׁת יָדָיו
יָצָרוּ. בֹּאוּ נִשְׁתַּחֲוֶה וְנִכְרָעָה, נִבְרְכָה לִפְנֵי יהוה עֹשֵׂנוּ. כִּי הוּא
אֱלֹהֵינוּ וַאֲנַחְנוּ עַם מַרְעִיתוֹ וְצֹאן יָדוֹ, הַיּוֹם אִם בְּקֹלוֹ
תִשְׁמָעוּ. אַל תַּקְשׁוּ לְבַבְכֶם כִּמְרִיבָה, כְּיוֹם מַסָּה בַּמִּדְבָּר.
אֲשֶׁר נִסּוּנִי אֲבוֹתֵיכֶם, בְּחָנוּנִי גַּם רָאוּ פָעֳלִי. ❖ אַרְבָּעִים שָׁנָה
אָקוּט בְּדוֹר, וָאֹמַר עַם תֹּעֵי לֵבָב הֵם, וְהֵם לֹא יָדְעוּ דְרָכָי.
אֲשֶׁר נִשְׁבַּעְתִּי בְאַפִּי, אִם יְבֹאוּן אֶל מְנוּחָתִי.

תהלים צו

**שִׁירוּ** לַיהוה שִׁיר חָדָשׁ, שִׁירוּ לַיהוה כָּל הָאָרֶץ. שִׁירוּ
לַיהוה בָּרְכוּ שְׁמוֹ, בַּשְּׂרוּ מִיּוֹם לְיוֹם יְשׁוּעָתוֹ. סַפְּרוּ
בַגּוֹיִם כְּבוֹדוֹ, בְּכָל הָעַמִּים נִפְלְאוֹתָיו. כִּי גָדוֹל יהוה וּמְהֻלָּל
מְאֹד, נוֹרָא הוּא עַל כָּל אֱלֹהִים. כִּי כָּל אֱלֹהֵי הָעַמִּים אֱלִילִים,
(יפסיק מעט) וַיהוה שָׁמַיִם עָשָׂה. הוֹד וְהָדָר לְפָנָיו, עֹז וְתִפְאֶרֶת
בְּמִקְדָּשׁוֹ. הָבוּ לַיהוה מִשְׁפְּחוֹת עַמִּים, הָבוּ לַיהוה כָּבוֹד וָעֹז.
הָבוּ לַיהוה כְּבוֹד שְׁמוֹ, שְׂאוּ מִנְחָה וּבֹאוּ לְחַצְרוֹתָיו. הִשְׁתַּחֲווּ
לַיהוה בְּהַדְרַת קֹדֶשׁ, חִילוּ מִפָּנָיו כָּל הָאָרֶץ. אִמְרוּ בַגּוֹיִם
יהוה מָלָךְ, אַף תִּכּוֹן תֵּבֵל בַּל תִּמּוֹט, יָדִין עַמִּים בְּמֵישָׁרִים.
❖ יִשְׂמְחוּ הַשָּׁמַיִם וְתָגֵל הָאָרֶץ, יִרְעַם הַיָּם וּמְלֹאוֹ. יַעֲלֹז
שָׂדַי וְכָל אֲשֶׁר בּוֹ, אָז יְרַנְּנוּ כָּל עֲצֵי יָעַר. לִפְנֵי יהוה כִּי בָא,
כִּי בָא לִשְׁפֹּט הָאָרֶץ, יִשְׁפֹּט תֵּבֵל בְּצֶדֶק, וְעַמִּים בֶּאֱמוּנָתוֹ.

תהלים צז

**יהוה מָלָךְ** תָּגֵל הָאָרֶץ, יִשְׂמְחוּ אִיִּים רַבִּים. עָנָן וַעֲרָפֶל
סְבִיבָיו, צֶדֶק וּמִשְׁפָּט מְכוֹן כִּסְאוֹ. אֵשׁ לְפָנָיו
תֵּלֵךְ, וּתְלַהֵט סָבִיב צָרָיו. הֵאִירוּ בְרָקָיו תֵּבֵל, רָאֲתָה וַתָּחֵל

הָאָֽרֶץ. הָרִים כַּדּוֹנַג נָמַֽסּוּ מִלִּפְנֵי יהוה, מִלִּפְנֵי אֲדוֹן כָּל הָאָֽרֶץ. הִגִּֽידוּ הַשָּׁמַֽיִם צִדְקוֹ, וְרָאוּ כָל הָעַמִּים כְּבוֹדוֹ. יֵבֹֽשׁוּ כָּל עֹֽבְדֵי פֶֽסֶל הַמִּתְהַלְלִים בָּאֱלִילִים, הִשְׁתַּחֲווּ לוֹ כָּל אֱלֹהִים. שָֽׁמְעָה וַתִּשְׂמַח צִיּוֹן וַתָּגֵֽלְנָה בְּנוֹת יְהוּדָה, לְמַֽעַן מִשְׁפָּטֶֽיךָ, יהוה. כִּי אַתָּה יהוה עֶלְיוֹן עַל כָּל הָאָֽרֶץ, מְאֹד נַעֲלֵֽיתָ עַל כָּל אֱלֹהִים. ❖ אֹהֲבֵי יהוה שִׂנְאוּ רָע, שֹׁמֵר נַפְשׁוֹת חֲסִידָיו, מִיַּד רְשָׁעִים יַצִּילֵם. אוֹר זָרֻֽעַ לַצַּדִּיק, וּלְיִשְׁרֵי לֵב שִׂמְחָה. שִׂמְחוּ צַדִּיקִים בַּיהוה, וְהוֹדוּ לְזֵֽכֶר קָדְשׁוֹ.

תהלים צח

**מִזְמוֹר,** שִׁירוּ לַיהוה שִׁיר חָדָשׁ, כִּי נִפְלָאוֹת עָשָׂה, הוֹשִֽׁיעָה לּוֹ יְמִינוֹ וּזְרֽוֹעַ קָדְשׁוֹ. הוֹדִֽיעַ יהוה יְשׁוּעָתוֹ, לְעֵינֵי הַגּוֹיִם גִּלָּה צִדְקָתוֹ. זָכַר חַסְדּוֹ וֶאֱמוּנָתוֹ לְבֵית יִשְׂרָאֵל, רָאוּ כָל אַפְסֵי אָֽרֶץ אֵת יְשׁוּעַת אֱלֹהֵֽינוּ. הָרִֽיעוּ לַיהוה כָּל הָאָֽרֶץ, פִּצְחוּ וְרַנְּנוּ וְזַמֵּֽרוּ. זַמְּרוּ לַיהוה בְּכִנּוֹר, בְּכִנּוֹר וְקוֹל זִמְרָה. בַּחֲצֹצְרוֹת וְקוֹל שׁוֹפָר, הָרִֽיעוּ לִפְנֵי הַמֶּֽלֶךְ יהוה. יִרְעַם הַיָּם וּמְלֹאוֹ, תֵּבֵל וְיֹֽשְׁבֵי בָהּ. ❖ נְהָרוֹת יִמְחֲאוּ כָף, יַֽחַד הָרִים יְרַנֵּֽנוּ. לִפְנֵי יהוה כִּי בָא לִשְׁפֹּט הָאָֽרֶץ, יִשְׁפֹּט תֵּבֵל בְּצֶֽדֶק, וְעַמִּים בְּמֵישָׁרִים.

תהלים צט

**יהוה מָלָךְ** יִרְגְּזוּ עַמִּים, יֹשֵׁב כְּרוּבִים תָּנוּט הָאָֽרֶץ. יהוה בְּצִיּוֹן גָּדוֹל, וְרָם הוּא עַל כָּל הָעַמִּים. יוֹדוּ שִׁמְךָ גָּדוֹל וְנוֹרָא קָדוֹשׁ הוּא. וְעֹז מֶֽלֶךְ מִשְׁפָּט אָהֵב, אַתָּה כּוֹנַֽנְתָּ מֵישָׁרִים, מִשְׁפָּט וּצְדָקָה בְּיַעֲקֹב אַתָּה עָשִֽׂיתָ. רוֹמְמוּ יהוה אֱלֹהֵֽינוּ, וְהִשְׁתַּחֲווּ לַהֲדֹם רַגְלָיו, קָדוֹשׁ הוּא. מֹשֶׁה וְאַהֲרֹן בְּכֹהֲנָיו, וּשְׁמוּאֵל בְּקֹרְאֵי שְׁמוֹ, קֹרִאים אֶל יהוה וְהוּא יַעֲנֵם. ❖ בְּעַמּוּד עָנָן יְדַבֵּר אֲלֵיהֶם, שָֽׁמְרוּ עֵדֹתָיו וְחֹק נָֽתַן לָֽמוֹ. יהוה אֱלֹהֵֽינוּ אַתָּה עֲנִיתָם, אֵל נֹשֵׂא הָיִֽיתָ לָהֶם, וְנֹקֵם עַל עֲלִילוֹתָם. רוֹמְמוּ יהוה אֱלֹהֵֽינוּ וְהִשְׁתַּחֲווּ לְהַר קָדְשׁוֹ, כִּי קָדוֹשׁ יהוה אֱלֹהֵֽינוּ.

**ביום טוב, בחול המועד ובמוצאי יום טוב מתחילים קבלת שבת כאן**

אומרים „מִזְמוֹר לְדָוִד" בעמידה. יש נוהגים לעמוד עד „בָּרְכוּ".

בכמה קהילות נוהגים להקדים פתיחה זו לפני „מִזְמוֹר לְדָוִד":

בּוֹאוּ וְנֵצֵא לִקְרַאת כַּלָּה, לִקְרַאת שַׁבָּת מַלְכְּתָא, דַחֲקַל תַּפּוּחִין קַדִּישִׁין.

תהלים כט

**מִזְמוֹר לְדָוִד,** הָבוּ לַיהוה בְּנֵי אֵלִים, הָבוּ לַיהוה כָּבוֹד וָעֹז. הָבוּ לַיהוה כְּבוֹד שְׁמוֹ, הִשְׁתַּחֲווּ לַיהוה בְּהַדְרַת קֹדֶשׁ. קוֹל יהוה עַל הַמָּיִם, אֵל הַכָּבוֹד הִרְעִים, יהוה עַל מַיִם רַבִּים. קוֹל יהוה בַּכֹּחַ, קוֹל יהוה בֶּהָדָר. קוֹל יהוה שֹׁבֵר אֲרָזִים, וַיְשַׁבֵּר יהוה אֶת אַרְזֵי הַלְּבָנוֹן. וַיַּרְקִידֵם כְּמוֹ עֵגֶל, לְבָנוֹן וְשִׂרְיוֹן כְּמוֹ בֶן רְאֵמִים. קוֹל יהוה חֹצֵב לַהֲבוֹת אֵשׁ. קוֹל יהוה יָחִיל מִדְבָּר, יָחִיל יהוה מִדְבַּר קָדֵשׁ. ❖ קוֹל יהוה יְחוֹלֵל אַיָּלוֹת, וַיֶּחֱשֹׂף יְעָרוֹת, וּבְהֵיכָלוֹ, כֻּלּוֹ אֹמֵר כָּבוֹד. יהוה לַמַּבּוּל יָשָׁב, וַיֵּשֶׁב יהוה מֶלֶךְ לְעוֹלָם. יהוה עֹז לְעַמּוֹ יִתֵּן, יהוה יְבָרֵךְ אֶת עַמּוֹ בַשָּׁלוֹם.

**אָנָּא** בְּכֹחַ גְּדֻלַּת יְמִינְךָ תַּתִּיר צְרוּרָה. אב״ג ית״ץ
קַבֵּל רִנַּת עַמְּךָ שַׂגְּבֵנוּ טַהֲרֵנוּ נוֹרָא. קר״ע שט״ן
נָא גִבּוֹר דּוֹרְשֵׁי יִחוּדְךָ כְּבָבַת שָׁמְרֵם. נג״ד יכ״ש
בָּרְכֵם טַהֲרֵם רַחֲמֵם[1] צִדְקָתְךָ תָּמִיד גָּמְלֵם. בט״ר צת״ג
חֲסִין קָדוֹשׁ בְּרוֹב טוּבְךָ נַהֵל עֲדָתֶךָ. חק״ב טנ״ע
יָחִיד גֵּאֶה לְעַמְּךָ פְּנֵה זוֹכְרֵי קְדֻשָּׁתֶךָ. יג״ל פז״ק
שַׁוְעָתֵנוּ קַבֵּל וּשְׁמַע צַעֲקָתֵנוּ יוֹדֵעַ תַּעֲלֻמוֹת. שק״ו צי״ת
בָּרוּךְ שֵׁם כְּבוֹד מַלְכוּתוֹ לְעוֹלָם וָעֶד.

כשחל יו״ט בשבת או בערב שבת, ובשבת חול המועד, נוהגים רוב הקהילות לומר רק ג׳ חרוזים הראשונים וב׳ האחרונים, ויש עוד מנהגים שונים בזה ונהרא נהרא ופשטיה.

פיוט לר׳ שלמה אלקבץ, וחתם שמו – שלמה הלוי – בראשי החרוזים.

**לְכָה דוֹדִי** לִקְרַאת כַּלָּה, פְּנֵי שַׁבָּת נְקַבְּלָה.
לְכָה דוֹדִי לִקְרַאת כַּלָּה, פְּנֵי שַׁבָּת נְקַבְּלָה.

**שָׁ**מוֹר וְזָכוֹר בְּדִבּוּר אֶחָד, הִשְׁמִיעָנוּ אֵל הַמְּיֻחָד,
יהוה אֶחָד וּשְׁמוֹ אֶחָד, לְשֵׁם וּלְתִפְאֶרֶת וְלִתְהִלָּה.
לְכָה דוֹדִי לִקְרַאת כַּלָּה, פְּנֵי שַׁבָּת נְקַבְּלָה.

(1) נ״א רַחֲמֵי

**ל** קְרַאת שַׁבָּת לְכוּ וְנֵלְכָה, כִּי הִיא מְקוֹר הַבְּרָכָה,
מֵרֹאשׁ מִקֶּדֶם נְסוּכָה, סוֹף מַעֲשֶׂה בְּמַחֲשָׁבָה תְּחִלָּה.
לְכָה דוֹדִי לִקְרַאת כַּלָּה, פְּנֵי שַׁבָּת נְקַבְּלָה.

**מִ** קְדַּשׁ מֶלֶךְ עִיר מְלוּכָה, קוּמִי צְאִי מִתּוֹךְ הַהֲפֵכָה,
רַב לָךְ שֶׁבֶת בְּעֵמֶק הַבָּכָא, וְהוּא יַחֲמוֹל עָלַיִךְ חֶמְלָה.
לְכָה דוֹדִי לִקְרַאת כַּלָּה, פְּנֵי שַׁבָּת נְקַבְּלָה.

**הִ** תְנַעֲרִי מֵעָפָר קוּמִי, לִבְשִׁי בִּגְדֵי תִפְאַרְתֵּךְ עַמִּי,
עַל יַד בֶּן יִשַׁי בֵּית הַלַּחְמִי, קָרְבָה אֶל נַפְשִׁי גְּאָלָהּ.
לְכָה דוֹדִי לִקְרַאת כַּלָּה, פְּנֵי שַׁבָּת נְקַבְּלָה.

**הִ** תְעוֹרְרִי הִתְעוֹרְרִי, כִּי בָא אוֹרֵךְ קוּמִי אוֹרִי,
עוּרִי עוּרִי שִׁיר דַּבֵּרִי, כְּבוֹד יהוה עָלַיִךְ נִגְלָה.
לְכָה דוֹדִי לִקְרַאת כַּלָּה, פְּנֵי שַׁבָּת נְקַבְּלָה.

**לֹ** א תֵבֹשִׁי וְלֹא תִכָּלְמִי, מַה תִּשְׁתּוֹחֲחִי וּמַה תֶּהֱמִי,
בָּךְ יֶחֱסוּ עֲנִיֵּי עַמִּי, וְנִבְנְתָה עִיר עַל תִּלָּהּ.
לְכָה דוֹדִי לִקְרַאת כַּלָּה, פְּנֵי שַׁבָּת נְקַבְּלָה.

**וְ** הָיוּ לִמְשִׁסָּה שֹׁאסָיִךְ, וְרָחֲקוּ כָּל מְבַלְּעָיִךְ,
יָשִׂישׂ עָלַיִךְ אֱלֹהָיִךְ, כִּמְשׂוֹשׂ חָתָן עַל כַּלָּה.
לְכָה דוֹדִי לִקְרַאת כַּלָּה, פְּנֵי שַׁבָּת נְקַבְּלָה.

**יָ** מִין וּשְׂמֹאל תִּפְרוֹצִי, וְאֶת יהוה תַּעֲרִיצִי,
עַל יַד אִישׁ בֶּן פַּרְצִי, וְנִשְׂמְחָה וְנָגִילָה.
לְכָה דוֹדִי לִקְרַאת כַּלָּה, פְּנֵי שַׁבָּת נְקַבְּלָה.

עומדים ומחזירים פניהם למערב (אחורי בית הכנסת) לקבל פני שבת מלכתא.
כשאומרים „בּוֹאִי כַלָּה" שוחים לשמאל כנגד ימין השכינה, פעם שניה לימין, ופעם שלישית מחזירין פניהם למזרח ושוחים לפניהם (עיין בסידור יעב"ץ) ואומרים „בּוֹאִי כַלָּה שַׁבָּת מַלְכְּתָא".

**בּוֹאִי** בְשָׁלוֹם עֲטֶרֶת בַּעְלָהּ,
גַּם בְּרִנָּה [ביו"ט – בְּשִׂמְחָה] וּבְצָהֳלָה,
תּוֹךְ אֱמוּנֵי עַם סְגֻלָּה, בּוֹאִי כַלָּה, בּוֹאִי כַלָּה.
[בלחש – בּוֹאִי כַלָּה שַׁבָּת מַלְכְּתָא.]
לְכָה דוֹדִי לִקְרַאת כַּלָּה, פְּנֵי שַׁבָּת נְקַבְּלָה.

תהלים צב

**מִזְמוֹר שִׁיר** לְיוֹם הַשַּׁבָּת. טוֹב לְהֹדוֹת לַיהוה, וּלְזַמֵּר לְשִׁמְךָ עֶלְיוֹן. לְהַגִּיד בַּבֹּקֶר חַסְדֶּךָ, וֶאֱמוּנָתְךָ בַּלֵּילוֹת. עֲלֵי עָשׂוֹר וַעֲלֵי נָבֶל, עֲלֵי הִגָּיוֹן בְּכִנּוֹר. כִּי שִׂמַּחְתַּנִי יהוה בְּפָעֳלֶךָ, בְּמַעֲשֵׂי יָדֶיךָ אֲרַנֵּן. מַה גָּדְלוּ מַעֲשֶׂיךָ, יהוה; מְאֹד עָמְקוּ מַחְשְׁבֹתֶיךָ. אִישׁ בַּעַר לֹא יֵדָע, וּכְסִיל לֹא יָבִין אֶת זֹאת. בִּפְרֹחַ רְשָׁעִים כְּמוֹ עֵשֶׂב, וַיָּצִיצוּ כָּל פֹּעֲלֵי אָוֶן, לְהִשָּׁמְדָם עֲדֵי עַד. וְאַתָּה מָרוֹם לְעֹלָם, יהוה. כִּי הִנֵּה אֹיְבֶיךָ, יהוה, כִּי הִנֵּה אֹיְבֶיךָ יֹאבֵדוּ, יִתְפָּרְדוּ כָּל פֹּעֲלֵי אָוֶן. וַתָּרֶם כִּרְאֵים קַרְנִי, בַּלֹּתִי בְּשֶׁמֶן רַעֲנָן. וַתַּבֵּט עֵינִי בְּשׁוּרָי; בַּקָּמִים עָלַי מְרֵעִים, תִּשְׁמַעְנָה אָזְנָי. ❖ צַדִּיק כַּתָּמָר יִפְרָח, כְּאֶרֶז בַּלְּבָנוֹן יִשְׂגֶּה. שְׁתוּלִים בְּבֵית יהוה, בְּחַצְרוֹת אֱלֹהֵינוּ יַפְרִיחוּ. עוֹד יְנוּבוּן בְּשֵׂיבָה, דְּשֵׁנִים וְרַעֲנַנִּים יִהְיוּ. לְהַגִּיד כִּי יָשָׁר יהוה, צוּרִי וְלֹא עַוְלָתָה בּוֹ.

תהלים צג

**יהוה מָלָךְ** גֵּאוּת לָבֵשׁ, לָבֵשׁ יהוה עֹז הִתְאַזָּר, אַף תִּכּוֹן תֵּבֵל בַּל תִּמּוֹט. נָכוֹן כִּסְאֲךָ מֵאָז, מֵעוֹלָם אָתָּה. נָשְׂאוּ נְהָרוֹת, יהוה, נָשְׂאוּ נְהָרוֹת קוֹלָם, יִשְׂאוּ נְהָרוֹת דָּכְיָם. ❖ מִקֹּלוֹת מַיִם רַבִּים, אַדִּירִים מִשְׁבְּרֵי יָם, אַדִּיר בַּמָּרוֹם יהוה. עֵדֹתֶיךָ נֶאֶמְנוּ מְאֹד לְבֵיתְךָ נַאֲוָה קֹדֶשׁ, יהוה, לְאֹרֶךְ יָמִים.

קדיש יתום

**יִתְגַּדַּל** וְיִתְקַדַּשׁ שְׁמֵהּ רַבָּא. בְּעָלְמָא דִּי בְרָא כִרְעוּתֵהּ. וְיַמְלִיךְ מַלְכוּתֵהּ, וְיַצְמַח פֻּרְקָנֵהּ וִיקָרֵב מְשִׁיחֵהּ. בְּחַיֵּיכוֹן וּבְיוֹמֵיכוֹן וּבְחַיֵּי דְכָל בֵּית יִשְׂרָאֵל, בַּעֲגָלָא וּבִזְמַן קָרִיב. וְאִמְרוּ: אָמֵן.

קהל וחזן – **יְהֵא שְׁמֵהּ רַבָּא מְבָרַךְ לְעָלַם וּלְעָלְמֵי עָלְמַיָּא. יִתְבָּרַךְ** וְיִשְׁתַּבַּח וְיִתְפָּאַר וְיִתְרוֹמַם וְיִתְנַשֵּׂא וְיִתְהַדָּר וְיִתְעַלֶּה וְיִתְהַלָּל שְׁמֵהּ דְּקֻדְשָׁא בְּרִיךְ הוּא – °לְעֵלָּא מִן כָּל (°בשבת שובה – לְעֵלָּא [וּ]לְעֵלָּא מִכָּל) בִּרְכָתָא וְשִׁירָתָא תֻּשְׁבְּחָתָא וְנֶחֱמָתָא דַּאֲמִירָן בְּעָלְמָא. וְאִמְרוּ: אָמֵן.

יְהֵא שְׁלָמָא רַבָּא מִן שְׁמַיָּא, וְחַיִּים טוֹבִים עָלֵינוּ וְעַל כָּל יִשְׂרָאֵל. וְאִמְרוּ: אָמֵן.

עֹשֶׂה °שָׁלוֹם (°יש אומרים בשבת שובה – הַשָּׁלוֹם) בִּמְרוֹמָיו, הוּא יַעֲשֶׂה שָׁלוֹם עָלֵינוּ, וְעַל כָּל יִשְׂרָאֵל. וְאִמְרוּ: אָמֵן.

**כשחל יו"ט בשבת או בערב שבת, ובשבת חול המועד, אין אומרים „כְּגַוְנָא" ברוב הקהילות**

זוהר, תרומה קלד:א

**כְּגַוְנָא** דְּאִינּוּן מִתְיַחֲדִין לְעֵלָּא בְּאֶחָד, אוּף הָכִי אִיהִי אִתְיַחֲדַת לְתַתָּא בְּרָזָא דְאֶחָד, לְמֶהֱוֵי עִמְּהוֹן לְעֵלָּא חָד לָקֳבֵל חָד. קֻדְשָׁא בְּרִיךְ הוּא אֶחָד לְעֵלָּא לָא יָתִיב עַל כּוּרְסַיָּא דִיקָרֵיהּ עַד דְּאִתְעֲבִידַת אִיהִי בְּרָזָא דְאֶחָד כְּגַוְנָא דִילֵיהּ, לְמֶהֱוֵי אֶחָד בְּאֶחָד. וְהָא אוּקִימְנָא רָזָא דַיהוה אֶחָד וּשְׁמוֹ אֶחָד.

רָזָא דְשַׁבָּת, אִיהִי שַׁבָּת, דְּאִתְאַחֲדַת בְּרָזָא דְאֶחָד, לְמִשְׁרֵי עֲלָהּ רָזָא דְאֶחָד, צְלוֹתָא דְמַעֲלֵי שַׁבְּתָא, דְּהָא אִתְאַחֲדַת כּוּרְסַיָּא יַקִּירָא קַדִּישָׁא בְּרָזָא דְאֶחָד, וְאִתְתַּקְּנַת לְמִשְׁרֵי עֲלָהּ מַלְכָּא קַדִּישָׁא עִלָּאָה. כַּד עָיֵיל שַׁבְּתָא, אִיהִי אִתְיַחֲדַת וְאִתְפַּרְשַׁת מִסִּטְרָא אַחֲרָא. וְכָל דִּינִין מִתְעַבְּרִין מִנַּהּ, וְאִיהִי אִשְׁתְּאָרַת בְּיִחוּדָא דִנְהִירוּ קַדִּישָׁא, וְאִתְעַטְּרַת בְּכַמָּה עִטְרִין, לְגַבֵּי מַלְכָּא קַדִּישָׁא. וְכָל שׁוּלְטָנֵי רוּגְזִין, וּמָארֵי דְדִינָא כֻּלְּהוּ עַרְקִין, וְאִתְעַבְּרוּ מִנַּהּ. וְלֵית שׁוּלְטָנָא עִלָּאָה אָחֳרָא בְּכֻלְּהוּ עָלְמִין (בַּר מִנַּהּ), ❖ וְאַנְפָּהָא נְהִירִין בִּנְהִירוּ עִלָּאָה, וְאִתְעַטְּרַת לְתַתָּא בְּעַמָּא קַדִּישָׁא. וְכֻלְּהוֹן מִתְעַטְּרִין בְּנִשְׁמָתִין חַדְתִּין. כְּדֵין שֵׁירוּתָא דִצְלוֹתָא, לְבָרְכָא לָהּ בְּחֶדְוָה בִּנְהִירוּ דְאַנְפִּין (וְלוֹמַר).

מי שמתפלל ביחידות אומר (זוהר, תרומה קלה:א):

**וְלוֹמַר** בָּרְכוּ אֶת יהוה הַמְּבֹרָךְ. אֶת דַּיְקָא דָא שַׁבָּת דְּמַעֲלֵי שַׁבְּתָא, בָּרוּךְ יהוה הַמְּבֹרָךְ, דָּא אַפִּיקוּ דְבִרְכָאָן מִמְּקוֹרָא דְחַיֵּי, וַאֲתַר דְּנָפִיק מִנֵּיהּ כָּל שַׁקְיוּ לְאַשְׁקָאָה לְכֹלָּא. וּבְגִין דְּאִיהוּ מְקוֹרָא, בְּרָזָא דְאָת קַיָּמָא, קָרֵינָן לֵיהּ הַמְּבֹרָךְ, אִיהוּ מַבּוּעָא דְבֵירָא, וְכֵיוָן דְּמָטָאן הָתָם, הָא כֻּלְּהוּ לְעוֹלָם וָעֶד. וְדָא אִיהוּ, בָּרוּךְ יהוה הַמְּבֹרָךְ לְעוֹלָם וָעֶד.

## מעריב לשבת ויום טוב

בקצת קהילות אומרים הקהל „יִתְבָּרַךְ" כשהחזן מאריך ב„בָּרְכוּ". כ' הכלבו (סי' ז) כשאומר החזן „בָּרְכוּ" כורע, וזוקף בשם, וכן נהגו העולם (דעת תורה או"ח סי' נו).

# בָּרְכוּ אֶת יהוה הַמְּבֹרָךְ.

הקהל עונים „בָּרוּךְ . . ." והחזן חוזר ואומר „בָּרוּךְ . . .". כורעים (או מרכינים הראש) כשאומרים „בָּרוּךְ", וזוקפים כשאומרים „ה'".

# בָּרוּךְ יהוה הַמְּבֹרָךְ לְעוֹלָם וָעֶד.

יִתְבָּרַךְ וְיִשְׁתַּבַּח וְיִתְפָּאַר וְיִתְרוֹמַם וְיִתְנַשֵּׂא שְׁמוֹ שֶׁל מֶלֶךְ מַלְכֵי הַמְּלָכִים, הַקָּדוֹשׁ בָּרוּךְ הוּא. שֶׁהוּא רִאשׁוֹן וְהוּא אַחֲרוֹן, וּמִבַּלְעָדָיו אֵין אֱלֹהִים.[1] סֹלּוּ, לָרֹכֵב בָּעֲרָבוֹת, בְּיָהּ שְׁמוֹ, וְעִלְזוּ לְפָנָיו.[2] וּשְׁמוֹ מְרוֹמַם עַל כָּל בְּרָכָה וּתְהִלָּה.[3] בָּרוּךְ שֵׁם כְּבוֹד מַלְכוּתוֹ לְעוֹלָם וָעֶד.[4] יְהִי שֵׁם יהוה מְבֹרָךְ מֵעַתָּה וְעַד עוֹלָם.[5]

(1) ע"פ ישעיה מד:ו (2) תהלים סח:ה (3) ע"פ נחמיה ט:ה (4) ע"פ פסחים נו. (5) תהלים קיג:ב

ברכות קריאת שמע

**בָּרוּךְ** אַתָּה יהוה אֱלֹהֵינוּ מֶלֶךְ הָעוֹלָם, אֲשֶׁר בִּדְבָרוֹ מַעֲרִיב עֲרָבִים, בְּחָכְמָה פּוֹתֵחַ שְׁעָרִים, וּבִתְבוּנָה מְשַׁנֶּה עִתִּים, וּמַחֲלִיף אֶת הַזְּמַנִּים, וּמְסַדֵּר אֶת הַכּוֹכָבִים בְּמִשְׁמְרוֹתֵיהֶם בָּרָקִיעַ כִּרְצוֹנוֹ. בּוֹרֵא יוֹם וָלָיְלָה, גּוֹלֵל אוֹר מִפְּנֵי חֹשֶׁךְ וְחֹשֶׁךְ מִפְּנֵי אוֹר. ❖ וּמַעֲבִיר יוֹם וּמֵבִיא לָיְלָה, וּמַבְדִּיל בֵּין יוֹם וּבֵין לָיְלָה, יהוה צְבָאוֹת שְׁמוֹ. אֵל חַי וְקַיָּם, תָּמִיד יִמְלוֹךְ עָלֵינוּ, לְעוֹלָם וָעֶד. בָּרוּךְ אַתָּה יהוה, הַמַּעֲרִיב עֲרָבִים.

**אַהֲבַת** עוֹלָם בֵּית יִשְׂרָאֵל עַמְּךָ אָהָבְתָּ. תּוֹרָה וּמִצְוֹת, חֻקִּים וּמִשְׁפָּטִים, אוֹתָנוּ לִמַּדְתָּ. עַל כֵּן, יהוה אֱלֹהֵינוּ, בְּשָׁכְבֵנוּ וּבְקוּמֵנוּ נָשִׂיחַ בְּחֻקֶּיךָ, וְנִשְׂמַח בְּדִבְרֵי תַלְמוּד תּוֹרָתֶךָ וּבְמִצְוֹתֶיךָ לְעוֹלָם וָעֶד. ❖ כִּי הֵם חַיֵּינוּ, וְאֹרֶךְ יָמֵינוּ, וּבָהֶם נֶהְגֶּה יוֹמָם וָלָיְלָה. וְאַהֲבָתְךָ, אַל תָּסִיר מִמֶּנּוּ לְעוֹלָמִים. בָּרוּךְ אַתָּה יהוה, אוֹהֵב עַמּוֹ יִשְׂרָאֵל.

קריאת שמע

יכוון לקיים מצות עשה דאורייתא של קריאת שמע ויקרא במתינות ובכוונה באימה ויראה ברתת וזיע. וידקדק מאוד לבטא כל תיבה ואות באופן ברור, ולהפסיק בין מלה למלה ויתן ריוח לפני תיבה שתחילתה כסוף תיבה שלפניה. (ועיין הלכות בסוף הסידור סע׳ נה-נו וסע׳ סב-עד.)

יחיד אומר: אֵל מֶלֶךְ נֶאֱמָן.

יכסה עיניו ביד ימין ויאמר פסוק „שְׁמַע" בקול רם ובכוונה עצומה, ויתבונן שהוא יתברך שמו מלך בשמים ובארץ, ויקבל עליו עול מלכותו ומצותיו. צריך להאריך בחי״ת של „אֶחָד" שימליך את הקב״ה בשמים ובארץ, שלזה רומז החטוטרת שבאמצע גג החי״ת. ויאריך בדלי״ת של „אֶחָד" שיעור שיחשוב שהקב״ה יחיד בעולמו ומושל בד׳ רוחות העולם.

**שְׁמַע | יִשְׂרָאֵל, יהוה | אֱלֹהֵינוּ, יהוה | אֶחָד:**[1]

בלחש: בָּרוּךְ שֵׁם כְּבוֹד מַלְכוּתוֹ לְעוֹלָם וָעֶד.[2]

כשאומר „וְאָהַבְתָּ . . ." (דברים ו:ה-ט) יכוון לקבל עליו המצוה של אהבת השי״ת.

**וְאָהַבְתָּ** אֵת | יהוה | אֱלֹהֶיךָ, בְּכָל־לְבָבְךָ, וּבְכָל־נַפְשְׁךָ, וּבְכָל־מְאֹדֶךָ: וְהָיוּ הַדְּבָרִים הָאֵלֶּה, אֲשֶׁר | אָנֹכִי מְצַוְּךָ הַיּוֹם, עַל־לְבָבֶךָ: וְשִׁנַּנְתָּם לְבָנֶיךָ, וְדִבַּרְתָּ בָּם, בְּשִׁבְתְּךָ בְּבֵיתֶךָ, וּבְלֶכְתְּךָ בַדֶּרֶךְ, וּבְשָׁכְבְּךָ וּבְקוּמֶךָ: וּקְשַׁרְתָּם לְאוֹת | עַל־יָדֶךָ, וְהָיוּ לְטֹטָפֹת בֵּין | עֵינֶיךָ: וּכְתַבְתָּם | עַל־מְזֻזוֹת בֵּיתֶךָ, וּבִשְׁעָרֶיךָ:

כשאומר הפרשה השניה (דברים יא:יג-כא) יכוון לקבל עליו עול מצוות,
ויתבונן שהבורא יתברך משלם גמול טוב למקיימי מצותיו ומעניש העוברים עליהן.

**וְהָיָה,** אִם־שָׁמֹעַ תִּשְׁמְעוּ אֶל־מִצְוֹתַי, אֲשֶׁר | אָנֹכִי מְצַוֶּה | אֶתְכֶם הַיּוֹם, לְאַהֲבָה אֶת־יהוה | אֱלֹהֵיכֶם וּלְעָבְדוֹ,

(1) דברים ו:ד (2) ע״פ פסחים נו.

בְּכָל־לְבַבְכֶם, וּבְכָל־נַפְשְׁכֶם: וְנָתַתִּי מְטַר־אַרְצְכֶם בְּעִתּוֹ, יוֹרֶה וּמַלְקוֹשׁ, וְאָסַפְתָּ דְגָנֶךָ וְתִירֹשְׁךָ וְיִצְהָרֶךָ: וְנָתַתִּי | עֵשֶׂב | בְּשָׂדְךָ לִבְהֶמְתֶּךָ, וְאָכַלְתָּ וְשָׂבָעְתָּ: הִשָּׁמְרוּ לָכֶם, פֶּן־יִפְתֶּה לְבַבְכֶם, וְסַרְתֶּם וַעֲבַדְתֶּם | אֱלֹהִים | אֲחֵרִים, וְהִשְׁתַּחֲוִיתֶם לָהֶם: וְחָרָה | אַף־יהוה בָּכֶם, וְעָצַר | אֶת־הַשָּׁמַיִם, וְלֹא־יִהְיֶה מָטָר, וְהָאֲדָמָה לֹא תִתֵּן אֶת־יְבוּלָהּ, וַאֲבַדְתֶּם | מְהֵרָה | מֵעַל הָאָרֶץ הַטֹּבָה | אֲשֶׁר | יהוה נֹתֵן לָכֶם: וְשַׂמְתֶּם | אֶת־דְּבָרַי | אֵלֶּה, עַל־לְבַבְכֶם וְעַל־נַפְשְׁכֶם, וּקְשַׁרְתֶּם | אֹתָם לְאוֹת | עַל־יֶדְכֶם, וְהָיוּ לְטוֹטָפֹת בֵּין | עֵינֵיכֶם: וְלִמַּדְתֶּם | אֹתָם | אֶת־בְּנֵיכֶם, לְדַבֵּר בָּם, בְּשִׁבְתְּךָ בְּבֵיתֶךָ, וּבְלֶכְתְּךָ בַדֶּרֶךְ, וּבְשָׁכְבְּךָ וּבְקוּמֶךָ: וּכְתַבְתָּם | עַל־מְזוּזוֹת בֵּיתֶךָ, וּבִשְׁעָרֶיךָ: לְמַעַן | יִרְבּוּ | יְמֵיכֶם וִימֵי בְנֵיכֶם, עַל הָאֲדָמָה | אֲשֶׁר נִשְׁבַּע | יהוה לַאֲבֹתֵיכֶם לָתֵת לָהֶם, כִּימֵי הַשָּׁמַיִם | עַל־הָאָרֶץ:

במדבר טו:לז-מא

**וַיֹּאמֶר** | יהוה | אֶל־מֹשֶׁה לֵּאמֹר: דַּבֵּר | אֶל־בְּנֵי | יִשְׂרָאֵל, וְאָמַרְתָּ אֲלֵהֶם, וְעָשׂוּ לָהֶם צִיצִת, עַל־כַּנְפֵי בִגְדֵיהֶם לְדֹרֹתָם, וְנָתְנוּ | עַל־צִיצִת הַכָּנָף, פְּתִיל תְּכֵלֶת: וְהָיָה לָכֶם לְצִיצִת, וּרְאִיתֶם | אֹתוֹ, וּזְכַרְתֶּם | אֶת־כָּל־מִצְוֹת | יהוה, וַעֲשִׂיתֶם | אֹתָם, וְלֹא־תָתֻרוּ | אַחֲרֵי לְבַבְכֶם וְאַחֲרֵי | עֵינֵיכֶם, אֲשֶׁר־אַתֶּם זֹנִים | אַחֲרֵיהֶם: לְמַעַן תִּזְכְּרוּ, וַעֲשִׂיתֶם | אֶת־כָּל־מִצְוֹתָי, וִהְיִיתֶם קְדֹשִׁים לֵאלֹהֵיכֶם: אֲנִי יהוה | אֱלֹהֵיכֶם, אֲשֶׁר הוֹצֵאתִי | אֶתְכֶם | מֵאֶרֶץ מִצְרַיִם, לִהְיוֹת לָכֶם לֵאלֹהִים, אֲנִי | יהוה | אֱלֹהֵיכֶם: אֱמֶת —

יכוון לקיים מצות עשה של זכירת יציאת מצרים.

החזן חוזר ואומר בקול רם: **יהוה אֱלֹהֵיכֶם אֱמֶת,**

**וֶאֱמוּנָה** כָּל זֹאת, וְקַיָּם עָלֵינוּ, כִּי הוּא יהוה אֱלֹהֵינוּ וְאֵין זוּלָתוֹ, וַאֲנַחְנוּ יִשְׂרָאֵל עַמּוֹ. הַפּוֹדֵנוּ מִיַּד מְלָכִים, מַלְכֵּנוּ הַגּוֹאֲלֵנוּ מִכַּף כָּל הֶעָרִיצִים. הָאֵל הַנִּפְרָע לָנוּ מִצָּרֵינוּ, וְהַמְשַׁלֵּם גְּמוּל לְכָל אֹיְבֵי נַפְשֵׁנוּ. הָעֹשֶׂה גְדֹלוֹת עַד אֵין חֵקֶר, נִסִּים וְנִפְלָאוֹת עַד אֵין מִסְפָּר.[1] הַשָּׂם נַפְשֵׁנוּ בַּחַיִּים, וְלֹא נָתַן

(1) ע״פ איוב ט:י

לַמּוֹט רַגְלֵנוּ.[1] הַמַּדְרִיכֵנוּ עַל בָּמוֹת אוֹיְבֵינוּ, וַיָּרֶם קַרְנֵנוּ עַל כָּל שׂוֹנְאֵינוּ. הָעֹשֶׂה לָּנוּ נִסִּים וּנְקָמָה בְּפַרְעֹה, אוֹתוֹת וּמוֹפְתִים בְּאַדְמַת בְּנֵי חָם. הַמַּכֶּה בְעֶבְרָתוֹ כָּל בְּכוֹרֵי מִצְרָיִם, וַיּוֹצֵא אֶת עַמּוֹ יִשְׂרָאֵל מִתּוֹכָם לְחֵרוּת עוֹלָם. הַמַּעֲבִיר בָּנָיו בֵּין גִּזְרֵי יַם סוּף, אֶת רוֹדְפֵיהֶם וְאֶת שׂוֹנְאֵיהֶם בִּתְהוֹמוֹת טִבַּע. וְרָאוּ בָנָיו גְּבוּרָתוֹ, שִׁבְּחוּ וְהוֹדוּ לִשְׁמוֹ. ❖ וּמַלְכוּתוֹ בְּרָצוֹן קִבְּלוּ עֲלֵיהֶם. מֹשֶׁה וּבְנֵי יִשְׂרָאֵל לְךָ עָנוּ שִׁירָה, בְּשִׂמְחָה רַבָּה, וְאָמְרוּ כֻלָּם:

**מִי כָמֹכָה בָּאֵלִם יהוה, מִי כָּמֹכָה נֶאְדָּר בַּקֹּדֶשׁ, נוֹרָא תְהִלֹּת, עֹשֵׂה פֶלֶא.**[2]

❖ מַלְכוּתְךָ רָאוּ בָנֶיךָ בּוֹקֵעַ יָם לִפְנֵי מֹשֶׁה, זֶה אֵלִי[3] עָנוּ וְאָמְרוּ:

**יהוה יִמְלֹךְ לְעֹלָם וָעֶד.**[4]

❖ וְנֶאֱמַר: כִּי פָדָה יהוה אֶת יַעֲקֹב, וּגְאָלוֹ מִיַּד חָזָק מִמֶּנּוּ.[5] בָּרוּךְ אַתָּה יהוה, גָּאַל יִשְׂרָאֵל.

**הַשְׁכִּיבֵנוּ** יהוה אֱלֹהֵינוּ לְשָׁלוֹם, וְהַעֲמִידֵנוּ מַלְכֵּנוּ לְחַיִּים טוֹבִים וּלְשָׁלוֹם, וּפְרוֹשׂ עָלֵינוּ סֻכַּת שְׁלוֹמֶךָ, וְתַקְּנֵנוּ בְּעֵצָה טוֹבָה מִלְּפָנֶיךָ, וְהוֹשִׁיעֵנוּ מְהֵרָה לְמַעַן שְׁמֶךָ. וְהָגֵן בַּעֲדֵנוּ, וְהָסֵר מֵעָלֵינוּ אוֹיֵב, דֶּבֶר, וְחֶרֶב, וְרָעָב, וְיָגוֹן, וְהָסֵר שָׂטָן מִלְּפָנֵינוּ וּמֵאַחֲרֵינוּ, וּבְצֵל כְּנָפֶיךָ תַּסְתִּירֵנוּ,[6] כִּי אֵל שׁוֹמְרֵנוּ וּמַצִּילֵנוּ אָתָּה, כִּי אֵל מֶלֶךְ חַנּוּן וְרַחוּם אָתָּה.[7] ❖ וּשְׁמוֹר צֵאתֵנוּ וּבוֹאֵנוּ, לְחַיִּים וּלְשָׁלוֹם מֵעַתָּה וְעַד עוֹלָם.[8] וּפְרוֹשׂ עָלֵינוּ סֻכַּת רַחֲמִים וְחַיִּים וְשָׁלוֹם. בָּרוּךְ אַתָּה יהוה, הַפּוֹרֵשׂ סֻכַּת שָׁלוֹם עָלֵינוּ, וְעַל כָּל עַמּוֹ יִשְׂרָאֵל, וְעַל יְרוּשָׁלָיִם.

אם טעה וחתם „שׁוֹמֵר עַמּוֹ יִשְׂרָאֵל לָעַד", אם נזכר תוך כדי דיבור, אומר מיד „הַפּוֹרֵשׂ . . .", ואם לאו אינו חוזר (דה"ח).

**וְשָׁמְרוּ** בְנֵי יִשְׂרָאֵל אֶת הַשַּׁבָּת, לַעֲשׂוֹת אֶת הַשַּׁבָּת לְדֹרֹתָם בְּרִית עוֹלָם. בֵּינִי וּבֵין בְּנֵי יִשְׂרָאֵל אוֹת הִיא לְעֹלָם, כִּי שֵׁשֶׁת יָמִים עָשָׂה יהוה אֶת הַשָּׁמַיִם וְאֶת הָאָרֶץ, וּבַיּוֹם הַשְּׁבִיעִי שָׁבַת וַיִּנָּפַשׁ.[9]

(1) תהלים סו:ט (2) שמות טו:יא (3) טו:ב (4) טו:יח (5) ירמיה לא:י
(6) ע"פ תהלים יז:ח (7) ע"פ נחמיה ט:לא (8) ע"פ תהלים קכא:ח (9) שמות לא:טז-יז

| לשלש רגלים: | לראש השנה: | ליום כפור: |
| --- | --- | --- |
| (אבל לא בחוה"מ) וַיְדַבֵּר מֹשֶׁה אֶת מֹעֲדֵי יהוה, אֶל בְּנֵי יִשְׂרָאֵל.[1] | תִּקְעוּ בַחֹדֶשׁ שׁוֹפָר, בַּכֶּסֶה לְיוֹם חַגֵּנוּ, כִּי חֹק לְיִשְׂרָאֵל הוּא, מִשְׁפָּט לֵאלֹהֵי יַעֲקֹב.[2] | כִּי בַיּוֹם הַזֶּה יְכַפֵּר עֲלֵיכֶם לְטַהֵר אֶתְכֶם, מִכֹּל חַטֹּאתֵיכֶם לִפְנֵי יהוה תִּטְהָרוּ.[3] |

**יִתְגַּדַּל** וְיִתְקַדַּשׁ שְׁמֵהּ רַבָּא. בְּעָלְמָא דִּי בְרָא כִרְעוּתֵהּ. וְיַמְלִיךְ מַלְכוּתֵהּ, וְיַצְמַח פֻּרְקָנֵהּ וִיקָרֵב מְשִׁיחֵהּ. בְּחַיֵּיכוֹן וּבְיוֹמֵיכוֹן וּבְחַיֵּי דְכָל בֵּית יִשְׂרָאֵל, בַּעֲגָלָא וּבִזְמַן קָרִיב. וְאִמְרוּ: אָמֵן.
קהל וחזן – **יְהֵא שְׁמֵהּ רַבָּא מְבָרַךְ לְעָלַם וּלְעָלְמֵי עָלְמַיָּא. יִתְבָּרַךְ** וְיִשְׁתַּבַּח וְיִתְפָּאַר וְיִתְרוֹמַם וְיִתְנַשֵּׂא וְיִתְהַדָּר וְיִתְעַלֶּה וְיִתְהַלָּל שְׁמֵהּ דְּקֻדְשָׁא בְּרִיךְ הוּא – °לְעֵלָּא מִן כָּל (°בשבת שובה – לְעֵלָּא [וּ]לְעֵלָּא מִכָּל) בִּרְכָתָא וְשִׁירָתָא תֻּשְׁבְּחָתָא וְנֶחֱמָתָא דַּאֲמִירָן בְּעָלְמָא. וְאִמְרוּ: אָמֵן.

## שמונה עשרה לשבת

**בשבת חוה"מ אומר שמונה עשרה של שבת. ביו"ט [אף כשחל בשבת] אומר שמונה עשרה של יו"ט. בשלש רגלים – עמ' 309; בראש השנה – עמ' 339; ביום כפור – עמ' 355.**

יפסע ג' פסיעות לאחוריו ואח"כ ג' פסיעות לפניו דרך קירוב והגשה. יכוון רגליו ויעמידן זו אצל זו בשוה כאלו הן רגל אחת כדי להדמות למלאכים. יתפלל במתינות ובכוונת הלב ויבין פירוש המילות ולא יפסיק לשום דבר. לכתחילה צריך להשמיע לאזניו מה שמוציא מפיו אבל לא ירים קולו עד שישמעו אחרים תפילתו.

אֲדֹנָי שְׂפָתַי תִּפְתָּח, וּפִי יַגִּיד תְּהִלָּתֶךָ.[4]

אבות

**בָּרוּךְ** אַתָּה יהוה אֱלֹהֵינוּ וֵאלֹהֵי אֲבוֹתֵינוּ, אֱלֹהֵי אַבְרָהָם, אֱלֹהֵי יִצְחָק, וֵאלֹהֵי יַעֲקֹב, הָאֵל הַגָּדוֹל הַגִּבּוֹר וְהַנּוֹרָא, אֵל עֶלְיוֹן, גּוֹמֵל חֲסָדִים טוֹבִים, וְקוֹנֵה הַכֹּל, וְזוֹכֵר חַסְדֵי אָבוֹת, וּמֵבִיא גוֹאֵל לִבְנֵי בְנֵיהֶם, לְמַעַן שְׁמוֹ בְּאַהֲבָה.

בשבת שובה מוסיפים [ואם שכח אינו חוזר; עיין הלכות בסוף הסידור סע' עה]:
זָכְרֵנוּ לְחַיִּים, מֶלֶךְ חָפֵץ בַּחַיִּים,
וְכָתְבֵנוּ בְּסֵפֶר הַחַיִּים, לְמַעַנְךָ אֱלֹהִים חַיִּים.

מֶלֶךְ עוֹזֵר וּמוֹשִׁיעַ וּמָגֵן. בָּרוּךְ אַתָּה יהוה, מָגֵן אַבְרָהָם.

גבורות

**אַתָּה** גִּבּוֹר לְעוֹלָם אֲדֹנָי, מְחַיֵּה מֵתִים אַתָּה, רַב לְהוֹשִׁיעַ.

מחוה"מ פסח עד שמיני עצרת: מוֹרִיד הַטָּל. | בין שמיני עצרת לפסח: מַשִּׁיב הָרוּחַ וּמוֹרִיד הַגֶּשֶׁם [נ"א: הַגָּשֶׁם].

[אם שכח או טעה, עיין הלכות בסוף הסידור סע' פד-צא.]

(1) ויקרא כג:מד (2) תהלים פא:ד-ה (3) ויקרא טז:ל (4) תהלים נא:יז

מְכַלְכֵּל חַיִּים בְּחֶסֶד, מְחַיֵּה מֵתִים בְּרַחֲמִים רַבִּים, סוֹמֵךְ נוֹפְלִים, וְרוֹפֵא חוֹלִים, וּמַתִּיר אֲסוּרִים, וּמְקַיֵּם אֱמוּנָתוֹ לִישֵׁנֵי עָפָר. מִי כָמְוֹךָ בַּעַל גְּבוּרוֹת, וּמִי דּוֹמֶה לָּךְ, מֶלֶךְ מֵמִית וּמְחַיֶּה וּמַצְמִיחַ יְשׁוּעָה.

בשבת שובה מוסיפים [ואם שכח אינו חוזר; עיין הלכות בסוף הסידור סע׳ עה]:

מִי כָמְוֹךָ אַב הָרַחֲמָן, זוֹכֵר יְצוּרָיו לְחַיִּים בְּרַחֲמִים.

וְנֶאֱמָן אַתָּה לְהַחֲיוֹת מֵתִים. בָּרוּךְ אַתָּה יהוה, מְחַיֵּה הַמֵּתִים.

קדושת השם

**אַתָּה** קָדוֹשׁ וְשִׁמְךָ קָדוֹשׁ, וּקְדוֹשִׁים בְּכָל יוֹם יְהַלְּלְוּךָ סֶּלָה, כִּי אֵל מֶלֶךְ גָּדוֹל וְקָדוֹשׁ אָתָּה. בָּרוּךְ אַתָּה יהוה, °הָאֵל [בשבת שובה – °הַמֶּלֶךְ] הַקָּדוֹשׁ.

[אם שכח לומר „הַמֶּלֶךְ" בשבת שובה חוזר לראש התפלה; עיין הלכות בסוף הסידור סע׳ עו-עז.]

[אם טעה ואמר תפילה של חול או תפילה אחרת מתפילות שבת, עיין הלכות בסוף הסידור סע׳ קמא-קמו.]

קדושת היום

**אַתָּה** קִדַּשְׁתָּ אֶת יוֹם הַשְּׁבִיעִי לִשְׁמֶךָ, תַּכְלִית מַעֲשֵׂה שָׁמַיִם וָאָרֶץ, וּבֵרַכְתּוֹ מִכָּל הַיָּמִים, וְקִדַּשְׁתּוֹ מִכָּל הַזְּמַנִּים, וְכֵן כָּתוּב בְּתוֹרָתֶךָ:

**וַיְכֻלּוּ** הַשָּׁמַיִם וְהָאָרֶץ וְכָל צְבָאָם. וַיְכַל אֱלֹהִים בַּיּוֹם הַשְּׁבִיעִי מְלַאכְתּוֹ אֲשֶׁר עָשָׂה, וַיִּשְׁבֹּת בַּיּוֹם הַשְּׁבִיעִי מִכָּל מְלַאכְתּוֹ אֲשֶׁר עָשָׂה. וַיְבָרֶךְ אֱלֹהִים אֶת יוֹם הַשְּׁבִיעִי, וַיְקַדֵּשׁ אֹתוֹ, כִּי בוֹ שָׁבַת מִכָּל מְלַאכְתּוֹ, אֲשֶׁר בָּרָא אֱלֹהִים לַעֲשׂוֹת.[1]

**יִשְׂמְחוּ** בְמַלְכוּתְךָ שׁוֹמְרֵי שַׁבָּת וְקוֹרְאֵי עֹנֶג, עַם מְקַדְּשֵׁי שְׁבִיעִי, כֻּלָּם יִשְׂבְּעוּ וְיִתְעַנְּגוּ מִטּוּבֶךָ, וּבַשְּׁבִיעִי רָצִיתָ בּוֹ וְקִדַּשְׁתּוֹ, חֶמְדַּת יָמִים אוֹתוֹ קָרָאתָ, זֵכֶר לְמַעֲשֵׂה בְרֵאשִׁית.

(1) בראשית ב:א-ג

**אֱלֹהֵינוּ** וֵאלֹהֵי אֲבוֹתֵינוּ, רְצֵה נָא בִמְנוּחָתֵנוּ. קַדְּשֵׁנוּ בְּמִצְוֹתֶיךָ, וְתֵן חֶלְקֵנוּ בְּתוֹרָתֶךָ. שַׂבְּעֵנוּ מִטּוּבֶךָ, וְשַׂמַּח נַפְשֵׁנוּ בִּישׁוּעָתֶךָ, וְטַהֵר לִבֵּנוּ לְעָבְדְּךָ בֶּאֱמֶת. וְהַנְחִילֵנוּ יהוה אֱלֹהֵינוּ בְּאַהֲבָה וּבְרָצוֹן שַׁבַּת קָדְשֶׁךָ, וְיָנוּחוּ בָהּ כָּל יִשְׂרָאֵל מְקַדְּשֵׁי שְׁמֶךָ. בָּרוּךְ אַתָּה יהוה, מְקַדֵּשׁ הַשַּׁבָּת.

עבודה

**רְצֵה** יהוה אֱלֹהֵינוּ בְּעַמְּךָ יִשְׂרָאֵל וְלִתְפִלָּתָם שְׁעֵה, וְהָשֵׁב אֶת הָעֲבוֹדָה לִדְבִיר בֵּיתֶךָ. וְאִשֵּׁי יִשְׂרָאֵל, וּתְפִלָּתָם מְהֵרָה בְּאַהֲבָה תְקַבֵּל בְּרָצוֹן, וּתְהִי לְרָצוֹן תָּמִיד עֲבוֹדַת יִשְׂרָאֵל עַמֶּךָ.

בראש חודש ובחול המועד מוסיפים „יַעֲלֶה וְיָבֹא". [ואם שכח בערבית – בראש חודש אינו חוזר, אבל בחול המועד חוזר לראש התפילה. ואם הוא מסופק, עיין הלכות בסוף הסידור סע' קה-קז.]

**אֱלֹהֵינוּ** וֵאלֹהֵי אֲבוֹתֵינוּ, יַעֲלֶה, וְיָבֹא, וְיַגִּיעַ, וְיֵרָאֶה, וְיֵרָצֶה, וְיִשָּׁמַע, וְיִפָּקֵד, וְיִזָּכֵר, זִכְרוֹנֵנוּ וּפִקְדוֹנֵנוּ, וְזִכְרוֹן אֲבוֹתֵינוּ, וְזִכְרוֹן מָשִׁיחַ בֶּן דָּוִד עַבְדֶּךָ, וְזִכְרוֹן יְרוּשָׁלַיִם עִיר קָדְשֶׁךָ, וְזִכְרוֹן כָּל עַמְּךָ בֵּית יִשְׂרָאֵל לְפָנֶיךָ, לִפְלֵיטָה לְטוֹבָה, לְחֵן וּלְחֶסֶד וּלְרַחֲמִים, לְחַיִּים (טוֹבִים) וּלְשָׁלוֹם, בְּיוֹם
בר"ח – רֹאשׁ הַחֹדֶשׁ בחוה"מ פסח – חַג הַמַּצּוֹת בחוה"מ סוכות – חַג הַסֻּכּוֹת
הַזֶּה. זָכְרֵנוּ יהוה אֱלֹהֵינוּ בּוֹ לְטוֹבָה, וּפָקְדֵנוּ בוֹ לִבְרָכָה, וְהוֹשִׁיעֵנוּ בוֹ לְחַיִּים טוֹבִים. וּבִדְבַר יְשׁוּעָה וְרַחֲמִים, חוּס וְחָנֵּנוּ וְרַחֵם עָלֵינוּ וְהוֹשִׁיעֵנוּ, כִּי אֵלֶיךָ עֵינֵינוּ, כִּי אֵל מֶלֶךְ חַנּוּן וְרַחוּם אָתָּה.[1]

**וְתֶחֱזֶינָה** עֵינֵינוּ בְּשׁוּבְךָ לְצִיּוֹן בְּרַחֲמִים. בָּרוּךְ אַתָּה יהוה, הַמַּחֲזִיר שְׁכִינָתוֹ לְצִיּוֹן.

הודאה

**מוֹדִים** אֲנַחְנוּ לָךְ שָׁאַתָּה הוּא יהוה אֱלֹהֵינוּ וֵאלֹהֵי אֲבוֹתֵינוּ לְעוֹלָם וָעֶד. צוּרֵנוּ, צוּר חַיֵּינוּ, מָגֵן יִשְׁעֵנוּ אַתָּה הוּא לְדוֹר וָדוֹר. נוֹדֶה לְּךָ וּנְסַפֵּר תְּהִלָּתֶךָ[2] עַל חַיֵּינוּ הַמְּסוּרִים בְּיָדֶךָ, וְעַל נִשְׁמוֹתֵינוּ הַפְּקוּדוֹת לָךְ, וְעַל נִסֶּיךָ שֶׁבְּכָל יוֹם עִמָּנוּ, וְעַל נִפְלְאוֹתֶיךָ וְטוֹבוֹתֶיךָ שֶׁבְּכָל עֵת, עֶרֶב וָבֹקֶר וְצָהֳרָיִם. הַטּוֹב כִּי לֹא כָלוּ רַחֲמֶיךָ, וְהַמְרַחֵם כִּי לֹא תַמּוּ חֲסָדֶיךָ,[3] כִּי מֵעוֹלָם קִוִּינוּ לָךְ.

(1) ע"פ נחמיה ט:לא (2) ע"פ תהלים עט:יג (3) ע"פ איכה ג:כב

בשבת חנוכה מוסיפים [ואם שכח אינו חוזר; עיין הלכות בסוף הסידור סע׳ קח]:

**וְעַל** הַנִּסִּים, וְעַל הַפֻּרְקָן, וְעַל הַגְּבוּרוֹת, וְעַל הַתְּשׁוּעוֹת, וְעַל הַנִּפְלָאוֹת, וְעַל הַנֶּחָמוֹת, וְעַל הַמִּלְחָמוֹת, שֶׁעָשִׂיתָ לַאֲבוֹתֵינוּ בַּיָּמִים הָהֵם בַּזְּמַן הַזֶּה.

**בִּימֵי** מַתִּתְיָהוּ בֶּן יוֹחָנָן כֹּהֵן גָּדוֹל חַשְׁמוֹנָאִי וּבָנָיו, כְּשֶׁעָמְדָה מַלְכוּת יָוָן הָרְשָׁעָה עַל עַמְּךָ יִשְׂרָאֵל, לְהַשְׁכִּיחָם תּוֹרָתֶךָ, וּלְהַעֲבִירָם מֵחֻקֵּי רְצוֹנֶךָ. וְאַתָּה בְּרַחֲמֶיךָ הָרַבִּים, עָמַדְתָּ לָהֶם בְּעֵת צָרָתָם, רַבְתָּ אֶת רִיבָם, דַּנְתָּ אֶת דִּינָם, נָקַמְתָּ אֶת נִקְמָתָם.[1] מָסַרְתָּ גִבּוֹרִים בְּיַד חַלָּשִׁים, וְרַבִּים בְּיַד מְעַטִּים, וּטְמֵאִים בְּיַד טְהוֹרִים, וּרְשָׁעִים בְּיַד צַדִּיקִים, וְזֵדִים בְּיַד עוֹסְקֵי תוֹרָתֶךָ. וּלְךָ עָשִׂיתָ שֵׁם גָּדוֹל וְקָדוֹשׁ בְּעוֹלָמֶךָ, וּלְעַמְּךָ יִשְׂרָאֵל עָשִׂיתָ תְּשׁוּעָה גְדוֹלָה[2] וּפֻרְקָן כְּהַיּוֹם הַזֶּה. וְאַחַר כֵּן בָּאוּ בָנֶיךָ לִדְבִיר בֵּיתֶךָ, וּפִנּוּ אֶת הֵיכָלֶךָ, וְטִהֲרוּ אֶת מִקְדָּשֶׁךָ, וְהִדְלִיקוּ נֵרוֹת בְּחַצְרוֹת קָדְשֶׁךָ, וְקָבְעוּ שְׁמוֹנַת יְמֵי חֲנֻכָּה אֵלּוּ, לְהוֹדוֹת וּלְהַלֵּל לְשִׁמְךָ הַגָּדוֹל.

וְעַל כֻּלָּם יִתְבָּרַךְ וְיִתְרוֹמַם וְיִתְנַשֵּׂא שִׁמְךָ מַלְכֵּנוּ תָּמִיד לְעוֹלָם וָעֶד.

בשבת שובה מוסיפים [ואם שכח אינו חוזר; עיין הלכות בסוף הסידור סע׳ עה]:

וּכְתוֹב לְחַיִּים טוֹבִים כָּל בְּנֵי בְרִיתֶךָ.

וְכֹל הַחַיִּים יוֹדוּךָ סֶּלָה, וִיהַלְלוּ וִיבָרְכוּ אֶת שִׁמְךָ הַגָּדוֹל בֶּאֱמֶת, לְעוֹלָם כִּי טוֹב. הָאֵל יְשׁוּעָתֵנוּ וְעֶזְרָתֵנוּ סֶלָה, הָאֵל הַטּוֹב. בָּרוּךְ אַתָּה יהוה, הַטּוֹב שִׁמְךָ וּלְךָ נָאֶה לְהוֹדוֹת.

שלום

יש קהילות שאומרים „שִׂים שָׁלוֹם" ויש שאומרים „שָׁלוֹם רָב".

**שִׂים שָׁלוֹם,** טוֹבָה וּבְרָכָה, חַיִּים, חֵן וָחֶסֶד וְרַחֲמִים עָלֵינוּ וְעַל כָּל יִשְׂרָאֵל עַמֶּךָ. בָּרְכֵנוּ אָבִינוּ, כֻּלָּנוּ כְּאֶחָד בְּאוֹר פָּנֶיךָ, כִּי בְאוֹר פָּנֶיךָ נָתַתָּ לָּנוּ, יהוה אֱלֹהֵינוּ, תּוֹרַת חַיִּים וְאַהֲבַת חֶסֶד, וּצְדָקָה, וּבְרָכָה, וְרַחֲמִים, וְחַיִּים, וְשָׁלוֹם. וְטוֹב יִהְיֶה בְעֵינֶיךָ לְבָרְכֵנוּ וּלְבָרֵךְ אֶת כָּל עַמְּךָ יִשְׂרָאֵל בְּכָל עֵת וּבְכָל שָׁעָה בִּשְׁלוֹמֶךָ (בְּרוֹב עוֹז וְשָׁלוֹם).

**שָׁלוֹם רָב** עַל יִשְׂרָאֵל עַמְּךָ תָּשִׂים לְעוֹלָם, כִּי אַתָּה הוּא מֶלֶךְ אָדוֹן לְכָל הַשָּׁלוֹם. וְטוֹב יִהְיֶה בְעֵינֶיךָ לְבָרְכֵנוּ וּלְבָרֵךְ אֶת כָּל עַמְּךָ יִשְׂרָאֵל בְּכָל עֵת וּבְכָל שָׁעָה בִּשְׁלוֹמֶךָ.

(1) ע״פ ירמיה נא:לו (2) ע״פ שמואל א יט:ה

בשבת שובה מוסיפים [ואם שכח אינו חוזר; עיין הלכות בסוף הסידור סע' עה]:

בְּסֵפֶר חַיִּים בְּרָכָה וְשָׁלוֹם, וּפַרְנָסָה טוֹבָה, וּגְזֵרוֹת טוֹבוֹת, יְשׁוּעוֹת וְנֶחָמוֹת, נִזָּכֵר וְנִכָּתֵב לְפָנֶיךָ, אֲנַחְנוּ וְכָל עַמְּךָ בֵּית יִשְׂרָאֵל, לְחַיִּים טוֹבִים וּלְשָׁלוֹם.

בָּרוּךְ אַתָּה יהוה, הַמְּבָרֵךְ אֶת עַמּוֹ יִשְׂרָאֵל בַּשָּׁלוֹם.

טוב לומר „יִהְיוּ לְרָצוֹן . . ." גם קודם התחנונים [של „אֱלֹהַי נְצוֹר"] (מ"ב סי' קכב ס"ק ג) [ואז יוכל להפסיק לקדיש וכו', ראה פרטי ההלכה בעמ' 54].

יִהְיוּ לְרָצוֹן אִמְרֵי פִי וְהֶגְיוֹן לִבִּי לְפָנֶיךָ, יהוה צוּרִי וְגֹאֲלִי.[1]

**אֱלֹהַי,** נְצוֹר לְשׁוֹנִי מֵרָע, וּשְׂפָתַי מִדַּבֵּר מִרְמָה,[2] וְלִמְקַלְלַי נַפְשִׁי תִדּוֹם, וְנַפְשִׁי כֶּעָפָר לַכֹּל תִּהְיֶה. פְּתַח לִבִּי בְּתוֹרָתֶךָ, וְאַחֲרֵי מִצְוֹתֶיךָ תִּרְדּוֹף נַפְשִׁי. וְכָל הַקָּמִים וְהַחוֹשְׁבִים עָלַי לְרָעָה, מְהֵרָה הָפֵר עֲצָתָם וְקַלְקֵל מַחֲשַׁבְתָּם.[3] יְהִי רָצוֹן מִלְּפָנֶיךָ, יהוה אֱלֹהַי וֵאלֹהֵי אֲבוֹתַי, שֶׁלֹּא תַעֲלֶה קִנְאַת אָדָם עָלַי, וְלֹא קִנְאָתִי עַל אֲחֵרִים, וְשֶׁלֹּא אֶכְעֹס הַיּוֹם, וְשֶׁלֹּא אַכְעִיסֶךָ, וְתַצִּילֵנִי מִיֵּצֶר הָרָע, וְתֵן בְּלִבִּי הַכְנָעָה וַעֲנָוָה. מַלְכֵּנוּ וֵאלֹהֵינוּ, יַחֵד שִׁמְךָ בְּעוֹלָמֶךָ, בְּנֵה עִירָךְ, יַסֵּד בֵּיתֶךָ, וְשַׁכְלֵל הֵיכָלֶךָ, וְקַבֵּץ קִבּוּץ גָּלֻיּוֹת, וּפְדֵה צֹאנֶךָ וְשַׂמַּח עֲדָתֶךָ. עֲשֵׂה לְמַעַן שְׁמֶךָ, עֲשֵׂה לְמַעַן יְמִינֶךָ, עֲשֵׂה לְמַעַן תּוֹרָתֶךָ, עֲשֵׂה לְמַעַן קְדֻשָּׁתֶךָ. לְמַעַן יֵחָלְצוּן יְדִידֶיךָ, הוֹשִׁיעָה יְמִינְךָ וַעֲנֵנִי.[4] (כתב בס' אליה רבה שטוב לומר כאן פסוק ששייך אל שמו; ראה עמ' 443.) יִהְיוּ לְרָצוֹן אִמְרֵי פִי וְהֶגְיוֹן לִבִּי לְפָנֶיךָ, יהוה צוּרִי וְגֹאֲלִי.[1] עֹשֶׂה °שָׁלוֹם (°יש אומרים בשבת שובה – הַשָּׁלוֹם) בִּמְרוֹמָיו, הוּא יַעֲשֶׂה שָׁלוֹם עָלֵינוּ, וְעַל כָּל יִשְׂרָאֵל. וְאִמְרוּ: אָמֵן.

**יְהִי רָצוֹן** מִלְּפָנֶיךָ, יהוה אֱלֹהֵינוּ וֵאלֹהֵי אֲבוֹתֵינוּ, שֶׁיִּבָּנֶה בֵּית הַמִּקְדָּשׁ בִּמְהֵרָה בְיָמֵינוּ, וְתֵן חֶלְקֵנוּ בְּתוֹרָתֶךָ. וְשָׁם נַעֲבָדְךָ בְּיִרְאָה, כִּימֵי עוֹלָם וּכְשָׁנִים קַדְמוֹנִיּוֹת. וְעָרְבָה לַיהוה מִנְחַת יְהוּדָה וִירוּשָׁלָיִם, כִּימֵי עוֹלָם וּכְשָׁנִים קַדְמוֹנִיּוֹת.[5]

יעמוד במקום שכלו ג' הפסיעות לכל הפחות כדי הילוך ד' אמות ואז פוסע ג' פסיעות לפניו וחוזר למקומו.

בשבת אומרים „וַיְכֻלּוּ", ברכת מעין שבע, קדיש שלם, מזמור לדוד, חצי קדיש, „בָּרְכוּ" ו„עָלֵינוּ".
ביו"ט שחל בשבת אומרים „וַיְכֻלּוּ", ברכת מעין שבע, קדיש שלם ו„עָלֵינוּ".
ביו"ט שחל בחול אומרים קדיש שלם ו„עָלֵינוּ".
בב' לילות הראשונים של פסח גומרים את ההלל (עמ' 298), קדיש שלם ו„עָלֵינוּ".
ואם חל יום א' של פסח בשבת, אומרים „וַיְכֻלּוּ" (אבל לא ברכת מעין שבע) לפני הלל.

(1) תהלים יט:טו (2) ע"פ לד:יד (3) ע"פ תפלת מר בריה דרבינא, ברכות יז (4) תהלים ס:ז; קח:ז (5) מלאכי ג:ד

הקהל אומר „וַיְכֻלּוּ" ביחד בעמידה. אסור לדבר שלא לצורך תפילה עד אחר קדיש שלם.

**וַיְכֻלּוּ** הַשָּׁמַיִם וְהָאָרֶץ וְכָל צְבָאָם. וַיְכַל אֱלֹהִים בַּיּוֹם הַשְּׁבִיעִי מְלַאכְתּוֹ אֲשֶׁר עָשָׂה, וַיִּשְׁבֹּת בַּיּוֹם הַשְּׁבִיעִי מִכָּל מְלַאכְתּוֹ אֲשֶׁר עָשָׂה. וַיְבָרֶךְ אֱלֹהִים אֶת יוֹם הַשְּׁבִיעִי, וַיְקַדֵּשׁ אֹתוֹ, כִּי בוֹ שָׁבַת מִכָּל מְלַאכְתּוֹ, אֲשֶׁר בָּרָא אֱלֹהִים לַעֲשׂוֹת.[1]

ברכה מעין שבע

הברכה הזאת נתקנה שיאמר אותה החזן רק במנין קבוע. לפיכך אין אומרים אותה כשעושין מנין שלא בבית הכנסת כגון אצל חתן וכדומה. מיהו גם היחיד יכול לאמרה בלא פתיחה וחתימה וכן נוהגין שגם הציבור אומר „מָגֵן אָבוֹת" עד „זֵכֶר לְמַעֲשֵׂה בְרֵאשִׁית". אין אומרים אותה בליל א' של פסח שחל להיות בשבת.

החזן ממשיך:

**בָּרוּךְ** אַתָּה יהוה אֱלֹהֵינוּ וֵאלֹהֵי אֲבוֹתֵינוּ, אֱלֹהֵי אַבְרָהָם, אֱלֹהֵי יִצְחָק, וֵאלֹהֵי יַעֲקֹב, הָאֵל הַגָּדוֹל הַגִּבּוֹר וְהַנּוֹרָא, אֵל עֶלְיוֹן, קוֹנֵה שָׁמַיִם וָאָרֶץ.

קהל ואח"כ חזן:

**מָגֵן אָבוֹת** בִּדְבָרוֹ, מְחַיֵּה מֵתִים בְּמַאֲמָרוֹ, °הָאֵל הַקָּדוֹשׁ (°בשבת שובה –הַמֶּלֶךְ הַקָּדוֹשׁ) שֶׁאֵין כָּמוֹהוּ, הַמֵּנִיחַ לְעַמּוֹ בְּיוֹם שַׁבַּת קָדְשׁוֹ, כִּי בָם רָצָה לְהָנִיחַ לָהֶם. לְפָנָיו נַעֲבֹד בְּיִרְאָה וָפַחַד, וְנוֹדֶה לִשְׁמוֹ בְּכָל יוֹם תָּמִיד מֵעֵין הַבְּרָכוֹת. אֵל הַהוֹדָאוֹת, אֲדוֹן הַשָּׁלוֹם, מְקַדֵּשׁ הַשַּׁבָּת וּמְבָרֵךְ שְׁבִיעִי, וּמֵנִיחַ בִּקְדֻשָּׁה לְעַם מְדֻשְּׁנֵי עֹנֶג, זֵכֶר לְמַעֲשֵׂה בְרֵאשִׁית.

החזן ממשיך:

**אֱלֹהֵינוּ** וֵאלֹהֵי אֲבוֹתֵינוּ, רְצֵה נָא בִמְנוּחָתֵנוּ. קַדְּשֵׁנוּ בְּמִצְוֹתֶיךָ, וְתֵן חֶלְקֵנוּ בְּתוֹרָתֶךָ. שַׂבְּעֵנוּ מִטּוּבֶךָ, וְשַׂמַּח נַפְשֵׁנוּ בִּישׁוּעָתֶךָ, וְטַהֵר לִבֵּנוּ לְעָבְדְּךָ בֶּאֱמֶת. וְהַנְחִילֵנוּ יהוה אֱלֹהֵינוּ בְּאַהֲבָה וּבְרָצוֹן שַׁבַּת קָדְשֶׁךָ, וְיָנוּחוּ בָהּ כָּל יִשְׂרָאֵל מְקַדְּשֵׁי שְׁמֶךָ. בָּרוּךְ אַתָּה יהוה, מְקַדֵּשׁ הַשַּׁבָּת.

(1) בראשית ב:א-ג

קדיש שלם

**יִתְגַּדַּל** וְיִתְקַדַּשׁ שְׁמֵהּ רַבָּא. בְּעָלְמָא דִּי בְרָא כִרְעוּתֵהּ. וְיַמְלִיךְ מַלְכוּתֵהּ, וְיַצְמַח פֻּרְקָנֵהּ וִיקָרֵב מְשִׁיחֵהּ. בְּחַיֵּיכוֹן וּבְיוֹמֵיכוֹן וּבְחַיֵּי דְכָל בֵּית יִשְׂרָאֵל, בַּעֲגָלָא וּבִזְמַן קָרִיב. וְאִמְרוּ: אָמֵן.

קהל וחזן – **יְהֵא שְׁמֵהּ רַבָּא מְבָרַךְ לְעָלַם וּלְעָלְמֵי עָלְמַיָּא. יִתְבָּרַךְ** וְיִשְׁתַּבַּח וְיִתְפָּאַר וְיִתְרוֹמַם וְיִתְנַשֵּׂא וְיִתְהַדָּר וְיִתְעַלֶּה וְיִתְהַלָּל שְׁמֵהּ דְּקֻדְשָׁא בְּרִיךְ הוּא – °לְעֵלָּא מִן כָּל (°בשבת שובה – לְעֵלָּא [וּ]לְעֵלָּא מִכָּל) בִּרְכָתָא וְשִׁירָתָא תֻּשְׁבְּחָתָא וְנֶחֱמָתָא דַּאֲמִירָן בְּעָלְמָא. וְאִמְרוּ: אָמֵן.

(קהל – קַבֵּל בְּרַחֲמִים וּבְרָצוֹן אֶת תְּפִלָּתֵנוּ.)

תִּתְקַבֵּל צְלוֹתְהוֹן וּבָעוּתְהוֹן דְּכָל בֵּית יִשְׂרָאֵל קֳדָם אֲבוּהוֹן דִּי בִשְׁמַיָּא. וְאִמְרוּ: אָמֵן.

(קהל – יְהִי שֵׁם יהוה מְבֹרָךְ מֵעַתָּה וְעַד עוֹלָם.[1])

יְהֵא שְׁלָמָא רַבָּא מִן שְׁמַיָּא, וְחַיִּים טוֹבִים עָלֵינוּ וְעַל כָּל יִשְׂרָאֵל. וְאִמְרוּ: אָמֵן.

(קהל – עֶזְרִי מֵעִם יהוה, עֹשֵׂה שָׁמַיִם וָאָרֶץ.[2])

עֹשֶׂה °שָׁלוֹם (°יש אומרים בשבת שובה – הַשָּׁלוֹם) בִּמְרוֹמָיו, הוּא יַעֲשֶׂה שָׁלוֹם עָלֵינוּ, וְעַל כָּל יִשְׂרָאֵל. וְאִמְרוּ: אָמֵן.

תהלים כג

**מִזְמוֹר** לְדָוִד, יהוה רֹעִי לֹא אֶחְסָר. בִּנְאוֹת דֶּשֶׁא יַרְבִּיצֵנִי, עַל מֵי מְנֻחוֹת יְנַהֲלֵנִי. נַפְשִׁי יְשׁוֹבֵב, יַנְחֵנִי בְמַעְגְּלֵי צֶדֶק לְמַעַן שְׁמוֹ. גַּם כִּי אֵלֵךְ בְּגֵיא צַלְמָוֶת, לֹא אִירָא רָע כִּי אַתָּה עִמָּדִי, שִׁבְטְךָ וּמִשְׁעַנְתֶּךָ הֵמָּה יְנַחֲמֻנִי. תַּעֲרֹךְ לְפָנַי שֻׁלְחָן נֶגֶד צֹרְרָי, דִּשַּׁנְתָּ בַשֶּׁמֶן רֹאשִׁי, כּוֹסִי רְוָיָה. אַךְ טוֹב וָחֶסֶד יִרְדְּפוּנִי כָּל יְמֵי חַיָּי, וְשַׁבְתִּי בְּבֵית יהוה לְאֹרֶךְ יָמִים.

חצי קדיש

**יִתְגַּדַּל** וְיִתְקַדַּשׁ שְׁמֵהּ רַבָּא. בְּעָלְמָא דִּי בְרָא כִרְעוּתֵהּ. וְיַמְלִיךְ מַלְכוּתֵהּ, וְיַצְמַח פֻּרְקָנֵהּ וִיקָרֵב מְשִׁיחֵהּ. בְּחַיֵּיכוֹן וּבְיוֹמֵיכוֹן וּבְחַיֵּי דְכָל בֵּית יִשְׂרָאֵל, בַּעֲגָלָא וּבִזְמַן קָרִיב. וְאִמְרוּ: אָמֵן.

קהל וחזן – **יְהֵא שְׁמֵהּ רַבָּא מְבָרַךְ לְעָלַם וּלְעָלְמֵי עָלְמַיָּא. יִתְבָּרַךְ** וְיִשְׁתַּבַּח וְיִתְפָּאַר וְיִתְרוֹמַם וְיִתְנַשֵּׂא וְיִתְהַדָּר וְיִתְעַלֶּה וְיִתְהַלָּל שְׁמֵהּ דְּקֻדְשָׁא בְּרִיךְ הוּא – °לְעֵלָּא מִן כָּל (°בשבת שובה – לְעֵלָּא [וּ]לְעֵלָּא מִכָּל) בִּרְכָתָא וְשִׁירָתָא תֻּשְׁבְּחָתָא וְנֶחֱמָתָא דַּאֲמִירָן בְּעָלְמָא. וְאִמְרוּ: אָמֵן.

חזן – **בָּרְכוּ אֶת יהוה הַמְּבֹרָךְ.**

קהל וחזן – **בָּרוּךְ יהוה הַמְּבֹרָךְ לְעוֹלָם וָעֶד.**

**מליל ב׳ דפסח עד ליל ערב שבועות סופרים כאן ספירת העומר (עמ׳ 140) [ויש סופרים אחר „עָלֵינוּ״ וקדיש].**

(1) תהלים קיג:ב (2) קכא:ב

**עָלֵינוּ** לְשַׁבֵּחַ לַאֲדוֹן הַכֹּל, לָתֵת גְּדֻלָּה לְיוֹצֵר בְּרֵאשִׁית, שֶׁלֹּא עָשָׂנוּ כְּגוֹיֵי הָאֲרָצוֹת, וְלֹא שָׂמָנוּ כְּמִשְׁפְּחוֹת הָאֲדָמָה. שֶׁלֹּא שָׂם חֶלְקֵנוּ כָּהֶם, וְגוֹרָלֵנוּ כְּכָל הֲמוֹנָם. (שֶׁהֵם מִשְׁתַּחֲוִים לְהֶבֶל וָרִיק, וּמִתְפַּלְּלִים אֶל אֵל לֹא יוֹשִׁיעַ.[1]) וַאֲנַחְנוּ כּוֹרְעִים וּמִשְׁתַּחֲוִים וּמוֹדִים, לִפְנֵי מֶלֶךְ מַלְכֵי הַמְּלָכִים הַקָּדוֹשׁ בָּרוּךְ הוּא. שֶׁהוּא נוֹטֶה שָׁמַיִם וְיֹסֵד אָרֶץ,[2] וּמוֹשַׁב יְקָרוֹ בַּשָּׁמַיִם מִמַּעַל, וּשְׁכִינַת עֻזּוֹ בְּגָבְהֵי מְרוֹמִים. הוּא אֱלֹהֵינוּ, אֵין עוֹד. אֱמֶת מַלְכֵּנוּ, אֶפֶס זוּלָתוֹ, כַּכָּתוּב בְּתוֹרָתוֹ: וְיָדַעְתָּ הַיּוֹם וַהֲשֵׁבֹתָ אֶל לְבָבֶךָ, כִּי יהוה הוּא הָאֱלֹהִים בַּשָּׁמַיִם מִמַּעַל וְעַל הָאָרֶץ מִתָּחַת, אֵין עוֹד.[3]

**וְעַל כֵּן** נְקַוֶּה לְּךָ, יהוה אֱלֹהֵינוּ, לִרְאוֹת מְהֵרָה בְּתִפְאֶרֶת עֻזֶּךָ, לְהַעֲבִיר גִּלּוּלִים מִן הָאָרֶץ, וְהָאֱלִילִים כָּרוֹת יִכָּרֵתוּן, לְתַקֵּן עוֹלָם בְּמַלְכוּת שַׁדַּי. וְכָל בְּנֵי בָשָׂר יִקְרְאוּ בִשְׁמֶךָ, לְהַפְנוֹת אֵלֶיךָ כָּל רִשְׁעֵי אָרֶץ. יַכִּירוּ וְיֵדְעוּ כָּל יוֹשְׁבֵי תֵבֵל, כִּי לְךָ תִּכְרַע כָּל בֶּרֶךְ, תִּשָּׁבַע כָּל לָשׁוֹן.[4] לְפָנֶיךָ יהוה אֱלֹהֵינוּ יִכְרְעוּ וְיִפֹּלוּ, וְלִכְבוֹד שִׁמְךָ יְקָר יִתֵּנוּ. וִיקַבְּלוּ כֻלָּם אֶת עוֹל מַלְכוּתֶךָ, וְתִמְלֹךְ עֲלֵיהֶם מְהֵרָה לְעוֹלָם וָעֶד. כִּי הַמַּלְכוּת שֶׁלְּךָ הִיא וּלְעוֹלְמֵי עַד תִּמְלוֹךְ בְּכָבוֹד, כַּכָּתוּב בְּתוֹרָתֶךָ: יהוה יִמְלֹךְ לְעֹלָם וָעֶד.[5] ❖ וְנֶאֱמַר: וְהָיָה יהוה לְמֶלֶךְ עַל כָּל הָאָרֶץ, בַּיּוֹם הַהוּא יִהְיֶה יהוה אֶחָד וּשְׁמוֹ אֶחָד.[6]

**אַל תִּירָא** מִפַּחַד פִּתְאֹם, וּמִשֹּׁאַת רְשָׁעִים כִּי תָבֹא.[7] עֻצוּ עֵצָה וְתֻפָר, דַּבְּרוּ דָבָר וְלֹא יָקוּם, כִּי עִמָּנוּ אֵל.[8] וְעַד זִקְנָה אֲנִי הוּא, וְעַד שֵׂיבָה אֲנִי אֶסְבֹּל, אֲנִי עָשִׂיתִי וַאֲנִי אֶשָּׂא, וַאֲנִי אֶסְבֹּל וַאֲמַלֵּט.[9]

קדיש יתום

אחר „עָלֵינוּ" אומרים קדיש יתום אפילו אם אין שם אבל או חיוב; ויאמרנו מי שאין לו הורים או מי שאין הוריו מקפידים בכך (ויש שאין אומרים אותו אלא כשיש שם חיוב).

**יִתְגַּדַּל** וְיִתְקַדַּשׁ שְׁמֵהּ רַבָּא. בְּעָלְמָא דִּי בְרָא כִרְעוּתֵהּ. וְיַמְלִיךְ מַלְכוּתֵהּ, וְיַצְמַח פֻּרְקָנֵהּ וִיקָרֵב מְשִׁיחֵהּ. בְּחַיֵּיכוֹן וּבְיוֹמֵיכוֹן וּבְחַיֵּי דְכָל בֵּית יִשְׂרָאֵל, בַּעֲגָלָא וּבִזְמַן קָרִיב. וְאִמְרוּ: אָמֵן.

קהל וחזן – **יְהֵא שְׁמֵהּ רַבָּא מְבָרַךְ לְעָלַם וּלְעָלְמֵי עָלְמַיָּא. יִתְבָּרַךְ** וְיִשְׁתַּבַּח וְיִתְפָּאַר וְיִתְרוֹמַם וְיִתְנַשֵּׂא וְיִתְהַדָּר וְיִתְעַלֶּה וְיִתְהַלָּל שְׁמֵהּ דְּקֻדְשָׁא בְּרִיךְ הוּא – °לְעֵלָּא מִן כָּל (°בשבת שובה – לְעֵלָּא [וּ]לְעֵלָּא מִכָּל) בִּרְכָתָא וְשִׁירָתָא תֻּשְׁבְּחָתָא וְנֶחֱמָתָא דַּאֲמִירָן בְּעָלְמָא. וְאִמְרוּ: אָמֵן.

יְהֵא שְׁלָמָא רַבָּא מִן שְׁמַיָּא, וְחַיִּים טוֹבִים עָלֵינוּ וְעַל כָּל יִשְׂרָאֵל. וְאִמְרוּ: אָמֵן.

עֹשֶׂה °שָׁלוֹם (°יש אומרים בשבת שובה – הַשָּׁלוֹם) בִּמְרוֹמָיו, הוּא יַעֲשֶׂה שָׁלוֹם עָלֵינוּ, וְעַל כָּל יִשְׂרָאֵל. וְאִמְרוּ: אָמֵן.

(1) ישעיה מה:כ (2) נא:יג (3) דברים ד:לט (4) ע"פ ישעיה מה:כג (5) שמות טו:יח (6) זכריה יד:ט (7) משלי ג:כה (8) ישעיה ח:י (9) מו:ד

## ברכת הבנים

רבים נוהגים מנהג יפה לברך הבנים – קטנים וגדולים – כשחוזרים מבית הכנסת בליל שבת.

לבן – יְשִׂמְךָ אֱלֹהִים כְּאֶפְרַיִם וְכִמְנַשֶּׁה.[1]

לבת – יְשִׂמֵךְ אֱלֹהִים כְּשָׂרָה רִבְקָה רָחֵל וְלֵאָה.

יְבָרֶכְךָ יהוה וְיִשְׁמְרֶךָ. יָאֵר יהוה פָּנָיו אֵלֶיךָ וִיחֻנֶּךָּ.
יִשָּׂא יהוה פָּנָיו אֵלֶיךָ, וְיָשֵׂם לְךָ שָׁלוֹם.[2]

## סעודת ליל שבת

אומר כל חרוז ג׳ פעמים:

**שָׁלוֹם עֲלֵיכֶם,** מַלְאֲכֵי הַשָּׁרֵת, מַלְאֲכֵי עֶלְיוֹן,
מִמֶּלֶךְ מַלְכֵי הַמְּלָכִים הַקָּדוֹשׁ בָּרוּךְ הוּא.

**בּוֹאֲכֶם לְשָׁלוֹם,** מַלְאֲכֵי הַשָּׁלוֹם, מַלְאֲכֵי עֶלְיוֹן,
מִמֶּלֶךְ מַלְכֵי הַמְּלָכִים הַקָּדוֹשׁ בָּרוּךְ הוּא.

**בָּרְכוּנִי לְשָׁלוֹם,** מַלְאֲכֵי הַשָּׁלוֹם, מַלְאֲכֵי עֶלְיוֹן,
מִמֶּלֶךְ מַלְכֵי הַמְּלָכִים הַקָּדוֹשׁ בָּרוּךְ הוּא.

**צֵאתְכֶם לְשָׁלוֹם,** מַלְאֲכֵי הַשָּׁלוֹם, מַלְאֲכֵי עֶלְיוֹן,
מִמֶּלֶךְ מַלְכֵי הַמְּלָכִים הַקָּדוֹשׁ בָּרוּךְ הוּא.

כִּי מַלְאָכָיו יְצַוֶּה לָּךְ, לִשְׁמָרְךָ בְּכָל דְּרָכֶיךָ.[3]
יהוה יִשְׁמָר צֵאתְךָ וּבוֹאֶךָ, מֵעַתָּה וְעַד עוֹלָם.[4]

**רִבּוֹן כָּל הָעוֹלָמִים,** אֲדוֹן כָּל הַנְּשָׁמוֹת, אֲדוֹן הַשָּׁלוֹם, מֶלֶךְ **אַ**בִּיר, מֶלֶךְ **בָּ**רוּךְ, מֶלֶךְ **גָּ**דוֹל, מֶלֶךְ **ד**וֹבֵר שָׁלוֹם, מֶלֶךְ **הָ**דוּר, מֶלֶךְ **וָ**תִיק, מֶלֶךְ **זָ**ךְ, מֶלֶךְ **חֵי** הָעוֹלָמִים, מֶלֶךְ **טוֹב** וּמֵטִיב, מֶלֶךְ **יָ**חִיד וּמְיֻחָד, מֶלֶךְ **כַּ**בִּיר, מֶלֶךְ **ל**וֹבֵשׁ רַחֲמִים, מֶלֶךְ **מַ**לְכֵי הַמְּלָכִים, מֶלֶךְ **נִ**שְׂגָּב, מֶלֶךְ **ס**וֹמֵךְ נוֹפְלִים, מֶלֶךְ **ע**וֹשֶׂה מַעֲשֵׂה בְרֵאשִׁית, מֶלֶךְ **פּ**וֹדֶה וּמַצִּיל, מֶלֶךְ **צַ**ח וְאָדוֹם, מֶלֶךְ **קָ**דוֹשׁ, מֶלֶךְ **רָ**ם וְנִשָּׂא, מֶלֶךְ **שׁ**וֹמֵעַ תְּפִלָּה, מֶלֶךְ **תָּ**מִים דַּרְכּוֹ.

מוֹדֶה אֲנִי לְפָנֶיךָ, יהוה אֱלֹהַי וֵאלֹהֵי אֲבוֹתַי, עַל כָּל הַחֶסֶד אֲשֶׁר עָשִׂיתָ עִמָּדִי, וַאֲשֶׁר אַתָּה עָתִיד לַעֲשׂוֹת עִמִּי וְעִם כָּל בְּנֵי בֵיתִי וְעִם כָּל בְּרִיּוֹתֶיךָ בְּנֵי בְרִיתִי. וּבְרוּכִים הֵם מַלְאָכֶיךָ הַקְּדוֹשִׁים וְהַטְּהוֹרִים שֶׁעוֹשִׂים רְצוֹנֶךָ. אֲדוֹן הַשָּׁלוֹם, מֶלֶךְ שֶׁהַשָּׁלוֹם שֶׁלּוֹ, בָּרְכֵנִי בַשָּׁלוֹם, וְתִפְקוֹד אוֹתִי וְאֶת כָּל בְּנֵי בֵיתִי, וְכָל עַמְּךָ בֵּית יִשְׂרָאֵל, לְחַיִּים טוֹבִים וּלְשָׁלוֹם.

(1) בראשית מח:כ (2) במדבר ו:כד-כו (3) תהלים צא:יא (4) קכא:ח

מֶֽלֶךְ עֶלְיוֹן עַל כָּל צְבָא מָרוֹם, יוֹצְרֵֽנוּ יוֹצֵר בְּרֵאשִׁית, אֲחַלֶּה פָנֶֽיךָ הַמְּאִירִים שֶׁתְּזַכֶּה אוֹתִי וְאֶת כָּל בְּנֵי בֵיתִי לִמְצוֹא חֵן וְשֵֽׂכֶל טוֹב בְּעֵינֶֽיךָ, וּבְעֵינֵי כָּל בְּנֵי אָדָם וְחַוָּה, וּבְעֵינֵי כָּל רוֹאֵֽינוּ, לַעֲבוֹדָתֶֽךָ. וְזַכֵּֽנוּ לְקַבֵּל שַׁבָּתוֹת מִתּוֹךְ רוֹב שִׂמְחָה, וּמִתּוֹךְ עֹֽשֶׁר וְכָבוֹד, וּמִתּוֹךְ מִעוּט עֲוֹנוֹת. וְהָסֵר מִמֶּֽנִּי וּמִכָּל בְּנֵי בֵיתִי וּמִכָּל עַמְּךָ בֵּית יִשְׂרָאֵל כָּל מִינֵי חֹלִי, וְכָל מִינֵי מַדְוֶה, וְכָל מִינֵי דַלּוּת וַעֲנִיּוּת וְאֶבְיוֹנוּת. וְתֶן־בָּֽנוּ יֵֽצֶר טוֹב לְעָבְדְּךָ בֶּאֱמֶת וּבְיִרְאָה וּבְאַהֲבָה. וְנִהְיֶה מְכֻבָּדִים בְּעֵינֶֽיךָ וּבְעֵינֵי כָּל רוֹאֵֽינוּ, כִּי אַתָּה הוּא מֶֽלֶךְ הַכָּבוֹד, כִּי לְךָ נָאֶה, כִּי לְךָ יָאֶה.

אָנָּא מֶֽלֶךְ מַלְכֵי הַמְּלָכִים, צַוֵּה לְמַלְאָכֶֽיךָ מַלְאֲכֵי הַשָּׁרֵת, מְשָׁרְתֵי עֶלְיוֹן, שֶׁיִּפְקְדֽוּנִי בְּרַחֲמִים, וִיבָרְכֽוּנִי בְּבוֹאָם לְבֵיתִי בְּיוֹם קָדְשֵֽׁנוּ. כִּי הִדְלַקְתִּי נֵרוֹתַי, וְהִצַּֽעְתִּי מִטָּתִי, וְהֶחֱלַֽפְתִּי שִׂמְלוֹתַי לִכְבוֹד יוֹם הַשַּׁבָּת. וּבָֽאתִי לְבֵיתְךָ לְהַפִּיל תְּחִנָּתִי לְפָנֶֽיךָ, שֶׁתַּעֲבִיר אַנְחָתִי, וָאָעִיד אֲשֶׁר בָּרָֽאתָ בְשִׁשָּׁה יָמִים כָּל הַיְצוּר, וָאֶשְׁנֶה, וַאֲשַׁלֵּשׁ עוֹד לְהָעִיד עַל כּוֹסִי בְּתוֹךְ שִׂמְחָתִי, כַּאֲשֶׁר צִוִּיתַֽנִי לְזָכְרוֹ, וּלְהִתְעַנֵּג בְּיֶֽתֶר נִשְׁמָתִי אֲשֶׁר נָתַֽתָּ בִּי. בּוֹ אֶשְׁבּוֹת כַּאֲשֶׁר צִוִּיתַֽנִי, לְשָׁרְתֶֽךָ, וְכֵן אַגִּיד גְּדֻלָּתְךָ בְּרִנָּה. וְשִׁוִּֽיתִי יהוה לִקְרָאתִי, שֶׁתְּרַחֲמֵֽנִי עוֹד בְּגָלוּתִי, לְגָאֳלֵֽנִי וּלְעוֹרֵר לִבִּי לְאַהֲבָתֶֽךָ, וְאָז אֶשְׁמוֹר פִּקּוּדֶֽיךָ וְחֻקֶּֽיךָ בְּלִי עֶֽצֶב, וְאֶתְפַּלֵּל כַּדָּת כָּרָאוּי וּכְנָכוֹן.

מַלְאֲכֵי הַשָּׁלוֹם, בּוֹאֲכֶם לְשָׁלוֹם, בָּרְכֽוּנִי לְשָׁלוֹם, וְאִמְרוּ בָּרוּךְ לְשֻׁלְחָנִי הֶעָרוּךְ, וְצֵאתְכֶם לְשָׁלוֹם, מֵעַתָּה וְעַד עוֹלָם. אָמֵן סֶֽלָה.

משלי לא:י-לא

**אֵֽשֶׁת חַֽיִל** מִי יִמְצָא, וְרָחֹק מִפְּנִינִים מִכְרָהּ.
בָּֽטַח בָּהּ לֵב בַּעְלָהּ, וְשָׁלָל לֹא יֶחְסָר.
גְּמָלַֽתְהוּ טוֹב וְלֹא רָע, כֹּל יְמֵי חַיֶּֽיהָ.
דָּרְשָׁה צֶֽמֶר וּפִשְׁתִּים, וַתַּֽעַשׂ בְּחֵֽפֶץ כַּפֶּֽיהָ.
הָיְתָה כָּאֳנִיּוֹת סוֹחֵר, מִמֶּרְחָק תָּבִיא לַחְמָהּ.
וַתָּֽקָם בְּעוֹד לַֽיְלָה, וַתִּתֵּן טֶֽרֶף לְבֵיתָהּ, וְחֹק לְנַעֲרֹתֶֽיהָ.
זָמְמָה שָׂדֶה וַתִּקָּחֵֽהוּ, מִפְּרִי כַפֶּֽיהָ נָֽטְעָה כָּֽרֶם.
חָגְרָה בְעוֹז מָתְנֶֽיהָ, וַתְּאַמֵּץ זְרוֹעֹתֶֽיהָ.
טָֽעֲמָה כִּי טוֹב סַחְרָהּ, לֹא יִכְבֶּה בַלַּֽיְלָה נֵרָהּ.
יָדֶֽיהָ שִׁלְּחָה בַכִּישׁוֹר, וְכַפֶּֽיהָ תָּֽמְכוּ פָֽלֶךְ.
כַּפָּהּ פָּרְשָׂה לֶעָנִי, וְיָדֶֽיהָ שִׁלְּחָה לָאֶבְיוֹן.
לֹא תִירָא לְבֵיתָהּ מִשָּֽׁלֶג, כִּי כָל בֵּיתָהּ לָבֻשׁ שָׁנִים.
מַרְבַדִּים עָֽשְׂתָה לָּהּ, שֵׁשׁ וְאַרְגָּמָן לְבוּשָׁהּ.
נוֹדָע בַּשְּׁעָרִים בַּעְלָהּ, בְּשִׁבְתּוֹ עִם זִקְנֵי אָֽרֶץ.
סָדִין עָשְׂתָה וַתִּמְכֹּר, וַחֲגוֹר נָתְנָה לַכְּנַעֲנִי.

עוֹז וְהָדָר לְבוּשָׁהּ, וַתִּשְׂחַק לְיוֹם אַחֲרוֹן.
פִּיהָ פָּתְחָה בְחָכְמָה, וְתוֹרַת חֶסֶד עַל לְשׁוֹנָהּ.
צוֹפִיָּה הֲלִיכוֹת בֵּיתָהּ, וְלֶחֶם עַצְלוּת לֹא תֹאכֵל.
קָמוּ בָנֶיהָ וַיְאַשְּׁרוּהָ, בַּעְלָהּ וַיְהַלְלָהּ.
רַבּוֹת בָּנוֹת עָשׂוּ חָיִל, וְאַתְּ עָלִית עַל כֻּלָּנָה.
שֶׁקֶר הַחֵן וְהֶבֶל הַיֹּפִי, אִשָּׁה יִרְאַת יהוה הִיא תִתְהַלָּל.
תְּנוּ לָהּ מִפְּרִי יָדֶיהָ, וִיהַלְלוּהָ בַשְּׁעָרִים מַעֲשֶׂיהָ.

מאמר הזהר בפרשת ויקהל

**זָכוֹר** אֶת יוֹם הַשַּׁבָּת לְקַדְּשׁוֹ.[1] רַבִּי יִצְחָק פָּתַח וְאָמַר, כְּתִיב, וַיְבָרֶךְ אֱלֹהִים אֶת יוֹם הַשְּׁבִיעִי,[2] וּכְתִיב בַּמָּן, שֵׁשֶׁת יָמִים תִּלְקְטֻהוּ וּבַיּוֹם הַשְּׁבִיעִי שַׁבָּת לֹא יִהְיֶה בּוֹ.[3] וְכֵיוָן דְּלָא מִשְׁתַּכַּח בֵּהּ מְזוֹנָא מַה בִּרְכְתָא אִשְׁתַּכַּח בֵּהּ. אֶלָּא הָכִי תָּאנָא, כָּל בִּרְכָאן דִּלְעֵלָּא וְתַתָּא בְּיוֹמָא שְׁבִיעָאָה תַּלְיָן. וְתָאנָא, אַמַּאי לָא אִשְׁתְּכַח מַנָּא בְּיוֹמָא שְׁבִיעָאָה, מִשּׁוּם דְּהַהוּא יוֹמָא מִתְבָּרְכָאן מִנֵּיהּ כָּל שִׁתָּא יוֹמִין עִלָּאִין. וְכָל חַד וְחַד יָהִיב מְזוֹנֵיהּ לְתַתָּא, כָּל חַד בְּיוֹמֵיהּ, מֵהַהִיא בִּרְכָה דְּמִתְבָּרְכָאן בְּיוֹמָא שְׁבִיעָאָה. בְּגִין כַּךְ מַאן דְּאִיהוּ בְּדַרְגָּא דִּמְהֵימְנוּתָא בָּעֵי לְסַדְּרָא פְּתוֹרָא וּלְאַתְקָנָא סְעוּדָתָא בְּלֵילְיָא דְּשַׁבְּתָא, בְּגִין דְּיִתְבָּרֵךְ פְּתוֹרֵיהּ כָּל אִינוּן שִׁתָּא יוֹמִין, דְּהָא בְּהַהוּא זִמְנָא אִזְדַּמַּן בְּרָכָה לְאִתְבָּרְכָא כָּל שִׁתָּא יוֹמִין דְּשַׁבַּתָּא, וּבִרְכְתָא לָא אִשְׁתְּכַח בִּפְתוֹרָא רֵיקַנְיָא. וְעַל כַּךְ בָּעֵי לְסַדְּרָא פְּתוֹרֵיהּ בְּלֵילְיָא דְּשַׁבְּתָא בְּנַהֲמָא וּבִמְזוֹנֵי. רַבִּי יִצְחָק אָמַר, אֲפִילוּ בְּיוֹמָא דְּשַׁבַּתָּא נַמִּי. רַבִּי יְהוּדָה אָמַר, בָּעֵי לְאִתְעַנְּגָא בְּהַאי יוֹמָא וּלְמֵיכַל תְּלַת סְעוּדָתֵי בְּשַׁבְּתָא, בְּגִין דְּיִשְׁתַּכַּח שָׂבְעָא וְעִנּוּגָא בְּהַאי יוֹמָא בְּעָלְמָא. רַבִּי אַבָּא אָמַר, לְאִזְדַּוְּגָא בִּרְכְתָא בְּאִנּוּן יוֹמִין דִּלְעֵלָּא דְּמִתְבָּרְכָאן מֵהַאי יוֹמָא, וְהַאי יוֹמָא מַלְיָא רֵישֵׁיהּ דִּזְעֵיר אַנְפִּין מִטַּלָּא דְּנָחִית מֵעַתִּיקָא קַדִּישָׁא סְתִימָא דְּכֹלָּא, וְאַטִּיל לַחֲקַלָא דְּתַפּוּחִין קַדִּישִׁין תְּלַת זִמְנֵי מִכַּד עָיֵיל שַׁבְּתָא בְּגִין דְּיִתְבָּרְכוּן כֻּלְּהוֹן כַּחֲדָא. וְעַל דָּא בָּעֵי בַּר נַשׁ לְאִתְעַנְּגָא תְּלַת זִמְנִין אִלֵּין דְּהָא בְּהָא תַּלְיָא, מְהֵימְנוּתָא דִּלְעֵלָּא בְּעַתִּיקָא קַדִּישָׁא וּבִזְעֵיר אַנְפִּין וּבַחֲקַלָא דְּתַפּוּחִין. וּבָעֵי בַּר נַשׁ לְאִתְעַנְּגָא בְּהוּ וּלְמֶחֱדֵי בְּהוּ, וּמַאן דְּגָרַע חַד סְעוּדָתָא מִנַּיְהוּ אַתְחֲזֵי פְּגִימוּתָא לְעֵלָּא, וְעוֹנְשֵׁיהּ דְּהַהוּא בַּר נַשׁ סַגֵּי. בְּגִינֵי כַּךְ בָּעֵי לְסַדְּרָא פְּתוֹרֵיהּ תְּלַת זִמְנֵי מִכַּד עָיֵיל שַׁבְּתָא, וְלָא יִשְׁתְּכַח פְּתוֹרֵיהּ רֵיקַנְיָא, וְתִשְׁרֵי בִּרְכְתָא עֲלֵיהּ כָּל שְׁאָר יוֹמָא דְּשַׁבְּתָא, וּבְהַאי מִלָּה אַחֲזֵי וְתָלֵי מְהֵימְנוּתָא לְעֵלָּא. רַבִּי שִׁמְעוֹן אָמַר, הַאי מַאן דְּאַשְׁלִים תְּלַת סְעוּדָתֵי בְּשַׁבְּתָא קָלָא נָפִיק וּמַכְרְזָא עֲלֵיהּ, אָז תִּתְעַנַּג עַל יהוה,[4] דָּא סְעוּדָתָא חֲדָא לָקֳבֵל עַתִּיקָא קַדִּישָׁא דְּכָל קַדִּישִׁין. וְהִרְכַּבְתִּיךָ עַל בָּמֳתֵי אָרֶץ,[4] דָּא סְעוּדָתָא תִּנְיָנָא לָקֳבֵל חֲקַלָא דְּתַפּוּחִין קַדִּישִׁין. וְהַאֲכַלְתִּיךָ נַחֲלַת יַעֲקֹב אָבִיךָ,[4] דָּא הִיא שְׁלֵימוּ דְּאִשְׁתְּלִים בִּזְעֵיר אַנְפִּין. וּלְקִבְלַיְהוּ בָּעֵי לְאַשְׁלָמָא סְעוּדָתֵיהּ, וּבָעֵי לְאִתְעַנְּגָא בְּכֻלְּהוּ סְעוּדָתֵי וּלְמֶחֱדֵי בְּכָל חַד וְחַד מִנַּיְהוּ. מִשּׁוּם דְּאִיהוּ מְהֵימְנוּתָא שְׁלֵימָתָא, וּבְגִין כַּךְ שַׁבְּתָא אִתְיַקַּר מִכָּל שְׁאָר זִמְנִין וְחַגִּין, מִשּׁוּם דְּכֹלָּא בֵּיהּ

(1) שמות כ:ח (2) בראשית ב:ג (3) שמות טז:כו (4) ישעיה נח:יד

אִשְׁתְּכַח, וְלָא אִשְׁתְּכַח הָכִי בְּכֻלְּהוּ זִמְנֵי וְחַגֵּי. אָמַר רַבִּי חִיָּיא, בְּגִין כַּךְ מִשּׁוּם דְּאִשְׁתְּכַח כֹּלָּא בֵּיהּ, אִדְכַּר תְּלַת זִמְנִין, דִּכְתִיב, וַיְכַל אֱלֹהִים בַּיּוֹם הַשְּׁבִיעִי, וַיִּשְׁבֹּת בַּיּוֹם הַשְּׁבִיעִי, וַיְבָרֶךְ אֱלֹהִים אֶת יוֹם הַשְּׁבִיעִי.[1] רַבִּי אַבָּא (נ״א רַב הַמְּנוּנָא סָבָא) כַּד הֲוָה יָתִיב בִּסְעוּדָתָא דְּשַׁבְּתָא הֲוָה חָדֵי בְּכָל חַד וְחַד, וַהֲוָה אָמַר, דָּא הִיא סְעוּדָתָא קַדִּישָׁא דְּעַתִּיקָא קַדִּישָׁא סְתִימָא דְּכֹלָּא. בִּסְעוּדָתָא אַחֲרָא הֲוָה אָמַר, דָּא הִיא סְעוּדָתָא דְּקֻדְשָׁא בְּרִיךְ הוּא, וְכֵן בְּכֻלְּהוּ סְעוּדָתֵי וַהֲוָה חָדֵי בְּכָל חַד וְחַד. כַּד הֲוָה אַשְׁלִים סְעוּדָתָא אָמַר הָכִי, אַשְׁלִימוּ סְעוּדָתָא דִּמְהֵימְנוּתָא. רַבִּי שִׁמְעוֹן כַּד הֲוָה אָתֵי לִסְעוּדָתָא הֲוָה אָמַר הָכִי, אַתְקִינוּ סְעוּדָתָא דִּמְהֵימְנוּתָא עִילָּאָה, אַתְקִינוּ סְעוּדָתָא דְּמַלְכָּא, וַהֲוֵי יָתִיב וְחָדֵי. כַּד אַשְׁלִים סְעוּדָתָא תְּלִיתָאָה הֲווּ מַכְרְזֵי עֲלֵיהּ, אָז תִּתְעַנַּג עַל יהוה, וְהִרְכַּבְתִּיךָ עַל בָּמֳתֵי אָרֶץ, וְהַאֲכַלְתִּיךָ נַחֲלַת יַעֲקֹב אָבִיךָ.[2] אָמַר רַבִּי אֶלְעָזָר לַאֲבוּהִי, אִלֵּין סְעוּדָתֵי הֵיךְ מִתְתַּקְּנָן. אָמַר לֵיהּ, לֵילְיָא דְּשַׁבְּתָא כְּתִיב בֵּיהּ, וְהִרְכַּבְתִּיךָ עַל בָּמֳתֵי אָרֶץ, בֵּיהּ בְּלֵילְיָא מִתְבָּרְכָא מַטְרוֹנִיתָא וְכֻלְּהוּ חֲקַל תַּפּוּחִין, וּמִתְבָּרְכָא פְּתוֹרֵיהּ דְּבַר נַשׁ וְנִשְׁמְתָא אִתּוֹסְפַת. וְהַהִיא לֵילְיָא חֶדְוָה דְּמַטְרוֹנִיתָא הֲוֵי. וּבָעֵי בַּר נַשׁ לְמֶחְדֵי בְּחֶדְוָתָא וּלְמֵיכַל סְעוּדָתָא דְּמַטְרוֹנִיתָא.

## **אַתְקִינוּ סְעוּדָתָא** דִּמְהֵימְנוּתָא שְׁלֵימָתָא. חֶדְוָתָא דְּמַלְכָּא קַדִּישָׁא. אַתְקִינוּ סְעוּדָתָא דְּמַלְכָּא. דָּא הִיא סְעוּדָתָא דַּחֲקַל תַּפּוּחִין קַדִּישִׁין. וּזְעֵיר אַנְפִּין וְעַתִּיקָא קַדִּישָׁא אַתְיָן לְסַעֲדָא בַּהֲדָהּ.

זמר להאר״י ז״ל וחתם שמו – אני יצחק לוריא בן שלמה – בראשי החרוזים (עם „לְמִבְצַע עַל רִפְתָּא" עמ׳ 178).

אֲזַמֵּר בִּשְׁבָחִין, לְמֵיעַל גּוֹ פִתְחִין, דִּבַחֲקַל תַּפּוּחִין, דְּאִנּוּן קַדִּישִׁין.
נְזַמִּין לַהּ הַשְׁתָּא, בִּפְתוֹרָא חַדְתָּא, וּבִמְנַרְתָּא טַבְתָּא, דְּנַהֲרָא עַל רֵישִׁין.
יְמִינָא וּשְׂמָאלָא, וּבֵינַיְהוּ כַּלָּה, בְּקִשּׁוּטִין אַזְלָא, וּמָאנִין וּלְבוּשִׁין.
יְחַבֵּק לַהּ בַּעְלָהּ, וּבִיסוֹדָא דִילָהּ, דְּעָבֵיד נַיְחָא לַהּ, יְהֵא כָּתִישׁ כַּתִּישִׁין.
צְוָחִין אַף עָקְתִין, בְּטִילִין וּשְׁבִיתִין, בְּרַם אַנְפִּין חַדְתִּין, וְרוּחִין עִם נַפְשִׁין.
חֲדוּ סַגִּי יֵיתֵי, וְעַל חֲדָא תַּרְתֵּי, נְהוֹרָא לַהּ יַמְטֵי, וּבִרְכָאָן דִּנְפִישִׁין.
קְרִיבוּ שׁוּשְׁבִינִין, עֲבִידוּ תִקּוּנִין, לְאַפָּשָׁא זִינִין, וְנוּנִין עִם רַחֲשִׁין.
לְמֶעְבַּד נִשְׁמָתִין, וְרוּחִין חַדְתִּין, בְּתַרְתֵּין וּבִתְלָתִין, וּבִתְלָתָא שִׁבְשִׁין.
וְעִטּוּרִין שַׁבְעִין לַהּ, וּמַלְכָּא דִּלְעֵלָּא, דְּיִתְעַטַּר כֹּלָּא, בְּקַדִּישׁ קַדִּישִׁין.
רְשִׁימִין וּסְתִימִין, בְּגוֹ כָּל עָלְמִין, בְּרַם עַתִּיק יוֹמִין, הֲלָא בַּטִּישׁ בַּטִּישִׁין.
יְהֵא רַעֲוָא קַמֵּיהּ, דְּתִשְׁרֵי עַל עַמֵּיהּ, דְּיִתְעַנַּג לִשְׁמֵיהּ, בִּמְתִיקִין וְדוּבְשִׁין.
אֲסַדֵּר לִדְרוֹמָא, מְנַרְתָּא דִּסְתִימָא, וְשֻׁלְחָן עִם נַהֲמָא, בִּצְפוֹנָא אַרְשִׁין.
בְּחַמְרָא גוֹ כָסָא, וּמְדָאנֵי אָסָא, לְאָרוּס וַאֲרוּסָה, לְהִתַּקְּפָא חַלָּשִׁין.
נַעֲבִיד לְהוֹן כִּתְרִין, בְּמִלִּין יַקִּירִין, בְּשַׁבְעִין עִטּוּרִין, דְּעַל גַּבֵּי חַמְשִׁין.
שְׁכִינְתָּא תִּתְעַטַּר, בְּשִׁית נַהֲמֵי לִסְטַר, בְּוָוִין תִּתְקַטַּר, וְזִינִין דִּכְנִישִׁין.
שְׁבִיתִין וּשְׁבִיקִין, מְסָאֲבִין דִּרְחִיקִין, חֲבִילִין דִּמְעִיקִין, וְכָל זִינֵי חֲבוּשִׁין.

(1) בראשית ב:ב-ג (2) ישעיה נח:יד

**וִיהֵא** רַעֲוָא מִן קֳדָם עַתִּיקָא קַדִּישָׁא דְּכָל קַדִּישִׁין, טְמִירָא דְכָל טְמִירִין, סְתִימָא דְכֹלָּא, דְּיִתְמַשֵּׁךְ טַלָּא עִלָּאָה מִנֵּיהּ לְמַלְיָא רֵישֵׁיהּ דִּזְעֵיר אַנְפִּין, וּלְהַטִּיל לַחֲקַל תַּפּוּחִין קַדִּישִׁין בִּנְהִירוּ דְאַנְפִּין, בְּרַעֲוָא וּבְחֶדְוָתָא דְכֹלָּא. וְיִתְמַשֵּׁךְ מִן קֳדָם עַתִּיקָא קַדִּישָׁא דְּכָל קַדִּישִׁין, טְמִירָא דְכָל טְמִירִין, סְתִימָא דְכֹלָּא, רְעוּתָא וְרַחֲמֵי, חִנָּא וְחִסְדָּא, בִּנְהִירוּ עִלָּאָה, בִּרְעוּתָא וְחֶדְוָתָא, עָלַי וְעַל כָּל בְּנֵי בֵיתִי, וְעַל כָּל הַנִּלְוִים עָלַי, וְעַל כָּל בְּנֵי יִשְׂרָאֵל עַמֵּיהּ. וְיִפְרְקִינָנָא מִכָּל עַקְתִין בִּישִׁין דְּיֵיתוּן לְעָלְמָא, וְיַזְמִין וְיִתְיְהֵב לָנָא מְזוֹנָא וּפַרְנָסָתָא טַבְתָא, בְּלִי צָרָה וְעַקְתָא, מִמַּזָּלָא דְּכָל מְזוֹנָא בֵּיהּ תַּלְיָא. וִישֵׁזְבִינָנָא מֵעֵינָא בִישָׁא, וּמֵחַרְבָּא דְמַלְאַךְ הַמָּוֶת, וּמִדִּינָהּ שֶׁל גֵּיהִנֹּם. וְיֵיתֵי לָנָא וּלְכָל נַפְשָׁתָנָא, חִנָּא וְחִסְדָּא וְחַיֵּי אֲרִיכֵי וּמְזוֹנֵי רְוִיחֵי, וְרַחֲמֵי מִן קֳדָמֵיהּ. אָמֵן, כֵּן יְהִי רָצוֹן, אָמֵן וְאָמֵן.

## קידוש לליל שבת ושבת חול המועד

[קידוש ליום טוב ויו"ט שחל בשבת תמצא בעמ' 308; קידוש לראש השנה ור"ה שחל בשבת תמצא בעמ' 348.]

לְשֵׁם יִחוּד קֻדְשָׁא בְּרִיךְ הוּא וּשְׁכִינְתֵּיהּ. הֲרֵינִי מוּכָן וּמְזֻמָּן לְקַיֵּם מִצְוַת עֲשֵׂה לְקַדֵּשׁ עַל הַיַּיִן כְּדִכְתִיב: זָכוֹר וְשָׁמוֹר, זָכְרֵהוּ עַל הַיַּיִן.[1] וִיהִי נֹעַם אֲדֹנָי אֱלֹהֵינוּ עָלֵינוּ, וּמַעֲשֵׂה יָדֵינוּ כּוֹנְנָה עָלֵינוּ, וּמַעֲשֵׂה יָדֵינוּ כּוֹנְנֵהוּ.[2]

(בלחש – וַיְהִי עֶרֶב וַיְהִי בֹקֶר)

**יוֹם הַשִּׁשִּׁי.** וַיְכֻלּוּ הַשָּׁמַיִם וְהָאָרֶץ וְכָל צְבָאָם. וַיְכַל אֱלֹהִים בַּיּוֹם הַשְּׁבִיעִי מְלַאכְתּוֹ אֲשֶׁר עָשָׂה, וַיִּשְׁבֹּת בַּיּוֹם הַשְּׁבִיעִי מִכָּל מְלַאכְתּוֹ אֲשֶׁר עָשָׂה. וַיְבָרֶךְ אֱלֹהִים אֶת יוֹם הַשְּׁבִיעִי וַיְקַדֵּשׁ אֹתוֹ, כִּי בוֹ שָׁבַת מִכָּל מְלַאכְתּוֹ אֲשֶׁר בָּרָא אֱלֹהִים לַעֲשׂוֹת.[3]

סַבְרִי מָרָנָן וְרַבָּנָן וְרַבּוֹתַי:

**בָּרוּךְ** אַתָּה יהוה אֱלֹהֵינוּ מֶלֶךְ הָעוֹלָם, בּוֹרֵא פְּרִי הַגָּפֶן.

**בָּרוּךְ** אַתָּה יהוה אֱלֹהֵינוּ מֶלֶךְ הָעוֹלָם, אֲשֶׁר קִדְּשָׁנוּ בְּמִצְוֹתָיו וְרָצָה בָנוּ, וְשַׁבַּת קָדְשׁוֹ בְּאַהֲבָה וּבְרָצוֹן הִנְחִילָנוּ, זִכָּרוֹן לְמַעֲשֵׂה בְרֵאשִׁית. (כִּי הוּא יוֹם) תְּחִלָּה לְמִקְרָאֵי קֹדֶשׁ, זֵכֶר לִיצִיאַת מִצְרָיִם. (כִּי בָנוּ בָחַרְתָּ, וְאוֹתָנוּ קִדַּשְׁתָּ, מִכָּל הָעַמִּים.) וְשַׁבַּת קָדְשְׁךָ בְּאַהֲבָה וּבְרָצוֹן הִנְחַלְתָּנוּ. בָּרוּךְ אַתָּה יהוה, מְקַדֵּשׁ הַשַּׁבָּת.

בשבת חול המועד סוכות (כשמקדשים בסוכה) מוסיפים:

**בָּרוּךְ** אַתָּה יהוה אֱלֹהֵינוּ מֶלֶךְ הָעוֹלָם, אֲשֶׁר קִדְּשָׁנוּ בְּמִצְוֹתָיו וְצִוָּנוּ לֵישֵׁב בַּסֻּכָּה.

(1) ע"פ פסחים קו. (2) תהלים צ:יז (3) בראשית א:לא-ב:ג

יש שאומרים קודם נטילת ידים:

לְמִבְצַע עַל רִפְתָּא, כְּזֵיתָא וּכְבֵיעָתָא, תְּרֵין יוּדִין נַקְטָא, סְתִימִין וּפְרִישִׁין.
מְשַׁח זֵיתָא דַכְיָא, דְּטַחֲנִין רֵחַיָּא, וְנַגְדִּין נַחֲלַיָּא, בְּגַוַּהּ בִּלְחִישִׁין.
הֲלָא נֵימָא רָזִין, וּמִלִּין דִּגְנִיזִין, דְּלֵיתְהוֹן מִתְחֲזִין, טְמִירִין וּכְבִישִׁין.
אִתְעַטְּרַת כַּלָּה, בְּרָזִין דִּלְעֵלָּא, בְּגוֹ הַאי הִלּוּלָא, דְּעִירִין קַדִּישִׁין.

## זמירות לליל שבת

זמר מיוסד ע"פ סדר הא"ב עד אות צ'.
המחבר ברוב ענותנותו חתם שמו – משה – בר"ת של תיבות שניות בשורות של החרוז הראשון.

**כָּל מְקַדֵּשׁ** שְׁבִיעִי כָּרָאוּי לוֹ, כָּל **שׁוֹמֵר** שַׁבָּת כַּדָּת מֵחַלְּלוֹ,
שְׂכָרוֹ **הַ**רְבֵּה מְאֹד עַל פִּי פָעֳלוֹ, אִישׁ עַל מַחֲנֵהוּ וְאִישׁ עַל דִּגְלוֹ.[1]
אוֹהֲבֵי יהוה הַמְּחַכִּים בְּבִנְיַן אֲרִיאֵל,
בְּיוֹם הַשַּׁבָּת (קֹדֶשׁ) שִׂישׂוּ (וְשִׂמְחוּ) כִּמְקַבְּלֵי מַתַּן נַחֲלִיאֵל,
גַּם שְׂאוּ יְדֵיכֶם קֹדֶשׁ וְאִמְרוּ לָאֵל, בָּרוּךְ יהוה אֲשֶׁר נָתַן מְנוּחָה לְעַמּוֹ יִשְׂרָאֵל.[2]
דּוֹרְשֵׁי יהוה זֶרַע אַבְרָהָם אוֹהֲבוֹ, הַמְּאַחֲרִים לָצֵאת מִן הַשַּׁבָּת וּמְמַהֲרִים לָבוֹא,
וּשְׂמֵחִים לְשָׁמְרוֹ וּלְעָרֵב עֵרוּבוֹ, זֶה הַיּוֹם עָשָׂה יהוה נָגִילָה וְנִשְׂמְחָה בוֹ.[3]
זִכְרוּ תּוֹרַת מֹשֶׁה בְּמִצְוַת שַׁבָּת גְּרוּסָה,
חֲרוּתָה לַיּוֹם הַשְּׁבִיעִי כְּכַלָּה בֵּין רֵעוֹתֶיהָ מְשֻׁבָּצָה,
טְהוֹרִים יִירָשׁוּהָ וִיקַדְּשׁוּהָ בְּמַאֲמַר כָּל אֲשֶׁר עָשָׂה,[4]
וַיְכַל אֱלֹהִים בַּיּוֹם הַשְּׁבִיעִי מְלַאכְתּוֹ אֲשֶׁר עָשָׂה.[5]
יוֹם קָדוֹשׁ הוּא מִבּוֹאוֹ וְעַד צֵאתוֹ, כָּל זֶרַע יַעֲקֹב יְכַבְּדוּהוּ כִּדְבַר הַמֶּלֶךְ וְדָתוֹ,
לָנוּחַ בּוֹ וְלִשְׂמוֹחַ בְּתַעֲנוּג אָכוֹל וְשָׁתוֹ, כָּל עֲדַת יִשְׂרָאֵל יַעֲשׂוּ אֹתוֹ.[6]
מְשׁוֹךְ חַסְדְּךָ לְיוֹדְעֶיךָ, אֵל קַנֹּא וְנוֹקֵם, **נוֹ**טְרֵי לַיּוֹם הַשְּׁבִיעִי זָכוֹר וְשָׁמוֹר לְהָקֵם,
שַׂמְּחֵם בְּבִנְיַן שָׁלֵם, בְּאוֹר פָּנֶיךָ תַּבְהִיקֵם,
יִרְוְיֻן מִדֶּשֶׁן בֵּיתֶךָ, וְנַחַל עֲדָנֶיךָ תַשְׁקֵם.[7]
עֲזוֹר לַשּׁוֹבְתִים בַּשְּׁבִיעִי, בֶּחָרִישׁ וּבַקָּצִיר עוֹלָמִים,
פּוֹסְעִים בּוֹ פְּסִיעָה קְטַנָּה, סוֹעֲדִים בּוֹ, לְבָרֵךְ שָׁלֹשׁ פְּעָמִים,
צִדְקָתָם תַּצְהִיר כְּאוֹר שִׁבְעַת הַיָּמִים, יהוה אֱלֹהֵי יִשְׂרָאֵל, הָבָה תָמִים.[8]
(יהוה אֱלֹהֵי יִשְׂרָאֵל אַהֲבַת תָּמִים. יהוה אֱלֹהֵי יִשְׂרָאֵל תְּשׁוּעַת עוֹלָמִים.)

המחבר חתם שמו – משה – בראשי ג' החרוזים הראשונים.

**מְנוּחָה** וְשִׂמְחָה אוֹר לַיְּהוּדִים, יוֹם שַׁבָּתוֹן יוֹם מַחֲמַדִּים,
שׁוֹמְרָיו וְזוֹכְרָיו הֵמָּה מְעִידִים, כִּי לְשִׁשָּׁה כֹּל בְּרוּאִים וְעוֹמְדִים.
שְׁמֵי שָׁמַיִם אֶרֶץ וְיַמִּים, כָּל צְבָא מָרוֹם גְּבוֹהִים וְרָמִים,
תַּנִּין וְאָדָם וְחַיַּת רְאֵמִים, כִּי בְּיָהּ יהוה צוּר עוֹלָמִים.[9]
הוּא אֲשֶׁר דִּבֶּר לְעַם סְגֻלָּתוֹ, שָׁמוֹר לְקַדְּשׁוֹ מִבּוֹאוֹ וְעַד צֵאתוֹ,
שַׁבַּת קֹדֶשׁ יוֹם חֶמְדָּתוֹ, כִּי בוֹ שָׁבַת אֵל מִכָּל מְלַאכְתּוֹ.[10]
בְּמִצְוַת שַׁבָּת אֵל יַחֲלִיצָךְ, קוּם קְרָא אֵלָיו יָחִישׁ לְאַמְּצָךְ,
נִשְׁמַת כָּל חַי וְגַם נַעֲרִיצָךְ, אֱכוֹל בְּשִׂמְחָה כִּי כְבָר רָצָךְ.[11]

---

(1) במדבר א:נב (2) מלכים א ח:נו (3) תהלים קיח:כד (4) בראשית א:לא (5) ב:ב (6) שמות יב:מז
(7) תהלים לו:ט (8) ע"פ שמואל א יד:מא (9) ישעיה כו:ד (10) ע"פ בראשית ב:ג (11) ע"פ קהלת ט:ז

בְּרֹב מַטְעַמִּים וְרוּחַ נְדִיבָה, בְּמִשְׁנֶה לֶחֶם וְקִדּוּשׁ רַבָּה,
בְּבִיאַת גּוֹאֵל לְחַיֵּי הָעוֹלָם הַבָּא. יִזְכּוּ לְרֹב טוּב הַמִּתְעַנְּגִים בָּהּ,

המחבר חתם שמו – מנחם – בראשי החרוזים.

**מַה יְּדִידוּת** מְנוּחָתֵךְ, אַתְּ שַׁבָּת הַמַּלְכָּה,
בְּכֵן נָרוּץ לִקְרָאתֵךְ, בֹּאִי כַלָּה נְסוּכָה,
לְבוּשׁ בִּגְדֵי חֲמוּדוֹת, לְהַדְלִיק נֵר בִּבְרָכָה,
וַתֵּכֶל כָּל הָעֲבוֹדוֹת, לֹא תַעֲשׂוּ מְלָאכָה. לְהִתְעַנֵּג בְּתַעֲנוּגִים, בַּרְבּוּרִים וּשְׂלָיו וְדָגִים.
מֵעֶרֶב מַזְמִינִים, כָּל מִינֵי מַטְעַמִּים, מִבְּעוֹד יוֹם מוּכָנִים, תַּרְנְגוֹלִים מְפֻטָּמִים,
וְלַעֲרוֹךְ כַּמָּה מִינִים, שְׁתוֹת יֵינוֹת מְבֻשָּׂמִים,
וְתַפְנוּקֵי מַעֲדַנִּים, בְּכָל שָׁלֹשׁ פְּעָמִים. לְהִתְעַנֵּג בְּתַעֲנוּגִים, בַּרְבּוּרִים וּשְׂלָיו וְדָגִים.
נַחֲלַת יַעֲקֹב יִירָשׁ, בְּלִי מְצָרִים נַחֲלָה, וִיכַבְּדוּהוּ עָשִׁיר וָרָשׁ, וְתִזְכּוּ לִגְאֻלָּה,
יוֹם שַׁבָּת אִם תִּשְׁמֹרוּ,[1] וִהְיִיתֶם לִי סְגֻלָּה,
שֵׁשֶׁת יָמִים תַּעֲבֹדוּ, וּבַשְּׁבִיעִי נָגִילָה. לְהִתְעַנֵּג בְּתַעֲנוּגִים, בַּרְבּוּרִים וּשְׂלָיו וְדָגִים.
חֲפָצֶיךָ בּוֹ אֲסוּרִים, וְגַם לַחֲשׁוֹב חֶשְׁבּוֹנוֹת, הִרְהוּרִים מֻתָּרִים, וּלְשַׁדֵּךְ הַבָּנוֹת,
וְתִינוֹק לְלַמְּדוֹ סֵפֶר, לַמְנַצֵּחַ בִּנְגִינוֹת, וְלַהֲגוֹת בְּאִמְרֵי שֶׁפֶר, בְּכָל פִּנּוֹת וּמַחֲנוֹת.
לְהִתְעַנֵּג בְּתַעֲנוּגִים, בַּרְבּוּרִים וּשְׂלָיו וְדָגִים.
הִלּוּכָךְ תְּהֵא[2] בְנַחַת, עֹנֶג קְרָא לַשַּׁבָּת, וְהַשֵּׁנָה מְשֻׁבַּחַת, כְּדָת נֶפֶשׁ מְשִׁיבַת,
בְּכֵן נַפְשִׁי לְךָ עָרְגָה, וְלָנוּחַ בְּחִבַּת, כַּשּׁוֹשַׁנִּים סוּגָה, בּוֹ יָנוּחוּ בֵּן וּבַת.
לְהִתְעַנֵּג בְּתַעֲנוּגִים, בַּרְבּוּרִים וּשְׂלָיו וְדָגִים.
מֵעֵין עוֹלָם הַבָּא, יוֹם שַׁבָּת מְנוּחָה, כָּל הַמִּתְעַנְּגִים בָּהּ, יִזְכּוּ לְרֹב שִׂמְחָה,
מֵחֶבְלֵי מָשִׁיחַ, יֻצָּלוּ לִרְוָחָה, פְּדוּתֵנוּ תַצְמִיחַ, וְנָס יָגוֹן וַאֲנָחָה.
לְהִתְעַנֵּג בְּתַעֲנוּגִים, בַּרְבּוּרִים וּשְׂלָיו וְדָגִים.

המחבר חתם שמו – מרדכי בר יצחק [חזק] – בראשי החרוזים.

**מַה יָּפִית** וּמַה נָּעַמְתְּ (אַהֲבָה) בַּתַּעֲנוּגִים, אַתְּ שַׁבָּת מְשׂוֹשׂ נוּגִים, לְךָ[3] בָּשָׂר וְגַם דָּגִים, נְכוֹנִים מִבְּעוֹד יוֹם. מֵעֶרֶב עַד עֶרֶב לֵב חָדִים, בְּבֹא עִתֵּךְ עֵת דּוֹדִים, גִּיל וְשָׂשׂוֹן לַיְּהוּדִים, לִמְצֹא פִדְיוֹם. וְאַתְּ עֹנֶג לְהִתְעַנֵּג בְּמַמְתַּקִּים, בְּתַעֲנוּגוֹת בְּנֵי אָדָם, וְיַיִן כִּי יִתְאַדָּם, וּשְׁאָר מַשְׁקִים.
רְאֵה וְקַדֵּשׁ בְּיוֹם קֹדֶשׁ, עֲלֵי יַיִן זָכְרֵהוּ, וְאִם אַיִן עֲלֵי לֶחֶם בְּצֶבַע, בְּעַיִן יָפָה לְקַדְּשׁוֹ. שָׁמְרֵהוּ כְּהִלְכוֹתָיו מֵעֲבוֹדוֹת, מֵאָבוֹת וְתוֹלָדוֹת, שִׁיר לָאֵל תֵּן לְהוֹדוֹת, זֵכֶר[4] לְקַדְּשׁוֹ. כָּל שׁוֹמֵר יוֹם שַׁבָּת מֵחַלְּלוֹ, מְחוּלָלוֹ יִמְחוֹל מַעֲלוֹ, וּבָא גוֹאֲלוֹ שְׁמוֹ שִׁילֹה, יוּבַל שַׁי לוֹ.
דְּבַר סִמָּן טוֹב לְךָ בְּמָן וְאוֹת דֶּגֶל, סַמְבַּטְיוֹן הַמִּתְגַּלְגֵּל, בְּכָל יוֹם נָח כְּעַם סֶגֶל, יִשְׁבְּתוּ וְיִשְׁקְטוּ. הַטּוֹרְחִים וְלֹא נָחִים עֲדֵי שֵׁשִׁי, וַתְּשַׁלְּחֵם לַחָפְשִׁי, בְּגִדְּי שֵׁשׁ וְגַם מֶשִׁי, לְכַבֵּדְךָ יַעֲטוּ. וַיֹּאמְרוּ בֹּאִי כַלָּה מַה תְּאַחֲרִי, הֵן שֻׁלְחָן וְגַם נֵרֵךְ, עֲרוּכִים כִּי בָא אוֹרֵךְ, קוּמִי אוֹרִי.
כְּבוֹד יהוה עָלַיִךְ כְּאוֹר זָרַח, בְּעֵת יָצַר בְּלִי טֹרַח, קְצוֹת מַעֲרָב וְגַם מִזְרָח, צָפוֹן וְיָמִין. עֶלְיוֹנִים וְתַחְתּוֹנִים בְּמַאֲמָרוֹ, עֲלֵי תֵבֵל שָׂם אוֹרוֹ, וְכַחֲטוֹא יְצִיר לְיוֹצְרוֹ, בִּקְּשׁוֹ לְהַטְמִין. וְאַתְּ חִלִּית פְּנֵי קוֹנֵךְ וְלֹא נִטְמַן, יוֹם אֶחָד לְמוֹצָאָיו, וְאָז נִגְנַז לִירֵאָיו, יַיִן עָסִיס וּמָן.

(1) נ״א תְּכַבְּדוּ (2) נ״א יְהִי (3) נ״א לָךְ (4) נ״א זָכוֹר

יְהִי לְזָכְרֵךְ וּלְשָׁמְרֵךְ וְיִנָּצֵל מִכָּל רָע, וְיִשְׁכּוֹן בְּצֵל עֲצֵי עֵדֶן, וְשָׁם אֵצֶל יְשָׁרִים יִתָּן. סְעוּדוֹתָיו בְּשַׁבְּתוֹתָיו אֲשֶׁר שִׁלֵּשׁ, כְּאִישׁ עָנָו בְּדַת פִּלֵּשׁ, בְּמִקְרָא חַד הַיּוֹם שִׁלֵּשׁ, רָמַז שְׁלָשְׁתָּן. יַעֲלֶה, אִם שְׁלֹשׁ אֵלֶּה יַעֲשֶׂה לָהּ, מֵחֲבָלִים וְגַם צִירִים יֻצַּל, וּבְלִי מְצָרִים יִירַשׁ נַחֲלָה.

בְּרָכוֹת יַעֲטֶה מוֹרֶה בְּרֵאשִׁיתֵךְ, וְיֵשׁ תִּקְוָה לְאַחֲרִיתֵךְ, וְשָׁבוּ בָנִים בְּצֵאתֵךְ, לְהַבְדִּיל יִשָּׂאוּ. כּוֹס רְוָיָה, לְהַלֵּל יָהּ, בְּשִׁיר וָרוֹן, בְּקוֹל נָעִים קְרָא בְגָרוֹן, לְלַוּתֵךְ בְּנִין אַהֲרֹן, בְּשִׁיר יִקְרָאוּ. כְּבוֹד מְלָכִים, וְכָל פְּלָכִים, לְלַוּתָם, הַפַּחוֹת וְהַסְּגָנִים, בִּשְׁבָחוֹת וּבִרְנָנִים, בְּכָל עֵת צֵאתָם.

יִצְוּ חַסְדּוֹ קְדוֹשׁ יַעֲקֹב לֵיל וְיוֹמָם, וְאָז לְוִיִּם עַל מְקוֹמָם, יְנַצְּחוּ שִׁיר אֲשֶׁר זָמָם, בְּכָל מִינֵי זֶמֶר. עֲלֵי עוֹלָה, אֲשֶׁר כְּפוּלָה, בְּיוֹם שַׁבָּת, בְּאַהֲבַת יוֹם בְּרֹב חִבַּת, עִם נְצוֹר כְּאִישׁוֹן בַּת עַיִן נִשְׁמָר. מִי יְפָאֵר גֹּדֶל פְּאֵר הַמַּלְכָּה, מְנָתָהּ אַפַּיִם, הֲלִיכָתָהּ אַלְפַּיִם אַמָּה אָרְכָּהּ.

חַי זְקוּף מָךְ, בְּקוֹרְאֵי שְׁמָךְ, שְׁמַע עֶלְיוֹן, וְאַל תֶּחֱרַשׁ לְרָשׁ וְאֶבְיוֹן, וְקַבֵּל נִיב וְגַם הֶגְיוֹן, לְבָבוֹ נִשְׁפָּל. מְזוֹן אֲרוּחָה, לְיוֹם מְנוּחָה, בְּעֵת יֶחְסַר, יָחֹן בְּפַת דָּג וּבָשָׂר, יֵשֵׁב כְּשַׂר, בְּלִי מַחְסָר, לַחְמוֹ נִכְפָּל. יוֹם שְׁבִיעִי, כְּמֵרוֹעִי, אֲזַי קָשְׁבוּ, בְּרֶדֶת דְּגַן שָׁמַיִם, בְּתֵת לֶחֶם יוֹמַיִם, אִישׁ תַּחְתָּיו שְׁבוּ.

המחבר חתם שמו – יהונתן [חזק] – בראשי החרוזים.

**יוֹם שַׁבָּת** קֹדֶשׁ הוּא, אַשְׁרֵי הָאִישׁ שׁוֹמְרֵהוּ, וְעַל הַיַּיִן זָכְרֵהוּ,
וְאַל יָשִׂים אֶל לִבּוֹ, הַכִּיס רֵק וְאֵין בּוֹ,
יִשְׂמַח וְיִרְוֶה, וְאִם לֹוֶה, הַצּוּר יִפְרַע אֶת חוֹבוֹ.

הַבָּשָׂר יַיִן וְדָגִים, וְאַל יֶחְסַר בְּתַעֲנוּגִים, וְאִם שְׁלָשׁ אֵלֶּה לְפָנָיו צָגִים,
זֶה יִהְיֶה שְׂכָרוֹ, אֲשֶׁר חָפֵץ בִּיקָרוֹ, יוֹסֵף חָצָה דָג, וּמָצָא מַרְגָּלִית בִּבְשָׂרוֹ.

וְאִם שֻׁלְחָן כַּדָּת עָרוּךְ, וּמַלְאַךְ אֵל יַעֲנֶה בָּרוּךְ, זֶה יִהְיֶה זְמַן אָרוּךְ,
וְאוֹיְבָיו יִהְיוּ כְדֹמֶן, וּמַלְאָךְ רַע יַעֲנֶה אָמֵן,
בְּעַל כָּרְחוֹ יְסַפֵּר שִׁבְחוֹ, שְׁמוֹ יַעֲלֶה כְּטוֹב שָׁמֶן.

נָשִׁים נֵרוֹת תַּדְלֵקְנָה, וְחוֹק נִדּוֹת תַּחֲזֵקְנָה, וְהַחַלּוֹת תַּסֵּקְנָה,
יָגֵן בַּעֲדָן זְכוּתָן, יוֹם בֹּא עֵת לֵדָתָן, וְאִם לֹא עָבְרוּ וְנִזְהָרוּ, אֲזַי קְרוֹבָה לֵדָתָן.

תְּנוּ שֶׁבַח וְשִׁירָה, לָאֵל אֲשֶׁר שַׁבָּת בָּרָא, וְלָנוּ בוֹ נָתַן תּוֹרָה,
קָרָא לְמֹשֶׁה מַתָּנָה, בְּבֵית גְּנָזַי הִיא טְמוּנָה,
לֵךְ יָאֲתָה, וְקַח אוֹתָהּ, תְּנָהּ לַעֲדַת מִי מָנָה.

נֶפֶשׁ כִּי נֶאֱנָחָה, בָּא שַׁבָּת בָּא מְנוּחָה, גִּיל וְשָׂשׂוֹן וְשִׂמְחָה,
בֵּרְכוֹ וְקִדְּשׁוֹ בְּמָן, מִלֶּרֶדֶת לְעַם לֹא אַלְמָן,
וְהַשַּׁבָּת נֶפֶשׁ מְשִׁיבַת, בְּפִסַּת בַּר אֲשֶׁר טָמַן.

חֻקּוֹתֶיהָ בְּמָרָה, נִצְטַוּוּ בְּאַזְהָרָה, כַּהֲרָרִים בְּשַׂעֲרָה,
תְּלוּיִם הִלְכוֹתֶיהָ, שׁוֹמְרֵי מִצְוֹתֶיהָ, יִנְחֲלוּ לְיוֹם שֶׁכֻּלּוֹ שַׁבָּת בְּצִבְאוֹתֶיהָ.

זֶה הָאוֹת אֲשֶׁר שָׂם אֵל, בֵּינוֹ וּבֵין בְּנֵי יִשְׂרָאֵל, וּבַשְּׁבִיעִי אֲשֶׁר הוֹאֵל,
סַמְבַּטְיוֹן הַנָּהָר, שֶׁבְּכָל יוֹם רָץ וְנִמְהָר,
יוֹכִיחַ בּוֹ מָנוֹחַ, תָּשִׁיב לְמִין אֲשֶׁר שׁוֹאֵל.

קוֹלֵי קוֹלוֹת יֶחְדָּלוּן, בְּעֵת שִׁירַי יִגְדְּלוּן, כִּי כֻטַּל הֵם יִזְּלוּן,
וְאַל יַשִּׂיגוּ גְבוּלִי, בְּאֹרַח שִׁיר נָפַל חֶבְלִי,
הִתְקוֹשְׁשׁוּ, וְאַל תְּשַׁמְּשׁוּ, בְּנֵזֶר שִׁיר שָׁפְרָה לִי.
הִתְקוֹשְׁשׁוּ, וְאַל תְּשַׁמְּשׁוּ, בְּנֵזֶר שִׁיר שָׁפְרָה לִי.

המחבר חתם שמו – יצחק – בראשי החרוזים.

**יוֹם זֶה לְיִשְׂרָאֵל** אוֹרָה וְשִׂמְחָה, שַׁבַּת מְנוּחָה.

צִוִּיתָ פִּקּוּדִים בְּמַעֲמַד הַר סִינַי, שַׁבָּת וּמוֹעֲדִים לִשְׁמוֹר בְּכָל שָׁנַי,
לַעֲרוֹךְ לְפָנַי מַשְׂאֵת וַאֲרוּחָה, שַׁבַּת מְנוּחָה.
יוֹם זֶה לְיִשְׂרָאֵל אוֹרָה וְשִׂמְחָה, שַׁבַּת מְנוּחָה.

חֶמְדַּת הַלְּבָבוֹת לְאֻמָּה שְׁבוּרָה, לִנְפָשׁוֹת נִכְאָבוֹת נְשָׁמָה יְתֵרָה,
לְנֶפֶשׁ מְצֵרָה תָּסִיר אֲנָחָה, שַׁבַּת מְנוּחָה. יוֹם זֶה לְיִשְׂרָאֵל . . .

קִדַּשְׁתָּ בֵּרַכְתָּ אוֹתוֹ מִכָּל יָמִים, בְּשֵׁשֶׁת כִּלִּיתָ מְלֶאכֶת עוֹלָמִים,
בּוֹ מָצְאוּ עֲגוּמִים הַשְׁקֵט וּבִטְחָה, שַׁבַּת מְנוּחָה. יוֹם זֶה לְיִשְׂרָאֵל . . .

לְאִסּוּר מְלָאכָה, צִוִּיתָנוּ נוֹרָא, אֶזְכֶּה הוֹד מְלוּכָה, אִם שַׁבָּת אֶשְׁמְרָה,
אַקְרִיב שַׁי לַמּוֹרָא, מִנְחָה מֶרְקָחָה, שַׁבַּת מְנוּחָה. יוֹם זֶה לְיִשְׂרָאֵל . . .

חַדֵּשׁ מִקְדָּשֵׁנוּ, זָכְרָה נֶחֱרֶבֶת, טוּבְךָ, מוֹשִׁיעֵנוּ, תְּנָה לַנֶּעֱצֶבֶת,
בְּשַׁבָּת יוֹשֶׁבֶת, בְּזֶמֶר וּשְׁבָחָה, שַׁבַּת מְנוּחָה. יוֹם זֶה לְיִשְׂרָאֵל . . .

זמר להר׳ אבן עזרא, וחתם שמו – אברהם בן עזרא – בראשי החרוזים.

**צָמְאָה נַפְשִׁי** לֵאלֹהִים לְאֵל חָי. לִבִּי וּבְשָׂרִי יְרַנְּנוּ אֶל אֵל חָי. *לִבִּי* . . .
אֵל אֶחָד בְּרָאַנִי, וְאָמַר חַי אָנִי, כִּי לֹא יִרְאַנִי, הָאָדָם וָחָי. *לִבִּי* . . .
בָּרָא כֹל בְּחָכְמָה, בְּעֵצָה וּבִמְזִמָּה, מְאֹד נֶעֱלָמָה, מֵעֵינֵי כָל חָי. *לִבִּי* . . .
רָם עַל כֹּל כְּבוֹדוֹ, וְכָל פֶּה יְחַוֶּה הוֹדוֹ, בָּרוּךְ אֲשֶׁר בְּיָדוֹ, נֶפֶשׁ כָּל חָי. *לִבִּי* . . .
הִבְדִּיל נִינֵי תָם, חֻקִּים לְהוֹרוֹתָם, אֲשֶׁר יַעֲשֶׂה אוֹתָם, הָאָדָם וָחָי. *לִבִּי* . . .
מִי זֶה יִצְטַדָּק, נִמְשַׁל לְאָבָק דָּק, אֱמֶת כִּי לֹא יִצְדַּק, לְפָנֶיךָ כָּל חָי. *לִבִּי* . . .
בְּלֵב יֵצֶר חָשׁוּב, כִּדְמוּת חֲמַת עַכְשׁוּב, וְאֵיכָכָה יָשׁוּב, הַבָּשָׂר הֶחָי. *לִבִּי* . . .
נְסוֹגִים אִם אָבוּ, וּמִדַּרְכָּם שָׁבוּ, טֶרֶם יִשְׁכָּבוּ, בֵּית מוֹעֵד לְכָל חָי. *לִבִּי* . . .
עַל כֹּל אֲהוֹדֶךָ, כָּל פֶּה תְּיַחֲדֶךָ, פּוֹתֵחַ אֶת יָדֶךָ, וּמַשְׂבִּיעַ לְכָל חָי. *לִבִּי* . . .
זְכוֹר אַהֲבַת קְדוּמִים, וְהַחֲיֵה נִרְדָּמִים, וְקָרֵב הַיָּמִים, אֲשֶׁר בֶּן יִשַׁי חָי. *לִבִּי* . . .
רְאֵה לִגְבֶרֶת אֱמֶת, שִׁפְחָה נוֹאֶמֶת, לֹא כִּי בְּנֵךְ הַמֵּת, וּבְנִי הֶחָי. *לִבִּי* . . .
(הֲלֹא חֶלְקְךָ מֵרֹאשׁ, חָלָק דָּמוֹ דְּרוֹשׁ, שְׁפוֹךְ אַף עַל רֹאשׁ, הַשָּׂעִיר הֶחָי. *לִבִּי* . . .)
אֶקֹּד עַל אַפִּי, וְאֶפְרֹשׂ לְךָ כַּפִּי, עֵת כִּי אֶפְתַּח פִּי, בְּנִשְׁמַת כָּל חָי. *לִבִּי* . . .

המחבר חתם שמו – ישראל – בראשי החרוזים. והוא ר׳ ישראל בן משה נג׳ארא.

**יָהּ רִבּוֹן** עָלַם וְעָלְמַיָּא, אַנְתְּ הוּא מַלְכָּא מֶלֶךְ מַלְכַיָּא,
עוֹבַד גְּבוּרְתֵּךְ וְתִמְהַיָּא, שְׁפַר קֳדָמָךְ לְהַחֲוָיָה.
יָהּ רִבּוֹן עָלַם וְעָלְמַיָּא, אַנְתְּ הוּא מַלְכָּא מֶלֶךְ מַלְכַיָּא.
שְׁבָחִין אֲסַדֵּר צַפְרָא וְרַמְשָׁא, לָךְ אֱלָהָא קַדִּישָׁא, דִּי בְרָא כָּל נַפְשָׁא,
עִירִין קַדִּישִׁין וּבְנֵי אֱנָשָׁא, חֵיוַת בְּרָא וְעוֹפֵי שְׁמַיָּא.
יָהּ רִבּוֹן עָלַם וְעָלְמַיָּא, אַנְתְּ הוּא מַלְכָּא מֶלֶךְ מַלְכַיָּא.

רַבְרְבִין עוֹבְדֵיךְ וְתַקִּיפִין, מָכִיךְ רְמַיָּא וְזַקִּיף כְּפִיפִין,
לוּ יִחְיֶה גְבַר שְׁנִין אַלְפִין, לָא יֵעוֹל גְּבוּרְתֵּךְ בְּחֻשְׁבְּנַיָּא.
יָהּ רִבּוֹן עָלַם וְעָלְמַיָּא, אַנְתְּ הוּא מַלְכָּא מֶלֶךְ מַלְכַיָּא.
אֱלָהָא דִּי לֵהּ יְקַר וּרְבוּתָא, פְּרוֹק יַת עָנָךְ מִפּוּם אַרְיְוָתָא,
וְאַפֵּיק יַת עַמֵּךְ מִגּוֹ גָלוּתָא, עַמֵּךְ דִּי בְחַרְתְּ מִכָּל אֻמַּיָּא.
יָהּ רִבּוֹן עָלַם וְעָלְמַיָּא, אַנְתְּ הוּא מַלְכָּא מֶלֶךְ מַלְכַיָּא.
לְמִקְדָּשֵׁךְ תּוּב וּלְקֹדֶשׁ קֻדְשִׁין, אֲתַר דִּי בֵהּ יֶחֱדוּן רוּחִין וְנַפְשִׁין,
וִיזַמְּרוּן לָךְ שִׁירִין וְרַחֲשִׁין, בִּירוּשְׁלֵם קַרְתָּא דְשׁוּפְרַיָּא.
יָהּ רִבּוֹן עָלַם וְעָלְמַיָּא, אַנְתְּ הוּא מַלְכָּא מֶלֶךְ מַלְכַיָּא.

זמר לר' אהרן מקארלין, וחתם שם הוי"ה בר"ת הראשונות של הד' חרוזים,
ובר"ת שניות חתם שמו, ובר"ת שלישיות חתם אותיות נשמה.

**יָהּ אֶכְסוֹף** נֹעַם שַׁבָּת הַמַּתְאֶמֶת וּמִתְאַחֶדֶת בִּסְגֻלָּתֶךָ, מְשׁוֹךְ נֹעַם יִרְאָתְךָ
לְעַם מְבַקְשֵׁי רְצוֹנֶךָ, קַדְּשֵׁם בִּקְדֻשַּׁת הַשַּׁבָּת הַמִּתְאַחֶדֶת
בְּתוֹרָתֶךָ, פְּתַח לָהֶם נֹעַם וְרָצוֹן לִפְתֹּחַ שַׁעֲרֵי רְצוֹנֶךָ.
יָהּ אֶכְסוֹף נֹעַם שַׁבָּת הַמַּתְאֶמֶת וּמִתְאַחֶדֶת בִּסְגֻלָּתֶךָ.

הָיָה הֹוֶה שְׁמוֹר שׁוֹמְרֵי וּמְצַפִּים שַׁבָּת קָדְשֶׁךָ, כְּאַיָּל תַּעֲרֹג עַל אֲפִיקֵי מָיִם
נַפְשָׁם תַּעֲרֹג לְקַבֵּל נֹעַם (קְדֻשַּׁת) שַׁבָּת הַמִּתְאַחֶדֶת בְּשֵׁם קָדְשֶׁךָ, הַצֵּל מְאַחֲרֵי
לִפְרֹשׁ מִן הַשַּׁבָּת לְבִלְתִּי תִהְיֶה סָגוּר מֵהֶם שֵׁשֶׁת יָמִים הַמְקַבְּלִים קְדֻשָּׁה
מִשַּׁבַּת קָדְשֶׁךָ, וְטַהֵר לִבָּם בֶּאֱמֶת וּבֶאֱמוּנָה לְעָבְדֶךָ.
יָהּ אֶכְסוֹף נֹעַם שַׁבָּת הַמַּתְאֶמֶת וּמִתְאַחֶדֶת בִּסְגֻלָּתֶךָ.

וְיֶהֱמוּ רַחֲמֶיךָ מִתְגּוֹלְלִים עַל מְדוֹתֶיךָ, וְיִהְיוּ רַחֲמֶיךָ מִתְגּוֹלְלִים עַל עַם קָדְשֶׁךָ,
לְהַשְׁקוֹת צְמֵאֵי חַסְדֶּךָ מִנָּהָר הַיּוֹצֵא מֵעֵדֶן, לְעַטֵּר אֶת יִשְׂרָאֵל בְּתִפְאֶרֶת,
הַמְּפָאֲרִים אוֹתְךָ (בְּיוֹם שַׁבָּת) עַל יְדֵי שַׁבַּת קָדְשֶׁךָ, כָּל שִׁשָּׁה יָמִים לְהַנְחִילָם
נַחֲלַת יַעֲקֹב בְּחִירֶךָ. יָהּ אֶכְסוֹף נֹעַם שַׁבָּת הַמַּתְאֶמֶת וּמִתְאַחֶדֶת בִּסְגֻלָּתֶךָ.

הַשַּׁבָּת נֹעַם הַנְּשָׁמוֹת וְהַשְּׁבִיעִי עֹנֶג הָרוּחוֹת וְעֵדֶן הַנְּפָשׁוֹת לְהִתְעַדֵּן בְּאַהֲבָתְךָ
וּבְיִרְאָתֶךָ (וְיִרְאָתֶךָ), שַׁבָּת קֹדֶשׁ נַפְשִׁי חוֹלַת אַהֲבָתֶךָ, שַׁבָּת קֹדֶשׁ נַפְשׁוֹת
יִשְׂרָאֵל בְּצֵל כְּנָפֶיךָ יֶחֱסָיוּן, יִרְוְיֻן מִדֶּשֶׁן בֵּיתֶךָ.
יָהּ אֶכְסוֹף נֹעַם שַׁבָּת הַמַּתְאֶמֶת וּמִתְאַחֶדֶת בִּסְגֻלָּתֶךָ.

הזמר הזה (שם המחבר אינו ידוע) פתיחה הוא לברכת המזון ואינו מדבר כלל מענייני שבת.

**צוּר מִשֶּׁלּוֹ** אָכַלְנוּ, בָּרְכוּ אֱמוּנַי, שָׂבַעְנוּ וְהוֹתַרְנוּ, כִּדְבַר יהוה.

הַזָּן אֶת עוֹלָמוֹ, רוֹעֵנוּ אָבִינוּ, אָכַלְנוּ אֶת לַחְמוֹ, וְיֵינוֹ שָׁתִינוּ,
עַל כֵּן נוֹדֶה לִשְׁמוֹ, וּנְהַלְּלוֹ בְּפִינוּ, אָמַרְנוּ וְעָנִינוּ אֵין קָדוֹשׁ כַּיהוה.
צוּר מִשֶּׁלּוֹ אָכַלְנוּ, בָּרְכוּ אֱמוּנַי, שָׂבַעְנוּ וְהוֹתַרְנוּ, כִּדְבַר יהוה.
בְּשִׁיר וְקוֹל תּוֹדָה, נְבָרֵךְ לֵאלֹהֵינוּ, עַל אֶרֶץ חֶמְדָּה טוֹבָה שֶׁהִנְחִיל לַאֲבוֹתֵינוּ,
מָזוֹן וְצֵדָה, הִשְׂבִּיעַ לְנַפְשֵׁנוּ, חַסְדּוֹ גָּבַר עָלֵינוּ וֶאֱמֶת יהוה.
צוּר מִשֶּׁלּוֹ אָכַלְנוּ, בָּרְכוּ אֱמוּנַי, שָׂבַעְנוּ וְהוֹתַרְנוּ, כִּדְבַר יהוה.
רַחֵם בְּחַסְדֶּךָ, עַל עַמְּךָ, צוּרֵנוּ, עַל צִיּוֹן מִשְׁכַּן כְּבוֹדֶךָ, זְבוּל בֵּית תִּפְאַרְתֵּנוּ,
בֶּן דָּוִד עַבְדֶּךָ, יָבֹא וְיִגְאָלֵנוּ, רוּחַ אַפֵּינוּ מְשִׁיחַ יהוה.
צוּר מִשֶּׁלּוֹ אָכַלְנוּ, בָּרְכוּ אֱמוּנַי, שָׂבַעְנוּ וְהוֹתַרְנוּ, כִּדְבַר יהוה.

יִבָּנֶה הַמִּקְדָּשׁ, עִיר צִיּוֹן תְּמַלֵּא, וְשָׁם נָשִׁיר שִׁיר חָדָשׁ, וּבִרְנָנָה נַעֲלֶה,
הָרַחֲמָן הַנִּקְדָּשׁ, יִתְבָּרַךְ וְיִתְעַלֶּה, עַל כּוֹס יַיִן מָלֵא כְּבִרְכַּת יהוה.
צוּר מִשֶּׁלּוֹ אָכַלְנוּ, בָּרְכוּ אֱמוּנַי, שָׂבַעְנוּ וְהוֹתַרְנוּ, כִּדְבַר יהוה.

שיר לכבוד התנא רבי שמעון בר יוחאי. המחבר, מגדולי המערב, חתם שמו – שמעון (אבן) לביא – בראשי החרוזים.
יש שמזמרים שיר זה בל״ג בעומר, ויש שמזמרים אותו בכל שבת ושבת של ימי הספירה.

**בַּר יוֹחַאי** נִמְשַׁחְתָּ אַשְׁרֶיךָ, שֶׁמֶן שָׂשׂוֹן מֵחֲבֵרֶיךָ.

**בַּר יוֹחַאי** שֶׁמֶן מִשְׁחַת קֹדֶשׁ, נִמְשַׁחְתָּ מִמִּדַּת הַקֹּדֶשׁ,
נָשָׂאתָ צִיץ נֵזֶר הַקֹּדֶשׁ, חָבוּשׁ עַל רֹאשְׁךָ פְּאֵרֶךָ.
בַּר יוֹחַאי נִמְשַׁחְתָּ אַשְׁרֶיךָ, שֶׁמֶן שָׂשׂוֹן מֵחֲבֵרֶיךָ.

**בַּר יוֹחַאי** מוֹשַׁב טוֹב יָשַׁבְתָּ, יוֹם נַסְתָּ יוֹם אֲשֶׁר בָּרַחְתָּ,
בִּמְעָרַת צוּרִים שֶׁעָמַדְתָּ, שָׁם קָנִיתָ הוֹדְךָ וַהֲדָרֶךָ.
בַּר יוֹחַאי נִמְשַׁחְתָּ אַשְׁרֶיךָ, שֶׁמֶן שָׂשׂוֹן מֵחֲבֵרֶיךָ.

**בַּר יוֹחַאי** עֲצֵי שִׁטִּים עוֹמְדִים, לִמּוּדֵי יהוה הֵם לוֹמְדִים,
אוֹר מֻפְלָא אוֹר הַיְּקוֹד הֵם יוֹקְדִים, הֲלֹא הֵמָּה יוֹרוּךָ מוֹרֶיךָ.
בַּר יוֹחַאי נִמְשַׁחְתָּ אַשְׁרֶיךָ, שֶׁמֶן שָׂשׂוֹן מֵחֲבֵרֶיךָ.

**בַּר יוֹחַאי** וְלִשְׂדֵה תַפּוּחִים, עָלִיתָ לִלְקוֹט בּוֹ מֶרְקָחִים,
סוֹד תּוֹרָה בְּצִיצִים וּפְרָחִים, נַעֲשֶׂה אָדָם נֶאֱמַר בַּעֲבוּרֶךָ.
בַּר יוֹחַאי נִמְשַׁחְתָּ אַשְׁרֶיךָ, שֶׁמֶן שָׂשׂוֹן מֵחֲבֵרֶיךָ.

**בַּר יוֹחַאי** נֶאֱזַרְתָּ בִגְבוּרָה, וּבְמִלְחֶמֶת אֵשׁ דָּת הַשַּׁעְרָה,
וְחֶרֶב הוֹצֵאתָ מִתַּעְרָהּ, שָׁלַפְתָּ נֶגֶד צוֹרְרֶיךָ.
בַּר יוֹחַאי נִמְשַׁחְתָּ אַשְׁרֶיךָ, שֶׁמֶן שָׂשׂוֹן מֵחֲבֵרֶיךָ.

**בַּר יוֹחַאי** לִמְקוֹם אַבְנֵי שַׁיִשׁ, הִגַּעְתָּ וּפְנֵי אַרְיֵה לַיִשׁ,
גַּם גֻּלַּת כּוֹתֶרֶת עַל עַיִשׁ, תָּשׁוּרִי וּמִי יְשׁוּרֶךָ.
בַּר יוֹחַאי נִמְשַׁחְתָּ אַשְׁרֶיךָ, שֶׁמֶן שָׂשׂוֹן מֵחֲבֵרֶיךָ.

**בַּר יוֹחַאי** בְּקֹדֶשׁ הַקֳּדָשִׁים, קַו יָרֹק מְחַדֵּשׁ חֳדָשִׁים,
שֶׁבַע שַׁבָּתוֹת סוֹד חֲמִשִּׁים, קָשַׁרְתָּ קִשְׁרֵי שִׁי״ן קְשָׁרֶיךָ.
בַּר יוֹחַאי נִמְשַׁחְתָּ אַשְׁרֶיךָ, שֶׁמֶן שָׂשׂוֹן מֵחֲבֵרֶיךָ.

**בַּר יוֹחַאי** יוּ״ד חָכְמָה קְדוּמָה, הִשְׁקַפְתָּ לִכְבוּדָּה פְּנִימָה,
ל״ב נְתִיבוֹת רֵאשִׁית תְּרוּמָה, אַתְּ כְּרוּב מִמְשַׁח זִיו אוֹרֶךָ.
בַּר יוֹחַאי נִמְשַׁחְתָּ אַשְׁרֶיךָ, שֶׁמֶן שָׂשׂוֹן מֵחֲבֵרֶיךָ.

**בַּר יוֹחַאי** אוֹר מֻפְלָא רוּם מַעְלָה, יָרֵאתָ מִלְּהַבִּיט כִּי רַב לָהּ,
תַּעֲלוּמָה וְאַיִן קוֹרֵא לָהּ, נַמְתָּ עַיִן לֹא תְשׁוּרֶךָ.
בַּר יוֹחַאי נִמְשַׁחְתָּ אַשְׁרֶיךָ, שֶׁמֶן שָׂשׂוֹן מֵחֲבֵרֶיךָ.

**בַּר יוֹחַאי** אַשְׁרֵי יוֹלַדְתֶּךָ, אַשְׁרֵי הָעָם הֵם לוֹמְדֶיךָ,
וְאַשְׁרֵי הָעוֹמְדִים עַל סוֹדֶךָ, לְבוּשֵׁי חֹשֶׁן תֻּמֶּיךָ וְאוּרֶיךָ.
בַּר יוֹחַאי נִמְשַׁחְתָּ אַשְׁרֶיךָ, שֶׁמֶן שָׂשׂוֹן מֵחֲבֵרֶיךָ.

בשעת נטילת ידים במים אחרונים:

יְדֵי אַסְחֵי אֲנָא, לְגַבֵּי חַד מָנָא, לְסִטְרָא חוֹרִינָא, דְּלֵית בַּהּ מַמָּשָׁא.
אֲזַמֵּן בִּתְלָתָא, עַל כַּסָּא דְבִרְכָתָא, לְעִלַּת עִלָּתָא, עַתִּיקָא קַדִּישָׁא.

[ברכת המזון תמצא לעיל עמ׳ 89.]

אומרים „מַה טֹּבוּ" (עמ' 9) עד קדיש דרבנן (עמ' 26).

# פסוקי דזמרה לשבת ויום טוב

אין אומרים הזמירות במרוצה כי אם בנחת (או"ח סי' נא ס"ח) שלא ידלג שום תיבה ולא יבליעם אלא יוציא מפיו כאילו מונה מעות (מ"ב ס"ק כ). [אם איחר לבית הכנסת וצריך לדלג כדי להתחיל שמונה עשרה עם הציבור, עיין הלכות בסוף הסידור סע' מא-מג.]

דברי הימים א טז:ח-לו

**הוֹדוּ** לַיהוה קִרְאוּ בִשְׁמוֹ, הוֹדִיעוּ בָעַמִּים עֲלִילֹתָיו. שִׁירוּ לוֹ, זַמְּרוּ לוֹ, שִׂיחוּ בְּכָל נִפְלְאֹתָיו. הִתְהַלְלוּ בְּשֵׁם קָדְשׁוֹ, יִשְׂמַח לֵב מְבַקְשֵׁי יהוה. דִּרְשׁוּ יהוה וְעֻזּוֹ, בַּקְּשׁוּ פָנָיו תָּמִיד. זִכְרוּ נִפְלְאֹתָיו אֲשֶׁר עָשָׂה, מֹפְתָיו וּמִשְׁפְּטֵי פִיהוּ. זֶרַע יִשְׂרָאֵל עַבְדּוֹ, בְּנֵי יַעֲקֹב בְּחִירָיו. הוּא יהוה אֱלֹהֵינוּ, בְּכָל הָאָרֶץ מִשְׁפָּטָיו. זִכְרוּ לְעוֹלָם בְּרִיתוֹ, דָּבָר צִוָּה לְאֶלֶף דּוֹר. אֲשֶׁר כָּרַת אֶת אַבְרָהָם, וּשְׁבוּעָתוֹ לְיִצְחָק. וַיַּעֲמִידֶהָ לְיַעֲקֹב לְחֹק, לְיִשְׂרָאֵל בְּרִית עוֹלָם. לֵאמֹר, לְךָ אֶתֵּן אֶרֶץ כְּנָעַן, חֶבֶל נַחֲלַתְכֶם. בִּהְיוֹתְכֶם מְתֵי מִסְפָּר, כִּמְעַט וְגָרִים בָּהּ. וַיִּתְהַלְּכוּ מִגּוֹי אֶל גּוֹי, וּמִמַּמְלָכָה אֶל עַם אַחֵר. לֹא הִנִּיחַ לְאִישׁ לְעָשְׁקָם, וַיּוֹכַח עֲלֵיהֶם מְלָכִים. אַל תִּגְּעוּ בִּמְשִׁיחָי, וּבִנְבִיאַי אַל תָּרֵעוּ. שִׁירוּ לַיהוה כָּל הָאָרֶץ, בַּשְּׂרוּ מִיּוֹם אֶל יוֹם יְשׁוּעָתוֹ. סַפְּרוּ בַגּוֹיִם אֶת כְּבוֹדוֹ, בְּכָל הָעַמִּים נִפְלְאוֹתָיו. כִּי גָדוֹל יהוה וּמְהֻלָּל מְאֹד, וְנוֹרָא הוּא עַל כָּל אֱלֹהִים. ❖ כִּי כָּל אֱלֹהֵי הָעַמִּים אֱלִילִים, (יפסיק מעט) וַיהוה שָׁמַיִם עָשָׂה.

הוֹד וְהָדָר לְפָנָיו, עֹז וְחֶדְוָה בִּמְקֹמוֹ. הָבוּ לַיהוה מִשְׁפְּחוֹת עַמִּים, הָבוּ לַיהוה כָּבוֹד וָעֹז. הָבוּ לַיהוה כְּבוֹד שְׁמוֹ, שְׂאוּ מִנְחָה וּבֹאוּ לְפָנָיו, הִשְׁתַּחֲווּ לַיהוה בְּהַדְרַת קֹדֶשׁ. חִילוּ מִלְּפָנָיו כָּל הָאָרֶץ, אַף תִּכּוֹן תֵּבֵל בַּל תִּמּוֹט. יִשְׂמְחוּ הַשָּׁמַיִם וְתָגֵל הָאָרֶץ, וְיֹאמְרוּ בַגּוֹיִם, יהוה מָלָךְ. יִרְעַם הַיָּם וּמְלוֹאוֹ, יַעֲלֹץ הַשָּׂדֶה וְכָל אֲשֶׁר בּוֹ. אָז יְרַנְּנוּ עֲצֵי הַיָּעַר, מִלִּפְנֵי יהוה, כִּי בָא לִשְׁפּוֹט אֶת הָאָרֶץ. הוֹדוּ לַיהוה כִּי טוֹב, כִּי לְעוֹלָם חַסְדּוֹ. וְאִמְרוּ הוֹשִׁיעֵנוּ אֱלֹהֵי יִשְׁעֵנוּ, וְקַבְּצֵנוּ וְהַצִּילֵנוּ מִן הַגּוֹיִם, לְהֹדוֹת לְשֵׁם קָדְשֶׁךָ, לְהִשְׁתַּבֵּחַ בִּתְהִלָּתֶךָ. בָּרוּךְ יהוה אֱלֹהֵי יִשְׂרָאֵל מִן הָעוֹלָם וְעַד הָעֹלָם, וַיֹּאמְרוּ כָל הָעָם, אָמֵן, וְהַלֵּל לַיהוה. ❖ רוֹמְמוּ יהוה אֱלֹהֵינוּ, וְהִשְׁתַּחֲווּ לַהֲדֹם רַגְלָיו, קָדוֹשׁ הוּא.[1] רוֹמְמוּ יהוה אֱלֹהֵינוּ, וְהִשְׁתַּחֲווּ לְהַר קָדְשׁוֹ, כִּי קָדוֹשׁ יהוה אֱלֹהֵינוּ.[2]

וְהוּא רַחוּם יְכַפֵּר עָוֹן וְלֹא יַשְׁחִית, וְהִרְבָּה לְהָשִׁיב אַפּוֹ, וְלֹא יָעִיר כָּל חֲמָתוֹ.[3] אַתָּה יהוה, לֹא תִכְלָא רַחֲמֶיךָ מִמֶּנִּי, חַסְדְּךָ וַאֲמִתְּךָ

(1) תהלים צט:ה (2) צט:ט (3) עח:לח

תָּמִיד יְצָּרְוּנִי.[1] זְכֹר רַחֲמֶיךָ יהוה וַחֲסָדֶיךָ, כִּי מֵעוֹלָם הֵמָּה.[2] תְּנוּ עֹז לֵאלֹהִים, עַל יִשְׂרָאֵל גַּאֲוָתוֹ, וְעֻזּוֹ בַּשְּׁחָקִים. נוֹרָא אֱלֹהִים מִמִּקְדָּשֶׁיךָ, אֵל יִשְׂרָאֵל הוּא נֹתֵן עֹז וְתַעֲצֻמוֹת לָעָם, בָּרוּךְ אֱלֹהִים.[3] אֵל נְקָמוֹת יהוה, אֵל נְקָמוֹת הוֹפִיעַ. הִנָּשֵׂא שֹׁפֵט הָאָרֶץ, הָשֵׁב גְּמוּל עַל גֵּאִים.[4] לַיהוה הַיְשׁוּעָה, עַל עַמְּךָ בִרְכָתֶךָ סֶּלָה.[5] ❖ יהוה צְבָאוֹת עִמָּנוּ, מִשְׂגָּב לָנוּ אֱלֹהֵי יַעֲקֹב סֶלָה.[6] יהוה צְבָאוֹת, אַשְׁרֵי אָדָם בֹּטֵחַ בָּךְ.[7] יהוה הוֹשִׁיעָה, הַמֶּלֶךְ יַעֲנֵנוּ בְיוֹם קָרְאֵנוּ.[8]

הוֹשִׁיעָה אֶת עַמֶּךָ, וּבָרֵךְ אֶת נַחֲלָתֶךָ, וּרְעֵם וְנַשְּׂאֵם עַד הָעוֹלָם.[9] נַפְשֵׁנוּ חִכְּתָה לַיהוה, עֶזְרֵנוּ וּמָגִנֵּנוּ הוּא. כִּי בוֹ יִשְׂמַח לִבֵּנוּ, כִּי בְשֵׁם קָדְשׁוֹ בָטָחְנוּ. יְהִי חַסְדְּךָ יהוה עָלֵינוּ, כַּאֲשֶׁר יִחַלְנוּ לָךְ.[10] הַרְאֵנוּ יהוה חַסְדֶּךָ, וְיֶשְׁעֲךָ תִּתֶּן לָנוּ.[11] קוּמָה עֶזְרָתָה לָּנוּ, וּפְדֵנוּ לְמַעַן חַסְדֶּךָ.[12] אָנֹכִי יהוה אֱלֹהֶיךָ הַמַּעַלְךָ מֵאֶרֶץ מִצְרָיִם, הַרְחֶב פִּיךָ וַאֲמַלְאֵהוּ.[13] אַשְׁרֵי הָעָם שֶׁכָּכָה לּוֹ, אַשְׁרֵי הָעָם שֶׁיהוה אֱלֹהָיו.[14] ❖ וַאֲנִי בְּחַסְדְּךָ בָטַחְתִּי, יָגֵל לִבִּי בִּישׁוּעָתֶךָ, אָשִׁירָה לַיהוה, כִּי גָמַל עָלָי.[15]

תהלים ל

**מִזְמוֹר** שִׁיר חֲנֻכַּת הַבַּיִת לְדָוִד. אֲרוֹמִמְךָ יהוה כִּי דִלִּיתָנִי, וְלֹא שִׂמַּחְתָּ אֹיְבַי לִי. יהוה אֱלֹהָי, שִׁוַּעְתִּי אֵלֶיךָ וַתִּרְפָּאֵנִי. יהוה, הֶעֱלִיתָ מִן שְׁאוֹל נַפְשִׁי, חִיִּיתַנִי מִיָּרְדִי בוֹר. זַמְּרוּ לַיהוה חֲסִידָיו, וְהוֹדוּ לְזֵכֶר קָדְשׁוֹ. כִּי רֶגַע בְּאַפּוֹ, חַיִּים בִּרְצוֹנוֹ, בָּעֶרֶב יָלִין בֶּכִי וְלַבֹּקֶר רִנָּה. וַאֲנִי אָמַרְתִּי בְשַׁלְוִי, בַּל אֶמּוֹט לְעוֹלָם. יהוה, בִּרְצוֹנְךָ הֶעֱמַדְתָּה לְהַרְרִי עֹז, הִסְתַּרְתָּ פָנֶיךָ הָיִיתִי נִבְהָל. אֵלֶיךָ יהוה אֶקְרָא, וְאֶל אֲדֹנָי אֶתְחַנָּן. מַה בֶּצַע בְּדָמִי, בְּרִדְתִּי אֶל שָׁחַת, הֲיוֹדְךָ עָפָר, הֲיַגִּיד אֲמִתֶּךָ. שְׁמַע יהוה וְחָנֵּנִי, יהוה הֱיֵה עֹזֵר לִי. ❖ הָפַכְתָּ מִסְפְּדִי לְמָחוֹל לִי, פִּתַּחְתָּ שַׂקִּי, וַתְּאַזְּרֵנִי שִׂמְחָה. לְמַעַן יְזַמֶּרְךָ כָבוֹד וְלֹא יִדֹּם, יהוה אֱלֹהַי לְעוֹלָם אוֹדֶךָּ.

פסוקים אלו (עד „וּשְׁמוֹ אֶחָד") אומרים בעמידה:

**יהוה** מֶלֶךְ,[16] יהוה מָלָךְ,[17] יהוה יִמְלֹךְ לְעֹלָם וָעֶד.[18] יהוה מֶלֶךְ, יהוה מָלָךְ, יהוה יִמְלֹךְ לְעֹלָם וָעֶד. וְהָיָה יהוה לְמֶלֶךְ עַל כָּל הָאָרֶץ, בַּיּוֹם הַהוּא יִהְיֶה יהוה אֶחָד וּשְׁמוֹ אֶחָד.[19]

**הוֹשִׁיעֵנוּ** יהוה אֱלֹהֵינוּ, וְקַבְּצֵנוּ מִן הַגּוֹיִם, לְהוֹדוֹת לְשֵׁם קָדְשֶׁךָ, לְהִשְׁתַּבֵּחַ בִּתְהִלָּתֶךָ. ❖ בָּרוּךְ יהוה אֱלֹהֵי יִשְׂרָאֵל מִן הָעוֹלָם וְעַד הָעוֹלָם, וְאָמַר כָּל הָעָם: אָמֵן, הַלְלוּיָהּ.[20] כֹּל הַנְּשָׁמָה תְּהַלֵּל יָהּ, הַלְלוּיָהּ.[21]

---

(1) תהלים מ:יב (2) כה:ו (3) סח:לה-לו (4) צד:א-ב (5) ג:ט (6) מו:ח (7) פד:יג (8) כ:י (9) כח:ט (10) לג:כ-כב (11) פה:ח (12) מד:כז (13) פא:יא (14) קמד:טו (15) יג:ו (16) י:טז (17) צג:א ועוד (18) שמות טו:יח (19) זכריה יד:ט (20) תהלים קו:מז-מח (21) קנ:ו

תהלים יט

**לַמְנַצֵּחַ** מִזְמוֹר לְדָוִד. הַשָּׁמַיִם מְסַפְּרִים כְּבוֹד אֵל, וּמַעֲשֵׂה יָדָיו מַגִּיד הָרָקִיעַ. יוֹם לְיוֹם יַבִּיעַ אֹמֶר, וְלַיְלָה לְּלַיְלָה יְחַוֶּה דָּעַת. אֵין אֹמֶר וְאֵין דְּבָרִים, בְּלִי נִשְׁמָע קוֹלָם. בְּכָל הָאָרֶץ יָצָא קַוָּם, וּבִקְצֵה תֵבֵל מִלֵּיהֶם, לַשֶּׁמֶשׁ שָׂם אֹהֶל בָּהֶם. וְהוּא כְּחָתָן יֹצֵא מֵחֻפָּתוֹ, יָשִׂישׂ כְּגִבּוֹר לָרוּץ אֹרַח. מִקְצֵה הַשָּׁמַיִם מוֹצָאוֹ, וּתְקוּפָתוֹ עַל קְצוֹתָם; וְאֵין נִסְתָּר מֵחַמָּתוֹ. תּוֹרַת יהוה תְּמִימָה, מְשִׁיבַת נָפֶשׁ; עֵדוּת יהוה נֶאֱמָנָה, מַחְכִּימַת פֶּתִי. פִּקּוּדֵי יהוה יְשָׁרִים, מְשַׂמְּחֵי לֵב; מִצְוַת יהוה בָּרָה, מְאִירַת עֵינָיִם. יִרְאַת יהוה טְהוֹרָה, עוֹמֶדֶת לָעַד; מִשְׁפְּטֵי יהוה אֱמֶת, צָדְקוּ יַחְדָּו. הַנֶּחֱמָדִים מִזָּהָב וּמִפַּז רָב, וּמְתוּקִים מִדְּבַשׁ וְנֹפֶת צוּפִים. גַּם עַבְדְּךָ נִזְהָר בָּהֶם, בְּשָׁמְרָם עֵקֶב רָב. שְׁגִיאוֹת מִי יָבִין, מִנִּסְתָּרוֹת נַקֵּנִי. גַּם מִזֵּדִים חֲשֹׂךְ עַבְדֶּךָ, אַל יִמְשְׁלוּ בִי, אָז אֵיתָם, וְנִקֵּיתִי מִפֶּשַׁע רָב. ◆ יִהְיוּ לְרָצוֹן אִמְרֵי פִי, וְהֶגְיוֹן לִבִּי לְפָנֶיךָ, יהוה צוּרִי וְגֹאֲלִי.

תהלים לג

**רַנְּנוּ** צַדִּיקִים בַּיהוה, לַיְשָׁרִים נָאוָה תְהִלָּה. הוֹדוּ לַיהוה בְּכִנּוֹר, בְּנֵבֶל עָשׂוֹר זַמְּרוּ לוֹ. שִׁירוּ לוֹ שִׁיר חָדָשׁ, הֵיטִיבוּ נַגֵּן בִּתְרוּעָה. כִּי יָשָׁר דְּבַר יהוה, וְכָל מַעֲשֵׂהוּ בֶּאֱמוּנָה. אֹהֵב צְדָקָה וּמִשְׁפָּט, חֶסֶד יהוה מָלְאָה הָאָרֶץ. בִּדְבַר יהוה שָׁמַיִם נַעֲשׂוּ, וּבְרוּחַ פִּיו כָּל צְבָאָם. כֹּנֵס כַּנֵּד מֵי הַיָּם, נֹתֵן בְּאוֹצָרוֹת תְּהוֹמוֹת. יִירְאוּ מֵיהוה כָּל הָאָרֶץ, מִמֶּנּוּ יָגוּרוּ כָּל יֹשְׁבֵי תֵבֵל. כִּי הוּא אָמַר וַיֶּהִי, הוּא צִוָּה וַיַּעֲמֹד. יהוה הֵפִיר עֲצַת גּוֹיִם, הֵנִיא מַחְשְׁבוֹת עַמִּים. עֲצַת יהוה לְעוֹלָם תַּעֲמֹד, מַחְשְׁבוֹת לִבּוֹ לְדֹר וָדֹר. אַשְׁרֵי הַגּוֹי אֲשֶׁר יהוה אֱלֹהָיו, הָעָם בָּחַר לְנַחֲלָה לוֹ. מִשָּׁמַיִם הִבִּיט יהוה, רָאָה אֶת כָּל בְּנֵי הָאָדָם. מִמְּכוֹן שִׁבְתּוֹ

הַשְׁגִּיחַ, אֶל כָּל יֹשְׁבֵי הָאָרֶץ. הַיֹּצֵר יַחַד לִבָּם, הַמֵּבִין אֶל כָּל מַעֲשֵׂיהֶם. אֵין הַמֶּלֶךְ נוֹשָׁע בְּרָב חָיִל, גִּבּוֹר לֹא יִנָּצֵל בְּרָב כֹּחַ. שֶׁקֶר הַסּוּס לִתְשׁוּעָה, וּבְרֹב חֵילוֹ לֹא יְמַלֵּט. הִנֵּה עֵין יהוה אֶל יְרֵאָיו, לַמְּיַחֲלִים לְחַסְדּוֹ. לְהַצִּיל מִמָּוֶת נַפְשָׁם, וּלְחַיּוֹתָם בָּרָעָב. ❖ נַפְשֵׁנוּ חִכְּתָה לַיהוה, עֶזְרֵנוּ וּמָגִנֵּנוּ הוּא. כִּי בוֹ יִשְׂמַח לִבֵּנוּ, כִּי בְשֵׁם קָדְשׁוֹ בָטָחְנוּ. יְהִי חַסְדְּךָ יהוה עָלֵינוּ, כַּאֲשֶׁר יִחַלְנוּ לָךְ.

תהלים לד

**לְדָוִד,** בְּשַׁנּוֹתוֹ אֶת טַעְמוֹ לִפְנֵי אֲבִימֶלֶךְ, וַיְגָרְשֵׁהוּ וַיֵּלַךְ. **אֲ**בָרְכָה אֶת יהוה בְּכָל עֵת, תָּמִיד תְּהִלָּתוֹ בְּפִי. **בַּ**יהוה תִּתְהַלֵּל נַפְשִׁי, יִשְׁמְעוּ עֲנָוִים וְיִשְׂמָחוּ. **גַּ**דְּלוּ לַיהוה אִתִּי, וּנְרוֹמְמָה שְׁמוֹ יַחְדָּו. **דָּ**רַשְׁתִּי אֶת יהוה וְעָנָנִי, וּמִכָּל מְגוּרוֹתַי הִצִּילָנִי. **הִ**בִּיטוּ אֵלָיו וְנָהָרוּ, **וּ**פְנֵיהֶם אַל יֶחְפָּרוּ. **זֶ**ה עָנִי קָרָא וַיהוה שָׁמֵעַ, וּמִכָּל צָרוֹתָיו הוֹשִׁיעוֹ. **חֹ**נֶה מַלְאַךְ יהוה סָבִיב לִירֵאָיו, וַיְחַלְּצֵם. **טַ**עֲמוּ וּרְאוּ כִּי טוֹב יהוה, אַשְׁרֵי הַגֶּבֶר יֶחֱסֶה בּוֹ. **יְ**ראוּ אֶת יהוה קְדֹשָׁיו, כִּי אֵין מַחְסוֹר לִירֵאָיו. **כְּ**פִירִים רָשׁוּ וְרָעֵבוּ, וְדֹרְשֵׁי יהוה לֹא יַחְסְרוּ כָל טוֹב. **לְ**כוּ בָנִים שִׁמְעוּ לִי, יִרְאַת יהוה אֲלַמֶּדְכֶם. **מִ**י הָאִישׁ הֶחָפֵץ חַיִּים, אֹהֵב יָמִים לִרְאוֹת טוֹב. **נְ**צֹר לְשׁוֹנְךָ מֵרָע, וּשְׂפָתֶיךָ מִדַּבֵּר מִרְמָה. **ס**וּר מֵרָע וַעֲשֵׂה טוֹב, בַּקֵּשׁ שָׁלוֹם וְרָדְפֵהוּ. **עֵ**ינֵי יהוה אֶל צַדִּיקִים, וְאָזְנָיו אֶל שַׁוְעָתָם. **פְּ**נֵי יהוה בְּעֹשֵׂי רָע, לְהַכְרִית מֵאֶרֶץ זִכְרָם. **צָ**עֲקוּ וַיהוה שָׁמֵעַ, וּמִכָּל צָרוֹתָם הִצִּילָם. **קָ**רוֹב יהוה לְנִשְׁבְּרֵי לֵב, וְאֶת דַּכְּאֵי רוּחַ יוֹשִׁיעַ. **רַ**בּוֹת רָעוֹת צַדִּיק, וּמִכֻּלָּם יַצִּילֶנּוּ יהוה. **שֹׁ**מֵר כָּל עַצְמוֹתָיו, אַחַת מֵהֵנָּה לֹא נִשְׁבָּרָה. **תְּ**מוֹתֵת רָשָׁע רָעָה, וְשֹׂנְאֵי צַדִּיק יֶאְשָׁמוּ. ❖ פּוֹדֶה יהוה נֶפֶשׁ עֲבָדָיו, וְלֹא יֶאְשְׁמוּ כָּל הַחֹסִים בּוֹ.

תהלים צ

**תְּפִלָּה** לְמֹשֶׁה אִישׁ הָאֱלֹהִים; אֲדֹנָי, מָעוֹן אַתָּה הָיִיתָ לָּנוּ בְּדֹר וָדֹר. בְּטֶרֶם הָרִים יֻלָּדוּ וַתְּחוֹלֵל אֶרֶץ וְתֵבֵל, וּמֵעוֹלָם עַד עוֹלָם אַתָּה אֵל. תָּשֵׁב אֱנוֹשׁ עַד דַּכָּא, וַתֹּאמֶר שׁוּבוּ בְנֵי אָדָם. כִּי אֶלֶף שָׁנִים בְּעֵינֶיךָ כְּיוֹם אֶתְמוֹל כִּי יַעֲבֹר, וְאַשְׁמוּרָה בַלָּיְלָה. זְרַמְתָּם, שֵׁנָה יִהְיוּ, בַּבֹּקֶר כֶּחָצִיר יַחֲלֹף. בַּבֹּקֶר יָצִיץ וְחָלָף, לָעֶרֶב יְמוֹלֵל וְיָבֵשׁ. כִּי כָלִינוּ בְאַפֶּךָ, וּבַחֲמָתְךָ נִבְהָלְנוּ. שַׁתָּה עֲוֹנֹתֵינוּ לְנֶגְדֶּךָ, עֲלֻמֵנוּ לִמְאוֹר פָּנֶיךָ. כִּי כָל יָמֵינוּ פָּנוּ בְעֶבְרָתֶךָ, כִּלִּינוּ שָׁנֵינוּ כְמוֹ הֶגֶה. יְמֵי שְׁנוֹתֵינוּ בָהֶם שִׁבְעִים שָׁנָה, וְאִם בִּגְבוּרֹת שְׁמוֹנִים שָׁנָה, וְרָהְבָּם עָמָל וָאָוֶן, כִּי גָז חִישׁ וַנָּעֻפָה. מִי יוֹדֵעַ עֹז אַפֶּךָ, וּכְיִרְאָתְךָ עֶבְרָתֶךָ. לִמְנוֹת יָמֵינוּ כֵּן הוֹדַע, וְנָבִא לְבַב חָכְמָה. שׁוּבָה יהוה עַד מָתָי, וְהִנָּחֵם עַל עֲבָדֶיךָ. שַׂבְּעֵנוּ בַבֹּקֶר חַסְדֶּךָ, וּנְרַנְּנָה וְנִשְׂמְחָה בְּכָל יָמֵינוּ. שַׂמְּחֵנוּ כִּימוֹת עִנִּיתָנוּ, שְׁנוֹת רָאִינוּ רָעָה. יֵרָאֶה אֶל עֲבָדֶיךָ פָעֳלֶךָ, וַהֲדָרְךָ עַל בְּנֵיהֶם. ❖ וִיהִי נֹעַם אֲדֹנָי אֱלֹהֵינוּ עָלֵינוּ; וּמַעֲשֵׂה יָדֵינוּ כּוֹנְנָה עָלֵינוּ, וּמַעֲשֵׂה יָדֵינוּ כּוֹנְנֵהוּ.

תהלים צא

**יֹשֵׁב** בְּסֵתֶר עֶלְיוֹן, בְּצֵל שַׁדַּי יִתְלוֹנָן. אֹמַר לַיהוה מַחְסִי וּמְצוּדָתִי, אֱלֹהַי אֶבְטַח בּוֹ. כִּי הוּא יַצִּילְךָ מִפַּח יָקוּשׁ, מִדֶּבֶר הַוּוֹת. בְּאֶבְרָתוֹ יָסֶךְ לָךְ, וְתַחַת כְּנָפָיו תֶּחְסֶה, צִנָּה וְסֹחֵרָה אֲמִתּוֹ. לֹא תִירָא מִפַּחַד לָיְלָה, מֵחֵץ יָעוּף יוֹמָם. מִדֶּבֶר בָּאֹפֶל יַהֲלֹךְ, מִקֶּטֶב יָשׁוּד צָהֳרָיִם. יִפֹּל מִצִּדְּךָ אֶלֶף, וּרְבָבָה מִימִינֶךָ, אֵלֶיךָ לֹא יִגָּשׁ. רַק בְּעֵינֶיךָ תַבִּיט, וְשִׁלֻּמַת רְשָׁעִים תִּרְאֶה. כִּי אַתָּה יהוה מַחְסִי, עֶלְיוֹן שַׂמְתָּ מְעוֹנֶךָ. לֹא תְאֻנֶּה אֵלֶיךָ רָעָה, וְנֶגַע לֹא יִקְרַב בְּאָהֳלֶךָ. כִּי מַלְאָכָיו יְצַוֶּה לָּךְ, לִשְׁמָרְךָ בְּכָל דְּרָכֶיךָ. עַל כַּפַּיִם יִשָּׂאוּנְךָ, פֶּן תִּגֹּף בָּאֶבֶן רַגְלֶךָ. עַל שַׁחַל וָפֶתֶן תִּדְרֹךְ, תִּרְמֹס כְּפִיר

וְתַנִּין. כִּי בִי חָשַׁק וַאֲפַלְּטֵהוּ, אֲשַׂגְּבֵהוּ כִּי יָדַע שְׁמִי. יִקְרָאֵנִי וְאֶעֱנֵהוּ, עִמּוֹ אָנֹכִי בְצָרָה, אֲחַלְּצֵהוּ וַאֲכַבְּדֵהוּ. ❖ אֹרֶךְ יָמִים אַשְׂבִּיעֵהוּ, וְאַרְאֵהוּ בִּישׁוּעָתִי. אֹרֶךְ יָמִים אַשְׂבִּיעֵהוּ, וְאַרְאֵהוּ בִּישׁוּעָתִי.

תהלים צח

**מִזְמוֹר;** שִׁירוּ לַיהוה שִׁיר חָדָשׁ, כִּי נִפְלָאוֹת עָשָׂה, הוֹשִׁיעָה לּוֹ יְמִינוֹ וּזְרוֹעַ קָדְשׁוֹ. הוֹדִיעַ יהוה יְשׁוּעָתוֹ, לְעֵינֵי הַגּוֹיִם גִּלָּה צִדְקָתוֹ. זָכַר חַסְדּוֹ וֶאֱמוּנָתוֹ לְבֵית יִשְׂרָאֵל, רָאוּ כָל אַפְסֵי אָרֶץ אֵת יְשׁוּעַת אֱלֹהֵינוּ. הָרִיעוּ לַיהוה כָּל הָאָרֶץ, פִּצְחוּ וְרַנְּנוּ וְזַמֵּרוּ. זַמְּרוּ לַיהוה בְּכִנּוֹר, בְּכִנּוֹר וְקוֹל זִמְרָה. בַּחֲצֹצְרוֹת וְקוֹל שׁוֹפָר, הָרִיעוּ לִפְנֵי הַמֶּלֶךְ יהוה. יִרְעַם הַיָּם וּמְלֹאוֹ, תֵּבֵל וְיֹשְׁבֵי בָהּ. ❖ נְהָרוֹת יִמְחֲאוּ כָף, יַחַד הָרִים יְרַנֵּנוּ. לִפְנֵי יהוה כִּי בָא לִשְׁפֹּט הָאָרֶץ, יִשְׁפֹּט תֵּבֵל בְּצֶדֶק, וְעַמִּים בְּמֵישָׁרִים.

תהלים קכא

**שִׁיר** לַמַּעֲלוֹת; אֶשָּׂא עֵינַי אֶל הֶהָרִים, מֵאַיִן יָבֹא עֶזְרִי. עֶזְרִי מֵעִם יהוה, עֹשֵׂה שָׁמַיִם וָאָרֶץ. אַל יִתֵּן לַמּוֹט רַגְלֶךָ, אַל יָנוּם שֹׁמְרֶךָ. הִנֵּה לֹא יָנוּם וְלֹא יִישָׁן, שׁוֹמֵר יִשְׂרָאֵל. יהוה שֹׁמְרֶךָ, יהוה צִלְּךָ עַל יַד יְמִינֶךָ. יוֹמָם הַשֶּׁמֶשׁ לֹא יַכֶּכָּה וְיָרֵחַ בַּלָּיְלָה. ❖ יהוה יִשְׁמָרְךָ מִכָּל רָע, יִשְׁמֹר אֶת נַפְשֶׁךָ. יהוה יִשְׁמָר צֵאתְךָ וּבוֹאֶךָ, מֵעַתָּה וְעַד עוֹלָם.

תהלים קכב

**שִׁיר** הַמַּעֲלוֹת, לְדָוִד; שָׂמַחְתִּי בְּאֹמְרִים לִי, בֵּית יהוה נֵלֵךְ. עֹמְדוֹת הָיוּ רַגְלֵינוּ, בִּשְׁעָרַיִךְ יְרוּשָׁלָיִם. יְרוּשָׁלַיִם הַבְּנוּיָה, כְּעִיר שֶׁחֻבְּרָה לָּהּ יַחְדָּו. שֶׁשָּׁם עָלוּ שְׁבָטִים, שִׁבְטֵי יָהּ עֵדוּת לְיִשְׂרָאֵל, לְהֹדוֹת לְשֵׁם יהוה. כִּי שָׁמָּה יָשְׁבוּ כִסְאוֹת לְמִשְׁפָּט, כִּסְאוֹת לְבֵית דָּוִד. שַׁאֲלוּ שְׁלוֹם יְרוּשָׁלָיִם, יִשְׁלָיוּ אֹהֲבָיִךְ. יְהִי שָׁלוֹם בְּחֵילֵךְ, שַׁלְוָה

בְּאַרְמְנוֹתָיִךְ. ❖ לְמַעַן אַחַי וְרֵעָי, אֲדַבְּרָה נָּא שָׁלוֹם בָּךְ. לְמַעַן בֵּית יהוה אֱלֹהֵינוּ, אֲבַקְשָׁה טוֹב לָךְ.

תהלים קכג

**שִׁיר** הַמַּעֲלוֹת; אֵלֶיךָ נָשָׂאתִי אֶת עֵינַי, הַיֹּשְׁבִי בַּשָּׁמָיִם. הִנֵּה כְעֵינֵי עֲבָדִים אֶל יַד אֲדוֹנֵיהֶם, כְּעֵינֵי שִׁפְחָה אֶל יַד גְּבִרְתָּהּ, כֵּן עֵינֵינוּ אֶל יהוה אֱלֹהֵינוּ, עַד שֶׁיְּחָנֵּנוּ. ❖ חָנֵּנוּ יהוה חָנֵּנוּ, כִּי רַב שָׂבַעְנוּ בוּז. רַבַּת שָׂבְעָה לָּהּ נַפְשֵׁנוּ הַלַּעַג הַשַּׁאֲנַנִּים, הַבּוּז לִגְאֵי יוֹנִים.

תהלים קכד

**שִׁיר** הַמַּעֲלוֹת, לְדָוִד; לוּלֵי יהוה שֶׁהָיָה לָנוּ, יֹאמַר נָא יִשְׂרָאֵל. לוּלֵי יהוה שֶׁהָיָה לָנוּ, בְּקוּם עָלֵינוּ אָדָם. אֲזַי חַיִּים בְּלָעוּנוּ, בַּחֲרוֹת אַפָּם בָּנוּ. אֲזַי הַמַּיִם שְׁטָפוּנוּ, נַחְלָה עָבַר עַל נַפְשֵׁנוּ. אֲזַי עָבַר עַל נַפְשֵׁנוּ, הַמַּיִם הַזֵּידוֹנִים. בָּרוּךְ יהוה, שֶׁלֹּא נְתָנָנוּ טֶרֶף לְשִׁנֵּיהֶם. ❖ נַפְשֵׁנוּ כְּצִפּוֹר נִמְלְטָה מִפַּח יוֹקְשִׁים, הַפַּח נִשְׁבָּר וַאֲנַחְנוּ נִמְלָטְנוּ. עֶזְרֵנוּ בְּשֵׁם יהוה, עֹשֵׂה שָׁמַיִם וָאָרֶץ.

תהלים קלה

**הַלְלוּיָהּ;** הַלְלוּ אֶת שֵׁם יהוה, הַלְלוּ עַבְדֵי יהוה. שֶׁעֹמְדִים בְּבֵית יהוה, בְּחַצְרוֹת בֵּית אֱלֹהֵינוּ. הַלְלוּיָהּ, כִּי טוֹב יהוה, זַמְּרוּ לִשְׁמוֹ כִּי נָעִים. כִּי יַעֲקֹב בָּחַר לוֹ יָהּ, יִשְׂרָאֵל לִסְגֻלָּתוֹ. כִּי אֲנִי יָדַעְתִּי כִּי גָדוֹל יהוה, וַאֲדֹנֵינוּ מִכָּל אֱלֹהִים. כֹּל אֲשֶׁר חָפֵץ יהוה עָשָׂה, בַּשָּׁמַיִם וּבָאָרֶץ, בַּיַּמִּים וְכָל תְּהֹמוֹת. מַעֲלֶה נְשִׂאִים מִקְצֵה הָאָרֶץ, בְּרָקִים לַמָּטָר עָשָׂה, מוֹצֵא רוּחַ מֵאוֹצְרוֹתָיו. שֶׁהִכָּה בְּכוֹרֵי מִצְרָיִם, מֵאָדָם עַד בְּהֵמָה. שָׁלַח אוֹתֹת וּמֹפְתִים בְּתוֹכֵכִי מִצְרָיִם, בְּפַרְעֹה וּבְכָל עֲבָדָיו. שֶׁהִכָּה גּוֹיִם רַבִּים, וְהָרַג מְלָכִים עֲצוּמִים. לְסִיחוֹן מֶלֶךְ הָאֱמֹרִי, וּלְעוֹג מֶלֶךְ הַבָּשָׁן, וּלְכֹל מַמְלְכוֹת כְּנָעַן. וְנָתַן אַרְצָם

נַחֲלָה, נַחֲלָה לְיִשְׂרָאֵל עַמּוֹ. יהוה, שִׁמְךָ לְעוֹלָם; יהוה, זִכְרְךָ לְדֹר וָדֹר. כִּי יָדִין יהוה עַמּוֹ, וְעַל עֲבָדָיו יִתְנֶחָם. עֲצַבֵּי הַגּוֹיִם כֶּסֶף וְזָהָב, מַעֲשֵׂה יְדֵי אָדָם. פֶּה לָהֶם וְלֹא יְדַבֵּרוּ, עֵינַיִם לָהֶם וְלֹא יִרְאוּ. אָזְנַיִם לָהֶם וְלֹא יַאֲזִינוּ, אַף אֵין יֶשׁ רוּחַ בְּפִיהֶם. כְּמוֹהֶם יִהְיוּ עֹשֵׂיהֶם, כֹּל אֲשֶׁר בֹּטֵחַ בָּהֶם. ❖ בֵּית יִשְׂרָאֵל בָּרְכוּ אֶת יהוה, בֵּית אַהֲרֹן בָּרְכוּ אֶת יהוה. בֵּית הַלֵּוִי בָּרְכוּ אֶת יהוה, יִרְאֵי יהוה בָּרְכוּ אֶת יהוה. בָּרוּךְ יהוה מִצִּיּוֹן, שֹׁכֵן יְרוּשָׁלָיִם; הַלְלוּיָהּ.

תהלים קלו

**הוֹדוּ** לַיהוה כִּי טוֹב, כִּי לְעוֹלָם חַסְדּוֹ.
הוֹדוּ לֵאלֹהֵי הָאֱלֹהִים, כִּי לְעוֹלָם חַסְדּוֹ.
הוֹדוּ לַאֲדֹנֵי הָאֲדֹנִים, כִּי לְעוֹלָם חַסְדּוֹ.
לְעֹשֵׂה נִפְלָאוֹת גְּדֹלוֹת לְבַדּוֹ, כִּי לְעוֹלָם חַסְדּוֹ.
לְעֹשֵׂה הַשָּׁמַיִם בִּתְבוּנָה, כִּי לְעוֹלָם חַסְדּוֹ.
לְרֹקַע הָאָרֶץ עַל הַמָּיִם, כִּי לְעוֹלָם חַסְדּוֹ.
לְעֹשֵׂה אוֹרִים גְּדֹלִים, כִּי לְעוֹלָם חַסְדּוֹ.
אֶת הַשֶּׁמֶשׁ לְמֶמְשֶׁלֶת בַּיּוֹם, כִּי לְעוֹלָם חַסְדּוֹ.
אֶת הַיָּרֵחַ וְכוֹכָבִים לְמֶמְשְׁלוֹת בַּלָּיְלָה, כִּי לְעוֹלָם חַסְדּוֹ.
לְמַכֵּה מִצְרַיִם בִּבְכוֹרֵיהֶם, כִּי לְעוֹלָם חַסְדּוֹ.
וַיּוֹצֵא יִשְׂרָאֵל מִתּוֹכָם, כִּי לְעוֹלָם חַסְדּוֹ.
בְּיָד חֲזָקָה וּבִזְרוֹעַ נְטוּיָה, כִּי לְעוֹלָם חַסְדּוֹ.
לְגֹזֵר יַם סוּף לִגְזָרִים, כִּי לְעוֹלָם חַסְדּוֹ.
וְהֶעֱבִיר יִשְׂרָאֵל בְּתוֹכוֹ, כִּי לְעוֹלָם חַסְדּוֹ.
וְנִעֵר פַּרְעֹה וְחֵילוֹ בְיַם סוּף, כִּי לְעוֹלָם חַסְדּוֹ.
לְמוֹלִיךְ עַמּוֹ בַּמִּדְבָּר, כִּי לְעוֹלָם חַסְדּוֹ.
לְמַכֵּה מְלָכִים גְּדֹלִים, כִּי לְעוֹלָם חַסְדּוֹ.
וַיַּהֲרֹג מְלָכִים אַדִּירִים, כִּי לְעוֹלָם חַסְדּוֹ.
לְסִיחוֹן מֶלֶךְ הָאֱמֹרִי, כִּי לְעוֹלָם חַסְדּוֹ.

וּלְעוֹג מֶלֶךְ הַבָּשָׁן, כִּי לְעוֹלָם חַסְדּוֹ.
וְנָתַן אַרְצָם לְנַחֲלָה, כִּי לְעוֹלָם חַסְדּוֹ.
נַחֲלָה לְיִשְׂרָאֵל עַבְדּוֹ, כִּי לְעוֹלָם חַסְדּוֹ.
שֶׁבְּשִׁפְלֵנוּ זָכַר לָנוּ, כִּי לְעוֹלָם חַסְדּוֹ.
וַיִּפְרְקֵנוּ מִצָּרֵינוּ, כִּי לְעוֹלָם חַסְדּוֹ.
❖ נֹתֵן לֶחֶם לְכָל בָּשָׂר, כִּי לְעוֹלָם חַסְדּוֹ.
הוֹדוּ לְאֵל הַשָּׁמָיִם, כִּי לְעוֹלָם חַסְדּוֹ.

הָאַדֶּרֶת וְהָאֱמוּנָה לְחַי עוֹלָמִים.
הַבִּינָה וְהַבְּרָכָה לְחַי עוֹלָמִים.
הַגַּאֲוָה וְהַגְּדֻלָּה לְחַי עוֹלָמִים.
הַדֵּעָה וְהַדִּבּוּר לְחַי עוֹלָמִים.
הַהוֹד וְהֶהָדָר לְחַי עוֹלָמִים.
הַוַּעַד וְהַוָּתִיקוּת לְחַי עוֹלָמִים.
הַזַּךְ וְהַזֹּהַר לְחַי עוֹלָמִים.
הַחַיִל וְהַחֹסֶן לְחַי עוֹלָמִים.
הַטֶּכֶס וְהַטֹּהַר לְחַי עוֹלָמִים.
הַיִּחוּד וְהַיִּרְאָה לְחַי עוֹלָמִים.
הַכֶּתֶר וְהַכָּבוֹד לְחַי עוֹלָמִים.
הַלֶּקַח וְהַלִּבּוּב לְחַי עוֹלָמִים.
הַמְּלוּכָה וְהַמֶּמְשָׁלָה לְחַי עוֹלָמִים.
הַנּוֹי וְהַנֵּצַח לְחַי עוֹלָמִים.
הַסִּגּוּי וְהַשֶּׂגֶב לְחַי עוֹלָמִים.
הָעֹז וְהָעֲנָוָה לְחַי עוֹלָמִים.
הַפְּדוּת וְהַפְּאֵר לְחַי עוֹלָמִים.
הַצְּבִי וְהַצֶּדֶק לְחַי עוֹלָמִים.
הַקְּרִיאָה וְהַקְּדֻשָּׁה לְחַי עוֹלָמִים.
הָרֹן וְהָרוֹמֵמוּת לְחַי עוֹלָמִים.
הַשִּׁיר וְהַשֶּׁבַח לְחַי עוֹלָמִים.
הַתְּהִלָּה וְהַתִּפְאֶרֶת לְחַי עוֹלָמִים.

יש לעמוד בשעת אמירת „בָּרוּךְ שֶׁאָמַר" ויחזיק ביד ימין ב' הציציות שלפניו וכשגומר ינשקם ויסירם מידו. משעה שהתחיל „בָּרוּךְ שֶׁאָמַר" עד אחרי תפילת שמונה עשרה אסור לדבר שום דיבור (אפילו בלשון הקודש) חוץ מלענות אמן על ברכות הש"ץ וכדומה (ראה „דיני הפסק" בעמוד הבא ובעמ' 39).

הֲרֵינִי מְזַמֵּן אֶת פִּי לְהוֹדוֹת וּלְהַלֵּל וּלְשַׁבֵּחַ אֶת בּוֹרְאִי. לְשֵׁם יִחוּד קֻדְשָׁא בְּרִיךְ הוּא וּשְׁכִינְתֵּיהּ עַל יְדֵי הַהוּא טָמִיר וְנֶעְלָם, בְּשֵׁם כָּל יִשְׂרָאֵל.

**בָּרוּךְ שֶׁאָמַר** וְהָיָה הָעוֹלָם, בָּרוּךְ הוּא. בָּרוּךְ אוֹמֵר וְעֹשֶׂה, בָּרוּךְ גּוֹזֵר וּמְקַיֵּם, בָּרוּךְ עֹשֶׂה בְרֵאשִׁית, בָּרוּךְ מְרַחֵם עַל הָאָרֶץ, בָּרוּךְ מְרַחֵם עַל הַבְּרִיּוֹת, בָּרוּךְ מְשַׁלֵּם שָׂכָר טוֹב לִירֵאָיו, בָּרוּךְ חַי לָעַד וְקַיָּם לָנֶצַח, בָּרוּךְ פּוֹדֶה וּמַצִּיל, בָּרוּךְ שְׁמוֹ. בָּרוּךְ אַתָּה יהוה אֱלֹהֵינוּ מֶלֶךְ הָעוֹלָם, הָאֵל אָב הָרַחֲמָן הַמְּהֻלָּל בְּפֶה עַמּוֹ, מְשֻׁבָּח וּמְפֹאָר בִּלְשׁוֹן חֲסִידָיו וַעֲבָדָיו, וּבְשִׁירֵי דָוִד

עַבְדֶּךָ. נְהַלֶּלְךָ יהוה אֱלֹהֵינוּ בִּשְׁבָחוֹת וּבִזְמִרוֹת, וּנְגַדֶּלְךָ וּנְשַׁבֵּחֲךָ וּנְפָאֶרְךָ וְנַמְלִיכְךָ, וְנַזְכִּיר שִׁמְךָ מַלְכֵּנוּ אֱלֹהֵינוּ. ❖ יָחִיד, חֵי הָעוֹלָמִים, מֶלֶךְ מְשֻׁבָּח וּמְפֹאָר עֲדֵי עַד שְׁמוֹ הַגָּדוֹל. בָּרוּךְ אַתָּה יהוה, מֶלֶךְ מְהֻלָּל בַּתִּשְׁבָּחוֹת.

בהושענא רבה אומרים „מִזְמוֹר לְתוֹדָה" (לעיל עמ' 30) ואח"כ „מִזְמוֹר שִׁיר לְיוֹם הַשַּׁבָּת".

תהלים צב

**מִזְמוֹר שִׁיר** לְיוֹם הַשַּׁבָּת. טוֹב לְהֹדוֹת לַיהוה, וּלְזַמֵּר לְשִׁמְךָ עֶלְיוֹן. לְהַגִּיד בַּבֹּקֶר חַסְדֶּךָ, וֶאֱמוּנָתְךָ בַּלֵּילוֹת. עֲלֵי עָשׂוֹר וַעֲלֵי נָבֶל, עֲלֵי הִגָּיוֹן בְּכִנּוֹר. כִּי שִׂמַּחְתַּנִי יהוה בְּפָעֳלֶךָ, בְּמַעֲשֵׂי יָדֶיךָ אֲרַנֵּן. מַה גָּדְלוּ מַעֲשֶׂיךָ, יהוה; מְאֹד עָמְקוּ מַחְשְׁבֹתֶיךָ. אִישׁ בַּעַר לֹא יֵדָע, וּכְסִיל לֹא יָבִין אֶת זֹאת. בִּפְרֹחַ רְשָׁעִים כְּמוֹ עֵשֶׂב, וַיָּצִיצוּ כָּל פֹּעֲלֵי אָוֶן, לְהִשָּׁמְדָם עֲדֵי עַד. וְאַתָּה מָרוֹם לְעֹלָם, יהוה. כִּי הִנֵּה אֹיְבֶיךָ, יהוה, כִּי הִנֵּה אֹיְבֶיךָ יֹאבֵדוּ, יִתְפָּרְדוּ כָּל פֹּעֲלֵי אָוֶן. וַתָּרֶם כִּרְאֵים קַרְנִי, בַּלֹּתִי בְּשֶׁמֶן רַעֲנָן. וַתַּבֵּט עֵינִי בְּשׁוּרָי; בַּקָּמִים עָלַי מְרֵעִים, תִּשְׁמַעְנָה אָזְנָי.

**דיני הפסק בין „בָּרוּךְ שֶׁאָמַר" ו„יִשְׁתַּבַּח"**

משהתחיל „בָּרוּךְ שֶׁאָמַר" עד שיסיים „יִשְׁתַּבַּח" אסור להפסיק אפילו לדבר מצוה ואפילו בלשון הקודש. באמצע פסוקי דזמרה (אחרי שחתם ברכת „בָּרוּךְ שֶׁאָמַר" ולפני שהתחיל „יִשְׁתַּבַּח") יש דברים שבקדושה שעונים עליהם, ויש דברים שאסור להפסיק להם. יענה אמן על כל ברכה ששומע, כל העניות שבקדיש, ברכו, כל נוסח הקדושה, ומודים דרבנן, אבל לא יענה „בָּרוּךְ הוּא וּבָרוּךְ שְׁמוֹ". אם הצבור קורין שמע, יש לו לקרוא עמהם פסוק „שְׁמַע יִשְׂרָאֵל" ו„בָּרוּךְ שֵׁם . . ." ולא יותר. אם עשה צרכיו מותר לו לברך ברכת „אֲשֶׁר יָצַר".

הגבאי לא יקרא את מי שעומד באמצע פסוקי דזמרה לעלות לתורה. אם אין שם כהן או לוי זולתו, קוראים אותו אף לכתחילה. בכל אופן, אם קראו אותו, יעלה ויברך הברכות ויקרא בתורה בלחש עם הקורא, אבל לא יפסיק לדבר אחר (כמו לומר לגבאי שיאמר „מִי שֶׁבֵּרַךְ").

אם נזכר שעדיין לא בירך ברכת התורה, מותר לו להפסיק ולברך, ולומר הפסוקים שנהגו לומר, אבל לא המשנה „אֵלּוּ דְבָרִים" וכו'. וכן מי שירא שיעבור זמן קריאת שמע, מותר לו לקרוא ג' פרשיות של קריאת שמע (או"ח סי' נא ס"ד ובמ"ב שם).

הגיע הקהל לקריאת ההלל, בימים שאומרים רק חצי הלל (ראש חדש, חול המועד פסח, וימים האחרונים של פסח) יקרא ההלל עמהם בלא ברכה לפניה ולאחריה. ובימים שגומרים את ההלל, נכון שיקרא את ההלל ביחידות עם ברכותיה אחרי שיגמור שמונה עשרה (מ"ב סי' תכב ס"ק טז).

אף כשמותר להפסיק, נכון שיגמור המזמור ועכ"פ יגמור הפסוק או הענין, אבל באמצע ענין נכון יותר שלא להפסיק כי אם לדברים שמפסיקין בהם אף בקריאת שמע (ראה עמ' 39).

בברכות עצמן (דהיינו בברכת „בָּרוּךְ שֶׁאָמַר" מן „בָּרוּךְ אַתָּה ה'" הראשון עד החתימה, ובברכת „יִשְׁתַּבַּח" מן „יִשְׁתַּבַּח" עד „בָּרוּךְ אַתָּה ה'") מותר לענות כל מה שעונה באמצע פסוקי דזמרה חוץ מ„אָמֵן" של „בָּרוּךְ שֶׁאָמַר" ו„יִשְׁתַּבַּח".

בחתימת הברכות של „בָּרוּךְ שֶׁאָמַר" [דהיינו „בָּרוּךְ אַתָּה ה' מֶלֶךְ מְהֻלָּל בַּתִּשְׁבָּחוֹת"] ושל „יִשְׁתַּבַּח" (מהמלים „בָּרוּךְ אַתָּה ה'" והלאה) אסור להפסיק לשום דבר.

❖ צַדִּיק כַּתָּמָר יִפְרָח, כְּאֶרֶז בַּלְּבָנוֹן יִשְׂגֶּה. שְׁתוּלִים בְּבֵית יהוה, בְּחַצְרוֹת אֱלֹהֵינוּ יַפְרִיחוּ. עוֹד יְנוּבוּן בְּשֵׂיבָה, דְּשֵׁנִים וְרַעֲנַנִּים יִהְיוּ. לְהַגִּיד כִּי יָשָׁר יהוה, צוּרִי וְלֹא עַוְלָתָה בּוֹ.

תהלים צג

**יהוה מָלָךְ** גֵּאוּת לָבֵשׁ, לָבֵשׁ יהוה עֹז הִתְאַזָּר, אַף תִּכּוֹן תֵּבֵל בַּל תִּמּוֹט. נָכוֹן כִּסְאֲךָ מֵאָז, מֵעוֹלָם אָתָּה. נָשְׂאוּ נְהָרוֹת, יהוה, נָשְׂאוּ נְהָרוֹת קוֹלָם, יִשְׂאוּ נְהָרוֹת דָּכְיָם. ❖ מִקֹּלוֹת מַיִם רַבִּים, אַדִּירִים מִשְׁבְּרֵי יָם, אַדִּיר בַּמָּרוֹם יהוה. עֵדֹתֶיךָ נֶאֶמְנוּ מְאֹד לְבֵיתְךָ נַאֲוָה קֹדֶשׁ; יהוה, לְאֹרֶךְ יָמִים.

י"ח פסוקים של „יְהִי כְבוֹד" והשמות שבתוכם יש בהם סודות נשגבים, לכן יש לאומרם בכוונה עצומה.

**יְהִי כְבוֹד** יהוה לְעוֹלָם, יִשְׂמַח יהוה בְּמַעֲשָׂיו.[1] יְהִי שֵׁם יהוה מְבֹרָךְ מֵעַתָּה וְעַד עוֹלָם.
מִמִּזְרַח שֶׁמֶשׁ עַד מְבוֹאוֹ, מְהֻלָּל שֵׁם יהוה. רָם עַל כָּל גּוֹיִם
יהוה, עַל הַשָּׁמַיִם כְּבוֹדוֹ.[2] יהוה, שִׁמְךָ לְעוֹלָם; יהוה, זִכְרְךָ
לְדֹר וָדֹר.[3] יהוה בַּשָּׁמַיִם הֵכִין כִּסְאוֹ, וּמַלְכוּתוֹ בַּכֹּל
מָשָׁלָה.[4] יִשְׂמְחוּ הַשָּׁמַיִם וְתָגֵל הָאָרֶץ, וְיֹאמְרוּ בַגּוֹיִם יהוה
מָלָךְ.[5] יהוה מֶלֶךְ,[6] יהוה מָלָךְ,[7] יהוה יִמְלֹךְ לְעֹלָם וָעֶד.[8]
יהוה מֶלֶךְ עוֹלָם וָעֶד, אָבְדוּ גוֹיִם מֵאַרְצוֹ.[9] יהוה הֵפִיר
עֲצַת גּוֹיִם, הֵנִיא מַחְשְׁבוֹת עַמִּים.[9] רַבּוֹת מַחֲשָׁבוֹת בְּלֶב
אִישׁ, וַעֲצַת יהוה הִיא תָקוּם.[10] עֲצַת יהוה לְעוֹלָם תַּעֲמֹד,
מַחְשְׁבוֹת לִבּוֹ לְדֹר וָדֹר.[11] כִּי הוּא אָמַר וַיֶּהִי, הוּא צִוָּה
וַיַּעֲמֹד.[12] כִּי בָחַר יהוה בְּצִיּוֹן, אִוָּהּ לְמוֹשָׁב לוֹ.[13] כִּי יַעֲקֹב
בָּחַר לוֹ יָהּ, יִשְׂרָאֵל לִסְגֻלָּתוֹ.[14] כִּי לֹא יִטֹּשׁ יהוה עַמּוֹ,
וְנַחֲלָתוֹ לֹא יַעֲזֹב.[15] ❖ וְהוּא רַחוּם יְכַפֵּר עָוֹן וְלֹא יַשְׁחִית,
וְהִרְבָּה לְהָשִׁיב אַפּוֹ, וְלֹא יָעִיר כָּל חֲמָתוֹ.[16] יהוה הוֹשִׁיעָה,
הַמֶּלֶךְ יַעֲנֵנוּ בְיוֹם קָרְאֵנוּ.[17]

(1) תהלים קד:לא (2) קיג:ב-ד (3) קלה:יג (4) קג:יט (5) דברי הימים א טז:לא (6) תהלים י:טז (7) צג:א ועוד (8) שמות טו:יח (9) תהלים לג:י (10) משלי יט:כא (11) תהלים לג:יא (12) לג:ט (13) קלב:יג (14) קלה:ד (15) צד:יד (16) עח:לח (17) כ:י

**אַשְׁרֵי** יוֹשְׁבֵי בֵיתֶךָ, עוֹד יְהַלְלוּךָ סֶּלָה.¹ אַשְׁרֵי הָעָם שֶׁכָּכָה לּוֹ, אַשְׁרֵי הָעָם שֶׁיהוה אֱלֹהָיו.²

תהלים קמה – תְּהִלָּה לְדָוִד, אֲרוֹמִמְךָ אֱלוֹהַי הַמֶּלֶךְ, וַאֲבָרְכָה שִׁמְךָ לְעוֹלָם וָעֶד. בְּכָל יוֹם אֲבָרְכֶךָּ, וַאֲהַלְלָה שִׁמְךָ לְעוֹלָם וָעֶד. גָּדוֹל יהוה וּמְהֻלָּל מְאֹד, וְלִגְדֻלָּתוֹ אֵין חֵקֶר. דּוֹר לְדוֹר יְשַׁבַּח מַעֲשֶׂיךָ, וּגְבוּרֹתֶיךָ יַגִּידוּ. הֲדַר כְּבוֹד הוֹדֶךָ וְדִבְרֵי נִפְלְאֹתֶיךָ אָשִׂיחָה. וֶעֱזוּז נוֹרְאֹתֶיךָ יֹאמֵרוּ, וּגְדוּלָּתְךָ אֲסַפְּרֶנָּה. זֵכֶר רַב טוּבְךָ יַבִּיעוּ, וְצִדְקָתְךָ יְרַנֵּנוּ. חַנּוּן וְרַחוּם יהוה, אֶרֶךְ אַפַּיִם וּגְדָל חָסֶד. טוֹב יהוה לַכֹּל, וְרַחֲמָיו עַל כָּל מַעֲשָׂיו. יוֹדוּךָ יהוה כָּל מַעֲשֶׂיךָ, וַחֲסִידֶיךָ יְבָרְכוּכָה. כְּבוֹד מַלְכוּתְךָ יֹאמֵרוּ, וּגְבוּרָתְךָ יְדַבֵּרוּ. לְהוֹדִיעַ לִבְנֵי הָאָדָם גְּבוּרֹתָיו, וּכְבוֹד הֲדַר מַלְכוּתוֹ. מַלְכוּתְךָ מַלְכוּת כָּל עֹלָמִים, וּמֶמְשַׁלְתְּךָ בְּכָל דּוֹר וָדֹר. סוֹמֵךְ יהוה לְכָל הַנֹּפְלִים, וְזוֹקֵף לְכָל הַכְּפוּפִים. עֵינֵי כֹל אֵלֶיךָ יְשַׂבֵּרוּ, וְאַתָּה נוֹתֵן לָהֶם אֶת אָכְלָם בְּעִתּוֹ.

צריך לכוון באמירת פסוק ,,פוֹתֵחַ אֶת יָדֶךָ''. ואם לא כיוון צריך לחזור ולאומרו בכוונה (או''ח סי' נא ס''ז). ואם כבר סיים ,,אַשְׁרֵי'' צריך לחזור מ,,פּוֹתֵחַ'' עד סוף המזמור (מ''ב שם).

**פּוֹתֵחַ** אֶת יָדֶךָ, וּמַשְׂבִּיעַ לְכָל חַי רָצוֹן. צַדִּיק יהוה בְּכָל דְּרָכָיו, וְחָסִיד בְּכָל מַעֲשָׂיו. קָרוֹב יהוה לְכָל קֹרְאָיו, לְכֹל אֲשֶׁר יִקְרָאֻהוּ בֶאֱמֶת. רְצוֹן יְרֵאָיו יַעֲשֶׂה, וְאֶת שַׁוְעָתָם יִשְׁמַע וְיוֹשִׁיעֵם. שׁוֹמֵר יהוה אֶת כָּל אֹהֲבָיו, וְאֵת כָּל הָרְשָׁעִים יַשְׁמִיד. ⟵ תְּהִלַּת יהוה יְדַבֶּר פִּי, וִיבָרֵךְ כָּל בָּשָׂר שֵׁם קָדְשׁוֹ לְעוֹלָם וָעֶד. וַאֲנַחְנוּ נְבָרֵךְ יָהּ מֵעַתָּה וְעַד עוֹלָם; הַלְלוּיָהּ.³

---

(1) תהלים פד:ה (2) קמד:טו (3) קטו:יח

תהלים קמו

**הַלְלוּיָהּ;** הַלְלִי נַפְשִׁי אֶת יהוה. אֲהַלְלָה יהוה בְּחַיָּי, אֲזַמְּרָה לֵאלֹהַי בְּעוֹדִי. אַל תִּבְטְחוּ בִנְדִיבִים, בְּבֶן אָדָם שֶׁאֵין לוֹ תְשׁוּעָה. תֵּצֵא רוּחוֹ, יָשֻׁב לְאַדְמָתוֹ, בַּיּוֹם הַהוּא אָבְדוּ עֶשְׁתֹּנֹתָיו. אַשְׁרֵי שֶׁאֵל יַעֲקֹב בְּעֶזְרוֹ, שִׂבְרוֹ עַל יהוה אֱלֹהָיו. עֹשֶׂה שָׁמַיִם וָאָרֶץ, אֶת הַיָּם וְאֶת כָּל אֲשֶׁר בָּם; הַשֹּׁמֵר אֱמֶת לְעוֹלָם. עֹשֶׂה מִשְׁפָּט לַעֲשׁוּקִים, נֹתֵן לֶחֶם לָרְעֵבִים; יהוה מַתִּיר אֲסוּרִים. יהוה פֹּקֵחַ עִוְרִים, יהוה זֹקֵף כְּפוּפִים; יהוה אֹהֵב צַדִּיקִים. יהוה שֹׁמֵר אֶת גֵּרִים, יָתוֹם וְאַלְמָנָה יְעוֹדֵד; וְדֶרֶךְ רְשָׁעִים יְעַוֵּת. ❖ יִמְלֹךְ יהוה לְעוֹלָם, אֱלֹהַיִךְ צִיּוֹן, לְדֹר וָדֹר; הַלְלוּיָהּ.

תהלים קמז

**הַלְלוּיָהּ;** כִּי טוֹב זַמְּרָה אֱלֹהֵינוּ, כִּי נָעִים נָאוָה תְהִלָּה. בּוֹנֵה יְרוּשָׁלַיִם יהוה, נִדְחֵי יִשְׂרָאֵל יְכַנֵּס. הָרוֹפֵא לִשְׁבוּרֵי לֵב, וּמְחַבֵּשׁ לְעַצְּבוֹתָם. מוֹנֶה מִסְפָּר לַכּוֹכָבִים, לְכֻלָּם שֵׁמוֹת יִקְרָא. גָּדוֹל אֲדוֹנֵינוּ וְרַב כֹּחַ, לִתְבוּנָתוֹ אֵין מִסְפָּר. מְעוֹדֵד עֲנָוִים יהוה, מַשְׁפִּיל רְשָׁעִים עֲדֵי אָרֶץ. עֱנוּ לַיהוה בְּתוֹדָה, זַמְּרוּ לֵאלֹהֵינוּ בְכִנּוֹר. הַמְּכַסֶּה שָׁמַיִם בְּעָבִים, הַמֵּכִין לָאָרֶץ מָטָר, הַמַּצְמִיחַ הָרִים חָצִיר. נוֹתֵן לִבְהֵמָה לַחְמָהּ, לִבְנֵי עֹרֵב אֲשֶׁר יִקְרָאוּ. לֹא בִגְבוּרַת הַסּוּס יֶחְפָּץ, לֹא בְשׁוֹקֵי הָאִישׁ יִרְצֶה. רוֹצֶה יהוה אֶת יְרֵאָיו, אֶת הַמְיַחֲלִים לְחַסְדּוֹ. שַׁבְּחִי יְרוּשָׁלַיִם אֶת יהוה, הַלְלִי אֱלֹהַיִךְ צִיּוֹן. כִּי חִזַּק בְּרִיחֵי שְׁעָרָיִךְ, בֵּרַךְ בָּנַיִךְ בְּקִרְבֵּךְ. הַשָּׂם גְּבוּלֵךְ שָׁלוֹם, חֵלֶב חִטִּים יַשְׂבִּיעֵךְ. הַשֹּׁלֵחַ אִמְרָתוֹ אָרֶץ, עַד מְהֵרָה יָרוּץ דְּבָרוֹ. הַנֹּתֵן שֶׁלֶג כַּצָּמֶר, כְּפוֹר כָּאֵפֶר יְפַזֵּר. מַשְׁלִיךְ קַרְחוֹ כְפִתִּים, לִפְנֵי קָרָתוֹ מִי יַעֲמֹד. יִשְׁלַח דְּבָרוֹ וְיַמְסֵם, יַשֵּׁב רוּחוֹ יִזְּלוּ מָיִם. ❖ מַגִּיד דְּבָרָיו לְיַעֲקֹב, חֻקָּיו וּמִשְׁפָּטָיו לְיִשְׂרָאֵל. לֹא עָשָׂה כֵן לְכָל גּוֹי, וּמִשְׁפָּטִים בַּל יְדָעוּם; הַלְלוּיָהּ.

תהלים קמח

**הַלְלוּיָהּ;** הַלְלוּ אֶת יהוה מִן הַשָּׁמַיִם, הַלְלְוּהוּ בַּמְּרוֹמִים. הַלְלְוּהוּ כָל מַלְאָכָיו, הַלְלְוּהוּ כָּל צְבָאָיו. הַלְלְוּהוּ שֶׁמֶשׁ וְיָרֵחַ, הַלְלְוּהוּ כָּל כּוֹכְבֵי אוֹר. הַלְלְוּהוּ שְׁמֵי הַשָּׁמָיִם, וְהַמַּיִם אֲשֶׁר מֵעַל הַשָּׁמָיִם. יְהַלְלוּ אֶת שֵׁם יהוה, כִּי הוּא צִוָּה וְנִבְרָאוּ. וַיַּעֲמִידֵם לָעַד לְעוֹלָם, חָק נָתַן וְלֹא יַעֲבוֹר. הַלְלוּ אֶת יהוה מִן הָאָרֶץ, תַּנִּינִים וְכָל תְּהֹמוֹת. אֵשׁ וּבָרָד, שֶׁלֶג וְקִיטוֹר, רְוּחַ סְעָרָה עֹשָׂה דְבָרוֹ. הֶהָרִים וְכָל גְּבָעוֹת, עֵץ פְּרִי וְכָל אֲרָזִים. הַחַיָּה וְכָל בְּהֵמָה, רֶמֶשׂ וְצִפּוֹר כָּנָף. מַלְכֵי אֶרֶץ וְכָל לְאֻמִּים, שָׂרִים וְכָל שֹׁפְטֵי אָרֶץ. בַּחוּרִים וְגַם בְּתוּלוֹת, זְקֵנִים עִם נְעָרִים. ❖ יְהַלְלוּ אֶת שֵׁם יהוה, כִּי נִשְׂגָּב שְׁמוֹ לְבַדּוֹ; הוֹדוֹ עַל אֶרֶץ וְשָׁמָיִם. וַיָּרֶם קֶרֶן לְעַמּוֹ, תְּהִלָּה לְכָל חֲסִידָיו, לִבְנֵי יִשְׂרָאֵל עַם קְרֹבוֹ; הַלְלוּיָהּ.

תהלים קמט

**הַלְלוּיָהּ;** שִׁירוּ לַיהוה שִׁיר חָדָשׁ, תְּהִלָּתוֹ בִּקְהַל חֲסִידִים. יִשְׂמַח יִשְׂרָאֵל בְּעֹשָׂיו, בְּנֵי צִיּוֹן יָגִילוּ בְמַלְכָּם. יְהַלְלוּ שְׁמוֹ בְמָחוֹל, בְּתֹף וְכִנּוֹר יְזַמְּרוּ לוֹ. כִּי רוֹצֶה יהוה בְּעַמּוֹ, יְפָאֵר עֲנָוִים בִּישׁוּעָה. יַעְלְזוּ חֲסִידִים בְּכָבוֹד, יְרַנְּנוּ עַל מִשְׁכְּבוֹתָם. רוֹמְמוֹת אֵל בִּגְרוֹנָם, וְחֶרֶב פִּיפִיּוֹת בְּיָדָם. לַעֲשׂוֹת נְקָמָה בַּגּוֹיִם, תּוֹכֵחוֹת בַּלְאֻמִּים. ❖ לֶאְסֹר מַלְכֵיהֶם בְּזִקִּים, וְנִכְבְּדֵיהֶם בְּכַבְלֵי בַרְזֶל. לַעֲשׂוֹת בָּהֶם מִשְׁפָּט כָּתוּב, הָדָר הוּא לְכָל חֲסִידָיו; הַלְלוּיָהּ.

תהלים קנ

**הַלְלוּיָהּ;** הַלְלוּ אֵל בְּקָדְשׁוֹ, הַלְלְוּהוּ בִּרְקִיעַ עֻזּוֹ. הַלְלְוּהוּ בִגְבוּרֹתָיו, הַלְלְוּהוּ כְּרֹב גֻּדְלוֹ. הַלְלְוּהוּ בְּתֵקַע שׁוֹפָר, הַלְלְוּהוּ בְּנֵבֶל וְכִנּוֹר. הַלְלְוּהוּ בְּתֹף וּמָחוֹל, הַלְלְוּהוּ בְּמִנִּים וְעֻגָב. הַלְלְוּהוּ בְצִלְצְלֵי שָׁמַע, הַלְלְוּהוּ בְּצִלְצְלֵי תְרוּעָה. ❖ כֹּל הַנְּשָׁמָה תְּהַלֵּל יָהּ, הַלְלוּיָהּ. כֹּל הַנְּשָׁמָה תְּהַלֵּל יָהּ, הַלְלוּיָהּ.

**בָּרוּךְ** יהוה לְעוֹלָם, אָמֵן וְאָמֵן.[1] בָּרוּךְ יהוה מִצִּיּוֹן, שֹׁכֵן יְרוּשָׁלָיִם, הַלְלוּיָהּ.[2] בָּרוּךְ יהוה אֱלֹהִים אֱלֹהֵי יִשְׂרָאֵל, עֹשֵׂה נִפְלָאוֹת לְבַדּוֹ. ❖ וּבָרוּךְ שֵׁם כְּבוֹדוֹ לְעוֹלָם, וְיִמָּלֵא כְבוֹדוֹ אֶת כָּל הָאָרֶץ, אָמֵן וְאָמֵן.[3]

יש לעמוד מתחילת „וַיְבָרֶךְ דָּוִיד" עד אחר „אַתָּה הוּא ה' הָאֱלֹהִים" (או"ח סי' נא ס"ז, מג"א סק"ט וכה"ח סקמ"ג), ומנהג העולם לעמוד עד אחר אמירת „אָז יָשִׁיר".

**וַיְבָרֶךְ** דָּוִיד אֶת יהוה לְעֵינֵי כָּל הַקָּהָל, וַיֹּאמֶר דָּוִיד: בָּרוּךְ אַתָּה יהוה, אֱלֹהֵי יִשְׂרָאֵל אָבִינוּ, מֵעוֹלָם וְעַד עוֹלָם. לְךָ יהוה הַגְּדֻלָּה וְהַגְּבוּרָה וְהַתִּפְאֶרֶת וְהַנֵּצַח וְהַהוֹד, כִּי כֹל בַּשָּׁמַיִם וּבָאָרֶץ; לְךָ יהוה הַמַּמְלָכָה וְהַמִּתְנַשֵּׂא לְכֹל לְרֹאשׁ. וְהָעֹשֶׁר וְהַכָּבוֹד מִלְּפָנֶיךָ, וְאַתָּה מוֹשֵׁל בַּכֹּל, וּבְיָדְךָ כֹּחַ וּגְבוּרָה, וּבְיָדְךָ לְגַדֵּל וּלְחַזֵּק לַכֹּל. וְעַתָּה אֱלֹהֵינוּ מוֹדִים אֲנַחְנוּ לָךְ, וּמְהַלְלִים לְשֵׁם תִּפְאַרְתֶּךָ.[4]

וִיבָרְכוּ שֵׁם כְּבֹדֶךָ, וּמְרוֹמַם עַל כָּל בְּרָכָה וּתְהִלָּה. אַתָּה הוּא יהוה לְבַדֶּךָ, אַתָּה עָשִׂיתָ אֶת הַשָּׁמַיִם, שְׁמֵי הַשָּׁמַיִם וְכָל צְבָאָם, הָאָרֶץ וְכָל אֲשֶׁר עָלֶיהָ, הַיַּמִּים וְכָל אֲשֶׁר בָּהֶם, וְאַתָּה מְחַיֶּה אֶת כֻּלָּם, וּצְבָא הַשָּׁמַיִם לְךָ מִשְׁתַּחֲוִים. ❖ אַתָּה הוּא יהוה הָאֱלֹהִים אֲשֶׁר בָּחַרְתָּ בְּאַבְרָם, וְהוֹצֵאתוֹ מֵאוּר כַּשְׂדִּים, וְשַׂמְתָּ שְׁמוֹ אַבְרָהָם. וּמָצָאתָ אֶת לְבָבוֹ נֶאֱמָן לְפָנֶיךָ[5] —

יש נוהגים ביום שיש בו ברית מילה, שכל פסוק מ„וְכָרוֹת" עד סוף השירה אומר המוהל בנעימה והקהל עונה אחריו.

**וְכָרוֹת** עִמּוֹ הַבְּרִית לָתֵת אֶת אֶרֶץ הַכְּנַעֲנִי הַחִתִּי הָאֱמֹרִי וְהַפְּרִזִּי וְהַיְבוּסִי וְהַגִּרְגָּשִׁי, לָתֵת לְזַרְעוֹ, וַתָּקֶם אֶת דְּבָרֶיךָ, כִּי צַדִּיק אָתָּה. וַתֵּרֶא אֶת עֳנִי אֲבֹתֵינוּ בְּמִצְרָיִם, וְאֶת זַעֲקָתָם שָׁמַעְתָּ עַל יַם סוּף. וַתִּתֵּן אֹתֹת וּמֹפְתִים בְּפַרְעֹה וּבְכָל עֲבָדָיו וּבְכָל עַם אַרְצוֹ, כִּי יָדַעְתָּ כִּי הֵזִידוּ עֲלֵיהֶם, וַתַּעַשׂ לְךָ שֵׁם כְּהַיּוֹם הַזֶּה. ❖ וְהַיָּם בָּקַעְתָּ לִפְנֵיהֶם, וַיַּעַבְרוּ בְתוֹךְ הַיָּם בַּיַּבָּשָׁה, וְאֶת רֹדְפֵיהֶם הִשְׁלַכְתָּ בִמְצוֹלֹת, כְּמוֹ אֶבֶן בְּמַיִם עַזִּים.[6]

(1) תהלים פט:נג (2) קלה:כא (3) עב:יח-יט (4) דברי הימים א כט:י-יג (5) נחמיה ט:ה-ח (6) ט:ח-יא

### שירת הים

יש לעמוד כשאומר שירת הים ו"יִשְׁתַּבַּח", ונכון לומר השירה בכוונה ובטעמיה (דה"ח).
יאמר שירת הים בשמחה וידמה בדעתו כאילו באותו היום עבר בים,
והאומרה בשמחה מוחלין לו עוונותיו (מ"ב סי' נא ס"ק יז בשם הזוה"ק).

שמות יד:ל-טו:יט

**וַיּוֹשַׁע** יְהוָה בַּיּוֹם הַהוּא אֶת־יִשְׂרָאֵל מִיַּד מִצְרָיִם, וַיַּרְא יִשְׂרָאֵל אֶת־מִצְרַיִם מֵת עַל־שְׂפַת הַיָּם: ❖ וַיַּרְא יִשְׂרָאֵל אֶת־הַיָּד הַגְּדֹלָה אֲשֶׁר עָשָׂה יְהוָה בְּמִצְרַיִם, וַיִּירְאוּ הָעָם אֶת־יְהוָה, וַיַּאֲמִינוּ בַּיהוָה וּבְמֹשֶׁה עַבְדּוֹ:

**אָז יָשִׁיר־**מֹשֶׁה וּבְנֵי יִשְׂרָאֵל אֶת־הַשִּׁירָה הַזֹּאת לַיהוָה, וַיֹּאמְרוּ לֵאמֹר, אָשִׁירָה לַיהוָה כִּי־גָאֹה גָּאָה, סוּס וְרֹכְבוֹ רָמָה בַיָּם: עָזִּי וְזִמְרָת יָהּ וַיְהִי־לִי לִישׁוּעָה, זֶה אֵלִי וְאַנְוֵהוּ, אֱלֹהֵי אָבִי וַאֲרֹמְמֶנְהוּ: יְהוָה אִישׁ מִלְחָמָה, יְהוָה שְׁמוֹ: מַרְכְּבֹת פַּרְעֹה וְחֵילוֹ יָרָה בַיָּם, וּמִבְחַר שָׁלִשָׁיו טֻבְּעוּ בְיַם־סוּף: תְּהֹמֹת יְכַסְיֻמוּ, יָרְדוּ בִמְצוֹלֹת כְּמוֹ־אָבֶן: יְמִינְךָ יְהוָה נֶאְדָּרִי בַּכֹּחַ, יְמִינְךָ יְהוָה תִּרְעַץ אוֹיֵב: וּבְרֹב גְּאוֹנְךָ תַּהֲרֹס קָמֶיךָ, תְּשַׁלַּח חֲרֹנְךָ יֹאכְלֵמוֹ כַּקַּשׁ: וּבְרוּחַ אַפֶּיךָ נֶעֶרְמוּ מַיִם, נִצְּבוּ כְמוֹ־נֵד נֹזְלִים, קָפְאוּ תְהֹמֹת בְּלֶב־יָם: אָמַר אוֹיֵב, אֶרְדֹּף אַשִּׂיג אֲחַלֵּק שָׁלָל, תִּמְלָאֵמוֹ נַפְשִׁי, אָרִיק חַרְבִּי, תּוֹרִישֵׁמוֹ יָדִי: נָשַׁפְתָּ בְרוּחֲךָ כִּסָּמוֹ יָם, צָלְלוּ כַּעוֹפֶרֶת בְּמַיִם, אַדִּירִים: מִי־כָמֹכָה בָּאֵלִם יְהוָה, מִי כָּמֹכָה נֶאְדָּר בַּקֹּדֶשׁ, נוֹרָא תְהִלֹּת עֹשֵׂה פֶלֶא: נָטִיתָ יְמִינְךָ, תִּבְלָעֵמוֹ אָרֶץ: נָחִיתָ בְחַסְדְּךָ עַם־זוּ גָּאָלְתָּ, נֵהַלְתָּ בְעָזְּךָ אֶל־נְוֵה קָדְשֶׁךָ: שָׁמְעוּ עַמִּים יִרְגָּזוּן, חִיל אָחַז יֹשְׁבֵי פְּלָשֶׁת: אָז נִבְהֲלוּ אַלּוּפֵי אֱדוֹם, אֵילֵי מוֹאָב יֹאחֲזֵמוֹ רָעַד, נָמֹגוּ כֹּל יֹשְׁבֵי כְנָעַן: תִּפֹּל עֲלֵיהֶם אֵימָתָה

וָפַחַד, בִּגְדֹל זְרוֹעֲךָ יִדְּמוּ כָּאָבֶן, עַד־יַעֲבֹר עַמְּךָ יהוה, עַד־יַעֲבֹר עַם־זוּ קָנִיתָ: תְּבִאֵמוֹ וְתִטָּעֵמוֹ בְּהַר נַחֲלָתְךָ, מָכוֹן לְשִׁבְתְּךָ פָּעַלְתָּ יהוה, מִקְּדָשׁ, אֲדֹנָי, כּוֹנְנוּ יָדֶיךָ: יהוה | יִמְלֹךְ לְעֹלָם וָעֶד: יהוה | יִמְלֹךְ לְעֹלָם וָעֶד: (יהוה מַלְכוּתֵהּ קָאֵם לְעָלַם וּלְעָלְמֵי עָלְמַיָּא.) כִּי בָא סוּס פַּרְעֹה בְּרִכְבּוֹ וּבְפָרָשָׁיו בַּיָּם וַיָּשֶׁב יהוה עֲלֵהֶם אֶת־מֵי הַיָּם וּבְנֵי יִשְׂרָאֵל הָלְכוּ בַיַּבָּשָׁה בְּתוֹךְ הַיָּם: ❖ כִּי לַיהוה הַמְּלוּכָה, וּמֹשֵׁל בַּגּוֹיִם.[1] וְעָלוּ מוֹשִׁעִים בְּהַר צִיּוֹן, לִשְׁפֹּט אֶת הַר עֵשָׂו, וְהָיְתָה לַיהוה הַמְּלוּכָה.[2] וְהָיָה יהוה לְמֶלֶךְ עַל כָּל הָאָרֶץ, בַּיּוֹם הַהוּא יִהְיֶה יהוה אֶחָד וּשְׁמוֹ אֶחָד.[3] (וּבְתוֹרָתְךָ כָּתוּב לֵאמֹר: שְׁמַע יִשְׂרָאֵל, יהוה אֱלֹהֵינוּ, יהוה אֶחָד.[4])

בהושענא רבה אין אומרים „נִשְׁמַת" ואומרים „יִשְׁתַּבַּח" בעמ' 38.

**נִשְׁמַת** כָּל חַי תְּבָרֵךְ אֶת שִׁמְךָ יהוה אֱלֹהֵינוּ, וְרוּחַ כָּל בָּשָׂר תְּפָאֵר וּתְרוֹמֵם זִכְרְךָ מַלְכֵּנוּ תָּמִיד. מִן הָעוֹלָם וְעַד הָעוֹלָם אַתָּה אֵל,[5] וּמִבַּלְעָדֶיךָ אֵין לָנוּ מֶלֶךְ[6] גּוֹאֵל וּמוֹשִׁיעַ, פּוֹדֶה וּמַצִּיל וּמְפַרְנֵס וְעוֹנֶה וּמְרַחֵם, בְּכָל עֵת צָרָה וְצוּקָה, אֵין לָנוּ מֶלֶךְ עוֹזֵר וְסוֹמֵךְ אֶלָּא אָתָּה. אֱלֹהֵי הָרִאשׁוֹנִים וְהָאַחֲרוֹנִים, אֱלוֹהַּ כָּל בְּרִיּוֹת, אֲדוֹן כָּל תּוֹלָדוֹת, הַמְּהֻלָּל בְּרֹב הַתִּשְׁבָּחוֹת, הַמְנַהֵג עוֹלָמוֹ בְּחֶסֶד וּבְרִיּוֹתָיו בְּרַחֲמִים. וַיהוה עֵר, הִנֵּה לֹא יָנוּם וְלֹא יִישָׁן.[7] הַמְּעוֹרֵר יְשֵׁנִים, וְהַמֵּקִיץ נִרְדָּמִים (מְחַיֵּה מֵתִים, וְרוֹפֵא חוֹלִים, פּוֹקֵחַ עִוְרִים), וְהַמֵּשִׂיחַ אִלְּמִים, וְהַמַּתִּיר אֲסוּרִים,[8] וְהַסּוֹמֵךְ נוֹפְלִים, וְהַזּוֹקֵף כְּפוּפִים,[9] (וְהַמְפַעְנֵחַ נֶעְלָמִים). וּלְךָ לְבַדְּךָ אֲנַחְנוּ מוֹדִים. וְאִלּוּ פִינוּ מָלֵא שִׁירָה כַּיָּם, וּלְשׁוֹנֵנוּ רִנָּה

(1) תהלים כב:כט (2) עובדיה א:כא (3) זכריה יד:ט (4) דברים ו:ד (5) ע"פ תהלים צ:ב
(6) ע"פ ישעיה מד:ו (7) תהלים קכא:ד (8) ע"פ קמו:ז-ח (9) ע"פ קמה:יד

כַּהֲמוֹן גַּלָּיו, וְשִׂפְתוֹתֵינוּ שֶׁבַח כְּמֶרְחֲבֵי רָקִיעַ, וְעֵינֵינוּ מְאִירוֹת כַּשֶּׁמֶשׁ וְכַיָּרֵחַ, וְיָדֵינוּ פְרוּשׂוֹת כְּנִשְׁרֵי שָׁמָיִם, וְרַגְלֵינוּ קַלּוֹת כָּאַיָּלוֹת, אֵין אֲנַחְנוּ מַסְפִּיקִים לְהוֹדוֹת לְךָ, יהוה אֱלֹהֵינוּ וֵאלֹהֵי אֲבוֹתֵינוּ, וּלְבָרֵךְ אֶת שִׁמְךָ מַלְכֵּנוּ, עַל אַחַת מֵאָלֶף אֶלֶף אַלְפֵי אֲלָפִים וְרִבֵּי רְבָבוֹת פְּעָמִים הַטּוֹבוֹת נִסִּים וְנִפְלָאוֹת שֶׁעָשִׂיתָ עִם אֲבוֹתֵינוּ וְעִמָּנוּ. מִלְּפָנִים מִמִּצְרַיִם גְּאַלְתָּנוּ יהוה אֱלֹהֵינוּ, וּמִבֵּית עֲבָדִים פְּדִיתָנוּ. בְּרָעָב זַנְתָּנוּ, וּבְשָׂבָע כִּלְכַּלְתָּנוּ, מֵחֶרֶב הִצַּלְתָּנוּ, וּמִדֶּבֶר מִלַּטְתָּנוּ, וּמֵחֳלָיִם רָעִים וְרַבִּים וְנֶאֱמָנִים דִּלִּיתָנוּ. עַד הֵנָּה עֲזָרוּנוּ רַחֲמֶיךָ, וְלֹא עֲזָבוּנוּ חֲסָדֶיךָ יהוה אֱלֹהֵינוּ. וְאַל תִּטְּשֵׁנוּ יהוה אֱלֹהֵינוּ לָנֶצַח. עַל כֵּן אֵבָרִים שֶׁפִּלַּגְתָּ בָּנוּ, וְרוּחַ וּנְשָׁמָה שֶׁנָּפַחְתָּ בְּאַפֵּינוּ, וְלָשׁוֹן אֲשֶׁר שַׂמְתָּ בְּפִינוּ, הֵן הֵם יוֹדוּ וִיבָרְכוּ וִישַׁבְּחוּ וִיפָאֲרוּ וִישׁוֹרְרוּ וִירוֹמְמוּ וְיַעֲרִיצוּ וְיַקְדִּישׁוּ וְיַמְלִיכוּ אֶת שִׁמְךָ מַלְכֵּנוּ תָּמִיד. כִּי כָל פֶּה לְךָ יוֹדֶה, וְכָל לָשׁוֹן לְךָ תִשָּׁבַע, וְכָל עַיִן לְךָ תְצַפֶּה, וְכָל בֶּרֶךְ לְךָ תִכְרַע,[1] וְכָל קוֹמָה לְפָנֶיךָ תִשְׁתַּחֲוֶה, וְכָל הַלְּבָבוֹת יִירָאוּךָ, וְכָל קֶרֶב וּכְלָיוֹת יְזַמְּרוּ לִשְׁמֶךָ, כַּדָּבָר שֶׁכָּתוּב: כָּל עַצְמֹתַי תֹּאמַרְנָה, יהוה מִי כָמוֹךָ, מַצִּיל עָנִי מֵחָזָק מִמֶּנּוּ, וְעָנִי וְאֶבְיוֹן מִגֹּזְלוֹ.[2] ❖ שַׁוְעַת עֲנִיִּים אַתָּה תִשְׁמַע, צַעֲקַת הַדַּל תַּקְשִׁיב וְתוֹשִׁיעַ. מִי יִדְמֶה לָּךְ, וּמִי יִשְׁוֶה לָּךְ, וּמִי יַעֲרָךְ לָךְ.[3] הָאֵל הַגָּדוֹל הַגִּבּוֹר וְהַנּוֹרָא, אֵל עֶלְיוֹן, קֹנֵה שָׁמַיִם וָאָרֶץ. נְהַלֶּלְךָ וּנְשַׁבֵּחֲךָ וּנְפָאֶרְךָ וּנְבָרֵךְ אֶת שֵׁם קָדְשֶׁךָ, כָּאָמוּר: לְדָוִד, בָּרְכִי נַפְשִׁי אֶת יהוה, וְכָל קְרָבַי אֶת שֵׁם קָדְשׁוֹ.[4]

---

(1) ע"פ ישעיה מה:כג (2) תהלים לה:י (3) ע"פ פט:ז; ישעיה מ:כה (4) תהלים קג:א

בשלש רגלים מתחיל החזן כאן:

**הָאֵל** בְּתַעֲצֻמוֹת עֻזֶּךָ, הַגָּדוֹל בִּכְבוֹד שְׁמֶךָ, הַגִּבּוֹר לָנֶצַח, וְהַנּוֹרָא בְּנוֹרְאוֹתֶיךָ, הַמֶּלֶךְ הַיּוֹשֵׁב עַל כִּסֵּא רָם וְנִשָּׂא.[1]

בשבת מתחיל החזן כאן:

**שׁוֹכֵן עַד** מָרוֹם וְקָדוֹשׁ שְׁמוֹ.[2] וְכָתוּב: רַנְּנוּ צַדִּיקִים בַּיהוה, לַיְשָׁרִים נָאוָה תְהִלָּה.[3]

❖ בְּפִי **יְ**שָׁרִים תִּתְ**ר**וֹמָם,
וּבְשִׂפְתֵי **צַ**דִּיקִים תִּתְ**בָּ**רַךְ,
וּבִלְשׁוֹן **חֲ**סִידִים תִּתְ**קַ**דָּשׁ,
וּבְקֶרֶב **קְ**דוֹשִׁים תִּתְ**הַ**לָּל.

**וּבְמַקְהֲלוֹת** רִבְבוֹת עַמְּךָ בֵּית יִשְׂרָאֵל, בְּרִנָּה יִתְפָּאַר שִׁמְךָ מַלְכֵּנוּ בְּכָל דּוֹר וָדוֹר. שֶׁכֵּן חוֹבַת כָּל הַיְּצוּרִים, לְפָנֶיךָ יהוה אֱלֹהֵינוּ וֵאלֹהֵי אֲבוֹתֵינוּ, לְהוֹדוֹת לְהַלֵּל לְשַׁבֵּחַ לְפָאֵר לְרוֹמֵם לְהַדֵּר וּלְנַצֵּחַ לְבָרֵךְ לְעַלֵּה וּלְקַלֵּס, עַל כָּל דִּבְרֵי שִׁירוֹת וְתִשְׁבְּחוֹת דָּוִד בֶּן יִשַׁי עַבְדְּךָ מְשִׁיחֶךָ.

יש ליזהר לומר הט"ו לשונות של שבח („שִׁיר וּשְׁבָחָה . . . בְּרָכוֹת וְהוֹדָאוֹת") בלי הפסק, אבל אין צריך לאומרם בנשימה אחת (מ"ב סי' נג ס"ק א).

**וּבְכֵן** יִשְׁתַּבַּח שִׁמְךָ לָעַד, מַלְכֵּנוּ, הָאֵל הַמֶּלֶךְ הַגָּדוֹל וְהַקָּדוֹשׁ, בַּשָּׁמַיִם וּבָאָרֶץ. כִּי לְךָ נָאֶה, יהוה אֱלֹהֵינוּ וֵאלֹהֵי אֲבוֹתֵינוּ, שִׁיר וּשְׁבָחָה, הַלֵּל וְזִמְרָה, עֹז וּמֶמְשָׁלָה, נֶצַח גְּדֻלָּה וּגְבוּרָה, תְּהִלָּה וְתִפְאֶרֶת, קְדֻשָּׁה וּמַלְכוּת, בְּרָכוֹת וְהוֹדָאוֹת לְשִׁמְךָ הַגָּדוֹל וְהַקָּדוֹשׁ, וּמֵעוֹלָם וְעַד עוֹלָם אַתָּה אֵל. בָּרוּךְ אַתָּה יהוה, אֵל מֶלֶךְ גָּדוֹל וּמְהֻלָּל בַּתִּשְׁבָּחוֹת, אֵל הַהוֹדָאוֹת, אֲדוֹן

(1) ע"פ ישעיה ו:א (2) ע"פ ישעיה נז:טו (3) תהלים לג:א

הַנִּפְלָאוֹת, **בּוֹרֵא** כָּל הַנְּשָׁמוֹת, **רִבּוֹן** כָּל הַמַּעֲשִׂים, הַבּוֹחֵר בְּשִׁירֵי זִמְרָה, **מֶלֶךְ** יָחִיד אֵל חֵי הָעוֹלָמִים.

אומרים „שִׁיר הַמַּעֲלוֹת" בשבת שובה. החזן קורא פסוק פסוק בקול רם, והקהל עונים אחריו.

תהלים קל

**שִׁיר הַמַּעֲלוֹת;** מִמַּעֲמַקִּים קְרָאתִיךָ, יהוה. אֲדֹנָי, שִׁמְעָה בְקוֹלִי, תִּהְיֶינָה אָזְנֶיךָ קַשֻּׁבוֹת לְקוֹל תַּחֲנוּנָי. אִם עֲוֹנוֹת תִּשְׁמָר יָהּ; אֲדֹנָי, מִי יַעֲמֹד. כִּי עִמְּךָ הַסְּלִיחָה, לְמַעַן תִּוָּרֵא. קִוִּיתִי יהוה, קִוְּתָה נַפְשִׁי, וְלִדְבָרוֹ הוֹחָלְתִּי. נַפְשִׁי לַאדֹנָי, מִשֹּׁמְרִים לַבֹּקֶר, שֹׁמְרִים לַבֹּקֶר. יַחֵל יִשְׂרָאֵל אֶל יהוה, כִּי עִם יהוה הַחֶסֶד, וְהַרְבֵּה עִמּוֹ פְדוּת. וְהוּא יִפְדֶּה אֶת יִשְׂרָאֵל, מִכֹּל עֲוֹנוֹתָיו.

החזן אומר חצי קדיש ו„בָּרְכוּ".

**יִתְגַּדַּל** וְיִתְקַדַּשׁ שְׁמֵהּ רַבָּא. בְּעָלְמָא דִּי בְרָא כִרְעוּתֵהּ. וְיַמְלִיךְ מַלְכוּתֵהּ, וְיַצְמַח פֻּרְקָנֵהּ וִיקָרֵב מְשִׁיחֵהּ. בְּחַיֵּיכוֹן וּבְיוֹמֵיכוֹן וּבְחַיֵּי דְכָל בֵּית יִשְׂרָאֵל, בַּעֲגָלָא וּבִזְמַן קָרִיב. וְאִמְרוּ: אָמֵן.

קהל וחזן – **יְהֵא שְׁמֵהּ רַבָּא מְבָרַךְ לְעָלַם וּלְעָלְמֵי עָלְמַיָּא. יִתְבָּרַךְ** וְיִשְׁתַּבַּח וְיִתְפָּאַר וְיִתְרוֹמַם וְיִתְנַשֵּׂא וְיִתְהַדָּר וְיִתְעַלֶּה וְיִתְהַלָּל שְׁמֵהּ דְּקֻדְשָׁא בְּרִיךְ הוּא – °לְעֵלָּא מִן כָּל (°בשבת שובה – לְעֵלָּא [וּ]לְעֵלָּא מִכָּל) בִּרְכָתָא וְשִׁירָתָא תֻּשְׁבְּחָתָא וְנֶחֱמָתָא דַּאֲמִירָן בְּעָלְמָא. וְאִמְרוּ: אָמֵן.

בקצת קהילות נהגו לומר „יִתְבָּרַךְ" כשהחזן מאריך ב„בָּרְכוּ". כ' הכלבו (סי' ז) כשאומר החזן „בָּרְכוּ" כורע, וזוקף בשם, וכן נהגו העולם (דעת תורה או"ח סי' נו).

# בָּרְכוּ אֶת יהוה הַמְּבֹרָךְ.

הקהל עונים „בָּרוּךְ . . ." והחזן חוזר ואומר „בָּרוּךְ . . .". כורעים (או מרכינים הראש) כשאומרים „בָּרוּךְ", וזוקפים כשאומרים „ה'".

**בָּרוּךְ יהוה הַמְּבֹרָךְ לְעוֹלָם וָעֶד.**

יִתְבָּרַךְ וְיִשְׁתַּבַּח וְיִתְפָּאַר וְיִתְרוֹמַם וְיִתְנַשֵּׂא שְׁמוֹ שֶׁל מֶלֶךְ מַלְכֵי הַמְּלָכִים, הַקָּדוֹשׁ בָּרוּךְ הוּא. שֶׁהוּא רִאשׁוֹן וְהוּא אַחֲרוֹן, וּמִבַּלְעָדָיו אֵין אֱלֹהִים.[1] סֹלּוּ, לָרֹכֵב בָּעֲרָבוֹת, בְּיָהּ שְׁמוֹ, וְעִלְזוּ לְפָנָיו.[2] וּשְׁמוֹ מְרוֹמָם עַל כָּל בְּרָכָה וּתְהִלָּה.[3] בָּרוּךְ שֵׁם כְּבוֹד מַלְכוּתוֹ לְעוֹלָם וָעֶד.[4] יְהִי שֵׁם יהוה מְבֹרָךְ, מֵעַתָּה וְעַד עוֹלָם.[5]

## ברכות קריאת שמע

על פי הקבלה נכון לישב בשעת ברכות קריאת שמע, ובפרט כשאומרים הקדושה שבברכה הראשונה. [דיני הפסק בברכות קריאת שמע – עיין לעיל עמ' 39.]

**בָּרוּךְ** אַתָּה יהוה אֱלֹהֵינוּ מֶלֶךְ הָעוֹלָם, יוֹצֵר אוֹר וּבוֹרֵא חֹשֶׁךְ, עֹשֶׂה שָׁלוֹם וּבוֹרֵא אֶת הַכֹּל.[6]

(1) ע"פ ישעיה מד:ו (2) תהלים סח:ה (3) ע"פ נחמיה ט:ה (4) ע"פ פסחים נו. (5) תהלים קיג:ב (6) ע"פ ישעיה מה:ז

כשחל יום טוב בחול אומרים „הַמֵּאִיר לָאָרֶץ" (למטה).

**הַכֹּל יוֹדְוּךָ,** וְהַכֹּל יְשַׁבְּחְוּךָ, וְהַכֹּל יֹאמְרוּ אֵין קָדוֹשׁ כַּיהוה.[1] הַכֹּל יְרוֹמְמְוּךָ סֶּלָה, יוֹצֵר הַכֹּל. הָאֵל הַפּוֹתֵחַ בְּכָל יוֹם דַּלְתוֹת שַׁעֲרֵי מִזְרָח, וּבוֹקֵעַ חַלּוֹנֵי רָקִיעַ, מוֹצִיא חַמָּה מִמְּקוֹמָהּ וּלְבָנָה מִמְּכוֹן שִׁבְתָּהּ, וּמֵאִיר לָעוֹלָם כֻּלּוֹ וּלְיוֹשְׁבָיו, שֶׁבָּרָא בְּמִדַּת הָרַחֲמִים. הַמֵּאִיר לָאָרֶץ וְלַדָּרִים עָלֶיהָ בְּרַחֲמִים, וּבְטוּבוֹ מְחַדֵּשׁ בְּכָל יוֹם תָּמִיד מַעֲשֵׂה בְרֵאשִׁית. מָה רַבּוּ מַעֲשֶׂיךָ יהוה, כֻּלָּם בְּחָכְמָה עָשִׂיתָ, מָלְאָה הָאָרֶץ קִנְיָנֶךָ.[2] הַמֶּלֶךְ הַמְּרוֹמָם לְבַדּוֹ מֵאָז, הַמְּשֻׁבָּח וְהַמְּפֹאָר וְהַמִּתְנַשֵּׂא מִימוֹת עוֹלָם. אֱלֹהֵי עוֹלָם, בְּרַחֲמֶיךָ הָרַבִּים רַחֵם עָלֵינוּ, אֲדוֹן עֻזֵּנוּ, צוּר מִשְׂגַּבֵּנוּ, מָגֵן יִשְׁעֵנוּ, מִשְׂגָּב בַּעֲדֵנוּ. אֵין עֲרוֹךְ לְךָ, וְאֵין זוּלָתֶךָ, אֶפֶס בִּלְתֶּךָ, וּמִי דּוֹמֶה לָּךְ. ❖ אֵין עֲרוֹךְ לְךָ יהוה אֱלֹהֵינוּ בָּעוֹלָם הַזֶּה, וְאֵין זוּלָתְךָ מַלְכֵּנוּ לְחַיֵּי הָעוֹלָם הַבָּא. אֶפֶס בִּלְתְּךָ גּוֹאֲלֵנוּ לִימוֹת הַמָּשִׁיחַ, וְאֵין דּוֹמֶה לְּךָ מוֹשִׁיעֵנוּ לִתְחִיַּת הַמֵּתִים.

**אֵל אָדוֹן** עַל כָּל הַמַּעֲשִׂים, **בָּ**רוּךְ וּמְבֹרָךְ בְּפִי כָּל הַנְּשָׁמָה, **גָּ**דְלוֹ וְטוּבוֹ מָלֵא עוֹלָם, **דַּ**עַת וּתְבוּנָה סוֹבְבִים הוֹדוֹ. **הַ**מִּתְגָּאֶה עַל חַיּוֹת הַקֹּדֶשׁ, **וְ**נֶהְדָּר בְּכָבוֹד עַל הַמֶּרְכָּבָה, **זְ**כוּת וּמִישׁוֹר לִפְנֵי כִסְאוֹ, **חֶ**סֶד וְרַחֲמִים מָלֵא כְבוֹדוֹ.

כשחל יום טוב בחול:

**הַמֵּאִיר** לָאָרֶץ וְלַדָּרִים עָלֶיהָ בְּרַחֲמִים, וּבְטוּבוֹ מְחַדֵּשׁ בְּכָל יוֹם תָּמִיד מַעֲשֵׂה בְרֵאשִׁית. מָה רַבּוּ מַעֲשֶׂיךָ יהוה, כֻּלָּם בְּחָכְמָה עָשִׂיתָ, מָלְאָה הָאָרֶץ קִנְיָנֶךָ.[2] הַמֶּלֶךְ הַמְּרוֹמָם לְבַדּוֹ מֵאָז, הַמְּשֻׁבָּח וְהַמְּפֹאָר וְהַמִּתְנַשֵּׂא מִימוֹת עוֹלָם. אֱלֹהֵי עוֹלָם, בְּרַחֲמֶיךָ הָרַבִּים רַחֵם עָלֵינוּ, אֲדוֹן עֻזֵּנוּ, צוּר מִשְׂגַּבֵּנוּ, מָגֵן

(1) שמואל א ב:ב (2) תהלים קד:כד

**טוֹבִים** מְאוֹרוֹת שֶׁבָּרָא אֱלֹהֵינוּ, **יְצָרָם** בְּדַעַת בְּבִינָה וּבְהַשְׂכֵּל, **כֹּחַ** וּגְבוּרָה נָתַן בָּהֶם, **לִהְיוֹת** מוֹשְׁלִים בְּקֶרֶב תֵּבֵל. **מְלֵאִים** זִיו וּמְפִיקִים נֹגַהּ, **נָאֶה** זִיוָם בְּכָל הָעוֹלָם, **שְׂמֵחִים** בְּצֵאתָם וְשָׂשִׂים בְּבוֹאָם, **עוֹשִׂים** בְּאֵימָה רְצוֹן קוֹנָם. **פְּאֵר** וְכָבוֹד נוֹתְנִים לִשְׁמוֹ, **צָהֳלָה** וְרִנָּה לְזֵכֶר מַלְכוּתוֹ, **קָרָא** לַשֶּׁמֶשׁ וַיִּזְרַח אוֹר, **רָאָה** וְהִתְקִין צוּרַת הַלְּבָנָה. **שֶׁבַח** נוֹתְנִים לוֹ כָּל צְבָא מָרוֹם, **תִּפְאֶרֶת** וּגְדֻלָּה, שְׂרָפִים וְחַיּוֹת וְאוֹפַנֵּי הַקֹּדֶשׁ —

**לָאֵל** אֲשֶׁר שָׁבַת מִכָּל הַמַּעֲשִׂים, בַּיּוֹם הַשְּׁבִיעִי נִתְעַלָּה וְיָשַׁב עַל כִּסֵּא כְבוֹדוֹ, תִּפְאֶרֶת עָטָה לְיוֹם הַמְּנוּחָה, עֹנֶג קָרָא לְיוֹם הַשַּׁבָּת. זֶה שִׁיר שֶׁבַח שֶׁל יוֹם הַשְּׁבִיעִי, שֶׁבּוֹ שָׁבַת אֵל מִכָּל מְלַאכְתּוֹ. וְיוֹם הַשְּׁבִיעִי מְשַׁבֵּחַ וְאוֹמֵר: מִזְמוֹר שִׁיר לְיוֹם הַשַּׁבָּת, טוֹב לְהוֹדוֹת לַיהוה.[1] לְפִיכָךְ יְפָאֲרוּ וִיבָרְכוּ לָאֵל כָּל יְצוּרָיו. שֶׁבַח יְקָר וּגְדֻלָּה וְכָבוֹד יִתְּנוּ לָאֵל מֶלֶךְ יוֹצֵר כֹּל, הַמַּנְחִיל מְנוּחָה לְעַמּוֹ יִשְׂרָאֵל בִּקְדֻשָּׁתוֹ בְּיוֹם שַׁבַּת קֹדֶשׁ. שִׁמְךָ יהוה אֱלֹהֵינוּ יִתְקַדַּשׁ, וְזִכְרְךָ מַלְכֵּנוּ יִתְפָּאַר, בַּשָּׁמַיִם מִמַּעַל וְעַל הָאָרֶץ מִתָּחַת. תִּתְבָּרֵךְ מוֹשִׁיעֵנוּ עַל כָּל שֶׁבַח מַעֲשֵׂה יָדֶיךָ, וְעַל מְאוֹרֵי אוֹר שֶׁיָּצַרְתָּ, הֵמָּה יְפָאֲרוּךָ, סֶּלָה.

כשחל יום טוב בחול:

יִשְׁעֵנוּ, מִשְׂגָּב בַּעֲדֵנוּ. **אֵל** **בָּרוּךְ** **גְּדוֹל** **דֵּעָה,** **הֵכִין** **וּפָעַל** **זָהֳרֵי** **חַמָּה,** **טוֹב** **יָצַר** **כָּבוֹד** **לִשְׁמוֹ,** **מְאוֹרוֹת** **נָתַן** **סְבִיבוֹת** **עֻזּוֹ,** **פִּנּוֹת** **צְבָאָיו** **קְדוֹשִׁים** **רוֹמְמֵי** **שַׁדַּי,** **תָּמִיד** מְסַפְּרִים כְּבוֹד אֵל וּקְדֻשָּׁתוֹ. תִּתְבָּרַךְ יהוה אֱלֹהֵינוּ בַּשָּׁמַיִם מִמַּעַל וְעַל הָאָרֶץ מִתָּחַת, עַל כָּל שֶׁבַח מַעֲשֵׂה יָדֶיךָ, וְעַל מְאוֹרֵי אוֹר שֶׁיָּצַרְתָּ, הֵמָּה יְפָאֲרוּךָ, סֶּלָה.

(1) תהלים צב:א-ב

**תִּתְבָּרַךְ** לָנֶצַח צוּרֵנוּ מַלְכֵּנוּ וְגֹאֲלֵנוּ, בּוֹרֵא קְדוֹשִׁים. יִשְׁתַּבַּח שִׁמְךָ לָעַד מַלְכֵּנוּ, יוֹצֵר מְשָׁרְתִים, וַאֲשֶׁר מְשָׁרְתָיו כֻּלָּם עוֹמְדִים בְּרוּם עוֹלָם, וּמַשְׁמִיעִים בְּיִרְאָה יַחַד בְּקוֹל דִּבְרֵי אֱלֹהִים חַיִּים וּמֶלֶךְ עוֹלָם.[1] ❖ כֻּלָּם אֲהוּבִים, כֻּלָּם בְּרוּרִים, כֻּלָּם גִּבּוֹרִים, כֻּלָּם קְדוֹשִׁים, וְכֻלָּם עֹשִׂים בְּאֵימָה וּבְיִרְאָה רְצוֹן קוֹנֵיהֶם.[2] וְכֻלָּם פּוֹתְחִים אֶת פִּיהֶם בִּקְדֻשָּׁה וּבְטָהֳרָה, בְּשִׁירָה וּבְזִמְרָה, וּמְבָרְכִין וּמְשַׁבְּחִין וּמְפָאֲרִין וּמַעֲרִיצִין וּמַקְדִּישִׁין וּמַמְלִיכִין —

**אֶת שֵׁם** הָאֵל הַמֶּלֶךְ הַגָּדוֹל הַגִּבּוֹר וְהַנּוֹרָא קָדוֹשׁ הוּא.[3] ❖ וְכֻלָּם מְקַבְּלִים עֲלֵיהֶם עֹל מַלְכוּת שָׁמַיִם זֶה מִזֶּה, וְנוֹתְנִים בְּאַהֲבָה רְשׁוּת זֶה לָזֶה, לְהַקְדִּישׁ לְיוֹצְרָם, בְּנַחַת רוּחַ בְּשָׂפָה בְרוּרָה וּבִנְעִימָה. קְדֻשָּׁה כֻּלָּם כְּאֶחָד עוֹנִים בְּאֵימָה, וְאוֹמְרִים בְּיִרְאָה:

הקהל עונים בקול רם עם החזן:

**קָדוֹשׁ קָדוֹשׁ קָדוֹשׁ יהוה צְבָאוֹת,**
**מְלֹא כָל הָאָרֶץ כְּבוֹדוֹ.**[4]

❖ וְהָאוֹפַנִּים וְחַיּוֹת הַקֹּדֶשׁ בְּרַעַשׁ גָּדוֹל מִתְנַשְּׂאִים לְעֻמַּת שְׂרָפִים, לְעֻמָּתָם מְשַׁבְּחִים וְאוֹמְרִים:

הקהל עונים בקול רם עם החזן:

**בָּרוּךְ כְּבוֹד יהוה מִמְּקוֹמוֹ.**[5]

**לָאֵל** בָּרוּךְ, נְעִימוֹת יִתֵּנוּ. לַמֶּלֶךְ אֵל חַי וְקַיָּם, זְמִרוֹת יֹאמֵרוּ וְתִשְׁבָּחוֹת יַשְׁמִיעוּ. כִּי הוּא לְבַדּוֹ מָרוֹם וְקָדוֹשׁ פּוֹעֵל גְּבוּרוֹת, עֹשֶׂה חֲדָשׁוֹת, בַּעַל מִלְחָמוֹת, זוֹרֵעַ צְדָקוֹת, מַצְמִיחַ יְשׁוּעוֹת, בּוֹרֵא רְפוּאוֹת, נוֹרָא תְהִלּוֹת, אֲדוֹן הַנִּפְלָאוֹת. הַמְּחַדֵּשׁ בְּטוּבוֹ בְּכָל יוֹם תָּמִיד מַעֲשֵׂה בְרֵאשִׁית. כָּאָמוּר: לְעֹשֵׂה אוֹרִים גְּדֹלִים, כִּי לְעוֹלָם חַסְדּוֹ.[6] (וְהִתְקִין מְאוֹרוֹת מְשַׂמֵּחַ עוֹלָמוֹ אֲשֶׁר בָּרָא.) ❖ אוֹר חָדָשׁ עַל צִיּוֹן תָּאִיר, וְנִזְכֶּה כֻלָּנוּ בִמְהֵרָה לְאוֹרוֹ. בָּרוּךְ אַתָּה יהוה, יוֹצֵר הַמְּאוֹרוֹת.

(1) ע״פ ירמיה י:י (2) נ״א קוֹנָם (3) ע״פ דברים י:יז; תהלים צט:ג (4) ישעיה ו:ג (5) יחזקאל ג:יב (6) תהלים קלו:ז

**אַהֲבַת עוֹלָם**[1] אֲהַבְתָּנוּ יהוה אֱלֹהֵינוּ, חֶמְלָה גְדוֹלָה וִיתֵרָה חָמַלְתָּ עָלֵינוּ. אָבִינוּ מַלְכֵּנוּ, בַּעֲבוּר שִׁמְךָ הַגָּדוֹל, וּבַעֲבוּר אֲבוֹתֵינוּ שֶׁבָּטְחוּ בְךָ, וַתְּלַמְּדֵם חֻקֵּי חַיִּים, לַעֲשׂוֹת רְצוֹנְךָ בְּלֵבָב שָׁלֵם, כֵּן תְּחָנֵּנוּ וּתְלַמְּדֵנוּ. אָבִינוּ אָב הָרַחֲמָן הַמְּרַחֵם, רַחֵם עָלֵינוּ, וְתֵן בְּלִבֵּנוּ בִּינָה, לְהָבִין וּלְהַשְׂכִּיל, לִשְׁמוֹעַ לִלְמוֹד וּלְלַמֵּד, לִשְׁמֹר וְלַעֲשׂוֹת וּלְקַיֵּם אֶת כָּל דִּבְרֵי תַלְמוּד תּוֹרָתֶךָ בְּאַהֲבָה. וְהָאֵר עֵינֵינוּ בְּתוֹרָתֶךָ, וְדַבֵּק לִבֵּנוּ בְּמִצְוֹתֶיךָ, וְיַחֵד לְבָבֵנוּ לְאַהֲבָה וּלְיִרְאָה אֶת שְׁמֶךָ,[2] לְמַעַן לֹא נֵבוֹשׁ וְלֹא נִכָּלֵם וְלֹא נִכָּשֵׁל לְעוֹלָם וָעֶד. כִּי בְשֵׁם קָדְשְׁךָ הַגָּדוֹל הַגִּבּוֹר וְהַנּוֹרָא בָּטָחְנוּ, נָגִילָה וְנִשְׂמְחָה בִּישׁוּעָתֶךָ. וְרַחֲמֶיךָ, יהוה אֱלֹהֵינוּ, וַחֲסָדֶיךָ הָרַבִּים, אַל יַעַזְבוּנוּ נֶצַח סֶלָה וָעֶד. מַהֵר וְהָבֵא עָלֵינוּ בְּרָכָה וְשָׁלוֹם מְהֵרָה מֵאַרְבַּע כַּנְפוֹת (כָּל) הָאָרֶץ, וּשְׁבוֹר עוֹל הַגּוֹיִם מֵעַל צַוָּארֵנוּ, וְתוֹלִיכֵנוּ מְהֵרָה קוֹמְמִיּוּת לְאַרְצֵנוּ. כִּי אֵל פּוֹעֵל יְשׁוּעוֹת אָתָּה, וּבָנוּ בָחַרְתָּ מִכָּל עַם וְלָשׁוֹן. ❖ וְקֵרַבְתָּנוּ מַלְכֵּנוּ לְשִׁמְךָ הַגָּדוֹל סֶלָה בֶּאֱמֶת בְּאַהֲבָה. לְהוֹדוֹת לְךָ וּלְיַחֶדְךָ בְּאַהֲבָה, וּלְאַהֲבָה אֶת שְׁמֶךָ. בָּרוּךְ אַתָּה יהוה, הַבּוֹחֵר בְּעַמּוֹ יִשְׂרָאֵל בְּאַהֲבָה.

כשמגיע ל„מֵאַרְבַּע כַּנְפוֹת הָאָרֶץ" יקבץ ד' ציציות הטלית, וישים אותם בידו השמאלית בין קמיצה לזרת (האצבע הקטנה והאצבע הרביעית) ויחזיקם כנגד לבו עד הפרשה הג' של קריאת שמע.

## קריאת שמע

יכוון לקיים מצות עשה דאורייתא של קריאת שמע ויקרא במתינות ובכוונה באימה ויראה ברתת וזיע. וידקדק מאוד לבטא כל תיבה ואות באופן ברור, ולהפסיק בין מלה למלה ויתן ריוח לפני תיבה שתחילתה כסוף תיבה שלפניה. נהגו המדקדקים לקרות קריאת שמע בטעמיה (דה"ח). [ועיין הלכות בסוף הסידור סע' נה-נז וסע' סב-עד.]

יחיד אומר: אֵל מֶלֶךְ נֶאֱמָן.

יכסה עיניו ביד ימין ויאמר פסוק „שְׁמַע" בקול רם ובכוונה עצומה, ויתבונן שהוא יתברך שמו מלך בשמים ובארץ, ויקבל עליו עול מלכותו ומצותיו. צריך להאריך בחי"ת של „אֶחָד" שימליך את הקב"ה בשמים ובארץ, שלזה רומז החטוטרת שבאמצע גג החי"ת. ויאריך בדל"ת של „אֶחָד" שיעור שיחשוב שהקב"ה יחיד בעולמו ומושל בד' רוחות העולם (או"ח סי' סא סע' ד-ו).

דברים ו:ד-ט

**שְׁמַע | יִשְׂרָאֵל, יהוה | אֱלֹהֵינוּ, יהוה | אֶחָד:**

בלחש: בָּרוּךְ שֵׁם כְּבוֹד מַלְכוּתוֹ לְעוֹלָם וָעֶד.[3]

(1) נ"א אַהֲבָה רַבָּה (2) ע"פ תהלים פו:יא (3) ע"פ פסחים נו.

כשאומר „וְאָהַבְתָּ . . .” יכוון לקבל עליו המצוה של אהבת השי”ת.

**וְאָהַבְתָּ** אֵת | יְהוָה | אֱלֹהֶיךָ, בְּכָל־לְבָבְךָ, וּבְכָל־נַפְשְׁךָ, וּבְכָל־מְאֹדֶךָ: וְהָיוּ הַדְּבָרִים הָאֵלֶּה, אֲשֶׁר | אָנֹכִי מְצַוְּךָ הַיּוֹם, עַל־לְבָבֶךָ: וְשִׁנַּנְתָּם לְבָנֶיךָ, וְדִבַּרְתָּ בָּם, בְּשִׁבְתְּךָ בְּבֵיתֶךָ, וּבְלֶכְתְּךָ בַדֶּרֶךְ, וּבְשָׁכְבְּךָ וּבְקוּמֶךָ: וּקְשַׁרְתָּם לְאוֹת | עַל־יָדֶךָ, וְהָיוּ לְטֹטָפֹת בֵּין | עֵינֶיךָ: וּכְתַבְתָּם | עַל־מְזֻזוֹת בֵּיתֶךָ, וּבִשְׁעָרֶיךָ:

כשאומר הפרשה השניה (דברים יא:יג-כא) יכוון לקבל עליו עול מצוות,
ויתבונן שהבורא יתברך משלם גמול טוב למקיימי מצותיו ומעניש לעוברים עליהם.

**וְהָיָה,** אִם־שָׁמֹעַ תִּשְׁמְעוּ אֶל־מִצְוֹתַי, אֲשֶׁר | אָנֹכִי מְצַוֶּה | אֶתְכֶם הַיּוֹם, לְאַהֲבָה אֶת־יְהוָה | אֱלֹהֵיכֶם וּלְעָבְדוֹ, בְּכָל־לְבַבְכֶם, וּבְכָל־נַפְשְׁכֶם: וְנָתַתִּי מְטַר־אַרְצְכֶם בְּעִתּוֹ, יוֹרֶה וּמַלְקוֹשׁ, וְאָסַפְתָּ דְגָנֶךָ וְתִירֹשְׁךָ וְיִצְהָרֶךָ: וְנָתַתִּי | עֵשֶׂב | בְּשָׂדְךָ לִבְהֶמְתֶּךָ, וְאָכַלְתָּ וְשָׂבָעְתָּ: הִשָּׁמְרוּ לָכֶם, פֶּן־יִפְתֶּה לְבַבְכֶם, וְסַרְתֶּם וַעֲבַדְתֶּם | אֱלֹהִים | אֲחֵרִים, וְהִשְׁתַּחֲוִיתֶם לָהֶם: וְחָרָה | אַף־יְהוָה בָּכֶם, וְעָצַר | אֶת־הַשָּׁמַיִם, וְלֹא־יִהְיֶה מָטָר, וְהָאֲדָמָה לֹא תִתֵּן אֶת־יְבוּלָהּ, וַאֲבַדְתֶּם | מְהֵרָה מֵעַל הָאָרֶץ הַטֹּבָה | אֲשֶׁר | יְהוָה נֹתֵן לָכֶם: וְשַׂמְתֶּם | אֶת־דְּבָרַי | אֵלֶּה, עַל־לְבַבְכֶם וְעַל־נַפְשְׁכֶם, וּקְשַׁרְתֶּם | אֹתָם לְאוֹת | עַל־יֶדְכֶם, וְהָיוּ לְטוֹטָפֹת בֵּין | עֵינֵיכֶם: וְלִמַּדְתֶּם | אֹתָם | אֶת־בְּנֵיכֶם, לְדַבֵּר בָּם, בְּשִׁבְתְּךָ בְּבֵיתֶךָ, וּבְלֶכְתְּךָ בַדֶּרֶךְ, וּבְשָׁכְבְּךָ וּבְקוּמֶךָ: וּכְתַבְתָּם | עַל־מְזוּזוֹת בֵּיתֶךָ, וּבִשְׁעָרֶיךָ: לְמַעַן | יִרְבּוּ | יְמֵיכֶם וִימֵי בְנֵיכֶם, עַל הָאֲדָמָה | אֲשֶׁר נִשְׁבַּע | יְהוָה לַאֲבֹתֵיכֶם לָתֵת לָהֶם, כִּימֵי הַשָּׁמַיִם | עַל־הָאָרֶץ:

כשמגיע לפרשה השלישית (במדבר טו:לז-מא) יחזיק הציצית גם ביד ימינו וינשקן כל פעם שאומר
המילה „צִיצִת” וגם כשאומר „אֱמֶת”. כשאומר „וּרְאִיתֶם אֹתוֹ” יסתכל בציצית ויעבירן על עיניו.

**וַיֹּאמֶר** | יְהוָה | אֶל־מֹשֶׁה לֵּאמֹר: דַּבֵּר | אֶל־בְּנֵי | יִשְׂרָאֵל, וְאָמַרְתָּ אֲלֵהֶם, וְעָשׂוּ לָהֶם צִיצִת,

עַל־כַּנְפֵי בִגְדֵיהֶם לְדֹרֹתָם, וְנָתְנוּ | עַל־צִיצִת הַכָּנָף, פְּתִיל תְּכֵלֶת: וְהָיָה לָכֶם לְצִיצִת, וּרְאִיתֶם | אֹתוֹ, וּזְכַרְתֶּם | אֶת־כָּל־מִצְוֹת | יהוה, וַעֲשִׂיתֶם | אֹתָם, וְלֹא־תָתוּרוּ | אַחֲרֵי לְבַבְכֶם וְאַחֲרֵי | עֵינֵיכֶם, אֲשֶׁר־אַתֶּם זֹנִים | אַחֲרֵיהֶם: לְמַעַן תִּזְכְּרוּ, וַעֲשִׂיתֶם | אֶת־כָּל־מִצְוֹתָי, וִהְיִיתֶם קְדֹשִׁים לֵאלֹהֵיכֶם: אֲנִי יהוה | אֱלֹהֵיכֶם, אֲשֶׁר הוֹצֵאתִי | אֶתְכֶם | מֵאֶרֶץ מִצְרַיִם, לִהְיוֹת לָכֶם לֵאלֹהִים, אֲנִי | יהוה | אֱלֹהֵיכֶם: אֱמֶת —

יכוון לקיים מצות עשה של זכירת יציאת מצרים.

החזן חוזר ואומר בקול רם: **יהוה אֱלֹהֵיכֶם אֱמֶת,**

**וְיַצִּיב** וְנָכוֹן וְקַיָּם וְיָשָׁר וְנֶאֱמָן וְאָהוּב וְחָבִיב וְנֶחְמָד וְנָעִים וְנוֹרָא וְאַדִּיר וּמְתֻקָּן וּמְקֻבָּל וְטוֹב וְיָפֶה הַדָּבָר הַזֶּה עָלֵינוּ לְעוֹלָם וָעֶד. אֱמֶת אֱלֹהֵי עוֹלָם מַלְכֵּנוּ צוּר יַעֲקֹב, מָגֵן יִשְׁעֵנוּ, לְדֹר וָדֹר הוּא קַיָּם, וּשְׁמוֹ קַיָּם, וְכִסְאוֹ נָכוֹן, וּמַלְכוּתוֹ וֶאֱמוּנָתוֹ לָעַד קַיֶּמֶת. וּדְבָרָיו חָיִים וְקַיָּמִים, נֶאֱמָנִים וְנֶחֱמָדִים לָעַד (ינשק הציצית ויסירם מידיו) וּלְעוֹלְמֵי עוֹלָמִים. ✧ עַל אֲבוֹתֵינוּ וְעָלֵינוּ, עַל בָּנֵינוּ וְעַל דּוֹרוֹתֵינוּ, וְעַל כָּל דּוֹרוֹת זֶרַע יִשְׂרָאֵל עֲבָדֶיךָ.

**עַל** הָרִאשׁוֹנִים וְעַל הָאַחֲרוֹנִים, דָּבָר טוֹב וְקַיָּם לְעוֹלָם וָעֶד, אֱמֶת וֶאֱמוּנָה חֹק וְלֹא יַעֲבֹר. אֱמֶת שָׁאַתָּה הוּא יהוה אֱלֹהֵינוּ וֵאלֹהֵי אֲבוֹתֵינוּ, ✧ מַלְכֵּנוּ מֶלֶךְ אֲבוֹתֵינוּ, גֹּאֲלֵנוּ גֹּאֵל אֲבוֹתֵינוּ, יוֹצְרֵנוּ צוּר יְשׁוּעָתֵנוּ, פּוֹדֵנוּ וּמַצִּילֵנוּ מֵעוֹלָם הוּא שְׁמֶךָ, וְאֵין לָנוּ עוֹד אֱלֹהִים זוּלָתֶךָ, סֶלָה.

**עֶזְרַת** אֲבוֹתֵינוּ אַתָּה הוּא מֵעוֹלָם, מָגֵן וּמוֹשִׁיעַ לָהֶם וְלִבְנֵיהֶם אַחֲרֵיהֶם בְּכָל דּוֹר וָדוֹר. בְּרוּם עוֹלָם מוֹשָׁבֶךָ, וּמִשְׁפָּטֶיךָ וְצִדְקָתְךָ עַד אַפְסֵי אָרֶץ. אֱמֶת אַשְׁרֵי

אִישׁ שֶׁיִּשְׁמַע לְמִצְוֹתֶיךָ, וְתוֹרָתְךָ וּדְבָרְךָ יָשִׂים עַל לִבּוֹ. אֱמֶת אַתָּה הוּא אָדוֹן לְעַמֶּךָ, וּמֶלֶךְ גִּבּוֹר לָרִיב רִיבָם לְאָבוֹת וּבָנִים. אֱמֶת אַתָּה הוּא רִאשׁוֹן וְאַתָּה הוּא אַחֲרוֹן, וּמִבַּלְעָדֶיךָ אֵין לָנוּ מֶלֶךְ[1] גּוֹאֵל וּמוֹשִׁיעַ. אֱמֶת מִמִּצְרַיִם גְּאַלְתָּנוּ יהוה אֱלֹהֵינוּ, וּמִבֵּית עֲבָדִים פְּדִיתָנוּ. כָּל בְּכוֹרֵיהֶם הָרָגְתָּ, וּבְכוֹרְךָ יִשְׂרָאֵל גָּאָלְתָּ, וְיַם סוּף לָהֶם בָּקַעְתָּ, וְזֵדִים טִבַּעְתָּ, וִידִידִים הֶעֱבַרְתָּ, וַיְכַסּוּ מַיִם צָרֵיהֶם, אֶחָד מֵהֶם לֹא נוֹתָר.[2] עַל זֹאת שִׁבְּחוּ אֲהוּבִים וְרוֹמְמוּ לָאֵל, וְנָתְנוּ יְדִידִים זְמִרוֹת שִׁירוֹת וְתִשְׁבָּחוֹת, בְּרָכוֹת וְהוֹדָאוֹת, לְמֶלֶךְ אֵל חַי וְקַיָּם, רָם וְנִשָּׂא, גָּדוֹל וְנוֹרָא, מַשְׁפִּיל גֵּאִים עֲדֵי אָרֶץ, וּמַגְבִּיהַּ שְׁפָלִים עֲדֵי מָרוֹם. מוֹצִיא אֲסִירִים, וּפוֹדֶה עֲנָוִים, וְעוֹזֵר דַּלִּים, וְעוֹנֶה לְעַמּוֹ יִשְׂרָאֵל בְּעֵת שַׁוְּעָם אֵלָיו.

יקום ויכין עצמו לתפילת שמונה עשרה.

❖ תְּהִלּוֹת לְאֵל עֶלְיוֹן גּוֹאֲלָם, בָּרוּךְ הוּא וּמְבֹרָךְ. מֹשֶׁה וּבְנֵי יִשְׂרָאֵל לְךָ עָנוּ שִׁירָה בְּשִׂמְחָה רַבָּה וְאָמְרוּ כֻלָּם:

**מִי כָמֹכָה בָּאֵלִם יהוה, מִי כָּמֹכָה נֶאְדָּר בַּקֹּדֶשׁ, נוֹרָא תְהִלֹּת עֹשֵׂה פֶלֶא.**[3]

❖ שִׁירָה חֲדָשָׁה שִׁבְּחוּ גְאוּלִים לְשִׁמְךָ הַגָּדוֹל עַל שְׂפַת הַיָּם, יַחַד כֻּלָּם הוֹדוּ וְהִמְלִיכוּ וְאָמְרוּ:

**יהוה יִמְלֹךְ לְעֹלָם וָעֶד.**[4]

יסמיך „גָּאַל יִשְׂרָאֵל" לתפילת שמונה עשרה כל מה דאפשר, ולא יפסיק אפילו לעניית אמן. ואפילו לקדיש, קדושה, וברכו לא יפסיק. ויש מתירים לענות באלו בשבת (או"ח סי' קיא ברמ"א, ומ"ב שם סק"ט). רוב קהילות מתפללי ספרד נהגו שלא לענות אמן על ברכות גאל ישראל, ולכן פשט המנהג שאין החזן מסיים הברכה בקול רם. אם מסיים הברכה בשוה עם החזן אינו עונה אמן אף אם החזן מסיים בקול רם.

❖ **צוּר** יִשְׂרָאֵל, קוּמָה בְּעֶזְרַת יִשְׂרָאֵל, וּפְדֵה כִנְאֻמֶךָ יְהוּדָה וְיִשְׂרָאֵל. וְנֶאֱמַר: גֹּאֲלֵנוּ יהוה צְבָאוֹת שְׁמוֹ, קְדוֹשׁ יִשְׂרָאֵל.[5] בָּרוּךְ אַתָּה יהוה, גָּאַל יִשְׂרָאֵל.

(1) ע"פ ישעיה מד:ו (2) תהלים קו:יא (3) שמות טו:יא (4) טו:יח (5) ישעיה מז:ד

# ⟨ שמונה עשרה ⟩

**בשבת חול המועד אומר שמונה עשרה של שבת. ביו"ט (אף כשחל בשבת) אומר שמונה עשרה של יו"ט. שמונה עשרה של שלש רגלים תמצא בעמ' 309, של ראש השנה בעמ' 339, ושל יום הכיפורים בעמ' 355.**

יפסע ג' פסיעות לאחריו ואח"כ לפניו דרך קירוב והגשה. יכוון רגליו ויעמידן זו אצל זו בשוה כאילו הן רגל אחת כדי להדמות למלאכים. יתפלל במתינות ובכוונת הלב ויבין פירוש המלות ולא יפסיק לשום דבר. לכתחילה צריך להשמיע לאזניו מה שמוציא מפיו אבל לא ירים קולו עד שישמעו אחרים תפילתו.

אֲדֹנָי שְׂפָתַי תִּפְתָּח, וּפִי יַגִּיד תְּהִלָּתֶךָ.[1]

אבות

**בָּרוּךְ** אַתָּה יהוה אֱלֹהֵינוּ וֵאלֹהֵי אֲבוֹתֵינוּ, אֱלֹהֵי אַבְרָהָם, אֱלֹהֵי יִצְחָק, וֵאלֹהֵי יַעֲקֹב, הָאֵל הַגָּדוֹל הַגִּבּוֹר וְהַנּוֹרָא, אֵל עֶלְיוֹן, גּוֹמֵל חֲסָדִים טוֹבִים, וְקוֹנֵה הַכֹּל, וְזוֹכֵר חַסְדֵי אָבוֹת, וּמֵבִיא גוֹאֵל לִבְנֵי בְנֵיהֶם, לְמַעַן שְׁמוֹ בְּאַהֲבָה.

בשבת שובה מוסיפים [ואם שכח אינו חוזר; עיין הלכות בסוף הסידור סע' עה]:

זָכְרֵנוּ לְחַיִּים, מֶלֶךְ חָפֵץ בַּחַיִּים,
וְכָתְבֵנוּ בְּסֵפֶר הַחַיִּים, לְמַעַנְךָ אֱלֹהִים חַיִּים.

מֶלֶךְ עוֹזֵר וּמוֹשִׁיעַ וּמָגֵן. בָּרוּךְ אַתָּה יהוה, מָגֵן אַבְרָהָם.

גבורות

**אַתָּה** גִּבּוֹר לְעוֹלָם אֲדֹנָי, מְחַיֵּה מֵתִים אַתָּה, רַב לְהוֹשִׁיעַ.

מחוה"מ פסח עד שמיני עצרת: מוֹרִיד הַטָּל. | בין שמיני עצרת לפסח: מַשִּׁיב הָרוּחַ וּמוֹרִיד הַגֶּשֶׁם [נ"א: הַגָּשֶׁם].

[אם שכח או טעה, עיין הלכות בסוף הסידור סע' פד-צא.]

מְכַלְכֵּל חַיִּים בְּחֶסֶד, מְחַיֵּה מֵתִים בְּרַחֲמִים רַבִּים, סוֹמֵךְ נוֹפְלִים, וְרוֹפֵא חוֹלִים, וּמַתִּיר אֲסוּרִים, וּמְקַיֵּם אֱמוּנָתוֹ לִישֵׁנֵי עָפָר. מִי כָמוֹךָ בַּעַל גְּבוּרוֹת, וּמִי דּוֹמֶה לָּךְ, מֶלֶךְ מֵמִית וּמְחַיֶּה וּמַצְמִיחַ יְשׁוּעָה.

בשבת שובה מוסיפים [ואם שכח אינו חוזר; עיין הלכות בסוף הסידור סע' עה]:

מִי כָמוֹךָ אָב הָרַחֲמָן, זוֹכֵר יְצוּרָיו לְחַיִּים בְּרַחֲמִים.

וְנֶאֱמָן אַתָּה לְהַחֲיוֹת מֵתִים. בָּרוּךְ אַתָּה יהוה, מְחַיֵּה הַמֵּתִים.

בחזרת הש"ץ אומרים כאן קדושה (בעמוד הבא).

(1) תהלים נא:יז

קדושת השם

בקצת קהילות אומר החזן „לְדוֹר וָדוֹר" בחזרת הש"ץ במקום „אַתָּה קָדוֹשׁ".

**אַתָּה** קָדוֹשׁ וְשִׁמְךָ קָדוֹשׁ, וּקְדוֹשִׁים בְּכָל יוֹם יְהַלְלְוּךָ סֶּלָה, כִּי אֵל מֶלֶךְ גָּדוֹל וְקָדוֹשׁ אָתָּה. בָּרוּךְ אַתָּה יהוה, °הָאֵל [°בשבת שובה–הַמֶּלֶךְ] הַקָּדוֹשׁ.

**לְדוֹר** וָדוֹר נַגִּיד גָּדְלֶךָ וּלְנֵצַח נְצָחִים קְדֻשָּׁתְךָ נַקְדִּישׁ, וְשִׁבְחֲךָ אֱלֹהֵינוּ מִפִּינוּ לֹא יָמוּשׁ לְעוֹלָם וָעֶד, כִּי אֵל מֶלֶךְ גָּדוֹל וְקָדוֹשׁ אָתָּה. בָּרוּךְ אַתָּה יהוה, °הָאֵל [°בשבת שובה–הַמֶּלֶךְ] הַקָּדוֹשׁ.

[אם שכח לומר „הַמֶּלֶךְ" בשבת שובה חוזר לראש התפלה, ראה הלכות בסוף הסידור סע' עו-עז.]

[אם טעה ואמר תפלה של חול או תפילה אחרת מתפילות שבת, עיין הלכות בסוף הסידור סע' קמא-קמו.]

קדושת היום

**יִשְׂמַח מֹשֶׁה** בְּמַתְּנַת חֶלְקוֹ, כִּי עֶבֶד נֶאֱמָן קָרָאתָ לּוֹ. כְּלִיל תִּפְאֶרֶת בְּרֹאשׁוֹ נָתַתָּ לּוֹ, בְּעָמְדוֹ לְפָנֶיךָ עַל הַר סִינָי. וּשְׁנֵי לוּחוֹת אֲבָנִים הוֹרִיד בְּיָדוֹ,[1] וְכָתוּב בָּהֶם שְׁמִירַת שַׁבָּת. וְכֵן כָּתוּב בְּתוֹרָתֶךָ:

קדושה

יכוון רגליו ויעמידן זו אצל זו בשוה כמו בתפילת שמונה עשרה. אסור להפסיק לשום דבר בעת אמירת קדושה.

קהל ואח"כ חזן– **נְקַדֵּשׁךָ** וְנַעֲרִיצְךָ, כְּנֹעַם שִׂיחַ סוֹד שַׂרְפֵי קֹדֶשׁ, הַמְּשַׁלְּשִׁים לְךָ קְדֻשָּׁה, כַּכָּתוּב עַל יַד נְבִיאֶךָ, וְקָרָא זֶה אֶל זֶה וְאָמַר:

קהל וחזן ביחד–קָדוֹשׁ קָדוֹשׁ קָדוֹשׁ יהוה צְבָאוֹת, מְלֹא כָל הָאָרֶץ כְּבוֹדוֹ.[2]

❖ אָז בְּקוֹל רַעַשׁ גָּדוֹל אַדִּיר וְחָזָק מַשְׁמִיעִים קוֹל, מִתְנַשְּׂאִים לְעֻמַּת שְׂרָפִים, לְעֻמָּתָם מְשַׁבְּחִים וְאוֹמְרִים:

קהל וחזן ביחד–בָּרוּךְ כְּבוֹד יהוה, מִמְּקוֹמוֹ.[3] ❖ מִמְּקוֹמְךָ מַלְכֵּנוּ תוֹפִיעַ, וְתִמְלֹךְ עָלֵינוּ, כִּי מְחַכִּים אֲנַחְנוּ לָךְ. מָתַי תִּמְלֹךְ בְּצִיּוֹן, בְּקָרוֹב בְּיָמֵינוּ, לְעוֹלָם וָעֶד תִּשְׁכּוֹן. תִּתְגַּדַּל וְתִתְקַדַּשׁ בְּתוֹךְ יְרוּשָׁלַיִם עִירְךָ, לְדוֹר וָדוֹר וּלְנֵצַח נְצָחִים. וְעֵינֵינוּ תִרְאֶינָה מַלְכוּתֶךָ, כַּדָּבָר הָאָמוּר בְּשִׁירֵי עֻזֶּךָ, עַל יְדֵי דָוִד מְשִׁיחַ צִדְקֶךָ:

קהל וחזן ביחד–יִמְלֹךְ יהוה לְעוֹלָם, אֱלֹהַיִךְ צִיּוֹן לְדֹר וָדֹר, הַלְלוּיָהּ.[4]

החזן אומר „אַתָּה קָדוֹשׁ . . ." [או „לְדוֹר וָדוֹר . . ."] (למעלה).

(1) ע"פ שמות לב:טו (2) ישעיה ו:ג (3) יחזקאל ג:יב (4) תהלים קמו:י

**וְשָׁמְרוּ** בְנֵי יִשְׂרָאֵל אֶת הַשַּׁבָּת, לַעֲשׂוֹת אֶת הַשַּׁבָּת לְדֹרֹתָם בְּרִית עוֹלָם. בֵּינִי וּבֵין בְּנֵי יִשְׂרָאֵל אוֹת הִיא לְעֹלָם, כִּי שֵׁשֶׁת יָמִים עָשָׂה יהוה אֶת הַשָּׁמַיִם וְאֶת הָאָרֶץ, וּבַיּוֹם הַשְּׁבִיעִי שָׁבַת וַיִּנָּפַשׁ.[1]

**וְלֹא נְתַתּוֹ** יהוה אֱלֹהֵינוּ לְגוֹיֵי הָאֲרָצוֹת, וְלֹא הִנְחַלְתּוֹ מַלְכֵּנוּ לְעוֹבְדֵי פְסִילִים, וְגַם בִּמְנוּחָתוֹ לֹא יִשְׁכְּנוּ עֲרֵלִים. כִּי לְיִשְׂרָאֵל עַמְּךָ נְתַתּוֹ בְּאַהֲבָה, לְזֶרַע יַעֲקֹב אֲשֶׁר בָּם בָּחָרְתָּ.

**יִשְׂמְחוּ** בְמַלְכוּתְךָ שׁוֹמְרֵי שַׁבָּת וְקוֹרְאֵי עֹנֶג, עַם מְקַדְּשֵׁי שְׁבִיעִי, כֻּלָּם יִשְׂבְּעוּ וְיִתְעַנְּגוּ מִטּוּבֶךָ, וּבַשְּׁבִיעִי רָצִיתָ בּוֹ וְקִדַּשְׁתּוֹ, חֶמְדַּת יָמִים אוֹתוֹ קָרָאתָ, זֵכֶר לְמַעֲשֵׂה בְרֵאשִׁית.

**אֱלֹהֵינוּ** וֵאלֹהֵי אֲבוֹתֵינוּ, רְצֵה נָא בִמְנוּחָתֵנוּ. קַדְּשֵׁנוּ בְּמִצְוֹתֶיךָ, וְתֵן חֶלְקֵנוּ בְּתוֹרָתֶךָ. שַׂבְּעֵנוּ מִטּוּבֶךָ, וְשַׂמַּח נַפְשֵׁנוּ בִּישׁוּעָתֶךָ, וְטַהֵר לִבֵּנוּ לְעָבְדְּךָ בֶּאֱמֶת. וְהַנְחִילֵנוּ יהוה אֱלֹהֵינוּ בְּאַהֲבָה וּבְרָצוֹן שַׁבַּת קָדְשֶׁךָ, וְיָנוּחוּ בוֹ כָּל יִשְׂרָאֵל מְקַדְּשֵׁי שְׁמֶךָ. בָּרוּךְ אַתָּה יהוה, מְקַדֵּשׁ הַשַּׁבָּת.

עבודה

**רְצֵה** יהוה אֱלֹהֵינוּ בְּעַמְּךָ יִשְׂרָאֵל וְלִתְפִלָּתָם שְׁעֵה, וְהָשֵׁב אֶת הָעֲבוֹדָה לִדְבִיר בֵּיתֶךָ. וְאִשֵּׁי יִשְׂרָאֵל, וּתְפִלָּתָם מְהֵרָה בְּאַהֲבָה תְקַבֵּל בְּרָצוֹן, וּתְהִי לְרָצוֹן תָּמִיד עֲבוֹדַת יִשְׂרָאֵל עַמֶּךָ.

(1) שמות לא:טז-יז

בראש חודש ובחול המועד מוסיפים [ואם שכח לומר „יַעֲלֶה וְיָבֹא" חוזר לראש התפילה. עיין הלכות בסוף הסידור סע' קה-קז.]:

**אֱלֹהֵינוּ** וֵאלֹהֵי אֲבוֹתֵינוּ, יַעֲלֶה, וְיָבֹא, וְיַגִּיעַ, וְיֵרָאֶה, וְיֵרָצֶה, וְיִשָּׁמַע, וְיִפָּקֵד, וְיִזָּכֵר, זִכְרוֹנֵנוּ וּפִקְדוֹנֵנוּ, וְזִכְרוֹן אֲבוֹתֵינוּ, וְזִכְרוֹן מָשִׁיחַ בֶּן דָּוִד עַבְדֶּךָ, וְזִכְרוֹן יְרוּשָׁלַיִם עִיר קָדְשֶׁךָ, וְזִכְרוֹן כָּל עַמְּךָ בֵּית יִשְׂרָאֵל לְפָנֶיךָ, לִפְלֵיטָה לְטוֹבָה, לְחֵן וּלְחֶסֶד וּלְרַחֲמִים, לְחַיִּים (טוֹבִים) וּלְשָׁלוֹם, בְּיוֹם

| בראש חודש | בחוה"מ פסח | בחוה"מ סוכות |
|---|---|---|
| רֹאשׁ הַחֹדֶשׁ הַזֶּה. | חַג הַמַּצּוֹת הַזֶּה. | חַג הַסֻּכּוֹת הַזֶּה. |

זָכְרֵנוּ יהוה אֱלֹהֵינוּ בּוֹ לְטוֹבָה, וּפָקְדֵנוּ בוֹ לִבְרָכָה, וְהוֹשִׁיעֵנוּ בוֹ לְחַיִּים טוֹבִים. וּבִדְבַר יְשׁוּעָה וְרַחֲמִים, חוּס וְחָנֵּנוּ וְרַחֵם עָלֵינוּ וְהוֹשִׁיעֵנוּ, כִּי אֵלֶיךָ עֵינֵינוּ, כִּי אֵל מֶלֶךְ חַנּוּן וְרַחוּם אָתָּה.[1]

**וְתֶחֱזֶינָה** עֵינֵינוּ בְּשׁוּבְךָ לְצִיּוֹן בְּרַחֲמִים. בָּרוּךְ אַתָּה יהוה, הַמַּחֲזִיר שְׁכִינָתוֹ לְצִיּוֹן.

הודאה

בחזרת הש"ץ אומר החזן „מוֹדִים" בקול רם (ראה או"ח סי' קכז מ"ב ס"ק מא), והקהל אומרים „מודים דרבנן" בלחש (ירושלמי ברכות פרק א). כשאומר „מוֹדִים" יכוף ראשו וגופו כאגמון, וכשזוקף יזקוף בנחת, ראשו תחלה (דה"ח).

**מוֹדִים** אֲנַחְנוּ לָךְ, שָׁאַתָּה הוּא יהוה אֱלֹהֵינוּ וֵאלֹהֵי אֲבוֹתֵינוּ לְעוֹלָם וָעֶד. צוּרֵנוּ, צוּר חַיֵּינוּ, מָגֵן יִשְׁעֵנוּ אַתָּה הוּא לְדוֹר וָדוֹר. נוֹדֶה לְּךָ וּנְסַפֵּר תְּהִלָּתֶךָ[2] עַל חַיֵּינוּ הַמְּסוּרִים בְּיָדֶךָ, וְעַל נִשְׁמוֹתֵינוּ הַפְּקוּדוֹת לָךְ, וְעַל נִסֶּיךָ שֶׁבְּכָל יוֹם עִמָּנוּ, וְעַל נִפְלְאוֹתֶיךָ וְטוֹבוֹתֶיךָ שֶׁבְּכָל עֵת, עֶרֶב וָבֹקֶר וְצָהֳרָיִם. הַטּוֹב כִּי לֹא כָלוּ רַחֲמֶיךָ, וְהַמְרַחֵם כִּי לֹא תַמּוּ חֲסָדֶיךָ,[3] כִּי מֵעוֹלָם קִוִּינוּ לָךְ.

מודים דרבנן

**מוֹדִים** אֲנַחְנוּ לָךְ, שָׁאַתָּה הוּא יהוה אֱלֹהֵינוּ וֵאלֹהֵי אֲבוֹתֵינוּ, אֱלֹהֵי כָל בָּשָׂר, יוֹצְרֵנוּ, יוֹצֵר בְּרֵאשִׁית. בְּרָכוֹת וְהוֹדָאוֹת לְשִׁמְךָ הַגָּדוֹל וְהַקָּדוֹשׁ, עַל שֶׁהֶחֱיִיתָנוּ וְקִיַּמְתָּנוּ. כֵּן תְּחַיֵּנוּ וּתְקַיְּמֵנוּ, וְתֶאֱסוֹף גָּלֻיּוֹתֵינוּ לְחַצְרוֹת קָדְשֶׁךָ, לִשְׁמוֹר חֻקֶּיךָ וְלַעֲשׂוֹת רְצוֹנֶךָ, וּלְעָבְדְּךָ בְּלֵבָב שָׁלֵם, עַל שֶׁאֲנַחְנוּ מוֹדִים לָךְ. בָּרוּךְ אֵל הַהוֹדָאוֹת.

(1) ע"פ נחמיה ט:לא (2) ע"פ תהלים עט:יג (3) ע"פ איכה ג:כב

בשבת חנוכה מוסיפים [ואם שכח אינו חוזר; ראה ההלכות שבסוף הסידור סע' קח]:

**וְעַל הַנִּסִּים,** וְעַל הַפֻּרְקָן, וְעַל הַגְּבוּרוֹת, וְעַל הַתְּשׁוּעוֹת, וְעַל הַנִּפְלָאוֹת, וְעַל הַנֶּחָמוֹת, וְעַל הַמִּלְחָמוֹת, שֶׁעָשִׂיתָ לַאֲבוֹתֵינוּ בַּיָּמִים הָהֵם בַּזְּמַן הַזֶּה.

**בִּימֵי** מַתִּתְיָהוּ בֶּן יוֹחָנָן כֹּהֵן גָּדוֹל חַשְׁמוֹנָאִי וּבָנָיו, כְּשֶׁעָמְדָה מַלְכוּת יָוָן הָרְשָׁעָה עַל עַמְּךָ יִשְׂרָאֵל, לְהַשְׁכִּיחָם תּוֹרָתֶךָ, וּלְהַעֲבִירָם מֵחֻקֵּי רְצוֹנֶךָ. וְאַתָּה בְּרַחֲמֶיךָ הָרַבִּים, עָמַדְתָּ לָהֶם בְּעֵת צָרָתָם, רַבְתָּ אֶת רִיבָם, דַּנְתָּ אֶת דִּינָם, נָקַמְתָּ אֶת נִקְמָתָם.[1] מָסַרְתָּ גִּבּוֹרִים בְּיַד חַלָּשִׁים, וְרַבִּים בְּיַד מְעַטִּים, וּטְמֵאִים בְּיַד טְהוֹרִים, וּרְשָׁעִים בְּיַד צַדִּיקִים, וְזֵדִים בְּיַד עוֹסְקֵי תוֹרָתֶךָ. וּלְךָ עָשִׂיתָ שֵׁם גָּדוֹל וְקָדוֹשׁ בְּעוֹלָמֶךָ, וּלְעַמְּךָ יִשְׂרָאֵל עָשִׂיתָ תְּשׁוּעָה גְדוֹלָה[2] וּפֻרְקָן כְּהַיּוֹם הַזֶּה. וְאַחַר כֵּן בָּאוּ בָנֶיךָ לִדְבִיר בֵּיתֶךָ, וּפִנּוּ אֶת הֵיכָלֶךָ, וְטִהֲרוּ אֶת מִקְדָּשֶׁךָ, וְהִדְלִיקוּ נֵרוֹת בְּחַצְרוֹת קָדְשֶׁךָ, וְקָבְעוּ שְׁמוֹנַת יְמֵי חֲנֻכָּה אֵלּוּ, לְהוֹדוֹת וּלְהַלֵּל לְשִׁמְךָ הַגָּדוֹל.

וְעַל כֻּלָּם יִתְבָּרַךְ וְיִתְרוֹמַם וְיִתְנַשֵּׂא שִׁמְךָ מַלְכֵּנוּ תָּמִיד לְעוֹלָם וָעֶד.

בשבת שובה מוסיפים [ואם שכח אינו חוזר; ראה ההלכות שבסוף הסידור סע' עה]:

וּכְתוֹב לְחַיִּים טוֹבִים כָּל בְּנֵי בְרִיתֶךָ.

וְכֹל הַחַיִּים יוֹדְוּךָ סֶּלָה, וִיהַלְּלוּ וִיבָרְכוּ אֶת שִׁמְךָ הַגָּדוֹל בֶּאֱמֶת, לְעוֹלָם כִּי טוֹב. הָאֵל יְשׁוּעָתֵנוּ וְעֶזְרָתֵנוּ סֶלָה, הָאֵל הַטּוֹב. בָּרוּךְ אַתָּה יהוה, הַטּוֹב שִׁמְךָ וּלְךָ נָאֶה לְהוֹדוֹת.

ברכת כהנים

כשאומר החזן „יְבָרֶכְךָ ה׳" יהיו פניו לצד ארון הקודש, וכשאומר „וְיִשְׁמְרֶךָ" לצד ימינו, כשאומר „יָאֵר ה׳" יהיו פניו לצד ארון הקודש, וכשאומר „פָּנָיו אֵלֶיךָ וִיחֻנֶּךָּ" לצד שמאלו (מ"א סי' קכז בשם זהר חדש).

**אֱלֹהֵינוּ** וֵאלֹהֵי אֲבוֹתֵינוּ, בָּרְכֵנוּ בַבְּרָכָה הַמְּשֻׁלֶּשֶׁת בַּתּוֹרָה, הַכְּתוּבָה עַל יְדֵי מֹשֶׁה עַבְדֶּךָ, הָאֲמוּרָה מִפִּי אַהֲרֹן וּבָנָיו, כֹּהֲנִים עַם קְדוֹשֶׁךָ, כָּאָמוּר: יְבָרֶכְךָ יהוה, וְיִשְׁמְרֶךָ. (קהל – כֵּן יְהִי רָצוֹן.)

יָאֵר יהוה פָּנָיו אֵלֶיךָ, וִיחֻנֶּךָּ. (קהל – כֵּן יְהִי רָצוֹן.)

יִשָּׂא יהוה פָּנָיו אֵלֶיךָ, וְיָשֵׂם לְךָ שָׁלוֹם.[1] (קהל – כֵּן יְהִי רָצוֹן.)

יש נוהגים לומר „אַדִּיר בַּמָּרוֹם" כשהחזן אומר „שִׂים שָׁלוֹם".

אַדִּיר בַּמָּרוֹם, שׁוֹכֵן בִּגְבוּרָה, אַתָּה שָׁלוֹם וְשִׁמְךָ שָׁלוֹם, יְהִי רָצוֹן שֶׁתָּשִׂים עָלֵינוּ וְעַל כָּל עַמְּךָ בֵּית יִשְׂרָאֵל חַיִּים וּבְרָכָה לְמִשְׁמֶרֶת שָׁלוֹם.

(1) ע"פ ירמיה נא:לו (2) ע"פ שמואל א יט:ה (4) במדבר ו:כד-כו

שלום

**שִׂים שָׁלוֹם,** טוֹבָה וּבְרָכָה, חַיִּים, חֵן וָחֶסֶד וְרַחֲמִים עָלֵינוּ וְעַל כָּל יִשְׂרָאֵל עַמֶּךָ. בָּרְכֵנוּ אָבִינוּ כֻּלָּנוּ כְּאֶחָד בְּאוֹר פָּנֶיךָ, כִּי בְאוֹר פָּנֶיךָ נָתַתָּ לָּנוּ, יהוה אֱלֹהֵינוּ, תּוֹרַת חַיִּים וְאַהֲבַת חֶסֶד, וּצְדָקָה, וּבְרָכָה, וְרַחֲמִים, וְחַיִּים, וְשָׁלוֹם. וְטוֹב יִהְיֶה בְעֵינֶיךָ לְבָרְכֵנוּ וּלְבָרֵךְ אֶת כָּל עַמְּךָ יִשְׂרָאֵל בְּכָל עֵת וּבְכָל שָׁעָה בִּשְׁלוֹמֶךָ (בְּרוֹב עוֹז וְשָׁלוֹם).

בשבת שובה מוסיפים [ואם שכח אינו חוזר; עיין הלכות בסוף הסידור סע' עה]:

בְּסֵפֶר חַיִּים בְּרָכָה וְשָׁלוֹם, וּפַרְנָסָה טוֹבָה, וּגְזֵרוֹת טוֹבוֹת, יְשׁוּעוֹת וְנֶחָמוֹת, נִזָּכֵר וְנִכָּתֵב לְפָנֶיךָ, אֲנַחְנוּ וְכָל עַמְּךָ בֵּית יִשְׂרָאֵל, לְחַיִּים טוֹבִים וּלְשָׁלוֹם.

בָּרוּךְ אַתָּה יהוה, הַמְּבָרֵךְ אֶת עַמּוֹ יִשְׂרָאֵל בַּשָּׁלוֹם.

יִהְיוּ לְרָצוֹן אִמְרֵי פִי וְהֶגְיוֹן לִבִּי לְפָנֶיךָ, יהוה צוּרִי וְגֹאֲלִי.[1]

**אֱלֹהַי,** נְצוֹר לְשׁוֹנִי מֵרָע, וּשְׂפָתַי מִדַּבֵּר מִרְמָה,[2] וְלִמְקַלְלַי נַפְשִׁי תִדּוֹם, וְנַפְשִׁי כֶּעָפָר לַכֹּל תִּהְיֶה. פְּתַח לִבִּי בְּתוֹרָתֶךָ, וְאַחֲרֵי מִצְוֹתֶיךָ תִּרְדּוֹף נַפְשִׁי. וְכָל הַקָּמִים וְהַחוֹשְׁבִים עָלַי לְרָעָה, מְהֵרָה הָפֵר עֲצָתָם וְקַלְקֵל מַחֲשַׁבְתָּם.[3] יְהִי רָצוֹן מִלְּפָנֶיךָ, יהוה אֱלֹהַי וֵאלֹהֵי אֲבוֹתַי, שֶׁלֹּא תַעֲלֶה קִנְאַת אָדָם עָלַי, וְלֹא קִנְאָתִי עַל אֲחֵרִים, וְשֶׁלֹּא אֶכְעֹס הַיּוֹם, וְשֶׁלֹּא אַכְעִיסֶךָ, וְתַצִּילֵנִי מִיֵּצֶר הָרָע, וְתֵן בְּלִבִּי הַכְנָעָה וַעֲנָוָה. מַלְכֵּנוּ וֵאלֹהֵינוּ, יַחֵד שִׁמְךָ בְּעוֹלָמֶךָ, בְּנֵה עִירָךְ, יַסֵּד בֵּיתֶךָ, וְשַׁכְלֵל הֵיכָלֶךָ, וְקַבֵּץ קִבּוּץ גָּלֻיּוֹת, וּפְדֵה צֹאנֶךָ וְשַׂמַּח עֲדָתֶךָ. עֲשֵׂה לְמַעַן שְׁמֶךָ, עֲשֵׂה לְמַעַן יְמִינֶךָ, עֲשֵׂה לְמַעַן תּוֹרָתֶךָ, עֲשֵׂה לְמַעַן קְדֻשָּׁתֶךָ. לְמַעַן יֵחָלְצוּן יְדִידֶיךָ, הוֹשִׁיעָה יְמִינְךָ וַעֲנֵנִי.[4] (כתב בס' אליה רבה שטוב לומר כאן פסוק ששייך אל שמו; ראה עמ' 443.) יִהְיוּ לְרָצוֹן אִמְרֵי פִי וְהֶגְיוֹן לִבִּי לְפָנֶיךָ, יהוה צוּרִי וְגֹאֲלִי.[1] עֹשֶׂה °שָׁלוֹם (°יש אומרים בשבת שובה – הַשָּׁלוֹם) בִּמְרוֹמָיו, הוּא יַעֲשֶׂה שָׁלוֹם עָלֵינוּ, וְעַל כָּל יִשְׂרָאֵל. וְאִמְרוּ: אָמֵן.

**יְהִי רָצוֹן** מִלְּפָנֶיךָ, יהוה אֱלֹהֵינוּ וֵאלֹהֵי אֲבוֹתֵינוּ, שֶׁיִּבָּנֶה בֵּית הַמִּקְדָּשׁ בִּמְהֵרָה בְיָמֵינוּ, וְתֵן חֶלְקֵנוּ בְּתוֹרָתֶךָ. וְשָׁם נַעֲבָדְךָ בְּיִרְאָה, כִּימֵי עוֹלָם וּכְשָׁנִים קַדְמוֹנִיּוֹת. וְעָרְבָה לַיהוה מִנְחַת יְהוּדָה וִירוּשָׁלָיִם, כִּימֵי עוֹלָם וּכְשָׁנִים קַדְמוֹנִיּוֹת.[5]

היחיד עומד במקום שכלו ג' הפסיעות עד שיגיע החזן לקדושה או לפחות עד שמתחיל חזרת הש"ץ ואז פוסע ג' פסיעות לפניו וחוזר למקומו. החזן או מי שמתפלל ביחידות יעמוד במקום שכלו הפסיעות כדי הילוך ד' אמות.

(1) תהלים יט:טו (2) ע"פ לד:יד (3) ע"פ תפלת מר בריה דרבינא, ברכות יז (4) תהלים ס:ז; קח:ז (5) מלאכי ג:ד

[בראש חודש, חנוכה, וחול המועד קוראים ההלל (עמ' 298).]

קדיש שלם

**יִתְגַּדַּל** וְיִתְקַדַּשׁ שְׁמֵהּ רַבָּא. בְּעָלְמָא דִּי בְרָא כִרְעוּתֵהּ. וְיַמְלִיךְ מַלְכוּתֵהּ, וְיַצְמַח פֻּרְקָנֵהּ וִיקָרֵב מְשִׁיחֵהּ. בְּחַיֵּיכוֹן וּבְיוֹמֵיכוֹן וּבְחַיֵּי דְכָל בֵּית יִשְׂרָאֵל, בַּעֲגָלָא וּבִזְמַן קָרִיב. וְאִמְרוּ: אָמֵן.

קהל וחזן — **יְהֵא שְׁמֵהּ רַבָּא מְבָרַךְ לְעָלַם וּלְעָלְמֵי עָלְמַיָּא. יִתְבָּרַךְ** וְיִשְׁתַּבַּח וְיִתְפָּאַר וְיִתְרוֹמַם וְיִתְנַשֵּׂא וְיִתְהַדָּר וְיִתְעַלֶּה וְיִתְהַלָּל שְׁמֵהּ דְּקֻדְשָׁא בְּרִיךְ הוּא — °לְעֵלָּא מִן כָּל (°בשבת שובה — לְעֵלָּא [וּ]לְעֵלָּא מִכָּל) בִּרְכָתָא וְשִׁירָתָא תֻּשְׁבְּחָתָא וְנֶחֱמָתָא דַּאֲמִירָן בְּעָלְמָא. וְאִמְרוּ: אָמֵן.

(קהל — קַבֵּל בְּרַחֲמִים וּבְרָצוֹן אֶת תְּפִלָּתֵנוּ.)

תִּתְקַבֵּל צְלוֹתְהוֹן וּבָעוּתְהוֹן דְּכָל בֵּית יִשְׂרָאֵל קֳדָם אֲבוּהוֹן דִּי בִשְׁמַיָּא. וְאִמְרוּ: אָמֵן.

(קהל — יְהִי שֵׁם יהוה מְבֹרָךְ מֵעַתָּה וְעַד עוֹלָם.[1])

יְהֵא שְׁלָמָא רַבָּא מִן שְׁמַיָּא, וְחַיִּים טוֹבִים עָלֵינוּ וְעַל כָּל יִשְׂרָאֵל. וְאִמְרוּ: אָמֵן.

(קהל — עֶזְרִי מֵעִם יהוה, עֹשֵׂה שָׁמַיִם וָאָרֶץ.[2])

עֹשֶׂה °שָׁלוֹם (°יש אומרים בשבת שובה — הַשָּׁלוֹם) בִּמְרוֹמָיו, הוּא יַעֲשֶׂה שָׁלוֹם עָלֵינוּ, וְעַל כָּל יִשְׂרָאֵל. וְאִמְרוּ: אָמֵן.

שיר של יום

[ביום טוב שחל בחול אין אומרים שיר של שבת, אלא שיר של אותו היום (עמ' 72).]

הַיּוֹם יוֹם שַׁבַּת קֹדֶשׁ, שֶׁבּוֹ הָיוּ הַלְוִיִּם אוֹמְרִים בְּבֵית הַמִּקְדָּשׁ:

תהלים צב

**מִזְמוֹר** שִׁיר לְיוֹם הַשַּׁבָּת. טוֹב לְהֹדוֹת לַיהוה, וּלְזַמֵּר לְשִׁמְךָ עֶלְיוֹן. לְהַגִּיד בַּבֹּקֶר חַסְדֶּךָ, וֶאֱמוּנָתְךָ בַּלֵּילוֹת. עֲלֵי עָשׂוֹר וַעֲלֵי נָבֶל, עֲלֵי הִגָּיוֹן בְּכִנּוֹר. כִּי שִׂמַּחְתַּנִי יהוה בְּפָעֳלֶךָ, בְּמַעֲשֵׂי יָדֶיךָ אֲרַנֵּן. מַה גָּדְלוּ מַעֲשֶׂיךָ, יהוה; מְאֹד עָמְקוּ מַחְשְׁבֹתֶיךָ. אִישׁ בַּעַר לֹא יֵדָע, וּכְסִיל לֹא יָבִין אֶת זֹאת. בִּפְרֹחַ רְשָׁעִים כְּמוֹ עֵשֶׂב, וַיָּצִיצוּ כָּל פֹּעֲלֵי אָוֶן, לְהִשָּׁמְדָם עֲדֵי עַד. וְאַתָּה מָרוֹם לְעֹלָם, יהוה. כִּי הִנֵּה אֹיְבֶיךָ, יהוה, כִּי הִנֵּה אֹיְבֶיךָ יֹאבֵדוּ, יִתְפָּרְדוּ כָּל פֹּעֲלֵי אָוֶן. וַתָּרֶם כִּרְאֵים קַרְנִי, בַּלֹּתִי בְּשֶׁמֶן רַעֲנָן. וַתַּבֵּט עֵינִי בְּשׁוּרָי; בַּקָּמִים עָלַי מְרֵעִים, תִּשְׁמַעְנָה אָזְנָי. צַדִּיק כַּתָּמָר יִפְרָח, כְּאֶרֶז בַּלְּבָנוֹן יִשְׂגֶּה. שְׁתוּלִים בְּבֵית יהוה, בְּחַצְרוֹת אֱלֹהֵינוּ יַפְרִיחוּ. ❖ עוֹד יְנוּבוּן בְּשֵׂיבָה, דְּשֵׁנִים וְרַעֲנַנִּים יִהְיוּ. לְהַגִּיד כִּי יָשָׁר יהוה, צוּרִי וְלֹא עַוְלָתָה בּוֹ.

---

(1) תהלים קיג:ב (2) קכא:ב

קדיש יתום

**יִתְגַּדַּל** וְיִתְקַדַּשׁ שְׁמֵהּ רַבָּא. בְּעָלְמָא דִּי בְרָא כִרְעוּתֵהּ. וְיַמְלִיךְ מַלְכוּתֵהּ, וְיַצְמַח פֻּרְקָנֵהּ וִיקָרֵב מְשִׁיחֵהּ. בְּחַיֵּיכוֹן וּבְיוֹמֵיכוֹן וּבְחַיֵּי דְכָל בֵּית יִשְׂרָאֵל, בַּעֲגָלָא וּבִזְמַן קָרִיב. וְאִמְרוּ: אָמֵן.

קהל וחזן — **יְהֵא שְׁמֵהּ רַבָּא מְבָרַךְ לְעָלַם וּלְעָלְמֵי עָלְמַיָּא. יִתְבָּרַךְ** וְיִשְׁתַּבַּח וְיִתְפָּאַר וְיִתְרוֹמַם וְיִתְנַשֵּׂא וְיִתְהַדָּר וְיִתְעַלֶּה וְיִתְהַלָּל שְׁמֵהּ דְּקֻדְשָׁא בְּרִיךְ הוּא — °לְעֵלָּא מִן כָּל (בשבת שובה°לְעֵלָּא [וּ]לְעֵלָּא מִכָּל°) בִּרְכָתָא וְשִׁירָתָא תֻּשְׁבְּחָתָא וְנֶחֱמָתָא דַּאֲמִירָן בְּעָלְמָא. וְאִמְרוּ: אָמֵן.

יְהֵא שְׁלָמָא רַבָּא מִן שְׁמַיָּא, וְחַיִּים טוֹבִים עָלֵינוּ וְעַל כָּל יִשְׂרָאֵל. וְאִמְרוּ: אָמֵן.

עֹשֶׂה °שָׁלוֹם (°יש אומרים בשבת שובה – הַשָּׁלוֹם) בִּמְרוֹמָיו, הוּא יַעֲשֶׂה שָׁלוֹם עָלֵינוּ, וְעַל כָּל יִשְׂרָאֵל. וְאִמְרוּ: אָמֵן.

אם חל ראש חודש בשבת בכמה קהילות אומרים כאן „בָּרְכִי נַפְשִׁי" (עמ' 76) וקדיש יתום.

מר"ח אלול עד שמיני עצרת אומרים „לְדָוִד" (תהלים כז), ויש שאומרים אותו אחרי „עָלֵינוּ" שלאחר מוסף.

**לְדָוִד** יהוה אוֹרִי וְיִשְׁעִי, מִמִּי אִירָא; יהוה מָעוֹז חַיַּי, מִמִּי אֶפְחָד. בִּקְרֹב עָלַי מְרֵעִים לֶאֱכֹל אֶת בְּשָׂרִי, צָרַי וְאֹיְבַי לִי, הֵמָּה כָשְׁלוּ וְנָפָלוּ. אִם תַּחֲנֶה עָלַי מַחֲנֶה, לֹא יִירָא לִבִּי; אִם תָּקוּם עָלַי מִלְחָמָה, בְּזֹאת אֲנִי בוֹטֵחַ. אַחַת שָׁאַלְתִּי מֵאֵת יהוה, אוֹתָהּ אֲבַקֵּשׁ: שִׁבְתִּי בְּבֵית יהוה כָּל יְמֵי חַיַּי, לַחֲזוֹת בְּנֹעַם יהוה, וּלְבַקֵּר בְּהֵיכָלוֹ. כִּי יִצְפְּנֵנִי בְּסֻכֹּה בְּיוֹם רָעָה, יַסְתִּירֵנִי בְּסֵתֶר אָהֳלוֹ, בְּצוּר יְרוֹמְמֵנִי. וְעַתָּה יָרוּם רֹאשִׁי עַל אֹיְבַי סְבִיבוֹתַי, וְאֶזְבְּחָה בְאָהֳלוֹ זִבְחֵי תְרוּעָה, אָשִׁירָה וַאֲזַמְּרָה לַיהוה. שְׁמַע יהוה קוֹלִי אֶקְרָא, וְחָנֵּנִי וַעֲנֵנִי. לְךָ אָמַר לִבִּי בַּקְּשׁוּ פָנָי, אֶת פָּנֶיךָ יהוה אֲבַקֵּשׁ. אַל תַּסְתֵּר פָּנֶיךָ מִמֶּנִּי, אַל תַּט בְּאַף עַבְדֶּךָ; עֶזְרָתִי הָיִיתָ, אַל תִּטְּשֵׁנִי וְאַל תַּעַזְבֵנִי, אֱלֹהֵי יִשְׁעִי. כִּי אָבִי וְאִמִּי עֲזָבוּנִי, וַיהוה יַאַסְפֵנִי. הוֹרֵנִי יהוה דַּרְכֶּךָ, וּנְחֵנִי בְּאֹרַח מִישׁוֹר, לְמַעַן שׁוֹרְרָי. אַל תִּתְּנֵנִי בְּנֶפֶשׁ צָרָי, כִּי קָמוּ בִי עֵדֵי שֶׁקֶר, וִיפֵחַ חָמָס. ❖ לוּלֵא הֶאֱמַנְתִּי לִרְאוֹת בְּטוּב יהוה בְּאֶרֶץ חַיִּים. קַוֵּה אֶל יהוה, חֲזַק וְיַאֲמֵץ לִבֶּךָ, וְקַוֵּה אֶל יהוה.

קדיש יתום

### הוצאת ספר תורה

יש לעמוד מזמן פתיחת הארון עד שמניחים את ספר התורה על הבימה. החזן מתחיל בקול רם והקהל אחריו:

**אַתָּה הָרְאֵתָ** לָדַעַת, כִּי יהוה הוּא הָאֱלֹהִים, אֵין עוֹד מִלְּבַדּוֹ.[1] אֵין כָּמוֹךָ בָאֱלֹהִים, אֲדֹנָי, וְאֵין כְּמַעֲשֶׂיךָ.[2] מַלְכוּתְךָ מַלְכוּת כָּל עֹלָמִים, וּמֶמְשַׁלְתְּךָ בְּכָל דּוֹר וָדֹר.[3] יהוה מֶלֶךְ,[4] יהוה מָלָךְ,[5] יהוה יִמְלֹךְ לְעֹלָם וָעֶד.[6] יהוה עֹז לְעַמּוֹ יִתֵּן, יהוה יְבָרֵךְ אֶת עַמּוֹ בַשָּׁלוֹם.[7]

(1) דברים ד:לה (2) תהלים פו:ח (3) קמה:יג (4) י:טז (5) צג:א ועוד (6) שמות טו:יח (7) תהלים כט:יא

**אַב הָרַחֲמִים,** הֵיטִיבָה בִרְצוֹנְךָ אֶת צִיּוֹן, תִּבְנֶה חוֹמוֹת יְרוּשָׁלָיִם.[1] כִּי בְךָ לְבַד בָּטָחְנוּ, מֶלֶךְ אֵל רָם וְנִשָּׂא, אֲדוֹן עוֹלָמִים.

פותחין הארון ואומרים:

**וַיְהִי** בִּנְסֹעַ הָאָרֹן וַיֹּאמֶר מֹשֶׁה, קוּמָה יהוה וְיָפֻצוּ אֹיְבֶיךָ וְיָנֻסוּ מְשַׂנְאֶיךָ מִפָּנֶיךָ.[2] כִּי מִצִּיּוֹן תֵּצֵא תוֹרָה, וּדְבַר יהוה מִירוּשָׁלָיִם.[3] בָּרוּךְ שֶׁנָּתַן תּוֹרָה לְעַמּוֹ יִשְׂרָאֵל בִּקְדֻשָּׁתוֹ.

ביו"ט, בר"ה ויום הכפורים, בהושענא רבה, ובקצת קהילות גם בעשרת ימי תשובה, אומרים כאן י"ג מדות. ואין אומרים אותו ביו"ט שחל בשבת. החזן מתחיל בקול רם – והקהל עונים אחריו – שלש פעמים:

**יהוה, יהוה, אֵל, רַחוּם, וְחַנּוּן, אֶרֶךְ אַפַּיִם, וְרַב חֶסֶד, וֶאֱמֶת, נֹצֵר חֶסֶד לָאֲלָפִים, נֹשֵׂא עָוֹן, וָפֶשַׁע, וְחַטָּאָה, וְנַקֵּה.**[4]

יש מוסיפים (גם בשבת) מיום ב' דראש השנה עד אחר יום כפור ובהושענא רבה:

**שִׁיר לַמַּעֲלוֹת,** אֶשָּׂא עֵינַי אֶל הֶהָרִים, מֵאַיִן יָבֹא עֶזְרִי. עֶזְרִי מֵעִם יהוה, עֹשֵׂה שָׁמַיִם וָאָרֶץ.[5] וְאֹרַח צַדִּיקִים כְּאוֹר נֹגַהּ, הוֹלֵךְ וָאוֹר עַד נְכוֹן הַיּוֹם.[6] וַאֲנִי תְפִלָּתִי לְךָ יהוה עֵת רָצוֹן, אֱלֹהִים בְּרָב חַסְדֶּךָ, עֲנֵנִי בֶּאֱמֶת יִשְׁעֶךָ.[7] הִנֵּה לֹא יָנוּם וְלֹא יִישָׁן, שׁוֹמֵר יִשְׂרָאֵל.[8] הִנֵּה עֵין יהוה אֶל יְרֵאָיו, לַמְיַחֲלִים לְחַסְדּוֹ.[9] הוֹד וְהָדָר לְפָנָיו, עֹז וְחֶדְוָה בִּמְקֹמוֹ.[10] כִּי עִמְּךָ הַסְּלִיחָה, לְמַעַן תִּוָּרֵא.[11] רַחוּם וְחַנּוּן יהוה, אֶרֶךְ אַפַּיִם וְרַב חָסֶד.[12] בְּאוֹר פְּנֵי מֶלֶךְ חַיִּים, וּרְצוֹנוֹ כְּעָב מַלְקוֹשׁ.[13] כִּי אֵל גָּדוֹל יהוה, וּמֶלֶךְ גָּדוֹל עַל כָּל אֱלֹהִים.[14] אַשְׁרֵי הָעָם יוֹדְעֵי תְרוּעָה, יהוה בְּאוֹר פָּנֶיךָ יְהַלֵּכוּן.[15] כַּשֶּׁמֶן הַטּוֹב עַל הָרֹאשׁ, יֹרֵד עַל הַזָּקָן, זְקַן אַהֲרֹן, שֶׁיֹּרֵד עַל פִּי מִדּוֹתָיו.[16]

יְהִי רָצוֹן מִלְּפָנֶיךָ, שֶׁעַל יְדֵי הָאָרַת תִּקּוּנִים עַתִּיקָא קַדִּישָׁא דְעַתִּיקִין בִּזְעֵיר שֶׁבְּאָרִיךְ יִכְבְּשׁוּ רַחֲמֶיךָ אֶת כַּעַסְךָ, וְיָגֹלּוּ רַחֲמֶיךָ עַל מִדּוֹתֶיךָ, וְתִתְנַהֵג עִמָּנוּ בְּמִדַּת הָרַחֲמִים. וְתִתֶּן לָנוּ חַיִּים אֲרוּכִים וְטוֹבִים בְּעִסְקֵי תוֹרָתֶךָ וְקִיּוּם מִצְוֹתֶיךָ, לַעֲשׂוֹת רְצוֹנְךָ, אָמֵן, כֵּן יְהִי רָצוֹן.

בשלש רגלים כשחל בחול:

**רִבּוֹנוֹ** שֶׁל עוֹלָם מַלֵּא מִשְׁאֲלוֹת לִבִּי לְטוֹבָה, וְהָפֵק רְצוֹנִי, וְתֵן שְׁאֵלָתִי, לִי עַבְדְּךָ (שמו) בֶּן/בַּת (שם אמו) אֲמָתֶךָ, וְזַכֵּנִי (וְאֶת אִשְׁתִּי/בַּעְלִי, וּבְנַי/וּבָנַי, וּבִתִּי/וּבְנוֹתַי) וְכָל בְּנֵי בֵיתִי לַעֲשׂוֹת רְצוֹנְךָ בְּלֵבָב שָׁלֵם. וּמַלְּטֵנוּ מִיֵּצֶר הָרָע, וְתֵן חֶלְקֵנוּ בְּתוֹרָתֶךָ. וְזַכֵּנוּ שֶׁתַּשְׁרֶה שְׁכִינָתְךָ עָלֵינוּ, וְהוֹפַע עָלֵינוּ רוּחַ חָכְמָה וּבִינָה. וְיִתְקַיֵּם בָּנוּ מִקְרָא שֶׁכָּתוּב: וְנָחָה

בר"ה ויו"כ שחל בחול ובהושענא רבה:

**רִבּוֹנוֹ** שֶׁל עוֹלָם, מַלֵּא מִשְׁאֲלוֹתַי לְטוֹבָה, וְהָפֵק רְצוֹנִי, וְתֵן שְׁאֵלָתִי, וּמְחוֹל לִי עַל כָּל עֲוֹנוֹתַי, וְעַל כָּל עֲוֹנוֹת אַנְשֵׁי בֵיתִי, מְחִילָה בְּחֶסֶד, מְחִילָה בְּרַחֲמִים, וְטַהֲרֵנִי מֵחֲטָאַי וּמֵעֲוֹנוֹתַי וּמִפְּשָׁעַי. וְזָכְרֵנִי בְּזִכָּרוֹן טוֹב לְפָנֶיךָ, וּפָקְדֵנִי בִּפְקֻדַּת יְשׁוּעָה וְרַחֲמִים, וְזָכְרֵנִי לְחַיִּים אֲרוּכִים, לְחַיִּים טוֹבִים וּלְשָׁלוֹם, וּפַרְנָסָה טוֹבָה

(1) תהלים נא:כ (2) במדבר י:לה (3) ישעיה ב:ג (4) שמות לד:ו-ז (5) תהלים קכא:א-ב (6) משלי ד:יח (7) תהלים סט:יד (8) קכא:ד (9) לג:יח (10) דברי הימים א טז:כז (11) תהלים קל:ד (12) קג:ח (13) משלי טז:טו (14) תהלים צה:ג (15) פט:טז (16) קלג:ב

בשלש רגלים כשחל בחול:

עָלָיו רוּחַ יהוה, רוּחַ חָכְמָה וּבִינָה, רוּחַ עֵצָה וּגְבוּרָה, רוּחַ דַּעַת וְיִרְאַת יהוה.[1] וְכֵן יְהִי רָצוֹן מִלְּפָנֶיךָ, יהוה אֱלֹהֵינוּ וֵאלֹהֵי אֲבוֹתֵינוּ, שֶׁתְּזַכֵּנוּ לַעֲשׂוֹת מַעֲשִׂים טוֹבִים בְּעֵינֶיךָ, וְלָלֶכֶת בְּדַרְכֵי יְשָׁרִים לְפָנֶיךָ, וְקַדְּשֵׁנוּ בְּמִצְוֹתֶיךָ, כְּדֵי שֶׁנִּזְכֶּה לְחַיִּים טוֹבִים וַאֲרוּכִים, לִימוֹת הַמָּשִׁיחַ וּלְחַיֵּי הָעוֹלָם הַבָּא. וְתִשְׁמְרֵנוּ מִמַּעֲשִׂים רָעִים, וּמִשָּׁעוֹת רָעוֹת הַמִּתְרַגְּשׁוֹת לָבֹא לָעוֹלָם. וְהַבּוֹטֵחַ בַּיהוה חֶסֶד יְסוֹבְבֶנְהוּ,[2] אָמֵן.

בר"ה ויו"כ שחל בחול ובהושענא רבה:

וְכַלְכָּלָה, וְלֶחֶם לֶאֱכוֹל, וּבֶגֶד לִלְבּוֹשׁ, וְעֹשֶׁר וְכָבוֹד וַאֲרִיכוּת יָמִים לַהֲגוֹת בְּתוֹרָתֶךָ וּבְמִצְוֹתֶיךָ, וְשֵׂכֶל וּבִינָה לְהָבִין וּלְהַשְׂכִּיל עִמְקֵי סוֹדוֹתֶיךָ. וְהָפֵק רְפוּאָה שְׁלֵמָה לְכָל מַכְאוֹבֵינוּ, וּתְבָרֵךְ אֶת כָּל מַעֲשֵׂה יָדֵינוּ. וְתִגְזוֹר עָלֵינוּ גְּזֵרוֹת טוֹבוֹת יְשׁוּעוֹת וְנֶחָמוֹת. וּתְבַטֵּל מֵעָלֵינוּ כָּל גְּזֵרוֹת קָשׁוֹת וְרָעוֹת, וְתֵן בְּלֵב מַלְכוּת וְיוֹעֲצָיו וְשָׂרָיו עָלֵינוּ לְטוֹבָה. אָמֵן וְכֵן יְהִי רָצוֹן.

יִהְיוּ לְרָצוֹן אִמְרֵי פִי, וְהֶגְיוֹן לִבִּי לְפָנֶיךָ, יהוה צוּרִי וְגוֹאֲלִי.[3]

ג׳ פעמים: וַאֲנִי, תְפִלָּתִי לְךָ יהוה, עֵת רָצוֹן; אֱלֹהִים, בְּרָב חַסְדֶּךָ, עֲנֵנִי בֶּאֱמֶת יִשְׁעֶךָ.[4]

זוהר ויקהל רו:א

**בְּרִיךְ שְׁמֵהּ** דְּמָרֵא עָלְמָא, בְּרִיךְ כִּתְרָךְ וְאַתְרָךְ. יְהֵא רְעוּתָךְ עִם עַמָּךְ יִשְׂרָאֵל לְעָלַם, וּפֻרְקַן יְמִינָךְ אַחֲזֵי לְעַמָּךְ בְּבֵית מַקְדְּשָׁךְ, וּלְאַמְטוּיֵי לָנָא מִטּוּב נְהוֹרָךְ, וּלְקַבֵּל צְלוֹתָנָא בְּרַחֲמִין. יְהֵא רַעֲוָא קֳדָמָךְ, דְּתוֹרִיךְ לָן חַיִּין בְּטִיבוּתָא, וְלֶהֱוֵי אֲנָא פְקִידָא בְּגוֹ צַדִּיקַיָּא, לְמִרְחַם עָלַי וּלְמִנְטַר יָתִי וְיַת כָּל דִּי לִי וְדִי לְעַמָּךְ יִשְׂרָאֵל. אַנְתְּ הוּא זָן לְכֹלָּא, וּמְפַרְנֵס לְכֹלָּא, אַנְתְּ הוּא שַׁלִּיט עַל כֹּלָּא. אַנְתְּ הוּא דְּשַׁלִּיט עַל מַלְכַיָּא, וּמַלְכוּתָא דִּילָךְ הִיא. אֲנָא עַבְדָּא דְקֻדְשָׁא בְּרִיךְ הוּא, דְּסָגֵידְנָא קַמֵּהּ וּמִקַּמָּא דִּיקַר אוֹרַיְתֵהּ בְּכָל עִדָּן וְעִדָּן. לָא עַל אֱנָשׁ רָחִיצְנָא, וְלָא עַל בַּר אֱלָהִין סָמִיכְנָא, אֶלָּא בֶּאֱלָהָא דִשְׁמַיָּא, דְּהוּא אֱלָהָא קְשׁוֹט, וְאוֹרַיְתֵהּ קְשׁוֹט, וּנְבִיאוֹהִי קְשׁוֹט, וּמַסְגֵּא לְמֶעְבַּד טַבְוָן וּקְשׁוֹט. בֵּהּ אֲנָא רָחִיץ, וְלִשְׁמֵהּ קַדִּישָׁא יַקִּירָא אֲנָא אֵמַר תֻּשְׁבְּחָן. יְהֵא רַעֲוָא קֳדָמָךְ, דְּתִפְתַּח לִבַּאי בְּאוֹרַיְתָא, (וְתֵיהַב לִי בְּנִין דִּכְרִין דְּעָבְדִין רְעוּתָךְ,) וְתַשְׁלִים מִשְׁאֲלִין דְּלִבַּאי, וְלִבָּא דְכָל עַמָּךְ יִשְׂרָאֵל, לְטַב וּלְחַיִּין וְלִשְׁלָם. (אָמֵן.)

החזן עומד ופניו כלפי הקהל, מגביה ספר התורה קצת ואומר בקול רם והקהל עונים אחריו:

**שְׁמַע יִשְׂרָאֵל, יהוה אֱלֹהֵינוּ, יהוה אֶחָד.**[5]

חזן וקהל – **אֶחָד (הוּא) אֱלֹהֵינוּ, גָּדוֹל אֲדוֹנֵינוּ, קָדוֹשׁ** (בראש השנה, יום כפור, והושענא רבה – **וְנוֹרָא**) **שְׁמוֹ.**

(1) ישעיה יא:ב (2) ע"פ תהלים לב:י (3) יט:טו (4) סט:יד (5) דברים ו:ד

החזן פונה קצת כלפי הארון, משתחוה, ומגביה הספר, ואומר:

**גַּדְּלוּ לַיהוה אִתִּי, וּנְרוֹמְמָה שְׁמוֹ יַחְדָּו.**[1]

בשעה שנושא החזן ספר התורה לבימה, אומרים:

**לְךָ** יהוה הַגְּדֻלָּה וְהַגְּבוּרָה וְהַתִּפְאֶרֶת וְהַנֵּצַח וְהַהוֹד, כִּי כֹל בַּשָּׁמַיִם וּבָאָרֶץ, לְךָ יהוה הַמַּמְלָכָה וְהַמִּתְנַשֵּׂא לְכֹל לְרֹאשׁ.[2] רוֹמְמוּ יהוה אֱלֹהֵינוּ, וְהִשְׁתַּחֲווּ לַהֲדֹם רַגְלָיו, קָדוֹשׁ הוּא. רוֹמְמוּ יהוה אֱלֹהֵינוּ, וְהִשְׁתַּחֲווּ לְהַר קָדְשׁוֹ, כִּי קָדוֹשׁ יהוה אֱלֹהֵינוּ.[3]

**עַל הַכֹּל,** יִתְגַּדַּל וְיִתְקַדַּשׁ וְיִשְׁתַּבַּח וְיִתְפָּאַר וְיִתְרוֹמַם וְיִתְנַשֵּׂא שְׁמוֹ שֶׁל מֶלֶךְ מַלְכֵי הַמְּלָכִים הַקָּדוֹשׁ בָּרוּךְ הוּא, בָּעוֹלָמוֹת שֶׁבָּרָא, הָעוֹלָם הַזֶּה וְהָעוֹלָם הַבָּא, כִּרְצוֹנוֹ, וְכִרְצוֹן יְרֵאָיו, וְכִרְצוֹן כָּל בֵּית יִשְׂרָאֵל. צוּר הָעוֹלָמִים, אֲדוֹן כָּל הַבְּרִיּוֹת, אֱלוֹהַּ כָּל הַנְּפָשׁוֹת, הַיּוֹשֵׁב בְּמֶרְחֲבֵי מָרוֹם, הַשּׁוֹכֵן בִּשְׁמֵי שְׁמֵי קֶדֶם. קְדֻשָּׁתוֹ עַל הַחַיּוֹת, וּקְדֻשָּׁתוֹ עַל כִּסֵּא הַכָּבוֹד. וּבְכֵן יִתְקַדַּשׁ שִׁמְךָ בָּנוּ, יהוה אֱלֹהֵינוּ, לְעֵינֵי כָּל חָי. וְנֹאמַר לְפָנָיו שִׁיר חָדָשׁ, כַּכָּתוּב: שִׁירוּ לֵאלֹהִים זַמְּרוּ שְׁמוֹ, סֹלּוּ לָרֹכֵב בָּעֲרָבוֹת בְּיָהּ שְׁמוֹ, וְעִלְזוּ לְפָנָיו.[4] וְנִרְאֵהוּ עַיִן בְּעַיִן בְּשׁוּבוֹ אֶל נָוֵהוּ, כַּכָּתוּב: כִּי עַיִן בְּעַיִן יִרְאוּ בְּשׁוּב יהוה צִיּוֹן.[5] וְנֶאֱמַר: וְנִגְלָה כְּבוֹד יהוה, וְרָאוּ כָל בָּשָׂר יַחְדָּו כִּי פִּי יהוה דִּבֵּר.[6]

**אַב הָרַחֲמִים** הוּא יְרַחֵם עַם עֲמוּסִים, וְיִזְכֹּר בְּרִית אֵיתָנִים, וְיַצִּיל נַפְשׁוֹתֵינוּ מִן הַשָּׁעוֹת הָרָעוֹת, וְיִגְעַר בְּיֵצֶר הָרַע מִן הַנְּשׂוּאִים, וְיָחֹן אוֹתָנוּ לִפְלֵיטַת עוֹלָמִים, וִימַלֵּא מִשְׁאֲלוֹתֵינוּ בְּמִדָּה טוֹבָה יְשׁוּעָה וְרַחֲמִים.

הגבאי אומר:

**וְיַעֲזוֹר** וְיָגֵן וְיוֹשִׁיעַ לְכֹל הַחוֹסִים בּוֹ, וְנֹאמַר, אָמֵן. הַכֹּל הָבוּ גֹדֶל לֵאלֹהֵינוּ וּתְנוּ כָבוֹד לַתּוֹרָה. כֹּהֵן° קְרָב, יַעֲמֹד (ר׳ פלוני) בֶּן (ר׳ פלוני)

°אם אין שם כהן אומר: „אֵין כַּאן כֹּהֵן יַעֲמֹד (ר׳ פלוני) בֶּן (ר׳ פלוני) יִשְׂרָאֵל/לֵוִי בִּמְקוֹם כֹּהֵן.״

הַכֹּהֵן. בָּרוּךְ שֶׁנָּתַן תּוֹרָה לְעַמּוֹ יִשְׂרָאֵל בִּקְדֻשָּׁתוֹ. (תּוֹרַת יהוה תְּמִימָה מְשִׁיבַת נָפֶשׁ, עֵדוּת יהוה נֶאֱמָנָה מַחְכִּימַת פֶּתִי. פִּקּוּדֵי יהוה יְשָׁרִים מְשַׂמְּחֵי לֵב, מִצְוַת יהוה בָּרָה מְאִירַת עֵינָיִם.[7] יהוה עֹז לְעַמּוֹ יִתֵּן, יהוה יְבָרֵךְ אֶת עַמּוֹ בַשָּׁלוֹם.[8] הָאֵל תָּמִים דַּרְכּוֹ, אִמְרַת יהוה צְרוּפָה, מָגֵן הוּא לְכֹל הַחֹסִים בּוֹ.[9])

(1) תהלים לד:ד (2) דברי הימים א כט:יא (3) תהלים צט:ה,ט (4) סח:ה
(5) ישעיה נב:ח (6) מ:ה (7) תהלים יט:ח-ט (8) כט:יא (9) יח:לא

קהל ואח"כ גבאי:

**וְאַתֶּם הַדְּבֵקִים בַּיהוה אֱלֹהֵיכֶם, חַיִּים כֻּלְּכֶם הַיּוֹם.**[1]

קריאת התורה

העולה לתורה רואה פסוק שמתחילים לקרות בו, שוחה, ואח"כ אומר „בָּרְכוּ" בקול. ונוהגים לנשק את ספר התורה ע"י שפת טליתו (או דבר אחר) קודם שיברך. ולענין אם צריך לעצום עיניו או להפוך פניו או לגלול את ספר התורה בשעת הברכה, יש בזה מנהגים שונים (או"ח סי' קלט ס"ד ומ"ב וב"ה שם).

**בָּרְכוּ אֶת יהוה הַמְּבֹרָךְ.**

הקהל עונים „בָּרוּךְ . . ." והעולה חוזר אחריהם:

**בָּרוּךְ יהוה הַמְּבֹרָךְ לְעוֹלָם וָעֶד.**

**בָּרוּךְ** אַתָּה יהוה אֱלֹהֵינוּ מֶלֶךְ הָעוֹלָם, אֲשֶׁר בָּחַר בָּנוּ מִכָּל הָעַמִּים, וְנָתַן לָנוּ אֶת תּוֹרָתוֹ. בָּרוּךְ אַתָּה יהוה, נוֹתֵן הַתּוֹרָה.

אחר הקריאה מברך העולה:

**בָּרוּךְ** אַתָּה יהוה אֱלֹהֵינוּ מֶלֶךְ הָעוֹלָם, אֲשֶׁר נָתַן לָנוּ תּוֹרַת אֱמֶת, וְחַיֵּי עוֹלָם נָטַע בְּתוֹכֵנוּ. בָּרוּךְ אַתָּה יהוה, נוֹתֵן הַתּוֹרָה.

הקריאות לשלש רגלים תמצא בעמ' 469-488.

ברכת הגומל

מי שהיה חולה ונתרפא, או יצא מבית האסורים, או נסע בים (וי"א גם באוירון), או הלך במדבר, וכן מי שניצול מסכנה, יברך ברכה זו (כדאי לשאול לחכם אם המאורע מחיבו בברכה):

**בָּרוּךְ** אַתָּה יהוה אֱלֹהֵינוּ מֶלֶךְ הָעוֹלָם, הַגּוֹמֵל לְחַיָּבִים טוֹבוֹת, שֶׁגְּמָלַנִי כָּל טוֹב.

הקהל עונים: אָמֵן. מִי שֶׁגְּמָלְךָ כָּל טוֹב, הוּא יִגְמָלְךָ כָּל טוֹב, סֶלָה.

ברוך שפטרני

מי שנעשה בנו בן י"ג שנים ויום אחד מברך (ונהגו שלא לברך עד שהנער מתפלל כש"ץ או עולה לתורה).

**בָּרוּךְ** שֶׁפְּטָרַנִי מֵעָנְשׁוֹ שֶׁלָּזֶה.

מי שברך לעולה לתורה

**מִי שֶׁבֵּרַךְ** אֲבוֹתֵינוּ אַבְרָהָם יִצְחָק וְיַעֲקֹב, הוּא יְבָרֵךְ אֶת (פלוני) בֶּן (פלוני) בַּעֲבוּר שֶׁעָלָה לִכְבוֹד הַמָּקוֹם, לִכְבוֹד הַתּוֹרָה, [בשבת – לִכְבוֹד הַשַּׁבָּת,] [בשלש רגלים – לִכְבוֹד הָרֶגֶל,] בִּשְׂכַר זֶה, הַקָּדוֹשׁ בָּרוּךְ הוּא יִשְׁמְרֵהוּ וְיַצִּילֵהוּ מִכָּל צָרָה וְצוּקָה, וּמִכָּל נֶגַע וּמַחֲלָה, וְיִשְׁלַח בְּרָכָה וְהַצְלָחָה בְּכָל מַעֲשֵׂה יָדָיו, [בשלש רגלים – וְיִזְכֶּה לַעֲלוֹת לְרֶגֶל,] עִם כָּל יִשְׂרָאֵל אֶחָיו. וְנֹאמַר: אָמֵן.

(1) דברים ד:ד

מי שברך לחולה

**מִי שֶׁבֵּרַךְ** אֲבוֹתֵינוּ אַבְרָהָם יִצְחָק וְיַעֲקֹב, מֹשֶׁה אַהֲרֹן דָּוִד וּשְׁלֹמֹה, הוּא יְבָרֵךְ וִירַפֵּא אֶת

לזכר: הַחוֹלֶה (פלוני) בֶּן (פלונית) בַּעֲבוּר שֶׁ(פלוני בן פלוני) יִתֵּן לִצְדָקָה בַּעֲבוּרוֹ.[1] בִּשְׂכַר זֶה, הַקָּדוֹשׁ בָּרוּךְ הוּא יִמָּלֵא רַחֲמִים עָלָיו, לְהַחֲלִימוֹ וּלְרַפֹּאתוֹ וּלְהַחֲזִיקוֹ וּלְהַחֲיוֹתוֹ, וְיִשְׁלַח לוֹ מְהֵרָה רְפוּאָה שְׁלֵמָה מִן הַשָּׁמַיִם, לִרְמַ״ח אֵבָרָיו, וּשְׁסָ״ה גִּידָיו,

לנקבה: הַחוֹלָה (פלונית) בַּת (פלונית) בַּעֲבוּר שֶׁ(פלוני בן פלוני) יִתֵּן לִצְדָקָה בַּעֲבוּרָהּ.[1] בִּשְׂכַר זֶה, הַקָּדוֹשׁ בָּרוּךְ הוּא יִמָּלֵא רַחֲמִים עָלֶיהָ, לְהַחֲלִימָהּ וּלְרַפֹּאתָהּ וּלְהַחֲזִיקָהּ וּלְהַחֲיוֹתָהּ, וְיִשְׁלַח לָהּ מְהֵרָה רְפוּאָה שְׁלֵמָה מִן הַשָּׁמַיִם, לְכָל אֵבָרֶיהָ, וּלְכָל גִּידֶיהָ,

בְּתוֹךְ שְׁאָר חוֹלֵי יִשְׂרָאֵל, רְפוּאַת הַנֶּפֶשׁ, וּרְפוּאַת הַגּוּף,

[בשבת – שַׁבָּת הִיא / ביום טוב – יוֹם טוֹב הוּא] מִלִּזְעֹק, וּרְפוּאָה קְרוֹבָה לָבֹא,

הַשְׁתָּא, בַּעֲגָלָא וּבִזְמַן קָרִיב. וְנֹאמַר: אָמֵן.

מי שברך ליולדת (וקריאת שם)

**מִי שֶׁבֵּרַךְ** אֲבוֹתֵינוּ אַבְרָהָם יִצְחָק וְיַעֲקֹב, הוּא יְבָרֵךְ אֶת הָאִשָּׁה הַיּוֹלֶדֶת (פלונית) בַּת (פלוני) וְאֶת

לזכר: בְּנָהּ הַנּוֹלָד לָהּ בְּמַזָּל טוֹב, בַּעֲבוּר שֶׁבַּעְלָהּ וְאָבִיו יִתֵּן לִצְדָקָה. בִּשְׂכַר זֶה, יְגַדְּלוּ לְתוֹרָה, וּלְחֻפָּה, וּלְמַעֲשִׂים טוֹבִים. (וְיַכְנִיסוּ בִּבְרִיתוֹ שֶׁל אַבְרָהָם אָבִינוּ בְּעִתּוֹ וּבִזְמַנּוֹ). וְנֹאמַר: אָמֵן.

לנקבה: בִּתָּהּ הַנּוֹלְדָה לָהּ בְּמַזָּל טוֹב, [וְיִקָּרֵא שְׁמָהּ בְּיִשְׂרָאֵל (פלונית) בַּת (פלוני),] בַּעֲבוּר שֶׁבַּעְלָהּ וְאָבִיהָ יִתֵּן לִצְדָקָה. בִּשְׂכַר זֶה יְגַדְּלָהּ (לְתוֹרָה) לְחֻפָּה וּלְמַעֲשִׂים טוֹבִים. וְנֹאמַר: אָמֵן.

אחר שגמר הקריאה אומר הקורא, או יתום, חצי קדיש.

**יִתְגַּדַּל** וְיִתְקַדַּשׁ שְׁמֵהּ רַבָּא. בְּעָלְמָא דִּי בְרָא כִרְעוּתֵהּ. וְיַמְלִיךְ מַלְכוּתֵהּ, וְיַצְמַח פֻּרְקָנֵהּ וִיקָרֵב מְשִׁיחֵהּ. בְּחַיֵּיכוֹן וּבְיוֹמֵיכוֹן וּבְחַיֵּי דְכָל בֵּית יִשְׂרָאֵל, בַּעֲגָלָא וּבִזְמַן קָרִיב. וְאִמְרוּ: אָמֵן.

קהל וחזן – **יְהֵא שְׁמֵהּ רַבָּא מְבָרַךְ לְעָלַם וּלְעָלְמֵי עָלְמַיָּא. יִתְבָּרַךְ** וְיִשְׁתַּבַּח וְיִתְפָּאַר וְיִתְרוֹמַם וְיִתְנַשֵּׂא וְיִתְהַדָּר וְיִתְעַלֶּה וְיִתְהַלָּל שְׁמֵהּ דְּקֻדְשָׁא בְּרִיךְ הוּא – °לְעֵלָּא מִן כָּל (°בשבת שובה – לְעֵלָּא [וּ]לְעֵלָּא מִכָּל) בִּרְכָתָא וְשִׁירָתָא תֻּשְׁבְּחָתָא וְנֶחֱמָתָא דַּאֲמִירָן בְּעָלְמָא. וְאִמְרוּ: אָמֵן.

מצוה על כל הקהל, אנשים ונשים, לראות הכתב כשמגביהים את ספר התורה, לכרוע ולומר (או״ח סי׳ קלד ס״ב):

**[יהוה אֱלֹהֵינוּ אֱמֶת, מֹשֶׁה אֱמֶת, וְתוֹרָתוֹ אֱמֶת.]**

**וְזֹאת הַתּוֹרָה אֲשֶׁר שָׂם מֹשֶׁה לִפְנֵי בְּנֵי יִשְׂרָאֵל,[2]**

**עַל פִּי יהוה בְּיַד מֹשֶׁה.[3]**

עֵץ חַיִּים הִיא לַמַּחֲזִיקִים בָּהּ, וְתֹמְכֶיהָ מְאֻשָּׁר.[4] דְּרָכֶיהָ דַרְכֵי נֹעַם, וְכָל נְתִיבוֹתֶיהָ שָׁלוֹם.[5] אֹרֶךְ יָמִים בִּימִינָהּ, בִּשְׂמֹאלָהּ עֹשֶׁר וְכָבוֹד.[6] יהוה חָפֵץ לְמַעַן צִדְקוֹ, יַגְדִּיל תּוֹרָה וְיַאְדִּיר.[7]

(1) בהרבה קהילות אומרים: בַּעֲבוּר שֶׁכָּל הַקָּהָל מִתְפַּלְּלִים בַּעֲבוּרוֹ / בַּעֲבוּרָהּ

(2) דברים ד:מד (3) במדבר ט:כג (4) משלי ג:יח (5) ג:יז (6) ג:טז (7) ישעיה מב:כא

קוֹדם קריאת ההפטרה מברך העולה ברכה זו, ואין להתחיל בה עד שיגמור הגולל את גלילת הספר:

**בָּרוּךְ** אַתָּה יהוה אֱלֹהֵינוּ מֶלֶךְ הָעוֹלָם, אֲשֶׁר בָּחַר בִּנְבִיאִים טוֹבִים, וְרָצָה בְדִבְרֵיהֶם הַנֶּאֱמָרִים בֶּאֱמֶת, בָּרוּךְ אַתָּה יהוה, הַבּוֹחֵר בַּתּוֹרָה וּבְמֹשֶׁה עַבְדּוֹ, וּבְיִשְׂרָאֵל עַמּוֹ, וּבִנְבִיאֵי הָאֱמֶת וָצֶדֶק.

קוראים ההפטרה ואחר הקריאה מברך העולה:

**בָּרוּךְ** אַתָּה יהוה אֱלֹהֵינוּ מֶלֶךְ הָעוֹלָם, צוּר כָּל הָעוֹלָמִים, צַדִּיק בְּכָל הַדּוֹרוֹת, הָאֵל הַנֶּאֱמָן, הָאוֹמֵר וְעֹשֶׂה, הַמְּדַבֵּר וּמְקַיֵּם, שֶׁכָּל דְּבָרָיו אֱמֶת וָצֶדֶק. נֶאֱמָן אַתָּה הוּא יהוה אֱלֹהֵינוּ, וְנֶאֱמָנִים דְּבָרֶיךָ, וְדָבָר אֶחָד מִדְּבָרֶיךָ אָחוֹר לֹא יָשׁוּב רֵיקָם, כִּי אֵל מֶלֶךְ נֶאֱמָן (וְרַחֲמָן) אָתָּה. בָּרוּךְ אַתָּה יהוה, הָאֵל הַנֶּאֱמָן בְּכָל דְּבָרָיו.

**רַחֵם** עַל צִיּוֹן כִּי הִיא בֵּית חַיֵּינוּ, וְלַעֲלוּבַת נֶפֶשׁ תּוֹשִׁיעַ בִּמְהֵרָה בְיָמֵינוּ. בָּרוּךְ אַתָּה יהוה, מְשַׂמֵּחַ צִיּוֹן בְּבָנֶיהָ.

**שַׂמְּחֵנוּ** יהוה אֱלֹהֵינוּ בְּאֵלִיָּהוּ הַנָּבִיא עַבְדֶּךָ, וּבְמַלְכוּת בֵּית דָּוִד מְשִׁיחֶךָ, בִּמְהֵרָה יָבֹא וְיָגֵל לִבֵּנוּ, עַל כִּסְאוֹ לֹא יֵשֶׁב זָר וְלֹא יִנְחֲלוּ עוֹד אֲחֵרִים אֶת כְּבוֹדוֹ, כִּי בְשֵׁם קָדְשְׁךָ נִשְׁבַּעְתָּ לּוֹ, שֶׁלֹּא יִכְבֶּה נֵרוֹ לְעוֹלָם וָעֶד. בָּרוּךְ אַתָּה יהוה, מָגֵן דָּוִד.

[בתעניות מסיימים כאן]
בשבת (ואף בשבת חוה״מ פסח) ממשיך:

**עַל הַתּוֹרָה,** וְעַל הָעֲבוֹדָה, וְעַל הַנְּבִיאִים, וְעַל יוֹם הַשַּׁבָּת הַזֶּה, שֶׁנָּתַתָּ לָּנוּ יהוה אֱלֹהֵינוּ, לִקְדֻשָּׁה וְלִמְנוּחָה, לְכָבוֹד וּלְתִפְאָרֶת. עַל הַכֹּל, יהוה אֱלֹהֵינוּ, אֲנַחְנוּ מוֹדִים לָךְ, וּמְבָרְכִים אוֹתָךְ, יִתְבָּרַךְ שִׁמְךָ בְּפִי כָּל חַי תָּמִיד לְעוֹלָם וָעֶד. בָּרוּךְ אַתָּה יהוה, מְקַדֵּשׁ הַשַּׁבָּת.

ביום טוב, אף כשחל בשבת, ובשבת חוה״מ סוכות, ממשיך כאן [התיבות המוקפות אומרים רק בשבת]:

עַל הַתּוֹרָה, וְעַל הָעֲבוֹדָה, וְעַל הַנְּבִיאִים, וְעַל יוֹם [הַשַּׁבָּת הַזֶּה, וְעַל יוֹם]
חַג הַמַּצּוֹת | חַג הַשָּׁבֻעוֹת | חַג הַסֻּכּוֹת | שְׁמִינִי עֲצֶרֶת הַחַג
הַזֶּה, שֶׁנָּתַתָּ לָּנוּ יהוה אֱלֹהֵינוּ, [לִקְדֻשָּׁה וְלִמְנוּחָה] לְשָׂשׂוֹן וּלְשִׂמְחָה, לְכָבוֹד וּלְתִפְאָרֶת. עַל הַכֹּל, יהוה אֱלֹהֵינוּ, אֲנַחְנוּ מוֹדִים לָךְ, וּמְבָרְכִים אוֹתָךְ, יִתְבָּרַךְ שִׁמְךָ בְּפִי כָּל חַי תָּמִיד לְעוֹלָם וָעֶד. בָּרוּךְ אַתָּה יהוה, מְקַדֵּשׁ [הַשַּׁבָּת וְ]יִשְׂרָאֵל וְהַזְּמַנִּים.

ביום טוב שחל בימי החול (חוץ מיום שאומרים בו „יִזְכּוֹר" או „טַל") אומרים כאן „יָ־הּ אֵ־לִי" (עמ' 316).
באחרון של פסח, יום ב' של שבועות וכן בשמיני עצרת אומרים כאן „יִזְכּוֹר" (עמ' 314).
אם חל יום שאומרים „יִזְכּוֹר" בשבת אומרים אותו אחרי „יְקוּם פֻּרְקָן" ו„מִי שֶׁבֵּרַךְ".

בשערי אפרים (י:כו) כתוב שאין אומרים „יְקוּם פֻּרְקָן" השני ו„מִי שֶׁבֵּרַךְ" כשמתפללים ביחידות, ובמ"ב (סימן קא ס"ק י"ט) כתוב שביחידות אין אומרים שום „יְקוּם פֻּרְקָן".

**יְקוּם פֻּרְקָן** מִן שְׁמַיָּא, חִנָּא וְחִסְדָּא וְרַחֲמֵי, וְחַיֵּי אֲרִיכֵי, וּמְזוֹנֵי רְוִיחֵי, וְסִיַּעְתָּא דִשְׁמַיָּא, וּבַרְיוּת גּוּפָא, וּנְהוֹרָא מַעַלְיָא, זַרְעָא חַיָּא וְקַיָּמָא, זַרְעָא דִּי לָא יִפְסוּק וְדִי לָא יִבְטוּל מִפִּתְגָּמֵי אוֹרַיְתָא. לְמָרָנָן וְרַבָּנָן חֲבוּרָתָא קַדִּישָׁתָא דִּי בְאַרְעָא דְיִשְׂרָאֵל וְדִי בְּבָבֶל, לְרֵישֵׁי כַלֵּי, וּלְרֵישֵׁי גַלְוָתָא, וּלְרֵישֵׁי מְתִיבָתָא, וּלְדַיָּנֵי דִי בָבָא, לְכָל תַּלְמִידֵיהוֹן, וּלְכָל תַּלְמִידֵי תַלְמִידֵיהוֹן, וּלְכָל מָן דְּעָסְקִין בְּאוֹרַיְתָא. מַלְכָּא דְעָלְמָא יְבָרֵךְ יָתְהוֹן, יַפִּישׁ חַיֵּיהוֹן, וְיַסְגֵּא יוֹמֵיהוֹן, וְיִתֵּן אַרְכָה לִשְׁנֵיהוֹן, וְיִתְפָּרְקוּן וְיִשְׁתֵּזְבוּן מִן כָּל עָקָא וּמִן כָּל מַרְעִין בִּישִׁין. מָרָן דִּי בִשְׁמַיָּא יְהֵא בְסַעְדְּהוֹן, כָּל זְמַן וְעִדָּן. וְנֹאמַר: אָמֵן.

**יְקוּם פֻּרְקָן** מִן שְׁמַיָּא, חִנָּא וְחִסְדָּא וְרַחֲמֵי, וְחַיֵּי אֲרִיכֵי, וּמְזוֹנֵי רְוִיחֵי, וְסִיַּעְתָּא דִשְׁמַיָּא, וּבַרְיוּת גּוּפָא, וּנְהוֹרָא מַעַלְיָא, זַרְעָא חַיָּא וְקַיָּמָא, זַרְעָא דִּי לָא יִפְסוּק וְדִי לָא יִבְטוּל מִפִּתְגָּמֵי אוֹרַיְתָא. לְכָל קְהָלָא קַדִּישָׁא הָדֵין, רַבְרְבַיָּא עִם זְעֵרַיָּא, טַפְלָא וּנְשַׁיָּא. מַלְכָּא דְעָלְמָא יְבָרֵךְ יָתְכוֹן, יַפִּישׁ חַיֵּיכוֹן, וְיַסְגֵּא יוֹמֵיכוֹן, וְיִתֵּן אַרְכָה לִשְׁנֵיכוֹן, וְתִתְפָּרְקוּן וְתִשְׁתֵּזְבוּן מִן כָּל עָקָא וּמִן כָּל מַרְעִין בִּישִׁין. מָרָן דִּי בִשְׁמַיָּא יְהֵא בְסַעְדְּכוֹן, כָּל זְמַן וְעִדָּן. וְנֹאמַר: אָמֵן.

**מִי שֶׁבֵּרַךְ** אֲבוֹתֵינוּ אַבְרָהָם יִצְחָק וְיַעֲקֹב, הוּא יְבָרֵךְ אֶת כָּל הַקָּהָל הַקָּדוֹשׁ הַזֶּה, עִם כָּל קְהִלּוֹת הַקֹּדֶשׁ, הֵם, וּנְשֵׁיהֶם, וּבְנֵיהֶם, וּבְנוֹתֵיהֶם, וְכָל אֲשֶׁר לָהֶם. וּמִי שֶׁמְּיַחֲדִים בָּתֵּי כְנֵסִיּוֹת לִתְפִלָּה, וּמִי שֶׁבָּאִים בְּתוֹכָם לְהִתְפַּלֵּל, וּמִי שֶׁנּוֹתְנִים נֵר לַמָּאוֹר, וְיַיִן לְקִדּוּשׁ וּלְהַבְדָּלָה, וּפַת לָאוֹרְחִים, וּצְדָקָה לָעֲנִיִּים, וְכָל מִי שֶׁעוֹסְקִים בְּצָרְכֵי צִבּוּר בֶּאֱמוּנָה, הַקָּדוֹשׁ בָּרוּךְ הוּא יְשַׁלֵּם שְׂכָרָם, וְיָסִיר מֵהֶם כָּל מַחֲלָה, וְיִרְפָּא לְכָל גּוּפָם, וְיִסְלַח לְכָל עֲוֹנָם, וְיִשְׁלַח בְּרָכָה וְהַצְלָחָה בְּכָל מַעֲשֵׂה יְדֵיהֶם, עִם כָּל יִשְׂרָאֵל אֲחֵיהֶם. וְנֹאמַר: אָמֵן.

## ברכת החודש

בשבת שלפני ראש חודש (חוץ משבת שלפני ראש השנה), מברכים החודש הבא.
החזן עומד לפני הבימה והוא, או איש אחר מהנוכחים העומד קרוב לו, אוחז ספר תורה בזרועו.
הקהל אומרים „יְהִי רָצוֹן" בעמידה והחזן מסיים אחריהם.

**יְהִי רָצוֹן** מִלְּפָנֶיךָ, יהוה אֱלֹהֵינוּ וֵאלֹהֵי אֲבוֹתֵינוּ, שֶׁתְּחַדֵּשׁ עָלֵינוּ אֶת הַחֹדֶשׁ הַזֶּה לְטוֹבָה וְלִבְרָכָה. וְתִתֶּן לָנוּ חַיִּים אֲרוּכִים, חַיִּים שֶׁל שָׁלוֹם, חַיִּים שֶׁל טוֹבָה, חַיִּים שֶׁל בְּרָכָה, חַיִּים שֶׁל פַּרְנָסָה, חַיִּים שֶׁל חִלּוּץ עֲצָמוֹת, חַיִּים שֶׁיֵּשׁ בָּהֶם יִרְאַת שָׁמַיִם וְיִרְאַת חֵטְא, חַיִּים שֶׁאֵין בָּהֶם בּוּשָׁה וּכְלִמָּה, חַיִּים שֶׁל עֹשֶׁר וְכָבוֹד, חַיִּים שֶׁתְּהֵא בָנוּ אַהֲבַת תּוֹרָה וְיִרְאַת שָׁמַיִם, חַיִּים שֶׁיְּמַלֵּא יהוה מִשְׁאֲלוֹת לִבֵּנוּ לְטוֹבָה.[1] (בִּזְכוּת תְּפִלַּת רַב/רַבִּים) אָמֵן, סֶלָה.

מכריזים זמן המולד.

**מִי שֶׁעָשָׂה** נִסִּים לַאֲבוֹתֵינוּ, וְגָאַל אוֹתָם מֵעַבְדוּת לְחֵרוּת, הוּא יִגְאַל אוֹתָנוּ בְּקָרוֹב, וִיקַבֵּץ נִדָּחֵינוּ מֵאַרְבַּע כַּנְפוֹת הָאָרֶץ, חֲבֵרִים כָּל יִשְׂרָאֵל. וְנֹאמַר: אָמֵן.

רֹאשׁ חֹדֶשׁ (פלוני) יִהְיֶה בְּיוֹם (פלוני*)
הַבָּא עָלֵינוּ וְעַל כָּל יִשְׂרָאֵל לְטוֹבָה.

* אם ראש חודש שני ימים אומר „. . . יִהְיֶה בְּיוֹם (פלוני) וּלְמָחֳרָתוֹ בְּיוֹם (פלוני) וכו׳"
ויש שאומרים המלה „וּלְמָחֳרָתוֹ" רק כשחל ראש חדש ביום השבת וביום ראשון.

**יְחַדְּשֵׁהוּ** הַקָּדוֹשׁ בָּרוּךְ הוּא עָלֵינוּ וְעַל כָּל עַמּוֹ בֵּית יִשְׂרָאֵל, לְטוֹבָה וְלִבְרָכָה, לְשָׂשׂוֹן וּלְשִׂמְחָה, לִישׁוּעָה וּלְנֶחָמָה, לְפַרְנָסָה טוֹבָה וּלְכַלְכָּלָה, לְחַיִּים טוֹבִים וּלְשָׁלוֹם, לִשְׁמוּעוֹת טוֹבוֹת, וְלִבְשׂוֹרוֹת טוֹבוֹת, וְלִגְשָׁמִים בְּעִתָּם, וְלִרְפוּאָה שְׁלֵמָה, וְלִגְאֻלָּה קְרוֹבָה, וְנֹאמַר: אָמֵן.

(1) ע״פ תפלת רב, ברכות טז:

בקצת קהילות אומרים כאן „אֵ־ל מָלֵא רַחֲמִים" לזכר אותם שנפטרו באותה שנה (וגם בשביל אותם שיאהרצייט שלהם חל בשבוע הבא). מי שאומר ההזכרה אוחז הספר התורה בשעת ההזכרה. בכל שבת שאין אומרים „אַב הָרַחֲמִים" אין מזכירים נשמות. וכן בחודש ניסן, אף בימי הספירה שאומרים „אַב הָרַחֲמִים" (ראה בהערות להלן), אין מזכירין נשמות.

**אֵל** מָלֵא רַחֲמִים, שׁוֹכֵן בַּמְּרוֹמִים, הַמְצֵא מְנוּחָה נְכוֹנָה, עַל כַּנְפֵי הַשְּׁכִינָה, בְּמַעֲלוֹת קְדוֹשִׁים וּטְהוֹרִים, כְּזֹהַר הָרָקִיעַ מַזְהִירִים,

לזכר: אֶת נִשְׁמַת (פלוני) בֶּן (פלוני) שֶׁהָלַךְ לְעוֹלָמוֹ, בַּעֲבוּר שֶׁ(פלוני בן פלוני) יִתֵּן צְדָקָה בְּעַד הַזְכָּרַת נִשְׁמָתוֹ, בְּגַן עֵדֶן תְּהֵא מְנוּחָתוֹ, לָכֵן בַּעַל הָרַחֲמִים יַסְתִּירֵהוּ בְּסֵתֶר כְּנָפָיו לְעוֹלָמִים, וְיִצְרוֹר בִּצְרוֹר הַחַיִּים אֶת נִשְׁמָתוֹ, יהוה הוּא נַחֲלָתוֹ, וְיָנוּחַ בְּשָׁלוֹם עַל מִשְׁכָּבוֹ, וְנֹאמַר: אָמֵן.

לנקבה: אֶת נִשְׁמַת (פלונית) בַּת (פלוני) שֶׁהָלְכָה לְעוֹלָמָהּ, בַּעֲבוּר שֶׁ(פב״פ) יִתֵּן צְדָקָה בְּעַד הַזְכָּרַת נִשְׁמָתָהּ, בְּגַן עֵדֶן תְּהֵא מְנוּחָתָהּ, לָכֵן בַּעַל הָרַחֲמִים יַסְתִּירֶהָ בְּסֵתֶר כְּנָפָיו לְעוֹלָמִים, וְיִצְרוֹר בִּצְרוֹר הַחַיִּים אֶת נִשְׁמָתָהּ, יהוה הוּא נַחֲלָתָהּ, וְתָנוּחַ בְּשָׁלוֹם עַל מִשְׁכָּבָהּ, וְנֹאמַר: אָמֵן.

אין אומרים „אַב הָרַחֲמִים" א) ביום שאין אומרים בו תחנון בחול; ב) אם יש שם חתן בתוך שבעת ימי המשתה; ג) אם יש שם ברית מילה; ד) בד' פרשיות ובשבת שמברכים החודש. [בקצת קהילות אומרים „אַב הָרַחֲמִים" בשבת שמברכים חודש מנחם אב – ערוך השולחן.] בימי הספירה שרבו אז הרדיפות ונהרגו הרבה על קדושת השם אומרים „אַב הָרַחֲמִים" אף בשבת שמברכים החודש ואף אם יש שם חתן או ברית מילה. אבל כשחל ר"ח בשבת אין אומרים „אַב הָרַחֲמִים". ויש מנהגים שונים בענין זה וכל קהל יחזיק במנהגו וכהוראת רבותיו.

**אַב הָרַחֲמִים,** שׁוֹכֵן מְרוֹמִים, בְּרַחֲמָיו הָעֲצוּמִים, הוּא יִפְקוֹד בְּרַחֲמִים, הַחֲסִידִים וְהַיְשָׁרִים וְהַתְּמִימִים, קְהִלּוֹת הַקֹּדֶשׁ שֶׁמָּסְרוּ נַפְשָׁם עַל קְדֻשַּׁת הַשֵּׁם, הַנֶּאֱהָבִים וְהַנְּעִימִים בְּחַיֵּיהֶם, וּבְמוֹתָם לֹא נִפְרָדוּ. מִנְּשָׁרִים קַלּוּ, וּמֵאֲרָיוֹת גָּבֵרוּ, לַעֲשׂוֹת רְצוֹן קוֹנָם וְחֵפֶץ צוּרָם. יִזְכְּרֵם אֱלֹהֵינוּ לְטוֹבָה, עִם שְׁאָר צַדִּיקֵי עוֹלָם, וְיִנְקוֹם לְעֵינֵינוּ נִקְמַת דַּם עֲבָדָיו הַשָּׁפוּךְ, כַּכָּתוּב בְּתוֹרַת מֹשֶׁה אִישׁ הָאֱלֹהִים: הַרְנִינוּ גוֹיִם עַמּוֹ כִּי דַם עֲבָדָיו יִקּוֹם, וְנָקָם יָשִׁיב לְצָרָיו, וְכִפֶּר אַדְמָתוֹ עַמּוֹ.[1] וְעַל יְדֵי עֲבָדֶיךָ הַנְּבִיאִים כָּתוּב לֵאמֹר: וְנִקֵּיתִי דָּמָם לֹא נִקֵּיתִי, וַיהוה שֹׁכֵן בְּצִיּוֹן.[2] וּבְכִתְבֵי הַקֹּדֶשׁ נֶאֱמַר: לָמָּה יֹאמְרוּ הַגּוֹיִם, אַיֵּה אֱלֹהֵיהֶם, יִוָּדַע בַּגּוֹיִם לְעֵינֵינוּ, נִקְמַת דַּם עֲבָדֶיךָ הַשָּׁפוּךְ.[3] וְאוֹמֵר: כִּי דֹרֵשׁ דָּמִים אוֹתָם זָכָר, לֹא שָׁכַח צַעֲקַת עֲנָוִים.[4] וְאוֹמֵר: יָדִין בַּגּוֹיִם מָלֵא גְוִיּוֹת, מָחַץ רֹאשׁ עַל אֶרֶץ רַבָּה. מִנַּחַל בַּדֶּרֶךְ יִשְׁתֶּה, עַל כֵּן יָרִים רֹאשׁ.[5]

(1) דברים לב:מג (2) יואל ד:כא (3) תהלים עט:י (4) ט:יג (5) קי:ו-ז

**אַשְׁרֵי** יוֹשְׁבֵי בֵיתֶךָ, עוֹד יְהַלְּלְוּךָ סֶּלָה.[1] אַשְׁרֵי הָעָם שֶׁכָּכָה לּוֹ, אַשְׁרֵי הָעָם שֶׁיהוה אֱלֹהָיו.[2]

תהלים קמה – תְּהִלָּה לְדָוִד, אֲרוֹמִמְךָ אֱלוֹהַי הַמֶּלֶךְ, וַאֲבָרְכָה שִׁמְךָ לְעוֹלָם וָעֶד. **בְּ**כָל יוֹם אֲבָרְכֶךָּ, וַאֲהַלְּלָה שִׁמְךָ לְעוֹלָם וָעֶד. **גָּ**דוֹל יהוה וּמְהֻלָּל מְאֹד, וְלִגְדֻלָּתוֹ אֵין חֵקֶר. **דּ**וֹר לְדוֹר יְשַׁבַּח מַעֲשֶׂיךָ, וּגְבוּרֹתֶיךָ יַגִּידוּ. **הֲ**דַר כְּבוֹד הוֹדֶךָ וְדִבְרֵי נִפְלְאֹתֶיךָ אָשִׂיחָה. **וֶ**עֱזוּז נוֹרְאֹתֶיךָ יֹאמֵרוּ, וּגְדוּלָּתְךָ אֲסַפְּרֶנָּה. **זֵ**כֶר רַב טוּבְךָ יַבִּיעוּ, וְצִדְקָתְךָ יְרַנֵּנוּ. **חַ**נּוּן וְרַחוּם יהוה, אֶרֶךְ אַפַּיִם וּגְדָל חָסֶד. **ט**וֹב יהוה לַכֹּל, וְרַחֲמָיו עַל כָּל מַעֲשָׂיו. **יוֹ**דוּךָ יהוה כָּל מַעֲשֶׂיךָ, וַחֲסִידֶיךָ יְבָרְכוּכָה. **כְּ**בוֹד מַלְכוּתְךָ יֹאמֵרוּ, וּגְבוּרָתְךָ יְדַבֵּרוּ. **לְ**הוֹדִיעַ לִבְנֵי הָאָדָם גְּבוּרֹתָיו, וּכְבוֹד הֲדַר מַלְכוּתוֹ. **מַ**לְכוּתְךָ מַלְכוּת כָּל עֹלָמִים, וּמֶמְשַׁלְתְּךָ בְּכָל דּוֹר וָדֹר. **ס**וֹמֵךְ יהוה לְכָל הַנֹּפְלִים, וְזוֹקֵף לְכָל הַכְּפוּפִים. **עֵ**ינֵי כֹל אֵלֶיךָ יְשַׂבֵּרוּ, וְאַתָּה נוֹתֵן לָהֶם אֶת אָכְלָם בְּעִתּוֹ. **פּ**וֹתֵחַ אֶת יָדֶךָ, וּמַשְׂבִּיעַ לְכָל חַי רָצוֹן.

צריך לכוון באמירת פסוק „פּוֹתֵחַ אֶת יָדֶךָ". ואם לא כיוון צריך לחזור ולאומרו בכוונה (או"ח סי' נא ס"ז).

**צַ**דִּיק יהוה בְּכָל דְּרָכָיו, וְחָסִיד בְּכָל מַעֲשָׂיו. **קָ**רוֹב יהוה לְכָל קֹרְאָיו, לְכֹל אֲשֶׁר יִקְרָאֻהוּ בֶאֱמֶת. **רְ**צוֹן יְרֵאָיו יַעֲשֶׂה, וְאֶת שַׁוְעָתָם יִשְׁמַע וְיוֹשִׁיעֵם. **שׁ**וֹמֵר יהוה אֶת כָּל אֹהֲבָיו, וְאֵת כָּל הָרְשָׁעִים יַשְׁמִיד. ❖ **תְּ**הִלַּת יהוה יְדַבֶּר פִּי, וִיבָרֵךְ כָּל בָּשָׂר שֵׁם קָדְשׁוֹ לְעוֹלָם וָעֶד. וַאֲנַחְנוּ נְבָרֵךְ יָהּ מֵעַתָּה וְעַד עוֹלָם, הַלְלוּיָהּ.[3]

הכנסת ספר תורה

החזן לוקח ספר התורה בזרועו הימנית ואומר:

**יְהַלְלוּ אֶת שֵׁם יהוה, כִּי נִשְׂגָּב שְׁמוֹ לְבַדּוֹ –**

הקהל עונים:

– הוֹדוֹ עַל אֶרֶץ וְשָׁמָיִם. וַיָּרֶם קֶרֶן לְעַמּוֹ, תְּהִלָּה לְכָל חֲסִידָיו, לִבְנֵי יִשְׂרָאֵל עַם קְרֹבוֹ, הַלְלוּיָהּ.[4]

(1) תהלים פד:ה (2) קמד:טו (3) קטו:יח (4) קמח:יג-יד

בשבת הראשונה אחר ר"ח חשון ואייר מברך החזן את כל אותם שמקבלים על עצמם להתענות בה"ב.

**מִי שֶׁבֵּרַךְ** אֲבוֹתֵינוּ אַבְרָהָם יִצְחָק וְיַעֲקֹב, מֹשֶׁה וְאַהֲרֹן, דָּוִד וּשְׁלֹמֹה, הוּא יְבָרֵךְ אֶת כָּל מִי שֶׁיְּקַבֵּל עָלָיו לְהִתְעַנּוֹת שֵׁנִי וַחֲמִישִׁי וְשֵׁנִי. בִּשְׂכַר זֶה הַקָּדוֹשׁ בָּרוּךְ הוּא יִשְׁמְרֵם וְיַצִּילֵם מִכָּל צָרָה וְצוּקָה, וּמִכָּל נֶגַע וּמַחֲלָה, וְיִשְׁלַח בְּרָכָה וְהַצְלָחָה בְּכָל מַעֲשֵׂה יְדֵיהֶם, וִיקַבֵּל תְּפִלּוֹתֵיהֶם וְיַאֲזִין שַׁוְעוֹתֵיהֶם, עִם כָּל יִשְׂרָאֵל אֲחֵיהֶם. וְנֹאמַר: אָמֵן.

בשחרית של שבת:

תהלים כט

**מִזְמוֹר** לְדָוִד, הָבוּ לַיהוה בְּנֵי אֵלִים, הָבוּ לַיהוה כָּבוֹד וָעֹז. הָבוּ לַיהוה כְּבוֹד שְׁמוֹ, הִשְׁתַּחֲווּ לַיהוה בְּהַדְרַת קֹדֶשׁ. קוֹל יהוה עַל הַמָּיִם, אֵל הַכָּבוֹד הִרְעִים, יהוה עַל מַיִם רַבִּים. קוֹל יהוה בַּכֹּחַ, קוֹל יהוה בֶּהָדָר. קוֹל יהוה שֹׁבֵר אֲרָזִים, וַיְשַׁבֵּר יהוה אֶת אַרְזֵי הַלְּבָנוֹן. וַיַּרְקִידֵם כְּמוֹ עֵגֶל, לְבָנוֹן וְשִׂרְיוֹן כְּמוֹ בֶן רְאֵמִים. קוֹל יהוה חֹצֵב לַהֲבוֹת אֵשׁ. קוֹל יהוה יָחִיל מִדְבָּר, יָחִיל יהוה מִדְבַּר קָדֵשׁ. קוֹל יהוה יְחוֹלֵל אַיָּלוֹת, וַיֶּחֱשֹׂף יְעָרוֹת, וּבְהֵיכָלוֹ, כֻּלּוֹ אֹמֵר כָּבוֹד. יהוה לַמַּבּוּל יָשָׁב, וַיֵּשֶׁב יהוה מֶלֶךְ לְעוֹלָם. יהוה עֹז לְעַמּוֹ יִתֵּן, יהוה יְבָרֵךְ אֶת עַמּוֹ בַשָּׁלוֹם.

כשחל יו"ט בחול ובמנחה של שבת:

תהלים כד

**לְדָוִד** מִזְמוֹר, לַיהוה הָאָרֶץ וּמְלוֹאָהּ, תֵּבֵל וְיֹשְׁבֵי בָהּ. כִּי הוּא עַל יַמִּים יְסָדָהּ, וְעַל נְהָרוֹת יְכוֹנְנֶהָ. מִי יַעֲלֶה בְהַר יהוה, וּמִי יָקוּם בִּמְקוֹם קָדְשׁוֹ. נְקִי כַפַּיִם וּבַר לֵבָב, אֲשֶׁר לֹא נָשָׂא לַשָּׁוְא נַפְשִׁי וְלֹא נִשְׁבַּע לְמִרְמָה. יִשָּׂא בְרָכָה מֵאֵת יהוה, וּצְדָקָה מֵאֱלֹהֵי יִשְׁעוֹ. זֶה דּוֹר דֹּרְשָׁיו, מְבַקְשֵׁי פָנֶיךָ, יַעֲקֹב, סֶלָה. שְׂאוּ שְׁעָרִים רָאשֵׁיכֶם, וְהִנָּשְׂאוּ פִּתְחֵי עוֹלָם, וְיָבוֹא מֶלֶךְ הַכָּבוֹד. מִי זֶה מֶלֶךְ הַכָּבוֹד, יהוה עִזּוּז וְגִבּוֹר, יהוה גִּבּוֹר מִלְחָמָה. שְׂאוּ שְׁעָרִים רָאשֵׁיכֶם, וּשְׂאוּ פִּתְחֵי עוֹלָם, וְיָבֹא מֶלֶךְ הַכָּבוֹד. מִי הוּא זֶה מֶלֶךְ הַכָּבוֹד, יהוה צְבָאוֹת הוּא מֶלֶךְ הַכָּבוֹד, סֶלָה.

כשמכניסים ספר התורה לארון הקודש אומרים:

**וּבְנֻחֹה** יֹאמַר, שׁוּבָה יהוה רִבְבוֹת אַלְפֵי יִשְׂרָאֵל.[1] קוּמָה יהוה לִמְנוּחָתֶךָ, אַתָּה וַאֲרוֹן עֻזֶּךָ. כֹּהֲנֶיךָ יִלְבְּשׁוּ צֶדֶק, וַחֲסִידֶיךָ יְרַנֵּנוּ. בַּעֲבוּר דָּוִד עַבְדֶּךָ, אַל תָּשֵׁב פְּנֵי מְשִׁיחֶךָ.[2] כִּי לֶקַח טוֹב נָתַתִּי לָכֶם, תּוֹרָתִי אַל תַּעֲזֹבוּ.[3] ❖ עֵץ חַיִּים הִיא לַמַּחֲזִיקִים

(1) במדבר י:לו (2) תהלים קלב:ח-י (3) משלי ד:ב

בָּהּ, וְתֹמְכֶיהָ מְאֻשָּׁר.[1] דְּרָכֶיהָ דַרְכֵי נֹעַם, וְכָל נְתִיבוֹתֶיהָ שָׁלוֹם.[2]
הֲשִׁיבֵנוּ יהוה אֵלֶיךָ וְנָשׁוּבָה, חַדֵּשׁ יָמֵינוּ כְּקֶדֶם.[3]

חצי קדיש

**יִתְגַּדַּל** וְיִתְקַדַּשׁ שְׁמֵהּ רַבָּא. בְּעָלְמָא דִּי בְרָא כִרְעוּתֵהּ. וְיַמְלִיךְ מַלְכוּתֵהּ, וְיַצְמַח פֻּרְקָנֵהּ וִיקָרֵב מְשִׁיחֵהּ. בְּחַיֵּיכוֹן וּבְיוֹמֵיכוֹן וּבְחַיֵּי דְכָל בֵּית יִשְׂרָאֵל, בַּעֲגָלָא וּבִזְמַן קָרִיב. וְאִמְרוּ: אָמֵן.

קהל וחזן– **יְהֵא שְׁמֵהּ רַבָּא מְבָרַךְ לְעָלַם וּלְעָלְמֵי עָלְמַיָּא. יִתְבָּרַךְ** וְיִשְׁתַּבַּח וְיִתְפָּאַר וְיִתְרוֹמַם וְיִתְנַשֵּׂא וְיִתְהַדָּר וְיִתְעַלֶּה וְיִתְהַלָּל שְׁמֵהּ דְּקֻדְשָׁא בְּרִיךְ הוּא – °לְעֵלָּא מִן כָּל (°בשבת שובה – לְעֵלָּא [וּ]לְעֵלָּא מִכָּל) בִּרְכָתָא וְשִׁירָתָא תֻּשְׁבְּחָתָא וְנֶחֱמָתָא דַּאֲמִירָן בְּעָלְמָא. וְאִמְרוּ: אָמֵן.

---

**מוסף לשלש רגלים וגם לשבת חול המועד תמצא בעמ׳ 317; לראש השנה בעמ׳ 339; ליום כפור בעמ׳ 355.**

# מוסף לשבת ולשבת ראש חודש

יפסע ג׳ פסיעות לאחוריו ואח״כ ג׳ פסיעות לפניו דרך קירוב והגשה. יכוון רגליו ויעמידן זו אצל זו בשוה כאילו הן רגל אחת כדי להדמות למלאכים. יתפלל במתינות ובכוונת הלב ויבין פירוש המילות ולא יפסיק לשום דבר. לכתחילה צריך להשמיע לאזניו מה שמוציא מפיו אבל לא ירים קולו עד שישמעו אחרים תפילתו.

כִּי שֵׁם יהוה אֶקְרָא, הָבוּ גֹדֶל לֵאלֹהֵינוּ.[4] אֲדֹנָי שְׂפָתַי תִּפְתָּח, וּפִי יַגִּיד תְּהִלָּתֶךָ.[5]

אבות

**בָּרוּךְ** אַתָּה יהוה אֱלֹהֵינוּ וֵאלֹהֵי אֲבוֹתֵינוּ, אֱלֹהֵי אַבְרָהָם, אֱלֹהֵי יִצְחָק, וֵאלֹהֵי יַעֲקֹב, הָאֵל הַגָּדוֹל הַגִּבּוֹר וְהַנּוֹרָא, אֵל עֶלְיוֹן, גּוֹמֵל חֲסָדִים טוֹבִים, וְקוֹנֵה הַכֹּל, וְזוֹכֵר חַסְדֵי אָבוֹת, וּמֵבִיא גוֹאֵל לִבְנֵי בְנֵיהֶם, לְמַעַן שְׁמוֹ בְּאַהֲבָה.

בשבת שובה מוסיפים [ואם שכח אינו חוזר; עיין הלכות בסוף הסידור סע׳ עה]:

זָכְרֵנוּ לְחַיִּים, מֶלֶךְ חָפֵץ בַּחַיִּים, וְכָתְבֵנוּ בְּסֵפֶר הַחַיִּים, לְמַעַנְךָ אֱלֹהִים חַיִּים.

מֶלֶךְ עוֹזֵר וּמוֹשִׁיעַ וּמָגֵן. בָּרוּךְ אַתָּה יהוה, מָגֵן אַבְרָהָם.

גבורות

**אַתָּה** גִּבּוֹר לְעוֹלָם אֲדֹנָי, מְחַיֵּה מֵתִים אַתָּה, רַב לְהוֹשִׁיעַ.

בין שמיני עצרת לפסח: מַשִּׁיב הָרוּחַ וּמוֹרִיד הַגֶּשֶׁם [נ״א הַגָּשֶׁם]    מחוה״מ פסח עד שמיני עצרת: מוֹרִיד הַטָּל.

[אם שכח או טעה, עיין הלכות בסוף הסידור סע׳ פד-צא.]

מְכַלְכֵּל חַיִּים בְּחֶסֶד, מְחַיֵּה מֵתִים בְּרַחֲמִים רַבִּים, סוֹמֵךְ נוֹפְלִים, וְרוֹפֵא חוֹלִים, וּמַתִּיר אֲסוּרִים, וּמְקַיֵּם אֱמוּנָתוֹ לִישֵׁנֵי עָפָר. מִי כָמוֹךָ בַּעַל גְּבוּרוֹת, וּמִי דּוֹמֶה לָּךְ, מֶלֶךְ מֵמִית וּמְחַיֶּה וּמַצְמִיחַ יְשׁוּעָה.

---

(1) משלי ג:יח (2) ג:יז (3) איכה ה:כא (4) דברים לב:ג (5) תהלים נא:יז

בשבת שובה מוסיפים [ואם שכח אינו חוזר; עיין הלכות בסוף הסידור סע' עה.]:

**מִי כָמְוֹךָ אַב הָרַחֲמִים, זוֹכֵר יְצוּרָיו לְחַיִּים בְּרַחֲמִים.**

**וְנֶאֱמָן אַתָּה לְהַחֲיוֹת מֵתִים. בָּרוּךְ אַתָּה יהוה, מְחַיֵּה הַמֵּתִים.**

בחזרת הש"ץ אומרים כאן קדושה (למטה).

## קדושת השם

בקצת קהילות אומר החזן „לְדוֹר וָדוֹר" בחזרת הש"ץ במקום „אַתָּה קָדוֹשׁ".

**אַתָּה** קָדוֹשׁ וְשִׁמְךָ קָדוֹשׁ, וּקְדוֹשִׁים בְּכָל יוֹם יְהַלְלְוּךָ סֶּלָה, כִּי אֵל מֶלֶךְ גָּדוֹל וְקָדוֹשׁ אָתָּה. בָּרוּךְ אַתָּה יהוה, °הָאֵל [°בשבת שובה–הַמֶּלֶךְ] הַקָּדוֹשׁ.

**לְדוֹר** וָדוֹר נַגִּיד גָּדְלֶךָ וּלְנֵצַח נְצָחִים קְדֻשָּׁתְךָ נַקְדִּישׁ, וְשִׁבְחֲךָ אֱלֹהֵינוּ מִפִּינוּ לֹא יָמוּשׁ לְעוֹלָם וָעֶד, כִּי אֵל מֶלֶךְ גָּדוֹל וְקָדוֹשׁ אָתָּה. בָּרוּךְ אַתָּה יהוה, °הָאֵל [°בשבת שובה–הַמֶּלֶךְ] הַקָּדוֹשׁ.

[אם שכח לומר „הַמֶּלֶךְ" בשבת שובה חוזר לראש התפלה, עיין הלכות בסוף הסידור סע' עו-עז.]

---

## קדושה

יכוון רגליו ויעמידן זו אצל זו בשוה כמו בתפילת שמונה עשרה. אסור להפסיק לשום דבר בעת אמירת קדושה.

קהל ואח"כ חזן– **כֶּתֶר** יִתְּנוּ לְךָ יהוה אֱלֹהֵינוּ, מַלְאָכִים הֲמוֹנֵי מַעְלָה, עִם עַמְּךָ יִשְׂרָאֵל, קְבוּצֵי מַטָּה.

קהל ואח"כ חזן– יַחַד כֻּלָּם קְדֻשָּׁה לְךָ יְשַׁלֵּשׁוּ, כַּדָּבָר הָאָמוּר עַל יַד נְבִיאֶךָ, וְקָרָא זֶה אֶל זֶה וְאָמַר:

קהל וחזן ביחד– קָדוֹשׁ קָדוֹשׁ קָדוֹשׁ יהוה צְבָאוֹת, מְלֹא כָל הָאָרֶץ כְּבוֹדוֹ.[1] ❖ כְּבוֹדוֹ מָלֵא עוֹלָם, מְשָׁרְתָיו שׁוֹאֲלִים זֶה לָזֶה, אַיֵּה מְקוֹם כְּבוֹדוֹ לְהַעֲרִיצוֹ, לְעֻמָּתָם מְשַׁבְּחִים וְאוֹמְרִים:

קהל וחזן ביחד– בָּרוּךְ כְּבוֹד יהוה, מִמְּקוֹמוֹ.[2] ❖ מִמְּקוֹמוֹ הוּא יִפֶן בְּרַחֲמָיו לְעַמּוֹ, וְיָחוֹן עַם הַמְיַחֲדִים שְׁמוֹ, עֶרֶב וָבֹקֶר בְּכָל יוֹם תָּמִיד, פַּעֲמַיִם בְּאַהֲבָה שְׁמַע אוֹמְרִים:

קהל וחזן ביחד– שְׁמַע יִשְׂרָאֵל, יהוה אֱלֹהֵינוּ, יהוה אֶחָד.[3] ❖ הוּא אֱלֹהֵינוּ, הוּא אָבִינוּ, הוּא מַלְכֵּנוּ, הוּא מוֹשִׁיעֵנוּ, וְהוּא יוֹשִׁיעֵנוּ וְיִגְאָלֵנוּ שֵׁנִית, וְיַשְׁמִיעֵנוּ בְּרַחֲמָיו שֵׁנִית, לְעֵינֵי כָּל חָי, לֵאמֹר: הֵן גָּאַלְתִּי אֶתְכֶם אַחֲרִית כְּבְרֵאשִׁית, לִהְיוֹת לָכֶם לֵאלֹהִים,

קהל וחזן ביחד– אֲנִי יהוה אֱלֹהֵיכֶם.[4] ❖ וּבְדִבְרֵי קָדְשְׁךָ כָּתוּב לֵאמֹר:

קהל וחזן ביחד– יִמְלֹךְ יהוה לְעוֹלָם, אֱלֹהַיִךְ צִיּוֹן לְדֹר וָדֹר, הַלְלוּיָהּ.[5]

החזן אומר „אַתָּה קָדוֹשׁ . . ." [או „לְדוֹר וָדוֹר . . ."] (למעלה).

---

(1) ישעיה ו:ג (2) יחזקאל ג:יב (3) דברים ו:ד (4) במדבר טו:מא (5) תהלים קמו:י

[אם טעה ואמר תפילה של חול או תפילה אחרת מתפילות שבת, עיין הלכות בסוף הסידור סע' קמא-קמו.]

קדושת היום

בשבת ראש חדש אומרים כאן „אַתָּה יָצַרְתָּ . . .” (למטה).

**תִּכַּנְתָּ שַׁבָּת** רָצִיתָ קָרְבְּנוֹתֶיהָ, צִוִּיתָ פֵּרוּשֶׁיהָ עִם סִדּוּרֵי נְסָכֶיהָ, מְעַנְּגֶיהָ לְעוֹלָם כָּבוֹד יִנְחָלוּ, טוֹעֲמֶיהָ חַיִּים זָכוּ, וְגַם הָאוֹהֲבִים דְּבָרֶיהָ גְּדֻלָּה בָּחָרוּ, אָז מִסִּינַי נִצְטַוּוּ צִוּוּי פְּעָלֶיהָ כָּרָאוּי, וַתְּצַוֵּנוּ יהוה אֱלֹהֵינוּ, לְהַקְרִיב בָּהּ קָרְבַּן מוּסַף שַׁבָּת כָּרָאוּי. יְהִי רָצוֹן מִלְּפָנֶיךָ, יהוה אֱלֹהֵינוּ וֵאלֹהֵי אֲבוֹתֵינוּ, שֶׁתַּעֲלֵנוּ בְשִׂמְחָה לְאַרְצֵנוּ, וְתִטָּעֵנוּ בִּגְבוּלֵנוּ, וְשָׁם נַעֲשֶׂה לְפָנֶיךָ אֶת קָרְבְּנוֹת חוֹבוֹתֵינוּ, תְּמִידִים כְּסִדְרָם וּמוּסָפִים כְּהִלְכָתָם. וְאֶת מוּסַף יוֹם הַשַּׁבָּת הַזֶּה נַעֲשֶׂה וְנַקְרִיב לְפָנֶיךָ בְּאַהֲבָה, כְּמִצְוַת רְצוֹנֶךָ, כְּמוֹ שֶׁכָּתַבְתָּ עָלֵינוּ בְּתוֹרָתֶךָ, עַל יְדֵי מֹשֶׁה עַבְדֶּךָ, מִפִּי כְבוֹדֶךָ, כָּאָמוּר:

לשבת ראש חודש

**אַתָּה יָצַרְתָּ** עוֹלָמְךָ מִקֶּדֶם, כִּלִּיתָ מְלַאכְתְּךָ בַּיּוֹם הַשְּׁבִיעִי, בָּחַרְתָּ בָּנוּ מִכָּל עָם, אָהַבְתָּ אוֹתָנוּ וְרָצִיתָ בָּנוּ, וְרוֹמַמְתָּנוּ מִכָּל הַלְּשׁוֹנוֹת, וְקִדַּשְׁתָּנוּ בְּמִצְוֹתֶיךָ, וְקֵרַבְתָּנוּ מַלְכֵּנוּ לַעֲבוֹדָתֶךָ, וְשִׁמְךָ הַגָּדוֹל וְהַקָּדוֹשׁ עָלֵינוּ קָרָאתָ. וַתִּתֶּן לָנוּ יהוה אֱלֹהֵינוּ בְּאַהֲבָה, שַׁבָּתוֹת לִמְנוּחָה וְרָאשֵׁי חֳדָשִׁים לְכַפָּרָה. וּלְפִי שֶׁחָטָאנוּ לְפָנֶיךָ אֲנַחְנוּ וַאֲבוֹתֵינוּ, חָרְבָה עִירֵנוּ, וְשָׁמֵם בֵּית מִקְדָּשֵׁנוּ, וְגָלָה יְקָרֵנוּ, וְנֻטַּל כָּבוֹד מִבֵּית חַיֵּינוּ, וְאֵין אֲנַחְנוּ יְכוֹלִים לַעֲשׂוֹת חוֹבוֹתֵינוּ בְּבֵית בְּחִירָתֶךָ, בַּבַּיִת הַגָּדוֹל וְהַקָּדוֹשׁ שֶׁנִּקְרָא שִׁמְךָ עָלָיו, מִפְּנֵי הַיָּד שֶׁנִּשְׁתַּלְּחָה בְּמִקְדָּשֶׁךָ. יְהִי רָצוֹן מִלְּפָנֶיךָ, יהוה אֱלֹהֵינוּ וֵאלֹהֵי אֲבוֹתֵינוּ, שֶׁתַּעֲלֵנוּ בְשִׂמְחָה לְאַרְצֵנוּ וְתִטָּעֵנוּ בִּגְבוּלֵנוּ, וְשָׁם נַעֲשֶׂה לְפָנֶיךָ אֶת קָרְבְּנוֹת חוֹבוֹתֵינוּ, תְּמִידִים כְּסִדְרָם, וּמוּסָפִים כְּהִלְכָתָם. וְאֶת מוּסְפֵי יוֹם הַשַּׁבָּת הַזֶּה וְיוֹם רֹאשׁ הַחֹדֶשׁ הַזֶּה נַעֲשֶׂה וְנַקְרִיב לְפָנֶיךָ בְּאַהֲבָה, כְּמִצְוַת רְצוֹנֶךָ, כְּמוֹ שֶׁכָּתַבְתָּ עָלֵינוּ בְּתוֹרָתֶךָ, עַל יְדֵי מֹשֶׁה עַבְדֶּךָ, מִפִּי כְבוֹדֶךָ, כָּאָמוּר:

**וּבְיוֹם** הַשַּׁבָּת שְׁנֵי כְבָשִׂים בְּנֵי שָׁנָה, תְּמִימִם, וּשְׁנֵי עֶשְׂרֹנִים סֹלֶת מִנְחָה בְּלוּלָה בַשֶּׁמֶן וְנִסְכּוֹ. עֹלַת שַׁבַּת בְּשַׁבַּתּוֹ, עַל עֹלַת הַתָּמִיד וְנִסְכָּהּ.[1]

**יִשְׂמְחוּ** בְמַלְכוּתְךָ שׁוֹמְרֵי שַׁבָּת וְקוֹרְאֵי עֹנֶג, עַם מְקַדְּשֵׁי שְׁבִיעִי, כֻּלָּם יִשְׂבְּעוּ וְיִתְעַנְּגוּ מִטּוּבֶךָ, וּבַשְּׁבִיעִי רָצִיתָ בּוֹ וְקִדַּשְׁתּוֹ, חֶמְדַּת יָמִים אוֹתוֹ קָרָאתָ, זֵכֶר לְמַעֲשֵׂה בְרֵאשִׁית.

**אֱלֹהֵינוּ** וֵאלֹהֵי אֲבוֹתֵינוּ, רְצֵה נָא בִמְנוּחָתֵנוּ, קַדְּשֵׁנוּ בְּמִצְוֹתֶיךָ, וְתֵן חֶלְקֵנוּ בְּתוֹרָתֶךָ, שַׂבְּעֵנוּ מִטּוּבֶךָ, וְשַׂמַּח נַפְשֵׁנוּ בִּישׁוּעָתֶךָ, וְטַהֵר לִבֵּנוּ לְעָבְדְּךָ בֶּאֱמֶת. וְהַנְחִילֵנוּ יהוה אֱלֹהֵינוּ בְּאַהֲבָה וּבְרָצוֹן שַׁבַּת קָדְשֶׁךָ, וְיָנוּחוּ בוֹ כָּל יִשְׂרָאֵל מְקַדְּשֵׁי שְׁמֶךָ. בָּרוּךְ אַתָּה יהוה, מְקַדֵּשׁ הַשַּׁבָּת.

---

לשבת ראש חודש

---

**וּבְיוֹם** הַשַּׁבָּת שְׁנֵי כְבָשִׂים בְּנֵי שָׁנָה, תְּמִימִם, וּשְׁנֵי עֶשְׂרֹנִים סֹלֶת מִנְחָה בְּלוּלָה בַשֶּׁמֶן וְנִסְכּוֹ. עֹלַת שַׁבַּת בְּשַׁבַּתּוֹ, עַל עֹלַת הַתָּמִיד וְנִסְכָּהּ.[1] (זֶה קָרְבַּן שַׁבָּת, וְקָרְבַּן הַיּוֹם כָּאָמוּר:)

**וּבְרָאשֵׁי** חָדְשֵׁיכֶם תַּקְרִיבוּ עֹלָה לַיהוה, פָּרִים בְּנֵי בָקָר שְׁנַיִם, וְאַיִל אֶחָד, כְּבָשִׂים בְּנֵי שָׁנָה שִׁבְעָה, תְּמִימִם.[2]

**וּמִנְחָתָם** וְנִסְכֵּיהֶם כִּמְדֻבָּר, שְׁלֹשָׁה עֶשְׂרֹנִים לַפָּר, וּשְׁנֵי עֶשְׂרֹנִים לָאָיִל, וְעִשָּׂרוֹן לַכֶּבֶשׂ, וְיַיִן כְּנִסְכּוֹ, וְשָׂעִיר לְכַפֵּר, וּשְׁנֵי תְמִידִים כְּהִלְכָתָם.[3]

**יִשְׂמְחוּ** בְמַלְכוּתְךָ שׁוֹמְרֵי שַׁבָּת וְקוֹרְאֵי עֹנֶג, עַם מְקַדְּשֵׁי שְׁבִיעִי, כֻּלָּם יִשְׂבְּעוּ וְיִתְעַנְּגוּ מִטּוּבֶךָ, וּבַשְּׁבִיעִי רָצִיתָ בּוֹ וְקִדַּשְׁתּוֹ, חֶמְדַּת יָמִים אוֹתוֹ קָרָאתָ, זֵכֶר לְמַעֲשֵׂה בְרֵאשִׁית.

**אֱלֹהֵינוּ** וֵאלֹהֵי אֲבוֹתֵינוּ, רְצֵה נָא בִמְנוּחָתֵנוּ, וְחַדֵּשׁ עָלֵינוּ בְּיוֹם הַשַּׁבָּת הַזֶּה אֶת הַחֹדֶשׁ הַזֶּה לְטוֹבָה וְלִבְרָכָה, לְשָׂשׂוֹן וּלְשִׂמְחָה, לִישׁוּעָה וּלְנֶחָמָה, לְפַרְנָסָה וּלְכַלְכָּלָה, לְחַיִּים טוֹבִים וּלְשָׁלוֹם, לִמְחִילַת חֵטְא וְלִסְלִיחַת עָוֹן, [בשנת העיבור עד חודש אדר שני ועד בכלל– וּלְכַפָּרַת פָּשַׁע,] וִיהִי הַחֹדֶשׁ הַזֶּה סוֹף וָקֵץ לְכָל צָרוֹתֵינוּ, תְּחִלָּה וְרֹאשׁ לְפִדְיוֹן נַפְשֵׁנוּ, כִּי בְעַמְּךָ יִשְׂרָאֵל בָּחַרְתָּ מִכָּל הָאֻמּוֹת, וְשַׁבָּתוֹת לָהֶם הוֹדָעְתָּ,[4] וְחֻקֵּי רָאשֵׁי חֳדָשִׁים לָהֶם קָבָעְתָּ. בָּרוּךְ אַתָּה יהוה, מְקַדֵּשׁ הַשַּׁבָּת וְיִשְׂרָאֵל וְרָאשֵׁי חֳדָשִׁים.

(1) במדבר כח:ט-י (2) כח:יא (3) ע"פ כח:יב-טו (4) ע"פ נחמיה ט:יד

עבודה

**רְצֵה** יהוה אֱלֹהֵינוּ בְּעַמְּךָ יִשְׂרָאֵל וְלִתְפִלָּתָם שְׁעֵה, וְהָשֵׁב אֶת הָעֲבוֹדָה לִדְבִיר בֵּיתֶךָ. וְאִשֵּׁי יִשְׂרָאֵל, וּתְפִלָּתָם מְהֵרָה בְּאַהֲבָה תְקַבֵּל בְּרָצוֹן, וּתְהִי לְרָצוֹן תָּמִיד עֲבוֹדַת יִשְׂרָאֵל עַמֶּךָ.

**וְתֶחֱזֶינָה** עֵינֵינוּ בְּשׁוּבְךָ לְצִיּוֹן בְּרַחֲמִים. בָּרוּךְ אַתָּה יהוה, הַמַּחֲזִיר שְׁכִינָתוֹ לְצִיּוֹן.

הודאה

בחזרת הש״ץ אומר החזן „מוֹדִים״ בקול רם והקהל אומרים מודים דרבנן בלחש.

**מוֹדִים** אֲנַחְנוּ לָךְ שָׁאַתָּה הוּא יהוה אֱלֹהֵינוּ וֵאלֹהֵי אֲבוֹתֵינוּ לְעוֹלָם וָעֶד. צוּרֵנוּ, צוּר חַיֵּינוּ, מָגֵן יִשְׁעֵנוּ אַתָּה הוּא לְדוֹר וָדוֹר. נוֹדֶה לְּךָ וּנְסַפֵּר תְּהִלָּתֶךָ[1] עַל חַיֵּינוּ הַמְּסוּרִים בְּיָדֶךָ, וְעַל נִשְׁמוֹתֵינוּ הַפְּקוּדוֹת לָךְ, וְעַל נִסֶּיךָ שֶׁבְּכָל יוֹם עִמָּנוּ, וְעַל נִפְלְאוֹתֶיךָ וְטוֹבוֹתֶיךָ שֶׁבְּכָל עֵת, עֶרֶב וָבֹקֶר וְצָהֳרָיִם. הַטּוֹב כִּי לֹא כָלוּ רַחֲמֶיךָ, וְהַמְּרַחֵם כִּי לֹא תַמּוּ חֲסָדֶיךָ,[2] כִּי מֵעוֹלָם קִוִּינוּ לָךְ.

מודים דרבנן

**מוֹדִים** אֲנַחְנוּ לָךְ, שָׁאַתָּה הוּא יהוה אֱלֹהֵינוּ וֵאלֹהֵי אֲבוֹתֵינוּ, אֱלֹהֵי כָל בָּשָׂר, יוֹצְרֵנוּ, יוֹצֵר בְּרֵאשִׁית. בְּרָכוֹת וְהוֹדָאוֹת לְשִׁמְךָ הַגָּדוֹל וְהַקָּדוֹשׁ, עַל שֶׁהֶחֱיִיתָנוּ וְקִיַּמְתָּנוּ. כֵּן תְּחַיֵּנוּ וּתְקַיְּמֵנוּ, וְתֶאֱסוֹף גָּלֻיּוֹתֵינוּ לְחַצְרוֹת קָדְשֶׁךָ, לִשְׁמוֹר חֻקֶּיךָ וְלַעֲשׂוֹת רְצוֹנֶךָ, וּלְעָבְדְּךָ בְּלֵבָב שָׁלֵם, עַל שֶׁאֲנַחְנוּ מוֹדִים לָךְ. בָּרוּךְ אֵל הַהוֹדָאוֹת.

בשבת חנוכה מוסיפים [ואם שכח אינו חוזר; עיין הלכות בסוף הסידור סע׳ קח]:

**וְעַל הַנִּסִּים,** וְעַל הַפֻּרְקָן, וְעַל הַגְּבוּרוֹת, וְעַל הַתְּשׁוּעוֹת, וְעַל הַנִּפְלָאוֹת, וְעַל הַנֶּחָמוֹת, וְעַל הַמִּלְחָמוֹת, שֶׁעָשִׂיתָ לַאֲבוֹתֵינוּ בַּיָּמִים הָהֵם בַּזְּמַן הַזֶּה.

**בִּימֵי** מַתִּתְיָהוּ בֶּן יוֹחָנָן כֹּהֵן גָּדוֹל חַשְׁמוֹנָאִי וּבָנָיו, כְּשֶׁעָמְדָה מַלְכוּת יָוָן הָרְשָׁעָה עַל עַמְּךָ יִשְׂרָאֵל, לְהַשְׁכִּיחָם תּוֹרָתֶךָ, וּלְהַעֲבִירָם מֵחֻקֵּי רְצוֹנֶךָ. וְאַתָּה בְּרַחֲמֶיךָ הָרַבִּים, עָמַדְתָּ לָהֶם בְּעֵת צָרָתָם, רַבְתָּ אֶת רִיבָם, דַּנְתָּ אֶת דִּינָם, נָקַמְתָּ אֶת נִקְמָתָם.[3] מָסַרְתָּ גִבּוֹרִים בְּיַד חַלָּשִׁים, וְרַבִּים בְּיַד מְעַטִּים, וּטְמֵאִים בְּיַד טְהוֹרִים, וּרְשָׁעִים בְּיַד צַדִּיקִים, וְזֵדִים בְּיַד עוֹסְקֵי תוֹרָתֶךָ. וּלְךָ עָשִׂיתָ שֵׁם גָּדוֹל וְקָדוֹשׁ בְּעוֹלָמֶךָ, וּלְעַמְּךָ יִשְׂרָאֵל עָשִׂיתָ תְּשׁוּעָה גְדוֹלָה[4] וּפֻרְקָן כְּהַיּוֹם הַזֶּה. וְאַחַר כֵּן בָּאוּ בָנֶיךָ לִדְבִיר בֵּיתֶךָ, וּפִנּוּ אֶת הֵיכָלֶךָ, וְטִהֲרוּ אֶת מִקְדָּשֶׁךָ, וְהִדְלִיקוּ נֵרוֹת בְּחַצְרוֹת קָדְשֶׁךָ, וְקָבְעוּ שְׁמוֹנַת יְמֵי חֲנֻכָּה אֵלּוּ, לְהוֹדוֹת וּלְהַלֵּל לְשִׁמְךָ הַגָּדוֹל.

(1) ע״פ תהלים עט:יג (2) ע״פ איכה ג:כב (3) ע״פ ירמיה נא:לו (4) ע״פ שמואל א יט:ה

וְעַל כֻּלָּם יִתְבָּרַךְ וְיִתְרוֹמַם וְיִתְנַשֵּׂא שִׁמְךָ מַלְכֵּנוּ תָּמִיד לְעוֹלָם וָעֶד.

בשבת שובה מוסיפים [ואם שכח אינו חוזר; עיין הלכות בסוף הסידור סע' עה]:

וּכְתוֹב לְחַיִּים טוֹבִים כָּל בְּנֵי בְרִיתֶךָ.

וְכֹל הַחַיִּים יוֹדוּךָ סֶּלָה, וִיהַלְלוּ וִיבָרְכוּ אֶת שִׁמְךָ הַגָּדוֹל בֶּאֱמֶת, לְעוֹלָם כִּי טוֹב. הָאֵל יְשׁוּעָתֵנוּ וְעֶזְרָתֵנוּ סֶלָה, הָאֵל הַטּוֹב. בָּרוּךְ אַתָּה יהוה, הַטּוֹב שִׁמְךָ וּלְךָ נָאֶה לְהוֹדוֹת.

ברכת כהנים

כשאומר החזן „יְבָרֶכְךָ ה'" יהיו פניו לצד ארון הקודש, וכשאומר „וְיִשְׁמְרֶךָ" לצד ימינו, כשאומר „יָאֵר ה'" יהיו פניו לצד ארון הקודש, וכשאומר „פָּנָיו אֵלֶיךָ וִיחֻנֶּךָּ" לצד שמאלו (מ"א סי' קכז בשם זהר חדש).

**אֱלֹהֵינוּ,** וֵאלֹהֵי אֲבוֹתֵינוּ, בָּרְכֵנוּ בַבְּרָכָה הַמְּשֻׁלֶּשֶׁת בַּתּוֹרָה, הַכְּתוּבָה עַל יְדֵי מֹשֶׁה עַבְדֶּךָ, הָאֲמוּרָה מִפִּי אַהֲרֹן וּבָנָיו, כֹּהֲנִים עַם קְדוֹשֶׁךָ, כָּאָמוּר:

יְבָרֶכְךָ יהוה, וְיִשְׁמְרֶךָ. (קהל – כֵּן יְהִי רָצוֹן.)

יָאֵר יהוה פָּנָיו אֵלֶיךָ, וִיחֻנֶּךָּ. (קהל – כֵּן יְהִי רָצוֹן.)

יִשָּׂא יהוה פָּנָיו אֵלֶיךָ, וְיָשֵׂם לְךָ שָׁלוֹם.[1] (קהל – כֵּן יְהִי רָצוֹן.)

יש נוהגים לומר „אַדִּיר בַּמָּרוֹם" כשהחזן אומר „שִׂים שָׁלוֹם".

אַדִּיר בַּמָּרוֹם, שׁוֹכֵן בִּגְבוּרָה, אַתָּה שָׁלוֹם וְשִׁמְךָ שָׁלוֹם, יְהִי רָצוֹן שֶׁתָּשִׂים עָלֵינוּ וְעַל כָּל עַמְּךָ בֵּית יִשְׂרָאֵל חַיִּים וּבְרָכָה לְמִשְׁמֶרֶת שָׁלוֹם.

שלום

**שִׂים שָׁלוֹם,** טוֹבָה וּבְרָכָה, חַיִּים, חֵן וָחֶסֶד וְרַחֲמִים, עָלֵינוּ וְעַל כָּל יִשְׂרָאֵל עַמֶּךָ. בָּרְכֵנוּ אָבִינוּ, כֻּלָּנוּ כְּאֶחָד בְּאוֹר פָּנֶיךָ, כִּי בְאוֹר פָּנֶיךָ נָתַתָּ לָּנוּ, יהוה אֱלֹהֵינוּ, תּוֹרַת חַיִּים וְאַהֲבַת חֶסֶד, וּצְדָקָה, וּבְרָכָה, וְרַחֲמִים, וְחַיִּים, וְשָׁלוֹם. וְטוֹב יִהְיֶה בְעֵינֶיךָ לְבָרְכֵנוּ וּלְבָרֵךְ אֶת כָּל עַמְּךָ יִשְׂרָאֵל בְּכָל עֵת וּבְכָל שָׁעָה, בִּשְׁלוֹמֶךָ (בְּרוֹב עוֹז וְשָׁלוֹם).

בשבת שובה מוסיפים [ואם שכח אינו חוזר; עיין הלכות בסוף הסידור סע' עה]:

בְּסֵפֶר חַיִּים בְּרָכָה וְשָׁלוֹם, וּפַרְנָסָה טוֹבָה, וּגְזֵרוֹת טוֹבוֹת, יְשׁוּעוֹת וְנֶחָמוֹת, נִזָּכֵר וְנִכָּתֵב לְפָנֶיךָ, אֲנַחְנוּ וְכָל עַמְּךָ בֵּית יִשְׂרָאֵל, לְחַיִּים טוֹבִים וּלְשָׁלוֹם.

בָּרוּךְ אַתָּה יהוה, הַמְּבָרֵךְ אֶת עַמּוֹ יִשְׂרָאֵל בַּשָּׁלוֹם.

יִהְיוּ לְרָצוֹן אִמְרֵי פִי וְהֶגְיוֹן לִבִּי לְפָנֶיךָ, יהוה צוּרִי וְגֹאֲלִי.[2]

(1) במדבר ו:כד-כו (2) תהלים יט:טו

**אֱלֹהַי,** נְצוֹר לְשׁוֹנִי מֵרָע, וּשְׂפָתַי מִדַּבֵּר מִרְמָה,[1] וְלִמְקַלְּלַי נַפְשִׁי תִדּוֹם, וְנַפְשִׁי כֶּעָפָר לַכֹּל תִּהְיֶה. פְּתַח לִבִּי בְּתוֹרָתֶךָ, וְאַחֲרֵי מִצְוֹתֶיךָ תִּרְדּוֹף נַפְשִׁי. וְכָל הַקָּמִים וְהַחוֹשְׁבִים עָלַי לְרָעָה, מְהֵרָה הָפֵר עֲצָתָם וְקַלְקֵל מַחֲשַׁבְתָּם.[2] יְהִי רָצוֹן מִלְּפָנֶיךָ יהוה אֱלֹהַי וֵאלֹהֵי אֲבוֹתַי, שֶׁלֹּא תַעֲלֶה קִנְאַת אָדָם עָלַי, וְלֹא קִנְאָתִי עַל אֲחֵרִים, וְשֶׁלֹּא אֶכְעֹס הַיּוֹם, וְשֶׁלֹּא אַכְעִיסֶךָ, וְתַצִּילֵנִי מִיֵּצֶר הָרָע, וְתֵן בְּלִבִּי הַכְנָעָה וַעֲנָוָה. מַלְכֵּנוּ וֵאלֹהֵינוּ, יַחֵד שִׁמְךָ בְּעוֹלָמֶךָ, בְּנֵה עִירָךְ, יַסֵּד בֵּיתֶךָ, וְשַׁכְלֵל הֵיכָלֶךָ, וְקַבֵּץ קִבּוּץ גָּלֻיּוֹת, וּפְדֵה צֹאנֶךָ וְשַׂמַּח עֲדָתֶךָ. עֲשֵׂה לְמַעַן שְׁמֶךָ, עֲשֵׂה לְמַעַן יְמִינֶךָ, עֲשֵׂה לְמַעַן תּוֹרָתֶךָ, עֲשֵׂה לְמַעַן קְדֻשָּׁתֶךָ. לְמַעַן יֵחָלְצוּן יְדִידֶיךָ, הוֹשִׁיעָה יְמִינְךָ וַעֲנֵנִי.[3] (כתב בס' אליה רבה שטוב לומר כאן פסוק ששייך אל שמו; ראה עמ' 443.) יִהְיוּ לְרָצוֹן אִמְרֵי פִי וְהֶגְיוֹן לִבִּי לְפָנֶיךָ, יהוה צוּרִי וְגֹאֲלִי.[4] עֹשֶׂה °שָׁלוֹם (°יש אומרים בשבת שובה– הַשָּׁלוֹם) בִּמְרוֹמָיו, הוּא יַעֲשֶׂה שָׁלוֹם עָלֵינוּ, וְעַל כָּל יִשְׂרָאֵל. וְאִמְרוּ: אָמֵן.

**יְהִי רָצוֹן** מִלְּפָנֶיךָ, יהוה אֱלֹהֵינוּ וֵאלֹהֵי אֲבוֹתֵינוּ, שֶׁיִּבָּנֶה בֵּית הַמִּקְדָּשׁ בִּמְהֵרָה בְיָמֵינוּ, וְתֵן חֶלְקֵנוּ בְּתוֹרָתֶךָ. וְשָׁם נַעֲבָדְךָ בְּיִרְאָה, כִּימֵי עוֹלָם וּכְשָׁנִים קַדְמוֹנִיּוֹת. וְעָרְבָה לַיהוה מִנְחַת יְהוּדָה וִירוּשָׁלָיִם, כִּימֵי עוֹלָם וּכְשָׁנִים קַדְמוֹנִיּוֹת.[5]

היחיד עומד במקום שכלו ג' הפסיעות עד שיגיע החזן לקדושה או לפחות עד שמתחיל חזרת הש"ץ ואז פוסע ג' פסיעות לפניו וחוזר למקומו. החזן או מי שמתפלל ביחידות יעמוד במקום שכלו הפסיעות כדי הילוך ד' אמות.

קדיש שלם

**יִתְגַּדַּל** וְיִתְקַדַּשׁ שְׁמֵהּ רַבָּא. בְּעָלְמָא דִּי בְרָא כִרְעוּתֵהּ. וְיַמְלִיךְ מַלְכוּתֵהּ, וְיַצְמַח פֻּרְקָנֵהּ וִיקָרֵב מְשִׁיחֵהּ. בְּחַיֵּיכוֹן וּבְיוֹמֵיכוֹן וּבְחַיֵּי דְכָל בֵּית יִשְׂרָאֵל, בַּעֲגָלָא וּבִזְמַן קָרִיב. וְאִמְרוּ: אָמֵן.

קהל וחזן– **יְהֵא שְׁמֵהּ רַבָּא מְבָרַךְ לְעָלַם וּלְעָלְמֵי עָלְמַיָּא. יִתְבָּרַךְ** וְיִשְׁתַּבַּח וְיִתְפָּאַר וְיִתְרוֹמַם וְיִתְנַשֵּׂא וְיִתְהַדָּר וְיִתְעַלֶּה וְיִתְהַלָּל שְׁמֵהּ דְּקֻדְשָׁא בְּרִיךְ הוּא – °לְעֵלָּא מִן כָּל (°בשבת שובה – לְעֵלָּא [וּ]לְעֵלָּא מִכָּל) בִּרְכָתָא וְשִׁירָתָא תֻּשְׁבְּחָתָא וְנֶחֱמָתָא דַּאֲמִירָן בְּעָלְמָא. וְאִמְרוּ: אָמֵן.

(קהל– קַבֵּל בְּרַחֲמִים וּבְרָצוֹן אֶת תְּפִלָּתֵנוּ.)

תִּתְקַבֵּל צְלוֹתְהוֹן וּבָעוּתְהוֹן דְּכָל בֵּית יִשְׂרָאֵל קֳדָם אֲבוּהוֹן דִּי בִשְׁמַיָּא. וְאִמְרוּ: אָמֵן.

(1) ע"פ תהלים לד:יד (2) ע"פ תפלת מר בריה דרבינא, ברכות יז. (3) תהלים ס:ז; קח:ז (4) יט:טו (5) מלאכי ג:ד

(קהל – יְהִי שֵׁם יהוה מְבֹרָךְ מֵעַתָּה וְעַד עוֹלָם.[1])

יְהֵא שְׁלָמָא רַבָּא מִן שְׁמַיָּא, וְחַיִּים טוֹבִים עָלֵינוּ וְעַל כָּל יִשְׂרָאֵל. וְאִמְרוּ: אָמֵן.

(קהל – עֶזְרִי מֵעִם יהוה, עֹשֵׂה שָׁמַיִם וָאָרֶץ.[2])

עֹשֶׂה °שָׁלוֹם (°יש אומרים בשבת שובה – הַשָּׁלוֹם) בִּמְרוֹמָיו, הוּא יַעֲשֶׂה שָׁלוֹם עָלֵינוּ, וְעַל כָּל יִשְׂרָאֵל. וְאִמְרוּ: אָמֵן.

**קַוֵּה** אֶל יהוה, חֲזַק וְיַאֲמֵץ לִבֶּךָ, וְקַוֵּה אֶל יהוה.[3] אֵין קָדוֹשׁ כַּיהוה, כִּי אֵין בִּלְתֶּךָ, וְאֵין צוּר כֵּאלֹהֵינוּ.[4] כִּי מִי אֱלוֹהַּ מִבַּלְעֲדֵי יהוה, וּמִי צוּר זוּלָתִי אֱלֹהֵינוּ.[5]

**אֵין כֵּאלֹהֵינוּ,** אֵין כַּאדוֹנֵינוּ, אֵין כְּמַלְכֵּנוּ, אֵין כְּמוֹשִׁיעֵנוּ. מִי כֵאלֹהֵינוּ, מִי כַאדוֹנֵינוּ, מִי כְמַלְכֵּנוּ, מִי כְמוֹשִׁיעֵנוּ. נוֹדֶה לֵאלֹהֵינוּ, נוֹדֶה לַאדוֹנֵינוּ, נוֹדֶה לְמַלְכֵּנוּ, נוֹדֶה לְמוֹשִׁיעֵנוּ. בָּרוּךְ אֱלֹהֵינוּ, בָּרוּךְ אֲדוֹנֵינוּ, בָּרוּךְ מַלְכֵּנוּ, בָּרוּךְ מוֹשִׁיעֵנוּ. אַתָּה הוּא אֱלֹהֵינוּ, אַתָּה הוּא אֲדוֹנֵינוּ, אַתָּה הוּא מַלְכֵּנוּ, אַתָּה הוּא מוֹשִׁיעֵנוּ. אַתָּה הוּא שֶׁהִקְטִירוּ אֲבוֹתֵינוּ לְפָנֶיךָ אֶת קְטֹרֶת הַסַּמִּים.

כריתות ו.

**פִּטּוּם הַקְּטֹרֶת:** (א) הַצֳּרִי, (ב) וְהַצִּפֹּרֶן, (ג) הַחֶלְבְּנָה, (ד) וְהַלְּבוֹנָה, מִשְׁקַל שִׁבְעִים שִׁבְעִים מָנֶה; (ה) מוֹר, (ו) וּקְצִיעָה, (ז) שִׁבֹּלֶת נֵרְדְּ, (ח) וְכַרְכֹּם, מִשְׁקַל שִׁשָּׁה עָשָׂר שִׁשָּׁה עָשָׂר מָנֶה; (ט) הַקֹּשְׁטְ,[6] שְׁנֵים עָשָׂר, (י) וְקִלּוּפָה, שְׁלֹשָׁה, (יא) וְקִנָּמוֹן, תִּשְׁעָה. בֹּרִית כַּרְשִׁינָה, תִּשְׁעָה קַבִּין. יֵין קַפְרִיסִין, סְאִין תְּלָתָא וְקַבִּין תְּלָתָא; וְאִם אֵין לוֹ יֵין קַפְרִיסִין, מֵבִיא חֲמַר חִוַּרְיָן עַתִּיק; מֶלַח סְדוֹמִית, רֹבַע הַקָּב; מַעֲלֶה עָשָׁן, כָּל שֶׁהוּא. רַבִּי נָתָן הַבַּבְלִי אוֹמֵר: אַף כִּפַּת הַיַּרְדֵּן כָּל שֶׁהוּא. וְאִם נָתַן בָּהּ דְּבַשׁ, פְּסָלָהּ. וְאִם חִסֵּר אַחַת מִכָּל סַמָּנֶיהָ, חַיָּב מִיתָה.

(1) תהלים קיג:ב (2) קכא:ב (3) כז:יד (4) שמואל א ב:ב (5) תהלים יח:לב (6) נ״א הַקֹּסְטְ

**רַבָּן שִׁמְעוֹן** בֶּן גַּמְלִיאֵל אוֹמֵר: הַצֳּרִי אֵינוֹ אֶלָּא שְׂרָף הַנּוֹטֵף מֵעֲצֵי הַקְּטָף. בֹּרִית כַּרְשִׁינָה, שֶׁשָּׁפִין בָּהּ אֶת הַצִּפֹּרֶן כְּדֵי שֶׁתְּהֵא נָאָה; יֵין קַפְרִיסִין, שֶׁשּׁוֹרִין בּוֹ אֶת הַצִּפֹּרֶן כְּדֵי שֶׁתְּהֵא עַזָּה; וַהֲלֹא מֵי רַגְלַיִם יָפִין לָהּ, אֶלָּא שֶׁאֵין מַכְנִיסִין מֵי רַגְלַיִם בַּמִּקְדָּשׁ[1] מִפְּנֵי הַכָּבוֹד.

משנה, תמיד ז:ד

**הַשִּׁיר** שֶׁהַלְוִיִּם הָיוּ אוֹמְרִים בְּבֵית הַמִּקְדָּשׁ. בַּיּוֹם הָרִאשׁוֹן הָיוּ אוֹמְרִים: לַיהוה הָאָרֶץ וּמְלוֹאָהּ, תֵּבֵל וְיֹשְׁבֵי בָהּ.[2] בַּשֵּׁנִי הָיוּ אוֹמְרִים: גָּדוֹל יהוה וּמְהֻלָּל מְאֹד, בְּעִיר אֱלֹהֵינוּ הַר קָדְשׁוֹ.[3] בַּשְּׁלִישִׁי הָיוּ אוֹמְרִים: אֱלֹהִים נִצָּב בַּעֲדַת אֵל, בְּקֶרֶב אֱלֹהִים יִשְׁפֹּט.[4] בָּרְבִיעִי הָיוּ אוֹמְרִים: אֵל נְקָמוֹת יהוה, אֵל נְקָמוֹת הוֹפִיעַ.[5] בַּחֲמִישִׁי הָיוּ אוֹמְרִים: הַרְנִינוּ לֵאלֹהִים עוּזֵּנוּ, הָרִיעוּ לֵאלֹהֵי יַעֲקֹב.[6] בַּשִּׁשִּׁי הָיוּ אוֹמְרִים: יהוה מָלָךְ גֵּאוּת לָבֵשׁ, לָבֵשׁ יהוה עֹז הִתְאַזָּר, אַף תִּכּוֹן תֵּבֵל בַּל תִּמּוֹט.[7] בַּשַּׁבָּת הָיוּ אוֹמְרִים: מִזְמוֹר שִׁיר לְיוֹם הַשַּׁבָּת.[8] מִזְמוֹר שִׁיר לֶעָתִיד לָבֹא, לְיוֹם שֶׁכֻּלּוֹ שַׁבָּת וּמְנוּחָה לְחַיֵּי הָעוֹלָמִים.

מגילה כח:

**תָּנָא** דְבֵי אֵלִיָּהוּ: כָּל הַשּׁוֹנֶה הֲלָכוֹת בְּכָל יוֹם, מֻבְטָח לוֹ שֶׁהוּא בֶּן עוֹלָם הַבָּא, שֶׁנֶּאֱמַר: הֲלִיכוֹת עוֹלָם לוֹ,[9] אַל תִּקְרֵי הֲלִיכוֹת, אֶלָּא הֲלָכוֹת.

ברכות סד.

**אָמַר** רַבִּי אֶלְעָזָר אָמַר רַבִּי חֲנִינָא: תַּלְמִידֵי חֲכָמִים מַרְבִּים שָׁלוֹם בָּעוֹלָם, שֶׁנֶּאֱמַר: וְכָל בָּנַיִךְ לִמּוּדֵי יהוה, וְרַב שְׁלוֹם בָּנָיִךְ,[10] אַל תִּקְרֵי בָּנָיִךְ אֶלָּא בּוֹנָיִךְ. ❖ שָׁלוֹם רָב לְאֹהֲבֵי תוֹרָתֶךָ, וְאֵין לָמוֹ מִכְשׁוֹל.[11] יְהִי שָׁלוֹם בְּחֵילֵךְ, שַׁלְוָה בְּאַרְמְנוֹתָיִךְ. לְמַעַן אַחַי וְרֵעָי, אֲדַבְּרָה נָּא שָׁלוֹם בָּךְ. לְמַעַן בֵּית יהוה אֱלֹהֵינוּ, אֲבַקְשָׁה טוֹב לָךְ.[12] יהוה עֹז לְעַמּוֹ יִתֵּן, יהוה יְבָרֵךְ אֶת עַמּוֹ בַשָּׁלוֹם.[13]

קדיש דרבנן

**יִתְגַּדַּל** וְיִתְקַדַּשׁ שְׁמֵהּ רַבָּא. בְּעָלְמָא דִּי בְרָא כִרְעוּתֵהּ. וְיַמְלִיךְ מַלְכוּתֵהּ, וְיַצְמַח פֻּרְקָנֵהּ וִיקָרֵב מְשִׁיחֵהּ. בְּחַיֵּיכוֹן וּבְיוֹמֵיכוֹן וּבְחַיֵּי דְכָל בֵּית יִשְׂרָאֵל, בַּעֲגָלָא וּבִזְמַן קָרִיב. וְאִמְרוּ: אָמֵן.

---
(1) נ"א בָּעֲזָרָה (2) תהלים כד:א (3) מח:ב (4) פב:א (5) צד:א (6) פא:ב (7) צג:א
(8) צב:א (9) חבקוק ג:ו (10) ישעיה נד:יג (11) תהלים קיט:קסה (12) קכב:ז-ט (13) כט:יא

קהל וחזן – **יְהֵא שְׁמֵהּ רַבָּא מְבָרַךְ לְעָלַם וּלְעָלְמֵי עָלְמַיָּא. יִתְבָּרַךְ** וְיִשְׁתַּבַּח וְיִתְפָּאַר וְיִתְרוֹמַם וְיִתְנַשֵּׂא וְיִתְהַדָּר וְיִתְעַלֶּה וְיִתְהַלָּל שְׁמֵהּ דְּקֻדְשָׁא בְּרִיךְ הוּא – °לְעֵלָּא מִן כָּל (°בשבת שובה – לְעֵלָּא [וּ]לְעֵלָּא מִכָּל) בִּרְכָתָא וְשִׁירָתָא תֻּשְׁבְּחָתָא וְנֶחֱמָתָא דַּאֲמִירָן בְּעָלְמָא. וְאִמְרוּ: אָמֵן.

עַל יִשְׂרָאֵל וְעַל רַבָּנָן, וְעַל תַּלְמִידֵיהוֹן וְעַל כָּל תַּלְמִידֵי תַלְמִידֵיהוֹן, וְעַל כָּל מָאן דְּעָסְקִין בְּאוֹרַיְתָא, דִּי בְאַתְרָא הָדֵין וְדִי בְכָל אֲתַר וַאֲתַר. יְהֵא לְהוֹן וּלְכוֹן שְׁלָמָא רַבָּא, חִנָּא וְחִסְדָּא וְרַחֲמִין, וְחַיִּין אֲרִיכִין, וּמְזוֹנֵי רְוִיחֵי, וּפֻרְקָנָא, מִן קֳדָם אֲבוּהוֹן דִּי בִשְׁמַיָּא וְאַרְעָא. וְאִמְרוּ: אָמֵן.

יְהֵא שְׁלָמָא רַבָּא מִן שְׁמַיָּא, וְחַיִּים טוֹבִים עָלֵינוּ וְעַל כָּל יִשְׂרָאֵל. וְאִמְרוּ: אָמֵן.

עֹשֶׂה °שָׁלוֹם (°יש אומרים בשבת שובה – הַשָּׁלוֹם) בִּמְרוֹמָיו, הוּא בְּרַחֲמָיו יַעֲשֶׂה שָׁלוֹם עָלֵינוּ, וְעַל כָּל יִשְׂרָאֵל. וְאִמְרוּ: אָמֵן.

**עָלֵינוּ** לְשַׁבֵּחַ לַאֲדוֹן הַכֹּל, לָתֵת גְּדֻלָּה לְיוֹצֵר בְּרֵאשִׁית, שֶׁלֹּא עָשָׂנוּ כְּגוֹיֵי הָאֲרָצוֹת, וְלֹא שָׂמָנוּ כְּמִשְׁפְּחוֹת הָאֲדָמָה. שֶׁלֹּא שָׂם חֶלְקֵנוּ כָּהֶם, וְגוֹרָלֵנוּ כְּכָל הֲמוֹנָם. (שֶׁהֵם מִשְׁתַּחֲוִים לְהֶבֶל וָרִיק, וּמִתְפַּלְּלִים אֶל אֵל לֹא יוֹשִׁיעַ.[1]) וַאֲנַחְנוּ כּוֹרְעִים וּמִשְׁתַּחֲוִים וּמוֹדִים, לִפְנֵי מֶלֶךְ מַלְכֵי הַמְּלָכִים הַקָּדוֹשׁ בָּרוּךְ הוּא. שֶׁהוּא נוֹטֶה שָׁמַיִם וְיֹסֵד אָרֶץ,[2] וּמוֹשַׁב יְקָרוֹ בַּשָּׁמַיִם מִמַּעַל, וּשְׁכִינַת עֻזּוֹ בְּגָבְהֵי מְרוֹמִים. הוּא אֱלֹהֵינוּ, אֵין עוֹד. אֱמֶת מַלְכֵּנוּ, אֶפֶס זוּלָתוֹ, כַּכָּתוּב בְּתוֹרָתוֹ: וְיָדַעְתָּ הַיּוֹם וַהֲשֵׁבֹתָ אֶל לְבָבֶךָ, כִּי יהוה הוּא הָאֱלֹהִים בַּשָּׁמַיִם מִמַּעַל וְעַל הָאָרֶץ מִתָּחַת, אֵין עוֹד.[3]

**וְעַל כֵּן** נְקַוֶּה לְּךָ, יהוה אֱלֹהֵינוּ, לִרְאוֹת מְהֵרָה בְּתִפְאֶרֶת עֻזֶּךָ, לְהַעֲבִיר גִּלּוּלִים מִן הָאָרֶץ, וְהָאֱלִילִים כָּרוֹת יִכָּרֵתוּן, לְתַקֵּן עוֹלָם בְּמַלְכוּת שַׁדַּי. וְכָל בְּנֵי בָשָׂר יִקְרְאוּ בִשְׁמֶךָ, לְהַפְנוֹת אֵלֶיךָ כָּל רִשְׁעֵי אָרֶץ. יַכִּירוּ וְיֵדְעוּ כָּל יוֹשְׁבֵי תֵבֵל, כִּי לְךָ תִּכְרַע כָּל בֶּרֶךְ, תִּשָּׁבַע כָּל לָשׁוֹן.[4] לְפָנֶיךָ יהוה אֱלֹהֵינוּ יִכְרְעוּ וְיִפֹּלוּ, וְלִכְבוֹד שִׁמְךָ יְקָר יִתֵּנוּ. וִיקַבְּלוּ כֻלָּם אֶת עוֹל מַלְכוּתֶךָ, וְתִמְלֹךְ עֲלֵיהֶם מְהֵרָה לְעוֹלָם וָעֶד. כִּי הַמַּלְכוּת שֶׁלְּךָ הִיא וּלְעוֹלְמֵי עַד תִּמְלוֹךְ בְּכָבוֹד, כַּכָּתוּב בְּתוֹרָתֶךָ: יהוה יִמְלֹךְ

(1) ישעיה מה:כ (2) נא:יג (3) דברים ד:לט (4) ע״פ ישעיה מה:כג

לְעֹלָם וָעֶד.[1] ❖ וְנֶאֱמַר: וְהָיָה יהוה לְמֶלֶךְ עַל כָּל הָאָרֶץ, בַּיּוֹם הַהוּא יִהְיֶה יהוה אֶחָד וּשְׁמוֹ אֶחָד.[2]

**אַל תִּירָא** מִפַּחַד פִּתְאֹם, וּמִשֹּׁאַת רְשָׁעִים כִּי תָבֹא.[3] עֻצוּ עֵצָה וְתֻפָר, דַּבְּרוּ דָבָר וְלֹא יָקוּם, כִּי עִמָּנוּ אֵל.[4] וְעַד זִקְנָה אֲנִי הוּא, וְעַד שֵׂיבָה אֲנִי אֶסְבֹּל, אֲנִי עָשִׂיתִי וַאֲנִי אֶשָּׂא, וַאֲנִי אֶסְבֹּל וַאֲמַלֵּט.[5]

קדיש יתום

**יִתְגַּדַּל** וְיִתְקַדַּשׁ שְׁמֵהּ רַבָּא. בְּעָלְמָא דִּי בְרָא כִרְעוּתֵהּ. וְיַמְלִיךְ מַלְכוּתֵהּ, וְיַצְמַח פֻּרְקָנֵהּ וִיקָרֵב מְשִׁיחֵהּ. בְּחַיֵּיכוֹן וּבְיוֹמֵיכוֹן וּבְחַיֵּי דְכָל בֵּית יִשְׂרָאֵל, בַּעֲגָלָא וּבִזְמַן קָרִיב. וְאִמְרוּ: אָמֵן.

קהל וחזן– **יְהֵא שְׁמֵהּ רַבָּא מְבָרַךְ לְעָלַם וּלְעָלְמֵי עָלְמַיָּא. יִתְבָּרַךְ** וְיִשְׁתַּבַּח וְיִתְפָּאַר וְיִתְרוֹמַם וְיִתְנַשֵּׂא וְיִתְהַדָּר וְיִתְעַלֶּה וְיִתְהַלָּל שְׁמֵהּ דְּקֻדְשָׁא בְּרִיךְ הוּא – °לְעֵלָּא מִן כָּל (°בשבת שובה – לְעֵלָּא [וּ]לְעֵלָּא מִכָּל) בִּרְכָתָא וְשִׁירָתָא תֻּשְׁבְּחָתָא וְנֶחֱמָתָא דַּאֲמִירָן בְּעָלְמָא. וְאִמְרוּ: אָמֵן.

יְהֵא שְׁלָמָא רַבָּא מִן שְׁמַיָּא, וְחַיִּים טוֹבִים עָלֵינוּ וְעַל כָּל יִשְׂרָאֵל. וְאִמְרוּ: אָמֵן.

עֹשֶׂה °שָׁלוֹם (°יש אומרים בשבת שובה – הַשָּׁלוֹם) בִּמְרוֹמָיו, הוּא יַעֲשֶׂה שָׁלוֹם עָלֵינוּ, וְעַל כָּל יִשְׂרָאֵל. וְאִמְרוּ: אָמֵן.

שיר הכבוד

פותחין הארון

חזן – **אַנְעִים זְמִירוֹת** וְשִׁירִים אֶאֱרוֹג, כִּי אֵלֶיךָ נַפְשִׁי תַעֲרוֹג.
קהל – נַפְשִׁי חָמְדָה בְּצֵל יָדֶךָ, לָדַעַת כָּל רָז סוֹדֶךָ.
חזן – מִדֵּי דַבְּרִי בִּכְבוֹדֶךָ, הוֹמֶה לִבִּי אֶל דּוֹדֶיךָ.
קהל – עַל כֵּן אֲדַבֵּר בְּךָ נִכְבָּדוֹת, וְשִׁמְךָ אֲכַבֵּד בְּשִׁירֵי יְדִידוֹת.
חזן – אֲסַפְּרָה כְבוֹדְךָ וְלֹא רְאִיתִיךָ, אֲדַמְּךָ אֲכַנְּךָ וְלֹא יְדַעְתִּיךָ.
קהל – בְּיַד נְבִיאֶיךָ בְּסוֹד עֲבָדֶיךָ, דִּמִּיתָ הֲדַר כְּבוֹד הוֹדֶךָ.
חזן – גְּדֻלָּתְךָ וּגְבוּרָתֶךָ, כִּנּוּ לְתֹקֶף פְּעֻלָּתֶךָ.
קהל – דִּמּוּ אוֹתְךָ וְלֹא כְפִי יֶשְׁךָ, וַיְשַׁוּוּךָ לְפִי מַעֲשֶׂיךָ.
חזן – הִמְשִׁילוּךָ בְּרֹב חֶזְיוֹנוֹת, הִנְּךָ אֶחָד בְּכָל דִּמְיוֹנוֹת.
קהל – וַיֶּחֱזוּ בְךָ זִקְנָה וּבַחֲרוּת, וּשְׂעַר רֹאשְׁךָ בְּשֵׂיבָה וְשַׁחֲרוּת.
חזן – זִקְנָה בְּיוֹם דִּין וּבַחֲרוּת בְּיוֹם קְרָב, כְּאִישׁ מִלְחָמוֹת יָדָיו לוֹ רָב.
קהל – חָבַשׁ כּוֹבַע יְשׁוּעָה בְּרֹאשׁוֹ, הוֹשִׁיעָה לּוֹ יְמִינוֹ וּזְרוֹעַ קָדְשׁוֹ.
חזן – טַלְלֵי אוֹרוֹת רֹאשׁוֹ נִמְלָא, קְוֻצּוֹתָיו רְסִיסֵי לָיְלָה.
קהל – יִתְפָּאֵר בִּי כִּי חָפֵץ בִּי, וְהוּא יִהְיֶה לִּי לַעֲטֶרֶת צְבִי.

(1) שמות טו:יח (2) זכריה יד:ט (3) משלי ג:כה (4) ישעיה ח:י (5) מו:ד

חזן – כֶּתֶם טָהוֹר פָּז דְּמוּת רֹאשׁוֹ, וְחַק עַל מֵצַח כְּבוֹד שֵׁם קָדְשׁוֹ.
קהל – לְחֵן וּלְכָבוֹד צְבִי תִפְאָרָה, אֻמָּתוֹ לוֹ עִטְּרָה עֲטָרָה.
חזן – מַחְלְפוֹת רֹאשׁוֹ כְּבִימֵי בְחֻרוֹת, קְוֻצּוֹתָיו תַּלְתַּלִּים שְׁחוֹרוֹת.
קהל – נְוֵה הַצֶּדֶק צְבִי תִפְאַרְתּוֹ, יַעֲלֶה נָּא עַל רֹאשׁ שִׂמְחָתוֹ.
חזן – סְגֻלָּתוֹ תְּהִי בְיָדוֹ עֲטֶרֶת, וּצְנִיף מְלוּכָה צְבִי תִפְאֶרֶת.
קהל – עֲמוּסִים נְשָׂאָם עֲטֶרֶת עִנְּדָם, מֵאֲשֶׁר יָקְרוּ בְעֵינָיו כִּבְּדָם.
חזן – פְּאֵרוֹ עָלַי וּפְאֵרִי עָלָיו, וְקָרוֹב אֵלַי בְּקָרְאִי אֵלָיו.
קהל – צַח וְאָדוֹם לִלְבוּשׁוֹ אָדֹם, פּוּרָה בְּדָרְכוֹ בְּבוֹאוֹ מֵאֱדוֹם.
חזן – קֶשֶׁר תְּפִלִּין הֶרְאָה לֶעָנָו, תְּמוּנַת יהוה לְנֶגֶד עֵינָיו.
קהל – רוֹצֶה בְעַמּוֹ עֲנָוִים יְפָאֵר, יוֹשֵׁב תְּהִלּוֹת בָּם לְהִתְפָּאֵר.
חזן – רֹאשׁ דְּבָרְךָ אֱמֶת קוֹרֵא מֵרֹאשׁ, דּוֹר וָדוֹר עַם דּוֹרֶשְׁךָ דְּרוֹשׁ.
קהל – שִׁית הֲמוֹן שִׁירַי נָא עָלֶיךָ, וְרִנָּתִי תִּקְרַב אֵלֶיךָ.
חזן – תְּהִלָּתִי תְּהִי לְרֹאשְׁךָ עֲטֶרֶת, וּתְפִלָּתִי תִּכּוֹן קְטֹרֶת.
קהל – תִּיקַר שִׁירַת רָשׁ בְּעֵינֶיךָ, כַּשִּׁיר יוּשַׁר עַל קָרְבָּנֶיךָ.
חזן – בִּרְכָתִי תַעֲלֶה לְרֹאשׁ מַשְׁבִּיר, מְחוֹלֵל וּמוֹלִיד צַדִּיק כַּבִּיר.
קהל – וּבְבִרְכָתִי תְנַעֲנַע לִי רֹאשׁ, וְאוֹתָהּ קַח לְךָ כִּבְשָׂמִים רֹאשׁ.
חזן – יֶעֱרַב נָא שִׂיחִי עָלֶיךָ, כִּי נַפְשִׁי תַעֲרוֹג אֵלֶיךָ.

**לְךָ** יהוה הַגְּדֻלָּה וְהַגְּבוּרָה וְהַתִּפְאֶרֶת וְהַנֵּצַח וְהַהוֹד, כִּי כֹל בַּשָּׁמַיִם וּבָאָרֶץ; לְךָ יהוה הַמַּמְלָכָה וְהַמִּתְנַשֵּׂא לְכֹל לְרֹאשׁ.[1] מִי יְמַלֵּל גְּבוּרוֹת יהוה, יַשְׁמִיעַ כָּל תְּהִלָּתוֹ.[2]

קדיש יתום (עמ' 240)

מר"ח אלול עד שמיני עצרת אומרים „לְדָוִד" (תהלים כז) כאן, ובכמה קהילות אומרים אותו אחרי שיר של יום.

**לְדָוִד;** יהוה אוֹרִי וְיִשְׁעִי, מִמִּי אִירָא; יהוה מָעוֹז חַיַּי, מִמִּי אֶפְחָד. בִּקְרֹב עָלַי מְרֵעִים לֶאֱכֹל אֶת בְּשָׂרִי, צָרַי וְאֹיְבַי לִי, הֵמָּה כָשְׁלוּ וְנָפָלוּ. אִם תַּחֲנֶה עָלַי מַחֲנֶה, לֹא יִירָא לִבִּי; אִם תָּקוּם עָלַי מִלְחָמָה, בְּזֹאת אֲנִי בוֹטֵחַ. אַחַת שָׁאַלְתִּי מֵאֵת יהוה, אוֹתָהּ אֲבַקֵּשׁ: שִׁבְתִּי בְּבֵית יהוה כָּל יְמֵי חַיַּי, לַחֲזוֹת בְּנֹעַם יהוה, וּלְבַקֵּר בְּהֵיכָלוֹ. כִּי יִצְפְּנֵנִי בְּסֻכֹּה בְּיוֹם רָעָה, יַסְתִּירֵנִי בְּסֵתֶר אָהֳלוֹ, בְּצוּר יְרוֹמְמֵנִי. וְעַתָּה יָרוּם רֹאשִׁי עַל אֹיְבַי סְבִיבוֹתַי, וְאֶזְבְּחָה בְאָהֳלוֹ זִבְחֵי תְרוּעָה, אָשִׁירָה וַאֲזַמְּרָה לַיהוה. שְׁמַע יהוה קוֹלִי אֶקְרָא, וְחָנֵּנִי וַעֲנֵנִי. לְךָ אָמַר לִבִּי: בַּקְּשׁוּ פָנָי, אֶת פָּנֶיךָ יהוה אֲבַקֵּשׁ. אַל תַּסְתֵּר פָּנֶיךָ מִמֶּנִּי, אַל תַּט בְּאַף עַבְדֶּךָ; עֶזְרָתִי הָיִיתָ, אַל תִּטְּשֵׁנִי וְאַל תַּעַזְבֵנִי, אֱלֹהֵי יִשְׁעִי. כִּי אָבִי וְאִמִּי עֲזָבוּנִי, וַיהוה יַאַסְפֵנִי. הוֹרֵנִי יהוה דַּרְכֶּךָ, וּנְחֵנִי בְּאֹרַח מִישׁוֹר, לְמַעַן שׁוֹרְרָי. אַל תִּתְּנֵנִי בְּנֶפֶשׁ צָרָי, כִּי קָמוּ בִי עֵדֵי שֶׁקֶר, וִיפֵחַ חָמָס. ❖ לוּלֵא הֶאֱמַנְתִּי לִרְאוֹת בְּטוּב יהוה בְּאֶרֶץ חַיִּים. קַוֵּה אֶל יהוה, חֲזַק וְיַאֲמֵץ לִבֶּךָ, וְקַוֵּה אֶל יהוה.

קדיש יתום (עמ' 240)

(1) דברי הימים א כט:יא (2) תהלים קו:ב

# סעודת יום השבת

## סדר תקוני שבת

כלים א:ו-ב:א

**עֶשֶׂר קְדֻשּׁוֹת** הֵן, אֶרֶץ יִשְׂרָאֵל מְקֻדֶּשֶׁת מִכָּל הָאֲרָצוֹת, וּמַה הִיא קְדֻשָּׁתָהּ, שֶׁמְּבִיאִים מִמֶּנָּה הָעֹמֶר וְהַבִּכּוּרִים וּשְׁתֵּי הַלֶּחֶם, מַה שֶּׁאֵין מְבִיאִין כֵּן מִכָּל הָאֲרָצוֹת. עֲיָרוֹת הַמֻּקָּפוֹת חוֹמָה מְקֻדָּשׁוֹת מִמֶּנָּה, שֶׁמְּשַׁלְּחִים מִתּוֹכָן אֶת הַמְּצֹרָעִים וּמְסַבְּבִין לְתוֹכָן מֵת עַד שֶׁיִּרְצוּ, יָצָא אֵין מַחֲזִירִין אוֹתוֹ. לִפְנִים מִן הַחוֹמָה מְקֻדָּשׁ מֵהֶם, שֶׁאוֹכְלִים שָׁם קָדָשִׁים קַלִּים וּמַעֲשֵׂר שֵׁנִי. הַר הַבַּיִת מְקֻדָּשׁ מִמֶּנּוּ, שֶׁאֵין זָבִים וְזָבוֹת נִדּוֹת וְיוֹלְדוֹת נִכְנָסִים לְשָׁם. הַחֵיל מְקֻדָּשׁ מִמֶּנּוּ, שֶׁאֵין עוֹבְדֵי כּוֹכָבִים וּטְמֵא מֵת נִכְנָסִים לְשָׁם. עֶזְרַת נָשִׁים מְקֻדֶּשֶׁת מִמֶּנּוּ, שֶׁאֵין טְבוּל יוֹם נִכְנָס לְשָׁם וְאֵין חַיָּבִים עָלֶיהָ חַטָּאת. עֶזְרַת יִשְׂרָאֵל מְקֻדֶּשֶׁת מִמֶּנָּה, שֶׁאֵין מְחֻסַּר כִּפּוּרִים נִכְנָס לְשָׁם וְחַיָּבִין עָלֶיהָ חַטָּאת. עֶזְרַת הַכֹּהֲנִים מְקֻדֶּשֶׁת מִמֶּנָּה, שֶׁאֵין יִשְׂרָאֵל נִכְנָסִים לְשָׁם אֶלָּא בִּשְׁעַת צָרְכֵיהֶם לִסְמִיכָה לִשְׁחִיטָה וְלִתְנוּפָה. בֵּין הָאוּלָם וְלַמִּזְבֵּחַ מְקֻדָּשׁ מִמֶּנָּה, שֶׁאֵין בַּעֲלֵי מוּמִין וּפְרוּעֵי רֹאשׁ נִכְנָסִים לְשָׁם. הַהֵיכָל מְקֻדָּשׁ מִמֶּנּוּ, שֶׁאֵין נִכְנָס לְשָׁם שֶׁלֹּא רְחוּץ יָדַיִם וְרַגְלַיִם. קֹדֶשׁ הַקֳּדָשִׁים מְקֻדָּשׁ מֵהֶם, שֶׁאֵין נִכְנָס לְשָׁם אֶלָּא כֹּהֵן גָּדוֹל בְּיוֹם הַכִּפּוּרִים בִּשְׁעַת הָעֲבוֹדָה. אָמַר רַבִּי יוֹסֵי בַּחֲמִשָּׁה דְבָרִים בֵּין הָאוּלָם וְלַמִּזְבֵּחַ שָׁוֶה לַהֵיכָל, שֶׁאֵין בַּעֲלֵי מוּמִין וּפְרוּעֵי רֹאשׁ וּשְׁתוּיֵי יַיִן וְשֶׁלֹּא רְחוּץ יָדַיִם וְרַגְלַיִם נִכְנָסִים לְשָׁם וּפוֹרְשִׁין מִבֵּין הָאוּלָם וְלַמִּזְבֵּחַ בִּשְׁעַת הַקְטָרָה. כְּלֵי עֵץ וּכְלֵי עוֹר וּכְלֵי עֶצֶם וּכְלֵי זְכוּכִית פְּשׁוּטֵיהֶן טְהוֹרִים וּמְקַבְּלֵיהֶן טְמֵאִים, נִשְׁבְּרוּ טָהֲרוּ, חָזַר וְעָשָׂה מֵהֶם כֵּלִים מְקַבְּלִין טֻמְאָה מִכָּאן וּלְהַבָּא. כְּלֵי חֶרֶשׂ וּכְלֵי נֶתֶר טֻמְאָתָן שָׁוָה, מִתְטַמְּאִין וּמְטַמְּאִין בָּאֲוִיר וּמִתְטַמְּאִין מֵאֲחוֹרֵיהֶן וְאֵינָן מִטַּמְּאִין מִגַּבֵּיהֶן וּשְׁבִירָתָן הִיא טָהֳרָתָן.

מאמר הזוהר (יתרו דף פח:ב)

**בְּיוֹמָא דְשַׁבַּתָּא** בִּסְעוּדָתָא תִנְיָנָא כְּתִיב אָז תִּתְעַנַּג עַל יהוה,[1] עַל יהוה וַדַּאי דְּהַהִיא שַׁעְתָּא אִתְגַּלְיָא עַתִּיקָא קַדִּישָׁא וְכֻלְּהוּ עָלְמִין בְּחֶדְוָתָא וּשְׁלִימוּ. וְחֶדְוָתָא דְעַתִּיקָא עַבְדִּינָן וּסְעוּדָתָא דִילֵיהּ הִיא וַדַּאי. בִּסְעוּדָתָא תְּלִיתָאָה דְשַׁבַּתָּא כְּתִיב וְהַאֲכַלְתִּיךָ נַחֲלַת יַעֲקֹב אָבִיךָ,[1] דָּא הִיא סְעוּדָתָא דִּזְעֵיר אַנְפִּין דַּהֲוֵי בִּשְׁלִימוּתָא, וְכֻלְּהוּ שִׁתָּא יוֹמִין מֵהַהוּא שְׁלִימוּ מִתְבָּרְכָן. וּבָעֵי בַר נַשׁ לְמֶחֱדֵי בִּסְעוּדָתֵיהּ וּלְאַשְׁלָמָא אִלֵּין סְעוּדָתֵי, דְּאִנּוּן סְעוּדָתֵי מְהֵימְנוּתָא שְׁלֵימָתָא דְּזַרְעָא קַדִּישָׁא דְּיִשְׂרָאֵל וְלָא דְעוֹבְדֵי כוֹכָבִים דִּי מְהֵימְנוּתָא עִלָּאָה דָּא דִּילְהוֹן הִיא. וּבְגִינֵי כָּךְ אָמַר בֵּינִי וּבֵין בְּנֵי יִשְׂרָאֵל.[2] תָּא חֲזֵי בִּסְעוּדָתֵי אִלֵּין אִשְׁתְּמוֹדְעוּן יִשְׂרָאֵל דְּאִנּוּן בְּנֵי מַלְכָּא דְּאִנּוּן מֵהֵיכְלָא דְמַלְכָּא דְּאִנּוּן בְּנֵי מְהֵימְנוּתָא, וּמַאן דְּפָגִים חַד סְעוּדָתָא מִנַּיְהוּ אַחֲזֵי פְּגִימוּתָא לְעֵלָּא וְאַחֲזֵי גַרְמֵיהּ דְּלָאו מִבְּנֵי מַלְכָּא עִלָּאָה הוּא, דְּלָאו מִבְּנֵי הֵיכְלָא דְמַלְכָּא הוּא, דְּלָאו מִזַּרְעָא קַדִּישָׁא דְיִשְׂרָאֵל הוּא. וְיַהֲבִין עֲלֵיהּ חוּמְרָא דִּתְלַת מִלִּין דִּינָא דְגֵיהִנֹּם וכו׳. תָּא חֲזֵי בְּכֻלְּהוּ שְׁאָר זִמְנִין וְחַגִּין בָּעֵי בַר נַשׁ לְמֶחֱדֵי וּלְמֶחֱדֵי לְמִסְכְּנֵי, וְאִי הוּא חָדֵי בִּלְחוֹדוֹי וְלָא יָהִיב לְמִסְכְּנֵי עוֹנְשֵׁיהּ סַגֵּי דְּהָא בִּלְחוֹדוֹי חָדֵי וְלָא יָהִיב חֶדוּ לְאַחֲרָא, עֲלֵיהּ כְּתִיב וְזֵרִיתִי פֶרֶשׁ עַל פְּנֵיכֶם פֶּרֶשׁ חַגֵּיכֶם,[3] וְאִי אִיהוּ בְּשַׁבַּתָּא חָדֵי אַף עַל גַּב דְּלָא יָהִיב לְאַחֲרָא לָא יַהֲבִין עֲלֵיהּ עוֹנְשָׁא כִּשְׁאָר זִמְנִין וְחַגִּין, דִּכְתִיב פֶּרֶשׁ חַגֵּיכֶם, פֶּרֶשׁ חַגֵּיכֶם קָאָמַר וְלָא פֶּרֶשׁ שַׁבַּתְּכֶם. וּכְתִיב חָדְשֵׁיכֶם וּמוֹעֲדֵיכֶם שָׂנְאָה נַפְשִׁי,[4] וְאִלּוּ שַׁבָּת לָא קָאָמַר. וּבְגִינֵי כָּךְ כְּתִיב בֵּינִי וּבֵין בְּנֵי יִשְׂרָאֵל וּמִשּׁוּם דְּכָל מְהֵימְנוּתָא אִשְׁתְּכַח בְּשַׁבַּתָּא יַהֲבִין לֵיהּ לְבַר נַשׁ נִשְׁמְתָא אַחֲרָא, נִשְׁמְתָא עִלָּאָה, נִשְׁמְתָא דְּכָל שְׁלִימוּ בָהּ כְּדוּגְמָא דְעָלְמָא דְאָתֵי. וּבְגִינֵי כָּךְ אִקְרֵי שַׁבָּת, מַהוּ שַׁבָּת שְׁמָא דְקֻדְשָׁא בְּרִיךְ הוּא, שְׁמָא דְאִיהוּ שְׁלִים מִכָּל סִטְרוֹי. אָמַר

(1) ישעיה נח:יד (2) שמות לא:יז (3) מלאכי ב:ג (4) ישעיה א:יד

רַבִּי יוֹסֵי וַדַּאי כַּךְ הוּא, וַי לֵיהּ לְבַר נַשׁ דְּלָא אַשְׁלִים חֶדְוָתָא דְּמַלְכָּא קַדִּישָׁא. וּמַאן חֶדְוָתָא דִילֵיהּ אִלֵּין תְּלַת סְעוּדָתֵי מְהֵימְנוּתָא, סְעוּדָתֵי דְאַבְרָהָם יִצְחָק וְיַעֲקֹב כְּלִילָן בְּהוּ, וְכֻלְּהוּ חֶדְוָה עַל חֶדְוָה מְהֵימְנוּתָא שְׁלִימוּתָא מִכָּל סִטְרוֹי. תָּאנָא בְּהַהוּא יוֹמָא מִתְעַטְּרִין אֲבָהָן וְכָל בְּנִין יַנְקִין מַה דְּלָאו הָכִי בְּכָל שְׁאָר חַגִּין וְזִמְנִין, בְּהַהוּא יוֹמָא חַיָּבַיָּא דְגֵיהִנֹּם נַיְחִין, בְּהַהוּא יוֹמָא כָּל דִּינִין אִתְכַּפְיָין וְלָא מִתְעָרִין בְּעָלְמָא, בְּהַהוּא יוֹמָא אוֹרַיְתָא מִתְעַטְּרָא בְּעִטְרִין שְׁלֵמִין, בְּהַהוּא יוֹמָא חֶדְוָתָא וְתַפְנוּקָא אִשְׁתְּמַע בְּמָאתָן וְחַמְשִׁין עָלְמִין. בָּרוּךְ יהוה לְעוֹלָם אָמֵן וְאָמֵן.[1]

**אַתְקִינוּ** סְעוּדָתָא דִמְהֵימְנוּתָא שְׁלֵימָתָא, חֶדְוָתָא דְמַלְכָּא קַדִּישָׁא. אַתְקִינוּ סְעוּדָתָא דְמַלְכָּא, דָּא הִיא סְעוּדָתָא דְעַתִּיקָא קַדִּישָׁא. וַחֲקַל תַּפּוּחִין קַדִּישִׁין וּזְעֵיר אַנְפִּין אַתְיָן לְסַעֲדָא בַּהֲדֵיהּ.

זמר להאריז"ל וחתם שמו – [אני] יצחק לוריא – בראשי החרוזים (עם „יְדֵי אַסְחֵי אֲנָא. . ." הנאמר בעת נטילת מים אחרונים).

אֲסַדֵּר לִסְעוּדָתָא, בְּצַפְרָא דְשַׁבַּתָּא, וְאַזְמִין בַּהּ הַשְׁתָּא, עַתִּיקָא קַדִּישָׁא.
נְהוֹרֵהּ יִשְׁרֵי בַהּ, בְּקִדּוּשָׁא רַבָּא, וּבְחַמְרָא טָבָא, דְּבֵהּ תֶּחֱדֵי נַפְשָׁא.
יְשַׁדַּר לָן שׁוּפְרֵהּ, וְנֶחֱזֵי בִיקָרֵהּ, וְיַחֲזֵי לָן סִתְרֵהּ, דְּאִתְאַמַּר בִּלְחִישָׁא.
יְגַלֵּה לָן טַעֲמֵי, דְּבִתְרֵיסַר נַהֲמֵי, דְּאִנּוּן אָת בִּשְׁמֵהּ, כְּפִילָא וּקְלִישָׁא.
צְרוֹרָא דִלְעֵלָּא, דְּבֵהּ חַיֵּי כֹלָּא, וְיִתְרַבֵּי חֵילָא, וְתִסַּק עַד רֵישָׁא.
חֲדוּ חַצְדֵי חַקְלָא, בְּדִבּוּר וּבְקָלָא, וּמַלְּלוּ מִלָּה, בְּמְתִיקָא כְדוּבְשָׁא.
קֳדָם רִבּוֹן עָלְמִין, בְּמִלִּין סְתִימִין, תְּגַלּוֹן פִּתְגָּמִין, וְתֵימְרוּן חִדּוּשָׁא.
לְעַטֵּר פָּתוֹרָא, בְּרָזָא יַקִּירָא, עֲמִיקָא וּטְמִירָא, וְלָאו מִלְּתָא אַוְשָׁא.
וְאִלֵּין מִלַּיָּא, יְהוֹן לִרְקִיעַיָּא, וְתַמָּן מָאן שַׁרְיָא, הֲלָא הַהוּא שִׁמְשָׁא.
רְבוּ יַתִּיר יִסְגֵּי, לְעֵלָּא מִן דַּרְגֵּהּ, וְיִסַּב בַּת זוּגֵהּ, דַּהֲוַת פְּרִישָׁא.

המחבר חתם שמו – חיים יצחק – בראשי החרוזים.

**חַי יהוה** וּבָרוּךְ צוּרִי, בַּיהוה תִּתְהַלֵּל נַפְשִׁי,
כִּי יהוה יָאִיר נֵרִי, בְּהִלּוֹ נֵרוֹ עֲלֵי רֹאשִׁי.
יהוה רֹעִי לֹא אֶחְסָר, עַל מֵי מְנֻחוֹת יְנַהֲלֵנִי,
נוֹתֵן לֶחֶם לְכָל בָּשָׂר, לֶחֶם חֻקִּי הַטְרִיפֵנִי.
יְהִי רָצוֹן מִלְּפָנֶיךָ, אַתָּה אֱלֹהֵי קְדוֹשִׁי,
תַּעֲרֹךְ לְפָנַי שֻׁלְחָנֶךָ, תְּדַשֵּׁן בַּשֶּׁמֶן רֹאשִׁי.
מִי יִתֵּן מְנוּחָתִי, לִפְנֵי אֲדוֹן הַשָּׁלוֹם,
וְהָיְתָה שְׁלֵמָה מִטָּתִי, הַחַיִּים וְהַשָּׁלוֹם.
יִשְׁלַח מַלְאָכוֹ לְפָנַי, לְלַוּוֹתִי לְוָיָה,
בְּכוֹס יְשׁוּעוֹת אֶשָּׂא פָנַי, מְנָת כּוֹסִי רְוָיָה.
צָמְאָה נַפְשִׁי אֶל יהוה, יְמַלֵּא שֹׂבַע אֲסָמַי,
אֶל הֶהָרִים אֶשָּׂא עֵינַי, כְּהִלֵּל וְלֹא כְשַׁמַּאי.
חֶדְוַת יָמִים וּשְׁנוֹת עוֹלָמִים, עוּרָה כְבוֹדִי עוּרָה,
וְעַל רֹאשִׁי יִהְיוּ תַמִּים, נֵר מִצְוָה וְאוֹר תּוֹרָה.
קוּמָה יהוה לִמְנוּחָתִי, אַתָּה וַאֲרוֹן עֻזֶּךָ,
קַח נָא אֵל אֶת בִּרְכָתִי, וְהַחֲזֵק מָגֵן חוֹזֶךָ.

(1) תהלים פט:נג

תהלים כג

**מִזְמוֹר לְדָוִד,** יהוה רֹעִי לֹא אֶחְסָר. בִּנְאוֹת דֶּשֶׁא יַרְבִּיצֵנִי, עַל מֵי מְנֻחוֹת יְנַהֲלֵנִי. נַפְשִׁי יְשׁוֹבֵב, יַנְחֵנִי בְמַעְגְּלֵי צֶדֶק לְמַעַן שְׁמוֹ. גַּם כִּי אֵלֵךְ בְּגֵיא צַלְמָוֶת, לֹא אִירָא רָע כִּי אַתָּה עִמָּדִי, שִׁבְטְךָ וּמִשְׁעַנְתֶּךָ הֵמָּה יְנַחֲמֻנִי. תַּעֲרֹךְ לְפָנַי שֻׁלְחָן נֶגֶד צֹרְרָי, דִּשַּׁנְתָּ בַשֶּׁמֶן רֹאשִׁי, כּוֹסִי רְוָיָה. אַךְ טוֹב וָחֶסֶד יִרְדְּפוּנִי כָּל יְמֵי חַיָּי, וְשַׁבְתִּי בְּבֵית יהוה לְאֹרֶךְ יָמִים.

### קידושא רבא לשבת ויום טוב

בשבת מתחילין כאן:

**אִם תָּשִׁיב** מִשַּׁבָּת רַגְלֶךָ, עֲשׂוֹת חֲפָצֶךָ בְּיוֹם קָדְשִׁי, וְקָרָאתָ לַשַּׁבָּת עֹנֶג, לִקְדוֹשׁ יהוה מְכֻבָּד, וְכִבַּדְתּוֹ מֵעֲשׂוֹת דְּרָכֶיךָ, מִמְּצוֹא חֶפְצְךָ וְדַבֵּר דָּבָר. אָז תִּתְעַנַּג עַל יהוה, וְהִרְכַּבְתִּיךָ עַל בָּמֳתֵי אָרֶץ, וְהַאֲכַלְתִּיךָ נַחֲלַת יַעֲקֹב אָבִיךָ, כִּי פִּי יהוה דִּבֵּר.[1]

**וְשָׁמְרוּ** בְנֵי יִשְׂרָאֵל אֶת הַשַּׁבָּת, לַעֲשׂוֹת אֶת הַשַּׁבָּת לְדֹרֹתָם בְּרִית עוֹלָם. בֵּינִי וּבֵין בְּנֵי יִשְׂרָאֵל אוֹת הִיא לְעֹלָם, כִּי שֵׁשֶׁת יָמִים עָשָׂה יהוה אֶת הַשָּׁמַיִם וְאֶת הָאָרֶץ, וּבַיּוֹם הַשְּׁבִיעִי שָׁבַת וַיִּנָּפַשׁ.[2]

**זָכוֹר** אֶת יוֹם הַשַּׁבָּת לְקַדְּשׁוֹ. שֵׁשֶׁת יָמִים תַּעֲבֹד וְעָשִׂיתָ כָּל מְלַאכְתֶּךָ. וְיוֹם הַשְּׁבִיעִי שַׁבָּת לַיהוה אֱלֹהֶיךָ, לֹא תַעֲשֶׂה כָל מְלָאכָה, אַתָּה וּבִנְךָ וּבִתֶּךָ עַבְדְּךָ וַאֲמָתְךָ וּבְהֶמְתֶּךָ, וְגֵרְךָ אֲשֶׁר בִּשְׁעָרֶיךָ. כִּי שֵׁשֶׁת יָמִים עָשָׂה יהוה אֶת הַשָּׁמַיִם וְאֶת הָאָרֶץ אֶת הַיָּם וְאֶת כָּל אֲשֶׁר בָּם, וַיָּנַח בַּיּוֹם הַשְּׁבִיעִי —

עַל כֵּן בֵּרַךְ יהוה אֶת יוֹם הַשַּׁבָּת וַיְקַדְּשֵׁהוּ.[3]

בשלש רגלים מתחילין כאן:

אֵלֶּה מוֹעֲדֵי יהוה מִקְרָאֵי קֹדֶשׁ
אֲשֶׁר תִּקְרְאוּ אֹתָם בְּמוֹעֲדָם.[4]
וַיְדַבֵּר מֹשֶׁה אֶת מֹעֲדֵי יהוה,
אֶל בְּנֵי יִשְׂרָאֵל.[5]

בראש השנה:

תִּקְעוּ בַחֹדֶשׁ שׁוֹפָר,
בַּכֶּסֶה לְיוֹם חַגֵּנוּ.
כִּי חֹק לְיִשְׂרָאֵל הוּא,
מִשְׁפָּט לֵאלֹהֵי יַעֲקֹב.[6]

סַבְרִי מָרָנָן וְרַבָּנָן וְרַבּוֹתַי:

**בָּרוּךְ** אַתָּה יהוה אֱלֹהֵינוּ מֶלֶךְ הָעוֹלָם, בּוֹרֵא פְּרִי הַגָּפֶן.

בחג הסוכות בסוכה מוסיפים:

**בָּרוּךְ** אַתָּה יהוה אֱלֹהֵינוּ מֶלֶךְ הָעוֹלָם, אֲשֶׁר קִדְּשָׁנוּ בְּמִצְוֹתָיו, וְצִוָּנוּ לֵישֵׁב בַּסֻּכָּה.

(1) ישעיה נח:יג-יד (2) שמות לא:טז-יז (3) כ:ח-יא (4) ויקרא כג:ד (5) כג:מד (6) תהלים פא:ד-ה

## זמירות ליום השבת

המחבר חתם שמו – שמעון בר יצחק – בראשי החרוזים, והוא ר׳ שמעון הגדול.

**בָּרוּךְ** אֲדֹנָי יוֹם יוֹם, יַעֲמָס לָנוּ יֶשַׁע וּפִדְיוֹם,[1] וּבִשְׁמוֹ נָגִיל כָּל הַיּוֹם,
וּבִישׁוּעָתוֹ נָרִים רֹאשׁ עֶלְיוֹן, כִּי הוּא מָעוֹז לַדָּל, וּמַחֲסֶה לָאֶבְיוֹן.[2]

**שִׁ**בְטֵי יָהּ לְיִשְׂרָאֵל עֵדוּת, בְּצָרָתָם לוֹ צָר בְּסִבְלוּת וּבְעַבְדוּת,
בִּלְבְנַת הַסַּפִּיר הֶרְאָם עֹז יְדִידוּת, וְנִגְלָה לְהַעֲלוֹתָם מֵעֹמֶק בּוֹר וָדוּת,
כִּי עִם יהוה הַחֶסֶד, וְהַרְבֵּה עִמּוֹ פְדוּת.[3]

**מַ**ה יָּקָר חַסְדּוֹ בְּצִלּוֹ לְגוֹנְנֵמוֹ, בְּגָלוּת בָּבֶלָה שֻׁלַּח לְמַעֲנֵמוֹ,
לְהוֹרִיד בָּרִיחִים נִמְנָה בֵינֵימוֹ, וַיִּתְּנֵם לְרַחֲמִים לִפְנֵי שׁוֹבֵימוֹ,
כִּי לֹא יִטֹּשׁ יהוה אֶת עַמּוֹ, בַּעֲבוּר הַגָּדוֹל שְׁמוֹ.[4]

**עֵ**ילָם שָׁת כִּסְאוֹ לְהַצִּיל יְדִידָיו, לְהַאֲבִיד מִשָּׁם מָעֻזְנֵי מוֹרְדָיו,[5]
מֵעֲבוֹר בַּשֶּׁלַח פָּדָה אֶת עֲבָדָיו, קֶרֶן לְעַמּוֹ יָרִים תְּהִלָּה לְכָל חֲסִידָיו,
כִּי אִם הוֹגָה וְרִחַם, כְּרַחֲמָיו וּכְרֹב חֲסָדָיו.[6]

**וּ**צְפִיר הָעִזִּים הִגְדִּיל עֲצוּמָיו, וְגַם חָזוּת אַרְבַּע עָלוּ לִמְרוֹמָיו,
וּבְלִבָּם דִּמּוּ לְהַשְׁחִית אֶת רְחוּמָיו, עַל יְדֵי כֹהֲנָיו מִגֵּר מִתְקוֹמְמָיו,
חַסְדֵי יהוה כִּי לֹא תָמְנוּ, כִּי לֹא כָלוּ רַחֲמָיו.[7]

**נִ**סְגַּרְתִּי לֶאֱדוֹם בְּיַד רֵעַי מְדָנַי, שֶׁבְּכָל יוֹם וָיוֹם מְמַלְּאִים כְּרֵסָם מֵעֲדָנַי,
עֶזְרָתוֹ עִמִּי לִסְמוֹךְ אֶת אֲדָנַי, וְלֹא נְטַשְׁתַּנִי כָּל יְמֵי עִדָּנַי,
כִּי לֹא יִזְנַח לְעוֹלָם אֲדֹנָי.[8]

**בְּ**בֹאוֹ מֵאֱדוֹם חֲמוּץ בְּגָדִים, זֶבַח לוֹ בְּבָצְרָה וְטֶבַח לוֹ בְּבוֹגְדִים,
וְיֵז נִצְחָם מַלְבּוּשָׁיו לְהַאְדִּים,[9] בְּכֹחוֹ הַגָּדוֹל יִבְצֹר רוּחַ נְגִידִים,
הָגָה בְּרוּחוֹ הַקָּשָׁה, בְּיוֹם קָדִים.[10]

**רְ**אוֹתוֹ כִּי כֵן אֲדוֹמִי הָעוֹצֵר, יַחֲשׁוֹב לוֹ בְּבָצְרָה תִּקְלוֹט כְּבֶצֶר,
וּמַלְאָךְ כְּאָדָם בְּתוֹכָהּ יִנָּצֵר, וּמֵזִיד כַּשּׁוֹגֵג בְּמִקְלָט יֵעָצֵר,
אֶהֱבוּ אֶת יהוה כָּל חֲסִידָיו, אֱמוּנִים נֹצֵר.[11]

**יְ**צַוֶּה **צ**וּר **חַ**סְדּוֹ **קְ**הִלּוֹתָיו לְקַבֵּץ, מֵאַרְבַּע רוּחוֹת עָדָיו לְהִקָּבֵץ,
וּבְהַר מְרוֹם הָרִים אוֹתָנוּ לְהַרְבֵּץ, וְאִתָּנוּ יָשׁוּב נִדָּחִים קוֹבֵץ,
יָשִׁיב לֹא נֶאֱמַר, כִּי אִם וְשָׁב וְקִבֵּץ.[12]

בָּרוּךְ הוּא אֱלֹהֵינוּ אֲשֶׁר טוֹב גְּמָלָנוּ, כְּרַחֲמָיו וּכְרֹב חֲסָדָיו הִגְדִּיל לָנוּ,
אֵלֶּה וְכָאֵלֶּה יוֹסֵף עִמָּנוּ, לְהַגְדִּיל שְׁמוֹ הַגָּדוֹל הַגִּבּוֹר וְהַנּוֹרָא
שֶׁנִּקְרָא עָלֵינוּ.[13]

בָּרוּךְ הוּא אֱלֹהֵינוּ שֶׁבְּרָאָנוּ לִכְבוֹדוֹ, לְהַלְּלוֹ וּלְשַׁבְּחוֹ וּלְסַפֵּר הוֹדוֹ,
מִכָּל אֹם גָּבַר עָלֵינוּ חַסְדּוֹ, לָכֵן בְּכָל לֵב וּבְכָל נֶפֶשׁ וּבְכָל מְאוֹדוֹ,
נַמְלִיכוֹ וּנְיַחֲדוֹ.[14]

שֶׁהַשָּׁלוֹם שֶׁלּוֹ יָשִׂים עָלֵינוּ בְּרָכָה וְשָׁלוֹם, מִשְּׂמֹאל וּמִיָּמִין עַל יִשְׂרָאֵל שָׁלוֹם,
הָרַחֲמָן הוּא יְבָרֵךְ אֶת עַמּוֹ בַשָּׁלוֹם,[15] וְיִזְכּוּ לִרְאוֹת בָּנִים וּבְנֵי בָנִים עוֹסְקִים
בַּתּוֹרָה וּבְמִצְוֹת, עַל יִשְׂרָאֵל שָׁלוֹם. (פֶּלֶא) יוֹעֵץ אֵל גִּבּוֹר אֲבִי עַד שַׂר שָׁלוֹם.[16]

---

(1) ע״פ תהלים סח:כ (2) ע״פ ישעיה כה:ד (3) תהלים קל:ז (4) ע״פ שמואל א יב:כב (5) ע״פ ירמיה מט:לח
(6) ע״פ איכה ג:לב (7) ג:כב (8) ג:לא (9) ע״פ ישעיה סג:א-ג (10) כז:ח (11) תהלים לא:כד (12) ע״פ דברים ל:ג
(13) ע״פ כח:י; ירמיה יד:ט ועוד (14) ע״פ דברים ו:ד-ה (15) תהלים כט:יא (16) ישעיה ט:ה

המחבר חתם שמו – ברוך [חזק] – בראשי החרוזים.

**בָּרוּךְ** אֵל עֶלְיוֹן אֲשֶׁר נָתַן מְנוּחָה, לְנַפְשֵׁנוּ פִדְיוֹן מִשֵּׁאת וַאֲנָחָה,
וְהוּא יִדְרוֹשׁ לְצִיּוֹן עִיר הַנִּדָּחָה, עַד אָנָה תּוּגְיוֹן נֶפֶשׁ נֶאֱנָחָה.[1]
הַשּׁוֹמֵר שַׁבָּת, הַבֵּן עִם הַבַּת, לָאֵל יֵרָצוּ כְּמִנְחָה עַל מַחֲבַת.

רוֹכֵב בָּעֲרָבוֹת מֶלֶךְ עוֹלָמִים, אֶת עַמּוֹ לִשְׁבּוֹת אִזֵּן בַּנְּעִימִים,
בְּמַאֲכָלֵי עֲרֵבוֹת בְּמִינֵי מַטְעַמִּים, בְּמַלְבּוּשֵׁי כָבוֹד זֶבַח מִשְׁפָּחָה.
הַשּׁוֹמֵר שַׁבָּת, הַבֵּן עִם הַבַּת, לָאֵל יֵרָצוּ כְּמִנְחָה עַל מַחֲבַת.

וְאַשְׁרֵי כָּל חוֹכֶה לְתַשְׁלוּמֵי כֵפֶל, מֵאֵת כָּל סוֹכֶה שׁוֹכֵן בָּעֲרָפֶל,
נַחֲלָה לוֹ יִזְכֶּה בָּהָר וּבַשָּׁפֶל, נַחֲלָה וּמְנוּחָה כַּשֶּׁמֶשׁ לוֹ זָרְחָה.
הַשּׁוֹמֵר שַׁבָּת, הַבֵּן עִם הַבַּת, לָאֵל יֵרָצוּ כְּמִנְחָה עַל מַחֲבַת.

כָּל שׁוֹמֵר שַׁבָּת כַּדָּת מֵחַלְּלוֹ, הֵן הֶכְשַׁר חִבַּת קֹדֶשׁ גּוֹרָלוֹ,
וְאִם יֵצֵא חוֹבַת הַיּוֹם אַשְׁרֵי לוֹ, אֶל אֵל אָדוֹן מְחוֹלְלוֹ מִנְחָה הִיא שְׁלוּחָה.
הַשּׁוֹמֵר שַׁבָּת, הַבֵּן עִם הַבַּת, לָאֵל יֵרָצוּ כְּמִנְחָה עַל מַחֲבַת.

חֶמְדַּת הַיָּמִים קְרָאוֹ אֵלִי צוּר, וְאַשְׁרֵי לִתְמִימִים אִם יִהְיֶה נָצוּר,
כֶּתֶר הִלּוּמִים עַל רֹאשָׁם יָצוּר, צוּר הָעוֹלָמִים רוּחוֹ בָּם נָחָה.
הַשּׁוֹמֵר שַׁבָּת, הַבֵּן עִם הַבַּת, לָאֵל יֵרָצוּ כְּמִנְחָה עַל מַחֲבַת.

זָכוֹר אֶת יוֹם הַשַּׁבָּת לְקַדְּשׁוֹ,[2] קַרְנוֹ כִּי גָבְהָה נֵזֶר עַל רֹאשׁוֹ,
עַל כֵּן יִתֵּן הָאָדָם לְנַפְשׁוֹ, עֹנֶג וְגַם שִׂמְחָה בָּהֶם לְמָשְׁחָה.
הַשּׁוֹמֵר שַׁבָּת, הַבֵּן עִם הַבַּת, לָאֵל יֵרָצוּ כְּמִנְחָה עַל מַחֲבַת.

קֹדֶשׁ הִיא לָכֶם שַׁבָּת הַמַּלְכָּה,[3] אֶל תּוֹךְ בָּתֵּיכֶם לְהָנִיחַ בְּרָכָה,
בְּכָל מוֹשְׁבוֹתֵיכֶם לֹא תַעֲשׂוּ מְלָאכָה, בְּנֵיכֶם וּבְנוֹתֵיכֶם עֶבֶד וְגַם שִׁפְחָה.[4]
הַשּׁוֹמֵר שַׁבָּת, הַבֵּן עִם הַבַּת, לָאֵל יֵרָצוּ כְּמִנְחָה עַל מַחֲבַת.

המחבר חתם שמו – ישראל – בראשי החרוזים.

**יוֹם זֶה מְכֻבָּד** מִכָּל יָמִים, כִּי בוֹ שָׁבַת צוּר עוֹלָמִים.

שֵׁשֶׁת יָמִים תַּעֲשֶׂה מְלַאכְתֶּךָ, וְיוֹם הַשְּׁבִיעִי לֵאלֹהֶיךָ,
שַׁבָּת לֹא תַעֲשֶׂה בוֹ מְלָאכָה, כִּי כֹל עָשָׂה שֵׁשֶׁת יָמִים.[5]
יוֹם זֶה מְכֻבָּד מִכָּל יָמִים, כִּי בוֹ שָׁבַת צוּר עוֹלָמִים.

רִאשׁוֹן הוּא לְמִקְרָאֵי קֹדֶשׁ, יוֹם שַׁבָּתוֹן יוֹם שַׁבַּת קֹדֶשׁ,
עַל כֵּן כָּל אִישׁ בְּיֵינוֹ יְקַדֵּשׁ, עַל שְׁתֵּי לֶחֶם יִבְצְעוּ תְמִימִים.
יוֹם זֶה מְכֻבָּד מִכָּל יָמִים, כִּי בוֹ שָׁבַת צוּר עוֹלָמִים.

אֱכוֹל מַשְׁמַנִּים שְׁתֵה מַמְתַּקִּים,[6] כִּי אֵל יִתֵּן לְכָל בּוֹ דְבֵקִים,
בֶּגֶד לִלְבּוֹשׁ לֶחֶם חֻקִּים,[7] בָּשָׂר וְדָגִים וְכָל מַטְעַמִּים.
יוֹם זֶה מְכֻבָּד מִכָּל יָמִים, כִּי בוֹ שָׁבַת צוּר עוֹלָמִים.

לֹא תֶחְסַר כֹּל בּוֹ וְאָכַלְתָּ וְשָׂבָעְתָּ, וּבֵרַכְתָּ אֶת יהוה אֱלֹהֶיךָ[8]
אֲשֶׁר אָהַבְתָּ, כִּי בֵרַכְךָ מִכָּל הָעַמִּים.
יוֹם זֶה מְכֻבָּד מִכָּל יָמִים, כִּי בוֹ שָׁבַת צוּר עוֹלָמִים.

הַשָּׁמַיִם מְסַפְּרִים כְּבוֹדוֹ, וְגַם הָאָרֶץ מָלְאָה חַסְדּוֹ,
רְאוּ כִּי כָל אֵלֶּה עָשְׂתָה יָדוֹ, כִּי הוּא הַצּוּר פָּעֳלוֹ תָמִים.
יוֹם זֶה מְכֻבָּד מִכָּל יָמִים, כִּי בוֹ שָׁבַת צוּר עוֹלָמִים.

(1) ע״פ איוב יט:ב (2) שמות כ:ח (3) ע״פ לא:יד (4) ע״פ כ:י (5) ע״פ לא:טו-יז (6) ע״פ נחמיה ח:י (7) ע״פ בראשית כח:כ (8) דברים ח:י

זמר לר׳ יהודה הלוי (בעל הכוזרי) וחתם שמו בראשי החרוזים.

**יוֹם שַׁבָּתוֹן** אֵין לִשְׁכּוֹחַ, זִכְרוֹ כְּרֵיחַ הַנִּיחֹחַ,
יוֹנָה מָצְאָה בוֹ מָנוֹחַ, וְשָׁם יָנוּחוּ יְגִיעֵי כֹחַ.[1]
יוֹנָה מָצְאָה בוֹ מָנוֹחַ, וְשָׁם יָנוּחוּ יְגִיעֵי כֹחַ.

**הַ**יּוֹם נִכְבָּד לִבְנֵי אֱמוּנִים, זְהִירִים לְשָׁמְרוֹ אָבוֹת וּבָנִים,
חָקוּק בִּשְׁנֵי לֻחוֹת אֲבָנִים, מֵרֹב אוֹנִים וְאַמִּיץ כֹּחַ.[2]
יוֹנָה מָצְאָה בוֹ מָנוֹחַ, וְשָׁם יָנוּחוּ יְגִיעֵי כֹחַ.

**וּ**בָאוּ כֻלָּם בִּבְרִית יַחַד, נַעֲשֶׂה וְנִשְׁמַע[3] אָמְרוּ כְּאֶחָד,
וּפָתְחוּ וְעָנוּ יהוה אֶחָד, בָּרוּךְ הַנֹּתֵן לַיָּעֵף כֹּחַ.[4]
יוֹנָה מָצְאָה בוֹ מָנוֹחַ, וְשָׁם יָנוּחוּ יְגִיעֵי כֹחַ.

**דִּ**בֶּר בְּקָדְשׁוֹ בְּהַר הַמּוֹר, יוֹם הַשְּׁבִיעִי זָכוֹר וְשָׁמוֹר,
וְכָל פִּקּוּדָיו יַחַד לִגְמוֹר, חַזֵּק מָתְנַיִם וְאַמֵּץ כֹּחַ.[5]
יוֹנָה מָצְאָה בוֹ מָנוֹחַ, וְשָׁם יָנוּחוּ יְגִיעֵי כֹחַ.

**הָ**עָם אֲשֶׁר נָע כַּצֹּאן תָּעָה, יִזְכּוֹר לְפָקְדוֹ בְּרִית וּשְׁבוּעָה,
לְבַל יַעֲבָר בָּם מִקְרֵה רָעָה, כַּאֲשֶׁר נִשְׁבַּעְתָּ עַל מֵי נֹחַ.[6]
יוֹנָה מָצְאָה בוֹ מָנוֹחַ, וְשָׁם יָנוּחוּ יְגִיעֵי כֹחַ.

זמר להר׳ אברהם אבן עזרא וחתם שמו בראשי החרוזים.

**כִּי אֶשְׁמְרָה** שַׁבָּת אֵל יִשְׁמְרֵנִי, אוֹת הִיא לְעוֹלְמֵי עַד בֵּינוֹ וּבֵינִי.

**אָ**סוּר מְצֹא חֵפֶץ עֲשׂוֹת דְּרָכִים, גַּם מִלְּדַבֵּר בּוֹ דִּבְרֵי צְרָכִים,
דִּבְרֵי סְחוֹרָה אַף דִּבְרֵי מְלָכִים, אֶהְגֶּה בְּתוֹרַת אֵל וּתְחַכְּמֵנִי.
כִּי אֶשְׁמְרָה שַׁבָּת אֵל יִשְׁמְרֵנִי, אוֹת הִיא לְעוֹלְמֵי עַד בֵּינוֹ וּבֵינִי.

**בּוֹ** אֶמְצָא תָמִיד נֹפֶשׁ לְנַפְשִׁי, הִנֵּה לְדוֹר רִאשׁוֹן נָתַן קְדוֹשִׁי
מוֹפֵת, בְּתֵת לֶחֶם מִשְׁנֶה בַּשִּׁשִּׁי, כָּכָה בְּכָל שִׁשִּׁי יַכְפִּיל מְזוֹנִי.
כִּי אֶשְׁמְרָה שַׁבָּת אֵל יִשְׁמְרֵנִי, אוֹת הִיא לְעוֹלְמֵי עַד בֵּינוֹ וּבֵינִי.

**רָ**שׁוּם בְּדַת הָאֵל חֹק אֶל סְגָנָיו, בּוֹ לַעֲרוֹךְ לֶחֶם פָּנִים בְּפָנָיו,
עַל כֵּן לְהִתְעַנּוֹת בּוֹ עַל פִּי נְבוֹנָיו אָסוּר, לְבַד מִיּוֹם כִּפּוּר עֲוֹנִי.
כִּי אֶשְׁמְרָה שַׁבָּת אֵל יִשְׁמְרֵנִי, אוֹת הִיא לְעוֹלְמֵי עַד בֵּינוֹ וּבֵינִי.

**הוּ**א יוֹם מְכֻבָּד הוּא יוֹם תַּעֲנוּגִים, לֶחֶם וְיַיִן טוֹב בָּשָׂר וְדָגִים,
הַמִּתְאַבְּלִים בּוֹ אָחוֹר נְסוֹגִים, כִּי יוֹם שְׂמָחוֹת הוּא וּתְשַׂמְּחֵנִי.
כִּי אֶשְׁמְרָה שַׁבָּת אֵל יִשְׁמְרֵנִי, אוֹת הִיא לְעוֹלְמֵי עַד בֵּינוֹ וּבֵינִי.

**מֵ**חֵל מְלָאכָה בּוֹ סוֹפוֹ לְהַכְרִית, עַל כֵּן אֲכַבֵּס בּוֹ לִבִּי כְּבֹרִית.
וְאֶתְפַּלְּלָה אֶל אֵל עַרְבִית וְשַׁחֲרִית, מוּסָף וְגַם מִנְחָה הוּא יַעֲנֵנִי.
כִּי אֶשְׁמְרָה שַׁבָּת אֵל יִשְׁמְרֵנִי, אוֹת הִיא לְעוֹלְמֵי עַד בֵּינוֹ וּבֵינִי.

המחבר חתם שמו – שלמה [חזק] – בראשי החרוזים.

**שִׁמְרוּ** שַׁבְּתוֹתַי, לְמַעַן תִּינְקוּ וּשְׂבַעְתֶּם, מִזִּיו בִּרְכוֹתַי, אֶל הַמְּנוּחָה כִּי בָאתֶם,
וּלְווּ עָלַי בָּנַי, וְעִדְנוּ מַעֲדָנַי, שַׁבָּת הַיּוֹם לַיהוה.

**לֶ**עָמֵל קִרְאוּ דְרוֹר, וְנָתַתִּי אֶת בִּרְכָתִי, אִשָּׁה אֶל אֲחוֹתָהּ לִצְרוֹר,
לְגַלּוֹת עַל יוֹם שִׂמְחָתִי, בִּגְדֵי שֵׁשׁ עִם שָׁנִי, וְהִתְבּוֹנְנוּ מִזְּקֵנַי, שַׁבָּת הַיּוֹם לַיהוה.
וּלְווּ עָלַי בָּנַי, וְעִדְנוּ מַעֲדָנַי, שַׁבָּת הַיּוֹם לַיהוה.

(1) איוב ג:יז (2) ישעיה מ:כו (3) שמות כד:ז (4) ע״פ ישעיה מ:כט (5) נחום ב:ב (6) ע״פ ישעיה נד:ט

מַהֲרוּ אֶת הַמָּנֶה, לַעֲשׂוֹת אֶת דְּבַר אֶסְתֵּר, וְחִשְׁבוּ עִם הַקּוֹנֶה, לְשַׁלֵּם אָכוֹל וְהוֹתֵר,
בִּטְחוּ בִי אֱמוּנַי, וּשְׁתוּ יֵין מִשְׁמַנַּי, שַׁבַּת הַיּוֹם לַיהוה.

וּלְווּ עָלַי בָּנַי, וְעִדְנוּ מַעֲדָנַי, שַׁבַּת הַיּוֹם לַיהוה.

הִנֵּה יוֹם גְּאֻלָּה, יוֹם שַׁבָּת אִם תִּשְׁמֹרוּ, וִהְיִיתֶם לִי סְגֻלָּה, לִינוּ וְאַחַר תַּעֲבֹרוּ,
וְאָז תִּחְיוּ לְפָנַי, וּתְמַלְאוּ צְפוּנַי, שַׁבַּת הַיּוֹם לַיהוה.

וּלְווּ עָלַי בָּנַי, וְעִדְנוּ מַעֲדָנַי, שַׁבַּת הַיּוֹם לַיהוה.

חַזֵּק קִרְיָתִי, אֵל אֱלֹהִים עֶלְיוֹן, וְהָשֵׁב אֶת נָוָתִי, בְּשִׂמְחָה וּבְהִגָּיוֹן,
יְשׁוֹרְרוּ שָׁם רְנָנַי, לְוִיַּי וְכֹהֲנַי, וְאָז תִּתְעַנַּג עַל יהוה, שַׁבַּת הַיּוֹם לַיהוה.

וּלְווּ עָלַי בָּנַי, וְעִדְנוּ מַעֲדָנַי, שַׁבַּת הַיּוֹם לַיהוה.

המחבר חתם שמו — דונש — בכמה חרוזים, והוא ר' דונש אבן לברט.

**דְּרוֹר יִקְרָא** לְבֵן עִם בַּת, וְיִנְצָרְכֶם כְּמוֹ בָבַת,
נְעִים שִׁמְכֶם וְלֹא יֻשְׁבַּת, שְׁבוּ וְנוּחוּ בְּיוֹם שַׁבָּת.

דְּרוֹשׁ נָוִי וְאוּלָמִי, וְאוֹת יֶשַׁע עֲשֵׂה עִמִּי,
נְטַע שׂוֹרֵק בְּתוֹךְ כַּרְמִי, שְׁעֵה שַׁוְעַת בְּנֵי עַמִּי.

דְּרוֹךְ פּוּרָה בְּתוֹךְ בָּצְרָה, וְגַם בָּבֶל אֲשֶׁר גָּבְרָה,
נְתוֹץ צָרַי בְּאַף וְעֶבְרָה, שְׁמַע קוֹלִי בְּיוֹם אֶקְרָא.

אֱלֹהִים תֵּן בַּמִּדְבָּר הַר, הֲדַס שִׁטָּה בְּרוֹשׁ תִּדְהָר,
וְלַמַּזְהִיר וְלַנִּזְהָר, שְׁלוֹמִים תֵּן כְּמֵי נָהָר.

הֲדוֹךְ קָמַי אֵל קַנָּא, בְּמוֹג לֵבָב וּבַמְּגִנָּה,
וְנַרְחִיב פֶּה וּנְמַלְאֶנָּה, לְשׁוֹנֵנוּ לְךָ רִנָּה.

דְּעֵה חָכְמָה לְנַפְשֶׁךָ, וְהִיא כֶתֶר לְרֹאשֶׁךָ,
נְצוֹר מִצְוַת קְדוֹשֶׁךָ, שְׁמוֹר שַׁבַּת קָדְשֶׁךָ.

המחבר חתם שמו — שמואל — בראשי החרוזים.

**שַׁבָּת הַיּוֹם** לַיהוה. מְאֹד צַהֲלוּ בְּרִנּוּנַי, וְגַם הַרְבּוּ מַעֲדָנַי,
אוֹתוֹ לִשְׁמוֹר כְּמִצְוַת יהוה. שַׁבָּת הַיּוֹם לַיהוה.

מֵעֲבוֹר דֶּרֶךְ וּגְבוּלִים, מֵעֲשׂוֹת הַיּוֹם פְּעָלִים,
לֶאֱכוֹל וְלִשְׁתּוֹת בְּהִלּוּלִים, זֶה הַיּוֹם עָשָׂה יהוה. שַׁבָּת הַיּוֹם לַיהוה.

וְאִם תִּשְׁמְרֶנּוּ, יָהּ יִנְצָרְךָ כְּבָבַת, אַתָּה וּבִנְךָ וְגַם הַבַּת,
וְקָרָאתָ עֹנֶג לַשַּׁבָּת, אָז תִּתְעַנַּג עַל יהוה. שַׁבָּת הַיּוֹם לַיהוה.

אֱכֹל מַשְׁמַנִּים וּמַעֲדַנִּים, וּמַטְעַמִּים הַרְבֵּה מִינִים,
אֱגוֹזֵי פֶרֶךְ וְרִמּוֹנִים, וְאָכַלְתָּ וְשָׂבָעְתָּ וּבֵרַכְתָּ אֶת יהוה. שַׁבָּת הַיּוֹם לַיהוה.

לַעֲרוֹךְ בַּשֻּׁלְחָן לֶחֶם חֲמוּדוֹת, לַעֲשׂוֹת הַיּוֹם שָׁלֹשׁ סְעוּדוֹת,
אֶת הַשֵּׁם הַנִּכְבָּד לְבָרֵךְ וּלְהוֹדוֹת, שִׁקְדוּ וְשִׁמְרוּ וַעֲשׂוּ בָנַי. שַׁבָּת הַיּוֹם לַיהוה.

בשעת נטילת ידים במים אחרונים:

יְדַי אַסְחֵי אֲנָא, לְגַבֵּי חַד מָנָא, לְסִטְרָא חוֹרִינָא, דְּלֵית בֵּהּ מַמָּשָׁא.
אֲזַמֵּן בִּתְלָתָא בְּכַסָּא דְבִרְכָתָא, לְעִלַּת עִלָּתָא, עַתִּיקָא קַדִּישָׁא.

[ברכת המזון תמצא בעמ' 89.]

# מנחה לשבת ויום טוב

קרבנות

**וַיְדַבֵּר** יהוה אֶל מֹשֶׁה לֵּאמֹר. וְעָשִׂיתָ כִּיּוֹר נְחֹשֶׁת, וְכַנּוֹ נְחֹשֶׁת, לְרָחְצָה, וְנָתַתָּ אֹתוֹ בֵּין אֹהֶל מוֹעֵד וּבֵין הַמִּזְבֵּחַ, וְנָתַתָּ שָׁמָּה מָיִם. וְרָחֲצוּ אַהֲרֹן וּבָנָיו מִמֶּנּוּ, אֶת יְדֵיהֶם וְאֶת רַגְלֵיהֶם. בְּבֹאָם אֶל אֹהֶל מוֹעֵד יִרְחֲצוּ מַיִם וְלֹא יָמֻתוּ, אוֹ בְגִשְׁתָּם אֶל הַמִּזְבֵּחַ לְשָׁרֵת לְהַקְטִיר אִשֶּׁה לַיהוה. וְרָחֲצוּ יְדֵיהֶם וְרַגְלֵיהֶם וְלֹא יָמֻתוּ, וְהָיְתָה לָהֶם חָק עוֹלָם, לוֹ וּלְזַרְעוֹ לְדֹרֹתָם.[1]

כתב המ״א (סי׳ מח) שפרשת הקרבנות יאמר בעמידה דוגמת הקרבן,
וי״א שיכול לאמרם בישיבה (ע״פ שע״ת שם).

**וַיְדַבֵּר** יהוה אֶל מֹשֶׁה לֵּאמֹר. צַו אֶת בְּנֵי יִשְׂרָאֵל וְאָמַרְתָּ אֲלֵהֶם, אֶת קָרְבָּנִי לַחְמִי לְאִשַּׁי, רֵיחַ נִיחֹחִי, תִּשְׁמְרוּ לְהַקְרִיב לִי בְּמוֹעֲדוֹ. וְאָמַרְתָּ לָהֶם, זֶה הָאִשֶּׁה אֲשֶׁר תַּקְרִיבוּ לַיהוה, כְּבָשִׂים בְּנֵי שָׁנָה תְמִימִם, שְׁנַיִם לַיּוֹם, עֹלָה תָמִיד. אֶת הַכֶּבֶשׂ אֶחָד תַּעֲשֶׂה בַבֹּקֶר, וְאֵת הַכֶּבֶשׂ הַשֵּׁנִי תַּעֲשֶׂה בֵּין הָעַרְבָּיִם. וַעֲשִׂירִית הָאֵיפָה סֹלֶת לְמִנְחָה, בְּלוּלָה בְּשֶׁמֶן כָּתִית רְבִיעִת הַהִין. עֹלַת תָּמִיד, הָעֲשֻׂיָה בְּהַר סִינַי, לְרֵיחַ נִיחֹחַ, אִשֶּׁה לַיהוה. וְנִסְכּוֹ רְבִיעִת הַהִין לַכֶּבֶשׂ הָאֶחָד, בַּקֹּדֶשׁ הַסֵּךְ נֶסֶךְ שֵׁכָר לַיהוה. וְאֵת הַכֶּבֶשׂ הַשֵּׁנִי תַּעֲשֶׂה בֵּין הָעַרְבָּיִם, כְּמִנְחַת הַבֹּקֶר וּכְנִסְכּוֹ תַּעֲשֶׂה, אִשֵּׁה רֵיחַ נִיחֹחַ לַיהוה.[2]

וְשָׁחַט אֹתוֹ עַל יֶרֶךְ הַמִּזְבֵּחַ צָפֹנָה לִפְנֵי יהוה, וְזָרְקוּ בְּנֵי אַהֲרֹן הַכֹּהֲנִים אֶת דָּמוֹ עַל הַמִּזְבֵּחַ סָבִיב.[3]

קטרת

**אַתָּה** הוּא יהוה אֱלֹהֵינוּ שֶׁהִקְטִירוּ אֲבוֹתֵינוּ לְפָנֶיךָ אֶת קְטֹרֶת הַסַּמִּים בִּזְמַן שֶׁבֵּית הַמִּקְדָּשׁ הָיָה קַיָּם, כַּאֲשֶׁר צִוִּיתָ אוֹתָם עַל יְדֵי מֹשֶׁה נְבִיאֶךָ, כַּכָּתוּב בְּתוֹרָתֶךָ:

**וַיֹּאמֶר** יהוה אֶל מֹשֶׁה, קַח לְךָ סַמִּים, נָטָף וּשְׁחֵלֶת וְחֶלְבְּנָה, סַמִּים וּלְבֹנָה זַכָּה, בַּד בְּבַד יִהְיֶה. וְעָשִׂיתָ אֹתָהּ קְטֹרֶת, רֹקַח, מַעֲשֵׂה רוֹקֵחַ, מְמֻלָּח, טָהוֹר, קֹדֶשׁ. וְשָׁחַקְתָּ מִמֶּנָּה הָדֵק, וְנָתַתָּה מִמֶּנָּה לִפְנֵי הָעֵדֻת בְּאֹהֶל מוֹעֵד אֲשֶׁר אִוָּעֵד לְךָ שָׁמָּה, קֹדֶשׁ קָדָשִׁים תִּהְיֶה לָכֶם.[4]

וְנֶאֱמַר: וְהִקְטִיר עָלָיו אַהֲרֹן קְטֹרֶת סַמִּים, בַּבֹּקֶר בַּבֹּקֶר, בְּהֵיטִיבוֹ אֶת הַנֵּרֹת יַקְטִירֶנָּה. וּבְהַעֲלֹת אַהֲרֹן אֶת הַנֵּרֹת בֵּין הָעַרְבַּיִם, יַקְטִירֶנָּה, קְטֹרֶת תָּמִיד לִפְנֵי יהוה לְדֹרֹתֵיכֶם.[5]

---

(1) שמות ל:יז-כא (2) במדבר כח:א-ח (3) ויקרא א:יא (4) שמות ל:לד-לו (5) ל:ז-ח

**תָּנוּ רַבָּנָן,** פִּטּוּם הַקְּטֹרֶת כֵּיצַד. שְׁלֹשׁ מֵאוֹת וְשִׁשִּׁים וּשְׁמוֹנָה מָנִים הָיוּ בָהּ. שְׁלֹשׁ מֵאוֹת וְשִׁשִּׁים וַחֲמִשָּׁה כְּמִנְיַן יְמוֹת הַחַמָּה – מָנֶה לְכָל יוֹם, פְּרַס בְּשַׁחֲרִית וּפְרַס בֵּין הָעַרְבָּיִם; וּשְׁלֹשָׁה מָנִים יְתֵרִים, שֶׁמֵּהֶם מַכְנִיס כֹּהֵן גָּדוֹל מְלֹא חָפְנָיו בְּיוֹם הַכִּפֻּרִים. וּמַחֲזִירָן לְמַכְתֶּשֶׁת בְּעֶרֶב יוֹם הַכִּפֻּרִים, וְשׁוֹחֲקָן יָפֶה יָפֶה כְּדֵי שֶׁתְּהֵא דַקָּה מִן הַדַּקָּה. וְאַחַד עָשָׂר סַמָּנִים הָיוּ בָהּ, וְאֵלּוּ הֵן: (א) הַצֳּרִי, (ב) וְהַצִּפֹּרֶן, (ג) הַחֶלְבְּנָה, (ד) וְהַלְּבוֹנָה, מִשְׁקַל שִׁבְעִים שִׁבְעִים מָנֶה; (ה) מוֹר, (ו) וּקְצִיעָה, (ז) שִׁבֹּלֶת נֵרְדְּ, (ח) וְכַרְכֹּם, מִשְׁקַל שִׁשָּׁה עָשָׂר שִׁשָּׁה עָשָׂר מָנֶה; (ט) הַקֹּשְׁטְ,[1] שְׁנֵים עָשָׂר, (י) וְקִלּוּפָה, שְׁלֹשָׁה, (יא) וְקִנָּמוֹן, תִּשְׁעָה. בֹּרִית כַּרְשִׁינָה, תִּשְׁעָה קַבִּין; יֵין קַפְרִיסִין, סְאִין תְּלָתָא וְקַבִּין תְּלָתָא, וְאִם אֵין לוֹ יֵין קַפְרִיסִין, מֵבִיא חֲמַר חִוַּרְיָן עַתִּיק; מֶלַח סְדוֹמִית, רֹבַע; מַעֲלֶה עָשָׁן, כָּל שֶׁהוּא. רַבִּי נָתָן הַבַּבְלִי אוֹמֵר: אַף כִּפַּת הַיַּרְדֵּן, כָּל שֶׁהוּא. וְאִם נָתַן בָּהּ דְּבַשׁ, פְּסָלָהּ. וְאִם חִסַּר אַחַת מִכָּל סַמָּנֶיהָ, חַיָּב מִיתָה.

**רַבָּן** שִׁמְעוֹן בֶּן גַּמְלִיאֵל אוֹמֵר: הַצֳּרִי אֵינוֹ אֶלָּא שְׂרָף הַנּוֹטֵף מֵעֲצֵי הַקְּטָף. בֹּרִית כַּרְשִׁינָה לָמָּה הִיא בָאָה, כְּדֵי לְיַפּוֹת בָּהּ אֶת הַצִּפֹּרֶן, כְּדֵי שֶׁתְּהֵא נָאָה. יֵין קַפְרִיסִין לָמָּה הוּא בָא, כְּדֵי לִשְׁרוֹת בּוֹ אֶת הַצִּפֹּרֶן, כְּדֵי שֶׁתְּהֵא עַזָּה. וַהֲלֹא מֵי רַגְלַיִם יָפִין לָהּ, אֶלָּא שֶׁאֵין מַכְנִיסִין מֵי רַגְלַיִם בַּמִּקְדָּשׁ[2] מִפְּנֵי הַכָּבוֹד.

**תַּנְיָא,** רַבִּי נָתָן אוֹמֵר: כְּשֶׁהוּא שׁוֹחֵק, אוֹמֵר הָדֵק הֵיטֵב, הֵיטֵב הָדֵק, מִפְּנֵי שֶׁהַקּוֹל יָפֶה לַבְּשָׂמִים. פִּטְּמָהּ לַחֲצָאִין, כְּשֵׁרָה; לִשְׁלִישׁ וְלִרְבִיעַ, לֹא שָׁמָעְנוּ. אָמַר רַבִּי יְהוּדָה: זֶה הַכְּלָל – אִם כְּמִדָּתָהּ, כְּשֵׁרָה לַחֲצָאִין; וְאִם חִסַּר אַחַת מִכָּל סַמָּנֶיהָ, חַיָּב מִיתָה.

**תַּנְיָא,** בַּר קַפָּרָא אוֹמֵר: אַחַת לְשִׁשִּׁים אוֹ לְשִׁבְעִים שָׁנָה הָיְתָה בָאָה שֶׁל שִׁירַיִם לַחֲצָאִין. וְעוֹד תָּנֵי בַּר קַפָּרָא: אִלּוּ הָיָה נוֹתֵן בָּהּ קוֹרְטוֹב שֶׁל דְּבַשׁ, אֵין אָדָם יָכוֹל לַעֲמֹד מִפְּנֵי רֵיחָהּ. וְלָמָּה אֵין מְעָרְבִין בָּהּ דְּבַשׁ, מִפְּנֵי שֶׁהַתּוֹרָה אָמְרָה: כִּי כָל שְׂאֹר וְכָל דְּבַשׁ לֹא תַקְטִירוּ מִמֶּנּוּ אִשֶּׁה לַיהוה.[3]

יהוה צְבָאוֹת עִמָּנוּ, מִשְׂגָּב לָנוּ אֱלֹהֵי יַעֲקֹב, סֶלָה.[4] – ג׳ פעמים

יהוה צְבָאוֹת, אַשְׁרֵי אָדָם בֹּטֵחַ בָּךְ.[5] – ג׳ פעמים

יהוה הוֹשִׁיעָה, הַמֶּלֶךְ יַעֲנֵנוּ בְיוֹם קָרְאֵנוּ.[6] – ג׳ פעמים

אַתָּה סֵתֶר לִי, מִצַּר תִּצְּרֵנִי, רָנֵּי פַלֵּט, תְּסוֹבְבֵנִי, סֶלָה.[7]

וְעָרְבָה לַיהוה מִנְחַת יְהוּדָה וִירוּשָׁלָיִם, כִּימֵי עוֹלָם וּכְשָׁנִים קַדְמֹנִיּוֹת.[8]

(1) נ״א הַקֹּסְטְ (2) נ״א בָּעֲזָרָה (3) ויקרא ב:יא (4) תהלים מו:ח (5) פד:יג (6) כ:י (7) לב:ז (8) מלאכי ג:ד

**אָנָּא בְּכֹחַ** גְּדֻלַּת יְמִינְךָ תַּתִּיר צְרוּרָה. אב״ג ית״ץ
קַבֵּל רִנַּת עַמְּךָ שַׂגְּבֵנוּ טַהֲרֵנוּ נוֹרָא. קר״ע שט״ן
נָא גִבּוֹר דּוֹרְשֵׁי יִחוּדְךָ כְּבָבַת שָׁמְרֵם. נג״ד יכ״ש
בָּרְכֵם טַהֲרֵם רַחֲמֵם[1] צִדְקָתְךָ תָּמִיד גָּמְלֵם. בט״ר צת״ג
חֲסִין קָדוֹשׁ בְּרוֹב טוּבְךָ נַהֵל עֲדָתֶךָ. חק״ב טנ״ע
יָחִיד גֵּאֶה לְעַמְּךָ פְּנֵה זוֹכְרֵי קְדֻשָּׁתֶךָ. יג״ל פז״ק
שַׁוְעָתֵנוּ קַבֵּל וּשְׁמַע צַעֲקָתֵנוּ יוֹדֵעַ תַּעֲלֻמוֹת. שק״ו צי״ת
בָּרוּךְ שֵׁם כְּבוֹד מַלְכוּתוֹ לְעוֹלָם וָעֶד.

**אַשְׁרֵי** יוֹשְׁבֵי בֵיתֶךָ, עוֹד יְהַלְלוּךָ סֶּלָה.[2] אַשְׁרֵי הָעָם שֶׁכָּכָה לּוֹ, אַשְׁרֵי הָעָם שֶׁיהוה אֱלֹהָיו.[3]

תהלים קמה — תְּהִלָּה לְדָוִד, **אֲ**רוֹמִמְךָ אֱלוֹהַי הַמֶּלֶךְ, וַאֲבָרְכָה שִׁמְךָ לְעוֹלָם וָעֶד. **בְּ**כָל יוֹם אֲבָרְכֶךָּ, וַאֲהַלְלָה שִׁמְךָ לְעוֹלָם וָעֶד. **גָּ**דוֹל יהוה וּמְהֻלָּל מְאֹד, וְלִגְדֻלָּתוֹ אֵין חֵקֶר. **דּ**וֹר לְדוֹר יְשַׁבַּח מַעֲשֶׂיךָ, וּגְבוּרֹתֶיךָ יַגִּידוּ. **הֲ**דַר כְּבוֹד הוֹדֶךָ וְדִבְרֵי נִפְלְאֹתֶיךָ אָשִׂיחָה. **וֶ**עֱזוּז נוֹרְאֹתֶיךָ יֹאמֵרוּ, וּגְדוּלָּתְךָ אֲסַפְּרֶנָּה. **זֵ**כֶר רַב טוּבְךָ יַבִּיעוּ, וְצִדְקָתְךָ יְרַנֵּנוּ. **חַ**נּוּן וְרַחוּם יהוה, אֶרֶךְ אַפַּיִם וּגְדָל חָסֶד. **טוֹ**ב יהוה לַכֹּל, וְרַחֲמָיו עַל כָּל מַעֲשָׂיו. **יוֹ**דוּךָ יהוה כָּל מַעֲשֶׂיךָ, וַחֲסִידֶיךָ יְבָרְכוּכָה. **כְּ**בוֹד מַלְכוּתְךָ יֹאמֵרוּ, וּגְבוּרָתְךָ יְדַבֵּרוּ. **לְ**הוֹדִיעַ לִבְנֵי הָאָדָם גְּבוּרֹתָיו, וּכְבוֹד הֲדַר מַלְכוּתוֹ. **מַ**לְכוּתְךָ מַלְכוּת כָּל עֹלָמִים, וּמֶמְשַׁלְתְּךָ בְּכָל דּוֹר וָדֹר. **סוֹ**מֵךְ יהוה לְכָל הַנֹּפְלִים, וְזוֹקֵף לְכָל הַכְּפוּפִים. **עֵ**ינֵי כֹל אֵלֶיךָ יְשַׂבֵּרוּ, וְאַתָּה נוֹתֵן לָהֶם אֶת אָכְלָם בְּעִתּוֹ. **פּוֹ**תֵחַ אֶת יָדֶךָ, וּמַשְׂבִּיעַ לְכָל חַי רָצוֹן. **צַ**דִּיק יהוה בְּכָל דְּרָכָיו, וְחָסִיד בְּכָל מַעֲשָׂיו. **קָ**רוֹב יהוה לְכָל קֹרְאָיו, לְכֹל אֲשֶׁר יִקְרָאֻהוּ בֶאֱמֶת. **רְ**צוֹן יְרֵאָיו יַעֲשֶׂה, וְאֶת שַׁוְעָתָם יִשְׁמַע וְיוֹשִׁיעֵם. **שׁוֹ**מֵר יהוה אֶת כָּל אֹהֲבָיו, וְאֵת כָּל הָרְשָׁעִים יַשְׁמִיד. ❖ **תְּ**הִלַּת יהוה יְדַבֶּר פִּי, וִיבָרֵךְ כָּל בָּשָׂר שֵׁם קָדְשׁוֹ לְעוֹלָם וָעֶד. וַאֲנַחְנוּ נְבָרֵךְ יָהּ מֵעַתָּה וְעַד עוֹלָם, הַלְלוּיָהּ.[4]

צריך לכוון באמירת פסוק „פּוֹתֵחַ אֶת יָדֶךָ". ואם לא כיוון צריך לחזור ולאומרו בכוונה.

(1) נ״א רַחֲמֵי (2) תהלים פד:ה (3) קמד:טו (4) קטו:יח

לכתחילה נכון לומר „קדושה דסידרא" (היינו הפסוקים „קָדוֹשׁ . . ." , „בָּרוּךְ . . ." וי"א גם „ה' יִמְלֹךְ") בצבור. אמנם התרגום אומרים בלחש כשמתפללים בצבור (או"ח סי' קלב ובמ"ב שם).

**וּבָא לְצִיּוֹן** גּוֹאֵל, וּלְשָׁבֵי פֶשַׁע בְּיַעֲקֹב, נְאֻם יהוה. וַאֲנִי, זֹאת בְּרִיתִי אוֹתָם, אָמַר יהוה, רוּחִי אֲשֶׁר עָלֶיךָ, וּדְבָרַי אֲשֶׁר שַׂמְתִּי בְּפִיךָ, לֹא יָמוּשׁוּ מִפִּיךָ וּמִפִּי זַרְעֲךָ וּמִפִּי זֶרַע זַרְעֲךָ, אָמַר יהוה, מֵעַתָּה וְעַד עוֹלָם.[1] ❖ וְאַתָּה קָדוֹשׁ יוֹשֵׁב תְּהִלּוֹת יִשְׂרָאֵל.[2] וְקָרָא זֶה אֶל זֶה וְאָמַר: **קָדוֹשׁ, קָדוֹשׁ, קָדוֹשׁ יהוה צְבָאוֹת, מְלֹא כָל הָאָרֶץ כְּבוֹדוֹ.**[3] וּמְקַבְּלִין דֵּין מִן דֵּין וְאָמְרִין: קַדִּישׁ בִּשְׁמֵי מְרוֹמָא עִלָּאָה בֵּית שְׁכִינְתֵּהּ, קַדִּישׁ עַל אַרְעָא עוֹבַד גְּבוּרְתֵּהּ, קַדִּישׁ לְעָלַם וּלְעָלְמֵי עָלְמַיָּא, יהוה צְבָאוֹת, מַלְיָא כָל אַרְעָא זִיו יְקָרֵהּ.[4] ❖ וַתִּשָּׂאֵנִי רוּחַ, וָאֶשְׁמַע אַחֲרַי קוֹל רַעַשׁ גָּדוֹל: **בָּרוּךְ כְּבוֹד יהוה מִמְּקוֹמוֹ.**[5] וּנְטָלַתְנִי רוּחָא, וְשִׁמְעֵת בַּתְרַי קָל זִיעַ סַגִּיא דִּמְשַׁבְּחִין וְאָמְרִין: בְּרִיךְ יְקָרָא דַיהוה מֵאֲתַר בֵּית שְׁכִינְתֵּהּ.[6] **יהוה יִמְלֹךְ לְעֹלָם וָעֶד.**[7] יהוה מַלְכוּתֵהּ קָאֵם לְעָלַם וּלְעָלְמֵי עָלְמַיָּא.[8]

יהוה אֱלֹהֵי אַבְרָהָם יִצְחָק וְיִשְׂרָאֵל אֲבֹתֵינוּ, שָׁמְרָה זֹּאת לְעוֹלָם, לְיֵצֶר מַחְשְׁבוֹת לְבַב עַמֶּךָ, וְהָכֵן לְבָבָם אֵלֶיךָ.[9] וְהוּא רַחוּם, יְכַפֵּר עָוֹן וְלֹא יַשְׁחִית, וְהִרְבָּה לְהָשִׁיב אַפּוֹ, וְלֹא יָעִיר כָּל חֲמָתוֹ.[10] כִּי אַתָּה אֲדֹנָי טוֹב וְסַלָּח, וְרַב חֶסֶד לְכָל קֹרְאֶיךָ.[11] צִדְקָתְךָ צֶדֶק לְעוֹלָם, וְתוֹרָתְךָ אֱמֶת.[12] תִּתֵּן אֱמֶת לְיַעֲקֹב, חֶסֶד לְאַבְרָהָם, אֲשֶׁר נִשְׁבַּעְתָּ לַאֲבֹתֵינוּ מִימֵי קֶדֶם.[13] בָּרוּךְ אֲדֹנָי, יוֹם יוֹם יַעֲמָס לָנוּ, הָאֵל יְשׁוּעָתֵנוּ סֶלָה.[14] יהוה צְבָאוֹת עִמָּנוּ, מִשְׂגָּב לָנוּ אֱלֹהֵי יַעֲקֹב סֶלָה.[15] יהוה צְבָאוֹת, אַשְׁרֵי אָדָם בֹּטֵחַ בָּךְ.[16] יהוה הוֹשִׁיעָה, הַמֶּלֶךְ יַעֲנֵנוּ בְיוֹם קָרְאֵנוּ.[17] בָּרוּךְ הוּא אֱלֹהֵינוּ שֶׁבְּרָאָנוּ לִכְבוֹדוֹ, וְהִבְדִּילָנוּ מִן הַתּוֹעִים, וְנָתַן לָנוּ תּוֹרַת אֱמֶת, וְחַיֵּי עוֹלָם נָטַע בְּתוֹכֵנוּ. הוּא יִפְתַּח לִבֵּנוּ בְּתוֹרָתוֹ, וְיָשֵׂם בְּלִבֵּנוּ אַהֲבָתוֹ וְיִרְאָתוֹ וְלַעֲשׂוֹת רְצוֹנוֹ וּלְעָבְדוֹ בְּלֵבָב שָׁלֵם, לְמַעַן לֹא נִיגַע לָרִיק, וְלֹא נֵלֵד לַבֶּהָלָה.[18]

---

(1) ישעיה נט:כ-כא (2) תהלים כב:ד (3) ישעיה ו:ג (4) תרגום יונתן שם (5) יחזקאל ג:יב (6) תרגום יונתן שם (7) שמות טו:יח (8) תרגום אונקלוס שם (9) דברי הימים א כט:יח (10) תהלים עח:לח (11) פו:ה (12) קיט:קמב (13) מיכה ז:כ (14) תהלים סח:כ (15) מו:ח (16) פד:יג (17) כ:י (18) ע"פ ישעיה סה:כג

יְהִי רָצוֹן מִלְּפָנֶיךָ יהוה אֱלֹהֵינוּ וֵאלֹהֵי אֲבוֹתֵינוּ, שֶׁנִּשְׁמֹר חֻקֶּיךָ בָּעוֹלָם הַזֶּה, וְנִזְכֶּה וְנִחְיֶה וְנִרְאֶה וְנִירַשׁ טוֹבָה וּבְרָכָה לִשְׁנֵי יְמוֹת הַמָּשִׁיחַ וּלְחַיֵּי הָעוֹלָם הַבָּא. לְמַעַן יְזַמֶּרְךָ כָבוֹד וְלֹא יִדֹּם, יהוה אֱלֹהַי לְעוֹלָם אוֹדֶךָּ.[1] בָּרוּךְ הַגֶּבֶר אֲשֶׁר יִבְטַח בַּיהוה, וְהָיָה יהוה מִבְטַחוֹ.[2] בִּטְחוּ בַיהוה עֲדֵי עַד, כִּי בְּיָהּ יהוה צוּר עוֹלָמִים.[3] ❖ וְיִבְטְחוּ בְךָ יוֹדְעֵי שְׁמֶךָ, כִּי לֹא עָזַבְתָּ דֹרְשֶׁיךָ, יהוה.[4] יהוה חָפֵץ לְמַעַן צִדְקוֹ, יַגְדִּיל תּוֹרָה וְיַאְדִּיר.[5]

יהוה אֲדֹנֵינוּ, מָה אַדִּיר שִׁמְךָ בְּכָל הָאָרֶץ.[6]
חִזְקוּ וְיַאֲמֵץ לְבַבְכֶם כָּל הַמְיַחֲלִים לַיהוה.[7]

### חצי קדיש

**יִתְגַּדַּל** וְיִתְקַדַּשׁ שְׁמֵהּ רַבָּא. בְּעָלְמָא דִּי בְרָא כִרְעוּתֵהּ. וְיַמְלִיךְ מַלְכוּתֵהּ, וְיַצְמַח פֻּרְקָנֵהּ וִיקָרֵב מְשִׁיחֵהּ. בְּחַיֵּיכוֹן וּבְיוֹמֵיכוֹן וּבְחַיֵּי דְכָל בֵּית יִשְׂרָאֵל, בַּעֲגָלָא וּבִזְמַן קָרִיב. וְאִמְרוּ: אָמֵן.

קהל וחזן – **יְהֵא שְׁמֵהּ רַבָּא מְבָרַךְ לְעָלַם וּלְעָלְמֵי עָלְמַיָּא. יִתְבָּרַךְ** וְיִשְׁתַּבַּח וְיִתְפָּאַר וְיִתְרוֹמַם וְיִתְנַשֵּׂא וְיִתְהַדָּר וְיִתְעַלֶּה וְיִתְהַלָּל שְׁמֵהּ דְּקֻדְשָׁא בְּרִיךְ הוּא – °לְעֵלָּא מִן כָּל (°בשבת שובה – לְעֵלָּא [וּ]לְעֵלָּא מִכָּל) בִּרְכָתָא וְשִׁירָתָא תֻּשְׁבְּחָתָא וְנֶחֱמָתָא דַּאֲמִירָן בְּעָלְמָא. וְאִמְרוּ: אָמֵן.

ביום טוב שחל בחול מתפללים כאן שמונה עשרה [לשלש רגלים – עמ' 309; לראש השנה – עמ' 339].

# **וַאֲנִי,** תְפִלָּתִי לְךָ יהוה, עֵת רָצוֹן; אֱלֹהִים, בְּרָב חַסְדֶּךָ, עֲנֵנִי בֶּאֱמֶת יִשְׁעֶךָ.[8]

### הוצאת ספר תורה

יש לעמוד משעת פתיחת הארון עד שמניחים את ספר התורה על הבימה. כשפותחים הארון אומרים:

**וַיְהִי בִּנְסֹעַ** הָאָרֹן, וַיֹּאמֶר מֹשֶׁה, קוּמָה יהוה וְיָפֻצוּ אֹיְבֶיךָ, וְיָנֻסוּ מְשַׂנְאֶיךָ מִפָּנֶיךָ.[9] כִּי מִצִּיּוֹן תֵּצֵא תוֹרָה, וּדְבַר יהוה מִירוּשָׁלָיִם.[10] בָּרוּךְ שֶׁנָּתַן תּוֹרָה לְעַמּוֹ יִשְׂרָאֵל בִּקְדֻשָּׁתוֹ.

זוהר ויקהל רו:א

**בְּרִיךְ שְׁמֵהּ** דְּמָרֵא עָלְמָא, בְּרִיךְ כִּתְרָךְ וְאַתְרָךְ. יְהֵא רְעוּתָךְ עִם עַמָּךְ יִשְׂרָאֵל לְעָלַם, וּפֻרְקַן יְמִינָךְ אַחֲזֵי לְעַמָּךְ בְּבֵית מַקְדְּשָׁךְ, וּלְאַמְטוּיֵי לָנָא מִטּוּב נְהוֹרָךְ, וּלְקַבֵּל צְלוֹתָנָא בְּרַחֲמִין. יְהֵא רַעֲוָא קֳדָמָךְ, דְּתוֹרִיךְ לָן חַיִּין בְּטִיבוּתָא, וְלֶהֱוֵי אֲנָא פְקִידָא בְּגוֹ צַדִּיקַיָּא, לְמִרְחַם עָלַי וּלְמִנְטַר יָתִי וְיַת כָּל דִּי לִי וְדִי לְעַמָּךְ יִשְׂרָאֵל.

(1) תהלים ל:יג (2) ירמיה יז:ז (3) ישעיה כו:ד (4) תהלים ט:יא (5) ישעיה מב:כא
(6) תהלים ח:ב (7) לא:כה (8) סט:יד (9) במדבר י:לה (10) ישעיה ב:ג

אַנְתְּ הוּא זָן לְכֹלָּא, וּמְפַרְנֵס לְכֹלָּא, אַנְתְּ הוּא שַׁלִּיט עַל כֹּלָּא. אַנְתְּ הוּא דְּשַׁלִּיט עַל מַלְכַיָּא, וּמַלְכוּתָא דִּילָךְ הִיא. אֲנָא עַבְדָּא דְקֻדְשָׁא בְּרִיךְ הוּא, דְּסָגִידְנָא קַמֵּהּ וּמִקַּמָּא דִּיקַר אוֹרַיְתֵהּ בְּכָל עִדָּן וְעִדָּן. לָא עַל אֱנָשׁ רָחִיצְנָא, וְלָא עַל בַּר אֱלָהִין סָמִיכְנָא, אֶלָּא בֶּאֱלָהָא דִשְׁמַיָּא, דְּהוּא אֱלָהָא קְשׁוֹט, וְאוֹרַיְתֵהּ קְשׁוֹט, וּנְבִיאוֹהִי קְשׁוֹט, וּמַסְגֵּא לְמֶעְבַּד טַבְוָן וּקְשׁוֹט. בֵּהּ אֲנָא רָחִיץ, וְלִשְׁמֵהּ קַדִּישָׁא יַקִּירָא אֲנָא אֵמַר תֻּשְׁבְּחָן. יְהֵא רַעֲוָא קֳדָמָךְ, דְּתִפְתַּח לִבָּאִי בְּאוֹרַיְתָא, (וְתֵיהַב לִי בְּנִין דִּכְרִין דְּעָבְדִין רְעוּתָךְ,) וְתַשְׁלִים מִשְׁאֲלִין דְּלִבָּאִי, וְלִבָּא דְכָל עַמָּךְ יִשְׂרָאֵל, לְטַב וּלְחַיִּין וְלִשְׁלָם. (אָמֵן.)

החזן נוטל ספר התורה בזרועו הימנית ושוחה קצת לצד ארון הקודש, מגביה הספר קצת ואומר:

**גַּדְּלוּ לַיהוה אִתִּי, וּנְרוֹמְמָה שְׁמוֹ יַחְדָּו.**[1]

בשעה שנושא ספר התורה לבימה עונים הקהל:

**לְךָ** יהוה הַגְּדֻלָּה וְהַגְּבוּרָה וְהַתִּפְאֶרֶת וְהַנֵּצַח וְהַהוֹד, כִּי כֹל בַּשָּׁמַיִם וּבָאָרֶץ, לְךָ יהוה הַמַּמְלָכָה וְהַמִּתְנַשֵּׂא לְכֹל לְרֹאשׁ.[2] רוֹמְמוּ יהוה אֱלֹהֵינוּ וְהִשְׁתַּחֲווּ לַהֲדֹם רַגְלָיו, קָדוֹשׁ הוּא. רוֹמְמוּ יהוה אֱלֹהֵינוּ וְהִשְׁתַּחֲווּ לְהַר קָדְשׁוֹ, כִּי קָדוֹשׁ יהוה אֱלֹהֵינוּ.[3]

**אַב הָרַחֲמִים** הוּא יְרַחֵם עַם עֲמוּסִים, וְיִזְכֹּר בְּרִית אֵיתָנִים, וְיַצִּיל נַפְשׁוֹתֵינוּ מִן הַשָּׁעוֹת הָרָעוֹת, וְיִגְעַר בְּיֵצֶר הָרָע מִן הַנְּשׂוּאִים, וְיָחֹן אוֹתָנוּ לִפְלֵיטַת עוֹלָמִים, וִימַלֵּא מִשְׁאֲלוֹתֵינוּ בְּמִדָּה טוֹבָה יְשׁוּעָה וְרַחֲמִים.

הגבאי אומר:

**וְתִגָּלֶה** וְתֵרָאֶה מַלְכוּתוֹ עָלֵינוּ בִּזְמַן קָרוֹב, וְיָחֹן פְּלֵיטָתֵנוּ וּפְלֵיטַת עַמּוֹ בֵּית יִשְׂרָאֵל לְחֵן וּלְחֶסֶד וּלְרַחֲמִים וּלְרָצוֹן, וְנֹאמַר אָמֵן. הַכֹּל הָבוּ גֹדֶל לֵאלֹהֵינוּ וּתְנוּ כָבוֹד לַתּוֹרָה. כֹּהֵן° קְרָב, יַעֲמֹד

°אם אין שם כהן אומר: אֵין כַּאן כֹּהֵן יַעֲמֹד (ר׳ פלוני) בֶּן (ר׳ פלוני) יִשְׂרָאֵל / לֵוִי בִּמְקוֹם כֹּהֵן.

(ר׳ פלוני) בֶּן (ר׳ פלוני) הַכֹּהֵן. בָּרוּךְ שֶׁנָּתַן תּוֹרָה לְעַמּוֹ יִשְׂרָאֵל בִּקְדֻשָּׁתוֹ. (תּוֹרַת יהוה תְּמִימָה מְשִׁיבַת נָפֶשׁ, עֵדוּת יהוה נֶאֱמָנָה מַחְכִּימַת פֶּתִי. פִּקּוּדֵי יהוה יְשָׁרִים מְשַׂמְּחֵי לֵב, מִצְוַת יהוה בָּרָה מְאִירַת עֵינָיִם.[4] יהוה עֹז לְעַמּוֹ יִתֵּן, יהוה יְבָרֵךְ אֶת עַמּוֹ בַשָּׁלוֹם.[5] הָאֵל תָּמִים דַּרְכּוֹ, אִמְרַת יהוה צְרוּפָה, מָגֵן הוּא לְכֹל הַחֹסִים בּוֹ.[6])

קהל ואח״כ גבאי:

**וְאַתֶּם הַדְּבֵקִים בַּיהוה אֱלֹהֵיכֶם, חַיִּים כֻּלְּכֶם הַיּוֹם.**[7]

הקריאות תמצא להלן עמ׳ 463-445.

(1) תהלים לד:ד (2) דברי הימים א כט:יא (3) תהלים צט:ה,ט (4) יט:ח-ט (5) כט:יא (6) יח:לא (7) דברים ד:ד

העולה לתורה רואה פסוק שמתחילים לקרות בו, שוחה, ואח"כ אומר „בָּרְכוּ" בקול. ונוהגים לנשק את ספר התורה ע"י שפת טליתו (או דבר אחר) קודם שיברך. ולענין אם צריך לעצום עיניו או להפוך פניו או לגלול את ספר התורה בשעת הברכה, יש בזה מנהגים שונים (או"ח סי' קלט ס"ד ובב"ה שם).

**בָּרְכוּ אֶת יהוה הַמְּבֹרָךְ.**

הקהל עונים „בָּרוּךְ . . ." והעולה חוזר אחריהם:

**בָּרוּךְ יהוה הַמְּבֹרָךְ לְעוֹלָם וָעֶד.**

**בָּרוּךְ** אַתָּה יהוה אֱלֹהֵינוּ מֶלֶךְ הָעוֹלָם, אֲשֶׁר בָּחַר בָּנוּ מִכָּל הָעַמִּים, וְנָתַן לָנוּ אֶת תּוֹרָתוֹ. בָּרוּךְ אַתָּה יהוה, נוֹתֵן הַתּוֹרָה.

אחר הקריאה מברך העולה:

**בָּרוּךְ** אַתָּה יהוה אֱלֹהֵינוּ מֶלֶךְ הָעוֹלָם, אֲשֶׁר נָתַן לָנוּ תּוֹרַת אֱמֶת, וְחַיֵּי עוֹלָם נָטַע בְּתוֹכֵנוּ. בָּרוּךְ אַתָּה יהוה, נוֹתֵן הַתּוֹרָה.

איתא בשו"ע (או"ח סי' קלד ס"ב) מצוה על כל הקהל – אנשים ונשים – לראות הכתב כשמגביהים את ספר התורה, לכרוע ולומר:

**[יהוה אֱלֹהֵינוּ אֱמֶת, מֹשֶׁה אֱמֶת, וְתוֹרָתוֹ אֱמֶת.] וְזֹאת הַתּוֹרָה אֲשֶׁר שָׂם מֹשֶׁה לִפְנֵי בְּנֵי יִשְׂרָאֵל,[1] עַל פִּי יהוה בְּיַד מֹשֶׁה.[2]**

עֵץ חַיִּים הִיא לַמַּחֲזִיקִים בָּהּ, וְתֹמְכֶיהָ מְאֻשָּׁר.[3] דְּרָכֶיהָ דַרְכֵי נֹעַם, וְכָל נְתִיבוֹתֶיהָ שָׁלוֹם.[4] אֹרֶךְ יָמִים בִּימִינָהּ, בִּשְׂמֹאלָהּ עֹשֶׁר וְכָבוֹד.[5] יהוה חָפֵץ לְמַעַן צִדְקוֹ, יַגְדִּיל תּוֹרָה וְיַאְדִּיר.[6]

תהלים קיא

**הַלְלוּיָהּ,** אוֹדֶה יהוה בְּכָל לֵבָב, בְּסוֹד יְשָׁרִים וְעֵדָה. גְּדֹלִים מַעֲשֵׂי יהוה, דְּרוּשִׁים לְכָל חֶפְצֵיהֶם. הוֹד וְהָדָר פָּעֳלוֹ, וְצִדְקָתוֹ עֹמֶדֶת לָעַד. זֵכֶר עָשָׂה לְנִפְלְאוֹתָיו, חַנּוּן וְרַחוּם יהוה. טֶרֶף נָתַן לִירֵאָיו, יִזְכֹּר לְעוֹלָם בְּרִיתוֹ. כֹּחַ מַעֲשָׂיו הִגִּיד לְעַמּוֹ, לָתֵת לָהֶם נַחֲלַת גּוֹיִם. מַעֲשֵׂי יָדָיו אֱמֶת וּמִשְׁפָּט, נֶאֱמָנִים כָּל פִּקּוּדָיו. סְמוּכִים לָעַד לְעוֹלָם, עֲשׂוּיִם בֶּאֱמֶת וְיָשָׁר. פְּדוּת שָׁלַח לְעַמּוֹ, צִוָּה לְעוֹלָם בְּרִיתוֹ, קָדוֹשׁ וְנוֹרָא שְׁמוֹ. רֵאשִׁית חָכְמָה יִרְאַת יהוה, שֵׂכֶל טוֹב לְכָל עֹשֵׂיהֶם, תְּהִלָּתוֹ עֹמֶדֶת לָעַד.

תהלים קיב

**הַלְלוּיָהּ,** אַשְׁרֵי אִישׁ יָרֵא אֶת יהוה, בְּמִצְוֹתָיו חָפֵץ מְאֹד. גִּבּוֹר בָּאָרֶץ יִהְיֶה זַרְעוֹ, דּוֹר יְשָׁרִים יְבֹרָךְ. הוֹן וָעֹשֶׁר בְּבֵיתוֹ, וְצִדְקָתוֹ עֹמֶדֶת לָעַד. זָרַח בַּחֹשֶׁךְ אוֹר לַיְשָׁרִים, חַנּוּן וְרַחוּם וְצַדִּיק. טוֹב אִישׁ חוֹנֵן וּמַלְוֶה, יְכַלְכֵּל דְּבָרָיו בְּמִשְׁפָּט. כִּי לְעוֹלָם לֹא יִמּוֹט, לְזֵכֶר עוֹלָם יִהְיֶה צַדִּיק. מִשְּׁמוּעָה רָעָה לֹא יִירָא, נָכוֹן לִבּוֹ בָּטֻחַ בַּיהוה. סָמוּךְ לִבּוֹ לֹא יִירָא, עַד אֲשֶׁר יִרְאֶה בְצָרָיו. פִּזַּר נָתַן לָאֶבְיוֹנִים, צִדְקָתוֹ עֹמֶדֶת לָעַד, קַרְנוֹ תָּרוּם בְּכָבוֹד. רָשָׁע יִרְאֶה וְכָעָס, שִׁנָּיו יַחֲרֹק וְנָמָס, תַּאֲוַת רְשָׁעִים תֹּאבֵד.

---

(1) דברים ד:מד (2) במדבר ט:כג (3) משלי ג:יח (4) ג:יז (5) ג:טז (6) ישעיה מב:כא

בכמה קהילות אומרים „אֵל מָלֵא" ביום היאהרצייט או בקריאה הסמוכה לפני יום היאהרצייט.

**אֵל** מָלֵא רַחֲמִים, שׁוֹכֵן בַּמְּרוֹמִים, הַמְצֵא מְנוּחָה נְכוֹנָה, עַל כַּנְפֵי הַשְּׁכִינָה, בְּמַעֲלוֹת קְדוֹשִׁים וּטְהוֹרִים, כְּזֹהַר הָרָקִיעַ מַזְהִירִים,

לזכר: אֶת נִשְׁמַת (פלוני) בֶּן (פלוני) שֶׁהָלַךְ לְעוֹלָמוֹ, בַּעֲבוּר שֶׁ(פלוני בן פלוני) יִתֵּן צְדָקָה בְּעַד הַזְכָּרַת נִשְׁמָתוֹ, בְּגַן עֵדֶן תְּהֵא מְנוּחָתוֹ, לָכֵן בַּעַל הָרַחֲמִים יַסְתִּירֵהוּ בְּסֵתֶר כְּנָפָיו לְעוֹלָמִים, וְיִצְרוֹר בִּצְרוֹר הַחַיִּים אֶת נִשְׁמָתוֹ, יהוה הוּא נַחֲלָתוֹ, וְיָנוּחַ בְּשָׁלוֹם עַל מִשְׁכָּבוֹ, וְנֹאמַר: אָמֵן.

לנקבה: אֶת נִשְׁמַת (פלונית) בַּת (פלוני) שֶׁהָלְכָה לְעוֹלָמָהּ, בַּעֲבוּר שֶׁ(פב"פ) יִתֵּן צְדָקָה בְּעַד הַזְכָּרַת נִשְׁמָתָהּ, בְּגַן עֵדֶן תְּהֵא מְנוּחָתָהּ, לָכֵן בַּעַל הָרַחֲמִים יַסְתִּירֶהָ בְּסֵתֶר כְּנָפָיו לְעוֹלָמִים, וְיִצְרוֹר בִּצְרוֹר הַחַיִּים אֶת נִשְׁמָתָהּ, יהוה הוּא נַחֲלָתָהּ, וְתָנוּחַ בְּשָׁלוֹם עַל מִשְׁכָּבָהּ, וְנֹאמַר: אָמֵן.

החזן לוקח ספר התורה בזרועו הימנית ואומר:

**יְהַלְלוּ אֶת שֵׁם יהוה, כִּי נִשְׂגָּב שְׁמוֹ לְבַדּוֹ –**

הקהל עונה:

– הוֹדוֹ עַל אֶרֶץ וְשָׁמָיִם. וַיָּרֶם קֶרֶן לְעַמּוֹ, תְּהִלָּה לְכָל חֲסִידָיו, לִבְנֵי יִשְׂרָאֵל עַם קְרֹבוֹ, הַלְלוּיָהּ.[1]

תהלים כד

**לְדָוִד** מִזְמוֹר, לַיהוה הָאָרֶץ וּמְלוֹאָהּ, תֵּבֵל וְיֹשְׁבֵי בָהּ. כִּי הוּא עַל יַמִּים יְסָדָהּ, וְעַל נְהָרוֹת יְכוֹנְנֶהָ. מִי יַעֲלֶה בְהַר יהוה, וּמִי יָקוּם בִּמְקוֹם קָדְשׁוֹ. נְקִי כַפַּיִם וּבַר לֵבָב, אֲשֶׁר לֹא נָשָׂא לַשָּׁוְא נַפְשִׁי וְלֹא נִשְׁבַּע לְמִרְמָה. יִשָּׂא בְרָכָה מֵאֵת יהוה, וּצְדָקָה מֵאֱלֹהֵי יִשְׁעוֹ. זֶה דּוֹר דֹּרְשָׁיו, מְבַקְשֵׁי פָנֶיךָ, יַעֲקֹב, סֶלָה. שְׂאוּ שְׁעָרִים רָאשֵׁיכֶם, וְהִנָּשְׂאוּ פִּתְחֵי עוֹלָם, וְיָבוֹא מֶלֶךְ הַכָּבוֹד. מִי זֶה מֶלֶךְ הַכָּבוֹד, יהוה עִזּוּז וְגִבּוֹר, יהוה גִּבּוֹר מִלְחָמָה. שְׂאוּ שְׁעָרִים רָאשֵׁיכֶם, וּשְׂאוּ פִּתְחֵי עוֹלָם, וְיָבֹא מֶלֶךְ הַכָּבוֹד. מִי הוּא זֶה מֶלֶךְ הַכָּבוֹד, יהוה צְבָאוֹת הוּא מֶלֶךְ הַכָּבוֹד, סֶלָה.

כשמכניסים ספר התורה לארון הקודש אומרים:

**וּבְנֻחֹה** יֹאמַר, שׁוּבָה יהוה רִבְבוֹת אַלְפֵי יִשְׂרָאֵל.[2] קוּמָה יהוה לִמְנוּחָתֶךָ, אַתָּה וַאֲרוֹן עֻזֶּךָ. כֹּהֲנֶיךָ יִלְבְּשׁוּ צֶדֶק, וַחֲסִידֶיךָ יְרַנֵּנוּ. בַּעֲבוּר דָּוִד עַבְדֶּךָ אַל תָּשֵׁב פְּנֵי מְשִׁיחֶךָ.[3] כִּי לֶקַח טוֹב נָתַתִּי לָכֶם, תּוֹרָתִי אַל תַּעֲזֹבוּ.[4] ❖ עֵץ חַיִּים הִיא לַמַּחֲזִיקִים בָּהּ, וְתֹמְכֶיהָ מְאֻשָּׁר.[5] דְּרָכֶיהָ דַרְכֵי נֹעַם, וְכָל נְתִיבֹתֶיהָ שָׁלוֹם.[6] הֲשִׁיבֵנוּ יהוה אֵלֶיךָ וְנָשׁוּבָה, חַדֵּשׁ יָמֵינוּ כְּקֶדֶם.[7]

חצי קדיש

**יִתְגַּדַּל** וְיִתְקַדַּשׁ שְׁמֵהּ רַבָּא. בְּעָלְמָא דִּי בְרָא כִרְעוּתֵהּ. וְיַמְלִיךְ מַלְכוּתֵהּ, וְיַצְמַח פֻּרְקָנֵהּ וִיקָרֵב מְשִׁיחֵהּ. בְּחַיֵּיכוֹן וּבְיוֹמֵיכוֹן וּבְחַיֵּי דְכָל בֵּית יִשְׂרָאֵל, בַּעֲגָלָא וּבִזְמַן קָרִיב. וְאִמְרוּ: אָמֵן.

(1) תהלים קמח:יג-יד (2) במדבר י:לו (3) תהלים קלב:ח-י (4) משלי ד:ב (5) ג:יח (6) ג:יז (7) איכה ה:כא

קהל וחזן – **יְהֵא שְׁמֵהּ רַבָּא מְבָרַךְ לְעָלַם וּלְעָלְמֵי עָלְמַיָּא. יִתְבָּרַךְ** וְיִשְׁתַּבַּח וְיִתְפָּאַר וְיִתְרוֹמַם וְיִתְנַשֵּׂא וְיִתְהַדָּר וְיִתְעַלֶּה וְיִתְהַלָּל שְׁמֵהּ דְּקֻדְשָׁא בְּרִיךְ הוּא °לְעֵלָּא מִן כָּל (°בשבת שובה – לְעֵלָּא [וּ]לְעֵלָּא מִכָּל) בִּרְכָתָא וְשִׁירָתָא תֻּשְׁבְּחָתָא וְנֶחֱמָתָא דַּאֲמִירָן בְּעָלְמָא. וְאִמְרוּ: אָמֵן.

[שמונה עשרה של שלש רגלים תמצא בעמ' 309; ושל ראש השנה בעמ' 339.]

## שמונה עשרה

יפסע ג' פסיעות לאחוריו ואח"כ ג' פסיעות לפניו דרך קירוב והגשה. יכוון רגליו ויעמידן זו אצל זו בשוה כאילו הן רגל אחת כדי להדמות למלאכים. יתפלל במתינות ובכוונת הלב ויבין פירוש המלות ולא יפסיק לשום דבר. לכתחילה צריך להשמיע לאזניו מה שמוציא מפיו אבל לא ירים קולו עד שישמעו אחרים תפילתו.

כִּי שֵׁם יהוה אֶקְרָא, הָבוּ גֹדֶל לֵאלֹהֵינוּ.[1]
אֲדֹנָי שְׂפָתַי תִּפְתָּח, וּפִי יַגִּיד תְּהִלָּתֶךָ.[2]

אבות

**בָּרוּךְ** אַתָּה יהוה אֱלֹהֵינוּ וֵאלֹהֵי אֲבוֹתֵינוּ, אֱלֹהֵי אַבְרָהָם, אֱלֹהֵי יִצְחָק, וֵאלֹהֵי יַעֲקֹב, הָאֵל הַגָּדוֹל הַגִּבּוֹר וְהַנּוֹרָא, אֵל עֶלְיוֹן, גּוֹמֵל חֲסָדִים טוֹבִים, וְקוֹנֵה הַכֹּל, וְזוֹכֵר חַסְדֵי אָבוֹת, וּמֵבִיא גוֹאֵל לִבְנֵי בְנֵיהֶם, לְמַעַן שְׁמוֹ בְּאַהֲבָה.

בשבת שובה מוסיפים [ואם שכח אינו חוזר; עיין הלכות בסוף הסידור סע' עה]:
זָכְרֵנוּ לְחַיִּים, מֶלֶךְ חָפֵץ בַּחַיִּים, וְכָתְבֵנוּ בְּסֵפֶר הַחַיִּים, לְמַעַנְךָ אֱלֹהִים חַיִּים.

מֶלֶךְ עוֹזֵר וּמוֹשִׁיעַ וּמָגֵן. בָּרוּךְ אַתָּה יהוה, מָגֵן אַבְרָהָם.

גבורות

**אַתָּה** גִּבּוֹר לְעוֹלָם אֲדֹנָי, מְחַיֵּה מֵתִים אַתָּה, רַב לְהוֹשִׁיעַ.

מחוה"מ פסח עד שמיני עצרת: מוֹרִיד הַטָּל. — בין שמיני עצרת לפסח: מַשִּׁיב הָרוּחַ וּמוֹרִיד הַגֶּשֶׁם [נ"א: הַגָּשֶׁם].

[אם שכח או טעה, עיין הלכות בסוף הסידור סע' פד-צא.]

מְכַלְכֵּל חַיִּים בְּחֶסֶד, מְחַיֵּה מֵתִים בְּרַחֲמִים רַבִּים, סוֹמֵךְ נוֹפְלִים, וְרוֹפֵא חוֹלִים, וּמַתִּיר אֲסוּרִים, וּמְקַיֵּם אֱמוּנָתוֹ לִישֵׁנֵי עָפָר. מִי כָמוֹךָ בַּעַל גְּבוּרוֹת, וּמִי דּוֹמֶה לָּךְ, מֶלֶךְ מֵמִית וּמְחַיֶּה וּמַצְמִיחַ יְשׁוּעָה.

בשבת שובה מוסיפים [ואם שכח אינו חוזר; עיין הלכות בסוף הסידור סע' עה]:
מִי כָמוֹךָ אַב הָרַחֲמִים, זוֹכֵר יְצוּרָיו לְחַיִּים בְּרַחֲמִים.

וְנֶאֱמָן אַתָּה לְהַחֲיוֹת מֵתִים. בָּרוּךְ אַתָּה יהוה, מְחַיֵּה הַמֵּתִים.

בחזרת הש"ץ אומרים כאן קדושה (בעמוד הבא).

(1) דברים לב:ג (2) תהלים נא:יז

קדושת השם

בקצת קהילות אומר החזן „לְדוֹר וָדוֹר" בחזרת הש"ץ במקום „אַתָּה קָדוֹשׁ".

**אַתָּה** קָדוֹשׁ וְשִׁמְךָ קָדוֹשׁ, וּקְדוֹשִׁים בְּכָל יוֹם יְהַלְלְוּךָ סֶּלָה, כִּי אֵל מֶלֶךְ גָּדוֹל וְקָדוֹשׁ אָתָּה. בָּרוּךְ אַתָּה יהוה, °הָאֵל [°בשבת שובה–הַמֶּלֶךְ] הַקָּדוֹשׁ.

**לְדוֹר** וָדוֹר נַגִּיד גָּדְלֶךָ וּלְנֵצַח נְצָחִים קְדֻשָּׁתְךָ נַקְדִּישׁ, וְשִׁבְחֲךָ אֱלֹהֵינוּ מִפִּינוּ לֹא יָמוּשׁ לְעוֹלָם וָעֶד, כִּי אֵל מֶלֶךְ גָּדוֹל וְקָדוֹשׁ אָתָּה. בָּרוּךְ אַתָּה יהוה, °הָאֵל [°בשבת שובה–הַמֶּלֶךְ] הַקָּדוֹשׁ.

[ואם שכח לומר „הַמֶּלֶךְ" בשבת שובה חוזר לראש התפלה, עיין הלכות בסוף הסידור סע' עו-עז.]

[אם טעה ואמר תפילה של חול או תפילה אחרת מתפילות שבת, עיין הלכות בסוף הסידור סע' קמא-קמו.]

קדושת היום

**אַתָּה אֶחָד** וְשִׁמְךָ אֶחָד, וּמִי כְּעַמְּךָ יִשְׂרָאֵל גּוֹי אֶחָד בָּאָרֶץ, תִּפְאֶרֶת גְּדֻלָּה, וַעֲטֶרֶת יְשׁוּעָה, יוֹם מְנוּחָה וּקְדֻשָּׁה לְעַמְּךָ נָתָתָּ, אַבְרָהָם יָגֵל, יִצְחָק יְרַנֵּן, יַעֲקֹב וּבָנָיו יָנְוּחוּ בוֹ, מְנוּחַת אַהֲבָה וּנְדָבָה, מְנוּחַת אֱמֶת וֶאֱמוּנָה, מְנוּחַת שָׁלוֹם וְשַׁלְוָה וְהַשְׁקֵט וָבֶטַח, מְנוּחָה שְׁלֵמָה שָׁאַתָּה רוֹצֶה בָּהּ, יַכִּירוּ בָנֶיךָ וְיֵדְעוּ כִּי מֵאִתְּךָ הִיא מְנוּחָתָם, וְעַל מְנוּחָתָם יַקְדִּישׁוּ אֶת שְׁמֶךָ.

**אֱלֹהֵינוּ** וֵאלֹהֵי אֲבוֹתֵינוּ, רְצֵה נָא בִמְנוּחָתֵנוּ. קַדְּשֵׁנוּ בְּמִצְוֹתֶיךָ, וְתֵן חֶלְקֵנוּ בְּתוֹרָתֶךָ. שַׂבְּעֵנוּ מִטּוּבֶךָ, וְשַׂמַּח נַפְשֵׁנוּ בִּישׁוּעָתֶךָ, וְטַהֵר לִבֵּנוּ לְעָבְדְּךָ בֶּאֱמֶת. וְהַנְחִילֵנוּ יהוה אֱלֹהֵינוּ בְּאַהֲבָה וּבְרָצוֹן שַׁבַּת קָדְשֶׁךָ,[1] וְיָנְוּחוּ בָם כָּל יִשְׂרָאֵל מְקַדְּשֵׁי שְׁמֶךָ. בָּרוּךְ אַתָּה יהוה, מְקַדֵּשׁ הַשַּׁבָּת.

קדושה

יכוון רגליו ויעמידן זו אצל זו בשוה כמו בתפילת שמונה עשרה. אסור להפסיק לשום דבר בעת אמירת קדושה.

קהל ואח"כ חזן– **נַקְדִּישָׁךְ** וְנַעֲרִיצָךְ, כְּנְעַם שִׂיחַ סוֹד שַׂרְפֵי קֹדֶשׁ, הַמְּשַׁלְּשִׁים לְךָ קְדֻשָּׁה, כַּכָּתוּב עַל יַד נְבִיאֶךָ, וְקָרָא זֶה אֶל זֶה וְאָמַר:

קהל וחזן ביחד– קָדוֹשׁ קָדוֹשׁ קָדוֹשׁ יהוה צְבָאוֹת, מְלֹא כָל הָאָרֶץ כְּבוֹדוֹ.[2]

❖ לְעֻמָּתָם מְשַׁבְּחִים וְאוֹמְרִים:

קהל וחזן ביחד– בָּרוּךְ כְּבוֹד יהוה, מִמְּקוֹמוֹ.[3] ❖ וּבְדִבְרֵי קָדְשְׁךָ כָּתוּב לֵאמֹר:

קהל וחזן ביחד– יִמְלֹךְ יהוה לְעוֹלָם, אֱלֹהַיִךְ צִיּוֹן לְדֹר וָדֹר, הַלְלוּיָהּ.[4]

החזן ממשיך „אַתָּה קָדוֹשׁ . . ." [או „לְדוֹר וָדוֹר. . ."] (למעלה).

(1) נ"א שַׁבְּתוֹת קָדְשֶׁךָ (2) ישעיה ו:ג (3) יחזקאל ג:יב (4) תהלים קמו:י

עבודה

**רְצֵה** יהוה אֱלֹהֵינוּ בְּעַמְּךָ יִשְׂרָאֵל וְלִתְפִלָּתָם שְׁעֵה, וְהָשֵׁב אֶת הָעֲבוֹדָה לִדְבִיר בֵּיתֶךָ. וְאִשֵּׁי יִשְׂרָאֵל, וּתְפִלָּתָם מְהֵרָה בְּאַהֲבָה תְקַבֵּל בְּרָצוֹן, וּתְהִי לְרָצוֹן תָּמִיד עֲבוֹדַת יִשְׂרָאֵל עַמֶּךָ.

בראש חודש ובחול המועד מוסיפים „יַעֲלֶה וְיָבֹא".
[ואם שכח, עיין הלכות בסוף הסידור סע' קה-קז.]

**אֱלֹהֵינוּ** וֵאלֹהֵי אֲבוֹתֵינוּ, יַעֲלֶה, וְיָבֹא, וְיַגִּיעַ, וְיֵרָאֶה, וְיֵרָצֶה, וְיִשָּׁמַע, וְיִפָּקֵד, וְיִזָּכֵר, זִכְרוֹנֵנוּ וּפִקְדוֹנֵנוּ, וְזִכְרוֹן אֲבוֹתֵינוּ, וְזִכְרוֹן מָשִׁיחַ בֶּן דָּוִד עַבְדֶּךָ, וְזִכְרוֹן יְרוּשָׁלַיִם עִיר קָדְשֶׁךָ, וְזִכְרוֹן כָּל עַמְּךָ בֵּית יִשְׂרָאֵל לְפָנֶיךָ, לִפְלֵיטָה לְטוֹבָה, לְחֵן וּלְחֶסֶד וּלְרַחֲמִים, לְחַיִּים (טוֹבִים) וּלְשָׁלוֹם,

| בראש חודש | בחוה"מ פסח | בחוה"מ סוכות |
|---|---|---|
| בְּיוֹם רֹאשׁ הַחֹדֶשׁ | בְּיוֹם חַג הַמַּצּוֹת | בְּיוֹם חַג הַסֻּכּוֹת |

הַזֶּה. זָכְרֵנוּ יהוה אֱלֹהֵינוּ בּוֹ לְטוֹבָה, וּפָקְדֵנוּ בוֹ לִבְרָכָה, וְהוֹשִׁיעֵנוּ בוֹ לְחַיִּים טוֹבִים. וּבִדְבַר יְשׁוּעָה וְרַחֲמִים, חוּס וְחָנֵּנוּ וְרַחֵם עָלֵינוּ וְהוֹשִׁיעֵנוּ, כִּי אֵלֶיךָ עֵינֵינוּ, כִּי אֵל מֶלֶךְ חַנּוּן וְרַחוּם אָתָּה.[1]

**וְתֶחֱזֶינָה** עֵינֵינוּ בְּשׁוּבְךָ לְצִיּוֹן בְּרַחֲמִים. בָּרוּךְ אַתָּה יהוה, הַמַּחֲזִיר שְׁכִינָתוֹ לְצִיּוֹן.

הודאה

בחזרת הש"ץ אומר החזן „מוֹדִים" בקול רם (ראה או"ח סי' קכד מ"ב ס"ק מא), והקהל אומרים „מודים דרבנן" בלחש (ירושלמי ברכות פרק א). כשאומר „מוֹדִים" יכוף ראשו וגופו כאגמון, וכשזוקף יזקוף בנחת, ראשו תחלה (דה"ח).

**מוֹדִים** אֲנַחְנוּ לָךְ, שָׁאַתָּה הוּא יהוה אֱלֹהֵינוּ וֵאלֹהֵי אֲבוֹתֵינוּ לְעוֹלָם וָעֶד. צוּרֵנוּ, צוּר חַיֵּינוּ, מָגֵן יִשְׁעֵנוּ אַתָּה הוּא לְדוֹר וָדוֹר. נוֹדֶה לְּךָ וּנְסַפֵּר תְּהִלָּתֶךָ[2] עַל חַיֵּינוּ הַמְּסוּרִים בְּיָדֶךָ, וְעַל נִשְׁמוֹתֵינוּ הַפְּקוּדוֹת לָךְ, וְעַל נִסֶּיךָ שֶׁבְּכָל יוֹם עִמָּנוּ, וְעַל נִפְלְאוֹתֶיךָ וְטוֹבוֹתֶיךָ שֶׁבְּכָל עֵת, עֶרֶב וָבֹקֶר וְצָהֳרָיִם. הַטּוֹב כִּי לֹא כָלוּ רַחֲמֶיךָ, וְהַמְּרַחֵם כִּי לֹא תַמּוּ חֲסָדֶיךָ,[3] כִּי מֵעוֹלָם קִוִּינוּ לָךְ.

מודים דרבנן

**מוֹדִים** אֲנַחְנוּ לָךְ, שָׁאַתָּה הוּא יהוה אֱלֹהֵינוּ וֵאלֹהֵי אֲבוֹתֵינוּ, אֱלֹהֵי כָל בָּשָׂר, יוֹצְרֵנוּ, יוֹצֵר בְּרֵאשִׁית. בְּרָכוֹת וְהוֹדָאוֹת לְשִׁמְךָ הַגָּדוֹל וְהַקָּדוֹשׁ, עַל שֶׁהֶחֱיִיתָנוּ וְקִיַּמְתָּנוּ. כֵּן תְּחַיֵּנוּ וּתְקַיְּמֵנוּ, וְתֶאֱסוֹף גָּלֻיּוֹתֵינוּ לְחַצְרוֹת קָדְשֶׁךָ, לִשְׁמוֹר חֻקֶּיךָ וְלַעֲשׂוֹת רְצוֹנֶךָ, וּלְעָבְדְּךָ בְּלֵבָב שָׁלֵם, עַל שֶׁאֲנַחְנוּ מוֹדִים לָךְ. בָּרוּךְ אֵל הַהוֹדָאוֹת.

(1) ע"פ נחמיה ט:לא (2) ע"פ תהלים עט:יג (3) ע"פ איכה ג:כב

בשבת חנוכה מוסיפים [ואם שכח אינו חוזר; עיין הלכות בסוף הסידור סע' קח]:

**וְעַל הַנִּסִּים,** וְעַל הַפֻּרְקָן, וְעַל הַגְּבוּרוֹת, וְעַל הַתְּשׁוּעוֹת, וְעַל הַנִּפְלָאוֹת, וְעַל הַנֶּחָמוֹת, וְעַל הַמִּלְחָמוֹת, שֶׁעָשִׂיתָ לַאֲבוֹתֵינוּ בַּיָּמִים הָהֵם בַּזְּמַן הַזֶּה.

**בִּימֵי** מַתִּתְיָהוּ בֶּן יוֹחָנָן כֹּהֵן גָּדוֹל חַשְׁמוֹנָאִי וּבָנָיו, כְּשֶׁעָמְדָה מַלְכוּת יָוָן הָרְשָׁעָה עַל עַמְּךָ יִשְׂרָאֵל, לְהַשְׁכִּיחָם תּוֹרָתֶךָ, וּלְהַעֲבִירָם מֵחֻקֵּי רְצוֹנֶךָ. וְאַתָּה בְּרַחֲמֶיךָ הָרַבִּים, עָמַדְתָּ לָהֶם בְּעֵת צָרָתָם, רַבְתָּ אֶת רִיבָם, דַּנְתָּ אֶת דִּינָם, נָקַמְתָּ אֶת נִקְמָתָם.[1] מָסַרְתָּ גִבּוֹרִים בְּיַד חַלָּשִׁים, וְרַבִּים בְּיַד מְעַטִּים, וּטְמֵאִים בְּיַד טְהוֹרִים, וּרְשָׁעִים בְּיַד צַדִּיקִים, וְזֵדִים בְּיַד עוֹסְקֵי תוֹרָתֶךָ. וּלְךָ עָשִׂיתָ שֵׁם גָּדוֹל וְקָדוֹשׁ בְּעוֹלָמֶךָ, וּלְעַמְּךָ יִשְׂרָאֵל עָשִׂיתָ תְּשׁוּעָה גְדוֹלָה[2] וּפֻרְקָן כְּהַיּוֹם הַזֶּה. וְאַחַר כֵּן בָּאוּ בָנֶיךָ לִדְבִיר בֵּיתֶךָ, וּפִנּוּ אֶת הֵיכָלֶךָ, וְטִהֲרוּ אֶת מִקְדָּשֶׁךָ, וְהִדְלִיקוּ נֵרוֹת בְּחַצְרוֹת קָדְשֶׁךָ, וְקָבְעוּ שְׁמוֹנַת יְמֵי חֲנֻכָּה אֵלּוּ, לְהוֹדוֹת וּלְהַלֵּל לְשִׁמְךָ הַגָּדוֹל.

וְעַל כֻּלָּם יִתְבָּרַךְ וְיִתְרוֹמַם וְיִתְנַשֵּׂא שִׁמְךָ מַלְכֵּנוּ תָּמִיד לְעוֹלָם וָעֶד.

בשבת שובה מוסיפים [ואם שכח אינו חוזר; עיין הלכות בסוף הסידור סע' עה]:

וּכְתוֹב לְחַיִּים טוֹבִים כָּל בְּנֵי בְרִיתֶךָ.

וְכֹל הַחַיִּים יוֹדוּךָ סֶּלָה, וִיהַלְלוּ וִיבָרְכוּ אֶת שִׁמְךָ הַגָּדוֹל בֶּאֱמֶת, לְעוֹלָם כִּי טוֹב. הָאֵל יְשׁוּעָתֵנוּ וְעֶזְרָתֵנוּ סֶלָה, הָאֵל הַטּוֹב. בָּרוּךְ אַתָּה יהוה, הַטּוֹב שִׁמְךָ וּלְךָ נָאֶה לְהוֹדוֹת.

שלום

**שִׂים שָׁלוֹם,** טוֹבָה וּבְרָכָה, חַיִּים, חֵן וָחֶסֶד וְרַחֲמִים עָלֵינוּ וְעַל כָּל יִשְׂרָאֵל עַמֶּךָ. בָּרְכֵנוּ אָבִינוּ, כֻּלָּנוּ כְּאֶחָד בְּאוֹר פָּנֶיךָ, כִּי בְאוֹר פָּנֶיךָ נָתַתָּ לָּנוּ, יהוה אֱלֹהֵינוּ, תּוֹרַת חַיִּים וְאַהֲבַת חֶסֶד, וּצְדָקָה, וּבְרָכָה, וְרַחֲמִים, וְחַיִּים, וְשָׁלוֹם. וְטוֹב יִהְיֶה בְעֵינֶיךָ לְבָרְכֵנוּ וּלְבָרֵךְ אֶת כָּל עַמְּךָ יִשְׂרָאֵל בְּכָל עֵת וּבְכָל שָׁעָה בִּשְׁלוֹמֶךָ (בְּרוֹב עוֹז וְשָׁלוֹם).

בשבת שובה מוסיפים [ואם שכח אינו חוזר; ראה ההלכות שבסוף הסידור סע' עה]:

בְּסֵפֶר חַיִּים בְּרָכָה וְשָׁלוֹם, וּפַרְנָסָה טוֹבָה, וּגְזֵרוֹת טוֹבוֹת, יְשׁוּעוֹת וְנֶחָמוֹת, נִזָּכֵר וְנִכָּתֵב לְפָנֶיךָ, אֲנַחְנוּ וְכָל עַמְּךָ בֵּית יִשְׂרָאֵל, לְחַיִּים טוֹבִים וּלְשָׁלוֹם.

בָּרוּךְ אַתָּה יהוה, הַמְּבָרֵךְ אֶת עַמּוֹ יִשְׂרָאֵל בַּשָּׁלוֹם.

יִהְיוּ לְרָצוֹן אִמְרֵי פִי וְהֶגְיוֹן לִבִּי לְפָנֶיךָ, יהוה צוּרִי וְגֹאֲלִי.[3]

(1) ע"פ ירמיה נא:לו (2) ע"פ שמואל א יט:ה (3) תהלים יט:טו

**אֱלֹהַי,** נְצוֹר לְשׁוֹנִי מֵרָע, וּשְׂפָתַי מִדַּבֵּר מִרְמָה,[1] וְלִמְקַלְלַי נַפְשִׁי תִדּוֹם, וְנַפְשִׁי כֶּעָפָר לַכֹּל תִּהְיֶה. פְּתַח לִבִּי בְּתוֹרָתֶךָ, וְאַחֲרֵי מִצְוֹתֶיךָ תִּרְדּוֹף נַפְשִׁי. וְכָל הַקָּמִים וְהַחוֹשְׁבִים עָלַי לְרָעָה, מְהֵרָה הָפֵר עֲצָתָם וְקַלְקֵל מַחֲשַׁבְתָּם.[2] יְהִי רָצוֹן מִלְּפָנֶיךָ, יהוה אֱלֹהַי וֵאלֹהֵי אֲבוֹתַי, שֶׁלֹּא תַעֲלֶה קִנְאַת אָדָם עָלַי, וְלֹא קִנְאָתִי עַל אֲחֵרִים, וְשֶׁלֹּא אֶכְעֹס הַיּוֹם, וְשֶׁלֹּא אַכְעִיסֶךָ, וְתַצִּילֵנִי מִיֵּצֶר הָרָע, וְתֵן בְּלִבִּי הַכְנָעָה וַעֲנָוָה. מַלְכֵּנוּ וֵאלֹהֵינוּ, יַחֵד שִׁמְךָ בְּעוֹלָמֶךָ, בְּנֵה עִירָךְ, יַסֵּד בֵּיתֶךָ, וְשַׁכְלֵל הֵיכָלֶךָ, וְקַבֵּץ קִבּוּץ גָּלֻיּוֹת, וּפְדֵה צֹאנֶךָ, וְשַׂמַּח עֲדָתֶךָ. עֲשֵׂה לְמַעַן שְׁמֶךָ, עֲשֵׂה לְמַעַן יְמִינֶךָ, עֲשֵׂה לְמַעַן תּוֹרָתֶךָ, עֲשֵׂה לְמַעַן קְדֻשָּׁתֶךָ. לְמַעַן יֵחָלְצוּן יְדִידֶיךָ, הוֹשִׁיעָה יְמִינְךָ וַעֲנֵנִי.[3] (כתב בס' אליה רבה שטוב לומר כאן פסוק ששייך אל שמו; ראה עמ' 443.) יִהְיוּ לְרָצוֹן אִמְרֵי פִי וְהֶגְיוֹן לִבִּי לְפָנֶיךָ, יהוה צוּרִי וְגוֹאֲלִי.[4] עֹשֶׂה שָׁלוֹם° (°יש אומרים בשבת שובה–הַשָּׁלוֹם) בִּמְרוֹמָיו, הוּא יַעֲשֶׂה שָׁלוֹם עָלֵינוּ, וְעַל כָּל יִשְׂרָאֵל. וְאִמְרוּ: אָמֵן.

**יְהִי רָצוֹן** מִלְּפָנֶיךָ, יהוה אֱלֹהֵינוּ וֵאלֹהֵי אֲבוֹתֵינוּ, שֶׁיִּבָּנֶה בֵּית הַמִּקְדָּשׁ בִּמְהֵרָה בְיָמֵינוּ, וְתֵן חֶלְקֵנוּ בְּתוֹרָתֶךָ. וְשָׁם נַעֲבָדְךָ בְּיִרְאָה, כִּימֵי עוֹלָם וּכְשָׁנִים קַדְמוֹנִיּוֹת. וְעָרְבָה לַיהוה מִנְחַת יְהוּדָה וִירוּשָׁלָיִם, כִּימֵי עוֹלָם וּכְשָׁנִים קַדְמוֹנִיּוֹת.[5]

היחיד עומד במקום שכלו ג' הפסיעות עד שיגיע החזן לקדושה או לפחות עד שמתחיל חזרת הש"ץ, ואז פוסע ג' פסיעות לפניו וחוזר למקומו. החזן או מי שמתפלל ביחידות, יעמוד במקום שכלו הפסיעות כדי הילוך ד' אמות.

**צִדְקָתְךָ** כְּהַרְרֵי אֵל, מִשְׁפָּטֶיךָ תְּהוֹם רַבָּה, אָדָם וּבְהֵמָה תוֹשִׁיעַ, יהוה.[6] וְצִדְקָתְךָ אֱלֹהִים עַד מָרוֹם אֲשֶׁר עָשִׂיתָ גְדֹלוֹת, אֱלֹהִים מִי כָמוֹךָ.[7] צִדְקָתְךָ צֶדֶק לְעוֹלָם, וְתוֹרָתְךָ אֱמֶת.[8]

(1) ע"פ תהלים לד:יד (2) ע"פ תפלת מר בריה דרבינא, ברכות יז. (3) תהלים ס:ז; קח:ז (4) יט:טו (5) מלאכי ג:ד (6) תהלים לו:ז (7) עא:יט (8) קיט:קמב

**ימים שאין אומרים בהם צדקתך**

כל תפלת מנחה שאם היתה בחול לא היו אומרים בה תחנון, אין אומרים בה צדקתך.

על כן אין אומרים צדקתך כשיש חתן תוך שבעת ימי המשתה בבית הכנסת (אם הוא אלמן שנשא אלמנה וכדומה, יש לו דין חתן רק ג' ימים).

וכן אין אומרים אותו בשבת שחל ביום טוב או חול המועד, ראש חודש, כל חודש ניסן, (בקצת קהילות בט"ו אייר), מר"ח סיון עד אחר אסרו חג שבועות (וברוב קהילות עד אחר י"ב סיון), תשעה באב, ט"ו באב, מיום כפור עד אחר אסרו חג סוכות (וברוב קהילות עד ר"ח חשון), חנוכה, ט"ו בשבט, שושן פורים, ובשנת העבור גם ט"ו אדר ראשון.

גם במנחה שלפני יום שאין אומרים בו תחנון אין אומרים צדקתך, כי בחול אין אומרים תחנון במנחה שלפניהם. אכן בשבת שלפני ערב ר"ה או שלפני ערב יו"כ אומרים צדקתך, כי כשחל בחול אומרים בו תחנון.

קדיש שלם

**יִתְגַּדַּל** וְיִתְקַדַּשׁ שְׁמֵהּ רַבָּא. בְּעָלְמָא דִּי בְרָא כִרְעוּתֵהּ. וְיַמְלִיךְ מַלְכוּתֵהּ, וְיַצְמַח פֻּרְקָנֵהּ וִיקָרֵב מְשִׁיחֵהּ. בְּחַיֵּיכוֹן וּבְיוֹמֵיכוֹן וּבְחַיֵּי דְכָל בֵּית יִשְׂרָאֵל, בַּעֲגָלָא וּבִזְמַן קָרִיב. וְאִמְרוּ: אָמֵן.

קהל וחזן – **יְהֵא שְׁמֵהּ רַבָּא מְבָרַךְ לְעָלַם וּלְעָלְמֵי עָלְמַיָּא. יִתְבָּרַךְ** וְיִשְׁתַּבַּח וְיִתְפָּאַר וְיִתְרוֹמַם וְיִתְנַשֵּׂא וְיִתְהַדָּר וְיִתְעַלֶּה וְיִתְהַלָּל שְׁמֵהּ דְּקֻדְשָׁא בְּרִיךְ הוּא – °לְעֵלָּא מִן כָּל (°בשבת שובה – לְעֵלָּא [וּ]לְעֵלָּא מִכָּל) בִּרְכָתָא וְשִׁירָתָא תֻּשְׁבְּחָתָא וְנֶחֱמָתָא דַּאֲמִירָן בְּעָלְמָא. וְאִמְרוּ: אָמֵן.

(קהל – קַבֵּל בְּרַחֲמִים וּבְרָצוֹן אֶת תְּפִלָּתֵנוּ.)

תִּתְקַבֵּל צְלוֹתְהוֹן וּבָעוּתְהוֹן דְּכָל בֵּית יִשְׂרָאֵל קֳדָם אֲבוּהוֹן דִּי בִשְׁמַיָּא. וְאִמְרוּ: אָמֵן.

(קהל – יְהִי שֵׁם יהוה מְבֹרָךְ מֵעַתָּה וְעַד עוֹלָם.[1])

יְהֵא שְׁלָמָא רַבָּא מִן שְׁמַיָּא, וְחַיִּים טוֹבִים עָלֵינוּ וְעַל כָּל יִשְׂרָאֵל. וְאִמְרוּ: אָמֵן.

(קהל – עֶזְרִי מֵעִם יהוה, עֹשֵׂה שָׁמַיִם וָאָרֶץ.[2])

עֹשֶׂה °שָׁלוֹם (°יש אומרים בשבת שובה – הַשָּׁלוֹם) בִּמְרוֹמָיו, הוּא יַעֲשֶׂה שָׁלוֹם עָלֵינוּ, וְעַל כָּל יִשְׂרָאֵל. וְאִמְרוּ: אָמֵן.

**עָלֵינוּ** לְשַׁבֵּחַ לַאֲדוֹן הַכֹּל, לָתֵת גְּדֻלָּה לְיוֹצֵר בְּרֵאשִׁית, שֶׁלֹּא עָשָׂנוּ כְּגוֹיֵי הָאֲרָצוֹת, וְלֹא שָׂמָנוּ כְּמִשְׁפְּחוֹת הָאֲדָמָה. שֶׁלֹּא שָׂם חֶלְקֵנוּ כָּהֶם, וְגוֹרָלֵנוּ כְּכָל הֲמוֹנָם. (שֶׁהֵם מִשְׁתַּחֲוִים לְהֶבֶל וָרִיק, וּמִתְפַּלְּלִים אֶל אֵל לֹא יוֹשִׁיעַ.[3]) וַאֲנַחְנוּ כּוֹרְעִים וּמִשְׁתַּחֲוִים וּמוֹדִים, לִפְנֵי מֶלֶךְ מַלְכֵי הַמְּלָכִים הַקָּדוֹשׁ בָּרוּךְ הוּא. שֶׁהוּא נוֹטֶה שָׁמַיִם וְיֹסֵד אָרֶץ,[4] וּמוֹשַׁב יְקָרוֹ בַּשָּׁמַיִם מִמַּעַל, וּשְׁכִינַת עֻזּוֹ בְּגָבְהֵי מְרוֹמִים. הוּא אֱלֹהֵינוּ, אֵין עוֹד. אֱמֶת מַלְכֵּנוּ, אֶפֶס זוּלָתוֹ, כַּכָּתוּב בְּתוֹרָתוֹ: וְיָדַעְתָּ הַיּוֹם וַהֲשֵׁבֹתָ אֶל לְבָבֶךָ, כִּי יהוה הוּא הָאֱלֹהִים בַּשָּׁמַיִם מִמַּעַל וְעַל הָאָרֶץ מִתָּחַת, אֵין עוֹד.[5]

**וְעַל כֵּן** נְקַוֶּה לְּךָ, יהוה אֱלֹהֵינוּ, לִרְאוֹת מְהֵרָה בְּתִפְאֶרֶת עֻזֶּךָ, לְהַעֲבִיר גִּלּוּלִים מִן הָאָרֶץ, וְהָאֱלִילִים כָּרוֹת יִכָּרֵתוּן, לְתַקֵּן עוֹלָם בְּמַלְכוּת שַׁדַּי. וְכָל בְּנֵי בָשָׂר יִקְרְאוּ בִשְׁמֶךָ, לְהַפְנוֹת אֵלֶיךָ כָּל רִשְׁעֵי אָרֶץ. יַכִּירוּ וְיֵדְעוּ כָּל יוֹשְׁבֵי תֵבֵל, כִּי לְךָ תִּכְרַע כָּל בֶּרֶךְ, תִּשָּׁבַע כָּל לָשׁוֹן.[6] לְפָנֶיךָ יהוה אֱלֹהֵינוּ יִכְרְעוּ וְיִפֹּלוּ, וְלִכְבוֹד שִׁמְךָ יְקָר יִתֵּנוּ. וִיקַבְּלוּ כֻלָּם אֶת עוֹל מַלְכוּתֶךָ,

(1) תהלים קיג:ב (2) קכא:ב (3) ישעיה מה:כ (4) נא:יג (5) דברים ד:לט (6) ע״פ ישעיה מה:כג

וְתִמְלֹךְ עֲלֵיהֶם מְהֵרָה לְעוֹלָם וָעֶד. כִּי הַמַּלְכוּת שֶׁלְּךָ הִיא
וּלְעוֹלְמֵי עַד תִּמְלוֹךְ בְּכָבוֹד, כַּכָּתוּב בְּתוֹרָתֶךָ: יהוה יִמְלֹךְ לְעֹלָם
וָעֶד.¹ ❖ וְנֶאֱמַר: וְהָיָה יהוה לְמֶלֶךְ עַל כָּל הָאָרֶץ, בַּיּוֹם הַהוּא יִהְיֶה
יהוה אֶחָד וּשְׁמוֹ אֶחָד.²

**אַל תִּירָא** מִפַּחַד פִּתְאֹם, וּמִשֹּׁאַת רְשָׁעִים כִּי תָבֹא.³ עֻצוּ עֵצָה וְתֻפָר,
דַּבְּרוּ דָבָר וְלֹא יָקוּם, כִּי עִמָּנוּ אֵל.⁴ וְעַד זִקְנָה אֲנִי הוּא,
וְעַד שֵׂיבָה אֲנִי אֶסְבֹּל, אֲנִי עָשִׂיתִי וַאֲנִי אֶשָּׂא, וַאֲנִי אֶסְבֹּל וַאֲמַלֵּט.⁵

קדיש יתום

**יִתְגַּדַּל** וְיִתְקַדַּשׁ שְׁמֵהּ רַבָּא. בְּעָלְמָא דִּי בְרָא כִרְעוּתֵהּ. וְיַמְלִיךְ
מַלְכוּתֵהּ, וְיַצְמַח פֻּרְקָנֵהּ וִיקָרֵב מְשִׁיחֵהּ. בְּחַיֵּיכוֹן וּבְיוֹמֵיכוֹן
וּבְחַיֵּי דְכָל בֵּית יִשְׂרָאֵל, בַּעֲגָלָא וּבִזְמַן קָרִיב. וְאִמְרוּ: אָמֵן.
קהל וחזן — **יְהֵא שְׁמֵהּ רַבָּא מְבָרַךְ לְעָלַם וּלְעָלְמֵי עָלְמַיָּא. יִתְבָּרַךְ** וְיִשְׁתַּבַּח
וְיִתְפָּאַר וְיִתְרוֹמַם וְיִתְנַשֵּׂא וְיִתְהַדָּר וְיִתְעַלֶּה וְיִתְהַלָּל שְׁמֵהּ דְּקֻדְשָׁא בְּרִיךְ
הוּא — °לְעֵלָּא מִן כָּל (°בשבת שובה – לְעֵלָּא [וּ]לְעֵלָּא מִכָּל) בִּרְכָתָא
וְשִׁירָתָא תֻּשְׁבְּחָתָא וְנֶחֱמָתָא דַּאֲמִירָן בְּעָלְמָא. וְאִמְרוּ: אָמֵן.
יְהֵא שְׁלָמָא רַבָּא מִן שְׁמַיָּא, וְחַיִּים טוֹבִים עָלֵינוּ וְעַל כָּל יִשְׂרָאֵל.
וְאִמְרוּ: אָמֵן.
עֹשֶׂה °שָׁלוֹם (°יש אומרים בשבת שובה – הַשָּׁלוֹם) בִּמְרוֹמָיו, הוּא יַעֲשֶׂה שָׁלוֹם
עָלֵינוּ, וְעַל כָּל יִשְׂרָאֵל. וְאִמְרוּ: אָמֵן.

---

מר"ח אלול עד שמיני עצרת אומרים "לְדָוִד" (תהלים כז) כאן.

**לְדָוִד;** יהוה אוֹרִי וְיִשְׁעִי, מִמִּי אִירָא; יהוה מָעוֹז חַיַּי, מִמִּי אֶפְחָד.
בִּקְרֹב עָלַי מְרֵעִים לֶאֱכֹל אֶת בְּשָׂרִי, צָרַי וְאֹיְבַי לִי, הֵמָּה
כָשְׁלוּ וְנָפָלוּ. אִם תַּחֲנֶה עָלַי מַחֲנֶה, לֹא יִירָא לִבִּי; אִם תָּקוּם עָלַי
מִלְחָמָה, בְּזֹאת אֲנִי בוֹטֵחַ. אַחַת שָׁאַלְתִּי מֵאֵת יהוה, אוֹתָהּ אֲבַקֵּשׁ:
שִׁבְתִּי בְּבֵית יהוה כָּל יְמֵי חַיַּי, לַחֲזוֹת בְּנֹעַם יהוה, וּלְבַקֵּר בְּהֵיכָלוֹ. כִּי
יִצְפְּנֵנִי בְּסֻכֹּה בְּיוֹם רָעָה, יַסְתִּירֵנִי בְּסֵתֶר אָהֳלוֹ, בְּצוּר יְרוֹמְמֵנִי. וְעַתָּה
יָרוּם רֹאשִׁי עַל אֹיְבַי סְבִיבוֹתַי, וְאֶזְבְּחָה בְאָהֳלוֹ זִבְחֵי תְרוּעָה, אָשִׁירָה
וַאֲזַמְּרָה לַיהוה. שְׁמַע יהוה קוֹלִי אֶקְרָא, וְחָנֵּנִי וַעֲנֵנִי. לְךָ אָמַר לִבִּי
בַּקְּשׁוּ פָנָי, אֶת פָּנֶיךָ יהוה אֲבַקֵּשׁ. אַל תַּסְתֵּר פָּנֶיךָ מִמֶּנִּי, אַל תַּט בְּאַף
עַבְדֶּךָ; עֶזְרָתִי הָיִיתָ, אַל תִּטְּשֵׁנִי וְאַל תַּעַזְבֵנִי, אֱלֹהֵי יִשְׁעִי. כִּי אָבִי וְאִמִּי
עֲזָבוּנִי, וַיהוה יַאַסְפֵנִי. הוֹרֵנִי יהוה דַּרְכֶּךָ, וּנְחֵנִי בְּאֹרַח מִישׁוֹר, לְמַעַן
שׁוֹרְרָי. אַל תִּתְּנֵנִי בְּנֶפֶשׁ צָרָי, כִּי קָמוּ בִי עֵדֵי שֶׁקֶר, וִיפֵחַ חָמָס. ❖ לוּלֵא
הֶאֱמַנְתִּי לִרְאוֹת בְּטוּב יהוה בְּאֶרֶץ חַיִּים. קַוֵּה אֶל יהוה, חֲזַק וְיַאֲמֵץ
לִבֶּךָ, וְקַוֵּה אֶל יהוה.
קדיש יתום

---

(1) שמות טו:יח (2) זכריה יד:ט (3) משלי ג:כה (4) ישעיה ח:י (5) מו:ד

## ברכי נפשי

אומרים המזמורים הללו אחר מנחה בכל שבת משבת בראשית עד שבת הגדול ולא עד בכלל (או"ח סי' רצב ס"ב).

תהלים קד

**בָּרְכִי נַפְשִׁי** אֶת יהוה, יהוה אֱלֹהַי גָּדַלְתָּ מְּאֹד, הוֹד וְהָדָר לָבָשְׁתָּ. עֹטֶה אוֹר כַּשַּׂלְמָה, נוֹטֶה שָׁמַיִם כַּיְרִיעָה. הַמְּקָרֶה בַמַּיִם עֲלִיּוֹתָיו, הַשָּׂם עָבִים רְכוּבוֹ, הַמְּהַלֵּךְ עַל כַּנְפֵי רוּחַ. עֹשֶׂה מַלְאָכָיו רוּחוֹת, מְשָׁרְתָיו אֵשׁ לֹהֵט. יָסַד אֶרֶץ עַל מְכוֹנֶיהָ, בַּל תִּמּוֹט עוֹלָם וָעֶד. תְּהוֹם כַּלְּבוּשׁ כִּסִּיתוֹ, עַל הָרִים יַעַמְדוּ מָיִם. מִן גַּעֲרָתְךָ יְנוּסוּן, מִן קוֹל רַעַמְךָ יֵחָפֵזוּן. יַעֲלוּ הָרִים, יֵרְדוּ בְקָעוֹת, אֶל מְקוֹם זֶה יָסַדְתָּ לָהֶם. גְּבוּל שַׂמְתָּ בַּל יַעֲבֹרוּן, בַּל יְשׁוּבוּן לְכַסּוֹת הָאָרֶץ. הַמְּשַׁלֵּחַ מַעְיָנִים בַּנְּחָלִים, בֵּין הָרִים יְהַלֵּכוּן. יַשְׁקוּ כָּל חַיְתוֹ שָׂדָי, יִשְׁבְּרוּ פְרָאִים צְמָאָם. עֲלֵיהֶם עוֹף הַשָּׁמַיִם יִשְׁכּוֹן, מִבֵּין עֳפָאיִם יִתְּנוּ קוֹל. מַשְׁקֶה הָרִים מֵעֲלִיּוֹתָיו, מִפְּרִי מַעֲשֶׂיךָ תִּשְׂבַּע הָאָרֶץ. מַצְמִיחַ חָצִיר לַבְּהֵמָה, וְעֵשֶׂב לַעֲבֹדַת הָאָדָם, לְהוֹצִיא לֶחֶם מִן הָאָרֶץ. וְיַיִן יְשַׂמַּח לְבַב אֱנוֹשׁ, לְהַצְהִיל פָּנִים מִשָּׁמֶן, וְלֶחֶם לְבַב אֱנוֹשׁ יִסְעָד. יִשְׂבְּעוּ עֲצֵי יהוה, אַרְזֵי לְבָנוֹן אֲשֶׁר נָטָע. אֲשֶׁר שָׁם צִפֳּרִים יְקַנֵּנוּ, חֲסִידָה בְּרוֹשִׁים בֵּיתָהּ. הָרִים הַגְּבֹהִים לַיְּעֵלִים, סְלָעִים מַחְסֶה לַשְׁפַנִּים. עָשָׂה יָרֵחַ לְמוֹעֲדִים, שֶׁמֶשׁ יָדַע מְבוֹאוֹ. תָּשֶׁת חֹשֶׁךְ וִיהִי לָיְלָה, בּוֹ תִרְמֹשׂ כָּל חַיְתוֹ יָעַר. הַכְּפִירִים שֹׁאֲגִים לַטָּרֶף, וּלְבַקֵּשׁ מֵאֵל אָכְלָם. תִּזְרַח הַשֶּׁמֶשׁ יֵאָסֵפוּן, וְאֶל מְעוֹנֹתָם יִרְבָּצוּן. יֵצֵא אָדָם לְפָעֳלוֹ, וְלַעֲבֹדָתוֹ עֲדֵי עָרֶב. מָה רַבּוּ מַעֲשֶׂיךָ יהוה, כֻּלָּם בְּחָכְמָה עָשִׂיתָ, מָלְאָה הָאָרֶץ קִנְיָנֶךָ. זֶה הַיָּם, גָּדוֹל וּרְחַב יָדָיִם, שָׁם רֶמֶשׂ וְאֵין מִסְפָּר, חַיּוֹת קְטַנּוֹת עִם גְּדֹלוֹת. שָׁם אֳנִיּוֹת יְהַלֵּכוּן, לִוְיָתָן זֶה יָצַרְתָּ לְשַׂחֶק בּוֹ. כֻּלָּם אֵלֶיךָ יְשַׂבֵּרוּן, לָתֵת אָכְלָם בְּעִתּוֹ. תִּתֵּן לָהֶם, יִלְקֹטוּן, תִּפְתַּח יָדְךָ, יִשְׂבְּעוּן טוֹב. תַּסְתִּיר פָּנֶיךָ יִבָּהֵלוּן, תֹּסֵף רוּחָם יִגְוָעוּן, וְאֶל עֲפָרָם יְשׁוּבוּן. תְּשַׁלַּח רוּחֲךָ יִבָּרֵאוּן, וּתְחַדֵּשׁ פְּנֵי אֲדָמָה. יְהִי כְבוֹד יהוה לְעוֹלָם, יִשְׂמַח יהוה בְּמַעֲשָׂיו. הַמַּבִּיט לָאָרֶץ וַתִּרְעָד, יִגַּע בֶּהָרִים וְיֶעֱשָׁנוּ. אָשִׁירָה לַיהוה בְּחַיָּי, אֲזַמְּרָה לֵאלֹהַי בְּעוֹדִי. יֶעֱרַב עָלָיו שִׂיחִי, אָנֹכִי אֶשְׂמַח בַּיהוה. יִתַּמּוּ חַטָּאִים מִן הָאָרֶץ, וּרְשָׁעִים עוֹד אֵינָם, בָּרְכִי נַפְשִׁי אֶת יהוה, הַלְלוּיָהּ.

תהלים קכ

**שִׁיר הַמַּעֲלוֹת,** אֶל יהוה בַּצָּרָתָה לִּי קָרָאתִי וַיַּעֲנֵנִי. יהוה, הַצִּילָה נַפְשִׁי מִשְּׂפַת שֶׁקֶר, מִלָּשׁוֹן רְמִיָּה. מַה יִּתֵּן לְךָ, וּמַה יֹּסִיף לָךְ, לָשׁוֹן רְמִיָּה. חִצֵּי גִבּוֹר שְׁנוּנִים, עִם גַּחֲלֵי רְתָמִים. אוֹיָה לִי כִּי גַרְתִּי מֶשֶׁךְ, שָׁכַנְתִּי עִם אָהֳלֵי קֵדָר. רַבַּת שָׁכְנָה לָּהּ נַפְשִׁי, עִם שׂוֹנֵא שָׁלוֹם. אֲנִי שָׁלוֹם, וְכִי אֲדַבֵּר, הֵמָּה לַמִּלְחָמָה.

תהלים קכא

**שִׁיר לַמַּעֲלוֹת,** אֶשָּׂא עֵינַי אֶל הֶהָרִים, מֵאַיִן יָבֹא עֶזְרִי. עֶזְרִי מֵעִם יהוה, עֹשֵׂה שָׁמַיִם וָאָרֶץ. אַל יִתֵּן לַמּוֹט רַגְלֶךָ, אַל יָנוּם שֹׁמְרֶךָ. הִנֵּה לֹא יָנוּם וְלֹא יִישָׁן, שׁוֹמֵר יִשְׂרָאֵל. יהוה שֹׁמְרֶךָ, יהוה צִלְּךָ עַל יַד יְמִינֶךָ. יוֹמָם הַשֶּׁמֶשׁ לֹא יַכֶּכָּה וְיָרֵחַ בַּלָּיְלָה. יהוה יִשְׁמָרְךָ מִכָּל רָע, יִשְׁמֹר אֶת נַפְשֶׁךָ. יהוה יִשְׁמָר צֵאתְךָ וּבוֹאֶךָ, מֵעַתָּה וְעַד עוֹלָם.

תהלים קכב

**שִׁיר הַמַּעֲלוֹת** לְדָוִד, שָׂמַחְתִּי בְּאֹמְרִים לִי, בֵּית יהוה נֵלֵךְ. עֹמְדוֹת הָיוּ רַגְלֵינוּ, בִּשְׁעָרַיִךְ יְרוּשָׁלָיִם. יְרוּשָׁלַיִם הַבְּנוּיָה, כְּעִיר שֶׁחֻבְּרָה לָּהּ יַחְדָּו. שֶׁשָּׁם עָלוּ שְׁבָטִים, שִׁבְטֵי יָהּ עֵדוּת לְיִשְׂרָאֵל, לְהוֹדוֹת לְשֵׁם יהוה. כִּי שָׁמָּה יָשְׁבוּ כִסְאוֹת לְמִשְׁפָּט, כִּסְאוֹת לְבֵית דָּוִד. שַׁאֲלוּ שְׁלוֹם יְרוּשָׁלָיִם, יִשְׁלָיוּ אֹהֲבָיִךְ. יְהִי שָׁלוֹם בְּחֵילֵךְ, שַׁלְוָה בְּאַרְמְנוֹתָיִךְ. לְמַעַן אַחַי וְרֵעָי, אֲדַבְּרָה נָּא שָׁלוֹם בָּךְ. לְמַעַן בֵּית יהוה אֱלֹהֵינוּ, אֲבַקְשָׁה טוֹב לָךְ.

תהלים קכג

**שִׁיר הַמַּעֲלוֹת,** אֵלֶיךָ נָשָׂאתִי אֶת עֵינַי, הַיֹּשְׁבִי בַּשָּׁמָיִם. הִנֵּה כְעֵינֵי עֲבָדִים אֶל יַד אֲדוֹנֵיהֶם, כְּעֵינֵי שִׁפְחָה אֶל יַד גְּבִרְתָּהּ, כֵּן עֵינֵינוּ אֶל יהוה אֱלֹהֵינוּ, עַד שֶׁיְּחָנֵּנוּ. חָנֵּנוּ יהוה חָנֵּנוּ, כִּי רַב שָׂבַעְנוּ בוּז. רַבַּת שָׂבְעָה לָּהּ נַפְשֵׁנוּ הַלַּעַג הַשַּׁאֲנַנִּים, הַבּוּז לִגְאֵי יוֹנִים.

תהלים קכד

**שִׁיר הַמַּעֲלוֹת** לְדָוִד, לוּלֵי יהוה שֶׁהָיָה לָנוּ, יֹאמַר נָא יִשְׂרָאֵל. לוּלֵי יהוה שֶׁהָיָה לָנוּ, בְּקוּם עָלֵינוּ אָדָם. אֲזַי חַיִּים בְּלָעוּנוּ, בַּחֲרוֹת אַפָּם בָּנוּ. אֲזַי הַמַּיִם שְׁטָפוּנוּ, נַחְלָה עָבַר עַל נַפְשֵׁנוּ. אֲזַי עָבַר עַל נַפְשֵׁנוּ, הַמַּיִם הַזֵּידוֹנִים. בָּרוּךְ יהוה, שֶׁלֹּא נְתָנָנוּ טֶרֶף לְשִׁנֵּיהֶם. נַפְשֵׁנוּ כְּצִפּוֹר נִמְלְטָה מִפַּח יוֹקְשִׁים, הַפַּח נִשְׁבָּר וַאֲנַחְנוּ נִמְלָטְנוּ. עֶזְרֵנוּ בְּשֵׁם יהוה, עֹשֵׂה שָׁמַיִם וָאָרֶץ.

תהלים קכה

**שִׁיר הַמַּעֲלוֹת,** הַבֹּטְחִים בַּיהוה, כְּהַר צִיּוֹן לֹא יִמּוֹט לְעוֹלָם יֵשֵׁב. יְרוּשָׁלַיִם הָרִים סָבִיב לָהּ, וַיהוה סָבִיב לְעַמּוֹ, מֵעַתָּה וְעַד עוֹלָם. כִּי לֹא יָנוּחַ שֵׁבֶט הָרֶשַׁע עַל גּוֹרַל הַצַּדִּיקִים, לְמַעַן לֹא יִשְׁלְחוּ הַצַּדִּיקִים בְּעַוְלָתָה יְדֵיהֶם. הֵיטִיבָה יהוה לַטּוֹבִים, וְלִישָׁרִים בְּלִבּוֹתָם. וְהַמַּטִּים עֲקַלְקַלּוֹתָם, יוֹלִיכֵם יהוה אֶת פֹּעֲלֵי הָאָוֶן, שָׁלוֹם עַל יִשְׂרָאֵל.

תהלים קכו

**שִׁיר הַמַּעֲלוֹת,** בְּשׁוּב יהוה אֶת שִׁיבַת צִיּוֹן הָיִינוּ כְּחֹלְמִים. אָז יִמָּלֵא שְׂחוֹק פִּינוּ, וּלְשׁוֹנֵנוּ רִנָּה, אָז יֹאמְרוּ בַגּוֹיִם, הִגְדִּיל יהוה לַעֲשׂוֹת עִם אֵלֶּה. הִגְדִּיל יהוה לַעֲשׂוֹת עִמָּנוּ, הָיִינוּ שְׂמֵחִים. שׁוּבָה יהוה אֶת שְׁבִיתֵנוּ, כַּאֲפִיקִים בַּנֶּגֶב. הַזֹּרְעִים בְּדִמְעָה, בְּרִנָּה יִקְצֹרוּ. הָלוֹךְ יֵלֵךְ וּבָכֹה נֹשֵׂא מֶשֶׁךְ הַזָּרַע, בֹּא יָבֹא בְרִנָּה נֹשֵׂא אֲלֻמֹּתָיו.

תהלים קכז

**שִׁיר הַמַּעֲלוֹת** לִשְׁלֹמֹה, אִם יהוה לֹא יִבְנֶה בַיִת, שָׁוְא עָמְלוּ בוֹנָיו בּוֹ, אִם יהוה לֹא יִשְׁמָר עִיר, שָׁוְא שָׁקַד שׁוֹמֵר. שָׁוְא לָכֶם מַשְׁכִּימֵי קוּם, מְאַחֲרֵי שֶׁבֶת, אֹכְלֵי לֶחֶם הָעֲצָבִים, כֵּן יִתֵּן לִידִידוֹ שֵׁנָא. הִנֵּה נַחֲלַת יהוה בָּנִים, שָׂכָר פְּרִי הַבָּטֶן. כְּחִצִּים בְּיַד גִּבּוֹר כֵּן בְּנֵי הַנְּעוּרִים. אַשְׁרֵי הַגֶּבֶר אֲשֶׁר מִלֵּא אֶת אַשְׁפָּתוֹ מֵהֶם, לֹא יֵבֹשׁוּ, כִּי יְדַבְּרוּ אֶת אוֹיְבִים בַּשָּׁעַר.

תהלים קכח

**שִׁיר הַמַּעֲלוֹת,** אַשְׁרֵי כָּל יְרֵא יהוה, הַהֹלֵךְ בִּדְרָכָיו. יְגִיעַ כַּפֶּיךָ כִּי תֹאכֵל, אַשְׁרֶיךָ וְטוֹב לָךְ. אֶשְׁתְּךָ כְּגֶפֶן פֹּרִיָּה בְּיַרְכְּתֵי בֵיתֶךָ, בָּנֶיךָ כִּשְׁתִלֵי זֵיתִים, סָבִיב לְשֻׁלְחָנֶךָ. הִנֵּה כִי כֵן יְבֹרַךְ גָּבֶר יְרֵא יהוה. יְבָרֶכְךָ יהוה מִצִּיּוֹן, וּרְאֵה בְּטוּב יְרוּשָׁלָיִם, כֹּל יְמֵי חַיֶּיךָ. וּרְאֵה בָנִים לְבָנֶיךָ, שָׁלוֹם עַל יִשְׂרָאֵל.

תהלים קכט

**שִׁיר הַמַּעֲלוֹת,** רַבַּת צְרָרוּנִי מִנְּעוּרָי, יֹאמַר נָא יִשְׂרָאֵל. רַבַּת צְרָרוּנִי מִנְּעוּרָי, גַּם לֹא יָכְלוּ לִי. עַל גַּבִּי חָרְשׁוּ חֹרְשִׁים, הֶאֱרִיכוּ לְמַעֲנִיתָם. יהוה צַדִּיק, קִצֵּץ עֲבוֹת רְשָׁעִים. יֵבֹשׁוּ וְיִסֹּגוּ אָחוֹר כֹּל שֹׂנְאֵי צִיּוֹן. יִהְיוּ כַּחֲצִיר גַּגּוֹת, שֶׁקַּדְמַת שָׁלַף יָבֵשׁ. שֶׁלֹּא מִלֵּא כַפּוֹ קוֹצֵר, וְחִצְנוֹ מְעַמֵּר. וְלֹא אָמְרוּ הָעֹבְרִים, בִּרְכַּת יהוה אֲלֵיכֶם, בֵּרַכְנוּ אֶתְכֶם בְּשֵׁם יהוה.

תהלים קל

**שִׁיר הַמַּעֲלוֹת,** מִמַּעֲמַקִּים קְרָאתִיךָ, יהוה. אֲדֹנָי שִׁמְעָה בְקוֹלִי, תִּהְיֶינָה אָזְנֶיךָ קַשֻּׁבוֹת לְקוֹל תַּחֲנוּנָי. אִם עֲוֹנוֹת תִּשְׁמָר יָהּ, אֲדֹנָי מִי יַעֲמֹד. כִּי עִמְּךָ הַסְּלִיחָה, לְמַעַן תִּוָּרֵא. קִוִּיתִי יהוה קִוְּתָה נַפְשִׁי, וְלִדְבָרוֹ הוֹחָלְתִּי. נַפְשִׁי לַאדֹנָי, מִשֹּׁמְרִים לַבֹּקֶר, שֹׁמְרִים לַבֹּקֶר. יַחֵל יִשְׂרָאֵל אֶל יהוה, כִּי עִם יהוה הַחֶסֶד, וְהַרְבֵּה עִמּוֹ פְדוּת. וְהוּא יִפְדֶּה אֶת יִשְׂרָאֵל, מִכֹּל עֲוֹנוֹתָיו.

תהלים קלא

**שִׁיר הַמַּעֲלוֹת** לְדָוִד, יהוה, לֹא גָבַהּ לִבִּי, וְלֹא רָמוּ עֵינַי, וְלֹא הִלַּכְתִּי בִּגְדֹלוֹת וּבְנִפְלָאוֹת מִמֶּנִּי. אִם לֹא שִׁוִּיתִי וְדוֹמַמְתִּי נַפְשִׁי, כְּגָמֻל עֲלֵי אִמּוֹ, כַּגָּמֻל עָלַי נַפְשִׁי. יַחֵל יִשְׂרָאֵל אֶל יהוה, מֵעַתָּה וְעַד עוֹלָם.

תהלים קלב

**שִׁיר הַמַּעֲלוֹת,** זְכוֹר יהוה לְדָוִד, אֵת כָּל עֻנּוֹתוֹ. אֲשֶׁר נִשְׁבַּע לַיהוה, נָדַר לַאֲבִיר יַעֲקֹב. אִם אָבֹא בְּאֹהֶל בֵּיתִי, אִם אֶעֱלֶה עַל עֶרֶשׂ יְצוּעָי. אִם אֶתֵּן שְׁנָת לְעֵינָי, לְעַפְעַפַּי תְּנוּמָה. עַד אֶמְצָא מָקוֹם לַיהוה, מִשְׁכָּנוֹת לַאֲבִיר יַעֲקֹב. הִנֵּה שְׁמַעֲנוּהָ בְאֶפְרָתָה, מְצָאנוּהָ בִּשְׂדֵי יָעַר. נָבוֹאָה לְמִשְׁכְּנוֹתָיו, נִשְׁתַּחֲוֶה לַהֲדֹם רַגְלָיו. קוּמָה יהוה לִמְנוּחָתֶךָ,

אַתָּה וַאֲרוֹן עֻזֶּךָ. כֹּהֲנֶיךָ יִלְבְּשׁוּ צֶדֶק, וַחֲסִידֶיךָ יְרַנֵּנוּ. בַּעֲבוּר דָּוִד עַבְדֶּךָ, אַל תָּשֵׁב פְּנֵי מְשִׁיחֶךָ. נִשְׁבַּע יהוה לְדָוִד, אֱמֶת לֹא יָשׁוּב מִמֶּנָּה, מִפְּרִי בִטְנְךָ אָשִׁית לְכִסֵּא לָךְ. אִם יִשְׁמְרוּ בָנֶיךָ בְּרִיתִי, וְעֵדֹתִי זוֹ אֲלַמְּדֵם, גַּם בְּנֵיהֶם עֲדֵי עַד, יֵשְׁבוּ לְכִסֵּא לָךְ. כִּי בָחַר יהוה בְּצִיּוֹן, אִוָּהּ לְמוֹשָׁב לוֹ. זֹאת מְנוּחָתִי עֲדֵי עַד, פֹּה אֵשֵׁב כִּי אִוִּתִיהָ. צֵידָהּ בָּרֵךְ אֲבָרֵךְ, אֶבְיוֹנֶיהָ אַשְׂבִּיעַ לָחֶם. וְכֹהֲנֶיהָ אַלְבִּישׁ יֶשַׁע, וַחֲסִידֶיהָ רַנֵּן יְרַנֵּנוּ. שָׁם אַצְמִיחַ קֶרֶן לְדָוִד, עָרַכְתִּי נֵר לִמְשִׁיחִי. אוֹיְבָיו אַלְבִּישׁ בֹּשֶׁת, וְעָלָיו יָצִיץ נִזְרוֹ.

תהלים קלג

**שִׁיר הַמַּעֲלוֹת** לְדָוִד, הִנֵּה מַה טּוֹב וּמַה נָּעִים, שֶׁבֶת אַחִים גַּם יָחַד. כַּשֶּׁמֶן הַטּוֹב עַל הָרֹאשׁ, יֹרֵד עַל הַזָּקָן, זְקַן אַהֲרֹן, שֶׁיֹּרֵד עַל פִּי מִדּוֹתָיו. כְּטַל חֶרְמוֹן שֶׁיֹּרֵד עַל הַרְרֵי צִיּוֹן, כִּי שָׁם צִוָּה יהוה אֶת הַבְּרָכָה, חַיִּים עַד הָעוֹלָם.

תהלים קלד

**שִׁיר הַמַּעֲלוֹת,** הִנֵּה בָּרְכוּ אֶת יהוה כָּל עַבְדֵי יהוה, הָעֹמְדִים בְּבֵית יהוה בַּלֵּילוֹת. שְׂאוּ יְדֵכֶם קֹדֶשׁ, וּבָרְכוּ אֶת יהוה. יְבָרֶכְךָ יהוה מִצִּיּוֹן, עֹשֵׂה שָׁמַיִם וָאָרֶץ.

## פרקי אבות

אומרים פרק מפרקי אבות בכל שבת החל מהשבת שלאחר הפסח עד השבת שלפני ר"ה ועד בכלל.

### פרק ראשון

כָּל יִשְׂרָאֵל יֵשׁ לָהֶם חֵלֶק לָעוֹלָם הַבָּא, שֶׁנֶּאֱמַר: „וְעַמֵּךְ כֻּלָּם צַדִּיקִים, לְעוֹלָם יִירְשׁוּ אָרֶץ, נֵצֶר מַטָּעַי, מַעֲשֵׂה יָדַי לְהִתְפָּאֵר."[1]

[א] **מֹשֶׁה** קִבֵּל תּוֹרָה מִסִּינַי, וּמְסָרָהּ לִיהוֹשֻׁעַ, וִיהוֹשֻׁעַ לִזְקֵנִים, וּזְקֵנִים לִנְבִיאִים, וּנְבִיאִים מְסָרוּהָ לְאַנְשֵׁי כְנֶסֶת הַגְּדוֹלָה. הֵם אָמְרוּ שְׁלֹשָׁה דְבָרִים: הֱווּ מְתוּנִים בַּדִּין, וְהַעֲמִידוּ תַלְמִידִים הַרְבֵּה, וַעֲשׂוּ סְיָג לַתּוֹרָה.

[ב] שִׁמְעוֹן הַצַּדִּיק הָיָה מִשְּׁיָרֵי כְנֶסֶת הַגְּדוֹלָה. הוּא הָיָה אוֹמֵר: עַל שְׁלֹשָׁה דְבָרִים הָעוֹלָם עוֹמֵד: עַל הַתּוֹרָה, וְעַל הָעֲבוֹדָה, וְעַל גְּמִילוּת חֲסָדִים.

[ג] אַנְטִיגְנוֹס אִישׁ סוֹכוֹ קִבֵּל מִשִּׁמְעוֹן הַצַּדִּיק. הוּא הָיָה אוֹמֵר: אַל תִּהְיוּ כַּעֲבָדִים הַמְשַׁמְּשִׁין אֶת הָרַב עַל מְנָת לְקַבֵּל פְּרָס; אֶלָּא הֱווּ כַּעֲבָדִים הַמְשַׁמְּשִׁין אֶת הָרַב שֶׁלֹּא עַל מְנָת לְקַבֵּל פְּרָס; וִיהִי מוֹרָא שָׁמַיִם עֲלֵיכֶם.

[ד] יוֹסֵי בֶּן יוֹעֶזֶר אִישׁ צְרֵדָה וְיוֹסֵי בֶּן יוֹחָנָן אִישׁ יְרוּשָׁלַיִם קִבְּלוּ מֵהֶם. יוֹסֵי בֶּן יוֹעֶזֶר אִישׁ צְרֵדָה אוֹמֵר: יְהִי בֵיתְךָ בֵּית וַעַד לַחֲכָמִים, וֶהֱוֵי מִתְאַבֵּק בַּעֲפַר רַגְלֵיהֶם, וֶהֱוֵי שׁוֹתֶה בַצָּמָא אֶת דִּבְרֵיהֶם.

(1) ישעיה ס:כא

[ה] יוֹסֵי בֶּן יוֹחָנָן אִישׁ יְרוּשָׁלַיִם אוֹמֵר: יְהִי בֵיתְךָ פָּתוּחַ לָרְוָחָה, וְיִהְיוּ עֲנִיִּים בְּנֵי בֵיתֶךָ, וְאַל תַּרְבֶּה שִׂיחָה עִם הָאִשָּׁה. בְּאִשְׁתּוֹ אָמְרוּ, קַל וָחֹמֶר בְּאֵשֶׁת חֲבֵרוֹ. מִכָּאן אָמְרוּ חֲכָמִים: כָּל הַמַּרְבֶּה שִׂיחָה עִם הָאִשָּׁה – גּוֹרֵם רָעָה לְעַצְמוֹ, וּבוֹטֵל מִדִּבְרֵי תוֹרָה, וְסוֹפוֹ יוֹרֵשׁ גֵּיהִנֹּם.

[ו] יְהוֹשֻׁעַ בֶּן פְּרַחְיָה וְנִתַּאי הָאַרְבֵּלִי קִבְּלוּ מֵהֶם. יְהוֹשֻׁעַ בֶּן פְּרַחְיָה אוֹמֵר: עֲשֵׂה לְךָ רַב, וּקְנֵה לְךָ חָבֵר, וֶהֱוֵי דָן אֶת כָּל הָאָדָם לְכַף זְכוּת.

[ז] נִתַּאי הָאַרְבֵּלִי אוֹמֵר: הַרְחֵק מִשָּׁכֵן רָע, וְאַל תִּתְחַבֵּר לָרָשָׁע, וְאַל תִּתְיָאֵשׁ מִן הַפֻּרְעָנוּת.

[ח] יְהוּדָה בֶּן טַבַּאי וְשִׁמְעוֹן בֶּן שָׁטַח קִבְּלוּ מֵהֶם. יְהוּדָה בֶּן טַבַּאי אוֹמֵר: אַל תַּעַשׂ עַצְמְךָ כְּעוֹרְכֵי הַדַּיָּנִין; וּכְשֶׁיִּהְיוּ בַּעֲלֵי הַדִּין עוֹמְדִים לְפָנֶיךָ, יִהְיוּ בְעֵינֶיךָ כִּרְשָׁעִים; וּכְשֶׁנִּפְטָרִים מִלְּפָנֶיךָ, יִהְיוּ בְעֵינֶיךָ כְּזַכָּאִין, כְּשֶׁקִּבְּלוּ עֲלֵיהֶם אֶת הַדִּין.

[ט] שִׁמְעוֹן בֶּן שָׁטַח אוֹמֵר: הֱוֵי מַרְבֶּה לַחֲקוֹר אֶת הָעֵדִים; וֶהֱוֵי זָהִיר בִּדְבָרֶיךָ, שֶׁמָּא מִתּוֹכָם יִלְמְדוּ לְשַׁקֵּר.

[י] שְׁמַעְיָה וְאַבְטַלְיוֹן קִבְּלוּ מֵהֶם. שְׁמַעְיָה אוֹמֵר: אֱהַב אֶת הַמְּלָאכָה, וּשְׂנָא אֶת הָרַבָּנוּת, וְאַל תִּתְוַדַּע לָרָשׁוּת.

[יא] אַבְטַלְיוֹן אוֹמֵר: חֲכָמִים, הִזָּהֲרוּ בְּדִבְרֵיכֶם, שֶׁמָּא תָחוּבוּ חוֹבַת גָּלוּת וְתִגְלוּ לִמְקוֹם מַיִם הָרָעִים, וְיִשְׁתּוּ הַתַּלְמִידִים הַבָּאִים אַחֲרֵיכֶם וְיָמוּתוּ, וְנִמְצָא שֵׁם שָׁמַיִם מִתְחַלֵּל.

[יב] הִלֵּל וְשַׁמַּאי קִבְּלוּ מֵהֶם. הִלֵּל אוֹמֵר: הֱוֵי מִתַּלְמִידָיו שֶׁל אַהֲרֹן, אוֹהֵב שָׁלוֹם וְרוֹדֵף שָׁלוֹם, אוֹהֵב אֶת הַבְּרִיּוֹת וּמְקָרְבָן לַתּוֹרָה.

[יג] הוּא הָיָה אוֹמֵר: נְגִיד שְׁמָא אֲבַד שְׁמֵהּ, וּדְלָא מוֹסִיף יָסֵף, וּדְלָא יַלִּיף קְטָלָא חַיָּב, וּדְאִשְׁתַּמַּשׁ בְּתָגָא חֲלָף.

[יד] הוּא הָיָה אוֹמֵר: אִם אֵין אֲנִי לִי, מִי לִי? וּכְשֶׁאֲנִי לְעַצְמִי, מָה אֲנִי? וְאִם לֹא עַכְשָׁו, אֵימָתָי?

[טו] שַׁמַּאי אוֹמֵר: עֲשֵׂה תוֹרָתְךָ קֶבַע, אֱמֹר מְעַט וַעֲשֵׂה הַרְבֵּה, וֶהֱוֵי מְקַבֵּל אֶת כָּל הָאָדָם בְּסֵבֶר פָּנִים יָפוֹת.

[טז] רַבָּן גַּמְלִיאֵל הָיָה אוֹמֵר: עֲשֵׂה לְךָ רַב, וְהִסְתַּלֵּק מִן הַסָּפֵק, וְאַל תַּרְבֶּה לְעַשֵּׂר אֻמָּדוֹת.

[יז] שִׁמְעוֹן בְּנוֹ אוֹמֵר: כָּל יָמַי גָּדַלְתִּי בֵּין הַחֲכָמִים, וְלֹא מָצָאתִי לְגוּף טוֹב אֶלָּא שְׁתִיקָה. וְלֹא הַמִּדְרָשׁ הוּא הָעִקָּר, אֶלָּא הַמַּעֲשֶׂה. וְכָל הַמַּרְבֶּה דְבָרִים מֵבִיא חֵטְא.

[יח] רַבָּן שִׁמְעוֹן בֶּן גַּמְלִיאֵל אוֹמֵר: עַל שְׁלשָׁה דְבָרִים הָעוֹלָם קַיָּם – עַל הַדִּין וְעַל הָאֱמֶת וְעַל הַשָּׁלוֹם, שֶׁנֶּאֱמַר: „אֱמֶת וּמִשְׁפַּט שָׁלוֹם

שִׁפְטוּ בְּשַׁעֲרֵיכֶם.״[1]

❦ ❦ ❦

רַבִּי חֲנַנְיָא בֶּן עֲקַשְׁיָא אוֹמֵר: רָצָה הַקָּדוֹשׁ בָּרוּךְ הוּא לְזַכּוֹת אֶת יִשְׂרָאֵל, לְפִיכָךְ הִרְבָּה לָהֶם תּוֹרָה וּמִצְוֹת, שֶׁנֶּאֱמַר: ,,יהוה חָפֵץ לְמַעַן צִדְקוֹ, יַגְדִּיל תּוֹרָה וְיַאְדִּיר.״[2]

בצבור אומרים כאן קדיש דרבנן (עמ׳ 283).

## פרק שני

כָּל יִשְׂרָאֵל יֵשׁ לָהֶם חֵלֶק לָעוֹלָם הַבָּא, שֶׁנֶּאֱמַר: ,,וְעַמֵּךְ כֻּלָּם צַדִּיקִים, לְעוֹלָם יִירְשׁוּ אָרֶץ, נֵצֶר מַטָּעַי, מַעֲשֵׂה יָדַי לְהִתְפָּאֵר.״[3]

❦ ❦ ❦

[א] **רַבִּי** אוֹמֵר: אֵיזוֹ הִיא דֶרֶךְ יְשָׁרָה שֶׁיָּבֹר לוֹ הָאָדָם? כָּל שֶׁהִיא תִפְאֶרֶת לְעֹשֶׂיהָ וְתִפְאֶרֶת לוֹ מִן הָאָדָם. וֶהֱוֵי זָהִיר בְּמִצְוָה קַלָּה כְּבַחֲמוּרָה, שֶׁאֵין אַתָּה יוֹדֵעַ מַתַּן שְׂכָרָן שֶׁל מִצְוֹת. וֶהֱוֵי מְחַשֵּׁב הֶפְסֵד מִצְוָה כְּנֶגֶד שְׂכָרָהּ, וּשְׂכַר עֲבֵרָה כְּנֶגֶד הֶפְסֵדָהּ. הִסְתַּכֵּל בִּשְׁלֹשָׁה דְבָרִים, וְאֵין אַתָּה בָא לִידֵי עֲבֵרָה; דַּע מַה לְמַעְלָה מִמְּךָ – עַיִן רוֹאָה, וְאֹזֶן שׁוֹמַעַת,[4] וְכָל מַעֲשֶׂיךָ בְּסֵפֶר נִכְתָּבִים.

[ב] רַבָּן גַּמְלִיאֵל בְּנוֹ שֶׁל רַבִּי יְהוּדָה הַנָּשִׂיא אוֹמֵר: יָפֶה תַלְמוּד תּוֹרָה עִם דֶּרֶךְ אֶרֶץ, שֶׁיְּגִיעַת שְׁנֵיהֶם מַשְׁכַּחַת עָוֹן. וְכָל תּוֹרָה שֶׁאֵין עִמָּהּ מְלָאכָה, סוֹפָהּ בְּטֵלָה וְגוֹרֶרֶת עָוֹן. וְכָל הָעוֹסְקִים עִם הַצִּבּוּר, יִהְיוּ עוֹסְקִים עִמָּהֶם לְשֵׁם שָׁמַיִם, שֶׁזְּכוּת אֲבוֹתָם מְסַיַּעְתָּם, וְצִדְקָתָם עוֹמֶדֶת לָעַד. וְאַתֶּם, מַעֲלֶה אֲנִי עֲלֵיכֶם שָׂכָר הַרְבֵּה כְּאִלּוּ עֲשִׂיתֶם.

[ג] הֱווּ זְהִירִין בָּרָשׁוּת, שֶׁאֵין מְקָרְבִין לוֹ לְאָדָם אֶלָּא לְצֹרֶךְ עַצְמָן; נִרְאִין כְּאוֹהֲבִין בִּשְׁעַת הֲנָאָתָן, וְאֵין עוֹמְדִין לוֹ לָאָדָם בִּשְׁעַת דָּחְקוֹ.

[ד] הוּא הָיָה אוֹמֵר: עֲשֵׂה רְצוֹנוֹ כִּרְצוֹנֶךָ, כְּדֵי שֶׁיַּעֲשֶׂה רְצוֹנְךָ כִּרְצוֹנוֹ. בַּטֵּל רְצוֹנְךָ מִפְּנֵי רְצוֹנוֹ, כְּדֵי שֶׁיְּבַטֵּל רְצוֹן אֲחֵרִים מִפְּנֵי רְצוֹנֶךָ.

[ה] הִלֵּל אוֹמֵר: אַל תִּפְרוֹשׁ מִן הַצִּבּוּר, וְאַל תַּאֲמִין בְּעַצְמְךָ עַד יוֹם מוֹתְךָ, וְאַל תָּדִין אֶת חֲבֵרְךָ עַד שֶׁתַּגִּיעַ לִמְקוֹמוֹ, וְאַל תֹּאמַר דָּבָר שֶׁאִי אֶפְשַׁר לִשְׁמוֹעַ, שֶׁסּוֹפוֹ לְהִשָּׁמַע. וְאַל תֹּאמַר לִכְשֶׁאֶפָּנֶה אֶשְׁנֶה, שֶׁמָּא לֹא תִפָּנֶה.

[ו] הוּא הָיָה אוֹמֵר: אֵין בּוּר יְרֵא חֵטְא, וְלֹא עַם הָאָרֶץ חָסִיד, וְלֹא הַבַּיְּשָׁן לָמֵד, וְלֹא הַקַּפְּדָן מְלַמֵּד, וְלֹא כָל הַמַּרְבֶּה בִסְחוֹרָה מַחְכִּים, וּבִמְקוֹם שֶׁאֵין אֲנָשִׁים הִשְׁתַּדֵּל לִהְיוֹת אִישׁ.

[ז] אַף הוּא רָאָה גֻּלְגֹּלֶת אַחַת שֶׁצָּפָה עַל פְּנֵי הַמָּיִם. אָמַר לָהּ: ,,עַל דַּאֲטֵפְתְּ אַטְפוּךְ, וְסוֹף מְטַיְּפָיִךְ יְטוּפוּן.״

(1) זכריה ח:טז (2) ישעיה מב:כא (3) ס:כא (4) ע״פ משלי כ:יב

[ח] הוּא הָיָה אוֹמֵר: מַרְבֶּה בָשָׂר, מַרְבֶּה רִמָּה; מַרְבֶּה נְכָסִים, מַרְבֶּה דְאָגָה; מַרְבֶּה נָשִׁים, מַרְבֶּה כְשָׁפִים; מַרְבֶּה שְׁפָחוֹת, מַרְבֶּה זִמָּה; מַרְבֶּה עֲבָדִים, מַרְבֶּה גָזֵל. מַרְבֶּה תוֹרָה, מַרְבֶּה חַיִּים; מַרְבֶּה יְשִׁיבָה, מַרְבֶּה חָכְמָה; מַרְבֶּה עֵצָה, מַרְבֶּה תְבוּנָה; מַרְבֶּה צְדָקָה, מַרְבֶּה שָׁלוֹם. קָנָה שֵׁם טוֹב, קָנָה לְעַצְמוֹ; קָנָה לוֹ דִבְרֵי תוֹרָה, קָנָה לוֹ חַיֵּי הָעוֹלָם הַבָּא.

[ט] רַבָּן יוֹחָנָן בֶּן זַכַּאי קִבֵּל מֵהִלֵּל וּמִשַּׁמַּאי. הוּא הָיָה אוֹמֵר: אִם לָמַדְתָּ תּוֹרָה הַרְבֵּה, אַל תַּחֲזִיק טוֹבָה לְעַצְמְךָ, כִּי לְכַךְ נוֹצָרְתָּ.

[י] חֲמִשָּׁה תַלְמִידִים הָיוּ לוֹ לְרַבָּן יוֹחָנָן בֶּן זַכַּאי, וְאֵלּוּ הֵן: רַבִּי אֱלִיעֶזֶר בֶּן הֻרְקְנוֹס, רַבִּי יְהוֹשֻׁעַ בֶּן חֲנַנְיָא, רַבִּי יוֹסֵי הַכֹּהֵן, רַבִּי שִׁמְעוֹן בֶּן נְתַנְאֵל, וְרַבִּי אֶלְעָזָר בֶּן עֲרָךְ.

[יא] הוּא הָיָה מוֹנֶה שִׁבְחָן: (רַבִּי) אֱלִיעֶזֶר בֶּן הֻרְקְנוֹס, בּוֹר סוּד שֶׁאֵינוֹ מְאַבֵּד טִפָּה; (רַבִּי) יְהוֹשֻׁעַ בֶּן חֲנַנְיָא, אַשְׁרֵי יוֹלַדְתּוֹ; (רַבִּי) יוֹסֵי הַכֹּהֵן, חָסִיד; (רַבִּי) שִׁמְעוֹן בֶּן נְתַנְאֵל, יְרֵא חֵטְא; וְ(רַבִּי) אֶלְעָזָר בֶּן עֲרָךְ, כְּמַעְיָן הַמִּתְגַּבֵּר.

[יב] הוּא הָיָה אוֹמֵר: אִם יִהְיוּ כָּל חַכְמֵי יִשְׂרָאֵל בְּכַף מֹאזְנַיִם, וֶאֱלִיעֶזֶר בֶּן הֻרְקְנוֹס בְּכַף שְׁנִיָּה, מַכְרִיעַ אֶת כֻּלָּם. אַבָּא שָׁאוּל אוֹמֵר מִשְּׁמוֹ: אִם יִהְיוּ כָּל חַכְמֵי יִשְׂרָאֵל בְּכַף מֹאזְנַיִם, וְ(רַבִּי) אֱלִיעֶזֶר בֶּן הֻרְקְנוֹס אַף עִמָּהֶם, וְ(רַבִּי) אֶלְעָזָר בֶּן עֲרָךְ בְּכַף שְׁנִיָּה, מַכְרִיעַ אֶת כֻּלָּם.

[יג] אָמַר לָהֶם: צְאוּ וּרְאוּ אֵיזוֹ הִיא דֶרֶךְ טוֹבָה שֶׁיִּדְבַּק בָּהּ הָאָדָם. רַבִּי אֱלִיעֶזֶר אוֹמֵר: עַיִן טוֹבָה. רַבִּי יְהוֹשֻׁעַ אוֹמֵר: חָבֵר טוֹב. רַבִּי יוֹסֵי אוֹמֵר: שָׁכֵן טוֹב. רַבִּי שִׁמְעוֹן אוֹמֵר: הָרוֹאֶה אֶת הַנּוֹלָד. רַבִּי אֶלְעָזָר אוֹמֵר: לֵב טוֹב. אָמַר לָהֶם: רוֹאֶה אֲנִי אֶת דִּבְרֵי אֶלְעָזָר בֶּן עֲרָךְ מִדִּבְרֵיכֶם, שֶׁבִּכְלַל דְּבָרָיו דִּבְרֵיכֶם.

[יד] אָמַר לָהֶם: צְאוּ וּרְאוּ אֵיזוֹ הִיא דֶרֶךְ רָעָה שֶׁיִּתְרַחֵק מִמֶּנָּה הָאָדָם. רַבִּי אֱלִיעֶזֶר אוֹמֵר: עַיִן רָעָה. רַבִּי יְהוֹשֻׁעַ אוֹמֵר: חָבֵר רָע. רַבִּי יוֹסֵי אוֹמֵר: שָׁכֵן רָע. רַבִּי שִׁמְעוֹן אוֹמֵר: הַלֹּוֶה וְאֵינוֹ מְשַׁלֵּם. אֶחָד הַלֹּוֶה מִן הָאָדָם כְּלֹוֶה מִן הַמָּקוֹם, שֶׁנֶּאֱמַר: „לֹוֶה רָשָׁע וְלֹא יְשַׁלֵּם, וְצַדִּיק חוֹנֵן וְנוֹתֵן."[1] רַבִּי אֶלְעָזָר אוֹמֵר: לֵב רָע. אָמַר לָהֶם: רוֹאֶה אֲנִי אֶת דִּבְרֵי אֶלְעָזָר בֶּן עֲרָךְ מִדִּבְרֵיכֶם, שֶׁבִּכְלַל דְּבָרָיו דִּבְרֵיכֶם.

[טו] הֵם אָמְרוּ שְׁלֹשָׁה דְבָרִים. רַבִּי אֱלִיעֶזֶר אוֹמֵר: יְהִי כְבוֹד חֲבֵרְךָ חָבִיב עָלֶיךָ כְּשֶׁלָּךְ, וְאַל תְּהִי נוֹחַ לִכְעוֹס; וְשׁוּב יוֹם אֶחָד לִפְנֵי מִיתָתְךָ; וֶהֱוֵי מִתְחַמֵּם כְּנֶגֶד אוּרָן שֶׁל חֲכָמִים, וֶהֱוֵי זָהִיר בְּגַחַלְתָּן שֶׁלֹּא תִכָּוֶה – שֶׁנְּשִׁיכָתָן נְשִׁיכַת שׁוּעָל, וַעֲקִיצָתָן עֲקִיצַת עַקְרָב, וּלְחִישָׁתָן לְחִישַׁת שָׂרָף, וְכָל דִּבְרֵיהֶם כְּגַחֲלֵי אֵשׁ.

[טז] רַבִּי יְהוֹשֻׁעַ אוֹמֵר: עַיִן הָרָע, וְיֵצֶר הָרָע, וְשִׂנְאַת הַבְּרִיּוֹת מוֹצִיאִין

(1) תהלים לז:כא

אֶת הָאָדָם מִן הָעוֹלָם.

[יז] רַבִּי יוֹסֵי אוֹמֵר: יְהִי מָמוֹן חֲבֵרְךָ חָבִיב עָלֶיךָ כְּשֶׁלָּךְ; וְהַתְקֵן עַצְמְךָ לִלְמוֹד תּוֹרָה, שֶׁאֵינָהּ יְרֻשָּׁה לָךְ; וְכָל מַעֲשֶׂיךָ יִהְיוּ לְשֵׁם שָׁמָיִם.

[יח] רַבִּי שִׁמְעוֹן אוֹמֵר: הֱוֵי זָהִיר בִּקְרִיאַת שְׁמַע וּבִתְפִלָּה; וּכְשֶׁאַתָּה מִתְפַּלֵּל, אַל תַּעַשׂ תְּפִלָּתְךָ קֶבַע, אֶלָּא רַחֲמִים וְתַחֲנוּנִים לִפְנֵי הַמָּקוֹם, שֶׁנֶּאֱמַר: „כִּי חַנּוּן וְרַחוּם הוּא אֶרֶךְ אַפַּיִם וְרַב חֶסֶד וְנִחָם עַל הָרָעָה"[1]; וְאַל תְּהִי רָשָׁע בִּפְנֵי עַצְמֶךָ.

[יט] רַבִּי אֶלְעָזָר אוֹמֵר: הֱוֵי שָׁקוּד לִלְמוֹד תּוֹרָה, וְדַע מַה שֶּׁתָּשִׁיב לְאֶפִּיקוֹרוֹס; וְדַע לִפְנֵי מִי אַתָּה עָמֵל; וְנֶאֱמָן הוּא בַּעַל מְלַאכְתְּךָ, שֶׁיְּשַׁלֶּם לְךָ שְׂכַר פְּעֻלָּתֶךָ.

[כ] רַבִּי טַרְפוֹן אוֹמֵר: הַיּוֹם קָצֵר, וְהַמְּלָאכָה מְרֻבָּה, וְהַפּוֹעֲלִים עֲצֵלִים, וְהַשָּׂכָר הַרְבֵּה, וּבַעַל הַבַּיִת דּוֹחֵק.

[כא] הוּא הָיָה אוֹמֵר: לֹא עָלֶיךָ הַמְּלָאכָה לִגְמוֹר, וְלֹא אַתָּה בֶן חוֹרִין לְהִבָּטֵל מִמֶּנָּה. אִם לָמַדְתָּ תּוֹרָה הַרְבֵּה, נוֹתְנִים לְךָ שָׂכָר הַרְבֵּה; וְנֶאֱמָן הוּא בַּעַל מְלַאכְתְּךָ, שֶׁיְּשַׁלֶּם לְךָ שְׂכַר פְּעֻלָּתֶךָ. וְדַע שֶׁמַּתַּן שְׂכָרָן שֶׁל צַדִּיקִים לֶעָתִיד לָבֹא.

❦ ❦ ❦

רַבִּי חֲנַנְיָא בֶּן עֲקַשְׁיָא אוֹמֵר: רָצָה הַקָּדוֹשׁ בָּרוּךְ הוּא לְזַכּוֹת אֶת יִשְׂרָאֵל, לְפִיכָךְ הִרְבָּה לָהֶם תּוֹרָה וּמִצְוֹת, שֶׁנֶּאֱמַר: „יהוה חָפֵץ לְמַעַן צִדְקוֹ, יַגְדִּיל תּוֹרָה וְיַאְדִּיר."[2]

בצבור אומרים כאן קדיש דרבנן (עמ' 283).

## פרק שלישי

כָּל יִשְׂרָאֵל יֵשׁ לָהֶם חֵלֶק לָעוֹלָם הַבָּא, שֶׁנֶּאֱמַר: „וְעַמֵּךְ כֻּלָּם צַדִּיקִים, לְעוֹלָם יִירְשׁוּ אָרֶץ, נֵצֶר מַטָּעַי, מַעֲשֵׂה יָדַי לְהִתְפָּאֵר."[3]

❦ ❦ ❦

[א] **עֲקַבְיָא** בֶּן מַהֲלַלְאֵל אוֹמֵר: הִסְתַּכֵּל בִּשְׁלֹשָׁה דְבָרִים וְאֵין אַתָּה בָא לִידֵי עֲבֵרָה: דַּע מֵאַיִן בָּאתָ, וּלְאָן אַתָּה הוֹלֵךְ, וְלִפְנֵי מִי אַתָּה עָתִיד לִתֵּן דִּין וְחֶשְׁבּוֹן. מֵאַיִן בָּאתָ? מִטִּפָּה סְרוּחָה. וּלְאָן אַתָּה הוֹלֵךְ? לִמְקוֹם עָפָר, רִמָּה וְתוֹלֵעָה. וְלִפְנֵי מִי אַתָּה עָתִיד לִתֵּן דִּין וְחֶשְׁבּוֹן? לִפְנֵי מֶלֶךְ מַלְכֵי הַמְּלָכִים, הַקָּדוֹשׁ בָּרוּךְ הוּא.

[ב] רַבִּי חֲנִינָא סְגַן הַכֹּהֲנִים אוֹמֵר: הֱוֵי מִתְפַּלֵּל בִּשְׁלוֹמָהּ שֶׁל מַלְכוּת, שֶׁאִלְמָלֵא מוֹרָאָהּ, אִישׁ אֶת רֵעֵהוּ חַיִּים בְּלָעוֹ.

[ג] רַבִּי חֲנִינָא בֶּן תְּרַדְיוֹן אוֹמֵר: שְׁנַיִם שֶׁיּוֹשְׁבִין וְאֵין בֵּינֵיהֶם דִּבְרֵי תוֹרָה, הֲרֵי זֶה מוֹשַׁב לֵצִים, שֶׁנֶּאֱמַר: „וּבְמוֹשַׁב לֵצִים לֹא יָשָׁב."[4] אֲבָל

(1) יואל ב:יג (2) ישעיה מב:כא (3) ס:כא (4) תהלים א:א

שְׁנַיִם שֶׁיּוֹשְׁבִין וְיֵשׁ בֵּינֵיהֶם דִּבְרֵי תוֹרָה, שְׁכִינָה שְׁרוּיָה בֵּינֵיהֶם, שֶׁנֶּאֱמַר: ,,אָז נִדְבְּרוּ יִרְאֵי יהוה אִישׁ אֶל רֵעֵהוּ, וַיַּקְשֵׁב יהוה וַיִּשְׁמָע, וַיִּכָּתֵב סֵפֶר זִכָּרוֹן לְפָנָיו, לְיִרְאֵי יהוה וּלְחֹשְׁבֵי שְׁמוֹ.''[1] אֵין לִי אֶלָּא שְׁנַיִם; מִנַּיִן שֶׁאֲפִילוּ אֶחָד שֶׁיּוֹשֵׁב וְעוֹסֵק בַּתּוֹרָה, שֶׁהַקָּדוֹשׁ בָּרוּךְ הוּא קוֹבֵעַ לוֹ שָׂכָר? שֶׁנֶּאֱמַר: ,,יֵשֵׁב בָּדָד וְיִדֹּם, כִּי נָטַל עָלָיו.''[2]

[ד] רַבִּי שִׁמְעוֹן אוֹמֵר: שְׁלֹשָׁה שֶׁאָכְלוּ עַל שֻׁלְחָן אֶחָד וְלֹא אָמְרוּ עָלָיו דִּבְרֵי תוֹרָה, כְּאִלּוּ אָכְלוּ מִזִּבְחֵי מֵתִים, שֶׁנֶּאֱמַר: ,,כִּי כָּל שֻׁלְחָנוֹת מָלְאוּ קִיא צוֹאָה, בְּלִי מָקוֹם'';[3] אֲבָל שְׁלֹשָׁה שֶׁאָכְלוּ עַל שֻׁלְחָן אֶחָד וְאָמְרוּ עָלָיו דִּבְרֵי תוֹרָה, כְּאִלּוּ אָכְלוּ מִשֻּׁלְחָנוֹ שֶׁל מָקוֹם, שֶׁנֶּאֱמַר: ,,וַיְדַבֵּר אֵלַי, זֶה הַשֻּׁלְחָן אֲשֶׁר לִפְנֵי יהוה.''[4]

[ה] רַבִּי חֲנִינָא בֶּן חֲכִינַאי אוֹמֵר: הַנֵּעוֹר בַּלַּיְלָה, וְהַמְּהַלֵּךְ בַּדֶּרֶךְ יְחִידִי, וּמְפַנֶּה לִבּוֹ לְבַטָּלָה – הֲרֵי זֶה מִתְחַיֵּב בְּנַפְשׁוֹ.

[ו] רַבִּי נְחוּנְיָא בֶּן הַקָּנָה אוֹמֵר: כָּל הַמְּקַבֵּל עָלָיו עֹל תּוֹרָה, מַעֲבִירִין מִמֶּנּוּ עֹל מַלְכוּת וְעֹל דֶּרֶךְ אֶרֶץ; וְכָל הַפּוֹרֵק מִמֶּנּוּ עֹל תּוֹרָה, נוֹתְנִין עָלָיו עֹל מַלְכוּת וְעֹל דֶּרֶךְ אֶרֶץ.

[ז] רַבִּי חֲלַפְתָּא בֶּן דּוֹסָא אִישׁ כְּפַר חֲנַנְיָא אוֹמֵר: עֲשָׂרָה שֶׁיּוֹשְׁבִין וְעוֹסְקִין בַּתּוֹרָה, שְׁכִינָה שְׁרוּיָה בֵינֵיהֶם, שֶׁנֶּאֱמַר: ,,אֱלֹהִים נִצָּב בַּעֲדַת אֵל.''[5] וּמִנַּיִן אֲפִילוּ חֲמִשָּׁה? שֶׁנֶּאֱמַר: ,,וַאֲגֻדָּתוֹ עַל אֶרֶץ יְסָדָהּ.''[6] וּמִנַּיִן אֲפִילוּ שְׁלֹשָׁה? שֶׁנֶּאֱמַר: ,,בְּקֶרֶב אֱלֹהִים יִשְׁפֹּט.''[5] וּמִנַּיִן אֲפִילוּ שְׁנַיִם? שֶׁנֶּאֱמַר: ,,אָז נִדְבְּרוּ יִרְאֵי יהוה אִישׁ אֶל רֵעֵהוּ וַיַּקְשֵׁב יהוה וַיִּשְׁמָע''.[1] וּמִנַּיִן אֲפִילוּ אֶחָד? שֶׁנֶּאֱמַר: ,,בְּכָל הַמָּקוֹם אֲשֶׁר אַזְכִּיר אֶת שְׁמִי, אָבוֹא אֵלֶיךָ וּבֵרַכְתִּיךָ.''[7]

[ח] רַבִּי אֶלְעָזָר אִישׁ בַּרְתּוֹתָא אוֹמֵר: תֶּן לוֹ מִשֶּׁלּוֹ, שֶׁאַתָּה וְשֶׁלְּךָ שֶׁלּוֹ; וְכֵן בְּדָוִד הוּא אוֹמֵר: ,,כִּי מִמְּךָ הַכֹּל, וּמִיָּדְךָ נָתַנּוּ לָךְ.''[8]

[ט] רַבִּי יַעֲקֹב אוֹמֵר: הַמְּהַלֵּךְ בַּדֶּרֶךְ וְשׁוֹנֶה, וּמַפְסִיק מִמִּשְׁנָתוֹ, וְאוֹמֵר: ,,מַה נָּאֶה אִילָן זֶה! וּמַה נָּאֶה נִיר זֶה!'' – מַעֲלֶה עָלָיו הַכָּתוּב כְּאִלּוּ מִתְחַיֵּב בְּנַפְשׁוֹ.

[י] רַבִּי דוֹסְתָּאִי בַּר יַנַּאי מִשּׁוּם רַבִּי מֵאִיר אוֹמֵר: כָּל הַשּׁוֹכֵחַ דָּבָר אֶחָד מִמִּשְׁנָתוֹ, מַעֲלֶה עָלָיו הַכָּתוּב כְּאִלּוּ מִתְחַיֵּב בְּנַפְשׁוֹ, שֶׁנֶּאֱמַר: ,,רַק הִשָּׁמֶר לְךָ, וּשְׁמֹר נַפְשְׁךָ מְאֹד, פֶּן תִּשְׁכַּח אֶת הַדְּבָרִים אֲשֶׁר רָאוּ עֵינֶיךָ.''[9] יָכוֹל אֲפִילוּ תָּקְפָה עָלָיו מִשְׁנָתוֹ? תַּלְמוּד לוֹמַר: ,,וּפֶן יָסוּרוּ מִלְּבָבְךָ כֹּל יְמֵי חַיֶּיךָ''; הָא אֵינוֹ מִתְחַיֵּב בְּנַפְשׁוֹ עַד שֶׁיֵּשֵׁב וִיסִירֵם מִלִּבּוֹ.

[יא] רַבִּי חֲנִינָא בֶּן דּוֹסָא אוֹמֵר: כֹּל שֶׁיִּרְאַת חֶטְאוֹ קוֹדֶמֶת לְחָכְמָתוֹ, חָכְמָתוֹ מִתְקַיֶּמֶת; וְכֹל שֶׁחָכְמָתוֹ קוֹדֶמֶת לְיִרְאַת חֶטְאוֹ, אֵין

(1) מלאכי ג:טז (2) איכה ג:כח (3) ישעיה כח:ח (4) יחזקאל מא:כב (5) תהלים פב:א
(6) עמוס ט:ו (7) שמות כ:כא (8) דברי הימים א כט:יד (9) דברים ד:ט

חָכְמָתוֹ מִתְקַיֶּמֶת.

[יב] הוּא הָיָה אוֹמֵר: כֹּל שֶׁמַּעֲשָׂיו מְרֻבִּין מֵחָכְמָתוֹ, חָכְמָתוֹ מִתְקַיֶּמֶת; וְכֹל שֶׁחָכְמָתוֹ מְרֻבָּה מִמַּעֲשָׂיו, אֵין חָכְמָתוֹ מִתְקַיֶּמֶת.

[יג] הוּא הָיָה אוֹמֵר: כֹּל שֶׁרְוּחַ הַבְּרִיּוֹת נוֹחָה הֵימֶנּוּ, רְוּחַ הַמָּקוֹם נוֹחָה הֵימֶנּוּ; וְכֹל שֶׁאֵין רְוּחַ הַבְּרִיּוֹת נוֹחָה הֵימֶנּוּ, אֵין רְוּחַ הַמָּקוֹם נוֹחָה הֵימֶנּוּ.

[יד] רַבִּי דוֹסָא בֶּן הָרְכִּינַס אוֹמֵר: שֵׁנָה שֶׁל שַׁחֲרִית, וְיַיִן שֶׁל צָהֳרַיִם, וְשִׂיחַת הַיְלָדִים, וִישִׁיבַת בָּתֵּי כְנֵסִיּוֹת שֶׁל עַמֵּי הָאָרֶץ – מוֹצִיאִין אֶת הָאָדָם מִן הָעוֹלָם.

[טו] רַבִּי אֶלְעָזָר הַמּוֹדָעִי אוֹמֵר: הַמְּחַלֵּל אֶת הַקֳּדָשִׁים, וְהַמְּבַזֶּה אֶת הַמּוֹעֲדוֹת, וְהַמַּלְבִּין פְּנֵי חֲבֵרוֹ בָּרַבִּים, וְהַמֵּפֵר בְּרִיתוֹ שֶׁל אַבְרָהָם אָבִינוּ, וְהַמְּגַלֶּה פָנִים בַּתּוֹרָה שֶׁלֹּא כַהֲלָכָה, אַף עַל פִּי שֶׁיֵּשׁ בְּיָדוֹ תּוֹרָה וּמַעֲשִׂים טוֹבִים – אֵין לוֹ חֵלֶק לָעוֹלָם הַבָּא.

[טז] רַבִּי יִשְׁמָעֵאל אוֹמֵר: הֱוֵי קַל לְרֹאשׁ, וְנְוֹחַ לְתִשְׁחֹרֶת, וֶהֱוֵי מְקַבֵּל אֶת כָּל הָאָדָם בְּשִׂמְחָה.

[יז] רַבִּי עֲקִיבָא אוֹמֵר: שְׂחוֹק וְקַלּוּת רֹאשׁ מַרְגִּילִין אֶת הָאָדָם לְעֶרְוָה. מַסְּוֹרֶת סְיָג לַתּוֹרָה; מַעַשְׂרוֹת סְיָג לָעְשֶׁר; נְדָרִים סְיָג לַפְּרִישׁוּת; סְיָג לַחָכְמָה שְׁתִיקָה.

[יח] הוּא הָיָה אוֹמֵר: חָבִיב אָדָם שֶׁנִּבְרָא בְצֶלֶם; חִבָּה יְתֵרָה נוֹדַעַת לוֹ שֶׁנִּבְרָא בְּצֶלֶם, שֶׁנֶּאֱמַר: „כִּי בְּצֶלֶם אֱלֹהִים עָשָׂה אֶת הָאָדָם."[1] חֲבִיבִין יִשְׂרָאֵל, שֶׁנִּקְרְאוּ בָנִים לַמָּקוֹם; חִבָּה יְתֵרָה נוֹדַעַת לָהֶם שֶׁנִּקְרְאוּ בָנִים לַמָּקוֹם, שֶׁנֶּאֱמַר: „בָּנִים אַתֶּם לַיהוה אֱלֹהֵיכֶם."[2] חֲבִיבִין יִשְׂרָאֵל, שֶׁנִּתַּן לָהֶם כְּלִי חֶמְדָּה; חִבָּה יְתֵרָה נוֹדַעַת לָהֶם, שֶׁנִּתַּן לָהֶם כְּלִי חֶמְדָּה, שֶׁנֶּאֱמַר: „כִּי לֶקַח טוֹב נָתַתִּי לָכֶם, תּוֹרָתִי אַל תַּעֲזֹבוּ."[3]

[יט] הַכֹּל צָפוּי, וְהָרְשׁוּת נְתוּנָה. וּבְטוֹב הָעוֹלָם נִדּוֹן, וְהַכֹּל לְפִי רוֹב הַמַּעֲשֶׂה.

[כ] הוּא הָיָה אוֹמֵר: הַכֹּל נָתוּן בָּעֵרָבוֹן, וּמְצוּדָה פְרוּסָה עַל כָּל הַחַיִּים. הֶחָנוּת פְּתוּחָה, וְהַחֶנְוָנִי מַקִּיף, וְהַפִּנְקָס פָּתְוּחַ, וְהַיָּד כּוֹתֶבֶת, וְכָל הָרוֹצֶה לִלְווֹת יָבֹא וְיִלְוֶה. וְהַגַּבָּאִים מַחֲזִירִין תָּדִיר בְּכָל יוֹם וְנִפְרָעִין מִן הָאָדָם, מִדַּעְתּוֹ וְשֶׁלֹּא מִדַּעְתּוֹ, וְיֵשׁ לָהֶם עַל מַה שֶּׁיִּסְמְכוּ. וְהַדִּין דִּין אֱמֶת, וְהַכֹּל מְתֻקָּן לִסְעוּדָה.

[כא] רַבִּי אֶלְעָזָר בֶּן עֲזַרְיָה אוֹמֵר: אִם אֵין תּוֹרָה, אֵין דֶּרֶךְ אֶרֶץ; אִם אֵין דֶּרֶךְ אֶרֶץ, אֵין תּוֹרָה. אִם אֵין חָכְמָה, אֵין יִרְאָה; אִם אֵין יִרְאָה, אֵין חָכְמָה. אִם אֵין דַּעַת, אֵין בִּינָה; אִם אֵין בִּינָה, אֵין דַּעַת. אִם אֵין קֶמַח, אֵין תּוֹרָה; אִם אֵין תּוֹרָה, אֵין קֶמַח.

(1) בראשית ט:ו (2) דברים יד:א (3) משלי ד:ב

[כב] הוּא הָיָה אוֹמֵר: כֹּל שֶׁחָכְמָתוֹ מְרֻבָּה מִמַּעֲשָׂיו, לְמָה הוּא דוֹמֶה? לְאִילָן שֶׁעֲנָפָיו מְרֻבִּין וְשָׁרָשָׁיו מוּעָטִין, וְהָרְוּחַ בָּאָה וְעוֹקַרְתּוֹ וְהוֹפַכְתּוֹ עַל פָּנָיו, שֶׁנֶּאֱמַר: „וְהָיָה כְּעַרְעָר בָּעֲרָבָה, וְלֹא יִרְאֶה כִּי יָבוֹא טוֹב, וְשָׁכַן חֲרֵרִים בַּמִּדְבָּר, אֶרֶץ מְלֵחָה וְלֹא תֵשֵׁב."[1] אֲבָל כֹּל שֶׁמַּעֲשָׂיו מְרֻבִּין מֵחָכְמָתוֹ, לְמָה הוּא דוֹמֶה? לְאִילָן שֶׁעֲנָפָיו מוּעָטִין וְשָׁרָשָׁיו מְרֻבִּין, שֶׁאֲפִילוּ כָּל הָרוּחוֹת שֶׁבָּעוֹלָם בָּאוֹת וְנוֹשְׁבוֹת בּוֹ, אֵין מְזִיזִין אוֹתוֹ מִמְּקוֹמוֹ, שֶׁנֶּאֱמַר: „וְהָיָה כְּעֵץ שָׁתוּל עַל מַיִם, וְעַל יוּבַל יְשַׁלַּח שָׁרָשָׁיו, וְלֹא יִרְאֶה כִּי יָבֹא חֹם, וְהָיָה עָלֵהוּ רַעֲנָן, וּבִשְׁנַת בַּצֹּרֶת לֹא יִדְאָג, וְלֹא יָמִישׁ מֵעֲשׂוֹת פֶּרִי."[2]

[כג] רַבִּי אֱלִיעֶזֶר (בֶּן) חִסְמָא אוֹמֵר: קִנִּין וּפִתְחֵי נִדָּה הֵן הֵן גּוּפֵי הֲלָכוֹת; תְּקוּפוֹת וְגִמַּטְרִיָּאוֹת — פַּרְפְּרָאוֹת לַחָכְמָה.

❦ ❦ ❦

רַבִּי חֲנַנְיָא בֶּן עֲקַשְׁיָא אוֹמֵר: רָצָה הַקָּדוֹשׁ בָּרוּךְ הוּא לְזַכּוֹת אֶת יִשְׂרָאֵל, לְפִיכָךְ הִרְבָּה לָהֶם תּוֹרָה וּמִצְוֹת, שֶׁנֶּאֱמַר: „יהוה חָפֵץ לְמַעַן צִדְקוֹ, יַגְדִּיל תּוֹרָה וְיַאְדִּיר."[3]

בצבור אומרים כאן קדיש דרבנן (עמ' 283).

פרק רביעי

כָּל יִשְׂרָאֵל יֵשׁ לָהֶם חֵלֶק לָעוֹלָם הַבָּא, שֶׁנֶּאֱמַר: „וְעַמֵּךְ כֻּלָּם צַדִּיקִים, לְעוֹלָם יִירְשׁוּ אָרֶץ, נֵצֶר מַטָּעַי, מַעֲשֵׂה יָדַי לְהִתְפָּאֵר."[4]

❦ ❦ ❦

[א] **בֶּן זוֹמָא** אוֹמֵר: אֵיזֶהוּ חָכָם? הַלּוֹמֵד מִכָּל אָדָם, שֶׁנֶּאֱמַר: „מִכָּל מְלַמְּדַי הִשְׂכַּלְתִּי."[5] אֵיזֶהוּ גִבּוֹר? הַכּוֹבֵשׁ אֶת יִצְרוֹ, שֶׁנֶּאֱמַר: „טוֹב אֶרֶךְ אַפַּיִם מִגִּבּוֹר, וּמֹשֵׁל בְּרוּחוֹ מִלֹּכֵד עִיר."[6] אֵיזֶהוּ עָשִׁיר? הַשָּׂמֵחַ בְּחֶלְקוֹ, שֶׁנֶּאֱמַר: „יְגִיעַ כַּפֶּיךָ כִּי תֹאכֵל אַשְׁרֶיךָ וְטוֹב לָךְ."[7] „אַשְׁרֶיךָ" — בָּעוֹלָם הַזֶּה, „וְטוֹב לָךְ" — לָעוֹלָם הַבָּא. אֵיזֶהוּ מְכֻבָּד? הַמְּכַבֵּד אֶת הַבְּרִיּוֹת, שֶׁנֶּאֱמַר: „כִּי מְכַבְּדַי אֲכַבֵּד, וּבֹזַי יֵקָלּוּ."[8]

[ב] בֶּן עַזַּאי אוֹמֵר: הֱוֵי רָץ לְמִצְוָה קַלָּה, וּבוֹרֵחַ מִן הָעֲבֵרָה; שֶׁמִּצְוָה גוֹרֶרֶת מִצְוָה, וַעֲבֵרָה גוֹרֶרֶת עֲבֵרָה, שֶׁשְּׂכַר מִצְוָה מִצְוָה, וּשְׂכַר עֲבֵרָה עֲבֵרָה.

[ג] הוּא הָיָה אוֹמֵר: אַל תְּהִי בָז לְכָל אָדָם, וְאַל תְּהִי מַפְלִיג לְכָל דָּבָר, שֶׁאֵין לְךָ אָדָם שֶׁאֵין לוֹ שָׁעָה, וְאֵין לְךָ דָבָר שֶׁאֵין לוֹ מָקוֹם.

[ד] רַבִּי לְוִיטַס אִישׁ יַבְנֶה אוֹמֵר: מְאֹד מְאֹד הֱוֵי שְׁפַל רְוּחַ, שֶׁתִּקְוַת אֱנוֹשׁ רִמָּה.

[ה] רַבִּי יוֹחָנָן בֶּן בְּרוֹקָא אוֹמֵר: כָּל הַמְּחַלֵּל שֵׁם שָׁמַיִם בְּסֵתֶר, נִפְרָעִין מִמֶּנּוּ בְּגָלוּי. אֶחָד שׁוֹגֵג וְאֶחָד מֵזִיד בְּחִלּוּל הַשֵּׁם.

(1) ירמיה יז:ו (2) יז:ח (3) ישעיה מב:כא (4) ס:כא (5) תהלים קיט:צט (6) משלי טז:לב (7) תהלים קכח:ב (8) שמואל א ב:ל

[ו] רַבִּי יִשְׁמָעֵאל בַּר רַבִּי יוֹסֵי אוֹמֵר: הַלּוֹמֵד עַל מְנָת לְלַמֵּד, מַסְפִּיקִין בְּיָדוֹ לִלְמוֹד וּלְלַמֵּד; וְהַלּוֹמֵד עַל מְנָת לַעֲשׂוֹת, מַסְפִּיקִין בְּיָדוֹ לִלְמוֹד וּלְלַמֵּד, לִשְׁמוֹר וְלַעֲשׂוֹת.

[ז] רַבִּי צָדוֹק אוֹמֵר: אַל תִּפְרוֹשׁ מִן הַצִּבּוּר; וְאַל תַּעַשׂ עַצְמְךָ כְּעוֹרְכֵי הַדַּיָּנִין; וְאַל תַּעֲשֶׂהָ עֲטָרָה לְהִתְגַּדֶּל בָּהּ, וְלֹא קַרְדֹּם לַחְפָּר בָּהּ. וְכָךְ הָיָה הִלֵּל אוֹמֵר: וּדְאִשְׁתַּמֵּשׁ בְּתָגָא חֲלָף. הָא לָמַדְתָּ: כָּל הַנֶּהֱנֶה מִדִּבְרֵי תוֹרָה, נוֹטֵל חַיָּיו מִן הָעוֹלָם.

[ח] רַבִּי יוֹסֵי אוֹמֵר: כָּל הַמְּכַבֵּד אֶת הַתּוֹרָה, גּוּפוֹ מְכֻבָּד עַל הַבְּרִיּוֹת; וְכָל הַמְּחַלֵּל אֶת הַתּוֹרָה, גּוּפוֹ מְחֻלָּל עַל הַבְּרִיּוֹת.

[ט] רַבִּי יִשְׁמָעֵאל בְּנוֹ אוֹמֵר: הַחוֹשֵׂךְ עַצְמוֹ מִן הַדִּין, פּוֹרֵק מִמֶּנּוּ אֵיבָה וְגָזֵל וּשְׁבוּעַת שָׁוְא. וְהַגַּס לִבּוֹ בְּהוֹרָאָה, שׁוֹטֶה רָשָׁע וְגַס רוּחַ.

[י] הוּא הָיָה אוֹמֵר: אַל תְּהִי דָן יְחִידִי, שֶׁאֵין דָּן יְחִידִי אֶלָּא אֶחָד. וְאַל תֹּאמַר: „קַבְּלוּ דַעְתִּי!" שֶׁהֵן רַשָּׁאִין וְלֹא אָתָּה.

[יא] רַבִּי יוֹנָתָן אוֹמֵר: כָּל הַמְּקַיֵּם אֶת הַתּוֹרָה מֵעֹנִי, סוֹפוֹ לְקַיְּמָהּ מֵעֹשֶׁר; וְכָל הַמְּבַטֵּל אֶת הַתּוֹרָה מֵעֹשֶׁר, סוֹפוֹ לְבַטְּלָהּ מֵעֹנִי.

[יב] רַבִּי מֵאִיר אוֹמֵר: הֱוֵי מְמַעֵט בְּעֵסֶק, וַעֲסֹק בַּתּוֹרָה; וֶהֱוֵי שְׁפַל רוּחַ בִּפְנֵי כָל אָדָם; וְאִם בָּטַלְתָּ מִן הַתּוֹרָה, יֶשׁ לְךָ בְּטֵלִים הַרְבֵּה כְּנֶגְדְּךָ; וְאִם עָמַלְתָּ בַּתּוֹרָה, יֶשׁ לוֹ שָׂכָר הַרְבֵּה לִתֶּן לָךְ.

[יג] רַבִּי אֱלִיעֶזֶר בֶּן יַעֲקֹב אוֹמֵר: הָעוֹשֶׂה מִצְוָה אַחַת קוֹנֶה לוֹ פְּרַקְלִיט אֶחָד; וְהָעוֹבֵר עֲבֵרָה אַחַת, קוֹנֶה לוֹ קַטֵּיגוֹר אֶחָד. תְּשׁוּבָה וּמַעֲשִׂים טוֹבִים כִּתְרִיס בִּפְנֵי הַפֻּרְעָנוּת.

[יד] רַבִּי יוֹחָנָן הַסַּנְדְּלָר אוֹמֵר: כָּל כְּנֵסִיָּה שֶׁהִיא לְשֵׁם שָׁמַיִם, סוֹפָהּ לְהִתְקַיֵּם; וְשֶׁאֵינָהּ לְשֵׁם שָׁמַיִם, אֵין סוֹפָהּ לְהִתְקַיֵּם.

[טו] רַבִּי אֶלְעָזָר בֶּן שַׁמּוּעַ אוֹמֵר: יְהִי כְבוֹד תַּלְמִידְךָ חָבִיב עָלֶיךָ כְּשֶׁלָּךְ; וּכְבוֹד חֲבֵרְךָ כְּמוֹרָא רַבְּךָ; וּמוֹרָא רַבְּךָ כְּמוֹרָא שָׁמָיִם.

[טז] רַבִּי יְהוּדָה אוֹמֵר: הֱוֵי זָהִיר בְּתַלְמוּד, שֶׁשִּׁגְגַת תַּלְמוּד עוֹלָה זָדוֹן.

[יז] רַבִּי שִׁמְעוֹן אוֹמֵר: שְׁלֹשָׁה כְתָרִים הֵם: כֶּתֶר תּוֹרָה, וְכֶתֶר כְּהֻנָּה, וְכֶתֶר מַלְכוּת; וְכֶתֶר שֵׁם טוֹב עוֹלֶה עַל גַּבֵּיהֶן.

[יח] רַבִּי נְהוֹרַאי אוֹמֵר: הֱוֵי גוֹלֶה לִמְקוֹם תּוֹרָה, וְאַל תֹּאמַר שֶׁהִיא תָבוֹא אַחֲרֶיךָ, שֶׁחֲבֵרֶיךָ יְקַיְּמוּהָ בְיָדֶךָ. וְאֶל בִּינָתְךָ אַל תִּשָּׁעֵן.[1]

[יט] רַבִּי יַנַּאי אוֹמֵר: אֵין בְּיָדֵינוּ לֹא מִשַּׁלְוַת הָרְשָׁעִים וְאַף לֹא מִיִּסּוּרֵי הַצַּדִּיקִים.

[כ] רַבִּי מַתְיָא בֶּן חָרָשׁ אוֹמֵר: הֱוֵי מַקְדִּים בִּשְׁלוֹם כָּל אָדָם, וֶהֱוֵי זָנָב לָאֲרָיוֹת, וְאַל תְּהִי רֹאשׁ לַשּׁוּעָלִים.

(1) משלי ג:ה

[**כא**] רַבִּי יַעֲקֹב אוֹמֵר: הָעוֹלָם הַזֶּה דּוֹמֶה לִפְרוֹזְדוֹר בִּפְנֵי הָעוֹלָם הַבָּא, הַתְקֵן עַצְמְךָ בַּפְּרוֹזְדוֹר, כְּדֵי שֶׁתִּכָּנֵס לַטְּרַקְלִין.

[**כב**] הוּא הָיָה אוֹמֵר: יָפָה שָׁעָה אַחַת בִּתְשׁוּבָה וּמַעֲשִׂים טוֹבִים בָּעוֹלָם הַזֶּה מִכֹּל חַיֵּי הָעוֹלָם הַבָּא; וְיָפָה שָׁעָה אַחַת שֶׁל קוֹרַת רוּחַ בָּעוֹלָם הַבָּא מִכֹּל חַיֵּי הָעוֹלָם הַזֶּה.

[**כג**] רַבִּי שִׁמְעוֹן בֶּן אֶלְעָזָר אוֹמֵר: אַל תְּרַצֶּה אֶת חֲבֵרְךָ בִּשְׁעַת כַּעְסוֹ; וְאַל תְּנַחֲמֶהוּ בְּשָׁעָה שֶׁמֵּתוֹ מֻטָּל לְפָנָיו; וְאַל תִּשְׁאַל לוֹ בִּשְׁעַת נִדְרוֹ; וְאַל תִּשְׁתַּדֵּל לִרְאוֹתוֹ בִּשְׁעַת קַלְקָלָתוֹ.

[**כד**] שְׁמוּאֵל הַקָּטָן אוֹמֵר: „בִּנְפֹל אוֹיִבְךָ אַל תִּשְׂמָח, וּבִכָּשְׁלוֹ אַל יָגֵל לִבֶּךָ. פֶּן יִרְאֶה יהוה וְרַע בְּעֵינָיו, וְהֵשִׁיב מֵעָלָיו אַפּוֹ.‟[1]

[**כה**] אֱלִישָׁע בֶּן אֲבוּיָה אוֹמֵר: הַלּוֹמֵד יֶלֶד, לְמָה הוּא דוֹמֶה? לִדְיוֹ כְתוּבָה עַל נְיָר חָדָשׁ. וְהַלּוֹמֵד זָקֵן, לְמָה הוּא דוֹמֶה? לִדְיוֹ כְתוּבָה עַל נְיָר מָחוּק.

[**כו**] רַבִּי יוֹסֵי בַּר יְהוּדָה אִישׁ כְּפַר הַבַּבְלִי אוֹמֵר: הַלּוֹמֵד מִן הַקְּטַנִּים, לְמָה הוּא דוֹמֶה? לְאוֹכֵל עֲנָבִים קֵהוֹת, וְשׁוֹתֶה יַיִן מִגִּתּוֹ. וְהַלּוֹמֵד מִן הַזְּקֵנִים, לְמָה הוּא דוֹמֶה? לְאוֹכֵל עֲנָבִים בְּשׁוּלוֹת, וְשׁוֹתֶה יַיִן יָשָׁן.

[**כז**] רַבִּי מֵאִיר אוֹמֵר: אַל תִּסְתַּכֵּל בַּקַּנְקַן, אֶלָּא בְּמַה שֶּׁיֵּשׁ בּוֹ; יֵשׁ קַנְקַן חָדָשׁ מָלֵא יָשָׁן, וְיָשָׁן שֶׁאֲפִילוּ חָדָשׁ אֵין בּוֹ.

[**כח**] רַבִּי אֶלְעָזָר הַקַּפָּר אוֹמֵר: הַקִּנְאָה וְהַתַּאֲוָה וְהַכָּבוֹד מוֹצִיאִין אֶת הָאָדָם מִן הָעוֹלָם.

[**כט**] הוּא הָיָה אוֹמֵר: הַיִּלּוֹדִים לָמוּת, וְהַמֵּתִים לְחְיוֹת, וְהַחַיִּים לִדּוֹן – לֵידַע לְהוֹדִיעַ וּלְהִוָּדַע שֶׁהוּא אֵל, הוּא הַיּוֹצֵר, הוּא הַבּוֹרֵא, הוּא הַמֵּבִין, הוּא הַדַּיָּן, הוּא הָעֵד, הוּא בַּעַל דִּין, הוּא עָתִיד לָדוּן. בָּרוּךְ הוּא, שֶׁאֵין לְפָנָיו לֹא עַוְלָה, וְלֹא שִׁכְחָה, וְלֹא מַשּׂוֹא פָנִים, וְלֹא מִקַּח שֹׁחַד; שֶׁהַכֹּל שֶׁלּוֹ. וְדַע, שֶׁהַכֹּל לְפִי הַחֶשְׁבּוֹן. וְאַל יַבְטִיחֲךָ יִצְרְךָ שֶׁהַשְּׁאוֹל בֵּית מָנוֹס לָךְ – שֶׁעַל כָּרְחֲךָ אַתָּה נוֹצָר; וְעַל כָּרְחֲךָ אַתָּה נוֹלָד; וְעַל כָּרְחֲךָ אַתָּה חַי; וְעַל כָּרְחֲךָ אַתָּה מֵת; וְעַל כָּרְחֲךָ אַתָּה עָתִיד לִתֵּן דִּין וְחֶשְׁבּוֹן לִפְנֵי מֶלֶךְ מַלְכֵי הַמְּלָכִים, הַקָּדוֹשׁ בָּרוּךְ הוּא.

רַבִּי חֲנַנְיָא בֶּן עֲקַשְׁיָא אוֹמֵר: רָצָה הַקָּדוֹשׁ בָּרוּךְ הוּא לְזַכּוֹת אֶת יִשְׂרָאֵל, לְפִיכָךְ הִרְבָּה לָהֶם תּוֹרָה וּמִצְוֹת, שֶׁנֶּאֱמַר: „יהוה חָפֵץ לְמַעַן צִדְקוֹ, יַגְדִּיל תּוֹרָה וְיַאְדִּיר.‟[2]

בצבור אומרים כאן קדיש דרבנן (עמ' 283).

(1) משלי כד:יז-יח (2) ישעיה מב:כא

## פרק חמישי

כָּל יִשְׂרָאֵל יֵשׁ לָהֶם חֵלֶק לָעוֹלָם הַבָּא, שֶׁנֶּאֱמַר: „וְעַמֵּךְ כֻּלָּם צַדִּיקִים, לְעוֹלָם יִירְשׁוּ אָרֶץ, נֵצֶר מַטָּעַי, מַעֲשֵׂה יָדַי לְהִתְפָּאֵר.״[1]

❦ ❦ ❦

[א] **בַּעֲשָׂרָה** מַאֲמָרוֹת נִבְרָא הָעוֹלָם. וּמַה תַּלְמוּד לוֹמַר? וַהֲלֹא בְמַאֲמָר אֶחָד יָכוֹל לְהִבָּרְאוֹת? אֶלָּא לְהִפָּרַע מִן הָרְשָׁעִים, שֶׁמְּאַבְּדִין אֶת הָעוֹלָם שֶׁנִּבְרָא בַּעֲשָׂרָה מַאֲמָרוֹת, וְלִתֵּן שָׂכָר טוֹב לַצַּדִּיקִים, שֶׁמְּקַיְּמִין אֶת הָעוֹלָם שֶׁנִּבְרָא בַּעֲשָׂרָה מַאֲמָרוֹת.

[ב] עֲשָׂרָה דוֹרוֹת מֵאָדָם וְעַד נֹחַ, לְהוֹדִיעַ כַּמָּה אֶרֶךְ אַפַּיִם לְפָנָיו; שֶׁכָּל הַדּוֹרוֹת הָיוּ מַכְעִיסִין וּבָאִין, עַד שֶׁהֵבִיא עֲלֵיהֶם אֶת מֵי הַמַּבּוּל.

[ג] עֲשָׂרָה דוֹרוֹת מִנֹּחַ וְעַד אַבְרָהָם, לְהוֹדִיעַ כַּמָּה אֶרֶךְ אַפַּיִם לְפָנָיו; שֶׁכָּל הַדּוֹרוֹת הָיוּ מַכְעִיסִין וּבָאִין, עַד שֶׁבָּא אַבְרָהָם אָבִינוּ וְקִבֵּל שְׂכַר כֻּלָּם.

[ד] עֲשָׂרָה נִסְיוֹנוֹת נִתְנַסָּה אַבְרָהָם אָבִינוּ וְעָמַד בְּכֻלָּם, לְהוֹדִיעַ כַּמָּה חִבָּתוֹ שֶׁל אַבְרָהָם אָבִינוּ.

[ה] עֲשָׂרָה נִסִּים נַעֲשׂוּ לַאֲבוֹתֵינוּ בְּמִצְרַיִם, וַעֲשָׂרָה עַל הַיָּם. עֶשֶׂר מַכּוֹת הֵבִיא הַקָּדוֹשׁ בָּרוּךְ הוּא עַל הַמִּצְרִים בְּמִצְרַיִם, וְעֶשֶׂר עַל הַיָּם.

[ו] עֲשָׂרָה נִסְיוֹנוֹת נִסּוּ אֲבוֹתֵינוּ אֶת הַקָּדוֹשׁ בָּרוּךְ הוּא בַּמִּדְבָּר, שֶׁנֶּאֱמַר: „וַיְנַסּוּ אֹתִי זֶה עֶשֶׂר פְּעָמִים, וְלֹא שָׁמְעוּ בְּקוֹלִי.״[2]

[ז] עֲשָׂרָה נִסִּים נַעֲשׂוּ לַאֲבוֹתֵינוּ בְּבֵית הַמִּקְדָּשׁ: לֹא הִפִּילָה אִשָּׁה מֵרֵיחַ בְּשַׂר הַקֹּדֶשׁ; וְלֹא הִסְרִיחַ בְּשַׂר הַקֹּדֶשׁ מֵעוֹלָם; וְלֹא נִרְאָה זְבוּב בְּבֵית הַמִּטְבְּחַיִם; וְלֹא אִירַע קֶרִי לְכֹהֵן גָּדוֹל בְּיוֹם הַכִּפּוּרִים; וְלֹא כִבּוּ הַגְּשָׁמִים אֵשׁ שֶׁל עֲצֵי הַמַּעֲרָכָה; וְלֹא נִצְּחָה הָרְוּחַ אֶת עַמּוּד הֶעָשָׁן; וְלֹא נִמְצָא פְסוּל בָּעֹמֶר, וּבִשְׁתֵּי הַלֶּחֶם, וּבְלֶחֶם הַפָּנִים; עוֹמְדִים צְפוּפִים, וּמִשְׁתַּחֲוִים רְוָחִים; וְלֹא הִזִּיק נָחָשׁ וְעַקְרָב בִּירוּשָׁלַיִם מֵעוֹלָם; וְלֹא אָמַר אָדָם לַחֲבֵרוֹ: „צַר לִי הַמָּקוֹם שֶׁאָלִין בִּירוּשָׁלָיִם.״

[ח] עֲשָׂרָה דְבָרִים נִבְרְאוּ בְּעֶרֶב שַׁבָּת בֵּין הַשְּׁמָשׁוֹת, וְאֵלּוּ הֵן: פִּי הָאָרֶץ, וּפִי הַבְּאֵר, פִּי הָאָתוֹן, וְהַקֶּשֶׁת, וְהַמָּן, וְהַמַּטֶּה, וְהַשָּׁמִיר, הַכְּתָב, וְהַמִּכְתָּב, וְהַלּוּחוֹת. וְיֵשׁ אוֹמְרִים: אַף הַמַּזִּיקִין, וּקְבוּרָתוֹ שֶׁל מֹשֶׁה, וְאֵילוֹ שֶׁל אַבְרָהָם אָבִינוּ. וְיֵשׁ אוֹמְרִים: אַף צְבָת בִּצְבָת עֲשׂוּיָה.

[ט] שִׁבְעָה דְבָרִים בְּגֹלֶם, וְשִׁבְעָה בְּחָכָם. חָכָם אֵינוֹ מְדַבֵּר לִפְנֵי מִי שֶׁגָּדוֹל מִמֶּנּוּ בְּחָכְמָה וּבְמִנְיָן; וְאֵינוֹ נִכְנָס לְתוֹךְ דִּבְרֵי חֲבֵרוֹ; וְאֵינוֹ נִבְהָל לְהָשִׁיב; שׁוֹאֵל כָּעִנְיָן, וּמֵשִׁיב כַּהֲלָכָה; וְאוֹמֵר עַל רִאשׁוֹן רִאשׁוֹן, וְעַל אַחֲרוֹן אַחֲרוֹן; וְעַל מַה שֶּׁלֹּא שָׁמַע אוֹמֵר: „לֹא שָׁמַעְתִּי״; וּמוֹדֶה עַל הָאֱמֶת. וְחִלּוּפֵיהֶן בְּגֹלֶם.

(1) ישעיה ס:כא (2) במדבר יד:כב

[י] שִׁבְעָה מִינֵי פֻרְעָנִיּוֹת בָּאִין לָעוֹלָם עַל שִׁבְעָה גוּפֵי עֲבֵרָה: מִקְצָתָן מְעַשְּׂרִין וּמִקְצָתָן אֵינָן מְעַשְּׂרִין – רָעָב שֶׁל בַּצֹּרֶת בָּא, מִקְצָתָן רְעֵבִים וּמִקְצָתָן שְׂבֵעִים; גָּמְרוּ שֶׁלֹּא לְעַשֵּׂר – רָעָב שֶׁל מְהוּמָה וְשֶׁל בַּצֹּרֶת בָּא; וְשֶׁלֹּא לִטֹּל אֶת הַחַלָּה – רָעָב שֶׁל כְּלָיָה בָּא;

[יא] דֶּבֶר בָּא לָעוֹלָם – עַל מִיתוֹת הָאֲמוּרוֹת בַּתּוֹרָה שֶׁלֹּא נִמְסְרוּ לְבֵית דִּין, וְעַל פֵּרוֹת שְׁבִיעִית; חֶרֶב בָּאָה לָעוֹלָם – עַל עִנּוּי הַדִּין, וְעַל עִוּוּת הַדִּין, וְעַל הַמּוֹרִים בַּתּוֹרָה שֶׁלֹּא כַהֲלָכָה; חַיָּה רָעָה בָּאָה לָעוֹלָם – עַל שְׁבוּעַת שָׁוְא, וְעַל חִלּוּל הַשֵּׁם; גָּלוּת בָּאָה לָעוֹלָם – עַל עוֹבְדֵי עֲבוֹדָה זָרָה, וְעַל גִּלּוּי עֲרָיוֹת, וְעַל שְׁפִיכוּת דָּמִים, וְעַל שְׁמִטַּת הָאָרֶץ.

[יב] בְּאַרְבָּעָה פְרָקִים הַדֶּבֶר מִתְרַבֶּה: בָּרְבִיעִית, וּבַשְּׁבִיעִית, וּבְמוֹצָאֵי שְׁבִיעִית, וּבְמוֹצָאֵי הֶחָג שֶׁבְּכָל שָׁנָה וְשָׁנָה. בָּרְבִיעִית, מִפְּנֵי מַעְשַׂר עָנִי שֶׁבַּשְּׁלִישִׁית; בַּשְּׁבִיעִית, מִפְּנֵי מַעְשַׂר עָנִי שֶׁבַּשִּׁשִּׁית; בְּמוֹצָאֵי שְׁבִיעִית, מִפְּנֵי פֵּרוֹת שְׁבִיעִית; בְּמוֹצָאֵי הֶחָג שֶׁבְּכָל שָׁנָה וְשָׁנָה, מִפְּנֵי גֶזֶל מַתְּנוֹת עֲנִיִּים.

[יג] אַרְבַּע מִדּוֹת בָּאָדָם: הָאוֹמֵר: „שֶׁלִּי שֶׁלִּי וְשֶׁלְּךָ שֶׁלָּךְ," זוֹ מִדָּה בֵינוֹנִית, וְיֵשׁ אוֹמְרִים: זוֹ מִדַּת סְדוֹם; „שֶׁלִּי שֶׁלָּךְ וְשֶׁלְּךָ שֶׁלִּי," עַם הָאָרֶץ; "שֶׁלִּי שֶׁלָּךְ וְשֶׁלְּךָ שֶׁלָּךְ," חָסִיד; „שֶׁלְּךָ שֶׁלִּי וְשֶׁלִּי שֶׁלִּי," רָשָׁע.

[יד] אַרְבַּע מִדּוֹת בְּדֵעוֹת: נוֹחַ לִכְעוֹס וְנוֹחַ לִרְצוֹת, יָצָא שְׂכָרוֹ בְּהֶפְסֵדוֹ; קָשֶׁה לִכְעוֹס וְקָשֶׁה לִרְצוֹת, יָצָא הֶפְסֵדוֹ בִשְׂכָרוֹ; קָשֶׁה לִכְעוֹס וְנוֹחַ לִרְצוֹת, חָסִיד; נוֹחַ לִכְעוֹס וְקָשֶׁה לִרְצוֹת, רָשָׁע.

[טו] אַרְבַּע מִדּוֹת בְּתַלְמִידִים: מָהִיר לִשְׁמוֹעַ וּמָהִיר לְאַבֵּד, יָצָא שְׂכָרוֹ בְּהֶפְסֵדוֹ; קָשֶׁה לִשְׁמוֹעַ וְקָשֶׁה לְאַבֵּד, יָצָא הֶפְסֵדוֹ בִשְׂכָרוֹ; מָהִיר לִשְׁמוֹעַ וְקָשֶׁה לְאַבֵּד, זֶה חֵלֶק טוֹב; קָשֶׁה לִשְׁמוֹעַ וּמָהִיר לְאַבֵּד, זֶה חֵלֶק רָע.

[טז] אַרְבַּע מִדּוֹת בְּנוֹתְנֵי צְדָקָה: הָרוֹצֶה שֶׁיִּתֵּן וְלֹא יִתְּנוּ אֲחֵרִים, עֵינוֹ רָעָה בְּשֶׁל אֲחֵרִים; יִתְּנוּ אֲחֵרִים וְהוּא לֹא יִתֵּן, עֵינוֹ רָעָה בְּשֶׁלּוֹ; יִתֵּן וְיִתְּנוּ אֲחֵרִים, חָסִיד; לֹא יִתֵּן וְלֹא יִתְּנוּ אֲחֵרִים, רָשָׁע.

[יז] אַרְבַּע מִדּוֹת בְּהוֹלְכֵי בֵית הַמִּדְרָשׁ: הוֹלֵךְ וְאֵינוֹ עוֹשֶׂה, שְׂכַר הֲלִיכָה בְּיָדוֹ, עוֹשֶׂה וְאֵינוֹ הוֹלֵךְ, שְׂכַר מַעֲשֶׂה בְּיָדוֹ; הוֹלֵךְ וְעוֹשֶׂה, חָסִיד; לֹא הוֹלֵךְ וְלֹא עוֹשֶׂה, רָשָׁע.

[יח] אַרְבַּע מִדּוֹת בְּיוֹשְׁבִים לִפְנֵי חֲכָמִים: סְפוֹג, וּמַשְׁפֵּךְ, מְשַׁמֶּרֶת, וְנָפָה. סְפוֹג, שֶׁהוּא סוֹפֵג אֶת הַכֹּל; וּמַשְׁפֵּךְ, שֶׁמַּכְנִיס בְּזוֹ וּמוֹצִיא בְזוֹ; מְשַׁמֶּרֶת, שֶׁמּוֹצִיאָה אֶת הַיַּיִן וְקוֹלֶטֶת אֶת הַשְּׁמָרִים; וְנָפָה, שֶׁמּוֹצִיאָה אֶת הַקֶּמַח וְקוֹלֶטֶת אֶת הַסֹּלֶת.

[יט] כָּל אַהֲבָה שֶׁהִיא תְלוּיָה בְדָבָר, בָּטֵל דָּבָר, בְּטֵלָה אַהֲבָה; וְשֶׁאֵינָהּ תְּלוּיָה בְדָבָר, אֵינָהּ בְּטֵלָה לְעוֹלָם. אֵיזוֹ הִיא אַהֲבָה שֶׁהִיא תְלוּיָה

בְּדָבָר? זוֹ אַהֲבַת אַמְנוֹן וְתָמָר. וְשֶׁאֵינָהּ תְּלוּיָה בְדָבָר? זוֹ אַהֲבַת דָּוִד וִיהוֹנָתָן.

[כ] כָּל מַחֲלֹקֶת שֶׁהִיא לְשֵׁם שָׁמַיִם, סוֹפָהּ לְהִתְקַיֵּם; וְשֶׁאֵינָהּ לְשֵׁם שָׁמַיִם, אֵין סוֹפָהּ לְהִתְקַיֵּם. אֵיזוֹ הִיא מַחֲלֹקֶת שֶׁהִיא לְשֵׁם שָׁמַיִם? זוֹ מַחֲלֹקֶת הִלֵּל וְשַׁמַּאי. וְשֶׁאֵינָהּ לְשֵׁם שָׁמַיִם? זוֹ מַחֲלֹקֶת קֹרַח וְכָל עֲדָתוֹ.

[כא] כָּל הַמְּזַכֶּה אֶת הָרַבִּים, אֵין חֵטְא בָּא עַל יָדוֹ; וְכָל הַמַּחֲטִיא אֶת הָרַבִּים, אֵין מַסְפִּיקִין בְּיָדוֹ לַעֲשׂוֹת תְּשׁוּבָה. מֹשֶׁה זָכָה וְזִכָּה אֶת הָרַבִּים, זְכוּת הָרַבִּים תָּלוּי בּוֹ, שֶׁנֶּאֱמַר: „צִדְקַת יהוה עָשָׂה, וּמִשְׁפָּטָיו עִם יִשְׂרָאֵל.״[1] יָרָבְעָם בֶּן נְבָט חָטָא וְהֶחֱטִיא אֶת הָרַבִּים, חֵטְא הָרַבִּים תָּלוּי בּוֹ, שֶׁנֶּאֱמַר: „עַל חַטֹּאות יָרָבְעָם אֲשֶׁר חָטָא, וַאֲשֶׁר הֶחֱטִיא אֶת יִשְׂרָאֵל.״[2]

[כב] כָּל מִי שֶׁיֶּשׁ בְּיָדוֹ שְׁלֹשָׁה דְבָרִים הַלָּלוּ, הוּא מִתַּלְמִידָיו שֶׁל אַבְרָהָם אָבִינוּ; וּשְׁלֹשָׁה דְבָרִים אֲחֵרִים, הוּא מִתַּלְמִידָיו שֶׁל בִּלְעָם הָרָשָׁע. עַיִן טוֹבָה, וְרוּחַ נְמוּכָה, וְנֶפֶשׁ שְׁפָלָה – תַּלְמִידָיו שֶׁל אַבְרָהָם אָבִינוּ. עַיִן רָעָה, וְרוּחַ גְּבוֹהָה, וְנֶפֶשׁ רְחָבָה – תַּלְמִידָיו שֶׁל בִּלְעָם הָרָשָׁע. מַה בֵּין תַּלְמִידָיו שֶׁל אַבְרָהָם אָבִינוּ לְתַלְמִידָיו שֶׁל בִּלְעָם הָרָשָׁע? תַּלְמִידָיו שֶׁל אַבְרָהָם אָבִינוּ אוֹכְלִין בָּעוֹלָם הַזֶּה, וְנוֹחֲלִין הָעוֹלָם הַבָּא, שֶׁנֶּאֱמַר: „לְהַנְחִיל אֹהֲבַי יֵשׁ, וְאֹצְרֹתֵיהֶם אֲמַלֵּא.״[3] אֲבָל תַּלְמִידָיו שֶׁל בִּלְעָם הָרָשָׁע יוֹרְשִׁין גֵּיהִנֹּם, וְיוֹרְדִין לִבְאֵר שַׁחַת, שֶׁנֶּאֱמַר: „וְאַתָּה אֱלֹהִים תּוֹרִדֵם לִבְאֵר שַׁחַת, אַנְשֵׁי דָמִים וּמִרְמָה לֹא יֶחֱצוּ יְמֵיהֶם, וַאֲנִי אֶבְטַח בָּךְ.״[4]

[כג] יְהוּדָה בֶּן תֵּימָא אוֹמֵר: הֱוֵי עַז כַּנָּמֵר, וְקַל כַּנֶּשֶׁר, רָץ כַּצְּבִי, וְגִבּוֹר כָּאֲרִי – לַעֲשׂוֹת רְצוֹן אָבִיךָ שֶׁבַּשָּׁמָיִם.

[כד] הוּא הָיָה אוֹמֵר: עַז פָּנִים לְגֵיהִנֹּם, וּבֹשֶׁת פָּנִים לְגַן עֵדֶן. יְהִי רָצוֹן מִלְּפָנֶיךָ, יהוה אֱלֹהֵינוּ וֵאלֹהֵי אֲבוֹתֵינוּ, שֶׁיִּבָּנֶה בֵּית הַמִּקְדָּשׁ בִּמְהֵרָה בְיָמֵינוּ, וְתֵן חֶלְקֵנוּ בְּתוֹרָתֶךָ.

[כה] הוּא הָיָה אוֹמֵר: בֶּן חָמֵשׁ שָׁנִים לַמִּקְרָא, בֶּן עֶשֶׂר שָׁנִים לַמִּשְׁנָה, בֶּן שְׁלֹשׁ עֶשְׂרֵה לַמִּצְוֹת, בֶּן חֲמֵשׁ עֶשְׂרֵה לַגְּמָרָא, בֶּן שְׁמוֹנֶה עֶשְׂרֵה לַחֻפָּה, בֶּן עֶשְׂרִים לִרְדּוֹף, בֶּן שְׁלֹשִׁים לַכֹּחַ, בֶּן אַרְבָּעִים לַבִּינָה, בֶּן חֲמִשִּׁים לְעֵצָה, בֶּן שִׁשִּׁים לְזִקְנָה, בֶּן שִׁבְעִים לְשֵׂיבָה, בֶּן שְׁמוֹנִים לִגְבוּרָה, בֶּן תִּשְׁעִים לָשׁוּחַ, בֶּן מֵאָה כְּאִלּוּ מֵת וְעָבַר וּבָטֵל מִן הָעוֹלָם.

[כו] בֶּן בַּג בַּג אוֹמֵר: הֲפָךְ בָּהּ וַהֲפָךְ בָּהּ, דְּכֹלָּא בָהּ; וּבָהּ תֶּחֱזֵי, וְסִיב וּבְלֵה בָהּ, וּמִנַּהּ לָא תָזוּעַ, שֶׁאֵין לְךָ מִדָּה טוֹבָה הֵימֶנָּה. בֶּן הֵא הֵא אוֹמֵר: לְפוּם צַעֲרָא אַגְרָא.

(1) דברים לג:כא (2) מלכים א טו:ל (3) משלי ח:כא (4) תהלים נה:כד

רַבִּי חֲנַנְיָא בֶּן עֲקַשְׁיָא אוֹמֵר: רָצָה הַקָּדוֹשׁ בָּרוּךְ הוּא לְזַכּוֹת אֶת יִשְׂרָאֵל, לְפִיכָךְ הִרְבָּה לָהֶם תּוֹרָה וּמִצְוֹת, שֶׁנֶּאֱמַר: „יהוה חָפֵץ לְמַעַן צִדְקוֹ יַגְדִּיל תּוֹרָה וְיַאְדִּיר."[1]

בצבור אומרים כאן קדיש דרבנן (עמ' 283).

## פרק ששי

כָּל יִשְׂרָאֵל יֵשׁ לָהֶם חֵלֶק לָעוֹלָם הַבָּא, שֶׁנֶּאֱמַר: „וְעַמֵּךְ כֻּלָּם צַדִּיקִים, לְעוֹלָם יִירְשׁוּ אָרֶץ, נֵצֶר מַטָּעַי, מַעֲשֵׂה יָדַי לְהִתְפָּאֵר."[2]

❦ ❦ ❦

**שָׁנוּ חֲכָמִים** בִּלְשׁוֹן הַמִּשְׁנָה. בָּרוּךְ שֶׁבָּחַר בָּהֶם וּבְמִשְׁנָתָם.

[א] רַבִּי מֵאִיר אוֹמֵר: כָּל הָעוֹסֵק בַּתּוֹרָה לִשְׁמָהּ זוֹכֶה לִדְבָרִים הַרְבֵּה; וְלֹא עוֹד, אֶלָּא שֶׁכָּל הָעוֹלָם כֻּלּוֹ כְּדַאי הוּא לוֹ. נִקְרָא רֵעַ, אָהוּב. אוֹהֵב אֶת הַמָּקוֹם, אוֹהֵב אֶת הַבְּרִיּוֹת, מְשַׂמֵּחַ אֶת הַמָּקוֹם, מְשַׂמֵּחַ אֶת הַבְּרִיּוֹת. וּמַלְבַּשְׁתּוֹ עֲנָוָה וְיִרְאָה; וּמַכְשַׁרְתּוֹ לִהְיוֹת צַדִּיק, חָסִיד, יָשָׁר, וְנֶאֱמָן; וּמְרַחַקְתּוֹ מִן הַחֵטְא, וּמְקָרַבְתּוֹ לִידֵי זְכוּת. וְנֶהֱנִין מִמֶּנּוּ עֵצָה וְתוּשִׁיָּה, בִּינָה וּגְבוּרָה, שֶׁנֶּאֱמַר: „לִי עֵצָה וְתוּשִׁיָּה, אֲנִי בִינָה, לִי גְבוּרָה".[3] וְנוֹתֶנֶת לוֹ מַלְכוּת, וּמֶמְשָׁלָה, וְחִקּוּר דִּין; וּמְגַלִּין לוֹ רָזֵי תוֹרָה; וְנַעֲשֶׂה כְּמַעְיָן הַמִּתְגַּבֵּר, וּכְנָהָר שֶׁאֵינוֹ פּוֹסֵק; וְהֹוֶה צָנוּעַ, וְאֶרֶךְ רוּחַ, וּמוֹחֵל עַל עֶלְבּוֹנוֹ. וּמְגַדַּלְתּוֹ וּמְרוֹמַמְתּוֹ עַל כָּל הַמַּעֲשִׂים.

[ב] אָמַר רַבִּי יְהוֹשֻׁעַ בֶּן לֵוִי: בְּכָל יוֹם וָיוֹם בַּת קוֹל יוֹצֵאת מֵהַר חוֹרֵב, וּמַכְרֶזֶת וְאוֹמֶרֶת: „אוֹי לָהֶם לַבְּרִיּוֹת, מֵעֶלְבּוֹנָהּ שֶׁל תּוֹרָה!", שֶׁכָּל מִי שֶׁאֵינוֹ עוֹסֵק בַּתּוֹרָה נִקְרָא נָזוּף, שֶׁנֶּאֱמַר: „נֶזֶם זָהָב בְּאַף חֲזִיר, אִשָּׁה יָפָה וְסָרַת טָעַם."[4] וְאוֹמֵר: „וְהַלֻּחֹת מַעֲשֵׂה אֱלֹהִים הֵמָּה, וְהַמִּכְתָּב מִכְתַּב אֱלֹהִים הוּא חָרוּת עַל הַלֻּחֹת",[5] אַל תִּקְרָא „חָרוּת" אֶלָּא „חֵרוּת," שֶׁאֵין לְךָ בֶּן חוֹרִין אֶלָּא מִי שֶׁעוֹסֵק בְּתַלְמוּד תּוֹרָה. וְכָל מִי שֶׁעוֹסֵק בְּתַלְמוּד תּוֹרָה הֲרֵי זֶה מִתְעַלֶּה, שֶׁנֶּאֱמַר: „וּמִמַּתָּנָה נַחֲלִיאֵל, וּמִנַּחֲלִיאֵל בָּמוֹת."[6]

[ג] הַלּוֹמֵד מֵחֲבֵרוֹ פֶּרֶק אֶחָד, אוֹ הֲלָכָה אֶחָת, אוֹ פָּסוּק אֶחָד, אוֹ דִבּוּר אֶחָד, אוֹ אֲפִילוּ אוֹת אֶחָת – צָרִיךְ לִנְהָג בּוֹ כָּבוֹד. שֶׁכֵּן מָצִינוּ בְּדָוִד מֶלֶךְ יִשְׂרָאֵל, שֶׁלֹּא לָמַד מֵאֲחִיתֹפֶל אֶלָּא שְׁנֵי דְבָרִים בִּלְבָד, וּקְרָאוֹ רַבּוֹ, אַלּוּפוֹ, וּמְיֻדָּעוֹ, שֶׁנֶּאֱמַר: „וְאַתָּה אֱנוֹשׁ כְּעֶרְכִּי, אַלּוּפִי וּמְיֻדָּעִי."[7] וַהֲלֹא דְבָרִים קַל וָחֹמֶר: וּמַה דָּוִד מֶלֶךְ יִשְׂרָאֵל, שֶׁלֹּא לָמַד מֵאֲחִיתֹפֶל אֶלָּא שְׁנֵי דְבָרִים בִּלְבָד, קְרָאוֹ רַבּוֹ אַלּוּפוֹ וּמְיֻדָּעוֹ – הַלּוֹמֵד מֵחֲבֵרוֹ פֶּרֶק אֶחָד, אוֹ הֲלָכָה אֶחָת, אוֹ פָּסוּק אֶחָד, אוֹ דִבּוּר אֶחָד, אוֹ אֲפִילוּ אוֹת אֶחָת, עַל אַחַת כַּמָּה וְכַמָּה שֶׁצָּרִיךְ לִנְהָג בּוֹ כָּבוֹד! וְאֵין כָּבוֹד אֶלָּא תוֹרָה, שֶׁנֶּאֱמַר: „כָּבוֹד חֲכָמִים יִנְחָלוּ";[8] „וּתְמִימִים יִנְחֲלוּ טוֹב".[9] וְאֵין טוֹב אֶלָּא תוֹרָה, שֶׁנֶּאֱמַר: „כִּי לֶקַח טוֹב נָתַתִּי לָכֶם, תּוֹרָתִי אַל תַּעֲזֹבוּ."[10]

---

(1) ישעיה מב:כא (2) ס:כא (3) משלי ח:יד (4) יא:כב (5) שמות לב:טז
(6) במדבר כא:יט (7) תהלים נה:יד (8) משלי ג:לה (9) כח:י (10) ד:ב

[ד] כַּךְ הִיא דַּרְכָּהּ שֶׁל תּוֹרָה: פַּת בְּמֶלַח תֹּאכֵל, וּמַיִם בִּמְשׂוּרָה תִּשְׁתֶּה,[1] וְעַל הָאָרֶץ תִּישַׁן, וְחַיֵּי צַעַר תִּחְיֶה, וּבַתּוֹרָה אַתָּה עָמֵל; אִם אַתָּה עוֹשֶׂה כֵּן, ,,אַשְׁרֶיךָ וְטוֹב לָךְ״:[2] ,,אַשְׁרֶיךָ״ – בָּעוֹלָם הַזֶּה, ,,וְטוֹב לָךְ״ – לָעוֹלָם הַבָּא.

[ה] אַל תְּבַקֵּשׁ גְּדֻלָּה לְעַצְמְךָ, וְאַל תַּחְמֹד כָּבוֹד; יוֹתֵר מִלִּמּוּדְךָ עֲשֵׂה. וְאַל תִּתְאַוֶּה לְשֻׁלְחָנָם שֶׁל מְלָכִים, שֶׁשֻּׁלְחָנְךָ גָּדוֹל מִשֻּׁלְחָנָם, וְכִתְרְךָ גָּדוֹל מִכִּתְרָם; וְנֶאֱמָן הוּא בַּעַל מְלַאכְתְּךָ, שֶׁיְּשַׁלֶּם לְךָ שְׂכַר פְּעֻלָּתֶךָ.

[ו] גְּדוֹלָה תוֹרָה יוֹתֵר מִן הַכְּהֻנָּה וּמִן הַמַּלְכוּת, שֶׁהַמַּלְכוּת נִקְנֵית בִּשְׁלֹשִׁים מַעֲלוֹת, וְהַכְּהֻנָּה נִקְנֵית בְּעֶשְׂרִים וְאַרְבָּעָה, וְהַתּוֹרָה נִקְנֵית בְּאַרְבָּעִים וּשְׁמוֹנָה דְבָרִים, וְאֵלּוּ הֵן: בְּתַלְמוּד, בִּשְׁמִיעַת הָאֹזֶן, בַּעֲרִיכַת שְׂפָתָיִם, בְּבִינַת הַלֵּב, בְּשִׂכְלוּת הַלֵּב, בְּאֵימָה, בְּיִרְאָה, בַּעֲנָוָה, בְּשִׂמְחָה, בְּטָהֳרָה, בְּשִׁמּוּשׁ חֲכָמִים, בְּדִקְדּוּק חֲבֵרִים, בְּפִלְפּוּל הַתַּלְמִידִים, בְּיִשּׁוּב, בְּמִקְרָא, בְּמִשְׁנָה, בְּמִעוּט סְחוֹרָה, בְּמִעוּט דֶּרֶךְ אֶרֶץ, בְּמִעוּט תַּעֲנוּג, בְּמִעוּט שֵׁנָה, בְּמִעוּט שִׂיחָה, בְּמִעוּט שְׂחוֹק, בְּאֶרֶךְ אַפַּיִם, בְּלֵב טוֹב, בֶּאֱמוּנַת חֲכָמִים, בְּקַבָּלַת הַיִּסּוּרִין, הַמַּכִּיר אֶת מְקוֹמוֹ, וְהַשָּׂמֵחַ בְּחֶלְקוֹ, וְהָעוֹשֶׂה סְיָג לִדְבָרָיו, וְאֵינוֹ מַחֲזִיק טוֹבָה לְעַצְמוֹ, אָהוּב, אוֹהֵב אֶת הַמָּקוֹם, אוֹהֵב אֶת הַבְּרִיּוֹת, אוֹהֵב אֶת הַצְּדָקוֹת, אוֹהֵב אֶת הַמֵּישָׁרִים, אוֹהֵב אֶת הַתּוֹכָחוֹת, וּמִתְרַחֵק מִן הַכָּבוֹד, וְלֹא מֵגִיס לִבּוֹ בְּתַלְמוּדוֹ, וְאֵינוֹ שָׂמֵחַ בְּהוֹרָאָה, נוֹשֵׂא בְעֹל עִם חֲבֵרוֹ, וּמַכְרִיעוֹ לְכַף זְכוּת, וּמַעֲמִידוֹ עַל הָאֱמֶת, וּמַעֲמִידוֹ עַל הַשָּׁלוֹם, וּמִתְיַשֵּׁב לִבּוֹ בְּתַלְמוּדוֹ, שׁוֹאֵל וּמֵשִׁיב, שׁוֹמֵעַ וּמוֹסִיף, הַלּוֹמֵד עַל מְנָת לְלַמֵּד, וְהַלּוֹמֵד עַל מְנָת לַעֲשׂוֹת, הַמַּחְכִּים אֶת רַבּוֹ, וְהַמְּכַוֵּן אֶת שְׁמוּעָתוֹ, וְהָאוֹמֵר דָּבָר בְּשֵׁם אוֹמְרוֹ. הָא לָמַדְתָּ, כָּל הָאוֹמֵר דָּבָר בְּשֵׁם אוֹמְרוֹ, מֵבִיא גְאֻלָּה לָעוֹלָם, שֶׁנֶּאֱמַר: ,,וַתֹּאמֶר אֶסְתֵּר לַמֶּלֶךְ בְּשֵׁם מָרְדֳּכָי.״[3]

[ז] גְּדוֹלָה תוֹרָה, שֶׁהִיא נוֹתֶנֶת חַיִּים לְעוֹשֶׂיהָ בָּעוֹלָם הַזֶּה וּבָעוֹלָם הַבָּא, שֶׁנֶּאֱמַר: ,,כִּי חַיִּים הֵם לְמֹצְאֵיהֶם, וּלְכָל בְּשָׂרוֹ מַרְפֵּא״.[4] וְאוֹמֵר: ,,רִפְאוּת תְּהִי לְשָׁרֶּךָ, וְשִׁקּוּי לְעַצְמוֹתֶיךָ״.[5] וְאוֹמֵר: ,,עֵץ חַיִּים הִיא לַמַּחֲזִיקִים בָּהּ וְתֹמְכֶיהָ מְאֻשָּׁר״.[6] וְאוֹמֵר: ,,כִּי לִוְיַת חֵן הֵם לְרֹאשֶׁךָ, וַעֲנָקִים לְגַרְגְּרֹתֶיךָ״.[7] וְאוֹמֵר: ,,תִּתֵּן לְרֹאשְׁךָ לִוְיַת חֵן, עֲטֶרֶת תִּפְאֶרֶת תְּמַגְּנֶךָּ״.[8] וְאוֹמֵר: ,,כִּי בִי יִרְבּוּ יָמֶיךָ, וְיוֹסִיפוּ לְךָ שְׁנוֹת חַיִּים״.[9] וְאוֹמֵר: ,,אֹרֶךְ יָמִים בִּימִינָהּ, בִּשְׂמֹאולָהּ עֹשֶׁר וְכָבוֹד״.[10] וְאוֹמֵר: ,,כִּי אֹרֶךְ יָמִים וּשְׁנוֹת חַיִּים, וְשָׁלוֹם יוֹסִיפוּ לָךְ.״[11]

[ח] רַבִּי שִׁמְעוֹן בֶּן יְהוּדָה מִשּׁוּם רַבִּי שִׁמְעוֹן בֶּן יוֹחַאי אוֹמֵר: הַנּוֹי, וְהַכֹּחַ, וְהָעֹשֶׁר, וְהַכָּבוֹד, וְהַחָכְמָה, וְהַזִּקְנָה, וְהַשֵּׂיבָה, וְהַבָּנִים – נָאֶה לַצַּדִּיקִים וְנָאֶה לָעוֹלָם, שֶׁנֶּאֱמַר: ,,עֲטֶרֶת תִּפְאֶרֶת שֵׂיבָה, בְּדֶרֶךְ צְדָקָה

(1) יחזקאל ד:יא (2) תהלים קכח:ב (3) אסתר ב:כב (4) משלי ד:כב (5) ג:ח (6) ג:יח (7) א:ט (8) ד:ט (9) ט:יא (10) ג:טז (11) ג:ב

תִּמָּצֵא״.[1] וְאוֹמֵר: „עֲטֶרֶת זְקֵנִים בְּנֵי בָנִים, וְתִפְאֶרֶת בָּנִים אֲבוֹתָם״.[2] וְאוֹמֵר: „תִּפְאֶרֶת בַּחוּרִים כֹּחָם, וַהֲדַר זְקֵנִים שֵׂיבָה״.[3] וְאוֹמֵר „וְחָפְרָה הַלְּבָנָה וּבוֹשָׁה הַחַמָּה, כִּי מָלַךְ יהוה צְבָאוֹת בְּהַר צִיּוֹן וּבִירוּשָׁלַיִם, וְנֶגֶד זְקֵנָיו כָּבוֹד.״[4] רַבִּי שִׁמְעוֹן בֶּן מְנַסְיָא אוֹמֵר: אֵלּוּ שֶׁבַע מִדּוֹת, שֶׁמָּנוּ חֲכָמִים לַצַּדִּיקִים, כֻּלָּם נִתְקַיְּמוּ בְּרַבִּי וּבְבָנָיו.

[ט] אָמַר רַבִּי יוֹסֵי בֶּן קִסְמָא: פַּעַם אַחַת הָיִיתִי מְהַלֵּךְ בַּדֶּרֶךְ, וּפָגַע בִּי אָדָם אֶחָד. וְנָתַן לִי שָׁלוֹם, וְהֶחֱזַרְתִּי לוֹ שָׁלוֹם. אָמַר לִי: „רַבִּי, מֵאֵיזֶה מָקוֹם אָתָּה?״ אָמַרְתִּי לוֹ: „מֵעִיר גְּדוֹלָה שֶׁל חֲכָמִים וְשֶׁל סוֹפְרִים אָנִי״. אָמַר לִי: „רַבִּי, רְצוֹנְךָ שֶׁתָּדוּר עִמָּנוּ בִּמְקוֹמֵנוּ, וַאֲנִי אֶתֵּן לְךָ אֶלֶף אֲלָפִים דִּינְרֵי זָהָב וַאֲבָנִים טוֹבוֹת וּמַרְגָּלִיּוֹת?״ אָמַרְתִּי לוֹ: „אִם אַתָּה נוֹתֵן לִי כָּל כֶּסֶף וְזָהָב וַאֲבָנִים טוֹבוֹת וּמַרְגָּלִיּוֹת שֶׁבָּעוֹלָם, אֵינִי דָר אֶלָּא בִּמְקוֹם תּוֹרָה״. וְכֵן כָּתוּב בְּסֵפֶר תְּהִלִּים עַל יְדֵי דָוִד מֶלֶךְ יִשְׂרָאֵל: „טוֹב לִי תוֹרַת פִּיךָ מֵאַלְפֵי זָהָב וָכָסֶף״.[5] וְלֹא עוֹד אֶלָּא שֶׁבִּשְׁעַת פְּטִירָתוֹ שֶׁל אָדָם אֵין מְלַוִּין לוֹ לְאָדָם לֹא כֶסֶף וְלֹא זָהָב וְלֹא אֲבָנִים טוֹבוֹת וּמַרְגָּלִיּוֹת, אֶלָּא תּוֹרָה וּמַעֲשִׂים טוֹבִים בִּלְבָד, שֶׁנֶּאֱמַר: „בְּהִתְהַלֶּכְךָ תַּנְחֶה אֹתָךְ, בְּשָׁכְבְּךָ תִּשְׁמֹר עָלֶיךָ, וַהֲקִיצוֹתָ הִיא תְשִׂיחֶךָ.״[6] „בְּהִתְהַלֶּכְךָ תַּנְחֶה אֹתָךְ״ – בָּעוֹלָם הַזֶּה; „בְּשָׁכְבְּךָ תִּשְׁמֹר עָלֶיךָ״ – בַּקֶּבֶר; „וַהֲקִיצוֹתָ הִיא תְשִׂיחֶךָ״ – לָעוֹלָם הַבָּא. וְאוֹמֵר: „לִי הַכֶּסֶף וְלִי הַזָּהָב, נְאֻם יהוה צְבָאוֹת.״[7]

[י] חֲמִשָּׁה קִנְיָנִים קָנָה הַקָּדוֹשׁ בָּרוּךְ הוּא בְּעוֹלָמוֹ, וְאֵלּוּ הֵן: תּוֹרָה – קִנְיָן אֶחָד, שָׁמַיִם וָאָרֶץ – קִנְיָן אֶחָד, אַבְרָהָם – קִנְיָן אֶחָד, יִשְׂרָאֵל – קִנְיָן אֶחָד, בֵּית הַמִּקְדָּשׁ – קִנְיָן אֶחָד. תּוֹרָה מִנַּיִן? דִּכְתִיב: „יהוה קָנָנִי רֵאשִׁית דַּרְכּוֹ, קֶדֶם מִפְעָלָיו מֵאָז.״[8] שָׁמַיִם וָאָרֶץ מִנַּיִן? דִּכְתִיב: „כֹּה אָמַר יהוה, הַשָּׁמַיִם כִּסְאִי, וְהָאָרֶץ הֲדֹם רַגְלָי, אֵי זֶה בַיִת אֲשֶׁר תִּבְנוּ לִי, וְאֵי זֶה מָקוֹם מְנוּחָתִי״;[9] וְאוֹמֵר: „מָה רַבּוּ מַעֲשֶׂיךָ יהוה, כֻּלָּם בְּחָכְמָה עָשִׂיתָ, מָלְאָה הָאָרֶץ קִנְיָנֶךָ.״[10] אַבְרָהָם מִנַּיִן? דִּכְתִיב: „וַיְבָרְכֵהוּ וַיֹּאמַר, בָּרוּךְ אַבְרָם לְאֵל עֶלְיוֹן, קֹנֵה שָׁמַיִם וָאָרֶץ.״[11] יִשְׂרָאֵל מִנַּיִן? דִּכְתִיב: „עַד יַעֲבֹר עַמְּךָ יהוה, עַד יַעֲבֹר עַם זוּ קָנִיתָ״;[12] וְאוֹמֵר: „לִקְדוֹשִׁים אֲשֶׁר בָּאָרֶץ הֵמָּה, וְאַדִּירֵי כָּל חֶפְצִי בָם.״[13] בֵּית הַמִּקְדָּשׁ מִנַּיִן? דִּכְתִיב: „מָכוֹן לְשִׁבְתְּךָ פָּעַלְתָּ יהוה, מִקְּדָשׁ אֲדֹנָי כּוֹנְנוּ יָדֶיךָ״;[14] וְאוֹמֵר: „וַיְבִיאֵם אֶל גְּבוּל קָדְשׁוֹ, הַר זֶה קָנְתָה יְמִינוֹ.״[15]

[יא] כָּל מַה שֶּׁבָּרָא הַקָּדוֹשׁ בָּרוּךְ הוּא בְּעוֹלָמוֹ לֹא בְרָאוֹ אֶלָּא לִכְבוֹדוֹ, שֶׁנֶּאֱמַר: „כֹּל הַנִּקְרָא בִשְׁמִי וְלִכְבוֹדִי בְּרָאתִיו, יְצַרְתִּיו אַף עֲשִׂיתִיו״;[16] וְאוֹמֵר: „יהוה יִמְלֹךְ לְעֹלָם וָעֶד.״[17]

---

(1) משלי טז:לא (2) יז:ו (3) כ:כט (4) ישעיה כד:כג (5) תהלים קיט:עב (6) משלי ו:כב (7) חגי ב:ח (8) משלי ח:כב (9) ישעיה סו:א (10) תהלים קד:כד (11) בראשית יד:יט (12) שמות טו:טז (13) תהלים טז:ג (14) שמות טו:יז (15) תהלים עח:נד (16) ישעיה מג:ז (17) שמות טו:יח

רַבִּי חֲנַנְיָא בֶּן עֲקַשְׁיָא אוֹמֵר: רָצָה הַקָּדוֹשׁ בָּרוּךְ הוּא לְזַכּוֹת אֶת יִשְׂרָאֵל, לְפִיכָךְ הִרְבָּה לָהֶם תּוֹרָה וּמִצְוֹת, שֶׁנֶּאֱמַר: ,,יהוה חָפֵץ לְמַעַן צִדְקוֹ יַגְדִּיל תּוֹרָה וְיַאְדִּיר.''[1]

קדיש דרבנן

**יִתְגַּדַּל** וְיִתְקַדַּשׁ שְׁמֵהּ רַבָּא. בְּעָלְמָא דִּי בְרָא כִרְעוּתֵהּ. וְיַמְלִיךְ מַלְכוּתֵהּ, וְיַצְמַח פֻּרְקָנֵהּ וִיקָרֵב מְשִׁיחֵהּ. בְּחַיֵּיכוֹן וּבְיוֹמֵיכוֹן וּבְחַיֵּי דְכָל בֵּית יִשְׂרָאֵל, בַּעֲגָלָא וּבִזְמַן קָרִיב. וְאִמְרוּ: אָמֵן.

**יְהֵא שְׁמֵהּ רַבָּא מְבָרַךְ לְעָלַם וּלְעָלְמֵי עָלְמַיָּא. יִתְבָּרַךְ** וְיִשְׁתַּבַּח וְיִתְפָּאַר וְיִתְרוֹמַם וְיִתְנַשֵּׂא וְיִתְהַדָּר וְיִתְעַלֶּה וְיִתְהַלָּל שְׁמֵהּ דְּקֻדְשָׁא בְּרִיךְ הוּא – לְעֵלָּא מִן כָּל בִּרְכָתָא וְשִׁירָתָא תֻּשְׁבְּחָתָא וְנֶחֱמָתָא דַּאֲמִירָן בְּעָלְמָא. וְאִמְרוּ: אָמֵן.

עַל יִשְׂרָאֵל וְעַל רַבָּנָן, וְעַל תַּלְמִידֵיהוֹן וְעַל כָּל תַּלְמִידֵי תַלְמִידֵיהוֹן, וְעַל כָּל מָאן דְּעָסְקִין בְּאוֹרַיְתָא, דִּי בְאַתְרָא הָדֵין וְדִי בְכָל אֲתַר וַאֲתַר. יְהֵא לְהוֹן וּלְכוֹן שְׁלָמָא רַבָּא, חִנָּא וְחִסְדָּא וְרַחֲמִין, וְחַיִּין אֲרִיכִין, וּמְזוֹנֵי רְוִיחֵי, וּפֻרְקָנָא, מִן קֳדָם אֲבוּהוֹן דִּי בִשְׁמַיָּא וְאַרְעָא. וְאִמְרוּ: אָמֵן.

יְהֵא שְׁלָמָא רַבָּא מִן שְׁמַיָּא, וְחַיִּים טוֹבִים עָלֵינוּ וְעַל כָּל יִשְׂרָאֵל. וְאִמְרוּ: אָמֵן.

עֹשֶׂה שָׁלוֹם בִּמְרוֹמָיו, הוּא יַעֲשֶׂה שָׁלוֹם עָלֵינוּ, וְעַל כָּל יִשְׂרָאֵל. וְאִמְרוּ: אָמֵן.

## שלש סעודות

זוהר, יתרו דף פח:ב

**תָּא חֲזִי** בְּכָל שִׁתָּא יוֹמֵי דְשַׁבַּתָּא כַּד מָטָא שַׁעְתָּא דִּצְלוֹתָא דְמִנְחָה, דִּינָא תַקִּיפָא שַׁלְטָא וְכָל דִּינִין מִתְעָרִין. אֲבָל בְּיוֹמָא דְשַׁבַּתָּא כַּד מָטָא עִדָּן דִּצְלוֹתָא דְמִנְחָה רַעֲוָא דְרַעֲוִין אִשְׁתַּכַּח, וְעַתִּיקָא קַדִּישָׁא גַּלְיָא רְצוֹן דִּילֵהּ, וְכָל דִּינִין דִּילֵהּ מִתְכַּפְיָן וּמִשְׁתַּכַּח רְעוּתָא וְחֵידוּ בְּכֹלָּא, וּבְהַאי רָצוֹן אִסְתַּלַּק מֹשֶׁה נְבִיאָה מְהֵימְנָא קַדִּישָׁא מֵעָלְמָא, בְּגִין לְמִנְדַּע דְּלָא בְדִינָא אִסְתַּלַּק. וְהַהִיא שַׁעְתָּא בִּרְצוֹן דְּעַתִּיקָא קַדִּישָׁא נָפִיק נִשְׁמָתֵהּ וְאִתְטַמַּר בֵּהּ, בְּגִין כַּךְ וְלֹא יָדַע אִישׁ אֶת קְבֻרָתוֹ[2] כְּתִיב. מָה עַתִּיקָא קַדִּישָׁא טְמִירָא מִכָּל טְמִירִין וְלָא יָדְעִין עִלָּאִין וְתַתָּאִין, אוֹף הָכָא הַאי נִשְׁמָתָא דְּאִתְטַמַּר בְּהַאי רָצוֹן דְּאִתְגַּלְיָא בְּשַׁעְתָּא דִּצְלוֹתָא דְמִנְחָה דְשַׁבַּתָּא, כְּתִיב, וְלֹא יָדַע אִישׁ אֶת קְבֻרָתוֹ,[2] וְהוּא טָמִיר מִכָּל טְמִירִין דְּעָלְמָא וְדִינָא לָא שַׁלְטָא בֵּהּ. זַכָּאָה חֻלָקֵהּ דְּמֹשֶׁה. תָּאנָא בְּהַאי יוֹמָא דְּאוֹרַיְתָא מִתְעַטְּרָא בֵּהּ מִתְעַטְּרָא בְּכֹלָּא בְּכָל אִנּוּן פִּקּוּדִין בְּכָל אִנּוּן גְּזֵרִין וְעוֹנָשִׁין בְּשַׁבְעִין עַנְפִּין דִּנְהוֹרָא דְּנָהֲרִין מִכָּל סִטְרָא וְסִטְרָא. מַאן חָמֵי עַנְפִּין דְּנָפְקִין מִכָּל עַנְפָּא וְעַנְפָּא חַמְשָׁא קַיְּמִין בְּגוֹ אִילָנָא כֻּלְּהוּ עַנְפִּין בְּהוּ אֲחִידָן, מַאן חָמֵי אִנּוּן תַּרְעִין דְּמִתְפַּתְּחִין בְּכָל סְטַר וּסְטַר כֻּלְּהוּ מִזְדַּהֲרִין וְנָהֲרִין בְּהַהוּא נְהוֹרָא דְּנָפִיק וְלָא פָּסִיק, קָל כָּרוֹזָא נָפִיק, אִתְעֲרוּ קַדִּישֵׁי עֶלְיוֹנִין אִתְעֲרוּ עַמָּא קַדִּישָׁא דְּאִתְבְּחַר לְעֵלָּא וְתַתָּא, אִתְעֲרוּ חֶדְוָתָא לְקַדְמוּת מָארֵיכוֹן, אִתְעֲרוּ בְּחֶדְוָתָא שְׁלֵימָתָא אִזְדַּמְּנוּ בִּתְלַת חֶדְוָן. דִּתְלַת אֲבָהָן אִזְדַּמְּנוּ לְקַדְמוּת מְהֵימְנוּתָא דְּחֶדְוָא דְּכָל חֶדְוָתָא, זַכָּאָה חֻלָקֵיכוֹן יִשְׂרָאֵל קַדִּישִׁין בְּעָלְמָא דֵין וּבְעָלְמָא דְאָתֵי. דָּא הוּא יְרוּתָא לְכוֹן מִכָּל עַמִּין עוֹבְדֵי כוֹכָבִים, וְעַל דָּא כְּתִיב בֵּינִי וּבֵין בְּנֵי יִשְׂרָאֵל.[3] אָמַר רַבִּי יְהוּדָה הָכִי הוּא וַדַּאי וְעַל דָּא כְּתִיב,

(1) ישעיה מב:כא (2) דברים לד:ו (3) שמות לא:יז

זָכוֹר אֶת יוֹם הַשַּׁבָּת לְקַדְּשׁוֹ,[1] וּכְתִיב, קְדֹשִׁים תִּהְיוּ כִּי קָדוֹשׁ אֲנִי יהוה,[2] וּכְתִיב, וְקָרָאתָ לַשַּׁבָּת עֹנֶג לִקְדוֹשׁ יהוה מְכֻבָּד.[3] תָּאנָא, בְּהַאי יוֹמָא כָּל נִשְׁמָתְהוֹן דְּצַדִּיקַיָּא מִתְעַדְּנִין בְּתַפְנוּקֵי עַתִּיקָא קַדִּישָׁא סְתִימָא דְּכָל סְתִימִין, וְרוּחָא דָא מֵעֲנוּגָא דְּהַהוּא עַתִּיקָא מִתְפַּשְּׁטָא בְּכֻלְּהוּ עָלְמִין, וְסַלְקָא וְנַחֲתָא וּמִתְפַּשְּׁטָא לְכֻלְּהוּ בְּנֵי קַדִּישִׁין לְכֻלְּהוּ נְטוּרֵי אוֹרַיְתָא, וְנַיְחִין בְּנַיְחָא שְׁלִים וּמִתְנַשֵּׁי מִכֻּלְּהוּ, כָּל רֻגְזִין כָּל דִּינִין וְכָל פֻּלְחָנִין קָשִׁין, הֲדָא הוּא דִכְתִיב, בְּיוֹם הָנִיחַ יהוה לְךָ מֵעָצְבְּךָ וּמֵרָגְזֶךָ וּמִן הָעֲבֹדָה הַקָּשָׁה.[4] בְּגִינֵי כָּךְ שָׁקִיל שַׁבְּתָא לָקֳבֵל אוֹרַיְתָא וְכָל דְּנָטִיר שַׁבְּתָא כְּאִלּוּ נָטִיר אוֹרַיְתָא כֻּלָּא. וּכְתִיב, אַשְׁרֵי אֱנוֹשׁ יַעֲשֶׂה זֹּאת וּבֶן אָדָם יַחֲזִיק בָּהּ, שֹׁמֵר שַׁבָּת מֵחַלְּלוֹ, וְשֹׁמֵר יָדוֹ מֵעֲשׂוֹת כָּל רָע,[5] אִשְׁתְּמַע דְּמַאן דְּנָטִיר שַׁבָּת כְּמַאן דְּנָטִיר אוֹרַיְתָא כֻּלָּא. בָּרוּךְ יהוה לְעוֹלָם אָמֵן וְאָמֵן.[6]

**אַתְקִינוּ סְעוּדָתָא** דִמְהֵימְנוּתָא שְׁלִימָתָא, חֶדְוָתָא דְמַלְכָּא קַדִּישָׁא. אַתְקִינוּ סְעוּדָתָא דְמַלְכָּא, דָּא הִיא סְעוּדָתָא דִזְעֵיר אַנְפִּין. וְעַתִּיקָא קַדִּישָׁא וַחֲקַל תַּפּוּחִין קַדִּישִׁין אַתְיָן לְסַעֲדָא בַּהֲדֵיהּ.

זמר להאר״י ז״ל וחתם שמו – יצחק לוריא – בראשי החרוזים.

**בְּנֵי הֵיכְלָא,** דִּכְסִיפִין, לְמֶחֱזֵי זִיו דִּזְעֵיר אַנְפִּין.
יְהוֹן הָכָא, בְּהַאי תַּכָּא, דְּבֵהּ מַלְכָּא בְּגִלּוּפִין.
צְבוּ לַחֲדָא, בְּהַאי וַעֲדָא, בְּגוֹ עִירִין וְכָל גַּדְפִּין.
חֲדוּ הַשְׁתָּא, בְּהַאי שַׁעְתָּא, דְּבֵהּ רַעֲוָא וְלֵית זַעֲפִין.
קְרִיבוּ לִי, חֲזוּ חֵילִי, דְּלֵית דִּינִין דִּתְקִיפִין.
לְבַר נַטְלִין, וְלָא עָאלִין, הַנֵּי כַלְבִּין דַּחֲצִיפִין.
וְהָא אַזְמִין, עַתִּיק יוֹמִין, לְמִנְחָה עֲדֵי יְהוֹן חָלְפִין.
רְעוּ דִילֵהּ, דְּגַלֵּי לֵהּ, לְבַטָּלָא בְּכָל קְלִיפִין.
יְשַׁוֵּי לוֹן, בְּנוּקְבֵיהוֹן, וִיטַמְּרוּן בְּגוֹ כֵפִין.
אֲרֵי הַשְׁתָּא, בְּמִנְחָתָא, בְּחֶדְוָתָא דִזְעֵיר אַנְפִּין.

תהלים כג

**מִזְמוֹר לְדָוִד,** יהוה רֹעִי לֹא אֶחְסָר. בִּנְאוֹת דֶּשֶׁא יַרְבִּיצֵנִי, עַל מֵי מְנֻחוֹת יְנַהֲלֵנִי. נַפְשִׁי יְשׁוֹבֵב, יַנְחֵנִי בְמַעְגְּלֵי צֶדֶק לְמַעַן שְׁמוֹ. גַּם כִּי אֵלֵךְ בְּגֵיא צַלְמָוֶת, לֹא אִירָא רָע כִּי אַתָּה עִמָּדִי, שִׁבְטְךָ וּמִשְׁעַנְתֶּךָ הֵמָּה יְנַחֲמֻנִי. תַּעֲרֹךְ לְפָנַי שֻׁלְחָן נֶגֶד צֹרְרָי, דִּשַּׁנְתָּ בַשֶּׁמֶן רֹאשִׁי, כּוֹסִי רְוָיָה. אַךְ טוֹב וָחֶסֶד יִרְדְּפוּנִי כָּל יְמֵי חַיָּי, וְשַׁבְתִּי בְּבֵית יהוה לְאֹרֶךְ יָמִים.

**וַיֹּאמֶר** מֹשֶׁה אִכְלֻהוּ הַיּוֹם, כִּי שַׁבָּת הַיּוֹם לַיהוה, הַיּוֹם לֹא תִמְצָאֻהוּ בַּשָּׂדֶה.[7] רְאוּ כִּי יהוה נָתַן לָכֶם הַשַּׁבָּת, עַל כֵּן הוּא נֹתֵן לָכֶם בַּיּוֹם הַשִּׁשִּׁי לֶחֶם יוֹמָיִם, שְׁבוּ אִישׁ תַּחְתָּיו אַל יֵצֵא אִישׁ מִמְּקֹמוֹ בַּיּוֹם הַשְּׁבִיעִי. וַיִּשְׁבְּתוּ הָעָם בַּיּוֹם הַשְּׁבִעִי.[8] עַל כֵּן בֵּרַךְ יהוה אֶת יוֹם הַשַּׁבָּת, וַיְקַדְּשֵׁהוּ.[9]

סַבְרִי מָרָנָן וְרַבָּנָן וְרַבּוֹתַי.

בָּרוּךְ אַתָּה יהוה אֱלֹהֵינוּ מֶלֶךְ הָעוֹלָם בּוֹרֵא פְּרִי הַגָּפֶן.

(1) שמות כ:ח (2) ויקרא יט:ב (3) ישעיה נח:יג (4) יד:ג (5) נו:ב (6) תהלים פט:נג (7) שמות טז:כה (8) טז:כט-ל (9) כ:יא

קודם אכילת סעודה שלישית אומרים:

**הִנֵּה** אָנֹכִי בָּא לְקַיֵּם מִצְוַת סְעוּדָה שְׁלִישִׁית שֶׁל שַׁבָּת, נֶגֶד יַעֲקֹב אָבִינוּ שֶׁל הֲמוֹן שִׁבְעִים נֶפֶשׁ, בִּזְכוּתוֹ נִנְצַל מִמִּלְחֲמוֹת גּוֹג וּמָגוֹג, וִיקֻיַּם בָּנוּ מִקְרָא שֶׁכָּתוּב, וְהַאֲכַלְתִּיךָ נַחֲלַת יַעֲקֹב אָבִיךָ,[1] נַחֲלָה בְּלִי מְצָרִים. וּבְכֵן בְּכֹחַ סְגֻלּוֹת שָׁלֹשׁ סְעוּדוֹת אֵלּוּ, יִתְקַן פְּגָמֵינוּ בִּסְעוּדוֹת הָרְשׁוּת, וּמַאֲכָלוֹת אֲסוּרוֹת. וִיהִי נֹעַם אֲדֹנָי אֱלֹהֵינוּ עָלֵינוּ, וּמַעֲשֵׂה יָדֵינוּ כּוֹנְנָה עָלֵינוּ, וּמַעֲשֵׂה יָדֵינוּ כּוֹנְנֵהוּ.[2]

זמר להר׳ אלעזר אזכרי, בעל החרדים, וחתם שם הוי״ה בראשי החרוזים.

**יְדִיד נֶפֶשׁ** אָב הָרַחֲמָן, מְשׁוֹךְ עַבְדְּךָ אֶל רְצוֹנֶךָ,
יָרוּץ עַבְדְּךָ כְּמוֹ אַיָּל, יִשְׁתַּחֲוֶה אֶל מוּל הֲדָרֶךָ,
יֶעֱרַב לוֹ יְדִידוֹתֶיךָ, מִנֹּפֶת צוּף וְכָל טָעַם.

**הָדוּר** נָאֶה זִיו הָעוֹלָם, נַפְשִׁי חוֹלַת אַהֲבָתֶךָ,
אָנָּא אֵל נָא רְפָא נָא לָהּ, בְּהַרְאוֹת לָהּ נֹעַם זִיוֶךָ,
אָז תִּתְחַזֵּק וְתִתְרַפֵּא, וְהָיְתָה לָהּ שִׂמְחַת עוֹלָם.

**וָתִיק** יֶהֱמוּ נָא רַחֲמֶיךָ, וְחוּסָה נָא עַל בֵּן אֲהוּבֶךָ,
כִּי זֶה כַּמָּה נִכְסֹף נִכְסַפְתִּי, לִרְאוֹת מְהֵרָה בְּתִפְאֶרֶת עֻזֶּךָ,
אֵלֶּה חָמְדָה לִבִּי, וְחוּסָה נָא וְאַל תִּתְעַלָּם.

**הִגָּלֶה** נָא וּפְרֹשׂ חֲבִיבִי עָלַי, אֶת סֻכַּת שְׁלוֹמֶךָ,
תָּאִיר אֶרֶץ מִכְּבוֹדֶךָ, נָגִילָה וְנִשְׂמְחָה בָּךְ,
מַהֵר אֱהֹב כִּי בָא מוֹעֵד, וְחָנֵּנוּ כִּימֵי עוֹלָם.

המחבר חתם שמו – אברהם מימון [חזק] – בראשי החרוזים.

**אֵל מִסְתַּתֵּר** בְּשַׁפְרִיר חֶבְיוֹן, הַשֵּׂכֶל הַנֶּעְלָם מִכָּל רַעְיוֹן,
עִלַּת הָעִלּוֹת מֻכְתָּר בְּכֶתֶר עֶלְיוֹן, כֶּתֶר יִתְּנוּ לְךָ יהוה.

בְּרֵאשִׁית תּוֹרָתְךָ הַקְּדוּמָה, רְשׁוּמָה חָכְמָתְךָ הַסְּתוּמָה,
מֵאַיִן תִּמָּצֵא וְהִיא נֶעְלָמָה, רֵאשִׁית חָכְמָה יִרְאַת יהוה.[3]

רְחוֹבוֹת הַנָּהָר נַחֲלֵי אֱמוּנָה, מַיִם עֲמוּקִים יִדְלֵם אִישׁ תְּבוּנָה,
תּוֹצְאוֹתֶיהָ חֲמִשִּׁים שַׁעֲרֵי בִינָה, אֱמוּנִים נֹצֵר יהוה.[4]

הָאֵל הַגָּדוֹל עֵינֵי כֹל נֶגְדֶּךָ, רַב חֶסֶד גָּדוֹל עַל הַשָּׁמַיִם חַסְדֶּךָ,
אֱלֹהֵי אַבְרָהָם זְכֹר לְעַבְדֶּךָ, חַסְדֵי יהוה אַזְכִּיר תְּהִלּוֹת יהוה.[5]

מָרוֹם נֶאְדָּר בְּכֹחַ וּגְבוּרָה, מוֹצִיא אוֹרָה מֵאֵין תְּמוּרָה,
פַּחַד יִצְחָק מִשְׁפָּטֵנוּ הָאִירָה, אַתָּה גִּבּוֹר לְעוֹלָם יהוה.

מִי אֵל כָּמוֹךָ עוֹשֶׂה גְדוֹלוֹת, אֲבִיר יַעֲקֹב נוֹרָא תְהִלּוֹת,
תִּפְאֶרֶת יִשְׂרָאֵל שׁוֹמֵעַ תְּפִלּוֹת, כִּי שֹׁמֵעַ אֶל אֶבְיוֹנִים, יהוה.[6]

יָהּ זְכוּת אָבוֹת יָגֵן עָלֵינוּ, נֶצַח יִשְׂרָאֵל מִצָּרוֹתֵינוּ גָּאֳלֵנוּ,
וּמִבּוֹר גָּלוּת דְּלֵנוּ וְהַעֲלֵנוּ, לְנַצֵּחַ עַל מְלֶאכֶת בֵּית יהוה.[7]

מִיָּמִין וּמִשְּׂמֹאל יְנִיקַת הַנְּבִיאִים, נֶצַח וָהוֹד מֵהֶם נִמְצָאִים,
יָכִין וּבֹעַז בְּשֵׁם נִקְרָאִים, וְכָל בָּנַיִךְ לִמּוּדֵי יהוה.[8]

(1) ישעיה נח:יד (2) תהלים צ:יז (3) קיא:י (4) לא:כד (5) ישעיה סג:ז
(6) תהלים סט:לד (7) עזרא ג:ח; דברי הימים א כג:ד (8) ישעיה נד:יג

יְסוֹד צַדִּיק בְּשִׁבְעָה נֶעְלָם, אוֹת בְּרִית הוּא לְעוֹלָם,
מַעְיַן הַבְּרָכָה צַדִּיק יְסוֹד עוֹלָם, צַדִּיק אַתָּה יהוה.[1]
נָא הָקֵם מַלְכוּת דָּוִד וּשְׁלֹמֹה, בַּעֲטָרָה שֶׁעִטְּרָה לוֹ אִמּוֹ,[2]
כְּנֶסֶת יִשְׂרָאֵל כַּלָּה קְרוּאָה בִּנְעִימָה, עֲטֶרֶת תִּפְאֶרֶת בְּיַד יהוה.[3]
חָזָק מְיַחֵד כְּאֶחָד עֶשֶׂר סְפִירוֹת, וּמַפְרִיד אַלּוּף לֹא יִרְאֶה מְאוֹרוֹת,
סַפִּיר גִּזְרָתָם יַחַד מְאִירוֹת, תִּקְרַב רִנָּתִי לְפָנֶיךָ יהוה.[4]

**אֵין כֵּאלֹהֵינוּ,** אֵין כַּאדוֹנֵינוּ, אֵין כְּמַלְכֵּנוּ, אֵין כְּמוֹשִׁיעֵנוּ. מִי כֵאלֹהֵינוּ, מִי כַאדוֹנֵינוּ, מִי כְמַלְכֵּנוּ, מִי כְמוֹשִׁיעֵנוּ. נוֹדֶה לֵאלֹהֵינוּ, נוֹדֶה לַאדוֹנֵינוּ, נוֹדֶה לְמַלְכֵּנוּ, נוֹדֶה לְמוֹשִׁיעֵנוּ. בָּרוּךְ אֱלֹהֵינוּ, בָּרוּךְ אֲדוֹנֵינוּ, בָּרוּךְ מַלְכֵּנוּ, בָּרוּךְ מוֹשִׁיעֵנוּ. אַתָּה הוּא אֱלֹהֵינוּ, אַתָּה הוּא אֲדוֹנֵינוּ, אַתָּה הוּא מַלְכֵּנוּ, אַתָּה הוּא מוֹשִׁיעֵנוּ. אַתָּה הוּא אֱלֹהֵינוּ, בַּשָּׁמַיִם וּבָאָרֶץ, גִּבּוֹר וְנַעֲרָץ. דָּגוּל מֵרְבָבָה, הוּא שָׂח וַיֶּהִי. וְצִוָּה וְנִבְרָאוּ, זִכְרוֹ לָנֶצַח. חַי עוֹלָמִים, טְהוֹר עֵינַיִם. יוֹשֵׁב סֵתֶר, כִּתְרוֹ יְשׁוּעָה. לְבוּשׁוֹ צְדָקָה, מַעֲטֵהוּ קִנְאָה. נֶאְפָּד נְקָמָה, סִתְרוֹ יֹשֶׁר. עֲצָתוֹ אֱמוּנָה, פְּעֻלָּתוֹ אֱמֶת. צַדִּיק וְיָשָׁר, קָרוֹב לְקוֹרְאָיו בֶּאֱמֶת. רָם וּמִתְנַשֵּׂא, שׁוֹכֵן שְׁחָקִים. תּוֹלֶה אֶרֶץ עַל בְּלִימָה, חַי וְקַיָּם נוֹרָא וּמָרוֹם וְקָדוֹשׁ.

בשעת נטילת ידים במים אחרונים:

יְדֵי אַסְחֵי אֲנָא, לְגַבֵּי חַד מָנָא, לְסִטְרָא חוֹרִינָא, דְּלֵית בָּהּ מַמָּשָׁא.
אֲזַמֵּן בִּתְלָתָא, בְּכַסָּא דְבִרְכָתָא, לְעִלַּת עִלָּתָא, עַתִּיקָא קַדִּישָׁא.

ברכת המזון תמצא לעיל עמ' 89.

אחר ברכת המזון אומר:

אַשְׁלִימוּ סְעוּדָתָא דָא, דִמְהֵימְנוּתָא שְׁלֵימָתָא, דְּזַרְעָא קַדִּישָׁא דְיִשְׂרָאֵל.

## מוצאי שבת

תפלת ערבית למוצאי שבת ויום טוב תמצא לעיל עמ' 125; קידוש לבנה תמצא לעיל עמ' 144.

גאט פון אברהם

**גָאט** פוּן אַבְרָהָם אוּן פוּן יִצְחָק אוּן פוּן יַעֲקֹב, בַּאהִיט דַיין פָּאלְק יִשְׂרָאֵל פוּן אַלֶעם בֵּייזְן אִין דַיינֶעם לוֹיבּ, אַז דֶער לִיבֶּער שַׁבָּת קוֹדֶשׁ גֵייט אַוֶועק, אַז דִיא וָואךְ זָאל אוּנְז קוּמֶען צוּ אֱמוּנָה שְׁלֵמָה, צוּ אֱמוּנַת חֲכָמִים, צוּ אַהֲבַת וְדִבּוּק חֲבֵרִים טוֹבִים, צוּ דְבֵיקוּת הַבּוֹרֵא בָּרוּךְ הוּא, מַאֲמִין צוּ זַיין בִּשְׁלֹשָׁה עָשָׂר עִיקָּרִים שֶׁלְּךָ, וּבִגְאוּלָּה שְׁלֵמָה וּקְרוֹבָה בִּמְהֵרָה בְּיָמֵינוּ, וּבִתְחִיַּת הַמֵּתִים, וּבִנְבוּאַת מֹשֶׁה רַבֵּינוּ עָלָיו הַשָּׁלוֹם.

רִבּוֹנוֹ שֶׁל עוֹלָם, דוּא בִּיסְט דָאךְ הַנּוֹתֵן לַיָּעֵף כֹּחַ, גִיבּ דַיינֶע לִיבֶּע אִידִישֶׁע קִינְדֶערְלֶעךְ אוֹיךְ כֹּחַ דִיךְ צוּ לוֹיבִּן, אוּן דִיךְ צוּ דִינֶען אוּן וַוייטֶער קֵיינֶעם נִישְׁט.

אוּן דִיא וָואךְ זָאל אוּנְז קוּמֶען צוּ חֶסֶד, אוּן צוּ מַזָּל, אוּן צוּ בְּרָכָה, אוּן צוּ הַצְלָחָה, אוּן צוּ גֶעזוּנְט, אוּן צוּ עוֹשֶׁר וְכָבוֹד, אוּן צוּ בְּנֵי חַיֵּי וּמְזוֹנֵי, לָנוּ וּלְכָל יִשְׂרָאֵל. אָמֵן.

(1) ירמיה יב:א (2) שיר השירים ג:יא (3) ישעיה סב:ג (4) תהלים קיט:קסט

## הבדלה למוצאי שבת ויום טוב

במוצאי שבת מתחיל כאן:

**הִנֵּה** אֵל יְשׁוּעָתִי אֶבְטַח וְלֹא אֶפְחָד, כִּי עָזִּי וְזִמְרָת יָהּ יהוה, וַיְהִי לִי לִישׁוּעָה. וּשְׁאַבְתֶּם מַיִם בְּשָׂשׂוֹן, מִמַּעַיְנֵי הַיְשׁוּעָה.[1] לַיהוה הַיְשׁוּעָה, עַל עַמְּךָ בִרְכָתֶךָ סֶּלָה.[2] יהוה צְבָאוֹת עִמָּנוּ, מִשְׂגָּב לָנוּ אֱלֹהֵי יַעֲקֹב סֶלָה.[3] יהוה צְבָאוֹת, אַשְׁרֵי אָדָם בֹּטֵחַ בָּךְ.[4] יהוה הוֹשִׁיעָה, הַמֶּלֶךְ יַעֲנֵנוּ בְיוֹם קָרְאֵנוּ.[5] לַיְּהוּדִים הָיְתָה אוֹרָה וְשִׂמְחָה, וְשָׂשֹׂן וִיקָר,[6] כֵּן תִּהְיֶה לָּנוּ. כּוֹס יְשׁוּעוֹת אֶשָּׂא, וּבְשֵׁם יהוה אֶקְרָא.[7]

כשיום טוב חל בחול, אזי במוצאי יום טוב מתחיל כאן:

סַבְרִי מָרָנָן וְרַבָּנָן וְרַבּוֹתַי:

**בָּרוּךְ** אַתָּה יהוה אֱלֹהֵינוּ מֶלֶךְ הָעוֹלָם, בּוֹרֵא פְּרִי הַגָּפֶן.

במוצאי שבת מברך על הבשמים. לוקח את הבשמים בימינו ומברך, ואח"כ מריח.

**בָּרוּךְ** אַתָּה יהוה אֱלֹהֵינוּ מֶלֶךְ הָעוֹלָם, בּוֹרֵא מִינֵי בְשָׂמִים.

במוצאי שבת ובמוצאי יום הכיפורים מברך על הנר. אחר הברכה יסתכל בכפות הידים ובצפרניים לאור הנר.

**בָּרוּךְ** אַתָּה יהוה אֱלֹהֵינוּ מֶלֶךְ הָעוֹלָם, בּוֹרֵא מְאוֹרֵי הָאֵשׁ.

**בָּרוּךְ** אַתָּה יהוה אֱלֹהֵינוּ מֶלֶךְ הָעוֹלָם, הַמַּבְדִּיל בֵּין קֹדֶשׁ לְחוֹל, בֵּין אוֹר לְחֹשֶׁךְ, בֵּין יִשְׂרָאֵל לָעַמִּים, בֵּין יוֹם הַשְּׁבִיעִי לְשֵׁשֶׁת יְמֵי הַמַּעֲשֶׂה. בָּרוּךְ אַתָּה יהוה, הַמַּבְדִּיל בֵּין קֹדֶשׁ לְחוֹל.

(1) ישעיה יב:ב-ג (2) תהלים ג:ט (3) מו:יב (4) פד:יג (5) כ:י (6) אסתר ח:טז (7) תהלים קטז:יג

**דיני הבדלה**

אסור לאכול או לשתות במוצאי שבת ובמוצאי יום טוב קודם הבדלה. מבדילים על הכוס ונוהגים למלאות הכוס על כל גדותיו עד שישפך ממנו על הארץ והוא סימן ברכה. בשעת ההבדלה יתנו המבדיל והשומעים את עיניהם בכוס (או"ח סי' רצו ס"א).

נוהגים להבדיל בעמידה ולהדליק את האבוקה קודם הבדלה, וב' נרות מדובקים יחד חשיבי אבוקה.

אוחז הכוס בימינו והבשמים בשמאלו ומברך על היין. נוטל הבשמים בימינו והכוס בשמאלו ומברך על הבשמים ומריח. מניח את הבשמים ומברך על הנר. ונוהגים להסתכל בכפות הידים ובצפרניים לאור הנר, ויש להסתכל בצפרני ימינו ולאחוז הכוס בשמאלו. ויש לכפוף האצבעות לתוך היד – דהיינו ארבע אצבעות על הגודל – שאז רואה הצפרניים עם כף היד בבת אחת (או"ח סי' רצח ס"ג, ויש נוהגים לפשוט האצבעות ולהסתכל מאחריהן על הצפרניים (מ"א שם). ושוב נוטל הכוס בימינו ומברך „הַמַּבְדִּיל".

מי שהבדיל שותה רוב כוס מיושב, ואינו משקה מכוס ההבדלה לבני ביתו כדי שיוכל לברך ברכה אחרונה על שתיית שיעור ודאי. אחר ששתה ישפוך קצת מן הכוס ויכבה בו נר ההבדלה.

נוהגים לטבול את האצבעות ביין וליתן ממנו על העינים לחיבוב מצוה (רמ"א סי' רצו ס"א, ועיין טור סי' רצט בשם רב עמרם).

הנשים אינן מבדילות לעצמן אלא שומעות מפי איש.

אין מברכים על הבשמים ועל הנר במוצאי יום טוב שחל בחול, אמנם במוצאי יום הכפורים מברכים על הנר (ויזהר שידליק מנר ששבת ביום הכפורים).

המחבר חתם שמו – יצחק [הקטן] – בראשי החרוזים.

**הַמַּבְדִּיל** בֵּין קֹדֶשׁ לְחֹל, חַטֹּאתֵינוּ הוּא יִמְחֹל,
זַרְעֵנוּ וְכַסְפֵּנוּ יַרְבֶּה כַחוֹל, וְכַכּוֹכָבִים בַּלָּיְלָה.
יוֹם פָּנָה כְּצֵל תֹּמֶר, אֶקְרָא לָאֵל עָלַי גֹּמֵר,[1]
אָמַר שֹׁמֵר, אָתָא בֹקֶר וְגַם לָיְלָה.[2]
צִדְקָתְךָ כְּהַר תָּבוֹר, עַל חֲטָאַי עָבוֹר תַּעֲבוֹר,
כְּיוֹם אֶתְמוֹל כִּי יַעֲבֹר, וְאַשְׁמוּרָה בַלָּיְלָה.[3]
חָלְפָה עוֹנַת מִנְחָתִי, מִי יִתֵּן מְנוּחָתִי,
יָגַעְתִּי בְאַנְחָתִי, אַשְׂחֶה בְכָל לָיְלָה.[4]
קוֹלִי בַּל יֻנְטָל, פְּתַח לִי שַׁעַר הַמְנֻטָּל,
שֶׁרֹּאשִׁי נִמְלָא טָל, קְוֻצּוֹתַי רְסִיסֵי לָיְלָה.[5]
הֵעָתֵר נוֹרָא וְאָיוֹם, אֲשַׁוֵּעַ תְּנָה פִדְיוֹם,
בְּנֶשֶׁף בְּעֶרֶב יוֹם, בְּאִישׁוֹן לָיְלָה.[6]
קְרָאתִיךָ יָהּ הוֹשִׁיעֵנִי, אֹרַח חַיִּים תּוֹדִיעֵנִי,[7]
מִדַּלּוּת תְּבַצְּעֵנִי, מִיּוֹם וְעַד לָיְלָה.[8]
טַהֵר טִנּוּף מַעֲשַׂי, פֶּן יֹאמְרוּ מַכְעִיסַי,
אַיֵּה (נָא) אֱלוֹהַּ עֹשָׂי, נֹתֵן זְמִרוֹת בַּלָּיְלָה.[9]
נַחְנוּ בְיָדְךָ כַּחֹמֶר, סְלַח נָא עַל קַל וָחֹמֶר,
יוֹם לְיוֹם יַבִּיעַ אֹמֶר, וְלַיְלָה לְלָיְלָה.[10]
הַמַּבְדִּיל בֵּין קֹדֶשׁ לְחֹל, חַטֹּאתֵינוּ הוּא יִמְחֹל,
זַרְעֵנוּ וְכַסְפֵּנוּ יַרְבֶּה כַחוֹל, וְכַכּוֹכָבִים בַּלָּיְלָה.

פסוקי ברכה

**וְיִתֶּן לְךָ** הָאֱלֹהִים מִטַּל הַשָּׁמַיִם וּמִשְׁמַנֵּי הָאָרֶץ, וְרֹב
דָּגָן וְתִירֹשׁ. יַעַבְדוּךָ עַמִּים, וְיִשְׁתַּחֲווּ לְךָ
לְאֻמִּים, הֱוֵה גְבִיר לְאַחֶיךָ, וְיִשְׁתַּחֲווּ לְךָ בְּנֵי אִמֶּךָ, אֹרְרֶיךָ
אָרוּר, וּמְבָרְכֶיךָ בָּרוּךְ.[11] וְאֵל שַׁדַּי יְבָרֵךְ אֹתְךָ וְיַפְרְךָ וְיַרְבֶּךָ,
וְהָיִיתָ לִקְהַל עַמִּים. וְיִתֶּן לְךָ אֶת בִּרְכַּת אַבְרָהָם, לְךָ וּלְזַרְעֲךָ
אִתָּךְ, לְרִשְׁתְּךָ אֶת אֶרֶץ מְגֻרֶיךָ, אֲשֶׁר נָתַן אֱלֹהִים לְאַבְרָהָם.[12]
מֵאֵל אָבִיךָ וְיַעְזְרֶךָּ, וְאֵת שַׁדַּי וִיבָרְכֶךָּ, בִּרְכֹת שָׁמַיִם מֵעָל,
בִּרְכֹת תְּהוֹם רֹבֶצֶת תָּחַת, בִּרְכֹת שָׁדַיִם וָרָחַם. בִּרְכֹת אָבִיךָ
גָּבְרוּ עַל בִּרְכֹת הוֹרַי, עַד תַּאֲוַת גִּבְעֹת עוֹלָם, תִּהְיֶיןָ לְרֹאשׁ
יוֹסֵף, וּלְקָדְקֹד נְזִיר אֶחָיו.[13] וַאֲהֵבְךָ וּבֵרַכְךָ וְהִרְבֶּךָ, וּבֵרַךְ פְּרִי

(1) ע״פ תהלים נז:ג (2) ישעיה כא:יב (3) תהלים צ:ד (4) ו:ז (5) שיר השירים ה:ב (6) משלי ז:ט (7) ע״פ תהלים טז:יא (8) ע״פ ישעיה לח:יב (9) איוב לה:י (10) תהלים יט:ג (11) בראשית כז:כח-כט (12) כח:ג-ד (13) מט:כה-כו

בִטְנְךָ וּפְרִי אַדְמָתֶךָ, דְּגָנְךָ וְתִירֹשְׁךָ וְיִצְהָרֶךָ, שְׁגַר אֲלָפֶיךָ וְעַשְׁתְּרֹת צֹאנֶךָ, עַל הָאֲדָמָה אֲשֶׁר נִשְׁבַּע לַאֲבֹתֶיךָ לָתֶת לָךְ. בָּרוּךְ תִּהְיֶה מִכָּל הָעַמִּים, לֹא יִהְיֶה בְךָ עָקָר וַעֲקָרָה, וּבִבְהֶמְתֶּךָ. וְהֵסִיר יהוה מִמְּךָ כָּל חֹלִי, וְכָל מַדְוֵי מִצְרַיִם הָרָעִים אֲשֶׁר יָדַעְתָּ, לֹא יְשִׂימָם בָּךְ, וּנְתָנָם בְּכָל שֹׂנְאֶיךָ.[1]

**הַמַּלְאָךְ** הַגֹּאֵל אֹתִי מִכָּל רָע יְבָרֵךְ אֶת הַנְּעָרִים, וְיִקָּרֵא בָהֶם שְׁמִי, וְשֵׁם אֲבֹתַי אַבְרָהָם וְיִצְחָק, וְיִדְגּוּ לָרֹב בְּקֶרֶב הָאָרֶץ.[2] יהוה אֱלֹהֵיכֶם הִרְבָּה אֶתְכֶם, וְהִנְּכֶם הַיּוֹם כְּכוֹכְבֵי הַשָּׁמַיִם לָרֹב. יהוה אֱלֹהֵי אֲבוֹתֵכֶם יֹסֵף עֲלֵיכֶם כָּכֶם אֶלֶף פְּעָמִים, וִיבָרֵךְ אֶתְכֶם כַּאֲשֶׁר דִּבֶּר לָכֶם.[3]

**בָּרוּךְ** אַתָּה בָּעִיר, וּבָרוּךְ אַתָּה בַּשָּׂדֶה. בָּרוּךְ אַתָּה בְּבֹאֶךָ, וּבָרוּךְ אַתָּה בְּצֵאתֶךָ. בָּרוּךְ טַנְאֲךָ וּמִשְׁאַרְתֶּךָ. בָּרוּךְ פְּרִי בִטְנְךָ וּפְרִי אַדְמָתְךָ וּפְרִי בְהֶמְתֶּךָ, שְׁגַר אֲלָפֶיךָ וְעַשְׁתְּרוֹת צֹאנֶךָ.[4] יְצַו יהוה אִתְּךָ אֶת הַבְּרָכָה בַּאֲסָמֶיךָ וּבְכֹל מִשְׁלַח יָדֶךָ, וּבֵרַכְךָ בָּאָרֶץ אֲשֶׁר יהוה אֱלֹהֶיךָ נֹתֵן לָךְ. יִפְתַּח יהוה לְךָ אֶת אוֹצָרוֹ הַטּוֹב, אֶת הַשָּׁמַיִם, לָתֵת מְטַר אַרְצְךָ בְּעִתּוֹ, וּלְבָרֵךְ אֵת כָּל מַעֲשֵׂה יָדֶךָ, וְהִלְוִיתָ גּוֹיִם רַבִּים, וְאַתָּה לֹא תִלְוֶה.[5] כִּי יהוה אֱלֹהֶיךָ בֵּרַכְךָ כַּאֲשֶׁר דִּבֶּר לָךְ, וְהַעֲבַטְתָּ גּוֹיִם רַבִּים, וְאַתָּה לֹא תַעֲבֹט, וּמָשַׁלְתָּ בְּגוֹיִם רַבִּים, וּבְךָ לֹא יִמְשֹׁלוּ.[6] אַשְׁרֶיךָ יִשְׂרָאֵל, מִי כָמוֹךָ, עַם נוֹשַׁע בַּיהוה, מָגֵן עֶזְרֶךָ, וַאֲשֶׁר חֶרֶב גַּאֲוָתֶךָ, וְיִכָּחֲשׁוּ אֹיְבֶיךָ לָךְ, וְאַתָּה עַל בָּמוֹתֵימוֹ תִדְרֹךְ.[7]

גאולה

**מָחִיתִי** כָעָב פְּשָׁעֶיךָ וְכֶעָנָן חַטֹּאתֶיךָ, שׁוּבָה אֵלַי כִּי גְאַלְתִּיךָ. רָנּוּ שָׁמַיִם, כִּי עָשָׂה יהוה, הָרִיעוּ תַּחְתִּיּוֹת אָרֶץ, פִּצְחוּ הָרִים רִנָּה, יַעַר וְכָל עֵץ בּוֹ, כִּי גָאַל יהוה יַעֲקֹב וּבְיִשְׂרָאֵל יִתְפָּאָר.[8] גֹּאֲלֵנוּ יהוה צְבָאוֹת שְׁמוֹ, קְדוֹשׁ יִשְׂרָאֵל.[9]

ישועה

**יִשְׂרָאֵל** נוֹשַׁע בַּיהוה תְּשׁוּעַת עוֹלָמִים, לֹא תֵבֹשׁוּ וְלֹא תִכָּלְמוּ עַד עוֹלְמֵי עַד.[10] וַאֲכַלְתֶּם אָכוֹל וְשָׂבוֹעַ, וְהִלַּלְתֶּם אֶת שֵׁם יהוה אֱלֹהֵיכֶם אֲשֶׁר עָשָׂה עִמָּכֶם לְהַפְלִיא, וְלֹא יֵבֹשׁוּ עַמִּי לְעוֹלָם. וִידַעְתֶּם כִּי בְקֶרֶב יִשְׂרָאֵל אָנִי, וַאֲנִי יהוה אֱלֹהֵיכֶם, וְאֵין עוֹד, וְלֹא יֵבֹשׁוּ עַמִּי לְעוֹלָם.[11] כִּי בְשִׂמְחָה תֵצֵאוּ וּבְשָׁלוֹם תּוּבָלוּן, הֶהָרִים

(1) דברים ז:יג-טו (2) בראשית מח:טז (3) דברים א:י-יא (4) כח:ג,ו,ה,ד (5) כח:ח,יב (6) טו:ו (7) לג:כט (8) ישעיה מד:כב-כג (9) מז:ד (10) מה:יז (11) יואל ב:כו-כז

וְהַגְּבָעוֹת יִפְצְחוּ לִפְנֵיכֶם רִנָּה, וְכָל עֲצֵי הַשָּׂדֶה יִמְחֲאוּ כָף.[1] הִנֵּה אֵל יְשׁוּעָתִי, אֶבְטַח וְלֹא אֶפְחָד, כִּי עָזִּי וְזִמְרָת יָהּ יהוה וַיְהִי לִי לִישׁוּעָה. וּשְׁאַבְתֶּם מַיִם בְּשָׂשׂוֹן, מִמַּעַיְנֵי הַיְשׁוּעָה. וַאֲמַרְתֶּם בַּיּוֹם הַהוּא, הוֹדוּ לַיהוה קִרְאוּ בִשְׁמוֹ, הוֹדִיעוּ בָעַמִּים עֲלִילֹתָיו, הַזְכִּירוּ כִּי נִשְׂגָּב שְׁמוֹ. זַמְּרוּ יהוה כִּי גֵאוּת עָשָׂה, מוּדַעַת זֹאת בְּכָל הָאָרֶץ. צַהֲלִי וָרֹנִּי יוֹשֶׁבֶת צִיּוֹן, כִּי גָדוֹל בְּקִרְבֵּךְ קְדוֹשׁ יִשְׂרָאֵל.[2] וְאָמַר בַּיּוֹם הַהוּא, הִנֵּה אֱלֹהֵינוּ זֶה, קִוִּינוּ לוֹ וְיוֹשִׁיעֵנוּ, זֶה יהוה קִוִּינוּ לוֹ, נָגִילָה וְנִשְׂמְחָה בִּישׁוּעָתוֹ.[3]

דעת ה׳

**בֵּית** יַעֲקֹב, לְכוּ וְנֵלְכָה בְּאוֹר יהוה.[4] וְהָיָה אֱמוּנַת עִתֶּיךָ חֹסֶן יְשׁוּעֹת חָכְמַת וָדָעַת, יִרְאַת יהוה הִיא אוֹצָרוֹ.[5] וַיְהִי דָוִד לְכָל דְּרָכָיו מַשְׂכִּיל, וַיהוה עִמּוֹ.[6]

פדיום

**פָּדָה** בְשָׁלוֹם נַפְשִׁי מִקְּרָב לִי, כִּי בְרַבִּים הָיוּ עִמָּדִי.[7] וַיֹּאמֶר הָעָם אֶל שָׁאוּל, הֲיוֹנָתָן יָמוּת אֲשֶׁר עָשָׂה הַיְשׁוּעָה הַגְּדוֹלָה הַזֹּאת בְּיִשְׂרָאֵל, חָלִילָה, חַי יהוה, אִם יִפֹּל מִשַּׂעֲרַת רֹאשׁוֹ אַרְצָה, כִּי עִם אֱלֹהִים עָשָׂה הַיּוֹם הַזֶּה, וַיִּפְדּוּ הָעָם אֶת יוֹנָתָן וְלֹא מֵת.[8] וּפְדוּיֵי יהוה יְשֻׁבוּן, וּבָאוּ צִיּוֹן בְּרִנָּה, וְשִׂמְחַת עוֹלָם עַל רֹאשָׁם, שָׂשׂוֹן וְשִׂמְחָה יַשִּׂיגוּ וְנָסוּ יָגוֹן וַאֲנָחָה.[9]

הפוך צרה

**הָפַכְתָּ** מִסְפְּדִי לְמָחוֹל לִי, פִּתַּחְתָּ שַׂקִּי, וַתְּאַזְּרֵנִי שִׂמְחָה.[10] וְלֹא אָבָה יהוה אֱלֹהֶיךָ לִשְׁמֹעַ אֶל בִּלְעָם, וַיַּהֲפֹךְ יהוה אֱלֹהֶיךָ לְּךָ אֶת הַקְּלָלָה לִבְרָכָה, כִּי אֲהֵבְךָ יהוה אֱלֹהֶיךָ.[11] אָז תִּשְׂמַח בְּתוּלָה בְּמָחוֹל, וּבַחֻרִים וּזְקֵנִים יַחְדָּו, וְהָפַכְתִּי אֶבְלָם לְשָׂשׂוֹן, וְנִחַמְתִּים וְשִׂמַּחְתִּים מִיגוֹנָם.[12]

שלום

**בּוֹרֵא** נִיב שְׂפָתָיִם, שָׁלוֹם שָׁלוֹם לָרָחוֹק וְלַקָּרוֹב, אָמַר יהוה וּרְפָאתִיו.[13] וְרוּחַ לָבְשָׁה אֶת עֲמָשַׂי, רֹאשׁ הַשָּׁלִישִׁים, לְךָ דָוִיד וְעִמְּךָ בֶן יִשַׁי שָׁלוֹם, שָׁלוֹם לְךָ וְשָׁלוֹם לְעֹזְרֶךָ כִּי עֲזָרְךָ אֱלֹהֶיךָ, וַיְקַבְּלֵם דָּוִיד וַיִּתְּנֵם בְּרָאשֵׁי הַגְּדוּד.[14] וַאֲמַרְתֶּם, כֹּה לֶחָי, וְאַתָּה שָׁלוֹם וּבֵיתְךָ שָׁלוֹם וְכֹל אֲשֶׁר לְךָ שָׁלוֹם.[15] יהוה עֹז לְעַמּוֹ יִתֵּן, יהוה יְבָרֵךְ אֶת עַמּוֹ בַשָּׁלוֹם.[16]

מסכת מגילה לא.

**אָמַר** רַבִּי יוֹחָנָן: בְּכָל מָקוֹם שֶׁאַתָּה מוֹצֵא גְדֻלָּתוֹ שֶׁל הַקָּדוֹשׁ בָּרוּךְ הוּא, שָׁם אַתָּה מוֹצֵא עַנְוְתָנוּתוֹ. דָּבָר זֶה כָּתוּב בַּתּוֹרָה,

---

(1) ישעיה נה:יב (2) יב:ב-ו (3) כה:ט (4) ב:ה (5) לג:ו (6) שמואל א יח:יד (7) תהלים נה:יט
(8) שמואל א יד:מה (9) ישעיה לה:י (10) תהלים ל:יב (11) דברים כג:ו (12) ירמיה לא:יב
(13) ישעיה נז:יט (14) דברי הימים א יב:יט (15) שמואל א כה:ו (16) תהלים כט:יא

וְשָׁנוּי בַּנְּבִיאִים, וּמְשֻׁלָּשׁ בַּכְּתוּבִים. כָּתוּב בַּתּוֹרָה: כִּי יהוה אֱלֹהֵיכֶם הוּא אֱלֹהֵי הָאֱלֹהִים וַאֲדֹנֵי הָאֲדֹנִים, הָאֵל הַגָּדֹל הַגִּבֹּר וְהַנּוֹרָא אֲשֶׁר לֹא יִשָּׂא פָנִים וְלֹא יִקַּח שֹׁחַד.[1] וּכְתִיב בַּתְרֵהּ: עֹשֶׂה מִשְׁפַּט יָתוֹם וְאַלְמָנָה, וְאֹהֵב גֵּר לָתֶת לוֹ לֶחֶם וְשִׂמְלָה.[2] שָׁנוּי בַּנְּבִיאִים, דִּכְתִיב: כִּי כֹה אָמַר רָם וְנִשָּׂא שֹׁכֵן עַד וְקָדוֹשׁ שְׁמוֹ, מָרוֹם וְקָדוֹשׁ אֶשְׁכּוֹן, וְאֶת דַּכָּא וּשְׁפַל רוּחַ, לְהַחֲיוֹת רוּחַ שְׁפָלִים וּלְהַחֲיוֹת לֵב נִדְכָּאִים.[3] מְשֻׁלָּשׁ בַּכְּתוּבִים, דִּכְתִיב: שִׁירוּ לֵאלֹהִים, זַמְּרוּ שְׁמוֹ, סֹלּוּ לָרֹכֵב בָּעֲרָבוֹת, בְּיָהּ שְׁמוֹ, וְעִלְזוּ לְפָנָיו.[4] וּכְתִיב בַּתְרֵהּ: אֲבִי יְתוֹמִים וְדַיַּן אַלְמָנוֹת, אֱלֹהִים בִּמְעוֹן קָדְשׁוֹ.[5]

יְהִי יהוה אֱלֹהֵינוּ עִמָּנוּ כַּאֲשֶׁר הָיָה עִם אֲבֹתֵינוּ, אַל יַעַזְבֵנוּ וְאַל יִטְּשֵׁנוּ.[6] וְאַתֶּם הַדְּבֵקִים בַּיהוה אֱלֹהֵיכֶם חַיִּים כֻּלְּכֶם הַיּוֹם.[7] כִּי נִחַם יהוה צִיּוֹן, נִחַם כָּל חָרְבֹתֶיהָ, וַיָּשֶׂם מִדְבָּרָהּ כְּעֵדֶן וְעַרְבָתָהּ כְּגַן יהוה, שָׂשׂוֹן וְשִׂמְחָה יִמָּצֵא בָהּ, תּוֹדָה וְקוֹל זִמְרָה.[8] יהוה חָפֵץ לְמַעַן צִדְקוֹ, יַגְדִּיל תּוֹרָה וְיַאְדִּיר.[9]

תהלים קכח

**שִׁיר הַמַּעֲלוֹת,** אַשְׁרֵי כָּל יְרֵא יהוה, הַהֹלֵךְ בִּדְרָכָיו. יְגִיעַ כַּפֶּיךָ כִּי תֹאכֵל, אַשְׁרֶיךָ וְטוֹב לָךְ. אֶשְׁתְּךָ כְּגֶפֶן פֹּרִיָּה בְּיַרְכְּתֵי בֵיתֶךָ, בָּנֶיךָ כִּשְׁתִלֵי זֵיתִים, סָבִיב לְשֻׁלְחָנֶךָ. הִנֵּה כִי כֵן יְבֹרַךְ גָּבֶר יְרֵא יהוה. יְבָרֶכְךָ יהוה מִצִּיּוֹן, וּרְאֵה בְּטוּב יְרוּשָׁלָיִם כֹּל יְמֵי חַיֶּיךָ. וּרְאֵה בָנִים לְבָנֶיךָ, שָׁלוֹם עַל יִשְׂרָאֵל.

## זמירות למוצאי שבת / מלוה מלכה

**אַתְקִינוּ** סְעוּדָתָא דִמְהֵימְנוּתָא שְׁלֵימָתָא, חֶדְוָתָא דְמַלְכָּא קַדִּישָׁא. אַתְקִינוּ סְעוּדָתָא דְמַלְכָּא, דָא הִיא סְעוּדָתָא דְדָוִד מַלְכָּא מְשִׁיחָא. וְאַבְרָהָם יִצְחָק וְיַעֲקֹב אַתְיָן לְסַעֲדָא בַּהֲדֵיהּ.

**דָּוִד מֶלֶךְ יִשְׂרָאֵל חַי וְקַיָּם.** – ג״פ

**סִמָּן טוֹב וּמַזָּל טוֹב יְהֵא לָנוּ וּלְכָל יִשְׂרָאֵל. אָמֵן.** – ג״פ

תהלים כג

**מִזְמוֹר** לְדָוִד, יהוה רֹעִי לֹא אֶחְסָר. בִּנְאוֹת דֶּשֶׁא יַרְבִּיצֵנִי, עַל מֵי מְנֻחוֹת יְנַהֲלֵנִי. נַפְשִׁי יְשׁוֹבֵב, יַנְחֵנִי בְמַעְגְּלֵי צֶדֶק לְמַעַן שְׁמוֹ. גַּם כִּי אֵלֵךְ בְּגֵיא צַלְמָוֶת, לֹא אִירָא רָע כִּי אַתָּה עִמָּדִי, שִׁבְטְךָ וּמִשְׁעַנְתֶּךָ הֵמָּה יְנַחֲמֻנִי. תַּעֲרֹךְ לְפָנַי שֻׁלְחָן נֶגֶד צֹרְרָי, דִּשַּׁנְתָּ בַשֶּׁמֶן רֹאשִׁי, כּוֹסִי רְוָיָה. אַךְ טוֹב וָחֶסֶד יִרְדְּפוּנִי כָּל יְמֵי חַיָּי, וְשַׁבְתִּי בְּבֵית יהוה לְאֹרֶךְ יָמִים.

(1) דברים י:יז (2) י:יח (3) ישעיה נז:טו (4) תהלים סח:ה (5) סח:ו (6) מלכים א ח:נז (7) דברים ד:ד (8) ישעיה נא:ג (9) מב:כא

המחבר חתם שמו – יעקב מנוי [חזק] – בראשי החרוזים.

**בְּמוֹצָאֵי** יוֹם מְנוּחָה, הַמְצֵא לְעַמְּךָ רְוָחָה, שְׁלַח תִּשְׁבִּי לְנֶאֱנָחָה,
וְנָס יָגוֹן וַאֲנָחָה.
יָאֲתָה לְךָ צוּרִי, לְקַבֵּץ עַם מְפֻזָּרִי, מִיַּד גּוֹי אַכְזָרִי, אֲשֶׁר כָּרָה לִי שׁוּחָה.
עֵת דּוֹדִים תְּעוֹרֵר אֵל, לְמַלֵּט עַם אֲשֶׁר שׁוֹאֵל, רְאוֹת טוּבְךָ בְּבֹא גוֹאֵל,
לְשֶׂה פְזוּרָה נִדָּחָה.
קְרָא יֶשַׁע לְעַם נְדָבָה, אֵל דָּגוּל מֵרְבָבָה, יְהִי הַשָּׁבוּעַ הַבָּא, לִישׁוּעָה וְלִרְוָחָה.
בַּת צִיּוֹן הַשְּׁכוּלָה, אֲשֶׁר הִיא הַיּוֹם גְּעוּלָה, מְהֵרָה תִּהְיֶה בְּעוּלָה,
בְּאֵם הַבָּנִים שְׂמֵחָה.
מַעְיָנוֹת אֲזַי יְזוּבוּן, וּפְדוּיֵי יהוה יְשׁוּבוּן, וּמֵי יֶשַׁע יִשְׁאָבוּן, וְהַצָּרָה נִשְׁכָּחָה.
נְחֵה עַמְּךָ כְּאָב רַחֲמָן, יְצַפְצְפוּ עַם לֹא אַלְמָן, דְּבַר יהוה אֲשֶׁר נֶאֱמָן,
בַּהֲקִימְךָ הַבְטָחָה.
וִידִידִים פְּלֵיטֵי חֶרֶץ, נְגִינָתָם יִפְצְחוּ בְמֶרֶץ, בְּלִי צְוָחָה וּבְלִי פֶרֶץ,
אֵין יוֹצֵאת וְאֵין צְוָחָה.
יְהִי הַחֹדֶשׁ הַזֶּה, כִּנְבוּאַת אֲבִי חוֹזֶה, וְיִשָּׁמַע בְּבַיִת זֶה, קוֹל שָׂשׂוֹן וְקוֹל שִׂמְחָה.
**חֲזַק** יְמַלֵּא מִשְׁאֲלוֹתֵינוּ, אַמִּיץ יַעֲשֶׂה בַקָּשָׁתֵנוּ, וְהוּא יִשְׁלַח בְּמַעֲשֵׂה יָדֵינוּ,
בְּרָכָה וְהַצְלָחָה.
בְּמוֹצָאֵי יוֹם גִּילָה, שִׁמְךָ נוֹרָא עֲלִילָה, שְׁלַח תִּשְׁבִּי לְעַם סְגֻלָּה,
רֶוַח שָׂשׂוֹן וַהֲנָחָה.
קוֹל צָהֳלָה וְרִנָּה, שְׂפָתֵינוּ אָז תְּרַנֵּנָּה,
אָנָּא יהוה הוֹשִׁיעָה נָּא, אָנָּא יהוה הַצְלִיחָה נָא.

זמר מיוסד ע"פ סדר הא"ב. וי"א ששם המחבר חשאן, ר"ת של החרוז הראשון.
וי"א ששמו שילא, ס"ת של החרוז הראשון. וי"א ששמו אורי, ר"ת של החרוז השני.

**חַדֵּשׁ שְׂשׂוֹנִי** אֵל נָא וְהָבִיא אֶת אֵלִיָּהוּ הַנָּבִיא.
אַמֵּץ וְחַזֵּק רִפְיוֹן יָדַי, בָּרֵךְ מְלַאכְתִּי וְכָל מַעְבָּדַי, גּוֹאֲלִי זְכָר עָנְיִי וּמְרוּדַי,
דְּבָרְךָ הַטּוֹב הָקֵם לְעוֹדְדִי, הָרֵץ וּשְׁלַח וְשַׂמַּח לְבָבִי, אֶת אֵלִיָּהוּ הַנָּבִיא.
וָעֵד וְהָכֵן דֵּי סִפּוּקִי, זַמֵּן מְזוֹנִי וְלֶחֶם חֻקִּי, חֲלֵב חֵיל גּוֹיִם חִישׁ לְהָנִיקִי,
טוּבְךָ תְּשַׂבַּע עוֹלְלַי וְיוֹנְקַי, יָבֹא מְשִׁיחִי לְעִיר מוֹשָׁבִי, אֶת אֵלִיָּהוּ הַנָּבִיא.
כּוֹנֵן לְעַם זוּ צֳרִי צִיר לַחֲבוֹשׁ, לֶחֶם לֶאֱכוֹל וּבֶגֶד לִלְבּוֹשׁ,
מְשַׂנְאַי יֶחֱזֶה יֵרָא וְיֵבוֹשׁ, נְוֵה הַר שֵׂעִיר בְּקָרוֹב תִּכְבּוֹשׁ,
שְׂשׂוֹנִי יִגְדַּל בִּרְאוֹת סְבִיבִי, אֶת אֵלִיָּהוּ הַנָּבִיא.
עַמּוֹן וּמוֹאָב מְהֵרָה תְּכַלֶּה, פְּדוּתְךָ לְעַמְּךָ בְּקָרוֹב תְּגַלֶּה,
צִיּוֹן תְּמַלֵּא מֵעַם אֵלֶּה, קִרְיַת מֶלֶךְ רָב אָז נַעֲלֶה,
שַׁכֵּן תְּשַׁכֵּן בְּתוֹךְ עַם צְבִי, אֶת אֵלִיָּהוּ הַנָּבִיא.

המחבר חתם שמו – אלעזר – בראשי החרוזים.

**אָגִיל** וְאֶשְׂמַח בְּלִבָּבִי, בִּרְאוֹתִי כִּי מֵאוֹיְבִי, תָּרִיב רִיבִי, וּלְצִיּוֹן גּוֹאֵל תָּבִיא,
אִישׁ צֶמַח תַּצְמִיחַ, אֵלִיָּהוּ הַנָּבִיא וּמֶלֶךְ הַמָּשִׁיחַ.
לָכֵן בָּעַמִּים יַחַד, תִּפּוֹל אֵימָה וָפַחַד, לִבָּם יִפְחַד,
בְּעֵת יַעֲלֶה גּוֹי אֶחָד, וְאָרְחוֹתָיו יַצְלִיחַ, אֵלִיָּהוּ הַנָּבִיא וּמֶלֶךְ הַמָּשִׁיחַ.
עוֹד מִמִּזְרָח לְמַעֲרָב, יָעוֹר לַעֲשׂוֹת הֶרֶג רָב, בַּאֲרָם וַעֲרָב,
לַעֲרוֹךְ מִלְחָמָה וּקְרָב, עַל אוֹיְבָיו יַצְרִיחַ, אֵלִיָּהוּ הַנָּבִיא וּמֶלֶךְ הַמָּשִׁיחַ.

זֵדִים מַלְכֵי הָאֲדָמָה, יְטוּר נָפִישׁ וָקֵדְמָה, מִשְׁמָע וְדוּמָה,
נוּסוּ נֶגְבָּה וָיָמָּה, אֲשֶׁר אֶתְכֶם יַבְרִיחַ, אֵלִיָּהוּ הַנָּבִיא וּמֶלֶךְ הַמָּשִׁיחַ.
רָנּוּ כָּל עוֹבְרֵי אֹרַח, כִּי הִנֵּה רַעֲנָן אֶזְרָח, אוֹרוֹ זָרָח,
קָנֶה כַּפְתּוֹר וָפֶרַח, עַל הַר צִיּוֹן יַפְרִיחַ, אֵלִיָּהוּ הַנָּבִיא וּמֶלֶךְ הַמָּשִׁיחַ.

המחבר חתם שמו – אברהם – בראשי החרוזים.

**אֱלֹהִים** יִסְעָדֵנוּ, בְּרָכָה בִּמְאוֹדֵנוּ, וְזֶבֶד טוֹב יִזְבְּדֵנוּ, בְּכָל מִשְׁלַח יָדֵינוּ,
אֱלֹהִים יִסְעָדֵנוּ.
בְּיוֹם רִאשׁוֹן לִמְלָאכָה, יְצַו אִתָּנוּ בְּרָכָה, וְיוֹם הַשֵּׁנִי כָּכָה, יַמְתִּיק אֶת סוֹדֵנוּ,
אֱלֹהִים יִסְעָדֵנוּ.
רַבֵּה צְבָאֵי יִשְׁעִי, בַּשְּׁלִישִׁי וּבָרְבִיעִי, בַּחֲמִישִׁי אַף לֹא בְעִי, יִשְׁלַח אֶת פּוֹדֵנוּ,
אֱלֹהִים יִסְעָדֵנוּ.
הָכֵן טְבוֹחַ טֶבַח, בְּיוֹם הַשִּׁשִּׁי זֶבַח, קֹדֶשׁ הִלּוּל וָשֶׁבַח, עַל כָּל מַחֲמַדֵּינוּ,
אֱלֹהִים יִסְעָדֵנוּ.
מַעֲדַנִּים לְנַפְשֵׁנוּ, נִתֵּן בְּיוֹם קָדְשֵׁנוּ, וְרַעֲנָנָה עַרְשֵׂנוּ, וְלַיְלָה אוֹר בַּעֲדֵנוּ,
אֱלֹהִים יִסְעָדֵנוּ.

המחבר חתם שמו – נחמן – בראשי החרוזים.

**אֵלִי** חִישׁ גּוֹאֲלִי, עַבְדְּךָ יַשְׂכִּילִי, מְבַשֵּׂר טוֹב אֵלִי, אֶת אֵלִיָּהוּ הַנָּבִיא.
נָאווּ עַל הֶהָרִים, שְׁלוּחֵי יוֹצֵר הָרִים, וְרַגְלֵי הַמְּבַשְּׂרִים, בֶּאֱמֹר שׁוּבִי שׁוֹבִי.
חֲבִי כִּמְעַט רֶגַע, כָּל מַחֲלָה וְכָל נֶגַע, אוֹיְבַיִךְ אֶפְגַּע, יוֹם נָקָם בְּלִבִּי.
מַלְכֵּךְ יָבוֹא לָךְ, יָפָה אַתְּ כֻּלָּךְ, וְרַעְיָתִי לְמוֹלָךְ, גִּלְעָדִי הַתִּשְׁבִּי.
נֹפֶת תִּטֹּפְנָה, שִׂפְתֵי בְנֵי יוֹנָה, כִּי בָא עֵת לְחֶנְנָהּ, צִיּוֹן נַחֲלַת צְבִי.

מיוסד ע"פ סדר הא"ב, ב' אותיות לכל חרוז. ובסוף כל חרוז, קטע מפסוק המתחיל בשם הוי"ה.

**אַדִּיר** אָיֹם וְנוֹרָא, בְּצַר לִי לְךָ אֶקְרָא, יהוה לִי לֹא אִירָא.[1]
גְּדוֹר פִּרְצַת הֵיכָלִי, דָּגוּל מַהֵר חַכְלִילִי, יהוה הֱיֵה עוֹזֵר לִי.[2]
הֵן אַתָּה תִקְוָתִי, וְלִישׁוּעָתְךָ קִוִּיתִי, יהוה עֹז יְשׁוּעָתִי.[3]
זַךְ וּנְקִי[4] כַּפַּיִם, חֹן פּוֹרְשֵׂי כְנָפַיִם, יהוה אֶרֶךְ אַפַּיִם.[5]
טוּבְךָ תָּחִישׁ לְעַמֶּךָ, יְהִי עָלֵינוּ כְּנָאֳמֶךָ, יהוה עֲשֵׂה לְמַעַן שְׁמֶךָ.[6]
כּוֹנֵן בֵּית מְכוֹנֶךָ, לְהַרְבִּיץ בּוֹ צֹאנֶךָ, יהוה בְּאוֹר פָּנֶיךָ.[7]
מְפַחֵד לְהַצִּילִי, נַהֲלֵנִי לְצִיּוֹן קֹדֶשׁ גּוֹרָלִי, יהוה שִׁמְעָה בְקוֹלִי.[8]
סְעֹד וּסְמֹךְ לְנִמְהָרִים, עֲזָר נָא אֶת הַנִּשְׁאָרִים, יהוה יוֹצֵר הָרִים.[9]
פְּדֵה עַמְּךָ מֵעַזִּים, צֹאנְךָ מִיַּד גּוֹזְזִים, יהוה עֹשֶׂה חֲזִיזִים.[10]
קָרֵב קֵץ נֶחָמָה, רַחֵם אִם לֹא רֻחָמָה, יהוה אִישׁ מִלְחָמָה.[11]
שְׁכֹן כִּמְאָז בְּאָהֳלֵנוּ, תָּמִיד אֵל מְחוֹלְלֵנוּ, יהוה מַלְכֵּנוּ הוּא יוֹשִׁיעֵנוּ.[12]

המחבר יסד הזמר הזה ע"פ סדר הא"ב, ואח"כ חתם שמו – ישי בר מרדכי [חזק] – בראשי החרוזים.

**אִישׁ** חָסִיד הָיָה, בְּלִי מָזוֹן וּמִחְיָה,
בְּבֵיתוֹ עֵסֶק מַלְבּוּשׁ, וְאֵין בֶּגֶד לִלְבּוֹשׁ.
גּוֹנֵן בַּחֲשׁוּבָה אִשָּׁה, וְגַם בְּבָנִים חֲמִשָּׁה,
דִּבְּרָה לוֹ הָאִשָּׁה, יוֹתֵר אֵין לְהִתְיָאֲשָׁה.
הַמִּבַּלְעֲדֵי לֶחֶם לֶאֱכוֹל, בְּעֵרֹם וּבְחֹסֶר כֹּל,

(1) תהלים קיח:ו (2) ל:יא (3) קמ:ח (4) נ"א ונָשׂוּא [עבודת ישראל] (5) במדבר יד:יח (6) ירמיה יד:ז
(7) תהלים פט:טז (8) קל:ב (9) ע"פ עמוס ד:יג (10) זכריה י:א (11) שמות טו:ג (12) ישעיה לג:כב

וְתוֹרָה מָצָאתָ כִּי יָגַעְתָּ, מַה נֹּאכַל מֵעַתָּה.
זָהִיר כְּבַר נָשׁוּק, הֲלֹא תֵצֵא לַשּׁוּק,
חַנּוּן וְרַחוּם בִּמְרוֹמָיו, אוּלַי יִגְמְלֵנוּ בְּרַחֲמָיו.
טוֹב לְקוֹיו מַחֲסֶה, רְצוֹן יְרֵאָיו יַעֲשֶׂה,
יָעַצְתְּ בְּדַעַת וּבְחָכְמָה, עֲצָתֵךְ בְּלִי לְהַסְכִּימָה.
כְּצֵאתִי לְבֹשֶׁת וְלִכְלִמָּה, מִבְּלִי כְסוּת וְשַׂלְמָה,
לְאֵין בְּיָדִי לְפָרְטָה, אֲפִילוּ שָׁוֶה פְרוּטָה.
מַהֵרָה וְשָׁאֲלָה מִשְּׁכֵנִים, מַלְבּוּשִׁים נָאִים מְתֻקָּנִים,
נִלְבַּשׁ וְהַשְׁלִיךְ יְהָבוֹ, עַל יהוה אֲשֶׁר אֲהֵבוֹ.
שָׁחוּ יְלָדָיו בִּפְלוּלָם, אַל יָשֹׁב דַּךְ נִכְלָם,
עָבַר בַּשּׁוּק בְּשִׁבְרָתוֹ, וְהִנֵּה אֵלִיָּהוּ הַנָּבִיא לִקְרָאתוֹ.
פָּץ לוֹ הַמְבַשֵּׂר, בֶּאֱמֶת הַיּוֹם תִּתְעַשֵּׁר,
צַוֵּנִי בְּכָל כְּבוֹדֶךָ, כִּי הִנְנִי עַבְדֶּךָ.
קְרָא לְמִי בְדַעְתּוֹ, קְנוֹת עֶבֶד אֵין כְּמוֹתוֹ,
רָחַשׁ אֵיךְ יְשַׁנֶּה דִינוֹ, עֶבֶד לִמְכֹּר אֶת אֲדוֹנוֹ.
שָׁת לוֹ חָכְמָתוֹ בְּקִרְבּוֹ, וְהֶחֱזִיק בּוֹ כְּמוֹ רַבּוֹ,
תַּגַּר קְנָאוֹ בַּאֲהָבִים, בִּשְׁמוֹנֶה מֵאוֹת אֶלֶף זְהוּבִים.
תִּבָעוֹ מַה מְּלַאכְתֶּךָ, אִם בְּבִנְיָן חָכְמָתֶךָ,
תַּכְלִית טְרַקְלִין וּפַלְטְרִין, הֲרֵי אַתָּה בֶּן חוֹרִין.
יוֹם רִאשׁוֹן בְּמִפְעָלִים, פָּעַל עִם פּוֹעֲלִים,
שִׁוַּע בַּחֲצִי הַלַּיְלָה, עֲנֵנִי נוֹרָא עֲלִילָה.
יַזַּמְתִּי וְנִמְכַּרְתִּי לְהַעֲבִידִי, לִכְבוֹדְךָ וְלֹא לִכְבוֹדִי,
בּוֹרֵא עוֹלָם בְּקִנְיָן, הַשְׁלֵם זֶה הַבִּנְיָן.
רַחֲמֶיךָ יִכָּמְרוּ בַּחֲנִינָתִי, כִּי לְטוֹבָה כִּוַּנְתִּי,
מַלְאֲכֵי רַחֲמִים מִמְּעוֹנָתוֹ, אָז הֵחֵלּוּ לִבְנוֹתוֹ.
רַבּוּ בְּנֵי הַמְּלוּכָה, וַתִּשְׁלַם כָּל הַמְּלָאכָה,
דָּץ הַסּוֹחֵר בִּרְאוֹתוֹ, כִּי נִגְמְרָה מְלַאכְתּוֹ.
כְּלוּלַת מִגְדָּלִים נָאִים, לְפִי עִנְיַן הַבַּנָּאִים,
יִזָּכֵר לְךָ עַתָּה, אֶתְמוֹל אֲשֶׁר דִּבַּרְתָּ.
חָפְשֵׁנִי בְּוַדַּאי וּבְבֵרוּר, כְּנַמְתָּ לְעִנְיַן שִׁחְרוּר,
זֶה קִיְּמוֹ בֶּאֱמֶת, וּפָרַח לוֹ אִישׁ הָאֱמֶת.

זמר מיוסד ע״פ סדר הא״ב.

**אָמַר יהוה לְיַעֲקֹב,**[1] אַל תִּירָא עַבְדִּי יַעֲקֹב.
בָּחַר יהוה בְּיַעֲקֹב,[2] אַל תִּירָא עַבְדִּי יַעֲקֹב.
גָּאַל יהוה אֶת יַעֲקֹב,[3] אַל תִּירָא עַבְדִּי יַעֲקֹב.
דָּרַךְ כּוֹכָב מִיַּעֲקֹב,[4] אַל תִּירָא עַבְדִּי יַעֲקֹב.
הַבָּאִים יַשְׁרֵשׁ יַעֲקֹב,[5] אַל תִּירָא עַבְדִּי יַעֲקֹב.
וְיֵרְדְּ מִיַּעֲקֹב,[6] אַל תִּירָא עַבְדִּי יַעֲקֹב.
זְכֹר זֹאת לְיַעֲקֹב,[7] אַל תִּירָא עַבְדִּי יַעֲקֹב.

(1) ע״פ ישעיה כט:כב (2) ע״פ תהלים קלה:ד (3) ע״פ ישעיה מד:כג
(4) במדבר כד:יז (5) ישעיה כז:ו (6) במדבר כד:יט (7) ע״פ ישעיה מד:כא

חֶדְוַת יְשׁוּעוֹת יַעֲקֹב,[1] אַל תִּירָא עַבְדִּי יַעֲקֹב.
טֹבוּ אֹהָלֶיךָ יַעֲקֹב,[2] אַל תִּירָא עַבְדִּי יַעֲקֹב.
יוֹרוּ מִשְׁפָּטֶיךָ לְיַעֲקֹב,[3] אַל תִּירָא עַבְדִּי יַעֲקֹב.
כִּי לֹא נַחַשׁ בְּיַעֲקֹב,[4] אַל תִּירָא עַבְדִּי יַעֲקֹב.
לֹא הִבִּיט אָוֶן בְּיַעֲקֹב,[5] אַל תִּירָא עַבְדִּי יַעֲקֹב.
מִי מָנָה עֲפַר יַעֲקֹב,[6] אַל תִּירָא עַבְדִּי יַעֲקֹב.
נִשְׁבַּע יהוה לְיַעֲקֹב,[7] אַל תִּירָא עַבְדִּי יַעֲקֹב.
סְלַח נָא לַעֲוֹן יַעֲקֹב,[8] אַל תִּירָא עַבְדִּי יַעֲקֹב.
עַתָּה הָשֵׁב שְׁבוּת יַעֲקֹב,[9] אַל תִּירָא עַבְדִּי יַעֲקֹב.
פָּדָה יהוה אֶת יַעֲקֹב,[10] אַל תִּירָא עַבְדִּי יַעֲקֹב.
צַוֵּה יְשׁוּעוֹת יַעֲקֹב,[11] אַל תִּירָא עַבְדִּי יַעֲקֹב.
קוֹל קוֹל יַעֲקֹב,[12] אַל תִּירָא עַבְדִּי יַעֲקֹב.
רָנּוּ שִׂמְחָה לְיַעֲקֹב,[13] אַל תִּירָא עַבְדִּי יַעֲקֹב.
שָׁב יהוה אֶת גְּאוֹן יַעֲקֹב,[14] אַל תִּירָא עַבְדִּי יַעֲקֹב.
תִּתֵּן אֱמֶת לְיַעֲקֹב,[15] אַל תִּירָא עַבְדִּי יַעֲקֹב.

זמר לכבוד אליהו הנביא מיוסד ע״פ סדר הא״ב.

## אֵלִיָּהוּ הַנָּבִיא

אֵלִיָּהוּ הַתִּשְׁבִּי אֵלִיָּהוּ הַגִּלְעָדִי,
בִּמְהֵרָה יָבוֹא אֵלֵינוּ עִם מָשִׁיחַ בֶּן דָּוִד.

אִישׁ אֲשֶׁר קִנֵּא לְשֵׁם הָאֵל, אִישׁ בֻּשַּׂר שָׁלוֹם עַל יַד יְקוּתִיאֵל,
אִישׁ גַּשׁ וַיְכַפֵּר עַל בְּנֵי יִשְׂרָאֵל.[16] אֵלִיָּהוּ הַנָּבִיא אֵלִיָּהוּ הַתִּשְׁבִּי אֵלִיָּהוּ הַגִּלְעָדִי,
בִּמְהֵרָה יָבוֹא אֵלֵינוּ עִם מָשִׁיחַ בֶּן דָּוִד.

אִישׁ דּוֹרוֹת שְׁנֵים עָשָׂר רָאוּ עֵינָיו, אִישׁ הַנִּקְרָא בַּעַל שֵׂעָר בְּסִמָּנָיו,
אִישׁ וְאֵזוֹר עוֹר אָזוּר בְּמָתְנָיו.[17] אֵלִיָּהוּ . . .

אִישׁ זָעַף עַל עוֹבְדֵי חַמָּנִים, אִישׁ חָשׁ וְנִשְׁבַּע מִהְיוֹת גִּשְׁמֵי מְעוֹנִים,
אִישׁ טַל וּמָטָר עָצַר שָׁלֹשׁ שָׁנִים.[18] אֵלִיָּהוּ . . .

אִישׁ יָצָא לִמְצוֹא לְנַפְשׁוֹ נַחַת, אִישׁ כִּלְכְּלוּהוּ הָעֹרְבִים וְלֹא מֵת לַשַּׁחַת,
אִישׁ לְמַעֲנוֹ נִתְבָּרְכוּ כַּד וְצַפַּחַת.[19] אֵלִיָּהוּ . . .

אִישׁ מוּסָרָיו הִקְשִׁיבוּ כְמֵהִים, אִישׁ נֶעֱנָה בָאֵשׁ מִשְּׁמֵי גְבוֹהִים,
אִישׁ סָחוּ אַחֲרָיו יהוה הוּא הָאֱלֹהִים.[20] אֵלִיָּהוּ . . .

אִישׁ עָתִיד לְהִשְׁתַּלֵּחַ מִשְּׁמֵי עֲרָבוֹת, אִישׁ פָּקִיד עַל כָּל בְּשׂוֹרוֹת טוֹבוֹת,
אִישׁ צִיר נֶאֱמָן לְהָשִׁיב לֵב בָּנִים עַל אָבוֹת.[21] אֵלִיָּהוּ . . .

אִישׁ קָרָא קַנֹּא קִנֵּאתִי לַיהוה[22] בְּתִפְאָרָה, אִישׁ רָכַב עַל סוּסֵי אֵשׁ בִּסְעָרָה,
אִישׁ שֶׁלֹּא טָעַם טַעַם מִיתָה וּקְבוּרָה.[23] אֵלִיָּהוּ . . .

אִישׁ תִּשְׁבִּי עַל שְׁמוֹ נִקְרָא, תַּצְלִיחֵנוּ עַל יָדוֹ בַּתּוֹרָה,
תַּשְׁמִיעֵנוּ מִפִּיו בְּשׂוֹרָה טוֹבָה בִּמְהֵרָה. תּוֹצִיאֵנוּ מֵאֲפֵלָה לְאוֹרָה. אֵלִיָּהוּ . . .

---

(1) ע״פ תרגום יונתן לישעיה כה:ט (2) במדבר כד:ה (3) דברים לג:י (4) במדבר כג:כג (5) כג:כא (6) כג:י (7) ע״פ שמות לב:יג
(8) ע״פ במדבר יד:יט (9) ע״פ יחזקאל לט:כה (10) ירמיה לא:י (11) תהלים מד:ה (12) ע״פ בראשית כז:כב
(13) ירמיהו לא:ו; נ״א רָנִּי וְשִׂמְחִי, ע״פ זכריה ב:יד (14) נחום ב:ג; נ״א שְׁבוּת יַעֲקֹב, ע״פ דברים ל:ג (15) מיכה ז:כ
(16) ע״פ במדבר כה:א־טו (17) ע״פ מלכים ב א:ח (18) ע״פ מלכים א יז:א; יח:א־יח (19) ע״פ יז:ב־טז
(20) ע״פ מלכים א יח:יט־מ (21) ע״פ מלאכי ג:כג־כד (22) מלכים א יט:י (23) ע״פ מלכים ב ב:יא

אִישׁ תִּשְׁבִּי תַּצִּילֵנוּ מִפִּי אֲרָיוֹת, תְּבַשְּׂרֵנוּ בְּשׂוֹרוֹת טוֹבוֹת,
תְּשַׂמְּחֵנוּ בָּנִים עַל אָבוֹת, בְּמוֹצָאֵי שַׁבָּתוֹת. אֵלִיָּהוּ . . .

כַּכָּתוּב: הִנֵּה אָנֹכִי שֹׁלֵחַ לָכֶם אֵת אֵלִיָּה הַנָּבִיא לִפְנֵי בּוֹא יוֹם יהוה הַגָּדוֹל
וְהַנּוֹרָא, וְהֵשִׁיב לֵב אָבוֹת עַל בָּנִים, וְלֵב בָּנִים עַל אֲבוֹתָם.[1] אֵלִיָּהוּ . . .

אַשְׁרֵי מִי שֶׁרָאָה פָנָיו בַּחֲלוֹם, אַשְׁרֵי מִי שֶׁנָּתַן לוֹ שָׁלוֹם,
וְהֶחֱזִיר לוֹ שָׁלוֹם. יהוה יְבָרֵךְ אֶת עַמּוֹ בַשָּׁלוֹם.[2] אֵלִיָּהוּ . . .

**רִבּוֹן הָעוֹלָמִים,** אַב הָרַחֲמִים וְהַסְּלִיחוֹת, בְּסִמָּן טוֹב וּבְמַזָּל טוֹב הָחֵל עָלֵינוּ אֶת (כשחל יום טוב באמצע השבוע לא יאמר: שֵׁשֶׁת) יְמֵי הַמַּעֲשֶׂה הַבָּאִים לִקְרָאתֵנוּ לְשָׁלוֹם, חֲשׂוּכִים מִכָּל חֵטְא וָפֶשַׁע, וּמְנֻקִּים מִכָּל עָוֹן וְאַשְׁמָה וָרֶשַׁע, וּמְדֻבָּקִים בְּתַלְמוּד תּוֹרָה וּבְמַעֲשִׂים טוֹבִים. וְחָנֵּנוּ דֵּעָה בִּינָה וְהַשְׂכֵּל מֵאִתְּךָ. וְתַשְׁמִיעֵנוּ בָהֶם שָׂשׂוֹן וְשִׂמְחָה. וְלֹא תַעֲלֶה קִנְאָתֵנוּ עַל לֵב אָדָם, וְלֹא קִנְאַת אָדָם תַּעֲלֶה עַל לִבֵּנוּ. מַלְכֵּנוּ אֱלֹהֵינוּ, הָאָב הָרַחֲמָן, שִׂים בְּרָכָה וּרְוָחָה וְהַצְלָחָה בְּכָל מַעֲשֵׂה יָדֵינוּ. וְכָל הַיּוֹעֵץ עַל עַמְּךָ בֵּית יִשְׂרָאֵל עֵצָה טוֹבָה וּמַחֲשָׁבָה טוֹבָה אַמְּצוֹ, בָּרְכוֹ, גַּדְּלוֹ וְקַיְּמוֹ. קַיֵּם עֲצָתוֹ, כַּדָּבָר שֶׁנֶּאֱמַר: יִתֶּן לְךָ כִלְבָבֶךָ וְכָל עֲצָתְךָ יְמַלֵּא.[3] וְנֶאֱמַר: וְתִגְזַר אֹמֶר וְיָקָם לָךְ, וְעַל דְּרָכֶיךָ נָגַהּ אוֹר.[4] וְכָל הַיּוֹעֵץ עָלֵינוּ וְעַל עַמְּךָ בֵּית יִשְׂרָאֵל עֵצָה שֶׁאֵינָהּ טוֹבָה, וּמַחֲשָׁבָה שֶׁאֵינָהּ טוֹבָה, תּוּפַר עֲצָתוֹ, כַּדָּבָר שֶׁנֶּאֱמַר: יהוה הֵפִיר עֲצַת גּוֹיִם, הֵנִיא מַחְשְׁבוֹת עַמִּים.[5] וְנֶאֱמַר: עֻצוּ עֵצָה וְתֻפָר, דַּבְּרוּ דָבָר וְלֹא יָקוּם, כִּי עִמָּנוּ אֵל.[6]

וּפְתַח לָנוּ, יהוה אֱלֹהֵינוּ אַב הָרַחֲמִים אֲדוֹן הַסְּלִיחוֹת, בָּזֶה הַשָּׁבוּעַ וּבְכָל שָׁבוּעַ, שַׁעֲרֵי אוֹרָה, שַׁעֲרֵי אֹרֶךְ יָמִים וְשָׁנִים, שַׁעֲרֵי אֲרִיכַת אַפַּיִם, שַׁעֲרֵי בְרָכָה, שַׁעֲרֵי בִינָה, שַׁעֲרֵי גִילָה, שַׁעֲרֵי גְדֻלָּה, שַׁעֲרֵי גְאֻלָּה, שַׁעֲרֵי גְבוּרָה, שַׁעֲרֵי דִיצָה, שַׁעֲרֵי דֵעָה, שַׁעֲרֵי הוֹד, שַׁעֲרֵי הָדָר, שַׁעֲרֵי הַצְלָחָה, שַׁעֲרֵי הָרְוָחָה, שַׁעֲרֵי וַעַד טוֹב, (שַׁעֲרֵי וָתִיקוּת,) שַׁעֲרֵי זְרִיזוּת, שַׁעֲרֵי זִמְרָה, שַׁעֲרֵי זְכֻיּוֹת, שַׁעֲרֵי זִיו, שַׁעֲרֵי זֹהַר תּוֹרָה, שַׁעֲרֵי זֹהַר חָכְמָה, שַׁעֲרֵי זֹהַר בִּינָה, שַׁעֲרֵי זֹהַר דַּעַת, שַׁעֲרֵי חֶדְוָה, שַׁעֲרֵי חֶמְלָה, שַׁעֲרֵי חֵן וָחֶסֶד, שַׁעֲרֵי חַיִּים טוֹבִים, שַׁעֲרֵי חָכְמָה, שַׁעֲרֵי טוֹבָה, שַׁעֲרֵי טֹהַר, שַׁעֲרֵי יְשׁוּעָה, שַׁעֲרֵי יֹשֶׁר, שַׁעֲרֵי כַפָּרָה, שַׁעֲרֵי כַלְכָּלָה, שַׁעֲרֵי כָבוֹד, שַׁעֲרֵי לִמּוּד, שַׁעֲרֵי מָזוֹן, שַׁעֲרֵי מְנוּחוֹת, שַׁעֲרֵי מְחִילוֹת, שַׁעֲרֵי מַדָּע, שַׁעֲרֵי נֶחָמָה, שַׁעֲרֵי נְקִיּוּת, שַׁעֲרֵי סְלִיחָה, שַׁעֲרֵי סִיַּעְתָּא דִשְׁמַיָּא, שַׁעֲרֵי עֶזְרָה, שַׁעֲרֵי פְדוּת, שַׁעֲרֵי פַרְנָסָה טוֹבָה, שַׁעֲרֵי צְדָקָה, שַׁעֲרֵי צָהֳלָה, שַׁעֲרֵי קְדֻשָּׁה, שַׁעֲרֵי קוֹמְמִיּוּת, שַׁעֲרֵי רַחֲמִים, שַׁעֲרֵי רָצוֹן, שַׁעֲרֵי רְפוּאָה שְׁלֵמָה, שַׁעֲרֵי שָׁלוֹם, שַׁעֲרֵי שִׂמְחָה, שַׁעֲרֵי שְׁמוּעוֹת טוֹבוֹת, שַׁעֲרֵי שַׁלְוָה, שַׁעֲרֵי תוֹרָה, שַׁעֲרֵי תְפִלָּה, שַׁעֲרֵי תְשׁוּבָה, שַׁעֲרֵי תְשׁוּעָה, כְּדִכְתִיב: וּתְשׁוּעַת צַדִּיקִים מֵיהוה, מָעוּזָּם בְּעֵת צָרָה. וַיַּעְזְרֵם יהוה וַיְפַלְּטֵם, יְפַלְּטֵם מֵרְשָׁעִים וְיוֹשִׁיעֵם, כִּי חָסוּ בוֹ.[7] וְנֶאֱמַר: חָשַׂף יהוה אֶת זְרוֹעַ קָדְשׁוֹ לְעֵינֵי כָּל הַגּוֹיִם, וְרָאוּ כָּל אַפְסֵי אָרֶץ אֵת יְשׁוּעַת אֱלֹהֵינוּ.[8] וְנֶאֱמַר: קוֹל צֹפַיִךְ נָשְׂאוּ קוֹל יַחְדָּו יְרַנֵּנוּ, כִּי עַיִן בְּעַיִן יִרְאוּ בְּשׁוּב יהוה צִיּוֹן.[9] וְקַיֶּם לָנוּ, יהוה אֱלֹהֵינוּ, מִקְרָא שֶׁכָּתוּב: מַה נָּאווּ עַל הֶהָרִים רַגְלֵי מְבַשֵּׂר, מַשְׁמִיעַ שָׁלוֹם, מְבַשֵּׂר טוֹב, מַשְׁמִיעַ יְשׁוּעָה, אֹמֵר לְצִיּוֹן מָלַךְ אֱלֹהָיִךְ.[10] רִאשׁוֹן לְצִיּוֹן הִנֵּה הִנָּם, וְלִירוּשָׁלַיִם מְבַשֵּׂר אֶתֵּן.[11] אָמֵן, סֶלָה.

## דָּא הִיא סְעוּדָתָא דְּדָוִד מַלְכָּא מְשִׁיחָא.

(1) מלאכי ג:כג-כד (2) תהלים כט:יא (3) כ:ה (4) איוב כב:כח (5) תהלים לג:י
(6) ישעיה ח:י (7) תהלים לז:לט-מ (8) ישעיה נב:י (9) נב:ח (10) נב:ז (11) מא:כז

## נטילת לולב

**יְהִי רָצוֹן** מִלְּפָנֶיךָ, יהוה אֱלֹהַי וֵאלֹהֵי אֲבוֹתַי, בִּפְרִי עֵץ הָדָר, וְכַפּוֹת תְּמָרִים, וַעֲנַף עֵץ עָבוֹת, וְעַרְבֵי נָחַל,[1] אוֹתִיּוֹת שִׁמְךָ הַמְּיֻחָד תְּקָרֵב אֶחָד אֶל אֶחָד, וְהָיוּ לַאֲחָדִים בְּיָדִי, וְלֵידַע אֵיךְ שִׁמְךָ נִקְרָא עָלַי, וְיִירְאוּ מִגֶּשֶׁת אֵלָי. וּבְנַעֲנוּעִי אוֹתָם תַּשְׁפִּיעַ שֶׁפַע בְּרָכוֹת מִדַּעַת עֶלְיוֹן לִנְוֵה אַפִּרְיוֹן, לִמְכוֹן בֵּית אֱלֹהֵינוּ. וּתְהֵא חֲשׁוּבָה לְפָנֶיךָ מִצְוַת אַרְבָּעָה מִינִים אֵלּוּ, כְּאִלּוּ קִיַּמְתִּיהָ בְּכָל פְּרָטוֹתֶיהָ וְשָׁרָשֶׁיהָ וְתַרְיַ״ג מִצְוֹת הַתְּלוּיִם בָּהּ. כִּי כַוָּנָתִי לְיַחֲדָא שְׁמָא דְקֻדְשָׁא בְּרִיךְ הוּא וּשְׁכִינְתֵּהּ, בִּדְחִילוּ וּרְחִימוּ, לְיַחֵד שֵׁם י״ה בְּו״ה בְּיִחוּדָא שְׁלִים, בְּשֵׁם כָּל יִשְׂרָאֵל. אָמֵן. בָּרוּךְ יהוה לְעוֹלָם, אָמֵן וְאָמֵן.[2]

**בָּרוּךְ** אַתָּה יהוה אֱלֹהֵינוּ מֶלֶךְ הָעוֹלָם, אֲשֶׁר קִדְּשָׁנוּ בְּמִצְוֹתָיו, וְצִוָּנוּ עַל נְטִילַת לוּלָב.

בפעם הראשונה שנוטל את הד׳ מינים מברך (ואינו מברך ביום טוב שני אם כבר נטל ביום טוב ראשון):

**בָּרוּךְ** אַתָּה יהוה אֱלֹהֵינוּ מֶלֶךְ הָעוֹלָם, שֶׁהֶחֱיָנוּ וְקִיְּמָנוּ וְהִגִּיעָנוּ לַזְּמַן הַזֶּה.

(1) ע״פ ויקרא כג:מ (2) תהלים פט:נג

### דיני נטילת לולב והנענועים

עיקר זמן נטילת לולב הוא אחר הנץ החמה. אכן אם נחפז לדרכו ואי אפשר לו לחכות, נוטלו לאחר עמוד השחר.

אסור לאכול לפני קיום המצוה, וטעימה בעלמא (כביצה פת) מותר מעיקר הדין אבל אין להקל בזה כי אם בשעת הדחק (או״ח סי׳ תרנב, מ״ב ס״ק ז). עיקר מצותו היא לפני אמירת הלל (או״ח סי׳ תרנב ס״א). אכן יש נוהגים עפ״י האריז״ל ליטול ד׳ המינים בסוכה דוקא, ויש מהדרין בהנץ החמה, ובשעת ההלל מנענעים שנית (מ״ב שם ס״ק ד, ובסי׳ תרנא ס״ק לד).

ברכת שהחיינו מברך רק בפעם הראשונה שמקיים המצוה. ולכן אם חל יום ראשון דסוכות בשבת מברך ביום טוב שני, אבל אם חל יום טוב ראשון בחול אינו מברך שהחיינו עוד הפעם ביום טוב שני.

נוטל האתרוג בימינו כשפטמתו פונה כלפי קרקע ומעביר את האתרוג לשמאלו, ואח״כ נוטל אגודת הלולב בימינו, ומקרב את האתרוג אל אגודת הלולב ומברך. אחר הברכה (בפעם הראשונה, אחר ברכת שהחיינו) מהפך האתרוג כדי שתפנה פטמתו כלפי מעלה ומנענע לד׳ רוחות ומעלה מטה כפי הסדר שיבואר למטה.

אף שעיקר קיום המצוה הוא ע״י הנטילה, יש מצוה מיוחדת לנענע הד׳ מינים לארבע רוחות העולם וגם מעלה ומטה. הסדר הנהוג בקהילות מתפללי נוסח ספרד הוא עפ״י האריז״ל. עומד ופניו כלפי מזרח ומנענע לצד ימין (דרום), לצד שמאל (צפון), לפניו (מזרח), למעלה למטה, ולאחוריו (מערב). מנענע לכל אחד משׁשה צדדים אלו שלש פעמים, דהיינו שיוליך בידיו את ד׳ המינים לאחד הצדדים ויביאם בחזרה אל סמוך לחזהו, ובזמן ההולכה וההבאה יכסכס בעלי הלולב; כן יעשה שלש פעמים בזה אחר זה. אח״כ יעשה כן לצד הבא, עד שיסיים את ששת הצדדים [ובסך הכל שלשים ושש תנועות] (או״ח תרנא רמ״א ס״ט, עם מ״ב)

יאחז ד׳ המינים בידיו כל זמן אמירת ההלל וההושענות, וגם ינענעם באופן המבואר למעלה בעת אמירת פסוקים מיוחדים. יש כמה מנהגים בענין זה, ורוב קהילות מתפללי נוסח ספרד נוהגים בזה עפ״י דעת האריז״ל, כדלהלן: מנענע פעם אחת (דהיינו סדר אחד שלם לששה כיוונים שיש בו ל״ו תנועות) בפעם הראשונה שאומרים הפסוק „הוֹדוּ לַה׳ כִּי טוֹב כִּי לְעוֹלָם חַסְדּוֹ", ואינו מנענע כשעונים „הודו" אחר אמירת החזן. מנענע ג׳ פעמים לצד ימין (דרום) ואומר המלות „הוֹדוּ לַה׳", ואחר הנענוע לכל אחד מחמשת הכיוונים הנשארים אומר מלה אחת מחמשת המלים הנשארות בפסוק. ועוד מנענע בשתי הפעמים שאומר „אָנָּא ה׳ הוֹשִׁיעָה נָּא", דהיינו שמנענע ג״פ לצד ימין וג״פ לצד שמאל ואומר „אָנָּא ה׳", לפניו ולמעלה ואומר „הוֹשִׁיעָה", למטה ולאחוריו ואומר „נָא", וחוזר חלילה כשחוזר על „אָנָּא . . ." פעם שנית. כשכופל „הודו" בסוף ההלל, מנענע עוד פעם אחת כמבואר לעיל.

### אמירת הלל

אומרים הלל מיד אחר שמונה עשרה של שחרית בשלש רגלים, חנוכה וראש חדש, ואחר שמונה עשרה של ערבית בב׳ לילות הראשונים של פסח. בראש חודש וששה ימים האחרונים של פסח אומרים חצי הלל. [המניחים תפילין בחוה״מ, חולצים אותם לפני הלל.]

## ❖ סדר הלל ❖

**בָּרוּךְ** אַתָּה יהוה אֱלֹהֵינוּ מֶלֶךְ הָעוֹלָם, אֲשֶׁר קִדְּשָׁנוּ בְּמִצְוֹתָיו, וְצִוָּנוּ לִקְרוֹא אֶת הַהַלֵּל.

תהלים קיג

**הַלְלוּיָהּ,** הַלְלוּ עַבְדֵי יהוה, הַלְלוּ אֶת שֵׁם יהוה. יְהִי שֵׁם יהוה מְבֹרָךְ מֵעַתָּה וְעַד עוֹלָם. מִמִּזְרַח שֶׁמֶשׁ עַד מְבוֹאוֹ, מְהֻלָּל שֵׁם יהוה. רָם עַל כָּל גּוֹיִם יהוה, עַל הַשָּׁמַיִם כְּבוֹדוֹ. מִי כַּיהוה אֱלֹהֵינוּ, הַמַּגְבִּיהִי לָשָׁבֶת. הַמַּשְׁפִּילִי לִרְאוֹת, בַּשָּׁמַיִם וּבָאָרֶץ. ❖ מְקִימִי מֵעָפָר דָּל, מֵאַשְׁפֹּת יָרִים אֶבְיוֹן. לְהוֹשִׁיבִי עִם נְדִיבִים, עִם נְדִיבֵי עַמּוֹ. מוֹשִׁיבִי עֲקֶרֶת הַבַּיִת, אֵם הַבָּנִים שְׂמֵחָה, הַלְלוּיָהּ.

תהלים קיד

**בְּצֵאת** יִשְׂרָאֵל מִמִּצְרָיִם, בֵּית יַעֲקֹב מֵעַם לֹעֵז. הָיְתָה יְהוּדָה לְקָדְשׁוֹ, יִשְׂרָאֵל מַמְשְׁלוֹתָיו. הַיָּם רָאָה וַיָּנֹס, הַיַּרְדֵּן יִסֹּב לְאָחוֹר. הֶהָרִים רָקְדוּ כְאֵילִים, גְּבָעוֹת כִּבְנֵי צֹאן. ❖ מַה לְּךָ הַיָּם כִּי תָנוּס, הַיַּרְדֵּן תִּסֹּב לְאָחוֹר. הֶהָרִים תִּרְקְדוּ כְאֵילִים, גְּבָעוֹת כִּבְנֵי צֹאן. מִלִּפְנֵי אָדוֹן חוּלִי אָרֶץ, מִלִּפְנֵי אֱלוֹהַּ יַעֲקֹב. הַהֹפְכִי הַצּוּר אֲגַם מָיִם, חַלָּמִישׁ לְמַעְיְנוֹ מָיִם.

בראש חדש, בחול המועד פסח ובימים אחרונים של פסח מדלגים על פסקא זו (תהלים קטו:א-יא)

**לֹא לָנוּ,** יהוה, לֹא לָנוּ, כִּי לְשִׁמְךָ תֵּן כָּבוֹד, עַל חַסְדְּךָ עַל אֲמִתֶּךָ. לָמָּה יֹאמְרוּ הַגּוֹיִם, אַיֵּה נָא אֱלֹהֵיהֶם. וֵאלֹהֵינוּ בַשָּׁמָיִם, כֹּל אֲשֶׁר חָפֵץ עָשָׂה. עֲצַבֵּיהֶם כֶּסֶף וְזָהָב, מַעֲשֵׂה יְדֵי אָדָם. פֶּה לָהֶם וְלֹא יְדַבֵּרוּ, עֵינַיִם לָהֶם וְלֹא יִרְאוּ. אָזְנַיִם לָהֶם וְלֹא יִשְׁמָעוּ, אַף לָהֶם וְלֹא יְרִיחוּן. יְדֵיהֶם וְלֹא יְמִישׁוּן, רַגְלֵיהֶם וְלֹא יְהַלֵּכוּ, לֹא יֶהְגּוּ בִּגְרוֹנָם. כְּמוֹהֶם יִהְיוּ עֹשֵׂיהֶם, כֹּל אֲשֶׁר בֹּטֵחַ בָּהֶם. ❖ יִשְׂרָאֵל בְּטַח בַּיהוה, עֶזְרָם וּמָגִנָּם הוּא. בֵּית אַהֲרֹן בִּטְחוּ בַיהוה, עֶזְרָם וּמָגִנָּם הוּא. יִרְאֵי יהוה בִּטְחוּ בַיהוה, עֶזְרָם וּמָגִנָּם הוּא.

תהלים קטו:יב-יח

**יהוה** זְכָרָנוּ יְבָרֵךְ, יְבָרֵךְ אֶת בֵּית יִשְׂרָאֵל, יְבָרֵךְ אֶת בֵּית אַהֲרֹן. יְבָרֵךְ יִרְאֵי יהוה, הַקְּטַנִּים עִם הַגְּדֹלִים. יֹסֵף יהוה עֲלֵיכֶם, עֲלֵיכֶם וְעַל בְּנֵיכֶם. בְּרוּכִים אַתֶּם לַיהוה, עֹשֵׂה שָׁמַיִם וָאָרֶץ. ❖ הַשָּׁמַיִם שָׁמַיִם לַיהוה, וְהָאָרֶץ נָתַן לִבְנֵי אָדָם.

לֹא הַמֵּתִים יְהַלְּלוּ יָהּ, וְלֹא כָּל יֹרְדֵי דוּמָה. וַאֲנַחְנוּ נְבָרֵךְ יָהּ, מֵעַתָּה וְעַד עוֹלָם, הַלְּלוּיָהּ.

בראש חדש, בחול המועד פסח ובימים אחרונים של פסח מדלגים על פסקא זו (תהלים קטז:א-יא)

**אָהַבְתִּי** כִּי יִשְׁמַע יהוה, אֶת קוֹלִי תַּחֲנוּנָי. כִּי הִטָּה אָזְנוֹ לִי, וּבְיָמַי אֶקְרָא. אֲפָפוּנִי חֶבְלֵי מָוֶת, וּמְצָרֵי שְׁאוֹל מְצָאוּנִי, צָרָה וְיָגוֹן אֶמְצָא. וּבְשֵׁם יהוה אֶקְרָא, אָנָּה יהוה מַלְּטָה נַפְשִׁי. חַנּוּן יהוה וְצַדִּיק, וֵאלֹהֵינוּ מְרַחֵם. שֹׁמֵר פְּתָאיִם יהוה, דַּלּוֹתִי וְלִי יְהוֹשִׁיעַ. שׁוּבִי נַפְשִׁי לִמְנוּחָיְכִי, כִּי יהוה גָּמַל עָלָיְכִי. כִּי חִלַּצְתָּ נַפְשִׁי מִמָּוֶת, אֶת עֵינִי מִן דִּמְעָה, אֶת רַגְלִי מִדֶּחִי. ❖ אֶתְהַלֵּךְ לִפְנֵי יהוה, בְּאַרְצוֹת הַחַיִּים. הֶאֱמַנְתִּי כִּי אֲדַבֵּר, אֲנִי עָנִיתִי מְאֹד. אֲנִי אָמַרְתִּי בְחָפְזִי, כָּל הָאָדָם כֹּזֵב.

תהלים קטז:יב-יט

**מָה** אָשִׁיב לַיהוה, כָּל תַּגְמוּלוֹהִי עָלָי. כּוֹס יְשׁוּעוֹת אֶשָּׂא, וּבְשֵׁם יהוה אֶקְרָא. נְדָרַי לַיהוה אֲשַׁלֵּם, נֶגְדָה נָּא לְכָל עַמּוֹ. יָקָר בְּעֵינֵי יהוה, הַמָּוְתָה לַחֲסִידָיו. אָנָּה יהוה כִּי אֲנִי עַבְדֶּךָ, אֲנִי עַבְדְּךָ בֶּן אֲמָתֶךָ, פִּתַּחְתָּ לְמוֹסֵרָי. ❖ לְךָ אֶזְבַּח זֶבַח תּוֹדָה, וּבְשֵׁם יהוה אֶקְרָא. נְדָרַי לַיהוה אֲשַׁלֵּם, נֶגְדָה נָּא לְכָל עַמּוֹ. בְּחַצְרוֹת בֵּית יהוה, בְּתוֹכֵכִי יְרוּשָׁלָיִם, הַלְּלוּיָהּ.

תהלים קיז

**הַלְּלוּ** אֶת יהוה, כָּל גּוֹיִם, שַׁבְּחוּהוּ כָּל הָאֻמִּים. כִּי גָבַר עָלֵינוּ חַסְדּוֹ, וֶאֱמֶת יהוה לְעוֹלָם, הַלְּלוּיָהּ.

החזן אומר „הוֹדוּ . . .", והקהל עונה אחריו „הוֹדוּ . . ." ו„יֹאמַר . . ."; החזן אומר „יֹאמַר . . .", והקהל עונה אחריו „הוֹדוּ . . ." ו„יֹאמְרוּ . . ."; וכן לכולם. אחר שאמר החזן „יֹאמְרוּ נָא יִרְאֵי ה'" חוזר הקהל לומר „הוֹדוּ . . .". בסוכות מנענע ד' המינים כשאומר „הוֹדוּ . . ." בפעם הראשונה.

תהלים קיח

**הוֹדוּ** לַיהוה כִּי טוֹב, כִּי לְעוֹלָם חַסְדּוֹ.
יֹאמַר נָא יִשְׂרָאֵל, כִּי לְעוֹלָם חַסְדּוֹ.
יֹאמְרוּ נָא בֵית אַהֲרֹן, כִּי לְעוֹלָם חַסְדּוֹ.
יֹאמְרוּ נָא יִרְאֵי יהוה, כִּי לְעוֹלָם חַסְדּוֹ.

**מִן הַמֵּצַר** קָרָאתִי יָּהּ, עָנָנִי בַמֶּרְחָב יָהּ. יהוה לִי לֹא אִירָא, מַה יַּעֲשֶׂה לִי אָדָם. יהוה לִי בְּעֹזְרָי, וַאֲנִי אֶרְאֶה בְשֹׂנְאָי. טוֹב לַחֲסוֹת בַּיהוה, מִבְּטֹחַ בָּאָדָם. טוֹב לַחֲסוֹת בַּיהוה, מִבְּטֹחַ בִּנְדִיבִים. כָּל גּוֹיִם סְבָבוּנִי, בְּשֵׁם יהוה כִּי אֲמִילַם. סַבּוּנִי גַם סְבָבוּנִי, בְּשֵׁם יהוה כִּי אֲמִילַם. סַבּוּנִי

כִּדְבֹרִים דֹּעֲכוּ כְּאֵשׁ קוֹצִים, בְּשֵׁם יהוה כִּי אֲמִילַם. דָּחֹה דְחִיתַנִי לִנְפֹּל, וַיהוה עֲזָרָנִי. עָזִּי וְזִמְרָת יָהּ, וַיְהִי לִי לִישׁוּעָה. קוֹל רִנָּה וִישׁוּעָה בְּאָהֳלֵי צַדִּיקִים, יְמִין יהוה עֹשָׂה חָיִל. יְמִין יהוה רוֹמֵמָה, יְמִין יהוה עֹשָׂה חָיִל. לֹא אָמוּת כִּי אֶחְיֶה, וַאֲסַפֵּר מַעֲשֵׂי יָהּ. יַסֹּר יִסְּרַנִּי יָּהּ, וְלַמָּוֶת לֹא נְתָנָנִי. ❖ פִּתְחוּ לִי שַׁעֲרֵי צֶדֶק, אָבֹא בָם אוֹדֶה יָהּ. זֶה הַשַּׁעַר לַיהוה, צַדִּיקִים יָבֹאוּ בוֹ. אוֹדְךָ כִּי עֲנִיתָנִי, וַתְּהִי לִי לִישׁוּעָה. אוֹדְךָ כִּי עֲנִיתָנִי, וַתְּהִי לִי לִישׁוּעָה. אֶבֶן מָאֲסוּ הַבּוֹנִים, הָיְתָה לְרֹאשׁ פִּנָּה. אֶבֶן מָאֲסוּ הַבּוֹנִים, הָיְתָה לְרֹאשׁ פִּנָּה. מֵאֵת יהוה הָיְתָה זֹּאת, הִיא נִפְלָאת בְּעֵינֵינוּ. מֵאֵת יהוה הָיְתָה זֹּאת, הִיא נִפְלָאת בְּעֵינֵינוּ. זֶה הַיּוֹם עָשָׂה יהוה, נָגִילָה וְנִשְׂמְחָה בוֹ. זֶה הַיּוֹם עָשָׂה יהוה, נָגִילָה וְנִשְׂמְחָה בוֹ.

ד׳ הפסקאות הבאות אומר החזן בקול רם והקהל עונה אחריו.
בסוכות מנענע ד׳ המינים כל פעם שאומר „אָנָּא ה׳ הוֹשִׁיעָה נָּא״.

**אָנָּא** יהוה הוֹשִׁיעָה נָּא. אָנָּא יהוה הוֹשִׁיעָה נָּא.
אָנָּא יהוה הַצְלִיחָה נָא. אָנָּא יהוה הַצְלִיחָה נָא.

**בָּרוּךְ** הַבָּא בְּשֵׁם יהוה, בֵּרַכְנוּכֶם מִבֵּית יהוה. בָּרוּךְ הַבָּא בְּשֵׁם יהוה, בֵּרַכְנוּכֶם מִבֵּית יהוה. אֵל יהוה וַיָּאֶר לָנוּ, אִסְרוּ חַג בַּעֲבֹתִים, עַד קַרְנוֹת הַמִּזְבֵּחַ. אֵל יהוה וַיָּאֶר לָנוּ, אִסְרוּ חַג בַּעֲבֹתִים, עַד קַרְנוֹת הַמִּזְבֵּחַ. אֵלִי אַתָּה וְאוֹדֶךָּ, אֱלֹהַי אֲרוֹמְמֶךָּ. אֵלִי אַתָּה וְאוֹדֶךָּ, אֱלֹהַי אֲרוֹמְמֶךָּ. בסוכות מנענע בפעם הראשונה שאומר „הודו...״ הוֹדוּ לַיהוה כִּי טוֹב, כִּי לְעוֹלָם חַסְדּוֹ. הוֹדוּ לַיהוה כִּי טוֹב, כִּי לְעוֹלָם חַסְדּוֹ.

**יְהַלְלוּךָ** יהוה אֱלֹהֵינוּ (עַל) כָּל מַעֲשֶׂיךָ, וַחֲסִידֶיךָ צַדִּיקִים עוֹשֵׂי רְצוֹנֶךָ, וְכָל עַמְּךָ בֵּית יִשְׂרָאֵל בְּרִנָּה יוֹדוּ וִיבָרְכוּ וִישַׁבְּחוּ וִיפָאֲרוּ וִישׁוֹרְרוּ וִירוֹמְמוּ וְיַעֲרִיצוּ וְיַקְדִּישׁוּ וְיַמְלִיכוּ אֶת שִׁמְךָ מַלְכֵּנוּ תָּמִיד. ❖ כִּי לְךָ טוֹב לְהוֹדוֹת וּלְשִׁמְךָ נָאֶה לְזַמֵּר, כִּי מֵעוֹלָם וְעַד עוֹלָם אַתָּה אֵל.[1] בָּרוּךְ אַתָּה יהוה, מֶלֶךְ מְהֻלָּל בַּתִּשְׁבָּחוֹת.

יש שאומרים פסוק זה (בראשית כד:א) בראש חודש אחר ההלל, והוא סגולה לאריכת ימים:
וְאַבְרָהָם זָקֵן בָּא בַּיָּמִים, וַיהוה בֵּרַךְ אֶת אַבְרָהָם בַּכֹּל.[2]

(1) ע״פ תהלים צ:ב (2) בראשית כד:א

קדיש שלם

**יִתְגַּדַּל** וְיִתְקַדַּשׁ שְׁמֵהּ רַבָּא. בְּעָלְמָא דִּי בְרָא כִרְעוּתֵהּ. וְיַמְלִיךְ מַלְכוּתֵהּ, וְיַצְמַח פֻּרְקָנֵהּ וִיקָרֵב מְשִׁיחֵהּ. בְּחַיֵּיכוֹן וּבְיוֹמֵיכוֹן וּבְחַיֵּי דְכָל בֵּית יִשְׂרָאֵל, בַּעֲגָלָא וּבִזְמַן קָרִיב. וְאִמְרוּ: אָמֵן.

קהל וחזן – **יְהֵא שְׁמֵהּ רַבָּא מְבָרַךְ לְעָלַם וּלְעָלְמֵי עָלְמַיָּא. יִתְבָּרַךְ** וְיִשְׁתַּבַּח וְיִתְפָּאַר וְיִתְרוֹמַם וְיִתְנַשֵּׂא וְיִתְהַדָּר וְיִתְעַלֶּה וְיִתְהַלָּל שְׁמֵהּ דְּקֻדְשָׁא בְּרִיךְ הוּא – לְעֵלָּא מִן כָּל בִּרְכָתָא וְשִׁירָתָא תֻּשְׁבְּחָתָא וְנֶחֱמָתָא דַּאֲמִירָן בְּעָלְמָא. וְאִמְרוּ: אָמֵן.

בחנוכה (חוץ מר"ח טבת ושבת חנוכה) מסיים הש"ץ את הקדיש כאן, וממשיכים עם הוצאת ספר התורה (עמ' 63).

(קהל – קַבֵּל בְּרַחֲמִים וּבְרָצוֹן אֶת תְּפִלָּתֵנוּ.)

תִּתְקַבֵּל צְלוֹתְהוֹן וּבָעוּתְהוֹן דְּכָל בֵּית יִשְׂרָאֵל קֳדָם אֲבוּהוֹן דִּי בִשְׁמַיָּא. וְאִמְרוּ: אָמֵן.

(קהל – יְהִי שֵׁם יהוה מְבֹרָךְ מֵעַתָּה וְעַד עוֹלָם.[1])

יְהֵא שְׁלָמָא רַבָּא מִן שְׁמַיָּא, וְחַיִּים טוֹבִים עָלֵינוּ וְעַל כָּל יִשְׂרָאֵל. וְאִמְרוּ: אָמֵן.

(קהל – עֶזְרִי מֵעִם יהוה, עֹשֵׂה שָׁמַיִם וָאָרֶץ.[2])

עֹשֶׂה שָׁלוֹם בִּמְרוֹמָיו הוּא יַעֲשֶׂה שָׁלוֹם עָלֵינוּ, וְעַל כָּל יִשְׂרָאֵל. וְאִמְרוּ: אָמֵן.

ממשיכים עם שיר של יום אחרי הלל [לשבת ויו"ט בעמ' 217, ולראש חודש וחול המועד בעמ' 72].

# מוסף לראש חודש

חולצים התפילין לפני תפלת מוסף ונכון לחולצם אחר שאמר החזן חצי קדיש. ויש אומרים שיחלוץ לפני קדיש כי יש להסמיך קדיש לשמונה עשרה כל מה שאפשר, ולכן כשחולצם אחר קדיש יש למהר בחליצתם ולהתחיל שמונה עשרה מיד. לכתחילה נכון שכל הקהל יתחילו להתפלל ביחד.

כִּי שֵׁם יהוה אֶקְרָא, הָבוּ גֹדֶל לֵאלֹהֵינוּ[3]

אֲדֹנָי שְׂפָתַי תִּפְתָּח, וּפִי יַגִּיד תְּהִלָּתֶךָ.[4]

אבות

**בָּרוּךְ** אַתָּה יהוה אֱלֹהֵינוּ וֵאלֹהֵי אֲבוֹתֵינוּ, אֱלֹהֵי אַבְרָהָם, אֱלֹהֵי יִצְחָק, וֵאלֹהֵי יַעֲקֹב, הָאֵל הַגָּדוֹל הַגִּבּוֹר וְהַנּוֹרָא, אֵל עֶלְיוֹן, גּוֹמֵל חֲסָדִים טוֹבִים, וְקוֹנֵה הַכֹּל, וְזוֹכֵר חַסְדֵי אָבוֹת, וּמֵבִיא גוֹאֵל לִבְנֵי בְנֵיהֶם, לְמַעַן שְׁמוֹ בְּאַהֲבָה. מֶלֶךְ עוֹזֵר וּמוֹשִׁיעַ וּמָגֵן. בָּרוּךְ אַתָּה יהוה, מָגֵן אַבְרָהָם.

גבורות

**אַתָּה** גִּבּוֹר לְעוֹלָם אֲדֹנָי, מְחַיֵּה מֵתִים אַתָּה, רַב לְהוֹשִׁיעַ.

מן ר"ח מרחשון עד ר"ח ניסן: מַשִּׁיב הָרוּחַ וּמוֹרִיד הַגֶּשֶׁם [נ"א: הַגָּשֶׁם].

מן ר"ח אייר עד ר"ח אלול: מוֹרִיד הַטָּל.

[אם שכח או טעה, ראה ההלכות שבסוף הסידור סע' פד-צא.]

מְכַלְכֵּל חַיִּים בְּחֶסֶד, מְחַיֵּה מֵתִים בְּרַחֲמִים רַבִּים, סוֹמֵךְ נוֹפְלִים, וְרוֹפֵא חוֹלִים, וּמַתִּיר אֲסוּרִים, וּמְקַיֵּם אֱמוּנָתוֹ לִישֵׁנֵי עָפָר. מִי כָמוֹךָ בַּעַל גְּבוּרוֹת, וּמִי דּוֹמֶה לָּךְ, מֶלֶךְ מֵמִית וּמְחַיֶּה וּמַצְמִיחַ יְשׁוּעָה. וְנֶאֱמָן אַתָּה לְהַחֲיוֹת מֵתִים. בָּרוּךְ אַתָּה יהוה, מְחַיֵּה הַמֵּתִים.

בחזרת הש"ץ אומרים כאן קדושה (עמ' 302).

(1) תהלים קיג:ב (2) קכא:ב (3) דברים לב:ג (4) תהלים נא:יז

קדושת השם

בקצת קהילות אומר החזן „לְדוֹר וָדוֹר" בחזרת הש"ץ במקום „אַתָּה קָדוֹשׁ."

**אַתָּה** קָדוֹשׁ וְשִׁמְךָ קָדוֹשׁ, וּקְדוֹשִׁים בְּכָל יוֹם יְהַלְלְוּךָ סֶּלָה, כִּי אֵל מֶלֶךְ גָּדוֹל וְקָדוֹשׁ אָתָּה. בָּרוּךְ אַתָּה יהוה, הָאֵל הַקָּדוֹשׁ.

**לְדוֹר** וָדוֹר נַגִּיד גָּדְלֶךָ וּלְנֵצַח נְצָחִים קְדֻשָּׁתְךָ נַקְדִּישׁ, וְשִׁבְחֲךָ אֱלֹהֵינוּ מִפִּינוּ לֹא יָמוּשׁ לְעוֹלָם וָעֶד, כִּי אֵל מֶלֶךְ גָּדוֹל וְקָדוֹשׁ אָתָּה. בָּרוּךְ אַתָּה יהוה, הָאֵל הַקָּדוֹשׁ.

קדושת היום

**רָאשֵׁי** חֳדָשִׁים לְעַמְּךָ נָתָתָּ, זְמַן כַּפָּרָה לְכָל תּוֹלְדוֹתָם, בִּהְיוֹתָם מַקְרִיבִים לְפָנֶיךָ זִבְחֵי רָצוֹן, וּשְׂעִירֵי חַטָּאת לְכַפֵּר בַּעֲדָם. זִכָּרוֹן לְכֻלָּם יִהְיוּ, וּתְשׁוּעַת נַפְשָׁם מִיַּד שׂוֹנֵא. מִזְבֵּחַ חָדָשׁ בְּצִיּוֹן תָּכִין, וְעוֹלַת רֹאשׁ חֹדֶשׁ נַעֲלֶה עָלָיו, וּשְׂעִירֵי עִזִּים נַעֲשֶׂה בְרָצוֹן. וּבַעֲבוֹדַת בֵּית הַמִּקְדָּשׁ נִשְׂמַח כֻּלָּנוּ, וּבְשִׁירֵי דָוִד עַבְדֶּךָ הַנִּשְׁמָעִים בְּעִירֶךָ, הָאֲמוּרִים לִפְנֵי מִזְבְּחֶךָ. אַהֲבַת עוֹלָם תָּבִיא לָהֶם, וּבְרִית אָבוֹת לַבָּנִים תִּזְכּוֹר. יְהִי רָצוֹן מִלְּפָנֶיךָ, יהוה אֱלֹהֵינוּ וֵאלֹהֵי אֲבוֹתֵינוּ, שֶׁתַּעֲלֵנוּ בְשִׂמְחָה לְאַרְצֵנוּ, וְתִטָּעֵנוּ בִּגְבוּלֵנוּ. וַהֲבִיאֵנוּ לְצִיּוֹן עִירְךָ בְּרִנָּה, וְלִירוּשָׁלַיִם בֵּית מִקְדָּשְׁךָ בְּשִׂמְחַת עוֹלָם. וְשָׁם נַעֲשֶׂה לְפָנֶיךָ אֶת קָרְבְּנוֹת חוֹבוֹתֵינוּ, תְּמִידִים כְּסִדְרָם, וּמוּסָפִים כְּהִלְכָתָם,

---

קדושה

יכוון רגליו ויעמידן זו אצל זו בשוה כמו בתפילת שמונה עשרה. אסור להפסיק לשום דבר בעת אמירת הקדושה.

קהל ואח"כ חזן— **כֶּתֶר** יִתְּנוּ לְךָ יהוה אֱלֹהֵינוּ, מַלְאָכִים הֲמוֹנֵי מַעְלָה, עִם עַמְּךָ יִשְׂרָאֵל, קְבוּצֵי מַטָּה.

קהל ואח"כ חזן— יַחַד כֻּלָּם קְדֻשָּׁה לְךָ יְשַׁלֵּשׁוּ, כַּדָּבָר הָאָמוּר עַל יַד נְבִיאֶךָ, וְקָרָא זֶה אֶל זֶה וְאָמַר:

קהל וחזן ביחד— קָדוֹשׁ קָדוֹשׁ קָדוֹשׁ יהוה צְבָאוֹת, מְלֹא כָל הָאָרֶץ כְּבוֹדוֹ.[1]
❖ לְעֻמָּתָם מְשַׁבְּחִים וְאוֹמְרִים:

קהל וחזן ביחד— בָּרוּךְ כְּבוֹד יהוה, מִמְּקוֹמוֹ.[2] ❖ וּבְדִבְרֵי קָדְשְׁךָ כָּתוּב לֵאמֹר:

קהל וחזן ביחד— יִמְלֹךְ יהוה לְעוֹלָם, אֱלֹהַיִךְ צִיּוֹן לְדֹר וָדֹר, הַלְלוּיָהּ.[3]

החזן ממשיך „אַתָּה קָדוֹשׁ . . ." [או „לְדוֹר וָדוֹר. . ."] (למעלה).

(1) ישעיה ו:ג (2) יחזקאל ג:יב (3) תהלים קמו:י

וְאֶת מוּסַף יוֹם רֹאשׁ הַחֹדֶשׁ הַזֶּה נַעֲשֶׂה וְנַקְרִיב לְפָנֶיךָ בְּאַהֲבָה כְּמִצְוַת רְצוֹנֶךָ, כְּמוֹ שֶׁכָּתַבְתָּ עָלֵינוּ בְּתוֹרָתֶךָ, עַל יְדֵי מֹשֶׁה עַבְדֶּךָ, מִפִּי כְבוֹדֶךָ, כָּאָמוּר:

**וּבְרָאשֵׁי** חָדְשֵׁיכֶם תַּקְרִיבוּ עֹלָה לַיהוה, פָּרִים בְּנֵי בָקָר שְׁנַיִם, וְאַיִל אֶחָד, כְּבָשִׂים בְּנֵי שָׁנָה שִׁבְעָה, תְּמִימִם.[1] וּמִנְחָתָם וְנִסְכֵּיהֶם כִּמְדֻבָּר, שְׁלֹשָׁה עֶשְׂרֹנִים לַפָּר, וּשְׁנֵי עֶשְׂרֹנִים לָאָיִל, וְעִשָּׂרוֹן לַכֶּבֶשׂ, וְיַיִן כְּנִסְכּוֹ, וְשָׂעִיר לְכַפֵּר, וּשְׁנֵי תְמִידִים כְּהִלְכָתָם.[2]

**אֱלֹהֵינוּ** וֵאלֹהֵי אֲבוֹתֵינוּ, חַדֵּשׁ עָלֵינוּ אֶת הַחֹדֶשׁ הַזֶּה לְטוֹבָה וְלִבְרָכָה (קהל: אָמֵן), לְשָׂשׂוֹן וּלְשִׂמְחָה (קהל: אָמֵן), לִישׁוּעָה וּלְנֶחָמָה (קהל: אָמֵן), לְפַרְנָסָה וּלְכַלְכָּלָה (קהל: אָמֵן), לְחַיִּים טוֹבִים וּלְשָׁלוֹם (קהל: אָמֵן), לִמְחִילַת חֵטְא וְלִסְלִיחַת עָוֹן (קהל: אָמֵן) [בשנת העיבור עד ר"ח אדר ב' ועד בכלל – וּלְכַפָּרַת פָּשַׁע (קהל: אָמֵן)]. וִיהִי הַחֹדֶשׁ הַזֶּה סוֹף וָקֵץ לְכָל צָרוֹתֵינוּ, תְּחִלָּה וָרֹאשׁ לְפִדְיוֹן נַפְשֵׁנוּ. כִּי בְעַמְּךָ יִשְׂרָאֵל בָּחַרְתָּ מִכָּל הָאֻמּוֹת, וְחֻקֵּי רָאשֵׁי חֳדָשִׁים לָהֶם קָבָעְתָּ. בָּרוּךְ אַתָּה יהוה, מְקַדֵּשׁ יִשְׂרָאֵל וְרָאשֵׁי חֳדָשִׁים.

עבודה

**רְצֵה** יהוה אֱלֹהֵינוּ בְּעַמְּךָ יִשְׂרָאֵל וְלִתְפִלָּתָם שְׁעֵה, וְהָשֵׁב אֶת הָעֲבוֹדָה לִדְבִיר בֵּיתֶךָ. וְאִשֵּׁי יִשְׂרָאֵל, וּתְפִלָּתָם מְהֵרָה בְּאַהֲבָה תְקַבֵּל בְּרָצוֹן, וּתְהִי לְרָצוֹן תָּמִיד עֲבוֹדַת יִשְׂרָאֵל עַמֶּךָ.

**וְתֶחֱזֶינָה** עֵינֵינוּ בְּשׁוּבְךָ לְצִיּוֹן בְּרַחֲמִים. בָּרוּךְ אַתָּה יהוה, הַמַּחֲזִיר שְׁכִינָתוֹ לְצִיּוֹן.

(1) במדבר כח:יא (2) ע"פ כח:יב-טו

צירופי שמות לי"ב חדשי השנה מבוארים בספר משנת חסידים
לכוון מדי חודש בחדשו בברכת ברוך אתה **יהוה** מקדש ישראל וראשי חדשים.

| חודש | צירוף | יוצא מפסוק ונקודותיו | חודש | צירוף | יוצא מפסוק ונקודותיו |
|---|---|---|---|---|---|
| ניסן | **יְהַוָּה אהיה** | **יִ**שמחו **הַ**שמים **וְ**תגל **הָ**ארץ | תשרי | **וַהָיָהַ יהאה** | **וַ**יראו אוֹתָה שָׂרֵי פַּרעה |
| אייר | **יְהַהַוְ אההי** | **יִ**תהלל **הַ**מתהלל **הַ**שכל **וְ**ידוע | חשון | **וּהַהַיְ יההא** | **וּ**דבש **הַ**יום **הַ**זה **יְ**הוה |
| סיון | **יְוּהַהַ איהה** | **יְ**דותיו **וּ**לצלע **הַ**משכן **הַ**שנית | כסלו | **וַיְהָהַ יאהה** | **וַ**ירא **יוֹ**שב **הָ**ארץ **הַ**כנעני |
| תמוז | **הֶוֶהִי היהא** | **זֶ**ה אֵיננו **שׁ**וה **לִ**י | טבת | **הַיְהֶוְ האהי** | **לַ**יהוה **אִ**תי **וּ**נרוממה **שְׁ**מו |
| אב | **הַוִיהַ היאה** | **הַ**סכת **וּ**שמע **יִ**שראל **הַ**יום | שבט | **הָיְוָהֶ האיה** | **הָ**מר **יְ**מירנו **וְ**היה **הוּ**א |
| אלול | **הֶהְוָיִ ההיא** | **וּ**צדקה **תִּ**היה **לָ**נו **כִּ**י | אדר | **הִהְיְוַ ההאי** | **עִ**ירה **וְ**לשורקה **בְּ**ני **אַ**תונו |

ובאדר שני יכוון בכללות כולם יחד כל י"ב צירופי הוי"ה ואהיה

הודאה

בחזרת הש״ץ החזן אומר „מוֹדִים״ בקול רם והקהל אומרים מודים דרבנן בלחש.

**מוֹדִים** אֲנַחְנוּ לָךְ שָׁאַתָּה הוּא יהוה אֱלֹהֵינוּ וֵאלֹהֵי אֲבוֹתֵינוּ לְעוֹלָם וָעֶד. צוּרֵנוּ, צוּר חַיֵּינוּ, מָגֵן יִשְׁעֵנוּ אַתָּה הוּא לְדוֹר וָדוֹר. נוֹדֶה לְּךָ וּנְסַפֵּר תְּהִלָּתֶךָ[1] עַל חַיֵּינוּ הַמְּסוּרִים בְּיָדֶךָ, וְעַל נִשְׁמוֹתֵינוּ הַפְּקוּדוֹת לָךְ, וְעַל נִסֶּיךָ שֶׁבְּכָל יוֹם עִמָּנוּ, וְעַל נִפְלְאוֹתֶיךָ וְטוֹבוֹתֶיךָ שֶׁבְּכָל עֵת, עֶרֶב וָבֹקֶר וְצָהֳרָיִם. הַטּוֹב כִּי לֹא כָלוּ רַחֲמֶיךָ, וְהַמְּרַחֵם כִּי לֹא תַמּוּ חֲסָדֶיךָ,[2] כִּי מֵעוֹלָם קִוִּינוּ לָךְ.

מודים דרבנן

**מוֹדִים** אֲנַחְנוּ לָךְ, שָׁאַתָּה הוּא יהוה אֱלֹהֵינוּ וֵאלֹהֵי אֲבוֹתֵינוּ, אֱלֹהֵי כָל בָּשָׂר, יוֹצְרֵנוּ, יוֹצֵר בְּרֵאשִׁית. בְּרָכוֹת וְהוֹדָאוֹת לְשִׁמְךָ הַגָּדוֹל וְהַקָּדוֹשׁ, עַל שֶׁהֶחֱיִיתָנוּ וְקִיַּמְתָּנוּ. כֵּן תְּחַיֵּנוּ וּתְקַיְּמֵנוּ, וְתֶאֱסוֹף גָּלֻיּוֹתֵינוּ לְחַצְרוֹת קָדְשֶׁךָ, לִשְׁמוֹר חֻקֶּיךָ וְלַעֲשׂוֹת רְצוֹנֶךָ, וּלְעָבְדְּךָ בְּלֵבָב שָׁלֵם, עַל שֶׁאֲנַחְנוּ מוֹדִים לָךְ. בָּרוּךְ אֵל הַהוֹדָאוֹת.

בחנוכה מוסיפים [ואם שכח אינו חוזר; ראה ההלכות שבסוף הסידור סע׳ קח]:

**וְעַל** הַנִּסִּים, וְעַל הַפֻּרְקָן, וְעַל הַגְּבוּרוֹת, וְעַל הַתְּשׁוּעוֹת, וְעַל הַנִּפְלָאוֹת, וְעַל הַנֶּחָמוֹת, וְעַל הַמִּלְחָמוֹת, שֶׁעָשִׂיתָ לַאֲבוֹתֵינוּ בַּיָּמִים הָהֵם בַּזְּמַן הַזֶּה.

**בִּימֵי** מַתִּתְיָהוּ בֶּן יוֹחָנָן כֹּהֵן גָּדוֹל חַשְׁמוֹנָאִי וּבָנָיו, כְּשֶׁעָמְדָה מַלְכוּת יָוָן הָרְשָׁעָה עַל עַמְּךָ יִשְׂרָאֵל, לְהַשְׁכִּיחָם תּוֹרָתֶךָ, וּלְהַעֲבִירָם מֵחֻקֵּי רְצוֹנֶךָ. וְאַתָּה בְּרַחֲמֶיךָ הָרַבִּים, עָמַדְתָּ לָהֶם בְּעֵת צָרָתָם, רַבְתָּ אֶת רִיבָם, דַּנְתָּ אֶת דִּינָם, נָקַמְתָּ אֶת נִקְמָתָם.[3] מָסַרְתָּ גִבּוֹרִים בְּיַד חַלָּשִׁים, וְרַבִּים בְּיַד מְעַטִּים, וּטְמֵאִים בְּיַד טְהוֹרִים, וּרְשָׁעִים בְּיַד צַדִּיקִים, וְזֵדִים בְּיַד עוֹסְקֵי תוֹרָתֶךָ. וּלְךָ עָשִׂיתָ שֵׁם גָּדוֹל וְקָדוֹשׁ בְּעוֹלָמֶךָ, וּלְעַמְּךָ יִשְׂרָאֵל עָשִׂיתָ תְּשׁוּעָה גְדוֹלָה[4] וּפֻרְקָן כְּהַיּוֹם הַזֶּה. וְאַחַר כֵּן בָּאוּ בָנֶיךָ לִדְבִיר בֵּיתֶךָ, וּפִנּוּ אֶת הֵיכָלֶךָ, וְטִהֲרוּ אֶת מִקְדָּשֶׁךָ, וְהִדְלִיקוּ נֵרוֹת בְּחַצְרוֹת קָדְשֶׁךָ, וְקָבְעוּ שְׁמוֹנַת יְמֵי חֲנֻכָּה אֵלּוּ, לְהוֹדוֹת וּלְהַלֵּל לְשִׁמְךָ הַגָּדוֹל.

וְעַל כֻּלָּם יִתְבָּרַךְ וְיִתְרוֹמַם וְיִתְנַשֵּׂא שִׁמְךָ מַלְכֵּנוּ תָּמִיד לְעוֹלָם וָעֶד.

וְכֹל הַחַיִּים יוֹדוּךָ סֶּלָה, וִיהַלְלוּ וִיבָרְכוּ אֶת שִׁמְךָ הַגָּדוֹל בֶּאֱמֶת, לְעוֹלָם כִּי טוֹב. הָאֵל יְשׁוּעָתֵנוּ וְעֶזְרָתֵנוּ סֶלָה, הָאֵל הַטּוֹב. בָּרוּךְ אַתָּה יהוה, הַטּוֹב שִׁמְךָ וּלְךָ נָאֶה לְהוֹדוֹת.

(1) ע״פ תהלים עט:יג (2) ע״פ איכה ג:כב (3) ע״פ ירמיה נא:לו (4) ע״פ שמואל א יט:ה

אין אומרים ברכת כהנים בבית האבל. כשאומר „יְבָרֶכְךָ ה'" יהיו פניו לצד ארון הקודש, וכשאומר „וְיִשְׁמְרֶךָ" לצד ימינו, כשאומר „יָאֵר ה'" יהיו פניו לצד ארון הקודש, וכשאומר „פָּנָיו אֵלֶיךָ וִיחֻנֶּךָּ" לצד שמאלו.

**אֱלֹהֵינוּ** וֵאלֹהֵי אֲבוֹתֵינוּ, בָּרְכֵנוּ בַבְּרָכָה הַמְּשֻׁלֶּשֶׁת בַּתּוֹרָה, הַכְּתוּבָה עַל יְדֵי מֹשֶׁה עַבְדֶּךָ, הָאֲמוּרָה מִפִּי אַהֲרֹן וּבָנָיו, כֹּהֲנִים עַם קְדוֹשֶׁךָ, כָּאָמוּר: יְבָרֶכְךָ יהוה, וְיִשְׁמְרֶךָ. (קהל – כֵּן יְהִי רָצוֹן.)
יָאֵר יהוה פָּנָיו אֵלֶיךָ, וִיחֻנֶּךָּ. (קהל – כֵּן יְהִי רָצוֹן.)
יִשָּׂא יהוה פָּנָיו אֵלֶיךָ, וְיָשֵׂם לְךָ שָׁלוֹם.[1] (קהל – כֵּן יְהִי רָצוֹן.)

יש נוהגים לומר „אַדִּיר בַּמָּרוֹם" כשהחזן אומר „שִׂים שָׁלוֹם".

אַדִּיר בַּמָּרוֹם, שׁוֹכֵן בִּגְבוּרָה, אַתָּה שָׁלוֹם וְשִׁמְךָ שָׁלוֹם, יְהִי רָצוֹן שֶׁתָּשִׂים עָלֵינוּ וְעַל כָּל עַמְּךָ בֵּית יִשְׂרָאֵל חַיִּים וּבְרָכָה לְמִשְׁמֶרֶת שָׁלוֹם.

שלום

**שִׂים שָׁלוֹם,** טוֹבָה וּבְרָכָה, חַיִּים, חֵן וָחֶסֶד וְרַחֲמִים עָלֵינוּ וְעַל כָּל יִשְׂרָאֵל עַמֶּךָ. בָּרְכֵנוּ אָבִינוּ, כֻּלָּנוּ כְּאֶחָד בְּאוֹר פָּנֶיךָ, כִּי בְאוֹר פָּנֶיךָ נָתַתָּ לָּנוּ, יהוה אֱלֹהֵינוּ, תּוֹרַת חַיִּים וְאַהֲבַת חֶסֶד, וּצְדָקָה, וּבְרָכָה, וְרַחֲמִים, וְחַיִּים, וְשָׁלוֹם. וְטוֹב יִהְיֶה בְעֵינֶיךָ לְבָרְכֵנוּ וּלְבָרֵךְ אֶת כָּל עַמְּךָ יִשְׂרָאֵל בְּכָל עֵת וּבְכָל שָׁעָה בִּשְׁלוֹמֶךָ (בְּרוֹב עוֹז וְשָׁלוֹם). בָּרוּךְ אַתָּה יהוה, הַמְּבָרֵךְ אֶת עַמּוֹ יִשְׂרָאֵל בַּשָּׁלוֹם.

יִהְיוּ לְרָצוֹן אִמְרֵי פִי וְהֶגְיוֹן לִבִּי לְפָנֶיךָ, יהוה צוּרִי וְגֹאֲלִי.[2]

**אֱלֹהַי,** נְצוֹר לְשׁוֹנִי מֵרָע, וּשְׂפָתַי מִדַּבֵּר מִרְמָה,[3] וְלִמְקַלְלַי נַפְשִׁי תִדּוֹם, וְנַפְשִׁי כֶּעָפָר לַכֹּל תִּהְיֶה. פְּתַח לִבִּי בְּתוֹרָתֶךָ, וְאַחֲרֵי מִצְוֹתֶיךָ תִּרְדּוֹף נַפְשִׁי. וְכָל הַקָּמִים וְהַחוֹשְׁבִים עָלַי לְרָעָה, מְהֵרָה הָפֵר עֲצָתָם וְקַלְקֵל מַחֲשַׁבְתָּם. יְהִי רָצוֹן מִלְּפָנֶיךָ יהוה אֱלֹהַי וֵאלֹהֵי אֲבוֹתַי, שֶׁלֹּא תַעֲלֶה קִנְאַת אָדָם עָלַי, וְלֹא קִנְאָתִי עַל אֲחֵרִים, וְשֶׁלֹּא אֶכְעַס הַיּוֹם, וְשֶׁלֹּא אַכְעִיסֶךָ, וְתַצִּילֵנִי מִיֵּצֶר הָרָע, וְתֵן בְּלִבִּי הַכְנָעָה וַעֲנָוָה. מַלְכֵּנוּ וֵאלֹהֵינוּ, יַחֵד שִׁמְךָ בְּעוֹלָמֶךָ, בְּנֵה עִירָךְ, יַסֵּד בֵּיתֶךָ, וְשַׁכְלֵל הֵיכָלֶךָ, וְקַבֵּץ קִבּוּץ גָּלֻיּוֹת, וּפְדֵה צֹאנֶךָ וְשַׂמַּח עֲדָתֶךָ. עֲשֵׂה לְמַעַן שְׁמֶךָ, עֲשֵׂה לְמַעַן יְמִינֶךָ, עֲשֵׂה לְמַעַן תּוֹרָתֶךָ, עֲשֵׂה לְמַעַן קְדֻשָּׁתֶךָ. לְמַעַן יֵחָלְצוּן יְדִידֶיךָ, הוֹשִׁיעָה יְמִינְךָ וַעֲנֵנִי.[4] (כתב בס' אליה רבה שטוב לומר כאן פסוק ששייך אל שמו; ראה עמ' 443.) יִהְיוּ לְרָצוֹן אִמְרֵי פִי וְהֶגְיוֹן לִבִּי לְפָנֶיךָ, יהוה צוּרִי וְגֹאֲלִי.[2] עֹשֶׂה שָׁלוֹם בִּמְרוֹמָיו, הוּא יַעֲשֶׂה שָׁלוֹם עָלֵינוּ, וְעַל כָּל יִשְׂרָאֵל. וְאִמְרוּ: אָמֵן.

**יְהִי רָצוֹן** מִלְּפָנֶיךָ, יהוה אֱלֹהֵינוּ וֵאלֹהֵי אֲבוֹתֵינוּ, שֶׁיִּבָּנֶה בֵּית הַמִּקְדָּשׁ בִּמְהֵרָה בְיָמֵינוּ, וְתֵן חֶלְקֵנוּ בְּתוֹרָתֶךָ. וְשָׁם נַעֲבָדְךָ בְּיִרְאָה, כִּימֵי עוֹלָם וּכְשָׁנִים קַדְמוֹנִיּוֹת. וְעָרְבָה לַיהוה מִנְחַת יְהוּדָה וִירוּשָׁלָיִם, כִּימֵי עוֹלָם וּכְשָׁנִים קַדְמוֹנִיּוֹת.[5]

אחרי חזרת הש"ץ אומר החזן קדיש שלם וממשיכים עם „קַוֵּה אֶל ה'" (עמ' 77).

(1) במדבר ו:כד-כו (2) תהלים יט:טו (3) ע"פ לד:יד (4) ס:ז; קח:ז (5) מלאכי ג:ד

## בדיקת חמץ

בליל י"ד ניסן מיד אחר צאת הכוכבים בודקין את החמץ לאור הנר, ואסור לאכול או אפילו ללמוד תורה לפני הבדיקה. נוהגים להניח עשרה פתיתי חמץ במקומות שימצאם הבודק. אם הפסיק בדיבור שלא בענין הבדיקה בין הברכה לתחילת הבדיקה, צריך לחזור ולברך, ונכון שלא להפסיק עד סוף הבדיקה. אם יש לו מסייעים יעמדו אצלו ויכוונו לצאת בברכתו. יזהר לבדוק קצת בעצמו, אפילו אם מינה שליח לבדוק.

הֲרֵינִי מוּכָן וּמְזֻמָּן לְקַיֵּם מִצְוַת עֲשֵׂה וְלֹא תַעֲשֶׂה שֶׁל בְּדִיקַת חָמֵץ, לְשֵׁם יִחוּד קֻדְשָׁא בְּרִיךְ הוּא וּשְׁכִינְתֵּהּ עַל יְדֵי הַהוּא טָמִיר וְנֶעְלָם בְּשֵׁם כָּל יִשְׂרָאֵל. וִיהִי נֹעַם אֲדֹנָי אֱלֹהֵינוּ עָלֵינוּ וּמַעֲשֵׂה יָדֵינוּ כּוֹנְנָה עָלֵינוּ וּמַעֲשֵׂה יָדֵינוּ כּוֹנְנֵהוּ.

**בָּרוּךְ** אַתָּה יהוה אֱלֹהֵינוּ מֶלֶךְ הָעוֹלָם, אֲשֶׁר קִדְּשָׁנוּ בְּמִצְוֹתָיו, וְצִוָּנוּ עַל בִּעוּר חָמֵץ.

לאחר הבדיקה יצניע החמץ שמצא במקום שמור ויבטל בפיו את החמץ שאינו ידוע לו. וצריך להבין את נוסח „כָּל חֲמִירָא" או לכל הפחות את הענין.

**כָּל חֲמִירָא** וַחֲמִיעָא דְּאִכָּא בִרְשׁוּתִי, דְּלָא חֲזִתֵּהּ (נ"א: דְּלָא חֲמִתֵּהּ) וּדְלָא בִעַרְתֵּהּ וּדְלָא יְדַעְנָא לֵהּ, לִבָּטֵל וְלֶהֱוֵי הֶפְקֵר כְּעַפְרָא דְאַרְעָא.

**יְהִי רָצוֹן** מִלְּפָנֶיךָ, יהוה אֱלֹהֵינוּ וֵאלֹהֵי אֲבוֹתֵינוּ, שֶׁתְּזַכֵּנוּ לָתוּר וּלְחַפֵּשׂ בְּנִגְעֵי בָּתֵּי הַנֶּפֶשׁ, אֲשֶׁר נוֹאַלְנוּ בַּעֲצַת יִצְרֵנוּ הָרָע, וּתְזַכֵּנוּ לָשׁוּב בִּתְשׁוּבָה שְׁלֵמָה לְפָנֶיךָ, וְאַתָּה בְּטוּבְךָ הַגָּדוֹל תְּרַחֵם עָלֵינוּ. עָזְרֵנוּ אֱלֹהֵי יִשְׁעֵנוּ עַל דְּבַר כְּבוֹד שְׁמֶךָ, וְתַצִּילֵנוּ מֵאִסּוּר חָמֵץ, אֲפִילוּ בְּכָל שֶׁהוּא, בְּשָׁנָה זוּ וּבְכָל שָׁנָה כָּל יְמֵי חַיֵּינוּ. אָמֵן, כֵּן יְהִי רָצוֹן.

## ביעור חמץ

בבוקר לפני תחילת שעה ששית ישרוף החמץ, ויבטל את החמץ שנית ויכלול גם החמץ הנמצא והידוע. לפני שריפת החמץ יאמר:

**יְהִי רָצוֹן** מִלְּפָנֶיךָ, יהוה אֱלֹהֵינוּ וֵאלֹהֵי אֲבוֹתֵינוּ, כְּשֵׁם שֶׁאֲנִי מְבַעֵר חָמֵץ מִבֵּיתִי וּמֵרְשׁוּתִי כָּךְ תְּבַעֵר אֶת כָּל הַחִיצוֹנִים, וְאֶת רוּחַ הַטֻּמְאָה תְּבַעֵר מִן הָאָרֶץ, וְאֶת יִצְרֵנוּ הָרָע תְּבַעֲרֵהוּ מֵאִתָּנוּ וְתִתֶּן לָנוּ לֵב בָּשָׂר. וְכָל הַסִּטְרָא אַחֲרָא וְכָל הָרִשְׁעָה כְּעָשָׁן תִּכְלֶה וְתַעֲבִיר מֶמְשֶׁלֶת זָדוֹן מִן הָאָרֶץ. וְכָל הַמְּעִיקִים לַשְּׁכִינָה תְּבַעֲרֵם בְּרוּחַ בָּעֵר וּבְרוּחַ מִשְׁפָּט כְּשֵׁם שֶׁבִּעַרְתָּ אֶת מִצְרַיִם וְאֶת אֱלֹהֵיהֶם בַּיָּמִים הָהֵם בַּזְּמַן הַזֶּה.

הֲרֵינִי מוּכָן וּמְזֻמָּן לְקַיֵּם מִצְוַת עֲשֵׂה וְלֹא תַעֲשֶׂה שֶׁל שְׂרֵפַת חָמֵץ, לְשֵׁם יִחוּד קֻדְשָׁא בְּרִיךְ הוּא וּשְׁכִינְתֵּהּ עַל יְדֵי הַהוּא טָמִיר וְנֶעְלָם בְּשֵׁם כָּל יִשְׂרָאֵל. וִיהִי נֹעַם אֲדֹנָי אֱלֹהֵינוּ עָלֵינוּ וּמַעֲשֵׂה יָדֵינוּ כּוֹנְנָה עָלֵינוּ וּמַעֲשֵׂה יָדֵינוּ כּוֹנְנֵהוּ.

אחרי שריפת החמץ יאמר (וצריך להבין את נוסח „כָּל חֲמִירָא" או לכל הפחות את הענין):

**כָּל חֲמִירָא** וַחֲמִיעָא דְּאִכָּא בִרְשׁוּתִי, דַּחֲזִתֵּהּ וּדְלָא חֲזִתֵּהּ, (נ"א: דַּחֲמִתֵּהּ וּדְלָא חֲמִתֵּהּ), דְּבִעַרְתֵּהּ וּדְלָא בִעַרְתֵּהּ, לִבָּטֵל וְלֶהֱוֵי הֶפְקֵר כְּעַפְרָא דְאַרְעָא.

**יְהִי רָצוֹן** מִלְּפָנֶיךָ, יהוה אֱלֹהֵינוּ וֵאלֹהֵי אֲבוֹתֵינוּ, שֶׁתְּרַחֵם עָלֵינוּ וְתַצִּילֵנוּ מֵאִסּוּר חָמֵץ, אֲפִילוּ מִכָּל שֶׁהוּא, אוֹתָנוּ וְאֶת כָּל בְּנֵי בֵיתֵנוּ וְאֶת כָּל יִשְׂרָאֵל, בְּשָׁנָה זוֹ וּבְכָל שָׁנָה וְשָׁנָה כָּל יְמֵי חַיֵּינוּ. וּכְשֵׁם שֶׁבִּיעַרְנוּ הֶחָמֵץ מִבָּתֵּינוּ וּשְׂרַפְנוּהוּ, כָּךְ תְּזַכֵּנוּ לְבַעֵר הַיֵּצֶר הָרָע מִקִּרְבֵּנוּ תָּמִיד כָּל יְמֵי חַיֵּינוּ, וּתְזַכֵּנוּ לְדַבֵּק בְּךָ וּבְתוֹרָתְךָ וְאַהֲבָתְךָ וּלְדַבֵּק בְּיֵצֶר הַטּוֹב תָּמִיד, אֲנַחְנוּ וְזַרְעֵנוּ וְזֶרַע זַרְעֵנוּ מֵעַתָּה וְעַד עוֹלָם. כֵּן יְהִי רָצוֹן, אָמֵן.

לאחר תחילת שעה ששית אין הביטול מועיל, ע״כ יזהר לבטל בזמנו.

## ערוב תבשילין

אוחז הערוב בידו, אומר הברכה ונוסח „בַּהֲדֵין". המערב בעד בני עירו, מוסיף הנוסח המוקף בסוגריים; ויזכה להם הערוב ע״י אחר, ולכתחילה לא יזכה ע״י אשתו או בניו של המערב (אפילו גדולים, אם הם סמוכים על שלחנו, ובדיעבד יש להקל.

**בָּרוּךְ** אַתָּה יהוה אֱלֹהֵינוּ מֶלֶךְ הָעוֹלָם, אֲשֶׁר קִדְּשָׁנוּ בְּמִצְוֹתָיו, וְצִוָּנוּ עַל מִצְוַת עֵרוּב.

**בַּהֲדֵין** עֵרוּבָא יְהֵא שָׁרֵא לָנָא לַאֲפוּיֵי וּלְבַשּׁוּלֵי וּלְאַטְמוּנֵי וּלְאַדְלוּקֵי שְׁרָגָא וּלְתַקָּנָא וּלְמֶעְבַּד כָּל צָרְכָּנָא, מִיּוֹמָא טָבָא לְשַׁבְּתָא [לָנָא וּלְכָל יִשְׂרָאֵל הַדָּרִים בָּעִיר הַזֹּאת].

## ערובי חצרות

אוחז הערוב בידו, אומר הברכה ונוסח „בַּהֲדֵין". אם לא גבו הערוב מכל הדיירים, יזכה להם המערב ע״י אחר, ולכתחילה לא יזכה ע״י אשתו או בניו (אפילו גדולים, אם הם סמוכים על שלחנו), ובדיעבד יש להקל.

**בָּרוּךְ** אַתָּה יהוה אֱלֹהֵינוּ מֶלֶךְ הָעוֹלָם, אֲשֶׁר קִדְּשָׁנוּ בְּמִצְוֹתָיו, וְצִוָּנוּ עַל מִצְוַת עֵרוּב.

**בַּהֲדֵין** עֵרוּבָא יְהֵא שָׁרֵא לָנָא לְאַפּוּקֵי וּלְעַיּוּלֵי מִן הַבָּתִּים לֶחָצֵר, וּמִן הֶחָצֵר לַבָּתִּים, וּמִבַּיִת לְבַיִת, וּמֵחָצֵר לְחָצֵר, וּמִגַּג לְגַג, [לשתופי מבואות מוסיף: וּמִבָּתִּים וַחֲצֵרוֹת לְמָבוֹי וּמִמָּבוֹי לְבָתִּים וַחֲצֵרוֹת,] כָּל מַאי דִּצְרִיךְ לָן, וּלְכָל יִשְׂרָאֵל הַדָּרִים בַּשְּׁכוּנָה הַזּוֹ/בָּעִיר הַזֹּאת [מי שמערב לכל השנה מוסיף: וּלְכָל מִי שֶׁיִּתּוֹסֵף בָּהּ, לְכָל שַׁבְּתוֹת הַשָּׁנָה, וּלְכָל יָמִים טוֹבִים].

## ערובי תחומין

מניח הערוב במקום שמור ואומר הברכה ונוסח „בְּזֶה . . ." ומוסיף הנוסח המתאים המוקף בסוגריים:

**בָּרוּךְ** אַתָּה יהוה אֱלֹהֵינוּ מֶלֶךְ הָעוֹלָם, אֲשֶׁר קִדְּשָׁנוּ בְּמִצְוֹתָיו, וְצִוָּנוּ עַל מִצְוַת עֵרוּב.

**בְּזֶה** הָעֵרוּב יְהֵא מֻתָּר [לִי/לָנוּ] לֵילֵךְ מִמָּקוֹם זֶה אַלְפַּיִם אַמָּה לְכָל רוּחַ [בְּשַׁבָּת זוֹ./ בְּיוֹם טוֹב זֶה./ בְּיוֹם כִּפּוּר זֶה.]

## קידוש לליל יום טוב

בשבת חוה״מ אומרים הקידוש לשבת (עמ׳ 177). הקידוש לפני סעודת הבוקר בעמ׳ 244. קידוש לר״ה בעמ׳ 348.

כשחל יום טוב בשבת מתחילים כאן:

(בלחש: וַיְהִי עֶרֶב וַיְהִי בֹקֶר)

**יוֹם הַשִּׁשִּׁי.** וַיְכֻלּוּ הַשָּׁמַיִם וְהָאָרֶץ וְכָל צְבָאָם. וַיְכַל אֱלֹהִים בַּיּוֹם הַשְּׁבִיעִי מְלַאכְתּוֹ אֲשֶׁר עָשָׂה, וַיִּשְׁבֹּת בַּיּוֹם הַשְּׁבִיעִי מִכָּל מְלַאכְתּוֹ אֲשֶׁר עָשָׂה. וַיְבָרֶךְ אֱלֹהִים אֶת יוֹם הַשְּׁבִיעִי וַיְקַדֵּשׁ אֹתוֹ, כִּי בוֹ שָׁבַת מִכָּל מְלַאכְתּוֹ אֲשֶׁר בָּרָא אֱלֹהִים לַעֲשׂוֹת.

ביו״ט שחל בחול מתחילים כאן. כשחל בשבת מוסיפים המלות המוקפות בסוגריים.

סַבְרִי מָרָנָן וְרַבָּנָן וְרַבּוֹתַי:

**בָּרוּךְ** אַתָּה יהוה אֱלֹהֵינוּ מֶלֶךְ הָעוֹלָם, בּוֹרֵא פְּרִי הַגָּפֶן.

**בָּרוּךְ** אַתָּה יהוה אֱלֹהֵינוּ מֶלֶךְ הָעוֹלָם, אֲשֶׁר בָּחַר בָּנוּ מִכָּל עָם, וְרוֹמְמָנוּ מִכָּל לָשׁוֹן, וְקִדְּשָׁנוּ בְּמִצְוֹתָיו. וַתִּתֶּן לָנוּ יהוה אֱלֹהֵינוּ בְּאַהֲבָה [שַׁבָּתוֹת לִמְנוּחָה וּ]מוֹעֲדִים לְשִׂמְחָה חַגִּים וּזְמַנִּים לְשָׂשׂוֹן, אֶת יוֹם [הַשַּׁבָּת הַזֶּה וְאֶת יוֹם]

| לפסח: | לשבועות: | לסוכות: | לשמיני עצרת ושמחת תורה: |
|---|---|---|---|
| חַג הַמַּצּוֹת הַזֶּה, זְמַן חֵרוּתֵנוּ | חַג הַשָּׁבֻעוֹת הַזֶּה, זְמַן מַתַּן תּוֹרָתֵנוּ | חַג הַסֻּכּוֹת הַזֶּה, זְמַן שִׂמְחָתֵנוּ | שְׁמִינִי עֲצֶרֶת הַחַג הַזֶּה, זְמַן שִׂמְחָתֵנוּ |

[בְּאַהֲבָה] מִקְרָא קֹדֶשׁ, זֵכֶר לִיצִיאַת מִצְרָיִם. כִּי בָנוּ בָחַרְתָּ וְאוֹתָנוּ קִדַּשְׁתָּ מִכָּל הָעַמִּים, [וְשַׁבָּת] וּמוֹעֲדֵי קָדְשֶׁךָ [בְּאַהֲבָה וּבְרָצוֹן] בְּשִׂמְחָה וּבְשָׂשׂוֹן הִנְחַלְתָּנוּ. בָּרוּךְ אַתָּה יהוה, מְקַדֵּשׁ [הַשַּׁבָּת וְ]יִשְׂרָאֵל וְהַזְּמַנִּים.

כשחל יו״ט במוצאי שבת מוסיפים כאן ברכות ההבדלה.
לא ידליק אבוקת שעוה לברך עליה, אלא יקח שני נרות.
יקרב ידו אצל הנר ויברך ויכפוף אצבעותיו תוך ידו ויסתכל בהם לאור הנר.

**בָּרוּךְ** אַתָּה יהוה אֱלֹהֵינוּ מֶלֶךְ הָעוֹלָם, בּוֹרֵא מְאוֹרֵי הָאֵשׁ.

**בָּרוּךְ** אַתָּה יהוה אֱלֹהֵינוּ מֶלֶךְ הָעוֹלָם, הַמַּבְדִּיל בֵּין קֹדֶשׁ לְחוֹל, בֵּין אוֹר לְחֹשֶׁךְ, בֵּין יִשְׂרָאֵל לָעַמִּים, בֵּין יוֹם הַשְּׁבִיעִי לְשֵׁשֶׁת יְמֵי הַמַּעֲשֶׂה. בֵּין קְדֻשַּׁת שַׁבָּת לִקְדֻשַּׁת יוֹם טוֹב הִבְדַּלְתָּ, וְאֶת יוֹם הַשְּׁבִיעִי מִשֵּׁשֶׁת יְמֵי הַמַּעֲשֶׂה קִדַּשְׁתָּ, הִבְדַּלְתָּ וְקִדַּשְׁתָּ אֶת עַמְּךָ יִשְׂרָאֵל בִּקְדֻשָּׁתֶךָ. בָּרוּךְ אַתָּה יהוה, הַמַּבְדִּיל בֵּין קֹדֶשׁ לְקֹדֶשׁ.

בחג הסוכות כשהוא מקדש בתוך הסוכה מוסיף (ויש נוהגים לברך אותה אחרי ברכת "שֶׁהֶחֱיָנוּ" בליל שני):

**בָּרוּךְ** אַתָּה יהוה אֱלֹהֵינוּ מֶלֶךְ הָעוֹלָם, אֲשֶׁר קִדְּשָׁנוּ בְּמִצְוֹתָיו, וְצִוָּנוּ לֵישֵׁב בַּסֻּכָּה.

בשביעי ואחרון של פסח מדלגים על ברכת "שֶׁהֶחֱיָנוּ", אבל אומרים אותו בשמיני עצרת ושמחת תורה.

**בָּרוּךְ** אַתָּה יהוה אֱלֹהֵינוּ מֶלֶךְ הָעוֹלָם, שֶׁהֶחֱיָנוּ וְקִיְּמָנוּ וְהִגִּיעָנוּ לַזְּמַן הַזֶּה.

**תפלת מוסף לשלש רגלים (אף בחוה״מ) בע׳ 317.**

## שמונה עשרה לשלש רגלים למעריב שחרית ומנחה

בחול המועד אומרים שמונה עשרה של חול (או שבת) עם הזכרת „יַעֲלֶה וְיָבֹא".

[למנחה: כִּי שֵׁם יהוה אֶקְרָא, הָבוּ גֹדֶל לֵאלֹהֵינוּ.[1]]

אֲדֹנָי שְׂפָתַי תִּפְתָּח, וּפִי יַגִּיד תְּהִלָּתֶךָ.[2]

אבות

**בָּרוּךְ** אַתָּה יהוה אֱלֹהֵינוּ וֵאלֹהֵי אֲבוֹתֵינוּ, אֱלֹהֵי אַבְרָהָם, אֱלֹהֵי יִצְחָק, וֵאלֹהֵי יַעֲקֹב, הָאֵל הַגָּדוֹל הַגִּבּוֹר וְהַנּוֹרָא, אֵל עֶלְיוֹן, גּוֹמֵל חֲסָדִים טוֹבִים וְקוֹנֵה הַכֹּל, וְזוֹכֵר חַסְדֵי אָבוֹת, וּמֵבִיא גוֹאֵל לִבְנֵי בְנֵיהֶם, לְמַעַן שְׁמוֹ בְּאַהֲבָה. מֶלֶךְ עוֹזֵר וּמוֹשִׁיעַ וּמָגֵן. בָּרוּךְ אַתָּה יהוה, מָגֵן אַבְרָהָם.

גבורות

**אַתָּה** גִּבּוֹר לְעוֹלָם אֲדֹנָי, מְחַיֵּה מֵתִים אַתָּה, רַב לְהוֹשִׁיעַ.

ממנחה של שמיני עצרת עד שחרית של א׳ פסח: מַשִּׁיב הָרוּחַ וּמוֹרִיד הַגֶּשֶׁם [נ״א: הַגָּשֶׁם].

ממנחה של א׳ פסח עד שחרית של שמיני עצרת: מוֹרִיד הַטָּל.

[אם שכח או טעה, עיין הלכות בסוף הסידור סע׳ פד-צא]

מְכַלְכֵּל חַיִּים בְּחֶסֶד, מְחַיֵּה מֵתִים בְּרַחֲמִים רַבִּים, סוֹמֵךְ נוֹפְלִים, וְרוֹפֵא חוֹלִים, וּמַתִּיר אֲסוּרִים, וּמְקַיֵּם אֱמוּנָתוֹ לִישֵׁנֵי עָפָר. מִי כָמוֹךָ בַּעַל גְּבוּרוֹת, וּמִי דּוֹמֶה לָּךְ, מֶלֶךְ מֵמִית וּמְחַיֶּה וּמַצְמִיחַ יְשׁוּעָה. וְנֶאֱמָן אַתָּה לְהַחֲיוֹת מֵתִים. בָּרוּךְ אַתָּה יהוה, מְחַיֵּה הַמֵּתִים.

קדושה

יכוון רגליו ויעמידן זו אצל זו בשוה כמו בתפילת שמונה עשרה. אסור להפסיק לשום דבר בעת אמירת קדושה.

קהל ואח״כ חזן – **נְקַדֵּשָׁךְ** וְנַעֲרִיצָךְ, כְּנֹעַם שִׂיחַ סוֹד שַׂרְפֵי קֹדֶשׁ, הַמְּשַׁלְּשִׁים לְךָ קְדֻשָּׁה, כַּכָּתוּב עַל יַד נְבִיאֶךָ, וְקָרָא זֶה אֶל זֶה וְאָמַר:

לשחרית:

קהל וחזן ביחד – קָדוֹשׁ קָדוֹשׁ קָדוֹשׁ יהוה צְבָאוֹת, מְלֹא כָל הָאָרֶץ כְּבוֹדוֹ.[3] ❖ אָז בְּקוֹל רַעַשׁ גָּדוֹל אַדִּיר וְחָזָק מַשְׁמִיעִים קוֹל, מִתְנַשְּׂאִים לְעֻמַּת שְׂרָפִים, לְעֻמָּתָם מְשַׁבְּחִים וְאוֹמְרִים:

קהל וחזן ביחד – בָּרוּךְ כְּבוֹד יהוה, מִמְּקוֹמוֹ.[4] ❖ מִמְּקוֹמְךָ מַלְכֵּנוּ תוֹפִיעַ, וְתִמְלֹךְ עָלֵינוּ, כִּי מְחַכִּים אֲנַחְנוּ לָךְ. מָתַי תִּמְלֹךְ בְּצִיּוֹן, בְּקָרוֹב בְּיָמֵינוּ, לְעוֹלָם וָעֶד תִּשְׁכּוֹן. תִּתְגַּדַּל וְתִתְקַדַּשׁ בְּתוֹךְ יְרוּשָׁלַיִם עִירְךָ, לְדוֹר וָדוֹר וּלְנֵצַח נְצָחִים. וְעֵינֵינוּ תִרְאֶינָה מַלְכוּתֶךָ, כַּדָּבָר הָאָמוּר בְּשִׁירֵי עֻזֶּךָ, עַל יְדֵי דָוִד מְשִׁיחַ צִדְקֶךָ:

למנחה:

קהל וחזן ביחד – קָדוֹשׁ קָדוֹשׁ קָדוֹשׁ יהוה צְבָאוֹת, מְלֹא כָל הָאָרֶץ כְּבוֹדוֹ.[3] ❖ לְעֻמָּתָם מְשַׁבְּחִים וְאוֹמְרִים:

קהל וחזן ביחד – בָּרוּךְ כְּבוֹד יהוה, מִמְּקוֹמוֹ.[4] ❖ וּבְדִבְרֵי קָדְשְׁךָ כָּתוּב לֵאמֹר:

קהל וחזן ביחד – יִמְלֹךְ יהוה לְעוֹלָם, אֱלֹהַיִךְ צִיּוֹן לְדֹר וָדֹר, הַלְלוּיָהּ.[5]

החזן ממשיך „אַתָּה קָדוֹשׁ . . ." [או „לְדוֹר וָדוֹר . . ."] (בעמוד הבא).

(1) דברים לב:ג (2) תהלים נא:יז (3) ישעיה ו:ג (4) יחזקאל ג:יב (5) תהלים קמו:י

קדושת השם

בקצת קהילת אומר החזן „לְדוֹר וָדוֹר״ בחזרת הש״ץ במקום „אַתָּה קָדוֹשׁ״.

**אַתָּה** קָדוֹשׁ וְשִׁמְךָ קָדוֹשׁ, וּקְדוֹשִׁים בְּכָל יוֹם
יְהַלְלוּךָ סֶּלָה, כִּי אֵל מֶלֶךְ גָּדוֹל וְקָדוֹשׁ אָתָּה. בָּרוּךְ אַתָּה
יהוה, הָאֵל הַקָּדוֹשׁ.

**לְדוֹר** וָדוֹר נַגִּיד גָּדְלֶךָ וּלְנֵצַח נְצָחִים קְדֻשָּׁתְךָ נַקְדִּישׁ, וְשִׁבְחֲךָ אֱלֹהֵינוּ מִפִּינוּ לֹא יָמוּשׁ לְעוֹלָם וָעֶד, כִּי אֵל מֶלֶךְ גָּדוֹל וְקָדוֹשׁ אָתָּה. בָּרוּךְ אַתָּה יהוה, הָאֵל הַקָּדוֹשׁ.

קדושת היום

**אַתָּה בְחַרְתָּנוּ** מִכָּל הָעַמִּים, אָהַבְתָּ אוֹתָנוּ,
וְרָצִיתָ בָּנוּ, וְרוֹמַמְתָּנוּ מִכָּל
הַלְּשׁוֹנוֹת, וְקִדַּשְׁתָּנוּ בְּמִצְוֹתֶיךָ, וְקֵרַבְתָּנוּ מַלְכֵּנוּ
לַעֲבוֹדָתֶךָ, וְשִׁמְךָ הַגָּדוֹל וְהַקָּדוֹשׁ עָלֵינוּ קָרָאתָ.

במוצאי שבת מוסיפים:

**וַתּוֹדִיעֵנוּ** יהוה אֱלֹהֵינוּ אֶת מִשְׁפְּטֵי צִדְקֶךָ, וַתְּלַמְּדֵנוּ לַעֲשׂוֹת
(בָּהֶם) חֻקֵּי רְצוֹנֶךָ. וַתִּתֶּן לָנוּ יהוה אֱלֹהֵינוּ מִשְׁפָּטִים
יְשָׁרִים וְתוֹרוֹת אֱמֶת חֻקִּים וּמִצְוֹת טוֹבִים. וַתַּנְחִילֵנוּ זְמַנֵּי שָׂשׂוֹן
וּמוֹעֲדֵי קֹדֶשׁ וְחַגֵּי נְדָבָה. וַתּוֹרִישֵׁנוּ קְדֻשַּׁת שַׁבָּת וּכְבוֹד מוֹעֵד
וַחֲגִיגַת הָרֶגֶל. וַתַּבְדֵּל יהוה אֱלֹהֵינוּ בֵּין קֹדֶשׁ לְחוֹל, בֵּין אוֹר לְחְשֶׁךְ,
בֵּין יִשְׂרָאֵל לָעַמִּים, בֵּין יוֹם הַשְּׁבִיעִי לְשֵׁשֶׁת יְמֵי הַמַּעֲשֶׂה. בֵּין
קְדֻשַּׁת שַׁבָּת לִקְדֻשַּׁת יוֹם טוֹב הִבְדַּלְתָּ, וְאֶת יוֹם הַשְּׁבִיעִי מִשֵּׁשֶׁת יְמֵי
הַמַּעֲשֶׂה קִדַּשְׁתָּ, הִבְדַּלְתָּ וְקִדַּשְׁתָּ אֶת עַמְּךָ יִשְׂרָאֵל בִּקְדֻשָּׁתֶךָ.

בשבת מוסיף המלים המוקפות בסוגריים.

**וַתִּתֶּן לָנוּ** יהוה אֱלֹהֵינוּ בְּאַהֲבָה [שַׁבָּתוֹת לִמְנוּחָה
וּ]מוֹעֲדִים לְשִׂמְחָה חַגִּים וּזְמַנִּים לְשָׂשׂוֹן,

אֶת יוֹם [הַשַּׁבָּת הַזֶּה וְאֶת יוֹם]

| לפסח | לשבועות | לסוכות | לשמיני עצרת ולשמחת תורה |
|---|---|---|---|
| חַג הַמַּצּוֹת | חַג הַשָּׁבֻעוֹת | חַג הַסֻּכּוֹת | שְׁמִינִי עֲצֶרֶת הַחַג |
| הַזֶּה, זְמַן | הַזֶּה, זְמַן | הַזֶּה, זְמַן | הַזֶּה, זְמַן |
| חֵרוּתֵנוּ | מַתַּן תּוֹרָתֵנוּ | שִׂמְחָתֵנוּ | שִׂמְחָתֵנוּ |

[בְּאַהֲבָה] מִקְרָא קֹדֶשׁ, זֵכֶר לִיצִיאַת מִצְרָיִם.

**אֱלֹהֵינוּ** וֵאלֹהֵי אֲבוֹתֵינוּ, יַעֲלֶה, וְיָבֹא, וְיַגִּיעַ, וְיֵרָאֶה, וְיֵרָצֶה, וְיִשָּׁמַע, וְיִפָּקֵד, וְיִזָּכֵר, זִכְרוֹנֵנוּ וּפִקְדוֹנֵנוּ, וְזִכְרוֹן אֲבוֹתֵינוּ, וְזִכְרוֹן מָשִׁיחַ בֶּן דָּוִד עַבְדֶּךָ, וְזִכְרוֹן יְרוּשָׁלַיִם עִיר קָדְשֶׁךָ, וְזִכְרוֹן כָּל עַמְּךָ בֵּית יִשְׂרָאֵל לְפָנֶיךָ, לִפְלֵיטָה לְטוֹבָה לְחֵן וּלְחֶסֶד וּלְרַחֲמִים, לְחַיִּים (טוֹבִים) וּלְשָׁלוֹם, בְּיוֹם

| לפסח | לשבועות | לסוכות | לשמיני עצרת ולשמחת תורה |
|---|---|---|---|
| חַג הַמַּצּוֹת | חַג הַשָּׁבֻעוֹת | חַג הַסֻּכּוֹת | שְׁמִינִי עֲצֶרֶת הַחַג |

הַזֶּה. זָכְרֵנוּ יהוה אֱלֹהֵינוּ בּוֹ לְטוֹבָה. וּפָקְדֵנוּ בוֹ לִבְרָכָה. וְהוֹשִׁיעֵנוּ בוֹ לְחַיִּים טוֹבִים. וּבִדְבַר יְשׁוּעָה וְרַחֲמִים, חוּס וְחָנֵּנוּ וְרַחֵם עָלֵינוּ וְהוֹשִׁיעֵנוּ, כִּי אֵלֶיךָ עֵינֵינוּ, כִּי אֵל מֶלֶךְ חַנּוּן וְרַחוּם אָתָּה.[1]

בשבת מוסיף המלים המוקפות בסוגריים.

**וְהַשִּׂיאֵנוּ** יהוה אֱלֹהֵינוּ אֶת בִּרְכַּת מוֹעֲדֶיךָ לְחַיִּים וּלְשָׁלוֹם, לְשִׂמְחָה וּלְשָׂשׂוֹן, כַּאֲשֶׁר רָצִיתָ וְאָמַרְתָּ לְבָרְכֵנוּ. [אֱלֹהֵינוּ וֵאלֹהֵי אֲבוֹתֵינוּ, רְצֵה נָא בִמְנוּחָתֵנוּ], קַדְּשֵׁנוּ בְּמִצְוֹתֶיךָ וְתֵן חֶלְקֵנוּ בְּתוֹרָתֶךָ, שַׂבְּעֵנוּ מִטּוּבֶךָ וְשַׂמַּח נַפְשֵׁנוּ בִּישׁוּעָתֶךָ, וְטַהֵר לִבֵּנוּ לְעָבְדְּךָ בֶּאֱמֶת. וְהַנְחִילֵנוּ יהוה אֱלֹהֵינוּ [בְּאַהֲבָה וּבְרָצוֹן] בְּשִׂמְחָה וּבְשָׂשׂוֹן [שַׁבָּת וּ]מוֹעֲדֵי קָדְשֶׁךָ, וְיִשְׂמְחוּ בְךָ יִשְׂרָאֵל מְקַדְּשֵׁי שְׁמֶךָ. בָּרוּךְ אַתָּה יהוה, מְקַדֵּשׁ [הַשַּׁבָּת וְ]יִשְׂרָאֵל וְהַזְּמַנִּים.

עבודה

**רְצֵה** יהוה אֱלֹהֵינוּ בְּעַמְּךָ יִשְׂרָאֵל וְלִתְפִלָּתָם שְׁעֵה, וְהָשֵׁב אֶת הָעֲבוֹדָה לִדְבִיר בֵּיתֶךָ. וְאִשֵּׁי יִשְׂרָאֵל, וּתְפִלָּתָם מְהֵרָה בְּאַהֲבָה תְקַבֵּל בְּרָצוֹן, וּתְהִי לְרָצוֹן תָּמִיד עֲבוֹדַת יִשְׂרָאֵל עַמֶּךָ.

**וְתֶחֱזֶינָה** עֵינֵינוּ בְּשׁוּבְךָ לְצִיּוֹן בְּרַחֲמִים. בָּרוּךְ אַתָּה יהוה, הַמַּחֲזִיר שְׁכִינָתוֹ לְצִיּוֹן.

(1) ע״פ נחמיה ט:לא

### הודאה

בחזרת הש"ץ החזן אומר „מוֹדִים" בקול רם והקהל אומרים מודים דרבנן בלחש.

**מוֹדִים** אֲנַחְנוּ לָךְ, שָׁאַתָּה הוּא יהוה אֱלֹהֵינוּ וֵאלֹהֵי אֲבוֹתֵינוּ לְעוֹלָם וָעֶד. צוּרֵנוּ, צוּר חַיֵּינוּ, מָגֵן יִשְׁעֵנוּ אַתָּה הוּא לְדוֹר וָדוֹר. נוֹדֶה לְּךָ וּנְסַפֵּר תְּהִלָּתֶךָ[1] עַל חַיֵּינוּ הַמְּסוּרִים בְּיָדֶךָ, וְעַל נִשְׁמוֹתֵינוּ הַפְּקוּדוֹת לָךְ, וְעַל נִסֶּיךָ שֶׁבְּכָל יוֹם עִמָּנוּ, וְעַל נִפְלְאוֹתֶיךָ וְטוֹבוֹתֶיךָ שֶׁבְּכָל עֵת, עֶרֶב וָבֹקֶר וְצָהֳרָיִם. הַטּוֹב כִּי לֹא כָלוּ רַחֲמֶיךָ, וְהַמְּרַחֵם כִּי לֹא תַמּוּ חֲסָדֶיךָ,[2] כִּי מֵעוֹלָם קִוִּינוּ לָךְ.

מודים דרבנן

**מוֹדִים** אֲנַחְנוּ לָךְ, שָׁאַתָּה הוּא יהוה אֱלֹהֵינוּ וֵאלֹהֵי אֲבוֹתֵינוּ, אֱלֹהֵי כָל בָּשָׂר, יוֹצְרֵנוּ, יוֹצֵר בְּרֵאשִׁית. בְּרָכוֹת וְהוֹדָאוֹת לְשִׁמְךָ הַגָּדוֹל וְהַקָּדוֹשׁ, עַל שֶׁהֶחֱיִיתָנוּ וְקִיַּמְתָּנוּ. כֵּן תְּחַיֵּנוּ וּתְקַיְּמֵנוּ, וְתֶאֱסוֹף גָּלֻיּוֹתֵינוּ לְחַצְרוֹת קָדְשֶׁךָ, לִשְׁמוֹר חֻקֶּיךָ וְלַעֲשׂוֹת רְצוֹנֶךָ, וּלְעָבְדְּךָ בְּלֵבָב שָׁלֵם, עַל שֶׁאֲנַחְנוּ מוֹדִים לָךְ. בָּרוּךְ אֵל הַהוֹדָאוֹת.

וְעַל כֻּלָּם יִתְבָּרַךְ וְיִתְרוֹמַם וְיִתְנַשֵּׂא שִׁמְךָ מַלְכֵּנוּ תָּמִיד לְעוֹלָם וָעֶד.

וְכֹל הַחַיִּים יוֹדוּךָ סֶּלָה, וִיהַלְלוּ וִיבָרְכוּ אֶת שִׁמְךָ הַגָּדוֹל בֶּאֱמֶת, לְעוֹלָם כִּי טוֹב. הָאֵל יְשׁוּעָתֵנוּ וְעֶזְרָתֵנוּ סֶלָה, הָאֵל הַטּוֹב. בָּרוּךְ אַתָּה יהוה, הַטּוֹב שִׁמְךָ וּלְךָ נָאֶה לְהוֹדוֹת.

### ברכת כהנים

בהרבה מקומות נוהגים שבשמחת תורה עולים הכהנים לדוכן בשחרית.

בשחרית אומר החזן ברכת כהנים. כשאומר החזן „יְבָרֶכְךָ ה'" יהיו פניו לצד ארון הקודש, וכשאומר „וְיִשְׁמְרֶךָ" לצד ימינו, כשאומר „יָאֵר ה'" יהיו פניו לצד ארון הקודש, וכשאומר „פָּנָיו אֵלֶיךָ וִיחֻנֶּךָּ" לצד שמאלו.

**אֱלֹהֵינוּ** וֵאלֹהֵי אֲבוֹתֵינוּ, בָּרְכֵנוּ בַבְּרָכָה הַמְּשֻׁלֶּשֶׁת בַּתּוֹרָה, הַכְּתוּבָה עַל יְדֵי מֹשֶׁה עַבְדֶּךָ, הָאֲמוּרָה מִפִּי אַהֲרֹן וּבָנָיו, כֹּהֲנִים עַם קְדוֹשֶׁךָ, כָּאָמוּר:

יְבָרֶכְךָ יהוה, וְיִשְׁמְרֶךָ. (קהל – כֵּן יְהִי רָצוֹן.)
יָאֵר יהוה פָּנָיו אֵלֶיךָ, וִיחֻנֶּךָּ. (קהל – כֵּן יְהִי רָצוֹן.)
יִשָּׂא יהוה פָּנָיו אֵלֶיךָ, וְיָשֵׂם לְךָ שָׁלוֹם.[3] (קהל – כֵּן יְהִי רָצוֹן.)

יש נוהגים לומר „אַדִּיר בַּמָּרוֹם" כשהחזן אומר „שִׂים שָׁלוֹם".

אַדִּיר בַּמָּרוֹם, שׁוֹכֵן בִּגְבוּרָה, אַתָּה שָׁלוֹם וְשִׁמְךָ שָׁלוֹם, יְהִי רָצוֹן שֶׁתָּשִׂים עָלֵינוּ וְעַל כָּל עַמְּךָ בֵּית יִשְׂרָאֵל חַיִּים וּבְרָכָה לְמִשְׁמֶרֶת שָׁלוֹם.

(1) ע"פ תהלים עט:יג (2) ע"פ איכה ג:כב (3) במדבר ו:כד-כו

### שלום

יש קהילות שאומרים „שִׂים שָׁלוֹם" בערבית ויש שאומרים „שָׁלוֹם רָב".

**שִׂים** שָׁלוֹם, טוֹבָה וּבְרָכָה, חַיִּים, חֵן וָחֶסֶד וְרַחֲמִים, עָלֵינוּ וְעַל כָּל יִשְׂרָאֵל עַמֶּךָ. בָּרְכֵנוּ אָבִינוּ, כֻּלָּנוּ כְּאֶחָד בְּאוֹר פָּנֶיךָ, כִּי בְאוֹר פָּנֶיךָ נָתַתָּ לָּנוּ, יהוה אֱלֹהֵינוּ, תּוֹרַת חַיִּים וְאַהֲבַת חֶסֶד, וּצְדָקָה, וּבְרָכָה, וְרַחֲמִים, וְחַיִּים, וְשָׁלוֹם. וְטוֹב יִהְיֶה בְעֵינֶיךָ לְבָרְכֵנוּ וּלְבָרֵךְ אֶת כָּל עַמְּךָ יִשְׂרָאֵל בְּכָל עֵת וּבְכָל שָׁעָה בִּשְׁלוֹמֶךָ (בְּרוֹב עֹז וְשָׁלוֹם). בָּרוּךְ אַתָּה יהוה, הַמְּבָרֵךְ אֶת עַמּוֹ יִשְׂרָאֵל בַּשָּׁלוֹם.

**שָׁלוֹם** רָב עַל יִשְׂרָאֵל עַמְּךָ תָּשִׂים לְעוֹלָם, כִּי אַתָּה הוּא מֶלֶךְ אָדוֹן לְכָל הַשָּׁלוֹם. וְטוֹב יִהְיֶה בְּעֵינֶיךָ לְבָרְכֵנוּ וּלְבָרֵךְ אֶת כָּל עַמְּךָ יִשְׂרָאֵל בְּכָל עֵת וּבְכָל שָׁעָה בִּשְׁלוֹמֶךָ. בָּרוּךְ אַתָּה יהוה, הַמְּבָרֵךְ אֶת עַמּוֹ יִשְׂרָאֵל בַּשָּׁלוֹם.

יִהְיוּ לְרָצוֹן אִמְרֵי פִי וְהֶגְיוֹן לִבִּי לְפָנֶיךָ, יהוה צוּרִי וְגֹאֲלִי.[1]

**אֱלֹהַי,** נְצוֹר לְשׁוֹנִי מֵרָע, וּשְׂפָתַי מִדַּבֵּר מִרְמָה,[2] וְלִמְקַלְלַי נַפְשִׁי תִדּוֹם, וְנַפְשִׁי כֶּעָפָר לַכֹּל תִּהְיֶה. פְּתַח לִבִּי בְּתוֹרָתֶךָ, וְאַחֲרֵי מִצְוֹתֶיךָ תִּרְדּוֹף נַפְשִׁי. וְכָל הַקָּמִים וְהַחוֹשְׁבִים עָלַי לְרָעָה, מְהֵרָה הָפֵר עֲצָתָם וְקַלְקֵל מַחֲשַׁבְתָּם. יְהִי רָצוֹן מִלְּפָנֶיךָ, יהוה אֱלֹהַי וֵאלֹהֵי אֲבוֹתַי, שֶׁלֹּא תַעֲלֶה קִנְאַת אָדָם עָלַי, וְלֹא קִנְאָתִי עַל אֲחֵרִים, וְשֶׁלֹּא אֶכְעֹס הַיּוֹם, וְשֶׁלֹּא אַכְעִיסֶךָ, וְתַצִּילֵנִי מִיֵּצֶר הָרָע, וְתֵן בְּלִבִּי הַכְנָעָה וַעֲנָוָה. מַלְכֵּנוּ וֵאלֹהֵינוּ, יַחֵד שִׁמְךָ בְּעוֹלָמֶךָ, בְּנֵה עִירָךְ, יַסֵּד בֵּיתֶךָ, וְשַׁכְלֵל הֵיכָלֶךָ, וְקַבֵּץ קִבּוּץ גָּלֻיּוֹת, וּפְדֵה צֹאנֶךָ וְשַׂמַּח עֲדָתֶךָ. עֲשֵׂה לְמַעַן שְׁמֶךָ, עֲשֵׂה לְמַעַן יְמִינֶךָ, עֲשֵׂה לְמַעַן תּוֹרָתֶךָ, עֲשֵׂה לְמַעַן קְדֻשָּׁתֶךָ. לְמַעַן יֵחָלְצוּן יְדִידֶיךָ, הוֹשִׁיעָה יְמִינְךָ וַעֲנֵנִי.[3] (כתב בס' אליה רבה שטוב לומר כאן פסוק ששייך אל שמו; ראה עמ' 443.) יִהְיוּ לְרָצוֹן אִמְרֵי פִי וְהֶגְיוֹן לִבִּי לְפָנֶיךָ, יהוה צוּרִי וְגֹאֲלִי.[1] עֹשֶׂה שָׁלוֹם בִּמְרוֹמָיו, הוּא יַעֲשֶׂה שָׁלוֹם עָלֵינוּ, וְעַל כָּל יִשְׂרָאֵל. וְאִמְרוּ: אָמֵן.

**יְהִי רָצוֹן** מִלְּפָנֶיךָ, יהוה אֱלֹהֵינוּ וֵאלֹהֵי אֲבוֹתֵינוּ, שֶׁיִּבָּנֶה בֵּית הַמִּקְדָּשׁ בִּמְהֵרָה בְיָמֵינוּ, וְתֵן חֶלְקֵנוּ בְּתוֹרָתֶךָ. וְשָׁם נַעֲבָדְךָ בְּיִרְאָה, כִּימֵי עוֹלָם וּכְשָׁנִים קַדְמוֹנִיּוֹת. וְעָרְבָה לַיהוה מִנְחַת יְהוּדָה וִירוּשָׁלָיִם, כִּימֵי עוֹלָם וּכְשָׁנִים קַדְמוֹנִיּוֹת.[4]

בשחרית ממשיך עם הלל (עמ' 298). במנחה אומר החזן קדיש שלם (עמ' 123) ואחריו „עָלֵינוּ". בערבית של יו"ט שחל בשבת אומרים מיד „וַיְכֻלּוּ" (עמ' 170) עד סוף התפלה. אבל בליל ראשון של פסח שחל בשבת אומרים רק „וַיְכֻלּוּ" (ואינו אומר ברכת מעין שבע), הלל שלם (עמ' 298), קדיש שלם (עמ' 138), „עָלֵינוּ". בערבית של יו"ט שחל בחול (חוץ מב' לילות הראשונים של פסח) אומר החזן קדיש שלם ואחריו „עָלֵינוּ". בשני לילות הראשונים של פסח אומרים כאן הלל שלם, קדיש שלם, ו„עָלֵינוּ". בליל שני, שביעי ואחרון של פסח סופרים ספירת העומר (עמ' 140).

(1) תהלים יט:טו (2) ע"פ לד:יד (3) ס:ז; קח:ז (4) מלאכי ג:ד

## סדר הזכרת נשמות

אומרים יזכור אחרי ההפטרה ביום אחרון של פסח ושל שבועות, יום כפור, ושמיני עצרת.
מי שיש לו אב ואם יוצא מבית הכנסת בשעת אמירת יזכור.
יש נוהגים שאין אומרים יזכור בשנה הראשונה לאחר פטירת אחד מההורים.

לאביו:

**יִזְכֹּר** אֱלֹהִים נִשְׁמַת אָבִי מוֹרִי (פלוני בן פלוני) שֶׁהָלַךְ לְעוֹלָמוֹ, בַּעֲבוּר שֶׁבְּלִי נֶדֶר אֶתֵּן צְדָקָה בַּעֲדוֹ. בִּשְׂכַר זֶה תְּהֵא נַפְשׁוֹ צְרוּרָה בִּצְרוֹר הַחַיִּים עִם נִשְׁמוֹת אַבְרָהָם יִצְחָק וְיַעֲקֹב, שָׂרָה רִבְקָה רָחֵל וְלֵאָה, וְעִם שְׁאָר צַדִּיקִים וְצִדְקָנִיּוֹת שֶׁבְּגַן עֵדֶן. וְנֹאמַר: אָמֵן.

לאמו:

**יִזְכֹּר** אֱלֹהִים נִשְׁמַת אִמִּי מוֹרָתִי (פלונית בת פלוני) שֶׁהָלְכָה לְעוֹלָמָהּ, בַּעֲבוּר שֶׁבְּלִי נֶדֶר אֶתֵּן צְדָקָה בַּעֲדָהּ. בִּשְׂכַר זֶה תְּהֵא נַפְשָׁהּ צְרוּרָה בִּצְרוֹר הַחַיִּים עִם נִשְׁמוֹת אַבְרָהָם יִצְחָק וְיַעֲקֹב, שָׂרָה רִבְקָה רָחֵל וְלֵאָה, וְעִם שְׁאָר צַדִּיקִים וְצִדְקָנִיּוֹת שֶׁבְּגַן עֵדֶן. וְנֹאמַר: אָמֵן.

לקרוב:

**יִזְכֹּר** אֱלֹהִים נִשְׁמַת זְקֵנִי / דּוֹדִי / אָחִי / בְּנִי / בַּעְלִי (פלוני בן פלוני) שֶׁהָלַךְ לְעוֹלָמוֹ, בַּעֲבוּר שֶׁבְּלִי נֶדֶר אֶתֵּן צְדָקָה בַּעֲדוֹ. בִּשְׂכַר זֶה תְּהֵא נַפְשׁוֹ צְרוּרָה בִּצְרוֹר הַחַיִּים עִם נִשְׁמוֹת אַבְרָהָם יִצְחָק וְיַעֲקֹב, שָׂרָה רִבְקָה רָחֵל וְלֵאָה, וְעִם שְׁאָר צַדִּיקִים וְצִדְקָנִיּוֹת שֶׁבְּגַן עֵדֶן. וְנֹאמַר: אָמֵן.

לקרובה:

**יִזְכֹּר** אֱלֹהִים נִשְׁמַת זְקֶנְתִּי / דּוֹדָתִי / אֲחוֹתִי / בִּתִּי / אִשְׁתִּי (פלונית בת פלוני) שֶׁהָלְכָה לְעוֹלָמָהּ, בַּעֲבוּר שֶׁבְּלִי נֶדֶר אֶתֵּן צְדָקָה בַּעֲדָהּ. בִּשְׂכַר זֶה תְּהֵא נַפְשָׁהּ צְרוּרָה בִּצְרוֹר הַחַיִּים עִם נִשְׁמוֹת אַבְרָהָם יִצְחָק וְיַעֲקֹב, שָׂרָה רִבְקָה רָחֵל וְלֵאָה, וְעִם שְׁאָר צַדִּיקִים וְצִדְקָנִיּוֹת שֶׁבְּגַן עֵדֶן. וְנֹאמַר: אָמֵן.

לקרובים:

**יִזְכֹּר** אֱלֹהִים נִשְׁמוֹת זְקֵנַי וּזְקֵנוֹתַי, דּוֹדַי וְדוֹדוֹתַי, אַחַי וְאַחְיוֹתַי, הֵן מִצַּד אָבִי, הֵן מִצַּד אִמִּי, שֶׁהָלְכוּ לְעוֹלָמָם, בַּעֲבוּר שֶׁבְּלִי נֶדֶר אֶתֵּן צְדָקָה בַּעֲדָם. בִּשְׂכַר זֶה תִּהְיֶינָה נַפְשׁוֹתֵיהֶם צְרוּרוֹת בִּצְרוֹר הַחַיִּים עִם נִשְׁמוֹת אַבְרָהָם יִצְחָק וְיַעֲקֹב, שָׂרָה רִבְקָה רָחֵל וְלֵאָה, וְעִם שְׁאָר צַדִּיקִים וְצִדְקָנִיּוֹת שֶׁבְּגַן עֵדֶן. וְנֹאמַר: אָמֵן.

לקדושים שנהרגו על קידוש השם:

**יִזְכֹּר** אֱלֹהִים נִשְׁמוֹת (כָּל קְרוֹבַי וּקְרוֹבוֹתַי, הֵן מִצַּד אָבִי, הֵן מִצַּד אִמִּי) הַקְּדוֹשִׁים וְהַטְּהוֹרִים שֶׁהוּמְתוּ וְשֶׁנֶּהֶרְגוּ וְשֶׁנִּשְׁחֲטוּ וְשֶׁנִּשְׂרְפוּ וְשֶׁנִּטְבְּעוּ וְשֶׁנֶּחְנְקוּ עַל קִדּוּשׁ הַשֵּׁם (עַל יְדֵי הַצּוֹרְרִים הַגֶּרְמָנִים, יִמַּח שְׁמָם וְזִכְרָם), בַּעֲבוּר שֶׁבְּלִי נֶדֶר אֶתֵּן צְדָקָה בַּעֲדָם. בִּשְׂכַר זֶה תִּהְיֶינָה נַפְשׁוֹתֵיהֶם צְרוּרוֹת בִּצְרוֹר הַחַיִּים עִם נִשְׁמוֹת אַבְרָהָם יִצְחָק וְיַעֲקֹב, שָׂרָה רִבְקָה רָחֵל וְלֵאָה, וְעִם שְׁאָר צַדִּיקִים וְצִדְקָנִיּוֹת שֶׁבְּגַן עֵדֶן. וְנֹאמַר: אָמֵן.

יכולים להזכיר כמה נפטרים בתפלה אחת, אך נוהגים להזכיר
הזכרים בתפלה בפני עצמם והנקבות בתפלה בפני עצמן.

ליחיד:

**אֵל** מָלֵא רַחֲמִים, שׁוֹכֵן בַּמְּרוֹמִים, הַמְצֵא מְנוּחָה נְכוֹנָה, עַל כַּנְפֵי הַשְּׁכִינָה, בְּמַעֲלוֹת קְדוֹשִׁים וּטְהוֹרִים, כְּזֹהַר הָרָקִיעַ מַזְהִירִים,

לזכר:

אֶת נִשְׁמַת (פלוני בן פלוני) שֶׁהָלַךְ לְעוֹלָמוֹ, בַּעֲבוּר שֶׁבְּלִי נֶדֶר אֶתֵּן צְדָקָה בְּעַד הַזְכָּרַת נִשְׁמָתוֹ, בְּגַן עֵדֶן תְּהֵא מְנוּחָתוֹ, לָכֵן בַּעַל הָרַחֲמִים יַסְתִּירֵהוּ בְּסֵתֶר כְּנָפָיו לְעוֹלָמִים, וְיִצְרוֹר בִּצְרוֹר הַחַיִּים אֶת נִשְׁמָתוֹ, יהוה הוּא נַחֲלָתוֹ, וְיָנוּחַ בְּשָׁלוֹם עַל מִשְׁכָּבוֹ. וְנֹאמַר: אָמֵן.

לנקבה:

אֶת נִשְׁמַת (פלונית בת פלוני) שֶׁהָלְכָה לְעוֹלָמָהּ, בַּעֲבוּר שֶׁבְּלִי נֶדֶר אֶתֵּן צְדָקָה בְּעַד הַזְכָּרַת נִשְׁמָתָהּ, בְּגַן עֵדֶן תְּהֵא מְנוּחָתָהּ, לָכֵן בַּעַל הָרַחֲמִים יַסְתִּירֶהָ בְּסֵתֶר כְּנָפָיו לְעוֹלָמִים, וְיִצְרוֹר בִּצְרוֹר הַחַיִּים אֶת נִשְׁמָתָהּ, יהוה הוּא נַחֲלָתָהּ, וְתָנוּחַ בְּשָׁלוֹם עַל מִשְׁכָּבָהּ. וְנֹאמַר: אָמֵן.

לרבים:

**אֵל** מָלֵא רַחֲמִים, שׁוֹכֵן בַּמְּרוֹמִים, הַמְצֵא מְנוּחָה נְכוֹנָה, עַל כַּנְפֵי הַשְּׁכִינָה, בְּמַעֲלוֹת קְדוֹשִׁים וּטְהוֹרִים, כְּזֹהַר הָרָקִיעַ מַזְהִירִים,

לזכרים:

אֶת נִשְׁמוֹת (שמות הנפטרים) שֶׁהָלְכוּ לְעוֹלָמָם, בַּעֲבוּר שֶׁבְּלִי נֶדֶר אֶתֵּן צְדָקָה בְּעַד הַזְכָּרַת נִשְׁמוֹתֵיהֶם, בְּגַן עֵדֶן תְּהֵא מְנוּחָתָם, לָכֵן בַּעַל הָרַחֲמִים יַסְתִּירֵם בְּסֵתֶר כְּנָפָיו לְעוֹלָמִים, וְיִצְרוֹר בִּצְרוֹר הַחַיִּים אֶת נִשְׁמוֹתֵיהֶם, יהוה הוּא נַחֲלָתָם, וְיָנוּחוּ בְּשָׁלוֹם עַל מִשְׁכְּבוֹתֵיהֶם. וְנֹאמַר: אָמֵן.

לנקבות:

אֶת נִשְׁמוֹת (שמות הנפטרות) שֶׁהָלְכוּ לְעוֹלָמָן, בַּעֲבוּר שֶׁבְּלִי נֶדֶר אֶתֵּן צְדָקָה בְּעַד הַזְכָּרַת נִשְׁמוֹתֵיהֶן, בְּגַן עֵדֶן תְּהֵא מְנוּחָתָן, לָכֵן בַּעַל הָרַחֲמִים יַסְתִּירֵן בְּסֵתֶר כְּנָפָיו לְעוֹלָמִים, וְיִצְרוֹר בִּצְרוֹר הַחַיִּים אֶת נִשְׁמוֹתֵיהֶן, יהוה הוּא נַחֲלָתָן, וְיָנוּחוּ בְּשָׁלוֹם עַל מִשְׁכְּבוֹתֵיהֶן. וְנֹאמַר: אָמֵן.

לקדושים שנהרגו על קידוש השם:

**אֵל** מָלֵא רַחֲמִים, שׁוֹכֵן בַּמְּרוֹמִים, הַמְצֵא מְנוּחָה נְכוֹנָה, עַל כַּנְפֵי הַשְּׁכִינָה, בְּמַעֲלוֹת קְדוֹשִׁים וּטְהוֹרִים, כְּזֹהַר הָרָקִיעַ מַזְהִירִים, אֶת נִשְׁמוֹת (כָּל קְרוֹבַי וּקְרוֹבוֹתַי, הֵן מִצַּד אָבִי, הֵן מִצַּד אִמִּי) הַקְּדוֹשִׁים וְהַטְּהוֹרִים שֶׁהוּמְתוּ וְשֶׁנֶּהֶרְגוּ וְשֶׁנִּשְׁחֲטוּ וְשֶׁנִּשְׂרְפוּ וְשֶׁנִּטְבְּעוּ וְשֶׁנֶּחְנְקוּ עַל קִדּוּשׁ הַשֵּׁם (עַל יְדֵי הַצּוֹרְרִים הַגֶּרְמָנִים, יִמַּח שְׁמָם וְזִכְרָם), בַּעֲבוּר שֶׁבְּלִי נֶדֶר אֶתֵּן צְדָקָה בְּעַד הַזְכָּרַת נִשְׁמוֹתֵיהֶם, בְּגַן עֵדֶן תְּהֵא מְנוּחָתָם, לָכֵן בַּעַל הָרַחֲמִים יַסְתִּירֵם בְּסֵתֶר כְּנָפָיו לְעוֹלָמִים, וְיִצְרוֹר בִּצְרוֹר הַחַיִּים אֶת נִשְׁמוֹתֵיהֶם, יהוה הוּא נַחֲלָתָם, וְיָנוּחוּ בְּשָׁלוֹם עַל מִשְׁכְּבוֹתֵיהֶם. וְנֹאמַר: אָמֵן.

בכמה קהילות אומר הגבאי מי שברך להרב או לגדול שבקהל:

**מִי שֶׁבֵּרַךְ** אֲבוֹתֵינוּ אַבְרָהָם יִצְחָק וְיַעֲקֹב, מֹשֶׁה אַהֲרֹן דָּוִד וּשְׁלֹמֹה, הוּא יְבָרֵךְ אֶת רַבִּי (פלוני בן פלוני) בַּעֲבוּר שֶׁיִּתֵּן צְדָקָה בְּעַד הַנְּשָׁמוֹת שֶׁהִזְכִּיר הַיּוֹם, לִכְבוֹד הַמָּקוֹם, לִכְבוֹד הַתּוֹרָה, [בשבת – לִכְבוֹד הַשַּׁבָּת,] לִכְבוֹד הָרֶגֶל, בִּשְׂכַר זֶה, הַקָּדוֹשׁ בָּרוּךְ הוּא יִשְׁמְרֵהוּ וְיַצִּילֵהוּ מִכָּל צָרָה וְצוּקָה, וּמִכָּל נֶגַע וּמַחֲלָה, וְיִשְׁלַח בְּרָכָה וְהַצְלָחָה בְּכָל מַעֲשֵׂה יָדָיו, וְיִזְכֶּה לַעֲלוֹת לְרֶגֶל, עִם כָּל יִשְׂרָאֵל אֶחָיו. וְנֹאמַר: אָמֵן.

אומרים „אַב הָרַחֲמִים" (עמ' 227), אשרי, הכנסת ספר תורה, חצי קדיש, ומוסף.

## פיוט קודם מוסף

ברוב הקהילות מזמרים פיוט זה אחרי ברכות ההפטרה של יום טוב.
כשאומרים יזכור וכשמתפללים תפלת טל או גשם (וברוב הקהילות גם בשבת) מדלגים עליו.

**יָהּ אֵלִי,** וְגוֹאֲלִי, אֶתְיַצְּבָה לִקְרָאתֶךָ. הָיָה וְיִהְיֶה, הָיָה וְהֹוֶה, כָּל גּוֹי אַדְמָתֶךָ. וְתוֹדָה, וְלָעוֹלָה, וְלַמִּנְחָה, וְלַחַטָּאת, וְלָאָשָׁם, וְלַשְּׁלָמִים, וְלַמִּלּוּאִים כָּל קָרְבָּנֶךָ. זְכוֹר נִלְאָה, אֲשֶׁר נָשְׂאָה, וְהָשִׁיבָהּ לְאַדְמָתֶךָ. סֶלָה אֲהַלְלֶךָּ, בְּאַשְׁרֵי יוֹשְׁבֵי בֵיתֶךָ.

**דַּק** עַל דַּק, עַד אֵין נִבְדַּק, וְלִתְבוּנָתוֹ אֵין חֵקֶר. הָאֵל נוֹרָא, בְּאַחַת סְקִירָה, בֵּין טוֹב לָרַע יְבַקֵּר. וְתוֹדָה, וְלָעוֹלָה, וְלַמִּנְחָה, וְלַחַטָּאת, וְלָאָשָׁם, וְלַשְּׁלָמִים, וְלַמִּלּוּאִים כָּל קָרְבָּנֶךָ. זְכוֹר נִלְאָה, אֲשֶׁר נָשְׂאָה, וְהָשִׁיבָהּ לְאַדְמָתֶךָ. סֶלָה אֲהַלְלֶךָּ, בְּאַשְׁרֵי יוֹשְׁבֵי בֵיתֶךָ.

**אֲדוֹן** צְבָאוֹת, בְּרוֹב פְּלָאוֹת, חִבֵּר כָּל אָהֳלוֹ. בִּנְתִיבוֹת לֵב לְבַלֵּב, הַצּוּר תָּמִים פָּעֳלוֹ. וְתוֹדָה, וְלָעוֹלָה, וְלַמִּנְחָה, וְלַחַטָּאת, וְלָאָשָׁם, וְלַשְּׁלָמִים, וְלַמִּלּוּאִים כָּל קָרְבָּנֶךָ. זְכוֹר נִלְאָה, אֲשֶׁר נָשְׂאָה, וְהָשִׁיבָהּ לְאַדְמָתֶךָ. סֶלָה אֲהַלְלֶךָ, בְּאַשְׁרֵי יוֹשְׁבֵי בֵיתֶךָ.

אומרים „אַשְׁרֵי" (עמ' 228), הכנסת ספר תורה, חצי קדיש, ומוסף.

## ⁂ מוסף לשלש רגלים ולחול המועד ⁂

ביום ראשון של פסח מכריז הגבאי „מוֹרִיד הַטָּל" ובשמיני עצרת מכריז „מַשִּׁיב הָרוּחַ וּמוֹרִיד הַגֶּשֶׁם" לפני תפילת הלחש.

ביום ראשון של פסח אומר החזן תפילת טל בחזרת הש"ץ (עמ' 325),
ובשמיני עצרת אומר החזן תפילת גשם בחזרת הש"ץ (עמ' 326).

יפסע ג' פסיעות לאחוריו ואח"כ ג' פסיעות לפניו דרך קירוב והגשה. יכוון רגליו ויעמידן זו אצל זו בשוה כאלו הן רגל אחת כדי להדמות למלאכים. יתפלל במתינות ובכוונת הלב ויבין פירוש המלות ולא יפסיק לשום דבר. לכתחילה צריך להשמיע לאזניו מה שמוציא מפיו אבל לא ירים קולו עד שישמעו אחרים תפילתו.

כִּי שֵׁם יהוה אֶקְרָא, הָבוּ גֹדֶל לֵאלֹהֵינוּ.[1]
אֲדֹנָי שְׂפָתַי תִּפְתָּח, וּפִי יַגִּיד תְּהִלָּתֶךָ.[2]

אבות

**בָּרוּךְ** אַתָּה יהוה אֱלֹהֵינוּ וֵאלֹהֵי אֲבוֹתֵינוּ, אֱלֹהֵי אַבְרָהָם, אֱלֹהֵי יִצְחָק, וֵאלֹהֵי יַעֲקֹב, הָאֵל הַגָּדוֹל הַגִּבּוֹר וְהַנּוֹרָא, אֵל עֶלְיוֹן, גּוֹמֵל חֲסָדִים טוֹבִים, וְקוֹנֵה הַכֹּל, וְזוֹכֵר חַסְדֵי אָבוֹת, וּמֵבִיא גוֹאֵל לִבְנֵי בְנֵיהֶם, לְמַעַן שְׁמוֹ בְּאַהֲבָה. מֶלֶךְ עוֹזֵר וּמוֹשִׁיעַ וּמָגֵן. בָּרוּךְ אַתָּה יהוה, מָגֵן אַבְרָהָם.

גבורות

**אַתָּה** גִּבּוֹר לְעוֹלָם אֲדֹנָי, מְחַיֵּה מֵתִים אַתָּה, רַב לְהוֹשִׁיעַ.

| בפסח, שבועות, וסוכות: | בשמיני עצרת ושמחת תורה: |
| --- | --- |
| מוֹרִיד הַטָּל. | מַשִּׁיב הָרוּחַ וּמוֹרִיד הַגֶּשֶׁם [נ"א: הַגָּשֶׁם]. |

[אם שכח או טעה, עיין הלכות בסוף הסידור סע' פד-צא.]

מְכַלְכֵּל חַיִּים בְּחֶסֶד, מְחַיֵּה מֵתִים בְּרַחֲמִים רַבִּים, סוֹמֵךְ נוֹפְלִים, וְרוֹפֵא חוֹלִים, וּמַתִּיר אֲסוּרִים, וּמְקַיֵּם אֱמוּנָתוֹ לִישֵׁנֵי עָפָר. מִי כָמוֹךָ בַּעַל גְּבוּרוֹת, וּמִי דּוֹמֶה לָּךְ, מֶלֶךְ מֵמִית וּמְחַיֶּה וּמַצְמִיחַ יְשׁוּעָה. וְנֶאֱמָן אַתָּה לְהַחֲיוֹת מֵתִים. בָּרוּךְ אַתָּה יהוה, מְחַיֵּה הַמֵּתִים.

בחזרת הש"ץ אומרים כאן קדושה (עמ' 318).

(1) דברים לב:ג (2) תהלים נא:יז

קדושת השם

בקצת קהילת אומר החזן „לְדוֹר וָדוֹר" בחזרת הש"ץ במקום „אַתָּה קָדוֹשׁ".

**אַתָּה** קָדוֹשׁ וְשִׁמְךָ קָדוֹשׁ, וּקְדוֹשִׁים בְּכָל יוֹם יְהַלְלוּךָ סֶּלָה, כִּי אֵל מֶלֶךְ גָּדוֹל וְקָדוֹשׁ אָתָּה. בָּרוּךְ אַתָּה יהוה, הָאֵל הַקָּדוֹשׁ.

**לְדוֹר** וָדוֹר נַגִּיד גָּדְלֶךָ וּלְנֵצַח נְצָחִים קְדֻשָּׁתְךָ נַקְדִּישׁ, וְשִׁבְחֲךָ אֱלֹהֵינוּ מִפִּינוּ לֹא יָמוּשׁ לְעוֹלָם וָעֶד, כִּי אֵל מֶלֶךְ גָּדוֹל וְקָדוֹשׁ אָתָּה. בָּרוּךְ אַתָּה יהוה, הָאֵל הַקָּדוֹשׁ.

קדושה

יכוון רגליו ויעמידן זו אצל זו בשוה כמו בתפילת שמונה עשרה. אסור להפסיק לשום דבר בעת אמירת קדושה.

קהל ואח"כ חזן– **כֶּתֶר** יִתְּנוּ לְךָ יהוה אֱלֹהֵינוּ, מַלְאָכִים הֲמוֹנֵי מַעְלָה, עִם עַמְּךָ יִשְׂרָאֵל, קְבוּצֵי מַטָּה.

קהל ואח"כ חזן– יַחַד כֻּלָּם קְדֻשָּׁה לְךָ יְשַׁלֵּשׁוּ, כַּדָּבָר הָאָמוּר עַל יַד נְבִיאֶךָ, וְקָרָא זֶה אֶל זֶה וְאָמַר:

יום טוב / שבת חול המועד / הושענא רבה:

קהל וחזן ביחד– קָדוֹשׁ קָדוֹשׁ קָדוֹשׁ יהוה צְבָאוֹת, מְלֹא כָל הָאָרֶץ כְּבוֹדוֹ.[1] ❖ כְּבוֹדוֹ מָלֵא עוֹלָם, מְשָׁרְתָיו שׁוֹאֲלִים זֶה לָזֶה, אַיֵּה מְקוֹם כְּבוֹדוֹ לְהַעֲרִיצוֹ, לְעֻמָּתָם מְשַׁבְּחִים וְאוֹמְרִים:

קהל וחזן ביחד– בָּרוּךְ כְּבוֹד יהוה, מִמְּקוֹמוֹ.[2] ❖ מִמְּקוֹמוֹ הוּא יִפֶן בְּרַחֲמָיו לְעַמּוֹ, וְיָחוֹן עַם הַמְּיַחֲדִים שְׁמוֹ, עֶרֶב וָבֹקֶר בְּכָל יוֹם תָּמִיד, פַּעֲמַיִם בְּאַהֲבָה שְׁמַע אוֹמְרִים:

קהל וחזן ביחד– שְׁמַע יִשְׂרָאֵל, יהוה אֱלֹהֵינוּ, יהוה אֶחָד.[3] ❖ הוּא אֱלֹהֵינוּ, הוּא אָבִינוּ, הוּא מַלְכֵּנוּ, הוּא מוֹשִׁיעֵנוּ, וְהוּא יוֹשִׁיעֵנוּ וְיִגְאָלֵנוּ שֵׁנִית, וְיַשְׁמִיעֵנוּ בְּרַחֲמָיו שֵׁנִית, לְעֵינֵי כָּל חָי, לֵאמֹר: הֵן גָּאַלְתִּי אֶתְכֶם אַחֲרִית כְּבָרֵאשִׁית, לִהְיוֹת לָכֶם לֵאלֹהִים.

קהל וחזן ביחד– אֲנִי יהוה אֱלֹהֵיכֶם.[4]

בהרבה קהילות אין אומרים זה בשבת חול המועד:

אַדִּיר אַדִּירֵנוּ, יהוה אֲדֹנֵינוּ, מָה אַדִּיר שִׁמְךָ בְּכָל הָאָרֶץ.[5] וְהָיָה יהוה לְמֶלֶךְ עַל כָּל הָאָרֶץ, בַּיּוֹם הַהוּא יִהְיֶה יהוה אֶחָד וּשְׁמוֹ אֶחָד.[6]

קהל וחזן ביחד– וּבְדִבְרֵי קָדְשְׁךָ כָּתוּב לֵאמֹר: יִמְלֹךְ יהוה לְעוֹלָם, אֱלֹהַיִךְ צִיּוֹן, לְדֹר וָדֹר, הַלְלוּיָהּ.[7]

לחול המועד:

קהל וחזן ביחד– קָדוֹשׁ קָדוֹשׁ קָדוֹשׁ יהוה צְבָאוֹת, מְלֹא כָל הָאָרֶץ כְּבוֹדוֹ.[1] ❖ לְעֻמָּתָם מְשַׁבְּחִים וְאוֹמְרִים:

קהל וחזן ביחד– בָּרוּךְ כְּבוֹד יהוה, מִמְּקוֹמוֹ.[2] ❖ וּבְדִבְרֵי קָדְשְׁךָ כָּתוּב לֵאמֹר:

קהל וחזן ביחד– יִמְלֹךְ יהוה לְעוֹלָם, אֱלֹהַיִךְ צִיּוֹן לְדֹר וָדֹר, הַלְלוּיָהּ.[3]

החזן ממשיך „אַתָּה קָדוֹשׁ . . ." [או „לְדוֹר וָדוֹר . . ."] (למעלה).

(1) ישעיה ו:ג (2) יחזקאל ג:יב (3) דברים ו:ד (4) במדבר טו:מא (5) תהלים ח:ב (6) זכריה יד:ט (7) תהלים קמו:י

קדושת היום

**אַתָּה** בְחַרְתָּנוּ מִכָּל הָעַמִּים, אָהַבְתָּ אוֹתָנוּ, וְרָצִיתָ בָּנוּ, וְרוֹמַמְתָּנוּ מִכָּל הַלְּשׁוֹנוֹת, וְקִדַּשְׁתָּנוּ בְּמִצְוֹתֶיךָ, וְקֵרַבְתָּנוּ מַלְכֵּנוּ לַעֲבוֹדָתֶךָ, וְשִׁמְךָ הַגָּדוֹל וְהַקָּדוֹשׁ עָלֵינוּ קָרָאתָ.

בשבת מוסיף המלים המוקפות בסוגריים.

וַתִּתֶּן לָנוּ יהוה אֱלֹהֵינוּ בְּאַהֲבָה [שַׁבָּתוֹת לִמְנוּחָה וּ]מוֹעֲדִים לְשִׂמְחָה חַגִּים וּזְמַנִּים לְשָׂשׂוֹן, אֶת יוֹם [הַשַּׁבָּת הַזֶּה וְאֶת יוֹם]

| לפסח | לשבועות | לסוכות | לשמיני עצרת ולשמחת תורה |
|---|---|---|---|
| חַג הַמַּצּוֹת הַזֶּה, זְמַן חֵרוּתֵנוּ | חַג הַשָּׁבֻעוֹת הַזֶּה, זְמַן מַתַּן תּוֹרָתֵנוּ | חַג הַסֻּכּוֹת הַזֶּה, זְמַן שִׂמְחָתֵנוּ | שְׁמִינִי עֲצֶרֶת הַחַג הַזֶּה, זְמַן שִׂמְחָתֵנוּ |

[בְּאַהֲבָה] מִקְרָא קֹדֶשׁ, זֵכֶר לִיצִיאַת מִצְרָיִם.

**וּמִפְּנֵי** חֲטָאֵינוּ גָּלִינוּ מֵאַרְצֵנוּ, וְנִתְרַחַקְנוּ מֵעַל אַדְמָתֵנוּ. וְאֵין אֲנַחְנוּ יְכוֹלִים לַעֲלוֹת וְלֵרָאוֹת וּלְהִשְׁתַּחֲוֹת לְפָנֶיךָ, וְלַעֲשׂוֹת חוֹבוֹתֵינוּ בְּבֵית בְּחִירָתֶךָ, בַּבַּיִת הַגָּדוֹל וְהַקָּדוֹשׁ שֶׁנִּקְרָא שִׁמְךָ עָלָיו, מִפְּנֵי הַיָּד שֶׁנִּשְׁתַּלְּחָה בְּמִקְדָּשֶׁךָ. יְהִי רָצוֹן מִלְּפָנֶיךָ, יהוה אֱלֹהֵינוּ וֵאלֹהֵי אֲבוֹתֵינוּ, מֶלֶךְ רַחֲמָן, שֶׁתָּשׁוּב וּתְרַחֵם עָלֵינוּ וְעַל מִקְדָּשְׁךָ בְּרַחֲמֶיךָ הָרַבִּים, וְתִבְנֵהוּ מְהֵרָה וּתְגַדֵּל כְּבוֹדוֹ. אָבִינוּ מַלְכֵּנוּ, גַּלֵּה כְּבוֹד מַלְכוּתְךָ עָלֵינוּ מְהֵרָה, וְהוֹפַע וְהִנָּשֵׂא עָלֵינוּ לְעֵינֵי כָּל חָי. וְקָרֵב פְּזוּרֵינוּ מִבֵּין הַגּוֹיִם, וּנְפוּצוֹתֵינוּ כַּנֵּס מִיַּרְכְּתֵי אָרֶץ. וַהֲבִיאֵנוּ לְצִיּוֹן עִירְךָ בְּרִנָּה, וְלִירוּשָׁלַיִם בֵּית מִקְדָּשְׁךָ בְּשִׂמְחַת עוֹלָם. וְשָׁם נַעֲשֶׂה לְפָנֶיךָ אֶת קָרְבְּנוֹת חוֹבוֹתֵינוּ, תְּמִידִים כְּסִדְרָם, וּמוּסָפִים כְּהִלְכָתָם. [בשבת– וְאֶת מוּסְפֵי יוֹם הַשַּׁבָּת הַזֶּה וְיוֹם] [בחול– וְאֶת מוּסַף יוֹם]

| לפסח | לשבועות | לסוכות | לשמיני עצרת ולשמחת תורה |
|---|---|---|---|
| חַג הַמַּצּוֹת | חַג הַשָּׁבֻעוֹת | חַג הַסֻּכּוֹת | שְׁמִינִי עֲצֶרֶת הַחַג |

הַזֶּה נַעֲשֶׂה וְנַקְרִיב לְפָנֶיךָ בְּאַהֲבָה כְּמִצְוַת רְצוֹנֶךָ, כְּמוֹ שֶׁכָּתַבְתָּ עָלֵינוּ בְּתוֹרָתֶךָ, עַל יְדֵי מֹשֶׁה עַבְדֶּךָ, מִפִּי כְבוֹדֶךָ, כָּאָמוּר:

בשבת: **וּבְיוֹם הַשַּׁבָּת,** שְׁנֵי כְבָשִׂים בְּנֵי שָׁנָה תְּמִימִם, וּשְׁנֵי עֶשְׂרֹנִים סֹלֶת מִנְחָה בְּלוּלָה בַשֶּׁמֶן, וְנִסְכּוֹ. עֹלַת שַׁבַּת בְּשַׁבַּתּוֹ, עַל עֹלַת הַתָּמִיד וְנִסְכָּהּ.[1] (זֶה קָרְבַּן שַׁבָּת. וְקָרְבַּן הַיּוֹם כָּאָמוּר:)

(1) במדבר כח:ט-י

בשני ימים הראשונים של פסח

**וּבַחֹדֶשׁ הָרִאשׁוֹן** בְּאַרְבָּעָה עָשָׂר יוֹם לַחֹדֶשׁ, פֶּסַח לַיהוה. וּבַחֲמִשָּׁה עָשָׂר יוֹם לַחֹדֶשׁ הַזֶּה, חָג, שִׁבְעַת יָמִים מַצּוֹת יֵאָכֵל. בַּיּוֹם הָרִאשׁוֹן מִקְרָא קֹדֶשׁ, כָּל מְלֶאכֶת עֲבֹדָה לֹא תַעֲשׂוּ. וְהִקְרַבְתֶּם אִשֶּׁה עֹלָה לַיהוה, פָּרִים בְּנֵי בָקָר שְׁנַיִם, וְאַיִל אֶחָד, וְשִׁבְעָה כְבָשִׂים בְּנֵי שָׁנָה, תְּמִימִם יִהְיוּ לָכֶם.[1] וּמִנְחָתָם וְנִסְכֵּיהֶם כִּמְדֻבָּר: שְׁלֹשָׁה עֶשְׂרֹנִים לַפָּר, וּשְׁנֵי עֶשְׂרֹנִים לָאָיִל, וְעִשָּׂרוֹן לַכֶּבֶשׂ, וְיַיִן כְּנִסְכּוֹ. וְשָׂעִיר לְכַפֵּר, וּשְׁנֵי תְמִידִים כְּהִלְכָתָם.

בשבת אומר „יִשְׂמְחוּ", ובחול אומר „אֱלֹהֵינוּ וֵאלֹהֵי . . ." (עמ' 322).

בחול המועד פסח ובשני ימים האחרונים של פסח

**וְהִקְרַבְתֶּם** אִשֶּׁה עֹלָה לַיהוה, פָּרִים בְּנֵי בָקָר שְׁנַיִם, וְאַיִל אֶחָד, וְשִׁבְעָה כְבָשִׂים בְּנֵי שָׁנָה, תְּמִימִם יִהְיוּ לָכֶם.[2] וּמִנְחָתָם וְנִסְכֵּיהֶם כִּמְדֻבָּר: שְׁלֹשָׁה עֶשְׂרֹנִים לַפָּר, וּשְׁנֵי עֶשְׂרֹנִים לָאָיִל, וְעִשָּׂרוֹן לַכֶּבֶשׂ, וְיַיִן כְּנִסְכּוֹ. וְשָׂעִיר לְכַפֵּר, וּשְׁנֵי תְמִידִים כְּהִלְכָתָם.

בשבת אומר „יִשְׂמְחוּ", ובחול אומר „אֱלֹהֵינוּ וֵאלֹהֵי . . ." (עמ' 322).

בשבועות

**וּבְיוֹם הַבִּכּוּרִים,** בְּהַקְרִיבְכֶם מִנְחָה חֲדָשָׁה לַיהוה, בְּשָׁבֻעֹתֵיכֶם, מִקְרָא קֹדֶשׁ יִהְיֶה לָכֶם, כָּל מְלֶאכֶת עֲבֹדָה לֹא תַעֲשׂוּ. וְהִקְרַבְתֶּם עוֹלָה לְרֵיחַ נִיחֹחַ לַיהוה, פָּרִים בְּנֵי בָקָר שְׁנַיִם, אַיִל אֶחָד, שִׁבְעָה כְבָשִׂים בְּנֵי שָׁנָה.[3] וּמִנְחָתָם וְנִסְכֵּיהֶם כִּמְדֻבָּר: שְׁלֹשָׁה עֶשְׂרֹנִים לַפָּר, וּשְׁנֵי עֶשְׂרֹנִים לָאָיִל, וְעִשָּׂרוֹן לַכֶּבֶשׂ, וְיַיִן כְּנִסְכּוֹ. וְשָׂעִיר לְכַפֵּר, וּשְׁנֵי תְמִידִים כְּהִלְכָתָם.

בשבת אומר „יִשְׂמְחוּ", ובחול אומר „אֱלֹהֵינוּ וֵאלֹהֵי . . ." (עמ' 322).

בשני ימים הראשונים של סוכות

**וּבַחֲמִשָּׁה עָשָׂר** יוֹם לַחֹדֶשׁ הַשְּׁבִיעִי, מִקְרָא קֹדֶשׁ יִהְיֶה לָכֶם, כָּל מְלֶאכֶת עֲבֹדָה לֹא תַעֲשׂוּ, וְחַגֹּתֶם חַג לַיהוה שִׁבְעַת יָמִים. וְהִקְרַבְתֶּם עֹלָה אִשֵּׁה רֵיחַ נִיחֹחַ לַיהוה, פָּרִים בְּנֵי בָקָר שְׁלֹשָׁה עָשָׂר, אֵילִם שְׁנָיִם, כְּבָשִׂים בְּנֵי שָׁנָה אַרְבָּעָה עָשָׂר, תְּמִימִם יִהְיוּ.[4] וּמִנְחָתָם וְנִסְכֵּיהֶם כִּמְדֻבָּר: שְׁלֹשָׁה עֶשְׂרֹנִים לַפָּר, וּשְׁנֵי עֶשְׂרֹנִים לָאָיִל, וְעִשָּׂרוֹן לַכֶּבֶשׂ, וְיַיִן כְּנִסְכּוֹ. וְשָׂעִיר לְכַפֵּר, וּשְׁנֵי תְמִידִים כְּהִלְכָתָם.

בשבת אומר „יִשְׂמְחוּ", ובחול אומר „אֱלֹהֵינוּ וֵאלֹהֵי . . ." (עמ' 322).

ביום א' של חול המועד סוכות

**וּבַיּוֹם הַשֵּׁנִי,** פָּרִים בְּנֵי בָקָר שְׁנֵים עָשָׂר, אֵילִם שְׁנָיִם, כְּבָשִׂים בְּנֵי שָׁנָה אַרְבָּעָה עָשָׂר, תְּמִימִם.[5] וּמִנְחָתָם וְנִסְכֵּיהֶם כִּמְדֻבָּר:

(1) במדבר כח:טז-יט (2) כח:יט (3) כח:כו-כז (4) כט:יב-יג (5) כט:יז

שְׁלֹשָׁה עֶשְׂרֹנִים לַפָּר, וּשְׁנֵי עֶשְׂרֹנִים לָאָיִל, וְעִשָּׂרוֹן לַכֶּבֶשׂ, וְיַיִן כְּנִסְכּוֹ. וְשָׂעִיר לְכַפֵּר, וּשְׁנֵי תְמִידִים כְּהִלְכָתָם. וּבַיּוֹם הַשְּׁלִישִׁי, פָּרִים עַשְׁתֵּי עָשָׂר, אֵילִם שְׁנָיִם, כְּבָשִׂים בְּנֵי שָׁנָה אַרְבָּעָה עָשָׂר, תְּמִימִם.[1] וּמִנְחָתָם וְנִסְכֵּיהֶם כִּמְדֻבָּר: שְׁלֹשָׁה עֶשְׂרֹנִים לַפָּר, וּשְׁנֵי עֶשְׂרֹנִים לָאָיִל, וְעִשָּׂרוֹן לַכֶּבֶשׂ, וְיַיִן כְּנִסְכּוֹ. וְשָׂעִיר לְכַפֵּר, וּשְׁנֵי תְמִידִים כְּהִלְכָתָם.

בשבת אומר „יִשְׂמְחוּ", ובחול אומר „אֱלֹהֵינוּ וֵאלֹהֵי . . ." (עמ' 322).

---

**ביום ב' של חול המועד סוכות**

---

**וּבַיּוֹם הַשְּׁלִישִׁי,** פָּרִים עַשְׁתֵּי עָשָׂר, אֵילִם שְׁנָיִם, כְּבָשִׂים בְּנֵי שָׁנָה אַרְבָּעָה עָשָׂר, תְּמִימִם.[1] וּמִנְחָתָם וְנִסְכֵּיהֶם כִּמְדֻבָּר: שְׁלֹשָׁה עֶשְׂרֹנִים לַפָּר, וּשְׁנֵי עֶשְׂרֹנִים לָאָיִל, וְעִשָּׂרוֹן לַכֶּבֶשׂ, וְיַיִן כְּנִסְכּוֹ. וְשָׂעִיר לְכַפֵּר, וּשְׁנֵי תְמִידִים כְּהִלְכָתָם. וּבַיּוֹם הָרְבִיעִי, פָּרִים עֲשָׂרָה, אֵילִם שְׁנָיִם, כְּבָשִׂים בְּנֵי שָׁנָה אַרְבָּעָה עָשָׂר, תְּמִימִם.[2] וּמִנְחָתָם וְנִסְכֵּיהֶם כִּמְדֻבָּר: שְׁלֹשָׁה עֶשְׂרֹנִים לַפָּר, וּשְׁנֵי עֶשְׂרֹנִים לָאָיִל, וְעִשָּׂרוֹן לַכֶּבֶשׂ, וְיַיִן כְּנִסְכּוֹ. וְשָׂעִיר לְכַפֵּר, וּשְׁנֵי תְמִידִים כְּהִלְכָתָם.

אומר „אֱלֹהֵינוּ וֵאלֹהֵי . . ." (עמ' 322).

---

**ביום ג' של חול המועד סוכות**

---

**וּבַיּוֹם הָרְבִיעִי,** פָּרִים עֲשָׂרָה, אֵילִם שְׁנָיִם, כְּבָשִׂים בְּנֵי שָׁנָה אַרְבָּעָה עָשָׂר, תְּמִימִם.[2] וּמִנְחָתָם וְנִסְכֵּיהֶם כִּמְדֻבָּר: שְׁלֹשָׁה עֶשְׂרֹנִים לַפָּר, וּשְׁנֵי עֶשְׂרֹנִים לָאָיִל, וְעִשָּׂרוֹן לַכֶּבֶשׂ, וְיַיִן כְּנִסְכּוֹ. וְשָׂעִיר לְכַפֵּר, וּשְׁנֵי תְמִידִים כְּהִלְכָתָם. וּבַיּוֹם הַחֲמִישִׁי, פָּרִים תִּשְׁעָה, אֵילִם שְׁנָיִם, כְּבָשִׂים בְּנֵי שָׁנָה אַרְבָּעָה עָשָׂר, תְּמִימִם.[3] וּמִנְחָתָם וְנִסְכֵּיהֶם כִּמְדֻבָּר: שְׁלֹשָׁה עֶשְׂרֹנִים לַפָּר, וּשְׁנֵי עֶשְׂרֹנִים לָאָיִל, וְעִשָּׂרוֹן לַכֶּבֶשׂ, וְיַיִן כְּנִסְכּוֹ. וְשָׂעִיר לְכַפֵּר, וּשְׁנֵי תְמִידִים כְּהִלְכָתָם.

בשבת אומר „יִשְׂמְחוּ", ובחול אומר „אֱלֹהֵינוּ וֵאלֹהֵי . . ." (עמ' 322).

---

**ביום ד' של חול המועד סוכות**

---

**וּבַיּוֹם הַחֲמִישִׁי,** פָּרִים תִּשְׁעָה, אֵילִם שְׁנָיִם, כְּבָשִׂים בְּנֵי שָׁנָה אַרְבָּעָה עָשָׂר, תְּמִימִם.[3] וּמִנְחָתָם וְנִסְכֵּיהֶם כִּמְדֻבָּר: שְׁלֹשָׁה עֶשְׂרֹנִים לַפָּר, וּשְׁנֵי עֶשְׂרֹנִים לָאָיִל, וְעִשָּׂרוֹן לַכֶּבֶשׂ, וְיַיִן כְּנִסְכּוֹ. וְשָׂעִיר לְכַפֵּר, וּשְׁנֵי תְמִידִים כְּהִלְכָתָם. וּבַיּוֹם הַשִּׁשִּׁי, פָּרִים שְׁמֹנָה, אֵילִם שְׁנָיִם, כְּבָשִׂים בְּנֵי שָׁנָה אַרְבָּעָה עָשָׂר, תְּמִימִם.[4] וּמִנְחָתָם וְנִסְכֵּיהֶם כִּמְדֻבָּר: שְׁלֹשָׁה עֶשְׂרֹנִים לַפָּר, וּשְׁנֵי עֶשְׂרֹנִים לָאָיִל, וְעִשָּׂרוֹן לַכֶּבֶשׂ, וְיַיִן כְּנִסְכּוֹ. וְשָׂעִיר לְכַפֵּר, וּשְׁנֵי תְמִידִים כְּהִלְכָתָם.

בשבת אומר „יִשְׂמְחוּ", ובחול אומר „אֱלֹהֵינוּ וֵאלֹהֵי . . ." (עמ' 322).

---

(1) במדבר כט:כ (2) כט:כג (3) כט:כו (4) כט:כט

**בהושענא רבה**

**וּבַיּוֹם הַשִּׁשִּׁי** פָּרִים שְׁמֹנָה, אֵילִם שְׁנָיִם, כְּבָשִׂים בְּנֵי שָׁנָה אַרְבָּעָה עָשָׂר, תְּמִימִם.[1] וּמִנְחָתָם וְנִסְכֵּיהֶם כִּמְדֻבָּר: שְׁלֹשָׁה עֶשְׂרֹנִים לַפָּר, וּשְׁנֵי עֶשְׂרֹנִים לָאָיִל, וְעִשָּׂרוֹן לַכֶּבֶשׂ, וְיַיִן כְּנִסְכּוֹ. וְשָׂעִיר לְכַפֵּר, וּשְׁנֵי תְמִידִים כְּהִלְכָתָם. וּבַיּוֹם הַשְּׁבִיעִי, פָּרִים שִׁבְעָה, אֵילִם שְׁנָיִם, כְּבָשִׂים בְּנֵי שָׁנָה אַרְבָּעָה עָשָׂר, תְּמִימִם.[2] וּמִנְחָתָם וְנִסְכֵּיהֶם כִּמְדֻבָּר: שְׁלֹשָׁה עֶשְׂרֹנִים לַפָּר, וּשְׁנֵי עֶשְׂרֹנִים לָאָיִל, וְעִשָּׂרוֹן לַכֶּבֶשׂ, וְיַיִן כְּנִסְכּוֹ. וְשָׂעִיר לְכַפֵּר, וּשְׁנֵי תְמִידִים כְּהִלְכָתָם.

אומר „אֱלֹקֵינוּ וֵאלֹקֵי . . ."

**בשמיני עצרת ושמחת תורה**

**בַּיּוֹם הַשְּׁמִינִי,** עֲצֶרֶת תִּהְיֶה לָכֶם, כָּל מְלֶאכֶת עֲבֹדָה לֹא תַעֲשׂוּ. וְהִקְרַבְתֶּם עֹלָה אִשֵּׁה רֵיחַ נִיחֹחַ לַיהוה, פַּר אֶחָד, אַיִל אֶחָד, כְּבָשִׂים בְּנֵי שָׁנָה שִׁבְעָה, תְּמִימִם.[3] וּמִנְחָתָם וְנִסְכֵּיהֶם כִּמְדֻבָּר: שְׁלֹשָׁה עֶשְׂרֹנִים לַפָּר, וּשְׁנֵי עֶשְׂרֹנִים לָאָיִל, וְעִשָּׂרוֹן לַכֶּבֶשׂ, וְיַיִן כְּנִסְכּוֹ. וְשָׂעִיר לְכַפֵּר, וּשְׁנֵי תְמִידִים כְּהִלְכָתָם.

בשבת אומר „יִשְׂמְחוּ", ובחול אומר „אֱלֹקֵינוּ וֵאלֹקֵי . . ."

בשבת: **יִשְׂמְחוּ** בְמַלְכוּתְךָ שׁוֹמְרֵי שַׁבָּת וְקוֹרְאֵי עֹנֶג, עַם מְקַדְּשֵׁי שְׁבִיעִי, כֻּלָּם יִשְׂבְּעוּ וְיִתְעַנְּגוּ מִטּוּבֶךָ, וּבַשְּׁבִיעִי רָצִיתָ בּוֹ וְקִדַּשְׁתּוֹ, חֶמְדַּת יָמִים אוֹתוֹ קָרָאתָ, זֵכֶר לְמַעֲשֵׂה בְרֵאשִׁית.

בכל הימים ממשיך כאן.

**אֱלֹהֵינוּ** וֵאלֹהֵי אֲבוֹתֵינוּ [יש מוסיפים בשבת – רְצֵה נָא בִמְנוּחָתֵנוּ], מֶלֶךְ רַחֲמָן רַחֵם עָלֵינוּ, טוֹב וּמֵטִיב הִדָּרֶשׁ לָנוּ. שׁוּבָה אֵלֵינוּ בַּהֲמוֹן רַחֲמֶיךָ, בִּגְלַל אָבוֹת שֶׁעָשׂוּ רְצוֹנֶךָ. בְּנֵה בֵיתְךָ כְּבַתְּחִלָּה, וְכוֹנֵן מִקְדָּשְׁךָ עַל מְכוֹנוֹ, וְהַרְאֵנוּ בְּבִנְיָנוֹ, וְשַׂמְּחֵנוּ בְּתִקּוּנוֹ. וְהָשֵׁב כֹּהֲנִים לַעֲבוֹדָתָם, וּלְוִיִּם לְשִׁירָם וּלְזִמְרָם, וְהָשֵׁב יִשְׂרָאֵל לִנְוֵיהֶם. וְשָׁם נַעֲלֶה וְנֵרָאֶה וְנִשְׁתַּחֲוֶה לְפָנֶיךָ, בְּשָׁלֹשׁ פַּעֲמֵי רְגָלֵינוּ, כַּכָּתוּב בְּתוֹרָתֶךָ: שָׁלוֹשׁ פְּעָמִים בַּשָּׁנָה, יֵרָאֶה כָל זְכוּרְךָ אֶת פְּנֵי יהוה אֱלֹהֶיךָ, בַּמָּקוֹם אֲשֶׁר יִבְחָר, בְּחַג הַמַּצּוֹת, וּבְחַג הַשָּׁבֻעוֹת, וּבְחַג הַסֻּכּוֹת, וְלֹא יֵרָאֶה אֶת פְּנֵי יהוה רֵיקָם. אִישׁ כְּמַתְּנַת יָדוֹ, כְּבִרְכַּת יהוה אֱלֹהֶיךָ, אֲשֶׁר נָתַן לָךְ.[4]

**וְהַשִּׂיאֵנוּ** יהוה אֱלֹהֵינוּ אֶת בִּרְכַּת מוֹעֲדֶיךָ לְחַיִּים וּלְשָׁלוֹם, לְשִׂמְחָה וּלְשָׂשׂוֹן, כַּאֲשֶׁר רָצִיתָ וְאָמַרְתָּ לְבָרְכֵנוּ.

(1) במדבר כט:כט (2) כט:לב (3) כט:לה-לו (4) דברים טז:טז-יז

בשבת מוסיף המלים המוקפות בסוגריים.

[אֱלֹהֵינוּ וֵאלֹהֵי אֲבוֹתֵינוּ רְצֵה נָא בִמְנוּחָתֵנוּ,] קַדְּשֵׁנוּ בְּמִצְוֹתֶיךָ וְתֵן חֶלְקֵנוּ בְּתוֹרָתֶךָ, שַׂבְּעֵנוּ מִטּוּבֶךָ וְשַׂמַּח נַפְשֵׁנוּ בִּישׁוּעָתֶךָ, וְטַהֵר לִבֵּנוּ לְעָבְדְּךָ בֶּאֱמֶת. וְהַנְחִילֵנוּ יהוה אֱלֹהֵינוּ [בְּאַהֲבָה וּבְרָצוֹן] בְּשִׂמְחָה וּבְשָׂשׂוֹן [שַׁבָּת וּ]מוֹעֲדֵי קָדְשֶׁךָ, וְיִשְׂמְחוּ בְךָ יִשְׂרָאֵל מְקַדְּשֵׁי שְׁמֶךָ. בָּרוּךְ אַתָּה יהוה, מְקַדֵּשׁ [הַשַּׁבָּת וְ]יִשְׂרָאֵל וְהַזְּמַנִּים.

עבודה

**רְצֵה** יהוה אֱלֹהֵינוּ בְּעַמְּךָ יִשְׂרָאֵל וְלִתְפִלָּתָם שְׁעֵה, וְהָשֵׁב אֶת הָעֲבוֹדָה לִדְבִיר בֵּיתֶךָ. וְאִשֵּׁי יִשְׂרָאֵל, וּתְפִלָּתָם מְהֵרָה בְּאַהֲבָה תְקַבֵּל בְּרָצוֹן, וּתְהִי לְרָצוֹן תָּמִיד עֲבוֹדַת יִשְׂרָאֵל עַמֶּךָ.

בחזרת הש״ץ כשהכהנים עולים לדוכן אומרים „וְתֶעֱרַב״ (עמ׳ 327). אם אין שם כהן וכן בחוה״מ אומר החזן „וְתֶחֱזֶינָה.״

**וְתֶחֱזֶינָה** עֵינֵינוּ בְּשׁוּבְךָ לְצִיּוֹן בְּרַחֲמִים. בָּרוּךְ אַתָּה יהוה, הַמַּחֲזִיר שְׁכִינָתוֹ לְצִיּוֹן.

הודאה

בחזרת הש״ץ החזן אומר „מוֹדִים״ בקול רם והקהל אומרים מודים דרבנן בלחש.

**מוֹדִים** אֲנַחְנוּ לָךְ שָׁאַתָּה הוּא יהוה אֱלֹהֵינוּ וֵאלֹהֵי אֲבוֹתֵינוּ לְעוֹלָם וָעֶד. צוּרֵנוּ, צוּר חַיֵּינוּ, מָגֵן יִשְׁעֵנוּ אַתָּה הוּא לְדוֹר וָדוֹר. נוֹדֶה לְּךָ וּנְסַפֵּר תְּהִלָּתֶךָ[1] עַל חַיֵּינוּ הַמְּסוּרִים בְּיָדֶךָ, וְעַל נִשְׁמוֹתֵינוּ הַפְּקוּדוֹת לָךְ, וְעַל נִסֶּיךָ שֶׁבְּכָל יוֹם עִמָּנוּ, וְעַל נִפְלְאוֹתֶיךָ וְטוֹבוֹתֶיךָ שֶׁבְּכָל עֵת, עֶרֶב וָבֹקֶר וְצָהֳרָיִם. הַטּוֹב כִּי לֹא כָלוּ רַחֲמֶיךָ, וְהַמְּרַחֵם כִּי לֹא תַמּוּ חֲסָדֶיךָ,[2] כִּי מֵעוֹלָם קִוִּינוּ לָךְ.

מודים דרבנן

**מוֹדִים** אֲנַחְנוּ לָךְ, שָׁאַתָּה הוּא יהוה אֱלֹהֵינוּ וֵאלֹהֵי אֲבוֹתֵינוּ, אֱלֹהֵי כָל בָּשָׂר, יוֹצְרֵנוּ, יוֹצֵר בְּרֵאשִׁית. בְּרָכוֹת וְהוֹדָאוֹת לְשִׁמְךָ הַגָּדוֹל וְהַקָּדוֹשׁ, עַל שֶׁהֶחֱיִיתָנוּ וְקִיַּמְתָּנוּ. כֵּן תְּחַיֵּנוּ וּתְקַיְּמֵנוּ, וְתֶאֱסוֹף גָּלֻיּוֹתֵינוּ לְחַצְרוֹת קָדְשֶׁךָ, לִשְׁמוֹר חֻקֶּיךָ וְלַעֲשׂוֹת רְצוֹנֶךָ, וּלְעָבְדְּךָ בְּלֵבָב שָׁלֵם, עַל שֶׁאֲנַחְנוּ[3] מוֹדִים לָךְ. בָּרוּךְ אֵל הַהוֹדָאוֹת.

וְעַל כֻּלָּם יִתְבָּרַךְ וְיִתְרוֹמַם וְיִתְנַשֵּׂא שִׁמְךָ מַלְכֵּנוּ תָּמִיד לְעוֹלָם וָעֶד.

וְכֹל הַחַיִּים יוֹדוּךָ סֶּלָה, וִיהַלְלוּ וִיבָרְכוּ אֶת שִׁמְךָ הַגָּדוֹל בֶּאֱמֶת, לְעוֹלָם כִּי טוֹב. הָאֵל יְשׁוּעָתֵנוּ וְעֶזְרָתֵנוּ סֶלָה, הָאֵל הַטּוֹב. בָּרוּךְ אַתָּה יהוה, הַטּוֹב שִׁמְךָ וּלְךָ נָאֶה לְהוֹדוֹת.

(1) ע״פ תהלים עט:יג (2) ע״פ איכה ג:כב (3) נ״א שֶׁאָנוּ

ברכת כהנים

כשאין הכהנים עולים לדוכן אומר הש"צ ברכת כהנים.

**אֱלֹהֵינוּ** וֵאלֹהֵי אֲבוֹתֵינוּ, בָּרְכֵנוּ בַבְּרָכָה הַמְּשֻׁלֶּשֶׁת בַּתּוֹרָה, הַכְּתוּבָה עַל יְדֵי משֶׁה עַבְדֶּךָ, הָאֲמוּרָה מִפִּי אַהֲרֹן וּבָנָיו, כֹּהֲנִים עַם קְדוֹשֶׁךָ, כָּאָמוּר: יְבָרֶכְךָ יהוה, וְיִשְׁמְרֶךָ. (קהל – כֵּן יְהִי רָצוֹן.)

יָאֵר יהוה פָּנָיו אֵלֶיךָ, וִיחֻנֶּךָּ. (קהל – כֵּן יְהִי רָצוֹן.)

יִשָּׂא יהוה פָּנָיו אֵלֶיךָ, וְיָשֵׂם לְךָ שָׁלוֹם.[1] (קהל – כֵּן יְהִי רָצוֹן.)

יש נוהגים לומר „אַדִּיר בַּמָּרוֹם" כשהחזן אומר „שִׂים שָׁלוֹם".

אַדִּיר בַּמָּרוֹם, שׁוֹכֵן בִּגְבוּרָה, אַתָּה שָׁלוֹם וְשִׁמְךָ שָׁלוֹם, יְהִי רָצוֹן שֶׁתָּשִׂים עָלֵינוּ וְעַל כָּל עַמְּךָ בֵּית יִשְׂרָאֵל חַיִּים וּבְרָכָה לְמִשְׁמֶרֶת שָׁלוֹם.

שלום

**שִׂים** שָׁלוֹם, טוֹבָה וּבְרָכָה, חַיִּים, חֵן וָחֶסֶד וְרַחֲמִים, עָלֵינוּ וְעַל כָּל יִשְׂרָאֵל עַמֶּךָ. בָּרְכֵנוּ אָבִינוּ, כֻּלָּנוּ כְּאֶחָד בְּאוֹר פָּנֶיךָ, כִּי בְאוֹר פָּנֶיךָ נָתַתָּ לָּנוּ, יהוה אֱלֹהֵינוּ, תּוֹרַת חַיִּים וְאַהֲבַת חֶסֶד, וּצְדָקָה, וּבְרָכָה, וְרַחֲמִים, וְחַיִּים, וְשָׁלוֹם. וְטוֹב יִהְיֶה בְעֵינֶיךָ לְבָרְכֵנוּ וּלְבָרֵךְ אֶת כָּל עַמְּךָ יִשְׂרָאֵל בְּכָל עֵת וּבְכָל שָׁעָה בִּשְׁלוֹמֶךָ (בְּרוֹב עוֹז וְשָׁלוֹם). בָּרוּךְ אַתָּה יהוה, הַמְּבָרֵךְ אֶת עַמּוֹ יִשְׂרָאֵל בַּשָּׁלוֹם.

יִהְיוּ לְרָצוֹן אִמְרֵי פִי וְהֶגְיוֹן לִבִּי לְפָנֶיךָ, יהוה צוּרִי וְגֹאֲלִי.[2]

**אֱלֹהַי,** נְצוֹר לְשׁוֹנִי מֵרָע, וּשְׂפָתַי מִדַּבֵּר מִרְמָה,[3] וְלִמְקַלְלַי נַפְשִׁי תִדּוֹם, וְנַפְשִׁי כֶּעָפָר לַכֹּל תִּהְיֶה. פְּתַח לִבִּי בְּתוֹרָתֶךָ, וְאַחֲרֵי מִצְוֹתֶיךָ תִּרְדּוֹף נַפְשִׁי. וְכָל הַקָּמִים וְהַחוֹשְׁבִים עָלַי לְרָעָה, מְהֵרָה הָפֵר עֲצָתָם וְקַלְקֵל מַחֲשַׁבְתָּם. יְהִי רָצוֹן מִלְּפָנֶיךָ, יהוה אֱלֹהַי וֵאלֹהֵי אֲבוֹתַי, שֶׁלֹּא תַעֲלֶה קִנְאַת אָדָם עָלַי, וְלֹא קִנְאָתִי עַל אֲחֵרִים, וְשֶׁלֹּא אֶכְעַס הַיּוֹם, וְשֶׁלֹּא אַכְעִיסֶךָ, וְתַצִּילֵנִי מִיֵּצֶר הָרָע, וְתֵן בְּלִבִּי הַכְנָעָה וַעֲנָוָה. מַלְכֵּנוּ וֵאלֹהֵינוּ, יַחֵד שִׁמְךָ בְּעוֹלָמֶךָ, בְּנֵה עִירָךְ, יַסֵּד בֵּיתֶךָ, וְשַׁכְלֵל הֵיכָלֶךָ, וְקַבֵּץ קִבּוּץ גָּלֻיּוֹת, וּפְדֵה צֹאנֶךָ, וְשַׂמַּח עֲדָתֶךָ. עֲשֵׂה לְמַעַן שְׁמֶךָ, עֲשֵׂה לְמַעַן יְמִינֶךָ, עֲשֵׂה לְמַעַן תּוֹרָתֶךָ, עֲשֵׂה לְמַעַן קְדֻשָּׁתֶךָ. לְמַעַן יֵחָלְצוּן יְדִידֶיךָ, הוֹשִׁיעָה יְמִינְךָ וַעֲנֵנִי.[4] (כתב בס' אליה רבה שטוב לומר כאן פסוק ששייך אל שמו; ראה עמ' 443.) יִהְיוּ לְרָצוֹן אִמְרֵי פִי וְהֶגְיוֹן לִבִּי לְפָנֶיךָ, יהוה צוּרִי וְגֹאֲלִי.[2] עֹשֶׂה שָׁלוֹם בִּמְרוֹמָיו, הוּא יַעֲשֶׂה שָׁלוֹם עָלֵינוּ, וְעַל כָּל יִשְׂרָאֵל. וְאִמְרוּ: אָמֵן.

**יְהִי רָצוֹן** מִלְּפָנֶיךָ, יהוה אֱלֹהֵינוּ וֵאלֹהֵי אֲבוֹתֵינוּ, שֶׁיִּבָּנֶה בֵּית הַמִּקְדָּשׁ בִּמְהֵרָה בְיָמֵינוּ, וְתֵן חֶלְקֵנוּ בְּתוֹרָתֶךָ. וְשָׁם נַעֲבָדְךָ בְּיִרְאָה, כִּימֵי עוֹלָם וּכְשָׁנִים קַדְמוֹנִיּוֹת. וְעָרְבָה לַיהוה מִנְחַת יְהוּדָה וִירוּשָׁלָיִם, כִּימֵי עוֹלָם וּכְשָׁנִים קַדְמוֹנִיּוֹת.[5]

ביום טוב ושבת חול המועד אומר החזן קדיש שלם (עמ' 236) ומסיימים התפלה משם והלאה.
בחול המועד אומר החזן קדיש שלם (עמ' 70) ומסיימים התפלה משם והלאה.

(1) במדבר ו:כד-כו (2) תהלים יט:טו (3) ע"פ לד:יד (4) ס:ז; קח:ז (5) מלאכי ג:ד

## תפלת טל

בתפלת מוסף של יום ראשון דפסח אומר החזן תפילת טל בתוך חזרת הש"ץ. פותחים הארון.

כִּי שֵׁם יהוה אֶקְרָא, הָבוּ גֹדֶל לֵאלֹהֵינוּ.[1] אֲדֹנָי שְׂפָתַי תִּפְתָּח, וּפִי יַגִּיד תְּהִלָּתֶךָ.[2]

**בָּרוּךְ** אַתָּה יהוה אֱלֹהֵינוּ וֵאלֹהֵי אֲבוֹתֵינוּ, אֱלֹהֵי אַבְרָהָם, אֱלֹהֵי יִצְחָק, וֵאלֹהֵי יַעֲקֹב, הָאֵל הַגָּדוֹל הַגִּבּוֹר וְהַנּוֹרָא, אֵל עֶלְיוֹן, גּוֹמֵל חֲסָדִים טוֹבִים, וְקוֹנֵה הַכֹּל, וְזוֹכֵר חַסְדֵי אָבוֹת, וּמֵבִיא גוֹאֵל לִבְנֵי בְנֵיהֶם, לְמַעַן שְׁמוֹ בְּאַהֲבָה. מֶלֶךְ עוֹזֵר וּמוֹשִׁיעַ וּמָגֵן.

**בְּדַעְתּוֹ** אַבִּיעָה חִידוֹת, בְּעַם זוּ בְּזוּ בְּטַל לְהַחֲדוֹת,
טַל גַּיא וּדְשָׁאֶיהָ לַחֲדוֹת, דָּצִים בְּצִלּוֹ לְהֵחָדוֹת,
אוֹת יַלְדוּת טַל לְהָגֵן לְתוֹלָדוֹת. בָּרוּךְ אַתָּה יהוה, מָגֵן אַבְרָהָם.

**אַתָּה** גִּבּוֹר לְעוֹלָם אֲדֹנָי, מְחַיֵּה מֵתִים אַתָּה, רַב לְהוֹשִׁיעַ.

**תְּהוֹמוֹת** הֲדוֹם לִרְסִיסוֹ כְּסוּפִים, וְכָל נְאוֹת דֶּשֶׁא לוֹ נִכְסָפִים,
טַל זִכְרוֹ גְּבוּרוֹת מוֹסִיפִים, חָקוּק בְּגִישַׁת מוּסָפִים,
טַל לְהַחֲיוֹת בּוֹ נְקוּקֵי סְעִיפִים.

אֱלֹהֵינוּ וֵאלֹהֵי אֲבוֹתֵינוּ,

**טַל** תֵּן לִרְצוֹת אַרְצֶךָ, שִׁיתֵנוּ בְרָכָה בְּדִיצָךְ,
רֹב דָּגָן וְתִירוֹשׁ בְּהַפְרִיצָךְ, קוֹמֵם עִיר בָּהּ חֶפְצָךְ, בְּטַל.

**טַל** צַוֵּה שָׁנָה טוֹבָה וּמְעֻטֶּרֶת, פְּרִי הָאָרֶץ לְגָאוֹן וּלְתִפְאֶרֶת,
עִיר כַּסֻּכָּה נוֹתֶרֶת, שִׂימָהּ בְּיָדְךָ עֲטֶרֶת, בְּטַל.

**טַל** נוֹפֵף עֲלֵי אֶרֶץ בְּרוּכָה, מִמֶּגֶד שָׁמַיִם שַׂבְּעֵנוּ בְרָכָה,
לְהָאִיר מִתּוֹךְ חֲשֵׁכָה, כַּנָּה אַחֲרֶיךָ מְשׁוּכָה, בְּטַל.

**טַל** יַעֲסִיס צוּף הָרִים, טְעֵם בִּמְאוֹדֶיךָ מֻבְחָרִים,
חֲנוּנֶיךָ חַלֵּץ מִמַּסְגֵּרִים, זִמְרָה נַנְעִים וְקוֹל נָרִים, בְּטַל.

**טַל** וְשׂוֹבַע מַלֵּא אֲסָמֵינוּ, הֲכָעֵת תְּחַדֵּשׁ יָמֵינוּ,
דּוֹד כְּעֶרְכְּךָ הַעֲמֵד שְׁמֵנוּ, גַּן רָוֶה שִׂימֵנוּ, בְּטַל.

**טַל** בּוֹ תְבָרֵךְ מָזוֹן, בְּמַשְׁמַנֵּינוּ אַל יְהִי רָזוֹן,
אֲיֻמָּה אֲשֶׁר הִסַּעְתָּ כַּצֹּאן, אָנָּא תָּפֵק לָהּ רָצוֹן, בְּטַל.

**שָׁאַתָּה הוּא יהוה אֱלֹהֵינוּ, מַשִּׁיב הָרוּחַ וּמוֹרִיד הַטָּל.**

קהל ואח"כ חזן – לִבְרָכָה וְלֹא לִקְלָלָה. (קהל – אָמֵן.)
קהל ואח"כ חזן – לְחַיִּים וְלֹא לְמָוֶת. (קהל – אָמֵן.)
קהל ואח"כ חזן – לְשׂוֹבַע וְלֹא לְרָזוֹן. (קהל – אָמֵן.)

סוגרים הארון והחזן ממשיך „מְכַלְכֵּל חַיִּים" (עמ' 317).

(1) דברים לב:ג (2) תהלים נא:יז

## תפלת גשם

בתפלת מוסף של שמיני עצרת אומר החזן תפילת גשם בתוך חזרת הש"ץ. פותחים הארון.

כִּי שֵׁם יהוה אֶקְרָא, הָבוּ גֹדֶל לֵאלֹהֵינוּ.[1] אֲדֹנָי שְׂפָתַי תִּפְתָּח, וּפִי יַגִּיד תְּהִלָּתֶךָ.[2]

**בָּרוּךְ** אַתָּה יהוה אֱלֹהֵינוּ וֵאלֹהֵי אֲבוֹתֵינוּ, אֱלֹהֵי אַבְרָהָם, אֱלֹהֵי יִצְחָק, וֵאלֹהֵי יַעֲקֹב, הָאֵל הַגָּדוֹל הַגִּבּוֹר וְהַנּוֹרָא, אֵל עֶלְיוֹן, גּוֹמֵל חֲסָדִים טוֹבִים, וְקוֹנֵה הַכֹּל, וְזוֹכֵר חַסְדֵי אָבוֹת, וּמֵבִיא גוֹאֵל לִבְנֵי בְנֵיהֶם, לְמַעַן שְׁמוֹ בְּאַהֲבָה. מֶלֶךְ עוֹזֵר וּמוֹשִׁיעַ וּמָגֵן.

**אַף־בְּרִי** אֻתַּת שֵׁם שַׂר מָטָר, לְהַעֲבִיב וּלְהַעֲנִין לְהָרִיק וּלְהַמְטַר,
מַיִם אִבִּים בָּם גֵּיא לַעֲטַר, לְבַל יֻעֲצָרוּ בְּנִשְׁיוֹן שְׁטָר,
אֱמוּנִים גְּנוֹן בָּם שׁוֹאֲלֵי מָטָר. בָּרוּךְ אַתָּה יהוה, מָגֵן אַבְרָהָם.

**אַתָּה** גִּבּוֹר לְעוֹלָם אֲדֹנָי, מְחַיֵּה מֵתִים אַתָּה, רַב לְהוֹשִׁיעַ.

**יַטְרִיחַ** לְפַלֵּג מִפֶּלֶג גֶּשֶׁם, לְמוֹגֵג פְּנֵי נֶשִׁי בְּצַחוֹת לֶשֶׁם,
מַיִם לְאַדְּרָךְ כִּנִּיתָ בְּרֶשֶׁם, לְהַרְגִּיעַ בְּרַעֲפָם לִנְפוּחֵי נֶשֶׁם,
לְהַחֲיוֹת מַזְכִּירִים גְּבוּרוֹת הַגֶּשֶׁם.

אֱלֹהֵינוּ וֵאלֹהֵי אֲבוֹתֵינוּ,

**זְכוֹר** אָב נִמְשַׁךְ אַחֲרֶיךָ כַּמַּיִם, בֵּרַכְתּוֹ כְּעֵץ שָׁתוּל עַל פַּלְגֵי מַיִם,
גְּנַנְתּוֹ, הִצַּלְתּוֹ מֵאֵשׁ וּמִמַּיִם, דְּרַשְׁתּוֹ בְּזָרְעוֹ עַל כָּל מָיִם.
קהל ואח"כ חזן – בַּעֲבוּרוֹ אַל תִּמְנַע מָיִם.

**זְכוֹר** הַנּוֹלָד בִּבְשׂוֹרַת יֻקַּח נָא מְעַט מַיִם,
וְשַׂחְתָּ לְהוֹרוֹ לְשָׁחֲטוֹ לִשְׁפּוֹךְ דָּמוֹ כַּמַּיִם,
זְהֵר גַּם הוּא לִשְׁפּוֹךְ לֵב כַּמַּיִם, חָפַר וּמָצָא בְּאֵרוֹת מָיִם.
קהל ואח"כ חזן – בְּצִדְקוֹ חֹן חַשְׁרַת מָיִם.

**זְכוֹר** טָעַן מַקְלוֹ וְעָבַר יַרְדֵּן מַיִם, יִחַד לֵב וְגָל אֶבֶן מִפִּי בְּאֵר מַיִם,
כְּנֶאֱבַק לוֹ שַׂר בָּלוּל מֵאֵשׁ וּמִמַּיִם,
לָכֵן הִבְטַחְתּוֹ הֱיוֹת עִמּוֹ בָּאֵשׁ וּבַמָּיִם.
קהל ואח"כ חזן – בַּעֲבוּרוֹ אַל תִּמְנַע מָיִם.

**זְכוֹר** מָשׁוּי בְּתֵבַת גֹּמֶא מִן הַמַּיִם, נָמוּ דָּלֹה דָלָה וְהִשְׁקָה צֹאן מָיִם,
סְגוּלֶיךָ עֵת צָמְאוּ לַמַּיִם, עַל הַסֶּלַע הָךְ וַיֵּצְאוּ מָיִם.
קהל ואח"כ חזן – בְּצִדְקוֹ חֹן חַשְׁרַת מָיִם.

**זְכוֹר** פְּקִיד שָׁתוֹת טוֹבֵל חָמֵשׁ טְבִילוֹת בַּמַּיִם,
צוֹעֶה וּמַרְחִיץ כַּפָּיו בְּקִדּוּשׁ מַיִם,
קוֹרֵא וּמַזֶּה טָהֳרַת מַיִם, רֻחַק מֵעַם פַּחַז כַּמָּיִם.
קהל ואח"כ חזן – בַּעֲבוּרוֹ אַל תִּמְנַע מָיִם.

(1) דברים לב:ג (2) תהלים נא:יז

**זְכוֹר** שְׁנֵים עָשָׂר שְׁבָטִים שֶׁהֶעֱבַרְתָּ בְּגִזְרַת מַיִם,
שֶׁהִמְתַּקְתָּ לָמוֹ מְרִירוּת מַיִם,
תּוֹלְדוֹתָם נִשְׁפַּךְ דָּמָם עָלֶיךָ כַּמַּיִם, תֵּפֶן כִּי נַפְשֵׁנוּ אָפְפוּ מָיִם.
קהל ואח״כ חזן – בְּצִדְקָם חֹן חַשְׁרַת מָיִם.

**שָׁאַתָּה הוּא יהוה אֱלֹהֵינוּ, מַשִּׁיב הָרְוּחַ וּמוֹרִיד הַגֶּשֶׁם** [נ״א: הַגֶּשֶׁם].

קהל ואח״כ חזן – לִבְרָכָה וְלֹא לִקְלָלָה. (קהל – אָמֵן.)
קהל ואח״כ חזן – לְחַיִּים וְלֹא לְמָוֶת. (קהל – אָמֵן.)
קהל ואח״כ חזן – לְשׂוֹבַע וְלֹא לְרָזוֹן. (קהל – אָמֵן.)

סוגרים הארון והחזן אומר „מְכַלְכֵּל חַיִּים" (עמ' 317).

## ברכת כהנים

כשהכהנים עולים לדוכן ממשיכים חזרת הש"ץ כאן.
הקהל אומר „וְתֶעָרֵב" עד „וּכְשָׁנִים קַדְמוֹנִיּוֹת" ואח"כ אומר החזן „וְתֶעָרֵב" וחותם „בָּרוּךְ . . . נַעֲבוֹד".

**וְתֶעָרֵב** לְפָנֶיךָ עֲתִירָתֵנוּ כְּעוֹלָה וּכְקָרְבָּן. אָנָּא, רַחוּם, בְּרַחֲמֶיךָ הָרַבִּים הָשֵׁב שְׁכִינָתְךָ לְצִיּוֹן עִירֶךָ, וְסֵדֶר הָעֲבוֹדָה לִירוּשָׁלָיִם. וְתֶחֱזֶינָה עֵינֵינוּ בְּשׁוּבְךָ לְצִיּוֹן בְּרַחֲמִים, וְשָׁם נַעֲבָדְךָ בְּיִרְאָה כִּימֵי עוֹלָם וּכְשָׁנִים קַדְמוֹנִיּוֹת.
החזן מסיים – בָּרוּךְ אַתָּה יהוה, שֶׁאוֹתְךָ לְבַדְּךָ בְּיִרְאָה נַעֲבוֹד.

החזן אומר „מוֹדִים" בקול רם והקהל אומרים מודים דרבנן בלחש.

**מוֹדִים** אֲנַחְנוּ לָךְ שָׁאַתָּה הוּא יהוה אֱלֹהֵינוּ וֵאלֹהֵי אֲבוֹתֵינוּ לְעוֹלָם וָעֶד. צוּרֵנוּ, צוּר חַיֵּינוּ, מָגֵן יִשְׁעֵנוּ אַתָּה הוּא לְדוֹר וָדוֹר. נוֹדֶה לְּךָ וּנְסַפֵּר תְּהִלָּתֶךָ[1] עַל חַיֵּינוּ הַמְּסוּרִים בְּיָדֶךָ, וְעַל נִשְׁמוֹתֵינוּ הַפְּקוּדוֹת לָךְ, וְעַל נִסֶּיךָ שֶׁבְּכָל יוֹם עִמָּנוּ, וְעַל נִפְלְאוֹתֶיךָ וְטוֹבוֹתֶיךָ שֶׁבְּכָל עֵת, עֶרֶב וָבֹקֶר וְצָהֳרָיִם. הַטּוֹב כִּי לֹא כָלוּ רַחֲמֶיךָ, וְהַמְּרַחֵם כִּי לֹא תַמּוּ חֲסָדֶיךָ,[2] כִּי מֵעוֹלָם קִוִּינוּ לָךְ.

מודים דרבנן

**מוֹדִים** אֲנַחְנוּ לָךְ, שָׁאַתָּה הוּא יהוה אֱלֹהֵינוּ וֵאלֹהֵי אֲבוֹתֵינוּ, אֱלֹהֵי כָל בָּשָׂר, יוֹצְרֵנוּ, יוֹצֵר בְּרֵאשִׁית. בְּרָכוֹת וְהוֹדָאוֹת לְשִׁמְךָ הַגָּדוֹל וְהַקָּדוֹשׁ, עַל שֶׁהֶחֱיִיתָנוּ וְקִיַּמְתָּנוּ. כֵּן תְּחַיֵּנוּ וּתְקַיְּמֵנוּ, וְתֶאֱסוֹף גָּלֻיּוֹתֵינוּ לְחַצְרוֹת קָדְשֶׁךָ, לִשְׁמוֹר חֻקֶּיךָ וְלַעֲשׂוֹת רְצוֹנֶךָ, וּלְעָבְדְּךָ בְּלֵבָב שָׁלֵם, עַל שֶׁאֲנַחְנוּ[3] מוֹדִים לָךְ. בָּרוּךְ אֵל הַהוֹדָאוֹת.

וְעַל כֻּלָּם יִתְבָּרַךְ וְיִתְרוֹמַם וְיִתְנַשֵּׂא שִׁמְךָ מַלְכֵּנוּ תָּמִיד לְעוֹלָם וָעֶד.

(1) ע"פ תהלים עט:יג (2) ע"פ איכה ג:כב (3) נ"א שֶׁאָנוּ

חזן:

**וְכֹל** הַחַיִּים יוֹדְוּךָ סֶּלָה, וִיהַלְלוּ וִיבָרְכוּ אֶת שִׁמְךָ הַגָּדוֹל בֶּאֱמֶת, לְעוֹלָם כִּי טוֹב, הָאֵל יְשׁוּעָתֵנוּ וְעֶזְרָתֵנוּ סֶלָה, הָאֵל הַטּוֹב. בָּרוּךְ אַתָּה יהוה, הַטּוֹב שִׁמְךָ וּלְךָ נָאֶה לְהוֹדוֹת.

הכהנים (בלחש):

יְהִי רָצוֹן מִלְּפָנֶיךָ, יהוה אֱלֹהֵינוּ וֵאלֹהֵי אֲבוֹתֵינוּ, שֶׁתְּהֵא הַבְּרָכָה הַזֹּאת שֶׁצִּוִּיתָנוּ לְבָרֵךְ אֶת עַמְּךָ יִשְׂרָאֵל בְּרָכָה שְׁלֵמָה, וְלֹא יִהְיֶה בָּהּ שׁוּם מִכְשׁוֹל וְעָוֹן כְּלָל, מֵעַתָּה וְעַד עוֹלָם.

(קהל וכהנים: אָמֵן.)

יש נוהגים שהחזן אומר „אֱלֹהֵינוּ" בלחש עד „וּבָנָיו" וקורא „כֹּהֲנִים" בקול רם ו„עַם קְדוֹשֶׁךָ כָּאָמוּר" בלחש. ויש נוהגים שהחזן מתחיל מיד „כֹּהֲנִים". בכמה קהילות עונים הקהל (חוץ מהכהנים) עם החזן „עַם קְדוֹשֶׁךָ כָּאָמוּר" בקול רם.

**אֱלֹהֵינוּ** וֵאלֹהֵי אֲבוֹתֵינוּ, בָּרְכֵנוּ בַבְּרָכָה הַמְּשֻׁלֶּשֶׁת בַּתּוֹרָה, הַכְּתוּבָה עַל יְדֵי מֹשֶׁה עַבְדֶּךָ, הָאֲמוּרָה מִפִּי אַהֲרֹן וּבָנָיו

# כֹּהֲנִים

## עַם קְדוֹשֶׁךָ — כָּאָמוּר:

הכהנים אומרים הברכה יחד בקול רם והקהל (אבל לא החזן) עונים אמן.

**בָּרוּךְ** אַתָּה יהוה אֱלֹהֵינוּ מֶלֶךְ הָעוֹלָם, אֲשֶׁר קִדְּשָׁנוּ בִּקְדֻשָּׁתוֹ שֶׁל אַהֲרֹן, וְצִוָּנוּ לְבָרֵךְ אֶת עַמּוֹ יִשְׂרָאֵל בְּאַהֲבָה.

יש אומרים שאין להפסיק בשום פסוק בשעת נשיאת כפים. אלו שנוהגים לומר פסוקים כמו שנרשם בסידורים, יזהרו לאומרם בשעה שהחזן מקרא לפני הכהנים ולא בעת שהכהנים מברכים.

**יְבָרֶכְךָ** יְבָרֶכְךָ יהוה מִצִּיּוֹן, עֹשֵׂה שָׁמַיִם וָאָרֶץ.[1]

**יהוה** יהוה אֲדֹנֵינוּ, מָה אַדִּיר שִׁמְךָ בְּכָל הָאָרֶץ.[2]

**וְיִשְׁמְרֶךָ.** שָׁמְרֵנִי, אֵל, כִּי חָסִיתִי בָךְ.[3]

(1) תהלים קלד:ג (2) ח:י (3) טז:א

**הלכות נשיאת כפים**

- ☐ לפני שהכהנים עולים לדוכן, נוטלים ידיהם ע"י לוי. ויזהרו לפתוח את רצועות נעליהם לפני שנוטלים ידיהם.
- ☐ כשהחזן מגיע ל„רְצֵה" מתקרבים הכהנים לדוכן. אם לא עקר רגליו עד שסיים החזן ברכת „רְצֵה" לא יעלה.
- ☐ אחרי שסיימו לומר מודים דרבנן אומרים הכהנים (בלחש) תפלת „יְהִי רָצוֹן", ומכוונים לסיים בעת שהחזן חותם „וּלְךָ נָאֶה לְהוֹדוֹת", כדי ש„אָמֵן" של הקהל יעלה גם על תפלתם.
- ☐ יש נוהגים שהחזן אומר „אֱלֹקֵינוּ וֵאלֹקֵי אֲבוֹתֵינוּ" בלחש עד „וּבָנָיו" וקורא „כֹּהֲנִים" בקול וממשיך „עַם קְדוֹשֶׁךָ כָּאָמוּר" בלחש, ויש נוהגים שהחזן מתחיל מיד „כֹּהֲנִים".
- ☐ הקהל והכהנים עומדים בעת שהכהנים נושאים כפיהם. החזן מקרא לפני הכהנים ברכת כהנים (החל מ„יְבָרֶכְךָ") מלה במלה, והם קוראים אחריו יחד בקול רם.
- ☐ כשאין שם רק כהן אחד מתחיל לברך בלי קריאת „כֹּהֲנִים", (אבל החזן מקרא לפניו מ„יְבָרֶכְךָ" מלה במלה).
- ☐ ואין הקהל עונים „אָמֵן" עד שיסיימו הכהנים את הברכה „בָּרוּךְ . . . בְּאַהֲבָה", ואין החזן מתחיל להקרות לפני הכהנים עד שיכלה „אָמֵן" מפי הקהל. וכן אין הכהנים עונים „יְבָרֶכְךָ . . ." אחר החזן עד שיסיים החזן. ואין הקהל עונים „אָמֵן" על ברכת הכהנים (. . . וְיִשְׁמְרֶךָ . . . וִיחֻנֶּךָּ . . . שָׁלוֹם) עד שיסיימו כל הכהנים.
- ☐ לא יסתכלו הקהל בידי הכהנים בשעה שנושאים כפיהם וגם הכהנים עצמם יזהרו בכך. נוהגים שהכהנים מתעטפים בטליתם ומכסים פניהם וכן הקהל כדי שלא יבואו להסתכל.
- ☐ העם שאחורי הכהנים אינם בכלל ברכה. ע"כ יש למתפללים בכותל מזרח לעקור ממקומם כדי שיעמדו לפני הכהנים.
- ☐ אין הכהנים רשאים להחזיר פניהם מהקהל עד שיתחיל החזן „שִׂים שָׁלוֹם" ואינם רשאים להוריד ידיהם עד שיחזירו פניהם אלא יעמדו בידים פרושות (כבשעת הברכה) עד שיחזירו פניהם. הכהנים ישארו עומדים במקומם עד שיענו הקהל „אָמֵן" אחר שיסיים החזן חתימת הברכה (. . . בַּשָּׁלוֹם).
- ☐ כהן ששתה יותר מרביעית יין לא יעלה לדוכן, לכן לא יקדש לפני עליה לדוכן, ואם צריך לכך, יזהר משתיית יין.

בשעה שמאריכים הכהנים בניגון נוהגים שהקהל אומר „רִבּוֹנוֹ שֶׁל עוֹלָם"
(ואין אומרים אותה בשבת). כשאומרים הכהנים „וְיִשְׁמְרֶךָ" ישתקו הקהל ויכוונו לברכת הכהנים ויענו „אָמֵן".

**רִבּוֹנוֹ שֶׁל עוֹלָם,** אֲנִי שֶׁלָּךְ וַחֲלוֹמוֹתַי שֶׁלָּךְ. חֲלוֹם חָלַמְתִּי וְאֵינִי יוֹדֵעַ מַה הוּא. יְהִי רָצוֹן מִלְּפָנֶיךָ, יהוה אֱלֹהַי וֵאלֹהֵי אֲבוֹתַי, שֶׁיִּהְיוּ כָּל חֲלוֹמוֹתַי עָלַי וְעַל כָּל יִשְׂרָאֵל לְטוֹבָה – בֵּין שֶׁחָלַמְתִּי עַל עַצְמִי, וּבֵין שֶׁחָלַמְתִּי עַל אֲחֵרִים, וּבֵין שֶׁחָלְמוּ אֲחֵרִים עָלַי. אִם טוֹבִים הֵם, חַזְּקֵם וְאַמְּצֵם, וְיִתְקַיְּמוּ בִי וּבָהֶם כַּחֲלוֹמוֹתָיו שֶׁל יוֹסֵף הַצַּדִּיק. וְאִם צְרִיכִים רְפוּאָה, רְפָאֵם כְּחִזְקִיָּהוּ מֶלֶךְ יְהוּדָה מֵחָלְיוֹ, וּכְמִרְיָם הַנְּבִיאָה מִצָּרַעְתָּהּ, וּכְנַעֲמָן מִצָּרַעְתּוֹ, וּכְמֵי מָרָה עַל יְדֵי מֹשֶׁה רַבֵּנוּ, וּכְמֵי יְרִיחוֹ עַל יְדֵי אֱלִישָׁע. וּכְשֵׁם שֶׁהָפַכְתָּ אֶת קִלְלַת בִּלְעָם הָרָשָׁע מִקְּלָלָה לִבְרָכָה, כֵּן תַּהֲפוֹךְ כָּל חֲלוֹמוֹתַי עָלַי וְעַל כָּל יִשְׂרָאֵל לְטוֹבָה, וְתִשְׁמְרֵנִי וּתְחָנֵּנִי וְתִרְצֵנִי. אָמֵן.

**יָאֵר** אֱלֹהִים יְחָנֵּנוּ וִיבָרְכֵנוּ, יָאֵר פָּנָיו אִתָּנוּ, סֶלָה.[1]

**יהוה** יהוה יהוה, אֵל רַחוּם וְחַנּוּן, אֶרֶךְ אַפַּיִם וְרַב חֶסֶד וֶאֱמֶת.[2]

**פָּנָיו** פְּנֵה אֵלַי וְחָנֵּנִי, כִּי יָחִיד וְעָנִי אָנִי.[3]

**אֵלֶיךָ** אֵלֶיךָ יהוה נַפְשִׁי אֶשָּׂא.[4]

**וִיחֻנֶּךָּ.** הִנֵּה כְעֵינֵי עֲבָדִים אֶל יַד אֲדוֹנֵיהֶם, כְּעֵינֵי שִׁפְחָה אֶל יַד גְּבִרְתָּהּ,
כֵּן עֵינֵינוּ אֶל יהוה אֱלֹהֵינוּ עַד שֶׁיְּחָנֵּנוּ.[5]

בשעה שמאריכים הכהנים בניגון נוהגים שהקהל אומר „רִבּוֹנוֹ שֶׁל עוֹלָם"
(ואין אומרים אותה בשבת). כשאומרים הכהנים „וִיחֻנֶּךָּ" ישתקו הקהל ויכוונו לברכת הכהנים ויענו „אָמֵן".

**יִשָּׂא** יִשָּׂא בְרָכָה מֵאֵת יהוה, וּצְדָקָה מֵאֱלֹהֵי יִשְׁעוֹ.[6] וּמְצָא חֵן וְשֵׂכֶל טוֹב
בְּעֵינֵי אֱלֹהִים וְאָדָם.[7]

**יהוה** יהוה, חָנֵּנוּ, לְךָ קִוִּינוּ, הֱיֵה זְרֹעָם לַבְּקָרִים, אַף יְשׁוּעָתֵנוּ בְּעֵת צָרָה.[8]

**פָּנָיו** אַל תַּסְתֵּר פָּנֶיךָ מִמֶּנִּי בְּיוֹם צַר לִי, הַטֵּה אֵלַי אָזְנֶךָ, בְּיוֹם אֶקְרָא מַהֵר
עֲנֵנִי.[9]

**אֵלֶיךָ** אֵלֶיךָ נָשָׂאתִי אֶת עֵינַי, הַיֹּשְׁבִי בַּשָּׁמָיִם.[10]

**וְיָשֵׂם** וְשָׂמוּ אֶת שְׁמִי עַל בְּנֵי יִשְׂרָאֵל, וַאֲנִי אֲבָרְכֵם.[11]

**לְךָ** לְךָ יהוה, הַגְּדֻלָּה וְהַגְּבוּרָה וְהַתִּפְאֶרֶת וְהַנֵּצַח וְהַהוֹד, כִּי כֹל בַּשָּׁמַיִם
וּבָאָרֶץ, לְךָ יהוה, הַמַּמְלָכָה וְהַמִּתְנַשֵּׂא לְכֹל לְרֹאשׁ.[12]

**שָׁלוֹם.** שָׁלוֹם שָׁלוֹם לָרָחוֹק וְלַקָּרוֹב, אָמַר יהוה, וּרְפָאתִיו.[13]

---

(1) תהלים סז:ב (2) שמות לד:ו (3) תהלים כה:טז (4) כה:א (5) קכג:ב (6) כד:ה (7) משלי ג:ד
(8) ישעיה לג:ב (9) תהלים קב:ג (10) קכג:א (11) במדבר ו:כז (12) דברי הימים א כט:יא (13) ישעיה נז:יט

בשעה שמאריכים הכהנים בניגון נוהגים שהקהל אומר „יְהִי רָצוֹן"
(ואין אומרים אותה בשבת). כשאומרים הכהנים „שָׁלוֹם" ישתקו הקהל ויכוונו לברכת הכהנים ויענו „אָמֵן".
[יזהר שלא להוציא בפה את השמות הקדושים שהוקפו כאן בסוגריים.]

**יְהִי רָצוֹן** מִלְּפָנֶיךָ, יהוה אֱלֹהַי וֵאלֹהֵי אֲבוֹתַי, שֶׁתַּעֲשֶׂה לְמַעַן קְדֻשַּׁת חֲסָדֶיךָ וְגֹדֶל רַחֲמֶיךָ הַפְּשׁוּטִים, וּלְמַעַן טָהֳרַת שִׁמְךָ הַגָּדוֹל הַגִּבּוֹר וְהַנּוֹרָא, בֶּן עֶשְׂרִים וּשְׁתַּיִם אוֹתִיּוֹת הַיּוֹצְאִים מִן הַפְּסוּקִים שֶׁל בִּרְכַּת כֹּהֲנִים [**אנקת״ם פסת״ם פספסי״ם דיונסי״ם**] הָאֲמוּרָה מִפִּי אַהֲרֹן וּבָנָיו עַם קְדוֹשֶׁךָ, שֶׁתִּהְיֶה קָרוֹב לִי בְּקָרְאִי לָךְ, וְתִשְׁמַע תְּפִלָּתִי נַאֲקָתִי וְאֶנְקָתִי תָּמִיד, כְּשֵׁם שֶׁשָּׁמַעְתָּ **אֶנְקַת** יַעֲקֹב תְּמִימֶךָ הַנִּקְרָא אִישׁ **תָּם**. וְתִתֶּן לִי וּלְכָל נַפְשׁוֹת בֵּיתִי מְזוֹנוֹתֵינוּ וּפַרְנָסָתֵנוּ – בְּרֶוַח וְלֹא בְצִמְצוּם, בְּהֶתֵּר וְלֹא בְאִסּוּר, בְּנַחַת וְלֹא בְצַעַר – מִתַּחַת יָדְךָ הָרְחָבָה, כְּשֵׁם שֶׁנָּתַתָּ **פִּסַּת** לֶחֶם לֶאֱכוֹל וּבֶגֶד לִלְבּוֹשׁ לְיַעֲקֹב אָבִינוּ הַנִּקְרָא אִישׁ **תָּם**. וְתִתְּנֵנוּ לְאַהֲבָה, לְחֵן וּלְחֶסֶד וּלְרַחֲמִים בְּעֵינֶיךָ וּבְעֵינֵי כָל רוֹאֵינוּ, וְיִהְיוּ דְבָרַי נִשְׁמָעִים לַעֲבוֹדָתֶךָ, כְּשֵׁם שֶׁנָּתַתָּ אֶת יוֹסֵף צַדִּיקֶךָ – בְּשָׁעָה שֶׁהִלְבִּישׁוֹ אָבִיו כְּתֹנֶת **פַּסִּים** – לְחֵן וּלְחֶסֶד וּלְרַחֲמִים בְּעֵינֶיךָ וּבְעֵינֵי כָל רוֹאָיו. וְתַעֲשֶׂה עִמִּי נִפְלָאוֹת **וְנִסִּים**, וּלְטוֹבָה אוֹת, וְתַצְלִיחֵנִי בִּדְרָכַי, וְתֵן בְּלִבִּי בִּינָה לְהָבִין וּלְהַשְׂכִּיל וּלְקַיֵּם אֶת כָּל דִּבְרֵי תַלְמוּד תּוֹרָתֶךָ וְסוֹדוֹתֶיהָ, וְתַצִּילֵנִי מִשְּׁגִיאוֹת, וּתְטַהֵר רַעְיוֹנַי וְלִבִּי לַעֲבוֹדָתֶךָ וּלְיִרְאָתֶךָ. וְתַאֲרִיךְ יָמַי (וִימֵי – יאמר מה ששייך אליו: אָבִי וְאִמִּי / וְאִשְׁתִּי / (וּבַעְלִי) / וּבָנַי / וּבְנוֹתַי) בְּטוֹב וּבִנְעִימוֹת, בְּרֹב עֹז וְשָׁלוֹם, אָמֵן סֶלָה.

החזן מתחיל „שִׂים שָׁלוֹם" והקהל אומר „אַדִּיר בַּמָּרוֹם", ואז מחזירים הכהנים פניהם למזרח, מורידים ידיהם ואומרים „רִבּוֹנוֹ שֶׁל עוֹלָם", ומכוונים לסיים כשהחזן מסיים „בַּשָּׁלוֹם" כדי שהקהל יענו „אָמֵן" גם על תפלתם.

כהנים – **רִבּוֹנוֹ שֶׁל עוֹלָם,** עָשִׂינוּ מַה שֶּׁגָּזַרְתָּ עָלֵינוּ, אַף אַתָּה עֲשֵׂה עִמָּנוּ כְּמָה שֶׁהִבְטַחְתָּנוּ: הַשְׁקִיפָה מִמְּעוֹן קָדְשְׁךָ, מִן הַשָּׁמַיִם, וּבָרֵךְ אֶת עַמְּךָ אֶת יִשְׂרָאֵל, וְאֵת הָאֲדָמָה אֲשֶׁר נָתַתָּה לָנוּ – כַּאֲשֶׁר נִשְׁבַּעְתָּ לַאֲבוֹתֵינוּ – אֶרֶץ זָבַת חָלָב וּדְבָשׁ.[1]

קהל – **אַדִּיר** בַּמָּרוֹם, שׁוֹכֵן בִּגְבוּרָה, אַתָּה שָׁלוֹם וְשִׁמְךָ שָׁלוֹם. יְהִי רָצוֹן שֶׁתָּשִׂים עָלֵינוּ וְעַל כָּל עַמְּךָ בֵּית יִשְׂרָאֵל חַיִּים וּבְרָכָה לְמִשְׁמֶרֶת שָׁלוֹם.

**שִׂים שָׁלוֹם,** טוֹבָה וּבְרָכָה, חַיִּים, חֵן וָחֶסֶד וְרַחֲמִים, עָלֵינוּ וְעַל כָּל יִשְׂרָאֵל עַמֶּךָ. בָּרְכֵנוּ אָבִינוּ, כֻּלָּנוּ כְּאֶחָד בְּאוֹר פָּנֶיךָ, כִּי בְאוֹר פָּנֶיךָ נָתַתָּ לָּנוּ, יהוה אֱלֹהֵינוּ, תּוֹרַת חַיִּים וְאַהֲבַת חֶסֶד, וּצְדָקָה, וּבְרָכָה, וְרַחֲמִים, וְחַיִּים, וְשָׁלוֹם. וְטוֹב יִהְיֶה בְעֵינֶיךָ לְבָרְכֵנוּ וּלְבָרֵךְ אֶת כָּל עַמְּךָ יִשְׂרָאֵל בְּכָל עֵת וּבְכָל שָׁעָה בִּשְׁלוֹמֶךָ (בְּרוֹב עוֹז וְשָׁלוֹם). בָּרוּךְ אַתָּה יהוה, הַמְּבָרֵךְ אֶת עַמּוֹ יִשְׂרָאֵל בַּשָּׁלוֹם.

יִהְיוּ לְרָצוֹן אִמְרֵי פִי וְהֶגְיוֹן לִבִּי לְפָנֶיךָ, יהוה צוּרִי וְגֹאֲלִי.[2]

החזן אומר קדיש שלם (עמ' 236) ומסיימים התפלה משם והלאה.

(1) דברים כו:טו (2) תהלים יט:טו

## סדר אמירת קרבן פסח

בזמן שבית המקדש היה קיים היה הפסח נשחט בי"ד בניסן אחר התמיד של בין הערבים. וכדי שנשלמה פרים שפתינו יש לעסוק בסדר קרבן פסח בערב פסח אחר תפלת מנחה שהיא כנגד התמיד של בין הערבים.

**רִבּוֹן הָעוֹלָמִים,** אַתָּה צִוִּיתָנוּ לְהַקְרִיב קָרְבַּן הַפֶּסַח בְּמוֹעֲדוֹ בְּאַרְבָּעָה עָשָׂר יוֹם לַחֹדֶשׁ הָרִאשׁוֹן, וְלִהְיוֹת כֹּהֲנִים בַּעֲבוֹדָתָם וּלְוִיִּם בְּדוּכָנָם וְיִשְׂרָאֵל בְּמַעֲמָדָם קוֹרְאִים אֶת הַהַלֵּל. וְעַתָּה בַּעֲוֹנוֹתֵינוּ חָרַב בֵּית הַמִּקְדָּשׁ וּבָטֵל קָרְבַּן הַפֶּסַח, וְאֵין לָנוּ לֹא כֹהֵן בַּעֲבוֹדָתוֹ וְלֹא לֵוִי בְדוּכָנוֹ וְלֹא יִשְׂרָאֵל בְּמַעֲמָדוֹ, וְלֹא נוּכַל לְהַקְרִיב הַיּוֹם קָרְבַּן פֶּסַח. אֲבָל אַתָּה אָמַרְתָּ וּנְשַׁלְּמָה פָרִים שְׂפָתֵינוּ.[1] לָכֵן יְהִי רָצוֹן מִלְּפָנֶיךָ, יהוה אֱלֹהֵינוּ וֵאלֹהֵי אֲבוֹתֵינוּ, שֶׁיִּהְיֶה שִׂיחַ שִׂפְתוֹתֵינוּ חָשׁוּב לְפָנֶיךָ כְּאִלּוּ הִקְרַבְנוּ אֶת הַפֶּסַח בְּמוֹעֲדוֹ וְעָמַדְנוּ עַל מַעֲמָדוֹ, וְדִבְּרוּ הַלְוִיִּם בְּשִׁיר וְהַלֵּל לְהוֹדוֹת לַיהוה. וְאַתָּה תְּכוֹנֵן מִקְדָּשְׁךָ עַל מְכוֹנוֹ, וְנַעֲשֶׂה וְנַקְרִיב לְפָנֶיךָ אֶת הַפֶּסַח בְּמוֹעֲדוֹ, כְּמוֹ שֶׁכָּתַבְתָּ עָלֵינוּ בְּתוֹרָתֶךָ עַל יְדֵי מֹשֶׁה עַבְדֶּךָ כָּאָמוּר:

שמות יב:א-יא

**וַיֹּאמֶר** יהוה אֶל מֹשֶׁה וְאֶל אַהֲרֹן בְּאֶרֶץ מִצְרַיִם לֵאמֹר. הַחֹדֶשׁ הַזֶּה לָכֶם רֹאשׁ חֳדָשִׁים רִאשׁוֹן הוּא לָכֶם לְחָדְשֵׁי הַשָּׁנָה. דַּבְּרוּ אֶל כָּל עֲדַת יִשְׂרָאֵל לֵאמֹר בֶּעָשֹׂר לַחֹדֶשׁ הַזֶּה וְיִקְחוּ לָהֶם אִישׁ שֶׂה לְבֵית אָבֹת שֶׂה לַבָּיִת. וְאִם יִמְעַט הַבַּיִת מִהְיוֹת מִשֶּׂה וְלָקַח הוּא וּשְׁכֵנוֹ הַקָּרֹב אֶל בֵּיתוֹ בְּמִכְסַת נְפָשֹׁת אִישׁ לְפִי אָכְלוֹ תָּכֹסּוּ עַל הַשֶּׂה. שֶׂה תָמִים זָכָר בֶּן שָׁנָה יִהְיֶה לָכֶם מִן הַכְּבָשִׂים וּמִן הָעִזִּים תִּקָּחוּ. וְהָיָה לָכֶם לְמִשְׁמֶרֶת עַד אַרְבָּעָה עָשָׂר יוֹם לַחֹדֶשׁ הַזֶּה וְשָׁחֲטוּ אֹתוֹ כֹּל קְהַל עֲדַת יִשְׂרָאֵל בֵּין הָעַרְבָּיִם. וְלָקְחוּ מִן הַדָּם וְנָתְנוּ עַל שְׁתֵּי הַמְּזוּזֹת וְעַל הַמַּשְׁקוֹף עַל הַבָּתִּים אֲשֶׁר יֹאכְלוּ אֹתוֹ בָּהֶם. וְאָכְלוּ אֶת הַבָּשָׂר בַּלַּיְלָה הַזֶּה צְלִי אֵשׁ וּמַצּוֹת עַל מְרֹרִים יֹאכְלֻהוּ. אַל תֹּאכְלוּ מִמֶּנּוּ נָא וּבָשֵׁל מְבֻשָּׁל בַּמָּיִם כִּי אִם צְלִי אֵשׁ רֹאשׁוֹ עַל כְּרָעָיו וְעַל קִרְבּוֹ. וְלֹא תוֹתִירוּ מִמֶּנּוּ עַד בֹּקֶר וְהַנֹּתָר מִמֶּנּוּ עַד בֹּקֶר בָּאֵשׁ תִּשְׂרֹפוּ. וְכָכָה תֹּאכְלוּ אֹתוֹ מָתְנֵיכֶם חֲגֻרִים נַעֲלֵיכֶם בְּרַגְלֵיכֶם וּמַקֶּלְכֶם בְּיֶדְכֶם וַאֲכַלְתֶּם אֹתוֹ בְּחִפָּזוֹן פֶּסַח הוּא לַיהוה.

**כָּךְ** הָיְתָה עֲבוֹדַת קָרְבַּן הַפֶּסַח בְּבֵית אֱלֹהֵינוּ בְּיוֹם אַרְבָּעָה עָשָׂר בְּנִיסָן: אֵין שׁוֹחֲטִין אוֹתוֹ אֶלָּא אַחַר תָּמִיד שֶׁל בֵּין הָעַרְבָּיִם. עֶרֶב פֶּסַח, בֵּין בְּחֹל בֵּין בְּשַׁבָּת, הָיָה הַתָּמִיד נִשְׁחָט בְּשֶׁבַע וּמֶחֱצָה וְקָרֵב בִּשְׁמוֹנֶה וּמֶחֱצָה. וְאִם חָל עֶרֶב פֶּסַח לִהְיוֹת עֶרֶב שַׁבָּת, הָיוּ שׁוֹחֲטִין אוֹתוֹ בְּשֵׁשׁ וּמֶחֱצָה וְקָרֵב בְּשֶׁבַע וּמֶחֱצָה. וְהַפֶּסַח אַחֲרָיו.

כָּל אָדָם מִיִּשְׂרָאֵל, אֶחָד הָאִישׁ וְאֶחָד הָאִשָּׁה, כָּל שֶׁיָּכוֹל לְהַגִּיעַ לִירוּשָׁלַיִם בִּשְׁעַת שְׁחִיטַת הַפֶּסַח, חַיָּב בְּקָרְבַּן פֶּסַח. מְבִיאוֹ מִן הַכְּבָשִׂים אוֹ מִן הָעִזִּים, זָכָר תָּמִים בֶּן שָׁנָה, וְשׁוֹחֲטוֹ בְּכָל מָקוֹם בָּעֲזָרָה, אַחַר גְּמַר עֲבוֹדַת תְּמִיד הָעֶרֶב וְאַחַר הֲטָבַת הַנֵּרוֹת. וְאֵין שׁוֹחֲטִין הַפֶּסַח, וְלֹא זוֹרְקִין הַדָּם, וְלֹא מַקְטִירִין הַחֵלֶב, עַל הֶחָמֵץ.

שָׁחַט הַשּׁוֹחֵט, וְקִבֵּל דָּמוֹ הַכֹּהֵן שֶׁבְּרֹאשׁ הַשּׁוּרָה בִּכְלִי שָׁרֵת, וְנוֹתֵן לַחֲבֵרוֹ, וַחֲבֵרוֹ לַחֲבֵרוֹ. כֹּהֵן הַקָּרוֹב אֵצֶל הַמִּזְבֵּחַ זוֹרְקוֹ זְרִיקָה אַחַת כְּנֶגֶד הַיְסוֹד, וְחוֹזֵר הַכְּלִי רֵיקָן לַחֲבֵרוֹ, וַחֲבֵרוֹ לַחֲבֵרוֹ. מְקַבֵּל אֶת הַמָּלֵא וּמַחֲזִיר אֶת הָרֵיקָן. וְהָיוּ הַכֹּהֲנִים עוֹמְדִים שׁוּרוֹת וּבִידֵיהֶם בָּזִיכִין שֶׁכֻּלָּן כֶּסֶף אוֹ כֻלָּן זָהָב, וְלֹא הָיוּ מְעֹרָבִים. וְלֹא הָיוּ לַבָּזִיכִין שׁוּלַיִם, שֶׁלֹּא יַנִּיחוּם וְיִקְרַשׁ הַדָּם.

(1) הושע יד:ג

אַחַר כָּךְ תּוֹלִין אֶת הַפֶּסַח בְּאֻנְקְלִיּוֹת, וּמַפְשִׁיט אוֹתוֹ כֻּלּוֹ, וְקוֹרְעִין בִּטְנוֹ וּמוֹצִיאִין אֵמוּרָיו – הַחֵלֶב שֶׁעַל הַקֶּרֶב, וְיוֹתֶרֶת הַכָּבֵד, וּשְׁתֵּי הַכְּלָיוֹת, וְהַחֵלֶב שֶׁעֲלֵיהֶן, וְהָאַלְיָה לְעֻמַּת הֶעָצֶה. נוֹתְנָן בִּכְלִי שָׁרֵת וּמוֹלְחָן וּמַקְטִירָן הַכֹּהֵן עַל הַמַּעֲרָכָה, חֶלְבֵי כָל זֶבַח וָזֶבַח לְבַדּוֹ. בְּחֹל, בַּיּוֹם וְלֹא בַלַּיְלָה שֶׁהוּא יוֹם טוֹב. אֲבָל אִם חָל עֶרֶב פֶּסַח בְּשַׁבָּת, מַקְטִירִין וְהוֹלְכִין כָּל הַלַּיְלָה. וּמוֹצִיא קְרָבָיו וּמְמַחֶה אוֹתָן עַד שֶׁמֵּסִיר מֵהֶן הַפֶּרֶשׁ. שְׁחִיטָתוֹ וּזְרִיקַת דָּמוֹ וּמִחוּי קְרָבָיו וְהֶקְטֵר חֲלָבָיו דּוֹחִין אֶת הַשַּׁבָּת, וּשְׁאָר עִנְיָנָיו אֵין דּוֹחִין.

בְּשָׁלֹשׁ כִּתּוֹת הַפֶּסַח נִשְׁחָט. וְאֵין כַּת פְּחוּתָה מִשְּׁלֹשִׁים אֲנָשִׁים. נִכְנְסָה כַּת אַחַת, נִתְמַלְּאָה הָעֲזָרָה, נוֹעֲלִין אוֹתָהּ. וּבְעוֹד שֶׁהֵם שׁוֹחֲטִין וּמַקְרִיבִין, הַכֹּהֲנִים תּוֹקְעִין, הֶחָלִיל מַכֶּה לִפְנֵי הַמִּזְבֵּחַ, וְהַלְוִיִּם קוֹרְאִין אֶת הַהַלֵּל. אִם גָּמְרוּ קֹדֶם שֶׁיַּקְרִיבוּ כֻּלָּם, שָׁנוּ; אִם שָׁנוּ, שִׁלֵּשׁוּ. עַל כָּל קְרִיאָה תָּקְעוּ הֵרִיעוּ וְתָקְעוּ. גָּמְרָה כַּת אַחַת לְהַקְרִיב, פּוֹתְחִין הָעֲזָרָה, יָצְאָה כַּת רִאשׁוֹנָה, נִכְנְסָה כַּת שְׁנִיָּה, נָעֲלוּ דַּלְתוֹת הָעֲזָרָה. גָּמְרָה, יָצְאָה שְׁנִיָּה וְנִכְנְסָה שְׁלִישִׁית. כְּמַעֲשֵׂה הָרִאשׁוֹנָה כָּךְ מַעֲשֵׂה הַשְּׁנִיָּה וְהַשְּׁלִישִׁית. אַחַר שֶׁיָּצְאוּ כֻּלָּן רוֹחֲצִין הָעֲזָרָה מִלִּכְלוּכֵי הַדָּם, וַאֲפִלּוּ בְּשַׁבָּת. אַמַּת הַמַּיִם הָיְתָה עוֹבֶרֶת בָּעֲזָרָה, שֶׁכְּשֶׁרוֹצִין לְהָדִיחַ הָרִצְפָּה סוֹתְמִין מְקוֹם יְצִיאַת הַמַּיִם וְהִיא מִתְמַלֵּאת עַל כָּל גְּדוֹתֶיהָ, עַד שֶׁהַמַּיִם עוֹלִין וְצָפִין וּמְקַבְּצִין אֲלֵיהֶם כָּל דָּם וְלִכְלוּךְ שֶׁבָּעֲזָרָה. אַחַר כָּךְ פּוֹתְחִין הַסְּתִימָה וְיוֹצְאִין הַמַּיִם עִם הַלִּכְלוּךְ, נִמְצֵאת הָרִצְפָּה מְנֻקָּה, זֶהוּ כְּבוֹד הַבַּיִת.

יָצְאוּ כָּל אֶחָד עִם פִּסְחוֹ וְצָלוּ אוֹתָם. כֵּיצַד צוֹלִין אוֹתוֹ? מְבִיאִין שַׁפּוּד שֶׁל רִמּוֹן, תּוֹחֲבוֹ מִתּוֹךְ פִּיו עַד בֵּית נְקוּבָתוֹ, וְתוֹלֵהוּ לְתוֹךְ הַתַּנּוּר וְהָאֵשׁ לְמַטָּה, וְתוֹלֶה כְּרָעָיו וּבְנֵי מֵעָיו חוּצָה לוֹ, וְאֵין מְנַקְּרִין אֶת הַפֶּסַח כִּשְׁאָר בָּשָׂר.

בְּשַׁבָּת אֵין מוֹלִיכִין אֶת הַפֶּסַח לְבֵיתָם, אֶלָּא כַּת הָרִאשׁוֹנָה יוֹצְאִין בְּפִסְחֵיהֶן וְיוֹשְׁבִין בְּהַר הַבַּיִת, הַשְּׁנִיָּה יוֹצְאִין עִם פִּסְחֵיהֶן וְיוֹשְׁבִין בַּחֵיל, וְהַשְּׁלִישִׁית בִּמְקוֹמָהּ עוֹמֶדֶת. חָשֵׁכָה, יָצְאוּ וְצָלוּ אֶת פִּסְחֵיהֶן.

כְּשֶׁמַּקְרִיבִין אֶת הַפֶּסַח בָּרִאשׁוֹן מַקְרִיבִין עִמּוֹ בְּיוֹם אַרְבָּעָה עָשָׂר זֶבַח שְׁלָמִים, מִן הַבָּקָר אוֹ מִן הַצֹּאן, גְּדוֹלִים אוֹ קְטַנִּים, זְכָרִים אוֹ נְקֵבוֹת, וְהִיא נִקְרֵאת חֲגִיגַת אַרְבָּעָה עָשָׂר, עַל זֶה נֶאֱמַר בַּתּוֹרָה, וְזָבַחְתָּ פֶּסַח לַיהוה אֱלֹהֶיךָ צֹאן וּבָקָר.[1] וְלֹא קְבָעָהּ הַכָּתוּב חוֹבָה אֶלָּא רְשׁוּת בִּלְבַד, מִכָּל מָקוֹם הִיא כְחוֹבָה מִדִּבְרֵי סוֹפְרִים, כְּדֵי שֶׁיְּהֵא הַפֶּסַח נֶאֱכָל עַל הַשֹּׂבַע. אֵימָתַי מְבִיאִין עִמּוֹ חֲגִיגָה? בִּזְמַן שֶׁהוּא בָא בְחֹל, בְּטָהֳרָה וּבְמוּעָט. וְנֶאֱכֶלֶת לִשְׁנֵי יָמִים וְלַיְלָה אֶחָד, וְדִינָהּ כְּכָל תּוֹרַת זִבְחֵי שְׁלָמִים, טְעוּנָה סְמִיכָה וּנְסָכִים וּמַתַּן דָּמִים שְׁתַּיִם שֶׁהֵן אַרְבַּע וּשְׁפִיכַת שִׁירַיִם לַיְסוֹד.

זֶהוּ סֵדֶר עֲבוֹדַת קָרְבַּן פֶּסַח וַחֲגִיגָה שֶׁעִמּוֹ, בְּבֵית אֱלֹהֵינוּ שֶׁיִּבָּנֶה בִּמְהֵרָה בְיָמֵינוּ, אָמֵן. אַשְׁרֵי הָעָם שֶׁכָּכָה לּוֹ, אַשְׁרֵי הָעָם שֶׁיהוה אֱלֹהָיו.[2]

**אֱלֹהֵינוּ** וֵאלֹהֵי אֲבוֹתֵינוּ, מֶלֶךְ רַחֲמָן רַחֵם עָלֵינוּ, טוֹב וּמֵטִיב הִדָּרֶשׁ לָנוּ. שׁוּבָה אֵלֵינוּ בַּהֲמוֹן רַחֲמֶיךָ, בִּגְלַל אָבוֹת שֶׁעָשׂוּ רְצוֹנֶךָ. בְּנֵה בֵיתְךָ כְּבַתְּחִלָּה וְכוֹנֵן מִקְדָּשְׁךָ עַל מְכוֹנוֹ. וְהַרְאֵנוּ בְּבִנְיָנוֹ וְשַׂמְּחֵנוּ בְּתִקּוּנוֹ. וְהָשֵׁב שְׁכִינָתְךָ לְתוֹכוֹ, וְהָשֵׁב כֹּהֲנִים לַעֲבוֹדָתָם וּלְוִיִּם לְשִׁירָם וּלְזִמְרָם, וְהָשֵׁב יִשְׂרָאֵל לִנְוֵיהֶם. וְשָׁם נַעֲלֶה וְנֵרָאֶה וְנִשְׁתַּחֲוֶה לְפָנֶיךָ. וְנֹאכַל שָׁם מִן הַזְּבָחִים וּמִן הַפְּסָחִים אֲשֶׁר יַגִּיעַ דָּמָם עַל קִיר מִזְבַּחֲךָ לְרָצוֹן. יִהְיוּ לְרָצוֹן אִמְרֵי פִי וְהֶגְיוֹן לִבִּי לְפָנֶיךָ, יהוה צוּרִי וְגֹאֲלִי.[3]

(1) דברים טז:ב (2) תהלים קמד:טו (3) יט:טו

# ברח דודי

נהגו קהילות אשכנז לומר הפיוטים הללו לפני חתימת „בָּרוּךְ . . . גָּאַל יִשְׂרָאֵל" בשחרית. ואף שלא נהגו רוב מתפללי נוסח ספרד להפסיק בהם תוך ברכות ק"ש, לא זזו מלחבב "גאולות" אלו ומזמרים אותם בתוך סעודתם בתור זמירות.

## ליום ראשון של פסח:

המחבר חתם שמו – שלמה הקטן [חזק יגדל תורה ויחזק] – והוא ר' שלמה הבבלי.

**בְּרַח דּוֹדִי** עַד שֶׁתְּחְפָּץ אַהֲבַת כְּלוּלֵינוּ, **שׁ**וּב **לְ**רַחֵם כִּי כְלִוּנוּ, **מַ**לְכֵי זֵדִים שׁוֹבֵינוּ תוֹלָלֵינוּ, **הֲ**רוֹס וְקַעֲקֵעַ בִּצָּתָם מִתִּלֵּנוּ, **הָקֵם** **טוֹרְךָ** **נַגֵּן** שְׁתִילֵינוּ, הִנֵּה זֶה עוֹמֵד אַחַר כָּתְלֵנוּ.[1]

**בְּרַח דּוֹדִי** עַד שֶׁיָּפוּחַ קֵץ מַחֲזֶה, חִישׁ וְנָסוּ הַצְּלָלִים[2] מִזֶּה, יָרוּם וְנִשָּׂא וְגָבַהּ[3] נִבְזֶה, יַשְׂכִּיל וְיוֹכִיחַ וְגוֹיִם רַבִּים יַזֶּה,[4] **חֲ**שׂוֹף **זְ**רוֹעֲךָ[5] **קְ**רוֹא כָּזֶה, קוֹל דּוֹדִי הִנֵּה זֶה.[6]

**בְּרַח דּוֹדִי** וּדְמֵה לְךָ לִצְבִי,[7] **יָ**גֵל יָגֵשׁ קֵץ קִצְבִי, **דְּ**לֹתִי מִשְּׁבִי לַעֲטֶרֶת צְבִי,[8] **תְּ**עוּבִים תְּאֵבִים הַר צְבִי,[9] **וְ**אֵין מֵבִיא וְנָבִיא, וְלֹא תִשְׁבִּי מְשׁוּי מְשִׁיבִי, **רִ**יבָה רִיבִי, הָסֵר חוֹבִי וּכְאֵבִי, **וְ**יֵרָא וְיֵבוֹשׁ אוֹיְבִי, וְאָשִׁיבָה **חוֹ**רְפִי בְּנִיבִי, **זֶ**ה דוֹדִי גּוֹאֲלִי **קְ**רוֹבִי, רֵעִי וַאֲהוּבִי, אֵל אֱלֹהֵי אָבִי.[10]

בִּגְלַל אָבוֹת תּוֹשִׁיעַ בָּנִים, וְתָבִיא גְאֻלָּה לִבְנֵי בְנֵיהֶם.
(בָּרוּךְ אַתָּה יהוה, גָּאַל יִשְׂרָאֵל.)

## ליום שני של פסח:

המחבר חתם שמו – משלם – בראשי החרוזים (אחר תיבות „ברח דודי אל")
והוא ר' משלם ב"ר קלונימוס הנקרא ר' משלם מלוקא, תלמידו של ר' שלמה הבבלי.

**בְּרַח דּוֹדִי** אֶל **מָ**כוֹן לְשִׁבְתָּךְ, וְאִם עָבַרְנוּ אֶת בְּרִיתָךְ, אָנָּא זְכוֹר אִוּוּי חֻפָּתָךְ, הָקֵם קוֹשֶׁט מַלְכוּתָךְ, כּוֹנֵן מְשׂוֹשׂ קִרְיָתָךְ, הַעֲלוֹתָהּ עַל רֹאשׁ שִׂמְחָתָךְ.[11]

**בְּרַח דּוֹדִי** אֶל **שָׁ**לֵם סֻכָּךְ,[12] וְאִם תָּעִינוּ מִדַּרְכָּךְ, אָנָּא הָצֵץ מֵחֲרַכָּךְ,[13] וְתוֹשִׁיעַ עַם עָנִי וּמְתַכָּךְ, חֲמָתְךָ מֵהֶם לְשַׁכָּךְ, וּבְאֶבְרָתְךָ סֶלָה לְהִסְתּוֹכָךְ.

**בְּרַח דּוֹדִי** אֶל **לִ**בְּךָ וְעֵינֶיךָ שָׁם,[14] וְאִם זָנַחְנוּ טוֹב[15] מִדֶּשֶׁם,[16] אָנָּא שְׁמַע שַׁאֲגַת קוֹל צוֹרְרֶיךָ וְרִגְשָׁם, רַוֵּה מִדָּם גּוּשָׁם, וַעֲפָרָם מֵחֵלֶב יְדֻשָּׁן,[17] וּפִגְרֵיהֶם יַעֲלֶה בָּאשָׁם.

**בְּרַח דּוֹדִי** אֶל **מָ**רוֹם מֵרִאשׁוֹן,[18] וְאִם בָּגַדְנוּ בְּכַחֲשׁוֹן, אָנָּא סְכוֹת צִקּוּן לַחֲשׁוֹן,[19] דְּלֹתִי מִטְּבוּעַ רִפְשׁוֹן, גְּאַל נְצוּרֵי כְּאִישׁוֹן, כְּאָז בַּחֹדֶשׁ הָרִאשׁוֹן.

בִּגְלַל אָבוֹת תּוֹשִׁיעַ בָּנִים, וְתָבִיא גְאֻלָּה לִבְנֵי בְנֵיהֶם.
(בָּרוּךְ אַתָּה יהוה, גָּאַל יִשְׂרָאֵל.)

## לשבת חול המועד:

המחבר חתם שמו – שמעון – בראשי החרוזים (אחר תיבות „ברח דודי אל") והוא ר' שמעון הגדול.

**בְּרַח דּוֹדִי** אֶל **שַׁ**אֲנַן נָוֶה,[20] וְאִם הֶלְאֵינוּ דֶּרֶךְ הָעֲוֶה,[21] הִנֵּה לָקִינוּ בְּכָל מַדְוֶה,[22] וְאַתָּה יהוה מָעוֹז וּמִקְוֶה, עָלֶיךָ כָּל הַיּוֹם נְקַוֶּה,[23] לְגָאֳלֵנוּ וּלְשִׁיתֵנוּ כְּגַן רָוֶה.[24]

**בְּרַח דּוֹדִי** אֶל **מְ**קוֹם מִקְדָּשֵׁנוּ,[18] וְאִם עֲוֹנוֹת עָבְרוּ רֹאשֵׁנוּ,[25] הִנֵּה בָאָה בַבַּרְזֶל נַפְשֵׁנוּ,[26] וְאַתָּה יהוה גֹּאֲלֵנוּ קְדוֹשֵׁנוּ,[27] עָלֶיךָ נִשְׁפֹּךְ שִׂיחַ[28] רַחֲשֵׁנוּ, לְגָאֳלֵנוּ מִמְּעוֹן קָדְשְׁךָ[29] לְהַחְפִּישֵׁנוּ.

**בְּרַח דּוֹדִי** אֶל **עִ**יר צִדְקֵנוּ,[30] וְאִם לֹא שָׁמַעְנוּ לְקוֹל מַצְדִּיקֵינוּ, הִנֵּה אֲכָלוּנוּ בְּכָל

---

(1) שיר השירים ב:ט (2) ב:יז; ד:ו (3) ישעיה נב:יג (4) ע"פ נב:טו (5) ע"פ נב:י (6) שיר השירים ב:ח (7) ח:יד
(8) ע"פ ישעיה כח:ה (9) ע"פ דניאל יא:מה (10) ע"פ שמות טו:ב (11) ע"פ תהלים קלז:ו (12) ע"פ עו:ג
(13) ע"פ שיר השירים ב:ט (14) ע"פ דברי הימים ב' ז:טז (15) ע"פ הושע ח:ג (16) נ"א מְרֻשָּׁם (17) ישעיה לד:ז
(18) ירמיה יז:יב (19) ע"פ ישעיה כו:טז (20) ע"פ לג:כ (21) ע"פ ירמיה ג:כא (22) ע"פ דברים ז:טו; כח:ס
(23) ע"פ תהלים כה:ה (24) ע"פ ישעיה נח:יא וירמיה לא:יא (25) ע"פ תהלים לח:ה (26) ע"פ קה:יח
(27) ע"פ ישעיה מז:ד; מח:יז (28) ע"פ תהלים קב:א; קמב:ג (29) ע"פ ירמיה כה:ל (30) ע"פ ישעיה א:כו

פֶּה מַדִּיקֵינוּ,[1] וְאַתָּה יהוה שׁוֹפְטֵנוּ מְחֹקְקֵנוּ,[2] עָלֶיךָ נַשְׁלִיךְ יְהַב חֶלְקֵנוּ,[3] לְגָאֳלֵנוּ בְּהַשְׁקֵט וּבְבִטְחָה לְהַחֲזִיקֵנוּ.[4]

**בְּרַח דּוֹדִי** אֶל וַעַד הַזְּבוּל, וְאִם עָלְךָ שָׁבַרְנוּ בְּלִי סָבוּל,[5] הִנֵּה לָקִינוּ בְּכָל מִינֵי חִבּוּל, וְאַתָּה יהוה מְשַׂמֵּחַ אָבוּל,[6] עָלֶיךָ נַסְבִּיר לְהַתִּיר כָּבוּל, לְגָאֳלֵנוּ לְהִתְגַּדֵּל מֵעַל לִגְבוּל.[7]

**בְּרַח דּוֹדִי** אֶל נִשָּׂא מִגְּבָעוֹת,[8] וְאִם זָדְנוּ בִּפְרֹעַ פְּרָעוֹת,[9] הִנֵּה הִשִּׂיגוּנוּ צָרוֹת רַבּוֹת וְרָעוֹת,[10] וְאַתָּה יהוה אֵל לְמוֹשָׁעוֹת,[11] עָלֶיךָ נִשְׁפֹּךְ שִׂיחַ[12] שְׁוָעוֹת, לְגָאֳלֵנוּ וּלְעַטְּרֵנוּ כּוֹבַע יְשׁוּעוֹת.[13]

בִּגְלַל אָבוֹת תּוֹשִׁיעַ בָּנִים, וְתָבִיא גְאֻלָּה לִבְנֵי בְנֵיהֶם.
(בָּרוּךְ אַתָּה יהוה, גָּאַל יִשְׂרָאֵל.)

**ליום שביעי של פסח:**

המחבר חתם שמו – יהודה הלוי – בראשי החרוזים, והוא ר׳ יהודה הלוי, בעל הכוזרי.

**יוֹם לְיַבָּשָׁה** נֶהֶפְכוּ[14] מְצוּלִים, שִׁירָה חֲדָשָׁה שִׁבְּחוּ גְאוּלִים.
הִטְבַּעְתָּ בְתַרְמִית, רַגְלֵי בַת עֲנָמִית,
וּפַעֲמֵי שׁוּלַמִּית יָפוּ בַּנְּעָלִים.[15] — שִׁירָה חֲדָשָׁה שִׁבְּחוּ גְאוּלִים.
וְכָל רוֹאֵי יְשֻׁרוּן, בְּבֵית הוֹדִי יְשׁוֹרְרוּן,
אֵין כָּאֵל יְשֻׁרוּן,[16] וְאוֹיְבֵינוּ פְּלִילִים. — שִׁירָה . . .
דְּגָלַי כֵּן תָּרִים, עַל הַנִּשְׁאָרִים, וּתְלַקֵּט נְפוּרִים, כִּמְלַקֵּט שִׁבֳּלִים.[17] — שִׁירָה . . .
הַבָּאִים עִמְּךָ, בִּבְרִית חוֹתָמְךָ, וּמִבֶּטֶן לִשְׁמְךָ, הֵמָּה נִמּוֹלִים.[18] — שִׁירָה . . .
הַרְאֵה אוֹתוֹתָם, לְכָל רוֹאֵי אוֹתָם, וְעַל כַּנְפֵי כְסוּתָם, יַעֲשׂוּ גְדִילִים.[19] — שִׁירָה . . .
לְמִי זֹאת נִרְשֶׁמֶת, הַכֶּר נָא דְּבַר אֱמֶת, לְמִי הַחוֹתֶמֶת, וּלְמִי הַפְּתִילִים.[20] — שִׁירָה . . .
וְשׁוּב שֵׁנִית לְקַדְּשָׁהּ, וְאַל תּוֹסִיף לְגָרְשָׁהּ, וְהַעֲלֵה אוֹר שִׁמְשָׁהּ,
וְנָסוּ הַצְּלָלִים.[21] — שִׁירָה . . .
יְדִידִים רוֹמְמוּךָ, בְּשִׁירָה קִדְּמוּךָ, מִי כָמֹכָה, יהוה, בָּאֵלִים.[22] — שִׁירָה . . .
בִּגְלַל אָבוֹת תּוֹשִׁיעַ בָּנִים, וְתָבִיא גְאֻלָּה לִבְנֵי בְנֵיהֶם.
(בָּרוּךְ אַתָּה יהוה, גָּאַל יִשְׂרָאֵל.)

## סדר אקדמות

ביום ראשון של שבועות אומרים „אַקְדָּמוּת" לאחר שקראו לכהן לעלות לתורה לפני שמתחיל ברכתו. הש"צ אומר ב׳ חרוזים והקהל אומרים ב׳ חרוזים הבאים והש"צ ממשיך ממקום שהפסיק הקהל וככה עושים עד שגומרים השיר. והוא שיר נשגב המדבר בשבחם של הקב"ה, ישראל, והתורה.

**אַקְדָּמוּת** מִלִּין, וְשָׁרָיוּת שׁוּ — תָא.
אַוְלָא שָׁקֵילְנָא, הַרְמָן וּרְשׁוּ — תָא.
בְּבָבֵי תְרֵי וּתְלָת, דְּאֶפְתַּח בְּנַקְשׁוּ — תָא.
בְּבָרֵי דְבָרֵי וְטָרֵי, עֲדֵי לְקַשִּׁישׁוּ — תָא.
גְּבוּרָן עָלְמִין לֵיהּ, וְלָא סְפֵק פְּרִישׁוּ — תָא.
גְּוִיל אִלּוּ רְקִיעֵי, קְנֵי כָּל חוּרְשָׁ — תָא.
דְּיוֹ אִלּוּ יַמֵּי, וְכָל מֵי כְנִישׁוּ — תָא.
דָּיְרֵי אַרְעָא סָפְרֵי, וְרָשְׁמֵי רַשְׁוָ — תָא.
הֲדַר מָרֵי שְׁמַיָּא, וְשַׁלִּיט בְּיַבֶּשְׁ — תָּא.

(1) ע"פ דניאל ז:יט (2) ע"פ ישעיה לג:כב (3) ע"פ תהלים נה:כג (4) ע"פ ישעיה ל:טו (5) ע"פ ירמיה ה:ה וישעיה ט:ג
(6) ע"פ אסתר ט:כב (7) ע"פ מלאכי א:ה (8) ע"פ ישעיה ב:ב (9) שופטים ה:ב (10) תהלים עא:כ (11) סח:כא (12) ע"פ קב:א
(13) ע"פ ישעיה נט:יז (14) ע"פ תהלים סו:ו (15) ע"פ שיר השירים ז:א-ב (16) דברים לג:כו (17) ע"פ ישעיה יז:ה
(18) ע"פ בראשית לד:כב; ירמיה ד:ד (19) ע"פ דברים כב:יב (20) ע"פ בראשית לח:כה (21) שיר השירים ב:יז; ד:ו (22) שמות טו:יא

הֲקֵם עָלְמָא יְחִידָאֵי, וְכַבְּשֵׁיהּ בְּכַבְּשׁוּ תָא.
וּבְלָא לֵאוּ שַׁכְלְלֵיהּ, וּבְלָא תְשָׁשׁוּ תָא.
וּבְאָתָא קַלִּילָא, דְּלֵית בַּהּ מְשָׁשׁוּ תָא.
זַמִּין כָּל עֲבִידְתֵּיהּ, בְּהַךְ יוֹמֵי שִׁ תָּא.
זְהוֹר יְקָרֵיהּ עֲלִי, עֲלֵי כָרְסְיֵהּ דְּאֶשָּׁ תָא.
חֵיָל אֶלֶף אַלְפִין, וְרִבּוֹא לְשַׁמְשׁוּ תָא.
חַדְתִּין נְבוֹט לְצִפְרִין, סַגִּיאָה טְרָשׁוּ תָא.
טְפֵי יְקִידִין שְׂרָפִין, כְּלוֹל גַּפֵּי שִׁ תָּא.
טְעֵם עַד יִתְיְהֵב לְהוֹן, שְׁתִיקִין בְּאַדִּשְׁ תָּא.
יְקַבְּלוּן דֵּין מִן דֵּין, שָׁוֵי דְּלָא בְשַׁשְׁ תָּא.
יְקַר מְלֵי כָל אַרְעָא, לְתַלּוּתֵי קְדוּשְׁ תָּא.
כְּקָל מִן קֳדָם שַׁדַּי, כְּקָל מֵי נְפִישׁוּ תָא.
כְּרוּבִין קֳבֵל גַּלְגַּלִּין, מְרוֹמְמִין בְּאַוְשָׁ תָא.
לְמֶחֱזֵי בְאַנְפָּא עֵין, כְּוָת גִּירֵי קַשְׁ תָּא.
לְכָל אֲתַר דְּמִשְׁתַּלְּחִין, זְרִיזִין בְּאַשְׁוָ תָא.
מְבָרְכִין בְּרִיךְ יְקָרֵיהּ, בְּכָל לְשָׁן לְחִישׁוּ תָא.
מֵאֲתַר בֵּית שְׁכִינְתֵּיהּ, דְּלָא צְרִיךְ בְּחִישׁוּ תָא.
נְהִים כָּל חֵיל מְרוֹמָא, מְקַלְּסִין בַּחֲשַׁשְׁ תָּא.
נְהִירָא מַלְכוּתֵיהּ, לְדָר וְדָר לְאַפְרַשְׁ תָּא.
סְדִירָא בְהוֹן קְדוּשְׁתָּא, וְכַד חָלְפָא שַׁעְ תָּא.
סִיּוּמָא דִלְעָלַם, וְאוֹף לָא לִשְׁבוּעֲ תָא.
עֲדַב יְקַר אַחְסַנְתֵּיהּ, חֲבִיבִין דִּבְקַבַּעְ תָּא.
עֲבִידִין לֵיהּ חֲטִיבָה, בִּדְנַח וּשְׁקַעְ תָּא.
פְּרִישָׁן לְמָנָתֵיהּ, לְמֶעְבַּד לֵיהּ רְעוּ תָא.
פְּרִישׁוּתֵיהּ שְׁבָחֵיהּ, יְחַוּוּן בְּשָׁעוּ תָא.
צְבִי וְחָמִיד וְרָגִיג, דְּיִלְאוּן בְּלָעוּ תָא.
צְלוֹתְהוֹן בְּכֵן מְקַבֵּל, וְהַנְיָא בָעוּ תָא.
קְטִירָא לְחֵי עָלְמָא, בְּתָגָא בִּשְׁבוּעֲ תָא.
קֳבֵל יְקַר טוֹטֶפְתָּא, יְתִיבָא בִקְבִיעוּ תָא.
רְשִׁימָא הִיא גוּפָא, בְּחָכְמְתָא וּבְדַעְ תָּא.
רְבוּתְהוֹן דְּיִשְׂרָאֵל, קָרָאֵי בִשְׁמַעְ תָּא.
שְׁבַח רִבּוֹן עָלְמָא, אֲמִירָא דַכְוָ תָא.
שְׁפַר עֲלַי לְחַוּוֹיֵהּ, בְּאַפֵּי מַלְכְּוָ תָא.
תָּאִין וּמִתְכַּנְּשִׁין, כְּחֵזוּ אִדְוָ תָא.
תְּמֵהִין וְשָׁיְלִין לַהּ, בְּעֵסֶק אָתְוָ תָא.
מְנָן וּמָאן הוּא רְחִימָךְ, שַׁפִּירָא בְּרֵוָ תָא.
אֲרוּם בְּגִינֵיהּ סָפִית, מְדוֹר אַרְיָוָ תָא.
יְקָרָא וְיָאָה אַתְּ, אִין תְּעָרְבִי לְמַרְוָ תָא.
רְעוּתֵךְ נַעֲבִיד לִיךְ, בְּכָל אַתְרְוָ תָא.
בְּחָכְמְתָא מְתִיבָתָא לְהוֹן, קְצָת לְהוֹדָעוּ תָא.
יְדַעְתּוּן חַכִּימִין לֵיהּ, בְּאִשְׁתְּמוֹדָעוּ תָא.

רְבוּתְכוֹן מָה חֲשִׁיבָא, קֳבֵל הַהִיא שְׁבַח תָּא.
רְבוּתָא דְּיַעְבֵּד לִי, כַּד מַטְיָא יְשׁוּעָ תָא.
בְּמֵיתֵי לִי נְהוֹרָא, וְתַחֲפֵי לְכוֹן בַּהֲ תָא.
יְקָרֵיהּ כַּד יִתְגְּלֵי, בְּתֻקְפָּא וּבְגֵינָ תָא.
יְשַׁלֵּם גְּמֻלַיָּא, לְסַנְאֵי וְנַגְוָ תָא.
צִדְקָתָא לְעַם חֲבִיב, וְסַגִּיא זַכְוָ תָא.
חֲדוּ שְׁלֵמָא בְּמֵיתֵיהּ, וּמָנֵי דַכְיָ תָא.
קִרְיְתָא דִירוּשְׁלֵם, כַּד יְכַנֵּשׁ גַּלְוָ תָא.
יְקָרֵיהּ מַטִּיל עֲלַהּ, בְּיוֹמֵי וְלֵילְוָ תָא.
גְּנוּנֵיהּ לְמֶעְבַּד בַּהּ, בְּתוּשְׁבְּחָן כְּלִילָ תָא.
דְּזֵיהוֹר עֲנָנַיָּא, לְמִשְׁפַּר כִּילָ תָא.
לְפוּמֵיהּ דַעֲבִידְתָּא, עֲבִידָן מְטַלְּלָ תָא.
בְּתַכְתְּקֵי דְהַב פִּיזָא, וּשְׁבַע מַעֲלָ תָא.
תְּחִימִין צַדִּיקֵי, קֳדָם רַב פָּעֳלָ תָא.
וְרֵיוֵיהוֹן דָּמֵי, לְשָׁבְעָא חֶדְוָ תָא.
רְקִיעָא בְּזֵיהוֹרֵיהּ, וְכוֹכְבֵי זִינָ תָא
הֲדָרָא דְלָא אֶפְשַׁר, לְמִפְרַט בְּשִׂפְוָ תָא.
וְלָא אִשְׁתְּמַע וְחָמֵי, נְבִיאָן חֶזְוָ תָא.
בְּלָא שָׁלְטָא בֵיהּ עֵין, בְּגוֹ עֵדֶן גִּנְ תָא.
מְטַיְּלֵי בֵי חִנְגָּא, לְבַהֲדֵי דְשְׁכִינְ תָא.
עֲלֵיהּ רָמְזֵי דֵּין הוּא, בְּרַם בְּאֵימְתָנוּ תָא.
שַׂבַּרְנָא לֵיהּ בְּשִׁבְיָן, תְּקוֹף הֵמָנוּ תָא.
יַדְבַּר לָן עָלְמִין, עֲלֵמִין מְדַמּוּ תָא.
מְנָת דִּילָן דְּמִלְּקַדְמִין, פָּרֵשׁ בַּאֲרָמוּ תָא.
טְלוּלָא דְלִוְיָתָן, וְתוֹר טוּר רָמוּ תָא.
וְחַד בְּחַד כִּי סָבִיךְ, וְעָבֵד קְרָבוּ תָא.
בְּקַרְנוֹהִי מְנַגַּח בְּהֵמוֹת, בִּרְבוּ תָא.
יְקַרְטַע נוּן לְקִבְלֵיהּ, בְּצִיצוֹי בִּגְבוּרְ תָא.
מְקָרֵב לֵיהּ בָּרְיֵהּ, בְּחַרְבֵּיהּ רַבְרְבוּ תָא.
אֲרִסְטוֹן לְצַדִּיקֵי יְתַקֵּן, וְשֵׁרוּ תָא.
מְסַחֲרִין עֲלֵי תַכֵּי, דְכַדְכֹּד וְגוּמְרְ תָא
נְגִידִין קַמֵּיהוֹן, אֲפַרְסְמוֹן נַהֲרָ תָא.
וּמִתְפַּנְּקִין וְרָווֹ, בְּכַסֵּי רְוָיָ תָא.
חֲמַר מְרַת דְּמִבְּרֵאשִׁית, נְטִיר בֵּי נַעֲוָ תָא.
זַכָּאִין כַּד שְׁמַעְתּוּן, שְׁבַח דָּא שִׁירָ תָא.
קְבִיעִין כֵּן תֶּהֱווֹן, בְּהַנְהוּ חֲבוּרָ תָא.
וְתִזְכּוּן דִּי תֵיתְּבוּן, בְּעֵלָּא דָרָ תָא.
אֲרֵי תְצִיתוּן לְמִלּוֹי, דְּנָפְקִין בְּהַדְרָ תָא.
מְרוֹמָם הוּא אֱלָהִין, בְּקַדְמָא וּבַתְרָ תָא.
צְבִי וְאִתְרְעִי בָן, וּמְסַר לָן אוֹרַיְ תָא.

## סדר התרת נדרים

נוהגים לעשות התרת נדרים בערב ראש השנה לפני בית דין של שלשה אנשים.
הדיינים יושבים והמבקש התרה עומד ואומר:

**שִׁמְעוּ** נָא רַבּוֹתַי, דַּיָּנִים מוּמְחִים. כָּל נֶדֶר אוֹ שְׁבוּעָה אוֹ אִסּוּר אוֹ קוֹנָם אוֹ חֵרֶם שֶׁנָּדַרְתִּי אוֹ נִשְׁבַּעְתִּי בְּהָקִיץ אוֹ בַחֲלוֹם, אוֹ נִשְׁבַּעְתִּי בְּשֵׁמוֹת הַקְּדוֹשִׁים שֶׁאֵינָם נִמְחָקִים, וּבְשֵׁם הוי״ה בָּרוּךְ הוּא, וְכָל מִינֵי נְזִירוּת שֶׁקִּבַּלְתִּי עָלַי, וַאֲפִילוּ נְזִירוּת שִׁמְשׁוֹן,[1] וְכָל שׁוּם אִסּוּר, וַאֲפִלּוּ אִסּוּר הֲנָאָה שֶׁאָסַרְתִּי עָלַי אוֹ עַל אֲחֵרִים, בְּכָל לָשׁוֹן שֶׁל אִסּוּר, בֵּין בִּלְשׁוֹן אִסּוּר אוֹ חֵרֶם אוֹ קוֹנָם, וְכָל שׁוּם קַבָּלָה אֲפִילוּ שֶׁל מִצְוָה שֶׁקִּבַּלְתִּי עָלַי בֵּין בִּלְשׁוֹן נֶדֶר, בֵּין בִּלְשׁוֹן נְדָבָה, בֵּין בִּלְשׁוֹן שְׁבוּעָה, בֵּין בִּלְשׁוֹן נְזִירוּת, בֵּין בְּכָל לָשׁוֹן, וְגַם הַנַּעֲשֶׂה בִּתְקִיעַת כָּף, בֵּין כָּל נֶדֶר, וּבֵין כָּל נְדָבָה, וּבֵין שׁוּם מִנְהָג שֶׁל מִצְוָה שֶׁנָּהַגְתִּי אֶת עַצְמִי, וְכָל מוֹצָא שְׂפָתַי שֶׁיָּצָא מִפִּי, אוֹ שֶׁנָּדַרְתִּי וְגָמַרְתִּי בְּלִבִּי לַעֲשׂוֹת שׁוּם מִצְוָה מֵהַמִּצְוֹת, אוֹ אֵיזֶה הַנְהָגָה טוֹבָה אוֹ אֵיזֶה דָבָר טוֹב, שֶׁנָּהַגְתִּי שָׁלֹשׁ פְּעָמִים, וְלֹא הִתְנֵיתִי שֶׁיְּהֵא בְּלִי נֶדֶר, הֵן דָּבָר שֶׁעָשִׂיתִי, הֵן עַל עַצְמִי, הֵן עַל אֲחֵרִים, הֵן אוֹתָן הַיְּדוּעִים לִי, הֵן אוֹתָן שֶׁכְּבָר שָׁכַחְתִּי, בְּכֻלְּהוֹן אִתְחֲרַטְנָא בְהוֹן מֵעִקָּרָא, וְשׁוֹאֵל וּמְבַקֵּשׁ אֲנִי מִמַּעֲלַתְכֶם הַתָּרָה עֲלֵיהֶם. כִּי יָרֵאתִי פֶּן אֶכָּשֵׁל וְנִלְכַּדְתִּי, חַס וְשָׁלוֹם, בַּעֲוֹן נְדָרִים וּשְׁבוּעוֹת וּנְזִירוּת וַחֲרָמוֹת וְאִסּוּרִין וְקוֹנָמוֹת וְהַסְכָּמוֹת.

וְאֵין אֲנִי תוֹהֵא, חַס וְשָׁלוֹם, עַל קִיּוּם הַמַּעֲשִׂים הַטּוֹבִים הָהֵם שֶׁעָשִׂיתִי. רַק אֲנִי מִתְחָרֵט עַל קַבָּלַת הָעִנְיָנִים בִּלְשׁוֹן נֶדֶר אוֹ שְׁבוּעָה אוֹ נְזִירוּת אוֹ אִסּוּר אוֹ חֵרֶם אוֹ קוֹנָם אוֹ הַסְכָּמָה אוֹ קַבָּלָה בְּלֵב, וּמִתְחָרֵט אֲנִי עַל זֶה שֶׁלֹּא אָמַרְתִּי, הִנְנִי עוֹשֶׂה דָבָר זֶה בְּלִי נֶדֶר וּשְׁבוּעָה וּנְזִירוּת וְחֵרֶם וְאִסּוּר וְקוֹנָם וְקַבָּלָה בְלֵב.

לָכֵן אֲנִי שׁוֹאֵל הַתָּרָה בְּכֻלְּהוֹן. אֲנִי מִתְחָרֵט עַל כָּל הַנִּזְכָּר, בֵּין אִם הָיוּ הַמַּעֲשִׂים מֵהַדְּבָרִים הַנּוֹגְעִים בְּמָמוֹן, בֵּין מֵהַדְּבָרִים הַנּוֹגְעִים בְּגוּף, בֵּין מֵהַדְּבָרִים הַנּוֹגְעִים אֶל הַנְּשָׁמָה. בְּכֻלְּהוֹן אֲנִי מִתְחָרֵט עַל לְשׁוֹן נֶדֶר וּשְׁבוּעָה וּנְזִירוּת וְאִסּוּר וְחֵרֶם וְקוֹנָם וְקַבָּלָה בְלֵב.

וְהִנֵּה מִצַּד הַדִּין, הַמִּתְחָרֵט וְהַמְבַקֵּשׁ הַתָּרָה צָרִיךְ לִפְרוֹט הַנֶּדֶר, אַךְ דְּעוּ נָא רַבּוֹתַי, כִּי אִי אֶפְשָׁר לְפָרְטָם כִּי רַבִּים הֵם. וְאֵין אֲנִי מְבַקֵּשׁ הַתָּרָה עַל אוֹתָם הַנְּדָרִים שֶׁאֵין לְהַתִּיר אוֹתָם. עַל כֵּן יִהְיוּ נָא בְעֵינֵיכֶם כְּאִלּוּ הָיִיתִי פוֹרְטָם.

הדיינים אומרים ג״פ:

**הַכֹּל** יִהְיוּ מֻתָּרִים לָךְ, הַכֹּל מְחוּלִים לָךְ, הַכֹּל שְׁרוּיִם לָךְ, אֵין כַּאן לֹא נֶדֶר וְלֹא שְׁבוּעָה וְלֹא נְזִירוּת וְלֹא חֵרֶם וְלֹא אִסּוּר וְלֹא קוֹנָם וְלֹא נִדּוּי וְלֹא שַׁמְתָּא וְלֹא אָרוּר. אֲבָל יֵשׁ כַּאן מְחִילָה וּסְלִיחָה וְכַפָּרָה. וּכְשֵׁם שֶׁמַּתִּירִים בְּבֵית דִּין שֶׁל מַטָּה, כַּךְ יִהְיוּ מֻתָּרִים בְּבֵית דִּין שֶׁל מַעְלָה.

(1) נ״א חוץ מִנְּזִירוּת שִׁמְשׁוֹן

אחר ההתרה אומר מסירת מודעה זו לפני הבי"ד (או לפני שני אנשים)
וזה יועיל כשלא יזכור התנאי בשעת השבועה כמבואר ביורה דעה, וגם יחיד יש לאומרו אחר התרת נדרים:

**הֲרֵי** אֲנִי מוֹסֵר מוֹדָעָה לִפְנֵיכֶם, וַאֲנִי מְבַטֵּל מִכַּאן וּלְהַבָּא כָּל הַנְּדָרִים וְכָל שְׁבוּעוֹת וּנְזִירוּת וְאִסּוּרִין וְקוֹנָמוֹת וַחֲרָמוֹת וְהַסְכָּמוֹת וְקַבָּלָה בְּלֵב שֶׁאֲקַבֵּל עָלַי בְּעַצְמִי, הֵן בְּהָקִיץ, הֵן בַּחֲלוֹם, חוּץ מִנִּדְרֵי תַעֲנִית בִּשְׁעַת מִנְחָה. וּבְאִם שֶׁאֶשְׁכַּח לִתְנַאי מוֹדָעָה הַזֹּאת, וְאֶדּוֹר מֵהַיּוֹם עוֹד, מֵעַתָּה אֲנִי מִתְחָרֵט עֲלֵיהֶם, וּמַתְנֶה עֲלֵיהֶם, שֶׁיִּהְיוּ כֻּלָּן בְּטֵלִין וּמְבֻטָּלִין, לָא שְׁרִירִין וְלָא קַיָּמִין, וְלָא יְהוֹן חָלִין כְּלָל וּכְלָל. בְּכֻלָּן אִתְחֲרַטְנָא בְּהוֹן מֵעַתָּה וְעַד עוֹלָם.

יש מוסיפים גם התרה לנדוים של אחרים, ואם אפשר יש לעשותה בעשרה.

**יְהִי רָצוֹן** מִלְּפָנֶיךָ, יהוה אֱלֹהַי וֵאלֹהֵי אֲבוֹתַי, שֶׁכָּל הַקְּלָלוֹת וְהָאֲרוּרִים וְהַנִּדּוּיִם וְהַנִּזּוּפִים וְהַחֲרָמוֹת וְהַשַּׁמְתּוֹת שֶׁקִּלַּלְתִּי אוֹ שֶׁאֵרַרְתִּי אוֹ שֶׁנִּדֵּיתִי אוֹ שֶׁהֶחֱרַמְתִּי אוֹ שֶׁשַּׁמַּתִּי אֶת עַצְמִי אוֹ אֶת אִשְׁתִּי אוֹ אֶת בְּנֵי בֵיתִי אוֹ אֶת אֲחֵרִים. אוֹ אֲחֵרִים שֶׁקִּלְּלוּ אוֹ שֶׁנִּדּוּ אוֹ שֶׁהֶחֱרִימוּ אוֹ שֶׁשַּׁמְּתוּ אוֹתִי אוֹ אֶת אִשְׁתִּי אוֹ אֶת זַרְעִי אוֹ אֶת בְּנֵי בֵיתִי. יְהִי רָצוֹן מִלְּפָנֶיךָ, יהוה אֱלֹהַי וֵאלֹהֵי אֲבוֹתַי, אֱלֹהֵינוּ שֶׁבַּשָּׁמַיִם וּבָאָרֶץ, שֶׁאַל יִשְׁלְטוּ בָנוּ וְאַל יַעֲשׂוּ רוֹשֶׁם. וְכָל הַקְּלָלוֹת יִתְהַפְּכוּ עָלֵינוּ לְטוֹבָה וְלִבְרָכָה. כִּדְכְתִיב: וַיַּהֲפֹךְ יהוה אֱלֹהֶיךָ לְּךָ אֶת הַקְּלָלָה לִבְרָכָה כִּי אֲהֵבְךָ יהוה אֱלֹהֶיךָ.[1]

הדיינים אומרים ג"פ:

**כֻּלָּם** מֻתָּרִים לָךְ, כֻּלָּם שְׁרוּיִם לָךְ, כֻּלָּם מְחוּלִים לָךְ. כְּשֵׁם שֶׁאֲנַחְנוּ מַתִּירִין בְּבֵית דִּין שֶׁל מַטָּה כָּךְ יִהְיוּ מֻתָּרִים בְּבֵית דִּין שֶׁל מַעְלָה וְלֹא יַעֲשׂוּ שׁוּם רוֹשֶׁם כְּלָל. וְכָל הַקְּלָלוֹת יִתְהַפְּכוּ עָלֵינוּ לְטוֹבָה וְלִבְרָכָה, כִּדְכְתִיב: וַיַּהֲפֹךְ יהוה אֱלֹהֶיךָ לְּךָ אֶת הַקְּלָלָה לִבְרָכָה כִּי אֲהֵבְךָ יהוה אֱלֹהֶיךָ.[1]

## אחות קטנה

תפלה זו אומרים בערב ראש השנה אחר תפלת מנחה. המחבר חתם שמו – אבר[ה]ם חזן [חזק] – בראשי החרוזים.

**אָחוֹת קְטַנָּה** תְּפִלּוֹתֶיהָ עוֹרְכָה, וְעוֹנָה תְּהִלּוֹתֶיהָ,
אֵל נָא רְפָא נָא לְמַחֲלוֹתֶיהָ, תִּכְלֶה שָׁנָה וְקִלְלוֹתֶיהָ.
בְּנֹעַם מִלִּים לְךָ תִּקְרָאֶה, וְשִׁיר וְהִלּוּלִים כִּי לְךָ נָאֶה,
עַל מַה תַּעְלִים עֵינֶיךָ וְתִרְאֶה, זָרִים אוֹכְלִים נַחֲלוֹתֶיהָ, תִּכְלֶה שָׁנָה וְקִלְלוֹתֶיהָ.
רְעֵה אֶת צֹאנְךָ אֲרָיוֹת זֵרוּ, וּשְׁפוֹךְ חֲרוֹנְךָ בְּאוֹמְרִים עָרוּ,
וְכַנַּת יְמִינְךָ פָּרְצוּ וְאָרוּ, לֹא הִשְׁאִירוּ עוֹלְלוֹתֶיהָ, תִּכְלֶה שָׁנָה וְקִלְלוֹתֶיהָ.
[הָקֵם מִשְׁפְּלוּת לְרֹאשׁ מַמְלֶכֶת, כִּי בְּבוֹר גָּלוּת נַפְשָׁהּ נִתֶּכֶת,
וּכְרוּם זֻלּוּת לִבָּהּ שׁוֹפֶכֶת, בְּדַלֵּי דַלּוּת מִשְׁכְּנוֹתֶיהָ, תִּכְלֶה שָׁנָה וְקִלְלוֹתֶיהָ.]
מָתַי תַּעֲלֶה בְּתוֹךְ מְבוֹר, וּמְבִית כֶּלֶא עָלֶהָ תִּשְׁבּוֹר,
וְהַפְלֵא פֶּלֶא בְּצֵאתְךָ כְּגִבּוֹר, לְהָתֵם וְכַלֵּה מְכַלּוֹתֶיהָ, תִּכְלֶה שָׁנָה וְקִלְלוֹתֶיהָ.
חֵילָהּ קָבְעוּ הַגּוֹי כֻּלּוֹ, וְטוּבָהּ שָׂבְעוּ בָּזְזוּ אִישׁ לוֹ,
וְלִבָּהּ קָרְעוּ, וּבְכָל זֹאת לֹא מִמְּךָ נָעוּ מַעְגְּלוֹתֶיהָ, תִּכְלֶה שָׁנָה וְקִלְלוֹתֶיהָ.

(1) דברים כג:ו

**זְ**מְרוֹת הַבַּת וְחֶשְׁקָהּ תַּגְבִּיר, לַחְפּוֹץ קִרְבַת דּוֹדָהּ, וְתַעֲבִיר
מִלֵּב דַּאֲבַת נַפְשָׁהּ, וְתָעִיר לְבַקֵּשׁ אַהֲבַת כְּלוּלוֹתֶיהָ, תִּכְלֶה שָׁנָה וְקִלְלוֹתֶיהָ.
**נְ**חֵה בְנַחַת לִנְוֵה רִבְצָהּ, רַב נִזְנַחַת מִדּוֹד חֶפְצָהּ,
וְהִיא כְפוֹרַחַת עָלְתָה נִצָּהּ, לֹא הִבְשִׁילוּ אַשְׁכְּלוֹתֶיהָ, תִּכְלֶה שָׁנָה וְקִלְלוֹתֶיהָ.
**חִזְקוּ** וְגִילוּ כִּי שׁוֹד גָּמַר, לְצוּר הוֹחִילוּ בְּרִיתוֹ שָׁמַר
לָכֶם, וְתַעֲלוּ לְצִיּוֹן, וְאָמַר סֹלּוּ סֹלּוּ מְסִלּוֹתֶיהָ, תָּחֵל שָׁנָה וּבִרְכוֹתֶיהָ.

## שמונה עשרה של ראש השנה למעריב שחרית מוסף ומנחה

יפסע ג׳ פסיעות לאחוריו ואח״כ ג׳ פסיעות לפניו דרך קירוב והגשה. יכוון רגליו ויעמידן זו אצל זו בשוה כאלו הן רגל אחת כדי להדמות למלאכים. יתפלל במתינות ובכוונת הלב ויבין פירוש המלות ולא יפסיק לשום דבר. יש נוהגים להתפלל בראש השנה ויום הכפורים בכריעה, וצריכין הם לזקוף בסוף כל ברכה (או״ח סי׳ תקפב ס״ד). אע״פ שכל ימות השנה מתפללין בלחש, בראש השנה ויום הכפורים נוהגין לומר בקול רם, ולהטעות לא חיישינן כיון שמצויין בידם מחזורים (או״ח סי׳ תקפב ס״ט), ורבים גדולים מערערים על מנהג זה (מט״א שם).

[להלכות השייכות לתפלת שמונה עשרה של ראש השנה, ראה הלכות בסוף הסידור סע׳ עה-עט.]

[למוסף ולמנחה: כִּי שֵׁם יהוה אֶקְרָא, הָבוּ גֹדֶל לֵאלֹהֵינוּ.[1]]

אֲדֹנָי שְׂפָתַי תִּפְתָּח, וּפִי יַגִּיד תְּהִלָּתֶךָ.[2]

אבות

**בָּרוּךְ** אַתָּה יהוה אֱלֹהֵינוּ וֵאלֹהֵי אֲבוֹתֵינוּ, אֱלֹהֵי אַבְרָהָם, אֱלֹהֵי יִצְחָק, וֵאלֹהֵי יַעֲקֹב, הָאֵל הַגָּדוֹל הַגִּבּוֹר וְהַנּוֹרָא, אֵל עֶלְיוֹן, גּוֹמֵל חֲסָדִים טוֹבִים, וְקוֹנֵה הַכֹּל, וְזוֹכֵר חַסְדֵי אָבוֹת, וּמֵבִיא גוֹאֵל לִבְנֵי בְנֵיהֶם, לְמַעַן שְׁמוֹ בְּאַהֲבָה.

**זָכְרֵנוּ לְחַיִּים, מֶלֶךְ חָפֵץ בַּחַיִּים, וְכָתְבֵנוּ בְּסֵפֶר הַחַיִּים, לְמַעַנְךָ אֱלֹהִים חַיִּים.**

מֶלֶךְ עוֹזֵר וּמוֹשִׁיעַ וּמָגֵן. בָּרוּךְ אַתָּה יהוה, מָגֵן אַבְרָהָם.

גבורות

**אַתָּה** גִּבּוֹר לְעוֹלָם אֲדֹנָי, מְחַיֵּה מֵתִים אַתָּה, רַב לְהוֹשִׁיעַ, מוֹרִיד הַטָּל. מְכַלְכֵּל חַיִּים בְּחֶסֶד, מְחַיֵּה מֵתִים בְּרַחֲמִים רַבִּים, סוֹמֵךְ נוֹפְלִים, וְרוֹפֵא חוֹלִים, וּמַתִּיר אֲסוּרִים, וּמְקַיֵּם אֱמוּנָתוֹ לִישֵׁנֵי עָפָר. מִי כָמוֹךָ בַּעַל גְּבוּרוֹת, וּמִי דּוֹמֶה לָּךְ, מֶלֶךְ מֵמִית וּמְחַיֶּה וּמַצְמִיחַ יְשׁוּעָה.

**מִי כָמוֹךָ °אַב הָרַחֲמָן, זוֹכֵר יְצוּרָיו לְחַיִּים בְּרַחֲמִים.**

[°במוסף – וכשחל בשבת, אף במנחה – אומרים **אַב הָרַחֲמִים**]

וְנֶאֱמָן אַתָּה לְהַחֲיוֹת מֵתִים. בָּרוּךְ אַתָּה יהוה, מְחַיֵּה הַמֵּתִים.

קדושת השם

**אַתָּה** קָדוֹשׁ וְשִׁמְךָ קָדוֹשׁ, וּקְדוֹשִׁים בְּכָל יוֹם יְהַלְלוּךָ סֶּלָה, כִּי אֵל מֶלֶךְ גָּדוֹל וְקָדוֹשׁ אָתָּה.

**לְדוֹר** וָדוֹר הַמְלִיכוּ לָאֵל, כִּי הוּא לְבַדּוֹ מָרוֹם וְקָדוֹשׁ.

**וּבְכֵן,** יִתְקַדַּשׁ שִׁמְךָ יהוה אֱלֹהֵינוּ עַל יִשְׂרָאֵל עַמֶּךָ, וְעַל יְרוּשָׁלַיִם עִירֶךָ, וְעַל צִיּוֹן מִשְׁכַּן כְּבוֹדֶךָ, וְעַל מַלְכוּת בֵּית דָּוִד מְשִׁיחֶךָ, וְעַל מְכוֹנְךָ וְהֵיכָלֶךָ.

(1) דברים לב:ג (2) תהלים נא:יז

**וּבְכֵן,** תֵּן פַּחְדְּךָ, יהוה אֱלֹהֵינוּ, עַל כָּל מַעֲשֶׂיךָ, וְאֵימָתְךָ עַל כָּל מַה שֶּׁבָּרָאתָ. וְיִירָאוּךָ כָּל הַמַּעֲשִׂים, וְיִשְׁתַּחֲווּ לְפָנֶיךָ כָּל הַבְּרוּאִים. וְיֵעָשׂוּ כֻלָּם אֲגֻדָּה אַחַת, לַעֲשׂוֹת רְצוֹנְךָ בְּלֵבָב שָׁלֵם. כְּמוֹ שֶׁיָּדַעְנוּ, יהוה אֱלֹהֵינוּ, שֶׁהַשִּׁלְטָן לְפָנֶיךָ, עֹז בְּיָדְךָ, וּגְבוּרָה בִּימִינֶךָ, וְשִׁמְךָ נוֹרָא עַל כָּל מַה שֶּׁבָּרָאתָ.

**וּבְכֵן,** תֵּן כָּבוֹד, יהוה, לְעַמֶּךָ, תְּהִלָּה לִירֵאֶיךָ, וְתִקְוָה טוֹבָה לְדוֹרְשֶׁיךָ, וּפִתְחוֹן פֶּה לַמְּיַחֲלִים לָךְ, שִׂמְחָה לְאַרְצֶךָ, וְשָׂשׂוֹן לְעִירֶךָ, וּצְמִיחַת קֶרֶן לְדָוִד עַבְדֶּךָ, וַעֲרִיכַת נֵר לְבֶן יִשַׁי מְשִׁיחֶךָ, בִּמְהֵרָה בְיָמֵינוּ.

**וּבְכֵן,** צַדִּיקִים יִרְאוּ וְיִשְׂמָחוּ, וִישָׁרִים יַעֲלֹזוּ, וַחֲסִידִים בְּרִנָּה יָגִילוּ. וְעוֹלָתָה תִּקְפָּץ פִּיהָ,[1] וְכָל הָרִשְׁעָה כֻּלָּהּ כֶּעָשָׁן תִּכְלֶה, כִּי תַעֲבִיר מֶמְשֶׁלֶת זָדוֹן מִן הָאָרֶץ.

**וְתִמְלוֹךְ** אַתָּה הוּא יהוה אֱלֹהֵינוּ מְהֵרָה לְבַדֶּךָ, עַל כָּל מַעֲשֶׂיךָ, בְּהַר צִיּוֹן מִשְׁכַּן כְּבוֹדֶךָ, וּבִירוּשָׁלַיִם עִיר קָדְשֶׁךָ, כַּכָּתוּב בְּדִבְרֵי קָדְשֶׁךָ: יִמְלֹךְ יהוה לְעוֹלָם, אֱלֹהַיִךְ צִיּוֹן לְדֹר וָדֹר, הַלְלוּיָהּ.[2]

**קָדוֹשׁ** אַתָּה וְנוֹרָא שְׁמֶךָ, וְאֵין אֱלוֹהַּ מִבַּלְעָדֶיךָ, כַּכָּתוּב: וַיִּגְבַּהּ יהוה צְבָאוֹת בַּמִּשְׁפָּט, וְהָאֵל הַקָּדוֹשׁ נִקְדַּשׁ בִּצְדָקָה.[3] בָּרוּךְ אַתָּה יהוה, הַמֶּלֶךְ הַקָּדוֹשׁ.

קדושת היום

**אַתָּה בְחַרְתָּנוּ** מִכָּל הָעַמִּים, אָהַבְתָּ אוֹתָנוּ, וְרָצִיתָ בָּנוּ, וְרוֹמַמְתָּנוּ מִכָּל הַלְּשׁוֹנוֹת, וְקִדַּשְׁתָּנוּ בְּמִצְוֹתֶיךָ, וְקֵרַבְתָּנוּ מַלְכֵּנוּ לַעֲבוֹדָתֶךָ, וְשִׁמְךָ הַגָּדוֹל וְהַקָּדוֹשׁ עָלֵינוּ קָרָאתָ.

במוצאי שבת בתפלת ערבית מוסיפים [ואם שכח אינו חוזר]:

**וַתּוֹדִיעֵנוּ** יהוה אֱלֹהֵינוּ אֶת מִשְׁפְּטֵי צִדְקֶךָ, וַתְּלַמְּדֵנוּ לַעֲשׂוֹת (בָּהֶם) חֻקֵּי רְצוֹנֶךָ. וַתִּתֶּן לָנוּ יהוה אֱלֹהֵינוּ מִשְׁפָּטִים יְשָׁרִים וְתוֹרוֹת אֱמֶת חֻקִּים וּמִצְוֹת טוֹבִים. וַתַּנְחִילֵנוּ זְמַנֵּי שָׂשׂוֹן וּמוֹעֲדֵי קֹדֶשׁ וְחַגֵּי נְדָבָה. וַתּוֹרִישֵׁנוּ קְדֻשַּׁת שַׁבָּת וּכְבוֹד מוֹעֵד וַחֲגִיגַת הָרֶגֶל. וַתַּבְדֵּל יהוה אֱלֹהֵינוּ בֵּין קֹדֶשׁ לְחוֹל, בֵּין אוֹר לְחֹשֶׁךְ, בֵּין יִשְׂרָאֵל לָעַמִּים, בֵּין יוֹם הַשְּׁבִיעִי לְשֵׁשֶׁת יְמֵי הַמַּעֲשֶׂה. בֵּין קְדֻשַּׁת שַׁבָּת לִקְדֻשַּׁת יוֹם טוֹב הִבְדַּלְתָּ, וְאֶת יוֹם הַשְּׁבִיעִי מִשֵּׁשֶׁת יְמֵי הַמַּעֲשֶׂה קִדַּשְׁתָּ, הִבְדַּלְתָּ וְקִדַּשְׁתָּ אֶת עַמְּךָ יִשְׂרָאֵל בִּקְדֻשָּׁתֶךָ.

בשבת אומרים המלים המוקפות בסוגריים.

**וַתִּתֶּן** לָנוּ יהוה אֱלֹהֵינוּ בְּאַהֲבָה אֶת יוֹם [הַשַּׁבָּת הַזֶּה וְאֶת יוֹם] הַזִּכָּרוֹן הַזֶּה, [כשחל בחול: יוֹם/בשבת: זִכְרוֹן] תְּרוּעָה, [בְּאַהֲבָה] מִקְרָא קֹדֶשׁ, זֵכֶר לִיצִיאַת מִצְרָיִם.

(1) איוב ה:טז; ע״פ תהלים קז:מב (2) קמו:י (3) ישעיה ה:טז

**למעריב, שחרית, ומנחה**

**אֱלֹהֵינוּ** וֵאלֹהֵי אֲבוֹתֵינוּ, יַעֲלֶה, וְיָבֹא, וְיַגִּיעַ, וְיֵרָאֶה, וְיֵרָצֶה, וְיִשָּׁמַע, וְיִפָּקֵד, וְיִזָּכֵר, זִכְרוֹנֵנוּ וּפִקְדוֹנֵנוּ, וְזִכְרוֹן אֲבוֹתֵינוּ, וְזִכְרוֹן מָשִׁיחַ בֶּן דָּוִד עַבְדֶּךָ, וְזִכְרוֹן יְרוּשָׁלַיִם עִיר קָדְשֶׁךָ, וְזִכְרוֹן כָּל עַמְּךָ בֵּית יִשְׂרָאֵל

**למוסף**

**וּמִפְּנֵי חֲטָאֵינוּ** גָּלִינוּ מֵאַרְצֵנוּ, וְנִתְרַחַקְנוּ מֵעַל אַדְמָתֵנוּ. וְאֵין אֲנַחְנוּ יְכוֹלִים לַעֲשׂוֹת חוֹבוֹתֵינוּ בְּבֵית בְּחִירָתֶךָ, בַּבַּיִת הַגָּדוֹל וְהַקָּדוֹשׁ שֶׁנִּקְרָא שִׁמְךָ עָלָיו, מִפְּנֵי הַיָּד שֶׁנִּשְׁתַּלְּחָה בְּמִקְדָּשֶׁךָ. יְהִי רָצוֹן מִלְּפָנֶיךָ, יהוה אֱלֹהֵינוּ וֵאלֹהֵי אֲבוֹתֵינוּ, מֶלֶךְ רַחֲמָן, שֶׁתָּשׁוּב וּתְרַחֵם עָלֵינוּ וְעַל מִקְדָּשְׁךָ בְּרַחֲמֶיךָ הָרַבִּים, וְתִבְנֵהוּ מְהֵרָה וּתְגַדֵּל כְּבוֹדוֹ. אָבִינוּ מַלְכֵּנוּ, גַּלֵּה כְּבוֹד מַלְכוּתְךָ עָלֵינוּ מְהֵרָה, וְהוֹפַע וְהִנָּשֵׂא עָלֵינוּ לְעֵינֵי כָּל חָי. וְקָרֵב פְּזוּרֵינוּ מִבֵּין הַגּוֹיִם, וּנְפוּצוֹתֵינוּ כַּנֵּס מִיַּרְכְּתֵי אָרֶץ. וַהֲבִיאֵנוּ לְצִיּוֹן עִירְךָ בְּרִנָּה, וְלִירוּשָׁלַיִם בֵּית מִקְדָּשְׁךָ בְּשִׂמְחַת עוֹלָם. וְשָׁם נַעֲשֶׂה לְפָנֶיךָ אֶת קָרְבְּנוֹת חוֹבוֹתֵינוּ, תְּמִידִים כְּסִדְרָם, וּמוּסָפִים כְּהִלְכָתָם. וְאֶת מוּסְפֵי יוֹם [הַשַּׁבָּת הַזֶּה וְיוֹם] הַזִּכָּרוֹן הַזֶּה נַעֲשֶׂה וְנַקְרִיב לְפָנֶיךָ בְּאַהֲבָה כְּמִצְוַת רְצוֹנֶךָ, כְּמוֹ שֶׁכָּתַבְתָּ עָלֵינוּ בְּתוֹרָתֶךָ, עַל יְדֵי מֹשֶׁה עַבְדֶּךָ, מִפִּי כְבוֹדֶךָ, כָּאָמוּר:

בשבת – **וּבְיוֹם הַשַּׁבָּת,** שְׁנֵי כְבָשִׂים בְּנֵי שָׁנָה תְּמִימִם, וּשְׁנֵי עֶשְׂרֹנִים סֹלֶת מִנְחָה בְּלוּלָה בַשֶּׁמֶן, וְנִסְכּוֹ. עֹלַת שַׁבַּת בְּשַׁבַּתּוֹ, עַל עֹלַת הַתָּמִיד וְנִסְכָּהּ.[1] (זֶה קָרְבַּן שַׁבָּת. וְקָרְבַּן הַיּוֹם כָּאָמוּר:)

**וּבַחֹדֶשׁ** הַשְּׁבִיעִי בְּאֶחָד לַחֹדֶשׁ, מִקְרָא קֹדֶשׁ יִהְיֶה לָכֶם, כָּל מְלֶאכֶת עֲבֹדָה לֹא תַעֲשׂוּ, יוֹם תְּרוּעָה יִהְיֶה לָכֶם. וַעֲשִׂיתֶם עֹלָה לְרֵיחַ נִיחֹחַ לַיהוה, פַּר בֶּן בָּקָר אֶחָד, אַיִל אֶחָד, כְּבָשִׂים בְּנֵי שָׁנָה שִׁבְעָה, תְּמִימִם.[2] וּמִנְחָתָם וְנִסְכֵּיהֶם כִּמְדֻבָּר: שְׁלֹשָׁה עֶשְׂרֹנִים לַפָּר, וּשְׁנֵי עֶשְׂרֹנִים לָאָיִל, וְעִשָּׂרוֹן לַכֶּבֶשׂ, וְיַיִן כְּנִסְכּוֹ, וּשְׁנֵי שְׂעִירִים לְכַפֵּר, וּשְׁנֵי תְמִידִים כְּהִלְכָתָם. מִלְּבַד עֹלַת הַחֹדֶשׁ וּמִנְחָתָהּ, וְעֹלַת הַתָּמִיד וּמִנְחָתָהּ, וְנִסְכֵּיהֶם כְּמִשְׁפָּטָם, לְרֵיחַ נִיחֹחַ אִשֶּׁה לַיהוה.[3]

בשבת – **יִשְׂמְחוּ** בְמַלְכוּתְךָ שׁוֹמְרֵי שַׁבָּת וְקוֹרְאֵי עֹנֶג, עַם מְקַדְּשֵׁי שְׁבִיעִי, כֻּלָּם יִשְׂבְּעוּ וְיִתְעַנְּגוּ מִטּוּבֶךָ, וּבַשְּׁבִיעִי רָצִיתָ בּוֹ וְקִדַּשְׁתּוֹ, חֶמְדַּת יָמִים אוֹתוֹ קָרָאתָ, זֵכֶר לְמַעֲשֵׂה בְרֵאשִׁית.

מלכיות

**עָלֵינוּ** לְשַׁבֵּחַ לַאֲדוֹן הַכֹּל, לָתֵת גְּדֻלָּה לְיוֹצֵר בְּרֵאשִׁית, שֶׁלֹּא עָשָׂנוּ כְּגוֹיֵי הָאֲרָצוֹת, וְלֹא שָׂמָנוּ כְּמִשְׁפְּחוֹת הָאֲדָמָה. שֶׁלֹּא שָׂם חֶלְקֵנוּ כָּהֶם, וְגוֹרָלֵנוּ כְּכָל הֲמוֹנָם. שֶׁהֵם מִשְׁתַּחֲוִים לְהֶבֶל וָרִיק, וּמִתְפַּלְּלִים אֶל אֵל לֹא יוֹשִׁיעַ.[4] וַאֲנַחְנוּ כּוֹרְעִים וּמִשְׁתַּחֲוִים וּמוֹדִים, לִפְנֵי מֶלֶךְ מַלְכֵי הַמְּלָכִים הַקָּדוֹשׁ בָּרוּךְ הוּא. שֶׁהוּא נוֹטֶה שָׁמַיִם וְיֹסֵד אָרֶץ,[5] וּמוֹשַׁב יְקָרוֹ בַּשָּׁמַיִם מִמַּעַל, וּשְׁכִינַת עֻזּוֹ בְּגָבְהֵי מְרוֹמִים. הוּא אֱלֹהֵינוּ, אֵין עוֹד. אֱמֶת מַלְכֵּנוּ, אֶפֶס

(1) במדבר כח:ט-י (2) כט:א-ב (3) כט:ו (4) ישעיה מה:כ (5) נא:יג

**למעריב, שחרית, ומנחה**

לְפָנֶיךָ, לִפְלֵיטָה לְטוֹבָה לְחֵן וּלְחֶסֶד וּלְרַחֲמִים, לְחַיִּים (טוֹבִים) וּלְשָׁלוֹם, בְּיוֹם הַזִּכָּרוֹן הַזֶּה. זָכְרֵנוּ יהוה אֱלֹהֵינוּ בּוֹ לְטוֹבָה, וּפָקְדֵנוּ בוֹ לִבְרָכָה, וְהוֹשִׁיעֵנוּ בוֹ לְחַיִּים טוֹבִים. וּבִדְבַר יְשׁוּעָה וְרַחֲמִים, חוּס וְחָנֵּנוּ וְרַחֵם עָלֵינוּ וְהוֹשִׁיעֵנוּ, כִּי אֵלֶיךָ עֵינֵינוּ, כִּי אֵל מֶלֶךְ חַנּוּן וְרַחוּם אָתָּה.[1]

**למוסף**

זוּלָתוֹ, כַּכָּתוּב בְּתוֹרָתוֹ: וְיָדַעְתָּ הַיּוֹם וַהֲשֵׁבֹתָ אֶל לְבָבֶךָ, כִּי יהוה הוּא הָאֱלֹהִים בַּשָּׁמַיִם מִמַּעַל וְעַל הָאָרֶץ מִתָּחַת, אֵין עוֹד.[2]

**וְעַל כֵּן** נְקַוֶּה לְּךָ, יהוה אֱלֹהֵינוּ, לִרְאוֹת מְהֵרָה בְּתִפְאֶרֶת עֻזֶּךָ, לְהַעֲבִיר גִּלּוּלִים מִן הָאָרֶץ, וְהָאֱלִילִים כָּרוֹת יִכָּרֵתוּן, לְתַקֵּן עוֹלָם בְּמַלְכוּת שַׁדַּי. וְכָל בְּנֵי בָשָׂר יִקְרְאוּ בִשְׁמֶךָ, לְהַפְנוֹת אֵלֶיךָ כָּל רִשְׁעֵי אָרֶץ. יַכִּירוּ וְיֵדְעוּ כָּל יוֹשְׁבֵי תֵבֵל, כִּי לְךָ תִּכְרַע כָּל בֶּרֶךְ, תִּשָּׁבַע כָּל לָשׁוֹן.[3] לְפָנֶיךָ יהוה אֱלֹהֵינוּ יִכְרְעוּ וְיִפֹּלוּ, וְלִכְבוֹד שִׁמְךָ יְקָר יִתֵּנוּ. וִיקַבְּלוּ כֻלָּם אֶת עוֹל מַלְכוּתֶךָ, וְתִמְלֹךְ עֲלֵיהֶם מְהֵרָה לְעוֹלָם וָעֶד. כִּי הַמַּלְכוּת שֶׁלְּךָ הִיא וּלְעוֹלְמֵי עַד תִּמְלוֹךְ בְּכָבוֹד, כַּכָּתוּב בְּתוֹרָתֶךָ: יהוה יִמְלֹךְ לְעֹלָם וָעֶד.[4] וְנֶאֱמַר: לֹא הִבִּיט אָוֶן בְּיַעֲקֹב, וְלֹא רָאָה עָמָל בְּיִשְׂרָאֵל; יהוה אֱלֹהָיו עִמּוֹ, וּתְרוּעַת מֶלֶךְ בּוֹ.[5] וְנֶאֱמַר: וַיְהִי בִישֻׁרוּן מֶלֶךְ, בְּהִתְאַסֵּף רָאשֵׁי עָם, יַחַד שִׁבְטֵי יִשְׂרָאֵל.[6]

**וּבְדִבְרֵי** קָדְשְׁךָ כָּתוּב לֵאמֹר: כִּי לַיהוה הַמְּלוּכָה וּמוֹשֵׁל בַּגּוֹיִם.[7] וְנֶאֱמַר: יהוה מָלָךְ גֵּאוּת לָבֵשׁ, לָבֵשׁ יהוה, עֹז הִתְאַזָּר, אַף תִּכּוֹן תֵּבֵל בַּל תִּמּוֹט.[8] וְנֶאֱמַר: שְׂאוּ שְׁעָרִים רָאשֵׁיכֶם, וְהִנָּשְׂאוּ פִּתְחֵי עוֹלָם, וְיָבוֹא מֶלֶךְ הַכָּבוֹד. מִי זֶה מֶלֶךְ הַכָּבוֹד, יהוה עִזּוּז וְגִבּוֹר, יהוה גִּבּוֹר מִלְחָמָה. שְׂאוּ שְׁעָרִים רָאשֵׁיכֶם, וּשְׂאוּ פִּתְחֵי עוֹלָם, וְיָבֹא מֶלֶךְ הַכָּבוֹד. מִי הוּא זֶה מֶלֶךְ הַכָּבוֹד, יהוה צְבָאוֹת, הוּא מֶלֶךְ הַכָּבוֹד סֶלָה.[9]

**וְעַל** יְדֵי עֲבָדֶיךָ הַנְּבִיאִים כָּתוּב לֵאמֹר: כֹּה אָמַר יהוה, מֶלֶךְ יִשְׂרָאֵל וְגֹאֲלוֹ, יהוה צְבָאוֹת, אֲנִי רִאשׁוֹן וַאֲנִי אַחֲרוֹן, וּמִבַּלְעָדַי אֵין אֱלֹהִים.[10] וְנֶאֱמַר: וְעָלוּ מוֹשִׁיעִים בְּהַר צִיּוֹן לִשְׁפֹּט אֶת הַר עֵשָׂו, וְהָיְתָה לַיהוה הַמְּלוּכָה.[11] וְנֶאֱמַר: וְהָיָה יהוה לְמֶלֶךְ עַל כָּל הָאָרֶץ, בַּיּוֹם הַהוּא יִהְיֶה יהוה אֶחָד וּשְׁמוֹ אֶחָד.[12] וּבְתוֹרָתְךָ כָּתוּב לֵאמֹר: שְׁמַע יִשְׂרָאֵל, יהוה אֱלֹהֵינוּ, יהוה אֶחָד.[13]

**אֱלֹהֵינוּ** וֵאלֹהֵי אֲבוֹתֵינוּ, מְלוֹךְ עַל כָּל הָעוֹלָם כֻּלּוֹ בִּכְבוֹדֶךָ, וְהִנָּשֵׂא עַל כָּל הָאָרֶץ בִּיקָרֶךָ, וְהוֹפַע בַּהֲדַר גְּאוֹן עֻזֶּךָ, עַל כָּל יוֹשְׁבֵי תֵבֵל אַרְצֶךָ. וְיֵדַע כָּל פָּעוּל כִּי אַתָּה פְעַלְתּוֹ, וְיָבִין כָּל יְצוּר כִּי אַתָּה יְצַרְתּוֹ, וְיֹאמַר כֹּל אֲשֶׁר נְשָׁמָה בְאַפּוֹ, יהוה אֱלֹהֵי יִשְׂרָאֵל מֶלֶךְ, וּמַלְכוּתוֹ בַּכֹּל מָשָׁלָה. [בשבת – אֱלֹהֵינוּ וֵאלֹהֵי אֲבוֹתֵינוּ, רְצֵה נָא בִמְנוּחָתֵנוּ] קַדְּשֵׁנוּ בְּמִצְוֹתֶיךָ, וְתֵן חֶלְקֵנוּ בְּתוֹרָתֶךָ, שַׂבְּעֵנוּ מִטּוּבֶךָ, וְשַׂמַּח נַפְשֵׁנוּ בִּישׁוּעָתֶךָ. [בשבת – וְהַנְחִילֵנוּ, יהוה אֱלֹהֵינוּ, בְּאַהֲבָה וּבְרָצוֹן שַׁבַּת קָדְשֶׁךָ, וְיָנוּחוּ בוֹ כָּל יִשְׂרָאֵל מְקַדְּשֵׁי שְׁמֶךָ.] וְטַהֵר לִבֵּנוּ

(1) ע״פ נחמיה ט:לא (2) דברים ד:לט (3) ע״פ ישעיה מה:כג (4) שמות טו:יח (5) במדבר כג:כא (6) דברים לג:ה (7) תהלים כב:כט (8) צג:א (9) כד:ז-י (10) ישעיה מד:ו (11) עובדיה א:כא (12) זכריה יד:ט (13) דברים ו:ד

**למעריב, שחרית, ומנחה**

**אֱלֹהֵינוּ** וֵאלֹהֵי אֲבוֹתֵינוּ, מְלוֹךְ עַל כָּל הָעוֹלָם כֻּלּוֹ בִּכְבוֹדֶךָ, וְהִנָּשֵׂא עַל כָּל הָאָרֶץ בִּיקָרֶךָ, וְהוֹפַע בַּהֲדַר גְּאוֹן עֻזֶּךָ, עַל כָּל יוֹשְׁבֵי תֵבֵל אַרְצֶךָ. וְיֵדַע כָּל פָּעוּל כִּי אַתָּה פְעַלְתּוֹ, וְיָבִין כָּל יְצוּר כִּי אַתָּה יְצַרְתּוֹ, וְיֹאמַר כֹּל אֲשֶׁר נְשָׁמָה בְאַפּוֹ, יהוה אֱלֹהֵי יִשְׂרָאֵל מֶלֶךְ, וּמַלְכוּתוֹ בַּכֹּל מָשָׁלָה.

**למוסף**

לְעָבְדְּךָ בֶּאֱמֶת. כִּי אַתָּה אֱלֹהִים אֱמֶת, וּדְבָרְךָ אֱמֶת וְקַיָּם לָעַד. בָּרוּךְ אַתָּה יהוה, מֶלֶךְ עַל כָּל הָאָרֶץ, מְקַדֵּשׁ [בשבת – הַשַּׁבָּת וְ] יִשְׂרָאֵל וְיוֹם הַזִּכָּרוֹן.

כל אחד ממתין עד אחר התקיעות (ובשבת אין תוקעין), ואומרים „הַיּוֹם הֲרַת עוֹלָם" אפילו בשבת.

**תקיעה שברים־תרועה תקיעה / תקיעה שברים תקיעה / תקיעה תרועה תקיעה**

**הַיּוֹם** הֲרַת עוֹלָם, הַיּוֹם יַעֲמִיד בַּמִּשְׁפָּט כָּל יְצוּרֵי עוֹלָמִים, אִם כְּבָנִים, אִם כַּעֲבָדִים. אִם כְּבָנִים, רַחֲמֵנוּ כְּרַחֵם אָב עַל בָּנִים. וְאִם כַּעֲבָדִים, עֵינֵינוּ לְךָ תְלוּיוֹת, עַד שֶׁתְּחָנֵּנוּ וְתוֹצִיא כָאוֹר מִשְׁפָּטֵנוּ, אָיוֹם קָדוֹשׁ.

זכרונות

**אַתָּה** זוֹכֵר מַעֲשֵׂה עוֹלָם, וּפוֹקֵד כָּל יְצוּרֵי קֶדֶם. לְפָנֶיךָ נִגְלוּ כָּל תַּעֲלוּמוֹת, וַהֲמוֹן נִסְתָּרוֹת שֶׁמִּבְּרֵאשִׁית. כִּי אֵין שִׁכְחָה לִפְנֵי כִסֵּא כְבוֹדֶךָ, וְאֵין נִסְתָּר מִנֶּגֶד עֵינֶיךָ. אַתָּה זוֹכֵר אֶת כָּל הַמִּפְעָל, וְגַם כָּל הַיְּצוּר לֹא נִכְחָד מִמֶּךָּ. הַכֹּל גָּלוּי וְיָדוּעַ לְפָנֶיךָ, יהוה אֱלֹהֵינוּ, צוֹפֶה וּמַבִּיט עַד סוֹף כָּל הַדּוֹרוֹת. כִּי תָבִיא חֹק זִכָּרוֹן, לְהִפָּקֵד כָּל רוּחַ וָנָפֶשׁ, לְהִזָּכֵר מַעֲשִׂים רַבִּים וַהֲמוֹן בְּרִיּוֹת לְאֵין תַּכְלִית. מֵרֵאשִׁית כָּזֹאת הוֹדָעְתָּ, וּמִלְּפָנִים אוֹתָהּ גִּלִּיתָ. זֶה הַיּוֹם תְּחִלַּת מַעֲשֶׂיךָ, זִכָּרוֹן לְיוֹם רִאשׁוֹן; כִּי חֹק לְיִשְׂרָאֵל הוּא, מִשְׁפָּט לֵאלֹהֵי יַעֲקֹב.[1] וְעַל הַמְּדִינוֹת בּוֹ יֵאָמֵר: אֵיזוֹ לַחֶרֶב, וְאֵיזוֹ לַשָּׁלוֹם, אֵיזוֹ לָרָעָב, וְאֵיזוֹ לָשֹׂבַע. וּבְרִיּוֹת בּוֹ יִפָּקֵדוּ, לְהַזְכִּירָם לְחַיִּים וְלַמָּוֶת. מִי לֹא נִפְקַד כְּהַיּוֹם הַזֶּה; כִּי זֵכֶר כָּל הַיְּצוּר לְפָנֶיךָ בָּא, מַעֲשֵׂה אִישׁ וּפְקֻדָּתוֹ, וַעֲלִילוֹת מִצְעֲדֵי גָבֶר, מַחְשְׁבוֹת אָדָם וְתַחְבּוּלוֹתָיו, וְיִצְרֵי מַעַלְלֵי אִישׁ. אַשְׁרֵי אִישׁ שֶׁלֹּא יִשְׁכָּחֶךָּ, וּבֶן אָדָם יִתְאַמֶּץ בָּךְ. כִּי דוֹרְשֶׁיךָ לְעוֹלָם לֹא יִכָּשֵׁלוּ, וְלֹא יִכָּלְמוּ לָנֶצַח כָּל הַחוֹסִים בָּךְ. כִּי זֵכֶר כָּל הַמַּעֲשִׂים לְפָנֶיךָ בָּא, וְאַתָּה דוֹרֵשׁ מַעֲשֵׂה כֻלָּם. וְגַם אֶת נֹחַ בְּאַהֲבָה זָכַרְתָּ, וַתִּפְקְדֵהוּ בִּדְבַר יְשׁוּעָה וְרַחֲמִים, בַּהֲבִיאֲךָ אֶת מֵי הַמַּבּוּל לְשַׁחֵת כָּל בָּשָׂר מִפְּנֵי רֹעַ מַעַלְלֵיהֶם. עַל כֵּן זִכְרוֹנוֹ בָּא לְפָנֶיךָ, יהוה אֱלֹהֵינוּ, לְהַרְבּוֹת זַרְעוֹ כְּעַפְרוֹת תֵּבֵל, וְצֶאֱצָאָיו כְּחוֹל הַיָּם, כַּכָּתוּב בְּתוֹרָתֶךָ: וַיִּזְכֹּר אֱלֹהִים אֶת נֹחַ, וְאֵת כָּל הַחַיָּה וְאֶת כָּל הַבְּהֵמָה אֲשֶׁר אִתּוֹ בַּתֵּבָה, וַיַּעֲבֵר אֱלֹהִים רוּחַ עַל הָאָרֶץ, וַיָּשֹׁכּוּ הַמָּיִם.[2] וְנֶאֱמַר: וַיִּשְׁמַע אֱלֹהִים אֶת נַאֲקָתָם, וַיִּזְכֹּר אֱלֹהִים אֶת בְּרִיתוֹ אֶת אַבְרָהָם, אֶת יִצְחָק וְאֶת יַעֲקֹב.[3] וְנֶאֱמַר: וְזָכַרְתִּי אֶת בְּרִיתִי יַעֲקוֹב, וְאַף אֶת בְּרִיתִי יִצְחָק, וְאַף אֶת בְּרִיתִי אַבְרָהָם אֶזְכֹּר, וְהָאָרֶץ אֶזְכֹּר.[4]

**וּבְדִבְרֵי** קָדְשְׁךָ כָּתוּב לֵאמֹר: זֵכֶר עָשָׂה לְנִפְלְאוֹתָיו, חַנּוּן וְרַחוּם יהוה.[5] וְנֶאֱמַר: טֶרֶף נָתַן לִירֵאָיו, יִזְכֹּר לְעוֹלָם בְּרִיתוֹ.[6] וְנֶאֱמַר: וַיִּזְכֹּר

(1) תהלים פא:ה (2) בראשית ח:א (3) שמות ב:כד (4) ויקרא כו:מב (5) תהלים קיא:ד (6) קיא:ה

**למעריב, שחרית, ומנחה**

[בשבת – אֱלֹהֵינוּ וֵאלֹהֵי אֲבוֹתֵינוּ, רְצֵה נָא בִמְנוּחָתֵנוּ] קַדְּשֵׁנוּ בְּמִצְוֹתֶיךָ, וְתֵן חֶלְקֵנוּ בְּתוֹרָתֶךָ, שַׂבְּעֵנוּ מִטּוּבֶךָ, וְשַׂמַּח נַפְשֵׁנוּ בִּישׁוּעָתֶךָ. [בשבת – וְהַנְחִילֵנוּ, יהוה אֱלֹהֵינוּ, בְּאַהֲבָה וּבְרָצוֹן שַׁבַּת קָדְשֶׁךָ, וְיָנוּחוּ מעריב–בָהּ/שחרית–בוֹ/מנחה–בָם/ כָּל יִשְׂרָאֵל

**למוסף**

לָהֶם בְּרִיתוֹ, וַיִּנָּחֵם כְּרֹב חֲסָדָיו.[1]

**וְעַל יְדֵי** עֲבָדֶיךָ הַנְּבִיאִים כָּתוּב לֵאמֹר: הָלוֹךְ וְקָרָאתָ בְאָזְנֵי יְרוּשָׁלַיִם לֵאמֹר, כֹּה אָמַר יהוה, זָכַרְתִּי לָךְ חֶסֶד נְעוּרַיִךְ, אַהֲבַת כְּלוּלֹתָיִךְ, לֶכְתֵּךְ אַחֲרַי בַּמִּדְבָּר, בְּאֶרֶץ לֹא זְרוּעָה.[2] וְנֶאֱמַר: וְזָכַרְתִּי אֲנִי אֶת בְּרִיתִי אוֹתָךְ בִּימֵי נְעוּרָיִךְ, וַהֲקִימוֹתִי לָךְ בְּרִית עוֹלָם.[3] וְנֶאֱמַר: הֲבֵן יַקִּיר לִי אֶפְרַיִם, אִם יֶלֶד שַׁעֲשׁוּעִים, כִּי מִדֵּי דַבְּרִי בּוֹ זָכֹר אֶזְכְּרֶנּוּ עוֹד, עַל כֵּן הָמוּ מֵעַי לוֹ, רַחֵם אֲרַחֲמֶנּוּ, נְאֻם יהוה.[4]

**אֱלֹהֵינוּ** וֵאלֹהֵי אֲבוֹתֵינוּ, זָכְרֵנוּ בְּזִכָּרוֹן טוֹב לְפָנֶיךָ, וּפָקְדֵנוּ בִּפְקֻדַּת יְשׁוּעָה וְרַחֲמִים מִשְּׁמֵי שְׁמֵי קֶדֶם. וּזְכָר לָנוּ, יהוה אֱלֹהֵינוּ, אֶת הַבְּרִית וְאֶת הַחֶסֶד, וְאֶת הַשְּׁבוּעָה אֲשֶׁר נִשְׁבַּעְתָּ לְאַבְרָהָם אָבִינוּ בְּהַר הַמּוֹרִיָּה. וְתֵרָאֶה לְפָנֶיךָ עֲקֵדָה שֶׁעָקַד אַבְרָהָם אָבִינוּ אֶת יִצְחָק בְּנוֹ עַל גַּבֵּי הַמִּזְבֵּחַ, וְכָבַשׁ רַחֲמָיו לַעֲשׂוֹת רְצוֹנְךָ בְּלֵבָב שָׁלֵם. כֵּן יִכְבְּשׁוּ רַחֲמֶיךָ אֶת כַּעַסְךָ מֵעָלֵינוּ, וּבְטוּבְךָ הַגָּדוֹל יָשׁוּב חֲרוֹן אַפְּךָ מֵעַמְּךָ וּמֵעִירְךָ וּמֵאַרְצְךָ וּמִנַּחֲלָתֶךָ. וְקַיֶּם לָנוּ, יהוה אֱלֹהֵינוּ, אֶת הַדָּבָר שֶׁהִבְטַחְתָּנוּ בְּתוֹרָתֶךָ, עַל יְדֵי מֹשֶׁה עַבְדֶּךָ, מִפִּי כְבוֹדֶךָ, כָּאָמוּר: וְזָכַרְתִּי לָהֶם בְּרִית רִאשׁוֹנִים, אֲשֶׁר הוֹצֵאתִי אֹתָם מֵאֶרֶץ מִצְרַיִם לְעֵינֵי הַגּוֹיִם לִהְיוֹת לָהֶם לֵאלֹהִים, אֲנִי יהוה.[5] כִּי זוֹכֵר כָּל הַנִּשְׁכָּחוֹת אַתָּה הוּא מֵעוֹלָם, וְאֵין שִׁכְחָה לִפְנֵי כִסֵּא כְבוֹדֶךָ. וַעֲקֵדַת יִצְחָק לְזַרְעוֹ הַיּוֹם בְּרַחֲמִים תִּזְכּוֹר. בָּרוּךְ אַתָּה יהוה, זוֹכֵר הַבְּרִית.

כל אחד ממתין עד אחר התקיעות (ובשבת אין תוקעין), ואומרים „הַיּוֹם הֲרַת עוֹלָם" אפילו בשבת.

**תקיעה שברים-תרועה תקיעה / תקיעה שברים תקיעה / תקיעה תרועה תקיעה**

**הַיּוֹם** הֲרַת עוֹלָם, הַיּוֹם יַעֲמִיד בַּמִּשְׁפָּט כָּל יְצוּרֵי עוֹלָמִים, אִם כְּבָנִים, אִם כַּעֲבָדִים. אִם כְּבָנִים, רַחֲמֵנוּ כְּרַחֵם אָב עַל בָּנִים. וְאִם כַּעֲבָדִים, עֵינֵינוּ לְךָ תְלוּיוֹת, עַד שֶׁתְּחָנֵּנוּ וְתוֹצִיא כָאוֹר מִשְׁפָּטֵנוּ, אָיוֹם קָדוֹשׁ.

שופרות

**אַתָּה נִגְלֵיתָ** בַּעֲנַן כְּבוֹדֶךָ, עַל עַם קָדְשֶׁךָ, לְדַבֵּר עִמָּם. מִן הַשָּׁמַיִם הִשְׁמַעְתָּם קוֹלֶךָ, וְנִגְלֵיתָ עֲלֵיהֶם בְּעַרְפַלֵּי טֹהַר. גַּם כָּל הָעוֹלָם כֻּלּוֹ חָל מִפָּנֶיךָ, וּבְרִיּוֹת בְּרֵאשִׁית חָרְדוּ מִמֶּךָּ, בְּהִגָּלוֹתְךָ מַלְכֵּנוּ עַל הַר סִינַי, לְלַמֵּד לְעַמְּךָ תּוֹרָה וּמִצְוֹת, וַתַּשְׁמִיעֵם אֶת הוֹד קוֹלֶךָ, וְדִבְּרוֹת קָדְשְׁךָ מִלַּהֲבוֹת אֵשׁ. בְּקֹלֹת וּבְרָקִים עֲלֵיהֶם נִגְלֵיתָ, וּבְקוֹל שֹׁפָר עֲלֵיהֶם הוֹפָעְתָּ, כַּכָּתוּב בְּתוֹרָתֶךָ: וַיְהִי בַיּוֹם הַשְּׁלִישִׁי בִּהְיֹת הַבֹּקֶר, וַיְהִי קֹלֹת וּבְרָקִים, וְעָנָן כָּבֵד עַל הָהָר, וְקֹל שֹׁפָר חָזָק מְאֹד, וַיֶּחֱרַד כָּל הָעָם אֲשֶׁר

(1) תהלים קו:מה (2) ירמיה ב:ב (3) יחזקאל טז:ס (4) ירמיה לא:יט (5) ויקרא כו:מה

**למעריב, שחרית, ומנחה**

מְקַדְּשֵׁי שְׁמֶךָ.] וְטַהֵר לִבֵּנוּ לְעָבְדְּךָ בֶּאֱמֶת. כִּי אַתָּה אֱלֹהִים אֱמֶת, וּדְבָרְךָ אֱמֶת וְקַיָּם לָעַד. בָּרוּךְ אַתָּה יהוה, מֶלֶךְ עַל כָּל הָאָרֶץ, מְקַדֵּשׁ [בשבת – הַשַּׁבָּת וְ]יִשְׂרָאֵל וְיוֹם הַזִּכָּרוֹן.

**למוסף**

בַּמַּחֲנֶה.[1] וְנֶאֱמַר: וַיְהִי קוֹל הַשֹּׁפָר הוֹלֵךְ וְחָזֵק מְאֹד, מֹשֶׁה יְדַבֵּר וְהָאֱלֹהִים יַעֲנֶנּוּ בְקוֹל.[2] וְנֶאֱמַר: וְכָל הָעָם רֹאִים אֶת הַקּוֹלֹת, וְאֶת הַלַּפִּידִם, וְאֵת קוֹל הַשֹּׁפָר, וְאֶת הָהָר עָשֵׁן; וַיַּרְא הָעָם וַיָּנֻעוּ, וַיַּעַמְדוּ מֵרָחֹק.[3]

**וּבְדִבְרֵי** קָדְשְׁךָ כָּתוּב לֵאמֹר: עָלָה אֱלֹהִים בִּתְרוּעָה, יהוה בְּקוֹל שׁוֹפָר.[4] וְנֶאֱמַר: בַּחֲצֹצְרוֹת וְקוֹל שׁוֹפָר הָרִיעוּ לִפְנֵי הַמֶּלֶךְ יהוה.[5] וְנֶאֱמַר: תִּקְעוּ בַחֹדֶשׁ שׁוֹפָר, בַּכֶּסֶה לְיוֹם חַגֵּנוּ. כִּי חֹק לְיִשְׂרָאֵל הוּא, מִשְׁפָּט לֵאלֹהֵי יַעֲקֹב.[6] וְנֶאֱמַר: הַלְלוּיָהּ, הַלְלוּ אֵל בְּקָדְשׁוֹ, הַלְלוּהוּ בִּרְקִיעַ עֻזּוֹ. הַלְלוּהוּ בִגְבוּרֹתָיו, הַלְלוּהוּ כְּרֹב גֻּדְלוֹ. הַלְלוּהוּ בְּתֵקַע שׁוֹפָר, הַלְלוּהוּ בְּנֵבֶל וְכִנּוֹר. הַלְלוּהוּ בְתֹף וּמָחוֹל, הַלְלוּהוּ בְּמִנִּים וְעוּגָב. הַלְלוּהוּ בְצִלְצְלֵי שָׁמַע, הַלְלוּהוּ בְּצִלְצְלֵי תְרוּעָה. כֹּל הַנְּשָׁמָה תְּהַלֵּל יָהּ, הַלְלוּיָהּ.[7]

**וְעַל** יְדֵי עֲבָדֶיךָ הַנְּבִיאִים כָּתוּב לֵאמֹר: כָּל יֹשְׁבֵי תֵבֵל וְשֹׁכְנֵי אָרֶץ, כִּנְשֹׂא נֵס הָרִים תִּרְאוּ, וְכִתְקֹעַ שׁוֹפָר תִּשְׁמָעוּ.[8] וְנֶאֱמַר: וְהָיָה בַּיּוֹם הַהוּא יִתָּקַע בְּשׁוֹפָר גָּדוֹל, וּבָאוּ הָאֹבְדִים בְּאֶרֶץ אַשּׁוּר, וְהַנִּדָּחִים בְּאֶרֶץ מִצְרָיִם, וְהִשְׁתַּחֲווּ לַיהוה בְּהַר הַקֹּדֶשׁ בִּירוּשָׁלָיִם.[9] וְנֶאֱמַר: וַיהוה עֲלֵיהֶם יֵרָאֶה, וְיָצָא כַבָּרָק חִצּוֹ, וַאדֹנָי יֱהֹוִה[10] בַּשּׁוֹפָר יִתְקָע, וְהָלַךְ בְּסַעֲרוֹת תֵּימָן. יהוה צְבָאוֹת יָגֵן עֲלֵיהֶם.[11] כֵּן תָּגֵן עַל עַמְּךָ יִשְׂרָאֵל בִּשְׁלוֹמֶךָ.

**אֱלֹהֵינוּ** וֵאלֹהֵי אֲבוֹתֵינוּ, תְּקַע בְּשׁוֹפָר גָּדוֹל לְחֵרוּתֵנוּ, וְשָׂא נֵס לְקַבֵּץ גָּלֻיּוֹתֵינוּ, וְקָרֵב פְּזוּרֵינוּ מִבֵּין הַגּוֹיִם, וּנְפוּצוֹתֵינוּ כַּנֵּס מִיַּרְכְּתֵי אָרֶץ. וַהֲבִיאֵנוּ לְצִיּוֹן עִירְךָ בְּרִנָּה, וְלִירוּשָׁלַיִם בֵּית מִקְדָּשְׁךָ בְּשִׂמְחַת עוֹלָם. וְשָׁם נַעֲשֶׂה לְפָנֶיךָ אֶת קָרְבְּנוֹת חוֹבוֹתֵינוּ כִּמְצֻוֶּה עָלֵינוּ בְּתוֹרָתֶךָ, עַל יְדֵי מֹשֶׁה עַבְדֶּךָ, מִפִּי כְבוֹדֶךָ, כָּאָמוּר: וּבְיוֹם שִׂמְחַתְכֶם וּבְמוֹעֲדֵיכֶם וּבְרָאשֵׁי חָדְשֵׁיכֶם, וּתְקַעְתֶּם בַּחֲצֹצְרֹת עַל עֹלֹתֵיכֶם וְעַל זִבְחֵי שַׁלְמֵיכֶם; וְהָיוּ לָכֶם לְזִכָּרוֹן לִפְנֵי אֱלֹהֵיכֶם, אֲנִי יהוה אֱלֹהֵיכֶם.[12] כִּי אַתָּה שׁוֹמֵעַ קוֹל שׁוֹפָר, וּמַאֲזִין תְּרוּעָה, וְאֵין דּוֹמֶה לָּךְ. בָּרוּךְ אַתָּה יהוה, שׁוֹמֵעַ קוֹל תְּרוּעַת עַמּוֹ יִשְׂרָאֵל בְּרַחֲמִים.

כל אחד ממתין עד אחר התקיעות (ובשבת אין תוקעין), ואומרים „הַיּוֹם הֲרַת עוֹלָם" אפילו בשבת.

**תקיעה שברים־תרועה תקיעה/תקיעה שברים תקיעה/תקיעה תרועה תקיעה־גדולה**

**הַיּוֹם** הֲרַת עוֹלָם, הַיּוֹם יַעֲמִיד בַּמִּשְׁפָּט כָּל יְצוּרֵי עוֹלָמִים, אִם כְּבָנִים, אִם כַּעֲבָדִים. אִם כְּבָנִים, רַחֲמֵנוּ כְּרַחֵם אָב עַל בָּנִים. וְאִם כַּעֲבָדִים, עֵינֵינוּ לְךָ תְלוּיוֹת, עַד שֶׁתְּחָנֵּנוּ וְתוֹצִיא כָאוֹר מִשְׁפָּטֵנוּ, אָיוֹם קָדוֹשׁ.

(1) שמות יט:טז (2) יט:יט (3) כ:טו (4) תהלים מז:ו (5) צח:ו (6) פא:ד־ה (7) קנ:א־ו (8) ישעיה יח:ג
(9) כז:יג (10) שם הוי"ה בנקוד זה יש לבטא אֱלֹהִים (11) זכריה ט:יד־טו (12) במדבר י:י

**בכל התפילות ממשיך כאן:**

עבודה

**רְצֵה** יהוה אֱלֹהֵינוּ בְּעַמְּךָ יִשְׂרָאֵל וְלִתְפִלָּתָם שְׁעֵה, וְהָשֵׁב אֶת הָעֲבוֹדָה לִדְבִיר בֵּיתֶךָ. וְאִשֵּׁי יִשְׂרָאֵל, וּתְפִלָּתָם מְהֵרָה בְּאַהֲבָה תְקַבֵּל בְּרָצוֹן, וּתְהִי לְרָצוֹן תָּמִיד עֲבוֹדַת יִשְׂרָאֵל עַמֶּךָ.

**וְתֶחֱזֶינָה** עֵינֵינוּ בְּשׁוּבְךָ לְצִיּוֹן בְּרַחֲמִים. בָּרוּךְ אַתָּה יהוה, הַמַּחֲזִיר שְׁכִינָתוֹ לְצִיּוֹן.

הודאה

**מוֹדִים** אֲנַחְנוּ לָךְ, שָׁאַתָּה הוּא יהוה אֱלֹהֵינוּ וֵאלֹהֵי אֲבוֹתֵינוּ לְעוֹלָם וָעֶד. צוּרֵנוּ, צוּר חַיֵּינוּ, מָגֵן יִשְׁעֵנוּ אַתָּה הוּא לְדוֹר וָדוֹר. נוֹדֶה לְּךָ וּנְסַפֵּר תְּהִלָּתֶךָ[1] עַל חַיֵּינוּ הַמְּסוּרִים בְּיָדֶךָ, וְעַל נִשְׁמוֹתֵינוּ הַפְּקוּדוֹת לָךְ, וְעַל נִסֶּיךָ שֶׁבְּכָל יוֹם עִמָּנוּ, וְעַל נִפְלְאוֹתֶיךָ וְטוֹבוֹתֶיךָ שֶׁבְּכָל עֵת, עֶרֶב וָבֹקֶר וְצָהֳרָיִם. הַטּוֹב כִּי לֹא כָלוּ רַחֲמֶיךָ, וְהַמְּרַחֵם כִּי לֹא תַמּוּ חֲסָדֶיךָ,[2] כִּי מֵעוֹלָם קִוִּינוּ לָךְ.

וְעַל כֻּלָּם יִתְבָּרַךְ וְיִתְרוֹמַם וְיִתְנַשֵּׂא שִׁמְךָ מַלְכֵּנוּ תָּמִיד לְעוֹלָם וָעֶד.

**וּכְתוֹב לְחַיִּים טוֹבִים כָּל בְּנֵי בְרִיתֶךָ.**

וְכֹל הַחַיִּים יוֹדְוּךָ סֶּלָה, וִיהַלְלוּ וִיבָרְכוּ אֶת שִׁמְךָ הַגָּדוֹל בֶּאֱמֶת, לְעוֹלָם כִּי טוֹב. הָאֵל יְשׁוּעָתֵנוּ וְעֶזְרָתֵנוּ סֶלָה, הָאֵל הַטּוֹב. בָּרוּךְ אַתָּה יהוה, הַטּוֹב שִׁמְךָ וּלְךָ נָאֶה לְהוֹדוֹת.

שלום

בשחרית מוסף ומנחה יש קהילות שאומרים „שִׂים שָׁלוֹם"
ובתפילת ערבית יש שאומרים „שִׂים שָׁלוֹם" ויש שאומרים „שָׁלוֹם רָב".

**שִׂים שָׁלוֹם,** טוֹבָה וּבְרָכָה, חַיִּים, חֵן וָחֶסֶד וְרַחֲמִים עָלֵינוּ וְעַל כָּל יִשְׂרָאֵל עַמֶּךָ. בָּרְכֵנוּ אָבִינוּ, כֻּלָּנוּ כְּאֶחָד בְּאוֹר פָּנֶיךָ, כִּי בְאוֹר פָּנֶיךָ נָתַתָּ לָּנוּ, יהוה אֱלֹהֵינוּ, תּוֹרַת חַיִּים וְאַהֲבַת חֶסֶד, וּצְדָקָה, וּבְרָכָה, וְרַחֲמִים, וְחַיִּים, וְשָׁלוֹם. וְטוֹב יִהְיֶה בְעֵינֶיךָ לְבָרְכֵנוּ וּלְבָרֵךְ אֶת כָּל עַמְּךָ יִשְׂרָאֵל בְּכָל עֵת וּבְכָל שָׁעָה בִּשְׁלוֹמֶךָ (בְּרוֹב עוֹז וְשָׁלוֹם).

**שָׁלוֹם רָב** עַל יִשְׂרָאֵל עַמְּךָ תָּשִׂים לְעוֹלָם, כִּי אַתָּה הוּא מֶלֶךְ אָדוֹן לְכָל הַשָּׁלוֹם. וְטוֹב יִהְיֶה בְעֵינֶיךָ לְבָרְכֵנוּ וּלְבָרֵךְ אֶת כָּל עַמְּךָ יִשְׂרָאֵל בְּכָל עֵת וּבְכָל שָׁעָה בִּשְׁלוֹמֶךָ.

**בְּסֵפֶר חַיִּים בְּרָכָה וְשָׁלוֹם, וּפַרְנָסָה טוֹבָה, וּגְזֵרוֹת טוֹבוֹת, יְשׁוּעוֹת וְנֶחָמוֹת, נִזָּכֵר וְנִכָּתֵב לְפָנֶיךָ, אֲנַחְנוּ וְכָל עַמְּךָ בֵּית יִשְׂרָאֵל, לְחַיִּים טוֹבִים וּלְשָׁלוֹם.**

בָּרוּךְ אַתָּה יהוה, הַמְּבָרֵךְ אֶת עַמּוֹ יִשְׂרָאֵל בַּשָּׁלוֹם.

יִהְיוּ לְרָצוֹן אִמְרֵי פִי וְהֶגְיוֹן לִבִּי לְפָנֶיךָ, יהוה צוּרִי וְגֹאֲלִי.[3]

(1) ע"פ תהלים עט:יג (2) ע"פ איכה ג:כב (3) תהלים יט:טו

**אֱלֹהַי,** נְצוֹר לְשׁוֹנִי מֵרָע, וּשְׂפָתַי מִדַּבֵּר מִרְמָה,[1] וְלִמְקַלְּלַי נַפְשִׁי תִדּוֹם, וְנַפְשִׁי כֶּעָפָר לַכֹּל תִּהְיֶה. פְּתַח לִבִּי בְּתוֹרָתֶךָ, וְאַחֲרֵי מִצְוֹתֶיךָ תִּרְדּוֹף נַפְשִׁי. וְכָל הַקָּמִים וְהַחוֹשְׁבִים עָלַי לְרָעָה, מְהֵרָה הָפֵר עֲצָתָם וְקַלְקֵל מַחֲשַׁבְתָּם. יְהִי רָצוֹן מִלְּפָנֶיךָ, יהוה אֱלֹהַי וֵאלֹהֵי אֲבוֹתַי, שֶׁלֹּא תַעֲלֶה קִנְאַת אָדָם עָלַי, וְלֹא קִנְאָתִי עַל אֲחֵרִים, וְשֶׁלֹּא אֶכְעֹס הַיּוֹם, וְשֶׁלֹּא אַכְעִיסֶךָ, וְתַצִּילֵנִי מִיֵּצֶר הָרָע, וְתֵן בְּלִבִּי הַכְנָעָה וַעֲנָוָה. מַלְכֵּנוּ וֵאלֹהֵינוּ, יַחֵד שִׁמְךָ בְּעוֹלָמֶךָ, בְּנֵה עִירָךְ, יַסֵּד בֵּיתֶךָ, וְשַׁכְלֵל הֵיכָלֶךָ, וְקַבֵּץ קִבּוּץ גָּלֻיּוֹת, וּפְדֵה צֹאנֶךָ, וְשַׂמַּח עֲדָתֶךָ. עֲשֵׂה לְמַעַן שְׁמֶךָ, עֲשֵׂה לְמַעַן יְמִינֶךָ, עֲשֵׂה לְמַעַן תּוֹרָתֶךָ, עֲשֵׂה לְמַעַן קְדֻשָּׁתֶךָ. לְמַעַן יֵחָלְצוּן יְדִידֶיךָ, הוֹשִׁיעָה יְמִינְךָ וַעֲנֵנִי.[2] (כתב בס' אליה רבה שטוב לומר כאן פסוק ששייך אל שמו; ראה עמ' 443.) יִהְיוּ לְרָצוֹן אִמְרֵי פִי וְהֶגְיוֹן לִבִּי לְפָנֶיךָ, יהוה צוּרִי וְגֹאֲלִי.[3] עֹשֶׂה °שָׁלוֹם [°יש שאומרים – הַשָּׁלוֹם] בִּמְרוֹמָיו, הוּא יַעֲשֶׂה שָׁלוֹם עָלֵינוּ, וְעַל כָּל יִשְׂרָאֵל. וְאִמְרוּ: אָמֵן.

**יְהִי רָצוֹן** מִלְּפָנֶיךָ, יהוה אֱלֹהֵינוּ וֵאלֹהֵי אֲבוֹתֵינוּ, שֶׁיִּבָּנֶה בֵּית הַמִּקְדָּשׁ בִּמְהֵרָה בְיָמֵינוּ, וְתֵן חֶלְקֵנוּ בְּתוֹרָתֶךָ. וְשָׁם נַעֲבָדְךָ בְּיִרְאָה, כִּימֵי עוֹלָם וּכְשָׁנִים קַדְמוֹנִיּוֹת. וְעָרְבָה לַיהוה מִנְחַת יְהוּדָה וִירוּשָׁלָיִם, כִּימֵי עוֹלָם וּכְשָׁנִים קַדְמוֹנִיּוֹת.[4]

במעריב של ראש השנה אומרים „לְדָוִד מִזְמוֹר" מיד אחרי שמונה עשרה,
ואם חל בשבת אומרים „וַיְכֻלּוּ" וברכת מעין שבע (עמ' 170) לפני „לְדָוִד מִזְמוֹר".

החזן אומר פסוק פסוק והקהל עונה אחריו.

תהלים כד

**לְדָוִד** מִזְמוֹר, לַיהוה הָאָרֶץ וּמְלוֹאָהּ, תֵּבֵל וְיֹשְׁבֵי בָהּ. כִּי הוּא עַל יַמִּים יְסָדָהּ, וְעַל נְהָרוֹת יְכוֹנְנֶהָ. מִי יַעֲלֶה בְהַר יהוה, וּמִי יָקוּם בִּמְקוֹם קָדְשׁוֹ. נְקִי כַפַּיִם וּבַר לֵבָב, אֲשֶׁר לֹא נָשָׂא לַשָּׁוְא נַפְשִׁי, וְלֹא נִשְׁבַּע לְמִרְמָה. יִשָּׂא בְרָכָה מֵאֵת יהוה, וּצְדָקָה מֵאֱלֹהֵי יִשְׁעוֹ. זֶה דּוֹר דֹּרְשָׁיו, מְבַקְשֵׁי פָנֶיךָ יַעֲקֹב סֶלָה. שְׂאוּ שְׁעָרִים רָאשֵׁיכֶם, וְהִנָּשְׂאוּ פִּתְחֵי עוֹלָם, וְיָבוֹא מֶלֶךְ הַכָּבוֹד. מִי זֶה מֶלֶךְ הַכָּבוֹד, יהוה עִזּוּז וְגִבּוֹר, יהוה גִּבּוֹר מִלְחָמָה. שְׂאוּ שְׁעָרִים רָאשֵׁיכֶם, וּשְׂאוּ פִּתְחֵי עוֹלָם, וְיָבֹא מֶלֶךְ הַכָּבוֹד. מִי הוּא זֶה מֶלֶךְ הַכָּבוֹד, יהוה צְבָאוֹת הוּא מֶלֶךְ הַכָּבוֹד סֶלָה.

ממשיכים עם קדיש שלם (עמ' 171) עד סוף התפלה.

## שנה טובה

בליל א' של ראש השנה נוהגים שכל אחד אומר לחבירו „לְשָׁנָה טוֹבָה . . .".

### לְשָׁנָה טוֹבָה

| לזכר: | לנקבה: | לזכרים: | לנקבות: |
|---|---|---|---|
| תִּכָּתֵב וְתֵחָתֵם | תִּכָּתֵבִי[5] וְתֵחָתֵמִי | תִּכָּתֵבוּ[6] וְתֵחָתֵמוּ | תִּכָּתַבְנָה וְתֵחָתַמְנָה |

(לְאַלְתַּר, לְחַיִּים טוֹבִים וּלְשָׁלוֹם).

(1) תהלים יט:טו (2) ע"פ תהלים לד:יד (3) תהלים ס:ז; קח:ז (4) מלאכי ג:ד (5) נ"א תִּכָּתְבִי (6) נ"א תִּכָּתְבוּ

## קידוש לליל ראש השנה

הקידוש ליום של ראש השנה בע' 244.

כשחל ר"ה בשבת מתחיל כאן:

(וַיְהִי עֶרֶב וַיְהִי בֹקֶר)

**יוֹם הַשִּׁשִּׁי.** וַיְכֻלּוּ הַשָּׁמַיִם וְהָאָרֶץ וְכָל צְבָאָם. וַיְכַל אֱלֹהִים בַּיּוֹם הַשְּׁבִיעִי מְלַאכְתּוֹ אֲשֶׁר עָשָׂה, וַיִּשְׁבֹּת בַּיּוֹם הַשְּׁבִיעִי מִכָּל מְלַאכְתּוֹ אֲשֶׁר עָשָׂה. וַיְבָרֶךְ אֱלֹהִים אֶת יוֹם הַשְּׁבִיעִי וַיְקַדֵּשׁ אֹתוֹ, כִּי בוֹ שָׁבַת מִכָּל מְלַאכְתּוֹ אֲשֶׁר בָּרָא אֱלֹהִים לַעֲשׂוֹת.[1]

בראש השנה שחל בחול מתחילים כאן. כשחל בשבת מוסיפים המלים המוקפות בסוגריים.

סַבְרִי מָרָנָן וְרַבָּנָן וְרַבּוֹתַי:

**בָּרוּךְ** אַתָּה יהוה אֱלֹהֵינוּ מֶלֶךְ הָעוֹלָם, בּוֹרֵא פְּרִי הַגָּפֶן.

**בָּרוּךְ** אַתָּה יהוה אֱלֹהֵינוּ מֶלֶךְ הָעוֹלָם, אֲשֶׁר בָּחַר בָּנוּ מִכָּל עָם, וְרוֹמְמָנוּ מִכָּל לָשׁוֹן, וְקִדְּשָׁנוּ בְּמִצְוֹתָיו. וַתִּתֶּן לָנוּ יהוה אֱלֹהֵינוּ בְּאַהֲבָה אֶת יוֹם [הַשַּׁבָּת הַזֶּה וְאֶת יוֹם] הַזִּכָּרוֹן הַזֶּה, [בחול: יוֹם/בשבת: זִכְרוֹן] תְּרוּעָה [בְּאַהֲבָה] מִקְרָא קֹדֶשׁ, זֵכֶר לִיצִיאַת מִצְרָיִם. כִּי בָנוּ בָחַרְתָּ וְאוֹתָנוּ קִדַּשְׁתָּ מִכָּל הָעַמִּים, וּדְבָרְךָ אֱמֶת וְקַיָּם לָעַד. בָּרוּךְ אַתָּה יהוה, מֶלֶךְ עַל כָּל הָאָרֶץ, מְקַדֵּשׁ [הַשַּׁבָּת וְ]יִשְׂרָאֵל וְיוֹם הַזִּכָּרוֹן.

כשחל ראש השנה במוצאי שבת מוסיפים כאן ברכות ההבדלה. ולא ידליק אבוקת שעוה לברך עליה. יקרב ידו אצל הנר ויברך ויכפוף אצבעותיו תוך ידו ומסתכל בהם לאור הנר.

**בָּרוּךְ** אַתָּה יהוה אֱלֹהֵינוּ מֶלֶךְ הָעוֹלָם, בּוֹרֵא מְאוֹרֵי הָאֵשׁ.

**בָּרוּךְ** אַתָּה יהוה אֱלֹהֵינוּ מֶלֶךְ הָעוֹלָם, הַמַּבְדִּיל בֵּין קֹדֶשׁ לְחוֹל, בֵּין אוֹר לְחֹשֶׁךְ, בֵּין יִשְׂרָאֵל לָעַמִּים, בֵּין יוֹם הַשְּׁבִיעִי לְשֵׁשֶׁת יְמֵי הַמַּעֲשֶׂה. בֵּין קְדֻשַּׁת שַׁבָּת לִקְדֻשַּׁת יוֹם טוֹב הִבְדַּלְתָּ, וְאֶת יוֹם הַשְּׁבִיעִי מִשֵּׁשֶׁת יְמֵי הַמַּעֲשֶׂה קִדַּשְׁתָּ, הִבְדַּלְתָּ וְקִדַּשְׁתָּ אֶת עַמְּךָ יִשְׂרָאֵל בִּקְדֻשָּׁתֶךָ. בָּרוּךְ אַתָּה יהוה, הַמַּבְדִּיל בֵּין קֹדֶשׁ לְקֹדֶשׁ.

**בָּרוּךְ** אַתָּה יהוה אֱלֹהֵינוּ מֶלֶךְ הָעוֹלָם, שֶׁהֶחֱיָנוּ וְקִיְּמָנוּ וְהִגִּיעָנוּ לַזְּמַן הַזֶּה.

---

(1) בראשית א:לא-ב:ג

## סימנא מילתא

בליל ראש השנה נוהגים להטביל פרוסת המוציא בדבש לסימן טוב (מט"א תקפג, א). אחר אכילת פרוסת המוציא נוהגים לאכול חתיכת תפוח מתוק טבול בדבש (רמ"א שם, א). לפני אכילת התפוח מברך:

**בָּרוּךְ** אַתָּה יהוה אֱלֹהֵינוּ מֶלֶךְ הָעוֹלָם, בּוֹרֵא פְּרִי הָעֵץ.

אוכל קצת מהתפוח ואח"כ מתפלל:

יְהִי רָצוֹן מִלְּפָנֶיךָ, יהוה אֱלֹהֵינוּ וֵאלֹהֵי אֲבוֹתֵינוּ,
שֶׁתְּחַדֵּשׁ עָלֵינוּ שָׁנָה טוֹבָה וּמְתוּקָה.

בליל ראש השנה אוכלים מאכלים שיש בשמם זכרון סימן טוב ומתפללים בשעת אכילתם שיעלה זכרוננו לטובה,
יש מינים ששמם בלשון הקודש וארמי מורה על סימן טוב,
ויש ששמם באידיש מורה כן.

כשאוכל גזר (מעהרין) או רוביא אומר:

יְהִי רָצוֹן מִלְּפָנֶיךָ, יהוה אֱלֹהֵינוּ וֵאלֹהֵי אֲבוֹתֵינוּ, שֶׁיִּרְבּוּ זְכֻיּוֹתֵינוּ.

כשאוכל כרתי אומר:

יְהִי רָצוֹן מִלְּפָנֶיךָ, יהוה אֱלֹהֵינוּ וֵאלֹהֵי אֲבוֹתֵינוּ, שֶׁיִּכָּרְתוּ שׂוֹנְאֵינוּ.

כשאוכל סלקא אומר:

יְהִי רָצוֹן מִלְּפָנֶיךָ, יהוה אֱלֹהֵינוּ וֵאלֹהֵי אֲבוֹתֵינוּ, שֶׁיִּסְתַּלְּקוּ אוֹיְבֵינוּ.

כשאוכל תמרים אומר:

יְהִי רָצוֹן מִלְּפָנֶיךָ, יהוה אֱלֹהֵינוּ וֵאלֹהֵי אֲבוֹתֵינוּ, שֶׁיִּתַּמּוּ שׂוֹנְאֵינוּ.

כשאוכל קרא אומר:

יְהִי רָצוֹן מִלְּפָנֶיךָ, יהוה אֱלֹהֵינוּ וֵאלֹהֵי אֲבוֹתֵינוּ,
שֶׁיִּקָּרַע רֹעַ גְּזַר דִּינֵנוּ וְיִקָּרְאוּ לְפָנֶיךָ זְכֻיּוֹתֵינוּ.

כשאוכל רמון אומר:

יְהִי רָצוֹן מִלְּפָנֶיךָ, יהוה אֱלֹהֵינוּ וֵאלֹהֵי אֲבוֹתֵינוּ, שֶׁנַּרְבֶּה זְכֻיּוֹת כְּרִמּוֹן.

כשאוכל דגים אומר:

יְהִי רָצוֹן מִלְּפָנֶיךָ, יהוה אֱלֹהֵינוּ וֵאלֹהֵי אֲבוֹתֵינוּ, שֶׁנִּפְרֶה וְנִרְבֶּה כְּדָגִים.

כשאוכל ראש כבש או דג אומר:

יְהִי רָצוֹן מִלְּפָנֶיךָ, יהוה אֱלֹהֵינוּ וֵאלֹהֵי אֲבוֹתֵינוּ, שֶׁנִּהְיֶה לְרֹאשׁ וְלֹא לְזָנָב.

כשאוכל ראש כבש מוסיף:

וִיהִי רָצוֹן שֶׁיִּזְכּוֹר לָנוּ זְכוּתָא דְיִצְחָק אָבִינוּ.

## סדר תשליך

אחר תפלת מנחה של יום ראשון דראש השנה נוהגים לילך אל נהר או קבוצת מים אחרת ולהתפלל שם תפלת תשליך, ונכון שיהיו בו דגים חיים. אם אי אפשר ללכת אל המים בראש השנה, הולכים בעשרת ימי תשובה
(ובפרט ביום שלש עשרה מדות – יום לפני ערב יום כפור) עד הושענא רבה.
אם חל יום ראשון דראש השנה בשבת אומרים תשליך ביום השני.

יהוה יהוה אל רחום וחנון ארך

**[א] מִי אֵל כָּמוֹךָ [ב] נֹשֵׂא עָוֹן [ג] וְעֹבֵר עַל פֶּשַׁע [ד] לִשְׁאֵרִית נַחֲלָתוֹ**

אפים ורב חסד ואמת

**[ה] לֹא הֶחֱזִיק לָעַד אַפּוֹ [ו] כִּי חָפֵץ חֶסֶד הוּא. [ז] יָשׁוּב יְרַחֲמֵנוּ**

נצר חסד לאלפים

**[ח] יִכְבֹּשׁ עֲוֹנֹתֵינוּ [ט] וְתַשְׁלִיךְ בִּמְצֻלוֹת יָם כָּל חַטֹּאתָם.**

(וְכָל חַטֹּאת עַמְּךָ בֵּית יִשְׂרָאֵל, תַּשְׁלִיךְ בִּמְקוֹם אֲשֶׁר
לֹא יִזָּכְרוּ, וְלֹא יִפָּקְדוּ, וְלֹא יַעֲלוּ עַל לֵב לְעוֹלָם.)

נשא עון　　　　　　　　　　　　　　וחטאה

**[י] תִּתֵּן אֱמֶת לְיַעֲקֹב** **[יא] חֶסֶד לְאַבְרָהָם** [יב] **אֲשֶׁר נִשְׁבַּעְתָּ לַאֲבֹתֵינוּ**

וּנקה

**[יג] מִימֵי קֶדֶם.¹**

יהוה ארך　　　　　　　　　אפים　　　　　ורב חסד　　　נשא

**[א] מִן הַמֵּצַר קָרָאתִי יָּהּ** **[ב] עָנָנִי בַמֶּרְחָב יָהּ. [ג] יהוה לִי [ד] לֹא**

עון　　　　　ופשע　　　　וֹנקה　　　　לא ינקה

**אִירָא [ה] מַה יַּעֲשֶׂה לִי אָדָם. [ו] יהוה לִי בְּעֹזְרָי [ז] וַאֲנִי אֶרְאֶה**

פקד עון אבות על בנים

**בְשֹׂנְאָי. [ח] טוֹב לַחֲסוֹת בַּיהוה, מִבְּטֹחַ בָּאָדָם. [ט] טוֹב לַחֲסוֹת**

על שלשים ועל רבעים

**בַּיהוה, מִבְּטֹחַ בִּנְדִיבִים.²**

**רַ֫נְּנוּ** צַדִּיקִים בַּיהוה, לַיְשָׁרִים נָאוָה תְהִלָּה. הוֹדוּ לַיהוה בְּכִנּוֹר, בְּנֵבֶל עָשׂוֹר זַמְּרוּ לוֹ. שִׁירוּ לוֹ שִׁיר חָדָשׁ, הֵיטִיבוּ נַגֵּן בִּתְרוּעָה. כִּי יָשָׁר דְּבַר יהוה, וְכָל מַעֲשֵׂהוּ בֶּאֱמוּנָה. אֹהֵב צְדָקָה וּמִשְׁפָּט, חֶסֶד יהוה מָלְאָה הָאָרֶץ. בִּדְבַר יהוה שָׁמַיִם נַעֲשׂוּ, וּבְרוּחַ פִּיו כָּל צְבָאָם. כֹּנֵס כַּנֵּד מֵי הַיָּם, נֹתֵן בְּאוֹצָרוֹת תְּהוֹמוֹת. יִירְאוּ מֵיהוה כָּל הָאָרֶץ, מִמֶּנּוּ יָגוּרוּ כָּל יֹשְׁבֵי תֵבֵל. כִּי הוּא אָמַר וַיֶּהִי, הוּא צִוָּה וַיַּעֲמֹד. יהוה הֵפִיר עֲצַת גּוֹיִם, הֵנִיא מַחְשְׁבוֹת עַמִּים. עֲצַת יהוה לְעוֹלָם תַּעֲמֹד, מַחְשְׁבוֹת לִבּוֹ לְדֹר וָדֹר. אַשְׁרֵי הַגּוֹי אֲשֶׁר יהוה אֱלֹהָיו, הָעָם בָּחַר לְנַחֲלָה לוֹ. מִשָּׁמַיִם הִבִּיט יהוה, רָאָה אֶת כָּל בְּנֵי הָאָדָם. מִמְּכוֹן שִׁבְתּוֹ הִשְׁגִּיחַ, אֶל כָּל יֹשְׁבֵי הָאָרֶץ. הַיֹּצֵר יַחַד לִבָּם, הַמֵּבִין אֶל כָּל מַעֲשֵׂיהֶם. אֵין הַמֶּלֶךְ נוֹשָׁע בְּרָב חָיִל, גִּבּוֹר לֹא יִנָּצֵל בְּרָב כֹּחַ. שֶׁקֶר הַסּוּס לִתְשׁוּעָה, וּבְרֹב חֵילוֹ לֹא יְמַלֵּט. הִנֵּה עֵין יהוה אֶל יְרֵאָיו, לַמְיַחֲלִים לְחַסְדּוֹ. לְהַצִּיל מִמָּוֶת נַפְשָׁם, וּלְחַיּוֹתָם בָּרָעָב. נַפְשֵׁנוּ חִכְּתָה לַיהוה, עֶזְרֵנוּ וּמָגִנֵּנוּ הוּא. כִּי בוֹ יִשְׂמַח לִבֵּנוּ, כִּי בְשֵׁם קָדְשׁוֹ בָטָחְנוּ. יְהִי חַסְדְּךָ יהוה עָלֵינוּ, כַּאֲשֶׁר יִחַלְנוּ לָךְ.³

אֲמִירַת תְּפִלּוֹת אֵלּוּ נִתְקְנָה עַ"י הֶחָיד"א. יֵשׁ שֶׁמַּדְלִיגִים אוֹתָם וּמַמְשִׁיכִים „לֹא יָרֵעוּ" (עמ' 353).

### תפלה על הפרנסה

**לְדָוִד** מִזְמוֹר, לַיהוה הָאָרֶץ וּמְלוֹאָהּ, תֵּבֵל וְיֹשְׁבֵי בָהּ. כִּי הוּא עַל יַמִּים יְסָדָהּ, וְעַל נְהָרוֹת יְכוֹנְנֶהָ. מִי יַעֲלֶה בְהַר יהוה, וּמִי יָקוּם בִּמְקוֹם קָדְשׁוֹ. נְקִי כַפַּיִם וּבַר לֵבָב, אֲשֶׁר לֹא נָשָׂא לַשָּׁוְא נַפְשִׁי, וְלֹא נִשְׁבַּע לְמִרְמָה. יִשָּׂא בְרָכָה מֵאֵת יהוה, וּצְדָקָה מֵאֱלֹהֵי יִשְׁעוֹ. זֶה דּוֹר דֹּרְשָׁיו, מְבַקְשֵׁי פָנֶיךָ יַעֲקֹב סֶלָה. שְׂאוּ שְׁעָרִים רָאשֵׁיכֶם, וְהִנָּשְׂאוּ פִּתְחֵי עוֹלָם, וְיָבוֹא מֶלֶךְ הַכָּבוֹד. מִי זֶה מֶלֶךְ הַכָּבוֹד, יהוה עִזּוּז וְגִבּוֹר, יהוה גִּבּוֹר מִלְחָמָה. שְׂאוּ שְׁעָרִים רָאשֵׁיכֶם, וּשְׂאוּ פִּתְחֵי עוֹלָם, וְיָבֹא מֶלֶךְ הַכָּבוֹד. מִי הוּא זֶה מֶלֶךְ הַכָּבוֹד, יהוה צְבָאוֹת, הוּא מֶלֶךְ הַכָּבוֹד סֶלָה.⁴

**יְהִי רָצוֹן** מִלְּפָנֶיךָ, יהוה אֱלֹהֵינוּ וֵאלֹהֵי אֲבוֹתֵינוּ, הָאֵל הַגָּדוֹל הַגִּבּוֹר וְהַנּוֹרָא, שֶׁתִּתְמַלֵּא רַחֲמִים עָלֵינוּ לְמַעַנְךָ וּלְמַעַן קְדֻשַּׁת הַמִּזְמוֹר הַזֶּה, וְהַשֵּׁמוֹת הַקְּדוֹשִׁים הַנִּזְכָּרִים בּוֹ, וּקְדֻשַּׁת פְּסוּקָיו וְתֵבוֹתָיו וְאוֹתִיּוֹתָיו וּטְעָמָיו וּרְמָזָיו וְסוֹדוֹתָיו, וּקְדֻשַּׁת הַשֵּׁם הַקָּדוֹשׁ הַיּוֹצֵא מִפָּסוּק, וַהֲרִיקוֹתִי לָכֶם בְּרָכָה עַד בְּלִי דָי,⁵

(1) מיכה ז:יח-כ (2) תהלים קיח:ה-ט (3) לג (4) כד (5) מלאכי ג:י

וּמִפָּסוּק, נְסָה עָלֵינוּ אוֹר פָּנֶיךָ יהוה.[1]

וְכָתְבֵנוּ בְּסֵפֶר פַּרְנָסָה טוֹבָה וְכַלְכָּלָה, שָׁנָה זוֹ וְכָל שָׁנָה וְשָׁנָה, לָנוּ וּלְכָל בְּנֵי בֵיתֵנוּ, כָּל יְמֵי חַיֵּינוּ, בִּמְלוּי וּבְרֶוַח, בְּהֶתֵּר וְלֹא בְאִסּוּר, בְּנַחַת וְלֹא בְצַעַר, בְּשַׁלְוָה וְהַשְׁקֵט וָבֶטַח, בְּלִי שׁוּם עַיִן הָרָע. וּתְזַכֵּנוּ לַעֲסוֹק בַּעֲבוֹדַת הַקֹּדֶשׁ בְּלִי שׁוּם טִרְדָּה, וּתְפַרְנְסֵנוּ פַּרְנָסָה שֶׁלֹּא תִהְיֶה בָּהּ בּוּשָׁה וּכְלִמָּה, וְלֹא נִצְטָרֵךְ לְמַתְּנַת בָּשָׂר וָדָם, כִּי אִם מִיָּדְךָ הַמְּלֵאָה וְהָרְחָבָה. וְתַצְלִיחֵנוּ וְתַרְוִיחֵנוּ בְּכָל לִמּוּדֵנוּ וּבְכָל מַעֲשֵׂה יָדֵינוּ וַעֲסָקֵינוּ, וְיִהְיֶה בֵיתֵנוּ מָלֵא בִּרְכַּת יהוה, וְנִשְׂבַּע לֶחֶם וְנִהְיֶה טוֹבִים.

רַחוּם, חַנּוּן, שׁוֹמֵר, תּוֹמֵךְ, וּמַצִּיל, יָשָׁר, פּוֹדֶה, רַחֵם עָלֵינוּ, וּשְׁמַע תְּפִלָּתֵנוּ, כִּי אַתָּה שׁוֹמֵעַ תְּפִלַּת כָּל פֶּה, בָּרוּךְ שׁוֹמֵעַ תְּפִלָּה. יִהְיוּ לְרָצוֹן אִמְרֵי פִי וְהֶגְיוֹן לִבִּי לְפָנֶיךָ, יהוה צוּרִי וְגֹאֲלִי.[2]

תחינות ובקשות

**אֵל** מָלֵא רַחֲמִים, גָּלוּי וְיָדוּעַ לְפָנֶיךָ כִּי בּוֹשְׁנוּ בְּמַעֲשֵׂינוּ וְנִכְלַמְנוּ בַּעֲוֹנֵינוּ בְּהַעֲלוֹתֵנוּ עַל לְבָבֵנוּ רוֹב קְצוּרֵנוּ בַּעֲבוֹדָתֶךָ, וּבְעֵסֶק תּוֹרָתֶךָ, וְקִיּוּם מִצְוֹתֶיךָ, וְנָמֵס לִבֵּנוּ בְּקִרְבֵּנוּ וְהָיָה לְמָיִם.[3] מַה נַּעֲנֶה וּמַה נֹּאמַר? כִּי הַצַּר הַצּוֹרֵר בְּחֶבְרַת הַחוֹמֶר הֶעָכוּר הָיוּ בְעוֹכְרֵינוּ. גַּם אַסּוּר נִלְוָה עִמָּם, אֲסוּרִים וּלְטוּשִׁים, גָּלוּת הַנֶּפֶשׁ וְהַגּוּף.

אָמְנָם גָּלוּי וְיָדוּעַ לְפָנֶיךָ שֶׁרְצוֹנֵנוּ לַעֲשׂוֹת רְצוֹנְךָ[4] וְלִשְׁקוֹד עַל דַּלְתוֹתֶיךָ,[5] כִּי טוֹב יוֹם בַּחֲצֵרֶיךָ מֵאָלֶף בָּחַרְנוּ.[6] וִירֵאִים וַחֲרֵדִים אֲנַחְנוּ מֵאֵימַת דִּינְךָ הַקָּדוֹשׁ. עַל כֵּן בָּאנוּ אֵלֶיךָ בִּכְפִיפַת רֹאשׁ, וּנְמִיכַת קוֹמָה, וַחֲלִישׁוּת חָיִל, לְהַזְכִּיר וּלְעוֹרֵר רַחֲמֶיךָ, וּלְהַזְכִּיר זְכוּת אֲבוֹתֵינוּ הַקְּדוֹשִׁים, וּבִזְכוּתָם תִּתְמַלֵּא רַחֲמִים עָלֵינוּ.

**וִיהִי רָצוֹן** מִלְּפָנֶיךָ, יהוה אֱלֹהַי וֵאלֹהֵי אֲבוֹתַי, אֵל עֶלְיוֹן מוּכְתָּר בִּתְלֵיסַר מְכִילִין דְּרַחֲמֵי, שֶׁתְּהֵא שָׁעָה זוֹ עֵת רָצוֹן לְפָנֶיךָ, וְיִהְיֶה עוֹלֶה לְפָנֶיךָ קְרִיאַת שְׁלֹשׁ עֶשְׂרֵה מִדּוֹת שֶׁל רַחֲמִים שֶׁבַּפְּסוּקִים, מִי אֵל כָּמוֹךָ (וגו׳),[7] הַמְּכֻוָּנִים אֶל שְׁלֹשׁ עֶשְׂרֵה מִדּוֹת, אֵל רַחוּם וְחַנּוּן (וגו׳),[8] אֲשֶׁר קָרֶינוּ לְפָנֶיךָ, כְּאִלּוּ הִשַּׂגְנוּ כָּל הַסּוֹדוֹת וְצֵרוּפֵי שֵׁמוֹת הַקְּדוֹשִׁים הַיּוֹצְאִים מֵהֶם, וְזִוּוּגֵי מִדּוֹתֵיהֶם אֲשֶׁר אֶחָד בְּאֶחָד יִגָּשׁוּ, לְהַמְתִּיק הַדִּינִים תַּקִּיפִים. וּבְכֵן תְּרַחֲמֵנוּ, וְתַשְׁלִיךְ בִּמְצוּלוֹת יָם כָּל חַטֹּאתֵינוּ.[9]

וְאַתָּה בְּטוּבְךָ תְּעוֹרֵר רַחֲמֶיךָ וְנִהְיֶה נְקִיִּים מִכָּל טֻמְאָה וְחֶלְאָה וְזוּהֲמָא, וְיַעֲלוּ כָּל נִיצוֹצוֹת הַקְּדוּשָׁה אֲשֶׁר נִתְפַּזְּרוּ וְיִתְבָּרְרוּ וְיִתְלַבְּנוּ בְּמִדַּת טוּבְךָ, אַתָּה אֵל יְשׁוּעָתֵנוּ נֹצֵר חֶסֶד לָאֲלָפִים. וּבְרוֹב רַחֲמֶיךָ תִּתֵּן לָנוּ חַיִּים אֲרוּכִים, חַיִּים שֶׁל שָׁלוֹם, חַיִּים שֶׁל טוֹבָה, חַיִּים שֶׁל בְּרָכָה, חַיִּים שֶׁל פַּרְנָסָה טוֹבָה, חַיִּים שֶׁל חִלּוּץ עֲצָמוֹת, חַיִּים שֶׁיֵּשׁ בָּהֶם יִרְאַת חֵטְא, חַיִּים שֶׁאֵין בָּהֶם בּוּשָׁה וּכְלִמָּה, חַיִּים שֶׁל עֹשֶׁר וְכָבוֹד, חַיִּים שֶׁתְּהֵא בָנוּ אַהֲבַת תּוֹרָה וְיִרְאַת חֵטְא, חַיִּים שֶׁתְּמַלֵּא כָּל מִשְׁאֲלוֹת לִבֵּנוּ לְטוֹבָה.

זָכְרֵנוּ לְחַיִּים, מֶלֶךְ חָפֵץ בַּחַיִּים, כָּתְבֵנוּ בְּסֵפֶר הַחַיִּים, לְמַעַנְךָ אֱלֹהִים חַיִּים, וּקְרַע רוֹעַ גְּזַר דִּינֵנוּ, וְיִקָּרְאוּ לְפָנֶיךָ זְכֻיּוֹתֵינוּ.

**אֵל** מָלֵא רַחֲמִים, יֶהֱמוּ נָא רַחֲמֶיךָ עָלֵינוּ לְקַבֵּל בְּרָצוֹן הַכְנָעָתֵנוּ וְהִרְהוּרֵי תְּשׁוּבָתֵנוּ הַמִּתְנוֹצְצִים בָּנוּ, וּתְקַיֵּם לָנוּ מַה שֶּׁהִבְטַחְתָּנוּ עַל יְדֵי עֲבָדֶיךָ חַכְמֵי יִשְׂרָאֵל: „הַבָּא לִטַּהֵר מְסַיְּעִין אוֹתוֹ".[10] וּבְשֶׁגַּם לִבֵּנוּ אָטוּם סָתוּם וְחָתוּם, וְלֹא אִתָּנוּ יוֹדֵעַ זוֹ הִיא שִׁיבָה זוֹ הִיא בִיאָה, רַב לְהוֹשִׁיעַ, הָאֵר עֵינֵינוּ כַּאֲשֶׁר בְּגֹדֶל רַחֲמֶיךָ הִבְטַחְתָּנוּ: „פִּתְחוּ לִי פֶּתַח כְּחוּדוֹ שֶׁל מַחַט, וַאֲנִי אֶפְתַּח לָכֶם פֶּתַח כְּפִתְחוֹ שֶׁל אוּלָם".[11] וּרְאֵה כִּי אָזְלַת יָד וְאֶפֶס עָצוּר וְעָזוּב[12] וְאֵין חוֹנֵן וְאֵין מְרַחֵם זוּלָתֶךָ, כִּי חֲנוּנֶיךָ

(1) תהלים ד:ז (2) יט:טו (3) ע״פ ישעיה יט:א ויהושע ז:ה (4) ברכות יז. (5) משלי ח:לד (6) ע״פ תהלים פד:יא
(7) מיכה ז:יח (8) שמות לד:ו (9) ע״פ מיכה ז:יט (10) שבת קד. (11) שיר השירים רבה ה:ג (12) ע״פ דברים לב:לו

הֵמָּה חֲנוּנִים וּמְרַחֲמֶיךָ הֵמָּה מְרַחֲמִים, כִּדְכְתִיב: וְחַנֹּתִי אֶת אֲשֶׁר אָחֹן, וְרִחַמְתִּי אֶת אֲשֶׁר אֲרַחֵם.[1] וּבְכֵן לֵב טָהוֹר בְּרָא לָנוּ אֱלֹהֵינוּ, וְרוּחַ נָכוֹן חַדֵּשׁ בְּקִרְבֵּנוּ.[2] וְרִשְׁפֵּי הִתְעוֹרְרוּת לִבֵּנוּ בְּאַהֲבָתֶךָ וְתוֹרָתֶךָ יַתְמִידוּ וְיִתְרַבּוּ בְּלִי הֶפְסֵק, עָזְרֵנוּ אֱלֹהֵי יִשְׁעֵנוּ עַל דְּבַר כְּבוֹד שְׁמֶךָ.[3]

תָּחֵל שָׁנָה וּבִרְכוֹתֶיהָ, וְתַצִּילֵנוּ מִשִּׁבְיִ, וּמִבִּזָּה, וּמִכַּף כָּל אוֹיֵב וְאוֹרֵב וְשׁוֹלֵל וּבוֹזֵז, וְהָפֵר עֲצָתָם וּתְקַלְקֵל מַחְשְׁבֹתָם, תִּפּוֹל עֲלֵיהֶם אֵימָתָה וָפַחַד, בִּגְדֹל זְרוֹעֲךָ יִדְּמוּ כָּאָבֶן,[4] וְתִתֵּן בְּלֵב הַשָּׂרִים לְהֵיטִיב אֵלֵינוּ וּלְרַחֵם עָלֵינוּ, אוֹיְבֵינוּ יִלְבְּשׁוּ בוֹשֶׁת,[5] וְעָלֵינוּ תְּרַחֵם בְּרוֹב רַחֲמֶיךָ. וְכָל הַרְפַּתְקֵי דְּעָדוּ עָלֵינוּ יִהְיוּ לְכַפֵּר חַטֹּאתֵינוּ עֲוֹנוֹתֵינוּ וּפְשָׁעֵינוּ, וְתֹאמַר דַּי לְצָרוֹתֵינוּ. וּכְשֵׁם שֶׁסִּכַּכְתָּ עַל אֲבוֹתֵינוּ בַּמִּדְבָּר וְהִצַּלְתָּם מֵעֵינָא בִישָׁא דְבִלְעָם, כֵּן בְּצֵל כְּנָפֶיךָ תַּסְתִּירֵנוּ[6] וְנִהְיֶה מְכֻסִּים בְּמִכְסֶה וְהַנְהָגַת שְׁמוֹתֶיךָ הַקְּדוֹשִׁים, וְתִשְׁמְרֵנוּ מִכָּל הֶפְסֵד וְכָל עֲלִילָה.

אָנָּא יהוה הוֹשִׁיעֵנוּ בִּזְכוּת אַבְרָהָם אִישׁ הַחֶסֶד, יִצְחָק אָזוּר בִּגְבוּרָה, יַעֲקֹב כְּלִיל תִּפְאֶרֶת, מֹשֶׁה רַעְיָא מְהֵימְנָא אָחוּז בְּנֶצַח, אַהֲרֹן אָחוּז בְּהוֹד, יוֹסֵף אָחוּז בִּיסוֹד, דָּוִד אָחוּז בְּמַלְכוּת, וּבִזְכוּתָם תַּצִּילֵנוּ מִיַּד אוֹיְבֵינוּ, וְתַהֲפוֹךְ לִבָּם מֵרָעָה לְטוֹבָה, וְיִהְיֶה לָנוּ יִשּׁוּב וְהַשְׁקֵט וָבֶטַח לְעַבְדְּךָ בֶּאֱמֶת, בְּלִי שׁוּם טִרְדָּה. וּתְזַכֵּנוּ לְהִתְרַחֵק מֵהַגַּאֲוָה וְהַכַּעַס וְהַקְּפִידָה וְכָל גּוֹבַהּ לֵב. וְנִהְיֶה מְיֻשָּׁבִים בְּדַעְתֵּנוּ וְנַכִּיר מִעוּט עֶרְכֵּנוּ, וְנַפְשֵׁנוּ כֶּעָפָר לַכֹּל תִּהְיֶה וְלֹא נִתְכַּעֵס וְלֹא נַקְפִּיד, וְנִהְיֶה אוֹהֲבֵי שָׁלוֹם וּמַרְבִּים שָׁלוֹם. וּתְזַכֵּנוּ לְהִתְרַחֵק מִלֵּצָנוּת, וְשֶׁקֶר, וַחֲנוּפָה, וְלָשׁוֹן הָרָע, וְדִבּוּר שֶׁל חוֹל בְּשַׁבָּת, וְכָל דִּבּוּר אָסוּר, וְיִהְיֶה רוֹב דִּבּוּרֵנוּ בַּתּוֹרָה וּבְעִנְיְנֵי עֲבוֹדָתֶךָ, וּתְאַזְּרֵנוּ חַיִל לִשְׁמוֹר לְפִינוּ מַחְסוֹם מֵחֲטוֹא בִּלְשׁוֹנֵנוּ.

אָב הָרַחֲמָן, תֵּן בָּנוּ כֹּחַ וּבְרִיאוּת, וְזַכֵּנוּ לְהִתְרַחֵק מִתַּאֲוַת תַּעֲנוּגֵי וְהַבְלֵי הָעוֹלָם הַזֶּה, וְנֹאכַל לְשֹׂבַע נַפְשֵׁנוּ, וְכֵן בְּכָל צְרָכֵינוּ יִהְיוּ כָּל מַעֲשֵׂנוּ לְשֵׁם שָׁמַיִם. וּתְזַכֵּנוּ לִהְיוֹת שְׂמֵחִים בְּעֵסֶק תּוֹרָתֶךָ וּמִצְוֹתֶיךָ וְלִהְיוֹת בִּטְחוֹנֵנוּ בְּךָ תָּדִיר, וְיִהְיֶה לָנוּ לֵב שָׂמֵחַ לַעֲבוֹדָתֶךָ.

אָנָּא, מֶלֶךְ רַחוּם וְחַנּוּן, הַנְּשָׁמָה לָךְ וְהַגּוּף פָּעֳלָךְ, חוּסָה עַל עֲמָלָךְ, וּבְכֵן יֶהֱמוּ רַחֲמֶיךָ עָלֵינוּ, וּתְזַכֵּנוּ לְהַשְׁלִים תִּקּוּן נַפְשׁוֹתֵינוּ רוּחוֹתֵינוּ וְנִשְׁמוֹתֵינוּ, וְלֹא נֹאבַד חַס וְשָׁלוֹם.

וּתְזַכֵּנוּ לַעֲסוֹק בְּתוֹרָתְךָ הַקְּדוֹשָׁה וּלְכַוֵּן לַאֲמִתָּהּ שֶׁל תּוֹרָה, וְתַצִּילֵנוּ מִכָּל טָעוּת בַּהֲלָכָה וּבְהוֹרָאָה וְאַל תַּצֵּל מִפִּינוּ דְּבַר אֱמֶת לְעוֹלָם.[7] וְנִהְיֶה אֲנַחְנוּ, וְצֶאֱצָאֵינוּ, וְצֶאֱצָאֵי צֶאֱצָאֵינוּ, כֻּלָּנוּ יוֹדְעֵי שְׁמֶךָ, וְלוֹמְדֵי תוֹרָתֶךָ לִשְׁמָהּ, וּמְקַיְּמֵי מִצְוֹתֶיךָ, וְלֹא יִמָּצֵא בָנוּ, וְלֹא בְזַרְעֵנוּ וְזֶרַע זַרְעֵנוּ, שׁוּם פְּגַם וְשׁוּם פְּסוּל, וְלֹא יִתְחַלֵּל שִׁמְךָ עַל יָדֵינוּ, חַס וְשָׁלוֹם.

וּרְאֵה כִּי עַמְּךָ הַגּוֹי הַגָּדוֹל הַזֶּה, זֶרַע אֹהֲבֶיךָ, אַבְרָהָם יִצְחָק וְיִשְׂרָאֵל עֲבָדֶיךָ, בָּנֶיךָ בְּנֵי בְחוּנֶיךָ, וְזֶה כַּמָּה מֵאוֹת שָׁנִים בְּלַחֲצָם וְדָחְקָם, קוֹרְאִים בְּשִׁמְךָ, וּמַאֲמִינִים בְּךָ וּבְתוֹרָתֶךָ, וְכַמָּה אֲלָפִים וּרְבָבוֹת מָסְרוּ עַצְמָן עַל קְדוּשָּׁתֶךָ, וְהֵם מְלֵאִים מִצְוֹת וּצְדָקוֹת וְתוֹרָה וּגְמִילוּת חֲסָדִים, נָא גִבּוֹר, דּוֹרְשֵׁי יִחוּדְךָ כְּבָבַת שָׁמְרֵם.

**אָנָּא,** מֶלֶךְ רַחוּם וְחַנּוּן, הִתְמַלֵּא רַחֲמִים עַל כָּל אַחֵינוּ בְּנֵי יִשְׂרָאֵל הַנְּפוּצִים בְּאַרְבַּע כַּנְפוֹת הָאָרֶץ, וּבִפְרַט עַל יוֹשְׁבֵי אֶרֶץ יִשְׂרָאֵל, וְעַל יוֹשְׁבֵי הָעִיר הַזֹּאת, וְעַל כָּל הַקָּהָל הַקָּדוֹשׁ הַזֶּה, וּתְרַחֵם עָלֵינוּ וַעֲלֵיהֶם, וְתַצִּילֵנוּ וְתַצִּילֵם מֵרָעָה, מֵרָעָב, וּמִשִּׁבְיִ, וּמִבִּזָּה, וּמִכָּל חֵטְא.

(1) שמות לג:יט (2) ע״פ תהלים נא:יב (3) עט:ט (4) שמות טו:טז (5) ע״פ תהלים לה:כו, קלב:יח (6) ע״פ יז:ח (7) ע״פ קיט:מג

וְתִשְׁלַח רְפוּאָה שְׁלֵמָה לְכָל חוֹלֵי עַמְּךָ יִשְׂרָאֵל, אֵל נָא רְפָא נָא לָהֶם,[1] וּתְקַיֵּם בְּכָל אֶחָד מֵהֶם מִקְרָא שֶׁכָּתוּב: יהוה יִסְעָדֶנּוּ עַל עֶרֶשׂ דְּוָי, כָּל מִשְׁכָּבוֹ הָפַכְתָּ בְחָלְיוֹ,[2] וְהַבְּרִיאִים מִדּוֹרְשֶׁיךָ, תַּתְמִיד בְּרִיאוּתָם שֶׁלֹּא יֶחֱלוּ, חַס וְשָׁלוֹם. וְתַצִּילֵנוּ וְתַצִּיל כָּל יִשְׂרָאֵל מִכָּל נֶזֶק, וּמִכָּל צַר וּמַשְׂטִין וּמְקַטְרֵג, וּמֵרוּחַ רָעָה, וּמִדִּקְדּוּקֵי עֲנִיּוּת, וּמִכָּל מִינֵי פֻּרְעָנִיּוֹת הַמִּתְרַגְּשׁוֹת בָּעוֹלָם.

וְתִפְקוֹד בְּזֶרַע שֶׁל קַיָּמָא, זֶרַע קוֹדֶשׁ, לְכָל חֲשׂוּכֵי בָנִים. וְהַיּוֹשְׁבוֹת עַל הַמַּשְׁבֵּר, תּוֹצִיאֵם מֵאֲפֵלָה לְאוֹרָה, וְיֵצֵא הַוָּלָד בְּשָׁעָה טוֹבָה, וְלֹא יֶאֱרַע שׁוּם צַעַר וָנֶזֶק, לֹא לַיּוֹלְדוֹת וְלֹא לְיַלְדֵיהֶן. וְאַל יִמְשׁוֹל אַסְכָּרָה וְשֵׁדִין בְּכָל יַלְדֵי עַמְּךָ יִשְׂרָאֵל, וּתְגַדְּלֵם לְתוֹרָתֶךָ וּמִצְוֹתֶיךָ בְּחַיֵּי אֲבִיהֶם וְאִמָּם.

וּבְנֵי יִשְׂרָאֵל עַמְּךָ יוֹרְדֵי הַיָּם בָּאֳנִיּוֹת,[3] פְּצֵם וְהַצִּילֵם מִמַּיִם רַבִּים, מִיַּד בְּנֵי נֵכָר, הַצִּילֵם מִטִּיט וְאַל יִטְבָּעוּ,[4] יִנָּצְלוּ מִשּׂנְאִים וּמִמַּשְׁאוֹנִים וּמִמַּעֲמַקֵּי מָיִם. וּבְנֵי יִשְׂרָאֵל הַהוֹלְכִים בַּיַּבָּשָׁה, הַדְרִיכֵם בְּדֶרֶךְ יְשָׁרָה, לָלֶכֶת אֶל עִיר מוֹשָׁב, וְהַצִּילֵם מִכַּף כָּל אוֹיֵב וְאוֹרֵב בַּדֶּרֶךְ. וְכָל הָאֲסוּרִים בַּכֶּלֶא בְּלֹא מִשְׁפָּט מֵעַמְּךָ יִשְׂרָאֵל, הַתֵּר מֵאֲסָרֵיהֶם, וְתוֹצִיאֵם לִרְוָחָה, וּתְשִׂימֵם לְיִרְאָתֶךָ. וְתָחוֹן זְכוּת אָבוֹת לְהוֹצִיא לָאוֹר מִשְׁפָּטֵנוּ, כָּתְבֵנוּ בְּסֵפֶר חַיִּים, לְמַעַנְךָ אֱלֹהִים חַיִּים. וְהָאֵר פָּנֶיךָ עַל מִקְדָּשְׁךָ הַשָּׁמֵם, לְמַעַן אֲדֹנָי. יָשָׁר, פּוֹדֶה, חוּס וְרַחֵם עָלֵינוּ, וּשְׁמַע תְּפִלָּתֵנוּ, כִּי רַחוּם אָתָּה.

**אֱלֹהֵינוּ** וֵאלֹהֵי אֲבוֹתֵינוּ, מֶלֶךְ רַחֲמָן רַחֵם עָלֵינוּ, טוֹב וּמֵטִיב הִדָּרֶשׁ לָנוּ, שׁוּבָה אֵלֵינוּ בַּהֲמוֹן רַחֲמֶיךָ, בִּגְלַל אָבוֹת שֶׁעָשׂוּ רְצוֹנֶךָ, בְּנֵה בֵיתְךָ כְּבַתְּחִלָּה, וְכוֹנֵן מִקְדָּשְׁךָ עַל מְכוֹנוֹ, וְהַרְאֵנוּ בְּבִנְיָנוֹ, וְשַׂמְּחֵנוּ בְּתִקּוּנוֹ, וְהָשֵׁב שְׁכִינָתְךָ לְתוֹכוֹ, וְהָשֵׁב כֹּהֲנִים לַעֲבוֹדָתָם וּלְוִיִּם לְדוּכָנָם, וְהָשֵׁב יִשְׂרָאֵל לִנְוֵיהֶם, וּמָלְאָה הָאָרֶץ דֵּעָה,[5] לְיִרְאָה אֶת שִׁמְךָ הַגָּדוֹל הַגִּבּוֹר וְהַנּוֹרָא, אָמֵן.

כָּל כְּלִי יוּצַר עָלַיִךְ לֹא יִצְלָח, וְכָל לָשׁוֹן תָּקוּם אִתָּךְ לַמִּשְׁפָּט תַּרְשִׁיעִי, זֹאת נַחֲלַת עַבְדֵי יהוה וְצִדְקָתָם מֵאִתִּי, נְאֻם יהוה.[6]

**לֹא יָרֵעוּ** וְלֹא יַשְׁחִיתוּ בְּכָל הַר קָדְשִׁי, כִּי מָלְאָה הָאָרֶץ דֵּעָה אֶת יהוה, כַּמַּיִם לַיָּם מְכַסִּים.[7]

תהלים קל

**שִׁיר הַמַּעֲלוֹת,** מִמַּעֲמַקִּים קְרָאתִיךָ, יהוה. אֲדֹנָי, שִׁמְעָה בְקוֹלִי, תִּהְיֶינָה אָזְנֶיךָ קַשֻּׁבוֹת לְקוֹל תַּחֲנוּנָי. אִם עֲוֹנוֹת תִּשְׁמָר יָהּ, אֲדֹנָי מִי יַעֲמֹד. כִּי עִמְּךָ הַסְּלִיחָה, לְמַעַן תִּוָּרֵא. קִוִּיתִי יהוה קִוְּתָה נַפְשִׁי, וְלִדְבָרוֹ הוֹחָלְתִּי. נַפְשִׁי לַאדֹנָי, מִשֹּׁמְרִים לַבֹּקֶר, שֹׁמְרִים לַבֹּקֶר. יַחֵל יִשְׂרָאֵל אֶל יהוה, כִּי עִם יהוה הַחֶסֶד, וְהַרְבֵּה עִמּוֹ פְדוּת. וְהוּא יִפְדֶּה אֶת יִשְׂרָאֵל מִכֹּל עֲוֹנוֹתָיו.

ז׳ פעמים: **לְעוֹלָם יהוה דְּבָרְךָ נִצָּב בַּשָּׁמָיִם.**[8]

יש מוסיפים:

**יְהִי רָצוֹן** מִלְּפָנֶיךָ, שֶׁעַל יְדֵי הֶאָרַת תִּקּוּנִים עַתִּיקָא קַדִּישָׁא דְעַתִּיקִין בִּזְעֵיר שֶׁבְּאָרִיךְ, יִכְבְּשׁוּ רַחֲמֶיךָ אֶת כַּעַסְךָ וְיִגֹּלוּ רַחֲמֶיךָ עַל מִדּוֹתֶיךָ וְתִתְנַהֵג עִמָּנוּ בְּמִדַּת הָרַחֲמִים, וְתִתֶּן לָנוּ חַיִּים אֲרוּכִים וְטוֹבִים בְּעִסְקֵי תוֹרָתֶךָ וְקִיּוּם מִצְוֹתֶיךָ לַעֲשׂוֹת רְצוֹנֶךָ. אָמֵן, כֵּן יְהִי רָצוֹן.

(1) ע״פ במדבר יב:יג (2) תהלים מא:ד (3) קז:כג (4) ע״פ סט:טו (5) ע״פ ישעיה יא:ט (6) נד:יז (7) יא:ט (8) תהלים קיט:פט

## סדר כפרות

לוקחים תרנגול לבן לזכר או תרנגולת לבנה לנקבה, ואשה מעוברת לוקחת תרנגול ותרנגולת
[יש עושים סדר הכפרות עם מעות, ותחת „זֶה הַתַּרְנְגוֹל יֵלֵךְ לְמִיתָה" יאמר „זֶה הַכֶּסֶף יֵלֵךְ לִצְדָקָה".]
(יש אומרים „נֶפֶשׁ תַּחַת נֶפֶשׁ") ואומרים ג' פעמים:

**בְּנֵי** אָדָם יֹשְׁבֵי חֹשֶׁךְ וְצַלְמָוֶת, אֲסִירֵי עֳנִי וּבַרְזֶל. יוֹצִיאֵם מֵחֹשֶׁךְ וְצַלְמָוֶת, וּמוֹסְרוֹתֵיהֶם יְנַתֵּק. אֱוִלִים מִדֶּרֶךְ פִּשְׁעָם, וּמֵעֲוֹנֹתֵיהֶם יִתְעַנּוּ. כָּל אֹכֶל תְּתַעֵב נַפְשָׁם, וַיַּגִּיעוּ עַד שַׁעֲרֵי מָוֶת. וַיִּזְעֲקוּ אֶל יהוה בַּצַּר לָהֶם, מִמְּצֻקוֹתֵיהֶם יוֹשִׁיעֵם. יִשְׁלַח דְּבָרוֹ וְיִרְפָּאֵם, וִימַלֵּט מִשְּׁחִיתוֹתָם. יוֹדוּ לַיהוה חַסְדּוֹ, וְנִפְלְאוֹתָיו לִבְנֵי אָדָם.[1] אִם יֵשׁ עָלָיו מַלְאָךְ מֵלִיץ אֶחָד מִנִּי אָלֶף, לְהַגִּיד לְאָדָם יָשְׁרוֹ. וַיְחֻנֶּנּוּ וַיֹּאמֶר, פְּדָעֵהוּ מֵרֶדֶת שַׁחַת, מָצָאתִי כֹפֶר.[2]

מסבב העוף מעל ראש עושה הכפרות ואומר:

איש המסבב בשביל עצמו:

זֶה חֲלִיפָתִי, זֶה תְּמוּרָתִי, זֶה כַּפָּרָתִי. זֶה הַתַּרְנְגוֹל יֵלֵךְ לְמִיתָה [זֶה הַכֶּסֶף יֵלֵךְ לִצְדָקָה], וַאֲנִי אֶכָּנֵס וְאֵלֵךְ לְחַיִּים טוֹבִים אֲרֻכִּים וּלְשָׁלוֹם.

אנשים הרבה שמסבבים בשביל עצמם:

זֶה חֲלִיפָתֵנוּ, זֶה תְּמוּרָתֵנוּ, זֶה כַּפָּרָתֵנוּ. זֶה הַתַּרְנְגוֹל יֵלֵךְ לְמִיתָה [זֶה הַכֶּסֶף יֵלֵךְ לִצְדָקָה], וַאֲנַחְנוּ נִכָּנֵס וְנֵלֵךְ לְחַיִּים טוֹבִים אֲרֻכִּים וּלְשָׁלוֹם.

איש המסבב בשביל איש אחר:

זֶה חֲלִיפָתְךָ, זֶה תְּמוּרָתְךָ, זֶה כַּפָּרָתְךָ. זֶה הַתַּרְנְגוֹל יֵלֵךְ לְמִיתָה [זֶה הַכֶּסֶף יֵלֵךְ לִצְדָקָה], וְאַתָּה תִּכָּנֵס וְתֵלֵךְ לְחַיִּים טוֹבִים אֲרֻכִּים וּלְשָׁלוֹם.

איש המסבב בשביל אנשים הרבה:

זֶה חֲלִיפַתְכֶם, זֶה תְּמוּרַתְכֶם, זֶה כַּפָּרַתְכֶם. זֶה הַתַּרְנְגוֹל יֵלֵךְ לְמִיתָה [זֶה הַכֶּסֶף יֵלֵךְ לִצְדָקָה], וְאַתֶּם תִּכָּנְסוּ וְתֵלְכוּ לְחַיִּים טוֹבִים אֲרֻכִּים וּלְשָׁלוֹם.

אשה המסבבת בשביל עצמה:

זֹאת חֲלִיפָתִי, זֹאת תְּמוּרָתִי, זֹאת כַּפָּרָתִי. זֹאת הַתַּרְנְגֹלֶת תֵּלֵךְ לְמִיתָה [זֶה הַכֶּסֶף יֵלֵךְ לִצְדָקָה], וַאֲנִי אֶכָּנֵס וְאֵלֵךְ לְחַיִּים טוֹבִים אֲרֻכִּים וּלְשָׁלוֹם.

נשים הרבה המסבבות בשביל עצמן:

זֹאת חֲלִיפָתֵנוּ, זֹאת תְּמוּרָתֵנוּ, זֹאת כַּפָּרָתֵנוּ. זֹאת הַתַּרְנְגֹלֶת תֵּלֵךְ לְמִיתָה [זֶה הַכֶּסֶף יֵלֵךְ לִצְדָקָה], וַאֲנַחְנוּ נִכָּנֵס וְנֵלֵךְ לְחַיִּים טוֹבִים אֲרֻכִּים וּלְשָׁלוֹם.

מי שמסבב בשביל אשה אחת:

זֹאת חֲלִיפָתֵךְ, זֹאת תְּמוּרָתֵךְ, זֹאת כַּפָּרָתֵךְ. זֹאת הַתַּרְנְגֹלֶת תֵּלֵךְ לְמִיתָה [זֶה הַכֶּסֶף יֵלֵךְ לִצְדָקָה], וְאַתְּ תִּכָּנְסִי וְתֵלְכִי לְחַיִּים טוֹבִים אֲרֻכִּים וּלְשָׁלוֹם.

מי שמסבב בשביל נשים הרבה:

זֹאת חֲלִיפַתְכֶן, זֹאת תְּמוּרַתְכֶן, זֹאת כַּפָּרַתְכֶן. זֹאת הַתַּרְנְגֹלֶת תֵּלֵךְ לְמִיתָה [זֶה הַכֶּסֶף יֵלֵךְ לִצְדָקָה], וְאַתֶּן תִּכָּנַסְנָה וְתֵלַכְנָה לְחַיִּים טוֹבִים אֲרֻכִּים וּלְשָׁלוֹם.

אשה הרה שמסבבת בשביל עצמה:

אֵלּוּ חֲלִיפוֹתֵינוּ, אֵלּוּ תְּמוּרוֹתֵינוּ, אֵלּוּ כַּפָּרוֹתֵינוּ. אֵלּוּ הַתַּרְנְגוֹלִים יֵלְכוּ לְמִיתָה [זֶה הַכֶּסֶף יֵלֵךְ לִצְדָקָה], וַאֲנַחְנוּ נִכָּנֵס וְנֵלֵךְ לְחַיִּים טוֹבִים אֲרֻכִּים וּלְשָׁלוֹם.

מי שמסבב בשביל אשה הרה:

אֵלּוּ חֲלִיפוֹתֵיכֶם, אֵלּוּ תְּמוּרוֹתֵיכֶם, אֵלּוּ כַּפָּרוֹתֵיכֶם. אֵלּוּ הַתַּרְנְגוֹלִים יֵלְכוּ לְמִיתָה [זֶה הַכֶּסֶף יֵלֵךְ לִצְדָקָה], וְאַתֶּם תִּכָּנְסוּ וְתֵלְכוּ לְחַיִּים טוֹבִים אֲרֻכִּים וּלְשָׁלוֹם.

(1) תהלים קז:י,יד,יז-כא (2) איוב לג:כג-כד

## ⟬ שמונה עשרה ליום כפור ⟭

### למעריב שחרית מוסף מנחה ונעילה

יפסע ג' פסיעות לאחוריו ואח"כ ג' פסיעות לפניו דרך קירוב והגשה. יכוון רגליו ויעמידן זו אצל זו בשוה כאלו הן רגל אחת כדי להדמות למלאכים. יתפלל במתינות ובכוונת הלב ויבין פירוש המלות ולא יפסיק לשום דבר. יש נוהגים להתפלל בראש השנה ויום הכפורים בכריעה, וצריכין הם לזקוף בסוף כל ברכה (או"ח סי' תקפב ס"ד). אע"פ שבכל ימות השנה מתפללין בלחש, בראש השנה ויום הכפורים נוהגין לומר בקול רם, ולהטעות לא חיישינן כיון שמצויין בידם מחזורים (או"ח סי' תקפב ס"ט), ורבים גדולים מערערים על מנהג זה (מט"א שם).

[להלכות השייכות לתפלת שמונה עשרה של יום כפור, ראה הלכות בסוף הסידור סע' עה-עט.]

[למוסף, מנחה, ונעילה: כִּי שֵׁם יהוה אֶקְרָא, הָבוּ גֹדֶל לֵאלֹהֵינוּ.[1]]

אֲדֹנָי שְׂפָתַי תִּפְתָּח, וּפִי יַגִּיד תְּהִלָּתֶךָ.[2]

אבות

**בָּרוּךְ** אַתָּה יהוה אֱלֹהֵינוּ וֵאלֹהֵי אֲבוֹתֵינוּ, אֱלֹהֵי אַבְרָהָם, אֱלֹהֵי יִצְחָק, וֵאלֹהֵי יַעֲקֹב, הָאֵל הַגָּדוֹל הַגִּבּוֹר וְהַנּוֹרָא, אֵל עֶלְיוֹן, גּוֹמֵל חֲסָדִים טוֹבִים וְקוֹנֵה הַכֹּל, וְזוֹכֵר חַסְדֵי אָבוֹת, וּמֵבִיא גוֹאֵל לִבְנֵי בְנֵיהֶם, לְמַעַן שְׁמוֹ בְּאַהֲבָה.

**זָכְרֵנוּ לְחַיִּים, מֶלֶךְ חָפֵץ בַּחַיִּים, °וְכָתְבֵנוּ** [°לנעילה: **וְחָתְמֵנוּ**] **בְּסֵפֶר הַחַיִּים, לְמַעַנְךָ אֱלֹהִים חַיִּים.**

מֶלֶךְ עוֹזֵר וּמוֹשִׁיעַ וּמָגֵן. בָּרוּךְ אַתָּה יהוה, מָגֵן אַבְרָהָם.

גבורות

**אַתָּה** גִּבּוֹר לְעוֹלָם אֲדֹנָי, מְחַיֵּה מֵתִים אַתָּה, רַב לְהוֹשִׁיעַ, מוֹרִיד הַטָּל. מְכַלְכֵּל חַיִּים בְּחֶסֶד, מְחַיֵּה מֵתִים בְּרַחֲמִים רַבִּים, סוֹמֵךְ נוֹפְלִים, וְרוֹפֵא חוֹלִים, וּמַתִּיר אֲסוּרִים, וּמְקַיֵּם אֱמוּנָתוֹ לִישֵׁנֵי עָפָר. מִי כָמוֹךָ בַּעַל גְּבוּרוֹת, וּמִי דוֹמֶה לָּךְ, מֶלֶךְ מֵמִית וּמְחַיֶּה וּמַצְמִיחַ יְשׁוּעָה.

במעריב, בשחרית, ובמנחה– **מִי כָמוֹךָ °אַב הָרַחֲמָן, זוֹכֵר יְצוּרָיו לְחַיִּים בְּרַחֲמִים.**

[°במוסף (וכשחל בשבת, אף במנחה) ובנעילה – אומרים **אַב הָרַחֲמִים**]

וְנֶאֱמָן אַתָּה לְהַחֲיוֹת מֵתִים. בָּרוּךְ אַתָּה יהוה, מְחַיֵּה הַמֵּתִים.

קדושת השם

**אַתָּה** קָדוֹשׁ וְשִׁמְךָ קָדוֹשׁ, וּקְדוֹשִׁים בְּכָל יוֹם יְהַלְלוּךָ סֶּלָה, כִּי אֵל מֶלֶךְ גָּדוֹל וְקָדוֹשׁ אָתָּה.

**לְדוֹר** וָדוֹר הַמְלִיכוּ לָאֵל, כִּי הוּא לְבַדּוֹ מָרוֹם וְקָדוֹשׁ.

**וּבְכֵן,** יִתְקַדֵּשׁ שִׁמְךָ יהוה אֱלֹהֵינוּ עַל יִשְׂרָאֵל עַמֶּךָ, וְעַל יְרוּשָׁלַיִם עִירֶךָ, וְעַל צִיּוֹן מִשְׁכַּן כְּבוֹדֶךָ, וְעַל מַלְכוּת בֵּית דָּוִד מְשִׁיחֶךָ, וְעַל מְכוֹנְךָ וְהֵיכָלָךְ.

**וּבְכֵן,** תֵּן פַּחְדְּךָ, יהוה אֱלֹהֵינוּ, עַל כָּל מַעֲשֶׂיךָ, וְאֵימָתְךָ עַל כָּל מַה שֶּׁבָּרָאתָ. וְיִירָאוּךָ כָּל הַמַּעֲשִׂים, וְיִשְׁתַּחֲווּ לְפָנֶיךָ כָּל הַבְּרוּאִים, וְיֵעָשׂוּ כֻלָּם אֲגֻדָּה אַחַת, לַעֲשׂוֹת רְצוֹנְךָ בְּלֵבָב שָׁלֵם. כְּמוֹ שֶׁיָּדַעְנוּ, יהוה אֱלֹהֵינוּ, שֶׁהַשָּׁלְטָן לְפָנֶיךָ, עֹז בְּיָדְךָ, וּגְבוּרָה בִּימִינֶךָ, וְשִׁמְךָ נוֹרָא עַל כָּל מַה שֶּׁבָּרָאתָ.

(1) דברים לב:ג (2) תהלים נא:יז

**וּבְכֵן,** תֵּן כָּבוֹד, יהוה, לְעַמֶּךָ, תְּהִלָּה לִירֵאֶיךָ, וְתִקְוָה טוֹבָה לְדוֹרְשֶׁיךָ, וּפִתְחוֹן פֶּה לַמְּיַחֲלִים לָךְ, שִׂמְחָה לְאַרְצֶךָ, וְשָׂשׂוֹן לְעִירֶךָ, וּצְמִיחַת קֶרֶן לְדָוִד עַבְדֶּךָ, וַעֲרִיכַת נֵר לְבֶן יִשַׁי מְשִׁיחֶךָ, בִּמְהֵרָה בְיָמֵינוּ.

**וּבְכֵן,** צַדִּיקִים יִרְאוּ וְיִשְׂמָחוּ, וִישָׁרִים יַעֲלֹזוּ, וַחֲסִידִים בְּרִנָּה יָגִילוּ. וְעוֹלָתָה תִּקְפָּץ פִּיהָ,[1] וְכָל הָרִשְׁעָה כֻּלָּהּ כְּעָשָׁן תִּכְלֶה, כִּי תַעֲבִיר מֶמְשֶׁלֶת זָדוֹן מִן הָאָרֶץ.

**וְתִמְלוֹךְ** אַתָּה הוּא יהוה אֱלֹהֵינוּ מְהֵרָה לְבַדֶּךָ, עַל כָּל מַעֲשֶׂיךָ, בְּהַר צִיּוֹן מִשְׁכַּן כְּבוֹדֶךָ, וּבִירוּשָׁלַיִם עִיר קָדְשֶׁךָ, כַּכָּתוּב בְּדִבְרֵי קָדְשֶׁךָ: יִמְלֹךְ יהוה לְעוֹלָם, אֱלֹהַיִךְ צִיּוֹן לְדֹר וָדֹר, הַלְלוּיָהּ.[2]

**קָדוֹשׁ** אַתָּה וְנוֹרָא שְׁמֶךָ, וְאֵין אֱלוֹהַּ מִבַּלְעָדֶיךָ, כַּכָּתוּב: וַיִּגְבַּהּ יהוה צְבָאוֹת בַּמִּשְׁפָּט, וְהָאֵל הַקָּדוֹשׁ נִקְדַּשׁ בִּצְדָקָה.[3] בָּרוּךְ אַתָּה יהוה, הַמֶּלֶךְ הַקָּדוֹשׁ.

קדושת היום

**אַתָּה בְחַרְתָּנוּ** מִכָּל הָעַמִּים, אָהַבְתָּ אוֹתָנוּ, וְרָצִיתָ בָּנוּ, וְרוֹמַמְתָּנוּ מִכָּל הַלְּשׁוֹנוֹת, וְקִדַּשְׁתָּנוּ בְּמִצְוֹתֶיךָ, וְקֵרַבְתָּנוּ מַלְכֵּנוּ לַעֲבוֹדָתֶךָ, וְשִׁמְךָ הַגָּדוֹל וְהַקָּדוֹשׁ עָלֵינוּ קָרָאתָ.

בשבת אומרים המלים המוקפות בסוגריים.

**וַתִּתֶּן** לָנוּ יהוה אֱלֹהֵינוּ בְּאַהֲבָה אֶת יוֹם [הַשַּׁבָּת הַזֶּה לִקְדֻשָּׁה וְלִמְנוּחָה וְאֶת יוֹם] (צוֹם) הַכִּפּוּרִים הַזֶּה, לִמְחִילָה וְלִסְלִיחָה וּלְכַפָּרָה, וְלִמְחָל בּוֹ אֶת כָּל עֲוֹנוֹתֵינוּ, [בְּאַהֲבָה] מִקְרָא קֹדֶשׁ, זֵכֶר לִיצִיאַת מִצְרָיִם.

למעריב, שחרית, מנחה, ונעילה

**אֱלֹהֵינוּ** וֵאלֹהֵי אֲבוֹתֵינוּ, יַעֲלֶה, וְיָבֹא, וְיַגִּיעַ, וְיֵרָאֶה, וְיֵרָצֶה, וְיִשָּׁמַע, וְיִפָּקֵד, וְיִזָּכֵר, זִכְרוֹנֵנוּ וּפִקְדוֹנֵנוּ, וְזִכְרוֹן אֲבוֹתֵינוּ, וְזִכְרוֹן מָשִׁיחַ בֶּן דָּוִד עַבְדֶּךָ, וְזִכְרוֹן יְרוּשָׁלַיִם עִיר קָדְשֶׁךָ, וְזִכְרוֹן כָּל עַמְּךָ בֵּית יִשְׂרָאֵל לְפָנֶיךָ, לִפְלֵיטָה לְטוֹבָה, לְחֵן וּלְחֶסֶד וּלְרַחֲמִים, לְחַיִּים (טוֹבִים) וּלְשָׁלוֹם, בְּיוֹם הַכִּפּוּרִים הַזֶּה. זָכְרֵנוּ יהוה אֱלֹהֵינוּ בּוֹ לְטוֹבָה, וּפָקְדֵנוּ בוֹ לִבְרָכָה, וְהוֹשִׁיעֵנוּ בוֹ לְחַיִּים טוֹבִים. וּבִדְבַר יְשׁוּעָה וְרַחֲמִים, חוּס וְחָנֵּנוּ וְרַחֵם עָלֵינוּ וְהוֹשִׁיעֵנוּ, כִּי אֵלֶיךָ עֵינֵינוּ, כִּי אֵל מֶלֶךְ חַנּוּן וְרַחוּם אָתָּה.[4]

אומרים „אֱ-לֹהֵינוּ וֵא-לֹהֵי אֲבוֹתֵינוּ" (עמ' 357).

למוסף

**וּמִפְּנֵי** חֲטָאֵינוּ גָּלִינוּ מֵאַרְצֵנוּ, וְנִתְרַחַקְנוּ מֵעַל אַדְמָתֵנוּ. וְאֵין אֲנַחְנוּ יְכוֹלִים לַעֲשׂוֹת חוֹבוֹתֵינוּ בְּבֵית בְּחִירָתֶךָ, בַּבַּיִת הַגָּדוֹל וְהַקָּדוֹשׁ שֶׁנִּקְרָא שִׁמְךָ עָלָיו, מִפְּנֵי הַיָּד שֶׁנִּשְׁתַּלְּחָה בְּמִקְדָּשֶׁךָ. יְהִי רָצוֹן מִלְּפָנֶיךָ, יהוה אֱלֹהֵינוּ וֵאלֹהֵי אֲבוֹתֵינוּ, מֶלֶךְ רַחֲמָן, שֶׁתָּשׁוּב וּתְרַחֵם עָלֵינוּ וְעַל מִקְדָּשְׁךָ בְּרַחֲמֶיךָ הָרַבִּים, וְתִבְנֵהוּ מְהֵרָה וּתְגַדֵּל כְּבוֹדוֹ. אָבִינוּ מַלְכֵּנוּ, גַּלֵּה כְּבוֹד מַלְכוּתְךָ עָלֵינוּ

(1) איוב ה:טז; ע"פ תהלים קז:מב (2) קמו:י (3) ישעיה ה:טז (4) ע"פ נחמיה ט:לא

**למוסף**

מְהֵרָה, וְהוֹפַע וְהִנָּשֵׂא עָלֵינוּ לְעֵינֵי כָּל חָי. וְקָרֵב פְּזוּרֵינוּ מִבֵּין הַגּוֹיִם, וּנְפוּצוֹתֵינוּ כַּנֵּס מִיַּרְכְּתֵי אָרֶץ. וַהֲבִיאֵנוּ לְצִיּוֹן עִירְךָ בְּרִנָּה, וְלִירוּשָׁלַיִם בֵּית מִקְדָּשְׁךָ בְּשִׂמְחַת עוֹלָם. וְשָׁם נַעֲשֶׂה לְפָנֶיךָ אֶת קָרְבְּנוֹת חוֹבוֹתֵינוּ, תְּמִידִים כְּסִדְרָם, וּמוּסָפִים כְּהִלְכָתָם.

כשחל בחול: וְאֶת מוּסַף יוֹם הַכִּפּוּרִים הַזֶּה

כשחל בשבת: וְאֶת מוּסְפֵי יוֹם הַשַּׁבָּת הַזֶּה וְיוֹם הַכִּפּוּרִים הַזֶּה

נַעֲשֶׂה וְנַקְרִיב לְפָנֶיךָ בְּאַהֲבָה כְּמִצְוַת רְצוֹנֶךָ, כְּמוֹ שֶׁכָּתַבְתָּ עָלֵינוּ בְּתוֹרָתֶךָ, עַל יְדֵי מֹשֶׁה עַבְדֶּךָ, מִפִּי כְבוֹדֶךָ, כָּאָמוּר:

בשבת מוסיפים:

**וּבְיוֹם הַשַּׁבָּת,** שְׁנֵי כְבָשִׂים בְּנֵי שָׁנָה תְּמִימִם, וּשְׁנֵי עֶשְׂרֹנִים סֹלֶת מִנְחָה בְּלוּלָה בַשֶּׁמֶן, וְנִסְכּוֹ. עֹלַת שַׁבַּת בְּשַׁבַּתּוֹ, עַל עֹלַת הַתָּמִיד וְנִסְכָּהּ.[1] (זֶה קָרְבַּן שַׁבָּת. וְקָרְבַּן הַיּוֹם כָּאָמוּר:)

**וּבֶעָשׂוֹר** לַחֹדֶשׁ הַשְּׁבִיעִי הַזֶּה, מִקְרָא קֹדֶשׁ יִהְיֶה לָכֶם, וְעִנִּיתֶם אֶת נַפְשֹׁתֵיכֶם; כָּל מְלָאכָה לֹא תַעֲשׂוּ. וְהִקְרַבְתֶּם עֹלָה לַיהוה, רֵיחַ נִיחֹחַ, פַּר בֶּן בָּקָר אֶחָד, אַיִל אֶחָד, כְּבָשִׂים בְּנֵי שָׁנָה שִׁבְעָה, תְּמִימִם יִהְיוּ לָכֶם.[2] וּמִנְחָתָם וְנִסְכֵּיהֶם כִּמְדֻבָּר: שְׁלֹשָׁה עֶשְׂרֹנִים לַפָּר, וּשְׁנֵי עֶשְׂרֹנִים לָאָיִל, וְעִשָּׂרוֹן לַכֶּבֶשׂ, וְיַיִן כְּנִסְכּוֹ, °וּשְׁנֵי שְׂעִירִים לְכַפֵּר, וּשְׁנֵי תְמִידִים כְּהִלְכָתָם. [°נ״א: וְשָׂעִיר לְכַפֵּר מִלְּבַד חַטַּאת הַכִּפֻּרִים, וּשְׁנֵי תְמִידִים כְּהִלְכָתָם.]

בשבת מוסיפים:

**יִשְׂמְחוּ** בְמַלְכוּתְךָ שׁוֹמְרֵי שַׁבָּת וְקוֹרְאֵי עֹנֶג, עַם מְקַדְּשֵׁי שְׁבִיעִי, כֻּלָּם יִשְׂבְּעוּ וְיִתְעַנְּגוּ מִטּוּבֶךָ, וּבַשְּׁבִיעִי רָצִיתָ בּוֹ וְקִדַּשְׁתּוֹ, חֶמְדַּת יָמִים אוֹתוֹ קָרָאתָ, זֵכֶר לְמַעֲשֵׂה בְרֵאשִׁית.

**בכל התפילות ממשיכים כאן:**

בשבת אומרים המלים המוקפות בסוגריים.

**אֱלֹהֵינוּ** וֵאלֹהֵי אֲבוֹתֵינוּ, מְחוֹל לַעֲוֹנוֹתֵינוּ בְּיוֹם [הַשַּׁבָּת הַזֶּה וּבְיוֹם] הַכִּפּוּרִים הַזֶּה. מְחֵה וְהַעֲבֵר פְּשָׁעֵינוּ וְחַטֹּאתֵינוּ מִנֶּגֶד עֵינֶיךָ, כָּאָמוּר: אָנֹכִי אָנֹכִי הוּא מֹחֶה פְשָׁעֶיךָ לְמַעֲנִי, וְחַטֹּאתֶיךָ לֹא אֶזְכֹּר.[3] וְנֶאֱמַר: מָחִיתִי כָעָב פְּשָׁעֶיךָ וְכֶעָנָן חַטֹּאתֶיךָ, שׁוּבָה אֵלַי כִּי גְאַלְתִּיךָ.[4] וְנֶאֱמַר: כִּי בַיּוֹם הַזֶּה יְכַפֵּר עֲלֵיכֶם לְטַהֵר אֶתְכֶם, מִכֹּל חַטֹּאתֵיכֶם לִפְנֵי יהוה תִּטְהָרוּ.[5] [אֱלֹהֵינוּ וֵאלֹהֵי אֲבוֹתֵינוּ, רְצֵה נָא בִמְנוּחָתֵנוּ,] קַדְּשֵׁנוּ בְּמִצְוֹתֶיךָ וְתֵן חֶלְקֵנוּ בְּתוֹרָתֶךָ, שַׂבְּעֵנוּ מִטּוּבֶךָ וְשַׂמַּח נַפְשֵׁנוּ בִּישׁוּעָתֶךָ. [וְהַנְחִילֵנוּ, יהוה אֱלֹהֵינוּ, בְּאַהֲבָה וּבְרָצוֹן שַׁבַּת קָדְשֶׁךָ,[6] וְיָנוּחוּ למעריב – בָהּ/לשחרית ולמוסף – בוֹ/למנחה ולנעילה – בָם כָּל יִשְׂרָאֵל מְקַדְּשֵׁי שְׁמֶךָ.] וְטַהֵר לִבֵּנוּ לְעָבְדְּךָ בֶּאֱמֶת, כִּי אַתָּה סָלְחָן לְיִשְׂרָאֵל

(1) במדבר כח:ט-י (2) כט:ז-ח (3) ישעיה מג:כה (4) מד:כב (5) ויקרא טז:ל (6) נ״א במנחה ובנעילה שַׁבְּתוֹת קָדְשֶׁךָ

וּמָחֳלָן לְשִׁבְטֵי יְשֻׁרוּן בְּכָל דּוֹר וָדוֹר, וּמִבַּלְעָדֶיךָ אֵין לָנוּ מֶלֶךְ מוֹחֵל וְסוֹלֵחַ, אֶלָּא אָתָּה. בָּרוּךְ אַתָּה יהוה, מֶלֶךְ מוֹחֵל וְסוֹלֵחַ לַעֲוֹנוֹתֵינוּ וְלַעֲוֹנוֹת עַמּוֹ בֵּית יִשְׂרָאֵל, וּמַעֲבִיר אַשְׁמוֹתֵינוּ בְּכָל שָׁנָה וְשָׁנָה, מֶלֶךְ עַל כָּל הָאָרֶץ, מְקַדֵּשׁ [הַשַּׁבָּת וְ] יִשְׂרָאֵל וְיוֹם הַכִּפּוּרִים.

עבודה

**רְצֵה** יהוה אֱלֹהֵינוּ בְּעַמְּךָ יִשְׂרָאֵל וְלִתְפִלָּתָם שְׁעֵה, וְהָשֵׁב אֶת הָעֲבוֹדָה לִדְבִיר בֵּיתֶךָ. וְאִשֵּׁי יִשְׂרָאֵל, וּתְפִלָּתָם מְהֵרָה בְּאַהֲבָה תְקַבֵּל בְּרָצוֹן, וּתְהִי לְרָצוֹן תָּמִיד עֲבוֹדַת יִשְׂרָאֵל עַמֶּךָ.

**וְתֶחֱזֶינָה** עֵינֵינוּ בְּשׁוּבְךָ לְצִיּוֹן בְּרַחֲמִים. בָּרוּךְ אַתָּה יהוה, הַמַּחֲזִיר שְׁכִינָתוֹ לְצִיּוֹן.

הודאה

**מוֹדִים** אֲנַחְנוּ לָךְ, שָׁאַתָּה הוּא יהוה אֱלֹהֵינוּ וֵאלֹהֵי אֲבוֹתֵינוּ לְעוֹלָם וָעֶד. צוּרֵנוּ, צוּר חַיֵּינוּ, מָגֵן יִשְׁעֵנוּ אַתָּה הוּא לְדוֹר וָדוֹר. נוֹדֶה לְּךָ וּנְסַפֵּר תְּהִלָּתֶךָ[1] עַל חַיֵּינוּ הַמְּסוּרִים בְּיָדֶךָ, וְעַל נִשְׁמוֹתֵינוּ הַפְּקוּדוֹת לָךְ, וְעַל נִסֶּיךָ שֶׁבְּכָל יוֹם עִמָּנוּ, וְעַל נִפְלְאוֹתֶיךָ וְטוֹבוֹתֶיךָ שֶׁבְּכָל עֵת, עֶרֶב וָבֹקֶר וְצָהֳרָיִם. הַטּוֹב כִּי לֹא כָלוּ רַחֲמֶיךָ, וְהַמְּרַחֵם כִּי לֹא תַמּוּ חֲסָדֶיךָ,[2] כִּי מֵעוֹלָם קִוִּינוּ לָךְ.

וְעַל כֻּלָּם יִתְבָּרַךְ וְיִתְרוֹמַם וְיִתְנַשֵּׂא שִׁמְךָ מַלְכֵּנוּ תָּמִיד לְעוֹלָם וָעֶד.

°**וּכְתוֹב** [לנעילה: °**וַחֲתוֹם**] **לְחַיִּים טוֹבִים כָּל בְּנֵי בְרִיתֶךָ.**

וְכֹל הַחַיִּים יוֹדְוּךָ סֶּלָה, וִיהַלְלוּ וִיבָרְכוּ אֶת שִׁמְךָ הַגָּדוֹל בֶּאֱמֶת, לְעוֹלָם כִּי טוֹב. הָאֵל יְשׁוּעָתֵנוּ וְעֶזְרָתֵנוּ סֶלָה, הָאֵל הַטּוֹב. בָּרוּךְ אַתָּה יהוה, הַטּוֹב שִׁמְךָ וּלְךָ נָאֶה לְהוֹדוֹת.

שלום

בכל התפילות אומרים „שִׂים שָׁלוֹם" ובתפילת ערבית יש שאומרים „שִׂים שָׁלוֹם" ויש שאומרים „שָׁלוֹם רָב".

**שִׂים שָׁלוֹם,** טוֹבָה וּבְרָכָה, חַיִּים, חֵן וָחֶסֶד וְרַחֲמִים, עָלֵינוּ וְעַל כָּל יִשְׂרָאֵל עַמֶּךָ. בָּרְכֵנוּ אָבִינוּ, כֻּלָּנוּ כְּאֶחָד בְּאוֹר פָּנֶיךָ, כִּי בְאוֹר פָּנֶיךָ נָתַתָּ לָּנוּ, יהוה אֱלֹהֵינוּ, תּוֹרַת חַיִּים וְאַהֲבַת חֶסֶד, וּצְדָקָה, וּבְרָכָה, וְרַחֲמִים, וְחַיִּים, וְשָׁלוֹם. וְטוֹב יִהְיֶה בְעֵינֶיךָ לְבָרְכֵנוּ וּלְבָרֵךְ אֶת כָּל עַמְּךָ יִשְׂרָאֵל בְּכָל עֵת וּבְכָל שָׁעָה בִּשְׁלוֹמֶךָ (בְּרוֹב עוֹז וְשָׁלוֹם).

**שָׁלוֹם רָב** עַל יִשְׂרָאֵל עַמְּךָ תָּשִׂים לְעוֹלָם, כִּי אַתָּה הוּא מֶלֶךְ אָדוֹן לְכָל הַשָּׁלוֹם. וְטוֹב יִהְיֶה בְּעֵינֶיךָ לְבָרְכֵנוּ וּלְבָרֵךְ אֶת כָּל עַמְּךָ יִשְׂרָאֵל בְּכָל עֵת וּבְכָל שָׁעָה בִּשְׁלוֹמֶךָ.

**בְּסֵפֶר חַיִּים בְּרָכָה וְשָׁלוֹם, וּפַרְנָסָה טוֹבָה, וּגְזֵרוֹת טוֹבוֹת, יְשׁוּעוֹת וְנֶחָמוֹת, נִזָּכֵר °וְנִכָּתֵב** [°לנעילה: **וְנֵחָתֵם**] **לְפָנֶיךָ, אֲנַחְנוּ וְכָל עַמְּךָ בֵּית יִשְׂרָאֵל, לְחַיִּים טוֹבִים וּלְשָׁלוֹם.**

בָּרוּךְ אַתָּה יהוה, הַמְּבָרֵךְ אֶת עַמּוֹ יִשְׂרָאֵל בַּשָּׁלוֹם.

יִהְיוּ לְרָצוֹן אִמְרֵי פִי וְהֶגְיוֹן לִבִּי לְפָנֶיךָ, יהוה צוּרִי וְגֹאֲלִי.[3]

(1) ע"פ תהלים עט:יג (2) ע"פ איכה ג:כב (3) תהלים יט:טו

**אֱלֹהֵינוּ** וֵאלֹהֵי אֲבוֹתֵינוּ, תָּבֹא לְפָנֶיךָ תְּפִלָּתֵנוּ,[1] וְאַל תִּתְעַלַּם מִתְּחִנָּתֵנוּ,[2] שֶׁאֵין אֲנוּ עַזֵּי פָנִים וּקְשֵׁי עֹרֶף, לוֹמַר לְפָנֶיךָ, יהוה אֱלֹהֵינוּ וֵאלֹהֵי אֲבוֹתֵינוּ, צַדִּיקִים אֲנַחְנוּ וְלֹא חָטָאנוּ, אֲבָל אֲנַחְנוּ וַאֲבוֹתֵינוּ חָטָאנוּ.[3]

מכה באגרוף על החזה בכל עבירה שמזכיר.

**אָשַׁמְנוּ,** **ב**ָּגַדְנוּ, **ג**ָּזַלְנוּ, **ד**ִּבַּרְנוּ דֹפִי. **ה**ֶעֱוִינוּ, **ו**ְהִרְשַׁעְנוּ, **ז**ַדְנוּ, **ח**ָמַסְנוּ, **ט**ָפַלְנוּ שֶׁקֶר. **י**ָעַצְנוּ רָע, **כּ**ִזַּבְנוּ, **ל**ַצְנוּ, **מ**ָרַדְנוּ, **נ**ִאַצְנוּ, **ס**ָרַרְנוּ, **ע**ָוִינוּ, **פּ**ָשַׁעְנוּ, **צ**ָרַרְנוּ, **ק**ִשִּׁינוּ עֹרֶף. **ר**ָשַׁעְנוּ, **שׁ**ִחַתְנוּ, **ת**ִּעַבְנוּ, **ת**ָּעִינוּ, **ת**ִּעְתָּעְנוּ.

**סַרְנוּ** מִמִּצְוֹתֶיךָ וּמִמִּשְׁפָּטֶיךָ הַטּוֹבִים, וְלֹא שָׁוָה לָנוּ.[4] וְאַתָּה צַדִּיק עַל כָּל הַבָּא עָלֵינוּ, כִּי אֱמֶת עָשִׂיתָ וַאֲנַחְנוּ הִרְשָׁעְנוּ.[5]

**מַה** נֹּאמַר לְפָנֶיךָ יוֹשֵׁב מָרוֹם, וּמַה נְּסַפֵּר לְפָנֶיךָ שׁוֹכֵן שְׁחָקִים, הֲלֹא כָּל הַנִּסְתָּרוֹת וְהַנִּגְלוֹת אַתָּה יוֹדֵעַ.

במעריב, שחרית, מוסף ומנחה אומרים „אַתָּה יוֹדֵעַ". בנעילה אומרים „אַתָּה נוֹתֵן".

**למעריב, שחרית, מוסף, ומנחה**

**אַתָּה** יוֹדֵעַ רָזֵי עוֹלָם, וְתַעֲלוּמוֹת סִתְרֵי כָּל חָי. אַתָּה חוֹפֵשׂ כָּל חַדְרֵי בָטֶן,[6] וּבֹחֵן כְּלָיוֹת וָלֵב.[7] אֵין דָּבָר נֶעְלָם מִמֶּךָּ, וְאֵין נִסְתָּר מִנֶּגֶד עֵינֶיךָ. וּבְכֵן יְהִי רָצוֹן מִלְּפָנֶיךָ, יהוה אֱלֹהֵינוּ וֵאלֹהֵי אֲבוֹתֵינוּ, שֶׁתְּכַפֵּר לָנוּ עַל כָּל חַטֹּאתֵינוּ, וְתִסְלַח לָנוּ עַל כָּל עֲוֹנוֹתֵינוּ, וְתִמְחָל לָנוּ עַל כָּל פְּשָׁעֵינוּ.

מכה באגרוף על החזה בכל פעם שאומר „עַל חֵטְא שֶׁחָטָאנוּ".

**עַל חֵטְא** שֶׁחָטָאנוּ לְפָנֶיךָ בְּאֹנֶס וּבְרָצוֹן,
וְעַל חֵטְא שֶׁחָטָאנוּ לְפָנֶיךָ בְּאִמּוּץ הַלֵּב.
עַל חֵטְא שֶׁחָטָאנוּ לְפָנֶיךָ בִּבְלִי דָעַת,
וְעַל חֵטְא שֶׁחָטָאנוּ לְפָנֶיךָ בְּבִטּוּי שְׂפָתָיִם.
עַל חֵטְא שֶׁחָטָאנוּ לְפָנֶיךָ בְּגִלּוּי עֲרָיוֹת,
וְעַל חֵטְא שֶׁחָטָאנוּ לְפָנֶיךָ בַּגָּלוּי וּבַסָּתֶר.
עַל חֵטְא שֶׁחָטָאנוּ לְפָנֶיךָ בְּדַעַת וּבְמִרְמָה,
וְעַל חֵטְא שֶׁחָטָאנוּ לְפָנֶיךָ בְּדִבּוּר פֶּה.
עַל חֵטְא שֶׁחָטָאנוּ לְפָנֶיךָ בְּהוֹנָאַת רֵעַ,
וְעַל חֵטְא שֶׁחָטָאנוּ לְפָנֶיךָ בְּהַרְהוֹר הַלֵּב.

**לנעילה**

**אַתָּה** נוֹתֵן יָד לַפּוֹשְׁעִים, וִימִינְךָ פְשׁוּטָה לְקַבֵּל שָׁבִים. וַתְּלַמְּדֵנוּ יהוה אֱלֹהֵינוּ לְהִתְוַדּוֹת לְפָנֶיךָ עַל כָּל עֲוֹנוֹתֵינוּ, לְמַעַן נֶחְדַּל מֵעֹשֶׁק יָדֵינוּ, וּתְקַבְּלֵנוּ בִּתְשׁוּבָה שְׁלֵמָה לְפָנֶיךָ כְּאִשִּׁים וּכְנִיחוֹחִים, לְמַעַן דְּבָרֶיךָ אֲשֶׁר אָמָרְתָּ. אֵין קֵץ לְאִשֵּׁי חוֹבוֹתֵינוּ, וְאֵין מִסְפָּר לְנִיחוֹחֵי אַשְׁמָתֵנוּ. וְאַתָּה יוֹדֵעַ

(1) ע"פ תהלים פח:ג (2) ע"פ נה:ב (3) ע"פ ירמיה ג:כה (4) ע"פ איוב לג:כז (5) נחמיה ט:לג (6) משלי כ:כז (7) ירמיה יא:כ

**למעריב, שחרית, מוסף, ומנחה**

עַל חֵטְא שֶׁחָטָאנוּ לְפָנֶיךָ בִּוְעִידַת זְנוּת,

וְעַל חֵטְא שֶׁחָטָאנוּ לְפָנֶיךָ בְּוִדּוּי פֶּה.

עַל חֵטְא שֶׁחָטָאנוּ לְפָנֶיךָ בְּזִלְזוּל הוֹרִים וּמוֹרִים,

וְעַל חֵטְא שֶׁחָטָאנוּ לְפָנֶיךָ בְּזָדוֹן וּבִשְׁגָגָה.

עַל חֵטְא שֶׁחָטָאנוּ לְפָנֶיךָ בְּחֹזֶק יָד,

וְעַל חֵטְא שֶׁחָטָאנוּ לְפָנֶיךָ בְּחִלּוּל הַשֵּׁם.

עַל חֵטְא שֶׁחָטָאנוּ לְפָנֶיךָ בְּטֻמְאַת שְׂפָתָיִם,

וְעַל חֵטְא שֶׁחָטָאנוּ לְפָנֶיךָ בְּטִפְשׁוּת פֶּה.

עַל חֵטְא שֶׁחָטָאנוּ לְפָנֶיךָ בְּיֵצֶר הָרָע,

וְעַל חֵטְא שֶׁחָטָאנוּ לְפָנֶיךָ בְּיוֹדְעִים וּבְלֹא יוֹדְעִים.

**וְעַל כֻּלָּם, אֱלוֹהַּ סְלִיחוֹת, סְלַח לָנוּ, מְחַל לָנוּ, כַּפֶּר לָנוּ.**

עַל חֵטְא שֶׁחָטָאנוּ לְפָנֶיךָ בְּכַחַשׁ וּבְכָזָב,

וְעַל חֵטְא שֶׁחָטָאנוּ לְפָנֶיךָ בְּכַפַּת שֹׁחַד.

עַל חֵטְא שֶׁחָטָאנוּ לְפָנֶיךָ בְּלָצוֹן,

וְעַל חֵטְא שֶׁחָטָאנוּ לְפָנֶיךָ בִּלְשׁוֹן הָרָע.

עַל חֵטְא שֶׁחָטָאנוּ לְפָנֶיךָ בְּמַשָּׂא וּבְמַתָּן,

וְעַל חֵטְא שֶׁחָטָאנוּ לְפָנֶיךָ בְּמַאֲכָל וּבְמִשְׁתֶּה.

עַל חֵטְא שֶׁחָטָאנוּ לְפָנֶיךָ בְּנֶשֶׁךְ וּבְמַרְבִּית,

וְעַל חֵטְא שֶׁחָטָאנוּ לְפָנֶיךָ בִּנְטִיַּת גָּרוֹן.

עַל חֵטְא שֶׁחָטָאנוּ לְפָנֶיךָ בְּשִׂיחַ שִׂפְתוֹתֵינוּ,

וְעַל חֵטְא שֶׁחָטָאנוּ לְפָנֶיךָ בְּשִׂקּוּר עָיִן.

עַל חֵטְא שֶׁחָטָאנוּ לְפָנֶיךָ בְּעֵינַיִם רָמוֹת,

וְעַל חֵטְא שֶׁחָטָאנוּ לְפָנֶיךָ בְּעַזּוּת מֵצַח.

**וְעַל כֻּלָּם, אֱלוֹהַּ סְלִיחוֹת, סְלַח לָנוּ, מְחַל לָנוּ, כַּפֶּר לָנוּ.**

---

**לנעילה**

שֶׁאַחֲרִיתֵנוּ רִמָּה וְתוֹלֵעָה,[1] לְפִיכָךְ הֵן בֵּיתָ סְלִיחָתֵנוּ. מָה אָנוּ, מֶה חַיֵּינוּ, מֶה חַסְדֵּנוּ, מַה צִּדְקוֹתֵינוּ, מַה יְשׁוּעָתֵנוּ, מַה כֹּחֵנוּ, מַה גְּבוּרָתֵנוּ. מַה נֹּאמַר לְפָנֶיךָ, יהוה אֱלֹהֵינוּ וֵאלֹהֵי אֲבוֹתֵינוּ, הֲלֹא כָּל הַגִּבּוֹרִים כְּאַיִן לְפָנֶיךָ, וְאַנְשֵׁי הַשֵּׁם כְּלֹא הָיוּ, וַחֲכָמִים כִּבְלִי מַדָּע, וּנְבוֹנִים כִּבְלִי הַשְׂכֵּל. כִּי רֹב מַעֲשֵׂיהֶם תֹּהוּ, וִימֵי חַיֵּיהֶם הֶבֶל לְפָנֶיךָ, וּמוֹתַר הָאָדָם מִן הַבְּהֵמָה אָיִן, כִּי הַכֹּל הָבֶל.[2]

[כשהשם מנוקד כזה "יֱהֹוָה" מבטאים אותו "אֱלֹהִים."]

**אַתָּה** הִבְדַּלְתָּ אֱנוֹשׁ מֵרֹאשׁ, וַתַּכִּירֵהוּ לַעֲמוֹד לְפָנֶיךָ, כִּי מִי יֹאמַר לְךָ מַה תִּפְעָל, וְאִם יִצְדַּק מַה יִּתֶּן לָךְ. וַתִּתֶּן לָנוּ יהוה אֱלֹהֵינוּ בְּאַהֲבָה אֶת

---

(1) ע"פ איוב כה:ו (2) קהלת ג:יט

עַל חֵטְא שֶׁחָטָאנוּ לְפָנֶיךָ בִּפְרִיקַת עֹל,
וְעַל חֵטְא שֶׁחָטָאנוּ לְפָנֶיךָ בִּפְלִילוּת.
עַל חֵטְא שֶׁחָטָאנוּ לְפָנֶיךָ בִּצְדִיַּת רֵעַ,
וְעַל חֵטְא שֶׁחָטָאנוּ לְפָנֶיךָ בְּצָרוּת עָיִן.
עַל חֵטְא שֶׁחָטָאנוּ לְפָנֶיךָ בְּקַלּוּת רֹאשׁ,
וְעַל חֵטְא שֶׁחָטָאנוּ לְפָנֶיךָ בְּקַשְׁיוּת עֹרֶף.
עַל חֵטְא שֶׁחָטָאנוּ לְפָנֶיךָ בְּרִיצַת רַגְלַיִם לְהָרַע,
וְעַל חֵטְא שֶׁחָטָאנוּ לְפָנֶיךָ בִּרְכִילוּת.
עַל חֵטְא שֶׁחָטָאנוּ לְפָנֶיךָ בִּשְׁבוּעַת שָׁוְא,
וְעַל חֵטְא שֶׁחָטָאנוּ לְפָנֶיךָ בְּשִׂנְאַת חִנָּם.
עַל חֵטְא שֶׁחָטָאנוּ לְפָנֶיךָ בִּתְשׂוּמֶת יָד,
וְעַל חֵטְא שֶׁחָטָאנוּ לְפָנֶיךָ בְּתִמְהוֹן לֵבָב.

**וְעַל כֻּלָּם, אֱלוֹהַּ סְלִיחוֹת, סְלַח לָנוּ, מְחַל לָנוּ, כַּפֶּר לָנוּ.**

וְעַל חֲטָאִים שֶׁאָנוּ חַיָּבִים עֲלֵיהֶם עוֹלָה.
וְעַל חֲטָאִים שֶׁאָנוּ חַיָּבִים עֲלֵיהֶם חַטָּאת.
וְעַל חֲטָאִים שֶׁאָנוּ חַיָּבִים עֲלֵיהֶם קָרְבָּן עוֹלֶה וְיוֹרֵד.
וְעַל חֲטָאִים שֶׁאָנוּ חַיָּבִים עֲלֵיהֶם אָשָׁם וַדַּאי וְתָלוּי.
וְעַל חֲטָאִים שֶׁאָנוּ חַיָּבִים עֲלֵיהֶם מַכַּת מַרְדּוּת.
וְעַל חֲטָאִים שֶׁאָנוּ חַיָּבִים עֲלֵיהֶם מַלְקוּת אַרְבָּעִים.
וְעַל חֲטָאִים שֶׁאָנוּ חַיָּבִים עֲלֵיהֶם מִיתָה בִּידֵי שָׁמָיִם.
וְעַל חֲטָאִים שֶׁאָנוּ חַיָּבִים עֲלֵיהֶם כָּרֵת וַעֲרִירִי.
וְעַל חֲטָאִים שֶׁאָנוּ חַיָּבִים עֲלֵיהֶם אַרְבַּע מִיתוֹת בֵּית דִּין —
סְקִילָה, שְׂרֵפָה, הֶרֶג, וְחֶנֶק.

עַל מִצְוַת עֲשֵׂה וְעַל מִצְוַת לֹא תַעֲשֶׂה, בֵּין שֶׁיֵּשׁ בָּהּ קוּם עֲשֵׂה, וּבֵין שֶׁאֵין בָּהּ קוּם עֲשֵׂה. אֶת הַגְּלוּיִם לָנוּ וְאֶת שֶׁאֵינָם גְּלוּיִם לָנוּ, אֶת הַגְּלוּיִם לָנוּ כְּבָר

יוֹם הַכִּפֻּרִים הַזֶּה, קֵץ וּמְחִילָה וּסְלִיחָה עַל כָּל עֲוֹנוֹתֵינוּ, לְמַעַן נֶחְדַּל מֵעֹשֶׁק יָדֵינוּ, וְנָשׁוּב אֵלֶיךָ לַעֲשׂוֹת חֻקֵּי רְצוֹנְךָ בְּלֵבָב שָׁלֵם. וְאַתָּה בְּרַחֲמֶיךָ הָרַבִּים רַחֵם עָלֵינוּ, כִּי לֹא תַחְפּוֹץ בְּהַשְׁחָתַת עוֹלָם. שֶׁנֶּאֱמַר: דִּרְשׁוּ יהוה בְּהִמָּצְאוֹ, קְרָאֻהוּ בִּהְיוֹתוֹ קָרוֹב.[1] וְנֶאֱמַר: יַעֲזֹב רָשָׁע דַּרְכּוֹ, וְאִישׁ אָוֶן מַחְשְׁבֹתָיו, וְיָשֹׁב אֶל יהוה וִירַחֲמֵהוּ, וְאֶל אֱלֹהֵינוּ כִּי יַרְבֶּה לִסְלוֹחַ.[2] וְאַתָּה אֱלוֹהַּ סְלִיחוֹת, חַנּוּן וְרַחוּם, אֶרֶךְ אַפַּיִם, וְרַב חֶסֶד וֶאֱמֶת,[3] וּמַרְבֶּה לְהֵיטִיב. וְרוֹצֶה אַתָּה בִּתְשׁוּבַת רְשָׁעִים, וְאֵין אַתָּה חָפֵץ בְּמִיתָתָם. שֶׁנֶּאֱמַר: אֱמֹר אֲלֵיהֶם, חַי אָנִי, נְאֻם אֲדֹנָי יֱהֹוִה, אִם אֶחְפֹּץ בְּמוֹת הָרָשָׁע, כִּי אִם בְּשׁוּב רָשָׁע מִדַּרְכּוֹ וְחָיָה; שׁוּבוּ שׁוּבוּ

(1) ישעיה נה:ו (2) נה:ז (3) נחמיה ט:יז; ע״פ שמות לד:ו

**למעריב, שחרית, מוסף, ומנחה**

אֲמַרְנוּם לְפָנֶיךָ, וְהוֹדִינוּ לְךָ עֲלֵיהֶם, וְאֶת שֶׁאֵינָם גְּלוּיִם לָנוּ, לְפָנֶיךָ הֵם גְּלוּיִם וִידוּעִים, כַּדָּבָר שֶׁנֶּאֱמַר, הַנִּסְתָּרֹת לַיהוה אֱלֹהֵינוּ, וְהַנִּגְלֹת לָנוּ וּלְבָנֵינוּ עַד עוֹלָם, לַעֲשׂוֹת אֶת כָּל דִּבְרֵי הַתּוֹרָה הַזֹּאת.[1] כִּי אַתָּה סָלְחָן לְיִשְׂרָאֵל, וּמָחֳלָן לְשִׁבְטֵי יְשֻׁרוּן, בְּכָל דּוֹר וָדוֹר, וּמִבַּלְעָדֶיךָ אֵין לָנוּ מֶלֶךְ מוֹחֵל וְסוֹלֵחַ אֶלָּא אָתָּה. אומרים „אֱלֹהַי, עַד שֶׁלֹּא נוֹצַרְתִּי . . .” (למטה).

**לנעילה**

מִדַּרְכֵיכֶם הָרָעִים, וְלָמָּה תָמוּתוּ בֵּית יִשְׂרָאֵל.[2] וְנֶאֱמַר: הֶחָפֹץ אֶחְפֹּץ מוֹת רָשָׁע, נְאֻם אֲדֹנָי יֱהוִה, הֲלוֹא בְּשׁוּבוֹ מִדְּרָכָיו וְחָיָה.[3] וְנֶאֱמַר: כִּי לֹא אֶחְפֹּץ בְּמוֹת הַמֵּת, נְאֻם אֲדֹנָי יֱהוִה, וְהָשִׁיבוּ וִחְיוּ.[4] כִּי אַתָּה סָלְחָן לְיִשְׂרָאֵל, וּמָחֳלָן לְשִׁבְטֵי יְשֻׁרוּן, בְּכָל דּוֹר וָדוֹר, וּמִבַּלְעָדֶיךָ אֵין לָנוּ מֶלֶךְ מוֹחֵל וְסוֹלֵחַ אֶלָּא אָתָּה. אומרים „אֱלֹהַי, עַד שֶׁלֹּא נוֹצַרְתִּי . . .” (למטה).

**בכל התפילות ממשיכים כאן**

**אֱלֹהַי,** עַד שֶׁלֹּא נוֹצַרְתִּי אֵינִי כְדַאי, וְעַכְשָׁו שֶׁנּוֹצַרְתִּי כְּאִלּוּ לֹא נוֹצַרְתִּי, עָפָר אֲנִי[5] בְּחַיַּי, קַל וָחֹמֶר בְּמִיתָתִי. הֲרֵי אֲנִי לְפָנֶיךָ כִּכְלִי מָלֵא בוּשָׁה וּכְלִמָּה. יְהִי רָצוֹן מִלְּפָנֶיךָ, יהוה אֱלֹהַי וֵאלֹהֵי אֲבוֹתַי, שֶׁלֹּא אֶחֱטָא עוֹד, וּמַה שֶּׁחָטָאתִי לְפָנֶיךָ מְחוֹק בְּרַחֲמֶיךָ הָרַבִּים, אֲבָל לֹא עַל יְדֵי יִסּוּרִים וָחֳלָיִם רָעִים.[6]

**אֱלֹהַי,** נְצוֹר לְשׁוֹנִי מֵרָע, וּשְׂפָתַי מִדַּבֵּר מִרְמָה,[7] וְלִמְקַלְלַי נַפְשִׁי תִדּוֹם, וְנַפְשִׁי כֶּעָפָר לַכֹּל תִּהְיֶה. פְּתַח לִבִּי בְּתוֹרָתֶךָ, וְאַחֲרֵי מִצְוֹתֶיךָ תִּרְדּוֹף נַפְשִׁי. וְכָל הַקָּמִים וְהַחוֹשְׁבִים עָלַי לְרָעָה, מְהֵרָה הָפֵר עֲצָתָם וְקַלְקֵל מַחֲשַׁבְתָּם. יְהִי רָצוֹן מִלְּפָנֶיךָ, יהוה אֱלֹהַי וֵאלֹהֵי אֲבוֹתַי, שֶׁלֹּא תַעֲלֶה קִנְאַת אָדָם עָלַי, וְלֹא קִנְאָתִי עַל אֲחֵרִים, וְשֶׁלֹּא אֶכְעֹס הַיּוֹם, וְשֶׁלֹּא אַכְעִיסֶךָ, וְתַצִּילֵנִי מִיֵּצֶר הָרָע, וְתֵן בְּלִבִּי הַכְנָעָה וַעֲנָוָה. מַלְכֵּנוּ וֵאלֹהֵינוּ, יַחֵד שִׁמְךָ בְּעוֹלָמֶךָ, בְּנֵה עִירָךְ, יַסֵּד בֵּיתֶךָ, וְשַׁכְלֵל הֵיכָלֶךָ, וְקַבֵּץ קִבּוּץ גָּלֻיּוֹת, וּפְדֵה צֹאנֶךָ וְשַׂמַּח עֲדָתֶךָ. עֲשֵׂה לְמַעַן שְׁמֶךָ, עֲשֵׂה לְמַעַן יְמִינֶךָ, עֲשֵׂה לְמַעַן תּוֹרָתֶךָ, עֲשֵׂה לְמַעַן קְדֻשָּׁתֶךָ. לְמַעַן יֵחָלְצוּן יְדִידֶיךָ, הוֹשִׁיעָה יְמִינְךָ וַעֲנֵנִי.[8] (כתב בס' אליה רבה שטוב לומר כאן פסוק ששייך אל שמו; ראה עמ' 443.) יִהְיוּ לְרָצוֹן אִמְרֵי פִי וְהֶגְיוֹן לִבִּי לְפָנֶיךָ, יהוה צוּרִי וְגֹאֲלִי.[9] עֹשֶׂה °שָׁלוֹם [°יש שאומרים – הַשָּׁלוֹם] בִּמְרוֹמָיו, הוּא יַעֲשֶׂה שָׁלוֹם עָלֵינוּ, וְעַל כָּל יִשְׂרָאֵל. וְאִמְרוּ: אָמֵן.

**יְהִי רָצוֹן** מִלְּפָנֶיךָ, יהוה אֱלֹהֵינוּ וֵאלֹהֵי אֲבוֹתֵינוּ, שֶׁיִּבָּנֶה בֵּית הַמִּקְדָּשׁ בִּמְהֵרָה בְיָמֵינוּ, וְתֵן חֶלְקֵנוּ בְּתוֹרָתֶךָ. וְשָׁם נַעֲבָדְךָ בְּיִרְאָה, כִּימֵי עוֹלָם וּכְשָׁנִים קַדְמוֹנִיּוֹת. וְעָרְבָה לַיהוה מִנְחַת יְהוּדָה וִירוּשָׁלָיִם, כִּימֵי עוֹלָם וּכְשָׁנִים קַדְמוֹנִיּוֹת.[10]

(1) דברים כט:כח (2) יחזקאל לג:יא (3) יח:כג (4) יח:לב (5) ע"פ בראשית ג:יט
(6) ע"פ ודוי דרב המנונא זוטי במסכת ברכות יז. (7) ע"פ תהלים לד:יד (8) ס:ז; קח:ז (9) יט:טו (10) מלאכי ג:ד

# סדר אושפיזין לחג הסוכות

רבים אומרים תפלה זו רק בלילה ראשון של סוכות כשנכנסים לסוכה.

**עוּלוּ** אוּשְׁפִּיזִין עִלָּאִין קַדִּישִׁין, עוּלוּ אֲבָהָן עִלָּאִין קַדִּישִׁין, לְמֵיתַב בְּצִלָּא דִמְהֵימְנוּתָא עִלָּאָה בְּצִלָּא דְקֻדְשָׁא בְּרִיךְ הוּא. לֵעוּל אַבְרָהָם רְחִימָא, וְעִמֵּיהּ יִצְחָק עֲקִידְתָא, וְעִמֵּיהּ יַעֲקֹב שְׁלִמְתָא, וְעִמֵּיהּ מֹשֶׁה רַעְיָא מְהֵימְנָא, וְעִמֵּיהּ אַהֲרֹן כַּהֲנָא קַדִּישָׁא, וְעִמֵּיהּ יוֹסֵף צַדִּיקָא, וְעִמֵּיהּ דָּוִד מַלְכָּא מְשִׁיחָא. בַּסֻּכּוֹת תֵּשְׁבוּ, תִּיבוּ אוּשְׁפִּיזִין עִלָּאִין תִּיבוּ, תִּיבוּ אוּשְׁפִּיזֵי מְהֵימְנוּתָא תִּיבוּ.

**הֲרֵינִי** מוּכָן וּמְזֻמָּן לְקַיֵּם מִצְוַת סֻכָּה, כַּאֲשֶׁר צִוַּנִי הַבּוֹרֵא יִתְבָּרַךְ שְׁמוֹ: בַּסֻּכֹּת תֵּשְׁבוּ שִׁבְעַת יָמִים, כָּל הָאֶזְרָח בְּיִשְׂרָאֵל יֵשְׁבוּ בַּסֻּכֹּת. לְמַעַן יֵדְעוּ דֹרֹתֵיכֶם, כִּי בַסֻּכּוֹת הוֹשַׁבְתִּי אֶת בְּנֵי יִשְׂרָאֵל, בְּהוֹצִיאִי אוֹתָם מֵאֶרֶץ מִצְרָיִם.[1] תִּיבוּ תִּיבוּ אוּשְׁפִּיזִין עִלָּאִין, תִּיבוּ תִּיבוּ אוּשְׁפִּיזִין קַדִּישִׁין, תִּיבוּ תִּיבוּ אוּשְׁפִּיזִין דִּמְהֵימְנוּתָא, תִּיבוּ בְּצִלָּא דְקֻדְשָׁא בְּרִיךְ הוּא. זַכָּאָה חוּלְקָנָא, וְזַכָּאָה חוּלְקֵיהוֹן דְּיִשְׂרָאֵל, דִּכְתִיב: כִּי חֵלֶק יהוה עַמּוֹ, יַעֲקֹב חֶבֶל נַחֲלָתוֹ.[2] לְשֵׁם יִחוּד קֻדְשָׁא בְּרִיךְ הוּא וּשְׁכִינְתֵּהּ, לְיַחֲדָא שֵׁם י״ה בְּו״ה בְּיִחוּדָא שְׁלִים עַל יְדֵי הַהוּא טָמִיר וְנֶעְלָם, בְּשֵׁם כָּל יִשְׂרָאֵל. וִיהִי נֹעַם אֲדֹנָי אֱלֹהֵינוּ עָלֵינוּ, וּמַעֲשֵׂה יָדֵינוּ כּוֹנְנָה עָלֵינוּ, וּמַעֲשֵׂה יָדֵינוּ כּוֹנְנֵהוּ.[3]

**יְהִי רָצוֹן** מִלְּפָנֶיךָ, יהוה אֱלֹהַי וֵאלֹהֵי אֲבוֹתַי, שֶׁתַּשְׁרֶה שְׁכִינָתְךָ בֵּינֵינוּ, וְתִפְרוֹשׂ עָלֵינוּ סֻכַּת שְׁלוֹמֶךָ – בִּזְכוּת מִצְוַת סֻכָּה שֶׁאָנוּ מְקַיְּמִין – לְיַחֲדָא שְׁמָא דְקֻדְשָׁא בְּרִיךְ הוּא וּשְׁכִינְתֵּהּ, בִּדְחִילוּ וּרְחִימוּ, לְיַחֲדָא שֵׁם י״ה בְּו״ה בְּיִחוּדָא שְׁלִים, בְּשֵׁם כָּל יִשְׂרָאֵל, וּלְהַקִּיף אוֹתָנוּ מִזִּיו כְּבוֹדְךָ הַקָּדוֹשׁ וְהַטָּהוֹר, נָטוּי עַל רָאשֵׁינוּ מִלְמַעְלָה כְּנֶשֶׁר יָעִיר קִנּוֹ;[4] וּמִשָּׁם יֻשְׁפַּע שֶׁפַע הַחַיִּים לְעַבְדְּךָ (פלוני בֶּן פלונית) אֲמָתֶךָ. וּבִזְכוּת צֵאתִי מִבֵּיתִי הַחוּצָה – וְדֶרֶךְ מִצְוֹתֶיךָ אָרוּצָה[5] – יֵחָשֵׁב לִי בְּזֹאת כְּאִלּוּ הִרְחַקְתִּי נְדוֹד.[6] וְהֶרֶב כַּבְּסֵנִי מֵעֲוֹנִי, וּמֵחַטָּאתִי טַהֲרֵנִי.[7] וּמֵאוּשְׁפִּיזִין עִלָּאִין, אוּשְׁפִּיזִין דִּמְהֵימְנוּתָא, תִּהְיֶינָה אָזְנֶיךָ קַשֻּׁבוֹת רַב בְּרָכוֹת. (וְלָרְעֵבִים גַּם צְמֵאִים תֵּן לַחְמָם וּמֵימָם הַנֶּאֱמָנִים.) וְתִתֶּן לִי זְכוּת לָשֶׁבֶת וְלַחֲסוֹת בְּסֵתֶר צֵל כְּנָפֶיךָ – בְּעֵת פְּטִירָתִי מִן הָעוֹלָם – וְלַחֲסוֹת מִזֶּרֶם וּמִמָּטָר,[8] כִּי תַמְטִיר עַל רְשָׁעִים פַּחִים.[9] וּתְהֵא חֲשׁוּבָה מִצְוַת סֻכָּה זוּ שֶׁאֲנִי מְקַיֵּם, כְּאִלּוּ קִיַּמְתִּיהָ בְּכָל פְּרָטֶיהָ וְדִקְדּוּקֶיהָ וּתְנָאֶיהָ וְכָל מִצְוֹת הַתְּלוּיִם בָּהּ. וְתֵיטִיב לָנוּ הַחֲתִימָה. וּתְזַכֵּנוּ לֵישֵׁב יָמִים רַבִּים עַל הָאֲדָמָה, אַדְמַת קֹדֶשׁ, בַּעֲבוֹדָתְךָ וּבְיִרְאָתֶךָ. בָּרוּךְ יהוה לְעוֹלָם, אָמֵן וְאָמֵן.[10]

**רִבּוֹן** כָּל הָעוֹלָמִים, יְהִי רָצוֹן מִלְּפָנֶיךָ שֶׁתְּהֵא חֲשׁוּבָה לְפָנֶיךָ מִצְוַת יְשִׁיבַת סֻכָּה זוּ, כְּאִלּוּ קִיַּמְתִּיהָ בְּכָל פְּרָטֶיהָ וְדִקְדּוּקֶיהָ וְתַרְיַ״ג מִצְוֹת הַתְּלוּיִם בָּהּ, וּכְאִלּוּ כִּוַּנְתִּי בְּכָל הַכַּוָּנוֹת שֶׁכִּוְּנוּ בָהּ אַנְשֵׁי כְנֶסֶת הַגְּדוֹלָה.

(1) ויקרא כג:מב-מג (2) דברים לב:ט (3) תהלים צ:יז (4) דברים לב:יא (5) ע״פ תהלים קיט:לב
(6) ע״פ נה:ח (7) נא:ד (8) ע״פ ישעיה ד:ו (9) ע״פ תהלים יא:ו (10) פט:נג

יאמר תפילה קצרה זו בכל פעם שנכנס לסוכה לאכול.

**אֲזַמֵּן לִסְעֻדָּתִי אֻשְׁפִּיזִין עִלָּאִין: אַבְרָהָם יִצְחָק יַעֲקֹב מֹשֶׁה אַהֲרֹן יוֹסֵף וְדָוִד.**

ביום הראשון – בְּמָטוּ מִנָּךְ אַבְרָהָם אֻשְׁפִּיזִי עִלָּאִי, דְיָתְבִי[1] עִמִּי וְעִמָּךְ כָּל אֻשְׁפִּיזֵי עִלָּאֵי, יִצְחָק יַעֲקֹב מֹשֶׁה אַהֲרֹן יוֹסֵף וְדָוִד.

ביום השני – בְּמָטוּ מִנָּךְ יִצְחָק אֻשְׁפִּיזִי עִלָּאִי, דְיָתְבִי[1] עִמִּי וְעִמָּךְ כָּל אֻשְׁפִּיזֵי עִלָּאֵי, אַבְרָהָם יַעֲקֹב מֹשֶׁה אַהֲרֹן יוֹסֵף וְדָוִד.

ביום השלישי – בְּמָטוּ מִנָּךְ יַעֲקֹב אֻשְׁפִּיזִי עִלָּאִי, דְיָתְבִי[1] עִמִּי וְעִמָּךְ כָּל אֻשְׁפִּיזֵי עִלָּאֵי, אַבְרָהָם יִצְחָק מֹשֶׁה אַהֲרֹן יוֹסֵף וְדָוִד.

ביום הרביעי – בְּמָטוּ מִנָּךְ מֹשֶׁה אֻשְׁפִּיזִי עִלָּאִי, דְיָתְבִי[1] עִמִּי וְעִמָּךְ כָּל אֻשְׁפִּיזֵי עִלָּאֵי, אַבְרָהָם יִצְחָק יַעֲקֹב אַהֲרֹן יוֹסֵף וְדָוִד.

ביום החמישי – בְּמָטוּ מִנָּךְ אַהֲרֹן אֻשְׁפִּיזִי עִלָּאִי, דְיָתְבִי[1] עִמִּי וְעִמָּךְ כָּל אֻשְׁפִּיזֵי עִלָּאֵי, אַבְרָהָם יִצְחָק יַעֲקֹב מֹשֶׁה יוֹסֵף וְדָוִד.

ביום השישי – בְּמָטוּ מִנָּךְ יוֹסֵף אֻשְׁפִּיזִי עִלָּאִי, דְיָתְבִי[1] עִמִּי וְעִמָּךְ כָּל אֻשְׁפִּיזֵי עִלָּאֵי, אַבְרָהָם יִצְחָק יַעֲקֹב מֹשֶׁה אַהֲרֹן וְדָוִד.

ביום הושענא רבה – בְּמָטוּ מִנָּךְ דָּוִד אֻשְׁפִּיזִי עִלָּאִי, דְיָתְבִי[1] עִמִּי וְעִמָּךְ כָּל אֻשְׁפִּיזֵי עִלָּאֵי, אַבְרָהָם יִצְחָק יַעֲקֹב מֹשֶׁה אַהֲרֹן וְיוֹסֵף.

בכל סעודה מברך:

**בָּרוּךְ** אַתָּה יהוה אֱלֹהֵינוּ מֶלֶךְ הָעוֹלָם, אֲשֶׁר קִדְּשָׁנוּ בְּמִצְוֹתָיו, וְצִוָּנוּ לֵישֵׁב בַּסֻּכָּה.

## יציאה מן הסוכה

כשיוצאים מן הסוכה בפעם האחרונה יאמר:

**יְהִי רָצוֹן** מִלְּפָנֶיךָ, יהוה אֱלֹהֵינוּ וֵאלֹהֵי אֲבוֹתֵינוּ, כְּשֵׁם שֶׁקִּיַּמְתִּי וְיָשַׁבְתִּי בְּסֻכָּה זוֹ, כֵּן אֶזְכֶּה לְשָׁנָה הַבָּאָה לֵישֵׁב בְּסֻכַּת עוֹרוֹ שֶׁל לִוְיָתָן. לְשָׁנָה הַבָּאָה בִּירוּשָׁלָיִם.

**רִבּוֹנָא** דְעָלְמָא, יְהֵא רַעֲוָא מִן קֳדָמָךְ שֶׁאוֹתָן מַלְאָכִים הַקְּדוֹשִׁים הַשַּׁיָּכִים לְמִצְוַת סֻכָּה, וּלְמִצְוַת אַרְבָּעָה מִינִים – לוּלָב וְאֶתְרוֹג, הֲדַס וַעֲרָבָה – הַנּוֹהֲגִים בְּחַג הַסֻּכּוֹת, הֵם יִתְלַוּוּ עִמָּנוּ בְּצֵאתֵנוּ מִן הַסֻּכָּה וְיִכָּנְסוּ עִמָּנוּ לְבָתֵּינוּ לְחַיִּים וּלְשָׁלוֹם. וְלִהְיוֹת תָּמִיד עָלֵינוּ שְׁמִירָה עֶלְיוֹנָה מִמְּעוֹן קָדְשֶׁךָ, וּלְהַצִּילֵנוּ מִכָּל חֵטְא וְעָוֹן, וּמִכָּל פְּגָעִים רָעִים, וּמִכָּל שָׁעוֹת רָעוֹת הַמִּתְרַגְּשׁוֹת לָבֹא לָעוֹלָם. וְתְעָרֶה עָלֵינוּ רוּחַ מִמָּרוֹם; וְחַדֵּשׁ כִּלְיוֹתֵינוּ לְעָבְדְּךָ בֶּאֱמֶת, בְּאַהֲבָה וּבְיִרְאָה; וְנַתְמִיד מְאֹד בְּלִמּוּד תּוֹרָתְךָ הַקְּדוֹשָׁה, לִלְמֹד וּלְלַמֵּד. וּזְכוּת אַרְבָּעָה מִינִים וּמִצְוַת סֻכָּה תַּעֲמֹד לָנוּ, שֶׁתַּאֲרִיךְ אַפְּךָ עַד שׁוּבֵנוּ אֵלֶיךָ בִּתְשׁוּבָה שְׁלֵמָה לְפָנֶיךָ; וּנְתַקֵּן כָּל אֲשֶׁר פָּגַמְנוּ; וְנִזְכֶּה לִשְׁנֵי שֻׁלְחָנוֹת, בְּלִי צַעַר וְיָגוֹן – אֲנִי וּבְנֵי בֵיתִי וְיוֹצְאֵי חֲלָצַי – וְנִהְיֶה כֻלָּנוּ שְׁקֵטִים וּשְׁלֵוִים, דְּשֵׁנִים וְרַעֲנַנִּים, וְעוֹבְדֵי יהוה בֶּאֱמֶת לַאֲמִתּוֹ כִּרְצוֹנְךָ הַטּוֹב, בִּכְלַל כָּל בְּנֵי יִשְׂרָאֵל; אָמֵן. יִהְיוּ לְרָצוֹן אִמְרֵי פִי, וְהֶגְיוֹן לִבִּי לְפָנֶיךָ, יהוה צוּרִי וְגוֹאֲלִי.[2]

(1) נ״א דְּיֵתְבוּ (2) תהלים יט:טו

## סדר הושענות

בסוכות אומרים הושענות מיד אחר הלל (לפני קדיש שלם). פותחים הארון ואחד מוציא ספר תורה ועומד ליד הבימה וס"ת בידיו. החזן והציבור אחריו מקיפים את הבימה הקפה אחת עם ארבעת המינים בידם.
בשבת פותחים הארון אבל אין מוציאים ספר תורה ואין מקיפים את הבימה.
אין סוגרין את הארון עד לאחר גמר ההושענות.
בהושענא רבה מוציאים כל ספרי התורה ועומדים ליד הבימה, והחזן והציבור אחריו מקיפים את הבימה שבע הקפות – הקפה אחת לכל הושענא – עם ארבעת המינים בידם. יש קהילות שתוקעין תשר"ת אחרי כל הקפה.

בכל יום מתחילים עם ד' חרוזים אלו. החזן אומר כל חרוז בקול רם וקהל עונה אחריו.

**הוֹשַׁעְנָא,** לְמַעַנְךָ אֱלֹהֵינוּ, הוֹשַׁעְנָא.
הוֹשַׁעְנָא, לְמַעַנְךָ בּוֹרְאֵנוּ, הוֹשַׁעְנָא.
הוֹשַׁעְנָא, לְמַעַנְךָ גּוֹאֲלֵנוּ, הוֹשַׁעְנָא.
הוֹשַׁעְנָא, לְמַעַנְךָ דּוֹרְשֵׁנוּ, הוֹשַׁעְנָא.

**לְמַעַן אֲמִתָּךְ.** לְמַעַן בְּרִיתָךְ. לְמַעַן גָּדְלָךְ וְתִפְאַרְתָּךְ. לְמַעַן דָּתָךְ. לְמַעַן הוֹדָךְ. לְמַעַן וִעוּדָךְ. לְמַעַן זִכְרָךְ. לְמַעַן חַסְדָּךְ. לְמַעַן טוּבָךְ. לְמַעַן יִחוּדָךְ. לְמַעַן כְּבוֹדָךְ. לְמַעַן לִמּוּדָךְ. לְמַעַן מַלְכוּתָךְ. לְמַעַן נִצְחָךְ. לְמַעַן סוֹדָךְ. לְמַעַן עֻזָּךְ. לְמַעַן פְּאֵרָךְ. לְמַעַן צִדְקָתָךְ. לְמַעַן קְדֻשָּׁתָךְ. לְמַעַן רַחֲמֶיךָ הָרַבִּים. לְמַעַן שְׁכִינָתָךְ. לְמַעַן תְּהִלָּתָךְ.

ביום טוב אומר „אֲנִי וָהוֹ" (עמ' 367). בהושענא רבה אומר:

כִּי אָמַרְתִּי עוֹלָם חֶסֶד יִבָּנֶה.[1]

**אֶבֶן שְׁתִיָּה.** בֵּית הַבְּחִירָה. גֹּרֶן אָרְנָן. דְּבִיר הַמֻּצְנָע. הַר הַמּוֹרִיָּה. וְהַר יֵרָאֶה. זְבוּל תִּפְאַרְתֶּךָ. חָנָה דָוִד. טוֹב הַלְּבָנוֹן. יְפֵה נוֹף מְשׂוֹשׂ כָּל

(1) תהלים צט:ג

**כשחל יום א' של סוכות ביום שני**

| יום א | יום ב | יום ג | יום ד | יום ה | יום ו | שבת |
|---|---|---|---|---|---|---|
| יד | טו<br>למען אמתך | טז<br>אבן שתיה | יז<br>ערוך שועי | יח<br>אום אני חומה | יט<br>אל למושעות | כ<br>אום נצורה |
| כא<br>**הושענא רבה** | כב | כג | כד | כה | כו | כז |

**כשחל יום א' של סוכות ביום שלישי**

| | | | | | | |
|---|---|---|---|---|---|---|
| יג | יד | טו<br>למען אמתך | טז<br>אבן שתיה | יז<br>ערוך שועי | יח<br>אל למושעות* | יט<br>אום נצורה |
| כ<br>אדון המושיע | כא<br>**הושענא רבה** | כב | כג | כד | כה | כו |

* בקצת קהילות אומרים אום אני חומה.

**כשחל יום א' של סוכות ביום חמישי**

| | | | | | | |
|---|---|---|---|---|---|---|
| יא | יב | יג | יד | טו<br>למען אמתך | טז<br>אבן שתיה | יז<br>אום נצורה |
| יח<br>ערוך שועי | יט<br>אל למושעות | כ<br>אדון המושיע | כא<br>**הושענא רבה** | כב | כג | כד |

**כשחל יום א' של סוכות בשבת**

| | | | | | | |
|---|---|---|---|---|---|---|
| ט | י<br>**יום כפור** | יא | יב | יג | יד | טו<br>אום נצורה |
| טז<br>למען אמתך | יז<br>ערוך שועי | יח<br>אבן שתיה | יט<br>אל למושעות | כ<br>אדון המושיע | כא<br>**הושענא רבה** | כב |

הָאָרֶץ. **כְּ**לִילַת יֹפִי. **לִ**ינַת הַצֶּדֶק. **מָ**כוֹן לְשִׁבְתֶּךָ. **נָ**וֶה שַׁאֲנָן. **סֻ**כַּת שָׁלֵם. **עֲ**לִיַּת שְׁבָטִים. **פִּ**נַּת יִקְרַת. **צִ**יּוֹן הַמְּצֻיֶּנֶת. **קֹ**דֶשׁ הַקֳּדָשִׁים. **רָ**צוּף אַהֲבָה. **שְׁ**כִינַת כְּבוֹדֶךָ. **תֵּ**ל תַּלְפִּיּוֹת.

ביום טוב ובחול המועד אומר „אֲנִי וָהוֹ" (עמ' 367). בהושענא רבה אומר:

לְךָ זְרוֹעַ עִם גְּבוּרָה, תָּעֹז יָדְךָ תָּרוּם יְמִינֶךָ.[1]

**אוֹם אֲנִי חוֹמָה.** **בָּ**רָה כַּחַמָּה. **גּ**וֹלָה וְסוּרָה. **דָּ**מְתָה לְתָמָר. **הַ**הֲרוּגָה עָלֶיךָ. **וְ**נֶחֱשֶׁבֶת כְּצֹאן טִבְחָה. **זְ**רוּיָה בֵּין מַכְעִיסֶיהָ. **חֲ**בוּקָה וּדְבוּקָה בָךְ. **ט**וֹעֶנֶת עֻלָּךְ. **יְ**חִידָה לְיַחֲדָךְ. **כְּ**בוּשָׁה בַגּוֹלָה. **ל**וֹמֶדֶת יִרְאָתָךְ. **מְ**רוּטַת לֶחִי. **נְ**תוּנָה לְמַכִּים. **ס**וֹבֶלֶת סִבְלָךְ. **עֲ**נִיָּה סֹעֲרָה. **פְּ**דוּיַת טוֹבִיָּה. **צֹ**אן קָדָשִׁים. **קְ**הִלּוֹת יַעֲקֹב. **רְ**שׁוּמִים בִּשְׁמֶךָ. **שׁ**וֹאֲגִים הוֹשַׁעְנָא. **תְּ**מוּכִים עָלֶיךָ.

בחול המועד אומר „אֲנִי וָהוֹ" (עמ' 367). בהושענא רבה אומר:

תִּתֵּן אֱמֶת לְיַעֲקֹב, חֶסֶד לְאַבְרָהָם.[2]

**אָדוֹן הַמּוֹשִׁיעַ.** **בִּ**לְתְּךָ אֵין לְהוֹשִׁיעַ. **גִּ**בּוֹר וְרַב לְהוֹשִׁיעַ. **דַּ**לּוֹתִי וְלִי יְהוֹשִׁיעַ. **הָ**אֵל הַמּוֹשִׁיעַ. **וּ**מַצִּיל וּמוֹשִׁיעַ. **ז**וֹעֲקֶיךָ תּוֹשִׁיעַ. **ח**וֹכֶיךָ הוֹשִׁיעַ. **טְ**לָאֶיךָ תַּשְׂבִּיעַ. **יְ**בוּל לְהַשְׁפִּיעַ. **כָּ**ל שִׂיחַ תַּדְשֵׁא וְתוֹשִׁיעַ. **לְ**גֵיא בַּל תַּרְשִׁיעַ. **מְ**גָדִים תַּמְתִּיק וְתוֹשִׁיעַ. **נְ**שִׂיאִים לְהַסִּיעַ. **שְׂ**עִירִים לְהָנִיעַ. **עֲ**נָנִים מִלְּהַמְנִיעַ. **פּ**וֹתֵחַ יָד וּמַשְׂבִּיעַ. **צְ**מֵאֶיךָ תַּשְׂבִּיעַ. **ק**וֹרְאֶיךָ תּוֹשִׁיעַ. **רְ**חוּמֶיךָ תּוֹשִׁיעַ. **שׁ**וֹחֲרֶיךָ הוֹשִׁיעַ. **תְּ**מִימֶיךָ תּוֹשִׁיעַ.

בחול המועד אומר „אֲנִי וָהוֹ" (עמ' 367). בהושענא רבה אומר:

נְעִמוֹת בִּימִינְךָ נֶצַח.[3]

**אָדָם וּבְהֵמָה.** **בָּ**שָׂר וְרוּחַ וּנְשָׁמָה. **גִּ**יד וְעֶצֶם וְקָרְמָה. **דְּ**מוּת וְצֶלֶם וְרִקְמָה. **ה**וֹד לַהֶבֶל דָּמָה. **וְ**נִמְשַׁל כַּבְּהֵמוֹת נִדְמָה. **זִ**יו וְתֹאַר וְקוֹמָה. **חִ**דּוּשׁ פְּנֵי אֲדָמָה. **טִ**יעַת עֲצֵי נְשַׁמָּה. **יְ**קָבִים וְקָמָה. **כְּ**רָמִים וְשִׁקְמָה. **לְ**תֵבֵל הַמְּסֻיָּמָה. **מְ**טָרוֹת עֹז לְסַמְּמָה. **נְ**שִׁיָּה לְקַיְּמָה. **שִׂ**יחִים לְקוֹמְמָה. **עֲ**דָנִים לְעָצְמָה. **פְּ**רָחִים לְהַעֲצִימָה. **צְ**מָחִים לְגָשְׁמָה. **קָ**רִים לְזָרְמָה. **רְ**בִיבִים לְשַׁלְּמָה. **שְׁ**תִיָּה לְרוֹמְמָה. **תְּ**לוּיָה עַל בְּלִימָה.

יהוה אֲדֹנֵינוּ מָה אַדִּיר שִׁמְךָ בְּכָל הָאָרֶץ, אֲשֶׁר תְּנָה הוֹדְךָ עַל הַשָּׁמָיִם.[4]

**אֲדָמָה מֵאֶרֶר.** **בְּ**הֵמָה מִמְּשַׁכֶּלֶת. **גֹּ**רֶן מִגָּזָם. **דָּ**גָן מִדַּלֶּקֶת. **ה**וֹן מִמְּאֵרָה. **וְ**אֹכֶל מִמְּהוּמָה. **זַ**יִת מִנֶּשֶׁל. **חִ**טָּה מֵחָגָב. **טֶ**רֶף מִגּוֹבַי. **יֶ**קֶב מִיֶּלֶק. **כֶּ**רֶם מִתּוֹלַעַת. **לֶ**קֶשׁ מֵאַרְבֶּה. **מֶ**גֶד מִצְּלָצַל. **נֶ**פֶשׁ מִבֶּהָלָה. **שֹׂ**בַע מִסָּלְעָם. **עֲ**דָרִים מִדַּלּוּת. **פֵּ**רוֹת מִשִּׁדָּפוֹן. **צֹ**אן מִצְּמִיתוּת. **קָ**צִיר מִקְּלָלָה. **רֹ**ב מֵרָזוֹן. **שִׁ**בֹּלֶת מִצִּנָּמוֹן. **תְּ**בוּאָה מֵחָסִיל.

צַדִּיק יהוה בְּכָל דְּרָכָיו, וְחָסִיד בְּכָל מַעֲשָׂיו.[5]

**לְמַעַן** אֵיתָן הַנִּזְרָק בְּלַהַב אֵשׁ. לְמַעַן **בֵּ**ן הַנֶּעֱקַד עַל עֵצִים וָאֵשׁ.
לְמַעַן **גִּ**בּוֹר הַנֶּאֱבַק עִם שַׂר אֵשׁ. לְמַעַן **דְּ**גָלִים נָחִיתָ בְּאוֹר וַעֲנַן אֵשׁ.
לְמַעַן **הָ**עֲלָה לַמָּרוֹם וְנִתְעַלָּה כְּמַלְאֲכֵי אֵשׁ. לְמַעַן **וְ**הוּא לָךְ כְּסֶגֶן בְּאֶרְאֵלֵּי אֵשׁ.
לְמַעַן **זֶ**בֶד דִּבְּרוֹת הַנִּתּוּנוֹת מֵאֵשׁ. לְמַעַן **חִ**פּוּי יְרִיעוֹת וַעֲנַן אֵשׁ.
לְמַעַן **טֶ**כֶס הַר יָרַדְתָּ עָלָיו בָּאֵשׁ. לְמַעַן **יְ**דִידוּת בַּיִת אֲשֶׁר אָהַבְתָּ מִשְּׁמֵי אֵשׁ.

(1) תהלים צט:יד (2) מיכה ז:כ (3) תהלים טז:יא (4) ח:ב (5) קמה:יז

לְמַעַן **כָּ**מַהּ עַד שֶׁקָּעָה הָאֵשׁ. לְמַעַן **לָ**קַח מַחְתַּת אֵשׁ וְהֵסִיר חֲרוֹן אֵשׁ.
לְמַעַן **מְ**קַנֵּא קִנְאָה גְדוֹלָה בָּאֵשׁ. לְמַעַן **נָ**ף יָדוֹ וְיָרְדוּ אַבְנֵי אֵשׁ.
לְמַעַן **שָׂ**ם טְלֵה חָלָב כְּלִיל אֵשׁ. לְמַעַן **עָ**מַד בַּגֹּרֶן וְנִתְרַצָּה בָאֵשׁ.
לְמַעַן **פִּ**לֵּל בָּעֲזָרָה וְיָרְדָה הָאֵשׁ. לְמַעַן **צִ**יר עָלָה וְנִתְעַלָּה בְּרֶכֶב וְסוּסֵי אֵשׁ.
לְמַעַן **קְ**דוֹשִׁים מֻשְׁלָכִים בָּאֵשׁ. לְמַעַן **רִ**בּוֹ רִבְבָן חָז וְנַהֲרֵי אֵשׁ.
לְמַעַן **שְׁ**מָמוֹת עִירָךְ הַשְּׂרוּפָה בָאֵשׁ. לְמַעַן **תּ**וֹלְדוֹת אַלּוּפֵי יְהוּדָה תָּשִׂים כְּכִיּוֹר אֵשׁ.

**לְךָ** יהוה הַגְּדֻלָּה וְהַגְּבוּרָה וְהַתִּפְאֶרֶת וְהַנֵּצַח וְהַהוֹד כִּי כֹל בַּשָּׁמַיִם וּבָאָרֶץ, לְךָ יהוה הַמַּמְלָכָה וְהַמִּתְנַשֵּׂא לְכֹל לְרֹאשׁ.[1] וְהָיָה יהוה לְמֶלֶךְ עַל כָּל הָאָרֶץ, בַּיּוֹם הַהוּא יִהְיֶה יהוה אֶחָד וּשְׁמוֹ אֶחָד.[2] וּבְתוֹרָתְךָ כָּתוּב לֵאמֹר: שְׁמַע יִשְׂרָאֵל, יהוה אֱלֹהֵינוּ, יהוה אֶחָד.[3] בָּרוּךְ שֵׁם כְּבוֹד מַלְכוּתוֹ לְעוֹלָם וָעֶד.[4]

בהושענא רבה אומר „אֲנִי וָהוֹ" (למטה).

**אֶעֱרוֹךְ שׁוּעִי.** **בְּ**בֵית שַׁוְעִי. **גִּ**לִּיתִי בַצּוֹם פִּשְׁעִי. **דְּ**רַשְׁתִּיךָ בּוֹ לְהוֹשִׁיעִי. **הַ**קְשִׁיבָה לְקוֹל שַׁוְעִי. **וְ**קוּמָה וְהוֹשִׁיעִי. **זְ**כוֹר וְרַחֵם מוֹשִׁיעִי. **חַ**י כֵּן תְּשַׁעְשְׁעִי. **טוֹ**ב בְּאֶנֶק שְׁעִי. **יָ**חִישׁ מוֹשִׁיעִי. **כַּ**לֵּה מַרְשִׁיעִי. **לְ**בַל עוֹד תַּרְשִׁיעִי. **מַ**הֵר אֱלֹהֵי יִשְׁעִי. **נֶ**צַח לְהוֹשִׁיעִי. **שָׂ**א נָא עֲוֹן רִשְׁעִי. **עֲ**בוֹר עַל פִּשְׁעִי. **פְּ**נֵה נָא לְהוֹשִׁיעִי. **צוּ**ר צַדִּיק מוֹשִׁיעִי. **קַ**בֵּל נָא שַׁוְעִי. **רוֹ**מֵם קֶרֶן יִשְׁעִי. **שַׁ**דַּי מוֹשִׁיעִי. **תּ**וֹפִיעַ וְתוֹשִׁיעִי.

אומר „אֲנִי וָהוֹ" (למטה).

**אֵל לְמוֹשָׁעוֹת.** **בְּ**אַרְבַּע שְׁבֻעוֹת. **גָּ**שִׁים בְּשַׁוְעוֹת. **דּ**וֹפְקֵי עֶרֶךְ שׁוּעוֹת. **הוֹ**גֵי שַׁעֲשֻׁעוֹת. **וְ**חִידָתָם מִשְׁתַּעְשְׁעוֹת. **זְ**עָקִים לְהַשְׁעוֹת. **ח**וֹכֵי יְשׁוּעוֹת. **טְ**פוּלִים בָּךְ שְׁעוֹת. **יוֹ**דְעֵי בִין שָׁעוֹת. **כּוֹ**רְעֶיךָ בְּשַׁוְעוֹת. **לְ**הָבִין שְׁמוּעוֹת. **מִ**פִּיךָ נִשְׁמָעוֹת. **נוֹ**תֵן תְּשׁוּעוֹת. **סְ**פוּרוֹת מַשְׁמָעוֹת. **עֵ**דוֹת מַשְׁמִיעוֹת. **פּ**וֹעֵל יְשׁוּעוֹת. **צַ**דִּיק נוֹשָׁעוֹת. **קְ**רִיַּת תְּשׁוּעוֹת. **רֶ**גֶשׁ תְּשֻׁאוֹת. **שָׁ**לֹשׁ שָׁעוֹת. **תָּ**חִישׁ לִתְשׁוּעוֹת.

אומר „אֲנִי וָהוֹ" (למטה).

**אחרי ההקפה של כל יום (חוץ משבת) ממשיכים כאן**

## אֲנִי וָהוֹ הוֹשִׁיעָה נָּא.

כְּהוֹשַׁעְתָּ אֵלִים בְּלוּד עִמָּךְ, **בְּ**צֵאתְךָ לְיֵשַׁע עַמָּךְ, כֵּן הוֹשַׁעְנָא.
כְּהוֹשַׁעְתָּ **גּ**וֹי וֵאלֹהִים, **דְּ**רוּשִׁים לְיֵשַׁע אֱלֹהִים, כֵּן הוֹשַׁעְנָא.
כְּהוֹשַׁעְתָּ **הֲ**מוֹן צְבָאוֹת, **וְ**עִמָּם מַלְאֲכֵי צְבָאוֹת, כֵּן הוֹשַׁעְנָא.
כְּהוֹשַׁעְתָּ **זַ**כִּים מִבֵּית עֲבָדִים, **חַ**נּוּן בְּיָדָם מַעֲבִידִים, כֵּן הוֹשַׁעְנָא.
כְּהוֹשַׁעְתָּ **טְ**בוּעִים בְּצוּל גְּזָרִים, **יְ**קָרְךָ עִמָּם מַעֲבִירִים, כֵּן הוֹשַׁעְנָא.
כְּהוֹשַׁעְתָּ **כַּ**נָּה מְשׁוֹרֶרֶת וַיּוֹשַׁע, **לְ**גוֹחָהּ מְצֻיֶּנֶת וַיִּוָּשַׁע, כֵּן הוֹשַׁעְנָא.
כְּהוֹשַׁעְתָּ **מַ**אֲמַר וְהוֹצֵאתִי אֶתְכֶם, **נָ**קוּב וְהוּצֵאתִי אִתְּכֶם, כֵּן הוֹשַׁעְנָא.
כְּהוֹשַׁעְתָּ **ס**וֹבְבֵי מִזְבֵּחַ, **ע**וֹמְסֵי עֲרָבָה לְהַקִּיף מִזְבֵּחַ, כֵּן הוֹשַׁעְנָא.
כְּהוֹשַׁעְתָּ **פִּ**לְאֵי אָרוֹן כְּהֻפְשַׁע, **צִ**עֵר פְּלֶשֶׁת בַּחֲרוֹן אַף וְנוֹשַׁע, כֵּן הוֹשַׁעְנָא.
כְּהוֹשַׁעְתָּ **קְ**הִלּוֹת בָּבֶלָה שִׁלַּחְתָּ, **רַ**חוּם לְמַעֲנָם שֻׁלַּחְתָּ, כֵּן הוֹשַׁעְנָא.
כְּהוֹשַׁעְתָּ **שְׁ**בוּת שִׁבְטֵי יַעֲקֹב, **תָּ**שׁוּב וְתָשִׁיב שְׁבוּת אָהֳלֵי יַעֲקֹב, וְהוֹשִׁיעָה נָּא.
כְּהוֹשַׁעְתָּ **שׁ**וֹמְרֵי מִצְוֹת, **וְ**חוֹכֵי יְשׁוּעוֹת, **אֵ**ל לְמוֹשָׁעוֹת, וְהוֹשִׁיעָה נָּא.

## אֲנִי וָהוֹ הוֹשִׁיעָה נָּא.

(1) דברי הימים א כט:יא (2) זכריה יד:ט (3) דברים ו:ד (4) ע"פ פסחים נו.

בהושענא רבה אומר „תִּתְּנֵנוּ" (עמ' 369). בששה ימים הראשונים אומר:

**הוֹשִׁיעָה** אֶת עַמֶּךָ, וּבָרֵךְ אֶת נַחֲלָתֶךָ, וּרְעֵם וְנַשְּׂאֵם עַד הָעוֹלָם.[1] וְיִהְיוּ דְבָרַי אֵלֶּה אֲשֶׁר הִתְחַנַּנְתִּי לִפְנֵי יהוה, קְרֹבִים אֶל יהוה אֱלֹהֵינוּ יוֹמָם וָלָיְלָה, לַעֲשׂוֹת מִשְׁפַּט עַבְדּוֹ וּמִשְׁפַּט עַמּוֹ יִשְׂרָאֵל, דְּבַר יוֹם בְּיוֹמוֹ. לְמַעַן דַּעַת כָּל עַמֵּי הָאָרֶץ, כִּי יהוה הוּא הָאֱלֹהִים, אֵין עוֹד.[2]

מחזירים ספר התורה אל הארון וסוגרים את הארון. החזן אומר קדיש שלם (עמ' 70) ואחריו שיר של יום (עמ' 72) וקריאת התורה (ביום טוב עמ' 218, בחול המועד עמ' 63).

---

**לשבת**

---

**אוֹם נְצוּרָה** כְּבָבַת. בּוֹנֶנֶת בְּדַת נֶפֶשׁ מְשִׁיבַת. גּוֹמֶרֶת הִלְכוֹת שַׁבָּת. דּוֹרֶשֶׁת מַשְׂאַת שַׁבָּת. הַקּוֹבַעַת אַלְפַּיִם תְּחוּם שַׁבָּת. וּמְשִׁיבַת רֶגֶל מִשַּׁבָּת. זָכוֹר וְשָׁמוֹר מְקַיֶּמֶת בַּשַּׁבָּת. חָשָׁה לְמַהֵר בִּיאַת שַׁבָּת. טוֹרַחַת כֹּל מִשִּׁשָּׁה לַשַּׁבָּת. יוֹשֶׁבֶת וּמַמְתֶּנֶת עַד כְּלוֹת שַׁבָּת. כָּבוֹד וָעֹנֶג קוֹרְאָה לַשַּׁבָּת. לְבוּשׁ וּכְסוּת מַחֲלֶפֶת בַּשַּׁבָּת. מַאֲכָל וּמִשְׁתֶּה מְכִינָה לַשַּׁבָּת. נֹעַם מְגָדִים מַנְעֶמֶת לַשַּׁבָּת. סְעוּדוֹת שָׁלֹשׁ מְקַיֶּמֶת בַּשַּׁבָּת. עַל שְׁתֵּי כִכָּרוֹת בּוֹצַעַת בַּשַּׁבָּת. פּוֹרֶטֶת אַרְבַּע רְשֻׁיּוֹת בַּשַּׁבָּת. צִוּוּי הַדְלָקַת נֵר מַדְלֶקֶת בַּשַּׁבָּת. קִדּוּשׁ הַיּוֹם מְקַדֶּשֶׁת בַּשַּׁבָּת. רֶנֶן שֶׁבַע מְפַלֶּלֶת בַּשַּׁבָּת. שִׁבְעָה בְּדַת קוֹרְאָה בַּשַּׁבָּת. תַּנְחִילֶנָּה לְיוֹם שֶׁכֻּלּוֹ שַׁבָּת.

## אֲנִי וָהוֹ הוֹשִׁיעָה נָּא.

המחבר חתם שמו – מנחם ברבי מכיר [חזק לעד אמן] – בראשי החרוזים (אחר הא"ב).

כְּהוֹשַׁעְתָּ אָדָם יְצִיר כַּפֶּיךָ לְגוֹנְנָה,
בְּשַׁבַּת קֹדֶשׁ הִמְצֵאתוֹ כֹּפֶר וַחֲנִינָה, כֵּן הוֹשַׁעְנָא.
כְּהוֹשַׁעְתָּ גּוֹי מְצֻיָּן מְקַוִּים חֹפֶשׁ,
דֵּעָה כִּוְּנוּ לָבוֹר שְׁבִיעִי לְנֹפֶשׁ, כֵּן הוֹשַׁעְנָא.
כְּהוֹשַׁעְתָּ הָעָם נִהַגְתָּ כַּצֹּאן לְהַנְחוֹת,
וְחֹק שַׂמְתָּ בְּמָרָה עַל מֵי מְנֻחוֹת, כֵּן הוֹשַׁעְנָא.
כְּהוֹשַׁעְתָּ זְבוּדֶיךָ בְּמִדְבַּר סִין בַּמַּחֲנֶה,
חָכְמוּ וְלָקְטוּ בַּשִּׁשִּׁי לֶחֶם מִשְׁנֶה, כֵּן הוֹשַׁעְנָא.
כְּהוֹשַׁעְתָּ טְפוּלֶיךָ הוֹרוּ הֲכָנָה בְּמַדָּעָם,
יִשַּׁר כֹּחָם וְהוֹדָה לָמוֹ רוֹעָם, כֵּן הוֹשַׁעְנָא.
כְּהוֹשַׁעְתָּ כֻּלְכְּלוּ בְּעֹנֶג מָן הַמְּשֻׁמָּר,
לֹא הָפַךְ עֵינוֹ וְרֵיחוֹ לֹא נָמָר, כֵּן הוֹשַׁעְנָא.
כְּהוֹשַׁעְתָּ מִשְׁפְּטֵי מַשְׂאוֹת שַׁבָּת גָּמָרוּ,
נָחוּ וְשָׁבְתוּ רְשֻׁיּוֹת וּתְחוּמִים שָׁמָרוּ, כֵּן הוֹשַׁעְנָא.
כְּהוֹשַׁעְתָּ סִינַי הֻשְׁמְעוּ בְּדִבּוּר רְבִיעִי,
עִנְיַן זָכוֹר וְשָׁמוֹר לְקַדֵּשׁ שְׁבִיעִי, כֵּן הוֹשַׁעְנָא.
כְּהוֹשַׁעְתָּ פֻּקְּדוּ יְרִיחוֹ שֶׁבַע לְהַקֵּף,
צָרוּ עַד רִדְתָּהּ בַּשַּׁבָּת לְתַקֵּף, כֵּן הוֹשַׁעְנָא.
כְּהוֹשַׁעְתָּ קֹהֶלֶת וְעַמּוֹ בְּבֵית עוֹלָמִים,
רִצּוּךָ בְּחָגְגָם שִׁבְעָה וְשִׁבְעָה יָמִים, כֵּן הוֹשַׁעְנָא.
כְּהוֹשַׁעְתָּ שָׁבִים עוֹלֵי גוֹלָה לְפִדְיוֹם,
תּוֹרָתְךָ בְּקָרְאָם בֶּחָג יוֹם יוֹם, כֵּן הוֹשַׁעְנָא.

---

(1) תהלים כח:ט (2) מלכים א ח:נט-ס

כְּהוֹשַׁעְתָּ **מְ**שַׁמְּחֶיךָ בְּבִנְיַן שֵׁנִי הַמְּחֻדָּשׁ,
**נוֹ**טְלִין לוּלָב כָּל שִׁבְעָה בַּמִּקְדָּשׁ, כֵּן הוֹשַׁעְנָא.
כְּהוֹשַׁעְתָּ **חִ**בּוּט עֲרָבָה שַׁבָּת מַדְחִים,
**מְ**רְבִּיּוֹת מוֹצָא לִיסוֹד מִזְבֵּחַ מַנִּיחִים, כֵּן הוֹשַׁעְנָא.
כְּהוֹשַׁעְתָּ **בְּ**רַכּוֹת וַאֲרֻכּוֹת וּגְבוֹהוֹת מְעַלְּסִים,
**בְּ**פְטִירָתָן יֳפִי לְךָ מִזְבֵּחַ מְקַלְּסִים, כֵּן הוֹשַׁעְנָא.
כְּהוֹשַׁעְתָּ **מוֹ**דִים וּמְיַחֲלִים וְלֹא מְשַׁנִּים,
**כֻּ**לָּנוּ אָנוּ לְיָהּ וְעֵינֵינוּ לְיָהּ שׁוֹנִים, כֵּן הוֹשַׁעְנָא.
כְּהוֹשַׁעְתָּ **יֶ**קֶב מַחֲצָבֶיךָ סוֹבְבִים בְּרַעֲנָנָה,
**רוֹ**נְנִים אֲנִי וָהוּ הוֹשִׁיעָה נָּא, כֵּן הוֹשַׁעְנָא.
כְּהוֹשַׁעְתָּ **חֵ**יל **זְ**רִיזִים מְשָׁרְתִים בִּמְנוּחָה,
**קָ**רְבַּן שַׁבָּת כָּפוּל עוֹלָה וּמִנְחָה, כֵּן הוֹשַׁעְנָא.
כְּהוֹשַׁעְתָּ **לְ**וִיֶּיךָ **עַל** **דּוּ**כָנָם לְהַרְבַּת,
**אוֹ**מְרִים **מִ**זְמוֹר שִׁיר לְיוֹם הַשַּׁבָּת, כֵּן הוֹשַׁעְנָא.
כְּהוֹשַׁעְתָּ **נְ**חוּמֶיךָ בְּמִצְוֹתֶיךָ תָּמִיד יִשְׁתַּעַשְׁעוּן,
**וּ**רְצֵם וְהַחֲלִיצֵם בְּשׁוּבָה וָנַחַת יִוָּשֵׁעוּן, כֵּן הוֹשַׁעְנָא.
כְּהוֹשַׁעְתָּ שְׁבוּת שִׁבְטֵי יַעֲקֹב, תָּשׁוּב וְתָשִׁיב שְׁבוּת אָהֳלֵי יַעֲקֹב, וְהוֹשִׁיעָה נָּא.
כְּהוֹשַׁעְתָּ **שׁוֹ**מְרֵי **מִ**צְוֹת, **וְ**חוֹכֵי יְשׁוּעוֹת, **אֵל** **לְ**מוֹשָׁעוֹת, וְהוֹשִׁיעָה נָּא.

## אֲנִי וָהוּ הוֹשִׁיעָה נָּא.

**הוֹשִׁיעָה** אֶת עַמֶּךָ, וּבָרֵךְ אֶת נַחֲלָתֶךָ, וּרְעֵם וְנַשְּׂאֵם עַד הָעוֹלָם.[1] וְיִהְיוּ דְבָרַי אֵלֶּה אֲשֶׁר הִתְחַנַּנְתִּי לִפְנֵי יהוה, קְרֹבִים אֶל יהוה אֱלֹהֵינוּ יוֹמָם וָלָיְלָה, לַעֲשׂוֹת מִשְׁפַּט עַבְדּוֹ וּמִשְׁפַּט עַמּוֹ יִשְׂרָאֵל, דְּבַר יוֹם בְּיוֹמוֹ. לְמַעַן דַּעַת כָּל עַמֵּי הָאָרֶץ, כִּי יהוה הוּא הָאֱלֹהִים, אֵין עוֹד.[2]

סוגרים הארון, החזן אומר קדיש שלם (עמ' 217) וממשיך משם.

---

תפלות נוספות להושענא רבה

---

הכותרות (שהוצגו באותיות דפוס עבות בין הושענא להושענא) אומר החזן בקול רם והקהל אחריו.

המחבר חתם שמו – אלעזר [חזק] – בראשי החרוזים (אחר תשר"ק) והוא ר' אלעזר הקליר.

**תְּתַנֵּנוּ** לְשֵׁם וְלִתְהִלָּה. **תְּ**שִׁיתֵנוּ אֶל הַחֶבֶל וְאֶל הַנַּחֲלָה. **תְּ**רוֹמְמֵנוּ לְמַעְלָה לְמָעְלָה. **תְּ**קַבְּצֵנוּ לְבֵית הַתְּפִלָּה. **תַּ**צִּיבֵנוּ כְּעֵץ עַל פַּלְגֵי מַיִם שְׁתוּלָה. **תְּ**פְדֵּנוּ מִכָּל נֶגַע וּמַחֲלָה. **תְּ**עַטְּרֵנוּ בְּאַהֲבָה כְלוּלָה. **תְּשַׂ**מְּחֵנוּ בְּבֵית הַתְּפִלָּה. **תְּ**נַהֲלֵנוּ עַל מֵי מְנוּחוֹת סֶלָה. **תְּ**מַלְּאֵנוּ חָכְמָה וְשִׂכְלָה. **תַּלְ**בִּישֵׁנוּ עֹז וּגְדֻלָּה. **תַּכְ**תִּירֵנוּ בְּכֶתֶר כְּלוּלָה. **תְּ**יַשְּׁרֵנוּ בְּאֹרַח סְלוּלָה. **תִּ**טָּעֵנוּ בְּיֹשֶׁר מְסִלָּה. **תְּ**חָנֵּנוּ בְּרַחֲמִים וּבְחֶמְלָה. **תַּ**זְכִּירֵנוּ בְּמִי זֹאת עוֹלָה. **תּוֹ**שִׁיעֵנוּ לְקֵץ הַגְּאֻלָּה. **תְּהַ**דְּרֵנוּ בְּזִיו הַמּוּלָה. **תַּ**דְבִּיקֵנוּ כְּאֵזוֹר חֲתוּלָה. **תְּ**גַדְּלֵנוּ בְּיָד הַגְּדוֹלָה. **תְּ**בִיאֵנוּ לְבֵיתְךָ בְּרִנָּה וְצָהֳלָה. **תְּאַ**מְּצֵנוּ בְּרֶוַח וְהַצָּלָה. **תְּאַ**דְּרֵנוּ בְּאֶבֶן תְּלוּלָה. **תְּלַ**בְּבֵנוּ בְּבִנְיַן עִירְךָ כְּבַתְּחִלָּה. **תְּ**עוֹרְרֵנוּ לְצִיּוֹן בְּשִׁכְלוּלָהּ. **תְּ**זַכֵּנוּ בְּנִבְנֵתָה הָעִיר עַל תִּלָּהּ. **תַּרְ**בִּיצֵנוּ בְּשָׂשׂוֹן וְגִילָה. **תְּחַ**זְּקֵנוּ אֱלֹהֵי יַעֲקֹב סֶלָה.

## אָנָּא הוֹשִׁיעָה נָּא.

אָנָּא **אֱ**זוֹן חִין תְּאֵבֵי יִשְׁעָךְ, **בְּ**עַרְבֵי נַחַל לְשַׁעְשְׁעָךְ, וְהוֹשִׁיעָה נָּא.

---

(1) תהלים כח:ט (2) מלכים א ח:נט-ס

אָנָּא גְּאַל כַּנַּת נִטְעָךְ, דּוּמָה בְּטַאטְאָךְ, וְהוֹשִׁיעָה נָּא.
אָנָּא הַבֵּט לַבְּרִית טִבְעָךְ, וּמַחֲשַׁכֵּי אֶרֶץ בְּהַטְבִּיעָךְ, וְהוֹשִׁיעָה נָּא.
אָנָּא זְכָר לָנוּ אָב יְדָעָךְ, חַסְדְּךָ לָמוֹ בְּהוֹדִיעָךְ, וְהוֹשִׁיעָה נָּא.
אָנָּא טְהוֹרֵי לֵב בְּהַפְלִיאָךְ, יְוַדַּע כִּי הוּא פִלְאָךְ, וְהוֹשִׁיעָה נָּא.
אָנָּא כַּבִּיר כֹּחַ תֶּן לָנוּ יִשְׁעָךְ, לַאֲבוֹתֵינוּ כְּהִשָּׁבְעָךְ, וְהוֹשִׁיעָה נָּא.
אָנָּא מַלֵּא מִשְׁאֲלוֹת עַם מְשַׁוְּעָךְ, נֶעֱקַד בְּהַר מוֹר כְּמוֹ שִׁוְּעָךְ, וְהוֹשִׁיעָה נָּא.
אָנָּא סַגֵּב אֶשְׁלֵי נִטְעָךְ, עֲרִיצִים בַּהֲנִיעָךְ, וְהוֹשִׁיעָה נָּא.
אָנָּא פְּתַח לָנוּ אוֹצְרוֹת רִבְעָךְ, צִיָּה מֵהֶם בְּהַרְבִּיעָךְ, וְהוֹשִׁיעָה נָּא.
אָנָּא קוֹרְאֶיךָ אֶרֶץ בְּרוֹעֲעָךְ, רְעֵם בְּטוּב מִרְעָךְ, וְהוֹשִׁיעָה נָּא.
אָנָּא שְׁעָרֶיךָ תַּעַל מִמַּשּׁוּאָךְ, תֵּל תַּלְפִּיּוֹת בְּהַשִּׂיאָךְ, וְהוֹשִׁיעָה נָּא.

**אָנָּא אֵל נָא, הוֹשַׁעְנָא וְהוֹשִׁיעָה נָּא.**

אֵל נָא, תָּעִינוּ כְּשֶׂה אֹבֵד, שְׁמֵנוּ מִסִּפְרְךָ אַל תְּאַבֵּד, הוֹשַׁעְנָא וְהוֹשִׁיעָה נָּא.
אֵל נָא, רְעֵה אֶת צֹאן הַהֲרֵגָה, קְצוּפָה וְעָלֶיךָ הֲרוּגָה, הוֹשַׁעְנָא וְהוֹשִׁיעָה נָּא.
אֵל נָא, צֹאנְךָ וְצֹאן מַרְעִיתֶךָ, פְּעֻלָּתְךָ וְרַעְיָתֶךָ, הוֹשַׁעְנָא וְהוֹשִׁיעָה נָּא.
אֵל נָא, עֲנִיֵּי הַצֹּאן, שִׂיחָם עֲנֵה בְּעֵת רָצוֹן, הוֹשַׁעְנָא וְהוֹשִׁיעָה נָּא.
אֵל נָא, נוֹשְׂאֵי לְךָ עַיִן, מִתְקוֹמְמֵיהֶם יִהְיוּ כְאַיִן, הוֹשַׁעְנָא וְהוֹשִׁיעָה נָּא.
אֵל נָא, לִמְנַסְּכֵי לְךָ מַיִם, כְּמִמַּעַיְנֵי הַיְשׁוּעָה יִשְׁאֲבוּן מַיִם, הוֹשַׁעְנָא וְהוֹשִׁיעָה נָּא.
אֵל נָא, יַעֲלוּ לְצִיּוֹן מוֹשִׁיעִים, טְפוּלִים בְּךָ וּבְשִׁמְךָ נוֹשָׁעִים, הוֹשַׁעְנָא וְהוֹשִׁיעָה נָּא.
אֵל נָא, חֲמוּץ בְּגָדִים, זְעוֹם לְנַעֵר כָּל בּוֹגְדִים, הוֹשַׁעְנָא וְהוֹשִׁיעָה נָּא.
אֵל נָא, וְזָכוֹר תִּזְכּוֹר, הַנִּכּוּרֵי בִּלְתְּךָ וָכוֹר, הוֹשַׁעְנָא וְהוֹשִׁיעָה נָּא.
אֵל נָא, דּוֹרְשֶׁיךָ בְּעַנְפֵי עֲרָבוֹת, גַּעְיָם שְׁעֵה מֵעֲרָבוֹת, הוֹשַׁעְנָא וְהוֹשִׁיעָה נָּא.
אֵל נָא, בָּרֵךְ בְּעִטּוּר שָׁנָה, אֲמָרֵי רְצֵה בְּפִלּוּלִי בְּיוֹם הוֹשַׁעְנָא,
הוֹשַׁעְנָא וְהוֹשִׁיעָה נָּא.

**אָנָּא אֵל נָא, הוֹשַׁעְנָא וְהוֹשִׁיעָה נָּא, אָבִינוּ אָתָּה.**

לְמַעַן תָּמִים בְּדוֹרוֹתָיו, הַנִּמְלָט בְּרוֹב צִדְקוֹתָיו,
מֻצָּל מִשֶּׁטֶף בְּבֹא מַבּוּל מַיִם.
לְאוֹם אֲנִי חוֹמָה, הוֹשַׁעְנָא וְהוֹשִׁיעָה נָּא, אָבִינוּ אָתָּה.
לְמַעַן שָׁלֵם בְּכָל מַעֲשִׂים, הַמְנֻסֶּה בַּעֲשָׂרָה נִסִּים,
כְּשֶׂר מַלְאָכִים נָם יֻקַּח נָא מְעַט מַיִם.
לְבָרָה כַּחַמָּה, הוֹשַׁעְנָא וְהוֹשִׁיעָה נָּא, אָבִינוּ אָתָּה.
לְמַעַן רַךְ וְיָחִיד נֶחֱנַט פְּרִי לְמֵאָה, זָעַק אַיֵּה הַשֶּׂה לְעוֹלָה,
בִּשְּׂרוּהוּ עֲבָדָיו מָצָאנוּ מַיִם.
לְגוֹלָה וְסוּרָה, הוֹשַׁעְנָא וְהוֹשִׁיעָה נָּא, אָבִינוּ אָתָּה.
לְמַעַן קִדֵּם שְׂאֵת בְּרָכָה, הַנִּשְׂטַם וּלְשִׁמְךָ חִכָּה,
מְיַחֵם בְּמַקְלוֹת בְּשִׁקְתוֹת הַמָּיִם.
לְדָמְתָה לְתָמָר, הוֹשַׁעְנָא וְהוֹשִׁיעָה נָּא, אָבִינוּ אָתָּה.
לְמַעַן צֶדֶק הֱיוֹת לְךָ לְכֹהֵן, כֶּחָתָן פְּאֵר יְכַהֵן,
מֻנֶּסֶה בְּמַסָּה בְּמֵי מְרִיבַת מַיִם.
לְהָהָר הַטּוֹב, הוֹשַׁעְנָא וְהוֹשִׁיעָה נָּא, אָבִינוּ אָתָּה.

לְמַעַן פְּאַר הֱיוֹת גְּבִיר לְאֶחָיו, יְהוּדָה אֲשֶׁר גָּבַר בְּאֶחָיו,
מִסְפַּר רֹבַע מִדָּלְיָו יִזַּל מַיִם.
לוֹא לָנוּ כִּי אִם לְמַעַנְךָ, הוֹשַׁעְנָא וְהוֹשִׁיעָה נָּא, אָבִינוּ אָתָּה.
לְמַעַן עָנָיו מִכֹּל וְנֶאֱמָן, אֲשֶׁר בְּצִדְקוֹ כִּלְכֵּל הַמָּן,
מָשׁוּךְ לְגוֹאֵל וּמָשׁוּי מִמַּיִם.
לְזֹאת הַנִּשְׁקָפָה, הוֹשַׁעְנָא וְהוֹשִׁיעָה נָּא, אָבִינוּ אָתָּה.
לְמַעַן שַׂמְתּוֹ כְּמַלְאֲכֵי מְרוֹמִים, הַלּוֹבֵשׁ אוּרִים וְתֻמִּים,
מְצֻוֶּה לָבֹא בַמִּקְדָּשׁ בְּקִדּוּשׁ יָדַיִם וְרַגְלַיִם וּרְחִיצַת מַיִם.
לְחוֹלַת אַהֲבָה, הוֹשַׁעְנָא וְהוֹשִׁיעָה נָּא, אָבִינוּ אָתָּה.
לְמַעַן נְבִיאָה מְחוֹלַת מַחֲנַיִם, לְכָמֵהֵי לֵב הוּשְׂמָה עֵינַיִם,
לְרַגְלָהּ רָצָה עֲלוֹת וָרֶדֶת בְּאֵר מַיִם.
לְטוֹבוּ אֹהָלָיו, הוֹשַׁעְנָא וְהוֹשִׁיעָה נָּא, אָבִינוּ אָתָּה.
לְמַעַן מְשָׁרֵת לֹא מָשׁ מֵאֹהֶל, וְרוּחַ הַקֹּדֶשׁ עָלָיו אִהֵל,
בְּעָבְרוֹ בַּיַּרְדֵּן נִכְרְתוּ הַמַּיִם.
לְיָפָה וּבָרָה, הוֹשַׁעְנָא וְהוֹשִׁיעָה נָּא, אָבִינוּ אָתָּה.
לְמַעַן לִמַּד רְאוֹת לְטוֹבָה אוֹת, זָעַק אַיֵּה נִפְלָאוֹת,
מִצָּה טַל מִגִּזָּה מְלֹא הַסֵּפֶל מַיִם.
לְכַלַּת לְבָנוֹן, הוֹשַׁעְנָא וְהוֹשִׁיעָה נָּא, אָבִינוּ אָתָּה.
לְמַעַן כְּלוּלֵי עֲשׂוֹת מִלְחַמְתֶּךָ, אֲשֶׁר בְּיָדָם תַּתָּה יְשׁוּעָתֶךָ,
צְרוּפֵי מִגּוֹי בְּלָקְקָם בְּיָדָם מַיִם.
לְלֹא בָגְדוּ בָךְ, הוֹשַׁעְנָא וְהוֹשִׁיעָה נָּא, אָבִינוּ אָתָּה.
לְמַעַן יָחִיד צוֹרְרִים דָּשׁ, אֲשֶׁר מֵרֶחֶם לְנָזִיר הֻקְדָּשׁ,
מִמַּכְתֵּשׁ לֶחִי הִבְקַעְתָּ לוֹ מַיִם.
לְמַעַן שֵׁם קָדְשֶׁךָ, הוֹשַׁעְנָא וְהוֹשִׁיעָה נָּא, אָבִינוּ אָתָּה.
לְמַעַן טוֹב הוֹלֵךְ וְגָדֵל, אֲשֶׁר מֵעֹשֶׁק עֵדָה חִדֵּל,
בְּשׁוּב עָם מֵחֵטְא צָו שְׁאָב מַיִם.
לְנָאוָה כִּירוּשָׁלָיִם, הוֹשַׁעְנָא וְהוֹשִׁיעָה נָּא, אָבִינוּ אָתָּה.
לְמַעַן חִכּוֹ מְכַרְכֵּר בְּשִׁיר, הַמְלַמֵּד תּוֹרָה בְּכָל כְּלֵי שִׁיר,
מְנַסֵּךְ לְפָנָיו כְּתָאַב שְׁתוֹת מַיִם.
לְשָׂמוּ בְךָ סִבְרָם, הוֹשַׁעְנָא וְהוֹשִׁיעָה נָּא, אָבִינוּ אָתָּה.
לְמַעַן זָךְ עָלָה בִסְעָרָה, הַמְקַנֵּא וּמֵשִׁיב עֶבְרָה,
לְפִלּוּלוֹ יָרְדָה אֵשׁ וְלִחֲכָה עָפָר וּמַיִם.
לְעֵינֶיהָ בְּרֵכוֹת, הוֹשַׁעְנָא וְהוֹשִׁיעָה נָּא, אָבִינוּ אָתָּה.
לְמַעַן וְשֵׁרֵת בֶּאֱמֶת לְרַבּוֹ, פִּי שְׁנַיִם בְּרוּחוֹ נֶאֱצַל בּוֹ,
בְּקַחְתּוֹ מְנַגֵּן נִתְמַלְּאוּ גֵבִים מַיִם.
לְפָצוּ מִי כָמֹכָה, הוֹשַׁעְנָא וְהוֹשִׁיעָה נָּא, אָבִינוּ אָתָּה.
לְמַעַן הִרְהֵר עֲשׂוֹת רְצוֹנֶךָ, הַמַּכְרִיז תְּשׁוּבָה לְצֹאנֶךָ,
אָז בְּבֹא מְחָרֵף סָתַם עֵינוֹת מַיִם.
לְצִיּוֹן מִכְלַל יֹפִי, הוֹשַׁעְנָא וְהוֹשִׁיעָה נָּא, אָבִינוּ אָתָּה.
לְמַעַן דָּרְשׁוּךָ בְּתוֹךְ הַגּוֹלָה, וְסוֹדְךָ לָמוֹ נִגְלָה,

בְּלִי לְהִתְגָּאֵל דָּרְשׁוּ זֵרְעוֹנִים וּמַיִם.
לְקוֹרְאֶיךָ בַּצָּר, הוֹשַׁעְנָא וְהוֹשִׁיעָה נָּא, אָבִינוּ אָתָּה.
לְמַעַן גָּמַר חָכְמָה וּבִינָה, סוֹפֵר מָהִיר מְפַלֵּשׁ אֲמָנָה,
מְחַכְּמֵנוּ אֲמָרִים הַמְּשׁוּלִים בְּרַחֲבֵי מַיִם.
לְרַבֶּתִי עָם, הוֹשַׁעְנָא וְהוֹשִׁיעָה נָּא, אָבִינוּ אָתָּה.
לְמַעַן בָּאֵי לְךָ הַיּוֹם בְּכָל לֵב, שׁוֹפְכִים לְךָ שִׂיחַ בְּלֹא לֵב וָלֵב,
שׁוֹאֲלִים מִמְּךָ עוֹז מִטְרוֹת מַיִם.
לְשׁוֹרְרוּךָ בַּיָּם, הוֹשַׁעְנָא וְהוֹשִׁיעָה נָּא, אָבִינוּ אָתָּה.
לְמַעַן אוֹמְרֵי יִגְדַּל שְׁמֶךָ, וְהֵם נַחֲלָתְךָ וְעַמֶּךָ,
צְמֵאִים לְיֶשְׁעֲךָ, כְּאֶרֶץ עֲיֵפָה לַמַּיִם.
לְתַרְתָּ לָמוֹ מְנוּחָה, הוֹשַׁעְנָא וְהוֹשִׁיעָה נָּא, אָבִינוּ אָתָּה.

יש מסירים את ד' המינים מידם ואוחזים את אגודת הערבות עד שחובטים אותם, ויש נוהגים (על פי האריז"ל) לאחוז ד' המינים עד גמר אמירת ההושענות ואינם נוטלים את הערבות עד שמוכנים לחבטם.

**הוֹשַׁעְנָא, אֵל נָא, אָנָּא הוֹשִׁיעָה נָּא.**
**הוֹשַׁעְנָא, סְלַח נָא, וְהַצְלִיחָה נָא, וְהוֹשִׁיעֵנוּ אֵל מָעֻזֵּנוּ.**

תַּעֲנֶה אֱמוּנִים שׁוֹפְכִים לְךָ לֵב כַּמַּיִם, וְהוֹשִׁיעָה נָּא,
לְמַעַן בָּא בָאֵשׁ וּבַמַּיִם,
גָּזַר וְנָם יֻקַּח נָא מְעַט מַיִם, וְהַצְלִיחָה נָא, וְהוֹשִׁיעֵנוּ אֵל מָעֻזֵּנוּ.
תַּעֲנֶה דְגָלִים גָּזוּ גִּזְרֵי מַיִם, וְהוֹשִׁיעָה נָּא,
לְמַעַן הַנֶּעֱקַד בְּשַׁעַר הַשָּׁמַיִם,
וְשָׁב וְחָפַר בְּאֵרוֹת מַיִם, וְהַצְלִיחָה נָא, וְהוֹשִׁיעֵנוּ אֵל מָעֻזֵּנוּ.
תַּעֲנֶה זַכִּים חוֹנִים עֲלֵי מַיִם, וְהוֹשִׁיעָה נָּא,
לְמַעַן חָלָק מְפַצֵּל מַקְלוֹת בְּשִׁקֲתוֹת הַמַּיִם,
טָעַן וְגָל אֶבֶן מִבְּאֵר מַיִם, וְהַצְלִיחָה נָא, וְהוֹשִׁיעֵנוּ אֵל מָעֻזֵּנוּ.
תַּעֲנֶה יְדִידִים נוֹחֲלֵי דָת מְשׁוּלַת מַיִם, וְהוֹשִׁיעָה נָּא,
לְמַעַן כָּרוּ בְּמִשְׁעֲנוֹתָם מַיִם,
לְהָכִין לָמוֹ וּלְצֶאֱצָאֵימוֹ מַיִם, וְהַצְלִיחָה נָא, וְהוֹשִׁיעֵנוּ אֵל מָעֻזֵּנוּ.
תַּעֲנֶה מִתְחַנְּנִים כְּבִישִׁימוֹן עֲלֵי מַיִם, וְהוֹשִׁיעָה נָּא,
לְמַעַן נֶאֱמַן בַּיִת מַסְפִּיק לָעָם מַיִם,
סֶלַע הָךְ וַיָּזוּבוּ מַיִם, וְהַצְלִיחָה נָא, וְהוֹשִׁיעֵנוּ אֵל מָעֻזֵּנוּ.
תַּעֲנֶה עוֹנִים עֲלִי בְאֵר מַיִם, וְהוֹשִׁיעָה נָּא,
לְמַעַן פֻּקַּד בְּמֵי מְרִיבַת מַיִם,
צְמֵאִים לְהַשְׁקוֹתָם מַיִם, וְהַצְלִיחָה נָא, וְהוֹשִׁיעֵנוּ אֵל מָעֻזֵּנוּ.
תַּעֲנֶה קְדוֹשִׁים מְנַסְּכִים לְךָ מַיִם, וְהוֹשִׁיעָה נָּא,
לְמַעַן רֹאשׁ מְשׁוֹרְרִים כְּתָאַב שְׁתוֹת מַיִם,
שָׁב וְנָסַךְ לְךָ מַיִם, וְהַצְלִיחָה נָא, וְהוֹשִׁיעֵנוּ אֵל מָעֻזֵּנוּ.
תַּעֲנֶה שׁוֹאֲלִים בְּרִבְּוּעַ אֶשְׁלֵי מַיִם, וְהוֹשִׁיעָה נָּא,
לְמַעַן תֵּל תַּלְפִּיּוֹת מוֹצָא מַיִם,
תִּפְתַּח אֶרֶץ וְתַרְעִיף שָׁמַיִם, וְהַצְלִיחָה נָא, וְהוֹשִׁיעֵנוּ אֵל מָעֻזֵּנוּ.

**רַחֵם נָא קְהַל עֲדַת יְשֻׁרוּן, סְלַח וּמְחַל עֲוֹנָם, וְהוֹשִׁיעֵנוּ אֱלֹהֵי יִשְׁעֵנוּ.**

אָז כְּעֵינֵי עֲבָדִים, אֶל יַד אֲדוֹנִים,
בָּאנוּ לְפָנֶיךָ נְדוֹנִים, וְהוֹשִׁיעֵנוּ אֱלֹהֵי יִשְׁעֵנוּ.
גֵּאֶה אֲדוֹנֵי הָאֲדוֹנִים, נִתְגָּרוּ בָנוּ מְדָנִים,
דְּשָׁוּנוּ וּבְעָלוּנוּ זוּלָתְךָ אֲדוֹנִים, וְהוֹשִׁיעֵנוּ אֱלֹהֵי יִשְׁעֵנוּ.
הֵן גַּשְׁנוּ הַיּוֹם בְּתַחֲנוּן, עָדֶיךָ רַחוּם וְחַנּוּן,
וְסִפַּרְנוּ נִפְלְאוֹתֶיךָ בְּשִׁנּוּן, וְהוֹשִׁיעֵנוּ אֱלֹהֵי יִשְׁעֵנוּ.
זָבַת חָלָב וּדְבָשׁ, נָא אַל תִּיבָשׁ,
חַשְׁרַת מַיִם בְּאִבֶּיהָ תֶּחְבָּשׁ, וְהוֹשִׁיעֵנוּ אֱלֹהֵי יִשְׁעֵנוּ.
טָעֲנוּ בִשְׁמֹנָה, בְּיַד שִׁבְעָה וּשְׁמוֹנָה,
יָשָׁר צַדִּיק אֵל אֱמוּנָה, וְהוֹשִׁיעֵנוּ אֱלֹהֵי יִשְׁעֵנוּ.
כָּרַתָּ בְרִית לָאָרֶץ, עַד כָּל יְמֵי הָאָרֶץ,
לְבִלְתִּי פְרָץ בָּהּ פָּרֶץ, וְהוֹשִׁיעֵנוּ אֱלֹהֵי יִשְׁעֵנוּ.
מִתְחַנְּנִים עֲלֵי מַיִם, כַּעֲרָבִים עַל יִבְלֵי מַיִם,
נָא זְכָר לָמוֹ נִסּוּךְ הַמַּיִם, וְהוֹשִׁיעֵנוּ אֱלֹהֵי יִשְׁעֵנוּ.
שִׂיחִים בְּדֶרֶךְ מַטָּעָתָם, עוֹמְסִים בְּשַׁוְעָתָם,
עֲנֵם בְּקוֹל פְּגִיעָתָם, וְהוֹשִׁיעֵנוּ אֱלֹהֵי יִשְׁעֵנוּ.
פּוֹעֵל יְשׁוּעוֹת, פְּנֵה לְפִלּוּלָם שְׁעוֹת,
צַדְּקֵם אֵל לְמוֹשָׁעוֹת, וְהוֹשִׁיעֵנוּ אֱלֹהֵי יִשְׁעֵנוּ.
קוֹל רִגְשָׁם תֶּשַׁע, תִּפְתַּח אֶרֶץ וְיִפְרוּ יֶשַׁע,
רַב לְהוֹשִׁיעַ וְלֹא חָפֵץ רֶשַׁע, וְהוֹשִׁיעֵנוּ אֱלֹהֵי יִשְׁעֵנוּ.

**שַׁעֲרֵי שָׁמַיִם פְּתַח, וְאוֹצָרְךָ הַטּוֹב לָנוּ תִפְתַּח,**
**תּוֹשִׁיעֵנוּ וְרִיב אַל תִּמְתַּח, וְהוֹשִׁיעֵנוּ אֱלֹהֵי יִשְׁעֵנוּ.**

**קוֹל מְבַשֵּׂר מְבַשֵּׂר וְאוֹמֵר.**

אֹמֶץ [נ״א: אֹמֶן] יֶשְׁעֲךָ בָא, קוֹל דּוֹדִי הִנֵּה זֶה בָּא, מְבַשֵּׂר וְאוֹמֵר.
קוֹל בָּא בְּרִבְבוֹת כִּתִּים, לַעֲמוֹד עַל הַר הַזֵּיתִים, מְבַשֵּׂר וְאוֹמֵר.
קוֹל גִּשְׁתּוֹ בַּשּׁוֹפָר לִתְקַע, תַּחְתָּיו הַר יִבָּקַע, מְבַשֵּׂר וְאוֹמֵר.
קוֹל דָּפַק וְהֵצִיץ וְזָרַח, וּמָשׁ חֲצִי הָהָר מִמִּזְרָח, מְבַשֵּׂר וְאוֹמֵר.
קוֹל הֵקִים מִלּוּל נְאֻמוֹ, וּבָא הוּא וְכָל קְדוֹשָׁיו עִמּוֹ, מְבַשֵּׂר וְאוֹמֵר.
קוֹל וּלְכָל בָּאֵי הָעוֹלָם, בַּת קוֹל יִשָּׁמַע בָּעוֹלָם, מְבַשֵּׂר וְאוֹמֵר.
קוֹל זֶרַע עֲמוּסֵי רַחְמוֹ, נוֹלְדוּ כְּיֶלֶד מִמְּעֵי אִמּוֹ, מְבַשֵּׂר וְאוֹמֵר.
קוֹל חָלָה וְיָלְדָה מִי זֹאת, מִי שָׁמַע כָּזֹאת, מְבַשֵּׂר וְאוֹמֵר.
קוֹל טָהוֹר פָּעַל כָּל אֵלֶּה, וּמִי רָאָה כָּאֵלֶּה, מְבַשֵּׂר וְאוֹמֵר.
קוֹל יֶשַׁע וּזְמַן הוּחַד, הֲיוּחַל אֶרֶץ בְּיוֹם אֶחָד, מְבַשֵּׂר וְאוֹמֵר.
קוֹל כַּבִּיר רוּם וָתַחַת, אִם יִוָּלֵד גּוֹי פַּעַם אֶחָת, מְבַשֵּׂר וְאוֹמֵר.
קוֹל לְעֵת יִגְאַל עַמּוֹ נָאוֹר, וְהָיָה לְעֵת עֶרֶב יִהְיֶה אוֹר, מְבַשֵּׂר וְאוֹמֵר.
קוֹל מוֹשִׁיעִים יַעֲלוּ לְהַר צִיּוֹן, כִּי חָלָה גַּם יָלְדָה צִיּוֹן, מְבַשֵּׂר וְאוֹמֵר.
קוֹל נִשְׁמַע בְּכָל גְּבוּלֵךְ, הַרְחִיבִי מְקוֹם אָהֳלֵךְ, מְבַשֵּׂר וְאוֹמֵר.
קוֹל שִׂימִי עַד דַּמֶּשֶׂק מִשְׁכְּבוֹתַיִךְ, קַבְּלִי בָנַיִךְ וּבְנוֹתַיִךְ, מְבַשֵּׂר וְאוֹמֵר.
קוֹל עִלְזִי חֲבַצֶּלֶת הַשָּׁרוֹן, כִּי קָמוּ יְשֵׁנֵי חֶבְרוֹן, מְבַשֵּׂר וְאוֹמֵר.
קוֹל פְּנוּ אֵלַי וְהִוָּשְׁעוּ, הַיּוֹם אִם בְּקוֹלִי תִשְׁמָעוּ, מְבַשֵּׂר וְאוֹמֵר.

קוֹל צֶמַח אִישׁ צֶמַח שְׁמוֹ, הוּא דָוִד בְּעַצְמוֹ, מְבַשֵּׂר וְאוֹמֵר.
קוֹל קוּמוּ כְּפוּשֵׁי עָפָר, הָקִיצוּ וְרַנְּנוּ שׁוֹכְנֵי עָפָר, מְבַשֵּׂר וְאוֹמֵר.
קוֹל רַבָּתִי עָם בְּהַמְלִיכוֹ, מִגְדּוֹל יְשׁוּעוֹת מַלְכּוֹ, מְבַשֵּׂר וְאוֹמֵר.
קוֹל שֵׁם רְשָׁעִים לְהַאֲבִיד, עֹשֶׂה חֶסֶד לִמְשִׁיחוֹ לְדָוִד, מְבַשֵּׂר וְאוֹמֵר.
קוֹל תְּנָה יְשׁוּעוֹת לְעַם עוֹלָם, לְדָוִד וּלְזַרְעוֹ עַד עוֹלָם, מְבַשֵּׂר וְאוֹמֵר.

**קוֹל מְבַשֵּׂר מְבַשֵּׂר וְאוֹמֵר.**
**קוֹל מְבַשֵּׂר מְבַשֵּׂר וְאוֹמֵר.**
**קוֹל מְבַשֵּׂר מְבַשֵּׂר וְאוֹמֵר.**

**הוֹשִׁיעָה** אֶת עַמֶּךָ וּבָרֵךְ אֶת נַחֲלָתֶךָ, וּרְעֵם וְנַשְּׂאֵם עַד הָעוֹלָם.[1] וְיִהְיוּ דְבָרַי אֵלֶּה אֲשֶׁר הִתְחַנַּנְתִּי לִפְנֵי יהוה, קְרֹבִים אֶל יהוה אֱלֹהֵינוּ יוֹמָם וָלָיְלָה, לַעֲשׂוֹת מִשְׁפַּט עַבְדּוֹ וּמִשְׁפַּט עַמּוֹ יִשְׂרָאֵל, דְּבַר יוֹם בְּיוֹמוֹ. לְמַעַן דַּעַת כָּל עַמֵּי הָאָרֶץ, כִּי יהוה הוּא הָאֱלֹהִים, אֵין עוֹד.[2]

מחזירים ספרי התורה לארון וסוגרים את הארון. החזן אומר קדיש שלם.

**יִתְגַּדַּל** וְיִתְקַדַּשׁ שְׁמֵהּ רַבָּא. בְּעָלְמָא דִּי בְרָא כִרְעוּתֵהּ. וְיַמְלִיךְ מַלְכוּתֵהּ, וְיַצְמַח פֻּרְקָנֵהּ וִיקָרֵב מְשִׁיחֵהּ. בְּחַיֵּיכוֹן וּבְיוֹמֵיכוֹן וּבְחַיֵּי דְכָל בֵּית יִשְׂרָאֵל, בַּעֲגָלָא וּבִזְמַן קָרִיב. וְאִמְרוּ: אָמֵן.

קהל וחזן – **יְהֵא שְׁמֵהּ רַבָּא מְבָרַךְ לְעָלַם וּלְעָלְמֵי עָלְמַיָּא. יִתְבָּרַךְ** וְיִשְׁתַּבַּח וְיִתְפָּאַר וְיִתְרוֹמַם וְיִתְנַשֵּׂא וְיִתְהַדָּר וְיִתְעַלֶּה וְיִתְהַלָּל שְׁמֵהּ דְּקֻדְשָׁא בְּרִיךְ הוּא – לְעֵלָּא מִן כָּל בִּרְכָתָא וְשִׁירָתָא תֻּשְׁבְּחָתָא וְנֶחֱמָתָא דַּאֲמִירָן בְּעָלְמָא. וְאִמְרוּ: אָמֵן.

נוטלים אגודת הערבות וחובטים אותה ה׳ פעמים ע״ג הקרקע והחזן מסיים את הקדיש ואומרים „יְהִי רָצוֹן״.
[ויש נוהגים שלא להפסיק לפני „תִּתְקַבֵּל״ אלא החזן מסיים את הקדיש ואח״כ חובטים.]

(קהל – קַבֵּל בְּרַחֲמִים וּבְרָצוֹן אֶת תְּפִלָּתֵנוּ.)

תִּתְקַבֵּל צְלוֹתְהוֹן וּבָעוּתְהוֹן דְּכָל בֵּית יִשְׂרָאֵל קֳדָם אֲבוּהוֹן דִּי בִשְׁמַיָּא. וְאִמְרוּ: אָמֵן.

(קהל – יְהִי שֵׁם יהוה מְבֹרָךְ, מֵעַתָּה וְעַד עוֹלָם.[3])

יְהֵא שְׁלָמָא רַבָּא מִן שְׁמַיָּא, וְחַיִּים טוֹבִים עָלֵינוּ וְעַל כָּל יִשְׂרָאֵל. וְאִמְרוּ: אָמֵן.

(קהל – עֶזְרִי מֵעִם יהוה, עֹשֵׂה שָׁמַיִם וָאָרֶץ.[4])

עֹשֶׂה שָׁלוֹם בִּמְרוֹמָיו, הוּא יַעֲשֶׂה שָׁלוֹם עָלֵינוּ, וְעַל כָּל יִשְׂרָאֵל. וְאִמְרוּ: אָמֵן.

**יְהִי** רָצוֹן מִלְּפָנֶיךָ, יהוה אֱלֹהֵינוּ וֵאלֹהֵי אֲבוֹתֵינוּ, הַבּוֹחֵר בִּנְבִיאִים טוֹבִים וּבְמִנְהֲגֵיהֶם הַטּוֹבִים, שֶׁתְּקַבֵּל בְּרַחֲמִים וּבְרָצוֹן אֶת תְּפִלָּתֵנוּ וְהַקָּפוֹתֵינוּ, וּזְכָר לָנוּ זְכוּת שִׁבְעַת תְּמִימֶיךָ, וְתָסִיר מְחִיצַת הַבַּרְזֶל הַמַּפְסֶקֶת בֵּינֵינוּ וּבֵינֶיךָ, וְתַאֲזִין שַׁוְעָתֵנוּ, וְתֵיטִיב לָנוּ הַחֲתִימָה, תֹּלֶה אֶרֶץ עַל בְּלִימָה. וְחָתְמֵנוּ בְּסֵפֶר חַיִּים טוֹבִים. וְהַיּוֹם הַזֶּה תִּתֵּן בִּשְׁכִינַת עֻזֶּךָ חֲמִשָּׁה גְבוּרוֹת מְמֻתָּקוֹת עַל יְדֵי חֲבִיטַת עֲרָבָה מִנְהַג נְבִיאֶיךָ הַקְּדוֹשִׁים. וְתִתְעוֹרֵר הָאַהֲבָה בֵּינֵיהֶם, וּתְנַשְּׁקֵנוּ מִנְּשִׁיקוֹת פִּיךָ, מַמְתֶּקֶת כָּל הַגְּבוּרוֹת וְכָל הַדִּינִין, וְתָאִיר לִשְׁכִינַת עֻזֶּךָ בְּשֵׁם יו״ד הֵ״א וָא״ו שֶׁהוּא טַל אוֹרֹת טַלֶּךָ,[5] וּמִשָּׁם תַּשְׁפִּיעַ שֶׁפַע לְעַבְדְּךָ הַמִּתְנַפֵּל לְפָנֶיךָ, מְחִילָה, שֶׁתַּאֲרִיךְ יָמַי, וְתִמְחַל לִי חֲטָאַי וַעֲוֹנוֹתַי וּפְשָׁעַי, וְתִפְשׁוֹט יְמִינְךָ וְיָדְךָ לְקַבְּלֵנִי בִּתְשׁוּבָה שְׁלֵמָה לְפָנֶיךָ, וְאוֹצָרְךָ הַטּוֹב תִּפְתַּח לְהַשְׂבִּיעַ מַיִם נֶפֶשׁ שׁוֹקֵקָה, כְּמוֹ שֶׁכָּתוּב: יִפְתַּח יהוה לְךָ אֶת אוֹצָרוֹ הַטּוֹב אֶת הַשָּׁמַיִם, לָתֵת מְטַר אַרְצְךָ בְּעִתּוֹ וּלְבָרֵךְ אֶת כָּל מַעֲשֵׂה יָדֶךָ.[6] אָמֵן.

ממשיכים עם שיר של יום (עמ׳ 72), והוצאת ספר תורה (עמ׳ 218).

---

(1) תהלים כח:ט (2) מלכים א ח:נט-ס (3) תהלים קיג:ב (4) קכא:ב (5) ישעיה כו:יט (6) דברים כח:יב

## הקפות לשמיני עצרת ושמחת תורה

נוהגים קהילות מתפללי נוסח ספרד לעשות הקפות עם ספרי התורה גם בליל שמיני עצרת, ויש נוהגים לעשות הקפות גם ביום שמיני עצרת. בליל שמיני עצרת אין קורין בתורה אחרי ההקפות.
לפני פתיחת הארון אומרים פסוקים אלו. החזן אומר בקול רם והקהל עונה אחריו.

**אַתָּה הָרְאֵתָ** לָדַעַת, כִּי יהוה הוּא הָאֱלֹהִים, אֵין עוֹד מִלְּבַדּוֹ.[1]
לְעֹשֵׂה נִפְלָאוֹת גְּדֹלוֹת לְבַדּוֹ, כִּי לְעוֹלָם חַסְדּוֹ.[2]
אֵין כָּמְוֹךָ בָאֱלֹהִים, אֲדֹנָי, וְאֵין כְּמַעֲשֶׂיךָ.[3]
יְהִי כְבוֹד יהוה לְעוֹלָם, יִשְׂמַח יהוה בְּמַעֲשָׂיו.[4]
יְהִי שֵׁם יהוה מְבֹרָךְ, מֵעַתָּה וְעַד עוֹלָם.[5]
יְהִי יהוה אֱלֹהֵינוּ עִמָּנוּ, כַּאֲשֶׁר הָיָה עִם אֲבֹתֵינוּ, אַל יַעַזְבֵנוּ וְאַל יִטְּשֵׁנוּ.[6]
וְאִמְרוּ, הוֹשִׁיעֵנוּ אֱלֹהֵי יִשְׁעֵנוּ, וְקַבְּצֵנוּ וְהַצִּילֵנוּ מִן הַגּוֹיִם,
לְהֹדוֹת לְשֵׁם קָדְשֶׁךָ, לְהִשְׁתַּבֵּחַ בִּתְהִלָּתֶךָ.[7]
יהוה מֶלֶךְ,[8] יהוה מָלָךְ,[9] יהוה יִמְלֹךְ לְעוֹלָם וָעֶד.[10]
יהוה עֹז לְעַמּוֹ יִתֵּן, יהוה יְבָרֵךְ אֶת עַמּוֹ בַשָּׁלוֹם.[11]
וְיִהְיוּ נָא אֲמָרֵינוּ לְרָצוֹן, לִפְנֵי אֲדוֹן כֹּל.[12]

פותחים הארון וממשיכים חזן וקהל עד „אַב הָרַחֲמִים".

**וַיְהִי בִּנְסֹעַ** הָאָרֹן, וַיֹּאמֶר מֹשֶׁה, קוּמָה יהוה, וְיָפֻצוּ אֹיְבֶיךָ,
וְיָנֻסוּ מְשַׂנְאֶיךָ מִפָּנֶיךָ.[13]
קוּמָה יהוה לִמְנוּחָתֶךָ, אַתָּה וַאֲרוֹן עֻזֶּךָ.
כֹּהֲנֶיךָ יִלְבְּשׁוּ צֶדֶק, וַחֲסִידֶיךָ יְרַנֵּנוּ.
בַּעֲבוּר דָּוִד עַבְדֶּךָ, אַל תָּשֵׁב פְּנֵי מְשִׁיחֶךָ.[14]
וְאָמַר בַּיּוֹם הַהוּא, הִנֵּה אֱלֹהֵינוּ זֶה, קִוִּינוּ לוֹ וְיוֹשִׁיעֵנוּ,
זֶה יהוה קִוִּינוּ לוֹ, נָגִילָה וְנִשְׂמְחָה בִּישׁוּעָתוֹ.[15]
מַלְכוּתְךָ מַלְכוּת כָּל עֹלָמִים, וּמֶמְשַׁלְתְּךָ בְּכָל דּוֹר וָדֹר.[16]
כִּי מִצִּיּוֹן תֵּצֵא תוֹרָה, וּדְבַר יהוה מִירוּשָׁלָיִם.[17]

**אַב הָרַחֲמִים,** הֵיטִיבָה בִרְצוֹנְךָ אֶת צִיּוֹן, תִּבְנֶה חוֹמוֹת יְרוּשָׁלָיִם.[18] כִּי בְךָ לְבַד בָּטָחְנוּ, מֶלֶךְ אֵל רָם וְנִשָּׂא, אֲדוֹן עוֹלָמִים.

מוציאים כל ספרי התורה שבארון. בעת שמקיפים את הבימה עם הספרים, אומרים החרוזים דלהלן חזן וקהל.

---

### הקפה ראשונה

---

אָנָּא יהוה, הוֹשִׁיעָה נָּא. אָנָּא יהוה, הַצְלִיחָה נָא.[19]
אָנָּא יהוה, עֲנֵנוּ בְיוֹם קָרְאֵנוּ.[20]
אֱלֹהֵי הָרוּחוֹת, הוֹשִׁיעָה נָּא. בּוֹחֵן לְבָבוֹת, הַצְלִיחָה נָא.
גּוֹאֵל חָזָק, עֲנֵנוּ בְיוֹם קָרְאֵנוּ.

תּוֹרַת יהוה תְּמִימָה, מְשִׁיבַת נָפֶשׁ.[21] מִזְמוֹר לְדָוִד, הָבוּ לַיהוה בְּנֵי אֵלִים, הָבוּ לַיהוה כָּבוֹד וָעֹז. הָבוּ לַיהוה כְּבוֹד שְׁמוֹ, הִשְׁתַּחֲווּ לַיהוה בְּהַדְרַת קֹדֶשׁ. קוֹל יהוה עַל הַמָּיִם, אֵל הַכָּבוֹד הִרְעִים, יהוה עַל מַיִם רַבִּים.[22] לַמְנַצֵּחַ בִּנְגִינֹת מִזְמוֹר שִׁיר. אֱלֹהִים יְחָנֵּנוּ וִיבָרְכֵנוּ, יָאֵר פָּנָיו אִתָּנוּ סֶלָה.[23] אָנָּא, בְּכֹחַ גְּדֻלַּת יְמִינְךָ, תַּתִּיר צְרוּרָה. כִּי אָמַרְתִּי, עוֹלָם חֶסֶד יִבָּנֶה.[24]

---

(1) דברים ד:לה (2) תהלים קלו:ד (3) פו:ח (4) קד:לא (5) קיג:ב (6) מלכים א ח:נז (7) דברי הימים א טז:לה (8) תהלים י:טז (9) צג:א ועוד (10) שמות טו:יח (11) תהלים כט:יא (12) ע"פ יט:טו (13) במדבר י:לה (14) תהלים קלב:ח-י (15) ישעיה כה:ט (16) תהלים קמה:יג (17) ישעיה ב:ג (18) תהלים נא:כ (19) קיח:כה (20) ע"פ כ:י (21) יט:ח (22) כט:א-ג (23) סז:א-ב (24) פט:ג

**הקפה שניה**

**דּוֹבֵר צְדָקוֹת, הוֹשִׁיעָה נָּא. הָדוּר בִּלְבוּשׁוֹ, הַצְלִיחָה נָא.**
**וָתִיק וְחָסִיד, עֲנֵנוּ בְיוֹם קָרְאֵנוּ.**

עֵדוּת יהוה נֶאֱמָנָה, מַחְכִּימַת פֶּתִי.[1] קוֹל יהוה, בַּכֹּחַ.[2] לָדַעַת בָּאָרֶץ דַּרְכֶּךָ, בְּכָל גּוֹיִם יְשׁוּעָתֶךָ.[3] קַבֵּל רִנַּת עַמְּךָ, שַׂגְּבֵנוּ, טַהֲרֵנוּ, נוֹרָא. לְךָ זְרוֹעַ עִם גְּבוּרָה, תָּעֹז יָדְךָ, תָּרוּם יְמִינֶךָ.[4]

**הקפה שלישית**

**זַךְ וְיָשָׁר, הוֹשִׁיעָה נָּא. חוֹמֵל דַּלִּים, הַצְלִיחָה נָא.**
**טוֹב וּמֵטִיב, עֲנֵנוּ בְיוֹם קָרְאֵנוּ.**

פִּקּוּדֵי יהוה יְשָׁרִים, מְשַׂמְּחֵי לֵב.[5] קוֹל יהוה, בֶּהָדָר.[2] יוֹדוּךָ עַמִּים אֱלֹהִים, יוֹדוּךָ עַמִּים כֻּלָּם.[6] נָא גִּבּוֹר, דּוֹרְשֵׁי יִחוּדְךָ, כְּבָבַת שָׁמְרֵם. תִּתֵּן אֱמֶת לְיַעֲקֹב, חֶסֶד לְאַבְרָהָם.[7]

**הקפה רביעית**

**יוֹדֵעַ מַחֲשָׁבוֹת, הוֹשִׁיעָה נָּא. כַּבִּיר וְנָאוֹר, הַצְלִיחָה נָא.**
**לוֹבֵשׁ צְדָקוֹת, עֲנֵנוּ בְיוֹם קָרְאֵנוּ.**

מִצְוַת יהוה בָּרָה, מְאִירַת עֵינָיִם.[5] קוֹל יהוה שֹׁבֵר אֲרָזִים, וַיְשַׁבֵּר יהוה אֶת אַרְזֵי הַלְּבָנוֹן. וַיַּרְקִידֵם כְּמוֹ עֵגֶל, לְבָנוֹן וְשִׂרְיוֹן כְּמוֹ בֶן רְאֵמִים.[8] יִשְׂמְחוּ וִירַנְּנוּ לְאֻמִּים, כִּי תִשְׁפֹּט עַמִּים מִישֹׁר, וּלְאֻמִּים בָּאָרֶץ תַּנְחֵם סֶלָה.[9] בָּרְכֵם, טַהֲרֵם, רַחֲמֵם, צִדְקָתְךָ תָּמִיד גָּמְלֵם. נְעִמוֹת בִּימִינְךָ נֶצַח.[10]

**הקפה חמישית**

**מֶלֶךְ עוֹלָמִים, הוֹשִׁיעָה נָּא. נָאוֹר וְאַדִּיר, הַצְלִיחָה נָא.**
**סוֹמֵךְ נוֹפְלִים, עֲנֵנוּ בְיוֹם קָרְאֵנוּ.**

יִרְאַת יהוה טְהוֹרָה, עוֹמֶדֶת לָעַד.[11] קוֹל יהוה חֹצֵב לַהֲבוֹת אֵשׁ.[12] יוֹדוּךָ עַמִּים אֱלֹהִים, יוֹדוּךָ עַמִּים כֻּלָּם.[13] חֲסִין קָדוֹשׁ, בְּרֹב טוּבְךָ, נַהֵל עֲדָתֶךָ. יהוה אֲדֹנֵינוּ מָה אַדִּיר שִׁמְךָ בְּכָל הָאָרֶץ, אֲשֶׁר תְּנָה הוֹדְךָ עַל הַשָּׁמָיִם.[14]

**הקפה ששית**

**עוֹזֵר דַּלִּים, הוֹשִׁיעָה נָּא. פּוֹדֶה וּמַצִּיל, הַצְלִיחָה נָא.**
**צוּר עוֹלָמִים, עֲנֵנוּ בְיוֹם קָרְאֵנוּ.**

מִשְׁפְּטֵי יהוה אֱמֶת, צָדְקוּ יַחְדָּו.[11] קוֹל יהוה יָחִיל מִדְבָּר, יָחִיל יהוה מִדְבַּר קָדֵשׁ.[15] אֶרֶץ נָתְנָה יְבוּלָהּ, יְבָרְכֵנוּ אֱלֹהִים אֱלֹהֵינוּ.[16] יָחִיד גֵּאֶה, לְעַמְּךָ פְּנֵה, זוֹכְרֵי קְדֻשָּׁתֶךָ. צַדִּיק יהוה בְּכָל דְּרָכָיו, וְחָסִיד בְּכָל מַעֲשָׂיו.[17]

**הקפה שביעית**

**קָדוֹשׁ וְנוֹרָא, הוֹשִׁיעָה נָּא. רַחוּם וְחַנּוּן, הַצְלִיחָה נָא.**
**שׁוֹמֵר הַבְּרִית, עֲנֵנוּ בְיוֹם קָרְאֵנוּ.**
**תּוֹמֵךְ תְּמִימִים, הוֹשִׁיעָה נָּא. תַּקִּיף לָעַד, הַצְלִיחָה נָא.**
**תָּמִים בְּמַעֲשָׂיו, עֲנֵנוּ בְיוֹם קָרְאֵנוּ.**

הַנֶּחֱמָדִים מִזָּהָב וּמִפָּז רָב, וּמְתוּקִים מִדְּבַשׁ וְנֹפֶת צוּפִים.[18] קוֹל יהוה יְחוֹלֵל אַיָּלוֹת, וַיֶּחֱשֹׂף יְעָרוֹת, וּבְהֵיכָלוֹ, כֻּלּוֹ אֹמֵר כָּבוֹד. יהוה לַמַּבּוּל יָשָׁב, וַיֵּשֶׁב יהוה מֶלֶךְ לְעוֹלָם. יהוה עֹז לְעַמּוֹ

(1) תהלים יט:ח (2) כט:ד (3) סז:ג (4) פט:יד (5) יט:ט (6) סז:ד (7) מיכה ז:כ (8) כט:ה-ו (9) סז:ה
(10) טז:יא (11) יט:י (12) כט:ז (13) סז:ו (14) ח:ב (15) כט:ח (16) סז:ז (17) קמה:יז (18) יט:יא

יִתֵּן, יהוה יְבָרֵךְ אֶת עַמּוֹ בַשָּׁלוֹם.[1] יְבָרְכֵנוּ אֱלֹהִים, וְיִירְאוּ אוֹתוֹ כָּל אַפְסֵי אָרֶץ.[2] שַׁוְעָתֵנוּ קַבֵּל, וּשְׁמַע צַעֲקָתֵנוּ, יוֹדֵעַ תַּעֲלֻמוֹת. לְךָ יהוה הַגְּדֻלָּה וְהַגְּבוּרָה וְהַתִּפְאֶרֶת וְהַנֵּצַח וְהַהוֹד, כִּי כֹל בַּשָּׁמַיִם וּבָאָרֶץ, לְךָ יהוה הַמַּמְלָכָה, וְהַמִּתְנַשֵּׂא לְכֹל לְרֹאשׁ.[3] וְהָיָה יהוה לְמֶלֶךְ עַל כָּל הָאָרֶץ, בַּיּוֹם הַהוּא יִהְיֶה יהוה אֶחָד וּשְׁמוֹ אֶחָד.[4] וּבְתוֹרָתְךָ, כָּתוּב לֵאמֹר: שְׁמַע יִשְׂרָאֵל, יהוה אֱלֹהֵינוּ, יהוה אֶחָד.[5] בָּרוּךְ שֵׁם כְּבוֹד מַלְכוּתוֹ לְעוֹלָם וָעֶד.

בליל שמיני עצרת מחזירים כל הספרים לארון הקודש ואומרים „עָלֵינוּ" וקדיש יתום.
בליל שמחת תורה משאירים ספר תורה לקריאת התורה. ואומרים „בְּרִיךְ שְׁמֵהּ" וכו' (עמ' 220).
המנהג הנפוץ הוא לקרא חמשה גברי ב„וְזֹאת הַבְּרָכָה" (עמ' 488). אחר גמר הקריאה אומרים חצי קדיש,
עושים סדר הגבהה וגלילה, מחזירים ספר התורה לארון הקודש, ואומרים „עָלֵינוּ" וקדיש יתום.
ביום שמחת תורה משאירים ג' ספרי תורה לקריאת התורה. אומרים „בְּרִיךְ שְׁמֵהּ" וכו' (עמ' 220).

יש נוהגים לשיר פזמון זה בשמחת תורה.

**שִׂישׂוּ** וְשִׂמְחוּ בְּשִׂמְחַת תּוֹרָה, וּתְנוּ כָבוֹד לַתּוֹרָה,
כִּי טוֹב סַחְרָהּ מִכָּל סְחוֹרָה, מִפָּז וּמִפְּנִינִים יְקָרָה.
נָגִיל וְנָשִׂישׂ בְּזֹאת הַתּוֹרָה, כִּי הִיא לָנוּ עֹז וְאוֹרָה.

אֲהַלְלָה אֱלֹהַי וְאֶשְׂמְחָה בוֹ, וְאָשִׂימָה תִקְוָתִי בּוֹ,
אֲהוֹדֶנּוּ בְּסוֹד עַם קְרוֹבוֹ, אֱלֹהֵי צוּרִי אֶחֱסֶה בּוֹ. נָגִיל וְנָשִׂישׂ . . .

בְּכָל לֵב אֲרַנֵּן צִדְקוֹתֶיךָ, וַאֲסַפְּרָה תְּהִלָּתֶךָ,
בְּעוֹדִי אַגִּיד נִפְלְאוֹתֶיךָ, עַל חַסְדְּךָ וְעַל אֲמִתֶּךָ. נָגִיל וְנָשִׂישׂ . . .

גּוֹאֵל תָּחִישׁ מְבַשֵּׂר טוֹב, כִּי אַתָּה מִגְדַּל עֹז וְטוֹב,
גְּאוּלִים יוֹדוּךָ בְּלֵב טוֹב, הוֹדוּ לַיהוה כִּי טוֹב. נָגִיל וְנָשִׂישׂ . . .

דָּגוּל גְּאֹל נָא הֲמוֹנַי, כִּי אֵין קָדוֹשׁ כַּיהוה,
דְּגוּלִים יוֹדוּךָ יהוה, מִי יְמַלֵּל גְּבוּרוֹת יהוה. נָגִיל וְנָשִׂישׂ . . .

הֲלֹא בְּאַהֲבָתוֹ בָּחַר בָּנוּ, בְּנֵי בְכוֹרִי קְרָאָנוּ,
הוֹד וְהָדָר הִנְחִילָנוּ, כִּי לְעוֹלָם חַסְדּוֹ עִמָּנוּ. נָגִיל וְנָשִׂישׂ . . .

## הדלקת הנרות של חנוכה

תפלה מהרב הגאון הקדוש רבנו **צבי אלימלך שפירא** מדינוב, בעל ה**בני יששכר** זצוק"ל

**לְשֵׁם** יִחוּד קֻדְשָׁא בְּרִיךְ הוּא וּשְׁכִינְתֵּהּ בִּדְחִילוּ וּרְחִימוּ וּרְחִימוּ וּדְחִילוּ לְיַחֵד שֵׁם י"ה בְּו"ה בְּיִחוּדָא שְׁלִים, בְּשֵׁם כָּל יִשְׂרָאֵל. הִנְנִי מְכַוֵּן בְּהַדְלָקַת נֵר חֲנֻכָּה, לְקַיֵּם מִצְוַת בּוֹרְאִי כַּאֲשֶׁר צִוּוּנִי חֲכָמֵינוּ זִכְרוֹנָם לִבְרָכָה, לְתַקֵּן אֶת שָׁרְשָׁהּ בְּמָקוֹם עֶלְיוֹן.

**וּבְכֵן** יְהִי רָצוֹן מִלְּפָנֶיךָ, יהוה אֱלֹהֵינוּ וֵאלֹהֵי אֲבוֹתֵינוּ, שֶׁתְּהֵא חֲשׁוּבָה וּמְקֻבֶּלֶת וּמְרֻצָּה לְפָנֶיךָ מִצְוַת הַדְלָקַת נֵר חֲנֻכָּה כְּאִלּוּ כִּוַּנְתִּי כָּל הַכַּוָּנוֹת שֶׁכִּוְּנוּ הַכֹּהֲנִים מְשָׁרְתֵי הַשֵּׁם בְּעֵת אֲשֶׁר הֶעֱרוּ לַמָּוֶת נַפְשָׁם בִּשְׁבִיל כְּבוֹד שִׁמְךָ הַגָּדוֹל הַגִּבּוֹר וְהַנּוֹרָא. וְאַתָּה בְּרַחֲמֶיךָ הָרַבִּים עוֹרַרְתָּ נִצְחֲךָ עֲלֵיהֶם לְנַצֵּחַ אֶת אוֹיְבֵיהֶם וּלְנַצֵּחַ עַל מְלֶאכֶת בֵּית יהוה. וְהִנְנִי עוֹשֶׂה עַל דַּעְתָּם וְעַל כַּוָּנָתָם וְעַל דַּעַת כָּל הַצַּדִּיקִים וְהַחֲסִידִים שֶׁהָיוּ בְּאוֹתוֹ הַדּוֹר, שֶׁשָּׁפַעְתָּ לָהֶם נִסֶּיךָ וְזָכוּ לְאוֹר בְּאוֹר הַחַיִּים, וְעַל דַּעַת כָּל הַצַּדִּיקִים וְהַחֲסִידִים שֶׁבְּדוֹרוֹתֵינוּ וּפִי כְּפִיהֶם וַעֲשִׂיָּתִי כַּעֲשִׂיָּתָם. וּבִזְכוּת הַמִּצְוָה הַזֹּאת תְּזַכֵּנוּ לְנַצֵּחַ אֶת אוֹיְבֵינוּ וּלְנַצֵּחַ עַל מְלֶאכֶת בֵּית יהוה. וְגַלֵּה כְּבוֹד מַלְכוּתְךָ עָלֵינוּ מְהֵרָה, וְלֹא תָמוּשׁ הַתּוֹרָה מִפִּינוּ וּמִפִּי זַרְעֵנוּ וּמִפִּי זֶרַע זַרְעֵנוּ מֵעַתָּה וְעַד עוֹלָם, וְנִזְכֶּה לְבָנִים תַּלְמִידֵי חֲכָמִים, אָמֵן, כֵּן יְהִי רָצוֹן. קַדְּשֵׁנוּ בְּמִצְוֹתֶיךָ, וְתֵן חֶלְקֵנוּ בְּתוֹרָתֶךָ, שַׂבְּעֵנוּ מִטּוּבֶךָ, וְשַׂמַּח נַפְשֵׁנוּ בִּישׁוּעָתֶךָ, וְטַהֵר לִבֵּנוּ לְעָבְדְּךָ בֶּאֱמֶת. מְלוֹךְ עַל כָּל הָעוֹלָם כֻּלּוֹ בִּכְבוֹדֶךָ, וְהִנָּשֵׂא עַל כָּל הָאָרֶץ בִּיקָרֶךָ, וְהוֹפַע בַּהֲדַר גְּאוֹן עֻזֶּךָ, עַל כָּל יוֹשְׁבֵי תֵבֵל אַרְצֶךָ, וְיֵדַע

(1) תהלים כט:ט-יא (2) סז:ח (3) דברי הימים ב כט:יא (4) זכריה יד:ט (5) דברים ו:ד (6) בראשית א:לא-ב:ג

כָּל פָּעוּל כִּי אַתָּה פְּעַלְתּוֹ, וְיָבִין כָּל יְצוּר כִּי אַתָּה יְצַרְתּוֹ, וְיֹאמַר כֹּל אֲשֶׁר נְשָׁמָה בְּאַפּוֹ[1] יהו״ה אֱלֹהֵ״י יִשְׂרָאֵ״ל מֶלֶ״ךְ וּמַלְכוּת״וֹ בַּכֹּ״ל מָשָׁלָ״ה.[2] אָמֵן, נֶצַח סֶלָה וָעֶד:

בלילה הראשון אומר ג׳ הברכות. בשאר הלילות אינו אומר „שֶׁהֶחֱיָנוּ".

**בָּרוּךְ** אַתָּה יהוה אֱלֹהֵינוּ מֶלֶךְ הָעוֹלָם, אֲשֶׁר קִדְּשָׁנוּ בְּמִצְוֹתָיו, וְצִוָּנוּ לְהַדְלִיק נֵר (שֶׁל) חֲנֻכָּה.

**בָּרוּךְ** אַתָּה יהוה אֱלֹהֵינוּ מֶלֶךְ הָעוֹלָם, שֶׁעָשָׂה נִסִּים לַאֲבוֹתֵינוּ, בַּיָּמִים הָהֵם בַּזְּמַן הַזֶּה.

**בָּרוּךְ** אַתָּה יהוה אֱלֹהֵינוּ מֶלֶךְ הָעוֹלָם, שֶׁהֶחֱיָנוּ וְקִיְּמָנוּ וְהִגִּיעָנוּ לַזְּמַן הַזֶּה.

בלילה הראשון מדליק הנר הראשון מימין. בכל לילה שאחר זה מוסיף נר לשמאלו, מתחיל בנר הנוסף ומדליק והולך משמאל לימין. לא יתחיל לומר „הַנֵּרוֹת הַלָּלוּ" לפני שמדליק נר אחד, ויגמור ההדלקה בעוד שאומר „הַנֵּרוֹת הַלָּלוּ".

**הַנֵּרוֹת הַלָּלוּ** אֲנַחְנוּ[3] מַדְלִיקִין עַל הַנִּסִּים וְעַל הַנִּפְלָאוֹת, וְעַל הַתְּשׁוּעוֹת וְעַל הַנֶּחָמוֹת וְעַל הַמִּלְחָמוֹת, שֶׁעָשִׂיתָ לַאֲבוֹתֵינוּ בַּיָּמִים הָהֵם בַּזְּמַן הַזֶּה, עַל יְדֵי כֹּהֲנֶיךָ הַקְּדוֹשִׁים. וְכָל שְׁמוֹנַת יְמֵי חֲנֻכָּה, הַנֵּרוֹת הַלָּלוּ קֹדֶשׁ הֵם. וְאֵין לָנוּ רְשׁוּת לְהִשְׁתַּמֵּשׁ בָּהֶם, אֶלָּא לִרְאוֹתָם בִּלְבָד, כְּדֵי לְהוֹדוֹת וּלְהַלֵּל לְשִׁמְךָ הַגָּדוֹל עַל נִסֶּיךָ וְעַל נִפְלְאוֹתֶיךָ וְעַל יְשׁוּעָתֶךָ.

המחבר חתם שמו – מרדכי [חזק] – בראשי החרוזים.

**מָעוֹז צוּר** יְשׁוּעָתִי, לְךָ נָאֶה לְשַׁבֵּחַ,
תִּכּוֹן בֵּית תְּפִלָּתִי, וְשָׁם תּוֹדָה נְזַבֵּחַ,
לְעֵת תָּכִין מַטְבֵּחַ, מִצָּר הַמְּנַבֵּחַ, אָז אֶגְמוֹר, בְּשִׁיר מִזְמוֹר, חֲנֻכַּת הַמִּזְבֵּחַ.

רָעוֹת שָׂבְעָה נַפְשִׁי, בְּיָגוֹן כֹּחִי כִּלָּה,[4] חַיַּי מֵרְרוּ בְקֹשִׁי, בְּשִׁעְבּוּד מַלְכוּת עֶגְלָה,
וּבְיָדוֹ הַגְּדוֹלָה, הוֹצִיא אֶת הַסְּגֻלָּה, חֵיל פַּרְעֹה, וְכָל זַרְעוֹ, יָרְדוּ כְּאֶבֶן בִּמְצוּלָה.

דְּבִיר קָדְשׁוֹ הֱבִיאַנִי, וְגַם שָׁם לֹא שָׁקַטְתִּי, וּבָא נוֹגֵשׂ וְהִגְלַנִי, כִּי זָרִים עָבַדְתִּי,
וְיֵין רַעַל מָסַכְתִּי, כִּמְעַט שֶׁעָבַרְתִּי, קֵץ בָּבֶל, זְרֻבָּבֶל, לְקֵץ שִׁבְעִים נוֹשָׁעְתִּי.

כְּרוֹת קוֹמַת בְּרוֹשׁ, בִּקֵּשׁ אֲגָגִי בֶּן הַמְּדָתָא,
וְנִהְיְתָה לוֹ לְפַח וּלְמוֹקֵשׁ, וְגַאֲוָתוֹ נִשְׁבָּתָה,
רֹאשׁ יְמִינִי נִשֵּׂאתָ, וְאוֹיֵב שְׁמוֹ מָחִיתָ, רֹב בָּנָיו, וְקִנְיָנָיו, עַל הָעֵץ תָּלִיתָ.

יְוָנִים נִקְבְּצוּ עָלַי, אֲזַי בִּימֵי חַשְׁמַנִּים,
וּפָרְצוּ חוֹמוֹת מִגְדָּלַי, וְטִמְּאוּ כָּל הַשְּׁמָנִים,
וּמִנּוֹתַר קַנְקַנִּים, נַעֲשָׂה נֵס לַשּׁוֹשַׁנִּים, בְּנֵי בִינָה, יְמֵי שְׁמוֹנָה, קָבְעוּ שִׁיר וּרְנָנִים.

חֲשׂוֹף זְרוֹעַ קָדְשֶׁךָ, וְקָרֵב קֵץ הַיְשׁוּעָה, נְקוֹם נִקְמַת דַּם עֲבָדֶיךָ, מֵאֻמָּה הָרְשָׁעָה,
כִּי אָרְכָה לָנוּ הַיְשׁוּעָה,[5] וְאֵין קֵץ לִימֵי הָרָעָה,
דְּחֵה אַדְמוֹן, בְּצֵל צַלְמוֹן, הָקֵם לָנוּ רוֹעִים שִׁבְעָה.

(1) באפ״ו בגימ׳ חנוכ״ה (2) ה׳ אלק״י ישרא״ל מל״ך ומלכות״ו בכ״ל משל״ה בגימ׳ אלף תרלח כמספר כ״ו פעמים חנ״ה (אותיות חנוכ״ה), וכמספר הגימ׳ של מתתיה״ו ב״ן יוחנ״ן כה״ן גדו״ל חשמנא״י ובני״ו (3) נ״א אָנוּ (4) נ״א כָּלָה (5) נ״א הַשָּׁעָה

## יוצר לפרשת שקלים

חזן:

אֲדֹנָי שְׂפָתַי תִּפְתָּח, וּפִי יַגִּיד תְּהִלָּתֶךָ.[1]

**בָּרוּךְ** אַתָּה יהוה אֱלֹהֵינוּ וֵאלֹהֵי אֲבוֹתֵינוּ, אֱלֹהֵי אַבְרָהָם, אֱלֹהֵי יִצְחָק, וֵאלֹהֵי יַעֲקֹב, הָאֵל הַגָּדוֹל הַגִּבּוֹר וְהַנּוֹרָא, אֵל עֶלְיוֹן, גּוֹמֵל חֲסָדִים טוֹבִים, וְקוֹנֵה הַכֹּל, וְזוֹכֵר חַסְדֵי אָבוֹת, וּמֵבִיא גוֹאֵל לִבְנֵי בְנֵיהֶם, לְמַעַן שְׁמוֹ בְּאַהֲבָה. מֶלֶךְ עוֹזֵר וּמוֹשִׁיעַ וּמָגֵן.

**מִסּוֹד** חֲכָמִים וּנְבוֹנִים, וּמִלֶּמֶד דַּעַת מְבִינִים,
אֶפְתְּחָה פִי בְּשִׁיר וּרְנָנִים, לְהוֹדוֹת וּלְהַלֵּל פְּנֵי שׁוֹכֵן מְעוֹנִים.

קהל וחזן:

אָז מֵאָז זַמּוֹתָ בְּכָל פּוֹעַל, **בְּ**מִסְפָּר בְּמִשְׁקָל כֹּל לְךָ לְהַעַל,
גַּדְתָּ בְּכֵן לְמָשׁוּי מִמֵּי שַׁעַל, **דַּ**עַת מִפְקַד יוֹפִי פַּעֲמֵי נָעַל.
הָעַל הֱמִירוּ כְּבוֹד רֵעַ בְּבַעַל, **וְ**זֶה לְלֹא זֶה פָּצְחוּ בְּמַעַל,
זָנְּחוּ בַּחֲרוֹן אַף לְנֶגֶף וָגַעַל, **חָ**ל בַּעֲדָם חֶבֶר וְהַצֳּרִי תַּעַל.
טוֹרַח מַשָּׂאָם הֻגַּד לוֹ שְׂאֵת, **יָ**שְׁרָם לְהָלִיץ תְּלוּי רֹאשׁ לָשֵׂאת,
❖ **כָּ**פְרָם פָּץ תֵּת לְאֻמִּים מַשְׂאֵת, **לְ**נַטְּלָם לְנַשְּׂאָם בְּכִי תִשָּׂא אֶת.

רֹאשִׁי עַל כָּל רֹאשׁ נִשֵּׂאתָ, גּוֹי עַל גַּפֵּי מְרוֹמֵי קֶרֶת הִתְנַשֵּׂאתָ,
❖ אַהֲבָה עַל כָּל פֶּשַׁע כִּסִּיתָ, בְּגִין צֵל יְמִינְךָ לְגוֹנְנֵי הִתְנַשֵּׂאתָ.

החזן אומר – **בָּרוּךְ** אַתָּה יהוה, מָגֵן אַבְרָהָם.

**אַתָּה** גִּבּוֹר לְעוֹלָם אֲדֹנָי, מְחַיֵּה מֵתִים אַתָּה, רַב לְהוֹשִׁיעַ. מַשִּׁיב הָרוּחַ וּמוֹרִיד הַגֶּשֶׁם.[2] מְכַלְכֵּל חַיִּים בְּחֶסֶד, מְחַיֵּה מֵתִים בְּרַחֲמִים רַבִּים, סוֹמֵךְ נוֹפְלִים, וְרוֹפֵא חוֹלִים, וּמַתִּיר אֲסוּרִים, וּמְקַיֵּם אֱמוּנָתוֹ לִישֵׁנֵי עָפָר. מִי כָמוֹךָ בַּעַל גְּבוּרוֹת, וּמִי דּוֹמֶה לָּךְ, מֶלֶךְ מֵמִית וּמְחַיֶּה וּמַצְמִיחַ יְשׁוּעָה. וְנֶאֱמָן אַתָּה לְהַחֲיוֹת מֵתִים.

קהל וחזן:

מַעְתִּיק פְּלוּסִים צָר וּבוֹרֵא רוּחַ, **מְ**מַדֵּד וּמְשַׁקֵּל נֵזֶל עִם רוּחַ,
נֶגֶף לְבַל יַזִּיק לְנִדְכְּאֵי רוּחַ, **נוֹ**בַבְתָּם תֵּת פִּדְיוֹן לְכָל רוּחַ.
שְׂרִיג זֵד שְׂעִיר טֶרֶם עָמַד, **סָ**קַרְתָּ כִּי לְמוֹקֵשׁ וְלִצְנִין יַעֲמַד,
עֲצַתְּ זֶה לָזֶה שֶׁמַע בְּמַעֲמַד, **עִ**תּוּד שְׁקָלִים מֵרֹאשׁ חֹדֶשׁ לִלְמַד.
פָּרָשָׁה זֹאת לַהֲגוֹת בְּקֵץ זֶה, **פִּ**לְסֶיהָ לְהַקְדִּים לְפֶלֶס צָר וּבוֹזֶה,
❖ **צ**וּרַת מַטְבֵּעַ כְּחָזָה אֲבִי חוֹזֶה, **צִ**וָּה צוּר לְצִיר כֵּן תֵּת מַתָּן זֶה.

שְׁמוֹ מְשַׁתֵּף בְּעַם לוֹ עֲמוּתִים, וְעָלָיו כָּל הַיּוֹם הֵם מוּמָתִים,
❖ יָעִיר וְיַחֲשׂוֹף זְרוֹעַ וְיַד מְמִתִים, בְּזִיל נִטְפֵי לֶקֶשׁ לְהַחֲיוֹת מֵתִים.

החזן אומר – **בָּרוּךְ** אַתָּה יהוה, מְחַיֵּה הַמֵּתִים.

קהל וחזן:

קְצוּבָה הִיא זֹאת לְשׁוֹעִים וְקַלִּים, **קְ**צִינִים וְרָשִׁים יַחַד בָּהּ שְׁקוּלִים,
קָצִין לְבַל יָעוֹז מוּל מַקְהֵלִים, **קְ**רָא לוֹמַר הוֹנִי פְּדָאַנִי מֵעֲקוּלִים.
רוֹב עַם אֲשֶׁר לֹא יִסָּפֵר, **רַ**ב עִם צָעִיר מֵעֶשְׂרִים לְהִסָּפֵר,
רְאוּיִם לְעוֹנֶשׁ וְזָהַר בְּסֵדֶר לְהִתְפַּר, **רֶ**שַׁע וְכָל פֶּשַׁע לְכַפֵּר וּלְהָפֵר.
שְׁעוּרִים בְּזֶה שִׁעוּר בְּמִפְקַד לְהִגָּבֵר, **שְׁ**תִילֵימוֹ לִנְשִׂיאַת רֹאשׁ אוֹתָם לְחַבֵּר,

(1) תהלים נא:יז (2) נ״א הַגֶּשֶׁם

❖ שִׁקְלֵי כֶסֶף כִּפּוּרִים כָּפְרָם לְהַדְבֵּר, שְׁמוּרִים לְזִכָּרוֹן תֵּת כָּל הָעוֹבֵר.
תָּמְּדוּ מֵאָז כָּל עֲדַת קְדוֹשִׁים, תְּרוּם בִּשְׁלֹשָׁה פְרָקִים תְּרוּמַת קֳדָשִׁים,
❖ תְּכוּנָה לְבֶדֶק הַבַּיִת וְכָל אִשִּׁים, תֵּת בְּיַד הַכֹּהֲנִים כֶּסֶף הַקֳּדָשִׁים.
תֵּפֶן בְּאוֹן פִּיד טִיט רִפְשֵׁנוּ, תַּבִּיט בְּדָכְיֵנוּ וְעוֹד בַּל תַּכְפִּישֵׁנוּ,
❖ תִּקְרָא דְרוֹר כְּמֵאָז בּוֹ לְהַחְפִּישֵׁנוּ, תֵּת הֲמוֹן לְאֻמִּים תַּחַת נַפְשֵׁנוּ.
תִּזְכּוֹר לְהַעֲלוֹת נְשׂוּאֵי רַחַם מִדָּכְיָם, תְּמוּכִים נְזוּרִים בְּהוֹד טוֹב עֶדְיָם,
❖ תּוֹקֶף עוֹז אַדִּירוּךְ עַל יָם, תִּזְכּוֹר לְעָם מִסְפָּרָם כְּחוֹל הַיָּם.

הקהל ואח״כ החזן בקול רם:

**יִמְלֹךְ יהוה לְעוֹלָם, אֱלֹהַיִךְ צִיּוֹן לְדֹר וָדֹר, הַלְלוּיָהּ.**
**וְאַתָּה קָדוֹשׁ, יוֹשֵׁב תְּהִלּוֹת יִשְׂרָאֵל, אֵל נָא.**

**מִי** יוּכַל לְשַׁעֵר כָּל הַפְּקוּדִים, אֲשֶׁר בְּחֶבֶל וּבְחֶלֶשׁ לֹא נִפְקָדִים,
בְּרִית כְּרוּתָה לָמוֹ מֵאָז בִּפְקוּדִים, לְבַל יֶחְסַר הַמֶּזֶג מֵחוּמֶשׁ פְּקוּדִים.
וְאִם כְּתוֹרֶן וְכַנֵּס יוֹשְׂרְדוּ מְפֻקָּדִים, לֹא יְמְעֲטוּ מִשִּׁשִּׁים רִבּוֹא מְנֻקָּדִים,
וְאִם לְנֶגֶף וָאֶנֶף בְּאַף מְפֻקָּדִים, כֶּסֶף תֵּת כּוֹפֶר הֵם מְפֻקָּדִים.
וּבְכָל עֶרֶב נִשְׁמָתָם בְּיָדְךָ מַפְקִידִים, וּבְכָל רִגְעֵי בֹקֶר נִבְחָנִים וְנִפְקָדִים,
וְלִי מַה יָּקְרוּ עָלַי הַפְּקוּדִים, אֵלֶּה הַפְּקוּדִים וְהַמִּתְפַּקְּדִים.
❖ שְׁמוֹר פְּקוּדִים וְנִפְקָדִים וְשׁוֹקְדִים, לִהְיוֹת מְשֻׁקָּדִים, וּלְךָ קוֹדִים.

הקהל ואח״כ החזן בקול רם:

**חַי וְקַיָּם נוֹרָא וּמָרוֹם וְקָדוֹשׁ.**

[המחבר חתם שמו – אלעזר בירבי קליר – בראשי החרוזים.]

**אוֹמֶן** בְּשָׁמְעוֹ כִּי תִשָּׂא אֶת רֹאשׁ, חָל וַיֵּחַת אֵיךְ אוֹתָם דְּרוֹשׁ.
לְעָם אֲשֶׁר לֹא יִמַּד וְלֹא יִסָּפֵר, אֵיכָכָה אֶסְפְּרֵם וְלֹא נִתְּנוּ לְהִסָּפֵר.
עִקָּרָם כְּנֶאֱמַר לוֹ הַבֵּט וּסְפוֹר, שָׁב וַיּוֹשֵׁב אִם תּוּכַל לִסְפּוֹר.
זַרְעָם כְּחוֹל יַמִּים וְכוֹכְבִים סְפוּרִים, וַאֲנִי אֵיךְ אֶסְפְּרֵם וְלָעַד פָּרִים.
רָם חִוָּה לוֹ אוֹת מִסְפָּרָם, אֵיךְ לִמְנוֹתָם וְלַעֲמוֹד עַל סִפְרָם.
בִּקּוּר רָאשֵׁי שְׁמוֹתָם לְחֶשְׁבּוֹן תַּעֲלֶה, וּמִדַּת מִנְיָנָם בְּיָדְךָ אָז תַּעֲלֶה.
יָקָר שְׁלִישִׁי בְּתוֹכָם לֹא הָפְקַד, כִּי לְגִיוֹן מֶלֶךְ לְבַדּוֹ נִפְקָד.
רָשׁוּם מִבֶּטֶן לְהִפָּקֵד בְּמִשְׁמֶרֶת הַקּוֹדֶשׁ, וּצְבָאוֹ וּפְקוּדָיו נִמְנִים מִבֶּן חוֹדֶשׁ.
בְּשָׁמְעוֹ אוֹמֵר וְנָתְנוּ אִישׁ כּוֹפֶר, פָּץ בַּמֶּה יִתְרַצֶּה אֶשְׁכּוֹל הַכּוֹפֶר.
יְצִיר מַה יִּתֵּן פִּדְיוֹן נַפְשׁוֹ, וְיִמְצָא חֲנִינָה פְּנֵי שָׂם נַפְשׁוֹ.
קָדוֹשׁ כְּחָפֵץ לְהַצְדִּיק עַם זֶה, כְּמִין מַטְבֵּעַ אֵשׁ הֶרְאָהוּ בַּמַּחֲזֶה.
לִמְּדוֹ זֶה יִתְּנוּ וְלֹא יִתְמַהְּמָהוּ, וְלַכֹּל יִתְנוּ אֵת אֲשֶׁר נָתְנוּ.
יָהּ לֹא מְצָאנוּךְ שַׂגִּיא כֹחַ, כַּאֲשֶׁר נִקֵּיתָ חֵטְא גִּבּוֹרֵי כֹחַ.
❖ רַחוּם כְּרַחֲמְתָּ נְשׂוּאֶיךָ בְּכֶסֶף כִּפּוּרִים, כֵּן שְׁעֵה שְׂפָתֵינוּ בְּשִׁלּוּם פָּרִים.

**אֵל נָא** לְעוֹלָם תֻּעֲרָץ, וּלְעוֹלָם תֻּקְדָּשׁ, וּלְעוֹלְמֵי עוֹלָמִים תִּמְלוֹךְ וְתִתְנַשָּׂא,
הָאֵל מֶלֶךְ נוֹרָא מָרוֹם וְקָדוֹשׁ, כִּי אַתָּה הוּא מֶלֶךְ מַלְכֵי הַמְּלָכִים,
מַלְכוּתוֹ נֶצַח. נוֹרְאוֹתָיו שִׂיחוּ, סַפְּרוּ עֻזּוֹ, פָּאֲרוּהוּ צְבָאָיו, קַדְּשׁוּהוּ רוֹמְמוּהוּ, רוֹן שִׁיר וָשֶׁבַח, תּוֹקֶף תְּהִלּוֹת תִּפְאַרְתּוֹ.

החזן אומר בקול רם והקהל עונה אחריו:

**עַד אֶשָּׂא רֹאשׁ, כְּמוֹ מֵרֹאשׁ, לְהַקְדִּישׁ לְקָדוֹשׁ.**
**עַד בְּמֹאזְנֵי צֶדֶק, יַכְרִיעֵנִי לְצֶדֶק, נוֹרָא וְקָדוֹשׁ.**

**אֵלֶּה** אֶזְכְּרָה אֵת אֲשֶׁר נַעֲשָׂה, בִּהְיוֹתִי בֶּטַח וְשָׁקֵט בְּנָכוֹן וְנִשָּׂא,
גּוֹעַלְתִּי בְּעֵבֶר וּשְׁקָלַי אֵיךְ אֶשָּׂא.
דֵּי שְׁקָלַי עַד לֹא שָׁקַלְתִּי, הִנֵּם לְמַס עוֹבֵד הַיּוֹם שְׁקַלְתִּי,
וּבְחֵטְא עִוּוּל שֶׁקֶל לָרֶשַׁע נִשְׁקַלְתִּי.
זוּזַי לֹא תַתִּי לְשָׁבְנִי בְּגִילָה, חַבְתִּי לְתַשְׁלוּם דַּרְכְּמוֹן לְעוֹלֵי גוֹלָה,
טֻבְּעוּ גַם הֵם וְהוֹעֲרַמְתִּי מְגֻלָּה.
יוֹשֶׁר שָׁלֹשׁ קֻפּוֹת מְשֻׁלָּשׁוֹת סְאִים, כְּנוּסוֹת לְמִקַּח שַׁי מְרִיאִים וְשֵׂיִים,
לֻקְּחוּ וְאֵין עוֹד בְּצִעֵי נוֹשְׂאִים.
מִדַּת שׁוֹפָרוֹת תִּקְלִין חַדְתִּין וְעַתִּיקִין, נְדָבוֹת אֲשֶׁר בָּם הָיוּ מְעַתְּקִין,
סָרוּ כַּמֶּה מָנֵי וְהַדְּבָרִים עַתִּיקִין.
עֹצֶם הָמוֹן חוֹגֵג וְשׁוֹטֵף כַּנָּהָר, פֻּזַּר וְנוֹתַרְתִּי כְּתֹרֶן בְּרֹאשׁ הָהָר,
צֶדֶק מְלוֹנִי שֶׁעָרַר כְּתֵל הָר.
קֵן צִפּוֹר קְרָא לִמְרוֹם הָרִים, רֹאשׁ נְשׂוּאֵיךְ כְּמֵאָז בּוֹ לְהָרִים,
שִׁבְעָה וּשְׁמוֹנָה עֲלֵיהֶם לְרֹאשׁ תָּרִים.
❖ עַד אֶשָּׂא רֹאשׁ, כְּמוֹ מֵרֹאשׁ, לְהַקְדִּישׁ לְקָדוֹשׁ.

**וּבְכֵן וּלְךָ תַעֲלֶה קְדֻשָּׁה, כִּי אַתָּה קְדוֹשׁ יִשְׂרָאֵל וּמוֹשִׁיעַ.**

**אָז רָאִיתָ** וְסִפַּרְתָּ, וְהֵכַנְתָּ וְחָקַרְתָּ וּמָדַדְתָּ וְכַלְתָּ וְשָׁקַלְתָּ, וְאָמַדְתָּ וְצָבַרְתָּ וּפָקַדְתָּ וְחָשַׁבְתָּ וְסִכַּמְתָּ, וּמָנִיתָ וְסָפַרְתָּ, וְקָצַבְתָּ וְחָרַצְתָּ וְגָזַרְתָּ וְטִפַּחְתָּ וְשִׁעַרְתָּ וְהִבַּטְתָּ, וְהֵבַנְתָּ וְהִשְׂכַּלְתָּ וְשַׁרְתָּ וְסָקַרְתָּ, וְכָתַבְתָּ וְחָרַטְתָּ וְחָקַקְתָּ וְצִיַּנְתָּ וְחָרַתָּ, וְלִמַּדְתָּ וְהוֹדַעְתָּ, וְחִוִּיתָ וְהוֹרֵיתָ וְגָזַרְתָּ וְצִוִּיתָ וְקָרָאתָ וְעָנִיתָ, וְדִבַּרְתָּ וְאָמַרְתָּ, כָּל מִנְיָן וּמִפְקָד וְחֶשְׁבּוֹן וּמִסְפָּרָיו, כָּל מִשְׁקָל וָפֶלֶס וְכִיס וּגְזוּרָיו, כָּל כֵּיל לַח וְיָבֵשׁ וּמְשׂוּרָיו, כָּל קַו וָקֶצֶב וּמֶדֶד וְשִׁעוּרָיו. הֵיךְ לְדַקְדֵּק חֶשְׁבּוֹן לְכָל דָּבָר, לְבַל יְגֻלַּם חֶשְׁבּוֹן וְיִשְׁטֹף וְיַעֲבָר.

מַתְחִיל בִּמְדִידָה מֵחֲמֵשׁ מֵאוֹת שָׁנָה, עַד שֶׁהוּא מְכַלֶּה בְּאֶצְבַּע הַקְּטַנָּה. דֶּרֶךְ יוֹם הוּא בְּעֶשֶׂר פַּרְסָה, וְאַרְבַּעַת מִיל הִיא כָּל פַּרְסָה. וּמִדַּת הַמִּיל שִׁבְעָה וּמֶחֱצָה רִיס, וּבִשְׁלֹשִׁים קָנִים הוּא קֶצֶב הָרִיס. וְשִׁעוּר הַקָּנֶה שֵׁשׁ אַמּוֹת וָזֶרֶת, וְכָל אַמָּה מוֹדֶדֶת שְׁלִישׁ בַּזֶּרֶת. וְהַזֶּרֶת מוּתַחַת עַד שְׁנַיִם בַּסִּיט, וְאַרְבַּע אֶצְבָּעוֹת הוּא הַטֶּפַח וְהַסִּיט. וּכְמוֹ נִתְּנָה מִדָּה לִמְדִידַת הָאָרֶץ, כֵּן נִתַּן כֵּיל לְתוֹלְדוֹת הָאָרֶץ. מַתְחִיל מִמֵּאָה וְשִׁשִּׁים וְשֵׁשׁ שָׁנָה, עַד שֶׁהוּא מְכַלֶּה בִּשְׁתּוּת אֶצְבַּע קְטַנָּה.

זֶה הַיָּם הַגָּדוֹל בִּשְׁלִישׁ יוֹשֵׁב, בְּמֵאָה וְשִׁשִּׁים וָשֵׁשׁ וָעוֹד מִתְחַשֵּׁב. וְעָמְקוֹ בְּעֶשְׂרִים וְאַרְבָּעָה לְמֵתַח סוּף, וְסוּף בְּשִׁבְעִים וּשְׁנַיִם לְעִגֶּל גִּיחוֹן. וְגִיחוֹן מַכְפִּיל שִׁשִּׁים כְּמִדַּת פְּרָת, וְהַפְּרָת תָּקְפּוֹ כְּנֶגֶד שְׁנֵי הַנְּהָרוֹת, וּשְׁנֵי הַנְּהָרוֹת מַעְדִּיפִים בְּאֶרֶץ הַיַּרְדֵּן, וְהַיַּרְדֵּן מַרְחִיב חֲמִשָּׁה כְּיַם הַזְּבוּל, וְיַם הַזְּבוּל מֵאָה וַחֲמִשָּׁה מִקְוָאוֹת, וּמִדַּת הַמִּקְוֶה כִּשְׁנֵי חֲמָרִים בְּיָבֵשׁ, וְשִׁעוּר כָּל חֹמֶר כִּשְׁנֵי לְתָכִים, וְכָל לֶתֶךְ יָכִיל חָמֵשׁ אֵיפוֹת, וְכָל אֵיפָה עוֹשָׂה עֲשָׂרָה עֳמָרִים, וְכָל עֹמֶר שִׁבְעָה רֶבַע וּכְלָה, וְהַכְּלָה אֶחָד מִמֵּאָה וְעוֹד בַּסְּאָה, וּסְאַת יָבֵשׁ חֲסֵרָה שְׁלִישׁ בַּלַּח, וּסְאַת הַלַּח אֶחָד מִשְּׁלֹשָׁה בַּבַּת, וְכָל בַּת מַחֲזֶקֶת שִׁשָּׁה בַּהִין, וְהַהִין כֻּלּוֹ שְׁנֵים עָשָׂר לֹג וָעוֹד, הַלֹּג מִתְחַלֵּק לְאַרְבַּעַת רְבָעִים, וְרֶבַע מוּכָן לִרְבוּעַ כּוֹס יְשׁוּעוֹת, וְהַכּוֹס סוֹבֵב אֶצְבָּעַיִם עַל אֶצְבָּעַיִם, וְעַל גָּבְהֵהּ חָסֵר שְׁתוּת מֵאֶצְבָּעַיִם.

וּכְמוֹ נִתַּן כַּיִל לְתוֹלְדוֹת הָאָרֶץ, כֵּן נִתַּן קֵץ לִימֵי הָאָרֶץ, מַתְחִיל לִמְנוֹת מִשֵּׁשֶׁת אַלְפֵי עֶרֶץ, עַד שֶׁהוּא מְכַלֶּה בְּרִגְעֵי אָרֶץ, כִּי כָל הָעוֹלָם כֻּלּוֹ שֵׁשֶׁת אֲלָפִים, עוֹשִׂים חֲמִשָּׁה וּשְׁתֵּי יָדַיִם מַחֲזוֹרוֹת, וּמִנְיַן הַמַּחֲזוֹר בְּעֶשְׂרִים וּשְׁנַיִם יוֹבְלוֹת, וּשְׁנַת הַיּוֹבֵל שֶׁבַע שַׁבְּתוֹת שָׁנִים, וְשַׁבְּתוֹת הַשָּׁנִים בְּעֶשְׂרִים וּשְׁמוֹנֶה תְּקוּפוֹת, וִימוֹת הַתְּקוּפָה תִּשְׁעִים וְאֶחָד יוֹם וּשְׁלִישׁ, וְעוֹנוֹת הַיּוֹם חֲמֵשׁ מֵאוֹת וְשִׁבְעִים וָשֵׁשׁ, וְרִגְעֵי הָעוֹנָה כְּעוֹנוֹת כָּל הַיּוֹם, וְהַמְּדַקְדֵּק מְחַלֵּק הָרֶגַע לְכַמָּה רְגָעִים.

וּכְמוֹ נִתַּן חֶשְׁבּוֹן עַל כֹּל, כֵּן נִתַּן מִשְׁקָל וָפֶלֶס לַכֹּל, מַתְחִיל מִכִּכָּר עַד פְּרוּטָה הַקְּטַנָּה, כִּכָּר הַגָּדוֹל כְּגֹדֶל שְׁנֵי מָנֶה, וְהַמָּנֶה עוֹלֶה עַד שִׁשִּׁים שֶׁקֶל, וְהַשֶּׁקֶל מִתְחַשֵּׁב בְּעֶשְׂרִים וְחָמֵשׁ סֶלַע, וְהַסֶּלַע חֶצְיוֹ בֶּקַע וּרְבִיעַ זוּז, וְהַזּוּז מִתְחַלֵּק לְפֶלֶג, וְחֻמְשׁוֹ מָעָה, נִמְצָא הַזּוּז חָמֵשׁ מָעוֹת כֶּסֶף, וְהַמָּעָה שְׁנֵי פוּנְדְּיוֹנוֹת, בְּאִסָּר דָּת, וְהָאִסָּר עוֹלָה עַד שְׁמוֹנֶה פְרוּטוֹת, נִמְצָא הַבֶּקַע כְּאַרְבַּע מֵאוֹת פְּרוּטוֹת, וְהֵם בִּכְתָב חֲרוּטוֹת, וּבְפֶה מְפוֹרָטוֹת.

וְעַד מָקוֹם שֶׁאֱנוֹשׁ יָכוֹל לִמְנוֹת, נִמְסַר לוֹ לִמְדּוֹד וְגַם לִמְנוֹת. לְפִי כֹחוֹ וּלְפִי מִעוּט חֵילוֹ, הֻקְצַב לוֹ מִעוּט הוֹן שִׁקְלוֹ, וּלְפִי שִׂכְלוֹ כֵּן יְהֵא הִלּוּלוֹ, גָּדוֹל אֲדוֹנֵינוּ וְרַב כֹּחַ חֵילוֹ, לָכֵן עַל כֵּן אוֹחִיל לוֹ, כִּי מִדָּתוֹ וְשִׁקְלוֹ לְפִי גָדְלוֹ, כָּל אוֹצְרוֹת שֶׁלֶג וָרוּחַ פִּלֵּס בְּמִשְׁקָלוֹ, וּמֵי בְרֵאשִׁית מָדַד מְלֹא שָׁעֳלוֹ, וּשְׁמֵי רוּם תִּכֵּן זֶרְתּוֹ מְלֹא, וְכָל הַרְרֵי קֶדֶם בְּאֶצְבָּעוֹ שְׁקָלוֹ, וְגִבְעוֹת עוֹלָם תָּמַךְ בְּהוֹד אֲגֻדָּלוֹ, גֵּיא וְכָל עֲפָרָהּ בִּצְרָדָה הֱכִילוֹ, לְחוֹלֵל תַּנִּין מִיְּמֶנֶת הֵכִין לוֹ. נִמְצֵאת כָּל מִדַּת יְצִירַת עוֹלָמוֹ, כִּמְלֹא פִּסַּת יָד הִיא רְשׁוּמוֹ, וּכְקָמְיעַ בְּיַד גִּבּוֹר בִּזְרוֹעַ חוֹתָמוֹ, וְאֵין לִקְצוֹב רוֹב מֶחְקְרֵי תַעֲצוּמוֹ, אֲשֶׁר מָדַד וְקָצַב וְשִׁעֵר בִּמְרוֹמוֹ, עַל כָּל מִדַּת כִּסְאוֹ וַהֲדוֹמוֹ.

מִדַּת בַּת מֶלֶךְ בַּכֹּל מְעֻלָּה, בְּאֹרֶךְ בְּרֹחַב בְּעֹמֶק בְּגֹבַהּ נִתְעַלָּה, כִּי יֵשׁ קֵץ לְכָל תִּכְלָה, וְאִמְרָהּ רְחָבָה לָעַד לֹא כָלָה. מִדַּת עוֹלָם כִּמְלֹא פִסַּת יָד, וּמִדָּתָהּ נְתוּנָה בְּיָמִין וּזְרוֹעַ וָיָד. מִדַּת עוֹלָם כִּמְזֶרֶת וְעַד אֲגֻדָּל, וּמִדָּתָהּ בְּקַו אֲשֶׁר מְאֹד גָּדָל. מִדַּת עוֹלָם נִמְדֶּדֶת בִּשְׁלִישׁ אַמָּה, וּמִדָּתָהּ עוֹלֶה וְנוֹסֶבֶת כְּאַלְפַּיִם אַמָּה.

כְּמַרְאֵה הַמִּדָּה אֲשֶׁר צִיר רָאָה, מְגִלָּה עֶשְׂרִים עַל עֶשֶׂר אַמָּה, עָפָה אַרְבָּעִים עַל עֶשְׂרִים וּשְׁמוֹנֶה מֵאוֹת אַמָּה, וְכָל הָעוֹלָם כֻּלּוֹ בִּשְׁלִישׁ אַמָּה. נִמְצֵאת דָּת בְּמִדּוֹתֶיהָ רְחָבָה וַאֲרֻכָּה, אַלְפַּיִם וְאַרְבַּע מֵאוֹת בָּעוֹלָם מַאֲרִיכָה, וְהִיא נוֹתֶנֶת לָעוֹלָם מַרְפֵּא וַאֲרוּכָה, וּבִימִינָהּ קוֹצֶבֶת כָּל יְמֵי אַרְכָה, וּבִשְׂמֹאלָהּ שׁוֹקֶלֶת עֹשֶׁר וְכָבוֹד וּבְרָכָה.

וְהִיא הוֹדִיעָה אֶת כָּל חֶבְיוֹן סְתוּרוֹת, וְהִיא קָצְבָה כָּל מִדּוֹת סְפוּרוֹת, וְהִיא פָּתְחָה אֶת כָּל סְגוּרוֹת, וְהִיא שָׁקְלָה וְאָצְרָה אֶת כָּל אוֹצָרוֹת. וְהִיא חָקְרָה הֲמוֹן מִפְקַד תַּחְתּוֹנִים, וְהִיא נָתְנָה מִסְפַּר גְּדוּדֵי עֶלְיוֹנִים, וְהִיא שִׁעֲרָה קוֹמַת אַלְפֵי שִׁנְאַנִּים, אֲשֶׁר זֶה מִזֶּה בְּקוֹמָתָם מְשֻׁנִּים. יֵשׁ כְּמִדַּת הַיָּם הַגָּדוֹל קוֹמָתָם, וְיֵשׁ כַּחֲלָלוֹ שֶׁל עוֹלָם הֲקָמָתָם, יֵשׁ כִּמְלֹא כָל הָעוֹלָם תְּקוּמָתָם, יֵשׁ לִשְׁתֵּי טִיסוֹת טָסִים עוֹלָם, וְיֵשׁ לְטִיסָה אַחַת עָפִים עוֹלָם, וְכָל אֶחָד וְאֶחָד בְּמַחֲנֵהוּ נֶעֱלָם, וּבִמְחִיצָתוֹ צָג וְחָשׁ וְדוֹמֵם וְנֶאֱלָם, עַד יִתֵּן רְשׁוּת מֶלֶךְ הָעוֹלָם, וְחָשִׁים עַד יַמְלִיכוּהוּ עַם עוֹלָם, וְאָז יִפְצְחוּ לְפָאֵר אֱלֹהֵי עוֹלָם. וּמִשֶּׁהֵם מְפָאֲרִים עוֹד לֹא שׁוֹנִים, כִּי בִּנְהַר דִּינוּר שָׁחִים וְנִתָּנִים, וְעוֹד מִנּוּ נֶחֱצָבִים וּמִתְחַדְּשִׁים כָּרִאשׁוֹנִים, שֶׁבַח וְהַלֵּל וָרוֹן לָאֵל מְשַׁנְּנִים, וּכְפֵי קֶשֶׁת עִם כְּנַף רְנָנִים, זֶמֶר וָשִׁיר וְעוֹז וָרֶנֶן מְרַנְּנִים, וּשְׂרָפִים הַמְעֻלִּים עַל כָּל שִׁנְאַנִּים, שֵׁשׁ שֵׁשׁ כְּנָפַיִם בְּגֵוָיָם חֲנוּנִים, מִמַּעַל לְיוֹשֵׁב עֲרָבוֹת בַּכֵּס נְתוּנִים, וּלְיוֹשֵׁב עַל כִּסֵּא בַּחִילָה מְנַגְּנִים, מְצוֹא חֵן בְּנִגּוּנָם הֵם מְחַנְּנִים, וְקֹדֶם לְכָל צְבָא מַעַל עוֹנִים, וְשִׁלּוּשׁ קְדֻשָּׁה לְרָם וְנִשָּׂא נוֹתְנִים, כּוֹרְעִים וּמִשְׁתַּחֲוִים הֲמוֹנִים הֲמוֹנִים, לְנַעֲרָץ בְּסוֹד הֲמוֹן גְּדוּדֵי עֶלְיוֹנִים, וְנִקְדָּשׁ בְּאַלְפֵי רִבְבוֹת תַּחְתּוֹנִים.

אומרים קדושה (עמ׳ 212) והחזן ממשיך עם חזרת הש״ץ. מוציאים ב׳ ספרי תורה. באחד קורין סדר היום ובשני קורין מפטיר בפרשת כי תשא עד „לכפר על נפשותיכם״, ומפטירין במלכים ב׳ י״ב. כשחל בראש חודש מוציאים ספר תורה נוסף, בו קורא השביעי בפרשת ראש חודש (במדבר כח:ט-טו).

## מוסף לפרשת שקלים

החזן מתחיל חזרת התפלה (עמ' 230) עד „וּמוֹשִׁיעַ וּמָגֵן".

**אֶשְׁכֹּל,** אִוּוּי תַּאֲוַת כָּל נֶפֶשׁ, בְּצִלּוֹ חִמַּדְתִּי שֶׁבֶת מְצֹא נוֹפֶשׁ,
בִּקַּשְׁתִּיו וְלֹא מְצָאתִיו וּפַצְתִּי בְּטֶפֶשׁ,
חָמַק עָבַר מִלְּהַדְרִיר לִי חוֹפֶשׁ,
גָּזַלְתִּי שִׁקְלֵי מִתַּת כּוֹפֶר נֶפֶשׁ, וְטָבַעְתִּי בְּמֵי צוּל בְּטִיט וָרֶפֶשׁ.
✣ אוֹר פָּנֶיךָ עָלֵינוּ אָדוֹן נְסָה, וְשֶׁקֶל אֶשָּׂא בְּבֵית נָכוֹן וְנִשָּׂא,
וּבְצֶדֶק הֶגֶה עֶרְךָ כִּי תִשָּׂא, גּוֹנְנֵנוּ בְּמָגֵן אֵל רָם וְנִשָּׂא.
החזן מסיים – בָּרוּךְ אַתָּה יהוה, מָגֵן אַבְרָהָם.

החזן אומר „אַתָּה גִבּוֹר" עד „לְהַחֲיוֹת מֵתִים".

**הַכֹּפֶר,** דִּעוּ דִּרְשׁוּ מֵעַל סֵפֶר, כְּמוֹ הוּא חָרוּת בְּאִמְרֵי שֶׁפֶר,
הַתְשִׁירוּ בוֹ פְּנֵי נִדְמָה לָעוֹפֶר, וְיִזְכּוֹר לָכֶם זְכוּת נָם אָנֹכִי עָפָר וָאֵפֶר,
וְלֹא יִהְיֶה בָכֶם נֶגֶף וָחֵפֶר, בְּתִתְּכֶם מַתָּן זֶה לְשֵׁם כּוֹפֶר.
✣ אוֹר פָּנֶיךָ עָלֵינוּ אָדוֹן נְסָה, וְשֶׁקֶל אֶשָּׂא בְּבֵית נָכוֹן וְנִשָּׂא,
וּבְצֶדֶק הֶגֶה עֶרְךָ כִּי תִשָּׂא, הַחֲיֵנוּ בְּגֶשֶׁם אֵל רָם וְנִשָּׂא.
החזן מסיים – בָּרוּךְ אַתָּה יהוה, מְחַיֵּה הַמֵּתִים.

אומרים קדושה (עמ' 231). החזן אומר „אַתָּה קָדוֹשׁ" עד „וְקָדוֹשׁ אָתָּה".

**דּוֹדִי,** זְכָר לִי שִׁקְלֵי עֶפְרוֹן, אֲשֶׁר שָׁקַל אָב בְּמַכְפֵּל חֶבְרוֹן,
חֵקֶר שִׁקְלֵי יְבוּסִי מַשְׁבִּיתִי חָרוֹן, זָכְרָה לִי עַד לְדוֹר אַחֲרוֹן,
טַעַם חִין אֲשֶׁר אֶקְרָא בְגָרוֹן, שְׁעֵה מִנִּי אֵל בְּשׁוּבִי לְבִצָּרוֹן.
✣ אוֹר פָּנֶיךָ עָלֵינוּ אָדוֹן נְסָה, וְשֶׁקֶל אֶשָּׂא בְּבֵית נָכוֹן וְנִשָּׂא,
וּבְצֶדֶק הֶגֶה עֶרְךָ כִּי תִשָּׂא, וְנַקְדִּישְׁךָ קָדוֹשׁ אֵל רָם וְנִשָּׂא.
החזן מסיים – בָּרוּךְ אַתָּה יהוה, הָאֵל הַקָּדוֹשׁ.

החזן אומר „תִּכַּנְתָּ שַׁבָּת" עד „מְקַדְּשֵׁי שְׁמֶךָ" (ובר"ח „אַתָּה יָצַרְתָּ" עד „לָהֶם קָבָעְתָּ").

**לִי,** יִשָּׂא עַל אֶבְרַת נֶשֶׁר, כִּי יַגִּיד מֵלִיץ עָלַי שִׂיחַ יוֹשֶׁר,
כּוֹפֶר מִשֶּׁלּוֹ אֶתֶּן לוֹ תֶּשֶׁר, כִּי מִלְּפָנָיו הוֹן וְכָבוֹד וָעוֹשֶׁר,
לְהַצְדִּיק אֱנוֹשׁ וּלְהַמְצִיא לוֹ כּוֹשֶׁר, שָׁת לוֹ פִּדְיוֹן לִמְצֹא אוֹשֶׁר.
✣ אוֹר פָּנֶיךָ עָלֵינוּ אָדוֹן נְסָה, וְשֶׁקֶל אֶשָּׂא בְּבֵית נָכוֹן וְנִשָּׂא,
וּבְצֶדֶק הֶגֶה עֶרְךָ כִּי תִשָּׂא, עַנְּגֵנוּ בְנוֹפֶשׁ אֵל רָם וְנִשָּׂא.
החזן מסיים – בָּרוּךְ אַתָּה יהוה, מְקַדֵּשׁ הַשַּׁבָּת (בר"ח מוסיף: וְיִשְׂרָאֵל וְרָאשֵׁי חֳדָשִׁים).

החזן אומר „רְצֵה" עד „לְצִיּוֹן בְּרַחֲמִים".

**בְּכַרְמֵי,** מְלוֹן בֵּין שְׁנֵי שָׁדַי, אַרְבַּע מֵאוֹת וָעֶשֶׂר הֲלִינוֹתִי שַׁדַּי,
נָח בְּשָׁכְבָם וְנָם יֵשׁ דַּי, וּבְכֵס וַהֲדוֹם לֹא נָם שֶׁדַּי,
סָע וְעָף בְּבֶצַע שִׁקְלֵי חֲשָׁדַי, וְנָשְׂאוּ אֶת רְדִידִי מֵעָלַי שׁוֹדְדַי.
✣ אוֹר פָּנֶיךָ עָלֵינוּ אָדוֹן נְסָה, וְשֶׁקֶל אֶשָּׂא בְּבֵית נָכוֹן וְנִשָּׂא,
וּבְצֶדֶק הֶגֶה עֶרְךָ כִּי תִשָּׂא, רְצֵנוּ כְּשַׁי אֵל רָם וְנִשָּׂא.
החזן מסיים – בָּרוּךְ אַתָּה יהוה, הַמַּחֲזִיר שְׁכִינָתוֹ לְצִיּוֹן.

הקהל אומרים מודים דרבנן והחזן אומר „מוֹדִים," „וְכֹל הַחַיִּים" עד „הָאֵל הַטּוֹב".

**עַיִן,** עוֹצֶם הֲמוֹן מִסְפַּר עֲפָרִים, מִי מָנָה וּפָקַד בְּחֵלֶשׁ וּפוּרִים,
פְּקָדָם פּוֹקֵד בְּחִמּוּשׁ סְפָרִים, וְגַם עוֹד חָמֵשׁ בְּכָל הַסְּפָרִים,
צַחוֹת נִיב שְׂפָתֵינוּ יְשַׁלֵּם פָּרִים, כִּי אֶפֶס כֶּסֶף שִׁקְלֵי כִפּוּרִים.

❖ אוֹר פָּנֶיךָ עָלֵינוּ אָדוֹן נְסָה, וְשֶׁקֶל אֶשָּׂא בְּבַיִת נָכוֹן וְנִשָּׂא,
וּבְצֶדֶק הֶגֶה עֶרְךְּ כִּי תִשָּׂא, וְתֵיטִיב לָנוּ בְּטוּבְךָ אֵל רָם וְנִשָּׂא.

החזן מסיים – בָּרוּךְ אַתָּה יהוה, הַטּוֹב שִׁמְךָ וּלְךָ נָאֶה לְהוֹדוֹת.

החזן אומר ברכת כהנים, „שִׂים שָׁלוֹם" עד „בִּשְׁלוֹמֶךָ (בְּרוֹב עוֹז וְשָׁלוֹם)".

**גְּדִי,** קְשׁוּר יָדַיִם בְּרָכוֹת לִשָּׂא, בְּאַהַב עוֹר גְּדָיו שְׁכִינָה נִתְעַלְּסָה,
רְעֵה גְדִיּוֹתָיו עַל אֶבֶן מַעֲמָסָה, צֹאנוֹ עַל שֶׁכֶם וְחוֹצֵן נֶעֱמָסָה,
שְׁחוֹחַ בְּנֵי מְעַנֶּיהָ בְּאַף מְעַשָּׂה, תִּלְבּוֹשֶׁת הוֹד עֲדִי עֲדָיִים טְכוּסָה.
❖ אוֹר פָּנֶיךָ עָלֵינוּ אָדוֹן נְסָה. וְשֶׁקֶל אֶשָּׂא בְּבַיִת נָכוֹן וְנִשָּׂא,
וּבְצֶדֶק הֶגֶה עֶרְךְּ כִּי תִשָּׂא, בָּרְכֵנוּ בַשָּׁלוֹם אֵל רָם וְנִשָּׂא.

החזן מסיים – בָּרוּךְ אַתָּה יהוה, הַמְּבָרֵךְ אֶת עַמּוֹ יִשְׂרָאֵל בַּשָּׁלוֹם.

החזן אומר קדיש שלם (עמ' 236) וממשיכים עד סוף תפילת מוסף.

## יוצר לפרשת זכור

חזן:

אֲדֹנָי שְׂפָתַי תִּפְתָּח, וּפִי יַגִּיד תְּהִלָּתֶךָ.[1]

**בָּרוּךְ** אַתָּה יהוה אֱלֹהֵינוּ וֵאלֹהֵי אֲבוֹתֵינוּ, אֱלֹהֵי אַבְרָהָם, אֱלֹהֵי יִצְחָק, וֵאלֹהֵי יַעֲקֹב, הָאֵל הַגָּדוֹל הַגִּבּוֹר וְהַנּוֹרָא, אֵל עֶלְיוֹן, גּוֹמֵל חֲסָדִים טוֹבִים וְקוֹנֵה הַכֹּל, וְזוֹכֵר חַסְדֵי אָבוֹת, וּמֵבִיא גוֹאֵל לִבְנֵי בְנֵיהֶם, לְמַעַן שְׁמוֹ בְּאַהֲבָה. מֶלֶךְ עוֹזֵר וּמוֹשִׁיעַ וּמָגֵן.

**מִסּוֹד** חֲכָמִים וּנְבוֹנִים, וּמִלֶּמֶד דַּעַת מְבִינִים,
אֶפְתְּחָה פִּי בְּשִׁיר וּרְנָנִים, לְהוֹדוֹת וּלְהַלֵּל פְּנֵי שׁוֹכֵן מְעוֹנִים.

קהל וחזן:

אַזְכִּיר סֶלָה זִכְרוֹן מַעֲשִׂים, בַּיָּמִים הָאֵלֶּה נִזְכָּרִים וְנַעֲשִׂים,
גָּחוֹן גָּח מִבֵּין עֲכָסִים, דֵּרָאוֹנוֹ לְהַזְכִּיר לְרֶקֶב כְּעָסִים.
הַחוֹחַ הֵנֵץ מִגַּלְגַּל וְדַרְדַּר, וּמִדּוֹר לְדוֹר גִּלְגֵּל וְדִרְדֵּר,
זֵכֶר עֲוֹן אֲבוֹתָיו הָקְדַּר, חַטַּאת אִמּוֹ בְּלִי לְהֵעָדֵר.
טָרַף אַף וַיַּשְׁחֵת רַחַם, יְחוּמָתוֹ מִקְּלוֹט בְּהֵרָיוֹן יָחַם,
כְּהָפְקַד לְשָׁלִישׁוּ חֵטְא נוֹחַם, לָבַט לְהִלָּחֵם בְּלוֹחֲמֵי לָחֶם.
מַהֲלָךְ אַרְבַּע מֵאוֹת פַּרְסָה, נָע וָנָד מִכְּמוּרַת לְפָרְשָׁה,
סָע מִשֵּׂעִיר וְהִכְמִין פְּרוּסָה, עָיֵף וְיָגֵעַ מְבוּשָׁיו לְסָרְסָה.
פּוֹעַל שְׁטִימַת בְּכוֹרָה לַעֲכוֹר, צְמִיתוּת צֹאן קָדָשִׁים לִמְכּוֹר,
קָלוֹנוֹ הֶחֱרַט בְּעֵט לִזְכּוֹר, רֵאשִׁית גּוֹיִם לְגַדַּע בְּזָכוֹר
שַׁדַּי זָכַר לַיְלָה חוֹלֵק, שֹׁרֶשׁ וְעָנָף בַּחֲלַקְלַק לְהַחֲלֵק,
❖ תְּמוּר כִּי חֲשָׁלָיו הִמְלֵק, תָּבַע לְהִזָּכֵר מַעֲשׂ עֲמָלֵק.

לָאַחֲרוֹנָה יִסְעוּ שֶׁבָּם שָׁלַט, כִּי הֶעָנָן מִטָּם פָּלַט,
❖ לְעֵת יִמָּחֶה וְלֹא יִמָּלֵט, יְגוֹנֵן עַם גָּנוֹן וּמְפַלֵּט.

החזן אומר – בָּרוּךְ אַתָּה יהוה, מָגֵן אַבְרָהָם.

**אַתָּה** גִּבּוֹר לְעוֹלָם אֲדֹנָי, מְחַיֵּה מֵתִים אַתָּה, רַב לְהוֹשִׁיעַ. מַשִּׁיב הָרוּחַ וּמוֹרִיד הַגֶּשֶׁם.[2] מְכַלְכֵּל חַיִּים בְּחֶסֶד, מְחַיֵּה מֵתִים בְּרַחֲמִים רַבִּים, סוֹמֵךְ נוֹפְלִים, וְרוֹפֵא חוֹלִים, וּמַתִּיר אֲסוּרִים, וּמְקַיֵּם אֱמוּנָתוֹ לִישֵׁנֵי עָפָר. מִי כָמוֹךָ בַּעַל גְּבוּרוֹת, וּמִי דּוֹמֶה לָּךְ, מֶלֶךְ מֵמִית וּמְחַיֶּה וּמַצְמִיחַ יְשׁוּעָה. וְנֶאֱמָן אַתָּה לְהַחֲיוֹת מֵתִים.

(1) תהלים נא:יז (2) נ"א הַגֶּשֶׁם

קהל וחזן:

**תְּ**מִימִים בְּעוֹדָם בְּסִין רְפוּדִים, **שִׁ**בּוּץ עֲדִי עֲדָיִים אֲפוּדִים,
**רָ**צוּ שְׁלוֹל מַתַּן לַפִּידִים, **קָ**פְּצוּ יָדַיִם רָפוֹת בִּרְפִידִים.
**צוֹ**רֵר אִסֵּף כָּל אֲסַפְסוּף, **פּוֹ**שֵׁעַ סְבִיבוֹת מַחֲנָם אָסוּף,
**עָ**לוֹת פְּעָמֵימוֹ מִמְּצוּלוֹת סוּף, **סִ**בֵּר לְקָמְלָם כְּקָנֶה וָסוּף.
**נָ**דַד וַיָּעַף שָׁלֹשׁ פְּעָמִים, **מְ**חַזֵּר בְּנִינֵי חֲמִשָּׁה עֲמָמִים,
**לֵ**ץ הֻכָּה וּפֶתִי הֶעֱמִים, **כְּ**לַל לְהִתְיַחֵס נְדִיבֵי עַמִּים.
**יָ**הִיר לֵץ וְהֶעֱמִיד מְסִלָּה, **טִ**כּוּס בַּחוּרֵי בְּזִמָּה סָלָה,
**חַ**מּוּקֵי יְרֵכַי בָּם לְפַסְּלָה, **זֶ**רַע לְהַרְבִּיעַ וּלְהַתְעִיב סְגֻלָּה.
**וַ**יִּשְׁטוֹם שְׂטִימַת יְשִׁישׁוּ הַמַּחְבָּא, **הֵ**חֵל לָבוֹא מֵרֹאשׁ בַּמַּחְבָּא,
**דָּ**גַר שֵׁנִית בְּחֶרֶב לְהוּבָה, **גָּ**שׁ בַּשְּׁלִישִׁי בַּעֲלִיל בְּחוֹבָה.
**בְּ**מָשְׁלוֹ שֶׁשְּׁכִי בְּאוֹם מוֹשְׁלִים, **בְּ**פֶרֶק עָמַד מְסוֹר נְשׁוּלִים,
❖ **אָ**מְרוּ לְכוּ וְנַכְחִיד נִכְשָׁלִים, **אָ**ז כְּמֵאָז זִנֵּב כָּל הַנֶּחֱשָׁלִים.

שׂוֹנְאֶיךָ הֵם יִלְבְּשׁוּ בֹשֶׁת, כְּמוֹ בְּצַלְעִי שָׂמְחוּ בַּיַּבֶּשֶׁת,
❖ בַּעֲטוֹתְךָ עֲשֶׂרֶת עֶדְיֵי תִלְבּוֹשֶׁת, לְהַגְשִׁים תְּחִי לְצוֹלַעַת תַּחְבּוֹשֶׁת.

החזן אומר – בָּרוּךְ אַתָּה יהוה, מְחַיֵּה הַמֵּתִים.

קהל וחזן:

**אֲ**צִילֵי מְרֵעִי נֶגֶד שֵׂעִיר, **תּוֹ**לְדוֹת אֵלֶּה בְּנֵי שֵׂעִיר,
**בְּ**קַשָּׁם אָצוּ אִשֵּׁי לְהַבְעִיר, **שְׁ**אוֹנָם חָרְשׁוּ כְּשָׂדֶה עִיר.
**גּוֹ**י גָּדוֹל שֶׁלֹּא הִזְכַּרְתָּ, **רִ**שְׁיוֹנוֹתָיו לָמָה אָז זָכַרְתָּ,
**דְּ**גָלִים בְּלֹא הוֹן מָכַרְתָּ, **קְ**דוֹשִׁים בַּזּוֹנָה וּבַיַּיִן הִמְכַּרְתָּ.
**הִ**זָּכֵר לַאֲדוֹמִים נָוֶה נֵאֲרוּ, **צָ**רִים אֲשֶׁר חוֹמוֹת עִרְעֲרוּ,
**וְ**עַד הַיְסוֹד עָרוּ עָרוּ, **פִּ**ימוֹ דִּבְּרוּ בְּגֵאוּת וּפָעֲרוּ.
**זֶ**ה אֵין לְפָנֶיךָ שִׁכְחָה, **עֶ**בְרָתָם שְׁמָרָה נֶצַח מִלְּשַׁכְּחָה,
**חֵ**לֶף לֹא יָדְעוּ עֲשׂוֹת נְכוֹחָה, **סִ**פְרָם חָתוּם לְיוֹם תּוֹכֵחָה.
**טַ**עַם חוֹק בְּדָת מוּכָח, **נִ**זְכַּר כִּי לֹא תִשָּׁכַח,
❖ **יוֹ**ם בֹּא עִמָּם לְהִתְוַכֵּחַ, **מִ**כָּאן צִוִּיתָ לְעַמְּךָ לֹא תִּשְׁכָּח.

**יָ**קֹשׁ לֵץ לְחָרֵף צְבָאוֹת, **הַ**חֲתוּמֵי בְרִית בְּצָבָא וָאוֹת,
**וְ**הָפְקַד מִדָּה בְּמִדָּה לְתוֹצָאוֹת,
❖ **דַּ**עַת כִּי לְעֵת הַמְּצִיאוֹת, **הוּ**א יִפָּקֵד בְּשֵׁם יהוה צְבָאוֹת.

הקהל ואח"כ החזן בקול רם:

## יִמְלֹךְ יהוה לְעוֹלָם, אֱלֹהַיִךְ צִיּוֹן לְדֹר וָדֹר, הַלְלוּיָהּ. וְאַתָּה קָדוֹשׁ, יוֹשֵׁב תְּהִלּוֹת יִשְׂרָאֵל, אֵל נָא.

**(אֵל נָא)** בְּלָשׁוֹן אֲשֶׁר הִזְכַּרְתָּ לְזוֹכְרֶיךָ זְכוֹר, בּוֹ בְּלָשׁוֹן הַזְכִּירוּךָ נָא אַתָּה זְכוֹר,
וְאִם הֵמָּה כְּאָדָם עָבְרוּ בְרִית מִלִּזְכּוֹר, וְאַתָּה אֵל וְלֹא אִישׁ לָמָּה לֹא
תִזְכּוֹר. בְּזֹאת יָדַעְתִּי כִּי יֶשׁ לְךָ לִזְכּוֹר, אֲבָל תָּשְׁוֹחַ עָלַי נַפְשִׁי עַד זָכוֹר תִּזְכּוֹר, וּמַה
כֹּחִי כִּי אֲיַחֵל לְקֵץ זָכוֹר, וּמַה קִּצִּי כִּי אַאֲרִיךְ נַפְשִׁי עַד שֶׁתִּזְכּוֹר. אִם לֹא לְמַעֲנִי
תִּזְכּוֹר, לְמַעַנְךָ וּלְמַעַן יְרוּשָׁלַיִם זְכוֹר, חוֹק כִּי לֹא תִשָּׁכַח עֵדוּת זְכוֹר, וְאוֹמֵר אִם
אֶשְׁכָּחֵךְ עַתָּה לָהּ זְכוֹר, וְתִפְקוֹד וְתִזְכּוֹר, כְּאֵב צַר לַעֲכוֹר, פִּיהוּ לִסְכּוֹר, לָנוּעַ
כַּשִּׁכּוֹר, וְעוֹד בַּל תִּמְכּוֹר, נְקוּבֵי בֵּן בְּכוֹר, ❖ נְכוֹרֵי בְלֶתְךָ נָכוֹר, וּפְאֵרְךָ אֶזְכּוֹר,
וַאֲרַצֶּךָ לִזְכּוֹר, בְּפָרָשַׁת זָכוֹר.

הקהל ואח"כ החזן בקול רם:

**חַי וְקַיָּם נוֹרָא וּמָרוֹם וְקָדוֹשׁ.**

[המחבר חתם שמו – אלעזר בירבי קליר – בראשי החרוזים.]

אָץ קוֹצֵץ, בֶּן קוֹצֵץ, קְצוּצֵי לְקַצֵּץ, בְּדִבּוּר מְפוֹצֵץ, רְצוּצֵי לְרַצֵּץ,
לֵץ בְּבֹא לְלוֹצֵץ, פֶּלֶץ וְנִתְלוֹצֵץ, כְּעֵץ מְחַצְּצִים לְחַצֵּץ, כְּנֵץ עַל צִפּוֹר לְנַצֵּץ.
עָב בְּקַע מֵרֹאשׁ, יְחִידִים מֶנּוּ גֵרוֹשׁ, חָל וַיֵּלֶךְ וַיִּפְרוֹשׁ, וַיֵּשֶׁב עַל גַּבֵּי חֲרוֹשׁ,
זְמַן וְהָנְקַב לְרֹאשׁ, רֵאשִׁית גּוֹיִם לָרַע לִדְרוֹשׁ,
הֱיוֹת לְכָל בּוֹגְדִים רֹאשׁ, וְצִפְּעוּ תְּלוֹת בְּמִבְחַר בְּרוֹשׁ.
רָץ וְהִקְרָה בַּדֶּרֶךְ, עֲיֵפֵי טַרְחוּת דֶּרֶךְ, וּפָץ לֹא זוּ הַדֶּרֶךְ, תָּעוּ בַמִּדְבָּר בִּישִׁימוֹן דֶּרֶךְ,
בְּנָחָשׁ עֲלֵי דֶרֶךְ, שָׁלַח יָד בְּחַמּוּקֵי יָרֵךְ, וְעַל כָּל רֹאשׁ דֶּרֶךְ, זִנֵּב כָּל עוֹבְרֵי דָרֶךְ.
יָעֵף וְעָף וְחָשׁ, וּמֵחוּר פֶּתֶן רָחַשׁ, וְנוֹדַע כִּי הוּחַשׁ, מִשּׁוֹרֶשׁ נָחָשׁ,
רָגַשׁ וְלָחַשׁ, וְעֵת לֵדָתוֹ נִחַשׁ, וּבִכְשָׁפָיו הִכְחַשׁ, וּבְחַלָּשׁ נֶחֱלַשׁ וְלֹא חָשׁ.
בִּכְשָׁפָיו הִלְּלוֹ, וּבִקְסָמָיו חִלְּלוֹ, יוֹם הֶעֱמִיד וְזִלְּלוֹ, שֶׁמֶשׁ הִדְמִים וְזִלְזְלוֹ,
יָגַע וְלֹא הוּנַח לוֹ, וְלַחֲרָפוֹת נִחֲלוֹ, עַד בֹּא הַשֶּׁמֶשׁ הִזְחִילוֹ, לְהִמָּחוֹת הוּא וְכָל חֵילוֹ.
קָט וְשֵׁן חָרַק, וְנֶאָצוֹת שָׁרַק, זְמוֹרָה בְּאַפּוֹ הֵרַק, וְחַרְבּוֹ הִבְרַק,
לְמִילָה פֵּרַק, וּכְלַפֵּי מַעְלָה זָרַק, וּלְשֵׁם שֶׁמֶן תּוּרַק, בְּעַזּוּת יָרוֹק יָרַק.
יָהּ אֶשְׁכּוֹל הַכּוֹפֶר, צָו אֶל מְשׁוּל עוֹפֶר, זִכְרוֹן מִשְׁלֵי אֵפֶר, כְּתוֹב זֹאת זִכָּרוֹן בַּסֵּפֶר,
❖ רְשֹׁם בְּזֶה סֵפֶר, בַּתּוֹרָה וּבַנְּבִיאִים וּבַכְּתוּבִים לְהֵחָפֵר,
לְהִמָּחוֹת מִסֵּפֶר, וְלֹא יִכָּתֵב עִם כָּל הַכָּתוּב לַחַיִּים בַּסֵּפֶר.

**אֵל נָא** לְעוֹלָם תֻּעֲרָץ, וּלְעוֹלָם תֻּקְדָּשׁ, וּלְעוֹלְמֵי עוֹלָמִים תִּמְלוֹךְ וְתִתְנַשֵּׂא,
הָאֵל מֶלֶךְ נוֹרָא מָרוֹם וְקָדוֹשׁ, כִּי אַתָּה הוּא מֶלֶךְ מַלְכֵי הַמְּלָכִים,
מַלְכוּתוֹ נֶצַח. נוֹרְאוֹתָיו שִׂיחוּ, סַפְּרוּ עֻזּוֹ, פָּאֲרוּהוּ צְבָאָיו, קַדְּשׁוּהוּ רוֹמְמוּהוּ, רוֹן
שִׁיר וָשֶׁבַח, תֹּקֶף תְּהִלּוֹת תִּפְאַרְתּוֹ.

❖ וּבְכֵן זָכוֹר אֵת אֲשֶׁר עָשָׂה לְךָ עֲמָלֵק.[1]

החזן אומר בקול רם והקהל עונה אחריו:

**וּמַח שְׁמוֹ וְזִכְרוֹ, וְנִמַּח זְכוּרוֹ, מִלְּהִזָּכִירוֹ, בְּזִכָּרוֹן קָדוֹשׁ.**
**יַעַן אֲשֶׁר לֹא זָכַר, וְנֶחְשַׁב כְּנִכָּר, מִלְּהִזָּכֵר, בְּזִכָּרוֹן קָדוֹשׁ.**

**זָכוֹר** אִישׁ אֲשֶׁר הִגְוִיעַ אָב לְלֹא עִתּוֹ, בִּרְצוֹחַ וְגָנוֹב וְנָאוֹף בְּעִתּוֹ,
גֵּרַע חָמֵשׁ שָׁנִים מִמִּחְיָתוֹ.
זָכוֹר בּוֹזֶה עַל גְּמִילוּת חֶסֶד, גּוֹעֵל אָח עֵשָׂו לִזְקֵנוֹ חֶסֶד, דּוֹמֶה לַמָּס מֵרֵעֵהוּ חָסֶד.
זָכוֹר גִּלָּה עֶרְוַת מְצוּאַת שָׂדֶה, דָּם שָׁפַךְ בְּבוֹאוֹ מִן הַשָּׂדֶה,
הָפַךְ לֵב אָב שָׂח בַּשָּׂדֶה.
זָכוֹר דָּחוּי בְּאוֹזֶן הָעֲרֵלָה, הַבּוֹזֶה בְכוֹרָה בְּכוֹס הַתַּרְעֵלָה,
וּפָרַק מֶנּוּ עוֹל וּמָשַׁךְ לוֹ עָרְלָה.
זָכוֹר הֲפַכְפַּךְ דֶּרֶךְ אִישׁ וָזָר, וְהִכְהָה מְאוֹר אָב בְּעֶשֶׁן עֲבוֹדַת זָר,
זָמַם בְּלֵב הֱיוֹת לְאָח לְאַכְזָר.
זָכוֹר וְנִתְעוֹלֵל לְרֶבַע כְּאִשָּׁה, זָדוֹן לִבּוֹ הִשִּׁיאוֹ בָּאִשָּׁה,
חִתּוּ גִבּוֹרָיו לִהְיוֹת כְּלֵב אִשָּׁה.
זָכוֹר זֶרַע מְרֵעִים נִתְעַב וְנֶאֱלַח, חָלַק לְהַשְׁחִית וְלוֹמַר הֶאָח,

(1) דברים כה:יז

טָמְנוּ גֵאִים פַּח לְחַבֵּל אָח.

זָכוֹר **חָ**נַט מֶנּוּ עֲמָלֵקִי, **טָ**שׁ כַּיֶּלֶק לְאַבֵּד חֶלְקִי, **יָ**רוֹעַ כַּבִּירִים לְעֵין כֹּל לְלוֹקְקִי.

זָכוֹר **טָ**פַשׁ מֵהַעֲרִימָה, **יָ**רַד וְכִתֵּת עַמִּי עַד חָרְמָה, **כְּ**מוֹ כֵן חַיָּב לְהַחֲרִימָה.

זָכוֹר **יוֹ**שֵׁב הַנֶּגֶב בְּלִי עוֹל כַּעֲרָד, **כְּ**סוּת וְלָשׁוֹן שִׁנָּה הֱיוֹת מֶלֶךְ עֲרָד,
**לְ**שַׁבּוֹת שְׁבִי מֶרֶד וְחָרָד.

זָכוֹר **כְּ**סִיל שׁוֹנֶה בְאִוַּלְתּוֹ, **לְ**תַעֲרוּבַת מִדְיָן בַּעֲלוֹתוֹ, **מִ**הֵר יִרְבֶּשֶׁת וְגִלָּה נַבְלוּתוֹ.

זָכוֹר **לְ**קַעְקֵעַ בִּצָּתוֹ מִשּׁוֹרֶשׁ, **מִ**לַּעֲזוֹב לוֹ עָנָף וְגַם שׁוֹרֶשׁ,
**נֶ**עֱנַשׁ קִישִׁי כִּי הִשְׁאִיר לוֹ שׁוֹרֶשׁ.

זָכוֹר **מַ**עֲשֵׂה אֲגַג מַעֲדַנּוֹת, **נָ**שִׁים כְּשִׁכְּלָה חַרְבּוֹ לְעַנּוֹת, **סוֹ**רֵס שְׁאֵרוֹ לְשִׁסּוּף יַעֲנוֹת.

זָכוֹר **נָ**גִיד לְחָמְלוֹ הִסְכִּים, **סָ**ר מִמְּלוּכָה מִבֵּין נְסִיכִים, **עוֹ**לֵל הַנּוֹתָר עָמַד לְשַׂכִּים.

זָכוֹר **סִ**בֵּב צִקְלַג וָנֶגֶב, **עֲ**מָלֵק יוֹשֵׁב בְּאֶרֶץ הַנֶּגֶב, **פִּ**גְּרוֹ טוֹב רוֹאִי מְנַשֵּׁף בָּעֶגֶב.

זָכוֹר **עָ**רִיץ בְּעַמּוֹנִים נֶחְבָּא, **פֶּ**רֶץ כַּרְמֵי עֵין גֶּדִי כְּהוּבָא,
**צוֹ**רְבוּ אִישׁ בְּאָחִיו בְּחֶרֶב לְהוּבָה.

זָכוֹר **פְּ**לֵיטִים אֲשֶׁר בְּאַף הַסְּעִיר, **צְ**בָאַי בְּלֶכְתָּם אֶל הַר שֵׂעִיר,
**קִ**נֵּא לִנְקוֹם עֲיָרוֹת שֵׂעִיר.

זָכוֹר **צָ**ג בְּפֶרֶק לְהַסְגִּיר שְׂרִידַי, **קָ**ם בְּרֹאשׁ דְּרָכִים לִסְעוֹד אֶת רוֹדַי,
**רָ**דַף וּמָסַר בְּיָדָם פְּרוּדֵי רְפוּדַי.

זָכוֹר **קָ**פַץ לְשַׁעַר הַשָּׁמַיִם, **רָ**עַשׁ וְשָׁאַג מִי לִי בַשָּׁמַיִם, **שָׁ**לַט וַיִּגְדַּל עַד לַשָּׁמָיִם.

זָכוֹר **רָ**ד אֶל חָנֵף לְהַחֲנִיף מַמְלֶכֶת, **שִׁ**מְשַׁי אֲשֶׁר שִׁמְשׁוֹ מְאַמֶּשֶׁת וְהוֹלֶכֶת,
**תַּ**מָּה הִלְשִׁין לְרַפּוֹתָהּ מִמְּלָאכֶת.

זָכוֹר **שָׁ**קַל אֲלָפִים עֲשָׂרָה, **שְׁ**תִילִים מֵאָה הֶחֱנִיט לְסַבְּרָה,
**שִׁ**עֵר מֵהֶם עֲשָׂרָה לִשְׂרָרָה.

✧ זָכוֹר **תָּ**בַע לְהָפֵר חֲמִשִּׁים, **תְּ**מִימָה קָצַב לְכַלּוֹת חֲמִשִּׁים,
**תַּ**כְלִית שִׁבְעִים נִתְלָה עַל חֲמִשִּׁים.

**וּבְכֵן וּלְךָ תַעֲלֶה קְדֻשָּׁה, כִּי אַתָּה קְדוֹשׁ יִשְׂרָאֵל וּמוֹשִׁיעַ.**

**אֱלֹהִים** אַל דֳּמִי לָךְ, כְּקוֹל מַיִם רַבִּים נִשְׁמַע קוֹלָךְ, מַשְׁמִיעַ וּמְצַוֶּה לְעַמָּךְ בְּקִנְיַן פָּעֳלָךְ.
זָכוֹר אֵת אֲשֶׁר עָשָׂה לָךְ, אֲשֶׁר קָרְךָ וַיַּחֲשִׁילָךְ, וְהָיָה בְּהָנִיחַ יהוה אֱלֹהֶיךָ לָךְ, תִּמְחֶה זִכְרוֹ מִכָּל גְּבוּלָךְ, וְהֵם יָשִׁיבוּ וְיֹאמְרוּ לָךְ, וּמִשֶּׁלָּךְ עוֹד יִתְּנוּ לָךְ, אָנָּא הָקֵם אֶת דְּבַר מִלּוּלָךְ, עַד שֶׁאַתָּה מְצַוֵּנוּ הִזָּכֵר לָךְ, אַתָּה זְכוֹר אֵת אֲשֶׁר עָשׂוּ לָךְ, זְכוֹר יהוה אֶת יוֹם זְבוּלָךְ, הַמִּתְגָּאִים וְנֹאֲמִים פֹּה מַה לָךְ, הַשּׁוֹלְחִים זְמוֹרוֹת בְּאַף לְחַלְּלָךְ, זְכוֹר כִּסֵּא כְבוֹד גָּדְלָךְ, אֲשֶׁר מִגְּרוּ וְנִאֲצוּ לְמוּלָךְ, וְשִׁלְּחוּ בָאֵשׁ הֵיכָלָךְ, וַיָּשִׂימוּ כָּל גְּבוּלָךְ, וְשִׁדְּדוּ וְנִתְּקוּ יְרִיעוֹת אָהֳלָךְ, אֲשֶׁר צִוִּיתָה לֹא יָבֹאוּ בִקְהָל לָךְ, אָמְרוּ לְכוּ וְנַכְחִידֵם מִגּוֹי בְּגִלְגָּלָךְ, וְלֹא יִזָּכֵר שֵׁם הִלּוּלָךְ, עָלֶיךָ יַעֲזוֹב חֵילָךְ, וְיוֹתֵר מֵאֲשֶׁר עָשׂוּ לָנוּ עָשׂוּ לָךְ.

אוֹתָנוּ בַּמִּדְבָּר נִלְחָמוּ, וְאוֹתְךָ בַּיִּשּׁוּב נִתְלַחֲמוּ. אוֹתָנוּ חוּץ לַמַּחֲנֶה הָמוּ, וְאוֹתְךָ בְּקֶרֶב הַמַּחֲנֶה נָהֲמוּ. אוֹתָנוּ פְּלֵיטֵי עָנָן זָמְמוּ, וְאוֹתְךָ כַּפֹּרֶת עָנָן גָּמְמוּ. אוֹתָנוּ לַחֲשׁוּלֵי עָב דִּמּוּ, וְאוֹתְךָ עֲלוֹת עַל בָּמֳתֵי עָב דָּמָמוּ. אוֹתָנוּ חוּץ לִמְחִיצָה קָמוּ, וְאוֹתְךָ לִפְנַי וְלִפְנִים קִדְּמוּ. אוֹתָנוּ בְּרִחוּק מָקוֹם אִשְּׁמוּ, וְאוֹתְךָ בְּקֶרֶב מְקוֹמְךָ שִׁמְּמוּ. אוֹתָנוּ חוּץ מִישִׁיבָתֵנוּ דָּמוּ, וְאוֹתְךָ בִּמְכוֹן שִׁבְתְּךָ דִּמּוּ. אוֹתָנוּ אוֹת בְּרִית מִשְּׁאֵר הֵרִימוּ, וְאוֹתְךָ עֲטֶרֶת אַבִּירֵי בְרִית הֶחֱרִימוּ. אוֹתָנוּ בַּהֲנָפַת יְדֵי עָנְוּ הֵרִימוּ, וְאוֹתְךָ תִּלּוֹת יָד לְמוּלְךָ הֵרִימוּ. אוֹתָנוּ נִתְיָעֲצוּ וְסוֹד הֶעֱרִימוּ, וְאוֹתְךָ כְּרוּבֵי סוֹדְךָ לַחֲרָפוֹת הִגְרִימוּ.

וְאַתָּה יהוה לְעוֹלָם תֵּשֵׁב, וְהוּא נֶגְדְּךָ בְּמַטֵּה יוֹשֵׁב, תָּפוּשׂ מִדְבָּר וְכָל הַיִּשּׁוּב, אֲנִי וְאַפְסִי

עוֹד בְּלֵב מִתְחַשֵּׁב, אִם לֹא עַתָּה תָּקוּם וְתַקְשֵׁב, בִּשְׁלֹשׁ עֶשְׂרֵה קִימוֹת נְקָמוֹת לְחַשֵּׁב, בְּפַחַד וָפַחַת וָפַח לִפְקוֹד עַל הַיּוֹשֵׁב, וְאִם אֵין כַּגֵּר תֵּחָשֵׁב, וְכָל הַמּוֹנֶה וְסוֹפֵר וְחוֹשֵׁב, קֵץ הַפְּלָאוֹת לְהָבִין וּלְחַשֵּׁב, נָשְׁתָה גְבוּרָתוֹ מִמְּחַשֵּׁב, וְלֹא יִמְצָא מַעֲנֶה לְהָשֵׁב, וְיֶחֱשֶׁה דוּמִיָּה מֵהַקְשֵׁב, וּבֶאֱמוּנָה כִּסְלָיו יְיַשֵּׁב, וְזֹאת עַל לִבּוֹ יָשֵׁב, וְיֹאמַר עַד יַשְׁקִיף וְיֵרֶא וְיַקְשֵׁב.

וְנֶחֱשַׁבְתִּי כְּעֵד זוֹמֵם, כָּל הַיּוֹם מְדַמֵּם, וְנַפְשִׁי נִבְהֲלָה מְאֹד וּמִשְׁתּוֹמֵם, וְאַתָּה יהוה עַד מָתַי רוֹאֶה וְדוֹמֵם, זְכוֹר בֵּית מִקְדָּשְׁךָ הַשָּׁמֵם, כָּל עוֹבֵר עָלָיו מִשְׁתּוֹמֵם, מָתַי תִּתְנַשֵּׂא וְתִתְרוֹמֵם, וְזֵכֶר אֹמֶר פִּיךָ קוֹמֵם, בִּשְׁלֹשׁ עִתּוֹת עֲמָלֵק לְהָמֵם, בִּשְׁלֹשׁ מִיתוֹת זִכְרָם לְהַדְמֵם, בִּשְׁלֹשֶׁת יְמֵי אֲפֵלָה נָגְהָם לְהַעֲמֵם, בְּשִׁבְעָה יְמֵי עֶבְרָה לְהַרְשִׁימֵם, בַּעֲשָׂרָה מִינֵי שְׁמַד לְהַאֲשִׁימֵם.

וּכְמוֹ מֵעֲשָׂרָה דְבָרִים עִכְּבוֹ עִם מְעֻנּוֹת, וּמִשֶּׁבַע מִצְוֹת הַמְּיֻשָּׁנוֹת, כֵּן בְּעֶשֶׂר וָשֶׁבַע יְשַׁכְּרוּ לְעַנּוֹת, וּבַת קוֹל תֵּצֵא מִמְּעוֹנוֹת, וּתְפוֹצֵץ בְּכָל הַמַּחֲנוֹת, זִכְרוֹן דְּבָרִים לְהַגִּיד וְלַעֲנוֹת, אַל תִּזְכְּרוּ רִאשׁוֹנוֹת, בִּינוּ נָא יְשׁוּעוֹת אַחֲרוֹנוֹת, וְהַזְכִּירוּ זֵכֶר רְנָנוֹת, עֲמָלֵק אֲשֶׁר בָּא וְעִוֵּת מַחֲנוֹת, וְהֵקַר אֶתְכֶם בִּפְנֵי בָנוֹת, וְיָצָא לוֹ שֵׁם בְּכָל הַמְּדִינוֹת, רְאוּ עַתָּה לְתַנּוֹת, אֵיךְ נִמְחָה בְּחֶתֶף בְּכָל פִּנּוֹת, וּצְבָא הַמָּרוֹם אֲשֶׁר בִּמְעוֹנוֹת, אֲשֶׁר הֶסְמַךְ עֲלֵיהֶם בְּמִשְׁעֵנוֹת, יִפְקֹד עֲלֵיהֶם אֶת הָעֲוֹנוֹת, לְרֹב יָמִים לְהִמָּנוֹת, לַחֲשׁוֹב עֲלֵיהֶם חֶשְׁבּוֹנוֹת, לְהַפִּילָם לְתָפְּת דֵּרָאוֹנוֹת, וַהֲמוֹן לְאֻמִּים וְכָל הַלְּשׁוֹנוֹת, עַל עוֹזֵר וְעָזוּר יִשְׂאוּ קִינוֹת, וְכָשַׁל עוֹזֵר וְנָפַל עָזוּר מְקוֹנָנוֹת.

וְיֵדַע כָּל פָּעוּל כִּי לֹא שָׁכַחְתָּ, וְיָבִין כָּל יְצוּר כִּי שָׁמָּם שִׁבַּחְתָּ, וְשֵׂעִיר וְשָׂרָיו אָז וִכַּחְתָּ, וַעֲמָלֵק וְטַפְסְרָיו הוֹכַחְתָּ, וְאִתָּם בַּמִּשְׁפָּט נִתְוַכַּחְתָּ, וְיִזְכְּרוּ עִם אֲשֶׁר זָכַרְתָּ, כִּי לְטוֹבָה אוֹתָם זָכַרְתָּ, וּבְזִכְרוֹן טוֹב אִתָּם נִזְכַּרְתָּ.

חזן – וְהַמַּזְכִּירִים אֶת יהוה, יֹאמְרוּ תָמִיד יִגְדַּל יהוה, וְיֹאמְרוּ גְאוּלֵי יהוה, כֵּן יֹאבְדוּ כָל אֹיְבֶיךָ, יהוה. וְהָעוֹמְדִים בְּבֵית יהוה, וְהַבּוֹטְחִים בַּיהוה, וְהַשְּׁתוּלִים בְּבֵית יהוה, יֶחֱזוּ בְּנֹעַם יהוה, וְיַגִּידוּ כִּי אֵין קָדוֹשׁ כַּיהוה, כִּי אֵל רַחוּם יהוה, אַשְׁרֵי כָּל יְרֵא יהוה, טוֹב לְהוֹדוֹת לַיהוה, טוֹב לַחֲסוֹת בַּיהוה, רַנְּנוּ צַדִּיקִים בַּיהוה, קוֹל אוֹמְרִים הוֹדוּ אֶת יהוה, כִּי הֵם זֶרַע בֵּרַךְ יהוה, זֶה הַיּוֹם עָשָׂה יהוה, כִּי אֵל גָּדוֹל יהוה, בָּרוּךְ הַבָּא בְּשֵׁם יהוה, שׂוֹשׂ אָשִׂישׂ בַּיהוה.

וְאִם כָּל הַמּוֹעֲדִים יִהְיוּ בְטֵלִים, יְמֵי הַפּוּרִים לֹא נִבְטָלִים, וְזִכְרָם לֹא יָסוּף מִנְּטָלִים, וְיִזְכְּרוּ לָעַד גְּאוּלִים, לְשָׂשׂוֹן וּלְשִׂמְחַת גִּילִים, מִפְעֲלוֹת אֱלֹהִים מְגַלִּים, וֶעֱזוּז נוֹרְאוֹתָיו מַגְדִּילִים, וְשָׁרִים כְּחוֹלְלִים, בַּעֲשֶׂרֶת מִינֵי עָשׂוֹר מְסַלְסְלִים, בְּכִנּוֹרוֹת וּבִנְבָלִים, בַּעֲשֶׂרֶת מִינֵי הַלֵּל מְהַלְּלִים, בַּעֲשֶׂרֶת מִינֵי שִׂמְחָה צוֹהֲלִים, וְשַׂרְפֵי הַקֹּדֶשׁ הַמְּעֻלִּים, כְּתַלְמִיד לָרַב יִהְיוּ לָנוּ שׁוֹאֲלִים, מַה פָּעַל אֵל אֵלִים.

כִּי אֵלֶּה יִהְיוּ מִבִּפְנִים, וְאֵלֶּה מִלִּפְנֵיהֶם מְעַנִּים, וְאֵלֶּה חוּצָה לָמוֹ פוֹנִים, וְאֵלֶּה לִפְנֵי וְלִפְנִים, בְּצֵל שַׁדַּי מִתְלוֹנְנִים, וּבַחֲמִשָּׁה קוֹלוֹת הַצְּפוּנִים, קוֹל רִנָּה וִישׁוּעָה מַצְפִּינִים, בְּאָהֳלֵי צַדִּיקִים צְפוּנִים, הַהוֹגִים בִּיקָרָה מִפְּנִינִים, וְקִדְּמוּ שָׁרִים אַחַר נוֹגְנִים, לָדַעַת אֵיךְ הֵם מְגֻנָּנִים, בְּגַאֲוַת אֲפִיקֵי מָגִנִּים, בְּצִלָּם הֱיוֹת גְּנוּנִים, וּבְאֶבְרָתָם מִתְגּוֹנְנִים, וְעַל חוֹמוֹתָם מִתְמַנִּים, לְשׁוֹעֲרִים וּלְשׁוֹמְרִים מְמֻנִּים, כָּל הַיּוֹם וְכָל הַלַּיְלָה מְזֻמָּנִים, לְהַזְכִּיר קְדֻשַּׁת נוֹצֵר אֱמוּנִים, לְהַעֲרִיץ זְכִירַת גּוֹי שׁוֹמֵר אֱמוּנִים, וּבְשֵׁם יִשְׂרָאֵל מִתְכַּנִּים, וּבִשְׁלוֹשׁ קְדֻשָּׁה לְקָדוֹשׁ מִתְכַּוְּנִים, שְׁתַּיִם בְּרֹאשׁ בָּנִים מַשְׁכִּינִים, וְאַחַת בְּרֹאשׁ מַלְכָּם מַתְקִינִים, וּבִשְׁלָשְׁתָּם הֵם נְכוֹנִים, כִּסֵּא שָׁלֵם וְשֵׁם שָׁלֵם מְכִינִים, וּבִשְׁלוֹשׁ קְדֻשָּׁה עֲנוֹת כְּאָז מְבִינִים, קָרוֹא זֶה אֶל זֶה מְכֻוָּנִים, וּבְכִנּוּי שֵׁם קָדוֹשׁ קוֹרְאִים וּמְכַנִּים.

אומרים קדושה (עמ' 212) והחזן ממשיך עם חזרת הש"ץ. מוציאים ב' ספרי תורה. באחד קורין סדר היום ובשני קורין מפטיר בסוף פרשת כי תצא, ומפטירין בשמואל א טו.

## פורים – קריאת המגילה

מברכים ג׳ ברכות לפני הקריאה בין בלילה ובין ביום. הקהל ישמעו ויענו „אָמֵן" ולא יאמרו „בָּרוּךְ הוּא וּבָרוּךְ שְׁמוֹ", ויכונו לצאת בברכות הקורא. ביום יכונו בברכת שהחיינו גם על שאר מצוות היום, דהיינו סעודת פורים, משלוח מנות ומתנות לאביונים. מברכים ברכות שלפני הקריאה אף אם קורין ביחידות.
אם קורא רק להוציא נשים, הן מברכות „לִשְׁמוֹעַ מִקְרָא מְגִלָּה".

**בָּרוּךְ** אַתָּה יהוה אֱלֹהֵינוּ מֶלֶךְ הָעוֹלָם, אֲשֶׁר קִדְּשָׁנוּ בְּמִצְוֹתָיו, וְצִוָּנוּ עַל מִקְרָא מְגִלָּה.

**בָּרוּךְ** אַתָּה יהוה אֱלֹהֵינוּ מֶלֶךְ הָעוֹלָם, שֶׁעָשָׂה נִסִּים לַאֲבוֹתֵינוּ, בַּיָּמִים הָהֵם, בַּזְּמַן הַזֶּה.

**בָּרוּךְ** אַתָּה יהוה אֱלֹהֵינוּ מֶלֶךְ הָעוֹלָם, שֶׁהֶחֱיָנוּ, וְקִיְּמָנוּ, וְהִגִּיעָנוּ לַזְּמַן הַזֶּה.

לאחר הקריאה מברכים הקהל ברכה זו [ואומרים אותה רק אם קראו בצבור]:

**בָּרוּךְ** אַתָּה יהוה אֱלֹהֵינוּ מֶלֶךְ הָעוֹלָם, (הָאֵל) הָרָב אֶת רִיבֵנוּ, וְהַדָּן אֶת דִּינֵנוּ, וְהַנּוֹקֵם אֶת נִקְמָתֵנוּ, וְהַמְשַׁלֵּם גְּמוּל לְכָל אֹיְבֵי נַפְשֵׁנוּ, וְהַנִּפְרָע לָנוּ מִצָּרֵינוּ. בָּרוּךְ אַתָּה יהוה, הַנִּפְרָע לְעַמּוֹ יִשְׂרָאֵל מִכָּל צָרֵיהֶם, הָאֵל הַמּוֹשִׁיעַ.

בלילה אומרים „אֲשֶׁר הֵנִיא" ו„שׁוֹשַׁנַּת יַעֲקֹב", וממשיכים (עמ׳ 137) [במוצאי שבת „וִיהִי נֹעַם"] „וְאַתָּה קָדוֹשׁ", קדיש שלם בלא תתקבל, „עָלֵינוּ", קדיש יתום; ביום אומרים רק „שׁוֹשַׁנַּת יַעֲקֹב", וממשיכים „אַשְׁרֵי וּבָא לְצִיּוֹן" (עמ׳ 68).

**אֲשֶׁר הֵנִיא** עֲצַת גּוֹיִם, וַיָּפֶר מַחְשְׁבוֹת עֲרוּמִים. **בְּ**קוּם עָלֵינוּ אָדָם רָשָׁע, נֵצֶר זָדוֹן מִזֶּרַע עֲמָלֵק. **גָּ**אָה בְעָשְׁרוֹ, וְכָרָה לוֹ בּוֹר, וּגְדֻלָּתוֹ יָקְשָׁה לּוֹ לָכֶד. **דִּ**מָּה בְנַפְשׁוֹ לִלְכֹּד, וְנִלְכַּד, בִּקֵּשׁ לְהַשְׁמִיד וְנִשְׁמַד מְהֵרָה. **הָ**מָן הוֹדִיעַ אֵיבַת אֲבוֹתָיו, וְעוֹרֵר שִׂנְאַת אַחִים לַבָּנִים. **וְ**לֹא זָכַר רַחֲמֵי שָׁאוּל, כִּי בְחֶמְלָתוֹ עַל אֲגָג נוֹלַד אוֹיֵב. **זָ**מַם רָשָׁע לְהַכְרִית צַדִּיק, וְנִלְכַּד טָמֵא בִּידֵי טָהוֹר. **חֶ**סֶד גָּבַר עַל שִׁגְגַת אָב, וְרָשָׁע הוֹסִיף חֵטְא עַל חֲטָאָיו. **טָ**מַן בְּלִבּוֹ מַחְשְׁבוֹת עֲרוּמָיו, וַיִּתְמַכֵּר לַעֲשׂוֹת רָעָה. **יָ**דוֹ שָׁלַח בִּקְדוֹשֵׁי אֵל, כַּסְפּוֹ נָתַן לְהַכְרִית זִכְרָם. **כִּ**רְאוֹת מָרְדְּכַי כִּי יָצָא קֶצֶף, וְדָתֵי הָמָן נִתְּנוּ בְשׁוּשָׁן. **לָ**בַשׁ שַׂק וְקָשַׁר מִסְפֵּד, וְגָזַר צוֹם וַיֵּשֶׁב עַל הָאֵפֶר. **מִי** זֶה יַעֲמֹד לְכַפֵּר שְׁגָגָה, וְלִמְחֹל חַטַּאת עֲוֹן אֲבוֹתֵינוּ. **נֵ**ץ פָּרַח מִלּוּלָב, הֵן הֲדַסָּה עָמְדָה לְעוֹרֵר יְשֵׁנִים. **סָ**רִיסֶיהָ הִבְהִילוּ לְהָמָן, לְהַשְׁקוֹתוֹ יֵין חֲמַת תַּנִּינִים. **עָ**מַד בְּעָשְׁרוֹ, וְנָפַל בְּרִשְׁעוֹ, עָשָׂה לוֹ עֵץ וְנִתְלָה עָלָיו. **פִּ**יהֶם פָּתְחוּ כָּל יוֹשְׁבֵי תֵבֵל, כִּי פוּר הָמָן נֶהְפַּךְ לְפוּרֵנוּ. **צַ**דִּיק נֶחֱלַץ מִיַּד רָשָׁע, אוֹיֵב נִתַּן תַּחַת נַפְשׁוֹ. **קִ**יְּמוּ עֲלֵיהֶם לַעֲשׂוֹת פּוּרִים, וְלִשְׂמֹחַ בְּכָל שָׁנָה וְשָׁנָה. **רָ**אִיתָ אֶת תְּפִלַּת מָרְדְּכַי וְאֶסְתֵּר, הָמָן וּבָנָיו עַל הָעֵץ תָּלִיתָ.

**שׁוֹשַׁנַּת** יַעֲקֹב צָהֲלָה וְשָׂמֵחָה, בִּרְאוֹתָם יַחַד תְּכֵלֶת מָרְדְּכָי. **תְּ**שׁוּעָתָם הָיִיתָ לָנֶצַח, וְתִקְוָתָם בְּכָל דּוֹר וָדוֹר. לְהוֹדִיעַ, שֶׁכָּל קֹוֶיךָ לֹא יֵבֹשׁוּ, וְלֹא יִכָּלְמוּ לָנֶצַח כָּל הַחוֹסִים בָּךְ. אָרוּר הָמָן, אֲשֶׁר בִּקֵּשׁ לְאַבְּדִי, בָּרוּךְ מָרְדְּכַי הַיְּהוּדִי. אֲרוּרָה זֶרֶשׁ, אֵשֶׁת מַפְחִידִי, בְּרוּכָה אֶסְתֵּר בַּעֲדִי. (אֲרוּרִים כָּל הָרְשָׁעִים, בְּרוּכִים כָּל הַצַּדִּיקִים,) וְגַם חַרְבוֹנָה זָכוּר לַטּוֹב.

## קרובץ לפורים

פיוט מסודר על פי א״ב מחומש ועל פי שני פסוקים – „וַיֶּאֱהַב הַמֶּלֶךְ אֶת אֶסְתֵּר..." ו„וּמָרְדְּכַי יָצָא מִלִּפְנֵי הַמֶּלֶךְ..." והמחבר חתם שמו – אלעזר בירבי קליר [חזק] – אחר התיבות של „וּמָרְדְּכַי יָצָא..."

החזן מתחיל חזרת התפלה עד „וּמוֹשִׁיעַ וּמָגֵן".

**וַיֶּאֱהַב** **א**ֹמֶן יְתוֹמַת הֲגֶן, **אֲ**מָנָה שִׁבְעִים וְחָמֵשׁ בַּעֲדָהּ לְהָגֵן,
**אָ**ז מֵאָז כְּחָז יוֹדֵעַ נַגֵּן, **אַ**רְיֵה בֶּן זְאֵב לְיֵשַׁע הוֹגֶן,
**אָ**ץ לְהַזְכִּיר אוֹתוֹ מְנַגֵּן, **וּמָרְדְּכַי אֻ**מַּץ בְּאֶלֶף הַמָּגֵן.

החזן מסיים – בָּרוּךְ אַתָּה יהוה, מָגֵן אַבְרָהָם.

החזן אומר „אַתָּה גִּבּוֹר" עד „לְהַחֲיוֹת מֵתִים".

**הַמֶּלֶךְ** בְּכֵס יָהּ חַק לְזֶרַע כֹּה יִהְיֶה, **בְּ**קָמִים כָּל נֶשֶׁם לֹא תְחַיֶּה,
**בֶּ**ן בְּכוֹרַת חַל דְּבַר אֶהְיֶה, **בְּ**קוֹץ אֲשֶׁר נִכְמַר וַיְּחַיֶּה,
**בְּ**כֵן צִפְעוֹ צָץ לְצִדִּים שֶׁיִּהְיֶה, **יָצָא לְ**מָרְרוֹ מוֹר בְּגְשָׁמִים מְחַיֶּה.
החזן מסיים – **בָּרוּךְ** אַתָּה יהוה, מְחַיֵּה הַמֵּתִים.
אומרים קדושה (עמ' 46). החזן אומר „אַתָּה קָדוֹשׁ" או „לְדוֹר וָדוֹר" עד „גָּדוֹל וְקָדוֹשׁ אָתָּה".

**אֶת אֶסְתֵּר** **גַּ**ל מְמַסְתִּיר לְגוֹאֵל, גּוֹי כְּנוֹאָשׁ מִלְּהִגָּאֵל,
**גּ**וֹזֵר אִם אֵין לְאִישׁ גּוֹאֵל, **גָּ**לַף מִיָּשְׁפֵה תַּבְנִית הַגּוֹאֵל,
**גָּ**שׁ כְּאָח לְצָרָה לְצַחֲצַח הַגּוֹאֵל, **מִלִּפְנֵי עִיר** וְקַדִּישׁ לְהַקְדִּישׁ אָאֵל.
החזן מסיים – **בָּרוּךְ** אַתָּה יהוה, הָאֵל הַקָּדוֹשׁ.
החזן אומר „אַתָּה חוֹנֵן" עד „בִּינָה וָדָעַת".

**מִכָּל** **ד**וֹרוֹ בָּן לְהִתְבּוֹנֵן, **דַּ**עַת מֵאֵיזֶה חֵטְא צָג צָר שׁוֹנֵן,
**דִּ**בְרַת אָב כְּזָכָר אוֹנֵן, **דַּ**לְתֵי צוּר כְּנֵסָה דָפַק וְחִנֵּן,
**דְּ**גָלִים לְשַׁלֵּשׁ תַּעַן וּלְחַנֵּן, **הַמֶּלֶךְ זַ**עֲקָם בָּן דֵּעָה חוֹנֵן.
החזן מסיים – **בָּרוּךְ** אַתָּה יהוה, חוֹנֵן הַדָּעַת.
החזן אומר „הֲשִׁיבֵנוּ" עד „בִּתְשׁוּבָה שְׁלֵמָה לְפָנֶיךָ".

**הַנָּשִׁים** **הַ**הֲגוּנוֹת לְכֵס יְשִׁיבָה, **הוּ**כְעָרוּ וּסְעָרָה בָם נָשָׁבָה,
**הֲ**דַסָּה זֹאת כְּגַע לָהּ תּוֹר וּמַחֲשָׁבָה, **הֻ**לְּלָה לְכָל רוֹאֶיהָ וְעֵזֶר לוֹ שִׁוָּה,
**הֲ**דַר יְמִינִי לְשׁוֹבֵב שׁוֹבֵבָה, **בִּלְבוּשׁ רְ**צוֹת רוֹצֶה בִּתְשׁוּבָה.
החזן מסיים – **בָּרוּךְ** אַתָּה יהוה, הָרוֹצֶה בִּתְשׁוּבָה.
החזן אומר „סְלַח לָנוּ" עד „טוֹב וְסַלָּח אָתָּה".

**וַתִּשָּׂא** **וַ**תָּבֹא בֵּאלוֹהַּ, **וְ**לֹא יָדְעָה כִּי זֹאת עָשְׂתָה יַד אֱלוֹהַּ,
**וַ**יִּבְעַר חָנֵף בְּכָל גְּבוּל לִשְׁלוֹחַ, **וּ**בְהַגִּיעַ תּוֹר בִּנְיָן לִצְלוֹחַ,
**וּ**בַת אֲבִיחַיִל לָבְשָׁה צְלוֹחַ, **מַלְכוּת בָּהּ** רַבָּה מַרְבֶּה לִסְלוֹחַ.
החזן מסיים – **בָּרוּךְ** אַתָּה יהוה, חַנּוּן הַמַּרְבֶּה לִסְלוֹחַ.
החזן אומר „רְאֵה נָא" עד „גּוֹאֵל חָזָק אָתָּה".

**חֵן** **זָ**בָדָה מֵהַרְרֵי אֵל, **זְ**כוּתָהּ עִמְעֵם בְּיַד בֶּן אֲבִיאֵל,
**זֹ**את בְּבוֹאָהּ הֲלוֹם נָשְׂאָה עַיִן לָאֵל, **זָ**כְרָה נָא לִי צִדְקַת הַרְרֵי אֵל,
**זֶ**ה הֱכִינָהּ לְאוֹת לְתִקּוּן אֲרִיאֵל, **תְּכֵלֶת יָדָהּ** עָשׂוֹת לִגְאוּלֵי אֵל.
החזן מסיים – **בָּרוּךְ** אַתָּה יהוה, גּוֹאֵל יִשְׂרָאֵל.
החזן אומר „רְפָאֵנוּ" עד „רוֹפֵא נֶאֱמָן וְרַחֲמָן אָתָּה".

**וָחֶסֶד** **ח**ִסְּדָהּ חָסִיד הַמְּחוֹלְלִי, **חוּ**ר וְכַרְפַּס וְכֶתֶם וַחֲלִי,
**חִ**ילָּה רוֹץ רֹאשׁ פֶּתֶן מְגַּחֲלִי, **חָ**רוֹן בּוֹ לְשַׁלֵּחַ עוֹד מִלְּאַכְּלִי,
**חִ**לּוּ פְּנֵי אֱלֹהִים יהוה חֵילִי, **וַחוּר רַ**ב חִתְּלִי רוֹפֵא חוֹלִי.
החזן מסיים – **בָּרוּךְ** אַתָּה יהוה, רוֹפֵא חוֹלֵי עַמּוֹ יִשְׂרָאֵל.
החזן אומר „בָּרֵךְ עָלֵינוּ" עד „וּמְבָרֵךְ הַשָּׁנִים".

**לְפָנָיו** **טָ**בַע הוֹד אַבְרֵךְ, **טָ**בוּעַ הָיָה וּמוּכָן לְהַאֲרֵךְ,
**טְ**מֻנָה וְסִתְּרָה מִפְּרוֹעַ יָרֵךְ, **טָ**מֵא כְּהַגְרַל גַּפְנָהּ לְהַבְרֵךְ,
**ט**וֹב פֶּץ לָהּ קוּמִי אוֹרִי כִּי בָא אוֹרֵךְ, **וַעֲטֶרֶת בִּ**שְׁנַת טוֹבָתְךָ בְּגֶשֶׁם אֲבָרֵךְ.
החזן מסיים – **בָּרוּךְ** אַתָּה יהוה, מְבָרֵךְ הַשָּׁנִים.
החזן אומר „תְּקַע בְּשׁוֹפָר" עד „מֵאַרְבַּע כַּנְפוֹת הָאָרֶץ לְאַרְצֵנוּ".

**מִכָּל** **י**וֹדְעֵי דָת שְׁפַתֵי מַרְבֵּץ, **יָ**קָר יְמִינִי בְּדָת יָמִין רוֹבֵץ,
**יְ**פִי עֲדִי עֲדָיִים מַשְׁבֵּץ, **יָ**צָא מְלֻבָּשׁ עַל יַד קוֹבֵץ,
**יָ**רַשׁ מַתַּן שְׁאֵלוֹת יַעְבֵּץ, **זָהָב יְ**מֵן לֶאֱסוֹף נִדָּחִים מְקַבֵּץ.
החזן מסיים – **בָּרוּךְ** אַתָּה יהוה, מְקַבֵּץ נִדְחֵי עַמּוֹ יִשְׂרָאֵל.

החזן אומר „הָשִׁיבָה שׁוֹפְטֵינוּ" עד „בְּצֶדֶק וּבְמִשְׁפָּט".

**הַבְּתוּלוֹת** כְּהִקָּבֵץ שֵׁנִית בְּמַאֲהֵב, כְּבוּדָּה בַּת מֶלֶךְ הִשְׁלִיכָה יְהַב,
כִּי צַדִּיק יהוה צְדָקוֹת אָהֵב, כָּמַס דּוֹב רִשְׁפֵּי לַהַב, מַלְהִיב לְלַהֵב,
כָּרָה שׁוּחָה לָעַד לְחוּמוֹ לְהַבְהֵב, גְּדוֹלָה קָפַץ בְּדִין מִשְׁפָּט אָהֵב.

החזן מסיים – בָּרוּךְ אַתָּה יהוה, מֶלֶךְ אוֹהֵב צְדָקָה וּמִשְׁפָּט.

החזן אומר „וְלַמַּלְשִׁינִים" עד „בִּמְהֵרָה בְיָמֵינוּ".

**וַיָּשֶׂם** לַיְלָה וּתְנוּמָה הִמְנִיעַ, לֵיל אֲשֶׁר תַּנִּין וְיָרֵב הֵנִיעַ,
לַדּוֹרוֹת אוֹתוֹ הִצְנִיעַ, לִהְיוֹת לְפִלְאוֹ צָנוּעַ,
לָכַד זֵד יָהִיר וּבְאַשְׁמוּרוֹ הִכְנִיעַ, וְתַכְרִיךְ יְחוּמָיו שַׁח זֵדִים מַכְנִיעַ.

החזן מסיים – בָּרוּךְ אַתָּה יהוה, שׁוֹבֵר אֹיְבִים וּמַכְנִיעַ זֵדִים.

החזן אומר „עַל הַצַּדִּיקִים" עד „נִשְׁעָנְנוּ".

**כֶּתֶר** מְלוּכָה מֵאָז הָיָה מֻבְטָח, מֵאֵלָיו הָיָה לְהִנָּתֵן לְבַת הָבְטַח,
מַלְכוּת כְּשָׁרוּהָ מֵרָאשָׁם הוּטַח, מְטוֹבֶבֶת זִיו הוֹד מִבְטַח,
מֵרֹאשׁ עַד עֵקֶב לִבָּהּ בָּטַח, בּוּץ לְהַאֲמִירָהּ בְּמָעוֹז וּמִבְטָח.

החזן מסיים – בָּרוּךְ אַתָּה יהוה, מִשְׁעָן וּמִבְטָח לַצַּדִּיקִים.

החזן אומר „וְלִירוּשָׁלַיִם" עד „לְתוֹכָהּ תָּכִין".

**מַלְכוּת** נֶחְפָּזָה כְּחָזוּ רְבִיד, נָבָל, נָתוּן עַל יְדִיד, מִיַּד מַעֲבִיד,
נִשְּׂאוּ מֵעַל כֹּל וְטָרְחוֹ הִכְבִּיד, נִינָיו כְּתִרְזוֹ לְהַאֲבִיד,
נְשׂוּאֵי רַחַם זֶבֶד טוֹב הִזְבִּיד, וְאַרְגָּמָן יִמָּנֵם לְכוֹנֵן עִיר דָּוִד.

החזן מסיים – בָּרוּךְ אַתָּה יהוה, בּוֹנֵה יְרוּשָׁלָיִם.

החזן אומר „אֶת צֶמַח" ו„אָב הָרַחֲמָן" עד „עַמְּךָ יִשְׂרָאֵל בְּרַחֲמִים".

**בְּרֹאשָׁהּ** סִיֵּם זֵר אֲשֶׁר הִפְלָא, סֶגֶת שׁוֹשָׁן עֲלוֹת מִשִּׁפְלָה,
שִׂיחַת רְדוּמִים עֲלוֹת מִמַּכְפֵּלָה, שֵׂעִיר וְאֶת שְׂרִידָיו לְשַׁחַת הִפִּילָה,
סְגוּרֵי כֶלֶא הֶפֶן מֵאֲפֵלָה, וְהָעִיר רוֹן כַּפְלָה לְשׁוֹמֵעַ תְּפִלָּה.

החזן מסיים – בָּרוּךְ אַתָּה יהוה, שׁוֹמֵעַ תְּפִלָּה.

החזן אומר „רְצֵה" עד „בְּשׁוּבְךָ לְצִיּוֹן בְּרַחֲמִים".

**וַיַּמְלִיכֶהָ** עֱזוֹר לְאוֹם מוֹרָאָה, עֲצוּרָה הָיְתָה לָכֵן מֵעֵת נִבְרָאָה,
עֲמִיתָהּ הִפְגִּיעַ בַּעֲדָהּ קְרִיאָה, עַד עֵת בֹּא דְבָרוֹ אֲשֶׁר רָאָה,
עֲנוּתָם לַחוֹזִים שַׁדַּי הֶרְאָה, שׁוֹשַׁן חוֹחִים לְעָבְדוֹ בְּיִרְאָה.

החזן מסיים – בָּרוּךְ אַתָּה יהוה, הַמַּחֲזִיר שְׁכִינָתוֹ לְצִיּוֹן.

הקהל אומרים מודים דרבנן והחזן אומר „מוֹדִים", „וְעַל הַנִּסִּים", „וְעַל כֻּלָּם" עד „הָאֵ-ל הַטּוֹב".

**תַּחַת** פִּלְפּוּל יְגִיעַ לֶקַח טוֹב, פְּעֻלַּת צַדִּיק פָּעֳלָם לַטּוֹב,
פְּאֵר אֹמֶר אֲשֶׁר הוּא טוֹב, פּוּר הָפַךְ לְמִשְׁתֶּה וְיוֹם טוֹב,
פְּדוּת כֵּן תָּחִישׁ לְהָהָר הַטּוֹב, צָהֳלָה וְזִמְרָה לְהוֹדוֹת לְאֵל טוֹב.

החזן מסיים – בָּרוּךְ אַתָּה יהוה, הַטּוֹב שִׁמְךָ וּלְךָ נָאֶה לְהוֹדוֹת.

החזן אומר ברכת כהנים ו„שִׂים שָׁלוֹם" עד „בִּשְׁלוֹמֶךָ (בְּרֹב עֹז וְשָׁלוֹם)".

**וַשְׁתִּי** צוֹאֲנָה לְמַעֲרָכוֹת, קְצִינוּת כְּהִכְתְּרָה מִמַּלְכוֹת,
רַגְלֵי אַיֶּלֶת בְּמוֹת דּוֹרְכוֹת, שִׁבְעִים יְמֵי צַר עֲלוֹת לָהּ אֲרוּכוֹת,
תָּקְפָּה עִם דּוֹד לְעֵינֶיהָ בְּרֵכוֹת, וְשִׂמְחָה קוֹל נִשְׁמַע מֵחֲרֵכוֹת,
וְדוֹבֵר שָׁלוֹם מִמְּעוֹן הַבְּרָכוֹת.

החזן מסיים – בָּרוּךְ אַתָּה יהוה, הַמְּבָרֵךְ אֶת עַמּוֹ יִשְׂרָאֵל בַּשָּׁלוֹם.

יִהְיוּ לְרָצוֹן אִמְרֵי פִי וְהֶגְיוֹן לִבִּי לְפָנֶיךָ, יהוה צוּרִי וְגֹאֲלִי.

החזן אומר חצי קדיש (עמ' 63). מוציאים ספר תורה וקורין בסוף פ' בשלח „וַיָּבֹא עֲמָלֵק" (עמ' 467). מחזירים את ספר התורה (עמ' 71), וקורין המגילה, ואח"כ ממשיכים „אַשְׁרֵי" (עמ' 68) וכו'.

## יוצר לפרשת פרה

חזן:

אֲדֹנָי שְׂפָתַי תִּפְתָּח, וּפִי יַגִּיד תְּהִלָּתֶךָ.[1]

**בָּרוּךְ** אַתָּה יהוה אֱלֹהֵינוּ וֵאלֹהֵי אֲבוֹתֵינוּ, אֱלֹהֵי אַבְרָהָם, אֱלֹהֵי יִצְחָק, וֵאלֹהֵי יַעֲקֹב, הָאֵל הַגָּדוֹל הַגִּבּוֹר וְהַנּוֹרָא, אֵל עֶלְיוֹן, גּוֹמֵל חֲסָדִים טוֹבִים, וְקוֹנֵה הַכֹּל, וְזוֹכֵר חַסְדֵי אָבוֹת, וּמֵבִיא גוֹאֵל לִבְנֵי בְנֵיהֶם, לְמַעַן שְׁמוֹ בְּאַהֲבָה. מֶלֶךְ עוֹזֵר וּמוֹשִׁיעַ וּמָגֵן.

**מִסּוֹד** חֲכָמִים וּנְבוֹנִים, וּמִלֶּמֶד דַּעַת מְבִינִים,
אֶפְתְּחָה פִּי בְּשִׁיר וּרְנָנִים, לְהוֹדוֹת וּלְהַלֵּל פְּנֵי שׁוֹכֵן מְעוֹנִים.

קהל וחזן:

**אֲצוּלַת** אוֹמֶן בְּצֵרוּף זְקוּקָה, בְּנִבְבֶיהָ זֹאת בַּלָּט פְּקוּקָה,
גְּלוּמָה עֲלוּמָה וּנְקוּקָה, דְּבוּרָה עַל אָפְנָן חֲקוּקָה,
הַמְּסֻקָּלָה וְהַמְּעֻזָּקָה, וּדְשׁוּנָה דִּשּׁוּן לְמִשְׁמַר חֻקָּה,
זֵר שִׁבְעָתַיִם מְזֻקָּקָה, חוֹק טָהוֹר מִטָּמֵא מְחֻזָּקָה,
טְבוּעָה בְּלֹא רְחוּקָה, וְהִיא רְחוּקָה, יְחוּסָה אֲטוּרָה וּדְחוּקָה,
✣ כְּתַמַת חֲמוּקָה בָּהּ מְחוּקָה, לְטָהֳרַת חֲשׁוּקָה, נֶחְקְקָה זֹאת חֻקָּה.
מְקוֹמָהּ יִגְלֶה, מַעֲמַקֶּיהָ יִדְלֶה, ✣ לְעֵת יְגַלֶּה, גְּנוּנָיו יַעֲלֶה.

החזן אומר – **בָּרוּךְ אַתָּה יהוה, מָגֵן אַבְרָהָם.**

**אַתָּה** גִּבּוֹר לְעוֹלָם אֲדֹנָי, מְחַיֵּה מֵתִים אַתָּה, רַב לְהוֹשִׁיעַ. מַשִּׁיב הָרוּחַ וּמוֹרִיד הַגֶּשֶׁם.[2] מְכַלְכֵּל חַיִּים בְּחֶסֶד, מְחַיֵּה מֵתִים בְּרַחֲמִים רַבִּים, סוֹמֵךְ נוֹפְלִים, וְרוֹפֵא חוֹלִים, וּמַתִּיר אֲסוּרִים, וּמְקַיֵּם אֱמוּנָתוֹ לִישֵׁנֵי עָפָר. מִי כָמוֹךָ בַּעַל גְּבוּרוֹת, וּמִי דּוֹמֶה לָּךְ, מֶלֶךְ מֵמִית וּמְחַיֶּה וּמַצְמִיחַ יְשׁוּעָה. וְנֶאֱמָן אַתָּה לְהַחֲיוֹת מֵתִים.

קהל וחזן:

מְמָרָה חֻקָּה גָּזַר, מִגַּבְנוּן אִמְרָהּ נִגְזַר,
נֶאֱמָן לְאַזְּנָהּ נִתְאַזַּר, נֶצַח עֲדֵי כֵן בְּנִזְרָהּ נָזַר,
סְלוּל צְפוּנֶיהָ חֶלֶץ אָזַר, שָׂקַר בְּאִבֶּיהָ וְנֶחְשַׁב לְמוּזָר,
עָרַךְ בָּהּ חוֹק לְעַם מְפֻזָּר, עֲבוּר מִלְּפַתֵּל עִקֵּשׁ כְּמִין וָזָר,
פֵּאֵר בְּקוֹרֶיהָ בְּאֵגֶד מְשֻׁזָּר, פְּעֻלָּתָהּ בְּסֶגֶן בַּעֲדֵי מָשְׁזָר,
✣ צְפוּנָהּ לְטָהֳרַת עַם אֵל עָזַר, צִוָּהּ צוּר לְצִיר, צוֹר צְרוּרָהּ לְאֶלְעָזָר.
עוֹלָם וּמְלֹאוֹ שֶׁלָּךְ, חָפַצְתָּ לְהַצְדִּיק קְהָלָךְ,
✣ עַל כֵּן אוֹחִיל לָךְ, לְהַגְשִׁים תְּחִי אֲטוּמֵי פָעֳלָךְ.

החזן אומר – **בָּרוּךְ אַתָּה יהוה, מְחַיֵּה הַמֵּתִים.**

קהל וחזן:

קִפְאוֹן חוֹק אֱלְפַת הַיְקָר, לוּטָה בְּאוֹר יָקָר, חָשׂוּף לְעַם מְיֻקָּר, לַעֲמוֹד עַל עִקָּר.
רְעֵבִים לְפַעֲנֵחַ דָּתֶיהָ, פַּעֲנַח מְדוֹתֶיהָ, צְמֵאִים גְּמוּת חִידוֹתֶיהָ, גַּלֵּה לָהֶם עֵדוֹתֶיהָ.
שֶׁמֶץ דְּגָלִים טַהֵר, מְצָרֵף וּמְטַהֵר, הֶרֶב לְכַבְּסָם תְּמַהֵר, מְעֻוָּיִם אוֹתָם לְטַהֵר.
תִּקְרָא כֹהֵן, בְּחַטֵּאךָ בְּאֵזוֹב מִתְכַּהֵן,
✣ טְהוֹרִים זְרוֹק כִּמְכַהֵן, תְּמוּר דַּם מִקַּח אֶלְעָזָר הַכֹּהֵן.

הקהל ואח"כ החזן בקול רם:

**יִמְלֹךְ יהוה לְעוֹלָם, אֱלֹהַיִךְ צִיּוֹן לְדֹר וָדֹר, הַלְלוּיָהּ.**
**וְאַתָּה קָדוֹשׁ, יוֹשֵׁב תְּהִלּוֹת יִשְׂרָאֵל, אֵל נָא.**

(1) תהלים נא:יז (2) נ"א הַגֶּשֶׁם

**אֲמַרְתִּי** אֶחְכָּמָה וְהִיא רְחוֹקָה, שָׂח אִיתִיאֵל עֲדֵי זֹאת חֻקָּה, בְּלֹא נִפְלֵאת הִיא
וְלֹא רְחוֹקָה, זֹאת פְּלִיאָה הִיא וּמְרֻחָקָה, מִלְּפָנֶיהָ מִשְׁפָּט וְחֻקָּה,
וּמֵאַחֲרֶיהָ תּוֹרָה וְחֻקָּה, בַּחֲרוּת חֲקוּקָה, וּבְלוּחַ לֵב מְחֻקָּקָה, מְדוּק תְּלוּלָה וּמִשְּׁאוֹל
עֲמוּקָה, וּמִדְּיָרֵי אַרְקָא, מְסִלָּתָהּ חֲמוּקָה. בְּכֵן אֵין לַעֲמוֹד בְּסוֹדָהּ, וְאֵין לְהַגִּיעַ
יְסוֹדָהּ. וְאֵין לַחֲקוֹר חֶקְּהָ, וְאֵין לְהַחֲלִישׁ חֶלְקָהּ, וְאֵין לֵידַע עֶרְכָּהּ, וְאֵין לְהָבִין
דַּרְכָּהּ, אֱלֹהִים הֵבִין דַּרְכָּהּ.

הקהל ואח״כ החזן בקול רם:

## חַי וְקַיָּם נוֹרָא וּמָרוֹם וְקָדוֹשׁ.

[המחבר חתם שמו – אלעזר בירבי קליר – בראשי החרוזים.]

**אֲצוּרָה** וּמְפֹרָשָׁה, עֲצוּרָה וְלֹא מְפוֹרָשָׁה,
זֹאת חֻקַּת הַפָּרָשָׁה, בְּכָל שָׁנָה מִתְפָּרָשָׁה.
לְבַעֲלֵי אֲסוּפוֹת, חִידוֹתֶיהָ חֲשׁוּפוֹת, וְכָל צְרוּרוֹת כְּסוּפוֹת, דִּקְדּוּקֶיהָ סְפוּת.
עֲרוּכָה וּשְׁמוּרָה, קְצוּבָה וּגְמוּרָה, דְּרוּשָׁה וַאֲמוּרָה, בְּקַלָּה וַחֲמוּרָה.
זִוְּנָהּ לֶעָנָיו, בִּפְנִינֵי מְעוֹנָיו, וְהִגִּיהַּ עֵינָיו, בְּפוּץ מַעְיָנָיו.
רָעַד כְּהִסְכִּית טַעַם תְּחִלַּת מִשְׁנָתָהּ, פָּרָה בַּת שְׁתַּיִם עֶגְלָה בַּת שְׁנָתָהּ,
בִּצֵּר צִיר תַּחַן כְּקֶשֶׁב שְׁמוּעָתָהּ, נָא מְנֵי יִפְרֶה מוֹרֶה הֲלָכָה לְשַׁעְתָּהּ.
יִדְּעוּ בָהּ הֲלִיכוֹת, וְשִׁנּוּן הֲלָכוֹת, אֵלֶּה הַנֶּעֱרָכוֹת, וְאֵלֶּה הַמִּתְהַלְּכוֹת.
רְאִיתָהּ אֵיךְ לַחֲזוֹת, דָּמָהּ אֵיךְ לְהַזּוֹת, בְּאוּרָהּ מִלְּהַבְזוֹת, לְחַוּוֹת לְמִי זֹאת.
בְּדִבּוּר אֱמוֹר אֶל הַכֹּהֲנִים שֻׁנָּא עוֹז פָּנָיו, שָׁב וַיַּעֲרוֹךְ זֹאת לְפָנָיו, וְהֵאִיר עֵינָיו.
יַעַן כְּנֶאֱמַר לוֹ וְלָקְחוּ לַטָּמֵא, פִּלְּצוּת בְּעַתְּתוּ וְשָׂח מִי יִתֵּן טָהוֹר מִטָּמֵא.
קוֹשֶׁט אִמְרֵי פָרָה, כָּל טָהוֹר מְטַמְּאָה, וְאֵיךְ הִיא תַעֲבִיר רוּחַ הַטֻּמְאָה.
לוֹ הִגִּיד אֶל חֻקָּה חֻקַּתִי, וּמַה תִּיגַע לֵידַע, עֲמוּקָה מִשְּׁאוֹל מַה תֵּדָע.
יָבֹא אֵפֶר פָּרָה, לְהַלְבִּין טִנּוּף בֶּן פָּרָה, הֱיוֹת כַּפָּרָה, לְסוֹרְרָה כְּפָרָה.
✣ רֶמֶז בְּוְיִקְחוּ אֵלֶיךָ פָּרָה, הֱיוֹת פָּרָתוֹ מִתְמֶדֶת,
שֶׁכָּל הַפָּרוֹת כָּלוֹת וְשֶׁלְּךָ לָעַד עוֹמֶדֶת.

**אֵל נָא** לְעוֹלָם תֻּעֲרָץ, וּלְעוֹלָם תֻּקְדָּשׁ, וּלְעוֹלְמֵי עוֹלָמִים תִּמְלוֹךְ וְתִתְנַשֵּׂא,
הָאֵל מֶלֶךְ נוֹרָא מָרוֹם וְקָדוֹשׁ, כִּי אַתָּה הוּא מֶלֶךְ מַלְכֵי הַמְּלָכִים,
מַלְכוּתוֹ נֶצַח. נוֹרְאוֹתָיו שִׂיחוּ, סַפְּרוּ עֻזּוֹ, פָּאֲרוּהוּ צְבָאָיו, קַדְּשׁוּהוּ רוֹמְמוּהוּ, רוֹן
שִׁיר וָשֶׁבַח, תּוֹקֶף תְּהִלּוֹת תִּפְאַרְתּוֹ.

החזן אומר בקול רם והקהל עונים אחריו:

## לְטַהֵר טְמֵאִים, לְטַמֵּא טְהוֹרִים, בְּאוֹמֶר קָדוֹשׁ.

אִמְרָהּ סְנוּנָה וּצְרוּפָה, בְּדוּלָה בְּדָתָהּ מְעֻרוּפָה, גְּדֵלָה כְּרַעֲנָן לִתְרוּפָה.
דְּרוּשָׁה בְּזִקּוּק שִׁבְעָה מִשִּׁבְעָה, הַזָּיוֹת טְבִילוֹת וְכִבּוּסִים שִׁבְעָה,
וּפָרוֹת וְכֹהֲנִים טְהוֹרִים וּטְמֵאִים שִׁבְעָה.
זִקְנֵי גָזִית תְּמִימִים מִמּוּם, חֲבוּאֶיהָ יְבַקְּרוּ לְבַל הֱיוֹת בָּהּ מוּם,
טְהוֹרָה תִהְיֶה לַאֲדֻמּוֹת כְּמִמּוּם.
יַעֲשֶׂה מֵהוֹן כֹּהֵן כֶּבֶשׁ פָּרָה, כִּפָּה מוּל אוֹטֶם בְּהוֹד תִּפְאָרָה,
לְהוֹצִיא בָהּ תְּמִימָה חֵטְא תַּמָּה מְפִירָה.
מְסַעֲדָיו אִתּוֹ יָצְאוּ לְהַר הַמִּשְׁחָה, נָחַץ טְבוּל שֵׁנִית עֲבוּר כּוֹרֶה שׁוּחָה,

סֵדֶר מַעֲרֶכֶת וְלֹא שָׁהָה.
עָמַד מִקֶּדֶם וּפָנָיו לְמַעֲרָב, **פָּ**רָה שָׁחַט וְדָם לֹא עֵרַב, **צָ**ת בָּהּ חֲרָיוֹת וּמוֹקְדָהּ הֵרַב.
קָם מוּל שַׁעַר אִיתוֹן וְדָם שֶׁבַע יַזֶּה, **רַ**עֲנָן אֶרֶז וְאֵזוֹב וּשְׁנִי יֶחֱזֶה,
שִׁמַּע לַכֹּל עֵץ אֶרֶז זֶה וְאֵזוֹב זֶה.
❖ **תִּ**רְגֵּל וְחִלְּקָהּ לִשְׁלֹשָׁה חֲלָקִים, כָּל מִשְׁמָרוֹת הָיוּ מֻנָּה מְחַלְּקִים,
תְּכוּנָה לְמִשְׁמֶרֶת עַד נְקוּקִים יָקִים.

**וּבְכֵן וּלְךָ תַעֲלֶה קְדֻשָּׁה, כִּי אַתָּה קְדוֹשׁ יִשְׂרָאֵל וּמוֹשִׁיעַ.**

**אֵין** לְשׂוֹחֵחַ עֹצֶם נִפְלְאוֹתֶיךָ, אֵין לְהַגִּיד חֵקֶר דָּתוֹתֶיךָ, אֵין לְהָבִין תֹּקֶף מִפְעֲלוֹתֶיךָ, אֵין לְפַעְנֵחַ עֹמֶק פְּלָאוֹתֶיךָ, אֵין לַעֲמֹד עַל סֵפֶן מִדּוֹתֶיךָ, אֵין לַחֲקוֹר סוֹד חִידוֹתֶיךָ, אֵין לְהַשְׁמִיעַ כָּל תְּהִלּוֹתֶיךָ, אֵין לְגַלּוֹת סוֹד עֵדוֹתֶיךָ. הַמְפֹרָשׁוֹת סְתוּמוֹת, הַגְּלוּיוֹת עֲלוּמוֹת, הַמְבֹאָרוֹת חֲתוּמוֹת, הַמְשֻׁנָּנוֹת עֲצוּמוֹת, הַחֲקוּקוֹת רְשׁוּמוֹת, הַחֲסֵרוֹת מְיֻתָּרוֹת, הָאֲסוּרוֹת מֻתָּרוֹת, הַשְּׁחוֹרוֹת צְחוֹרוֹת, הַחֲשׂוּפוֹת אֲטוּרוֹת, הַפְּרוּטוֹת אֲצוּרוֹת, הַכְּלוּלוֹת עֲצוּרוֹת, הַקַּלּוֹת חֲמוּרוֹת, מוֹצִיא מִזָּלוֹת יְקָרוֹת, מַתִּיר מֵאֲסוּרוֹת מֻתָּרוֹת, נוֹתֵן מִטְּמֵאוֹת טְהוֹרוֹת.

מִן הַחֵלֶב, שׁוּמַן הַלֵּב. מִן הַדָּם, טְחוֹל הַדָּם. וּמִבָּשָׂר בְּחָלָב, כְּחַל הֶחָלָב. מִכִּלְאֵי בְגָדִים, תְּכֵלֶת בְּסָדִין. מֵאֵשֶׁת אָח, יִבּוּם הָאָח. מֵאֵשֶׁת אִישׁ, יְפַת תֹּאַר לְאִישׁ. מִטֻּמְאַת נִדָּה, טָהֳרַת בְּתוּלֵי אִשָּׁה. מֵהַתֵּר אִסּוּר, וּמֵאִסּוּר הַתֵּר. מִטָּמֵא טָהוֹר, וּמִטָּהוֹר טָמֵא. בַּהֶרֶת מִמְּעַט תְּטַמֵּא, פָּרְחָה בְּכֻלּוֹ עוֹד בַּל תְּטַמֵּא. הַמֵּת בַּבַּיִת אֵינוֹ טָמֵא, יָצָא מִמֶּנּוּ אוֹתוֹ מְטַמֵּא. שְׂעִיר יוֹם כִּפּוּר מְכַפֵּר עַל כָּל טָמֵא, וְכָל מַעֲסִיקָיו בְּגָדִים מְטַמֵּא. פָּרָה אֲדֻמָּה עוֹשֶׂיהָ מְטַמְּאָה, וְהִיא עֲשׂוּיָה לְטַהֵר כָּל טֻמְאָה. וְאֶפְרָהּ נַעֲשָׂה אַב הַטֻּמְאָה, וְהִיא מְטַהֶרֶת אֲבִי אֲבוֹת הַטֻּמְאָה.

בְּכֵן אֵין לְהָבִין סוֹד תּוֹרָתֶךָ, וְלֹא זִקּוּק אִמְרָתֶךָ, וְלֹא צֵרוּף גְּזֵרוֹתֶיךָ. בְּכֵן אֵין לְהָמִיר, וְלֹא לְהַתְמִיר, אֵין לְהַרְהֵר, וְלֹא לְחַרְחֵר, אֵין לֵידַע, וְלֹא לְיַדַּע, עֲמֻקָּה מִשְּׁאוֹל מַה תֵּדַע, נָעוּ מַעְגְּלוֹתֶיהָ לֹא תֵדָע. זוֹ בַּאֲמִירָה, וְזוֹ בִּגְזֵרָה, זוֹ בַּאֲסִיפָה, וְזוֹ בַּחֲסִיפָה, זוֹ בִּנְשִׁיקָה, וְזוֹ בִּתְשׁוּקָה, זוֹ בִּכְבִישָׁה, וְזוֹ בְּהַפְרָשָׁה, זוֹ בִּדְרִישָׁה, וְזוֹ בַּחֲרִישָׁה. וְכָל אִמְרָהּ הֶחָקוּק בָּהּ חֻקָּה, אֵין לְהַרְהֵר וְלוֹמַר עַל מַה נֶחֱקָקָה, שֶׁכַּךְ נִתְּנָה בִּנְשִׁיקָה. וְכֻלָּם נְכוֹחִים לְמֵבִין, וְכָל הַמַּשְׂכִּיל יָבִין, חוּץ מִטַּעֲמֵי פָרָה שֶׁאֵין לְהָבִין, וְכָל חֲכַם לֵב יִדַּל מִבִּין, חֲפָצֶיהָ אֵין לְהָבִין. וּבִשְׁמוֹת תְּעוּדָה הִיא נְקוּבָה, לְכָל קָרְבַּן שַׁי לֹא שָׁוָה, שֶׁהֵם זְכָרִים וְהִיא נְקֵבָה, לְטַהֵר שִׁמְצַת עֵגֶל תּוֹעֵבָה.

הֵם הֵמִירוּ כָבוֹד בְּבֶן פָּרָה, וְסָרְרוּ בוֹ כְפָרָה, תָּבֹא אִמּוֹ אֲשֶׁר הִיא פָרָה, וְתִהְיֶה לְעַם כַּפָּרָה. הֵם הֶאְדִּימוּ בוֹ פָּנִים, וְאָדְמוּ עֶצֶם מִפְּנִינִים, תָּבֹא אִמּוֹ אֲשֶׁר הִיא אֲדֻמַּת פָּנִים, וּבָהּ צַח וְאָדוֹם יִשָּׂא פָנִים. הֵם חֲרָטוּהוּ הֱיוֹת צָג כְּתָמִים, וּבָהּ חֻיְּבוּ מִהְיוֹת תְּמִימִים, תָּבֹא אִמּוֹ תְּמִימוּת וּנְבוֹנִים, וּבָהּ יְטַהֵר תַּמָּה הַצּוּר תָּמִים. הֵם שִׁחֲתוּ לִפְסֹל כָּל מוּם, וְנֶעֶנְשׁוּ בוֹ הֱיוֹת בַּעֲלֵי מוּם, תָּבֹא אִמּוֹ אֲשֶׁר אֵין בָּהּ מוּם, לְהָדִיחַ דְּמֵי יָפָה וְאֵין בָּהּ מוּם. הֵם זָמְמוּ בְּעֵגֶל לִמְעוֹל, וַיִּזְבְּחוּ לוֹ וַיִּפְרְקוּ עוֹל, תָּבֹא אִמּוֹ אֲשֶׁר לֹא עָלָה עָלֶיהָ עוֹל, וְתִנָּתֵן עַל שִׁכְמָם כְּעוֹל. הֵם נִקְהֲלוּ עֲבוּרוֹ אֶל כֹּהֵן, וְאֻנַּף בְּהַשְׁמֵד אִישׁ מִכַּהֵן, תָּבֹא אִמּוֹ וְתִנָּתֵן לַכֹּהֵן, וִיכֻפַּר בָּהּ עֲוֹן כֹּהֵן.

וּכְמוֹ בָּאֵשׁ נִשְׂרָף, כֵּן בָּאֵשׁ תִּשָּׂרֵף. וּכְמוֹ טְחַן וְהֵדַק עַד עָפָר, כֵּן תֻּדַּק וְתֵעָשֶׂה עָפָר. וּכְמוֹ הֻשְׁלַךְ עֲפָרוֹ אֶל הַמָּיִם, כֵּן יֻשְׁלַךְ אֶפְרָהּ אֶל הַמָּיִם. וּכְמוֹ נָפְלוּ בוֹ שְׁלֹשֶׁת אַלְפֵי יֹשֶׁר, כֵּן יִפְּלוּ בָהּ שְׁלֹשֶׁת מִינֵי כֹשֶׁר. וּכְמוֹ טִנֵּף עַם טָהוֹר, כֵּן תְּטַמֵּא בְּמַגַּע כָּל טָהוֹר. וּכְמוֹ טִהֵר עַם בּוֹ נִטְמָא, כֵּן תְּטַהֵר אִישׁ אֲשֶׁר נִטְמָא. וּכְמוֹ פִּזֵּר פִּשְׁעוֹ לְכָל דּוֹר שָׁמוּר לְחַטָּאת, כֵּן תְּהֵא לְמִשְׁמֶרֶת לְמֵי חַטָּאת. לְהָדִיחַ דָּמִים, לְכַבֵּס כְּתָמִים, לְנַקּוֹת טִנּוּפִים, לְהַרְחִיץ צוֹאִים, לְהַלְבִּין חֲטָאִים, לְטַהֵר טְמֵאִים, לְקַדֵּשׁ קְדוֹשִׁים, לְהַצְדִּיק עֲמוּסִים. בְּעֵץ אֶרֶז לַעֲנוּפִים כְּאֶרֶז, בְּאֵזוֹב לְנִדְכָּאִים כְּאֵזוֹב, בַּשָּׁנִי לְשִׂפְתוֹתֶיהָ כַּשָּׁנִי, בְּתוֹלַעַת לְאַל תִּירְאִי תּוֹלַעַת, לְבַל

יִתְגָּאֶה מִתְגָּאֶה כְּאֶרֶז. שֶׁאִם לֹא יָמַךְ כְּאֵזוֹב וְיֵחָשֵׁב כְּתוֹלַעַת, לֹא יִטְהַר בְּאֵזוֹב וּבִשְׁנִי תוֹלַעַת. וְאִם לֹא יִשְׁפֹּךְ לֵב כַּמַּיִם, לֹא יִטְהַר בִּזְרִיקַת מָיִם.

וּמַה יִּתְגָּאֶה חָצִיר יָבֵשׁ, נוֹכַח אֵשׁ אוֹכְלָה אֵשׁ. וּמַה יָּעוֹז צִיץ גֵּאֶה, נוֹכַח אֵל גָּאֹה גָּאָה. וְהוּא רוֹכֵב שְׁחָקִים בְּגַאֲוָה. גֵּאֶה עַל גֵּאִים, מִתְנַשֵּׂא עַל נִשָּׂאִים, וּמִתְגָּאֶה כְּאֶרֶז עַל מִתְגָּאִים, וְעָנָיו כְּאֵזוֹב עַל נִדְכָּאִים, וְצָר בְּעוֹלָמוֹ חֲמִשָּׁה מִינֵי גֵאִים, שׁוֹר בַּבְּהֵמָה, אַרְיֵה בַּחַיָּה, נֶשֶׁר בַּמְּעוֹפְפִים, אֶרֶז בָּעֵצִים, וְאָדָם בְּכֻלָּם, וּמֶלֶךְ מִתְגָּאֶה עַל כֻּלָּם, לָבֵשׁ גֵּאוּת מִכֻּלָּם. חֲקָקָם בְּכֵס שְׁבִיבֵי אֵשׁ, אַרְבָּעָה בְּכֵס מַעְלָה, וְאֶחָד בְּכֵס מַטָּה, כִּי כֵס מַעְלָה מְכֻוָּן כְּנֶגֶד כֵּס מַטָּה, וְכָל אֲשֶׁר יֵשׁ בְּמַעְלָה יֵשׁ בְּמַטָּה, כִּסֵּא מוּל כִּסֵּא, הֵיכָל מוּל הֵיכָל, מִקְדָּשׁ מוּל מִקְדָּשׁ, זְבוּל מוּל זְבוּל, מִזְבֵּחַ מוּל מִזְבֵּחַ, בָּנִים מוּל בָּנִים, עֲבָדִים מוּל עֲבָדִים, מַלְאָכִים מוּל מַלְאָכִים, מְשָׁרְתִים מוּל מְשָׁרְתִים, צְבָאוֹת מוּל צְבָאוֹת, כְּרוּבִים מוּל כְּרוּבִים, אֲלָפִים מוּל אֲלָפִים, רְבָבוֹת מוּל רְבָבוֹת, קְדוֹשִׁים מוּל קְדוֹשִׁים, מַחֲנוֹת מוּל מַחֲנוֹת, מַעֲרִיצִים מוּל מַעֲרִיצִים, מַקְדִּישִׁים מוּל מַקְדִּישִׁים, וּקְדֻשָּׁה לְקָדוֹשׁ מְשַׁלְּשִׁים.

אומרים קדושה (עמ' 212) והחזן ממשיך עם חזרת הש"ץ. מוציאים ב' ספרי תורה. באחד קורין סדר היום ובשני קורין מפטיר בפרשת חקת עד „תטמא עד הערב", ומפטירין ביחזקאל ל"ו „ויהי דבר ה'".

## יוצר לפרשת החודש

חזן:

אֲדֹנָי שְׂפָתַי תִּפְתָּח, וּפִי יַגִּיד תְּהִלָּתֶךָ.[1]

**בָּרוּךְ** אַתָּה יהוה אֱלֹהֵינוּ וֵאלֹהֵי אֲבוֹתֵינוּ, אֱלֹהֵי אַבְרָהָם, אֱלֹהֵי יִצְחָק, וֵאלֹהֵי יַעֲקֹב, הָאֵל הַגָּדוֹל הַגִּבּוֹר וְהַנּוֹרָא, אֵל עֶלְיוֹן, גּוֹמֵל חֲסָדִים טוֹבִים, וְקוֹנֵה הַכֹּל, וְזוֹכֵר חַסְדֵי אָבוֹת, וּמֵבִיא גוֹאֵל לִבְנֵי בְנֵיהֶם, לְמַעַן שְׁמוֹ בְּאַהֲבָה. מֶלֶךְ עוֹזֵר וּמוֹשִׁיעַ וּמָגֵן.

**מִסּוֹד** חֲכָמִים וּנְבוֹנִים, וּמִלֶּמֶד דַּעַת מְבִינִים,
אֶפְתְּחָה פִּי בְּשִׁיר וּרְנָנִים, לְהוֹדוֹת וּלְהַלֵּל פְּנֵי שׁוֹכֵן מְעוֹנִים.

קהל וחזן:

אֲתִיַּת עֵת דּוֹדִים כְּגָעָה, **בְּ**אַחַת וָעֶשֶׂר פּוּט נֻגָּעָה,
**גִּ**ישַׁת צִקּוֹן מַכְפֵּל כְּפָגְעָה, **דִּ**לֵּג פַּעַם וְזֹאת רָגְעָה.
**הִ**שְׁגִּיחַ עוֹפֶר מֵחֶרֶךְ אֲרֻבּוֹת, **וְ**חִתֵּל אֶרֶךְ בְּתֶבֶס תַּעֲרוּבוֹת,
**זְ**מַן קָפַץ עֲשׂוֹת רַבּוֹת, **חֲ**דָשִׁים וְגַם יְשָׁנִים לְהַרְבּוֹת.
**טָ**שׁ וַיֵּדֶא וְעִדָּן שְׁנָה, **יָ**קַץ כְּיָשֵׁן וְעָר כְּמִשְׁנָה,
✧ **כֶּ**סֶף וְדָפַק בְּפִתְחֵי יְשֵׁנָה, **לְ**חַפְּשָׂהּ בָּרִאשׁוֹן לְחָדְשֵׁי הַשָּׁנָה.
לִי עוֹד תִּגְנוֹן, בְּפָסוֹחַ וְגָנוֹן, ✧ בְּגוֹנְנָךְ לְבָנוֹן, בְּמָגִנַּת יִנּוֹן.

החזן אומר – **בָּרוּךְ** אַתָּה יהוה, מָגֵן אַבְרָהָם.

**אַתָּה** גִּבּוֹר לְעוֹלָם אֲדֹנָי, מְחַיֵּה מֵתִים אַתָּה, רַב לְהוֹשִׁיעַ. מַשִּׁיב הָרוּחַ וּמוֹרִיד הַגֶּשֶׁם.[2] מְכַלְכֵּל חַיִּים בְּחֶסֶד, מְחַיֵּה מֵתִים בְּרַחֲמִים רַבִּים, סוֹמֵךְ נוֹפְלִים, וְרוֹפֵא חוֹלִים, וּמַתִּיר אֲסוּרִים, וּמְקַיֵּם אֱמוּנָתוֹ לִישֵׁנֵי עָפָר. מִי כָמוֹךָ בַּעַל גְּבוּרוֹת, וּמִי דּוֹמֶה לָּךְ, מֶלֶךְ מֵמִית וּמְחַיֶּה וּמַצְמִיחַ יְשׁוּעָה. וְנֶאֱמָן אַתָּה לְהַחֲיוֹת מֵתִים.

קהל וחזן:

**מְ**רִימֵי עוֹל עֶגְלָה לְהַלְאוֹת, **מִ**כְּאֵב הַגְתָּהּ לְהַרְאוֹת אוֹת,
**נְ**אָקָה הֶחִישָׁה קֵץ הַפְּלָאוֹת, **נְ**חָצוּ לְמָאתַיִם וָעֶשֶׂר אַרְבַּע מֵאוֹת.
**שֶׂ**ה הַמְּסֻבָּךְ לְעֵקֶד צוּר, **סִ**יַּם זִכְרוֹ בְּפֶקֶד נָצוּר,
**עֲ**מוּסִים כְּאֶחָיו לְעֵת בִּצּוּר, **עֲ**דֵימוֹ לְשַׁי יְהִי עָצוּר.

(1) תהלים נא:יז (2) נ"א הַגֶּשֶׁם

פֶּלֶא עֲשׂוֹת נֶגֶד אָבוֹת, פָּץ מִבֶּעָשׂוֹר לְאָסְרוֹ בַּעֲבוֹת,
❖ צְלִיחַת יַרְדֵּן בּוֹ לְהִתְווֹת, צְפִיַּת שֶׂה לְבֵית אָבוֹת.
לְךָ עוֹד נַקְשִׁיבָה, מִמַּעַיְנֵי הַיְשׁוּעָה נִשְׁאָבָה,
❖ שְׂשׂוֹן יִשְׁעֲךָ לָנוּ הָשִׁיבָה, וּבִתְחִיַּת גֶּשֶׁם נֶחְשֶׁבָה.

החזן אומר – בָּרוּךְ אַתָּה יהוה, מְחַיֵּה הַמֵּתִים.

קהל וחזן:

קִיחַת עֲלִיַּת עֶקֶד, הִיא נִצְּבָה בְּפֶקֶד, תְּוִיכַת בִּתְרֵי שָׁקֵד, רִשְׁפֵּי לוּד לְיַקֵּד.
רַחַשׁ יְשֵׁנִים כְּעֶרֶב, דַּם תְּבוּסָה כְּעֹרֶב, קֵץ חָשׁ וְקָרֵב, לְעוֹרֵר בְּתַנִּין קְרָב.
שֵׁמַע מִכְסַת פְּסָחִים, אֲשֶׁר כִּסּוּ פְּסוּחִים,
הִיא צִמְּתָה כַּסְּלוּחִים, לְהַצִּיתָם כְּקוֹצִים כְּסוּחִים.
תְּרָפִים כְּדֵי לַמְעֵט, מְנוּיֵי מְתֵי מְעַט,
❖ תּוֹקֶף הַדְרַת מֶלֶךְ מִלְּהַמְעֵט, הָרְשַׁם לְהִמָּנוֹת בִּנְאֻם יִמְעַט.
הַחֹדֶשׁ הַזֶּה לָכֶם לִשְׁמוֹר, בְּסֵכֶם אֲסוּפֵי הַר מוֹר,
❖ וְאִתָּם אֵל יִגְמוֹר, שְׁלֹשֶׁת אוֹתוֹת בּוֹ לִשְׁמוֹר.
דּוֹרֵשׁ זֶה חֹדֶשׁ בְּחָדְשׁוֹ, לְאוֹת וּלְמוֹפֵת קָדְשׁוֹ,
❖ יְדִידֵי עַם קְדוֹשׁוֹ, הוֹשִׁיעָה לּוֹ יְמִינוֹ וּזְרוֹעַ קָדְשׁוֹ.
הֲדוֹם אֲשֶׁר מְגַּר וְהוּדַשׁ, כְּהַיּוֹם הַזֶּה יְחֻדַּשׁ בְּגוֹדֶשׁ,
❖ וְנוֹבִיל שַׁי בַּקֹּדֶשׁ, בָּרִאשׁוֹן בְּאֶחָד לַחֹדֶשׁ.

הקהל ואח״כ החזן בקול רם:

**יִמְלֹךְ יהוה לְעוֹלָם, אֱלֹהַיִךְ צִיּוֹן לְדֹר וָדֹר, הַלְלוּיָהּ.**
**וְאַתָּה קָדוֹשׁ, יוֹשֵׁב תְּהִלּוֹת יִשְׂרָאֵל, אֵל נָא.**

**רַבּוֹת** עָשִׂיתָ וְחָשַׁבְתָּ וְסִפַּרְתָּ, מִפְּעָלוֹתֶיךָ פְּעוֹל בְּסַהַר סָפַרְתָּ,
לְאוֹתוֹת וּלְמוֹעֲדִים חֶבְלוֹ שִׁפַּרְתָּ, לִתְקוּפוֹת וּמַחֲזוֹרוֹת קִצּוֹ צִפַּרְתָּ,
לְאַלְפַּיִם וְאַרְבַּע מֵאוֹת וְאַרְבָּעִים וּשְׁמוֹנָה זְמַנּוֹ בֵּאַרְתָּ,
וּבִתְשַׁע מֵאוֹת עִבּוּרִים עָדָיו עִבַּרְתָּ, וְהַיּוֹם הוֹרֵיתָ לָעָם אֲשֶׁר בָּחַרְתָּ,
לָכֵן עַל כָּל חֹדֶשׁ חָדְשׁוֹ הִגְבַּרְתָּ, סִפְרוֹ בִּקַּרְתָּ, קִצְבּוֹ חָקַרְתָּ,
חזן– נִזְלוֹ הֵקַרְתָּ, פִּלְאוֹ סָקַרְתָּ, מוֹעֲדוֹ יִקַּרְתָּ, וּבוֹ יָקַרְתָּ וְנִתְיַקַּרְתָּ.

הקהל ואח״כ החזן בקול רם:

**חַי וְקַיָּם נוֹרָא וּמָרוֹם וְקָדוֹשׁ.**

[המחבר חתם שמו – אלעזר בירבי קליר – בראשי החרוזים.]

**אֲבִי** כָּל חוֹזֶה, חָל בּוֹ בַּמַּחֲזֶה, כְּנֶאֱמַר לוֹ חֲזֵה, תַּבְנִיוֹת הַחֹדֶשׁ הַזֶּה
לְהָבִין קֶצֶב מוֹלַדְתּוֹ, מִתְּחִלָּתוֹ, וְאֹרֶךְ מְלֶאתוֹ, עַד תַּכְלִיתוֹ.
עִמְּתוֹ לְהַרְאֵהוּ, וְלֹא הִכִּיר מַרְאֵהוּ, עַד בְּאֶצְבַּע הֶרְאָהוּ, אָז בָּן וְרָאָהוּ.
זוֹהַר לְשָׁעוֹת שֵׁשׁ, תָּאֲרוֹ לְהִתְאַשֵּׁשׁ, פָּחוֹת מִשֵּׁשׁ, כָּל עַיִן יְעַשֵּׁשׁ.
רוֹאָיו לְבַקֵּר, עֵדָיו לַחְקֹר, מַאֲמִירָיו לְיַקֵּר, מְמִירָיו לְעַקֵּר.
בְּמֶדֶד לוֹ שִׁעֵר, עָבְיוֹ אֵיךְ לְשַׁעֵר, עַד שְׁטִיפַת שַׂעַר, יְקַבְּלוּ יוֹשְׁבֵי שָׁעַר.
יָדְעוּ תְבוּנָה, לְחַוּוֹת לְאוֹם נְכוֹנָה, לְהוֹרוֹת לְיוֹדְעֵי בִינָה, עֵרֶךְ לְבָנָה.
רְגָלִים לְיַשֵּׁב, זְמַנִּים לְחַשֵּׁב, בַּעֲבוּר אֵיךְ לְיַשֵּׁב, וְסוֹד מָה לְהַקְשֵׁב.
בְּפָנָיו צָגוּ אֵילֵי קֹדֶשׁ, לְהָעִיד עֵדוּת חֹדֶשׁ, וְאַל נִתְעַטֵּף בַּקֹּדֶשׁ, כִּמְקַדְּשֵׁי חֹדֶשׁ.
יָהּ בְּדָקָם לְעֵינוֹ, וְעֵדוּתָם דִּקְדֵּק בְּמַחֲנוֹ, וְהַכֹּל צָוְחוּ בִּמְעוֹנוֹ, מְקֻדָּשׁ הַחֹדֶשׁ בִּזְמַנּוֹ.

קֵץ מוֹלַדְתּוֹ חָל לְהַקְצוֹת, בְּיוֹם רְבִיעִי בְּחָצוֹת,
וְעַד שְׁלֹשִׁים מְרוּצוֹת, לֹא נִכַּר בַּחוּצוֹת.
לָאָה צִיר וּפָחַד, וְתָר מֵעֵת לְעֵת סִפּוּר אֶחָד,
וְצוּר פָּץ לוֹ וַיִּחַד, מֵעֶרֶב וְעַד עֶרֶב מְנוֹת אֶחָד.
יַלְדוּת חֶרֶס וְסַהַר בּוֹ בַּיּוֹם חֶשְׁבּוֹן מִצּוּ, וּכְתְחִלַּת בְּרִיָּתָם בְּחַלּוֹן אֶחָד נִמְצָאוּ.
✧ רֵעִים כְּנִתַּן לָמוֹ מְסוֹרֶת אָמָצוּ, לַחְשֵׁב לְעַבֵּר וּלְקַדֵּשׁ סְפוּרוֹת כְּמָצָאוּ.

**אֵל נָא** לְעוֹלָם תֻּעֲרָץ, וּלְעוֹלָם תֻּקְדָּשׁ, וּלְעוֹלְמֵי עוֹלָמִים תִּמְלוֹךְ וְתִתְנַשֵּׂא,
הָאֵל מֶלֶךְ נוֹרָא מָרוֹם וְקָדוֹשׁ, כִּי אַתָּה הוּא מֶלֶךְ מַלְכֵי הַמְּלָכִים,
מַלְכוּתוֹ **נֶ**צַח. **נוֹ**רְאוֹתָיו **שִׂ**יחוּ, **סַ**פְּרוּ **עֻ**זּוֹ, **פָּ**אֲרוּהוּ **צְ**בָאָיו, **קַ**דְּשׁוּהוּ **רוֹ**מְמוּהוּ, **רוֹ**ן **שִׁ**יר וָשֶׁבַח, **תּ**וֹקֶף **תְּ**הִלּוֹת **תִּ**פְאַרְתּוֹ.

החזן אומר בקול רם והקהל עונה אחריו:

**רִאשׁוֹן הוּא לָכֶם, לִפְסֹחַ עֲלֵיכֶם, לְהִתְקַדֵּשׁ בְּתוֹכְכֶם, קָדוֹשׁ.**
**לָכֶם הוּא רִאשׁוֹן, נְצוּרֵי כְּאִישׁוֹן, לְהַעֲרִיץ לְאֵל אַחֲרוֹן וְרִאשׁוֹן, קָדוֹשׁ.**

**אָדוֹן** מִקֶּדֶם תִּכְּנוֹ רֹאשׁ, בִּינוֹ לֹא גָל בְּסֵפֶר תּוֹלְדוֹת רֹאשׁ,
גִּלָּהוּ תְּחִלָּה לָכֶם לִדְרוֹשׁ.
**ד**וֹרֵשׁ לְהַשְׁווֹת בּוֹ גֵּיהַּ וְאִישׁוֹן, **הָ**פְלָא מִכָּל עַם וְלָשׁוֹן, **וְ**לֹא הָמְסַר לְאָדָם הָרִאשׁוֹן.
**זְ**מַן עֶדְנָה בּוֹ בְּשֵׂרָה, **חָ**נוּט לְקִצּוֹ עָקוּד לְמוֹסֵרָה, **טַ**פֵּיהָ בְּכֵן בּוֹ בְּשָׂרוּ בְּשׂוֹרָה.
**יֶ**רַח אֲשֶׁר לֹא פִעֲנַח לָרִאשׁוֹנִים, **כְּ**מוּס לִצְפּוֹן חֳדָשִׁים וְגַם יְשָׁנִים,
**לְ**רֹאשׁ הוּשַׂם לְאַרְבָּעָה רָאשֵׁי שָׁנִים.
**מ**וֹעֲדִים מְזֻמָּנִין לִנְדְגָּלִים, **נ**וֹעֲדִים בּוֹ עֵינֵימוֹ צִירֵי רוֹגְלִים,
**סָ**פוּר הוּא לִמְלָכִים וְלִרְגָלִים.
**עִ**בּוּר מְעַבְּרִים לְשָׁמְרוֹ בְּמוֹעֲדוֹ, **פֶּ**רַח וְאָבִיב תְּקוּפָה בָּם לְוַעֲדוֹ,
**צִ**יּוּן שְׁלָשְׁתָּם יְצָרְפוּ לְסַעֲדוֹ.
**קֻ**דַּשׁ בְּרֹאשׁוֹ וּשְׁלִישׁוֹ חֶצְיוֹ וְרֻבּוֹ לִשְׁמוֹר, לְקַדֵּשׁ לָקַחַת לְחֶגֶג לִקְצוֹר וְלִגְמוֹר,
**רֻ**שַּׁם בְּכָל דּוֹר, **שָׁ**מוּר הוּא לָרוֹכֵב עַל חֲמוֹר.
✧ **שְׁ**מִירַת שְׁלִישׁוֹ בַּיַּרְדֵּן עָמָדָה, **שַׁ**לְהֶבֶת חֶצְיוֹ שְׁאוֹן פּוּל הִשְׁמִידָה,
**תְּ**שׁוּעַת קְצִירוֹ יְמִינִי הֶעֱמִידָה.
לָכֶם הוּא רִאשׁוֹן, נְצוּרֵי כְּאִישׁוֹן, לְהַעֲרִיץ לְאֵל אַחֲרוֹן וְרִאשׁוֹן, קָדוֹשׁ.

**וּבְכֵן וּלְךָ תַעֲלֶה קְדֻשָּׁה, כִּי אַתָּה קְדוֹשׁ יִשְׂרָאֵל וּמוֹשִׁיעַ.**

**הוּא** נִקְרָא רֹאשׁ וְרִאשׁוֹן, וְנֶאֱמוֹ נִקְרָא רֹאשׁ וְרִאשׁוֹן, וּמוֹעֲדוֹ נִקְרָא רֹאשׁ וְרִאשׁוֹן, וְאִוּוּיוֹ נִקְרָא רֹאשׁ וְרִאשׁוֹן, וְנוֹחֲלָיו נִקְרְאוּ רֹאשׁ וְרִאשׁוֹן, וְאוֹיְבָם נִקְרָא רֹאשׁ וְרִאשׁוֹן, וְאֹהֲבָם נִקְרָא רֹאשׁ וְרִאשׁוֹן, וְגוֹאֲלָם נִקְרָא רֹאשׁ וְרִאשׁוֹן, הִנֵּה הָעֵת יָבֹא בְּרֹאשׁ וְרִאשׁוֹן, בְּקֵץ אֲשֶׁר הוּא רֹאשׁ וְרִאשׁוֹן, לַעֲבוֹר בְּרֹאשׁ וְרִאשׁוֹן, לְכוֹנֵן נָכוֹן בְּרֹאשׁ וְרִאשׁוֹן, וְאִתּוֹ נוֹצַר בְּרוּחַ רֹאשׁ וְרִאשׁוֹן, לְקַעֲקֵעַ שְׂרִידֵי עֲמָלֵק רֹאשׁ וְרִאשׁוֹן, לְעוֹרֵר צוּרִים הַחֲצוּבִים בְּרֹאשׁ וְרִאשׁוֹן, לִפְעוֹל חֲדָשׁוֹת בְּרֹאשׁ וְרִאשׁוֹן, לִרְצוֹת חִדּוּשׁ תְּשׁוּרַת רֹאשׁ וְרִאשׁוֹן, לְהוֹבִיל בּוֹ שַׁי לְרֹאשׁ וְרִאשׁוֹן. וְעוֹד בַּל יִזָּכְרוּ רִאשׁוֹנִים, כִּי יְחַדְּשׁוּ חֳדָשִׁים וְגַם יְשָׁנִים, פְּלָאִים מִפְּלָאִים מְשֻׁנִּים, וְיָקִיצוּ כָּל יְשֵׁנִים, מְהַלְלִים וּמְשׁוֹרְרִים שִׁירִים מְשִׁירִים מְשֻׁנָּנִים. וְלֹא יֹאמְרוּ עוֹד אֲשֶׁר הֶעֱלָה בְּנָבִיא, כִּי אִם חַי יהוה אֲשֶׁר הֶעֱלָה וַאֲשֶׁר הֵבִיא, וְאָז אֵל יִשְׁאַג כְּלָבִיא, לַעֲרוֹךְ קְרָבִי, חֲדָשׁוֹת לְהָבִיא, בְּיַד אִישׁ נָבִיא, מִשֵּׁבֶט לֵוִי, לְהָשִׁיב לְבָבִי, לְחַדֵּשׁ קִרְבִּי. וְיַצְמִיחַ צֶמַח נָקוּב שִׁבְעָה, וְאִתּוֹ יִהְיוּ רוֹעִים שִׁבְעָה, וִיחַדְּשׁוּ

לְאוּם דְּבָרִים שִׁבְעָה, וְיִתְכַּסֶּה מֵהֶם שֶׁבְעִים שִׁבְעָה.

וְיָשׁוּב וְיִגָּלֶה לְעַם קְדוֹשִׁים, אֲשֶׁר עִמּוֹ יְהוּ מְקֻדָּשִׁים, וְלֹא לְעֶדְרֵי צֹאן קָדָשִׁים, עַד קֵץ שִׁשָּׁה חֳדָשִׁים, עַד בֹּא רִאשׁוֹן לְרָאשֵׁי חֳדָשִׁים, וְאָז יֵרָאֶה לַעֲדַת קְדוֹשִׁים, הַנִּשְׁאָרִים מֵעוּל קְדֹשִׁים, וְיֵרָאֶה לָמוֹ אוֹתוֹת חֲדָשִׁים, לְחַדֵּשׁ שָׁמַיִם הַחֲדָשִׁים, לְמִשְׁחַ קֹדֶשׁ קָדָשִׁים, לִפְתֹּחַ דֶּלֶת לִקְדוֹשִׁים, בַּשַּׁבָּתוֹת וּבֶחֳדָשִׁים. וְאָז יְצַוֶּה חִדּוּשׁ עֲבוֹדַת חֹדֶשׁ, מַה לְהַעֲלוֹת בְּרֹאשׁ כָּל חֹדֶשׁ, וַעֲבוֹדַת רִאשׁוֹן כָּל חֹדֶשׁ, הִיא תַקְדִּים תְּחִלָּה לְכָל חֹדֶשׁ, כִּי כְמוֹ הָיָה רֹאשׁ לְכָל חֹדֶשׁ, כֵּן יִהְיֶה רֹאשׁ לְכָל חֹדֶשׁ. וְתֵעָשֶׂה בּוֹ חֲדָשָׁה, לִבְרֹאת אֶרֶץ חֲדָשָׁה, לְהִנָּתֵן דֵּעָה חֲדָשָׁה, לִכְרוֹת בְּרִית חֲדָשָׁה, לְהִבָּרְאוֹת בְּרִיָּה חֲדָשָׁה, לְהִתְחַדֵּשׁ רוּחַ חֲדָשָׁה, לְהוֹבִיל בּוֹ שַׁי מִנְחָה חֲדָשָׁה. וְחַמָּה וּלְבָנָה תִּתְחַדָּשׁ, וְאוֹרָם שִׁבְעָתַיִם יְחֻדָּשׁ, שְׁתַּיִם בַּשָּׁנָה יִתְחַדָּשׁ, וִיצַמְצֵם שְׁכִינָתוֹ בְּתוֹךְ שַׁעַר הֶחָדָשׁ, וְיִקָּרֵא לוֹ שֵׁם חָדָשׁ, כְּשֵׁם הָעִיר מִיּוֹם הַמְּקֻדָּשׁ, וְיִנָּתֵן לָעָם לֵב חָדָשׁ, לְשׁוֹרֵר בְּפִיהֶם שִׁיר חָדָשׁ, שִׁיר מְפֹאָר וּמְחֻדָּשׁ, עַל כָּל שִׁיר מְהֻלָּל וּמְקֻדָּשׁ.

כִּי שִׁירֵי אֶרְאֶלִּים, אֲשֶׁר שִׁיר וְתִשְׁבָּחוֹת מְהַלְּלִים, לִפְנֵי שִׁיר זֶה לֹא חָלִים.
וְנִצּוּחַ אֵלִים, אֲשֶׁר קוֹל הַמֶּלָה צוֹהֲלִים, לִפְנֵי שִׁיר זֶה לֹא מְמַלְּלִים.
וְרֶנֶן גַּלְגַּלִּים, אֲשֶׁר אִם הִרְשׁוּ כָּל גּוֹלְלִים, לִפְנֵי שִׁיר זֶה לֹא כוֹלְלִים.
וְאֵימַת כְּרוּבִים, אֲשֶׁר הֵם צָגִים כְּמוֹ רוֹבִים, לִפְנֵי שִׁיר זֶה לֹא מַרְבִּים.
וְהַדְרַת אוֹפַנִּים, אֲשֶׁר הֵם מְרֻבְּעֵי פָנִים, לִפְנֵי שִׁיר זֶה לֹא סוֹפְנִים.
וַהֲמוֹן גְּדוּדִים, אֲשֶׁר הֵם הוֹד אֵל מַגִּידִים, לִפְנֵי שִׁיר זֶה לֹא נֶאֱגָדִים.
וְסוֹד עִירִין, אֲשֶׁר כְּעֵין קָלָל בּוֹעֲרִים, לִפְנֵי שִׁיר זֶה לֹא מְפָאֲרִים.
וְרֶגֶשׁ קַדִּישִׁין, אֲשֶׁר לַבְּקָרִים מִתְחַדְּשִׁים, לִפְנֵי שִׁיר זֶה לֹא מַקְדִּישִׁים.
וְנֹהַם שִׁנְאַנִּים, אֲשֶׁר טַעְמָם לֹא מְשַׁנִּים, לִפְנֵי שִׁיר זֶה לֹא מְשַׁנְּנִים.
וּפַחַד שְׂרָפִים, אֲשֶׁר בְּרֶגַע כֹּל שׂוֹרְפִים, לִפְנֵי שִׁיר זֶה לֹא רוֹפְפִים.

כִּי כָל מַחֲנוֹת מְשָׁרְתִים קְדוֹשִׁים, מְשָׁרְתָיו יְהוּ מַקְדִּישִׁים. וְגַם הֲמוֹן צְבָא מַלְאָכִים, מַנְעִימִים יְהוּ מַמְלִיכִים. וּמְרוּצוֹת חֵיל זִקִּים, כֹּחָם יְהוּ מְחַזְּקִים. וְזִיו מִשְׁלַחַת בְּרָקִים, פְּנֵיהֶם יְהוּ מַבְרִיקִים. וְחוּצָה לָמוֹ הוֹוִים, מִתְעַלְּסִים בָּאֲהָבִים, וְעַד מְחִיצָתָם לֹא בָאִים. בְּאִשָּׁם נִלְהָבִים, וּבְגַחַלְתָּם נִכְוִים, וּבִפְאֵרָם הֵם נֶאֱלָמִים. וְעֵת כִּי יַתְחִילוּ יָחִישׁוּ, וְעֵת כִּי יַתְכִּילוּ יָחִילוּ, וְעֵת כִּי יִגְמְרוּ יַעֲרִיצוּ. וְעֵת כִּי יָחִישׁוּ יַקְדִּישׁוּ, וְעֵת כִּי יִשְׁתְּקוּ יְשַׁלֵּשׁוּ, קְדֻשָּׁה מְשֻׁלֶּשֶׁת.

אומרים קדושה (עמ' 212) והחזן ממשיך עם חזרת הש"ץ. מוציאים ב' ספרי תורה. באחד קורין סדר היום ובשני קורין מפטיר בפרשת בא „החדש הזה לכם" עד „תאכלו מצות", ומפטירין ביחזקאל מ"ה „כל העם הארץ". כשחל בראש חודש מוציאים ספר תורה נוסף, בו קורא השביעי בפרשת ראש חודש (במדבר כח:ט-טו).

## מוסף לפרשת החודש

החזן מתחיל חזרת התפלה (עמ' 230) עד „וּמוֹשִׁיעַ וּמָגֵן".

**רִאשׁוֹן,** אִמַּצְתָּ לְפֶרַח שׁוֹשַׁנִּים, אֹמֶץ לְעוֹרֵר מֵרֶדֶם יְשֵׁנִים,
בְּזָכְרְךָ בְּרִית רִאשׁוֹנִים, בִּצְפוֹן חֳדָשִׁים וְגַם יְשָׁנִים,
גָּלוּתוֹ בְּדָת שְׁנוּנִים, גָּזַר רֹאשׁ לְאַרְבָּעָה רָאשֵׁי שָׁנִים.
✣ אַרְבָּעָה רָאשֵׁי שָׁנִים בְּמַחֲזֶה, בֵּאַרְתָּ זֶה מִזֶּה לַחוֹזֶה,
כַּאֲשֶׁר שָׁמַעְנוּ כֵּן עוֹד נֶחֱזֶה, גוֹנְנֵנוּ בְּמָגֵן בַּחֹדֶשׁ הַזֶּה.

החזן מסיים – בָּרוּךְ אַתָּה יהוה, מָגֵן אַבְרָהָם.

החזן אומר „אַתָּה גִּבּוֹר" עד „לְהַחֲיוֹת מֵתִים".

**לְצִיּוֹן,** דְּרוֹר חַשְׁתָּ בּוֹ קְפוּת, דִּבֵּר אוֹר יְקָרוֹת לִקְפּוֹת,
הַחֹדֶשׁ אֲשֶׁר יְשׁוּעוֹת בּוֹ מַקִּיפוֹת, הַחוֹסִים בּוֹ מַתְקִיפוֹת,
וּמִמֶּנּוּ מַתְחִילוֹת וְתוֹקְפוֹת, וְעַד רֹאשׁ לְאַרְבַּע תְּקוּפוֹת.

❖ אַרְבַּע תְּקוּפוֹת בַּשָּׁנָה, תְּחַדֵּשׁ אוֹרָם כְּבָרִאשׁוֹנָה,
כַּאֲשֶׁר שָׁמַעְנוּ כֵּן עוֹד חִישׁ נָא, הַחֲיֵנוּ בְּגֶשֶׁם בָּרִאשׁוֹן לְחָדְשֵׁי הַשָּׁנָה.
החזן מסיים – בָּרוּךְ אַתָּה יהוה, מְחַיֵּה הַמֵּתִים.

אומרים קדושה (עמ' 231). החזן אומר „אַתָּה קָדוֹשׁ" עד „וְקָדוֹשׁ אָתָּה".

**הִנֵּה,** זֶה בָּא לִפְרָקִים, זָמוּן לִגְאוֹל רְצוּצִים מֵאֲרָקִים,
הַחֹדֶשׁ אֲשֶׁר רְבִיבִים בּוֹ מְרִיקִים, **ח**ַשְׁרַת מַיִם לְמַלֹּאת רֵקִים,
**ט**ִיעוֹת לְרַווֹת וִירָקִים, **ט**ְלָאִים בּוֹ לְהָקִים, בְּאַרְבָּעָה פְּרָקִים.
❖ אַרְבָּעָה פְּרָקִים כְּבַמַּחֲזֶה, בֵּאַרְתָּ זֶה מִזֶּה לַחוֹזֶה,
כַּאֲשֶׁר שָׁמַעְנוּ כֵּן עוֹד נֶחֱזֶה, וְנַעֲרִיצְךָ קָדוֹשׁ בַּחֹדֶשׁ הַזֶּה.
החזן מסיים – בָּרוּךְ אַתָּה יהוה, הָאֵל הַקָּדוֹשׁ.

החזן אומר „תִּכַּנְתָּ שַׁבָּת" עד „מְקַדְּשֵׁי שְׁמֶךָ" (ובר"ח „אַתָּה יָצַרְתָּ" עד „לָהֶם קָבָעְתָּ").

**הִנָּם,** יָמִים הַמְּבוֹרָכִים, **י**וֹרֶה וּמַלְקוֹשׁ בְּאִבָּם פּוֹרְכִים,
**כֹּ**חַ תֵּת בַּאֲבִיבִים רַכִּים, **כַּ**רְמֶל לְהַקְלִיא אָבִיב פֵּרוּכִים,
**לְ**שַׁנֵּן מִפְעֲלוֹת מֵצִיץ מֵחֲרַכִּים, **לְ**פָנָיו קוֹרְאִים עִנְיַן אַרְבָּעָה עֲרָכִים.
❖ אַרְבָּעָה עֲרָכִים אֲשַׁנֵּנָה, סִפּוּר מִסּוֹת פִּרְחֵי שׁוֹשַׁנָּה,
כַּאֲשֶׁר שָׁמַעְנוּ כֵּן עוֹד חִישׁ נָא, עַנְּגֵנוּ בְּנֹפֶשׁ בָּרִאשׁוֹן לְחָדְשֵׁי הַשָּׁנָה.
החזן מסיים – בָּרוּךְ אַתָּה יהוה, מְקַדֵּשׁ הַשַּׁבָּת (בר"ח מוסיף – וְיִשְׂרָאֵל וְרָאשֵׁי חֳדָשִׁים).

החזן אומר „רְצֵה" עד „לְצִיּוֹן בְּרַחֲמִים".

**וְלִירוּשָׁלַיִם,** מוֹפֵת הוּחַק בּוֹ כְּסוּת, **מ**ֵעֵין כָּל חַי לְהִתְכַּסּוּת,
**נְ**קָמוֹת אֲשֶׁר בְּלֵב מְכֻסּוֹת, **נ**ִתְכַּנּוּ בְּמוֹעֵד זֶה הֱיוֹת טְכוּסוֹת,
**שֶׂ**ה לְבֵית אָבוֹת מְנוֹת בְּמִכְסוֹת,
**ס**ַבּוֹת עָלָיו עָסִיס אַרְבָּעָה כּוֹסוֹת.
❖ אַרְבָּעָה כּוֹסוֹת כְּבַמַּחֲזֶה, בֵּאַרְתָּ זֶה מִזֶּה לַחוֹזֶה,
כַּאֲשֶׁר שָׁמַעְנוּ כֵּן עוֹד נֶחֱזֶה, רְצֵנוּ כְּשֵׂי בַּחֹדֶשׁ הַזֶּה.
החזן מסיים – בָּרוּךְ אַתָּה יהוה, הַמַּחֲזִיר שְׁכִינָתוֹ לְצִיּוֹן.

הקהל אומרים מודים דרבנן והחזן אומר „מוֹדִים", „וְכֹל הַחַיִּים" עד „הָאֵל הַטּוֹב".

**מְבַשֵּׂר,** עַם זְכִיּוֹת, **עֲ**צוּרִים לְהַעֲלוֹת מִצּוּל דָּכְיוֹת,
**פְּ**דוּיִם חִוָּה בְּמַשְׂכִּיּוֹת, **פְּ**צוֹחַ שִׁירִים תְּמוּר בְּכִיּוֹת,
**צִ**בְאוֹת כָּל חֶמְדַּת שְׂכִיּוֹת, **צ**ֵאת לַמֶּרְחָב מִלַּחַץ אַרְבַּע מַלְכֻיּוֹת.
❖ אַרְבַּע מַלְכֻיּוֹת נָדוּשׁ נָא, בְּמַדּוּתְךָ פְּעֻלָּתָם כְּבָרִאשׁוֹנָה,
כַּאֲשֶׁר שָׁמַעְנוּ כֵּן עוֹד חִישׁ נָא,
וְתֵיטִיב לָנוּ בְּטוּבְךָ בָּרִאשׁוֹן לְחָדְשֵׁי הַשָּׁנָה.
החזן מסיים – בָּרוּךְ אַתָּה יהוה, הַטּוֹב שִׁמְךָ וּלְךָ נָאֶה לְהוֹדוֹת.

החזן אומר ברכת כהנים, „שִׂים שָׁלוֹם" עד „בִּשְׁלוֹמֶךָ (בְּרוֹב עֹז וְשָׁלוֹם)".

**אֶתֵּן,** קוֹל כְּשׁוֹרְרוּ רָאשִׁים, **ק**ְרֹא בְגָרוֹן בְּגֵיא הַחֲרָשִׁים,
**רָ**אשֵׁי תַנִּינִים אֲשֶׁר עַל גַּבֵּי חוֹרְשִׁים, **ר**ְאוֹתָם בְּזֶה חֹדֶשׁ מְגֹרָשִׁים,
**שִׁ**יר חָדָשׁ וְהֶגֶה מִדְרָשִׁים, **ת**ְּרַנֵּנָּה שִׂפְתֵי בְּשׂוֹרֵי אַרְבָּעָה חֲרָשִׁים.
❖ אַרְבָּעָה חֲרָשִׁים כְּבַמַּחֲזֶה, בֵּאַרְתָּ זֶה מִזֶּה לַחוֹזֶה,
כַּאֲשֶׁר שָׁמַעְנוּ כֵּן עוֹד נֶחֱזֶה, בָּרְכֵנוּ בַשָּׁלוֹם בַּחֹדֶשׁ הַזֶּה.
החזן מסיים – בָּרוּךְ אַתָּה יהוה, הַמְּבָרֵךְ אֶת עַמּוֹ יִשְׂרָאֵל בַּשָּׁלוֹם.

החזן אומר קדיש שלם (עמ' 236) וממשיכים עד סוף תפילת מוסף.

## יוצר לשבת הגדול

חזן:

אֲדֹנָי שְׂפָתַי תִּפְתָּח, וּפִי יַגִּיד תְּהִלָּתֶךָ.[1]

**בָּרוּךְ** אַתָּה יהוה אֱלֹהֵינוּ וֵאלֹהֵי אֲבוֹתֵינוּ, אֱלֹהֵי אַבְרָהָם, אֱלֹהֵי יִצְחָק, וֵאלֹהֵי יַעֲקֹב, הָאֵל הַגָּדוֹל הַגִּבּוֹר וְהַנּוֹרָא, אֵל עֶלְיוֹן, גּוֹמֵל חֲסָדִים טוֹבִים, וְקוֹנֵה הַכֹּל, וְזוֹכֵר חַסְדֵי אָבוֹת, וּמֵבִיא גוֹאֵל לִבְנֵי בְנֵיהֶם, לְמַעַן שְׁמוֹ בְּאַהֲבָה. מֶלֶךְ עוֹזֵר וּמוֹשִׁיעַ וּמָגֵן.

**מִסּוֹד** חֲכָמִים וּנְבוֹנִים, וּמִלֶּמֶד דַּעַת מְבִינִים,
אֶפְתְּחָה פִּי בְּשִׁיר וּרְנָנִים, לְהוֹדוֹת וּלְהַלֵּל פְּנֵי שׁוֹכֵן מְעוֹנִים.

קהל וחזן:

אֱלֹהִים בְּצַעְדְּךָ הַכּוֹת פַּתְרוּס, **בִּ**תַּקְתָּ חֵילָם מִבְצָרֵיהֶם לַהֲרוֹס,
גָּאַלְתָּ עַמְּךָ בְּנֵבֶל קַתְרוֹס, **דִּ**רַרְתָּם וְהִבְרַרְתָּם כְּסֹלֶת לָרוֹס.
הֵגַרְתָּ לַגַּי הֲמוֹן פִּיבֶסֶת, **וְ**נִקְּתָה לָאָרֶץ בִּטְרִיָּה נֶחְבֶּסֶת,
זְנוּחָה זָרְחָה בְּדַם מִתְבּוֹסֶסֶת, **חֻ**לְּצָה וְנִגְהֲצָה בְּרְחִיצָה וְתִכְבּוֹסֶת.
טֶרֶם מֵרוּר מִמְּעֻנִּים יָשְׁבַת, **יְ**שׁוּעָה צָמְחָה לִנְצוּרֵי כְּבָבַת,
✣ כִּתַּרְתָּ כְלִיל לְנֶפֶשׁ מְשִׁיבַת, **לְ**שֶׁעָבַר קִדַּמְתָּ מַתַּן שַׁבָּת.
סֶלָה אֲרוֹמִמְךָ מוֹשִׁיעַ וְשַׁלִּיט, מוֹצִיאִי לְחָפְשִׁי מִבֵּית מַעֲלִיט,
✣ סְכוּתָה לְרֹאשִׁי לְהַשְׁאִיר פָּלִיט, גָּנוֹן וְהִצִּיל פָּסוֹחַ וְהִמְלִיט.

החזן אומר – בָּרוּךְ אַתָּה יהוה, מָגֵן אַבְרָהָם.

**אַתָּה** גִּבּוֹר לְעוֹלָם אֲדֹנָי, מְחַיֵּה מֵתִים אַתָּה, רַב לְהוֹשִׁיעַ. מַשִּׁיב הָרוּחַ וּמוֹרִיד הַגֶּשֶׁם.[2] מְכַלְכֵּל חַיִּים בְּחֶסֶד, מְחַיֵּה מֵתִים בְּרַחֲמִים רַבִּים, סוֹמֵךְ נוֹפְלִים, וְרוֹפֵא חוֹלִים, וּמַתִּיר אֲסוּרִים, וּמְקַיֵּם אֱמוּנָתוֹ לִישֵׁנֵי עָפָר. מִי כָמוֹךָ בַּעַל גְּבוּרוֹת, וּמִי דּוֹמֶה לָּךְ, מֶלֶךְ מֵמִית וּמְחַיֶּה, וּמַצְמִיחַ יְשׁוּעָה. וְנֶאֱמָן אַתָּה לְהַחֲיוֹת מֵתִים.

קהל וחזן:

**מִ**מַּסְגֵּר אַסִּיר בְּצֵאת לְחוֹפֶשׁ, **נִ**תְנוֹסֵס נֵס בִּטְבִיעַת רֶפֶשׁ,
**סִ**גַּבְתָּם חוֹק מַרְגּוֹעַ וָנוֹפֶשׁ, **עָ**רוֹךְ תְּחִלָּה לִמְשִׁיבַת נֶפֶשׁ.
**פֵּ**רוּשׁוֹ וְטַעְמוֹ צִוִּיתָה בְּמָרָה, **צִ**חְצוּחַ דָּתוֹ לְהָבִין וּלְגָמְרָה,
**קְ**בִיעַת קָדְשָׁתוֹ בִּזְכִירָה וּשְׁמִירָה, **רוֹ**ן לְהָפִיק בְּתוֹדָה וְזִמְרָה.
**שְׁ**פָטִים גְּדוֹלִים עָשִׂיתָ בְּצוֹעַן, **שִׁ**פְרַרְתָּ אֹהֶל בַּל יִצְעַן,
✣ **תְּ**עוּבִים פַּסּוּ בְּאַף לְהַכְנִיעַן, **תָּ**קְפָה חֲרָדָה בֶּאֱדוֹם וּכְנַעַן.
לִבְּךָ וְעֵינֶיךָ לְ...כְּלִךְ תְּשׁוֹבֵב, **דֶּ**שֶׁן וָשֶׁמֶן לְעַמְּךָ יְנוּבֵב.
✣ תְּכוֹנֵן אֻלָּמְךָ מִזְבֵּחַ וְסוֹבֵב, לְהַגְשִׁים תֶּחִי יְשֵׁנִים דּוֹבֵב.

החזן אומר – בָּרוּךְ אַתָּה יהוה, מְחַיֵּה הַמֵּתִים.

[המחבר חתם שמו – יוסף בר שמואל – בראשי החרוזים, והוא רבי יוסף טוב עלם.]

קהל וחזן:

**יִ**שְׁעִי וּכְבוֹדִי מִשְׂגַּבִּי וּמְנוּסִי, **וְ**נִצָּב לָרִיב עַל אוֹנְסִי, **ס**וֹכְבִי בְּאֶבְרָתוֹ יהוה נִסִּי.
**פּ**וֹרֵעַ וְגוֹבֶה דִּין קְנָסִי, **בְּ**הִלּוֹ נֵרוֹ עֲלֵי רֹאשִׁי, **רָ**כַב עַל עָב קַל מְעוֹנוֹ לְגָרְשִׁי.
**שִׁ**חַת מִבְצָר מַחֲלִישִׁי וְחוֹרְשִׁי, **מִ**לּוֹן קִצּוֹ נָחֲנִי דּוֹרְשִׁי. **וּ**מִמְּעוֹן קָדְשׁוֹ חָבַשׁ כְּאֵבִי,
✣ **אָ**דוֹן מִמַּעַיְנֵי הַיְשׁוּעָה הִשְׁאִיבִי. **לְ**מְּדַנִי לָנוּחַ בַּשַּׁבָּת מֵהַדְאִיבִי,
לְהַאֲכִילִי נַחֲלַת יַעֲקֹב אָבִי.

(1) תהלים נא:יז (2) נ"א הַגֶּשֶׁם

הקהל ואח״כ החזן בקול רם:

**יִמְלֹךְ יהוה לְעוֹלָם, אֱלֹהַיִךְ צִיּוֹן לְדֹר וָדֹר, הַלְלוּיָהּ.**
**וְאַתָּה קָדוֹשׁ, יוֹשֵׁב תְּהִלּוֹת יִשְׂרָאֵל, אֵל נָא.**

**כֶּרֶם** חֶמֶד נֶטַע שַׁעֲשׁוּעִים, בְּלוּסָה וּמְכֻסֶּסֶת שְׁנֵי רְשָׁעִים, וְנִגְלֵיתָ לְחַלְּצָהּ מִבֵּין פּוֹשְׁעִים, בְּחֵיל אֲלָפִים רְבָבוֹת תִּשְׁעִים, וּבְצֶדֶק נִפְקַד לְתֵשַׁע וְתִשְׁעִים, הָעֲמָסָה מַשָּׂא פְּרָדִים תִּשְׁעִים, פִּנִּיתָ לְפָנֶיהָ מְלָכִים וְשׁוֹעִים, שִׁלְּחָה קְצִירֶיהָ וְעָלוּ מוֹשִׁיעִים, וּלְחֶלְקָהּ נָטְלָה שִׁבְעָה מִשִּׁבְעִים, שֶׁעִשּׂוּר נְכָסִים לְבָנוֹת קְבוּעִים, וּבִישִׁימוֹן דֶּרֶךְ הָלְכוּ אַרְבָּעִים, ❖ מַעֲדַנֵּי מֶלֶךְ אוֹכְלִים וּשְׂבֵעִים, קִדְּשָׁתוּ מְתַנִּים וְרֶנֶן מַבִּיעִים.

הקהל ואח״כ החזן בקול רם:

**חַי וְקַיָּם נוֹרָא וּמָרוֹם וְקָדוֹשׁ.**

[המחבר חתם שמו – יוסף בר שמואל [חזק] – בראשי החרוזים.]

**יָרַדְתָּ** לְהַצִּיל עַמֶּךָ, לְהוֹדִיעָם אֹרַח נָעֳמֶךָ,
לְמַשְּׂאוֹת תָּרִים פְּעָמֶיךָ, לְהַכְנִיעַ רוֹדִים בְּזַעְמֶךָ.
וּכְהָתֵם הֲמוֹן שׁוֹדְדִים, כָּלוּ שָׂרִים וּגְדוּדִים,
וְהִגִּיעָה עֵת דּוֹדִים, צָמְחָה יְשׁוּעָה לִידִידִים.
סוֹד כְּיָצָא בְּהַנְוָיָה, צֵאת עֲגוּמִים לָרְוָיָה,
נָחֲצוּ צִירִים לְשִׁבְיָּהּ, שְׁנֵי תָאֳמֵי צְבִיָּהּ.
פְּרוֹס כֵּרָה שֶׁל מֶלֶךְ, אֵרְעוּהוּ לְשַׂר פֶּלֶךְ,
כָּל הַבָּא לַמֶּלֶךְ, אֶשְׁכָּר לְפָנָיו מְהַלֵּךְ.
בְּשַׁעַר בַּת כִּסְלוּחַ, נִצָּבִים מַלְאֲכֵי שִׁלּוּחַ,
נִסְתַּכְּלוּ קוֹטְפֵי מַלּוּחַ, בְּאֵין קוֹמֶץ וְקִלּוּחַ.
רַהַב לֵבָב גִּנָּה, לִלְגְיוֹנָיו קָפַץ וּמִנָּה,
יִכָּנֵס הַבָּא בְּמָנָה, וְאֵלֶּה לְבַד בָּאַחֲרוֹנָה.
שָׁאַל פֶּתֶן חֵרֵשׁ, מִי נִדְרָשׁ וְהַדּוֹרֵשׁ,
הֱשִׁיבוּהוּ הָפַךְ מְשׁוֹרֵשׁ, כָּלָה גָּרֵשׁ יְגָרֵשׁ.
מָרַד זֵד בְּעִקּוּלוֹ, מַה לִּי וּלְקוֹלוֹ,
וְלֹא הִרְצַנִי בְּשִׁקְלוֹ, כְּנִשְׁעָן עַל מַקְלוֹ.
וְאָז צָפָה בָּאֱלִילִים, הֲיֵשׁ יָדָיו גְּלִילִים,
צָגוּ עָלָיו בִּפְלִילִים, אֵין פְּנוֹת בַּחֲלָלִים.
אֱוִיל מוּכָן לַעֲבָרוֹת, מַה לַּכֹּהֵן בִּקְבָרוֹת,
הֲלֹא בְּתֵבֶל הַדִּבְּרוֹת, נוֹדַע בַּעַל גְּבוּרוֹת.
לוֹבֵשׁ צֶדֶק נֶאְזָר, לְהָשִׁיב גְּמוּל לְאַכְזָר,
הָפַךְ דֶּרֶךְ אִישׁ וָזָר, עֲמָלוֹ בְּרֹאשׁוֹ חָזָר.
❖ חֲנָמַל בָּרָד וּרְשָׁפִים, זִלְעֵף בַּעֲלֵי כְשָׁפִים,
קָרְסוּ כָּרְעוּ כְּשׁוּפִים, עֲפַר אֶרֶץ שׁוֹאֲפִים.

**אֵל נָא** לְעוֹלָם תֻּעֲרָץ, וּלְעוֹלָם תֻּקְדָּשׁ, וּלְעוֹלְמֵי עוֹלָמִים תִּמְלוֹךְ וְתִתְנַשֵּׂא, הָאֵל מֶלֶךְ נוֹרָא מָרוֹם וְקָדוֹשׁ, כִּי אַתָּה הוּא מֶלֶךְ מַלְכֵי הַמְּלָכִים, מַלְכוּתוֹ נֶצַח. נוֹרְאוֹתָיו שִׂיחוּ, סַפְּרוּ עֻזּוֹ, פָּאֲרוּהוּ צְבָאָיו, קַדְּשׁוּהוּ רוֹמְמוּהוּ, רוֹן שִׁיר וָשֶׁבַח, תּוֹקֶף תְּהִלּוֹת תִּפְאַרְתּוֹ.

החזן ואח״כ הקהל בקול רם:

**יוֹצְאֵי חִפָּזוֹן, סִפַּקְתָּם מָזוֹן, לִשְׂבּוֹעַ וְלֹא לְרָזוֹן, קָדוֹשׁ.**

[ע״פ א״ב. המחבר חתם שם משפחתו – טוב עלם – בחרוז האחרון.]

אֱמָנָה גְדוֹלָה הָיְתָה בָעָם, בְּלִי לְהִתְלוֹנֵן זֹאת הַפַּעַם,
גּוֹעָה לֵאמֹר מַה נִּטְעָם.
דֶּרֶךְ שְׁלֹשָׁה נֵלֵךְ בַּמִּדְבָּר, הִגִּיד מֵאָז מַנְהִיג וְדַבָּר,
וְלֹא כִחֵד מֵהֶם דָּבָר.
זְרִיזִים חָשׁוּ לְהַקְדִּישׁ קְרוּאָיו, חָסוּ בְּמַטְרִיף כָּל בְּרוּאָיו,
טוֹב אֵין מַחְסוֹר לִירֵאָיו.
יָחִיד שְׁמָרָהּ לְמִדָּה שְׂרוּעָה, כְּלוּלוֹתַיִךְ אֶזְכּוֹר חֶסֶד לְפָרְעָה,
לֶכְתֵּךְ אַחֲרַי בַּמִּדְבָּר בְּאֶרֶץ לֹא זְרוּעָה.
מְקוֹם צִפְעוֹנִים נָחָשׁ שָׂרָף וְעַקְרָב, נָסְעוּ קְדוֹשִׁים לְשֶׁמֶשׁ וְשָׁרָב,
שָׁב וְעוֹלֵל וּמִקְנֶה רָב.
עֲדָרִים הִשְׂכִּילוּ מַדָּע לְהַחְכִּימָם, פִּסַּת מִשְׁאָרוֹת נָשְׂאוּ בְּהַשְׁכִּימָם,
צְרוּרוֹת בְּשִׂמְלוֹתָם עַל שִׁכְמָם.
קִטּוּף הָעִסָּה בַּחֲרָרָה קְמוּצָה, רְצוּפָה בְרָאשֵׁיהֶם שֶׁלֹּא חֻמָּצָה,
שֶׁמֶשׁ שְׁזָפַתָּה וַאֲכָלוּהָ מַצָּה.
✤ תֻּפִינֵי שִׁשִּׁים וְאַחַת בְּמִשְׁטָר, טָעֲמוּ וְאָרְחוּ בְּשִׁיּוּר הַמֻּנְטָר,
עַד לֶחֶם מִשָּׁמַיִם הֻמְטָר.

**וּבְכֵן וַיְהִי בַּחֲצִי הַלַּיְלָה.**

אָז רוֹב נִסִּים הִפְלֵאתָ בַּלַּיְלָה, בְּרֹאשׁ אַשְׁמוֹרֶת זֶה הַלַּיְלָה,
גֵּר צֶדֶק נִצַּחְתּוֹ כְּנֶחֱלַק לוֹ לַיְלָה, וַיְהִי בַּחֲצִי הַלַּיְלָה.
דַּנְתָּ מֶלֶךְ גְּרָר בַּחֲלוֹם הַלַּיְלָה, הִפְחַדְתָּ אֲרַמִּי בְּאֶמֶשׁ לַיְלָה,
וַיִּשַׂר יִשְׂרָאֵל לְמַלְאָךְ וַיּוּכַל לוֹ לַיְלָה, וַיְהִי בַּחֲצִי הַלַּיְלָה.
זֶרַע בְּכוֹרֵי פַתְרוֹס מָחַצְתָּ בַּחֲצִי הַלַּיְלָה, חֵילָם לֹא מָצְאוּ בְּקוּמָם בַּלַּיְלָה,
טִיסַת נְגִיד חֲרוֹשֶׁת סִלִּיתָ בְּכוֹכְבֵי לַיְלָה, וַיְהִי בַּחֲצִי הַלַּיְלָה.
יָעַץ מְחָרֵף לְנוֹפֵף אִוּוּי הוֹבַשְׁתָּ פְגָרָיו בַּלַּיְלָה, כָּרַע בֵּל וּמַצָּבוֹ בְּאִישׁוֹן לַיְלָה,
לְאִישׁ חֲמוּדוֹת נִגְלָה רָז חֲזוֹת לַיְלָה, וַיְהִי בַּחֲצִי הַלַּיְלָה.
מִשְׁתַּכֵּר בִּכְלֵי קֹדֶשׁ נֶהֱרַג בּוֹ בַּלַּיְלָה, נוֹשַׁע מִבּוֹר אֲרָיוֹת פּוֹתֵר בִּעֲתוּתֵי לַיְלָה,
שִׂנְאָה נָטַר אֲגָגִי וְכָתַב סְפָרִים בַּלַּיְלָה, וַיְהִי בַּחֲצִי הַלַּיְלָה.
עוֹרַרְתָּ נִצְחֲךָ עָלָיו בְּנֶדֶד שְׁנַת לַיְלָה, פּוּרָה תִדְרוֹךְ לְשׁוֹמֵר מַה מִּלַּיְלָה,
צָרַח כַּשּׁוֹמֵר וְשָׂח אָתָא בֹקֶר וְגַם לַיְלָה, וַיְהִי בַּחֲצִי הַלַּיְלָה.
✤ קָרֵב יוֹם אֲשֶׁר הוּא לֹא יוֹם וְלֹא לַיְלָה,
רָם הוֹדַע כִּי לְךָ הַיּוֹם אַף לְךָ הַלַּיְלָה,
שׁוֹמְרִים הַפְקֵד לְעִירְךָ כָּל הַיּוֹם וְכָל הַלַּיְלָה,
תָּאִיר כְּאוֹר יוֹם חֶשְׁכַּת לַיְלָה, וַיְהִי בַּחֲצִי הַלַּיְלָה.

**וּבְכֵן כָּל מַחְמֶצֶת לֹא תֹאכֵלוּ.**

אָבֹא בְחִיל לְהִתְיַצְּבָה, בְּמַעֲמַד פְּנֵי תֵבָה,
גַּשְׁתִּי לְרוֹמֵם וּלְשַׂגְּבָה, מֵרְשׁוּת דָּגוּל מֵרְבָבָה.
הִלּוּל קוֹנִי אַקְשִׁיבָה, וּבְחֵקֶר דָּתוֹ אֶתְיַשְּׁבָה,

זֹאת לָדַעַת אֲחַשְּׁבָה, מִטַּעַם חַכְמֵי יְשִׁיבָה.
טוֹעֵן עוֹלָם אַמְלִיכָה, יְהָבִי עָלָיו אַשְׁלִיכָה,
כְּרֶשׁ לְפָנָיו אֶתְהַלְּכָה, לִפְתּוֹחַ בִּדְבַר הֲלָכָה.
מִלַּת פִּי גְדוּשָׁה, נוֹצֵר חֶסֶד אַקְדִּישָׁה,
סַלְסֵל בְּדָת חֲדָשָׁה, מֵרְשׁוּת עֵדָה הַקְּדוֹשָׁה.
פְּנֵי יְשָׁרִים דּוֹבֵר, צִחְצוּחַ אֲמָרִים אֲגַבֵּר,
קִדַּמְתִּי לִטּוֹל בְּסֵבֶר, רְשׁוּת מֵרַב וְחָבֵר.
✣ שַׁדַּי חֵילִי תְּאַמֵּץ, תַּעֲדִיף קָט וְקוֹמֶץ,
לְבָאֵר בְּלִי שֶׁמֶץ, הִלְכוֹת בִּעוּר חָמֵץ.

**אֱלֹהֵי** הָרוּחוֹת לְכָל בָּשָׂר, חוֹק לְעַמּוֹ מָסַר,
וְהִזְהִירָם בִּכְתָב מוּסָר, לִבְדּוֹק חָמֵץ אוֹר לְאַרְבָּעָה עָשָׂר.
בְּשָׁעָה שֶׁאֵין בְּנֵי אָדָם מְצוּיִים בְּשׁוּקָא, וְאוֹר הַנֵּר יָפֶה לִבְדִיקָה,
אֵין בּוֹדְקִין לֹא לְאוֹר הַחַמָּה וְלֹא לְאוֹר הַלְּבָנָה וְלֹא לְאוֹר הָאֲבוּקָה,
וְצָרִיךְ לְבָרֵךְ עַל בִּעוּר חָמֵץ כְּחֻקָּה.
גְּמַר מְנַסְּרָהּ עַד דִּבְתְרָא, וּמִיַּד צָרִיךְ לְבַטֵּל הַשְּׂאָר בַּאֲמִירָה,
וְלֵימָא הָכִי כָּל חֲמִירָא דְּאִכָּא בַּהֲדָא דִירָה,
דְּלָא חֲמִיתֵיהּ וּדְלָא בִעַרְתֵּיהּ לִבָּטֵל וְלֶהֱוֵי כְּעַפְרָא.
דְּאִי מִשְׁתַּכַּח לְאַחַר אוֹתָהּ שָׁעָה, אֵינוֹ חַיָּב בְּבַל יֵרָאֶה וּבְבַל יִמָּצֵא לְפָשְׁעָה,
וְהָרוֹצֶה אַחַר בְּדִיקָתוֹ לֶאֱכוֹל חָמֵץ וּלְשָׂבְעָה, מַה שֶּׁמְּשַׁיֵּר יַנִּיחֶנּוּ בְּצִנְעָה.
הֵיכָא דִּבְדַק בְּחוֹרֵי בֵיתָא, וְהִנִּיחַ אַרְבַּע אוֹ חָמֵשׁ רִפְתָּא,
וְאַשְׁכַּח דְּחָדָא מִנַּיְהוּ פַּחֲתָא, לִבְדּוֹק מֵרֵישָׁא שֶׁמָּא חֻלְדָּה לְקָחַתָּהּ.
וְכֵן תָּנוּ רַבָּנָן בְּפִרְקִין, דְּחוֹרֵי בֵיתָא וּנְקִיקִין,
עִלָּאֵי וְתַתָּאֵי אֵינָן נִבְדָּקִין, וְאֶמְצָעִים זְקוּקִין.
זְהָרוּ גַּג הַיָּצִיעַ וְגַג מִגְדָּלִין, וְרֶפֶת בָּקָר וּמַתְבֵּן וְלוּלִין,
וְאוֹצְרוֹת יַיִן וְשֶׁמֶן הַנְּעוּלִין, לִבְדּוֹק חָמֵץ בְּלִי עוֹלִין.
חוֹר שֶׁבֵּין אָדָם לַחֲבֵרוֹ, זֶה וָזֶה בּוֹדֵק עַד שֶׁמַּגִּיעַ וּמְבַטֵּל שְׁאָרוֹ,
וְכֵן בֵּין יְהוּדִי וְעוֹבֵד כּוֹכָבִים חַיָּב לְבַעֲרוֹ,
פְּלֵימוֹ מֵקַל שֶׁמָּא יֹאמַר הָעוֹבֵד כּוֹכָבִים כְּשָׁפוֹ וַחֲבָרוֹ.
טָעֲנוּ הַמְּפָרֵשׁ וְהַיּוֹצֵא בְשַׁיָּרָא, וְאֵין דַּעְתּוֹ קוֹדֶם פֶּסַח לַחֲזָרָה,
תּוֹךְ שְׁלֹשִׁים יוֹם בָּעֵי לְבַעֵר חֲמִירָא, לִפְנֵי שְׁלֹשִׁים יוֹם אֵין זָקוּק לְבַעֲרָה.
יִשְׂרָאֵל דְּחָמֵץ אִתְפַּקֵּד לֵיהּ, וְלֵיתֵיהּ לְמָרֵיהּ לְמִשְׁקְלֵיהּ,
נַטְרֵהּ עַד אַרְבַּע דְּחָזֵי לְאָכְלֵהּ, שְׁלִים אַרְבַּע וְלָא אָתָא לְנָכְרִי מְזַבִּין לֵיהּ.
כְּשֶׁנָּפְלָה מַפּוֹלֶת עַל חָמֵץ בְּעַרְבֵי פְסָחִים, וְכֶלֶב אֵין יָכוֹל לְחַפֵּשׂ אַחֲרָיו בְּטוּחִים,
הֲרֵי הוּא כִּמְבוֹעָר לְרֵעִים פִּקְחִים, וְכַמָּה חֲפִישַׂת הַכֶּלֶב שְׁלֹשָׁה טְפָחִים.
לִמְּדוּ בֵּי מִלְחֵי וּבֵי קִירֵי נְקוּבִים, וּבֵי תְמָרִים וְצִיבִים,
לִבְדּוֹק אוֹתָם חַיָּבִים, וְחָצֵר פְּטוּרָה מִפְּנֵי הָעוֹרְבִים.
מוֹצֵא חָמֵץ בַּפֶּסַח בְּתוֹךְ בֵּיתוֹ, כּוֹפֶה עָלָיו כְּלִי בְּלִי רְאוּתוֹ,
וְאִם שֶׁל הֶקְדֵּשׁ הוּא אֵין צָרִיךְ לְכַסּוֹתוֹ, לְפִי שֶׁבְּדֵלִין מֵאוֹתוֹ.
נָפֵי וּפְטִילֵי וְיוֹרָה, דְּאִשְׁתַּמֵּשׁ בְּהוּ חַמִּין חֲמִירָא,
צָרִיךְ לְגַעֲלִינְהוּ וְיַנִּיחַ בְּגוֹ רַבָּא זְעֵירָא,
וּלְרַבָּא לֶעֱבַד גְּדַנְפָא וּלְרַתְחֵיהּ בְּנוּרָא.

סַכִּינֵי דְאִשְׁתַּמֵּשׁ בְּהוּ חֲמִירָא לַאֲרוּחִין,
אִם אֶפְשַׁר לַעֲשׂוֹתָן חֲדָשִׁים הֵם מְשַׁבְּחִין, וְאִי לָא מַגְעִילָן בְּרוֹתְחִין,
וּבִכְלֵי רִאשׁוֹן הֵם מְצַחְצְחִין, וְעֵץ פָּרוּר מַגְעִילִין בְּרוֹתְחִין.
עִנְּדוּ אַגָּנֵי וּקְצִיעֵי דְקוּנְיָא וּפַחֲרָא,
אַף עַל גַּב דְּמַפְלִיט לְהוּ שַׁפִּיר – לְאִשְׁתַּמּוּשֵׁי בְהוּ אֲסִירָא,
וְאַף עַל גַּב דִּרְוִיחָן וְאִכָּא לְמֵימַר דְּשַׁלִּיט בְּהוּ אֲוִירָא,
אֲפִילוּ הָכִי קַיְּמָא אִסּוּרָא.
פְּחַר קְדֵרוֹת אֵין צָרִיךְ לְפַלְּחָא, אֲבָל מַשְׁהֵי לֵיהּ עַד בָּתַר פִּסְחָא,
וּקְעָרוֹת מֻתָּרוֹת כִּי שָׁקִיל מְדוּדָא עֲלַיְהוּ לְאַנָּחָא,
וּבוּרְמֵי דִגְלָלָא שַׁרְיָן בַּהֲדָחָה.
צָעֵי דְמַשְׁהֵי בְהוּ חֲמִירָא בִּשְׁאָר יוֹמֵי, כְּבֵית שְׂאוֹר שֶׁחִמּוּצוֹ קָשֶׁה דָּמֵי,
וְאִי אַקְרָאֵי אוֹתִיבֵיהּ וְלָא אִשְׁתָּהֵי עִמֵּיהּ, לְאִשְׁתַּמּוּשֵׁי בְהוּ שַׁפִּיר דָּמֵי.
קְטוּף בְּיַיִן וְשֶׁמֶן עֲבִידִין, מִלְּמֵילַשׁ בְּהוּ לֵילֵי קַמָּאֵי קַפְּדִין,
וְאַמְהָן דְּלָא טְבִילִין וְעַבְדִין, דְּלָא לְמֵילַשׁ בְּהוּ הוּא הַדִּין.
רְקִיקֵי מַצּוֹת עוֹשִׂין זֵכֶר לְעִגּוּן, וְלִשְׁמָן צָרִיךְ לְשָׁמְרָן מֵחִמּוּץ כְּהָגוּן,
וְחֵרֵשׁ שׁוֹטֶה וְקָטָן אֵין לָשִׁין דִּלְמָא יִשְׁגּוּן,
אַף עַל גַּב דְּאַפְיֵהּ יִשְׂרָאֵל בַּר דֵּעָה לָא יִנְהֲגוּן.
שָׁנוּ שֶׁאֵין לָשִׁין בְּבַת אַחַת לְמַעְלָה, מֵחֲמֵשֶׁת רְבָעִים קֶמַח וְכֵן לְחַלָּה,
וְהֵן בֵּיצִים כְּמִנְיַן חַלָּה וְהָעוֹמֶר מוּכָח לָהּ,
וְהָאִשָּׁה לֹא תָלוּשׁ אֶלָּא בְּמַיִם שֶׁלָּנוּ הַלַּיְלָה.
תְּמִימִים שָׁנוּ בְּמִשְׁנָה הַמְּהֻלָּלָה,
מֵי תַשְׁמִישׁוֹ שֶׁל נַחְתּוֹם יִשָּׁפְכוּ מִפְּנֵי שֶׁמַּחֲמִיצִין סֶלָה,
וְאָמְרִינָן שָׁדֵי לְהוּ בִּמְקוֹם מוּדְרָן דְּלָא לֵיתֵי בְהוּ לִידֵי תַקָּלָה,
תַּמּוּ הִלְכוֹת בִּעוּר וְהַגְעָלָה.

המחבר חתם שמו – יוסף הקטן בר שמואל [חזק] – בראשי החרוזים.

**יַיִן** כִּי יִתְאַדָּם, לְמִצְוָה הוּא מֻקְדָּם,
לָצֵאת בּוֹ חוֹבַת יְדֵי אָדָם, אִם אַיִן קוּנְדִּיטוֹן וּמְבֻשָּׁל נֶגְדָּם.
וְאַרְבָּעָה כּוֹסוֹת הַלָּלוּ, צָרִיךְ שֶׁיְּהֵא בָהֶן כְּדֵי רְבִיעִית בְּלִי יָקֵלּוּ,
אֶחָד אֲנָשִׁים וְאֶחָד נָשִׁים אֵלּוּ כְּאֵלּוּ,
וּמְחַלְּקִין לְתִינוֹקוֹת קְלָיוֹת וֶאֱגוֹזִים כְּדֵי שֶׁיִּשְׁאֲלוּ.
סָחוּ שֶׁהַנָּשִׁים צְרִיכוֹת לְאַמָּצָה, בְּכָל מִילֵי וּפִסְחָא בְּלִי שִׁמְצָה,
אַף עַל גַּב דְּמִצְוַת עֲשֵׂה שֶׁהַזְּמַן גְּרָמָא בָּם לֹא נִמְצָא,
שֶׁכָּל שֶׁיֶּשְׁנוֹ בְּבַל תֹּאכַל חָמֵץ יֶשְׁנוֹ בְּקוּם אֱכוֹל מַצָּה.
פֵּרְשׁוּ בְשָׂפָה נְדִיבָה, מַצָּה וְיַיִן צָרִיךְ הֲסִבָּה,
מָרוֹר אֵין בּוֹ כֵּן חוֹבָה, וּמִבָּעֵי לֵיהּ לְכַסְכּוּסֵי טוּבָא.
הֲסִבַּת יָמִין הֲסִבָּה אֵינָהּ,
וְלֹא עוֹד אֶלָּא שֶׁמָּא יַקְדִּים קָנֶה לַוֶּשֶׁט וְיָבֹא לִידֵי סַכָּנָה,
פְּרַקְדָּן לָא מִן חֶשְׁבְּנָא, וְאִשָּׁה אֵינָהּ צְרִיכָה וְאִם חֲשׁוּבָה הִיא נִדּוֹנָה.
קַמֵּי אָב מֵסֵב הַבֵּן בְּדִיצָה, תַּלְמִיד בִּפְנֵי רַבּוֹ אֵין רָאוּי לְפָרְצָה,
אֲבָל בְּשׁוּלְיָא דְנַגְּרֵי צָרִיךְ לְהָסֵב בִּמְרוּצָה,

וְהַשַּׁמָּשׁ שֶׁאָכַל כְּזַיִת מַצָּה כְּשֶׁהוּא מֵסֵב יָצָא.
טָעֲנוּ לַחֲטוֹף מַצָּה בְּלֵילֵי פְסָחִים, כְּדֵי שֶׁלֹּא יִישְׁנוּ הַפְּרָחִים,
וְחַיָּבִים בָּרֶגֶל לִהְיוֹת שְׂמֵחִים, בַּמִּקְדָּשׁ בְּבָשָׂר וְהַשְׁתָּא בְּיַיִן רְקוּחִים.
נָשִׁים חַיָּבוֹת לִשְׂמוֹחַ וּלְהַרְנִין, בְּבָבֶל בְּבִגְדֵי צִבְעוֹנִין,
בְּאֶרֶץ יִשְׂרָאֵל בְּבִגְדֵי פִשְׁתָּן הַמְּלֻבָּנִין, וְהָאֲנָשִׁים בְּיַיִן מִתְעַדְּנִין.
בְּעֶרֶב הַפֶּסַח סָמוּךְ לְמִנְחַת רִאשׁוֹן, לֹא יֹאכַל אָדָם עַד הָאִישׁוֹן,
וּבְבֹאוֹ מִבֵּית רַחֲשׁוֹן, מוֹזְגִין לוֹ כּוֹס רִאשׁוֹן.
רִאשׁוֹן מְבָרֵךְ עַל הַיַּיִן, וְאַחַר כָּךְ קִדּוּשׁ וּזְמַן וְאֵינוֹ אוֹמֵר נֵס עֲדַיִן,
שֶׁצָּרִיךְ לְאָמְרוֹ בָּאַגָּדָה וְרָאוּי לְכָפְלוֹ אַיִן,
וְשָׁתֵי וּמָשֵׁי יְדֵיהּ וְאֵינוֹ מְבָרֵךְ עַל נְטִילַת יָדַיִם.
שָׁקֵל גַּרְגִּירָא אוֹ כַרְפַּסָא אוֹ כֶסְבַּרְתָּא אוֹ חַסָּא,
וְיִטְבּוֹל בַּחֲרוֹסֶת וִיבָרֵךְ בּוֹרֵא פְּרִי הָאֲדָמָה,
וְכַד אָכֵל יֶחֱצֶה אַחַת מִשָּׁלֹשׁ מַצּוֹת וְאֵין בְּרָכָה עִמָּהּ,
מֶחֱצָה בִקְעָרָה וּמֶחֱצָה בְּשֻׁלְחָן לְהָשִׂימָה.
מוֹשֵׁךְ מֵהַקְּעָרָה שְׁנֵי תַבְשִׁילֵי, דְאִנּוּן בִּשְׂרָא וְכַוְּרָא צְלִילֵי,
אִי נַמִּי גַּרְמָא וּבִשּׁוּלֵי, וּמַגְבִּיהַּ קְעָרָה וְלֵימָא הָא לַחְמָא עַנְיָא כְּלֵיהּ.
וּמוֹזְגִים לוֹ כּוֹס שֵׁנִי מֵאַרְבַּעַת הָאֵל, וְכַאן הַבֵּן מֵאָבִיו שׁוֹאֵל,
מַה נִּשְׁתַּנָּה מִלֵּילוֹת זֶה לֵיל, וְגוֹמֵר הָאַגָּדָה עַד גָּאַל יִשְׂרָאֵל.
אַחַר דְּשָׁתֵי מָשֵׁי יְדֵיהּ, וּמְבָרֵךְ עַל נְטִילַת יָדַיִם לְחוּדֵיהּ,
וְשָׁרֵי הַמּוֹצִיא עַל הַשְּׁלֵמָה דְּעִלָּוֵי תַּרְתֵּי דִידֵיהּ,
וְלָא אָכֵיל מִנֵּיהּ אַכַּתֵּי מִדֵּי.
לוֹקֵחַ פְּרוּסָה וּמְבָרֵךְ לֶאֱכוֹל מַצָּה בְּמֶלֶל,
וּבַהֲדֵי דְּהַהִיא דְּהַמּוֹצִיא אוֹכֵל וְכוֹלֵל,
וּמְבָרֵךְ בַּחֲזֶרֶת לֶאֱכוֹל מָרוֹר וְטוֹבֵל וּבוֹלֵל,
וְהָדַר אָכֵיל מַצָּה וּמָרוֹר בְּלֹא בְרָכָה וְכוֹרְכָן בְּבַת אַחַת כְּהִלֵּל.
חָלֵיף לְכַמָּה בָתֵּי וְעָבֵיד כִּי הַאי גַּוְנָא עַד הָכָא,
וְאַחַר כָּךְ עוֹשִׂים סְעוּדָתָן כָּל צָרְכָּהּ,
וְכַזַּיִת מַצָּה בָּאַחֲרוֹנָה צְרִיכִין לְבָרְכָהּ,
וְנוֹטְלִין וְלֹא מְבָרְכִין שֶׁמַּיִם אַחֲרוֹנִים חוֹבָה וְאֵין טְעוּנִין בְּרָכָה.
זוֹכֵר בַּשְּׁלִישִׁי בִּרְכַּת מְזוֹנוֹ,
וְלִשְׁאָר הַבָּתִּים תְּחִלָּה וְטוֹעֵם הַכּוֹס עַד מִשֶּׁלּוֹ אֵינוֹ,
וּבָרְבִיעִי הַלֵּל מִצְרִי לְתַנּוֹ, בַּל יִטְעוֹם כְּלוּם בְּאִישׁוֹנוֹ.
קִמְעָא לִשְׁתּוֹת מַיִם יִכָּנֵס, אִם חוֹלֶה הוּא אוֹ אִסְטְנֵס,
וּבָעֵי לְמִשְׁתֵּי חַמְרָא מִשּׁוּם אוֹנֶס, לוֹמַר בַּחֲמִישִׁי הַלֵּל הַגָּדוֹל יִשְׁתַּנֵּס.

**חֲסַל** סִדּוּר פֶּסַח כְּהִלְכָתוֹ, כְּכָל מִשְׁפָּטוֹ וְחֻקָּתוֹ,
כַּאֲשֶׁר זָכִינוּ לְסַדֵּר אוֹתוֹ, כֵּן נִזְכֶּה לַעֲשׂוֹתוֹ.
זָךְ שׁוֹכֵן מְעוֹנָה, קוֹמֵם קְהַל עֲדַת מִי מָנָה,
בְּקָרוֹב נַהֵל נִטְעֵי כַנָּה, פְּדוּיִם לְצִיּוֹן בְּרִנָּה.

**וּבְכֵן וּלְךָ תַעֲלֶה קְדֻשָּׁה, כִּי אַתָּה קְדוֹשׁ יִשְׂרָאֵל וּמוֹשִׁיעַ.**

**אֵין עָרוֹךְ** אֵלֶיךָ, לְהַגִּיד וּלְדַבֵּר, חֵקֶר פִּלְאֵי נִסֶּיךָ, לְהָבִין וּלְסַבֵּר, מַה יָּקָר חַסְדְּךָ, מֵכִין מִצְעֲדֵי גֶבֶר, מְאֹד עָמְקוּ מַחְשְׁבוֹתֶיךָ, נוֹתֵן תַּעֲצוּמוֹת וָעֹז לְהִתְגַּבֵּר, וּבְנֵי אָדָם בְּצִלְּךָ יֶחֱסָיוּן אֶרֶךְ הָאֵבֶר, הִרְבֵּיתָ הַגּוֹי וְהִגְדַּלְתָּ הַשִּׂמְחָה, לִבְנֵי עֵבֶר, בִּמְשׁוֹל רָשָׁע עַל עַם דַּל לִישׁוּעָתְךָ סוֹבֵר, וְנִתְאַזַּרְתָּ בַּחֲנִינוּתֶיךָ, מְפֻזָּר וּמְפֹרָד לְכַנֵּס וּלְחַבֵּר, וְעוֹרַרְתָּ אַהֲבַת יְשֵׁנֵי חֶבְרוֹן שׁוֹכְנֵי קֶבֶר, וְדַנְתָּ דִּינֵי קְנָסוֹת וַחֲבָלוֹת עַל חוֹבְרֵי חֶבֶר, וְהִכְנַעְתָּם בְּדָם וּצְפַרְדְּעִים וְכִנִּים וְעָרוֹב וָדֶבֶר, וְשִׁבַּרְתָּ רָאשֵׁי תַנִּין עַל רִיב לֹא לוֹ מִתְעַבֵּר, כִּי לִפְנֵי כִשָּׁלוֹן גֹּבַהּ וְגָאוֹן לִפְנֵי שֶׁבֶר, וּמַה יָּעוֹז צִיץ הַשָּׂדֶה וְיָמָיו כְּצֵל עוֹבֵר, לְגָבֹהַּ עַל גָּבֹהַּ מְפָרֵק הָרִים וּמְשַׁבֵּר, וְהוּא בַּעַל נְקָמוֹת אֱלֹהֵי הַמִּשְׁפָּט מֵישָׁרִים דּוֹבֵר, וּמַצְמִיחַ יֶשַׁע לְקוֹיו וְעַמִּים תַּחְתֵּיהֶם יַדְבֵּר. וְעָלֵינוּ הִפְלִיא חֲסָדָיו וְנָשָׂא נֵס, וְנָקַם נִקְמָתֵנוּ מִכָּל בַּעֲלֵי אוֹנֵס, וְהִכְנִיעָם בְּזַעַם וְצָרָה בַּחוּרֵי אָוֶן וְחָנֵס, וּמִלּוּשׁ בָּצֵק עַד חֻמְצָתוֹ דָּנָם בְּאוֹנִים לְהִקָּנֵס, וְאֵזוֹר חֲלָצָיו חוֹזֵק וְאִמֵּץ לְהִשְׁתַּנֵּס, בָּקַע יָם וַיַּעֲבִירֵם וְכַנֵּד נוֹזְלִים כְּנֵס, וּבְאֶרֶץ לֹא זְרוּעָה אֹתָם כִּלְכֵּל וּפִרְנֵס, לָכֵן לָנוּ לְהוֹדוֹת עַל כָּל נֵס וָנֵס.

לָמָּה פֶּסַח בָּא מִן הַצֹּאן, שֶׁפָּסַח וְחָמַל עַל קְרוּאֵי צֹאן, וּכְרוֹעֶה מְקַבֵּץ טְלָאִים מִשְׁכָּם וּגְאָלָם מִבַּעֲלֵי לָצוֹן. וְלָמָּה לְקִיחָתוֹ קֹדֶם לִשְׁחִיטָתוֹ יָמִים אַרְבָּעָה, וְנִתַּן לְמוּלִים וְלַעֲרֵלִים נִפְסַל בְּהִיא הַשָּׁעָה, כְּדֵי שֶׁיִּהְיוּ בְיָדָם מִצְוֹת מְצוּיוֹת לְהִשְׁתַּעְשְׁעָה, שֶׁכְּבָר בָּא עֵת דּוֹדִים וּזְמַן שְׁבוּעָה, וְהָיוּ מִתְבּוֹסְסִים בִּשְׁנֵי דָמִים שֶׁתַּצְמִיחַ יְשׁוּעָה. וְלָמָּה נְתִינַת דָּמוֹ עַל הַמַּשְׁקוֹף וּשְׁתֵּי הַמְּזוּזוֹת, שֶׁהֵן שָׁלֹשׁ מִזְבְּחוֹת, בִּמְקוֹם רוֹאִים אוֹתָם לַחֲזוֹת, זֵכֶר שָׁלֹשׁ מִזְבְּחוֹת שֶׁל אַב הֲמוֹן נִרְמָזוֹת, שֶׁבְּדָן וּבֵית אֵל וְאֵלוֹן מוֹרֶה נֶחֱרָזוֹת. וְלָמָּה אֲכִילַת חָמֵץ לְשֵׁשׁ שָׁעוֹת, זֵכֶר לְחִפָּזוֹן שְׁכִינָה לְהַעֲבִיר גְּזֵרוֹת רָעוֹת, מְדַלֵּג עַל הֶהָרִים מְקַפֵּץ עַל הַגְּבָעוֹת. וְלָמָּה אֲכִילַת מַצָּה לֶחֶם עֹנִי, שֶׁלֹּא הִסְפִּיק בָּצֵק לְהַחֲמִיץ עַד שֶׁגְּאָלָם מֵעֹנִי. וְלָמָּה בְּמָרוֹר שֶׁתְּחִלָּתוֹ רַךְ וְסוֹפוֹ קָשֶׁה, שֶׁנִּמְרְרוּ תְּחִלָּה בְּפֶה רַךְ וּלְבַסּוֹף בְּעוֹל קָשֶׁה. וְלָמָּה טִבּוּלוֹ בַּחֲרֹסֶת, זֵכֶר לְטִיט שֶׁאִשָּׁה וּבַעְלָהּ דּוֹרֶסֶת. וְלָמָּה תַּבְלִין בְּתוֹכוֹ מְגַבְּלִין כְּמוֹ מַלְבֵּן, זֵכֶר לְנִפּוּץ עִם לְקוֹשֵׁשׁ קַשׁ לַתֶּבֶן. וְלָמָּה שְׁנֵי מִינֵי בָשָׂר בְּצַד עוּגָה, אֶחָד זֵכֶר לַפֶּסַח וְאֶחָד זֵכֶר לַחֲגִיגָה. וְלָמָּה מַגְבִּיהִין קְעָרָה קֹדֶם זְמַנָּהּ, כְּדֵי שֶׁיִּרְאֶה תִינוֹק וְיִשְׁאַל מַה נִּשְׁתַּנָּה. וְלָמָּה שְׁאָר יְרָקוֹת בְּאֵין תְּחִלָּה, לִפְטוֹר חֲזֶרֶת שֶׁל מִצְוָה בִּבְרָכָה רְאוּיָה לָהּ, וְשֶׁאֵין לוֹמַר שְׁתֵּי בְרָכוֹת כְּאַחַת שְׁתִיָּה אוֹ אֲכִילָה, וְאִי אֶפְשָׁר לֶאֱכוֹל וְלִשְׁתּוֹת כְּאַחַת בְּשֶׁכְּבָר כְּרֵסוֹ מָלֵא, וְכֵן בִּשְׁתֵּי מַצּוֹת פּוֹטְרִין מֵחַלָּה לְחַלָּה, עַל כִּי אֵין לִשְׁנוֹת בִּשְׁתֵּי בְרָכוֹת, מְבָרֵךְ עַל זוֹ וְעַל זוֹ וְאֵינוֹ אוֹכֵל עַד שֶׁיִּגְמוֹר שְׁתֵּי בְרָכוֹת. וְלָמָּה אַרְבַּע כּוֹסוֹת מִצְוָתָן בְּזֶה הַלַּיְלָה, זֵכֶר לְאַרְבַּע גְּאֻלּוֹת שֶׁנִּתְבַּשְּׂרוּ בָהֶם עַם סְגֻלָּה, יְצִיאָה וְהַצָּלָה לְקִיחָה וּגְאֻלָּה, וּלְהוֹדוֹת בָּהֶם וְלִתֵּן בָּם תְּהִלָּה, לְחוֹבֵט אַרְבַּע כּוֹסוֹת שֶׁל יְפֵיפִיָּה עֶגְלָה, וּכְדֵי לְשַׁבֵּר אֻמּוֹת עֲמָמוֹת מְשֻׁקָּצוֹת בִּגְעִילָה, בְּאַרְבַּע כּוֹסוֹת הַכְּתוּבִים בָּם שֶׁהֵם כּוֹס הַתַּרְעֵלָה, וּכְנֶגְדָּם לְהַשְׁקוֹתֵנוּ אַרְבַּע כּוֹסוֹת שֶׁל חֶמְלָה. וְלָמָּה מְסֻבִּין בְּמִטָּה כְּבוּדָה וּכְלוּלָה, זֵכֶר לְחֵרוּת וְרִבּוּץ עַנְנֵי כָבוֹד בַּחֲתוּלָּה, שֶׁכֵּן דֶּרֶךְ בְּנֵי מְלָכִים לִנְהוֹג כָּבוֹד וּלְסַלְסְלָה, שֶׁעִטְּרָנוּ קְדוֹשׁ יַעֲקֹב עֲטֶרֶת מְלוּכָה וּתְהִלָּה, וּבֵרֵר לְהוֹדִיעַ עִם מַרְעִיתוֹ לִהְיוֹת לוֹ לְעַם נַחֲלָה, כִּי לֵאלֹהִים מָגִנֵּי אֶרֶץ מְאֹד נַעֲלָה.

נַעֲלָה בִקְדֻשָּׁתוֹ מָרוֹם וְקָדוֹשׁ, כִּי אֱלֹהִים קְדוֹשִׁים הוּא בְּכָל מִינֵי קְדֻשָּׁה, דַּרְכּוֹ בִּקְדֻשָּׁה, וְהִלּוּכוֹ בִּקְדֻשָּׁה, דִּבּוּרוֹ בִּקְדֻשָּׁה, יְשִׁיבָתוֹ בִּקְדֻשָּׁה, חֲשִׂיפַת זְרוֹעוֹ בִּקְדֻשָּׁה, נָאֶה וְאַדִּיר בִּקְדֻשָּׁה, הוּא קָדוֹשׁ וְעַמּוֹ קָדוֹשׁ, וְכָל מְשָׁרְתָיו קְדוֹשִׁים, אֵין כִּקְדֻשָּׁתוֹ, וְאֵין דּוֹמֶה לוֹ, מֻקְדָּשׁ בִּקְרוֹבָיו, וְנוֹרָא עַל כָּל סְבִיבָיו, וְנַעֲרָץ בְּסוֹד קְדוֹשִׁים, נִשְׂגָּב בְּרִבְבוֹת אֶרְאֶלִּים, אֵילֵי קֹדֶשׁ מְשׁוֹרְרִים וּמְהַלְּלִים, בְּשִׁיר קֹדֶשׁ עִירִין וְקַדִּישִׁין, רוֹעֲשִׁים וּמַרְעִישִׁים, בְּקֹדֶשׁ הַקֳּדָשִׁים, עִתִּים חָשִׁים וְעִתִּים מְמַלְּלִים, וְלַבְּקָרִים מִתְחַדְּשִׁים, מַקִּיפִים כֵּס הַמֶּרְכָּבָה וּקְדֻשַּׁת הַשֵּׁם מְפָרְשִׁים, וְשִׁלּוּשׁ קְדֻשָּׁה לְקָדוֹשׁ וְנוֹרָא מַקְדִּישִׁים.

אומרים קדושה (עמ' 212) והחזן ממשיך עם חזרת הש"ץ. מוציאים ספר תורה אחד וקורין בו סדר היום.

# ❧ תפלת יום כפור קטן ☙

בערב ראש חודש בעלות המנחה מתעטף החזן בטלית ואומרים כסדר הזה:

תהלים קב

**תְּפִלָּה** לְעָנִי כִי יַעֲטֹף, וְלִפְנֵי יהוה יִשְׁפֹּךְ שִׂיחוֹ. יהוה שִׁמְעָה תְפִלָּתִי, וְשַׁוְעָתִי אֵלֶיךָ תָבוֹא. אַל תַּסְתֵּר פָּנֶיךָ מִמֶּנִּי, בְּיוֹם צַר לִי, הַטֵּה אֵלַי אָזְנֶךָ, בְּיוֹם אֶקְרָא, מַהֵר עֲנֵנִי. כִּי כָלוּ בְעָשָׁן יָמָי, וְעַצְמוֹתַי כְּמוֹקֵד נִחָרוּ. הוּכָּה כָעֵשֶׂב, וַיִּבַשׁ לִבִּי, כִּי שָׁכַחְתִּי מֵאֲכֹל לַחְמִי. מִקּוֹל אַנְחָתִי, דָּבְקָה עַצְמִי לִבְשָׂרִי. דָּמִיתִי לִקְאַת מִדְבָּר, הָיִיתִי כְּכוֹס חֳרָבוֹת. שָׁקַדְתִּי וָאֶהְיֶה, כְּצִפּוֹר בּוֹדֵד עַל גָּג. כָּל הַיּוֹם חֵרְפוּנִי אוֹיְבָי, מְהוֹלָלַי בִּי נִשְׁבָּעוּ. כִּי אֵפֶר כַּלֶּחֶם אָכָלְתִּי, וְשִׁקֻּוַי בִּבְכִי מָסָכְתִּי. מִפְּנֵי זַעַמְךָ וְקִצְפֶּךָ, כִּי נְשָׂאתַנִי וַתַּשְׁלִיכֵנִי. יָמַי כְּצֵל נָטוּי, וַאֲנִי כָּעֵשֶׂב אִיבָשׁ. וְאַתָּה יהוה לְעוֹלָם תֵּשֵׁב, וְזִכְרְךָ לְדֹר וָדֹר. אַתָּה תָקוּם תְּרַחֵם צִיּוֹן, כִּי עֵת לְחֶנְנָהּ, כִּי בָא מוֹעֵד. כִּי רָצוּ עֲבָדֶיךָ אֶת אֲבָנֶיהָ, וְאֶת עֲפָרָהּ יְחֹנֵנוּ. וְיִירְאוּ גוֹיִם אֶת שֵׁם יהוה, וְכָל מַלְכֵי הָאָרֶץ אֶת כְּבוֹדֶךָ. כִּי בָנָה יהוה צִיּוֹן, נִרְאָה בִּכְבוֹדוֹ. פָּנָה אֶל תְּפִלַּת הָעַרְעָר, וְלֹא בָזָה אֶת תְּפִלָּתָם. תִּכָּתֶב זֹאת לְדוֹר אַחֲרוֹן, וְעַם נִבְרָא יְהַלֶּל יָהּ. כִּי הִשְׁקִיף מִמְּרוֹם קָדְשׁוֹ, יהוה מִשָּׁמַיִם אֶל אֶרֶץ הִבִּיט. לִשְׁמֹעַ אֶנְקַת אָסִיר, לְפַתֵּחַ בְּנֵי תְמוּתָה. לְסַפֵּר בְּצִיּוֹן שֵׁם יהוה, וּתְהִלָּתוֹ בִּירוּשָׁלָיִם. בְּהִקָּבֵץ עַמִּים יַחְדָּו, וּמַמְלָכוֹת לַעֲבֹד אֶת יהוה. עִנָּה בַדֶּרֶךְ כֹּחִי, קִצַּר יָמָי. אֹמַר, אֵלִי אַל תַּעֲלֵנִי בַּחֲצִי יָמָי, בְּדוֹר דּוֹרִים שְׁנוֹתֶיךָ. לְפָנִים הָאָרֶץ יָסַדְתָּ, וּמַעֲשֵׂה יָדֶיךָ שָׁמָיִם. הֵמָּה יֹאבֵדוּ, וְאַתָּה תַעֲמֹד, וְכֻלָּם כַּבֶּגֶד יִבְלוּ, כַּלְּבוּשׁ תַּחֲלִיפֵם וְיַחֲלֹפוּ. וְאַתָּה הוּא וּשְׁנוֹתֶיךָ לֹא יִתָּמּוּ. בְּנֵי עֲבָדֶיךָ יִשְׁכּוֹנוּ, וְזַרְעָם לְפָנֶיךָ יִכּוֹן.

המחבר חתם שמו – יהודה אריה ממודינא – בראשי החרוזים.

**יוֹם** זֶה יְהִי מִשְׁקַל כָּל חַטֹּאתַי, בָּטֵל בְּמִעוּטוֹ כִּדְמוּת יָרֵחַ,
**הַיּוֹם** לְבַד מִסְפַּר זְכֻיּוֹתַי יִרְבֶּה, וְיָצִיץ צִיץ וִיהִי פּוֹרֵחַ. (יום . . .)
**וַדַּאי**, זְדוֹן לִבִּי אֶצְלוֹ גָלוּי, חוֹטֵי עֲוֹנוֹתַי עִם דּוֹק רִשְׁעִי,
**דִּינִי** אֲנִי אֵדַע בָּאֵשׁ קָלוּי, כִּי רַע וּבִישׁ אָרַגְתִּי אֶל פִּשְׁעִי,
**הוֹלֵךְ** בְּיוֹם וָיוֹם אַחַר בִּצְעִי, מִבֵּית מְקוֹם סֵפֶר תִּינוֹק בּוֹרֵחַ. (יום . . .)
**אָכֵן** בְּחַבְלֵי שָׁוְא עָוֹן מוֹשֵׁךְ, אָחוֹר לְךָ אֵלִי בָּאתִי נִצָּב,
**רְפָאוּת** לְאֶרֶס מַר נָחָשׁ נוֹשֵׁךְ, שׁוֹאֵל וּמִתְחַנֵּן נִכְאָב נֶעֱצָב,
**יוֹשֵׁב** בְּעִנּוּיֵי אֶבֶן מַחְצָב, יָד פֶּה וָעַיִן אֵין לִי טַעַם וָרֵיחַ. (יום . . .)
**הֵן** רָאשֵׁי חֳדָשִׁים אֶל עַמְּךָ נָתַתָּ, לִזְמַן כַּפָּרָה עַל כָּל תּוֹלְדוֹתָם,
**מֵאֵת** אֲהוּבֶיךָ שׂוֹטֵן הִשְׁבַּתָּ, עַל כֵּן אֲקַדֶּמְךָ בִּתְחִנָּתָם,
**מִיּוֹם** לְפָנָיו בָּא כִּי אָז אֵיתָם, אָשׁוּב לְאִישׁ תּוֹשָׁב לֹא עוֹד אוֹרֵחַ. (יום . . .)
**וּבְרֹב** חֲסָדֶיךָ אַתָּה מַלְכִּי, תָּקוּם תְּרַחֵם אֶת צִיּוֹן קָדְשֵׁנוּ,
**דִּירַת** מְנוּחָתְךָ שִׂים כָּבוֹד, כִּי בָהּ נַעֲלֶה עוֹלוֹת רָאשֵׁי חָדְשֵׁנוּ,
**נָא** אֵל שְׁלַח נוֹשֵׂא נֵזֶר רֹאשֵׁנוּ, כִּי שָׁם לְבָבֵנוּ שׁוֹאֵף זוֹרֵחַ. (יום . . .)

כאשר יום כפור קטן חל בערב ראש חודש ואינו מוקדם אומרים כאן מזמור כ, „יַעַנְךָ ה׳ בְּיוֹם צָרָה״ (עמוד 68), ואומרים מזמור ח, בסיום התפלה (ראה עמוד 416)

תהלים ח

**לַמְנַצֵּחַ** עַל הַגִּתִּית, מִזְמוֹר לְדָוִד. יהוה אֲדֹנֵינוּ, מָה אַדִּיר שִׁמְךָ בְּכָל הָאָרֶץ, אֲשֶׁר תְּנָה הוֹדְךָ עַל הַשָּׁמָיִם. מִפִּי עוֹלְלִים וְיֹנְקִים יִסַּדְתָּ עֹז, לְמַעַן צוֹרְרֶיךָ, לְהַשְׁבִּית אוֹיֵב וּמִתְנַקֵּם. כִּי אֶרְאֶה שָׁמֶיךָ מַעֲשֵׂה אֶצְבְּעֹתֶיךָ, יָרֵחַ וְכוֹכָבִים, אֲשֶׁר כּוֹנָנְתָּה. מָה אֱנוֹשׁ כִּי תִזְכְּרֶנּוּ, וּבֶן אָדָם כִּי תִפְקְדֶנּוּ. וַתְּחַסְּרֵהוּ

מְעַט מֵאֱלֹהִים, וְכָבוֹד וְהָדָר תְּעַטְּרֵהוּ. תַּמְשִׁילֵהוּ בְּמַעֲשֵׂי יָדֶיךָ, כֹּל שַׁתָּה תַחַת רַגְלָיו. צֹנֶה וַאֲלָפִים כֻּלָּם, וְגַם בַּהֲמוֹת שָׂדָי. צִפּוֹר שָׁמַיִם וּדְגֵי הַיָּם, עֹבֵר אָרְחוֹת יַמִּים. יהוה אֲדֹנֵינוּ, מָה אַדִּיר שִׁמְךָ בְּכָל הָאָרֶץ.

אומרים אשרי וחצי קדיש. [ואם יש עשרה שמתענים קורין „וַיְחַל״ (עמ׳ 469), וקוראים ההפטרה בברכותיה, ומכניסין ס״ת להיכל ואומרים חצי קדיש] ומתפללין שמונה עשרה [המתענים אומרים „עֲנֵנוּ״ ב„שׁוֹמֵעַ תְּפִלָּה״. ואם יש עשרה שמתענים החזן בחזרת התפלה אומר „עֲנֵנוּ״ קודם „רְפָאֵנוּ״].
אחר חזרת הש״ץ מתחילים כאן:

**לְכוּ** וְנָשׁוּבָה אֶל יהוה, כִּי הוּא טָרָף וְיִרְפָּאֵנוּ, יַךְ וְיַחְבְּשֵׁנוּ. יְחַיֵּנוּ מִיֹּמָיִם, בַּיּוֹם הַשְּׁלִישִׁי, יְקִמֵנוּ וְנִחְיֶה לְפָנָיו.[1] כִּי לֹא עַל צִדְקֹתֵינוּ אֲנַחְנוּ מַפִּילִים תַּחֲנוּנֵינוּ לְפָנֶיךָ, כִּי עַל רַחֲמֶיךָ הָרַבִּים. אֲדֹנָי שְׁמָעָה, אֲדֹנָי סְלָחָה, אֲדֹנָי הַקְשִׁיבָה, וַעֲשֵׂה אַל תְּאַחַר, לְמַעַנְךָ אֱלֹהַי, כִּי שִׁמְךָ נִקְרָא עַל עִירְךָ וְעַל עַמֶּךָ.[2]

חזן וקהל ג׳ פעמים: **הֲשִׁיבֵנוּ יהוה אֵלֶיךָ וְנָשׁוּבָה, חַדֵּשׁ יָמֵינוּ כְּקֶדֶם.**[3]

**אֵל מֶלֶךְ** יוֹשֵׁב עַל כִּסֵּא רַחֲמִים, מִתְנַהֵג בַּחֲסִידוּת, מוֹחֵל עֲוֹנוֹת עַמּוֹ, מַעֲבִיר רִאשׁוֹן רִאשׁוֹן, מַרְבֶּה מְחִילָה לְחַטָּאִים וּסְלִיחָה לַפּוֹשְׁעִים, עֹשֶׂה צְדָקוֹת עִם כָּל בָּשָׂר וָרוּחַ, לֹא כְרָעָתָם תִּגְמוֹל. ❖ אֵל הוֹרֵיתָ לָּנוּ לוֹמַר שְׁלֹשׁ עֶשְׂרֵה, וּזְכוֹר לָנוּ הַיּוֹם בְּרִית שְׁלֹשׁ עֶשְׂרֵה, כְּמוֹ שֶׁהוֹדַעְתָּ לֶעָנָיו מִקֶּדֶם, כְּמוֹ שֶׁכָּתוּב, וַיֵּרֶד יהוה בֶּעָנָן וַיִּתְיַצֵּב עִמּוֹ שָׁם, וַיִּקְרָא בְשֵׁם יהוה.

קהל וחזן יחד בקול רם:

וַיַּעֲבֹר יהוה עַל פָּנָיו וַיִּקְרָא:

**יהוה,** יהוה, אֵל, רַחוּם, וְחַנּוּן, אֶרֶךְ אַפַּיִם, וְרַב חֶסֶד, וֶאֱמֶת, נֹצֵר חֶסֶד לָאֲלָפִים, נֹשֵׂא עָוֹן, וָפֶשַׁע, וְחַטָּאָה, וְנַקֵּה.[4] וְסָלַחְתָּ לַעֲוֹנֵנוּ וּלְחַטָּאתֵנוּ וּנְחַלְתָּנוּ.[5] סְלַח לָנוּ אָבִינוּ כִּי חָטָאנוּ, מְחַל לָנוּ מַלְכֵּנוּ כִּי פָשָׁעְנוּ. כִּי אַתָּה אֲדֹנָי טוֹב וְסַלָּח, וְרַב חֶסֶד לְכָל קֹרְאֶיךָ.

**אָנָּא** יהוה אֱלֹהֵי הַשָּׁמַיִם, תִּכּוֹן תְּפִלָּתֵנוּ קְטֹרֶת לְפָנֶיךָ, וְתוֹצִיא כָאוֹר צִדְקֵנוּ וּמִשְׁפָּטֵנוּ כַּצָּהֳרָיִם. אֲמָרֵינוּ הַאֲזִינָה יהוה בִּינָה הֲגִיגֵנוּ.[6] בְּקָרְאֵנוּ עֲנֵנוּ אֱלֹהֵי צִדְקֵנוּ.[7]

**כְּרַחֵם** אָב עַל בָּנִים, כֵּן תְּרַחֵם יהוה עָלֵינוּ.[8] לַיהוה הַיְשׁוּעָה, עַל עַמְּךָ בִרְכָתֶךָ סֶּלָה.[9] יהוה צְבָאוֹת עִמָּנוּ, מִשְׂגָּב לָנוּ אֱלֹהֵי יַעֲקֹב סֶלָה.[10] יהוה צְבָאוֹת, אַשְׁרֵי אָדָם בֹּטֵחַ בָּךְ.[11] יהוה הוֹשִׁיעָה, הַמֶּלֶךְ יַעֲנֵנוּ בְיוֹם קָרְאֵנוּ.[12]

החזן אומר בקול רם והקהל עונים „וַיֹּאמֶר . . .״

**סְלַח** נָא לַעֲוֹן הָעָם הַזֶּה כְּגֹדֶל חַסְדֶּךָ, וְכַאֲשֶׁר נָשָׂאתָה לָעָם הַזֶּה מִמִּצְרַיִם וְעַד הֵנָּה,[13] וְשָׁם נֶאֱמַר:

**וַיֹּאמֶר יהוה סָלַחְתִּי כִּדְבָרֶךָ.**[14]

**הַטֵּה** אֱלֹהַי אָזְנְךָ וּשְׁמָע, פְּקַח עֵינֶיךָ וּרְאֵה שֹׁמְמֹתֵינוּ, וְהָעִיר אֲשֶׁר נִקְרָא שִׁמְךָ עָלֶיהָ, כִּי לֹא עַל צִדְקֹתֵינוּ אֲנַחְנוּ מַפִּילִים תַּחֲנוּנֵינוּ לְפָנֶיךָ, כִּי עַל רַחֲמֶיךָ הָרַבִּים. אֲדֹנָי שְׁמָעָה, אֲדֹנָי סְלָחָה, אֲדֹנָי הַקְשִׁיבָה, וַעֲשֵׂה אַל תְּאַחַר, לְמַעַנְךָ אֱלֹהַי, כִּי שִׁמְךָ נִקְרָא עַל עִירְךָ וְעַל עַמֶּךָ.[2]

(1) הושע ו:א־ב (2) דניאל ט:יח־יט (3) איכה ה:כא (4) שמות לד:ה־ז (5) לד:ט (6) ע״פ תהלים ה:ב
(7) ע״פ ד:ב (8) ע״פ קג:יג (9) ג:ט (10) מו:ח (11) פד:יג (12) כ:י (13) במדבר יד:יט (14) יד:כ

## אֱלֹהֵינוּ וֵאלֹהֵי אֲבוֹתֵינוּ,

המחבר חתם שמו – מרדכי בר שבתי ארוך – בראשי החרוזים.

**מַ**שְׂאַת כַּפַּי, מִנְחַת עֶרֶב,[1] רְצֵה נָא בְּכֹשֶׁר,
תִּכּוֹן תְּפִלָּתִי קְטֹרֶת לְפָנֶיךָ בְּתֹם וּבְיֹשֶׁר,
בְּקָרְאִי עֲנֵנִי צוּרִי הַיּוֹם יִפְנֶה.

קהל– כַּאֲשֶׁר יָבִיאוּ בְּנֵי יִשְׂרָאֵל אֶת הַמִּנְחָה.[2]

**רֵ**יחַ נִיחֹחַ אִמְרֵי פִי, לְפָנֶיךָ צוּר עוֹלָמִים,
חֶלְבִּי וְדָמִי הַנִּמְעָט בְּצוֹמִי, תְּמוּר חֲלָבִים וְדָמִים,
קַבֵּל הֶגְיוֹן לִבִּי אֲשֶׁר עָרַכְתִּי הַיּוֹם בַּנְּעִימִים.[3]

קהל– כַּחַטָּאת כָּעֹלָה[4] וְכַמִּנְחָה.[5]

**דְּ**רֹשׁ נָא בְּיוֹם זֶה דּוֹרְשֶׁיךָ, וְהִדָּרֵשׁ לָהֶם בְּנִיב שְׂפָתָיִם,
שְׁעֵה לְמַעֲמָדָם וְטַהֲרֵם כַּכֶּסֶף מְזֻקָּק שִׁבְעָתָיִם,
וּרְצֵה שִׂיחָתָם כְּשֶׂה אַחַת מִן הַצֹּאן מִן הַמָּאתָיִם.

קהל– מִמַּשְׁקֵה יִשְׂרָאֵל לַמִּנְחָה.[6]

**כָּ**לִיל וְעוֹלָה תְּחִנָּתִי תֵחָשֵׁב, וּמַשְׂטִינִי רִיב תָּרִיב,
וְתוֹצִיא כָאוֹר צִדְקִי, טֶרֶם יָבֹא הַשֶּׁמֶשׁ וְיַעֲרִיב,
שָׁפַךְ כַּמַּיִם לִבּוֹ בִּתְפִלָּתוֹ כָּל אִישׁ.

קהל– וְהִקְרִיב הַמַּקְרִיב קָרְבָּנוֹ לַיהוה מִנְחָה.[7]

**יְ**שֻׁרוּן עַמְּךָ יָשִׁיר חַסְדְּךָ בְּטוּב לֶקַח,
הַטֵּה אֵלָיו אָזְנְךָ וּשְׁמַע, וְעֵינֶיךָ פְּקַח,
וּרְאֵה[8] כִּי טוֹב מִסְתּוֹפֵף בְּשַׁעֲרֵי רַחֲמֶיךָ.

קהל– וַיִּקַּח מִן הַבָּא בְיָדוֹ מִנְחָה.[9]

**בְּ**רֹב רַחֲמֶיךָ אֲמָרַי הַאֲזִינָה יהוה הֲגִיגִי בִּינָה,[10]
אִם נָא מָצָאתִי חֵן בְּעֵינֶיךָ, אֱלֹהֵי קֶדֶם מְעוֹנָה,
וְלָקַחְתָּ מִנְחָתִי מִיָּדִי אֲשֶׁר הֵבֵאתִי לְךָ בִּתְחִנָּה.

קהל– וַיְהִי בַּעֲלוֹת הַמִּנְחָה.[11]

**שַׁ**דַּי לֹא מְצָאנוּךָ שַׂגִּיא כֹחַ לָעֵדָה מִקֶּדֶם קָנִיתָ,
אֶחָד הַמַּרְבֶּה וְאֶחָד הַמַּמְעִיט[12] בְּשׁוּבוֹ נַפְשׁוֹ רָצִיתָ,
אַךְ יְכַוֵּן לִבּוֹ לְפָנֶיךָ בְּמִנְחָתוֹ בְּעֵת הִקְרִיב אוֹתָהּ.

קהל– וְזֹאת תּוֹרַת הַמִּנְחָה.[13]

**בִּ**הְיוֹת מִזְבְּחִי וּמִקְדָּשִׁי עַל מְכוֹנוֹ וּגְבוּלוֹ,
הָיוּ מְכַפְּרִים עָלֵינוּ בַּשְּׂעִירִים הָעוֹלִים לְגוֹרָלוֹ,
וְעַתָּה בְּאַשְׁמָתֵנוּ לוּ חָפֵץ יהוה לַהֲמִיתֵנוּ.

קהל– לֹא לָקַח מִיָּדֵנוּ עֹלָה וּמִנְחָה.[14]

**תַּ**חֲנוּנִים יְדַבֵּר עַמְּךָ יְבַקֵּשׁ סְלִיחָה בְּלֵב מָר,
הִנּוֹ מִתְיַצֵּב עַל מָצוֹר וְעוֹמֵד עַל הַמִּשְׁמָר,
מְחַלֶּה פָּנֶיךָ לְעֵת מִנְחַת עֶרֶב וּמְצַפֶּה כֹּפֶר.

קהל– כִּי אָמַר אֲכַפְּרָה פָנָיו בַּמִּנְחָה.[15]

---

(1) תהלים קמא:ב (2) ישעיה סו:כ (3) נ״א זֶה כַּמָּה יָמִים (4) נ״א כָּאָשָׁם (5) יחזקאל מה:כה
(6) ע״פ מה:טו (7) במדבר טו:ד (8) ע״פ דניאל ט:יח (9) בראשית לב:יד (10) ע״פ תהלים ה:ב
(11) מלכים א יח:לו (12) ברכות ה:ב; מנחות קי:א (13) ויקרא ו:ז (14) שופטים יג:כג (15) בראשית לב:כא

יְרוּשָׁלַיִם עִירְךָ בְּנֵה וְעָרֶיהָ מְקַצֵּה,
אֲסוּרִים רְעוּצִים פְּתַח וְלַחָפְשִׁי הוֹצֵא,
וְעָרְבָה לַיהוה מִנְחָתָם כִּימֵי עוֹלָם[1] וְתָשׁוּב וְתִרְצֶה.
קהל– עוֹד פְּנוֹת אֶל הַמִּנְחָה.[2]

וּנְפוּצוֹת יִשְׂרָאֵל לְקַבֵּץ יָדְךָ שֵׁנִית תּוֹסִף,
כְּרוֹעֶה עֶדְרוֹ תִּרְעֵם בְּנָוֶה טוֹב תְּאַסֵּף,
וְיָשַׁב מְצָרֵף וְטִהַר אֶת בְּנֵי יִשְׂרָאֵל כַּזָּהָב וְכַכֶּסֶף.
קו״ח– וְהָיוּ לַיהוה מַגִּישֵׁי מִנְחָה.[3]

**אֵל מֶלֶךְ** יוֹשֵׁב עַל כִּסֵּא רַחֲמִים, מִתְנַהֵג בַּחֲסִידוּת, מוֹחֵל עֲוֹנוֹת עַמּוֹ, מַעֲבִיר רִאשׁוֹן רִאשׁוֹן, מַרְבֶּה מְחִילָה לְחַטָּאִים וּסְלִיחָה לַפּוֹשְׁעִים, עֹשֶׂה צְדָקוֹת עִם כָּל בָּשָׂר וָרוּחַ, לֹא כְרָעָתָם תִּגְמוֹל. ❖ אֵל, הוֹרֵיתָ לָנוּ לוֹמַר שְׁלֹשׁ עֶשְׂרֵה, וּזְכוֹר לָנוּ הַיּוֹם בְּרִית שְׁלֹשׁ עֶשְׂרֵה, כְּמוֹ שֶׁהוֹדַעְתָּ לֶעָנָיו מִקֶּדֶם, כְּמוֹ שֶׁכָּתוּב, וַיֵּרֶד יהוה בֶּעָנָן וַיִּתְיַצֵּב עִמּוֹ שָׁם, וַיִּקְרָא בְשֵׁם יהוה.

קהל וחזן יחד בקול רם:

וַיַּעֲבֹר יהוה עַל פָּנָיו וַיִּקְרָא:

**יהוה,** יהוה, אֵל, רַחוּם, וְחַנּוּן, אֶרֶךְ אַפַּיִם, וְרַב חֶסֶד, וֶאֱמֶת, נֹצֵר חֶסֶד לָאֲלָפִים, נֹשֵׂא עָוֹן, וָפֶשַׁע, וְחַטָּאָה, וְנַקֵּה. וְסָלַחְתָּ לַעֲוֹנֵנוּ וּלְחַטָּאתֵנוּ וּנְחַלְתָּנוּ. סְלַח לָנוּ אָבִינוּ כִּי חָטָאנוּ, מְחַל לָנוּ מַלְכֵּנוּ כִּי פָשָׁעְנוּ. כִּי אַתָּה אֲדֹנָי טוֹב וְסַלָּח, וְרַב חֶסֶד לְכָל קֹרְאֶיךָ.

**וּנְשַׁלְּמָה** פָרִים שְׂפָתֵינוּ,[4] תִּכּוֹן תְּפִלָּתֵנוּ קְטֹרֶת לְפָנֶיךָ מַשְׂאַת כַּפֵּינוּ מִנְחַת עָרֶב.[5] יִהְיוּ לְרָצוֹן אִמְרֵי פִינוּ וְהֶגְיוֹן לִבֵּנוּ לְפָנֶיךָ יהוה צוּרֵנוּ וְגוֹאֲלֵנוּ.[6]

**כְּרַחֵם** אָב עַל בָּנִים, כֵּן תְּרַחֵם יהוה עָלֵינוּ.[7] לַיהוה הַיְשׁוּעָה, עַל עַמְּךָ בִרְכָתֶךָ סֶּלָה.[8] יהוה צְבָאוֹת עִמָּנוּ, מִשְׂגָּב לָנוּ אֱלֹהֵי יַעֲקֹב סֶלָה.[9] יהוה צְבָאוֹת, אַשְׁרֵי אָדָם בֹּטֵחַ בָּךְ.[10] יהוה הוֹשִׁיעָה, הַמֶּלֶךְ יַעֲנֵנוּ בְיוֹם קָרְאֵנוּ.[11]

המחבר חתם שמו – אליעזר ברבי יצחק הלוי – בראשי החרוזים.

אֱלֹהַי, בְּשַׂר עַמְּךָ מִפַּחְדְּךָ סָמַר,[12]
וְתָמִיד עוֹמֵד[13] עַל מִשְׁמָר
עַד עֵת מִנְחַת עָרֶב.
קהל– כִּי אָמַר אֲכַפְּרָה פָנָיו בַּמִּנְחָה.[14]

לְהַקְשִׁיב לְמַשְׂטִינֵנוּ מָאֵן תְּמָאֵן,
סְאוֹנוֹ בְּרַעַשׁ אַל נָא תְהִי סוֹאֵן,
וְאִם עֲוֹנוֹת תִּשְׁמֹר הֲלֹא רַבּוּ.
קהל– מֵאַיִן עוֹד פְּנוֹת אֶל הַמִּנְחָה.[15]

יִשְׂרָאֵל עַמְּךָ אֲשֶׁר בְּךָ מַאֲמִין,
אִם בִּשְׂמֹאל דְּחִיתוֹ קָרְבֵהוּ בִימִין,
בָּא לְשַׁחֵר פָּנֶיךָ.
קהל– וַיִּקַּח מִן הַבָּא בְיָדוֹ מִנְחָה.[16]

עוֹרְכֵי שֶׁוַע מְשַׁלְּמֵי פָרִים שִׂפְתוֹתָם,
רְצֵה וְהַשְׁלֵךְ בִּמְצֻלוֹת יָם כָּל חַטֹּאתָם,[17]

(1) ע״פ מלאכי ג:ד (2) ב:יג (3) ג:ג (4) הושע יד:ג (5) ע״פ תהלים קמא:ב (6) ע״פ יט:טו (7) ע״פ קג:יג (8) ג:ט (9) מו:ח (10) פד:יג (11) כ:י (12) ע״פ תהלים קיט:קכ (13) נ״א וּמֵאָז עֲלוֹת הַשַּׁחַר יַעֲמֹד (14) בראשית לב:כא (15) מלאכי ב:יג (16) בראשית לב:יד (17) ע״פ מיכה ז:יט

יֶעֱרַב עָלֶיךָ שִׂיחָתָם וְרִנָּתָם. קהל– כַּחַטָּאת כָּעֹלָה וְכַמִּנְחָה.[1]
זֵכֶר פַּר פְּנִים וְשָׂעִיר פְּנִימִי וְחִיצוֹן,
יִהְיוּ נָא אֲמָרֵינוּ לְפָנֶיךָ לְרָצוֹן,[2]
וְתֶעֱרַב מִנְחָתֵנוּ כְּשֶׂה אַחַת מִן הַצֹּאן, מִן הַמָּאתַיִם.
קהל– מִמַּשְׁקֵה יִשְׂרָאֵל לַמִּנְחָה.[3]
רְאֵה כִּי אָזְלַת יָדֵנוּ[4] וְיוֹשְׁבֵי מָרוֹם שָׁחוּ,
פַּסּוּ אֱמוּנִים וּבְכֵן לָקָחוּ,
כְּבַד פֶּה וַעֲרַל שָׂפָה. קהל– וַיִּשְׁלְחוּ בְנֵי יִשְׂרָאֵל בְּיָדוֹ מִנְחָה.[5]
בָּרֵר נִיב שְׂפָתַי כְּשַׁחַר פָּרוּשׂ,
עֲנֵנִי וּרְפָא מִזְבַּחֲךָ הֶהָרוּס,[6]
חֶלְקַת לְשׁוֹנִי תֶּעֱרַב כַּשֶּׁמֶן לָרוֹס. קהל– אֶת הָעֹלָה וְאֶת הַמִּנְחָה.[7]
בֵּית תְּפִלָּתָם מְקוֹם צָקוּן לַחַשָׁם,
חָשׁוּב כְּבִמְקוֹם אֲשֶׁר יְבַשְּׁלוּ שָׁם,
הַכֹּהֲנִים אֶת הַחַטָּאת וְאֶת הָאָשָׁם. קהל– וַאֲשֶׁר יֹאפוּ אֶת הַמִּנְחָה.[8]
יְצַוֶּה יהוה חַסְדּוֹ קוֹמְמִיּוּת הֲשִׁיבֵנִי לְנָוִי,
לְפָאֵר מְקוֹם מִקְדָּשִׁי לְחַדֵּשׁ הֲדַר זִיוִי,
וְיָשַׁב מְצָרֵף וְטִהַר אֶת בְּנֵי לֵוִי. חז"ק– וְהָיוּ לַיהוה מַגִּישֵׁי מִנְחָה.[9]

**אֵל מֶלֶךְ** יוֹשֵׁב עַל כִּסֵּא רַחֲמִים, מִתְנַהֵג בַּחֲסִידוּת, מוֹחֵל עֲוֹנוֹת עַמּוֹ, מַעֲבִיר רִאשׁוֹן רִאשׁוֹן, מַרְבֶּה מְחִילָה לְחַטָּאִים וּסְלִיחָה לַפּוֹשְׁעִים, עֹשֶׂה צְדָקוֹת עִם כָּל בָּשָׂר וָרוּחַ, לֹא כְרָעָתָם תִּגְמוֹל. ❖ אֵל, הוֹרֵיתָ לָּנוּ לוֹמַר שְׁלֹשׁ עֶשְׂרֵה, וּזְכוֹר לָנוּ הַיּוֹם בְּרִית שְׁלֹשׁ עֶשְׂרֵה, כְּמוֹ שֶׁהוֹדַעְתָּ לֶעָנָיו מִקֶּדֶם, כְּמוֹ שֶׁכָּתוּב, וַיֵּרֶד יהוה בֶּעָנָן וַיִּתְיַצֵּב עִמּוֹ שָׁם, וַיִּקְרָא בְשֵׁם יהוה.

קהל וחזן יחד בקול רם:

וַיַּעֲבֹר יהוה עַל פָּנָיו וַיִּקְרָא:

**יהוה,** יהוה, אֵל, רַחוּם, וְחַנּוּן, אֶרֶךְ אַפַּיִם, וְרַב חֶסֶד, וֶאֱמֶת, נֹצֵר חֶסֶד לָאֲלָפִים, נֹשֵׂא עָוֹן, וָפֶשַׁע, וְחַטָּאָה, וְנַקֵּה. וְסָלַחְתָּ לַעֲוֹנֵנוּ וּלְחַטָּאתֵנוּ וּנְחַלְתָּנוּ. סְלַח לָנוּ אָבִינוּ כִּי חָטָאנוּ, מְחַל לָנוּ מַלְכֵּנוּ כִּי פָשָׁעְנוּ. כִּי אַתָּה אֲדֹנָי טוֹב וְסַלָּח, וְרַב חֶסֶד לְכָל קֹרְאֶיךָ.

**טוֹב** יהוה לַכֹּל וְרַחֲמָיו עַל כָּל מַעֲשָׂיו.[10] טוֹב יהוה לְקֹוָו לְנֶפֶשׁ תִּדְרְשֶׁנּוּ. טוֹב
וְיָחִיל וְדוּמָם לִתְשׁוּעַת יהוה.[11] טוֹב לַחֲסוֹת בַּיהוה, מִבְּטֹחַ בָּאָדָם. טוֹב
לַחֲסוֹת בַּיהוה, מִבְּטֹחַ בִּנְדִיבִים.[12] טוֹב וְיָשָׁר יהוה, עַל כֵּן יוֹרֶה חַטָּאִים בַּדָּרֶךְ.[13]
טוֹב יהוה לְמָעוֹז בְּיוֹם צָרָה, וְיֹדֵעַ חֹסֵי בוֹ.[14] כִּי הוּא יָדַע יִצְרֵנוּ, זָכוּר כִּי עָפָר
אֲנָחְנוּ.[15] כִּי טוֹב יהוה לְעוֹלָם חַסְדּוֹ, וְעַד דֹּר וָדֹר אֱמוּנָתוֹ.[16]

**כְּרַחֵם** אָב עַל בָּנִים, כֵּן תְּרַחֵם יהוה עָלֵינוּ.[17] לַיהוה הַיְשׁוּעָה, עַל עַמְּךָ
בִרְכָתֶךָ סֶּלָה.[18] יהוה צְבָאוֹת עִמָּנוּ, מִשְׂגָּב לָנוּ אֱלֹהֵי יַעֲקֹב סֶלָה.[19]
יהוה צְבָאוֹת, אַשְׁרֵי אָדָם בֹּטֵחַ בָּךְ.[20] יהוה הוֹשִׁיעָה, הַמֶּלֶךְ יַעֲנֵנוּ בְיוֹם קָרְאֵנוּ.[21]

(1) יחזקאל מה:כה (2) ע"פ תהלים יט:טו (3) יחזקאל מה:טו (4) ע"פ דברים לב:לו (5) שופטים ג:טו (6) ע"פ מלכים א יח:ל (7) שמות מ:כט (8) יחזקאל מו:כ (9) מלאכי ג:ג (10) תהלים קמה:ט (11) איכה ג:כה-כו (12) תהלים קיח:ח-ט (13) כה:ח (14) נחום א:ז (15) תהלים קג:יד (16) ק:ה (17) ע"פ קג:יג (18) ג:ט (19) מו:ח (20) פד:יג (21) כ:י

[המחבר חתם שמו – בנימן – בראשי החרוזים.]

**בַּ**ת עַמִּי לֹא תֶחֱשֶׁה, וְלֹא תִשְׁקוֹט בִּזְעָקָה,
וּבִמְקוֹם עוֹלָה וְאִשֶּׁה, תָּכִין תַּחַן חוּקָה, לַיהוה מַגִּישֵׁי מִנְחָה בִּצְדָקָה.[1]

**נְ**שִׂיא אֱלֹהִים הַנֶּאֱמָן, רֹאשׁ צוּרִים אֵיתָנִי,
הִשְׁכִּים שַׁחַר וּזְמָן, עָמוֹד וַעֲרוֹךְ תַּחֲנוּנַי,
בִּמְקוֹם תָּמִיד מְיֻמָּן, לְשַׁחֵר עַל קָרְבָּנַי,
וְכִי הֶאֱמִין בַּיהוה, וַיַּחְשְׁבֶהָ לּוֹ צְדָקָה,[2] לַיהוה מַגִּישֵׁי מִנְחָה בִּצְדָקָה.

**יְ**חִידוֹ לְמֵאָה נֶחֱנַן, וְעָקוּד בְּמִזְבַּח אֲבָנָיו,
לִפְנוֹת עֶרֶב חָנַן, וְהָאֵל נָשָׂא פָנָיו,
לְתָמִיד עֶרֶב מְכוּנָן, לְהִתְרַצּוֹת פְּנֵי אֲדוֹנָיו,
כְּאִישׁ לָקַח מְלֹא חָפְנָיו, קְטֹרֶת סַמִּים דַּקָּה,[3] לַיהוה מַגִּישֵׁי מִנְחָה בִּצְדָקָה.

**מְ**פַלֵּל יוֹשֵׁב אֹהֶל, הַלָּן בְּמָקוֹם מְשֻׁבָּח,
לְרִבּוּי פְּדָרִים יָהֶל, בְּהִתְקָרֵב בְּבֵית זֶבַח,
וְאִם אֵין קָרְבָּן לְיַחֵל,[4] תְּמוּרָם אֶעֱרָךְ שֶׁבַח,
וְנִבְחַר לַיהוה מִזֶּבַח, עֲשֹׂה מִשְׁפָּט וּצְדָקָה,[5] לַיהוה מַגִּישֵׁי מִנְחָה בִּצְדָקָה.

**נֶ**אֱלַמְתִּי דוּמִיָּה, מֵאֵין עֲבוֹדַת כֹּהֲנִים,
וְאֵיךְ אָשִׁיר בַּשִּׁבְיָה, וְאָסְפוּ[6] לְוִיִּי אֱמוּנִים,
וְעַל כָּל זֹאת אוֹדֶה יָהּ, כִּי הוּא נַעֲלֶה בְּדִינִים,
לָנוּ בֹּשֶׁת הַפָּנִים, וּלְךָ הַצְּדָקָה,[7] לַיהוה מַגִּישֵׁי מִנְחָה בִּצְדָקָה.

**חֵ**לֶף קָרְבְּנוֹת פֶּדֶר, תְּפִלָּתִי תֵרָאֶה,
בְּזָכְרִי עַל הַסֵּדֶר, עֲבוֹדַת מְשָׁרְתִים,
בָּאֵי הֵיכָל חֶדֶר בְּחֶדֶר, וְשָׁמְעוּ מְבַשֵּׂר בְּמַרְאֶה,
וְזָרְחָה לָכֶם יִרְאֵי שְׁמִי שֶׁמֶשׁ צְדָקָה,[8] לַיהוה מַגִּישֵׁי מִנְחָה בִּצְדָקָה.

**אֵל מֶלֶךְ** יוֹשֵׁב עַל כִּסֵּא רַחֲמִים, מִתְנַהֵג בַּחֲסִידוּת, מוֹחֵל עֲוֹנוֹת עַמּוֹ, מַעֲבִיר רִאשׁוֹן רִאשׁוֹן, מַרְבֶּה מְחִילָה לְחַטָּאִים וּסְלִיחָה לַפּוֹשְׁעִים, עֹשֶׂה צְדָקוֹת עִם כָּל בָּשָׂר וָרוּחַ, לֹא כְרָעָתָם תִּגְמוֹל. ❖ אֵל, הוֹרֵיתָ לָּנוּ לוֹמַר שְׁלֹשׁ עֶשְׂרֵה, וּזְכוֹר לָנוּ הַיּוֹם בְּרִית שְׁלֹשׁ עֶשְׂרֵה, כְּמוֹ שֶׁהוֹדַעְתָּ לֶעָנָיו מִקֶּדֶם, כְּמוֹ שֶׁכָּתוּב, וַיֵּרֶד יהוה בֶּעָנָן וַיִּתְיַצֵּב עִמּוֹ שָׁם, וַיִּקְרָא בְשֵׁם יהוה.

קהל וחזן יחד בקול רם:

וַיַּעֲבֹר יהוה עַל פָּנָיו וַיִּקְרָא:

**יהוה,** יהוה, אֵל, רַחוּם, וְחַנּוּן, אֶרֶךְ אַפַּיִם, וְרַב חֶסֶד, וֶאֱמֶת, נֹצֵר חֶסֶד לָאֲלָפִים, נֹשֵׂא עָוֹן, וָפֶשַׁע, וְחַטָּאָה, וְנַקֵּה. וְסָלַחְתָּ לַעֲוֹנֵנוּ וּלְחַטָּאתֵנוּ וּנְחַלְתָּנוּ. סְלַח לָנוּ אָבִינוּ כִּי חָטָאנוּ, מְחַל לָנוּ מַלְכֵּנוּ כִּי פָשָׁעְנוּ. כִּי אַתָּה אֲדֹנָי טוֹב וְסַלָּח, וְרַב חֶסֶד לְכָל קֹרְאֶיךָ.

ואח"כ יאמר עשרה רחמנא כנגד מספר עשרה מאמרות ועשרת הדברות:

חזן – רַחֲמָנָא אִדְכַּר לָן קְיָמֵהּ דְּאַבְרָהָם רְחִימָא. קהל – בְּדִיל וַיַּעֲבֹר.
חזן – רַחֲמָנָא אִדְכַּר לָן קְיָמֵהּ דְּיִצְחָק עֲקֵידָא. קהל – בְּדִיל וַיַּעֲבֹר.

(1) מלאכי ג:ג (2) בראשית טו:ו (3) ויקרא טז:יב (4) נ"א לְיָהֵל (5) ע"פ משלי כא:ג
(6) נ"א וְאָפְסוּ (7) ע"פ דניאל ט:ז (8) מלאכי ג:כ

חזן – רַחֲמָנָא אִדְכַּר לָן קְיָמֵהּ דְּיַעֲקֹב שְׁלֵימָא. קהל – בְּדִיל וַיַּעֲבֹר.
חזן – רַחֲמָנָא אִדְכַּר לָן זְכוּתֵהּ דְּיוֹסֵף צַדִּיקָא. קהל – בְּדִיל וַיַּעֲבֹר.
חזן – רַחֲמָנָא אִדְכַּר לָן קְיָמֵהּ דְּמֹשֶׁה נְבִיָּא. קהל – בְּדִיל וַיַּעֲבֹר.
חזן – רַחֲמָנָא אִדְכַּר לָן קְיָמֵהּ דְּאַהֲרֹן כַּהֲנָא. קהל – בְּדִיל וַיַּעֲבֹר.
חזן – רַחֲמָנָא אִדְכַּר לָן קְנָאוּתֵהּ דְּפִינְחָס קַנָּאָה. קהל – בְּדִיל וַיַּעֲבֹר.
חזן – רַחֲמָנָא אִדְכַּר לָן קְיָמֵהּ דְּדָוִד מְשִׁיחָא. קהל – בְּדִיל וַיַּעֲבֹר.
חזן – רַחֲמָנָא אִדְכַּר לָן צְלוֹתֵהּ דִּשְׁלֹמֹה מַלְכָּא. קהל – בְּדִיל וַיַּעֲבֹר.
חו"ק – רַחֲמָנָא תּוּב מֵרוּגְזָךְ, וְלָא נֶהְדַּר רֵיקָם מִן קֳדָמָךְ.

**אֵל מֶלֶךְ** יוֹשֵׁב עַל כִּסֵּא רַחֲמִים, מִתְנַהֵג בַּחֲסִידוּת, מוֹחֵל עֲוֹנוֹת עַמּוֹ, מַעֲבִיר רִאשׁוֹן רִאשׁוֹן, מַרְבֶּה מְחִילָה לְחַטָּאִים וּסְלִיחָה לַפּוֹשְׁעִים, עֹשֶׂה צְדָקוֹת עִם כָּל בָּשָׂר וָרוּחַ, לֹא כְרָעָתָם תִּגְמוֹל. ❖ אֵל, הוֹרֵיתָ לָּנוּ לוֹמַר שְׁלֹשׁ עֶשְׂרֵה, וּזְכוֹר לָנוּ הַיּוֹם בְּרִית שְׁלֹשׁ עֶשְׂרֵה, כְּמוֹ שֶׁהוֹדַעְתָּ לֶעָנָיו מִקֶּדֶם, כְּמוֹ שֶׁכָּתוּב, וַיֵּרֶד יהוה בֶּעָנָן וַיִּתְיַצֵּב עִמּוֹ שָׁם, וַיִּקְרָא בְשֵׁם יהוה.

קהל וחזן יחד בקול רם:

וַיַּעֲבֹר יהוה עַל פָּנָיו וַיִּקְרָא:

**יהוה,** יהוה, אֵל, רַחוּם, וְחַנּוּן, אֶרֶךְ אַפַּיִם, וְרַב חֶסֶד, וֶאֱמֶת, נֹצֵר חֶסֶד לָאֲלָפִים, נֹשֵׂא עָוֹן, וָפֶשַׁע, וְחַטָּאָה, וְנַקֵּה. וְסָלַחְתָּ לַעֲוֹנֵנוּ וּלְחַטָּאתֵנוּ וּנְחַלְתָּנוּ. סְלַח לָנוּ אָבִינוּ כִּי חָטָאנוּ, מְחַל לָנוּ מַלְכֵּנוּ כִּי פָשָׁעְנוּ. כִּי אַתָּה אֲדֹנָי טוֹב וְסַלָּח, וְרַב חֶסֶד לְכָל קֹרְאֶיךָ.

אֱלֹהֵינוּ וֵאלֹהֵי אֲבוֹתֵינוּ,

אַל תַּעַשׂ עִמָּנוּ כָּלָה, תֹּאחֵז יָדְךָ בַּמִּשְׁפָּט.
בְּבֹא תוֹכֵחָה לְנֶגְדֶּךָ, שְׁמֵנוּ מִסִּפְרְךָ אַל תֶּמַח.
גְּשְׁתְּךָ לַחֲקוֹר מוּסָר, רַחֲמֶיךָ יְקַדְּמוּ רָגְזֶךָ.
דַּלּוּת מַעֲשִׂים בְּשׁוּרֶךָ, קָרֵב צֶדֶק מֵאֵלֶיךָ.
הוֹרֵנוּ בְּזַעֲקֵנוּ לָךְ, צַו יְשׁוּעָתֵנוּ בְּמַפְגִּיעַ.
וְתָשִׁיב שְׁבוּת אָהֳלֵי תָם, פְּתָחָיו רְאֵה כִּי שָׁמֵמוּ.
זְכוֹר נַאֲמְתָּ לֹא תִשָּׁכַח, עֵדוּת מִפִּי זַרְעוֹ.
חוֹתֵם תְּעוּדָה תַּתִּיר, סוֹדְךָ שִׂים בְּלִמּוּדֶךָ.
טַבּוּר אַגַּן הַסַּהַר, נָא אַל יֶחְסַר הַמָּזֶג.
יָהּ דַּע אֵת אֲשֶׁר יְדָעוּךָ, מַגֵּר עַם אֲשֶׁר לֹא יְדָעוּךָ.
כִּי תָשִׁיב לְבִצָּרוֹן, לְכוּדִים אֲסִירֵי הַתִּקְוָה.

וידוי של רבינו נסים

**רִבּוֹנוֹ שֶׁל עוֹלָם,** קֹדֶם כָּל דָּבָר, אֵין לִי פֶּה לְהָשִׁיב, וְלֹא מֵצַח לְהָרִים רֹאשׁ, כִּי מִפְּנֵי שֶׁעֲוֹנוֹתַי רַבּוּ מִלִּמְנוֹת, וְחַטֹּאתַי עָצְמוּ מִסַּפֵּר, וּכְמַשָּׂא כָבֵד יִכְבְּדוּ מִמֶּנִּי, מִתְוַדֶּה אֲנִי לְפָנֶיךָ יהוה אֱלֹהַי, בִּכְפִיפַת רֹאשׁ, בִּכְפִיפַת קוֹמָה, בִּכְנִיעַת חַיִל, בַּחֲלִישַׁת כֹּחַ, בִּשְׁבִירַת לֵב, בִּנְמִיכוּת רוּחַ, בְּקִדָּה, בִּכְרִיעָה, בְּהִשְׁתַּחֲוָיָה, בְּאֵימָה, בִּבְעָתָה, בְּרֶתֶת, בְּזִיעַ, בְּחַלְחוּל, בְּיִרְאָה, בְּמוֹרָא. אוֹמֵר אֲנִי לְפָנֶיךָ יהוה אֱלֹהַי, מִקְצָת מַעֲשַׂי הָרָעִים וּמִדְּרָכַי הַמְּכֹעָרִים, וּמִמַּעֲלָלַי הַמְּקֻלְקָלִים. לְאָמְרָם אִי אֶפְשָׁר, לְבָרְרָם אֵין בִּי כֹּחַ, לְגַלּוֹתָם לֹא אֶעֱצָר חָיִל, לְדַבְּרָם לֹא אֵדָעֵם, לְהַגִּידָם אֵינִי כְדַאי. וְלִתְבּוֹעַ עֲלֵיהֶם סְלִיחָה וּמְחִילָה וְכַפָּרָה, מָה אֲנִי? מֶה חַיַּי? אֲנִי

הֶבֶל וָרִיק. אֲנִי רִמָּה וְתוֹלֵעָה.[1] אֲנִי עָפָר וָאֵפֶר.[2] בּוֹשׁ אֲנִי מֵחֲטָאַי. וּמִכֻּלָּם אֲנִי מִפְּשָׁעַי. אֵין לִי פִּתְחוֹן פֶּה לְהִתְוַדּוֹת לְפָנֶיךָ. גָּדוֹל עֲוֹנִי מִנְּשׂוֹא.[3] עָצְמוּ פְשָׁעַי מִסַּפֵּר. בֹּשְׁתִּי וְגַם נִכְלַמְתִּי,[4] כַּגַּנָּב הַנִּמְצָא בַּמַּחְתֶּרֶת.[5]

רִבּוֹנוֹ שֶׁל עוֹלָם, אִם עָמַדְתִּי לְפָרֵשׁ אֶת חֲטָאַי וּלְבָאֲרָם, יִכְלֶה הַזְּמַן וְהֵם לֹא יִכְלוּ. עַל אֵיזֶה מֵהֶם אֶתְבַּע, וְעַל אֵיזֶה מֵהֶם אֲבַקֵּשׁ, וְעַל אֵיזֶה מֵהֶם אֶתְוַדֶּה, עַל הַכְּלָל אוֹ עַל הַפְּרָט, עַל הַנִּסְתָּרוֹת אוֹ עַל הַנִּגְלוֹת, עַל הָרִאשׁוֹנוֹת אוֹ עַל הָאַחֲרוֹנוֹת, עַל הַחֲדָשׁוֹת אוֹ עַל הַיְשָׁנוֹת, עַל הַטְּמוּנוֹת אוֹ עַל הַנּוֹדָעוֹת, עַל הַנִּזְכָּרוֹת אוֹ עַל הַנִּשְׁכָּחוֹת מִמֶּנִּי. יוֹדֵעַ אֲנִי בְעַצְמִי שֶׁאֵין בִּי לֹא תוֹרָה וְלֹא חָכְמָה, לֹא דַעַת וְלֹא תְבוּנָה, לֹא צְדָקָה וְלֹא יְשָׁרוּת וְלֹא גְמִילוּת חֲסָדִים. אֲבָל אֲנִי סָכָל וְלֹא יוֹדֵעַ, בַּעַר וְלֹא מֵבִין, גַּזְלָן וְלֹא נֶאֱמָן, חַיָּב וְלֹא זַכַּאי, רָשָׁע וְלֹא צַדִּיק, רַע וְלֹא טוֹב. וְכָל מַעֲשִׂים רָעִים עָשִׂיתִי וְגַם עֲבֵרוֹת רָעוֹת עָשִׂיתִי. וְאִם אַתָּה דָן אוֹתִי כְּמַעֲשַׂי, אוֹי לִי, וַי לִי, אֲהָהּ עָלַי, אוֹיָה עַל נַפְשִׁי. וְאִם תְּבַקֵּשׁ לְנַקּוֹתִי, כִּמְטַהֵר וְכִמְצָרֵף כֶּסֶף, לֹא יִשָּׁאֵר מִמֶּנִּי מְאוּמָה, כִּי אֲנִי כְקַשׁ לִפְנֵי אֵשׁ, וּכְעֵצִים יְבֵשִׁים לִפְנֵי הָאוּר, כֶּסֶף סִיגִים מְצֻפֶּה עַל חֶרֶשׂ, הֶבֶל הֲבָלִים אֵין בּוֹ מַמָּשׁ.

בַּמֶּה אֲקַדֵּם אוֹ מָה רְפוּאָה אֲבַקֵּשׁ. כְּבֵן סוֹרֵר וּמוֹרֶה הָיִיתִי, כְּעֶבֶד מוֹרֵד עַל אֲדוֹנָיו, כְּתַלְמִיד חוֹלֵק עַל רַבּוֹ. אֶת אֲשֶׁר טִהַרְתָּ טִמֵּאתִי, וַאֲשֶׁר טִמֵּאתָ טִהַרְתִּי. אֶת אֲשֶׁר הִתַּרְתָּ אָסַרְתִּי, וַאֲשֶׁר אָסַרְתָּ הִתַּרְתִּי. אֶת אֲשֶׁר אָהַבְתָּ שָׂנֵאתִי, וַאֲשֶׁר שָׂנֵאתָ אָהַבְתִּי. אֶת אֲשֶׁר הֵקַלְתָּ הֶחֱמַרְתִּי, וַאֲשֶׁר הֶחֱמַרְתָּ הֵקַלְתִּי. אֶת אֲשֶׁר קֵרַבְתָּ רִחַקְתִּי, וַאֲשֶׁר רִחַקְתָּ קֵרַבְתִּי. אַךְ לֹא לְהַכְעִיסְךָ נִתְכַּוַּנְתִּי. וּבְעַזּוּת מֵצַח בָּאתִי לְבַקֵּשׁ סְלִיחָה מִלְּפָנֶיךָ. שַׂמְתִּי פָּנַי כַּכֶּלֶב, הֵעַזְתִּי מֵצַח כַּזּוֹנָה, וְגַשְׁתִּי לְפָנֶיךָ בְּבֹשֶׁת פָּנִים. וְכֵן כָּתוּב: וּמֵצַח אִשָּׁה זוֹנָה הָיָה לָךְ, מֵאַנְתְּ הִכָּלֵם.[6]

רִבּוֹנוֹ שֶׁל עוֹלָם, לֹא עַל עַצְמִי בִּלְבַד אֲנִי מִתְפַּלֵּל וּמִתְוַדֶּה, כִּי אִם בַּעֲדִי וּבְעַד קְהָלֶיךָ הָעוֹמְדִים לְפָנֶיךָ. וְאַף עַל פִּי שֶׁאֵינִי רָאוּי וְלֹא זַכַּאי לְהִתְוַדּוֹת עַל עַצְמִי, וְכָל שֶׁכֵּן עַל אֲחֵרִים, אֲבָל כִּי דַרְכְּךָ לְהַאֲרִיךְ אַפֶּךָ, וּמִדָּתְךָ לְהַעֲבִיר קִצְפֶּךָ, וּמִנְהָגְךָ לְרַחֵם עַל בְּרִיּוֹתֶיךָ, וּבְיוֹתֵר לַשָּׁבִים אֵלֶיךָ וּמוֹדִים לְפָנֶיךָ, וְעוֹזְבִים וּמִתְנַחֲמִים עַל פִּשְׁעֵיהֶם, וְלֹא מְכַסִּים אוֹתָם. שֶׁכֵּן כָּתוּב: מְכַסֶּה פְשָׁעָיו לֹא יַצְלִיחַ, וּמוֹדֶה וְעֹזֵב יְרֻחָם.[7] וּמַצִּיל אֶת נַפְשׁוֹ מִדִּינָהּ שֶׁל גֵּיהִנֹּם.

רִבּוֹנוֹ שֶׁל עוֹלָם, מִנְהַג בֵּית דִּינְךָ הַצֶּדֶק לֹא כְמִנְהַג בָּתֵּי דִינִין שֶׁל בְּנֵי אָדָם. שֶׁמִּדַּת בְּנֵי אָדָם כְּשֶׁהוּא תוֹבֵעַ אֶת חֲבֵרוֹ בְּמָמוֹן אֶל הַבֵּית דִּין אוֹ אֶל הַשּׁוֹפֵט, אִם יִכְפּוֹר יִנָּצֵל מִן הַמָּמוֹן, וְאִם יוֹדֶה מִתְחַיֵּב לִתֵּן. וּבֵית דִּינְךָ הַצֶּדֶק לֹא כֵן הוּא. אֶלָּא אִם יִכְפּוֹר אָדָם, אוֹי לוֹ וְאוֹי לְנַפְשׁוֹ, וְאִם מוֹדֶה וְעוֹזֵב, אַתָּה מְרַחֲמֵהוּ.

רִבּוֹנוֹ שֶׁל עוֹלָם, לוּלֵי חֲטָאֵינוּ וּפְשָׁעֵינוּ, לֹא הָיִינוּ בּוֹשִׁים וְנִכְלָמִים, וְעַל מָה הָיִינוּ מִתְוַדִּים, כִּי אִי אֶפְשָׁר לוֹ לְאָדָם לְבַקֵּשׁ עַל חֵטְא, וְהוּא לֹא חָטָא. וְלֹא יִוָּדַע עֹז רַחֲמֶיךָ, אֶלָּא בְּהַעֲבִירְךָ חַטֹּאת יְרֵאֶיךָ. וְלֹא עַל עַצְמִי בִּלְבַד אֲנִי מִתְוַדֶּה, כִּי אִם בַּעֲדִי וּבְעַד כָּל קְהָלֶיךָ. יְהִי רָצוֹן מִלְּפָנֶיךָ, יהוה אֱלֹהֵינוּ וֵאלֹהֵי אֲבוֹתֵינוּ, שֶׁתִּסְלַח וְתִמְחַל לָנוּ עַל כָּל עֲוֹנוֹתֵינוּ וּפְשָׁעֵינוּ, וּתְכַפֵּר לָנוּ עַל כָּל חַטֹּאתֵינוּ.

יש לומר הוידוי בעמידה.

**אֱלֹהֵינוּ** וֵאלֹהֵי אֲבוֹתֵינוּ, תָּבֹא לְפָנֶיךָ תְּפִלָּתֵנוּ, וְאַל תִּתְעַלַּם מִתְּחִנָּתֵנוּ, שֶׁאֵין אָנוּ עַזֵּי פָנִים וּקְשֵׁי עֹרֶף, לוֹמַר לְפָנֶיךָ יהוה אֱלֹהֵינוּ וֵאלֹהֵי אֲבוֹתֵינוּ, צַדִּיקִים אֲנַחְנוּ וְלֹא חָטָאנוּ, אֲבָל אֲנַחְנוּ וַאֲבוֹתֵינוּ חָטָאנוּ.

(1) ע"פ איוב כה:ו (2) ע"פ בראשית יח:כז (3) ד:יג (4) ירמיה לא:יח
(5) ע"פ שמות כב:א (6) ירמיה ג:ג (7) משלי כח:יג

בכל חטא מכה באגרוף על החזה.

**אָשַׁמְנוּ,** **בָּ**גַדְנוּ, **גָּ**זַלְנוּ, **דִּ**בַּרְנוּ דֹּפִי. **הֶ**עֱוִינוּ, **וְ**הִרְשַׁעְנוּ, **זַ**דְנוּ, **חָ**מַסְנוּ, **טָ**פַלְנוּ שֶׁקֶר. **יָ**עַצְנוּ רָע, **כִּ**זַּבְנוּ, **לַ**צְנוּ, **מָ**רַדְנוּ, **נִ**אַצְנוּ, **סָ**רַרְנוּ, **עָ**וִינוּ, **פָּ**שַׁעְנוּ, **צָ**רַרְנוּ, **קִ**שִּׁינוּ עֹרֶף. **רָ**שַׁעְנוּ, **שִׁ**חַתְנוּ, **תִּ**עַבְנוּ, **תָּ**עִינוּ, **תִּ**עְתָּעְנוּ.

**סַרְנוּ** מִמִּצְוֹתֶיךָ וּמִמִּשְׁפָּטֶיךָ הַטּוֹבִים וְלֹא שָׁוָה לָנוּ.[1] וְאַתָּה צַדִּיק עַל כָּל הַבָּא עָלֵינוּ, כִּי אֱמֶת עָשִׂיתָ וַאֲנַחְנוּ הִרְשָׁעְנוּ.[2]

**אָשַׁמְנוּ** מִכָּל עָם, **בּ**וֹשְׁנוּ מִכָּל דּוֹר, **גָּ**לָה מִמֶּנּוּ מָשׂוֹשׂ, **דָּ**וָה לִבֵּנוּ בַּחֲטָאֵינוּ, **הֻ**חְבַּל אִוּוּיֵנוּ, **וְ**נִפְרַע פְּאֵרֵנוּ, **זְ**בוּל בֵּית מִקְדָּשֵׁנוּ, **חָ**רַב בַּעֲוֹנֵינוּ, **טִ**ירָתֵנוּ הָיְתָה לְשַׁמָּה, **יְ**פִי אַדְמָתֵנוּ לְזָרִים, **כֹּ**חֵנוּ לְנָכְרִים.

וַעֲדַיִן לֹא שַׁבְנוּ מִטָּעוּתֵנוּ, וְהֵיךְ נָעִיז פָּנֵינוּ וְנַקְשֶׁה עָרְפֵּנוּ, לוֹמַר לְפָנֶיךָ יהוה אֱלֹהֵינוּ וֵאלֹהֵי אֲבוֹתֵינוּ צַדִּיקִים אֲנַחְנוּ וְלֹא חָטָאנוּ, אֲבָל אֲנַחְנוּ וַאֲבוֹתֵינוּ חָטָאנוּ.

בכל חטא מכה באגרוף על החזה.

**אָשַׁמְנוּ,** **בָּ**גַדְנוּ, **גָּ**זַלְנוּ, **דִּ**בַּרְנוּ דֹּפִי. **הֶ**עֱוִינוּ, **וְ**הִרְשַׁעְנוּ, **זַ**דְנוּ, **חָ**מַסְנוּ, **טָ**פַלְנוּ שֶׁקֶר. **יָ**עַצְנוּ רָע, **כִּ**זַּבְנוּ, **לַ**צְנוּ, **מָ**רַדְנוּ, **נִ**אַצְנוּ, **סָ**רַרְנוּ, **עָ**וִינוּ, **פָּ**שַׁעְנוּ, **צָ**רַרְנוּ, **קִ**שִּׁינוּ עֹרֶף. **רָ**שַׁעְנוּ, **שִׁ**חַתְנוּ, **תִּ**עַבְנוּ, **תָּ**עִינוּ, **תִּ**עְתָּעְנוּ.

**לְעֵינֵינוּ** עָשְׁקוּ עֲמָלֵנוּ, **מְ**מֻשָּׁךְ וּמְמוֹרָט מִמֶּנּוּ, **נָ**תְנוּ עֻלָּם עָלֵינוּ, **סָ**בַלְנוּ עַל שִׁכְמֵנוּ, **עֲ**בָדִים מָשְׁלוּ בָנוּ, **פּ**וֹרֵק אֵין מִיָּדָם, **צָ**רוֹת רַבּוֹת סְבָבוּנוּ, **קְ**רָאנוּךָ יהוה אֱלֹהֵינוּ, **רִ**חַקְתָּ מִמֶּנּוּ בַּעֲוֹנֵינוּ, **שַׁ**בְנוּ מֵאַחֲרֶיךָ, **תָּ**עִינוּ וְאָבָדְנוּ.

וַעֲדַיִן לֹא שַׁבְנוּ מִטָּעוּתֵנוּ וְהֵיךְ נָעִיז פָּנֵינוּ וְנַקְשֶׁה עָרְפֵּנוּ, לוֹמַר לְפָנֶיךָ יהוה אֱלֹהֵינוּ וֵאלֹהֵי אֲבוֹתֵינוּ צַדִּיקִים אֲנַחְנוּ וְלֹא חָטָאנוּ, אֲבָל אֲנַחְנוּ וַאֲבוֹתֵינוּ חָטָאנוּ.

בכל חטא מכה באגרוף על החזה.

**אָשַׁמְנוּ,** **בָּ**גַדְנוּ, **גָּ**זַלְנוּ, **דִּ**בַּרְנוּ דֹּפִי. **הֶ**עֱוִינוּ, **וְ**הִרְשַׁעְנוּ, **זַ**דְנוּ, **חָ**מַסְנוּ, **טָ**פַלְנוּ שֶׁקֶר. **יָ**עַצְנוּ רָע, **כִּ**זַּבְנוּ, **לַ**צְנוּ, **מָ**רַדְנוּ, **נִ**אַצְנוּ, **סָ**רַרְנוּ, **עָ**וִינוּ, **פָּ**שַׁעְנוּ, **צָ**רַרְנוּ, **קִ**שִּׁינוּ עֹרֶף. **רָ**שַׁעְנוּ, **שִׁ**חַתְנוּ, **תִּ**עַבְנוּ, **תָּ**עִינוּ, **תִּ**עְתָּעְנוּ.

**אֵל** אֶרֶךְ אַפַּיִם אַתָּה, וּבַעַל הָרַחֲמִים נִקְרֵאתָ, וְדֶרֶךְ תְּשׁוּבָה הוֹרֵיתָ.
גְּדֻלַּת רַחֲמֶיךָ וַחֲסָדֶיךָ, תִּזְכּוֹר הַיּוֹם וּבְכָל יוֹם לְזֶרַע יְדִידֶיךָ.
תֵּפֶן אֵלֵינוּ בְּרַחֲמִים, כִּי אַתָּה הוּא בַּעַל הָרַחֲמִים.
בְּתַחֲנוּן וּבִתְפִלָּה פָּנֶיךָ נְקַדֵּם, כְּהוֹדַעְתָּ לֶעָנָיו מִקֶּדֶם.
מֵחֲרוֹן אַפְּךָ שׁוּב, כְּמוֹ בְּתוֹרָתְךָ כָּתוּב.
וּבְצֵל כְּנָפֶיךָ נֶחֱסֶה וְנִתְלוֹנָן, כְּיוֹם וַיֵּרֶד יהוה בֶּעָנָן.
❖ תַּעֲבוֹר עַל פֶּשַׁע וְתִמְחֶה אָשָׁם, כְּיוֹם וַיִּתְיַצֵּב עִמּוֹ שָׁם.
תַּאֲזִין שַׁוְעָתֵנוּ וְתַקְשִׁיב מֶנּוּ מַאֲמַר,
כְּיוֹם וַיִּקְרָא בְשֵׁם יהוה,[3] וְשָׁם נֶאֱמַר:

הקהל אומרים יחד עם החזן בקול רם:

**וַיַּעֲבֹר יהוה עַל פָּנָיו וַיִּקְרָא:**

(1) ע"פ איוב לג:כז (2) נחמיה ט:לג (3) שמות לד:ה

**יהוה,** יהוה, אֵל, רַחוּם, וְחַנּוּן, אֶרֶךְ אַפַּיִם, וְרַב חֶסֶד, וֶאֱמֶת, נֹצֵר חֶסֶד
לָאֲלָפִים, נֹשֵׂא עָוֹן, וָפֶשַׁע, וְחַטָּאָה, וְנַקֵּה.[1] וְסָלַחְתָּ לַעֲוֹנֵנוּ וּלְחַטָּאתֵנוּ
וּנְחַלְתָּנוּ.[2] סְלַח לָנוּ אָבִינוּ כִּי חָטָאנוּ, מְחַל לָנוּ מַלְכֵּנוּ כִּי פָשָׁעְנוּ. כִּי אַתָּה אֲדֹנָי
טוֹב וְסַלָּח, וְרַב חֶסֶד לְכָל קֹרְאֶיךָ.[3]

חזן וקהל: **חָטָאנוּ, צוּרֵנוּ, סְלַח לָנוּ יוֹצְרֵנוּ.**

[יש נוהגין לפתוח ארון הקודש, ולסגור אותו אחרי „ה׳ מֶלֶךְ . . .״.]

חזן וקהל: **שְׁמַע יִשְׂרָאֵל, יהוה אֱלֹהֵינוּ יהוה אֶחָד.**

חזן ג׳ פעמים ואח״כ קהל ג׳ פעמים: **בָּרוּךְ שֵׁם כְּבוֹד מַלְכוּתוֹ לְעוֹלָם וָעֶד.**

חזן ז׳ פעמים ואח״כ קהל ז׳ פעמים: **יהוה הוּא הָאֱלֹהִים.**

חזן וקהל: **יהוה מֶלֶךְ, יהוה מָלָךְ, יהוה יִמְלוֹךְ לְעוֹלָם וָעֶד.**

**עֲנֵנוּ** אֱלֹהֵי אַבְרָהָם עֲנֵנוּ, עֲנֵנוּ פַּחַד יִצְחָק עֲנֵנוּ, עֲנֵנוּ אֲבִיר יַעֲקֹב עֲנֵנוּ, עֲנֵנוּ
מָגֵן דָּוִד עֲנֵנוּ, עֲנֵנוּ אֱלֹהֵי הַמֶּרְכָּבָה עֲנֵנוּ, עֲנֵנוּ הָעוֹנֶה בְּעֵת רָצוֹן עֲנֵנוּ,
עֲנֵנוּ הָעוֹנֶה בְּעֵת צָרָה עֲנֵנוּ, עֲנֵנוּ הָעוֹנֶה בְּעֵת רַחֲמִים עֲנֵנוּ, עֲנֵנוּ רַחוּם וְחַנּוּן
עֲנֵנוּ, רַחֲמָנָא עֲנֵינָן, רַחֲמָנָא פְּרוֹק, רַחֲמָנָא אִתְמַלֵּי רַחֲמִין עֲלָן, וְעַל כָּל אֱנָשֵׁי
בֵיתָנָא, וְעַל כָּל אֲחָנָא בֵּית יִשְׂרָאֵל, וּמֵחֲשׁוֹכָא לִנְהוֹרָא אַפְּקִינָן בְּדִיל שְׁמָךְ רַבָּא.

החזן אומר קדיש שלם, אומרים מזמור ח, „לַמְנַצֵּחַ עַל הַגִּתִּית״ (עמוד 407), קדיש יתום, ואומרים „עָלֵינוּ״, קדיש יתום. אבל אם חל ערב ראש חודש בשבת או ביום ששי אומרים יום כפור קטן ביום חמישי, ואז אומרים כאן תחנון (ואם יש עשרה מתענים יש שאומרים גם „אָבִינוּ מַלְכֵּנוּ״), קדיש שלם, מזמור „יַעַנְךָ ה׳ בְּיוֹם צָרָה״, קדיש יתום, „עָלֵינוּ״, קדיש יתום.

## סליחות

יש לעמוד כשאומרים „אֵ-ל אֶרֶךְ אַפַּיִם״ ו„אֵ-ל מֶלֶךְ״ ועכ״פ בעת שאומרים י״ג מדות.

פתיחת הסליחות שוה בכל הימים שאומרים סליחות.

**סְלַח** לָנוּ אָבִינוּ, כִּי בְרוֹב אִוַּלְתֵּנוּ שָׁגִינוּ, מְחַל לָנוּ מַלְכֵּנוּ, כִּי רַבּוּ עֲוֹנֵינוּ.

**אֵל** אֶרֶךְ אַפַּיִם אַתָּה, וּבַעַל הָרַחֲמִים נִקְרֵאתָ, וְדֶרֶךְ תְּשׁוּבָה הוֹרֵיתָ.
גְּדֻלַּת רַחֲמֶיךָ וַחֲסָדֶיךָ, תִּזְכּוֹר הַיּוֹם וּבְכָל יוֹם לְזֶרַע יְדִידֶיךָ.
תֵּפֶן אֵלֵינוּ בְּרַחֲמִים, כִּי אַתָּה הוּא בַּעַל הָרַחֲמִים.
בְּתַחֲנוּן וּבִתְפִלָּה פָּנֶיךָ נְקַדֵּם, כְּהוֹדַעְתָּ לֶעָנָיו מִקֶּדֶם.
מֵחֲרוֹן אַפְּךָ שׁוּב, כְּמוֹ בְּתוֹרָתְךָ כָּתוּב.
וּבְצֵל כְּנָפֶיךָ נֶחֱסֶה וְנִתְלוֹנָן, כְּיוֹם וַיֵּרֶד יהוה בֶּעָנָן.
❖ תַּעֲבוֹר עַל פֶּשַׁע וְתִמְחֶה אָשָׁם, כְּיוֹם וַיִּתְיַצֵּב עִמּוֹ שָׁם.
תַּאֲזִין שַׁוְעָתֵנוּ וְתַקְשִׁיב מֶנּוּ מַאֲמָר,
כְּיוֹם וַיִּקְרָא בְשֵׁם יהוה,[4] וְשָׁם נֶאֱמַר:

הקהל אומרים יחד עם החזן בקול רם:

וַיַּעֲבֹר יהוה עַל פָּנָיו וַיִּקְרָא:

**יהוה,** יהוה, אֵל, רַחוּם, וְחַנּוּן, אֶרֶךְ אַפַּיִם, וְרַב חֶסֶד, וֶאֱמֶת, נֹצֵר חֶסֶד
לָאֲלָפִים, נֹשֵׂא עָוֹן, וָפֶשַׁע, וְחַטָּאָה, וְנַקֵּה.[1] וְסָלַחְתָּ לַעֲוֹנֵנוּ וּלְחַטָּאתֵנוּ
וּנְחַלְתָּנוּ.[2] סְלַח לָנוּ אָבִינוּ כִּי חָטָאנוּ, מְחַל לָנוּ מַלְכֵּנוּ כִּי פָשָׁעְנוּ. כִּי אַתָּה אֲדֹנָי
טוֹב וְסַלָּח, וְרַב חֶסֶד לְכָל קֹרְאֶיךָ.[3]

---

(1) שמות לד ו-ז (2) לד:ט (3) תהלים פו:ה (4) שמות לד:ה

לשני קמא:

**הוֹשִׁיעָה** יהוה כִּי גָמַר חָסִיד, כִּי פַסּוּ אֱמוּנִים מִבְּנֵי אָדָם.[1] לוּלֵי יהוה שֶׁהָיָה לָנוּ, בְּקוּם עָלֵינוּ אָדָם. אֲזַי חַיִּים בְּלָעוּנוּ, בַּחֲרוֹת אַפָּם בָּנוּ.[2]

לחמישי:

**הַאֲזִינָה** יהוה תְּפִלָּתֵנוּ, הַקְשִׁיבָה לְקוֹל תַּחֲנוּנוֹתֵינוּ.[3] הַקְשִׁיבָה לְקוֹל שַׁוְעָתֵנוּ מַלְכֵּנוּ וֵאלֹהֵינוּ, כִּי אֵלֶיךָ נִתְפַּלָּל.[4] שְׁמַע יהוה וְחָנֵּנוּ, יהוה הֱיֵה עוֹזֵר לָנוּ.[5]

לשני בתרא:

**אַל** תִּקְצֹף יהוה עַד מְאֹד, וְאַל לָעַד תִּזְכֹּר עָוֹן, הֵן הַבֶּט נָא עַמְּךָ כֻלָּנוּ. הַעַל אֵלֶּה תִתְאַפַּק יהוה, תֶּחֱשֶׁה וּתְעַנֵּנוּ עַד מְאֹד.[6] שׁוּבָה יהוה עַד מָתָי, וְהִנָּחֵם עַל עֲבָדֶיךָ.[7]

לעשרה בטבת:

**כִּי** עִם יהוה הַחֶסֶד, וְהַרְבֵּה עִמּוֹ פְדוּת.[8] פְּדֵה אֱלֹהִים אֶת יִשְׂרָאֵל מִכֹּל צָרוֹתָיו.[9] וְהוּא יִפְדֶּה אֶת יִשְׂרָאֵל מִכֹּל עֲוֹנֹתָיו.[10] פּוֹדֶה יהוה נֶפֶשׁ עֲבָדָיו, וְלֹא יֶאְשְׁמוּ כָּל הַחוֹסִים בּוֹ.[11]

לתענית אסתר:

**קַוֵּה** קִוִּינוּ אֶל יהוה, וַיֵּט אֵלֵינוּ וַיִּשְׁמַע שַׁוְעָתֵנוּ.[12] אַף אֹרַח מִשְׁפָּטֶיךָ יהוה קִוִּינוּךָ, לְשִׁמְךָ וּלְזִכְרְךָ תַּאֲוַת נָפֶשׁ.[13]

לשבעה עשר בתמוז:

**אַל** תִּתְּנוּ דֳמִי לוֹ, עַד יְכוֹנֵן וְעַד יָשִׂים אֶת יְרוּשָׁלַיִם תְּהִלָּה בָּאָרֶץ.[14] כִּי עִמְּךָ מְקוֹר חַיִּים, בְּאוֹרְךָ נִרְאֶה אוֹר.[15] אֱלֹהֵינוּ, בּוֹשְׁנוּ בְּמַעֲשֵׂינוּ וְנִכְלַמְנוּ בַּעֲוֹנֵינוּ.[16]

---

בכל הימים אומרים:

---

**כְּרַחֵם** אָב עַל בָּנִים, כֵּן תְּרַחֵם יהוה עָלֵינוּ.[17] לַיהוה הַיְשׁוּעָה, עַל עַמְּךָ בִרְכָתֶךָ סֶּלָה.[18] יהוה צְבָאוֹת עִמָּנוּ, מִשְׂגָּב לָנוּ אֱלֹהֵי יַעֲקֹב סֶלָה.[19] יהוה צְבָאוֹת, אַשְׁרֵי אָדָם בֹּטֵחַ בָּךְ.[20] יהוה הוֹשִׁיעָה, הַמֶּלֶךְ יַעֲנֵנוּ בְיוֹם קָרְאֵנוּ.[21]

החזן אומר בקול רם והקהל עונים „וַיֹּאמֶר . . ."

**סְלַח** נָא לַעֲוֹן הָעָם הַזֶּה כְּגֹדֶל חַסְדֶּךָ, וְכַאֲשֶׁר נָשָׂאתָה לָעָם הַזֶּה מִמִּצְרַיִם וְעַד הֵנָּה,[22] וְשָׁם נֶאֱמַר:

**וַיֹּאמֶר יהוה סָלַחְתִּי כִּדְבָרֶךָ.**[23]

קהל וחזן יחד:

**הַטֵּה** אֱלֹהַי אָזְנְךָ וּשְׁמָע, פְּקַח עֵינֶיךָ וּרְאֵה שֹׁמְמֹתֵינוּ, וְהָעִיר אֲשֶׁר נִקְרָא שִׁמְךָ עָלֶיהָ, כִּי לֹא עַל צִדְקֹתֵינוּ אֲנַחְנוּ מַפִּילִים תַּחֲנוּנֵינוּ לְפָנֶיךָ, כִּי עַל רַחֲמֶיךָ הָרַבִּים. אֲדֹנָי שְׁמָעָה, אֲדֹנָי סְלָחָה, אֲדֹנָי הַקְשִׁיבָה, וַעֲשֵׂה אַל תְּאַחַר, לְמַעַנְךָ אֱלֹהַי, כִּי שִׁמְךָ נִקְרָא עַל עִירְךָ וְעַל עַמֶּךָ.[24]

אומרים הסליחות לאותו יום. לשני קמא בעמ' 418, לחמישי בעמ' 424, לשני תנינא בעמ' 426, לעשרה בטבת בעמ' 428, לתענית אסתר בעמ' 430, לשבעה עשר בתמוז בעמ' 434.

---

(1) תהלים יב:ב (2) קכד:ב,ג (3) ע"פ פו:ו (4) ע"פ ה:ג (5) ע"פ ל:יא (6) ישעיה סד:ח,יא (7) תהלים צ:יג (8) קל:ז (9) כה:כב (10) קל:ח (11) לד:כג (12) ע"פ מ:ב (13) ישעיה כו:ח (14) סב:ז (15) תהלים לו:י (16) ע"פ עזרא ט:ו (17) ע"פ תהלים קג:יג (18) ג:ט (19) מו:ח (20) פד:יג (21) כ:י (22) במדבר יד:יט (23) יד:כ (24) דניאל ט:יח-יט

## סליחות לשני קמא

מתחילים „סְלַח לָנוּ" בעמ' 416 ואח"כ ממשיכים כאן:

המחבר חתם שמו – יצחק הקטן ברבי מאיר – בראשי החרוזים,
והוא הריב"ם אחד מבעלי התוספות, אחיו של רבינו תם והרשב"ם.

אֱלֹהֵינוּ וֵאלֹהֵי אֲבוֹתֵינוּ

**יִשְׂרָאֵל** עַמְּךָ תְּחִנָּה עוֹרְכִים, שֶׁהֵם מְצֵרִים וּלְהִוָּשֵׁעַ צְרִיכִים,
צָרֵיהֶם עֲלֵיהֶם עוֹל מַאֲרִיכִים, כָּל זֹאת הַגִּעְתָּם וְשִׁמְךָ מְבָרְכִים.
חָלִי וּמַכְאוֹב לְהִכָּתֵב לֹא נִמְסַר, עֲלוּבִים מְנֹעָר וּמֵהֶם לֹא הוּסַר,
קָדוֹשׁ בְּיָדְךָ לְפַתֵּחַ מוּסָר, כְּאָמְנוּתְךָ הַנְּקִיָּה וְלֹא כְּאָמְנוּת בָּשָׂר.
הַלּוֹבֵשׁ צְדָקָה וְלוֹ כִּמְעִיל עֲטוּיָה, וּמִמַּכָּה עַצְמָהּ מְתַקֵּן רְטִיָּה,
קוֹמֵם עֲדָתְךָ מִנְּפִילָתָהּ הַמֻּטּוּיָה, בְּכֹחֲךָ הַגָּדוֹל וּבִזְרוֹעֲךָ הַנְּטוּיָה.
טוֹעִים הָאוֹמְרִים נַחֲלָתְךָ לְחַבֵּל, כְּבוֹדְךָ לְהָמִיר וּבְהֶבֶל לְהִתְהַבֵּל.
נְטוֹת מִדְּרָכֶיךָ וְתֹהוּ לְקַבֵּל, וְיִרְאָתְךָ הַקְּדוֹשָׁה לִנְטוֹשׁ וּלְנַבֵּל.
בְּאַהֲבָתְךָ וּבְחֶמְלָתְךָ מְנַשֵּׂא וּמְנַטֵּל, עֲצַת צוֹרְרֶיךָ תְּסַכֵּל וּמַחְשְׁבוֹתָם תְּבַטֵּל,
רַבָּה מְהוּמָה בֵּינֵיהֶם הַטֵּל, וּמַלְאָךְ אַכְזָרִי דּוֹחֶה וּמְטַלְטֵל.
בַּעֲבוּר כְּבוֹד עַצְמְךָ וְשֵׁם קָדְשְׁךָ הַמְּהֻלָּל, נוֹרָאוֹת הַפְלֵא לְבַל בַּגּוֹיִם יִתְחַלָּל.
יוֹעֲצֵיהֶם וְאֵיתָנֵיהֶם תּוֹלִיךְ שׁוֹלָל, וּבָהֶם תְּעוֹלֵל כַּאֲשֶׁר בִּי הִתְעוֹלָל.
מֵקִים מֵעָפָר דָּל וְאֶבְיוֹן מֵאַשְׁפָּה, כְּנֶסֶתְךָ אַל תִּתֵּן לְכָלָה וּלְחֶרְפָּה,
אִם בְּפִקּוּדֶיךָ מִתְעַצֶּלֶת וּמַרְפָּה, עַל כָּל פְּשָׁעֶיהָ אַהֲבָתְךָ תְּהֵא מְחַפָּה.
יְתֵרָה חִבָּתָם לְפָנֶיךָ אֲדוֹנֵי הָאֲדוֹנִים, בֵּין כַּךְ וּבֵין כַּךְ קְרוּאִים לְךָ בָּנִים,
רַחֲמֶיךָ יְקַדְּמוּנוּ אֱלֹהֵי עֶלְיוֹנִים וְתַחְתּוֹנִים, טֶרֶם יִשְׁטְפוּנוּ הַמַּיִם הַזֵּידוֹנִים.
חֲפֵצֵי קִרְבָתְךָ עַל כָּל הַבָּאוֹת, הָחִישָׁה לָמוֹ יְשׁוּעוֹת הַנִּבָּאוֹת,
❖ קָדוֹשׁ, עֲשֵׂה עִמָּם לְטוֹבָה אוֹת, חָזָק וְאַמִּיץ גּוֹאֲלָם יהוה צְבָאוֹת.

**אֵל מֶלֶךְ** יוֹשֵׁב עַל כִּסֵּא רַחֲמִים, מִתְנַהֵג בַּחֲסִידוּת, מוֹחֵל עֲוֹנוֹת עַמּוֹ, מַעֲבִיר רִאשׁוֹן רִאשׁוֹן, מַרְבֶּה מְחִילָה לְחַטָּאִים וּסְלִיחָה לַפּוֹשְׁעִים, עֹשֶׂה צְדָקוֹת עִם כָּל בָּשָׂר וָרוּחַ, לֹא כְרָעָתָם תִּגְמוֹל. ❖ אֵל, הוֹרֵיתָ לָּנוּ לוֹמַר שְׁלֹשׁ עֶשְׂרֵה, וּזְכוֹר לָנוּ הַיּוֹם בְּרִית שְׁלֹשׁ עֶשְׂרֵה, כְּמוֹ שֶׁהוֹדַעְתָּ לֶעָנָיו מִקֶּדֶם, כְּמוֹ שֶׁכָּתוּב, וַיֵּרֶד יהוה בֶּעָנָן וַיִּתְיַצֵּב עִמּוֹ שָׁם, וַיִּקְרָא בְשֵׁם יהוה.

קהל וחזן יחד בקול רם:

**וַיַּעֲבֹר יהוה עַל פָּנָיו וַיִּקְרָא:**

**יהוה,** יהוה, אֵל, רַחוּם, וְחַנּוּן, אֶרֶךְ אַפַּיִם, וְרַב חֶסֶד, וֶאֱמֶת, נֹצֵר חֶסֶד לָאֲלָפִים, נֹשֵׂא עָוֹן, וָפֶשַׁע, וְחַטָּאָה, וְנַקֵּה. וְסָלַחְתָּ לַעֲוֹנֵנוּ וּלְחַטָּאתֵנוּ וּנְחַלְתָּנוּ. סְלַח לָנוּ אָבִינוּ כִּי חָטָאנוּ, מְחַל לָנוּ מַלְכֵּנוּ כִּי פָשָׁעְנוּ. כִּי אַתָּה אֲדֹנָי טוֹב וְסַלָּח, וְרַב חֶסֶד לְכָל קֹרְאֶיךָ.

קהל וחזן:

**נִשָּׂא** לְבָבֵנוּ אֶל כַּפָּיִם, אֶל אֵל בַּשָּׁמָיִם.[1] תָּבוֹא לְפָנֶיךָ אֶנְקַת אָסִיר, כְּגֹדֶל זְרוֹעֲךָ הוֹתֵר בְּנֵי תְמוּתָה.[2] לַאדֹנָי אֱלֹהֵינוּ הָרַחֲמִים וְהַסְּלִיחוֹת, כִּי מָרַדְנוּ בּוֹ.[3]

(1) איכה ג:מא (2) תהלים עט:יא (3) דניאל ט:ט

**כְּרַחֵם** אָב עַל בָּנִים, כֵּן תְּרַחֵם יהוה עָלֵינוּ. לַיהוה הַיְשׁוּעָה, עַל עַמְּךָ בִרְכָתֶךָ סֶּלָה. יהוה צְבָאוֹת עִמָּנוּ, מִשְׂגָּב לָנוּ אֱלֹהֵי יַעֲקֹב סֶלָה. יהוה צְבָאוֹת, אַשְׁרֵי אָדָם בֹּטֵחַ בָּךְ. יהוה הוֹשִׁיעָה, הַמֶּלֶךְ יַעֲנֵנוּ בְיוֹם קָרְאֵנוּ.

**אֱלֹהִים** בְּיִשְׂרָאֵל גָּדוֹל נוֹדַעְתָּ, אַתָּה יהוה אָבִינוּ אָתָּה.
בְּכָל קָרְאֵנוּ אֵלֶיךָ קָרַבְנוּ, רָם וְנִשָּׂא אַתָּה בְקִרְבֵּנוּ.
גְּמַלְתָּנוּ הַטּוֹבוֹת גַּם בְּחוֹבֵינוּ, לֹא בְּצִדְקוֹתֵינוּ וּבְיֹשֶׁר לְבָבֵנוּ.
דּוֹדֶנוּ גַּם כִּי זָנַחְנוּ, גְּאָלֵנוּ כִּי עֲבָדִים אֲנָחְנוּ.
הִנְּנוּ בַּעֲוֹנֵינוּ עַד דַּכָּא, וַתִּקְצַר נֶפֶשׁ לְךָ מְחַכָּה.
וְאַיֵּה חֲסָדֶיךָ הָרִאשׁוֹנִים עִמָּנוּ, מֵעוֹלָם וְעַד עוֹלָם נֶאֱמָנוּ.
זַעַף נִשָּׂא וַתַּשׁ כֹּחֵנוּ, יהוה אַל בְּאַפְּךָ תוֹכִיחֵנוּ.
חַלְחָלוֹת רַבּוֹת בִּלּוּ בְשָׂרֵנוּ, נָא אַל בַּחֲמָתְךָ תְיַסְּרֵנוּ.
טֹרַח הַצָּרוֹת אֵין לְהִסָּפֵר, אַיֵּה שׁוֹקֵל וְאַיֵּה סוֹפֵר.
יָדַעְנוּ רִשְׁעֵנוּ כִּי פָשָׁעְנוּ, כִּי אֱמֶת עָשִׂיתָ וַאֲנַחְנוּ הִרְשָׁעְנוּ.
כַּעַס יוּסַר וְחָרוֹן מֶנּוּ יֶחְדָּל, כִּי קָטֹן יַעֲקֹב וָדָל.
לַחַץ יוּסַר וְעוֹל מֶנּוּ יְחֻבָּל, כִּי כָשַׁל כֹּחַ הַסַּבָּל.
מְנָת מִדָּתֵנוּ לֹא תִגְבֶּה, כִּי נִשְׁאַרְנוּ מְעַט מֵהַרְבֵּה.
נַחֵם עַל הָרָעָה לַאֲיֻמָּתֶךָ, מַטֵּה כְּלַפֵּי חֶסֶד אֱמוּנָתֶךָ.
סְלַחָה אִם עֲוֹנֵינוּ עָנוּ בָנוּ, עָזְרֵנוּ כִּי עָלֶיךָ נִשְׁעָנוּ.
עָרְפֵּנוּ כֹּף לְךָ לְהִשְׁתַּעְבֵּד, בְּאַהֲבָה וּבְיִרְאָה אוֹתְךָ לַעֲבוֹד וּלְכַבֵּד.
פּוֹקְדֶיךָ קִדְּשׁוּ צוֹמוֹת לִקְבּוֹעַ, דַּעְתָּם קְצָרָה צָרְכָּם לִתְבּוֹעַ.
צִקּוּן לַחֲשָׁם אֵלֶיךָ תָבֹא, חַתֵּל לְאִישׁ אִישׁ נִגְעוֹ וּמַכְאוֹבוֹ.
קוֹל יַעֲקֹב נוֹהֵם מִתְּהוֹמֹתֶיךָ, תִּשְׁמַע הַשָּׁמַיִם מְכוֹן שִׁבְתֶּךָ.
רוֹדֶה רוֹדֵף בְּאַף תְּכַלֶּה, שְׁנַת שִׁלּוּמִים לְרִיב צִיּוֹן תְּגַלֶּה.
שֵׂרַתָּ וְרָדִתָּ מִנֹּעַר קְנוּתֵנוּ, וְאַל תַּשְׁלִיכֵנוּ לְעֵת זִקְנָתֵנוּ.
תָּעִינוּ לִשְׂמֹאל וִימִינְךָ תְקָרְבֵנוּ, כִּכְלוֹת כֹּחֵנוּ אַל תַּעַזְבֵנוּ.
תַּבִּיט וְתָצִיץ וְתַשְׁגִּיחַ לִרְחוּמֶיךָ, תִּתְאַזֵּר בַּחֲנִינוּתֶיךָ תִּתְלַבֵּשׁ בְּצִדְקוֹתֶיךָ,
✣ תִּתְכַּסֶּה בְּרַחֲמֶיךָ וְתִתְעַטֵּף בַּחֲסִידוּתֶךָ,
וְתָבֹא לְפָנֶיךָ מִדַּת טוּבְךָ וְעַנְוְתָנוּתֶךָ.

**אֵל מֶלֶךְ** יוֹשֵׁב עַל כִּסֵּא רַחֲמִים, מִתְנַהֵג בַּחֲסִידוּת, מוֹחֵל עֲוֹנוֹת עַמּוֹ, מַעֲבִיר רִאשׁוֹן רִאשׁוֹן, מַרְבֶּה מְחִילָה לְחַטָּאִים וּסְלִיחָה לַפּוֹשְׁעִים, עֹשֶׂה צְדָקוֹת עִם כָּל בָּשָׂר וָרוּחַ, לֹא כְרָעָתָם תִּגְמוֹל. ✣ אֵל, הוֹרֵיתָ לָּנוּ לוֹמַר שְׁלֹשׁ עֶשְׂרֵה, וּזְכוֹר לָנוּ הַיּוֹם בְּרִית שְׁלֹשׁ עֶשְׂרֵה, כְּמוֹ שֶׁהוֹדַעְתָּ לֶעָנָיו מִקֶּדֶם, כְּמוֹ שֶׁכָּתוּב, וַיֵּרֶד יהוה בֶּעָנָן וַיִּתְיַצֵּב עִמּוֹ שָׁם, וַיִּקְרָא בְשֵׁם יהוה.

קהל וחזן יחד בקול רם:

וַיַּעֲבֹר יהוה עַל פָּנָיו וַיִּקְרָא:

**יהוה,** יהוה, אֵל, רַחוּם, וְחַנּוּן, אֶרֶךְ אַפַּיִם, וְרַב חֶסֶד, וֶאֱמֶת, נֹצֵר חֶסֶד לָאֲלָפִים, נֹשֵׂא עָוֹן, וָפֶשַׁע, וְחַטָּאָה, וְנַקֵּה. וְסָלַחְתָּ לַעֲוֹנֵנוּ וּלְחַטָּאתֵנוּ וּנְחַלְתָּנוּ. סְלַח לָנוּ אָבִינוּ כִּי חָטָאנוּ, מְחַל לָנוּ מַלְכֵּנוּ כִּי פָשָׁעְנוּ. כִּי אַתָּה אֲדֹנָי טוֹב וְסַלָּח, וְרַב חֶסֶד לְכָל קֹרְאֶיךָ.

אומרים הפזמון חרוז חרוז קהל וחזן. החזן אומר החרוז הראשון, והקהל עונים אחריו שני החרוזים הראשונים. החזן חוזר על החרוז השני והקהל אומר חרוז השלישי וכן הלאה.

המחבר חתם שמו – שמואל כהן [יחי] – בראשי החרוזים.

**מַלְאֲכֵי** רַחֲמִים מְשָׁרְתֵי עֶלְיוֹן, חַלּוּ נָא פְּנֵי אֵל בְּמֵיטַב הִגָּיוֹן,
אוּלַי יָחוּס עַם עָנִי וְאֶבְיוֹן, אוּלַי יְרַחֵם.
אוּלַי יְרַחֵם **שְׁ**אֵרִית יוֹסֵף, **שְׁ**פָלִים וּנְבְזִים פְּשׁוּחֵי שֶׁסֶף,
**שְׁ**בוּיֵי חִנָּם מְכוּרֵי בְּלֹא כֶסֶף, **שׁ**וֹאֲגִים בִּתְפִלָּה וּמְבַקְשִׁים רִשָּׁיוֹן,
אוּלַי יָחוּס עַם עָנִי וְאֶבְיוֹן, אוּלַי יְרַחֵם.
אוּלַי יְרַחֵם **מְ**עֻנֵּי כֶבֶל, **מְ**לֻמְּדֵי מַכּוֹת בְּעִנּוּי סֵבֶל,
**מְ**נוֹד רֹאשׁ נְתוּנִים בְּיוֹשְׁבֵי תֵבֵל, **מָ**שָׁל בָּעַמִּים בְּקֶצֶף וּבִזָּיוֹן,
אוּלַי יָחוּס עַם עָנִי וְאֶבְיוֹן, אוּלַי יְרַחֵם.
אוּלַי יְרַחֵם **וְ**יֵרֶא בָּעֳנִי עַמּוֹ, **וְ**יַקְשֵׁב וְיִשְׁמַע הַצָּגִים לְעֻמּוֹ,
**וְ**עוֹדִים בְּלַחַשׁ מוּסָר לָמוֹ, **וְ**עֵינֵיהֶם תּוֹלִים לִמְצוֹא רִצָּיוֹן,
אוּלַי יָחוּס עַם עָנִי וְאֶבְיוֹן, אוּלַי יְרַחֵם.
אוּלַי יְרַחֵם **אוֹ**מְרֵי סְלַח נָא, **אוֹ**מְצֵי שִׁבְחוֹ בְּכָל עֵת וְעוֹנָה,
**אֲ**גוּדִים בַּצָּרָה לִשְׁפּוֹךְ תְּחִנָּה, **אֶ**ת פְּנֵי אֱלֹהֵיהֶם שׁוֹפְכִים לֵב דִּוָּיוֹן,
אוּלַי יָחוּס עַם עָנִי וְאֶבְיוֹן, אוּלַי יְרַחֵם.
אוּלַי יְרַחֵם **לָ**קְתָה בְּכִפְלַיִם, **לְ**עוּטָה אֲרָיוֹת כְּמוֹ בְּפִי שַׁחֲלַיִם,
**לָ**קָה וּמִשְׁתַּלֶּמֶת בַּעֲוֹן שׁוּלַיִם,
**לֹ**א שָׁכְחָה בְּכָל זֹאת מִכְתַּב עוֹז חֶבְיוֹן,
אוּלַי יָחוּס עַם עָנִי וְאֶבְיוֹן, אוּלַי יְרַחֵם.
אוּלַי יְרַחֵם **כְּ**בוּשֵׁי פָנִים, **הַ**שּׁוֹמְעִים חֶרְפָּתָם וְלֹא מְשִׁיבִים וְעוֹנִים,
**נִ**צְחוּ מְקַוִּים וּלְיִשְׁעוֹ נִשְׁעָנִים, כִּי לֹא כָלוּ רַחֲמָיו בְּכִלָּיוֹן,
אוּלַי יָחוּס עַם עָנִי וְאֶבְיוֹן, אוּלַי יְרַחֵם.
אוּלַי יְרַחֵם **יְ**חַלֵּץ עָנִי בְּעָנְיוֹ, **חֲ**בוּשׁוֹ יַתִּיר מֵאֶרֶץ שִׁבְיוֹ,
**יֶ**גְהֶה מְזוֹרוֹ וְיַחְבּוֹשׁ חָלְיוֹ, צַעֲקָתוֹ יִשְׁמַע וְיָחִישׁ עֵת פִּדְיוֹן,
אוּלַי יָחוּס עַם עָנִי וְאֶבְיוֹן, אוּלַי יְרַחֵם.

---

**בכל הימים ממשיך כאן**

---

**אֵל מֶלֶךְ** יוֹשֵׁב עַל כִּסֵּא רַחֲמִים, מִתְנַהֵג בַּחֲסִידוּת, מוֹחֵל עֲוֹנוֹת עַמּוֹ, מַעֲבִיר רִאשׁוֹן רִאשׁוֹן, מַרְבֶּה מְחִילָה לְחַטָּאִים וּסְלִיחָה לַפּוֹשְׁעִים, עֹשֶׂה צְדָקוֹת עִם כָּל בָּשָׂר וָרוּחַ, לֹא כְרָעָתָם תִּגְמוֹל. ❖ אֵל, הוֹרֵיתָ לָּנוּ לוֹמַר שְׁלֹשׁ עֶשְׂרֵה, וּזְכוֹר לָנוּ הַיּוֹם בְּרִית שְׁלֹשׁ עֶשְׂרֵה, כְּמוֹ שֶׁהוֹדַעְתָּ לֶעָנָיו מִקֶּדֶם, כְּמוֹ שֶׁכָּתוּב, וַיֵּרֶד יהוה בֶּעָנָן וַיִּתְיַצֵּב עִמּוֹ שָׁם, וַיִּקְרָא בְשֵׁם יהוה.

קהל וחזן יחד בקול רם:

וַיַּעֲבֹר יהוה עַל פָּנָיו וַיִּקְרָא:

**יהוה,** יהוה, אֵל, רַחוּם, וְחַנּוּן, אֶרֶךְ אַפַּיִם, וְרַב חֶסֶד, וֶאֱמֶת, נֹצֵר חֶסֶד לָאֲלָפִים, נֹשֵׂא עָוֹן, וָפֶשַׁע, וְחַטָּאָה, וְנַקֵּה. וְסָלַחְתָּ לַעֲוֹנֵנוּ וּלְחַטָּאתֵנוּ וּנְחַלְתָּנוּ. סְלַח לָנוּ אָבִינוּ כִּי חָטָאנוּ, מְחַל לָנוּ מַלְכֵּנוּ כִּי פָשָׁעְנוּ. כִּי אַתָּה אֲדֹנָי טוֹב וְסַלָּח, וְרַב חֶסֶד לְכָל קֹרְאֶיךָ.

**זְכֹר** רַחֲמֶיךָ יהוה וַחֲסָדֶיךָ, כִּי מֵעוֹלָם הֵמָּה.[1] זָכְרֵנוּ יהוה בִּרְצוֹן עַמֶּךָ, פָּקְדֵנוּ בִּישׁוּעָתֶךָ.[2] זְכֹר עֲדָתְךָ קָנִיתָ קֶּדֶם, גָּאַלְתָּ שֵׁבֶט נַחֲלָתֶךָ, הַר צִיּוֹן זֶה שָׁכַנְתָּ בּוֹ.[3] זְכֹר יהוה חִבַּת יְרוּשָׁלָיִם, אַהֲבַת צִיּוֹן אַל תִּשְׁכַּח לָנֶצַח. אַתָּה תָקוּם תְּרַחֵם צִיּוֹן כִּי עֵת לְחֶנְנָהּ, כִּי בָא מוֹעֵד.[4] זְכֹר יהוה לִבְנֵי אֱדוֹם, אֵת יוֹם יְרוּשָׁלָיִם, הָאֹמְרִים עָרוּ עָרוּ עַד הַיְסוֹד בָּהּ.[5] זְכֹר לְאַבְרָהָם לְיִצְחָק וּלְיִשְׂרָאֵל עֲבָדֶיךָ, אֲשֶׁר נִשְׁבַּעְתָּ לָהֶם בָּךְ וַתְּדַבֵּר אֲלֵהֶם, אַרְבֶּה אֶת זַרְעֲכֶם כְּכוֹכְבֵי הַשָּׁמָיִם, וְכָל הָאָרֶץ הַזֹּאת אֲשֶׁר אָמַרְתִּי, אֶתֵּן לְזַרְעֲכֶם, וְנָחֲלוּ לְעֹלָם.[6] זְכֹר לַעֲבָדֶיךָ לְאַבְרָהָם לְיִצְחָק וּלְיַעֲקֹב, אַל תֵּפֶן אֶל קְשִׁי הָעָם הַזֶּה וְאֶל רִשְׁעוֹ וְאֶל חַטָּאתוֹ.[7]

בכמה קהילות אומרים כאן סליחות לתחלואי ילדים (עמ' 437).

**זְכוֹר** לָנוּ בְּרִית אָבוֹת, כַּאֲשֶׁר אָמַרְתָּ: וְזָכַרְתִּי אֶת בְּרִיתִי יַעֲקוֹב, וְאַף אֶת בְּרִיתִי יִצְחָק, וְאַף אֶת בְּרִיתִי אַבְרָהָם אֶזְכֹּר, וְהָאָרֶץ אֶזְכֹּר.[8] זְכוֹר לָנוּ בְּרִית רִאשׁוֹנִים, כַּאֲשֶׁר אָמַרְתָּ: וְזָכַרְתִּי לָהֶם בְּרִית רִאשׁוֹנִים, אֲשֶׁר הוֹצֵאתִי אֹתָם מֵאֶרֶץ מִצְרַיִם לְעֵינֵי הַגּוֹיִם, לִהְיוֹת לָהֶם לֵאלֹהִים, אֲנִי יהוה.[9] עֲשֵׂה עִמָּנוּ כְּמָה שֶׁהִבְטַחְתָּנוּ: וְאַף גַּם זֹאת בִּהְיוֹתָם בְּאֶרֶץ אֹיְבֵיהֶם, לֹא מְאַסְתִּים וְלֹא גְעַלְתִּים לְכַלֹּתָם לְהָפֵר בְּרִיתִי אִתָּם, כִּי אֲנִי יהוה אֱלֹהֵיהֶם.[10] הָשֵׁב שְׁבוּתֵנוּ וְרַחֲמֵנוּ, כְּמָה שֶׁכָּתוּב: וְשָׁב יהוה אֱלֹהֶיךָ אֶת שְׁבוּתְךָ וְרִחֲמֶךָ, וְשָׁב וְקִבֶּצְךָ מִכָּל הָעַמִּים אֲשֶׁר הֱפִיצְךָ יהוה אֱלֹהֶיךָ שָׁמָּה.[11] קַבֵּץ נִדָּחֵינוּ, כְּמָה שֶׁכָּתוּב: אִם יִהְיֶה נִדַּחֲךָ בִּקְצֵה הַשָּׁמָיִם, מִשָּׁם יְקַבֶּצְךָ יהוה אֱלֹהֶיךָ, וּמִשָּׁם יִקָּחֶךָ.[12] מְחֵה פְשָׁעֵינוּ כָּעָב וְכֶעָנָן, כְּמָה שֶׁכָּתוּב: מָחִיתִי כָעָב פְּשָׁעֶיךָ וְכֶעָנָן חַטֹּאתֶיךָ, שׁוּבָה אֵלַי כִּי גְאַלְתִּיךָ.[13] מְחֵה פְשָׁעֵינוּ לְמַעֲנָךְ, כַּאֲשֶׁר אָמַרְתָּ: אָנֹכִי אָנֹכִי הוּא מֹחֶה פְשָׁעֶיךָ לְמַעֲנִי, וְחַטֹּאתֶיךָ לֹא אֶזְכֹּר.[14] הַלְבֵּן חֲטָאֵינוּ כַּשֶּׁלֶג וְכַצֶּמֶר, כְּמָה שֶׁכָּתוּב: לְכוּ נָא וְנִוָּכְחָה, יֹאמַר יהוה, אִם יִהְיוּ חֲטָאֵיכֶם כַּשָּׁנִים כַּשֶּׁלֶג יַלְבִּינוּ, אִם יַאְדִּימוּ כַתּוֹלָע, כַּצֶּמֶר יִהְיוּ.[15] זְרוֹק עָלֵינוּ מַיִם טְהוֹרִים וְטַהֲרֵנוּ, כְּמָה שֶׁכָּתוּב: וְזָרַקְתִּי עֲלֵיכֶם מַיִם טְהוֹרִים וּטְהַרְתֶּם, מִכֹּל טֻמְאוֹתֵיכֶם וּמִכָּל גִּלּוּלֵיכֶם אֲטַהֵר אֶתְכֶם.[16] רַחֵם עָלֵינוּ וְאַל תַּשְׁחִיתֵנוּ, כְּמָה שֶׁכָּתוּב: כִּי אֵל רַחוּם יהוה אֱלֹהֶיךָ, לֹא יַרְפְּךָ וְלֹא יַשְׁחִיתֶךָ, וְלֹא יִשְׁכַּח אֶת בְּרִית אֲבֹתֶיךָ אֲשֶׁר נִשְׁבַּע לָהֶם.[17] וּמוֹל אֶת לְבָבֵנוּ לְאַהֲבָה אֶת שְׁמֶךָ, כְּמָה שֶׁכָּתוּב: וּמָל יהוה אֱלֹהֶיךָ אֶת לְבָבְךָ וְאֶת לְבַב זַרְעֶךָ, לְאַהֲבָה אֶת יהוה אֱלֹהֶיךָ, בְּכָל לְבָבְךָ וּבְכָל נַפְשְׁךָ, לְמַעַן חַיֶּיךָ.[18] הִמָּצֵא לָנוּ בְּבַקָּשָׁתֵנוּ, כְּמָה שֶׁכָּתוּב: וּבִקַּשְׁתֶּם מִשָּׁם אֶת יהוה אֱלֹהֶיךָ וּמָצָאתָ, כִּי תִדְרְשֶׁנּוּ בְּכָל לְבָבְךָ וּבְכָל נַפְשֶׁךָ.[19] ❖ תְּבִיאֵנוּ אֶל הַר קָדְשֶׁךָ, וְשַׂמְּחֵנוּ בְּבֵית תְּפִלָּתֶךָ, כְּמָה שֶׁכָּתוּב: וַהֲבִיאוֹתִים אֶל הַר קָדְשִׁי, וְשִׂמַּחְתִּים בְּבֵית תְּפִלָּתִי, עוֹלֹתֵיהֶם וְזִבְחֵיהֶם לְרָצוֹן עַל מִזְבְּחִי, כִּי בֵיתִי בֵּית תְּפִלָּה יִקָּרֵא לְכָל הָעַמִּים.[20]

בכמה קהילות פותחים הארון. החזן אומר בקול רם פסוק פסוק, והקהל עונה אחריו (עד „אַל תַּעַזְבֵנוּ").

**שְׁמַע קוֹלֵנוּ** יהוה אֱלֹהֵינוּ, חוּס וְרַחֵם עָלֵינוּ,
וְקַבֵּל בְּרַחֲמִים וּבְרָצוֹן אֶת תְּפִלָּתֵנוּ.
הֲשִׁיבֵנוּ יהוה אֵלֶיךָ וְנָשׁוּבָה, חַדֵּשׁ יָמֵינוּ כְּקֶדֶם.[21]
אֲמָרֵינוּ הַאֲזִינָה יהוה, בִּינָה הֲגִיגֵנוּ.[22]

(1) תהלים כה:ו (2) ע"פ קו:ד (3) עד:ב (4) קב:יד (5) קלז:ז (6) שמות לב:יג (7) דברים ט:כז (8) ויקרא כו:מב (9) כו:מה (10) כו:מד (11) דברים ל:ג (12) ל:ד (13) ישעיה מד:כב (14) מג:כה (15) א:יח (16) יחזקאל לו:כה (17) דברים ד:לא (18) ל:ו (19) ד:כט (20) ישעיה נו:ז (21) איכה ה:כא (22) ע"פ תהלים ה:ב

בלחש– יִהְיוּ לְרָצוֹן אִמְרֵי פִינוּ וְהֶגְיוֹן לִבֵּנוּ לְפָנֶיךָ, יהוה צוּרֵנוּ וְגוֹאֲלֵנוּ.[1]
אַל תַּשְׁלִיכֵנוּ מִלְּפָנֶיךָ, וְרוּחַ קָדְשְׁךָ אַל תִּקַּח מִמֶּנּוּ.[2]
אַל תַּשְׁלִיכֵנוּ לְעֵת זִקְנָה, כִּכְלוֹת כֹּחֵנוּ אַל תַּעַזְבֵנוּ.[3]
אַל תַּעַזְבֵנוּ יהוה, אֱלֹהֵינוּ אַל תִּרְחַק מִמֶּנּוּ.[4]
עֲשֵׂה עִמָּנוּ אוֹת לְטוֹבָה, וְיִרְאוּ שׂוֹנְאֵינוּ וְיֵבֹשׁוּ,
כִּי אַתָּה יהוה עֲזַרְתָּנוּ וְנִחַמְתָּנוּ.[5] כִּי לְךָ יהוה הוֹחָלְנוּ,
אַתָּה תַעֲנֶה אֲדֹנָי אֱלֹהֵינוּ.[6]

סוגרים הארון. יש לומר הוודוי בעמידה.

**אֱלֹהֵינוּ** וֵאלֹהֵי אֲבוֹתֵינוּ, תָּבֹא לְפָנֶיךָ תְּפִלָּתֵנוּ. וְאַל תִּתְעַלַּם מִתְּחִנָּתֵנוּ שֶׁאֵין אָנוּ עַזֵּי פָנִים וּקְשֵׁי עֹרֶף, לוֹמַר לְפָנֶיךָ יהוה אֱלֹהֵינוּ וֵאלֹהֵי אֲבוֹתֵינוּ, צַדִּיקִים אֲנַחְנוּ וְלֹא חָטָאנוּ, אֲבָל אֲנַחְנוּ וַאֲבוֹתֵינוּ חָטָאנוּ.

בכל חטא, מכה באגרוף על החזה.

**אָשַׁמְנוּ,** **בָּ**גַדְנוּ, **גָּ**זַלְנוּ, **דִּ**בַּרְנוּ דֹפִי. **הֶ**עֱוִינוּ, **וְ**הִרְשַׁעְנוּ, **זַ**דְנוּ, **חָ**מַסְנוּ, **טָ**פַלְנוּ שֶׁקֶר. **יָ**עַצְנוּ רָע, **כִּ**זַּבְנוּ, **לַ**צְנוּ, **מָ**רַדְנוּ, **נִ**אַצְנוּ, **סָ**רַרְנוּ, **עָ**וִינוּ, **פָּ**שַׁעְנוּ, **צָ**רַרְנוּ, **קִ**שִּׁינוּ עֹרֶף. **רָ**שַׁעְנוּ, **שִׁ**חַתְנוּ, **תִּ**עַבְנוּ, **תָּ**עִינוּ, **תִּ**עְתָּעְנוּ.

**סַרְנוּ** מִמִּצְוֹתֶיךָ וּמִמִּשְׁפָּטֶיךָ הַטּוֹבִים וְלֹא שָׁוָה לָנוּ.[7] וְאַתָּה צַדִּיק עַל כָּל הַבָּא עָלֵינוּ, כִּי אֱמֶת עָשִׂיתָ וַאֲנַחְנוּ הִרְשָׁעְנוּ.[8]

**הִרְשַׁעְנוּ** וּפָשַׁעְנוּ, לָכֵן לֹא נוֹשָׁעְנוּ. וְתֵן בְּלִבֵּנוּ לַעֲזוֹב דֶּרֶךְ רֶשַׁע, וְחִישׁ לָנוּ יֶשַׁע, כַּכָּתוּב עַל יַד נְבִיאֶךָ: יַעֲזֹב רָשָׁע דַּרְכּוֹ, וְאִישׁ אָוֶן מַחְשְׁבֹתָיו, וְיָשֹׁב אֶל יהוה וִירַחֲמֵהוּ, וְאֶל אֱלֹהֵינוּ כִּי יַרְבֶּה לִסְלוֹחַ.[9]

**מְשִׁיחַ** צִדְקֶךָ אָמַר לְפָנֶיךָ, שְׁגִיאוֹת מִי יָבִין, מִנִּסְתָּרוֹת נַקֵּנִי.[10] נַקֵּנוּ יהוה אֱלֹהֵינוּ מִכָּל פְּשָׁעֵינוּ, וְטַהֲרֵנוּ מִכָּל טֻמְאוֹתֵינוּ, וּזְרוֹק עָלֵינוּ מַיִם טְהוֹרִים וְטַהֲרֵנוּ, כַּכָּתוּב עַל יַד נְבִיאֶךָ: וְזָרַקְתִּי עֲלֵיכֶם מַיִם טְהוֹרִים וּטְהַרְתֶּם, מִכֹּל טֻמְאוֹתֵיכֶם וּמִכָּל גִּלּוּלֵיכֶם אֲטַהֵר אֶתְכֶם.[11] עַמְּךָ וְנַחֲלָתְךָ, רְעֵבֵי טוּבְךָ, צְמֵאֵי חַסְדֶּךָ, תְּאֵבֵי יִשְׁעֶךָ, יַכִּירוּ וְיֵדְעוּ כִּי לַיהוה אֱלֹהֵינוּ הָרַחֲמִים וְהַסְּלִיחוֹת.

**אֵל** רַחוּם שְׁמֶךָ, אֵל חַנּוּן שְׁמֶךָ, בָּנוּ נִקְרָא שְׁמֶךָ. יהוה עֲשֵׂה לְמַעַן שְׁמֶךָ, עֲשֵׂה לְמַעַן **אֲ**מִתָּךְ, עֲשֵׂה לְמַעַן **בְּ**רִיתָךְ, עֲשֵׂה לְמַעַן **גָּ**דְלָךְ וְתִפְאַרְתָּךְ, עֲשֵׂה לְמַעַן **דָּ**תָךְ, עֲשֵׂה לְמַעַן **הוֹ**דָךְ, עֲשֵׂה לְמַעַן **וִ**יעוּדָךְ, עֲשֵׂה לְמַעַן **זִ**כְרָךְ, עֲשֵׂה לְמַעַן **חַ**סְדָּךְ, עֲשֵׂה לְמַעַן **טוּ**בָךְ, עֲשֵׂה לְמַעַן **יִ**חוּדָךְ, עֲשֵׂה לְמַעַן **כְּ**בוֹדָךְ, עֲשֵׂה לְמַעַן **לִ**מּוּדָךְ, עֲשֵׂה לְמַעַן **מַ**לְכוּתָךְ, עֲשֵׂה לְמַעַן **נִ**צְחָךְ, עֲשֵׂה לְמַעַן **סוֹ**דָךְ, עֲשֵׂה לְמַעַן **עֻ**זָּךְ, עֲשֵׂה לְמַעַן **פְּ**אֵרָךְ, עֲשֵׂה לְמַעַן **צִ**דְקָתָךְ, עֲשֵׂה לְמַעַן **קְ**דֻשָּׁתָךְ, עֲשֵׂה לְמַעַן **רַ**חֲמֶיךָ הָרַבִּים, עֲשֵׂה לְמַעַן **שְׁ**כִינָתָךְ, עֲשֵׂה לְמַעַן **תְּ**הִלָּתָךְ, עֲשֵׂה לְמַעַן אוֹהֲבֶיךָ שׁוֹכְנֵי עָפָר, עֲשֵׂה לְמַעַן אַבְרָהָם יִצְחָק וְיַעֲקֹב, עֲשֵׂה לְמַעַן מֹשֶׁה וְאַהֲרֹן, עֲשֵׂה לְמַעַן דָּוִד וּשְׁלֹמֹה, עֲשֵׂה לְמַעַן יְרוּשָׁלַיִם עִיר קָדְשֶׁךָ, עֲשֵׂה לְמַעַן צִיּוֹן מִשְׁכַּן כְּבוֹדֶךָ, עֲשֵׂה לְמַעַן שִׁמְמוֹת הֵיכָלֶךָ, עֲשֵׂה לְמַעַן הֲרִיסוּת מִזְבְּחֶךָ, עֲשֵׂה לְמַעַן הֲרוּגִים עַל שֵׁם קָדְשֶׁךָ, עֲשֵׂה לְמַעַן טְבוּחִים עַל יִחוּדֶךָ, עֲשֵׂה

(1) ע״פ תהלים יט:טו (2) ע״פ נא:יג (3) ע״פ עא:ט (4) ע״פ לח:כב (5) ע״פ פו:יז (6) ע״פ לח:טז
(7) ע״פ איוב לג:כז (8) נחמיה ט:לג (9) ישעיה נה:ז (10) תהלים יט:יג (11) יחזקאל לו:כה

לְמַעַן בָּאֵי בָאֵשׁ וּבַמַּיִם עַל קִדּוּשׁ שְׁמֶךָ, עֲשֵׂה לְמַעַן יוֹנְקֵי שָׁדַיִם שֶׁלֹּא חָטְאוּ, עֲשֵׂה לְמַעַן גְּמוּלֵי חָלָב שֶׁלֹּא פָשְׁעוּ, עֲשֵׂה לְמַעַן תִּינוֹקוֹת שֶׁל בֵּית רַבָּן, עֲשֵׂה לְמַעַנְךָ אִם לֹא לְמַעֲנֵנוּ, עֲשֵׂה לְמַעַנְךָ וְהוֹשִׁיעֵנוּ.

**עֲנֵנוּ** יהוה עֲנֵנוּ, עֲנֵנוּ אֱלֹהֵינוּ עֲנֵנוּ, עֲנֵנוּ **אָ**בִינוּ עֲנֵנוּ, עֲנֵנוּ **בּ**וֹרְאֵנוּ עֲנֵנוּ, עֲנֵנוּ **ג**וֹאֲלֵנוּ עֲנֵנוּ, עֲנֵנוּ **ד**וֹרְשֵׁנוּ עֲנֵנוּ, עֲנֵנוּ **הָ**אֵל הַנֶּאֱמָן עֲנֵנוּ, עֲנֵנוּ **וָ**תִיק וְחָסִיד עֲנֵנוּ, עֲנֵנוּ **זַ**ךְ וְיָשָׁר עֲנֵנוּ, עֲנֵנוּ **חַ**י וְקַיָּם עֲנֵנוּ, עֲנֵנוּ **ט**וֹב וּמֵטִיב עֲנֵנוּ, עֲנֵנוּ **י**וֹדֵעַ יֵצֶר עֲנֵנוּ, עֲנֵנוּ **כּ**וֹבֵשׁ כְּעָסִים עֲנֵנוּ, עֲנֵנוּ **ל**וֹבֵשׁ צְדָקוֹת עֲנֵנוּ, עֲנֵנוּ **מֶ**לֶךְ מַלְכֵי הַמְּלָכִים עֲנֵנוּ, עֲנֵנוּ **נ**וֹרָא וְנִשְׂגָּב עֲנֵנוּ, עֲנֵנוּ **ס**וֹלֵחַ וּמוֹחֵל עֲנֵנוּ, עֲנֵנוּ **ע**וֹנֶה בְּעֵת צָרָה עֲנֵנוּ, עֲנֵנוּ **פּ**וֹדֶה וּמַצִּיל עֲנֵנוּ, עֲנֵנוּ **צ**ַדִּיק וְיָשָׁר עֲנֵנוּ, עֲנֵנוּ **קָ**רוֹב לְקוֹרְאָיו עֲנֵנוּ, עֲנֵנוּ **קָ**שֶׁה לִכְעוֹס עֲנֵנוּ, עֲנֵנוּ **רַ**ךְ לִרְצוֹת עֲנֵנוּ, עֲנֵנוּ **רַ**חוּם וְחַנּוּן עֲנֵנוּ, עֲנֵנוּ **שׁ**וֹמֵעַ אֶל אֶבְיוֹנִים עֲנֵנוּ, עֲנֵנוּ **תּ**וֹמֵךְ תְּמִימִים עֲנֵנוּ, עֲנֵנוּ אֱלֹהֵי אֲבוֹתֵינוּ עֲנֵנוּ, עֲנֵנוּ אֱלֹהֵי אַבְרָהָם עֲנֵנוּ, עֲנֵנוּ פַּחַד יִצְחָק עֲנֵנוּ, עֲנֵנוּ אֲבִיר יַעֲקֹב עֲנֵנוּ, עֲנֵנוּ עֶזְרַת הַשְּׁבָטִים עֲנֵנוּ, עֲנֵנוּ מִשְׂגַּב אִמָּהוֹת עֲנֵנוּ, עֲנֵנוּ עוֹנֶה בְּעֵת רָצוֹן עֲנֵנוּ, עֲנֵנוּ אֲבִי יְתוֹמִים עֲנֵנוּ, עֲנֵנוּ דַּיַּן אַלְמָנוֹת עֲנֵנוּ.

**מִי שֶׁעָנָה** לְאַבְרָהָם אָבִינוּ בְּהַר הַמּוֹרִיָּה הוּא יַעֲנֵנוּ.
מִי שֶׁעָנָה לְיִצְחָק בְּנוֹ כְּשֶׁנֶּעֱקַד עַל גַּבֵּי הַמִּזְבֵּחַ הוּא יַעֲנֵנוּ.
מִי שֶׁעָנָה לְיַעֲקֹב בְּבֵית אֵל הוּא יַעֲנֵנוּ.
מִי שֶׁעָנָה לְיוֹסֵף בְּבֵית הָאֲסוּרִים הוּא יַעֲנֵנוּ.
מִי שֶׁעָנָה לַאֲבוֹתֵינוּ עַל יַם סוּף הוּא יַעֲנֵנוּ.
מִי שֶׁעָנָה לְמֹשֶׁה בְּחוֹרֵב הוּא יַעֲנֵנוּ.
מִי שֶׁעָנָה לְאַהֲרֹן בַּמַּחְתָּה הוּא יַעֲנֵנוּ.
מִי שֶׁעָנָה לְפִינְחָס בְּקוּמוֹ מִתּוֹךְ הָעֵדָה הוּא יַעֲנֵנוּ.
מִי שֶׁעָנָה לִיהוֹשֻׁעַ בַּגִּלְגָּל הוּא יַעֲנֵנוּ.
מִי שֶׁעָנָה לִשְׁמוּאֵל בַּמִּצְפָּה הוּא יַעֲנֵנוּ.
מִי שֶׁעָנָה לְדָוִד וּשְׁלֹמֹה בְנוֹ בִּירוּשָׁלָיִם הוּא יַעֲנֵנוּ.
מִי שֶׁעָנָה לְאֵלִיָּהוּ בְּהַר הַכַּרְמֶל הוּא יַעֲנֵנוּ.
מִי שֶׁעָנָה לֶאֱלִישָׁע בִּירִיחוֹ הוּא יַעֲנֵנוּ.
מִי שֶׁעָנָה לְיוֹנָה בִּמְעֵי הַדָּגָה הוּא יַעֲנֵנוּ.
מִי שֶׁעָנָה לְחִזְקִיָּהוּ מֶלֶךְ יְהוּדָה בְּחָלְיוֹ הוּא יַעֲנֵנוּ.
מִי שֶׁעָנָה לַחֲנַנְיָה מִישָׁאֵל וַעֲזַרְיָה בְּתוֹךְ כִּבְשַׁן הָאֵשׁ הוּא יַעֲנֵנוּ.
מִי שֶׁעָנָה לְדָנִיֵּאל בְּגוֹב הָאֲרָיוֹת הוּא יַעֲנֵנוּ.
מִי שֶׁעָנָה לְמָרְדְּכַי וְאֶסְתֵּר בְּשׁוּשַׁן הַבִּירָה הוּא יַעֲנֵנוּ.
מִי שֶׁעָנָה לְעֶזְרָא בַגּוֹלָה הוּא יַעֲנֵנוּ.
מִי שֶׁעָנָה לְכָל הַצַּדִּיקִים וְהַחֲסִידִים וְהַתְּמִימִים וְהַיְשָׁרִים הוּא יַעֲנֵנוּ.

**רַחֲמָנָא** דְּעָנֵי לַעֲנִיֵּי, עֲנֵינָן. רַחֲמָנָא דְּעָנֵי לִתְבִירֵי לִבָּא, עֲנֵינָן. רַחֲמָנָא דְּעָנֵי לְמַכִּיכֵי רוּחָא, עֲנֵינָן. רַחֲמָנָא עֲנֵינָן. רַחֲמָנָא חוּס. רַחֲמָנָא פְּרוֹק. רַחֲמָנָא שְׁזִיב. רַחֲמָנָא רְחַם עֲלָן, הַשְׁתָּא בַּעֲגָלָא וּבִזְמַן קָרִיב.

אומרים תחנון (עמ׳ 55).

## סליחות לחמישי

מתחילים „סְלַח לָנוּ" בעמ' 416 ואח"כ ממשיכים כאן:

המחבר חתם שמו – מאיר [הצעיר, חזק בתורה ובמעשים טובים] – אחר תשר"ק בראשי החרוזים.

אֱלֹהֵינוּ וֵאלֹהֵי אֲבוֹתֵינוּ

**תַּעֲנִית** צִבּוּר קָבְֿעוּ תִּבְוֹעַ צְרָכִים, **שׁוּב** עָדֶיךָ חַפֵּשׂ וְלַחְקוֹר דְּרָכִים,
**רַךְ** לִרְצוֹת בִּשְׁלֹשׁ עֶשְׂרֵה עֲרָכִים, **קָשֶׁה** לִכְעוֹס תֵּת לְאַפַּיִם אֲרָכִים.
**צְדָדֶיךָ** מְקֻשָּׁטִים עֲדָיִם בְּלִי תַפְשִׁיט, **פְּאֵר** הָרַחֲמִים וְהַסְּלִיחוֹת הוֹד תַּכְשִׁיט,
**עֶרֶךְ** שַׁוְעָתֵנוּ לְךָ לְבַד נוֹשִׁיט, **סֵדֶר** חַיִּים וּפַרְנָסָה לִיצוּרִים תּוֹשִׁיט.
**נִסְתְּמָה** הַבִּירָה וְנִתְרוֹקַן טֹהַר הַשֻּׁלְחָן, **מֵזִין** וּמֵזִיחַ סְתַר מֵעֲבֹדַת פֻּלְחָן,
**לְשִׁפִיכַת** הַנֶּפֶשׁ חָשׁוּב כְּבַשִּׂית זָלְחָן, **כִּמְעַטֵּר** וּמַשְׂבִּיעַ גּוֹאֵל וְרוֹפֵא וְסָלְחָן.
**יֵאוֹת** לְךָ יַעַן מִמְּנָתְךָ נִשְׁגֶּסֶת, **טוּב** רְנָחֲךָ הֱיוֹת נִזּוֹנֶת וּמִתְפַּרְנֶסֶת,
**חֵלֶף** (לְךָ) שׁוֹאֶלֶת קוֹבֶלֶת וּמִתְנוֹסֶסֶת, **זֵכֶר** דַּאֲגוֹתֶיהָ לְפָנֶיךָ מְשִׂיחָה וּמַכְנֶסֶת.
**וְאֵלֶיךָ** הִיא נְשׂוּיָה וּבְךָ חָסָיָה, **הַוּוֹתֶיהָ** הַעֲבֵר מִי כָמוֹךָ חֲסִין יָהּ,
**דֶּרֶךְ** אֱמוּנָתְךָ בְּחֶלְקְךָ לִלְגִיוֹנְךָ אַפְסַנְיָא, **גְּמוֹל** חֶסֶד לַעֲלוּבָה הַלֵּזוּ אַכְסַנְיָא.
**בְּקִיאִים** וּמְיֻשָּׁבִים לְרַצּוֹתְךָ בִּדְבָרִים עֲרֵבִים, **אָפְסוּ** פַּסּוּ בְּכֹחָם קַטֵּגוֹר מְעַרְבְּבִים,
**מְאַהֲבֵי** לַאֲבִיהֶם שֶׁבַּשָּׁמַיִם זְרִיזִים וּמְעֻרְבָּבִים,
**יְרֵאָיו** נִדְבָּרִים דָּתוֹ שְׁחָרִים וַעֲרָבִים.
**הִקְדַּשְׁנוּ** **צוֹם** **עוֹלְלִים** וְזִקְנֵי אֲסֵפוֹת, **יִשַּׁרְנוּ** **רִנָּה** וּתְפִלָּה וְשָׁקַדְנוּ סִפּוֹת,
**חֲשׁוֹךְ** לְמַטָּה מְעוֹן, וּשְׁלוּמֵנוּ תִּשְׁפּוֹת, **זְקוֹף** דַּל מֵעָפָר וְאֶבְיוֹן מֵאַשְׁפּוֹת.
❖ **בְּתוֹר** **הַ**מַּעֲלָה **וּבְ**מִדּוֹת הֲגוּנוֹת תְּרוּמוֹת, **עֲרֵבָתֵנוּ** **שִׂים** **לְטוֹב** **יוֹ**שֵׁב **מְ**רוֹמוֹת,
וּבְמִקְוֵה טֹהַר תְּדִיחַ קַלּוֹת וְרָמוֹת, מְצוֹא תְּפִלָּתֵנוּ חֶסֶד לְאַדֶּרְךָ רוֹמֵמוֹת.

**אֵל מֶלֶךְ** יוֹשֵׁב עַל כִּסֵּא רַחֲמִים, מִתְנַהֵג בַּחֲסִידוּת, מוֹחֵל עֲוֹנוֹת עַמּוֹ, מַעֲבִיר רִאשׁוֹן רִאשׁוֹן, מַרְבֶּה מְחִילָה לְחַטָּאִים וּסְלִיחָה לַפּוֹשְׁעִים, עֹשֶׂה צְדָקוֹת עִם כָּל בָּשָׂר וָרוּחַ, לֹא כְרָעָתָם תִּגְמוֹל. ❖ אֵל, הוֹרֵיתָ לָּנוּ לוֹמַר שְׁלֹשׁ עֶשְׂרֵה, וּזְכוֹר לָנוּ הַיּוֹם בְּרִית שְׁלֹשׁ עֶשְׂרֵה, כְּמוֹ שֶׁהוֹדַעְתָּ לֶעָנָיו מִקֶּדֶם, כְּמוֹ שֶׁכָּתוּב, וַיֵּרֶד יהוה בֶּעָנָן וַיִּתְיַצֵּב עִמּוֹ שָׁם, וַיִּקְרָא בְשֵׁם יהוה.

קהל וחזן יחד בקול רם:

וַיַּעֲבֹר יהוה עַל פָּנָיו וַיִּקְרָא:

**יהוה,** יהוה, אֵל, רַחוּם, וְחַנּוּן, אֶרֶךְ אַפַּיִם, וְרַב חֶסֶד, וֶאֱמֶת, נֹצֵר חֶסֶד לָאֲלָפִים, נֹשֵׂא עָוֹן, וָפֶשַׁע, וְחַטָּאָה, וְנַקֵּה. וְסָלַחְתָּ לַעֲוֹנֵנוּ וּלְחַטָּאתֵנוּ וּנְחַלְתָּנוּ. סְלַח לָנוּ אָבִינוּ כִּי חָטָאנוּ, מְחַל לָנוּ מַלְכֵּנוּ כִּי פָשָׁעְנוּ. כִּי אַתָּה אֲדֹנָי טוֹב וְסַלָּח, וְרַב חֶסֶד לְכָל קֹרְאֶיךָ.

**הוֹשִׁיעָה** יהוה כִּי גָמַר חָסִיד, כִּי פַסּוּ אֱמוּנִים מִבְּנֵי אָדָם.[1] כִּי אָדָם אֵין צַדִּיק בָּאָרֶץ, אֲשֶׁר יַעֲשֶׂה טּוֹב וְלֹא יֶחֱטָא.[2] הוֹשַׁע יהוה אֶת עַמְּךָ אֵת שְׁאֵרִית יִשְׂרָאֵל.[3] יִשְׂרָאֵל נוֹשַׁע בַּיהוה תְּשׁוּעַת עוֹלָמִים.[4]

**כְּרַחֵם** אָב עַל בָּנִים, כֵּן תְּרַחֵם יהוה עָלֵינוּ. לַיהוה הַיְשׁוּעָה, עַל עַמְּךָ בִרְכָתֶךָ סֶּלָה. יהוה צְבָאוֹת עִמָּנוּ, מִשְׂגָּב לָנוּ אֱלֹהֵי יַעֲקֹב סֶלָה. יהוה צְבָאוֹת, אַשְׁרֵי אָדָם בֹּטֵחַ בָּךְ. יהוה הוֹשִׁיעָה, הַמֶּלֶךְ יַעֲנֵנוּ בְיוֹם קָרְאֵנוּ.

(1) תהלים יב:ב (2) קהלת ז:כ (3) ירמיה לא:ו (4) ישעיה מה:יז

אֱלֹהֵינוּ וֵאלֹהֵי אֲבוֹתֵינוּ

**אַנְשֵׁי** אֱמָנָה אָבָדוּ, **בָּ**אִים בְּכֹחַ מַעֲשֵׂיהֶם.
**גִּ**בּוֹרִים לַעֲמוֹד בַּפֶּרֶץ, **דּ**וֹחִים אֶת הַגְּזֵרוֹת.
**הָ**יוּ לָנוּ לְחוֹמָה, **וּ**לְמַחֲסֶה בְּיוֹם זַעַם.
**ז**וֹעֲכִים אַף בְּלַחֲשָׁם, **חֵ**מָה עוֹצְרִים בְּשַׁוְעָם.
**טֶ**רֶם קְרָאוּךָ עֲנִיתָם, **יוֹ**דְעִים לַעְתֵּר וּלְרַצֵּךְ.
**כְּ**אָב רִחַמְתָּ לְמַעֲנָם, **לֹא** הֱשִׁיבוֹתָ פְּנֵיהֶם רֵיקָם.
**מֵ**רוֹב עֲוֹנֵינוּ אֲבַדְנוּם, **נֶ**אֶסְפוּ מֶנּוּ בַּחֲטָאֵינוּ.
**סָ**עוּ הֵמָּה לִמְנוּחוֹת, **עָ**זְבוּ אוֹתָנוּ לַאֲנָחוֹת.
**פַּ**סּוּ גוֹדְרֵי פֶרֶץ, **צֻ**מְּתוּ מְשִׁיבֵי חֵמָה.
**קָ**מֵי בַפֶּרֶץ אָיִן, **רְ**אוּיִם לְרַצּוֹתְךָ בְּעֶתֶר.
**שֻׁ**טַּטְנוּ בְאַרְבַּע פִּנּוֹת, **תְּ**רוּפָה לֹא מָצָאנוּ.
❖ שַׁבְנוּ אֵלֶיךָ בְּבֹשֶׁת פָּנִים, לְשַׁחֶרְךָ אֵל בְּעֵת צָרוֹתֵינוּ.

**אֵל מֶלֶךְ** יוֹשֵׁב עַל כִּסֵּא רַחֲמִים, מִתְנַהֵג בַּחֲסִידוּת, מוֹחֵל עֲוֹנוֹת עַמּוֹ, מַעֲבִיר רִאשׁוֹן רִאשׁוֹן, מַרְבֶּה מְחִילָה לְחַטָּאִים וּסְלִיחָה לַפּוֹשְׁעִים, עֹשֶׂה צְדָקוֹת עִם כָּל בָּשָׂר וָרוּחַ, לֹא כְרָעָתָם תִּגְמוֹל. ❖ אֵל, הוֹרֵיתָ לָנוּ לוֹמַר שְׁלֹשׁ עֶשְׂרֵה, וּזְכוֹר לָנוּ הַיּוֹם בְּרִית שְׁלֹשׁ עֶשְׂרֵה, כְּמוֹ שֶׁהוֹדַעְתָּ לֶעָנָיו מִקֶּדֶם, כְּמוֹ שֶׁכָּתוּב, וַיֵּרֶד יהוה בֶּעָנָן וַיִּתְיַצֵּב עִמּוֹ שָׁם, וַיִּקְרָא בְשֵׁם יהוה.

קהל וחזן יחד בקול רם:

וַיַּעֲבֹר יהוה עַל פָּנָיו וַיִּקְרָא:

**יהוה,** יהוה, אֵל, רַחוּם, וְחַנּוּן, אֶרֶךְ אַפַּיִם, וְרַב חֶסֶד, וֶאֱמֶת, נֹצֵר חֶסֶד לָאֲלָפִים, נֹשֵׂא עָוֹן, וָפֶשַׁע, וְחַטָּאָה, וְנַקֵּה. וְסָלַחְתָּ לַעֲוֹנֵנוּ וּלְחַטָּאתֵנוּ וּנְחַלְתָּנוּ. סְלַח לָנוּ אָבִינוּ כִּי חָטָאנוּ, מְחַל לָנוּ מַלְכֵּנוּ כִּי פָשָׁעְנוּ. כִּי אַתָּה אֲדֹנָי טוֹב וְסַלָּח, וְרַב חֶסֶד לְכָל קֹרְאֶיךָ.

אומרים הפזמון חרוז חרוז קהל וחזן. המחבר חתם שמו – שפטיה – בראשי החרוזים.

**יִשְׂרָאֵל** נוֹשַׁע בַּיהוה תְּשׁוּעַת עוֹלָמִים,[1] גַּם הַיּוֹם יִוָּשְׁעוּ מִפִּיךָ שׁוֹכֵן מְרוֹמִים,
כִּי אַתָּה רַב סְלִיחוֹת וּבַעַל הָרַחֲמִים.
**שְׁ**עָרֶיךָ הֵם דּוֹפְקִים כַּעֲנִיִּים וְדַלִּים, צָקוּן לַחֲשָׁם קְשׁוֹב יָהּ שׁוֹכֵן מְעֻלִּים,
כִּי אַתָּה רַב סְלִיחוֹת וּבַעַל הָרַחֲמִים.
**פְּ**חוּדִים הֵם מִכָּל צָרוֹת, מִמְּחָרְפֵיהֶם וּמִלּוֹחֲצֵיהֶם,
נָא אַל תַּעַזְבֵם יהוה אֱלֹהֵי אֲבוֹתֵיהֶם, כִּי אַתָּה רַב סְלִיחוֹת וּבַעַל הָרַחֲמִים.
**ט**וּבוֹתֶיךָ יְקַדְּמוּ לָהֶם בְּיוֹם תּוֹכֵחָה, וּמִתּוֹךְ צָרָה הַמְצִיאֵם פְּדוּת וּרְוָחָה,
כִּי אַתָּה רַב סְלִיחוֹת וּבַעַל הָרַחֲמִים.
**יִ**וָּשְׁעוּ לְעֵין כֹּל, וְאַל יִמְשְׁלוּ בָם רְשָׁעִים,
כַּלֵּה שֵׂעִיר וְחוֹתְנוֹ, וְיַעֲלוּ לְצִיּוֹן מוֹשִׁיעִים,[2]
כִּי אַתָּה רַב סְלִיחוֹת וּבַעַל הָרַחֲמִים.
**הַ**קְשִׁיבָה אָדוֹן לְקוֹל שַׁוְעָתָם, וְלִמְכוֹן שִׁבְתְּךָ הַשָּׁמַיִם תַּעֲלֶה תְפִלָּתָם,
כִּי אַתָּה רַב סְלִיחוֹת וּבַעַל הָרַחֲמִים.

אומרים „אֵ־ל מֶלֶךְ" (עמ' 420).

(1) ישעיה מה:יז (2) ע"פ עובדיא א:כא

## סליחות לשני תנינא

מתחילים „סְלַח לָנוּ" בעמ' 416 ואח"כ ממשיכים כאן:
המחבר חתם שמו – אמתי – בראשי החרוזים אחר הא"ב.

אֱלֹהֵינוּ וֵאלֹהֵי אֲבוֹתֵינוּ

**אֲפָפוּנוּ** מַיִם עַד נֶפֶשׁ,[1] **בָּ**אנוּ בְּעִמְקֵי מְצוּלָה,
**גַּ**לֵּי יָם עָבְרוּ עָלֵינוּ, **דָּ**כְיוֹת תְּהוֹם כִּסָּתְנוּ.
**הוֹ**דֵנוּ נֶהְפַּךְ לְמַשְׁחִית, **וְ**עוֹד לֹא עָצַרְנוּ כֹחַ,[2]
**זָ**לְעָפְנוּ עַל חַטֹּאתֵינוּ, **חֳ**לְחַלְנוּ עַל רוֹב פְּשָׁעֵינוּ.
**טִ**כַּסְנוּ עֵצָה מַה לַּעֲשׂוֹת, **יוֹ**עֵץ בְּקִרְבֵּנוּ אָיִן,
**כִּ**וַּנּוּ בְּלֵב מַחֲשָׁבוֹת, **לְ**מֶרְחוֹק שְׂאֵת דֵּעָה.[3]
**מַ**סֹּרֶת בְּיָדֵינוּ מֵאֲבוֹתֵינוּ, **נְ**אָקָה תְּשׁוּבָה וּצְדָקָה,
**סוֹ**תְרוֹת רֹעַ גְּזֵרוֹת, **עוֹ**ד מֵעֲנוֹת עָם.
**פִּ**צְנוּ בְּהַסְכָּמָה אַחַת, **צוֹ**ם שֵׁנִי וַחֲמִישִׁי וְשֵׁנִי,
**קָ**דוֹשׁ אוּלַי יַשְׁקִיף, **רַ**חֲמָיו לְקַדֵּם לְרֹגֶז.
**שַׁ**דַּי עָשִׂינוּ אֶת שֶׁלָּנוּ, **תַּ**קִּיף עֲשֵׂה אֶת שֶׁלָּךְ.
✥ אַל תֵּשֵׁב עִמָּנוּ בַּדִּין, **מִ**דֶּבֶר וּמֵחֶרֶב וּמֵרָעָב מַלְּטֵנוּ,
**תִּ**יקַר נַפְשֵׁנוּ בְּעֵינֶיךָ, **יָהּ** סְלַח לָנוּ, מְחַל לָנוּ, כַּפֵּר לָנוּ, כְּיוֹם רִדְתְּךָ בֶּעָנָן.

**אֵל מֶלֶךְ** יוֹשֵׁב עַל כִּסֵּא רַחֲמִים, מִתְנַהֵג בַּחֲסִידוּת, מוֹחֵל עֲוֹנוֹת עַמּוֹ, מַעֲבִיר רִאשׁוֹן רִאשׁוֹן, מַרְבֶּה מְחִילָה לְחַטָּאִים וּסְלִיחָה לַפּוֹשְׁעִים, עֹשֶׂה צְדָקוֹת עִם כָּל בָּשָׂר וָרוּחַ, לֹא כְרָעָתָם תִּגְמוֹל. ✥ אֵל, הוֹרֵיתָ לָּנוּ לוֹמַר שְׁלֹשׁ עֶשְׂרֵה, וּזְכוֹר לָנוּ הַיּוֹם בְּרִית שְׁלֹשׁ עֶשְׂרֵה, כְּמוֹ שֶׁהוֹדַעְתָּ לֶעָנָיו מִקֶּדֶם, כְּמוֹ שֶׁכָּתוּב, וַיֵּרֶד יהוה בֶּעָנָן וַיִּתְיַצֵּב עִמּוֹ שָׁם, וַיִּקְרָא בְשֵׁם יהוה.

קהל וחזן יחד בקול רם:

וַיַּעֲבֹר יהוה עַל פָּנָיו וַיִּקְרָא:

**יהוה,** יהוה, אֵל, רַחוּם, וְחַנּוּן, אֶרֶךְ אַפַּיִם, וְרַב חֶסֶד, וֶאֱמֶת, נֹצֵר חֶסֶד לָאֲלָפִים, נֹשֵׂא עָוֹן, וָפֶשַׁע, וְחַטָּאָה, וְנַקֵּה. וְסָלַחְתָּ לַעֲוֹנֵנוּ וּלְחַטָּאתֵנוּ וּנְחַלְתָּנוּ. סְלַח לָנוּ אָבִינוּ כִּי חָטָאנוּ, מְחַל לָנוּ מַלְכֵּנוּ כִּי פָשָׁעְנוּ. כִּי אַתָּה אֲדֹנָי טוֹב וְסַלָּח, וְרַב חֶסֶד לְכָל קֹרְאֶיךָ.

קהל וחזן:

**הַאֲזִינָה** יהוה תְּפִלָּתֵנוּ, וְהַקְשִׁיבָה בְּקוֹל תַּחֲנוּנוֹתֵינוּ.[4] שְׁמַע יהוה קוֹלֵנוּ, נִקְרָא חָנֵּנוּ וַעֲנֵנוּ.[5] שִׁמְעָה יהוה צֶדֶק, הַקְשִׁיבָה רִנָּתֵנוּ, הַאֲזִינָה תְפִלָּתֵנוּ.[6] שְׁמַע יהוה וְחָנֵּנוּ, יהוה הֱיֵה עוֹזֵר לָנוּ.[7]

**כְּרַחֵם** אָב עַל בָּנִים, כֵּן תְּרַחֵם יהוה עָלֵינוּ. לַיהוה הַיְשׁוּעָה, עַל עַמְּךָ בִרְכָתֶךָ סֶּלָה. יהוה צְבָאוֹת עִמָּנוּ, מִשְׂגָּב לָנוּ אֱלֹהֵי יַעֲקֹב סֶלָה. יהוה צְבָאוֹת, אַשְׁרֵי אָדָם בֹּטֵחַ בָּךְ. יהוה הוֹשִׁיעָה, הַמֶּלֶךְ יַעֲנֵנוּ בְיוֹם קָרְאֵנוּ.

אֱלֹהֵינוּ וֵאלֹהֵי אֲבוֹתֵינוּ

**אֱזוֹן** תַּחַן וְהַסְכֵּת עֲתִירָה, **אַ**ף הָפֵר וְשַׁכֵּךְ עֶבְרָה,
**בָּ**אֵי לְחַלּוֹתְךָ בְּנֶפֶשׁ מָרָה, **בְּ**שִׁמְךָ הַגָּדוֹל יִמְצְאוּ עֶזְרָה.

(1) ע"פ יונה ב:ו (2) ע"פ דניאל י:ח (3) ע"פ איוב לו:ג (4) ע"פ תהלים פו:ח (5) ע"פ כז:ז (6) ע"פ יז:א (7) ע"פ ל:יא

גַּעְיַת נֶאֱנָחִים עֱנוּתָם חֲזֵה, גְּחִינַת קוֹמָתָם אַל תִּבְזֶה,
דְּרוֹשׁ עֶלְבּוֹנָם מִצַּר וּבוֹזֶה, דְּרוֹךְ פּוּרָה וְנִצְחָם יַזֶּה.[1]
הֲלֹא אַתָּה הָיִיתָ וְהִנֶּךָ, הָיוֹ תִהְיֶה בַּהֲדַר גְּאוֹנֶךָ,
וְנֶמְתְּ יִכּוֹן זֶרַע אֱמוּנֶיךָ, וְהִנָּם כָּלִים מִתִּגְרַת חֲרוֹנֶךָ.
זוֹעֲמוּ בְּעִוּוּיִם וּמִמַּאֲוַיִּם נִסְּחוּ, זוֹרוּ בְּאַפְסַיִם וְלֹא נָחוּ,
חֻבְּלָה רוּחָם וְלֶעָפָר שָׁחוּ, חָרְשׁוּ חוֹרְשִׁים וּמַעֲנִית הִמְתִּיחוּ.[2]
טָבְעוּ בַּבּוֹץ וְאֵין פּוֹצֶה, טוֹרְפֵיהֶם שָׁלוּ מִקָּצֶה אֶל קָצֶה,
יוֹם יוֹם לוֹחֲמָם מְנַצֶּה, יַד פּוֹרְשִׂים מִלַּחַץ לֵיצֵא.
כָּלוּ חַיֵּיהֶם בְּיָגוֹן וַאֲנָחָה, כָּשַׁל רַבָּה וְעָרְבָה שִׂמְחָה,
לְיֶשַׁע חוֹכִים וְהִנֵּה צְוָחָה, לְבִטּוּם קָמִים וְכָרוּ שׁוּחָה.
מַעֲרִימִים סוֹד מִמְּךָ לְהַדִּיחָם, מַכְבִּידִים עוֹל לְהַכְשִׁיל כֹּחָם,
נוֹאֲקִים אֵלֶיךָ בְּהִתְעַטֵּף רוּחָם, נַחַת לִמְצוֹא מִכֹּבֶד טָרְחָם.
שִׂיחַ צָקִים בְּמַעֲמַד צָפוּף, סְלִיחָה מְבַקְשִׁים בְּקָדְקֹד כָּפוּף,
עוֹשְׁקֵיהֶם הִקְנִיאוּם וּנְתָנוּם לְשִׁסּוּף, עוֹעִים יִמְסְכוּ וְיִהְיוּ לִסְפּוֹף.
פְּדֵה דְבֵקֶיךָ מֵחֶרֶץ וְכִלּוּי, פַּלְּטֵם מִצּוֹרֵר וּתְנֵם לְעִלּוּי,
צַוֵּה יְשׁוּעוֹת מְשַׁחֲרֶיךָ בְּחִלּוּי, צוּר עוֹלָמִים הוֹשִׁיעֵנוּ בְּגִלּוּי.
קַנֹּא וְנוֹקֵם קַנֵּא לִשְׁמֶךָ, קַצֵּץ סְמְלוֹנִים מְצַוְּאַר עַמֶּךָ,
רְאֵה עֲמָלֵנוּ וְשׁוּב מִזַּעְמֶךָ, רִיבָה רִיבֵנוּ מֵעַם חֶרְמֶךָ.
שִׁבְעָתַיִם הָשֵׁב לְחֵיק מְאַנְנַי, שַׁבֵּר חִצֶּיךָ מִדַּם מְעַנַּי.
❖ תַּטֶּה אָזְנְךָ לְקוֹל תַּחֲנוּנַי, תִּרְצֵנִי בְּקָרְאִי יהוה יהוה.

**אֵל מֶלֶךְ** יוֹשֵׁב עַל כִּסֵּא רַחֲמִים, מִתְנַהֵג בַּחֲסִידוּת, מוֹחֵל עֲוֹנוֹת עַמּוֹ, מַעֲבִיר רִאשׁוֹן רִאשׁוֹן, מַרְבֶּה מְחִילָה לְחַטָּאִים וּסְלִיחָה לַפּוֹשְׁעִים, עֹשֶׂה צְדָקוֹת עִם כָּל בָּשָׂר וָרוּחַ, לֹא כְרָעָתָם תִּגְמוֹל. ❖ אֵל, הוֹרֵיתָ לָּנוּ לוֹמַר שְׁלֹשׁ עֶשְׂרֵה, וּזְכוֹר לָנוּ הַיּוֹם בְּרִית שְׁלֹשׁ עֶשְׂרֵה, כְּמוֹ שֶׁהוֹדַעְתָּ לֶעָנָיו מִקֶּדֶם, כְּמוֹ שֶׁכָּתוּב, וַיֵּרֶד יהוה בֶּעָנָן וַיִּתְיַצֵּב עִמּוֹ שָׁם, וַיִּקְרָא בְשֵׁם יהוה.

קהל וחזן יחד בקול רם:

וַיַּעֲבֹר יהוה עַל פָּנָיו וַיִּקְרָא:

**יהוה,** יהוה, אֵל, רַחוּם, וְחַנּוּן, אֶרֶךְ אַפַּיִם, וְרַב חֶסֶד, וֶאֱמֶת, נֹצֵר חֶסֶד לָאֲלָפִים, נֹשֵׂא עָוֹן, וָפֶשַׁע, וְחַטָּאָה, וְנַקֵּה. וְסָלַחְתָּ לַעֲוֹנֵנוּ וּלְחַטָּאתֵנוּ וּנְחַלְתָּנוּ. סְלַח לָנוּ אָבִינוּ כִּי חָטָאנוּ, מְחַל לָנוּ מַלְכֵּנוּ כִּי פָשָׁעְנוּ. כִּי אַתָּה אֲדֹנָי טוֹב וְסַלָּח, וְרַב חֶסֶד לְכָל קֹרְאֶיךָ.

אומרים הפזמון חרוז חרוז קהל וחזן. המחבר חתם שמו – אמתי – בראשי החרוזים.

**יהוה יהוה** אֵל, רַחוּם, וְחַנּוּן, אֶרֶךְ אַפַּיִם, וְרַב חֶסֶד, וֶאֱמֶת.
נֹצֵר חֶסֶד לָאֲלָפִים, נֹשֵׂא עָוֹן, וָפֶשַׁע, וְחַטָּאָה, וְנַקֵּה.[3]
וְסָלַחְתָּ לַעֲוֹנֵנוּ וּלְחַטָּאתֵנוּ וּנְחַלְתָּנוּ.[4]
אֶזְכְּרָה אֱלֹהִים וְאֶהֱמָיָה,[5] בִּרְאוֹתִי כָּל עִיר עַל תִּלָּהּ בְּנוּיָה,
וְעִיר הָאֱלֹהִים מֻשְׁפֶּלֶת עַד שְׁאוֹל תַּחְתִּיָּה, וּבְכָל זֹאת, אָנוּ לְיָהּ וְעֵינֵינוּ לְיָהּ.
מִדַּת הָרַחֲמִים עָלֵינוּ הִתְגַּלְגְּלִי, וְלִפְנֵי קוֹנֵךְ תְּחִנָּתֵנוּ הַפִּילִי,
וּבְעַד עַמֵּךְ רַחֲמִים שַׁאֲלִי, כִּי כָל לֵבָב דַּוָּי וְכָל רֹאשׁ לָחֳלִי.[6]

(1) ע״פ ישעיה סג:ג (2) ע״פ תהלים קכט:ג (3) שמות לד:ו-ז (4) לד:ט (5) תהלים עז:ד (6) ע״פ ישעיה א:ה

תָּמַכְתִּי יְתֵדוֹתַי בִּשְׁלֹשׁ עֶשְׂרֵה תֵבוֹת, וּבְשַׁעֲרֵי דְמָעוֹת כִּי לֹא נִשְׁלָבוֹת,
לָכֵן שָׁפַכְתִּי שִׂיחַ פְּנֵי בּוֹחֵן לִבּוֹת, בָּטוּחַ אֲנִי בְּאֵלֶּה וּבִזְכוּת שְׁלֹשֶׁת אָבוֹת.
יְהִי רָצוֹן מִלְּפָנֶיךָ שׁוֹמֵעַ קוֹל בְּכִיּוֹת, שֶׁתָּשִׂים דִּמְעוֹתֵינוּ בְּנֹאדְךָ לִהְיוֹת,[1]
וְתַצִּילֵנוּ מִכָּל גְּזֵרוֹת אַכְזָרִיּוֹת, כִּי לְךָ לְבַד עֵינֵינוּ תְלוּיוֹת.

ממשיכים „אֵ-ל מֶלֶךְ" (עמ' 420).

## סליחות לעשרה בטבת

מתחילים „סְלַח לָנוּ" בעמ' 416 ואח"כ ממשיכים כאן.

המחבר חתם שמו – יוסף – אחר הא"ב.

אֱלֹהֵינוּ וֵאלֹהֵי אֲבוֹתֵינוּ

**אֶזְכְּרָה** מָצוֹק אֲשֶׁר קְרָאַנִי, בְּשָׁלֹשׁ מַכּוֹת בַּחֹדֶשׁ הַזֶּה הִכַּנִי,
גִּדְּעַנִי הֱנִיאַנִי הִכְאַנִי, אַף עַתָּה הֶלְאָנִי.[2]
דִּעֲכָנִי בִשְׁמוֹנָה בוֹ שְׂמָאלִית וִימָנִית, הֲלֹא שְׁלָשְׁתָּן קָבַעְתִּי תַעֲנִית,
וּמֶלֶךְ יָוָן אִנְּסַנִי לִכְתּוֹב דַּת יְוָנִית, עַל גַּבִּי חָרְשׁוּ חוֹרְשִׁים, הֶאֱרִיכוּ מַעֲנִית.[3]
זוֹעַמְתִּי בְּתִשְׁעָה בוֹ בִּכְלִמָּה וָחֵפֶר, חָשַׂךְ מֵעָלַי מְעִיל הוֹד וָצֶפֶר,
טָרֹף טֹרַף בּוֹ הַנּוֹתֵן אִמְרֵי שֶׁפֶר, הוּא עֶזְרָא הַסּוֹפֵר.
יוֹם עֲשִׂירִי צֻוָּה בֶן בּוּזִי הַחוֹזֶה, כְּתָב לְךָ בְּסֵפֶר הַמַּחֲזֶה,
לְזִכָּרוֹן לְעַם נָמֵס וְנִבְזֶה, אֶת עֶצֶם הַיּוֹם הַזֶּה.[4]
מִנְיַן סֵדֶר חֳדָשִׁים בַּעֲשָׂרָה בוֹ הָעִיר, נְהִי וִילֵל בְּמוֹ פִי אַפְעִיר,
סֵדֶר פֻּרְעָנִיּוֹת בְּתוֹךְ לְבָבִי יַבְעִיר, בְּבֹא אֵלַי הַפָּלִיט לֵאמֹר הֻכְּתָה הָעִיר.[5]
עַל אֵלֶּה עַל פָּנַי אָבָק זֵרִיתִי, פַּצְתִּי עַל אַרְבַּעְתָּן לוּ חֵץ בְּלִבִּי יָרִיתִי,
צָרוֹת עַל אֵלֶּה קֶבֶר לִי כָּרִיתִי, צַדִּיק הוּא יהוה כִּי פִיהוּ מָרִיתִי.[6]
קָרָאתִי שִׁמְךָ מִתְנַחֵם עַל רָעָתִי, רְאֵה עָנְיִי וּשְׁמַע קוֹל פְּגִיעָתִי,
שְׁמַע תְּחִנָּתִי חִישׁ נָא יְשׁוּעָתִי, אַל תַּעְלֵם אָזְנְךָ לְרַוְחָתִי לְשַׁוְעָתִי.[7]
❖ יֶרַח טֵבֵת מְאֹד לָקִיתִי בוֹ, וְנִשְׁתַּנּוּ עָלַי סִדְרֵי נְתִיבוֹ,
סָרַרְתִּי פָּשַׁעְתִּי, יְגַלֶּה לִי טוּבוֹ, הָאוֹמֵר לַיָּם עַד פֹּה תָבֹא.[8]

**אֵל מֶלֶךְ** יוֹשֵׁב עַל כִּסֵּא רַחֲמִים, מִתְנַהֵג בַּחֲסִידוּת, מוֹחֵל עֲוֹנוֹת עַמּוֹ, מַעֲבִיר רִאשׁוֹן רִאשׁוֹן, מַרְבֶּה מְחִילָה לְחַטָּאִים וּסְלִיחָה לַפּוֹשְׁעִים, עֹשֶׂה צְדָקוֹת עִם כָּל בָּשָׂר וָרוּחַ, לֹא כְרָעָתָם תִּגְמוֹל. ❖ אֵל, הוֹרֵיתָ לָּנוּ לוֹמַר שְׁלֹשׁ עֶשְׂרֵה, וּזְכוֹר לָנוּ הַיּוֹם בְּרִית שְׁלֹשׁ עֶשְׂרֵה, כְּמוֹ שֶׁהוֹדַעְתָּ לֶעָנָיו מִקֶּדֶם, כְּמוֹ שֶׁכָּתוּב, וַיֵּרֶד יהוה בֶּעָנָן וַיִּתְיַצֵּב עִמּוֹ שָׁם, וַיִּקְרָא בְשֵׁם יהוה.

קהל וחזן יחד בקול רם:

וַיַּעֲבֹר יהוה עַל פָּנָיו וַיִּקְרָא:

**יהוה,** יהוה, אֵל, רַחוּם, וְחַנּוּן, אֶרֶךְ אַפַּיִם, וְרַב חֶסֶד, וֶאֱמֶת, נֹצֵר חֶסֶד לָאֲלָפִים, נֹשֵׂא עָוֹן, וָפֶשַׁע, וְחַטָּאָה, וְנַקֵּה. וְסָלַחְתָּ לַעֲוֹנֵנוּ וּלְחַטָּאתֵנוּ וּנְחַלְתָּנוּ. סְלַח לָנוּ אָבִינוּ כִּי חָטָאנוּ, מְחַל לָנוּ מַלְכֵּנוּ כִּי פָשָׁעְנוּ. כִּי אַתָּה אֲדֹנָי טוֹב וְסַלָּח, וְרַב חֶסֶד לְכָל קֹרְאֶיךָ.

(1) ע"פ תהלים נו:ט (2) איוב טז:ז (3) ע"פ תהלים קכט:ג (4) יחזקאל כד:ב
(5) ע"פ לג:כא (6) איכה א:יח (7) ג:נו (8) ע"פ איוב לח:יא

**אֱלֹהִים** בָּאוּ גוֹיִם בְּנַחֲלָתֶךָ, טִמְּאוּ אֶת הֵיכַל קָדְשֶׁךָ, שָׂמוּ אֶת יְרוּשָׁלַיִם לְעִיִּים.[1] אֱלֹהִים זֵדִים קָמוּ עָלֵינוּ, וַעֲדַת עָרִיצִים בִּקְשׁוּ נַפְשֵׁנוּ, וְלֹא שָׂמוּךָ לְנֶגְדָּם.[2]

**כְּרַחֵם** אָב עַל בָּנִים, כֵּן תְּרַחֵם יהוה עָלֵינוּ. לַיהוה הַיְשׁוּעָה, עַל עַמְּךָ בִרְכָתֶךָ סֶּלָה. יהוה צְבָאוֹת עִמָּנוּ, מִשְׂגָּב לָנוּ אֱלֹהֵי יַעֲקֹב סֶלָה. יהוה צְבָאוֹת, אַשְׁרֵי אָדָם בֹּטֵחַ בָּךְ. יהוה הוֹשִׁיעָה, הַמֶּלֶךְ יַעֲנֵנוּ בְיוֹם קָרְאֵנוּ.

המחבר חתם שמו – אברהם בר מנחם [חזק] – בראשי החרוזים.

אֱלֹהֵינוּ וֵאלֹהֵי אֲבוֹתֵינוּ

**אֶבֶן** הָרֹאשָׁה, לְעִיִּים וְלַחֲרִישָׁה, וְנוֹחֲלֵי מוֹרָשָׁה, מְנוֹד רֹאשׁ בַּלְאֻמִּים.[3]
בְּקִרְבִּי לֵב נִכְאָב, נִדְוֶה וְנִדְאָב, נִשְׁאַרְנוּ כְּאֵין אָב, וְהָיִינוּ כִּיתוֹמִים.[4]
רַכָּה וַעֲנֻגָּה, בַּשּׁוֹשַׁנִּים סוּגָה, וְעַתָּה הִיא נוּגָה, מְסוּרָה בְּיַד קָמִים.
הָיְתָה כְּאַלְמָנָה, קִרְיָה נֶאֱמָנָה, וְזֶרַע מִי מָנָה, נִמְכְּרוּ בְּלֹא דָמִים.
מְעֻנָּגָה וְרַכָּה, צָלְחָה לִמְלוּכָה, וּמַעֲנִיתָהּ אֲרֻכָּה, זֶה כַּמֶּה שָׁנִים וְיָמִים.
בֵּית יַעֲקֹב לְבִזָּה, לְלַעַג וּלְעִזָּה, וְהָעִיר הָעַלִּיזָה, לְמַטְּעֵי כְרָמִים.
רְווּיָה תַּרְעֵלָה, בְּיַד בְּנֵי עַוְלָה, הָרְצוּיָה כְּעוֹלָה, וְכִקְטֹרֶת הַסַּמִּים.
מְאֻסָּה לִזְנוֹחַ, תּוֹרַת אֲבִי זָנוֹחַ, וְלֹא מָצְאָה מָנוֹחַ, לֵילוֹת וְגַם יָמִים.
נוֹרָא אֵל עֶלְיוֹן, מִמְּךָ יְהִי צִבְיוֹן, לְהָשִׁיב לְרִיב צִיּוֹן, שְׁנַת שִׁלּוּמִים.[5]
חַדֵּשׁ יָמֵינוּ כְּקֶדֶם,[6] מְעֹנָה אֱלֹהֵי קֶדֶם,[7] וְלַבֵּן כַּצֶּמֶר אֹדֶם, וְכַשֶּׁלֶג כְּתָמִים.[8]
❖ חַזְּקֵנוּ בְּיִרְאָתֶךָ, וּבְקִיּוּם תּוֹרָתֶךָ, וּפָקְדֵנוּ בִּישׁוּעָתֶךָ, אֵל מָלֵא רַחֲמִים.

**אֵל מֶלֶךְ** יוֹשֵׁב עַל כִּסֵּא רַחֲמִים, מִתְנַהֵג בַּחֲסִידוּת, מוֹחֵל עֲוֹנוֹת עַמּוֹ, מַעֲבִיר רִאשׁוֹן רִאשׁוֹן, מַרְבֶּה מְחִילָה לְחַטָּאִים וּסְלִיחָה לַפּוֹשְׁעִים, עֹשֶׂה צְדָקוֹת עִם כָּל בָּשָׂר וָרוּחַ, לֹא כְרָעָתָם תִּגְמוֹל. ❖ אֵל, הוֹרֵיתָ לָּנוּ לוֹמַר שְׁלֹשׁ עֶשְׂרֵה, וּזְכוֹר לָנוּ הַיּוֹם בְּרִית שְׁלֹשׁ עֶשְׂרֵה, כְּמוֹ שֶׁהוֹדַעְתָּ לֶעָנָיו מִקֶּדֶם, כְּמוֹ שֶׁכָּתוּב, וַיֵּרֶד יהוה בֶּעָנָן וַיִּתְיַצֵּב עִמּוֹ שָׁם, וַיִּקְרָא בְשֵׁם יהוה.

קהל וחזן יחד בקול רם:

וַיַּעֲבֹר יהוה עַל פָּנָיו וַיִּקְרָא:

**יהוה,** יהוה, אֵל, רַחוּם, וְחַנּוּן, אֶרֶךְ אַפַּיִם, וְרַב חֶסֶד, וֶאֱמֶת, נֹצֵר חֶסֶד לָאֲלָפִים, נֹשֵׂא עָוֹן, וָפֶשַׁע, וְחַטָּאָה, וְנַקֵּה. וְסָלַחְתָּ לַעֲוֹנֵנוּ וּלְחַטָּאתֵנוּ וּנְחַלְתָּנוּ. סְלַח לָנוּ אָבִינוּ כִּי חָטָאנוּ, מְחַל לָנוּ מַלְכֵּנוּ כִּי פָשָׁעְנוּ. כִּי אַתָּה אֲדֹנָי טוֹב וְסַלָּח, וְרַב חֶסֶד לְכָל קֹרְאֶיךָ.

אומרים הפזמון חרוז חרוז קהל וחזן:

המחבר חתם שמו ושם אבותיו – אברהם יצחק אפרים – בראשי החרוזים, והוא ר׳ אפרים (בן יצחק בן אברהם) מרגנשבורג, מבעלי התוספות.

**אֲבוֹתַי,** כִּי בָטְחוּ בְּשֵׁם אֱלֹהֵי צוּרִי, גָּדְלוּ וְהִצְלִיחוּ וְגַם עָשׂוּ פֶּרִי,
וּמֵעֵת הֻדְּחוּ וְהָלְכוּ עִמּוֹ קֶרִי,
הָיוּ הָלוֹךְ וְחָסוֹר עַד הַחֹדֶשׁ הָעֲשִׂירִי.[9]
בָּעֲשִׂירִי לַחֹדֶשׁ סָמַךְ מֶלֶךְ בָּבֶל,[10] וְצָר עַל עִיר הַקֹּדֶשׁ, וְנִקְרַב רַב הַחוֹבֵל,
נִתַּתִּי הָדֵשׁ וְעֻנֵּיתִי בְּכֶבֶל, וְהָיָה מִדֵּי חֹדֶשׁ לְאֵבֶל כִּנּוֹרִי.

---

(1) תהלים עט:א (2) ע״פ פו:יד (3) מד:טו (4) ע״פ איכה ה:ג (5) ע״פ ישעיה לד:ח (6) איכה ה:כא
(7) דברים לג:כז (8) ע״פ ישעיה א:יח (9) בראשית ח:ה (10) ע״פ יחזקאל כד:ב

רֵאשִׁית בְּכוּרָה לְרֵאשִׁית הַחֵרֶם, שֵׁם אֲחֵרִים הִזְכִּירָה וְהֶעָוֹן גּוֹרֵם,
אֵל לֹא הִכִּירָה וְשֻׁטְּפָה בְּזֶרֶם, צָרָה כְּמַבְכִּירָה כָּעֵת בַּמָּרוֹם תַּמְרִיא.[1]
הָאֱלֹהִים הֵבִיא יוֹם רָעָה וּמָצוֹר, צִוָּה צָרַי סְבִיבַי,[2] עוֹלָלַי לִבְצוֹר,
יוֹם הֵרַךְ לְבָבִי, וְאֵין כֹּחַ לַעֲצוֹר, וְדִבֵּר אֶל נָבִיא, מְשׁוֹל אֶל בֵּית הַמֶּרִי.[3]
מִיּוֹשְׁבֵי שַׁעַר, הֶעֱבִיר אַדֶּרֶת, חֲמָתוֹ כָּאֵשׁ בָּעַר, וְהֵרִים עֲטֶרֶת,
וּמִלְּבָנוֹן יַעַר הִשְׁלִיךְ תִּפְאֶרֶת, וְרוּחַ סוֹעָה וָסַעַר, תְּסַמֵּר שַׂעֲרַת בְּשָׂרִי.
יְפֵהפִיָּה נִמְשַׁלְתְּ, וְעַתָּה קְדוֹרַנִּית, בְּעָוֹן כִּי כָשַׁלְתְּ,[4] וְלִבֵּךְ אֲחוֹרַנִּית,
זֻנַּבוּךְ וְנֶחֱשַׁלְתְּ, רִאשׁוֹנָה וְשֵׁנִית, וְהָחֵל לֹא חֻלַּלְתְּ,[5] מְעַט צֳרִי.
צַדִּיק הַצּוּר תָּם נְשׂוֹא עֲוֹן נִלְאָה, מִכְּרוּב לְמִפְתָּן, לִפְנַת גַּג דָּאָה,
מְעוֹן הַנִּכְתָּם, וְצַעֲקָתָם בָּאָה, רַבָּה רָעָתָם, כְּעֵץ עֹשֶׂה פֶּרִי.
חִזֵּק כָּל קָמַי תּוֹכֵן הָעֲלִילוֹת, כִּי מָלְאוּ יָמַי בְּרוֹעַ מִפְעָלוֹת,
וּמְבַקֶּשֶׁת עֲלוּמַי שִׁכְּחָתִי גְּמוּלוֹת,[6] נוֹתֵן לַחְמִי וּמֵימַי פִּשְׁתִּי וְצַמְרִי.[7]
קָמַי פִּיהֶם פָּעֲרוּ, וְנַחֲלָתִי בִּלֵּעוּ, מְאֹד עָלַי גָּבְרוּ, וְדָמִי שָׁתוּ וְלָעוּ,
נָכְרִים עָלַי צָרוּ, וְאֶת אַחַי הֵרֵעוּ, הָאוֹמְרִים עָרוּ עָרוּ,[8] בְּנֵי שֵׂעִיר הַחֹרִי.[9]
אָמְרוּ לְכוּ נְכַלֵּם, וְנַשְׁבִּיתָה זִכְרָם, אֵל קַנֹּא וְנוֹקֵם גְּמָלֵם, יִשְׂאוּ אֶת שִׁבְרָם,
כְּמַעֲשֵׂיהֶם שַׁלֵּם, וְיֵבֹשׁוּ מִשִּׁבְרָם, כְּאִישׁ חֲלוֹם חוֹלֵם, שְׁלֹשָׁה סַלֵּי חֹרִי.[10]
פְּצָעַי לֹא רֻכְּכָה וַחֲבוּרוֹתַי רֶצַח,[11] וְעֵינַי הִכְהֲתָה, צוֹפָה לְדוֹדִי צַח,
הַעוֹד לֹא שָׁכְכָה חֲמָתוֹ לָנֶצַח, עַל מֶה עָשָׂה כָּכָה, וּמֶה חֳרִי.[12]
רַחוּם זֶה אֵלִי, אַל לָעַד תִּזְנַח, אָרְכוּ יְמֵי אֶבְלִי, וְעוֹד לִבִּי נֶאֱנַח,
שׁוּבָה אֶל לְאָהֳלִי, מְקוֹמְךָ אַל תַּנַּח,[13] שָׁלֵם יְמֵי אֶבְלִי,[14] כִּי תָבֹא עַל שִׁבְרִי.
יהוה מְנָת חֶלְקִי,[15] חוּשָׁה לִּי לְעֶזְרָה,[16] וּפִתַּחְתָּ שַׂקִּי, שִׂמְחָה לִי לְאַזְּרָה,[17]
וְתַגִּיהַּ אֶת חָשְׁכִּי, בְּאוֹרְךָ לְהָאִירָה, אֶת נֶשֶׁף חִשְׁקִי, כִּי אַתָּה נֵירִי.[18]
מִיָּגוֹן וַאֲנָחָה, פְּדֵה אֵל אֶת נַפְשִׁי, עֲשֵׂה לְעַמְּךָ הֲנָחָה, מַלְכִּי וּקְדוֹשִׁי,
תַּהֲפוֹךְ לִרְוָחָה, אֶת צוֹם הַחֲמִישִׁי,
לְשָׂשׂוֹן וּלְשִׂמְחָה, צוֹם הָרְבִיעִי וְצוֹם הָעֲשִׂירִי.[19]

ממשיכים „אֵ־ל מֶלֶךְ” (עמ׳ 420).

## סליחות לתענית אסתר

מתחילים „סְלַח לָנוּ” בעמ׳ 416 ואח”כ ממשיכים כאן:

המחבר חתם שמו – מנחם ברבי מכיר [יחיה, אמן ואמן] – בראשי החרוזים אחר הא”ב.

אֱלֹהֵינוּ וֵאלֹהֵי אֲבוֹתֵינוּ

**אָדָם** בְּקוּם עָלֵינוּ,[20] חִיל אֲחָזַתְנוּ לִרְעוֹד,
בְּהִסְתַּפְּחוֹ לְמַלְכוּת חָנֵף, כִּמְעַט כָּשַׁלְנוּ לִמְעוֹד,
גָּמְרוּ לְמָכְרֵנוּ כְּתֵל וְחָרִיץ בְּלִי מִסְעוֹד,
אָמְרוּ לְכוּ וְנַכְחִידֵם מִגּוֹי, וְלֹא יִזָּכֵר שֵׁם יִשְׂרָאֵל עוֹד.[21]
דַּלּוּ עֵינַי לַמָּרוֹם קְרָאתִיךָ אוֹיְבַי לָקוֹב,[22]
הַכְרֵת שֵׁם וּשְׁאָר וּמְחֵה שֵׁם לִרְקוֹב,[23]
וְצַר צוֹרְרַי בְּנִכְלֵיהֶם אֲשֶׁר נִכְּלוּ לַעֲקוֹב,[24]
וַיֹּאמְרוּ לֹא יִרְאֶה יָּהּ, וְלֹא יָבִין אֱלֹהֵי יַעֲקֹב.[25]

(1) איוב לט:יח (2) ע”פ איכה א:יז (3) יחזקאל כד:ג (4) ע”פ הושע יד:ב (5) יחזקאל טז:ד (6) ע”פ ישעיה נד:ד
(7) ע”פ הושע ב:ז (8) תהלים קלז:ז (9) בראשית לו:כ (10) מ:טז (11) ע”פ ישעיה א:ו (12) ע”פ דברים כט:כג (13) קהלת ז:ד
(14) ע”פ ישעיה ס:כ (15) תהלים טז:ה (16) ע”פ לח:כג (17) ע”פ ל:יב (18) ישעיה כא:ד; שמואל ב כב:כט (19) ע”פ זכריה ח:יט
(20) ע”פ תהלים קכד:ב (21) פג:ה (22) ע”פ במדבר כד:י (23) ע”פ משלי י:ד (24) ע”פ במדבר כה:יח (25) תהלים צד:ז

זְרוּיִם עֻנָּה וַיֻּגֶּה וְלֹא מִלֵּב לְכַלּוֹתָם,
חָבוּ לְפָנִים וְרִדָּם בַּהֲסָרַת טַבַּעַת לְהַחֲלוֹתָם,
טוֹב דְּבָרוֹ הֵקִים לְעֵינֵי הַגּוֹיִם לְהַעֲלוֹתָם,
בְּאֶרֶץ אֹיְבֵיהֶם לֹא מְאַסְתִּים וְלֹא גְעַלְתִּים לְכַלֹּתָם.[1]
יָדַע רֶמֶז הַקּוֹרוֹת לְעַם מְעֻפָּר וּמְהֻדָּס,
כָּתַב הַסְתֵּר אַסְתִּיר[2] וּמָר דְּרוֹר מְפֻרְדָּס,[3]
לְשְׁבוּת הָמָן מְמָהֶרֶת, הֲמִן הָעֵץ[4] קֻנְדָּס,
תַּחַת הַנַּעֲצוּץ יַעֲלֶה בְרוֹשׁ, וְתַחַת הַסִּרְפַּד יַעֲלֶה הֲדַס.[5]
מַקְשִׁיב דְּבַר שָׁקֶר[6] כָּתַב שִׂטְנָה וָעֶצֶב,
נִתְעַטֵּף בְּבִגְדֵי שְׂרָד כְּטָעָה בְּמִנְיַן קֶצֶב,
סָרַר לְהִשְׁתַּמֵּשׁ בְּשׁוֹנִים כְּלֵי הַמַּחְצֵב, וַיָּבוֹא גַם הַשָּׂטָן בְּתֹכָם לְהִתְיַצֵּב.[7]
עַם הַנִּמְצָאִים בְּשׁוּשָׁן בְּאָכְלָם מִזֶּבַח עָכְרָם,
פָּעַר פִּיו לְהַשְׂטִינָם וּלְהַסְגִּירָם בְּיַד נוֹתֵן מִכְרָם,
צוּר הִסְכִּים לִכְתּוֹב אִגֶּרֶת לְאַבֵּד שִׁבְרָם,
אָמַרְתִּי אַפְאֵיהֶם, אַשְׁבִּיתָה מֵאֱנוֹשׁ זִכְרָם.[8]
קְדוֹשִׁים מַלְאֲכֵי הַשָּׁרֵת מַר יִבְכָּיוּן בִּצְעָקָה,[9]
רַחוּם הַבֵּט לַבְּרִית וְאַל תָּפֵר לְהַרְחִיקָה,
שָׁמְעָה מוֹרָשָׁה וַתִּלְבַּשׁ בִּגְדֵי אַלְמָנוּת וּמוּעָקָה,
וַתָּשֶׂם יָדָהּ עַל רֹאשָׁהּ וַתֵּלֶךְ הָלוֹךְ וְזָעָקָה.[10]
תִּשְׁבִּי שָׂם אֵזוֹר שַׂק בְּמָתְנָיו תַּחְבֹּשֶׁת,
מִהֵר וְהוֹדִיעַ יְשֵׁנֵי מַכְפֵּל אָבוֹת שְׁלֹשֶׁת,
נָחַץ לְרוֹעֶה מַה לְּךָ נִרְדָּם לְהִתְעַשֵּׁת, קוּם קְרָא אֶל אֱלֹהֶיךָ, אוּלַי יִתְעַשֵּׁת.[11]
חוֹתָם טִיט אֲשֶׁר נַעֲשָׂה לִבְלָשָׁן סִפֵּר,
מִנִּינָוֵה לָמְדוּ לְאַחַר גְּזֵרָה כַּעַס לְהָפֵר,
בֶּן קִישׁ הִקִּישׁ דַּלְתוֹת בֵּית הַסֵּפֶר, וַיְכַס שַׂק וַיֵּשֶׁב עַל הָאֵפֶר.[12]
רִבֵּץ תִּינוֹקוֹת לְפָנָיו יָמִים שְׁלֹשָׁה צָמִים וּמְכֻפָּנִים,
בְּקוֹל יַעֲקֹב לַחֲלוֹשׁ יְדֵי עַז פָּנִים,
יָדָיו אֱמוּנָה לָאֵל הַצִּילֵנִי מֵעֶלְבּוֹנִים, פֶּן יָבוֹא וְהִכַּנִי אֵם עַל בָּנִים.[13]
מִזֶּה אֵלֶּה וּמִזֶּה אֵלֶּה בְּנֵי אֵיתָנַי וְרַבָּנַי,
כֻּלָּם צָעֲקוּ וַתַּעַל שַׁוְעָתָם אֶל יהוה.[14]
יָהּ לְקוֹל רִנּוּן כְּבוֹא שָׁאַל לְפָנַי, וּמֶה קוֹל הַצֹּאן הַזֶּה בְּאָזְנָי.[15]
רוֹעֶה הֱשִׁיבוֹ הֵם קְטַנֵּי קֹדֶשׁ זֶרַע,
יָהּ הַצֵּל לְקוּחֵי לַמָּוֶת מֵאוֹיֵב הָרַע,
חַנּוּן נִכְמְרוּ רַחֲמָיו וַיְבַקֵּשׁ לִבְכּוֹת הַמְּאֹורָע,
וַיְהִי כִּקְרֹא מֶלֶךְ יִשְׂרָאֵל אֶת הַסֵּפֶר וַיִּקְרַע.[16]
יְהוּדִי הוֹקִיעַ יְלָדָיו לְמַטָּה וַאֲבִיהֶם לְמַעְלָה,
אִישׁ אִישׁ בְּשָׁלֹשׁ אַמּוֹת וְהָרְבִיעִית אֲוִיר מְגֻלָּה,
מִשְׁנֶה נָקָם חָזָה וְשָׂמַח וְשָׁח תְּהִלָּה, אֹתִי הֵשִׁיב עַל כַּנִּי וְאֹתוֹ תָלָה.[17]

(1) ויקרא כו:מד (2) דברים לא:יח (3) שמות ל:כג (4) בראשית ג:יא (5) ישעיה נה:יג
(6) ע"פ משלי כט:יב (7) איוב ב:א (8) דברים לב:כו (9) ע"פ ישעיה לג:ז (10) שמואל ב יג:יט (11) יונה א:ו
(12) ג:ו (13) בראשית לב:יב (14) ע"פ שמות ב:כג (15) שמואל א טו:יד (16) מלכים ב ה:ז (17) בראשית מא:יג

❖ וַתִּכְתֹּב אֶסְתֵּר תְּקֶף[1] לִקְרֹא כִּבְהַלֵּל מְהוֹדִים,
מִלְּמַעְלָה קִיְּמוּ מַה שֶּׁקִּבְּלוּ לְמַטָּה[2] דוֹדִים,
נֵס יְנוֹסֵס לְפַרְסֵם כְּאָז פִּלְאוּ מַסְהִידִים,
בָּעֵת הַזֹּאת רֶוַח וְהַצָּלָה יַעֲמֹד לַיְּהוּדִים.[3]

**אֵל מֶלֶךְ** יוֹשֵׁב עַל כִּסֵּא רַחֲמִים, מִתְנַהֵג בַּחֲסִידוּת, מוֹחֵל עֲוֹנוֹת עַמּוֹ, מַעֲבִיר רִאשׁוֹן רִאשׁוֹן, מַרְבֶּה מְחִילָה לְחַטָּאִים וּסְלִיחָה לַפּוֹשְׁעִים, עֹשֶׂה צְדָקוֹת עִם כָּל בָּשָׂר וָרוּחַ, לֹא כְרָעָתָם תִּגְמוֹל. ❖ אֵל, הוֹרֵיתָ לָּנוּ לוֹמַר שְׁלֹשׁ עֶשְׂרֵה, וּזְכוֹר לָנוּ הַיּוֹם בְּרִית שְׁלֹשׁ עֶשְׂרֵה, כְּמוֹ שֶׁהוֹדַעְתָּ לֶעָנָיו מִקֶּדֶם, כְּמוֹ שֶׁכָּתוּב, וַיֵּרֶד יהוה בֶּעָנָן וַיִּתְיַצֵּב עִמּוֹ שָׁם, וַיִּקְרָא בְשֵׁם יהוה.

קהל וחזן יחד בקול רם:

וַיַּעֲבֹר יהוה עַל פָּנָיו וַיִּקְרָא:

**יהוה,** יהוה, אֵל, רַחוּם, וְחַנּוּן, אֶרֶךְ אַפַּיִם, וְרַב חֶסֶד, וֶאֱמֶת, נֹצֵר חֶסֶד לָאֲלָפִים, נֹשֵׂא עָוֹן, וָפֶשַׁע, וְחַטָּאָה, וְנַקֵּה. וְסָלַחְתָּ לַעֲוֹנֵנוּ וּלְחַטָּאתֵנוּ וּנְחַלְתָּנוּ. סְלַח לָנוּ אָבִינוּ כִּי חָטָאנוּ, מְחַל לָנוּ מַלְכֵּנוּ כִּי פָשָׁעְנוּ. כִּי אַתָּה אֲדֹנָי טוֹב וְסַלָּח, וְרַב חֶסֶד לְכָל קֹרְאֶיךָ.

קהל וחזן:

**כִּי** עִמְּךָ מְקוֹר חַיִּים, בְּאוֹרְךָ נִרְאֶה אוֹר.[4] בְּקָרְאֵנוּ עֲנֵנוּ אֱלֹהֵי צִדְקֵנוּ, בַּצָּר הִרְחַבְתָּ לָּנוּ, חָנֵּנוּ וּשְׁמַע תְּפִלָּתֵנוּ.[5] וְעַתָּה יִגְדַּל נָא כֹּחַ אֲדֹנָי, כַּאֲשֶׁר דִּבַּרְתָּ לֵאמֹר.[6]

**כְּרַחֵם** אָב עַל בָּנִים, כֵּן תְּרַחֵם יהוה עָלֵינוּ. לַיהוה הַיְשׁוּעָה, עַל עַמְּךָ בִרְכָתֶךָ סֶּלָה. יהוה צְבָאוֹת עִמָּנוּ, מִשְׂגָּב לָנוּ אֱלֹהֵי יַעֲקֹב סֶלָה. יהוה צְבָאוֹת, אַשְׁרֵי אָדָם בֹּטֵחַ בָּךְ. יהוה הוֹשִׁיעָה, הַמֶּלֶךְ יַעֲנֵנוּ בְיוֹם קָרְאֵנוּ.

המחבר חתם שמו – שמעון בר יצחק [חזק ואמץ] – בראשי החרוזים אחר הא"ב. והוא ר' שמעון הגדול.

אֱלֹהֵינוּ וֵאלֹהֵי אֲבוֹתֵינוּ

**אַתָּה** הָאֵל עוֹשֵׂה פְלָאוֹת, בָּעַמִּים הוֹדַעְתָּ עוֹז נוֹרָאוֹת,[7]
גָּאַלְתָּ בִּזְרוֹעַ עַמְּךָ[8] מִתְּלָאוֹת, דִּכִּיתָ צָרֵיהֶם בְּמוֹתֵי תַחֲלוּאוֹת.
הָאוֹיֵב בְּקוּמוֹ לְעוֹרֵר מְדָנִים, וְדִמָּה לְהַכְרִית פִּרְחֵי שׁוֹשַׁנִּים,
זָמַם לִשְׁקוֹל לְגִנְזֵי אֲדוֹנִים, חֲלִיפֵי מְאַת כִּכְּרֵי אֲדָנִים.[9]
טְלָאֶיךָ הִזְהַרְתָּ שִׁקְלֵיהֶם לְהַקְדִּים, יָדַעְתָּ הָעֲתִידוֹת וְדָרַשְׁתָּ נִשְׁקָדִים,
כִּבּוּי לְהַמְצִיא לְלַהַב יוֹקְדִים, לְקוּחִים לַמָּוֶת לְתֶחִי נִפְקָדִים.
מַסֵּכָה צָרָה בְּעָבְדָם לְפָנִים, נִמְסְרוּ לְהָתֵז קְנוֹקָנוֹת וּגְפָנִים,
סְבָבוּם מוֹקְשִׁים בְּכָל דְּפָנִים, עֵינֵיהֶם לְךָ תּוֹלִים וּבְסִתְרְךָ נִצְפָּנִים.
פּוּר נֶהְפַּךְ בְּאוֹיְבִים לִשְׁלוֹט,[10] צְלִיבָה הוּכַן אֲגָגִי לִקְלוֹט,
קָלַע וּבִלַּע פְּנֵי הַלּוֹט הַלּוֹט,[11] רִיבֵי עָם בְּאַשְׁמַנִּים לַעֲלוֹט.
שָׁלוֹם וֶאֱמֶת נִכְתַּב מִכָּל צַד, תְּקֶף יֶשַׁע סֶלַע וּמְצַד,
שׁוֹדֵד הָשְׁדַּד וּבְרִשְׁתּוֹ נוֹצַד, מְלָשְׁנֵי נִסְחַף נִצְמַת וְנִרְצַד.
עָשׂוּ שְׂמָחוֹת וְלַדּוֹרוֹת קְבָעוּם, וּמִקְרָאוֹת שִׁלְּשׁוּם וְלֹא רִבְּעוּם,

(1) ע"פ אסתר ט:כט (2) ע"פ ט:כז (3) ד:יד (4) תהלים לו:י (5) ע"פ ד:ב (6) במדבר יד:יז
(7) ע"פ תהלים עז:טו (8) עז:טז (9) ע"פ שמות לח:כז (10) ע"פ אסתר ט:א (11) ע"פ ישעיה כה:ז

נִסְכְּמוּ מִמַּעַל וּלְמַטָּה טִבְּעוּם, בְּסֵפֶר נֶחֱקַק עַל מַה קְבָעוּם.
רָמָה יָדְךָ לִסְלוֹחַ לַפּוֹשְׁעִים, יְהוּדִי וַהֲדַסָּה הֵקַמְתָּ מוֹשִׁיעִים,
צִדְקָתָם עוֹמֶדֶת לָעַד[1] לְשַׁעֲשׁוּעִים, חֵקֶר כְּבוֹדָם לְהִזָּכֵר לְנוֹשָׁעִים.
קַנֵּא לְשִׁמְךָ נוֹרָא וְנִקְדָּשׁ, חֲזֵה כַּרְמְּךָ נֶהֱרַס וְנִדָּשׁ,
זְרוּיֵינוּ קַבֵּץ וְשִׁיר לְךָ יְחֻדָּשׁ, קַיְּמֵם וְהַחֲיֵם בְּבִנְיַן בֵּית הַמִּקְדָּשׁ.
❖ וְכַעֲשׂוֹתְךָ נוֹרָאוֹת בְּאוֹתָן הַיָּמִים, אִתָּנוּ הַפְלֵא תְּשׁוּעַת עוֹלָמִים,
מְצוֹא לְפָנֶיךָ כֹּפֶר וְתַנְחוּמִים, אֵל מֶלֶךְ יוֹשֵׁב עַל כִּסֵּא רַחֲמִים.

**אֵל מֶלֶךְ** יוֹשֵׁב עַל כִּסֵּא רַחֲמִים, מִתְנַהֵג בַּחֲסִידוּת, מוֹחֵל עֲוֹנוֹת עַמּוֹ, מַעֲבִיר רִאשׁוֹן רִאשׁוֹן, מַרְבֶּה מְחִילָה לְחַטָּאִים וּסְלִיחָה לַפּוֹשְׁעִים, עֹשֶׂה צְדָקוֹת עִם כָּל בָּשָׂר וָרוּחַ, לֹא כְרָעָתָם תִּגְמוֹל. ❖ אֵל, הוֹרֵיתָ לָּנוּ לוֹמַר שְׁלֹשׁ עֶשְׂרֵה, וּזְכוֹר לָנוּ הַיּוֹם בְּרִית שְׁלֹשׁ עֶשְׂרֵה, כְּמוֹ שֶׁהוֹדַעְתָּ לֶעָנָיו מִקֶּדֶם, כְּמוֹ שֶׁכָּתוּב, וַיֵּרֶד יהוה בֶּעָנָן וַיִּתְיַצֵּב עִמּוֹ שָׁם, וַיִּקְרָא בְשֵׁם יהוה.

קהל וחזן יחד בקול רם:

וַיַּעֲבֹר יהוה עַל פָּנָיו וַיִּקְרָא:

**יהוה,** יהוה, אֵל, רַחוּם, וְחַנּוּן, אֶרֶךְ אַפַּיִם, וְרַב חֶסֶד, וֶאֱמֶת, נֹצֵר חֶסֶד לָאֲלָפִים, נֹשֵׂא עָוֹן, וָפֶשַׁע, וְחַטָּאָה, וְנַקֵּה. וְסָלַחְתָּ לַעֲוֹנֵנוּ וּלְחַטָּאתֵנוּ וּנְחַלְתָּנוּ. סְלַח לָנוּ אָבִינוּ כִּי חָטָאנוּ, מְחַל לָנוּ מַלְכֵּנוּ כִּי פָשָׁעְנוּ. כִּי אַתָּה אֲדֹנָי טוֹב וְסַלָּח, וְרַב חֶסֶד לְכָל קֹרְאֶיךָ.

אומרים הפזמון חרוז חרוז קהל וחזן:
המחבר חתם שמו – משלם – בראשי החרוזים אחר תשר״ק. והוא ר׳ משלם בן קלונימוס מלוקא.

**בְּמְתֵי** מִסְפָּר חִלִּינוּ פָנֶיךָ, לְשַׁוְעַת נְכֵאִים אַל תַּעְלֵם אָזְנֶךָ,
הַקְשֵׁב תְּחִנָּתָם מִשְּׁמֵי מְעוֹנֶךָ, כְּבִימֵי מוֹר וַהֲדַס הוֹשַׁעְתָּ בָנֶיךָ.
תְּהִלּוֹת יִשְׂרָאֵל אַתָּה יוֹשֵׁב, שַׁוְעָתָם מַאֲזִין וְרִנָּתָם קוֹשֵׁב,
רִפְאוּת לְמַחַץ מַקְדִּים וּמְחַשֵּׁב, קְנוּיֶיךָ לְהֵיטִיב וְנָוֵיהֶם לְיַשֵּׁב.
צָר וְאוֹיֵב הִלְטִישׁ עֵינָיו, פִּיהוּ פָּעַר לִשְׁאוֹף עֲנָיו,
עָשַׂת כִּסְלוֹ לְהַשְׁמִיד קְהַל הֲמוֹנָיו, סֶגֶל לְאַבֵּד חָרַת בְּנִשְׁתְּוָנָיו.
נוֹקֵם לְצָרִים וְנוֹטֵר לְאוֹיְבִים, מָדַדְתָּ מִדָּתָם כְּזָדוּ לַאֲהוּבִים,
לוֹחֵם וְנִינָיו הָתְלוּ מֻצְלָבִים, כִּבְחֲרֹזֶת דָּגִים חוֹרְזוּ תְּחוּבִים.
יוֹם אֲשֶׁר שִׁבְּרוּ צוֹרְרִים, טִבְחָה לָשִׁית בְּעַם נְצוּרִים,
חֻלְּפָה הַדָּת וְנָפְלוּ פְגָרִים, זִלְעֲפוּ זוֹעֲמוּ מוּבָסִים מְגֻרִים.
וּבְכֵן יִתְעַלֶּה שִׁמְךָ וְיִתְנַשֵּׂא, הוֹדְךָ שְׁמֵי שָׁמַיִם כִּסָּה,
דַּכִּים בְּרוֹמְמְךָ נְתוּנִים לִמְשִׁסָּה, גֵּיא וַאֲפָסֶיהָ תְּהִלָּתְךָ מְכַסָּה.
בִּינָה הֲגִיגֵנוּ עַתָּה וּרְאֵה בַּצָּר, הֲשִׁיבֵנוּ לִמְנוּחָתֶךָ כִּי יָדְךָ לֹא תִקְצָר,
אָדוֹן קְרָאנוּךָ מִן הַמֵּצַר, אָנָּא הוֹצִיאֵנוּ לַמֶּרְחָב וְחַלְּצֵנוּ מִצָּר.
מְאֹד תַּרְבֶּה לָנוּ מְחִילָה, שְׁמַע תְּפִלָּה וְהַעֲבֵר תִּפְלָה,
לוֹחֲצֵינוּ יְשַׁלֵּימוּ אִתָּנוּ וַעֲוֹנוֹתֵינוּ תַשְׁלִיךְ בִּמְצוּלָה,
מִמֶּנּוּ רַחֲמֶיךָ לֹא תִכְלָא.

אומרים „אֵ־ל מֶלֶךְ" (עמ' 420).

(1) ע״פ תהלים קיב:ט

## סליחות לשבעה עשר בתמוז

מתחילים „סְלַח לָנוּ" בעמ' 416 ואח"כ ממשיכים כאן:

אֱלֹהֵינוּ וֵאלֹהֵי אֲבוֹתֵינוּ

**אֶתְאָנוּ** לְךָ יוֹצֵר רוּחוֹת,
בְּרוֹב עֲוֹנֵינוּ כָּבְדוּ אֲנָחוֹת, גְּזֵרוֹת עָצְמוּ וְרַבּוּ צְרִיחוֹת,
כִּי בְשִׁבְעָה עָשָׂר בְּתַמּוּז נִשְׁתַּבְּרוּ הַלּוּחוֹת.
גָּלִינוּ מִבֵּית הַבְּחִירָה,
דִּינֵנוּ נֶחְתַּם וְנִגְזְרָה גְזֵרָה, וְחָשַׁךְ בַּעֲדֵנוּ אוֹרָה,
כִּי בְשִׁבְעָה עָשָׂר בְּתַמּוּז נִשְׂרְפָה הַתּוֹרָה.
הָרְסוּ אוֹיְבֵינוּ הַהֵיכָל, וּבָרְחָה שְׁכִינָה מִזָּוִית הֵיכָל,
וְנִמְסַרְנוּ בְּיַד זֵדִים לְהִתְאַכָּל, כִּי בְשִׁבְעָה עָשָׂר בְּתַמּוּז הָעֳמַד צֶלֶם בְּהֵיכָל.
זֵרוּנוּ מֵעִיר אֶל עִיר, וְנִלְכַּד מֶנּוּ רַב וְצָעִיר,
חָרְבָה מְשׂוֹשֵׂנוּ וְאֵשׁ בָּהּ הִבְעִיר, כִּי בְשִׁבְעָה עָשָׂר בְּתַמּוּז הָבְקְעָה הָעִיר.
טָפַשׂ מִקְדָּשֵׁנוּ צַר הַמַּשְׁמִיד, וְנֻטַּל מֵחָתָן וְכַלָּה אֶצְעָדָה וְצָמִיד,
יַעַן כְּעַסְנוּךָ נִתַּנּוּ לְהַשְׁמִיד, כִּי בְשִׁבְעָה עָשָׂר בְּתַמּוּז בָּטֵל הַתָּמִיד.
כָּלָה מֶנּוּ כָּל הוֹד וָשֶׁבַח, חַרְבּוֹ שָׁלַף אוֹיֵב עָלֵינוּ לָאֶבַח,
לִהְיוֹת עוֹלְלִים וְיוֹנְקִים מוּכָנִים לַטֶּבַח,
כִּי בְשִׁבְעָה עָשָׂר בְּתַמּוּז בָּטְלוּ עוֹלָה וָזֶבַח.
מָרַדְנוּ לְשׁוֹכֵן מְעוֹנוֹת, לָכֵן נִתְפַּזַּרְנוּ בְּכָל פִּנּוֹת,
נֶהְפַּךְ מְחוֹלֵנוּ לְקִינוֹת, כִּי בְשִׁבְעָה עָשָׂר בְּתַמּוּז בָּטְלוּ קָרְבָּנוֹת.
סָרַרְנוּ לְפָנֶיךָ מֵרִיב לְשׁוֹנוֹת, לָכֵן לִמְּדָה לְשׁוֹנֵנוּ לוֹמַר קִינוֹת,
עֲזַבְנוּ בְּלִי לְהִמָּנוֹת, כִּי בְשִׁבְעָה עָשָׂר בְּתַמּוּז גָּרְמוּ לָנוּ עֲוֹנוֹת.
פֻּזַּרְנוּ בְּלִי מְצוֹא רְוָחָה, לָכֵן רָבְתָה בָּנוּ אֲנָחָה,
צוּר רְאֵה נַפְשֵׁנוּ כִּי שָׁחָה, וְשִׁבְעָה עָשָׂר בְּתַמּוּז הֲפֹךְ לָנוּ לְשָׂשׂוֹן וּלְשִׂמְחָה.
קָשֵׁינוּ עֹרֶף וְרָבְתָה בָּנוּ אָסוֹן, לָכֵן נִתַּנּוּ לִמְשִׁסָּה וְרִפְשׁוֹן,
רְאֵה יהוה וְחַלְּצֵנוּ מֵאָסוֹן, וְשִׁבְעָה עָשָׂר בְּתַמּוּז הֲפֹךְ לָנוּ לְשִׂמְחָה וּלְשָׂשׂוֹן.
❖ שְׁעֵנוּ שׁוֹכֵן רוּמָה, וְקַבֵּץ נְפוּצוֹתֵינוּ מִקַּצְווֹת אֲדָמָה,
תּוֹסִיף יָדְךָ שֵׁנִית לִקְנוֹת אֲיֻמָּה, וְתֹאמַר לְצִיּוֹן קוּמָה,
וְשִׁבְעָה עָשָׂר בְּתַמּוּז הֲפֹךְ לָנוּ לְיוֹם יְשׁוּעָה וְנֶחָמָה.

**אֵל מֶלֶךְ** יוֹשֵׁב עַל כִּסֵּא רַחֲמִים, מִתְנַהֵג בַּחֲסִידוּת, מוֹחֵל עֲוֹנוֹת עַמּוֹ, מַעֲבִיר רִאשׁוֹן רִאשׁוֹן, מַרְבֶּה מְחִילָה לְחַטָּאִים וּסְלִיחָה לַפּוֹשְׁעִים, עֹשֶׂה צְדָקוֹת עִם כָּל בָּשָׂר וָרוּחַ, לֹא כְרָעָתָם תִּגְמוֹל. ❖ אֵל, הוֹרֵיתָ לָּנוּ לוֹמַר שְׁלֹשׁ עֶשְׂרֵה, וּזְכוֹר לָנוּ הַיּוֹם בְּרִית שְׁלֹשׁ עֶשְׂרֵה, כְּמוֹ שֶׁהוֹדַעְתָּ לֶעָנָיו מִקֶּדֶם, כְּמוֹ שֶׁכָּתוּב, וַיֵּרֶד יהוה בֶּעָנָן וַיִּתְיַצֵּב עִמּוֹ שָׁם, וַיִּקְרָא בְשֵׁם יהוה.

קהל וחזן יחד בקול רם:

וַיַּעֲבֹר יהוה עַל פָּנָיו וַיִּקְרָא:

**יהוה,** יהוה, אֵל, רַחוּם, וְחַנּוּן, אֶרֶךְ אַפַּיִם, וְרַב חֶסֶד, וֶאֱמֶת, נֹצֵר חֶסֶד לָאֲלָפִים, נֹשֵׂא עָוֹן, וָפֶשַׁע, וְחַטָּאָה, וְנַקֵּה. וְסָלַחְתָּ לַעֲוֹנֵנוּ וּלְחַטָּאתֵנוּ וּנְחַלְתָּנוּ. סְלַח לָנוּ אָבִינוּ כִּי חָטָאנוּ, מְחַל לָנוּ מַלְכֵּנוּ כִּי פָשָׁעְנוּ. כִּי אַתָּה אֲדֹנָי טוֹב וְסַלָּח, וְרַב חֶסֶד לְכָל קֹרְאֶיךָ.

קהל וחזן:

**אֱלֹהִים** אַל דֳּמִי לָךְ, אַל תֶּחֱרַשׁ וְאַל תִּשְׁקֹט אֵל. כִּי הִנֵּה אוֹיְבֶיךָ יֶהֱמָיוּן, וּמְשַׂנְאֶיךָ נָשְׂאוּ רֹאשׁ.[1] אֵל נְקָמוֹת יהוה, אֵל נְקָמוֹת הוֹפִיעַ.[2]

**כְּרַחֵם** אָב עַל בָּנִים, כֵּן תְּרַחֵם יהוה עָלֵינוּ. לַיהוה הַיְשׁוּעָה, עַל עַמְּךָ בִרְכָתֶךָ סֶּלָה. יהוה צְבָאוֹת עִמָּנוּ, מִשְׂגָּב לָנוּ אֱלֹהֵי יַעֲקֹב סֶלָה. יהוה צְבָאוֹת, אַשְׁרֵי אָדָם בֹּטֵחַ בָּךְ. יהוה הוֹשִׁיעָה, הַמֶּלֶךְ יַעֲנֵנוּ בְיוֹם קָרְאֵנוּ.

בכ״ד חרוזים הראשונים באות שני של כל חרוז ובשאר חרוזים בראשי החרוזים.
המחבר חתם שמו – מנחם ברבי מכיר [יגדל ויחי לנצח חיי עד סלה אמן] –

אֱלֹהֵינוּ וֵאלֹהֵי אֲבוֹתֵינוּ

**אֲמָרֵר** בְּבֶכִי מִפְּנֵי יַד שְׁלוּחָה בְּעִי,
בְּנַאֲצִי בְּתוֹךְ בֵּיתוֹ בְּבִגְדִי וְקָבְעִי,
גָּח וּבָרַח וְנָסַע עֶשֶׂר וְעָלָה לַשְּׁבִיעִי,
דִּמַּנִי הִצִּיקַנִי הֵסִיקַנִי בַּחֹדֶשׁ הָרְבִיעִי.
הֵבִיא מוֹעֵד בִּמְלֶאתוֹ לִשְׁבּוֹר בַּחוּרֵי גִמּוּז,
וְרִבָּה בוֹ פְּעָמִים בְּמִסְמוּס וּמִזְמוּז,
זְבוּלוֹ כְּשֶׁר שַׁאֲנַנּוֹת מְבַכּוֹת אֶת הַתַּמּוּז,[3]
חִיְּבַנִי אִיְּבַנִי אֲזַי בְּיֶרַח תַּמּוּז.
טָמְנוּ פַחִים חֲמִשָּׁה בְּמִקְרָא תְּלָאוֹת מְשֻׁלָּחוֹת,
יָכְלוּ לִי בְּשִׁבְעָה עָשָׂר בּוֹ בַּאֲלִיחוֹת,
כִּי נוֹקַשְׁתִּי כְּכַלָּה עֲלוּבָה בְּחֻפַּת שַׁלְוָה וְהַצְלָחוֹת,
לְרוֹעִי לֹא הִמְתַּנְתִּי שֵׁשׁ וְנִשְׁתַּבְּרוּ הַלֻּחוֹת.
מִיָּדוֹ עֲדִיתִי חֲלִי וָכֶתֶם אֶצְעָדָה וְצָמִיד,
נִגָּרוֹת בְּיוֹם אַפּוֹ כְּשִׁחַתִּי דְּרָכַי לְהַשְׁמִיד,
סֵדֶר עֲבוֹדָתוֹ וְקֵיץ מִזְבְּחוֹ קָצְתִּי לְהַעֲמִיד,
עַל כֵּן מִלִּשְׁכַּת הַטְּלָאִים בָּטֵל הַתָּמִיד.
פּוֹר הִתְפּוֹרְרָה וְנִתְפַּזְּרָה סוֹעֲרָה עֲנִיָּה,
צִיָּה נִמְשְׁלָה מִבְּלִי חוֹבֵל וְנִטְרְפָה כָּאֳנִיָּה,
קָחְתָּה בְּחַטָּאתָהּ בְּרֹאשָׁהּ, וּבְכֶפֶל תַּאֲנִיָּה וַאֲנִיָּה,
רִיבוּהָ צָרֶיהָ כְּהַיּוֹם וְהָבְקְעָה הָעִיר בַּשְּׁנִיָּה.
שְׁלוּחָה כִּצְבִי מֻדָּח מֵאֵין דּוֹרֵשׁ לְהַסְתִּירָה,
שָׁנְנוּ לְשׁוֹנָם וּנְתָנוּהָ כְּשֶׂה צִמְרָהּ וְחֶלְבָּהּ לְהַתִּירָה,
תִּצְעַק עַל כְּלִי חֶמְדָּה שֶׁבּוֹ נִכְתָּרָה,
תַּחֲמוֹד עֵינֶיהָ נֶצַל כְּשָׂרַף אַפּוֹסְטְמוֹס הַתּוֹרָה.
חֵרֶף עֲשׁוּקִים וּרְצוּצִים בַּעֲבוּר הָרְעִימָה סָבָל,
יְרוּדִים בְּוֹהְיָה לֶאֱכוֹל וּבְהַסְתֵּר פָּנִים מִלְּהִסְתַּכָּל,
יַד הִשְׁלִים מִכְּנַף שִׁקּוּצִים נֶאֱכָל,
עֵת צָרָה כְּהִתְכַּנֵּס וְהָעֳמַד צֶלֶם בְּהֵיכָל.
דְּוּוּיִם סְגוּפִים בָּנִים הֶהָיוּ מִקֶּדֶם רִאשׁוֹנִים,

(1) תהלים פג:ב-ג (2) צד:א (3) יחזקאל ח:יד

**ס**ְמוּכוֹת צָרוֹתֵיהֶם זוֹ לְזוֹ כַּמֶּה שָׁנִים,
**ל**וֹקִים כַּאֲשֶׁר תַּעֲשֶׂינָה הַדְּבוֹרִים וְהָעַקְרַבִּים שׁוֹנִים,
**ה**וֹגִים אָבַד שִׁבְרָם וּבָטֵל סִכּוּיָם בְּאִישׁוֹנִים.
❖ אֵל קַנָּא, בְּהִתְאַפֵּק בִּמְקַנְאֶיךָ דְּשֵׁנִים רְטוּבִים,
**מ**ְחַכִּים תֻּקִּים עוֹמְדִים לְעוֹלָמִים,
כִּנְטִיעִים מְחֻטָּבִים בַּאֲהָבִים, הָאֱמֶת וְהַשָּׁלוֹם בִּצוּמוֹת חֲטוּבִים,
נֶצַח הֱיוֹתָם לְשִׂמְחָה וּלְשָׂשׂוֹן וּלְמוֹעֲדִים טוֹבִים.

**אֵל מֶלֶךְ** יוֹשֵׁב עַל כִּסֵּא רַחֲמִים, מִתְנַהֵג בַּחֲסִידוּת, מוֹחֵל עֲוֹנוֹת עַמּוֹ, מַעֲבִיר רִאשׁוֹן רִאשׁוֹן, מַרְבֶּה מְחִילָה לְחַטָּאִים וּסְלִיחָה לַפּוֹשְׁעִים, עֹשֶׂה צְדָקוֹת עִם כָּל בָּשָׂר וָרוּחַ, לֹא כְרָעָתָם תִּגְמוֹל. ❖ אֵל, הוֹרֵיתָ לָנוּ לוֹמַר שְׁלֹשׁ עֶשְׂרֵה, וּזְכוֹר לָנוּ הַיּוֹם בְּרִית שְׁלֹשׁ עֶשְׂרֵה, כְּמוֹ שֶׁהוֹדַעְתָּ לֶעָנָיו מִקֶּדֶם, כְּמוֹ שֶׁכָּתוּב, וַיֵּרֶד יהוה בֶּעָנָן וַיִּתְיַצֵּב עִמּוֹ שָׁם, וַיִּקְרָא בְשֵׁם יהוה.

קהל וחזן יחד בקול רם:

וַיַּעֲבֹר יהוה עַל פָּנָיו וַיִּקְרָא:

**יהוה,** יהוה, אֵל, רַחוּם, וְחַנּוּן, אֶרֶךְ אַפַּיִם, וְרַב חֶסֶד, וֶאֱמֶת, נֹצֵר חֶסֶד לָאֲלָפִים, נֹשֵׂא עָוֹן, וָפֶשַׁע, וְחַטָּאָה, וְנַקֵּה. וְסָלַחְתָּ לַעֲוֹנֵנוּ וּלְחַטָּאתֵנוּ וּנְחַלְתָּנוּ. סְלַח לָנוּ אָבִינוּ כִּי חָטָאנוּ, מְחַל לָנוּ מַלְכֵּנוּ כִּי פָשָׁעְנוּ. כִּי אַתָּה אֲדֹנָי טוֹב וְסַלָּח, וְרַב חֶסֶד לְכָל קֹרְאֶיךָ.

אומרים הפזמון חרוז חרוז קהל וחזן:

**שְׁעֵה** נֶאֱסַר, אֲשֶׁר נִמְסַר, בְּיַד בָּבֶל וְגַם שֵׂעִיר,
לְךָ יֶהֱמֶה, זֶה כַּמֶּה, וְיִתְחַנֵּן כְּבֵן צָעִיר,
יוֹם גָּבַר הָאוֹיֵב וַתִּבָּקַע הָעִיר.

**ל**ְזֹאת אֶכַּף, וְאֶסְפּוֹק כַּף, בְּיוֹם חֲמֵשׁ פִּזְרוֹנִי,
וְעַל רֶגֶל, הָעֵגֶל, הַלּוּחוֹת יְצָאוּנִי,
וְגַם הִשְׁמִיד, הַתָּמִיד, וּבַסּוּגַר הֱבִיאָנִי,
וְהוּשַׂם אֱלִיל, בְּהֵיכַל כְּלִיל, וּמֵעֲצָתוֹ כְּלָאַנִי,
וְהַמִּנְחָה הוּנָחָה, וְדָתְךָ, צָר בָּאֵשׁ הִבְעִיר. יוֹם גָּבַר הָאוֹיֵב וַתִּבָּקַע הָעִיר.

**מ**ְאֹד אֶתְחַל, וָאֶתְחַלְחַל, בְּיוֹם שַׁדַּי דְּחָפַנִי,
מְאוֹר חָשַׁךְ, וְגַם שֵׁשַׁךְ, כְּמוֹ כַּדּוּר צְנָפַנִי,
וְהַשְּׁפִיפוֹן מִצָּפוֹן, כְּשִׁבֹּלֶת שְׁטָפַנִי,
וְהַצַּיָּד, שָׁלַח יָד, וְהַצָּפִיר וְהַשָּׂעִיר. יוֹם גָּבַר הָאוֹיֵב וַתִּבָּקַע הָעִיר.

**ה**וֹד לִבִּי, וּמִשְׂגַּבִּי, הֲלָעַד אַפְּךָ יֶעְשַׁן,
הֲלֹא תִרְאֶה, עַם נִלְאֶה, אֲשֶׁר הָשְׁחַר כְּמוֹ כִבְשָׁן,
גְּדוֹר פִּרְצִי, בְּבֶן פַּרְצִי, וּמֵחֶדֶק לְקוֹט שׁוֹשָׁן,
בְּנֵה בֵּית זְבוּל, לְהָשִׁיב גְּבוּל, הַכַּרְמֶל וְהַבָּשָׁן.
וְעַיִן פְּקַח, וּנְקָם קַח, מֵאֵצֶר וּמִדִּישָׁן,
שְׁפוֹט אִלֵּם, וְאָז יְשַׁלֵּם, הַמַּבְעֶה וְהַמַּבְעִיר, יוֹם גָּבַר הָאוֹיֵב וַתִּבָּקַע הָעִיר.

אומרים „אֵ־ל מֶלֶךְ" (עמ' 420).

## סליחות לתחלואי ילדים ר״ל

יש נוהגים לומר סליחות לתחלואי ילדים בכל תענית כשאומרים סליחות
ויש אומרים אותן רק כשיש מקרים של תחלואי ילדים.

אומרים „אֵל נָא" ו„חָטָאנוּ" קהל וחזן:

**אַל נָא תָשֵׁת עָלֵינוּ חַטָּאת, אֲשֶׁר נוֹאַלְנוּ וַאֲשֶׁר חָטָאנוּ.**[1]
**חָטָאנוּ צוּרֵנוּ, סְלַח לָנוּ יוֹצְרֵנוּ.**

**אֵל** נָא רְפָא נָא תַּחֲלוּאֵי גֶּפֶן פּוֹרִיָּה, **בּ**וֹשָׁה וַחֲפוּרָה וְאֻמְלַל פִּרְיָהּ,
**גְּ**אָלֶנָּה מִשַּׁחַת וּמִמַּכָּה טְרִיָּה,
עֲנֵנוּ כְּשֶׁעָנִיתָ לְאַבְרָהָם אָבִינוּ בְּהַר הַמּוֹרִיָּה.
חָטָאנוּ צוּרֵנוּ, סְלַח לָנוּ יוֹצְרֵנוּ.

**דְּ**גָלֵי עַם פְּדוּיֵי בִּזְרוֹעַ חָשׂוּף, **הַ**צֵּל מִנֶּגֶף וְאַל יִהְיוּ לְשִׁסּוּף,
**וְ**תַעֲנֶה קְרִיאָתֵנוּ לְמַעֲשֵׂה יָדֶיךָ תִּכְסוֹף,
עֲנֵנוּ כְּשֶׁעָנִיתָ לַאֲבוֹתֵינוּ עַל יַם סוּף. חָטָאנוּ צוּרֵנוּ, סְלַח לָנוּ יוֹצְרֵנוּ.

**זְ**כוּת צוּר חֻצַּב הַיּוֹם לָנוּ תְגַל, **חָ**שְׂכֵנוּ מֵאֶנֶף וּנְחֵנוּ בְּיֹשֶׁר מַעְגָּל,
**טַ**הֵר טֻמְאָתֵנוּ וּלְמָאוֹר תּוֹרָתְךָ עֵינֵינוּ גַּל,
עֲנֵנוּ כְּשֶׁעָנִיתָ לִיהוֹשֻׁעַ בַּגִּלְגָּל. חָטָאנוּ צוּרֵנוּ, סְלַח לָנוּ יוֹצְרֵנוּ.

**יָ**הּ רְאֵה דֶּשֶׁן עָקוּד וְהַצְמַח לָנוּ תְרוּפָה, **כַּ**לֵּה שׁוֹד וָשֶׁבֶר סַעַר וְסוּפָה,
**לַ**מְּדֵנוּ וְחַכְּמֵנוּ אִמְרָתְךָ הַצְּרוּפָה,
עֲנֵנוּ כְּשֶׁעָנִיתָ לִשְׁמוּאֵל בַּמִּצְפָּה. חָטָאנוּ צוּרֵנוּ, סְלַח לָנוּ יוֹצְרֵנוּ.

**מְ**תְמָם מֵרֶחֶם שָׁרָשָׁיו אַל תְּקַמֵּל, **נַ**קֵּנוּ מִכֶּתֶם וָשֶׁמֶץ וְלֹא נֶאֱמַל,
**סְ**עָדֵנוּ וְנִוָּשֵׁעָה וַאֲרֻחוֹת חֲסָדֶיךָ נִגָּמֵל,
עֲנֵנוּ כְּשֶׁעָנִיתָ לְאֵלִיָּהוּ בְּהַר הַכַּרְמֶל. חָטָאנוּ צוּרֵנוּ, סְלַח לָנוּ יוֹצְרֵנוּ.

**עוֹ**דְדֵנוּ בְּצֶדֶק מָשׁוּי מִמַּיִם וְכַפֵּר זָדוֹן וּמְשׁוּגָה,
**פְּ**דֵנוּ מִמְּהוּמַת מָוֶת וְאָחוֹר בַּל נִסּוֹגָה,
**צַ**וֵּה יְשׁוּעָתֵנוּ וּבַעֲוֹנוֹתֵינוּ אַל נִתְמוֹגְגָה,
עֲנֵנוּ כְּשֶׁעָנִיתָ לְיוֹנָה בִּמְעֵי הַדָּגָה. חָטָאנוּ צוּרֵנוּ, סְלַח לָנוּ יוֹצְרֵנוּ.

**קְ**דֻשַּׁת אִישׁ חֲסִידְךָ זְכוֹר לִיפַת פְּעָמַיִם, **רַ**חֲמֶיךָ תְּעוֹרֵר כִּי לָקִינוּ בְּכִפְלַיִם,
**שׁ**וּבֵנוּ **תֹּ**קֶף לְיִרְאָתֶךָ, וְלֹא נֶחֱשַׁף שׁוּלַיִם,
עֲנֵנוּ כְּשֶׁעָנִיתָ לְדָוִד וְלִשְׁלֹמֹה בְנוֹ בִּירוּשָׁלָיִם.
חָטָאנוּ צוּרֵנוּ, סְלַח לָנוּ יוֹצְרֵנוּ.

יש מוסיפים פסקא זו (יש מוסיפים אותה רק בתענית אסתר).

(**תַּ**עֲנֶה לְקוֹרְאֶיךָ, וְהַסְכֵּת מִמְּעוֹנִים,
**תִּ**שְׁמַע שַׁוְעַת צוֹעֲקֶיךָ, שׁוֹמֵעַ אֶל אֶבְיוֹנִים,
**תְּ**רַחֵם עַל בָּנֶיךָ, כְּרַחֵם אָב עַל בָּנִים,
עֲנֵנוּ כְּשֶׁעָנִיתָ לְמָרְדְּכַי וְאֶסְתֵּר, וְתָלוּ עַל הָעֵץ חֲמִשִּׁים הָאָב עִם הַבָּנִים.
חָטָאנוּ צוּרֵנוּ, סְלַח לָנוּ יוֹצְרֵנוּ.)

אומרים „זְכוֹר לָנוּ בְּרִית אָבוֹת" (עמ' 421).

(1) במדבר יב:יא

# הטבת חלום

החולם חלום ונפשו עגומה יטיבנו בפני ג' חברים האוהבים אותו.

החברים אומרים– הֲלוֹא לֵאלֹהִים פִּתְרֹנִים סַפְּרוּ נָא לִי.[1]

החולם אומר ז' פעמים– **חֶלְמָא טָבָא חֲזָאִי.**

החברים עונים ז' פעמים– חֶלְמָא טָבָא חֲזֵית. טָבָא הוּא וְטָבָא לֶהֱוֵי. רַחֲמָנָא לְשַׁוְיֵהּ לְטַב. שִׁבְעָה זִמְנִין לִגְזְרוּ עֲלֵהּ מִן שְׁמַיָּא דִּי לֶהֱוֵי טָבָא, וְיֶהֱוֵי טָבָא. טָבָא הוּא וְטָבָא לֶהֱוֵי.

פסוקים של הפוך צרה

החולם אומר – **הָפַכְתָּ מִסְפְּדִי לְמָחוֹל לִי, פִּתַּחְתָּ שַׂקִּי, וַתְּאַזְּרֵנִי שִׂמְחָה.**[2]

החברים עונים – אָז תִּשְׂמַח בְּתוּלָה בְּמָחוֹל, וּבַחֻרִים וּזְקֵנִים יַחְדָּו, וְהָפַכְתִּי אֶבְלָם לְשָׂשׂוֹן, וְנִחַמְתִּים וְשִׂמַּחְתִּים מִיגוֹנָם.[3] וְלֹא אָבָה יהוה אֱלֹהֶיךָ לִשְׁמֹעַ אֶל בִּלְעָם, וַיַּהֲפֹךְ יהוה אֱלֹהֶיךָ לְּךָ אֶת הַקְּלָלָה לִבְרָכָה, כִּי אֲהֵבְךָ יהוה אֱלֹהֶיךָ.[4]

פסוקים של פדיום

החולם אומר – **פָּדָה בְשָׁלוֹם נַפְשִׁי מִקְּרָב לִי, כִּי בְרַבִּים הָיוּ עִמָּדִי.**[5]

החברים עונים – וַיֹּאמֶר הָעָם אֶל שָׁאוּל, הֲיוֹנָתָן יָמוּת אֲשֶׁר עָשָׂה הַיְשׁוּעָה הַגְּדוֹלָה הַזֹּאת בְּיִשְׂרָאֵל, חָלִילָה, חַי יהוה, אִם יִפֹּל מִשַּׂעֲרַת רֹאשׁוֹ אַרְצָה, כִּי עִם אֱלֹהִים עָשָׂה הַיּוֹם הַזֶּה, וַיִּפְדּוּ הָעָם אֶת יוֹנָתָן וְלֹא מֵת.[6] וּפְדוּיֵי יהוה יְשֻׁבוּן, וּבָאוּ צִיּוֹן בְּרִנָּה, וְשִׂמְחַת עוֹלָם עַל רֹאשָׁם, שָׂשׂוֹן וְשִׂמְחָה יַשִּׂיגוּ וְנָסוּ יָגוֹן וַאֲנָחָה.[7]

פסוקים של שלום

החולם אומר – **בּוֹרֵא נִיב שְׂפָתָיִם, שָׁלוֹם שָׁלוֹם לָרָחוֹק וְלַקָּרוֹב, אָמַר יהוה וּרְפָאתִיו.**[8]

החברים עונים – וְרוּחַ לָבְשָׁה אֶת עֲמָשַׂי, רֹאשׁ הַשָּׁלִישִׁים, לְךָ דָוִיד וְעִמְּךָ בֶן יִשַׁי שָׁלוֹם, שָׁלוֹם לְךָ, וְשָׁלוֹם לְעֹזְרֶךָ כִּי עֲזָרְךָ אֱלֹהֶיךָ וַיְקַבְּלֵם דָּוִיד וַיִּתְּנֵם בְּרָאשֵׁי הַגְּדוּד.[9] וַאֲמַרְתֶּם, כֹּה לֶחָי, וְאַתָּה שָׁלוֹם וּבֵיתְךָ שָׁלוֹם וְכֹל אֲשֶׁר לְךָ שָׁלוֹם.[10] יהוה עֹז לְעַמּוֹ יִתֵּן, יהוה יְבָרֵךְ אֶת עַמּוֹ בַשָּׁלוֹם.[11]

החולם אומר ג' פעמים– **יהוה שָׁמַעְתִּי שִׁמְעֲךָ יָרֵאתִי.**

החברים עונים ג' פעמים– יהוה פָּעָלְךָ בְּקֶרֶב שָׁנִים חַיֵּיהוּ, בְּקֶרֶב שָׁנִים תּוֹדִיעַ, בְּרֹגֶז רַחֵם תִּזְכּוֹר.[12]

החולם אומר ג' פעמים– **שִׁיר לַמַּעֲלוֹת, אֶשָּׂא עֵינַי אֶל הֶהָרִים, מֵאַיִן יָבֹא עֶזְרִי. עֶזְרִי מֵעִם יהוה, עֹשֵׂה שָׁמַיִם וָאָרֶץ.**[13]

החברים עונים ג' פעמים– אַל יִתֵּן לַמּוֹט רַגְלֶךָ, אַל יָנוּם שֹׁמְרֶךָ. הִנֵּה לֹא יָנוּם וְלֹא יִישָׁן, שׁוֹמֵר יִשְׂרָאֵל. יהוה שֹׁמְרֶךָ, יהוה צִלְּךָ עַל יַד יְמִינֶךָ. יוֹמָם הַשֶּׁמֶשׁ לֹא יַכֶּכָּה וְיָרֵחַ בַּלָּיְלָה. יהוה יִשְׁמָרְךָ מִכָּל רָע, יִשְׁמֹר אֶת נַפְשֶׁךָ. יהוה יִשְׁמָר צֵאתְךָ וּבוֹאֶךָ, מֵעַתָּה וְעַד עוֹלָם.[14]

החולם אומר ג' פעמים– **וַיְדַבֵּר יהוה אֶל מֹשֶׁה לֵּאמֹר. דַּבֵּר אֶל אַהֲרֹן וְאֶל בָּנָיו לֵאמֹר, כֹּה תְבָרְכוּ אֶת בְּנֵי יִשְׂרָאֵל, אָמוֹר לָהֶם.**[15]

החברים עונים ג' פעמים– יְבָרֶכְךָ יהוה וְיִשְׁמְרֶךָ. יָאֵר יהוה פָּנָיו אֵלֶיךָ וִיחֻנֶּךָּ. יִשָּׂא יהוה פָּנָיו אֵלֶיךָ, וְיָשֵׂם לְךָ שָׁלוֹם. וְשָׂמוּ אֶת שְׁמִי עַל בְּנֵי יִשְׂרָאֵל, וַאֲנִי אֲבָרְכֵם.[16]

החולם אומר ג' פעמים– **תּוֹדִיעֵנִי אֹרַח חַיִּים.**

החברים עונים ג' פעמים– שֹׂבַע שְׂמָחוֹת אֶת פָּנֶיךָ, נְעִמוֹת בִּימִינְךָ נֶצַח.[17]

החברים אומרים ג' פעמים– לֵךְ בְּשִׂמְחָה אֱכֹל לַחְמֶךָ, וּשְׁתֵה בְלֶב טוֹב יֵינֶךָ, כִּי כְבָר רָצָה הָאֱלֹהִים אֶת מַעֲשֶׂיךָ.[18]

החולם נותן איזה מטבעות לצדקה והחברים אומרים פעם אחת – וּתְשׁוּבָה וּתְפִלָּה וּצְדָקָה מַעֲבִירִין אֶת רֹעַ הַגְּזֵרָה. וְשָׁלוֹם עָלֵינוּ וְעַל כָּל יִשְׂרָאֵל, אָמֵן.

---

(1) בראשית מ:ח (2) תהלים ל:יב (3) ירמיה לא:יב (4) דברים כג:ו (5) תהלים נה:יט (6) שמואל א יד:מה (7) ישעיה לה:י (8) נז:יט (9) דברי הימים א יב:יט (10) שמואל א כה:ו (11) תהלים כט:יא (12) חבקוק ג:ב (13) תהלים קכא:א-ב (14) קכא:ג-ח (15) במדבר ו:כב-כג (16) ו:כד-כז (17) תהלים טז:יא (18) ע"פ קהלת ט:ז

## וידוי של שכיב מרע

איתא במשנה (סנהדרין מג:) כל המתוודה יש לו חלק לעולם הבא. לכן חולה שרואין בו שהוא נוטה למות ל"ע, מדברים אליו בנחת ואומרים לו להתוודות. מנחמים אותו ואומרים: „התוודה ואל תדאג מזה. הרבה התוודו ועמדו מחליים והמה בחיים, והרבה שלא התוודו ומתו. ובשכר שאתה מתוודה אתה חי, וכל המתוודה יש לו חלק לעולם הבא." גם אומרים לו שיבקש מחילה מכל אדם שחטא נגדו. ואינו אומר לו דברים אלו בפני אנשים שלא יוכלו להתאפק מלבכות וישברו את לבו.

סדר הוידוי בקצרה

אם אין החולה יכול לדבר כי אם מעט, אומרים לו: אמור:

„תְּהֵא מִיתָתִי כַּפָּרָה עַל כָּל עֲוֹנוֹתַי."

**מוֹדֶה אֲנִי** לְפָנֶיךָ, יהוה אֱלֹהַי וֵאלֹהֵי אֲבוֹתַי, שֶׁרְפוּאָתִי וּמִיתָתִי בְּיָדֶךָ. יְהִי רָצוֹן מִלְּפָנֶיךָ שֶׁתְּרַפְּאֵנִי רְפוּאָה שְׁלֵמָה, וְאִם אָמוּת, תְּהֵא מִיתָתִי כַפָּרָה עַל כָּל חֲטָאִים עֲוֹנוֹת וּפְשָׁעִים שֶׁחָטָאתִי וְשֶׁעָוִיתִי וְשֶׁפָּשַׁעְתִּי לְפָנֶיךָ. וְתֵן חֶלְקִי בְּגַן עֵדֶן, וְזַכֵּנִי לְעוֹלָם הַבָּא הַצָּפוּן לַצַּדִּיקִים.

## הלוית המת

לפני הקריעה אומר הברכה. נוהגים שאחד חותך הבגד בכלי ואחר הברכה קורע האבל ביד.

**בָּרוּךְ** אַתָּה יהוה אֱלֹהֵינוּ מֶלֶךְ הָעוֹלָם, דַּיַּן הָאֱמֶת.

מי שלא ראה קברי ישראל שלשים יום אומר ברכה זו כשנכנס לבית הקברות (ברכות נח:).

**בָּרוּךְ** אַתָּה יהוה אֱלֹהֵינוּ מֶלֶךְ הָעוֹלָם, אֲשֶׁר יָצַר אֶתְכֶם בַּדִּין, וְזָן וְכִלְכֵּל אֶתְכֶם בַּדִּין, וְהֵמִית אֶתְכֶם בַּדִּין, וְיוֹדֵעַ מִסְפַּר כֻּלְּכֶם בַּדִּין, וְהוּא עָתִיד לְהַחֲיוֹתְכֶם וּלְקַיֵּם אֶתְכֶם בַּדִּין. בָּרוּךְ אַתָּה יהוה, מְחַיֵּה הַמֵּתִים.

אַתָּה גִּבּוֹר לְעוֹלָם אֲדֹנָי, מְחַיֵּה מֵתִים אַתָּה, רַב לְהוֹשִׁיעַ. מְכַלְכֵּל חַיִּים בְּחֶסֶד, מְחַיֵּה מֵתִים בְּרַחֲמִים רַבִּים, סוֹמֵךְ נוֹפְלִים, וְרוֹפֵא חוֹלִים, וּמַתִּיר אֲסוּרִים, וּמְקַיֵּם אֱמוּנָתוֹ לִישֵׁנֵי עָפָר. מִי כָמוֹךָ בַּעַל גְּבוּרוֹת, וּמִי דּוֹמֶה לָּךְ, מֶלֶךְ מֵמִית וּמְחַיֶּה וּמַצְמִיחַ יְשׁוּעָה, וְנֶאֱמָן אַתָּה לְהַחֲיוֹת מֵתִים.

## צדוק הדין

כשמתקרבים למקום הקבר אומרים תפלת צדוק הדין. אין אומרים אותה ביום שאין אומרים בו תחנון.

**הַצּוּר** תָּמִים פָּעֳלוֹ, כִּי כָל דְּרָכָיו מִשְׁפָּט, אֵל אֱמוּנָה וְאֵין עָוֶל, צַדִּיק וְיָשָׁר הוּא.[1]

הַצּוּר תָּמִים בְּכָל פֹּעַל, מִי יֹאמַר לוֹ מַה תִּפְעָל, הַשַּׁלִּיט בְּמַטָּה וּבְמַעַל, מֵמִית וּמְחַיֶּה, מוֹרִיד שְׁאוֹל וַיָּעַל.[2]

הַצּוּר תָּמִים בְּכָל מַעֲשֶׂה, מִי יֹאמַר אֵלָיו מַה תַּעֲשֶׂה, הָאוֹמֵר וְעֹשֶׂה, חֶסֶד חִנָּם לָנוּ תַעֲשֶׂה, וּבִזְכוּת הַנֶּעֱקַד כְּשֶׂה, הַקְשִׁיבָה וַעֲשֵׂה.

צַדִּיק בְּכָל דְּרָכָיו הַצּוּר תָּמִים, אֶרֶךְ אַפַּיִם וּמָלֵא רַחֲמִים, חֲמָל נָא וְחוּס נָא עַל אָבוֹת וּבָנִים, כִּי לְךָ אָדוֹן הַסְּלִיחוֹת וְהָרַחֲמִים.

צַדִּיק אַתָּה יהוה לְהָמִית וּלְהַחֲיוֹת, אֲשֶׁר בְּיָדְךָ פִּקְדוֹן כָּל רוּחוֹת, חָלִילָה לְּךָ זִכְרוֹנֵנוּ לִמְחוֹת, וְיִהְיוּ נָא עֵינֶיךָ בְּרַחֲמִים עָלֵינוּ פְקוּחוֹת, כִּי לְךָ אָדוֹן הָרַחֲמִים וְהַסְּלִיחוֹת.

אָדָם אִם בֶּן שָׁנָה יִהְיֶה, אוֹ אֶלֶף שָׁנִים יִחְיֶה, מַה יִּתְרוֹן לוֹ, כְּלֹא הָיָה יִהְיֶה, בָּרוּךְ דַּיַּן הָאֱמֶת, מֵמִית וּמְחַיֶּה.

(1) דברים לב:ד (2) שמואל א ב:ו

בָּרוּךְ הוּא, כִּי אֱמֶת דִּינוֹ, וּמְשׁוֹטֵט הַכֹּל בְּעֵינוֹ,[1] וּמְשַׁלֵּם לְאָדָם חֶשְׁבּוֹנוֹ וְדִינוֹ, וְהַכֹּל לִשְׁמוֹ הוֹדָיָה יִתֵּנוּ.

יָדַעְנוּ יהוה כִּי צֶדֶק מִשְׁפָּטֶךָ, תִּצְדַּק בְּדָבְרֶךָ וְתִזְכֶּה בְּשָׁפְטֶךָ,[2] וְאֵין לְהַרְהֵר אַחַר מִדַּת שָׁפְטֶךָ, צַדִּיק אַתָּה יהוה, וְיָשָׁר מִשְׁפָּטֶיךָ.[3]

דַּיַּן אֱמֶת, שׁוֹפֵט צֶדֶק וֶאֱמֶת, בָּרוּךְ דַּיַּן הָאֱמֶת, שֶׁכָּל מִשְׁפָּטָיו צֶדֶק וֶאֱמֶת.

נֶפֶשׁ כָּל חַי בְּיָדֶךָ,[4] צֶדֶק מָלְאָה יְמִינְךָ[5] וְיָדֶךָ, רַחֵם עַל פְּלֵיטַת צֹאן יָדֶךָ, וְתֹאמַר לַמַּלְאָךְ הֶרֶף יָדֶךָ.[6]

גְּדֹל הָעֵצָה וְרַב הָעֲלִילִיָּה, אֲשֶׁר עֵינֶיךָ פְּקֻחוֹת עַל כָּל דַּרְכֵי בְּנֵי אָדָם, לָתֵת לְאִישׁ כִּדְרָכָיו וְכִפְרִי מַעֲלָלָיו.[7]

לְהַגִּיד כִּי יָשָׁר יהוה, צוּרִי וְלֹא עַוְלָתָה בּוֹ.[8]

יהוה נָתַן, וַיהוה לָקָח, יְהִי שֵׁם יהוה מְבֹרָךְ.[9]

וְהוּא רַחוּם, יְכַפֵּר עָוֹן וְלֹא יַשְׁחִית, וְהִרְבָּה לְהָשִׁיב אַפּוֹ, וְלֹא יָעִיר כָּל חֲמָתוֹ.[10]

## קדיש אחר הקבורה

ביום שאין אומרים בו תחנון אומרים רק קדיש יתום ומדלגים „בְּעָלְמָא דִּי הוּא עָתִיד . . ."

**יִתְגַּדַּל** וְיִתְקַדַּשׁ שְׁמֵהּ רַבָּא. בְּעָלְמָא דִּי הוּא עָתִיד לְאִתְחַדָּתָא, וּלְאַחֲיָאָה מֵתַיָּא, וּלְאַסָּקָא יָתְהוֹן לְחַיֵּי עָלְמָא, וּלְמִבְנֵא קַרְתָּא דִירוּשְׁלֵם, וּלְשַׁכְלֵל הֵיכְלֵהּ בְּגַוָּהּ, וּלְמֶעֱקַר פּוּלְחָנָא נֻכְרָאָה מֵאַרְעָא, וְלַאֲתָבָא פּוּלְחָנָא דִשְׁמַיָּא לְאַתְרֵהּ, וְיַמְלִיךְ קֻדְשָׁא בְּרִיךְ הוּא בְּמַלְכוּתֵהּ וִיקָרֵהּ, וְיַצְמַח פֻּרְקָנֵהּ וִיקָרֵב מְשִׁיחֵהּ. בְּחַיֵּיכוֹן וּבְיוֹמֵיכוֹן וּבְחַיֵּי דְכָל בֵּית יִשְׂרָאֵל, בַּעֲגָלָא וּבִזְמַן קָרִיב. וְאִמְרוּ: אָמֵן.

**יְהֵא שְׁמֵהּ רַבָּא מְבָרַךְ לְעָלַם וּלְעָלְמֵי עָלְמַיָּא. יִתְבָּרַךְ** וְיִשְׁתַּבַּח וְיִתְפָּאַר וְיִתְרוֹמַם וְיִתְנַשֵּׂא וְיִתְהַדָּר וְיִתְעַלֶּה וְיִתְהַלָּל שְׁמֵהּ דְּקֻדְשָׁא בְּרִיךְ הוּא — °לְעֵלָּא מִן כָּל (°בעשרת ימי תשובה – לְעֵלָּא [וּ]לְעֵלָּא מִכָּל) בִּרְכָתָא וְשִׁירָתָא תֻּשְׁבְּחָתָא וְנֶחֱמָתָא דַּאֲמִירָן בְּעָלְמָא. וְאִמְרוּ: אָמֵן.

יְהֵא שְׁלָמָא רַבָּא מִן שְׁמַיָּא, וְחַיִּים טוֹבִים עָלֵינוּ וְעַל כָּל יִשְׂרָאֵל. וְאִמְרוּ: אָמֵן.

עֹשֶׂה °שָׁלוֹם (°יש אומרים בעשרת ימי תשובה – הַשָּׁלוֹם) בִּמְרוֹמָיו, הוּא יַעֲשֶׂה שָׁלוֹם עָלֵינוּ, וְעַל כָּל יִשְׂרָאֵל. וְאִמְרוּ: אָמֵן.

אחר הקבורה עושים הנוכחים שתי שורות והאבלים עוברים ביניהם, והעומדים בשורה מברכים את האבלים בברכת המנחמים:

**הַמָּקוֹם** יְנַחֵם אֶתְכֶם בְּתוֹךְ שְׁאָר אֲבֵלֵי צִיּוֹן וִירוּשָׁלָיִם.

כשעוזבים בית הקברות תולשים עשבים וזורקים אותם מאחורי הכתף הימנית ואומרים:

**וְיָצִיצוּ** מֵעִיר כְּעֵשֶׂב הָאָרֶץ.[11] זָכוּר כִּי עָפָר אֲנָחְנוּ.[12]

לאחר שעזבו את בית הקברות (ולפני הכניסה לבית) רוחצים הידים ג' פעמים בסירוגין ואומרים:

**בִּלַּע** הַמָּוֶת לָנֶצַח, וּמָחָה אֲדֹנָי יֱהוִה דִּמְעָה מֵעַל כָּל פָּנִים, וְחֶרְפַּת עַמּוֹ יָסִיר מֵעַל כָּל הָאָרֶץ, כִּי יהוה דִּבֵּר.[13]

(1) ע"פ דברי הימים ב טז:ט; זכריה ד:י (2) ע"פ תהלים נא:ו (3) קיט:קלז (4) ע"פ איוב יב:י
(5) ע"פ תהלים מח:יא (6) ע"פ שמואל ב כד:טז (7) ירמיה לב:יט (8) תהלים צב:טז
(9) איוב א:כא (10) עח:לח (11) תהלים עב:טז (12) קג:יד (13) ישעיה כה:ח

## לימוד משניות לעילוי נשמת הנפטרים

מקואות פרק ז

[א] **יֵשׁ מַעֲלִין** אֶת הַמִּקְוֶה וְלֹא פוֹסְלִין, פּוֹסְלִין וְלֹא מַעֲלִין, לֹא מַעֲלִין וְלֹא פוֹסְלִין.

אֵלּוּ מַעֲלִין וְלֹא פוֹסְלִין: הַשֶּׁלֶג, וְהַבָּרָד, וְהַכְּפוֹר, וְהַגְּלִיד, וְהַמֶּלַח, וְהַטִּיט הַנָּרוֹק. אָמַר רַבִּי עֲקִיבָא: הָיָה רַבִּי יִשְׁמָעֵאל דָּן כְּנֶגְדִּי לוֹמַר: הַשֶּׁלֶג אֵינוֹ מַעֲלֶה אֶת הַמִּקְוֶה. וְהֵעִידוּ אַנְשֵׁי מֵידְבָא מִשְּׁמוֹ, שֶׁאָמַר לָהֶם: צְאוּ וְהָבִיאוּ שֶׁלֶג וַעֲשׂוּ מִקְוֶה בַּתְּחִלָּה. רַבִּי יוֹחָנָן בֶּן נוּרִי אוֹמֵר: אֶבֶן הַבָּרָד כַּמַּיִם.

כֵּיצַד מַעֲלִין וְלֹא פוֹסְלִין? מִקְוֶה שֶׁיֵּשׁ בּוֹ אַרְבָּעִים סְאָה חָסֵר אַחַת, נָפַל מֵהֶם סְאָה לְתוֹכוֹ, וְהֶעֱלָהוּ, נִמְצְאוּ — מַעֲלִין וְלֹא פוֹסְלִין.

[ב] אֵלּוּ פוֹסְלִין וְלֹא מַעֲלִין: הַמַּיִם בֵּין טְמֵאִים בֵּין טְהוֹרִים, וּמֵי כְבָשִׁים, וּמֵי שְׁלָקוֹת, וְהַתֶּמֶד עַד שֶׁלֹּא הֶחֱמִיץ.

כֵּיצַד פּוֹסְלִין וְלֹא מַעֲלִין? מִקְוֶה שֶׁיֵּשׁ בּוֹ אַרְבָּעִים סְאָה חָסֵר קוֹרְטוֹב, וְנָפַל מֵהֶן קוֹרְטוֹב לְתוֹכוֹ — לֹא הֶעֱלָהוּ; פּוֹסְלוֹ בִּשְׁלֹשָׁה לֻגִּין.

אֲבָל שְׁאָר הַמַּשְׁקִין, וּמֵי פֵרוֹת, וְהַצִּיר, וְהַמֻּרְיָס, וְהַתֶּמֶד מִשֶּׁהֶחֱמִיץ — פְּעָמִים מַעֲלִין וּפְעָמִים שֶׁאֵינָן מַעֲלִין. כֵּיצַד? מִקְוֶה שֶׁיֵּשׁ בּוֹ אַרְבָּעִים סְאָה חָסֵר אַחַת נָפַל לְתוֹכוֹ סְאָה מֵהֶם — לֹא הֶעֱלָהוּ. הָיוּ בּוֹ אַרְבָּעִים סְאָה, נָתַן סְאָה וְנָטַל סְאָה, הֲרֵי זֶה כָּשֵׁר.

[ג] הֵדִיחַ בּוֹ סַלֵּי זֵיתִים וְסַלֵּי עֲנָבִים, וְשִׁנּוּ אֶת מַרְאָיו — כָּשֵׁר. רַבִּי יוֹסֵי אוֹמֵר: מֵי הַצֶּבַע פּוֹסְלִין אוֹתוֹ בִּשְׁלֹשָׁה לֻגִּין, וְאֵינָן פּוֹסְלִין אוֹתוֹ בְּשִׁנּוּי מַרְאֶה.

נָפַל לְתוֹכוֹ יַיִן וּמֹחַל, וְשִׁנּוּ אֶת מַרְאָיו — פָּסוּל. כֵּיצַד יַעֲשֶׂה? יַמְתִּין לוֹ עַד שֶׁיֵּרְדוּ גְשָׁמִים, וְיַחְזְרוּ מַרְאֵיהֶן לְמַרְאֵה הַמַּיִם. הָיוּ בּוֹ אַרְבָּעִים סְאָה, מְמַלֵּא בְכָתֵף וְנוֹתֵן לְתוֹכוֹ, עַד שֶׁיַּחְזְרוּ מַרְאֵיהֶן לְמַרְאֵה הַמַּיִם.

[ד] **נָ**פַל לְתוֹכוֹ יַיִן אוֹ מֹחַל, וְשִׁנּוּ מִקְצָת מַרְאָיו: אִם אֵין בּוֹ מַרְאֵה מַיִם אַרְבָּעִים סְאָה, הֲרֵי זֶה לֹא יִטְבֹּל בּוֹ.

[ה] **שְׁ**לֹשָׁה לֻגִּין מַיִם, וְנָפַל לְתוֹכָן קוֹרְטוֹב יַיִן, וַהֲרֵי מַרְאֵיהֶן כְּמַרְאֵה הַיַּיִן, וְנָפְלוּ לַמִּקְוֶה, לֹא פְסָלוּהוּ.

שְׁלֹשָׁה לֻגִּין מַיִם חָסֵר קוֹרְטוֹב, וְנָפַל לְתוֹכָן קוֹרְטוֹב חָלָב, וַהֲרֵי מַרְאֵיהֶן כְּמַרְאֵה הַמַּיִם, וְנָפְלוּ לַמִּקְוֶה — לֹא פְסָלוּהוּ. רַבִּי יוֹחָנָן בֶּן נוּרִי אוֹמֵר: הַכֹּל הוֹלֵךְ אַחַר הַמַּרְאֶה.

[ו] **מִ**קְוֶה שֶׁיֵּשׁ בּוֹ אַרְבָּעִים סְאָה מְכֻוָּנוֹת, יָרְדוּ שְׁנַיִם וְטָבְלוּ זֶה אַחַר זֶה — הָרִאשׁוֹן טָהוֹר, וְהַשֵּׁנִי טָמֵא. רַבִּי יְהוּדָה אוֹמֵר: אִם הָיוּ רַגְלָיו שֶׁל רִאשׁוֹן נוֹגְעוֹת בַּמַּיִם, אַף הַשֵּׁנִי טָהוֹר. הִטְבִּיל בּוֹ אֶת הַסָּגוֹס וְהֶעֱלָהוּ, מִקְצָתוֹ נוֹגֵעַ בַּמַּיִם — טָהוֹר.

הַכַּר וְהַכֶּסֶת שֶׁל עוֹר, כֵּיוָן שֶׁהִגְבִּיהַּ שִׂפְתוֹתֵיהֶם מִן הַמַּיִם – הַמַּיִם שֶׁבְּתוֹכָן שְׁאוּבִין. כֵּיצַד יַעֲשֶׂה? מַטְבִּילָן וּמַעֲלֶה אוֹתָן דֶּרֶךְ שׁוּלֵיהֶם.

[ז] **הִ**טְבִּיל בּוֹ אֶת הַמִּטָּה, אַף עַל פִּי שֶׁרַגְלֶיהָ שׁוֹקְעוֹת בְּטִיט הֶעָבֶה – טְהוֹרָה, מִפְּנֵי שֶׁהַמַּיִם מְקַדְּמִין.

מִקְוֶה שֶׁמֵּימָיו מְרֻדְּדִין, כּוֹבֵשׁ אֲפִילוּ חֲבִילֵי עֵצִים, אֲפִילוּ חֲבִילֵי קָנִים, כְּדֵי שֶׁיִּתְפְּחוּ הַמַּיִם, וְיוֹרֵד וְטוֹבֵל.

מַחַט שֶׁהִיא נְתוּנָה עַל מַעֲלוֹת הַמְּעָרָה, הָיָה מוֹלִיךְ וּמֵבִיא בַּמַּיִם, כֵּיוָן שֶׁעָבַר עָלֶיהָ הַגַּל – טְהוֹרָה.

אם למדו משניות בצבור אומרים קדיש דרבנן (עמ' 25).

## תפלה על הנפטר אחר למוד משניות

**אָנָּא** יהוה מָלֵא רַחֲמִים, אֲשֶׁר בְּיָדְךָ נֶפֶשׁ כָּל חָי, וְרוּחַ כָּל בְּשַׂר אִישׁ.[1] יְהִיֶה נָא לְרָצוֹן לְפָנֶיךָ תּוֹרָתֵנוּ וּתְפִלָּתֵנוּ בַּעֲבוּר נִשְׁמַת [פלוני(ת) בֶּן/בַּת פלוני] וּגְמוֹל נָא עִמָּהּ בְּחַסְדְּךָ הַגָּדוֹל, לִפְתּוֹחַ לָהּ שַׁעֲרֵי רַחֲמִים וָחֶסֶד, וְשַׁעֲרֵי גַּן עֵדֶן. וּתְקַבֵּל אוֹתָהּ בְּאַהֲבָה וּבְחִבָּה, וּשְׁלַח לָהּ מַלְאָכֶיךָ הַקְּדוֹשִׁים וְהַטְּהוֹרִים, לְהוֹלִיכָהּ וּלְהוֹשִׁיבָהּ תַּחַת עֵץ הַחַיִּים, אֵצֶל נִשְׁמוֹת הַצַּדִּיקִים וְהַצִּדְקָנִיּוֹת, חֲסִידִים וַחֲסִידוֹת, לֵהָנוֹת מִזִּיו שְׁכִינָתְךָ, לְהַשְׂבִּיעָהּ מִטּוּבְךָ הַצָּפוּן לַצַּדִּיקִים. וְהַגּוּף יָנוּחַ בַּקֶּבֶר בִּמְנוּחָה נְכוֹנָה, בְּחֶדְוָה וּבְשִׂמְחָה וְשָׁלוֹם, כְּדִכְתִיב: יָבוֹא שָׁלוֹם, יָנוּחוּ עַל מִשְׁכְּבוֹתָם, הֹלֵךְ נְכֹחוֹ.[2] וּכְתִיב: יַעְלְזוּ חֲסִידִים בְּכָבוֹד, יְרַנְּנוּ עַל מִשְׁכְּבוֹתָם.[3] וּכְתִיב: אִם תִּשְׁכַּב לֹא תִפְחָד, וְשָׁכַבְתָּ וְעָרְבָה שְׁנָתֶךָ.[4]

לזכר

וְתִשְׁמוֹר אוֹתוֹ מֵחִבּוּט הַקֶּבֶר, וּמֵרִמָּה וְתוֹלֵעָה. וְתִסְלַח וְתִמְחוֹל לוֹ עַל כָּל פְּשָׁעָיו, כִּי אָדָם אֵין צַדִּיק בָּאָרֶץ, אֲשֶׁר יַעֲשֶׂה טּוֹב וְלֹא יֶחֱטָא.[5] וּזְכוֹר לוֹ זְכֻיּוֹתָיו וְצִדְקוֹתָיו אֲשֶׁר עָשָׂה. וְתַשְׁפִּיעַ לוֹ מִנִּשְׁמָתוֹ לְדַשֵּׁן עַצְמוֹתָיו בַּקֶּבֶר מֵרֹב טוּב הַצָּפוּן לַצַּדִּיקִים, דִּכְתִיב: מָה רַב טוּבְךָ אֲשֶׁר צָפַנְתָּ לִּירֵאֶיךָ.[6] וּכְתִיב: שֹׁמֵר כָּל עַצְמוֹתָיו, אַחַת מֵהֵנָּה לֹא נִשְׁבָּרָה.[7] וְיִשְׁכּוֹן בֶּטַח בָּדָד[8] וְשַׁאֲנָן מִפַּחַד רָעָה, וְאַל יִרְאֶה פְּנֵי גֵיהִנֹּם. וְנִשְׁמָתוֹ תְּהֵא צְרוּרָה בִּצְרוֹר הַחַיִּים,[9] וּלְהַחֲיוֹתוֹ בִּתְחִיַּת הַמֵּתִים עִם כָּל מֵתֵי עַמְּךָ יִשְׂרָאֵל בְּרַחֲמִים. אָמֵן.

לנקבה

וְתִשְׁמוֹר אוֹתָהּ מֵחִבּוּט הַקֶּבֶר, וּמֵרִמָּה וְתוֹלֵעָה. וְתִסְלַח וְתִמְחוֹל לָהּ עַל כָּל פְּשָׁעֶיהָ, כִּי אָדָם אֵין צַדִּיק בָּאָרֶץ, אֲשֶׁר יַעֲשֶׂה טּוֹב וְלֹא יֶחֱטָא.[5] וּזְכוֹר לָהּ זְכֻיּוֹתֶיהָ וְצִדְקוֹתֶיהָ אֲשֶׁר עָשְׂתָה. וְתַשְׁפִּיעַ לָהּ מִנִּשְׁמָתָהּ לְדַשֵּׁן עַצְמוֹתֶיהָ בַּקֶּבֶר מֵרֹב טוּב הַצָּפוּן לַצַּדִּיקִים, דִּכְתִיב: מָה רַב טוּבְךָ אֲשֶׁר צָפַנְתָּ לִּירֵאֶיךָ,[6] וּכְתִיב: שֹׁמֵר כָּל עַצְמוֹתָיו, אַחַת מֵהֵנָּה לֹא נִשְׁבָּרָה.[7] וְתִשְׁכּוֹן בֶּטַח בָּדָד[8] וְשַׁאֲנָן מִפַּחַד רָעָה, וְאַל תִּרְאֶה פְּנֵי גֵיהִנֹּם. וְנִשְׁמָתָהּ תְּהֵא צְרוּרָה בִּצְרוֹר הַחַיִּים,[9] וּלְהַחֲיוֹתָהּ בִּתְחִיַּת הַמֵּתִים עִם כָּל מֵתֵי עַמְּךָ יִשְׂרָאֵל בְּרַחֲמִים. אָמֵן.

(1) ע"פ איוב יב:י (2) ישעיה נז:ב (3) תהלים קמט:ה (4) משלי ג:כד (5) קהלת ז:כ
(6) תהלים לא:כ (7) לד:כא (8) ע"פ דברים לג:כח (9) ע"פ שמואל א כה:כט

# פסוקים לשמות אנשים

א...א אָנָּא יהוה הוֹשִׁיעָה נָּא, אָנָּא יהוה הַצְלִיחָה נָא.[1]

א...ה אַשְׁרֵי מַשְׂכִּיל אֶל דָּל, בְּיוֹם רָעָה יְמַלְּטֵהוּ יהוה.[2]

א...ו אַשְׁרֵי שֶׁאֵל יַעֲקֹב בְּעֶזְרוֹ, שִׂבְרוֹ עַל יהוה אֱלֹהָיו.[3]

א...י אֲמָרַי הַאֲזִינָה יהוה, בִּינָה הֲגִיגִי.[4]

א...ך אָמַרְתְּ לַיהוה, אֲדֹנָי אָתָּה, טוֹבָתִי בַּל עָלֶיךָ.[5]

א...ל אֶרֶץ רָעָשָׁה, אַף שָׁמַיִם נָטְפוּ מִפְּנֵי אֱלֹהִים; זֶה סִינַי, מִפְּנֵי אֱלֹהִים אֱלֹהֵי יִשְׂרָאֵל.[6]

א...ם אַתָּה הוּא יהוה הָאֱלֹהִים, אֲשֶׁר בָּחַרְתָּ בְּאַבְרָם, וְהוֹצֵאתוֹ מֵאוּר כַּשְׂדִּים, וְשַׂמְתָּ שְׁמוֹ אַבְרָהָם.[7]

א...ן אֵלֶיךָ יהוה אֶקְרָא, וְאֶל אֲדֹנָי אֶתְחַנָּן.[8]

א...ע אָמַר בְּלִבּוֹ בַּל אֶמּוֹט, לְדֹר וָדֹר אֲשֶׁר לֹא בְרָע.[9]

א...ר אֵלֶּה בָרֶכֶב וְאֵלֶּה בַסּוּסִים, וַאֲנַחְנוּ בְּשֵׁם יהוה אֱלֹהֵינוּ נַזְכִּיר.[10]

ב...א בְּרִיתִי הָיְתָה אִתּוֹ הַחַיִּים וְהַשָּׁלוֹם, וָאֶתְּנֵם לוֹ מוֹרָא וַיִּירָאֵנִי, וּמִפְּנֵי שְׁמִי נִחַת הוּא.[11]

ב...ה בַּעֲבוּר יִשְׁמְרוּ חֻקָּיו, וְתוֹרֹתָיו יִנְצֹרוּ, הַלְלוּיָהּ.[12]

ב...ז בְּיוֹם קָרָאתִי וַתַּעֲנֵנִי, תַּרְהִבֵנִי בְנַפְשִׁי עֹז.[13]

ב...ך בָּרוּךְ אַתָּה יהוה, לַמְּדֵנִי חֻקֶּיךָ.[14]

ב...ל בְּמַקְהֵלוֹת בָּרְכוּ אֱלֹהִים, אֲדֹנָי מִמְּקוֹר יִשְׂרָאֵל.[15]

ב...ן בָּרוּךְ יהוה אֱלֹהֵי יִשְׂרָאֵל מֵהָעוֹלָם וְעַד הָעוֹלָם, אָמֵן וְאָמֵן.[16]

ב...ע בְּחֶסֶד וֶאֱמֶת יְכֻפַּר עָוֹן, וּבְיִרְאַת יהוה סוּר מֵרָע.[17]

ג...ה גּוֹל עַל יהוה דַּרְכֶּךָ, וּבְטַח עָלָיו וְהוּא יַעֲשֶׂה.[18]

ג...ל גַּם אֲנִי אוֹדְךָ בִכְלִי נֶבֶל אֲמִתְּךָ אֱלֹהָי, אֲזַמְּרָה לְךָ בְכִנּוֹר, קְדוֹשׁ יִשְׂרָאֵל.[19]

ג...ן גַּם בְּנֵי אָדָם גַּם בְּנֵי אִישׁ, יַחַד עָשִׁיר וְאֶבְיוֹן.[20]

ד...ב דִּרְשׁוּ יהוה בְּהִמָּצְאוֹ, קְרָאֻהוּ בִּהְיוֹתוֹ קָרוֹב.[21]

ד...ד דִּרְשׁוּ יהוה וְעֻזּוֹ, בַּקְּשׁוּ פָנָיו תָּמִיד.[22]

ד...ה דְּאָגָה בְלֶב אִישׁ יַשְׁחֶנָּה, וְדָבָר טוֹב יְשַׂמְּחֶנָּה.[23]

ד...ל דָּן יָדִין עַמּוֹ, כְּאַחַד שִׁבְטֵי יִשְׂרָאֵל.[24]

ה...א הַצּוּר תָּמִים פָּעֳלוֹ, כִּי כָל דְּרָכָיו מִשְׁפָּט, אֵל אֱמוּנָה וְאֵין עָוֶל, צַדִּיק וְיָשָׁר הוּא.[25]

ה...ה הַסְתֵּר פָּנֶיךָ מֵחֲטָאָי, וְכָל עֲוֹנֹתַי מְחֵה.[26]

ה...ל הַקְשִׁיבָה לְקוֹל שַׁוְעִי מַלְכִּי וֵאלֹהָי, כִּי אֵלֶיךָ אֶתְפַּלָּל.[27]

ז...ב זֵכֶר צַדִּיק לִבְרָכָה, וְשֵׁם רְשָׁעִים יִרְקָב.[28]

ז...ה זֹאת מְנוּחָתִי עֲדֵי עַד, פֹּה אֵשֵׁב כִּי אִוִּתִיהָ.[29]

ז...ח זָכַרְתִּי יָמִים מִקֶּדֶם, הָגִיתִי בְכָל פָּעֳלֶךָ, בְּמַעֲשֵׂה יָדֶיךָ אֲשׂוֹחֵחַ.[30]

ז...ן זְבוּלֻן לְחוֹף יַמִּים יִשְׁכֹּן, וְהוּא לְחוֹף אֳנִיֹּת, וְיַרְכָתוֹ עַל צִידֹן.[31]

ח...ה חָגְרָה בְעוֹז מָתְנֶיהָ, וַתְּאַמֵּץ זְרוֹעֹתֶיהָ.[32]

ח...ך חֲצוֹת לַיְלָה אָקוּם לְהוֹדוֹת לָךְ, עַל מִשְׁפְּטֵי צִדְקֶךָ.[33]

ח...ם חֹנֶה מַלְאַךְ יהוה סָבִיב לִירֵאָיו, וַיְחַלְּצֵם.[34]

ט...א טוֹב יַנְחִיל בְּנֵי בָנִים, וְצָפוּן לַצַּדִּיק חֵיל חוֹטֵא.[35]

ט...ה טָמְנוּ גֵאִים פַּח לִי וַחֲבָלִים, פָּרְשׂוּ רֶשֶׁת לְיַד מַעְגָּל, מֹקְשִׁים שָׁתוּ לִי סֶלָה.[36]

י...א יִשְׂרָאֵל בְּטַח בַּיהוה, עֶזְרָם וּמָגִנָּם הוּא.[37]

י...ב יַעַנְךָ יהוה בְּיוֹם צָרָה, יְשַׂגֶּבְךָ שֵׁם אֱלֹהֵי יַעֲקֹב.[38]

י...ד יָסַד אֶרֶץ עַל מְכוֹנֶיהָ, בַּל תִּמּוֹט עוֹלָם וָעֶד.[39]

י...ה יהוה, הַצִּילָה נַפְשִׁי מִשְּׂפַת שֶׁקֶר, מִלָּשׁוֹן רְמִיָּה.[40]

י...י יהוה לִי בְּעֹזְרָי, וַאֲנִי אֶרְאֶה בְשֹׂנְאָי.[41]

י...ל יְמִין יהוה רוֹמֵמָה, יְמִין יהוה עֹשָׂה חָיִל.[42]

י...ם יַעְלְזוּ חֲסִידִים בְּכָבוֹד, יְרַנְּנוּ עַל מִשְׁכְּבוֹתָם.[43]

י...ן יָשֵׂם נְהָרוֹת לְמִדְבָּר, וּמֹצָאֵי מַיִם לְצִמָּאוֹן.[44]

י...ע יָחֹס עַל דַּל וְאֶבְיוֹן, וְנַפְשׁוֹת אֶבְיוֹנִים יוֹשִׁיעַ.[45]

י...ף יהוה יִגְמֹר בַּעֲדִי, יהוה חַסְדְּךָ לְעוֹלָם, מַעֲשֵׂי יָדֶיךָ אַל תֶּרֶף.[46]

י...ץ יְבָרְכֵנוּ אֱלֹהִים, וְיִירְאוּ אוֹתוֹ כָּל אַפְסֵי אָרֶץ.[47]

י...ק יוֹצִיאֵם מֵחֹשֶׁךְ וְצַלְמָוֶת, וּמוֹסְרוֹתֵיהֶם יְנַתֵּק.[48]

י...ר יהוה שִׁמְךָ לְעוֹלָם, יהוה זִכְרְךָ לְדֹר וָדֹר.[49]

י...ת יהוה שֹׁמֵר אֶת גֵּרִים, יָתוֹם וְאַלְמָנָה יְעוֹדֵד, וְדֶרֶךְ רְשָׁעִים יְעַוֵּת.[50]

---

(1) תהלים קיח:כה (2) מא:ב (3) קמו:ה (4) ה:ב (5) טז:ב (6) סח:ט (7) נחמיה ט:ז (8) תהלים ל:ט (9) י:ו (10) כ:ח
(11) מלאכי ב:ה (12) תהלים קה:מה (13) קלח:ג (14) קיט:יב (15) סח:כז (16) מא:יד (17) משלי טז:ו (18) תהלים לז:ה (19) עא:כב
(20) מט:ג (21) ישעיה נה:ו (22) תהלים קה:ד (23) משלי יב:כה (24) בראשית מט:טז (25) דברים לב:ד (26) תהלים נא:יא
(27) ה:ג (28) משלי י:ז (29) תהלים קלב:יד (30) קמג:ה (31) בראשית מט:יג (32) משלי לא:יז (33) תהלים קיט:סב
(34) לד:ח (35) משלי יג:כב (36) תהלים קמ:ו (37) קטו:ט (38) כ:ב (39) קד:ה (40) קכ:ב (41) קיח:ז (42) קיח:טז
(43) קמט:ה (44) קז:לג (45) עב:יג (46) קלח:ח (47) סז:ח (48) קז:יד (49) קלה:יג (50) קמו:ט

ב...ב כִּי לֹא יִטֹּשׁ יהוה עַמּוֹ, וְנַחֲלָתוֹ לֹא יַעֲזֹב.[1]

ב...ל כִּי מֶלֶךְ כָּל הָאָרֶץ אֱלֹהִים זַמְּרוּ מַשְׂכִּיל.[2]

ל...א לֹא תִהְיֶה מְשַׁכֵּלָה וַעֲקָרָה בְּאַרְצֶךָ, אֶת מִסְפַּר יָמֶיךָ אֲמַלֵּא.[3]

ל...ה לְדָוִד, בָּרוּךְ יהוה צוּרִי, הַמְלַמֵּד יָדַי לַקְרָב, אֶצְבְּעוֹתַי לַמִּלְחָמָה.[4]

ל...י לוּלֵי תוֹרָתְךָ שַׁעֲשֻׁעָי, אָז אָבַדְתִּי בְעָנְיִי.[5]

ל...ת לַמְנַצֵּחַ עַל שֹׁשַׁנִּים לִבְנֵי קֹרַח, מַשְׂכִּיל שִׁיר יְדִידֹת.[6]

מ...א מִי כָמֹכָה בָּאֵלִם יהוה, מִי כָּמֹכָה נֶאְדָּר בַּקֹּדֶשׁ, נוֹרָא תְהִלֹּת עֹשֵׂה פֶלֶא.[7]

מ...ה מַחֲשָׁבוֹת בְּעֵצָה תִכּוֹן, וּבְתַחְבֻּלוֹת עֲשֵׂה מִלְחָמָה.[8]

מ...ו מַה דּוֹדֵךְ מִדּוֹד הַיָּפָה בַּנָּשִׁים, מַה דּוֹדֵךְ מִדּוֹד שֶׁכָּכָה הִשְׁבַּעְתָּנוּ.[9]

מ...י מָה אָהַבְתִּי תוֹרָתֶךָ, כָּל הַיּוֹם הִיא שִׂיחָתִי.[10]

מ...ל מַה טֹּבוּ אֹהָלֶיךָ יַעֲקֹב, מִשְׁכְּנֹתֶיךָ יִשְׂרָאֵל.[11]

מ...ם מְאוֹר עֵינַיִם יְשַׂמַּח לֵב, שְׁמוּעָה טוֹבָה תְּדַשֶּׁן עָצֶם.[12]

מ...ר מִי זֶה הָאִישׁ יְרֵא יהוה, יוֹרֶנּוּ בְּדֶרֶךְ יִבְחָר.[13]

נ...א נַפְשֵׁנוּ חִכְּתָה לַיהוה, עֶזְרֵנוּ וּמָגִנֵּנוּ הוּא.[14]

נ...ה נָחַלְתִּי עֵדְוֹתֶיךָ לְעוֹלָם, כִּי שְׂשׂוֹן לִבִּי הֵמָּה.[15]

נ...י נִדְבוֹת פִּי רְצֵה נָא יהוה, וּמִשְׁפָּטֶיךָ לַמְּדֵנִי.[16]

נ...ל נֶחְשַׁבְתִּי עִם יוֹרְדֵי בוֹר, הָיִיתִי כְּגֶבֶר אֵין אֱיָל.[17]

נ...ם נַחֲמוּ נַחֲמוּ עַמִּי, יֹאמַר אֱלֹהֵיכֶם.[18]

נ...ן נֵר יהוה נִשְׁמַת אָדָם, חֹפֵשׂ כָּל חַדְרֵי בָטֶן.[19]

ס...ה סֹבּוּ צִיּוֹן וְהַקִּיפוּהָ, סִפְרוּ מִגְדָּלֶיהָ.[20]

ס...י סֵעֲפִים שָׂנֵאתִי, וְתוֹרָתְךָ אָהָבְתִּי.[21]

ע...א עַתָּה אָקוּם, יֹאמַר יהוה, עַתָּה אֵרוֹמָם, עַתָּה אֶנָּשֵׂא.[22]

ע...ב עַד אֶמְצָא מָקוֹם לַיהוה, מִשְׁכָּנוֹת לַאֲבִיר יַעֲקֹב.[23]

ע...ה עָזִּי וְזִמְרָת יָהּ, וַיְהִי לִי לִישׁוּעָה.[24]

ע...ל עַל דַּעְתְּךָ כִּי לֹא אֶרְשָׁע, וְאֵין מִיָּדְךָ מַצִּיל.[25]

ע...ם עֲרֹב עַבְדְּךָ לְטוֹב, אַל יַעַשְׁקֻנִי זֵדִים.[26]

ע...ר עֹשֶׂה גְדֹלוֹת וְאֵין חֵקֶר, נִפְלָאוֹת עַד אֵין מִסְפָּר.[27]

פ...ה פִּתְחוּ לִי שַׁעֲרֵי צֶדֶק, אָבֹא בָם אוֹדֶה יָהּ.[28]

פ...ל פֶּן יִטְרֹף כְּאַרְיֵה נַפְשִׁי, פֹּרֵק וְאֵין מַצִּיל.[29]

פ...ס פֶּלֶס וּמֹאזְנֵי מִשְׁפָּט לַיהוה, מַעֲשֵׂהוּ כָּל אַבְנֵי כִיס.[30]

פ...ץ פִּנִּיתָ לְפָנֶיהָ, וַתַּשְׁרֵשׁ שָׁרָשֶׁיהָ, וַתְּמַלֵּא אָרֶץ.[31]

צ...ה צִיּוֹן בְּמִשְׁפָּט תִּפָּדֶה, וְשָׁבֶיהָ בִּצְדָקָה.[32]

צ...ח צִיּוֹן יִשְׁאָלוּ דֶּרֶךְ הֵנָּה פְנֵיהֶם, בֹּאוּ וְנִלְווּ אֶל יהוה, בְּרִית עוֹלָם לֹא תִשָּׁכֵחַ.[33]

צ...י צַר וּמָצוֹק מְצָאוּנִי, מִצְוֹתֶיךָ שַׁעֲשֻׁעָי.[34]

צ...ל צַהֲלִי וָרֹנִּי יוֹשֶׁבֶת צִיּוֹן, כִּי גָדוֹל בְּקִרְבֵּךְ קְדוֹשׁ יִשְׂרָאֵל.[35]

ק...א קָרַבְתָּ בְּיוֹם אֶקְרָאֶךָּ, אָמַרְתָּ אַל תִּירָא.[36]

ק...ל קַמְתִּי אֲנִי לִפְתֹּחַ לְדוֹדִי, וְיָדַי נָטְפוּ מוֹר וְאֶצְבְּעֹתַי מוֹר עֹבֵר עַל כַּפּוֹת הַמַּנְעוּל.[37]

ק...ן קוֹלִי אֶל יהוה אֶזְעָק, קוֹלִי אֶל יהוה אֶתְחַנָּן.[38]

ק...ת קָרוֹב אַתָּה יהוה, וְכָל מִצְוֹתֶיךָ אֱמֶת.[39]

ר...ה רִגְזוּ וְאַל תֶּחֱטָאוּ, אִמְרוּ בִלְבַבְכֶם עַל מִשְׁכַּבְכֶם, וְדֹמּוּ סֶלָה.[40]

ר...ל רְאוּ עַתָּה כִּי אֲנִי אֲנִי הוּא, וְאֵין אֱלֹהִים עִמָּדִי, אֲנִי אָמִית וַאֲחַיֶּה, מָחַצְתִּי וַאֲנִי אֶרְפָּא, וְאֵין מִיָּדִי מַצִּיל.[41]

ר...ן רְאֵה זֶה מָצָאתִי, אָמְרָה קֹהֶלֶת, אַחַת לְאַחַת לִמְצֹא חֶשְׁבּוֹן.[42]

ר...ת רָאוּךָ מַּיִם אֱלֹהִים, רָאוּךָ מַּיִם יָחִילוּ, אַף יִרְגְּזוּ תְהֹמוֹת.[43]

ש...א שַׂמֵּחַ נֶפֶשׁ עַבְדֶּךָ, כִּי אֵלֶיךָ אֲדֹנָי נַפְשִׁי אֶשָּׂא.[44]

ש...ה שְׂאוּ יְדֵכֶם קֹדֶשׁ, וּבָרְכוּ אֶת יהוה.[45]

ש...ח שְׁמַע יהוה תְּחִנָּתִי, יהוה תְּפִלָּתִי יִקָּח.[46]

ש...י שָׂנֵאתִי הַשֹּׁמְרִים הַבְלֵי שָׁוְא, וַאֲנִי אֶל יהוה בָּטָחְתִּי.[47]

ש...ל שָׁלוֹם רָב לְאֹהֲבֵי תוֹרָתֶךָ, וְאֵין לָמוֹ מִכְשׁוֹל.[48]

ש...ם שְׁמָר תָּם וּרְאֵה יָשָׁר, כִּי אַחֲרִית לְאִישׁ שָׁלוֹם.[49]

ש...ן שִׁיתוּ לִבְּכֶם לְחֵילָה, פַּסְּגוּ אַרְמְנוֹתֶיהָ, לְמַעַן תְּסַפְּרוּ לְדוֹר אַחֲרוֹן.[50]

ש...ר שְׂפַת אֱמֶת תִּכּוֹן לָעַד, וְעַד אַרְגִּיעָה לְשׁוֹן שָׁקֶר.[51]

ש...ת שִׁיר הַמַּעֲלוֹת, הִנֵּה בָּרְכוּ אֶת יהוה כָּל עַבְדֵי יהוה, הָעֹמְדִים בְּבֵית יהוה בַּלֵּילוֹת.[52]

ת...ה תַּעֲרֹךְ לְפָנַי שֻׁלְחָן נֶגֶד צֹרְרָי, דִּשַּׁנְתָּ בַשֶּׁמֶן רֹאשִׁי, כּוֹסִי רְוָיָה.[53]

ת...י תּוֹצִיאֵנִי מֵרֶשֶׁת זוּ טָמְנוּ לִי, כִּי אַתָּה מָעוּזִּי.[54]

ת...ם תְּנוּ עֹז לֵאלֹהִים, עַל יִשְׂרָאֵל גַּאֲוָתוֹ, וְעֻזּוֹ בַּשְּׁחָקִים.[55]

---

(1) תהלים צד:יד (2) מז:ח (3) שמות כג:כו (4) תהלים קמד:א (5) קיט:צב (6) מה:א (7) שמות טו:יא (8) משלי כ:יח
(9) שיר השירים ה:ט (10) תהלים קיט:צז (11) במדבר כד:ה (12) משלי טו:ל (13) תהלים כה:יב (14) לג:כ (15) קיט:קיא
(16) קיט:קח (17) פח:ה (18) ישעיה מ:א (19) משלי כ:כז (20) תהלים מח:יג (21) קיט:קיג (22) ישעיה לג:י (23) תהלים קלב:ה
(24) קיח:יד (25) איוב י:ז (26) תהלים קיט:קכב (27) איוב ה:ט (28) תהלים קיח:יט (29) ז:ג (30) משלי טז:יא
(31) תהלים פ:י (32) ישעיה א:כז (33) ירמיה נ:ה (34) תהלים קיט:קמג (35) ישעיה יב:ו (36) איכה ג:נז (37) שיר השירים ה:ה
(38) תהלים קמב:ב (39) קיט:קנא (40) ד:ה (41) דברים לב:לט (42) קהלת ז:כז (43) תהלים עז:יז (44) תהלים פו:ד (45) קלד:ב
(46) ו:י (47) לא:ז (48) קיט:קסה (49) לז:לז (50) מח:יד (51) משלי יב:יט (52) תהלים קלד:א (53) כג:ה (54) לא:ה (55) סח:לה

# סדר הפרשיות

למנחה בשבת ולשני וחמישי, לראש חודש, חנוכה, פורים, תעניות, ושלש רגלים וההפטרות.

**נוסח הקריאות הוא תמיד לפי ה„קְרִי", לפיכך אין לדון ספר תורה כמוטעה על פי הנוסח שבסדור זה.**

## בראשית

כהן: בְּרֵאשִׁית בָּרָא אֱלֹהִים אֵת הַשָּׁמַיִם וְאֵת הָאָרֶץ: וְהָאָרֶץ הָיְתָה תֹהוּ וָבֹהוּ וְחֹשֶׁךְ עַל־פְּנֵי תְהוֹם וְרוּחַ אֱלֹהִים מְרַחֶפֶת עַל־פְּנֵי הַמָּיִם: וַיֹּאמֶר אֱלֹהִים יְהִי אוֹר וַיְהִי־אוֹר: וַיַּרְא אֱלֹהִים אֶת־הָאוֹר כִּי־טוֹב וַיַּבְדֵּל אֱלֹהִים בֵּין הָאוֹר וּבֵין הַחֹשֶׁךְ: וַיִּקְרָא אֱלֹהִים ׀ לָאוֹר יוֹם וְלַחֹשֶׁךְ קָרָא לָיְלָה וַיְהִי־עֶרֶב וַיְהִי־בֹקֶר יוֹם אֶחָד:

לוי: וַיֹּאמֶר אֱלֹהִים יְהִי רָקִיעַ בְּתוֹךְ הַמָּיִם וִיהִי מַבְדִּיל בֵּין מַיִם לָמָיִם: וַיַּעַשׂ אֱלֹהִים אֶת־הָרָקִיעַ וַיַּבְדֵּל בֵּין הַמַּיִם אֲשֶׁר מִתַּחַת לָרָקִיעַ וּבֵין הַמַּיִם אֲשֶׁר מֵעַל לָרָקִיעַ וַיְהִי־כֵן: וַיִּקְרָא אֱלֹהִים לָרָקִיעַ שָׁמָיִם וַיְהִי־עֶרֶב וַיְהִי־בֹקֶר יוֹם שֵׁנִי:

ישראל: וַיֹּאמֶר אֱלֹהִים יִקָּווּ הַמַּיִם מִתַּחַת הַשָּׁמַיִם אֶל־מָקוֹם אֶחָד וְתֵרָאֶה הַיַּבָּשָׁה וַיְהִי־כֵן: וַיִּקְרָא אֱלֹהִים ׀ לַיַּבָּשָׁה אֶרֶץ וּלְמִקְוֵה הַמַּיִם קָרָא יַמִּים וַיַּרְא אֱלֹהִים כִּי־טוֹב: וַיֹּאמֶר אֱלֹהִים תַּדְשֵׁא הָאָרֶץ דֶּשֶׁא עֵשֶׂב מַזְרִיעַ זֶרַע עֵץ פְּרִי עֹשֶׂה פְּרִי לְמִינוֹ אֲשֶׁר זַרְעוֹ־בוֹ עַל־הָאָרֶץ וַיְהִי־כֵן: וַתּוֹצֵא הָאָרֶץ דֶּשֶׁא עֵשֶׂב מַזְרִיעַ זֶרַע לְמִינֵהוּ וְעֵץ עֹשֶׂה־פְּרִי אֲשֶׁר זַרְעוֹ־בוֹ לְמִינֵהוּ וַיַּרְא אֱלֹהִים כִּי־טוֹב: וַיְהִי־עֶרֶב וַיְהִי־בֹקֶר יוֹם שְׁלִישִׁי:

## נח

כהן: אֵלֶּה תּוֹלְדֹת נֹחַ נֹחַ אִישׁ צַדִּיק תָּמִים הָיָה בְּדֹרֹתָיו אֶת־הָאֱלֹהִים הִתְהַלֶּךְ־נֹחַ: וַיּוֹלֶד נֹחַ שְׁלֹשָׁה בָנִים אֶת־שֵׁם אֶת־חָם וְאֶת־יָפֶת: וַתִּשָּׁחֵת הָאָרֶץ לִפְנֵי הָאֱלֹהִים וַתִּמָּלֵא הָאָרֶץ חָמָס: וַיַּרְא אֱלֹהִים אֶת־הָאָרֶץ וְהִנֵּה נִשְׁחָתָה כִּי־הִשְׁחִית כָּל־בָּשָׂר אֶת־דַּרְכּוֹ עַל־הָאָרֶץ: וַיֹּאמֶר אֱלֹהִים לְנֹחַ קֵץ כָּל־בָּשָׂר בָּא לְפָנַי כִּי־מָלְאָה הָאָרֶץ חָמָס מִפְּנֵיהֶם וְהִנְנִי מַשְׁחִיתָם אֶת־הָאָרֶץ: עֲשֵׂה לְךָ תֵּבַת עֲצֵי־גֹפֶר קִנִּים תַּעֲשֶׂה אֶת־הַתֵּבָה וְכָפַרְתָּ אֹתָהּ מִבַּיִת וּמִחוּץ בַּכֹּפֶר: וְזֶה אֲשֶׁר תַּעֲשֶׂה אֹתָהּ שְׁלֹשׁ מֵאוֹת אַמָּה אֹרֶךְ הַתֵּבָה חֲמִשִּׁים אַמָּה רָחְבָּהּ וּשְׁלֹשִׁים אַמָּה קוֹמָתָהּ: צֹהַר ׀ תַּעֲשֶׂה לַתֵּבָה וְאֶל־אַמָּה תְּכַלֶּנָּה מִלְמַעְלָה וּפֶתַח הַתֵּבָה בְּצִדָּהּ תָּשִׂים תַּחְתִּיִּם שְׁנִיִּם וּשְׁלִשִׁים תַּעֲשֶׂהָ:

לוי: וַאֲנִי הִנְנִי מֵבִיא אֶת־הַמַּבּוּל מַיִם עַל־הָאָרֶץ לְשַׁחֵת כָּל־בָּשָׂר אֲשֶׁר־בּוֹ רוּחַ חַיִּים מִתַּחַת הַשָּׁמָיִם כֹּל אֲשֶׁר־בָּאָרֶץ יִגְוָע: וַהֲקִמֹתִי אֶת־בְּרִיתִי אִתָּךְ וּבָאתָ אֶל־הַתֵּבָה אַתָּה וּבָנֶיךָ וְאִשְׁתְּךָ וּנְשֵׁי־בָנֶיךָ אִתָּךְ: וּמִכָּל־הָחַי מִכָּל־בָּשָׂר שְׁנַיִם מִכֹּל תָּבִיא אֶל־הַתֵּבָה לְהַחֲיֹת אִתָּךְ זָכָר וּנְקֵבָה יִהְיוּ:

ישראל: מֵהָעוֹף לְמִינֵהוּ וּמִן־הַבְּהֵמָה לְמִינָהּ מִכֹּל רֶמֶשׂ הָאֲדָמָה לְמִינֵהוּ שְׁנַיִם מִכֹּל יָבֹאוּ אֵלֶיךָ לְהַחֲיוֹת: וְאַתָּה קַח־לְךָ מִכָּל־מַאֲכָל אֲשֶׁר יֵאָכֵל וְאָסַפְתָּ אֵלֶיךָ וְהָיָה לְךָ וְלָהֶם לְאָכְלָה: וַיַּעַשׂ נֹחַ כְּכֹל אֲשֶׁר צִוָּה אֹתוֹ אֱלֹהִים כֵּן עָשָׂה:

## לך לך

כהן: וַיֹּאמֶר יהוה אֶל־אַבְרָם לֶךְ־לְךָ מֵאַרְצְךָ וּמִמּוֹלַדְתְּךָ וּמִבֵּית אָבִיךָ אֶל־הָאָרֶץ אֲשֶׁר אַרְאֶךָּ: וְאֶעֶשְׂךָ לְגוֹי גָּדוֹל וַאֲבָרֶכְךָ וַאֲגַדְּלָה שְׁמֶךָ וֶהְיֵה בְּרָכָה: וַאֲבָרְכָה מְבָרְכֶיךָ וּמְקַלֶּלְךָ אָאֹר וְנִבְרְכוּ בְךָ כֹּל מִשְׁפְּחֹת הָאֲדָמָה:

לוי: וַיֵּלֶךְ אַבְרָם כַּאֲשֶׁר דִּבֶּר אֵלָיו יהוה וַיֵּלֶךְ אִתּוֹ לוֹט וְאַבְרָם בֶּן־חָמֵשׁ שָׁנִים וְשִׁבְעִים שָׁנָה בְּצֵאתוֹ מֵחָרָן: וַיִּקַּח אַבְרָם אֶת־שָׂרַי אִשְׁתּוֹ וְאֶת־לוֹט בֶּן־אָחִיו וְאֶת־כָּל־רְכוּשָׁם אֲשֶׁר רָכָשׁוּ וְאֶת־הַנֶּפֶשׁ אֲשֶׁר־עָשׂוּ בְחָרָן וַיֵּצְאוּ לָלֶכֶת אַרְצָה כְּנַעַן וַיָּבֹאוּ אַרְצָה כְּנָעַן: וַיַּעֲבֹר אַבְרָם בָּאָרֶץ עַד מְקוֹם שְׁכֶם עַד אֵלוֹן מוֹרֶה וְהַכְּנַעֲנִי אָז בָּאָרֶץ: וַיֵּרָא יהוה אֶל־אַבְרָם וַיֹּאמֶר לְזַרְעֲךָ אֶתֵּן אֶת־הָאָרֶץ הַזֹּאת וַיִּבֶן שָׁם מִזְבֵּחַ לַיהוה הַנִּרְאֶה אֵלָיו: וַיַּעְתֵּק מִשָּׁם הָהָרָה מִקֶּדֶם לְבֵית־אֵל וַיֵּט אָהֳלֹה בֵּית־אֵל מִיָּם וְהָעַי מִקֶּדֶם וַיִּבֶן־שָׁם מִזְבֵּחַ לַיהוה וַיִּקְרָא בְּשֵׁם יהוה: וַיִּסַּע אַבְרָם הָלוֹךְ וְנָסוֹעַ הַנֶּגְבָּה:

ישראל: וַיְהִי רָעָב בָּאָרֶץ וַיֵּרֶד אַבְרָם מִצְרַיְמָה לָגוּר שָׁם כִּי־כָבֵד הָרָעָב בָּאָרֶץ: וַיְהִי כַּאֲשֶׁר הִקְרִיב לָבוֹא מִצְרָיְמָה וַיֹּאמֶר אֶל־שָׂרַי אִשְׁתּוֹ הִנֵּה־נָא יָדַעְתִּי כִּי אִשָּׁה יְפַת־מַרְאֶה אָתְּ: וְהָיָה כִּי־יִרְאוּ אֹתָךְ הַמִּצְרִים וְאָמְרוּ אִשְׁתּוֹ זֹאת וְהָרְגוּ אֹתִי וְאֹתָךְ יְחַיּוּ: אִמְרִי־נָא אֲחֹתִי אָתְּ לְמַעַן יִיטַב־לִי בַעֲבוּרֵךְ וְחָיְתָה נַפְשִׁי בִּגְלָלֵךְ:

## וירא

כהן: וַיֵּרָא אֵלָיו יְהוָה בְּאֵלֹנֵי מַמְרֵא וְהוּא יֹשֵׁב פֶּתַח־הָאֹהֶל כְּחֹם הַיּוֹם׃ וַיִּשָּׂא עֵינָיו וַיַּרְא וְהִנֵּה שְׁלֹשָׁה אֲנָשִׁים נִצָּבִים עָלָיו וַיַּרְא וַיָּרָץ לִקְרָאתָם מִפֶּתַח הָאֹהֶל וַיִּשְׁתַּחוּ אָרְצָה׃ וַיֹּאמַר אֲדֹנָי אִם־נָא מָצָאתִי חֵן בְּעֵינֶיךָ אַל־נָא תַעֲבֹר מֵעַל עַבְדֶּךָ׃ יֻקַּח־נָא מְעַט־מַיִם וְרַחֲצוּ רַגְלֵיכֶם וְהִשָּׁעֲנוּ תַּחַת הָעֵץ׃ וְאֶקְחָה פַת־לֶחֶם וְסַעֲדוּ לִבְּכֶם אַחַר תַּעֲבֹרוּ כִּי־עַל־כֵּן עֲבַרְתֶּם עַל־עַבְדְּכֶם וַיֹּאמְרוּ כֵּן תַּעֲשֶׂה כַּאֲשֶׁר דִּבַּרְתָּ׃

לוי: וַיְמַהֵר אַבְרָהָם הָאֹהֱלָה אֶל־שָׂרָה וַיֹּאמֶר מַהֲרִי שְׁלֹשׁ סְאִים קֶמַח סֹלֶת לוּשִׁי וַעֲשִׂי עֻגוֹת׃ וְאֶל־הַבָּקָר רָץ אַבְרָהָם וַיִּקַּח בֶּן־בָּקָר רַךְ וָטוֹב וַיִּתֵּן אֶל־הַנַּעַר וַיְמַהֵר לַעֲשׂוֹת אֹתוֹ׃ וַיִּקַּח חֶמְאָה וְחָלָב וּבֶן־הַבָּקָר אֲשֶׁר עָשָׂה וַיִּתֵּן לִפְנֵיהֶם וְהוּא עֹמֵד עֲלֵיהֶם תַּחַת הָעֵץ וַיֹּאכֵלוּ׃

ישראל: וַיֹּאמְרוּ אֵלָיו אַיֵּה שָׂרָה אִשְׁתֶּךָ וַיֹּאמֶר הִנֵּה בָאֹהֶל׃ וַיֹּאמֶר שׁוֹב אָשׁוּב אֵלֶיךָ כָּעֵת חַיָּה וְהִנֵּה־בֵן לְשָׂרָה אִשְׁתֶּךָ וְשָׂרָה שֹׁמַעַת פֶּתַח הָאֹהֶל וְהוּא אַחֲרָיו׃ וְאַבְרָהָם וְשָׂרָה זְקֵנִים בָּאִים בַּיָּמִים חָדַל לִהְיוֹת לְשָׂרָה אֹרַח כַּנָּשִׁים׃ וַתִּצְחַק שָׂרָה בְּקִרְבָּהּ לֵאמֹר אַחֲרֵי בְלֹתִי הָיְתָה־לִּי עֶדְנָה וַאדֹנִי זָקֵן׃ וַיֹּאמֶר יְהוָה אֶל־אַבְרָהָם לָמָּה זֶּה צָחֲקָה שָׂרָה לֵאמֹר הַאַף אֻמְנָם אֵלֵד וַאֲנִי זָקַנְתִּי׃ הֲיִפָּלֵא מֵיְהוָה דָּבָר לַמּוֹעֵד אָשׁוּב אֵלֶיךָ כָּעֵת חַיָּה וּלְשָׂרָה בֵן׃

## חיי שרה

כהן: וַיִּהְיוּ חַיֵּי שָׂרָה מֵאָה שָׁנָה וְעֶשְׂרִים שָׁנָה וְשֶׁבַע שָׁנִים שְׁנֵי חַיֵּי שָׂרָה׃ וַתָּמָת שָׂרָה בְּקִרְיַת אַרְבַּע הִוא חֶבְרוֹן בְּאֶרֶץ כְּנָעַן וַיָּבֹא אַבְרָהָם לִסְפֹּד לְשָׂרָה וְלִבְכֹּתָהּ׃ וַיָּקָם אַבְרָהָם מֵעַל פְּנֵי מֵתוֹ וַיְדַבֵּר אֶל־בְּנֵי־חֵת לֵאמֹר׃ גֵּר־וְתוֹשָׁב אָנֹכִי עִמָּכֶם תְּנוּ לִי אֲחֻזַּת־קֶבֶר עִמָּכֶם וְאֶקְבְּרָה מֵתִי מִלְּפָנָי׃ וַיַּעֲנוּ בְנֵי־חֵת אֶת־אַבְרָהָם לֵאמֹר לוֹ׃ שְׁמָעֵנוּ ׀ אֲדֹנִי נְשִׂיא אֱלֹהִים אַתָּה בְּתוֹכֵנוּ בְּמִבְחַר קְבָרֵינוּ קְבֹר אֶת־מֵתֶךָ אִישׁ מִמֶּנּוּ אֶת־קִבְרוֹ לֹא־יִכְלֶה מִמְּךָ מִקְּבֹר מֵתֶךָ׃ וַיָּקָם אַבְרָהָם וַיִּשְׁתַּחוּ לְעַם־הָאָרֶץ לִבְנֵי־חֵת׃

לוי: וַיְדַבֵּר אִתָּם לֵאמֹר אִם־יֵשׁ אֶת־נַפְשְׁכֶם לִקְבֹּר אֶת־מֵתִי מִלְּפָנַי שְׁמָעוּנִי וּפִגְעוּ־לִי בְּעֶפְרוֹן בֶּן־צֹחַר׃ וְיִתֶּן־לִי אֶת־מְעָרַת הַמַּכְפֵּלָה אֲשֶׁר־לוֹ אֲשֶׁר בִּקְצֵה שָׂדֵהוּ בְּכֶסֶף מָלֵא יִתְּנֶנָּה לִּי בְּתוֹכְכֶם לַאֲחֻזַּת־קָבֶר׃ וְעֶפְרוֹן יֹשֵׁב בְּתוֹךְ בְּנֵי־חֵת וַיַּעַן עֶפְרוֹן הַחִתִּי אֶת־אַבְרָהָם בְּאָזְנֵי בְנֵי־חֵת לְכֹל בָּאֵי שַׁעַר־עִירוֹ לֵאמֹר׃ לֹא־אֲדֹנִי שְׁמָעֵנִי הַשָּׂדֶה נָתַתִּי לָךְ וְהַמְּעָרָה אֲשֶׁר־בּוֹ לְךָ נְתַתִּיהָ לְעֵינֵי בְנֵי־עַמִּי נְתַתִּיהָ לָּךְ קְבֹר מֵתֶךָ׃ וַיִּשְׁתַּחוּ אַבְרָהָם לִפְנֵי עַם־הָאָרֶץ׃

ישראל: וַיְדַבֵּר אֶל־עֶפְרוֹן בְּאָזְנֵי עַם־הָאָרֶץ לֵאמֹר אַךְ אִם־אַתָּה לוּ שְׁמָעֵנִי נָתַתִּי כֶּסֶף הַשָּׂדֶה קַח מִמֶּנִּי וְאֶקְבְּרָה אֶת־מֵתִי שָׁמָּה׃ וַיַּעַן עֶפְרוֹן אֶת־אַבְרָהָם לֵאמֹר לוֹ׃ אֲדֹנִי שְׁמָעֵנִי אֶרֶץ אַרְבַּע מֵאֹת שֶׁקֶל־כֶּסֶף בֵּינִי וּבֵינְךָ מַה־הִוא וְאֶת־מֵתְךָ קְבֹר׃ וַיִּשְׁמַע אַבְרָהָם אֶל־עֶפְרוֹן וַיִּשְׁקֹל אַבְרָהָם לְעֶפְרֹן אֶת־הַכֶּסֶף אֲשֶׁר דִּבֶּר בְּאָזְנֵי בְנֵי־חֵת אַרְבַּע מֵאוֹת שֶׁקֶל כֶּסֶף עֹבֵר לַסֹּחֵר׃

## תולדות

כהן: וְאֵלֶּה תּוֹלְדֹת יִצְחָק בֶּן־אַבְרָהָם אַבְרָהָם הוֹלִיד אֶת־יִצְחָק׃ וַיְהִי יִצְחָק בֶּן־אַרְבָּעִים שָׁנָה בְּקַחְתּוֹ אֶת־רִבְקָה בַּת־בְּתוּאֵל הָאֲרַמִּי מִפַּדַּן אֲרָם אֲחוֹת לָבָן הָאֲרַמִּי לוֹ לְאִשָּׁה׃ וַיֶּעְתַּר יִצְחָק לַיהוָה לְנֹכַח אִשְׁתּוֹ כִּי עֲקָרָה הִוא וַיֵּעָתֶר לוֹ יְהוָה וַתַּהַר רִבְקָה אִשְׁתּוֹ׃ וַיִּתְרֹצְצוּ הַבָּנִים בְּקִרְבָּהּ וַתֹּאמֶר אִם־כֵּן לָמָּה זֶּה אָנֹכִי וַתֵּלֶךְ לִדְרֹשׁ אֶת־יְהוָה׃

לוי: וַיֹּאמֶר יְהוָה לָהּ שְׁנֵי גוֹיִם בְּבִטְנֵךְ וּשְׁנֵי לְאֻמִּים מִמֵּעַיִךְ יִפָּרֵדוּ וּלְאֹם מִלְאֹם יֶאֱמָץ וְרַב יַעֲבֹד צָעִיר׃ וַיִּמְלְאוּ יָמֶיהָ לָלֶדֶת וְהִנֵּה תוֹמִם בְּבִטְנָהּ׃ וַיֵּצֵא הָרִאשׁוֹן אַדְמוֹנִי כֻּלּוֹ כְּאַדֶּרֶת שֵׂעָר וַיִּקְרְאוּ שְׁמוֹ עֵשָׂו׃ וְאַחֲרֵי־כֵן יָצָא אָחִיו וְיָדוֹ אֹחֶזֶת בַּעֲקֵב עֵשָׂו וַיִּקְרָא שְׁמוֹ יַעֲקֹב וְיִצְחָק בֶּן־שִׁשִּׁים שָׁנָה בְּלֶדֶת אֹתָם׃

ישראל: וַיִּגְדְּלוּ הַנְּעָרִים וַיְהִי עֵשָׂו אִישׁ יֹדֵעַ צַיִד אִישׁ שָׂדֶה וְיַעֲקֹב אִישׁ תָּם יֹשֵׁב אֹהָלִים׃ וַיֶּאֱהַב יִצְחָק אֶת־עֵשָׂו כִּי־צַיִד בְּפִיו וְרִבְקָה אֹהֶבֶת אֶת־יַעֲקֹב׃ וַיָּזֶד יַעֲקֹב נָזִיד וַיָּבֹא עֵשָׂו מִן־הַשָּׂדֶה וְהוּא עָיֵף׃ וַיֹּאמֶר עֵשָׂו אֶל־יַעֲקֹב הַלְעִיטֵנִי נָא מִן־הָאָדֹם הָאָדֹם הַזֶּה כִּי עָיֵף אָנֹכִי עַל־כֵּן קָרָא־שְׁמוֹ אֱדוֹם׃ וַיֹּאמֶר יַעֲקֹב מִכְרָה כַיּוֹם אֶת־בְּכֹרָתְךָ לִי׃ וַיֹּאמֶר עֵשָׂו הִנֵּה אָנֹכִי הוֹלֵךְ לָמוּת וְלָמָּה־זֶּה לִי בְּכֹרָה׃ וַיֹּאמֶר יַעֲקֹב הִשָּׁבְעָה לִּי כַּיּוֹם וַיִּשָּׁבַע לוֹ וַיִּמְכֹּר אֶת־בְּכֹרָתוֹ לְיַעֲקֹב׃ וְיַעֲקֹב נָתַן לְעֵשָׂו לֶחֶם וּנְזִיד עֲדָשִׁים וַיֹּאכַל וַיֵּשְׁתְּ וַיָּקָם וַיֵּלַךְ וַיִּבֶז עֵשָׂו אֶת־הַבְּכֹרָה׃ וַיְהִי רָעָב בָּאָרֶץ מִלְּבַד הָרָעָב הָרִאשׁוֹן אֲשֶׁר הָיָה בִּימֵי אַבְרָהָם וַיֵּלֶךְ

יִצְחָק אֶל־אֲבִימֶלֶךְ מֶלֶךְ־פְּלִשְׁתִּים גְּרָרָה׃ וַיֵּרָא אֵלָיו יהוה וַיֹּאמֶר אַל־תֵּרֵד מִצְרָיְמָה שְׁכֹן בָּאָרֶץ אֲשֶׁר אֹמַר אֵלֶיךָ׃ גּוּר בָּאָרֶץ הַזֹּאת וְאֶהְיֶה עִמְּךָ וַאֲבָרְכֶךָּ כִּי־לְךָ וּלְזַרְעֲךָ אֶתֵּן אֶת־כָּל־הָאֲרָצֹת הָאֵל וַהֲקִמֹתִי אֶת־הַשְּׁבֻעָה אֲשֶׁר נִשְׁבַּעְתִּי לְאַבְרָהָם אָבִיךָ׃ וְהִרְבֵּיתִי אֶת־זַרְעֲךָ כְּכוֹכְבֵי הַשָּׁמַיִם וְנָתַתִּי לְזַרְעֲךָ אֵת כָּל־הָאֲרָצֹת הָאֵל וְהִתְבָּרְכוּ בְזַרְעֲךָ כֹּל גּוֹיֵי הָאָרֶץ׃ עֵקֶב אֲשֶׁר־שָׁמַע אַבְרָהָם בְּקֹלִי וַיִּשְׁמֹר מִשְׁמַרְתִּי מִצְוֺתַי חֻקּוֹתַי וְתוֹרֹתָי׃

## ויצא

כהן: וַיֵּצֵא יַעֲקֹב מִבְּאֵר שָׁבַע וַיֵּלֶךְ חָרָנָה׃ וַיִּפְגַּע בַּמָּקוֹם וַיָּלֶן שָׁם כִּי־בָא הַשֶּׁמֶשׁ וַיִּקַּח מֵאַבְנֵי הַמָּקוֹם וַיָּשֶׂם מְרַאֲשֹׁתָיו וַיִּשְׁכַּב בַּמָּקוֹם הַהוּא׃ וַיַּחֲלֹם וְהִנֵּה סֻלָּם מֻצָּב אַרְצָה וְרֹאשׁוֹ מַגִּיעַ הַשָּׁמָיְמָה וְהִנֵּה מַלְאֲכֵי אֱלֹהִים עֹלִים וְיֹרְדִים בּוֹ׃

לוי: וְהִנֵּה יהוה נִצָּב עָלָיו וַיֹּאמַר אֲנִי יהוה אֱלֹהֵי אַבְרָהָם אָבִיךָ וֵאלֹהֵי יִצְחָק הָאָרֶץ אֲשֶׁר אַתָּה שֹׁכֵב עָלֶיהָ לְךָ אֶתְּנֶנָּה וּלְזַרְעֶךָ׃ וְהָיָה זַרְעֲךָ כַּעֲפַר הָאָרֶץ וּפָרַצְתָּ יָמָּה וָקֵדְמָה וְצָפֹנָה וָנֶגְבָּה וְנִבְרְכוּ בְךָ כָּל־מִשְׁפְּחֹת הָאֲדָמָה וּבְזַרְעֶךָ׃ וְהִנֵּה אָנֹכִי עִמָּךְ וּשְׁמַרְתִּיךָ בְּכֹל אֲשֶׁר־תֵּלֵךְ וַהֲשִׁבֹתִיךָ אֶל־הָאֲדָמָה הַזֹּאת כִּי לֹא אֶעֱזָבְךָ עַד אֲשֶׁר אִם־עָשִׂיתִי אֵת אֲשֶׁר־דִּבַּרְתִּי לָךְ׃ וַיִּיקַץ יַעֲקֹב מִשְּׁנָתוֹ וַיֹּאמֶר אָכֵן יֵשׁ יהוה בַּמָּקוֹם הַזֶּה וְאָנֹכִי לֹא יָדָעְתִּי׃ וַיִּירָא וַיֹּאמַר מַה־נּוֹרָא הַמָּקוֹם הַזֶּה אֵין זֶה כִּי אִם־בֵּית אֱלֹהִים וְזֶה שַׁעַר הַשָּׁמָיִם׃

ישראל: וַיַּשְׁכֵּם יַעֲקֹב בַּבֹּקֶר וַיִּקַּח אֶת־הָאֶבֶן אֲשֶׁר־שָׂם מְרַאֲשֹׁתָיו וַיָּשֶׂם אֹתָהּ מַצֵּבָה וַיִּצֹק שֶׁמֶן עַל־רֹאשָׁהּ׃ וַיִּקְרָא אֶת־שֵׁם־הַמָּקוֹם הַהוּא בֵּית־אֵל וְאוּלָם לוּז שֵׁם־הָעִיר לָרִאשֹׁנָה׃ וַיִּדַּר יַעֲקֹב נֶדֶר לֵאמֹר אִם־יִהְיֶה אֱלֹהִים עִמָּדִי וּשְׁמָרַנִי בַּדֶּרֶךְ הַזֶּה אֲשֶׁר אָנֹכִי הוֹלֵךְ וְנָתַן־לִי לֶחֶם לֶאֱכֹל וּבֶגֶד לִלְבֹּשׁ׃ וְשַׁבְתִּי בְשָׁלוֹם אֶל־בֵּית אָבִי וְהָיָה יהוה לִי לֵאלֹהִים׃ וְהָאֶבֶן הַזֹּאת אֲשֶׁר־שַׂמְתִּי מַצֵּבָה יִהְיֶה בֵּית אֱלֹהִים וְכֹל אֲשֶׁר תִּתֶּן־לִי עַשֵּׂר אֲעַשְּׂרֶנּוּ לָךְ׃

## וישלח

כהן: וַיִּשְׁלַח יַעֲקֹב מַלְאָכִים לְפָנָיו אֶל־עֵשָׂו אָחִיו אַרְצָה שֵׂעִיר שְׂדֵה אֱדוֹם׃ וַיְצַו אֹתָם לֵאמֹר כֹּה תֹאמְרוּן לַאדֹנִי לְעֵשָׂו כֹּה אָמַר עַבְדְּךָ יַעֲקֹב עִם־לָבָן גַּרְתִּי וָאֵחַר עַד־עָתָּה׃ וַיְהִי־לִי שׁוֹר וַחֲמוֹר צֹאן וְעֶבֶד וְשִׁפְחָה וָאֶשְׁלְחָה לְהַגִּיד לַאדֹנִי לִמְצֹא־חֵן בְּעֵינֶיךָ׃

לוי: וַיָּשֻׁבוּ הַמַּלְאָכִים אֶל־יַעֲקֹב לֵאמֹר בָּאנוּ אֶל־אָחִיךָ אֶל־עֵשָׂו וְגַם הֹלֵךְ לִקְרָאתְךָ וְאַרְבַּע־מֵאוֹת אִישׁ עִמּוֹ׃ וַיִּירָא יַעֲקֹב מְאֹד וַיֵּצֶר לוֹ וַיַּחַץ אֶת־הָעָם אֲשֶׁר־אִתּוֹ וְאֶת־הַצֹּאן וְאֶת־הַבָּקָר וְהַגְּמַלִּים לִשְׁנֵי מַחֲנוֹת׃ וַיֹּאמֶר אִם־יָבוֹא עֵשָׂו אֶל־הַמַּחֲנֶה הָאַחַת וְהִכָּהוּ וְהָיָה הַמַּחֲנֶה הַנִּשְׁאָר לִפְלֵיטָה׃

ישראל: וַיֹּאמֶר יַעֲקֹב אֱלֹהֵי אָבִי אַבְרָהָם וֵאלֹהֵי אָבִי יִצְחָק יהוה הָאֹמֵר אֵלַי שׁוּב לְאַרְצְךָ וּלְמוֹלַדְתְּךָ וְאֵיטִיבָה עִמָּךְ׃ קָטֹנְתִּי מִכֹּל הַחֲסָדִים וּמִכָּל־הָאֱמֶת אֲשֶׁר עָשִׂיתָ אֶת־עַבְדֶּךָ כִּי בְמַקְלִי עָבַרְתִּי אֶת־הַיַּרְדֵּן הַזֶּה וְעַתָּה הָיִיתִי לִשְׁנֵי מַחֲנוֹת׃ הַצִּילֵנִי נָא מִיַּד אָחִי מִיַּד עֵשָׂו כִּי־יָרֵא אָנֹכִי אֹתוֹ פֶּן־יָבוֹא וְהִכַּנִי אֵם עַל־בָּנִים׃ וְאַתָּה אָמַרְתָּ הֵיטֵב אֵיטִיב עִמָּךְ וְשַׂמְתִּי אֶת־זַרְעֲךָ כְּחוֹל הַיָּם אֲשֶׁר לֹא־יִסָּפֵר מֵרֹב׃

## וישב

כהן: וַיֵּשֶׁב יַעֲקֹב בְּאֶרֶץ מְגוּרֵי אָבִיו בְּאֶרֶץ כְּנָעַן׃ אֵלֶּה | תֹּלְדוֹת יַעֲקֹב יוֹסֵף בֶּן־שְׁבַע־עֶשְׂרֵה שָׁנָה הָיָה רֹעֶה אֶת־אֶחָיו בַּצֹּאן וְהוּא נַעַר אֶת־בְּנֵי בִלְהָה וְאֶת־בְּנֵי זִלְפָּה נְשֵׁי אָבִיו וַיָּבֵא יוֹסֵף אֶת־דִּבָּתָם רָעָה אֶל־אֲבִיהֶם׃ וְיִשְׂרָאֵל אָהַב אֶת־יוֹסֵף מִכָּל־בָּנָיו כִּי־בֶן־זְקֻנִים הוּא לוֹ וְעָשָׂה לוֹ כְּתֹנֶת פַּסִּים׃

לוי: וַיִּרְאוּ אֶחָיו כִּי־אֹתוֹ אָהַב אֲבִיהֶם מִכָּל־אֶחָיו וַיִּשְׂנְאוּ אֹתוֹ וְלֹא יָכְלוּ דַּבְּרוֹ לְשָׁלֹם׃ וַיַּחֲלֹם יוֹסֵף חֲלוֹם וַיַּגֵּד לְאֶחָיו וַיּוֹסִפוּ עוֹד שְׂנֹא אֹתוֹ׃ וַיֹּאמֶר אֲלֵיהֶם שִׁמְעוּ־נָא הַחֲלוֹם הַזֶּה אֲשֶׁר חָלָמְתִּי׃ וְהִנֵּה אֲנַחְנוּ מְאַלְּמִים אֲלֻמִּים בְּתוֹךְ הַשָּׂדֶה וְהִנֵּה קָמָה אֲלֻמָּתִי וְגַם־נִצָּבָה וְהִנֵּה תְסֻבֶּינָה אֲלֻמֹּתֵיכֶם וַתִּשְׁתַּחֲוֶיןָ לַאֲלֻמָּתִי׃

ישראל: וַיֹּאמְרוּ לוֹ אֶחָיו הֲמָלֹךְ תִּמְלֹךְ עָלֵינוּ אִם־מָשׁוֹל תִּמְשֹׁל בָּנוּ וַיּוֹסִפוּ עוֹד שְׂנֹא אֹתוֹ עַל־חֲלֹמֹתָיו וְעַל־דְּבָרָיו׃ וַיַּחֲלֹם עוֹד חֲלוֹם אַחֵר וַיְסַפֵּר אֹתוֹ לְאֶחָיו וַיֹּאמֶר הִנֵּה חָלַמְתִּי חֲלוֹם עוֹד וְהִנֵּה הַשֶּׁמֶשׁ וְהַיָּרֵחַ וְאַחַד עָשָׂר כּוֹכָבִים מִשְׁתַּחֲוִים לִי׃ וַיְסַפֵּר אֶל־אָבִיו וְאֶל־אֶחָיו וַיִּגְעַר־בּוֹ אָבִיו וַיֹּאמֶר לוֹ מָה הַחֲלוֹם הַזֶּה אֲשֶׁר חָלָמְתָּ הֲבוֹא נָבוֹא אֲנִי וְאִמְּךָ וְאַחֶיךָ לְהִשְׁתַּחֲוֺת לְךָ אָרְצָה׃ וַיְקַנְאוּ־בוֹ אֶחָיו וְאָבִיו שָׁמַר אֶת־הַדָּבָר׃

**מקץ**

כהן: וַיְהִי מִקֵּץ שְׁנָתַיִם יָמִים וּפַרְעֹה חֹלֵם וְהִנֵּה עֹמֵד עַל־הַיְאֹר: וְהִנֵּה מִן־הַיְאֹר עֹלֹת שֶׁבַע פָּרוֹת יְפוֹת מַרְאֶה וּבְרִיאֹת בָּשָׂר וַתִּרְעֶינָה בָּאָחוּ: וְהִנֵּה שֶׁבַע פָּרוֹת אֲחֵרוֹת עֹלוֹת אַחֲרֵיהֶן מִן־הַיְאֹר רָעוֹת מַרְאֶה וְדַקּוֹת בָּשָׂר וַתַּעֲמֹדְנָה אֵצֶל הַפָּרוֹת עַל־שְׂפַת הַיְאֹר: וַתֹּאכַלְנָה הַפָּרוֹת רָעוֹת הַמַּרְאֶה וְדַקֹּת הַבָּשָׂר אֵת שֶׁבַע הַפָּרוֹת יְפֹת הַמַּרְאֶה וְהַבְּרִיאֹת וַיִּיקַץ פַּרְעֹה:

לוי: וַיִּישָׁן וַיַּחֲלֹם שֵׁנִית וְהִנֵּה | שֶׁבַע שִׁבֳּלִים עֹלוֹת בְּקָנֶה אֶחָד בְּרִיאוֹת וְטֹבוֹת: וְהִנֵּה שֶׁבַע שִׁבֳּלִים דַּקּוֹת וּשְׁדוּפֹת קָדִים צֹמְחוֹת אַחֲרֵיהֶן: וַתִּבְלַעְנָה הַשִּׁבֳּלִים הַדַּקּוֹת אֵת שֶׁבַע הַשִּׁבֳּלִים הַבְּרִיאוֹת וְהַמְּלֵאוֹת וַיִּיקַץ פַּרְעֹה וְהִנֵּה חֲלוֹם:

ישראל: וַיְהִי בַבֹּקֶר וַתִּפָּעֶם רוּחוֹ וַיִּשְׁלַח וַיִּקְרָא אֶת־כָּל־חַרְטֻמֵּי מִצְרַיִם וְאֶת־כָּל־חֲכָמֶיהָ וַיְסַפֵּר פַּרְעֹה לָהֶם אֶת־חֲלֹמוֹ וְאֵין־פּוֹתֵר אוֹתָם לְפַרְעֹה: וַיְדַבֵּר שַׂר הַמַּשְׁקִים אֶת־פַּרְעֹה לֵאמֹר אֶת־חֲטָאַי אֲנִי מַזְכִּיר הַיּוֹם: פַּרְעֹה קָצַף עַל־עֲבָדָיו וַיִּתֵּן אֹתִי בְּמִשְׁמַר בֵּית שַׂר הַטַּבָּחִים אֹתִי וְאֵת שַׂר הָאֹפִים: וַנַּחַלְמָה חֲלוֹם בְּלַיְלָה אֶחָד אֲנִי וָהוּא אִישׁ כְּפִתְרוֹן חֲלֹמוֹ חָלָמְנוּ: וְשָׁם אִתָּנוּ נַעַר עִבְרִי עֶבֶד לְשַׂר הַטַּבָּחִים וַנְּסַפֶּר־לוֹ וַיִּפְתָּר־לָנוּ אֶת־חֲלֹמֹתֵינוּ אִישׁ כַּחֲלֹמוֹ פָּתָר: וַיְהִי כַּאֲשֶׁר פָּתַר־לָנוּ כֵּן הָיָה אֹתִי הֵשִׁיב עַל־כַּנִּי וְאֹתוֹ תָלָה: וַיִּשְׁלַח פַּרְעֹה וַיִּקְרָא אֶת־יוֹסֵף וַיְרִיצֻהוּ מִן־הַבּוֹר וַיְגַלַּח וַיְחַלֵּף שִׂמְלֹתָיו וַיָּבֹא אֶל־פַּרְעֹה:

**ויגש**

כהן: וַיִּגַּשׁ אֵלָיו יְהוּדָה וַיֹּאמֶר בִּי אֲדֹנִי יְדַבֶּר־נָא עַבְדְּךָ דָבָר בְּאָזְנֵי אֲדֹנִי וְאַל־יִחַר אַפְּךָ בְּעַבְדֶּךָ כִּי כָמוֹךָ כְּפַרְעֹה: אֲדֹנִי שָׁאַל אֶת־עֲבָדָיו לֵאמֹר הֲיֵשׁ־לָכֶם אָב אוֹ־אָח: וַנֹּאמֶר אֶל־אֲדֹנִי יֶשׁ־לָנוּ אָב זָקֵן וְיֶלֶד זְקֻנִים קָטָן וְאָחִיו מֵת וַיִּוָּתֵר הוּא לְבַדּוֹ לְאִמּוֹ וְאָבִיו אֲהֵבוֹ:

לוי: וַתֹּאמֶר אֶל־עֲבָדֶיךָ הוֹרִדֻהוּ אֵלָי וְאָשִׂימָה עֵינִי עָלָיו: וַנֹּאמֶר אֶל־אֲדֹנִי לֹא־יוּכַל הַנַּעַר לַעֲזֹב אֶת־אָבִיו וְעָזַב אֶת־אָבִיו וָמֵת: וַתֹּאמֶר אֶל־עֲבָדֶיךָ אִם־לֹא יֵרֵד אֲחִיכֶם הַקָּטֹן אִתְּכֶם לֹא תֹסִפוּן לִרְאוֹת פָּנָי: וַיְהִי כִּי עָלִינוּ אֶל־עַבְדְּךָ אָבִי וַנַּגֶּד־לוֹ אֵת דִּבְרֵי אֲדֹנִי:

ישראל: וַיֹּאמֶר אָבִינוּ שֻׁבוּ שִׁבְרוּ־לָנוּ מְעַט־אֹכֶל: וַנֹּאמֶר לֹא נוּכַל לָרֶדֶת אִם־יֵשׁ אָחִינוּ הַקָּטֹן אִתָּנוּ וְיָרַדְנוּ כִּי־לֹא נוּכַל לִרְאוֹת פְּנֵי הָאִישׁ וְאָחִינוּ הַקָּטֹן אֵינֶנּוּ אִתָּנוּ: וַיֹּאמֶר עַבְדְּךָ אָבִי אֵלֵינוּ אַתֶּם יְדַעְתֶּם כִּי שְׁנַיִם יָלְדָה־לִּי אִשְׁתִּי: וַיֵּצֵא הָאֶחָד מֵאִתִּי וָאֹמַר אַךְ טָרֹף טֹרָף וְלֹא רְאִיתִיו עַד־הֵנָּה: וּלְקַחְתֶּם גַּם־אֶת־זֶה מֵעִם פָּנַי וְקָרָהוּ אָסוֹן וְהוֹרַדְתֶּם אֶת־שֵׂיבָתִי בְּרָעָה שְׁאֹלָה: וְעַתָּה כְּבֹאִי אֶל־עַבְדְּךָ אָבִי וְהַנַּעַר אֵינֶנּוּ אִתָּנוּ וְנַפְשׁוֹ קְשׁוּרָה בְנַפְשׁוֹ:

**ויחי**

כהן: וַיְחִי יַעֲקֹב בְּאֶרֶץ מִצְרַיִם שְׁבַע עֶשְׂרֵה שָׁנָה וַיְהִי יְמֵי־יַעֲקֹב שְׁנֵי חַיָּיו שֶׁבַע שָׁנִים וְאַרְבָּעִים וּמְאַת שָׁנָה: וַיִּקְרְבוּ יְמֵי־יִשְׂרָאֵל לָמוּת וַיִּקְרָא | לִבְנוֹ לְיוֹסֵף וַיֹּאמֶר לוֹ אִם־נָא מָצָאתִי חֵן בְּעֵינֶיךָ שִׂים־נָא יָדְךָ תַּחַת יְרֵכִי וְעָשִׂיתָ עִמָּדִי חֶסֶד וֶאֱמֶת אַל־נָא תִקְבְּרֵנִי בְּמִצְרָיִם: וְשָׁכַבְתִּי עִם־אֲבֹתַי וּנְשָׂאתַנִי מִמִּצְרַיִם וּקְבַרְתַּנִי בִּקְבֻרָתָם וַיֹּאמַר אָנֹכִי אֶעֱשֶׂה כִדְבָרֶךָ: וַיֹּאמֶר הִשָּׁבְעָה לִי וַיִּשָּׁבַע לוֹ וַיִּשְׁתַּחוּ יִשְׂרָאֵל עַל־רֹאשׁ הַמִּטָּה:

לוי: וַיְהִי אַחֲרֵי הַדְּבָרִים הָאֵלֶּה וַיֹּאמֶר לְיוֹסֵף הִנֵּה אָבִיךָ חֹלֶה וַיִּקַּח אֶת־שְׁנֵי בָנָיו עִמּוֹ אֶת־מְנַשֶּׁה וְאֶת־אֶפְרָיִם: וַיַּגֵּד לְיַעֲקֹב וַיֹּאמֶר הִנֵּה בִּנְךָ יוֹסֵף בָּא אֵלֶיךָ וַיִּתְחַזֵּק יִשְׂרָאֵל וַיֵּשֶׁב עַל־הַמִּטָּה: וַיֹּאמֶר יַעֲקֹב אֶל־יוֹסֵף אֵל שַׁדַּי נִרְאָה־אֵלַי בְּלוּז בְּאֶרֶץ כְּנָעַן וַיְבָרֶךְ אֹתִי:

ישראל: וַיֹּאמֶר אֵלַי הִנְנִי מַפְרְךָ וְהִרְבִּיתִךָ וּנְתַתִּיךָ לִקְהַל עַמִּים וְנָתַתִּי אֶת־הָאָרֶץ הַזֹּאת לְזַרְעֲךָ אַחֲרֶיךָ אֲחֻזַּת עוֹלָם: וְעַתָּה שְׁנֵי־בָנֶיךָ הַנּוֹלָדִים לְךָ בְּאֶרֶץ מִצְרַיִם עַד־בֹּאִי אֵלֶיךָ מִצְרַיְמָה לִי־הֵם אֶפְרַיִם וּמְנַשֶּׁה כִּרְאוּבֵן וְשִׁמְעוֹן יִהְיוּ־לִי: וּמוֹלַדְתְּךָ אֲשֶׁר־הוֹלַדְתָּ אַחֲרֵיהֶם לְךָ יִהְיוּ עַל שֵׁם אֲחֵיהֶם יִקָּרְאוּ בְּנַחֲלָתָם: וַאֲנִי | בְּבֹאִי מִפַּדָּן מֵתָה עָלַי רָחֵל בְּאֶרֶץ כְּנַעַן בַּדֶּרֶךְ בְּעוֹד כִּבְרַת־אֶרֶץ לָבֹא אֶפְרָתָה וָאֶקְבְּרֶהָ שָּׁם בְּדֶרֶךְ אֶפְרָת הִוא בֵּית לָחֶם: וַיַּרְא יִשְׂרָאֵל אֶת־בְּנֵי יוֹסֵף וַיֹּאמֶר מִי־אֵלֶּה: וַיֹּאמֶר יוֹסֵף אֶל־אָבִיו בָּנַי הֵם אֲשֶׁר־נָתַן־לִי אֱלֹהִים בָּזֶה וַיֹּאמַר קָחֶם־נָא אֵלַי וַאֲבָרְכֵם:

**שמות**

כהן: וְאֵלֶּה שְׁמוֹת בְּנֵי יִשְׂרָאֵל הַבָּאִים מִצְרָיְמָה אֵת יַעֲקֹב אִישׁ וּבֵיתוֹ בָּאוּ: רְאוּבֵן שִׁמְעוֹן לֵוִי וִיהוּדָה: יִשָּׂשכָר זְבוּלֻן וּבִנְיָמִן: דָּן וְנַפְתָּלִי גָּד וְאָשֵׁר: וַיְהִי כָּל־נֶפֶשׁ יֹצְאֵי יֶרֶךְ־

יַעֲקֹב שִׁבְעִים נָפֶשׁ וְיוֹסֵף הָיָה בְמִצְרָיִם: וַיָּמָת יוֹסֵף וְכָל־אֶחָיו וְכֹל הַדּוֹר הַהוּא: וּבְנֵי יִשְׂרָאֵל פָּרוּ וַיִּשְׁרְצוּ וַיִּרְבּוּ וַיַּעַצְמוּ בִּמְאֹד מְאֹד וַתִּמָּלֵא הָאָרֶץ אֹתָם:

לוי: וַיָּקָם מֶלֶךְ־חָדָשׁ עַל־מִצְרָיִם אֲשֶׁר לֹא־יָדַע אֶת־יוֹסֵף: וַיֹּאמֶר אֶל־עַמּוֹ הִנֵּה עַם בְּנֵי יִשְׂרָאֵל רַב וְעָצוּם מִמֶּנּוּ: הָבָה נִתְחַכְּמָה לוֹ פֶּן־יִרְבֶּה וְהָיָה כִּי־תִקְרֶאנָה מִלְחָמָה וְנוֹסַף גַּם־הוּא עַל־שֹׂנְאֵינוּ וְנִלְחַם־בָּנוּ וְעָלָה מִן־הָאָרֶץ: וַיָּשִׂימוּ עָלָיו שָׂרֵי מִסִּים לְמַעַן עַנֹּתוֹ בְּסִבְלֹתָם וַיִּבֶן עָרֵי מִסְכְּנוֹת לְפַרְעֹה אֶת־פִּתֹם וְאֶת־רַעַמְסֵס: וְכַאֲשֶׁר יְעַנּוּ אֹתוֹ כֵּן יִרְבֶּה וְכֵן יִפְרֹץ וַיָּקֻצוּ מִפְּנֵי בְּנֵי יִשְׂרָאֵל:

ישראל: וַיַּעֲבִדוּ מִצְרַיִם אֶת־בְּנֵי יִשְׂרָאֵל בְּפָרֶךְ: וַיְמָרְרוּ אֶת־חַיֵּיהֶם בַּעֲבֹדָה קָשָׁה בְּחֹמֶר וּבִלְבֵנִים וּבְכָל־עֲבֹדָה בַּשָּׂדֶה אֵת כָּל־עֲבֹדָתָם אֲשֶׁר־עָבְדוּ בָהֶם בְּפָרֶךְ: וַיֹּאמֶר מֶלֶךְ מִצְרַיִם לַמְיַלְּדֹת הָעִבְרִיֹּת אֲשֶׁר שֵׁם הָאַחַת שִׁפְרָה וְשֵׁם הַשֵּׁנִית פּוּעָה: וַיֹּאמֶר בְּיַלֶּדְכֶן אֶת־הָעִבְרִיּוֹת וּרְאִיתֶן עַל־הָאָבְנָיִם אִם־בֵּן הוּא וַהֲמִתֶּן אֹתוֹ וְאִם־בַּת הִוא וָחָיָה: וַתִּירֶאןָ הַמְיַלְּדֹת אֶת־הָאֱלֹהִים וְלֹא עָשׂוּ כַּאֲשֶׁר דִּבֶּר אֲלֵיהֶן מֶלֶךְ מִצְרָיִם וַתְּחַיֶּיןָ אֶת־הַיְלָדִים:

## וארא

כהן: וַיְדַבֵּר אֱלֹהִים אֶל־מֹשֶׁה וַיֹּאמֶר אֵלָיו אֲנִי יהוה: וָאֵרָא אֶל־אַבְרָהָם אֶל־יִצְחָק וְאֶל־יַעֲקֹב בְּאֵל שַׁדָּי וּשְׁמִי יהוה לֹא נוֹדַעְתִּי לָהֶם: וְגַם הֲקִמֹתִי אֶת־בְּרִיתִי אִתָּם לָתֵת לָהֶם אֶת־אֶרֶץ כְּנָעַן אֵת אֶרֶץ מְגֻרֵיהֶם אֲשֶׁר־גָּרוּ בָהּ: וְגַם ׀ אֲנִי שָׁמַעְתִּי אֶת־נַאֲקַת בְּנֵי יִשְׂרָאֵל אֲשֶׁר מִצְרַיִם מַעֲבִדִים אֹתָם וָאֶזְכֹּר אֶת־בְּרִיתִי:

לוי: לָכֵן אֱמֹר לִבְנֵי־יִשְׂרָאֵל אֲנִי יהוה וְהוֹצֵאתִי אֶתְכֶם מִתַּחַת סִבְלֹת מִצְרַיִם וְהִצַּלְתִּי אֶתְכֶם מֵעֲבֹדָתָם וְגָאַלְתִּי אֶתְכֶם בִּזְרוֹעַ נְטוּיָה וּבִשְׁפָטִים גְּדֹלִים: וְלָקַחְתִּי אֶתְכֶם לִי לְעָם וְהָיִיתִי לָכֶם לֵאלֹהִים וִידַעְתֶּם כִּי אֲנִי יהוה אֱלֹהֵיכֶם הַמּוֹצִיא אֶתְכֶם מִתַּחַת סִבְלוֹת מִצְרָיִם: וְהֵבֵאתִי אֶתְכֶם אֶל־הָאָרֶץ אֲשֶׁר נָשָׂאתִי אֶת־יָדִי לָתֵת אֹתָהּ לְאַבְרָהָם לְיִצְחָק וּלְיַעֲקֹב וְנָתַתִּי אֹתָהּ לָכֶם מוֹרָשָׁה אֲנִי יהוה: וַיְדַבֵּר מֹשֶׁה כֵּן אֶל־בְּנֵי יִשְׂרָאֵל וְלֹא שָׁמְעוּ אֶל־מֹשֶׁה מִקֹּצֶר רוּחַ וּמֵעֲבֹדָה קָשָׁה:

ישראל: וַיְדַבֵּר יהוה אֶל־מֹשֶׁה לֵּאמֹר: בֹּא דַבֵּר אֶל־פַּרְעֹה מֶלֶךְ מִצְרָיִם וִישַׁלַּח אֶת־בְּנֵי־יִשְׂרָאֵל מֵאַרְצוֹ: וַיְדַבֵּר מֹשֶׁה לִפְנֵי יהוה לֵאמֹר הֵן בְּנֵי־יִשְׂרָאֵל לֹא־שָׁמְעוּ אֵלַי וְאֵיךְ יִשְׁמָעֵנִי פַרְעֹה וַאֲנִי עֲרַל שְׂפָתָיִם: וַיְדַבֵּר יהוה אֶל־מֹשֶׁה וְאֶל־אַהֲרֹן וַיְצַוֵּם אֶל־בְּנֵי יִשְׂרָאֵל וְאֶל־פַּרְעֹה מֶלֶךְ מִצְרָיִם לְהוֹצִיא אֶת־בְּנֵי־יִשְׂרָאֵל מֵאֶרֶץ מִצְרָיִם:

## בא

כהן: וַיֹּאמֶר יהוה אֶל־מֹשֶׁה בֹּא אֶל־פַּרְעֹה כִּי־אֲנִי הִכְבַּדְתִּי אֶת־לִבּוֹ וְאֶת־לֵב עֲבָדָיו לְמַעַן שִׁתִי אֹתֹתַי אֵלֶּה בְּקִרְבּוֹ: וּלְמַעַן תְּסַפֵּר בְּאָזְנֵי בִנְךָ וּבֶן־בִּנְךָ אֵת אֲשֶׁר הִתְעַלַּלְתִּי בְּמִצְרַיִם וְאֶת־אֹתֹתַי אֲשֶׁר־שַׂמְתִּי בָם וִידַעְתֶּם כִּי־אֲנִי יהוה: וַיָּבֹא מֹשֶׁה וְאַהֲרֹן אֶל־פַּרְעֹה וַיֹּאמְרוּ אֵלָיו כֹּה־אָמַר יהוה אֱלֹהֵי הָעִבְרִים עַד־מָתַי מֵאַנְתָּ לֵעָנֹת מִפָּנָי שַׁלַּח עַמִּי וְיַעַבְדֻנִי:

לוי: כִּי אִם־מָאֵן אַתָּה לְשַׁלֵּחַ אֶת־עַמִּי הִנְנִי מֵבִיא מָחָר אַרְבֶּה בִּגְבֻלֶךָ: וְכִסָּה אֶת־עֵין הָאָרֶץ וְלֹא יוּכַל לִרְאֹת אֶת־הָאָרֶץ וְאָכַל ׀ אֶת־יֶתֶר הַפְּלֵטָה הַנִּשְׁאֶרֶת לָכֶם מִן־הַבָּרָד וְאָכַל אֶת־כָּל־הָעֵץ הַצֹּמֵחַ לָכֶם מִן־הַשָּׂדֶה: וּמָלְאוּ בָתֶּיךָ וּבָתֵּי כָל־עֲבָדֶיךָ וּבָתֵּי כָל־מִצְרַיִם אֲשֶׁר לֹא־רָאוּ אֲבֹתֶיךָ וַאֲבוֹת אֲבֹתֶיךָ מִיּוֹם הֱיוֹתָם עַל־הָאֲדָמָה עַד הַיּוֹם הַזֶּה וַיִּפֶן וַיֵּצֵא מֵעִם פַּרְעֹה:

ישראל: וַיֹּאמְרוּ עַבְדֵי פַרְעֹה אֵלָיו עַד־מָתַי יִהְיֶה זֶה לָנוּ לְמוֹקֵשׁ שַׁלַּח אֶת־הָאֲנָשִׁים וְיַעַבְדוּ אֶת־יהוה אֱלֹהֵיהֶם הֲטֶרֶם תֵּדַע כִּי אָבְדָה מִצְרָיִם: וַיּוּשַׁב אֶת־מֹשֶׁה וְאֶת־אַהֲרֹן אֶל־פַּרְעֹה וַיֹּאמֶר אֲלֵהֶם לְכוּ עִבְדוּ אֶת־יהוה אֱלֹהֵיכֶם מִי וָמִי הַהֹלְכִים: וַיֹּאמֶר מֹשֶׁה בִּנְעָרֵינוּ וּבִזְקֵנֵינוּ נֵלֵךְ בְּבָנֵינוּ וּבִבְנוֹתֵנוּ בְּצֹאנֵנוּ וּבִבְקָרֵנוּ נֵלֵךְ כִּי חַג־יהוה לָנוּ: וַיֹּאמֶר אֲלֵהֶם יְהִי כֵן יהוה עִמָּכֶם כַּאֲשֶׁר אֲשַׁלַּח אֶתְכֶם וְאֶת־טַפְּכֶם רְאוּ כִּי רָעָה נֶגֶד פְּנֵיכֶם: לֹא כֵן לְכוּ־נָא הַגְּבָרִים וְעִבְדוּ אֶת־יהוה כִּי אֹתָהּ אַתֶּם מְבַקְשִׁים וַיְגָרֶשׁ אֹתָם מֵאֵת פְּנֵי פַרְעֹה:

## בשלח

כהן: וַיְהִי בְּשַׁלַּח פַּרְעֹה אֶת־הָעָם וְלֹא־נָחָם אֱלֹהִים דֶּרֶךְ אֶרֶץ פְּלִשְׁתִּים כִּי קָרוֹב הוּא כִּי ׀ אָמַר אֱלֹהִים פֶּן־יִנָּחֵם הָעָם בִּרְאֹתָם מִלְחָמָה וְשָׁבוּ מִצְרָיְמָה: וַיַּסֵּב אֱלֹהִים ׀ אֶת־הָעָם דֶּרֶךְ הַמִּדְבָּר יַם־סוּף וַחֲמֻשִׁים עָלוּ בְנֵי־יִשְׂרָאֵל מֵאֶרֶץ מִצְרָיִם: וַיִּקַּח מֹשֶׁה אֶת־

עַצְמוֹת יוֹסֵף עִמּוֹ כִּי הַשְׁבֵּעַ הִשְׁבִּיעַ אֶת־בְּנֵי יִשְׂרָאֵל לֵאמֹר פָּקֹד יִפְקֹד אֱלֹהִים אֶתְכֶם וְהַעֲלִיתֶם אֶת־עַצְמֹתַי מִזֶּה אִתְּכֶם: וַיִּסְעוּ מִסֻּכֹּת וַיַּחֲנוּ בְאֵתָם בִּקְצֵה הַמִּדְבָּר: וַיהוָה הֹלֵךְ לִפְנֵיהֶם יוֹמָם בְּעַמּוּד עָנָן לַנְחֹתָם הַדֶּרֶךְ וְלַיְלָה בְּעַמּוּד אֵשׁ לְהָאִיר לָהֶם לָלֶכֶת יוֹמָם וָלָיְלָה: לֹא־יָמִישׁ עַמּוּד הֶעָנָן יוֹמָם וְעַמּוּד הָאֵשׁ לָיְלָה לִפְנֵי הָעָם:

לוי: וַיְדַבֵּר יהוָה אֶל־מֹשֶׁה לֵּאמֹר: דַּבֵּר אֶל־בְּנֵי יִשְׂרָאֵל וְיָשֻׁבוּ וְיַחֲנוּ לִפְנֵי פִּי הַחִירֹת בֵּין מִגְדֹּל וּבֵין הַיָּם לִפְנֵי בַּעַל צְפֹן נִכְחוֹ תַחֲנוּ עַל־הַיָּם: וְאָמַר פַּרְעֹה לִבְנֵי יִשְׂרָאֵל נְבֻכִים הֵם בָּאָרֶץ סָגַר עֲלֵיהֶם הַמִּדְבָּר: וְחִזַּקְתִּי אֶת־לֵב־פַּרְעֹה וְרָדַף אַחֲרֵיהֶם וְאִכָּבְדָה בְּפַרְעֹה וּבְכָל־חֵילוֹ וְיָדְעוּ מִצְרַיִם כִּי־אֲנִי יהוָה וַיַּעֲשׂוּ־כֵן:

ישראל: וַיֻּגַּד לְמֶלֶךְ מִצְרַיִם כִּי בָרַח הָעָם וַיֵּהָפֵךְ לְבַב פַּרְעֹה וַעֲבָדָיו אֶל־הָעָם וַיֹּאמְרוּ מַה־זֹּאת עָשִׂינוּ כִּי־שִׁלַּחְנוּ אֶת־יִשְׂרָאֵל מֵעָבְדֵנוּ: וַיֶּאְסֹר אֶת־רִכְבּוֹ וְאֶת־עַמּוֹ לָקַח עִמּוֹ: וַיִּקַּח שֵׁשׁ־מֵאוֹת רֶכֶב בָּחוּר וְכֹל רֶכֶב מִצְרָיִם וְשָׁלִשִׁם עַל־כֻּלּוֹ: וַיְחַזֵּק יהוָה אֶת־לֵב פַּרְעֹה מֶלֶךְ מִצְרַיִם וַיִּרְדֹּף אַחֲרֵי בְּנֵי יִשְׂרָאֵל וּבְנֵי יִשְׂרָאֵל יֹצְאִים בְּיָד רָמָה:

## יתרו

כהן: וַיִּשְׁמַע יִתְרוֹ כֹהֵן מִדְיָן חֹתֵן מֹשֶׁה אֵת כָּל־אֲשֶׁר עָשָׂה אֱלֹהִים לְמֹשֶׁה וּלְיִשְׂרָאֵל עַמּוֹ כִּי־הוֹצִיא יהוָה אֶת־יִשְׂרָאֵל מִמִּצְרָיִם: וַיִּקַּח יִתְרוֹ חֹתֵן מֹשֶׁה אֶת־צִפֹּרָה אֵשֶׁת מֹשֶׁה אַחַר שִׁלּוּחֶיהָ: וְאֵת שְׁנֵי בָנֶיהָ אֲשֶׁר שֵׁם הָאֶחָד גֵּרְשֹׁם כִּי אָמַר גֵּר הָיִיתִי בְּאֶרֶץ נָכְרִיָּה: וְשֵׁם הָאֶחָד אֱלִיעֶזֶר כִּי־אֱלֹהֵי אָבִי בְּעֶזְרִי וַיַּצִּלֵנִי מֵחֶרֶב פַּרְעֹה:

לוי: וַיָּבֹא יִתְרוֹ חֹתֵן מֹשֶׁה וּבָנָיו וְאִשְׁתּוֹ אֶל־מֹשֶׁה אֶל־הַמִּדְבָּר אֲשֶׁר־הוּא חֹנֶה שָׁם הַר הָאֱלֹהִים: וַיֹּאמֶר אֶל־מֹשֶׁה אֲנִי חֹתֶנְךָ יִתְרוֹ בָּא אֵלֶיךָ וְאִשְׁתְּךָ וּשְׁנֵי בָנֶיהָ עִמָּהּ: וַיֵּצֵא מֹשֶׁה לִקְרַאת חֹתְנוֹ וַיִּשְׁתַּחוּ וַיִּשַּׁק־לוֹ וַיִּשְׁאֲלוּ אִישׁ־לְרֵעֵהוּ לְשָׁלוֹם וַיָּבֹאוּ הָאֹהֱלָה: וַיְסַפֵּר מֹשֶׁה לְחֹתְנוֹ אֵת כָּל־אֲשֶׁר עָשָׂה יהוָה לְפַרְעֹה וּלְמִצְרַיִם עַל אוֹדֹת יִשְׂרָאֵל אֵת כָּל־הַתְּלָאָה אֲשֶׁר מְצָאָתַם בַּדֶּרֶךְ וַיַּצִּלֵם יהוָה:

ישראל: וַיִּחַדְּ יִתְרוֹ עַל כָּל־הַטּוֹבָה אֲשֶׁר־עָשָׂה יהוָה לְיִשְׂרָאֵל אֲשֶׁר הִצִּילוֹ מִיַּד מִצְרָיִם: וַיֹּאמֶר יִתְרוֹ בָּרוּךְ יהוָה אֲשֶׁר הִצִּיל אֶתְכֶם מִיַּד מִצְרַיִם וּמִיַּד פַּרְעֹה אֲשֶׁר הִצִּיל אֶת־הָעָם מִתַּחַת יַד־מִצְרָיִם: עַתָּה יָדַעְתִּי כִּי־גָדוֹל יהוָה מִכָּל־הָאֱלֹהִים כִּי בַדָּבָר אֲשֶׁר זָדוּ עֲלֵיהֶם: וַיִּקַּח יִתְרוֹ חֹתֵן מֹשֶׁה עֹלָה וּזְבָחִים לֵאלֹהִים וַיָּבֹא אַהֲרֹן וְכֹל | זִקְנֵי יִשְׂרָאֵל לֶאֱכָל־לֶחֶם עִם־חֹתֵן מֹשֶׁה לִפְנֵי הָאֱלֹהִים:

## משפטים

כהן: וְאֵלֶּה הַמִּשְׁפָּטִים אֲשֶׁר תָּשִׂים לִפְנֵיהֶם: כִּי תִקְנֶה עֶבֶד עִבְרִי שֵׁשׁ שָׁנִים יַעֲבֹד וּבַשְּׁבִעִת יֵצֵא לַחָפְשִׁי חִנָּם: אִם־בְּגַפּוֹ יָבֹא בְּגַפּוֹ יֵצֵא אִם־בַּעַל אִשָּׁה הוּא וְיָצְאָה אִשְׁתּוֹ עִמּוֹ: אִם־אֲדֹנָיו יִתֶּן־לוֹ אִשָּׁה וְיָלְדָה־לוֹ בָנִים אוֹ בָנוֹת הָאִשָּׁה וִילָדֶיהָ תִּהְיֶה לַאדֹנֶיהָ וְהוּא יֵצֵא בְגַפּוֹ: וְאִם־אָמֹר יֹאמַר הָעֶבֶד אָהַבְתִּי אֶת־אֲדֹנִי אֶת־אִשְׁתִּי וְאֶת־בָּנָי לֹא אֵצֵא חָפְשִׁי: וְהִגִּישׁוֹ אֲדֹנָיו אֶל־הָאֱלֹהִים וְהִגִּישׁוֹ אֶל־הַדֶּלֶת אוֹ אֶל־הַמְּזוּזָה וְרָצַע אֲדֹנָיו אֶת־אָזְנוֹ בַּמַּרְצֵעַ וַעֲבָדוֹ לְעֹלָם:

לוי: וְכִי־יִמְכֹּר אִישׁ אֶת־בִּתּוֹ לְאָמָה לֹא תֵצֵא כְּצֵאת הָעֲבָדִים: אִם־רָעָה בְּעֵינֵי אֲדֹנֶיהָ אֲשֶׁר־לוֹ יְעָדָהּ וְהֶפְדָּהּ לְעַם נָכְרִי לֹא־יִמְשֹׁל לְמָכְרָהּ בְּבִגְדוֹ־בָהּ: וְאִם־לִבְנוֹ יִיעָדֶנָּה כְּמִשְׁפַּט הַבָּנוֹת יַעֲשֶׂה־לָּהּ: אִם־אַחֶרֶת יִקַּח־לוֹ שְׁאֵרָהּ כְּסוּתָהּ וְעֹנָתָהּ לֹא יִגְרָע: וְאִם־שְׁלָשׁ־אֵלֶּה לֹא יַעֲשֶׂה לָהּ וְיָצְאָה חִנָּם אֵין כָּסֶף:

ישראל: מַכֵּה אִישׁ וָמֵת מוֹת יוּמָת: וַאֲשֶׁר לֹא צָדָה וְהָאֱלֹהִים אִנָּה לְיָדוֹ וְשַׂמְתִּי לְךָ מָקוֹם אֲשֶׁר יָנוּס שָׁמָּה: וְכִי־יָזִד אִישׁ עַל־רֵעֵהוּ לְהָרְגוֹ בְעָרְמָה מֵעִם מִזְבְּחִי תִּקָּחֶנּוּ לָמוּת: וּמַכֵּה אָבִיו וְאִמּוֹ מוֹת יוּמָת: וְגֹנֵב אִישׁ וּמְכָרוֹ וְנִמְצָא בְיָדוֹ מוֹת יוּמָת: וּמְקַלֵּל אָבִיו וְאִמּוֹ מוֹת יוּמָת: וְכִי־יְרִיבֻן אֲנָשִׁים וְהִכָּה־אִישׁ אֶת־רֵעֵהוּ בְּאֶבֶן אוֹ בְאֶגְרֹף וְלֹא יָמוּת וְנָפַל לְמִשְׁכָּב: אִם־יָקוּם וְהִתְהַלֵּךְ בַּחוּץ עַל־מִשְׁעַנְתּוֹ וְנִקָּה הַמַּכֶּה רַק שִׁבְתּוֹ יִתֵּן וְרַפֹּא יְרַפֵּא:

## תרומה

כהן: וַיְדַבֵּר יהוָה אֶל־מֹשֶׁה לֵּאמֹר: דַּבֵּר אֶל־בְּנֵי יִשְׂרָאֵל וְיִקְחוּ־לִי תְּרוּמָה מֵאֵת כָּל־אִישׁ אֲשֶׁר יִדְּבֶנּוּ לִבּוֹ תִּקְחוּ אֶת־תְּרוּמָתִי: וְזֹאת הַתְּרוּמָה אֲשֶׁר תִּקְחוּ מֵאִתָּם זָהָב וָכֶסֶף וּנְחֹשֶׁת: וּתְכֵלֶת וְאַרְגָּמָן וְתוֹלַעַת שָׁנִי וְשֵׁשׁ וְעִזִּים: וְעֹרֹת אֵילִם מְאָדָּמִים וְעֹרֹת תְּחָשִׁים וַעֲצֵי שִׁטִּים:

לוי: שֶׁמֶן לַמָּאֹר בְּשָׂמִים לְשֶׁמֶן הַמִּשְׁחָה וְלִקְטֹרֶת הַסַּמִּים: אַבְנֵי־שֹׁהַם וְאַבְנֵי מִלֻּאִים

לָאֵפֹד וְלַחֹשֶׁן: וְעָשׂוּ לִי מִקְדָּשׁ וְשָׁכַנְתִּי בְּתוֹכָם: כְּכֹל אֲשֶׁר אֲנִי מַרְאֶה אוֹתְךָ אֵת תַּבְנִית הַמִּשְׁכָּן וְאֵת תַּבְנִית כָּל־כֵּלָיו וְכֵן תַּעֲשׂוּ:

ישראל: וְעָשׂוּ אֲרוֹן עֲצֵי שִׁטִּים אַמָּתַיִם וָחֵצִי אָרְכּוֹ וְאַמָּה וָחֵצִי רָחְבּוֹ וְאַמָּה וָחֵצִי קֹמָתוֹ: וְצִפִּיתָ אֹתוֹ זָהָב טָהוֹר מִבַּיִת וּמִחוּץ תְּצַפֶּנּוּ וְעָשִׂיתָ עָלָיו זֵר זָהָב סָבִיב: וְיָצַקְתָּ לּוֹ אַרְבַּע טַבְּעֹת זָהָב וְנָתַתָּה עַל אַרְבַּע פַּעֲמֹתָיו וּשְׁתֵּי טַבָּעֹת עַל־צַלְעוֹ הָאֶחָת וּשְׁתֵּי טַבָּעֹת עַל־צַלְעוֹ הַשֵּׁנִית: וְעָשִׂיתָ בַדֵּי עֲצֵי שִׁטִּים וְצִפִּיתָ אֹתָם זָהָב: וְהֵבֵאתָ אֶת־הַבַּדִּים בַּטַּבָּעֹת עַל צַלְעֹת הָאָרֹן לָשֵׂאת אֶת־הָאָרֹן בָּהֶם: בְּטַבְּעֹת הָאָרֹן יִהְיוּ הַבַּדִּים לֹא יָסֻרוּ מִמֶּנּוּ: וְנָתַתָּ אֶל־הָאָרֹן אֵת הָעֵדֻת אֲשֶׁר אֶתֵּן אֵלֶיךָ:

**תצוה**

כהן: וְאַתָּה תְּצַוֶּה | אֶת־בְּנֵי יִשְׂרָאֵל וְיִקְחוּ אֵלֶיךָ שֶׁמֶן זַיִת זָךְ כָּתִית לַמָּאוֹר לְהַעֲלֹת נֵר תָּמִיד: בְּאֹהֶל מוֹעֵד מִחוּץ לַפָּרֹכֶת אֲשֶׁר עַל־הָעֵדֻת יַעֲרֹךְ אֹתוֹ אַהֲרֹן וּבָנָיו מֵעֶרֶב עַד־בֹּקֶר לִפְנֵי יהוה חֻקַּת עוֹלָם לְדֹרֹתָם מֵאֵת בְּנֵי יִשְׂרָאֵל: וְאַתָּה הַקְרֵב אֵלֶיךָ אֶת־אַהֲרֹן אָחִיךָ וְאֶת־בָּנָיו אִתּוֹ מִתּוֹךְ בְּנֵי יִשְׂרָאֵל לְכַהֲנוֹ־לִי אַהֲרֹן נָדָב וַאֲבִיהוּא אֶלְעָזָר וְאִיתָמָר בְּנֵי אַהֲרֹן: וְעָשִׂיתָ בִגְדֵי־קֹדֶשׁ לְאַהֲרֹן אָחִיךָ לְכָבוֹד וּלְתִפְאָרֶת: וְאַתָּה תְּדַבֵּר אֶל־כָּל־חַכְמֵי־לֵב אֲשֶׁר מִלֵּאתִיו רוּחַ חָכְמָה וְעָשׂוּ אֶת־בִּגְדֵי אַהֲרֹן לְקַדְּשׁוֹ לְכַהֲנוֹ־לִי: וְאֵלֶּה הַבְּגָדִים אֲשֶׁר יַעֲשׂוּ חֹשֶׁן וְאֵפוֹד וּמְעִיל וּכְתֹנֶת תַּשְׁבֵּץ מִצְנֶפֶת וְאַבְנֵט וְעָשׂוּ בִגְדֵי־קֹדֶשׁ לְאַהֲרֹן אָחִיךָ וּלְבָנָיו לְכַהֲנוֹ־לִי: וְהֵם יִקְחוּ אֶת־הַזָּהָב וְאֶת־הַתְּכֵלֶת וְאֶת־הָאַרְגָּמָן וְאֶת־תּוֹלַעַת הַשָּׁנִי וְאֶת־הַשֵּׁשׁ:

לוי: וְעָשׂוּ אֶת־הָאֵפֹד זָהָב תְּכֵלֶת וְאַרְגָּמָן תּוֹלַעַת שָׁנִי וְשֵׁשׁ מָשְׁזָר מַעֲשֵׂה חֹשֵׁב: שְׁתֵּי כְתֵפֹת חֹבְרֹת יִהְיֶה־לּוֹ אֶל־שְׁנֵי קְצוֹתָיו וְחֻבָּר: וְחֵשֶׁב אֲפֻדָּתוֹ אֲשֶׁר עָלָיו כְּמַעֲשֵׂהוּ מִמֶּנּוּ יִהְיֶה זָהָב תְּכֵלֶת וְאַרְגָּמָן וְתוֹלַעַת שָׁנִי וְשֵׁשׁ מָשְׁזָר: וְלָקַחְתָּ אֶת־שְׁתֵּי אַבְנֵי־שֹׁהַם וּפִתַּחְתָּ עֲלֵיהֶם שְׁמוֹת בְּנֵי יִשְׂרָאֵל:

ישראל: שִׁשָּׁה מִשְּׁמֹתָם עַל הָאֶבֶן הָאֶחָת וְאֶת־שְׁמוֹת הַשִּׁשָּׁה הַנּוֹתָרִים עַל־הָאֶבֶן הַשֵּׁנִית כְּתוֹלְדֹתָם: מַעֲשֵׂה חָרַשׁ אֶבֶן פִּתּוּחֵי חֹתָם תְּפַתַּח אֶת־שְׁתֵּי הָאֲבָנִים עַל־שְׁמֹת בְּנֵי יִשְׂרָאֵל מֻסַבֹּת מִשְׁבְּצוֹת זָהָב תַּעֲשֶׂה אֹתָם: וְשַׂמְתָּ אֶת־שְׁתֵּי הָאֲבָנִים עַל כִּתְפֹת הָאֵפֹד אַבְנֵי זִכָּרֹן לִבְנֵי יִשְׂרָאֵל וְנָשָׂא אַהֲרֹן אֶת־שְׁמוֹתָם לִפְנֵי יהוה עַל־שְׁתֵּי כְתֵפָיו לְזִכָּרֹן:

**תשא**

כהן: וַיְדַבֵּר יהוה אֶל־מֹשֶׁה לֵּאמֹר: כִּי תִשָּׂא אֶת־רֹאשׁ בְּנֵי־יִשְׂרָאֵל לִפְקֻדֵיהֶם וְנָתְנוּ אִישׁ כֹּפֶר נַפְשׁוֹ לַיהוה בִּפְקֹד אֹתָם וְלֹא־יִהְיֶה בָהֶם נֶגֶף בִּפְקֹד אֹתָם: זֶה | יִתְּנוּ כָּל־הָעֹבֵר עַל־הַפְּקֻדִים מַחֲצִית הַשֶּׁקֶל בְּשֶׁקֶל הַקֹּדֶשׁ עֶשְׂרִים גֵּרָה הַשֶּׁקֶל מַחֲצִית הַשֶּׁקֶל תְּרוּמָה לַיהוה:

לוי: כֹּל הָעֹבֵר עַל־הַפְּקֻדִים מִבֶּן עֶשְׂרִים שָׁנָה וָמָעְלָה יִתֵּן תְּרוּמַת יהוה: הֶעָשִׁיר לֹא־יַרְבֶּה וְהַדַּל לֹא יַמְעִיט מִמַּחֲצִית הַשָּׁקֶל לָתֵת אֶת־תְּרוּמַת יהוה לְכַפֵּר עַל־נַפְשֹׁתֵיכֶם: וְלָקַחְתָּ אֶת־כֶּסֶף הַכִּפֻּרִים מֵאֵת בְּנֵי יִשְׂרָאֵל וְנָתַתָּ אֹתוֹ עַל־עֲבֹדַת אֹהֶל מוֹעֵד וְהָיָה לִבְנֵי יִשְׂרָאֵל לְזִכָּרוֹן לִפְנֵי יהוה לְכַפֵּר עַל־נַפְשֹׁתֵיכֶם:

ישראל: וַיְדַבֵּר יהוה אֶל־מֹשֶׁה לֵּאמֹר: וְעָשִׂיתָ כִּיּוֹר נְחֹשֶׁת וְכַנּוֹ נְחֹשֶׁת לְרָחְצָה וְנָתַתָּ אֹתוֹ בֵּין־אֹהֶל מוֹעֵד וּבֵין הַמִּזְבֵּחַ וְנָתַתָּ שָׁמָּה מָיִם: וְרָחֲצוּ אַהֲרֹן וּבָנָיו מִמֶּנּוּ אֶת־יְדֵיהֶם וְאֶת־רַגְלֵיהֶם: בְּבֹאָם אֶל־אֹהֶל מוֹעֵד יִרְחֲצוּ־מַיִם וְלֹא יָמֻתוּ אוֹ בְגִשְׁתָּם אֶל־הַמִּזְבֵּחַ לְשָׁרֵת לְהַקְטִיר אִשֶּׁה לַיהוה: וְרָחֲצוּ יְדֵיהֶם וְרַגְלֵיהֶם וְלֹא יָמֻתוּ וְהָיְתָה לָהֶם חָק־עוֹלָם לוֹ וּלְזַרְעוֹ לְדֹרֹתָם:

**ויקהל**

כהן: וַיַּקְהֵל מֹשֶׁה אֶת־כָּל־עֲדַת בְּנֵי יִשְׂרָאֵל וַיֹּאמֶר אֲלֵהֶם אֵלֶּה הַדְּבָרִים אֲשֶׁר־צִוָּה יהוה לַעֲשֹׂת אֹתָם: שֵׁשֶׁת יָמִים תֵּעָשֶׂה מְלָאכָה וּבַיּוֹם הַשְּׁבִיעִי יִהְיֶה לָכֶם קֹדֶשׁ שַׁבַּת שַׁבָּתוֹן לַיהוה כָּל־הָעֹשֶׂה בוֹ מְלָאכָה יוּמָת: לֹא־תְבַעֲרוּ אֵשׁ בְּכֹל מֹשְׁבֹתֵיכֶם בְּיוֹם הַשַּׁבָּת:

לוי: וַיֹּאמֶר מֹשֶׁה אֶל־כָּל־עֲדַת בְּנֵי־יִשְׂרָאֵל לֵאמֹר זֶה הַדָּבָר אֲשֶׁר־צִוָּה יהוה לֵאמֹר: קְחוּ מֵאִתְּכֶם תְּרוּמָה לַיהוה כֹּל נְדִיב לִבּוֹ יְבִיאֶהָ אֵת תְּרוּמַת יהוה זָהָב וָכֶסֶף וּנְחֹשֶׁת: וּתְכֵלֶת וְאַרְגָּמָן וְתוֹלַעַת שָׁנִי וְשֵׁשׁ וְעִזִּים: וְעֹרֹת אֵילִם מְאָדָּמִים וְעֹרֹת תְּחָשִׁים וַעֲצֵי שִׁטִּים: וְשֶׁמֶן לַמָּאוֹר וּבְשָׂמִים לְשֶׁמֶן הַמִּשְׁחָה וְלִקְטֹרֶת הַסַּמִּים: וְאַבְנֵי־שֹׁהַם וְאַבְנֵי מִלֻּאִים לָאֵפוֹד וְלַחֹשֶׁן: וְכָל־חֲכַם־לֵב בָּכֶם יָבֹאוּ וְיַעֲשׂוּ אֵת כָּל־אֲשֶׁר צִוָּה יהוה:

ישראל: אֶת־הַמִּשְׁכָּן אֶת־אָהֳלוֹ וְאֶת־מִכְסֵהוּ אֶת־קְרָסָיו וְאֶת־קְרָשָׁיו אֶת־בְּרִיחָו אֶת־

עַמֻּדָיו וְאֶת־אֲדָנָיו: אֶת־הָאָרֹן וְאֶת־בַּדָּיו אֶת־הַכַּפֹּרֶת וְאֵת פָּרֹכֶת הַמָּסָךְ: אֶת־הַשֻּׁלְחָן וְאֶת־בַּדָּיו וְאֶת־כָּל־כֵּלָיו וְאֵת לֶחֶם הַפָּנִים: וְאֶת־מְנֹרַת הַמָּאוֹר וְאֶת־כֵּלֶיהָ וְאֶת־נֵרֹתֶיהָ וְאֵת שֶׁמֶן הַמָּאוֹר: וְאֶת־מִזְבַּח הַקְּטֹרֶת וְאֶת־בַּדָּיו וְאֵת שֶׁמֶן הַמִּשְׁחָה וְאֵת קְטֹרֶת הַסַּמִּים וְאֶת־מָסַךְ הַפֶּתַח לְפֶתַח הַמִּשְׁכָּן: אֵת | מִזְבַּח הָעֹלָה וְאֶת־מִכְבַּר הַנְּחֹשֶׁת אֲשֶׁר־לוֹ אֶת־בַּדָּיו וְאֶת־כָּל־כֵּלָיו אֶת־הַכִּיֹּר וְאֶת־כַּנּוֹ: אֵת קַלְעֵי הֶחָצֵר אֶת־עַמֻּדָיו וְאֶת־אֲדָנֶיהָ וְאֵת מָסַךְ שַׁעַר הֶחָצֵר: אֶת־יִתְדֹת הַמִּשְׁכָּן וְאֶת־יִתְדֹת הֶחָצֵר וְאֶת־מֵיתְרֵיהֶם: אֶת־בִּגְדֵי הַשְּׂרָד לְשָׁרֵת בַּקֹּדֶשׁ אֶת־בִּגְדֵי הַקֹּדֶשׁ לְאַהֲרֹן הַכֹּהֵן וְאֶת־בִּגְדֵי בָנָיו לְכַהֵן: וַיֵּצְאוּ כָּל־עֲדַת בְּנֵי־יִשְׂרָאֵל מִלִּפְנֵי מֹשֶׁה:

**פקודי**

כהן: אֵלֶּה פְקוּדֵי הַמִּשְׁכָּן מִשְׁכַּן הָעֵדֻת אֲשֶׁר פֻּקַּד עַל־פִּי מֹשֶׁה עֲבֹדַת הַלְוִיִּם בְּיַד אִיתָמָר בֶּן־אַהֲרֹן הַכֹּהֵן: וּבְצַלְאֵל בֶּן־אוּרִי בֶן־חוּר לְמַטֵּה יְהוּדָה עָשָׂה אֵת כָּל־אֲשֶׁר־צִוָּה יְהוָה אֶת־מֹשֶׁה: וְאִתּוֹ אָהֳלִיאָב בֶּן־אֲחִיסָמָךְ לְמַטֵּה־דָן חָרָשׁ וְחֹשֵׁב וְרֹקֵם בַּתְּכֵלֶת וּבָאַרְגָּמָן וּבְתוֹלַעַת הַשָּׁנִי וּבַשֵּׁשׁ:

לוי: כָּל־הַזָּהָב הֶעָשׂוּי לַמְּלָאכָה בְּכֹל מְלֶאכֶת הַקֹּדֶשׁ וַיְהִי | זְהַב הַתְּנוּפָה תֵּשַׁע וְעֶשְׂרִים כִּכָּר וּשְׁבַע מֵאוֹת וּשְׁלֹשִׁים שֶׁקֶל בְּשֶׁקֶל הַקֹּדֶשׁ: וְכֶסֶף פְּקוּדֵי הָעֵדָה מְאַת כִּכָּר וְאֶלֶף וּשְׁבַע מֵאוֹת וַחֲמִשָּׁה וְשִׁבְעִים שֶׁקֶל בְּשֶׁקֶל הַקֹּדֶשׁ: בֶּקַע לַגֻּלְגֹּלֶת מַחֲצִית הַשֶּׁקֶל בְּשֶׁקֶל הַקֹּדֶשׁ לְכֹל הָעֹבֵר עַל־הַפְּקֻדִים מִבֶּן עֶשְׂרִים שָׁנָה וָמַעְלָה לְשֵׁשׁ־מֵאוֹת אֶלֶף וּשְׁלֹשֶׁת אֲלָפִים וַחֲמֵשׁ מֵאוֹת וַחֲמִשִּׁים: וַיְהִי מְאַת כִּכַּר הַכֶּסֶף לָצֶקֶת אֵת אַדְנֵי הַקֹּדֶשׁ וְאֵת אַדְנֵי הַפָּרֹכֶת מְאַת אֲדָנִים לִמְאַת הַכִּכָּר כִּכָּר לָאָדֶן:

ישראל: וְאֶת־הָאֶלֶף וּשְׁבַע הַמֵּאוֹת וַחֲמִשָּׁה וְשִׁבְעִים עָשָׂה וָוִים לָעַמּוּדִים וְצִפָּה רָאשֵׁיהֶם וְחִשַּׁק אֹתָם: וּנְחֹשֶׁת הַתְּנוּפָה שִׁבְעִים כִּכָּר וְאַלְפַּיִם וְאַרְבַּע־מֵאוֹת שָׁקֶל: וַיַּעַשׂ בָּהּ אֶת־אַדְנֵי פֶּתַח אֹהֶל מוֹעֵד וְאֵת מִזְבַּח הַנְּחֹשֶׁת וְאֶת־מִכְבַּר הַנְּחֹשֶׁת אֲשֶׁר־לוֹ וְאֵת כָּל־כְּלֵי הַמִּזְבֵּחַ: וְאֶת־אַדְנֵי הֶחָצֵר סָבִיב וְאֶת־אַדְנֵי שַׁעַר הֶחָצֵר וְאֵת כָּל־יִתְדֹת הַמִּשְׁכָּן וְאֶת־כָּל־יִתְדֹת הֶחָצֵר סָבִיב: וּמִן־הַתְּכֵלֶת וְהָאַרְגָּמָן וְתוֹלַעַת הַשָּׁנִי עָשׂוּ בִגְדֵי־שְׂרָד לְשָׁרֵת בַּקֹּדֶשׁ וַיַּעֲשׂוּ אֶת־בִּגְדֵי הַקֹּדֶשׁ אֲשֶׁר לְאַהֲרֹן כַּאֲשֶׁר צִוָּה יְהוָה אֶת־מֹשֶׁה:

**ויקרא**

כהן: וַיִּקְרָא אֶל־מֹשֶׁה וַיְדַבֵּר יְהוָה אֵלָיו מֵאֹהֶל מוֹעֵד לֵאמֹר: דַּבֵּר אֶל־בְּנֵי יִשְׂרָאֵל וְאָמַרְתָּ אֲלֵהֶם אָדָם כִּי־יַקְרִיב מִכֶּם קָרְבָּן לַיהוָה מִן־הַבְּהֵמָה מִן־הַבָּקָר וּמִן־הַצֹּאן תַּקְרִיבוּ אֶת־קָרְבַּנְכֶם: אִם־עֹלָה קָרְבָּנוֹ מִן־הַבָּקָר זָכָר תָּמִים יַקְרִיבֶנּוּ אֶל־פֶּתַח אֹהֶל מוֹעֵד יַקְרִיב אֹתוֹ לִרְצֹנוֹ לִפְנֵי יְהוָה: וְסָמַךְ יָדוֹ עַל רֹאשׁ הָעֹלָה וְנִרְצָה לוֹ לְכַפֵּר עָלָיו:

לוי: וְשָׁחַט אֶת־בֶּן הַבָּקָר לִפְנֵי יְהוָה וְהִקְרִיבוּ בְּנֵי אַהֲרֹן הַכֹּהֲנִים אֶת־הַדָּם וְזָרְקוּ אֶת־הַדָּם עַל־הַמִּזְבֵּחַ סָבִיב אֲשֶׁר־פֶּתַח אֹהֶל מוֹעֵד: וְהִפְשִׁיט אֶת־הָעֹלָה וְנִתַּח אֹתָהּ לִנְתָחֶיהָ: וְנָתְנוּ בְּנֵי אַהֲרֹן הַכֹּהֵן אֵשׁ עַל־הַמִּזְבֵּחַ וְעָרְכוּ עֵצִים עַל־הָאֵשׁ: וְעָרְכוּ בְּנֵי אַהֲרֹן הַכֹּהֲנִים אֵת הַנְּתָחִים אֶת־הָרֹאשׁ וְאֶת־הַפָּדֶר עַל־הָעֵצִים אֲשֶׁר עַל־הָאֵשׁ אֲשֶׁר עַל־הַמִּזְבֵּחַ: וְקִרְבּוֹ וּכְרָעָיו יִרְחַץ בַּמָּיִם וְהִקְטִיר הַכֹּהֵן אֶת־הַכֹּל הַמִּזְבֵּחָה עֹלָה אִשֵּׁה רֵיחַ־נִיחוֹחַ לַיהוָה:

ישראל: וְאִם־מִן־הַצֹּאן קָרְבָּנוֹ מִן־הַכְּשָׂבִים אוֹ מִן־הָעִזִּים לְעֹלָה זָכָר תָּמִים יַקְרִיבֶנּוּ: וְשָׁחַט אֹתוֹ עַל יֶרֶךְ הַמִּזְבֵּחַ צָפֹנָה לִפְנֵי יְהוָה וְזָרְקוּ בְּנֵי אַהֲרֹן הַכֹּהֲנִים אֶת־דָּמוֹ עַל־הַמִּזְבֵּחַ סָבִיב: וְנִתַּח אֹתוֹ לִנְתָחָיו וְאֶת־רֹאשׁוֹ וְאֶת־פִּדְרוֹ וְעָרַךְ הַכֹּהֵן אֹתָם עַל־הָעֵצִים אֲשֶׁר עַל־הָאֵשׁ אֲשֶׁר עַל־הַמִּזְבֵּחַ: וְהַקֶּרֶב וְהַכְּרָעַיִם יִרְחַץ בַּמָּיִם וְהִקְרִיב הַכֹּהֵן אֶת־הַכֹּל וְהִקְטִיר הַמִּזְבֵּחָה עֹלָה הוּא אִשֵּׁה רֵיחַ נִיחֹחַ לַיהוָה:

**צו**

כהן: וַיְדַבֵּר יְהוָה אֶל־מֹשֶׁה לֵּאמֹר: צַו אֶת־אַהֲרֹן וְאֶת־בָּנָיו לֵאמֹר זֹאת תּוֹרַת הָעֹלָה הִוא הָעֹלָה עַל מוֹקְדָה עַל־הַמִּזְבֵּחַ כָּל־הַלַּיְלָה עַד־הַבֹּקֶר וְאֵשׁ הַמִּזְבֵּחַ תּוּקַד בּוֹ: וְלָבַשׁ הַכֹּהֵן מִדּוֹ בַד וּמִכְנְסֵי־בַד יִלְבַּשׁ עַל־בְּשָׂרוֹ וְהֵרִים אֶת־הַדֶּשֶׁן אֲשֶׁר תֹּאכַל הָאֵשׁ אֶת־הָעֹלָה עַל־הַמִּזְבֵּחַ וְשָׂמוֹ אֵצֶל הַמִּזְבֵּחַ:

לוי: וּפָשַׁט אֶת־בְּגָדָיו וְלָבַשׁ בְּגָדִים אֲחֵרִים וְהוֹצִיא אֶת־הַדֶּשֶׁן אֶל־מִחוּץ לַמַּחֲנֶה אֶל־מָקוֹם טָהוֹר: וְהָאֵשׁ עַל־הַמִּזְבֵּחַ תּוּקַד־בּוֹ לֹא תִכְבֶּה וּבִעֵר עָלֶיהָ הַכֹּהֵן עֵצִים בַּבֹּקֶר בַּבֹּקֶר וְעָרַךְ עָלֶיהָ הָעֹלָה וְהִקְטִיר עָלֶיהָ חֶלְבֵי הַשְּׁלָמִים: אֵשׁ תָּמִיד תּוּקַד עַל־הַמִּזְבֵּחַ לֹא תִכְבֶּה:

ישראל: וְזֹאת תּוֹרַת הַמִּנְחָה הַקְרֵב אֹתָהּ בְּנֵי־אַהֲרֹן לִפְנֵי יהוה אֶל־פְּנֵי הַמִּזְבֵּחַ: וְהֵרִים מִמֶּנּוּ בְּקֻמְצוֹ מִסֹּלֶת הַמִּנְחָה וּמִשַּׁמְנָהּ וְאֵת כָּל־הַלְּבֹנָה אֲשֶׁר עַל־הַמִּנְחָה וְהִקְטִיר הַמִּזְבֵּחַ רֵיחַ נִיחֹחַ אַזְכָּרָתָהּ לַיהוָה: וְהַנּוֹתֶרֶת מִמֶּנָּה יֹאכְלוּ אַהֲרֹן וּבָנָיו מַצּוֹת תֵּאָכֵל בְּמָקוֹם קָדֹשׁ בַּחֲצַר אֹהֶל־מוֹעֵד יֹאכְלוּהָ: לֹא תֵאָפֶה חָמֵץ חֶלְקָם נָתַתִּי אֹתָהּ מֵאִשָּׁי קֹדֶשׁ קָדָשִׁים הִוא כַּחַטָּאת וְכָאָשָׁם: כָּל־זָכָר בִּבְנֵי אַהֲרֹן יֹאכְלֶנָּה חָק־עוֹלָם לְדֹרֹתֵיכֶם מֵאִשֵּׁי יהוה כֹּל אֲשֶׁר־יִגַּע בָּהֶם יִקְדָּשׁ:

## שמיני

כהן: וַיְהִי בַּיּוֹם הַשְּׁמִינִי קָרָא מֹשֶׁה לְאַהֲרֹן וּלְבָנָיו וּלְזִקְנֵי יִשְׂרָאֵל: וַיֹּאמֶר אֶל־אַהֲרֹן קַח־לְךָ עֵגֶל בֶּן־בָּקָר לְחַטָּאת וְאַיִל לְעֹלָה תְּמִימִם וְהַקְרֵב לִפְנֵי יהוה: וְאֶל־בְּנֵי יִשְׂרָאֵל תְּדַבֵּר לֵאמֹר קְחוּ שְׂעִיר־עִזִּים לְחַטָּאת וְעֵגֶל וָכֶבֶשׂ בְּנֵי־שָׁנָה תְּמִימִם לְעֹלָה: וְשׁוֹר וָאַיִל לִשְׁלָמִים לִזְבֹּחַ לִפְנֵי יהוה וּמִנְחָה בְּלוּלָה בַשָּׁמֶן כִּי הַיּוֹם יהוה נִרְאָה אֲלֵיכֶם: וַיִּקְחוּ אֵת אֲשֶׁר צִוָּה מֹשֶׁה אֶל־פְּנֵי אֹהֶל מוֹעֵד וַיִּקְרְבוּ כָּל־הָעֵדָה וַיַּעַמְדוּ לִפְנֵי יהוה: וַיֹּאמֶר מֹשֶׁה זֶה הַדָּבָר אֲשֶׁר־צִוָּה יהוה תַּעֲשׂוּ וְיֵרָא אֲלֵיכֶם כְּבוֹד יהוה:

לוי: וַיֹּאמֶר מֹשֶׁה אֶל־אַהֲרֹן קְרַב אֶל־הַמִּזְבֵּחַ וַעֲשֵׂה אֶת־חַטָּאתְךָ וְאֶת־עֹלָתֶךָ וְכַפֵּר בַּעַדְךָ וּבְעַד הָעָם וַעֲשֵׂה אֶת־קָרְבַּן הָעָם וְכַפֵּר בַּעֲדָם כַּאֲשֶׁר צִוָּה יהוה: וַיִּקְרַב אַהֲרֹן אֶל־הַמִּזְבֵּחַ וַיִּשְׁחַט אֶת־עֵגֶל הַחַטָּאת אֲשֶׁר־לוֹ: וַיַּקְרִבוּ בְּנֵי אַהֲרֹן אֶת־הַדָּם אֵלָיו וַיִּטְבֹּל אֶצְבָּעוֹ בַּדָּם וַיִּתֵּן עַל־קַרְנוֹת הַמִּזְבֵּחַ וְאֶת־הַדָּם יָצַק אֶל־יְסוֹד הַמִּזְבֵּחַ: וְאֶת־הַחֵלֶב וְאֶת־הַכְּלָיֹת וְאֶת־הַיֹּתֶרֶת מִן־הַכָּבֵד מִן־הַחַטָּאת הִקְטִיר הַמִּזְבֵּחָה כַּאֲשֶׁר צִוָּה יהוה אֶת־מֹשֶׁה:

ישראל: וְאֶת־הַבָּשָׂר וְאֶת־הָעוֹר שָׂרַף בָּאֵשׁ מִחוּץ לַמַּחֲנֶה: וַיִּשְׁחַט אֶת־הָעֹלָה וַיַּמְצִאוּ בְּנֵי אַהֲרֹן אֵלָיו אֶת־הַדָּם וַיִּזְרְקֵהוּ עַל־הַמִּזְבֵּחַ סָבִיב: וְאֶת־הָעֹלָה הִמְצִיאוּ אֵלָיו לִנְתָחֶיהָ וְאֶת־הָרֹאשׁ וַיַּקְטֵר עַל־הַמִּזְבֵּחַ: וַיִּרְחַץ אֶת־הַקֶּרֶב וְאֶת־הַכְּרָעָיִם וַיַּקְטֵר עַל־הָעֹלָה הַמִּזְבֵּחָה: וַיַּקְרֵב אֵת קָרְבַּן הָעָם וַיִּקַּח אֶת־שְׂעִיר הַחַטָּאת אֲשֶׁר לָעָם וַיִּשְׁחָטֵהוּ וַיְחַטְּאֵהוּ כָּרִאשׁוֹן: וַיַּקְרֵב אֶת־הָעֹלָה וַיַּעֲשֶׂהָ כַּמִּשְׁפָּט:

## תזריע

כהן: וַיְדַבֵּר יהוה אֶל־מֹשֶׁה לֵּאמֹר: דַּבֵּר אֶל־בְּנֵי יִשְׂרָאֵל לֵאמֹר אִשָּׁה כִּי תַזְרִיעַ וְיָלְדָה זָכָר וְטָמְאָה שִׁבְעַת יָמִים כִּימֵי נִדַּת דְּוֹתָהּ תִּטְמָא: וּבַיּוֹם הַשְּׁמִינִי יִמּוֹל בְּשַׂר עָרְלָתוֹ: וּשְׁלֹשִׁים יוֹם וּשְׁלֹשֶׁת יָמִים תֵּשֵׁב בִּדְמֵי טָהֳרָה בְּכָל־קֹדֶשׁ לֹא־תִגָּע וְאֶל־הַמִּקְדָּשׁ לֹא תָבֹא עַד־מְלֹאת יְמֵי טָהֳרָהּ:

לוי: וְאִם־נְקֵבָה תֵלֵד וְטָמְאָה שְׁבֻעַיִם כְּנִדָּתָהּ וְשִׁשִּׁים יוֹם וְשֵׁשֶׁת יָמִים תֵּשֵׁב עַל־דְּמֵי טָהֳרָה: וּבִמְלֹאת | יְמֵי טָהֳרָהּ לְבֵן אוֹ לְבַת תָּבִיא כֶּבֶשׂ בֶּן־שְׁנָתוֹ לְעֹלָה וּבֶן־יוֹנָה אוֹ־תֹר לְחַטָּאת אֶל־פֶּתַח אֹהֶל־מוֹעֵד אֶל־הַכֹּהֵן: וְהִקְרִיבוֹ לִפְנֵי יהוה וְכִפֶּר עָלֶיהָ וְטָהֲרָה מִמְּקֹר דָּמֶיהָ זֹאת תּוֹרַת הַיֹּלֶדֶת לַזָּכָר אוֹ לַנְּקֵבָה: וְאִם־לֹא תִמְצָא יָדָהּ דֵּי שֶׂה וְלָקְחָה שְׁתֵּי־תֹרִים אוֹ שְׁנֵי בְּנֵי יוֹנָה אֶחָד לְעֹלָה וְאֶחָד לְחַטָּאת וְכִפֶּר עָלֶיהָ הַכֹּהֵן וְטָהֵרָה:

ישראל: וַיְדַבֵּר יהוה אֶל־מֹשֶׁה וְאֶל־אַהֲרֹן לֵּאמֹר: אָדָם כִּי־יִהְיֶה בְעוֹר־בְּשָׂרוֹ שְׂאֵת אוֹ־סַפַּחַת אוֹ בַהֶרֶת וְהָיָה בְעוֹר־בְּשָׂרוֹ לְנֶגַע צָרָעַת וְהוּבָא אֶל־אַהֲרֹן הַכֹּהֵן אוֹ אֶל־אַחַד מִבָּנָיו הַכֹּהֲנִים: וְרָאָה הַכֹּהֵן אֶת־הַנֶּגַע בְּעוֹר־הַבָּשָׂר וְשֵׂעָר בַּנֶּגַע הָפַךְ | לָבָן וּמַרְאֵה הַנֶּגַע עָמֹק מֵעוֹר בְּשָׂרוֹ נֶגַע צָרַעַת הוּא וְרָאָהוּ הַכֹּהֵן וְטִמֵּא אֹתוֹ: וְאִם־בַּהֶרֶת לְבָנָה הִוא בְּעוֹר בְּשָׂרוֹ וְעָמֹק אֵין־מַרְאֶהָ מִן־הָעוֹר וּשְׂעָרָהּ לֹא־הָפַךְ לָבָן וְהִסְגִּיר הַכֹּהֵן אֶת־הַנֶּגַע שִׁבְעַת יָמִים: וְרָאָהוּ הַכֹּהֵן בַּיּוֹם הַשְּׁבִיעִי וְהִנֵּה הַנֶּגַע עָמַד בְּעֵינָיו לֹא־פָשָׂה הַנֶּגַע בָּעוֹר וְהִסְגִּירוֹ הַכֹּהֵן שִׁבְעַת יָמִים שֵׁנִית:

## מצורע

כהן: וַיְדַבֵּר יהוה אֶל־מֹשֶׁה לֵּאמֹר: זֹאת תִּהְיֶה תּוֹרַת הַמְּצֹרָע בְּיוֹם טָהֳרָתוֹ וְהוּבָא אֶל־הַכֹּהֵן: וְיָצָא הַכֹּהֵן אֶל־מִחוּץ לַמַּחֲנֶה וְרָאָה הַכֹּהֵן וְהִנֵּה נִרְפָּא נֶגַע־הַצָּרַעַת מִן־הַצָּרוּעַ: וְצִוָּה הַכֹּהֵן וְלָקַח לַמִּטַּהֵר שְׁתֵּי־צִפֳּרִים חַיּוֹת טְהֹרוֹת וְעֵץ אֶרֶז וּשְׁנִי תוֹלַעַת וְאֵזֹב: וְצִוָּה הַכֹּהֵן וְשָׁחַט אֶת־הַצִּפּוֹר הָאֶחָת אֶל־כְּלִי־חֶרֶשׂ עַל־מַיִם חַיִּים:

לוי: אֶת־הַצִּפֹּר הַחַיָּה יִקַּח אֹתָהּ וְאֶת־עֵץ הָאֶרֶז וְאֶת־שְׁנִי הַתּוֹלַעַת וְאֶת־הָאֵזֹב וְטָבַל אוֹתָם וְאֵת | הַצִּפֹּר הַחַיָּה בְּדַם הַצִּפֹּר הַשְּׁחֻטָה עַל הַמַּיִם הַחַיִּים: וְהִזָּה עַל הַמִּטַּהֵר מִן־הַצָּרַעַת שֶׁבַע פְּעָמִים וְטִהֲרוֹ וְשִׁלַּח אֶת־

הַצִּפֹּר הַחַיָּה עַל־פְּנֵי הַשָּׂדֶה: וְכִבֶּס הַמִּטַּהֵר אֶת־בְּגָדָיו וְגִלַּח אֶת־כָּל־שְׂעָרוֹ וְרָחַץ בַּמַּיִם וְטָהֵר וְאַחַר יָבוֹא אֶל־הַמַּחֲנֶה וְיָשַׁב מִחוּץ לְאָהֳלוֹ שִׁבְעַת יָמִים: וְהָיָה בַיּוֹם הַשְּׁבִיעִי יְגַלַּח אֶת־כָּל־שְׂעָרוֹ אֶת־רֹאשׁוֹ וְאֶת־זְקָנוֹ וְאֵת גַּבֹּת עֵינָיו וְאֶת־כָּל־שְׂעָרוֹ יְגַלֵּחַ וְכִבֶּס אֶת־בְּגָדָיו וְרָחַץ אֶת־בְּשָׂרוֹ בַּמַּיִם וְטָהֵר:

ישראל: וּבַיּוֹם הַשְּׁמִינִי יִקַּח שְׁנֵי־כְבָשִׂים תְּמִימִם וְכַבְשָׂה אַחַת בַּת־שְׁנָתָהּ תְּמִימָה וּשְׁלֹשָׁה עֶשְׂרֹנִים סֹלֶת מִנְחָה בְּלוּלָה בַשֶּׁמֶן וְלֹג אֶחָד שָׁמֶן: וְהֶעֱמִיד הַכֹּהֵן הַמְטַהֵר אֵת הָאִישׁ הַמִּטַּהֵר וְאֹתָם לִפְנֵי יהוה פֶּתַח אֹהֶל מוֹעֵד: וְלָקַח הַכֹּהֵן אֶת־הַכֶּבֶשׂ הָאֶחָד וְהִקְרִיב אֹתוֹ לְאָשָׁם וְאֶת־לֹג הַשָּׁמֶן וְהֵנִיף אֹתָם תְּנוּפָה לִפְנֵי יהוה:

## אחרי מות

כהן: וַיְדַבֵּר יהוה אֶל־מֹשֶׁה אַחֲרֵי מוֹת שְׁנֵי בְּנֵי אַהֲרֹן בְּקָרְבָתָם לִפְנֵי־יהוה וַיָּמֻתוּ: וַיֹּאמֶר יהוה אֶל־מֹשֶׁה דַּבֵּר אֶל־אַהֲרֹן אָחִיךָ וְאַל־יָבֹא בְכָל־עֵת אֶל־הַקֹּדֶשׁ מִבֵּית לַפָּרֹכֶת אֶל־פְּנֵי הַכַּפֹּרֶת אֲשֶׁר עַל־הָאָרֹן וְלֹא יָמוּת כִּי בֶּעָנָן אֵרָאֶה עַל־הַכַּפֹּרֶת: בְּזֹאת יָבֹא אַהֲרֹן אֶל־הַקֹּדֶשׁ בְּפַר בֶּן־בָּקָר לְחַטָּאת וְאַיִל לְעֹלָה: כְּתֹנֶת־בַּד קֹדֶשׁ יִלְבָּשׁ וּמִכְנְסֵי־בַד יִהְיוּ עַל־בְּשָׂרוֹ וּבְאַבְנֵט בַּד יַחְגֹּר וּבְמִצְנֶפֶת בַּד יִצְנֹף בִּגְדֵי־קֹדֶשׁ הֵם וְרָחַץ בַּמַּיִם אֶת־בְּשָׂרוֹ וּלְבֵשָׁם: וּמֵאֵת עֲדַת בְּנֵי יִשְׂרָאֵל יִקַּח שְׁנֵי־שְׂעִירֵי עִזִּים לְחַטָּאת וְאַיִל אֶחָד לְעֹלָה: וְהִקְרִיב אַהֲרֹן אֶת־פַּר הַחַטָּאת אֲשֶׁר־לוֹ וְכִפֶּר בַּעֲדוֹ וּבְעַד בֵּיתוֹ:

לוי: וְלָקַח אֶת־שְׁנֵי הַשְּׂעִירִם וְהֶעֱמִיד אֹתָם לִפְנֵי יהוה פֶּתַח אֹהֶל מוֹעֵד: וְנָתַן אַהֲרֹן עַל־שְׁנֵי הַשְּׂעִירִם גֹּרָלוֹת גּוֹרָל אֶחָד לַיהוה וְגוֹרָל אֶחָד לַעֲזָאזֵל: וְהִקְרִיב אַהֲרֹן אֶת־הַשָּׂעִיר אֲשֶׁר עָלָה עָלָיו הַגּוֹרָל לַיהוה וְעָשָׂהוּ חַטָּאת: וְהַשָּׂעִיר אֲשֶׁר עָלָה עָלָיו הַגּוֹרָל לַעֲזָאזֵל יָעֳמַד־חַי לִפְנֵי יהוה לְכַפֵּר עָלָיו לְשַׁלַּח אֹתוֹ לַעֲזָאזֵל הַמִּדְבָּרָה: וְהִקְרִיב אַהֲרֹן אֶת־פַּר הַחַטָּאת אֲשֶׁר־לוֹ וְכִפֶּר בַּעֲדוֹ וּבְעַד בֵּיתוֹ וְשָׁחַט אֶת־פַּר הַחַטָּאת אֲשֶׁר־לוֹ:

ישראל: וְלָקַח מְלֹא־הַמַּחְתָּה גַּחֲלֵי־אֵשׁ מֵעַל הַמִּזְבֵּחַ מִלִּפְנֵי יהוה וּמְלֹא חָפְנָיו קְטֹרֶת סַמִּים דַּקָּה וְהֵבִיא מִבֵּית לַפָּרֹכֶת: וְנָתַן אֶת־הַקְּטֹרֶת עַל־הָאֵשׁ לִפְנֵי יהוה וְכִסָּה | עֲנַן הַקְּטֹרֶת אֶת־הַכַּפֹּרֶת אֲשֶׁר עַל־הָעֵדוּת וְלֹא יָמוּת: וְלָקַח מִדַּם הַפָּר וְהִזָּה בְאֶצְבָּעוֹ עַל־פְּנֵי הַכַּפֹּרֶת קֵדְמָה וְלִפְנֵי הַכַּפֹּרֶת יַזֶּה שֶׁבַע־פְּעָמִים מִן־הַדָּם בְּאֶצְבָּעוֹ: וְשָׁחַט אֶת־שְׂעִיר הַחַטָּאת אֲשֶׁר לָעָם וְהֵבִיא אֶת־דָּמוֹ אֶל־מִבֵּית לַפָּרֹכֶת וְעָשָׂה אֶת־דָּמוֹ כַּאֲשֶׁר עָשָׂה לְדַם הַפָּר וְהִזָּה אֹתוֹ עַל־הַכַּפֹּרֶת וְלִפְנֵי הַכַּפֹּרֶת: וְכִפֶּר עַל־הַקֹּדֶשׁ מִטֻּמְאֹת בְּנֵי יִשְׂרָאֵל וּמִפִּשְׁעֵיהֶם לְכָל־חַטֹּאתָם וְכֵן יַעֲשֶׂה לְאֹהֶל מוֹעֵד הַשֹּׁכֵן אִתָּם בְּתוֹךְ טֻמְאֹתָם: וְכָל־אָדָם לֹא־יִהְיֶה | בְּאֹהֶל מוֹעֵד בְּבֹאוֹ לְכַפֵּר בַּקֹּדֶשׁ עַד־צֵאתוֹ וְכִפֶּר בַּעֲדוֹ וּבְעַד בֵּיתוֹ וּבְעַד כָּל־קְהַל יִשְׂרָאֵל:

## קדושים

כהן: וַיְדַבֵּר יהוה אֶל־מֹשֶׁה לֵּאמֹר: דַּבֵּר אֶל־כָּל־עֲדַת בְּנֵי־יִשְׂרָאֵל וְאָמַרְתָּ אֲלֵהֶם קְדֹשִׁים תִּהְיוּ כִּי קָדוֹשׁ אֲנִי יהוה אֱלֹהֵיכֶם: אִישׁ אִמּוֹ וְאָבִיו תִּירָאוּ וְאֶת־שַׁבְּתֹתַי תִּשְׁמֹרוּ אֲנִי יהוה אֱלֹהֵיכֶם: אַל־תִּפְנוּ אֶל־הָאֱלִילִם וֵאלֹהֵי מַסֵּכָה לֹא תַעֲשׂוּ לָכֶם אֲנִי יהוה אֱלֹהֵיכֶם:

לוי: וְכִי תִזְבְּחוּ זֶבַח שְׁלָמִים לַיהוה לִרְצֹנְכֶם תִּזְבָּחֻהוּ: בְּיוֹם זִבְחֲכֶם יֵאָכֵל וּמִמָּחֳרָת וְהַנּוֹתָר עַד־יוֹם הַשְּׁלִישִׁי בָּאֵשׁ יִשָּׂרֵף: וְאִם הֵאָכֹל יֵאָכֵל בַּיּוֹם הַשְּׁלִישִׁי פִּגּוּל הוּא לֹא יֵרָצֶה: וְאֹכְלָיו עֲוֹנוֹ יִשָּׂא כִּי־אֶת־קֹדֶשׁ יהוה חִלֵּל וְנִכְרְתָה הַנֶּפֶשׁ הַהִוא מֵעַמֶּיהָ: וּבְקֻצְרְכֶם אֶת־קְצִיר אַרְצְכֶם לֹא תְכַלֶּה פְּאַת שָׂדְךָ לִקְצֹר וְלֶקֶט קְצִירְךָ לֹא תְלַקֵּט: וְכַרְמְךָ לֹא תְעוֹלֵל וּפֶרֶט כַּרְמְךָ לֹא תְלַקֵּט לֶעָנִי וְלַגֵּר תַּעֲזֹב אֹתָם אֲנִי יהוה אֱלֹהֵיכֶם:

ישראל: לֹא תִּגְנֹבוּ וְלֹא־תְכַחֲשׁוּ וְלֹא־תְשַׁקְּרוּ אִישׁ בַּעֲמִיתוֹ: וְלֹא־תִשָּׁבְעוּ בִשְׁמִי לַשָּׁקֶר וְחִלַּלְתָּ אֶת־שֵׁם אֱלֹהֶיךָ אֲנִי יהוה: לֹא־תַעֲשֹׁק אֶת־רֵעֲךָ וְלֹא תִגְזֹל לֹא־תָלִין פְּעֻלַּת שָׂכִיר אִתְּךָ עַד־בֹּקֶר: לֹא־תְקַלֵּל חֵרֵשׁ וְלִפְנֵי עִוֵּר לֹא תִתֵּן מִכְשֹׁל וְיָרֵאתָ מֵּאֱלֹהֶיךָ אֲנִי יהוה:

## אמור

כהן: וַיֹּאמֶר יהוה אֶל־מֹשֶׁה אֱמֹר אֶל־הַכֹּהֲנִים בְּנֵי אַהֲרֹן וְאָמַרְתָּ אֲלֵהֶם לְנֶפֶשׁ לֹא־יִטַּמָּא בְּעַמָּיו: כִּי אִם־לִשְׁאֵרוֹ הַקָּרֹב אֵלָיו לְאִמּוֹ וּלְאָבִיו וְלִבְנוֹ וּלְבִתּוֹ וּלְאָחִיו: וְלַאֲחֹתוֹ הַבְּתוּלָה הַקְּרוֹבָה אֵלָיו אֲשֶׁר לֹא־הָיְתָה לְאִישׁ לָהּ יִטַּמָּא: לֹא יִטַּמָּא בַּעַל בְּעַמָּיו לְהֵחַלּוֹ: לֹא־יִקְרְחוּ קָרְחָה בְּרֹאשָׁם וּפְאַת זְקָנָם לֹא יְגַלֵּחוּ וּבִבְשָׂרָם לֹא יִשְׂרְטוּ שָׂרָטֶת: קְדֹשִׁים יִהְיוּ לֵאלֹהֵיהֶם וְלֹא יְחַלְּלוּ שֵׁם אֱלֹהֵיהֶם כִּי אֶת־אִשֵּׁי יהוה לֶחֶם אֱלֹהֵיהֶם הֵם מַקְרִיבִם וְהָיוּ קֹדֶשׁ:

לוי: אִשָּׁה זֹנָה וַחֲלָלָה לֹא יִקָּחוּ וְאִשָּׁה גְּרוּשָׁה מֵאִישָׁהּ לֹא יִקָּחוּ כִּי־קָדֹשׁ הוּא לֵאלֹהָיו: וְקִדַּשְׁתּוֹ כִּי־אֶת־לֶחֶם אֱלֹהֶיךָ הוּא מַקְרִיב קָדֹשׁ יִהְיֶה־לָּךְ כִּי קָדוֹשׁ אֲנִי יהוה מְקַדִּשְׁכֶם: וּבַת אִישׁ כֹּהֵן כִּי תֵחֵל לִזְנוֹת אֶת־אָבִיהָ הִיא מְחַלֶּלֶת בָּאֵשׁ תִּשָּׂרֵף: וְהַכֹּהֵן הַגָּדוֹל מֵאֶחָיו אֲשֶׁר־יוּצַק עַל־רֹאשׁוֹ | שֶׁמֶן הַמִּשְׁחָה וּמִלֵּא אֶת־יָדוֹ לִלְבֹּשׁ אֶת־הַבְּגָדִים אֶת־רֹאשׁוֹ לֹא יִפְרָע וּבְגָדָיו לֹא יִפְרֹם: וְעַל כָּל־נַפְשֹׁת מֵת לֹא יָבֹא לְאָבִיו וּלְאִמּוֹ לֹא יִטַּמָּא: וּמִן־הַמִּקְדָּשׁ לֹא יֵצֵא וְלֹא יְחַלֵּל אֵת מִקְדַּשׁ אֱלֹהָיו כִּי נֵזֶר שֶׁמֶן מִשְׁחַת אֱלֹהָיו עָלָיו אֲנִי יהוה:

ישראל: וְהוּא אִשָּׁה בִבְתוּלֶיהָ יִקָּח: אַלְמָנָה וּגְרוּשָׁה וַחֲלָלָה זֹנָה אֶת־אֵלֶּה לֹא יִקָּח כִּי אִם־בְּתוּלָה מֵעַמָּיו יִקַּח אִשָּׁה: וְלֹא־יְחַלֵּל זַרְעוֹ בְּעַמָּיו כִּי אֲנִי יהוה מְקַדְּשׁוֹ:

## בהר

כהן: וַיְדַבֵּר יהוה אֶל־מֹשֶׁה בְּהַר סִינַי לֵאמֹר: דַּבֵּר אֶל־בְּנֵי יִשְׂרָאֵל וְאָמַרְתָּ אֲלֵהֶם כִּי תָבֹאוּ אֶל־הָאָרֶץ אֲשֶׁר אֲנִי נֹתֵן לָכֶם וְשָׁבְתָה הָאָרֶץ שַׁבָּת לַיהוה: שֵׁשׁ שָׁנִים תִּזְרַע שָׂדֶךָ וְשֵׁשׁ שָׁנִים תִּזְמֹר כַּרְמֶךָ וְאָסַפְתָּ אֶת־תְּבוּאָתָהּ:

לוי: וּבַשָּׁנָה הַשְּׁבִיעִת שַׁבַּת שַׁבָּתוֹן יִהְיֶה לָאָרֶץ שַׁבָּת לַיהוה שָׂדְךָ לֹא תִזְרָע וְכַרְמְךָ לֹא תִזְמֹר: אֵת סְפִיחַ קְצִירְךָ לֹא תִקְצוֹר וְאֶת־עִנְּבֵי נְזִירֶךָ לֹא תִבְצֹר שְׁנַת שַׁבָּתוֹן יִהְיֶה לָאָרֶץ: וְהָיְתָה שַׁבַּת הָאָרֶץ לָכֶם לְאָכְלָה לְךָ וּלְעַבְדְּךָ וְלַאֲמָתֶךָ וְלִשְׂכִירְךָ וּלְתוֹשָׁבְךָ הַגָּרִים עִמָּךְ: וְלִבְהֶמְתְּךָ וְלַחַיָּה אֲשֶׁר בְּאַרְצֶךָ תִּהְיֶה כָל־תְּבוּאָתָהּ לֶאֱכֹל:

ישראל: וְסָפַרְתָּ לְךָ שֶׁבַע שַׁבְּתֹת שָׁנִים שֶׁבַע שָׁנִים שֶׁבַע פְּעָמִים וְהָיוּ לְךָ יְמֵי שֶׁבַע שַׁבְּתֹת הַשָּׁנִים תֵּשַׁע וְאַרְבָּעִים שָׁנָה: וְהַעֲבַרְתָּ שׁוֹפַר תְּרוּעָה בַּחֹדֶשׁ הַשְּׁבִעִי בֶּעָשׂוֹר לַחֹדֶשׁ בְּיוֹם הַכִּפֻּרִים תַּעֲבִירוּ שׁוֹפָר בְּכָל־אַרְצְכֶם: וְקִדַּשְׁתֶּם אֵת שְׁנַת הַחֲמִשִּׁים שָׁנָה וּקְרָאתֶם דְּרוֹר בָּאָרֶץ לְכָל־יֹשְׁבֶיהָ יוֹבֵל הִוא תִּהְיֶה לָכֶם וְשַׁבְתֶּם אִישׁ אֶל־אֲחֻזָּתוֹ וְאִישׁ אֶל־מִשְׁפַּחְתּוֹ תָּשֻׁבוּ: יוֹבֵל הִוא שְׁנַת הַחֲמִשִּׁים שָׁנָה תִּהְיֶה לָכֶם לֹא תִזְרָעוּ וְלֹא תִקְצְרוּ אֶת־סְפִיחֶיהָ וְלֹא תִבְצְרוּ אֶת־נְזִרֶיהָ: כִּי יוֹבֵל הִוא קֹדֶשׁ תִּהְיֶה לָכֶם מִן־הַשָּׂדֶה תֹּאכְלוּ אֶת־תְּבוּאָתָהּ: בִּשְׁנַת הַיּוֹבֵל הַזֹּאת תָּשֻׁבוּ אִישׁ אֶל־אֲחֻזָּתוֹ:

## בחוקתי

כהן: אִם־בְּחֻקֹּתַי תֵּלֵכוּ וְאֶת־מִצְוֹתַי תִּשְׁמְרוּ וַעֲשִׂיתֶם אֹתָם: וְנָתַתִּי גִשְׁמֵיכֶם בְּעִתָּם וְנָתְנָה הָאָרֶץ יְבוּלָהּ וְעֵץ הַשָּׂדֶה יִתֵּן פִּרְיוֹ: וְהִשִּׂיג לָכֶם דַּיִשׁ אֶת־בָּצִיר וּבָצִיר יַשִּׂיג אֶת־זָרַע וַאֲכַלְתֶּם לַחְמְכֶם לָשֹׂבַע וִישַׁבְתֶּם לָבֶטַח בְּאַרְצְכֶם:

לוי: וְנָתַתִּי שָׁלוֹם בָּאָרֶץ וּשְׁכַבְתֶּם וְאֵין מַחֲרִיד וְהִשְׁבַּתִּי חַיָּה רָעָה מִן־הָאָרֶץ וְחֶרֶב לֹא־תַעֲבֹר בְּאַרְצְכֶם: וּרְדַפְתֶּם אֶת־אֹיְבֵיכֶם וְנָפְלוּ לִפְנֵיכֶם לֶחָרֶב: וְרָדְפוּ מִכֶּם חֲמִשָּׁה מֵאָה וּמֵאָה מִכֶּם רְבָבָה יִרְדֹּפוּ וְנָפְלוּ אֹיְבֵיכֶם לִפְנֵיכֶם לֶחָרֶב: וּפָנִיתִי אֲלֵיכֶם וְהִפְרֵיתִי אֶתְכֶם וְהִרְבֵּיתִי אֶתְכֶם וַהֲקִימֹתִי אֶת־בְּרִיתִי אִתְּכֶם:

ישראל: וַאֲכַלְתֶּם יָשָׁן נוֹשָׁן וְיָשָׁן מִפְּנֵי חָדָשׁ תּוֹצִיאוּ: וְנָתַתִּי מִשְׁכָּנִי בְּתוֹכְכֶם וְלֹא־תִגְעַל נַפְשִׁי אֶתְכֶם: וְהִתְהַלַּכְתִּי בְּתוֹכְכֶם וְהָיִיתִי לָכֶם לֵאלֹהִים וְאַתֶּם תִּהְיוּ־לִי לְעָם: אֲנִי יהוה אֱלֹהֵיכֶם אֲשֶׁר הוֹצֵאתִי אֶתְכֶם מֵאֶרֶץ מִצְרַיִם מִהְיֹת לָהֶם עֲבָדִים וָאֶשְׁבֹּר מֹטֹת עֻלְּכֶם וָאוֹלֵךְ אֶתְכֶם קוֹמְמִיּוּת:

## במדבר

כהן: וַיְדַבֵּר יהוה אֶל־מֹשֶׁה בְּמִדְבַּר סִינַי בְּאֹהֶל מוֹעֵד בְּאֶחָד לַחֹדֶשׁ הַשֵּׁנִי בַּשָּׁנָה הַשֵּׁנִית לְצֵאתָם מֵאֶרֶץ מִצְרַיִם לֵאמֹר: שְׂאוּ אֶת־רֹאשׁ כָּל־עֲדַת בְּנֵי־יִשְׂרָאֵל לְמִשְׁפְּחֹתָם לְבֵית אֲבֹתָם בְּמִסְפַּר שֵׁמוֹת כָּל־זָכָר לְגֻלְגְּלֹתָם: מִבֶּן עֶשְׂרִים שָׁנָה וָמַעְלָה כָּל־יֹצֵא צָבָא בְּיִשְׂרָאֵל תִּפְקְדוּ אֹתָם לְצִבְאֹתָם אַתָּה וְאַהֲרֹן: וְאִתְּכֶם יִהְיוּ אִישׁ אִישׁ לַמַּטֶּה אִישׁ רֹאשׁ לְבֵית־אֲבֹתָיו הוּא:

לוי: וְאֵלֶּה שְׁמוֹת הָאֲנָשִׁים אֲשֶׁר יַעַמְדוּ אִתְּכֶם לִרְאוּבֵן אֱלִיצוּר בֶּן־שְׁדֵיאוּר: לְשִׁמְעוֹן שְׁלֻמִיאֵל בֶּן־צוּרִישַׁדָּי: לִיהוּדָה נַחְשׁוֹן בֶּן־עַמִּינָדָב: לְיִשָּׂשכָר נְתַנְאֵל בֶּן־צוּעָר: לִזְבוּלֻן אֱלִיאָב בֶּן־חֵלֹן: לִבְנֵי יוֹסֵף לְאֶפְרַיִם אֱלִישָׁמָע בֶּן־עַמִּיהוּד לִמְנַשֶּׁה גַּמְלִיאֵל בֶּן־פְּדָהצוּר: לְבִנְיָמִן אֲבִידָן בֶּן־גִּדְעֹנִי: לְדָן אֲחִיעֶזֶר בֶּן־עַמִּישַׁדָּי: לְאָשֵׁר פַּגְעִיאֵל בֶּן־עָכְרָן: לְגָד אֶלְיָסָף בֶּן־דְּעוּאֵל: לְנַפְתָּלִי אֲחִירַע בֶּן־עֵינָן: אֵלֶּה קְרוּאֵי הָעֵדָה נְשִׂיאֵי מַטּוֹת אֲבוֹתָם רָאשֵׁי אַלְפֵי יִשְׂרָאֵל הֵם:

ישראל: וַיִּקַּח מֹשֶׁה וְאַהֲרֹן אֵת הָאֲנָשִׁים הָאֵלֶּה אֲשֶׁר נִקְּבוּ בְּשֵׁמוֹת: וְאֵת כָּל־הָעֵדָה הִקְהִילוּ בְּאֶחָד לַחֹדֶשׁ הַשֵּׁנִי וַיִּתְיַלְדוּ עַל־מִשְׁפְּחֹתָם

לְבֵית אֲבֹתָם בְּמִסְפַּר שֵׁמוֹת מִבֶּן עֶשְׂרִים שָׁנָה וָמַעְלָה לְגֻלְגְּלֹתָם: כַּאֲשֶׁר צִוָּה יהוה אֶת־מֹשֶׁה וַיִּפְקְדֵם בְּמִדְבַּר סִינָי:

## נשא

כהן: וַיְדַבֵּר יהוה אֶל־מֹשֶׁה לֵּאמֹר: נָשֹׂא אֶת־רֹאשׁ בְּנֵי גֵרְשׁוֹן גַּם־הֵם לְבֵית אֲבֹתָם לְמִשְׁפְּחֹתָם: מִבֶּן שְׁלֹשִׁים שָׁנָה וָמַעְלָה עַד בֶּן־חֲמִשִּׁים שָׁנָה תִּפְקֹד אוֹתָם כָּל־הַבָּא לִצְבֹא צָבָא לַעֲבֹד עֲבֹדָה בְּאֹהֶל מוֹעֵד: זֹאת עֲבֹדַת מִשְׁפְּחֹת הַגֵּרְשֻׁנִּי לַעֲבֹד וּלְמַשָּׂא:

לוי: וְנָשְׂאוּ אֶת־יְרִיעֹת הַמִּשְׁכָּן וְאֶת־אֹהֶל מוֹעֵד מִכְסֵהוּ וּמִכְסֵה הַתַּחַשׁ אֲשֶׁר־עָלָיו מִלְמָעְלָה וְאֶת־מָסַךְ פֶּתַח אֹהֶל מוֹעֵד: וְאֵת קַלְעֵי הֶחָצֵר וְאֶת־מָסַךְ | פֶּתַח | שַׁעַר הֶחָצֵר אֲשֶׁר עַל־הַמִּשְׁכָּן וְעַל־הַמִּזְבֵּחַ סָבִיב וְאֵת מֵיתְרֵיהֶם וְאֶת־כָּל־כְּלֵי עֲבֹדָתָם וְאֵת כָּל־אֲשֶׁר יֵעָשֶׂה לָהֶם וְעָבָדוּ: עַל־פִּי אַהֲרֹן וּבָנָיו תִּהְיֶה כָּל־עֲבֹדַת בְּנֵי הַגֵּרְשֻׁנִּי לְכָל־מַשָּׂאָם וּלְכֹל עֲבֹדָתָם וּפְקַדְתֶּם עֲלֵהֶם בְּמִשְׁמֶרֶת אֵת כָּל־מַשָּׂאָם: זֹאת עֲבֹדַת מִשְׁפְּחֹת בְּנֵי הַגֵּרְשֻׁנִּי בְּאֹהֶל מוֹעֵד וּמִשְׁמַרְתָּם בְּיַד אִיתָמָר בֶּן־אַהֲרֹן הַכֹּהֵן:

ישראל: בְּנֵי מְרָרִי לְמִשְׁפְּחֹתָם לְבֵית־אֲבֹתָם תִּפְקֹד אֹתָם: מִבֶּן שְׁלֹשִׁים שָׁנָה וָמַעְלָה וְעַד בֶּן־חֲמִשִּׁים שָׁנָה תִּפְקְדֵם כָּל־הַבָּא לַצָּבָא לַעֲבֹד אֶת־עֲבֹדַת אֹהֶל מוֹעֵד: וְזֹאת מִשְׁמֶרֶת מַשָּׂאָם לְכָל־עֲבֹדָתָם בְּאֹהֶל מוֹעֵד קַרְשֵׁי הַמִּשְׁכָּן וּבְרִיחָיו וְעַמּוּדָיו וַאֲדָנָיו: וְעַמּוּדֵי הֶחָצֵר סָבִיב וְאַדְנֵיהֶם וִיתֵדֹתָם וּמֵיתְרֵיהֶם לְכָל־כְּלֵיהֶם וּלְכֹל עֲבֹדָתָם וּבְשֵׁמֹת תִּפְקְדוּ אֶת־כְּלֵי מִשְׁמֶרֶת מַשָּׂאָם: זֹאת עֲבֹדַת מִשְׁפְּחֹת בְּנֵי מְרָרִי לְכָל־עֲבֹדָתָם בְּאֹהֶל מוֹעֵד בְּיַד אִיתָמָר בֶּן־אַהֲרֹן הַכֹּהֵן: וַיִּפְקֹד מֹשֶׁה וְאַהֲרֹן וּנְשִׂיאֵי הָעֵדָה אֶת־בְּנֵי הַקְּהָתִי לְמִשְׁפְּחֹתָם וּלְבֵית אֲבֹתָם: מִבֶּן שְׁלֹשִׁים שָׁנָה וָמַעְלָה וְעַד בֶּן־חֲמִשִּׁים שָׁנָה כָּל־הַבָּא לַצָּבָא לַעֲבֹדָה בְּאֹהֶל מוֹעֵד: וַיִּהְיוּ פְקֻדֵיהֶם לְמִשְׁפְּחֹתָם אַלְפַּיִם שְׁבַע מֵאוֹת וַחֲמִשִּׁים: אֵלֶּה פְקוּדֵי מִשְׁפְּחֹת הַקְּהָתִי כָּל־הָעֹבֵד בְּאֹהֶל מוֹעֵד אֲשֶׁר פָּקַד מֹשֶׁה וְאַהֲרֹן עַל־פִּי יהוה בְּיַד־מֹשֶׁה:

## בהעלתך

כהן: וַיְדַבֵּר יהוה אֶל־מֹשֶׁה לֵּאמֹר: דַּבֵּר אֶל־אַהֲרֹן וְאָמַרְתָּ אֵלָיו בְּהַעֲלֹתְךָ אֶת־הַנֵּרֹת אֶל־מוּל פְּנֵי הַמְּנוֹרָה יָאִירוּ שִׁבְעַת הַנֵּרוֹת: וַיַּעַשׂ כֵּן אַהֲרֹן אֶל־מוּל פְּנֵי הַמְּנוֹרָה הֶעֱלָה נֵרֹתֶיהָ כַּאֲשֶׁר צִוָּה יהוה אֶת־מֹשֶׁה: וְזֶה מַעֲשֵׂה הַמְּנֹרָה מִקְשָׁה זָהָב עַד־יְרֵכָהּ עַד־פִּרְחָהּ מִקְשָׁה הִוא כַּמַּרְאֶה אֲשֶׁר הֶרְאָה יהוה אֶת־מֹשֶׁה כֵּן עָשָׂה אֶת־הַמְּנֹרָה:

לוי: וַיְדַבֵּר יהוה אֶל־מֹשֶׁה לֵּאמֹר: קַח אֶת־הַלְוִיִּם מִתּוֹךְ בְּנֵי יִשְׂרָאֵל וְטִהַרְתָּ אֹתָם: וְכֹה־תַעֲשֶׂה לָהֶם לְטַהֲרָם הַזֵּה עֲלֵיהֶם מֵי חַטָּאת וְהֶעֱבִירוּ תַעַר עַל־כָּל־בְּשָׂרָם וְכִבְּסוּ בִגְדֵיהֶם וְהִטֶּהָרוּ: וְלָקְחוּ פַּר בֶּן־בָּקָר וּמִנְחָתוֹ סֹלֶת בְּלוּלָה בַשָּׁמֶן וּפַר־שֵׁנִי בֶן־בָּקָר תִּקַּח לְחַטָּאת: וְהִקְרַבְתָּ אֶת־הַלְוִיִּם לִפְנֵי אֹהֶל מוֹעֵד וְהִקְהַלְתָּ אֶת־כָּל־עֲדַת בְּנֵי יִשְׂרָאֵל:

ישראל: וְהִקְרַבְתָּ אֶת־הַלְוִיִּם לִפְנֵי יהוה וְסָמְכוּ בְנֵי־יִשְׂרָאֵל אֶת־יְדֵיהֶם עַל־הַלְוִיִּם: וְהֵנִיף אַהֲרֹן אֶת־הַלְוִיִּם תְּנוּפָה לִפְנֵי יהוה מֵאֵת בְּנֵי יִשְׂרָאֵל וְהָיוּ לַעֲבֹד אֶת־עֲבֹדַת יהוה: וְהַלְוִיִּם יִסְמְכוּ אֶת־יְדֵיהֶם עַל רֹאשׁ הַפָּרִים וַעֲשֵׂה אֶת־הָאֶחָד חַטָּאת וְאֶת־הָאֶחָד עֹלָה לַיהוה לְכַפֵּר עַל־הַלְוִיִּם: וְהַעֲמַדְתָּ אֶת־הַלְוִיִּם לִפְנֵי אַהֲרֹן וְלִפְנֵי בָנָיו וְהֵנַפְתָּ אֹתָם תְּנוּפָה לַיהוה: וְהִבְדַּלְתָּ אֶת־הַלְוִיִּם מִתּוֹךְ בְּנֵי יִשְׂרָאֵל וְהָיוּ לִי הַלְוִיִּם:

## שלח

כהן: וַיְדַבֵּר יהוה אֶל־מֹשֶׁה לֵּאמֹר: שְׁלַח־לְךָ אֲנָשִׁים וְיָתֻרוּ אֶת־אֶרֶץ כְּנַעַן אֲשֶׁר־אֲנִי נֹתֵן לִבְנֵי יִשְׂרָאֵל אִישׁ אֶחָד אִישׁ אֶחָד לְמַטֵּה אֲבֹתָיו תִּשְׁלָחוּ כֹּל נָשִׂיא בָהֶם: וַיִּשְׁלַח אֹתָם מֹשֶׁה מִמִּדְבַּר פָּארָן עַל־פִּי יהוה כֻּלָּם אֲנָשִׁים רָאשֵׁי בְנֵי־יִשְׂרָאֵל הֵמָּה:

לוי: וְאֵלֶּה שְׁמוֹתָם לְמַטֵּה רְאוּבֵן שַׁמּוּעַ בֶּן־זַכּוּר: לְמַטֵּה שִׁמְעוֹן שָׁפָט בֶּן־חוֹרִי: לְמַטֵּה יְהוּדָה כָּלֵב בֶּן־יְפֻנֶּה: לְמַטֵּה יִשָּׂשכָר יִגְאָל בֶּן־יוֹסֵף: לְמַטֵּה אֶפְרָיִם הוֹשֵׁעַ בִּן־נוּן: לְמַטֵּה בִנְיָמִן פַּלְטִי בֶּן־רָפוּא: לְמַטֵּה זְבוּלֻן גַּדִּיאֵל בֶּן־סוֹדִי: לְמַטֵּה יוֹסֵף לְמַטֵּה מְנַשֶּׁה גַּדִּי בֶּן־סוּסִי: לְמַטֵּה דָן עַמִּיאֵל בֶּן־גְּמַלִּי: לְמַטֵּה אָשֵׁר סְתוּר בֶּן־מִיכָאֵל: לְמַטֵּה נַפְתָּלִי נַחְבִּי בֶּן־וָפְסִי: לְמַטֵּה גָד גְּאוּאֵל בֶּן־מָכִי: אֵלֶּה שְׁמוֹת הָאֲנָשִׁים אֲשֶׁר־שָׁלַח מֹשֶׁה לָתוּר אֶת־הָאָרֶץ וַיִּקְרָא מֹשֶׁה לְהוֹשֵׁעַ בִּן־נוּן יְהוֹשֻׁעַ:

ישראל: וַיִּשְׁלַח אֹתָם מֹשֶׁה לָתוּר אֶת־אֶרֶץ כְּנָעַן וַיֹּאמֶר אֲלֵהֶם עֲלוּ זֶה בַּנֶּגֶב וַעֲלִיתֶם אֶת־הָהָר: וּרְאִיתֶם אֶת־הָאָרֶץ מַה־הִוא וְאֶת־הָעָם הַיֹּשֵׁב עָלֶיהָ הֶחָזָק הוּא הֲרָפֶה הַמְעַט הוּא אִם־רָב: וּמָה הָאָרֶץ אֲשֶׁר־הוּא יֹשֵׁב בָּהּ הֲטוֹבָה הִוא אִם־רָעָה וּמָה

הֶעָרִים אֲשֶׁר־הוּא יוֹשֵׁב בָּהֵנָּה הַבְּמַחֲנִים אִם בְּמִבְצָרִים: וּמָה הָאָרֶץ הַשְּׁמֵנָה הִוא אִם־רָזָה הֲיֵשׁ־בָּהּ עֵץ אִם־אַיִן וְהִתְחַזַּקְתֶּם וּלְקַחְתֶּם מִפְּרִי הָאָרֶץ וְהַיָּמִים יְמֵי בִּכּוּרֵי עֲנָבִים:

## קרח

כהן: וַיִּקַּח קֹרַח בֶּן־יִצְהָר בֶּן־קְהָת בֶּן־לֵוִי וְדָתָן וַאֲבִירָם בְּנֵי אֱלִיאָב וְאוֹן בֶּן־פֶּלֶת בְּנֵי רְאוּבֵן: וַיָּקֻמוּ לִפְנֵי מֹשֶׁה וַאֲנָשִׁים מִבְּנֵי־יִשְׂרָאֵל חֲמִשִּׁים וּמָאתָיִם נְשִׂיאֵי עֵדָה קְרִאֵי מוֹעֵד אַנְשֵׁי־שֵׁם: וַיִּקָּהֲלוּ עַל־מֹשֶׁה וְעַל־אַהֲרֹן וַיֹּאמְרוּ אֲלֵהֶם רַב־לָכֶם כִּי כָל־הָעֵדָה כֻּלָּם קְדֹשִׁים וּבְתוֹכָם יהוה וּמַדּוּעַ תִּתְנַשְּׂאוּ עַל־קְהַל יהוה:

לוי: וַיִּשְׁמַע מֹשֶׁה וַיִּפֹּל עַל־פָּנָיו: וַיְדַבֵּר אֶל־קֹרַח וְאֶל־כָּל־עֲדָתוֹ לֵאמֹר בֹּקֶר וְיֹדַע יהוה אֶת־אֲשֶׁר־לוֹ וְאֶת־הַקָּדוֹשׁ וְהִקְרִיב אֵלָיו וְאֵת אֲשֶׁר יִבְחַר־בּוֹ יַקְרִיב אֵלָיו: זֹאת עֲשׂוּ קְחוּ־לָכֶם מַחְתּוֹת קֹרַח וְכָל־עֲדָתוֹ: וּתְנוּ בָהֵן ׀ אֵשׁ וְשִׂימוּ עֲלֵיהֶן ׀ קְטֹרֶת לִפְנֵי יהוה מָחָר וְהָיָה הָאִישׁ אֲשֶׁר־יִבְחַר יהוה הוּא הַקָּדוֹשׁ רַב־לָכֶם בְּנֵי לֵוִי:

ישראל: וַיֹּאמֶר מֹשֶׁה אֶל־קֹרַח שִׁמְעוּ־נָא בְּנֵי לֵוִי: הַמְעַט מִכֶּם כִּי־הִבְדִּיל אֱלֹהֵי יִשְׂרָאֵל אֶתְכֶם מֵעֲדַת יִשְׂרָאֵל לְהַקְרִיב אֶתְכֶם אֵלָיו לַעֲבֹד אֶת־עֲבֹדַת מִשְׁכַּן יהוה וְלַעֲמֹד לִפְנֵי הָעֵדָה לְשָׁרְתָם: וַיַּקְרֵב אֹתְךָ וְאֶת־כָּל־אַחֶיךָ בְנֵי־לֵוִי אִתָּךְ וּבִקַּשְׁתֶּם גַּם־כְּהֻנָּה: לָכֵן אַתָּה וְכָל־עֲדָתְךָ הַנֹּעָדִים עַל־יהוה וְאַהֲרֹן מַה־הוּא כִּי תַלִּינוּ עָלָיו: וַיִּשְׁלַח מֹשֶׁה לִקְרֹא לְדָתָן וְלַאֲבִירָם בְּנֵי אֱלִיאָב וַיֹּאמְרוּ לֹא נַעֲלֶה: הַמְעַט כִּי הֶעֱלִיתָנוּ מֵאֶרֶץ זָבַת חָלָב וּדְבַשׁ לַהֲמִיתֵנוּ בַּמִּדְבָּר כִּי־תִשְׂתָּרֵר עָלֵינוּ גַּם־הִשְׂתָּרֵר:

## חקת

כהן: וַיְדַבֵּר יהוה אֶל־מֹשֶׁה וְאֶל־אַהֲרֹן לֵאמֹר: זֹאת חֻקַּת הַתּוֹרָה אֲשֶׁר־צִוָּה יהוה לֵאמֹר דַּבֵּר ׀ אֶל־בְּנֵי יִשְׂרָאֵל וְיִקְחוּ אֵלֶיךָ פָרָה אֲדֻמָּה תְּמִימָה אֲשֶׁר אֵין־בָּהּ מוּם אֲשֶׁר לֹא־עָלָה עָלֶיהָ עֹל: וּנְתַתֶּם אֹתָהּ אֶל־אֶלְעָזָר הַכֹּהֵן וְהוֹצִיא אֹתָהּ אֶל־מִחוּץ לַמַּחֲנֶה וְשָׁחַט אֹתָהּ לְפָנָיו: וְלָקַח אֶלְעָזָר הַכֹּהֵן מִדָּמָהּ בְּאֶצְבָּעוֹ וְהִזָּה אֶל־נֹכַח פְּנֵי אֹהֶל־מוֹעֵד מִדָּמָהּ שֶׁבַע פְּעָמִים: וְשָׂרַף אֶת־הַפָּרָה לְעֵינָיו אֶת־עֹרָהּ וְאֶת־בְּשָׂרָהּ וְאֶת־דָּמָהּ עַל־פִּרְשָׁהּ יִשְׂרֹף: וְלָקַח הַכֹּהֵן עֵץ אֶרֶז וְאֵזוֹב וּשְׁנִי תוֹלָעַת וְהִשְׁלִיךְ אֶל־תּוֹךְ שְׂרֵפַת הַפָּרָה:

לוי: וְכִבֶּס בְּגָדָיו הַכֹּהֵן וְרָחַץ בְּשָׂרוֹ בַּמַּיִם וְאַחַר יָבֹא אֶל־הַמַּחֲנֶה וְטָמֵא הַכֹּהֵן עַד־הָעָרֶב: וְהַשֹּׂרֵף אֹתָהּ יְכַבֵּס בְּגָדָיו בַּמַּיִם וְרָחַץ בְּשָׂרוֹ בַּמָּיִם וְטָמֵא עַד־הָעָרֶב: וְאָסַף ׀ אִישׁ טָהוֹר אֵת אֵפֶר הַפָּרָה וְהִנִּיחַ מִחוּץ לַמַּחֲנֶה בְּמָקוֹם טָהוֹר וְהָיְתָה לַעֲדַת בְּנֵי־יִשְׂרָאֵל לְמִשְׁמֶרֶת לְמֵי נִדָּה חַטָּאת הִוא:

ישראל: וְכִבֶּס הָאֹסֵף אֶת־אֵפֶר הַפָּרָה אֶת־בְּגָדָיו וְטָמֵא עַד־הָעָרֶב וְהָיְתָה לִבְנֵי יִשְׂרָאֵל וְלַגֵּר הַגָּר בְּתוֹכָם לְחֻקַּת עוֹלָם: הַנֹּגֵעַ בְּמֵת לְכָל־נֶפֶשׁ אָדָם וְטָמֵא שִׁבְעַת יָמִים: הוּא יִתְחַטָּא־בוֹ בַּיּוֹם הַשְּׁלִישִׁי וּבַיּוֹם הַשְּׁבִיעִי יִטְהָר וְאִם־לֹא יִתְחַטָּא בַּיּוֹם הַשְּׁלִישִׁי וּבַיּוֹם הַשְּׁבִיעִי לֹא יִטְהָר: כָּל־הַנֹּגֵעַ בְּמֵת בְּנֶפֶשׁ הָאָדָם אֲשֶׁר־יָמוּת וְלֹא יִתְחַטָּא אֶת־מִשְׁכַּן יהוה טִמֵּא וְנִכְרְתָה הַנֶּפֶשׁ הַהִוא מִיִּשְׂרָאֵל כִּי מֵי נִדָּה לֹא־זֹרַק עָלָיו טָמֵא יִהְיֶה עוֹד טֻמְאָתוֹ בוֹ: זֹאת הַתּוֹרָה אָדָם כִּי־יָמוּת בְּאֹהֶל כָּל־הַבָּא אֶל־הָאֹהֶל וְכָל־אֲשֶׁר בָּאֹהֶל יִטְמָא שִׁבְעַת יָמִים: וְכֹל כְּלִי פָתוּחַ אֲשֶׁר אֵין־צָמִיד פָּתִיל עָלָיו טָמֵא הוּא: וְכֹל אֲשֶׁר־יִגַּע עַל־פְּנֵי הַשָּׂדֶה בַּחֲלַל־חֶרֶב אוֹ בְמֵת אוֹ־בְעֶצֶם אָדָם אוֹ בְקָבֶר יִטְמָא שִׁבְעַת יָמִים: וְלָקְחוּ לַטָּמֵא מֵעֲפַר שְׂרֵפַת הַחַטָּאת וְנָתַן עָלָיו מַיִם חַיִּים אֶל־כֶּלִי:

## בלק

כהן: וַיַּרְא בָּלָק בֶּן־צִפּוֹר אֵת כָּל־אֲשֶׁר־עָשָׂה יִשְׂרָאֵל לָאֱמֹרִי: וַיָּגָר מוֹאָב מִפְּנֵי הָעָם מְאֹד כִּי רַב־הוּא וַיָּקָץ מוֹאָב מִפְּנֵי בְּנֵי יִשְׂרָאֵל: וַיֹּאמֶר מוֹאָב אֶל־זִקְנֵי מִדְיָן עַתָּה יְלַחֲכוּ הַקָּהָל אֶת־כָּל־סְבִיבֹתֵינוּ כִּלְחֹךְ הַשּׁוֹר אֵת יֶרֶק הַשָּׂדֶה וּבָלָק בֶּן־צִפּוֹר מֶלֶךְ לְמוֹאָב בָּעֵת הַהִוא:

לוי: וַיִּשְׁלַח מַלְאָכִים אֶל־בִּלְעָם בֶּן־בְּעוֹר פְּתוֹרָה אֲשֶׁר עַל־הַנָּהָר אֶרֶץ בְּנֵי־עַמּוֹ לִקְרֹא־לוֹ לֵאמֹר הִנֵּה עַם יָצָא מִמִּצְרַיִם הִנֵּה כִסָּה אֶת־עֵין הָאָרֶץ וְהוּא יֹשֵׁב מִמֻּלִי: וְעַתָּה לְכָה־נָּא אָרָה־לִּי אֶת־הָעָם הַזֶּה כִּי־עָצוּם הוּא מִמֶּנִּי אוּלַי אוּכַל נַכֶּה־בּוֹ וַאֲגָרְשֶׁנּוּ מִן־הָאָרֶץ כִּי יָדַעְתִּי אֵת אֲשֶׁר־תְּבָרֵךְ מְבֹרָךְ וַאֲשֶׁר תָּאֹר יוּאָר: וַיֵּלְכוּ זִקְנֵי מוֹאָב וְזִקְנֵי מִדְיָן וּקְסָמִים בְּיָדָם וַיָּבֹאוּ אֶל־בִּלְעָם וַיְדַבְּרוּ אֵלָיו דִּבְרֵי בָלָק:

ישראל: וַיֹּאמֶר אֲלֵיהֶם לִינוּ פֹה הַלַּיְלָה וַהֲשִׁבֹתִי אֶתְכֶם דָּבָר כַּאֲשֶׁר יְדַבֵּר יהוה אֵלָי וַיֵּשְׁבוּ שָׂרֵי־מוֹאָב עִם־בִּלְעָם: וַיָּבֹא אֱלֹהִים

אֶל־בִּלְעָם וַיֹּאמֶר מִי הָאֲנָשִׁים הָאֵלֶּה עִמָּךְ׃ וַיֹּאמֶר בִּלְעָם אֶל־הָאֱלֹהִים בָּלָק בֶּן־צִפֹּר מֶלֶךְ מוֹאָב שָׁלַח אֵלָי׃ הִנֵּה הָעָם הַיֹּצֵא מִמִּצְרַיִם וַיְכַס אֶת־עֵין הָאָרֶץ עַתָּה לְכָה קָבָה־לִּי אֹתוֹ אוּלַי אוּכַל לְהִלָּחֶם בּוֹ וְגֵרַשְׁתִּיו׃ וַיֹּאמֶר אֱלֹהִים אֶל־בִּלְעָם לֹא תֵלֵךְ עִמָּהֶם לֹא תָאֹר אֶת־הָעָם כִּי בָרוּךְ הוּא׃

### פנחס

כהן: וַיְדַבֵּר יהוה אֶל־מֹשֶׁה לֵּאמֹר׃ פִּינְחָס בֶּן־אֶלְעָזָר בֶּן־אַהֲרֹן הַכֹּהֵן הֵשִׁיב אֶת־חֲמָתִי מֵעַל בְּנֵי־יִשְׂרָאֵל בְּקַנְאוֹ אֶת־קִנְאָתִי בְּתוֹכָם וְלֹא־כִלִּיתִי אֶת־בְּנֵי־יִשְׂרָאֵל בְּקִנְאָתִי׃ לָכֵן אֱמֹר הִנְנִי נֹתֵן לוֹ אֶת־בְּרִיתִי שָׁלוֹם׃

לוי: וְהָיְתָה לּוֹ וּלְזַרְעוֹ אַחֲרָיו בְּרִית כְּהֻנַּת עוֹלָם תַּחַת אֲשֶׁר קִנֵּא לֵאלֹהָיו וַיְכַפֵּר עַל־בְּנֵי יִשְׂרָאֵל׃ וְשֵׁם אִישׁ יִשְׂרָאֵל הַמֻּכֶּה אֲשֶׁר הֻכָּה אֶת־הַמִּדְיָנִית זִמְרִי בֶּן־סָלוּא נְשִׂיא בֵית־אָב לַשִּׁמְעֹנִי׃ וְשֵׁם הָאִשָּׁה הַמֻּכָּה הַמִּדְיָנִית כָּזְבִּי בַת־צוּר רֹאשׁ אֻמּוֹת בֵּית־אָב בְּמִדְיָן הוּא׃

ישראל: וַיְדַבֵּר יהוה אֶל־מֹשֶׁה לֵּאמֹר׃ צָרוֹר אֶת־הַמִּדְיָנִים וְהִכִּיתֶם אוֹתָם׃ כִּי צֹרְרִים הֵם לָכֶם בְּנִכְלֵיהֶם אֲשֶׁר־נִכְּלוּ לָכֶם עַל־דְּבַר פְּעוֹר וְעַל־דְּבַר כָּזְבִּי בַת־נְשִׂיא מִדְיָן אֲחֹתָם הַמֻּכָּה בְיוֹם־הַמַּגֵּפָה עַל־דְּבַר־פְּעוֹר׃ וַיְהִי אַחֲרֵי הַמַּגֵּפָה וַיֹּאמֶר יהוה אֶל־מֹשֶׁה וְאֶל אֶלְעָזָר בֶּן־אַהֲרֹן הַכֹּהֵן לֵאמֹר׃ שְׂאוּ אֶת־רֹאשׁ | כָּל־עֲדַת בְּנֵי־יִשְׂרָאֵל מִבֶּן עֶשְׂרִים שָׁנָה וָמַעְלָה לְבֵית אֲבֹתָם כָּל־יֹצֵא צָבָא בְּיִשְׂרָאֵל׃ וַיְדַבֵּר מֹשֶׁה וְאֶלְעָזָר הַכֹּהֵן אֹתָם בְּעַרְבֹת מוֹאָב עַל־יַרְדֵּן יְרֵחוֹ לֵאמֹר׃ מִבֶּן עֶשְׂרִים שָׁנָה וָמָעְלָה כַּאֲשֶׁר צִוָּה יהוה אֶת־מֹשֶׁה וּבְנֵי יִשְׂרָאֵל הַיֹּצְאִים מֵאֶרֶץ מִצְרָיִם׃

### מטות

כהן: וַיְדַבֵּר מֹשֶׁה אֶל־רָאשֵׁי הַמַּטּוֹת לִבְנֵי יִשְׂרָאֵל לֵאמֹר זֶה הַדָּבָר אֲשֶׁר צִוָּה יהוה׃ אִישׁ כִּי־יִדֹּר נֶדֶר לַיהוה אוֹ־הִשָּׁבַע שְׁבֻעָה לֶאְסֹר אִסָּר עַל־נַפְשׁוֹ לֹא יַחֵל דְּבָרוֹ כְּכָל־הַיֹּצֵא מִפִּיו יַעֲשֶׂה׃ וְאִשָּׁה כִּי־תִדֹּר נֶדֶר לַיהוה וְאָסְרָה אִסָּר בְּבֵית אָבִיהָ בִּנְעֻרֶיהָ׃ וְשָׁמַע אָבִיהָ אֶת־נִדְרָהּ וֶאֱסָרָהּ אֲשֶׁר אָסְרָה עַל־נַפְשָׁהּ וְהֶחֱרִישׁ לָהּ אָבִיהָ וְקָמוּ כָּל־נְדָרֶיהָ וְכָל־אִסָּר אֲשֶׁר־אָסְרָה עַל־נַפְשָׁהּ יָקוּם׃ וְאִם־הֵנִיא אָבִיהָ אֹתָהּ בְּיוֹם שָׁמְעוֹ כָּל־נְדָרֶיהָ וֶאֱסָרֶיהָ אֲשֶׁר־אָסְרָה עַל־נַפְשָׁהּ לֹא יָקוּם וַיהוה יִסְלַח־לָהּ כִּי־הֵנִיא אָבִיהָ אֹתָהּ׃ וְאִם־הָיוֹ תִהְיֶה לְאִישׁ וּנְדָרֶיהָ עָלֶיהָ אוֹ מִבְטָא שְׂפָתֶיהָ אֲשֶׁר אָסְרָה עַל־נַפְשָׁהּ׃ וְשָׁמַע אִישָׁהּ בְּיוֹם שָׁמְעוֹ וְהֶחֱרִישׁ לָהּ וְקָמוּ נְדָרֶיהָ וֶאֱסָרֶהָ אֲשֶׁר־אָסְרָה עַל־נַפְשָׁהּ יָקֻמוּ׃ וְאִם בְּיוֹם שְׁמֹעַ אִישָׁהּ יָנִיא אוֹתָהּ וְהֵפֵר אֶת־נִדְרָהּ אֲשֶׁר עָלֶיהָ וְאֵת מִבְטָא שְׂפָתֶיהָ אֲשֶׁר אָסְרָה עַל־נַפְשָׁהּ וַיהוה יִסְלַח־לָהּ׃

לוי: וְנֵדֶר אַלְמָנָה וּגְרוּשָׁה כֹּל אֲשֶׁר־אָסְרָה עַל־נַפְשָׁהּ יָקוּם עָלֶיהָ׃ וְאִם־בֵּית אִישָׁהּ נָדָרָה אוֹ־אָסְרָה אִסָּר עַל־נַפְשָׁהּ בִּשְׁבֻעָה׃ וְשָׁמַע אִישָׁהּ וְהֶחֱרִשׁ לָהּ לֹא הֵנִיא אֹתָהּ וְקָמוּ כָּל־נְדָרֶיהָ וְכָל־אִסָּר אֲשֶׁר־אָסְרָה עַל־נַפְשָׁהּ יָקוּם׃ וְאִם־הָפֵר יָפֵר אֹתָם | אִישָׁהּ בְּיוֹם שָׁמְעוֹ כָּל־מוֹצָא שְׂפָתֶיהָ לִנְדָרֶיהָ וּלְאִסַּר נַפְשָׁהּ לֹא יָקוּם אִישָׁהּ הֲפֵרָם וַיהוה יִסְלַח־לָהּ׃

ישראל: כָּל־נֵדֶר וְכָל־שְׁבֻעַת אִסָּר לְעַנֹּת נָפֶשׁ אִישָׁהּ יְקִימֶנּוּ וְאִישָׁהּ יְפֵרֶנּוּ׃ וְאִם־הַחֲרֵשׁ יַחֲרִישׁ לָהּ אִישָׁהּ מִיּוֹם אֶל־יוֹם וְהֵקִים אֶת־כָּל־נְדָרֶיהָ אוֹ אֶת־כָּל־אֱסָרֶיהָ אֲשֶׁר עָלֶיהָ הֵקִים אֹתָם כִּי־הֶחֱרִשׁ לָהּ בְּיוֹם שָׁמְעוֹ׃ וְאִם־הָפֵר יָפֵר אֹתָם אַחֲרֵי שָׁמְעוֹ וְנָשָׂא אֶת־עֲוֺנָהּ׃ אֵלֶּה הַחֻקִּים אֲשֶׁר צִוָּה יהוה אֶת־מֹשֶׁה בֵּין אִישׁ לְאִשְׁתּוֹ בֵּין־אָב לְבִתּוֹ בִּנְעֻרֶיהָ בֵּית אָבִיהָ׃

### מסעי

כהן: אֵלֶּה מַסְעֵי בְנֵי־יִשְׂרָאֵל אֲשֶׁר יָצְאוּ מֵאֶרֶץ מִצְרַיִם לְצִבְאֹתָם בְּיַד־מֹשֶׁה וְאַהֲרֹן׃ וַיִּכְתֹּב מֹשֶׁה אֶת־מוֹצָאֵיהֶם לְמַסְעֵיהֶם עַל־פִּי יהוה וְאֵלֶּה מַסְעֵיהֶם לְמוֹצָאֵיהֶם׃ וַיִּסְעוּ מֵרַעְמְסֵס בַּחֹדֶשׁ הָרִאשׁוֹן בַּחֲמִשָּׁה עָשָׂר יוֹם לַחֹדֶשׁ הָרִאשׁוֹן מִמָּחֳרַת הַפֶּסַח יָצְאוּ בְנֵי־יִשְׂרָאֵל בְּיָד רָמָה לְעֵינֵי כָּל־מִצְרָיִם׃

לוי: וּמִצְרַיִם מְקַבְּרִים אֵת אֲשֶׁר הִכָּה יהוה בָּהֶם כָּל־בְּכוֹר וּבֵאלֹהֵיהֶם עָשָׂה יהוה שְׁפָטִים׃ וַיִּסְעוּ בְנֵי־יִשְׂרָאֵל מֵרַעְמְסֵס וַיַּחֲנוּ בְּסֻכֹּת׃ וַיִּסְעוּ מִסֻּכֹּת וַיַּחֲנוּ בְאֵתָם אֲשֶׁר בִּקְצֵה הַמִּדְבָּר׃

ישראל: וַיִּסְעוּ מֵאֵתָם וַיָּשָׁב עַל־פִּי הַחִירֹת אֲשֶׁר עַל־פְּנֵי בַּעַל צְפוֹן וַיַּחֲנוּ לִפְנֵי מִגְדֹּל׃ וַיִּסְעוּ מִפְּנֵי הַחִירֹת וַיַּעַבְרוּ בְתוֹךְ־הַיָּם הַמִּדְבָּרָה וַיֵּלְכוּ דֶּרֶךְ שְׁלֹשֶׁת יָמִים בְּמִדְבַּר אֵתָם וַיַּחֲנוּ בְּמָרָה׃ וַיִּסְעוּ מִמָּרָה וַיָּבֹאוּ אֵילִמָה וּבְאֵילִם שְׁתֵּים עֶשְׂרֵה עֵינֹת מַיִם וְשִׁבְעִים תְּמָרִים וַיַּחֲנוּ־שָׁם׃ וַיִּסְעוּ מֵאֵילִם וַיַּחֲנוּ עַל־יַם־סוּף׃

## דברים

כהן: אֵלֶּה הַדְּבָרִים אֲשֶׁר דִּבֶּר מֹשֶׁה אֶל־כָּל־יִשְׂרָאֵל בְּעֵבֶר הַיַּרְדֵּן בַּמִּדְבָּר בָּעֲרָבָה מוֹל סוּף בֵּין־פָּארָן וּבֵין־תֹּפֶל וְלָבָן וַחֲצֵרֹת וְדִי זָהָב׃ אַחַד עָשָׂר יוֹם מֵחֹרֵב דֶּרֶךְ הַר־שֵׂעִיר עַד קָדֵשׁ בַּרְנֵעַ׃ וַיְהִי בְּאַרְבָּעִים שָׁנָה בְּעַשְׁתֵּי־עָשָׂר חֹדֶשׁ בְּאֶחָד לַחֹדֶשׁ דִּבֶּר מֹשֶׁה אֶל־בְּנֵי יִשְׂרָאֵל כְּכֹל אֲשֶׁר צִוָּה יהוה אֹתוֹ אֲלֵהֶם׃

לוי: אַחֲרֵי הַכֹּתוֹ אֵת סִיחֹן מֶלֶךְ הָאֱמֹרִי אֲשֶׁר יוֹשֵׁב בְּחֶשְׁבּוֹן וְאֵת עוֹג מֶלֶךְ הַבָּשָׁן אֲשֶׁר־יוֹשֵׁב בְּעַשְׁתָּרֹת בְּאֶדְרֶעִי׃ בְּעֵבֶר הַיַּרְדֵּן בְּאֶרֶץ מוֹאָב הוֹאִיל מֹשֶׁה בֵּאֵר אֶת־הַתּוֹרָה הַזֹּאת לֵאמֹר׃ יהוה אֱלֹהֵינוּ דִּבֶּר אֵלֵינוּ בְּחֹרֵב לֵאמֹר רַב־לָכֶם שֶׁבֶת בָּהָר הַזֶּה׃ פְּנוּ | וּסְעוּ לָכֶם וּבֹאוּ הַר הָאֱמֹרִי וְאֶל־כָּל־שְׁכֵנָיו בָּעֲרָבָה בָהָר וּבַשְּׁפֵלָה וּבַנֶּגֶב וּבְחוֹף הַיָּם אֶרֶץ הַכְּנַעֲנִי וְהַלְּבָנוֹן עַד־הַנָּהָר הַגָּדֹל נְהַר־פְּרָת׃

ישראל: רְאֵה נָתַתִּי לִפְנֵיכֶם אֶת־הָאָרֶץ בֹּאוּ וּרְשׁוּ אֶת־הָאָרֶץ אֲשֶׁר נִשְׁבַּע יהוה לַאֲבֹתֵיכֶם לְאַבְרָהָם לְיִצְחָק וּלְיַעֲקֹב לָתֵת לָהֶם וּלְזַרְעָם אַחֲרֵיהֶם׃ וָאֹמַר אֲלֵכֶם בָּעֵת הַהִוא לֵאמֹר לֹא־אוּכַל לְבַדִּי שְׂאֵת אֶתְכֶם׃ יהוה אֱלֹהֵיכֶם הִרְבָּה אֶתְכֶם וְהִנְּכֶם הַיּוֹם כְּכוֹכְבֵי הַשָּׁמַיִם לָרֹב׃ יהוה אֱלֹהֵי אֲבוֹתֵכֶם יֹסֵף עֲלֵיכֶם כָּכֶם אֶלֶף פְּעָמִים וִיבָרֵךְ אֶתְכֶם כַּאֲשֶׁר דִּבֶּר לָכֶם׃

## ואתחנן

כהן: וָאֶתְחַנַּן אֶל־יהוה בָּעֵת הַהִוא לֵאמֹר׃ אֲדֹנָי יֱהוִה אַתָּה הַחִלּוֹתָ לְהַרְאוֹת אֶת־עַבְדְּךָ אֶת־גָּדְלְךָ וְאֶת־יָדְךָ הַחֲזָקָה אֲשֶׁר מִי־אֵל בַּשָּׁמַיִם וּבָאָרֶץ אֲשֶׁר־יַעֲשֶׂה כְמַעֲשֶׂיךָ וְכִגְבוּרֹתֶךָ׃ אֶעְבְּרָה־נָּא וְאֶרְאֶה אֶת־הָאָרֶץ הַטּוֹבָה אֲשֶׁר בְּעֵבֶר הַיַּרְדֵּן הָהָר הַטּוֹב הַזֶּה וְהַלְּבָנֹן׃

לוי: וַיִּתְעַבֵּר יהוה בִּי לְמַעַנְכֶם וְלֹא שָׁמַע אֵלָי וַיֹּאמֶר יהוה אֵלַי רַב־לָךְ אַל־תּוֹסֶף דַּבֵּר אֵלַי עוֹד בַּדָּבָר הַזֶּה׃ עֲלֵה | רֹאשׁ הַפִּסְגָּה וְשָׂא עֵינֶיךָ יָמָּה וְצָפֹנָה וְתֵימָנָה וּמִזְרָחָה וּרְאֵה בְעֵינֶיךָ כִּי־לֹא תַעֲבֹר אֶת־הַיַּרְדֵּן הַזֶּה׃ וְצַו אֶת־יְהוֹשֻׁעַ וְחַזְּקֵהוּ וְאַמְּצֵהוּ כִּי־הוּא יַעֲבֹר לִפְנֵי הָעָם הַזֶּה וְהוּא יַנְחִיל אוֹתָם אֶת־הָאָרֶץ אֲשֶׁר תִּרְאֶה׃ וַנֵּשֶׁב בַּגָּיְא מוּל בֵּית פְּעוֹר׃ וְעַתָּה יִשְׂרָאֵל שְׁמַע אֶל־הַחֻקִּים וְאֶל־הַמִּשְׁפָּטִים אֲשֶׁר אָנֹכִי מְלַמֵּד אֶתְכֶם לַעֲשׂוֹת לְמַעַן תִּחְיוּ וּבָאתֶם וִירִשְׁתֶּם אֶת־הָאָרֶץ אֲשֶׁר יהוה אֱלֹהֵי אֲבֹתֵיכֶם נֹתֵן לָכֶם׃ לֹא תֹסִפוּ עַל־הַדָּבָר אֲשֶׁר אָנֹכִי מְצַוֶּה אֶתְכֶם וְלֹא תִגְרְעוּ מִמֶּנּוּ לִשְׁמֹר אֶת־מִצְוֹת יהוה אֱלֹהֵיכֶם אֲשֶׁר אָנֹכִי מְצַוֶּה אֶתְכֶם׃ עֵינֵיכֶם הָרֹאוֹת אֵת אֲשֶׁר־עָשָׂה יהוה בְּבַעַל פְּעוֹר כִּי כָל־הָאִישׁ אֲשֶׁר הָלַךְ אַחֲרֵי בַעַל־פְּעוֹר הִשְׁמִידוֹ יהוה אֱלֹהֶיךָ מִקִּרְבֶּךָ׃ וְאַתֶּם הַדְּבֵקִים בַּיהוה אֱלֹהֵיכֶם חַיִּים כֻּלְּכֶם הַיּוֹם׃

ישראל: רְאֵה | לִמַּדְתִּי אֶתְכֶם חֻקִּים וּמִשְׁפָּטִים כַּאֲשֶׁר צִוַּנִי יהוה אֱלֹהָי לַעֲשׂוֹת כֵּן בְּקֶרֶב הָאָרֶץ אֲשֶׁר אַתֶּם בָּאִים שָׁמָּה לְרִשְׁתָּהּ׃ וּשְׁמַרְתֶּם וַעֲשִׂיתֶם כִּי הִוא חָכְמַתְכֶם וּבִינַתְכֶם לְעֵינֵי הָעַמִּים אֲשֶׁר יִשְׁמְעוּן אֵת כָּל־הַחֻקִּים הָאֵלֶּה וְאָמְרוּ רַק עַם־חָכָם וְנָבוֹן הַגּוֹי הַגָּדוֹל הַזֶּה׃ כִּי מִי־גוֹי גָּדוֹל אֲשֶׁר־לוֹ אֱלֹהִים קְרֹבִים אֵלָיו כַּיהוה אֱלֹהֵינוּ בְּכָל־קָרְאֵנוּ אֵלָיו׃ וּמִי גּוֹי גָּדוֹל אֲשֶׁר־לוֹ חֻקִּים וּמִשְׁפָּטִים צַדִּיקִם כְּכֹל הַתּוֹרָה הַזֹּאת אֲשֶׁר אָנֹכִי נֹתֵן לִפְנֵיכֶם הַיּוֹם׃

## עקב

כהן: וְהָיָה | עֵקֶב תִּשְׁמְעוּן אֵת הַמִּשְׁפָּטִים הָאֵלֶּה וּשְׁמַרְתֶּם וַעֲשִׂיתֶם אֹתָם וְשָׁמַר יהוה אֱלֹהֶיךָ לְךָ אֶת־הַבְּרִית וְאֶת־הַחֶסֶד אֲשֶׁר נִשְׁבַּע לַאֲבֹתֶיךָ׃ וַאֲהֵבְךָ וּבֵרַכְךָ וְהִרְבֶּךָ וּבֵרַךְ פְּרִי־בִטְנְךָ וּפְרִי־אַדְמָתֶךָ דְּגָנְךָ וְתִירֹשְׁךָ וְיִצְהָרֶךָ שְׁגַר־אֲלָפֶיךָ וְעַשְׁתְּרֹת צֹאנֶךָ עַל הָאֲדָמָה אֲשֶׁר־נִשְׁבַּע לַאֲבֹתֶיךָ לָתֶת לָךְ׃ בָּרוּךְ תִּהְיֶה מִכָּל־הָעַמִּים לֹא־יִהְיֶה בְךָ עָקָר וַעֲקָרָה וּבִבְהֶמְתֶּךָ׃ וְהֵסִיר יהוה מִמְּךָ כָּל־חֹלִי וְכָל־מַדְוֵי מִצְרַיִם הָרָעִים אֲשֶׁר יָדַעְתָּ לֹא יְשִׂימָם בָּךְ וּנְתָנָם בְּכָל־שֹׂנְאֶיךָ׃ וְאָכַלְתָּ אֶת־כָּל־הָעַמִּים אֲשֶׁר יהוה אֱלֹהֶיךָ נֹתֵן לָךְ לֹא־תָחוֹס עֵינְךָ עֲלֵיהֶם וְלֹא תַעֲבֹד אֶת־אֱלֹהֵיהֶם כִּי־מוֹקֵשׁ הוּא לָךְ׃ כִּי תֹאמַר בִּלְבָבְךָ רַבִּים הַגּוֹיִם הָאֵלֶּה מִמֶּנִּי אֵיכָה אוּכַל לְהוֹרִישָׁם׃ לֹא תִירָא מֵהֶם זָכֹר תִּזְכֹּר אֵת אֲשֶׁר־עָשָׂה יהוה אֱלֹהֶיךָ לְפַרְעֹה וּלְכָל־מִצְרָיִם׃ הַמַּסֹּת הַגְּדֹלֹת אֲשֶׁר־רָאוּ עֵינֶיךָ וְהָאֹתֹת וְהַמֹּפְתִים וְהַיָּד הַחֲזָקָה וְהַזְּרֹעַ הַנְּטוּיָה אֲשֶׁר הוֹצִאֲךָ יהוה אֱלֹהֶיךָ כֵּן־יַעֲשֶׂה יהוה אֱלֹהֶיךָ לְכָל־הָעַמִּים אֲשֶׁר־אַתָּה יָרֵא מִפְּנֵיהֶם׃ וְגַם אֶת־הַצִּרְעָה יְשַׁלַּח יהוה אֱלֹהֶיךָ בָּם עַד־אֲבֹד הַנִּשְׁאָרִים וְהַנִּסְתָּרִים מִפָּנֶיךָ׃ לֹא תַעֲרֹץ מִפְּנֵיהֶם כִּי־יהוה אֱלֹהֶיךָ בְּקִרְבֶּךָ אֵל גָּדוֹל וְנוֹרָא׃

לוי: וְנָשַׁל יהוה אֱלֹהֶיךָ אֶת־הַגּוֹיִם הָאֵל מִפָּנֶיךָ מְעַט מְעָט לֹא תוּכַל כַּלֹּתָם מַהֵר פֶּן־תִּרְבֶּה עָלֶיךָ חַיַּת הַשָּׂדֶה׃ וּנְתָנָם יהוה אֱלֹהֶיךָ

לְפָנֶיךָ וְהָמָם מְהוּמָה גְדֹלָה עַד הִשָּׁמְדָם׃ וְנָתַן מַלְכֵיהֶם בְּיָדֶךָ וְהַאֲבַדְתָּ אֶת־שְׁמָם מִתַּחַת הַשָּׁמָיִם לֹא־יִתְיַצֵּב אִישׁ בְּפָנֶיךָ עַד הִשְׁמִדְךָ אֹתָם׃ פְּסִילֵי אֱלֹהֵיהֶם תִּשְׂרְפוּן בָּאֵשׁ לֹא־תַחְמֹד כֶּסֶף וְזָהָב עֲלֵיהֶם וְלָקַחְתָּ לָךְ פֶּן תִּוָּקֵשׁ בּוֹ כִּי תוֹעֲבַת יהוה אֱלֹהֶיךָ הוּא׃ וְלֹא־תָבִיא תוֹעֵבָה אֶל־בֵּיתֶךָ וְהָיִיתָ חֵרֶם כָּמֹהוּ שַׁקֵּץ | תְּשַׁקְּצֶנּוּ וְתַעֵב | תְּתַעֲבֶנּוּ כִּי־חֵרֶם הוּא׃ כָּל־הַמִּצְוָה אֲשֶׁר אָנֹכִי מְצַוְּךָ הַיּוֹם תִּשְׁמְרוּן לַעֲשׂוֹת לְמַעַן תִּחְיוּן וּרְבִיתֶם וּבָאתֶם וִירִשְׁתֶּם אֶת־הָאָרֶץ אֲשֶׁר־נִשְׁבַּע יהוה לַאֲבֹתֵיכֶם׃ וְזָכַרְתָּ אֶת־כָּל־הַדֶּרֶךְ אֲשֶׁר הוֹלִיכְךָ יהוה אֱלֹהֶיךָ זֶה אַרְבָּעִים שָׁנָה בַּמִּדְבָּר לְמַעַן עַנֹּתְךָ לְנַסֹּתְךָ לָדַעַת אֶת־אֲשֶׁר בִּלְבָבְךָ הֲתִשְׁמֹר מִצְוֺתָו אִם־לֹא׃ וַיְעַנְּךָ וַיַּרְעִבֶךָ וַיַּאֲכִלְךָ אֶת־הַמָּן אֲשֶׁר לֹא־יָדַעְתָּ וְלֹא יָדְעוּן אֲבֹתֶיךָ לְמַעַן הוֹדִיעֲךָ כִּי לֹא עַל־הַלֶּחֶם לְבַדּוֹ יִחְיֶה הָאָדָם כִּי עַל־כָּל־מוֹצָא פִי־יהוה יִחְיֶה הָאָדָם׃

ישראל: שִׂמְלָתְךָ לֹא בָלְתָה מֵעָלֶיךָ וְרַגְלְךָ לֹא בָצֵקָה זֶה אַרְבָּעִים שָׁנָה׃ וְיָדַעְתָּ עִם־לְבָבֶךָ כִּי כַּאֲשֶׁר יְיַסֵּר אִישׁ אֶת־בְּנוֹ יהוה אֱלֹהֶיךָ מְיַסְּרֶךָּ׃ וְשָׁמַרְתָּ אֶת־מִצְוֺת יהוה אֱלֹהֶיךָ לָלֶכֶת בִּדְרָכָיו וּלְיִרְאָה אֹתוֹ׃ כִּי יהוה אֱלֹהֶיךָ מְבִיאֲךָ אֶל־אֶרֶץ טוֹבָה אֶרֶץ נַחֲלֵי מָיִם עֲיָנֹת וּתְהֹמֹת יֹצְאִים בַּבִּקְעָה וּבָהָר׃ אֶרֶץ חִטָּה וּשְׂעֹרָה וְגֶפֶן וּתְאֵנָה וְרִמּוֹן אֶרֶץ־זֵית שֶׁמֶן וּדְבָשׁ׃ אֶרֶץ אֲשֶׁר לֹא בְמִסְכֵּנֻת תֹּאכַל־בָּהּ לֶחֶם לֹא־תֶחְסַר כֹּל בָּהּ אֶרֶץ אֲשֶׁר אֲבָנֶיהָ בַרְזֶל וּמֵהֲרָרֶיהָ תַּחְצֹב נְחֹשֶׁת׃ וְאָכַלְתָּ וְשָׂבָעְתָּ וּבֵרַכְתָּ אֶת־יהוה אֱלֹהֶיךָ עַל־הָאָרֶץ הַטֹּבָה אֲשֶׁר נָתַן־לָךְ׃

## ראה

כהן: רְאֵה אָנֹכִי נֹתֵן לִפְנֵיכֶם הַיּוֹם בְּרָכָה וּקְלָלָה׃ אֶת־הַבְּרָכָה אֲשֶׁר תִּשְׁמְעוּ אֶל־מִצְוֺת יהוה אֱלֹהֵיכֶם אֲשֶׁר אָנֹכִי מְצַוֶּה אֶתְכֶם הַיּוֹם׃ וְהַקְּלָלָה אִם־לֹא תִשְׁמְעוּ אֶל־מִצְוֺת יהוה אֱלֹהֵיכֶם וְסַרְתֶּם מִן־הַדֶּרֶךְ אֲשֶׁר אָנֹכִי מְצַוֶּה אֶתְכֶם הַיּוֹם לָלֶכֶת אַחֲרֵי אֱלֹהִים אֲחֵרִים אֲשֶׁר לֹא־יְדַעְתֶּם׃ וְהָיָה כִּי יְבִיאֲךָ יהוה אֱלֹהֶיךָ אֶל־הָאָרֶץ אֲשֶׁר־אַתָּה בָא־שָׁמָּה לְרִשְׁתָּהּ וְנָתַתָּה אֶת־הַבְּרָכָה עַל־הַר גְּרִזִים וְאֶת־הַקְּלָלָה עַל־הַר עֵיבָל׃ הֲלֹא־הֵמָּה בְּעֵבֶר הַיַּרְדֵּן אַחֲרֵי דֶּרֶךְ מְבוֹא הַשֶּׁמֶשׁ בְּאֶרֶץ הַכְּנַעֲנִי הַיֹּשֵׁב בָּעֲרָבָה מוּל הַגִּלְגָּל אֵצֶל אֵלוֹנֵי מֹרֶה׃ כִּי אַתֶּם עֹבְרִים אֶת־הַיַּרְדֵּן לָבֹא לָרֶשֶׁת אֶת־הָאָרֶץ אֲשֶׁר־יהוה אֱלֹהֵיכֶם נֹתֵן לָכֶם וִירִשְׁתֶּם אֹתָהּ וִישַׁבְתֶּם־בָּהּ׃

לוי: וּשְׁמַרְתֶּם לַעֲשׂוֹת אֵת כָּל־הַחֻקִּים וְאֶת־הַמִּשְׁפָּטִים אֲשֶׁר אָנֹכִי נֹתֵן לִפְנֵיכֶם הַיּוֹם׃ אֵלֶּה הַחֻקִּים וְהַמִּשְׁפָּטִים אֲשֶׁר תִּשְׁמְרוּן לַעֲשׂוֹת בָּאָרֶץ אֲשֶׁר נָתַן יהוה אֱלֹהֵי אֲבֹתֶיךָ לְךָ לְרִשְׁתָּהּ כָּל־הַיָּמִים אֲשֶׁר־אַתֶּם חַיִּים עַל־הָאֲדָמָה׃ אַבֵּד תְּאַבְּדוּן אֶת־כָּל־הַמְּקֹמוֹת אֲשֶׁר עָבְדוּ־שָׁם הַגּוֹיִם אֲשֶׁר אַתֶּם יֹרְשִׁים אֹתָם אֶת־אֱלֹהֵיהֶם עַל־הֶהָרִים הָרָמִים וְעַל־הַגְּבָעוֹת וְתַחַת כָּל־עֵץ רַעֲנָן׃ וְנִתַּצְתֶּם אֶת־מִזְבְּחֹתָם וְשִׁבַּרְתֶּם אֶת־מַצֵּבֹתָם וַאֲשֵׁרֵיהֶם תִּשְׂרְפוּן בָּאֵשׁ וּפְסִילֵי אֱלֹהֵיהֶם תְּגַדֵּעוּן וְאִבַּדְתֶּם אֶת־שְׁמָם מִן־הַמָּקוֹם הַהוּא׃ לֹא־תַעֲשׂוּן כֵּן לַיהוה אֱלֹהֵיכֶם׃ כִּי אִם־אֶל־הַמָּקוֹם אֲשֶׁר־יִבְחַר יהוה אֱלֹהֵיכֶם מִכָּל־שִׁבְטֵיכֶם לָשׂוּם אֶת־שְׁמוֹ שָׁם לְשִׁכְנוֹ תִדְרְשׁוּ וּבָאתָ שָׁמָּה׃

ישראל: וַהֲבֵאתֶם שָׁמָּה עֹלֹתֵיכֶם וְזִבְחֵיכֶם וְאֵת מַעְשְׂרֹתֵיכֶם וְאֵת תְּרוּמַת יֶדְכֶם וְנִדְרֵיכֶם וְנִדְבֹתֵיכֶם וּבְכֹרֹת בְּקַרְכֶם וְצֹאנְכֶם׃ וַאֲכַלְתֶּם־שָׁם לִפְנֵי יהוה אֱלֹהֵיכֶם וּשְׂמַחְתֶּם בְּכֹל מִשְׁלַח יֶדְכֶם אַתֶּם וּבָתֵּיכֶם אֲשֶׁר בֵּרַכְךָ יהוה אֱלֹהֶיךָ׃ לֹא תַעֲשׂוּן כְּכֹל אֲשֶׁר אֲנַחְנוּ עֹשִׂים פֹּה הַיּוֹם אִישׁ כָּל־הַיָּשָׁר בְּעֵינָיו׃ כִּי לֹא־בָאתֶם עַד־עָתָּה אֶל־הַמְּנוּחָה וְאֶל־הַנַּחֲלָה אֲשֶׁר־יהוה אֱלֹהֶיךָ נֹתֵן לָךְ׃ וַעֲבַרְתֶּם אֶת־הַיַּרְדֵּן וִישַׁבְתֶּם בָּאָרֶץ אֲשֶׁר־יהוה אֱלֹהֵיכֶם מַנְחִיל אֶתְכֶם וְהֵנִיחַ לָכֶם מִכָּל־אֹיְבֵיכֶם מִסָּבִיב וִישַׁבְתֶּם־בֶּטַח׃

## שופטים

כהן: שֹׁפְטִים וְשֹׁטְרִים תִּתֶּן־לְךָ בְּכָל־שְׁעָרֶיךָ אֲשֶׁר יהוה אֱלֹהֶיךָ נֹתֵן לְךָ לִשְׁבָטֶיךָ וְשָׁפְטוּ אֶת־הָעָם מִשְׁפַּט־צֶדֶק׃ לֹא־תַטֶּה מִשְׁפָּט לֹא תַכִּיר פָּנִים וְלֹא־תִקַּח שֹׁחַד כִּי הַשֹּׁחַד יְעַוֵּר עֵינֵי חֲכָמִים וִיסַלֵּף דִּבְרֵי צַדִּיקִם׃ צֶדֶק צֶדֶק תִּרְדֹּף לְמַעַן תִּחְיֶה וְיָרַשְׁתָּ אֶת־הָאָרֶץ אֲשֶׁר־יהוה אֱלֹהֶיךָ נֹתֵן לָךְ׃

לוי: לֹא־תִטַּע לְךָ אֲשֵׁרָה כָּל־עֵץ אֵצֶל מִזְבַּח יהוה אֱלֹהֶיךָ אֲשֶׁר תַּעֲשֶׂה־לָּךְ׃ וְלֹא־תָקִים לְךָ מַצֵּבָה אֲשֶׁר שָׂנֵא יהוה אֱלֹהֶיךָ׃ לֹא־תִזְבַּח לַיהוה אֱלֹהֶיךָ שׁוֹר וָשֶׂה אֲשֶׁר יִהְיֶה בוֹ מוּם כֹּל דָּבָר רָע כִּי תוֹעֲבַת יהוה אֱלֹהֶיךָ הוּא׃ כִּי־יִמָּצֵא בְקִרְבְּךָ בְּאַחַד שְׁעָרֶיךָ אֲשֶׁר־יהוה אֱלֹהֶיךָ נֹתֵן לָךְ אִישׁ אוֹ־אִשָּׁה אֲשֶׁר יַעֲשֶׂה אֶת־הָרַע בְּעֵינֵי יהוה־אֱלֹהֶיךָ לַעֲבֹר

בְּרִיתוֹ: וַיֵּלֶךְ וַיַּעֲבֹד אֱלֹהִים אֲחֵרִים וַיִּשְׁתַּחוּ לָהֶם וְלַשֶּׁמֶשׁ | אוֹ לַיָּרֵחַ אוֹ לְכָל־צְבָא הַשָּׁמַיִם אֲשֶׁר לֹא־צִוִּיתִי: וְהֻגַּד־לְךָ וְשָׁמָעְתָּ וְדָרַשְׁתָּ הֵיטֵב וְהִנֵּה אֱמֶת נָכוֹן הַדָּבָר נֶעֶשְׂתָה הַתּוֹעֵבָה הַזֹּאת בְּיִשְׂרָאֵל: וְהוֹצֵאתָ אֶת־הָאִישׁ הַהוּא אוֹ אֶת־הָאִשָּׁה הַהִוא אֲשֶׁר עָשׂוּ אֶת־הַדָּבָר הָרָע הַזֶּה אֶל־שְׁעָרֶיךָ אֶת־הָאִישׁ אוֹ אֶת־הָאִשָּׁה וּסְקַלְתָּם בָּאֲבָנִים וָמֵתוּ: עַל־פִּי | שְׁנַיִם עֵדִים אוֹ שְׁלֹשָׁה עֵדִים יוּמַת הַמֵּת לֹא יוּמַת עַל־פִּי עֵד אֶחָד: יַד הָעֵדִים תִּהְיֶה־בּוֹ בָרִאשֹׁנָה לַהֲמִיתוֹ וְיַד כָּל־הָעָם בָּאַחֲרֹנָה וּבִעַרְתָּ הָרָע מִקִּרְבֶּךָ: כִּי יִפָּלֵא מִמְּךָ דָבָר לַמִּשְׁפָּט בֵּין־דָּם | לְדָם בֵּין־דִּין לְדִין וּבֵין נֶגַע לָנֶגַע דִּבְרֵי רִיבֹת בִּשְׁעָרֶיךָ וְקַמְתָּ וְעָלִיתָ אֶל־הַמָּקוֹם אֲשֶׁר יִבְחַר יהוה אֱלֹהֶיךָ בּוֹ: וּבָאתָ אֶל־הַכֹּהֲנִים הַלְוִיִּם וְאֶל־הַשֹּׁפֵט אֲשֶׁר יִהְיֶה בַּיָּמִים הָהֵם וְדָרַשְׁתָּ וְהִגִּידוּ לְךָ אֵת דְּבַר הַמִּשְׁפָּט: וְעָשִׂיתָ עַל־פִּי הַדָּבָר אֲשֶׁר יַגִּידוּ לְךָ מִן־הַמָּקוֹם הַהוּא אֲשֶׁר יִבְחַר יהוה וְשָׁמַרְתָּ לַעֲשׂוֹת כְּכֹל אֲשֶׁר יוֹרוּךָ:

ישראל: עַל־פִּי הַתּוֹרָה אֲשֶׁר יוֹרוּךָ וְעַל־הַמִּשְׁפָּט אֲשֶׁר־יֹאמְרוּ לְךָ תַּעֲשֶׂה לֹא תָסוּר מִן־הַדָּבָר אֲשֶׁר־יַגִּידוּ לְךָ יָמִין וּשְׂמֹאל: וְהָאִישׁ אֲשֶׁר־יַעֲשֶׂה בְזָדוֹן לְבִלְתִּי שְׁמֹעַ אֶל־הַכֹּהֵן הָעֹמֵד לְשָׁרֶת שָׁם אֶת־יהוה אֱלֹהֶיךָ אוֹ אֶל־הַשֹּׁפֵט וּמֵת הָאִישׁ הַהוּא וּבִעַרְתָּ הָרָע מִיִּשְׂרָאֵל: וְכָל־הָעָם יִשְׁמְעוּ וְיִרָאוּ וְלֹא יְזִידוּן עוֹד:

## תצא

כהן: כִּי־תֵצֵא לַמִּלְחָמָה עַל־אֹיְבֶיךָ וּנְתָנוֹ יהוה אֱלֹהֶיךָ בְּיָדֶךָ וְשָׁבִיתָ שִׁבְיוֹ: וְרָאִיתָ בַּשִּׁבְיָה אֵשֶׁת יְפַת־תֹּאַר וְחָשַׁקְתָּ בָהּ וְלָקַחְתָּ לְךָ לְאִשָּׁה: וַהֲבֵאתָהּ אֶל־תּוֹךְ בֵּיתֶךָ וְגִלְּחָה אֶת־רֹאשָׁהּ וְעָשְׂתָה אֶת־צִפָּרְנֶיהָ: וְהֵסִירָה אֶת־שִׂמְלַת שִׁבְיָהּ מֵעָלֶיהָ וְיָשְׁבָה בְּבֵיתֶךָ וּבָכְתָה אֶת־אָבִיהָ וְאֶת־אִמָּהּ יֶרַח יָמִים וְאַחַר כֵּן תָּבוֹא אֵלֶיהָ וּבְעַלְתָּהּ וְהָיְתָה לְךָ לְאִשָּׁה: וְהָיָה אִם־לֹא חָפַצְתָּ בָּהּ וְשִׁלַּחְתָּהּ לְנַפְשָׁהּ וּמָכֹר לֹא־תִמְכְּרֶנָּה בַּכָּסֶף לֹא־תִתְעַמֵּר בָּהּ תַּחַת אֲשֶׁר עִנִּיתָהּ:

לוי: כִּי־תִהְיֶיןָ לְאִישׁ שְׁתֵּי נָשִׁים הָאַחַת אֲהוּבָה וְהָאַחַת שְׂנוּאָה וְיָלְדוּ־לוֹ בָנִים הָאֲהוּבָה וְהַשְּׂנוּאָה וְהָיָה הַבֵּן הַבְּכֹר לַשְּׂנִיאָה: וְהָיָה בְּיוֹם הַנְחִילוֹ אֶת־בָּנָיו אֵת אֲשֶׁר־יִהְיֶה לוֹ לֹא יוּכַל לְבַכֵּר אֶת־בֶּן־הָאֲהוּבָה עַל־פְּנֵי בֶן־הַשְּׂנוּאָה הַבְּכֹר: כִּי אֶת־הַבְּכֹר בֶּן־הַשְּׂנוּאָה יַכִּיר לָתֶת לוֹ פִּי שְׁנַיִם בְּכֹל אֲשֶׁר־יִמָּצֵא לוֹ כִּי־הוּא רֵאשִׁית אֹנוֹ לוֹ מִשְׁפַּט הַבְּכֹרָה:

ישראל: כִּי־יִהְיֶה לְאִישׁ בֵּן סוֹרֵר וּמוֹרֶה אֵינֶנּוּ שֹׁמֵעַ בְּקוֹל אָבִיו וּבְקוֹל אִמּוֹ וְיִסְּרוּ אֹתוֹ וְלֹא יִשְׁמַע אֲלֵיהֶם: וְתָפְשׂוּ בוֹ אָבִיו וְאִמּוֹ וְהוֹצִיאוּ אֹתוֹ אֶל־זִקְנֵי עִירוֹ וְאֶל־שַׁעַר מְקֹמוֹ: וְאָמְרוּ אֶל־זִקְנֵי עִירוֹ בְּנֵנוּ זֶה סוֹרֵר וּמֹרֶה אֵינֶנּוּ שֹׁמֵעַ בְּקֹלֵנוּ זוֹלֵל וְסֹבֵא: וּרְגָמֻהוּ כָּל־אַנְשֵׁי עִירוֹ בָאֲבָנִים וָמֵת וּבִעַרְתָּ הָרָע מִקִּרְבֶּךָ וְכָל־יִשְׂרָאֵל יִשְׁמְעוּ וְיִרָאוּ:

## תבוא

כהן: וְהָיָה כִּי־תָבוֹא אֶל־הָאָרֶץ אֲשֶׁר יהוה אֱלֹהֶיךָ נֹתֵן לְךָ נַחֲלָה וִירִשְׁתָּהּ וְיָשַׁבְתָּ בָּהּ: וְלָקַחְתָּ מֵרֵאשִׁית | כָּל־פְּרִי הָאֲדָמָה אֲשֶׁר תָּבִיא מֵאַרְצְךָ אֲשֶׁר יהוה אֱלֹהֶיךָ נֹתֵן לָךְ וְשַׂמְתָּ בַטֶּנֶא וְהָלַכְתָּ אֶל־הַמָּקוֹם אֲשֶׁר יִבְחַר יהוה אֱלֹהֶיךָ לְשַׁכֵּן שְׁמוֹ שָׁם: וּבָאתָ אֶל־הַכֹּהֵן אֲשֶׁר יִהְיֶה בַּיָּמִים הָהֵם וְאָמַרְתָּ אֵלָיו הִגַּדְתִּי הַיּוֹם לַיהוה אֱלֹהֶיךָ כִּי־בָאתִי אֶל־הָאָרֶץ אֲשֶׁר נִשְׁבַּע יהוה לַאֲבֹתֵינוּ לָתֶת לָנוּ:

לוי: וְלָקַח הַכֹּהֵן הַטֶּנֶא מִיָּדֶךָ וְהִנִּיחוֹ לִפְנֵי מִזְבַּח יהוה אֱלֹהֶיךָ: וְעָנִיתָ וְאָמַרְתָּ לִפְנֵי | יהוה אֱלֹהֶיךָ אֲרַמִּי אֹבֵד אָבִי וַיֵּרֶד מִצְרַיְמָה וַיָּגָר שָׁם בִּמְתֵי מְעָט וַיְהִי־שָׁם לְגוֹי גָּדוֹל עָצוּם וָרָב: וַיָּרֵעוּ אֹתָנוּ הַמִּצְרִים וַיְעַנּוּנוּ וַיִּתְּנוּ עָלֵינוּ עֲבֹדָה קָשָׁה: וַנִּצְעַק אֶל־יהוה אֱלֹהֵי אֲבֹתֵינוּ וַיִּשְׁמַע יהוה אֶת־קֹלֵנוּ וַיַּרְא אֶת־עָנְיֵנוּ וְאֶת־עֲמָלֵנוּ וְאֶת־לַחֲצֵנוּ: וַיּוֹצִאֵנוּ יהוה מִמִּצְרַיִם בְּיָד חֲזָקָה וּבִזְרֹעַ נְטוּיָה וּבְמֹרָא גָּדֹל וּבְאֹתוֹת וּבְמֹפְתִים: וַיְבִאֵנוּ אֶל־הַמָּקוֹם הַזֶּה וַיִּתֶּן־לָנוּ אֶת־הָאָרֶץ הַזֹּאת אֶרֶץ זָבַת חָלָב וּדְבָשׁ: וְעַתָּה הִנֵּה הֵבֵאתִי אֶת־רֵאשִׁית פְּרִי הָאֲדָמָה אֲשֶׁר־נָתַתָּה לִּי יהוה וְהִנַּחְתּוֹ לִפְנֵי יהוה אֱלֹהֶיךָ וְהִשְׁתַּחֲוִיתָ לִפְנֵי יהוה אֱלֹהֶיךָ: וְשָׂמַחְתָּ בְכָל־הַטּוֹב אֲשֶׁר נָתַן־לְךָ יהוה אֱלֹהֶיךָ וּלְבֵיתֶךָ אַתָּה וְהַלֵּוִי וְהַגֵּר אֲשֶׁר בְּקִרְבֶּךָ:

ישראל: כִּי תְכַלֶּה לַעְשֵׂר אֶת־כָּל־מַעְשַׂר תְּבוּאָתְךָ בַּשָּׁנָה הַשְּׁלִישִׁת שְׁנַת הַמַּעֲשֵׂר וְנָתַתָּה לַלֵּוִי לַגֵּר לַיָּתוֹם וְלָאַלְמָנָה וְאָכְלוּ בִשְׁעָרֶיךָ וְשָׂבֵעוּ: וְאָמַרְתָּ לִפְנֵי יהוה אֱלֹהֶיךָ בִּעַרְתִּי הַקֹּדֶשׁ מִן־הַבַּיִת וְגַם נְתַתִּיו לַלֵּוִי וְלַגֵּר לַיָּתוֹם וְלָאַלְמָנָה כְּכָל־מִצְוָתְךָ אֲשֶׁר צִוִּיתָנִי לֹא־עָבַרְתִּי מִמִּצְוֺתֶיךָ וְלֹא שָׁכָחְתִּי: לֹא־אָכַלְתִּי בְאֹנִי מִמֶּנּוּ וְלֹא־בִעַרְתִּי מִמֶּנּוּ

בְּטָמֵא וְלֹא־נָתַתִּי מִמֶּנּוּ לְמֵת שָׁמַעְתִּי בְּקוֹל יְהוָה אֱלֹהָי עָשִׂיתִי כְּכֹל אֲשֶׁר צִוִּיתָנִי׃ הַשְׁקִיפָה מִמְּעוֹן קָדְשְׁךָ מִן־הַשָּׁמַיִם וּבָרֵךְ אֶת־עַמְּךָ אֶת־יִשְׂרָאֵל וְאֵת הָאֲדָמָה אֲשֶׁר נָתַתָּה לָנוּ כַּאֲשֶׁר נִשְׁבַּעְתָּ לַאֲבֹתֵינוּ אֶרֶץ זָבַת חָלָב וּדְבָשׁ׃

## נצבים

כהן: אַתֶּם נִצָּבִים הַיּוֹם כֻּלְּכֶם לִפְנֵי יְהוָה אֱלֹהֵיכֶם רָאשֵׁיכֶם שִׁבְטֵיכֶם זִקְנֵיכֶם וְשֹׁטְרֵיכֶם כֹּל אִישׁ יִשְׂרָאֵל׃ טַפְּכֶם נְשֵׁיכֶם וְגֵרְךָ אֲשֶׁר בְּקֶרֶב מַחֲנֶיךָ מֵחֹטֵב עֵצֶיךָ עַד שֹׁאֵב מֵימֶיךָ׃ לְעָבְרְךָ בִּבְרִית יְהוָה אֱלֹהֶיךָ וּבְאָלָתוֹ אֲשֶׁר יְהוָה אֱלֹהֶיךָ כֹּרֵת עִמְּךָ הַיּוֹם׃

לוי: לְמַעַן הָקִים־אֹתְךָ הַיּוֹם ׀ לוֹ לְעָם וְהוּא יִהְיֶה־לְּךָ לֵאלֹהִים כַּאֲשֶׁר דִּבֶּר־לָךְ וְכַאֲשֶׁר נִשְׁבַּע לַאֲבֹתֶיךָ לְאַבְרָהָם לְיִצְחָק וּלְיַעֲקֹב׃ וְלֹא אִתְּכֶם לְבַדְּכֶם אָנֹכִי כֹּרֵת אֶת־הַבְּרִית הַזֹּאת וְאֶת־הָאָלָה הַזֹּאת׃ כִּי אֶת־אֲשֶׁר יֶשְׁנוֹ פֹּה עִמָּנוּ עֹמֵד הַיּוֹם לִפְנֵי יְהוָה אֱלֹהֵינוּ וְאֵת אֲשֶׁר אֵינֶנּוּ פֹּה עִמָּנוּ הַיּוֹם׃

ישראל: כִּי־אַתֶּם יְדַעְתֶּם אֵת אֲשֶׁר־יָשַׁבְנוּ בְּאֶרֶץ מִצְרָיִם וְאֵת אֲשֶׁר־עָבַרְנוּ בְּקֶרֶב הַגּוֹיִם אֲשֶׁר עֲבַרְתֶּם׃ וַתִּרְאוּ אֶת־שִׁקּוּצֵיהֶם וְאֵת גִּלֻּלֵיהֶם עֵץ וָאֶבֶן כֶּסֶף וְזָהָב אֲשֶׁר עִמָּהֶם׃ פֶּן־יֵשׁ בָּכֶם אִישׁ אוֹ־אִשָּׁה אוֹ מִשְׁפָּחָה אוֹ־שֵׁבֶט אֲשֶׁר לְבָבוֹ פֹנֶה הַיּוֹם מֵעִם יְהוָה אֱלֹהֵינוּ לָלֶכֶת לַעֲבֹד אֶת־אֱלֹהֵי הַגּוֹיִם הָהֵם פֶּן־יֵשׁ בָּכֶם שֹׁרֶשׁ פֹּרֶה רֹאשׁ וְלַעֲנָה׃ וְהָיָה בְּשָׁמְעוֹ אֶת־דִּבְרֵי הָאָלָה הַזֹּאת וְהִתְבָּרֵךְ בִּלְבָבוֹ לֵאמֹר שָׁלוֹם יִהְיֶה־לִּי כִּי בִּשְׁרִרוּת לִבִּי אֵלֵךְ לְמַעַן סְפוֹת הָרָוָה אֶת־הַצְּמֵאָה׃ לֹא־יֹאבֶה יְהוָה סְלֹחַ לוֹ כִּי אָז יֶעְשַׁן אַף־יְהוָה וְקִנְאָתוֹ בָּאִישׁ הַהוּא וְרָבְצָה בּוֹ כָּל־הָאָלָה הַכְּתוּבָה בַּסֵּפֶר הַזֶּה וּמָחָה יְהוָה אֶת־שְׁמוֹ מִתַּחַת הַשָּׁמָיִם׃ וְהִבְדִּילוֹ יְהוָה לְרָעָה מִכֹּל שִׁבְטֵי יִשְׂרָאֵל כְּכֹל אָלוֹת הַבְּרִית הַכְּתוּבָה בְּסֵפֶר הַתּוֹרָה הַזֶּה׃ וְאָמַר הַדּוֹר הָאַחֲרוֹן בְּנֵיכֶם אֲשֶׁר יָקוּמוּ מֵאַחֲרֵיכֶם וְהַנָּכְרִי אֲשֶׁר יָבֹא מֵאֶרֶץ רְחוֹקָה וְרָאוּ אֶת־מַכּוֹת הָאָרֶץ הַהִוא וְאֶת־תַּחֲלֻאֶיהָ אֲשֶׁר־חִלָּה יְהוָה בָּהּ׃ גָּפְרִית וָמֶלַח שְׂרֵפָה כָל־אַרְצָהּ לֹא תִזָּרַע וְלֹא תַצְמִחַ וְלֹא־יַעֲלֶה בָהּ כָּל־עֵשֶׂב כְּמַהְפֵּכַת סְדֹם וַעֲמֹרָה אַדְמָה וּצְבוֹיִם אֲשֶׁר הָפַךְ יְהוָה בְּאַפּוֹ וּבַחֲמָתוֹ׃ וְאָמְרוּ כָּל־הַגּוֹיִם עַל־מֶה עָשָׂה יְהוָה כָּכָה לָאָרֶץ הַזֹּאת מֶה חֳרִי הָאַף הַגָּדוֹל הַזֶּה׃ וְאָמְרוּ עַל אֲשֶׁר עָזְבוּ אֶת־בְּרִית יְהוָה אֱלֹהֵי אֲבֹתָם אֲשֶׁר כָּרַת עִמָּם בְּהוֹצִיאוֹ אֹתָם מֵאֶרֶץ מִצְרָיִם׃ וַיֵּלְכוּ וַיַּעַבְדוּ אֱלֹהִים אֲחֵרִים וַיִּשְׁתַּחֲווּ לָהֶם אֱלֹהִים אֲשֶׁר לֹא־יְדָעוּם וְלֹא חָלַק לָהֶם׃ וַיִּחַר־אַף יְהוָה בָּאָרֶץ הַהִוא לְהָבִיא עָלֶיהָ אֶת־כָּל־הַקְּלָלָה הַכְּתוּבָה בַּסֵּפֶר הַזֶּה׃ וַיִּתְּשֵׁם יְהוָה מֵעַל אַדְמָתָם בְּאַף וּבְחֵמָה וּבְקֶצֶף גָּדוֹל וַיַּשְׁלִכֵם אֶל־אֶרֶץ אַחֶרֶת כַּיּוֹם הַזֶּה׃ הַנִּסְתָּרֹת לַיהוָה אֱלֹהֵינוּ וְהַנִּגְלֹת לָנוּ וּלְבָנֵינוּ עַד־עוֹלָם לַעֲשׂוֹת אֶת־כָּל־דִּבְרֵי הַתּוֹרָה הַזֹּאת׃

## וילך

כהן: וַיֵּלֶךְ מֹשֶׁה וַיְדַבֵּר אֶת־הַדְּבָרִים הָאֵלֶּה אֶל־כָּל־יִשְׂרָאֵל׃ וַיֹּאמֶר אֲלֵהֶם בֶּן־מֵאָה וְעֶשְׂרִים שָׁנָה אָנֹכִי הַיּוֹם לֹא־אוּכַל עוֹד לָצֵאת וְלָבוֹא וַיהוָה אָמַר אֵלַי לֹא תַעֲבֹר אֶת־הַיַּרְדֵּן הַזֶּה׃ יְהוָה אֱלֹהֶיךָ הוּא ׀ עֹבֵר לְפָנֶיךָ הוּא־יַשְׁמִיד אֶת־הַגּוֹיִם הָאֵלֶּה מִלְּפָנֶיךָ וִירִשְׁתָּם יְהוֹשֻׁעַ הוּא עֹבֵר לְפָנֶיךָ כַּאֲשֶׁר דִּבֶּר יְהוָה׃

לוי: וְעָשָׂה יְהוָה לָהֶם כַּאֲשֶׁר עָשָׂה לְסִיחוֹן וּלְעוֹג מַלְכֵי הָאֱמֹרִי וּלְאַרְצָם אֲשֶׁר הִשְׁמִיד אֹתָם׃ וּנְתָנָם יְהוָה לִפְנֵיכֶם וַעֲשִׂיתֶם לָהֶם כְּכָל־הַמִּצְוָה אֲשֶׁר צִוִּיתִי אֶתְכֶם׃ חִזְקוּ וְאִמְצוּ אַל־תִּירְאוּ וְאַל־תַּעַרְצוּ מִפְּנֵיהֶם כִּי ׀ יְהוָה אֱלֹהֶיךָ הוּא הַהֹלֵךְ עִמָּךְ לֹא יַרְפְּךָ וְלֹא יַעַזְבֶךָּ׃

ישראל: וַיִּקְרָא מֹשֶׁה לִיהוֹשֻׁעַ וַיֹּאמֶר אֵלָיו לְעֵינֵי כָל־יִשְׂרָאֵל חֲזַק וֶאֱמָץ כִּי אַתָּה תָּבוֹא אֶת־הָעָם הַזֶּה אֶל־הָאָרֶץ אֲשֶׁר נִשְׁבַּע יְהוָה לַאֲבֹתָם לָתֵת לָהֶם וְאַתָּה תַּנְחִילֶנָּה אוֹתָם׃ וַיהוָה הוּא ׀ הַהֹלֵךְ לְפָנֶיךָ הוּא יִהְיֶה עִמָּךְ לֹא יַרְפְּךָ וְלֹא יַעַזְבֶךָּ לֹא תִירָא וְלֹא תֵחָת׃ וַיִּכְתֹּב מֹשֶׁה אֶת־הַתּוֹרָה הַזֹּאת וַיִּתְּנָהּ אֶל־הַכֹּהֲנִים בְּנֵי לֵוִי הַנֹּשְׂאִים אֶת־אֲרוֹן בְּרִית יְהוָה וְאֶל־כָּל־זִקְנֵי יִשְׂרָאֵל׃ וַיְצַו מֹשֶׁה אוֹתָם לֵאמֹר מִקֵּץ ׀ שֶׁבַע שָׁנִים בְּמֹעֵד שְׁנַת הַשְּׁמִטָּה בְּחַג הַסֻּכּוֹת׃ בְּבוֹא כָל־יִשְׂרָאֵל לֵרָאוֹת אֶת־פְּנֵי יְהוָה אֱלֹהֶיךָ בַּמָּקוֹם אֲשֶׁר יִבְחָר תִּקְרָא אֶת־הַתּוֹרָה הַזֹּאת נֶגֶד כָּל־יִשְׂרָאֵל בְּאָזְנֵיהֶם׃ הַקְהֵל אֶת־הָעָם הָאֲנָשִׁים וְהַנָּשִׁים וְהַטַּף וְגֵרְךָ אֲשֶׁר בִּשְׁעָרֶיךָ לְמַעַן יִשְׁמְעוּ וּלְמַעַן יִלְמְדוּ וְיָרְאוּ אֶת־יְהוָה אֱלֹהֵיכֶם וְשָׁמְרוּ לַעֲשׂוֹת אֶת־כָּל־דִּבְרֵי הַתּוֹרָה הַזֹּאת׃ וּבְנֵיהֶם אֲשֶׁר לֹא־יָדְעוּ יִשְׁמְעוּ וְלָמְדוּ לְיִרְאָה אֶת־יְהוָה אֱלֹהֵיכֶם כָּל־הַיָּמִים אֲשֶׁר אַתֶּם חַיִּים עַל־הָאֲדָמָה אֲשֶׁר אַתֶּם עֹבְרִים אֶת־הַיַּרְדֵּן שָׁמָּה לְרִשְׁתָּהּ׃

## האזינו

כהן: הַאֲזִינוּ הַשָּׁמַיִם וַאֲדַבֵּרָה וְתִשְׁמַע הָאָרֶץ אִמְרֵי־פִי: יַעֲרֹף כַּמָּטָר לִקְחִי תִּזַּל כַּטַּל אִמְרָתִי כִּשְׂעִירִם עֲלֵי־דֶשֶׁא וְכִרְבִיבִים עֲלֵי־עֵשֶׂב: כִּי שֵׁם יהוה אֶקְרָא הָבוּ גֹדֶל לֵאלֹהֵינוּ:

לוי: הַצּוּר תָּמִים פָּעֳלוֹ כִּי כָל־דְּרָכָיו מִשְׁפָּט אֵל אֱמוּנָה וְאֵין עָוֶל צַדִּיק וְיָשָׁר הוּא: שִׁחֵת לוֹ לֹא בָּנָיו מוּמָם דּוֹר עִקֵּשׁ וּפְתַלְתֹּל: הַ לַיהוה תִּגְמְלוּ־זֹאת עַם נָבָל וְלֹא חָכָם הֲלוֹא־הוּא אָבִיךָ קָּנֶךָ הוּא עָשְׂךָ וַיְכֹנְנֶךָ:

ישראל: זְכֹר יְמוֹת עוֹלָם בִּינוּ שְׁנוֹת דֹּר־וָדֹר שְׁאַל אָבִיךָ וְיַגֵּדְךָ זְקֵנֶיךָ וְיֹאמְרוּ לָךְ: בְּהַנְחֵל עֶלְיוֹן גּוֹיִם בְּהַפְרִידוֹ בְּנֵי אָדָם יַצֵּב גְּבֻלֹת עַמִּים לְמִסְפַּר בְּנֵי יִשְׂרָאֵל: כִּי חֵלֶק יהוה עַמּוֹ יַעֲקֹב חֶבֶל נַחֲלָתוֹ: יִמְצָאֵהוּ בְּאֶרֶץ מִדְבָּר וּבְתֹהוּ יְלֵל יְשִׁמֹן יְסֹבְבֶנְהוּ יְבוֹנְנֵהוּ יִצְּרֶנְהוּ כְּאִישׁוֹן עֵינוֹ: כְּנֶשֶׁר יָעִיר קִנּוֹ עַל־גּוֹזָלָיו יְרַחֵף יִפְרֹשׂ כְּנָפָיו יִקָּחֵהוּ יִשָּׂאֵהוּ עַל־אֶבְרָתוֹ: יהוה בָּדָד יַנְחֶנּוּ וְאֵין עִמּוֹ אֵל נֵכָר:

## ברכה

כהן: וְזֹאת הַבְּרָכָה אֲשֶׁר בֵּרַךְ מֹשֶׁה אִישׁ הָאֱלֹהִים אֶת־בְּנֵי יִשְׂרָאֵל לִפְנֵי מוֹתוֹ: וַיֹּאמַר יהוה מִסִּינַי בָּא וְזָרַח מִשֵּׂעִיר לָמוֹ הוֹפִיעַ מֵהַר פָּארָן וְאָתָה מֵרִבְבֹת קֹדֶשׁ מִימִינוֹ אֵשׁ דָּת לָמוֹ: אַף חֹבֵב עַמִּים כָּל־קְדֹשָׁיו בְּיָדֶךָ וְהֵם תֻּכּוּ לְרַגְלֶךָ יִשָּׂא מִדַּבְּרֹתֶיךָ: תּוֹרָה צִוָּה־לָנוּ מֹשֶׁה מוֹרָשָׁה קְהִלַּת יַעֲקֹב: וַיְהִי בִישֻׁרוּן מֶלֶךְ בְּהִתְאַסֵּף רָאשֵׁי עָם יַחַד שִׁבְטֵי יִשְׂרָאֵל: יְחִי רְאוּבֵן וְאַל־יָמֹת וִיהִי מְתָיו מִסְפָּר: וְזֹאת לִיהוּדָה וַיֹּאמַר שְׁמַע יהוה קוֹל יְהוּדָה וְאֶל־עַמּוֹ תְּבִיאֶנּוּ יָדָיו רָב לוֹ וְעֵזֶר מִצָּרָיו תִּהְיֶה:

לוי: וּלְלֵוִי אָמַר תֻּמֶּיךָ וְאוּרֶיךָ לְאִישׁ חֲסִידֶךָ אֲשֶׁר נִסִּיתוֹ בְּמַסָּה תְּרִיבֵהוּ עַל־מֵי מְרִיבָה: הָאֹמֵר לְאָבִיו וּלְאִמּוֹ לֹא רְאִיתִיו וְאֶת־אֶחָיו לֹא הִכִּיר וְאֶת־בָּנָו לֹא יָדָע כִּי שָׁמְרוּ אִמְרָתֶךָ וּבְרִיתְךָ יִנְצֹרוּ: יוֹרוּ מִשְׁפָּטֶיךָ לְיַעֲקֹב וְתוֹרָתְךָ לְיִשְׂרָאֵל יָשִׂימוּ קְטוֹרָה בְּאַפֶּךָ וְכָלִיל עַל־מִזְבְּחֶךָ: בָּרֵךְ יהוה חֵילוֹ וּפֹעַל יָדָיו תִּרְצֶה מְחַץ מָתְנַיִם קָמָיו וּמְשַׂנְאָיו מִן־יְקוּמוּן: לְבִנְיָמִן אָמַר יְדִיד יהוה יִשְׁכֹּן לָבֶטַח עָלָיו חֹפֵף עָלָיו כָּל־הַיּוֹם וּבֵין כְּתֵפָיו שָׁכֵן:

ישראל: וּלְיוֹסֵף אָמַר מְבֹרֶכֶת יהוה אַרְצוֹ מִמֶּגֶד שָׁמַיִם מִטָּל וּמִתְּהוֹם רֹבֶצֶת תָּחַת: וּמִמֶּגֶד תְּבוּאֹת שָׁמֶשׁ וּמִמֶּגֶד גֶּרֶשׁ יְרָחִים: וּמֵרֹאשׁ הַרְרֵי־קֶדֶם וּמִמֶּגֶד גִּבְעוֹת עוֹלָם: וּמִמֶּגֶד אֶרֶץ וּמְלֹאָהּ וּרְצוֹן שֹׁכְנִי סְנֶה תָּבוֹאתָה לְרֹאשׁ יוֹסֵף וּלְקָדְקֹד נְזִיר אֶחָיו: בְּכוֹר שׁוֹרוֹ הָדָר לוֹ וְקַרְנֵי רְאֵם קַרְנָיו בָּהֶם עַמִּים יְנַגַּח יַחְדָּו אַפְסֵי־אָרֶץ וְהֵם רִבְבוֹת אֶפְרַיִם וְהֵם אַלְפֵי מְנַשֶּׁה:

## לראש חודש

(במדבר כח:א-טו)

כהן: וַיְדַבֵּר יהוה אֶל־מֹשֶׁה לֵּאמֹר: צַו אֶת־בְּנֵי יִשְׂרָאֵל וְאָמַרְתָּ אֲלֵהֶם אֶת־קָרְבָּנִי לַחְמִי לְאִשַּׁי רֵיחַ נִיחֹחִי תִּשְׁמְרוּ לְהַקְרִיב לִי בְּמוֹעֲדוֹ: וְאָמַרְתָּ לָהֶם זֶה הָאִשֶּׁה אֲשֶׁר תַּקְרִיבוּ לַיהוה כְּבָשִׂים בְּנֵי־שָׁנָה תְמִימִם שְׁנַיִם לַיּוֹם עֹלָה תָמִיד:

לוי: וְאָמַרְתָּ לָהֶם זֶה הָאִשֶּׁה אֲשֶׁר תַּקְרִיבוּ לַיהוה כְּבָשִׂים בְּנֵי־שָׁנָה תְמִימִם שְׁנַיִם לַיּוֹם עֹלָה תָמִיד: אֶת־הַכֶּבֶשׂ אֶחָד תַּעֲשֶׂה בַבֹּקֶר וְאֵת הַכֶּבֶשׂ הַשֵּׁנִי תַּעֲשֶׂה בֵּין הָעַרְבָּיִם: וַעֲשִׂירִית הָאֵיפָה סֹלֶת לְמִנְחָה בְּלוּלָה בְּשֶׁמֶן כָּתִית רְבִיעִת הַהִין:

ישראל: עֹלַת תָּמִיד הָעֲשֻׂיָה בְּהַר סִינַי לְרֵיחַ נִיחֹחַ אִשֶּׁה לַיהוה: וְנִסְכּוֹ רְבִיעִת הַהִין לַכֶּבֶשׂ הָאֶחָד בַּקֹּדֶשׁ הַסֵּךְ נֶסֶךְ שֵׁכָר לַיהוה: וְאֵת הַכֶּבֶשׂ הַשֵּׁנִי תַּעֲשֶׂה בֵּין הָעַרְבָּיִם כְּמִנְחַת הַבֹּקֶר וּכְנִסְכּוֹ תַּעֲשֶׂה אִשֵּׁה רֵיחַ נִיחֹחַ לַיהוה: וּבְיוֹם הַשַּׁבָּת שְׁנֵי־כְבָשִׂים בְּנֵי־שָׁנָה תְּמִימִם וּשְׁנֵי עֶשְׂרֹנִים סֹלֶת מִנְחָה בְּלוּלָה בַשֶּׁמֶן וְנִסְכּוֹ: עֹלַת שַׁבַּת בְּשַׁבַּתּוֹ עַל־עֹלַת הַתָּמִיד וְנִסְכָּהּ:

רביעי: וּבְרָאשֵׁי חָדְשֵׁיכֶם תַּקְרִיבוּ עֹלָה לַיהוה פָּרִים בְּנֵי־בָקָר שְׁנַיִם וְאַיִל אֶחָד כְּבָשִׂים בְּנֵי־שָׁנָה שִׁבְעָה תְּמִימִם: וּשְׁלֹשָׁה עֶשְׂרֹנִים סֹלֶת מִנְחָה בְּלוּלָה בַשֶּׁמֶן לַפָּר הָאֶחָד וּשְׁנֵי עֶשְׂרֹנִים סֹלֶת מִנְחָה בְּלוּלָה בַשֶּׁמֶן לָאַיִל הָאֶחָד: וְעִשָּׂרֹן עִשָּׂרוֹן סֹלֶת מִנְחָה בְּלוּלָה בַשֶּׁמֶן לַכֶּבֶשׂ הָאֶחָד עֹלָה רֵיחַ נִיחֹחַ אִשֶּׁה לַיהוה: וְנִסְכֵּיהֶם חֲצִי הַהִין יִהְיֶה לַפָּר וּשְׁלִישִׁת הַהִין לָאַיִל וּרְבִיעִת הַהִין לַכֶּבֶשׂ יָיִן זֹאת עֹלַת חֹדֶשׁ בְּחָדְשׁוֹ לְחָדְשֵׁי הַשָּׁנָה: וּשְׂעִיר עִזִּים אֶחָד לְחַטָּאת לַיהוה עַל־עֹלַת הַתָּמִיד יֵעָשֶׂה וְנִסְכּוֹ:

## לימי חנוכה

(במדבר ו:כב-כז;ז:א-יז)

יש מתחילין כאן ביום ראשון:

כהן: וַיְדַבֵּר יהוה אֶל־מֹשֶׁה לֵּאמֹר: דַּבֵּר אֶל־אַהֲרֹן וְאֶל־בָּנָיו לֵאמֹר כֹּה תְבָרְכוּ אֶת־בְּנֵי יִשְׂרָאֵל אָמוֹר לָהֶם: יְבָרֶכְךָ יהוה וְיִשְׁמְרֶךָ: יָאֵר יהוה | פָּנָיו אֵלֶיךָ וִיחֻנֶּךָּ: יִשָּׂא יהוה | פָּנָיו

אֵלֶיךָ וְיָשֵׂם לְךָ שָׁלוֹם: וְשָׂמוּ אֶת־שְׁמִי עַל־בְּנֵי יִשְׂרָאֵל וַאֲנִי אֲבָרְכֵם:

ויש מתחילין כאן:

וַיְהִי בְּיוֹם כַּלּוֹת מֹשֶׁה לְהָקִים אֶת־הַמִּשְׁכָּן וַיִּמְשַׁח אֹתוֹ וַיְקַדֵּשׁ אֹתוֹ וְאֶת־כָּל־כֵּלָיו וְאֶת־הַמִּזְבֵּחַ וְאֶת־כָּל־כֵּלָיו וַיִּמְשָׁחֵם וַיְקַדֵּשׁ אֹתָם: וַיַּקְרִיבוּ נְשִׂיאֵי יִשְׂרָאֵל רָאשֵׁי בֵּית אֲבֹתָם הֵם נְשִׂיאֵי הַמַּטֹּת הֵם הָעֹמְדִים עַל־הַפְּקֻדִים: וַיָּבִיאוּ אֶת־קָרְבָּנָם לִפְנֵי יהוה שֵׁשׁ־עֶגְלֹת צָב וּשְׁנֵי עָשָׂר בָּקָר עֲגָלָה עַל־שְׁנֵי הַנְּשִׂאִים וְשׁוֹר לְאֶחָד וַיַּקְרִיבוּ אוֹתָם לִפְנֵי הַמִּשְׁכָּן: וַיֹּאמֶר יהוה אֶל־מֹשֶׁה לֵּאמֹר: קַח מֵאִתָּם וְהָיוּ לַעֲבֹד אֶת־עֲבֹדַת אֹהֶל מוֹעֵד וְנָתַתָּה אוֹתָם אֶל־הַלְוִיִּם אִישׁ כְּפִי עֲבֹדָתוֹ: וַיִּקַּח מֹשֶׁה אֶת־הָעֲגָלֹת וְאֶת־הַבָּקָר וַיִּתֵּן אוֹתָם אֶל־הַלְוִיִּם: אֵת | שְׁתֵּי הָעֲגָלוֹת וְאֵת אַרְבַּעַת הַבָּקָר נָתַן לִבְנֵי גֵרְשׁוֹן כְּפִי עֲבֹדָתָם: וְאֵת | אַרְבַּע הָעֲגָלֹת וְאֵת שְׁמֹנַת הַבָּקָר נָתַן לִבְנֵי מְרָרִי כְּפִי עֲבֹדָתָם בְּיַד אִיתָמָר בֶּן־אַהֲרֹן הַכֹּהֵן: וְלִבְנֵי קְהָת לֹא נָתָן כִּי־עֲבֹדַת הַקֹּדֶשׁ עֲלֵהֶם בַּכָּתֵף יִשָּׂאוּ: וַיַּקְרִיבוּ הַנְּשִׂאִים אֵת חֲנֻכַּת הַמִּזְבֵּחַ בְּיוֹם הִמָּשַׁח אֹתוֹ וַיַּקְרִיבוּ הַנְּשִׂיאִם אֶת־קָרְבָּנָם לִפְנֵי הַמִּזְבֵּחַ: וַיֹּאמֶר יהוה אֶל־מֹשֶׁה נָשִׂיא אֶחָד לַיּוֹם נָשִׂיא אֶחָד לַיּוֹם יַקְרִיבוּ אֶת־קָרְבָּנָם לַחֲנֻכַּת הַמִּזְבֵּחַ:

לוי: וַיְהִי הַמַּקְרִיב בַּיּוֹם הָרִאשׁוֹן אֶת־קָרְבָּנוֹ נַחְשׁוֹן בֶּן־עַמִּינָדָב לְמַטֵּה יְהוּדָה: וְקָרְבָּנוֹ קַעֲרַת־כֶּסֶף אַחַת שְׁלֹשִׁים וּמֵאָה מִשְׁקָלָהּ מִזְרָק אֶחָד כֶּסֶף שִׁבְעִים שֶׁקֶל בְּשֶׁקֶל הַקֹּדֶשׁ שְׁנֵיהֶם | מְלֵאִים סֹלֶת בְּלוּלָה בַשֶּׁמֶן לְמִנְחָה: כַּף אַחַת עֲשָׂרָה זָהָב מְלֵאָה קְטֹרֶת:

ישראל: פַּר אֶחָד בֶּן־בָּקָר אַיִל אֶחָד כֶּבֶשׂ־אֶחָד בֶּן־שְׁנָתוֹ לְעֹלָה: שְׂעִיר־עִזִּים אֶחָד לְחַטָּאת: וּלְזֶבַח הַשְּׁלָמִים בָּקָר שְׁנַיִם אֵילִם חֲמִשָּׁה עַתּוּדִים חֲמִשָּׁה כְּבָשִׂים בְּנֵי־שָׁנָה חֲמִשָּׁה זֶה קָרְבַּן נַחְשׁוֹן בֶּן־עַמִּינָדָב:

## ב׳ חנוכה

(במדבר ז:יח-כט)

כהן: בַּיּוֹם הַשֵּׁנִי הִקְרִיב נְתַנְאֵל בֶּן־צוּעָר נְשִׂיא יִשָּׂשכָר: הִקְרִב אֶת־קָרְבָּנוֹ קַעֲרַת־כֶּסֶף אַחַת שְׁלֹשִׁים וּמֵאָה מִשְׁקָלָהּ מִזְרָק אֶחָד כֶּסֶף שִׁבְעִים שֶׁקֶל בְּשֶׁקֶל הַקֹּדֶשׁ שְׁנֵיהֶם | מְלֵאִים סֹלֶת בְּלוּלָה בַשֶּׁמֶן לְמִנְחָה: כַּף אַחַת עֲשָׂרָה זָהָב מְלֵאָה קְטֹרֶת:

לוי: פַּר אֶחָד בֶּן־בָּקָר אַיִל אֶחָד כֶּבֶשׂ־אֶחָד בֶּן־שְׁנָתוֹ לְעֹלָה: שְׂעִיר־עִזִּים אֶחָד לְחַטָּאת: וּלְזֶבַח הַשְּׁלָמִים בָּקָר שְׁנַיִם אֵילִם חֲמִשָּׁה עַתֻּדִים חֲמִשָּׁה כְּבָשִׂים בְּנֵי־שָׁנָה חֲמִשָּׁה זֶה קָרְבַּן נְתַנְאֵל בֶּן־צוּעָר:

ישראל: בַּיּוֹם הַשְּׁלִישִׁי נָשִׂיא לִבְנֵי זְבוּלֻן אֱלִיאָב בֶּן־חֵלֹן: קָרְבָּנוֹ קַעֲרַת־כֶּסֶף אַחַת שְׁלֹשִׁים וּמֵאָה מִשְׁקָלָהּ מִזְרָק אֶחָד כֶּסֶף שִׁבְעִים שֶׁקֶל בְּשֶׁקֶל הַקֹּדֶשׁ שְׁנֵיהֶם | מְלֵאִים סֹלֶת בְּלוּלָה בַשֶּׁמֶן לְמִנְחָה: כַּף אַחַת עֲשָׂרָה זָהָב מְלֵאָה קְטֹרֶת: פַּר אֶחָד בֶּן־בָּקָר אַיִל אֶחָד כֶּבֶשׂ־אֶחָד בֶּן־שְׁנָתוֹ לְעֹלָה: שְׂעִיר־עִזִּים אֶחָד לְחַטָּאת: וּלְזֶבַח הַשְּׁלָמִים בָּקָר שְׁנַיִם אֵילִם חֲמִשָּׁה עַתֻּדִים חֲמִשָּׁה כְּבָשִׂים בְּנֵי־שָׁנָה חֲמִשָּׁה זֶה קָרְבַּן אֱלִיאָב בֶּן־חֵלֹן:

## ג׳ חנוכה

(במדבר ז:כד-לה)

כהן: בַּיּוֹם הַשְּׁלִישִׁי נָשִׂיא לִבְנֵי זְבוּלֻן אֱלִיאָב בֶּן־חֵלֹן: קָרְבָּנוֹ קַעֲרַת־כֶּסֶף אַחַת שְׁלֹשִׁים וּמֵאָה מִשְׁקָלָהּ מִזְרָק אֶחָד כֶּסֶף שִׁבְעִים שֶׁקֶל בְּשֶׁקֶל הַקֹּדֶשׁ שְׁנֵיהֶם | מְלֵאִים סֹלֶת בְּלוּלָה בַשֶּׁמֶן לְמִנְחָה: כַּף אַחַת עֲשָׂרָה זָהָב מְלֵאָה קְטֹרֶת:

לוי: פַּר אֶחָד בֶּן־בָּקָר אַיִל אֶחָד כֶּבֶשׂ־אֶחָד בֶּן־שְׁנָתוֹ לְעֹלָה: שְׂעִיר־עִזִּים אֶחָד לְחַטָּאת: וּלְזֶבַח הַשְּׁלָמִים בָּקָר שְׁנַיִם אֵילִם חֲמִשָּׁה עַתֻּדִים חֲמִשָּׁה כְּבָשִׂים בְּנֵי־שָׁנָה חֲמִשָּׁה זֶה קָרְבַּן אֱלִיאָב בֶּן־חֵלֹן:

ישראל: בַּיּוֹם הָרְבִיעִי נָשִׂיא לִבְנֵי רְאוּבֵן אֱלִיצוּר בֶּן־שְׁדֵיאוּר: קָרְבָּנוֹ קַעֲרַת־כֶּסֶף אַחַת שְׁלֹשִׁים וּמֵאָה מִשְׁקָלָהּ מִזְרָק אֶחָד כֶּסֶף שִׁבְעִים שֶׁקֶל בְּשֶׁקֶל הַקֹּדֶשׁ שְׁנֵיהֶם | מְלֵאִים סֹלֶת בְּלוּלָה בַשֶּׁמֶן לְמִנְחָה: כַּף אַחַת עֲשָׂרָה זָהָב מְלֵאָה קְטֹרֶת: פַּר אֶחָד בֶּן־בָּקָר אַיִל אֶחָד כֶּבֶשׂ־אֶחָד בֶּן־שְׁנָתוֹ לְעֹלָה: שְׂעִיר־עִזִּים אֶחָד לְחַטָּאת: וּלְזֶבַח הַשְּׁלָמִים בָּקָר שְׁנַיִם אֵילִם חֲמִשָּׁה עַתֻּדִים חֲמִשָּׁה כְּבָשִׂים בְּנֵי־שָׁנָה חֲמִשָּׁה זֶה קָרְבַּן אֱלִיצוּר בֶּן־שְׁדֵיאוּר:

## ד׳ חנוכה

(במדבר ז:ל-מא)

כהן: בַּיּוֹם הָרְבִיעִי נָשִׂיא לִבְנֵי רְאוּבֵן אֱלִיצוּר בֶּן־שְׁדֵיאוּר: קָרְבָּנוֹ קַעֲרַת־כֶּסֶף אַחַת שְׁלֹשִׁים וּמֵאָה מִשְׁקָלָהּ מִזְרָק אֶחָד כֶּסֶף שִׁבְעִים שֶׁקֶל בְּשֶׁקֶל הַקֹּדֶשׁ שְׁנֵיהֶם | מְלֵאִים סֹלֶת בְּלוּלָה בַשֶּׁמֶן לְמִנְחָה: כַּף אַחַת עֲשָׂרָה זָהָב מְלֵאָה קְטֹרֶת:

לוי: פַּר אֶחָד בֶּן־בָּקָר אַיִל אֶחָד כֶּבֶשׂ־אֶחָד בֶּן־שְׁנָתוֹ לְעֹלָה: שְׂעִיר־עִזִּים אֶחָד לְחַטָּאת:

וּלְזֶבַח הַשְּׁלָמִים בָּקָר שְׁנַיִם אֵילִם חֲמִשָּׁה עַתֻּדִים חֲמִשָּׁה כְּבָשִׂים בְּנֵי־שָׁנָה חֲמִשָּׁה זֶה קָרְבַּן אֱלִיצוּר בֶּן־שְׁדֵיאוּר:

ישראל: בַּיּוֹם הַחֲמִישִׁי נָשִׂיא לִבְנֵי שִׁמְעוֹן שְׁלֻמִיאֵל בֶּן־צוּרִישַׁדָּי: קָרְבָּנוֹ קַעֲרַת־כֶּסֶף אַחַת שְׁלֹשִׁים וּמֵאָה מִשְׁקָלָהּ מִזְרָק אֶחָד כֶּסֶף שִׁבְעִים שֶׁקֶל בְּשֶׁקֶל הַקֹּדֶשׁ שְׁנֵיהֶם | מְלֵאִים סֹלֶת בְּלוּלָה בַשֶּׁמֶן לְמִנְחָה: כַּף אַחַת עֲשָׂרָה זָהָב מְלֵאָה קְטֹרֶת: פַּר אֶחָד בֶּן־בָּקָר אַיִל אֶחָד כֶּבֶשׂ־אֶחָד בֶּן־שְׁנָתוֹ לְעֹלָה: שְׂעִיר־עִזִּים אֶחָד לְחַטָּאת: וּלְזֶבַח הַשְּׁלָמִים בָּקָר שְׁנַיִם אֵילִם חֲמִשָּׁה עַתֻּדִים חֲמִשָּׁה כְּבָשִׂים בְּנֵי־שָׁנָה חֲמִשָּׁה זֶה קָרְבַּן שְׁלֻמִיאֵל בֶּן־צוּרִישַׁדָּי:

## ה׳ חנוכה

(במדבר ז:לו-מז)

כהן: בַּיּוֹם הַחֲמִישִׁי נָשִׂיא לִבְנֵי שִׁמְעוֹן שְׁלֻמִיאֵל בֶּן־צוּרִישַׁדָּי: קָרְבָּנוֹ קַעֲרַת־כֶּסֶף אַחַת שְׁלֹשִׁים וּמֵאָה מִשְׁקָלָהּ מִזְרָק אֶחָד כֶּסֶף שִׁבְעִים שֶׁקֶל בְּשֶׁקֶל הַקֹּדֶשׁ שְׁנֵיהֶם | מְלֵאִים סֹלֶת בְּלוּלָה בַשֶּׁמֶן לְמִנְחָה: כַּף אַחַת עֲשָׂרָה זָהָב מְלֵאָה קְטֹרֶת:

לוי: פַּר אֶחָד בֶּן־בָּקָר אַיִל אֶחָד כֶּבֶשׂ־אֶחָד בֶּן־שְׁנָתוֹ לְעֹלָה: שְׂעִיר־עִזִּים אֶחָד לְחַטָּאת: וּלְזֶבַח הַשְּׁלָמִים בָּקָר שְׁנַיִם אֵילִם חֲמִשָּׁה עַתֻּדִים חֲמִשָּׁה כְּבָשִׂים בְּנֵי־שָׁנָה חֲמִשָּׁה זֶה קָרְבַּן שְׁלֻמִיאֵל בֶּן־צוּרִישַׁדָּי:

ישראל: בַּיּוֹם הַשִּׁשִּׁי נָשִׂיא לִבְנֵי גָד אֶלְיָסָף בֶּן־דְּעוּאֵל: קָרְבָּנוֹ קַעֲרַת־כֶּסֶף אַחַת שְׁלֹשִׁים וּמֵאָה מִשְׁקָלָהּ מִזְרָק אֶחָד כֶּסֶף שִׁבְעִים שֶׁקֶל בְּשֶׁקֶל הַקֹּדֶשׁ שְׁנֵיהֶם | מְלֵאִים סֹלֶת בְּלוּלָה בַשֶּׁמֶן לְמִנְחָה: כַּף אַחַת עֲשָׂרָה זָהָב מְלֵאָה קְטֹרֶת: פַּר אֶחָד בֶּן־בָּקָר אַיִל אֶחָד כֶּבֶשׂ־אֶחָד בֶּן־שְׁנָתוֹ לְעֹלָה: שְׂעִיר־עִזִּים אֶחָד לְחַטָּאת: וּלְזֶבַח הַשְּׁלָמִים בָּקָר שְׁנַיִם אֵילִם חֲמִשָּׁה עַתֻּדִים חֲמִשָּׁה כְּבָשִׂים בְּנֵי־שָׁנָה חֲמִשָּׁה זֶה קָרְבַּן אֶלְיָסָף בֶּן־דְּעוּאֵל:

## ו׳ חנוכה

מוציאים ב׳ ספרי תורה. בספר הראשון קורין לשלשה אנשים הקריאה לראש חודש (במדבר כח:א-טו), ובשני קורין בפרשת הנשיאים (במדבר ז:מב-מז), לעולה הרביעי.

כהן: וַיְדַבֵּר יְהוָה אֶל־מֹשֶׁה לֵּאמֹר: צַו אֶת־בְּנֵי יִשְׂרָאֵל וְאָמַרְתָּ אֲלֵהֶם אֶת־קָרְבָּנִי לַחְמִי לְאִשַּׁי רֵיחַ נִיחֹחִי תִּשְׁמְרוּ לְהַקְרִיב לִי בְּמוֹעֲדוֹ: וְאָמַרְתָּ לָהֶם זֶה הָאִשֶּׁה אֲשֶׁר תַּקְרִיבוּ לַיהוָה כְּבָשִׂים בְּנֵי־שָׁנָה תְמִימִם שְׁנַיִם לַיּוֹם עֹלָה תָמִיד: אֶת־הַכֶּבֶשׂ אֶחָד תַּעֲשֶׂה בַבֹּקֶר וְאֵת הַכֶּבֶשׂ הַשֵּׁנִי תַּעֲשֶׂה בֵּין הָעַרְבָּיִם: וַעֲשִׂירִית הָאֵיפָה סֹלֶת לְמִנְחָה בְּלוּלָה בְּשֶׁמֶן כָּתִית רְבִיעִת הַהִין:

לוי: עֹלַת תָּמִיד הָעֲשֻׂיָה בְּהַר סִינַי לְרֵיחַ נִיחֹחַ אִשֶּׁה לַיהוָה: וְנִסְכּוֹ רְבִיעִת הַהִין לַכֶּבֶשׂ הָאֶחָד בַּקֹּדֶשׁ הַסֵּךְ נֶסֶךְ שֵׁכָר לַיהוָה: וְאֵת הַכֶּבֶשׂ הַשֵּׁנִי תַּעֲשֶׂה בֵּין הָעַרְבָּיִם כְּמִנְחַת הַבֹּקֶר וּכְנִסְכּוֹ תַּעֲשֶׂה אִשֵּׁה רֵיחַ נִיחֹחַ לַיהוָה: וּבְיוֹם הַשַּׁבָּת שְׁנֵי־כְבָשִׂים בְּנֵי־שָׁנָה תְּמִימִם וּשְׁנֵי עֶשְׂרֹנִים סֹלֶת מִנְחָה בְּלוּלָה בַשֶּׁמֶן וְנִסְכּוֹ: עֹלַת שַׁבַּת בְּשַׁבַּתּוֹ עַל־עֹלַת הַתָּמִיד וְנִסְכָּהּ:

ישראל: וּבְרָאשֵׁי חָדְשֵׁיכֶם תַּקְרִיבוּ עֹלָה לַיהוָה פָּרִים בְּנֵי־בָקָר שְׁנַיִם וְאַיִל אֶחָד כְּבָשִׂים בְּנֵי־שָׁנָה שִׁבְעָה תְּמִימִם: וּשְׁלֹשָׁה עֶשְׂרֹנִים סֹלֶת מִנְחָה בְּלוּלָה בַשֶּׁמֶן לַפָּר הָאֶחָד וּשְׁנֵי עֶשְׂרֹנִים סֹלֶת מִנְחָה בְּלוּלָה בַשֶּׁמֶן לָאַיִל הָאֶחָד: וְעִשָּׂרֹן עִשָּׂרוֹן סֹלֶת מִנְחָה בְּלוּלָה בַשֶּׁמֶן לַכֶּבֶשׂ הָאֶחָד עֹלָה רֵיחַ נִיחֹחַ אִשֶּׁה לַיהוָה: וְנִסְכֵּיהֶם חֲצִי הַהִין יִהְיֶה לַפָּר וּשְׁלִישִׁת הַהִין לָאַיִל וּרְבִיעִת הַהִין לַכֶּבֶשׂ יָיִן זֹאת עֹלַת חֹדֶשׁ בְּחָדְשׁוֹ לְחָדְשֵׁי הַשָּׁנָה: וּשְׂעִיר עִזִּים אֶחָד לְחַטָּאת לַיהוָה עַל־עֹלַת הַתָּמִיד יֵעָשֶׂה וְנִסְכּוֹ:

רביעי: בַּיּוֹם הַשִּׁשִּׁי נָשִׂיא לִבְנֵי גָד אֶלְיָסָף בֶּן־דְּעוּאֵל: קָרְבָּנוֹ קַעֲרַת־כֶּסֶף אַחַת שְׁלֹשִׁים וּמֵאָה מִשְׁקָלָהּ מִזְרָק אֶחָד כֶּסֶף שִׁבְעִים שֶׁקֶל בְּשֶׁקֶל הַקֹּדֶשׁ שְׁנֵיהֶם | מְלֵאִים סֹלֶת בְּלוּלָה בַשֶּׁמֶן לְמִנְחָה: כַּף אַחַת עֲשָׂרָה זָהָב מְלֵאָה קְטֹרֶת: פַּר אֶחָד בֶּן־בָּקָר אַיִל אֶחָד כֶּבֶשׂ־אֶחָד בֶּן־שְׁנָתוֹ לְעֹלָה: שְׂעִיר־עִזִּים אֶחָד לְחַטָּאת: וּלְזֶבַח הַשְּׁלָמִים בָּקָר שְׁנַיִם אֵילִם חֲמִשָּׁה עַתֻּדִים חֲמִשָּׁה כְּבָשִׂים בְּנֵי־שָׁנָה חֲמִשָּׁה זֶה קָרְבַּן אֶלְיָסָף בֶּן־דְּעוּאֵל:

## ז׳ חנוכה

בשנה שיש ב׳ ימים ר״ח טבת מוציאים ב׳ ספרי תורה. בספר הראשון קורין לשלשה אנשים הקריאה לראש חודש כדאתמול, ובשני קורין בפרשת הנשיאים (במדבר ז:מח-נג), לעולה הרביעי.

רביעי: בַּיּוֹם הַשְּׁבִיעִי נָשִׂיא לִבְנֵי אֶפְרָיִם אֱלִישָׁמָע בֶּן־עַמִּיהוּד: קָרְבָּנוֹ קַעֲרַת־כֶּסֶף אַחַת שְׁלֹשִׁים וּמֵאָה מִשְׁקָלָהּ מִזְרָק אֶחָד כֶּסֶף שִׁבְעִים שֶׁקֶל בְּשֶׁקֶל הַקֹּדֶשׁ שְׁנֵיהֶם | מְלֵאִים סֹלֶת בְּלוּלָה בַשֶּׁמֶן לְמִנְחָה: כַּף אַחַת עֲשָׂרָה זָהָב מְלֵאָה קְטֹרֶת: פַּר אֶחָד בֶּן־בָּקָר אַיִל אֶחָד כֶּבֶשׂ־אֶחָד בֶּן־שְׁנָתוֹ לְעֹלָה: שְׂעִיר־עִזִּים אֶחָד לְחַטָּאת: וּלְזֶבַח הַשְּׁלָמִים בָּקָר שְׁנַיִם אֵילִם חֲמִשָּׁה עַתֻּדִים חֲמִשָּׁה כְּבָשִׂים בְּנֵי־

שָׁנָה חֲמִשָּׁה זֶה קָרְבַּן אֱלִישָׁמָע בֶּן־עַמִּיהוּד:

בשנה שיש רק יום אחד ר"ח טבת, וז' דחנוכה הוא ב' טבת:

(במדבר ז:מח-נט)

כהן: בַּיּוֹם הַשְּׁבִיעִי נָשִׂיא לִבְנֵי אֶפְרָיִם אֱלִישָׁמָע בֶּן־עַמִּיהוּד: קָרְבָּנוֹ קַעֲרַת־כֶּסֶף אַחַת שְׁלֹשִׁים וּמֵאָה מִשְׁקָלָהּ מִזְרָק אֶחָד כֶּסֶף שִׁבְעִים שֶׁקֶל בְּשֶׁקֶל הַקֹּדֶשׁ שְׁנֵיהֶם ׀ מְלֵאִים סֹלֶת בְּלוּלָה בַשֶּׁמֶן לְמִנְחָה: כַּף אַחַת עֲשָׂרָה זָהָב מְלֵאָה קְטֹרֶת:

לוי: פַּר אֶחָד בֶּן־בָּקָר אַיִל אֶחָד כֶּבֶשׂ־אֶחָד בֶּן־שְׁנָתוֹ לְעֹלָה: שְׂעִיר־עִזִּים אֶחָד לְחַטָּאת: וּלְזֶבַח הַשְּׁלָמִים בָּקָר שְׁנַיִם אֵילִם חֲמִשָּׁה עַתֻּדִים חֲמִשָּׁה כְּבָשִׂים בְּנֵי־שָׁנָה חֲמִשָּׁה זֶה קָרְבַּן אֱלִישָׁמָע בֶּן־עַמִּיהוּד:

ישראל: בַּיּוֹם הַשְּׁמִינִי נָשִׂיא לִבְנֵי מְנַשֶּׁה גַּמְלִיאֵל בֶּן־פְּדָהצוּר: קָרְבָּנוֹ קַעֲרַת־כֶּסֶף אַחַת שְׁלֹשִׁים וּמֵאָה מִשְׁקָלָהּ מִזְרָק אֶחָד כֶּסֶף שִׁבְעִים שֶׁקֶל בְּשֶׁקֶל הַקֹּדֶשׁ שְׁנֵיהֶם ׀ מְלֵאִים סֹלֶת בְּלוּלָה בַשֶּׁמֶן לְמִנְחָה: כַּף אַחַת עֲשָׂרָה זָהָב מְלֵאָה קְטֹרֶת: פַּר אֶחָד בֶּן־בָּקָר אַיִל אֶחָד כֶּבֶשׂ־אֶחָד בֶּן־שְׁנָתוֹ לְעֹלָה: שְׂעִיר־עִזִּים אֶחָד לְחַטָּאת: וּלְזֶבַח הַשְּׁלָמִים בָּקָר שְׁנַיִם אֵילִם חֲמִשָּׁה עַתֻּדִים חֲמִשָּׁה כְּבָשִׂים בְּנֵי־שָׁנָה חֲמִשָּׁה זֶה קָרְבַּן גַּמְלִיאֵל בֶּן־פְּדָהצוּר:

## ח' חנוכה

(במדבר ז:נד-פט, ח:א-ד)

כהן: בַּיּוֹם הַשְּׁמִינִי נָשִׂיא לִבְנֵי מְנַשֶּׁה גַּמְלִיאֵל בֶּן־פְּדָהצוּר: קָרְבָּנוֹ קַעֲרַת־כֶּסֶף אַחַת שְׁלֹשִׁים וּמֵאָה מִשְׁקָלָהּ מִזְרָק אֶחָד כֶּסֶף שִׁבְעִים שֶׁקֶל בְּשֶׁקֶל הַקֹּדֶשׁ שְׁנֵיהֶם ׀ מְלֵאִים סֹלֶת בְּלוּלָה בַשֶּׁמֶן לְמִנְחָה: כַּף אַחַת עֲשָׂרָה זָהָב מְלֵאָה קְטֹרֶת:

לוי: פַּר אֶחָד בֶּן־בָּקָר אַיִל אֶחָד כֶּבֶשׂ־אֶחָד בֶּן־שְׁנָתוֹ לְעֹלָה: שְׂעִיר־עִזִּים אֶחָד לְחַטָּאת: וּלְזֶבַח הַשְּׁלָמִים בָּקָר שְׁנַיִם אֵילִם חֲמִשָּׁה עַתֻּדִים חֲמִשָּׁה כְּבָשִׂים בְּנֵי־שָׁנָה חֲמִשָּׁה זֶה קָרְבַּן גַּמְלִיאֵל בֶּן־פְּדָהצוּר:

ישראל: בַּיּוֹם הַתְּשִׁיעִי נָשִׂיא לִבְנֵי בִנְיָמִן אֲבִידָן בֶּן־גִּדְעֹנִי: קָרְבָּנוֹ קַעֲרַת־כֶּסֶף אַחַת שְׁלֹשִׁים וּמֵאָה מִשְׁקָלָהּ מִזְרָק אֶחָד כֶּסֶף שִׁבְעִים שֶׁקֶל בְּשֶׁקֶל הַקֹּדֶשׁ שְׁנֵיהֶם ׀ מְלֵאִים סֹלֶת בְּלוּלָה בַשֶּׁמֶן לְמִנְחָה: כַּף אַחַת עֲשָׂרָה זָהָב מְלֵאָה קְטֹרֶת: פַּר אֶחָד בֶּן־בָּקָר אַיִל אֶחָד כֶּבֶשׂ־אֶחָד בֶּן־שְׁנָתוֹ לְעֹלָה: שְׂעִיר־עִזִּים אֶחָד לְחַטָּאת: וּלְזֶבַח הַשְּׁלָמִים בָּקָר שְׁנַיִם אֵילִם חֲמִשָּׁה עַתֻּדִים חֲמִשָּׁה כְּבָשִׂים בְּנֵי־שָׁנָה חֲמִשָּׁה זֶה קָרְבַּן אֲבִידָן בֶּן־גִּדְעֹנִי: בַּיּוֹם הָעֲשִׂירִי נָשִׂיא לִבְנֵי דָן אֲחִיעֶזֶר בֶּן־עַמִּישַׁדָּי: קָרְבָּנוֹ קַעֲרַת־כֶּסֶף אַחַת שְׁלֹשִׁים וּמֵאָה מִשְׁקָלָהּ מִזְרָק אֶחָד כֶּסֶף שִׁבְעִים שֶׁקֶל בְּשֶׁקֶל הַקֹּדֶשׁ שְׁנֵיהֶם ׀ מְלֵאִים סֹלֶת בְּלוּלָה בַשֶּׁמֶן לְמִנְחָה: כַּף אַחַת עֲשָׂרָה זָהָב מְלֵאָה קְטֹרֶת: פַּר אֶחָד בֶּן־בָּקָר אַיִל אֶחָד כֶּבֶשׂ־אֶחָד בֶּן־שְׁנָתוֹ לְעֹלָה: שְׂעִיר־עִזִּים אֶחָד לְחַטָּאת: וּלְזֶבַח הַשְּׁלָמִים בָּקָר שְׁנַיִם אֵילִם חֲמִשָּׁה עַתֻּדִים חֲמִשָּׁה כְּבָשִׂים בְּנֵי־שָׁנָה חֲמִשָּׁה זֶה קָרְבַּן אֲחִיעֶזֶר בֶּן־עַמִּישַׁדָּי: בְּיוֹם עַשְׁתֵּי עָשָׂר יוֹם נָשִׂיא לִבְנֵי אָשֵׁר פַּגְעִיאֵל בֶּן־עָכְרָן: קָרְבָּנוֹ קַעֲרַת־כֶּסֶף אַחַת שְׁלֹשִׁים וּמֵאָה מִשְׁקָלָהּ מִזְרָק אֶחָד כֶּסֶף שִׁבְעִים שֶׁקֶל בְּשֶׁקֶל הַקֹּדֶשׁ שְׁנֵיהֶם ׀ מְלֵאִים סֹלֶת בְּלוּלָה בַשֶּׁמֶן לְמִנְחָה: כַּף אַחַת עֲשָׂרָה זָהָב מְלֵאָה קְטֹרֶת: פַּר אֶחָד בֶּן־בָּקָר אַיִל אֶחָד כֶּבֶשׂ־אֶחָד בֶּן־שְׁנָתוֹ לְעֹלָה: שְׂעִיר־עִזִּים אֶחָד לְחַטָּאת: וּלְזֶבַח הַשְּׁלָמִים בָּקָר שְׁנַיִם אֵילִם חֲמִשָּׁה עַתֻּדִים חֲמִשָּׁה כְּבָשִׂים בְּנֵי־שָׁנָה חֲמִשָּׁה זֶה קָרְבַּן פַּגְעִיאֵל בֶּן־עָכְרָן: בְּיוֹם שְׁנֵים עָשָׂר יוֹם נָשִׂיא לִבְנֵי נַפְתָּלִי אֲחִירַע בֶּן־עֵינָן: קָרְבָּנוֹ קַעֲרַת־כֶּסֶף אַחַת שְׁלֹשִׁים וּמֵאָה מִשְׁקָלָהּ מִזְרָק אֶחָד כֶּסֶף שִׁבְעִים שֶׁקֶל בְּשֶׁקֶל הַקֹּדֶשׁ שְׁנֵיהֶם ׀ מְלֵאִים סֹלֶת בְּלוּלָה בַשֶּׁמֶן לְמִנְחָה: כַּף אַחַת עֲשָׂרָה זָהָב מְלֵאָה קְטֹרֶת: פַּר אֶחָד בֶּן־בָּקָר אַיִל אֶחָד כֶּבֶשׂ־אֶחָד בֶּן־שְׁנָתוֹ לְעֹלָה: שְׂעִיר־עִזִּים אֶחָד לְחַטָּאת: וּלְזֶבַח הַשְּׁלָמִים בָּקָר שְׁנַיִם אֵילִם חֲמִשָּׁה עַתֻּדִים חֲמִשָּׁה כְּבָשִׂים בְּנֵי־שָׁנָה חֲמִשָּׁה זֶה קָרְבַּן אֲחִירַע בֶּן־עֵינָן: זֹאת ׀ חֲנֻכַּת הַמִּזְבֵּחַ בְּיוֹם הִמָּשַׁח אֹתוֹ מֵאֵת נְשִׂיאֵי יִשְׂרָאֵל קַעֲרֹת כֶּסֶף שְׁתֵּים עֶשְׂרֵה מִזְרְקֵי־כֶסֶף שְׁנֵים עָשָׂר כַּפּוֹת זָהָב שְׁתֵּים עֶשְׂרֵה: שְׁלֹשִׁים וּמֵאָה הַקְּעָרָה הָאַחַת כֶּסֶף וְשִׁבְעִים הַמִּזְרָק הָאֶחָד כֹּל כֶּסֶף הַכֵּלִים אַלְפַּיִם וְאַרְבַּע־מֵאוֹת בְּשֶׁקֶל הַקֹּדֶשׁ: כַּפּוֹת זָהָב שְׁתֵּים־עֶשְׂרֵה מְלֵאֹת קְטֹרֶת עֲשָׂרָה עֲשָׂרָה הַכַּף בְּשֶׁקֶל הַקֹּדֶשׁ כָּל־זְהַב הַכַּפּוֹת עֶשְׂרִים וּמֵאָה: כָּל־הַבָּקָר לָעֹלָה שְׁנֵים עָשָׂר פָּרִים אֵילִם שְׁנֵים־עָשָׂר כְּבָשִׂים בְּנֵי־שָׁנָה שְׁנֵים עָשָׂר וּמִנְחָתָם וּשְׂעִירֵי עִזִּים שְׁנֵים עָשָׂר לְחַטָּאת: וְכֹל בְּקַר ׀ זֶבַח הַשְּׁלָמִים עֶשְׂרִים וְאַרְבָּעָה פָּרִים אֵילִם שִׁשִּׁים עַתֻּדִים שִׁשִּׁים כְּבָשִׂים בְּנֵי־שָׁנָה שִׁשִּׁים זֹאת חֲנֻכַּת הַמִּזְבֵּחַ אַחֲרֵי הִמָּשַׁח אֹתוֹ: וּבְבֹא מֹשֶׁה אֶל־אֹהֶל מוֹעֵד לְדַבֵּר אִתּוֹ וַיִּשְׁמַע אֶת־הַקּוֹל מִדַּבֵּר אֵלָיו מֵעַל הַכַּפֹּרֶת אֲשֶׁר עַל־אֲרֹן הָעֵדֻת מִבֵּין שְׁנֵי הַכְּרֻבִים וַיְדַבֵּר

אֵלָיו: וַיְדַבֵּר יהוה אֶל־מֹשֶׁה לֵּאמֹר: דַּבֵּר אֶל־אַהֲרֹן וְאָמַרְתָּ אֵלָיו בְּהַעֲלֹתְךָ אֶת־הַנֵּרֹת אֶל־מוּל פְּנֵי הַמְּנוֹרָה יָאִירוּ שִׁבְעַת הַנֵּרוֹת: וַיַּעַשׂ כֵּן אַהֲרֹן אֶל־מוּל פְּנֵי הַמְּנוֹרָה הֶעֱלָה נֵרֹתֶיהָ כַּאֲשֶׁר צִוָּה יהוה אֶת־מֹשֶׁה: וְזֶה מַעֲשֵׂה הַמְּנֹרָה מִקְשָׁה זָהָב עַד־יְרֵכָהּ עַד־פִּרְחָהּ מִקְשָׁה הִוא כַּמַּרְאֶה אֲשֶׁר הֶרְאָה יהוה אֶת־מֹשֶׁה כֵּן עָשָׂה אֶת־הַמְּנֹרָה:

## פורים

(שמות יז:ח-טז)

כהן) וַיָּבֹא עֲמָלֵק וַיִּלָּחֶם עִם־יִשְׂרָאֵל בִּרְפִידִם: וַיֹּאמֶר מֹשֶׁה אֶל־יְהוֹשֻׁעַ בְּחַר־לָנוּ אֲנָשִׁים וְצֵא הִלָּחֵם בַּעֲמָלֵק מָחָר אָנֹכִי נִצָּב עַל־רֹאשׁ הַגִּבְעָה וּמַטֵּה הָאֱלֹהִים בְּיָדִי: וַיַּעַשׂ יְהוֹשֻׁעַ כַּאֲשֶׁר אָמַר־לוֹ מֹשֶׁה לְהִלָּחֵם בַּעֲמָלֵק וּמֹשֶׁה אַהֲרֹן וְחוּר עָלוּ רֹאשׁ הַגִּבְעָה:

לוי) וְהָיָה כַּאֲשֶׁר יָרִים מֹשֶׁה יָדוֹ וְגָבַר יִשְׂרָאֵל וְכַאֲשֶׁר יָנִיחַ יָדוֹ וְגָבַר עֲמָלֵק: וִידֵי מֹשֶׁה כְּבֵדִים וַיִּקְחוּ־אֶבֶן וַיָּשִׂימוּ תַחְתָּיו וַיֵּשֶׁב עָלֶיהָ וְאַהֲרֹן וְחוּר תָּמְכוּ בְיָדָיו מִזֶּה אֶחָד וּמִזֶּה אֶחָד וַיְהִי יָדָיו אֱמוּנָה עַד־בֹּא הַשָּׁמֶשׁ: וַיַּחֲלֹשׁ יְהוֹשֻׁעַ אֶת־עֲמָלֵק וְאֶת־עַמּוֹ לְפִי־חָרֶב:

ישראל) וַיֹּאמֶר יהוה אֶל־מֹשֶׁה כְּתֹב זֹאת זִכָּרוֹן בַּסֵּפֶר וְשִׂים בְּאָזְנֵי יְהוֹשֻׁעַ כִּי־מָחֹה אֶמְחֶה אֶת־זֵכֶר עֲמָלֵק מִתַּחַת הַשָּׁמָיִם: וַיִּבֶן מֹשֶׁה מִזְבֵּחַ וַיִּקְרָא שְׁמוֹ יהוה | נִסִּי: וַיֹּאמֶר כִּי־יָד עַל־כֵּס יָהּ מִלְחָמָה לַיהוה בַּעֲמָלֵק מִדֹּר דֹּר:

## תענית ציבור

(שמות לב:יא-יד, לד:א-י)

כהן) וַיְחַל מֹשֶׁה אֶת־פְּנֵי יהוה אֱלֹהָיו וַיֹּאמֶר לָמָה יהוה יֶחֱרֶה אַפְּךָ בְּעַמֶּךָ אֲשֶׁר הוֹצֵאתָ מֵאֶרֶץ מִצְרַיִם בְּכֹחַ גָּדוֹל וּבְיָד חֲזָקָה: לָמָּה יֹאמְרוּ מִצְרַיִם לֵאמֹר בְּרָעָה הוֹצִיאָם לַהֲרֹג אֹתָם בֶּהָרִים וּלְכַלֹּתָם מֵעַל פְּנֵי הָאֲדָמָה שׁוּב מֵחֲרוֹן אַפֶּךָ וְהִנָּחֵם עַל־הָרָעָה לְעַמֶּךָ: זְכֹר לְאַבְרָהָם לְיִצְחָק וּלְיִשְׂרָאֵל עֲבָדֶיךָ אֲשֶׁר נִשְׁבַּעְתָּ לָהֶם בָּךְ וַתְּדַבֵּר אֲלֵהֶם אַרְבֶּה אֶת־זַרְעֲכֶם כְּכוֹכְבֵי הַשָּׁמָיִם וְכָל־הָאָרֶץ הַזֹּאת אֲשֶׁר אָמַרְתִּי אֶתֵּן לְזַרְעֲכֶם וְנָחֲלוּ לְעֹלָם: וַיִּנָּחֶם יהוה עַל־הָרָעָה אֲשֶׁר דִּבֶּר לַעֲשׂוֹת לְעַמּוֹ:

לוי) וַיֹּאמֶר יהוה אֶל־מֹשֶׁה פְּסָל־לְךָ שְׁנֵי־לֻחֹת אֲבָנִים כָּרִאשֹׁנִים וְכָתַבְתִּי עַל־הַלֻּחֹת אֶת־הַדְּבָרִים אֲשֶׁר הָיוּ עַל־הַלֻּחֹת הָרִאשֹׁנִים אֲשֶׁר שִׁבַּרְתָּ: וֶהְיֵה נָכוֹן לַבֹּקֶר וְעָלִיתָ בַבֹּקֶר אֶל־הַר סִינַי וְנִצַּבְתָּ לִי שָׁם עַל־רֹאשׁ הָהָר: וְאִישׁ

לֹא־יַעֲלֶה עִמָּךְ וְגַם־אִישׁ אַל־יֵרָא בְּכָל־הָהָר גַּם־הַצֹּאן וְהַבָּקָר אַל־יִרְעוּ אֶל־מוּל הָהָר הַהוּא:

מפטיר) וַיִּפְסֹל שְׁנֵי־לֻחֹת אֲבָנִים כָּרִאשֹׁנִים וַיַּשְׁכֵּם מֹשֶׁה בַבֹּקֶר וַיַּעַל אֶל־הַר סִינַי כַּאֲשֶׁר צִוָּה יהוה אֹתוֹ וַיִּקַּח בְּיָדוֹ שְׁנֵי לֻחֹת אֲבָנִים: וַיֵּרֶד יהוה בֶּעָנָן וַיִּתְיַצֵּב עִמּוֹ שָׁם וַיִּקְרָא בְשֵׁם יהוה: וַיַּעֲבֹר יהוה עַל־פָּנָיו וַיִּקְרָא יהוה | יהוה אֵל רַחוּם וְחַנּוּן אֶרֶךְ אַפַּיִם וְרַב־חֶסֶד וֶאֱמֶת: נֹצֵר חֶסֶד לָאֲלָפִים נֹשֵׂא עָוֹן וָפֶשַׁע וְחַטָּאָה וְנַקֵּה לֹא יְנַקֶּה פֹּקֵד עֲוֹן אָבוֹת עַל־בָּנִים וְעַל־בְּנֵי בָנִים עַל־שִׁלֵּשִׁים וְעַל־רִבֵּעִים: וַיְמַהֵר מֹשֶׁה וַיִּקֹּד אַרְצָה וַיִּשְׁתָּחוּ: וַיֹּאמֶר אִם־נָא מָצָאתִי חֵן בְּעֵינֶיךָ אֲדֹנָי יֵלֶךְ־נָא אֲדֹנָי בְּקִרְבֵּנוּ כִּי עַם־קְשֵׁה־עֹרֶף הוּא וְסָלַחְתָּ לַעֲוֹנֵנוּ וּלְחַטָּאתֵנוּ וּנְחַלְתָּנוּ: וַיֹּאמֶר הִנֵּה אָנֹכִי כֹּרֵת בְּרִית נֶגֶד כָּל־עַמְּךָ אֶעֱשֶׂה נִפְלָאֹת אֲשֶׁר לֹא־נִבְרְאוּ בְכָל־הָאָרֶץ וּבְכָל־הַגּוֹיִם וְרָאָה כָל־הָעָם אֲשֶׁר־אַתָּה בְקִרְבּוֹ אֶת־מַעֲשֵׂה יהוה כִּי־נוֹרָא הוּא אֲשֶׁר אֲנִי עֹשֶׂה עִמָּךְ:

הפטרה לתענית ציבור
ברכה לפני ההפטרה

בָּרוּךְ אַתָּה יהוה אֱלֹהֵינוּ מֶלֶךְ הָעוֹלָם, אֲשֶׁר בָּחַר בִּנְבִיאִים טוֹבִים, וְרָצָה בְדִבְרֵיהֶם הַנֶּאֱמָרִים בֶּאֱמֶת, בָּרוּךְ אַתָּה יהוה, הַבּוֹחֵר בַּתּוֹרָה וּבְמֹשֶׁה עַבְדּוֹ, וּבְיִשְׂרָאֵל עַמּוֹ, וּבִנְבִיאֵי הָאֱמֶת וָצֶדֶק:

(ישעיה נה:ו-נו:ח)

דִּרְשׁוּ יהוה בְּהִמָּצְאוֹ קְרָאֻהוּ בִּהְיוֹתוֹ קָרוֹב: יַעֲזֹב רָשָׁע דַּרְכּוֹ וְאִישׁ אָוֶן מַחְשְׁבֹתָיו וְיָשֹׁב אֶל־יהוה וִירַחֲמֵהוּ וְאֶל־אֱלֹהֵינוּ כִּי־יַרְבֶּה לִסְלוֹחַ: כִּי לֹא מַחְשְׁבוֹתַי מַחְשְׁבוֹתֵיכֶם וְלֹא דַרְכֵיכֶם דְּרָכָי נְאֻם יהוה: כִּי־גָבְהוּ שָׁמַיִם מֵאָרֶץ כֵּן גָּבְהוּ דְרָכַי מִדַּרְכֵיכֶם וּמַחְשְׁבֹתַי מִמַּחְשְׁבֹתֵיכֶם: כִּי כַּאֲשֶׁר יֵרֵד הַגֶּשֶׁם וְהַשֶּׁלֶג מִן־הַשָּׁמַיִם וְשָׁמָּה לֹא יָשׁוּב כִּי אִם־הִרְוָה אֶת־הָאָרֶץ וְהוֹלִידָהּ וְהִצְמִיחָהּ וְנָתַן זֶרַע לַזֹּרֵעַ וְלֶחֶם לָאֹכֵל: כֵּן יִהְיֶה דְבָרִי אֲשֶׁר יֵצֵא מִפִּי לֹא־יָשׁוּב אֵלַי רֵיקָם כִּי אִם־עָשָׂה אֶת־אֲשֶׁר חָפַצְתִּי וְהִצְלִיחַ אֲשֶׁר שְׁלַחְתִּיו: כִּי־בְשִׂמְחָה תֵצֵאוּ וּבְשָׁלוֹם תּוּבָלוּן הֶהָרִים וְהַגְּבָעוֹת יִפְצְחוּ לִפְנֵיכֶם רִנָּה וְכָל־עֲצֵי הַשָּׂדֶה יִמְחֲאוּ־כָף: תַּחַת הַנַּעֲצוּץ יַעֲלֶה בְרוֹשׁ וְתַחַת הַסִּרְפַּד יַעֲלֶה הֲדַס וְהָיָה לַיהוה לְשֵׁם לְאוֹת עוֹלָם לֹא יִכָּרֵת: כֹּה אָמַר יהוה שִׁמְרוּ מִשְׁפָּט וַעֲשׂוּ צְדָקָה כִּי־קְרוֹבָה יְשׁוּעָתִי לָבוֹא

וְצִדְקָתִי לְהִגָּלוֹת: אַשְׁרֵי אֱנוֹשׁ יַעֲשֶׂה־זֹּאת וּבֶן־אָדָם יַחֲזִיק בָּהּ שֹׁמֵר שַׁבָּת מֵחַלְּלוֹ וְשֹׁמֵר יָדוֹ מֵעֲשׂוֹת כָּל־רָע: וְאַל־יֹאמַר בֶּן־הַנֵּכָר הַנִּלְוָה אֶל־יהוה לֵאמֹר הַבְדֵּל יַבְדִּילַנִי יהוה מֵעַל עַמּוֹ וְאַל־יֹאמַר הַסָּרִיס הֵן אֲנִי עֵץ יָבֵשׁ: כִּי־כֹה | אָמַר יהוה לַסָּרִיסִים אֲשֶׁר יִשְׁמְרוּ אֶת־שַׁבְּתוֹתַי וּבָחֲרוּ בַּאֲשֶׁר חָפָצְתִּי וּמַחֲזִיקִים בִּבְרִיתִי: וְנָתַתִּי לָהֶם בְּבֵיתִי וּבְחוֹמֹתַי יָד וָשֵׁם טוֹב מִבָּנִים וּמִבָּנוֹת שֵׁם עוֹלָם אֶתֶּן־לוֹ אֲשֶׁר לֹא יִכָּרֵת: וּבְנֵי הַנֵּכָר הַנִּלְוִים עַל־יהוה לְשָׁרְתוֹ וּלְאַהֲבָה אֶת־שֵׁם יהוה לִהְיוֹת לוֹ לַעֲבָדִים כָּל־שֹׁמֵר שַׁבָּת מֵחַלְּלוֹ וּמַחֲזִיקִים בִּבְרִיתִי: וַהֲבִיאוֹתִים אֶל־הַר קָדְשִׁי וְשִׂמַּחְתִּים בְּבֵית תְּפִלָּתִי עוֹלֹתֵיהֶם וְזִבְחֵיהֶם לְרָצוֹן עַל־מִזְבְּחִי כִּי בֵיתִי בֵּית־תְּפִלָּה יִקָּרֵא לְכָל־הָעַמִּים: נְאֻם אֲדֹנָי יֱהֹוִה מְקַבֵּץ נִדְחֵי יִשְׂרָאֵל עוֹד אֲקַבֵּץ עָלָיו לְנִקְבָּצָיו:

ברכות אחרי ההפטרה

**בָּרוּךְ** אַתָּה יהוה אֱלֹהֵינוּ מֶלֶךְ הָעוֹלָם, צוּר כָּל הָעוֹלָמִים, צַדִּיק בְּכָל הַדּוֹרוֹת, הָאֵל הַנֶּאֱמָן הָאוֹמֵר וְעֹשֶׂה, הַמְּדַבֵּר וּמְקַיֵּם, שֶׁכָּל דְּבָרָיו אֱמֶת וָצֶדֶק. נֶאֱמָן אַתָּה הוּא יהוה אֱלֹהֵינוּ, וְנֶאֱמָנִים דְּבָרֶיךָ, וְדָבָר אֶחָד מִדְּבָרֶיךָ אָחוֹר לֹא יָשׁוּב רֵיקָם, כִּי אֵל מֶלֶךְ נֶאֱמָן (וְרַחֲמָן) אָתָּה. בָּרוּךְ אַתָּה יהוה, הָאֵל הַנֶּאֱמָן בְּכָל דְּבָרָיו.

רַחֵם עַל צִיּוֹן כִּי הִיא בֵּית חַיֵּינוּ, וְלַעֲלוּבַת נֶפֶשׁ תּוֹשִׁיעַ בִּמְהֵרָה בְיָמֵינוּ. בָּרוּךְ אַתָּה יהוה, מְשַׂמֵּחַ צִיּוֹן בְּבָנֶיהָ.

שַׂמְּחֵנוּ יהוה אֱלֹהֵינוּ בְּאֵלִיָּהוּ הַנָּבִיא עַבְדֶּךָ, וּבְמַלְכוּת בֵּית דָּוִד מְשִׁיחֶךָ, בִּמְהֵרָה יָבֹא וְיָגֵל לִבֵּנוּ, עַל כִּסְאוֹ לֹא יֵשֶׁב זָר וְלֹא יִנְחֲלוּ עוֹד אֲחֵרִים אֶת כְּבוֹדוֹ, כִּי בְשֵׁם קָדְשְׁךָ נִשְׁבַּעְתָּ לוֹ, שֶׁלֹּא יִכְבֶּה נֵרוֹ לְעוֹלָם וָעֶד. בָּרוּךְ אַתָּה יהוה, מָגֵן דָּוִד.

## תשעה באב שחרית

(דברים ד:כה-מ)

כהן: כִּי־תוֹלִיד בָּנִים וּבְנֵי בָנִים וְנוֹשַׁנְתֶּם בָּאָרֶץ וְהִשְׁחַתֶּם וַעֲשִׂיתֶם פֶּסֶל תְּמוּנַת כֹּל וַעֲשִׂיתֶם הָרַע בְּעֵינֵי־יהוה אֱלֹהֶיךָ לְהַכְעִיסוֹ: הַעִידֹתִי בָכֶם הַיּוֹם אֶת־הַשָּׁמַיִם וְאֶת־הָאָרֶץ כִּי־אָבֹד תֹּאבֵדוּן מַהֵר מֵעַל הָאָרֶץ אֲשֶׁר אַתֶּם עֹבְרִים אֶת־הַיַּרְדֵּן שָׁמָּה לְרִשְׁתָּהּ לֹא־תַאֲרִיכֻן יָמִים עָלֶיהָ כִּי הִשָּׁמֵד תִּשָּׁמֵדוּן: וְהֵפִיץ יהוה אֶתְכֶם בָּעַמִּים וְנִשְׁאַרְתֶּם מְתֵי מִסְפָּר בַּגּוֹיִם אֲשֶׁר יְנַהֵג יהוה אֶתְכֶם שָׁמָּה: וַעֲבַדְתֶּם־שָׁם אֱלֹהִים מַעֲשֵׂה יְדֵי אָדָם עֵץ וָאֶבֶן אֲשֶׁר לֹא־יִרְאוּן וְלֹא יִשְׁמְעוּן וְלֹא יֹאכְלוּן וְלֹא יְרִיחֻן: וּבִקַּשְׁתֶּם מִשָּׁם אֶת־יהוה אֱלֹהֶיךָ וּמָצָאתָ כִּי תִדְרְשֶׁנּוּ בְּכָל־לְבָבְךָ וּבְכָל־נַפְשֶׁךָ:

לוי: בַּצַּר לְךָ וּמְצָאוּךָ כֹּל הַדְּבָרִים הָאֵלֶּה בְּאַחֲרִית הַיָּמִים וְשַׁבְתָּ עַד־יהוה אֱלֹהֶיךָ וְשָׁמַעְתָּ בְּקֹלוֹ: כִּי אֵל רַחוּם יהוה אֱלֹהֶיךָ לֹא יַרְפְּךָ וְלֹא יַשְׁחִיתֶךָ וְלֹא יִשְׁכַּח אֶת־בְּרִית אֲבֹתֶיךָ אֲשֶׁר נִשְׁבַּע לָהֶם: כִּי שְׁאַל־נָא לְיָמִים רִאשֹׁנִים אֲשֶׁר־הָיוּ לְפָנֶיךָ לְמִן־הַיּוֹם אֲשֶׁר בָּרָא אֱלֹהִים | אָדָם עַל־הָאָרֶץ וּלְמִקְצֵה הַשָּׁמַיִם וְעַד־קְצֵה הַשָּׁמָיִם הֲנִהְיָה כַּדָּבָר הַגָּדוֹל הַזֶּה אוֹ הֲנִשְׁמַע כָּמֹהוּ: הֲשָׁמַע עָם קוֹל אֱלֹהִים מְדַבֵּר מִתּוֹךְ־הָאֵשׁ כַּאֲשֶׁר־שָׁמַעְתָּ אַתָּה וַיֶּחִי: אוֹ | הֲנִסָּה אֱלֹהִים לָבוֹא לָקַחַת לוֹ גוֹי מִקֶּרֶב גּוֹי בְּמַסֹּת בְּאֹתֹת וּבְמוֹפְתִים וּבְמִלְחָמָה וּבְיָד חֲזָקָה וּבִזְרוֹעַ נְטוּיָה וּבְמוֹרָאִים גְּדֹלִים כְּכֹל אֲשֶׁר־עָשָׂה לָכֶם יהוה אֱלֹהֵיכֶם בְּמִצְרַיִם לְעֵינֶיךָ: אַתָּה הָרְאֵתָ לָדַעַת כִּי יהוה הוּא הָאֱלֹהִים אֵין עוֹד מִלְּבַדּוֹ:

מפטיר: מִן־הַשָּׁמַיִם הִשְׁמִיעֲךָ אֶת־קֹלוֹ לְיַסְּרֶךָּ וְעַל־הָאָרֶץ הֶרְאֲךָ אֶת־אִשּׁוֹ הַגְּדוֹלָה וּדְבָרָיו שָׁמַעְתָּ מִתּוֹךְ הָאֵשׁ: וְתַחַת כִּי אָהַב אֶת־אֲבֹתֶיךָ וַיִּבְחַר בְּזַרְעוֹ אַחֲרָיו וַיּוֹצִאֲךָ בְּפָנָיו בְּכֹחוֹ הַגָּדֹל מִמִּצְרָיִם: לְהוֹרִישׁ גּוֹיִם גְּדֹלִים וַעֲצֻמִים מִמְּךָ מִפָּנֶיךָ לַהֲבִיאֲךָ לָתֶת־לְךָ אֶת־אַרְצָם נַחֲלָה כַּיּוֹם הַזֶּה: וְיָדַעְתָּ הַיּוֹם וַהֲשֵׁבֹתָ אֶל־לְבָבֶךָ כִּי יהוה הוּא הָאֱלֹהִים בַּשָּׁמַיִם מִמַּעַל וְעַל־הָאָרֶץ מִתָּחַת אֵין עוֹד: וְשָׁמַרְתָּ אֶת־חֻקָּיו וְאֶת־מִצְוֹתָיו אֲשֶׁר אָנֹכִי מְצַוְּךָ הַיּוֹם אֲשֶׁר יִיטַב לְךָ וּלְבָנֶיךָ אַחֲרֶיךָ וּלְמַעַן תַּאֲרִיךְ יָמִים עַל־הָאֲדָמָה אֲשֶׁר יהוה אֱלֹהֶיךָ נֹתֵן לְךָ כָּל־הַיָּמִים:

הפטרה לתשעה באב שחרית

הברכה לפני ההפטרה תמצא לעיל (עמ' 467).

(ירמיה ח:יג-ט:כג)

אָסֹף אֲסִיפֵם נְאֻם־יהוה אֵין עֲנָבִים בַּגֶּפֶן וְאֵין תְּאֵנִים בַּתְּאֵנָה וְהֶעָלֶה נָבֵל וָאֶתֵּן לָהֶם יַעַבְרוּם: עַל־מָה אֲנַחְנוּ יֹשְׁבִים הֵאָסְפוּ וְנָבוֹא אֶל־עָרֵי הַמִּבְצָר וְנִדְּמָה־שָּׁם כִּי יהוה אֱלֹהֵינוּ הֲדִמָּנוּ וַיַּשְׁקֵנוּ מֵי־רֹאשׁ כִּי חָטָאנוּ לַיהוה: קַוֵּה לְשָׁלוֹם וְאֵין טוֹב לְעֵת מַרְפֵּה וְהִנֵּה בְעָתָה: מִדָּן נִשְׁמַע נַחְרַת סוּסָיו מִקּוֹל מִצְהֲלוֹת אַבִּירָיו רָעֲשָׁה כָּל־הָאָרֶץ וַיָּבוֹאוּ וַיֹּאכְלוּ אֶרֶץ וּמְלוֹאָהּ עִיר וְיֹשְׁבֵי בָהּ: כִּי הִנְנִי מְשַׁלֵּחַ בָּכֶם נְחָשִׁים צִפְעֹנִים אֲשֶׁר אֵין־לָהֶם לָחַשׁ וְנִשְּׁכוּ

אֶתְכֶ֖ם נְאֻם־יְהוָֽה׃ מַבְלִֽיגִיתִ֖י עֲלֵ֣י יָג֑וֹן עָלַ֖י לִבִּ֥י דַוָּֽי׃ הִנֵּה־ק֞וֹל שַֽׁוְעַ֣ת בַּת־עַמִּ֗י מֵאֶ֙רֶץ֙ מַרְחַקִּ֔ים הַֽיהוָה֙ אֵ֣ין בְּצִיּ֔וֹן אִם־מַלְכָּ֖הּ אֵ֣ין בָּ֑הּ מַדּ֗וּעַ הִכְעִס֛וּנִי בִּפְסִלֵיהֶ֖ם בְּהַבְלֵ֥י נֵכָֽר׃ עָבַ֥ר קָצִ֖יר כָּ֣לָה קָ֑יִץ וַאֲנַ֖חְנוּ ל֥וֹא נוֹשָֽׁעְנוּ׃ עַל־שֶׁ֥בֶר בַּת־עַמִּ֖י הָשְׁבָּ֑רְתִּי קָדַ֕רְתִּי שַׁמָּ֖ה הֶחֱזִקָֽתְנִי׃ הַצֳּרִ֥י אֵ֙ין֙ בְּגִלְעָ֔ד אִם־רֹפֵ֖א אֵ֣ין שָׁ֑ם כִּ֗י מַדּ֙וּעַ֙ לֹ֣א עָֽלְתָ֔ה אֲרֻכַ֖ת בַּת־עַמִּֽי׃ מִֽי־יִתֵּ֤ן רֹאשִׁי֙ מַ֔יִם וְעֵינִ֖י מְק֣וֹר דִּמְעָ֑ה וְאֶבְכֶּה֙ יוֹמָ֣ם וָלַ֔יְלָה אֵ֖ת חַלְלֵ֥י בַת־עַמִּֽי׃ מִֽי־יִתְּנֵ֣נִי בַמִּדְבָּ֗ר מְלוֹן֙ אֹֽרְחִ֔ים וְאֶֽעֶזְבָה֙ אֶת־עַמִּ֔י וְאֵלְכָ֖ה מֵאִתָּ֑ם כִּ֤י כֻלָּם֙ מְנָ֣אֲפִ֔ים עֲצֶ֖רֶת בֹּגְדִֽים׃ וַֽיַּדְרְכ֤וּ אֶת־לְשׁוֹנָם֙ קַשְׁתָּ֣ם שֶׁ֔קֶר וְלֹ֥א לֶאֱמוּנָ֖ה גָּבְר֣וּ בָאָ֑רֶץ כִּי֩ מֵרָעָ֨ה אֶל־רָעָ֧ה ׀ יָצָ֛אוּ וְאֹתִ֥י לֹא־יָדָ֖עוּ נְאֻם־יְהוָֽה׃ אִ֤ישׁ מֵרֵעֵ֙הוּ֙ הִשָּׁמֵ֔רוּ וְעַל־כָּל־אָ֖ח אַל־תִּבְטָ֑חוּ כִּ֤י כָל־אָח֙ עָק֣וֹב יַעְקֹ֔ב וְכָל־רֵ֖עַ רָכִ֥יל יַהֲלֹֽךְ׃ וְאִ֤ישׁ בְּרֵעֵ֙הוּ֙ יְהָתֵ֔לּוּ וֶאֱמֶ֖ת לֹ֣א יְדַבֵּ֑רוּ לִמְּד֧וּ לְשׁוֹנָ֛ם דַּבֶּר־שֶׁ֖קֶר הַעֲוֵ֥ה נִלְאֽוּ׃ שִׁבְתְּךָ֖ בְּת֣וֹךְ מִרְמָ֑ה בְּמִרְמָ֛ה מֵאֲנ֥וּ דַֽעַת־אוֹתִ֖י נְאֻם־יְהוָֽה׃ לָכֵ֗ן כֹּ֤ה אָמַר֙ יְהוָ֣ה צְבָא֔וֹת הִנְנִ֥י צוֹרְפָ֖ם וּבְחַנְתִּ֑ים כִּי־אֵ֣יךְ אֶעֱשֶׂ֔ה מִפְּנֵ֖י בַּת־עַמִּֽי׃ חֵ֥ץ שָׁח֛וּט לְשׁוֹנָ֖ם מִרְמָ֣ה דִבֵּ֑ר בְּפִ֗יו שָׁלוֹם֙ אֶת־רֵעֵ֣הוּ יְדַבֵּ֔ר וּבְקִרְבּ֖וֹ יָשִׂ֥ים אָרְבּֽוֹ׃ הַעַל־אֵ֥לֶּה לֹֽא־אֶפְקָד־בָּ֖ם נְאֻם־יְהוָ֑ה אִ֚ם בְּג֣וֹי אֲשֶׁר־כָּזֶ֔ה לֹ֥א תִתְנַקֵּ֖ם נַפְשִֽׁי׃ עַל־הֶ֨הָרִ֜ים אֶשָּׂ֤א בְכִי֙ וָנֶ֔הִי וְעַל־נְא֤וֹת מִדְבָּר֙ קִינָ֔ה כִּ֤י נִצְּתוּ֙ מִבְּלִי־אִ֣ישׁ עֹבֵ֔ר וְלֹ֥א שָׁמְע֖וּ ק֣וֹל מִקְנֶ֑ה מֵע֤וֹף הַשָּׁמַ֙יִם֙ וְעַד־בְּהֵמָ֔ה נָדְד֖וּ הָלָֽכוּ׃ וְנָתַתִּ֧י אֶת־יְרוּשָׁלִַ֛ם לְגַלִּ֖ים מְע֣וֹן תַּנִּ֑ים וְאֶת־עָרֵ֧י יְהוּדָ֛ה אֶתֵּ֥ן שְׁמָמָ֖ה מִבְּלִ֥י יוֹשֵֽׁב׃ מִֽי־הָאִ֤ישׁ הֶֽחָכָם֙ וְיָבֵ֣ן אֶת־זֹ֔את וַאֲשֶׁ֨ר דִּבֶּ֧ר פִּֽי־יְהוָ֛ה אֵלָ֖יו וְיַגִּדָ֑הּ עַל־מָה֙ אָבְדָ֣ה הָאָ֔רֶץ נִצְּתָ֥ה כַמִּדְבָּ֖ר מִבְּלִ֥י עֹבֵֽר׃ וַיֹּ֣אמֶר יְהוָ֔ה עַל־עָזְבָם֙ אֶת־תּ֣וֹרָתִ֔י אֲשֶׁ֥ר נָתַ֖תִּי לִפְנֵיהֶ֑ם וְלֹא־שָׁמְע֥וּ בְקוֹלִ֖י וְלֹא־הָ֥לְכוּ בָֽהּ׃ וַיֵּ֣לְכ֔וּ אַחֲרֵ֖י שְׁרִר֣וּת לִבָּ֑ם וְאַֽחֲרֵי֙ הַבְּעָלִ֔ים אֲשֶׁ֥ר לִמְּד֖וּם אֲבוֹתָֽם׃ לָכֵ֞ן כֹּה־אָמַ֨ר יְהוָ֤ה צְבָאוֹת֙ אֱלֹהֵ֣י יִשְׂרָאֵ֔ל הִנְנִ֧י מַאֲכִילָ֛ם אֶת־הָעָ֥ם הַזֶּ֖ה לַעֲנָ֑ה וְהִשְׁקִיתִ֖ים מֵי־רֹֽאשׁ׃ וַהֲפִיצוֹתִ֣ים בַּגּוֹיִ֔ם אֲשֶׁר֙ לֹ֣א יָֽדְע֔וּ הֵ֖מָּה וַאֲבוֹתָ֑ם וְשִׁלַּחְתִּ֤י אַֽחֲרֵיהֶם֙ אֶת־הַחֶ֔רֶב עַ֥ד כַּלּוֹתִ֖י אוֹתָֽם׃ כֹּ֤ה אָמַר֙ יְהוָ֣ה צְבָא֔וֹת הִֽתְבּוֹנְנ֥וּ וְקִרְא֛וּ לַמְקוֹנְנ֖וֹת וּתְבוֹאֶ֑ינָה וְאֶל־הַחֲכָמ֥וֹת שִׁלְח֖וּ וְתָבֽוֹאנָה׃ וּתְמַהֵ֕רְנָה וְתִשֶּׂ֥נָה עָלֵ֖ינוּ נֶ֑הִי וְתֵרַ֤דְנָה עֵינֵ֙ינוּ֙ דִּמְעָ֔ה וְעַפְעַפֵּ֖ינוּ יִזְּלוּ־מָֽיִם׃ כִּ֣י ק֥וֹל נְהִ֛י נִשְׁמַ֥ע מִצִּיּ֖וֹן אֵ֣יךְ שֻׁדָּ֑דְנוּ בֹּ֤שְׁנוּ מְאֹד֙ כִּֽי־עָזַ֣בְנוּ אָ֔רֶץ כִּ֥י הִשְׁלִ֖יכוּ מִשְׁכְּנוֹתֵֽינוּ׃ כִּֽי־שְׁמַ֨עְנָה נָשִׁ֜ים דְּבַר־יְהוָ֔ה וְתִקַּ֥ח אָזְנְכֶ֖ם דְּבַר־פִּ֑יו וְלַמֵּ֤דְנָה בְנֹֽתֵיכֶם֙ נֶ֔הִי וְאִשָּׁ֥ה רְעוּתָ֖הּ קִינָֽה׃ כִּֽי־עָ֤לָה מָ֙וֶת֙ בְּחַלּוֹנֵ֔ינוּ בָּ֖א בְּאַרְמְנוֹתֵ֑ינוּ לְהַכְרִ֤ית עוֹלָל֙ מִח֔וּץ בַּחוּרִ֖ים מֵרְחֹבֽוֹת׃ דַּבֵּ֗ר כֹּ֚ה נְאֻם־יְהוָ֔ה וְנָֽפְלָה֙ נִבְלַ֣ת הָֽאָדָ֔ם כְּדֹ֖מֶן עַל־פְּנֵ֣י הַשָּׂדֶ֑ה וּכְעָמִ֛יר מֵאַחֲרֵ֥י הַקֹּצֵ֖ר וְאֵ֥ין מְאַסֵּֽף׃ כֹּ֣ה ׀ אָמַ֣ר יְהוָ֗ה אַל־יִתְהַלֵּ֤ל חָכָם֙ בְּחָכְמָת֔וֹ וְאַל־יִתְהַלֵּ֥ל הַגִּבּ֖וֹר בִּגְבֽוּרָת֑וֹ אַל־יִתְהַלֵּ֥ל עָשִׁ֖יר בְּעָשְׁרֽוֹ׃ כִּ֣י אִם־בְּזֹ֞את יִתְהַלֵּ֣ל הַמִּתְהַלֵּ֗ל הַשְׂכֵּל֮ וְיָדֹ֣עַ אוֹתִי֒ כִּ֚י אֲנִ֣י יְהוָ֔ה עֹ֥שֶׂה חֶ֛סֶד מִשְׁפָּ֥ט וּצְדָקָ֖ה בָּאָ֑רֶץ כִּֽי־בְאֵ֥לֶּה חָפַ֖צְתִּי נְאֻם־יְהוָֽה׃

הברכות אחר ההפטרה תמצא לעיל (עמ' 468).

## קריאת הנשיא

כתב השל"ה הקדוש שמר"ח ניסן ואילך יש לקרוא בכל יום פרשת הנשיא ששייך לאותו יום (החל מברכת כהנים או מן „ויהי ביום כלות משה" כמו בחנוכה – לעיל עמ' 463) וביום י"ג בפרשת בהעלתך עד „כן עשה את המנורה." ובהרבה מקומות קורין ביום י"ב עד „כן עשה את המנורה" וביום י"ג אין קורין בכלל. בכל יום אחרי הקריאה יש לומר:

**יְהִי** רָצוֹן מִלְּפָנֶיךָ, יהוה אֱלֹהַי וֵאלֹהֵי אֲבוֹתַי, שֶׁתָּאִיר הַיּוֹם בְּחַסְדְּךָ הַגָּדוֹל עַל נִשְׁמָתִין קַדִּישִׁין דְּמִתְחַדְּשִׁין כְּצִפֳּרִין וּמְצַפְצְפִין בְּשִׁבְחִין וּמְצַלְּאִין עַל עַמָּא קַדִּישָׁא יִשְׂרָאֵל. רִבּוֹנוֹ שֶׁל עוֹלָם, תַּכְנִיס וּתְעַיֵּיל הָנָךְ צִפֳּרֵי קַדִּישָׁא לַאֲתַר קַדִּישָׁא דְּאִתְּמַר עֲלַיְיהוּ עַיִן לֹא רָאֲתָה אֱלֹהִים זוּלָתְךָ. יְהִי רָצוֹן מִלְּפָנֶיךָ, יהוה אֱלֹהַי וֵאלֹהֵי אֲבוֹתַי, שֶׁבְּאִם אֲנִי עַבְדְּךָ מִשֵּׁבֶט (פלוני) שֶׁקָּרָאתִי בְּתוֹרָתְךָ פָּרָשָׁה שֶׁל הַנָּשִׂיא הַיּוֹם, אֲזַי יָאִירוּ נָא עָלַי כָּל נִיצוֹצִין קַדִּישִׁין וְכָל הָאוֹרוֹת קְדוֹשׁוֹת הַכְּלוּלוֹת בִּקְדֻשַּׁת זֶה הַשֵּׁבֶט, לְהָבִין וּלְהַשְׂכִּיל בְּתוֹרָתֶךָ וּבְיִרְאָתֶךָ, לַעֲשׂוֹת רְצוֹנְךָ כָּל יְמֵי חַיַּי, אֲנִי וְזַרְעִי וְזֶרַע זַרְעִי, מֵעַתָּה וְעַד עוֹלָם, אָמֵן סֶלָה.

## פסח – יום ראשון

(שמות יב:כא-נא)

כהן: וַיִּקְרָ֥א מֹשֶׁ֛ה לְכָל־זִקְנֵ֥י יִשְׂרָאֵ֖ל וַיֹּ֣אמֶר אֲלֵהֶ֑ם מִֽשְׁכ֗וּ וּקְח֨וּ לָכֶ֥ם צֹ֛אן לְמִשְׁפְּחֹתֵיכֶ֖ם וְשַׁחֲט֥וּ הַפָּֽסַח׃ וּלְקַחְתֶּ֞ם אֲגֻדַּ֣ת אֵז֗וֹב וּטְבַלְתֶּם֮ בַּדָּ֣ם אֲשֶׁר־בַּסַּף֒ וְהִגַּעְתֶּ֤ם אֶל־הַמַּשְׁקוֹף֙ וְאֶל־שְׁתֵּ֣י הַמְּזוּזֹ֔ת מִן־הַדָּ֖ם אֲשֶׁ֣ר בַּסָּ֑ף וְאַתֶּ֗ם לֹ֥א תֵצְא֛וּ אִ֥ישׁ מִפֶּֽתַח־בֵּית֖וֹ עַד־בֹּֽקֶר׃ וְעָבַ֣ר יְהוָה֮ לִנְגֹּ֣ף אֶת־מִצְרַיִם֒ וְרָאָ֤ה אֶת־הַדָּם֙ עַל־הַמַּשְׁק֔וֹף וְעַ֖ל שְׁתֵּ֣י הַמְּזוּזֹ֑ת וּפָסַ֤ח יְהוָה֙ עַל־הַפֶּ֔תַח וְלֹ֤א יִתֵּן֙ הַמַּשְׁחִ֔ית לָבֹ֥א אֶל־בָּתֵּיכֶ֖ם לִנְגֹּֽף׃ וּשְׁמַרְתֶּ֖ם אֶת־הַדָּבָ֣ר הַזֶּ֑ה לְחָק־לְךָ֥ וּלְבָנֶ֖יךָ עַד־עוֹלָֽם׃

לוי: וְהָיָ֞ה כִּֽי־תָבֹ֣אוּ אֶל־הָאָ֗רֶץ אֲשֶׁ֨ר יִתֵּ֧ן יְהוָ֛ה

לָכֶם כַּאֲשֶׁר דִּבֵּר וּשְׁמַרְתֶּם אֶת־הָעֲבֹדָה הַזֹּאת: וְהָיָה כִּי־יֹאמְרוּ אֲלֵיכֶם בְּנֵיכֶם מָה הָעֲבֹדָה הַזֹּאת לָכֶם: וַאֲמַרְתֶּם זֶבַח־פֶּסַח הוּא לַיהוה אֲשֶׁר פָּסַח עַל־בָּתֵּי בְנֵי־יִשְׂרָאֵל בְּמִצְרַיִם בְּנָגְפּוֹ אֶת־מִצְרַיִם וְאֶת־בָּתֵּינוּ הִצִּיל וַיִּקֹּד הָעָם וַיִּשְׁתַּחֲווּ: וַיֵּלְכוּ וַיַּעֲשׂוּ בְּנֵי יִשְׂרָאֵל כַּאֲשֶׁר צִוָּה יהוה אֶת־מֹשֶׁה וְאַהֲרֹן כֵּן עָשׂוּ:

שלישי: וַיְהִי | בַּחֲצִי הַלַּיְלָה וַיהוה הִכָּה כָל־בְּכוֹר בְּאֶרֶץ מִצְרַיִם מִבְּכֹר פַּרְעֹה הַיֹּשֵׁב עַל־כִּסְאוֹ עַד בְּכוֹר הַשְּׁבִי אֲשֶׁר בְּבֵית הַבּוֹר וְכֹל בְּכוֹר בְּהֵמָה: וַיָּקָם פַּרְעֹה לַיְלָה הוּא וְכָל־עֲבָדָיו וְכָל־מִצְרַיִם וַתְּהִי צְעָקָה גְדֹלָה בְּמִצְרָיִם כִּי־אֵין בַּיִת אֲשֶׁר אֵין־שָׁם מֵת: וַיִּקְרָא לְמֹשֶׁה וּלְאַהֲרֹן לַיְלָה וַיֹּאמֶר קוּמוּ צְּאוּ מִתּוֹךְ עַמִּי גַּם־אַתֶּם גַּם־בְּנֵי יִשְׂרָאֵל וּלְכוּ עִבְדוּ אֶת־יהוה כְּדַבֶּרְכֶם: גַּם־צֹאנְכֶם גַּם־בְּקַרְכֶם קְחוּ כַּאֲשֶׁר דִּבַּרְתֶּם וָלֵכוּ וּבֵרַכְתֶּם גַּם־אֹתִי:

(בשבת: רביעי) וַתֶּחֱזַק מִצְרַיִם עַל־הָעָם לְמַהֵר לְשַׁלְּחָם מִן־הָאָרֶץ כִּי אָמְרוּ כֻּלָּנוּ מֵתִים: וַיִּשָּׂא הָעָם אֶת־בְּצֵקוֹ טֶרֶם יֶחְמָץ מִשְׁאֲרֹתָם צְרֻרֹת בְּשִׂמְלֹתָם עַל־שִׁכְמָם: וּבְנֵי־יִשְׂרָאֵל עָשׂוּ כִּדְבַר מֹשֶׁה וַיִּשְׁאֲלוּ מִמִּצְרַיִם כְּלֵי־כֶסֶף וּכְלֵי זָהָב וּשְׂמָלֹת: וַיהוה נָתַן אֶת־חֵן הָעָם בְּעֵינֵי מִצְרַיִם וַיַּשְׁאִלוּם וַיְנַצְּלוּ אֶת־מִצְרָיִם:

רביעי (בשבת: חמישי) וַיִּסְעוּ בְנֵי־יִשְׂרָאֵל מֵרַעְמְסֵס סֻכֹּתָה כְּשֵׁשׁ־מֵאוֹת אֶלֶף רַגְלִי הַגְּבָרִים לְבַד מִטָּף: וְגַם־עֵרֶב רַב עָלָה אִתָּם וְצֹאן וּבָקָר מִקְנֶה כָּבֵד מְאֹד: וַיֹּאפוּ אֶת־הַבָּצֵק אֲשֶׁר הוֹצִיאוּ מִמִּצְרַיִם עֻגֹת מַצּוֹת כִּי לֹא חָמֵץ כִּי־גֹרְשׁוּ מִמִּצְרַיִם וְלֹא יָכְלוּ לְהִתְמַהְמֵהַּ וְגַם־צֵדָה לֹא־עָשׂוּ לָהֶם: וּמוֹשַׁב בְּנֵי יִשְׂרָאֵל אֲשֶׁר יָשְׁבוּ בְּמִצְרָיִם שְׁלֹשִׁים שָׁנָה וְאַרְבַּע מֵאוֹת שָׁנָה: וַיְהִי מִקֵּץ שְׁלֹשִׁים שָׁנָה וְאַרְבַּע מֵאוֹת שָׁנָה וַיְהִי בְּעֶצֶם הַיּוֹם הַזֶּה יָצְאוּ כָּל־צִבְאוֹת יהוה מֵאֶרֶץ מִצְרָיִם: לֵיל שִׁמֻּרִים הוּא לַיהוה לְהוֹצִיאָם מֵאֶרֶץ מִצְרָיִם הוּא־הַלַּיְלָה הַזֶּה לַיהוה שִׁמֻּרִים לְכָל־בְּנֵי יִשְׂרָאֵל לְדֹרֹתָם:

חמישי (בשבת: ששי) וַיֹּאמֶר יהוה אֶל־מֹשֶׁה וְאַהֲרֹן זֹאת חֻקַּת הַפָּסַח כָּל־בֶּן־נֵכָר לֹא־יֹאכַל בּוֹ: וְכָל־עֶבֶד אִישׁ מִקְנַת־כָּסֶף וּמַלְתָּה אֹתוֹ אָז יֹאכַל בּוֹ: תּוֹשָׁב וְשָׂכִיר לֹא־יֹאכַל בּוֹ: בְּבַיִת אֶחָד יֵאָכֵל לֹא־תוֹצִיא מִן־הַבַּיִת מִן־הַבָּשָׂר חוּצָה וְעֶצֶם לֹא תִשְׁבְּרוּ־בוֹ: כָּל־עֲדַת יִשְׂרָאֵל יַעֲשׂוּ אֹתוֹ:

(בשבת: שביעי) וְכִי־יָגוּר אִתְּךָ גֵּר וְעָשָׂה פֶסַח לַיהוה הִמּוֹל לוֹ כָל־זָכָר וְאָז יִקְרַב לַעֲשֹׂתוֹ וְהָיָה כְּאֶזְרַח הָאָרֶץ וְכָל־עָרֵל לֹא־יֹאכַל בּוֹ: תּוֹרָה אַחַת יִהְיֶה לָאֶזְרָח וְלַגֵּר הַגָּר בְּתוֹכְכֶם: וַיַּעֲשׂוּ כָּל־בְּנֵי יִשְׂרָאֵל כַּאֲשֶׁר צִוָּה יהוה אֶת־מֹשֶׁה וְאֶת־אַהֲרֹן כֵּן עָשׂוּ: וַיְהִי בְּעֶצֶם הַיּוֹם הַזֶּה הוֹצִיא יהוה אֶת־בְּנֵי יִשְׂרָאֵל מֵאֶרֶץ מִצְרַיִם עַל־צִבְאֹתָם:

### מפטיר ליום ראשון ושני

(במדבר כח:טז-כה)

וּבַחֹדֶשׁ הָרִאשׁוֹן בְּאַרְבָּעָה עָשָׂר יוֹם לַחֹדֶשׁ פֶּסַח לַיהוה: וּבַחֲמִשָּׁה עָשָׂר יוֹם לַחֹדֶשׁ הַזֶּה חָג שִׁבְעַת יָמִים מַצּוֹת יֵאָכֵל: בַּיּוֹם הָרִאשׁוֹן מִקְרָא־קֹדֶשׁ כָּל־מְלֶאכֶת עֲבֹדָה לֹא תַעֲשׂוּ: וְהִקְרַבְתֶּם אִשֶּׁה עֹלָה לַיהוה פָּרִים בְּנֵי־בָקָר שְׁנַיִם וְאַיִל אֶחָד וְשִׁבְעָה כְבָשִׂים בְּנֵי שָׁנָה תְּמִימִם יִהְיוּ לָכֶם: וּמִנְחָתָם סֹלֶת בְּלוּלָה בַשָּׁמֶן שְׁלֹשָׁה עֶשְׂרֹנִים לַפָּר וּשְׁנֵי עֶשְׂרֹנִים לָאַיִל תַּעֲשׂוּ: עִשָּׂרוֹן עִשָּׂרוֹן תַּעֲשֶׂה לַכֶּבֶשׂ הָאֶחָד לְשִׁבְעַת הַכְּבָשִׂים: וּשְׂעִיר חַטָּאת אֶחָד לְכַפֵּר עֲלֵיכֶם: מִלְּבַד עֹלַת הַבֹּקֶר אֲשֶׁר לְעֹלַת הַתָּמִיד תַּעֲשׂוּ אֶת־אֵלֶּה: כָּאֵלֶּה תַּעֲשׂוּ לַיּוֹם שִׁבְעַת יָמִים לֶחֶם אִשֵּׁה רֵיחַ־נִיחֹחַ לַיהוה עַל־עוֹלַת הַתָּמִיד יֵעָשֶׂה וְנִסְכּוֹ: וּבַיּוֹם הַשְּׁבִיעִי מִקְרָא־קֹדֶשׁ יִהְיֶה לָכֶם כָּל־מְלֶאכֶת עֲבֹדָה לֹא תַעֲשׂוּ:

### הפטרה ליום ראשון

הברכה לפני ההפטרה תמצא לעיל (עמ' 467).

(יהושע ג:ה-ז; ה:ב-ו:א; ו:כז)

וַיֹּאמֶר יְהוֹשֻׁעַ אֶל־הָעָם הִתְקַדָּשׁוּ כִּי מָחָר יַעֲשֶׂה יהוה בְּקִרְבְּכֶם נִפְלָאוֹת: וַיֹּאמֶר יְהוֹשֻׁעַ אֶל־הַכֹּהֲנִים לֵאמֹר שְׂאוּ אֶת־אֲרוֹן הַבְּרִית וְעִבְרוּ לִפְנֵי הָעָם וַיִּשְׂאוּ אֶת־אֲרוֹן הַבְּרִית וַיֵּלְכוּ לִפְנֵי הָעָם: וַיֹּאמֶר יהוה אֶל־יְהוֹשֻׁעַ הַיּוֹם הַזֶּה אָחֵל גַּדֶּלְךָ בְּעֵינֵי כָּל־יִשְׂרָאֵל אֲשֶׁר יֵדְעוּן כִּי כַּאֲשֶׁר הָיִיתִי עִם־מֹשֶׁה אֶהְיֶה עִמָּךְ: בָּעֵת הַהִיא אָמַר יהוה אֶל־יְהוֹשֻׁעַ עֲשֵׂה לְךָ חַרְבוֹת צֻרִים וְשׁוּב מֹל אֶת־בְּנֵי־יִשְׂרָאֵל שֵׁנִית: וַיַּעַשׂ־לוֹ יְהוֹשֻׁעַ חַרְבוֹת צֻרִים וַיָּמָל אֶת־בְּנֵי יִשְׂרָאֵל אֶל־גִּבְעַת הָעֲרָלוֹת: וְזֶה הַדָּבָר אֲשֶׁר־מָל יְהוֹשֻׁעַ כָּל־הָעָם הַיֹּצֵא מִמִּצְרַיִם הַזְּכָרִים כֹּל | אַנְשֵׁי הַמִּלְחָמָה מֵתוּ בַמִּדְבָּר בַּדֶּרֶךְ בְּצֵאתָם מִמִּצְרָיִם: כִּי־מֻלִים הָיוּ כָּל־הָעָם הַיֹּצְאִים וְכָל־הָעָם הַיִּלֹּדִים בַּמִּדְבָּר בַּדֶּרֶךְ בְּצֵאתָם מִמִּצְרַיִם לֹא־מָלוּ: כִּי | אַרְבָּעִים שָׁנָה הָלְכוּ בְנֵי־יִשְׂרָאֵל בַּמִּדְבָּר עַד־תֹּם כָּל־הַגּוֹי אַנְשֵׁי הַמִּלְחָמָה הַיֹּצְאִים מִמִּצְרַיִם אֲשֶׁר לֹא־שָׁמְעוּ בְּקוֹל יהוה אֲשֶׁר נִשְׁבַּע יהוה לָהֶם לְבִלְתִּי הַרְאוֹתָם אֶת־הָאָרֶץ אֲשֶׁר נִשְׁבַּע יהוה לַאֲבוֹתָם לָתֶת לָנוּ אֶרֶץ זָבַת חָלָב וּדְבָשׁ: וְאֶת־

בְּנֵיהֶם הֵקִים תַּחְתָּם אֹתָם מָל יְהוֹשֻׁעַ כִּי־עֲרֵלִים הָיוּ כִּי לֹא־מָלוּ אוֹתָם בַּדָּרֶךְ׃ וַיְהִי כַּאֲשֶׁר־תַּמּוּ כָל־הַגּוֹי לְהִמּוֹל וַיֵּשְׁבוּ תַחְתָּם בַּמַּחֲנֶה עַד חֲיוֹתָם׃ וַיֹּאמֶר יהוה אֶל־יְהוֹשֻׁעַ הַיּוֹם גַּלּוֹתִי אֶת־חֶרְפַּת מִצְרַיִם מֵעֲלֵיכֶם וַיִּקְרָא שֵׁם הַמָּקוֹם הַהוּא גִּלְגָּל עַד הַיּוֹם הַזֶּה׃ וַיַּחֲנוּ בְנֵי־יִשְׂרָאֵל בַּגִּלְגָּל וַיַּעֲשׂוּ אֶת־הַפֶּסַח בְּאַרְבָּעָה עָשָׂר יוֹם לַחֹדֶשׁ בָּעֶרֶב בְּעַרְבוֹת יְרִיחוֹ׃ וַיֹּאכְלוּ מֵעֲבוּר הָאָרֶץ מִמָּחֳרַת הַפֶּסַח מַצּוֹת וְקָלוּי בְּעֶצֶם הַיּוֹם הַזֶּה׃ וַיִּשְׁבֹּת הַמָּן מִמָּחֳרָת בְּאָכְלָם מֵעֲבוּר הָאָרֶץ וְלֹא־הָיָה עוֹד לִבְנֵי יִשְׂרָאֵל מָן וַיֹּאכְלוּ מִתְּבוּאַת אֶרֶץ כְּנַעַן בַּשָּׁנָה הַהִיא׃ וַיְהִי בִּהְיוֹת יְהוֹשֻׁעַ בִּירִיחוֹ וַיִּשָּׂא עֵינָיו וַיַּרְא וְהִנֵּה־אִישׁ עֹמֵד לְנֶגְדּוֹ וְחַרְבּוֹ שְׁלוּפָה בְּיָדוֹ וַיֵּלֶךְ יְהוֹשֻׁעַ אֵלָיו וַיֹּאמֶר לוֹ הֲלָנוּ אַתָּה אִם־לְצָרֵינוּ׃ וַיֹּאמֶר ׀ לֹא כִּי אֲנִי שַׂר־צְבָא־יהוה עַתָּה בָאתִי וַיִּפֹּל יְהוֹשֻׁעַ אֶל־פָּנָיו אַרְצָה וַיִּשְׁתָּחוּ וַיֹּאמֶר לוֹ מָה אֲדֹנִי מְדַבֵּר אֶל־עַבְדּוֹ׃ וַיֹּאמֶר שַׂר־צְבָא יהוה אֶל־יְהוֹשֻׁעַ שַׁל־נַעַלְךָ מֵעַל רַגְלֶךָ כִּי הַמָּקוֹם אֲשֶׁר אַתָּה עֹמֵד עָלָיו קֹדֶשׁ הוּא וַיַּעַשׂ יְהוֹשֻׁעַ כֵּן׃ וִירִיחוֹ סֹגֶרֶת וּמְסֻגֶּרֶת מִפְּנֵי בְּנֵי יִשְׂרָאֵל אֵין יוֹצֵא וְאֵין בָּא׃ וַיְהִי יהוה אֶת־יְהוֹשֻׁעַ וַיְהִי שָׁמְעוֹ בְּכָל־הָאָרֶץ׃

הברכות אחר ההפטרה תמצא לעיל (עמ' 224).

---

## פסח – יום שני

(וליום ראשון ושני של סוכות)

---

(ויקרא כב:כו-כג:מד)

כהן: וַיְדַבֵּר יהוה אֶל־מֹשֶׁה לֵּאמֹר׃ שׁוֹר אוֹ־כֶשֶׂב אוֹ־עֵז כִּי יִוָּלֵד וְהָיָה שִׁבְעַת יָמִים תַּחַת אִמּוֹ וּמִיּוֹם הַשְּׁמִינִי וָהָלְאָה יֵרָצֶה לְקָרְבַּן אִשֶּׁה לַיהוה׃ וְשׁוֹר אוֹ־שֶׂה אֹתוֹ וְאֶת־בְּנוֹ לֹא תִשְׁחֲטוּ בְּיוֹם אֶחָד׃ וְכִי־תִזְבְּחוּ זֶבַח־תּוֹדָה לַיהוה לִרְצֹנְכֶם תִּזְבָּחוּ׃ בַּיּוֹם הַהוּא יֵאָכֵל לֹא־תוֹתִירוּ מִמֶּנּוּ עַד־בֹּקֶר אֲנִי יהוה׃ וּשְׁמַרְתֶּם מִצְוֹתַי וַעֲשִׂיתֶם אֹתָם אֲנִי יהוה׃ וְלֹא תְחַלְּלוּ אֶת־שֵׁם קָדְשִׁי וְנִקְדַּשְׁתִּי בְּתוֹךְ בְּנֵי יִשְׂרָאֵל אֲנִי יהוה מְקַדִּשְׁכֶם׃ הַמּוֹצִיא אֶתְכֶם מֵאֶרֶץ מִצְרַיִם לִהְיוֹת לָכֶם לֵאלֹהִים אֲנִי יהוה׃

(בשבת: לוי): וַיְדַבֵּר יהוה אֶל־מֹשֶׁה לֵּאמֹר׃ דַּבֵּר אֶל־בְּנֵי יִשְׂרָאֵל וְאָמַרְתָּ אֲלֵהֶם מוֹעֲדֵי יהוה אֲשֶׁר־תִּקְרְאוּ אֹתָם מִקְרָאֵי קֹדֶשׁ אֵלֶּה הֵם מוֹעֲדָי׃ שֵׁשֶׁת יָמִים תֵּעָשֶׂה מְלָאכָה וּבַיּוֹם הַשְּׁבִיעִי שַׁבַּת שַׁבָּתוֹן מִקְרָא־קֹדֶשׁ כָּל־מְלָאכָה לֹא תַעֲשׂוּ שַׁבָּת הִוא לַיהוה בְּכֹל מוֹשְׁבֹתֵיכֶם׃

לוי (בשבת: שלישי): אֵלֶּה מוֹעֲדֵי יהוה מִקְרָאֵי קֹדֶשׁ אֲשֶׁר־תִּקְרְאוּ אֹתָם בְּמוֹעֲדָם׃ בַּחֹדֶשׁ הָרִאשׁוֹן בְּאַרְבָּעָה עָשָׂר לַחֹדֶשׁ בֵּין הָעַרְבָּיִם פֶּסַח לַיהוה׃ וּבַחֲמִשָּׁה עָשָׂר יוֹם לַחֹדֶשׁ הַזֶּה חַג הַמַּצּוֹת לַיהוה שִׁבְעַת יָמִים מַצּוֹת תֹּאכֵלוּ׃ בַּיּוֹם הָרִאשׁוֹן מִקְרָא־קֹדֶשׁ יִהְיֶה לָכֶם כָּל־מְלֶאכֶת עֲבֹדָה לֹא תַעֲשׂוּ׃ וְהִקְרַבְתֶּם אִשֶּׁה לַיהוה שִׁבְעַת יָמִים בַּיּוֹם הַשְּׁבִיעִי מִקְרָא־קֹדֶשׁ כָּל־מְלֶאכֶת עֲבֹדָה לֹא תַעֲשׂוּ׃

(בשבת: רביעי): וַיְדַבֵּר יהוה אֶל־מֹשֶׁה לֵּאמֹר׃ דַּבֵּר אֶל־בְּנֵי יִשְׂרָאֵל וְאָמַרְתָּ אֲלֵהֶם כִּי־תָבֹאוּ אֶל־הָאָרֶץ אֲשֶׁר אֲנִי נֹתֵן לָכֶם וּקְצַרְתֶּם אֶת־קְצִירָהּ וַהֲבֵאתֶם אֶת־עֹמֶר רֵאשִׁית קְצִירְכֶם אֶל־הַכֹּהֵן׃ וְהֵנִיף אֶת־הָעֹמֶר לִפְנֵי יהוה לִרְצֹנְכֶם מִמָּחֳרַת הַשַּׁבָּת יְנִיפֶנּוּ הַכֹּהֵן׃ וַעֲשִׂיתֶם בְּיוֹם הֲנִיפְכֶם אֶת־הָעֹמֶר כֶּבֶשׂ תָּמִים בֶּן־שְׁנָתוֹ לְעֹלָה לַיהוה׃ וּמִנְחָתוֹ שְׁנֵי עֶשְׂרֹנִים סֹלֶת בְּלוּלָה בַשֶּׁמֶן אִשֶּׁה לַיהוה רֵיחַ נִיחֹחַ וְנִסְכֹּה יַיִן רְבִיעִת הַהִין׃ וְלֶחֶם וְקָלִי וְכַרְמֶל לֹא תֹאכְלוּ עַד־עֶצֶם הַיּוֹם הַזֶּה עַד הֲבִיאֲכֶם אֶת־קָרְבַּן אֱלֹהֵיכֶם חֻקַּת עוֹלָם לְדֹרֹתֵיכֶם בְּכֹל מֹשְׁבֹתֵיכֶם׃

שלישי (בשבת: חמישי): וּסְפַרְתֶּם לָכֶם מִמָּחֳרַת הַשַּׁבָּת מִיּוֹם הֲבִיאֲכֶם אֶת־עֹמֶר הַתְּנוּפָה שֶׁבַע שַׁבָּתוֹת תְּמִימֹת תִּהְיֶינָה׃ עַד מִמָּחֳרַת הַשַּׁבָּת הַשְּׁבִיעִת תִּסְפְּרוּ חֲמִשִּׁים יוֹם וְהִקְרַבְתֶּם מִנְחָה חֲדָשָׁה לַיהוה׃ מִמּוֹשְׁבֹתֵיכֶם תָּבִיאוּ ׀ לֶחֶם תְּנוּפָה שְׁתַּיִם שְׁנֵי עֶשְׂרֹנִים סֹלֶת תִּהְיֶינָה חָמֵץ תֵּאָפֶינָה בִּכּוּרִים לַיהוה׃ וְהִקְרַבְתֶּם עַל־הַלֶּחֶם שִׁבְעַת כְּבָשִׂים תְּמִימִם בְּנֵי שָׁנָה וּפַר בֶּן־בָּקָר אֶחָד וְאֵילִם שְׁנָיִם יִהְיוּ עֹלָה לַיהוה וּמִנְחָתָם וְנִסְכֵּיהֶם אִשֵּׁה רֵיחַ־נִיחֹחַ לַיהוה׃ וַעֲשִׂיתֶם שְׂעִיר־עִזִּים אֶחָד לְחַטָּאת וּשְׁנֵי כְבָשִׂים בְּנֵי שָׁנָה לְזֶבַח שְׁלָמִים׃ וְהֵנִיף הַכֹּהֵן ׀ אֹתָם עַל לֶחֶם הַבִּכֻּרִים תְּנוּפָה לִפְנֵי יהוה עַל־שְׁנֵי כְּבָשִׂים קֹדֶשׁ יִהְיוּ לַיהוה לַכֹּהֵן׃ וּקְרָאתֶם בְּעֶצֶם ׀ הַיּוֹם הַזֶּה מִקְרָא־קֹדֶשׁ יִהְיֶה לָכֶם כָּל־מְלֶאכֶת עֲבֹדָה לֹא תַעֲשׂוּ חֻקַּת עוֹלָם בְּכָל־מוֹשְׁבֹתֵיכֶם לְדֹרֹתֵיכֶם׃ וּבְקֻצְרְכֶם אֶת־קְצִיר אַרְצְכֶם לֹא־תְכַלֶּה פְּאַת שָׂדְךָ בְּקֻצְרֶךָ וְלֶקֶט קְצִירְךָ לֹא תְלַקֵּט לֶעָנִי וְלַגֵּר תַּעֲזֹב אֹתָם אֲנִי יהוה אֱלֹהֵיכֶם׃

רביעי (בשבת: ששי): וַיְדַבֵּר יהוה אֶל־מֹשֶׁה לֵּאמֹר׃ דַּבֵּר אֶל־בְּנֵי יִשְׂרָאֵל לֵאמֹר בַּחֹדֶשׁ הַשְּׁבִיעִי בְּאֶחָד לַחֹדֶשׁ יִהְיֶה לָכֶם שַׁבָּתוֹן זִכְרוֹן תְּרוּעָה מִקְרָא־קֹדֶשׁ׃ כָּל־מְלֶאכֶת עֲבֹדָה לֹא תַעֲשׂוּ וְהִקְרַבְתֶּם אִשֶּׁה לַיהוה׃ וַיְדַבֵּר יהוה אֶל־מֹשֶׁה לֵּאמֹר׃ אַךְ בֶּעָשׂוֹר לַחֹדֶשׁ הַשְּׁבִיעִי הַזֶּה

יוֹם הַכִּפֻּרִים הוּא מִקְרָא־קֹדֶשׁ יִהְיֶה לָכֶם וְעִנִּיתֶם אֶת־נַפְשֹׁתֵיכֶם וְהִקְרַבְתֶּם אִשֶּׁה לַיהוה: וְכָל־מְלָאכָה לֹא תַעֲשׂוּ בְּעֶצֶם הַיּוֹם הַזֶּה כִּי יוֹם כִּפֻּרִים הוּא לְכַפֵּר עֲלֵיכֶם לִפְנֵי יהוה אֱלֹהֵיכֶם: כִּי כָל־הַנֶּפֶשׁ אֲשֶׁר לֹא־תְעֻנֶּה בְּעֶצֶם הַיּוֹם הַזֶּה וְנִכְרְתָה מֵעַמֶּיהָ: וְכָל־הַנֶּפֶשׁ אֲשֶׁר תַּעֲשֶׂה כָּל־מְלָאכָה בְּעֶצֶם הַיּוֹם הַזֶּה וְהַאֲבַדְתִּי אֶת־הַנֶּפֶשׁ הַהִוא מִקֶּרֶב עַמָּהּ: כָּל־מְלָאכָה לֹא תַעֲשׂוּ חֻקַּת עוֹלָם לְדֹרֹתֵיכֶם בְּכֹל מֹשְׁבֹתֵיכֶם: שַׁבַּת שַׁבָּתוֹן הוּא לָכֶם וְעִנִּיתֶם אֶת־נַפְשֹׁתֵיכֶם בְּתִשְׁעָה לַחֹדֶשׁ בָּעֶרֶב מֵעֶרֶב עַד־עֶרֶב תִּשְׁבְּתוּ שַׁבַּתְּכֶם:

חמישי (בשבת: שביעי): וַיְדַבֵּר יהוה אֶל־מֹשֶׁה לֵּאמֹר: דַּבֵּר אֶל־בְּנֵי יִשְׂרָאֵל לֵאמֹר בַּחֲמִשָּׁה עָשָׂר יוֹם לַחֹדֶשׁ הַשְּׁבִיעִי הַזֶּה חַג הַסֻּכּוֹת שִׁבְעַת יָמִים לַיהוה: בַּיּוֹם הָרִאשׁוֹן מִקְרָא־קֹדֶשׁ כָּל־מְלֶאכֶת עֲבֹדָה לֹא תַעֲשׂוּ: שִׁבְעַת יָמִים תַּקְרִיבוּ אִשֶּׁה לַיהוה בַּיּוֹם הַשְּׁמִינִי מִקְרָא־קֹדֶשׁ יִהְיֶה לָכֶם וְהִקְרַבְתֶּם אִשֶּׁה לַיהוה עֲצֶרֶת הִוא כָּל־מְלֶאכֶת עֲבֹדָה לֹא תַעֲשׂוּ: אֵלֶּה מוֹעֲדֵי יהוה אֲשֶׁר־תִּקְרְאוּ אֹתָם מִקְרָאֵי קֹדֶשׁ לְהַקְרִיב אִשֶּׁה לַיהוה עֹלָה וּמִנְחָה זֶבַח וּנְסָכִים דְּבַר־יוֹם בְּיוֹמוֹ: מִלְּבַד שַׁבְּתֹת יהוה וּמִלְּבַד מַתְּנוֹתֵיכֶם וּמִלְּבַד כָּל־נִדְרֵיכֶם וּמִלְּבַד כָּל־נִדְבֹתֵיכֶם אֲשֶׁר תִּתְּנוּ לַיהוה: אַךְ בַּחֲמִשָּׁה עָשָׂר יוֹם לַחֹדֶשׁ הַשְּׁבִיעִי בְּאָסְפְּכֶם אֶת־תְּבוּאַת הָאָרֶץ תָּחֹגּוּ אֶת־חַג־יהוה שִׁבְעַת יָמִים בַּיּוֹם הָרִאשׁוֹן שַׁבָּתוֹן וּבַיּוֹם הַשְּׁמִינִי שַׁבָּתוֹן: וּלְקַחְתֶּם לָכֶם בַּיּוֹם הָרִאשׁוֹן פְּרִי עֵץ הָדָר כַּפֹּת תְּמָרִים וַעֲנַף עֵץ־עָבֹת וְעַרְבֵי־נָחַל וּשְׂמַחְתֶּם לִפְנֵי יהוה אֱלֹהֵיכֶם שִׁבְעַת יָמִים: וְחַגֹּתֶם אֹתוֹ חַג לַיהוה שִׁבְעַת יָמִים בַּשָּׁנָה חֻקַּת עוֹלָם לְדֹרֹתֵיכֶם בַּחֹדֶשׁ הַשְּׁבִיעִי תָּחֹגּוּ אֹתוֹ: בַּסֻּכֹּת תֵּשְׁבוּ שִׁבְעַת יָמִים כָּל־הָאֶזְרָח בְּיִשְׂרָאֵל יֵשְׁבוּ בַּסֻּכֹּת: לְמַעַן יֵדְעוּ דֹרֹתֵיכֶם כִּי בַסֻּכּוֹת הוֹשַׁבְתִּי אֶת־בְּנֵי יִשְׂרָאֵל בְּהוֹצִיאִי אוֹתָם מֵאֶרֶץ מִצְרָיִם אֲנִי יהוה אֱלֹהֵיכֶם: וַיְדַבֵּר מֹשֶׁה אֶת־מֹעֲדֵי יהוה אֶל־בְּנֵי יִשְׂרָאֵל:

מפטיר ליום שני של פסח כמו ביום ראשון (וּבַחֹדֶשׁ הָרִאשׁוֹן, בעמ' 470).
מפטיר והפטרה של יום א' וב' של סוכות תמצא בעמ' 482.

### הפטרה ליום שני של פסח

הברכה לפני ההפטרה תמצא לעיל (עמ' 467).

(מלכים ב כג:א-ט; כא-כה)

וַיִּשְׁלַח הַמֶּלֶךְ וַיַּאַסְפוּ אֵלָיו כָּל־זִקְנֵי יְהוּדָה וִירוּשָׁלִָם: וַיַּעַל הַמֶּלֶךְ בֵּית־יהוה וְכָל־אִישׁ יְהוּדָה וְכָל־יֹשְׁבֵי יְרוּשָׁלִַם אִתּוֹ וְהַכֹּהֲנִים וְהַנְּבִיאִים וְכָל־הָעָם לְמִקָּטֹן וְעַד־גָּדוֹל וַיִּקְרָא בְאָזְנֵיהֶם אֶת־כָּל־דִּבְרֵי סֵפֶר הַבְּרִית הַנִּמְצָא בְּבֵית יהוה: וַיַּעֲמֹד הַמֶּלֶךְ עַל־הָעַמּוּד וַיִּכְרֹת אֶת־הַבְּרִית | לִפְנֵי יהוה לָלֶכֶת אַחַר יהוה וְלִשְׁמֹר מִצְוֹתָיו וְאֶת־עֵדְוֹתָיו וְאֶת־חֻקֹּתָיו בְּכָל־לֵב וּבְכָל־נֶפֶשׁ לְהָקִים אֶת־דִּבְרֵי הַבְּרִית הַזֹּאת הַכְּתֻבִים עַל־הַסֵּפֶר הַזֶּה וַיַּעֲמֹד כָּל־הָעָם בַּבְּרִית: וַיְצַו הַמֶּלֶךְ אֶת־חִלְקִיָּהוּ הַכֹּהֵן הַגָּדוֹל וְאֶת־כֹּהֲנֵי הַמִּשְׁנֶה וְאֶת־שֹׁמְרֵי הַסַּף לְהוֹצִיא מֵהֵיכַל יהוה אֵת כָּל־הַכֵּלִים הָעֲשׂוּיִם לַבַּעַל וְלָאֲשֵׁרָה וּלְכֹל צְבָא הַשָּׁמָיִם וַיִּשְׂרְפֵם מִחוּץ לִירוּשָׁלִַם בְּשַׁדְמוֹת קִדְרוֹן וְנָשָׂא אֶת־עֲפָרָם בֵּית־אֵל: וְהִשְׁבִּית אֶת־הַכְּמָרִים אֲשֶׁר נָתְנוּ מַלְכֵי יְהוּדָה וַיְקַטֵּר בַּבָּמוֹת בְּעָרֵי יְהוּדָה וּמְסִבֵּי יְרוּשָׁלִָם וְאֶת־הַמְקַטְּרִים לַבַּעַל לַשֶּׁמֶשׁ וְלַיָּרֵחַ וְלַמַּזָּלוֹת וּלְכֹל צְבָא הַשָּׁמָיִם: וַיֹּצֵא אֶת־הָאֲשֵׁרָה מִבֵּית יהוה מִחוּץ לִירוּשָׁלִַם אֶל־נַחַל קִדְרוֹן וַיִּשְׂרֹף אֹתָהּ בְּנַחַל קִדְרוֹן וַיָּדֶק לְעָפָר וַיַּשְׁלֵךְ אֶת־עֲפָרָהּ עַל־קֶבֶר בְּנֵי הָעָם: וַיִּתֹּץ אֶת־בָּתֵּי הַקְּדֵשִׁים אֲשֶׁר בְּבֵית יהוה אֲשֶׁר הַנָּשִׁים אֹרְגוֹת שָׁם בָּתִּים לָאֲשֵׁרָה: וַיָּבֵא אֶת־כָּל־הַכֹּהֲנִים מֵעָרֵי יְהוּדָה וַיְטַמֵּא אֶת־הַבָּמוֹת אֲשֶׁר קִטְּרוּ־שָׁמָּה הַכֹּהֲנִים מִגֶּבַע עַד־בְּאֵר שָׁבַע וְנָתַץ אֶת־בָּמוֹת הַשְּׁעָרִים אֲשֶׁר־פֶּתַח שַׁעַר יְהוֹשֻׁעַ שַׂר־הָעִיר אֲשֶׁר־עַל־שְׂמֹאול אִישׁ בְּשַׁעַר הָעִיר: אַךְ לֹא יַעֲלוּ כֹּהֲנֵי הַבָּמוֹת אֶל־מִזְבַּח יהוה בִּירוּשָׁלִָם כִּי אִם־אָכְלוּ מַצּוֹת בְּתוֹךְ אֲחֵיהֶם: וַיְצַו הַמֶּלֶךְ אֶת־כָּל־הָעָם לֵאמֹר עֲשׂוּ פֶסַח לַיהוה אֱלֹהֵיכֶם כַּכָּתוּב עַל סֵפֶר הַבְּרִית הַזֶּה: כִּי לֹא נַעֲשָׂה כַּפֶּסַח הַזֶּה מִימֵי הַשֹּׁפְטִים אֲשֶׁר שָׁפְטוּ אֶת־יִשְׂרָאֵל וְכֹל יְמֵי מַלְכֵי יִשְׂרָאֵל וּמַלְכֵי יְהוּדָה: כִּי אִם־בִּשְׁמֹנֶה עֶשְׂרֵה שָׁנָה לַמֶּלֶךְ יֹאשִׁיָּהוּ נַעֲשָׂה הַפֶּסַח הַזֶּה לַיהוה בִּירוּשָׁלִָם: וְגַם אֶת־הָאֹבוֹת וְאֶת־הַיִּדְּעֹנִים וְאֶת־הַתְּרָפִים וְאֶת־הַגִּלֻּלִים וְאֵת כָּל־הַשִּׁקֻּצִים אֲשֶׁר נִרְאוּ בְּאֶרֶץ יְהוּדָה וּבִירוּשָׁלִַם בִּעֵר יֹאשִׁיָּהוּ לְמַעַן הָקִים אֶת־דִּבְרֵי הַתּוֹרָה הַכְּתֻבִים עַל־הַסֵּפֶר אֲשֶׁר מָצָא חִלְקִיָּהוּ הַכֹּהֵן בֵּית יהוה: וְכָמֹהוּ לֹא־הָיָה לְפָנָיו מֶלֶךְ אֲשֶׁר־שָׁב אֶל־יהוה בְּכָל־לְבָבוֹ וּבְכָל־נַפְשׁוֹ וּבְכָל־מְאֹדוֹ כְּכֹל תּוֹרַת מֹשֶׁה וְאַחֲרָיו לֹא־קָם כָּמֹהוּ:

הברכות אחר ההפטרה תמצא לעיל (עמ' 224).

## לחול המועד פסח

בכל יום מוציאים ב' ספרי תורה. בספר הראשון קורין שלשה אנשים בקריאה המיוחדת לאותו היום, ובספר השני קורין לעולה הרביעי בפ' פינחס (וְהִקְרַבְתֶּם).
בשנה שחל יום א' דחול המועד בשבת, קורים של יום א' דחוה"מ ביום ב', של יום ב' דחוה"מ ביום ג', ומדלגים של יום ג', וקורים של יום ד' דחוה"מ בזמנו.

ליום א׳ דחוה״מ

(שמות יג:א-טז)

כהן: וַיְדַבֵּר יהוה אֶל־מֹשֶׁה לֵּאמֹר: קַדֶּשׁ־לִי כָל־בְּכוֹר פֶּטֶר כָּל־רֶחֶם בִּבְנֵי יִשְׂרָאֵל בָּאָדָם וּבַבְּהֵמָה לִי הוּא: וַיֹּאמֶר מֹשֶׁה אֶל־הָעָם זָכוֹר אֶת־הַיּוֹם הַזֶּה אֲשֶׁר יְצָאתֶם מִמִּצְרַיִם מִבֵּית עֲבָדִים כִּי בְּחֹזֶק יָד הוֹצִיא יהוה אֶתְכֶם מִזֶּה וְלֹא יֵאָכֵל חָמֵץ: הַיּוֹם אַתֶּם יֹצְאִים בְּחֹדֶשׁ הָאָבִיב:

לוי: וְהָיָה כִי־יְבִיאֲךָ יהוה אֶל־אֶרֶץ הַכְּנַעֲנִי וְהַחִתִּי וְהָאֱמֹרִי וְהַחִוִּי וְהַיְבוּסִי אֲשֶׁר נִשְׁבַּע לַאֲבֹתֶיךָ לָתֶת לָךְ אֶרֶץ זָבַת חָלָב וּדְבָשׁ וְעָבַדְתָּ אֶת־הָעֲבֹדָה הַזֹּאת בַּחֹדֶשׁ הַזֶּה: שִׁבְעַת יָמִים תֹּאכַל מַצֹּת וּבַיּוֹם הַשְּׁבִיעִי חַג לַיהוה: מַצּוֹת יֵאָכֵל אֵת שִׁבְעַת הַיָּמִים וְלֹא־יֵרָאֶה לְךָ חָמֵץ וְלֹא־יֵרָאֶה לְךָ שְׂאֹר בְּכָל־גְּבֻלֶךָ: וְהִגַּדְתָּ לְבִנְךָ בַּיּוֹם הַהוּא לֵאמֹר בַּעֲבוּר זֶה עָשָׂה יהוה לִי בְּצֵאתִי מִמִּצְרָיִם: וְהָיָה לְךָ לְאוֹת עַל־יָדְךָ וּלְזִכָּרוֹן בֵּין עֵינֶיךָ לְמַעַן תִּהְיֶה תּוֹרַת יהוה בְּפִיךָ כִּי בְּיָד חֲזָקָה הוֹצִאֲךָ יהוה מִמִּצְרָיִם: וְשָׁמַרְתָּ אֶת־הַחֻקָּה הַזֹּאת לְמוֹעֲדָהּ מִיָּמִים יָמִימָה:

שלישי: וְהָיָה כִּי־יְבִאֲךָ יהוה אֶל־אֶרֶץ הַכְּנַעֲנִי כַּאֲשֶׁר נִשְׁבַּע לְךָ וְלַאֲבֹתֶיךָ וּנְתָנָהּ לָךְ: וְהַעֲבַרְתָּ כָל־פֶּטֶר־רֶחֶם לַיהוה וְכָל־פֶּטֶר ׀ שֶׁגֶר בְּהֵמָה אֲשֶׁר יִהְיֶה לְךָ הַזְּכָרִים לַיהוה: וְכָל־פֶּטֶר חֲמֹר תִּפְדֶּה בְשֶׂה וְאִם־לֹא תִפְדֶּה וַעֲרַפְתּוֹ וְכֹל בְּכוֹר אָדָם בְּבָנֶיךָ תִּפְדֶּה: וְהָיָה כִּי־יִשְׁאָלְךָ בִנְךָ מָחָר לֵאמֹר מַה־זֹּאת וְאָמַרְתָּ אֵלָיו בְּחֹזֶק יָד הוֹצִיאָנוּ יהוה מִמִּצְרַיִם מִבֵּית עֲבָדִים: וַיְהִי כִּי־הִקְשָׁה פַרְעֹה לְשַׁלְּחֵנוּ וַיַּהֲרֹג יהוה כָּל־בְּכוֹר בְּאֶרֶץ מִצְרַיִם מִבְּכֹר אָדָם וְעַד־בְּכוֹר בְּהֵמָה עַל־כֵּן אֲנִי זֹבֵחַ לַיהוה כָּל־פֶּטֶר רֶחֶם הַזְּכָרִים וְכָל־בְּכוֹר בָּנַי אֶפְדֶּה: וְהָיָה לְאוֹת עַל־יָדְכָה וּלְטוֹטָפֹת בֵּין עֵינֶיךָ כִּי בְּחֹזֶק יָד הוֹצִיאָנוּ יהוה מִמִּצְרָיִם:

בכל יום

(במדבר כח:יט-כה)

רביעי: וְהִקְרַבְתֶּם אִשֶּׁה עֹלָה לַיהוה פָּרִים בְּנֵי־בָקָר שְׁנַיִם וְאַיִל אֶחָד וְשִׁבְעָה כְבָשִׂים בְּנֵי שָׁנָה תְּמִימִם יִהְיוּ לָכֶם: וּמִנְחָתָם סֹלֶת בְּלוּלָה בַשָּׁמֶן שְׁלֹשָׁה עֶשְׂרֹנִים לַפָּר וּשְׁנֵי עֶשְׂרֹנִים לָאַיִל תַּעֲשׂוּ: עִשָּׂרוֹן עִשָּׂרוֹן תַּעֲשֶׂה לַכֶּבֶשׂ הָאֶחָד לְשִׁבְעַת הַכְּבָשִׂים: וּשְׂעִיר חַטָּאת אֶחָד לְכַפֵּר עֲלֵיכֶם: מִלְּבַד עֹלַת הַבֹּקֶר אֲשֶׁר לְעֹלַת הַתָּמִיד תַּעֲשׂוּ אֶת־אֵלֶּה: כָּאֵלֶּה תַּעֲשׂוּ לַיּוֹם שִׁבְעַת יָמִים לֶחֶם אִשֵּׁה רֵיחַ־נִיחֹחַ לַיהוה עַל־עוֹלַת הַתָּמִיד יֵעָשֶׂה וְנִסְכּוֹ: וּבַיּוֹם הַשְּׁבִיעִי מִקְרָא־קֹדֶשׁ יִהְיֶה לָכֶם כָּל־מְלֶאכֶת עֲבֹדָה לֹא תַעֲשׂוּ:

ליום ב׳ דחוה״מ

(שמות כב:כד-כג:יט)

כהן: אִם־כֶּסֶף ׀ תַּלְוֶה אֶת־עַמִּי אֶת־הֶעָנִי עִמָּךְ לֹא־תִהְיֶה לוֹ כְּנֹשֶׁה לֹא־תְשִׂימוּן עָלָיו נֶשֶׁךְ: אִם־חָבֹל תַּחְבֹּל שַׂלְמַת רֵעֶךָ עַד־בֹּא הַשֶּׁמֶשׁ תְּשִׁיבֶנּוּ לוֹ: כִּי הִוא כְסוּתֹה לְבַדָּהּ הִוא שִׂמְלָתוֹ לְעֹרוֹ בַּמֶּה יִשְׁכָּב וְהָיָה כִּי־יִצְעַק אֵלַי וְשָׁמַעְתִּי כִּי־חַנּוּן אָנִי:

לוי: אֱלֹהִים לֹא תְקַלֵּל וְנָשִׂיא בְעַמְּךָ לֹא תָאֹר: מְלֵאָתְךָ וְדִמְעֲךָ לֹא תְאַחֵר בְּכוֹר בָּנֶיךָ תִּתֶּן־לִי: כֵּן־תַּעֲשֶׂה לְשֹׁרְךָ לְצֹאנֶךָ שִׁבְעַת יָמִים יִהְיֶה עִם־אִמּוֹ בַּיּוֹם הַשְּׁמִינִי תִּתְּנוֹ־לִי: וְאַנְשֵׁי־קֹדֶשׁ תִּהְיוּן לִי וּבָשָׂר בַּשָּׂדֶה טְרֵפָה לֹא תֹאכֵלוּ לַכֶּלֶב תַּשְׁלִכוּן אֹתוֹ: לֹא תִשָּׂא שֵׁמַע שָׁוְא אַל־תָּשֶׁת יָדְךָ עִם־רָשָׁע לִהְיֹת עֵד חָמָס: לֹא־תִהְיֶה אַחֲרֵי־רַבִּים לְרָעֹת וְלֹא־תַעֲנֶה עַל־רִב לִנְטֹת אַחֲרֵי רַבִּים לְהַטֹּת: וְדָל לֹא תֶהְדַּר בְּרִיבוֹ: כִּי תִפְגַּע שׁוֹר אֹיִבְךָ אוֹ חֲמֹרוֹ תֹּעֶה הָשֵׁב תְּשִׁיבֶנּוּ לוֹ: כִּי־תִרְאֶה חֲמוֹר שֹׂנַאֲךָ רֹבֵץ תַּחַת מַשָּׂאוֹ וְחָדַלְתָּ מֵעֲזֹב לוֹ עָזֹב תַּעֲזֹב עִמּוֹ:

שלישי: לֹא תַטֶּה מִשְׁפַּט אֶבְיֹנְךָ בְּרִיבוֹ: מִדְּבַר־שֶׁקֶר תִּרְחָק וְנָקִי וְצַדִּיק אַל־תַּהֲרֹג כִּי לֹא־אַצְדִּיק רָשָׁע: וְשֹׁחַד לֹא תִקָּח כִּי הַשֹּׁחַד יְעַוֵּר פִּקְחִים וִיסַלֵּף דִּבְרֵי צַדִּיקִים: וְגֵר לֹא תִלְחָץ וְאַתֶּם יְדַעְתֶּם אֶת־נֶפֶשׁ הַגֵּר כִּי־גֵרִים הֱיִיתֶם בְּאֶרֶץ מִצְרָיִם: וְשֵׁשׁ שָׁנִים תִּזְרַע אֶת־אַרְצֶךָ וְאָסַפְתָּ אֶת־תְּבוּאָתָהּ: וְהַשְּׁבִיעִת תִּשְׁמְטֶנָּה וּנְטַשְׁתָּהּ וְאָכְלוּ אֶבְיֹנֵי עַמֶּךָ וְיִתְרָם תֹּאכַל חַיַּת הַשָּׂדֶה כֵּן־תַּעֲשֶׂה לְכַרְמְךָ לְזֵיתֶךָ: שֵׁשֶׁת יָמִים תַּעֲשֶׂה מַעֲשֶׂיךָ וּבַיּוֹם הַשְּׁבִיעִי תִּשְׁבֹּת לְמַעַן יָנוּחַ שׁוֹרְךָ וַחֲמֹרֶךָ וְיִנָּפֵשׁ בֶּן־אֲמָתְךָ וְהַגֵּר: וּבְכֹל אֲשֶׁר־אָמַרְתִּי אֲלֵיכֶם תִּשָּׁמֵרוּ וְשֵׁם אֱלֹהִים אֲחֵרִים לֹא תַזְכִּירוּ לֹא יִשָּׁמַע עַל־פִּיךָ: שָׁלֹשׁ רְגָלִים תָּחֹג לִי בַּשָּׁנָה: אֶת־חַג הַמַּצּוֹת תִּשְׁמֹר שִׁבְעַת יָמִים תֹּאכַל מַצּוֹת כַּאֲשֶׁר צִוִּיתִךָ לְמוֹעֵד חֹדֶשׁ הָאָבִיב כִּי־בוֹ יָצָאתָ מִמִּצְרָיִם וְלֹא־יֵרָאוּ פָנַי רֵיקָם: וְחַג הַקָּצִיר בִּכּוּרֵי מַעֲשֶׂיךָ אֲשֶׁר תִּזְרַע בַּשָּׂדֶה וְחַג הָאָסִף בְּצֵאת הַשָּׁנָה בְּאָסְפְּךָ אֶת־מַעֲשֶׂיךָ מִן־הַשָּׂדֶה: שָׁלֹשׁ פְּעָמִים בַּשָּׁנָה יֵרָאֶה כָּל־זְכוּרְךָ אֶל־פְּנֵי הָאָדֹן ׀ יהוה: לֹא־תִזְבַּח עַל־חָמֵץ דַּם־זִבְחִי וְלֹא־יָלִין חֵלֶב־חַגִּי עַד־בֹּקֶר: רֵאשִׁית

בִּכּוּרֵי אַדְמָתְךָ תָּבִיא בֵּית יהוה אֱלֹהֶיךָ לֹא־תְבַשֵּׁל גְּדִי בַּחֲלֵב אִמּוֹ:

לרביעי קורים וְהִקְרַבְתֶּם (עמ׳ 473).

## ליום ג׳ דחוה״מ

(שמות לד:א-כו)

כהן: וַיֹּאמֶר יהוה אֶל־מֹשֶׁה פְּסָל־לְךָ שְׁנֵי־לֻחֹת אֲבָנִים כָּרִאשֹׁנִים וְכָתַבְתִּי עַל־הַלֻּחֹת אֶת־הַדְּבָרִים אֲשֶׁר הָיוּ עַל־הַלֻּחֹת הָרִאשֹׁנִים אֲשֶׁר שִׁבַּרְתָּ: וֶהְיֵה נָכוֹן לַבֹּקֶר וְעָלִיתָ בַבֹּקֶר אֶל־הַר סִינַי וְנִצַּבְתָּ לִי שָׁם עַל־רֹאשׁ הָהָר: וְאִישׁ לֹא־יַעֲלֶה עִמָּךְ וְגַם־אִישׁ אַל־יֵרָא בְּכָל־הָהָר גַּם־הַצֹּאן וְהַבָּקָר אַל־יִרְעוּ אֶל־מוּל הָהָר הַהוּא: לוי: וַיִּפְסֹל שְׁנֵי־לֻחֹת אֲבָנִים כָּרִאשֹׁנִים וַיַּשְׁכֵּם מֹשֶׁה בַבֹּקֶר וַיַּעַל אֶל־הַר סִינַי כַּאֲשֶׁר צִוָּה יהוה אֹתוֹ וַיִּקַּח בְּיָדוֹ שְׁנֵי לֻחֹת אֲבָנִים: וַיֵּרֶד יהוה בֶּעָנָן וַיִּתְיַצֵּב עִמּוֹ שָׁם וַיִּקְרָא בְשֵׁם יהוה: וַיַּעֲבֹר יהוה | עַל־פָּנָיו וַיִּקְרָא יהוה | יהוה אֵל רַחוּם וְחַנּוּן אֶרֶךְ אַפַּיִם וְרַב־חֶסֶד וֶאֱמֶת: נֹצֵר חֶסֶד לָאֲלָפִים נֹשֵׂא עָוֺן וָפֶשַׁע וְחַטָּאָה וְנַקֵּה לֹא יְנַקֶּה פֹּקֵד | עֲוֺן אָבוֹת עַל־בָּנִים וְעַל־בְּנֵי בָנִים עַל־שִׁלֵּשִׁים וְעַל־רִבֵּעִים: וַיְמַהֵר מֹשֶׁה וַיִּקֹּד אַרְצָה וַיִּשְׁתָּחוּ: וַיֹּאמֶר אִם־נָא מָצָאתִי חֵן בְּעֵינֶיךָ אֲדֹנָי יֵלֶךְ־נָא אֲדֹנָי בְּקִרְבֵּנוּ כִּי עַם־קְשֵׁה־עֹרֶף הוּא וְסָלַחְתָּ לַעֲוֺנֵנוּ וּלְחַטָּאתֵנוּ וּנְחַלְתָּנוּ: וַיֹּאמֶר הִנֵּה אָנֹכִי כֹּרֵת בְּרִית נֶגֶד כָּל־עַמְּךָ אֶעֱשֶׂה נִפְלָאֹת אֲשֶׁר לֹא־נִבְרְאוּ בְכָל־הָאָרֶץ וּבְכָל־הַגּוֹיִם וְרָאָה כָל־הָעָם אֲשֶׁר־אַתָּה בְקִרְבּוֹ אֶת־מַעֲשֵׂה יהוה כִּי־נוֹרָא הוּא אֲשֶׁר אֲנִי עֹשֶׂה עִמָּךְ: שְׁמָר־לְךָ אֵת אֲשֶׁר אָנֹכִי מְצַוְּךָ הַיּוֹם הִנְנִי גֹרֵשׁ מִפָּנֶיךָ אֶת־הָאֱמֹרִי וְהַכְּנַעֲנִי וְהַחִתִּי וְהַפְּרִזִּי וְהַחִוִּי וְהַיְבוּסִי: הִשָּׁמֶר לְךָ פֶּן־תִּכְרֹת בְּרִית לְיוֹשֵׁב הָאָרֶץ אֲשֶׁר אַתָּה בָּא עָלֶיהָ פֶּן־יִהְיֶה לְמוֹקֵשׁ בְּקִרְבֶּךָ: כִּי אֶת־מִזְבְּחֹתָם תִּתֹּצוּן וְאֶת־מַצֵּבֹתָם תְּשַׁבֵּרוּן וְאֶת־אֲשֵׁרָיו תִּכְרֹתוּן: כִּי לֹא תִשְׁתַּחֲוֶה לְאֵל אַחֵר כִּי יהוה קַנָּא שְׁמוֹ אֵל קַנָּא הוּא: פֶּן־תִּכְרֹת בְּרִית לְיוֹשֵׁב הָאָרֶץ וְזָנוּ | אַחֲרֵי אֱלֹהֵיהֶם וְזָבְחוּ לֵאלֹהֵיהֶם וְקָרָא לְךָ וְאָכַלְתָּ מִזִּבְחוֹ: וְלָקַחְתָּ מִבְּנֹתָיו לְבָנֶיךָ וְזָנוּ בְנֹתָיו אַחֲרֵי אֱלֹהֵיהֶן וְהִזְנוּ אֶת־בָּנֶיךָ אַחֲרֵי אֱלֹהֵיהֶן: אֱלֹהֵי מַסֵּכָה לֹא תַעֲשֶׂה־לָּךְ: שלישי: אֶת־חַג הַמַּצּוֹת תִּשְׁמֹר שִׁבְעַת יָמִים תֹּאכַל מַצּוֹת אֲשֶׁר צִוִּיתִךָ לְמוֹעֵד חֹדֶשׁ הָאָבִיב כִּי בְּחֹדֶשׁ הָאָבִיב יָצָאתָ מִמִּצְרָיִם: כָּל־פֶּטֶר רֶחֶם לִי וְכָל־מִקְנְךָ תִּזָּכָר פֶּטֶר שׁוֹר וָשֶׂה: וּפֶטֶר חֲמוֹר תִּפְדֶּה בְשֶׂה וְאִם־לֹא תִפְדֶּה וַעֲרַפְתּוֹ כֹּל בְּכוֹר בָּנֶיךָ תִּפְדֶּה וְלֹא־יֵרָאוּ פָנַי רֵיקָם: שֵׁשֶׁת יָמִים תַּעֲבֹד וּבַיּוֹם הַשְּׁבִיעִי תִּשְׁבֹּת בֶּחָרִישׁ וּבַקָּצִיר תִּשְׁבֹּת: וְחַג שָׁבֻעֹת תַּעֲשֶׂה לְךָ בִּכּוּרֵי קְצִיר חִטִּים וְחַג הָאָסִיף תְּקוּפַת הַשָּׁנָה: שָׁלֹשׁ פְּעָמִים בַּשָּׁנָה יֵרָאֶה כָּל־זְכוּרְךָ אֶת־פְּנֵי הָאָדֹן | יהוה אֱלֹהֵי יִשְׂרָאֵל: כִּי־אוֹרִישׁ גּוֹיִם מִפָּנֶיךָ וְהִרְחַבְתִּי אֶת־גְּבֻלֶךָ וְלֹא־יַחְמֹד אִישׁ אֶת־אַרְצְךָ בַּעֲלֹתְךָ לֵרָאוֹת אֶת־פְּנֵי יהוה אֱלֹהֶיךָ שָׁלֹשׁ פְּעָמִים בַּשָּׁנָה: לֹא־תִשְׁחַט עַל־חָמֵץ דַּם־זִבְחִי וְלֹא־יָלִין לַבֹּקֶר זֶבַח חַג הַפָּסַח: רֵאשִׁית בִּכּוּרֵי אַדְמָתְךָ תָּבִיא בֵּית יהוה אֱלֹהֶיךָ לֹא־תְבַשֵּׁל גְּדִי בַּחֲלֵב אִמּוֹ:

לרביעי קורים וְהִקְרַבְתֶּם (עמ׳ 473).

## ליום ד׳ דחוה״מ

(במדבר ט:א-יד)

כהן: וַיְדַבֵּר יהוה אֶל־מֹשֶׁה בְמִדְבַּר־סִינַי בַּשָּׁנָה הַשֵּׁנִית לְצֵאתָם מֵאֶרֶץ מִצְרַיִם בַּחֹדֶשׁ הָרִאשׁוֹן לֵאמֹר: וְיַעֲשׂוּ בְנֵי־יִשְׂרָאֵל אֶת־הַפָּסַח בְּמוֹעֲדוֹ: בְּאַרְבָּעָה עָשָׂר־יוֹם בַּחֹדֶשׁ הַזֶּה בֵּין הָעַרְבַּיִם תַּעֲשׂוּ אֹתוֹ בְּמֹעֲדוֹ כְּכָל־חֻקֹּתָיו וּכְכָל־מִשְׁפָּטָיו תַּעֲשׂוּ אֹתוֹ: וַיְדַבֵּר מֹשֶׁה אֶל־בְּנֵי יִשְׂרָאֵל לַעֲשֹׂת הַפָּסַח: וַיַּעֲשׂוּ אֶת־הַפֶּסַח בָּרִאשׁוֹן בְּאַרְבָּעָה עָשָׂר יוֹם לַחֹדֶשׁ בֵּין הָעַרְבַּיִם בְּמִדְבַּר סִינָי כְּכֹל אֲשֶׁר צִוָּה יהוה אֶת־מֹשֶׁה כֵּן עָשׂוּ בְּנֵי יִשְׂרָאֵל: לוי: וַיְהִי אֲנָשִׁים אֲשֶׁר הָיוּ טְמֵאִים לְנֶפֶשׁ אָדָם וְלֹא־יָכְלוּ לַעֲשֹׂת־הַפֶּסַח בַּיּוֹם הַהוּא וַיִּקְרְבוּ לִפְנֵי מֹשֶׁה וְלִפְנֵי אַהֲרֹן בַּיּוֹם הַהוּא: וַיֹּאמְרוּ הָאֲנָשִׁים הָהֵמָּה אֵלָיו אֲנַחְנוּ טְמֵאִים לְנֶפֶשׁ אָדָם לָמָּה נִגָּרַע לְבִלְתִּי הַקְרִיב אֶת־קָרְבַּן יהוה בְּמֹעֲדוֹ בְּתוֹךְ בְּנֵי יִשְׂרָאֵל: וַיֹּאמֶר אֲלֵהֶם מֹשֶׁה עִמְדוּ וְאֶשְׁמְעָה מַה־יְצַוֶּה יהוה לָכֶם: שלישי: וַיְדַבֵּר יהוה אֶל־מֹשֶׁה לֵּאמֹר: דַּבֵּר אֶל־בְּנֵי יִשְׂרָאֵל לֵאמֹר אִישׁ אִישׁ כִּי־יִהְיֶה טָמֵא | לָנֶפֶשׁ אוֹ בְדֶרֶךְ רְחֹקָה לָכֶם אוֹ לְדֹרֹתֵיכֶם וְעָשָׂה פֶסַח לַיהוה: בַּחֹדֶשׁ הַשֵּׁנִי בְּאַרְבָּעָה עָשָׂר יוֹם בֵּין הָעַרְבַּיִם יַעֲשׂוּ אֹתוֹ עַל־מַצּוֹת וּמְרֹרִים יֹאכְלֻהוּ: לֹא־יַשְׁאִירוּ מִמֶּנּוּ עַד־בֹּקֶר וְעֶצֶם לֹא יִשְׁבְּרוּ־בוֹ כְּכָל־חֻקַּת הַפֶּסַח יַעֲשׂוּ אֹתוֹ: וְהָאִישׁ אֲשֶׁר־הוּא טָהוֹר וּבְדֶרֶךְ לֹא־הָיָה וְחָדַל לַעֲשׂוֹת הַפֶּסַח וְנִכְרְתָה הַנֶּפֶשׁ הַהִוא מֵעַמֶּיהָ כִּי | קָרְבַּן יהוה לֹא הִקְרִיב בְּמֹעֲדוֹ חֶטְאוֹ יִשָּׂא הָאִישׁ הַהוּא: וְכִי־יָגוּר אִתְּכֶם גֵּר וְעָשָׂה פֶסַח לַיהוה כְּחֻקַּת הַפֶּסַח וּכְמִשְׁפָּטוֹ כֵּן יַעֲשֶׂה חֻקָּה אַחַת יִהְיֶה לָכֶם וְלַגֵּר וּלְאֶזְרַח הָאָרֶץ:

לרביעי קורים וְהִקְרַבְתֶּם (עמ׳ 473).

לשבת חוה"מ

(שמות לג:יב-לד:כו)

כהן: וַיֹּאמֶר מֹשֶׁה אֶל־יהוה רְאֵה אַתָּה אֹמֵר אֵלַי הַעַל אֶת־הָעָם הַזֶּה וְאַתָּה לֹא הוֹדַעְתַּנִי אֵת אֲשֶׁר־תִּשְׁלַח עִמִּי וְאַתָּה אָמַרְתָּ יְדַעְתִּיךָ בְשֵׁם וְגַם־מָצָאתָ חֵן בְּעֵינָי׃ וְעַתָּה אִם־נָא מָצָאתִי חֵן בְּעֵינֶיךָ הוֹדִעֵנִי נָא אֶת־דְּרָכֶךָ וְאֵדָעֲךָ לְמַעַן אֶמְצָא־חֵן בְּעֵינֶיךָ וּרְאֵה כִּי עַמְּךָ הַגּוֹי הַזֶּה׃ וַיֹּאמַר פָּנַי יֵלֵכוּ וַהֲנִחֹתִי לָךְ׃ וַיֹּאמֶר אֵלָיו אִם־אֵין פָּנֶיךָ הֹלְכִים אַל־תַּעֲלֵנוּ מִזֶּה׃ וּבַמֶּה ׀ יִוָּדַע אֵפוֹא כִּי־מָצָאתִי חֵן בְּעֵינֶיךָ אֲנִי וְעַמֶּךָ הֲלוֹא בְּלֶכְתְּךָ עִמָּנוּ וְנִפְלֵינוּ אֲנִי וְעַמְּךָ מִכָּל־הָעָם אֲשֶׁר עַל־פְּנֵי הָאֲדָמָה׃

לוי: וַיֹּאמֶר יהוה אֶל־מֹשֶׁה גַּם אֶת־הַדָּבָר הַזֶּה אֲשֶׁר דִּבַּרְתָּ אֶעֱשֶׂה כִּי־מָצָאתָ חֵן בְּעֵינַי וָאֵדָעֲךָ בְּשֵׁם׃ וַיֹּאמַר הַרְאֵנִי נָא אֶת־כְּבֹדֶךָ׃ וַיֹּאמֶר אֲנִי אַעֲבִיר כָּל־טוּבִי עַל־פָּנֶיךָ וְקָרָאתִי בְשֵׁם יהוה לְפָנֶיךָ וְחַנֹּתִי אֶת־אֲשֶׁר אָחֹן וְרִחַמְתִּי אֶת־אֲשֶׁר אֲרַחֵם׃

שלישי: וַיֹּאמֶר לֹא תוּכַל לִרְאֹת אֶת־פָּנָי כִּי לֹא־יִרְאַנִי הָאָדָם וָחָי׃ וַיֹּאמֶר יהוה הִנֵּה מָקוֹם אִתִּי וְנִצַּבְתָּ עַל־הַצּוּר׃ וְהָיָה בַּעֲבֹר כְּבֹדִי וְשַׂמְתִּיךָ בְּנִקְרַת הַצּוּר וְשַׂכֹּתִי כַפִּי עָלֶיךָ עַד־עָבְרִי׃ וַהֲסִרֹתִי אֶת־כַּפִּי וְרָאִיתָ אֶת־אֲחֹרָי וּפָנַי לֹא יֵרָאוּ׃

רביעי: וַיֹּאמֶר יהוה אֶל־מֹשֶׁה פְּסָל־לְךָ שְׁנֵי־לֻחֹת אֲבָנִים כָּרִאשֹׁנִים וְכָתַבְתִּי עַל־הַלֻּחֹת אֶת־הַדְּבָרִים אֲשֶׁר הָיוּ עַל־הַלֻּחֹת הָרִאשֹׁנִים אֲשֶׁר שִׁבַּרְתָּ׃ וֶהְיֵה נָכוֹן לַבֹּקֶר וְעָלִיתָ בַבֹּקֶר אֶל־הַר סִינַי וְנִצַּבְתָּ לִי שָׁם עַל־רֹאשׁ הָהָר׃ וְאִישׁ לֹא־יַעֲלֶה עִמָּךְ וְגַם־אִישׁ אַל־יֵרָא בְּכָל־הָהָר גַּם־הַצֹּאן וְהַבָּקָר אַל־יִרְעוּ אֶל־מוּל הָהָר הַהוּא׃

חמישי: וַיִּפְסֹל שְׁנֵי־לֻחֹת אֲבָנִים כָּרִאשֹׁנִים וַיַּשְׁכֵּם מֹשֶׁה בַבֹּקֶר וַיַּעַל אֶל־הַר סִינַי כַּאֲשֶׁר צִוָּה יהוה אֹתוֹ וַיִּקַּח בְּיָדוֹ שְׁנֵי לֻחֹת אֲבָנִים׃ וַיֵּרֶד יהוה בֶּעָנָן וַיִּתְיַצֵּב עִמּוֹ שָׁם וַיִּקְרָא בְשֵׁם יהוה׃ וַיַּעֲבֹר יהוה ׀ עַל־פָּנָיו וַיִּקְרָא יהוה ׀ יהוה אֵל רַחוּם וְחַנּוּן אֶרֶךְ אַפַּיִם וְרַב־חֶסֶד וֶאֱמֶת׃ נֹצֵר חֶסֶד לָאֲלָפִים נֹשֵׂא עָוֺן וָפֶשַׁע וְחַטָּאָה וְנַקֵּה לֹא יְנַקֶּה פֹּקֵד ׀ עֲוֺן אָבוֹת עַל־בָּנִים וְעַל־בְּנֵי בָנִים עַל־שִׁלֵּשִׁים וְעַל־רִבֵּעִים׃ וַיְמַהֵר מֹשֶׁה וַיִּקֹּד אַרְצָה וַיִּשְׁתָּחוּ׃ וַיֹּאמֶר אִם־נָא מָצָאתִי חֵן בְּעֵינֶיךָ אֲדֹנָי יֵלֶךְ־נָא אֲדֹנָי בְּקִרְבֵּנוּ כִּי עַם־קְשֵׁה־עֹרֶף הוּא וְסָלַחְתָּ לַעֲוֺנֵנוּ וּלְחַטָּאתֵנוּ וּנְחַלְתָּנוּ׃ וַיֹּאמֶר הִנֵּה אָנֹכִי כֹּרֵת בְּרִית נֶגֶד כָּל־עַמְּךָ אֶעֱשֶׂה נִפְלָאֹת אֲשֶׁר לֹא־נִבְרְאוּ בְכָל־הָאָרֶץ וּבְכָל־הַגּוֹיִם וְרָאָה כָל־הָעָם אֲשֶׁר־אַתָּה בְקִרְבּוֹ אֶת־מַעֲשֵׂה יהוה כִּי־נוֹרָא הוּא אֲשֶׁר אֲנִי עֹשֶׂה עִמָּךְ׃

ששי: שְׁמָר־לְךָ אֵת אֲשֶׁר אָנֹכִי מְצַוְּךָ הַיּוֹם הִנְנִי גֹרֵשׁ מִפָּנֶיךָ אֶת־הָאֱמֹרִי וְהַכְּנַעֲנִי וְהַחִתִּי וְהַפְּרִזִּי וְהַחִוִּי וְהַיְבוּסִי׃ הִשָּׁמֶר לְךָ פֶּן־תִּכְרֹת בְּרִית לְיוֹשֵׁב הָאָרֶץ אֲשֶׁר אַתָּה בָּא עָלֶיהָ פֶּן־יִהְיֶה לְמוֹקֵשׁ בְּקִרְבֶּךָ׃ כִּי אֶת־מִזְבְּחֹתָם תִּתֹּצוּן וְאֶת־מַצֵּבֹתָם תְּשַׁבֵּרוּן וְאֶת־אֲשֵׁרָיו תִּכְרֹתוּן׃ כִּי לֹא תִשְׁתַּחֲוֶה לְאֵל אַחֵר כִּי יהוה קַנָּא שְׁמוֹ אֵל קַנָּא הוּא׃ פֶּן־תִּכְרֹת בְּרִית לְיוֹשֵׁב הָאָרֶץ וְזָנוּ ׀ אַחֲרֵי אֱלֹהֵיהֶם וְזָבְחוּ לֵאלֹהֵיהֶם וְקָרָא לְךָ וְאָכַלְתָּ מִזִּבְחוֹ׃ וְלָקַחְתָּ מִבְּנֹתָיו לְבָנֶיךָ וְזָנוּ בְנֹתָיו אַחֲרֵי אֱלֹהֵיהֶן וְהִזְנוּ אֶת־בָּנֶיךָ אַחֲרֵי אֱלֹהֵיהֶן׃ אֱלֹהֵי מַסֵּכָה לֹא תַעֲשֶׂה־לָּךְ׃

שביעי: אֶת־חַג הַמַּצּוֹת תִּשְׁמֹר שִׁבְעַת יָמִים תֹּאכַל מַצּוֹת אֲשֶׁר צִוִּיתִךָ לְמוֹעֵד חֹדֶשׁ הָאָבִיב כִּי בְּחֹדֶשׁ הָאָבִיב יָצָאתָ מִמִּצְרָיִם׃ כָּל־פֶּטֶר רֶחֶם לִי וְכָל־מִקְנְךָ תִּזָּכָר פֶּטֶר שׁוֹר וָשֶׂה׃ וּפֶטֶר חֲמוֹר תִּפְדֶּה בְשֶׂה וְאִם־לֹא תִפְדֶּה וַעֲרַפְתּוֹ כֹּל בְּכוֹר בָּנֶיךָ תִּפְדֶּה וְלֹא־יֵרָאוּ פָנַי רֵיקָם׃ שֵׁשֶׁת יָמִים תַּעֲבֹד וּבַיּוֹם הַשְּׁבִיעִי תִּשְׁבֹּת בֶּחָרִישׁ וּבַקָּצִיר תִּשְׁבֹּת׃ וְחַג שָׁבֻעֹת תַּעֲשֶׂה לְךָ בִּכּוּרֵי קְצִיר חִטִּים וְחַג הָאָסִיף תְּקוּפַת הַשָּׁנָה׃ שָׁלֹשׁ פְּעָמִים בַּשָּׁנָה יֵרָאֶה כָּל־זְכוּרְךָ אֶת־פְּנֵי הָאָדֹן ׀ יהוה אֱלֹהֵי יִשְׂרָאֵל׃ כִּי־אוֹרִישׁ גּוֹיִם מִפָּנֶיךָ וְהִרְחַבְתִּי אֶת־גְּבֻלֶךָ וְלֹא־יַחְמֹד אִישׁ אֶת־אַרְצְךָ בַּעֲלֹתְךָ לֵרָאוֹת אֶת־פְּנֵי יהוה אֱלֹהֶיךָ שָׁלֹשׁ פְּעָמִים בַּשָּׁנָה׃ לֹא־תִשְׁחַט עַל־חָמֵץ דַּם־זִבְחִי וְלֹא־יָלִין לַבֹּקֶר זֶבַח חַג הַפָּסַח׃ רֵאשִׁית בִּכּוּרֵי אַדְמָתְךָ תָּבִיא בֵּית יהוה אֱלֹהֶיךָ לֹא־תְבַשֵּׁל גְּדִי בַּחֲלֵב אִמּוֹ׃

מפטירין וְהִקְרַבְתֶּם (עמ' 473).

הפטרה לשבת חוה"מ

הברכה לפני ההפטרה תמצא לעיל (עמ' 467).

(יחזקאל לז:א-יד)

הָיְתָה עָלַי יַד־יהוה וַיּוֹצִאֵנִי בְרוּחַ יהוה וַיְנִיחֵנִי בְּתוֹךְ הַבִּקְעָה וְהִיא מְלֵאָה עֲצָמוֹת׃ וְהֶעֱבִירַנִי עֲלֵיהֶם סָבִיב ׀ סָבִיב וְהִנֵּה רַבּוֹת מְאֹד עַל־פְּנֵי הַבִּקְעָה וְהִנֵּה יְבֵשׁוֹת מְאֹד׃ וַיֹּאמֶר אֵלַי בֶּן־אָדָם הֲתִחְיֶינָה הָעֲצָמוֹת הָאֵלֶּה וָאֹמַר אֲדֹנָי יֱהֹוִה אַתָּה יָדָעְתָּ׃ וַיֹּאמֶר אֵלַי הִנָּבֵא עַל־הָעֲצָמוֹת הָאֵלֶּה וְאָמַרְתָּ אֲלֵיהֶם הָעֲצָמוֹת הַיְבֵשׁוֹת שִׁמְעוּ דְּבַר־יהוה׃ כֹּה אָמַר אֲדֹנָי יֱהֹוִה לָעֲצָמוֹת הָאֵלֶּה הִנֵּה אֲנִי

מֵבִיא בָכֶם רוּחַ וִחְיִיתֶם׃ וְנָתַתִּי עֲלֵיכֶם גִּידִים וְהַעֲלֵתִי עֲלֵיכֶם בָּשָׂר וְקָרַמְתִּי עֲלֵיכֶם עוֹר וְנָתַתִּי בָכֶם רוּחַ וִחְיִיתֶם וִידַעְתֶּם כִּי־אֲנִי יהוה׃ וְנִבֵּאתִי כַּאֲשֶׁר צֻוֵּיתִי וַיְהִי־קוֹל כְּהִנָּבְאִי וְהִנֵּה־רַעַשׁ וַתִּקְרְבוּ עֲצָמוֹת עֶצֶם אֶל־עַצְמוֹ׃ וְרָאִיתִי וְהִנֵּה־עֲלֵיהֶם גִּדִים וּבָשָׂר עָלָה וַיִּקְרַם עֲלֵיהֶם עוֹר מִלְמָעְלָה וְרוּחַ אֵין בָּהֶם׃ וַיֹּאמֶר אֵלַי הִנָּבֵא אֶל־הָרוּחַ הִנָּבֵא בֶן־אָדָם וְאָמַרְתָּ אֶל־הָרוּחַ כֹּה־אָמַר ׀ אֲדֹנָי יֱהֹוִה מֵאַרְבַּע רוּחוֹת בֹּאִי הָרוּחַ וּפְחִי בַּהֲרוּגִים הָאֵלֶּה וְיִחְיוּ׃ וְהִנַּבֵּאתִי כַּאֲשֶׁר צִוָּנִי וַתָּבוֹא בָהֶם הָרוּחַ וַיִּחְיוּ וַיַּעַמְדוּ עַל־רַגְלֵיהֶם חַיִל גָּדוֹל מְאֹד מְאֹד׃ וַיֹּאמֶר אֵלַי בֶּן־אָדָם הָעֲצָמוֹת הָאֵלֶּה כָּל־בֵּית יִשְׂרָאֵל הֵמָּה הִנֵּה אֹמְרִים יָבְשׁוּ עַצְמוֹתֵינוּ וְאָבְדָה תִקְוָתֵנוּ נִגְזַרְנוּ לָנוּ׃ לָכֵן הִנָּבֵא וְאָמַרְתָּ אֲלֵיהֶם כֹּה־אָמַר אֲדֹנָי יֱהֹוִה הִנֵּה אֲנִי פֹתֵחַ אֶת־קִבְרוֹתֵיכֶם וְהַעֲלֵיתִי אֶתְכֶם מִקִּבְרוֹתֵיכֶם עַמִּי וְהֵבֵאתִי אֶתְכֶם אֶל־אַדְמַת יִשְׂרָאֵל׃ וִידַעְתֶּם כִּי־אֲנִי יהוה בְּפִתְחִי אֶת־קִבְרוֹתֵיכֶם וּבְהַעֲלוֹתִי אֶתְכֶם מִקִּבְרוֹתֵיכֶם עַמִּי׃ וְנָתַתִּי רוּחִי בָכֶם וִחְיִיתֶם וְהִנַּחְתִּי אֶתְכֶם עַל־אַדְמַתְכֶם וִידַעְתֶּם כִּי אֲנִי יהוה דִּבַּרְתִּי וְעָשִׂיתִי נְאֻם־יהוה׃

הברכות אחר ההפטרה תמצא לעיל (עמ' 224).

## שביעי של פסח

(שמות יג:יז-טו:כו)

כהן: וַיְהִי בְּשַׁלַּח פַּרְעֹה אֶת־הָעָם וְלֹא־נָחָם אֱלֹהִים דֶּרֶךְ אֶרֶץ פְּלִשְׁתִּים כִּי קָרוֹב הוּא כִּי ׀ אָמַר אֱלֹהִים פֶּן־יִנָּחֵם הָעָם בִּרְאֹתָם מִלְחָמָה וְשָׁבוּ מִצְרָיְמָה׃ וַיַּסֵּב אֱלֹהִים ׀ אֶת־הָעָם דֶּרֶךְ הַמִּדְבָּר יַם־סוּף וַחֲמֻשִׁים עָלוּ בְנֵי־יִשְׂרָאֵל מֵאֶרֶץ מִצְרָיִם׃ וַיִּקַּח מֹשֶׁה אֶת־עַצְמוֹת יוֹסֵף עִמּוֹ כִּי הַשְׁבֵּעַ הִשְׁבִּיעַ אֶת־בְּנֵי יִשְׂרָאֵל לֵאמֹר פָּקֹד יִפְקֹד אֱלֹהִים אֶתְכֶם וְהַעֲלִיתֶם אֶת־עַצְמֹתַי מִזֶּה אִתְּכֶם׃

(בשבת: לוי) וַיִּסְעוּ מִסֻּכֹּת וַיַּחֲנוּ בְאֵתָם בִּקְצֵה הַמִּדְבָּר׃ וַיהוה הֹלֵךְ לִפְנֵיהֶם יוֹמָם בְּעַמּוּד עָנָן לַנְחֹתָם הַדֶּרֶךְ וְלַיְלָה בְּעַמּוּד אֵשׁ לְהָאִיר לָהֶם לָלֶכֶת יוֹמָם וָלָיְלָה׃ לֹא־יָמִישׁ עַמּוּד הֶעָנָן יוֹמָם וְעַמּוּד הָאֵשׁ לָיְלָה לִפְנֵי הָעָם׃

לוי (בשבת: שלישי) וַיְדַבֵּר יהוה אֶל־מֹשֶׁה לֵּאמֹר׃ דַּבֵּר אֶל־בְּנֵי יִשְׂרָאֵל וְיָשֻׁבוּ וְיַחֲנוּ לִפְנֵי פִּי הַחִירֹת בֵּין מִגְדֹּל וּבֵין הַיָּם לִפְנֵי בַּעַל צְפֹן נִכְחוֹ תַחֲנוּ עַל־הַיָּם׃ וְאָמַר פַּרְעֹה לִבְנֵי יִשְׂרָאֵל נְבֻכִים הֵם בָּאָרֶץ סָגַר עֲלֵיהֶם הַמִּדְבָּר׃ וְחִזַּקְתִּי אֶת־לֵב־פַּרְעֹה וְרָדַף אַחֲרֵיהֶם וְאִכָּבְדָה בְּפַרְעֹה וּבְכָל־חֵילוֹ וְיָדְעוּ מִצְרַיִם כִּי־אֲנִי יהוה וַיַּעֲשׂוּ־כֵן׃

(בשבת: רביעי) וַיֻּגַּד לְמֶלֶךְ מִצְרַיִם כִּי בָרַח הָעָם וַיֵּהָפֵךְ לְבַב פַּרְעֹה וַעֲבָדָיו אֶל־הָעָם וַיֹּאמְרוּ מַה־זֹּאת עָשִׂינוּ כִּי־שִׁלַּחְנוּ אֶת־יִשְׂרָאֵל מֵעָבְדֵנוּ׃ וַיֶּאְסֹר אֶת־רִכְבּוֹ וְאֶת־עַמּוֹ לָקַח עִמּוֹ׃ וַיִּקַּח שֵׁשׁ־מֵאוֹת רֶכֶב בָּחוּר וְכֹל רֶכֶב מִצְרָיִם וְשָׁלִשִׁם עַל־כֻּלּוֹ׃ וַיְחַזֵּק יהוה אֶת־לֵב פַּרְעֹה מֶלֶךְ מִצְרַיִם וַיִּרְדֹּף אַחֲרֵי בְּנֵי יִשְׂרָאֵל וּבְנֵי יִשְׂרָאֵל יֹצְאִים בְּיָד רָמָה׃

שלישי (בשבת: חמישי) וַיִּרְדְּפוּ מִצְרַיִם אַחֲרֵיהֶם וַיַּשִּׂיגוּ אוֹתָם חֹנִים עַל־הַיָּם כָּל־סוּס רֶכֶב פַּרְעֹה וּפָרָשָׁיו וְחֵילוֹ עַל־פִּי הַחִירֹת לִפְנֵי בַּעַל צְפֹן׃ וּפַרְעֹה הִקְרִיב וַיִּשְׂאוּ בְנֵי־יִשְׂרָאֵל אֶת־עֵינֵיהֶם וְהִנֵּה מִצְרַיִם ׀ נֹסֵעַ אַחֲרֵיהֶם וַיִּירְאוּ מְאֹד וַיִּצְעֲקוּ בְנֵי־יִשְׂרָאֵל אֶל־יהוה׃ וַיֹּאמְרוּ אֶל־מֹשֶׁה הֲמִבְּלִי אֵין־קְבָרִים בְּמִצְרַיִם לְקַחְתָּנוּ לָמוּת בַּמִּדְבָּר מַה־זֹּאת עָשִׂיתָ לָּנוּ לְהוֹצִיאָנוּ מִמִּצְרָיִם׃ הֲלֹא־זֶה הַדָּבָר אֲשֶׁר דִּבַּרְנוּ אֵלֶיךָ בְמִצְרַיִם לֵאמֹר חֲדַל מִמֶּנּוּ וְנַעַבְדָה אֶת־מִצְרָיִם כִּי טוֹב לָנוּ עֲבֹד אֶת־מִצְרַיִם מִמֻּתֵנוּ בַּמִּדְבָּר׃ וַיֹּאמֶר מֹשֶׁה אֶל־הָעָם אַל־תִּירָאוּ הִתְיַצְּבוּ וּרְאוּ אֶת־יְשׁוּעַת יהוה אֲשֶׁר־יַעֲשֶׂה לָכֶם הַיּוֹם כִּי אֲשֶׁר רְאִיתֶם אֶת־מִצְרַיִם הַיּוֹם לֹא תֹסִפוּ לִרְאֹתָם עוֹד עַד־עוֹלָם׃ יהוה יִלָּחֵם לָכֶם וְאַתֶּם תַּחֲרִשׁוּן׃

רביעי (בשבת: ששי) וַיֹּאמֶר יהוה אֶל־מֹשֶׁה מַה־תִּצְעַק אֵלָי דַּבֵּר אֶל־בְּנֵי־יִשְׂרָאֵל וְיִסָּעוּ׃ וְאַתָּה הָרֵם אֶת־מַטְּךָ וּנְטֵה אֶת־יָדְךָ עַל־הַיָּם וּבְקָעֵהוּ וְיָבֹאוּ בְנֵי־יִשְׂרָאֵל בְּתוֹךְ הַיָּם בַּיַּבָּשָׁה׃ וַאֲנִי הִנְנִי מְחַזֵּק אֶת־לֵב מִצְרַיִם וְיָבֹאוּ אַחֲרֵיהֶם וְאִכָּבְדָה בְּפַרְעֹה וּבְכָל־חֵילוֹ בְּרִכְבּוֹ וּבְפָרָשָׁיו׃ וְיָדְעוּ מִצְרַיִם כִּי־אֲנִי יהוה בְּהִכָּבְדִי בְּפַרְעֹה בְּרִכְבּוֹ וּבְפָרָשָׁיו׃ וַיִּסַּע מַלְאַךְ הָאֱלֹהִים הַהֹלֵךְ לִפְנֵי מַחֲנֵה יִשְׂרָאֵל וַיֵּלֶךְ מֵאַחֲרֵיהֶם וַיִּסַּע עַמּוּד הֶעָנָן מִפְּנֵיהֶם וַיַּעֲמֹד מֵאַחֲרֵיהֶם׃ וַיָּבֹא בֵּין ׀ מַחֲנֵה מִצְרַיִם וּבֵין מַחֲנֵה יִשְׂרָאֵל וַיְהִי הֶעָנָן וְהַחֹשֶׁךְ וַיָּאֶר אֶת־הַלָּיְלָה וְלֹא־קָרַב זֶה אֶל־זֶה כָּל־הַלָּיְלָה׃ וַיֵּט מֹשֶׁה אֶת־יָדוֹ עַל־הַיָּם וַיּוֹלֶךְ יהוה ׀ אֶת־הַיָּם בְּרוּחַ קָדִים עַזָּה כָּל־הַלַּיְלָה וַיָּשֶׂם אֶת־הַיָּם לֶחָרָבָה וַיִּבָּקְעוּ הַמָּיִם׃ וַיָּבֹאוּ בְנֵי־יִשְׂרָאֵל בְּתוֹךְ הַיָּם בַּיַּבָּשָׁה וְהַמַּיִם לָהֶם חוֹמָה מִימִינָם וּמִשְּׂמֹאלָם׃ וַיִּרְדְּפוּ מִצְרַיִם וַיָּבֹאוּ אַחֲרֵיהֶם כֹּל סוּס פַּרְעֹה רִכְבּוֹ וּפָרָשָׁיו אֶל־

תּוֹךְ הַיָּם: וַיְהִי בְּאַשְׁמֹרֶת הַבֹּקֶר וַיַּשְׁקֵף יהוה אֶל־מַחֲנֵה מִצְרַיִם בְּעַמּוּד אֵשׁ וְעָנָן וַיָּהָם אֵת מַחֲנֵה מִצְרָיִם: וַיָּסַר אֵת אֹפַן מַרְכְּבֹתָיו וַיְנַהֲגֵהוּ בִּכְבֵדֻת וַיֹּאמֶר מִצְרַיִם אָנוּסָה מִפְּנֵי יִשְׂרָאֵל כִּי יהוה נִלְחָם לָהֶם בְּמִצְרָיִם:

חמישי (בשבת: שביעי) וַיֹּאמֶר יהוה אֶל־מֹשֶׁה נְטֵה אֶת־יָדְךָ עַל־הַיָּם וְיָשֻׁבוּ הַמַּיִם עַל־מִצְרַיִם עַל־רִכְבּוֹ וְעַל־פָּרָשָׁיו: וַיֵּט מֹשֶׁה אֶת־יָדוֹ עַל־הַיָּם וַיָּשָׁב הַיָּם לִפְנוֹת בֹּקֶר לְאֵיתָנוֹ וּמִצְרַיִם נָסִים לִקְרָאתוֹ וַיְנַעֵר יהוה אֶת־מִצְרַיִם בְּתוֹךְ הַיָּם: וַיָּשֻׁבוּ הַמַּיִם וַיְכַסּוּ אֶת־הָרֶכֶב וְאֶת־הַפָּרָשִׁים לְכֹל חֵיל פַּרְעֹה הַבָּאִים אַחֲרֵיהֶם בַּיָּם לֹא־נִשְׁאַר בָּהֶם עַד־אֶחָד: וּבְנֵי יִשְׂרָאֵל הָלְכוּ בַיַּבָּשָׁה בְּתוֹךְ הַיָּם וְהַמַּיִם לָהֶם חֹמָה מִימִינָם וּמִשְּׂמֹאלָם: וַיּוֹשַׁע יהוה בַּיּוֹם הַהוּא אֶת־יִשְׂרָאֵל מִיַּד מִצְרָיִם וַיַּרְא יִשְׂרָאֵל אֶת־מִצְרַיִם מֵת עַל־שְׂפַת הַיָּם: וַיַּרְא יִשְׂרָאֵל אֶת־הַיָּד הַגְּדֹלָה אֲשֶׁר עָשָׂה יהוה בְּמִצְרַיִם וַיִּירְאוּ הָעָם אֶת־יהוה וַיַּאֲמִינוּ בַּיהוה וּבְמֹשֶׁה עַבְדּוֹ:

אָז יָשִׁיר־מֹשֶׁה וּבְנֵי יִשְׂרָאֵל אֶת־הַשִּׁירָה הַזֹּאת לַיהוה וַיֹּאמְרוּ לֵאמֹר אָשִׁירָה לַיהוה כִּי־גָאֹה גָּאָה סוּס וְרֹכְבוֹ רָמָה בַיָּם: עָזִּי וְזִמְרָת יָהּ וַיְהִי־לִי לִישׁוּעָה זֶה אֵלִי וְאַנְוֵהוּ אֱלֹהֵי אָבִי וַאֲרֹמְמֶנְהוּ: יהוה אִישׁ מִלְחָמָה יהוה שְׁמוֹ: מַרְכְּבֹת פַּרְעֹה וְחֵילוֹ יָרָה בַיָּם וּמִבְחַר שָׁלִשָׁיו טֻבְּעוּ בְיַם־סוּף: תְּהֹמֹת יְכַסְיֻמוּ יָרְדוּ בִמְצוֹלֹת כְּמוֹ־אָבֶן: יְמִינְךָ יהוה נֶאְדָּרִי בַּכֹּחַ יְמִינְךָ יהוה תִּרְעַץ אוֹיֵב: וּבְרֹב גְּאוֹנְךָ תַּהֲרֹס קָמֶיךָ תְּשַׁלַּח חֲרֹנְךָ יֹאכְלֵמוֹ כַּקַּשׁ: וּבְרוּחַ אַפֶּיךָ נֶעֶרְמוּ מַיִם נִצְּבוּ כְמוֹ־נֵד נֹזְלִים קָפְאוּ תְהֹמֹת בְּלֶב־יָם: אָמַר אוֹיֵב אֶרְדֹּף אַשִּׂיג אֲחַלֵּק שָׁלָל תִּמְלָאֵמוֹ נַפְשִׁי אָרִיק חַרְבִּי תּוֹרִישֵׁמוֹ יָדִי: נָשַׁפְתָּ בְרוּחֲךָ כִּסָּמוֹ יָם צָלְלוּ כַּעוֹפֶרֶת בְּמַיִם אַדִּירִים: מִי־כָמֹכָה בָּאֵלִם יהוה מִי כָּמֹכָה נֶאְדָּר בַּקֹּדֶשׁ נוֹרָא תְהִלֹּת עֹשֵׂה פֶלֶא: נָטִיתָ יְמִינְךָ תִּבְלָעֵמוֹ אָרֶץ: נָחִיתָ בְחַסְדְּךָ עַם־זוּ גָּאָלְתָּ נֵהַלְתָּ בְעָזְּךָ אֶל־נְוֵה קָדְשֶׁךָ: שָׁמְעוּ עַמִּים יִרְגָּזוּן חִיל אָחַז יֹשְׁבֵי פְּלָשֶׁת: אָז נִבְהֲלוּ אַלּוּפֵי אֱדוֹם אֵילֵי מוֹאָב יֹאחֲזֵמוֹ רָעַד נָמֹגוּ כֹּל יֹשְׁבֵי כְנָעַן: תִּפֹּל עֲלֵיהֶם אֵימָתָה וָפַחַד בִּגְדֹל זְרוֹעֲךָ יִדְּמוּ כָּאָבֶן עַד־יַעֲבֹר עַמְּךָ יהוה עַד־יַעֲבֹר עַם־זוּ קָנִיתָ: תְּבִאֵמוֹ וְתִטָּעֵמוֹ בְּהַר נַחֲלָתְךָ מָכוֹן לְשִׁבְתְּךָ פָּעַלְתָּ יהוה מִקְּדָשׁ אֲדֹנָי כּוֹנְנוּ יָדֶיךָ: יהוה ׀ יִמְלֹךְ לְעֹלָם וָעֶד: כִּי בָא סוּס פַּרְעֹה בְּרִכְבּוֹ וּבְפָרָשָׁיו בַּיָּם וַיָּשֶׁב יהוה עֲלֵהֶם אֶת־מֵי הַיָּם וּבְנֵי יִשְׂרָאֵל הָלְכוּ בַיַּבָּשָׁה בְּתוֹךְ הַיָּם: וַתִּקַּח מִרְיָם הַנְּבִיאָה אֲחוֹת אַהֲרֹן אֶת־הַתֹּף בְּיָדָהּ וַתֵּצֶאןָ כָל־הַנָּשִׁים אַחֲרֶיהָ בְּתֻפִּים וּבִמְחֹלֹת: וַתַּעַן לָהֶם מִרְיָם שִׁירוּ לַיהוה כִּי־גָאֹה גָּאָה סוּס וְרֹכְבוֹ רָמָה בַיָּם: וַיַּסַּע מֹשֶׁה אֶת־יִשְׂרָאֵל מִיַּם־סוּף וַיֵּצְאוּ אֶל־מִדְבַּר־שׁוּר וַיֵּלְכוּ שְׁלֹשֶׁת־יָמִים בַּמִּדְבָּר וְלֹא־מָצְאוּ מָיִם: וַיָּבֹאוּ מָרָתָה וְלֹא יָכְלוּ לִשְׁתֹּת מַיִם מִמָּרָה כִּי מָרִים הֵם עַל־כֵּן קָרָא־שְׁמָהּ מָרָה: וַיִּלֹּנוּ הָעָם עַל־מֹשֶׁה לֵּאמֹר מַה־נִּשְׁתֶּה: וַיִּצְעַק אֶל־יהוה וַיּוֹרֵהוּ יהוה עֵץ וַיַּשְׁלֵךְ אֶל־הַמַּיִם וַיִּמְתְּקוּ הַמָּיִם שָׁם שָׂם לוֹ חֹק וּמִשְׁפָּט וְשָׁם נִסָּהוּ: וַיֹּאמֶר אִם־שָׁמוֹעַ תִּשְׁמַע לְקוֹל ׀ יהוה אֱלֹהֶיךָ וְהַיָּשָׁר בְּעֵינָיו תַּעֲשֶׂה וְהַאֲזַנְתָּ לְמִצְוֹתָיו וְשָׁמַרְתָּ כָּל־חֻקָּיו כָּל־הַמַּחֲלָה אֲשֶׁר־שַׂמְתִּי בְמִצְרַיִם לֹא־אָשִׂים עָלֶיךָ כִּי אֲנִי יהוה רֹפְאֶךָ:

מפטירין וְהִקְרַבְתֶּם (עמ' 473).

הפטרה לשביעי של פסח

הברכה לפני ההפטרה תמצא לעיל (עמ' 467).

(שמואל ב כב:א-נא)

וַיְדַבֵּר דָּוִד לַיהוה אֶת־דִּבְרֵי הַשִּׁירָה הַזֹּאת בְּיוֹם הִצִּיל יהוה אֹתוֹ מִכַּף כָּל־אֹיְבָיו וּמִכַּף שָׁאוּל: וַיֹּאמַר יהוה סַלְעִי וּמְצֻדָתִי וּמְפַלְטִי־לִי: אֱלֹהֵי צוּרִי אֶחֱסֶה־בּוֹ מָגִנִּי וְקֶרֶן יִשְׁעִי מִשְׂגַּבִּי וּמְנוּסִי מֹשִׁעִי מֵחָמָס תֹּשִׁעֵנִי: מְהֻלָּל אֶקְרָא יהוה וּמֵאֹיְבַי אִוָּשֵׁעַ: כִּי אֲפָפֻנִי מִשְׁבְּרֵי־מָוֶת נַחֲלֵי בְלִיַּעַל יְבַעֲתֻנִי: חֶבְלֵי שְׁאוֹל סַבֻּנִי קִדְּמֻנִי מֹקְשֵׁי־מָוֶת: בַּצַּר־לִי אֶקְרָא יהוה וְאֶל־אֱלֹהַי אֶקְרָא וַיִּשְׁמַע מֵהֵיכָלוֹ קוֹלִי וְשַׁוְעָתִי בְּאָזְנָיו: וַיִּתְגָּעַשׁ וַתִּרְעַשׁ הָאָרֶץ מוֹסְדוֹת הַשָּׁמַיִם יִרְגָּזוּ וַיִּתְגָּעֲשׁוּ כִּי־חָרָה לוֹ: עָלָה עָשָׁן בְּאַפּוֹ וְאֵשׁ מִפִּיו תֹּאכֵל גֶּחָלִים בָּעֲרוּ מִמֶּנּוּ: וַיֵּט שָׁמַיִם וַיֵּרַד וַעֲרָפֶל תַּחַת רַגְלָיו: וַיִּרְכַּב עַל־כְּרוּב וַיָּעֹף וַיֵּרָא עַל־כַּנְפֵי־רוּחַ: וַיָּשֶׁת חֹשֶׁךְ סְבִיבֹתָיו סֻכּוֹת חַשְׁרַת־מַיִם עָבֵי שְׁחָקִים: מִנֹּגַהּ נֶגְדּוֹ בָּעֲרוּ גַּחֲלֵי־אֵשׁ: יַרְעֵם מִן־שָׁמַיִם יהוה וְעֶלְיוֹן יִתֵּן קוֹלוֹ: וַיִּשְׁלַח חִצִּים וַיְפִיצֵם בָּרָק וַיָּהֹם: וַיֵּרָאוּ אֲפִקֵי יָם יִגָּלוּ מֹסְדוֹת תֵּבֵל בְּגַעֲרַת יהוה מִנִּשְׁמַת רוּחַ אַפּוֹ: יִשְׁלַח מִמָּרוֹם יִקָּחֵנִי יַמְשֵׁנִי מִמַּיִם רַבִּים: יַצִּילֵנִי מֵאֹיְבִי עָז מִשֹּׂנְאַי כִּי אָמְצוּ מִמֶּנִּי: יְקַדְּמֻנִי בְּיוֹם אֵידִי וַיְהִי יהוה מִשְׁעָן לִי: וַיֹּצֵא לַמֶּרְחָב אֹתִי יְחַלְּצֵנִי כִּי־חָפֵץ בִּי: יִגְמְלֵנִי יהוה כְּצִדְקָתִי כְּבֹר יָדַי יָשִׁיב לִי: כִּי שָׁמַרְתִּי דַּרְכֵי יהוה וְלֹא רָשַׁעְתִּי מֵאֱלֹהָי: כִּי כָל־מִשְׁפָּטָו לְנֶגְדִּי וְחֻקֹּתָיו לֹא־אָסוּר מִמֶּנָּה: וָאֶהְיֶה תָמִים לוֹ וָאֶשְׁתַּמְּרָה מֵעֲוֺנִי: וַיָּשֶׁב יהוה לִי כְּצִדְקָתִי כְּבֹרִי לְנֶגֶד

עֵינָיו׃ עִם־חָסִיד תִּתְחַסָּד עִם־גִּבּוֹר תָּמִים תִּתַּמָּם׃ עִם־נָבָר תִּתָּבָר וְעִם־עִקֵּשׁ תִּתַּפָּל׃ וְאֶת־עַם עָנִי תּוֹשִׁיעַ וְעֵינֶיךָ עַל־רָמִים תַּשְׁפִּיל׃ כִּי־אַתָּה נֵירִי יהוה וַיהוה יַגִּיהַּ חָשְׁכִּי׃ כִּי בְכָה אָרוּץ גְּדוּד בֵּאלֹהַי אֲדַלֶּג־שׁוּר׃ הָאֵל תָּמִים דַּרְכּוֹ אִמְרַת יהוה צְרוּפָה מָגֵן הוּא לְכֹל הַחֹסִים בּוֹ׃ כִּי מִי־אֵל מִבַּלְעֲדֵי יהוה וּמִי צוּר מִבַּלְעֲדֵי אֱלֹהֵינוּ׃ הָאֵל מָעוּזִּי חָיִל וַיַּתֵּר תָּמִים דַּרְכִּי׃ מְשַׁוֶּה רַגְלַי כָּאַיָּלוֹת וְעַל בָּמֹתַי יַעֲמִידֵנִי׃ מְלַמֵּד יָדַי לַמִּלְחָמָה וְנִחַת קֶשֶׁת־נְחוּשָׁה זְרֹעֹתָי׃ וַתִּתֶּן־לִי מָגֵן יִשְׁעֶךָ וַעֲנֹתְךָ תַּרְבֵּנִי׃ תַּרְחִיב צַעֲדִי תַּחְתֵּנִי וְלֹא מָעֲדוּ קַרְסֻלָּי׃ אֶרְדְּפָה אֹיְבַי וָאַשְׁמִידֵם וְלֹא אָשׁוּב עַד־כַּלּוֹתָם׃ וָאֲכַלֵּם וָאֶמְחָצֵם וְלֹא יְקוּמוּן וַיִּפְּלוּ תַּחַת רַגְלָי׃ וַתַּזְרֵנִי חַיִל לַמִּלְחָמָה תַּכְרִיעַ קָמַי תַּחְתֵּנִי׃ וְאֹיְבַי תַּתָּה לִּי עֹרֶף מְשַׂנְאַי וָאַצְמִיתֵם׃ יִשְׁעוּ וְאֵין מֹשִׁיעַ אֶל־יהוה וְלֹא עָנָם׃ וְאֶשְׁחָקֵם כַּעֲפַר־אָרֶץ כְּטִיט־חוּצוֹת אֲדִקֵּם אֶרְקָעֵם׃ וַתְּפַלְּטֵנִי מֵרִיבֵי עַמִּי תִּשְׁמְרֵנִי לְרֹאשׁ גּוֹיִם עַם לֹא־יָדַעְתִּי יַעַבְדֻנִי׃ בְּנֵי נֵכָר יִתְכַּחֲשׁוּ־לִי לִשְׁמוֹעַ אֹזֶן יִשָּׁמְעוּ לִי׃ בְּנֵי נֵכָר יִבֹּלוּ וְיַחְגְּרוּ מִמִּסְגְּרוֹתָם׃ חַי־יהוה וּבָרוּךְ צוּרִי וְיָרֻם אֱלֹהֵי צוּר יִשְׁעִי׃ הָאֵל הַנֹּתֵן נְקָמֹת לִי וּמוֹרִיד עַמִּים תַּחְתֵּנִי׃ וּמוֹצִיאִי מֵאֹיְבָי וּמִקָּמַי תְּרוֹמְמֵנִי מֵאִישׁ חֲמָסִים תַּצִּילֵנִי׃ עַל־כֵּן אוֹדְךָ יהוה בַּגּוֹיִם וּלְשִׁמְךָ אֲזַמֵּר׃ מִגְדּוֹל יְשׁוּעוֹת מַלְכּוֹ וְעֹשֶׂה־חֶסֶד לִמְשִׁיחוֹ לְדָוִד וּלְזַרְעוֹ עַד־עוֹלָם׃

הברכות אחר ההפטרה תמצא לעיל (עמ׳ 224).

## אחרון של פסח

**וגם ליום שני של שבועות ולשמיני עצרת**

בפסח ובשבועות שחל בחול מתחילין „כָּל הַבְּכוֹר" (עמ׳ 479).
בשמיני עצרת מתחילין „עַשֵּׂר תְּעַשֵּׂר" אף כשחל בחול.

(דברים יד:כב-טז:יז)

(בשבת: כהן) עַשֵּׂר תְּעַשֵּׂר אֵת כָּל־תְּבוּאַת זַרְעֶךָ הַיֹּצֵא הַשָּׂדֶה שָׁנָה שָׁנָה׃ וְאָכַלְתָּ לִפְנֵי ׀ יהוה אֱלֹהֶיךָ בַּמָּקוֹם אֲשֶׁר־יִבְחַר לְשַׁכֵּן שְׁמוֹ שָׁם מַעְשַׂר דְּגָנְךָ תִּירֹשְׁךָ וְיִצְהָרֶךָ וּבְכֹרֹת בְּקָרְךָ וְצֹאנֶךָ לְמַעַן תִּלְמַד לְיִרְאָה אֶת־יהוה אֱלֹהֶיךָ כָּל־הַיָּמִים׃ וְכִי־יִרְבֶּה מִמְּךָ הַדֶּרֶךְ כִּי לֹא תוּכַל שְׂאֵתוֹ כִּי־יִרְחַק מִמְּךָ הַמָּקוֹם אֲשֶׁר יִבְחַר יהוה אֱלֹהֶיךָ לָשׂוּם שְׁמוֹ שָׁם כִּי יְבָרֶכְךָ יהוה אֱלֹהֶיךָ׃ וְנָתַתָּה בַּכָּסֶף וְצַרְתָּ הַכֶּסֶף בְּיָדְךָ וְהָלַכְתָּ אֶל־הַמָּקוֹם אֲשֶׁר יִבְחַר יהוה אֱלֹהֶיךָ בּוֹ׃ וְנָתַתָּה הַכֶּסֶף בְּכֹל אֲשֶׁר־תְּאַוֶּה נַפְשְׁךָ בַּבָּקָר וּבַצֹּאן וּבַיַּיִן וּבַשֵּׁכָר וּבְכֹל אֲשֶׁר תִּשְׁאָלְךָ נַפְשֶׁךָ וְאָכַלְתָּ שָּׁם לִפְנֵי יהוה אֱלֹהֶיךָ וְשָׂמַחְתָּ אַתָּה וּבֵיתֶךָ׃ וְהַלֵּוִי אֲשֶׁר־בִּשְׁעָרֶיךָ לֹא תַעַזְבֶנּוּ כִּי אֵין לוֹ חֵלֶק וְנַחֲלָה עִמָּךְ׃ מִקְצֵה ׀ שָׁלֹשׁ שָׁנִים תּוֹצִיא אֶת־כָּל־מַעְשַׂר תְּבוּאָתְךָ בַּשָּׁנָה הַהִוא וְהִנַּחְתָּ בִּשְׁעָרֶיךָ׃ וּבָא הַלֵּוִי כִּי אֵין־לוֹ חֵלֶק וְנַחֲלָה עִמָּךְ וְהַגֵּר וְהַיָּתוֹם וְהָאַלְמָנָה אֲשֶׁר בִּשְׁעָרֶיךָ וְאָכְלוּ וְשָׂבֵעוּ לְמַעַן יְבָרֶכְךָ יהוה אֱלֹהֶיךָ בְּכָל־מַעֲשֵׂה יָדְךָ אֲשֶׁר תַּעֲשֶׂה׃

(בשבת: לוי) מִקֵּץ שֶׁבַע־שָׁנִים תַּעֲשֶׂה שְׁמִטָּה׃ וְזֶה דְּבַר הַשְּׁמִטָּה שָׁמוֹט כָּל־בַּעַל מַשֵּׁה יָדוֹ אֲשֶׁר יַשֶּׁה בְּרֵעֵהוּ לֹא־יִגֹּשׂ אֶת־רֵעֵהוּ וְאֶת־אָחִיו כִּי־קָרָא שְׁמִטָּה לַיהוה׃ אֶת־הַנָּכְרִי תִּגֹּשׂ וַאֲשֶׁר יִהְיֶה לְךָ אֶת־אָחִיךָ תַּשְׁמֵט יָדֶךָ׃ אֶפֶס כִּי לֹא יִהְיֶה־בְּךָ אֶבְיוֹן כִּי־בָרֵךְ יְבָרֶכְךָ יהוה בָּאָרֶץ אֲשֶׁר יהוה אֱלֹהֶיךָ נֹתֵן־לְךָ נַחֲלָה לְרִשְׁתָּהּ׃ רַק אִם־שָׁמוֹעַ תִּשְׁמַע בְּקוֹל יהוה אֱלֹהֶיךָ לִשְׁמֹר לַעֲשׂוֹת אֶת־כָּל־הַמִּצְוָה הַזֹּאת אֲשֶׁר אָנֹכִי מְצַוְּךָ הַיּוֹם׃ כִּי־יהוה אֱלֹהֶיךָ בֵּרַכְךָ כַּאֲשֶׁר דִּבֶּר־לָךְ וְהַעֲבַטְתָּ גּוֹיִם רַבִּים וְאַתָּה לֹא תַעֲבֹט וּמָשַׁלְתָּ בְּגוֹיִם רַבִּים וּבְךָ לֹא יִמְשֹׁלוּ׃ כִּי־יִהְיֶה בְךָ אֶבְיוֹן מֵאַחַד אַחֶיךָ בְּאַחַד שְׁעָרֶיךָ בְּאַרְצְךָ אֲשֶׁר־יהוה אֱלֹהֶיךָ נֹתֵן לָךְ לֹא תְאַמֵּץ אֶת־לְבָבְךָ וְלֹא תִקְפֹּץ אֶת־יָדְךָ מֵאָחִיךָ הָאֶבְיוֹן׃ כִּי־פָתֹחַ תִּפְתַּח אֶת־יָדְךָ לוֹ וְהַעֲבֵט תַּעֲבִיטֶנּוּ דֵּי מַחְסֹרוֹ אֲשֶׁר יֶחְסַר לוֹ׃ הִשָּׁמֶר לְךָ פֶּן־יִהְיֶה דָבָר עִם־לְבָבְךָ בְלִיַּעַל לֵאמֹר קָרְבָה שְׁנַת־הַשֶּׁבַע שְׁנַת הַשְּׁמִטָּה וְרָעָה עֵינְךָ בְּאָחִיךָ הָאֶבְיוֹן וְלֹא תִתֵּן לוֹ וְקָרָא עָלֶיךָ אֶל־יהוה וְהָיָה בְךָ חֵטְא׃ נָתוֹן תִּתֵּן לוֹ וְלֹא־יֵרַע לְבָבְךָ בְּתִתְּךָ לוֹ כִּי בִּגְלַל ׀ הַדָּבָר הַזֶּה יְבָרֶכְךָ יהוה אֱלֹהֶיךָ בְּכָל־מַעֲשֶׂךָ וּבְכֹל מִשְׁלַח יָדֶךָ׃ כִּי לֹא־יֶחְדַּל אֶבְיוֹן מִקֶּרֶב הָאָרֶץ עַל־כֵּן אָנֹכִי מְצַוְּךָ לֵאמֹר פָּתֹחַ תִּפְתַּח אֶת־יָדְךָ לְאָחִיךָ לַעֲנִיֶּךָ וּלְאֶבְיֹנְךָ בְּאַרְצֶךָ׃ כִּי־יִמָּכֵר לְךָ אָחִיךָ הָעִבְרִי אוֹ הָעִבְרִיָּה וַעֲבָדְךָ שֵׁשׁ שָׁנִים וּבַשָּׁנָה הַשְּׁבִיעִת תְּשַׁלְּחֶנּוּ חָפְשִׁי מֵעִמָּךְ׃ וְכִי־תְשַׁלְּחֶנּוּ חָפְשִׁי מֵעִמָּךְ לֹא תְשַׁלְּחֶנּוּ רֵיקָם׃ הַעֲנֵיק תַּעֲנִיק לוֹ מִצֹּאנְךָ וּמִגָּרְנְךָ וּמִיִּקְבֶךָ אֲשֶׁר בֵּרַכְךָ יהוה אֱלֹהֶיךָ תִּתֶּן־לוֹ׃ וְזָכַרְתָּ כִּי עֶבֶד הָיִיתָ בְּאֶרֶץ מִצְרַיִם וַיִּפְדְּךָ יהוה אֱלֹהֶיךָ עַל־כֵּן אָנֹכִי מְצַוְּךָ אֶת־הַדָּבָר הַזֶּה הַיּוֹם׃ וְהָיָה כִּי־יֹאמַר אֵלֶיךָ לֹא אֵצֵא מֵעִמָּךְ כִּי אֲהֵבְךָ וְאֶת־בֵּיתֶךָ כִּי־טוֹב לוֹ עִמָּךְ׃ וְלָקַחְתָּ אֶת־הַמַּרְצֵעַ וְנָתַתָּה בְאָזְנוֹ וּבַדֶּלֶת וְהָיָה לְךָ עֶבֶד עוֹלָם וְאַף לַאֲמָתְךָ תַּעֲשֶׂה־כֵּן׃ לֹא־יִקְשֶׁה בְעֵינֶךָ בְּשַׁלֵּחֲךָ אֹתוֹ חָפְשִׁי מֵעִמָּךְ כִּי מִשְׁנֶה שְׂכַר שָׂכִיר עֲבָדְךָ שֵׁשׁ

שָׁנִים וּבֵרַכְךָ יהוה אֱלֹהֶיךָ בְּכֹל אֲשֶׁר תַּעֲשֶׂה:

כהן (בשבת: שלישי): כָּל־הַבְּכוֹר אֲשֶׁר יִוָּלֵד בִּבְקָרְךָ וּבְצֹאנְךָ הַזָּכָר תַּקְדִּישׁ לַיהוה אֱלֹהֶיךָ לֹא תַעֲבֹד בִּבְכֹר שׁוֹרֶךָ וְלֹא תָגֹז בְּכוֹר צֹאנֶךָ: לִפְנֵי יהוה אֱלֹהֶיךָ תֹאכְלֶנּוּ שָׁנָה בְשָׁנָה בַּמָּקוֹם אֲשֶׁר־יִבְחַר יהוה אַתָּה וּבֵיתֶךָ: וְכִי־יִהְיֶה בוֹ מוּם פִּסֵּחַ אוֹ עִוֵּר כֹּל מוּם רָע לֹא תִזְבָּחֶנּוּ לַיהוה אֱלֹהֶיךָ: בִּשְׁעָרֶיךָ תֹּאכְלֶנּוּ הַטָּמֵא וְהַטָּהוֹר יַחְדָּו כַּצְּבִי וְכָאַיָּל: רַק אֶת־דָּמוֹ לֹא תֹאכֵל עַל־הָאָרֶץ תִּשְׁפְּכֶנּוּ כַּמָּיִם:

לוי (בשבת: רביעי): שָׁמוֹר אֶת־חֹדֶשׁ הָאָבִיב וְעָשִׂיתָ פֶּסַח לַיהוה אֱלֹהֶיךָ כִּי בְּחֹדֶשׁ הָאָבִיב הוֹצִיאֲךָ יהוה אֱלֹהֶיךָ מִמִּצְרַיִם לָיְלָה: וְזָבַחְתָּ פֶּסַח לַיהוה אֱלֹהֶיךָ צֹאן וּבָקָר בַּמָּקוֹם אֲשֶׁר יִבְחַר יהוה לְשַׁכֵּן שְׁמוֹ שָׁם: לֹא־תֹאכַל עָלָיו חָמֵץ שִׁבְעַת יָמִים תֹּאכַל־עָלָיו מַצּוֹת לֶחֶם עֹנִי כִּי בְחִפָּזוֹן יָצָאתָ מֵאֶרֶץ מִצְרַיִם לְמַעַן תִּזְכֹּר אֶת־יוֹם צֵאתְךָ מֵאֶרֶץ מִצְרַיִם כֹּל יְמֵי חַיֶּיךָ:

שלישי (בשבת: חמישי): וְלֹא־יֵרָאֶה לְךָ שְׂאֹר בְּכָל־גְּבֻלְךָ שִׁבְעַת יָמִים וְלֹא־יָלִין מִן־הַבָּשָׂר אֲשֶׁר תִּזְבַּח בָּעֶרֶב בַּיּוֹם הָרִאשׁוֹן לַבֹּקֶר: לֹא תוּכַל לִזְבֹּחַ אֶת־הַפָּסַח בְּאַחַד שְׁעָרֶיךָ אֲשֶׁר־יהוה אֱלֹהֶיךָ נֹתֵן לָךְ: כִּי אִם־אֶל־הַמָּקוֹם אֲשֶׁר־יִבְחַר יהוה אֱלֹהֶיךָ לְשַׁכֵּן שְׁמוֹ שָׁם תִּזְבַּח אֶת־הַפֶּסַח בָּעָרֶב כְּבוֹא הַשֶּׁמֶשׁ מוֹעֵד צֵאתְךָ מִמִּצְרָיִם: וּבִשַּׁלְתָּ וְאָכַלְתָּ בַּמָּקוֹם אֲשֶׁר יִבְחַר יהוה אֱלֹהֶיךָ בּוֹ וּפָנִיתָ בַבֹּקֶר וְהָלַכְתָּ לְאֹהָלֶיךָ: שֵׁשֶׁת יָמִים תֹּאכַל מַצּוֹת וּבַיּוֹם הַשְּׁבִיעִי עֲצֶרֶת לַיהוה אֱלֹהֶיךָ לֹא תַעֲשֶׂה מְלָאכָה:

רביעי (בשבת: ששי): שִׁבְעָה שָׁבֻעֹת תִּסְפָּר־לָךְ מֵהָחֵל חֶרְמֵשׁ בַּקָּמָה תָּחֵל לִסְפֹּר שִׁבְעָה שָׁבֻעוֹת: וְעָשִׂיתָ חַג שָׁבֻעוֹת לַיהוה אֱלֹהֶיךָ מִסַּת נִדְבַת יָדְךָ אֲשֶׁר תִּתֵּן כַּאֲשֶׁר יְבָרֶכְךָ יהוה אֱלֹהֶיךָ: וְשָׂמַחְתָּ לִפְנֵי ׀ יהוה אֱלֹהֶיךָ אַתָּה וּבִנְךָ וּבִתֶּךָ וְעַבְדְּךָ וַאֲמָתֶךָ וְהַלֵּוִי אֲשֶׁר בִּשְׁעָרֶיךָ וְהַגֵּר וְהַיָּתוֹם וְהָאַלְמָנָה אֲשֶׁר בְּקִרְבֶּךָ בַּמָּקוֹם אֲשֶׁר יִבְחַר יהוה אֱלֹהֶיךָ לְשַׁכֵּן שְׁמוֹ שָׁם: וְזָכַרְתָּ כִּי־עֶבֶד הָיִיתָ בְּמִצְרָיִם וְשָׁמַרְתָּ וְעָשִׂיתָ אֶת־הַחֻקִּים הָאֵלֶּה:

חמישי (בשבת: שביעי): חַג הַסֻּכֹּת תַּעֲשֶׂה לְךָ שִׁבְעַת יָמִים בְּאָסְפְּךָ מִגָּרְנְךָ וּמִיִּקְבֶךָ: וְשָׂמַחְתָּ בְּחַגֶּךָ אַתָּה וּבִנְךָ וּבִתֶּךָ וְעַבְדְּךָ וַאֲמָתֶךָ וְהַלֵּוִי וְהַגֵּר וְהַיָּתוֹם וְהָאַלְמָנָה אֲשֶׁר בִּשְׁעָרֶיךָ: שִׁבְעַת יָמִים תָּחֹג לַיהוה אֱלֹהֶיךָ בַּמָּקוֹם אֲשֶׁר־יִבְחַר יהוה כִּי יְבָרֶכְךָ יהוה אֱלֹהֶיךָ בְּכֹל תְּבוּאָתְךָ וּבְכֹל מַעֲשֵׂה יָדֶיךָ וְהָיִיתָ אַךְ שָׂמֵחַ: שָׁלוֹשׁ פְּעָמִים ׀ בַּשָּׁנָה יֵרָאֶה כָל־זְכוּרְךָ אֶת־פְּנֵי ׀ יהוה אֱלֹהֶיךָ בַּמָּקוֹם אֲשֶׁר יִבְחָר בְּחַג הַמַּצּוֹת וּבְחַג הַשָּׁבֻעוֹת וּבְחַג הַסֻּכּוֹת וְלֹא יֵרָאֶה אֶת־פְּנֵי יהוה רֵיקָם: אִישׁ כְּמַתְּנַת יָדוֹ כְּבִרְכַּת יהוה אֱלֹהֶיךָ אֲשֶׁר נָתַן־לָךְ:

באחרון של פסח מפטירין בפ׳ פינחס וְהִקְרַבְתֶּם (עמ׳ 473).
מפטיר והפטרה של יום שני של שבועות תמצא בעמ׳ 482-481.
מפטיר והפטרה של שמיני עצרת תמצא בעמ׳ 486.

הפטרה לאחרון של פסח

הברכה לפני ההפטרה תמצא לעיל (עמ׳ 467).

(ישעיה י:לב-יב:ו)

עוֹד הַיּוֹם בְּנֹב לַעֲמֹד יְנֹפֵף יָדוֹ הַר בַּת־צִיּוֹן גִּבְעַת יְרוּשָׁלִָם: הִנֵּה הָאָדוֹן יהוה צְבָאוֹת מְסָעֵף פֻּארָה בְּמַעֲרָצָה וְרָמֵי הַקּוֹמָה גְּדֻעִים וְהַגְּבֹהִים יִשְׁפָּלוּ: וְנִקַּף סִבְכֵי הַיַּעַר בַּבַּרְזֶל וְהַלְּבָנוֹן בְּאַדִּיר יִפּוֹל: וְיָצָא חֹטֶר מִגֵּזַע יִשָׁי וְנֵצֶר מִשָּׁרָשָׁיו יִפְרֶה: וְנָחָה עָלָיו רוּחַ יהוה רוּחַ חָכְמָה וּבִינָה רוּחַ עֵצָה וּגְבוּרָה רוּחַ דַּעַת וְיִרְאַת יהוה: וַהֲרִיחוֹ בְּיִרְאַת יהוה וְלֹא־לְמַרְאֵה עֵינָיו יִשְׁפּוֹט וְלֹא־לְמִשְׁמַע אָזְנָיו יוֹכִיחַ: וְשָׁפַט בְּצֶדֶק דַּלִּים וְהוֹכִיחַ בְּמִישׁוֹר לְעַנְוֵי־אָרֶץ וְהִכָּה־אֶרֶץ בְּשֵׁבֶט פִּיו וּבְרוּחַ שְׂפָתָיו יָמִית רָשָׁע: וְהָיָה צֶדֶק אֵזוֹר מָתְנָיו וְהָאֱמוּנָה אֵזוֹר חֲלָצָיו: וְגָר זְאֵב עִם־כֶּבֶשׂ וְנָמֵר עִם־גְּדִי יִרְבָּץ וְעֵגֶל וּכְפִיר וּמְרִיא יַחְדָּו וְנַעַר קָטֹן נֹהֵג בָּם: וּפָרָה וָדֹב תִּרְעֶינָה יַחְדָּו יִרְבְּצוּ יַלְדֵיהֶן וְאַרְיֵה כַּבָּקָר יֹאכַל־תֶּבֶן: וְשִׁעֲשַׁע יוֹנֵק עַל־חֻר פָּתֶן וְעַל מְאוּרַת צִפְעוֹנִי גָּמוּל יָדוֹ הָדָה: לֹא־יָרֵעוּ וְלֹא־יַשְׁחִיתוּ בְּכָל־הַר קָדְשִׁי כִּי־מָלְאָה הָאָרֶץ דֵּעָה אֶת־יהוה כַּמַּיִם לַיָּם מְכַסִּים: וְהָיָה בַּיּוֹם הַהוּא שֹׁרֶשׁ יִשַׁי אֲשֶׁר עֹמֵד לְנֵס עַמִּים אֵלָיו גּוֹיִם יִדְרֹשׁוּ וְהָיְתָה מְנֻחָתוֹ כָּבוֹד: וְהָיָה ׀ בַּיּוֹם הַהוּא יוֹסִיף אֲדֹנָי ׀ שֵׁנִית יָדוֹ לִקְנוֹת אֶת־שְׁאָר עַמּוֹ אֲשֶׁר יִשָּׁאֵר מֵאַשּׁוּר וּמִמִּצְרַיִם וּמִפַּתְרוֹס וּמִכּוּשׁ וּמֵעֵילָם וּמִשִּׁנְעָר וּמֵחֲמָת וּמֵאִיֵּי הַיָּם: וְנָשָׂא נֵס לַגּוֹיִם וְאָסַף נִדְחֵי יִשְׂרָאֵל וּנְפֻצוֹת יְהוּדָה יְקַבֵּץ מֵאַרְבַּע כַּנְפוֹת הָאָרֶץ: וְסָרָה קִנְאַת אֶפְרַיִם וְצֹרְרֵי יְהוּדָה יִכָּרֵתוּ אֶפְרַיִם לֹא־יְקַנֵּא אֶת־יְהוּדָה וִיהוּדָה לֹא־יָצֹר אֶת־אֶפְרָיִם: וְעָפוּ בְכָתֵף פְּלִשְׁתִּים יָמָּה יַחְדָּו יָבֹזּוּ אֶת־בְּנֵי־קֶדֶם אֱדוֹם וּמוֹאָב מִשְׁלוֹחַ יָדָם וּבְנֵי עַמּוֹן מִשְׁמַעְתָּם: וְהֶחֱרִים יהוה אֵת לְשׁוֹן יָם־מִצְרַיִם וְהֵנִיף יָדוֹ עַל־הַנָּהָר בַּעְיָם רוּחוֹ וְהִכָּהוּ לְשִׁבְעָה נְחָלִים וְהִדְרִיךְ בַּנְּעָלִים: וְהָיְתָה מְסִלָּה לִשְׁאָר עַמּוֹ אֲשֶׁר יִשָּׁאֵר מֵאַשּׁוּר כַּאֲשֶׁר הָיְתָה לְיִשְׂרָאֵל בְּיוֹם עֲלֹתוֹ מֵאֶרֶץ מִצְרָיִם: וְאָמַרְתָּ בַּיּוֹם הַהוּא אוֹדְךָ יהוה כִּי אָנַפְתָּ בִּי יָשֹׁב אַפְּךָ וּתְנַחֲמֵנִי: הִנֵּה אֵל יְשׁוּעָתִי אֶבְטַח וְלֹא אֶפְחָד כִּי־עָזִּי וְזִמְרָת יָהּ יהוה וַיְהִי־לִי לִישׁוּעָה: וּשְׁאַבְתֶּם־מַיִם בְּשָׂשׂוֹן מִמַּעַיְנֵי הַיְשׁוּעָה: וַאֲמַרְתֶּם בַּיּוֹם הַהוּא הוֹדוּ לַיהוה קִרְאוּ בִשְׁמוֹ

הודיעו בעמים עלילתיו הזכירו כי נשגב שמו: זמרו יהוה כי גאות עשה מודעת זאת בכל־הארץ: צהלי ורני יושבת ציון כי־גדול בקרבך קדוש ישראל:

הברכות אחר ההפטרה תמצא לעיל (עמ' 224).

## שבועות – יום ראשון

אקדמות תמצא בעמ' 334.

(שמות יט:א־כ:כג)

כהן: בחדש השלישי לצאת בני־ישראל מארץ מצרים ביום הזה באו מדבר סיני: ויסעו מרפידים ויבאו מדבר סיני ויחנו במדבר ויחן־שם ישראל נגד ההר: ומשה עלה אל־האלהים ויקרא אליו יהוה מן־ההר לאמר כה תאמר לבית יעקב ותגיד לבני ישראל: אתם ראיתם אשר עשיתי למצרים ואשא אתכם על־כנפי נשרים ואבא אתכם אלי: ועתה אם־שמוע תשמעו בקלי ושמרתם את־בריתי והייתם לי סגלה מכל־העמים כי־לי כל־הארץ: ואתם תהיו־לי ממלכת כהנים וגוי קדוש אלה הדברים אשר תדבר אל־בני ישראל:

לוי: ויבא משה ויקרא לזקני העם וישם לפניהם את כל־הדברים האלה אשר צוהו יהוה: ויענו כל־העם יחדו ויאמרו כל אשר־דבר יהוה נעשה וישב משה את־דברי העם אל־יהוה: ויאמר יהוה אל־משה הנה אנכי בא אליך בעב הענן בעבור ישמע העם בדברי עמך וגם־בך יאמינו לעולם ויגד משה את־דברי העם אל־יהוה: ויאמר יהוה אל־משה לך אל־העם וקדשתם היום ומחר וכבסו שמלתם: והיו נכנים ליום השלישי כי | ביום השלישי ירד יהוה לעיני כל־העם על־הר סיני: והגבלת את־העם סביב לאמר השמרו לכם עלות בהר ונגע בקצהו כל־הנגע בהר מות יומת: לא־תגע בו יד כי־סקול יסקל או־ירה יירה אם־בהמה אם־איש לא יחיה במשך היבל המה יעלו בהר:

שלישי: וירד משה מן־ההר אל־העם ויקדש את־העם ויכבסו שמלתם: ויאמר אל־העם היו נכנים לשלשת ימים אל־תגשו אל־אשה: ויהי ביום השלישי בהית הבקר ויהי קלת וברקים וענן כבד על־ההר וקל שפר חזק מאד ויחרד כל־העם אשר במחנה: ויוצא משה את־העם לקראת האלהים מן־המחנה ויתיצבו בתחתית ההר: והר סיני עשן כלו מפני אשר ירד עליו יהוה באש ויעל עשנו כעשן הכבשן ויחרד כל־ההר מאד: ויהי קול השפר הולך וחזק מאד משה ידבר והאלהים יעננו בקול:

רביעי: וירד יהוה על־הר סיני אל־ראש ההר ויקרא יהוה למשה אל־ראש ההר ויעל משה: ויאמר יהוה אל־משה רד העד בעם פן־יהרסו אל־יהוה לראות ונפל ממנו רב: וגם הכהנים הנגשים אל־יהוה יתקדשו פן־יפרץ בהם יהוה: ויאמר משה אל־יהוה לא־יוכל העם לעלת אל־הר סיני כי־אתה העדתה בנו לאמר הגבל את־ההר וקדשתו: ויאמר אליו יהוה לך־רד ועלית אתה ואהרן עמך והכהנים והעם אל־יהרסו לעלת אל־יהוה פן־יפרץ־בם: וירד משה אל־העם ויאמר אלהם:

וידבר אלהים את כל־הדברים האלה לאמר: אנכי יהוה אלהיך אשר הוצאתיך מארץ מצרים מבית עבדים לא יהיה לך אלהים אחרים על־פני לא תעשה־לך פסל | וכל־תמונה אשר בשמים | ממעל ואשר בארץ מתחת ואשר במים | מתחת לארץ לא־תשתחוה להם ולא תעבדם כי אנכי יהוה אלהיך אל קנא פקד עון אבת על־בנים על־שלשים ועל־רבעים לשנאי ועשה חסד לאלפים לאהבי ולשמרי מצותי: לא תשא את־שם־יהוה אלהיך לשוא כי לא ינקה יהוה את אשר־ישא את־שמו לשוא: זכור את־יום השבת לקדשו ששת ימים תעבד ועשית כל־מלאכתך ויום השביעי שבת | ליהוה אלהיך לא תעשה כל־מלאכה אתה ובנך־ובתך עבדך ואמתך ובהמתך וגרך אשר בשעריך כי ששת־ימים עשה יהוה את־השמים ואת־הארץ את־הים ואת־כל־אשר־בם וינח ביום השביעי על־כן ברך יהוה את־יום השבת ויקדשהו: כבד את־אביך ואת־אמך למען יארכון ימיך על האדמה אשר־יהוה אלהיך נתן לך: לא תרצח: לא תנאף: לא תגנב: לא־תענה ברעך עד שקר: לא תחמד בית רעך לא־תחמד אשת רעך ועבדו ואמתו ושורו וחמרו וכל אשר לרעך:

חמישי: וכל־העם ראים את־הקולת ואת־הלפידם ואת קול השפר ואת־ההר עשן וירא העם וינעו ויעמדו מרחק: ויאמרו אל־משה דבר־אתה עמנו ונשמעה ואל־ידבר עמנו אלהים פן־נמות: ויאמר משה אל־העם אל־תיראו כי לבעבור נסות אתכם בא האלהים ובעבור תהיה יראתו על־פניכם לבלתי תחטאו: ויעמד העם מרחק ומשה נגש אל־הערפל אשר־שם האלהים: ויאמר יהוה אל־משה כה תאמר אל־בני ישראל אתם ראיתם כי מן־השמים דברתי עמכם: לא תעשון אתי

אֱלֹהֵי כֶסֶף וֵאלֹהֵי זָהָב לֹא תַעֲשׂוּ לָכֶם: מִזְבַּח אֲדָמָה תַּעֲשֶׂה־לִּי וְזָבַחְתָּ עָלָיו אֶת־עֹלֹתֶיךָ וְאֶת־שְׁלָמֶיךָ אֶת־צֹאנְךָ וְאֶת־בְּקָרֶךָ בְּכָל־הַמָּקוֹם אֲשֶׁר אַזְכִּיר אֶת־שְׁמִי אָבוֹא אֵלֶיךָ וּבֵרַכְתִּיךָ: וְאִם־מִזְבַּח אֲבָנִים תַּעֲשֶׂה־לִּי לֹא־תִבְנֶה אֶתְהֶן גָּזִית כִּי חַרְבְּךָ הֵנַפְתָּ עָלֶיהָ וַתְּחַלְלֶהָ: וְלֹא־תַעֲלֶה בְמַעֲלֹת עַל־מִזְבְּחִי אֲשֶׁר לֹא־תִגָּלֶה עֶרְוָתְךָ עָלָיו:

מפטיר לשני הימים של שבועות

(במדבר כח:כו-לא)

וּבְיוֹם הַבִּכּוּרִים בְּהַקְרִיבְכֶם מִנְחָה חֲדָשָׁה לַיהוָה בְּשָׁבֻעֹתֵיכֶם מִקְרָא־קֹדֶשׁ יִהְיֶה לָכֶם כָּל־מְלֶאכֶת עֲבֹדָה לֹא תַעֲשׂוּ: וְהִקְרַבְתֶּם עוֹלָה לְרֵיחַ נִיחֹחַ לַיהוָה פָּרִים בְּנֵי־בָקָר שְׁנַיִם אַיִל אֶחָד שִׁבְעָה כְבָשִׂים בְּנֵי שָׁנָה: וּמִנְחָתָם סֹלֶת בְּלוּלָה בַשָּׁמֶן שְׁלֹשָׁה עֶשְׂרֹנִים לַפָּר הָאֶחָד שְׁנֵי עֶשְׂרֹנִים לָאַיִל הָאֶחָד: עִשָּׂרוֹן עִשָּׂרוֹן לַכֶּבֶשׂ הָאֶחָד לְשִׁבְעַת הַכְּבָשִׂים: שְׂעִיר עִזִּים אֶחָד לְכַפֵּר עֲלֵיכֶם: מִלְּבַד עֹלַת הַתָּמִיד וּמִנְחָתוֹ תַּעֲשׂוּ תְּמִימִם יִהְיוּ־לָכֶם וְנִסְכֵּיהֶם:

הפטרה ליום ראשון של שבועות

הברכה לפני ההפטרה תמצא לעיל (עמ' 467).

(יחזקאל א:א-כח; ג:יב)

וַיְהִי ׀ בִּשְׁלֹשִׁים שָׁנָה בָּרְבִיעִי בַּחֲמִשָּׁה לַחֹדֶשׁ וַאֲנִי בְתוֹךְ־הַגּוֹלָה עַל־נְהַר־כְּבָר נִפְתְּחוּ הַשָּׁמַיִם וָאֶרְאֶה מַרְאוֹת אֱלֹהִים: בַּחֲמִשָּׁה לַחֹדֶשׁ הִיא הַשָּׁנָה הַחֲמִישִׁית לְגָלוּת הַמֶּלֶךְ יוֹיָכִין: הָיֹה הָיָה דְבַר־יְהוָה אֶל־יְחֶזְקֵאל בֶּן־בּוּזִי הַכֹּהֵן בְּאֶרֶץ כַּשְׂדִּים עַל־נְהַר־כְּבָר וַתְּהִי עָלָיו שָׁם יַד־יְהוָה: וָאֵרֶא וְהִנֵּה רוּחַ סְעָרָה בָּאָה מִן־הַצָּפוֹן עָנָן גָּדוֹל וְאֵשׁ מִתְלַקַּחַת וְנֹגַהּ לוֹ סָבִיב וּמִתּוֹכָהּ כְּעֵין הַחַשְׁמַל מִתּוֹךְ הָאֵשׁ: וּמִתּוֹכָהּ דְּמוּת אַרְבַּע חַיּוֹת וְזֶה מַרְאֵיהֶן דְּמוּת אָדָם לָהֵנָּה: וְאַרְבָּעָה פָנִים לְאֶחָת וְאַרְבַּע כְּנָפַיִם לְאַחַת לָהֶם: וְרַגְלֵיהֶם רֶגֶל יְשָׁרָה וְכַף רַגְלֵיהֶם כְּכַף רֶגֶל עֵגֶל וְנֹצְצִים כְּעֵין נְחֹשֶׁת קָלָל: וִידֵי אָדָם מִתַּחַת כַּנְפֵיהֶם עַל אַרְבַּעַת רִבְעֵיהֶם וּפְנֵיהֶם וְכַנְפֵיהֶם לְאַרְבַּעְתָּם: חֹבְרֹת אִשָּׁה אֶל־אֲחוֹתָהּ כַּנְפֵיהֶם לֹא־יִסַּבּוּ בְלֶכְתָּן אִישׁ אֶל־עֵבֶר פָּנָיו יֵלֵכוּ: וּדְמוּת פְּנֵיהֶם פְּנֵי אָדָם וּפְנֵי אַרְיֵה אֶל־הַיָּמִין לְאַרְבַּעְתָּם וּפְנֵי־שׁוֹר מֵהַשְּׂמֹאול לְאַרְבַּעְתָּן וּפְנֵי־נֶשֶׁר לְאַרְבַּעְתָּן: וּפְנֵיהֶם וְכַנְפֵיהֶם פְּרֻדוֹת מִלְמָעְלָה לְאִישׁ שְׁתַּיִם חֹבְרוֹת אִישׁ וּשְׁתַּיִם מְכַסּוֹת אֵת גְּוִיֹּתֵיהֶנָה: וְאִישׁ אֶל־עֵבֶר פָּנָיו יֵלֵכוּ אֶל אֲשֶׁר יִהְיֶה־שָׁמָּה הָרוּחַ לָלֶכֶת יֵלֵכוּ לֹא יִסַּבּוּ בְּלֶכְתָּן: וּדְמוּת הַחַיּוֹת מַרְאֵיהֶם כְּגַחֲלֵי־אֵשׁ בֹּעֲרוֹת כְּמַרְאֵה הַלַּפִּדִים הִיא מִתְהַלֶּכֶת בֵּין הַחַיּוֹת וְנֹגַהּ לָאֵשׁ וּמִן־הָאֵשׁ יוֹצֵא בָרָק: וְהַחַיּוֹת רָצוֹא וָשׁוֹב כְּמַרְאֵה הַבָּזָק: וָאֵרֶא הַחַיּוֹת וְהִנֵּה אוֹפַן אֶחָד בָּאָרֶץ אֵצֶל הַחַיּוֹת לְאַרְבַּעַת פָּנָיו: מַרְאֵה הָאוֹפַנִּים וּמַעֲשֵׂיהֶם כְּעֵין תַּרְשִׁישׁ וּדְמוּת אֶחָד לְאַרְבַּעְתָּן וּמַרְאֵיהֶם וּמַעֲשֵׂיהֶם כַּאֲשֶׁר יִהְיֶה הָאוֹפַן בְּתוֹךְ הָאוֹפָן: עַל־אַרְבַּעַת רִבְעֵיהֶן בְּלֶכְתָּם יֵלֵכוּ לֹא יִסַּבּוּ בְּלֶכְתָּן: וְגַבֵּיהֶן וְגֹבַהּ לָהֶם וְיִרְאָה לָהֶם וְגַבֹּתָם מְלֵאֹת עֵינַיִם סָבִיב לְאַרְבַּעְתָּן: וּבְלֶכֶת הַחַיּוֹת יֵלְכוּ הָאוֹפַנִּים אֶצְלָם וּבְהִנָּשֵׂא הַחַיּוֹת מֵעַל הָאָרֶץ יִנָּשְׂאוּ הָאוֹפַנִּים: עַל אֲשֶׁר יִהְיֶה־שָּׁם הָרוּחַ לָלֶכֶת יֵלֵכוּ שָׁמָּה הָרוּחַ לָלֶכֶת וְהָאוֹפַנִּים יִנָּשְׂאוּ לְעֻמָּתָם כִּי רוּחַ הַחַיָּה בָּאוֹפַנִּים: בְּלֶכְתָּם יֵלֵכוּ וּבְעָמְדָם יַעֲמֹדוּ וּבְהִנָּשְׂאָם מֵעַל הָאָרֶץ יִנָּשְׂאוּ הָאוֹפַנִּים לְעֻמָּתָם כִּי רוּחַ הַחַיָּה בָּאוֹפַנִּים: וּדְמוּת עַל־רָאשֵׁי הַחַיָּה רָקִיעַ כְּעֵין הַקֶּרַח הַנּוֹרָא נָטוּי עַל־רָאשֵׁיהֶם מִלְמָעְלָה: וְתַחַת הָרָקִיעַ כַּנְפֵיהֶם יְשָׁרוֹת אִשָּׁה אֶל־אֲחוֹתָהּ לְאִישׁ שְׁתַּיִם מְכַסּוֹת לָהֵנָּה וּלְאִישׁ שְׁתַּיִם מְכַסּוֹת לָהֵנָּה אֵת גְּוִיֹּתֵיהֶם: וָאֶשְׁמַע אֶת־קוֹל כַּנְפֵיהֶם כְּקוֹל מַיִם רַבִּים כְּקוֹל־שַׁדַּי בְּלֶכְתָּם קוֹל הֲמֻלָּה כְּקוֹל מַחֲנֶה בְּעָמְדָם תְּרַפֶּינָה כַנְפֵיהֶן: וַיְהִי־קוֹל מֵעַל לָרָקִיעַ אֲשֶׁר עַל־רֹאשָׁם בְּעָמְדָם תְּרַפֶּינָה כַנְפֵיהֶן: וּמִמַּעַל לָרָקִיעַ אֲשֶׁר עַל־רֹאשָׁם כְּמַרְאֵה אֶבֶן־סַפִּיר דְּמוּת כִּסֵּא וְעַל דְּמוּת הַכִּסֵּא דְּמוּת כְּמַרְאֵה אָדָם עָלָיו מִלְמָעְלָה: וָאֵרֶא ׀ כְּעֵין חַשְׁמַל כְּמַרְאֵה־אֵשׁ בֵּית־לָהּ סָבִיב מִמַּרְאֵה מָתְנָיו וּלְמָעְלָה וּמִמַּרְאֵה מָתְנָיו וּלְמַטָּה רָאִיתִי כְּמַרְאֵה־אֵשׁ וְנֹגַהּ לוֹ סָבִיב: כְּמַרְאֵה הַקֶּשֶׁת אֲשֶׁר יִהְיֶה בֶעָנָן בְּיוֹם הַגֶּשֶׁם כֵּן מַרְאֵה הַנֹּגַהּ סָבִיב הוּא מַרְאֵה דְּמוּת כְּבוֹד־יְהוָה וָאֶרְאֶה וָאֶפֹּל עַל־פָּנַי וָאֶשְׁמַע קוֹל מְדַבֵּר: וַתִּשָּׂאֵנִי רוּחַ וָאֶשְׁמַע אַחֲרַי קוֹל רַעַשׁ גָּדוֹל בָּרוּךְ כְּבוֹד־יְהוָה מִמְּקוֹמוֹ:

הברכות אחר ההפטרה תמצא לעיל (עמ' 224).

## שבועות – יום שני

מוציאים ב' ספרי תורה. בספר הראשון קורין „כָּל הַבְּכוֹר” (עמ' 479) לחמשה אנשים ובשבת קורין שבעה אנשים ומתחילין „עַשֵּׂר תְּעַשֵּׂר” (עמ' 478, אחרון של פסח), ובספר השני מפטירין „וּבְיוֹם הַבִּכּוּרִים” כדאתמול.

הפטרה

הברכה לפני ההפטרה תמצא לעיל (עמ' 467).

(חבקוק ב:כ-ג:יט)

וַיהוָה בְּהֵיכַל קָדְשׁוֹ הַס מִפָּנָיו כָּל־הָאָרֶץ:
תְּפִלָּה לַחֲבַקּוּק הַנָּבִיא עַל שִׁגְיֹנוֹת:

ברוב קהילות אומרים „יְצִיב פִּתְגָּם.”

יְצִיב פִּתְגָּם, לְאָת וּדְגָם,
בְּרִבּוֹ רִבְּבָן עִי רִין:

עֲנֵי אֲנָא, בְּמִנְיָנָא,
דִּפְסִלִין אַרְבְּעָה טוּ — רִין:
קֳדָמוֹהִי, לְגוֹ מוֹהִי,
נְגִיד וּנְפִיק נְהַר דְּנוּ — רִין:
בְּטוּר תַּלְגָּא, נְהוֹר שְׁרַגָּא,
וְזִיקִין דְּנוּר וּבְעוּ — רִין:
בְּרָא וּסְכָא, מַה בַּחֲשׁוֹכָא,
וְעִמֵּיהּ שַׁרְיָן נְהוֹ — רִין:
רְחִיקִין צְפָא, בְּלָא שִׁטְפָא,
וְגַלְיָן לֵיהּ דְּמִטַּמְּ — רִין:
בָּעֵית מִנֵּיהּ, יַת הַרְמוֹנֵהּ,
וּבַתְרוֹהִי עֲדֵי גוּבְ — רִין:
יָדְעֵי הִלְכְּתָא, וּמַתְנִיתָא,
וְתוֹסֶפְתָּא סִפְרָא וְסִפְ — רִין:
מֶלֶךְ חַיָּא, לְעָלְמַיָּא,
יְמַגֵּן עַם לְהוֹן מְשַׁחְ — רִין:
אֲמִיר עֲלֵיהוֹן, כְּחֶלָא יְהוֹן,
וְלָא יִתְמְנוּן הֵיךְ עֲפְ — רִין:
יְחַוְּרוּן כְּעָן, לְהוֹן בִּקְעָן,
יְטוּפוּן נַעֲוְהִי חֲמְ — רִין:
רְעוּתְהוֹן הַב, וְאַפֵּיהוֹן צְהַב,
יְנַהֲרוּן כִּנְהַר צִפְ — רִין:
לִי הַב תְּקוֹף, וְעֵינָךְ זְקוֹף,
חֲזֵי עָרָךְ דְּבָךְ כַּפְ — רִין:
וִיהוֹן כְּתִבְנָא, בְּגוֹ לִבְנָא,
כְּאַבְנָא יִשְׁתְּקוּן חַפְ — רִין:
יְהוֹנָתָן, גְּבַר עִנְוְתָן,
בְּכֵן נִמְטֵי לֵהּ אַפְ — רִין:

יהוה שָׁמַעְתִּי שִׁמְעֲךָ יָרֵאתִי יהוה פָּעָלְךָ בְּקֶרֶב שָׁנִים חַיֵּיהוּ בְּקֶרֶב שָׁנִים תּוֹדִיעַ בְּרֹגֶז רַחֵם תִּזְכּוֹר: אֱלוֹהַּ מִתֵּימָן יָבוֹא וְקָדוֹשׁ מֵהַר־פָּארָן סֶלָה כִּסָּה שָׁמַיִם הוֹדוֹ וּתְהִלָּתוֹ מָלְאָה הָאָרֶץ: וְנֹגַהּ כָּאוֹר תִּהְיֶה קַרְנַיִם מִיָּדוֹ לוֹ וְשָׁם חֶבְיוֹן עֻזֹּה: לְפָנָיו יֵלֶךְ דָּבֶר וְיֵצֵא רֶשֶׁף לְרַגְלָיו: עָמַד | וַיְמֹדֶד אֶרֶץ רָאָה וַיַּתֵּר גּוֹיִם וַיִּתְפֹּצְצוּ הַרְרֵי־עַד שַׁחוּ גִּבְעוֹת עוֹלָם הֲלִיכוֹת עוֹלָם לוֹ: תַּחַת אָוֶן רָאִיתִי אָהֳלֵי כוּשָׁן יִרְגְּזוּן יְרִיעוֹת אֶרֶץ מִדְיָן: הֲבִנְהָרִים חָרָה יהוה אִם בַּנְּהָרִים אַפֶּךָ אִם־בַּיָּם עֶבְרָתֶךָ כִּי תִרְכַּב עַל־סוּסֶיךָ מַרְכְּבֹתֶיךָ יְשׁוּעָה: עֶרְיָה תֵעוֹר קַשְׁתֶּךָ שְׁבֻעוֹת מַטּוֹת אֹמֶר סֶלָה נְהָרוֹת תְּבַקַּע־אָרֶץ: רָאוּךָ יָחִילוּ הָרִים זֶרֶם מַיִם עָבָר נָתַן תְּהוֹם קוֹלוֹ רוֹם יָדֵיהוּ נָשָׂא: שֶׁמֶשׁ יָרֵחַ עָמַד זְבֻלָה לְאוֹר חִצֶּיךָ יְהַלֵּכוּ לְנֹגַהּ בְּרַק חֲנִיתֶךָ: בְּזַעַם תִּצְעַד־אָרֶץ בְּאַף תָּדוּשׁ גּוֹיִם: יָצָאתָ לְיֵשַׁע עַמֶּךָ לְיֵשַׁע אֶת־מְשִׁיחֶךָ מָחַצְתָּ רֹּאשׁ מִבֵּית רָשָׁע עָרוֹת יְסוֹד עַד־צַוָּאר סֶלָה: נָקַבְתָּ בְמַטָּיו רֹאשׁ פְּרָזָו יִסְעֲרוּ לַהֲפִיצֵנִי עֲלִיצֻתָם כְּמוֹ־לֶאֱכֹל עָנִי בַּמִּסְתָּר: דָּרַכְתָּ בַיָּם סוּסֶיךָ חֹמֶר מַיִם רַבִּים: שָׁמַעְתִּי | וַתִּרְגַּז בִּטְנִי לְקוֹל צָלְלוּ שְׂפָתַי יָבוֹא רָקָב בַּעֲצָמַי וְתַחְתַּי אֶרְגָּז אֲשֶׁר אָנוּחַ לְיוֹם צָרָה לַעֲלוֹת לְעַם יְגוּדֶנּוּ: כִּי־תְאֵנָה לֹא־תִפְרָח וְאֵין יְבוּל בַּגְּפָנִים כִּחֵשׁ מַעֲשֵׂה־זַיִת וּשְׁדֵמוֹת לֹא־עָשָׂה אֹכֶל גָּזַר מִמִּכְלָה צֹאן וְאֵין בָּקָר בָּרְפָתִים: וַאֲנִי בַּיהוה אֶעְלוֹזָה אָגִילָה בֵּאלֹהֵי יִשְׁעִי: יֱהֹוִה אֲדֹנָי חֵילִי וַיָּשֶׂם רַגְלַי כָּאַיָּלוֹת וְעַל־בָּמוֹתַי יַדְרִכֵנִי לַמְנַצֵּחַ בִּנְגִינוֹתָי:

הברכות אחר ההפטרה תמצא לעיל (עמ' 224).

## סוכות – יום ראשון ושני

מוציאים ב' ספרי תורה. בספר הראשון קורין חמשה אנשים בפ' „שור או כשב" (עמ' 471, פסח-יום שני), ובספר השני מפטירין במדבר כט:יב-טז.

מפטיר: וּבַחֲמִשָּׁה עָשָׂר יוֹם לַחֹדֶשׁ הַשְּׁבִיעִי מִקְרָא־קֹדֶשׁ יִהְיֶה לָכֶם כָּל־מְלֶאכֶת עֲבֹדָה לֹא תַעֲשׂוּ וְחַגֹּתֶם חַג לַיהוה שִׁבְעַת יָמִים: וְהִקְרַבְתֶּם עֹלָה אִשֵּׁה רֵיחַ נִיחֹחַ לַיהוה פָּרִים בְּנֵי־בָקָר שְׁלֹשָׁה עָשָׂר אֵילִם שְׁנָיִם כְּבָשִׂים בְּנֵי־שָׁנָה אַרְבָּעָה עָשָׂר תְּמִימִם יִהְיוּ: וּמִנְחָתָם סֹלֶת בְּלוּלָה בַשָּׁמֶן שְׁלֹשָׁה עֶשְׂרֹנִים לַפָּר הָאֶחָד לִשְׁלֹשָׁה עָשָׂר פָּרִים שְׁנֵי עֶשְׂרֹנִים לָאַיִל הָאֶחָד לִשְׁנֵי הָאֵילִם: וְעִשָּׂרוֹן עִשָּׂרוֹן לַכֶּבֶשׂ הָאֶחָד לְאַרְבָּעָה עָשָׂר כְּבָשִׂים: וּשְׂעִיר־עִזִּים אֶחָד חַטָּאת מִלְּבַד עֹלַת הַתָּמִיד מִנְחָתָהּ וְנִסְכָּהּ:

הפטרה ליום ראשון

הברכה לפני ההפטרה תמצא לעיל (עמ' 467).

(זכריה יד:א-כא)

הִנֵּה יוֹם־בָּא לַיהוה וְחֻלַּק שְׁלָלֵךְ בְּקִרְבֵּךְ: וְאָסַפְתִּי אֶת־כָּל־הַגּוֹיִם | אֶל־יְרוּשָׁלִַם לַמִּלְחָמָה וְנִלְכְּדָה הָעִיר וְנָשַׁסּוּ הַבָּתִּים וְהַנָּשִׁים תִּשָּׁגַלְנָה וְיָצָא חֲצִי הָעִיר בַּגּוֹלָה וְיֶתֶר הָעָם לֹא יִכָּרֵת מִן־הָעִיר: וְיָצָא יהוה וְנִלְחַם בַּגּוֹיִם הָהֵם כְּיוֹם הִלָּחֲמוֹ בְּיוֹם קְרָב: וְעָמְדוּ רַגְלָיו בַּיּוֹם־הַהוּא עַל־הַר הַזֵּיתִים אֲשֶׁר עַל־פְּנֵי יְרוּשָׁלִַם מִקֶּדֶם וְנִבְקַע הַר הַזֵּיתִים מֵחֶצְיוֹ מִזְרָחָה וָיָמָּה גֵּיא גְּדוֹלָה מְאֹד וּמָשׁ חֲצִי הָהָר צָפוֹנָה וְחֶצְיוֹ־נֶגְבָּה: וְנַסְתֶּם גֵּיא־הָרַי כִּי־יַגִּיעַ גֵּי־הָרִים אֶל־אָצַל וְנַסְתֶּם כַּאֲשֶׁר נַסְתֶּם מִפְּנֵי הָרַעַשׁ בִּימֵי עֻזִּיָּה מֶלֶךְ־יְהוּדָה וּבָא יהוה אֱלֹהַי כָּל־קְדֹשִׁים עִמָּךְ: וְהָיָה בַּיּוֹם הַהוּא לֹא־יִהְיֶה אוֹר יְקָרוֹת וְקִפָּאוֹן: וְהָיָה יוֹם־אֶחָד הוּא יִוָּדַע לַיהוה לֹא־יוֹם וְלֹא־לָיְלָה וְהָיָה לְעֵת־עֶרֶב יִהְיֶה־אוֹר: וְהָיָה | בַּיּוֹם

הַהוּא יֵצְאוּ מַיִם־חַיִּים מִירוּשָׁלַ͏ִם חֶצְיָם אֶל־הַיָּם הַקַּדְמוֹנִי וְחֶצְיָם אֶל־הַיָּם הָאַחֲרוֹן בַּקַּיִץ וּבָחֹרֶף יִהְיֶה: וְהָיָה יהוה לְמֶלֶךְ עַל־כָּל־הָאָרֶץ בַּיּוֹם הַהוּא יִהְיֶה יהוה אֶחָד וּשְׁמוֹ אֶחָד: יִסּוֹב כָּל־הָאָרֶץ כָּעֲרָבָה מִגֶּבַע לְרִמּוֹן נֶגֶב יְרוּשָׁלָ͏ִם וְרָאֲמָה וְיָשְׁבָה תַחְתֶּיהָ לְמִשַּׁעַר בִּנְיָמִן עַד־מְקוֹם שַׁעַר הָרִאשׁוֹן עַד־שַׁעַר הַפִּנִּים וּמִגְדַּל חֲנַנְאֵל עַד יִקְבֵי הַמֶּלֶךְ: וְיָשְׁבוּ בָהּ וְחֵרֶם לֹא יִהְיֶה־עוֹד וְיָשְׁבָה יְרוּשָׁלַ͏ִם לָבֶטַח: וְזֹאת ׀ תִּהְיֶה הַמַּגֵּפָה אֲשֶׁר יִגֹּף יהוה אֶת־כָּל־הָעַמִּים אֲשֶׁר צָבְאוּ עַל־יְרוּשָׁלָ͏ִם הָמֵק ׀ בְּשָׂרוֹ וְהוּא עֹמֵד עַל־רַגְלָיו וְעֵינָיו תִּמַּקְנָה בְחֹרֵיהֶן וּלְשׁוֹנוֹ תִּמַּק בְּפִיהֶם: וְהָיָה בַּיּוֹם הַהוּא תִּהְיֶה מְהוּמַת־יהוה רַבָּה בָּהֶם וְהֶחֱזִיקוּ אִישׁ יַד רֵעֵהוּ וְעָלְתָה יָדוֹ עַל־יַד רֵעֵהוּ: וְגַם־יְהוּדָה תִּלָּחֵם בִּירוּשָׁלָ͏ִם וְאֻסַּף חֵיל כָּל־הַגּוֹיִם סָבִיב זָהָב וָכֶסֶף וּבְגָדִים לָרֹב מְאֹד: וְכֵן תִּהְיֶה מַגֵּפַת הַסּוּס הַפֶּרֶד הַגָּמָל וְהַחֲמוֹר וְכָל־הַבְּהֵמָה אֲשֶׁר יִהְיֶה בַּמַּחֲנוֹת הָהֵמָּה כַּמַּגֵּפָה הַזֹּאת: וְהָיָה כָּל־הַנּוֹתָר מִכָּל־הַגּוֹיִם הַבָּאִים עַל־יְרוּשָׁלָ͏ִם וְעָלוּ מִדֵּי שָׁנָה בְשָׁנָה לְהִשְׁתַּחֲוֺת לְמֶלֶךְ יהוה צְבָאוֹת וְלָחֹג אֶת־חַג הַסֻּכּוֹת: וְהָיָה אֲשֶׁר לֹא־יַעֲלֶה מֵאֵת מִשְׁפְּחוֹת הָאָרֶץ אֶל־יְרוּשָׁלַ͏ִם לְהִשְׁתַּחֲוֺת לְמֶלֶךְ יהוה צְבָאוֹת וְלֹא עֲלֵיהֶם יִהְיֶה הַגָּשֶׁם: וְאִם־מִשְׁפַּחַת מִצְרַיִם לֹא־תַעֲלֶה וְלֹא בָאָה וְלֹא עֲלֵיהֶם תִּהְיֶה הַמַּגֵּפָה אֲשֶׁר יִגֹּף יהוה אֶת־הַגּוֹיִם אֲשֶׁר לֹא יַעֲלוּ לָחֹג אֶת־חַג הַסֻּכּוֹת: זֹאת תִּהְיֶה חַטַּאת מִצְרָיִם וְחַטַּאת כָּל־הַגּוֹיִם אֲשֶׁר לֹא יַעֲלוּ לָחֹג אֶת־חַג הַסֻּכּוֹת: בַּיּוֹם הַהוּא יִהְיֶה עַל־מְצִלּוֹת הַסּוּס קֹדֶשׁ לַיהוה וְהָיָה הַסִּירוֹת בְּבֵית יהוה כַּמִּזְרָקִים לִפְנֵי הַמִּזְבֵּחַ: וְהָיָה כָּל־סִיר בִּירוּשָׁלַ͏ִם וּבִיהוּדָה קֹדֶשׁ לַיהוה צְבָאוֹת וּבָאוּ כָּל־הַזֹּבְחִים וְלָקְחוּ מֵהֶם וּבִשְּׁלוּ בָהֶם וְלֹא־יִהְיֶה כְנַעֲנִי עוֹד בְּבֵית־יהוה צְבָאוֹת בַּיּוֹם הַהוּא:

הברכות אחר ההפטרה תמצא לעיל (עמ' 224).

## הפטרה ליום שני

הברכה לפני ההפטרה תמצא לעיל (עמ' 467).

(מלכים א ח:ב-כא)

וַיִּקָּהֲלוּ אֶל־הַמֶּלֶךְ שְׁלֹמֹה כָּל־אִישׁ יִשְׂרָאֵל בְּיֶרַח הָאֵתָנִים בֶּחָג הוּא הַחֹדֶשׁ הַשְּׁבִיעִי: וַיָּבֹאוּ כֹּל זִקְנֵי יִשְׂרָאֵל וַיִּשְׂאוּ הַכֹּהֲנִים אֶת־הָאָרוֹן: וַיַּעֲלוּ אֶת־אֲרוֹן יהוה וְאֶת־אֹהֶל מוֹעֵד וְאֶת־כָּל־כְּלֵי הַקֹּדֶשׁ אֲשֶׁר בָּאֹהֶל וַיַּעֲלוּ אֹתָם הַכֹּהֲנִים וְהַלְוִיִּם: וְהַמֶּלֶךְ שְׁלֹמֹה וְכָל־עֲדַת יִשְׂרָאֵל הַנּוֹעָדִים עָלָיו אִתּוֹ לִפְנֵי הָאָרוֹן מְזַבְּחִים צֹאן וּבָקָר אֲשֶׁר לֹא־יִסָּפְרוּ וְלֹא יִמָּנוּ מֵרֹב: וַיָּבִאוּ הַכֹּהֲנִים אֶת־אֲרוֹן בְּרִית־יהוה אֶל־מְקוֹמוֹ אֶל־דְּבִיר הַבַּיִת אֶל־קֹדֶשׁ הַקֳּדָשִׁים אֶל־תַּחַת כַּנְפֵי הַכְּרוּבִים: כִּי הַכְּרוּבִים פֹּרְשִׂים כְּנָפַיִם אֶל־מְקוֹם הָאָרוֹן וַיָּסֹכּוּ הַכְּרֻבִים עַל־הָאָרוֹן וְעַל־בַּדָּיו מִלְמָעְלָה: וַיַּאֲרִכוּ הַבַּדִּים וַיֵּרָאוּ רָאשֵׁי הַבַּדִּים מִן־הַקֹּדֶשׁ עַל־פְּנֵי הַדְּבִיר וְלֹא יֵרָאוּ הַחוּצָה וַיִּהְיוּ שָׁם עַד הַיּוֹם הַזֶּה: אֵין בָּאָרוֹן רַק שְׁנֵי לֻחוֹת הָאֲבָנִים אֲשֶׁר הִנִּחַ שָׁם מֹשֶׁה בְּחֹרֵב אֲשֶׁר כָּרַת יהוה עִם־בְּנֵי יִשְׂרָאֵל בְּצֵאתָם מֵאֶרֶץ מִצְרָיִם: וַיְהִי בְּצֵאת הַכֹּהֲנִים מִן־הַקֹּדֶשׁ וְהֶעָנָן מָלֵא אֶת־בֵּית יהוה: וְלֹא־יָכְלוּ הַכֹּהֲנִים לַעֲמֹד לְשָׁרֵת מִפְּנֵי הֶעָנָן כִּי־מָלֵא כְבוֹד־יהוה אֶת־בֵּית יהוה: אָז אָמַר שְׁלֹמֹה יהוה אָמַר לִשְׁכֹּן בָּעֲרָפֶל: בָּנֹה בָנִיתִי בֵּית זְבֻל לָךְ מָכוֹן לְשִׁבְתְּךָ עוֹלָמִים: וַיַּסֵּב הַמֶּלֶךְ אֶת־פָּנָיו וַיְבָרֶךְ אֵת כָּל־קְהַל יִשְׂרָאֵל וְכָל־קְהַל יִשְׂרָאֵל עֹמֵד: וַיֹּאמֶר בָּרוּךְ יהוה אֱלֹהֵי יִשְׂרָאֵל אֲשֶׁר דִּבֶּר בְּפִיו אֵת דָּוִד אָבִי וּבְיָדוֹ מִלֵּא לֵאמֹר: מִן־הַיּוֹם אֲשֶׁר הוֹצֵאתִי אֶת־עַמִּי אֶת־יִשְׂרָאֵל מִמִּצְרַיִם לֹא־בָחַרְתִּי בְעִיר מִכֹּל שִׁבְטֵי יִשְׂרָאֵל לִבְנוֹת בַּיִת לִהְיוֹת שְׁמִי שָׁם וָאֶבְחַר בְּדָוִד לִהְיוֹת עַל־עַמִּי יִשְׂרָאֵל: וַיְהִי עִם־לְבַב דָּוִד אָבִי לִבְנוֹת בַּיִת לְשֵׁם יהוה אֱלֹהֵי יִשְׂרָאֵל: וַיֹּאמֶר יהוה אֶל־דָּוִד אָבִי יַעַן אֲשֶׁר הָיָה עִם־לְבָבְךָ לִבְנוֹת בַּיִת לִשְׁמִי הֱטִיבֹתָ כִּי הָיָה עִם־לְבָבֶךָ: רַק אַתָּה לֹא תִבְנֶה הַבָּיִת כִּי אִם־בִּנְךָ הַיֹּצֵא מֵחֲלָצֶיךָ הוּא־יִבְנֶה הַבַּיִת לִשְׁמִי: וַיָּקֶם יהוה אֶת־דְּבָרוֹ אֲשֶׁר דִּבֵּר וָאָקֻם תַּחַת דָּוִד אָבִי וָאֵשֵׁב ׀ עַל־כִּסֵּא יִשְׂרָאֵל כַּאֲשֶׁר דִּבֶּר יהוה וָאֶבְנֶה הַבַּיִת לְשֵׁם יהוה אֱלֹהֵי יִשְׂרָאֵל: וָאָשִׂם שָׁם מָקוֹם לָאָרוֹן אֲשֶׁר־שָׁם בְּרִית יהוה אֲשֶׁר כָּרַת עִם־אֲבֹתֵינוּ בְּהוֹצִיאוֹ אֹתָם מֵאֶרֶץ מִצְרָיִם:

הברכות אחר ההפטרה תמצא לעיל (עמ' 224).

## ליום א' דחוה"מ

(במדבר כט:יז-כב)

כהן: וּבַיּוֹם הַשֵּׁנִי פָּרִים בְּנֵי־בָקָר שְׁנֵים עָשָׂר אֵילִם שְׁנָיִם כְּבָשִׂים בְּנֵי־שָׁנָה אַרְבָּעָה עָשָׂר תְּמִימִם: וּמִנְחָתָם וְנִסְכֵּיהֶם לַפָּרִים לָאֵילִם וְלַכְּבָשִׂים בְּמִסְפָּרָם כַּמִּשְׁפָּט: וּשְׂעִיר־עִזִּים אֶחָד חַטָּאת מִלְּבַד עֹלַת הַתָּמִיד וּמִנְחָתָהּ וְנִסְכֵּיהֶם:

לוי: וּבַיּוֹם הַשְּׁלִישִׁי פָּרִים עַשְׁתֵּי־עָשָׂר אֵילִם שְׁנָיִם כְּבָשִׂים בְּנֵי־שָׁנָה אַרְבָּעָה עָשָׂר תְּמִימִם:

וּמִנְחָתָם וְנִסְכֵּיהֶם לַפָּרִים לָאֵילִם וְלַכְּבָשִׂים בְּמִסְפָּרָם כַּמִּשְׁפָּט: וּשְׂעִיר חַטָּאת אֶחָד מִלְּבַד עֹלַת הַתָּמִיד וּמִנְחָתָהּ וְנִסְכָּהּ:

שלישי: וּבַיּוֹם הָרְבִיעִי פָּרִים עֲשָׂרָה אֵילִם שְׁנָיִם כְּבָשִׂים בְּנֵי־שָׁנָה אַרְבָּעָה עָשָׂר תְּמִימִם: מִנְחָתָם וְנִסְכֵּיהֶם לַפָּרִים לָאֵילִם וְלַכְּבָשִׂים בְּמִסְפָּרָם כַּמִּשְׁפָּט: וּשְׂעִיר־עִזִּים אֶחָד חַטָּאת מִלְּבַד עֹלַת הַתָּמִיד מִנְחָתָהּ וְנִסְכָּהּ:

רביעי: וּבַיּוֹם הַשֵּׁנִי פָּרִים בְּנֵי־בָקָר שְׁנֵים עָשָׂר אֵילִם שְׁנָיִם כְּבָשִׂים בְּנֵי־שָׁנָה אַרְבָּעָה עָשָׂר תְּמִימִם: וּמִנְחָתָם וְנִסְכֵּיהֶם לַפָּרִים לָאֵילִם וְלַכְּבָשִׂים בְּמִסְפָּרָם כַּמִּשְׁפָּט: וּשְׂעִיר־עִזִּים אֶחָד חַטָּאת מִלְּבַד עֹלַת הַתָּמִיד וּמִנְחָתָהּ וְנִסְכֵּיהֶם: וּבַיּוֹם הַשְּׁלִישִׁי פָּרִים עַשְׁתֵּי־עָשָׂר אֵילִם שְׁנָיִם כְּבָשִׂים בְּנֵי־שָׁנָה אַרְבָּעָה עָשָׂר תְּמִימִם: וּמִנְחָתָם וְנִסְכֵּיהֶם לַפָּרִים לָאֵילִם וְלַכְּבָשִׂים בְּמִסְפָּרָם כַּמִּשְׁפָּט: וּשְׂעִיר חַטָּאת אֶחָד מִלְּבַד עֹלַת הַתָּמִיד וּמִנְחָתָהּ וְנִסְכָּהּ:

## ליום ב׳ דחוה״מ

(במדבר כט:כ-כח)

כהן: וּבַיּוֹם הַשְּׁלִישִׁי פָּרִים עַשְׁתֵּי־עָשָׂר אֵילִם שְׁנָיִם כְּבָשִׂים בְּנֵי־שָׁנָה אַרְבָּעָה עָשָׂר תְּמִימִם: וּמִנְחָתָם וְנִסְכֵּיהֶם לַפָּרִים לָאֵילִם וְלַכְּבָשִׂים בְּמִסְפָּרָם כַּמִּשְׁפָּט: וּשְׂעִיר חַטָּאת אֶחָד מִלְּבַד עֹלַת הַתָּמִיד וּמִנְחָתָהּ וְנִסְכָּהּ:

לוי: וּבַיּוֹם הָרְבִיעִי פָּרִים עֲשָׂרָה אֵילִם שְׁנָיִם כְּבָשִׂים בְּנֵי־שָׁנָה אַרְבָּעָה עָשָׂר תְּמִימִם: מִנְחָתָם וְנִסְכֵּיהֶם לַפָּרִים לָאֵילִם וְלַכְּבָשִׂים בְּמִסְפָּרָם כַּמִּשְׁפָּט: וּשְׂעִיר־עִזִּים אֶחָד חַטָּאת מִלְּבַד עֹלַת הַתָּמִיד מִנְחָתָהּ וְנִסְכָּהּ:

שלישי: וּבַיּוֹם הַחֲמִישִׁי פָּרִים תִּשְׁעָה אֵילִם שְׁנָיִם כְּבָשִׂים בְּנֵי־שָׁנָה אַרְבָּעָה עָשָׂר תְּמִימִם: וּמִנְחָתָם וְנִסְכֵּיהֶם לַפָּרִים לָאֵילִם וְלַכְּבָשִׂים בְּמִסְפָּרָם כַּמִּשְׁפָּט: וּשְׂעִיר חַטָּאת אֶחָד מִלְּבַד עֹלַת הַתָּמִיד וּמִנְחָתָהּ וְנִסְכָּהּ:

רביעי: וּבַיּוֹם הַשְּׁלִישִׁי פָּרִים עַשְׁתֵּי־עָשָׂר אֵילִם שְׁנָיִם כְּבָשִׂים בְּנֵי־שָׁנָה אַרְבָּעָה עָשָׂר תְּמִימִם: וּמִנְחָתָם וְנִסְכֵּיהֶם לַפָּרִים לָאֵילִם וְלַכְּבָשִׂים בְּמִסְפָּרָם כַּמִּשְׁפָּט: וּשְׂעִיר חַטָּאת אֶחָד מִלְּבַד עֹלַת הַתָּמִיד וּמִנְחָתָהּ וְנִסְכָּהּ: וּבַיּוֹם הָרְבִיעִי פָּרִים עֲשָׂרָה אֵילִם שְׁנָיִם כְּבָשִׂים בְּנֵי־שָׁנָה אַרְבָּעָה עָשָׂר תְּמִימִם: מִנְחָתָם וְנִסְכֵּיהֶם לַפָּרִים לָאֵילִם וְלַכְּבָשִׂים בְּמִסְפָּרָם כַּמִּשְׁפָּט: וּשְׂעִיר־עִזִּים אֶחָד חַטָּאת מִלְּבַד עֹלַת הַתָּמִיד מִנְחָתָהּ וְנִסְכָּהּ:

## ליום ג׳ דחוה״מ

(במדבר כט:כג-לא)

כהן: וּבַיּוֹם הָרְבִיעִי פָּרִים עֲשָׂרָה אֵילִם שְׁנָיִם כְּבָשִׂים בְּנֵי־שָׁנָה אַרְבָּעָה עָשָׂר תְּמִימִם: מִנְחָתָם וְנִסְכֵּיהֶם לַפָּרִים לָאֵילִם וְלַכְּבָשִׂים בְּמִסְפָּרָם כַּמִּשְׁפָּט: וּשְׂעִיר־עִזִּים אֶחָד חַטָּאת מִלְּבַד עֹלַת הַתָּמִיד מִנְחָתָהּ וְנִסְכָּהּ:

לוי: וּבַיּוֹם הַחֲמִישִׁי פָּרִים תִּשְׁעָה אֵילִם שְׁנָיִם כְּבָשִׂים בְּנֵי־שָׁנָה אַרְבָּעָה עָשָׂר תְּמִימִם: וּמִנְחָתָם וְנִסְכֵּיהֶם לַפָּרִים לָאֵילִם וְלַכְּבָשִׂים בְּמִסְפָּרָם כַּמִּשְׁפָּט: וּשְׂעִיר חַטָּאת אֶחָד מִלְּבַד עֹלַת הַתָּמִיד וּמִנְחָתָהּ וְנִסְכָּהּ:

שלישי: וּבַיּוֹם הַשִּׁשִּׁי פָּרִים שְׁמֹנָה אֵילִם שְׁנָיִם כְּבָשִׂים בְּנֵי־שָׁנָה אַרְבָּעָה עָשָׂר תְּמִימִם: וּמִנְחָתָם וְנִסְכֵּיהֶם לַפָּרִים לָאֵילִם וְלַכְּבָשִׂים בְּמִסְפָּרָם כַּמִּשְׁפָּט: וּשְׂעִיר חַטָּאת אֶחָד מִלְּבַד עֹלַת הַתָּמִיד מִנְחָתָהּ וּנְסָכֶיהָ:

רביעי: וּבַיּוֹם הָרְבִיעִי פָּרִים עֲשָׂרָה אֵילִם שְׁנָיִם כְּבָשִׂים בְּנֵי־שָׁנָה אַרְבָּעָה עָשָׂר תְּמִימִם: מִנְחָתָם וְנִסְכֵּיהֶם לַפָּרִים לָאֵילִם וְלַכְּבָשִׂים בְּמִסְפָּרָם כַּמִּשְׁפָּט: וּשְׂעִיר־עִזִּים אֶחָד חַטָּאת מִלְּבַד עֹלַת הַתָּמִיד מִנְחָתָהּ וְנִסְכָּהּ: וּבַיּוֹם הַחֲמִישִׁי פָּרִים תִּשְׁעָה אֵילִם שְׁנָיִם כְּבָשִׂים בְּנֵי־שָׁנָה אַרְבָּעָה עָשָׂר תְּמִימִם: וּמִנְחָתָם וְנִסְכֵּיהֶם לַפָּרִים לָאֵילִם וְלַכְּבָשִׂים בְּמִסְפָּרָם כַּמִּשְׁפָּט: וּשְׂעִיר חַטָּאת אֶחָד מִלְּבַד עֹלַת הַתָּמִיד וּמִנְחָתָהּ וְנִסְכָּהּ:

## ליום ד׳ דחוה״מ

(במדבר כט:כו-לד)

כהן: וּבַיּוֹם הַחֲמִישִׁי פָּרִים תִּשְׁעָה אֵילִם שְׁנָיִם כְּבָשִׂים בְּנֵי־שָׁנָה אַרְבָּעָה עָשָׂר תְּמִימִם: וּמִנְחָתָם וְנִסְכֵּיהֶם לַפָּרִים לָאֵילִם וְלַכְּבָשִׂים בְּמִסְפָּרָם כַּמִּשְׁפָּט: וּשְׂעִיר חַטָּאת אֶחָד מִלְּבַד עֹלַת הַתָּמִיד וּמִנְחָתָהּ וְנִסְכָּהּ:

לוי: וּבַיּוֹם הַשִּׁשִּׁי פָּרִים שְׁמֹנָה אֵילִם שְׁנָיִם כְּבָשִׂים בְּנֵי־שָׁנָה אַרְבָּעָה עָשָׂר תְּמִימִם: וּמִנְחָתָם וְנִסְכֵּיהֶם לַפָּרִים לָאֵילִם וְלַכְּבָשִׂים בְּמִסְפָּרָם כַּמִּשְׁפָּט: וּשְׂעִיר חַטָּאת אֶחָד מִלְּבַד עֹלַת הַתָּמִיד מִנְחָתָהּ וּנְסָכֶיהָ:

שלישי: וּבַיּוֹם הַשְּׁבִיעִי פָּרִים שִׁבְעָה אֵילִם שְׁנָיִם כְּבָשִׂים בְּנֵי־שָׁנָה אַרְבָּעָה עָשָׂר תְּמִימִם: וּמִנְחָתָם וְנִסְכֵּהֶם לַפָּרִים לָאֵילִם וְלַכְּבָשִׂים בְּמִסְפָּרָם כְּמִשְׁפָּטָם: וּשְׂעִיר חַטָּאת אֶחָד מִלְּבַד עֹלַת הַתָּמִיד מִנְחָתָהּ וְנִסְכָּהּ:

רביעי: וּבַיּוֹם הַחֲמִישִׁי פָּרִים תִּשְׁעָה אֵילִם שְׁנָיִם

כְּבָשִׂים בְּנֵי־שָׁנָה אַרְבָּעָה עָשָׂר תְּמִימִם: וּמִנְחָתָם וְנִסְכֵּיהֶם לַפָּרִים לָאֵילִם וְלַכְּבָשִׂים בְּמִסְפָּרָם כַּמִּשְׁפָּט: וּשְׂעִיר חַטָּאת אֶחָד מִלְּבַד עֹלַת הַתָּמִיד וּמִנְחָתָהּ וְנִסְכָּהּ: וּבַיּוֹם הַשִּׁשִּׁי פָּרִים שְׁמֹנָה אֵילִם שְׁנָיִם כְּבָשִׂים בְּנֵי־שָׁנָה אַרְבָּעָה עָשָׂר תְּמִימִם: וּמִנְחָתָם וְנִסְכֵּיהֶם לַפָּרִים לָאֵילִם וְלַכְּבָשִׂים בְּמִסְפָּרָם כַּמִּשְׁפָּט: וּשְׂעִיר חַטָּאת אֶחָד מִלְּבַד עֹלַת הַתָּמִיד מִנְחָתָהּ וּנְסָכֶיהָ:

---

להושענא רבה

---

(במדבר כט:כו-לד)

כהן: וּבַיּוֹם הַחֲמִישִׁי פָּרִים תִּשְׁעָה אֵילִם שְׁנָיִם כְּבָשִׂים בְּנֵי־שָׁנָה אַרְבָּעָה עָשָׂר תְּמִימִם: וּמִנְחָתָם וְנִסְכֵּיהֶם לַפָּרִים לָאֵילִם וְלַכְּבָשִׂים בְּמִסְפָּרָם כַּמִּשְׁפָּט: וּשְׂעִיר חַטָּאת אֶחָד מִלְּבַד עֹלַת הַתָּמִיד וּמִנְחָתָהּ וְנִסְכָּהּ:

לוי: וּבַיּוֹם הַשִּׁשִּׁי פָּרִים שְׁמֹנָה אֵילִם שְׁנָיִם כְּבָשִׂים בְּנֵי־שָׁנָה אַרְבָּעָה עָשָׂר תְּמִימִם: וּמִנְחָתָם וְנִסְכֵּיהֶם לַפָּרִים לָאֵילִם וְלַכְּבָשִׂים בְּמִסְפָּרָם כַּמִּשְׁפָּט: וּשְׂעִיר חַטָּאת אֶחָד מִלְּבַד עֹלַת הַתָּמִיד מִנְחָתָהּ וּנְסָכֶיהָ:

שלישי: וּבַיּוֹם הַשְּׁבִיעִי פָּרִים שִׁבְעָה אֵילִם שְׁנָיִם כְּבָשִׂים בְּנֵי־שָׁנָה אַרְבָּעָה עָשָׂר תְּמִימִם: וּמִנְחָתָם וְנִסְכֵּהֶם לַפָּרִים לָאֵילִם וְלַכְּבָשִׂים בְּמִסְפָּרָם כְּמִשְׁפָּטָם: וּשְׂעִיר חַטָּאת אֶחָד מִלְּבַד עֹלַת הַתָּמִיד מִנְחָתָהּ וְנִסְכָּהּ:

רביעי: וּבַיּוֹם הַשִּׁשִּׁי פָּרִים שְׁמֹנָה אֵילִם שְׁנָיִם כְּבָשִׂים בְּנֵי־שָׁנָה אַרְבָּעָה עָשָׂר תְּמִימִם: וּמִנְחָתָם וְנִסְכֵּיהֶם לַפָּרִים לָאֵילִם וְלַכְּבָשִׂים בְּמִסְפָּרָם כַּמִּשְׁפָּט: וּשְׂעִיר חַטָּאת אֶחָד מִלְּבַד עֹלַת הַתָּמִיד מִנְחָתָהּ וּנְסָכֶיהָ: וּבַיּוֹם הַשְּׁבִיעִי פָּרִים שִׁבְעָה אֵילִם שְׁנָיִם כְּבָשִׂים בְּנֵי־שָׁנָה אַרְבָּעָה עָשָׂר תְּמִימִם: וּמִנְחָתָם וְנִסְכֵּהֶם לַפָּרִים לָאֵילִם וְלַכְּבָשִׂים בְּמִסְפָּרָם כְּמִשְׁפָּטָם: וּשְׂעִיר חַטָּאת אֶחָד מִלְּבַד עֹלַת הַתָּמִיד מִנְחָתָהּ וְנִסְכָּהּ:

---

לשבת חוה"מ

---

מוציאים ב' ס"ת. בספר הראשון קורין שבעה אנשים בפ' תשא (עמ' 475, שבת חוה"מ פסח), ובספר השני מפטירין בפ' פינחס „וּבַיּוֹם ..." קריאת הרביעי של אותו היום (עמ' 483).

הפטרה

הברכה לפני ההפטרה תמצא לעיל (עמ' 467).

(יחזקאל לח:יח-לט:טז)

וְהָיָה | בַּיּוֹם הַהוּא בְּיוֹם בּוֹא גוֹג עַל־אַדְמַת יִשְׂרָאֵל נְאֻם אֲדֹנָי יֱהוִֹה תַּעֲלֶה חֲמָתִי בְּאַפִּי: וּבְקִנְאָתִי בְאֵשׁ־עֶבְרָתִי דִּבַּרְתִּי אִם־לֹא | בַּיּוֹם הַהוּא יִהְיֶה רַעַשׁ גָּדוֹל עַל אַדְמַת יִשְׂרָאֵל: וְרָעֲשׁוּ מִפָּנַי דְּגֵי הַיָּם וְעוֹף הַשָּׁמַיִם וְחַיַּת הַשָּׂדֶה וְכָל־הָרֶמֶשׂ הָרֹמֵשׂ עַל־הָאֲדָמָה וְכֹל הָאָדָם אֲשֶׁר עַל־פְּנֵי הָאֲדָמָה וְנֶהֶרְסוּ הֶהָרִים וְנָפְלוּ הַמַּדְרֵגוֹת וְכָל־חוֹמָה לָאָרֶץ תִּפּוֹל: וְקָרָאתִי עָלָיו לְכָל־הָרַי חֶרֶב נְאֻם אֲדֹנָי יֱהוִֹה חֶרֶב אִישׁ בְּאָחִיו תִּהְיֶה: וְנִשְׁפַּטְתִּי אִתּוֹ בְּדֶבֶר וּבְדָם וְגֶשֶׁם שׁוֹטֵף וְאַבְנֵי אֶלְגָּבִישׁ אֵשׁ וְגָפְרִית אַמְטִיר עָלָיו וְעַל־אֲגַפָּיו וְעַל־עַמִּים רַבִּים אֲשֶׁר אִתּוֹ: וְהִתְגַּדִּלְתִּי וְהִתְקַדִּשְׁתִּי וְנוֹדַעְתִּי לְעֵינֵי גּוֹיִם רַבִּים וְיָדְעוּ כִּי־אֲנִי יהוה: וְאַתָּה בֶן־אָדָם הִנָּבֵא עַל־גּוֹג וְאָמַרְתָּ כֹּה אָמַר אֲדֹנָי יֱהוִֹה הִנְנִי אֵלֶיךָ גּוֹג נְשִׂיא רֹאשׁ מֶשֶׁךְ וְתֻבָל: וְשֹׁבַבְתִּיךָ וְשִׁשֵּׁאתִיךָ וְהַעֲלִיתִיךָ מִיַּרְכְּתֵי צָפוֹן וַהֲבִאוֹתִךָ עַל־הָרֵי יִשְׂרָאֵל: וְהִכֵּיתִי קַשְׁתְּךָ מִיַּד שְׂמֹאולֶךָ וְחִצֶּיךָ מִיַּד יְמִינְךָ אַפִּיל: עַל־הָרֵי יִשְׂרָאֵל תִּפּוֹל אַתָּה וְכָל־אֲגַפֶּיךָ וְעַמִּים אֲשֶׁר אִתָּךְ לְעֵיט צִפּוֹר כָּל־כָּנָף וְחַיַּת הַשָּׂדֶה נְתַתִּיךָ לְאָכְלָה: עַל־פְּנֵי הַשָּׂדֶה תִּפּוֹל כִּי אֲנִי דִבַּרְתִּי נְאֻם אֲדֹנָי יֱהוִֹה: וְשִׁלַּחְתִּי־אֵשׁ בְּמָגוֹג וּבְיֹשְׁבֵי הָאִיִּים לָבֶטַח וְיָדְעוּ כִּי־אֲנִי יהוה: וְאֶת־שֵׁם קָדְשִׁי אוֹדִיעַ בְּתוֹךְ עַמִּי יִשְׂרָאֵל וְלֹא־אַחֵל אֶת־שֵׁם־קָדְשִׁי עוֹד וְיָדְעוּ הַגּוֹיִם כִּי־אֲנִי יהוה קָדוֹשׁ בְּיִשְׂרָאֵל: הִנֵּה בָאָה וְנִהְיָתָה נְאֻם אֲדֹנָי יֱהוִֹה הוּא הַיּוֹם אֲשֶׁר דִּבַּרְתִּי: וְיָצְאוּ יֹשְׁבֵי | עָרֵי יִשְׂרָאֵל וּבִעֲרוּ וְהִשִּׂיקוּ בְּנֶשֶׁק וּמָגֵן וְצִנָּה בְּקֶשֶׁת וּבְחִצִּים וּבְמַקֵּל יָד וּבְרֹמַח וּבִעֲרוּ בָהֶם אֵשׁ שֶׁבַע שָׁנִים: וְלֹא־יִשְׂאוּ עֵצִים מִן־הַשָּׂדֶה וְלֹא יַחְטְבוּ מִן־הַיְּעָרִים כִּי בַנֶּשֶׁק יְבַעֲרוּ־אֵשׁ וְשָׁלְלוּ אֶת־שֹׁלְלֵיהֶם וּבָזְזוּ אֶת־בֹּזְזֵיהֶם נְאֻם אֲדֹנָי יֱהוִֹה: וְהָיָה בַיּוֹם הַהוּא אֶתֵּן לְגוֹג | מְקוֹם־שָׁם קֶבֶר בְּיִשְׂרָאֵל גֵּי הָעֹבְרִים קִדְמַת הַיָּם וְחֹסֶמֶת הִיא אֶת־הָעֹבְרִים וְקָבְרוּ שָׁם אֶת־גּוֹג וְאֶת־כָּל־הֲמוֹנֹה וְקָרְאוּ גֵּיא הֲמוֹן גּוֹג: וּקְבָרוּם בֵּית יִשְׂרָאֵל לְמַעַן טַהֵר אֶת־הָאָרֶץ שִׁבְעָה חֳדָשִׁים: וְקָבְרוּ כָּל־עַם הָאָרֶץ וְהָיָה לָהֶם לְשֵׁם יוֹם הִכָּבְדִי נְאֻם אֲדֹנָי יֱהוִֹה: וְאַנְשֵׁי תָמִיד יַבְדִּילוּ עֹבְרִים בָּאָרֶץ מְקַבְּרִים אֶת־הָעֹבְרִים אֶת־הַנּוֹתָרִים עַל־פְּנֵי הָאָרֶץ לְטַהֲרָהּ מִקְצֵה שִׁבְעָה־חֳדָשִׁים יַחְקֹרוּ: וְעָבְרוּ הָעֹבְרִים בָּאָרֶץ וְרָאָה עֶצֶם אָדָם וּבָנָה אֶצְלוֹ צִיּוּן עַד קָבְרוּ אֹתוֹ הַמְקַבְּרִים אֶל־גֵּיא הֲמוֹן גּוֹג: וְגַם שֶׁם־עִיר הֲמוֹנָה וְטִהֲרוּ הָאָרֶץ:

הברכות אחר ההפטרה תמצא לעיל (עמ' 224).

## שמיני עצרת

מוציאים ב׳ ספרי תורה. בספר הראשון קורין לחמשה אנשים בפ׳ „עַשֵּׂר תְּעַשֵּׂר" (עמ׳ 478, אחרון של פסח),
ובספר השני מפטירין במדבר כט:לה-ל:א.

מפטיר: בַּיּוֹם הַשְּׁמִינִי עֲצֶרֶת תִּהְיֶה לָכֶם כָּל־מְלֶאכֶת עֲבֹדָה לֹא תַעֲשׂוּ: וְהִקְרַבְתֶּם עֹלָה אִשֵּׁה רֵיחַ נִיחֹחַ לַיהוָה פַּר אֶחָד אַיִל אֶחָד כְּבָשִׂים בְּנֵי־שָׁנָה שִׁבְעָה תְּמִימִם: מִנְחָתָם וְנִסְכֵּיהֶם לַפָּר לָאַיִל וְלַכְּבָשִׂים בְּמִסְפָּרָם כַּמִּשְׁפָּט: וּשְׂעִיר חַטָּאת אֶחָד מִלְּבַד עֹלַת הַתָּמִיד וּמִנְחָתָהּ וְנִסְכָּהּ: אֵלֶּה תַּעֲשׂוּ לַיהוָה בְּמוֹעֲדֵיכֶם לְבַד מִנִּדְרֵיכֶם וְנִדְבֹתֵיכֶם לְעֹלֹתֵיכֶם וּלְמִנְחֹתֵיכֶם וּלְנִסְכֵּיכֶם וּלְשַׁלְמֵיכֶם: וַיֹּאמֶר מֹשֶׁה אֶל־בְּנֵי יִשְׂרָאֵל כְּכֹל אֲשֶׁר־צִוָּה יהוה אֶת־מֹשֶׁה:

הפטרה לשמיני עצרת

הברכה לפני ההפטרה תמצא לעיל (עמ׳ 467).

(מלכים א ח:נד-ט:א)

וַיְהִי | כְּכַלּוֹת שְׁלֹמֹה לְהִתְפַּלֵּל אֶל־יהוה אֵת כָּל־הַתְּפִלָּה וְהַתְּחִנָּה הַזֹּאת קָם מִלִּפְנֵי מִזְבַּח יהוה מִכְּרֹעַ עַל־בִּרְכָּיו וְכַפָּיו פְּרֻשׂוֹת הַשָּׁמָיִם: וַיַּעֲמֹד וַיְבָרֶךְ אֵת כָּל־קְהַל יִשְׂרָאֵל קוֹל גָּדוֹל לֵאמֹר: בָּרוּךְ יהוה אֲשֶׁר נָתַן מְנוּחָה לְעַמּוֹ יִשְׂרָאֵל כְּכֹל אֲשֶׁר דִּבֵּר לֹא־נָפַל דָּבָר אֶחָד מִכֹּל דְּבָרוֹ הַטּוֹב אֲשֶׁר דִּבֶּר בְּיַד מֹשֶׁה עַבְדּוֹ: יְהִי יהוה אֱלֹהֵינוּ עִמָּנוּ כַּאֲשֶׁר הָיָה עִם־אֲבֹתֵינוּ אַל־יַעַזְבֵנוּ וְאַל־יִטְּשֵׁנוּ: לְהַטּוֹת לְבָבֵנוּ אֵלָיו לָלֶכֶת בְּכָל־דְּרָכָיו וְלִשְׁמֹר מִצְוֹתָיו וְחֻקָּיו וּמִשְׁפָּטָיו אֲשֶׁר צִוָּה אֶת־אֲבֹתֵינוּ: וְיִהְיוּ דְבָרַי אֵלֶּה אֲשֶׁר הִתְחַנַּנְתִּי לִפְנֵי יהוה קְרֹבִים אֶל־יהוה אֱלֹהֵינוּ יוֹמָם וָלָיְלָה לַעֲשׂוֹת | מִשְׁפַּט עַבְדּוֹ וּמִשְׁפַּט עַמּוֹ יִשְׂרָאֵל דְּבַר־יוֹם בְּיוֹמוֹ: לְמַעַן דַּעַת כָּל־עַמֵּי הָאָרֶץ כִּי יהוה הוּא הָאֱלֹהִים אֵין עוֹד: וְהָיָה לְבַבְכֶם שָׁלֵם עִם יהוה אֱלֹהֵינוּ לָלֶכֶת בְּחֻקָּיו וְלִשְׁמֹר מִצְוֹתָיו כַּיּוֹם הַזֶּה: וְהַמֶּלֶךְ וְכָל־יִשְׂרָאֵל עִמּוֹ זֹבְחִים זֶבַח לִפְנֵי יהוה: וַיִּזְבַּח שְׁלֹמֹה אֵת זֶבַח הַשְּׁלָמִים אֲשֶׁר זָבַח לַיהוה בָּקָר עֶשְׂרִים וּשְׁנַיִם אֶלֶף וְצֹאן מֵאָה וְעֶשְׂרִים אָלֶף וַיַּחְנְכוּ אֶת־בֵּית יהוה הַמֶּלֶךְ וְכָל־בְּנֵי יִשְׂרָאֵל: בַּיּוֹם הַהוּא קִדַּשׁ הַמֶּלֶךְ אֶת־תּוֹךְ הֶחָצֵר אֲשֶׁר לִפְנֵי בֵית־יהוה כִּי־עָשָׂה שָׁם אֶת־הָעֹלָה וְאֶת־הַמִּנְחָה וְאֵת חֶלְבֵי הַשְּׁלָמִים כִּי־מִזְבַּח הַנְּחֹשֶׁת אֲשֶׁר לִפְנֵי יהוה קָטֹן מֵהָכִיל אֶת־הָעֹלָה וְאֶת־הַמִּנְחָה וְאֵת חֶלְבֵי הַשְּׁלָמִים: וַיַּעַשׂ שְׁלֹמֹה בָעֵת־הַהִיא | אֶת־הֶחָג וְכָל־יִשְׂרָאֵל עִמּוֹ קָהָל גָּדוֹל מִלְּבוֹא חֲמָת | עַד־נַחַל מִצְרַיִם לִפְנֵי יהוה אֱלֹהֵינוּ שִׁבְעַת יָמִים וְשִׁבְעַת יָמִים אַרְבָּעָה עָשָׂר יוֹם: בַּיּוֹם הַשְּׁמִינִי שִׁלַּח אֶת־הָעָם וַיְבָרְכוּ אֶת־הַמֶּלֶךְ וַיֵּלְכוּ לְאָהֳלֵיהֶם שְׂמֵחִים וְטוֹבֵי לֵב עַל כָּל־הַטּוֹבָה אֲשֶׁר עָשָׂה יהוה לְדָוִד עַבְדּוֹ וּלְיִשְׂרָאֵל עַמּוֹ: וַיְהִי כְּכַלּוֹת שְׁלֹמֹה לִבְנוֹת אֶת־בֵּית־יהוה וְאֶת־בֵּית הַמֶּלֶךְ וְאֵת כָּל־חֵשֶׁק שְׁלֹמֹה אֲשֶׁר חָפֵץ לַעֲשׂוֹת:

הברכות אחר ההפטרה תמצא לעיל (עמ׳ 224).

## שמחת תורה

(דברים לג:א-לד:יב)

כהן: וְזֹאת הַבְּרָכָה אֲשֶׁר בֵּרַךְ מֹשֶׁה אִישׁ הָאֱלֹהִים אֶת־בְּנֵי יִשְׂרָאֵל לִפְנֵי מוֹתוֹ: וַיֹּאמַר יהוה מִסִּינַי בָּא וְזָרַח מִשֵּׂעִיר לָמוֹ הוֹפִיעַ מֵהַר פָּארָן וְאָתָה מֵרִבְבֹת קֹדֶשׁ מִימִינוֹ אֵשׁ דָּת לָמוֹ: אַף חֹבֵב עַמִּים כָּל־קְדֹשָׁיו בְּיָדֶךָ וְהֵם תֻּכּוּ לְרַגְלֶךָ יִשָּׂא מִדַּבְּרֹתֶיךָ: תּוֹרָה צִוָּה־לָנוּ מֹשֶׁה מוֹרָשָׁה קְהִלַּת יַעֲקֹב: וַיְהִי בִישֻׁרוּן מֶלֶךְ בְּהִתְאַסֵּף רָאשֵׁי עָם יַחַד שִׁבְטֵי יִשְׂרָאֵל: יְחִי רְאוּבֵן וְאַל־יָמֹת וִיהִי מְתָיו מִסְפָּר: וְזֹאת לִיהוּדָה וַיֹּאמַר שְׁמַע יהוה קוֹל יְהוּדָה וְאֶל־עַמּוֹ תְּבִיאֶנּוּ יָדָיו רָב לוֹ וְעֵזֶר מִצָּרָיו תִּהְיֶה:

לוי: וּלְלֵוִי אָמַר תֻּמֶּיךָ וְאוּרֶיךָ לְאִישׁ חֲסִידֶךָ אֲשֶׁר נִסִּיתוֹ בְּמַסָּה תְּרִיבֵהוּ עַל־מֵי מְרִיבָה: הָאֹמֵר לְאָבִיו וּלְאִמּוֹ לֹא רְאִיתִיו וְאֶת־אֶחָיו לֹא הִכִּיר וְאֶת־בָּנָו לֹא יָדָע כִּי שָׁמְרוּ אִמְרָתֶךָ וּבְרִיתְךָ יִנְצֹרוּ: יוֹרוּ מִשְׁפָּטֶיךָ לְיַעֲקֹב וְתוֹרָתְךָ לְיִשְׂרָאֵל יָשִׂימוּ קְטוֹרָה בְּאַפֶּךָ וְכָלִיל עַל־מִזְבְּחֶךָ: בָּרֵךְ יהוה חֵילוֹ וּפֹעַל יָדָיו תִּרְצֶה מְחַץ מָתְנַיִם קָמָיו וּמְשַׂנְאָיו מִן־יְקוּמוּן: לְבִנְיָמִן אָמַר יְדִיד יהוה יִשְׁכֹּן לָבֶטַח עָלָיו חֹפֵף עָלָיו כָּל־הַיּוֹם וּבֵין כְּתֵפָיו שָׁכֵן:

ישראל: וּלְיוֹסֵף אָמַר מְבֹרֶכֶת יהוה אַרְצוֹ מִמֶּגֶד שָׁמַיִם מִטָּל וּמִתְּהוֹם רֹבֶצֶת תָּחַת: וּמִמֶּגֶד תְּבוּאֹת שָׁמֶשׁ וּמִמֶּגֶד גֶּרֶשׁ יְרָחִים: וּמֵרֹאשׁ הַרְרֵי־קֶדֶם וּמִמֶּגֶד גִּבְעוֹת עוֹלָם: וּמִמֶּגֶד אֶרֶץ וּמְלֹאָהּ וּרְצוֹן שֹׁכְנִי סְנֶה תָּבוֹאתָה לְרֹאשׁ יוֹסֵף וּלְקָדְקֹד נְזִיר אֶחָיו: בְּכוֹר שׁוֹרוֹ הָדָר לוֹ וְקַרְנֵי רְאֵם קַרְנָיו בָּהֶם עַמִּים יְנַגַּח יַחְדָּו אַפְסֵי־אָרֶץ וְהֵם רִבְבוֹת אֶפְרַיִם וְהֵם אַלְפֵי מְנַשֶּׁה:

רביעי: וְלִזְבוּלֻן אָמַר שְׂמַח זְבוּלֻן בְּצֵאתֶךָ וְיִשָּׂשכָר בְּאֹהָלֶיךָ: עַמִּים הַר־יִקְרָאוּ שָׁם יִזְבְּחוּ זִבְחֵי־צֶדֶק כִּי שֶׁפַע יַמִּים יִינָקוּ וּשְׂפֻנֵי

טְמוּנֵי חוֹל: וּלְגָד אָמַר בָּרוּךְ מַרְחִיב גָּד כְּלָבִיא שָׁכֵן וְטָרַף זְרוֹעַ אַף־קָדְקֹד: וַיַּרְא רֵאשִׁית לוֹ כִּי־שָׁם חֶלְקַת מְחֹקֵק סָפוּן וַיֵּתֵא רָאשֵׁי עָם צִדְקַת יהוה עָשָׂה וּמִשְׁפָּטָיו עִם־יִשְׂרָאֵל:

חמישי: וּלְדָן אָמַר דָּן גּוּר אַרְיֵה יְזַנֵּק מִן־הַבָּשָׁן: וּלְנַפְתָּלִי אָמַר נַפְתָּלִי שְׂבַע רָצוֹן וּמָלֵא בִּרְכַּת יהוה יָם וְדָרוֹם יְרָשָׁה: וּלְאָשֵׁר אָמַר בָּרוּךְ מִבָּנִים אָשֵׁר יְהִי רְצוּי אֶחָיו וְטֹבֵל בַּשֶּׁמֶן רַגְלוֹ: בַּרְזֶל וּנְחֹשֶׁת מִנְעָלֶךָ וּכְיָמֶיךָ דָּבְאֶךָ: אֵין כָּאֵל יְשֻׁרוּן רֹכֵב שָׁמַיִם בְּעֶזְרֶךָ וּבְגַאֲוָתוֹ שְׁחָקִים:

חתן תורה: מְעֹנָה אֱלֹהֵי קֶדֶם וּמִתַּחַת זְרֹעֹת עוֹלָם וַיְגָרֶשׁ מִפָּנֶיךָ אוֹיֵב וַיֹּאמֶר הַשְׁמֵד: וַיִּשְׁכֹּן יִשְׂרָאֵל בֶּטַח בָּדָד עֵין יַעֲקֹב אֶל־אֶרֶץ דָּגָן וְתִירוֹשׁ אַף־שָׁמָיו יַעַרְפוּ־טָל: אַשְׁרֶיךָ יִשְׂרָאֵל מִי כָמוֹךָ עַם נוֹשַׁע בַּיהוה מָגֵן עֶזְרֶךָ וַאֲשֶׁר־חֶרֶב גַּאֲוָתֶךָ וְיִכָּחֲשׁוּ אֹיְבֶיךָ לָךְ וְאַתָּה עַל־בָּמוֹתֵימוֹ תִדְרֹךְ: וַיַּעַל מֹשֶׁה מֵעַרְבֹת מוֹאָב אֶל־הַר נְבוֹ רֹאשׁ הַפִּסְגָּה אֲשֶׁר עַל־פְּנֵי יְרֵחוֹ וַיַּרְאֵהוּ יהוה אֶת־כָּל־הָאָרֶץ אֶת־הַגִּלְעָד עַד־דָּן: וְאֵת כָּל־נַפְתָּלִי וְאֶת־אֶרֶץ אֶפְרַיִם וּמְנַשֶּׁה וְאֵת כָּל־אֶרֶץ יְהוּדָה עַד הַיָּם הָאַחֲרוֹן: וְאֶת־הַנֶּגֶב וְאֶת־הַכִּכָּר בִּקְעַת יְרֵחוֹ עִיר הַתְּמָרִים עַד־צֹעַר: וַיֹּאמֶר יהוה אֵלָיו זֹאת הָאָרֶץ אֲשֶׁר נִשְׁבַּעְתִּי לְאַבְרָהָם לְיִצְחָק וּלְיַעֲקֹב לֵאמֹר לְזַרְעֲךָ אֶתְּנֶנָּה הֶרְאִיתִיךָ בְעֵינֶיךָ וְשָׁמָּה לֹא תַעֲבֹר: וַיָּמָת שָׁם מֹשֶׁה עֶבֶד־יהוה בְּאֶרֶץ מוֹאָב עַל־פִּי יהוה: וַיִּקְבֹּר אֹתוֹ בַגַּי בְּאֶרֶץ מוֹאָב מוּל בֵּית פְּעוֹר וְלֹא־יָדַע אִישׁ אֶת־קְבֻרָתוֹ עַד הַיּוֹם הַזֶּה: וּמֹשֶׁה בֶּן־מֵאָה וְעֶשְׂרִים שָׁנָה בְּמֹתוֹ לֹא־כָהֲתָה עֵינוֹ וְלֹא־נָס לֵחֹה: וַיִּבְכּוּ בְנֵי יִשְׂרָאֵל אֶת־מֹשֶׁה בְּעַרְבֹת מוֹאָב שְׁלֹשִׁים יוֹם וַיִּתְּמוּ יְמֵי בְכִי אֵבֶל מֹשֶׁה: וִיהוֹשֻׁעַ בִּן־נוּן מָלֵא רוּחַ חָכְמָה כִּי־סָמַךְ מֹשֶׁה אֶת־יָדָיו עָלָיו וַיִּשְׁמְעוּ אֵלָיו בְּנֵי־יִשְׂרָאֵל וַיַּעֲשׂוּ כַּאֲשֶׁר צִוָּה יהוה אֶת־מֹשֶׁה: וְלֹא־קָם נָבִיא עוֹד בְּיִשְׂרָאֵל כְּמֹשֶׁה אֲשֶׁר יְדָעוֹ יהוה פָּנִים אֶל־פָּנִים: לְכָל־הָאֹתֹת וְהַמּוֹפְתִים אֲשֶׁר שְׁלָחוֹ יהוה לַעֲשׂוֹת בְּאֶרֶץ מִצְרָיִם לְפַרְעֹה וּלְכָל־עֲבָדָיו וּלְכָל־אַרְצוֹ: וּלְכֹל הַיָּד הַחֲזָקָה וּלְכֹל הַמּוֹרָא הַגָּדוֹל אֲשֶׁר עָשָׂה מֹשֶׁה לְעֵינֵי כָּל־יִשְׂרָאֵל:

**חֲזַק חֲזַק וְנִתְחַזֵּק!**

נוהגים שהקהל אומרים מה שנכתב באותיות עבות
ואח"כ הבעל קריאה
(בראשית א:א-ב:ג)

חתן בראשית: בְּרֵאשִׁית בָּרָא אֱלֹהִים אֵת הַשָּׁמַיִם וְאֵת הָאָרֶץ: וְהָאָרֶץ הָיְתָה תֹהוּ וָבֹהוּ וְחֹשֶׁךְ עַל־פְּנֵי תְהוֹם וְרוּחַ אֱלֹהִים מְרַחֶפֶת עַל־פְּנֵי הַמָּיִם: וַיֹּאמֶר אֱלֹהִים יְהִי אוֹר וַיְהִי־אוֹר: וַיַּרְא אֱלֹהִים אֶת־הָאוֹר כִּי־טוֹב וַיַּבְדֵּל אֱלֹהִים בֵּין הָאוֹר וּבֵין הַחֹשֶׁךְ: וַיִּקְרָא אֱלֹהִים | לָאוֹר יוֹם וְלַחֹשֶׁךְ קָרָא לָיְלָה **וַיְהִי־עֶרֶב וַיְהִי־בֹקֶר יוֹם אֶחָד:**

וַיֹּאמֶר אֱלֹהִים יְהִי רָקִיעַ בְּתוֹךְ הַמָּיִם וִיהִי מַבְדִּיל בֵּין מַיִם לָמָיִם: וַיַּעַשׂ אֱלֹהִים אֶת־הָרָקִיעַ וַיַּבְדֵּל בֵּין הַמַּיִם אֲשֶׁר מִתַּחַת לָרָקִיעַ וּבֵין הַמַּיִם אֲשֶׁר מֵעַל לָרָקִיעַ וַיְהִי־כֵן: וַיִּקְרָא אֱלֹהִים לָרָקִיעַ שָׁמָיִם **וַיְהִי־עֶרֶב וַיְהִי־בֹקֶר יוֹם שֵׁנִי:**

וַיֹּאמֶר אֱלֹהִים יִקָּווּ הַמַּיִם מִתַּחַת הַשָּׁמַיִם אֶל־מָקוֹם אֶחָד וְתֵרָאֶה הַיַּבָּשָׁה וַיְהִי־כֵן: וַיִּקְרָא אֱלֹהִים | לַיַּבָּשָׁה אֶרֶץ וּלְמִקְוֵה הַמַּיִם קָרָא יַמִּים וַיַּרְא אֱלֹהִים כִּי־טוֹב: וַיֹּאמֶר אֱלֹהִים תַּדְשֵׁא הָאָרֶץ דֶּשֶׁא עֵשֶׂב מַזְרִיעַ זֶרַע עֵץ פְּרִי עֹשֶׂה פְּרִי לְמִינוֹ אֲשֶׁר זַרְעוֹ־בוֹ עַל־הָאָרֶץ וַיְהִי־כֵן: וַתּוֹצֵא הָאָרֶץ דֶּשֶׁא עֵשֶׂב מַזְרִיעַ זֶרַע לְמִינֵהוּ וְעֵץ עֹשֶׂה־פְּרִי אֲשֶׁר זַרְעוֹ־בוֹ לְמִינֵהוּ וַיַּרְא אֱלֹהִים כִּי־טוֹב: **וַיְהִי־עֶרֶב וַיְהִי־בֹקֶר יוֹם שְׁלִישִׁי:**

וַיֹּאמֶר אֱלֹהִים יְהִי מְאֹרֹת בִּרְקִיעַ הַשָּׁמַיִם לְהַבְדִּיל בֵּין הַיּוֹם וּבֵין הַלָּיְלָה וְהָיוּ לְאֹתֹת וּלְמוֹעֲדִים וּלְיָמִים וְשָׁנִים: וְהָיוּ לִמְאוֹרֹת בִּרְקִיעַ הַשָּׁמַיִם לְהָאִיר עַל־הָאָרֶץ וַיְהִי־כֵן: וַיַּעַשׂ אֱלֹהִים אֶת־שְׁנֵי הַמְּאֹרֹת הַגְּדֹלִים אֶת־הַמָּאוֹר הַגָּדֹל לְמֶמְשֶׁלֶת הַיּוֹם וְאֶת־הַמָּאוֹר הַקָּטֹן לְמֶמְשֶׁלֶת הַלַּיְלָה וְאֵת הַכּוֹכָבִים: וַיִּתֵּן אֹתָם אֱלֹהִים בִּרְקִיעַ הַשָּׁמָיִם לְהָאִיר עַל־הָאָרֶץ: וְלִמְשֹׁל בַּיּוֹם וּבַלַּיְלָה וּלְהַבְדִּיל בֵּין הָאוֹר וּבֵין הַחֹשֶׁךְ וַיַּרְא אֱלֹהִים כִּי־טוֹב: **וַיְהִי־עֶרֶב וַיְהִי־בֹקֶר יוֹם רְבִיעִי:**

וַיֹּאמֶר אֱלֹהִים יִשְׁרְצוּ הַמַּיִם שֶׁרֶץ נֶפֶשׁ חַיָּה וְעוֹף יְעוֹפֵף עַל־הָאָרֶץ עַל־פְּנֵי רְקִיעַ הַשָּׁמָיִם: וַיִּבְרָא אֱלֹהִים אֶת־הַתַּנִּינִם הַגְּדֹלִים וְאֵת כָּל־נֶפֶשׁ הַחַיָּה | הָרֹמֶשֶׂת אֲשֶׁר שָׁרְצוּ הַמַּיִם לְמִינֵהֶם וְאֵת כָּל־עוֹף כָּנָף לְמִינֵהוּ וַיַּרְא אֱלֹהִים כִּי־טוֹב: וַיְבָרֶךְ אֹתָם אֱלֹהִים לֵאמֹר פְּרוּ וּרְבוּ וּמִלְאוּ אֶת־הַמַּיִם בַּיַּמִּים וְהָעוֹף יִרֶב בָּאָרֶץ: **וַיְהִי־עֶרֶב וַיְהִי־בֹקֶר יוֹם חֲמִישִׁי:**

וַיֹּאמֶר אֱלֹהִים תּוֹצֵא הָאָרֶץ נֶפֶשׁ חַיָּה לְמִינָהּ בְּהֵמָה וָרֶמֶשׂ וְחַיְתוֹ־אֶרֶץ לְמִינָהּ וַיְהִי־כֵן: וַיַּעַשׂ אֱלֹהִים אֶת־חַיַּת הָאָרֶץ לְמִינָהּ וְאֶת־הַבְּהֵמָה לְמִינָהּ וְאֵת כָּל־רֶמֶשׂ הָאֲדָמָה

לְמִינֵ֔הוּ וַיַּ֥רְא אֱלֹהִ֖ים כִּי־טֽוֹב׃ וַיֹּ֣אמֶר אֱלֹהִ֔ים נַֽעֲשֶׂ֥ה אָדָ֛ם בְּצַלְמֵ֖נוּ כִּדְמוּתֵ֑נוּ וְיִרְדּוּ֩ בִדְגַ֨ת הַיָּ֜ם וּבְע֣וֹף הַשָּׁמַ֗יִם וּבַבְּהֵמָה֙ וּבְכָל־הָאָ֔רֶץ וּבְכָל־הָרֶ֖מֶשׂ הָֽרֹמֵ֥שׂ עַל־הָאָֽרֶץ׃ וַיִּבְרָ֨א אֱלֹהִ֤ים ׀ אֶת־הָֽאָדָם֙ בְּצַלְמ֔וֹ בְּצֶ֥לֶם אֱלֹהִ֖ים בָּרָ֣א אֹת֑וֹ זָכָ֥ר וּנְקֵבָ֖ה בָּרָ֥א אֹתָֽם׃ וַיְבָ֣רֶךְ אֹתָם֮ אֱלֹהִים֒ וַיֹּ֨אמֶר לָהֶ֜ם אֱלֹהִ֗ים פְּר֥וּ וּרְב֛וּ וּמִלְא֥וּ אֶת־הָאָ֖רֶץ וְכִבְשֻׁ֑הָ וּרְד֞וּ בִּדְגַ֤ת הַיָּם֙ וּבְע֣וֹף הַשָּׁמַ֔יִם וּבְכָל־חַיָּ֖ה הָֽרֹמֶ֥שֶׂת עַל־הָאָֽרֶץ׃ וַיֹּ֣אמֶר אֱלֹהִ֗ים הִנֵּה֩ נָתַ֨תִּי לָכֶ֜ם אֶת־כָּל־עֵ֣שֶׂב ׀ זֹרֵ֣עַ זֶ֗רַע אֲשֶׁר֙ עַל־פְּנֵ֣י כָל־הָאָ֔רֶץ וְאֶת־כָּל־הָעֵ֛ץ אֲשֶׁר־בּ֥וֹ פְרִי־עֵ֖ץ זֹרֵ֣עַ זָ֑רַע לָכֶ֥ם יִֽהְיֶ֖ה לְאָכְלָֽה׃ וּֽלְכָל־חַיַּ֣ת הָ֠אָרֶץ וּלְכָל־ע֨וֹף הַשָּׁמַ֜יִם וּלְכֹ֣ל ׀ רוֹמֵ֣שׂ עַל־הָאָ֗רֶץ אֲשֶׁר־בּוֹ֙ נֶ֣פֶשׁ חַיָּ֔ה אֶת־כָּל־יֶ֥רֶק עֵ֖שֶׂב לְאָכְלָ֑ה וַֽיְהִי־כֵֽן׃ וַיַּ֤רְא אֱלֹהִים֙ אֶת־כָּל־אֲשֶׁ֣ר עָשָׂ֔ה וְהִנֵּה־ט֖וֹב מְאֹ֑ד וַֽיְהִי־עֶ֥רֶב וַֽיְהִי־בֹ֖קֶר י֥וֹם הַשִּׁשִּֽׁי׃ **וַיְכֻלּ֛וּ הַשָּׁמַ֥יִם וְהָאָ֖רֶץ וְכָל־צְבָאָֽם׃ וַיְכַ֤ל אֱלֹהִים֙ בַּיּ֣וֹם הַשְּׁבִיעִ֔י מְלַאכְתּ֖וֹ אֲשֶׁ֣ר עָשָׂ֑ה וַיִּשְׁבֹּת֙ בַּיּ֣וֹם הַשְּׁבִיעִ֔י מִכָּל־מְלַאכְתּ֖וֹ אֲשֶׁ֥ר עָשָֽׂה׃ וַיְבָ֤רֶךְ אֱלֹהִים֙ אֶת־י֣וֹם הַשְּׁבִיעִ֔י וַיְקַדֵּ֖שׁ אֹת֑וֹ כִּ֣י ב֤וֹ שָׁבַת֙ מִכָּל־מְלַאכְתּ֔וֹ אֲשֶׁר־בָּרָ֥א אֱלֹהִ֖ים לַעֲשֽׂוֹת׃**

(במדבר כט:לה-ל:א)

מפטיר: בַּיּוֹם֙ הַשְּׁמִינִ֔י עֲצֶ֖רֶת תִּהְיֶ֣ה לָכֶ֑ם כָּל־מְלֶ֥אכֶת עֲבֹדָ֖ה לֹ֥א תַעֲשֽׂוּ׃ וְהִקְרַבְתֶּ֨ם עֹלָ֜ה אִשֵּׁ֨ה רֵ֤יחַ נִיחֹ֙חַ֙ לַֽיהוָ֔ה פַּ֥ר אֶחָ֖ד אַ֣יִל אֶחָ֑ד כְּבָשִׂ֧ים בְּנֵי־שָׁנָ֛ה שִׁבְעָ֖ה תְּמִימִֽם׃ מִנְחָתָ֣ם וְנִסְכֵּיהֶ֗ם לַפָּ֛ר לָאַ֥יִל וְלַכְּבָשִׂ֖ים בְּמִסְפָּרָ֥ם כַּמִּשְׁפָּֽט׃ וּשְׂעִ֥יר חַטָּ֖את אֶחָ֑ד מִלְּבַד֙ עֹלַ֣ת הַתָּמִ֔יד וּמִנְחָתָ֖הּ וְנִסְכָּֽהּ׃ אֵ֛לֶּה תַּעֲשׂ֥וּ לַיהוָ֖ה בְּמוֹעֲדֵיכֶ֑ם לְבַד֩ מִנִּדְרֵיכֶ֨ם וְנִדְבֹתֵיכֶ֜ם לְעֹלֹֽתֵיכֶ֣ם וּלְמִנְחֹתֵיכֶ֔ם וּלְנִסְכֵּיכֶ֖ם וּלְשַׁלְמֵיכֶֽם׃ וַיֹּ֥אמֶר מֹשֶׁ֖ה אֶל־בְּנֵ֣י יִשְׂרָאֵ֑ל כְּכֹ֛ל אֲשֶׁר־צִוָּ֥ה יְהוָ֖ה אֶת־מֹשֶֽׁה׃

הפטרה לשמחת תורה

הברכות לפני ההפטרה תמצא לעיל (עמ' 467).

(יהושע א:א-יח)

וַיְהִ֗י אַחֲרֵ֛י מ֥וֹת מֹשֶׁ֖ה עֶ֣בֶד יְהוָ֑ה וַיֹּ֤אמֶר יְהוָה֙ אֶל־יְהוֹשֻׁ֣עַ בִּן־נ֔וּן מְשָׁרֵ֥ת מֹשֶׁ֖ה לֵאמֹֽר׃ מֹשֶׁ֥ה עַבְדִּ֖י מֵ֑ת וְעַתָּה֩ ק֨וּם עֲבֹ֜ר אֶת־הַיַּרְדֵּ֣ן הַזֶּ֗ה אַתָּה֙ וְכָל־הָעָ֣ם הַזֶּ֔ה אֶל־הָאָ֕רֶץ אֲשֶׁ֧ר אָנֹכִ֛י נֹתֵ֥ן לָהֶ֖ם לִבְנֵ֥י יִשְׂרָאֵֽל׃ כָּל־מָק֗וֹם אֲשֶׁ֨ר תִּדְרֹ֧ךְ כַּף־רַגְלְכֶ֛ם בּ֖וֹ לָכֶ֣ם נְתַתִּ֑יו כַּאֲשֶׁ֥ר דִּבַּ֖רְתִּי אֶל־מֹשֶֽׁה׃ מֵהַמִּדְבָּ֨ר וְהַלְּבָנ֜וֹן הַזֶּ֗ה וְעַד־הַנָּהָ֤ר הַגָּדוֹל֙ נְהַר־פְּרָ֔ת כֹּ֚ל אֶ֣רֶץ הַֽחִתִּ֔ים וְעַד־הַיָּ֥ם הַגָּד֖וֹל מְב֣וֹא הַשָּׁ֑מֶשׁ יִהְיֶ֖ה גְּבוּלְכֶֽם׃ לֹא־יִתְיַצֵּ֥ב אִישׁ֙ לְפָנֶ֔יךָ כֹּ֖ל יְמֵ֣י חַיֶּ֑יךָ כַּאֲשֶׁ֨ר הָיִ֤יתִי עִם־מֹשֶׁה֙ אֶהְיֶ֣ה עִמָּ֔ךְ לֹ֥א אַרְפְּךָ֖ וְלֹ֥א אֶעֶזְבֶֽךָּ׃ חֲזַ֖ק וֶאֱמָ֑ץ כִּ֣י אַתָּ֗ה תַּנְחִיל֙ אֶת־הָעָ֣ם הַזֶּ֔ה אֶת־הָאָ֕רֶץ אֲשֶׁר־נִשְׁבַּ֥עְתִּי לַאֲבוֹתָ֖ם לָתֵ֥ת לָהֶֽם׃ רַק֩ חֲזַ֨ק וֶֽאֱמַ֜ץ מְאֹ֗ד לִשְׁמֹ֤ר לַעֲשׂוֹת֙ כְּכָל־הַתּוֹרָ֔ה אֲשֶׁ֤ר צִוְּךָ֙ מֹשֶׁ֣ה עַבְדִּ֔י אַל־תָּס֥וּר מִמֶּ֖נּוּ יָמִ֣ין וּשְׂמֹ֑אול לְמַ֣עַן תַּשְׂכִּ֔יל בְּכֹ֖ל אֲשֶׁ֥ר תֵּלֵֽךְ׃ לֹֽא־יָמ֡וּשׁ סֵפֶר֩ הַתּוֹרָ֨ה הַזֶּ֜ה מִפִּ֗יךָ וְהָגִ֤יתָ בּוֹ֙ יוֹמָ֣ם וָלַ֔יְלָה לְמַ֙עַן֙ תִּשְׁמֹ֣ר לַעֲשׂ֔וֹת כְּכָל־הַכָּת֖וּב בּ֑וֹ כִּי־אָ֛ז תַּצְלִ֥יחַ אֶת־דְּרָכֶ֖ךָ וְאָ֥ז תַּשְׂכִּֽיל׃ הֲל֤וֹא צִוִּיתִ֙יךָ֙ חֲזַ֣ק וֶאֱמָ֔ץ אַֽל־תַּעֲרֹ֖ץ וְאַל־תֵּחָ֑ת כִּ֚י עִמְּךָ֙ יְהוָ֣ה אֱלֹהֶ֔יךָ בְּכֹ֖ל אֲשֶׁ֥ר תֵּלֵֽךְ׃ וַיְצַ֣ו יְהוֹשֻׁ֔עַ אֶת־שֹׁטְרֵ֥י הָעָ֖ם לֵאמֹֽר׃ עִבְר֣וּ ׀ בְּקֶ֣רֶב הַֽמַּחֲנֶ֗ה וְצַוּ֤וּ אֶת־הָעָם֙ לֵאמֹ֔ר הָכִ֥ינוּ לָכֶ֖ם צֵידָ֑ה כִּ֞י בְּע֣וֹד ׀ שְׁלֹ֣שֶׁת יָמִ֗ים אַתֶּם֙ עֹבְרִים֙ אֶת־הַיַּרְדֵּ֣ן הַזֶּ֔ה לָבוֹא֙ לָרֶ֣שֶׁת אֶת־הָאָ֔רֶץ אֲשֶׁר֙ יְהוָ֣ה אֱלֹהֵיכֶ֔ם נֹתֵ֥ן לָכֶ֖ם לְרִשְׁתָּֽהּ׃ וְלָרֽאוּבֵנִי֙ וְלַגָּדִ֔י וְלַחֲצִ֖י שֵׁ֣בֶט הַֽמְנַשֶּׁ֑ה אָמַ֥ר יְהוֹשֻׁ֖עַ לֵאמֹֽר׃ זָכוֹר֙ אֶת־הַדָּבָ֔ר אֲשֶׁ֨ר צִוָּ֥ה אֶתְכֶ֛ם מֹשֶׁ֥ה עֶבֶד־יְהוָ֖ה לֵאמֹ֑ר יְהוָ֤ה אֱלֹֽהֵיכֶם֙ מֵנִ֣יחַ לָכֶ֔ם וְנָתַ֥ן לָכֶ֖ם אֶת־הָאָ֥רֶץ הַזֹּֽאת׃ נְשֵׁיכֶ֣ם טַפְּכֶם֮ וּמִקְנֵיכֶם֒ יֵשְׁב֕וּ בָּאָ֕רֶץ אֲשֶׁ֨ר נָתַ֥ן לָכֶ֛ם מֹשֶׁ֖ה בְּעֵ֣בֶר הַיַּרְדֵּ֑ן וְאַתֶּם֩ תַּעַבְר֨וּ חֲמֻשִׁ֜ים לִפְנֵ֣י אֲחֵיכֶ֗ם כֹּ֚ל גִּבּוֹרֵ֣י הַחַ֔יִל וַעֲזַרְתֶּ֖ם אוֹתָֽם׃ עַ֠ד אֲשֶׁר־יָנִ֨יחַ יְהוָ֥ה ׀ לַאֲחֵיכֶם֮ כָּכֶם֒ וְיָרְשׁ֣וּ גַם־הֵ֔מָּה אֶת־הָאָ֕רֶץ אֲשֶׁר־יְהוָ֥ה אֱלֹהֵיכֶ֖ם נֹתֵ֣ן לָהֶ֑ם וְשַׁבְתֶּ֞ם לְאֶ֤רֶץ יְרֻשַּׁתְכֶם֙ וִירִשְׁתֶּ֣ם אוֹתָ֔הּ אֲשֶׁ֣ר ׀ נָתַ֣ן לָכֶ֗ם מֹשֶׁה֙ עֶ֣בֶד יְהוָ֔ה בְּעֵ֥בֶר הַיַּרְדֵּ֖ן מִזְרַ֥ח הַשָּֽׁמֶשׁ׃ וַֽיַּעֲנ֔וּ אֶת־יְהוֹשֻׁ֖עַ לֵאמֹ֑ר כֹּ֤ל אֲשֶׁר־צִוִּיתָ֙נוּ֙ נַעֲשֶׂ֔ה וְאֶל־כָּל־אֲשֶׁ֥ר תִּשְׁלָחֵ֖נוּ נֵלֵֽךְ׃ כְּכֹ֤ל אֲשֶׁר־שָׁמַ֙עְנוּ֙ אֶל־מֹשֶׁ֔ה כֵּ֖ן נִשְׁמַ֣ע אֵלֶ֑יךָ רַ֠ק יִהְיֶ֞ה יְהוָ֤ה אֱלֹהֶ֙יךָ֙ עִמָּ֔ךְ כַּאֲשֶׁ֥ר הָיָ֖ה עִם־מֹשֶֽׁה׃ כָּל־אִ֞ישׁ אֲשֶׁר־יַמְרֶ֣ה אֶת־פִּ֗יךָ וְלֹֽא־יִשְׁמַ֧ע אֶת־דְּבָרֶ֛יךָ לְכֹ֥ל אֲשֶׁר־תְּצַוֶּ֖נּוּ יוּמָ֑ת רַ֖ק חֲזַ֥ק וֶאֱמָֽץ׃

הברכות אחר ההפטרה תמצא לעיל (עמ' 224).

## תפלה קודם אמירת תהלים

בשבת ויום טוב מתחילים „לְכוּ נְרַנְּנָה".

**יְהִי רָצוֹן** מִלְּפָנֶיךָ, יהוה אֱלֹהֵינוּ וֵאלֹהֵי אֲבוֹתֵינוּ – הַבּוֹחֵר בְּדָוִד עַבְדּוֹ וּבְזַרְעוֹ אַחֲרָיו, וְהַבּוֹחֵר בְּשִׁירוֹת וְתִשְׁבָּחוֹת – שֶׁתֵּפֶן בְּרַחֲמִים אֶל קְרִיאַת מִזְמוֹרֵי תְהִלִּים שֶׁאֶקְרָא כְּאִלּוּ אֲמָרָם דָּוִד הַמֶּלֶךְ עָלָיו הַשָּׁלוֹם בְּעַצְמוֹ, זְכוּתוֹ יָגֵן עָלֵינוּ. וְיַעֲמוֹד לָנוּ זְכוּת פְּסוּקֵי תְהִלִּים – וּזְכוּת תֵּבוֹתֵיהֶם וְאוֹתִיּוֹתֵיהֶם וּנְקוּדּוֹתֵיהֶם וְטַעֲמֵיהֶם וְהַשֵּׁמוֹת הַיּוֹצְאִים מֵהֶם מֵרָאשֵׁי תֵבוֹת וּמִסּוֹפֵי תֵבוֹת – לְכַפֵּר פְּשָׁעֵינוּ וַעֲוֹנוֹתֵינוּ וְחַטֹּאתֵינוּ; וּלְזַמֵּר עָרִיצִים וּלְהַכְרִית כָּל הַחוֹחִים וְהַקּוֹצִים הַסּוֹבְבִים אֶת הַשּׁוֹשַׁנָּה הָעֶלְיוֹנָה; וּלְחַבֵּר אֵשֶׁת נְעוּרִים עִם דּוֹדָהּ בְּאַהֲבָה וְאַחֲוָה וְרֵיעוּת. וּמִשָּׁם יִמָּשֵׁךְ לָנוּ שֶׁפַע לְנֶפֶשׁ רוּחַ וּנְשָׁמָה, לְטַהֲרֵנוּ מֵעֲוֹנוֹתֵינוּ וְלִסְלוֹחַ חַטֹּאתֵינוּ וּלְכַפֵּר פְּשָׁעֵינוּ. כְּמוֹ שֶׁסָּלַחְתָּ לְדָוִד שֶׁאָמַר מִזְמוֹרִים אֵלּוּ לְפָנֶיךָ – כְּמוֹ שֶׁנֶּאֱמַר: גַּם יהוה הֶעֱבִיר חַטָּאתְךָ לֹא תָמוּת. וְאַל תִּקָּחֵנוּ מֵהָעוֹלָם הַזֶּה קוֹדֶם זְמַנֵּנוּ עַד מְלֹאת שְׁנוֹתֵינוּ (בָּהֶם שִׁבְעִים שָׁנָה) בְּאוֹפֶן שֶׁנּוּכַל לְתַקֵּן אֵת אֲשֶׁר שִׁחַתְנוּ. וּזְכוּת דָּוִד הַמֶּלֶךְ עָלָיו הַשָּׁלוֹם יָגֵן עָלֵינוּ וּבַעֲדֵנוּ, שֶׁתַּאֲרִיךְ אַפְּךָ עַד שׁוּבֵנוּ אֵלֶיךָ בִּתְשׁוּבָה שְׁלֵמָה לְפָנֶיךָ. וּמֵאוֹצַר מַתְּנַת חִנָּם חָנֵּנוּ, כִּדְכְתִיב: וְחַנֹּתִי אֶת אֲשֶׁר אָחֹן וְרִחַמְתִּי אֶת אֲשֶׁר אֲרַחֵם. וּכְשֵׁם שֶׁאָנוּ אוֹמְרִים לְפָנֶיךָ שִׁירָה בָּעוֹלָם הַזֶּה, כָּךְ נִזְכֶּה לוֹמַר לְפָנֶיךָ, יהוה אֱלֹהֵינוּ, שִׁיר וּשְׁבָחָה לָעוֹלָם הַבָּא. וְעַל יְדֵי אֲמִירַת תְּהִלִּים תִּתְעוֹרֵר חֲבַצֶּלֶת הַשָּׁרוֹן וְלָשִׁיר בְּקוֹל נָעִים בְּגִילַת וְרַנֵּן, כְּבוֹד הַלְּבָנוֹן נִתַּן לָהּ, הוֹד וְהָדָר בְּבֵית אֱלֹהֵינוּ בִּמְהֵרָה בְיָמֵינוּ, אָמֵן סֶלָה.

**לְכוּ נְרַנְּנָה** לַיהוה, נָרִיעָה לְצוּר יִשְׁעֵנוּ: נְקַדְּמָה פָנָיו בְּתוֹדָה, בִּזְמִרוֹת נָרִיעַ לוֹ: כִּי אֵל גָּדוֹל יהוה, וּמֶלֶךְ גָּדוֹל עַל כָּל אֱלֹהִים.

# ספר ראשון

## יום ראשון

### יום א׳ לחודש

**א** אַשְׁרֵי הָאִישׁ אֲשֶׁר לֹא הָלַךְ בַּעֲצַת רְשָׁעִים, וּבְדֶרֶךְ חַטָּאִים לֹא עָמָד, וּבְמוֹשַׁב לֵצִים לֹא יָשָׁב. כִּי אִם בְּתוֹרַת יהוה חֶפְצוֹ, וּבְתוֹרָתוֹ יֶהְגֶּה יוֹמָם וָלָיְלָה. וְהָיָה כְּעֵץ שָׁתוּל עַל פַּלְגֵי מָיִם; אֲשֶׁר פִּרְיוֹ יִתֵּן בְּעִתּוֹ, וְעָלֵהוּ לֹא יִבּוֹל, וְכֹל אֲשֶׁר יַעֲשֶׂה יַצְלִיחַ. לֹא כֵן הָרְשָׁעִים, כִּי אִם כַּמֹּץ אֲשֶׁר תִּדְּפֶנּוּ רוּחַ. עַל כֵּן לֹא יָקֻמוּ רְשָׁעִים בַּמִּשְׁפָּט, וְחַטָּאִים בַּעֲדַת צַדִּיקִים. כִּי יוֹדֵעַ יהוה דֶּרֶךְ צַדִּיקִים, וְדֶרֶךְ רְשָׁעִים תֹּאבֵד.

**ב** לָמָּה רָגְשׁוּ גוֹיִם, וּלְאֻמִּים יֶהְגּוּ רִיק. יִתְיַצְּבוּ מַלְכֵי אֶרֶץ, וְרוֹזְנִים נוֹסְדוּ יָחַד, עַל יהוה וְעַל מְשִׁיחוֹ. נְנַתְּקָה אֶת מוֹסְרוֹתֵימוֹ, וְנַשְׁלִיכָה מִמֶּנּוּ עֲבֹתֵימוֹ. יוֹשֵׁב בַּשָּׁמַיִם יִשְׂחָק, אֲדֹנָי יִלְעַג לָמוֹ. אָז יְדַבֵּר אֵלֵימוֹ בְאַפּוֹ, וּבַחֲרוֹנוֹ יְבַהֲלֵמוֹ. וַאֲנִי נָסַכְתִּי מַלְכִּי, עַל צִיּוֹן הַר קָדְשִׁי. אֲסַפְּרָה אֶל חֹק, יהוה אָמַר אֵלַי בְּנִי אַתָּה, אֲנִי הַיּוֹם יְלִדְתִּיךָ. שְׁאַל מִמֶּנִּי וְאֶתְּנָה גוֹיִם נַחֲלָתֶךָ, וַאֲחֻזָּתְךָ אַפְסֵי אָרֶץ. תְּרֹעֵם בְּשֵׁבֶט בַּרְזֶל, כִּכְלִי יוֹצֵר תְּנַפְּצֵם. וְעַתָּה מְלָכִים הַשְׂכִּילוּ, הִוָּסְרוּ שֹׁפְטֵי אָרֶץ. עִבְדוּ אֶת יהוה בְּיִרְאָה, וְגִילוּ בִּרְעָדָה. נַשְּׁקוּ בַר, פֶּן יֶאֱנַף וְתֹאבְדוּ דֶרֶךְ, כִּי יִבְעַר כִּמְעַט אַפּוֹ; אַשְׁרֵי כָּל חוֹסֵי בוֹ.

**ג** מִזְמוֹר לְדָוִד, בְּבָרְחוֹ מִפְּנֵי אַבְשָׁלוֹם בְּנוֹ. יהוה, מָה רַבּוּ צָרָי, רַבִּים קָמִים עָלָי. רַבִּים אֹמְרִים לְנַפְשִׁי, אֵין יְשׁוּעָתָה לּוֹ בֵאלֹהִים סֶלָה. וְאַתָּה יהוה מָגֵן בַּעֲדִי, כְּבוֹדִי וּמֵרִים רֹאשִׁי. קוֹלִי אֶל יהוה אֶקְרָא, וַיַּעֲנֵנִי מֵהַר קָדְשׁוֹ סֶלָה. אֲנִי שָׁכַבְתִּי וָאִישָׁנָה, הֱקִיצוֹתִי, כִּי יהוה יִסְמְכֵנִי. לֹא אִירָא מֵרִבְבוֹת עָם, אֲשֶׁר סָבִיב שָׁתוּ עָלָי. קוּמָה יהוה, הוֹשִׁיעֵנִי אֱלֹהַי, כִּי הִכִּיתָ אֶת כָּל אֹיְבַי לֶחִי, שִׁנֵּי רְשָׁעִים שִׁבַּרְתָּ. לַיהוה הַיְשׁוּעָה, עַל עַמְּךָ בִרְכָתֶךָ סֶּלָה.

**ד** לַמְנַצֵּחַ בִּנְגִינוֹת מִזְמוֹר לְדָוִד. בְּקָרְאִי עֲנֵנִי אֱלֹהֵי צִדְקִי, בַּצָּר הִרְחַבְתָּ לִּי, חָנֵּנִי וּשְׁמַע תְּפִלָּתִי. בְּנֵי אִישׁ, עַד מֶה כְבוֹדִי

לִכְלִמָּה, תֶּאֱהָבוּן רִיק, תְּבַקְשׁוּ כָזָב סֶלָה. וּדְעוּ כִּי הִפְלָה יהוה חָסִיד לוֹ, יהוה יִשְׁמַע בְּקָרְאִי אֵלָיו. רִגְזוּ וְאַל תֶּחֱטָאוּ; אִמְרוּ בִלְבַבְכֶם עַל מִשְׁכַּבְכֶם, וְדֹמּוּ סֶלָה. זִבְחוּ זִבְחֵי צֶדֶק, וּבִטְחוּ אֶל יהוה. רַבִּים אֹמְרִים: מִי יַרְאֵנוּ טוֹב, נְסָה עָלֵינוּ אוֹר פָּנֶיךָ, יהוה. נָתַתָּה שִׂמְחָה בְלִבִּי, מֵעֵת דְּגָנָם וְתִירוֹשָׁם רָבּוּ. בְּשָׁלוֹם יַחְדָּו אֶשְׁכְּבָה וְאִישָׁן, כִּי אַתָּה יהוה לְבָדָד לָבֶטַח תּוֹשִׁיבֵנִי.

ה לַמְנַצֵּחַ, אֶל הַנְּחִילוֹת, מִזְמוֹר לְדָוִד. אֲמָרַי הַאֲזִינָה | יהוה, בִּינָה הֲגִיגִי. הַקְשִׁיבָה לְקוֹל שַׁוְעִי, מַלְכִּי וֵאלֹהָי, כִּי אֵלֶיךָ אֶתְפַּלָּל. יהוה, בֹּקֶר תִּשְׁמַע קוֹלִי, בֹּקֶר אֶעֱרָךְ לְךָ, וַאֲצַפֶּה. כִּי לֹא אֵל חָפֵץ רֶשַׁע | אָתָּה, לֹא יְגֻרְךָ רָע. לֹא יִתְיַצְּבוּ הוֹלְלִים לְנֶגֶד עֵינֶיךָ, שָׂנֵאתָ כָּל פֹּעֲלֵי אָוֶן. תְּאַבֵּד דֹּבְרֵי כָזָב, אִישׁ דָּמִים וּמִרְמָה יְתָעֵב | יהוה. וַאֲנִי בְּרֹב חַסְדְּךָ אָבוֹא בֵיתֶךָ, אֶשְׁתַּחֲוֶה אֶל הֵיכַל קָדְשְׁךָ בְּיִרְאָתֶךָ. יהוה, נְחֵנִי בְצִדְקָתֶךָ לְמַעַן שׁוֹרְרָי, הַיְשַׁר לְפָנַי דַּרְכֶּךָ. כִּי אֵין בְּפִיהוּ נְכוֹנָה, קִרְבָּם הַוּוֹת; קֶבֶר פָּתוּחַ גְּרוֹנָם, לְשׁוֹנָם יַחֲלִיקוּן. הַאֲשִׁימֵם אֱלֹהִים, יִפְּלוּ מִמֹּעֲצוֹתֵיהֶם; בְּרֹב פִּשְׁעֵיהֶם הַדִּיחֵמוֹ, כִּי מָרוּ בָךְ. וְיִשְׂמְחוּ כָל חוֹסֵי בָךְ, לְעוֹלָם יְרַנֵּנוּ, וְתָסֵךְ עָלֵימוֹ; וְיַעְלְצוּ בְךָ אֹהֲבֵי שְׁמֶךָ. כִּי אַתָּה תְּבָרֵךְ צַדִּיק; יהוה, כַּצִּנָּה רָצוֹן תַּעְטְרֶנּוּ.

ו לַמְנַצֵּחַ בִּנְגִינוֹת עַל הַשְּׁמִינִית, מִזְמוֹר לְדָוִד. יהוה, אַל בְּאַפְּךָ תוֹכִיחֵנִי, וְאַל בַּחֲמָתְךָ תְיַסְּרֵנִי. חָנֵּנִי יהוה כִּי אֻמְלַל אָנִי, רְפָאֵנִי יהוה כִּי נִבְהֲלוּ עֲצָמָי. וְנַפְשִׁי נִבְהֲלָה מְאֹד, וְאַתָּה יהוה עַד מָתָי. שׁוּבָה יהוה חַלְּצָה נַפְשִׁי, הוֹשִׁיעֵנִי לְמַעַן חַסְדֶּךָ. כִּי אֵין בַּמָּוֶת זִכְרֶךָ, בִּשְׁאוֹל מִי יוֹדֶה לָּךְ. יָגַעְתִּי בְּאַנְחָתִי, אַשְׂחֶה בְכָל לַיְלָה מִטָּתִי, בְּדִמְעָתִי עַרְשִׂי אַמְסֶה. עָשְׁשָׁה מִכַּעַס עֵינִי, עָתְקָה בְּכָל צוֹרְרָי. סוּרוּ מִמֶּנִּי כָּל פֹּעֲלֵי אָוֶן, כִּי שָׁמַע יהוה קוֹל בִּכְיִי. שָׁמַע יהוה תְּחִנָּתִי, יהוה תְּפִלָּתִי יִקָּח. יֵבֹשׁוּ וְיִבָּהֲלוּ מְאֹד כָּל אֹיְבָי, יָשֻׁבוּ יֵבֹשׁוּ רָגַע.

ז שִׁגָּיוֹן לְדָוִד; אֲשֶׁר שָׁר לַיהוה, עַל דִּבְרֵי כוּשׁ בֶּן יְמִינִי. יהוה אֱלֹהַי בְּךָ חָסִיתִי, הוֹשִׁיעֵנִי מִכָּל רֹדְפַי וְהַצִּילֵנִי. פֶּן יִטְרֹף כְּאַרְיֵה נַפְשִׁי, פֹּרֵק וְאֵין מַצִּיל. יהוה אֱלֹהַי, אִם עָשִׂיתִי זֹאת, אִם יֶשׁ עָוֶל בְּכַפָּי. אִם גָּמַלְתִּי שׁוֹלְמִי רָע, וָאֲחַלְּצָה צוֹרְרִי רֵיקָם. יִרַדֹּף אוֹיֵב נַפְשִׁי וְיַשֵּׂג, וְיִרְמֹס לָאָרֶץ חַיָּי, וּכְבוֹדִי לֶעָפָר יַשְׁכֵּן סֶלָה. קוּמָה יהוה בְּאַפֶּךָ, הִנָּשֵׂא בְּעַבְרוֹת צוֹרְרָי, וְעוּרָה אֵלַי מִשְׁפָּט צִוִּיתָ. וַעֲדַת לְאֻמִּים תְּסוֹבְבֶךָּ, וְעָלֶיהָ לַמָּרוֹם שׁוּבָה. יהוה יָדִין עַמִּים; שָׁפְטֵנִי יהוה, כְּצִדְקִי וּכְתֻמִּי עָלָי. יִגְמָר נָא רַע רְשָׁעִים, וּתְכוֹנֵן צַדִּיק; וּבֹחֵן לִבּוֹת וּכְלָיוֹת אֱלֹהִים צַדִּיק. מָגִנִּי עַל אֱלֹהִים, מוֹשִׁיעַ יִשְׁרֵי לֵב. אֱלֹהִים שׁוֹפֵט צַדִּיק, וְאֵל זֹעֵם בְּכָל יוֹם. אִם לֹא יָשׁוּב, חַרְבּוֹ יִלְטוֹשׁ, קַשְׁתּוֹ דָרַךְ וַיְכוֹנְנֶהָ. וְלוֹ הֵכִין כְּלֵי מָוֶת, חִצָּיו לְדֹלְקִים יִפְעָל. הִנֵּה יְחַבֶּל אָוֶן, וְהָרָה עָמָל וְיָלַד שָׁקֶר. בּוֹר כָּרָה וַיַּחְפְּרֵהוּ, וַיִּפֹּל בְּשַׁחַת יִפְעָל. יָשׁוּב עֲמָלוֹ בְרֹאשׁוֹ, וְעַל קָדְקֳדוֹ חֲמָסוֹ יֵרֵד. אוֹדֶה יהוה כְּצִדְקוֹ, וַאֲזַמְּרָה שֵׁם יהוה עֶלְיוֹן.

ח לַמְנַצֵּחַ עַל הַגִּתִּית, מִזְמוֹר לְדָוִד. יהוה אֲדֹנֵינוּ, מָה אַדִּיר שִׁמְךָ בְּכָל הָאָרֶץ, אֲשֶׁר תְּנָה הוֹדְךָ עַל הַשָּׁמָיִם. מִפִּי עוֹלְלִים וְיֹנְקִים יִסַּדְתָּ עֹז; לְמַעַן צוֹרְרֶיךָ, לְהַשְׁבִּית אוֹיֵב וּמִתְנַקֵּם. כִּי אֶרְאֶה שָׁמֶיךָ מַעֲשֵׂה אֶצְבְּעֹתֶיךָ, יָרֵחַ וְכוֹכָבִים אֲשֶׁר כּוֹנָנְתָּה. מָה אֱנוֹשׁ כִּי תִזְכְּרֶנּוּ, וּבֶן אָדָם כִּי תִפְקְדֶנּוּ. וַתְּחַסְּרֵהוּ מְּעַט מֵאֱלֹהִים, וְכָבוֹד וְהָדָר תְּעַטְּרֵהוּ. תַּמְשִׁילֵהוּ בְּמַעֲשֵׂי יָדֶיךָ, כֹּל שַׁתָּה תַחַת רַגְלָיו. צֹנֶה וַאֲלָפִים כֻּלָּם, וְגַם בַּהֲמוֹת שָׂדָי. צִפּוֹר שָׁמַיִם וּדְגֵי הַיָּם, עֹבֵר אָרְחוֹת יַמִּים. יהוה אֲדֹנֵינוּ, מָה אַדִּיר שִׁמְךָ בְּכָל הָאָרֶץ.

ט לַמְנַצֵּחַ עַל מוּת לַבֵּן, מִזְמוֹר לְדָוִד. אוֹדֶה יהוה בְּכָל לִבִּי, אֲסַפְּרָה כָּל נִפְלְאוֹתֶיךָ. אֶשְׂמְחָה וְאֶעֶלְצָה בָךְ, אֲזַמְּרָה שִׁמְךָ עֶלְיוֹן. בְּשׁוּב אוֹיְבַי אָחוֹר, יִכָּשְׁלוּ וְיֹאבְדוּ מִפָּנֶיךָ. כִּי עָשִׂיתָ מִשְׁפָּטִי וְדִינִי, יָשַׁבְתָּ לְכִסֵּא שׁוֹפֵט צֶדֶק. גָּעַרְתָּ גוֹיִם, אִבַּדְתָּ רָשָׁע, שְׁמָם מָחִיתָ לְעוֹלָם וָעֶד. הָאוֹיֵב, תַּמּוּ חֳרָבוֹת לָנֶצַח; וְעָרִים נָתַשְׁתָּ, אָבַד זִכְרָם הֵמָּה. וַיהוה לְעוֹלָם יֵשֵׁב, כּוֹנֵן לַמִּשְׁפָּט כִּסְאוֹ. וְהוּא יִשְׁפֹּט תֵּבֵל בְּצֶדֶק, יָדִין לְאֻמִּים בְּמֵישָׁרִים. וִיהִי יהוה מִשְׂגָּב

לַדָּךְ, מִשְׂגָּב לְעִתּוֹת בַּצָּרָה. וְיִבְטְחוּ בְךָ יוֹדְעֵי שְׁמֶךָ, כִּי לֹא עָזַבְתָּ דֹרְשֶׁיךָ, יהוה. זַמְּרוּ לַיהוה יֹשֵׁב צִיּוֹן, הַגִּידוּ בָעַמִּים עֲלִילוֹתָיו. כִּי דֹרֵשׁ דָּמִים אוֹתָם זָכָר, לֹא שָׁכַח צַעֲקַת עֲנָוִים. חָנְנֵנִי יהוה, רְאֵה עָנְיִי מִשֹּׂנְאָי, מְרוֹמְמִי מִשַּׁעֲרֵי מָוֶת. לְמַעַן אֲסַפְּרָה כָּל תְּהִלָּתֶיךָ, בְּשַׁעֲרֵי בַת צִיּוֹן אָגִילָה בִּישׁוּעָתֶךָ. טָבְעוּ גוֹיִם בְּשַׁחַת עָשׂוּ, בְּרֶשֶׁת זוּ טָמָנוּ נִלְכְּדָה רַגְלָם. נוֹדַע יהוה מִשְׁפָּט עָשָׂה; בְּפֹעַל כַּפָּיו נוֹקֵשׁ רָשָׁע, הִגָּיוֹן סֶלָה. יָשׁוּבוּ רְשָׁעִים לִשְׁאוֹלָה, כָּל גּוֹיִם שְׁכֵחֵי אֱלֹהִים. כִּי לֹא לָנֶצַח יִשָּׁכַח אֶבְיוֹן, תִּקְוַת עֲנִיִּים תֹּאבַד לָעַד. קוּמָה יהוה אַל יָעֹז אֱנוֹשׁ, יִשָּׁפְטוּ גוֹיִם עַל פָּנֶיךָ. שִׁיתָה יהוה מוֹרָה לָהֶם, יֵדְעוּ גוֹיִם אֱנוֹשׁ הֵמָּה סֶּלָה.

## יום ב׳ לחודש

**י** לָמָה יהוה תַּעֲמֹד בְּרָחוֹק, תַּעְלִים לְעִתּוֹת בַּצָּרָה. בְּגַאֲוַת רָשָׁע יִדְלַק עָנִי, יִתָּפְשׂוּ בִּמְזִמּוֹת זוּ חָשָׁבוּ. כִּי הִלֵּל רָשָׁע עַל תַּאֲוַת נַפְשׁוֹ, וּבֹצֵעַ בֵּרֵךְ נִאֵץ | יהוה. רָשָׁע, כְּגֹבַהּ אַפּוֹ בַּל יִדְרֹשׁ, אֵין אֱלֹהִים כָּל מְזִמּוֹתָיו. יָחִילוּ דְרָכָיו בְּכָל עֵת, מָרוֹם מִשְׁפָּטֶיךָ מִנֶּגְדּוֹ; כָּל צוֹרְרָיו יָפִיחַ בָּהֶם. אָמַר בְּלִבּוֹ: בַּל אֶמּוֹט, לְדֹר וָדֹר אֲשֶׁר לֹא בְרָע. אָלָה פִּיהוּ מָלֵא וּמִרְמוֹת וָתֹךְ, תַּחַת לְשׁוֹנוֹ עָמָל וָאָוֶן. יֵשֵׁב בְּמַאְרַב חֲצֵרִים, בַּמִּסְתָּרִים יַהֲרֹג נָקִי, עֵינָיו לְחֵלְכָה יִצְפֹּנוּ. יֶאֱרֹב בַּמִּסְתָּר כְּאַרְיֵה בְסֻכֹּה, יֶאֱרֹב לַחֲטוֹף עָנִי; יַחְטֹף עָנִי בְּמָשְׁכוֹ בְרִשְׁתּוֹ. יִדְכֶּה יָשֹׁחַ, וְנָפַל בַּעֲצוּמָיו חֵל כָּאִים. אָמַר בְּלִבּוֹ שָׁכַח אֵל, הִסְתִּיר פָּנָיו בַּל רָאָה לָנֶצַח. קוּמָה יהוה, אֵל נְשָׂא יָדֶךָ, אַל תִּשְׁכַּח עֲנָוִים. עַל מֶה נִאֵץ רָשָׁע | אֱלֹהִים, אָמַר בְּלִבּוֹ לֹא תִדְרֹשׁ. רָאִתָה, כִּי אַתָּה עָמָל וָכַעַס תַּבִּיט, לָתֵת בְּיָדֶךָ; עָלֶיךָ יַעֲזֹב חֵלֶכָה, יָתוֹם אַתָּה הָיִיתָ עוֹזֵר. שְׁבֹר זְרוֹעַ רָשָׁע; וָרָע, תִּדְרוֹשׁ רִשְׁעוֹ בַל תִּמְצָא. יהוה מֶלֶךְ עוֹלָם וָעֶד, אָבְדוּ גוֹיִם מֵאַרְצוֹ. תַּאֲוַת עֲנָוִים שָׁמַעְתָּ, יהוה; תָּכִין לִבָּם תַּקְשִׁיב אָזְנֶךָ. לִשְׁפֹּט יָתוֹם וָדָךְ; בַּל יוֹסִיף עוֹד, לַעֲרֹץ אֱנוֹשׁ מִן הָאָרֶץ.

**יא** לַמְנַצֵּחַ לְדָוִד; בַּיהוה חָסִיתִי, אֵיךְ תֹּאמְרוּ לְנַפְשִׁי, נוּדִי הַרְכֶם צִפּוֹר. כִּי הִנֵּה הָרְשָׁעִים יִדְרְכוּן קֶשֶׁת, כּוֹנְנוּ חִצָּם עַל יֶתֶר, לִירוֹת בְּמוֹ אֹפֶל לְיִשְׁרֵי לֵב. כִּי הַשָּׁתוֹת יֵהָרֵסוּן, צַדִּיק מַה פָּעָל. יהוה בְּהֵיכַל קָדְשׁוֹ, יהוה בַּשָּׁמַיִם כִּסְאוֹ; עֵינָיו יֶחֱזוּ, עַפְעַפָּיו יִבְחֲנוּ בְּנֵי אָדָם. יהוה צַדִּיק יִבְחָן, וְרָשָׁע וְאֹהֵב חָמָס שָׂנְאָה נַפְשׁוֹ. יַמְטֵר עַל רְשָׁעִים פַּחִים; אֵשׁ וְגָפְרִית וְרוּחַ זִלְעָפוֹת מְנָת כּוֹסָם. כִּי צַדִּיק יהוה, צְדָקוֹת אָהֵב, יָשָׁר יֶחֱזוּ פָנֵימוֹ.

**יב** לַמְנַצֵּחַ עַל הַשְּׁמִינִית, מִזְמוֹר לְדָוִד. הוֹשִׁיעָה יהוה כִּי גָמַר חָסִיד, כִּי פַסּוּ אֱמוּנִים מִבְּנֵי אָדָם. שָׁוְא יְדַבְּרוּ אִישׁ אֶת רֵעֵהוּ; שְׂפַת חֲלָקוֹת, בְּלֵב וָלֵב יְדַבֵּרוּ. יַכְרֵת יהוה כָּל שִׂפְתֵי חֲלָקוֹת, לָשׁוֹן מְדַבֶּרֶת גְּדֹלוֹת. אֲשֶׁר אָמְרוּ: לִלְשֹׁנֵנוּ נַגְבִּיר, שְׂפָתֵינוּ אִתָּנוּ, מִי אָדוֹן לָנוּ. מִשֹּׁד עֲנִיִּים, מֵאַנְקַת אֶבְיוֹנִים; עַתָּה אָקוּם יֹאמַר יהוה, אָשִׁית בְּיֵשַׁע יָפִיחַ לוֹ. אִמְרוֹת יהוה אֲמָרוֹת טְהֹרוֹת; כֶּסֶף צָרוּף, בַּעֲלִיל לָאָרֶץ, מְזֻקָּק שִׁבְעָתָיִם. אַתָּה יהוה תִּשְׁמְרֵם, תִּצְּרֶנּוּ מִן הַדּוֹר זוּ לְעוֹלָם. סָבִיב רְשָׁעִים יִתְהַלָּכוּן, כֻּרֻם זֻלּוּת לִבְנֵי אָדָם.

**יג** לַמְנַצֵּחַ מִזְמוֹר לְדָוִד. עַד אָנָה יהוה תִּשְׁכָּחֵנִי נֶצַח, עַד אָנָה תַּסְתִּיר אֶת פָּנֶיךָ מִמֶּנִּי. עַד אָנָה אָשִׁית עֵצוֹת בְּנַפְשִׁי, יָגוֹן בִּלְבָבִי יוֹמָם; עַד אָנָה יָרוּם אֹיְבִי עָלָי. הַבִּיטָה עֲנֵנִי יהוה אֱלֹהָי, הָאִירָה עֵינַי פֶּן אִישַׁן הַמָּוֶת. פֶּן יֹאמַר אֹיְבִי יְכָלְתִּיו, צָרַי יָגִילוּ כִּי אֶמּוֹט. וַאֲנִי בְּחַסְדְּךָ בָטַחְתִּי, יָגֵל לִבִּי בִּישׁוּעָתֶךָ; אָשִׁירָה לַיהוה, כִּי גָמַל עָלָי.

**יד** לַמְנַצֵּחַ לְדָוִד; אָמַר נָבָל בְּלִבּוֹ אֵין אֱלֹהִים, הִשְׁחִיתוּ הִתְעִיבוּ עֲלִילָה, אֵין עֹשֵׂה טוֹב. יהוה מִשָּׁמַיִם הִשְׁקִיף עַל בְּנֵי אָדָם, לִרְאוֹת הֲיֵשׁ מַשְׂכִּיל דֹּרֵשׁ אֶת אֱלֹהִים. הַכֹּל סָר, יַחְדָּו נֶאֱלָחוּ; אֵין עֹשֵׂה טוֹב, אֵין גַּם אֶחָד. הֲלֹא יָדְעוּ כָּל פֹּעֲלֵי אָוֶן; אֹכְלֵי עַמִּי אָכְלוּ לֶחֶם, יהוה לֹא קָרָאוּ. שָׁם פָּחֲדוּ פָחַד, כִּי אֱלֹהִים בְּדוֹר צַדִּיק. עֲצַת עָנִי תָבִישׁוּ, כִּי יהוה מַחְסֵהוּ. מִי יִתֵּן מִצִּיּוֹן יְשׁוּעַת יִשְׂרָאֵל; בְּשׁוּב יהוה שְׁבוּת עַמּוֹ,

יָגֵל יַעֲקֹב יִשְׂמַח יִשְׂרָאֵל.

**טו** מִזְמוֹר לְדָוִד; יהוה מִי יָגוּר בְּאָהֳלֶךָ, מִי יִשְׁכֹּן בְּהַר קָדְשֶׁךָ. הוֹלֵךְ תָּמִים וּפֹעֵל צֶדֶק, וְדֹבֵר אֱמֶת בִּלְבָבוֹ. לֹא רָגַל עַל לְשֹׁנוֹ, לֹא עָשָׂה לְרֵעֵהוּ רָעָה, וְחֶרְפָּה לֹא נָשָׂא עַל קְרֹבוֹ. נִבְזֶה בְּעֵינָיו נִמְאָס, וְאֶת יִרְאֵי יהוה יְכַבֵּד, נִשְׁבַּע לְהָרַע וְלֹא יָמִר. כַּסְפּוֹ לֹא נָתַן בְּנֶשֶׁךְ, וְשֹׁחַד עַל נָקִי לֹא לָקָח; עֹשֵׂה אֵלֶּה לֹא יִמּוֹט לְעוֹלָם.

**טז** מִכְתָּם לְדָוִד, שָׁמְרֵנִי אֵל כִּי חָסִיתִי בָךְ. אָמַרְתְּ לַיהוה, אֲדֹנָי אָתָּה, טוֹבָתִי בַּל עָלֶיךָ. לִקְדוֹשִׁים אֲשֶׁר בָּאָרֶץ הֵמָּה, וְאַדִּירֵי כָּל חֶפְצִי בָם. יִרְבּוּ עַצְּבוֹתָם אַחֵר מָהָרוּ; בַּל אַסִּיךְ נִסְכֵּיהֶם מִדָּם, וּבַל אֶשָּׂא אֶת שְׁמוֹתָם עַל שְׂפָתָי. יהוה מְנָת חֶלְקִי וְכוֹסִי, אַתָּה תּוֹמִיךְ גּוֹרָלִי. חֲבָלִים נָפְלוּ לִי בַּנְּעִמִים, אַף נַחֲלָת שָׁפְרָה עָלָי. אֲבָרֵךְ אֶת יהוה אֲשֶׁר יְעָצָנִי, אַף לֵילוֹת יִסְּרוּנִי כִלְיוֹתָי. שִׁוִּיתִי יהוה לְנֶגְדִּי תָמִיד, כִּי מִימִינִי, בַּל אֶמּוֹט. לָכֵן שָׂמַח לִבִּי וַיָּגֶל כְּבוֹדִי, אַף בְּשָׂרִי יִשְׁכֹּן לָבֶטַח. כִּי לֹא תַעֲזֹב נַפְשִׁי לִשְׁאוֹל, לֹא תִתֵּן חֲסִידְךָ לִרְאוֹת שָׁחַת. תּוֹדִיעֵנִי אֹרַח חַיִּים, שֹׂבַע שְׂמָחוֹת אֶת פָּנֶיךָ, נְעִמוֹת בִּימִינְךָ נֶצַח.

**יז** תְּפִלָּה לְדָוִד; שִׁמְעָה יהוה צֶדֶק, הַקְשִׁיבָה רִנָּתִי, הַאֲזִינָה תְפִלָּתִי, בְּלֹא שִׂפְתֵי מִרְמָה. מִלְּפָנֶיךָ מִשְׁפָּטִי יֵצֵא, עֵינֶיךָ תֶּחֱזֶינָה מֵישָׁרִים. בָּחַנְתָּ לִבִּי, פָּקַדְתָּ לַּיְלָה, צְרַפְתַּנִי בַל תִּמְצָא; זַמֹּתִי בַּל יַעֲבָר פִּי. לִפְעֻלּוֹת אָדָם בִּדְבַר שְׂפָתֶיךָ, אֲנִי שָׁמַרְתִּי אָרְחוֹת פָּרִיץ. תָּמֹךְ אֲשֻׁרַי בְּמַעְגְּלוֹתֶיךָ, בַּל נָמוֹטּוּ פְעָמָי. אֲנִי קְרָאתִיךָ כִי תַעֲנֵנִי, אֵל; הַט אָזְנְךָ לִי, שְׁמַע אִמְרָתִי. הַפְלֵה חֲסָדֶיךָ, מוֹשִׁיעַ חוֹסִים, מִמִּתְקוֹמְמִים בִּימִינֶךָ. שָׁמְרֵנִי כְּאִישׁוֹן בַּת עָיִן, בְּצֵל כְּנָפֶיךָ תַּסְתִּירֵנִי. מִפְּנֵי רְשָׁעִים זוּ שַׁדּוּנִי, אֹיְבַי בְּנֶפֶשׁ יַקִּיפוּ עָלָי. חֶלְבָּמוֹ סָּגְרוּ, פִּימוֹ דִּבְּרוּ בְגֵאוּת. אַשֻּׁרֵנוּ עַתָּה סְבָבוּנוּ, עֵינֵיהֶם יָשִׁיתוּ לִנְטוֹת בָּאָרֶץ. דִּמְיֹנוֹ כְּאַרְיֵה יִכְסוֹף לִטְרֹף, וְכִכְפִיר יֹשֵׁב בְּמִסְתָּרִים. קוּמָה יהוה, קַדְּמָה פָנָיו הַכְרִיעֵהוּ, פַּלְּטָה נַפְשִׁי מֵרָשָׁע חַרְבֶּךָ. מִמְתִים יָדְךָ | יהוה, מִמְתִים מֵחֶלֶד, חֶלְקָם בַּחַיִּים, וּצְפוּנְךָ תְּמַלֵּא בִטְנָם; יִשְׂבְּעוּ בָנִים, וְהִנִּיחוּ יִתְרָם לְעוֹלְלֵיהֶם. אֲנִי בְּצֶדֶק אֶחֱזֶה פָנֶיךָ, אֶשְׂבְּעָה בְהָקִיץ תְּמוּנָתֶךָ.

### יום ג׳ לחודש

**יח** לַמְנַצֵּחַ לְעֶבֶד יהוה לְדָוִד; אֲשֶׁר דִּבֶּר לַיהוה אֶת דִּבְרֵי הַשִּׁירָה הַזֹּאת, בְּיוֹם הִצִּיל יהוה אוֹתוֹ מִכַּף כָּל אֹיְבָיו, וּמִיַּד שָׁאוּל. וַיֹּאמַר, אֶרְחָמְךָ יהוה חִזְקִי. יהוה סַלְעִי וּמְצוּדָתִי וּמְפַלְטִי; אֵלִי צוּרִי אֶחֱסֶה בּוֹ, מָגִנִּי וְקֶרֶן יִשְׁעִי, מִשְׂגַּבִּי. מְהֻלָּל אֶקְרָא יהוה, וּמִן אֹיְבַי אִוָּשֵׁעַ. אֲפָפוּנִי חֶבְלֵי מָוֶת, וְנַחֲלֵי בְלִיַּעַל יְבַעֲתוּנִי. חֶבְלֵי שְׁאוֹל סְבָבוּנִי, קִדְּמוּנִי מוֹקְשֵׁי מָוֶת. בַּצַּר לִי אֶקְרָא יהוה, וְאֶל אֱלֹהַי אֲשַׁוֵּעַ; יִשְׁמַע מֵהֵיכָלוֹ קוֹלִי, וְשַׁוְעָתִי לְפָנָיו תָּבוֹא בְאָזְנָיו. וַתִּגְעַשׁ וַתִּרְעַשׁ הָאָרֶץ, וּמוֹסְדֵי הָרִים יִרְגָּזוּ; וַיִּתְגָּעֲשׁוּ כִּי חָרָה לוֹ. עָלָה עָשָׁן בְּאַפּוֹ, וְאֵשׁ מִפִּיו תֹּאכֵל, גֶּחָלִים בָּעֲרוּ מִמֶּנּוּ. וַיֵּט שָׁמַיִם וַיֵּרַד, וַעֲרָפֶל תַּחַת רַגְלָיו. וַיִּרְכַּב עַל כְּרוּב וַיָּעֹף, וַיֵּדֶא עַל כַּנְפֵי רוּחַ. יָשֶׁת חֹשֶׁךְ סִתְרוֹ, סְבִיבוֹתָיו סֻכָּתוֹ, חֶשְׁכַת מַיִם עָבֵי שְׁחָקִים. מִנֹּגַהּ נֶגְדּוֹ, עָבָיו עָבְרוּ, בָּרָד וְגַחֲלֵי אֵשׁ. וַיַּרְעֵם בַּשָּׁמַיִם יהוה, וְעֶלְיוֹן יִתֵּן קֹלוֹ, בָּרָד וְגַחֲלֵי אֵשׁ. וַיִּשְׁלַח חִצָּיו וַיְפִיצֵם, וּבְרָקִים רָב וַיְהֻמֵּם. וַיֵּרָאוּ אֲפִיקֵי מַיִם, וַיִּגָּלוּ מוֹסְדוֹת תֵּבֵל; מִגַּעֲרָתְךָ יהוה, מִנִּשְׁמַת רוּחַ אַפֶּךָ. יִשְׁלַח מִמָּרוֹם יִקָּחֵנִי, יַמְשֵׁנִי מִמַּיִם רַבִּים. יַצִּילֵנִי מֵאֹיְבִי עָז, וּמִשֹּׂנְאַי כִּי אָמְצוּ מִמֶּנִּי. יְקַדְּמוּנִי בְיוֹם אֵידִי, וַיְהִי יהוה לְמִשְׁעָן לִי. וַיּוֹצִיאֵנִי לַמֶּרְחָב, יְחַלְּצֵנִי כִּי חָפֵץ בִּי. יִגְמְלֵנִי יהוה כְּצִדְקִי, כְּבֹר יָדַי יָשִׁיב לִי. כִּי שָׁמַרְתִּי דַּרְכֵי יהוה, וְלֹא רָשַׁעְתִּי מֵאֱלֹהָי. כִּי כָל מִשְׁפָּטָיו לְנֶגְדִּי, וְחֻקֹּתָיו לֹא אָסִיר מֶנִּי. וָאֱהִי תָמִים עִמּוֹ, וָאֶשְׁתַּמֵּר מֵעֲוֹנִי. וַיָּשֶׁב יהוה לִי כְצִדְקִי, כְּבֹר יָדַי לְנֶגֶד עֵינָיו. עִם חָסִיד תִּתְחַסָּד, עִם גְּבַר תָּמִים תִּתַּמָּם. עִם נָבָר תִּתְבָּרָר, וְעִם עִקֵּשׁ תִּתְפַּתָּל. כִּי אַתָּה עַם עָנִי תוֹשִׁיעַ, וְעֵינַיִם רָמוֹת תַּשְׁפִּיל. כִּי אַתָּה תָּאִיר נֵרִי, יהוה אֱלֹהַי יַגִּיהַּ חָשְׁכִּי. כִּי בְךָ אָרֻץ גְּדוּד, וּבֵאלֹהַי אֲדַלֶּג שׁוּר. הָאֵל תָּמִים דַּרְכּוֹ; אִמְרַת יהוה צְרוּפָה, מָגֵן הוּא לְכֹל הַחוֹסִים בּוֹ. כִּי מִי אֱלוֹהַּ מִבַּלְעֲדֵי יהוה, וּמִי צוּר זוּלָתִי אֱלֹהֵינוּ. הָאֵל הַמְאַזְּרֵנִי חָיִל,

וַיִּתֵּן תָּמִים דַּרְכִּי. מְשַׁוֶּה רַגְלַי כָּאַיָּלוֹת, וְעַל בָּמֹתַי יַעֲמִידֵנִי. מְלַמֵּד יָדַי לַמִּלְחָמָה, וְנִחֲתָה קֶשֶׁת נְחוּשָׁה זְרוֹעֹתָי. וַתִּתֶּן לִי מָגֵן יִשְׁעֶךָ; וִימִינְךָ תִסְעָדֵנִי, וְעַנְוַתְךָ תַרְבֵּנִי. תַּרְחִיב צַעֲדִי תַחְתָּי, וְלֹא מָעֲדוּ קַרְסֻלָּי. אֶרְדּוֹף אוֹיְבַי וְאַשִּׂיגֵם, וְלֹא אָשׁוּב עַד כַּלּוֹתָם. אֶמְחָצֵם וְלֹא יֻכְלוּ קוּם, יִפְּלוּ תַּחַת רַגְלָי. וַתְּאַזְּרֵנִי חַיִל לַמִּלְחָמָה, תַּכְרִיעַ קָמַי תַּחְתָּי. וְאֹיְבַי נָתַתָּה לִּי עֹרֶף, וּמְשַׂנְאַי אַצְמִיתֵם. יְשַׁוְּעוּ וְאֵין מוֹשִׁיעַ, עַל יהוה וְלֹא עָנָם. וְאֶשְׁחָקֵם כְּעָפָר עַל פְּנֵי רוּחַ, כְּטִיט חוּצוֹת אֲרִיקֵם. תְּפַלְּטֵנִי מֵרִיבֵי עָם; תְּשִׂימֵנִי לְרֹאשׁ גּוֹיִם, עַם לֹא יָדַעְתִּי יַעַבְדוּנִי. לְשֵׁמַע אֹזֶן יִשָּׁמְעוּ לִי, בְּנֵי נֵכָר יְכַחֲשׁוּ לִי. בְּנֵי נֵכָר יִבֹּלוּ, וְיַחְרְגוּ מִמִּסְגְּרוֹתֵיהֶם. חַי יהוה וּבָרוּךְ צוּרִי, וְיָרוּם אֱלוֹהֵי יִשְׁעִי. הָאֵל הַנּוֹתֵן נְקָמוֹת לִי, וַיַּדְבֵּר עַמִּים תַּחְתָּי. מְפַלְּטִי מֵאֹיְבָי; אַף מִן קָמַי תְּרוֹמְמֵנִי, מֵאִישׁ חָמָס תַּצִּילֵנִי. עַל כֵּן אוֹדְךָ בַגּוֹיִם | יהוה, וּלְשִׁמְךָ אֲזַמֵּרָה. מַגְדִּל יְשׁוּעוֹת מַלְכּוֹ; וְעֹשֶׂה חֶסֶד לִמְשִׁיחוֹ, לְדָוִד וּלְזַרְעוֹ עַד עוֹלָם.

**יט** לַמְנַצֵּחַ מִזְמוֹר לְדָוִד. הַשָּׁמַיִם מְסַפְּרִים כְּבוֹד אֵל, וּמַעֲשֵׂה יָדָיו מַגִּיד הָרָקִיעַ. יוֹם לְיוֹם יַבִּיעַ אֹמֶר, וְלַיְלָה לְּלַיְלָה יְחַוֶּה דָּעַת. אֵין אֹמֶר וְאֵין דְּבָרִים, בְּלִי נִשְׁמָע קוֹלָם. בְּכָל הָאָרֶץ יָצָא קַוָּם, וּבִקְצֵה תֵבֵל מִלֵּיהֶם; לַשֶּׁמֶשׁ שָׂם אֹהֶל בָּהֶם. וְהוּא כְּחָתָן יֹצֵא מֵחֻפָּתוֹ, יָשִׂישׂ כְּגִבּוֹר לָרוּץ אֹרַח. מִקְצֵה הַשָּׁמַיִם מוֹצָאוֹ, וּתְקוּפָתוֹ עַל קְצוֹתָם; וְאֵין נִסְתָּר מֵחַמָּתוֹ. תּוֹרַת יהוה תְּמִימָה, מְשִׁיבַת נָפֶשׁ; עֵדוּת יהוה נֶאֱמָנָה, מַחְכִּימַת פֶּתִי. פִּקּוּדֵי יהוה יְשָׁרִים, מְשַׂמְּחֵי לֵב; מִצְוַת יהוה בָּרָה, מְאִירַת עֵינָיִם. יִרְאַת יהוה טְהוֹרָה, עוֹמֶדֶת לָעַד; מִשְׁפְּטֵי יהוה אֱמֶת, צָדְקוּ יַחְדָּו. הַנֶּחֱמָדִים מִזָּהָב וּמִפַּז רָב, וּמְתוּקִים מִדְּבַשׁ וְנֹפֶת צוּפִים. גַּם עַבְדְּךָ נִזְהָר בָּהֶם, בְּשָׁמְרָם עֵקֶב רָב. שְׁגִיאוֹת מִי יָבִין, מִנִּסְתָּרוֹת נַקֵּנִי. גַּם מִזֵּדִים חֲשֹׂךְ עַבְדֶּךָ, אַל יִמְשְׁלוּ בִי, אָז אֵיתָם; וְנִקֵּיתִי מִפֶּשַׁע רָב. יִהְיוּ לְרָצוֹן אִמְרֵי פִי וְהֶגְיוֹן לִבִּי לְפָנֶיךָ, יהוה צוּרִי וְגֹאֲלִי.

**כ** לַמְנַצֵּחַ מִזְמוֹר לְדָוִד. יַעַנְךָ יהוה בְּיוֹם צָרָה; יְשַׂגֶּבְךָ שֵׁם אֱלֹהֵי יַעֲקֹב. יִשְׁלַח עֶזְרְךָ מִקֹּדֶשׁ, וּמִצִּיּוֹן יִסְעָדֶךָּ. יִזְכֹּר כָּל מִנְחֹתֶיךָ, וְעוֹלָתְךָ יְדַשְּׁנֶה סֶלָה. יִתֶּן לְךָ כִלְבָבֶךָ, וְכָל עֲצָתְךָ יְמַלֵּא. נְרַנְּנָה בִּישׁוּעָתֶךָ, וּבְשֵׁם אֱלֹהֵינוּ נִדְגֹּל; יְמַלֵּא יהוה כָּל מִשְׁאֲלוֹתֶיךָ. עַתָּה יָדַעְתִּי כִּי הוֹשִׁיעַ יהוה מְשִׁיחוֹ; יַעֲנֵהוּ מִשְּׁמֵי קָדְשׁוֹ, בִּגְבוּרוֹת יֵשַׁע יְמִינוֹ. אֵלֶּה בָרֶכֶב וְאֵלֶּה בַסּוּסִים, וַאֲנַחְנוּ בְּשֵׁם יהוה אֱלֹהֵינוּ נַזְכִּיר. הֵמָּה כָּרְעוּ וְנָפָלוּ, וַאֲנַחְנוּ קַּמְנוּ וַנִּתְעוֹדָד. יהוה הוֹשִׁיעָה, הַמֶּלֶךְ יַעֲנֵנוּ בְיוֹם קָרְאֵנוּ.

**כא** לַמְנַצֵּחַ מִזְמוֹר לְדָוִד. יהוה בְּעָזְּךָ יִשְׂמַח מֶלֶךְ, וּבִישׁוּעָתְךָ מַה יָּגֶל מְאֹד. תַּאֲוַת לִבּוֹ נָתַתָּה לּוֹ, וַאֲרֶשֶׁת שְׂפָתָיו בַּל מָנַעְתָּ סֶּלָה. כִּי תְקַדְּמֶנּוּ בִּרְכוֹת טוֹב, תָּשִׁית לְרֹאשׁוֹ עֲטֶרֶת פָּז. חַיִּים שָׁאַל מִמְּךָ נָתַתָּה לּוֹ, אֹרֶךְ יָמִים עוֹלָם וָעֶד. גָּדוֹל כְּבוֹדוֹ בִּישׁוּעָתֶךָ, הוֹד וְהָדָר תְּשַׁוֶּה עָלָיו. כִּי תְשִׁיתֵהוּ בְרָכוֹת לָעַד, תְּחַדֵּהוּ בְשִׂמְחָה אֶת פָּנֶיךָ. כִּי הַמֶּלֶךְ בֹּטֵחַ בַּיהוה, וּבְחֶסֶד עֶלְיוֹן בַּל יִמּוֹט. תִּמְצָא יָדְךָ לְכָל אֹיְבֶיךָ, יְמִינְךָ תִּמְצָא שֹׂנְאֶיךָ. תְּשִׁיתֵמוֹ כְּתַנּוּר אֵשׁ לְעֵת פָּנֶיךָ; יהוה בְּאַפּוֹ יְבַלְּעֵם, וְתֹאכְלֵם אֵשׁ. פִּרְיָמוֹ מֵאֶרֶץ תְּאַבֵּד, וְזַרְעָם מִבְּנֵי אָדָם. כִּי נָטוּ עָלֶיךָ רָעָה, חָשְׁבוּ מְזִמָּה בַּל יוּכָלוּ. כִּי תְּשִׁיתֵמוֹ שֶׁכֶם, בְּמֵיתָרֶיךָ תְּכוֹנֵן עַל פְּנֵיהֶם. רוּמָה יהוה בְעֻזֶּךָ, נָשִׁירָה וּנְזַמְּרָה גְּבוּרָתֶךָ.

**כב** לַמְנַצֵּחַ עַל אַיֶּלֶת הַשַּׁחַר, מִזְמוֹר לְדָוִד. אֵלִי אֵלִי לָמָה עֲזַבְתָּנִי, רָחוֹק מִישׁוּעָתִי דִּבְרֵי שַׁאֲגָתִי. אֱלֹהַי, אֶקְרָא יוֹמָם וְלֹא תַעֲנֶה, וְלַיְלָה וְלֹא דוּמִיָּה לִי. וְאַתָּה קָדוֹשׁ, יוֹשֵׁב תְּהִלּוֹת יִשְׂרָאֵל. בְּךָ בָּטְחוּ אֲבֹתֵינוּ, בָּטְחוּ וַתְּפַלְּטֵמוֹ. אֵלֶיךָ זָעֲקוּ וְנִמְלָטוּ, בְּךָ בָטְחוּ וְלֹא בוֹשׁוּ. וְאָנֹכִי תוֹלַעַת וְלֹא אִישׁ, חֶרְפַּת אָדָם וּבְזוּי עָם. כָּל רֹאַי יַלְעִגוּ לִי, יַפְטִירוּ בְשָׂפָה, יָנִיעוּ רֹאשׁ. גֹּל אֶל יהוה יְפַלְּטֵהוּ, יַצִּילֵהוּ כִּי חָפֵץ בּוֹ. כִּי אַתָּה גֹחִי מִבָּטֶן, מַבְטִיחִי עַל שְׁדֵי אִמִּי. עָלֶיךָ הָשְׁלַכְתִּי מֵרָחֶם, מִבֶּטֶן אִמִּי אֵלִי אָתָּה. אַל תִּרְחַק מִמֶּנִּי כִּי צָרָה קְרוֹבָה, כִּי אֵין עוֹזֵר. סְבָבוּנִי פָּרִים רַבִּים, אַבִּירֵי בָשָׁן כִּתְּרוּנִי. פָּצוּ עָלַי פִּיהֶם, אַרְיֵה טֹרֵף וְשֹׁאֵג. כַּמַּיִם נִשְׁפַּכְתִּי, וְהִתְפָּרְדוּ כָּל

עַצְמוֹתָי; הָיָה לִבִּי כַּדּוֹנָג, נָמֵס בְּתוֹךְ מֵעָי. יָבֵשׁ כַּחֶרֶשׂ כֹּחִי, וּלְשׁוֹנִי מֻדְבָּק מַלְקוֹחָי; וְלַעֲפַר מָוֶת תִּשְׁפְּתֵנִי. כִּי סְבָבוּנִי כְּלָבִים; עֲדַת מְרֵעִים הִקִּיפוּנִי, כָּאֲרִי יָדַי וְרַגְלָי. אֲסַפֵּר כָּל עַצְמוֹתָי, הֵמָּה יַבִּיטוּ יִרְאוּ בִי. יְחַלְּקוּ בְגָדַי לָהֶם, וְעַל לְבוּשִׁי יַפִּילוּ גוֹרָל. וְאַתָּה יהוה אַל תִּרְחָק, אֱיָלוּתִי לְעֶזְרָתִי חוּשָׁה. הַצִּילָה מֵחֶרֶב נַפְשִׁי, מִיַּד כֶּלֶב יְחִידָתִי. הוֹשִׁיעֵנִי מִפִּי אַרְיֵה, וּמִקַּרְנֵי רֵמִים עֲנִיתָנִי. אֲסַפְּרָה שִׁמְךָ לְאֶחָי, בְּתוֹךְ קָהָל אֲהַלְלֶךָּ. יִרְאֵי יהוה הַלְלוּהוּ, כָּל זֶרַע יַעֲקֹב כַּבְּדוּהוּ, וְגוּרוּ מִמֶּנּוּ כָּל זֶרַע יִשְׂרָאֵל. כִּי לֹא בָזָה וְלֹא שִׁקַּץ עֱנוּת עָנִי, וְלֹא הִסְתִּיר פָּנָיו מִמֶּנּוּ; וּבְשַׁוְּעוֹ אֵלָיו שָׁמֵעַ. מֵאִתְּךָ תְּהִלָּתִי בְּקָהָל רָב, נְדָרַי אֲשַׁלֵּם נֶגֶד יְרֵאָיו. יֹאכְלוּ עֲנָוִים וְיִשְׂבָּעוּ, יְהַלְלוּ יהוה דֹּרְשָׁיו; יְחִי לְבַבְכֶם לָעַד. יִזְכְּרוּ וְיָשֻׁבוּ אֶל יהוה כָּל אַפְסֵי אָרֶץ, וְיִשְׁתַּחֲווּ לְפָנֶיךָ כָּל מִשְׁפְּחוֹת גּוֹיִם. כִּי לַיהוה הַמְּלוּכָה, וּמֹשֵׁל בַּגּוֹיִם. אָכְלוּ וַיִּשְׁתַּחֲווּ כָּל דִּשְׁנֵי אֶרֶץ, לְפָנָיו יִכְרְעוּ כָּל יוֹרְדֵי עָפָר, וְנַפְשׁוֹ לֹא חִיָּה. זֶרַע יַעַבְדֶנּוּ, יְסֻפַּר לַאדֹנָי לַדּוֹר. יָבֹאוּ וְיַגִּידוּ צִדְקָתוֹ, לְעַם נוֹלָד כִּי עָשָׂה.

## יום ד׳ לחודש

**כג** מִזְמוֹר לְדָוִד; יהוה רֹעִי, לֹא אֶחְסָר. בִּנְאוֹת דֶּשֶׁא יַרְבִּיצֵנִי, עַל מֵי מְנֻחוֹת יְנַהֲלֵנִי. נַפְשִׁי יְשׁוֹבֵב, יַנְחֵנִי בְמַעְגְּלֵי צֶדֶק לְמַעַן שְׁמוֹ. גַּם כִּי אֵלֵךְ בְּגֵיא צַלְמָוֶת, לֹא אִירָא רָע כִּי אַתָּה עִמָּדִי; שִׁבְטְךָ וּמִשְׁעַנְתֶּךָ הֵמָּה יְנַחֲמֻנִי. תַּעֲרֹךְ לְפָנַי שֻׁלְחָן נֶגֶד צֹרְרָי; דִּשַּׁנְתָּ בַשֶּׁמֶן רֹאשִׁי, כּוֹסִי רְוָיָה. אַךְ טוֹב וָחֶסֶד יִרְדְּפוּנִי כָּל יְמֵי חַיָּי, וְשַׁבְתִּי בְּבֵית יהוה לְאֹרֶךְ יָמִים.

**כד** לְדָוִד מִזְמוֹר; לַיהוה הָאָרֶץ וּמְלוֹאָהּ, תֵּבֵל וְיֹשְׁבֵי בָהּ. כִּי הוּא עַל יַמִּים יְסָדָהּ, וְעַל נְהָרוֹת יְכוֹנְנֶהָ. מִי יַעֲלֶה בְהַר יהוה, וּמִי יָקוּם בִּמְקוֹם קָדְשׁוֹ. נְקִי כַפַּיִם וּבַר לֵבָב; אֲשֶׁר לֹא נָשָׂא לַשָּׁוְא נַפְשִׁי, וְלֹא נִשְׁבַּע לְמִרְמָה. יִשָּׂא בְרָכָה מֵאֵת יהוה, וּצְדָקָה מֵאֱלֹהֵי יִשְׁעוֹ. זֶה דּוֹר דֹּרְשָׁיו, מְבַקְשֵׁי פָנֶיךָ יַעֲקֹב סֶלָה. שְׂאוּ שְׁעָרִים רָאשֵׁיכֶם, וְהִנָּשְׂאוּ פִּתְחֵי עוֹלָם, וְיָבוֹא מֶלֶךְ הַכָּבוֹד. מִי זֶה מֶלֶךְ הַכָּבוֹד, יהוה עִזּוּז וְגִבּוֹר, יהוה גִּבּוֹר מִלְחָמָה. שְׂאוּ שְׁעָרִים רָאשֵׁיכֶם, וּשְׂאוּ פִּתְחֵי עוֹלָם, וְיָבֹא מֶלֶךְ הַכָּבוֹד. מִי הוּא זֶה מֶלֶךְ הַכָּבוֹד, יהוה צְבָאוֹת הוּא מֶלֶךְ הַכָּבוֹד סֶלָה.

**כה** לְדָוִד, אֵלֶיךָ יהוה נַפְשִׁי אֶשָּׂא. אֱלֹהַי, בְּךָ בָטַחְתִּי, אַל אֵבוֹשָׁה, אַל יַעַלְצוּ אֹיְבַי לִי. גַּם כָּל קֹוֶיךָ לֹא יֵבֹשׁוּ, יֵבֹשׁוּ הַבּוֹגְדִים רֵיקָם. דְּרָכֶיךָ יהוה הוֹדִיעֵנִי, אֹרְחוֹתֶיךָ לַמְּדֵנִי. הַדְרִיכֵנִי בַאֲמִתֶּךָ וְלַמְּדֵנִי, כִּי אַתָּה אֱלֹהֵי יִשְׁעִי, אוֹתְךָ קִוִּיתִי כָּל הַיּוֹם. זְכֹר רַחֲמֶיךָ יהוה וַחֲסָדֶיךָ, כִּי מֵעוֹלָם הֵמָּה. חַטֹּאות נְעוּרַי וּפְשָׁעַי אַל תִּזְכֹּר; כְּחַסְדְּךָ זְכָר לִי אַתָּה, לְמַעַן טוּבְךָ, יהוה. טוֹב וְיָשָׁר יהוה, עַל כֵּן יוֹרֶה חַטָּאִים בַּדָּרֶךְ. יַדְרֵךְ עֲנָוִים בַּמִּשְׁפָּט, וִילַמֵּד עֲנָוִים דַּרְכּוֹ. כָּל אָרְחוֹת יהוה חֶסֶד וֶאֱמֶת, לְנֹצְרֵי בְרִיתוֹ וְעֵדֹתָיו. לְמַעַן שִׁמְךָ יהוה, וְסָלַחְתָּ לַעֲוֹנִי כִּי רַב הוּא. מִי זֶה הָאִישׁ יְרֵא יהוה, יוֹרֶנּוּ בְּדֶרֶךְ יִבְחָר. נַפְשׁוֹ בְּטוֹב תָּלִין, וְזַרְעוֹ יִירַשׁ אָרֶץ. סוֹד יהוה לִירֵאָיו, וּבְרִיתוֹ לְהוֹדִיעָם. עֵינַי תָּמִיד אֶל יהוה, כִּי הוּא יוֹצִיא מֵרֶשֶׁת רַגְלָי. פְּנֵה אֵלַי וְחָנֵּנִי, כִּי יָחִיד וְעָנִי אָנִי. צָרוֹת לְבָבִי הִרְחִיבוּ, מִמְּצוּקוֹתַי הוֹצִיאֵנִי. רְאֵה עָנְיִי וַעֲמָלִי, וְשָׂא לְכָל חַטֹּאותָי. רְאֵה אוֹיְבַי כִּי רָבּוּ, וְשִׂנְאַת חָמָס שְׂנֵאוּנִי. שָׁמְרָה נַפְשִׁי וְהַצִּילֵנִי, אַל אֵבוֹשׁ כִּי חָסִיתִי בָךְ. תֹּם וָיֹשֶׁר יִצְּרוּנִי, כִּי קִוִּיתִיךָ. פְּדֵה אֱלֹהִים אֶת יִשְׂרָאֵל מִכֹּל צָרוֹתָיו.

**כו** לְדָוִד; שָׁפְטֵנִי יהוה, כִּי אֲנִי בְּתֻמִּי הָלַכְתִּי; וּבַיהוה בָּטַחְתִּי, לֹא אֶמְעָד. בְּחָנֵנִי יהוה וְנַסֵּנִי, צָרְפָה כִלְיוֹתַי וְלִבִּי. כִּי חַסְדְּךָ לְנֶגֶד עֵינָי, וְהִתְהַלַּכְתִּי בַּאֲמִתֶּךָ. לֹא יָשַׁבְתִּי עִם מְתֵי שָׁוְא, וְעִם נַעֲלָמִים לֹא אָבוֹא. שָׂנֵאתִי קְהַל מְרֵעִים, וְעִם רְשָׁעִים לֹא אֵשֵׁב. אֶרְחַץ בְּנִקָּיוֹן כַּפָּי, וַאֲסֹבְבָה אֶת מִזְבַּחֲךָ, יהוה. לַשְׁמִעַ בְּקוֹל תּוֹדָה, וּלְסַפֵּר כָּל נִפְלְאוֹתֶיךָ. יהוה, אָהַבְתִּי מְעוֹן בֵּיתֶךָ, וּמְקוֹם מִשְׁכַּן כְּבוֹדֶךָ. אַל תֶּאֱסֹף עִם חַטָּאִים נַפְשִׁי, וְעִם אַנְשֵׁי דָמִים חַיָּי. אֲשֶׁר בִּידֵיהֶם זִמָּה, וִימִינָם מָלְאָה שֹּׁחַד. וַאֲנִי בְּתֻמִּי אֵלֵךְ, פְּדֵנִי וְחָנֵּנִי. רַגְלִי עָמְדָה

בְּמִישׁוֹר, בְּמַקְהֵלִים אֲבָרֵךְ יהוה.

**כז** לְדָוִד; יהוה אוֹרִי וְיִשְׁעִי, מִמִּי אִירָא; יהוה מָעוֹז חַיַּי, מִמִּי אֶפְחָד. בִּקְרֹב עָלַי מְרֵעִים לֶאֱכֹל אֶת בְּשָׂרִי; צָרַי וְאֹיְבַי לִי, הֵמָּה כָשְׁלוּ וְנָפָלוּ. אִם תַּחֲנֶה עָלַי מַחֲנֶה, לֹא יִירָא לִבִּי; אִם תָּקוּם עָלַי מִלְחָמָה, בְּזֹאת אֲנִי בוֹטֵחַ. אַחַת שָׁאַלְתִּי מֵאֵת יהוה, אוֹתָהּ אֲבַקֵּשׁ; שִׁבְתִּי בְּבֵית יהוה כָּל יְמֵי חַיַּי, לַחֲזוֹת בְּנֹעַם יהוה, וּלְבַקֵּר בְּהֵיכָלוֹ. כִּי יִצְפְּנֵנִי בְּסֻכֹּה בְּיוֹם רָעָה; יַסְתִּרֵנִי בְּסֵתֶר אָהֳלוֹ, בְּצוּר יְרוֹמְמֵנִי. וְעַתָּה יָרוּם רֹאשִׁי עַל אֹיְבַי סְבִיבוֹתַי, וְאֶזְבְּחָה בְאָהֳלוֹ זִבְחֵי תְרוּעָה; אָשִׁירָה וַאֲזַמְּרָה לַיהוה. שְׁמַע יהוה קוֹלִי אֶקְרָא, וְחָנֵּנִי וַעֲנֵנִי. לְךָ אָמַר לִבִּי: בַּקְּשׁוּ פָנָי, אֶת פָּנֶיךָ יהוה אֲבַקֵּשׁ. אַל תַּסְתֵּר פָּנֶיךָ מִמֶּנִּי, אַל תַּט בְּאַף עַבְדֶּךָ; עֶזְרָתִי הָיִיתָ, אַל תִּטְּשֵׁנִי וְאַל תַּעַזְבֵנִי, אֱלֹהֵי יִשְׁעִי. כִּי אָבִי וְאִמִּי עֲזָבוּנִי, וַיהוה יַאַסְפֵנִי. הוֹרֵנִי יהוה דַּרְכֶּךָ; וּנְחֵנִי בְּאֹרַח מִישׁוֹר, לְמַעַן שׁוֹרְרָי. אַל תִּתְּנֵנִי בְּנֶפֶשׁ צָרָי, כִּי קָמוּ בִי עֵדֵי שֶׁקֶר, וִיפֵחַ חָמָס. לוּלֵא הֶאֱמַנְתִּי לִרְאוֹת בְּטוּב יהוה בְּאֶרֶץ חַיִּים. קַוֵּה אֶל יהוה; חֲזַק וְיַאֲמֵץ לִבֶּךָ, וְקַוֵּה אֶל יהוה.

**כח** לְדָוִד; אֵלֶיךָ יהוה אֶקְרָא, צוּרִי אַל תֶּחֱרַשׁ מִמֶּנִּי; פֶּן תֶּחֱשֶׁה מִמֶּנִּי, וְנִמְשַׁלְתִּי עִם יוֹרְדֵי בוֹר. שְׁמַע קוֹל תַּחֲנוּנַי בְּשַׁוְּעִי אֵלֶיךָ, בְּנָשְׂאִי יָדַי אֶל דְּבִיר קָדְשֶׁךָ. אַל תִּמְשְׁכֵנִי עִם רְשָׁעִים וְעִם פֹּעֲלֵי אָוֶן, דֹּבְרֵי שָׁלוֹם עִם רֵעֵיהֶם, וְרָעָה בִּלְבָבָם. תֶּן לָהֶם כְּפָעֳלָם וּכְרֹעַ מַעַלְלֵיהֶם; כְּמַעֲשֵׂה יְדֵיהֶם תֵּן לָהֶם, הָשֵׁב גְּמוּלָם לָהֶם. כִּי לֹא יָבִינוּ אֶל פְּעֻלֹּת יהוה וְאֶל מַעֲשֵׂה יָדָיו, יֶהֶרְסֵם וְלֹא יִבְנֵם. בָּרוּךְ יהוה, כִּי שָׁמַע קוֹל תַּחֲנוּנָי. יהוה עֻזִּי וּמָגִנִּי, בּוֹ בָטַח לִבִּי וְנֶעֱזָרְתִּי; וַיַּעֲלֹז לִבִּי, וּמִשִּׁירִי אֲהוֹדֶנּוּ. יהוה עֹז לָמוֹ, וּמָעוֹז יְשׁוּעוֹת מְשִׁיחוֹ הוּא. הוֹשִׁיעָה אֶת עַמֶּךָ, וּבָרֵךְ אֶת נַחֲלָתֶךָ; וּרְעֵם וְנַשְּׂאֵם עַד הָעוֹלָם.

### יום ה׳ לחודש

**כט** מִזְמוֹר לְדָוִד; הָבוּ לַיהוה בְּנֵי אֵלִים, הָבוּ לַיהוה כָּבוֹד וָעֹז. הָבוּ לַיהוה כְּבוֹד שְׁמוֹ, הִשְׁתַּחֲווּ לַיהוה בְּהַדְרַת קֹדֶשׁ. קוֹל יהוה עַל הַמָּיִם, אֵל הַכָּבוֹד הִרְעִים, יהוה עַל מַיִם רַבִּים. קוֹל יהוה בַּכֹּחַ, קוֹל יהוה בֶּהָדָר. קוֹל יהוה שֹׁבֵר אֲרָזִים, וַיְשַׁבֵּר יהוה אֶת אַרְזֵי הַלְּבָנוֹן. וַיַּרְקִידֵם כְּמוֹ עֵגֶל, לְבָנוֹן וְשִׂרְיוֹן כְּמוֹ בֶן רְאֵמִים. קוֹל יהוה חֹצֵב לַהֲבוֹת אֵשׁ. קוֹל יהוה יָחִיל מִדְבָּר, יָחִיל יהוה מִדְבַּר קָדֵשׁ. קוֹל יהוה יְחוֹלֵל אַיָּלוֹת, וַיֶּחֱשֹׂף יְעָרוֹת; וּבְהֵיכָלוֹ כֻּלּוֹ אֹמֵר כָּבוֹד. יהוה לַמַּבּוּל יָשָׁב, וַיֵּשֶׁב יהוה מֶלֶךְ לְעוֹלָם. יהוה עֹז לְעַמּוֹ יִתֵּן, יהוה יְבָרֵךְ אֶת עַמּוֹ בַשָּׁלוֹם.

### יום שני

**ל** מִזְמוֹר שִׁיר חֲנֻכַּת הַבַּיִת לְדָוִד. אֲרוֹמִמְךָ יהוה כִּי דִלִּיתָנִי, וְלֹא שִׂמַּחְתָּ אֹיְבַי לִי. יהוה אֱלֹהָי, שִׁוַּעְתִּי אֵלֶיךָ וַתִּרְפָּאֵנִי. יהוה, הֶעֱלִיתָ מִן שְׁאוֹל נַפְשִׁי, חִיִּיתַנִי מִיָּרְדִי בוֹר. זַמְּרוּ לַיהוה חֲסִידָיו, וְהוֹדוּ לְזֵכֶר קָדְשׁוֹ. כִּי רֶגַע בְּאַפּוֹ, חַיִּים בִּרְצוֹנוֹ; בָּעֶרֶב יָלִין בֶּכִי וְלַבֹּקֶר רִנָּה. וַאֲנִי אָמַרְתִּי בְשַׁלְוִי, בַּל אֶמּוֹט לְעוֹלָם. יהוה, בִּרְצוֹנְךָ הֶעֱמַדְתָּה לְהַרְרִי עֹז, הִסְתַּרְתָּ פָנֶיךָ הָיִיתִי נִבְהָל. אֵלֶיךָ יהוה אֶקְרָא, וְאֶל אֲדֹנָי אֶתְחַנָּן. מַה בֶּצַע בְּדָמִי, בְּרִדְתִּי אֶל שָׁחַת; הֲיוֹדְךָ עָפָר, הֲיַגִּיד אֲמִתֶּךָ. שְׁמַע יהוה וְחָנֵּנִי, יהוה הֱיֵה עֹזֵר לִי. הָפַכְתָּ מִסְפְּדִי לְמָחוֹל לִי, פִּתַּחְתָּ שַׂקִּי וַתְּאַזְּרֵנִי שִׂמְחָה. לְמַעַן יְזַמֶּרְךָ כָבוֹד וְלֹא יִדֹּם, יהוה אֱלֹהַי לְעוֹלָם אוֹדֶךָּ.

**לא** לַמְנַצֵּחַ מִזְמוֹר לְדָוִד. בְּךָ יהוה חָסִיתִי, אַל אֵבוֹשָׁה לְעוֹלָם; בְּצִדְקָתְךָ פַלְּטֵנִי. הַטֵּה אֵלַי אָזְנְךָ, מְהֵרָה הַצִּילֵנִי; הֱיֵה לִי לְצוּר מָעוֹז, לְבֵית מְצוּדוֹת לְהוֹשִׁיעֵנִי. כִּי סַלְעִי וּמְצוּדָתִי אָתָּה, וּלְמַעַן שִׁמְךָ תַּנְחֵנִי וּתְנַהֲלֵנִי. תּוֹצִיאֵנִי מֵרֶשֶׁת זוּ טָמְנוּ לִי, כִּי אַתָּה מָעוּזִּי. בְּיָדְךָ אַפְקִיד רוּחִי, פָּדִיתָה אוֹתִי יהוה, אֵל אֱמֶת. שָׂנֵאתִי הַשֹּׁמְרִים הַבְלֵי שָׁוְא, וַאֲנִי אֶל יהוה בָּטָחְתִּי. אָגִילָה וְאֶשְׂמְחָה בְּחַסְדֶּךָ; אֲשֶׁר רָאִיתָ אֶת עָנְיִי, יָדַעְתָּ בְּצָרוֹת נַפְשִׁי. וְלֹא הִסְגַּרְתַּנִי בְּיַד אוֹיֵב, הֶעֱמַדְתָּ בַמֶּרְחָב רַגְלָי. חָנֵּנִי יהוה כִּי צַר לִי, עָשְׁשָׁה בְכַעַס עֵינִי נַפְשִׁי וּבִטְנִי. כִּי כָלוּ בְיָגוֹן חַיַּי, וּשְׁנוֹתַי בַּאֲנָחָה; כָּשַׁל בַּעֲוֹנִי כֹחִי, וַעֲצָמַי עָשֵׁשׁוּ.

מִכָּל צֹרְרַי הָיִיתִי חֶרְפָּה, וְלִשְׁכֵנַי מְאֹד, וּפַחַד לִמְיֻדָּעָי; רֹאַי בַּחוּץ נָדְדוּ מִמֶּנִּי. נִשְׁכַּחְתִּי כְּמֵת מִלֵּב, הָיִיתִי כִּכְלִי אֹבֵד. כִּי שָׁמַעְתִּי דִּבַּת רַבִּים, מָגוֹר מִסָּבִיב; בְּהִוָּסְדָם יַחַד עָלַי, לָקַחַת נַפְשִׁי זָמָמוּ. וַאֲנִי, עָלֶיךָ בָטַחְתִּי יהוה, אָמַרְתִּי: אֱלֹהַי אָתָּה. בְּיָדְךָ עִתֹּתָי, הַצִּילֵנִי מִיַּד אוֹיְבַי וּמֵרֹדְפָי. הָאִירָה פָנֶיךָ עַל עַבְדֶּךָ, הוֹשִׁיעֵנִי בְחַסְדֶּךָ. יהוה, אַל אֵבוֹשָׁה כִּי קְרָאתִיךָ; יֵבֹשׁוּ רְשָׁעִים, יִדְּמוּ לִשְׁאוֹל. תֵּאָלַמְנָה שִׂפְתֵי שָׁקֶר, הַדֹּבְרוֹת עַל צַדִּיק עָתָק בְּגַאֲוָה וָבוּז. מָה רַב טוּבְךָ אֲשֶׁר צָפַנְתָּ לִּירֵאֶיךָ, פָּעַלְתָּ לַחוֹסִים בָּךְ נֶגֶד בְּנֵי אָדָם. תַּסְתִּירֵם בְּסֵתֶר פָּנֶיךָ מֵרֻכְסֵי אִישׁ, תִּצְפְּנֵם בְּסֻכָּה מֵרִיב לְשֹׁנוֹת. בָּרוּךְ יהוה, כִּי הִפְלִיא חַסְדּוֹ לִי בְּעִיר מָצוֹר. וַאֲנִי אָמַרְתִּי בְחָפְזִי נִגְרַזְתִּי מִנֶּגֶד עֵינֶיךָ, אָכֵן שָׁמַעְתָּ קוֹל תַּחֲנוּנַי בְּשַׁוְּעִי אֵלֶיךָ. אֶהֱבוּ אֶת יהוה כָּל חֲסִידָיו; אֱמוּנִים נֹצֵר יהוה, וּמְשַׁלֵּם עַל יֶתֶר עֹשֵׂה גַאֲוָה. חִזְקוּ וְיַאֲמֵץ לְבַבְכֶם, כָּל הַמְיַחֲלִים לַיהוה.

**לב** לְדָוִד מַשְׂכִּיל; אַשְׁרֵי נְשׂוּי פֶּשַׁע, כְּסוּי חֲטָאָה. אַשְׁרֵי אָדָם לֹא יַחְשֹׁב יהוה לוֹ עָוֹן, וְאֵין בְּרוּחוֹ רְמִיָּה. כִּי הֶחֱרַשְׁתִּי בָּלוּ עֲצָמָי, בְּשַׁאֲגָתִי כָּל הַיּוֹם. כִּי יוֹמָם וָלַיְלָה תִּכְבַּד עָלַי יָדֶךָ, נֶהְפַּךְ לְשַׁדִּי בְּחַרְבֹנֵי קַיִץ סֶלָה. חַטָּאתִי אוֹדִיעֲךָ, וַעֲוֹנִי לֹא כִסִּיתִי, אָמַרְתִּי: אוֹדֶה עֲלֵי פְשָׁעַי לַיהוה; וְאַתָּה נָשָׂאתָ עֲוֹן חַטָּאתִי סֶלָה. עַל זֹאת יִתְפַּלֵּל כָּל חָסִיד אֵלֶיךָ לְעֵת מְצֹא, רַק לְשֵׁטֶף מַיִם רַבִּים אֵלָיו לֹא יַגִּיעוּ. אַתָּה סֵתֶר לִי, מִצַּר תִּצְּרֵנִי; רָנֵּי פַלֵּט תְּסוֹבְבֵנִי סֶלָה. אַשְׂכִּילְךָ וְאוֹרְךָ בְּדֶרֶךְ זוּ תֵלֵךְ, אִיעֲצָה עָלֶיךָ עֵינִי. אַל תִּהְיוּ כְּסוּס כְּפֶרֶד אֵין הָבִין; בְּמֶתֶג וָרֶסֶן עֶדְיוֹ לִבְלוֹם, בַּל קְרֹב אֵלֶיךָ. רַבִּים מַכְאוֹבִים לָרָשָׁע, וְהַבּוֹטֵחַ בַּיהוה חֶסֶד יְסוֹבְבֶנּוּ. שִׂמְחוּ בַיהוה וְגִילוּ צַדִּיקִים, וְהַרְנִינוּ כָּל יִשְׁרֵי לֵב.

**לג** רַנְּנוּ צַדִּיקִים בַּיהוה, לַיְשָׁרִים נָאוָה תְהִלָּה. הוֹדוּ לַיהוה בְּכִנּוֹר, בְּנֵבֶל עָשׂוֹר זַמְּרוּ לוֹ. שִׁירוּ לוֹ שִׁיר חָדָשׁ, הֵיטִיבוּ נַגֵּן בִּתְרוּעָה. כִּי יָשָׁר דְּבַר יהוה, וְכָל מַעֲשֵׂהוּ בֶּאֱמוּנָה. אֹהֵב צְדָקָה וּמִשְׁפָּט, חֶסֶד יהוה מָלְאָה הָאָרֶץ. בִּדְבַר יהוה שָׁמַיִם נַעֲשׂוּ, וּבְרוּחַ פִּיו כָּל צְבָאָם. כֹּנֵס כַּנֵּד מֵי הַיָּם, נֹתֵן בְּאוֹצָרוֹת תְּהוֹמוֹת. יִירְאוּ מֵיהוה כָּל הָאָרֶץ, מִמֶּנּוּ יָגוּרוּ כָּל יֹשְׁבֵי תֵבֵל. כִּי הוּא אָמַר וַיֶּהִי, הוּא צִוָּה וַיַּעֲמֹד. יהוה הֵפִיר עֲצַת גּוֹיִם, הֵנִיא מַחְשְׁבוֹת עַמִּים. עֲצַת יהוה לְעוֹלָם תַּעֲמֹד, מַחְשְׁבוֹת לִבּוֹ לְדֹר וָדֹר. אַשְׁרֵי הַגּוֹי אֲשֶׁר יהוה אֱלֹהָיו, הָעָם בָּחַר לְנַחֲלָה לוֹ. מִשָּׁמַיִם הִבִּיט יהוה, רָאָה אֶת כָּל בְּנֵי הָאָדָם. מִמְּכוֹן שִׁבְתּוֹ הִשְׁגִּיחַ, אֶל כָּל יֹשְׁבֵי הָאָרֶץ. הַיֹּצֵר יַחַד לִבָּם, הַמֵּבִין אֶל כָּל מַעֲשֵׂיהֶם. אֵין הַמֶּלֶךְ נוֹשָׁע בְּרָב חָיִל, גִּבּוֹר לֹא יִנָּצֵל בְּרָב כֹּחַ. שֶׁקֶר הַסּוּס לִתְשׁוּעָה, וּבְרֹב חֵילוֹ לֹא יְמַלֵּט. הִנֵּה עֵין יהוה אֶל יְרֵאָיו, לַמְיַחֲלִים לְחַסְדּוֹ. לְהַצִּיל מִמָּוֶת נַפְשָׁם, וּלְחַיּוֹתָם בָּרָעָב. נַפְשֵׁנוּ חִכְּתָה לַיהוה, עֶזְרֵנוּ וּמָגִנֵּנוּ הוּא. כִּי בוֹ יִשְׂמַח לִבֵּנוּ, כִּי בְשֵׁם קָדְשׁוֹ בָטָחְנוּ. יְהִי חַסְדְּךָ יהוה עָלֵינוּ, כַּאֲשֶׁר יִחַלְנוּ לָךְ.

**לד** לְדָוִד, בְּשַׁנּוֹתוֹ אֶת טַעְמוֹ לִפְנֵי אֲבִימֶלֶךְ, וַיְגָרְשֵׁהוּ וַיֵּלַךְ. אֲבָרְכָה אֶת יהוה בְּכָל עֵת, תָּמִיד תְּהִלָּתוֹ בְּפִי. בַּיהוה תִּתְהַלֵּל נַפְשִׁי, יִשְׁמְעוּ עֲנָוִים וְיִשְׂמָחוּ. גַּדְּלוּ לַיהוה אִתִּי, וּנְרוֹמְמָה שְׁמוֹ יַחְדָּו. דָּרַשְׁתִּי אֶת יהוה וְעָנָנִי, וּמִכָּל מְגוּרוֹתַי הִצִּילָנִי. הִבִּיטוּ אֵלָיו וְנָהָרוּ, וּפְנֵיהֶם אַל יֶחְפָּרוּ. זֶה עָנִי קָרָא וַיהוה שָׁמֵעַ, וּמִכָּל צָרוֹתָיו הוֹשִׁיעוֹ. חֹנֶה מַלְאַךְ יהוה סָבִיב לִירֵאָיו, וַיְחַלְּצֵם. טַעֲמוּ וּרְאוּ כִּי טוֹב יהוה, אַשְׁרֵי הַגֶּבֶר יֶחֱסֶה בּוֹ. יְראוּ אֶת יהוה קְדֹשָׁיו, כִּי אֵין מַחְסוֹר לִירֵאָיו. כְּפִירִים רָשׁוּ וְרָעֵבוּ, וְדֹרְשֵׁי יהוה לֹא יַחְסְרוּ כָל טוֹב. לְכוּ בָנִים שִׁמְעוּ לִי, יִרְאַת יהוה אֲלַמֶּדְכֶם. מִי הָאִישׁ הֶחָפֵץ חַיִּים, אֹהֵב יָמִים לִרְאוֹת טוֹב. נְצֹר לְשׁוֹנְךָ מֵרָע, וּשְׂפָתֶיךָ מִדַּבֵּר מִרְמָה. סוּר מֵרָע וַעֲשֵׂה טוֹב, בַּקֵּשׁ שָׁלוֹם וְרָדְפֵהוּ. עֵינֵי יהוה אֶל צַדִּיקִים, וְאָזְנָיו אֶל שַׁוְעָתָם. פְּנֵי יהוה בְּעֹשֵׂי רָע, לְהַכְרִית מֵאֶרֶץ זִכְרָם. צָעֲקוּ וַיהוה שָׁמֵעַ, וּמִכָּל צָרוֹתָם הִצִּילָם. קָרוֹב יהוה לְנִשְׁבְּרֵי לֵב, וְאֶת דַּכְּאֵי רוּחַ יוֹשִׁיעַ. רַבּוֹת רָעוֹת צַדִּיק, וּמִכֻּלָּם יַצִּילֶנּוּ יהוה. שֹׁמֵר כָּל עַצְמוֹתָיו, אַחַת מֵהֵנָּה לֹא נִשְׁבָּרָה. תְּמוֹתֵת רָשָׁע רָעָה, וְשֹׂנְאֵי צַדִּיק

יֶאְשָׁמוּ. פּוֹדֶה יהוה נֶפֶשׁ עֲבָדָיו, וְלֹא יֶאְשְׁמוּ כָּל הַחֹסִים בּוֹ.

### יום ו' לחודש

**לה** לְדָוִד, רִיבָה יהוה אֶת יְרִיבַי, לְחַם אֶת לֹחֲמָי. הַחֲזֵק מָגֵן וְצִנָּה, וְקוּמָה בְּעֶזְרָתִי. וְהָרֵק חֲנִית וּסְגֹר לִקְרַאת רֹדְּפָי, אֱמֹר לְנַפְשִׁי יְשֻׁעָתֵךְ אָנִי. יֵבֹשׁוּ וְיִכָּלְמוּ מְבַקְשֵׁי נַפְשִׁי; יִסֹּגוּ אָחוֹר וְיַחְפְּרוּ, חֹשְׁבֵי רָעָתִי. יִהְיוּ כְּמֹץ לִפְנֵי רוּחַ, וּמַלְאַךְ יהוה דּוֹחֶה. יְהִי דַרְכָּם חֹשֶׁךְ וַחֲלַקְלַקֹּת, וּמַלְאַךְ יהוה רֹדְפָם. כִּי חִנָּם טָמְנוּ לִי שַׁחַת רִשְׁתָּם, חִנָּם חָפְרוּ לְנַפְשִׁי. תְּבוֹאֵהוּ שׁוֹאָה לֹא יֵדָע; וְרִשְׁתּוֹ אֲשֶׁר טָמַן תִּלְכְּדוֹ, בְּשׁוֹאָה יִפָּל בָּהּ. וְנַפְשִׁי תָּגִיל בַּיהוה, תָּשִׂישׂ בִּישׁוּעָתוֹ. כָּל עַצְמֹתַי תֹּאמַרְנָה: יהוה, מִי כָמוֹךָ; מַצִּיל עָנִי מֵחָזָק מִמֶּנּוּ, וְעָנִי וְאֶבְיוֹן מִגֹּזְלוֹ. יְקוּמוּן עֵדֵי חָמָס, אֲשֶׁר לֹא יָדַעְתִּי יִשְׁאָלוּנִי. יְשַׁלְּמוּנִי רָעָה תַּחַת טוֹבָה, שְׁכוֹל לְנַפְשִׁי. וַאֲנִי בַּחֲלוֹתָם לְבוּשִׁי שָׂק, עִנֵּיתִי בַצּוֹם נַפְשִׁי; וּתְפִלָּתִי עַל חֵיקִי תָשׁוּב. כְּרֵעַ כְּאָח לִי הִתְהַלָּכְתִּי, כַּאֲבֶל אֵם קֹדֵר שַׁחוֹתִי. וּבְצַלְעִי שָׂמְחוּ וְנֶאֱסָפוּ; נֶאֶסְפוּ עָלַי נֵכִים וְלֹא יָדַעְתִּי, קָרְעוּ וְלֹא דָמּוּ. בְּחַנְפֵי לַעֲגֵי מָעוֹג, חָרֹק עָלַי שִׁנֵּימוֹ. אֲדֹנָי, כַּמָּה תִּרְאֶה; הָשִׁיבָה נַפְשִׁי מִשֹּׁאֵיהֶם, מִכְּפִירִים יְחִידָתִי. אוֹדְךָ בְּקָהָל רָב, בְּעַם עָצוּם אֲהַלְלֶךָּ. אַל יִשְׂמְחוּ לִי אֹיְבַי שֶׁקֶר, שֹׂנְאַי חִנָּם יִקְרְצוּ עָיִן. כִּי לֹא שָׁלוֹם יְדַבֵּרוּ; וְעַל רִגְעֵי אֶרֶץ, דִּבְרֵי מִרְמוֹת יַחֲשֹׁבוּן. וַיַּרְחִיבוּ עָלַי פִּיהֶם; אָמְרוּ: הֶאָח הֶאָח, רָאֲתָה עֵינֵנוּ. רָאִיתָה, יהוה, אַל תֶּחֱרַשׁ; אֲדֹנָי, אַל תִּרְחַק מִמֶּנִּי. הָעִירָה וְהָקִיצָה לְמִשְׁפָּטִי, אֱלֹהַי וַאדֹנָי לְרִיבִי. שָׁפְטֵנִי כְצִדְקְךָ יהוה אֱלֹהָי, וְאַל יִשְׂמְחוּ לִי. אַל יֹאמְרוּ בְלִבָּם הֶאָח נַפְשֵׁנוּ, אַל יֹאמְרוּ בִּלַּעֲנוּהוּ. יֵבֹשׁוּ וְיַחְפְּרוּ יַחְדָּו שְׂמֵחֵי רָעָתִי; יִלְבְּשׁוּ בֹשֶׁת וּכְלִמָּה, הַמַּגְדִּילִים עָלָי. יָרֹנּוּ וְיִשְׂמְחוּ חֲפֵצֵי צִדְקִי; וְיֹאמְרוּ תָמִיד: יִגְדַּל יהוה, הֶחָפֵץ שְׁלוֹם עַבְדּוֹ. וּלְשׁוֹנִי תֶּהְגֶּה צִדְקֶךָ, כָּל הַיּוֹם תְּהִלָּתֶךָ.

**לו** לַמְנַצֵּחַ לְעֶבֶד יהוה לְדָוִד. נְאֻם פֶּשַׁע לָרָשָׁע בְּקֶרֶב לִבִּי, אֵין פַּחַד אֱלֹהִים לְנֶגֶד עֵינָיו. כִּי הֶחֱלִיק אֵלָיו בְּעֵינָיו, לִמְצֹא עֲוֹנוֹ לִשְׂנֹא. דִּבְרֵי פִיו אָוֶן וּמִרְמָה, חָדַל לְהַשְׂכִּיל לְהֵיטִיב. אָוֶן יַחְשֹׁב עַל מִשְׁכָּבוֹ; יִתְיַצֵּב עַל דֶּרֶךְ לֹא טוֹב, רָע לֹא יִמְאָס. יהוה, בְּהַשָּׁמַיִם חַסְדֶּךָ, אֱמוּנָתְךָ עַד שְׁחָקִים. צִדְקָתְךָ כְּהַרְרֵי אֵל, מִשְׁפָּטֶךָ תְּהוֹם רַבָּה; אָדָם וּבְהֵמָה תוֹשִׁיעַ | יהוה. מַה יָּקָר חַסְדְּךָ, אֱלֹהִים; וּבְנֵי אָדָם בְּצֵל כְּנָפֶיךָ יֶחֱסָיוּן. יִרְוְיֻן מִדֶּשֶׁן בֵּיתֶךָ, וְנַחַל עֲדָנֶיךָ תַשְׁקֵם. כִּי עִמְּךָ מְקוֹר חַיִּים, בְּאוֹרְךָ נִרְאֶה אוֹר. מְשֹׁךְ חַסְדְּךָ לְיֹדְעֶיךָ, וְצִדְקָתְךָ לְיִשְׁרֵי לֵב. אַל תְּבוֹאֵנִי רֶגֶל גַּאֲוָה, וְיַד רְשָׁעִים אַל תְּנִדֵנִי. שָׁם נָפְלוּ פֹּעֲלֵי אָוֶן, דֹּחוּ וְלֹא יָכְלוּ קוּם.

**לז** לְדָוִד; אַל תִּתְחַר בַּמְּרֵעִים, אַל תְּקַנֵּא בְּעֹשֵׂי עַוְלָה. כִּי כֶחָצִיר מְהֵרָה יִמָּלוּ, וּכְיֶרֶק דֶּשֶׁא יִבּוֹלוּן. בְּטַח בַּיהוה וַעֲשֵׂה טוֹב, שְׁכָן אֶרֶץ וּרְעֵה אֱמוּנָה. וְהִתְעַנַּג עַל יהוה, וְיִתֶּן לְךָ מִשְׁאֲלֹת לִבֶּךָ. גּוֹל עַל יהוה דַּרְכֶּךָ, וּבְטַח עָלָיו וְהוּא יַעֲשֶׂה. וְהוֹצִיא כָאוֹר צִדְקֶךָ, וּמִשְׁפָּטֶךָ כַּצָּהֳרָיִם. דּוֹם לַיהוה וְהִתְחוֹלֵל לוֹ; אַל תִּתְחַר בְּמַצְלִיחַ דַּרְכּוֹ, בְּאִישׁ עֹשֶׂה מְזִמּוֹת. הֶרֶף מֵאַף וַעֲזֹב חֵמָה; אַל תִּתְחַר, אַךְ לְהָרֵעַ. כִּי מְרֵעִים יִכָּרֵתוּן, וְקֹוֵי יהוה הֵמָּה יִירְשׁוּ אָרֶץ. וְעוֹד מְעַט וְאֵין רָשָׁע, וְהִתְבּוֹנַנְתָּ עַל מְקוֹמוֹ וְאֵינֶנּוּ. וַעֲנָוִים יִירְשׁוּ אָרֶץ, וְהִתְעַנְּגוּ עַל רֹב שָׁלוֹם. זֹמֵם רָשָׁע לַצַּדִּיק, וְחֹרֵק עָלָיו שִׁנָּיו. אֲדֹנָי יִשְׂחַק לוֹ, כִּי רָאָה כִּי יָבֹא יוֹמוֹ. חֶרֶב פָּתְחוּ רְשָׁעִים וְדָרְכוּ קַשְׁתָּם, לְהַפִּיל עָנִי וְאֶבְיוֹן, לִטְבוֹחַ יִשְׁרֵי דָרֶךְ. חַרְבָּם תָּבוֹא בְלִבָּם, וְקַשְּׁתוֹתָם תִּשָּׁבַרְנָה. טוֹב מְעַט לַצַּדִּיק, מֵהֲמוֹן רְשָׁעִים רַבִּים. כִּי זְרוֹעוֹת רְשָׁעִים תִּשָּׁבַרְנָה, וְסוֹמֵךְ צַדִּיקִים יהוה. יוֹדֵעַ יהוה יְמֵי תְמִימִם, וְנַחֲלָתָם לְעוֹלָם תִּהְיֶה. לֹא יֵבֹשׁוּ בְּעֵת רָעָה, וּבִימֵי רְעָבוֹן יִשְׂבָּעוּ. כִּי רְשָׁעִים יֹאבֵדוּ, וְאֹיְבֵי יהוה כִּיקַר כָּרִים, כָּלוּ בֶעָשָׁן כָּלוּ. לֹוֶה רָשָׁע וְלֹא יְשַׁלֵּם, וְצַדִּיק חוֹנֵן וְנוֹתֵן. כִּי מְבֹרָכָיו יִירְשׁוּ אָרֶץ, וּמְקֻלָּלָיו יִכָּרֵתוּ. מֵיהוה מִצְעֲדֵי גֶבֶר כּוֹנָנוּ, וְדַרְכּוֹ יֶחְפָּץ. כִּי יִפֹּל לֹא יוּטָל, כִּי יהוה סוֹמֵךְ יָדוֹ. נַעַר הָיִיתִי גַּם זָקַנְתִּי; וְלֹא רָאִיתִי צַדִּיק נֶעֱזָב, וְזַרְעוֹ מְבַקֶּשׁ לָחֶם. כָּל הַיּוֹם

חוֹנֵן וּמַלְוֶה, וְזַרְעוֹ לִבְרָכָה. סוּר מֵרָע וַעֲשֵׂה טוֹב, וּשְׁכֹן לְעוֹלָם. כִּי יהוה אֹהֵב מִשְׁפָּט, וְלֹא יַעֲזֹב אֶת חֲסִידָיו, לְעוֹלָם נִשְׁמָרוּ; וְזֶרַע רְשָׁעִים נִכְרָת. צַדִּיקִים יִירְשׁוּ אָרֶץ, וְיִשְׁכְּנוּ לָעַד עָלֶיהָ. פִּי צַדִּיק יֶהְגֶּה חָכְמָה, וּלְשׁוֹנוֹ תְּדַבֵּר מִשְׁפָּט. תּוֹרַת אֱלֹהָיו בְּלִבּוֹ, לֹא תִמְעַד אֲשֻׁרָיו. צוֹפֶה רָשָׁע לַצַּדִּיק, וּמְבַקֵּשׁ לַהֲמִיתוֹ. יהוה לֹא יַעַזְבֶנּוּ בְיָדוֹ, וְלֹא יַרְשִׁיעֶנּוּ בְּהִשָּׁפְטוֹ. קַוֵּה אֶל יהוה וּשְׁמֹר דַּרְכּוֹ, וִירוֹמִמְךָ לָרֶשֶׁת אָרֶץ; בְּהִכָּרֵת רְשָׁעִים תִּרְאֶה. רָאִיתִי רָשָׁע עָרִיץ, וּמִתְעָרֶה כְּאֶזְרָח רַעֲנָן. וַיַּעֲבֹר וְהִנֵּה אֵינֶנּוּ, וָאֲבַקְשֵׁהוּ וְלֹא נִמְצָא. שְׁמָר תָּם וּרְאֵה יָשָׁר, כִּי אַחֲרִית לְאִישׁ שָׁלוֹם. וּפֹשְׁעִים נִשְׁמְדוּ יַחְדָּו, אַחֲרִית רְשָׁעִים נִכְרָתָה. וּתְשׁוּעַת צַדִּיקִים מֵיהוה, מָעוּזָּם בְּעֵת צָרָה. וַיַּעְזְרֵם יהוה וַיְפַלְּטֵם; יְפַלְּטֵם מֵרְשָׁעִים וְיוֹשִׁיעֵם, כִּי חָסוּ בוֹ.

**לח** מִזְמוֹר לְדָוִד לְהַזְכִּיר. יהוה, אַל בְּקֶצְפְּךָ תוֹכִיחֵנִי, וּבַחֲמָתְךָ תְיַסְּרֵנִי. כִּי חִצֶּיךָ נִחֲתוּ בִי, וַתִּנְחַת עָלַי יָדֶךָ. אֵין מְתֹם בִּבְשָׂרִי מִפְּנֵי זַעְמֶךָ, אֵין שָׁלוֹם בַּעֲצָמַי מִפְּנֵי חַטָּאתִי. כִּי עֲוֹנֹתַי עָבְרוּ רֹאשִׁי, כְּמַשָּׂא כָבֵד יִכְבְּדוּ מִמֶּנִּי. הִבְאִישׁוּ נָמַקּוּ חַבּוּרֹתָי, מִפְּנֵי אִוַּלְתִּי. נַעֲוֵיתִי שַׁחֹתִי עַד מְאֹד, כָּל הַיּוֹם קֹדֵר הִלָּכְתִּי. כִּי כְסָלַי מָלְאוּ נִקְלֶה, וְאֵין מְתֹם בִּבְשָׂרִי. נְפוּגוֹתִי וְנִדְכֵּיתִי עַד מְאֹד, שָׁאַגְתִּי מִנַּהֲמַת לִבִּי. אֲדֹנָי, נֶגְדְּךָ כָל תַּאֲוָתִי, וְאַנְחָתִי מִמְּךָ לֹא נִסְתָּרָה. לִבִּי סְחַרְחַר, עֲזָבַנִי כֹחִי; וְאוֹר עֵינַי גַּם הֵם אֵין אִתִּי. אֹהֲבַי וְרֵעַי מִנֶּגֶד נִגְעִי יַעֲמֹדוּ, וּקְרוֹבַי מֵרָחֹק עָמָדוּ. וַיְנַקְשׁוּ מְבַקְשֵׁי נַפְשִׁי, וְדֹרְשֵׁי רָעָתִי דִּבְּרוּ הַוּוֹת, וּמִרְמוֹת כָּל הַיּוֹם יֶהְגּוּ. וַאֲנִי כְחֵרֵשׁ לֹא אֶשְׁמָע, וּכְאִלֵּם לֹא יִפְתַּח פִּיו. וָאֱהִי כְּאִישׁ אֲשֶׁר לֹא שֹׁמֵעַ, וְאֵין בְּפִיו תּוֹכָחוֹת. כִּי לְךָ יהוה הוֹחָלְתִּי; אַתָּה תַעֲנֶה, אֲדֹנָי אֱלֹהָי. כִּי אָמַרְתִּי פֶּן יִשְׂמְחוּ לִי, בְּמוֹט רַגְלִי עָלַי הִגְדִּילוּ. כִּי אֲנִי לְצֶלַע נָכוֹן, וּמַכְאוֹבִי נֶגְדִּי תָמִיד. כִּי עֲוֹנִי אַגִּיד, אֶדְאַג מֵחַטָּאתִי. וְאֹיְבַי חַיִּים עָצֵמוּ, וְרַבּוּ שֹׂנְאַי שָׁקֶר. וּמְשַׁלְּמֵי רָעָה תַּחַת טוֹבָה יִשְׂטְנוּנִי תַּחַת רָדְפִי טוֹב. אַל תַּעַזְבֵנִי יהוה, אֱלֹהַי אַל תִּרְחַק מִמֶּנִּי. חוּשָׁה לְעֶזְרָתִי, אֲדֹנָי תְּשׁוּעָתִי.

יום ז' לחודש

**לט** לַמְנַצֵּחַ לִידִיתוּן, מִזְמוֹר לְדָוִד. אָמַרְתִּי: אֶשְׁמְרָה דְרָכַי מֵחֲטוֹא בִלְשׁוֹנִי, אֶשְׁמְרָה לְפִי מַחְסוֹם בְּעֹד רָשָׁע לְנֶגְדִּי. נֶאֱלַמְתִּי דוּמִיָּה, הֶחֱשֵׁיתִי מִטּוֹב, וּכְאֵבִי נֶעְכָּר. חַם לִבִּי בְּקִרְבִּי, בַּהֲגִיגִי תִבְעַר אֵשׁ; דִּבַּרְתִּי בִּלְשׁוֹנִי. הוֹדִיעֵנִי יהוה | קִצִּי, וּמִדַּת יָמַי מַה הִיא; אֵדְעָה מֶה חָדֵל אָנִי. הִנֵּה טְפָחוֹת נָתַתָּה יָמַי, וְחֶלְדִּי כְאַיִן נֶגְדֶּךָ; אַךְ כָּל הֶבֶל כָּל אָדָם נִצָּב סֶלָה. אַךְ בְּצֶלֶם יִתְהַלֶּךְ אִישׁ, אַךְ הֶבֶל יֶהֱמָיוּן; יִצְבֹּר, וְלֹא יֵדַע מִי אֹסְפָם. וְעַתָּה מַה קִּוִּיתִי אֲדֹנָי, תּוֹחַלְתִּי לְךָ הִיא. מִכָּל פְּשָׁעַי הַצִּילֵנִי, חֶרְפַּת נָבָל אַל תְּשִׂימֵנִי. נֶאֱלַמְתִּי לֹא אֶפְתַּח פִּי, כִּי אַתָּה עָשִׂיתָ. הָסֵר מֵעָלַי נִגְעֶךָ, מִתִּגְרַת יָדְךָ אֲנִי כָלִיתִי. בְּתוֹכָחוֹת עַל עָוֹן יִסַּרְתָּ אִישׁ, וַתֶּמֶס כָּעָשׁ חֲמוּדוֹ; אַךְ הֶבֶל כָּל אָדָם סֶלָה. שִׁמְעָה תְפִלָּתִי | יהוה, וְשַׁוְעָתִי הַאֲזִינָה, אֶל דִּמְעָתִי אַל תֶּחֱרַשׁ; כִּי גֵר אָנֹכִי עִמָּךְ, תּוֹשָׁב כְּכָל אֲבוֹתָי. הָשַׁע מִמֶּנִּי וְאַבְלִיגָה, בְּטֶרֶם אֵלֵךְ וְאֵינֶנִּי.

**מ** לַמְנַצֵּחַ לְדָוִד מִזְמוֹר. קַוֹּה קִוִּיתִי יהוה, וַיֵּט אֵלַי וַיִּשְׁמַע שַׁוְעָתִי. וַיַּעֲלֵנִי מִבּוֹר שָׁאוֹן מִטִּיט הַיָּוֵן; וַיָּקֶם עַל סֶלַע רַגְלַי, כּוֹנֵן אֲשֻׁרָי. וַיִּתֵּן בְּפִי שִׁיר חָדָשׁ, תְּהִלָּה לֵאלֹהֵינוּ; יִרְאוּ רַבִּים וְיִירָאוּ, וְיִבְטְחוּ בַּיהוה. אַשְׁרֵי הַגֶּבֶר אֲשֶׁר שָׂם יהוה מִבְטַחוֹ, וְלֹא פָנָה אֶל רְהָבִים וְשָׂטֵי כָזָב. רַבּוֹת עָשִׂיתָ אַתָּה יהוה אֱלֹהַי, נִפְלְאֹתֶיךָ וּמַחְשְׁבֹתֶיךָ אֵלֵינוּ; אֵין עֲרֹךְ אֵלֶיךָ; אַגִּידָה וַאֲדַבֵּרָה, עָצְמוּ מִסַּפֵּר. זֶבַח וּמִנְחָה לֹא חָפַצְתָּ, אָזְנַיִם כָּרִיתָ לִּי; עוֹלָה וַחֲטָאָה לֹא שָׁאָלְתָּ. אָז אָמַרְתִּי הִנֵּה בָאתִי, בִּמְגִלַּת סֵפֶר כָּתוּב עָלָי. לַעֲשׂוֹת רְצוֹנְךָ, אֱלֹהַי, חָפָצְתִּי; וְתוֹרָתְךָ בְּתוֹךְ מֵעָי. בִּשַּׂרְתִּי צֶדֶק בְּקָהָל רָב, הִנֵּה שְׂפָתַי לֹא אֶכְלָא; יהוה, אַתָּה יָדָעְתָּ. צִדְקָתְךָ לֹא כִסִּיתִי בְּתוֹךְ לִבִּי, אֱמוּנָתְךָ וּתְשׁוּעָתְךָ אָמָרְתִּי; לֹא כִחַדְתִּי חַסְדְּךָ וַאֲמִתְּךָ לְקָהָל רָב. אַתָּה יהוה לֹא תִכְלָא רַחֲמֶיךָ מִמֶּנִּי, חַסְדְּךָ וַאֲמִתְּךָ תָּמִיד יִצְּרוּנִי. כִּי אָפְפוּ עָלַי רָעוֹת עַד אֵין מִסְפָּר,

הִשִּׂיגוּנִי עֲוֺנֹתַי וְלֹא יָכֹלְתִּי לִרְאוֹת; עָצְמוּ מִשַּׂעֲרוֹת רֹאשִׁי, וְלִבִּי עֲזָבָנִי. רְצֵה יהוה לְהַצִּילֵנִי, יהוה לְעֶזְרָתִי חוּשָׁה. יֵבֹשׁוּ וְיַחְפְּרוּ יַחַד מְבַקְשֵׁי נַפְשִׁי לִסְפּוֹתָהּ, יִסֹּגוּ אָחוֹר וְיִכָּלְמוּ חֲפֵצֵי רָעָתִי. יָשֹׁמּוּ עַל עֵקֶב בָּשְׁתָּם, הָאֹמְרִים לִי הֶאָח הֶאָח. יָשִׂישׂוּ וְיִשְׂמְחוּ בְּךָ כָּל מְבַקְשֶׁיךָ; יֹאמְרוּ תָמִיד יִגְדַּל יהוה, אֹהֲבֵי תְּשׁוּעָתֶךָ. וַאֲנִי עָנִי וְאֶבְיוֹן, אֲדֹנָי יַחֲשָׁב לִי; עֶזְרָתִי וּמְפַלְטִי אַתָּה, אֱלֹהַי אַל תְּאַחַר.

**מא** לַמְנַצֵּחַ מִזְמוֹר לְדָוִד. אַשְׁרֵי מַשְׂכִּיל אֶל דָּל, בְּיוֹם רָעָה יְמַלְּטֵהוּ יהוה. יהוה יִשְׁמְרֵהוּ וִיחַיֵּהוּ, וְאֻשַּׁר בָּאָרֶץ, וְאַל תִּתְּנֵהוּ בְּנֶפֶשׁ אֹיְבָיו. יהוה יִסְעָדֶנּוּ עַל עֶרֶשׂ דְּוָי, כָּל מִשְׁכָּבוֹ הָפַכְתָּ בְחָלְיוֹ. אֲנִי אָמַרְתִּי: יהוה חָנֵּנִי, רְפָאָה נַפְשִׁי, כִּי חָטָאתִי לָךְ. אוֹיְבַי יֹאמְרוּ רַע לִי, מָתַי יָמוּת וְאָבַד שְׁמוֹ. וְאִם בָּא לִרְאוֹת שָׁוְא יְדַבֵּר, לִבּוֹ יִקְבָּץ אָוֶן לוֹ; יֵצֵא לַחוּץ יְדַבֵּר. יַחַד עָלַי יִתְלַחֲשׁוּ כָּל שֹׂנְאָי, עָלַי יַחְשְׁבוּ רָעָה לִי. דְּבַר בְּלִיַּעַל יָצוּק בּוֹ, וַאֲשֶׁר שָׁכַב לֹא יוֹסִיף לָקוּם. גַּם אִישׁ שְׁלוֹמִי אֲשֶׁר בָּטַחְתִּי בוֹ, אוֹכֵל לַחְמִי, הִגְדִּיל עָלַי עָקֵב. וְאַתָּה יהוה חָנֵּנִי וַהֲקִימֵנִי, וַאֲשַׁלְּמָה לָהֶם. בְּזֹאת יָדַעְתִּי כִּי חָפַצְתָּ בִּי, כִּי לֹא יָרִיעַ אֹיְבִי עָלָי. וַאֲנִי בְּתֻמִּי תָּמַכְתָּ בִּי, וַתַּצִּיבֵנִי לְפָנֶיךָ לְעוֹלָם. בָּרוּךְ יהוה אֱלֹהֵי יִשְׂרָאֵל מֵהָעוֹלָם וְעַד הָעוֹלָם, אָמֵן וְאָמֵן.

## ספר שני

**מב** לַמְנַצֵּחַ מַשְׂכִּיל לִבְנֵי קֹרַח. כְּאַיָּל תַּעֲרֹג עַל אֲפִיקֵי מָיִם, כֵּן נַפְשִׁי תַעֲרֹג אֵלֶיךָ אֱלֹהִים. צָמְאָה נַפְשִׁי לֵאלֹהִים, לְאֵל חָי; מָתַי אָבוֹא וְאֵרָאֶה פְּנֵי אֱלֹהִים. הָיְתָה לִּי דִמְעָתִי לֶחֶם יוֹמָם וָלָיְלָה, בֶּאֱמֹר אֵלַי כָּל הַיּוֹם: אַיֵּה אֱלֹהֶיךָ. אֵלֶּה אֶזְכְּרָה וְאֶשְׁפְּכָה עָלַי נַפְשִׁי, כִּי אֶעֱבֹר בַּסָּךְ, אֶדַּדֵּם עַד בֵּית אֱלֹהִים; בְּקוֹל רִנָּה וְתוֹדָה הָמוֹן חוֹגֵג. מַה תִּשְׁתּוֹחֲחִי נַפְשִׁי, וַתֶּהֱמִי עָלָי; הוֹחִילִי לֵאלֹהִים, כִּי עוֹד אוֹדֶנּוּ יְשׁוּעוֹת פָּנָיו. אֱלֹהַי, עָלַי נַפְשִׁי תִשְׁתּוֹחָח, עַל כֵּן אֶזְכָּרְךָ מֵאֶרֶץ יַרְדֵּן וְחֶרְמוֹנִים, מֵהַר מִצְעָר. תְּהוֹם אֶל תְּהוֹם קוֹרֵא לְקוֹל צִנּוֹרֶיךָ, כָּל מִשְׁבָּרֶיךָ וְגַלֶּיךָ עָלַי עָבָרוּ. יוֹמָם יְצַוֶּה יהוה חַסְדּוֹ, וּבַלַּיְלָה שִׁירֹה עִמִּי; תְּפִלָּה לְאֵל חַיָּי. אוֹמְרָה לְאֵל סַלְעִי, לָמָה שְׁכַחְתָּנִי, לָמָּה קֹדֵר אֵלֵךְ בְּלַחַץ אוֹיֵב. בְּרֶצַח בְּעַצְמוֹתַי חֵרְפוּנִי צוֹרְרָי, בְּאָמְרָם אֵלַי כָּל הַיּוֹם: אַיֵּה אֱלֹהֶיךָ. מַה תִּשְׁתּוֹחֲחִי נַפְשִׁי, וּמַה תֶּהֱמִי עָלָי; הוֹחִילִי לֵאלֹהִים, כִּי עוֹד אוֹדֶנּוּ יְשׁוּעֹת פָּנַי וֵאלֹהָי.

**מג** שָׁפְטֵנִי אֱלֹהִים וְרִיבָה רִיבִי מִגּוֹי לֹא חָסִיד, מֵאִישׁ מִרְמָה וְעַוְלָה תְפַלְּטֵנִי. כִּי אַתָּה אֱלֹהֵי מָעוּזִּי, לָמָה זְנַחְתָּנִי; לָמָּה קֹדֵר אֶתְהַלֵּךְ בְּלַחַץ אוֹיֵב. שְׁלַח אוֹרְךָ וַאֲמִתְּךָ, הֵמָּה יַנְחוּנִי, יְבִיאוּנִי אֶל הַר קָדְשְׁךָ וְאֶל מִשְׁכְּנוֹתֶיךָ. וְאָבוֹאָה אֶל מִזְבַּח אֱלֹהִים, אֶל אֵל שִׂמְחַת גִּילִי; וְאוֹדְךָ בְכִנּוֹר, אֱלֹהִים אֱלֹהָי. מַה תִּשְׁתּוֹחֲחִי נַפְשִׁי, וּמַה תֶּהֱמִי עָלָי; הוֹחִילִי לֵאלֹהִים, כִּי עוֹד אוֹדֶנּוּ יְשׁוּעֹת פָּנַי וֵאלֹהָי.

### יום ח׳ לחודש

**מד** לַמְנַצֵּחַ לִבְנֵי קֹרַח מַשְׂכִּיל. אֱלֹהִים בְּאָזְנֵינוּ שָׁמַעְנוּ, אֲבוֹתֵינוּ סִפְּרוּ לָנוּ, פֹּעַל פָּעַלְתָּ בִימֵיהֶם בִּימֵי קֶדֶם. אַתָּה, יָדְךָ גּוֹיִם הוֹרַשְׁתָּ וַתִּטָּעֵם, תָּרַע לְאֻמִּים וַתְּשַׁלְּחֵם. כִּי לֹא בְחַרְבָּם יָרְשׁוּ אָרֶץ, וּזְרוֹעָם לֹא הוֹשִׁיעָה לָּמוֹ; כִּי יְמִינְךָ וּזְרוֹעֲךָ וְאוֹר פָּנֶיךָ כִּי רְצִיתָם. אַתָּה הוּא מַלְכִּי אֱלֹהִים, צַוֵּה יְשׁוּעוֹת יַעֲקֹב. בְּךָ צָרֵינוּ נְנַגֵּחַ, בְּשִׁמְךָ נָבוּס קָמֵינוּ. כִּי לֹא בְקַשְׁתִּי אֶבְטָח, וְחַרְבִּי לֹא תוֹשִׁיעֵנִי. כִּי הוֹשַׁעְתָּנוּ מִצָּרֵינוּ, וּמְשַׂנְאֵינוּ הֱבִישׁוֹתָ. בֵּאלֹהִים הִלַּלְנוּ כָל הַיּוֹם, וְשִׁמְךָ לְעוֹלָם נוֹדֶה סֶּלָה. אַף זָנַחְתָּ וַתַּכְלִימֵנוּ, וְלֹא תֵצֵא בְּצִבְאוֹתֵינוּ. תְּשִׁיבֵנוּ אָחוֹר מִנִּי צָר, וּמְשַׂנְאֵינוּ שָׁסוּ לָמוֹ. תִּתְּנֵנוּ כְּצֹאן מַאֲכָל, וּבַגּוֹיִם זֵרִיתָנוּ. תִּמְכֹּר עַמְּךָ בְלֹא הוֹן, וְלֹא רִבִּיתָ בִּמְחִירֵיהֶם. תְּשִׂימֵנוּ חֶרְפָּה לִשְׁכֵנֵינוּ, לַעַג וָקֶלֶס לִסְבִיבוֹתֵינוּ. תְּשִׂימֵנוּ מָשָׁל בַּגּוֹיִם, מְנוֹד רֹאשׁ בַּלְאֻמִּים. כָּל הַיּוֹם כְּלִמָּתִי נֶגְדִּי, וּבֹשֶׁת פָּנַי כִּסָּתְנִי. מִקּוֹל מְחָרֵף וּמְגַדֵּף, מִפְּנֵי אוֹיֵב וּמִתְנַקֵּם. כָּל זֹאת בָּאַתְנוּ וְלֹא

שְׁכַחֲנוּךָ, וְלֹא שִׁקַּרְנוּ בִּבְרִיתֶךָ. לֹא נָסוֹג אָחוֹר לִבֵּנוּ, וַתֵּט אֲשֻׁרֵינוּ מִנִּי אָרְחֶךָ. כִּי דִכִּיתָנוּ בִּמְקוֹם תַּנִּים, וַתְּכַס עָלֵינוּ בְצַלְמָוֶת. אִם שָׁכַחְנוּ שֵׁם אֱלֹהֵינוּ, וַנִּפְרֹשׂ כַּפֵּינוּ לְאֵל זָר. הֲלֹא אֱלֹהִים יַחֲקָר זֹאת, כִּי הוּא יֹדֵעַ תַּעֲלֻמוֹת לֵב. כִּי עָלֶיךָ הֹרַגְנוּ כָל הַיּוֹם, נֶחְשַׁבְנוּ כְּצֹאן טִבְחָה. עוּרָה לָמָּה תִישַׁן|אֲדֹנָי; הָקִיצָה, אַל תִּזְנַח לָנֶצַח. לָמָּה פָנֶיךָ תַסְתִּיר, תִּשְׁכַּח עָנְיֵנוּ וְלַחֲצֵנוּ. כִּי שָׁחָה לֶעָפָר נַפְשֵׁנוּ, דָּבְקָה לָאָרֶץ בִּטְנֵנוּ. קוּמָה עֶזְרָתָה לָּנוּ, וּפְדֵנוּ לְמַעַן חַסְדֶּךָ.

**מה** לַמְנַצֵּחַ עַל שֹׁשַׁנִּים לִבְנֵי קֹרַח, מַשְׂכִּיל שִׁיר יְדִידֹת. רָחַשׁ לִבִּי דָּבָר טוֹב, אֹמֵר אָנִי מַעֲשַׂי לְמֶלֶךְ, לְשׁוֹנִי עֵט סוֹפֵר מָהִיר. יָפְיָפִיתָ מִבְּנֵי אָדָם, הוּצַק חֵן בְּשְׂפְתוֹתֶיךָ, עַל כֵּן בֵּרַכְךָ אֱלֹהִים לְעוֹלָם. חֲגוֹר חַרְבְּךָ עַל יָרֵךְ, גִּבּוֹר, הוֹדְךָ וַהֲדָרֶךָ. וַהֲדָרְךָ, צְלַח רְכַב עַל דְּבַר אֱמֶת וְעַנְוָה צֶדֶק, וְתוֹרְךָ נוֹרָאוֹת יְמִינֶךָ. חִצֶּיךָ שְׁנוּנִים, עַמִּים תַּחְתֶּיךָ יִפְּלוּ, בְּלֵב אוֹיְבֵי הַמֶּלֶךְ. כִּסְאֲךָ אֱלֹהִים עוֹלָם וָעֶד, שֵׁבֶט מִישֹׁר שֵׁבֶט מַלְכוּתֶךָ. אָהַבְתָּ צֶּדֶק וַתִּשְׂנָא רֶשַׁע; עַל כֵּן מְשָׁחֲךָ אֱלֹהִים אֱלֹהֶיךָ, שֶׁמֶן שָׂשׂוֹן מֵחֲבֵרֶךָ. מֹר וַאֲהָלוֹת קְצִיעוֹת כָּל בִּגְדֹתֶיךָ, מִן הֵיכְלֵי שֵׁן מִנִּי שִׂמְּחוּךָ. בְּנוֹת מְלָכִים בְּיִקְּרוֹתֶיךָ, נִצְּבָה שֵׁגַל לִימִינְךָ בְּכֶתֶם אוֹפִיר. שִׁמְעִי בַת וּרְאִי, וְהַטִּי אָזְנֵךְ; וְשִׁכְחִי עַמֵּךְ וּבֵית אָבִיךְ. וְיִתְאָו הַמֶּלֶךְ יָפְיֵךְ; כִּי הוּא אֲדֹנַיִךְ, וְהִשְׁתַּחֲוִי לוֹ. וּבַת צֹר, בְּמִנְחָה פָּנַיִךְ יְחַלּוּ עֲשִׁירֵי עָם. כָּל כְּבוּדָּה בַת מֶלֶךְ פְּנִימָה, מִמִּשְׁבְּצוֹת זָהָב לְבוּשָׁהּ. לִרְקָמוֹת תּוּבַל לַמֶּלֶךְ; בְּתוּלוֹת אַחֲרֶיהָ רֵעוֹתֶיהָ, מוּבָאוֹת לָךְ. תּוּבַלְנָה בִּשְׂמָחֹת וָגִיל, תְּבֹאֶינָה בְּהֵיכַל מֶלֶךְ. תַּחַת אֲבֹתֶיךָ יִהְיוּ בָנֶיךָ, תְּשִׁיתֵמוֹ לְשָׂרִים בְּכָל הָאָרֶץ. אַזְכִּירָה שִׁמְךָ בְּכָל דֹּר וָדֹר, עַל כֵּן עַמִּים יְהוֹדֻךָ לְעֹלָם וָעֶד.

**מו** לַמְנַצֵּחַ לִבְנֵי קֹרַח, עַל עֲלָמוֹת שִׁיר. אֱלֹהִים לָנוּ מַחֲסֶה וָעֹז, עֶזְרָה בְצָרוֹת, נִמְצָא מְאֹד. עַל כֵּן לֹא נִירָא בְּהָמִיר אָרֶץ, וּבְמוֹט הָרִים בְּלֵב יַמִּים. יֶהֱמוּ יֶחְמְרוּ מֵימָיו, יִרְעֲשׁוּ הָרִים בְּגַאֲוָתוֹ סֶלָה. נָהָר, פְּלָגָיו יְשַׂמְּחוּ עִיר אֱלֹהִים, קְדֹשׁ מִשְׁכְּנֵי עֶלְיוֹן. אֱלֹהִים בְּקִרְבָּהּ, בַּל תִּמּוֹט, יַעְזְרֶהָ אֱלֹהִים לִפְנוֹת בֹּקֶר. הָמוּ גוֹיִם מָטוּ מַמְלָכוֹת, נָתַן בְּקוֹלוֹ תָּמוּג אָרֶץ. יהוה צְבָאוֹת עִמָּנוּ, מִשְׂגָּב לָנוּ אֱלֹהֵי יַעֲקֹב סֶלָה. לְכוּ חֲזוּ מִפְעֲלוֹת יהוה, אֲשֶׁר שָׂם שַׁמּוֹת בָּאָרֶץ. מַשְׁבִּית מִלְחָמוֹת עַד קְצֵה הָאָרֶץ; קֶשֶׁת יְשַׁבֵּר וְקִצֵּץ חֲנִית, עֲגָלוֹת יִשְׂרֹף בָּאֵשׁ. הַרְפּוּ וּדְעוּ כִּי אָנֹכִי אֱלֹהִים; אָרוּם בַּגּוֹיִם, אָרוּם בָּאָרֶץ. יהוה צְבָאוֹת עִמָּנוּ, מִשְׂגָּב לָנוּ אֱלֹהֵי יַעֲקֹב סֶלָה.

**מז** לַמְנַצֵּחַ לִבְנֵי קֹרַח מִזְמוֹר. כָּל הָעַמִּים תִּקְעוּ כָף, הָרִיעוּ לֵאלֹהִים בְּקוֹל רִנָּה. כִּי יהוה עֶלְיוֹן נוֹרָא, מֶלֶךְ גָּדוֹל עַל כָּל הָאָרֶץ. יַדְבֵּר עַמִּים תַּחְתֵּינוּ, וּלְאֻמִּים תַּחַת רַגְלֵינוּ. יִבְחַר לָנוּ אֶת נַחֲלָתֵנוּ, אֶת גְּאוֹן יַעֲקֹב אֲשֶׁר אָהֵב סֶלָה. עָלָה אֱלֹהִים בִּתְרוּעָה, יהוה בְּקוֹל שׁוֹפָר. זַמְּרוּ אֱלֹהִים זַמֵּרוּ, זַמְּרוּ לְמַלְכֵּנוּ זַמֵּרוּ. כִּי מֶלֶךְ כָּל הָאָרֶץ אֱלֹהִים, זַמְּרוּ מַשְׂכִּיל. מָלַךְ אֱלֹהִים עַל גּוֹיִם, אֱלֹהִים יָשַׁב עַל כִּסֵּא קָדְשׁוֹ. נְדִיבֵי עַמִּים נֶאֱסָפוּ, עַם אֱלֹהֵי אַבְרָהָם; כִּי לֵאלֹהִים מָגִנֵּי אֶרֶץ, מְאֹד נַעֲלָה.

**מח** שִׁיר מִזְמוֹר לִבְנֵי קֹרַח. גָּדוֹל יהוה וּמְהֻלָּל מְאֹד, בְּעִיר אֱלֹהֵינוּ, הַר קָדְשׁוֹ. יְפֵה נוֹף, מְשׂוֹשׂ כָּל הָאָרֶץ, הַר צִיּוֹן יַרְכְּתֵי צָפוֹן, קִרְיַת מֶלֶךְ רָב. אֱלֹהִים בְּאַרְמְנוֹתֶיהָ נוֹדַע לְמִשְׂגָּב. כִּי הִנֵּה הַמְּלָכִים נוֹעֲדוּ, עָבְרוּ יַחְדָּו. הֵמָּה רָאוּ כֵּן תָּמָהוּ, נִבְהֲלוּ נֶחְפָּזוּ. רְעָדָה אֲחָזָתַם שָׁם, חִיל כַּיּוֹלֵדָה. בְּרוּחַ קָדִים תְּשַׁבֵּר אֳנִיּוֹת תַּרְשִׁישׁ. כַּאֲשֶׁר שָׁמַעְנוּ כֵּן רָאִינוּ בְּעִיר יהוה צְבָאוֹת, בְּעִיר אֱלֹהֵינוּ, אֱלֹהִים יְכוֹנְנֶהָ עַד עוֹלָם סֶלָה. דִּמִּינוּ אֱלֹהִים חַסְדֶּךָ, בְּקֶרֶב הֵיכָלֶךָ. כְּשִׁמְךָ אֱלֹהִים, כֵּן תְּהִלָּתְךָ עַל קַצְוֵי אֶרֶץ; צֶדֶק מָלְאָה יְמִינֶךָ. יִשְׂמַח הַר צִיּוֹן, תָּגֵלְנָה בְּנוֹת יְהוּדָה, לְמַעַן מִשְׁפָּטֶיךָ. סֹבּוּ צִיּוֹן וְהַקִּיפוּהָ, סִפְרוּ מִגְדָּלֶיהָ. שִׁיתוּ לִבְּכֶם לְחֵילָה, פַּסְּגוּ אַרְמְנוֹתֶיהָ, לְמַעַן תְּסַפְּרוּ לְדוֹר אַחֲרוֹן. כִּי זֶה אֱלֹהִים אֱלֹהֵינוּ עוֹלָם וָעֶד, הוּא יְנַהֲגֵנוּ עַל־מוּת.

### יום ט׳ לחודש

**מט** לַמְנַצֵּחַ לִבְנֵי קֹרַח מִזְמוֹר. שִׁמְעוּ זֹאת כָּל הָעַמִּים, הַאֲזִינוּ כָּל יֹשְׁבֵי חָלֶד. גַּם בְּנֵי אָדָם, גַּם בְּנֵי אִישׁ; יַחַד עָשִׁיר וְאֶבְיוֹן. פִּי יְדַבֵּר חָכְמוֹת, וְהָגוּת לִבִּי תְבוּנוֹת. אַטֶּה לְמָשָׁל אָזְנִי, אֶפְתַּח בְּכִנּוֹר חִידָתִי. לָמָּה אִירָא בִּימֵי רָע, עֲוֹן עֲקֵבַי יְסוּבֵּנִי. הַבֹּטְחִים עַל חֵילָם, וּבְרֹב עָשְׁרָם יִתְהַלָּלוּ. אָח לֹא פָדֹה יִפְדֶּה אִישׁ, לֹא יִתֵּן לֵאלֹהִים כָּפְרוֹ. וְיֵקַר פִּדְיוֹן נַפְשָׁם, וְחָדַל לְעוֹלָם. וִיחִי עוֹד לָנֶצַח, לֹא יִרְאֶה הַשָּׁחַת. כִּי יִרְאֶה חֲכָמִים יָמוּתוּ, יַחַד כְּסִיל וָבַעַר יֹאבֵדוּ, וְעָזְבוּ לַאֲחֵרִים חֵילָם. קִרְבָּם בָּתֵּימוֹ לְעוֹלָם, מִשְׁכְּנֹתָם לְדוֹר וָדֹר; קָרְאוּ בִשְׁמוֹתָם עֲלֵי אֲדָמוֹת. וְאָדָם בִּיקָר בַּל יָלִין, נִמְשַׁל כַּבְּהֵמוֹת נִדְמוּ. זֶה דַרְכָּם כֵּסֶל לָמוֹ, וְאַחֲרֵיהֶם בְּפִיהֶם יִרְצוּ סֶלָה. כַּצֹּאן לִשְׁאוֹל שַׁתּוּ, מָוֶת יִרְעֵם; וַיִּרְדּוּ בָם יְשָׁרִים לַבֹּקֶר, וְצוּרָם לְבַלּוֹת שְׁאוֹל מִזְּבֻל לוֹ. אַךְ אֱלֹהִים יִפְדֶּה נַפְשִׁי מִיַּד שְׁאוֹל, כִּי יִקָּחֵנִי סֶלָה. אַל תִּירָא כִּי יַעֲשִׁר אִישׁ, כִּי יִרְבֶּה כְּבוֹד בֵּיתוֹ. כִּי לֹא בְמוֹתוֹ יִקַּח הַכֹּל, לֹא יֵרֵד אַחֲרָיו כְּבוֹדוֹ. כִּי נַפְשׁוֹ בְּחַיָּיו יְבָרֵךְ, וְיוֹדֻךָ כִּי תֵיטִיב לָךְ. תָּבוֹא עַד דּוֹר אֲבוֹתָיו, עַד נֵצַח לֹא יִרְאוּ אוֹר. אָדָם בִּיקָר וְלֹא יָבִין, נִמְשַׁל כַּבְּהֵמוֹת נִדְמוּ.

**נ** מִזְמוֹר לְאָסָף; אֵל אֱלֹהִים יהוה דִּבֶּר וַיִּקְרָא אָרֶץ, מִמִּזְרַח שֶׁמֶשׁ עַד מְבֹאוֹ. מִצִּיּוֹן מִכְלַל יֹפִי, אֱלֹהִים הוֹפִיעַ. יָבֹא אֱלֹהֵינוּ וְאַל יֶחֱרַשׁ; אֵשׁ לְפָנָיו תֹּאכֵל, וּסְבִיבָיו נִשְׂעֲרָה מְאֹד. יִקְרָא אֶל הַשָּׁמַיִם מֵעָל, וְאֶל הָאָרֶץ לָדִין עַמּוֹ. אִסְפוּ לִי חֲסִידָי, כֹּרְתֵי בְרִיתִי עֲלֵי זָבַח. וַיַּגִּידוּ שָׁמַיִם צִדְקוֹ, כִּי אֱלֹהִים שֹׁפֵט הוּא סֶלָה. שִׁמְעָה עַמִּי וַאֲדַבֵּרָה, יִשְׂרָאֵל וְאָעִידָה בָּךְ, אֱלֹהִים אֱלֹהֶיךָ אָנֹכִי. לֹא עַל זְבָחֶיךָ אוֹכִיחֶךָ, וְעוֹלֹתֶיךָ לְנֶגְדִּי תָמִיד. לֹא אֶקַּח מִבֵּיתְךָ פָר, מִמִּכְלְאֹתֶיךָ עַתּוּדִים. כִּי לִי כָל חַיְתוֹ יָעַר, בְּהֵמוֹת בְּהַרְרֵי אָלֶף. יָדַעְתִּי כָּל עוֹף הָרִים, וְזִיז שָׂדַי עִמָּדִי. אִם אֶרְעַב לֹא אֹמַר לָךְ, כִּי לִי תֵבֵל וּמְלֹאָהּ. הַאוֹכַל בְּשַׂר אַבִּירִים, וְדַם עַתּוּדִים אֶשְׁתֶּה. זְבַח לֵאלֹהִים תּוֹדָה, וְשַׁלֵּם לְעֶלְיוֹן נְדָרֶיךָ. וּקְרָאֵנִי בְּיוֹם צָרָה, אֲחַלֶּצְךָ וּתְכַבְּדֵנִי. וְלָרָשָׁע אָמַר אֱלֹהִים: מַה לְּךָ לְסַפֵּר חֻקָּי, וַתִּשָּׂא בְרִיתִי עֲלֵי פִיךָ. וְאַתָּה שָׂנֵאתָ מוּסָר, וַתַּשְׁלֵךְ דְּבָרַי אַחֲרֶיךָ. אִם רָאִיתָ גַנָּב וַתִּרֶץ עִמּוֹ, וְעִם מְנָאֲפִים חֶלְקֶךָ. פִּיךָ שָׁלַחְתָּ בְרָעָה, וּלְשׁוֹנְךָ תַּצְמִיד מִרְמָה. תֵּשֵׁב בְּאָחִיךָ תְדַבֵּר, בְּבֶן אִמְּךָ תִּתֶּן דֹּפִי. אֵלֶּה עָשִׂיתָ וְהֶחֱרַשְׁתִּי, דִּמִּיתָ הֱיוֹת אֶהְיֶה כָמוֹךָ, אוֹכִיחֲךָ וְאֶעֶרְכָה לְעֵינֶיךָ. בִּינוּ נָא זֹאת שֹׁכְחֵי אֱלוֹהַּ, פֶּן אֶטְרֹף וְאֵין מַצִּיל. זֹבֵחַ תּוֹדָה יְכַבְּדָנְנִי; וְשָׂם דֶּרֶךְ, אַרְאֶנּוּ בְּיֵשַׁע אֱלֹהִים.

### יום שלישי

**נא** לַמְנַצֵּחַ מִזְמוֹר לְדָוִד. בְּבוֹא אֵלָיו נָתָן הַנָּבִיא, כַּאֲשֶׁר בָּא אֶל בַּת שָׁבַע. חָנֵּנִי אֱלֹהִים כְּחַסְדֶּךָ, כְּרֹב רַחֲמֶיךָ מְחֵה פְשָׁעָי. הֶרֶב כַּבְּסֵנִי מֵעֲוֹנִי, וּמֵחַטָּאתִי טַהֲרֵנִי. כִּי פְשָׁעַי אֲנִי אֵדָע, וְחַטָּאתִי נֶגְדִּי תָמִיד. לְךָ לְבַדְּךָ חָטָאתִי, וְהָרַע בְּעֵינֶיךָ עָשִׂיתִי; לְמַעַן תִּצְדַּק בְּדָבְרֶךָ, תִּזְכֶּה בְשָׁפְטֶךָ. הֵן בְּעָווֹן חוֹלָלְתִּי, וּבְחֵטְא יֶחֱמַתְנִי אִמִּי. הֵן אֱמֶת חָפַצְתָּ בַטֻּחוֹת, וּבְסָתֻם חָכְמָה תוֹדִיעֵנִי. תְּחַטְּאֵנִי בְאֵזוֹב וְאֶטְהָר, תְּכַבְּסֵנִי וּמִשֶּׁלֶג אַלְבִּין. תַּשְׁמִיעֵנִי שָׂשׂוֹן וְשִׂמְחָה, תָּגֵלְנָה עֲצָמוֹת דִּכִּיתָ. הַסְתֵּר פָּנֶיךָ מֵחֲטָאָי, וְכָל עֲוֹנֹתַי מְחֵה. לֵב טָהוֹר בְּרָא לִי אֱלֹהִים, וְרוּחַ נָכוֹן חַדֵּשׁ בְּקִרְבִּי. אַל תַּשְׁלִיכֵנִי מִלְּפָנֶיךָ, וְרוּחַ קָדְשְׁךָ אַל תִּקַּח מִמֶּנִּי. הָשִׁיבָה לִּי שְׂשׂוֹן יִשְׁעֶךָ, וְרוּחַ נְדִיבָה תִסְמְכֵנִי. אֲלַמְּדָה פֹשְׁעִים דְּרָכֶיךָ, וְחַטָּאִים אֵלֶיךָ יָשׁוּבוּ. הַצִּילֵנִי מִדָּמִים, אֱלֹהִים; אֱלֹהֵי תְּשׁוּעָתִי, תְּרַנֵּן לְשׁוֹנִי צִדְקָתֶךָ. אֲדֹנָי שְׂפָתַי תִּפְתָּח, וּפִי יַגִּיד תְּהִלָּתֶךָ. כִּי לֹא תַחְפֹּץ זֶבַח וְאֶתֵּנָה, עוֹלָה לֹא תִרְצֶה. זִבְחֵי אֱלֹהִים רוּחַ נִשְׁבָּרָה; לֵב נִשְׁבָּר וְנִדְכֶּה, אֱלֹהִים לֹא תִבְזֶה. הֵיטִיבָה בִרְצוֹנְךָ אֶת צִיּוֹן, תִּבְנֶה חוֹמוֹת יְרוּשָׁלָיִם. אָז תַּחְפֹּץ זִבְחֵי צֶדֶק, עוֹלָה וְכָלִיל; אָז יַעֲלוּ עַל מִזְבַּחֲךָ פָרִים.

**נב** לַמְנַצֵּחַ מַשְׂכִּיל לְדָוִד. בְּבוֹא דּוֹאֵג הָאֲדֹמִי וַיַּגֵּד לְשָׁאוּל, וַיֹּאמֶר לוֹ: בָּא דָוִד אֶל בֵּית אֲחִימֶלֶךְ. מַה תִּתְהַלֵּל בְּרָעָה, הַגִּבּוֹר; חֶסֶד אֵל כָּל הַיּוֹם. הַוּוֹת תַּחְשֹׁב

לְשׁוֹנֶךָ, כְּתַעַר מְלֻטָּשׁ עֹשֵׂה רְמִיָּה. אָהַבְתָּ רָּע מִטּוֹב, שֶׁקֶר מִדַּבֵּר צֶדֶק סֶלָה. אָהַבְתָּ כָל דִּבְרֵי בָלַע, לְשׁוֹן מִרְמָה. גַּם אֵל יִתָּצְךָ לָנֶצַח; יַחְתְּךָ וְיִסָּחֲךָ מֵאֹהֶל, וְשֵׁרֶשְׁךָ מֵאֶרֶץ חַיִּים סֶלָה. וְיִרְאוּ צַדִּיקִים וְיִירָאוּ, וְעָלָיו יִשְׂחָקוּ. הִנֵּה הַגֶּבֶר לֹא יָשִׂים אֱלֹהִים מָעוּזּוֹ; וַיִּבְטַח בְּרֹב עָשְׁרוֹ, יָעֹז בְּהַוָּתוֹ. וַאֲנִי כְּזַיִת רַעֲנָן בְּבֵית אֱלֹהִים, בָּטַחְתִּי בְחֶסֶד אֱלֹהִים עוֹלָם וָעֶד. אוֹדְךָ לְעוֹלָם כִּי עָשִׂיתָ, וַאֲקַוֶּה שִׁמְךָ כִּי טוֹב נֶגֶד חֲסִידֶיךָ.

**נג** לַמְנַצֵּחַ עַל מָחֲלַת מַשְׂכִּיל לְדָוִד. אָמַר נָבָל בְּלִבּוֹ אֵין אֱלֹהִים; הִשְׁחִיתוּ וְהִתְעִיבוּ עָוֶל, אֵין עֹשֵׂה טוֹב. אֱלֹהִים מִשָּׁמַיִם הִשְׁקִיף עַל בְּנֵי אָדָם, לִרְאוֹת הֲיֵשׁ מַשְׂכִּיל דֹּרֵשׁ אֶת אֱלֹהִים. כֻּלּוֹ סָג, יַחְדָּו נֶאֱלָחוּ; אֵין עֹשֵׂה טוֹב, אֵין גַּם אֶחָד. הֲלֹא יָדְעוּ פֹּעֲלֵי אָוֶן, אֹכְלֵי עַמִּי אָכְלוּ לֶחֶם, אֱלֹהִים לֹא קָרָאוּ. שָׁם פָּחֲדוּ פַחַד לֹא הָיָה פָחַד; כִּי אֱלֹהִים פִּזַּר עַצְמוֹת חֹנָךְ, הֱבִשֹׁתָה, כִּי אֱלֹהִים מְאָסָם. מִי יִתֵּן מִצִּיּוֹן יְשֻׁעוֹת יִשְׂרָאֵל; בְּשׁוּב אֱלֹהִים שְׁבוּת עַמּוֹ, יָגֵל יַעֲקֹב יִשְׂמַח יִשְׂרָאֵל.

**נד** לַמְנַצֵּחַ בִּנְגִינֹת מַשְׂכִּיל לְדָוִד. בְּבוֹא הַזִּיפִים וַיֹּאמְרוּ לְשָׁאוּל: הֲלֹא דָוִד מִסְתַּתֵּר עִמָּנוּ. אֱלֹהִים, בְּשִׁמְךָ הוֹשִׁיעֵנִי, וּבִגְבוּרָתְךָ תְדִינֵנִי. אֱלֹהִים, שְׁמַע תְּפִלָּתִי, הַאֲזִינָה לְאִמְרֵי פִי. כִּי זָרִים קָמוּ עָלַי, וְעָרִיצִים בִּקְשׁוּ נַפְשִׁי, לֹא שָׂמוּ אֱלֹהִים לְנֶגְדָּם סֶלָה. הִנֵּה אֱלֹהִים עֹזֵר לִי, אֲדֹנָי בְּסֹמְכֵי נַפְשִׁי. יָשִׁיב הָרַע לְשֹׁרְרָי, בַּאֲמִתְּךָ הַצְמִיתֵם. בִּנְדָבָה אֶזְבְּחָה לָּךְ, אוֹדֶה שִּׁמְךָ יהוה כִּי טוֹב. כִּי מִכָּל צָרָה הִצִּילָנִי, וּבְאֹיְבַי רָאֲתָה עֵינִי.

### יום י' לחודש

**נה** לַמְנַצֵּחַ בִּנְגִינֹת מַשְׂכִּיל לְדָוִד. הַאֲזִינָה אֱלֹהִים תְּפִלָּתִי, וְאַל תִּתְעַלַּם מִתְּחִנָּתִי. הַקְשִׁיבָה לִּי וַעֲנֵנִי, אָרִיד בְּשִׂיחִי וְאָהִימָה. מִקּוֹל אוֹיֵב, מִפְּנֵי עָקַת רָשָׁע; כִּי יָמִיטוּ עָלַי אָוֶן, וּבְאַף יִשְׂטְמוּנִי. לִבִּי יָחִיל בְּקִרְבִּי, וְאֵימוֹת מָוֶת נָפְלוּ עָלָי. יִרְאָה וָרַעַד יָבֹא בִי, וַתְּכַסֵּנִי פַּלָּצוּת. וָאֹמַר, מִי יִתֶּן לִּי אֵבֶר כַּיּוֹנָה, אָעוּפָה וְאֶשְׁכֹּנָה. הִנֵּה אַרְחִיק נְדֹד, אָלִין בַּמִּדְבָּר סֶלָה. אָחִישָׁה מִפְלָט לִי, מֵרוּחַ סֹעָה מִסָּעַר. בַּלַּע אֲדֹנָי, פַּלַּג לְשׁוֹנָם; כִּי רָאִיתִי חָמָס וְרִיב בָּעִיר. יוֹמָם וָלַיְלָה יְסוֹבְבֻהָ עַל חוֹמֹתֶיהָ, וְאָוֶן וְעָמָל בְּקִרְבָּהּ. הַוּוֹת בְּקִרְבָּהּ, וְלֹא יָמִישׁ מֵרְחֹבָהּ תֹּךְ וּמִרְמָה. כִּי לֹא אוֹיֵב יְחָרְפֵנִי וְאֶשָּׂא, לֹא מְשַׂנְאִי עָלַי הִגְדִּיל וְאֶסָּתֵר מִמֶּנּוּ. וְאַתָּה, אֱנוֹשׁ כְּעֶרְכִּי; אַלּוּפִי וּמְיֻדָּעִי. אֲשֶׁר יַחְדָּו נַמְתִּיק סוֹד, בְּבֵית אֱלֹהִים נְהַלֵּךְ בְּרָגֶשׁ. יַשִּׁיא מָוֶת עָלֵימוֹ, יֵרְדוּ שְׁאוֹל חַיִּים; כִּי רָעוֹת בִּמְגוּרָם בְּקִרְבָּם. אֲנִי אֶל אֱלֹהִים אֶקְרָא, וַיהוה יוֹשִׁיעֵנִי. עֶרֶב וָבֹקֶר וְצָהֳרַיִם אָשִׂיחָה וְאֶהֱמֶה, וַיִּשְׁמַע קוֹלִי. פָּדָה בְשָׁלוֹם נַפְשִׁי מִקֲּרָב לִי, כִּי בְרַבִּים הָיוּ עִמָּדִי. יִשְׁמַע אֵל וְיַעֲנֵם, וְיֹשֵׁב קֶדֶם סֶלָה; אֲשֶׁר אֵין חֲלִיפוֹת לָמוֹ, וְלֹא יָרְאוּ אֱלֹהִים. שָׁלַח יָדָיו בִּשְׁלֹמָיו, חִלֵּל בְּרִיתוֹ. חָלְקוּ מַחְמָאֹת פִּיו וּקְרָב לִבּוֹ; רַכּוּ דְבָרָיו מִשֶּׁמֶן, וְהֵמָּה פְתִחוֹת. הַשְׁלֵךְ עַל יהוה יְהָבְךָ, וְהוּא יְכַלְכְּלֶךָ; לֹא יִתֵּן לְעוֹלָם מוֹט לַצַּדִּיק. וְאַתָּה אֱלֹהִים, תּוֹרִדֵם לִבְאֵר שַׁחַת, אַנְשֵׁי דָמִים וּמִרְמָה לֹא יֶחֱצוּ יְמֵיהֶם; וַאֲנִי אֶבְטַח בָּךְ.

**נו** לַמְנַצֵּחַ עַל יוֹנַת אֵלֶם רְחֹקִים, לְדָוִד מִכְתָּם, בֶּאֱחֹז אוֹתוֹ פְלִשְׁתִּים בְּגַת. חָנֵּנִי אֱלֹהִים כִּי שְׁאָפַנִי אֱנוֹשׁ, כָּל הַיּוֹם לֹחֵם יִלְחָצֵנִי. שָׁאֲפוּ שׁוֹרְרַי כָּל הַיּוֹם; כִּי רַבִּים לֹחֲמִים לִי, מָרוֹם. יוֹם אִירָא, אֲנִי אֵלֶיךָ אֶבְטָח. בֵּאלֹהִים אֲהַלֵּל דְּבָרוֹ; בֵּאלֹהִים בָּטַחְתִּי לֹא אִירָא, מַה יַּעֲשֶׂה בָשָׂר לִי. כָּל הַיּוֹם דְּבָרַי יְעַצֵּבוּ, עָלַי כָּל מַחְשְׁבֹתָם לָרָע. יָגוּרוּ יִצְפּוֹנוּ, הֵמָּה עֲקֵבַי יִשְׁמֹרוּ, כַּאֲשֶׁר קִוּוּ נַפְשִׁי. עַל אָוֶן פַּלֶּט לָמוֹ; בְּאַף עַמִּים הוֹרֵד, אֱלֹהִים. נֹדִי סָפַרְתָּה אָתָּה; שִׂימָה דִמְעָתִי בְנֹאדֶךָ, הֲלֹא בְּסִפְרָתֶךָ. אָז יָשׁוּבוּ אוֹיְבַי אָחוֹר בְּיוֹם אֶקְרָא; זֶה יָדַעְתִּי כִּי אֱלֹהִים לִי. בֵּאלֹהִים אֲהַלֵּל דָּבָר, בַּיהוה אֲהַלֵּל דָּבָר. בֵּאלֹהִים בָּטַחְתִּי לֹא אִירָא, מַה יַּעֲשֶׂה אָדָם לִי. עָלַי אֱלֹהִים נְדָרֶיךָ, אֲשַׁלֵּם תּוֹדֹת לָךְ. כִּי הִצַּלְתָּ נַפְשִׁי מִמָּוֶת, הֲלֹא רַגְלַי מִדֶּחִי; לְהִתְהַלֵּךְ לִפְנֵי אֱלֹהִים בְּאוֹר הַחַיִּים.

**נז** לַמְנַצֵּחַ אַל תַּשְׁחֵת, לְדָוִד מִכְתָּם, בְּבָרְחוֹ מִפְּנֵי שָׁאוּל בַּמְּעָרָה. חָנֵּנִי

אֱלֹהִים חָנֵּנִי, כִּי בְךָ חָסָיָה נַפְשִׁי; וּבְצֵל כְּנָפֶיךָ אֶחְסֶה עַד יַעֲבֹר הַוּוֹת. אֶקְרָא לֵאלֹהִים עֶלְיוֹן, לָאֵל גֹּמֵר עָלָי. יִשְׁלַח מִשָּׁמַיִם וְיוֹשִׁיעֵנִי חֵרֵף שֹׁאֲפִי סֶלָה, יִשְׁלַח אֱלֹהִים חַסְדּוֹ וַאֲמִתּוֹ. נַפְשִׁי בְּתוֹךְ לְבָאִם, אֶשְׁכְּבָה לֹהֲטִים; בְּנֵי אָדָם שִׁנֵּיהֶם חֲנִית וְחִצִּים, וּלְשׁוֹנָם חֶרֶב חַדָּה. רוּמָה עַל הַשָּׁמַיִם אֱלֹהִים, עַל כָּל הָאָרֶץ כְּבוֹדֶךָ. רֶשֶׁת הֵכִינוּ לִפְעָמַי, כָּפַף נַפְשִׁי; כָּרוּ לְפָנַי שִׁיחָה, נָפְלוּ בְתוֹכָהּ סֶלָה. נָכוֹן לִבִּי, אֱלֹהִים; נָכוֹן לִבִּי, אָשִׁירָה וַאֲזַמֵּרָה. עוּרָה כְבוֹדִי, עוּרָה הַנֵּבֶל וְכִנּוֹר, אָעִירָה שָּׁחַר. אוֹדְךָ בָעַמִּים, אֲדֹנָי; אֲזַמֶּרְךָ בַּלְאֻמִּים. כִּי גָדֹל עַד שָׁמַיִם חַסְדֶּךָ, וְעַד שְׁחָקִים אֲמִתֶּךָ. רוּמָה עַל שָׁמַיִם, אֱלֹהִים; עַל כָּל הָאָרֶץ כְּבוֹדֶךָ.

**נח** לַמְנַצֵּחַ אַל תַּשְׁחֵת, לְדָוִד מִכְתָּם. הַאֻמְנָם אֵלֶם צֶדֶק תְּדַבֵּרוּן, מֵישָׁרִים תִּשְׁפְּטוּ בְּנֵי אָדָם. אַף בְּלֵב עוֹלֹת תִּפְעָלוּן, בָּאָרֶץ חֲמַס יְדֵיכֶם תְּפַלֵּסוּן. זֹרוּ רְשָׁעִים מֵרָחֶם, תָּעוּ מִבֶּטֶן דֹּבְרֵי כָזָב. חֲמַת לָמוֹ כִּדְמוּת חֲמַת נָחָשׁ, כְּמוֹ פֶתֶן חֵרֵשׁ יַאְטֵם אָזְנוֹ. אֲשֶׁר לֹא יִשְׁמַע לְקוֹל מְלַחֲשִׁים, חוֹבֵר חֲבָרִים מְחֻכָּם. אֱלֹהִים, הֲרָס שִׁנֵּימוֹ בְּפִימוֹ; מַלְתְּעוֹת כְּפִירִים נְתֹץ, יהוה. יִמָּאֲסוּ כְמוֹ מַיִם יִתְהַלְּכוּ לָמוֹ, יִדְרֹךְ חִצָּו כְּמוֹ יִתְמֹלָלוּ. כְּמוֹ שַׁבְּלוּל תֶּמֶס יַהֲלֹךְ, נֵפֶל אֵשֶׁת בַּל חָזוּ שָׁמֶשׁ. בְּטֶרֶם יָבִינוּ סִּירֹתֵיכֶם אָטָד, כְּמוֹ חַי כְּמוֹ חָרוֹן יִשְׂעָרֶנּוּ. יִשְׂמַח צַדִּיק כִּי חָזָה נָקָם, פְּעָמָיו יִרְחַץ בְּדַם הָרָשָׁע. וְיֹאמַר אָדָם: אַךְ פְּרִי לַצַּדִּיק, אַךְ יֵשׁ אֱלֹהִים שֹׁפְטִים בָּאָרֶץ.

**נט** לַמְנַצֵּחַ אַל תַּשְׁחֵת, לְדָוִד מִכְתָּם; בִּשְׁלֹחַ שָׁאוּל, וַיִּשְׁמְרוּ אֶת הַבַּיִת לַהֲמִיתוֹ. הַצִּילֵנִי מֵאֹיְבַי, אֱלֹהָי; מִמִּתְקוֹמְמַי תְּשַׂגְּבֵנִי. הַצִּילֵנִי מִפֹּעֲלֵי אָוֶן, וּמֵאַנְשֵׁי דָמִים הוֹשִׁיעֵנִי. כִּי הִנֵּה אָרְבוּ לְנַפְשִׁי, יָגוּרוּ עָלַי עַזִּים; לֹא פִשְׁעִי וְלֹא חַטָּאתִי, יהוה. בְּלִי עָוֹן יְרֻצוּן וְיִכּוֹנָנוּ, עוּרָה לִקְרָאתִי וּרְאֵה. וְאַתָּה יהוה אֱלֹהִים צְבָאוֹת אֱלֹהֵי יִשְׂרָאֵל, הָקִיצָה לִפְקֹד כָּל הַגּוֹיִם, אַל תָּחֹן כָּל בֹּגְדֵי אָוֶן סֶלָה. יָשׁוּבוּ לָעֶרֶב, יֶהֱמוּ כַכָּלֶב, וִיסוֹבְבוּ עִיר. הִנֵּה יַבִּיעוּן בְּפִיהֶם, חֲרָבוֹת בְּשִׂפְתוֹתֵיהֶם, כִּי מִי שֹׁמֵעַ. וְאַתָּה יהוה תִּשְׂחַק לָמוֹ, תִּלְעַג לְכָל גּוֹיִם. עֻזּוֹ, אֵלֶיךָ אֶשְׁמֹרָה, כִּי אֱלֹהִים מִשְׂגַּבִּי. אֱלֹהֵי חַסְדִּי יְקַדְּמֵנִי, אֱלֹהִים יַרְאֵנִי בְשֹׁרְרָי. אַל תַּהַרְגֵם פֶּן יִשְׁכְּחוּ עַמִּי; הֲנִיעֵמוֹ בְחֵילְךָ וְהוֹרִידֵמוֹ, מָגִנֵּנוּ אֲדֹנָי. חַטַּאת פִּימוֹ דְּבַר שְׂפָתֵימוֹ; וְיִלָּכְדוּ בִגְאוֹנָם, וּמֵאָלָה וּמִכַּחַשׁ יְסַפֵּרוּ. כַּלֵּה בְחֵמָה, כַּלֵּה וְאֵינֵמוֹ; וְיֵדְעוּ כִּי אֱלֹהִים מֹשֵׁל בְּיַעֲקֹב לְאַפְסֵי הָאָרֶץ סֶלָה. וְיָשֻׁבוּ לָעֶרֶב, יֶהֱמוּ כַכָּלֶב, וִיסוֹבְבוּ עִיר. הֵמָּה יְנִיעוּן לֶאֱכֹל, אִם לֹא יִשְׂבְּעוּ וַיָּלִינוּ. וַאֲנִי אָשִׁיר עֻזֶּךָ, וַאֲרַנֵּן לַבֹּקֶר חַסְדֶּךָ; כִּי הָיִיתָ מִשְׂגָּב לִי, וּמָנוֹס בְּיוֹם צַר לִי. עֻזִּי, אֵלֶיךָ אֲזַמֵּרָה; כִּי אֱלֹהִים מִשְׂגַּבִּי, אֱלֹהֵי חַסְדִּי.

## יום י״א לחודש

**ס** לַמְנַצֵּחַ עַל שׁוּשַׁן עֵדוּת, מִכְתָּם לְדָוִד לְלַמֵּד. בְּהַצּוֹתוֹ אֶת אֲרַם נַהֲרַיִם וְאֶת אֲרַם צוֹבָה; וַיָּשָׁב יוֹאָב וַיַּךְ אֶת אֱדוֹם בְּגֵיא מֶלַח, שְׁנֵים עָשָׂר אָלֶף. אֱלֹהִים, זְנַחְתָּנוּ פְרַצְתָּנוּ; אָנַפְתָּ, תְּשׁוֹבֵב לָנוּ. הִרְעַשְׁתָּה אֶרֶץ פְּצַמְתָּהּ, רְפָה שְׁבָרֶיהָ כִי מָטָה. הִרְאִיתָ עַמְּךָ קָשָׁה, הִשְׁקִיתָנוּ יַיִן תַּרְעֵלָה. נָתַתָּה לִּירֵאֶיךָ נֵּס לְהִתְנוֹסֵס, מִפְּנֵי קֹשֶׁט סֶלָה. לְמַעַן יֵחָלְצוּן יְדִידֶיךָ, הוֹשִׁיעָה יְמִינְךָ וַעֲנֵנִי. אֱלֹהִים דִּבֶּר בְּקָדְשׁוֹ אֶעְלֹזָה; אֲחַלְּקָה שְׁכֶם, וְעֵמֶק סֻכּוֹת אֲמַדֵּד. לִי גִלְעָד וְלִי מְנַשֶּׁה, וְאֶפְרַיִם מָעוֹז רֹאשִׁי, יְהוּדָה מְחֹקְקִי. מוֹאָב סִיר רַחְצִי, עַל אֱדוֹם אַשְׁלִיךְ נַעֲלִי, עָלַי פְּלֶשֶׁת הִתְרוֹעָעִי. מִי יֹבִלֵנִי עִיר מָצוֹר, מִי נָחַנִי עַד אֱדוֹם. הֲלֹא אַתָּה אֱלֹהִים זְנַחְתָּנוּ, וְלֹא תֵצֵא אֱלֹהִים בְּצִבְאוֹתֵינוּ. הָבָה לָּנוּ עֶזְרָת מִצָּר, וְשָׁוְא תְּשׁוּעַת אָדָם. בֵּאלֹהִים נַעֲשֶׂה חָיִל, וְהוּא יָבוּס צָרֵינוּ.

**סא** לַמְנַצֵּחַ עַל נְגִינַת לְדָוִד. שִׁמְעָה אֱלֹהִים רִנָּתִי, הַקְשִׁיבָה תְּפִלָּתִי. מִקְצֵה הָאָרֶץ אֵלֶיךָ אֶקְרָא בַּעֲטֹף לִבִּי, בְּצוּר יָרוּם מִמֶּנִּי תַנְחֵנִי. כִּי הָיִיתָ מַחְסֶה לִי, מִגְדַּל עֹז מִפְּנֵי אוֹיֵב. אָגוּרָה בְאָהָלְךָ עוֹלָמִים, אֶחֱסֶה בְסֵתֶר כְּנָפֶיךָ סֶּלָה. כִּי אַתָּה אֱלֹהִים שָׁמַעְתָּ לִנְדָרָי, נָתַתָּ יְרֻשַּׁת יִרְאֵי שְׁמֶךָ. יָמִים עַל יְמֵי מֶלֶךְ תּוֹסִיף,

שְׁנוֹתָיו כְּמוֹ דֹר וָדֹר. יֵשֵׁב עוֹלָם לִפְנֵי אֱלֹהִים, חֶסֶד וֶאֱמֶת מַן יִנְצְרֻהוּ. כֵּן אֲזַמְּרָה שִׁמְךָ לָעַד, לְשַׁלְּמִי נְדָרַי יוֹם יוֹם.

**סב** לַמְנַצֵּחַ עַל יְדוּתוּן מִזְמוֹר לְדָוִד. אַךְ אֶל אֱלֹהִים דּוּמִיָּה נַפְשִׁי, מִמֶּנּוּ יְשׁוּעָתִי. אַךְ הוּא צוּרִי וִישׁוּעָתִי; מִשְׂגַּבִּי, לֹא אֶמּוֹט רַבָּה. עַד אָנָה תְּהוֹתְתוּ עַל אִישׁ, תְּרָצְּחוּ כֻלְּכֶם; כְּקִיר נָטוּי, גָּדֵר הַדְּחוּיָה. אַךְ מִשְּׂאֵתוֹ יָעֲצוּ לְהַדִּיחַ, יִרְצוּ כָזָב; בְּפִיו יְבָרֵכוּ, וּבְקִרְבָּם יְקַלְלוּ סֶלָה. אַךְ לֵאלֹהִים דּוֹמִּי נַפְשִׁי, כִּי מִמֶּנּוּ תִּקְוָתִי. אַךְ הוּא צוּרִי וִישׁוּעָתִי; מִשְׂגַּבִּי, לֹא אֶמּוֹט. עַל אֱלֹהִים יִשְׁעִי וּכְבוֹדִי; צוּר עֻזִּי, מַחְסִי בֵּאלֹהִים. בִּטְחוּ בוֹ בְכָל עֵת, עָם; שִׁפְכוּ לְפָנָיו לְבַבְכֶם; אֱלֹהִים מַחֲסֶה לָּנוּ סֶלָה. אַךְ הֶבֶל בְּנֵי אָדָם, כָּזָב בְּנֵי אִישׁ; בְּמֹאזְנַיִם לַעֲלוֹת, הֵמָּה מֵהֶבֶל יָחַד. אַל תִּבְטְחוּ בְעֹשֶׁק, וּבְגָזֵל אַל תֶּהְבָּלוּ; חַיִל כִּי יָנוּב, אַל תָּשִׁיתוּ לֵב. אַחַת דִּבֶּר אֱלֹהִים, שְׁתַּיִם זוּ שָׁמָעְתִּי, כִּי עֹז לֵאלֹהִים. וּלְךָ אֲדֹנָי חָסֶד, כִּי אַתָּה תְשַׁלֵּם לְאִישׁ כְּמַעֲשֵׂהוּ.

**סג** מִזְמוֹר לְדָוִד, בִּהְיוֹתוֹ בְּמִדְבַּר יְהוּדָה. אֱלֹהִים | אֵלִי אַתָּה, אֲשַׁחֲרֶךָּ; צָמְאָה לְךָ נַפְשִׁי, כָּמַהּ לְךָ בְשָׂרִי, בְּאֶרֶץ צִיָּה וְעָיֵף בְּלִי מָיִם. כֵּן בַּקֹּדֶשׁ חֲזִיתִךָ, לִרְאוֹת עֻזְּךָ וּכְבוֹדֶךָ. כִּי טוֹב חַסְדְּךָ מֵחַיִּים, שְׂפָתַי יְשַׁבְּחוּנְךָ. כֵּן אֲבָרֶכְךָ בְחַיָּי, בְּשִׁמְךָ אֶשָּׂא כַפָּי. כְּמוֹ חֵלֶב וָדֶשֶׁן תִּשְׂבַּע נַפְשִׁי, וְשִׂפְתֵי רְנָנוֹת יְהַלֶּל פִּי. אִם זְכַרְתִּיךָ עַל יְצוּעָי, בְּאַשְׁמֻרוֹת אֶהְגֶּה בָּךְ. כִּי הָיִיתָ עֶזְרָתָה לִּי, וּבְצֵל כְּנָפֶיךָ אֲרַנֵּן. דָּבְקָה נַפְשִׁי אַחֲרֶיךָ, בִּי תָּמְכָה יְמִינֶךָ. וְהֵמָּה לְשׁוֹאָה יְבַקְשׁוּ נַפְשִׁי, יָבֹאוּ בְּתַחְתִּיּוֹת הָאָרֶץ. יַגִּירֻהוּ עַל יְדֵי חָרֶב, מְנָת שֻׁעָלִים יִהְיוּ. וְהַמֶּלֶךְ יִשְׂמַח בֵּאלֹהִים; יִתְהַלֵּל כָּל הַנִּשְׁבָּע בּוֹ, כִּי יִסָּכֵר פִּי דוֹבְרֵי שָׁקֶר.

**סד** לַמְנַצֵּחַ מִזְמוֹר לְדָוִד. שְׁמַע אֱלֹהִים קוֹלִי בְשִׂיחִי, מִפַּחַד אוֹיֵב תִּצֹּר חַיָּי. תַּסְתִּירֵנִי מִסּוֹד מְרֵעִים, מֵרִגְשַׁת פֹּעֲלֵי אָוֶן. אֲשֶׁר שָׁנְנוּ כַחֶרֶב לְשׁוֹנָם, דָּרְכוּ חִצָּם דָּבָר מָר. לִירוֹת בַּמִּסְתָּרִים תָּם, פִּתְאֹם יֹרֻהוּ וְלֹא יִירָאוּ. יְחַזְּקוּ לָמוֹ דָּבָר רָע, יְסַפְּרוּ לִטְמוֹן מוֹקְשִׁים; אָמְרוּ: מִי יִרְאֶה לָּמוֹ. יַחְפְּשׂוּ עוֹלֹת, תַּמְנוּ חֵפֶשׂ מְחֻפָּשׂ, וְקֶרֶב אִישׁ וְלֵב עָמֹק. וַיֹּרֵם אֱלֹהִים; חֵץ פִּתְאוֹם הָיוּ מַכּוֹתָם. וַיַּכְשִׁילֻהוּ עָלֵימוֹ לְשׁוֹנָם, יִתְנוֹדְדוּ כָּל רֹאֵה בָם. וַיִּירְאוּ כָּל אָדָם; וַיַּגִּידוּ פֹּעַל אֱלֹהִים, וּמַעֲשֵׂהוּ הִשְׂכִּילוּ. יִשְׂמַח צַדִּיק בַּיהוה וְחָסָה בוֹ, וְיִתְהַלְלוּ כָּל יִשְׁרֵי לֵב.

**סה** לַמְנַצֵּחַ מִזְמוֹר לְדָוִד שִׁיר. לְךָ דֻמִיָּה תְהִלָּה, אֱלֹהִים בְּצִיּוֹן; וּלְךָ יְשֻׁלַּם נֶדֶר. שֹׁמֵעַ תְּפִלָּה, עָדֶיךָ כָּל בָּשָׂר יָבֹאוּ. דִּבְרֵי עֲוֹנֹת גָּבְרוּ מֶנִּי, פְּשָׁעֵינוּ אַתָּה תְכַפְּרֵם. אַשְׁרֵי תִּבְחַר וּתְקָרֵב יִשְׁכֹּן חֲצֵרֶיךָ; נִשְׂבְּעָה בְּטוּב בֵּיתֶךָ, קְדֹשׁ הֵיכָלֶךָ. נוֹרָאוֹת בְּצֶדֶק תַּעֲנֵנוּ, אֱלֹהֵי יִשְׁעֵנוּ; מִבְטָח כָּל קַצְוֵי אֶרֶץ וְיָם רְחֹקִים. מֵכִין הָרִים בְּכֹחוֹ, נֶאְזָר בִּגְבוּרָה. מַשְׁבִּיחַ שְׁאוֹן יַמִּים, שְׁאוֹן גַּלֵּיהֶם, וַהֲמוֹן לְאֻמִּים. וַיִּירְאוּ יֹשְׁבֵי קְצָוֹת מֵאוֹתֹתֶיךָ, מוֹצָאֵי בֹקֶר וָעֶרֶב תַּרְנִין. פָּקַדְתָּ הָאָרֶץ וַתְּשֹׁקְקֶהָ, רַבַּת תַּעְשְׁרֶנָּה פֶּלֶג אֱלֹהִים מָלֵא מָיִם, תָּכִין דְּגָנָם כִּי כֵן תְּכִינֶהָ. תְּלָמֶיהָ רַוֵּה, נַחֵת גְּדוּדֶהָ; בִּרְבִיבִים תְּמֹגְגֶנָּה; צִמְחָהּ תְּבָרֵךְ. עִטַּרְתָּ שְׁנַת טוֹבָתֶךָ, וּמַעְגָּלֶיךָ יִרְעֲפוּן דָּשֶׁן. יִרְעֲפוּ נְאוֹת מִדְבָּר, וְגִיל גְּבָעוֹת תַּחְגֹּרְנָה. לָבְשׁוּ כָרִים הַצֹּאן, וַעֲמָקִים יַעַטְפוּ בָר, יִתְרוֹעֲעוּ אַף יָשִׁירוּ.

יום י״ב לחודש

**סו** לַמְנַצֵּחַ שִׁיר מִזְמוֹר, הָרִיעוּ לֵאלֹהִים כָּל הָאָרֶץ. זַמְּרוּ כְבוֹד שְׁמוֹ, שִׂימוּ כָבוֹד תְּהִלָּתוֹ. אִמְרוּ לֵאלֹהִים: מַה נּוֹרָא מַעֲשֶׂיךָ, בְּרֹב עֻזְּךָ יְכַחֲשׁוּ לְךָ אֹיְבֶיךָ. כָּל הָאָרֶץ יִשְׁתַּחֲווּ לְךָ וִיזַמְּרוּ לָךְ, יְזַמְּרוּ שִׁמְךָ סֶלָה. לְכוּ וּרְאוּ מִפְעֲלוֹת אֱלֹהִים, נוֹרָא עֲלִילָה עַל בְּנֵי אָדָם. הָפַךְ יָם לְיַבָּשָׁה, בַּנָּהָר יַעַבְרוּ בְרָגֶל; שָׁם נִשְׂמְחָה בּוֹ. מֹשֵׁל בִּגְבוּרָתוֹ עוֹלָם, עֵינָיו בַּגּוֹיִם תִּצְפֶּינָה; הַסּוֹרְרִים אַל יָרוּמוּ לָמוֹ סֶלָה. בָּרְכוּ עַמִּים | אֱלֹהֵינוּ, וְהַשְׁמִיעוּ קוֹל תְּהִלָּתוֹ. הַשָּׂם נַפְשֵׁנוּ בַּחַיִּים, וְלֹא נָתַן לַמּוֹט רַגְלֵנוּ. כִּי בְחַנְתָּנוּ, אֱלֹהִים; צְרַפְתָּנוּ כִּצְרָף כָּסֶף. הֲבֵאתָנוּ בַמְּצוּדָה, שַׂמְתָּ מוּעָקָה בְמָתְנֵינוּ. הִרְכַּבְתָּ אֱנוֹשׁ לְרֹאשֵׁנוּ; בָּאנוּ בָאֵשׁ וּבַמַּיִם, וַתּוֹצִיאֵנוּ לָרְוָיָה. אָבוֹא בֵיתְךָ בְעוֹלוֹת,

אֲשַׁלֵּם לְךָ נְדָרָי. אֲשֶׁר פָּצוּ שְׂפָתָי, וְדִבֶּר פִּי בַּצַּר לִי. עֹלוֹת מֵחִים אַעֲלֶה לָּךְ עִם קְטֹרֶת אֵילִים, אֶעֱשֶׂה בָקָר עִם עַתּוּדִים סֶלָה. לְכוּ שִׁמְעוּ וַאֲסַפְּרָה כָּל יִרְאֵי אֱלֹהִים, אֲשֶׁר עָשָׂה לְנַפְשִׁי. אֵלָיו פִּי קָרָאתִי, וְרוֹמַם תַּחַת לְשׁוֹנִי. אָוֶן אִם רָאִיתִי בְלִבִּי, לֹא יִשְׁמַע | אֲדֹנָי. אָכֵן שָׁמַע אֱלֹהִים, הִקְשִׁיב בְּקוֹל תְּפִלָּתִי. בָּרוּךְ אֱלֹהִים, אֲשֶׁר לֹא הֵסִיר תְּפִלָּתִי וְחַסְדּוֹ מֵאִתִּי.

**סז** לַמְנַצֵּחַ בִּנְגִינֹת מִזְמוֹר שִׁיר. אֱלֹהִים יְחָנֵּנוּ וִיבָרְכֵנוּ, יָאֵר פָּנָיו אִתָּנוּ סֶלָה. לָדַעַת בָּאָרֶץ דַּרְכֶּךָ, בְּכָל גּוֹיִם יְשׁוּעָתֶךָ. יוֹדוּךָ עַמִּים, אֱלֹהִים; יוֹדוּךָ עַמִּים כֻּלָּם. יִשְׂמְחוּ וִירַנְּנוּ לְאֻמִּים, כִּי תִשְׁפֹּט עַמִּים מִישֹׁר, וּלְאֻמִּים בָּאָרֶץ תַּנְחֵם סֶלָה. יוֹדוּךָ עַמִּים, אֱלֹהִים; יוֹדוּךָ עַמִּים כֻּלָּם. אֶרֶץ נָתְנָה יְבוּלָהּ, יְבָרְכֵנוּ אֱלֹהִים אֱלֹהֵינוּ. יְבָרְכֵנוּ אֱלֹהִים, וְיִירְאוּ אוֹתוֹ כָּל אַפְסֵי אָרֶץ.

**סח** לַמְנַצֵּחַ לְדָוִד מִזְמוֹר שִׁיר. יָקוּם אֱלֹהִים, יָפוּצוּ אוֹיְבָיו, וְיָנוּסוּ מְשַׂנְאָיו מִפָּנָיו. כְּהִנְדֹּף עָשָׁן תִּנְדֹּף; כְּהִמֵּס דּוֹנַג מִפְּנֵי אֵשׁ, יֹאבְדוּ רְשָׁעִים מִפְּנֵי אֱלֹהִים. וְצַדִּיקִים יִשְׂמְחוּ, יַעַלְצוּ לִפְנֵי אֱלֹהִים; וְיָשִׂישׂוּ בְשִׂמְחָה. שִׁירוּ לֵאלֹהִים, זַמְּרוּ שְׁמוֹ; סֹלּוּ לָרֹכֵב בָּעֲרָבוֹת בְּיָהּ שְׁמוֹ, וְעִלְזוּ לְפָנָיו. אֲבִי יְתוֹמִים וְדַיַּן אַלְמָנוֹת, אֱלֹהִים בִּמְעוֹן קָדְשׁוֹ. אֱלֹהִים מוֹשִׁיב יְחִידִים בַּיְתָה, מוֹצִיא אֲסִירִים בַּכּוֹשָׁרוֹת; אַךְ סוֹרְרִים שָׁכְנוּ צְחִיחָה. אֱלֹהִים בְּצֵאתְךָ לִפְנֵי עַמֶּךָ, בְּצַעְדְּךָ בִישִׁימוֹן סֶלָה. אֶרֶץ רָעָשָׁה, אַף שָׁמַיִם נָטְפוּ מִפְּנֵי אֱלֹהִים; זֶה סִינַי, מִפְּנֵי אֱלֹהִים אֱלֹהֵי יִשְׂרָאֵל. גֶּשֶׁם נְדָבוֹת תָּנִיף אֱלֹהִים, נַחֲלָתְךָ וְנִלְאָה אַתָּה כוֹנַנְתָּהּ. חַיָּתְךָ יָשְׁבוּ בָהּ; תָּכִין בְּטוֹבָתְךָ לֶעָנִי, אֱלֹהִים. אֲדֹנָי יִתֶּן אֹמֶר, הַמְבַשְּׂרוֹת צָבָא רָב. מַלְכֵי צְבָאוֹת יִדֹּדוּן יִדֹּדוּן, וּנְוַת בַּיִת תְּחַלֵּק שָׁלָל. אִם תִּשְׁכְּבוּן בֵּין שְׁפַתָּיִם; כַּנְפֵי יוֹנָה נֶחְפָּה בַכֶּסֶף, וְאֶבְרוֹתֶיהָ בִּירַקְרַק חָרוּץ. בְּפָרֵשׂ שַׁדַּי מְלָכִים, בָּהּ תַּשְׁלֵג בְּצַלְמוֹן. הַר אֱלֹהִים הַר בָּשָׁן, הַר גַּבְנֻנִּים הַר בָּשָׁן. לָמָּה תְּרַצְּדוּן הָרִים גַּבְנֻנִּים; הָהָר חָמַד אֱלֹהִים לְשִׁבְתּוֹ, אַף יהוה יִשְׁכֹּן לָנֶצַח. רֶכֶב אֱלֹהִים רִבֹּתַיִם אַלְפֵי שִׁנְאָן, אֲדֹנָי בָם סִינַי בַּקֹּדֶשׁ. עָלִיתָ לַמָּרוֹם, שָׁבִיתָ שֶּׁבִי, לָקַחְתָּ מַתָּנוֹת בָּאָדָם; וְאַף סוֹרְרִים לִשְׁכֹּן | יָהּ אֱלֹהִים. בָּרוּךְ אֲדֹנָי, יוֹם יוֹם יַעֲמָס לָנוּ, הָאֵל יְשׁוּעָתֵנוּ סֶלָה. הָאֵל לָנוּ אֵל לְמוֹשָׁעוֹת; וְלֵיהוִה אֲדֹנָי, לַמָּוֶת תּוֹצָאוֹת. אַךְ אֱלֹהִים יִמְחַץ רֹאשׁ אֹיְבָיו, קָדְקֹד שֵׂעָר מִתְהַלֵּךְ בַּאֲשָׁמָיו. אָמַר אֲדֹנָי: מִבָּשָׁן אָשִׁיב, אָשִׁיב מִמְּצֻלוֹת יָם. לְמַעַן תִּמְחַץ רַגְלְךָ בְּדָם; לְשׁוֹן כְּלָבֶיךָ, מֵאֹיְבִים מִנֵּהוּ. רָאוּ הֲלִיכוֹתֶיךָ, אֱלֹהִים; הֲלִיכוֹת אֵלִי, מַלְכִּי בַקֹּדֶשׁ. קִדְּמוּ שָׁרִים אַחַר נֹגְנִים, בְּתוֹךְ עֲלָמוֹת תּוֹפֵפוֹת. בְּמַקְהֵלוֹת בָּרְכוּ אֱלֹהִים; אֲדֹנָי, מִמְּקוֹר יִשְׂרָאֵל. שָׁם בִּנְיָמִן צָעִיר רֹדֵם, שָׂרֵי יְהוּדָה רִגְמָתָם; שָׂרֵי זְבֻלוּן שָׂרֵי נַפְתָּלִי. צִוָּה אֱלֹהֶיךָ עֻזֶּךָ; עוּזָּה אֱלֹהִים, זוּ פָּעַלְתָּ לָּנוּ. מֵהֵיכָלֶךָ עַל יְרוּשָׁלָיִם, לְךָ יוֹבִילוּ מְלָכִים שָׁי. גְּעַר חַיַּת קָנֶה, עֲדַת אַבִּירִים בְּעֶגְלֵי עַמִּים, מִתְרַפֵּס בְּרַצֵּי כָסֶף; בִּזַּר עַמִּים קְרָבוֹת יֶחְפָּצוּ. יֶאֱתָיוּ חַשְׁמַנִּים מִנִּי מִצְרָיִם, כּוּשׁ תָּרִיץ יָדָיו לֵאלֹהִים. מַמְלְכוֹת הָאָרֶץ שִׁירוּ לֵאלֹהִים, זַמְּרוּ אֲדֹנָי סֶלָה. לָרֹכֵב בִּשְׁמֵי שְׁמֵי קֶדֶם, הֵן יִתֵּן בְּקוֹלוֹ קוֹל עֹז. תְּנוּ עֹז לֵאלֹהִים; עַל יִשְׂרָאֵל גַּאֲוָתוֹ, וְעֻזּוֹ בַּשְּׁחָקִים. נוֹרָא אֱלֹהִים, מִמִּקְדָּשֶׁיךָ; אֵל יִשְׂרָאֵל הוּא נֹתֵן עֹז וְתַעֲצֻמוֹת לָעָם, בָּרוּךְ אֱלֹהִים.

---

### יום י״ג לחודש

---

**סט** לַמְנַצֵּחַ עַל שׁוֹשַׁנִּים לְדָוִד. הוֹשִׁיעֵנִי אֱלֹהִים, כִּי בָאוּ מַיִם עַד נָפֶשׁ. טָבַעְתִּי בִּיוֵן מְצוּלָה וְאֵין מָעֳמָד; בָּאתִי בְמַעֲמַקֵּי מַיִם, וְשִׁבֹּלֶת שְׁטָפָתְנִי. יָגַעְתִּי בְקָרְאִי, נִחַר גְּרוֹנִי; כָּלוּ עֵינַי מְיַחֵל לֵאלֹהָי. רַבּוּ מִשַּׂעֲרוֹת רֹאשִׁי שֹׂנְאַי חִנָּם; עָצְמוּ מַצְמִיתַי אֹיְבַי שֶׁקֶר, אֲשֶׁר לֹא גָזַלְתִּי אָז אָשִׁיב. אֱלֹהִים, אַתָּה יָדַעְתָּ לְאִוַּלְתִּי, וְאַשְׁמוֹתַי מִמְּךָ לֹא נִכְחָדוּ. אַל יֵבֹשׁוּ בִי קֹוֶיךָ, אֲדֹנָי יֱהוִה צְבָאוֹת; אַל יִכָּלְמוּ בִי מְבַקְשֶׁיךָ, אֱלֹהֵי יִשְׂרָאֵל. כִּי עָלֶיךָ נָשָׂאתִי חֶרְפָּה, כִּסְּתָה כְלִמָּה פָנָי. מוּזָר הָיִיתִי לְאֶחָי, וְנָכְרִי לִבְנֵי אִמִּי. כִּי קִנְאַת בֵּיתְךָ אֲכָלָתְנִי, וְחֶרְפּוֹת חוֹרְפֶיךָ נָפְלוּ עָלָי. וָאֶבְכֶּה בַצּוֹם נַפְשִׁי, וַתְּהִי לַחֲרָפוֹת לִי.

וָאֶתְּנָה לְבוּשִׁי שָׂק, וָאֱהִי לָהֶם לְמָשָׁל. יָשִׂיחוּ בִי יֹשְׁבֵי שָׁעַר, וּנְגִינוֹת שׁוֹתֵי שֵׁכָר. וַאֲנִי, תְפִלָּתִי לְךָ יהוה, עֵת רָצוֹן; אֱלֹהִים, בְּרָב חַסְדֶּךָ, עֲנֵנִי בֶּאֱמֶת יִשְׁעֶךָ. הַצִּילֵנִי מִטִּיט וְאַל אֶטְבָּעָה, אִנָּצְלָה מִשֹּׂנְאַי וּמִמַּעֲמַקֵּי מָיִם. אַל תִּשְׁטְפֵנִי שִׁבֹּלֶת מַיִם, וְאַל תִּבְלָעֵנִי מְצוּלָה; וְאַל תֶּאְטַר עָלַי בְּאֵר פִּיהָ. עֲנֵנִי יהוה כִּי טוֹב חַסְדֶּךָ, כְּרֹב רַחֲמֶיךָ פְּנֵה אֵלָי. וְאַל תַּסְתֵּר פָּנֶיךָ מֵעַבְדֶּךָ; כִּי צַר לִי, מַהֵר עֲנֵנִי. קָרְבָה אֶל נַפְשִׁי גְאָלָהּ, לְמַעַן אֹיְבַי פְּדֵנִי. אַתָּה יָדַעְתָּ חֶרְפָּתִי וּבָשְׁתִּי וּכְלִמָּתִי, נֶגְדְּךָ כָּל צוֹרְרָי. חֶרְפָּה שָׁבְרָה לִבִּי וָאָנוּשָׁה, וָאֲקַוֶּה לָנוּד וָאַיִן, וְלַמְנַחֲמִים וְלֹא מָצָאתִי. וַיִּתְּנוּ בְּבָרוּתִי רֹאשׁ, וְלִצְמָאִי יַשְׁקוּנִי חֹמֶץ. יְהִי שֻׁלְחָנָם לִפְנֵיהֶם לְפָח, וְלִשְׁלוֹמִים לְמוֹקֵשׁ. תֶּחְשַׁכְנָה עֵינֵיהֶם מֵרְאוֹת, וּמָתְנֵיהֶם תָּמִיד הַמְעַד. שְׁפָךְ עֲלֵיהֶם זַעְמֶךָ, וַחֲרוֹן אַפְּךָ יַשִּׂיגֵם. תְּהִי טִירָתָם נְשַׁמָּה, בְּאָהֳלֵיהֶם אַל יְהִי יֹשֵׁב. כִּי אַתָּה אֲשֶׁר הִכִּיתָ רָדָפוּ, וְאֶל מַכְאוֹב חֲלָלֶיךָ יְסַפֵּרוּ. תְּנָה עָוֹן עַל עֲוֹנָם, וְאַל יָבֹאוּ בְּצִדְקָתֶךָ. יִמָּחוּ מִסֵּפֶר חַיִּים, וְעִם צַדִּיקִים אַל יִכָּתֵבוּ. וַאֲנִי עָנִי וְכוֹאֵב, יְשׁוּעָתְךָ אֱלֹהִים תְּשַׂגְּבֵנִי. אֲהַלְלָה שֵׁם אֱלֹהִים בְּשִׁיר, וַאֲגַדְּלֶנּוּ בְתוֹדָה. וְתִיטַב לַיהוה מִשּׁוֹר פָּר מַקְרִן מַפְרִיס. רָאוּ עֲנָוִים יִשְׂמָחוּ, דֹּרְשֵׁי אֱלֹהִים, וִיחִי לְבַבְכֶם. כִּי שֹׁמֵעַ אֶל אֶבְיוֹנִים, יהוה; וְאֶת אֲסִירָיו לֹא בָזָה. יְהַלְלוּהוּ שָׁמַיִם וָאָרֶץ, יַמִּים וְכָל רֹמֵשׂ בָּם. כִּי אֱלֹהִים יוֹשִׁיעַ צִיּוֹן, וְיִבְנֶה עָרֵי יְהוּדָה, וְיָשְׁבוּ שָׁם וִירֵשׁוּהָ. וְזֶרַע עֲבָדָיו יִנְחָלוּהָ, וְאֹהֲבֵי שְׁמוֹ יִשְׁכְּנוּ בָהּ.

**ע** לַמְנַצֵּחַ לְדָוִד לְהַזְכִּיר. אֱלֹהִים לְהַצִּילֵנִי; יהוה, לְעֶזְרָתִי חוּשָׁה. יֵבֹשׁוּ וְיַחְפְּרוּ מְבַקְשֵׁי נַפְשִׁי, יִסֹּגוּ אָחוֹר וְיִכָּלְמוּ חֲפֵצֵי רָעָתִי. יָשׁוּבוּ עַל עֵקֶב בָּשְׁתָּם, הָאֹמְרִים הֶאָח הֶאָח. יָשִׂישׂוּ וְיִשְׂמְחוּ בְּךָ כָּל מְבַקְשֶׁיךָ; וְיֹאמְרוּ תָמִיד יִגְדַּל אֱלֹהִים, אֹהֲבֵי יְשׁוּעָתֶךָ. וַאֲנִי עָנִי וְאֶבְיוֹן, אֱלֹהִים חוּשָׁה לִּי; עֶזְרִי וּמְפַלְטִי אַתָּה; יהוה, אַל תְּאַחַר.

**עא** בְּךָ יהוה חָסִיתִי, אַל אֵבוֹשָׁה לְעוֹלָם. בְּצִדְקָתְךָ תַּצִּילֵנִי וּתְפַלְּטֵנִי, הַטֵּה אֵלַי אָזְנְךָ וְהוֹשִׁיעֵנִי. הֱיֵה לִי לְצוּר מָעוֹן לָבוֹא תָּמִיד, צִוִּיתָ לְהוֹשִׁיעֵנִי; כִּי סַלְעִי וּמְצוּדָתִי אָתָּה. אֱלֹהַי, פַּלְּטֵנִי מִיַּד רָשָׁע, מִכַּף מְעַוֵּל וְחוֹמֵץ. כִּי אַתָּה תִקְוָתִי; אֲדֹנָי יֱהוִה, מִבְטַחִי מִנְּעוּרָי. עָלֶיךָ נִסְמַכְתִּי מִבֶּטֶן, מִמְּעֵי אִמִּי אַתָּה גוֹזִי; בְּךָ תְהִלָּתִי תָמִיד. כְּמוֹפֵת הָיִיתִי לְרַבִּים, וְאַתָּה מַחֲסִי עֹז. יִמָּלֵא פִי תְּהִלָּתֶךָ, כָּל הַיּוֹם תִּפְאַרְתֶּךָ. אַל תַּשְׁלִיכֵנִי לְעֵת זִקְנָה, כִּכְלוֹת כֹּחִי אַל תַּעַזְבֵנִי. כִּי אָמְרוּ אוֹיְבַי לִי, וְשֹׁמְרֵי נַפְשִׁי נוֹעֲצוּ יַחְדָּו. לֵאמֹר: אֱלֹהִים עֲזָבוֹ, רִדְפוּ וְתִפְשׂוּהוּ כִּי אֵין מַצִּיל. אֱלֹהִים, אַל תִּרְחַק מִמֶּנִּי; אֱלֹהַי, לְעֶזְרָתִי חוּשָׁה. יֵבֹשׁוּ יִכְלוּ שֹׂטְנֵי נַפְשִׁי; יַעֲטוּ חֶרְפָּה וּכְלִמָּה, מְבַקְשֵׁי רָעָתִי. וַאֲנִי תָּמִיד אֲיַחֵל, וְהוֹסַפְתִּי עַל כָּל תְּהִלָּתֶךָ. פִּי יְסַפֵּר צִדְקָתֶךָ, כָּל הַיּוֹם תְּשׁוּעָתֶךָ, כִּי לֹא יָדַעְתִּי סְפֹרוֹת. אָבוֹא בִּגְבֻרוֹת אֲדֹנָי יֱהוִה, אַזְכִּיר צִדְקָתְךָ לְבַדֶּךָ. אֱלֹהִים, לִמַּדְתַּנִי מִנְּעוּרָי; וְעַד הֵנָּה אַגִּיד נִפְלְאוֹתֶיךָ. וְגַם עַד זִקְנָה וְשֵׂיבָה, אֱלֹהִים אַל תַּעַזְבֵנִי; עַד אַגִּיד זְרוֹעֲךָ לְדוֹר, לְכָל יָבוֹא גְּבוּרָתֶךָ. וְצִדְקָתְךָ אֱלֹהִים עַד מָרוֹם; אֲשֶׁר עָשִׂיתָ גְדֹלוֹת, אֱלֹהִים מִי כָמוֹךָ. אֲשֶׁר הִרְאִיתַנִי צָרוֹת רַבּוֹת וְרָעוֹת; תָּשׁוּב תְּחַיֵּינִי, וּמִתְּהוֹמוֹת הָאָרֶץ תָּשׁוּב תַּעֲלֵנִי. תֶּרֶב גְּדֻלָּתִי, וְתִסֹּב תְּנַחֲמֵנִי. גַּם אֲנִי אוֹדְךָ בִכְלִי נֶבֶל אֲמִתְּךָ, אֱלֹהָי; אֲזַמְּרָה לְךָ בְכִנּוֹר, קְדוֹשׁ יִשְׂרָאֵל. תְּרַנֵּנָּה שְׂפָתַי כִּי אֲזַמְּרָה לָּךְ, וְנַפְשִׁי אֲשֶׁר פָּדִיתָ. גַּם לְשׁוֹנִי כָּל הַיּוֹם תֶּהְגֶּה צִדְקָתֶךָ, כִּי בֹשׁוּ כִי חָפְרוּ מְבַקְשֵׁי רָעָתִי.

## יום י״ד לחודש

**עב** לִשְׁלֹמֹה; אֱלֹהִים, מִשְׁפָּטֶיךָ לְמֶלֶךְ תֵּן, וְצִדְקָתְךָ לְבֶן מֶלֶךְ. יָדִין עַמְּךָ בְצֶדֶק, וַעֲנִיֶּיךָ בְמִשְׁפָּט. יִשְׂאוּ הָרִים שָׁלוֹם לָעָם, וּגְבָעוֹת בִּצְדָקָה. יִשְׁפֹּט עֲנִיֵּי עָם, יוֹשִׁיעַ לִבְנֵי אֶבְיוֹן, וִידַכֵּא עוֹשֵׁק. יִירָאוּךָ עִם שָׁמֶשׁ, וְלִפְנֵי יָרֵחַ, דּוֹר דּוֹרִים. יֵרֵד כְּמָטָר עַל גֵּז, כִּרְבִיבִים זַרְזִיף אָרֶץ. יִפְרַח בְּיָמָיו צַדִּיק, וְרֹב שָׁלוֹם עַד בְּלִי יָרֵחַ. וְיֵרְדְּ מִיָּם עַד יָם, וּמִנָּהָר עַד אַפְסֵי אָרֶץ. לְפָנָיו יִכְרְעוּ צִיִּים, וְאֹיְבָיו עָפָר יְלַחֵכוּ. מַלְכֵי תַרְשִׁישׁ וְאִיִּים מִנְחָה יָשִׁיבוּ, מַלְכֵי שְׁבָא

וּסְבָא אֶשְׁכָּר יַקְרִיבוּ. וְיִשְׁתַּחֲווּ לוֹ כָל מְלָכִים, כָּל גּוֹיִם יַעַבְדוּהוּ. כִּי יַצִּיל אֶבְיוֹן מְשַׁוֵּעַ, וְעָנִי וְאֵין עֹזֵר לוֹ. יָחֹס עַל דַּל וְאֶבְיוֹן, וְנַפְשׁוֹת אֶבְיוֹנִים יוֹשִׁיעַ. מִתּוֹךְ וּמֵחָמָס יִגְאַל נַפְשָׁם, וְיֵיקַר דָּמָם בְּעֵינָיו. וִיחִי, וְיִתֶּן לוֹ מִזְּהַב שְׁבָא, וְיִתְפַּלֵּל בַּעֲדוֹ תָמִיד, כָּל הַיּוֹם יְבָרְכֶנְהוּ. יְהִי פִסַּת בַּר בָּאָרֶץ בְּרֹאשׁ הָרִים, יִרְעַשׁ כַּלְּבָנוֹן פִּרְיוֹ, וְיָצִיצוּ מֵעִיר כְּעֵשֶׂב הָאָרֶץ. יְהִי שְׁמוֹ לְעוֹלָם, לִפְנֵי שֶׁמֶשׁ יִנּוֹן שְׁמוֹ; וְיִתְבָּרְכוּ בוֹ, כָּל גּוֹיִם יְאַשְּׁרֽוּהוּ. בָּרוּךְ יהוה אֱלֹהִים אֱלֹהֵי יִשְׂרָאֵל, עֹשֵׂה נִפְלָאוֹת לְבַדּוֹ. וּבָרוּךְ שֵׁם כְּבוֹדוֹ לְעוֹלָם, וְיִמָּלֵא כְבוֹדוֹ אֶת כֹּל הָאָרֶץ, אָמֵן וְאָמֵן. כָּלּוּ תְפִלּוֹת דָּוִד בֶּן יִשָׁי.

## ספר שלישי

### יום רביעי

**עג** מִזְמוֹר לְאָסָף; אַךְ טוֹב לְיִשְׂרָאֵל אֱלֹהִים, לְבָרֵי לֵבָב. וַאֲנִי כִּמְעַט נָטָיוּ רַגְלָי, כְּאַיִן שֻׁפְּכוּ אֲשֻׁרָי. כִּי קִנֵּאתִי בַּהוֹלְלִים, שְׁלוֹם רְשָׁעִים אֶרְאֶה. כִּי אֵין חַרְצֻבּוֹת לְמוֹתָם, וּבָרִיא אוּלָם. בַּעֲמַל אֱנוֹשׁ אֵינֵמוֹ, וְעִם אָדָם לֹא יְנֻגָּעוּ. לָכֵן עֲנָקַתְמוֹ גַאֲוָה, יַעֲטָף שִׁית חָמָס לָמוֹ. יָצָא מֵחֵלֶב עֵינֵמוֹ, עָבְרוּ מַשְׂכִּיּוֹת לֵבָב. יָמִיקוּ וִידַבְּרוּ בְרָע עֹשֶׁק, מִמָּרוֹם יְדַבֵּרוּ. שַׁתּוּ בַשָּׁמַיִם פִּיהֶם, וּלְשׁוֹנָם תִּהֲלַךְ בָּאָרֶץ. לָכֵן יָשׁוּב עַמּוֹ הֲלֹם, וּמֵי מָלֵא יִמָּצוּ לָמוֹ. וְאָמְרוּ: אֵיכָה יָדַע אֵל, וְיֵשׁ דֵּעָה בְעֶלְיוֹן. הִנֵּה אֵלֶּה רְשָׁעִים, וְשַׁלְוֵי עוֹלָם הִשְׂגּוּ חָיִל. אַךְ רִיק זִכִּיתִי לְבָבִי, וָאֶרְחַץ בְּנִקָּיוֹן כַּפָּי. וָאֱהִי נָגוּעַ כָּל הַיּוֹם, וְתוֹכַחְתִּי לַבְּקָרִים. אִם אָמַרְתִּי אֲסַפְּרָה כְמוֹ, הִנֵּה דוֹר בָּנֶיךָ בָגָדְתִּי. וָאֲחַשְּׁבָה לָדַעַת זֹאת, עָמָל הוּא בְעֵינָי. עַד אָבוֹא אֶל מִקְדְּשֵׁי אֵל, אָבִינָה לְאַחֲרִיתָם. אַךְ בַּחֲלָקוֹת תָּשִׁית לָמוֹ, הִפַּלְתָּם לְמַשּׁוּאוֹת. אֵיךְ הָיוּ לְשַׁמָּה כְרָגַע, סָפוּ תַמּוּ מִן בַּלָּהוֹת. כַּחֲלוֹם מֵהָקִיץ; אֲדֹנָי, בָּעִיר צַלְמָם תִּבְזֶה. כִּי יִתְחַמֵּץ לְבָבִי, וְכִלְיוֹתַי אֶשְׁתּוֹנָן. וַאֲנִי בַעַר וְלֹא אֵדָע, בְּהֵמוֹת הָיִיתִי עִמָּךְ. וַאֲנִי תָּמִיד עִמָּךְ, אָחַזְתָּ בְּיַד יְמִינִי. בַּעֲצָתְךָ תַנְחֵנִי; וְאַחַר, כָּבוֹד תִּקָּחֵנִי. מִי לִי בַשָּׁמָיִם, וְעִמְּךָ לֹא חָפַצְתִּי בָאָרֶץ. כָּלָה שְׁאֵרִי וּלְבָבִי, צוּר לְבָבִי וְחֶלְקִי אֱלֹהִים לְעוֹלָם. כִּי הִנֵּה רְחֵקֶיךָ יֹאבֵדוּ, הִצְמַתָּה כָּל זוֹנֶה מִמֶּךָּ. וַאֲנִי, קִרֲבַת אֱלֹהִים לִי טוֹב; שַׁתִּי בַּאדֹנָי יֱהֹוִה מַחְסִי, לְסַפֵּר כָּל מַלְאֲכוֹתֶיךָ.

**עד** מַשְׂכִּיל לְאָסָף, לָמָה אֱלֹהִים זָנַחְתָּ לָנֶצַח, יֶעְשַׁן אַפְּךָ בְּצֹאן מַרְעִיתֶךָ. זְכֹר עֲדָתְךָ קָנִיתָ קֶּדֶם, גָּאַלְתָּ שֵׁבֶט נַחֲלָתֶךָ; הַר צִיּוֹן, זֶה שָׁכַנְתָּ בּוֹ. הָרִימָה פְעָמֶיךָ לְמַשֻּׁאוֹת נֶצַח, כָּל הֵרַע אוֹיֵב בַּקֹּדֶשׁ. שָׁאֲגוּ צֹרְרֶיךָ בְּקֶרֶב מוֹעֲדֶךָ, שָׂמוּ אוֹתֹתָם אֹתוֹת. יִוָּדַע כְּמֵבִיא לְמָעְלָה, בִּסְבָךְ עֵץ קַרְדֻּמּוֹת. וְעַתָּה פִּתּוּחֶיהָ יָּחַד, בְּכַשִּׁיל וְכֵילַפֹּת יַהֲלֹמוּן. שִׁלְחוּ בָאֵשׁ מִקְדָּשֶׁךָ, לָאָרֶץ חִלְּלוּ מִשְׁכַּן שְׁמֶךָ. אָמְרוּ בְלִבָּם, נִינָם יָחַד, שָׂרְפוּ כָל מוֹעֲדֵי אֵל בָּאָרֶץ. אוֹתֹתֵינוּ לֹא רָאִינוּ; אֵין עוֹד נָבִיא, וְלֹא אִתָּנוּ יֹדֵעַ עַד מָה. עַד מָתַי אֱלֹהִים יְחָרֶף צָר, יְנָאֵץ אוֹיֵב שִׁמְךָ לָנֶצַח. לָמָּה תָשִׁיב יָדְךָ וִימִינֶךָ, מִקֶּרֶב חֵיקְךָ כַלֵּה. וֵאלֹהִים מַלְכִּי מִקֶּדֶם, פֹּעֵל יְשׁוּעוֹת בְּקֶרֶב הָאָרֶץ. אַתָּה פוֹרַרְתָּ בְעָזְּךָ יָם, שִׁבַּרְתָּ רָאשֵׁי תַנִּינִים עַל הַמָּיִם. אַתָּה רִצַּצְתָּ רָאשֵׁי לִוְיָתָן, תִּתְּנֶנּוּ מַאֲכָל לְעָם לְצִיִּים. אַתָּה בָקַעְתָּ מַעְיָן וָנָחַל, אַתָּה הוֹבַשְׁתָּ נַהֲרוֹת אֵיתָן. לְךָ יוֹם אַף לְךָ לָיְלָה, אַתָּה הֲכִינוֹתָ מָאוֹר וָשָׁמֶשׁ. אַתָּה הִצַּבְתָּ כָּל גְּבוּלוֹת אָרֶץ, קַיִץ וָחֹרֶף אַתָּה יְצַרְתָּם. זְכָר זֹאת, אוֹיֵב חֵרֵף | יהוה, וְעַם נָבָל נִאֲצוּ שְׁמֶךָ. אַל תִּתֵּן לְחַיַּת נֶפֶשׁ תּוֹרֶךָ, חַיַּת עֲנִיֶּיךָ אַל תִּשְׁכַּח לָנֶצַח. הַבֵּט לַבְּרִית, כִּי מָלְאוּ מַחֲשַׁכֵּי אֶרֶץ נְאוֹת חָמָס. אַל יָשֹׁב דַּךְ נִכְלָם, עָנִי וְאֶבְיוֹן יְהַלְלוּ שְׁמֶךָ. קוּמָה אֱלֹהִים רִיבָה רִיבֶךָ, זְכֹר חֶרְפָּתְךָ מִנִּי נָבָל כָּל הַיּוֹם. אַל תִּשְׁכַּח קוֹל צֹרְרֶיךָ, שְׁאוֹן קָמֶיךָ עֹלֶה תָמִיד.

**עה** לַמְנַצֵּחַ אַל תַּשְׁחֵת, מִזְמוֹר לְאָסָף שִׁיר. הוֹדִינוּ לְּךָ אֱלֹהִים, הוֹדִינוּ וְקָרוֹב שְׁמֶךָ, סִפְּרוּ נִפְלְאוֹתֶיךָ. כִּי אֶקַּח מוֹעֵד, אֲנִי מֵישָׁרִים אֶשְׁפֹּט. נְמֹגִים אֶרֶץ וְכָל יֹשְׁבֶיהָ, אָנֹכִי תִכַּנְתִּי עַמּוּדֶיהָ סֶּלָה. אָמַרְתִּי לַהוֹלְלִים: אַל תָּהֹלּוּ, וְלָרְשָׁעִים:

אַל תָּרִימוּ קָרֶן. אַל תָּרִימוּ לַמָּרוֹם קַרְנְכֶם, תְּדַבְּרוּ בְצַוָּאר עָתָק. כִּי לֹא מִמּוֹצָא וּמִמַּעֲרָב, וְלֹא מִמִּדְבַּר הָרִים. כִּי אֱלֹהִים שֹׁפֵט, זֶה יַשְׁפִּיל וְזֶה יָרִים. כִּי כוֹס בְּיַד יהוה, וְיַיִן חָמַר מָלֵא מֶסֶךְ, וַיַּגֵּר מִזֶּה; אַךְ שְׁמָרֶיהָ יִמְצוּ יִשְׁתּוּ כֹּל רִשְׁעֵי אָרֶץ. וַאֲנִי אַגִּיד לְעֹלָם, אֲזַמְּרָה לֵאלֹהֵי יַעֲקֹב. וְכָל קַרְנֵי רְשָׁעִים אֲגַדֵּעַ, תְּרוֹמַמְנָה קַרְנוֹת צַדִּיק.

**עו** לַמְנַצֵּחַ בִּנְגִינֹת, מִזְמוֹר לְאָסָף שִׁיר. נוֹדָע בִּיהוּדָה אֱלֹהִים, בְּיִשְׂרָאֵל גָּדוֹל שְׁמוֹ. וַיְהִי בְשָׁלֵם סֻכּוֹ, וּמְעוֹנָתוֹ בְצִיּוֹן. שָׁמָּה שִׁבַּר רִשְׁפֵי קָשֶׁת, מָגֵן וְחֶרֶב וּמִלְחָמָה סֶלָה. נָאוֹר אַתָּה, אַדִּיר מֵהַרְרֵי טָרֶף. אֶשְׁתּוֹלְלוּ אַבִּירֵי לֵב, נָמוּ שְׁנָתָם, וְלֹא מָצְאוּ כָל אַנְשֵׁי חַיִל יְדֵיהֶם. מִגַּעֲרָתְךָ אֱלֹהֵי יַעֲקֹב, נִרְדָּם וְרֶכֶב וָסוּס. אַתָּה | נוֹרָא אַתָּה, וּמִי יַעֲמֹד לְפָנֶיךָ מֵאָז אַפֶּךָ. מִשָּׁמַיִם הִשְׁמַעְתָּ דִּין, אֶרֶץ יָרְאָה וְשָׁקָטָה. בְּקוּם לַמִּשְׁפָּט אֱלֹהִים, לְהוֹשִׁיעַ כָּל עַנְוֵי אֶרֶץ סֶלָה. כִּי חֲמַת אָדָם תּוֹדֶךָּ, שְׁאֵרִית חֵמֹת תַּחְגֹּר. נִדְרוּ וְשַׁלְּמוּ לַיהוה אֱלֹהֵיכֶם; כָּל סְבִיבָיו, יֹבִילוּ שַׁי לַמּוֹרָא. יִבְצֹר רוּחַ נְגִידִים, נוֹרָא לְמַלְכֵי אָרֶץ.

---

יום ט״ו לחודש

---

**עז** לַמְנַצֵּחַ עַל יְדוּתוּן לְאָסָף מִזְמוֹר. קוֹלִי אֶל אֱלֹהִים וְאֶצְעָקָה; קוֹלִי אֶל אֱלֹהִים, וְהַאֲזִין אֵלָי. בְּיוֹם צָרָתִי אֲדֹנָי דָּרָשְׁתִּי; יָדִי לַיְלָה נִגְּרָה וְלֹא תָפוּג, מֵאֲנָה הִנָּחֵם נַפְשִׁי. אֶזְכְּרָה אֱלֹהִים וְאֶהֱמָיָה, אָשִׂיחָה וְתִתְעַטֵּף רוּחִי סֶלָה. אָחַזְתָּ שְׁמֻרוֹת עֵינָי, נִפְעַמְתִּי וְלֹא אֲדַבֵּר. חִשַּׁבְתִּי יָמִים מִקֶּדֶם, שְׁנוֹת עוֹלָמִים. אֶזְכְּרָה נְגִינָתִי בַּלָּיְלָה; עִם לְבָבִי אָשִׂיחָה, וַיְחַפֵּשׂ רוּחִי. הַלְעוֹלָמִים יִזְנַח | אֲדֹנָי, וְלֹא יֹסִיף לִרְצוֹת עוֹד. הֶאָפֵס לָנֶצַח חַסְדּוֹ, גָּמַר אֹמֶר לְדֹר וָדֹר. הֲשָׁכַח חַנּוֹת אֵל, אִם קָפַץ בְּאַף רַחֲמָיו סֶלָה. וָאֹמַר: חַלּוֹתִי הִיא, שְׁנוֹת יְמִין עֶלְיוֹן. אֶזְכּוֹר מַעַלְלֵי יָהּ, כִּי אֶזְכְּרָה מִקֶּדֶם פִּלְאֶךָ. וְהָגִיתִי בְכָל פָּעֳלֶךָ, וּבַעֲלִילוֹתֶיךָ אָשִׂיחָה. אֱלֹהִים בַּקֹּדֶשׁ דַּרְכֶּךָ, מִי אֵל גָּדוֹל כֵּאלֹהִים. אַתָּה הָאֵל עֹשֵׂה פֶלֶא, הוֹדַעְתָּ בָעַמִּים עֻזֶּךָ. גָּאַלְתָּ בִּזְרוֹעַ עַמֶּךָ, בְּנֵי יַעֲקֹב וְיוֹסֵף סֶלָה. רָאוּךָ מַּיִם אֱלֹהִים, רָאוּךָ מַּיִם יָחִילוּ, אַף יִרְגְּזוּ תְהֹמוֹת. זֹרְמוּ מַיִם עָבוֹת, קוֹל נָתְנוּ שְׁחָקִים, אַף חֲצָצֶיךָ יִתְהַלָּכוּ. קוֹל רַעַמְךָ בַּגַּלְגַּל, הֵאִירוּ בְרָקִים תֵּבֵל, רָגְזָה וַתִּרְעַשׁ הָאָרֶץ. בַּיָּם דַּרְכֶּךָ, וּשְׁבִילְךָ בְּמַיִם רַבִּים; וְעִקְּבוֹתֶיךָ לֹא נֹדָעוּ. נָחִיתָ כַצֹּאן עַמֶּךָ, בְּיַד מֹשֶׁה וְאַהֲרֹן.

**עח** מַשְׂכִּיל לְאָסָף; הַאֲזִינָה עַמִּי תּוֹרָתִי, הַטּוּ אָזְנְכֶם לְאִמְרֵי פִי. אֶפְתְּחָה בְמָשָׁל פִּי, אַבִּיעָה חִידוֹת מִנִּי קֶדֶם. אֲשֶׁר שָׁמַעְנוּ וַנֵּדָעֵם, וַאֲבוֹתֵינוּ סִפְּרוּ לָנוּ. לֹא נְכַחֵד מִבְּנֵיהֶם, לְדוֹר אַחֲרוֹן מְסַפְּרִים תְּהִלּוֹת יהוה, וֶעֱזוּזוֹ וְנִפְלְאוֹתָיו אֲשֶׁר עָשָׂה. וַיָּקֶם עֵדוּת בְּיַעֲקֹב, וְתוֹרָה שָׂם בְּיִשְׂרָאֵל, אֲשֶׁר צִוָּה אֶת אֲבוֹתֵינוּ לְהוֹדִיעָם לִבְנֵיהֶם. לְמַעַן יֵדְעוּ דּוֹר אַחֲרוֹן, בָּנִים יִוָּלֵדוּ, יָקֻמוּ וִיסַפְּרוּ לִבְנֵיהֶם. וְיָשִׂימוּ בֵאלֹהִים כִּסְלָם, וְלֹא יִשְׁכְּחוּ מַעַלְלֵי אֵל, וּמִצְוֹתָיו יִנְצֹרוּ. וְלֹא יִהְיוּ כַּאֲבוֹתָם, דּוֹר סוֹרֵר וּמֹרֶה; דּוֹר לֹא הֵכִין לִבּוֹ, וְלֹא נֶאֶמְנָה אֶת אֵל רוּחוֹ. בְּנֵי אֶפְרַיִם נוֹשְׁקֵי רוֹמֵי קָשֶׁת, הָפְכוּ בְּיוֹם קְרָב. לֹא שָׁמְרוּ בְּרִית אֱלֹהִים, וּבְתוֹרָתוֹ מֵאֲנוּ לָלֶכֶת. וַיִּשְׁכְּחוּ עֲלִילוֹתָיו, וְנִפְלְאוֹתָיו אֲשֶׁר הֶרְאָם. נֶגֶד אֲבוֹתָם עָשָׂה פֶלֶא, בְּאֶרֶץ מִצְרַיִם שְׂדֵה צֹעַן. בָּקַע יָם וַיַּעֲבִירֵם, וַיַּצֶּב מַיִם כְּמוֹ נֵד. וַיַּנְחֵם בֶּעָנָן יוֹמָם, וְכָל הַלַּיְלָה בְּאוֹר אֵשׁ. יְבַקַּע צֻרִים בַּמִּדְבָּר, וַיַּשְׁקְ כִּתְהֹמוֹת רַבָּה. וַיּוֹצִא נוֹזְלִים מִסָּלַע, וַיּוֹרֶד כַּנְּהָרוֹת מָיִם. וַיּוֹסִיפוּ עוֹד לַחֲטֹא לוֹ, לַמְרוֹת עֶלְיוֹן בַּצִּיָּה. וַיְנַסּוּ אֵל בִּלְבָבָם, לִשְׁאָל אֹכֶל לְנַפְשָׁם. וַיְדַבְּרוּ בֵּאלֹהִים; אָמְרוּ: הֲיוּכַל אֵל לַעֲרֹךְ שֻׁלְחָן בַּמִּדְבָּר. הֵן הִכָּה צוּר וַיָּזוּבוּ מַיִם, וּנְחָלִים יִשְׁטֹפוּ; הֲגַם לֶחֶם יוּכַל תֵּת, אִם יָכִין שְׁאֵר לְעַמּוֹ. לָכֵן שָׁמַע יהוה וַיִּתְעַבָּר; וְאֵשׁ נִשְּׂקָה בְיַעֲקֹב, וְגַם אַף עָלָה בְיִשְׂרָאֵל. כִּי לֹא הֶאֱמִינוּ בֵּאלֹהִים, וְלֹא בָטְחוּ בִּישׁוּעָתוֹ. וַיְצַו שְׁחָקִים מִמָּעַל, וְדַלְתֵי שָׁמַיִם פָּתָח. וַיַּמְטֵר עֲלֵיהֶם מָן לֶאֱכֹל, וּדְגַן שָׁמַיִם נָתַן לָמוֹ. לֶחֶם אַבִּירִים אָכַל אִישׁ, צֵידָה שָׁלַח לָהֶם לָשֹׂבַע. יַסַּע קָדִים בַּשָּׁמָיִם, וַיְנַהֵג בְּעֻזּוֹ תֵימָן. וַיַּמְטֵר עֲלֵיהֶם כֶּעָפָר שְׁאֵר, וּכְחוֹל יַמִּים עוֹף כָּנָף. וַיַּפֵּל בְּקֶרֶב מַחֲנֵהוּ, סָבִיב

לְמִשְׁכְּנֹתָיו. וַיֹּאכְלוּ וַיִּשְׂבְּעוּ מְאֹד, וְתַאֲוָתָם יָבִא לָהֶם. לֹא זָרוּ מִתַּאֲוָתָם, עוֹד אָכְלָם בְּפִיהֶם. וְאַף אֱלֹהִים עָלָה בָהֶם, וַיַּהֲרֹג בְּמִשְׁמַנֵּיהֶם, וּבַחוּרֵי יִשְׂרָאֵל הִכְרִיעַ. בְּכָל זֹאת חָטְאוּ עוֹד, וְלֹא הֶאֱמִינוּ בְּנִפְלְאוֹתָיו. וַיְכַל בַּהֶבֶל יְמֵיהֶם, וּשְׁנוֹתָם בַּבֶּהָלָה. אִם הֲרָגָם וּדְרָשׁוּהוּ, וְשָׁבוּ וְשִׁחֲרוּ אֵל. וַיִּזְכְּרוּ כִּי אֱלֹהִים צוּרָם, וְאֵל עֶלְיוֹן גֹּאֲלָם. וַיְפַתּוּהוּ בְּפִיהֶם, וּבִלְשׁוֹנָם יְכַזְּבוּ לוֹ. וְלִבָּם לֹא נָכוֹן עִמּוֹ, וְלֹא נֶאֶמְנוּ בִּבְרִיתוֹ. וְהוּא רַחוּם, יְכַפֵּר עָוֹן וְלֹא יַשְׁחִית; וְהִרְבָּה לְהָשִׁיב אַפּוֹ, וְלֹא יָעִיר כָּל חֲמָתוֹ. וַיִּזְכֹּר כִּי בָשָׂר הֵמָּה, רוּחַ הוֹלֵךְ וְלֹא יָשׁוּב. כַּמָּה יַמְרוּהוּ בַמִּדְבָּר, יַעֲצִיבוּהוּ בִּישִׁימוֹן. וַיָּשׁוּבוּ וַיְנַסּוּ אֵל, וּקְדוֹשׁ יִשְׂרָאֵל הִתְווּ. לֹא זָכְרוּ אֶת יָדוֹ, יוֹם אֲשֶׁר פָּדָם מִנִּי צָר. אֲשֶׁר שָׂם בְּמִצְרַיִם אֹתוֹתָיו, וּמוֹפְתָיו בִּשְׂדֵה צֹעַן. וַיַּהֲפֹךְ לְדָם יְאֹרֵיהֶם, וְנֹזְלֵיהֶם בַּל יִשְׁתָּיוּן. יְשַׁלַּח בָּהֶם עָרֹב וַיֹּאכְלֵם, וּצְפַרְדֵּעַ וַתַּשְׁחִיתֵם. וַיִּתֵּן לֶחָסִיל יְבוּלָם, וִיגִיעָם לָאַרְבֶּה. יַהֲרֹג בַּבָּרָד גַּפְנָם, וְשִׁקְמוֹתָם בַּחֲנָמַל. וַיַּסְגֵּר לַבָּרָד בְּעִירָם, וּמִקְנֵיהֶם לָרְשָׁפִים. יְשַׁלַּח בָּם חֲרוֹן אַפּוֹ, עֶבְרָה וָזַעַם וְצָרָה, מִשְׁלַחַת מַלְאֲכֵי רָעִים. יְפַלֵּס נָתִיב לְאַפּוֹ; לֹא חָשַׂךְ מִמָּוֶת נַפְשָׁם, וְחַיָּתָם לַדֶּבֶר הִסְגִּיר. וַיַּךְ כָּל בְּכוֹר בְּמִצְרָיִם, רֵאשִׁית אוֹנִים בְּאָהֳלֵי חָם. וַיַּסַּע כַּצֹּאן עַמּוֹ, וַיְנַהֲגֵם כַּעֵדֶר בַּמִּדְבָּר. וַיַּנְחֵם לָבֶטַח וְלֹא פָחָדוּ, וְאֶת אוֹיְבֵיהֶם כִּסָּה הַיָּם. וַיְבִיאֵם אֶל גְּבוּל קָדְשׁוֹ, הַר זֶה קָנְתָה יְמִינוֹ. וַיְגָרֶשׁ מִפְּנֵיהֶם גּוֹיִם, וַיַּפִּילֵם בְּחֶבֶל נַחֲלָה, וַיַּשְׁכֵּן בְּאָהֳלֵיהֶם שִׁבְטֵי יִשְׂרָאֵל. וַיְנַסּוּ וַיַּמְרוּ אֶת אֱלֹהִים עֶלְיוֹן, וְעֵדוֹתָיו לֹא שָׁמָרוּ. וַיִּסֹּגוּ וַיִּבְגְּדוּ כַּאֲבוֹתָם, נֶהְפְּכוּ כְּקֶשֶׁת רְמִיָּה. וַיַּכְעִיסוּהוּ בְּבָמוֹתָם, וּבִפְסִילֵיהֶם יַקְנִיאוּהוּ. שָׁמַע אֱלֹהִים וַיִּתְעַבָּר, וַיִּמְאַס מְאֹד בְּיִשְׂרָאֵל. וַיִּטֹּשׁ מִשְׁכַּן שִׁלוֹ, אֹהֶל שִׁכֵּן בָּאָדָם. וַיִּתֵּן לַשְּׁבִי עֻזּוֹ, וְתִפְאַרְתּוֹ בְיַד צָר. וַיַּסְגֵּר לַחֶרֶב עַמּוֹ, וּבְנַחֲלָתוֹ הִתְעַבָּר. בַּחוּרָיו אָכְלָה אֵשׁ, וּבְתוּלֹתָיו לֹא הוּלָּלוּ. כֹּהֲנָיו בַּחֶרֶב נָפָלוּ, וְאַלְמְנֹתָיו לֹא תִבְכֶּינָה. וַיִּקַץ כְּיָשֵׁן | אֲדֹנָי, כְּגִבּוֹר מִתְרוֹנֵן מִיָּיִן. וַיַּךְ צָרָיו אָחוֹר, חֶרְפַּת עוֹלָם נָתַן לָמוֹ. וַיִּמְאַס בְּאֹהֶל יוֹסֵף, וּבְשֵׁבֶט אֶפְרַיִם לֹא בָחָר. וַיִּבְחַר אֶת שֵׁבֶט יְהוּדָה, אֶת הַר צִיּוֹן אֲשֶׁר אָהֵב. וַיִּבֶן כְּמוֹ רָמִים מִקְדָּשׁוֹ, כְּאֶרֶץ יְסָדָהּ לְעוֹלָם. וַיִּבְחַר בְּדָוִד עַבְדּוֹ, וַיִּקָּחֵהוּ מִמִּכְלְאֹת צֹאן. מֵאַחַר עָלוֹת הֱבִיאוֹ; לִרְעוֹת בְּיַעֲקֹב עַמּוֹ, וּבְיִשְׂרָאֵל נַחֲלָתוֹ. וַיִּרְעֵם כְּתֹם לְבָבוֹ, וּבִתְבוּנוֹת כַּפָּיו יַנְחֵם.

## יום ט"ז לחודש

**עט** מִזְמוֹר לְאָסָף; אֱלֹהִים בָּאוּ גוֹיִם בְּנַחֲלָתֶךָ, טִמְּאוּ אֶת הֵיכַל קָדְשֶׁךָ, שָׂמוּ אֶת יְרוּשָׁלַיִם לְעִיִּים. נָתְנוּ אֶת נִבְלַת עֲבָדֶיךָ מַאֲכָל לְעוֹף הַשָּׁמָיִם, בְּשַׂר חֲסִידֶיךָ לְחַיְתוֹ אָרֶץ. שָׁפְכוּ דָמָם כַּמַּיִם, סְבִיבוֹת יְרוּשָׁלָיִם, וְאֵין קוֹבֵר. הָיִינוּ חֶרְפָּה לִשְׁכֵנֵינוּ, לַעַג וָקֶלֶס לִסְבִיבוֹתֵינוּ. עַד מָה יהוה תֶּאֱנַף לָנֶצַח, תִּבְעַר כְּמוֹ אֵשׁ קִנְאָתֶךָ. שְׁפֹךְ חֲמָתְךָ אֶל הַגּוֹיִם אֲשֶׁר לֹא יְדָעוּךָ; וְעַל מַמְלָכוֹת, אֲשֶׁר בְּשִׁמְךָ לֹא קָרָאוּ. כִּי אָכַל אֶת יַעֲקֹב, וְאֶת נָוֵהוּ הֵשַׁמּוּ. אַל תִּזְכָּר לָנוּ עֲוֹנֹת רִאשֹׁנִים; מַהֵר יְקַדְּמוּנוּ רַחֲמֶיךָ, כִּי דַלּוֹנוּ מְאֹד. עָזְרֵנוּ אֱלֹהֵי יִשְׁעֵנוּ עַל דְּבַר כְּבוֹד שְׁמֶךָ, וְהַצִּילֵנוּ וְכַפֵּר עַל חַטֹּאתֵינוּ לְמַעַן שְׁמֶךָ. לָמָּה יֹאמְרוּ הַגּוֹיִם: אַיֵּה אֱלֹהֵיהֶם; יִוָּדַע בַּגּוֹיִם לְעֵינֵינוּ, נִקְמַת דַּם עֲבָדֶיךָ הַשָּׁפוּךְ. תָּבוֹא לְפָנֶיךָ אֶנְקַת אָסִיר; כְּגֹדֶל זְרוֹעֲךָ, הוֹתֵר בְּנֵי תְמוּתָה. וְהָשֵׁב לִשְׁכֵנֵינוּ שִׁבְעָתַיִם אֶל חֵיקָם, חֶרְפָּתָם אֲשֶׁר חֵרְפוּךָ, אֲדֹנָי. וַאֲנַחְנוּ עַמְּךָ וְצֹאן מַרְעִיתֶךָ, נוֹדֶה לְּךָ לְעוֹלָם; לְדֹר וָדֹר נְסַפֵּר תְּהִלָּתֶךָ.

**פ** לַמְנַצֵּחַ אֶל שֹׁשַׁנִּים, עֵדוּת לְאָסָף מִזְמוֹר. רֹעֵה יִשְׂרָאֵל הַאֲזִינָה, נֹהֵג כַּצֹּאן יוֹסֵף; יֹשֵׁב הַכְּרוּבִים הוֹפִיעָה. לִפְנֵי אֶפְרַיִם וּבִנְיָמִן וּמְנַשֶּׁה עוֹרְרָה אֶת גְּבוּרָתֶךָ, וּלְכָה לִישֻׁעָתָה לָּנוּ. אֱלֹהִים הֲשִׁיבֵנוּ, וְהָאֵר פָּנֶיךָ וְנִוָּשֵׁעָה. יהוה אֱלֹהִים צְבָאוֹת, עַד מָתַי עָשַׁנְתָּ בִּתְפִלַּת עַמֶּךָ. הֶאֱכַלְתָּם לֶחֶם דִּמְעָה, וַתַּשְׁקֵמוֹ בִּדְמָעוֹת שָׁלִישׁ. תְּשִׂימֵנוּ מָדוֹן לִשְׁכֵנֵינוּ, וְאֹיְבֵינוּ יִלְעֲגוּ לָמוֹ. אֱלֹהִים צְבָאוֹת הֲשִׁיבֵנוּ, וְהָאֵר פָּנֶיךָ וְנִוָּשֵׁעָה. גֶּפֶן מִמִּצְרַיִם תַּסִּיעַ, תְּגָרֵשׁ גּוֹיִם וַתִּטָּעֶהָ. פִּנִּיתָ לְפָנֶיהָ, וַתַּשְׁרֵשׁ שָׁרָשֶׁיהָ, וַתְּמַלֵּא אָרֶץ. כָּסּוּ הָרִים צִלָּהּ, וַעֲנָפֶיהָ אַרְזֵי אֵל. תְּשַׁלַּח

קְצִירֶהָ עַד יָם, וְאֶל נָהָר יוֹנְקוֹתֶיהָ. לָמָּה פָּרַצְתָּ גְדֵרֶיהָ, וְאָרוּהָ כָּל עֹבְרֵי דָרֶךְ. יְכַרְסְמֶנָּה חֲזִיר מִיָּעַר, וְזִיז שָׂדַי יִרְעֶנָּה. אֱלֹהִים צְבָאוֹת שׁוּב נָא; הַבֵּט מִשָּׁמַיִם וּרְאֵה, וּפְקֹד גֶּפֶן זֹאת. וְכַנָּה אֲשֶׁר נָטְעָה יְמִינֶךָ, וְעַל בֵּן אִמַּצְתָּה לָּךְ. שְׂרֻפָה בָאֵשׁ כְּסוּחָה, מִגַּעֲרַת פָּנֶיךָ יֹאבֵדוּ. תְּהִי יָדְךָ עַל אִישׁ יְמִינֶךָ, עַל בֶּן אָדָם אִמַּצְתָּ לָּךְ. וְלֹא נָסוֹג מִמֶּךָּ, תְּחַיֵּנוּ וּבְשִׁמְךָ נִקְרָא. יהוה אֱלֹהִים צְבָאוֹת הֲשִׁיבֵנוּ, הָאֵר פָּנֶיךָ וְנִוָּשֵׁעָה.

**פא** לַמְנַצֵּחַ עַל הַגִּתִּית לְאָסָף. הַרְנִינוּ לֵאלֹהִים עוּזֵּנוּ, הָרִיעוּ לֵאלֹהֵי יַעֲקֹב. שְׂאוּ זִמְרָה וּתְנוּ תֹף, כִּנּוֹר נָעִים עִם נָבֶל. תִּקְעוּ בַחֹדֶשׁ שׁוֹפָר, בַּכֶּסֶה לְיוֹם חַגֵּנוּ. כִּי חֹק לְיִשְׂרָאֵל הוּא, מִשְׁפָּט לֵאלֹהֵי יַעֲקֹב. עֵדוּת בִּיהוֹסֵף שָׂמוֹ, בְּצֵאתוֹ עַל אֶרֶץ מִצְרָיִם, שְׂפַת לֹא יָדַעְתִּי אֶשְׁמָע. הֲסִירוֹתִי מִסֵּבֶל שִׁכְמוֹ, כַּפָּיו מִדּוּד תַּעֲבֹרְנָה. בַּצָּרָה קָרָאתָ וָאֲחַלְּצֶךָּ; אֶעֶנְךָ בְּסֵתֶר רַעַם, אֶבְחָנְךָ עַל מֵי מְרִיבָה סֶלָה. שְׁמַע עַמִּי וְאָעִידָה בָּךְ, יִשְׂרָאֵל אִם תִּשְׁמַע לִי. לֹא יִהְיֶה בְךָ אֵל זָר, וְלֹא תִשְׁתַּחֲוֶה לְאֵל נֵכָר. אָנֹכִי יהוה אֱלֹהֶיךָ הַמַּעַלְךָ מֵאֶרֶץ מִצְרָיִם, הַרְחֶב פִּיךָ וַאֲמַלְאֵהוּ. וְלֹא שָׁמַע עַמִּי לְקוֹלִי, וְיִשְׂרָאֵל לֹא אָבָה לִי. וָאֲשַׁלְּחֵהוּ בִּשְׁרִירוּת לִבָּם, יֵלְכוּ בְּמוֹעֲצוֹתֵיהֶם. לוּ עַמִּי שֹׁמֵעַ לִי, יִשְׂרָאֵל בִּדְרָכַי יְהַלֵּכוּ. כִּמְעַט אוֹיְבֵיהֶם אַכְנִיעַ, וְעַל צָרֵיהֶם אָשִׁיב יָדִי. מְשַׂנְאֵי יהוה יְכַחֲשׁוּ לוֹ, וִיהִי עִתָּם לְעוֹלָם. וַיַּאֲכִילֵהוּ מֵחֵלֶב חִטָּה; וּמִצּוּר, דְּבַשׁ אַשְׂבִּיעֶךָ.

**פב** מִזְמוֹר לְאָסָף; אֱלֹהִים נִצָּב בַּעֲדַת אֵל, בְּקֶרֶב אֱלֹהִים יִשְׁפֹּט. עַד מָתַי תִּשְׁפְּטוּ עָוֶל, וּפְנֵי רְשָׁעִים תִּשְׂאוּ סֶלָה. שִׁפְטוּ דַל וְיָתוֹם, עָנִי וָרָשׁ הַצְדִּיקוּ. פַּלְּטוּ דַל וְאֶבְיוֹן, מִיַּד רְשָׁעִים הַצִּילוּ. לֹא יָדְעוּ וְלֹא יָבִינוּ, בַּחֲשֵׁכָה יִתְהַלָּכוּ; יִמּוֹטוּ כָּל מוֹסְדֵי אָרֶץ. אֲנִי אָמַרְתִּי אֱלֹהִים אַתֶּם, וּבְנֵי עֶלְיוֹן כֻּלְּכֶם. אָכֵן כְּאָדָם תְּמוּתוּן, וּכְאַחַד הַשָּׂרִים תִּפֹּלוּ. קוּמָה אֱלֹהִים שָׁפְטָה הָאָרֶץ, כִּי אַתָּה תִנְחַל בְּכָל הַגּוֹיִם.

### יום י״ז לחודש

**פג** שִׁיר מִזְמוֹר לְאָסָף. אֱלֹהִים, אַל דֳּמִי לָךְ; אַל תֶּחֱרַשׁ וְאַל תִּשְׁקֹט, אֵל. כִּי הִנֵּה אוֹיְבֶיךָ יֶהֱמָיוּן, וּמְשַׂנְאֶיךָ נָשְׂאוּ רֹאשׁ. עַל עַמְּךָ יַעֲרִימוּ סוֹד, וְיִתְיָעֲצוּ עַל צְפוּנֶיךָ. אָמְרוּ: לְכוּ וְנַכְחִידֵם מִגּוֹי, וְלֹא יִזָּכֵר שֵׁם יִשְׂרָאֵל עוֹד. כִּי נוֹעֲצוּ לֵב יַחְדָּו, עָלֶיךָ בְּרִית יִכְרֹתוּ. אָהֳלֵי אֱדוֹם וְיִשְׁמְעֵאלִים, מוֹאָב וְהַגְרִים. גְּבָל וְעַמּוֹן וַעֲמָלֵק, פְּלֶשֶׁת עִם יֹשְׁבֵי צוֹר. גַּם אַשּׁוּר נִלְוָה עִמָּם, הָיוּ זְרוֹעַ לִבְנֵי לוֹט סֶלָה. עֲשֵׂה לָהֶם כְּמִדְיָן, כְּסִיסְרָא כְיָבִין בְּנַחַל קִישׁוֹן. נִשְׁמְדוּ בְעֵין דֹּאר, הָיוּ דֹּמֶן לָאֲדָמָה. שִׁיתֵמוֹ נְדִיבֵמוֹ כְּעֹרֵב וְכִזְאֵב, וּכְזֶבַח וּכְצַלְמֻנָּע כָּל נְסִיכֵמוֹ. אֲשֶׁר אָמְרוּ: נִירְשָׁה לָּנוּ, אֵת נְאוֹת אֱלֹהִים. אֱלֹהַי, שִׁיתֵמוֹ כַגַּלְגַּל, כְּקַשׁ לִפְנֵי רוּחַ. כְּאֵשׁ תִּבְעַר יָעַר, וּכְלֶהָבָה תְּלַהֵט הָרִים. כֵּן תִּרְדְּפֵם בְּסַעֲרֶךָ, וּבְסוּפָתְךָ תְבַהֲלֵם. מַלֵּא פְנֵיהֶם קָלוֹן, וִיבַקְשׁוּ שִׁמְךָ יהוה. יֵבֹשׁוּ וְיִבָּהֲלוּ עֲדֵי עַד, וְיַחְפְּרוּ וְיֹאבֵדוּ. וְיֵדְעוּ כִּי אַתָּה שִׁמְךָ יהוה לְבַדֶּךָ, עֶלְיוֹן עַל כָּל הָאָרֶץ.

**פד** לַמְנַצֵּחַ עַל הַגִּתִּית, לִבְנֵי קֹרַח מִזְמוֹר. מַה יְּדִידוֹת מִשְׁכְּנוֹתֶיךָ, יהוה צְבָאוֹת. נִכְסְפָה וְגַם כָּלְתָה נַפְשִׁי לְחַצְרוֹת יהוה; לִבִּי וּבְשָׂרִי יְרַנְּנוּ אֶל אֵל חָי. גַּם צִפּוֹר מָצְאָה בַיִת, וּדְרוֹר קֵן לָהּ אֲשֶׁר שָׁתָה אֶפְרֹחֶיהָ; אֶת מִזְבְּחוֹתֶיךָ יהוה צְבָאוֹת, מַלְכִּי וֵאלֹהָי. אַשְׁרֵי יוֹשְׁבֵי בֵיתֶךָ, עוֹד יְהַלְלוּךָ סֶּלָה. אַשְׁרֵי אָדָם עוֹז לוֹ בָךְ, מְסִלּוֹת בִּלְבָבָם. עֹבְרֵי בְּעֵמֶק הַבָּכָא מַעְיָן יְשִׁיתוּהוּ, גַּם בְּרָכוֹת יַעְטֶה מוֹרֶה. יֵלְכוּ מֵחַיִל אֶל חָיִל, יֵרָאֶה אֶל אֱלֹהִים בְּצִיּוֹן. יהוה אֱלֹהִים צְבָאוֹת שִׁמְעָה תְפִלָּתִי, הַאֲזִינָה אֱלֹהֵי יַעֲקֹב סֶלָה. מָגִנֵּנוּ רְאֵה, אֱלֹהִים; וְהַבֵּט פְּנֵי מְשִׁיחֶךָ. כִּי טוֹב יוֹם בַּחֲצֵרֶיךָ מֵאָלֶף; בָּחַרְתִּי הִסְתּוֹפֵף בְּבֵית אֱלֹהַי, מִדּוּר בְּאָהֳלֵי רֶשַׁע. כִּי שֶׁמֶשׁ וּמָגֵן יהוה אֱלֹהִים; חֵן וְכָבוֹד יִתֵּן יהוה, לֹא יִמְנַע טוֹב לַהֹלְכִים בְּתָמִים. יהוה צְבָאוֹת, אַשְׁרֵי אָדָם בֹּטֵחַ בָּךְ.

**פה** לַמְנַצֵּחַ לִבְנֵי קֹרַח מִזְמוֹר. רָצִיתָ יהוה

אַרְצֶךָ, שַׁבְתָּ שְׁבִית יַעֲקֹב. נָשָׂאתָ עֲוֹן עַמֶּךָ, כִּסִּיתָ כָל חַטָּאתָם סֶלָה. אָסַפְתָּ כָל עֶבְרָתֶךָ, הֱשִׁיבוֹתָ מֵחֲרוֹן אַפֶּךָ. שׁוּבֵנוּ אֱלֹהֵי יִשְׁעֵנוּ, וְהָפֵר כַּעַסְךָ עִמָּנוּ. הַלְעוֹלָם תֶּאֱנַף בָּנוּ, תִּמְשֹׁךְ אַפְּךָ לְדֹר וָדֹר. הֲלֹא אַתָּה תָּשׁוּב תְּחַיֵּנוּ, וְעַמְּךָ יִשְׂמְחוּ בָךְ. הַרְאֵנוּ יהוה חַסְדֶּךָ, וְיֶשְׁעֲךָ תִּתֶּן לָנוּ. אֶשְׁמְעָה מַה יְדַבֵּר הָאֵל יהוה; כִּי יְדַבֵּר שָׁלוֹם אֶל עַמּוֹ וְאֶל חֲסִידָיו, וְאַל יָשׁוּבוּ לְכִסְלָה. אַךְ קָרוֹב לִירֵאָיו יִשְׁעוֹ, לִשְׁכֹּן כָּבוֹד בְּאַרְצֵנוּ. חֶסֶד וֶאֱמֶת נִפְגָּשׁוּ, צֶדֶק וְשָׁלוֹם נָשָׁקוּ. אֱמֶת מֵאֶרֶץ תִּצְמָח, וְצֶדֶק מִשָּׁמַיִם נִשְׁקָף. גַּם יהוה יִתֵּן הַטּוֹב, וְאַרְצֵנוּ תִּתֵּן יְבוּלָהּ. צֶדֶק לְפָנָיו יְהַלֵּךְ, וְיָשֵׂם לְדֶרֶךְ פְּעָמָיו.

**פו** תְּפִלָּה לְדָוִד; הַטֵּה יהוה אָזְנְךָ עֲנֵנִי, כִּי עָנִי וְאֶבְיוֹן אָנִי. שָׁמְרָה נַפְשִׁי כִּי חָסִיד אָנִי; הוֹשַׁע עַבְדְּךָ, אַתָּה אֱלֹהַי, הַבּוֹטֵחַ אֵלֶיךָ. חָנֵּנִי אֲדֹנָי, כִּי אֵלֶיךָ אֶקְרָא כָּל הַיּוֹם. שַׂמֵּחַ נֶפֶשׁ עַבְדֶּךָ, כִּי אֵלֶיךָ אֲדֹנָי נַפְשִׁי אֶשָּׂא. כִּי אַתָּה אֲדֹנָי טוֹב וְסַלָּח, וְרַב חֶסֶד לְכָל קֹרְאֶיךָ. הַאֲזִינָה יהוה תְּפִלָּתִי, וְהַקְשִׁיבָה בְּקוֹל תַּחֲנוּנוֹתָי. בְּיוֹם צָרָתִי אֶקְרָאֶךָּ כִּי תַעֲנֵנִי. אֵין כָּמוֹךָ בָאֱלֹהִים | אֲדֹנָי, וְאֵין כְּמַעֲשֶׂיךָ. כָּל גּוֹיִם אֲשֶׁר עָשִׂיתָ יָבוֹאוּ וְיִשְׁתַּחֲווּ לְפָנֶיךָ, אֲדֹנָי; וִיכַבְּדוּ לִשְׁמֶךָ. כִּי גָדוֹל אַתָּה וְעֹשֵׂה נִפְלָאוֹת, אַתָּה אֱלֹהִים לְבַדֶּךָ. הוֹרֵנִי יהוה דַּרְכֶּךָ, אֲהַלֵּךְ בַּאֲמִתֶּךָ, יַחֵד לְבָבִי לְיִרְאָה שְׁמֶךָ. אוֹדְךָ אֲדֹנָי אֱלֹהַי בְּכָל לְבָבִי, וַאֲכַבְּדָה שִׁמְךָ לְעוֹלָם. כִּי חַסְדְּךָ גָּדוֹל עָלָי, וְהִצַּלְתָּ נַפְשִׁי מִשְּׁאוֹל תַּחְתִּיָּה. אֱלֹהִים, זֵדִים קָמוּ עָלַי, וַעֲדַת עָרִיצִים בִּקְשׁוּ נַפְשִׁי; וְלֹא שָׂמוּךָ לְנֶגְדָּם. וְאַתָּה אֲדֹנָי אֵל רַחוּם וְחַנּוּן, אֶרֶךְ אַפַּיִם וְרַב חֶסֶד וֶאֱמֶת. פְּנֵה אֵלַי וְחָנֵּנִי; תְּנָה עֻזְּךָ לְעַבְדֶּךָ, וְהוֹשִׁיעָה לְבֶן אֲמָתֶךָ. עֲשֵׂה עִמִּי אוֹת לְטוֹבָה; וְיִרְאוּ שֹׂנְאַי וְיֵבֹשׁוּ, כִּי אַתָּה יהוה עֲזַרְתַּנִי וְנִחַמְתָּנִי.

**פז** לִבְנֵי קֹרַח מִזְמוֹר שִׁיר, יְסוּדָתוֹ בְּהַרְרֵי קֹדֶשׁ. אֹהֵב יהוה שַׁעֲרֵי צִיּוֹן, מִכֹּל מִשְׁכְּנוֹת יַעֲקֹב. נִכְבָּדוֹת מְדֻבָּר בָּךְ, עִיר הָאֱלֹהִים סֶלָה. אַזְכִּיר רַהַב וּבָבֶל לְיֹדְעָי, הִנֵּה פְלֶשֶׁת וְצוֹר עִם כּוּשׁ, זֶה יֻלַּד שָׁם. וּלְצִיּוֹן יֵאָמַר: אִישׁ וְאִישׁ יֻלַּד בָּהּ, וְהוּא יְכוֹנְנֶהָ עֶלְיוֹן. יהוה יִסְפֹּר בִּכְתוֹב עַמִּים, זֶה יֻלַּד שָׁם סֶלָה. וְשָׁרִים כְּחֹלְלִים, כָּל מַעְיָנַי בָּךְ.

---

## יום י״ח לחודש

---

**פח** שִׁיר מִזְמוֹר לִבְנֵי קֹרַח, לַמְנַצֵּחַ עַל מָחֲלַת לְעַנּוֹת, מַשְׂכִּיל לְהֵימָן הָאֶזְרָחִי. יהוה אֱלֹהֵי יְשׁוּעָתִי, יוֹם צָעַקְתִּי, בַלַּיְלָה נֶגְדֶּךָ. תָּבוֹא לְפָנֶיךָ תְּפִלָּתִי, הַטֵּה אָזְנְךָ לְרִנָּתִי. כִּי שָׂבְעָה בְרָעוֹת נַפְשִׁי, וְחַיַּי לִשְׁאוֹל הִגִּיעוּ. נֶחְשַׁבְתִּי עִם יוֹרְדֵי בוֹר, הָיִיתִי כְּגֶבֶר אֵין אֱיָל. בַּמֵּתִים חָפְשִׁי; כְּמוֹ חֲלָלִים שֹׁכְבֵי קֶבֶר אֲשֶׁר לֹא זְכַרְתָּם עוֹד, וְהֵמָּה מִיָּדְךָ נִגְזָרוּ. שַׁתַּנִי בְּבוֹר תַּחְתִּיּוֹת, בְּמַחֲשַׁכִּים בִּמְצֹלוֹת. עָלַי סָמְכָה חֲמָתֶךָ, וְכָל מִשְׁבָּרֶיךָ עִנִּיתָ סֶּלָה. הִרְחַקְתָּ מְיֻדָּעַי מִמֶּנִּי; שַׁתַּנִי תוֹעֵבוֹת לָמוֹ, כָּלֻא וְלֹא אֵצֵא. עֵינִי דָאֲבָה מִנִּי עֹנִי; קְרָאתִיךָ יהוה בְּכָל יוֹם, שִׁטַּחְתִּי אֵלֶיךָ כַפָּי. הֲלַמֵּתִים תַּעֲשֶׂה פֶּלֶא, אִם רְפָאִים יָקוּמוּ יוֹדוּךָ סֶּלָה. הַיְסֻפַּר בַּקֶּבֶר חַסְדֶּךָ, אֱמוּנָתְךָ בָּאֲבַדּוֹן. הֲיִוָּדַע בַּחֹשֶׁךְ פִּלְאֶךָ, וְצִדְקָתְךָ בְּאֶרֶץ נְשִׁיָּה. וַאֲנִי אֵלֶיךָ יהוה שִׁוַּעְתִּי, וּבַבֹּקֶר תְּפִלָּתִי תְקַדְּמֶךָּ. לָמָה יהוה תִּזְנַח נַפְשִׁי, תַּסְתִּיר פָּנֶיךָ מִמֶּנִּי. עָנִי אֲנִי וְגֹוֵעַ מִנֹּעַר, נָשָׂאתִי אֵמֶיךָ אָפוּנָה. עָלַי עָבְרוּ חֲרוֹנֶיךָ, בִּעוּתֶיךָ צִמְּתֻתוּנִי. סַבּוּנִי כַמַּיִם כָּל הַיּוֹם, הִקִּיפוּ עָלַי יָחַד. הִרְחַקְתָּ מִמֶּנִּי אֹהֵב וָרֵעַ, מְיֻדָּעַי מַחְשָׁךְ.

**פט** מַשְׂכִּיל לְאֵיתָן הָאֶזְרָחִי. חַסְדֵי יהוה עוֹלָם אָשִׁירָה, לְדֹר וָדֹר אוֹדִיעַ אֱמוּנָתְךָ בְּפִי. כִּי אָמַרְתִּי: עוֹלָם חֶסֶד יִבָּנֶה, שָׁמַיִם תָּכִן אֱמוּנָתְךָ בָהֶם. כָּרַתִּי בְרִית לִבְחִירִי, נִשְׁבַּעְתִּי לְדָוִד עַבְדִּי. עַד עוֹלָם אָכִין זַרְעֶךָ, וּבָנִיתִי לְדֹר וָדוֹר כִּסְאֲךָ סֶלָה. וְיוֹדוּ שָׁמַיִם פִּלְאֲךָ, יהוה, אַף אֱמוּנָתְךָ בִּקְהַל קְדֹשִׁים. כִּי מִי בַשַּׁחַק יַעֲרֹךְ לַיהוה, יִדְמֶה לַיהוה בִּבְנֵי אֵלִים. אֵל נַעֲרָץ בְּסוֹד קְדֹשִׁים רַבָּה, וְנוֹרָא עַל כָּל סְבִיבָיו. יהוה אֱלֹהֵי צְבָאוֹת, מִי כָמוֹךָ, חֲסִין יָהּ; וֶאֱמוּנָתְךָ סְבִיבוֹתֶיךָ. אַתָּה מוֹשֵׁל בְּגֵאוּת הַיָּם, בְּשׂוֹא גַלָּיו אַתָּה תְשַׁבְּחֵם. אַתָּה דִכִּאתָ כֶחָלָל רָהַב, בִּזְרוֹעַ עֻזְּךָ פִּזַּרְתָּ אוֹיְבֶיךָ. לְךָ שָׁמַיִם אַף לְךָ אָרֶץ, תֵּבֵל וּמְלֹאָהּ אַתָּה יְסַדְתָּם.

צָפוֹן וְיָמִין אַתָּה בְרָאתָם, תָּבוֹר וְחֶרְמוֹן בְּשִׁמְךָ יְרַנֵּנוּ. לְךָ זְרוֹעַ עִם גְּבוּרָה, תָּעֹז יָדְךָ תָּרוּם יְמִינֶךָ. צֶדֶק וּמִשְׁפָּט מְכוֹן כִּסְאֶךָ, חֶסֶד וֶאֱמֶת יְקַדְּמוּ פָנֶיךָ. אַשְׁרֵי הָעָם יוֹדְעֵי תְרוּעָה, יהוה בְּאוֹר פָּנֶיךָ יְהַלֵּכוּן. בְּשִׁמְךָ יְגִילוּן כָּל הַיּוֹם, וּבְצִדְקָתְךָ יָרוּמוּ. כִּי תִפְאֶרֶת עֻזָּמוֹ אָתָּה, וּבִרְצוֹנְךָ תָּרוּם קַרְנֵנוּ. כִּי לַיהוה מָגִנֵּנוּ, וְלִקְדוֹשׁ יִשְׂרָאֵל מַלְכֵּנוּ. אָז דִּבַּרְתָּ בְחָזוֹן לַחֲסִידֶיךָ, וַתֹּאמֶר שִׁוִּיתִי עֵזֶר עַל גִּבּוֹר, הֲרִימוֹתִי בָחוּר מֵעָם. מָצָאתִי דָּוִד עַבְדִּי, בְּשֶׁמֶן קָדְשִׁי מְשַׁחְתִּיו. אֲשֶׁר יָדִי תִּכּוֹן עִמּוֹ, אַף זְרוֹעִי תְאַמְּצֶנּוּ. לֹא יַשִּׁא אוֹיֵב בּוֹ, וּבֶן עַוְלָה לֹא יְעַנֶּנּוּ. וְכַתּוֹתִי מִפָּנָיו צָרָיו, וּמְשַׂנְאָיו אֶגּוֹף. וֶאֱמוּנָתִי וְחַסְדִּי עִמּוֹ, וּבִשְׁמִי תָּרוּם קַרְנוֹ. וְשַׂמְתִּי בַיָּם יָדוֹ, וּבַנְּהָרוֹת יְמִינוֹ. הוּא יִקְרָאֵנִי אָבִי אָתָּה, אֵלִי וְצוּר יְשׁוּעָתִי. אַף אָנִי בְּכוֹר אֶתְּנֵהוּ, עֶלְיוֹן לְמַלְכֵי אָרֶץ. לְעוֹלָם אֶשְׁמָר לוֹ חַסְדִּי, וּבְרִיתִי נֶאֱמֶנֶת לוֹ. וְשַׂמְתִּי לָעַד זַרְעוֹ, וְכִסְאוֹ כִּימֵי שָׁמָיִם. אִם יַעַזְבוּ בָנָיו תּוֹרָתִי, וּבְמִשְׁפָּטַי לֹא יֵלֵכוּן. אִם חֻקֹּתַי יְחַלֵּלוּ, וּמִצְוֹתַי לֹא יִשְׁמֹרוּ. וּפָקַדְתִּי בְשֵׁבֶט פִּשְׁעָם, וּבִנְגָעִים עֲוֹנָם. וְחַסְדִּי לֹא אָפִיר מֵעִמּוֹ, וְלֹא אֲשַׁקֵּר בֶּאֱמוּנָתִי. לֹא אֲחַלֵּל בְּרִיתִי, וּמוֹצָא שְׂפָתַי לֹא אֲשַׁנֶּה. אַחַת נִשְׁבַּעְתִּי בְקָדְשִׁי, אִם לְדָוִד אֲכַזֵּב. זַרְעוֹ לְעוֹלָם יִהְיֶה, וְכִסְאוֹ כַשֶּׁמֶשׁ נֶגְדִּי. כְּיָרֵחַ יִכּוֹן עוֹלָם, וְעֵד בַּשַּׁחַק נֶאֱמָן סֶלָה. וְאַתָּה זָנַחְתָּ וַתִּמְאָס, הִתְעַבַּרְתָּ עִם מְשִׁיחֶךָ. נֵאַרְתָּה בְּרִית עַבְדֶּךָ, חִלַּלְתָּ לָאָרֶץ נִזְרוֹ. פָּרַצְתָּ כָל גְּדֵרֹתָיו, שַׂמְתָּ מִבְצָרָיו מְחִתָּה. שַׁסֻּהוּ כָּל עֹבְרֵי דָרֶךְ, הָיָה חֶרְפָּה לִשְׁכֵנָיו. הֲרִימוֹתָ יְמִין צָרָיו, הִשְׂמַחְתָּ כָּל אוֹיְבָיו. אַף תָּשִׁיב צוּר חַרְבּוֹ, וְלֹא הֲקֵמֹתוֹ בַּמִּלְחָמָה. הִשְׁבַּתָּ מִטְּהָרוֹ, וְכִסְאוֹ לָאָרֶץ מִגַּרְתָּה. הִקְצַרְתָּ יְמֵי עֲלוּמָיו, הֶעֱטִיתָ עָלָיו בּוּשָׁה סֶלָה. עַד מָה יהוה תִּסָּתֵר לָנֶצַח, תִּבְעַר כְּמוֹ אֵשׁ חֲמָתֶךָ. זְכָר אֲנִי מֶה חָלֶד, עַל מַה שָּׁוְא בָּרָאתָ כָל בְּנֵי אָדָם. מִי גֶבֶר יִחְיֶה וְלֹא יִרְאֶה מָּוֶת, יְמַלֵּט נַפְשׁוֹ מִיַּד שְׁאוֹל סֶלָה. אַיֵּה חֲסָדֶיךָ הָרִאשֹׁנִים | אֲדֹנָי, נִשְׁבַּעְתָּ לְדָוִד בֶּאֱמוּנָתֶךָ. זְכֹר אֲדֹנָי חֶרְפַּת עֲבָדֶיךָ, שְׂאֵתִי בְחֵיקִי כָּל רַבִּים עַמִּים. אֲשֶׁר חֵרְפוּ אוֹיְבֶיךָ | יהוה, אֲשֶׁר חֵרְפוּ עִקְּבוֹת מְשִׁיחֶךָ. בָּרוּךְ יהוה לְעוֹלָם, אָמֵן וְאָמֵן:

## ספר רביעי

### יום חמישי

יום י״ט לחודש

**צ** תְּפִלָּה לְמֹשֶׁה אִישׁ הָאֱלֹהִים; אֲדֹנָי, מָעוֹן אַתָּה הָיִיתָ לָּנוּ בְּדֹר וָדֹר. בְּטֶרֶם הָרִים יֻלָּדוּ, וַתְּחוֹלֵל אֶרֶץ וְתֵבֵל, וּמֵעוֹלָם עַד עוֹלָם אַתָּה אֵל. תָּשֵׁב אֱנוֹשׁ עַד דַּכָּא, וַתֹּאמֶר: שׁוּבוּ בְנֵי אָדָם. כִּי אֶלֶף שָׁנִים בְּעֵינֶיךָ כְּיוֹם אֶתְמוֹל כִּי יַעֲבֹר, וְאַשְׁמוּרָה בַלָּיְלָה. זְרַמְתָּם, שֵׁנָה יִהְיוּ, בַּבֹּקֶר כֶּחָצִיר יַחֲלֹף. בַּבֹּקֶר יָצִיץ וְחָלָף, לָעֶרֶב יְמוֹלֵל וְיָבֵשׁ. כִּי כָלִינוּ בְאַפֶּךָ, וּבַחֲמָתְךָ נִבְהָלְנוּ. שַׁתָּה עֲוֹנֹתֵינוּ לְנֶגְדֶּךָ, עֲלֻמֵנוּ לִמְאוֹר פָּנֶיךָ. כִּי כָל יָמֵינוּ פָּנוּ בְעֶבְרָתֶךָ, כִּלִּינוּ שָׁנֵינוּ כְמוֹ הֶגֶה. יְמֵי שְׁנוֹתֵינוּ בָהֶם שִׁבְעִים שָׁנָה, וְאִם בִּגְבוּרֹת שְׁמוֹנִים שָׁנָה, וְרָהְבָּם עָמָל וָאָוֶן, כִּי גָז חִישׁ וַנָּעֻפָה. מִי יוֹדֵעַ עֹז אַפֶּךָ, וּכְיִרְאָתְךָ עֶבְרָתֶךָ. לִמְנוֹת יָמֵינוּ כֵּן הוֹדַע, וְנָבִא לְבַב חָכְמָה. שׁוּבָה יהוה עַד מָתָי, וְהִנָּחֵם עַל עֲבָדֶיךָ. שַׂבְּעֵנוּ בַבֹּקֶר חַסְדֶּךָ, וּנְרַנְּנָה וְנִשְׂמְחָה בְּכָל יָמֵינוּ. שַׂמְּחֵנוּ כִּימוֹת עִנִּיתָנוּ, שְׁנוֹת רָאִינוּ רָעָה. יֵרָאֶה אֶל עֲבָדֶיךָ פָעֳלֶךָ, וַהֲדָרְךָ עַל בְּנֵיהֶם. וִיהִי נֹעַם אֲדֹנָי אֱלֹהֵינוּ עָלֵינוּ; וּמַעֲשֵׂה יָדֵינוּ כּוֹנְנָה עָלֵינוּ, וּמַעֲשֵׂה יָדֵינוּ כּוֹנְנֵהוּ.

**צא** יֹשֵׁב בְּסֵתֶר עֶלְיוֹן, בְּצֵל שַׁדַּי יִתְלוֹנָן. אֹמַר לַיהוה: מַחְסִי וּמְצוּדָתִי, אֱלֹהַי אֶבְטַח בּוֹ. כִּי הוּא יַצִּילְךָ מִפַּח יָקוּשׁ, מִדֶּבֶר הַוּוֹת. בְּאֶבְרָתוֹ יָסֶךְ לָךְ, וְתַחַת כְּנָפָיו תֶּחְסֶה; צִנָּה וְסֹחֵרָה אֲמִתּוֹ. לֹא תִירָא מִפַּחַד לָיְלָה, מֵחֵץ יָעוּף יוֹמָם. מִדֶּבֶר בָּאֹפֶל יַהֲלֹךְ, מִקֶּטֶב יָשׁוּד צָהֳרָיִם. יִפֹּל מִצִּדְּךָ אֶלֶף, וּרְבָבָה מִימִינֶךָ, אֵלֶיךָ לֹא יִגָּשׁ. רַק בְּעֵינֶיךָ תַבִּיט, וְשִׁלֻּמַת רְשָׁעִים תִּרְאֶה. כִּי אַתָּה יהוה מַחְסִי, עֶלְיוֹן שַׂמְתָּ מְעוֹנֶךָ. לֹא תְאֻנֶּה אֵלֶיךָ רָעָה, וְנֶגַע לֹא יִקְרַב

בְּאָהֳלֶךָ. כִּי מַלְאָכָיו יְצַוֶּה לָּךְ, לִשְׁמָרְךָ בְּכָל דְּרָכֶיךָ. עַל כַּפַּיִם יִשָּׂאוּנְךָ, פֶּן תִּגֹּף בָּאֶבֶן רַגְלֶךָ. עַל שַׁחַל וָפֶתֶן תִּדְרֹךְ, תִּרְמֹס כְּפִיר וְתַנִּין. כִּי בִי חָשַׁק וַאֲפַלְּטֵהוּ, אֲשַׂגְּבֵהוּ כִּי יָדַע שְׁמִי. יִקְרָאֵנִי וְאֶעֱנֵהוּ, עִמּוֹ אָנֹכִי בְצָרָה; אֲחַלְּצֵהוּ וַאֲכַבְּדֵהוּ. אֹרֶךְ יָמִים אַשְׂבִּיעֵהוּ, וְאַרְאֵהוּ בִּישׁוּעָתִי.

**צב** מִזְמוֹר שִׁיר לְיוֹם הַשַּׁבָּת. טוֹב לְהֹדוֹת לַיהוה, וּלְזַמֵּר לְשִׁמְךָ עֶלְיוֹן. לְהַגִּיד בַּבֹּקֶר חַסְדֶּךָ, וֶאֱמוּנָתְךָ בַּלֵּילוֹת. עֲלֵי עָשׂוֹר וַעֲלֵי נָבֶל, עֲלֵי הִגָּיוֹן בְּכִנּוֹר. כִּי שִׂמַּחְתַּנִי יהוה בְּפָעֳלֶךָ, בְּמַעֲשֵׂי יָדֶיךָ אֲרַנֵּן. מַה גָּדְלוּ מַעֲשֶׂיךָ, יהוה; מְאֹד עָמְקוּ מַחְשְׁבֹתֶיךָ. אִישׁ בַּעַר לֹא יֵדָע, וּכְסִיל לֹא יָבִין אֶת זֹאת. בִּפְרֹחַ רְשָׁעִים כְּמוֹ עֵשֶׂב, וַיָּצִיצוּ כָּל פֹּעֲלֵי אָוֶן, לְהִשָּׁמְדָם עֲדֵי עַד. וְאַתָּה מָרוֹם לְעֹלָם, יהוה. כִּי הִנֵּה אֹיְבֶיךָ | יהוה, כִּי הִנֵּה אֹיְבֶיךָ יֹאבֵדוּ, יִתְפָּרְדוּ כָּל פֹּעֲלֵי אָוֶן. וַתָּרֶם כִּרְאֵים קַרְנִי, בַּלֹּתִי בְּשֶׁמֶן רַעֲנָן. וַתַּבֵּט עֵינִי בְּשׁוּרָי; בַּקָּמִים עָלַי מְרֵעִים, תִּשְׁמַעְנָה אָזְנָי. צַדִּיק כַּתָּמָר יִפְרָח, כְּאֶרֶז בַּלְּבָנוֹן יִשְׂגֶּה. שְׁתוּלִים בְּבֵית יהוה, בְּחַצְרוֹת אֱלֹהֵינוּ יַפְרִיחוּ. עוֹד יְנוּבוּן בְּשֵׂיבָה, דְּשֵׁנִים וְרַעֲנַנִּים יִהְיוּ. לְהַגִּיד כִּי יָשָׁר יהוה, צוּרִי וְלֹא עַוְלָתָה בּוֹ.

**צג** יהוה מָלָךְ גֵּאוּת לָבֵשׁ, לָבֵשׁ יהוה עֹז הִתְאַזָּר, אַף תִּכּוֹן תֵּבֵל בַּל תִּמּוֹט. נָכוֹן כִּסְאֲךָ מֵאָז, מֵעוֹלָם אָתָּה. נָשְׂאוּ נְהָרוֹת, יהוה, נָשְׂאוּ נְהָרוֹת קוֹלָם; יִשְׂאוּ נְהָרוֹת דָּכְיָם. מִקֹּלוֹת מַיִם רַבִּים אַדִּירִים מִשְׁבְּרֵי יָם, אַדִּיר בַּמָּרוֹם יהוה. עֵדֹתֶיךָ נֶאֶמְנוּ מְאֹד לְבֵיתְךָ נַאֲוָה קֹדֶשׁ; יהוה, לְאֹרֶךְ יָמִים.

**צד** אֵל נְקָמוֹת יהוה, אֵל נְקָמוֹת הוֹפִיעַ. הִנָּשֵׂא שֹׁפֵט הָאָרֶץ, הָשֵׁב גְּמוּל עַל גֵּאִים. עַד מָתַי רְשָׁעִים | יהוה, עַד מָתַי רְשָׁעִים יַעֲלֹזוּ. יַבִּיעוּ יְדַבְּרוּ עָתָק, יִתְאַמְּרוּ כָּל פֹּעֲלֵי אָוֶן. עַמְּךָ יהוה יְדַכְּאוּ, וְנַחֲלָתְךָ יְעַנּוּ. אַלְמָנָה וְגֵר יַהֲרֹגוּ, וִיתוֹמִים יְרַצֵּחוּ. וַיֹּאמְרוּ: לֹא יִרְאֶה יָּהּ, וְלֹא יָבִין אֱלֹהֵי יַעֲקֹב. בִּינוּ בֹּעֲרִים בָּעָם, וּכְסִילִים מָתַי תַּשְׂכִּילוּ. הֲנֹטַע אֹזֶן הֲלֹא יִשְׁמָע, אִם יֹצֵר עַיִן הֲלֹא יַבִּיט. הֲיֹסֵר גּוֹיִם הֲלֹא יוֹכִיחַ,

---

הַמְלַמֵּד אָדָם דָּעַת. יהוה יֹדֵעַ מַחְשְׁבוֹת אָדָם, כִּי הֵמָּה הָבֶל. אַשְׁרֵי הַגֶּבֶר אֲשֶׁר תְּיַסְּרֶנּוּ יָּהּ, וּמִתּוֹרָתְךָ תְלַמְּדֶנּוּ. לְהַשְׁקִיט לוֹ מִימֵי רָע, עַד יִכָּרֶה לָרָשָׁע שָׁחַת. כִּי לֹא יִטֹּשׁ יהוה עַמּוֹ, וְנַחֲלָתוֹ לֹא יַעֲזֹב. כִּי עַד צֶדֶק יָשׁוּב מִשְׁפָּט, וְאַחֲרָיו כָּל יִשְׁרֵי לֵב. מִי יָקוּם לִי עִם מְרֵעִים, מִי יִתְיַצֵּב לִי עִם פֹּעֲלֵי אָוֶן. לוּלֵי יהוה עֶזְרָתָה לִּי, כִּמְעַט שָׁכְנָה דוּמָה נַפְשִׁי. אִם אָמַרְתִּי מָטָה רַגְלִי, חַסְדְּךָ יהוה יִסְעָדֵנִי. בְּרֹב שַׂרְעַפַּי בְּקִרְבִּי, תַּנְחוּמֶיךָ יְשַׁעַשְׁעוּ נַפְשִׁי. הַיְחָבְרְךָ כִּסֵּא הַוּוֹת, יֹצֵר עָמָל עֲלֵי חֹק. יָגוֹדּוּ עַל נֶפֶשׁ צַדִּיק, וְדָם נָקִי יַרְשִׁיעוּ. וַיְהִי יהוה לִי לְמִשְׂגָּב, וֵאלֹהַי לְצוּר מַחְסִי. וַיָּשֶׁב עֲלֵיהֶם אֶת אוֹנָם, וּבְרָעָתָם יַצְמִיתֵם; יַצְמִיתֵם יהוה אֱלֹהֵינוּ.

**צה** לְכוּ נְרַנְּנָה לַיהוה, נָרִיעָה לְצוּר יִשְׁעֵנוּ. נְקַדְּמָה פָנָיו בְּתוֹדָה, בִּזְמִרוֹת נָרִיעַ לוֹ. כִּי אֵל גָּדוֹל יהוה, וּמֶלֶךְ גָּדוֹל עַל כָּל אֱלֹהִים. אֲשֶׁר בְּיָדוֹ מֶחְקְרֵי אָרֶץ, וְתוֹעֲפוֹת הָרִים לוֹ. אֲשֶׁר לוֹ הַיָּם וְהוּא עָשָׂהוּ, וְיַבֶּשֶׁת יָדָיו יָצָרוּ. בֹּאוּ נִשְׁתַּחֲוֶה וְנִכְרָעָה, נִבְרְכָה לִפְנֵי יהוה עֹשֵׂנוּ. כִּי הוּא אֱלֹהֵינוּ, וַאֲנַחְנוּ עַם מַרְעִיתוֹ וְצֹאן יָדוֹ, הַיּוֹם אִם בְּקֹלוֹ תִשְׁמָעוּ. אַל תַּקְשׁוּ לְבַבְכֶם כִּמְרִיבָה, כְּיוֹם מַסָּה בַּמִּדְבָּר. אֲשֶׁר נִסּוּנִי אֲבוֹתֵיכֶם, בְּחָנוּנִי גַּם רָאוּ פָעֳלִי. אַרְבָּעִים שָׁנָה אָקוּט בְּדוֹר, וָאֹמַר: עַם תֹּעֵי לֵבָב הֵם, וְהֵם לֹא יָדְעוּ דְרָכָי. אֲשֶׁר נִשְׁבַּעְתִּי בְאַפִּי, אִם יְבֹאוּן אֶל מְנוּחָתִי.

**צו** שִׁירוּ לַיהוה שִׁיר חָדָשׁ, שִׁירוּ לַיהוה כָּל הָאָרֶץ. שִׁירוּ לַיהוה בָּרְכוּ שְׁמוֹ, בַּשְּׂרוּ מִיּוֹם לְיוֹם יְשׁוּעָתוֹ. סַפְּרוּ בַגּוֹיִם כְּבוֹדוֹ, בְּכָל הָעַמִּים נִפְלְאוֹתָיו. כִּי גָדוֹל יהוה וּמְהֻלָּל מְאֹד, נוֹרָא הוּא עַל כָּל אֱלֹהִים. כִּי כָּל אֱלֹהֵי הָעַמִּים אֱלִילִים, וַיהוה שָׁמַיִם עָשָׂה. הוֹד וְהָדָר לְפָנָיו, עֹז וְתִפְאֶרֶת בְּמִקְדָּשׁוֹ. הָבוּ לַיהוה מִשְׁפְּחוֹת עַמִּים, הָבוּ לַיהוה כָּבוֹד וָעֹז. הָבוּ לַיהוה כְּבוֹד שְׁמוֹ, שְׂאוּ מִנְחָה וּבֹאוּ לְחַצְרוֹתָיו. הִשְׁתַּחֲווּ לַיהוה בְּהַדְרַת קֹדֶשׁ, חִילוּ מִפָּנָיו כָּל הָאָרֶץ. אִמְרוּ בַגּוֹיִם יהוה מָלָךְ, אַף תִּכּוֹן תֵּבֵל בַּל תִּמּוֹט, יָדִין עַמִּים בְּמֵישָׁרִים.

יִשְׂמְחוּ הַשָּׁמַיִם וְתָגֵל הָאָרֶץ, יִרְעַם הַיָּם וּמְלֹאוֹ. יַעֲלֹז שָׂדַי וְכָל אֲשֶׁר בּוֹ, אָז יְרַנְּנוּ כָּל עֲצֵי יָעַר. לִפְנֵי יהוה כִּי בָא, כִּי בָא לִשְׁפֹּט הָאָרֶץ; יִשְׁפֹּט תֵּבֵל בְּצֶדֶק, וְעַמִּים בֶּאֱמוּנָתוֹ.

---

### יום כ׳ לחודש

---

**צז** יהוה מָלָךְ תָּגֵל הָאָרֶץ, יִשְׂמְחוּ אִיִּים רַבִּים. עָנָן וַעֲרָפֶל סְבִיבָיו, צֶדֶק וּמִשְׁפָּט מְכוֹן כִּסְאוֹ. אֵשׁ לְפָנָיו תֵּלֵךְ, וּתְלַהֵט סָבִיב צָרָיו. הֵאִירוּ בְרָקָיו תֵּבֵל, רָאֲתָה וַתָּחֵל הָאָרֶץ. הָרִים כַּדּוֹנַג נָמַסּוּ מִלִּפְנֵי יהוה, מִלִּפְנֵי אֲדוֹן כָּל הָאָרֶץ. הִגִּידוּ הַשָּׁמַיִם צִדְקוֹ, וְרָאוּ כָל הָעַמִּים כְּבוֹדוֹ. יֵבֹשׁוּ כָּל עֹבְדֵי פֶסֶל, הַמִּתְהַלְלִים בָּאֱלִילִים; הִשְׁתַּחֲווּ לוֹ כָּל אֱלֹהִים. שָׁמְעָה וַתִּשְׂמַח צִיּוֹן, וַתָּגֵלְנָה בְּנוֹת יְהוּדָה, לְמַעַן מִשְׁפָּטֶיךָ יהוה. כִּי אַתָּה יהוה עֶלְיוֹן עַל כָּל הָאָרֶץ, מְאֹד נַעֲלֵיתָ עַל כָּל אֱלֹהִים. אֹהֲבֵי יהוה שִׂנְאוּ רָע; שֹׁמֵר נַפְשׁוֹת חֲסִידָיו, מִיַּד רְשָׁעִים יַצִּילֵם. אוֹר זָרֻעַ לַצַּדִּיק, וּלְיִשְׁרֵי לֵב שִׂמְחָה. שִׂמְחוּ צַדִּיקִים בַּיהוה, וְהוֹדוּ לְזֵכֶר קָדְשׁוֹ.

**צח** מִזְמוֹר; שִׁירוּ לַיהוה שִׁיר חָדָשׁ, כִּי נִפְלָאוֹת עָשָׂה; הוֹשִׁיעָה לּוֹ יְמִינוֹ וּזְרוֹעַ קָדְשׁוֹ. הוֹדִיעַ יהוה יְשׁוּעָתוֹ, לְעֵינֵי הַגּוֹיִם גִּלָּה צִדְקָתוֹ. זָכַר חַסְדּוֹ וֶאֱמוּנָתוֹ לְבֵית יִשְׂרָאֵל, רָאוּ כָל אַפְסֵי אָרֶץ אֵת יְשׁוּעַת אֱלֹהֵינוּ. הָרִיעוּ לַיהוה כָּל הָאָרֶץ, פִּצְחוּ וְרַנְּנוּ וְזַמֵּרוּ. זַמְּרוּ לַיהוה בְּכִנּוֹר, בְּכִנּוֹר וְקוֹל זִמְרָה. בַּחֲצֹצְרוֹת וְקוֹל שׁוֹפָר, הָרִיעוּ לִפְנֵי הַמֶּלֶךְ יהוה. יִרְעַם הַיָּם וּמְלֹאוֹ, תֵּבֵל וְיֹשְׁבֵי בָהּ. נְהָרוֹת יִמְחֲאוּ כָף, יַחַד הָרִים יְרַנֵּנוּ. לִפְנֵי יהוה כִּי בָא לִשְׁפֹּט הָאָרֶץ; יִשְׁפֹּט תֵּבֵל בְּצֶדֶק, וְעַמִּים בְּמֵישָׁרִים.

**צט** יהוה מָלָךְ יִרְגְּזוּ עַמִּים, יֹשֵׁב כְּרוּבִים תָּנוּט הָאָרֶץ. יהוה בְּצִיּוֹן גָּדוֹל, וְרָם הוּא עַל כָּל הָעַמִּים. יוֹדוּ שִׁמְךָ גָּדוֹל וְנוֹרָא, קָדוֹשׁ הוּא. וְעֹז מֶלֶךְ מִשְׁפָּט אָהֵב; אַתָּה כּוֹנַנְתָּ מֵישָׁרִים, מִשְׁפָּט וּצְדָקָה בְּיַעֲקֹב אַתָּה עָשִׂיתָ. רוֹמְמוּ יהוה אֱלֹהֵינוּ, וְהִשְׁתַּחֲווּ לַהֲדֹם רַגְלָיו, קָדוֹשׁ הוּא. מֹשֶׁה וְאַהֲרֹן בְּכֹהֲנָיו, וּשְׁמוּאֵל בְּקֹרְאֵי שְׁמוֹ, קֹרְאִים אֶל יהוה וְהוּא יַעֲנֵם. בְּעַמּוּד עָנָן יְדַבֵּר אֲלֵיהֶם, שָׁמְרוּ עֵדֹתָיו וְחֹק נָתַן לָמוֹ. יהוה אֱלֹהֵינוּ, אַתָּה עֲנִיתָם; אֵל נֹשֵׂא הָיִיתָ לָהֶם, וְנֹקֵם עַל עֲלִילוֹתָם. רוֹמְמוּ יהוה אֱלֹהֵינוּ, וְהִשְׁתַּחֲווּ לְהַר קָדְשׁוֹ; כִּי קָדוֹשׁ יהוה אֱלֹהֵינוּ.

**ק** מִזְמוֹר לְתוֹדָה; הָרִיעוּ לַיהוה כָּל הָאָרֶץ. עִבְדוּ אֶת יהוה בְּשִׂמְחָה, בֹּאוּ לְפָנָיו בִּרְנָנָה. דְּעוּ כִּי יהוה הוּא אֱלֹהִים; הוּא עָשָׂנוּ, וְלוֹ אֲנַחְנוּ, עַמּוֹ וְצֹאן מַרְעִיתוֹ. בֹּאוּ שְׁעָרָיו בְּתוֹדָה, חֲצֵרֹתָיו בִּתְהִלָּה; הוֹדוּ לוֹ, בָּרְכוּ שְׁמוֹ. כִּי טוֹב יהוה, לְעוֹלָם חַסְדּוֹ, וְעַד דֹּר וָדֹר אֱמוּנָתוֹ.

**קא** לְדָוִד מִזְמוֹר; חֶסֶד וּמִשְׁפָּט אָשִׁירָה, לְךָ יהוה אֲזַמֵּרָה. אַשְׂכִּילָה בְּדֶרֶךְ תָּמִים, מָתַי תָּבוֹא אֵלָי; אֶתְהַלֵּךְ בְּתָם לְבָבִי בְּקֶרֶב בֵּיתִי. לֹא אָשִׁית לְנֶגֶד עֵינַי דְּבַר בְּלִיָּעַל; עֲשֹׂה סֵטִים שָׂנֵאתִי, לֹא יִדְבַּק בִּי. לֵבָב עִקֵּשׁ יָסוּר מִמֶּנִּי, רָע לֹא אֵדָע. מְלָשְׁנִי בַסֵּתֶר רֵעֵהוּ, אוֹתוֹ אַצְמִית; גְּבַהּ עֵינַיִם וּרְחַב לֵבָב, אֹתוֹ לֹא אוּכָל. עֵינַי בְּנֶאֶמְנֵי אֶרֶץ לָשֶׁבֶת עִמָּדִי; הֹלֵךְ בְּדֶרֶךְ תָּמִים, הוּא יְשָׁרְתֵנִי. לֹא יֵשֵׁב בְּקֶרֶב בֵּיתִי עֹשֵׂה רְמִיָּה; דֹּבֵר שְׁקָרִים, לֹא יִכּוֹן לְנֶגֶד עֵינָי. לַבְּקָרִים אַצְמִית כָּל רִשְׁעֵי אָרֶץ, לְהַכְרִית מֵעִיר יהוה כָּל פֹּעֲלֵי אָוֶן.

**קב** תְּפִלָּה לְעָנִי כִי יַעֲטֹף, וְלִפְנֵי יהוה יִשְׁפֹּךְ שִׂיחוֹ. יהוה שִׁמְעָה תְפִלָּתִי, וְשַׁוְעָתִי אֵלֶיךָ תָבוֹא. אַל תַּסְתֵּר פָּנֶיךָ מִמֶּנִּי בְּיוֹם צַר לִי; הַטֵּה אֵלַי אָזְנֶךָ, בְּיוֹם אֶקְרָא, מַהֵר עֲנֵנִי. כִּי כָלוּ בְעָשָׁן יָמָי, וְעַצְמוֹתַי כְּמוֹקֵד נִחָרוּ. הוּכָּה כָעֵשֶׂב וַיִּבַשׁ לִבִּי, כִּי שָׁכַחְתִּי מֵאֲכֹל לַחְמִי. מִקּוֹל אַנְחָתִי, דָּבְקָה עַצְמִי לִבְשָׂרִי. דָּמִיתִי לִקְאַת מִדְבָּר, הָיִיתִי כְּכוֹס חֳרָבוֹת. שָׁקַדְתִּי וָאֶהְיֶה כְּצִפּוֹר בּוֹדֵד עַל גָּג. כָּל הַיּוֹם חֵרְפוּנִי אוֹיְבָי, מְהוֹלָלַי בִּי נִשְׁבָּעוּ. כִּי אֵפֶר כַּלֶּחֶם אָכָלְתִּי, וְשִׁקֻּוַי בִּבְכִי מָסָכְתִּי. מִפְּנֵי זַעַמְךָ וְקִצְפֶּךָ, כִּי נְשָׂאתַנִי וַתַּשְׁלִיכֵנִי. יָמַי כְּצֵל נָטוּי, וַאֲנִי כָּעֵשֶׂב אִיבָשׁ. וְאַתָּה יהוה לְעוֹלָם תֵּשֵׁב, וְזִכְרְךָ לְדֹר וָדֹר. אַתָּה תָקוּם תְּרַחֵם צִיּוֹן, כִּי עֵת לְחֶנְנָהּ כִּי בָא מוֹעֵד. כִּי רָצוּ עֲבָדֶיךָ

אֶת אֲבָנֶיהָ, וְאֶת עֲפָרָהּ יְחֹנֵנוּ. וְיִירְאוּ גוֹיִם אֶת שֵׁם יהוה, וְכָל מַלְכֵי הָאָרֶץ אֶת כְּבוֹדֶךָ. כִּי בָנָה יהוה צִיּוֹן, נִרְאָה בִּכְבוֹדוֹ. פָּנָה אֶל תְּפִלַּת הָעַרְעָר, וְלֹא בָזָה אֶת תְּפִלָּתָם. תִּכָּתֶב זֹאת לְדוֹר אַחֲרוֹן, וְעַם נִבְרָא יְהַלֶּל יָהּ. כִּי הִשְׁקִיף מִמְּרוֹם קָדְשׁוֹ, יהוה מִשָּׁמַיִם אֶל אֶרֶץ הִבִּיט. לִשְׁמֹעַ אֶנְקַת אָסִיר, לְפַתֵּחַ בְּנֵי תְמוּתָה. לְסַפֵּר בְּצִיּוֹן שֵׁם יהוה, וּתְהִלָּתוֹ בִּירוּשָׁלָיִם. בְּהִקָּבֵץ עַמִּים יַחְדָּו, וּמַמְלָכוֹת לַעֲבֹד אֶת יהוה. עִנָּה בַדֶּרֶךְ כֹּחִי, קִצַּר יָמָי. אֹמַר: אֵלִי, אַל תַּעֲלֵנִי בַּחֲצִי יָמָי, בְּדוֹר דּוֹרִים שְׁנוֹתֶיךָ. לְפָנִים הָאָרֶץ יָסַדְתָּ, וּמַעֲשֵׂה יָדֶיךָ שָׁמָיִם. הֵמָּה יֹאבֵדוּ, וְאַתָּה תַעֲמֹד; וְכֻלָּם כַּבֶּגֶד יִבְלוּ, כַּלְּבוּשׁ תַּחֲלִיפֵם וְיַחֲלֹפוּ. וְאַתָּה הוּא, וּשְׁנוֹתֶיךָ לֹא יִתָּמּוּ. בְּנֵי עֲבָדֶיךָ יִשְׁכּוֹנוּ, וְזַרְעָם לְפָנֶיךָ יִכּוֹן.

**קג** לְדָוִד; בָּרְכִי נַפְשִׁי אֶת יהוה, וְכָל קְרָבַי אֶת שֵׁם קָדְשׁוֹ. בָּרְכִי נַפְשִׁי אֶת יהוה, וְאַל תִּשְׁכְּחִי כָּל גְּמוּלָיו. הַסֹּלֵחַ לְכָל עֲוֹנֵכִי, הָרֹפֵא לְכָל תַּחֲלוּאָיְכִי. הַגּוֹאֵל מִשַּׁחַת חַיָּיְכִי, הַמְעַטְּרֵכִי חֶסֶד וְרַחֲמִים. הַמַּשְׂבִּיעַ בַּטּוֹב עֶדְיֵךְ, תִּתְחַדֵּשׁ כַּנֶּשֶׁר נְעוּרָיְכִי. עֹשֵׂה צְדָקוֹת יהוה, וּמִשְׁפָּטִים לְכָל עֲשׁוּקִים. יוֹדִיעַ דְּרָכָיו לְמֹשֶׁה, לִבְנֵי יִשְׂרָאֵל עֲלִילוֹתָיו. רַחוּם וְחַנּוּן יהוה, אֶרֶךְ אַפַּיִם וְרַב חָסֶד. לֹא לָנֶצַח יָרִיב, וְלֹא לְעוֹלָם יִטּוֹר. לֹא כַחֲטָאֵינוּ עָשָׂה לָנוּ, וְלֹא כַעֲוֹנֹתֵינוּ גָּמַל עָלֵינוּ. כִּי כִגְבֹהַּ שָׁמַיִם עַל הָאָרֶץ, גָּבַר חַסְדּוֹ עַל יְרֵאָיו. כִּרְחֹק מִזְרָח מִמַּעֲרָב, הִרְחִיק מִמֶּנּוּ אֶת פְּשָׁעֵינוּ. כְּרַחֵם אָב עַל בָּנִים, רִחַם יהוה עַל יְרֵאָיו. כִּי הוּא יָדַע יִצְרֵנוּ, זָכוּר כִּי עָפָר אֲנָחְנוּ. אֱנוֹשׁ כֶּחָצִיר יָמָיו, כְּצִיץ הַשָּׂדֶה כֵּן יָצִיץ. כִּי רוּחַ עָבְרָה בּוֹ וְאֵינֶנּוּ, וְלֹא יַכִּירֶנּוּ עוֹד מְקוֹמוֹ. וְחֶסֶד יהוה מֵעוֹלָם וְעַד עוֹלָם עַל יְרֵאָיו, וְצִדְקָתוֹ לִבְנֵי בָנִים. לְשֹׁמְרֵי בְרִיתוֹ, וּלְזֹכְרֵי פִקֻּדָיו לַעֲשׂוֹתָם. יהוה בַּשָּׁמַיִם הֵכִין כִּסְאוֹ, וּמַלְכוּתוֹ בַּכֹּל מָשָׁלָה. בָּרְכוּ יהוה, מַלְאָכָיו; גִּבֹּרֵי כֹחַ עֹשֵׂי דְבָרוֹ, לִשְׁמֹעַ בְּקוֹל דְּבָרוֹ. בָּרְכוּ יהוה, כָּל צְבָאָיו, מְשָׁרְתָיו עֹשֵׂי רְצוֹנוֹ. בָּרְכוּ יהוה, כָּל מַעֲשָׂיו, בְּכָל מְקֹמוֹת מֶמְשַׁלְתּוֹ; בָּרְכִי נַפְשִׁי אֶת יהוה.

## יום כ״א לחודש

**קד** בָּרְכִי נַפְשִׁי אֶת יהוה; יהוה אֱלֹהַי, גָּדַלְתָּ מְּאֹד, הוֹד וְהָדָר לָבָשְׁתָּ. עֹטֶה אוֹר כַּשַּׂלְמָה, נוֹטֶה שָׁמַיִם כַּיְרִיעָה. הַמְּקָרֶה בַמַּיִם עֲלִיּוֹתָיו; הַשָּׂם עָבִים רְכוּבוֹ, הַמְּהַלֵּךְ עַל כַּנְפֵי רוּחַ. עֹשֶׂה מַלְאָכָיו רוּחוֹת, מְשָׁרְתָיו אֵשׁ לֹהֵט. יָסַד אֶרֶץ עַל מְכוֹנֶיהָ, בַּל תִּמּוֹט עוֹלָם וָעֶד. תְּהוֹם כַּלְּבוּשׁ כִּסִּיתוֹ, עַל הָרִים יַעַמְדוּ מָיִם. מִן גַּעֲרָתְךָ יְנוּסוּן, מִן קוֹל רַעַמְךָ יֵחָפֵזוּן. יַעֲלוּ הָרִים, יֵרְדוּ בְקָעוֹת, אֶל מְקוֹם זֶה יָסַדְתָּ לָהֶם. גְּבוּל שַׂמְתָּ בַּל יַעֲבֹרוּן, בַּל יְשׁוּבוּן לְכַסּוֹת הָאָרֶץ. הַמְּשַׁלֵּחַ מַעְיָנִים בַּנְּחָלִים, בֵּין הָרִים יְהַלֵּכוּן. יַשְׁקוּ כָּל חַיְתוֹ שָׂדָי, יִשְׁבְּרוּ פְרָאִים צְמָאָם. עֲלֵיהֶם עוֹף הַשָּׁמַיִם יִשְׁכּוֹן, מִבֵּין עֳפָאיִם יִתְּנוּ קוֹל. מַשְׁקֶה הָרִים מֵעֲלִיּוֹתָיו, מִפְּרִי מַעֲשֶׂיךָ תִּשְׂבַּע הָאָרֶץ. מַצְמִיחַ חָצִיר לַבְּהֵמָה, וְעֵשֶׂב לַעֲבֹדַת הָאָדָם; לְהוֹצִיא לֶחֶם מִן הָאָרֶץ. וְיַיִן יְשַׂמַּח לְבַב אֱנוֹשׁ, לְהַצְהִיל פָּנִים מִשָּׁמֶן, וְלֶחֶם לְבַב אֱנוֹשׁ יִסְעָד. יִשְׂבְּעוּ עֲצֵי יהוה, אַרְזֵי לְבָנוֹן אֲשֶׁר נָטָע. אֲשֶׁר שָׁם צִפֳּרִים יְקַנֵּנוּ, חֲסִידָה בְּרוֹשִׁים בֵּיתָהּ. הָרִים הַגְּבֹהִים לַיְּעֵלִים, סְלָעִים מַחְסֶה לַשְׁפַנִּים. עָשָׂה יָרֵחַ לְמוֹעֲדִים, שֶׁמֶשׁ יָדַע מְבוֹאוֹ. תָּשֶׁת חֹשֶׁךְ וִיהִי לָיְלָה, בּוֹ תִרְמֹשׂ כָּל חַיְתוֹ יָעַר. הַכְּפִירִים שֹׁאֲגִים לַטָּרֶף, וּלְבַקֵּשׁ מֵאֵל אָכְלָם. תִּזְרַח הַשֶּׁמֶשׁ יֵאָסֵפוּן, וְאֶל מְעוֹנֹתָם יִרְבָּצוּן. יֵצֵא אָדָם לְפָעֳלוֹ, וְלַעֲבֹדָתוֹ עֲדֵי עָרֶב. מָה רַבּוּ מַעֲשֶׂיךָ | יהוה, כֻּלָּם בְּחָכְמָה עָשִׂיתָ, מָלְאָה הָאָרֶץ קִנְיָנֶךָ. זֶה הַיָּם, גָּדוֹל וּרְחַב יָדָיִם; שָׁם רֶמֶשׂ וְאֵין מִסְפָּר, חַיּוֹת קְטַנּוֹת עִם גְּדֹלוֹת. שָׁם אֳנִיּוֹת יְהַלֵּכוּן, לִוְיָתָן זֶה יָצַרְתָּ לְשַׂחֶק בּוֹ. כֻּלָּם אֵלֶיךָ יְשַׂבֵּרוּן, לָתֵת אָכְלָם בְּעִתּוֹ. תִּתֵּן לָהֶם, יִלְקֹטוּן; תִּפְתַּח יָדְךָ, יִשְׂבְּעוּן טוֹב. תַּסְתִּיר פָּנֶיךָ, יִבָּהֵלוּן; תֹּסֵף רוּחָם, יִגְוָעוּן, וְאֶל עֲפָרָם יְשׁוּבוּן. תְּשַׁלַּח רוּחֲךָ יִבָּרֵאוּן, וּתְחַדֵּשׁ פְּנֵי אֲדָמָה. יְהִי כְבוֹד יהוה לְעוֹלָם, יִשְׂמַח יהוה בְּמַעֲשָׂיו. הַמַּבִּיט לָאָרֶץ וַתִּרְעָד, יִגַּע בֶּהָרִים וְיֶעֱשָׁנוּ. אָשִׁירָה לַיהוה בְּחַיָּי, אֲזַמְּרָה לֵאלֹהַי בְּעוֹדִי. יֶעֱרַב עָלָיו שִׂיחִי, אָנֹכִי אֶשְׂמַח בַּיהוה. יִתַּמּוּ

חַטָּאִים מִן הָאָרֶץ, וּרְשָׁעִים עוֹד אֵינָם, בָּרְכִי נַפְשִׁי אֶת יהוה; הַלְלוּיָהּ.

**קה** הוֹדוּ לַיהוה קִרְאוּ בִשְׁמוֹ, הוֹדִיעוּ בָעַמִּים עֲלִילוֹתָיו. שִׁירוּ לוֹ זַמְּרוּ לוֹ, שִׂיחוּ בְּכָל נִפְלְאוֹתָיו. הִתְהַלְלוּ בְּשֵׁם קָדְשׁוֹ, יִשְׂמַח לֵב מְבַקְשֵׁי יהוה. דִּרְשׁוּ יהוה וְעֻזּוֹ, בַּקְּשׁוּ פָנָיו תָּמִיד. זִכְרוּ נִפְלְאוֹתָיו אֲשֶׁר עָשָׂה, מֹפְתָיו וּמִשְׁפְּטֵי פִיו. זֶרַע אַבְרָהָם עַבְדּוֹ, בְּנֵי יַעֲקֹב בְּחִירָיו. הוּא יהוה אֱלֹהֵינוּ, בְּכָל הָאָרֶץ מִשְׁפָּטָיו. זָכַר לְעוֹלָם בְּרִיתוֹ, דָּבָר צִוָּה לְאֶלֶף דּוֹר. אֲשֶׁר כָּרַת אֶת אַבְרָהָם, וּשְׁבוּעָתוֹ לְיִשְׂחָק. וַיַּעֲמִידֶהָ לְיַעֲקֹב לְחֹק, לְיִשְׂרָאֵל בְּרִית עוֹלָם. לֵאמֹר: לְךָ אֶתֵּן אֶת אֶרֶץ כְּנָעַן, חֶבֶל נַחֲלַתְכֶם. בִּהְיוֹתָם מְתֵי מִסְפָּר, כִּמְעַט וְגָרִים בָּהּ. וַיִּתְהַלְּכוּ מִגּוֹי אֶל גּוֹי, מִמַּמְלָכָה אֶל עַם אַחֵר. לֹא הִנִּיחַ אָדָם לְעָשְׁקָם, וַיּוֹכַח עֲלֵיהֶם מְלָכִים. אַל תִּגְּעוּ בִמְשִׁיחָי, וְלִנְבִיאַי אַל תָּרֵעוּ. וַיִּקְרָא רָעָב עַל הָאָרֶץ, כָּל מַטֵּה לֶחֶם שָׁבָר. שָׁלַח לִפְנֵיהֶם אִישׁ, לְעֶבֶד נִמְכַּר יוֹסֵף. עִנּוּ בַכֶּבֶל רַגְלוֹ, בַּרְזֶל בָּאָה נַפְשׁוֹ. עַד עֵת בֹּא דְבָרוֹ, אִמְרַת יהוה צְרָפָתְהוּ. שָׁלַח מֶלֶךְ וַיַּתִּירֵהוּ, מֹשֵׁל עַמִּים וַיְפַתְּחֵהוּ. שָׂמוֹ אָדוֹן לְבֵיתוֹ, וּמֹשֵׁל בְּכָל קִנְיָנוֹ. לֶאְסֹר שָׂרָיו בְּנַפְשׁוֹ, וּזְקֵנָיו יְחַכֵּם. וַיָּבֹא יִשְׂרָאֵל מִצְרָיִם, וְיַעֲקֹב גָּר בְּאֶרֶץ חָם. וַיֶּפֶר אֶת עַמּוֹ מְאֹד, וַיַּעֲצִמֵהוּ מִצָּרָיו. הָפַךְ לִבָּם לִשְׂנֹא עַמּוֹ, לְהִתְנַכֵּל בַּעֲבָדָיו. שָׁלַח מֹשֶׁה עַבְדּוֹ, אַהֲרֹן אֲשֶׁר בָּחַר בּוֹ. שָׂמוּ בָם דִּבְרֵי אֹתוֹתָיו, וּמֹפְתִים בְּאֶרֶץ חָם. שָׁלַח חֹשֶׁךְ וַיַּחְשִׁךְ, וְלֹא מָרוּ אֶת דְּבָרוֹ. הָפַךְ אֶת מֵימֵיהֶם לְדָם, וַיָּמֶת אֶת דְּגָתָם. שָׁרַץ אַרְצָם צְפַרְדְּעִים, בְּחַדְרֵי מַלְכֵיהֶם. אָמַר וַיָּבֹא עָרֹב, כִּנִּים בְּכָל גְּבוּלָם. נָתַן גִּשְׁמֵיהֶם בָּרָד, אֵשׁ לֶהָבוֹת בְּאַרְצָם. וַיַּךְ גַּפְנָם וּתְאֵנָתָם, וַיְשַׁבֵּר עֵץ גְּבוּלָם. אָמַר וַיָּבֹא אַרְבֶּה, וְיֶלֶק וְאֵין מִסְפָּר. וַיֹּאכַל כָּל עֵשֶׂב בְּאַרְצָם, וַיֹּאכַל פְּרִי אַדְמָתָם. וַיַּךְ כָּל בְּכוֹר בְּאַרְצָם, רֵאשִׁית לְכָל אוֹנָם. וַיּוֹצִיאֵם בְּכֶסֶף וְזָהָב, וְאֵין בִּשְׁבָטָיו כּוֹשֵׁל. שָׂמַח מִצְרַיִם בְּצֵאתָם, כִּי נָפַל פַּחְדָּם עֲלֵיהֶם. פָּרַשׂ עָנָן לְמָסָךְ, וְאֵשׁ לְהָאִיר לָיְלָה. שָׁאַל וַיָּבֵא שְׂלָו, וְלֶחֶם שָׁמַיִם יַשְׂבִּיעֵם. פָּתַח צוּר וַיָּזוּבוּ מָיִם, הָלְכוּ בַּצִּיּוֹת נָהָר. כִּי זָכַר אֶת דְּבַר קָדְשׁוֹ, אֶת אַבְרָהָם עַבְדּוֹ. וַיּוֹצִא עַמּוֹ בְשָׂשׂוֹן, בְּרִנָּה אֶת בְּחִירָיו. וַיִּתֵּן לָהֶם אַרְצוֹת גּוֹיִם, וַעֲמַל לְאֻמִּים יִירָשׁוּ. בַּעֲבוּר יִשְׁמְרוּ חֻקָּיו, וְתוֹרֹתָיו יִנְצֹרוּ; הַלְלוּיָהּ.

## יום כ"ב לחודש

**קו** הַלְלוּיָהּ, הוֹדוּ לַיהוה כִּי טוֹב, כִּי לְעוֹלָם חַסְדּוֹ. מִי יְמַלֵּל גְּבוּרוֹת יהוה, יַשְׁמִיעַ כָּל תְּהִלָּתוֹ. אַשְׁרֵי שֹׁמְרֵי מִשְׁפָּט, עֹשֵׂה צְדָקָה בְכָל עֵת. זָכְרֵנִי יהוה בִּרְצוֹן עַמֶּךָ, פָּקְדֵנִי בִּישׁוּעָתֶךָ. לִרְאוֹת בְּטוֹבַת בְּחִירֶיךָ, לִשְׂמֹחַ בְּשִׂמְחַת גּוֹיֶךָ; לְהִתְהַלֵּל עִם נַחֲלָתֶךָ. חָטָאנוּ עִם אֲבוֹתֵינוּ, הֶעֱוִינוּ הִרְשָׁעְנוּ. אֲבוֹתֵינוּ בְמִצְרַיִם לֹא הִשְׂכִּילוּ נִפְלְאוֹתֶיךָ, לֹא זָכְרוּ אֶת רֹב חֲסָדֶיךָ, וַיַּמְרוּ עַל יָם בְּיַם סוּף. וַיּוֹשִׁיעֵם לְמַעַן שְׁמוֹ, לְהוֹדִיעַ אֶת גְּבוּרָתוֹ. וַיִּגְעַר בְּיַם סוּף וַיֶּחֱרָב, וַיּוֹלִיכֵם בַּתְּהֹמוֹת כַּמִּדְבָּר. וַיּוֹשִׁיעֵם מִיַּד שׂוֹנֵא, וַיִּגְאָלֵם מִיַּד אוֹיֵב. וַיְכַסּוּ מַיִם צָרֵיהֶם, אֶחָד מֵהֶם לֹא נוֹתָר. וַיַּאֲמִינוּ בִדְבָרָיו, יָשִׁירוּ תְּהִלָּתוֹ. מִהֲרוּ שָׁכְחוּ מַעֲשָׂיו, לֹא חִכּוּ לַעֲצָתוֹ. וַיִּתְאַוּוּ תַאֲוָה בַּמִּדְבָּר, וַיְנַסּוּ אֵל בִּישִׁימוֹן. וַיִּתֵּן לָהֶם שֶׁאֱלָתָם, וַיְשַׁלַּח רָזוֹן בְּנַפְשָׁם. וַיְקַנְאוּ לְמֹשֶׁה בַּמַּחֲנֶה, לְאַהֲרֹן קְדוֹשׁ יהוה. תִּפְתַּח אֶרֶץ וַתִּבְלַע דָּתָן, וַתְּכַס עַל עֲדַת אֲבִירָם. וַתִּבְעַר אֵשׁ בַּעֲדָתָם, לֶהָבָה תְּלַהֵט רְשָׁעִים. יַעֲשׂוּ עֵגֶל בְּחֹרֵב, וַיִּשְׁתַּחֲווּ לְמַסֵּכָה. וַיָּמִירוּ אֶת כְּבוֹדָם, בְּתַבְנִית שׁוֹר אֹכֵל עֵשֶׂב. שָׁכְחוּ אֵל מוֹשִׁיעָם, עֹשֶׂה גְדֹלוֹת בְּמִצְרָיִם. נִפְלָאוֹת בְּאֶרֶץ חָם, נוֹרָאוֹת עַל יַם סוּף. וַיֹּאמֶר לְהַשְׁמִידָם: לוּלֵי מֹשֶׁה בְחִירוֹ עָמַד בַּפֶּרֶץ לְפָנָיו, לְהָשִׁיב חֲמָתוֹ מֵהַשְׁחִית. וַיִּמְאֲסוּ בְּאֶרֶץ חֶמְדָּה, לֹא הֶאֱמִינוּ לִדְבָרוֹ. וַיֵּרָגְנוּ בְאָהֳלֵיהֶם, לֹא שָׁמְעוּ בְּקוֹל יהוה. וַיִּשָּׂא יָדוֹ לָהֶם, לְהַפִּיל אוֹתָם בַּמִּדְבָּר. וּלְהַפִּיל זַרְעָם בַּגּוֹיִם, וּלְזָרוֹתָם בָּאֲרָצוֹת. וַיִּצָּמְדוּ לְבַעַל פְּעוֹר, וַיֹּאכְלוּ זִבְחֵי מֵתִים. וַיַּכְעִיסוּ בְּמַעַלְלֵיהֶם, וַתִּפְרָץ בָּם מַגֵּפָה. וַיַּעֲמֹד פִּינְחָס וַיְפַלֵּל, וַתֵּעָצַר הַמַּגֵּפָה. וַתֵּחָשֶׁב לוֹ לִצְדָקָה, לְדֹר וָדֹר עַד עוֹלָם. וַיַּקְצִיפוּ עַל מֵי מְרִיבָה, וַיֵּרַע לְמֹשֶׁה בַּעֲבוּרָם. כִּי הִמְרוּ אֶת

רוּחוֹ, וַיְבַטֵּא בִּשְׂפָתָיו. לֹא הִשְׁמִידוּ אֶת הָעַמִּים, אֲשֶׁר אָמַר יהוה לָהֶם. וַיִּתְעָרְבוּ בַגּוֹיִם, וַיִּלְמְדוּ מַעֲשֵׂיהֶם. וַיַּעַבְדוּ אֶת עֲצַבֵּיהֶם, וַיִּהְיוּ לָהֶם לְמוֹקֵשׁ. וַיִּזְבְּחוּ אֶת בְּנֵיהֶם וְאֶת בְּנוֹתֵיהֶם לַשֵּׁדִים. וַיִּשְׁפְּכוּ דָם נָקִי, דַּם בְּנֵיהֶם וּבְנוֹתֵיהֶם, אֲשֶׁר זִבְּחוּ לַעֲצַבֵּי כְנָעַן; וַתֶּחֱנַף הָאָרֶץ בַּדָּמִים. וַיִּטְמְאוּ בְמַעֲשֵׂיהֶם, וַיִּזְנוּ בְּמַעַלְלֵיהֶם. וַיִּחַר אַף יהוה בְּעַמּוֹ, וַיְתָעֵב אֶת נַחֲלָתוֹ. וַיִּתְּנֵם בְּיַד גּוֹיִם, וַיִּמְשְׁלוּ בָהֶם שֹׂנְאֵיהֶם. וַיִּלְחָצוּם אוֹיְבֵיהֶם, וַיִּכָּנְעוּ תַּחַת יָדָם. פְּעָמִים רַבּוֹת יַצִּילֵם; וְהֵמָּה יַמְרוּ בַעֲצָתָם, וַיָּמֹכּוּ בַּעֲוֹנָם. וַיַּרְא בַּצַּר לָהֶם, בְּשָׁמְעוֹ אֶת רִנָּתָם. וַיִּזְכֹּר לָהֶם בְּרִיתוֹ, וַיִּנָּחֵם כְּרֹב חֲסָדָיו. וַיִּתֵּן אוֹתָם לְרַחֲמִים, לִפְנֵי כָּל שׁוֹבֵיהֶם. הוֹשִׁיעֵנוּ יהוה אֱלֹהֵינוּ, וְקַבְּצֵנוּ מִן הַגּוֹיִם; לְהוֹדוֹת לְשֵׁם קָדְשֶׁךָ, לְהִשְׁתַּבֵּחַ בִּתְהִלָּתֶךָ. בָּרוּךְ יהוה אֱלֹהֵי יִשְׂרָאֵל מִן הָעוֹלָם וְעַד הָעוֹלָם, וְאָמַר כָּל הָעָם אָמֵן; הַלְלוּיָהּ.

# ספר חמישי

## יום ששי

**קז** הֹדוּ לַיהוה כִּי טוֹב, כִּי לְעוֹלָם חַסְדּוֹ. יֹאמְרוּ גְּאוּלֵי יהוה, אֲשֶׁר גְּאָלָם מִיַּד צָר. וּמֵאֲרָצוֹת קִבְּצָם; מִמִּזְרָח וּמִמַּעֲרָב, מִצָּפוֹן וּמִיָּם. תָּעוּ בַמִּדְבָּר בִּישִׁימוֹן דָּרֶךְ, עִיר מוֹשָׁב לֹא מָצָאוּ. רְעֵבִים גַּם צְמֵאִים, נַפְשָׁם בָּהֶם תִּתְעַטָּף. וַיִּצְעֲקוּ אֶל יהוה בַּצַּר לָהֶם, מִמְּצוּקוֹתֵיהֶם יַצִּילֵם. וַיַּדְרִיכֵם בְּדֶרֶךְ יְשָׁרָה, לָלֶכֶת אֶל עִיר מוֹשָׁב. יוֹדוּ לַיהוה חַסְדּוֹ, וְנִפְלְאוֹתָיו לִבְנֵי אָדָם. כִּי הִשְׂבִּיעַ נֶפֶשׁ שֹׁקֵקָה, וְנֶפֶשׁ רְעֵבָה מִלֵּא טוֹב. יֹשְׁבֵי חֹשֶׁךְ וְצַלְמָוֶת, אֲסִירֵי עֳנִי וּבַרְזֶל. כִּי הִמְרוּ אִמְרֵי אֵל, וַעֲצַת עֶלְיוֹן נָאָצוּ. וַיַּכְנַע בֶּעָמָל לִבָּם, כָּשְׁלוּ וְאֵין עֹזֵר. וַיִּזְעֲקוּ אֶל יהוה בַּצַּר לָהֶם, מִמְּצֻקוֹתֵיהֶם יוֹשִׁיעֵם. יוֹצִיאֵם מֵחֹשֶׁךְ וְצַלְמָוֶת, וּמוֹסְרוֹתֵיהֶם יְנַתֵּק. יוֹדוּ לַיהוה חַסְדּוֹ, וְנִפְלְאוֹתָיו לִבְנֵי אָדָם. כִּי שִׁבַּר דַּלְתוֹת נְחֹשֶׁת, וּבְרִיחֵי בַרְזֶל גִּדֵּעַ. אֱוִלִים מִדֶּרֶךְ פִּשְׁעָם, וּמֵעֲוֹנֹתֵיהֶם יִתְעַנּוּ. כָּל אֹכֶל תְּתַעֵב נַפְשָׁם, וַיַּגִּיעוּ עַד שַׁעֲרֵי מָוֶת. וַיִּזְעֲקוּ אֶל יהוה בַּצַּר לָהֶם, מִמְּצֻקוֹתֵיהֶם יוֹשִׁיעֵם. יִשְׁלַח דְּבָרוֹ וְיִרְפָּאֵם, וִימַלֵּט מִשְּׁחִיתוֹתָם. יוֹדוּ לַיהוה חַסְדּוֹ, וְנִפְלְאוֹתָיו לִבְנֵי אָדָם. וְיִזְבְּחוּ זִבְחֵי תוֹדָה, וִיסַפְּרוּ מַעֲשָׂיו בְּרִנָּה. יוֹרְדֵי הַיָּם בָּאֳנִיּוֹת, עֹשֵׂי מְלָאכָה בְּמַיִם רַבִּים. הֵמָּה רָאוּ מַעֲשֵׂי יהוה, וְנִפְלְאוֹתָיו בִּמְצוּלָה. וַיֹּאמֶר וַיַּעֲמֵד רוּחַ סְעָרָה, וַתְּרוֹמֵם גַּלָּיו. יַעֲלוּ שָׁמַיִם יֵרְדוּ תְהוֹמוֹת, נַפְשָׁם בְּרָעָה תִתְמוֹגָג. יָחוֹגּוּ וְיָנוּעוּ כַּשִּׁכּוֹר, וְכָל חָכְמָתָם תִּתְבַּלָּע. וַיִּצְעֲקוּ אֶל יהוה בַּצַּר לָהֶם, וּמִמְּצוּקֹתֵיהֶם יוֹצִיאֵם. יָקֵם סְעָרָה לִדְמָמָה, וַיֶּחֱשׁוּ גַּלֵּיהֶם. וַיִּשְׂמְחוּ כִי יִשְׁתֹּקוּ, וַיַּנְחֵם אֶל מְחוֹז חֶפְצָם. יוֹדוּ לַיהוה חַסְדּוֹ, וְנִפְלְאוֹתָיו לִבְנֵי אָדָם. וִירוֹמְמוּהוּ בִּקְהַל עָם, וּבְמוֹשַׁב זְקֵנִים יְהַלְלוּהוּ. יָשֵׂם נְהָרוֹת לְמִדְבָּר, וּמֹצָאֵי מַיִם לְצִמָּאוֹן. אֶרֶץ פְּרִי לִמְלֵחָה, מֵרָעַת יוֹשְׁבֵי בָהּ. יָשֵׂם מִדְבָּר לַאֲגַם מַיִם, וְאֶרֶץ צִיָּה לְמֹצָאֵי מָיִם. וַיּוֹשֶׁב שָׁם רְעֵבִים, וַיְכוֹנְנוּ עִיר מוֹשָׁב. וַיִּזְרְעוּ שָׂדוֹת, וַיִּטְּעוּ כְרָמִים, וַיַּעֲשׂוּ פְּרִי תְבוּאָה. וַיְבָרְכֵם וַיִּרְבּוּ מְאֹד, וּבְהֶמְתָּם לֹא יַמְעִיט. וַיִּמְעֲטוּ וַיָּשֹׁחוּ, מֵעֹצֶר רָעָה וְיָגוֹן. שֹׁפֵךְ בּוּז עַל נְדִיבִים, וַיַּתְעֵם בְּתֹהוּ לֹא דָרֶךְ. וַיְשַׂגֵּב אֶבְיוֹן מֵעוֹנִי, וַיָּשֶׂם כַּצֹּאן מִשְׁפָּחוֹת. יִרְאוּ יְשָׁרִים וְיִשְׂמָחוּ, וְכָל עַוְלָה קָפְצָה פִּיהָ. מִי חָכָם וְיִשְׁמָר אֵלֶּה, וְיִתְבּוֹנְנוּ חַסְדֵי יהוה.

### יום כ״ג לחודש

**קח** שִׁיר מִזְמוֹר לְדָוִד. נָכוֹן לִבִּי אֱלֹהִים, אָשִׁירָה וַאֲזַמְּרָה אַף כְּבוֹדִי. עוּרָה הַנֵּבֶל וְכִנּוֹר, אָעִירָה שָּׁחַר. אוֹדְךָ בָעַמִּים, יהוה, וַאֲזַמֶּרְךָ בַּלְאֻמִּים. כִּי גָדוֹל מֵעַל שָׁמַיִם חַסְדֶּךָ, וְעַד שְׁחָקִים אֲמִתֶּךָ. רוּמָה עַל שָׁמַיִם, אֱלֹהִים; וְעַל כָּל הָאָרֶץ כְּבוֹדֶךָ. לְמַעַן יֵחָלְצוּן יְדִידֶיךָ, הוֹשִׁיעָה יְמִינְךָ וַעֲנֵנִי. אֱלֹהִים דִּבֶּר בְּקָדְשׁוֹ אֶעְלֹזָה; אֲחַלְּקָה שְׁכֶם, וְעֵמֶק סֻכּוֹת אֲמַדֵּד. לִי גִלְעָד, לִי מְנַשֶּׁה, וְאֶפְרַיִם מָעוֹז רֹאשִׁי, יְהוּדָה מְחֹקְקִי. מוֹאָב סִיר רַחְצִי, עַל אֱדוֹם אַשְׁלִיךְ נַעֲלִי, עֲלֵי פְלֶשֶׁת אֶתְרוֹעָע. מִי יֹבִלֵנִי עִיר מִבְצָר, מִי נָחַנִי עַד אֱדוֹם. הֲלֹא

אֱלֹהִים זְנַחְתָּנוּ, וְלֹא תֵצֵא אֱלֹהִים בְּצִבְאֹתֵינוּ. הָבָה לָּנוּ עֶזְרָת מִצָּר, וְשָׁוְא תְּשׁוּעַת אָדָם. בֵּאלֹהִים נַעֲשֶׂה חָיִל, וְהוּא יָבוּס צָרֵינוּ.

**קט** לַמְנַצֵּחַ לְדָוִד מִזְמוֹר; אֱלֹהֵי תְהִלָּתִי אַל תֶּחֱרַשׁ. כִּי פִי רָשָׁע וּפִי מִרְמָה עָלַי פָּתָחוּ, דִּבְּרוּ אִתִּי לְשׁוֹן שָׁקֶר. וְדִבְרֵי שִׂנְאָה סְבָבוּנִי, וַיִּלָּחֲמוּנִי חִנָּם. תַּחַת אַהֲבָתִי יִשְׂטְנוּנִי, וַאֲנִי תְפִלָּה. וַיָּשִׂימוּ עָלַי רָעָה תַּחַת טוֹבָה, וְשִׂנְאָה תַּחַת אַהֲבָתִי. הַפְקֵד עָלָיו רָשָׁע, וְשָׂטָן יַעֲמֹד עַל יְמִינוֹ. בְּהִשָּׁפְטוֹ יֵצֵא רָשָׁע, וּתְפִלָּתוֹ תִּהְיֶה לַחֲטָאָה. יִהְיוּ יָמָיו מְעַטִּים, פְּקֻדָּתוֹ יִקַּח אַחֵר. יִהְיוּ בָנָיו יְתוֹמִים, וְאִשְׁתּוֹ אַלְמָנָה. וְנוֹעַ יָנוּעוּ בָנָיו וְשִׁאֵלוּ, וְדָרְשׁוּ מֵחָרְבוֹתֵיהֶם. יְנַקֵּשׁ נוֹשֶׁה לְכָל אֲשֶׁר לוֹ, וְיָבֹזּוּ זָרִים יְגִיעוֹ. אַל יְהִי לוֹ מֹשֵׁךְ חָסֶד, וְאַל יְהִי חוֹנֵן לִיתוֹמָיו. יְהִי אַחֲרִיתוֹ לְהַכְרִית, בְּדוֹר אַחֵר יִמַּח שְׁמָם. יִזָּכֵר עֲוֹן אֲבֹתָיו אֶל יהוה, וְחַטַּאת אִמּוֹ אַל תִּמָּח. יִהְיוּ נֶגֶד יהוה תָּמִיד, וְיַכְרֵת מֵאֶרֶץ זִכְרָם. יַעַן אֲשֶׁר לֹא זָכַר עֲשׂוֹת חָסֶד; וַיִּרְדֹּף אִישׁ עָנִי וְאֶבְיוֹן, וְנִכְאֵה לֵבָב לְמוֹתֵת. וַיֶּאֱהַב קְלָלָה וַתְּבוֹאֵהוּ; וְלֹא חָפֵץ בִּבְרָכָה, וַתִּרְחַק מִמֶּנּוּ. וַיִּלְבַּשׁ קְלָלָה כְּמַדּוֹ; וַתָּבֹא כַמַּיִם בְּקִרְבּוֹ, וְכַשֶּׁמֶן בְּעַצְמוֹתָיו. תְּהִי לוֹ כְּבֶגֶד יַעְטֶה, וּלְמֵזַח תָּמִיד יַחְגְּרֶהָ. זֹאת פְּעֻלַּת שֹׂטְנַי מֵאֵת יהוה, וְהַדֹּבְרִים רָע עַל נַפְשִׁי. וְאַתָּה יֱהוִה אֲדֹנָי, עֲשֵׂה אִתִּי לְמַעַן שְׁמֶךָ, כִּי טוֹב חַסְדְּךָ הַצִּילֵנִי. כִּי עָנִי וְאֶבְיוֹן אָנֹכִי, וְלִבִּי חָלַל בְּקִרְבִּי. כְּצֵל כִּנְטוֹתוֹ נֶהֱלָכְתִּי, נִנְעַרְתִּי כָּאַרְבֶּה. בִּרְכַּי כָּשְׁלוּ מִצּוֹם, וּבְשָׂרִי כָּחַשׁ מִשָּׁמֶן. וַאֲנִי הָיִיתִי חֶרְפָּה לָהֶם, יִרְאוּנִי יְנִיעוּן רֹאשָׁם. עָזְרֵנִי יהוה אֱלֹהָי, הוֹשִׁיעֵנִי כְחַסְדֶּךָ. וְיֵדְעוּ כִּי יָדְךָ זֹּאת, אַתָּה יהוה עֲשִׂיתָהּ. יְקַלְלוּ הֵמָּה וְאַתָּה תְבָרֵךְ; קָמוּ וַיֵּבֹשׁוּ, וְעַבְדְּךָ יִשְׂמָח. יִלְבְּשׁוּ שׂוֹטְנַי כְּלִמָּה, וְיַעֲטוּ כַמְעִיל בָּשְׁתָּם. אוֹדֶה יהוה מְאֹד בְּפִי, וּבְתוֹךְ רַבִּים אֲהַלְלֶנּוּ. כִּי יַעֲמֹד לִימִין אֶבְיוֹן, לְהוֹשִׁיעַ מִשֹּׁפְטֵי נַפְשׁוֹ.

**קי** לְדָוִד מִזְמוֹר; נְאֻם יהוה | לַאדֹנִי: שֵׁב לִימִינִי, עַד אָשִׁית אֹיְבֶיךָ הֲדֹם לְרַגְלֶיךָ. מַטֵּה עֻזְּךָ יִשְׁלַח יהוה מִצִּיּוֹן, רְדֵה בְּקֶרֶב אֹיְבֶיךָ. עַמְּךָ נְדָבֹת בְּיוֹם חֵילֶךָ; בְּהַדְרֵי קֹדֶשׁ מֵרֶחֶם מִשְׁחָר, לְךָ טַל יַלְדֻתֶיךָ. נִשְׁבַּע יהוה וְלֹא יִנָּחֵם, אַתָּה כֹהֵן לְעוֹלָם, עַל דִּבְרָתִי מַלְכִּי צֶדֶק. אֲדֹנָי עַל יְמִינְךָ, מָחַץ בְּיוֹם אַפּוֹ מְלָכִים. יָדִין בַּגּוֹיִם מָלֵא גְוִיּוֹת, מָחַץ רֹאשׁ עַל אֶרֶץ רַבָּה. מִנַּחַל בַּדֶּרֶךְ יִשְׁתֶּה, עַל כֵּן יָרִים רֹאשׁ.

**קיא** הַלְלוּיָהּ, אוֹדֶה יהוה בְּכָל לֵבָב, בְּסוֹד יְשָׁרִים וְעֵדָה. גְּדֹלִים מַעֲשֵׂי יהוה, דְּרוּשִׁים לְכָל חֶפְצֵיהֶם. הוֹד וְהָדָר פָּעֳלוֹ, וְצִדְקָתוֹ עֹמֶדֶת לָעַד. זֵכֶר עָשָׂה לְנִפְלְאוֹתָיו, חַנּוּן וְרַחוּם יהוה. טֶרֶף נָתַן לִירֵאָיו, יִזְכֹּר לְעוֹלָם בְּרִיתוֹ. כֹּחַ מַעֲשָׂיו הִגִּיד לְעַמּוֹ, לָתֵת לָהֶם נַחֲלַת גּוֹיִם. מַעֲשֵׂי יָדָיו אֱמֶת וּמִשְׁפָּט, נֶאֱמָנִים כָּל פִּקּוּדָיו. סְמוּכִים לָעַד לְעוֹלָם, עֲשׂוּיִם בֶּאֱמֶת וְיָשָׁר. פְּדוּת שָׁלַח לְעַמּוֹ, צִוָּה לְעוֹלָם בְּרִיתוֹ; קָדוֹשׁ וְנוֹרָא שְׁמוֹ. רֵאשִׁית חָכְמָה יִרְאַת יהוה, שֵׂכֶל טוֹב לְכָל עֹשֵׂיהֶם; תְּהִלָּתוֹ עֹמֶדֶת לָעַד.

**קיב** הַלְלוּיָהּ, אַשְׁרֵי אִישׁ יָרֵא אֶת יהוה, בְּמִצְוֹתָיו חָפֵץ מְאֹד. גִּבּוֹר בָּאָרֶץ יִהְיֶה זַרְעוֹ, דּוֹר יְשָׁרִים יְבֹרָךְ. הוֹן וָעֹשֶׁר בְּבֵיתוֹ, וְצִדְקָתוֹ עֹמֶדֶת לָעַד. זָרַח בַּחֹשֶׁךְ אוֹר לַיְשָׁרִים, חַנּוּן וְרַחוּם וְצַדִּיק. טוֹב אִישׁ חוֹנֵן וּמַלְוֶה, יְכַלְכֵּל דְּבָרָיו בְּמִשְׁפָּט. כִּי לְעוֹלָם לֹא יִמּוֹט, לְזֵכֶר עוֹלָם יִהְיֶה צַדִּיק. מִשְּׁמוּעָה רָעָה לֹא יִירָא, נָכוֹן לִבּוֹ בָּטֻחַ בַּיהוה. סָמוּךְ לִבּוֹ לֹא יִירָא, עַד אֲשֶׁר יִרְאֶה בְצָרָיו. פִּזַּר נָתַן לָאֶבְיוֹנִים, צִדְקָתוֹ עֹמֶדֶת לָעַד; קַרְנוֹ תָּרוּם בְּכָבוֹד. רָשָׁע יִרְאֶה וְכָעָס, שִׁנָּיו יַחֲרֹק וְנָמָס; תַּאֲוַת רְשָׁעִים תֹּאבֵד.

---

יום כ״ד לחודש

---

**קיג** הַלְלוּיָהּ, הַלְלוּ עַבְדֵי יהוה, הַלְלוּ אֶת שֵׁם יהוה. יְהִי שֵׁם יהוה מְבֹרָךְ מֵעַתָּה וְעַד עוֹלָם. מִמִּזְרַח שֶׁמֶשׁ עַד מְבוֹאוֹ, מְהֻלָּל שֵׁם יהוה. רָם עַל כָּל גּוֹיִם | יהוה, עַל הַשָּׁמַיִם כְּבוֹדוֹ. מִי כַּיהוה אֱלֹהֵינוּ, הַמַּגְבִּיהִי לָשָׁבֶת. הַמַּשְׁפִּילִי לִרְאוֹת, בַּשָּׁמַיִם וּבָאָרֶץ. מְקִימִי מֵעָפָר דָּל, מֵאַשְׁפֹּת יָרִים אֶבְיוֹן. לְהוֹשִׁיבִי עִם נְדִיבִים, עִם נְדִיבֵי עַמּוֹ. מוֹשִׁיבִי עֲקֶרֶת הַבַּיִת, אֵם הַבָּנִים שְׂמֵחָה; הַלְלוּיָהּ.

**קיד** בְּצֵאת יִשְׂרָאֵל מִמִּצְרָיִם, בֵּית יַעֲקֹב מֵעַם לֹעֵז. הָיְתָה יְהוּדָה לְקָדְשׁוֹ, יִשְׂרָאֵל מַמְשְׁלוֹתָיו. הַיָּם רָאָה וַיָּנֹס, הַיַּרְדֵּן יִסֹּב לְאָחוֹר. הֶהָרִים רָקְדוּ כְאֵילִים, גְּבָעוֹת כִּבְנֵי צֹאן. מַה לְּךָ הַיָּם כִּי תָנוּס, הַיַּרְדֵּן תִּסֹּב לְאָחוֹר. הֶהָרִים תִּרְקְדוּ כְאֵילִים, גְּבָעוֹת כִּבְנֵי צֹאן. מִלִּפְנֵי אָדוֹן חוּלִי אָרֶץ, מִלִּפְנֵי אֱלוֹהַּ יַעֲקֹב. הַהֹפְכִי הַצּוּר אֲגַם מָיִם, חַלָּמִישׁ לְמַעְיְנוֹ מָיִם.

**קטו** לֹא לָנוּ, יהוה, לֹא לָנוּ, כִּי לְשִׁמְךָ תֵּן כָּבוֹד, עַל חַסְדְּךָ עַל אֲמִתֶּךָ. לָמָּה יֹאמְרוּ הַגּוֹיִם, אַיֵּה נָא אֱלֹהֵיהֶם. וֵאלֹהֵינוּ בַשָּׁמָיִם, כֹּל אֲשֶׁר חָפֵץ עָשָׂה. עֲצַבֵּיהֶם כֶּסֶף וְזָהָב, מַעֲשֵׂה יְדֵי אָדָם. פֶּה לָהֶם וְלֹא יְדַבֵּרוּ, עֵינַיִם לָהֶם וְלֹא יִרְאוּ. אָזְנַיִם לָהֶם וְלֹא יִשְׁמָעוּ, אַף לָהֶם וְלֹא יְרִיחוּן. יְדֵיהֶם וְלֹא יְמִישׁוּן, רַגְלֵיהֶם וְלֹא יְהַלֵּכוּ, לֹא יֶהְגּוּ בִּגְרוֹנָם. כְּמוֹהֶם יִהְיוּ עֹשֵׂיהֶם, כֹּל אֲשֶׁר בֹּטֵחַ בָּהֶם. יִשְׂרָאֵל בְּטַח בַּיהוה, עֶזְרָם וּמָגִנָּם הוּא. בֵּית אַהֲרֹן בִּטְחוּ בַיהוה, עֶזְרָם וּמָגִנָּם הוּא. יִרְאֵי יהוה בִּטְחוּ בַיהוה, עֶזְרָם וּמָגִנָּם הוּא. יהוה זְכָרָנוּ יְבָרֵךְ; יְבָרֵךְ אֶת בֵּית יִשְׂרָאֵל, יְבָרֵךְ אֶת בֵּית אַהֲרֹן. יְבָרֵךְ יִרְאֵי יהוה, הַקְּטַנִּים עִם הַגְּדֹלִים. יֹסֵף יהוה עֲלֵיכֶם, עֲלֵיכֶם וְעַל בְּנֵיכֶם. בְּרוּכִים אַתֶּם לַיהוה, עֹשֵׂה שָׁמַיִם וָאָרֶץ. הַשָּׁמַיִם שָׁמַיִם לַיהוה, וְהָאָרֶץ נָתַן לִבְנֵי אָדָם. לֹא הַמֵּתִים יְהַלְלוּ יָהּ, וְלֹא כָּל יֹרְדֵי דוּמָה. וַאֲנַחְנוּ נְבָרֵךְ יָהּ, מֵעַתָּה וְעַד עוֹלָם; הַלְלוּיָהּ.

**קטז** אָהַבְתִּי כִּי יִשְׁמַע | יהוה, אֶת קוֹלִי תַּחֲנוּנָי. כִּי הִטָּה אָזְנוֹ לִי, וּבְיָמַי אֶקְרָא. אֲפָפוּנִי חֶבְלֵי מָוֶת, וּמְצָרֵי שְׁאוֹל מְצָאוּנִי; צָרָה וְיָגוֹן אֶמְצָא. וּבְשֵׁם יהוה אֶקְרָא: אָנָּה יהוה מַלְּטָה נַפְשִׁי. חַנּוּן יהוה וְצַדִּיק, וֵאלֹהֵינוּ מְרַחֵם. שֹׁמֵר פְּתָאִים יהוה, דַּלּוֹתִי וְלִי יְהוֹשִׁיעַ. שׁוּבִי נַפְשִׁי לִמְנוּחָיְכִי, כִּי יהוה גָּמַל עָלָיְכִי. כִּי חִלַּצְתָּ נַפְשִׁי מִמָּוֶת; אֶת עֵינִי מִן דִּמְעָה, אֶת רַגְלִי מִדֶּחִי. אֶתְהַלֵּךְ לִפְנֵי יהוה, בְּאַרְצוֹת הַחַיִּים. הֶאֱמַנְתִּי כִּי אֲדַבֵּר, אֲנִי עָנִיתִי מְאֹד. אֲנִי אָמַרְתִּי בְחָפְזִי, כָּל הָאָדָם כֹּזֵב. מָה אָשִׁיב לַיהוה, כָּל תַּגְמוּלוֹהִי עָלָי. כּוֹס יְשׁוּעוֹת אֶשָּׂא, וּבְשֵׁם יהוה אֶקְרָא. נְדָרַי לַיהוה אֲשַׁלֵּם, נֶגְדָה נָּא לְכָל עַמּוֹ. יָקָר בְּעֵינֵי יהוה, הַמָּוְתָה לַחֲסִידָיו. אָנָּה יהוה כִּי אֲנִי עַבְדֶּךָ; אֲנִי עַבְדְּךָ בֶּן אֲמָתֶךָ, פִּתַּחְתָּ לְמוֹסֵרָי. לְךָ אֶזְבַּח זֶבַח תּוֹדָה, וּבְשֵׁם יהוה אֶקְרָא. נְדָרַי לַיהוה אֲשַׁלֵּם, נֶגְדָה נָּא לְכָל עַמּוֹ. בְּחַצְרוֹת בֵּית יהוה, בְּתוֹכֵכִי יְרוּשָׁלָיִם; הַלְלוּיָהּ.

**קיז** הַלְלוּ אֶת יהוה, כָּל גּוֹיִם; שַׁבְּחוּהוּ כָּל הָאֻמִּים. כִּי גָבַר עָלֵינוּ חַסְדּוֹ, וֶאֱמֶת יהוה לְעוֹלָם; הַלְלוּיָהּ.

**קיח** הוֹדוּ לַיהוה כִּי טוֹב, כִּי לְעוֹלָם חַסְדּוֹ. יֹאמַר נָא יִשְׂרָאֵל, כִּי לְעוֹלָם חַסְדּוֹ. יֹאמְרוּ נָא בֵית אַהֲרֹן, כִּי לְעוֹלָם חַסְדּוֹ. יֹאמְרוּ נָא יִרְאֵי יהוה, כִּי לְעוֹלָם חַסְדּוֹ. מִן הַמֵּצַר קָרָאתִי יָּהּ, עָנָנִי בַמֶּרְחָב יָהּ. יהוה לִי לֹא אִירָא, מַה יַּעֲשֶׂה לִי אָדָם. יהוה לִי בְּעֹזְרָי, וַאֲנִי אֶרְאֶה בְשֹׂנְאָי. טוֹב לַחֲסוֹת בַּיהוה, מִבְּטֹחַ בָּאָדָם. טוֹב לַחֲסוֹת בַּיהוה, מִבְּטֹחַ בִּנְדִיבִים. כָּל גּוֹיִם סְבָבוּנִי, בְּשֵׁם יהוה כִּי אֲמִילַם. סַבּוּנִי גַם סְבָבוּנִי, בְּשֵׁם יהוה כִּי אֲמִילַם. סַבּוּנִי כִדְבֹרִים, דֹּעֲכוּ כְּאֵשׁ קוֹצִים; בְּשֵׁם יהוה כִּי אֲמִילַם. דָּחֹה דְחִיתַנִי לִנְפֹּל, וַיהוה עֲזָרָנִי. עָזִּי וְזִמְרָת יָהּ, וַיְהִי לִי לִישׁוּעָה. קוֹל רִנָּה וִישׁוּעָה בְּאָהֳלֵי צַדִּיקִים, יְמִין יהוה עֹשָׂה חָיִל. יְמִין יהוה רוֹמֵמָה, יְמִין יהוה עֹשָׂה חָיִל. לֹא אָמוּת כִּי אֶחְיֶה, וַאֲסַפֵּר מַעֲשֵׂי יָהּ. יַסֹּר יִסְּרַנִּי יָּהּ, וְלַמָּוֶת לֹא נְתָנָנִי. פִּתְחוּ לִי שַׁעֲרֵי צֶדֶק, אָבֹא בָם אוֹדֶה יָהּ. זֶה הַשַּׁעַר לַיהוה, צַדִּיקִים יָבֹאוּ בוֹ. אוֹדְךָ כִּי עֲנִיתָנִי, וַתְּהִי לִי לִישׁוּעָה. אֶבֶן מָאֲסוּ הַבּוֹנִים, הָיְתָה לְרֹאשׁ פִּנָּה. מֵאֵת יהוה הָיְתָה זֹּאת, הִיא נִפְלָאת בְּעֵינֵינוּ. זֶה הַיּוֹם עָשָׂה יהוה, נָגִילָה וְנִשְׂמְחָה בוֹ. אָנָּא יהוה, הוֹשִׁיעָה נָּא; אָנָּא יהוה, הַצְלִיחָה נָּא. בָּרוּךְ הַבָּא בְּשֵׁם יהוה, בֵּרַכְנוּכֶם מִבֵּית יהוה. אֵל יהוה וַיָּאֶר לָנוּ, אִסְרוּ חַג בַּעֲבֹתִים עַד קַרְנוֹת הַמִּזְבֵּחַ. אֵלִי אַתָּה וְאוֹדֶךָּ, אֱלֹהַי אֲרוֹמְמֶךָּ. הוֹדוּ לַיהוה כִּי טוֹב, כִּי לְעוֹלָם חַסְדּוֹ.

## יום כ"ה לחודש

**קיט** אַשְׁרֵי תְמִימֵי דָרֶךְ, הַהֹלְכִים בְּתוֹרַת יהוה. אַשְׁרֵי נֹצְרֵי עֵדֹתָיו, בְּכָל לֵב יִדְרְשׁוּהוּ. אַף לֹא פָעֲלוּ עַוְלָה,

בִּדְרָכָיו הָלָכוּ. אַתָּה צִוִּיתָה פִקֻּדֶיךָ, לִשְׁמֹר מְאֹד. אַחֲלַי, יִכֹּנוּ דְרָכָי לִשְׁמֹר חֻקֶּיךָ. אָז לֹא אֵבוֹשׁ, בְּהַבִּיטִי אֶל כָּל מִצְוֹתֶיךָ. אוֹדְךָ בְּיֹשֶׁר לֵבָב, בְּלָמְדִי מִשְׁפְּטֵי צִדְקֶךָ. אֶת חֻקֶּיךָ אֶשְׁמֹר, אַל תַּעַזְבֵנִי עַד מְאֹד.

בַּמֶּה יְזַכֶּה נַּעַר אֶת אָרְחוֹ, לִשְׁמֹר כִּדְבָרֶךָ. בְּכָל לִבִּי דְרַשְׁתִּיךָ, אַל תַּשְׁגֵּנִי מִמִּצְוֹתֶיךָ. בְּלִבִּי צָפַנְתִּי אִמְרָתֶךָ, לְמַעַן לֹא אֶחֱטָא לָךְ. בָּרוּךְ אַתָּה יהוה, לַמְּדֵנִי חֻקֶּיךָ. בִּשְׂפָתַי סִפַּרְתִּי, כֹּל מִשְׁפְּטֵי פִיךָ. בְּדֶרֶךְ עֵדְוֹתֶיךָ שַׂשְׂתִּי, כְּעַל כָּל הוֹן. בְּפִקֻּדֶיךָ אָשִׂיחָה, וְאַבִּיטָה אֹרְחֹתֶיךָ. בְּחֻקֹּתֶיךָ אֶשְׁתַּעֲשָׁע, לֹא אֶשְׁכַּח דְּבָרֶךָ.

גְּמֹל עַל עַבְדְּךָ, אֶחְיֶה, וְאֶשְׁמְרָה דְבָרֶךָ. גַּל עֵינַי, וְאַבִּיטָה נִפְלָאוֹת מִתּוֹרָתֶךָ. גֵּר אָנֹכִי בָאָרֶץ, אַל תַּסְתֵּר מִמֶּנִּי מִצְוֹתֶיךָ. גָּרְסָה נַפְשִׁי לְתַאֲבָה, אֶל מִשְׁפָּטֶיךָ בְכָל עֵת. גָּעַרְתָּ זֵדִים אֲרוּרִים, הַשֹּׁגִים מִמִּצְוֹתֶיךָ. גַּל מֵעָלַי חֶרְפָּה וָבוּז, כִּי עֵדֹתֶיךָ נָצָרְתִּי. גַּם יָשְׁבוּ שָׂרִים בִּי נִדְבָּרוּ, עַבְדְּךָ יָשִׂיחַ בְּחֻקֶּיךָ. גַּם עֵדֹתֶיךָ שַׁעֲשֻׁעָי, אַנְשֵׁי עֲצָתִי.

דָּבְקָה לֶעָפָר נַפְשִׁי, חַיֵּנִי כִּדְבָרֶךָ. דְּרָכַי סִפַּרְתִּי וַתַּעֲנֵנִי, לַמְּדֵנִי חֻקֶּיךָ. דֶּרֶךְ פִּקּוּדֶיךָ הֲבִינֵנִי, וְאָשִׂיחָה בְּנִפְלְאוֹתֶיךָ. דָּלְפָה נַפְשִׁי מִתּוּגָה, קַיְּמֵנִי כִּדְבָרֶךָ. דֶּרֶךְ שֶׁקֶר הָסֵר מִמֶּנִּי, וְתוֹרָתְךָ חָנֵּנִי. דֶּרֶךְ אֱמוּנָה בָחָרְתִּי, מִשְׁפָּטֶיךָ שִׁוִּיתִי. דָּבַקְתִּי בְעֵדְוֹתֶיךָ, יהוה אַל תְּבִישֵׁנִי. דֶּרֶךְ מִצְוֹתֶיךָ אָרוּץ, כִּי תַרְחִיב לִבִּי.

הוֹרֵנִי יהוה דֶּרֶךְ חֻקֶּיךָ, וְאֶצְּרֶנָּה עֵקֶב. הֲבִינֵנִי וְאֶצְּרָה תוֹרָתֶךָ, וְאֶשְׁמְרֶנָּה בְכָל לֵב. הַדְרִיכֵנִי בִּנְתִיב מִצְוֹתֶיךָ, כִּי בוֹ חָפָצְתִּי. הַט לִבִּי אֶל עֵדְוֹתֶיךָ, וְאַל אֶל בָּצַע. הַעֲבֵר עֵינַי מֵרְאוֹת שָׁוְא, בִּדְרָכֶךָ חַיֵּנִי. הָקֵם לְעַבְדְּךָ אִמְרָתֶךָ, אֲשֶׁר לְיִרְאָתֶךָ. הַעֲבֵר חֶרְפָּתִי אֲשֶׁר יָגֹרְתִּי, כִּי מִשְׁפָּטֶיךָ טוֹבִים. הִנֵּה תָּאַבְתִּי לְפִקֻּדֶיךָ, בְּצִדְקָתְךָ חַיֵּנִי.

וִיבֹאֻנִי חֲסָדֶךָ, יהוה, תְּשׁוּעָתְךָ כְּאִמְרָתֶךָ. וְאֶעֱנֶה חֹרְפִי דָבָר, כִּי בָטַחְתִּי בִּדְבָרֶךָ. וְאַל תַּצֵּל מִפִּי דְבַר אֱמֶת עַד מְאֹד, כִּי לְמִשְׁפָּטֶךָ יִחָלְתִּי. וְאֶשְׁמְרָה תוֹרָתְךָ תָמִיד לְעוֹלָם וָעֶד. וְאֶתְהַלְּכָה בָרְחָבָה, כִּי פִקֻּדֶיךָ דָרָשְׁתִּי. וַאֲדַבְּרָה בְעֵדֹתֶיךָ נֶגֶד מְלָכִים, וְלֹא אֵבוֹשׁ. וְאֶשְׁתַּעֲשַׁע בְּמִצְוֹתֶיךָ אֲשֶׁר אָהָבְתִּי. וְאֶשָּׂא כַפַּי אֶל מִצְוֹתֶיךָ אֲשֶׁר אָהָבְתִּי, וְאָשִׂיחָה בְחֻקֶּיךָ.

זְכָר דָּבָר לְעַבְדֶּךָ, עַל אֲשֶׁר יִחַלְתָּנִי. זֹאת נֶחָמָתִי בְעָנְיִי, כִּי אִמְרָתְךָ חִיָּתְנִי. זֵדִים הֱלִיצֻנִי עַד מְאֹד, מִתּוֹרָתְךָ לֹא נָטִיתִי. זָכַרְתִּי מִשְׁפָּטֶיךָ מֵעוֹלָם | יהוה, וָאֶתְנֶחָם. זַלְעָפָה אֲחָזַתְנִי מֵרְשָׁעִים, עֹזְבֵי תּוֹרָתֶךָ. זְמִרוֹת הָיוּ לִי חֻקֶּיךָ, בְּבֵית מְגוּרָי. זָכַרְתִּי בַלַּיְלָה שִׁמְךָ, יהוה, וָאֶשְׁמְרָה תּוֹרָתֶךָ. זֹאת הָיְתָה לִּי, כִּי פִקֻּדֶיךָ נָצָרְתִּי.

חֶלְקִי יהוה, אָמַרְתִּי לִשְׁמֹר דְּבָרֶיךָ. חִלִּיתִי פָנֶיךָ בְכָל לֵב, חָנֵּנִי כְּאִמְרָתֶךָ. חִשַּׁבְתִּי דְרָכָי, וָאָשִׁיבָה רַגְלַי אֶל עֵדֹתֶיךָ. חַשְׁתִּי וְלֹא הִתְמַהְמָהְתִּי, לִשְׁמֹר מִצְוֹתֶיךָ. חֶבְלֵי רְשָׁעִים עִוְּדֻנִי, תּוֹרָתְךָ לֹא שָׁכָחְתִּי. חֲצוֹת לַיְלָה אָקוּם לְהוֹדוֹת לָךְ, עַל מִשְׁפְּטֵי צִדְקֶךָ. חָבֵר אָנִי לְכָל אֲשֶׁר יְרֵאוּךָ, וּלְשֹׁמְרֵי פִּקּוּדֶיךָ. חַסְדְּךָ יהוה מָלְאָה הָאָרֶץ, חֻקֶּיךָ לַמְּדֵנִי.

טוֹב עָשִׂיתָ עִם עַבְדְּךָ, יהוה, כִּדְבָרֶךָ. טוּב טַעַם וָדַעַת לַמְּדֵנִי, כִּי בְמִצְוֹתֶיךָ הֶאֱמָנְתִּי. טֶרֶם אֶעֱנֶה אֲנִי שֹׁגֵג, וְעַתָּה אִמְרָתְךָ שָׁמָרְתִּי. טוֹב אַתָּה וּמֵטִיב, לַמְּדֵנִי חֻקֶּיךָ. טָפְלוּ עָלַי שֶׁקֶר זֵדִים, אֲנִי בְּכָל לֵב אֶצֹּר פִּקּוּדֶיךָ. טָפַשׁ כַּחֵלֶב לִבָּם, אֲנִי תּוֹרָתְךָ שִׁעֲשָׁעְתִּי. טוֹב לִי כִי עֻנֵּיתִי, לְמַעַן אֶלְמַד חֻקֶּיךָ. טוֹב לִי תוֹרַת פִּיךָ, מֵאַלְפֵי זָהָב וָכָסֶף.

יָדֶיךָ עָשׂוּנִי וַיְכוֹנְנוּנִי, הֲבִינֵנִי וְאֶלְמְדָה מִצְוֹתֶיךָ. יְרֵאֶיךָ יִרְאוּנִי וְיִשְׂמָחוּ, כִּי לִדְבָרְךָ יִחָלְתִּי. יָדַעְתִּי יהוה כִּי צֶדֶק מִשְׁפָּטֶיךָ, וֶאֱמוּנָה עִנִּיתָנִי. יְהִי נָא חַסְדְּךָ לְנַחֲמֵנִי, כְּאִמְרָתְךָ לְעַבְדֶּךָ. יְבֹאוּנִי רַחֲמֶיךָ וְאֶחְיֶה, כִּי תוֹרָתְךָ שַׁעֲשֻׁעָי. יֵבֹשׁוּ זֵדִים כִּי שֶׁקֶר עִוְּתוּנִי, אֲנִי אָשִׂיחַ בְּפִקּוּדֶיךָ. יָשׁוּבוּ לִי יְרֵאֶיךָ, וְיֹדְעֵי עֵדֹתֶיךָ. יְהִי לִבִּי תָמִים בְּחֻקֶּיךָ, לְמַעַן לֹא אֵבוֹשׁ.

כָּלְתָה לִתְשׁוּעָתְךָ נַפְשִׁי, לִדְבָרְךָ יִחָלְתִּי. כָּלוּ עֵינַי לְאִמְרָתֶךָ, לֵאמֹר: מָתַי תְּנַחֲמֵנִי. כִּי הָיִיתִי כְּנֹאד בְּקִיטוֹר, חֻקֶּיךָ לֹא שָׁכָחְתִּי. כַּמָּה יְמֵי עַבְדֶּךָ, מָתַי תַּעֲשֶׂה בְרֹדְפַי מִשְׁפָּט. כָּרוּ לִי זֵדִים שִׁיחוֹת, אֲשֶׁר לֹא כְתוֹרָתֶךָ. כָּל מִצְוֹתֶיךָ אֱמוּנָה; שֶׁקֶר

רְדָפוּנִי, עָזְרֵנִי. כִּמְעַט כִּלּוּנִי בָאָרֶץ, וַאֲנִי לֹא עָזַבְתִּי פִקֻּדֶיךָ. כְּחַסְדְּךָ חַיֵּנִי, וְאֶשְׁמְרָה עֵדוּת פִּיךָ.

לְעוֹלָם, יהוה, דְּבָרְךָ נִצָּב בַּשָּׁמָיִם. לְדֹר וָדֹר אֱמוּנָתֶךָ, כּוֹנַנְתָּ אֶרֶץ וַתַּעֲמֹד. לְמִשְׁפָּטֶיךָ עָמְדוּ הַיּוֹם, כִּי הַכֹּל עֲבָדֶיךָ. לוּלֵי תוֹרָתְךָ שַׁעֲשֻׁעָי, אָז אָבַדְתִּי בְעָנְיִי. לְעוֹלָם לֹא אֶשְׁכַּח פִּקּוּדֶיךָ, כִּי בָם חִיִּיתָנִי. לְךָ אֲנִי הוֹשִׁיעֵנִי, כִּי פִקּוּדֶיךָ דָרָשְׁתִּי. לִי קִוּוּ רְשָׁעִים לְאַבְּדֵנִי, עֵדֹתֶיךָ אֶתְבּוֹנָן. לְכָל תִּכְלָה רָאִיתִי קֵץ, רְחָבָה מִצְוָתְךָ מְאֹד.

## יום כ״ו לחודש

מָה אָהַבְתִּי תוֹרָתֶךָ, כָּל הַיּוֹם הִיא שִׂיחָתִי. מֵאֹיְבַי תְּחַכְּמֵנִי מִצְוֹתֶךָ, כִּי לְעוֹלָם הִיא לִי. מִכָּל מְלַמְּדַי הִשְׂכַּלְתִּי, כִּי עֵדְוֹתֶיךָ שִׂיחָה לִי. מִזְּקֵנִים אֶתְבּוֹנָן, כִּי פִקּוּדֶיךָ נָצָרְתִּי. מִכָּל אֹרַח רָע כָּלִאתִי רַגְלָי, לְמַעַן אֶשְׁמֹר דְּבָרֶךָ. מִמִּשְׁפָּטֶיךָ לֹא סָרְתִּי, כִּי אַתָּה הוֹרֵתָנִי. מַה נִּמְלְצוּ לְחִכִּי אִמְרָתֶךָ, מִדְּבַשׁ לְפִי. מִפִּקּוּדֶיךָ אֶתְבּוֹנָן, עַל כֵּן שָׂנֵאתִי כָּל אֹרַח שָׁקֶר.

נֵר לְרַגְלִי דְבָרֶךָ, וְאוֹר לִנְתִיבָתִי. נִשְׁבַּעְתִּי וָאֲקַיֵּמָה, לִשְׁמֹר מִשְׁפְּטֵי צִדְקֶךָ. נַעֲנֵיתִי עַד מְאֹד; יהוה, חַיֵּנִי כִדְבָרֶךָ. נִדְבוֹת פִּי רְצֵה נָא, יהוה; וּמִשְׁפָּטֶיךָ לַמְּדֵנִי. נַפְשִׁי בְכַפִּי תָמִיד, וְתוֹרָתְךָ לֹא שָׁכָחְתִּי. נָתְנוּ רְשָׁעִים פַּח לִי, וּמִפִּקּוּדֶיךָ לֹא תָעִיתִי. נָחַלְתִּי עֵדְוֹתֶיךָ לְעוֹלָם, כִּי שְׂשׂוֹן לִבִּי הֵמָּה. נָטִיתִי לִבִּי לַעֲשׂוֹת חֻקֶּיךָ לְעוֹלָם עֵקֶב.

סֵעֲפִים שָׂנֵאתִי, וְתוֹרָתְךָ אָהָבְתִּי. סִתְרִי וּמָגִנִּי אָתָּה, לִדְבָרְךָ יִחָלְתִּי. סוּרוּ מִמֶּנִּי מְרֵעִים, וְאֶצְּרָה מִצְוֹת אֱלֹהָי. סָמְכֵנִי כְאִמְרָתְךָ וְאֶחְיֶה, וְאַל תְּבִישֵׁנִי מִשִּׂבְרִי. סְעָדֵנִי וְאִוָּשֵׁעָה, וְאֶשְׁעָה בְחֻקֶּיךָ תָמִיד. סָלִיתָ כָּל שׁוֹגִים מֵחֻקֶּיךָ, כִּי שֶׁקֶר תַּרְמִיתָם. סִגִים הִשְׁבַּתָּ כָל רִשְׁעֵי אָרֶץ, לָכֵן אָהַבְתִּי עֵדֹתֶיךָ. סָמַר מִפַּחְדְּךָ בְשָׂרִי, וּמִמִּשְׁפָּטֶיךָ יָרֵאתִי.

עָשִׂיתִי מִשְׁפָּט וָצֶדֶק, בַּל תַּנִּיחֵנִי לְעֹשְׁקָי. עֲרֹב עַבְדְּךָ לְטוֹב, אַל יַעַשְׁקֻנִי זֵדִים. עֵינַי כָּלוּ לִישׁוּעָתֶךָ, וּלְאִמְרַת צִדְקֶךָ. עֲשֵׂה עִם עַבְדְּךָ כְחַסְדֶּךָ, וְחֻקֶּיךָ לַמְּדֵנִי. עַבְדְּךָ אָנִי, הֲבִינֵנִי, וְאֵדְעָה עֵדֹתֶיךָ. עֵת לַעֲשׂוֹת לַיהוה, הֵפֵרוּ תּוֹרָתֶךָ. עַל כֵּן אָהַבְתִּי מִצְוֹתֶיךָ, מִזָּהָב וּמִפָּז. עַל כֵּן כָּל פִּקּוּדֵי כֹל יִשָּׁרְתִּי, כָּל אֹרַח שֶׁקֶר שָׂנֵאתִי.

פְּלָאוֹת עֵדְוֹתֶיךָ, עַל כֵּן נְצָרָתַם נַפְשִׁי. פֵּתַח דְּבָרֶיךָ יָאִיר, מֵבִין פְּתָיִים. פִּי פָעַרְתִּי וָאֶשְׁאָפָה, כִּי לְמִצְוֹתֶיךָ יָאָבְתִּי. פְּנֵה אֵלַי וְחָנֵּנִי, כְּמִשְׁפָּט לְאֹהֲבֵי שְׁמֶךָ. פְּעָמַי הָכֵן בְּאִמְרָתֶךָ, וְאַל תַּשְׁלֶט בִּי כָל אָוֶן. פְּדֵנִי מֵעֹשֶׁק אָדָם, וְאֶשְׁמְרָה פִּקּוּדֶיךָ. פָּנֶיךָ הָאֵר בְּעַבְדֶּךָ, וְלַמְּדֵנִי אֶת חֻקֶּיךָ. פַּלְגֵי מַיִם יָרְדוּ עֵינָי, עַל לֹא שָׁמְרוּ תוֹרָתֶךָ.

צַדִּיק אַתָּה יהוה, וְיָשָׁר מִשְׁפָּטֶיךָ. צִוִּיתָ צֶדֶק עֵדֹתֶיךָ, וֶאֱמוּנָה מְאֹד. צִמְּתַתְנִי קִנְאָתִי, כִּי שָׁכְחוּ דְבָרֶיךָ צָרָי. צְרוּפָה אִמְרָתְךָ מְאֹד, וְעַבְדְּךָ אֲהֵבָהּ. צָעִיר אָנֹכִי וְנִבְזֶה, פִּקֻּדֶיךָ לֹא שָׁכָחְתִּי. צִדְקָתְךָ צֶדֶק לְעוֹלָם, וְתוֹרָתְךָ אֱמֶת. צַר וּמָצוֹק מְצָאוּנִי, מִצְוֹתֶיךָ שַׁעֲשֻׁעָי. צֶדֶק עֵדְוֹתֶיךָ לְעוֹלָם, הֲבִינֵנִי וְאֶחְיֶה.

קָרָאתִי בְכָל לֵב, עֲנֵנִי יהוה; חֻקֶּיךָ אֶצֹּרָה. קְרָאתִיךָ, הוֹשִׁיעֵנִי, וְאֶשְׁמְרָה עֵדֹתֶיךָ. קִדַּמְתִּי בַנֶּשֶׁף וָאֲשַׁוֵּעָה, לִדְבָרְךָ יִחָלְתִּי. קִדְּמוּ עֵינַי אַשְׁמֻרוֹת, לָשִׂיחַ בְּאִמְרָתֶךָ. קוֹלִי שִׁמְעָה כְחַסְדֶּךָ; יהוה, כְּמִשְׁפָּטֶךָ חַיֵּנִי. קָרְבוּ רֹדְפֵי זִמָּה, מִתּוֹרָתְךָ רָחָקוּ. קָרוֹב אַתָּה יהוה, וְכָל מִצְוֹתֶיךָ אֱמֶת. קֶדֶם יָדַעְתִּי מֵעֵדֹתֶיךָ, כִּי לְעוֹלָם יְסַדְתָּם.

רְאֵה עָנְיִי וְחַלְּצֵנִי, כִּי תוֹרָתְךָ לֹא שָׁכָחְתִּי. רִיבָה רִיבִי וּגְאָלֵנִי, לְאִמְרָתְךָ חַיֵּנִי. רָחוֹק מֵרְשָׁעִים יְשׁוּעָה, כִּי חֻקֶּיךָ לֹא דָרָשׁוּ. רַחֲמֶיךָ רַבִּים | יהוה, כְּמִשְׁפָּטֶיךָ חַיֵּנִי. רַבִּים רֹדְפַי וְצָרָי, מֵעֵדְוֹתֶיךָ לֹא נָטִיתִי. רָאִיתִי בֹגְדִים וָאֶתְקוֹטָטָה, אֲשֶׁר אִמְרָתְךָ לֹא שָׁמָרוּ. רְאֵה כִּי פִקּוּדֶיךָ אָהָבְתִּי; יהוה, כְּחַסְדְּךָ חַיֵּנִי. רֹאשׁ דְּבָרְךָ אֱמֶת, וּלְעוֹלָם כָּל מִשְׁפַּט צִדְקֶךָ.

שָׂרִים רְדָפוּנִי חִנָּם, וּמִדְּבָרְךָ פָּחַד לִבִּי. שָׂשׂ אָנֹכִי עַל אִמְרָתֶךָ, כְּמוֹצֵא שָׁלָל רָב. שֶׁקֶר שָׂנֵאתִי וָאֲתַעֵבָה, תּוֹרָתְךָ אָהָבְתִּי. שֶׁבַע בַּיּוֹם הִלַּלְתִּיךָ, עַל מִשְׁפְּטֵי צִדְקֶךָ. שָׁלוֹם רָב לְאֹהֲבֵי תוֹרָתֶךָ, וְאֵין לָמוֹ מִכְשׁוֹל. שִׂבַּרְתִּי לִישׁוּעָתְךָ, יהוה, וּמִצְוֹתֶיךָ

עָשִׂיתִי. שָׁמְרָה נַפְשִׁי עֵדֹתֶיךָ, וָאֹהֲבֵם מְאֹד. שָׁמַרְתִּי פִקּוּדֶיךָ וְעֵדֹתֶיךָ, כִּי כָל דְּרָכַי נֶגְדֶּךָ. תִּקְרַב רִנָּתִי לְפָנֶיךָ, יהוה; כִּדְבָרְךָ הֲבִינֵנִי. תָּבוֹא תְּחִנָּתִי לְפָנֶיךָ, כְּאִמְרָתְךָ הַצִּילֵנִי. תַּבַּעְנָה שְׂפָתַי תְּהִלָּה, כִּי תְלַמְּדֵנִי חֻקֶּיךָ. תַּעַן לְשׁוֹנִי אִמְרָתֶךָ, כִּי כָל מִצְוֹתֶיךָ צֶּדֶק. תְּהִי יָדְךָ לְעָזְרֵנִי, כִּי פִקּוּדֶיךָ בָחָרְתִּי. תָּאַבְתִּי לִישׁוּעָתְךָ, יהוה; וְתוֹרָתְךָ שַׁעֲשֻׁעָי. תְּחִי נַפְשִׁי וּתְהַלְלֶךָּ, וּמִשְׁפָּטֶךָ יַעְזְרֻנִי. תָּעִיתִי כְּשֶׂה אֹבֵד, בַּקֵּשׁ עַבְדֶּךָ; כִּי מִצְוֹתֶיךָ לֹא שָׁכָחְתִּי.

## יום השבת

### יום כ״ז לחודש

**קכ** שִׁיר הַמַּעֲלוֹת; אֶל יהוה בַּצָּרָתָה לִּי קָרָאתִי, וַיַּעֲנֵנִי. יהוה, הַצִּילָה נַפְשִׁי מִשְּׂפַת שֶׁקֶר, מִלָּשׁוֹן רְמִיָּה. מַה יִּתֵּן לְךָ, וּמַה יֹּסִיף לָךְ, לָשׁוֹן רְמִיָּה. חִצֵּי גִבּוֹר שְׁנוּנִים, עִם גַּחֲלֵי רְתָמִים. אוֹיָה לִי כִּי גַרְתִּי מֶשֶׁךְ, שָׁכַנְתִּי עִם אָהֳלֵי קֵדָר. רַבַּת שָׁכְנָה לָּהּ נַפְשִׁי, עִם שׂוֹנֵא שָׁלוֹם. אֲנִי שָׁלוֹם, וְכִי אֲדַבֵּר, הֵמָּה לַמִּלְחָמָה.

**קכא** שִׁיר לַמַּעֲלוֹת; אֶשָּׂא עֵינַי אֶל הֶהָרִים, מֵאַיִן יָבֹא עֶזְרִי. עֶזְרִי מֵעִם יהוה, עֹשֵׂה שָׁמַיִם וָאָרֶץ. אַל יִתֵּן לַמּוֹט רַגְלֶךָ, אַל יָנוּם שֹׁמְרֶךָ. הִנֵּה לֹא יָנוּם וְלֹא יִישָׁן, שׁוֹמֵר יִשְׂרָאֵל. יהוה שֹׁמְרֶךָ, יהוה צִלְּךָ עַל יַד יְמִינֶךָ. יוֹמָם הַשֶּׁמֶשׁ לֹא יַכֶּכָּה, וְיָרֵחַ בַּלָּיְלָה. יהוה יִשְׁמָרְךָ מִכָּל רָע, יִשְׁמֹר אֶת נַפְשֶׁךָ. יהוה יִשְׁמָר צֵאתְךָ וּבוֹאֶךָ, מֵעַתָּה וְעַד עוֹלָם.

**קכב** שִׁיר הַמַּעֲלוֹת לְדָוִד; שָׂמַחְתִּי בְּאֹמְרִים לִי, בֵּית יהוה נֵלֵךְ. עֹמְדוֹת הָיוּ רַגְלֵינוּ, בִּשְׁעָרַיִךְ יְרוּשָׁלָיִם. יְרוּשָׁלַיִם הַבְּנוּיָה, כְּעִיר שֶׁחֻבְּרָה לָּהּ יַחְדָּו. שֶׁשָּׁם עָלוּ שְׁבָטִים, שִׁבְטֵי יָהּ, עֵדוּת לְיִשְׂרָאֵל, לְהֹדוֹת לְשֵׁם יהוה. כִּי שָׁמָּה יָשְׁבוּ כִסְאוֹת לְמִשְׁפָּט, כִּסְאוֹת לְבֵית דָּוִד. שַׁאֲלוּ שְׁלוֹם יְרוּשָׁלָיִם, יִשְׁלָיוּ אֹהֲבָיִךְ. יְהִי שָׁלוֹם בְּחֵילֵךְ, שַׁלְוָה בְּאַרְמְנוֹתָיִךְ. לְמַעַן אַחַי וְרֵעָי, אֲדַבְּרָה נָּא שָׁלוֹם בָּךְ. לְמַעַן בֵּית יהוה אֱלֹהֵינוּ, אֲבַקְשָׁה טוֹב לָךְ.

**קכג** שִׁיר הַמַּעֲלוֹת; אֵלֶיךָ נָשָׂאתִי אֶת עֵינַי, הַיּשְׁבִי בַּשָּׁמָיִם. הִנֵּה כְעֵינֵי עֲבָדִים אֶל יַד אֲדוֹנֵיהֶם, כְּעֵינֵי שִׁפְחָה אֶל יַד גְּבִרְתָּהּ; כֵּן עֵינֵינוּ אֶל יהוה אֱלֹהֵינוּ, עַד שֶׁיְּחָנֵּנוּ. חָנֵּנוּ יהוה חָנֵּנוּ, כִּי רַב שָׂבַעְנוּ בוּז. רַבַּת שָׂבְעָה לָּהּ נַפְשֵׁנוּ, הַלַּעַג הַשַּׁאֲנַנִּים, הַבּוּז לִגְאֵי יוֹנִים.

**קכד** שִׁיר הַמַּעֲלוֹת לְדָוִד; לוּלֵי יהוה שֶׁהָיָה לָנוּ, יֹאמַר נָא יִשְׂרָאֵל. לוּלֵי יהוה שֶׁהָיָה לָנוּ, בְּקוּם עָלֵינוּ אָדָם. אֲזַי חַיִּים בְּלָעוּנוּ, בַּחֲרוֹת אַפָּם בָּנוּ. אֲזַי הַמַּיִם שְׁטָפוּנוּ, נַחְלָה עָבַר עַל נַפְשֵׁנוּ. אֲזַי עָבַר עַל נַפְשֵׁנוּ, הַמַּיִם הַזֵּידוֹנִים. בָּרוּךְ יהוה, שֶׁלֹּא נְתָנָנוּ טֶרֶף לְשִׁנֵּיהֶם. נַפְשֵׁנוּ כְּצִפּוֹר נִמְלְטָה מִפַּח יוֹקְשִׁים; הַפַּח נִשְׁבָּר וַאֲנַחְנוּ נִמְלָטְנוּ. עֶזְרֵנוּ בְּשֵׁם יהוה, עֹשֵׂה שָׁמַיִם וָאָרֶץ.

**קכה** שִׁיר הַמַּעֲלוֹת; הַבֹּטְחִים בַּיהוה, כְּהַר צִיּוֹן לֹא יִמּוֹט, לְעוֹלָם יֵשֵׁב. יְרוּשָׁלַיִם הָרִים סָבִיב לָהּ; וַיהוה סָבִיב לְעַמּוֹ, מֵעַתָּה וְעַד עוֹלָם. כִּי לֹא יָנוּחַ שֵׁבֶט הָרֶשַׁע עַל גּוֹרַל הַצַּדִּיקִים, לְמַעַן לֹא יִשְׁלְחוּ הַצַּדִּיקִים בְּעַוְלָתָה יְדֵיהֶם. הֵיטִיבָה יהוה לַטּוֹבִים, וְלִישָׁרִים בְּלִבּוֹתָם. וְהַמַּטִּים עֲקַלְקַלּוֹתָם, יוֹלִיכֵם יהוה אֶת פֹּעֲלֵי הָאָוֶן, שָׁלוֹם עַל יִשְׂרָאֵל.

**קכו** שִׁיר הַמַּעֲלוֹת; בְּשׁוּב יהוה אֶת שִׁיבַת צִיּוֹן, הָיִינוּ כְּחֹלְמִים. אָז יִמָּלֵא שְׂחוֹק פִּינוּ, וּלְשׁוֹנֵנוּ רִנָּה; אָז יֹאמְרוּ בַגּוֹיִם: הִגְדִּיל יהוה לַעֲשׂוֹת עִם אֵלֶּה. הִגְדִּיל יהוה לַעֲשׂוֹת עִמָּנוּ, הָיִינוּ שְׂמֵחִים. שׁוּבָה יהוה אֶת שְׁבִיתֵנוּ, כַּאֲפִיקִים בַּנֶּגֶב. הַזֹּרְעִים בְּדִמְעָה, בְּרִנָּה יִקְצֹרוּ. הָלוֹךְ יֵלֵךְ וּבָכֹה נֹשֵׂא מֶשֶׁךְ הַזָּרַע; בֹּא יָבֹא בְרִנָּה, נֹשֵׂא אֲלֻמֹּתָיו.

**קכז** שִׁיר הַמַּעֲלוֹת לִשְׁלֹמֹה; אִם יהוה לֹא יִבְנֶה בַיִת, שָׁוְא עָמְלוּ בוֹנָיו בּוֹ, אִם יהוה לֹא יִשְׁמָר עִיר, שָׁוְא שָׁקַד שׁוֹמֵר. שָׁוְא לָכֶם מַשְׁכִּימֵי קוּם, מְאַחֲרֵי שֶׁבֶת, אֹכְלֵי לֶחֶם הָעֲצָבִים, כֵּן יִתֵּן לִידִידוֹ שֵׁנָא. הִנֵּה נַחֲלַת יהוה בָּנִים, שָׂכָר פְּרִי הַבָּטֶן. כְּחִצִּים בְּיַד גִּבּוֹר, כֵּן בְּנֵי הַנְּעוּרִים. אַשְׁרֵי הַגֶּבֶר אֲשֶׁר מִלֵּא אֶת אַשְׁפָּתוֹ מֵהֶם; לֹא יֵבֹשׁוּ, כִּי יְדַבְּרוּ אֶת אוֹיְבִים בַּשָּׁעַר.

**קכח** שִׁיר הַמַּעֲלוֹת; אַשְׁרֵי כָּל יְרֵא יהוה, הַהֹלֵךְ בִּדְרָכָיו. יְגִיעַ כַּפֶּיךָ כִּי תֹאכֵל, אַשְׁרֶיךָ וְטוֹב לָךְ. אֶשְׁתְּךָ כְּגֶפֶן פֹּרִיָּה בְּיַרְכְּתֵי בֵיתֶךָ; בָּנֶיךָ כִּשְׁתִלֵי זֵיתִים סָבִיב לְשֻׁלְחָנֶךָ. הִנֵּה כִי כֵן יְבֹרַךְ גָּבֶר יְרֵא יהוה. יְבָרֶכְךָ יהוה מִצִּיּוֹן, וּרְאֵה בְּטוּב יְרוּשָׁלָיִם כֹּל יְמֵי חַיֶּיךָ. וּרְאֵה בָנִים לְבָנֶיךָ, שָׁלוֹם עַל יִשְׂרָאֵל.

**קכט** שִׁיר הַמַּעֲלוֹת; רַבַּת צְרָרוּנִי מִנְּעוּרָי, יֹאמַר נָא יִשְׂרָאֵל. רַבַּת צְרָרוּנִי מִנְּעוּרָי, גַּם לֹא יָכְלוּ לִי. עַל גַּבִּי חָרְשׁוּ חֹרְשִׁים, הֶאֱרִיכוּ לְמַעֲנִיתָם. יהוה צַדִּיק, קִצֵּץ עֲבוֹת רְשָׁעִים. יֵבֹשׁוּ וְיִסֹּגוּ אָחוֹר, כֹּל שֹׂנְאֵי צִיּוֹן. יִהְיוּ כַּחֲצִיר גַּגּוֹת, שֶׁקַּדְמַת שָׁלַף יָבֵשׁ. שֶׁלֹּא מִלֵּא כַפּוֹ קוֹצֵר, וְחִצְנוֹ מְעַמֵּר. וְלֹא אָמְרוּ הָעֹבְרִים: בִּרְכַּת יהוה אֲלֵיכֶם, בֵּרַכְנוּ אֶתְכֶם בְּשֵׁם יהוה.

**קל** שִׁיר הַמַּעֲלוֹת; מִמַּעֲמַקִּים קְרָאתִיךָ, יהוה. אֲדֹנָי, שִׁמְעָה בְקוֹלִי, תִּהְיֶינָה אָזְנֶיךָ קַשֻּׁבוֹת לְקוֹל תַּחֲנוּנָי. אִם עֲוֹנוֹת תִּשְׁמָר, יָהּ; אֲדֹנָי, מִי יַעֲמֹד. כִּי עִמְּךָ הַסְּלִיחָה, לְמַעַן תִּוָּרֵא. קִוִּיתִי יהוה, קִוְּתָה נַפְשִׁי, וְלִדְבָרוֹ הוֹחָלְתִּי. נַפְשִׁי לַאדֹנָי, מִשֹּׁמְרִים לַבֹּקֶר, שֹׁמְרִים לַבֹּקֶר. יַחֵל יִשְׂרָאֵל אֶל יהוה; כִּי עִם יהוה הַחֶסֶד, וְהַרְבֵּה עִמּוֹ פְדוּת. וְהוּא יִפְדֶּה אֶת יִשְׂרָאֵל, מִכֹּל עֲוֹנוֹתָיו.

**קלא** שִׁיר הַמַּעֲלוֹת לְדָוִד; יהוה | לֹא גָבַהּ לִבִּי, וְלֹא רָמוּ עֵינַי, וְלֹא הִלַּכְתִּי בִּגְדֹלוֹת וּבְנִפְלָאוֹת מִמֶּנִּי. אִם לֹא שִׁוִּיתִי וְדוֹמַמְתִּי נַפְשִׁי; כְּגָמֻל עֲלֵי אִמּוֹ, כַּגָּמֻל עָלַי נַפְשִׁי. יַחֵל יִשְׂרָאֵל אֶל יהוה, מֵעַתָּה וְעַד עוֹלָם.

**קלב** שִׁיר הַמַּעֲלוֹת; זְכוֹר יהוה לְדָוִד, אֵת כָּל עֻנּוֹתוֹ. אֲשֶׁר נִשְׁבַּע לַיהוה, נָדַר לַאֲבִיר יַעֲקֹב. אִם אָבֹא בְּאֹהֶל בֵּיתִי, אִם אֶעֱלֶה עַל עֶרֶשׂ יְצוּעָי. אִם אֶתֵּן שְׁנַת לְעֵינָי, לְעַפְעַפַּי תְּנוּמָה. עַד אֶמְצָא מָקוֹם לַיהוה, מִשְׁכָּנוֹת לַאֲבִיר יַעֲקֹב. הִנֵּה שְׁמַעֲנוּהָ בְאֶפְרָתָה, מְצָאנוּהָ בִּשְׂדֵי יָעַר. נָבוֹאָה לְמִשְׁכְּנוֹתָיו, נִשְׁתַּחֲוֶה לַהֲדֹם רַגְלָיו. קוּמָה יהוה לִמְנוּחָתֶךָ, אַתָּה וַאֲרוֹן עֻזֶּךָ. כֹּהֲנֶיךָ יִלְבְּשׁוּ צֶדֶק, וַחֲסִידֶיךָ יְרַנֵּנוּ. בַּעֲבוּר דָּוִד עַבְדֶּךָ, אַל תָּשֵׁב פְּנֵי מְשִׁיחֶךָ. נִשְׁבַּע יהוה לְדָוִד, אֱמֶת לֹא יָשׁוּב מִמֶּנָּה: מִפְּרִי בִטְנְךָ אָשִׁית לְכִסֵּא לָךְ. אִם יִשְׁמְרוּ בָנֶיךָ בְּרִיתִי, וְעֵדֹתִי זוֹ אֲלַמְּדֵם; גַּם בְּנֵיהֶם עֲדֵי עַד, יֵשְׁבוּ לְכִסֵּא לָךְ. כִּי בָחַר יהוה בְּצִיּוֹן, אִוָּהּ לְמוֹשָׁב לוֹ. זֹאת מְנוּחָתִי עֲדֵי עַד, פֹּה אֵשֵׁב כִּי אִוִּתִיהָ. צֵידָהּ בָּרֵךְ אֲבָרֵךְ, אֶבְיוֹנֶיהָ אַשְׂבִּיעַ לָחֶם. וְכֹהֲנֶיהָ אַלְבִּישׁ יֶשַׁע, וַחֲסִידֶיהָ רַנֵּן יְרַנֵּנוּ. שָׁם אַצְמִיחַ קֶרֶן לְדָוִד, עָרַכְתִּי נֵר לִמְשִׁיחִי. אוֹיְבָיו אַלְבִּישׁ בֹּשֶׁת, וְעָלָיו יָצִיץ נִזְרוֹ.

**קלג** שִׁיר הַמַּעֲלוֹת לְדָוִד; הִנֵּה מַה טּוֹב וּמַה נָּעִים, שֶׁבֶת אַחִים גַּם יָחַד. כַּשֶּׁמֶן הַטּוֹב עַל הָרֹאשׁ, יֹרֵד עַל הַזָּקָן, זְקַן אַהֲרֹן, שֶׁיֹּרֵד עַל פִּי מִדּוֹתָיו. כְּטַל חֶרְמוֹן שֶׁיֹּרֵד עַל הַרְרֵי צִיּוֹן; כִּי שָׁם צִוָּה יהוה אֶת הַבְּרָכָה, חַיִּים עַד הָעוֹלָם.

**קלד** שִׁיר הַמַּעֲלוֹת; הִנֵּה בָּרְכוּ אֶת יהוה כָּל עַבְדֵי יהוה, הָעֹמְדִים בְּבֵית יהוה בַּלֵּילוֹת. שְׂאוּ יְדֵכֶם קֹדֶשׁ, וּבָרְכוּ אֶת יהוה. יְבָרֶכְךָ יהוה מִצִּיּוֹן, עֹשֵׂה שָׁמַיִם וָאָרֶץ.

---

יום כ"ח לחודש

---

**קלה** הַלְלוּיָהּ; הַלְלוּ אֶת שֵׁם יהוה, הַלְלוּ עַבְדֵי יהוה. שֶׁעֹמְדִים בְּבֵית יהוה, בְּחַצְרוֹת בֵּית אֱלֹהֵינוּ. הַלְלוּיָהּ, כִּי טוֹב יהוה, זַמְּרוּ לִשְׁמוֹ כִּי נָעִים. כִּי יַעֲקֹב בָּחַר לוֹ יָהּ, יִשְׂרָאֵל לִסְגֻלָּתוֹ. כִּי אֲנִי יָדַעְתִּי כִּי גָדוֹל יהוה, וַאֲדֹנֵינוּ מִכָּל אֱלֹהִים. כֹּל אֲשֶׁר חָפֵץ יהוה עָשָׂה; בַּשָּׁמַיִם וּבָאָרֶץ, בַּיַּמִּים וְכָל תְּהֹמוֹת. מַעֲלֶה נְשִׂאִים מִקְצֵה הָאָרֶץ; בְּרָקִים לַמָּטָר עָשָׂה, מוֹצֵא רוּחַ מֵאוֹצְרוֹתָיו. שֶׁהִכָּה בְּכוֹרֵי מִצְרָיִם, מֵאָדָם עַד בְּהֵמָה. שָׁלַח אוֹתֹת וּמֹפְתִים בְּתוֹכֵכִי מִצְרָיִם, בְּפַרְעֹה וּבְכָל עֲבָדָיו. שֶׁהִכָּה גּוֹיִם רַבִּים, וְהָרַג מְלָכִים עֲצוּמִים. לְסִיחוֹן מֶלֶךְ הָאֱמֹרִי, וּלְעוֹג מֶלֶךְ הַבָּשָׁן, וּלְכֹל מַמְלְכוֹת כְּנָעַן. וְנָתַן אַרְצָם נַחֲלָה, נַחֲלָה לְיִשְׂרָאֵל עַמּוֹ. יהוה, שִׁמְךָ לְעוֹלָם; יהוה, זִכְרְךָ לְדֹר וָדֹר. כִּי יָדִין יהוה עַמּוֹ, וְעַל עֲבָדָיו יִתְנֶחָם. עֲצַבֵּי הַגּוֹיִם כֶּסֶף וְזָהָב, מַעֲשֵׂה יְדֵי אָדָם. פֶּה לָהֶם וְלֹא יְדַבֵּרוּ, עֵינַיִם לָהֶם וְלֹא יִרְאוּ.

אָזְנַיִם לָהֶם וְלֹא יַאֲזִינוּ, אַף אֵין יֶשׁ רוּחַ בְּפִיהֶם. כְּמוֹהֶם יִהְיוּ עֹשֵׂיהֶם, כֹּל אֲשֶׁר בֹּטֵחַ בָּהֶם. בֵּית יִשְׂרָאֵל בָּרְכוּ אֶת יהוה, בֵּית אַהֲרֹן בָּרְכוּ אֶת יהוה. בֵּית הַלֵּוִי בָּרְכוּ אֶת יהוה, יִרְאֵי יהוה בָּרְכוּ אֶת יהוה. בָּרוּךְ יהוה מִצִּיּוֹן, שֹׁכֵן יְרוּשָׁלָיִם; הַלְלוּיָהּ.

**קלו** הוֹדוּ לַיהוה כִּי טוֹב, כִּי לְעוֹלָם חַסְדּוֹ. הוֹדוּ לֵאלֹהֵי הָאֱלֹהִים, כִּי לְעוֹלָם חַסְדּוֹ. הוֹדוּ לַאֲדֹנֵי הָאֲדֹנִים, כִּי לְעוֹלָם חַסְדּוֹ. לְעֹשֵׂה נִפְלָאוֹת גְּדֹלוֹת לְבַדּוֹ, כִּי לְעוֹלָם חַסְדּוֹ. לְעֹשֵׂה הַשָּׁמַיִם בִּתְבוּנָה, כִּי לְעוֹלָם חַסְדּוֹ. לְרֹקַע הָאָרֶץ עַל הַמָּיִם, כִּי לְעוֹלָם חַסְדּוֹ. לְעֹשֵׂה אוֹרִים גְּדֹלִים, כִּי לְעוֹלָם חַסְדּוֹ. אֶת הַשֶּׁמֶשׁ לְמֶמְשֶׁלֶת בַּיּוֹם, כִּי לְעוֹלָם חַסְדּוֹ. אֶת הַיָּרֵחַ וְכוֹכָבִים לְמֶמְשְׁלוֹת בַּלָּיְלָה, כִּי לְעוֹלָם חַסְדּוֹ. לְמַכֵּה מִצְרַיִם בִּבְכוֹרֵיהֶם, כִּי לְעוֹלָם חַסְדּוֹ. וַיּוֹצֵא יִשְׂרָאֵל מִתּוֹכָם, כִּי לְעוֹלָם חַסְדּוֹ. בְּיָד חֲזָקָה וּבִזְרוֹעַ נְטוּיָה, כִּי לְעוֹלָם חַסְדּוֹ. לְגֹזֵר יַם סוּף לִגְזָרִים, כִּי לְעוֹלָם חַסְדּוֹ. וְהֶעֱבִיר יִשְׂרָאֵל בְּתוֹכוֹ, כִּי לְעוֹלָם חַסְדּוֹ. וְנִעֵר פַּרְעֹה וְחֵילוֹ בְיַם סוּף, כִּי לְעוֹלָם חַסְדּוֹ. לְמוֹלִיךְ עַמּוֹ בַּמִּדְבָּר, כִּי לְעוֹלָם חַסְדּוֹ. לְמַכֵּה מְלָכִים גְּדֹלִים, כִּי לְעוֹלָם חַסְדּוֹ. וַיַּהֲרֹג מְלָכִים אַדִּירִים, כִּי לְעוֹלָם חַסְדּוֹ. לְסִיחוֹן מֶלֶךְ הָאֱמֹרִי, כִּי לְעוֹלָם חַסְדּוֹ. וּלְעוֹג מֶלֶךְ הַבָּשָׁן, כִּי לְעוֹלָם חַסְדּוֹ. וְנָתַן אַרְצָם לְנַחֲלָה, כִּי לְעוֹלָם חַסְדּוֹ. נַחֲלָה לְיִשְׂרָאֵל עַבְדּוֹ, כִּי לְעוֹלָם חַסְדּוֹ. שֶׁבְּשִׁפְלֵנוּ זָכַר לָנוּ, כִּי לְעוֹלָם חַסְדּוֹ. וַיִּפְרְקֵנוּ מִצָּרֵינוּ, כִּי לְעוֹלָם חַסְדּוֹ. נֹתֵן לֶחֶם לְכָל בָּשָׂר, כִּי לְעוֹלָם חַסְדּוֹ. הוֹדוּ לְאֵל הַשָּׁמָיִם, כִּי לְעוֹלָם חַסְדּוֹ.

**קלז** עַל נַהֲרוֹת בָּבֶל, שָׁם יָשַׁבְנוּ, גַּם בָּכִינוּ, בְּזָכְרֵנוּ אֶת צִיּוֹן. עַל עֲרָבִים בְּתוֹכָהּ, תָּלִינוּ כִּנֹּרוֹתֵינוּ. כִּי שָׁם שְׁאֵלוּנוּ שׁוֹבֵינוּ דִּבְרֵי שִׁיר וְתוֹלָלֵינוּ שִׂמְחָה, שִׁירוּ לָנוּ מִשִּׁיר צִיּוֹן. אֵיךְ נָשִׁיר אֶת שִׁיר יהוה, עַל אַדְמַת נֵכָר. אִם אֶשְׁכָּחֵךְ יְרוּשָׁלָיִם, תִּשְׁכַּח יְמִינִי. תִּדְבַּק לְשׁוֹנִי לְחִכִּי, אִם לֹא אֶזְכְּרֵכִי; אִם לֹא אַעֲלֶה אֶת יְרוּשָׁלַיִם עַל רֹאשׁ שִׂמְחָתִי. זְכֹר יהוה לִבְנֵי אֱדוֹם אֵת יוֹם יְרוּשָׁלָיִם; הָאֹמְרִים עָרוּ עָרוּ, עַד הַיְסוֹד בָּהּ. בַּת בָּבֶל הַשְּׁדוּדָה, אַשְׁרֵי שֶׁיְשַׁלֶּם לָךְ אֶת גְּמוּלֵךְ שֶׁגָּמַלְתְּ לָנוּ. אַשְׁרֵי שֶׁיֹּאחֵז וְנִפֵּץ אֶת עֹלָלַיִךְ אֶל הַסָּלַע.

**קלח** לְדָוִד; אוֹדְךָ בְכָל לִבִּי, נֶגֶד אֱלֹהִים אֲזַמְּרֶךָּ. אֶשְׁתַּחֲוֶה אֶל הֵיכַל קָדְשְׁךָ וְאוֹדֶה אֶת שְׁמֶךָ, עַל חַסְדְּךָ וְעַל אֲמִתֶּךָ; כִּי הִגְדַּלְתָּ עַל כָּל שִׁמְךָ אִמְרָתֶךָ. בְּיוֹם קָרָאתִי וַתַּעֲנֵנִי, תַּרְהִבֵנִי בְנַפְשִׁי עֹז. יוֹדוּךָ יהוה כָּל מַלְכֵי אָרֶץ, כִּי שָׁמְעוּ אִמְרֵי פִיךָ. וְיָשִׁירוּ בְּדַרְכֵי יהוה, כִּי גָדוֹל כְּבוֹד יהוה. כִּי רָם יהוה, וְשָׁפָל יִרְאֶה, וְגָבֹהַּ מִמֶּרְחָק יְיֵדָע. אִם אֵלֵךְ בְּקֶרֶב צָרָה, תְּחַיֵּנִי; עַל אַף אֹיְבַי תִּשְׁלַח יָדֶךָ, וְתוֹשִׁיעֵנִי יְמִינֶךָ. יהוה יִגְמֹר בַּעֲדִי; יהוה, חַסְדְּךָ לְעוֹלָם, מַעֲשֵׂי יָדֶיךָ אַל תֶּרֶף.

**קלט** לַמְנַצֵּחַ לְדָוִד מִזְמוֹר; יהוה, חֲקַרְתַּנִי וַתֵּדָע. אַתָּה יָדַעְתָּ שִׁבְתִּי וְקוּמִי, בַּנְתָּה לְרֵעִי מֵרָחוֹק. אָרְחִי וְרִבְעִי זֵרִיתָ, וְכָל דְּרָכַי הִסְכַּנְתָּה. כִּי אֵין מִלָּה בִּלְשׁוֹנִי, הֵן יהוה יָדַעְתָּ כֻלָּהּ. אָחוֹר וָקֶדֶם צַרְתָּנִי, וַתָּשֶׁת עָלַי כַּפֶּכָה. פְּלִיאָה דַעַת מִמֶּנִּי, נִשְׂגְּבָה לֹא אוּכַל לָהּ. אָנָה אֵלֵךְ מֵרוּחֶךָ, וְאָנָה מִפָּנֶיךָ אֶבְרָח. אִם אֶסַּק שָׁמַיִם, שָׁם אָתָּה, וְאַצִּיעָה שְּׁאוֹל, הִנֶּךָּ. אֶשָּׂא כַנְפֵי שָׁחַר, אֶשְׁכְּנָה בְּאַחֲרִית יָם. גַּם שָׁם יָדְךָ תַנְחֵנִי, וְתֹאחֲזֵנִי יְמִינֶךָ. וָאֹמַר: אַךְ חֹשֶׁךְ יְשׁוּפֵנִי, וְלַיְלָה אוֹר בַּעֲדֵנִי. גַּם חֹשֶׁךְ לֹא יַחְשִׁיךְ מִמֶּךָ; וְלַיְלָה כַּיּוֹם יָאִיר, כַּחֲשֵׁיכָה כָּאוֹרָה. כִּי אַתָּה קָנִיתָ כִלְיֹתָי, תְּסֻכֵּנִי בְּבֶטֶן אִמִּי. אוֹדְךָ עַל כִּי נוֹרָאוֹת נִפְלֵיתִי; נִפְלָאִים מַעֲשֶׂיךָ, וְנַפְשִׁי יֹדַעַת מְאֹד. לֹא נִכְחַד עָצְמִי מִמֶּךָּ; אֲשֶׁר עֻשֵּׂיתִי בַסֵּתֶר, רֻקַּמְתִּי בְּתַחְתִּיּוֹת אָרֶץ. גָּלְמִי רָאוּ עֵינֶיךָ, וְעַל סִפְרְךָ כֻּלָּם יִכָּתֵבוּ; יָמִים יֻצָּרוּ, וְלוֹ אֶחָד בָּהֶם. וְלִי מַה יָּקְרוּ רֵעֶיךָ, אֵל; מֶה עָצְמוּ רָאשֵׁיהֶם. אֶסְפְּרֵם, מֵחוֹל יִרְבּוּן; הֱקִיצֹתִי וְעוֹדִי עִמָּךְ. אִם תִּקְטֹל אֱלוֹהַּ | רָשָׁע, וְאַנְשֵׁי דָמִים סוּרוּ מֶנִּי. אֲשֶׁר יֹמְרוּךָ לִמְזִמָּה, נָשֻׂא לַשָּׁוְא עָרֶיךָ. הֲלוֹא מְשַׂנְאֶיךָ יהוה | אֶשְׂנָא, וּבִתְקוֹמְמֶיךָ אֶתְקוֹטָט. תַּכְלִית שִׂנְאָה שְׂנֵאתִים, לְאוֹיְבִים הָיוּ לִי. חָקְרֵנִי אֵל וְדַע לְבָבִי, בְּחָנֵנִי וְדַע שַׂרְעַפָּי. וּרְאֵה אִם דֶּרֶךְ עֹצֶב בִּי, וּנְחֵנִי בְּדֶרֶךְ עוֹלָם.

## יום כ״ט לחודש

**קמ** לַמְנַצֵּחַ מִזְמוֹר לְדָוִד. חַלְּצֵנִי יהוה מֵאָדָם רָע, מֵאִישׁ חֲמָסִים תִּנְצְרֵנִי. אֲשֶׁר חָשְׁבוּ רָעוֹת בְּלֵב, כָּל יוֹם יָגוּרוּ מִלְחָמוֹת. שָׁנְנוּ לְשׁוֹנָם כְּמוֹ נָחָשׁ, חֲמַת עַכְשׁוּב תַּחַת שְׂפָתֵימוֹ סֶלָה. שָׁמְרֵנִי יהוה | מִידֵי רָשָׁע, מֵאִישׁ חֲמָסִים תִּנְצְרֵנִי, אֲשֶׁר חָשְׁבוּ לִדְחוֹת פְּעָמָי. טָמְנוּ גֵאִים פַּח לִי וַחֲבָלִים, פָּרְשׂוּ רֶשֶׁת לְיַד מַעְגָּל, מֹקְשִׁים שָׁתוּ לִי סֶלָה. אָמַרְתִּי לַיהוה: אֵלִי אָתָּה, הַאֲזִינָה יהוה קוֹל תַּחֲנוּנָי. יֱהוִה אֲדֹנָי עֹז יְשׁוּעָתִי, סַכֹּתָה לְרֹאשִׁי בְּיוֹם נָשֶׁק. אַל תִּתֵּן יהוה מַאֲוַיֵּי רָשָׁע, זְמָמוֹ אַל תָּפֵק יָרוּמוּ סֶלָה. רֹאשׁ מְסִבָּי, עֲמַל שְׂפָתֵימוֹ יְכַסֵּמוֹ. יִמּוֹטוּ עֲלֵיהֶם גֶּחָלִים; בָּאֵשׁ יַפִּלֵם, בְּמַהֲמֹרוֹת בַּל יָקוּמוּ. אִישׁ לָשׁוֹן בַּל יִכּוֹן בָּאָרֶץ; אִישׁ חָמָס רָע, יְצוּדֶנּוּ לְמַדְחֵפֹת. יָדַעְתִּי כִּי יַעֲשֶׂה יהוה דִּין עָנִי, מִשְׁפַּט אֶבְיֹנִים. אַךְ צַדִּיקִים יוֹדוּ לִשְׁמֶךָ, יֵשְׁבוּ יְשָׁרִים אֶת פָּנֶיךָ.

**קמא** מִזְמוֹר לְדָוִד; יהוה, קְרָאתִיךָ, חוּשָׁה לִּי, הַאֲזִינָה קוֹלִי בְּקָרְאִי לָךְ. תִּכּוֹן תְּפִלָּתִי קְטֹרֶת לְפָנֶיךָ, מַשְׂאַת כַּפַּי מִנְחַת עָרֶב. שִׁיתָה יהוה שָׁמְרָה לְפִי, נִצְּרָה עַל דַּל שְׂפָתָי. אַל תַּט לִבִּי לְדָבָר רָע, לְהִתְעוֹלֵל עֲלִלוֹת בְּרֶשַׁע אֶת אִישִׁים פֹּעֲלֵי אָוֶן, וּבַל אֶלְחַם בְּמַנְעַמֵּיהֶם. יֶהֶלְמֵנִי צַדִּיק חֶסֶד וְיוֹכִיחֵנִי, שֶׁמֶן רֹאשׁ אַל יָנִי רֹאשִׁי, כִּי עוֹד וּתְפִלָּתִי בְּרָעוֹתֵיהֶם. נִשְׁמְטוּ בִידֵי סֶלַע שֹׁפְטֵיהֶם, וְשָׁמְעוּ אֲמָרַי כִּי נָעֵמוּ. כְּמוֹ פֹלֵחַ וּבֹקֵעַ בָּאָרֶץ, נִפְזְרוּ עֲצָמֵינוּ לְפִי שְׁאוֹל. כִּי אֵלֶיךָ יֱהוִה אֲדֹנָי עֵינָי, בְּכָה חָסִיתִי אַל תְּעַר נַפְשִׁי. שָׁמְרֵנִי מִידֵי פַח יָקְשׁוּ לִי, וּמֹקְשׁוֹת פֹּעֲלֵי אָוֶן. יִפְּלוּ בְמַכְמֹרָיו רְשָׁעִים, יַחַד אָנֹכִי עַד אֶעֱבוֹר.

**קמב** מַשְׂכִּיל לְדָוִד, בִּהְיוֹתוֹ בַמְּעָרָה תְפִלָּה. קוֹלִי אֶל יהוה אֶזְעָק, קוֹלִי אֶל יהוה אֶתְחַנָּן. אֶשְׁפֹּךְ לְפָנָיו שִׂיחִי, צָרָתִי לְפָנָיו אַגִּיד. בְּהִתְעַטֵּף עָלַי רוּחִי, וְאַתָּה יָדַעְתָּ נְתִיבָתִי; בְּאֹרַח זוּ אֲהַלֵּךְ טָמְנוּ פַח לִי. הַבֵּיט יָמִין וּרְאֵה וְאֵין לִי מַכִּיר; אָבַד מָנוֹס מִמֶּנִּי, אֵין דּוֹרֵשׁ לְנַפְשִׁי. זָעַקְתִּי אֵלֶיךָ יהוה; אָמַרְתִּי אַתָּה מַחְסִי, חֶלְקִי בְּאֶרֶץ הַחַיִּים. הַקְשִׁיבָה אֶל רִנָּתִי כִּי דַלּוֹתִי מְאֹד, הַצִּילֵנִי מֵרֹדְפַי כִּי אָמְצוּ מִמֶּנִּי. הוֹצִיאָה מִמַּסְגֵּר נַפְשִׁי, לְהוֹדוֹת אֶת שְׁמֶךָ; בִּי יַכְתִּרוּ צַדִּיקִים, כִּי תִגְמֹל עָלָי.

**קמג** מִזְמוֹר לְדָוִד; יהוה | שְׁמַע תְּפִלָּתִי, הַאֲזִינָה אֶל תַּחֲנוּנַי, בֶּאֱמֻנָתְךָ עֲנֵנִי בְּצִדְקָתֶךָ. וְאַל תָּבוֹא בְמִשְׁפָּט אֶת עַבְדֶּךָ, כִּי לֹא יִצְדַּק לְפָנֶיךָ כָל חָי. כִּי רָדַף אוֹיֵב נַפְשִׁי, דִּכָּא לָאָרֶץ חַיָּתִי, הוֹשִׁיבַנִי בְמַחֲשַׁכִּים כְּמֵתֵי עוֹלָם. וַתִּתְעַטֵּף עָלַי רוּחִי, בְּתוֹכִי יִשְׁתּוֹמֵם לִבִּי. זָכַרְתִּי יָמִים מִקֶּדֶם, הָגִיתִי בְכָל פָּעֳלֶךָ, בְּמַעֲשֵׂה יָדֶיךָ אֲשׂוֹחֵחַ. פֵּרַשְׂתִּי יָדַי אֵלֶיךָ, נַפְשִׁי כְּאֶרֶץ עֲיֵפָה לְךָ סֶלָה. מַהֵר עֲנֵנִי יהוה, כָּלְתָה רוּחִי; אַל תַּסְתֵּר פָּנֶיךָ מִמֶּנִּי, וְנִמְשַׁלְתִּי עִם יֹרְדֵי בוֹר. הַשְׁמִיעֵנִי בַבֹּקֶר חַסְדֶּךָ, כִּי בְךָ בָטָחְתִּי; הוֹדִיעֵנִי דֶּרֶךְ זוּ אֵלֵךְ, כִּי אֵלֶיךָ נָשָׂאתִי נַפְשִׁי. הַצִּילֵנִי מֵאֹיְבַי | יהוה, אֵלֶיךָ כִסִּתִי. לַמְּדֵנִי לַעֲשׂוֹת רְצוֹנֶךָ כִּי אַתָּה אֱלוֹהָי; רוּחֲךָ טוֹבָה תַּנְחֵנִי בְּאֶרֶץ מִישׁוֹר. לְמַעַן שִׁמְךָ יהוה תְּחַיֵּנִי, בְּצִדְקָתְךָ תּוֹצִיא מִצָּרָה נַפְשִׁי. וּבְחַסְדְּךָ תַּצְמִית אֹיְבָי; וְהַאֲבַדְתָּ כָּל צֹרְרֵי נַפְשִׁי, כִּי אֲנִי עַבְדֶּךָ.

**קמד** לְדָוִד; בָּרוּךְ יהוה צוּרִי, הַמְלַמֵּד יָדַי לַקְרָב, אֶצְבְּעוֹתַי לַמִּלְחָמָה. חַסְדִּי וּמְצוּדָתִי מִשְׂגַּבִּי וּמְפַלְטִי לִי; מָגִנִּי וּבוֹ חָסִיתִי, הָרוֹדֵד עַמִּי תַחְתָּי. יהוה, מָה אָדָם וַתֵּדָעֵהוּ, בֶּן אֱנוֹשׁ וַתְּחַשְּׁבֵהוּ. אָדָם לַהֶבֶל דָּמָה, יָמָיו כְּצֵל עוֹבֵר. יהוה, הַט שָׁמֶיךָ וְתֵרֵד, גַּע בֶּהָרִים וְיֶעֱשָׁנוּ. בְּרוֹק בָּרָק וּתְפִיצֵם, שְׁלַח חִצֶּיךָ וּתְהֻמֵּם. שְׁלַח יָדֶיךָ מִמָּרוֹם; פְּצֵנִי וְהַצִּילֵנִי מִמַּיִם רַבִּים, מִיַּד בְּנֵי נֵכָר. אֲשֶׁר פִּיהֶם דִּבֶּר שָׁוְא, וִימִינָם יְמִין שָׁקֶר. אֱלֹהִים, שִׁיר חָדָשׁ אָשִׁירָה לָּךְ, בְּנֵבֶל עָשׂוֹר אֲזַמְּרָה לָּךְ. הַנּוֹתֵן תְּשׁוּעָה לַמְּלָכִים, הַפּוֹצֶה אֶת דָּוִד עַבְדּוֹ מֵחֶרֶב רָעָה. פְּצֵנִי וְהַצִּילֵנִי מִיַּד בְּנֵי נֵכָר; אֲשֶׁר פִּיהֶם דִּבֶּר שָׁוְא, וִימִינָם יְמִין שָׁקֶר. אֲשֶׁר בָּנֵינוּ כִּנְטִעִים, מְגֻדָּלִים בִּנְעוּרֵיהֶם; בְּנוֹתֵינוּ כְזָוִיֹּת, מְחֻטָּבוֹת תַּבְנִית הֵיכָל. מְזָוֵינוּ מְלֵאִים, מְפִיקִים מִזַּן אֶל זַן; צֹאנֵנוּ מַאֲלִיפוֹת, מְרֻבָּבוֹת בְּחוּצוֹתֵינוּ. אַלּוּפֵינוּ

מְסֻבָּלִים; אֵין פֶּרֶץ וְאֵין יוֹצֵאת, וְאֵין צְוָחָה בִּרְחֹבֹתֵינוּ. אַשְׁרֵי הָעָם שֶׁכָּכָה לּוֹ, אַשְׁרֵי הָעָם שֶׁיהוה אֱלֹהָיו.

יום ל׳ לחודש

**קמה** תְּהִלָּה לְדָוִד; אֲרוֹמִמְךָ אֱלוֹהַי הַמֶּלֶךְ, וַאֲבָרְכָה שִׁמְךָ לְעוֹלָם וָעֶד. בְּכָל יוֹם אֲבָרְכֶךָּ, וַאֲהַלְלָה שִׁמְךָ לְעוֹלָם וָעֶד. גָּדוֹל יהוה וּמְהֻלָּל מְאֹד, וְלִגְדֻלָּתוֹ אֵין חֵקֶר. דּוֹר לְדוֹר יְשַׁבַּח מַעֲשֶׂיךָ, וּגְבוּרֹתֶיךָ יַגִּידוּ. הֲדַר כְּבוֹד הוֹדֶךָ וְדִבְרֵי נִפְלְאֹתֶיךָ אָשִׂיחָה. וֶעֱזוּז נוֹרְאֹתֶיךָ יֹאמֵרוּ, וּגְדוּלָּתְךָ אֲסַפְּרֶנָּה. זֵכֶר רַב טוּבְךָ יַבִּיעוּ, וְצִדְקָתְךָ יְרַנֵּנוּ. חַנּוּן וְרַחוּם יהוה, אֶרֶךְ אַפַּיִם וּגְדָל חָסֶד. טוֹב יהוה לַכֹּל, וְרַחֲמָיו עַל כָּל מַעֲשָׂיו. יוֹדוּךָ יהוה כָּל מַעֲשֶׂיךָ, וַחֲסִידֶיךָ יְבָרְכוּכָה. כְּבוֹד מַלְכוּתְךָ יֹאמֵרוּ, וּגְבוּרָתְךָ יְדַבֵּרוּ. לְהוֹדִיעַ לִבְנֵי הָאָדָם גְּבוּרֹתָיו, וּכְבוֹד הֲדַר מַלְכוּתוֹ. מַלְכוּתְךָ מַלְכוּת כָּל עֹלָמִים, וּמֶמְשַׁלְתְּךָ בְּכָל דּוֹר וָדֹר. סוֹמֵךְ יהוה לְכָל הַנֹּפְלִים, וְזוֹקֵף לְכָל הַכְּפוּפִים. עֵינֵי כֹל אֵלֶיךָ יְשַׂבֵּרוּ, וְאַתָּה נוֹתֵן לָהֶם אֶת אָכְלָם בְּעִתּוֹ. פּוֹתֵחַ אֶת יָדֶךָ, וּמַשְׂבִּיעַ לְכָל חַי רָצוֹן. צַדִּיק יהוה בְּכָל דְּרָכָיו, וְחָסִיד בְּכָל מַעֲשָׂיו. קָרוֹב יהוה לְכָל קֹרְאָיו, לְכֹל אֲשֶׁר יִקְרָאֻהוּ בֶאֱמֶת. רְצוֹן יְרֵאָיו יַעֲשֶׂה, וְאֶת שַׁוְעָתָם יִשְׁמַע וְיוֹשִׁיעֵם. שׁוֹמֵר יהוה אֶת כָּל אֹהֲבָיו, וְאֵת כָּל הָרְשָׁעִים יַשְׁמִיד. תְּהִלַּת יהוה יְדַבֶּר פִּי, וִיבָרֵךְ כָּל בָּשָׂר שֵׁם קָדְשׁוֹ לְעוֹלָם וָעֶד.

**קמו** הַלְלוּיָהּ; הַלְלִי נַפְשִׁי אֶת יהוה. אֲהַלְלָה יהוה בְּחַיָּי, אֲזַמְּרָה לֵאלֹהַי בְּעוֹדִי. אַל תִּבְטְחוּ בִנְדִיבִים, בְּבֶן אָדָם שֶׁאֵין לוֹ תְשׁוּעָה. תֵּצֵא רוּחוֹ יָשֻׁב לְאַדְמָתוֹ, בַּיּוֹם הַהוּא אָבְדוּ עֶשְׁתֹּנֹתָיו. אַשְׁרֵי שֶׁאֵל יַעֲקֹב בְּעֶזְרוֹ, שִׂבְרוֹ עַל יהוה אֱלֹהָיו. עֹשֶׂה שָׁמַיִם וָאָרֶץ, אֶת הַיָּם וְאֶת כָּל אֲשֶׁר בָּם; הַשֹּׁמֵר אֱמֶת לְעוֹלָם. עֹשֶׂה מִשְׁפָּט לָעֲשׁוּקִים, נֹתֵן לֶחֶם לָרְעֵבִים; יהוה מַתִּיר אֲסוּרִים. יהוה פֹּקֵחַ עִוְרִים, יהוה זֹקֵף כְּפוּפִים; יהוה אֹהֵב צַדִּיקִים. יהוה שֹׁמֵר אֶת גֵּרִים, יָתוֹם וְאַלְמָנָה יְעוֹדֵד; וְדֶרֶךְ רְשָׁעִים יְעַוֵּת. יִמְלֹךְ יהוה לְעוֹלָם, אֱלֹהַיִךְ צִיּוֹן לְדֹר וָדֹר; הַלְלוּיָהּ.

**קמז** הַלְלוּיָהּ; כִּי טוֹב זַמְּרָה אֱלֹהֵינוּ, כִּי נָעִים נָאוָה תְהִלָּה. בּוֹנֵה יְרוּשָׁלַיִם יהוה, נִדְחֵי יִשְׂרָאֵל יְכַנֵּס. הָרוֹפֵא לִשְׁבוּרֵי לֵב, וּמְחַבֵּשׁ לְעַצְּבוֹתָם. מוֹנֶה מִסְפָּר לַכּוֹכָבִים, לְכֻלָּם שֵׁמוֹת יִקְרָא. גָּדוֹל אֲדוֹנֵינוּ וְרַב כֹּחַ, לִתְבוּנָתוֹ אֵין מִסְפָּר. מְעוֹדֵד עֲנָוִים יהוה, מַשְׁפִּיל רְשָׁעִים עֲדֵי אָרֶץ. עֱנוּ לַיהוה בְּתוֹדָה, זַמְּרוּ לֵאלֹהֵינוּ בְכִנּוֹר. הַמְּכַסֶּה שָׁמַיִם בְּעָבִים, הַמֵּכִין לָאָרֶץ מָטָר; הַמַּצְמִיחַ הָרִים חָצִיר. נוֹתֵן לִבְהֵמָה לַחְמָהּ, לִבְנֵי עֹרֵב אֲשֶׁר יִקְרָאוּ. לֹא בִגְבוּרַת הַסּוּס יֶחְפָּץ, לֹא בְשׁוֹקֵי הָאִישׁ יִרְצֶה. רוֹצֶה יהוה אֶת יְרֵאָיו, אֶת הַמְיַחֲלִים לְחַסְדּוֹ. שַׁבְּחִי יְרוּשָׁלַיִם אֶת יהוה; הַלְלִי אֱלֹהַיִךְ, צִיּוֹן. כִּי חִזַּק בְּרִיחֵי שְׁעָרָיִךְ, בֵּרַךְ בָּנַיִךְ בְּקִרְבֵּךְ. הַשָּׂם גְּבוּלֵךְ שָׁלוֹם, חֵלֶב חִטִּים יַשְׂבִּיעֵךְ. הַשֹּׁלֵחַ אִמְרָתוֹ אָרֶץ, עַד מְהֵרָה יָרוּץ דְּבָרוֹ. הַנֹּתֵן שֶׁלֶג כַּצָּמֶר, כְּפוֹר כָּאֵפֶר יְפַזֵּר. מַשְׁלִיךְ קַרְחוֹ כְפִתִּים, לִפְנֵי קָרָתוֹ מִי יַעֲמֹד. יִשְׁלַח דְּבָרוֹ וְיַמְסֵם, יַשֵּׁב רוּחוֹ יִזְּלוּ מָיִם. מַגִּיד דְּבָרָיו לְיַעֲקֹב, חֻקָּיו וּמִשְׁפָּטָיו לְיִשְׂרָאֵל. לֹא עָשָׂה כֵן לְכָל גּוֹי, וּמִשְׁפָּטִים בַּל יְדָעוּם; הַלְלוּיָהּ.

**קמח** הַלְלוּיָהּ; הַלְלוּ אֶת יהוה מִן הַשָּׁמַיִם, הַלְלוּהוּ בַּמְּרוֹמִים. הַלְלוּהוּ כָל מַלְאָכָיו, הַלְלוּהוּ כָּל צְבָאָיו. הַלְלוּהוּ שֶׁמֶשׁ וְיָרֵחַ, הַלְלוּהוּ כָּל כּוֹכְבֵי אוֹר. הַלְלוּהוּ שְׁמֵי הַשָּׁמָיִם, וְהַמַּיִם אֲשֶׁר מֵעַל הַשָּׁמָיִם. יְהַלְלוּ אֶת שֵׁם יהוה, כִּי הוּא צִוָּה וְנִבְרָאוּ. וַיַּעֲמִידֵם לָעַד לְעוֹלָם, חָק נָתַן וְלֹא יַעֲבוֹר. הַלְלוּ אֶת יהוה מִן הָאָרֶץ, תַּנִּינִים וְכָל תְּהֹמוֹת. אֵשׁ וּבָרָד, שֶׁלֶג וְקִיטוֹר, רוּחַ סְעָרָה עֹשָׂה דְבָרוֹ. הֶהָרִים וְכָל גְּבָעוֹת, עֵץ פְּרִי וְכָל אֲרָזִים. הַחַיָּה וְכָל בְּהֵמָה, רֶמֶשׂ וְצִפּוֹר כָּנָף. מַלְכֵי אֶרֶץ וְכָל לְאֻמִּים, שָׂרִים וְכָל שֹׁפְטֵי אָרֶץ. בַּחוּרִים וְגַם בְּתוּלוֹת, זְקֵנִים עִם נְעָרִים. יְהַלְלוּ אֶת שֵׁם יהוה, כִּי נִשְׂגָּב שְׁמוֹ לְבַדּוֹ; הוֹדוֹ עַל אֶרֶץ וְשָׁמָיִם. וַיָּרֶם קֶרֶן לְעַמּוֹ, תְּהִלָּה לְכָל חֲסִידָיו, לִבְנֵי יִשְׂרָאֵל עַם קְרֹבוֹ; הַלְלוּיָהּ.

**קמט** הַלְלוּיָהּ; שִׁירוּ לַיהוה שִׁיר חָדָשׁ, תְּהִלָּתוֹ בִּקְהַל חֲסִידִים. יִשְׂמַח יִשְׂרָאֵל בְּעֹשָׂיו, בְּנֵי צִיּוֹן יָגִילוּ בְמַלְכָּם. יְהַלְלוּ שְׁמוֹ בְמָחוֹל, בְּתֹף וְכִנּוֹר יְזַמְּרוּ לוֹ.

כִּי רוֹצֶה יהוה בְּעַמּוֹ, יְפָאֵר עֲנָוִים בִּישׁוּעָה. יַעְלְזוּ חֲסִידִים בְּכָבוֹד, יְרַנְּנוּ עַל מִשְׁכְּבוֹתָם. רוֹמְמוֹת אֵל בִּגְרוֹנָם, וְחֶרֶב פִּיפִיּוֹת בְּיָדָם. לַעֲשׂוֹת נְקָמָה בַּגּוֹיִם, תּוֹכֵחוֹת בַּלְאֻמִּים. לֶאְסֹר מַלְכֵיהֶם בְּזִקִּים, וְנִכְבְּדֵיהֶם בְּכַבְלֵי בַרְזֶל. לַעֲשׂוֹת בָּהֶם מִשְׁפָּט כָּתוּב, הָדָר הוּא לְכָל חֲסִידָיו; הַלְּלוּיָהּ.

**קנ** הַלְּלוּיָהּ; הַלְּלוּ אֵל בְּקָדְשׁוֹ, הַלְּלוּהוּ בִּרְקִיעַ עֻזּוֹ. הַלְּלוּהוּ בִגְבוּרֹתָיו, הַלְּלוּהוּ כְּרֹב גֻּדְלוֹ. הַלְּלוּהוּ בְּתֵקַע שׁוֹפָר, הַלְּלוּהוּ בְּנֵבֶל וְכִנּוֹר. הַלְּלוּהוּ בְּתֹף וּמָחוֹל, הַלְּלוּהוּ בְּמִנִּים וְעֻגָב. הַלְּלוּהוּ בְצִלְצְלֵי שָׁמַע, הַלְּלוּהוּ בְּצִלְצְלֵי תְרוּעָה. כֹּל הַנְּשָׁמָה תְּהַלֵּל יָהּ; הַלְּלוּיָהּ.

## תפלה אחר אמירת תהלים

**מִי יִתֵּן** מִצִּיּוֹן יְשׁוּעַת יִשְׂרָאֵל; בְּשׁוּב יהוה שְׁבוּת עַמּוֹ, יָגֵל יַעֲקֹב יִשְׂמַח יִשְׂרָאֵל. וּתְשׁוּעַת צַדִּיקִים מֵיהוה, מָעוּזָּם בְּעֵת צָרָה. וַיַּעְזְרֵם יהוה וַיְפַלְּטֵם; יְפַלְּטֵם מֵרְשָׁעִים וְיוֹשִׁיעֵם, כִּי חָסוּ בוֹ.

**יְהִי רָצוֹן** מִלְּפָנֶיךָ, יהוה אֱלֹהֵינוּ וֵאלֹהֵי אֲבוֹתֵינוּ, בִּזְכוּת

אחרי ספר אחד:

סֵפֶר רִאשׁוֹן | סֵפֶר שֵׁנִי | סֵפֶר שְׁלִישִׁי | סֵפֶר רְבִיעִי | סֵפֶר חֲמִישִׁי
שֶׁבַּתְּהִלִּים שֶׁקָּרָאנוּ לְפָנֶיךָ שֶׁהוּא כְּנֶגֶד סֵפֶר
בְּרֵאשִׁית, | שְׁמוֹת, | וַיִּקְרָא, | בְּמִדְבַּר, | דְּבָרִים,
בִּזְכוּת מִזְמוֹרָיו וּבִזְכוּת פְּסוּקָיו וּבִזְכוּת תֵּבוֹתָיו וּבִזְכוּת שְׁמוֹתֶיךָ הַקְּדוֹשִׁים וְהַטְּהוֹרִים הַיּוֹצְאִים מִמֶּנּוּ,

אם לא אמר ספר שלם, יאמר:

מִזְמוֹרֵי תְהִלִּים שֶׁקָּרָאנוּ לְפָנֶיךָ וּבִזְכוּת פְּסוּקֵיהֶם וּבִזְכוּת תֵּבוֹתֵיהֶם וּבִזְכוּת שְׁמוֹתֶיךָ הַקְּדוֹשִׁים וְהַטְּהוֹרִים הַיּוֹצְאִים מֵהֶם,

בחול:

שֶׁתְּכַפֵּר לָנוּ עַל כָּל חַטֹּאתֵינוּ וְתִמְחָל לָנוּ עַל כָּל עֲוֹנוֹתֵינוּ, וְתִסְלַח לָנוּ עַל כָּל פְּשָׁעֵינוּ, שֶׁחָטָאנוּ וְשֶׁעָוִינוּ וְשֶׁפָּשַׁעְנוּ לְפָנֶיךָ; וְתַחֲזִירֵנוּ בִּתְשׁוּבָה שְׁלֵמָה לְפָנֶיךָ; וְתַדְרִיכֵנוּ לַעֲבוֹדָתֶךָ; וְתִפְתַּח לִבֵּנוּ בְּתַלְמוּד תּוֹרָתֶךָ; וְתִשְׁלַח רְפוּאָה שְׁלֵמָה לְחוֹלֵי עַמֶּךָ וּל(שם החולה) בֶּן / בַּת (שם אמו / אמה); וְתִקְרָא לִשְׁבוּיִם דְּרוֹר וְלַאֲסוּרִים פְּקַח קוֹחַ; וּלְכָל הוֹלְכֵי דְרָכִים וְעוֹבְרֵי יַמִּים וּנְהָרוֹת מֵעַמְּךָ יִשְׂרָאֵל, תַּצִּילֵם מִכָּל צַעַר וָנֶזֶק, וְתַגִּיעֵם לִמְחוֹז חֶפְצָם לְחַיִּים וּלְשָׁלוֹם; וְתִפְקוֹד לְכָל חֲשׂוּכֵי בָנִים בְּזֶרַע שֶׁל קַיָּמָא לַעֲבוֹדָתֶךָ וּלְיִרְאָתֶךָ; וְעֻבָּרוֹת שֶׁל עַמְּךָ בֵּית יִשְׂרָאֵל תַּצִּילֵן שֶׁלֹּא תַפֵּלְנָה וְלָדוֹתֵיהֶן; וְהַיּוֹשְׁבוֹת עַל הַמַּשְׁבֵּר בְּרַחֲמֶיךָ הָרַבִּים תַּצִּילֵן מִכָּל רָע; וְאַל הַמֵּינִיקוֹת תַּשְׁפִּיעַ שֶׁלֹּא יֶחְסַר חָלָב מִדַּדֵּיהֶן; וְאַל יִמְשׁוֹל אַסְכָּרָה וְשֵׁדִין וְכָל פְּגָעִים וּמַרְעִין בִּישִׁין בְּכָל יַלְדֵי עַמְּךָ בֵּית יִשְׂרָאֵל, וּתְגַדְּלֵם לְתוֹרָתֶךָ לִלְמוֹד תּוֹרָה לִשְׁמָהּ, וְתַצִּילֵם מֵעַיִן הָרָע וּמִדֶּבֶר וּמִמַּגֵּפָה וּמִשָּׂטָן וּמִיֵּצֶר הָרָע; וּתְבַטֵּל מֵעָלֵינוּ וּמִכָּל עַמְּךָ בֵּית יִשְׂרָאֵל בְּכָל מָקוֹם שֶׁהֵם כָּל גְּזֵרוֹת קָשׁוֹת וְרָעוֹת; וְתַטֶּה לֵב הַמַּלְכוּת עָלֵינוּ לְטוֹבָה, וְתִגְזוֹר עָלֵינוּ גְּזֵירוֹת טוֹבוֹת; וְתִשְׁלַח בְּרָכָה וְהַצְלָחָה בְּכָל מַעֲשֵׂה יָדֵינוּ; וְהָכֵן פַּרְנָסָתֵנוּ מִיָּדְךָ הָרְחָבָה וְהַמְּלֵאָה, וְלֹא יִצְטָרְכוּ עַמְּךָ יִשְׂרָאֵל זֶה לָזֶה וְלֹא לְעַם אַחֵר; וְתֵן לְכָל אִישׁ וְאִישׁ דֵּי פַרְנָסָתוֹ, וּלְכָל גְּוִיָּה וּגְוִיָּה דֵּי מַחְסוֹרָהּ; וּתְמַהֵר וְתָחִישׁ לְגָאֳלֵנוּ וְתִבְנֶה בֵּית מִקְדָּשֵׁנוּ וְתִפְאַרְתֵּנוּ; (אין אומרים י״ג מדות אלא בציבור) וּבִזְכוּת שְׁלֹשׁ עֶשְׂרֵה מִדּוֹתֶיךָ שֶׁל רַחֲמִים הַכְּתוּבוֹת בְּתוֹרָתֶךָ – כְּמוֹ שֶׁנֶּאֱמַר: יהוה יהוה אֵל רַחוּם וְחַנּוּן אֶרֶךְ אַפַּיִם וְרַב חֶסֶד וֶאֱמֶת נֹצֵר חֶסֶד לָאֲלָפִים נֹשֵׂא עָוֹן וָפֶשַׁע וְחַטָּאָה וְנַקֵּה, שֶׁאֵינָן חוֹזְרוֹת רֵיקָם מִלְּפָנֶיךָ). עָזְרֵנוּ אֱלֹהֵי יִשְׁעֵנוּ עַל דְּבַר כְּבוֹד שְׁמֶךָ וְהַצִּילֵנוּ, וְכַפֵּר עַל חַטֹּאתֵינוּ לְמַעַן שְׁמֶךָ. בָּרוּךְ יהוה לְעוֹלָם, אָמֵן וְאָמֵן.

בשבת וביום טוב:

שֶׁתְּהֵא נֶחְשֶׁבֶת לָנוּ אֲמִירַת מִזְמוֹרֵי תְהִלִּים אֵלּוּ, כְּאִלּוּ אֲמָרָם דָּוִד מֶלֶךְ יִשְׂרָאֵל עָלָיו הַשָּׁלוֹם בְּעַצְמוֹ, זְכוּתוֹ יָגֵן עָלֵינוּ; וְיַעֲמוֹד לָנוּ לְחַבֵּר אֵשֶׁת נְעוּרִים עִם דּוֹדָהּ, בְּאַהֲבָה וְאַחֲוָה וְרֵעוּת. וּמִשָּׁם יִמָּשֵׁךְ לָנוּ שֶׁפַע לְנֶפֶשׁ רוּחַ וּנְשָׁמָה. וּכְשֵׁם שֶׁאָנוּ אוֹמְרִים לְפָנֶיךָ שִׁירָה בָּעוֹלָם הַזֶּה, כָּךְ נִזְכֶּה לוֹמַר לְפָנֶיךָ, יהוה אֱלֹהֵינוּ וֵאלֹהֵי אֲבוֹתֵינוּ, שִׁיר וּשְׁבָחָה לָעוֹלָם הַבָּא. וְעַל יְדֵי אֲמִירַת תְּהִלִּים תִּתְעוֹרֵר חֲבַצֶּלֶת הַשָּׁרוֹן לָשִׁיר בְּקוֹל נָעִים גִּילַת וְרַנֵּן, כְּבוֹד הַלְּבָנוֹן נִתַּן לָהּ, הוֹד וְהָדָר בְּבֵית אֱלֹהֵינוּ, בִּמְהֵרָה בְיָמֵינוּ, אָמֵן סֶלָה.

## תפלה בעד החולה

**(יהוה יהוה אֵל רַחוּם וְחַנּוּן אֶרֶךְ אַפַּיִם וְרַב חֶסֶד וֶאֱמֶת נֹצֵר חֶסֶד לָאֲלָפִים נֹשֵׂא עָוֹן וָפֶשַׁע וְחַטָּאָה וְנַקֵּה.) לְךָ יהוה הַגְּדֻלָּה וְהַגְּבוּרָה וְהַתִּפְאֶרֶת וְהַנֵּצַח וְהַהוֹד כִּי כֹל בַּשָּׁמַיִם וּבָאָרֶץ, לְךָ יהוה הַמַּמְלָכָה וְהַמִּתְנַשֵּׂא לְכֹל לְרֹאשׁ. וְאַתָּה בְּיָדְךָ נֶפֶשׁ כָּל חָי וְרוּחַ כָּל בְּשַׂר אִישׁ, וּבְיָדְךָ כֹּחַ וּגְבוּרָה לְגַדֵּל וּלְחַזֵּק וּלְרַפְּאוֹת אֱנוֹשׁ עַד דַּכָּא, עַד דְּכְדּוּכָהּ שֶׁל נֶפֶשׁ. וְלֹא יִפָּלֵא מִמְּךָ כָּל דָּבָר וּבְיָדְךָ נֶפֶשׁ כָּל חָי. לָכֵן יְהִי רָצוֹן מִלְּפָנֶיךָ הָאֵל הַנֶּאֱמָן, אַב הָרַחֲמִים, הָרוֹפֵא לְכָל תַּחֲלוּאֵי עַמְּךָ יִשְׂרָאֵל הַקְּרוֹבִים עַד שַׁעֲרֵי מָוֶת, וְהַמְחַבֵּשׁ מָזוֹר וּתְעָלָה לִידִידָיו, וְהַגּוֹאֵל מִשַּׁחַת חֲסִידָיו, וְהַמַּצִּיל מִמָּוֶת נֶפֶשׁ מְרוּדָיו. אַתָּה רוֹפֵא נֶאֱמָן שְׁלַח מַרְפֵּא וַאֲרוּכָה וּתְעָלָה בְּרוֹב חֶסֶד וַחֲנִינָה וְחֶמְלָה לְנֶפֶשׁ

לזכר:

(שם החולה) בֶּן (שם אמו) לְרוּחוֹ וְנַפְשׁוֹ הָאוּמְלָל, וְלֹא תֵרֵד נַפְשׁוֹ לִשְׁאוֹלָה, וְהִמָּלֵא רַחֲמִים עָלָיו לְהַחֲלִימוֹ וּלְרַפְּאתוֹ לְהַחֲזִיקוֹ וּלְהַחֲיוֹתוֹ, כִּרְצוֹן כָּל קְרוֹבָיו וְאוֹהֲבָיו. וְיֵרָאוּ לְפָנֶיךָ זְכֻיּוֹתָיו וְצִדְקוֹתָיו, וְתַשְׁלִיךְ בִּמְצוּלוֹת יָם כָּל חַטֹּאתָיו, וְיִכְבְּשׁוּ רַחֲמֶיךָ אֶת כַּעַסְךָ מֵעָלָיו, וְתִשְׁלַח לוֹ רְפוּאָה שְׁלֵמָה, רְפוּאַת הַנֶּפֶשׁ וּרְפוּאַת הַגּוּף, וּתְחַדֵּשׁ כַּנֶּשֶׁר נְעוּרָיו, וְתִשְׁלַח לוֹ וּלְכָל חוֹלֵי יִשְׂרָאֵל מַרְפֵּא אֲרוּכָה, מַרְפֵּא בְרָכָה, מַרְפֵּא תְרוּפָה וּתְעָלָה, מַרְפֵּא חֲנִינָה וְחֶמְלָה, מַרְפֵּא יְדוּעִים וּגְלוּיִים, מַרְפֵּא רַחֲמִים וְשָׁלוֹם וְחַיִּים, מַרְפֵּא אֹרֶךְ יָמִים וְשָׁנִים טוֹבִים. וִיקֻיַּם בּוֹ וּבְכָל חוֹלֵי יִשְׂרָאֵל מִקְרָא

לנקבה:

(שם החולה) בַּת (שם אמה) לְרוּחָהּ וְנַפְשָׁהּ הָאוּמְלָלָה, וְלֹא תֵרֵד נַפְשָׁהּ לִשְׁאוֹלָה, וְהִמָּלֵא רַחֲמִים עָלֶיהָ לְהַחֲלִימָהּ וּלְרַפְּאתָהּ לְהַחֲזִיקָהּ וּלְהַחֲיוֹתָהּ, כִּרְצוֹן כָּל קְרוֹבֶיהָ וְאוֹהֲבֶיהָ. וְיֵרָאוּ לְפָנֶיךָ זְכֻיּוֹתֶיהָ וְצִדְקוֹתֶיהָ, וְתַשְׁלִיךְ בִּמְצוּלוֹת יָם כָּל חַטֹּאתֶיהָ, וְיִכְבְּשׁוּ רַחֲמֶיךָ אֶת כַּעַסְךָ מֵעָלֶיהָ, וְתִשְׁלַח לָהּ רְפוּאָה שְׁלֵמָה, רְפוּאַת הַנֶּפֶשׁ וּרְפוּאַת הַגּוּף, וּתְחַדֵּשׁ כַּנֶּשֶׁר נְעוּרֶיהָ, וְתִשְׁלַח לָהּ וּלְכָל חוֹלֵי יִשְׂרָאֵל מַרְפֵּא אֲרוּכָה, מַרְפֵּא בְרָכָה, מַרְפֵּא תְרוּפָה וּתְעָלָה, מַרְפֵּא חֲנִינָה וְחֶמְלָה, מַרְפֵּא יְדוּעִים וּגְלוּיִים, מַרְפֵּא רַחֲמִים וְשָׁלוֹם וְחַיִּים, מַרְפֵּא אֹרֶךְ יָמִים וְשָׁנִים טוֹבִים. וִיקֻיַּם בָּהּ וּבְכָל חוֹלֵי יִשְׂרָאֵל מִקְרָא

שֶׁכָּתוּב עַל יְדֵי מֹשֶׁה עַבְדְּךָ נֶאֱמַן בֵּיתֶךָ: וַיֹּאמֶר, אִם שָׁמוֹעַ תִּשְׁמַע לְקוֹל יהוה אֱלֹהֶיךָ, וְהַיָּשָׁר בְּעֵינָיו תַּעֲשֶׂה, וְהַאֲזַנְתָּ לְמִצְוֹתָיו, וְשָׁמַרְתָּ כָּל חֻקָּיו, כָּל הַמַּחֲלָה אֲשֶׁר שַׂמְתִּי בְמִצְרַיִם לֹא אָשִׂים עָלֶיךָ, כִּי אֲנִי יהוה רֹפְאֶךָ. וַעֲבַדְתֶּם אֵת יהוה אֱלֹהֵיכֶם, וּבֵרַךְ אֶת לַחְמְךָ וְאֶת מֵימֶיךָ, וַהֲסִרֹתִי מַחֲלָה מִקִּרְבֶּךָ. לֹא תִהְיֶה מְשַׁכֵּלָה וַעֲקָרָה בְּאַרְצֶךָ, אֶת מִסְפַּר יָמֶיךָ אֲמַלֵּא. וְהֵסִיר יהוה מִמְּךָ כָּל חֹלִי, וְכָל מַדְוֵי מִצְרַיִם הָרָעִים אֲשֶׁר יָדַעְתָּ, לֹא יְשִׂימָם בָּךְ, וּנְתָנָם בְּכָל שֹׂנְאֶיךָ. וְעַל יְדֵי עֲבָדֶיךָ הַנְּבִיאִים כָּתוּב לֵאמֹר: וַאֲכַלְתֶּם אָכוֹל וְשָׂבוֹעַ, וְהִלַּלְתֶּם אֶת שֵׁם יהוה אֱלֹהֵיכֶם אֲשֶׁר עָשָׂה עִמָּכֶם לְהַפְלִיא, וְלֹא יֵבֹשׁוּ עַמִּי לְעוֹלָם. דְּרָכָיו רָאִיתִי וְאֶרְפָּאֵהוּ, וְאַנְחֵהוּ וַאֲשַׁלֵּם נִחֻמִים לוֹ וְלַאֲבֵלָיו. בּוֹרֵא נִיב שְׂפָתָיִם שָׁלוֹם שָׁלוֹם לָרָחוֹק וְלַקָּרוֹב, אָמַר יהוה, וּרְפָאתִיו. וְזָרְחָה לָכֶם יִרְאֵי שְׁמִי שֶׁמֶשׁ צְדָקָה וּמַרְפֵּא בִּכְנָפֶיהָ. אָז יִבָּקַע כַּשַּׁחַר אוֹרֶךָ וַאֲרֻכָתְךָ מְהֵרָה תִצְמָח. רְפָאֵנוּ יהוה וְנֵרָפֵא, הוֹשִׁיעֵנוּ וְנִוָּשֵׁעָה, כִּי תְהִלָּתֵנוּ אָתָּה. וְהַעֲלֵה רְפוּאָה שְׁלֵמָה לְכָל מַכּוֹת עַמְּךָ יִשְׂרָאֵל,

לזכר:

וּבִפְרָט לְ(שם החולה) בֶּן (שם אמו) רְפוּאָה שְׁלֵמָה לִרְמַ״ח אֵבָרָיו וּשְׁסָ״ה גִּידָיו, לְרַפֵּא אוֹתוֹ כְּחִזְקִיָּהוּ מֶלֶךְ יְהוּדָה מֵחָלְיוֹ, וּכְמִרְיָם הַנְּבִיאָה מִצָּרַעְתָּהּ, [בְּשֵׁמוֹת הַקְּדוֹשִׁים הַיּוֹצְאִים מִפְּסוּקִים שֶׁל שְׁלֹשׁ עֶשְׂרֵה מִדּוֹתֶיךָ] אֵל נָא רְפָא נָא לְ(שם החולה) בֶּן (שם אמו) לְהָקִים אוֹתוֹ מֵחָלְיוֹ וּלְהַאֲרִיךְ עוֹד יְמֵי חַיָּיו כְּדֵי שֶׁיַּעֲבוֹד לְךָ בְּאַהֲבָה וּבְיִרְאָה, וְתִתֵּן לוֹ חַיִּים שֶׁל רַחֲמִים, חַיִּים שֶׁל בְּרִיאוּת, חַיִּים שֶׁל שָׁלוֹם, חַיִּים שֶׁל בְּרָכָה, כְּדִכְתִיב: כִּי אֹרֶךְ יָמִים וּשְׁנוֹת חַיִּים וְשָׁלוֹם יוֹסִיפוּ לָךְ. אָמֵן סֶלָה.

לנקבה:

וּבִפְרָט לְ(שם החולה) בַּת (שם אמה) רְפוּאָה שְׁלֵמָה לְכָל אֵבָרֶיהָ וּלְכָל גִּידֶיהָ, לְרַפֵּא אוֹתָהּ כְּחִזְקִיָּהוּ מֶלֶךְ יְהוּדָה מֵחָלְיוֹ, וּכְמִרְיָם הַנְּבִיאָה מִצָּרַעְתָּהּ, [בְּשֵׁמוֹת הַקְּדוֹשִׁים הַיּוֹצְאִים מִפְּסוּקִים שֶׁל שְׁלֹשׁ עֶשְׂרֵה מִדּוֹתֶיךָ] אֵל נָא רְפָא נָא לְ(שם החולה) בַּת (שם אמה) לְהָקִים אוֹתָהּ מֵחָלְיָהּ וּלְהַאֲרִיךְ עוֹד יְמֵי חַיֶּיהָ כְּדֵי שֶׁתַּעֲבוֹד לְךָ בְּאַהֲבָה וּבְיִרְאָה, וְתִתֵּן לָהּ חַיִּים שֶׁל רַחֲמִים, חַיִּים שֶׁל בְּרִיאוּת, חַיִּים שֶׁל שָׁלוֹם, חַיִּים שֶׁל בְּרָכָה, כְּדִכְתִיב: כִּי אֹרֶךְ יָמִים וּשְׁנוֹת חַיִּים וְשָׁלוֹם יוֹסִיפוּ לָךְ. אָמֵן סֶלָה.

** אין אומרים י״ג מדות אלא בציבור

# קצת הלכות נחוצות

## חיוב התפלה וההכנה אליה

**א.** מצות עשה להתפלל בכל יום שנאמר (שמות כג:כה) ועבדתם את ה׳ א־להיכם. מפי השמועה למדו שעבודה זו היא תפלה שנאמר (דברים יא:יג) ולעבדו בכל לבבכם, אמרו חכמים אי זו היא עבודה שבלב זו תפלה (רמב״ם ה׳ תפלה פ״א ה״א).

**ב.** ישהה שעה אחת קודם שיקום להתפלל כדי שיכוין לבו למקום, ושעה אחת אחר התפלה שלא תהא נראית עליו כמשאוי שממהר לצאת ממנה (או״ח סי׳ צג ס״א). וכתבו תלמידי רבינו יונה דשעה זו היינו שעה ממש, אחת מי״ב שעות שביום. אך כ״ז לחסידים, ולשאר העם די בשעה מועטת (מ״ב שם ס״ק א).

**ג.** ויחשוב קודם התפלה מרוממות הא־ל יתעלה ובשפלות האדם ויסיר כל תענוגי האדם מלבו (או״ח סי׳ צח ס״א בהגה). בשעה שיתבונן האדם במעשי ה׳ וברואיו הנפלאים הגדולים ויראה מהן חכמתו שאין לה ערך ולא קץ מיד הוא אוהב ומשבח ומפאר ומתאוה לידע השם הגדול כמו שאמר דוד (תהלים מב:ג) צמאה נפשי לא־להים לא־ל חי. וכשמחשב בדברים האלו עצמן מיד הוא נרתע לאחוריו ויפחד ויודע שהוא בריה קטנה שפלה אפלה עומדת בדעה קלה מעוטה לפני תמים דעות כמו שאמר דוד (תהלים ח:ד) כי אראה שמיך מעשה אצבעותיך מה אנוש כי תזכרנו (רמב״ם ה׳ יסודי התורה פ״ב ה״ב).

**ד.** ויחשוב כאלו שכינה כנגדו ויסיר כל המחשבות הטורדות אותו עד שתשאר מחשבתו וכוונתו זכה בתפלתו. וכך היו עושים חסידים ואנשי מעשה שהיו מתבודדים ומכוונים בתפלתם עד שהיו מגיעים להתפשטות הגשמיות ולהתגברות כח השכלי עד שהיו מגיעים קרוב למעלת הנבואה (או״ח סי׳ צח ס״א).

**ה.** אם תבא לו מחשבה אחרת תוך התפלה ישתוק עד שתתבטל המחשבה. וצריך שיחשוב בדברים המכניעים הלב ומכוונים אותו לאביו שבשמים ולא יחשוב בדברים שיש בהם קלות ראש (שם). התפלה היא במקום הקרבן ולכן צריך ליזהר שתהא דוגמת הקרבן בכוונה ולא יערב בה מחשבה אחרת כמו מחשבה שפוסלת בקדשים (שם ס״ד).

**ו.** יתפלל דרך תחנונים כרש המבקש בפתח ובנחת שלא תראה עליו כמשא וכמבקש ליפטר ממנה (שם ס״ג). אל יחשוב ראוי הוא שיעשה הקב״ה בקשתי כיון שכיוונתי בתפלתי כי אדרבה דבר זה מזכיר עונותיו של אדם אלא יחשוב שיעשה הקב״ה בחסדו ויאמר בלבו מי אני דל ונבזה בא לבקש מאת מלך מלכי המלכים הקב״ה אם לא מרוב חסדיו שהוא מתנהג בהם עם בריותיו (שם ס״ה).

**ז.** יבדוק נקביו כדי שיהא גופו נקי בשעת קריאת שמע ותפלה ואם ברור אצלו שאינו נצרך עתה לנקביו זה נקרא גוף נקי (או״ח סי׳ ב ס״ו ומ״ב ס״ק יב).

**ח.** צריך לרחוץ ידיו במים קודם התפלה (או״ח סי׳ צב ס״ד) וגם לתפלת מנחה וערבית צריך נטילת ידים (מ״ב ס״ק יג). אך בדיעבד אם לא נטל אין צריך לחזור ולהתפלל (שם).

## המקום

**ט.** לא יתפלל במקום פרוץ כמו בשדה מפני שכשהוא במקום צניעות חלה עליו אימת מלך ולבו נשבר (או״ח סי׳ צ ס״ה). צריך לפתוח חלונות או פתחים כנגד ירושלים (שם ס״ד).

**י.** עוברי דרך מותרים להתפלל בשדה אך כשיש שם אילנות טוב יותר שיעמדו ביניהם כי הוא מקום צנוע קצת על ידי זה (מ״ב ס״ק יא). יזהרו להתפלל במקום שלא יפסיקום ויטרידום עוברי דרכים (ע״ש במ״ב ס״ק יא, יג).

## הכוונה בתפלה

**יא.** בשעת תפלת שמונה עשרה צריך שיכוף ראשו מעט שיהיו עיניו למטה לארץ ויחשוב כאילו עומד בבית המקדש ובלבו יכוין למעלה לשמים (או״ח סי׳ צה ס״ב). כתבו האחרונים שכל מי שאינו עוצם עיניו בשעת תפלת י״ח אינו זוכה לראות פני שכינה בצאת נפשו. אך אם מתפלל בסידור ועיניו פקוחות כדי לראות בו לית לן בה (מ״ב שם ס״ק ה). כשנתבטלה כוונתו ישא עיניו לשמים לעורר הכוונה (מ״ב סי׳ צ ס״ק ח).

**יב.** המתפלל צריך שיכוין בלבו פירוש המלות שמוציא בשפתיו כי אילו היה מדבר לפני מלך בשר ודם היה מסדר דבריו ומכוין בהם יפה לבל יכשל קל וחומר לפני מלך מלכי המלכים הקב״ה שהוא חוקר כל המחשבות (או״ח סי׳ צח ס״א).

**יג.** ביותר חייב אדם לכוין בתפלת שמונה עשרה (או״ח סי׳ קא ס״א) ועכ״פ ירגיל עצמו לכוין בחתימת הברכות. על כן נכון מאוד שילמד אדם פירוש המלות של כל התפלה (מ״ב ס״ק א־ב).

**יד.** אם אינו יכול לכוין בכל הברכות עכ״פ יכוין באבות (או״ח שם) כי הוא סידור שבחו של מקום ואינו בדין שיהא אז פונה לבו לדברים אחרים. ויש פוסקים שאף ברכת מודים הוא כאבות לענין זה (מ״ב שם).

**טו.** אם לא כיון באבות מעיקר הדין חוזר ומתפלל אך כבר כתב הרמ״א שעכשיו אין לחזור להתפלל כי קרוב הוא שלא יכוין אף בפעם שניה (או״ח שם). אך כתב החיי אדם שעכ״פ אם נזכר קודם שאמר ברוך אתה ד׳ בסוף הברכה יחזור לומר אלקי אברהם וכו׳ (מ״ב ס״ק ד). ואם הוא משער שאם יתפלל עכשיו לא יוכל לכוון אף באבות לא יתפלל עד שתתישב דעתו עליו (מ״ב ס״ק ג).

## חיוב הנשים בתפלה

**טז.** גם הנשים מחויבות להתפלל ולפי דעת הרמב״ם והשו״ע (או״ח סי׳ קו ס״א) החיוב הוא מן התורה אך דעת רוב הראשונים (והוא עיקר, עיין מ״ב שם ס״ק ד) דאינו אלא מדרבנן.

לפי השיטה שקבע בעל מ״ב לעיקר (מ״ב סי׳ קו ס״ק ד) מחויבת האשה להתפלל תפלת שמונה עשרה שחרית ומנחה אבל אינה חייבת להתפלל תפלת ערבית. ונכון ג״כ שיקבלו על עצמן עול מלכות שמים ויקראו עכ״פ פסוק ראשון של קריאת שמע כמ״ש הרמ״א (סי׳ ע ס״א) ויאמרו ברכת אמת ויציב כו׳ (עד גאל ישראל) כדי לסמוך גאולה לתפלה. לענין תפלת מוסף יש מחלוקת האחרונים אם חייבות.

לענין הזכרת יציאת מצרים מביא המ״ב (סי׳ ע ס״ק ב) מחלוקת האחרונים אם חייבות או לא. שיטת המגן אברהם (שם) הוא שחייבות להזכיר יציאת מצרים ואו״כ מחויבות משום זה ג״כ לומר ברכת אמת ויציב שיסדו חז״ל על ענין יציאת מצרים ולומר ברכת אמת ואמונה וגם השכיבנו שהיא כגאולה אריכתא. אך כתב המ״ב בשם כמה אחרונים דפליגי ע״ז והשאג״א כתב על זה בסימן יב (הו״ד בשע״ת שם), אבל אומר אני דעל כיוצא בזה אמרו הנח להם לישראל כו׳.

ולענין פסוקי דזמרה כתב בשם ר׳ עקיבא איגר שג״כ חייבות. וכן לענין ברכות השחר (הנותן לשכוי כו׳) נראה שחייבות.

**יז.** אך מנהג כמה נשים הוא שאין מתפללות שמונה עשרה בתמידות וכ׳ המגן אברהם (סי׳ קו ס״ק ב) שבמה שאומרות איזה בקשה מיד בקומם ממיטתם

בבוקר יוצאות ידי חיובן מדאורייתא ואפשר שגם החכמים לא חייבום יותר.

### הלכות שונות

**יח.** אסור לאכול או לשתות קודם שיתפלל שחרית אבל מים מותר לשתות (או״ח סי׳ פט ס״ג). ומותר ג״כ לשתות טיי או קאפע (מ״ב ס״ק כב) והעולם נהגו להקל לערב בתוכם חלב ויש להם על מה שיסמוכו (דעת תורה שם).

**יט.** צריך ליזהר שיהא המקום שבו מתפלל נקי מצואה ומי רגלים ודברים שריחם רע (עיין פרטי הדברים באו״ח סי׳ ע, עט). וביותר צריכים לדקדק בזה בבית שיש בו ילדים קטנים ושכיחי שם חתוליהם המטונפים.

**כ.** היה צריך לנקביו אל יתפלל ואם התפלל תפלתו תועבה וצריך לחזור ולהתפלל ואם יכול להעמיד עצמו שעור הלוך פרסה (ע״ב מינוט) יצא בדיעבד אבל לכתחילה יבדוק עצמו יפה תחלה (או״ח סי׳ צב ס״א).

**כא.** אסור להתפלל כנגד הערוה. טפח מגולה באשה במקום שדרכה לכסותו הוא בכלל ערוה אפילו היא אשתו ואם אינה אשתו אפילו פחות מזה הוי ערוה (או״ח סי׳ עה ס״א; ועע״ש עד סוף הסימן יתר פרטי הדינים שבזה).

**כב.** יש ליזהר משמיעת קול זמר אשה ואפילו אשתו בשעת קריאת שמע (או״ח סי׳ עה ס״ג) וכן לכל דבר שבקדושה.

**כג.** טוב ליתן צדקה קודם התפלה (או״ח סי׳ צב ס״י) ועי״ז ישמע הקב״ה תפלתו (יו״ד סי׳ רמז ס״ג בהגה). בכמה קהילות נהוג לקבץ צדקה כשמגיעים לפסוק והעושר וגו׳ ואתה מושל בכל בויברך דוד (מ״ב ס״ק לו) ומקור המנהג הוא מכתבי האריז״ל (מ״ב סי׳ נא ס״ק יט).

## זמני התפלה

### זמן תפלת השחר וקריאת שמע

**כד.** מצוה מן המובחר שיתחיל תפלת השחר (דהיינו שמונה עשרה) עם הנץ החמה והיא תפלת הוותיקין ונמשך זמנה עד סוף ד׳ שעות שהוא שליש היום. ואם טעה או עבר והתפלל אחר ד׳ שעות עד חצות אע״פ שאין לו שכר תפלה בזמנה שכר תפלה מיהא איכא (או״ח סי׳ פט ס״א).

**כה.** לכתחילה לא יתפלל לפני הנץ החמה ובדיעבד יצא (שם). ובשעת הדחק כגון שמשכים לצאת לדרך וכיוצא בזה מותר אף לכתחילה להקדים לפני הנץ החמה. בענין מהו הזמן המוקדם ביותר שמותר להתפלל בו יש דעות שונות. לדעת כמה פוסקים (וכן משמע שהוא דעת השו״ע) אף משעלה עמוד השחר (כשמתחיל האור להתנוצץ במזרח) עדיין לילה הוא לענין זה עד שיאיר פני כל המזרח ואף בדיעבד לא יצא (מ״ב ס״ק ב). לדעת כמה פוסקים עד שיאיר פני המזרח נחשב לילה גם לשאר דיני התורה. ולדינא בודאי יש לחוש לדעת הפוסקים הנ״ל. וע״כ לכתחילה יש להיזהר בזה מאד אפילו בשעת הדחק שלא להתפלל לפני שיאיר המזרח. ובדיעבד בשעת הדחק יש לסמוך על הפוסקים שסוברים שיצא. אבל שלא בשעת הדחק יש להחמיר (ביאור הלכה שם).

**כו.** לכל הדיעות אסור להניח טלית ותפילין ולברך עליהם עד שיכיר את חבירו הרגיל עמו קצת ברחוק ד׳ אמות (או״ח סי׳ יח ס״ג ד). זמן זה משתנה לפי העת והמקום וכל קהל יתנהג עפ״י הוראת רבותיו.

**כז.** מותר לכתחילה לקרוא את שמע לפני הנץ החמה וחותיקין מהדרין לקרותה תיכף לפני הנץ החמה כדי לסיים ברכת גאל ישראל עם הנץ החמה ויסמוך לה מיד תפלת שמונה עשרה (או״ח סי׳ נח ס״א). תחילת זמן קריאת שמע הוא משיכיר פני חבירו הרגיל עמו קצת בריחוק ד׳ אמות (שם). מי שהוא אנוס כגון שמשכים לצאת לדרך למקום שלא יוכל לכוין בו מותר לקרותה משעלה עמוד השחר (שם ס״ד). ואם באקראי קרא משעלה עמוד השחר יצא בדיעבד, ואקראי מיקרי פעם אחת בחודש אבל אם רגיל לעשות כן אף בדיעבד לא יצא (מ״ב ס״ק יט). ובענין עמוד השחר יש מחלוקת הפוסקים מתי הוא. יש סוברים שהוא בתחילת התנוצצות האור במזרח ויש סוברים שהוא רק משהאיר כל המזרח ע״כ יש ליזהר מאוד שלא לקרוא את שמע לפני שהאיר כל המזרח (עי׳ מ״ב סי׳ נח ס״ק יח וסי׳ פט ס״ק ב ובביאור הלכה שם).

**כח.** ונמשך זמן ק״ש עד סוף ג׳ שעות שהוא רביע היום (או״ח סי׳ נח ס״א). אם עבר הזמן ולא קראה או שקראה בלא ברכותיה תוך זמנה ועכשיו עבר הזמן קורא אותה עם ברכותיה עד סוף שעה ד׳ (שם ס״ו מ״ב ס״ק כד). דעת השולחן ערוך (סי׳ נח ס״ו) שאחר ד׳ שעות שוב אין לומר ברכות קריאת שמע אך לפי דעת כמה פוסקים יש לומר הברכות אף אחר הזמן ואפשר שיש לסמוך ע״ז אם נאנס (ביאור הלכה שם). בשבת ויום טוב שכיח מאד שהקהל מאחרים קריאת שמע עד אחר הזמן ע״כ יראה לקרוא את שמע בזמנה לפני התפלה (מ״ב שם ס״ק ה).

**כט.** יש ב׳ שיטות איך לחשב את היום לענין הזמנים האלו. יש סוברים שמחשבים מהנץ החמה עד שקיעת החמה [והוא הנקרא שיטת הגר״א] ויש סוברים שמחשבים מעמוד השחר עד צאת הכוכבים [והוא הנקרא שיטת המגן אברהם] (מ״ב שם ס״ק ד).

### זמן תפלת המנחה

**ל.** לעולם יהא אדם זהיר בתפלת המנחה שהרי אליהו לא נענה אלא בתפלת המנחה (ברכות ו:).

**לא.** תחילת זמן תפלת המנחה הוא משש שעות ומחצה ומעלה (או״ח סי׳ רלג ס״א) דהיינו חצי שעה זמנית אחר חצות ונמשך זמנה עד הלילה (ראה לקמן). הזמן הזה מתחלק לשני חלקים, האחד עד תשע שעות ומחצה והוא נקרא מנחה גדולה והשני מהעת ההוא עד הלילה והוא נקרא מנחה קטנה. עיקר זמנה לכתחילה לפי פסק השולחן ערוך הוא בזמן מנחה קטנה ואם התפלל בזמן מנחה גדולה יצא רק בדיעבד (או״ח סי׳ רלג ס״א). אך כשיש איזה סיבה כגון שלא יהא לו מנין אח״כ וכדומה מותר להתפלל בזמן מנחה גדולה (מ״ב שם ס״ק א).

**לב.** גם לענין שעות אלו שייכת המחלוקת איך לחשב את היום כנזכר לעיל סעיף כט.

**לג.** סוף זמנה לפי פסק הרמ״א (או״ח סי׳ רלב ס״א) הוא עד צאת הכוכבים אך כתב הפרי מגדים דהיינו רק עד בערך רבע שעה לפני צאת הכוכבים. אך המשנה ברורה (ס״ק יד) כתב שכמה פוסקים חולקים על זה וסוברים שאין להתפלל מנחה אחר שקיעת החמה ועל כן לדעתו יותר טוב להתפלל ביחידות לפני שקיעת החמה מלהתפלל בצבור אחר שקיעת החמה ורק בדיעבד יש להתפלל עד רבע שעה לפני צאת הכוכבים.

**לד.** מי שרגיל להתפלל ערבית לפני הלילה אחר פלג המנחה (ראה לקמן סעיף לז) אין לו להתפלל מנחה באותו הזמן אף שהוא לפני השקיעה. אך בדיעבד אם התפלל אז יצא (או״ח סי׳ רלג ס״א).

### זמן תפלת ערבית

**לה.** תפלת ערבית יש בה שלשה חלקים אשר כל אחד מהם דינו שונה מחבירו כמבואר להלן, והם ברכות קריאת שמע, קריאת שמע עצמה, ותפילת שמונה עשרה.

**לו.** תחילת זמן קריאת שמע הוא מעת צאת שלשה כוכבים קטנים (או״ח סי׳ רלה ס״א). אם יודע זמן השקיעה ימתין עד ע״ב מינוט אחר השקיעה ואח״כ יקרא את שמע (מ״ב ס״ק ד, ושם ציין עוד שיטות שזמן צאת הכוכבים הוא קודם לכן). אם התפלל ערבית לפני זמן זה יחזור ויקרא את שלש פרשיות השמע בזמנם בלא ברכות (או״ח שם ובמ״ב ס״ק יא). ע״כ אם הצבור מקדימים להתפלל לפני הזמן הנ״ל יקרא עמהם קריאת שמע וברכותיה ויתפלל עמהם וכשיגיע הזמן יחזור ויקרא את שמע.

**לז.** בענין התחלת זמן תפלת ערבית, דהיינו תפלת שמונה עשרה, יש מחלוקת תנאים (ברכות כו ע״א). לדעת ר׳ יהודה מסתיים זמן תפילת המנחה עם פלג המנחה דהיינו שעה ורביע לפני הלילה ואז מתחיל זמן תפלת ערבית. לדעת החכמים זמן המנחה הוא עד הערב וזמן תפלת ערבית מתחיל בלילה. מסקנת הגמרא להלכה שיכולים להתנהג או כר׳ יהודה או כחכמים אך לא ינהוג פעם כשיטת ר׳ יהודה ופעם כשיטת חכמים רק כל ימיו יתנהג כשיטה אחת. וכ״ש שלא יתפלל ביום אחד מנחה אחר פלג המנחה כחכמים וערבית לפני הלילה. על כן אם דרכו להתפלל ערבית לפני הלילה אז אסור לו להתפלל מנחה אחר פלג המנחה (ובדיעבד יצא). וכן להיפך אם דרכו להתפלל מנחה עד הלילה אל יתפלל ערבית לפני הלילה (או״ח סי׳ רלג ס״א ובמ״ב שם ס״ק יא). אך כל זה אם מתפלל ביחידות אבל בציבור מותר לאחר זמן המנחה ולהקדים תפלת ערבית כי אם ימתינו להתפלל ערבית עד הזמן יתפזר הקהל ויהא טורח לקבצם שנית ותתבטל תפלת ערבית בצבור (מ״ב שם ס״ק יא). ובערב שבת יש אומרים שיש להקהל להקדים תפלת ערבית אף שהתפללו מנחה אחר פלג המנחה ויש אומרים שאין לסמוך ע״ז רק אם מתפלל מעריב עכ״פ בזמן בין השמשות (מ״ב סי׳ רסא ס״ק ג ובביאור הלכה שם).

**לח.** לענין ברכות קריאת שמע יש מחלוקת הראשונים אם דינן כתפלת שמונה עשרה ומותר לאומרן לפני הלילה או שדינן כקריאת שמע עצמה (עי׳ רש״י ותוספות ריש ברכות). אך מנהג פשוט הוא מימות עולם שמתפללים ערבית ואומרים קריאת שמע וברכותיה לפני הלילה. ורבינו תם מצדיק המנהג וסובר שהברכות דינם כתפלת שמונה עשרה (ראה או״ח רלה ס״א מ״ב שם סק״ח). ועיין לעיל סעיף לו שאם קרא את שמע לפני הלילה צריך לחזור ולקראה בלא ברכותיה אחר צאת הכוכבים (או״ח סי׳ רלה ס״א).

**לט.** לכתחילה יקרא את שמע מיד בצאת הכוכבים אך סוף זמנה נמשך עד חצות הלילה ובדיעבד יכול לקרותה ולומר הברכות עד עמוד השחר (או״ח סי׳ רלה ס״ג). לפעמים יכול לצאת ידי חובתו אף אחר שעלה עמוד השחר עד הנץ החמה אם נאנס כגון שהיה חולה וכיוצא בזה שאז קורא את שמע של ערבית אחר עמוד השחר רק שמדלג ברכת השכיבנו כיון שאינו זמן שכיבה (או״ח סי׳ רלה ס״ד), וגם ברכת ברוך ד׳ לעולם ותפלת שמונה עשרה לא יאמר אז (מ״ב ס״ק לד). אך כ״ז בנאנס אבל אם פשע אינו יוצא בקריאה שקורא אחר שעלה עמוד השחר (או״ח סי׳ רלה ס״ד מ״ב ס״ק לד).

## תפלה עם הצבור

### מנין עשרה

**מ.** ישתדל אדם להתפלל בבית הכנסת עם הצבור כי אין הקב״ה מואס בתפלת הצבור (או״ח סי׳ צ ס״ט). טוב יותר להתפלל בביתו בעשרה מלהתפלל בבית הכנסת ביחידות אע״פ שישמע שם ברכו וקדושה, כיון שעיקר תפלה בצבור הוא להתפלל השמונה עשרה ברכות יחד עם עשרה אנשים ולא כמו שחושבין שהעיקר הוא רק לשמוע קדיש וקדושה וברכו. לכן ישתדל להשכים לבית הכנסת כדי שיוכל להתפלל תפלת שמונה עשרה בעשרה (מ״ב ס״ק כח).

### מי שנתאחר לבא לביהכ״נ

**מא** מי שבא לבית הכנסת ומצא שהצבור כבר הגיע לסוף פסוקי דזמרה מותר לו לדלג חלקים מסוימים של התפלה ולאומרם אחר התפלה כדי להגיע לתפלת שמונה עשרה עם הצבור. אם הזמן קצר מאוד יניח טלית ותפילין, יאמר ברכת על נטילת ידים, אשר יצר, אלקי, ברכות התורה, ברוך שאמר, אשרי, [ובשבת ויום טוב — נשמת], ישתבח, וקריאת שמע וברכותיה (או״ח סי׳ נב ס״א, מ״ב ס״ק ב). אם יש עוד זמן יאמר שאר מזמורים על פי סדר הקדימה דלהלן.

[א] מזמור הללו אל בקדשו

[ב] מזמור הללו את ד׳ מן השמים

[ג] המזמורים הללי נפשי, כי טוב זמרה, ושירו לד׳.

[ד] ויברך דוד עד לשם תפארתך

[ה] הודו עד פסוק והוא רחום וידלג עד והוא רחום שלפני אשרי

[ו] מזמור לתודה (עי׳ ערוך השולחן או״ח סי׳ נב ס״ח)

[ז] יתר פסוקי דזמרה (או״ח סי׳ נב ס״א, באר היטב ס״ק ב, מ״ב ס״ק ד, דרך החיים)

**מב.** כל המזמורים שאומרים בכל יום יש להם קדימה על המזמורים שמוסיפים ביום השבת [חוץ מנשמת שיש לה קדימה לכל המזמורים כמוזכר לעיל]. המזמורים למנצח, לדוד בשנותו, ותפלה למשה, יש להם קדימה על שאר הזמירות (מ״ב ס״ק ה).

**מג.** העצה שנתנו הפוסקים לדלג קצת מזמורים היא רק בדיעבד אבל לכתחילה ראוי לבא לבית הכנסת בהשכמה כדי שלא יצטרך לדלג. וכתבו הספרים שעל פי הקבלה יש ליזהר מאוד להתפלל כסדר. ויש אנשי מעשה שנהגו שלא לדלג כלל אף אם על ידי זה יאחרו את תפלת הצבור אבל בתשובת חכם צבי סימן לו כתב דמה שכתב בספר הזהר שיש להתפלל על הסדר היינו כשמתפלל ביחידות אבל אם איחר לבא לבית הכנסת ידלג כמו שכתוב בשולחן ערוך (מ״ב ס״ק א).

## הפסק בתוך התפלה

### בתוך פסוקי דזמרה

**מד.** לא יפסיק אף בדיבור כלשהו משהתחיל ברוך שאמר עד סוף השמונה עשרה (או״ח סי׳ נא ס״ד). ואף לאחר שמונה עשרה עד אחר תחנון לא ידבר דהיינו שלא יעמיק בשיחה אבל דיבור בעלמא מותר (או״ח סי׳ קלא ס״א מ״ב ס״ק א). בכל מקום שאסור להפסיק אסור אף בלשון הקדש (מ״ב סי׳ נא ס״ק ז).

**מה.** אף שאסור להפסיק עם דיבור של חול מותר לענות לכמה דברים של קדושה כמו שיתבאר. אך יש בזה חילוק בין פסוקי דזמרה וברכותיה לברכות קריאת שמע כמו שיתבאר. פסוקי דזמרה מתחלק לענין זה לשני חלקים. המזמורים שבין ברוך שאמר לישתבח, והברכות עצמם. מותר להפסיק בתוך המזמורים שאומרים לפני ברוך שאמר.

### המזמורים שבפסוקי דזמרה

**מו.** מותר לענות אמן על כל ברכה במזמורים שבין

ברוך שאמר לישתבח אך לא יאמר ברוך הוא וברוך שמו. מותר לענות אמן, ויהא שמה רבא של קדיש (אך לא בריך הוא), ברכו, וקדושה. אם הצבור קורין את שמע יאמר פסוק שמע וכן מותר לענות מודים דרבנן כולו עמהם. אם הוצרך לנקביו יאמר אשר יצר (מ״ב סי׳ נא ס״ק ח).

**מז. עליה לתורה:** לא יקראו למי שעומד תוך פסוקי דזמרה לעלות לתורה אם לא כשהוא הכהן או הלוי היחידי שבבית הכנסת. בדיעבד אם קראוהו מותר לו לעלות, לומר את הברכות, ולקרוא בלחש עם החזן אך לא יאמר לגבאי לעשות מי שברך (או״ח סי׳ נא ס״ק י).

**מח. לקריאת שמע:** אם עדיין לא קרא את שמע ומשער שלא יגיע לקרותה בזמנה או שנזכר שעדיין לא אמר ברכת התורה, יפסיק ויאמר אותם תוך פסוקי דזמרה (מ״ב שם).

**מט. קריאת ההלל:** אם הצבור קורין את ההלל בימים שאין גומרים אותו (ראש חודש וששה ימים האחרונים של פסח) יקרא עמהם וידלג על הברכות לפני ואחר ההלל, ויסמוך על ברכות פסוקי דזמרה במקום ברכות ההלל כי לדעת כמה פוסקים בלאו הכי אין לברך על ההלל כשאין גומרים אותו. אבל בימים שגומרין את ההלל שאז חייב בברכה לכולי עלמא לא יאמר ההלל בתוך פסוקי דזמרה כי אז יפסיד הברכות רק יאמרנו ביחיד במקומו (מ״ב סי׳ תכב ס״ק טז).

## ברכות פסוקי דזמרה

**נ.** ברכות פסוקי דזמרה הם ברוך שאמר וישתבח. ברכת ברוך שאמר יש בה שלשה חלקים. א) הפיסקא מברוך שאמר עד ברוך אתה ד׳ היא רק הקדמה לברכה ומותר לענות בה לכל דבר. ב) הפיסקא מברוך אתה ד׳ הראשון עד ברוך אתה ד׳ שבחתימת הברכה דינה כפסוקי דזמרה לכל דבר ומותר לענות בה אמן לכל הברכות חוץ מאמן של ברוך שאמר עצמו ושל ישתבח. גם לא יאמר בה ברכת אשר יצר. ג) חתימת הברכה (ברוך . . . בתשבחות) אסור להפסיק בה לשום דבר (מ״ב סי׳ נא ס״ק ב).

ברכת ישתבח מתחלקת לשני חלקים. א) מישתבח עד ברוך אתה ד׳ דינה כברכת ברוך שאמר [כפיסקא שמברוך אתה ד׳ הראשון עד חתימת הברכה]. ב) הפיסקא מברוך אתה ד׳ עד הסוף היא חתימת הברכה ודינה כחתימת ברוך שאמר.

## בין הפרקים של ברכות קריאת שמע של שחרית וערבית

**נא.** ברכות קריאת שמע והפרקים שביניהם חמורים מפסוקי דזמרה לענין הפסק. נבאר תחילה דיני הפרקים. בין הפרקים הם אחר ברוך . . . יוצר המאורות, אחר ברוך . . . באהבה, בין פרשה ראשונה של קריאת שמע לשניה, בין שניה לשלישית. בין סיום פרשה שלישית של שמע לברכה שלאחריה אין פרק כי צריך להסמיך מלת אמת לסוף הפרשה. כמו כן אין פרק בין גאל ישראל של שחרית לשמונה עשרה כי צריכים להסמיך גאולה לתפלה (או״ח סי׳ סו סעיפים ה־ט).

מה שכתבנו שיש פרק בין הבוחר בעמו ישראל באהבה לשמע כן הוא דעת הרמ״א (או״ח סי׳ סא ס״ג). אך רוב קהילות מתפללי נוסח ספרד נוהגים שלא להפסיק כלל אחר באהבה ומסמיכים שמע תיכף לחתימת הברכה בלי לענות אמן אף אחר ברכת הש״ץ כפסק המחבר (או״ח סי׳ נט ס״ד) וכמה פוסקים (ראה מ״ב ס״ק כה). ולפי זה אין דין פרק בין באהבה לשמע.

גם בתפלת ערבית יש פרקים כבשחרית. בערבית יש פרקים נוספים אחר ברכת גאל ישראל ושומר עמו ישראל לעד (מ״ב סי׳ סו ס״ק כז; ראה עוד לקמן סעיף נב לענין ברוך ד׳ לעולם).

**נב.** לענין ברכת גאל ישראל של שחרית פסק הרמ״א שיש לענות אמן אחר ברכת הש״ץ וכן הוא המנהג בכמה קהילות מתפללי נוסח אשכנז אבל קהילות מתפללי נוסח ספרד נוהגים כדעת המחבר להזהר שלא לענות אמן. כדי לצאת מידי ספק מדקדקים לסיים עם הש״ץ בשוה שאז אין צריך לענות על ברכתו או להתחיל ד׳ שפתי תפתח לפני שיסיים הש״ץ (או״ח סי׳ סו ס״ז מ״ב ס״ק לה). בכמה קהילות אומר החזן חתימת הברכה בלחש.

**נג.** בין הפרקים מותר לענות אמן על כל ברכה ששומע (מ״ב סי׳ סו ס״ק כג). לענין קדיש מותר לענות רק אמן יהא שמיה רבה כו׳ ואמן של דאמירן בעלמא ושאר אמנים של קדיש אינם אלא מנהגא ואין לענותם עתה. בקדושה יענה רק הפסוקים קדוש כו׳ וברוך כו׳ ושאר הנוסח לא יאמר. למודים יאמר רק המילים מודים אנחנו לך ולא יותר. אם הוצרך לנקביו לא יאמר אשר יצר עד אחר תפלת שמונה עשרה. כתב בספר דרך החיים שבין הבוחר בעמו ישראל באהבה לשמע יפסיק רק לדברים שמותר להפסיק להם באמצע הפרק ולכן לא יענה אמן על ברכות שאין להפסיק להם באמצע הפרק (ראה להלן). יוצא מן הכלל הזה הוא אמן של ברכת הבוחר שמותר להפסיק לו והובאו דבריו במשנה ברורה (סי׳ נט ס״ק כה). אך כבר כתבנו לעיל שבכמה קהילות נוהגים שלא להפסיק כלל אחר ברכת הבוחר.

**נד.** לאחר ברכת שומר עמו ישראל לעד בערבית אומרים שמונה עשר פסוקים ואחר זה אומרים הברכה יראו עינינו וחותם ברוך . . . ועל כל מעשיו. כל זה לא הוזכר בש״ס ועל כן אין דינו כברכות קריאת שמע. אך אין להקל בהם יותר מבבין הפרקים דהא עומד בין ברכת שומר עמו ישראל לעד לשמונה עשרה, וכן לאחר שסיים ברכת המלך בכבודו בחול (או ברכת הפורס בשבת ובשעה שאומר ושמרו). לכן מותר לענות כל האמנים תוך אמירת הפסוקים כמו בבין הפרקים וכן בשעת אמירת הברכה יראו עינינו (ערוך השלחן סימן רלו ס״ק יב ודעת תורה או״ח סי׳ רלו ס״ב). [בשעה שאומר החתימה ברוך . . . ועל כל מעשיו אין לענות על שום דבר כמו שפסק המ״ב (סי׳ נא ס״ק ג) לגבי חתימת ברוך שאמר.]

## תוך קריאת שמע וברכותיה

**נה.** כשאומר הפסוק שמע עד סיום ברוך שם . . . ועד וכן כשאומר חתימת הברכות אסור להפסיק לשום דבר (או״ח סי׳ סו ס״א, מ״ב שם ס״ק יא־יב, ביאור הלכה ד״ה לקדיש, ובמ״ב סי׳ נא ס״ק ב). ואסור אף לרמוז לחבירו אם לא כשתינוק בוכה ומרמז לו שישתוק ולא יטרידו מתפילתו (מ״ב סי׳ קד ס״ק א).

**נו.** בשאר פסוקי קריאת שמע מותר לענות אמן אחר ברכות האל הקדוש, שומע תפלה. וכן מותר לענות לברכו בין של החזן ובין של העולה לתורה. בקדושה יאמר רק הפסוקים קדוש וברוך ושאר הנוסח לא יאמר. במודים דרבנן יאמר רק המלים מודים אנחנו לך. על קדיש יענה רק אמן יהא שמיה רבא כו׳ ואמן של דאמירן בעלמא (או״ח סי׳ סו ס״ג, מ״ב ס״ק יז־כא). אם הוצרך לנקביו יטול ידיו ולא יאמר אשר יצר עד אחר שמונה עשרה (מ״ב ס״ק כג).

**נז.** מי שעומד באמצע קריאת שמע וברכותיה ואפילו בין הפרקים לא יקראוהו לעלות לתורה אף אם הוא הכהן או הלוי היחידי שבבית הכנסת ויותר טוב שילך הכהן מבית הכנסת קודם שיקראו את הראשון לעלות. אך בדיעבד אם קראוהו לעלות יש לו לעלות ולברך הברכות, אך לא יקרא בלחש עם הקורא וכ״ש שלא יאמר לגבאי לומר מי שברך. אם אפשר יראה לסיים עד הפרק ואחר כך יעלה (או״ח סי׳ סו ס״ד, מ״ב שם ס״ק כו).

**נח.** מי שעדיין לא ענה על קדושה, ברכו או מודים ועומד בברכה אחרונה של קריאת שמע ימתין לפני שירה חדשה כדי לענות. אם כבר הגיע לפני החתימה יכול גם כן לענות ואחר כך יחזור לשירה חדשה או על כל פנים לצור ישראל (או״ח סי׳ סו ס״ט, מ״ב ס״ק נא־נב).

**נט.** אם כבר אמר השם בחתימת גאל ישראל גומר החתימה ושוב אינו מפסיק לשום דבר. לענין אמן על ברכת גאל ישראל עצמה ראה למעלה סעיף נב.

### תוך תפלת שמונה עשרה

**ס.** בתוך תפלת שמונה עשרה אסור להפסיק לשום דבר. אם הגיע החזן לקדיש קדושה או ברכו ישתוק ויכוון למה שאומר החזן ויצא בשמיעה. לענין קדיש ישמע כשאומר החזן אמן יהא שמיה רבא עד יתברך (או״ח סי׳ קד ס״ז, מ״ב שם ס״ק כו־כז).

**סא.** משסיים המברך את עמו ישראל בשלום עד סיום התחנונים שרגילים לומר אחר התפלה דהיינו עד שאמר הפסוק יהיו לרצון . . . וגואלי בסוף התחנונים, דינו כבאמצע הפרק דקריאת שמע וברכותיה (ראה לעיל סעיף נו), ומכל מקום אם עדיין לא אמר יהיו לרצון יאמרנו קודם שעונה לשום דבר אם אפשר. וטוב יותר שיקצר בתחנונים ויפסע שלש פסיעות לאחוריו (או״ח סי׳ קכב ס״א, מ״ב ס״ק ב־ו).

## קריאת שמע

**סב.** מצוה מן התורה לקרוא שמע פעמים ביום, פעם אחת ביום ופעם אחת בלילה. וצריך לכוון בקריאתה שמקיים בזה מצות ה׳, כי מצות צריכות כוונה, ואם לא כיון לא יצא וצריך לחזור ולעשות המצוה (ראה או״ח סי׳ ס ס״ד, מ״ב ס״ק ז). אך כל זה היכא שיש לתלות שהעשיה לא היתה לשם מצוה כגון שקרא את שמע שלא בתוך התפלה שאז יש לתלות שהוא דרך לימוד וכדומה אבל אם קורא את שמע בתוך סדר התפלה אף שלא כיון בפירוש יצא (מ״ב ס״ק י).

**סג.** קריאת פרשה שלישית של שמע אינה מדאורייתא לרוב השיטות, חוץ מהפסוק האחרון שבו מקיים מצות עשה מן התורה לזכור יציאת מצרים בכל יום (ראה ברכות יב:, רמב״ם הלכות קריאת שמע פ״א הלכה א־ד). לענין כוונה שוה פרשה שלישית לשתי הפרשיות הראשונות שהרי אף מצוה דרבנן צריכה כוונה לדעת כמה פוסקים (ראה מ״ב סי׳ ס ס״ק י) וכל שכן הפסוק האחרון שיש בו זכרון יציאת מצרים.

**סד.** יקרא קריאת שמע בכוונה באימה וביראה ברתת וזיע (או״ח סי׳ סא ס״א). כתוב בתורה (דברים ו:ו) אשר אנכי מצוך היום, לומר שבכל יום יהיו בעיניך כחדשים ולא כמי שכבר שמע אותו הרבה פעמים שאינו חביב אצלו (שם ס״ב). פסוק ראשון שהוא שמע ישראל...אחד הוא עיקר קבלת עול מלכות שמים ולכן חייב להתבונן ולשום לבו למה שהוא אומר. ואם לא כיון לבו לא יצא ידי חובתו וצריך לחזור ולקרא אותו. ובשאר הפסוקים יצא אף אם לא כיון לבו לפירוש המלות. החוזר על פסוק ראשון משום חסרון כוונה יעשה כן בלחש שלא יהא נראה כמקבל עליו שתי רשויות (או״ח סי׳ ס ס״ה מ״ב ס״ק יא, סג ס״ד מ״ב ס״ק יד).

**סה.** נוהגים ליתן יד ימין על העינים כשאומר פסוק שמע כדי שלא יסתכל בדבר אחר שמונעו מלכוין (או״ח סי׳ סא ס״ה מ״ב ס״ק יז, שערי תשובה ס״ק ו). ונוהגים לקרא פסוק ראשון בקול רם כדי לעורר הכוונה (שם ס״ד). הש״ץ משמיע קולו בשמע ישראל כדי שישמעו הקהל וימליכו שם שמים יחד (או״ח סב ס״ה).

**סו.** צריך להאריך בח׳ של אחד כדי שימליך להקב״ה בשמים ובארץ ויאריך בד׳ שבאחד כדי שיחשוב שהקב״ה יחיד בעולמו ומושל בארבע רוחות העולם. (או״ח סא ס״ו).

**סז.** יש נוהגים לקרא קריאת שמע בקול רם ויש נוהגים לקרא בלחש (או״ח סי׳ סא ס״כו). אך מכל מקום צריך להשמיע לאזניו מה שמוציא מפיו ובדיעבד יוצא אף שלא השמיע לאזניו ובלבד שיוציא בשפתיו אבל אם הרהר בלבו לא יצא (או״ח סי׳ סב ס״ג מ״ב ס״ק ו).

**סח.** מצוה לדקדק באותיותיה והמדקדק בזה מצננין לו גיהנם (או״ח סי׳ סב ס״א, מ״ב ס״ק ב, ברכות טו:). יבחין בין שוא נע לשוא נח שלא יניע הנח ולא יניח הנע (או״ח סי׳ סא סכ״ג). יתן ריוח לפני תיבה שתחילתה כסוף התיבה שלפניה כגון בכל לבבך (שם ס״כ). כן צריך להפריד בין תיבה שסופה אות מם לתיבה שתחילתה אות אלף כגון ולמדתם אותם שלא יהא נראה כקורא מותם (שם סכ״א). יתיז הזיינים של תזכרו וזכרתם שלא ישמע בקורא תִּשְׂכְּרוּ וּשְׂכַרְתֶּם (שם סי״ז). ידגיש היוד של שמע ישראל שלא ישמע כקורא אִשְׂרָאֵל באלף (שם סי״ח). יפסיק בין היום ובין על לבבך שלא יהא נראה כאומר היום ולא למחר וכן בין היום ובין לאהבה (שם סט״ו).

**סט.** מצוה מן המובחר לקרא קריאת שמע בטעמים כקורא בתורה אך לא נהגו כן. ומכל מקום יזהר להפסיק במקום הראוי להפסיק לפי הענין כדי שיהא טעם והבנה לדבריו (או״ח סי׳ סא סכ״ד, מ״ב ס״ק לז־לח).

**ע.** בעת שקורא את שתי הפרשיות הראשונות של קריאת שמע לא ירמוז בעיניו ולא יקרוץ בשפתיו ולא יראה באצבעותיו מפני שנראה שהוא קורא בדרך עראי והעברה וכתיב ודברת בם ודרשו חז״ל עשה אותם קבע (או״ח סי׳ סג ס״ו, מ״ב ס״ק יח).

**עא.** יקרא כל פרשה כדרך שהיא כתובה בתורה. אם לאחר שסיים פרשה נזכר שדילג תיבה אחת חוזר לראש אותו הפסוק וגומר הפרשה. אם אינו יודע היכן טעה חוזר לראש הפרשה. סדר הפרשיות אינו מעכב לפיכך אם לאחר שכבר סיים פרשה שניה נזכר שדילג תיבה בפרשה ראשונה חוזר לראש אותו פסוק ומסיים פרשה ראשונה ודי בזה (או״ח סי׳ סד ס״א־ב, מ״ב ס״ק ה־ו).

**עב.** לא יפסיק באמצע קריאת שמע לא בדיבור ולא בשהייה. בדיעבד אם שח שיחה כל שהיא די במה שחוזר למקום שפסק ואינו צריך לחזור לראש הפרשה (או״ח סי׳ סה ס״א, מ״ב ס״ק א). אך כיון שלדעת כמה פוסקים צריך לחזור לראש כששח במזיד נכון שיקרא את הפרשה עוד הפעם (מ״ב וביאור הלכה שם). אם הפסיק בשהייה שיש בה כדי לגמור את כולה מראשה לסופה (היינו כל השלש פרשיות; עי׳ ביאור הלכה שם ד״ה חוזר, סמוך לסופו) והיה אנוס בשהיה זו באופן שאי אפשר לו להמשיך בקריאה, כגון שהוצרך לנקביו, הוי הפסק, וחוזר לראש קריאת שמע. אבל אם השהייה היתה ברצון או אף באונס באופן שהיה ראוי ומותר להמשיך בקריאה כגון שבאו עליו לסטים לא הוי הפסק וחוזר רק למקום שפסק. ומשערים השהייה לפי הקורא ולא לפי רוב העולם. הפסיק פחות מכדי שיעור הפסק כמה פעמים אין מצרפין השהיות זה לזה. וכל זה בדיעבד אבל לכתחילה לא יפסיק אפילו בשהייה ואף אם אינו אנוס (או״ח סי׳ סה ס״א מ״ב ס״ק ד־ז).

**עג.** בתפלת שחרית כשמגיע למלים מארבע כנפות הארץ יקבץ את ארבע ציציות טליתו לידו השמאלית כנגד לבו עד פרשת ויאמר ויאחזם בידו הימנית עד שיגיע לחיים וקיימים [נאמנים ונחמדים] לעד וינשקם ויניחם (באר היטב או״ח סי׳ נט סק״ג). ובדרך החיים כתב שכשמגיע למארבע כנפות הארץ יכניס הציציות בידו השמאלית בין קמיצה לזרת ויאחזם

כנגד לבו וכשמגיע לויאמר יקחם גם בידו הימנית וכשמגיע לנחמדים לעד ינשקם ויניחם.

**עד.** מי שבא לבית הכנסת ומצא הצבור קורין את שמע צריך לקרות עמהם פסוק שמע ישראל וברוך שם. אם הוא עומד במקום שאסור להפסיק ולומר פסוק שמע ישראל (כגון בברכות קריאת שמע) יאמר מה שאומר בניגון כאלו קורא את שמע שיהא נראה כאלו קורא עמהם (או״ח סי׳ סה ס״ב-ג, מ״ב ס״ק ו).

# הוספות ושינויים בשמונה עשרה

## בעשרת ימי תשובה

**עה.** בעשרת ימי תשובה משנים ומוסיפים איזה דברים בתפלה. מקצתם של השינויים הם רק למצוה ומקצתם אף לעכובא. מוסיפים זכרנו לחיים בברכת אבות, מי כמוך בברכה שניה, וכתוב בברכת מודים, בספר חיים בברכה אחרונה של השמונה עשרה. הוספות אלו אינם מן התלמוד רק הגאונים תיקנום, על כן בדיעבד אם לא אמרם אינו צריך לחזור ולהתפלל. אך אם נזכר קודם שאמר השם בחתימת הברכה יכול לחזור למקום ההוספה [ולומר משם הלאה] אף על פי שכבר אמר כמה שמות תוך נוסח התפלה (או״ח סי׳ תקפב ס״ה, מ״ב ס״ק טו-טז).

**עו.** משנין חתימת הברכה השלישית שבשמונה עשרה ובמקום האל הקדוש אומרים המלך הקדוש. ואם טעה ואמר האל הקדוש חוזר לראש התפלה. אם הרגיש בטעותו מיד יאמר המלך הקדוש ואין צריך לחזור וכל שלא שהה כדי אמירת שלום עליך מורי חשוב ׳מיד׳ (או״ח סי׳ תקפב ס״א-ב, מ״ב ס״ק ז). ואם התחיל אתה חונן לא מהני תוך כדי דיבור.

אם טעה בשאר ימות השנה ואמר המלך הקדוש אינו צריך לחזור (באר היטב או״ח סי׳ קיח ס״א).

**עז.** אם הוא מסופק אם אמר המלך הקדוש גם כן צריך לחזור כי חזקה הוא שאמר כהרגלו (או״ח סי׳ תקפב ס״א, מ״ב ס״ק ג).

**עח.** בחתימת ברכה אחת עשרה של שמונה עשרה אומרים המלך המשפט. אם שכח וחתם מלך אוהב צדקה ומשפט כהרגלו בכל השנה אינו צריך לחזור כי גם חתימה זו יש בה זכרון מלכותו יתברך. אך אם הרגיש בטעותו מיד יחזור ויאמר המלך המשפט (או״ח סי׳ קיח ס״א, מ״ב ס״ק ג).

**עט.** מנהג קדמונים הוא בקהילות אשכנז לשנות חתימת ברכה אחרונה של שמונה עשרה ובמקום המברך את עמו ישראל בשלום אומרים עושה השלום (ראה לבוש או״ח סי׳ תקפב ס״ה). כמה פוסקים מתנגדים לשינוי חתימה זו כיון שאין לו מקור בש״ס. על כן מכריע המטה אפרים (סי׳ תקפב סכ״ב) שהש״ץ לא ישנה ממנהג הקהל בחזרת התפלה שאומר בקול רם אבל כשמתפלל ביחידות לא ישנה החתימה. קהילות מתפללי נוסח ספרד רובם ככולם נוהגים שלא לשנות החתימה. אך בפסוק עושה שלום שאומרים בסוף התחנונים שאחר השמונה עשרה ובסוף קדיש שלם וברכת המזון אומרים עושה השלום (שם).

## במוצאי שבת ויום טוב

**פ.** בתפלת ערבית של מוצאי שבת או יום טוב מוסיפים אתה חוננתנו בברכה הרביעית (אתה חונן) של השמונה עשרה. אם שכח לומר אתה חוננתנו וכבר חתם הברכה (או אמר השם מהחתימה) לא יחזור שוב לראש הברכה וגם לא יוסיפנה בברכת שומע תפלה רק יסמוך על ההבדלה שיבדיל על היין (או״ח סי׳ רצד ס״א מ״ב ס״ק ו).

**פא.** אף לאחר צאת הכוכבים במוצאי שבת אסור לעשות שום מלאכה כל זמן שלא הבדיל על כל פנים בתפלה. ביותר צריכים להזהיר הנשים על זה כיון שרובן אינן מתפללות מעריב. לענין זה כל שאמר ברוך המבדיל בין קודש לחול בלי שם ומלכות די ומותר לעשות מלאכה אך עדיין אסור לאכול עד שיבדיל על הכוס (או״ח רצט ס״ו מ״ב ס״ק לה).

**פב.** כשחל יום טוב במוצאי שבת צריך גם כן להבדיל בתפלה ואומר ותודיענו בברכה האמצעית ודינה כאתה חוננתנו לכל דבר (ראה ביאור הלכה סי׳ רצד ס״א ד״ה ואם טעה) אם כבר הגיע צאת הכוכבים ועדיין לא התפלל (או שכח לומר ותודיענו) ורוצה לעשות מלאכה המותרת ביום טוב יאמר ברוך המבדיל בין קודש לקודש (מ״ב סי׳ רצט ס״ק לו).

## שינוים לפי תקופות השנה

**פג.** יש מספר נוסחאות בתפלת שמונה עשרה שמשתנים לפי עתות השנה והם התפלות על גשם וטל. תפלות אלו נקבעו לפי הצורך לגשם בארץ ישראל ובבל. משנים קדמוניות הוקבע המנהג כמעט בכל הגולה לפי המנהג שנמסר בש״ס כמנהג בבל (ראה טור ונו״כ או״ח סי׳ קיז).

## משיב הרוח ומוריד הגשם

**פד.** בתפלת מוסף של שמחת תורה מתחילין להזכיר את הגשם בברכה שניה של תפלה ואומרים משיב הרוח ומוריד הגשם. לענין הזכרה זו שוין בני ארץ ישראל ובני חוץ לארץ. אומרים את הנוסח הזה עד תפלת המוסף של יום ראשון של פסח (ראה להלן סעיף פח, או״ח סי׳ קיד ס״א).

**פה.** אם לא הזכיר גשם בעת שצריכים להזכירו חוזר לראש התפלה ולא סגי לחזור לראש ברכה שניה כי שלש הברכות הראשונות כחדא חשיבי. אכן אם הזכיר טל במקום גשם די בזה כיון שאין זו תפלה על גשם רק הזכרה בעלמא סגי במה שמזכיר חסדיו של מקום בזה שנותן לנו דבר שהוא צורך העולם (או״ח סי׳ קיד ס״ה, מ״ב ס״ק כז, ראה בית יוסף שם). על כן אין הלכה זו נוגעת למתפללי נוסח ספרד שאומרים מוריד הטל בימות החמה שהרי אם לא אמרו מוריד הגשם בודאי אמרו מוריד הטל תחתיו (ע׳ תוס׳ ברכות כט: ד״ה הא הו״ד בבית יוסף שם). אכן אם נזכר קודם שאמר השם בחתימת הברכה יחזור ויזכיר גשם (ביאור הלכה שם ד״ה אין מחזירין) במקום שנזכר.

**פו.** הא דמחזירין אותו כשלא הזכיר גשם הוא רק כשסיים ברכת מחיה המתים והתחיל אתה קדוש ואפילו אם אמר רק תיבת אתה. אבל אם עדיין לא התחיל אתה קדוש אף ששהה יותר מכדי דיבור יאמר משיב הרוח ומוריד הגשם שם בלא חתימה וממשיך לומר אתה קדוש. אם נזכר קודם שסיים ברכת מחיה המתים מזכיר במקום שעומד בו ואין צריך לחזור לראש הברכה כי לא קבעו חכמים מקום מיוחד בתוך הברכה להזכרה זו. אכן אם נזכר לאחר שאמר ונאמן אתה יחזור לומר ונאמן אתה אחר ההזכרה כי צריך לומר מעין החתימה סמוך לחתימה סי׳ (או״ח קיד ס״ו, מ״ב ס״ק כט). לפי דעה זו שהוא פסק השולחן ערוך והאחרונים הוא הדין אם אמר השם בחתימת הברכה יסיים הברכה ויאמר תיכף משיב הרוח ומוריד הגשם. אמנם בעל משנה ברורה מורה לחשוש בזה לדעת הסוברים שכל שסיים הברכה חוזר לראש. על כן פוסק שאם נזכר שלא אמר משיב הרוח אחר שכבר אמר ברוך אתה ה׳ לא יגמור הברכה אלא יסיים למדני חוקיך (שהוא פסוק בתהילים), יזכיר משיב הרוח ויסיים ונאמן אתה. . . מחיה המתים (מ״ב ס״ק לב). [אכן כשכבר סיים הברכה (או שאמר תיבת מחיה) אף הוא מודה לנהוג כדעת השולחן ערוך.]

**פז.** מתחילין לומר מוריד הגשם בתפילת מוסף של שמחת תורה. נוהגים שהשמש מכריז משיב הרוח ומוריד הגשם לפני תפלת הלחש. לכן יש לומר מוריד הגשם גם בתפלת הלחש ועל כן אם שכח לאומרו אף בתפלת הלחש של מוסף מחזירין אותו (או״ח סי׳ קיד ס״ב, מ״ב ס״ק כה).

**פח.** אומרים משיב הרוח ומוריד הגשם עד תפלת מוסף של יום ראשון של פסח. גם בתפילת הלחש של מוסף עדיין אומרים אותו אם לא הכריז השמש לפני התפילה. לפי מנהג אשכנז שאין אומרים מוריד הטל בימות החמה אין השמש מכריז שום דבר שהרי אין להכריז שלא לומר מוריד הגשם (או״ח סי׳ קיד ס״א, מ״ב ס״ק ג). קהלות האשכנזים המתפללים נוסח ספרד אומרים מוריד הטל בימות החמה ואותן הקהלות רובן ככולן נוהגות להכריז מוריד הטל לפני תפלת הלחש ולכן יש לאומרו בתפלת הלחש. לכל הדיעות אין אמירת מוריד הטל מעכב ואם לא אמרו אין מחזירין אותו (או״ח סי׳ קיד ס״ג).

**פט.** אם אמר מוריד הגשם בימות החמה כשכבר צריכים להפסיק מלאומרו מחזירין אותו מפני שהגשם בשעה שאין צריכין לו סימן קללה הוא. אם עדיין לא סיים הברכה חוזר לראש הברכה (דהיינו אתה גבור). בדיעבד אם חזר רק לרב להושיע אין מחזירין אותו. אם סיים הברכה חוזר לראש התפלה כי שלש ברכות ראשונות נחשבות ברכה אחת. אם נזכר רק אחר שכבר אמר השם שבחתימת הברכה יסיים למדני חקיך וחוזר לראש הברכה. אף בתפלת מוסף של יום ראשון של פסח במקום שמכריזים אם הזכיר מוריד הגשם מחזירים אותו (או״ח סי׳ קיד ס״ד מ״ב ס״ק יז־כ).

**צ.** אם הוא מסופק אם אמר מוריד הגשם בימות החמה עד שלשים יום (מיום ראשון של פסח) הוא בחזקת שאמר מוריד הגשם. וכן לנוהגים על פי נוסח אשכנז שאין אומרים מוריד הטל בימות החמה אם מסופק אם אמר מוריד הגשם בימות הגשמים הרי הוא בחזקת שלא אמר עד שלשים יום מיום שמחת תורה (או״ח סי׳ קיד ס״ח). [אין זה נוגע לאותם המזכירים מוריד הטל בימות החמה כי אף אם לא הזכירו מוריד הגשם מחזיקים שהזכירו מוריד הטל כהרגלם ודי בזה כמו שכתוב למעלה סעיף פח]. לדעת כמה פוסקים די בתשעים תפלות להחזיק ההרגל ויש להקל כדבריהם (מ״ב ס״ק לז).

**צא.** יש עצה להנצל מן הספק. אם ביום ראשון של פסח אומר מן מחיה מתים עד מוריד הטל תשעים פעמים הרי כבר הורגל להזכיר כדין ואינו צריך לחזור מספק (או״ח סי׳ קיד ס״ט, מ״ב ס״ק לט) שיטת החתם סופר הוא שלכתחילה צריך להזכיר מאה פעמים ואחת אך בדיעבד סגי בתשעים פעמים (מ״ב ס״ק צ). וכן הדין לענין הזכרת מוריד הגשם בימות הגשמים אם ביום שמיני עצרת אמר ממחיה מתים עד אחר מוריד הגשם אין צריך לחזור מספק (או״ח שם). לפי פסק הרמ״א (שם) כן הדין גם לנוהגים על פי נוסח אשכנז שאין מזכירים מוריד הטל בימות החמה אם אמרו עד מכלכל חיים בהשמטת מוריד הגשם תשעים פעמים מהני. אך לדעת כמה פוסקים מועלת העצה הנזכרת רק לגבי מה שמזכירים בקום ועשה אבל לא לגבי השמטת מוריד הגשם על כן יש מהאחרונים שפסקו שלא לעשות העצה הנזכרת לכתחילה לגבי השמטת מוריד הגשם (מ״ב ס״ק מג).

## ותן טל ומטר

**צב.** מתחילין להתפלל על גשם בברכת ברך עלינו בזמן השנה שהעולם צריך בו לגשם. תחילת הזמן הוקבע בש״ס לארץ ישראל ובבל. בשאר חוץ לארץ נהגו מימות עולם להתפלל על הגשם בזמן שמתפללין עליו בבבל (או״ח סי׳ קיז ס״ב).

**צג.** בארץ ישראל מתחילין לשאול ולהתפלל על הגשם בתפלת ערבית של ז׳ חשון ומתחילין לומר ותן טל ומטר בברכת ברך עלינו. בבבל וכל חוץ לארץ מתחילין ביום הששים אחר תקופת תשרי לחשבון שמואל ויום התקופה ויום השאלה מן המנין, דהיינו שיש חמשים ושמונה ימים בין יום התקופה ליום השאלה (ראה ערובין נו ע״א). על פי זה קשור יום השאלה לתאריך בלוח האזרחי שהוא מיוסד על חשבון התקופות. בדרך כלל חל יום השאלה במעריב של יום רביעי בחודש דצמבר (דהיינו בערב שלפני חמישי בדצמבר). אם הפברואר הבא הוא של כ״ט ימים [ליפ יעהר בלע״ז] מתחילים לשאול בערבית של יום חמישי בדצמבר (דהיינו בערב שלפני ששי בדצמבר). לענין הפסקה כל הארצות שוות ומפסיקים מלשאול מטר בחג הפסח, דהיינו שתפלת המנחה האחרונה שלפני החג הוא הפעם האחרונה ששואלים מטר.

**צד.** אם שכח לומר ותן טל ומטר בזמנו אך עדיין לא אמר השם בחתימת הברכה אומרו במקום שנזכר ואינו צריך לחזור שום דבר מהנוסח כי לא הקפידו חכמים על מקום השאלה בתוך הברכה. אך אם נזכר אחר שכבר אמר וברך שנתנו אומרו שם ויחזור לומר וברך שנתנו אחר השאלה. לכתחילה יותר טוב שיחזור כל נוסח הברכה מותן טל ומטר והלאה (מ״ב סי׳ קיז ס״ק טו).

**צה.** אם נזכר אחר שכבר אמר השם בחתימת הברכה לדעת כמה פוסקים יסיים הברכה ויאמר ותן טל ומטר שם, לפני שיתחיל תקע בשופר, אך לדעת המ״ב עדיף שלא יאמר שם, אלא ממשיך עד ברכת שמע קולנו ואומר ותן טל ומטר לברכה לפני כי אתה שומע (או״ח סי׳ קיז ס״ה מ״ב ס״ק טו־טז). אם אירע דבר זה ביום תענית שאומר גם עננו בשומע תפלה מקדים אמירת ותן טל ומטר לעננו (שם).

**צו.** אם נזכר אחר שאמר החתימה של שומע תפלה אומר ותן טל ומטר שם וממשיך עם רצה (או״ח סי׳ קיז ס״ה). אך אם נזכר לאחר שאמר השם בחתימת הברכה קודם שאמר המלים שומע תפלה טוב יותר שלא לסמוך על זה רק יסיים למדני חקיך ויאמר ותן טל ומטר כי אתה שומע כו׳ וחותם (מ״ב ס״ק יט).

**צז.** אם נזכר רק אחר שהתחיל רצה חוזר לברכת ברך עלינו ולא סגי בזה לחזור לברכת שומע תפלה. אם כבר סיים תפלתו צריך לחזור לראש תפלת שמונה עשרה. סיום התפלה לענין זה הוא אמירת פסוק יהיו לרצון כו׳ שלפני עקירת רגליו או (אם לא אמר הפסוק) כשעוקר רגליו (שו״ע שם ומ״ב ס״ק יח).

**צח.** וכן הדין אם אמר טל ומטר בזמן שאין שואלים אותו צריך לחזור שהמטר שלא בזמנו סימן קללה הוא. לכן אם עדיין לא הגיע לחתימת הברכה חוזר לראש הברכה דהיינו ברך עלינו. בדיעבד אם חזר רק ל ״ותן ברכה״ יצא. אם סיים חתימת הברכה צריך לחזור עוד הפעם לתחילת הברכה וכן אם נזכר אחר שכבר המשיך הלאה בתפלתו חוזר לתחילת ברך עלינו וממשיך תפלתו משם על הסדר. אם סיים תפלתו חוזר לתחילת התפלה. סיום התפלה הוא אמירת יהיו לרצון כו׳ או עקירת רגליו (או״ח סי׳ קיז ס״ג, מ״ב ס״ק יד וביאור הלכה שם).

**צט.** אף בזמן שאינו ראוי לשאול בו גשם אם הוא זמן עצירת גשמים בכל המדינה ושאל אז מטר אינו צריך לחזור ולהתפלל (או״ח סי׳ קיז ס״ב). לפי דעת המשנה ברורה גם אם אינו זמן עצירת גשמים רק שהארץ צריכה לגשם אחר הפסח ואינו סימן קללה יש ספק אם צריך לחזור. על כן אם כבר סיים תפלתו יחזור תפלתו בתורת ספק נדבה דהיינו שיתנה שאם אינו חייב לחזור התפלה שהוא מתפלל רק בתורת נדבה (ביאור הלכה שם). [אכן אם עדיין לא סיים תפלתו שאז אי אפשר לחזור לברך עלינו ולהתפלל בתורת נדבה (ראה מ״ב שם ס״ק י) וגם לסיים תפלתו אינו יכול שהרי יש ספק אם יוצא

בתפלה זו על כן יחזור לברך עלינו ויתפלל בלא תנאי (כנ״ל).]

**ק.** אם הוא מסופק מה אמר יש לו להחזיק שכל שלשים יום אמר כהרגלו הקודם (או״ח סי׳ קיד ס״ח). העצה לומר כל הנוסח תשעים (או מאה ואחד) פעם המוזכרת לעיל (סעיף צא) שייכת גם כאן.

### תעניות – עננו

**קא.** בתעניות מוסיפים תפלת עננו בין בתפלת הלחש ובין בחזרת הש״ץ. מי שאינו מתענה אל יאמר תפלה זו שהרי זה דובר שקר לפני המקום. החזן אומר עננו בחזרת הש״ץ בין בתפלת שחרית ובין במנחה אבל בתפלת הלחש אומרים אותה רק בתפלת המנחה (הגהת הרמ״א או״ח תקסה ס״ג). עוד יש שינוי בין תפלת הש״ץ לתפלת היחיד. הש״ץ אומר עננו לאחר חתימת גואל ישראל וחותם בה ברוך אתה ה׳ העונה לעמו ישראל בעת צרה ואחר כך אומר רפאנו (או״ח סי׳ תקסו ס״א). היחיד אומר אותה בלא חתימה מיוחדת בברכת שמע קולנו לפני ״כי אתה שומע כו׳״. לא יאמר הש״ץ עננו בחזרת התפלה אלא כשיש עשרה מתענים בבית הכנסת. לפי דעת כמה פוסקים די בשבעה מתענים בתעניות שהם מחויבים מן הדין דהיינו צום גדליה, עשרה בטבת, שבעה עשר בתמוז ותשעה באב (או״ח סי׳ תקסו ס״ג, מ״ב ס״ק יד). [בתענית אסתר צריכים עשרה מתענים אף לדעה זו.]

**קב.** יחיד ששכח לומר עננו בתפלת הלחש וכבר אמר השם בחתימת הברכה יסיים שומע תפלה וימשיך תפלתו הלאה ויאמר עננו אחר שסיים תפלתו לפני יהיו לרצון כו׳ שלפני עושה שלום (או״ח סי׳ תקסה ס״ב, מ״ב סק״ו־ז).

**קג.** ש״ץ ששכח לומר עננו במקומו בחזרת הש״ץ ועדיין לא אמר השם בחתימת רפאנו חוזר לומר עננו וחותם העונה כו׳ וממשיך רפאנו כו׳. אם כבר אמר השם בחתימת רפאנו חותם רופא חולי עמו ישראל ואומר עננו בברכת שומע תפלה בלא חתימה. אם נזכר רק אחר שכבר אמר השם בחתימת ברכה זו חותם שומע תפלה ומסיים תפלתו ואינו צריך לחזור התפלה. אחר שסיים המברך את עמו ישראל בשלום יאמר עננו בלא חתימה (או״ח סי׳ קיט ס״ד מ״ב ס״ק טז, יט).

### תשעה באב – נחם

**קד.** בתפלת המנחה של תשעה באב מוסיפים – נוסף לעננו – תפלת נחם בברכת בונה ירושלים בין בתפלת הלחש ובין בתפלת הש״ץ, ומשנים את החתימה למנחם ציון ובונה ירושלים. אם שכח לאמר הוספה זו במקומה יאמרנה תוך ברכת רצה לפני ותחזינה בלי חתימה וממשיך ותחזינה (או״ח תקנז ס״א, מ״ב ס״ק ב). בדיעבד אם אמרה תוך ברכת שומע תפלה יצא ואינו צריך לאמרה שנית בברכת רצה (ביאור הלכה). אם כבר אמר השם בחתימת רצה יסיים החתימה וימשיך תפלתו הלאה ואינו צריך לחזור בשביל השמטת נחם (או״ח סי׳ תקנז ס״א).

### ראשי חדשים וימים טובים – יעלה ויבא

**קה.** בראש חדש מוסיפים יעלה ויבא בברכת רצה. אם שכח לאמרו בתפלת ערבית (בין בלילה הראשונה ובין בלילה השניה בחודש מלא) אינו צריך לחזור ולהתפלל (או״ח סי׳ תכב ס״א). אך אם שכח יעלה ויבא בתפלת שחרית ומנחה צריך לחזור. אם נזכר לפני שאמר השם בחתימת הברכה חוזר לומר יעלה ויבא ומסיים ותחזינה כו׳. אם כבר סיים החתימה ועדיין לא התחיל מודים אומר יעלה ויבא שם וממשיך מודים כו׳ (או״ח סי׳ תכב ס״א). בשחרית ובמנחה, אם אמר רק את השם שבחתימת רצה יאמר למדני חקיך ויאמר יעלה ויבא כו׳ ותחזינה כו׳ (מ״ב ס״ק ה). אם כבר התחיל מודים (אף שלא הזכיר שום שם) חוזר לתחילת רצה. אם סיים תפלתו חוזר לתחילת שמונה עשרה (או״ח שם). סיום תפלה לענין זה הוא אמירת יהיו לרצון שלפני עקירת רגליו או עקירת רגליו (מ״ב ס״ק ו).

**קו.** דין יעלה ויבא בחול המועד שוה לדינו בראש חודש. יש יוצא מן הכלל: אם שכח יעלה ויבא בערבית של חול המועד חוזר כמו בשחרית (או״ח סי׳ תץ ס״ב). שכחת יעלה ויבא ביום טוב עצמו הוא מלתא דלא שכיחא שהרי יעלה ויבא הוא חלק קבוע של נוסח תפלת יום טוב (ראה או״ח סי׳ תפז ס״ג).

**קז.** אם הוא מסופק אם אמר יעלה ויבא יש לו להחזיק שלא אמר –כהרגלו – וחוזר. אך אם זכר בשעת התפלה שהיום ראש חודש או יום טוב ושצריך לומר יעלה ויבא ורק זמן מופלג אחר השמונה עשרה מסופק אינו צריך לחזור (מ״ב סי׳ תכב ס״ק ו).

### על הנסים

**קח.** בפורים וחנוכה מוסיפים תפלת על הנסים בברכת מודים ואם לא אמרו אין מחזירין אותו. אך אם נזכר קודם שאמר השם בחתימת הברכה יחזור לעל הנסים וימשיך משם הלאה. אם כבר אמר השם בחתימת הברכה יסיים תפלתו ויאמר לפני ,,יהיו לרצון": ,,הרחמן יעשה לנו נסים ונפלאות כשם שעשית לאבותינו בימים ההם בזמן הזה". ובחנוכה ממשיך בימי מתתיהו וכו׳ ובפורים בימי מרדכי וכו׳. (או״ח סי׳ תרפב ס״א מ״ב ס״ק ד).

## חזרת הש״ץ

**קט.** תקנו חז״ל שאם התפללו ששה אנשים תפלת שמונה עשרה בנוכחות עשרה חייב הש״ץ לחזור השמונה עשרה בקול רם (או״ח סי׳ קכד ס״א, מ״ב סי׳ סט ס״ק ח). עשרה אנשים צריכים להיות נוכחים בשעת חזרת הש״ץ. הקהל יש להם לשתוק ולכוין למה שאומר הש״ץ ולענות אמן ואם אין תשעה ששומעין ומכוונים קרוב להיות ברכותיו לבטלה. לכן כל אדם יעשה עצמו כאלו אין תשעה זולתו (או״ח סי׳ קכד ס״ד).

**קי.** יענה אמן על כל ברכה ששומע וילמד בניו הקטנים לעשות כן כי מיד שהתינוק עונה אמן יש לו חלק לעולם הבא (או״ח סי׳ קכד ס״ו־ז). ויכוין שאמת היא הברכה שבירך המברך ואני מאמין בזה (שם). וכל זה בברכת הודאה אבל בתפלה יכוין שאמת היא וגם אני מתפלל שיהי רצון שיקויים דבר זה (מ״ב ס״ק כה).

**קיא.** ידקדק לבטא מלת אמן כראוי. לא יחטוף האלף כאילו היא נקודה בשוא וידקדק לבטא את הנון. וכן לא ימהר לענות אמן לפני שיסיים המברך את ברכתו, וידקדק לידע על איזה ברכה עונה אמן. לא ימתין מלענות אמן אלא מיד שכלה הברכה מפי המברך יענה אמן. לא יקצר יותר מדאי באמירת אמן וגם לא יאריך בה יותר מדאי אלא יאריך בה קצת כדי שיוכל לומר א־ל מלך נאמן (או״ח סי׳ קכד ס״ח).

**קיב.** לא ישיח שיחת חולין בשעת חזרת הש״ץ אף אם מדקדק לענות אמן על ברכות הש״ץ. אם שח הוא חוטא וגדול עונו מנשוא (או״ח סי׳ קכד ס״ז מ״ב ס״ק כו). כתב המשנה ברורה (שם ס״ק יז) שיש ליזהר מלומר תחנונים או ללמוד בעת חזרת הש״ץ.

**קיג.** יזהר שלא להפסיק בשיחה בטילה בין חזרת הש״ץ לנפילת אפים (או״ח סי׳ קלא ס״א).

# קריאת התורה

**קיד.** חז״ל קבעו מספר החיובים לכל יום קריאה ואין לגרוע מהם ולא להוסיף עליהם, חוץ משחרית של יום השבת שמותר להוסיף על שבעה הקרואים לרוב הפוסקים ויום שמחת תורה שנהגו להוסיף כמה עולים (או״ח קלה ס״ה, י, רפב ס״ג).

**קטו.** קורין כהן ראשון ואחריו לוי. אם אין שם כהן קורין לוי או ישראל. אין חיוב לכבד את הלוי לעלות במקום כהן. אם יש שם כהן ואין שם לוי עולה הכהן שעלה ראשון גם במקום לוי ומברך עוד הפעם לפני הקריאה ואחריה. נהגו שאין כהן או לוי עולה לשום עליה כי אם אחרון ומפטיר, גם לאחרון לא יעלו רק אחרי שכבר קראו שבעה הקרואים של חובת היום (או״ח קלה ס״ו,ח).

## חיובים לעליות

**קטז.** לפי תיקון ומנהג הקדמונים יש מספר מצבים שמחייבים את האדם לעלות לתורה ורשמם הלבוש ומגן אברהם באו״ח סי׳ רפב והמשנה ברורה בביאור הלכה סי׳ קלו. נסדרם פה לפי סדר חשיבותם. אם אין די עליות לכל החיובים אז הראשון בחשיבות קודם לעליה. אם יש שנים שחיובם שוה יטילו גורל ביניהם. אם אחד מהם תלמיד חכם יש לו דין קדימה. ואלו הם החיובים: (א) חתן ביום חופתו יש לו קדימה לכל אדם. (ב) חתן בשבת שלפני חתונתו. אכן אלמן או גרוש אינו חייב בעליה ואין לו דין קדימה לשום חיוב אחר. ומכל מקום כתב בספר שערי אפרים (פ״ב ס״ג) שיתנו לו עליה אם אפשר. (ג) נער בשבת אחר שנעשה בר מצוה. בר מצוה שוה לחתן בשבת לפני החתונה ואם אין די עליות יטילו גורל. [משמע מהפוסקים שבשבת לפני שנעשה בר מצוה אינו חייב בעליה. אכן נהגו בכמה קהילות לקרא אותו למפטיר בשבת לפני הבר מצוה.] אם כבר היה לו עליה בימי החול, שוב אינו חיוב לעלות בשבת (שערי אפרים פ״ב ס״ו.) (ד) בעל בשבת הראשונה שאשתו הולכת לבית הכנסת אחר לידה. גם אם אינה בבית הכנסת הוא חיוב לעליה אחר שעברו ארבעים יום ללידת זכר או שמונים יום אחר לידת נקיבה, ואף אם נולד מת. (ה) חתן בשבת אחר חתונתו כשנשא מיום רביעי ואילך ורק בבחור שנשא בתולה. [אכן נהגו ליתן עליה גם לחתן שנשא בתחילת השבוע (שערי אפרים).] (ו) בעל יאהרצייט לאב ואם. אם אין היאהרצייט ביום הקריאה אינו חיוב גמור לעליה אך נהגו לקרא למפטיר מי שיש לו יאהרצייט בשבוע הבא. (ז) אבי הבן בשבת שלפני המילה. בקצת מקומות נהגו ליתן עליה גם לסנדק ולמוהל [אם עושה המצוה בחנם; ראה שערי אפרים פ״ב ס״טו], ויש שנהגו לכבדם בהגבהה וגלילה [אם הילד חולה וברור שידחה המילה אין האב חיוב לעליה (שערי אפרים פ״ב ס״ח).] (ח) יש מקומות שנוהגים לכבד את הבעל תוקע והבעל מוסף בעליה בראש השנה. אך כשנוטלים שכר אינם חיוב לעליה.

**קיז.** חוץ מהנזכרים למעלה שנחשבים לחיוב ממש יש עוד מספר אנשים שמנהג הוא לכבדם בעליות: (א) מי שצריך לברך ברכת הגומל. אם אי אפשר לכבדו בעליה יעלה לבימה אחר הקריאה ויברך הגומל בלי עליה. (ב) נהגו לכבד בעליה אב שנותן שם לבת שנולדה לו. (ג) מי שנוסע מן העיר על משך יותר משבוע. (ד) מי שחזר מנסיעה כזו. (ה) אורח חשוב.

## קרובים בעליות

**קיח.** לא יקראו לתורה זה אחר זה שני אחים, או אב ובנו. לפי דעת קצת פוסקים לא יקראו לאיש ובן בנו זה אחר זה (או״ח סי׳ קמא ס״ו, מ״ב ס״ק יט). אך כשקורין מפטיר בספר שני מותר לקרא לאחד בספר הראשון ולשני בספר השני (באר היטב שם).

## סדר העליה

**קיט.** לפני שהעולה אומר הברכות יפתח הספר תורה ורואה הפסוק שצריך להתחיל בו ואחר כך מברך. בשעה שמברך יהפך פניו לצד שמאל שהוא ימין הקב״ה העומד לנגדו כדי שלא יהא נראה כקורא הברכה מתוך ספר התורה (או״ח סי׳ קלט ס״ד). לדעת קצת פוסקים יותר טוב שלא להפוך פניו מן הספר רק יעצים עיניו בשעת הברכה (מ״ב ס״ק יט). וכתבו האחרונים שיש מקומות שנוהגים לגלול את הספר בשעת הברכה ולפותחו אחר שסיים הברכה (ביאור הלכה שם).

**קכ.** נוהגים ליגע בספר תורה במקום שצריך להתחיל בו על ידי טלית או חגורת הספר וכדומה ולנשקו לפני שמברכים עליו (שערי אפרים שער ד ס״ג). יזהר שלא לשפשף את האותיות בחזקה כי יכולים לגרום ח״ו מחיקת אותיות התורה על ידי זה.

**קכא.** אומרים ברכו והברכות בקול רם והאומרם בלחש טועה. ובדיעבד אם אמר בלחש צריך לחזור ולומר ברכו בקול רם כדי שישמעו העם ויענו, אבל אין צריך לחזור על הברכות (או״ח סי׳ קלט ס״ו מ״ב ס״ק כה). כל שלא שמעו עשרה [דהיינו תשעה חוץ מהמברך] מיקרי בלחש (מ״ב ס״ק כו.) אם הקהל לא שמעו ברכו מפי המברך לא יענו ברוך ה׳ המבורך כו׳. אך אם יש מנין ששמעו [כלומר תשעה חוץ מהמברך] יכולים האחרים שלא שמעו לענות גם כן (מ״ב וביאור הלכה או״ח סי׳ נז ס״א).

**קכב.** יאחז בעמודי הספר (עצי חיים) בשעת הברכה ובשעת הקריאה (או״ח סי׳ קלט סי״א, מ״ב ס״ק לה). וכתוב בשם האריז״ל שבשעת הברכה יאחז הספר בשתי ידיו ובשעת הקריאה יסלק ידו השמאלית ויאחז רק בימין (ראה מגן אברהם קלט ס״ק יג).

**קכג.** לאחר הקריאה מנשק העולה את הספר [על ידי טלית או חגורת הספר וכדומה] (מ״ב סי׳ קלט ס״ק לה), גולל הספר ומברך ברכה אחרונה (או״ח סי׳ קלט ס״ד). אם מפסיקים לומר ,,מי שברך״ וכדומה יכסו הספר במפה (מ״ב שם ס״ק כא).

**קכד.** מעיקר הדין צריך מי שנקרא לעלות לתורה לקרא את הפרשה וכן נהגו גם בזמן הבית יוסף בקצת קהילות תורכיה ויון (ראה בית יוסף או״ח סי׳ קמא) ועד זמן האחרון בקהילות תימן. אך קהילות האשכנזים נהגו כבר משנים קדמוניות שאין העולה קורא בקול רם רק הש״ץ קורא בעדו (רא״ש הובאו דבריו בטור שם). אכן על כל פנים העולה יקרא עם הקורא בלחש כדי שלא תהא ברכתו לבטלה (או״ח סי׳ קמא ס״ב).

**קכה.** הקורא והעולה צריכים לעמוד בשעת הקריאה ואסור לסמוך עצמו על שום דבר אלא אם הוא חולה וכיוצא בו שקשה לו לעמוד (או״ח סי׳ קמא ס״א).

**קכו.** כשעולה לבימה לברך על התורה יעלה בדרך היותר קצר וכשחוזר למקומו ירד בדרך היותר ארוך. אם שני הדרכים שוים יעלה דרך ימין וירד דרך שמאל (או״ח סי׳ קמא ס״ז).

**קכז.** לא ירד מהבימה עד שעלה מי שנתכבד בהעליה שלאחריו (או״ח סי׳ קמא ס״ז). אך נהגו שאין יורדים מהבימה עד שסיימו לקרא הפרשה לעולה אחריו (מ״ב ס״ק כו).

**קכח.** כיון שהתחיל הקורא לקרות אסור לספר אפילו בדברי תורה (או״ח סי׳ קמו ס״ב).

**קכט.** אסור לצאת מבית הכנסת כל זמן שהספר פתוח (או״ח סי׳ קמו ס״א) אפילו אם כבר שמע הקריאה (מ״ב ס״ק א). אכן לצורך גדול מותר לצאת בין גברא לגברא אם נשאר מנין בלעדו (שם ובמ״ב ס״ק ב).

## קדיש

**קל.** הקדישים שאומרים תוך התפילה יש שנאמרים על ידי הש״ץ ויש שנאמרים על ידי האבלים ובעלי יאהרצייט. יש ארבעה מיני קדישים: [א] חצי קדיש (עד דאמירן בעלמא). [ב] קדיש יתום שבו מוסיפים הפסקאות יהא שלמא כו׳ ועושה שלום כו׳ על החצי קדיש. [ג] קדיש תתקבל שבו מוסיפים הפסקא תתקבל כו׳ לפני יהא שלמא. [ד] וקדיש דרבנן שבו מוסיפים הפיסקא על ישראל כו׳ לפני יהא שלמא.

**קלא.** אומרים חצי קדיש כדי לחבר שני חלקי התפלה. לפיכך אומרים אותו בין פסוקי דזמרה וברכות קריאת שמע, ובין שמונה עשרה (ותחנון) להתפלות שאחריה (פרי מגדים במשבצות סי׳ נא סק״א). על כן שייך הקדיש הזה לש״ץ. אך מכל מקום נהגו בכמה מקומות שהאחרון שעלה לקרות בתורה אומר הקדיש אם הוא אבל או בעל יאהרצייט לפי שגם הוא יש לו דין ש״ץ שהרי גם הוא קורא עם הש״ץ בלחש (שערי אפרים שער י׳ סעיף ט). יש נהגו שגם אם עלה לאחד מן שאר העליות יכול לומר הקדיש.

**קלב.** קדיש תתקבל אומרים אותו אחר תפלת שמונה עשרה או סליחות. כיון שהפיסקא תתקבל היא בקשה שהשי״ת יקבל את התפלות שהתפללו הקהל שייך הקדיש הזה רק לש״ץ. ונהגו שאם ירד ש״ץ אחר לומר את ההלל חוזר הש״ץ שאמר השמונה עשרה לתיבה לומר הקדיש. אכן אם ביום חול ירד ש״ץ אחר לומר אשרי ובא לציון אומר השני קדיש תתקבל שהקדיש מוסב גם על הבקשות של ובא לציון.

**קלג.** קדיש יתום אומרים אותו על פרקי תהלים ושאר פסוקים שאומרים בסוף התפלה. הקדישים האלו אינם חיוב ואם אין אבלים אין אומרים אותם ברוב המקומות. ונהגו שמי שיש לו אב או אם אינו אומר קדישים אלו כי אולי אבותיו מקפידים עליו בזה (ראה פתחי תשובה יורה דעה סי׳ שעו ס״ק ד).

**קלד.** גם אחר עלינו יש לומר קדיש יתום. אף אם אין שם אבל יאמרו קדיש זה ויאמר אותו מי שאין לו אב ואם או מי שאין הוריו מקפידים (או״ח סי׳ קלב ס״ב). וסגי בזה אם משער שאינם מקפידים (מ״ב ס״ק יא).

**קלה.** מן המובחר הוא שרק אחד יאמר קדיש. אם יש יותר מחיוב אחד כבר קבעו הפוסקים סדר קדימות מפורט לענין זה (ראה באור הלכה לסימן קלב). אכן כיון שדבר זה עלול להביא לידי קטטה ומחלוקת כבר נתפשט המנהג בקהלות מתפללי נוסח ספרד ובקצת קהלות מתפללי נוסח אשכנז שיאמרו כל החיובים קדיש ביחד (ראה ערוך השלחן או״ח סי׳ קלב ס״ק ח, סידור ר׳ יעקב עמדין, תשובות חתם סופר או״ח קנט).

**קלו.** קדיש דרבנן נאמר אחר לימוד או אמירת תורה שבעל פה בצבור (רמב״ם, סדר תפלות כל השנה). אמרו חז״ל (סוטה מט.) שהעולם עומד על אמן יהא שמה רבא שלאחר לימוד אגדה ונראה מזה שהקדיש הזה מיוחד לאגדה. על כן נוהגים לומר הברייתא תניא רבי חנניה בן עקשיא אומר וכו׳. בפירוש על אבות המיוחס לרש״י כתוב שיש לומר הברייתא הזאת אחר אמירת פרקי אבות. ויש לומר ברייתא זו גם כן אחר לימוד המשניות בצבור (מגן אברהם סי׳ נד ס״ק ג).

**קלז.** קדיש דרבנן אינו מיוחד לאבלים וגם מי שיש לו אב ואם יכול לאמרו (פתחי תשובה יורה דעה סי׳ שעו ס״ק ד). אך בדרך כלל אומרים אותו האבלים. אכן בסיום מסכת או כשהרב דורש נוהגים שהמסיים או הדורש אומר הקדיש.

## מנין

**קלח.** אין אומרים שום דבר שבקדושה אם אין שם עשרה זכרים גדולים, ודבר שבקדושה היינו קדיש, קדושה, ברכו, ונשיאת כפים, קריאת התורה וההפטרה. וכן אין הש״ץ אומר חזרת התפלה כשאין שם מנין (או״ח סי׳ נה ס״א, מ״ב ס״ק ב). ועבירה גדולה הוא לצאת בשעת אמירת דבר שבקדושה כשלא ישאר שם מנין ועל העושה כן נאמר (ישעיה א:כח) ועוזבי ה׳ יכלו (הגהת רמ״א שם).

**קלט.** אכן אם היה מנין כשהתחילו לומר קדיש ויצאו מקצתם גומרים אותו אם על כל פנים נשארו שם ששה אנשים. וכן כשהתחיל הש״ץ חזרת התפלה ויצאו מקצת האנשים מותר לו להמשיך ולומר קדושה ולסיים השמונה עשרה. אבל לא יעלו הכהנים לנשיאות כפים כי זה דבר נפרד הוא. ויכול גם לומר חצי קדיש אחר חזרת הש״ץ וקדיש תתקבל אחר ובא לציון כי כל זה שייך לשמונה עשרה אבל אין להם לקרות בתורה ולומר שאר קדישים (או״ח סי׳ נה ס״ג, מ״ב ס״ק יח-כב).

**קמ.** אם היה להם מנין כשאמרו ברכו לפני ברכות קריאת שמע של ערבית ויצאו מקצתם, יכול לומר החצי קדיש לפני השמונה עשרה. אם היה מנין כשהתחילו תפלת הלחש יכולים לומר קדיש תתקבל אחר התפלה (מ״ב שם ס״ק כב).

## הטועה בתפילת שבת

**קמא.** מי שטעה בתפילת שבת או תפילת יו״ט והתפלל תפלה של חול ולא נזכר עד לאחר שעקר רגליו (היינו שאמר יהיו לרצון קודם עושה שלום) או אפילו מי שמסופק אם התפלל של שבת או של חול צריך לחזור ולהתפלל (או״ח רס״ח ס״ד ובמ״ב).

**קמב.** התחיל תפילת חול ונזכר באמצע שום ברכה גומר אותה ואז חוזר לקדושת היום (אתה קדשת, ישמח משה או אתה אחד). וכל זה בשאר התפלות אבל במוסף פוסק מיד ומתחיל תכנת שבת (שם ס״ב ובמ״ב).

**קמג.** אם התחיל במלת אתה מאתה חונן ונזכר מיד שטעה ממשיך בערבית אתה קדשת, במנחה אתה אחד, ובמוסף לשבת ראש חודש ממשיך אתה יצרת. בשחרית [שאינו מתחיל באתה] אם כוון לומר אתה חונן כי סבור היה שהיום חול גומר ברכת חונן הדעת ואז חוזר לישמח משה, ואם מחמת הרגל הלשון התחיל באתה פוסק מיד ואומר ישמח משה (שם ס״ג ובחיי אדם כח:ב).

**קמד.** החליף תפילות שבת זו בזו (חוץ ממוסף באחר או אחר במוסף שדינו יתבאר בסעיף קמה-ו) כגון שהתפלל בערבית ישמח משה וכדומה, אם נזכר לפני שאמר ברכת מקדש השבת פוסק מיד ומתחיל בברכת קדושת היום הראויה, ואם לא נזכר עד שהתחיל ברוך אתה ה׳ מברכת מקדש השבת גומר הברכה ומסיים תפלתו ואינו צריך לחזור ולהתפלל (שם ס״ו).

**קמה.** החליף תפילת מוסף באחת משאר תפלות השבת או בתפילת חול אם לא נזכר עד לאחר שעקר רגליו חוזר ומתפלל ואם נזכר קודם שעקר רגליו חוזר לתכנת שבת (שם ובמ״ב ס״ק ט״ז). וכתב החיי אדם (כח:ד) דאם לא נזכר עד שגמר ברכת קדושת היום יוסיף ברצה אחרי המלים והשב את העבודה וכו׳ ,,וְנַעֲשֶׂה לְפָנֶיךָ בְּתְמִידֵי הַיּוֹם וּבְקָרְבַּן מוּסָף״ ומסיים תפלתו ואינו חוזר.

**קמו.** מי שהתפלל מוסף במקום שחרית אם נזכר קודם שעקר רגליו פוסק מיד ומתחיל בישמח משה ואם כבר עקר רגליו יתפלל שחרית ואינו צריך להתפלל עוד פעם תפלת מוסף שכבר יצא (שם ובמ״ב ס״ק יז).